myBook+

Ihr Portal für alle Online-Materialien zum Buch!

Arbeitshilfen, die über ein normales Buch hinaus eine digitale Dimension eröffnen. Je nach Thema Vorlagen, Informationsgrafiken, Tutorials, Videos oder speziell entwickelte Rechner – all das bietet Ihnen die Plattform myBook+.

Und so einfach geht's:

- Gehen Sie auf **https://mybookplus.de**, registrieren Sie sich und geben Sie Ihren Buchcode ein, um auf die Online-Materialien Ihres Buches zu gelangen
- **Ihren individuellen Buchcode finden Sie am Buchende**

Wir wünschen Ihnen viel Spaß mit myBook+!

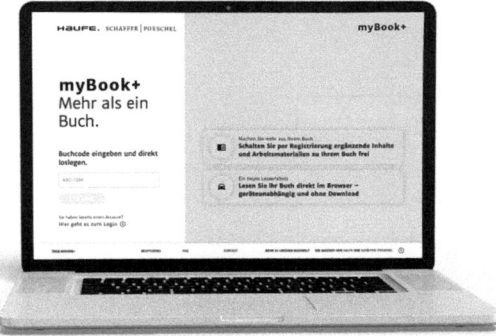

Die Steuerberaterprüfung 2025, Band 3

Michael Preißer/Gerhard Girlich (Hrsg.)

Verfahrensrecht, Umsatzsteuerrecht, Erbschaftsteuerrecht

Die Steuerberaterprüfung 2025, Band 3

24., überarbeitete und aktualisierte Auflage

Schäffer-Poeschel Verlag Stuttgart

Bearbeiterübersicht:
C. Bähr: Teil A
A. Ossinger: Teil B
M. Preißer: Teil C

Bibliografische Information der Deutschen Nationalbibliothek
Die Deutsche Nationalbibliothek verzeichnet diese Publikation in der Deutschen Nationalbibliografie; detaillierte bibliografische Daten sind im Internet über http://dnb.dnb.de/ abrufbar.

Print:	ISBN 978-3-7910-6443-7	Bestell-Nr. 20472-0012
ePub:	ISBN 978-3-7910-6446-8	Bestell-Nr. 20472-0104
ePDF:	ISBN 978-3-7910-6447-5	Bestell-Nr. 20472-0161

Michael Preißer/Gerhard Girlich (Hrsg.)
Verfahrensrecht, Umsatzsteuerrecht, Erbschaftsteuerrecht
24., überarbeitete und aktualisierte Auflage, März 2025

© 2025 Schäffer-Poeschel Verlag für Wirtschaft · Steuern · Recht GmbH
Reinsburgstr. 27, 70178 Stuttgart
www.schaeffer-poeschel.de | service@schaeffer-poeschel.de

Bildnachweis (Cover): © Stoffers Grafik-Design, Leipzig

Produktmanagement: Rudolf Steinleitner
Lektorat: Thomas Stichler | www.conscripto.de

Dieses Werk einschließlich aller seiner Teile ist urheberrechtlich geschützt. Alle Rechte, insbesondere die der Vervielfältigung, des auszugsweisen Nachdrucks, der Übersetzung und der Einspeicherung und Verarbeitung in elektronischen Systemen, vorbehalten. Der Verlag behält sich auch eine Nutzung des Werks für Text und Data Mining im Sinne von § 44b UrhG vor. Alle Angaben/Daten nach bestem Wissen, jedoch ohne Gewähr für Vollständigkeit und Richtigkeit.

Schäffer-Poeschel Verlag Stuttgart
Ein Unternehmen der Haufe Group SE

Sofern diese Publikation ein ergänzendes Online-Angebot beinhaltet, stehen die Inhalte für 12 Monate nach Einstellen bzw. Abverkauf des Buches, mindestens aber für zwei Jahre nach Erscheinen des Buches, online zur Verfügung. Ein Anspruch auf Nutzung darüber hinaus besteht nicht.

Sollte dieses Buch bzw. das Online-Angebot Links auf Webseiten Dritter enthalten, so übernehmen wir für deren Inhalte und die Verfügbarkeit keine Haftung. Wir machen uns diese Inhalte nicht zu eigen und verweisen lediglich auf deren Stand zum Zeitpunkt der Erstveröffentlichung.

Die Herausgeber

Prof. Dr. Dr. h.c. Michael Preißer
ist Rechtsanwalt und Steuerberater, seit 01.01.2012 Partner bei PRS Preißer von Rönn und Partner – Partnerschaftsgesellschaft mbB – in Hamburg (vormals Of counsel bei Graf von Westphalen in Hamburg) und war Professor für Steuerrecht und Wirtschaftsprivatrecht an der Leuphana Universität Lüneburg (bis Oktober 2015). Er war vorher in der bayerischen Finanzverwaltung, dann als Professor an der Beamtenfachhochschule in Hamburg tätig. Gastprofessuren in Paris (2004/2005), in Orel (Russland, 2007/2008) und Pinsk (Weißrussland) runden den Dozenteneinsatz ab. Herr Prof. Preißer war 2008 Mitbegründer des europäischen Steuerrechtsinstituts »2isf« mit Sitz in Paris. Er ist Autor zahlreicher Aufsätze und Monographien sowie Referent des BMF, des DAI und der BFA. Er war im UN-Sonderauftrag mit der Installierung des Steuerberater-Berufs in Weißrussland befasst, der 2017 erfolgreich abgeschlossen wurde. Seit Oktober 2015 fungiert er als Leiter des Studiengangs »Tax Master L. L. M.« an der Universität Lüneburg.

Prof. Dr. Gerhard Girlich
ist Professor für Rechnungswesen und Steuern an der Hochschule Biberach an der Riß. Zuvor war er als Prüfungsleiter in der Konzernbetriebsprüfung in der bayerischen Finanzverwaltung und als Mitglied der Bund-Länder-Arbeitsgruppe zur Betriebsstättenbesteuerung tätig. Zudem ist er fachlicher Leiter der Steuerlehrgänge Dr. Bannas und als Referent in der Aus- und Fortbildung mit den Schwerpunkten nationales und internationales Bilanzsteuerrecht sowie Umwandlungssteuerrecht, Konzernsteuerrecht und internationales Steuerrecht tätig. Daneben ist er Lehrbeauftragter für internationales Steuerrecht an der Universität Augsburg und der Universität Freiburg i. Br. sowie Gastdozent an der Bundesfinanzakademie.

Die Autoren

Ministerialdirigent Christian Bähr
war nach verschiedenen Stationen in der bayerischen Steuerverwaltung Referatsleiter im bayerischen Finanzministerium und ist seit Ende 2018 Abteilungsleiter im Bayerischen Staatsministerium für Digitales. Er ist Lehrbeauftragter an der Hochschule München im Studiengang Master of Taxation, Referent bei Fortbildungsveranstaltungen im Steuerrecht und war über lange Jahre Mitglied in den Prüfungsausschüssen für die Steuerberaterprüfung und für die Wirtschaftsprüferprüfung.

Andre Ossinger, Diplom-Finanzwirt (FH)
ist Richter am Niedersächsischen Finanzgericht und daneben Lehrbeauftragter sowie Referent im Rahmen der steuerrechtlichen Aus- und Fortbildung. Zuvor war er, nach langjährigem Dienst in der niedersächsischen Finanzverwaltung, als Rechtsanwalt und Steuerberater tätig.

Prof. Dr. Dr. h.c. Michael Preißer
s. oben: Die Herausgeber

Vorwort der Herausgeber zur 24. Auflage (Prüfung 2025)

Mit drei Bänden unternehmen wir den Versuch, den umfangreichen Stoff für die Steuerberaterprüfung kompakt und umfänglich darzustellen. Mit der vorliegenden 24. Auflage ist das nötige Wissen zum einen gestrafft bzw. angepasst und zum anderen auf den prüfungsrelevanten Rechtsstand angehoben (u. a. Berücksichtigung des Wachstumschancengesetzes) sowie um aktuelle Beispiele erweitert worden.

So wichtig und richtig es ist, dass man in der Vorbereitung eine größere Anzahl von Klausuren (am besten 10 Arbeiten pro Einzelklausur, also insgesamt 30 Klausuren) schreibt, um ein Gespür für eine sechsstündige Arbeit – und für die Korrektur derselben – zu bekommen, so wenig darf man sich auf die lediglich thematische Wiederholung der einmal gestellten Aufgaben verlassen. Das Problem der »Sachverhaltsquetsche« bezieht sich auf alle drei Klausuren und führt zu einer entsprechenden Abwertung der Arbeiten.

Nur mit einem breiten steuerrechtlichen Grundlagenwissen sowie der Kenntnis fachgebietsübergreifender bzw. interdisziplinärer Zusammenhänge und nicht zuletzt mit dem notwendigen Klausuren-Know-how lassen sich die Arbeiten im schriftlichen Teil gut bewältigen. Dazu gehören ferner eine Portion Mut und die Gelassenheit, sich auf jede Aufgabe neu einzustellen. Das erlernte Wissen muss flexibel einsetzbar und frisch abrufbar sein.

Alle Autoren der vorliegenden drei Bände haben sich daher seit der ersten Auflage dem Ziel verschrieben, dem Leser flexibel einsetzbares Fach- und Klausurwissen als sichere Basis für den Prüfungserfolg zu vermitteln. Auch in dieser Auflage können die Flexibilität und das erlernte Wissen sogleich anhand der von den »Steuerlehrgängen Dr. Bannas« zur Verfügung gestellten Übungsklausuren auf myBook+ überprüft werden.

Die Herausgeber möchten sich bei allen Autoren bedanken, die teils seit mehr als 20 Jahren ihre Beiträge abliefern und somit den Grundstein für das theoretische Bestehen einer der schwierigsten Prüfungen in Deutschland legen.

Stuttgart, im Januar 2025   Michael Preißer und Gerhard Girlich

Vorwort der Autoren zur 24. Auflage (Prüfung 2025)

Teil A   Abgabenordnung und Finanzgerichtsordnung

Gerade die Abgabenordnung, die im ersten Teil des Buches dargestellt wird, stellt nicht nur künftige Steuerberater, sondern häufig auch langjährige Berufsträger vor große Schwierigkeiten. Das vorliegende Werk soll deshalb nicht nur auf die Steuerberaterprüfung, sondern auch auf den nach erfolgreicher Prüfung ausgeübten Beruf vorbereiten. Die Darstellung des steuerlichen Verfahrensrechts ist durch die immer wiederkehrenden Schwerpunkte der Steuerberaterprüfungen vergangener Jahre geprägt. Besonders prüfungsrelevant sind die Vorschriften zum Festsetzungs- und Feststellungsverfahren, die Vorschriften zur Korrektur von Steuerbescheiden und vor allem zum Einspruchsverfahren – dies hat sich auch in der Prüfung 2024 bestätigt. Nur wer hier das Handwerkszeug beherrscht, wird in der schriftlichen Prüfung nicht überrascht werden! Dogmatische Problemstellungen und rechtliche Meinungsstreite werden aufgrund der fehlenden Prüfungsrelevanz dagegen nur kurz angesprochen. Vermittelt werden soll das »Handwerkszeug«, mit dem sich nicht nur die Prüfung, sondern später auch Fälle der Praxis bewältigen lassen. Dabei wurden sowohl die Erfahrung des Autors in der Verwaltung als auch seine Erkenntnisse aus langjähriger Tätigkeit als Prüfer bei der Steuerberater- sowie der Wirtschaftsprüferprüfung eingebracht. Die Konzentration auf das Wesentliche hat sich sehr gut bewährt.

Teil B   Umsatzsteuerrecht

Das Umsatzsteuerrecht wird durch seine dynamische Entwicklung geprägt. Im zweiten Teil dieses Buchs wird daher das Recht der Umsatzsteuer zwar in kompakter Form und dennoch in dem für das erfolgreiche Bestehen der Steuerberaterprüfung erforderlichen Maße niedergelegt. Insbesondere die Entwicklungen des harmonisierten Mehrwertsteuerrechts und dessen Auswirkungen auf das in seiner Rechtsanwendung immer komplexer werdende nationale Umsatzsteuerrecht werden in geraffter Form und mithilfe entsprechender Beispielsfälle abgebildet. Denn für die erfolgreiche Bewältigung des Umsatzsteuerteils der gemischten Klausur ist vorrangig das Grundverständnis der materiell-rechtlichen Vorschriften mit ihren Sachzusammenhängen von zentraler Bedeutung. Dies zu vermitteln, ist Anspruch und Verpflichtung, wobei die Darstellung durch die immer wiederkehrenden Schwerpunkte der Steuerberaterprüfungen der vergangenen Jahre geprägt ist. Die Konzentration auf das Wesentliche hat sich dabei – insbesondere unter Berücksichtigung der den Prüfungskandidaten nur begrenzt zur Verfügung stehenden Vorbereitungszeit auf die Steuerberaterprüfung – bewährt.

Teil C   Erbschaftsteuerrecht

Das Teilkapitel C im dritten Band ist besonders durch seine Interdisziplinarität und durch seinen Gestaltungsbezug (im Schenkungsteuerrecht) gekennzeichnet. Bekanntlich wird im Erbschaftsteuergesetz sowohl die Besteuerung von Erwerben von Todes wegen als auch von Schenkungen geregelt.

Den ersten Komplex, die eigentliche Erbschaftsteuer, wird man nur verstehen, wenn gleichzeitig ein Basiswissen des Erbrechts vorhanden ist. In diesem Sinne werden den eigentlichen erbschaftsteuerlichen Themen die erbrechtlichen Grundlagen vorangestellt. In den meisten Fällen genügen Übersichten oder einfachere Fälle. In einigen Bereichen, insbesondere dort, wo das Erbrecht, das Gesellschaftsrecht und das Erbschaftsteuerrecht besonders stark verzahnt sind, erfolgt eine intensivere Auseinandersetzung. Das Erbschaftsteuerrecht ist aber nicht nur die steuerliche »Schwester« des Erbrechts, sondern weicht auch in vielen Punkten von erbrechtlichen Vorgaben ab (z. B. zum Zugewinnausgleich oder zur Vor-/Nacherbschaft). Nach der Bearbeitung des ersten Teils ist das nötige Know-how vorhanden, um den Anforderungen einer Erbschaftsteuer-Klausur wie eines Beratungsmandates gerecht zu werden.

Das Schenkungsteuerrecht ist weitgehend ein Kind der Gestaltungsberatung geworden. Ausgehend von der Grundnorm der Besteuerung unentgeltlicher Übertragungen (reine Schenkung) haben sich viele Zwischenformen entwickelt, die in der Praxis gang und gäbe sind. Einen besonderen Stellenwert nehmen die vorweggenommene Erbfolge und Nießbrauchsgestaltungen ein. Hier sind neben den rein schenkungsteuerlichen Aspekten auch die einkommensteuerlichen Auswirkungen mit zu berücksichtigen. In beiden Bereichen spielt die Bewertung des übertragenen Vermögens eine wichtige Rolle. Für Beteiligungen an Kapitalgesellschaften und an Personengesellschaften gibt es ein Sonderrecht.

Von herausragender Bedeutung im dritten Teil ist das Steuerprivileg für das sogenannte Produktivvermögen. Bewertungsfragen, insbesondere solche zum Grundvermögen und zum Betriebsvermögen, nehmen hier einen breiten Raum ein. Mit den Verschonungsregeln der §§ 13a–d ErbStG ist 2016 gesetzestechnisch (»Computerrecht«) ein neuer Weg beschritten worden.

Stuttgart, im Januar 2025

Christian Bähr
Andre Ossinger
Michael Preißer

Inhaltsübersicht »Die Steuerberaterprüfung« Bände 1 – 3

Band 1:	Ertragsteuerrecht
Teil A	Einkommensteuer I – Kernbereiche
Kapitel I	Grund- und Strukturfragen bei der Einkommensteuer
Kapitel II	Der Zustandstatbestand – Überschusseinkünfte
Kapitel III	Der Zustandstatbestand – Gewinneinkünfte
Kapitel IV	Der Erwerbsaufwand (das objektive Nettoprinzip) und § 12 EStG
Kapitel V	Das subjektive Nettoprinzip inklusive der Berücksichtigung der Kinder und der Besteuerung der Alterseinkünfte
Teil B	Einkommensteuer II – Übergreifende Komplexe
Kapitel I	Personelle Zurechnung (Drittaufwand, Nießbrauch/Treuhand, Angehörigenverträge u. a.)
Kapitel II	Realisationstatbestände (Steuerentstrickung im Privatvermögen/Betriebsvermögen vs. betriebliche Umstrukturierung)
Kapitel III	Einkommensteuer – Rechtsnachfolge (vorweggenommene Erbfolge, Erbfall und Erbauseinandersetzung)
Kapitel IV	Verluste im Ertragsteuerrecht
Teil C	Gewerbesteuer
Kapitel I	Einführung und Berechnungsschema
Kapitel II	Steuergegenstand und Steuerpflicht
Kapitel III	Die Besteuerungsgrundlage (§§ 6 bis 9 GewStG)
Kapitel IV	Spezifika der Gewerbesteuer
Teil D	Internationales Steuerrecht
Kapitel I	Strukturierung der Fallgestaltungen im internationalen Steuerrecht (inklusive der Grenzpendlerproblematik)
Kapitel II	Die deutschen Doppelbesteuerungsabkommen (DBA)
Kapitel III	Auslandsbeziehungen eines Steuerinländers (Fälle der unbeschränkten Steuerpflicht)
Kapitel IV	Regelungsbereiche des Außensteuergesetzes (AStG)
Kapitel V	Besteuerung der Steuerausländer im Inland

Band 2:	Unternehmenssteuerrecht und Steuerbilanzrecht
Teil A	Besteuerung der Einzelunternehmen
Kapitel I	Grundfragen der Gewinnermittlung (inklusive § 4 Abs. 3-Rechnung)
Kapitel II	Die Bilanzierung
Kapitel III	Einzelne Aktivposten
Kapitel IV	Rechnungsabgrenzungsposten
Kapitel V	Geringwertige Wirtschaftsgüter
Kapitel VI	Einzelne Passivposten
Kapitel VII	Übertragung von Wirtschaftsgütern auf andere Betriebsvermögen
Kapitel VIII	Technische Fragen
Teil B	Besteuerung der Personengesellschaft als Mitunternehmerschaft
Kapitel I	Grundfragen zur Mitunternehmerschaft inklusive Einkunftsermittlung
Kapitel II	Das Betriebsvermögen und die Ermittlung des laufenden Gewinns bei der Mitunternehmerschaft
Kapitel III	Die Doppelgesellschaften im Konzept der Mitunternehmer-Besteuerung
Kapitel IV	Anfang und Ende einer Personengesellschaft
Kapitel V	Die Beteiligung an einer Personengesellschaft inklusive Personenstandsänderungen, insbesondere die Veräußerung
Kapitel VI	Sonderfragen
Kapitel VII	Das KöMoG
Kapitel VIII	Das MoPeG
Teil C	Körperschaftsteuerrecht
Kapitel I	Grundlagen der Besteuerung von Körperschaften
Kapitel II	Die persönliche Körperschaftsteuerpflicht
Kapitel III	Die sachliche Körperschaftsteuerpflicht
Kapitel IV	Die steuerliche Behandlung der Ergebnisverwendung bei Kapitalgesellschaften
Kapitel V	Die Bedeutung der Organschaft
Kapitel VI	Die steuerliche Behandlung von Kapitalmaßnahmen
Teil D	Umwandlungssteuerrecht
Kapitel I	Zivilrechtliche Grundlagen der Umwandlung
Kapitel II	Steuerrechtliche Grundlagen der Umwandlung
Kapitel III	Umwandlung von der Kapitalgesellschaft auf die Personengesellschaft
Kapitel IV	Verschmelzung von Kapitalgesellschaften
Kapitel V	Spaltung
Kapitel VI	Einbringung in eine Kapitalgesellschaft
Kapitel VII	Formwechsel

Band 3:	Verfahrensrecht, Umsatzsteuerrecht, Erbschaftsteuerrecht
Teil A	Abgabenordnung und Finanzgerichtsordnung
Kapitel I	Einführung
Kapitel II	Allgemeines Steuerschuldrecht
Kapitel III	Haftung
Kapitel IV	Steuerverwaltungsakte
Kapitel V	Das steuerliche Verwaltungsverfahren
Kapitel VI	Aufhebung, Änderung und Berichtigung von Steuerverwaltungsakten
Kapitel VII	Das außergerichtliche Rechtsbehelfsverfahren
Kapitel VIII	Das finanzgerichtliche Verfahren
Kapitel IX	Vorläufiger Rechtsschutz
Kapitel X	Vollstreckung von Steueransprüchen (§§ 249 ff. AO)
Kapitel XI	Die Außenprüfung (§§ 193 ff. AO)
Kapitel XII	Steuerstraftaten und Steuerordnungswidrigkeiten
Teil B	Umsatzsteuerrecht
Kapitel I	Einführung
Kapitel II	Hinweise für die Bearbeitung von Umsatzsteuerklausuren
Kapitel III	Unternehmer und Unternehmen als Anknüpfungspunkte des Umsatzsteuerrechts
Kapitel IV	Leistungen (Lieferungen und sonstige Leistungen)
Kapitel V	Einzelfragen zum Leistungsaustausch
Kapitel VI	Inland/Ausland/Drittland/Gemeinschaftsgebiet
Kapitel VII	Geschäftsveräußerung im Ganzen (§ 1 Abs. 1a UStG)
Kapitel VIII	Steuerbefreiungen entgeltlicher Inlandsumsätze (§ 4 UStG)
Kapitel IX	Bemessungsgrundlage (§ 10 UStG) und Steuersatz (§ 12 UStG)
Kapitel X	Steuerentstehung
Kapitel XI	Steuerschuldnerschaft
Kapitel XII	Besteuerung unentgeltlicher Wertabgaben
Kapitel XIII	Unrichtiger oder unberechtigter Steuerausweis (§ 14c UStG)
Kapitel XIV	Grenzüberschreitende Warenbewegungen
Kapitel XV	Vorsteuerabzug (§ 15 UStG)
Kapitel XVI	Berichtigung des Vorsteuerabzugs (§ 15a UStG)
Kapitel XVII	Besteuerungsverfahren
Teil C	Erbschaftsteuerrecht
Kapitel I	Das Erbschaftsteuerrecht inklusive der erbrechtlichen Grundlagen
Kapitel II	Schenkungsteuerrecht: Vermögensübertragungen zu Lebzeiten im Erbschaftsteuergesetz
Kapitel III	Das Binnenrecht des Erbschaftsteuergesetzes (inkl. Bewertung)

Themen des Prüfungsstoffs, geordnet nach Prüfungstagen

Tag 1: Gemischte Klausur		Tag 2: Klausur »Einkommensteuer- und Ertragssteuerrecht«		Tag 3: Klausur »Buchführung und Bilanzwesen«	
Band 3		Band 1		Band 2	
Teil A	Abgabenordnung/ Finanzgerichtsordnung	Teil A	Einkommensteuer I	Teil A	Besteuerung der Einzelunternehmen
Teil B	Umsatzsteuerrecht	Teil B	Einkommensteuer II	Teil B	Besteuerung der Personengesellschaft als Mitunternehmerschaft
Teil C	Erbschaftsteuerrecht	Teil C	Gewerbesteuer		
		Teil D	Internationales Steuerrecht		
		Band 2			
		Teil A Kap. I	Grundfragen der Gewinnermittlung		
		Teil C	Körperschaftsteuerrecht		
		Teil D	Umwandlungssteuerrecht		

Abkürzungsverzeichnis

A	Abschnitt
a.A.	anderer Ansicht
a.a.O.	am angegebenen Ort
AB	Anfangsbestand
Abs.	Absatz
Abschn.	Abschnitt
abzgl.	abzüglich
AbzStEntModG	Gesetz zur Modernisierung der Entlastung von Abzugsteuern und der Bescheinigung der Kapitalertragsteuer (Abzugsteuerentlastungsmodernisierungsgesetz)
AdV	Aussetzung der Vollziehung
a.E.	am Ende
AEAO	Anwendungserlass zur Abgabenordnung
AEUV	Vertrag über die Arbeitsweise der Europäischen Union
a.F.	alte Fassung
AfA	Absetzung für Abnutzung
AfaA	Absetzung für außergewöhnliche Abnutzung
AFG	Arbeitsförderungsgesetz
AG	Aktiengesellschaft; Arbeitgeber
AIG	Gesetz über steuerliche Maßnahmen bei Auslandsinvestitionen der deutschen Wirtschaft (Auslandsinvestitionsgesetz)
AK	Anschaffungskosten
AktG	Aktiengesetz
Alt.	Alternative
AN	Arbeitnehmer
AnfG	Gesetz über die Anfechtung von Rechtshandlungen außerhalb des Insolvenzverfahrens vom 05.10.1994 (BGBl I 1994, 2911)
Anm.	Anmerkung
AntBVBewV	Anteils- und Betriebsvermögensbewertungsverordnung
AO	Abgabenordnung
AO-StB	AO-Steuerberater
ArbG	Arbeitgeber
arg.	argumentum
Art.	Artikel
AStG	Außensteuergesetz
ATADUmsG	Gesetz zur Umsetzung der Anti-Steuervermeidungsrichtlinie (ATAD-Umsetzungsgesetz)
AuslInvestmG	Gesetz über den Vertrieb ausländischer Investmentanteile und über die Besteuerung der Erträge
AV	Anlagevermögen
Az.	Aktenzeichen

BA	Betriebsausgabe
BAföG	Bundesausbildungsförderungsgesetz
BAG	Bundesarbeitsgericht
BauGB	Baugesetzbuch
Ba-Wü	Baden-Württemberg
BayLfSt	Bayerisches Landesamt für Steuern
BayObLG	Bayrisches Oberstes Landesgericht
BB	Betriebs-Berater (Zeitschrift)
BBauG	Bundesbaugesetz
BE	Betriebseinnahme/-n
beA	besonderes elektronisches Anwaltspostfach
BeitrRLUmsG	Gesetz zur Umsetzung der Beitreibungsrichtlinie
BesitzG	Besitzgesellschaft
beSt	besonderes elektronisches Steuerberaterpostfach
BetriebsG	Betriebsgesellschaft
BeurkG	Beurkundungsgesetz
BewG	Bewertungsgesetz
BfF	Bundesamt für Finanzen
BFH	Bundesfinanzhof
BFHE	Bundesfinanzhof-Entscheidungen
BFH/NV	Sammlung amtlich nicht veröffentlichter Entscheidungen des Bundesfinanzhofes
BFH/RP	Entscheidungen des BFH für die Praxis
BGB	Bürgerliches Gesetzbuch
BGBl	Bundesgesetzblatt
BGH	Bundesgerichtshof
BGHSt	Bundesgerichtshof in Strafsachen
BGHZ	Amtliche Entscheidungssammlung des Bundesgerichthofs
BiRiLiG	Bilanzrichtliniengesetz
BMF	Bundesminister/-ium für Finanzen
BMG	Bemessungsgrundlage
BP	Betriebsprüfung
BPO	Betriebsprüfungsordnung
BRAGO	Bundesgebührenverordnung für Rechtsanwälte
BRD	Bundesrepublik Deutschland
BR-Drs.	Bundesratsdrucksache
BS	Buchungssatz
BStBl	Bundessteuerblatt
BT-Drs.	Bundetagsdrucksache
Buchst.	Buchstabe
BV	Betriebsvermögen
BVerfG	Bundesverfassungsgericht
BVerfGE	Bundesverfassungsgericht-Entscheidungen
BVerfGG	Bundesverfassungsgerichtgesetz

BVerwG	Bundesverwaltungsgericht
BVV	Betriebsvermögensvergleich
BZ	Berichtigungszeitraum
bzgl.	bezüglich
BZRG	Bundeszentralregistergesetz
BZSt	Bundeszentralamt für Steuern
bzw.	beziehungsweise
BZ	Berichtigungszeitraum
CH	Schweiz
CRS	Common Reporting Standard
DB	Der Betrieb (Zeitschrift)
DBA	Doppelbesteuerungsabkommen
DepotG	Depotgesetz
dgl.	dergleichen
d. h.	das heißt
DNotI	Informationsdienst des Deutschen Notarinstituts
DNotZ	Deutsche Notar-Zeitschrift
DStjG	Deutsche Steuerjuristische Gesellschaft e. V. (Band)
DStR	Deutsches Steuerrecht (Zeitschrift)
DStZ	Deutsche Steuer-Zeitung
EFG	Entscheidungen der Finanzgerichte (Zeitschrift)
EFH	Einfamilienhaus/-häuser
EG	Erdgeschoss; Europäische Gemeinschaft
EGAO	Einführungsgesetz zur Abgabenordnung
EGMR	Europäischer Gerichtshof für Menschenrechte
EG-RL	EG-Richtlinie
EGV	Vertrag zur Neugründung der europäischen Gemeinschaft vom 25.03.1957
EigZulG	Eigenheimzulagengesetz
ErbbauVO	Erbbaurechtsverordnung
ErbBstg	Erbfolgebesteuerung (Zeitschrift)
ErbGleichG	Erbrechtsgleichstellungsgesetz vom 16.12.1997, BGBl I 1997, 2968
ErbSt	Erbschaftsteuer
ErbStAnpG	Erbschaftsteueranpassungsgesetz vom 04.11.2016, BGBl I 2016, 2464
ErbStB	Erbschaft-Steuerberater (Zeitschrift)
ErbStErl	Erbschaftsteuererlass
ErbStG	Erbschaftsteuergesetz
ErbStH	Erbschaftsteuer-Hinweise
ErbStR	Erbschaftsteuer-Richtlinien
ErbStRG	Erbschaftsteuerreformgesetz
Erl.	Erlass
ESt	Einkommensteuer

EStDV	Einkommensteuer-Durchführungsverordnung
EStG	Einkommensteuergesetz
EStR	Einkommensteuer-Richtlinien
ETW	Eigentumswohnung
EU	Europäische Union
EuErbVO	Europäische Erbrechtsverordnung
EuGH	Gerichtshof der Europäischen Gemeinschaften
EÜR	Einnahmen-Überschuss-Rechnung
E-USt	Einfuhrumsatzsteuer
EV	Eigentumsvorbehalt
e. V.	eingetragener Verein
evtl.	eventuell
EW	Einheitswert
EWIV	Europäische wirtschaftliche Interessenvereinigung
EZ	Erhebungszeitraum
f., ff.	folgende, fortfolgende
FA/FÄ	Finanzamt/Finanzämter
FAGO	Geschäftsordnung für die Finanzämter
FamFG	Familienverfahrensgesetz
FG	Finanzgerichte
FGG	Reichsgesetz über die freiwillige Gerichtsbarkeit vom 17.05.1898
FGO	Finanzgerichtsordnung
FGO-ÄndG	FGO-Änderungsgesetz
FinMin	Finanzministerium
FinVerw	Finanzverwaltung
FKAustG	Gesetz zum automatischen Austausch von Informationen über Finanzkonten in Steuersachen
FN	Fußnote
FörderGG	Fördergebietsgesetz
FVG	Gesetz über die Finanzverwaltung
GABl.	Gemeinsames Amtsblatt des Landes Baden-Württemberg
GAufzV	Gewinnabgrenzungsaufzeichnungs-Verordnung
GbR	Gesellschaft bürgerlichen Rechts
GDPdU	Grundsätze zum Datenzugriff und zur Prüfbarkeit digitaler Unterlagen
geb.	geboren
gem.	gemäß
GenG	Genossenschaftsgesetz
GewO	Gewerbeordnung
GewSt	Gewerbesteuer
GewStDV	Gewerbesteuer-Durchführungsverordnung
GewStG	Gewerbesteuergesetz
GewStR	Gewerbesteuer-Richtlinien
GF	Geschäftsführer

G'fter	Gesellschafter
GFZ	Geschossflächenzahl
GG	Grundgesetz
ggf.	gegebenenfalls
GiG	Geschäftsveräußerung im Ganzen
GmbH	Gesellschaft mit beschränkter Haftung
GmbHG	Gesetz betreffend die Gesellschaft mit beschränkter Haftung
GoBD	Grundsätze zur ordnungsmäßigen Führung und Aufbewahrung von Büchern, Aufzeichnungen und Unterlagen in elektronischer Form sowie zum Datenzugriff
GoBS	Grundsätze ordnungsmäßiger DV-gestützter Buchführungssysteme
grds.	grundsätzlich
GrESt	Grunderwerbsteuer
GrEStG	Grunderwerbsteuergesetz
GrS	Großer Senat
GrStG	Grundsteuergesetz
GrStR	Grundsteuer-Richtlinien
GruBo	Grund und Boden
G+V	Gewinn- und Verlustrechnung
GVG	Gerichtsverfassungsgesetz
GWG	Geringwertige Wirtschaftsgüter
H	Hinweis (zu Richtlinien)
h.A.	herrschende Auffassung
HB	Handelsbilanz
HFR	Höchstrichterliche Finanzrechtsprechung (Entscheidungssammlung)
HGB	Handelsgesetzbuch
HK	Herstellungskosten
h.L.	herrschende Lehre
h.M.	herrschende Meinung
HR	Handelsregister
HS	Halbsatz
HV	Handelsvertreter
i.d.F.	in der Fassung
i.d.R.	in der Regel
IdW	Institut der Wirtschaftsprüfer
i.e.	id est
i.e.S.	im engeren Sinne
igE	innergemeinschaftlicher Erwerb
igL	innergemeinschaftliche Lieferung
i.H.v.	in Höhe von
ImmoWertV	Verordnung über die Grundsätze für die Ermittlung der Verkehrswerte von Immobilien und der für die Wertermittlung erforderlichen Daten
inkl.	inklusive

insb.	insbesondere
InsO	Insolvenzordnung
InvZulG	Investitionszulagengesetz
i. R. d.	im Rahmen des/der
i. R. v.	im Rahmen von
i. S. d.	im Sinne des/der
i. S. e.	im Sinne eines/einer
IStR	Internationales Steuerrecht (Zeitschrift)
i. S. v.	im Sinne von
i. Ü.	im Übrigen
i. V. m.	in Verbindung mit
i. w. S.	im weiteren Sinne
JGG	Jugendgerichtsgesetz i. d. F. vom 11.12.1974
jPdöR	juristische Person(en) des öffentlichen Rechts
JStG	Jahressteuergesetz
Kap.	Kapitel
KapESt	Kapitalertragsteuer
KapG	Kapitalgesellschaft
KapVermStG	Kapitalvermögensteuergesetz
Kfz	Kraftfahrzeug
KG	Kommanditgesellschaft
KGaA	Kommanditgesellschaft auf Aktien
Kj.	Kalenderjahr
Komm.	Kommentar
KraftStG	Kraftfahrzeugsteuergesetz
KSt	Körperschaftsteuer
KStG	Körperschaftsteuergesetz
KStR	Körperschaftsteuer-Richtlinien
KWG	Kreditwesengesetz
kWp	Kilowattpeak
LAG	Landesarbeitsgericht
Lit.	Literatur
LPartG	Gesetz über die eingetragene Lebenspartnerschaft
LSG	Landessozialgericht
LSt	Lohnsteuer
LStDV	Lohnsteuer-Durchführungsverordnung
LStR	Lohnsteuer-Richtlinien
lt.	laut
L+F	Land- und Forstwirtschaft
L+L	Lieferungen und Leistungen

m.a.W.	mit anderen Worten
max.	maximal/-e/-er/-es
MDR	Monatsschrift für deutsche Recht
m.E.	meines Erachtens
MEG	Miterbengemeinschaft
MFH	Mehrfamilienhaus/-häuser
MinöStG	Mineralölsteuergesetz
Mio.	Millionen
MittBayNot	Mitteilungen des Bayerischen Notarvereins, der Notarkasse und der Landesnotarkammer Bayern
MoPeG	Gesetz zur Modernisierung des Personengesellschaftsrechts
Mrd.	Milliarden
MU	Mitunternehmer
MüKo	Münchener Kommentar
m.w.N.	mit weiteren Nachweisen
MwStR	Mehrwertsteuerrecht (Zeitschrift)
MwStSystRL	Mehrwertsteuer-Systemrichtlinie
ND	Nutzungsdauer
Nds.	Niedersachsen
n.F.	neue Fassung
NJW	Neue Juristische Wochenschrift
n.n.v.	noch nicht veröffentlicht
NotBZ	Zeitschrift für die notarielle Beratungs- und Beurkundungspraxis
Nr.	Nummer
nrkr.	nicht rechtskräftig
NRW	Nordrhein-Westfalen
NStZ	Neue Zeitschrift für Steuerrecht
NVwZ	Neue Zeitschrift für Verwaltungsrecht
NWB	Neue Wirtschafts-Briefe (Zeitschrift)
NZI	Neue Zeitschrift für Insolvenz und Sanierung
o.Ä.	oder Ähnliches
OECD-MA	OECD-Musterabkommen
OFD	Oberfinanzdirektion
o.g.	oben genannte/-r/-s
OG	Obergeschoss
OHG	Offene Handelsgesellschaft
OLG	Oberlandesgericht
OrgG	Organgesellschaft
OrgT	Organträger
OVG	Oberverwaltungsgericht
OWiG	Gesetz über Ordnungswidrigkeiten

p. a.	per annum
PartG	Partnerschaftsgesellschaft (steht auch für Parteiengesetz)
PartGG	Partnerschaftsgesellschaftsgesetz
PassG	Passgesetz
PersG	Personengesellschaft
PersHG	Personenhandelsgesellschaft
PostModG	Gesetz zur Modernisierung des Postrechts (Postrechtsmodernisierungsgesetz)
PV	Privatvermögen
R	Richtlinie
RA	Rechtsanwalt
RAP	Rechnungsabgrenzungsposten
RennwLottAB	Ausführungsbestimmungen zum Rennwett- und Lotteriegesetz
RfE	Rücklage für Ersatzbeschaffung
RFH	Reichsfinanzhof
RG	Reichsgericht
rkr.	rechtskräftig
RL	Richtlinie
Rn.	Randnummer
RPflG	Rechtspflegergesetz
Rs.	Rechtssache
Rspr.	Rechtsprechung
RT-Drs.	Reichtagsdrucksache
Rz.	Randziffer
S.	Satz/Sätze
s.	siehe
SB	Schlussbilanz
SG	Sicherungsgeber
SGB	Sozialgesetzbuch
SN	Sicherungsnehmer
sog.	sogenannte/-r/-s
SolZ	Solidaritätszuschlag
StÄndG	Steueränderungsgesetz
StB	Steuerbilanz; Steuerberater
StBGebV	Steuerberatergebührenverordnung
StEntlG	Steuerentlastungsgesetz vom 24.03.1999, BGBl I 1999, 402
Steufa	Steuerfahndung
StGB	Strafgesetzbuch
StKl.	Steuerklasse
StMBG	Gesetz zur Bekämpfung des Missbrauchs und zur Bereinigung des Steuerrechts
stpfl.	steuerpflichtig
StPfl.	Steuerpflichtige/-r
StPO	Strafprozessordnung

str.	strittig
StraBEG	Strafbefreiungserklärungsgesetz
StuB	Unternehmensteuern und Bilanzen (Zeitschrift)
StUmgBG	Gesetz zur Bekämpfung der Steuerumgehung und zur Änderung weiterer steuerlicher Vorschriften (Steuerumgehungsbekämpfungsgesetz)
StuW	Steuern und Wirtschaft
StVBG	Steuerverkürzungsbekämpfungsgesetz
StVereinfG	Steuervereinfachungsgesetz
TabakStG	Tabaksteuergesetz
TW	Teilwert
Tz.	Textziffer
u.a.	unter anderem
u.Ä.	und Ähnliches
UE	Umwandlungssteuererlass
u.E.	unseres Erachtens
UKS	Umkehrschluss
UmwG	Umwandlungsgesetz
UmwStG	Umwandlungssteuergesetz
UntErlG-E	Gesetz zur Erleichterung der Unternehmensnachfolge
UntStFG	Unternehmenssteuerfortentwicklungsgesetz vom 20.12.2001, BGBl I 2001, 3858
UR	Umsatzsteuer-Rundschau (Zeitschrift)
USt	Umsatzsteuer
UStAE	Umsatzsteueranwendungserlass vom 01.10.2010, BStBl I 2010, 846
UStÄndG	Umsatzsteueränderungsgesetz
UStB	Der Umsatz-Steuer-Berater
UStDV	Umsatzsteuer-Durchführungsverordnung
UStG	Umsatzsteuergesetz
USt-IdNr.	Umsatzsteueridentifikationsnummer
USt-VA	Umsatzsteuervoranmeldung
u.U.	unter Umständen
UV	Umlaufvermögen
UVR	Zeitschrift für Umsatzsteuer- und Verkehrsteuerrecht
uWa	unentgeltliche Wertabgabe
UZK	Zollkodex der Europäischen Union (»Unionszollkodex«)
VA	Voranmeldung; Verwaltungsakt
Var.	Variante
VAZ	Voranmeldungszeitraum
vE	verdeckte Einlage
vEK	verwendbares Eigenkapital
VerlG	Gesetz über das Verlagsrecht
VermBG	Vermögensbildungsgesetz

VersSt	Versicherungssteuer
VersStG	Versicherungsteuergesetz
VerwGrS	Verwaltungsgrundsätze
Vfg.	Verfügung
vGA	verdeckte Gewinnausschüttung
vgl.	vergleiche
VollStrA	Vollstreckungsanweisung
vs.	versus
VSt	Vorsteuer
VStG	Vermögensteuergesetz
V+V	Vermietung und Verpachtung
VwGO	Verwaltungsgerichtsordnung
VwVfG	Verwaltungsverfahrensgesetz
VwVG	Verwaltungsvollstreckungsgesetz
VwZG	Verwaltungszustellungsgesetz
VZ	Veranlagungszeitraum
WachstBeschlG	Wachstumsbeschleunigungsgesetz
WertV	Wertermittlungsverordnung
WG	Wirtschaftsgut
wistra	Zeitschrift für Wirtschaft, Steuer, Strafrecht
Wj.	Wirtschaftsjahr
WK	Werbungskosten
WoP	Wohnungsbauprämie
WP	Wirtschaftsprüfer
WÜRF	Wiener Übereinkommen über das Recht der Verträge vom 23.05.1969
ZASt	Zinsabschlagsteuer
z. B.	zum Beispiel
ZErb	Zeitschrift für die Steuer- und Erbrechtepraxis
ZEV	Zeitschrift für Erbrecht und Vermögensnachfolge
ZFH	Zweifamilienhaus/-häuser
ZG	Zollgesetz
Ziff.	Ziffer
ZPO	Zivilprozessordnung
z. T.	zum Teil
z. v. E.	zu versteuerndes Einkommen
ZVG	Zwangsversteigerungsgesetz
zzgl.	zuzüglich
zzt.	zurzeit

Inhaltsverzeichnis

Die Herausgeber 7
Die Autoren 7
Vorwort der Herausgeber zur 24. Auflage (Prüfung 2025) 8
Vorwort der Autoren zur 24. Auflage (Prüfung 2025) 9
Inhaltsübersicht »Die Steuerberaterprüfung« Bände 1–3 11
Themen des Prüfungsstoffs, geordnet nach Prüfungstagen 14
Abkürzungsverzeichnis 15

A Abgabenordnung und Finanzgerichtsordnung 43

I	**Einführung**		45
1	Das steuerliche Verfahrensrecht in der Steuerberaterprüfung		45
2	Grundlagen des Abgabenrechts		45
	2.1	Geschichte und Bedeutung der Abgabenordnung	45
	2.2	Aufbau der Abgabenordnung	47
3	Steuerliche Grundbegriffe		47
	3.1	Steuern und steuerliche Nebenleistungen (§ 3 AO)	48
	3.2	Begriff des Gesetzes (§ 4 AO)	49
	3.3	Rückwirkung von Gesetzen	50
	3.4	Gesetzesanwendung	51
	3.5	Ermessensausübung (§ 5 AO)	52
	3.6	Grundsatz von Treu und Glauben	55
		3.6.1 Verbindliche Auskunft	56
		3.6.2 Tatsächliche Verständigung	57
	3.7	Amtsträger	58
	3.8	Wohnsitz und gewöhnlicher Aufenthalt (§§ 8 f. AO)	59
		3.8.1 Wohnsitz (§ 8 AO)	59
		3.8.2 Gewöhnlicher Aufenthalt (§ 9 AO)	60
	3.9	Betriebsstätte und ständiger Vertreter (§§ 12 f. AO)	60
	3.10	Steuergeheimnis (§ 30 AO)	61
II	**Allgemeines Steuerschuldrecht**		63
1	Steuerschuldverhältnis		63
	1.1	Inhalt des Steuerschuldverhältnisses	63
	1.2	Beteiligte des Steuerschuldverhältnisses	63
	1.3	Handlungsfähigkeit (§ 79 AO)	64
	1.4	Bevollmächtigte und Beistände (§ 80 AO)	65
	1.5	Gesamtschuldnerschaft (§ 44 AO)	67
2	Der Steueranspruch (§§ 38 ff. AO)		68
	2.1	Entstehung des Steueranspruchs (§ 38 AO)	68
	2.2	Steuererstattungs- und Vergütungsanspruch (§ 37 AO)	70
		2.2.1 Steuererstattungsanspruch (§ 37 Abs. 2 AO)	70
		2.2.2 Steuervergütungsanspruch	72

	2.3		Gläubiger- und Schuldnerwechsel	72
		2.3.1	Gläubiger- und Schuldnerwechsel kraft Gesetzes	72
		2.3.2	Abtretung, Verpfändung, Pfändung (§ 46 AO)	73
	2.4		Gesetz- oder sittenwidriges Verhalten (§ 40 AO)	74
	2.5		Unwirksame Rechtsgeschäfte (§ 41 AO)	74
	2.6		Gestaltungsmissbrauch (§ 42 AO)	76
	2.7		Zurechnung von Wirtschaftsgütern (§ 39 AO)	78
	2.8		Erlöschen des Steueranspruchs (§ 47 AO)	80

III Haftung . . . 81

1	Allgemeines			81
2	Haftungstatbestände			81
	2.1	Vertragliche Haftung		82
	2.2	Gesetzliche Haftung		82
		2.2.1	Grundlagen	82
		2.2.2	Zivilrechtliche Haftungsansprüche	82
		2.2.3	Steuerrechtliche Haftungsansprüche	84
3	Durchsetzung von Haftungs- und Duldungsansprüchen			98
	3.1	Voraussetzungen der Inanspruchnahme		98
		3.1.1	Akzessorietät der Haftung	98
		3.1.2	Haftungsverjährung	99
	3.2	Haftungsbescheid (§ 191 AO)		100
	3.3	Rechtsfolgen des Haftungsbescheides		102

IV Steuerverwaltungsakte . . . 105

1	Definition des Verwaltungsaktes (§ 118 S. 1 AO)			105
2	Bekanntgabe von Verwaltungsakten (§ 122 AO)			108
	2.1	Allgemeines		108
	2.2	Bekanntgabearten		111
	2.3	Bekanntgabe von Verwaltungsakten in Sonderfällen		112
		2.3.1	Bekanntgabe an Ehegatten oder Lebenspartner (§ 122 Abs. 7 AO)	112
		2.3.2	Übermittlung schriftlicher Verwaltungsakte durch die Post (§ 122 Abs. 2 AO)	113
		2.3.3	Bekanntgabe bei einheitlichen Feststellungen (§ 183 und § 183a AO)	116
	2.4	Förmliche Bekanntgabe durch Zustellung (§ 122 Abs. 5 AO)		116
	2.5	Bekanntgabe von Verwaltungsakten mittels Datenabruf (§ 122a AO)		117
3	Nebenbestimmungen zum Verwaltungsakt (§ 120 AO)			118
4	Formelle Rechtmäßigkeitsvoraussetzungen			118
	4.1	Form (§ 119 Abs. 2 AO)		118
	4.2	Bestimmtheit (§ 119 Abs. 1 AO)		118
	4.3	Begründung (§ 121 AO)		119
5	Fehlerhafte Verwaltungsakte			121
	5.1	Allgemeines		121
	5.2	Nichtigkeit von Verwaltungsakten (§ 125 AO)		122
	5.3	Sonstige fehlerhafte Verwaltungsakte		123

V	Das steuerliche Verwaltungsverfahren	125
1	Organisation und Zuständigkeit der Finanzbehörden	125
	1.1 Organisation der Finanzverwaltung	125
	1.2 Sachliche Zuständigkeit (§ 16 AO)	126
	1.3 Örtliche Zuständigkeit (§§ 17 – 29 AO)	126
	1.3.1 Zuständigkeit des Lagefinanzamts (§§ 18 und 22 AO)	127
	1.3.2 Zuständigkeit des Betriebsfinanzamts (§§ 18, 21 und 22 AO)	127
	1.3.3 Zuständigkeit des Finanzamts der vorwiegenden Berufstätigkeit (§§ 18 und 21 AO)	127
	1.3.4 Zuständigkeit des Wohnsitzfinanzamts (§ 19 AO)	127
	1.3.5 Zuständigkeit des Geschäftsleitungsfinanzamts (§ 20 AO)	127
	1.3.6 Sonstige Zuständigkeitsregeln (§§ 24 – 29 AO)	128
2	Fristen, Termine, Wiedereinsetzung (§§ 108 – 110 AO)	129
	2.1 Fristen und Termine (§§ 108 f. AO)	129
	2.2 Wiedereinsetzung in den vorigen Stand (§ 110 AO)	131
3	Grundsätze des Besteuerungsverfahrens (§§ 85 ff. AO)	134
	3.1 Ablauf des Besteuerungsverfahrens	134
	3.2 Allgemeine Besteuerungsgrundsätze	134
	3.2.1 Grundsatz der Gesetzmäßigkeit und Gleichmäßigkeit der Besteuerung	134
	3.2.2 Untersuchungsgrundsatz (§ 88 AO)	135
	3.2.3 Mitwirkungspflichten	136
	3.2.4 Grundsatz des rechtlichen Gehörs (§ 91 AO)	138
4	Ermittlung der Besteuerungsgrundlagen	139
	4.1 Beweismittel (§§ 92 ff. AO)	139
	4.1.1 Beweis durch Auskünfte (§ 93 AO)	141
	4.1.2 Kontenabruf nach § 93 Abs. 7 und 8 AO	142
	4.2 Buchführungs- und Aufzeichnungspflichten (§§ 140 – 148 AO)	143
	4.2.1 Allgemeines	143
	4.2.2 Derivative Buchführungspflicht (§ 140 AO)	144
	4.2.3 Originäre Buchführungspflicht (§ 141 AO)	144
	4.2.4 Anforderungen an Buchführung und Aufzeichnungen (§§ 142 ff. AO)	145
	4.3 Steuererklärungen (§§ 149 – 153 AO)	146
	4.3.1 Abgabe der Steuererklärung (§ 149 AO)	146
	4.3.2 Verspätungszuschlag (§ 152 AO)	149
	4.3.3 Berichtigungspflicht (§ 153 AO)	150
	4.4 Besonderheiten der Mitwirkungspflichten	151
	4.4.1 Schätzung der Besteuerungsgrundlagen (§ 162 AO)	151
	4.4.2 Benennung von Gläubigern und Zahlungsempfängern (§ 160 AO)	152
5	Festsetzungs- und Feststellungsverfahren (§§ 155 ff. AO)	154
	5.1 Steuerfestsetzung	154
	5.1.1 Steuerbescheide	154
	5.1.2 Steuerfestsetzung unter dem Vorbehalt der Nachprüfung (§ 164 AO)	156
	5.1.3 Vorläufige Steuerfestsetzung und Aussetzung der Steuerfestsetzung (§ 165 AO)	157
	5.1.4 Abweichende Steuerfestsetzung aus Billigkeitsgründen (§ 163 AO)	160

	5.2	Festsetzungsverjährung (§§ 169 – 171 AO)	161
		5.2.1 Allgemeines	161
		5.2.2 Festsetzungsfristen (§ 169 AO)	162
		5.2.3 Beginn der Festsetzungsfrist, Anlaufhemmung (§ 170 AO)	163
		5.2.4 Ablaufhemmung (§ 171 AO)	166
		5.2.5 Prüfungsschema und zusammenfassendes Beispiel	172
	5.3	Feststellungsbescheide (§§ 179 – 183 AO)	173
	5.4	Steuermessbescheide (§ 184 AO)	178
	5.5	Verhältnis des Feststellungs- zum Festsetzungsverfahren bei § 10d EStG	178
6	Erhebungsverfahren (§§ 218 – 248 AO)		180
	6.1	Verwirklichung von Ansprüchen aus dem Steuerschuldverhältnis	180
	6.2	Fälligkeit (§§ 220 f. AO)	181
		6.2.1 Grundsätze	181
		6.2.2 Stundung (§ 222 AO)	181
	6.3	Erlöschen von Ansprüchen aus dem Steuerschuldverhältnis	182
		6.3.1 Zahlung (§§ 224 f. AO)	182
		6.3.2 Aufrechnung (§ 226 AO)	183
		6.3.3 Erlass (§ 227 AO)	184
		6.3.4 Zahlungsverjährung (§§ 228 ff. AO)	185
	6.4	Verzinsung und Säumniszuschläge (§§ 233 ff. AO)	186
		6.4.1 Verzinsung (§§ 233 ff. AO)	186
		6.4.2 Säumniszuschläge (§ 240 AO)	189
VI	**Aufhebung, Änderung und Berichtigung von Steuerverwaltungsakten**		**191**
1	Bestandskraft von Steuerbescheiden		191
	1.1	Bestandskraft einerseits – Rechtskraft andererseits	191
	1.2	Formelle und materielle Bestandskraft	191
	1.3	Spannungsverhältnis zwischen Bestandskraft und Gesetzmäßigkeit	192
2	Berichtigungsvorschriften		192
3	Die Berichtigung offenbarer Unrichtigkeiten		194
	3.1	Grundsätze zu § 129 AO	194
	3.2	Fälle der »offenbaren Unrichtigkeit«	195
4	Rücknahme und Widerruf von Steuerverwaltungsakten		197
	4.1	Die Vorfrage: Rechtmäßigkeit oder Rechtswidrigkeit des Steuerbescheids	197
	4.2	Anwendungsbereich von §§ 130, 131 AO	198
	4.3	Begünstigender oder belastender Verwaltungsakt	198
	4.4	Die Rücknahme (§ 130 AO)	199
		4.4.1 Rücknahme eines rechtswidrigen nicht begünstigenden Verwaltungsaktes	199
		4.4.2 Rücknahme eines rechtswidrigen begünstigenden Verwaltungsaktes	199
		4.4.3 Folgen der Rücknahme	201
		4.4.4 Auch möglich: Widerruf eines rechtswidrigen Verwaltungsaktes	201
	4.5	Widerruf eines Verwaltungsaktes	201
		4.5.1 Widerruf eines rechtmäßigen nicht begünstigenden Verwaltungsaktes	201
		4.5.2 Widerruf eines rechtmäßigen begünstigenden Verwaltungsaktes	202
5	Steuerfestsetzung unter dem Vorbehalt der Nachprüfung (§ 164 AO)		203
	5.1	Zulässigkeit des Vorbehalts der Nachprüfung (§ 164 Abs. 1 AO)	203
	5.2	Wirkung der Vorbehaltsfestsetzung	204
	5.3	Rechtsbehelfe	205

6	Vorläufige Steuerfestsetzung (§ 165 AO)		206
	6.1	Ungewissheit	207
	6.2	Umfang der Änderung; zeitliche Grenze	207
	6.3	Endgültige Veranlagung (§ 165 Abs. 2 AO)	208
	6.4	Rechtsbehelfsverfahren	208
7	Aufhebung und Änderung von Steuerbescheiden		208
	7.1	Grundsätze zur Änderung	208
	7.2	Die schlichte Änderung nach § 172 Abs. 1 Nr. 2 Buchst. a AO	210
	7.3	§ 172 Abs. 1 Nr. 2 Buchst. b und c AO	211
	7.4	Aufhebung oder Änderung in sonstigen gesetzlich zugelassenen Fällen (§ 172 Abs. 1 Nr. 2 Buchst. d AO)	212
8	Nachträgliches Bekanntwerden von Tatsachen oder Beweismitteln		212
	8.1	Tatsachen und Beweismittel i. S. v. § 173 Abs. 1 AO	212
	8.2	Nachträgliches Bekanntwerden	214
	8.3	Verwertung rechtswidrig ermittelter Tatsachen	217
	8.4	Erster Hauptfall: Aufhebung oder Änderung zuungunsten des Steuerpflichtigen (§ 173 Abs. 1 Nr. 1 AO)	217
	8.5	Zweiter Hauptfall: Aufhebung oder Änderung zugunsten des Steuerpflichtigen (§ 173 Abs. 1 Nr. 2 AO)	217
	8.6	Dritter Hauptfall: Zusammenhang zwischen steuererhöhenden und steuermindernden Tatsachen (§ 173 Abs. 1 Nr. 2 S. 2 AO)	221
	8.7	Änderungssperre nach einer Außenprüfung	222
9	Schreib- oder Rechenfehler bei Erstellung einer Steuererklärung		223
10	Widerstreitende Steuerfestsetzungen		223
	10.1	§ 174 Abs. 1 AO: Mehrfache Berücksichtigung desselben Sachverhalts zuungunsten des Steuerpflichtigen	223
	10.2	§ 174 Abs. 2 AO: Mehrfache Berücksichtigung desselben Sachverhalts zugunsten des Steuerpflichtigen	224
	10.3	§ 174 Abs. 3 AO: Nichtberücksichtigung eines Sachverhalts	225
	10.4	§ 174 Abs. 4 AO	226
	10.5	§ 174 Abs. 5 AO	228
11	Anpassung von Steuerbescheiden an Grundlagenbescheide		228
	11.1	Anpassungszwang	229
	11.2	Vorwegnahme der Feststellung	229
	11.3	Umfang der Änderung, insb. die zeitliche Grenze	229
	11.4	Rechtsbehelf und Aussetzung der Vollziehung	230
12	Eintritt eines Ereignisses mit steuerlicher Wirkung für die Vergangenheit		231
	12.1	§ 175 Abs. 1 S. 1 Nr. 2 AO bei laufend veranlagten Steuern	234
	12.2	§ 175 Abs. 1 S. 1 Nr. 2 AO bei Veräußerungsgeschäften	234
	12.3	Änderung von Steuerbescheiden bei Datenübermittlung durch Dritte (§ 175b AO)	235
13	Vertrauensschutz bei Aufhebung und Änderung von Steuerbescheiden		235
14	Berichtigung materieller Fehler (§ 177 AO)		236
	14.1	Materieller Fehler	237
	14.2	Umfang der Fehlerberichtigung	237

VII	**Das außergerichtliche Rechtsbehelfsverfahren**		239
1	Übersicht		239
2	Zulässigkeitsvoraussetzungen des Einspruchs (§ 358 AO)		240
	2.1	Einleitung	240
	2.2	Einzelne Zulässigkeitsvoraussetzungen	241
		2.2.1 Zulässigkeit des Finanzverwaltungsrechtsweges (§ 347 AO)	241
		2.2.2 Statthaftigkeit des Einspruchs (§§ 347 f. AO)	241
		2.2.3 Einspruchsbefugnis (§§ 350 ff. AO)	243
		2.2.4 Einspruchsfrist (§ 355 AO)	246
		2.2.5 Einlegung des Einspruchs (§ 357 AO)	249
		2.2.6 Einspruchsverzicht und Einspruchsrücknahme	250
3	Das Einspruchsverfahren		251
	3.1	Einspruchsverfahren als verlängertes Festsetzungsverfahren	251
	3.2	Mündliche Erörterung (§ 364a AO)	253
	3.3	Setzung von Präklusionsfristen (§ 364b AO)	253
	3.4	Bindungswirkung anderer Verwaltungsakte (§ 351 AO)	254
		3.4.1 Anfechtbarkeit von Änderungsbescheiden	254
		3.4.2 Bindungswirkung im Verhältnis Grundlagenbescheid – Folgebescheid	255
4	Hinzuziehung zum Verfahren (§ 360 AO)		255
5	Entscheidung über den Einspruch (§ 367 AO)		257
VIII	**Das finanzgerichtliche Verfahren**		261
1	Überblick über die Finanzgerichtsbarkeit		261
	1.1	Einführung	261
	1.2	Gerichtsverfassung	261
2	Gerichtliches Klageverfahren		262
	2.1	Klagearten nach der Finanzgerichtsordnung	263
		2.1.1 Anfechtungsklage (§ 40 Abs. 1, 1. Alt. FGO)	263
		2.1.2 Verpflichtungsklage (§ 40 Abs. 1, 2. Alt. FGO)	264
		2.1.3 Leistungsklage (§ 40 Abs. 1, 3. Alt. FGO)	264
		2.1.4 Feststellungsklage (§ 41 FGO)	265
		2.1.5 Sprungklage und Untätigkeitsklage (§§ 45 f. FGO)	266
	2.2	Zulässigkeitsvoraussetzungen	266
		2.2.1 Zulässigkeit des Finanzrechtswegs (§ 33 FGO)	266
		2.2.2 Zuständigkeit des Gerichts (§§ 35 ff. FGO)	267
		2.2.3 Statthaftigkeit der Klageart (§§ 40 f. FGO)	267
		2.2.4 Beteiligtenfähigkeit und Prozessfähigkeit (§§ 57 ff. FGO)	267
		2.2.5 Klagebefugnis (§§ 40 Abs. 2, 48 FGO)	268
		2.2.6 Erfolgloses Vorverfahren (§ 44 FGO)	269
		2.2.7 Klagefrist (§ 47 FGO)	270
		2.2.8 Ordnungsgemäße Klageerhebung (§§ 64 f. FGO)	271
	2.3	Verfahrensgrundsätze: Ablauf des finanzgerichtlichen Verfahrens	272
3	Rechtsmittel		274
	3.1	Revision	275
		3.1.1 Zulassungsgründe (§ 115 Abs. 2 FGO)	275
		3.1.2 Nichtzulassungsbeschwerde (§ 116 FGO)	278
		3.1.3 Revisionsverfahren	278
	3.2	Beschwerde (§§ 128 ff. FGO)	279
4	Kosten des Verfahrens		280

IX	**Vorläufiger Rechtsschutz**		281
1	Vorläufiger Rechtsschutz durch die Finanzbehörde (§ 361 AO)		281
	1.1	Überblick	281
	1.2	Voraussetzungen für die Vollziehungsaussetzung (§ 361 AO)	282
		1.2.1 Angefochtener Verwaltungsakt	282
		1.2.2 Vollziehbarkeit des angefochtenen Verwaltungsaktes	283
		1.2.3 Umfang der Aussetzung der Vollziehung	284
		1.2.4 Ernstliche Zweifel an der Rechtmäßigkeit oder unbillige Härte	284
	1.3	Verfahren	287
	1.4	Entscheidung über den Antrag auf Aussetzung der Vollziehung	288
		1.4.1 Aussetzung der Vollziehung	288
		1.4.2 Ablehnung der Vollziehungsaussetzung	289
2	Vorläufiger Rechtsschutz im finanzgerichtlichen Verfahren		289
	2.1	Überblick	289
	2.2	Aussetzung der Vollziehung (§ 69 FGO)	290
		2.2.1 Voraussetzungen	290
		2.2.2 Zuständigkeitskonkurrenz Finanzbehörde/Finanzgericht	291
	2.3	Einstweilige Anordnung (§ 114 FGO)	292
		2.3.1 Überblick	292
		2.3.2 Voraussetzungen einer einstweiligen Anordnung	292
		2.3.3 Verfahren	294
X	**Vollstreckung von Steueransprüchen (§§ 249 ff. AO)**		297
1	Einleitung		297
2	Allgemeine Vollstreckungsvoraussetzungen		297
	2.1	Anwendbarkeit der Abgabenordnung	297
	2.2	Zuständige Vollstreckungsbehörde (§ 249 AO)	298
	2.3	Voraussetzungen für den Beginn der Vollstreckung (§ 254 AO)	298
		2.3.1 Vollstreckbarer Verwaltungsakt (§ 251 AO)	299
		2.3.2 Fälligkeit der Leistung (§ 254 Abs. 1 S. 1 AO)	300
		2.3.3 Leistungsgebot (§ 254 Abs. 1 S. 1 AO)	300
		2.3.4 Schonfrist (§ 254 Abs. 1 S. 1 AO)	300
		2.3.5 Mahnung (§ 259 AO)	301
3	Vollstreckung wegen Geldforderungen (§§ 259 ff. AO)		301
	3.1	Vollstreckung in das bewegliche Vermögen (§§ 281 ff. AO)	301
		3.1.1 Einleitung	301
		3.1.2 Pfändung beweglicher Sachen (§§ 285 ff. AO)	302
		3.1.3 Pfändung in Forderungen und andere Vermögensrechte (§§ 309 ff. AO)	303
		3.1.4 Vermögensauskunft (§ 284 AO)	305
	3.2	Vollstreckung in das unbewegliche Vermögen (§ 322 AO)	305
4	Vollstreckung wegen anderer Leistungen als Geldforderungen (§§ 328 ff. AO)		306
5	Vollstreckungsmaßnahmen außerhalb der Abgabenordnung		307
6	Arrestverfahren (§§ 324 ff. AO)		308
	6.1	Überblick	308
	6.2	Arrestanspruch	309
	6.3	Arrestgrund	309
	6.4	Anordnung und Vollziehung des Arrests	310

7		Rechtsschutz im Vollstreckungsverfahren	310
	7.1	Grundsatz	310
	7.2	Einschränkung und Beschränkung der Vollstreckung (§ 257 AO)	311
	7.3	Vollstreckungsaufschub (§ 258 AO)	311
	7.4	Niederschlagung (§ 261 AO)	312
	7.5	Einwendungen Dritter (§ 262 AO)	312
	7.6	Aufteilung einer Gesamtschuld (§§ 268 ff. AO)	313
	7.7	Allgemeine Rechtsbehelfe im Vollstreckungsverfahren	313

XI		Die Außenprüfung (§§ 193 ff. AO)	315
1		Bedeutung und Definition	315
2		Zulässigkeit der Außenprüfung	316
3		Die Prüfungsanordnung	318
	3.1	Sachlicher Umfang der Prüfung	318
	3.2	Persönlicher Umfang der Prüfung	319
	3.3	Zeitlicher Umfang der Prüfung	320
	3.4	Begründungs- und weitere Verfahrensmängel	320
4		Bekanntgabe der Prüfungsanordnung	321
5		Rechtsbehelfe gegen die Prüfungsanordnung	321
	5.1	Der Grundsatz	321
	5.2	Rechtsbehelf und Verwertungsverbot	322
	5.3	Erneute Reaktion der Verwaltung	323
	5.4	Zusammenfassende Fallstudie	323
6		Kontrollmitteilungen	324
7		Die Stellung des Betriebsprüfers	325
8		Die Schlussbesprechung	326
9		Der Prüfungsbericht	327
10		Verbindliche Zusage (§ 204 AO)	327

XII			Steuerstraftaten und Steuerordnungswidrigkeiten	329
1			Überblick	329
2			Steuerstraftaten	330
	2.1		Überblick	330
	2.2		Steuerhinterziehung (§ 370 AO)	331
		2.2.1	Objektiver Tatbestand der Steuerhinterziehung	331
		2.2.2	Subjektiver Tatbestand der Steuerhinterziehung	335
		2.2.3	Täterschaft und Teilnahme	337
		2.2.4	Zeitliche Stadien der Steuerhinterziehung	339
		2.2.5	Selbstanzeige (§ 371 AO)	341
		2.2.6	Strafzumessung	345
		2.2.7	Verjährung	347
3			Steuerordnungswidrigkeiten (§§ 377 ff. AO)	347
	3.1		Einführung	347
	3.2		Leichtfertige Steuerverkürzung (§ 378 AO)	348

4	Steuerstrafverfahren			349
	4.1	Ermittlungsverfahren		349
		4.1.1	Zuständigkeit	349
		4.1.2	Einleitung des Strafverfahrens (§ 397 AO)	350
		4.1.3	Befugnisse der Strafverfolgungsbehörden im Ermittlungsverfahren	351
		4.1.4	Abschluss des Ermittlungsverfahrens	352
	4.2	Verfahren vor dem Strafgericht		354

B Umsatzsteuerrecht 355

I	**Einführung**			357
1	Umsatzsteuer-Aufkommen, Verteilung, Verwaltung			357
2	Rechtliche Rahmenbedingungen			357
3	Wesen und Wirkungsweise der Umsatzsteuer			358

II	**Hinweise für die Bearbeitung von Umsatzsteuerklausuren**			363
1	Prüfung von entgeltlichen Umsätzen nach § 1 Abs. 1 Nr. 1 UStG			363
	1.1	Steuerbarkeit		363
	1.2	Steuerbefreiungen nach § 4 UStG		365
	1.3	Bemessungsgrundlage und Steuersatz		365
	1.4	Entstehen und Schuldner der Umsatzsteuer		366
	1.5	Änderungen der Bemessungsgrundlage nach § 17 UStG		367
2	Steuerbarkeit unentgeltlicher Wertabgaben			367
3	Innergemeinschaftlicher Erwerb nach § 1 Abs. 1 Nr. 5 UStG			368
4	(Zusätzliche) Steuer nach § 14c UStG			369
5	Ermittlung der abziehbaren Vorsteuer und Vorsteuerberichtigung			369
6	Steuerschuldnerschaft des Leistungsempfängers (§ 13b UStG)			370
7	Umsatzsteuerrechtliche Haftungsansprüche			370

III	**Unternehmer und Unternehmen als Anknüpfungspunkte des Umsatzsteuerrechts**			371
1	Der Unternehmer i. S. d. § 2 UStG			371
	1.1	Unternehmensfähigkeit (»wer«)		371
	1.2	Ausüben einer gewerblichen oder beruflichen Tätigkeit		372
		1.2.1	Tätigkeit im Leistungsaustausch	372
		1.2.2	Nachhaltigkeit der Tätigkeit	378
		1.2.3	Einnahmeerzielungsabsicht	379
	1.3	Selbständigkeit		379
2	Das Unternehmen i. S. d. § 2 UStG			381
	2.1	Grundsatz der Unternehmenseinheit		381
	2.2	Handeln im Rahmen des Unternehmens		381
3	Beginn und Ende der Unternehmerstellung			382
	3.1	Beginn der Unternehmerstellung		382
	3.2	Sonderfall Vorgründungsgesellschaften		383
	3.3	Ende des Unternehmens (insb. Fortbestand bei Insolvenz)		384
4	Juristische Personen des öffentlichen Rechts als Unternehmer			384
5	Kleinunternehmer i. S. d. § 19 UStG			386

6	Organschaft i. S. d. § 2 Abs. 2 Nr. 2 UStG		388
	6.1	Voraussetzungen	388
		6.1.1 Finanzielle Eingliederung	389
		6.1.2 Wirtschaftliche Eingliederung	390
		6.1.3 Organisatorische Eingliederung	390
	6.2	Rechtsfolgen	390
IV	**Leistungen (Lieferungen und sonstige Leistungen)**		**393**
1	Lieferungen i. S. d. § 3 Abs. 1 UStG und deren Ortsbestimmung		395
	1.1	Gegenstandsbegriff des Umsatzsteuerrechts	395
	1.2	Verschaffung der Verfügungsmacht	396
		1.2.1 Besonderheiten im Zusammenhang mit Leasingverträgen	399
		1.2.2 Ausgabe von Gutscheinen	401
	1.3	Bestimmung des Lieferortes (§ 3 Abs. 5a UStG)	404
		1.3.1 Unbewegte Lieferungen und deren Ort	404
		1.3.2 Befördern und Versenden als bewegte Lieferungen	404
		1.3.3 Ort des Transportbeginns als Lieferort bewegter Lieferungen	405
		1.3.4 Verlagerungen des Lieferorts im grenzüberschreitenden Warenverkehr	406
	1.4	Besonderheiten beim Reihengeschäft	412
		1.4.1 Bestimmung der Leistungsbeziehungen	412
		1.4.2 Zuordnung der Warenbewegung	413
		1.4.3 Besonderheiten der Zuordnung der Warenbewegung bei Zwischenhändlern	414
		1.4.4 Unterbrechung der Warenbewegung (sog. gebrochene Beförderung oder Versendung)	415
2	Sonstige Leistungen i. S. d. § 3 Abs. 9 UStG und deren Ortsbestimmung		416
	2.1	Grundregeln zur Ortsbestimmung (§ 3a Abs. 1 und 2 UStG)	416
	2.2	Besondere Anknüpfungspunkte für Leistungsortbestimmungen	418
		2.2.1 Leistungen im Zusammenhang mit einem Grundstück (Belegenheitsort)	418
		2.2.2 (Kurzfristige) Vermietung von Beförderungsmitteln (Übergabeort)	419
		2.2.3 Besondere Leistungen, die am Tätigkeitsort erbracht werden (Tätigkeitsort)	420
		2.2.4 Vermittlungsleistungen	425
		2.2.5 Beförderungsleistungen und damit zusammenhängende Umsätze	428
		2.2.6 Katalogleistungen i. S. d. § 3a Abs. 4 UStG	430
		2.2.7 Empfängerortsprinzip für Telekommunikations-, Rundfunk-, Fernseh- und auf elektronischem Weg erbrachte sonstige Leistungen	431
		2.2.8 Vorgehen zur Bestimmung des Ortes entgeltlicher sonstiger Leistungen	433
	2.3	Besonderheiten im Besteuerungsverfahren für sonstige Leistungen	434
3	Einheitlichkeit der Leistung		435
	3.1	Haupt- und Nebenleistung	436
	3.2	Untrennbare Gesamtleistung	436
	3.3	Aufteilung durch gesetzliche Vorgaben	440

V	**Einzelfragen zum Leistungsaustausch**		441
1	Wirtschaftliche Verknüpfung von Leistung und Gegenleistung		441
2	Abgrenzung zwischen sog. »echten« und »unechten« Schadensersatz		442
	2.1	Verträge, die nicht, mangelhaft oder verspätet erfüllt werden	443
	2.2	Abgebrochene (Werk-)Lieferungen	444
	2.3	Abwicklung von Schadensersatzansprüchen aus unerlaubter Handlung	445
3	Leistungsaustausch zwischen Personengesellschaften und ihren Gesellschaftern		445
	3.1	Gründung von Gesellschaften bzw. Eintritt von Gesellschaftern	445
	3.2	Ausscheiden eines Gesellschafters	446
4	Leistungsaustausch bei der Abgabe von Leistungen an Arbeitnehmer		447
VI	**Inland/Ausland/Drittland/Gemeinschaftsgebiet**		451
VII	**Geschäftsveräußerung im Ganzen (§ 1 Abs. 1a UStG)**		453
1	Grundstücksübertragung als Geschäftsveräußerung		454
2	Übereignung aller wesentlichen Betriebsgrundlagen?		455
3	Erwerb für das Unternehmen des Erwerbers		456
4	Wirkung der Rechtsnachfolge nach § 1 Abs. 1a S. 3 UStG		456
5	Fehlerhafter Steuerausweis		456
6	Vorsteuerabzug aus Leistungsbezügen für die Geschäftsveräußerung		457
VIII	**Steuerbefreiungen entgeltlicher Inlandsumsätze (§ 4 UStG)**		459
1	Zweck und Wirkungen von Steuerbefreiungstatbeständen		459
2	Befreiungstatbestände mit Optionsmöglichkeit i. S. d. § 9 UStG		460
	2.1	Grunderwerbsteuerbare Vorgänge (§ 4 Nr. 9 Buchst. a UStG)	461
	2.2	Vermietung und Verpachtung von Grundstücken (§ 4 Nr. 12 Buchst. a UStG)	463
	2.3	Einzelheiten zum Verzicht auf Steuerbefreiungen (§ 9 UStG)	466
		2.3.1 Grundvoraussetzungen (§ 9 Abs. 1 UStG)	466
		2.3.2 Einschränkungen (§ 9 Abs. 2 UStG)	467
		2.3.3 Besondere Vorgaben für die Verzichtsausübung (§ 9 Abs. 3 UStG)	471
	2.4	Verzicht gegenüber einer nichtunternehmerisch tätigen Gemeinschaft	472
3	Zwingend »vorsteuerschädliche« Steuerbefreiungen (ohne Optionsmöglichkeit)		473
4	Steuerfreie Veräußerung nicht vorsteuerentlasteter Gegenstände nach § 4 Nr. 28 UStG		473
IX	**Bemessungsgrundlage (§ 10 UStG) und Steuersatz (§ 12 UStG)**		475
1	Grundsätze der Entgeltsbestimmung nach § 10 UStG		475
2	Anwendung und Bestimmung des Steuersatzes nach § 12 UStG		477
3	Besonderheiten zur Entgeltbestimmung		481
	3.1	Auslagenersatz/durchlaufende Posten	481
	3.2	Entgelt von dritter Seite (Zuschüsse)	482
	3.3	Tauschvorgänge	484
4	Mindest-Bemessungsgrundlage nach § 10 Abs. 5 UStG		485
5	Differenzbesteuerung nach den §§ 25, 25a UStG		487
	5.1	Sinn und Zweck und tatbestandliche Voraussetzungen (§ 25a UStG)	487
	5.2	Anwendung auf Entnahmen i. S. d. § 3 Abs. 1b UStG	489
	5.3	Verzicht auf Differenzbesteuerung	489
	5.4	Differenzbesteuerung im Binnenmarkt	490
	5.5	Besonderheiten für gewerbliche Kunsthändler	491
	5.6	Besonderheiten bei der Besteuerung von Reiseleistungen (§ 25 UStG)	491

X	**Steuerentstehung**	495
1	Besteuerung nach vereinbarten Entgelten (§ 16 UStG)	495
	1.1 Leistungszeitpunkt als Anknüpfungspunkt	495
	1.2 Entgeltsvereinnahmung als Anknüpfungspunkt	497
2	Besteuerung nach vereinnahmten Entgelten (§ 20 UStG)	498
3	Änderungen der Bemessungsgrundlage nach § 17 UStG	498
	3.1 Uneinbringlichkeit der Forderung (§ 17 Abs. 2 Nr. 1 UStG)	501
	3.2 Nichtausführung der Leistung (§ 17 Abs. 2 Nr. 2 UStG)	502
	3.3 Rückgängigmachung einer Lieferung/Rücklieferung (§ 17 Abs. 2 Nr. 3 UStG)	503
	3.4 Tätigen von Aufwendungen i. S. d. § 15 Abs. 1a UStG (§ 17 Abs. 2 Nr. 5 UStG)	504
4	Steuerentstehung mit Rechnungserteilung	505
5	Fälligkeit	505

XI	**Steuerschuldnerschaft**	507
1	Der leistende Unternehmer als Steuerschuldner (§ 13a UStG)	507
2	Leistungsempfänger als Steuerschuldnerschaft (§ 13b UStG)	507
3	Die klausurrelevanten Fallgruppen	508
	3.1 Werklieferungen und sonstige Leistungen im Ausland oder Gemeinschaftsgebiet ansässiger Unternehmer	508
	3.2 Verwertung von Sicherungsgut (§ 13b Abs. 2 Nr. 2 UStG)	510
	3.3 Umsätze, die unter das Grunderwerbsteuergesetz fallen (§ 13b Abs. 2 Nr. 3 UStG)	512
	3.4 Bauleistungen (§ 13b Abs. 2 Nr. 4 UStG)	513
	3.5 Gebäudereinigungsdienstleistungen (§ 13b Abs. 2 Nr. 8 UStG)	516
	3.6 Sonstige klausurrelevante Fallgruppen	516
	3.7 Ausnahmen von der Umkehr der Steuerschuldnerschaft	518
	3.8 Anforderungen an Rechnung und Berechnung der vom Leistungsempfänger geschuldeten Umsatzsteuer	519

XII	**Besteuerung unentgeltlicher Wertabgaben**	521
1	Rahmenbedingungen der Besteuerung unentgeltlicher Lieferungen nach § 3 Abs. 1b UStG	521
2	Weitere Voraussetzungen fiktiv entgeltlicher Lieferungen	523
	2.1 Entnahmen des Unternehmers (§ 3 Abs. 1b S. 1 Nr. 1 UStG)	523
	2.2 Sachzuwendungen an das Personal (§ 3 Abs. 1b S. 1 Nr. 2 UStG)	524
	2.3 Sonstige unentgeltliche Lieferungen (§ 3 Abs. 1b S. 1 Nr. 3 UStG)	525
3	Voraussetzungen fiktiv entgeltlicher sonstiger Leistungen nach § 3 Abs. 9a UStG und deren Bemessungsgrundlage	526
	3.1 Außerunternehmerische Verwendung von Unternehmensgegenständen (§ 3 Abs. 9a Nr. 1 UStG)	526
	3.1.1 Besonderheiten bei der nichtunternehmerischen Grundstücksnutzung	528
	3.1.2 Besonderheiten der unternehmensfremden Fahrzeugnutzung	529
	3.2 Erbringen anderer sonstiger Leistungen (§ 3 Abs. 9a Nr. 2 1. Alt. UStG)	531
	3.3 Sonstige Leistungen gegenüber dem Personal (§ 3 Abs. 9a Nr. 2 2. Alt. UStG)	531
4	Ortsbestimmung, Steuerbefreiung und Steuersatz	532
5	Bemessungsgrundlage sowie Steuerentstehung und -schuldner	533

XIII	**Unrichtiger oder unberechtigter Steuerausweis (§ 14c UStG)**	535
1	Unrichtiger Steuerausweis nach § 14c Abs. 1 UStG	535
2	Unberechtigter Steuerausweis nach § 14c Abs. 2 UStG	537

XIV	Grenzüberschreitende Warenbewegungen			539
1	Besteuerungsprinzipien			539
2	Abwicklungen mit Drittländern			539
	2.1	Die Einfuhr aus dem Drittland nach § 1 Abs. 1 Nr. 4 UStG		539
	2.2	Ausfuhrlieferungen nach § 4 Nr. 1 Buchst. a i. V. m. § 6 UStG		544
	2.3	Sonstige Leistungen im Zusammenhang mit steuerbefreiten Ausfuhrlieferungen		547
		2.3.1	Lohnveredelung an Gegenständen der Ausfuhr	548
		2.3.2	Grenzüberschreitende Güterbeförderungen	549
		2.3.3	Vermittlung grenzüberschreitender Warenlieferungen	550
3	Innergemeinschaftliche Warenbewegungen			550
	3.1	Die Erwerbsbesteuerung i. S. d. § 1 Abs. 1 Nr. 5 UStG		551
		3.1.1	Tatbestandliche Voraussetzungen eines innergemeinschaftlichen Erwerbs (§ 1a Abs. 1 UStG)	551
		3.1.2	Erwerbsort, Steuerbefreiung, Bemessungsgrundlage, Steuersatz und Steuerentstehung	553
		3.1.3	Innergemeinschaftlicher Erwerb durch Verbringen (§ 1a Abs. 2 UStG)	555
		3.1.4	Ausnahmen von der Erwerbsbesteuerung nach § 1a Abs. 3 UStG	557
		3.1.5	Sonderfall: Erwerb neuer Fahrzeuge nach § 1b UStG	559
	3.2	Innergemeinschaftliche Lieferungen i. S. d. § 4 Nr. 1 Buchst. b i. V. m. § 6a UStG		560
		3.2.1	Tatbestandliche Voraussetzungen einer innergemeinschaftlichen Lieferung	560
		3.2.2	Innergemeinschaftliches Verbringen	563
		3.2.3	Die neue Konsignationslagerregelung (§ 6b UStG)	564
		3.2.4	Sonderfall: Lieferung neuer Fahrzeuge	566
	3.3	Lieferungen an Privatpersonen im Reiseverkehr		568
	3.4	Das innergemeinschaftliche Dreiecksgeschäft i. S. d. § 25b UStG		568
XV	Vorsteuerabzug (§ 15 UStG)			573
1	Anspruchsbegründende Voraussetzungen des § 15 Abs. 1 S. 1 Nr. 1 UStG			573
	1.1	Der abzugsberechtigte Unternehmer		574
	1.2	Unternehmer als Leistungsempfänger		575
		1.2.1	Leistungsbezug durch Gesellschafter/Gemeinschafter bzw. Bruchteilsgemeinschaften	576
		1.2.2	Leistungsbezug durch Arbeitnehmer des Unternehmers	578
		1.2.3	Besonderheiten bei unfreier Versendung (§ 40 UStDV)	578
	1.3	Leistungsbezug »für sein Unternehmen« (Zuordnungsmöglichkeiten)		579
		1.3.1	Aufteilungsgebote bei teilunternehmerischer Nutzung	580
		1.3.2	Zuordnung bei teilweise unternehmensfremder Nutzung von Gegenständen	582
		1.3.3	Zuordnung von teilunternehmerisch genutzten Grundstücken (§ 15 Abs. 1b UStG)	583
		1.3.4	Mindestumfang unternehmerischer Nutzung (10 %-Grenze)	584
		1.3.5	Zuordnungsalternativen bei teilweise unternehmensfremder Nutzung	585
	1.4	Von einem anderen Unternehmer		588
	1.5	Besitz einer Rechnung i. S. d. §§ 14, 14a UStG		588
		1.5.1	Anforderungen an eine ordnungsgemäße Rechnung	588
		1.5.2	Rechnungsberichtigung mit Rückwirkung für den Vorsteuerabzug	589
		1.5.3	Kleinbetragsrechnungen/Fahrausweise	589
		1.5.4	Gutschriften	590

	1.6	Begrenzung des Vorsteuerabzugs auf die für den Umsatz geschuldete Umsatzsteuer	591
2		Vorsteuerabzug der Einfuhrumsatzsteuer, Erwerbsteuer und der nach § 13b UStG geschuldeten Umsatzsteuer	592
	2.1	Berechtigung zum Abzug der Einfuhrumsatzsteuer (§ 15 Abs. 1 S. 1 Nr. 2 UStG)	593
	2.2	Abzug der Umsatzsteuer auf den innergemeinschaftlichen Erwerb (§ 15 Abs. 1 S. 1 Nr. 3 UStG)	594
	2.3	Abzug der nach § 13b UStG geschuldeten Umsatzsteuer (§ 15 Abs. 1 S. 1 Nr. 4 UStG)	595
3		Ausschlüsse bzw. Einschränkungen des Vorsteuerabzugs	596
	3.1	Vorsteuerabzugsverbot nach § 15 Abs. 1a UStG	597
		3.1.1 Geschenke (§ 4 Abs. 5 S. 1 Nr. 1 EStG)	597
		3.1.2 Bewirtungsaufwendungen (§ 4 Abs. 5 S. 1 Nr. 2 EStG)	598
		3.1.3 Aufwendungen für Gästehäuser, Motorjachten sowie für ähnliche Zwecke (§ 4 Abs. 5 S. 1 Nr. 3 und 4 EStG)	598
		3.1.4 Von § 15 Abs. 1a UStG nicht erfasste Aufwendungen	599
	3.2	Teilunternehmerische Grundstücksnutzung (§ 15 Abs. 1b UStG)	599
4		Ausschluss des Vorsteuerabzugs für steuerfreie Umsätze (§ 15 Abs. 2 und 3 UStG)	600
5		Vorsteueraufteilung nach § 15 Abs. 4 UStG	602
	5.1	Aufteilungsgrundsätze	602
	5.2	Hauptanwendungsfall: gemischt genutzte Gebäude	602
6		Zeitpunkt des Vorsteuerabzugs	608
	6.1	Recht auf Sofortabzug der Vorsteuer (ggf. anhand der Verwendungsabsicht)	608
	6.2	Vorsteuerabzug aus Anzahlungen (§ 15 Abs. 1 S. 1 Nr. 1 S. 3 UStG)	609
XVI		**Berichtigung des Vorsteuerabzugs (§ 15a UStG)**	**613**
1		Änderung der Verhältnisse bei Wirtschaftsgütern des Anlagevermögens (§ 15a Abs. 1 UStG)	614
	1.1	Berichtigungsobjekt	614
	1.2	Änderung der Verhältnisse	614
		1.2.1 Keine Anwendung beim Wechsel von unternehmensfremder (privater) zu unternehmerischer Nutzung	615
		1.2.2 Besonderheiten bei § 15 Abs. 1b UStG und nichtwirtschaftlicher Nutzung i.e.S.	615
		1.2.3 Grundfall: Veränderung des Anteils der vorsteuerschädlichen zur vorsteuerunschädlichen Verwendung	617
	1.3	Berichtigungszeitraum	617
	1.4	Ermittlung und Berechnung des Berichtigungsbetrags (in Beraterklausuren)	619
2		Vorsteuerberichtigung wegen eines Wechsels der Besteuerungsform (§ 15a Abs. 7 UStG)	621
3		Vorsteuerberichtigung wegen Veräußerung oder Entnahme des Berichtigungsobjekts (§ 15a Abs. 8 UStG)	621
4		Sonstige Berichtigungstatbestände	626
	4.1	Verwendungsänderungen bei Umlaufvermögen (§ 15a Abs. 2 UStG)	626
	4.2	Nachträgliche Einbauten oder sonstige Leistungen an einem Wirtschaftsgut (§ 15a Abs. 3 UStG)	627
	4.3	Vorsteuerberichtigung wegen sonstiger Leistungen, die nicht unter § 15a Abs. 3 S. 1 UStG fallen (§ 15a Abs. 4 UStG)	630
	4.4	Nachträgliche Anschaffungs- oder Herstellungskosten (§ 15a Abs. 6 UStG)	631
5		Verfahrensfragen und Vereinfachungsregeln	631

XVII	**Besteuerungsverfahren**	633
1	Steueranmeldung (Jahreserklärung und Voranmeldungen)	633
2	Der One-Stop-Shop (OSS)	634
3	Zusammenfassende Meldungen (§ 18a UStG)	635

C Erbschaftsteuerrecht 637

I	**Das Erbschaftsteuerrecht inklusive der erbrechtlichen Grundlagen**	639
1	Einführung	639
	1.1 Historische und wirtschaftliche Bedeutung der Erbschaftsteuer	639
	1.1.1 Das Erbschaftsteuergesetz in seiner Entwicklung	639
	1.1.2 Der Gesetzesaufbau	641
	1.2 Grundaussagen zum Erbschaftsteuerrecht	642
	1.2.1 Die wirtschaftlichen Auswirkungen auf der Planungs- und Belastungsebene des Steuerbürgers	642
	1.2.2 Tragende Prinzipien des Erbschaftsteuerrechts	644
	1.2.3 Der rechtstechnische Ausgangspunkt	645
	1.2.4 Das Verhältnis Erbschaftsteuer/Schenkungsteuer	646
	1.2.5 Die Erbschaftsteuer als Erwerbersteuer (Erbanfall- oder Bereicherungssteuer)	646
	1.3 Die Erbschaft-/Schenkungsteuer in der Steuersystematik	647
	1.3.1 Der Standort der Erbschaft-/Schenkungsteuer	647
	1.3.2 Erbschaftsteuer und Einkommensteuer	647
	1.3.3 Erbschaftsteuer und Grunderwerbsteuer	648
	1.3.4 Erbschaftsteuerrecht und Umsatzsteuergesetz	648
	1.3.5 Erbschaftsteuergesetz und Zivilrecht	648
	1.3.6 Exkurs. Erbschaftsteuer und MoPeG	649
	1.4 Verfassungsrechtliche Vorgaben	649
	1.4.1 Erbschaftsteuergesetz und Art. 14 GG	650
	1.4.2 Erbschaftsteuergesetz und Art. 6 GG	650
	1.4.3 Erbschaftsteuergesetz und Art. 3 GG	651
	1.5 Einkommensteuergesetz und Gemeinschaftsrecht	651
	1.6 Schema	651
	1.6.1 Erbschaftsteuerliche Due Diligence – 1. Stufe	651
	1.6.2 Erbschaftsteuerliche Due Diligence – 2. Stufe	652
2	Die gesetzliche Erbfolge	653
	2.1 Das gesetzliche Verwandtenerbrecht	653
	2.2 Das Ehegattenerbrecht und die ehelichen Güterstände im Erbschaftsteuergesetz ..	656
	2.2.1 Die Bedeutung des Güterstandes für das Ehegattenerbrecht	656
	2.2.2 Die Beendigung des Güterstandes, insbesondere bei der Zugewinngemeinschaft (inklusive der Berechnung der Ausgleichsforderung)	657
	2.2.3 Die Änderung des Güterstandes und die modifizierte Zugewinngemeinschaft (inkl. »Güterstandsschaukel«)	662
	2.2.4 Sonstige Regelungen bei der Zugewinngemeinschaft und bei der Ausgleichsforderung	663
	2.2.5 Die Regelung bei der – fortgesetzten – Gütergemeinschaft (§ 4 ErbStG) ...	664
	2.3 Gesetzliches Erbrecht und die Steuerklassen des Erbschaftsteuergesetzes	665
3	Letztwillige Verfügungen im Erbrecht und im Erbschaftsteuerrecht	666

3.1		Wirksamkeit und Auslegung von Testamenten	666
	3.1.1	Gewillkürter oder gesetzlicher Erbe?	669
	3.1.2	Alleinerbe oder mehrere Erben sowie der »unbekannte Erbe«	670
3.2		Besonderheiten beim Ehegattentestament	677
	3.2.1	Zivilrechtliche Fragen zum Berliner Testament	677
	3.2.2	Die erbschaftsteuerliche Antwort zum Berliner Testament	679
	3.2.3	Folgeprobleme beim Berliner Testament	680
3.3		Vor- und Nacherbschaft	681
	3.3.1	Erbrechtliche Bedeutung	681
	3.3.2	Das Erbschaftsteuerrecht bei der Vor-/Nacherbschaft	684
3.4		Die negative Erbschaft, insbesondere die Ausschlagung	687
	3.4.1	Erbrechtliche Vorfragen	687
	3.4.2	Steuerliche Motive für die Ausschlagung	687
	3.4.3	Die marktwirtschaftliche Ausschlagung – gegen Entgelt	689
3.5		Pflichtteile und ihre »Abfindung«	690

4 Erbrechtliche Grundsätze und ihre Umsetzung im Erbschaftsteuerrecht ... 690

4.1		Die Rechtsnachfolge im Erbrecht und im Erbschaftsteuerrecht	690
4.2		Fundamentalprinzipien im Lichte der BGH- und BFH-Rechtsprechung/steuerliche Konsequenzen	690
	4.2.1	Sonderrechtsnachfolge bei vererbten Beteiligungen an Personengesellschaften	692
	4.2.2	Die Erbschaftsteuer bei der vererbten Mitunternehmerschaft – (Grundzüge)	694
4.3		Bedeutung von § 10 ErbStG, insbesondere die Schulden im Erbfall (§ 10 Abs. 5 ff. ErbStG)	696
	4.3.1	Der steuerpflichtige Erwerb gemäß § 10 ErbStG	696
	4.3.2	Die Schulden im Erbfall	697
4.4		Die Schenkung auf den Todesfall (§ 2301 BGB und § 3 Abs. 1 Nr. 2 S. 1 ErbStG)	703
4.5		Erwerb durch einen Vertrag zugunsten Dritter (§ 3 Abs. 1 Nr. 4 ErbStG sowie R E 3.7 Abs. 1 ErbStR 2019)	705
	4.5.1	Die Lebensversicherung im Erbschaftsteuerrecht	705
	4.5.2	Unfallversicherungsverträge	706
	4.5.3	Hinterbliebenenbezüge – Versorgungsansprüche	706

II Schenkungsteuerrecht: Vermögensübertragungen zu Lebzeiten im Erbschaftsteuergesetz ... 709

1 Schenkungen und andere unentgeltliche Zuwendungen unter Lebenden ... 709

1.1		Der Grundtatbestand des § 7 Abs. 1 Nr. 1 ErbStG – »volle« Unentgeltlichkeit	709
	1.1.1	Die Freigebigkeit als Auslöser einer unentgeltlichen Zuwendung	709
	1.1.2	Abgrenzungsfälle: keine Schenkung	713
1.2		Teilweise unentgeltliche Zuwendung – gemischte Schenkung	713
	1.2.1	Schenkungen unter Auflagen	716
	1.2.2	Exkurs: Schenkung von Immobilien	717
	1.2.3	Die Kettenschenkung	718
	1.2.4	Die mittelbare Schenkung, insbesondere die mittelbare Grundstücksschenkung	720
	1.2.5	Die unbenannte (Ehegatten-)Zuwendung	723
	1.2.6	Erweiterung der Steuerbefreiung um § 13 Abs. 1 Nr. 4b und Nr. 4c ErbStG	724

		1.3	Die weiteren Fälle des § 7 Abs. 1 Nr. 2 – 7, Nr. 10 ErbStG	726

- 1.3 Die weiteren Fälle des § 7 Abs. 1 Nr. 2 – 7, Nr. 10 ErbStG ... 726
- 1.4 Die Zweckzuwendung (§ 1 Abs. 1 Nr. 3 und § 8 ErbStG) ... 726
- 1.5 Gesellschaftsrechtliche Zuwendungen ... 728
  - 1.5.1 Zuwendungen bei Personengesellschaften (§ 7 Abs. 5 – 7 ErbStG) ... 728
  - 1.5.2 Zuwendungen bei Kapitalgesellschaften ... 730
- 2 Sonstige unentgeltliche Vorgänge am Beispiel der Nießbrauchsgestaltung ... 734
- 3 Gestaltungen zwischen Schenkung und Vererbung ... 736
  - 3.1 Die vorweggenommene Erbfolge ... 736
    - 3.1.1 Die schenkungsteuerlichen Grundzüge ... 737
    - 3.1.2 Auslegungsfragen der vorweggenommenen Erbfolgen zu § 7 Abs. 1 Nr. 2 ErbStG ... 739
  - 3.2 Vorwegübertragung auf Gesellschaften ... 740
    - 3.2.1 Übertragung auf Parkgesellschaften (Personengesellschaften) ... 741
    - 3.2.2 Übertragung auf eine »Familien-GmbH« unter Lebenden und/oder auf eine »Erb-GmbH« von Todes wegen ... 742

III Das Binnenrecht des Erbschaftsteuergesetzes (inkl. Bewertung) ... 745

- 1 Die subjektive Steuerpflicht im Erbschaftsteuergesetz ... 745
  - 1.1 Grundfragen der persönlichen Steuerpflicht ... 745
  - 1.2 Die beschränkte Steuerpflicht und die erweitert beschränkte Steuerpflicht im Erbschaft- und Außensteuergesetz ... 747
  - 1.3 Internationales Erbschaftsteuerrecht ... 749
    - 1.3.1 Der Regelfall: Die Anrechnung nach § 21 ErbStG ... 749
    - 1.3.2 DBA-Fragen zur Erbschaftsteuer ... 751
    - 1.3.3 Europarechtliche Aspekte ... 751
    - 1.3.3 Die EuErbVO Nr. 650/2012 (vom 16.08.2012) ... 752
- 2 Zusammenfassung zu §§ 9, 11 ErbStG ... 753
  - 2.1 Die Bedeutung des Entstehungszeitpunktes nach § 9 ErbStG ... 753
    - 2.1.1 Die Entstehung der Erbschaftsteuer ... 754
    - 2.1.2 Die Entstehung der Schenkungsteuer ... 755
  - 2.2 Sonderproblematik des § 11 ErbStG ... 757
  - 2.3 Planungshorizonte bei der Schenkung (insbesondere von Unternehmensvermögen) ... 758
- 3 Die Bewertung des Vermögens im Erbschaftsteuergesetz ... 758
  - 3.1 Vorbemerkung (inklusive Verfahrensfragen) ... 758
  - 3.2 Die Bewertung des Grundvermögens ... 761
    - 3.2.1 Altfassung (bis 2009) – Grundzüge ... 761
    - 3.2.2 Aktuelle Fassung – Überblick ... 761
    - 3.2.3 Unbebaute Grundstücke ... 761
    - 3.2.4 Bebaute Grundstücke ... 762
  - 3.3 Bewertung des Betriebsvermögens ... 773
    - 3.3.1 Grundzüge ... 773
    - 3.3.2 Die Verschonungsebene (für Erwerbe bis 30.06.2016) ... 774
    - 3.3.3 Die Verschonungsebene (für Erwerbe ab 01.07.2016) bis zur Erwerbsschwelle von 26 Mio. € (pro Erwerber) ... 775
    - 3.3.4 Die Verschonungsebene (für Erwerbe ab 01.07.2016) bei Erwerben über 26 Mio. € ... 776
    - 3.3.5 Überblick: Wegfall der Verschonungen ... 777

	3.3.6	Die Bewertung eines bilanzierenden Einzelunternehmers	777
	3.3.7	Die Bewertung von (Anteilen an gewerblichen) Personengesellschaften	778
	3.3.8	Die Bewertung von nicht notierten Kapitalgesellschaftsanteilen (GmbH-Geschäftsanteile)	780
3.4		Die Steuervergünstigung für Elementarvermögen gemäß §§ 13a bis 13c, 19a ErbStG	784
	3.4.1	Einführung und Gesamtdarstellung	784
	3.4.2	Prüfungsaufbau für die Verschonungsregeln i. e. S. (§§ 13a, 13b, 13c ErbStG) für Erwerbe ab 01.07.2016 (bis 26 Mio. €)	785
	3.4.3	Neuregelung für Erwerbe ab 26 Mio. €	788
	3.4.4	Das begünstigungsfähige Vermögen (§ 13b Abs. 1 ErbStG)	790
	3.4.5	(Schädliches) Verwaltungsvermögen (Neufassung; Erwerbe ab 01.07.2016)	797
	3.4.6	Kritik am Verwaltungsvermögenstest	801
	3.4.7	Die Dritten bei der Verschonungsregelung	802
	3.4.8	Die Nachschau	802
	3.4.9	Umstrukturierungen im Vorfeld von Übertragungen	808
	3.4.10	§ 13d ErbStG (Vergünstigung für die private Wohnwirtschaft)	808
	3.4.11	§ 19a ErbStG	808
4		**Sondervorschriften zur Steuerberechnung**	**810**
4.1		Berücksichtigung früherer Erwerbe (§ 14 ErbStG)	810
	4.1.1	Besonderheiten der Zusammenrechnung bei Produktivvermögen	812
	4.1.2	§ 14 Abs. 1 S. 4 ErbStG	814
	4.1.3	Negativerwerbe beim Vorerwerb	814
	4.1.4	Die Regelung des § 14 Abs. 2 ErbStG	814
	4.1.5	Das Limit des § 14 Abs. 3 ErbStG	816
	4.1.6	Besonderheiten der Zusammenrechnung bei Produktivvermögen	816
	4.1.7	Schenkungen außerhalb des Zehnjahreszeitraumes (Überprogression)	817
4.2		Mehrfacher Erwerb desselben Vermögens (§ 27 ErbStG)	817
4.3		Der sog. Härteausgleich nach § 19 Abs. 3 ErbStG	819
5		**Das Erbschaft- und Schenkungsteuerschuldrecht**	**820**
5.1		Die Frage nach dem Steuerschuldner	821
	5.1.1	Schuldner der Schenkungsteuer	821
	5.1.2	Schuldner der Erbschaftsteuer	822
5.2		Der Besteuerungszeitpunkt (Voraussetzungen und Folgen)	823
	5.2.1	Das Ermittlungs- und Festsetzungsverfahren bei der Erbschaftsteuer	823
	5.2.2	Die Stundung	824
5.3		Erlöschen der Steuerschuld	825

Stichwortverzeichnis 827

A Abgabenordnung und Finanzgerichtsordnung

I Einführung

1 Das steuerliche Verfahrensrecht in der Steuerberaterprüfung

Die schriftliche StB-Prüfung beginnt am ersten Prüfungstag mit der Prüfungsaufgabe aus dem Verfahrensrecht und anderen Steuerrechtsgebieten. Die bundeseinheitliche Prüfungsaufgabe enthält drei getrennte, unabhängig voneinander zu bearbeitende Teile: einen Prüfungsteil Verfahrensrecht (»**Abgabenordnung und Finanzgerichtsordnung**«), einen Prüfungsteil **USt** und einen Prüfungsteil **Erbschaft- und Schenkungsteuer**. Von einer erreichbaren Gesamtpunktzahl von 100 entfällt dabei nach den »unverbindlichen Korrekturhinweisen« regelmäßig ein Drittel auf das Rechtsgebiet Verfahrensrecht: ein positives Abschneiden in der ersten Prüfungsaufgabe setzt damit – auch bei überdurchschnittlichem Abschneiden in den übrigen Rechtsgebieten der ersten Prüfungsaufgabe – ein erfolgreiches Bearbeiten des Teils Verfahrensrecht zwingend voraus. Die Erfahrung bei der Bewertung von Prüfungsaufgaben zeigt auch, dass bei einer gänzlichen Nichtbearbeitung des AO-Teils die Prüfungsaufgabe insgesamt nur in ganz seltenen Fällen mit einer Note von 4,5 oder besser beurteilt werden kann.

Dabei fällt bei Durchsicht der Prüfungsarbeiten der vergangenen Jahre auf, dass insb. im Rechtsgebiet Verfahrensrecht die schriftlichen Aufgaben wiederkehrend die gleichen **Schwerpunkte** behandeln: Hierzu gehören insb. die Bereiche **Festsetzungsverfahren**, **Korrekturvorschriften**, außergerichtliches **Rechtsbehelfsverfahren** sowie der Bereich der **Festsetzungsverjährung**. Auch die Prüfung 2024 hat diese Schwerpunktsetzung – der Fokus lag erneut auf dem Einspruchsverfahren und der Änderung eines Steuerbescheides – bestätigt.

Die folgende Darstellung nimmt auf diese Schwerpunkte besonders Rücksicht. Andere Bereiche des Verfahrensrechts, die sowohl in der schriftlichen als auch in der mündlichen Prüfung erfahrungsgemäß nicht oder nur in Grundzügen abgefragt werden, werden dementsprechend auch hier nur kurz dargestellt. Ausführlich und mit Beispielen angereichert ist die Darstellung immer dann, wenn besonders prüfungsrelevante Problemfelder behandelt werden.[1]

2 Grundlagen des Abgabenrechts

2.1 Geschichte und Bedeutung der Abgabenordnung

Die Abgabenordnung in ihrer heutigen Form existiert seit dem 01.01.1977. Die Neufassung der AO löste 1977 die alte Reichsabgabenordnung (RAO) ab, die unter der Federführung des Senatspräsidenten am Reichsfinanzhof *Enno Becker* nach dem ersten Weltkrieg entwickelt wurde und 1919 als erste Gesamtkodifikation des steuerlichen Verfahrensrechts in Kraft getreten ist.

Die Abgabenordnung fasst als steuerliches **Rahmen- oder Mantelgesetz** die grundlegenden Bestimmungen für die Besteuerung, die gleichsam für alle Steuerarten gelten, zusammen. Sie wird daher auch oftmals **Steuergrundgesetz** bezeichnet. Die Gleichstellung

---

[1] Auch in der mündlichen StB-Prüfung ist das steuerliche Verfahrensrecht – insb. bei den Prüfern aus der FinVerw – besonders prüfungsrelevant. Es ist unschwer festzustellen, dass sich bei der Auswahl der Prüfungsgebiete vor allem die Prüfer mit juristischer Vorbildung im Bereich des Verfahrensrechts besonders wohl fühlen; häufig sind verfahrensrechtliche Themen auch Gegenstand der Kurzvortragsthemen.

der Abgabenordnung mit einer Kodifikation des Steuerverfahrensrechts greift allerdings zu kurz. Neben zahlreichen verfahrensrechtlichen Regelungen enthält die AO in einer Vielzahl von Vorschriften **auch materielles Steuerrecht**, so z. B. bei den besonders prüfungsrelevanten Bestimmungen über die **Haftung** (§§ 69 ff. AO), über das Entstehen und Erlöschen des **Steueranspruchs** (§§ 37 ff. AO) oder über das materielle **Steuerstrafrecht** (§§ 369 ff. AO).

In der AO wird das steuerliche Verfahrensrecht als **Teilkodifikation** zudem nicht umfassend geregelt: Aufbau und Organisation der Finanzbehörden sind im FVG, das gerichtliche Verfahren in Steuersachen in der FGO geregelt. Zudem gilt die AO nicht für alle Steuern, sondern nach § 1 Abs. 1 AO nur für diejenigen Steuerarten, die durch Bundesrecht oder Recht der Europäischen Gemeinschaften geregelt sind, soweit sie durch Bundesfinanzbehörden oder durch Landesfinanzbehörden verwaltet werden.

Für **Realsteuern**, d. h. für die **Grundsteuer** und die **Gewerbesteuer** (Legaldefinition in § 3 Abs. 2 AO), gilt die AO nur teilweise (§ 1 Abs. 2 AO), für kommunale Steuern nur nach Maßgabe der jeweiligen Landesgesetze über die kommunalen Steuern. Völkerrechtliche Vereinbarungen gehen den deutschen Steuergesetzen vor, soweit sie unmittelbar anwendbares innerstaatliches Recht geworden sind (§ 2 Abs. 1 AO, Art. 59 Abs. 2 S. 1 GG). Hierunter fallen vor allem die DBA, die Abkommen zur Vermeidung der Doppelbesteuerung.[2]

Mit dem Gesetz zur Modernisierung des Besteuerungsverfahrens wurde die AO Anfang 2017 an die zunehmende Digitalisierung der Besteuerungspraxis angepasst. Neben Änderungen beim Untersuchungsgrundsatz (vgl. § 88a AO) sind insb. die erstmals ab dem VZ 2018 anwendbaren, neugefassten Steuererklärungsfristen und die neugefassten Sanktionen bei Überschreiten der Fristen hervorzuheben (§ 152 AO n. F.).

Prüfungsrelevant ist wohl vor allem die **Korrekturvorschrift in § 173a AO**, wonach auch mechanische Fehler, insb. Schreib- und Rechenfehler des StPfl. bei Erstellung der Steuererklärung eine Korrektur bestandskräftiger Verwaltungsakte erlauben.

Ende 2022 wurde das Gesetz zur Umsetzung der als »DAC 7«-Richtlinie bezeichneten Richtlinie (EU) 2021/514 des Rates vom 22.03.2021 veröffentlicht. Neben dem Ziel der verbesserten Steuergerechtigkeit liegt ein Schwerpunkt auf Regelungen zur **Beschleunigung der Außenprüfung**. Einzelne Änderungen, etwa die Regelungen zur Anforderung von Unterlagen in der Prüfungsanordnung und zur Mitteilung von Prüfungsschwerpunkten (§ 197 Abs. 3 und 4 AO), traten bereits zum Jahresbeginn 2023 in Kraft. Dies gilt auch für die allgemeinen Erweiterungen in Bezug auf die Übertragung in Ton bzw. Bild und Ton sowie die fernmündliche Schlussbesprechung (§§ 87a Abs. 1a und 201 Abs. 1 S. 3 AO) und auch für die ortsunabhängige Prüfungstätigkeit (§ 200 Abs. 2 S. 2 AO). Weitere wesentliche und auch **prüfungsrelevante Rahmenbedingungen** für die Außenprüfung ändern sich erst für Steueransprüche, die ab 2025 entstehen. Hierzu gehören etwa die

- Begrenzung der Ablaufhemmung (§ 171 Abs. 4 AO) für außengeprüfte Unternehmen, eine
- zeitnahe Rechtssicherheit durch die Einführung eines bindenden Teilabschlusses (§ 180 Abs. 1a AO) sowie die
- Einführung eines neuen Sanktionssystems (§ 200a AO), das für alle Außenprüfungen gilt. Der geplante § 200a AO enthält Regelungen zu **qualifizierten Mitwirkungsverlangen** in Form eines vollstreckbaren Verwaltungsaktes mit besonderen Rechtsfolgen für den Fall der Nichterfüllung im Rahmen einer Außenprüfung

---

2 Durch die DBA grenzen die vertragsschließenden Staaten ihre Besteuerungsrechte gegeneinander ab (Kollisionsrecht), um eine Doppelerfassung zu vermeiden, vgl. die Aufstellung der deutschen DBA mit Stand Januar 2024 in BStBl I 2024, 193.

2.2 Aufbau der Abgabenordnung

Die Abgabenordnung regelt in über vierhundert Paragrafen insb. das Steuerverfahrensrecht, d. h. die Entstehung und Durchsetzung der Ansprüche aus dem Steuerschuldverhältnis und den Rechtsschutz gegen diese Durchsetzung. Der Aufbau der AO mit insgesamt **neun Teilen** orientiert sich dabei grob am **zeitlichen Ablauf** dieses Verfahrens. Nach den **einleitenden Vorschriften** im ersten Teil (§§ 1 – 32 AO) enthält der zweite Teil (§§ 33 – 77 AO) mit der Erläuterung des **Steuerschuldrechts** vor allem materiell-rechtliche Regelungen, insb. auch zur Haftung für Steuerschulden Dritter. Es folgt im dritten Teil (§§ 78 – 133 AO) eine ausführliche Darstellung **allgemeiner Verfahrensvorschriften**, die in allen Stufen des Besteuerungsverfahrens anwendbar sind; allerdings gelten bei den besonders praxis- und prüfungsrelevanten Steuerverwaltungsakten Besonderheiten, die in den nachfolgenden Teilen geregelt sind (etwa die Korrekturvorschriften in den §§ 172 ff. AO). Im vierten Teil (§§ 134 – 217 AO) wird die **Durchführung der Besteuerung**, das sog. Steuerfestsetzungsverfahren, behandelt, anschließend im fünften Teil das **Erhebungsverfahren**. Der fünfte Teil beinhaltet insb. Regelungen über die Fälligkeit, das Hinausschieben der Fälligkeit und das Erlöschen von entstandenen Steueransprüchen (§§ 218 – 248 AO).

Der sechste Teil behandelt in rund 100 Vorschriften die **Vollstreckung**, d. h. die zwangsweise Durchsetzung von Ansprüchen aus dem Steuerschuldverhältnis (§§ 249 – 346 AO), der siebente Teil den **außergerichtlichen Rechtsschutz**, d. h. vor allem das Einspruchsverfahren einschließlich des Verfahrens über den einstweiligen Rechtsschutz (§§ 347 – 367 AO). Die AO beinhaltet ferner als Teil des Nebenstrafrechts eine Regelung des materiellen **Steuerstraf- und Ordnungswidrigkeitenrechts** (achter Teil, §§ 369 – 412 AO).

Der Versuch des Gesetzgebers, die neun Teile der AO am Ablauf des Verwaltungsverfahrens auszurichten, scheint zunächst übersichtlich und stringent. Gleichwohl ist der Aufbau in einigen Bereichen wenig gelungen. So wird die Entstehung des Steueranspruchs im zweiten Teil in § 38 AO geregelt, der prüfungsrelevante Bereich der Verjährung als Grund für das Erlöschen dieses Anspruchs dagegen im vierten und im fünften Teil (§ 47 AO i. V. m. §§ 169 ff., §§ 228 ff. AO). Korrekturvorschriften für VA finden sich im dritten (§§ 129 ff. AO), aber – soweit Steuerbescheide betroffen sind – als leges speciales auch im vierten Teil (§§ 172 ff. AO) der AO. Diese Brüche führen zu erheblichen Anwendungsschwierigkeiten:

Die erfolgreiche Bewältigung der Prüfungsaufgaben setzt im Bereich Verfahrensrecht neben einem soliden Gesamtüberblick vor allem ein **systematisches Verständnis** voraus, damit das Zusammenspiel der verfahrensrechtlichen Vorschriften und das Ineinandergreifen der Problemkreise in umfangreichen Sachverhalten, die sich oft über mehrere Seiten erstrecken, bewältigt werden können; hier legten die Aufgabensteller in den vergangenen Jahren einen besonderen Schwerpunkt, der bei der Problemauswahl im Nachfolgenden besonders berücksichtigt wurde.

3 Steuerliche Grundbegriffe

Die AO definiert in den §§ 3 bis 15 AO steuerliche Grundbegriffe, die sowohl in der AO selbst, aber auch in anderen Einzelsteuergesetzen von grundlegender Bedeutung sind.

3.1 Steuern und steuerliche Nebenleistungen (§ 3 AO)

Steuern sind nach der Legaldefinition in § 3 Abs. 1 AO Geldleistungen, die nicht eine Gegenleistung für eine besondere Leistung darstellen und von einem öffentlich-rechtlichen Gemeinwesen zur Erzielung von Einnahmen allen auferlegt werden, bei denen der Tatbestand zutrifft, an den das Gesetz die Leistungspflicht knüpft. Die in § 3 Abs. 4 AO enumerativ, d. h. abschließend aufgezählten **steuerlichen Nebenleistungen** (insb. Verspätungszuschläge, Zinsen, Säumniszuschläge, Zwangsgelder, Kosten[3], Zinsen i. S. d. Zollkodexes und Verspätungsgelder nach § 22a Abs. 5 EStG), Zuschläge gem. § 162 Abs. 4 AO und die Verzögerungsgelder gem. § 146 Abs. 2b AO) sind demnach **keine Steuern**. Allerdings sind die meisten Vorschriften der AO gem. § 1 Abs. 3 AO auch auf steuerliche Nebenleistungen anwendbar. Dabei ist die Unterscheidung von Steuern und steuerlichen Nebenleistungen nicht lediglich von akademischer Bedeutung, sondern durchaus prüfungsrelevant; so waren Verspätungszuschläge etwa Gegenstand der Prüfung 2023.

> **Beispiel 1: Haftung ja, aber wofür?**
>
> Schlau ist GF der Schlau-GmbH. Das FA nimmt Schlau persönlich für die Rückstände der GmbH (USt 01 und Säumniszuschläge zur USt 01) gem. § 74 AO in Haftung, da Schlau ein Betriebsgrundstück an die GmbH verpachtet hat. Wie ist die Rechtslage?
>
> **Lösung:** Unabhängig von der Frage, ob die Voraussetzungen für eine Inanspruchnahme nach § 74 AO vorliegen, ist der Haftungsbescheid rechtswidrig, soweit er die Haftung auch auf Säumniszuschläge zur USt erstreckt. Die Haftung nach § 74 AO umfasst nach dem eindeutigen Wortlaut nur Steuern, **nicht aber steuerliche Nebenleistungen** (§ 74 Abs. 1 S. 1 und 2 AO). Eine Haftung für Säumniszuschläge kommt daher bei § 74 AO nicht in Betracht. Hätte das FA den Haftungsbescheid auf § 69 AO stützen können (Vertreterhaftung), wären auch die Säumniszuschläge von der Haftung umfasst; § 69 Abs. 1 S. 1 AO spricht im Gegensatz zu § 74 AO ausdrücklich von Ansprüchen aus dem Steuerschuldverhältnis, zu denen gem. § 37 Abs. 1 AO nicht nur die »eigentlichen Steuern«, sondern auch steuerliche Nebenleistungen – und damit auch Säumniszuschläge – zählen.

Mit der Formulierung »Geldleistungen, die [...] zur Erzielung von Einnahmen allen auferlegt werden« umschreibt § 3 Abs. 1 AO den Grundsatz der Gleichmäßigkeit der Besteuerung. Dieser Grundsatz, der verfassungsrechtlich in Art. 3 Abs. 1 GG geregelt ist, besagt, dass die FÄ bei der Anwendung des Rechts Gleiches gleich und Ungleiches seiner Eigenart nach verschieden behandeln müssen. Aus dem allgemeinen Gleichheitssatz ergeben sich je nach Regelungsgegenstand und Differenzierungsmerkmalen unterschiedliche Grenzen für den Gesetzgeber, die vom bloßen Willkürverbot bis zu einer strengen Bindung an Verhältnismäßigkeitserfordernisse reichen (vgl. BVerfG in BVerfGE 105, 73). Art. 3 Abs. 1 GG ist jedenfalls dann verletzt, wenn sich ein vernünftiger, aus der Natur der Sache ergebender oder sonst wie sachlich einleuchtender Grund für die gesetzliche Differenzierung oder Gleichbehandlung nicht finden lässt. So waren etwa die Regelungen des Bewertungsgesetzes zur Einheitsbewertung von Grundvermögen in den »alten« Bundesländern mit dem allgemeinen Gleichheitssatz unvereinbar. Das Festhalten des Gesetzgebers an dem Hauptfeststellungszeitpunkt von 1964 führte zu gravierenden und umfassenden Ungleichbehandlungen bei der Bewertung von Grundvermögen, für die es keine ausreichende Rechtfertigung gibt (BVerfG

---

[3] Auch die durch das JStG 2007 vom 13.12.2006 (BGBl I 2006, 2878) eingeführten Gebühren gem. § 89 und § 178a AO sind Kosten i. S. d. AO (§ 3 Abs. 4 AO).

vom 10.04.2018, BGBl I 2018, 531). Resultat dieser Rspr. war die Reform der Grundsteuer mit nunmehr verschiedenen Ländermodellen.

Die grundsätzliche Freiheit des Gesetzgebers, diejenigen Sachverhalte tatbestandlich zu bestimmen, an die das Gesetz dieselben Rechtsfolgen knüpft und die es so als rechtlich gleich qualifiziert, wird für den Bereich des Steuerrechts und insb. für den des ESt-Rechts vor allem durch zwei eng miteinander verbundene Leitlinien begrenzt: durch das Gebot der Ausrichtung der Steuerlast am **Prinzip der finanziellen Leistungsfähigkeit** und durch das **Gebot der Folgerichtigkeit**. Danach muss im Interesse verfassungsrechtlich gebotener steuerlicher Lastengleichheit darauf abgezielt werden, StPfl. bei gleicher Leistungsfähigkeit auch gleich hoch zu besteuern (horizontale Steuergerechtigkeit), während (in vertikaler Richtung) die Besteuerung höherer Einkommen im Vergleich mit der Steuerbelastung niedriger Einkommen angemessen sein muss (vgl. BVerfG a. a. O.). Zwar hat der Gesetzgeber bei der Auswahl des Steuergegenstands und bei der Bestimmung des Steuersatzes einen weitreichenden **Entscheidungsspielraum**, jedoch muss er unter dem Gebot möglichst gleichmäßiger Belastung aller StPfl. bei der Ausgestaltung des steuerrechtlichen Ausgangstatbestands die einmal getroffene Belastungsentscheidung folgerichtig im Sinne der Belastungsgleichheit umsetzen. Ausnahmen von einer solchen folgerichtigen Umsetzung bedürfen eines besonderen sachlichen Grundes. Dies alles gilt insb. für das ESt-Recht, das auf die Leistungsfähigkeit des einzelnen StPfl. hin angelegt ist (BVerfG vom 18.01.2006, DStR 2006, 555[4]).

3.2 Begriff des Gesetzes (§ 4 AO)

Die Steuerverwaltung unterliegt als Eingriffsverwaltung dem **Gesetzesvorbehalt**, d. h. jedes behördliche Handeln, das in Rechte Einzelner eingreift, bedarf einer gesetzlichen Grundlage (**Grundsatz der Gesetzmäßigkeit der Verwaltung**, Art. 20 Abs. 3 GG). **Gesetz ist nach § 4 AO jede Rechtsnorm**. Durch diese an sich selbstverständliche Definition wird klargestellt, dass die Finanzbehörden bei der Anwendung des Steuerrechts **formelle Gesetze** (die von einem Parlament in einem förmlichen Gesetzgebungsverfahren zustande gekommen sind, z. B. das Grundgesetz als Verfassungsgesetz und das EStG als einfaches Gesetz), aber auch **materielle Gesetze** (insb. Verordnungen nach Art. 80 GG, die durch die Verwaltung aufgrund einer Ermächtigung in einem formellen Gesetz erlassen werden, z. B. UStDV, EStDV) beachten müssen.

Unmittelbar geltendes Unionsrecht sind ferner Verordnungen nach Art. 288 Abs. 2 AEUV[5]. EG-Richtlinien haben dagegen grds. keine unmittelbare Wirkung; sie bedürfen der Umsetzung in das nationale Recht (Art. 288 Abs. 3 AEUV). Nach der Rspr. des EuGH kann sich der Einzelne allerdings unmittelbar auf die Richtlinie berufen, wenn diese trotz Fristablaufs noch nicht in nationales Recht umgesetzt worden ist und die betreffende Richtlinienvorschrift inhaltlich unbedingt und hinreichend bestimmt ist, um im Einzelfall angewendet zu werden (vgl. EuGH vom 19.11.1991, NJW 1992, 165). Wichtigstes Beispiel hierfür sind die Richtlinien zur Harmonisierung der Rechtsvorschriften der Mitgliedstaaten über die Umsatzsteuer.

---

4   In diesem Beschluss hat das BVerfG den weiten Entscheidungsspielraum, der dem Gesetzgeber bei der Steuergesetzgebung zusteht, nochmals bestätigt; auch dem sog. Halbteilungsgrundsatz als Belastungsobergrenze bei der Einkommen- und Gewerbesteuer konnte sich das BVerfG in dieser Entscheidung nicht anschließen.

5   Der Vertrag zur Gründung der Europäischen Gemeinschaft ist mit Inkrafttreten des Lissabon-Vertrags zum 01.12.2009 in »Vertrag über die Arbeitsweise der Europäischen Union« (AEUV) umbenannt worden und hat eine neue Artikelabfolge erhalten.

Verwaltungsvorschriften werden von übergeordneten Behörden oder Vorgesetzten aufgrund deren Organisations- und Geschäftsleitungsgewalt zur Sicherstellung der Gleichmäßigkeit der Besteuerung erlassen (z. B. Richtlinien[6], Erlasse, OFD-Verfügungen). Sie sind keine Gesetze i. S. d. § 4 AO.

Entscheidungen der Finanzgerichte haben nicht die Wirkung eines Gesetzes. Sie regeln nicht allgemein Rechte und Pflichten des einzelnen StPfl., sondern wirken nur »inter partes«, also zwischen Kläger und Beklagten als Beteiligten des konkreten Rechtsstreits (§ 110 Abs. 1 FGO). Gleichwohl haben Entscheidungen des BFH zu grundsätzlichen Fragen des Steuerrechts oftmals gesetzesgleiche Wirkung. **Die FinVerw beachtet von Amts wegen allerdings nur die im BStBl Teil II abgedruckten Entscheidungen des BFH.** Ohne eine solche Veröffentlichung sind die Entscheidungen des BFH für die Finanzbehörden nicht verbindlich!

Da der Bundesfinanzhof wichtige Entscheidungen unmittelbar nach ihrer Verkündung auf seiner Website (www.bundesfinanzhof.de) veröffentlicht, werden diese Entscheidungen einer breiten Öffentlichkeit bekannt, bevor die obersten Finanzbehörden von Bund und Ländern über ihre Anwendbarkeit beraten können. Dadurch entstehen Zeiträume, in denen für die Bearbeiter in den FÄ und die steuerberatenden Berufe unklar ist, ob sie diese Entscheidungen uneingeschränkt anwenden können. Um diese Zeiträume zu verkürzen, wird das entsprechende BFH-Urteil zeitnah in eine auf der Internetseite des BMF geführten Liste eingestellt (Stichwort: Service/Publikationen/BFH-Entscheidungen). Damit ist gewährleistet, dass die FÄ schnell über die Anwendung von BFH-Urteilen unterrichtet werden, um diese allgemein anzuwenden. Aber auch hier gilt: **Vor der Ankündigung der Veröffentlichung einer Entscheidung auf der Internetseite des BMF können die Entscheidungen von den FÄ entsprechend § 110 Abs. 1 FGO nicht allgemein angewandt werden.**

Ist die FinVerw im Einzelfall mit einer Entscheidung des BFH nicht einverstanden, weil sie von der inhaltlichen Richtigkeit nicht überzeugt ist, erlässt sie – zugunsten oder zuungunsten des StPfl. – einen sog. **Nichtanwendungserlass**, nach dem die gerichtliche Entscheidung über den entschiedenen Einzelfall hinaus nicht anzuwenden ist. Die Verwaltung erhält dadurch die Möglichkeit, in einem erneuten finanzgerichtlichen Verfahren die Gerichte von der Richtigkeit der eigenen Rechtsauffassung zu überzeugen.

3.3 Rückwirkung von Gesetzen

Ein Gesetz entfaltet **Rückwirkung**, wenn der zeitliche Anwendungsbereich der Norm auf einen Zeitpunkt festgelegt wird, der vor dem Inkrafttreten liegt. Durch rückwirkende Gesetze werden Rechtsfolgen bereits verwirklichter Lebenssachverhalte nachträglich mit Wirkung für die Vergangenheit geändert. Die Zulässigkeit derartiger Rückwirkungen ist seit langem **umstritten**.

Das BVerfG hat unter Berufung auf den Grundsatz der Rechtssicherheit ein generelles **Verbot der rückwirkenden Inkraftsetzung belastender Steuergesetze** entwickelt (ständige Rspr., vgl. BVerfG vom 07.07.2010, DStR 2010, 1733 m. w. N.). Nach dieser Rspr. bedarf es vor dem Rechtsstaatsprinzip des GG einer besonderen Rechtfertigung, wenn der Gesetzgeber die Rechtsfolgen eines der Vergangenheit zugehörigen Verhaltens nachträglich ändert. Belastende Steuergesetze – dazu gehören auch solche, die eine Vergünstigung einschrän-

---

6 Zu diesen Richtlinien gehören auch die Anwendungserlasse zur Abgabenordnung sowie zur Umsatzsteuer.

ken oder aufheben – dürfen daher ihre Wirksamkeit grds. nicht auf bereits abgeschlossene Tatbestände erstrecken oder schutzwürdiges Vertrauen ohne hinreichende Rechtfertigung anderweitig enttäuschen (BFH vom 27.08.2002, BStBl II 2003, 18). Eine unzulässige, **echte (retroaktive) Rückwirkung** liegt nach dieser Rspr. aber nur vor, wenn ein Gesetz nachträglich in bereits **abgewickelte Tatbestände** der Vergangenheit eingreift. Eine Einwirkung auf einen noch nicht vollständig abgeschlossenen Sachverhalt für die Zukunft (z. B. eine Änderung des EStG im Dezember 2025 vor Ablauf des VZ 2025) wird dagegen als **unechte (retrospektive) Rückwirkung** für zulässig erachtet, wenn es sich um »maßvolle Änderungen« handelt (BVerfG vom 10.10.2012, BStBl II 2012, 932[7]; a. A. dagegen der BFH in seinem Vorlagebeschluss vom 02.08.2006, BStBl II 2006, 895: eine »echte« Rückwirkung sei auch dann anzunehmen, wenn eine im Gesetz neu oder verändert vorgesehene Rechtsfolge auch dann oder nur in Fällen gelten soll, in denen ihre Tatbestandsvoraussetzungen ausschließlich vor Verkündung des Gesetzes erfüllt worden sind). Aufgrund der Rückwirkungsproblematik war es beispielsweise ernstlich zweifelhaft, ob im Jahr 2006 entstandene negative Einkünfte aus Kapitalvermögen aus einem Steuerstundungsmodell, das der StPfl. am 20.12.2005 gezeichnet hat, der Verlustverrechnungsbeschränkung des § 15b EStG unterliegen (vgl. §§ 15b, 20 Abs. 2b S. 1 EStG i. V. m. § 52 Abs. 37d S. 1 EStG i. d. F. des JStG 2007 vom 13.12.2006; im Ergebnis hat der BFH auch hier die Zulässigkeit der unechten Rückwirkung bejaht (Urteil vom 25.03.2021, BStBl II 2021, 814).

Das **generelle Verbot der echten Rückwirkung** von belastenden Steuerrechtsgesetzen gilt nach der Rspr. dann nicht, wenn seitens des StPfl. **kein schutzwürdiges Interesse** besteht. Für das Fehlen eines schutzwürdigen Interesses hat die Rspr. in den vergangenen Jahren folgende **Fallgruppen** entwickelt: Eine echte Rückwirkung ist demnach auch zulässig, wenn der Bürger nach der rechtlichen Situation in dem Zeitpunkt, auf den der Eintritt der Rechtsfolge zurück bezogen wird, mit dieser Regelung **rechnen musste**[8], wenn das geltende Recht **unklar und verworren** ist, wenn der Bürger sich nicht auf den durch eine ungültige Norm erzeugten **Rechtsschein** verlassen darf und wenn **zwingende Gründe des Gemeinwohls, die dem Gebot der Rechtssicherheit übergeordnet sind,** die Rückwirkung rechtfertigen. Da das geltende Steuerrecht in weiten Teilbereichen unklar und verworren ist, kommt dem Gesetzgeber weitestgehend ein Freibrief zu, ob er belastende Steuergesetze rückwirkend in Kraft setzen möchte.[9]

3.4 Gesetzesanwendung

Bei der Gesetzesanwendung, d. h. der **Subsumtion** eines steuerlich relevanten Sachverhalts unter eine bestimmte Rechtsvorschrift, gelten für die Auslegung einzelner Rechtsvorschriften die allgemeinen Auslegungsregeln (AEAO zu § 4). Als Ziel der Auslegung ist der **Wille des**

---

[7] Der 2. Senat des BVerfG hat in diesem Zusammenhang die neuen Kategorien »Rückbewirkung von Tatsachen« und »tatbestandliche Rückanknüpfung« entwickelt; diese weichen jedoch in der Sache von der herkömmlichen Unterscheidung nicht ab; vgl. Sachs in Sachs, GG, Art. 20 Rz. 132 m. w. N.

[8] BFH vom 20.08.2014, BStBl II 2015, 18: Ob allerdings ein laufendes Gesetzgebungsverfahren beim heutigen Tohuwabohu der Steuergesetzgebung tatsächlich ein sachgerechtes Merkmal ist, scheint zweifelhaft, da die Rechtfertigungsschwelle für den Gesetzgeber dann derart niedrig liegt, dass der rechtsstaatliche gebotene Vertrauensschutz nahezu leerläuft.

[9] Vgl. ausführlich zum Ganzen *Hübschmann/Hepp/Spitaler*, AO, § 4 Rz. 710 ff.; *Hey*, Steuerplanungssicherheit als Rechtsproblem, Habil., Köln 2002, 203 ff.

Gesetzgebers zu erforschen. Als Auslegungsmethoden kommt dabei primär der Wortlaut des Gesetzes (**grammatikalische Auslegung**), aber auch der Sinnzusammenhang (**systematische Auslegung**), der Gesetzeszweck (**teleologische Auslegung**) sowie die Entstehungsgeschichte (**historische Auslegung**) in Betracht. Die AO selbst gibt keiner der möglichen Auslegungsmethoden den Vorrang. Der BFH wendet die verschiedenen Methoden parallel an (vgl. BFH vom 11.01.2005, BStBl II 2005, 433 zur Berücksichtigung der Freigrenze des § 23 Abs. 3 S. 5 EStG vor der Durchführung eines Verlustrücktrags gem. § 23 Abs. 3 S. 8 EStG).

Ist der Wortlaut einer Norm eindeutig, bedarf es regelmäßig keiner Auslegung.

> **Beispiel 1a: Anforderungen bei der Ausfuhrlieferung – Belegnachweis**
>
> Der vom Unternehmer bei Ausfuhrlieferungen beizubringende Belegnachweis unterliegt der Nachprüfung durch die FinVerw. Die in § 6 Abs. 4 UStG i.V.m. §§ 8 ff. UStDV aufgeführten Belegnachweise sind klar – und abschließend – formuliert: Sie können vom FA nicht um weitere Voraussetzungen, wie z.B. das Erfordernis, die Bevollmächtigung eines für den Abnehmer handelnden Beauftragten belegmäßig nachzuweisen, verschärft werden (BFH vom 23.04.2009, BStBl II 2010, 509).

Eine Auslegung gegen den ausdrücklichen Wortlaut kommt nur in Ausnahmefällen in Betracht, insb. wenn eine wortgetreue Auslegung zu einem sinnwidrigen Ergebnis führen würde und der Schluss gerechtfertigt wäre, dass der gesetzgeberische Wille planwidrig umgesetzt wurde (BFH vom 12.12.2007, BStBl II 2008, 344). Ob in diesem Zusammenhang auch eine Auslegung gegen den klaren Wortlaut zulasten des StPfl. möglich ist oder ob insoweit ein **steuerverschärfendes Analogieverbot** besteht, ist umstritten. Nach Auffassung der Rspr. dürfen über den möglichen Wortsinn einer Vorschrift hinaus keine Steuertatbestände geschaffen oder ausgeweitet werden (vgl. BFH vom 21.07.1999, BStBl II 1999, 832 m.w.N.).

Im Rahmen der Gesetzesauslegung ist auch die **wirtschaftliche Betrachtungsweise** zu beachten, wonach für die Anwendung des Steuerrechts nicht das formal erklärte oder formalrechtlich bestehende, sondern das wirtschaftlich gewollte maßgebend ist (AEAO zu § 4, vgl. auch BFH vom 10.12.2019, BStBl II 2021, 945).[10]

3.5 Ermessensausübung (§ 5 AO)

Steuertatbestände enthalten im Regelfall **keine Ermessensermächtigung**. Ansprüche aus dem Steuerschuldverhältnis entstehen ermessensunabhängig, sobald der Tatbestand verwirklicht ist, an den das Gesetz die Leistungspflicht anknüpft (§ 38 AO). Andererseits enthält das steuerliche Verfahrensrecht zahlreiche Vorschriften, bei denen die Finanzbehörde im Rahmen bestimmter Grenzen und zur Erreichung eines bestimmten Zwecks ihr Verhalten selbst bestimmen darf, ihr also ein **Ermessensgebrauch** eingeräumt wird. Innerhalb dieser Grenzen sind dann verschiedene Entscheidungen möglich, die allesamt ermessensfehlerfrei und damit rechtmäßig sein können. Ermessensentscheidungen liegen vor, wenn die Finanzbehörde bei Vorliegen der Tatbestandsvoraussetzungen zwischen verschiedenen Rechtsfolgen wählen kann. Dies geschieht gesetzestechnisch insb. durch die Formulierung »**kann**« (z.B. § 152 Abs. 1 S. 1 AO), »**ist berechtigt**« (z.B. § 31 Abs. 3 AO) oder »**ist befugt**« (z.B. § 287

---

10 Beteiligt sich z.B. ein Kapitalanleger an einem sog. Schneeballsystem, mit dem ihm vorgetäuscht wird, in seinem Auftrag und für seine Rechnung würden Geschäfte auf dem Kapitalmarkt getätigt, ist der vom Anleger angenommene Sachverhalt der Besteuerung zugrunde zu legen (BFH vom 07.02.2018, BFHE 260, 490).

Abs. 1 AO). Wählt der Gesetzgeber anstelle des »kann« ein »soll« (z. B. in § 361 Abs. 2 S. 2 AO), ist der Ermessensgebrauch bereits **eingeschränkt**: »soll« bedeutet, dass die Finanzbehörde die ausgesprochene Rechtsfolge im Regelfall wählen muss, hiervon aber in **atypischen Ausnahmefällen** absehen kann. Bei »Muss«-Vorschriften hat das FA dagegen keinerlei Spielraum.

Ein Ermessen wird der Finanzbehörde nicht auf der Tatbestandsseite einer Norm, sondern auf der Rechtsfolgenseite eingeräumt, d. h. die Rechtsfolge wird in das Ermessen der Behörde gestellt, wenn der Tatbestand erfüllt ist.

Bei der Ermessensausübung hat die Finanzbehörde das Ermessen entsprechend dem **Zweck der Ermächtigung** auszuüben und die gesetzlichen Grenzen des Ermessens einzuhalten (§ 5 AO). Die wenig aussagekräftige Vorschrift bestimmt, dass bei der Ermessensausübung neben etwaigen Verwaltungsvorschriften, die die Ausübung des Ermessens regeln, auch die Grundsätze der Gleichmäßigkeit der Besteuerung, der Verhältnismäßigkeit der Mittel, der Erforderlichkeit, der Zumutbarkeit, der Billigkeit und von Treu und Glauben sowie das Willkürverbot und das Übermaßverbot zu beachten sind (AEAO zu § 5 Nr. 1; nach dem Grundsatz der Verhältnismäßigkeit muss das vom FA eingesetzte Mittel **geeignet und erforderlich** sein, um den erstrebten Zweck zu erreichen; BFH vom 25.10.2007, BFH/NV 2008, 189). Die Finanzbehörden können dementsprechend nicht nach Gutdünken entscheiden. Das Ergebnis einer Ermessensausübung muss erkennbar Ausprägung pflichtgemäßen Ermessens sein (BFH vom 28.09.2011, BStBl II 2012, 395). Die Interessen des Einzelnen und die Interessen des Fiskus müssen nach Recht und Billigkeit gegeneinander abgewogen werden. Bei Abwägung der verschiedenen Umstände kann sich auch ergeben, dass der Ermessensspielraum so eingeengt ist, dass nur eine einzige Entscheidung ermessensgerecht ist. In diesen Fällen spricht man von einer **Ermessensreduzierung auf Null**.

> **Beispiel 2: Ermessensreduzierung auf Null**
>
> Bei der Bearbeitung der ESt des Klamm kommt es im FA zu einem Tippfehler bei der Datenerfassung. Klamm erhält daraufhin einen ESt-Bescheid mit einer Zahlungsaufforderung, die um ein Vielfaches die zutreffende Steuerschuld übersteigt. Als Klamm von der Vollstreckungsstelle des FA erfährt, dass sein eingelegter Rechtsbehelf die Vollziehung des Steuerbescheides nicht hindert, beantragt er umgehend die Aussetzung der Vollziehung gem. § 361 Abs. 2 AO. Kann das FA die Aussetzung der Vollziehung unter Hinweis auf sein Ermessen ablehnen?
>
> **Lösung:** Aufgrund des offensichtlichen Fehlers bei der Datenerfassung bestehen an der Rechtmäßigkeit des ESt-Bescheides ernstliche Zweifel. Das FA »soll« daher auf Antrag die Vollziehung des Bescheides aussetzen (§ 361 Abs. 2 S. 2 AO). Durch die Formulierung »soll« stellt der Gesetzgeber klar, dass bei Vorliegen ernstlicher Zweifel im Regelfall auszusetzen ist, wenn nicht ein atypischer Ausnahmefall vorliegt. Vorliegend wäre jede andere Entscheidung über den AdV-Antrag als die sofortige Aussetzung in vollem Umfange **ermessensfehlerhaft**, da der Steuerbescheid offensichtlich rechtswidrig ist. Das Ermessen der Finanzbehörde bei der Entscheidung über den AdV-Antrag ist insoweit **auf Null reduziert**.

Hoch prüfungsrelevant ist hier auch die **Bekanntgabe** von Verwaltungsakten an den steuerlichen Vertreter: Es liegt grds. im Ermessen des FA, ob es einen Steuerbescheid an den StPfl. selbst oder an dessen Bevollmächtigten bekannt gibt (§ 122 Abs. 1 S. 3 AO). Da das Gesetz eine »Soll-Regelung« enthält, gilt bei Ausübung des Ermessens Folgendes: Hat der StPfl. dem FA ausdrücklich mitgeteilt, dass er seinen Vertreter auch zur Entgegennahme von Steuerbescheiden ermächtigt, sind diese grds. dem Bevollmächtigten bekannt zu geben (AEAO zu § 122 Tz. 1.7.3). Auch hier spricht man von einer Ermessensreduzierung auf Null.

Von Ermessensvorschriften zu unterscheiden ist der **unbestimmte Rechtsbegriff**; ein unbestimmter Rechtsbegriff liegt vor, wenn das Gesetz auf der Tatbestandsseite einer Norm einen Begriff verwendet, der nicht genau abgrenzbare Merkmale enthält (z. B. »offenbare Unrichtigkeiten« bei § 129 AO, »unbillig« bei § 227 AO). Unbestimmte Rechtsbegriffe gewähren keinen Ermessensspielraum, sondern müssen **durch Auslegung präzisiert** werden. Im Gegensatz zu Ermessensentscheidungen können die Gerichte die Auslegung eines unbestimmten Rechtsbegriffes **uneingeschränkt überprüfen.**

Bei der Ermessensausübung ist in einem zweistufigen Programm zwischen dem **Entschließungsermessen** und dem **Auswahlermessen** zu unterscheiden. Auf der **ersten Stufe** (Entschließungsermessen) hat die Finanzbehörde zu entscheiden, **ob** eine gesetzlich angeordnete Rechtsfolge eintreten soll, z. B. bei der Festsetzung eines Zwangsmittels (§ 328 Abs. 1 AO) oder bei der Einleitung eines Ordnungswidrigkeitenverfahrens (§ 410 AO i.V. m. § 47 Abs. 1 S. 1 OWiG). Auf der **zweiten Stufe** (Auswahlermessen) ist zwischen verschiedenen Rechtsfolgen zu wählen, z. B. bei der Bestimmung der Höhe des festzusetzenden Zwangsgeldes (§ 152 Abs. 1 AO) oder bei der Auswahl zwischen verschiedenen Haftungsschuldnern (§§ 191 Abs. 1, 44 Abs. 1 AO). Das Beispiel Zwangsgeld macht deutlich, dass Entschließungs- und Auswahlermessen auch kumulativ vorliegen können, wenn die Finanzbehörde sowohl über das »**Ob**«, als auch über das »**Wie**« einer Rechtsfolge entscheiden muss.

Sofern der Finanzbehörde ein Ermessensgebrauch eingeräumt wird, sind (mit Ausnahme der Fälle einer Ermessensreduzierung auf null) verschiedene rechtmäßige Entscheidungen möglich. Ermessensentscheidungen sind daher **gerichtlich nur eingeschränkt nachprüfbar** (§ 102 FGO). Die Finanzgerichte prüfen, ob die Ermessensentscheidung des FA rechtswidrig war. Sie dürfen dabei aber nicht ihr eigenes Ermessen an die Stelle des Ermessens der Finanzbehörde setzen, sondern können die Ermessensentscheidung des FA nach ständiger Rspr.[11] nur dahingehend untersuchen,

- ob die für die Ausübung des Ermessens vom Gesetz gezogenen Grenzen überschritten sind (**Ermessensüberschreitung**) oder
- ob innerhalb dieser Grenzen das Ermessen fehlerhaft ausgeübt worden ist (**Ermessensfehlgebrauch**).

Übt die Finanzbehörde das ihr eingeräumte Ermessen nicht im erforderlichen Maße oder überhaupt nicht aus, spricht man von **Ermessensunterschreitung bzw. Ermessensausfall**; in diesen Fällen ist der VA ebenfalls rechtswidrig.

> **Beispiel 3: Die drohende Insolvenz**
>
> Unternehmer Raffke erhält im Anschluss an eine Betriebsprüfung diverse Steuerbescheide, die zu erheblichen Steuernachforderungen führen. Raffke legt gegen die Bescheide Einspruch ein und beantragt gleichzeitig die AdV, da die Bescheide rechtswidrig seien und die Vollziehung der Bescheide für sein Unternehmen eine unbillige Härte bedeuten. Der zuständige Sachbearbeiter in der Veranlagung teilt Raffke in einem Ablehnungsbescheid mit, dass »nach telefonischer Rücksprache mit dem zuständigen Betriebsprüfer mit den Bescheiden alles in Ordnung sei und eine AdV daher nicht in Betracht komme«. Raffke wendet sich daraufhin unmittelbar an das zuständige Finanzgericht, weil die Vollstreckung droht (§ 69 Abs. 3, Abs. 4 Nr. 2 FGO). Kann das Finanzgericht die Ermessensausübung des FA überprüfen?

---

11 Vgl. z. B. BFH vom 26.07.2016, BStBl II 2016, 822.

Lösung: Das FA soll die Vollziehung aussetzen, wenn ernstliche Zweifel an der Rechtmäßigkeit des angefochtenen VA bestehen oder wenn die Vollziehung für den Betroffenen eine unbillige, nicht durch überwiegende öffentliche Interessen gebotene Härte zur Folge hätte (§ 361 Abs. 2 S. 2 AO). Vorliegend hat der für die Entscheidung über den AdV-Antrag zuständige Sachbearbeiter sein Ermessen nicht ausgeübt, sondern sich allein an der Aussage des Betriebsprüfers orientiert, die i. Ü. auf die Tatbestandsvoraussetzung »unbillige Härte« in § 361 AO nicht eingeht; es liegt eine **Ermessensunterschreitung** (Ermessensausfall) vor, die die Ablehnung des AdV-Antrags rechtswidrig macht. Das FG wird die Entscheidung des FA gem. §§ 101, 102 FGO aufheben und die Sache an das FA zurückverweisen, um diesem eine erneute Entscheidung über den AdV-Antrag zu ermöglichen. Zu einer eigenen Ermessensentscheidung ist das FG selbst nicht befugt.

Für die gerichtliche Überprüfung einer Ermessensentscheidung sind nicht die Verhältnisse im Zeitpunkt der gerichtlichen Entscheidung, sondern die Verhältnisse im Zeitpunkt der **letzten behördlichen Entscheidung** maßgeblich (BFH vom 28.09.2011, BStBl II 2012, 395). Im finanzgerichtlichen Verfahren kann das FA seine Ermessenserwägungen zwar gem. § 102 S. 3 FGO bis zum Schluss der letzten mündlichen Verhandlung ergänzen; sie darf aber nicht die Begründung vollständig nachholen oder austauschen, d. h. ihr Ermessen erstmals ausüben.[12]

3.6 Grundsatz von Treu und Glauben

Der Grundsatz von Treu und Glauben (vgl. §§ 157, 242 BGB) gilt als allgemeiner Rechtsgrundsatz auch im Steuerrecht. Er besagt, dass **in einem konkreten Steuerschuldverhältnis** sowohl der Bürger als auch die Behörde auf die berechtigten Belange des anderen **Rücksicht nehmen müssen** und sich zu ihrem eigenen, früheren Verhalten, auf das der andere vertraut hat, nicht in Widerspruch setzen dürfen. Allgemein formuliert muss die Behörde oder der Bürger durch ein bestimmtes Verhalten einen **Vertrauenstatbestand gesetzt** haben, aufgrund dessen der andere Teil **vertraut** und eine bestimmte **wirtschaftliche Disposition** getätigt hat. Behörde und Bürger sind dementsprechend beide zu »**konsequentem Verhalten**« verpflichtet.[13] Das Verbot des »venire contra factum proprium« gilt auch im Steuerrecht (BFH vom 06.07.2016, BStBl II 2017, 343). Der Grundsatz von Treu und Glauben ist als solcher in der AO nicht ausdrücklich normiert. Ein gesetzlicher Hinweis auf den Grundsatz findet sich allenfalls in § 176 AO für die Korrektur von Steuerbescheiden.

Die verfassungsrechtlich verankerte Bindung der Verwaltung an Recht und Gesetz (Art. 20 Abs. 3 GG) rechtfertigt eine Abweichung von der Anwendung der Gesetze (§ 4 AO) nur in Ausnahmefällen. Durch den Grundsatz von Treu und Glauben können selbständige Rechte und Pflichten des Steuerbürgers weder entstehen noch erlöschen (BFH vom 30.07.1997, BStBl II 1998, 33). Allenfalls kann ein bestehendes **Steuerrechtsverhältnis modifiziert** werden. Zu einer Verdrängung gesetzten Rechts kann es demnach nur in besonders gelagerten Fällen kommen, in denen das Vertrauen des StPfl. in ein bestimmtes Verhalten der Verwaltung nach allgemeinem Rechtsgefühl in einem so hohen Maß schutzwürdig ist, dass demgegenüber die Grundsätze der Rechtmäßigkeit der Verwaltung zurücktreten müssen (BFH vom 06.07.2016, BStBl II 2017, 343). Hebt das FA etwa aufgrund einer mit dem StPfl. getroffenen Verständigung über die einvernehmliche Beendigung des Finanzrechtsstreits einen Steuer-

---

12 Dies gebietet auch der Wortlaut der Vorschrift, denn »Ergänzen« heißt nicht »Nachholen«; vgl. *Kühn/von Wedelstädt*, AO, § 5 Rz. 39 und BFH vom 15.05.2013, BStBl II 2013, 737.
13 *Tipke/Kruse*, AO, § 4 Rz. 139; BFH vom 10.11.1987, BStBl II 1988, 41.

bescheid in der mündlichen Verhandlung vor dem FG auf und erklärt den Rechtsstreit in der Hauptsache für erledigt, ist es nach dem Grundsatz von Treu und Glauben (Verbot des »venire contra factum proprium«) daran gehindert, erneut einen inhaltsgleichen Steuerbescheid zu erlassen, wenn der StPfl. in Einhaltung dieser Absprache über einen verfahrensrechtlichen Besitzstand disponiert hat. Letzteres ist der Fall, wenn er seinen Einspruch zurückgenommen und ebenfalls die Hauptsache für erledigt erklärt hat (BFH vom 06.07.2016, BStBl II 2017, 334).

Im Zusammenhang mit dem Grundsatz von Treu und Glauben ist zu beachten, dass bei den laufend zu veranlagenden Steuern aufgrund des **Prinzips der Abschnittsbesteuerung** das FA an seine Rechtsauffassung in vergangenen Jahren nicht gebunden ist (BFH vom 30.03.2011, BStBl II 2011, 613; AEAO zu § 85 Nr. 2). Eine als falsch erkannte Rechtsauffassung darf und muss das FA so früh als möglich korrigieren. Der Grundsatz von Treu und Glauben rechtfertigt ferner **keine Gleichheit im Unrecht**. Ein StPfl. kann sich demnach nicht darauf berufen, dass ein rechtswidriges Verhalten des FA bei einem anderen StPfl. auch bei ihm zu einem nicht gerechtfertigten Steuervorteil führen müsse.[14]

3.6.1 Verbindliche Auskunft
Grds. sind vom FA vor oder im Veranlagungsverfahren erteilte allgemeine Rechtsauskünfte **unverbindlich**, da nach § 89 AO über das Entstehen von Steueransprüchen erst im Steuerfestsetzungsverfahren entschieden wird.

Verbindliche Auskunftserteilungspflichten des FA für die künftige Behandlung eines bestimmten steuerlichen Sachverhalts bestehen im Allgemeinen nicht; allerdings gibt es von diesem Grundsatz **einige praxisrelevante Ausnahmen**: Solche Ausnahmen gelten im Rahmen einer **Anrufungsauskunft bei der LSt** nach § 42e EStG, bei der **verbindlichen Zusage** im Anschluss an eine Außenprüfung nach §§ 204 ff. AO, bei der gebührenpflichtigen **Vorabverständigung nach § 178a AO** im Bereich der internationalen Verrechnungspreise und bei einer verbindlichen Zolltarifauskunft nach Art. 33 f. Zollkodex. Der BFH hat allerdings in ständiger Rspr. bestätigt, dass ein FA auch in anderen Fällen nicht gehindert ist, »freiwillig« eine Auskunft über die künftige steuerliche Behandlung bestimmter Sachverhalte zu erteilen. Das FA ist dann nach den Grundsätzen von Treu und Glauben gebunden, wenn es einem StPfl. zugesichert hat, einen konkreten Sachverhalt, dessen steuerrechtliche Beurteilung zweifelhaft erscheint und der für die wirtschaftliche Disposition des StPfl. bedeutsam ist, bei der Besteuerung in einem bestimmten Sinn zu beurteilen.[15]

2006 hat der Gesetzgeber erstmals eine gesetzliche Grundlage für die verbindliche Auskunft im Besteuerungsverfahren geschaffen. Nach § 89 Abs. 2 S. 1 AO können die FÄ – und in Ausnahmefällen auch das Bundeszentralamt für Steuern – auf Antrag verbindliche Auskünfte über die steuerliche Behandlung von genau bestimmten, **noch nicht verwirklichten Sachverhalten** erteilen, wenn daran im Hinblick auf die erheblichen steuerlichen Auswirkungen ein besonderes Interesse besteht. Nähere Einzelheiten zu Form, Inhalt und Voraussetzungen des Antrags auf Erteilung einer verbindlichen Auskunft und zur Reichweite der Bindungswirkung sind in der **Steuer-Auskunftsverordnung** enthalten, die auf Grundlage von § 89 Abs. 2 S. 4 AO ergangen ist; weitere ausführliche Erläuterungen zur verbindlichen Auskunft –

---

14 Ausführlich *Kirchhof*, Gleichheit in der Funktionsordnung, Handbuch des Staatsrechts der Bundesrepublik Deutschland, Band 5, 1002.
15 BFH vom 21.06.2001, BFH/NV 2001, 1619.

einschließlich Fragen zur Berechnung des Gegenstandswertes – sind auch im AEAO zu § 89 enthalten. Eine verbindliche Auskunft ist ein **Verwaltungsakt** i. S. d. § 118 AO und damit auch im Wege des Rechtsbehelfsverfahrens überprüfbar. Allerdings besteht im Rechtsbehelfsverfahren kein Anspruch auf einen bestimmten, rechtmäßigen Inhalt der Auskunft; das FG prüft den Inhalt einer erteilten verbindlichen Auskunft daher nur darauf, ob die rechtliche Einordnung des zutreffend erfassten Sachverhalts in sich schlüssig und nicht evident rechtsfehlerhaft ist. Wer mit dem Inhalt der erteilten Auskunft nicht einverstanden ist, muss demnach seine rechtlichen Bedenken regelmäßig im Einspruchsverfahren gegen den Steuerbescheid geltend machen; eine vorherige gerichtliche Überprüfbarkeit erfolgt nur mit der dargestellten Einschränkung (BFH vom 05.02.2014, BFH/NV 2014, 1014).

Zuständig für die Erteilung einer verbindlichen Auskunft ist nach § 89 Abs. 2 S. 2 AO das FA, das bei Verwirklichung des dem Antrag zugrunde liegenden Sachverhalts örtlich zuständig sein würde, und wenn im Zeitpunkt der Antragstellung noch kein inländisches FA zuständig ist, das Bundeszentralamt für Steuern. Für die Bearbeitung des Antrags sieht § 89 Abs. 2 S. 4 eine Frist von sechs Monaten vor; das Nichteinhalten dieser Frist wird allerdings verfahrensrechtlich nicht weiter sanktioniert, insb. gilt der Antrag nicht als »stillschweigend genehmigt«.

Auch nach der nunmehr gesetzlichen Normierung steht die Erteilung einer verbindlichen Auskunft im **Ermessen** der Finanzbehörde (AEAO zu § 89 Nr. 3.5.4).

Kurz nach der Schaffung einer Rechtsgrundlage für verbindliche Auskunft hat der Gesetzgeber eine – an sich systemfremde – **Gebührenpflicht** für verbindliche Auskünfte in § 89 Abs. 3 bis 5 AO geschaffen (hierzu zuletzt BFH vom 04.05.2022, BStBl II 2023, 467 für die Höhe der Gebühr bei Rücknahme des Antrags).

3.6.2 Tatsächliche Verständigung

Vereinbarungen zwischen dem StPfl. und dem FA über der Besteuerung zugrunde liegenden Sachverhalt werden als »tatsächliche Verständigungen« bezeichnet. In Fällen **erschwerter Sachverhaltsermittlung** dient es unter bestimmten Voraussetzungen der Effektivität der Besteuerung und allgemein dem Rechtsfrieden, wenn sich die Beteiligten über die Annahme eines bestimmten Sachverhalts und über eine bestimmte Sachbehandlung einigen können (AEAO zu § 88 Nr. 1 letzter Satz; BFH vom 08.08.2008, BStBl II 2009, 121 und BMF vom 30.07.2008, BStBl I 2008, 831). Die Bindungswirkung einer derartigen Vereinbarung setzt nach ständiger Rspr. voraus, dass der Sachverhalt die Vergangenheit betrifft, die Sachverhaltsermittlung erschwert ist, aufseiten des FA ein für die Entscheidung über die Steuerfestsetzung zuständiger Amtsträger beteiligt ist und die tatsächliche Verständigung nicht zu einem offensichtlich unzutreffenden Ergebnis führt (BFH vom 08.08.2008, a. a. O.). Zweck der tatsächlichen Verständigung ist es, zu jedem Zeitpunkt des Besteuerungsverfahrens hinsichtlich bestimmter **Sachverhalte**, deren Klärung schwierig, aber zur Festsetzung der Steuer notwendig ist, den möglichst zutreffenden Besteuerungssachverhalt i. S. d. § 88 der AO einvernehmlich festzulegen. Vergleiche über Steueransprüche sind demgegenüber wegen der Grundsätze der Gesetzmäßigkeit und Gleichmäßigkeit der Besteuerung nicht möglich (BFH vom 20.09.2007, BFH/NV 2008, 532). Diese Meinung verkennt allerdings, dass jede Einigung über Tatsachen im Ergebnis auch eine Einigung über die Rechtsfolgen, nämlich über die festzusetzende Steuer ist. Im Ergebnis – aber nicht hinsichtlich der formalen Voraussetzungen – toleriert damit auch die Rspr. eine Verständigung über Rechtsfragen.[16]

Für das FA ist die **tatsächliche Verständigung auch nur bindend,** wenn ein für die Veranlagung **zuständiger Beamter** beteiligt war; eine Vertretung durch den Betriebsprüfer ist entgegen einer in der Praxis häufig zu beobachtenden Gepflogenheit nicht zulässig (BFH vom 28.07.1993, BFH/NV 1994, 290). Eine bloß telefonisch erfolgte Absprache mit dem Veranlagungssachbearbeiter begründet ebenfalls keine rechtlich bindende tatsächliche Verständigung, sondern lediglich eine rechtlich unverbindliche Auskunft, soweit nicht ein beiderseitiger, ausdrücklicher Rechtsbindungswille festgestellt werden kann.

> **Beispiel 4: Mündlich zugesagt?**
> Gymnasiallehrer Klug macht in der ESt-Erklärung Werbungskosten für eine Fortbildungsreise nach Frankreich geltend. Das FA lehnt die Berücksichtigung der Aufwendungen nach Durchsicht der neuesten Rspr. mangels beruflicher Veranlassung ab. Klug beschwert sich daraufhin beim Vorsteher des FA, der Sachbearbeiter habe ihm bei Abgabe der Erklärung ausdrücklich zugesagt, dass er die Aufwendungen berücksichtigen werde. Im Übrigen hätte man bei seinen Kollegen die Aufwendungen ebenfalls steuerlich anerkannt. Aus den Akten des FA ergibt sich kein Hinweis auf das behauptete Gespräch zwischen dem Sachbearbeiter und Klug. Wie ist die Rechtslage?
>
> **Lösung:** Eine Verpflichtung zur Anerkennung der Aufwendungen für die Fortbildungsreise könnte sich aus dem Grundsatz von Treu und Glauben ergeben. Fraglich ist, ob die behauptete mündliche Auskunft des Sachbearbeiters als verbindliche Zusage zu werten ist. Nach der Rspr. kann eine verbindliche Zusage nicht nur schriftlich, sondern auch mündlich und sogar telefonisch erteilt werden (BFH vom 14.07.1992, BFH/NV 1993, 99). Allerdings spricht bei mündlichen Äußerungen eines Sachbearbeiters eine **Vermutung gegen den Rechtsbindungswillen,** da sich das FA nur im Ausnahmefall verbindlich zur Behandlung bestimmter Rechtsfragen im nachfolgenden Besteuerungsverfahren äußern wird. Eine verbindliche Zusage liegt damit nicht vor. Klug kann auch nicht geltend machen, dass die Aufwendungen bei anderen StPfl. anerkannt wurden. Klug hat keinen Anspruch auf eine gesetzeswidrige Behandlung (»keine Gleichheit im Unrecht«).

Es müssen also alle Beteiligten der tatsächlichen Verständigung mit eindeutigem **Rechtsbindungswillen** gehandelt haben, damit die Verständigung rechtsverbindlich wird. Zusammenfassend formuliert gilt (BFH vom 07.07.2004, BStBl II 2004, 975): Die Bindungswirkung einer tatsächlichen Verständigung setzt voraus, dass sie sich auf **Sachverhaltsfragen** – nicht aber auf Rechtsfragen – bezieht, der Sachverhalt die Vergangenheit betrifft, die Sachverhaltsermittlung erschwert ist, aufseiten der Finanzbehörde ein für die Entscheidung über die Steuerfestsetzung zuständiger Amtsträger beteiligt ist (hierzu BMF vom 15.04.2019, BStBl I 2019, 447) und die tatsächliche Verständigung nicht zu einem offensichtlich unzutreffenden Ergebnis führt.

3.7 Amtsträger

Der Begriff des **Amtsträgers** ist z. B. relevant für den Anwendungsbereich des Steuergeheimnisses (§ 30 AO) oder für den Zeitpunkt, bis zu dem eine strafbefreiende Selbstanzeige möglich ist (§ 371 Abs. 2 Nr. 1c AO). Amtsträger sind Beamte und Richter sowie die in § 7 Nr. 2 und

---

16 Letztlich gesteht dies auch die Rspr. ein, wenn der BFH ausführt (Entscheidung vom 31.08.2009, BFH/NV 2010, 163), dass eine trennscharfe Abgrenzung zwischen Tatfrage und Rechtsfrage »nicht in allen Fällen nach abstrakten Maßstäben im Vorhinein möglich ist«.

3 AO genannten Personenkreise. Die Angehörigen der steuerberatenden Berufe sind keine Amtsträger. Amtsträger sind infolge der Haftungsbeschränkung nach § 32 AO im Innenverhältnis gegenüber dem Dienstherrn vor Schadensersatzansprüchen weitestgehend geschützt. Ansprüche des StPfl. wegen Amtspflichtverletzung gegen den Staat (d. h. im Außenverhältnis) nach Art. 34 GG, § 839 BGB werden durch die Vorschrift des § 32 AO nicht berührt.

3.8 Wohnsitz und gewöhnlicher Aufenthalt (§§ 8 f. AO)

Die Begriffe des **Wohnsitzes** (§ 8 AO) und des **gewöhnlichen Aufenthalts** haben vor allem Bedeutung für die persönliche Steuerpflicht natürlicher Personen (§ 1 EStG, § 2 ErbStG), für familienbezogene Entlastungen (z. B. § 10 Abs. 1 Nr. 1 EStG) und für die Zuständigkeit der Finanzbehörden (z. B. § 19 AO).

3.8.1 Wohnsitz (§ 8 AO)

Gem. § 8 AO hat eine natürliche Person ihren Wohnsitz dort, wo sie eine Wohnung unter Umständen innehat, die darauf schließen lassen, dass sie die Wohnung beibehalten und benutzen wird. Nicht erforderlich ist, dass sich der Mittelpunkt der Lebensinteressen am Ort der Wohnung befindet (BFH vom 09.11.2005, DStRE 2006, 321). Die Bestimmung stellt allein auf die tatsächlichen Verhältnisse ab (**objektiver Wohnsitzbegriff**); ein gegenteiliger Wille ist ebenso unerheblich wie die Frage, wo die Person ihren melderechtlichen Wohnsitz hat. Aus diesem Grund können auch Geschäftsunfähige oder beschränkt Geschäftsfähige ohne Einwilligung ihres gesetzlichen Vertreters einen steuerlichen Wohnsitz begründen.

Wohnung i. S. d. § 8 AO sind objektiv zum dauerhaften Wohnen geeignete, abgeschlossene Räume, die die Führung eines selbständigen Haushalts ermöglichen. Entscheidend für das Vorliegen einer Wohnung ist die **Verkehrsauffassung**; im Einzelfall können auch ein möbliertes Zimmer und eine Hotelunterkunft als Wohnung ausreichen (BFH vom 19.07.1951, BStBl III 1951, 176).

Der StPfl. muss die Wohnung zudem **innehaben**, d. h. er muss tatsächlich über sie verfügen können und sie als Bleibe nicht nur vorübergehend benutzen (AEAO zu § 8 Nr. 4). Danach muss die Wohnung in objektiver Hinsicht dem StPfl. jederzeit (wann immer er es wünscht) als Bleibe zur Verfügung stehen und zudem in subjektiver Hinsicht von ihm zu einer entsprechenden Nutzung, d. h. für einen jederzeitigen Wohnaufenthalt, bestimmt sein. In dieser zur objektiven Eignung hinzutretenden subjektiven Bestimmung liegt der Unterschied zwischen dem bloßen Aufenthaltnehmen in einer Wohnung und dem Wohnsitz (BFH vom 13.03.2013, BFH/NV 2014, 1046). Anhaltspunkt für das Innehaben einer Wohnung kann u. a. die Sechs-Monats-Frist in § 9 S. 2 AO sein (BFH vom 30.08.1989, BStBl II 1989, 956). Ehegatten haben einen gemeinsamen Wohnsitz dort, wo die Familie wohnt, solange die Ehegatten nicht getrennt leben. Die Rspr. zum Innehaben einer Wohnung ist von einer besonderen Kasuistik geprägt.[17] Entscheidende Abgrenzungsmerkmale lassen sich der Rspr. kaum entnehmen.

Ein StPfl. kann – im Gegensatz zum Zivilrecht – auch mehrere steuerliche Wohnsitze haben (BFH vom 13.03.2013, BFH/NV 2014, 1046). Regelmäßig stellen die Steuergesetze (z. B. § 1 EStG) darauf ab, ob der StPfl. zumindest »auch« einen Wohnsitz im Inland hat.

---

17 So lässt der BFH (Urteil vom 23.11.1989, BStBl II 1989, 182) einen jährlich zweimaligen Aufenthalt von je vier bis sechs Wochen während der Rehwildjagd als Voraussetzung für einen Wohnsitz genügen, nicht aber ein nur gelegentliches Verweilen während unregelmäßig aufeinander folgender kurzer Zeiträume zu Erholungszwecken.

3.8.2 Gewöhnlicher Aufenthalt (§ 9 AO)

Der gewöhnliche Aufenthalt gem. § 9 AO hat nur Bedeutung, wenn nicht bereits ein inländischer Wohnsitz besteht (vgl. § 1 Abs. 1 S. 1 EStG). Auch wenn ein StPfl. im Inland keinen Wohnsitz (mehr) hat, kann er hier noch seinen gewöhnlichen Aufenthalt haben. Den gewöhnlichen Aufenthalt hat jemand dort, wo er sich unter Umständen aufhält, die erkennen lassen, dass er an diesem Ort oder in diesem Gebiet nicht nur vorübergehend verweilt (§ 9 S. 1 AO). Ein inländischer **Aufenthalt von mehr als sechs Monaten indiziert unwiderlegbar** die Vermutung für einen gewöhnlichen Aufenthalt (§ 9 S. 2 AO); ein kürzeres Verweilen im Inland ist ausreichend, wenn von vornherein ein längerfristiger Aufenthalt geplant war. § 9 S. 3 AO schließt die Sechs-Monats-Vermutung aus, wenn der Aufenthalt ausschließlich zu Besuchs-, Erholungs-, Kur- oder ähnlichen Privatzwecken erfolgt und nicht länger als ein Jahr dauert. **Grenzpendler**, die unter Benutzung einer im Ausland gelegenen Wohnung ihre Tätigkeit im Inland ausüben, haben ihren gewöhnlichen Aufenthalt nicht im Inland, sondern im Wohnsitzstaat (AEAO zu § 9 Nr. 2).

Ein StPfl. kann mehrere steuerliche Wohnsitze, aber nur einen gewöhnlichen Aufenthalt haben (BFH vom 25.01.1989, BStBl II 1990, 687; AEAO zu § 9 Nr. 3).

3.9 Betriebsstätte und ständiger Vertreter (§§ 12 f. AO)

Der Betriebsstättenbegriff ist vor allem für die **Zuordnung von Unternehmen** (erfasst werden damit nicht nur Gewerbetreibende, sondern auch Freiberufler und Land- und Forstwirte) zu Inland oder Ausland bzw. zu einer bestimmten Gemeinde sowie für die örtliche Zuständigkeit der Finanzbehörden (vgl. § 18 Abs. 1 Nr. 2 AO) entscheidend. Soweit DBA abweichende Regelungen enthalten[18], sind diese gem. § 2 AO vorrangig. Voraussetzung für eine Betriebsstätte ist eine **feste Geschäftseinrichtung oder Anlage**, die der Tätigkeit des Unternehmens dient. Dazu gehören auch bewegliche Geschäftseinrichtungen mit vorübergehend festem Standort, z. B. fahrbare Verkaufsstätten; besondere Räume oder gewerbliche Vorrichtungen sind nicht erforderlich. Ausführliche Erläuterungen zum Betriebsstättenbegriff enthält Tz. 2.9 GewStR. § 12 S. 2 AO nennt verschiedene, nicht abschließende Beispiele für Betriebsstätten. Eine Betriebsstätte i. S. v. § 12 S. 1 AO erfordert ferner, dass der Unternehmer eine (nicht nur vorübergehende) **Verfügungsmacht** über die von ihm genutzte Geschäftseinrichtung oder Anlage hat; dies bedeutet, dass etwa ein bloßes Tätigwerden in den Räumlichkeiten eines Vertragspartners allein selbst dann nicht zur Begründung einer Betriebsstätte ausreicht, wenn die Tätigkeit über mehrere Jahre hinweg erfolgt (BFH vom 04.06.2008, BStBl II 2008, 922).

Einkünfte aus Gewerbebetrieb unterliegen der beschränkten ESt-Pflicht, wenn im Inland zwar keine Betriebsstätte unterhalten wird, aber ein ständiger Vertreter für den Gewerbebetrieb bestellt ist (§ 49 Abs. 1 Nr. 2 Buchst. a EStG). **Ständiger Vertreter** (§ 13 AO) ist eine Person, die nachhaltig die Geschäfte eines Unternehmens besorgt und dabei dessen Sachweisungen unterliegt. Auf welcher Rechtsgrundlage das Weisungsverhältnis beruht (z. B. Angestelltenverhältnis), ist unerheblich. Nachhaltigkeit i. S. d. § 13 AO liegt vor, wenn die Tätigkeit planmäßig erfolgt und von einer gewissen Dauer ist. § 13 S. 2 AO enthält Beispielsfälle.

---

18 Vgl. Art. 5 OECD-Musterabkommen.

3.10 Steuergeheimnis (§ 30 AO)

Nach § 30 Abs. 1 AO haben Amtsträger (§ 7 AO) das Steuergeheimnis zu wahren. Das Steuergeheimnis ist ein strafrechtlich bewehrtes (§ 355 StGB) **qualifiziertes Amtsgeheimnis**; es konkretisiert das Recht auf informationelle Selbstbestimmung (Art. 2 Abs. 1 GG) und ist das Gegenstück zu den umfangreichen Offenbarungs- und Mitwirkungspflichten des Steuerrechts (BVerfG vom 17.07.1984, BVerfGE 67, 100). Durch das Steuergeheimnis wird alles geschützt, was einem Amtsträger oder einer gleichgestellten Person in einem der in § 30 Abs. 2 Nr. 1 AO genannten Verfahren über den StPfl. oder eine andere Person bekannt geworden ist. Dabei macht es **keinen Unterschied**, ob diese Tatsachen für die Besteuerung **relevant** sind oder nicht. Das Steuergeheimnis erstreckt sich demnach auf die gesamten persönlichen, wirtschaftlichen, rechtlichen, öffentlichen und privaten Verhältnisse einer natürlichen oder juristischen Person. Zu den Verhältnissen zählen auch das Verwaltungsverfahren selbst, die Art der Beteiligung am Verwaltungsverfahren und die Maßnahmen, die vom Beteiligten getroffen wurden. So unterliegt z. B. auch dem Steuergeheimnis, ob und bei welcher Finanzbehörde ein Beteiligter steuerlich geführt wird, ob ein Steuerfahndungsverfahren oder eine Außenprüfung stattgefunden hat, wer für einen Beteiligten im Verfahren aufgetreten ist und welche Anträge gestellt worden sind (AEAO zu § 30 Nr. 1).

Geschützt werden auch Personen, die freiwillig Angaben machen, z. B. **Denunzianten**[19] (BFH vom 07.12.2006, BStBl II 2007, 275). Der Begriff der geschützten Verhältnisse (§ 30 Abs. 2 Nr. 1 AO) ist weit auszulegen. Auch die Tatsache, ob eine bestimmte Person überhaupt steuerlich erfasst ist, unterliegt demnach dem Steuergeheimnis.

§ 30 Abs. 4 AO enthält verschiedene **Offenbarungstatbestände**, die die Durchbrechung des Steuergeheimnisses ausnahmsweise rechtfertigen. Die wichtigsten gesetzlich ausdrücklich normierten Offenbarungstatbestände (§ 30 Abs. 4 Nr. 2 AO) sind im AEAO zu § 30 Nr. 5 aufgezählt; zu ihnen gehören auch die in der AO selbst in §§ 31, 31a und 31b AO genannten Vorschriften. Daneben ist eine Offenbarung gem. § 30 Abs. 4 Nr. 1 AO zulässig zur Durchführung des Besteuerungsverfahrens (auch Besteuerungsverfahren von Dritten, z. B. bei Kontrollmitteilungen), eines gerichtlichen Verfahrens in Steuersachen oder eines Steuerstraf- oder Ordnungswidrigkeitenverfahrens, ferner wenn der Betroffene zustimmt (§ 30 Abs. 4 Nr. 3 AO). Die Offenbarung zum Zwecke der Ahndung nichtsteuerlicher Straftaten ist nur unter den einschränkenden Voraussetzungen des § 30 Abs. 4 Nr. 4 AO zulässig. Schließlich rechtfertigt auch ein »**zwingendes öffentliches Interesse**« die Durchbrechung des Steuergeheimnisses (§ 30 Abs. 4 Nr. 5 AO), wenn also bei Unterbleiben der Mitteilung schwere Nachteile für das allgemeine Wohl eintreten würden.[20]

---

[19] Vorsätzlich falsche Angaben eines Denunzianten dürfen allerdings den Strafverfolgungsbehörden mitgeteilt werden (§ 30 Abs. 5 AO), da hierdurch auch das allgemeine Persönlichkeitsrecht des Denunzierten erheblich verletzt wird (BFH vom 25.07.1994, BStBl II 1994, 802). § 30 Abs. 5 AO ermöglicht damit die Durchführung eines Verfahrens gegen den Denunzianten wegen falscher Verdächtigung (§ 164 StGB).

[20] So bejaht der BFH (vom 29.07.2003, BStBl II 2003, 829) ein zwingendes öffentliches Interesse für die Mitteilung steuerlicher Unzuverlässigkeit an die Gewerbebehörde zur Durchführung eines Gewerbeuntersagungsverfahrens nach § 35 GewO; vgl. BMF vom 19.12.2013, BStBl I 2014, 19. Das Interesse der Presse an der Berichterstattung über Steuerfälle von Prominenten rechtfertigt die Durchbrechung des Steuergeheimnisses nicht.

II Allgemeines Steuerschuldrecht

1 Steuerschuldverhältnis

1.1 Inhalt des Steuerschuldverhältnisses

Von der Geburt bis zum Tod besteht zwischen dem Bürger und der Verwaltung ein Dauerrechtsverhältnis in den verschiedensten Rechtsbereichen. (»Von der Wiege bis zur Bahre, Formulare, Formulare.«) Konkretisiert sich dieses Dauerschuldverhältnis auf steuerliche Rechte und Pflichten, spricht man von einem **Steuerrechts- bzw. Steuerpflichtverhältnis**.[1] Zu den Pflichten, die nach § 33 Abs. 1 AO dem StPfl. auferlegt werden, gehören die Entrichtung einer Steuer als Steuerschuldner, Haftungsschuldner oder Steuerentrichtungsschuldner, sowie die Verpflichtung zur Abgabe einer Steuererklärung, zur Mitwirkung und Auskunft in eigener Steuersache, zur Führung von Büchern und Aufzeichnungen, zur ordnungsgemäßen Kontenführung oder zur Sicherheitsleistung. Das **Steuerschuldverhältnis** beschreibt diejenigen Rechte und Pflichten des Steuerpflichtverhältnisses, die **Geldleistungsansprüche** zum Gegenstand haben (§ 37 AO). § 37 Abs. 1 AO enthält eine abschließende Aufzählung der Ansprüche aus dem Steuerschuldverhältnis; hierunter fallen
- der Steueranspruch (§ 37 Abs. 1 AO),
- der Steuervergütungsanspruch (§ 37 Abs. 1 AO),
- der Haftungsanspruch (§§ 37 Abs. 1, 191 Abs. 1, 69 ff. AO),
- der Anspruch auf eine steuerliche Nebenleistung (§ 37 Abs. 1 i. V. m. § 3 Abs. 4 AO),
- der allgemeine Erstattungsanspruch nach § 37 Abs. 2 AO sowie
- die in den Einzelsteuergesetzen geregelten Steuererstattungsansprüche.

1.2 Beteiligte des Steuerschuldverhältnisses

Am Steuerschuldverhältnis sind der Steuergläubiger und der StPfl. beteiligt. **Steuergläubiger** ist nicht das FA selbst, sondern Bund, Länder und Gemeinden sowie die öffentlich-rechtlichen Religionsgemeinschaften als diejenigen Körperschaften, denen der Steuerertrag zufließt. Wer hinsichtlich der einzelnen Steuerarten Steuergläubiger ist, richtet sich nach der im Finanzverfassungsrecht geregelten **Ertragshoheit** (Art. 106 GG). Bei den wichtigsten Steuerarten (ESt, KSt und USt) sind Bund, Länder und Gemeinden gemeinsam Steuergläubiger (Gläubigergemeinschaft, Art. 106 Abs. 3 GG). Diese sog. Gemeinschaftssteuern werden von den Länderfinanzbehörden im Auftrag des Bundes verwaltet (sog. **Bundesauftragsverwaltung**, Art. 85 GG). Im Falle einer Aufrechnung gilt als Gläubiger eines Anspruchs aus dem Steuerschuldverhältnis auch die Körperschaft, die die Steuer verwaltet (§ 226 Abs. 4 AO).

§ 33 AO definiert den Begriff des StPfl. Gem. § 33 Abs. 1 AO ist **Steuerpflichtiger** jeder, der materiell-rechtliche oder verfahrensrechtliche steuerliche Pflichten zu erfüllen hat, wer also eine Steuer schuldet, für eine Steuer haftet, eine Steuer für Rechnung eines Dritten einzubehalten und abzuführen hat, wer eine Steuererklärung abzugeben, Sicherheit zu leisten, Bücher und Aufzeichnungen zu führen oder andere ihm durch die Steuergesetze auferlegte Verpflichtungen zu erfüllen hat. Der Begriff des Steuerschuldners ist dagegen enger

---

[1] Zur Terminologie vgl. *Tipke/Kruse*, AO, vor § 33 Rz. 1 ff.

gefasst. **Steuerschuldner** ist nur derjenige StPfl., der die Steuer für eigene Rechnung selbst zu entrichten oder für dessen Rechnung ein anderer die Steuer zu entrichten hat; wer bei den einzelnen Steuerarten Steuerschuldner ist, wird nicht in der AO selbst, sondern in den Einzelsteuergesetzen geregelt (§ 43 S. 1 AO).

Die **Steuerrechtsfähigkeit** ist in den Einzelsteuergesetzen unterschiedlich und teilweise abweichend von den zivilrechtlichen Vorgaben geregelt. Das Steuerrecht bewertet nicht Rechtsformen des Zivilrechts, sondern wirtschaftliche Vorgänge. So ist z. B. die BGB-Gesellschaft (§§ 705 ff. BGB) Unternehmer und damit steuerrechtsfähig und stpfl. i. S. d. UStG sowie i. S. d. GewStG, nicht aber bei der ESt. Die Steuerrechtsfähigkeit von PersG endet allgemein nicht schon mit dem Auflösungsbeschluss der G'fter, sondern erst durch ihre »steuerliche Vollbeendigung«. Nach ständiger Rspr. ist eine PersG so lange steuerrechtsfähig, bis alle Rechtsbeziehungen zwischen Gesellschaft und FA abgewickelt sind (BFH vom 17.10.2013, AO-StB 2014, 43). Vor diesem Hintergrund lässt auch die Eröffnung eines Insolvenzverfahrens die Steuerrechtsfähigkeit unberührt.

StPfl. ist nach der Terminologie der AO ferner nicht, wer in einer **fremden Steuersache** Auskunft zu erteilen oder sonst wie an der Sachverhaltsaufklärung mitzuwirken hat (§ 33 Abs. 2 AO).

1.3 Handlungsfähigkeit (§ 79 AO)

Ebenso wie das Zivilrecht zwischen Rechtsfähigkeit und Geschäftsfähigkeit unterscheidet, differenziert auch das Steuerrecht zwischen der Steuerrechtsfähigkeit i. S. d. §§ 33 f. AO (Fähigkeit, Träger steuerlicher Rechte und Pflichten zu sein) und der **Handlungsfähigkeit** (Fähigkeit zur Vornahme rechtsverbindlicher Verfahrenshandlungen und anderer Handlungen). Nicht jeder StPfl. ist zugleich handlungsfähig. Verfahrenshandlungen von handlungsunfähigen Beteiligten sind unwirksam (BFH vom 16.04.1997, BStBl II 1997, 595); dies betrifft auch die Frage, ob eine Person Bekanntgabeadressat von Verwaltungsakten sein kann. Verwaltungsakte an einen Handlungsunfähigen müssen an diesen, vertreten durch seinen gesetzlichen Vertreter, gerichtet und dem Vertreter unter Hinweis auf das Vertretungsverhältnis bekannt gegeben werden (vgl. zum ähnlichen Problem des Zugangs von Willenserklärungen im Zivilrecht § 131 BGB): Inhaltsadressat bleibt also der Handlungsunfähige, die Bekanntgabe muss aber an einen handlungsfähigen Vertreter erfolgen.[2]

Die **Handlungsfähigkeit natürlicher Personen im Steuerrecht entspricht gem. § 79 Abs. 1 AO der Geschäftsfähigkeit im bürgerlichen Recht** (§§ 104 ff. BGB). Geschäftsunfähige und beschränkt geschäftsfähige Personen (insb. Minderjährige) sind grds. handlungsunfähig, ebenso juristische Personen, Vereinigungen oder Vermögensmassen (§ 79 Abs. 1 Nr. 3 AO). Eine beschränkte Handlungsfähigkeit – parallel zur beschränkten Geschäftsfähigkeit i. S. d. bürgerlichen Rechts – kennt die AO nicht. Personen, die nicht unbeschränkt oder partiell geschäftsfähig sind, sind verfahrenshandlungsunfähig.

Wer für handlungsunfähige natürliche Personen handelt, ist in § 79 AO nicht geregelt. Nach § 34 Abs. 1 S. 1 AO haben die **gesetzlichen Vertreter** natürlicher und juristischer Personen und die **GF** von nichtrechtsfähigen Personenvereinigungen und Vermögensmassen als handlungsfähige Personen deren steuerliche Pflichten zu erfüllen (z. B. Eltern für ihre Kinder (§ 1629 BGB), der Vormund für Minderjährige (§ 1793 BGB), der Betreuer für den Betreuten (§ 1902 BGB), der

---

2 Vgl. dazu Kap. IV 2.1.

Vorstand einer AG (§ 78 AktG) und der GF einer GmbH (§ 35 Abs. 1 GmbHG) für die juristische Person). § 34 AO ist auch für die Vertretung bei Verfahrenshandlungen anwendbar.

Der Vertreter ist nicht nur gegenüber dem Vertretenen, sondern auch gegenüber dem FA verpflichtet, die steuerlichen Pflichten zu erfüllen. Er tritt in ein **unmittelbares Pflichtenverhältnis** zur Finanzbehörde und ist daher selbst StPfl. i. S. d. § 33 Abs. 1 AO. Bei Verletzung dieser Pflichten kommt eine persönliche Haftung des Vertreters nach § 69 AO in Betracht.

Keine gesetzlichen Vertreter sind der Insolvenzverwalter, der Zwangsverwalter, der Testamentsvollstrecker und der Nachlassverwalter. Sie handeln, wenn sie kraft Amtes über fremde Rechte verfügen, nicht in fremdem, sondern in eigenem Namen. Sie gehören damit zu den Vermögensverwaltern i. S. d. § 34 Abs. 3 AO.[3]

§ 79 Abs. 2 AO regelt die Handlungsfähigkeit bei Betreuungsverhältnissen. Ob die Erfüllung der steuerlichen Pflichten zum Handlungskreis des Betreuers gehört, ergibt sich aus der gerichtlichen Bestellung des Betreuers (vgl. § 1901 BGB).

1.4 Bevollmächtigte und Beistände (§ 80 AO)

Die Beteiligten im Besteuerungsverfahren können sich durch einen **Bevollmächtigten** vertreten lassen (§ 80 Abs. 1 AO) und zu Verhandlungen und Besprechungen mit einem **Beistand** erscheinen (§ 80 Abs. 6 S. 1 AO).[4] Aufgrund der Komplexität der Steuergesetze sind viele StPfl. ohne Bevollmächtigte ohnehin nicht in der Lage, die Vielzahl der steuerlichen Pflichten ordnungsgemäß zu erfüllen. Als Bevollmächtigte kommen nur Personen in Betracht, die zur Hilfeleistung in Steuersachen nach dem StBerG befugt sind (d. h. insb. die Angehörigen der steuerberatenden Berufe, §§ 2 ff. StBerG). Beistände können dagegen alle handlungsfähigen natürlichen Personen sein, z. B. Angehörige oder Freunde. Wer geschäftsmäßig Hilfe in Steuersachen leistet, ohne hierzu befugt zu sein, handelt gem. § 160 Abs. 1 StBerG ordnungswidrig und ist von der Behörde zurückzuweisen (§ 80 Abs. 7 und 9 AO).

Der **Umfang der Vollmacht** bestimmt sich nach dem Willen des Vollmachtgebers und ist durch Auslegung der Vollmachtserklärung zu ermitteln (BFH vom 18.01.2007, BStBl II 2007, 369). Sofern nichts anderes bestimmt ist, ermächtigt die Vollmacht zu allen Verfahrenshandlungen, die das Verfahren betreffen, mit Ausnahme des Empfangs von Steuererstattungen und Steuervergütungen (§ 80 Abs. 1 S. 2 AO). Insb. zum Empfang von Verwaltungsakten kann der Bevollmächtigte auch durch einen entsprechenden Zusatz in der Vollmacht ausdrücklich bevollmächtigt werden (sog. **Empfangsvollmacht**, vgl. § 122 Abs. 1 S. 3 und 4 AO). Ein amtliches Muster für Vollmachten im Besteuerungsverfahren hat das BMF mit Schreiben vom 08.07.2019 (BStBl I 2019, 594) veröffentlicht; diese Vollmachten sind insb. bei der elektronischen Übermittlung von Vollmachtsdaten an die FinVerw nach amtlich vorgeschriebenem Datensatz zugrunde zu legen. Einzelheiten zur Vollmachtsdatenbank regelt § 80a AO.

Die Bevollmächtigung kann grds. **formlos** erfolgen. Bei **Angehörigen der steuerberatenden Berufe**, die für den StPfl. handeln, wird gem. § 80 Abs. 2 S. 1 AO eine **ordnungsgemäße Bevollmächtigung** unterstellt (sog. **Vollmachtsvermutung**).[5] Diese Vermutung gilt trotz

---

3   *Hübschmann/Hepp/Spitaler*, AO, § 34 Rz. 40 ff.
4   Zu den Risiken einer Empfangsvollmacht für den StB vgl. ausführlich *Mugler/Goreczko*, Die Empfangsvollmacht nach der AO; ein Danaer-Geschenk für jeden Steuerberater, DStR 2007, 229.
5   Zuletzt Gegenstand der schriftlichen Prüfungen 2012 und 2015. Hier liegt ein entscheidender Unterschied zum finanzgerichtlichen Verfahren, wo die Vollmacht nach § 62 FGO grds. schriftlich zu den Gerichtsakten einzureichen ist (§ 62 Abs. 6 S. 1 FGO).

Vorliegens einer auf bestimmte Zeiträume beschränkten schriftlichen Vollmacht auch für außerhalb der schriftlichen Vollmacht liegende Zeiträume, wenn der Angehörige der steuerberatenden Berufe für diese Zeiträume gegenüber dem FA wie ein Bevollmächtigter auftritt (BFH vom 16.03.2022, BStBl II 2022, 459). Allerdings darf das FA im Einzelfall den Nachweis der Vollmacht gem. § 80 Abs. 3 AO auch ohne Anlass verlangen.

Die Bevollmächtigung führt im Besteuerungsverfahren dazu, dass sich die Finanzbehörde **nicht an den StPfl. selbst, sondern an den Bevollmächtigten wenden soll** (§ 80 Abs. 5 S. 1 AO). Der Ermessensspielraum der Behörde wird durch die Verwendung des Begriffs »soll« (wie bei der unmittelbar nur im förmlichen Zustellungsverfahren gem. § 122 Abs. 5 AO geltenden Vorschrift des § 8 Abs. 1 S. 2 VwZG) eingeschränkt.[6] Der Schriftwechsel und die Verhandlungen **sind** im Regelfall mit dem Bevollmächtigten zu führen (BFH vom 26.10.2005, BFH/NV 2006, 243). Nur bei Vorliegen besonderer Gründe kann sich die Behörde an den Beteiligten selbst wenden, z. B. um ihn um Auskünfte zu bitten, die nur er selbst als Wissensträger geben kann. In diesen Fällen ist das FA verpflichtet, den Bevollmächtigten hierüber zu unterrichten (§ 80 Abs. 5 S. 2 AO). Unter keinen Umständen darf die Finanzbehörde die unmittelbare Kontaktaufnahme zum StPfl. dazu benutzen, den ordnungsgemäß Bevollmächtigten zu umgehen. Dem Bevollmächtigten muss jederzeit die Gelegenheit gegeben werden, sich in das Verfahren einzuschalten. Mit der Bevollmächtigung verliert der StPfl. andererseits aber nicht die Möglichkeit, selbst wirksame Erklärungen gegenüber der Finanzbehörde abzugeben. Er bleibt der »Herr des Verfahrens«.

Für die **Bekanntgabe von VA** an einen Bevollmächtigten enthält § 122 Abs. 1 S. 3 und 4 AO eine vorrangige Regelung.

Eine Verpflichtung zur Bekanntgabe eines Steuerbescheides an den Bevollmächtigten des StPfl. besteht für das FA allerdings nur dann, wenn für den StPfl. ein Bevollmächtigter **eindeutig und unmissverständlich** gerade (auch) als **Bekanntgabeadressat, also als Empfangsbevollmächtigter,** bestellt worden ist und sich dies unmittelbar aus der Erklärung des StPfl. bzw. seines Bevollmächtigten ergibt. Verstößt das FA trotz ausdrücklicher **Empfangsvollmacht** hiergegen und gibt den Bescheid dem StPfl. persönlich und nicht dem Bevollmächtigten bekannt, liegt ein Bekanntgabemangel vor. **Nach ständiger Rspr. wird der Bekanntgabefehler aber geheilt, wenn der StPfl. den Bescheid an den Berater weiterleitet** (AEAO zu § 122 Tz. 1.7.4 und 4.4.4; BFH vom 11.04.2017, BFH/NV 2017, 1300)[7]; dies ergibt sich aus dem Rechtsgedanken des § 8 VwZG, der insoweit analog herangezogen werden kann.

Die Vollmacht kann jederzeit widerrufen werden. Für die Außenwirkung des Widerrufs gilt dabei folgende Besonderheit: gegenüber der Finanzbehörde bleibt die Vollmacht solange wirksam, bis dem FA der Widerruf zugeht (§ 80 Abs. 1 S. 3 AO, häufig Gegenstand von Prüfungsaufgaben, etwa schriftliche Prüfung 2012). Im Übrigen endet die Vollmacht durch den Tod des Vollmachtnehmers oder – bei befristeter Vollmachterteilung – durch Zeitablauf. Durch den Tod des Vollmachtgebers wird die Vollmacht dagegen nach § 80 Abs. 4 AO nicht aufgehoben; tritt jedoch der Bevollmächtigte im Verfahren für den oder die Rechtsnachfolger auf, bedarf es der Bevollmächtigung durch diese.

---

6   Diese Problematik war ausführlich Gegenstand der schriftlichen Prüfungen 2008, 2012, 2014 und erneut 2017.
7   Ein häufiges Problem in der schriftlichen Prüfung, zuletzt im Herbst 2010, 2012, 2014 und 2018. Beachte: Die wirksame Bekanntgabe – an den richtigen Adressaten – ist Voraussetzung für den Beginn der Einspruchsfrist nach § 355 AO.

§ 80 AO enthält keine Regelung darüber, ob ein Verschulden des Bevollmächtigten, z. B. bei der verspäteten Einlegung von Rechtsbehelfen, dem Vollmachtgeber zuzurechnen ist. Eine entsprechende Formulierung ist allerdings in den §§ 152 Abs. 1 S. 3, 110 Abs. 1 S. 2 AO enthalten. Nach Auffassung der Rspr. und der Verwaltung handelt es sich bei der **Zurechnung des Verschuldens des steuerlichen Beraters** trotz der Regelungslücke in § 80 AO um einen allgemeinen Rechtsgrundsatz, der generell anzuwenden sei (AEAO zu § 173 Nr. 5.3 und 5.4 m. w. N.).

1.5 Gesamtschuldnerschaft (§ 44 AO)

Das Rechtsinstitut der Gesamtschuld dient zur **Sicherung der Durchsetzung des Steueranspruchs**. § 44 AO stimmt inhaltlich weitgehend mit den zivilrechtlichen Regelungen über die Gesamtschuld (§§ 421 ff. BGB) überein. Mehrere Personen sind gem. § 44 Abs. 1 AO Gesamtschuldner, wenn sie
- nebeneinander dieselbe Leistung aus dem Steuerschuldverhältnis schulden (z. B. Schenker und Beschenkter bei der Schenkungsteuer (§ 20 Abs. 1 ErbStG), Erwerber und Veräußerer bei der GrESt (§ 13 GrEStG)),
- nebeneinander für eine Leistung aus dem Steuerschuldverhältnis haften (z. B. mehrere GF einer GmbH (§§ 34 Abs. 1, 69 AO), oder wenn sie
- zusammen zu einer Steuer zu veranlagen sind (z. B. § 26b EStG).

Soweit nicht im Einzelfall etwas anderes bestimmt ist, **muss jeder Gesamtschuldner die gesamte Leistung bewirken** (§ 44 Abs. 1 S. 2 AO); die Finanzbehörde kann die Schuld im Rahmen ihres Auswahlermessens von jedem Gesamtschuldner ganz oder z. T. fordern, insgesamt jedoch nur einmal.[8] Sobald die Leistung bewirkt ist, werden alle Gesamtschuldner von ihrer Leistungspflicht befreit (§ 44 Abs. 2 S. 1 AO).

Auch ein Schuldner und ein Haftender sind Gesamtschuldner, was sich aus dem Gesetzeswortlaut nicht unmittelbar ergibt (sog. **unechte Gesamtschuld**[9]). Allerdings ist die Finanzbehörde in diesen Fällen verpflichtet, sich zunächst an den eigentlichen Steuerschuldner und erst subsidiär an den Haftungsschuldner zu wenden, wenn der Steuerschuldner nicht leisten kann (§ 219 S. 1 AO; § 219 S. 2 AO regelt wichtige und prüfungsrelevante Ausnahmen vom **Grundsatz der Subsidiarität**).

Im Fall der **echten Gesamtschuld** (mehrere StPfl. schulden nebeneinander dieselbe Leistung oder haften für dieselbe Leistung) steht es im pflichtgemäßen **Ermessen der Finanzbehörde**, welchen Gesamtschuldner sie in Anspruch nehmen möchte (§ 5 AO). Ein Entschließungsermessen dergestalt, ob die Finanzbehörde die Leistung überhaupt von einem der Gesamtschuldner fordert, existiert nicht (§ 85 AO; missverständlich insoweit § 249 AO). Bei der Ausübung des Auswahlermessens sind die **persönlichen und wirtschaftlichen Verhältnisse** der einzelnen Gesamtschuldner zu berücksichtigen. Bei einer Schenkung wird sich

---

8 Für das FA ist die Gesamtschuld sehr bequem: Sie kann auch bei Ausfall eines Schuldners auf die Liquidität der übrigen Gesamtschuldner setzen; das FA als Gläubiger kann plastisch als »juristischer Pascha« bezeichnet werden (vgl. Heck, Grundriss des Schuldrechts, 1929 mit Nachdrucken, § 76, 4a).

9 Der vom BFH selbst benutzte Begriff der »unechten Gesamtschuld« (BFH vom 27.03.1968, BStBl II 1968, 376) ist insoweit problematisch, als nach der zivilrechtlichen Terminologie »unechte Gesamtschuld« eine Konstellation bezeichnet, die gerade keine Gesamtschuld i. S. d. §§ 421 ff. BGB ist.

die Behörde beispielsweise zunächst an den Beschenkten halten (vgl. § 20 Abs. 1 ErbStG, nach dem »auch« der Schenker Steuerschuldner ist). Etwas anderes gilt nur, wenn dem FA interne Regelungen der Parteien bekannt sind, nach denen der Schenker die Steuer zu tragen hat. Generell sind Absprachen unter den Gesamtschuldnern für die Ermessensentscheidung von Bedeutung; so kann es gerade bei mehreren G'ftern, die gemeinsam Haftungsschuldner sind, auf die interne Aufgabenverteilung zwischen ihnen ankommen. Unterlässt die Finanzbehörde die Ermessensausübung bei der Auswahl eines Gesamtschuldners, ist die Heranziehung des Gesamtschuldners mangels Begründung rechtswidrig; die **Ergänzung** der Begründung ist aber bis zum Abschluss des Einspruchsverfahrens und gegebenenfalls auch noch im Klageverfahren nachholbar (§§ 121 und 126 AO).

Erfüllt ein Gesamtschuldner die Leistungsverpflichtung, kommt dies den anderen Gesamtschuldnern zugute (§ 44 Abs. 2 AO). Stundung, Erlass, Vollstreckungsaufschub, die Aussetzung der Vollziehung und die Verjährung (vgl. § 191 Abs. 5 AO und BFH vom 29.02.2011, BStBl II 2012, 489) wirken dagegen nur gegenüber demjenigen Gesamtschuldner, gegen den der jeweilige VA gerichtet ist (§ 44 Abs. 2 S. 3 AO i.V.m. § 425 BGB). Säumniszuschläge entstehen ebenfalls nur bei dem jeweils säumigen Gesamtschuldner (§ 240 Abs. 4 AO). Der interne Ausgleich unter den Gesamtschuldnern, nachdem einer die Leistung an das FA bewirkt hat, richtet sich zivilrechtlich nach den §§ 421 ff. BGB (sog. Rückgriff).

Schulden mehrere StPfl. eine Steuer als Gesamtschuldner, können gegen sie **zusammengefasste Steuerbescheide** ergehen (§ 155 Abs. 3 S. 1 AO, es handelt sich dann um **zwei** nur äußerlich zusammengefasste Verwaltungsakte). Zusammenveranlagte Personen können die Wirkungen der Gesamtschuldnerschaft ausschließen, indem sie die Aufteilung der rückständigen Steuern beantragen (§§ 44 Abs. 2 S. 4, 268 ff. AO). Die Schuldner werden dann nicht mehr als Gesamtschuldner, sondern als **Teilschuldner** behandelt, d.h. jeder kann nur noch auf einen Teil der gesamten Schuld in Anspruch genommen werden (§ 278 Abs. 1 AO).[10]

2 Der Steueranspruch (§§ 38 ff. AO)

2.1 Entstehung des Steueranspruchs (§ 38 AO)

Der Steueranspruch entsteht zu dem Zeitpunkt, in dem der Tatbestand verwirklicht wird, an den das Gesetz eine bestimmte Leistungspflicht knüpft (§ 38 AO).[11] Andererseits ist die **Verwirklichung eines bestimmten Lebenssachverhaltes** für das Entstehen des Steueranspruches auch eine **unabdingbare Voraussetzung**. Dies ist ein Ausfluss der wirtschaftlichen Betrachtungsweise im Steuerrecht. Ist ein Rechtsgeschäft formal wirksam, wird es aber tatsächlich nicht durchgeführt, so ist es steuerlich irrelevant. Der Grundsatz Entstehungszeitpunkt = Tatbestandsverwirklichung wird allerdings aufgeweicht, da zahlreiche Einzelsteuergesetze abweichende Regelungen für das Entstehen des Steueranspruchs enthalten (z.B. § 36 Abs. 1 EStG, § 30 KStG, § 13 Abs. 1 UStG, § 18 GewStG, § 9 ErbStG).

---

10 Grundlegend zur Aufteilung BFH vom 18.12.2001 (BStBl II 2002, 214). Zum Steuergeheimnis zwischen Gesamtschuldnern vgl. OFD München vom 23.11.2002.
11 Hiervon abweichende Steuervereinbarungen von Steuergläubiger und -schuldner sind im Hinblick auf die Gesetzmäßigkeit der Besteuerung unbeachtlich (BFH vom 22.11.1994, BStBl II 1995, 900); als öffentliches Recht kann Steuerrecht nicht durch abweichende Vereinbarungen abbedungen werden.

Der Entstehungszeitpunkt für die einzelnen Steuern ist damit für alle StPfl. gleich und insb. **unabhängig davon**, wann der Anspruch durch Steuerbescheid **festgesetzt wird** (§§ 155 ff. AO) bzw. wann der Anspruch **fällig** wird (§ 220 AO). Für die Entstehung des Steueranspruchs ist es auch unbedeutend, ob der Anspruch überhaupt festgesetzt wird. Allerdings wird der Steueranspruch erst durch die formelle Festsetzung in Form eines VA (Steuerbescheid) realisierbar. Der Steuerbescheid ist damit **deklaratorisch** (feststellend), soweit die Steuerschuld durch Steuerbescheid in materiell-rechtlich zutreffender Höhe festgestellt wird. Soweit die Steuer unzutreffend zu hoch festgesetzt wird, hat der Steuerbescheid dagegen für die Entstehung des Steueranspruchs **konstitutive** (rechtsbegründende) Wirkung.

Mit der Verwirklichung des Tatbestandes ist der Steueranspruch unwiderruflich entstanden. Nachfolgende Geschäftsvorfälle vermögen an der Verwirklichung nichts mehr zu ändern; so kann z. b. die bloße Rückbuchung einer bereits als Ertrag vereinnahmten und als solchen erfassten Betriebseinnahme die eingetretene Gewinnrealisierung nicht nachträglich beseitigen (BFH vom 28.11.2005, BFH/NV 2006, 699). Eine Rückbeziehung (Rückdatierung) von Verträgen und einseitigen Rechtsgeschäften mag privatrechtlich vereinbart werden können, steuerlich hat sie allerdings grds. keine Bedeutung. Eine Ausnahme gilt nur, wenn die Steuergesetze an Rechtsgeschäfte, VA oder Rechtsverhältnisse anknüpfen und diese Vorgänge mit **dinglicher Rückwirkung** entfallen (z. B. Anfechtung eines Kaufvertrages). Dann greift § 41 Abs. 1 AO.

> **Beispiel 1: Die unvorsichtige Grundstücksschenkung**
>
> Um Erbschaftsteuer zu sparen, überträgt der 80-jährige Unternehmer Klumpe ein wertvolles Grundstück an seinen Neffen Raff. Als Klumpe erfährt, dass die Entnahme des Grundstücks aus dem BV erhebliche ertragsteuerliche Konsequenzen mit sich bringt, möchte er die Übertragung sofort rückgängig machen. Er bittet Raff, ihm das Grundstück zurück zu schenken.
>
> **Lösung:** Mit der Entnahmehandlung sind die ertragsteuerlichen Folgen der Entnahme unwiderruflich eingetreten. Nachfolgende Vertragsänderungen bzw. das Rückgängigmachen von Geschäftsvorfällen haben auf den einmal entstandenen Steueranspruch keine Auswirkungen. Eine Rückgängigmachung der Übertragung mit dinglicher Rückwirkung kommt vorliegend nicht in Betracht. Steuerliche Verhältnisse können nur mit Wirkung für die Zukunft neugestaltet werden (BFH vom 12.05.1993, BStBl II 1993, 739). Zwar kann in einigen Fällen kraft ausdrücklicher gesetzlicher Regelung ein bereits abgeschlossener Sachverhalt nachträglich mit steuerlicher Rückwirkung geändert werden (z. B. § 16 GrEStG, § 29 ErbStG, § 17 UStG). Eine solche Ausnahmeregelung ist hier jedoch nicht gegeben. Der Entnahmegewinn ist daher steuerlich zu erfassen.

Steuervorauszahlungen entstehen bei den wichtigen, bewertungsunabhängigen Steuerarten ebenfalls mit der Verwirklichung des Tatbestands gem. § 38 AO. Allerdings lässt sich die Höhe der zu zahlenden Vorauszahlungen nur den von der Finanzbehörde zu erlassenden Vorauszahlungsbescheiden entnehmen; insoweit wirken diese Vorauszahlungsbescheide für die Höhe des Steueranspruchs konstitutiv.[12] In einem Urteil zur Vermögensteuer hat der BFH entschieden, dass die Vorauszahlungsschuld eine durch die endgültige Festsetzung der Vermögensteuer bedingte Steuerschuld darstellt (BFH vom 13.03.1979, BStBl II 1979, 461). Diese Rspr. ist auf die übrigen Steuerarten übertragbar und bedeutet, dass mit Eintritt der

---

12 Vgl. *Tipke/Kruse*, AO, § 38 Rz. 27 f.

auflösenden Bedingung, d. h. **mit Erlass des Jahressteuerbescheids, der Steueranspruch den Steuervorauszahlungsanspruch ablöst**; der Jahresbescheid nimmt die Vorauszahlungsbescheide in seinen Regelungsgehalt auf (BFH vom 19.05.2005, BStBl II 2005, 671). Der Vorauszahlungsbescheid soll damit neben der Erhebung der Jahressteuerschuld auch ein stetiges Steueraufkommen sichern. Wenn sich ein mit dem Einspruch angefochtener Vorauszahlungsbescheid mit Wirksamwerden der Jahressteuerfestsetzung erledigt, wird der Jahressteuerbescheid ohne besondere Erklärung des Einspruchsführers zum Gegenstand des Einspruchsverfahrens; es liegt dann eine Ersetzung i. S. d. § 365 Abs. 3 AO vor (BFH vom 03.11.2011, BStBl II 2012, 525). Das Gleiche gilt, wenn eine USt-Jahreserklärung, die nach § 168 S. 1 AO als Festsetzung unter Vorbehalt der Nachprüfung wirkt, während eines Einspruchsverfahrens gegen die abgelehnte Änderung der Herabsetzung eines Vorauszahlungsbescheids abgegeben wird (BFH a. a. O.).

Der **Zeitpunkt der Entstehung des Anspruchs** ist in verschiedener Hinsicht prüfungsrelevant:
- Die Festsetzungsfrist beginnt grds. mit Ablauf des Kj., in dem der Steueranspruch entstanden ist (§ 170 Abs. 1 AO);
- ein Übergang der Steuerschuld auf den Gesamtrechtsnachfolger setzt einen entstandenen Steueranspruch voraus (§ 45 AO);
- die Haftung für Steuerschulden Dritter setzt grds. entstandene Steueransprüche voraus (Ausnahme: § 76 Abs. 2 AO);
- der Arrest (§§ 324 ff. AO) setzt einen entstandenen (nicht aber einen festgesetzten) Steueranspruch voraus;
- der StPfl. kann gem. § 226 AO (erst) aufrechnen, sobald die Steuerschuld entstanden ist.

2.2 Steuererstattungs- und Vergütungsanspruch (§ 37 AO)

Zu den Ansprüchen aus dem Steuerschuldverhältnis gehören gem. § 37 Abs. 1 AO auch der Steuervergütungs- und Steuererstattungsanspruch.

2.2.1 Steuererstattungsanspruch (§ 37 Abs. 2 AO)

§ 37 Abs. 2 AO umschreibt allgemein den **öffentlich-rechtlichen Erstattungsanspruch**, der einem StPfl. oder dem Steuergläubiger dadurch erwächst, dass eine Leistung aus dem Steuerschuldverhältnis **ohne rechtlichen Grund** erfolgt ist oder der rechtliche Grund hierfür später wegfällt. Eine Zahlung ist ohne rechtlichen Grund geleistet, wenn sie den materiell-rechtlichen Anspruch übersteigt (AEAO zu § 37 Nr. 2). Im **Steuerabzugsverfahren** kann sich eine Überzahlung nur ergeben, wenn die zugrunde liegende Steueranmeldung, die einer Steuerfestsetzung unter dem Vorbehalt der Nachprüfung gleichsteht (§§ 167 f. AO), aufgehoben oder geändert worden ist oder wenn die Finanzbehörde einen Erstattungsbescheid erlassen hat (BFH vom 19.12.2000, BStBl II 2001, 353).

Auf den öffentlich-rechtlichen Erstattungsanspruch sind die zivilrechtlichen Kondiktionsvorschriften der §§ 812 ff. BGB über die ungerechtfertigte Bereicherung **nicht anzuwenden**. Die Rückzahlungspflicht des StPfl. kann also insb. nicht durch die Einrede der Entreicherung (§ 818 Abs. 3 BGB) abgewendet werden. Erstattungsansprüche entstehen mit der rechtsgrundlosen Zahlung, nicht erst mit der Festsetzung durch das FA. Auf den Anspruch sind daher auch nicht die Vorschriften über die Festsetzungsverjährung, sondern über die Zahlungsverjährung anwendbar (§§ 228 ff. AO).

Der Erstattungsanspruch kann verfahrensrechtlich nur durchgesetzt werden, wenn ein entgegenstehender VA i. S. d. § 218 AO aufgehoben oder geändert wird (AEAO zu § 37 Nr. 3). Ist ein VA rechtswidrig, aber nicht aufgehoben oder geändert worden, ist das aufgrund des VA Geleistete nicht ohne rechtlichen Grund geleistet worden. Der Erstattungsberechtigte hat somit bis zur Änderung des rechtswidrigen VA keinen Erstattungsanspruch, sondern nur einen Anspruch auf Erlass eines die Erstattung festsetzenden Bescheides gem. § 218 AO (Gegenstand der schriftlichen Prüfung 2017 und auch 2019).

Erstattungsberechtigter ist gem. § 37 Abs. 2 AO derjenige, auf »**dessen Rechnung**« die Zahlung bewirkt worden ist, wessen Steuerschuld also nach dem Willen des Leistenden getilgt werden sollte (BFH vom 22.03.2011, BStBl II 2011, 607). Unerheblich ist, von wem oder mit wessen Mitteln gezahlt worden ist (AEAO zu § 37 Nr. 2.2.1). Bei **Gesamtschuldnern**, z. B. zusammenveranlagten Ehegatten (§ 26b EStG, § 44 AO), ist derjenige Gesamtschuldner erstattungsberechtigt, auf dessen Rechnung die Zahlung erfolgte. Gesamtschuldner sind hinsichtlich eines Erstattungsanspruchs damit nicht gleichzeitig auch Gesamtgläubiger. Ist dagegen erkennbar für gemeinsame Rechnung der Gesamtschuldner geleistet worden, wie dies z. B. bei Ehegatten ohne besonderen Tilgungshinweis und intakter Ehe vermutet wird, so sind diese als **Teilgläubiger** nach Köpfen erstattungsberechtigt (BFH vom 22.03.2011, BStBl II 2011, 607 und vom 30.09.2008, BStBl II 2009, 39; die besondere Härte dieses Urteils lag darin, dass die Rechtsfolge der paritätischen Erstattung auch dann gilt, wenn über das Vermögen des **anderen** Ehegatten das Insolvenzverfahren eröffnet war). Hat der zahlende Gesamtschuldner dagegen im Zeitpunkt der Zahlung kenntlich gemacht, dass er nur seine eigene Steuerschuld tilgen will, so ist er im Fall der Erstattung auch nur allein erstattungsberechtigt. Bei der Erstattung einbehaltener LSt ist derjenige Ehegatte erstattungsberechtigt, von dessen Lohn die Steuer einbehalten wurde, denn diese Steuer ist für seine Rechnung an das FA abgeführt worden (§ 41a EStG).

> **Beispiel 2: Alles zurück**
>
> Die Ehegatten A und B werden gemeinsam zur ESt veranlagt. Beide erzielen Einkünfte aus nichtselbständiger Arbeit (LSt-Abzug bei A: 5.000 €, bei B: 10.000 €). A hat aus einem mittlerweile abgemeldeten Gewerbe noch rückständige Säumniszuschläge zur USt i. H. v. 4.500 € zu bezahlen. Das FA setzt die ESt auf 12.000 € fest und rechnet den überzahlten Betrag i. H. v. 3.000 € vollständig mit den Säumniszuschlägen zur USt des A auf. B ist damit nicht einverstanden und möchte die Aufrechnung »anfechten«.
>
> **Lösung:** Bei Ehegatten, die zusammen zur ESt veranlagt werden, wirkt die Auszahlung an einen Ehegatten auch für und gegen den anderen Ehegatten (§ 36 Abs. 4 S. 3 EStG). Unabhängig davon ist die Frage nach dem Erstattungsberechtigten gem. § 37 Abs. 2 AO danach zu beurteilen, »auf wessen Rechnung« die Zahlung bewirkt worden ist. Bei der Erstattung von einbehaltener LSt ist derjenige Ehegatte erstattungsberechtigt, von dessen Lohn die LSt einbehalten wurde. Wurde bei beiden Ehegatten ein LSt-Abzug vorgenommen, so ist die Aufteilung des Erstattungsbetrags nicht »nach Köpfen«, sondern im Verhältnis des jeweiligen LSt-Abzugs zum Gesamtabzug durchzuführen (BFH vom 29.10.2007, BFH/NV 2008, 330). Eine von diesen Grundsätzen abweichende Bestimmung des Erstattungsberechtigten ist auch dann nicht geboten, wenn die Eheleute in ihrer gemeinsamen ESt-Erklärung das Konto desjenigen als Erstattungskonto angegeben haben, der nach § 37 Abs. 2 AO an sich nicht erstattungsberechtigt ist. Die Benennung eines Erstattungskontos in der ESt-Erklärung ermächtigt vielmehr lediglich dessen Inhaber, die Erstattungszahlung in Empfang zu nehmen, und gestattet damit dem FA, an diesen zulasten des materiell-rechtlichen Inhabers des Erstattungsanspruches mit befreiender Wirkung zu leisten. Der Erstattungsanspruch des A beträgt demgemäß 1.000 €, der der B 2.000 €. Nur hinsichtlich des Erstattungsanspruchs des A i. H. v. 1.000 € liegt eine aufrechenbare Gegenforderung vor (§ 226 AO i. V. m. §§ 387 ff. BGB). I. H. v. 2.000 € war die

Aufrechnung unzulässig. Der Erstattungsbetrag der B wurde zu Unrecht gekürzt. Zur Durchsetzung ihres Erstattungsanspruches muss B verfahrensrechtlich einen **Abrechnungsbescheid** gem. § 218 Abs. 2 AO beantragen. Sofern das FA im Abrechnungsbescheid an der rechtswidrigen Aufrechnung festhält, ist hiergegen der Einspruch nach § 347 Abs. 1 Nr. 1 AO statthaft. Ein Einspruch gegen die Aufrechnung selbst führt dagegen für B nicht zum Erfolg, da die Aufrechnungserklärung des FA keinen anfechtbaren Verwaltungsakt darstellt.

Bei Erstattungsansprüchen des FA ist Schuldner des Rückzahlungsanspruchs derjenige, zu dessen Gunsten die Zahlung erkennbar geleistet wurde. Ein Dritter – etwa eine eingeschaltete Bank – ist folglich nicht Leistungsempfänger, wenn er lediglich als Zahlstelle benannt wurde, denn in diesem Fall will das FA (erkennbar) nicht mit befreiender Wirkung zu dessen Gunsten leisten, sondern erbringt seine Leistung mit dem Willen, eine Forderung gegenüber dem Rechtsinhaber, also dem Erstattungsberechtigten, zu erfüllen (BFH vom 22.11.2011, BStBl II 2012, 167).

2.2.2 Steuervergütungsanspruch

Steuervergütungsansprüche werden in der AO nicht definiert; § 43 AO bestimmt lediglich, wer Gläubiger des Anspruchs ist. Steuervergütungsanspruch ist der abstrakte Anspruch auf eine Steuervergütung. Im Falle der Steuererstattung ist die Steuer ursprünglich ohne rechtlichen Grund gezahlt worden, im Falle einer Steuervergütung mit rechtlichem Grund.[13] Die Vergütungsansprüche, die eine bestimmte Steuerbelastung beseitigen sollen, werden in den Einzelsteuergesetzen geregelt. Steuervergütungsansprüche kommen insb. bei den Verbrauchsteuern vor (z. B. § 13 TabStG, § 24 MinöStG), zudem bei verschiedenen staatlichen Transferleistungen: Wohnungsbauprämie (§ 8 Abs. 1 WoPG), Arbeitnehmersparzulage (§ 14 Abs. 2 VermBG), seit der Neuregelung zum 01.01.1996 auch das Kindergeld (§§ 31 S. 3, 62 ff. EStG). Auf die Festsetzung einer Steuervergütung sind die Vorschriften über die Steuerfestsetzung sinngemäß anzuwenden (§ 155 Abs. 4 AO).

Einen Sonderfall stellt der VSt-Abzug nach § 15 UStG dar. Nach der Rspr. des BFH vom 12.04.1995 (BStBl II 1995, 817) ist die anzurechnende VSt eine Steuervergütung, obgleich sie nur einen unselbständigen Teil der USt-Berechnung darstellt. Ist der sich aus § 16 Abs. 2 UStG ergebende Saldo negativ, liegt insoweit ein Steuervergütungsanspruch vor.

2.3 Gläubiger- und Schuldnerwechsel

2.3.1 Gläubiger- und Schuldnerwechsel kraft Gesetzes

Der bedeutendste Fall des Gläubiger- bzw. Schuldnerwechsels kraft Gesetzes ist die in § 45 AO geregelte **Gesamtrechtsnachfolge** : Forderungen und Schulden aus dem Steuerschuldverhältnis gehen als Teil des gesamten Vermögens vom Rechtsvorgänger auf den Rechtsnachfolger über (§ 45 Abs. 1 S. 1 AO). Zu den Fällen der Gesamtrechtsnachfolge zählen **neben der Erbfolge** (§ 1922 BGB) die Nacherbfolge (§ 2139 BGB), die Begründung der ehelichen Gütergemeinschaft (§§ 1415 f. BGB), die Übernahme des Vermögens einer PersG nach dem Ausscheiden des vorletzten G'fters (§ 712a BGB), die Übertragung von Gesellschaftsanteilen einer GbR auf eine KapG, die Verschmelzung verschiedener Aktiengesellschaften (§§ 339 ff. AktG) oder Gesellschaften mit beschränkter Haftung mit einer Aktiengesellschaft (§§ 335 ff. AktG) und regelmäßig die Umwandlung von Gesellschaften nach dem UmwG.

---

13 Vgl. *Hübschmann/Hepp/Spitaler*, AO § 37 Rz. 21.

Der **Gesamtrechtsnachfolger tritt verfahrensrechtlich in die abgabenrechtliche Stellung des Rechtsvorgängers ein;** auch hier gilt also die aus dem Ertragsteuerrecht bekannte **Fußstapfentheorie** (BFH GrS vom 17.12.2007, BStBl II 2008, 608, zur Vererblichkeit nicht ausgenutzter Verlustabzüge nach § 10d EStG).[14] Der Erbe tritt sowohl in materieller als auch in verfahrensrechtlicher Hinsicht in die abgabenrechtliche Stellung des Erblassers ein und schuldet die ESt als Gesamtschuldner in der Höhe, in der sie durch die Einkünfteerzielung des Erblassers entstanden ist (zuletzt Gegenstand der schriftlichen Prüfung 2022, vgl. auch BFH vom 29.08.2017, BStBl II 2018, 223).

Der Gesamtrechtsnachfolger wird selbst Steuerschuldner, nicht Haftender für eine fremde Steuerschuld. Ausgeschlossen von der Zurechnung sind lediglich höchstpersönliche Verhältnisse oder Umstände, die unlösbar mit der Person des Rechtsvorgängers verknüpft sind, z. B. bestimmte, für einen Besteuerungs- oder Begünstigungstatbestand erhebliche Eigenschaften. Zwangsgelder gehen bei der Erbfolge nicht auf den Gesamtrechtsnachfolger über (§ 45 Abs. 1 S. 2 AO). Der Gesamtrechtsnachfolger muss die Unanfechtbarkeit eines gegen den Rechtsvorgänger ergangenen Steuerbescheides gem. § 45 i. V. m. § 166 AO gegen sich gelten lassen; die materielle Bestandskraft des Bescheids wirkt also fort.

Erben haften gem. § 45 Abs. 2 AO i. V. m. den Vorschriften des bürgerlichen Rechts (§§ 1967 ff., 2058 ff. BGB) **unbeschränkt für die Nachlassverbindlichkeiten**. Eine Beschränkung der Haftung auf den Nachlass ist allerdings möglich.[15]

2.3.2 Abtretung, Verpfändung, Pfändung (§ 46 AO)

Bestimmte Ansprüche aus dem Steuerschuldverhältnis, nämlich Ansprüche auf Steuererstattungen, Haftungsbeträge, steuerliche Nebenleistungen und Steuervergütungsansprüche können gem. § 46 Abs. 1 AO **abgetreten** (§§ 398 ff. BGB), **verpfändet** (§ 1273 BGB) und **gepfändet** werden (§§ 829 ff. ZPO). Für die Abtretung gelten besondere, in § 46 Abs. 2, 3 und 5 AO geregelte Bestimmungen, die von den allgemeinen Bestimmungen in den §§ 398 ff. BGB abweichen. So wird die Abtretung gegenüber der Finanzbehörde erst wirksam, wenn sie der Gläubiger in bestimmter Form – auf amtlich vorgeschriebenem Vordruck – nach Entstehung des Anspruchs dem FA anzeigt. Auch eine Verpfändung bzw. Pfändung ist erst nach Entstehen des entspr. Anspruchs zulässig (§ 46 Abs. 6 AO). Da z. B. der ESt-Erstattungsanspruch wegen überzahlter LSt erst mit Ablauf des VZ entsteht (§ 36 Abs. 1 EStG), sind Abtretungen, Verpfändungen und Pfändungen während des betreffenden Erhebungszeitraums wirkungslos. Für die Abtretung und Verpfändung eines Erstattungs- oder Vergütungsanspruchs enthält der AEAO einen **Vordruck** (AEAO Anlage zu § 46, BStBl I 2013, 933). Wird der Vordruck nicht verwendet, ist die Abtretung oder Verpfändung nur wirksam, wenn sie gegenüber dem amtlich vorgeschriebenen Vordruck keine ihrer Schutzfunktionen entgegenstehenden Abweichungen enthält (BFH vom 28.01.2014, BStBl II 2014, 507).

---

14 Vgl. auch *Kühn/von Wedelstädt*, AO § 45 Rz. 5 ff.
15 Der Erbe kann die Haftung gem. § 1975 BGB durch einen Antrag auf Eröffnung des Nachlassinsolvenzverfahrens oder auf Nachlassverwaltung beschränken. Die Haftung ist danach auf den Nachlass beschränkt (§ 1984 Abs. 1 S. 3 BGB). Die Beschränkung der Erbhaftung kann gegenüber dem FA im Vollstreckungsverfahren geltend gemacht werden (§ 265 AO i. V. m. § 781 ZPO).

2.4 Gesetz- oder sittenwidriges Verhalten (§ 40 AO)

Für die Besteuerung ist es gem. § 40 AO **unerheblich**, ob ein Verhalten, das den Tatbestand eines Steuergesetzes erfüllt, gegen ein gesetzliches Gebot oder Verbot oder gegen die guten Sitten verstößt. § 40 AO ist Ausfluss der **Wertneutralität des Steuerrechts** (vgl. BVerfG vom 12.04.1996, NJW 1996, 2086). Die wirtschaftliche Betrachtungsweise sorgt mit der Anknüpfung an das wirtschaftliche Ergebnis dafür, dass der rechtsuntreu Handelnde steuerlich nicht bessergestellt wird als der gesetzestreu Handelnde; § 40 AO dient damit der Steuergerechtigkeit. Führt ein Verstoß gegen das Gesetz oder gegen die guten Sitten zur Nichtigkeit eines Rechtsgeschäftes (§§ 134 und 138 BGB), ergibt sich die Unerheblichkeit der zivilrechtlichen Unwirksamkeit nicht aus § 40 AO, sondern aus § 41 AO.[16]

Beispiel 3: »Quota litis«

Die Amerikanerin A möchte sich von ihrem deutschen Ehemann E scheiden lassen. In Unkenntnis der Gepflogenheiten vereinbart A mit dem Rechtsreferendar R, der sich in Kürze als RA niederlassen möchte, ein Erfolgshonorar (sog. quota litis) für die Vertretung vor Gericht. Das Scheidungsverfahren wird durchgeführt, ohne dass R die Zulassung als RA erwirbt. Vom erstrittenen Zugewinnausgleich zahlt A – vereinbarungsgemäß – 30 % an ihren »Anwalt« R. Welche Auswirkungen ergeben sich bei R?

Lösung: Ohne Zulassung als RA hätte R die A nicht vor dem Familiengericht vertreten dürfen (§ 114 Abs. 1 FamFG). Die Vereinbarung des Erfolgshonorars ist dagegen nicht generell unzulässig. Das BVerfG hat bereits 2006 entschieden, dass das ausnahmslose gesetzliche Verbot anwaltlicher Erfolgshonorare mit Art. 12 Abs. 1 GG nicht vereinbar ist. Es ist gem. § 4a Abs. 1 RVG gestattet, für den Einzelfall ein Erfolgshonorar zu vereinbaren, wenn der Auftraggeber aufgrund seiner wirtschaftlichen Verhältnisse bei verständiger Betrachtung ohne die Vereinbarung eines Erfolgshonorars von der Rechtsverfolgung abgehalten würde. Davon ist im Sachverhalt nicht auszugehen, sodass die Vereinbarung auch insoweit gegen ein gesetzliches Verbot verstößt.

Trotzdem erzielt R mit seiner tatsächlich durchgeführten, wenn auch unzulässigen Vertretung vor Gericht steuerbare und stpfl. Einkünfte. Die Besteuerung ist ohne Rücksicht darauf durchzuführen, ob die Vereinbarung bürgerlich-rechtlich wirksam ist (§§ 40 f. AO, vgl. BFH vom 15.10.1981, BStBl II 1982, 340). Soweit dem R im Zusammenhang mit seiner Tätigkeit Aufwendungen entstanden sind, mindern diese seinen Gewinn.

2.5 Unwirksame Rechtsgeschäfte (§ 41 AO)

§ 41 AO regelt die steuerrechtlichen Auswirkungen zivilrechtlich unwirksamer Rechtsgeschäfte; die Norm ist ebenso wie § 40 AO **Ausfluss der wirtschaftlichen Betrachtungsweise** im Steuerrecht. **Die Unwirksamkeit eines Rechtsgeschäfts ist steuerlich irrelevant, soweit und solange die Beteiligten das wirtschaftlich eingetretene Ergebnis bestehen lassen** (§ 41 Abs. 1 AO). Die Unwirksamkeit kann sich dabei insb. aus Verstößen gegen Formvorschriften, wegen fehlender Geschäftsfähigkeit eines Beteiligten oder aus einem Verstoß gegen ein gesetzliches Verbot (§ 134 BGB) oder gegen die guten Sitten (§ 138 BGB) ergeben. § 41 AO setzt allerdings voraus, dass überhaupt ein – wenn auch rechtlich unvollkommenes – Rechtsgeschäft vorliegt (BFH vom 30.05.1997, BFH/NV 1997, 739).

---

16 A. A. *Tipke/Kruse*, AO, § 40 Rz. 12: § 40 AO als lex specialis gegenüber § 41 AO.

Beispiel 4: Unvollständig beurkundet[17]

Die Grundstücksgesellschaft G-GmbH (Verkäufer) und Schlau (Käufer) ließen unter dem Datum 31.12.01 als Kaufvertrag bezeichnete Erklärungen notariell beurkunden. Die Auflassung sollte erst nach Begleichung des vollen Kaufpreises erfolgen. Das FA setzt daraufhin gegen Schlau die GrESt fest. Mit Schreiben vom 18.02.02 teilt Schlau dem FA mit, dass die G-GmbH zusätzlich zum vereinbarten Kaufpreis ein Handgeld i. H. v. 10.000 € verlangt habe; da der Kaufvertrag mangels Beurkundung des vollständigen Vertragsinhalts formunwirksam sei, müsse die bereits bezahlte GrESt zurückerstattet werden. Im Mai 02 kommt im Rahmen eines Vergleichs vor dem Zivilgericht doch noch die Auflassung des Grundstücks zustande und Schlau wird in das Grundbuch eingetragen. Wie wird das FA reagieren?

Lösung: Ein Kaufvertrag über ein Grundstück unterliegt gem. § 1 Abs. 1 Nr. 1 GrEStG der GrESt. Ist der Kaufvertrag ganz oder teilweise nicht notariell beurkundet, so ist er unwirksam (§ 311b Abs. 1 S. 1 BGB). Er wird jedoch seinem ganzen Inhalt nach mit der Auflassung und der Eintragung in das Grundbuch gültig, allerdings mit Wirkung ex nunc, d. h. nicht rückwirkend (§ 311b Abs. 1 S. 2 BGB). Nach ständiger Rspr. des BFH kann ein formbedürftiger Grundstückskaufvertrag, der jeglicher notarieller Beurkundung ermangelt, in keinem Falle gem. § 41 Abs. 1 AO der GrESt unterliegen (BFH vom 18.03.2005, BFH/NV 2005, 1368). Dagegen kann ein infolge unvollständiger Beurkundung nichtiges Rechtsgeschäft grunderwerbstpfl. sein, wenn eine Heilung nach § 311b Abs. 1 S. 2 BGB möglich ist, also das Rechtsgeschäft seinem ganzen Inhalt nach gültig werden kann. Denn in diesen Fällen können die Vertragsparteien das wirtschaftliche Ergebnis des Rechtsgeschäfts eintreten lassen. Der GrESt-Anspruch entsteht dann im Zeitpunkt des Abschlusses des Kaufvertrages so, als ob das unwirksame Rechtsgeschäft seinem ganzen Inhalt nach gültig wäre; der Anspruch erlischt nur, wenn die Beteiligten vom Vollzug des unwirksamen Rechtsgeschäfts absehen. Folglich ist der GrESt-Anspruch am 31.12.01 entstanden. Bei der BMG ist auch das »Handgeld« zu berücksichtigen; die Änderung des Bescheides erfolgt nach § 173 Abs. 1 Nr. 1 AO.

Auf **Vereinbarungen unter nahen Angehörigen**, Verträge von KapG mit den beherrschenden G'ftern und Vereinbarungen zwischen einer PersG und Angehörigen der G'fter ist **§ 41 Abs. 1 AO nach ständiger Rspr. nicht anzuwenden**.[18] Aufgrund der fehlenden Interessensgegensätze ist bei diesen Fallkonstellationen ein steuerlich irrelevantes Scheingeschäft (§ 41 Abs. 2 S. 1 AO) nur dann auszuschließen, wenn **klare, formwirksame Vereinbarungen im Voraus** getroffen, diese Vereinbarungen auch **tatsächlich durchgeführt** werden und dem sog. **Fremdvergleich** standhalten (vgl. BFH vom 22.04.2015, BFH/NV 2015, 976). Die Erfüllung der zivilrechtlichen Formvorschriften ist für die Rspr. der anderweitig nicht zu erbringende Beleg der Ernsthaftigkeit derartiger Vereinbarungen. Zwar hat der BFH wiederholt entschieden, dass bei der steuerrechtlichen Anerkennung von Verträgen zwischen nahen Angehörigen der zivilrechtlichen Unwirksamkeit des Vertragsabschlusses **nur indizielle** Bedeutung beizumessen ist. Die Anerkennung der Vereinbarung trotz zivilrechtlicher Unwirksamkeit dürfte sich aber auf Fälle beschränken, in denen den Vertragspartnern die Nichtbeachtung der Formvorschriften nicht angelastet werden kann und sie zeitnah nach dem Erkennen die erforderlichen Maßnahmen eingeleitet haben, um die Wirksamkeit klarzustellen.

So ist ein steuerlich anzuerkennendes Mietverhältnis zwischen Eltern und einem minderjährigen Kind nur anzunehmen, wenn das Kind bei Abschluss des Mietvertrags durch einen

---

17 Nach BFH vom 19.07.1989 (BStBl II 1989, 989).
18 Vgl. BFH vom 17.02.1998 (BStBl II 1998, 349); die Rspr. folgt der Devise »inter proximos fraus facile praesumitur« (unter nahen Angehörigen wird ohne Weiteres Betrug vermutet).

Ergänzungspfleger vertreten ist (§ 1809 BGB, BFH vom 23.04.1992, BStBl II 1992, 1024). Familien-PersG mit minderjährigen Kindern, die z. B. durch die Übertragung von Anteilen an einer GbR auf ein bisher daran nicht beteiligtes minderjähriges Kind durch die Eltern zustande kommen können[19], bedürfen neben der Mitwirkung eines Ergänzungspflegers zudem der Genehmigung des zuständigen Familiengerichts (§§ 1643 Abs. 1, 1822 BGB). Ehegattenarbeitsverhältnisse sind – wie alle Verträge unter nahen Angehörigen – nur anzuerkennen, wenn sie **wirksam zustande** gekommen sind, **inhaltlich dem unter Dritten Üblichen entsprechen** und wie unter Dritten **vollzogen** werden (zuletzt etwa BFH vom 12.07.2017, BStBl II 2018, 103). Hält die getroffene Vereinbarung diesem Fremdvergleich (der Vertrag muss dem entsprechen, was unter fremden Dritten üblich ist) nicht stand, wird ein Scheingeschäft vermutet mit der Folge, dass die Vereinbarung für die Besteuerung unerheblich ist. Die Wahrung der Schriftform ist den Parteien dabei auch dann anzuraten, wenn die Abrede zivilrechtlich nicht zwingend der Schriftform bedarf.

Die Begründung eines **Scheinwohnsitzes** ist nach § 41 Abs. 2 S. 1 AO (Scheinhandlung) für die Besteuerung ohne Bedeutung (AEAO zu § 41 Nr. 2).

2.6 Gestaltungsmissbrauch (§ 42 AO)

§ 42 AO dient der Abgrenzung von steuerlich **erlaubter Steuervermeidung** und unzulässiger, **missbräuchlicher Steuerumgehung**. Die Anwendung des § 42 AO ist stark kasuistisch geprägt.

> **Beispiel 5: Wechselseitige Vermietung**
>
> Der selbständig tätige Zahnarzt Dr. Reich bewohnt eine Wohnung im Zweifamilienhaus seiner Mutter. Am 21.02.01 wird das Haus in zwei Eigentumswohnungen aufgeteilt. Mit notariell beurkundetem Vertrag vom gleichen Tage überträgt die Mutter des Reich diesem das Eigentum an der von ihm selbst bewohnten Wohnung in diesem Haus. Die erworbene Wohnung vermietet Reich mit Mietvertrag ebenfalls vom 21.02.01 für einen Mietzins von 1.000 € auf die Dauer von zwanzig Jahren an seine 62-jährige Mutter; die im Eigentum der Mutter verbliebene Eigentumswohnung vermietet diese für monatlich 500 € an Reich. In der ESt-Erklärung macht Reich einen beträchtlichen Werbungskostenüberschuss bei den Einkünften aus Vermietung und Verpachtung geltend. Das FA weigert sich unter Berufung auf einen vorliegenden Gestaltungsmissbrauch (§ 42 AO), diese Einkünfte anzusetzen. Zu Recht?

Bei Missbrauch von Gestaltungsmöglichkeiten entsteht der Steueranspruch so, wie er bei einer den wirtschaftlichen Vorgängen angemessenen rechtlichen Gestaltung entsteht (§ 42 Abs. 1 S. 1 AO). Durch Missbrauch von Gestaltungsmöglichkeiten des Rechts kann das Steuergesetz nicht umgangen werden. Vom Gestaltungsmissbrauch zu unterscheiden ist die **zulässige Steuervermeidung**. Die Steuer vermeidet, wer keinen gesetzlichen Tatbestand erfüllt. Die StPfl. sind grds. frei, ihre rechtlichen Verhältnisse so zu gestalten, dass sich eine geringere oder gar keine Steuerbelastung ergibt (BFH vom 29.08.2007, BStBl II 2008, 502); die gewählte Gestaltung ist auch der Besteuerung zugrunde zu legen. Der StPfl. darf seine Verhältnisse also so einrichten, wie dies für ihn steuerlich am günstigsten ist, solange er dies **auf angemessenem Wege** erreicht. So können Arbeitgeber und Arbeitnehmer den Zeitpunkt des Zuflusses einer Abfindung oder eines Teilbetrags einer solchen beim Arbeitnehmer in

---

[19] Hierzu BFH vom 27.04.2005, BStBl II 2005, 892.

der Weise steuerwirksam gestalten, dass sie deren ursprünglich vorgesehene Fälligkeit vor ihrem Eintritt auf einen späteren Zeitpunkt verschieben (BFH vom 11.11.2009, DB 2010, 148). Zulässig ist auch die Veräußerung eines Hauses an einen nahen Angehörigen mit gleichzeitiger Rückanmietung durch den Veräußerer und verzinslicher Stundung des Kaufpreises; wenn sich aufgrund der vertraglichen Vereinbarung Zins und Miete wirtschaftlich neutralisieren, reicht dies – für sich – noch nicht zur Annahme eines Gestaltungsmissbrauchs aus.[20]

Ein häufiger Anwendungsfall von § 42 AO liegt bei **wechselseitig gewährten Darlehen** vor. Wenn Angehörige durch zivilrechtlich mögliche Gestaltungen zwar wechselseitige Zahlungsverpflichtungen begründen, damit aber ihre jeweilige Position weder tatsächlich noch wirtschaftlich verbessern, kann hierin ein Gestaltungsmissbrauch zu sehen sein (BFH vom 29.08.2007, AO-StB 2008, 66). Einen Gestaltungsmissbrauch nimmt die Rspr. auch bei der sog. Anteilsrotation, d.h. der wechselseitigen Veräußerung von Kapitalgesellschaftsanteilen unter Wert, an: Ein »Verlust« i.S.d. § 17 Abs. 1 S. 1, Abs. 2 S. 1 EStG, der im Zuge einer Anteilsrotation lediglich wegen der Vereinbarung eines den Wert des veräußerten Anteils krass verfehlenden Kaufpreises entsteht, führt zu einem gesetzlich nicht vorgesehenen Steuervorteil und stellt einen Missbrauch von Gestaltungsmöglichkeiten des Rechts (§ 42 Abs. 1 S. 1, Abs. 2 S. 1 AO) dar (BFH vom 20.09.2022, BStBl II 2023, 315).

Der Begriff »Missbrauch« wird in der AO seit der Neufassung des § 42 AO in Abs. 2 legal definiert (vgl. auch AEAO zu § 42). Ob ein Missbrauch vorliegt, ist für jede Steuerart gesondert nach den Wertungen des Gesetzgebers, die den jeweils maßgeblichen steuerrechtlichen Vorschriften zugrunde liegen, zu beurteilen. Eine rechtliche Gestaltung ist nach ständiger Rspr. und der nunmehr in § 42 Abs. 2 AO aufgenommenen Definition missbräuchlich, wenn sie zur Erreichung des wirtschaftlichen Ziels **unangemessen ist, der Steuerminderung dienen soll** und **nicht durch wirtschaftliche oder sonst beachtliche nichtsteuerliche Gründe gerechtfertigt wird** (ständige Rspr., vgl. BFH vom 09.10.2013, BStBl II 2014, 527 zu Überkreuzvermietungen). Maßgeblich ist, ob verständige Dritte die rechtliche Gestaltung in Anbetracht des wirtschaftlichen Sachverhaltes und der wirtschaftlichen Zielsetzung gewählt hätten. Liegt ein wirtschaftlich vernünftiger Grund für die gewählte Gestaltung vor, ist es unerheblich, wenn **auch** steuerliche Gründe für Wahl der Gestaltung beeinflusst haben. Von mehreren angemessenen Gestaltungen kann der StPfl. die steuerlich günstigste wählen.

Die Annahme des Gestaltungsmissbrauchs setzt nicht voraus, dass die unangemessene Gestaltung in der Absicht gewählt wurde, das Steuergesetz zu umgehen. Der Missbrauch muss also nicht vorsätzlich erfolgen. Auf eine **Umgehungsabsicht** kommt es nach dem Wortlaut von § 42 AO nicht an. Das Steuerrecht besteuert Sachverhalte, nicht Absichten. Soweit Einzelsteuergesetze spezielle Missbrauchsklauseln enthalten (z.B. §§ 7 – 14 AStG), bleibt § 42 Abs. 1 AO als allgemeine Missbrauchsklausel gleichwohl anwendbar, wenn dies gesetzlich **nicht ausdrücklich ausgeschlossen** ist (§ 42 Abs. 1 S. 2 und 3 AO).[21]

---

20 Vgl. FG Baden-Württemberg vom 21.06.2005, EFG 2005, 1943.
21 Ob § 42 Abs. 1 S. 2 AO i.V.m. mit dem Spezialtatbestand (etwa § 50d Abs. 3 EStG) die Anwendbarkeit von § 42 Abs. 1 AO unter dem Gesichtspunkt der Spezialität ausschließt, hängt von der Formulierung der Sondervorschrift ab: Eine Überprüfung der Gestaltung nach Maßgabe von § 42 Abs. 1 AO lässt § 42 Abs. 1 S. 3 AO nur dann zu, wenn die Sondervorschrift nicht abschließend gemeint ist: für § 50d Abs. 1a EStG hat die Rspr. entschieden, dass § 42 AO durch die speziellere Vorschrift verdrängt wird: die spezialgesetzliche Regelungsvorschrift geht der allgemeinen abgabenrechtlichen Generalvorschrift in § 42 AO vor (BFH vom 29.01.2008, BStBl II 2008, 978).

Generell ist bei der Bearbeitung von schriftlichen Prüfungsaufgaben davor zu warnen, vorschnell auf das Rechtsinstitut des Gestaltungsmissbrauchs zurückzugreifen. Ob tatsächlich ein Gestaltungsmissbrauch vorliegt, kann i. d. R. nur unter Berücksichtigung und sorgfältiger Prüfung aller Umstände des Einzelfalls, die in einer schriftlichen Aufgabe meist gerade nicht bekannt sind, beantwortet werden.

Lösung:

Entgegen der Auffassung des FA sind die Voraussetzungen eines Missbrauchs rechtlicher Gestaltungsmöglichkeiten (§ 42 AO) nicht gegeben. Die Aufteilung des Zweifamilienhauses, in der die Mutter wohnen bleiben wollte, ist kein Gestaltungsmissbrauch. Es stand der Mutter frei, über ihr Eigentum, z. B. auch zum Zwecke der vorweggenommenen Erbfolge, zu verfügen. Dabei war es wirtschaftlich nicht geboten, die Wohnung zu übertragen, in der sie selbst nicht wohnte. Die Übertragung ist nicht deshalb als Missbrauch zu beurteilen, weil gleichzeitig zwischen dem neuen und der alten Eigentümerin ein Mietvertrag über die übertragene Wohnung abgeschlossen worden ist. Darin ist keine den wirtschaftlichen Zielen der Beteiligten gegenüber unangemessene Gestaltung zu sehen. Es handelt sich vorliegend auch nicht um eine missbräuchliche Vermietung »über Kreuz«. Vorliegend lag es allein in der Entscheidungsbefugnis der Mutter, ob und welche der Wohnungen sie übereignete.

2.7 Zurechnung von Wirtschaftsgütern (§ 39 AO)

Die Zurechnung von WG ist in § 39 AO geregelt; die Vorschrift knüpft an das sog. **Leasing-Urteil** des BFH aus dem Jahr 1970 an (BFH vom 26.01.1970, BStBl II 1970, 264). Gem. § 39 Abs. 1 AO sind WG **steuerlich im Grundsatz dem (zivilrechtlichen) Eigentümer als wirtschaftlich Berechtigtem zuzurechnen**; dem Eigentümer gleichzustellen ist der Rechtsinhaber, z. B. der Gläubiger einer Forderung.[22] Für die Zurechnung von **Einkünften**, die in der AO selbst nicht geregelt ist, wird auf die jeweiligen Einzelsteuergesetze hingewiesen.

Probleme bei der Zurechnung von WG entstehen, wenn der zivilrechtliche Eigentümer nicht gleichzeitig auch der **wirtschaftlich Berechtigte** ist. Ein Wirtschaftsgut ist steuerrechtlich demjenigen zuzuordnen, der **die tatsächliche Herrschaft** über das Wirtschaftsgut ausübt. Ein vom zivilrechtlichen Eigentum abweichendes wirtschaftliches Eigentum liegt dann vor, wenn ein anderer als der zivilrechtliche Eigentümer die tatsächliche Herrschaft ausübt und den nach bürgerlichem Recht Berechtigten für die gewöhnliche ND wirtschaftlich von der Einwirkung ausschließen kann (§ 39 Abs. 2 Nr. 1 AO), wenn also der Herausgabeanspruch des Eigentümers keine wirtschaftliche Bedeutung mehr hat oder ihm kein Herausgabeanspruch mehr zusteht (zuletzt etwa BFH vom 24.01.2012, BStBl II 2012, 308).

§ 39 Abs. 2 Nr. 1 AO definiert den Begriff des **wirtschaftlichen Eigentums**. Fallen wirtschaftliches und zivilrechtliches Eigentum auseinander, ist das Wirtschaftsgut dem wirtschaftlichen Eigentümer zuzurechnen. Auch für die Zurechnung von WG gilt damit der Grundsatz der wirtschaftlichen Betrachtungsweise. Im Rahmen der hierfür notwendigen Gesamtwürdigung der Verhältnisse des Einzelfalles kommt der Verfügungsbefugnis über das Wirtschaftsgut, dem Ziehen der Nutzungen und dem Tragen der Lasten wesentliche Bedeutung zu. So setzt z. B. der Übergang des wirtschaftlichen Eigentums an einem Grundstück nach der Rspr. nicht zwingend

---

22 Der Begriff »Eigentum« ist dem Zivilrecht entnommen; allerdings ist zivilrechtlich nur das Eigentum an Sachen i. S. d. § 90 BGB möglich, während § 39 AO sämtliche selbständig bewertungsfähige WG umfasst.

die Auflassung voraus. Maßgeblich ist vielmehr der Zeitpunkt, von dem ab der Erwerber nach dem Willen der Vertragspartner wirtschaftlich über das Grundstück verfügen kann, sobald also in Erwartung des Eigentumserwerbes Besitz, Gefahr, Nutzen und Lasten auf den Erwerber übergegangen sind (BFH vom 12.10.2006, BFH/NV 2007, 386).

§ 39 Abs. 2 Nr. 1 S. 2 AO enthält Beispiele für die Zuordnung von WG an den wirtschaftlichen Eigentümer:

- Bei **Treuhandverhältnissen** (Beispiel: An einer Publikums-KG wollen sich die Kapitalgeber über einen Dritten beteiligen und bestellen diesen zum treuhänderischen Kommanditisten (BFH vom 12.01.1995, BFH/NV 1995, 759)) sind die WG nicht dem Treuhänder als dem nach außen Berechtigten zuzuordnen, sondern dem Treugeber, in dessen wirtschaftlichem Interesse der Treuhänder seine Rechte ausübt.[23] Diese Aussage wird ergänzt durch § 159 AO[24], wonach i. S. e. Beweislastregel der Scheineigentümer (d. h. der Treuhänder) eine Nachweispflicht über die Zugehörigkeit der WG zum Treugeber hat. Ein steuerlich anzuerkennendes Treuhandverhältnis muss nicht nur nach den mit dem Treuhänder getroffenen Absprachen, sondern auch nach deren **tatsächlichen Vollzug** zweifelsfrei erkennen lassen, dass der Treuhänder ausschließlich für Rechnung des Treugebers handelt. Für eine steuerliche Treuhand ist die Weisungsbefugnis des Treugebers gegenüber dem Treuhänder entscheidend (BFH vom 04.05.2022, Az.: I R 19/18). Ein Treuhandverhältnis an GmbH-Geschäftsanteilen muss nach Auffassung des BFH (BFH vom 22.07.2008, BFH/NV 2008, 2004) notariell beurkundet werden, um zivilrechtlich wirksam zu sein.
- Beim **Sicherungseigentum** ist das Wirtschaftsgut dem Sicherungsgeber zuzuordnen, da trotz des zivilrechtlichen Eigentumsübergangs der Sicherungsgeber wirtschaftlich Berechtigter bleiben soll.
- Beim **Eigenbesitz** (vgl. § 872 BGB) ist das Wirtschaftsgut dem Eigenbesitzer zuzurechnen. Eigenbesitzer ist, wer ein Wirtschaftsgut als ihm gehörig besitzt und den Willen hat, den Berechtigten von der Einwirkung auf das Wirtschaftsgut auszuschließen (sog. Herrschaftswille). So werden z. B. unter Eigentumsvorbehalt gekaufte Waren dem Käufer zugerechnet oder mit einem Erbbaurecht belastete Grundstücke dem Erbbauberechtigten. Pächter und Mieter sind dagegen nicht Eigenbesitzer, sondern Fremdbesitzer (vgl. AEAO zu § 39 Nr. 1; der Fremdbesitzer besitzt in Anerkennung des fremden Eigentums), wenn nicht im Vertrag dem Mieter oder Pächter bereits eine umfassende Rechtsstellung eingeräumt wird.

Praktisch besonders bedeutsam ist die Zurechnung beim **Leasing**. Regelmäßig ist der Leasingnehmer nicht Eigenbesitzer, sondern Fremdbesitzer, da er sein Besitzrecht in Anerkennung des fremden Eigentums ausübt. Aufgrund der zahlreichen vertraglichen Gestaltungsmöglichkeiten, die im Einzelfall eine Zurechnung des Leasinggutes an den Leasingnehmer rechtfertigen,

---

23　Bei der Prüfung, ob tatsächlich ein Treuhandverhältnis anzunehmen ist, ist ein strenger Maßstab anzulegen; nicht jede formal als »Treuhandvertrag« bezeichnete Vereinbarung führt zur Anerkennung eines Treuhandverhältnisses i. S. d. § 39 Abs. 2 Nr. 1 AO. Aus den schuldrechtlichen Vereinbarungen muss sich vielmehr eindeutig ergeben, dass die mit der rechtlichen Eigentümer- bzw. Inhaberstellung verbundene Verfügungsmacht im Innenverhältnis zugunsten des Treugebers in einem Maße eingeschränkt ist, dass das rechtliche Eigentum bzw. die rechtliche Inhaberschaft als »leere Hülle« erscheint (BFH vom 12.07.2016, BStBl II 2016, 868).

24　Nach BFH vom 27.09.2006 (BStBl II 2007, 39) schloss auch das zwischenzeitlich abgeschaffte Bankgeheimnis nach § 30a AO nicht aus, dass einer Bank die von ihr vereinnahmten Erträge aus ausländischen Wertpapieren nach § 159 AO zugerechnet werden, wenn sie nicht hinreichend nachweist, dass sie die Papiere lediglich treuhänderisch für ihre Kunden hält.

ist die Frage der Zuordnung beim Leasing in den sog. Leasing-Erlassen ausführlich geregelt (BMF vom 19.04.1971, BStBl I 1971, 264; BMF vom 21.03.1972, BStBl I 1972, 188).

Wirtschaftsgüter, die mehreren zur gesamten Hand zustehen (sog. **Gesamthandsgemeinschaften**, z. B. PersG, Gütergemeinschaft und Erbengemeinschaft) werden den Beteiligten gem. § 39 Abs. 2 Nr. 2 AO **anteilig zugerechnet**, soweit eine getrennte Zurechnung steuerrechtlich erforderlich ist. Im Zweifel werden also die Beteiligten einer Gesamthandsgemeinschaft im Steuerrecht wie Bruchteilseigentümer behandelt. Entscheidend ist auch insoweit die wirtschaftliche Betrachtungsweise.

2.8 Erlöschen des Steueranspruchs (§ 47 AO)

Ansprüche aus dem Steuerschuldverhältnis erlöschen gem. § 47 AO insb. durch **Zahlung** (§§ 224, 224a, 225 AO), **Aufrechnung** (§ 226 AO), **Erlass** (§§ 163, 227 AO) und **Verjährung** (§§ 169 ff., 228 ff. AO). Die beispielhaft aufgezählten Erlöschensgründe sind über die gesamte AO verstreut geregelt. § 47 AO regelt die verschiedenen Erlöschensgründe aber nicht abschließend: Ansprüche können z. B. auch durch Verzicht auf Erstattung (§ 37 Abs. 2 AO), Ablauf einer Ausschlussfrist (§ 226 Abs. 2 AO) oder bei Zwangsgeldern durch Erbfolge (§ 45 Abs. 1 AO) erlöschen.

Der praktisch bedeutsamste Erlöschenstatbestand ist die **Zahlung**. Dabei erlischt der Steueranspruch gem. § 362 Abs. 1 BGB nicht bereits mit Vornahme der Leistungshandlung, sondern erst mit **Eintritt des Leistungserfolges**, bei Banküberweisung also mit Gutschrift auf dem Konto des Gläubigers, bei SEPA-Lastschriftverfahren mit Gutschrift auf dem Gläubigerkonto auflösend bedingt bis zum Ende der Widerspruchsfrist. Die Verantwortung, dass die Zahlung auf das richtige Konto erfolgt, trägt der Schuldner (§ 270 Abs. 1 BGB). Bezahlt der Schuldner »unter Vorbehalt«, beeinflusst dieser Zusatz die Erlöschenswirkung nicht (BFH vom 28.04.1992, BStBl II 1992, 781); die Zahlung hat ebenfalls eine normale Erfüllungswirkung.

Kein Erlöschensgrund ist die **Niederschlagung** von Steuerrückständen (§ 261 AO); als Verwaltungsinternum[25] bewirkt die Niederschlagung lediglich, dass auf die Vollstreckung aus Praktikabilitätsgründen **vorübergehend** verzichtet wird, ohne dass dadurch der Steueranspruch als solches verändert wird; für den Fall, dass der Vollstreckungsschuldner wieder zu Geld kommt, kann das Vollstreckungsverfahren also fortgesetzt werden.

Das Erlöschen des Steueranspruchs ist nach § 85 S. 1 AO **von Amts wegen zu beachten**; der Gläubiger muss sich damit nicht ausdrücklich auf das Erlöschen des Anspruchs berufen. Hierdurch weicht § 47 AO für den Fall der **Verjährung** von den zivilrechtlichen Vorschriften ab (§ 214 BGB; vgl. auch ausdrücklich § 232 AO); zivilrechtlich führt die Einrede der Verjährung nur zu einem Leistungsverweigerungsrecht, nicht aber zum Erlöschen des Anspruchs. Bei Streitigkeiten hinsichtlich des Erlöschens kann bzw. muss vom StPfl. ein Abrechnungsbescheid gem. § 218 Abs. 2 AO beantragt und – da es sich hierbei um einen Verwaltungsakt handelt – gegebenenfalls im Rechtsbehelfsverfahren überprüft werden (BFH vom 06.07.2015, BFH/NV 2015, 1344).

---

25 Im Regelfall wird die Niederschlagung dem StPfl. nicht mitgeteilt.

III Haftung

1 Allgemeines

Haftung im steuerlichen Sinn bedeutet die **Pflicht zum Einstehen für die Steuerschuld eines Dritten**.[1] Der Steuerschuldner hat für die ihm gegenüber im Steuerbescheid gem. § 155 AO festgesetzten Steuern einzustehen, der Haftungsschuldner für **fremde** Steuerschulden (BFH vom 22.04.2015, BStBl II 2015, 755). Der Steuerschuldner kann daher nicht gleichzeitig Haftungsschuldner sein (BFH vom 24.10.2017, BFH/NV 2018, 933). Voraussetzung für die Haftung ist neben dem Bestehen einer steuerlichen Hauptschuld, für die gehaftet wird, die Verwirklichung eines Haftungstatbestandes. Der Haftungsschuldner »kann« (erforderlich ist also eine zu begründende Ermessensentscheidung des FA, § 5 AO) allerdings gem. § 219 S. 1 AO nur **subsidiär**, d. h. nachrangig auf Zahlung in Anspruch genommen werden, soweit die Vollstreckung in das bewegliche Vermögen des (eigentlichen) Steuerschuldners ohne Erfolg geblieben ist oder anzunehmen ist, dass die Vollstreckung aussichtslos sein würde (**Subsidiarität** der Haftung). Von diesem Grundsatz der Subsidiarität regelt § 219 S. 2 AO wiederum wichtige Ausnahmen.

Das FA kann damit im Ergebnis durch Haftungsbescheid für den Fall der Zahlungsunfähigkeit des originären Steuerschuldners die rückständigen Steuern bei einem Dritten einfordern bzw. im Rahmen der Sachhaftung nach § 76 AO auf einen bestimmten Gegenstand eines Dritten zugreifen.

Im Rahmen der Klausurbearbeitung ist insb. darauf zu achten, dass die Prüfung der Haftungsvorschriften aus Gründen der Übersichtlichkeit und der Selbstkontrolle einem systematischen Aufbau folgt. Bewährt hat sich hierbei nachfolgender Prüfungsaufbau: Die Frage der Inanspruchnahme als Haftungsschuldner setzt die Prüfung voraus,
- **wer** (bei mehreren Personen also regelmäßig getrennte Prüfung)
- **woraus** (d. h. aufgrund welcher Rechtsvorschrift)
- **weshalb** (d. h. haftungsbegründender Tatbestand)
- **womit** und
- **wofür** (für welche Steuerrückstände)

haftet.

2 Haftungstatbestände

Haftungsansprüche entstehen gem. § 38 AO, sobald die gesetzlichen Voraussetzungen des Haftungstatbestandes erfüllt sind. Greifen mehrere Haftungstatbestände, kann das FA diese **nebeneinander** geltend machen oder genauer ausgedrückt, den Haftungsbescheid auf mehrere Haftungsgrundlagen stützen. Der öffentlich-rechtliche Haftungsanspruch kann seine Grundlage sowohl in Steuergesetzen als auch in außersteuerlichen Rechtsgrundlagen haben; häufig stehen die Haftungstatbestände nebeneinander, wobei sich die Tatbestände vollständig oder auch nur teilweise decken können. Die verschiedenen Haftungsansprüche sind dann ergänzend nebeneinander anwendbar. So kann ein G'fter-GF einer OHG aus

---

[1] Anders die Terminologie im Zivilrecht: Dort bedeutet Haftung das Einstehenmüssen für eine aus einem Schuldverhältnis herrührende Schuld (z. B. auf Schadensersatz).

der einfach zu begründenden und weitreichenden Anspruchsgrundlage des § 128 HGB in Anspruch genommen werden und ggf. weniger umfassend wegen schuldhafter Pflichtverletzung nach § 69 AO.

2.1 Vertragliche Haftung

Wer sich aufgrund eines Vertrages (z. B. einer Bürgschaft, §§ 765 ff. BGB) verpflichtet, für fremde Steuern einzustehen, haftet nicht aufgrund steuerrechtlicher, sondern aufgrund zivilrechtlicher Vorschriften. Die Inanspruchnahme erfolgt in diesen Fällen ausschließlich nach den **Vorschriften des Zivilrechts** (§ 192 AO); eine Inanspruchnahme des Haftungsschuldners mittels **Haftungsbescheids ist in diesen Fällen nicht zulässig**. Auch die verfahrensrechtlichen Möglichkeiten der Vollstreckung gem. §§ 249 ff. AO stehen den FÄ bei der Geltendmachung der vertraglichen Haftung nicht zur Verfügung. Die Forderung kann daher nur nach den Vorschriften der Zivilprozessordnung zwangsweise durchgesetzt werden.

2.2 Gesetzliche Haftung
2.2.1 Grundlagen
Nach § 191 Abs. 1 S. 1 AO kann gegenüber demjenigen, der kraft Gesetzes für eine Steuer haftet (Legaldefinition des Haftungsschuldners), ein **Haftungsbescheid** ergehen. § 191 AO regelt damit nicht die materiell-rechtlichen Voraussetzungen, unter denen ein Haftungs- oder Duldungsbescheid ergehen kann, sondern die Frage der **verfahrensrechtlichen Durchsetzung** des Haftungsanspruches. § 191 AO ist daher selbst **keine Haftungsgrundlage**.

Die Vorschrift des § 191 AO regelt ferner nicht, ob sich die Haftung auch auf die **steuerlichen Nebenleistungen** gem. § 3 Abs. 4 AO, also insb. auch auf Säumniszuschläge, erstreckt. § 1 Abs. 3 S. 2 AO schließt die Anwendung des § 191 AO auf Nebenleistungen vielmehr aus, soweit nicht in einzelnen Haftungsnormen die Haftung ausdrücklich auch auf alle oder bestimmte Nebenleistungen erstreckt wird. Von dieser Möglichkeit hat der Gesetzgeber verschiedentlich Gebrauch gemacht, z. B. in § 69 S. 2 AO hinsichtlich der Haftung für Säumniszuschläge. Die Frage, ob sich die steuerliche Haftung auf Nebenleistungen erstreckt, ist im Haftungsrecht einer der Prüfungsschwerpunkte; sie wird bei den einzelnen Haftungstatbeständen erörtert.

§ 191 Abs. 1 AO setzt für den Erlass eines Haftungsbescheides eine Haftung kraft Gesetzes voraus. Diese Formulierung macht deutlich, dass neben steuerrechtlichen Haftungsansprüchen (Haftungsansprüche, die aus der Abgabenordnung selbst oder anderen Einzelsteuergesetzen resultieren) **auch zivilrechtliche Haftungsansprüche** durch Haftungsbescheid festgesetzt werden können.[2]

2.2.2 Zivilrechtliche Haftungsansprüche
Zivilrechtliche Haftungsansprüche können sich ergeben aus der
1. **Haftung des Vermögensübernehmers** nach dem Anfechtungsgesetz: Das Anfechtungsgesetz kennt drei Regelfälle, in denen Rechtshandlungen angefochten werden können:
    - Anfechtung gem. § 3 Abs. 1 AnfG: Rechtshandlungen, die der Schuldner mit dem Vorsatz vorgenommen hat, den Gläubiger zu benachteiligen, wenn die dritte Person den Vorsatz kannte (vgl. BFH vom 25.04.2017, BFH/NV 2017, 1297);

---

2   Vgl. hierzu auch die Formulierung in § 191 Abs. 4 AO: »Ergibt sich die Haftung nicht aus den Steuergesetzen [...]«. Gemeint sind damit aber nur gesetzliche Haftungsansprüche und nicht die vertragliche Haftung (s. Kap. 2.1).

- Anfechtung gem. § 3 Abs. 2 AnfG: Entgeltliche Verträge, die der Schuldner mit einer nahestehenden Person abgeschlossen hat;
- Anfechtung gem. § 4 Abs. 1 AnfG: Unentgeltliche Leistungen des Schuldners an eine dritte Person, insb. Schenkungen.

2. **Haftung der Gesellschafter**
   - einer **BGB-Gesellschaft**: Für die Haftung der G'fter einer GbR wird ab 2024 die bisherige Rspr. des BGH in das Gesetz übernommen: Das heißt, es bleibt beim akzessorischen Haftungsmodell der OHG, sodass weiterhin bei der GbR die G'fter gem. § 721 BGB neu neben der GbR selbst für die Verbindlichkeiten der Gesellschaft haften, wobei grds. jeder G'fter auf das Ganze haftet;
   - einer **OHG** nach § 128 HGB: die Haftung beschränkt sich auf die Steuerschulden der Gesellschaft, die bis zum Ausscheiden aus der OHG begründet worden sind, einschließlich der entstandenen Säumniszuschläge;
   - einer **KG** nach §§ 128, 161, 171 ff. HGB: Komplementäre haften wie G'fter einer OHG unbeschränkt, §§ 161 Abs. 2, 128 HGB. Die Haftung des Kommanditisten ist dagegen auf die Einlage beschränkt, sobald diese geleistet wurde; neu eintretende G'fter haften für Altverbindlichkeiten nach den Vorschriften der §§ 130, 173 HGB;
   - einer **KGaA** nach § 278 AktG: Lediglich die persönlich haftenden G'fter haften unbeschränkt (§ 278 AktG, §§ 161 Abs. 2, 128 HGB), die Kommanditaktionäre haften hingegen nicht (§ 278 Abs. 1 AktG).

3. **Haftung des Erwerbers eines Handelsgeschäftes** bei Fortführung der Firma nach § 25 HGB: Der Erwerber eines Handelsgeschäftes, der das erworbene Geschäft unter der bisherigen Firma fortführt, haftet für alle im Betrieb des Geschäfts begründeten Verbindlichkeiten des ehemaligen Inhabers. Die Haftung lässt sich nach § 25 Abs. 2 HGB ausschließen.

4. **Haftung bei Eintritt in das Geschäft eines Einzelkaufmanns** nach § 28 HGB: Die mit dem Eintritt begründete Gesellschaft haftet auch dann, wenn sie die frühere Firma nicht fortführt; ein Haftungsausschluss ist unter den engen Voraussetzungen des § 28 Abs. 2 HGB allerdings möglich.

5. **Haftung des Erben bei Fortführung des Geschäfts** nach §§ 27, 25 HGB; die Haftung kann nach § 27 Abs. 2 HGB beschränkt werden. Die Firmenfortführung beim Wechsel des Inhabers ist eine der Voraussetzungen für die Haftung nach § 25 Abs. 1 HGB, weil in ihr die Kontinuität des Unternehmens nach außen in Erscheinung tritt, die der Grund für die Erstreckung der Haftung für früher im Betrieb des Unternehmens begründete Verbindlichkeiten des Vorgängers auf seinen Nachfolger ist.

6. **Haftung bei einer Aktiengesellschaft:**
   - Haftung bei Handeln im Namen der AG vor Eintragung in das Handelsregister (Vorgesellschaft) nach § 41 AktG,
   - Haftung der Aktionäre nach § 62 AktG,
   - Haftung der Aufsichtsratsmitglieder nach §§ 116, 93 AktG,
   - Haftung bei Ausnutzung des Einflusses auf die AG nach § 117 AktG.

7. **Haftung bei einer GmbH**: Im Grundsatz haftet nur das Gesellschaftsvermögen nach § 13 Abs. 2 GmbHG, allerdings gibt es zahlreiche Ausnahmen, wie z. B. die
   - Haftung der Anmelder nach § 9 GmbHG,
   - Haftung bei Handeln im Namen der GmbH nach Abschluss des Gesellschaftsvertrages, aber vor Eintragung in das Handelsregister nach § 11 Abs. 2 GmbHG,
   - Haftung der G'fter nach §§ 21 Abs. 3, 24 GmbHG.

8. **Haftung des Insolvenzverwalters** nach §§ 60 ff. InsO.
9. **Haftung der Partner einer Partnerschaftsgesellschaft** nach § 8 PartGG.

2.2.3 Steuerrechtliche Haftungsansprüche

Schwerpunkt bei der Bearbeitung von Haftungsfällen in der **StB-Prüfung sind die steuerrechtlichen Haftungsansprüche**, die sich in der Abgabenordnung selbst befinden, auch wenn gemessen an der Praxisrelevanz andere Haftungsnormen eine weitaus bedeutendere Rolle spielen dürften. Zu den Haftungsansprüchen, die in anderen Einzelsteuergesetzen enthalten sind, gehören insb. die

- LSt-Haftung des Arbeitgebers nach § 42d Abs. 1 EStG,
- Haftung des Schuldners von Kapitalerträgen nach § 44 Abs. 5 EStG,
- Haftung für den Steuerabzug bei beschränkt StPfl. nach § 50a Abs. 5 S. 4 EStG,
- Haftung des Entleihers von Arbeitskräften nach § 42d Abs. 6 EStG,
- Haftung für die Ausstellung unrichtiger KapESt-Bescheinigungen nach § 45a Abs. 7 S. 1 EStG,
- Haftung des Leistungsempfängers beim Steuerabzug für Bauleistungen nach § 48a Abs. 3 EStG,
- Haftung für Erbschaftsteuer nach § 20 Abs. 3 sowie 5 – 7 ErbStG,
- Haftung für schuldhaft nicht abgeführte USt nach § 25d UStG,
- Haftung bei Abtretung und Verpfändung von Forderungen nach § 13c UStG,
- Haftung bei Ausstellen einer unzutreffenden Spendenbescheinigung nach § 10b Abs. 4 S. 2 EStG, § 9 Abs. 3 S. 2 KStG, § 9 Nr. 5 GewStG.

Hintergrund der Haftungsnormen ist es, dem FA **Zugriffsmöglichkeiten auf Vermögen Dritter** zu erlauben. Es ist offensichtlich, dass die Abdingbarkeit der Haftungsvorschriften den Intentionen des Gesetzgebers regelmäßig zuwiderlaufen würde. Ein vertraglich vereinbarter Haftungsausschluss ist daher abgesehen von den wenigen Ausnahmen, wo dies gesetzlich ausdrücklich gestattet ist (z. B. bei § 25 Abs. 2 HGB), dem FA gegenüber **unwirksam**. Als öffentlich-rechtlicher Anspruch unterliegt der Haftungsanspruch insoweit nicht der Privatautonomie, ist also nicht abdingbar.

2.2.3.1 Haftung der Vertreter (§ 69 AO)

Die Haftung der Vertreter gem. § 69 AO ist die **prüfungsrelevanteste Vorschrift des Haftungsrechts**. Juristische Personen, geschäftsunfähige natürliche Personen und nicht rechtsfähige Personenvereinigungen sind selbst nicht in der Lage, wirksam Verfahrenshandlungen vorzunehmen; sie sind verfahrensrechtlich handlungsunfähig. Diese und weitere in § 79 Abs. 1 AO genannte nicht handlungsfähige Personen, Vereinigungen oder Vermögensmassen werden im Rechtsverkehr durch eine handlungsfähige natürliche Person vertreten. Die AO macht diese Vertreter dafür verantwortlich, dass die steuerlichen Pflichten erfüllt werden (§ 34 AO). Erfüllen die Vertreter die steuerlichen Pflichten – vorsätzlich oder grob fahrlässig – nicht, haften sie persönlich dem FA gem. § 69 S. 1 AO für den entstehenden Schaden. § 69 AO begründet damit eine **Schadensersatzhaftung**.

2.2.3.1.1 Haftender Personenkreis

§ 69 AO verweist hinsichtlich des haftenden Personenkreises auf §§ 34, 35 AO. **Haftungsgrundlage bleibt jedoch allein § 69 S. 1 AO**; die §§ 34 und 35 AO definieren allein, wer als Haftungsschuldner i. S. d. § 69 AO in Betracht kommt. Die gesetzlichen Vertreter natürlicher und juristischer Personen, die GF nichtrechtsfähiger Personenvereinigungen oder Vermögensmassen (§ 34 Abs. 1 AO) sowie die Vermögensverwalter im Rahmen ihrer Verwaltungsbefugnis (§ 34 Abs. 3 AO) treten insoweit in ein unmittelbares Pflichtenverhältnis zum FA. Sie haben alle Pflichten zu erfüllen, die das Steuerrecht den Vertretenen auferlegt, insb. die Buchführungs-, Erklärungs-, Mitwirkungs- oder Auskunftspflichten (§§ 140 ff., 90 ff. AO) sowie die Verpflichtung, Steuern zu zahlen. Nach der Rspr. des BFH kommt als Haftungsschuldner i. S. d. §§ 69, 34 AO grds. auch ein zwischenzeitlich ausgeschiedener GmbH-GF in Betracht, wenn er die ihm während seiner Tätigkeit obliegenden steuerlichen Pflichten der Gesellschaft schuldhaft nicht erfüllt hat (BFH vom 20.05.2015, BFH/NV 2015, 1353). Hat eine nicht rechtsfähige Personenvereinigung oder Vermögensmasse keinen GF, kann sich das FA gem. § 34 Abs. 2 AO unmittelbar an jeden G'fter halten, ohne dass vorher eine Aufforderung zur Bestellung eines GF ergehen muss. Eine Inhaftungnahme des nominell bestellten GF einer GmbH kommt auch dann in Betracht, wenn dieser lediglich als »Strohmann« eingesetzt worden ist. Ist der GF nicht in der Lage, sich innerhalb der Gesellschaft durchzusetzen und seiner Rechtsstellung gem. zu handeln, muss er als GF zurücktreten und darf nicht im Rechtsverkehr den Eindruck erwecken, als sorge er für die ordnungsgemäße Abwicklung der Geschäfte (BFH vom 11.03.2004, BStBl II 2004, 579). Zu den gesetzlichen Vertretern i. S. d. § 34 Abs. 1 AO zählen insb.

- die Eltern eines minderjährigen (und damit nicht oder nur beschränkt geschäftsfähigen) Kindes gem. § 1626 BGB,
- der Vormund eines Minderjährigen (§ 1793 BGB),
- der Vorstand einer Aktiengesellschaft (§ 78 AktG),
- der GF einer GmbH gem. § 35 Abs. 1 GmbHG[3],
- der GF einer Gesellschaft des bürgerlichen Rechts gem. § 714 BGB,
- der Vorstand eines eingetragenen Vereins nach § 26 BGB.

Der Insolvenzverwalter ist auch nach Eröffnung des Insolvenzverfahrens nicht gesetzlicher Vertreter, sondern Vertreter kraft Amtes. Er haftet jedoch gleichwohl als Vermögensverwalter gem. § 34 Abs. 3 AO. Die Haftung des GF einer GmbH wird von der Sperrwirkung des § 93 InsO nicht erfasst. Die dem § 93 InsO zukommende Sperrwirkung hindert die Gläubiger, während der Dauer des Insolvenzverfahrens über das Vermögen einer Vermögensmasse ihre Haftungsansprüche gegen den G'fter selbst geltend zu machen. Diese Sperrwirkung des § 93 InsO, wonach der G'fter für die Dauer des Insolvenzverfahrens nur vom Insolvenzverwalter in Anspruch genommen werden kann, ist auf die Haftung als G'fter gem. § 128 HGB beschränkt. Demgegenüber unterliegen Individualansprüche, die eine persönliche Mithaftung des G'fters für Gesellschaftsschulden begründen, nicht der Sperrwirkung des § 93 InsO. Das FA kann auch nach Eröffnung des Insolvenzverfahrens den GF gem. § 69 AO in Haftung nehmen (BFH vom 02.11.2001, BStBl II 2002, 73; AEAO zu § 191 Nr. 1).

---

3 Die Eintragung der GF-Bestellung in das Handelsregister ist nicht Voraussetzung für eine Haftungsinanspruchnahme (BFH vom 19.11.2002, BFH/NV 2003, 442).

Neben den gesetzlichen Vertretern, GF und Vermögensverwaltern gehören zu den Haftungsschuldnern nach § 69 S. 1 AO auch die rechtlich oder tatsächlich **Verfügungsberechtigten** gem. § 35 AO. Tatsächlich verfügungsberechtigt ist derjenige, der faktisch wirtschaftlich über fremde Mittel verfügen kann, z. B. der Allein-G'fter einer GmbH ohne GF (»faktischer GF«, vgl. BFH vom 13.08.2007, BFH/NV 2008, 10, AEAO zu § 35 Nr. 1). Rechtlich verfügungsberechtigt ist, wer im Außenverhältnis rechtswirksam handeln kann; Beschränkungen im Innenverhältnis (z. B. im Gesellschaftsvertrag) bleiben dabei unberücksichtigt.

Steuerberater und andere Bevollmächtigte nach § 80 Abs. 1 AO haften nach § 69 AO nur ausnahmsweise, wenn sie **gleichzeitig Vertreter oder Verfügungsberechtigte** sind (AEAO zu § 69 Nr. 1). Die Haftung erlischt generell, wenn der Vertreter oder Verfügungsberechtigte durch Niederlegung seines Amtes, durch Niederlegung des Mandats oder Wegfall der Verfügungsberechtigung, z. B. durch Eröffnung des Insolvenzverfahrens, aus rechtlichen Gründen nicht mehr in der Lage ist, seinen Verpflichtungen nachzukommen.

2.2.3.1.2 Pflichtverletzung

Das haftungsbegründende Verhalten gem. § 69 S. 1 AO liegt vor, wenn infolge vorsätzlicher oder grob fahrlässiger Verletzung der auferlegten Pflichten Steuern nicht oder nicht rechtzeitig festgesetzt oder erfüllt werden oder soweit infolgedessen Steuervergütungen oder Steuererstattungen ohne rechtlichen Grund gezahlt werden. Diese Formulierung enthält drei voneinander unabhängige Haftungstatbestände:

- **Nichtabgabe oder Abgabe einer unrichtigen Steuererklärung** mit der Folge, dass die Steuern nicht (oder nicht rechtzeitig) festgesetzt oder bezahlt werden,
- **Schuldhafte und pflichtwidrige Nichtentrichtung der fälligen Steuerschulden**, obwohl Mittel vorhanden sind,
- **Pflichtwidriges und schuldhaftes Bewirken der Auszahlung einer Steuervergütung oder Steuererstattung** ohne rechtlichen Grund.

Obgleich es sich bei den auferlegten Pflichten (Buchführungs-, Nachweis-, Erklärungs-, Berichtigungs- und Zahlungspflichten) um steuerliche Pflichten handelt (vgl. Wortlaut § 34 Abs. 1 S. 1 AO), konkretisiert die Rspr. diese steuerlichen Pflichten auch mit Vorschriften außerhalb des Steuerrechts, z. B. § 43 Abs. 1 GmbHG, der für die Haftung des GmbH-GF auf die typisierte »Sorgfalt eines ordentlichen Geschäftsmannes« abstellt (vgl. § 347 Abs. 1 HGB).

Eine Haftung **entfällt**, wenn der Vertreter oder Verfügungsberechtigte im Zeitpunkt der Pflichtverletzung tatsächlich **nicht in der Lage ist, die steuerlichen Pflichten ordnungsgemäß zu erfüllen**. Dies ist z. B. der Fall, wenn infolge der Eröffnung des Insolvenzverfahrens ein Verfügungsverbot ergangen ist oder wenn im Zeitpunkt der Fälligkeit der Steuern **keine Mittel vorhanden** sind, um die Steuerschulden zu bezahlen. In diesen Fällen entfällt die Pflichtverletzung und damit auch die Haftung, denn: **Niemand ist verpflichtet, eine unmögliche Leistung zu erbringen** (impossibilium nulla est obligatio). In § 34 Abs. 1 S. 2 AO ist dieser Grundsatz ausdrücklich angesprochen: Die potenziellen Haftungsschuldner haben die Steuern aus Mitteln zu entrichten, die sie verwalten. Eine Pflichtverletzung kann damit nur eintreten, soweit überhaupt noch Mittel verwaltet werden. Demnach kann also eine Haftung nur dann in Betracht kommen, wenn zwischen der Pflichtverletzung und dem Steuerausfall als dem auszugleichenden Schaden ein **Kausalzusammenhang besteht**.[4]

Tritt ein Steuerausfall als Schaden mangels ausreichender Zahlungsmittel und vollstreckbaren Vermögens unabhängig davon ein, ob z. B. die Steueranmeldung fristgerecht eingereicht wurde, so ist die Verletzung der Steuererklärungspflicht für den eingetretenen Schaden nicht ursächlich; eine Haftung entfällt daher (ständige Rspr., vgl. BFH vom 11.11.2008, BStBl II 2009, 342).

Sind in einer Gesellschaft mehrere GF bestellt, sind sie allesamt verpflichtet, die steuerlichen Pflichten zu erfüllen (**Grundsatz der Gesamtverantwortung**, § 43 GmbHG). § 34 AO sieht die Haftung der Vertreter unabhängig davon vor, ob diese auch tatsächlich die Geschäfte führen. Die Rspr. sieht insoweit jedoch eine Ausnahme vor: Soweit im Gesellschaftsvertrag, durch förmlichen Gesellschaftsbeschluss oder durch eine Geschäftsordnung – jedenfalls durch eine ausdrückliche, vorweg getroffene schriftliche Vereinbarung[5] – die Pflichten der einzelnen G'fter ausdrücklich auf einzelne Geschäftsbereiche verteilt sind, ist die Haftung der für die steuerlichen Angelegenheiten unzuständigen Vertreter begrenzt.[6]

Diese Begrenzung gilt jedoch nur, solange kein Anlass besteht, an der ordnungsgemäßen Erledigung der steuerlichen Angelegenheiten durch den zuständigen GF zu zweifeln. Gänzlich ausgeschlossen ist die Haftung allerdings auch für den unzuständigen Vertreter nicht: **Gelangt das Unternehmen in die Krise, erlischt die Haftungsbegrenzung** und jeder GF ist verpflichtet, sich um die steuerlichen Belange der Gesellschaft zu kümmern. Die Begrenzung erlischt auch, wenn besondere Umstände es angebracht erscheinen lassen, die Überwachung der Steuerangelegenheiten zu verstärken.

> **Beispiel 1: Grundsatz der Gesamtverantwortung**
>
> Der Geschäftsführer A der AB-GmbH erlangt durch Zufall Kenntnis, dass die für die kaufmännischen Angelegenheiten zuständige Geschäftsführerin B die Steuererklärungen regelmäßig zu spät abgibt und das FA bereits mehrfach Verspätungszuschläge festgesetzt hat.
>
> **Lösung:** Ab diesem Zeitpunkt ist A unabhängig von der internen Pflichtenverteilung verpflichtet, sich aktiv um die steuerlichen Belange der AB-GmbH zu kümmern.

2.2.3.1.3 Verschulden

Die Haftung nach § 69 S. 1 AO ist **verschuldensabhängig**; lediglich die vorsätzliche oder grob fahrlässige Verletzung der steuerlichen Pflichten ist haftungsbegründend. Vorsatz bedeutet Wissen und Wollen der gesetzlichen Tatbestandsmerkmale (§ 15 StGB), d. h. eine bewusste

---

[4] Die Pflicht zur Begleichung der Steuerschuld der GmbH im Zeitpunkt ihrer Fälligkeit ist dem GF nach § 34 Abs. 1 AO, § 41a EStG nicht allein zur Vermeidung eines durch eine verspätete Zahlung eintretenden Zinsausfalls auferlegt, sondern soll auch die Erfüllung der Steuerschuld nach den rechtlichen und wirtschaftlichen Gegebenheiten zum Zeitpunkt ihrer Fälligkeit sicherstellen. Die erfolgreiche Insolvenzanfechtung einer erst nach Fälligkeit abgeführten Lohnsteuer unterbricht den Kausalverlauf zwischen Pflichtverletzung und Schadenseintritt daher nicht, wenn der Fälligkeitszeitpunkt vor dem Beginn der Anfechtungsfrist lag (BFH vom 01.11.2008 BStBl II 2009, 342).

[5] Besteht keine schriftliche Vereinbarung, kann eine interne Geschäftsverteilung allenfalls bei der Prüfung des Verschuldens beachtlich sein.

[6] BFH vom 13.03.2003 (BStBl II 2003, 556): Die für das Verhältnis mehrerer GF entwickelten Grundsätze für die Möglichkeit einer Begrenzung der Verantwortlichkeit des gesetzlichen Vertreters einer juristischen Person durch eine Verteilung der Aufgaben gelten auch für die Übertragung steuerlicher Pflichten einer juristischen Person auf deren Abteilungen.

Verletzung der steuerlichen Pflichten. Grob fahrlässig handelt, wer die ihm obliegende Sorgfaltspflicht in einem besonders hohen Maße verletzt, wer also Pflichten nicht erfüllt, die »jedem hätten einleuchten müssen«. Im AEAO wird der Begriff der groben Fahrlässigkeit wie folgt definiert: Grobe Fahrlässigkeit ist anzunehmen, wenn der StPfl. die ihm nach seinen persönlichen Verhältnissen zumutbare Sorgfalt in ungewöhnlichem Maße und in nicht entschuldbarer Weise verletzt (AEAO zu § 173 Nr. 5.1, die Definition ist jedoch auch im Rahmen der Verschuldensprüfung bei § 69 S. 1 AO heranzuziehen).

Abzustellen ist bei der Frage des Verschuldens immer auf die **Gesamtumstände des Einzelfalles**, wobei die Prüfungsaufgaben regelmäßig deutlich darauf hinweisen, ob ein grobes Verschulden oder gar Vorsatz vorliegt oder nicht. Beim Verschuldensmaßstab kommt es allein auf die persönlichen Kenntnisse und Fähigkeiten an (sog. **subjektiver Sorgfaltsmaßstab**). Der subjektive Verschuldensmaßstab bedeutet allerdings nicht, dass sich ein nachlässiger Vertreter damit hinausreden kann, er habe die steuerlichen Pflichten eben nicht besser gekannt und deshalb die Konsequenzen seines Handelns nicht abschätzen können: in rechtlichen und steuerlichen Zweifelsfällen gehört zur ordnungsgemäßen Erledigung der steuerlichen Angelegenheiten auch die Pflicht, sachkundigen Rat bei einer zur Hilfe in Steuersachen berechtigten Person einzuholen (vgl. zuletzt FG Sachsen vom 20.07.2010, AO-StB 2010, 359). Der GF einer GmbH kann sich so etwa gegenüber der Haftungsinanspruchnahme nicht darauf berufen, dass er aufgrund seiner persönlichen Fähigkeiten nicht in der Lage gewesen sei, den Aufgaben eines GF nachzukommen. Wer den Anforderungen an einen gewissenhaften GF nicht entsprechen kann, muss von der Übernahme der Geschäftsführung absehen bzw. das Amt niederlegen (BFH vom 15.11.2022, BStBl II 2023, 549).

Mit Urteil vom 17.08.2005 (EFG 2005, 1658) hat das FG Brandenburg eine pauschale Bewertung der Schuldfrage ohne **Berücksichtigung der Gesamtumstände** ausdrücklich abgelehnt. So verletzt der GF einer GmbH die ihm nach § 64 GmbHG auferlegten Pflichten nicht schuldhaft, wenn er bereits fällige Steuern und Nebenleistungen größtenteils nicht bezahlt bzw. fällige Erklärungen nicht abgibt, sofern er nur für kurze Zeit (hier: drei Monate) als GF tätig war, sich die GmbH bereits bei seiner Bestellung in einer insolvenzrechtlichen Lage befunden hat und er gegen den Willen der G'fter bemüht ist, das Insolvenzverfahren zu eröffnen. Hier wollte der GF eindeutig seine Pflichten erfüllen. Mangels Verschulden kann er daher nicht gem. §§ 69, 34 AO in Haftung genommen werden.

Für die Frage des Verschuldensmaßstabs spielt zudem die **Steuerart** eine entscheidende Rolle. Besonders streng behandelt die Rspr. die Verletzung der steuerlichen Pflichten bei den **Abzugsteuern**, die grds. vorrangig vor allen anderen steuerlichen und außersteuerlichen Verbindlichkeiten zu begleichen sind. Betroffen hiervon sind insb. die **LSt** (§§ 38 ff. EStG) sowie die **Kapitalertragsteuer** (§§ 43 ff. EStG). Der Grund für die besonders strenge Haftung liegt darin, dass der Steuerschuldner bei den Abzugsteuern gegenüber dem FA als **Treuhänder** auftritt und er deshalb in einem besonderen Pflichtenverhältnis steht. **Die Nichtabführung der (Lohn-)Abzugsteuer indiziert gleichsam das Verschulden.** Der BFH geht insoweit regelmäßig von einer zumindest grob fahrlässigen Pflichtverletzung des Vertreters aus (zuletzt BFH vom 14.12.2021, BStBl II 2022, 537). Bei Zahlungsschwierigkeiten ist der Vertreter daher gehalten, Löhne und Gehälter verkürzt auszuzahlen, um entsprechende Mittel für die (ebenfalls verkürzt anfallende) LSt vorzuhalten.[7]

Der Antrag auf Eröffnung des Insolvenzverfahrens befreit dabei den GmbH-GF nicht von der Haftung. Sind im Zeitpunkt der LSt-Fälligkeit noch liquide Mittel vorhanden, besteht die Verpflichtung zu deren Abführung so lange, bis ihm durch Bestellung eines (starken) Insolvenzverwalters oder durch die Eröffnung des Insolvenzverfahrens die Verfügungsbefugnis entzogen wird (BFH vom 23.09.2008, BStBl II 2009).

> **Beispiel 1a: Lohnzahlung des Geschäftsführers aus eigener Tasche**
>
> In der Krise seiner GmbH zahlt der G'fter-GF G die Gehälter der Angestellten aus seinem eigenen Vermögen, da er die Kündigung seiner Mitarbeiter bei verkürzter Lohnauszahlung fürchtet. Das FA nimmt G gleichwohl nach § 69 AO in Haftung. Zu Recht? Wie wäre es, wenn G nicht GF, sondern lediglich Prokurist (§§ 48 ff. HGB) der GmbH wäre?
>
> **Lösung:** Selbst bei Zahlungen, die ein G'fter-GF auf die von der GmbH geschuldeten Löhne aus seinem eigenen Vermögen ohne unmittelbare Berührung der Vermögenssphäre der Gesellschaft und ohne dieser gegenüber dazu verpflichtet zu sein selbst erbringt, hat er dafür zu sorgen, dass die Lohnsteuer einbehalten und an das FA abgeführt wird; andernfalls haftet er nach § 69 AO (BFH vom 22.11.2005, DStR 2006, 181). Anders liegt es beim Prokuristen; die Rspr. des BFH zur Sorgfaltspflicht eines GmbH-GF kann nicht ohne Weiteres auf den vertretungsberechtigten Prokuristen einer GmbH übertragen werden, ohne die Umstände des Einzelfalles zu berücksichtigen (FG Hessen vom 10.10.2005, DStRE 2006, 683).

Ein in Klausurarbeiten häufig eingebautes Problem stellt sich, wenn die **liquiden Mittel des Steuerschuldners nicht zur Begleichung sämtlicher Verbindlichkeiten ausreichen**. In diesen Fällen ist der Vertreter unter Umständen versucht, zunächst andere als die Steuerverbindlichkeiten vorweg zu befriedigen mit der Folge, dass keine Mittel mehr zur Begleichung der Steuerverbindlichkeiten zu Verfügung stehen. Nach inzwischen ständiger Rspr. des BFH beschränkt sich die Haftung nach § 69 S. 1 AO dem Umfang nach auf den Betrag, der infolge der vorsätzlichen oder grob fahrlässigen Pflichtverletzung nicht oder nicht rechtzeitig festgesetzt oder entrichtet worden ist; nur insoweit ist der Schaden nämlich kausal durch die Pflichtverletzung verursacht worden. Die Haftung hat somit **Schadensersatzcharakter** (vgl. BFH vom 30.08.2005, DStRE 2006, 377). Die Höhe der Haftung ergibt sich daher – unabhängig vom Grad des Verschuldens – grds. allein aus der Ursächlichkeit der Pflichtverletzung für den beim Fiskus eingetretenen Vermögensschaden. Die Haftung ist damit auf den Betrag beschränkt, der infolge der Pflichtverletzung nicht entrichtet worden ist.[8]

Stehen zur Begleichung der Steuerschulden insgesamt ausreichende Mittel nicht zur Verfügung, gilt nach ständiger Rspr. der **Grundsatz der anteiligen Tilgung** (vgl. BFH vom 20.05.2014, BFH/NV 2014, 1353 m. w. N.). Demnach darf der Vertreter – wie schon der Reichsfinanzhof entschieden hat (RFH vom 04.01.1927, RFHE 20, 199) – Steuerschulden nicht schlechter behandeln als andere Verbindlichkeiten; **die vorhandenen Mittel müssen vielmehr**

---

[7] Die Haftung des GF erstreckt sich auch auf die auf ihn selbst entfallende LSt als sog. mittelbare Fremdhaftung für eigene Steuerschulden. Die Hauptschuld, für die gehaftet wird, ergibt sich hier aus § 42d EStG (vgl. BFH vom 07.03.2006, BStBl II 2007, 594).

[8] Die Kausalität der Nichtabführung z. B. der Lohnsteuer durch den GF für den Steuerausfall entfällt allerdings nicht bereits deshalb, weil der Steuerausfall durch eine insolvenzrechtliche Anfechtung gleichfalls entstanden wäre; dieser hypothetische Kausalverlauf ist unbeachtlich (BFH vom 11.11.2008, BStBl II 2009, 342).

gleichmäßig zur Tilgung der Steuerschulden und sonstigen Verbindlichkeiten genutzt werden. Erfüllt der Vertreter diese Pflicht nicht, haftet der Vertreter (nur) in dem Umfang, in dem er unter Berücksichtigung sämtlicher Verbindlichkeiten und Mittel die Steuerverbindlichkeiten hätte tilgen müssen (**Grundsatz der anteiligen Tilgung** und – daran anknüpfend – **Grundsatz der anteiligen Haftung**).[9] Der entscheidende Zeitraum für die Berechnung der Haftungsquote beginnt mit der Fälligkeit der ältesten noch nicht bezahlten Steuerforderung und endet mit dem Beginn der unternehmerischen Krise, d. h. mit dem Zeitpunkt, ab dem eine gleichmäßige, vollständige Befriedigung der Steuerrückstände und sonstigen Verbindlichkeiten nicht mehr möglich ist. Unberührt hiervon bleibt jedoch die uneingeschränkte Haftung für Abzugsteuern, da bei diesen unabhängig von den vorhandenen Mitteln eine vollständige Tilgung erwartet wird. **Abzugsteuern sind vorrangig gegenüber anderen Verbindlichkeiten an das FA abzuführen** (vgl. etwa BFH vom 27.02.2007, BStBl II 2008, 50, wo die besonders hervorgehobene haftungsrechtliche Sonderstellung der Lohnsteuer herausgestellt wird).

Beispiel 2: Haftung bei Zahlungsunfähigkeit

A und B sind G'fter-GF der AB-GmbH. Im Gesellschaftsvertrag ist vereinbart, dass A als Ingenieur für den technischen Bereich der Gesellschaft und B für den kaufmännischen Bereich verantwortlich ist.

Ab April 19 können aufgrund von Zahlungsschwierigkeiten der Kunden weder die Steuerverbindlichkeiten noch Forderungen anderer Gläubiger befriedigt werden; darüber hatten A und B auch mehrfach Gespräche geführt. Da die AB-GmbH bereits im Frühjahr 19 in Zahlungsschwierigkeiten war, hat das FA die KSt 16 samt Säumniszuschlägen mit Bescheid vom 23.02.19 bis 31.07.19 gestundet. Am 10.08.19 stellt B beim zuständigen Amtsgericht Antrag auf Eröffnung des Insolvenzverfahrens über das Vermögen der AB-GmbH. Haften A und B für die KSt 16?

Lösung: A und B sind als GF gesetzliche Vertreter der GmbH (§ 35 Abs. 1 GmbHG) und gem. § 34 AO verpflichtet, die steuerlichen Pflichten zu erfüllen. Die Haftung nach § 69 AO umfasst auch die Säumniszuschläge (§ 69 S. 2 AO). Für die Haftung nach § 69 S. 1 AO ist es unerheblich, dass A laut Gesellschaftsvertrag nur für den technischen Bereich zuständig ist. Da er aufgrund der Gespräche über die Zahlungsschwierigkeiten der Gesellschaft informiert war, ist er trotz Aufgabenverteilung in der Krisensituation verpflichtet, sich um die steuerlichen Angelegenheiten zu kümmern und muss zusammen mit B sicherstellen, dass Steuern pünktlich gezahlt werden. A und B haben die zum 01.08.19 fällige KSt 16 nicht gezahlt. Allerdings setzt eine Pflichtverletzung gem. § 69 S. 1 AO voraus, dass A und B im Zeitpunkt der Fälligkeit der KSt noch Mittel verwalten, aus denen die Steuern entrichtet werden können (§ 34 Abs. 1 S. 2 AO). Zum 01.08.19 ist die GmbH jedoch bereits zahlungsunfähig; auf den Antrag auf Eröffnung des Insolvenzverfahrens kommt es insoweit nicht an. Die GmbH war zum Zeitpunkt der Fälligkeit nicht mehr in der Lage, die Steuern zu entrichten; eine Pflichtverletzung der beiden GF scheidet daher aus. Eine Pflichtverletzung ergibt sich vorliegend auch nicht aus dem von der Rspr. entwickelten Grundsatz der anteiligen Tilgung. Vorliegend wurden bereits ab April 19 weder Steuerverbindlichkeiten noch Verbindlichkeiten anderer Gläubiger bedient, sodass das FA gegenüber anderen Gläubigern nicht benachteiligt worden ist. A und B haften mangels Pflichtverletzung somit nicht für die KSt 16.

---

[9] Voraussetzung für die Beschränkung der GF-Haftung nach dem Grundsatz anteiliger Tilgung ist, dass der Haftende durch Vorlage geeigneter Aufzeichnungen und Belege erkennbar macht, in welchem Umfang die Gesellschaft im Haftungszeitraum Zahlungen an ihre verschiedenen Gläubiger geleistet hat (BFH vom 11.07.2001, BFH/NV 2002, 6).

2.2.3.1.4 Haftungsumfang

Die Haftung nach § 69 S. 1 AO umfasst gem. § 69 S. 2 AO auch die infolge der Pflichtverletzung zu zahlenden Säumniszuschläge. Darüber hinaus erstreckt sich die Vertreterhaftung nach § 69 S. 1 AO auch auf die übrigen steuerlichen Nebenleistungen i. S. d. § 37 Abs. 1, § 3 Abs. 3 AO (BFH vom 05.10.2005, BStBl II 2006, 3 m. w. N.), da ausdrücklich für die »Ansprüche aus dem Steuerschuldverhältnis (§ 37 AO)« gehaftet wird. § 69 S. 2 AO hat insoweit nur **deklaratorische Bedeutung** und schließt eine Haftung für die übrigen steuerlichen Nebenleistungen nicht aus. Die Bedeutung von S. 2 besteht darin, dass klargestellt wird, dass die Säumniszuschläge kraft Gesetzes entstehen und keine eigene Pflichtverletzung voraussetzen.

> **Beispiel 3: Haftung für Verspätungszuschläge**
>
> Die AB-GmbH hat die LSt-Anmeldung Mai 01 nicht rechtzeitig abgegeben. Das FA hat daher einen Verspätungszuschlag festgesetzt und – nachdem die AB-GmbH zahlungsunfähig geworden ist – gegenüber dem Geschäftsführer A einen Haftungsbescheid erlassen. Auf den Einwand des A, die AB-GmbH sei im Zeitpunkt der Fälligkeit der LSt nur noch eingeschränkt zahlungsfähig gewesen, entgegnet das FA, für LSt und Verspätungszuschläge zur LSt hafte der GF nach der Rspr. in voller Höhe, auch wenn ausreichende Mittel zur Tilgung sämtlicher Verbindlichkeiten nicht zur Verfügung stünden. Schließlich seien ja auch die Löhne ungekürzt ausgezahlt worden.
>
> **Lösung:** Die Auffassung des FA, A hafte als GF unabhängig vom Vorhandensein liquider Mittel für die LSt und die Verspätungszuschläge zur LSt, beruht auf den für die Haftung von Abzugsteuern geltenden Grundsätzen. Die Orientierung der Haftungssumme bei der LSt-Haftung an den ausgezahlten Löhnen rechtfertigt sich daraus, dass die abzuführende LSt Teil des Bruttoarbeitslohnes ist, den der Arbeitgeber als Treuhänder an das FA abführt. Es handelt sich insoweit um Fremdgelder, die die Liquidität der GmbH nicht berühren und für die A daher uneingeschränkt haftet.
>
> Diese Grundsätze können jedoch nicht auf die Haftung für den Verspätungszuschlag zur LSt übertragen werden. Nachdem es sich bei den Verspätungszuschlägen nicht um Fremdgelder handelt, kommt insoweit die Haftungsbeschränkung nach den Grundsätzen der anteiligen Tilgung zur Anwendung. § 69 S. 2 AO, der eine Haftung auch dann vorsieht, wenn die Nebenleistung zeitlich nach der eigentlichen Pflichtverletzung entstanden ist, ist nach seinem eindeutigen Wortlaut nur auf Säumniszuschläge, nicht aber auf andere Nebenleistungen i. S. d. § 3 Abs. 4 AO anwendbar.

2.2.3.2 Haftung des Steuerhinterziehers und des Steuerhehlers (§ 71 AO)

§ 71 AO begründet die Haftung des Täters sowie des Teilnehmers[10] einer Steuerhinterziehung oder Steuerhehlerei für die verkürzten Steuern und die zu Unrecht gewährten Steuervorteile. Vom Anwendungsbereich geht § 71 AO damit weit über den Personenkreis des § 69 AO hinaus.

> **Beispiel 4: Haftung des Steuerhinterziehers**
>
> Der Geschäftsführer A der AB-GmbH hat die USt-Voranmeldung Mai 01 mit einer sich ergebenden Zahllast i. H. v. 1.000 € nicht abgegeben, da die GmbH seit dem Frühjahr 01 zahlungsunfähig ist und A die Abgabe aufgrund der finanziellen Situation der GmbH für überflüssig hielt. Haftung nach § 71 AO?

---

10 Teilnehmer einer Steuerhinterziehung ist der Anstifter gem. § 26 StGB sowie der Gehilfe gem. § 27 StGB.

StB, RA und andere Bevollmächtigte nach § 80 Abs. 1 AO haften nach § 69 AO nur, wenn sie gleichzeitig Vertreter oder Verfügungsberechtigte sind. Sie zählen dagegen ohne Einschränkung zum potentiell haftenden Personenkreis des § 71 AO, wenn sie nämlich eine Steuerhinterziehung zugunsten ihres Mandanten begehen. Ähnlich wie § 69 AO hat § 71 AO **Schadensersatzcharakter**[11]; eine Haftung kommt daher nur in Betracht, wenn der Steuerausfall durch die begangene Steuerhinterziehung oder Steuerhehlerei verursacht worden ist (**Erfordernis der Kausalität**). Wäre der Schaden für das FA dagegen auch bei steuerehrlichem Verhalten eingetreten, greift § 71 AO nicht ein, da der Vermögensschaden beim FA in diesen Fällen nicht unmittelbar durch die Steuerhinterziehung oder Steuerhehlerei, sondern durch andere Umstände verursacht worden ist (BFH vom 13.07.1994, BStBl II 1995, 198).

Voraussetzung der Haftung nach § 71 AO ist die **Verwirklichung des Tatbestandes der Steuerhinterziehung** (§ 370 AO) bzw. der **Steuerhehlerei** (§ 374 AO). Die Voraussetzung ist nicht deckungsgleich mit der Frage, ob jemand aufgrund seines Handelns nach den Vorschriften des Steuerstrafrechts verfolgt werden kann. Die handelnde Person muss vielmehr entweder als Täter, Mittäter oder auch als Teilnehmer (d. h. Anstifter oder Gehilfe gem. §§ 26 f. StGB) den objektiven und subjektiven Tatbestand der Steuerhinterziehung (oder -hehlerei) verwirklicht haben und es dürfen keine Rechtfertigungs- oder Schuldausschließungsgründe vorliegen (vgl. auch BFH vom 18.12.1986, BStBl II 1988, 213). Bei der Würdigung des Sachverhaltes entscheidet das FA in eigener Verantwortung; sie ist nicht an die Auffassung der Strafgerichte gebunden (BFH vom 18.04.2013, AO-StB 2013, 308), denn es handelt sich lediglich um strafrechtliche Vorfragen im Rahmen einer Entscheidung über die Rechtmäßigkeit eines abgabenrechtlichen Verwaltungsakts.

Die Haftung setzt nicht voraus, dass der Haftungsschuldner zunächst aufgrund des begangenen Steuerdeliktes strafrechtlich verurteilt wurde (AEAO zu § 71). Ob eine Bestrafung überhaupt stattfindet oder nicht, ist für die Frage der Haftung irrelevant.

Unerheblich für die Haftung ist ferner, ob der Täter zu seinem **eigenen Vorteil oder zugunsten eines Dritten** gehandelt hat. Sowohl § 370 AO als auch § 374 AO lassen es nach ihrem eindeutigen Wortlaut ausreichen, dass ein Dritter Vorteile aus der begangenen Tat hat (sog. Steuerhinterziehung zugunsten Dritter).

Der bloße Versuch eines Steuerdeliktes löst dagegen keine Haftung aus. Nachdem es beim Versuch nicht zum Schadenseintritt kommt (weil die Tat eben im Versuchsstadium stecken bleibt), kommt aufgrund des Schadensersatzcharakters der Vorschrift nur die vollendete Vortat als haftungsbegründende Handlung in Betracht (BFH vom 13.07.1994, BStBl II 1995, 198). Auch eine **leichtfertige Steuerverkürzung** nach § 378 AO, die sich vom Tatbestand der Steuerhinterziehung dadurch unterscheidet, dass der Täter nicht vorsätzlich (mit Wissen und Wollen), sondern leichtfertig handelt, führt nach dem eindeutigen Wortlaut des § 71 AO **nicht zur Haftung**.

Eine erfolgte Selbstanzeige nach § 371 AO hat keinen Einfluss auf die Haftung nach § 71 AO sowie die Zinsen nach § 233a AO. Die Selbstanzeige führt zwar mit der Wirkung eines Verfahrenshindernisses zur Straffreiheit, ändert aber nichts an der tatbestandlichen Verwirklichung der Sachverhaltsmerkmale – und nur daran knüpft § 71 AO an.

Die Haftung nach § 71 AO umfasst ausdrücklich auch die Zinsen nach § 233a AO und Hinterziehungszinsen nach § 235 AO. Nachdem § 235 AO allein auf hinterzogene Steuern, nicht

---

11 BFH vom 07.03.2006, BStBl II 2007, 594: § 71 AO soll dem FA die Möglichkeit geben, den Täter oder Teilnehmer zum Ersatz des Schadens heranzuziehen, ohne auf die §§ 823, 826 BGB zurückgreifen zu müssen.

aber auf Steuerhehlerei anzuwenden ist (vgl. den Wortlaut von § 235 Abs. 1 S. 1 AO), löst die Steuerhehlerei keine Zinspflicht aus. Für andere Nebenleistungen – beispielsweise Säumniszuschläge – wird dagegen nicht gehaftet.

Lösung:
A würde gem. § 71 AO haften, wenn er – ohne selbst Steuerschuldner zu sein – eine Steuerhinterziehung zum Vorteil der AB-GmbH begangen hätte. A hat nach §§ 369 Abs. 1 Nr. 1 i.V.m. § 370 Abs. 1 Nr. 2 AO das FA pflichtwidrig über steuerlich relevante Tatsachen in Unkenntnis gelassen, obwohl er nach § 18 Abs. 1 UStG, §§ 168 S. 1, 149 Abs. 1, 34 Abs. 1 S. 1 AO zur Abgabe der USt-Voranmeldung Mai 01 verpflichtet war. Dadurch wurde nach § 370 Abs. 4 S. 1 AO USt i.H.v. 1.000 € verkürzt, da sie nicht festgesetzt wurde. Dies gilt nach § 370 Abs. 4 S. 1 AO auch dann, wenn es sich um eine Steueranmeldung handelt, die einer Steuerfestsetzung unter dem Vorbehalt der Nachprüfung gleichsteht, §§ 168 S. 1, 164 Abs. 1 S. 2 AO. Dass der Steuervorteil nicht für A, sondern für die AB-GmbH eingetreten ist, bleibt unbeachtlich, da es nach § 370 Abs. 1 S. 1 AO ausreicht, wenn der nicht gerechtfertigte Steuervorteil »für einen anderen« erlangt wird. Die Tat war mit Ablauf des 10.06.01 vollendet, da zu diesem Zeitpunkt die Voranmeldung hätte eingereicht werden müssen. A handelte vorsätzlich, nämlich mit Wissen und Wollen um die steuerlichen Folgen. Der Vorsatz wird auch nicht dadurch ausgeschlossen, dass A die Abgabe der Voranmeldung für überflüssig hielt. Hierbei handelt es sich nicht um einen beachtlichen Tatbestands- oder Verbotsirrtum i.S.d. §§ 16 f. StGB, sondern um einen strafrechtlich unbeachtlichen Motivirrtum. Allerdings hat die Haftung nach § 71 AO Schadensersatzcharakter, d.h. eine Haftung entfällt, wenn auch bei steuerlichem Wohlverhalten, sprich bei rechtzeitiger Anmeldung der USt, diese nicht hätte bezahlt werden können. Genau dies ist aber vorliegend der Fall, da aufgrund der Zahlungsunfähigkeit dem Fiskus auch bei rechtzeitiger Anmeldung die USt nicht zugeflossen wäre. Eine Haftung nach § 71 AO scheidet aus.

2.2.3.3 Haftung bei Verletzung der Pflicht zur Kontenwahrheit (§ 72 AO)

Nach § 154 Abs. 1 AO darf niemand auf einen falschen oder erdichteten Namen für sich oder einen Dritten ein Konto errichten oder Buchungen vornehmen lassen, Wertsachen in Verwahrung geben oder verpfänden oder sich ein Schließfach geben lassen (sog. **Pflicht zur Kontenwahrheit**). Wer dieser Pflicht zuwider handelt, begeht eine **Ordnungswidrigkeit** gem. § 379 Abs. 2 Nr. 2 AO und unterliegt zudem einem Herausgabeverbot nach § 154 Abs. 3 AO mit der Folge, dass eine Herausgabe ohne haftungsrechtliche Konsequenzen nur noch mit Zustimmung des FA zulässig ist.

Wird gegen das Herausgabeverbot schuldhaft – vorsätzlich oder grob fahrlässig – verstoßen, haftet die herausgebende Person nach § 72 AO. Die Norm ist insb. im Bankenbereich von praktischer Relevanz. Wickelt beispielsweise ein ehemals Verfügungsberechtigter eines fremden Bankkontos darüber Zahlungsvorgänge aus eigenen Geschäftsvorfällen für eigene Rechnung ab, so haftet die Bank für den Steuerschaden, der dadurch eintritt, dass sie das Konto nicht sperrt, sondern Guthaben ohne Zustimmung des FA auszahlt, obwohl sie weiß, dass der ursprüngliche Kontoinhaber nicht mehr existiert (BFH vom 13.12.2011, BStBl II 2012, 398).

Die Bank muss sich den Verstoß ihrer Mitarbeiter gegen § 154 Abs. 3 AO zurechnen lassen und haftet damit selbst gem. § 72 AO. Zwar ist der haftungsrechtliche Durchgriff auf den Vertretenen in der AO allgemein nicht geregelt, sondern lediglich in einzelnen Vorschriften genannt, etwa in § 110 Abs. 1 S. 2 AO. Gleichwohl ist nach der Rspr. das schuldhafte Handeln eines Organs oder Erfüllungsgehilfen der vertretenen Bank zuzurechnen (BFH vom 17.02.1989, BStBl II 1990, 263).[12]

Die Haftung nach § 72 AO erstreckt sich auf alle Ansprüche aus dem Steuerschuldverhältnis, d. h. auch auf die steuerlichen Nebenleistungen nach § 3 Abs. 3 AO. Die Haftung ist allerdings vom Umfang her beschränkt auf den Wert des Herausgegebenen, da § 72 AO die Haftung nach seinem Wortlaut ausdrücklich insoweit beschränkt, als durch einen Verstoß gegen § 154 Abs. 3 AO die Durchsetzung steuerlicher Ansprüche beeinträchtigt wird.

2.2.3.4 Haftung des Eigentümers von Gegenständen (§ 74 AO)

Stellt jemand, der an einem Unternehmen wesentlich beteiligt ist, dem Unternehmen Gegenstände zur Verfügung, haftet er – **der Höhe nach beschränkt auf den Wert der überlassenen Gegenstände** – für die während der wesentlichen Beteiligung entstandenen Betriebsteuern.

> **Beispiel 5: Haftung mit einem verpachteten Grundstück**
>
> A ist mit 50 % an der AB-GmbH beteiligt. Seit 01.01.02 hat A der AB-GmbH sein Privatgrundstück der AB-GmbH als Lagerplatz verpachtet. Mit Wirkung zum 30.06.04 wurde der Pachtvertrag gekündigt; er wird seitdem von der AB-GmbH auch nicht mehr genutzt. Haftet A für die Kraftfahrzeugsteuer 03 des betrieblichen Lieferwagens, für die bis Februar 02 gestundete, aber bis heute noch nicht bezahlte USt 01 sowie für die USt Juni 04 samt den zwischenzeitlich aufgelaufenen Säumniszuschlägen zur USt Juni 04?

Der Begriff **Gegenstände** umfasst im Gegensatz zum Zivilrecht alle WG materieller Art, in die vollstreckt werden kann. Neben Sachen haftet der Eigentümer damit auch mit einem Grundstück, das er dem Unternehmen zur Verfügung stellt. Auch bei grundstücksähnlichen Berechtigungen, wie etwa dem Erbbaurecht, greift § 74 AO, die Haftung ist also nicht auf körperliche Gegenstände (Sachen) beschränkt (BFH vom 23.05.2012, BStBl II 2012, 763). Der Inhaber von Rechten (immaterielle WG) haftet nach Auffassung der Verwaltung dagegen nicht (AEAO Nr. 1 zu § 74). Ob der BFH diese Auffassung teilt, bleibt abzuwarten; er deutet in der obigen Entscheidung an, dass es darauf ankäme, ob in das Recht vollstreckt werden kann.

Die Haftung trifft nur den **Eigentümer von Gegenständen persönlich**. Die Frage, ob jemand Eigentümer ist oder nicht, richtet sich ausschließlich nach den Vorschriften des Zivilrechts. § 39 AO, der aufgrund wirtschaftlicher Erwägungen die Zurechnung von WG an andere Personen als den Eigentümer regelt, ist nicht anwendbar, da eine Vollstreckung in schuldnerfremde Sachen rechtlich nicht zulässig ist[13] und das Zwangsvollstreckungsrecht hier aus Gründen der Rechtssicherheit an die zivilrechtlichen Regelungen anknüpft.

Die Haftungsvoraussetzung der **wesentlichen Beteiligung** ist im Gesetz legaldefiniert. Eine wesentliche Beteiligung liegt nach § 74 Abs. 2 S. 1 AO vor, wenn jemand zu mehr als einem Viertel an einem Unternehmen beteiligt ist; eine Beteiligung von exakt 25 % ist damit noch nicht ausreichend. Eine Hinzurechnung von Anteilen von Familienangehörigen, wie dies bei der Personengruppentheorie des BFH für die Betriebsaufspaltung praktiziert wird, kommt i. R. d. § 74 Abs. 2 S. 1 AO nicht in Betracht (BFH vom 01.12.2015, BStBl II 2016, 375).

---

12 A. A. z. B. *Tipke/Kruse*, § 72 Rz. 2: Das Fehlen einer Zurechnungsvorschrift in § 72 AO, wie sie beispielsweise in § 110 Abs. 1 S. 2 AO vorzufinden ist, führe dazu, dass ein Durchgriff auf die Vertretenen bei § 72 AO gerade nicht möglich sei.
13 Vgl. § 771 ZPO.

Die wesentliche Beteiligung ist auch dann gegeben, wenn der betroffene Eigentümer nicht unmittelbar, sondern mittelbar über einen Treuhänder oder eine Tochtergesellschaft beteiligt ist. Im Gegensatz zum Begriff des Eigentümers, der im Gleichklang mit den zivilrechtlichen Vorschriften auszulegen ist, ist hier eine wirtschaftliche Betrachtung geboten. Daher lässt § 74 Abs. 2 S. 2 AO es ausreichen, wenn jemand faktisch durch sein Verhalten auf das Unternehmen einen beherrschenden Einfluss ausübt und durch sein Verhalten dazu beiträgt, dass fällige Steuern nicht entrichtet bzw. die steuerlichen Pflichten nicht erfüllt werden.

Voraussetzung für die Haftung ist ferner, dass die Gegenstände dem Unternehmen »dienen«. Dem Unternehmen dienende Gegenstände i. S. v. § 74 Abs. 1 S. 1 der AO sind solche, die für die Führung des Betriebs und die Erzielung steuerbarer Umsätze von **wesentlicher Bedeutung** sind (BFH vom 06.08.2024, Az.: VII R 25/21. § 74 AO beschränkt die Haftung für Steuern und für Ansprüche auf Erstattung von Steuervergütungen (§ 74 Abs. 1 S. 3 AO) und auf die sog. **Betriebsteuern**. Betriebsteuern sind diejenigen Steuern, bei denen sich die Steuerpflicht auf den Betrieb des Unternehmens gründet, die ohne Vorhandensein eines Unternehmens nicht denkbar sind. Keine Betriebsteuern sind damit die sog. Personensteuern, d. h. ESt, KSt und ErbSt (vgl. die Aufzählung in AEAO zu § 74 Nr. 2).

Hinsichtlich des Haftungszeitraums folgt § 74 AO dem sog. **Stichtagsprinzip**. Die Haftung erstreckt sich gem. § 74 Abs. 1 S. 2 AO nur auf Steuern, die während des Bestehens der wesentlichen Beteiligung entstanden sind. Der Zeitpunkt der Fälligkeit der Steuer ist insoweit unerheblich. Im Haftungszeitraum müssen die Gegenstände dem Unternehmen auch gedient haben. Andererseits ist es nicht zwingend erforderlich, dass beim Erlass des Haftungsbescheides, regelmäßig also einige Zeit nach Verwirklichung des Haftungstatbestandes, die Haftungsvoraussetzungen noch immer erfüllt sind. Allerdings kann die Inanspruchnahme nach Wegfall der haftungsbegründenden Tatbestandsmerkmale im Einzelfall ermessensfehlerhaft sein.[14]

Mit Urteil vom 22.11.2011 (BStBl II 2012, 223) hat der BFH klargestellt, dass sich die Haftung des Eigentümers nicht nur auf die überlassenen Gegenstände erstreckt, sondern in Fällen der Weggabe oder des Verlustes auch entsprechende **Surrogate**, d. h. etwa den Veräußerungserlös oder Schadensersatzzahlungen.

> **Lösung:**
>
> Das verpachtete Grundstück steht zivilrechtlich im Eigentum des A und diente der AB-GmbH von 01.01.02 bis 30.06.04 aufgrund des geschlossenen Pachtvertrages als Lagerplatz. A haftet persönlich – allerdings gegenständlich beschränkt auf das verpachtete Grundstück – für die während des Haftungszeitraums entstandenen Steuern des Unternehmens, bei denen sich die Steuerpflicht auf den Betrieb des Unternehmens gründet (§ 74 Abs. 1 S. 1 AO). Nach § 74 Abs. 2 S. 1 AO ist A an der AB-GmbH wesentlich beteiligt. Die Haftung umfasst nur die betriebsbedingten Steuern. Keine betriebsbedingte Steuer ist die Kraftfahrzeugsteuer als Personensteuer, sodass eine Haftung hierfür ausscheidet. Die USt setzt zwingend ein Unternehmen voraus und gehört damit zu den Betriebsteuern. Für die Säumniszuschläge zur USt Juni 04 haftet A nicht, da steuerliche Nebenleistungen im Gegensatz zu den Steuerschulden selbst nach dem eindeutigen Wortlaut des § 74 AO nicht der Haftung unterliegen. A haftet ebenfalls nicht für die USt 01, die nach §§ 13 Abs. 1, 18 UStG mit Ablauf des Kj. 01 und damit vor dem Haftungszeitraum entstanden ist. Damit haftet A allein für die USt Juni 04; die Haftung ist gegenständlich beschränkt auf das Grundstück; diese Beschränkung muss das FA im Haftungsbescheid zum Ausdruck bringen (§ 121 AO).

---

14 *Tipke/Kruse*, AO, § 74 Rz. 18.

2.2.3.5 Haftung des Betriebsübernehmers (§ 75 AO)

Ähnlich der zivilrechtlichen Haftung nach § 25 HGB haftet der Erwerber eines Unternehmens oder eines gesondert geführten Betriebes nach § 75 AO in beschränktem sachlichem und zeitlichem Umfang für die betrieblichen Steuern und für Steuerabzugsbeträge. Eine Haftung für andere als Betriebsteuern kommt bei § 75 AO, ebenso wie bei § 74 AO, nicht in Betracht. Die Vorschrift beruht auf der von der Rspr. gebildeten Rechtsfigur der **Funktionsnachfolge**: Wer fremdes Vermögen im Ganzen oder in wesentlichen Teilen übernimmt, hat gleichsam für die im Zeitpunkt der Übernahme bestehenden Verbindlichkeiten einzustehen. Dies soll verhindern, dass die in einem Unternehmen ruhenden Sicherheiten durch die Übertragung des Betriebes verloren gehen. Der Erwerber macht sich nach der Übernahme die wirtschaftliche Kraft des Unternehmens zunutze und soll deshalb auch für Steuern einstehen, die aufgrund dieser Ertragskraft entstanden sind. Ob der Erwerber die bestehenden Steuerverbindlichkeiten bei der Betriebsübernahme erkannt hat oder kennen musste, ist unerheblich. § 75 AO knüpft allein an den objektiven Tatbestand der Betriebsübernahme an; **subjektive Momente bleiben unberücksichtigt**.

Auch ein zivilrechtlich – im Rahmen der Betriebsübernahme – vereinbarter Haftungsausschluss für bestehende Verbindlichkeiten vermag die Haftung nach § 75 AO nicht auszuschließen. Dadurch unterscheidet sich § 75 AO von § 25 HBG, wo ein Haftungsausschluss zumindest bei zureichender Publizität vom Gesetz akzeptiert wird (§ 25 Abs. 2 HGB).

Der Übernehmer eines Unternehmens oder gesondert geführten Betriebes haftet nur für die im Betrieb begründeten Steuern, für die Erstattung von Steuervergütungen und für Steuerabzugsbeträge (insb. LSt). Für steuerliche Nebenleistungen haftet er hingegen nicht (§§ 37 Abs. 1, 3 Abs. 4 AO). Der Begriff des »Unternehmens« bzw. des »Betriebes« ist dem USt-Recht entnommen. Ein Unternehmen ist demnach jede organisatorische Zusammenfassung persönlicher und sachlicher Mittel zu einer wirtschaftlichen Einheit zur Verfolgung eines wirtschaftlichen oder ideellen Zweckes. Eine Übereignung eines Unternehmens »im Ganzen« (vgl. Wortlaut des § 75 AO) liegt nach ständiger Rspr. vor, wenn die übereigneten Gegenstände die wesentlichen Grundlagen eines Unternehmens waren und geeignet sind, die wesentlichen Grundlagen für den Betrieb des Erwerbers zu bilden. Voraussetzung ist, dass das Unternehmen ohne besondere Anstrengungen des Betriebsübernehmers fortgeführt werden kann, es sich nach der Rspr. also um ein »lebendes Unternehmen« handelt (BFH vom 11.05.1993, BStBl II 1993, 700). Maßgebender Zeitpunkt für die Frage, ob die wesentlichen Grundlagen auf den Erwerber übergegangen sind, ist derjenige der Übereignung (BFH vom 07.11.2002, BStBl II 2003, 226). Vielfach wird an der Einschränkung des »lebenden Unternehmens« kritisiert, dass die Beschränkung auf lebende Unternehmen dem Gesetz nicht entnommen werden kann. Rspr. und Verwaltung haben das Erfordernis jedoch bis dato noch nicht aufgegeben.

Beispiel 6:
Der Erwerber eines fremdvermieteten Grundstückes haftet für die USt – sofern die Vermietung USt ausgelöst hat – des Verkäufers (BFH vom 11.05.1993, BStBl II 1993, 700).[15]

Ein **gesondert geführter Betrieb** ist jeder mit einer gewissen Selbständigkeit ausgestattete, für sich allein lebensfähige Unternehmensteil. Die Haftung setzt ferner voraus, dass das Unternehmen oder der Teilbetrieb übereignet wurde, d. h. der Betriebsinhaber durch Rechtsgeschäft gewechselt hat.

---

15 Ausführlich *Klein*, Steuerliche Haftungsrisiken beim Immobilienerwerb, DStR 2005, 1753.

Keine Übereignung und damit keine Haftung tritt ein, wenn der Betriebsinhaber durch Gesamtrechtsnachfolge im Rahmen eines Erbfalles wechselt (§ 1922 Abs. 1 BGB) oder wenn Gesellschaftsanteile einem Allein-G'fter kraft Gesetzes anwachsen, da alle übrigen G'fter aus der Gesellschaft ausgeschieden sind (§ 738 BGB bei der Gesellschaft bürgerlichen Rechts, § 142 HGB bei der OHG). Sofern der Erwerber den Betrieb aus einer Insolvenzmasse oder im Vollstreckungsverfahren erwirbt, entfällt die Haftung ebenfalls gem. § 75 Abs. 2 AO.

Beispiel 7:
Ein fremdvermietetes Grundstück wird im Rahmen der Zwangsversteigerung nach § 15 ZVG erworben: Keine Haftung für die durch die Vermietung des Grundstücks ausgelöste USt.

Im Rahmen der rechtsgeschäftlichen Übereignung ist der Unternehmensbegriff dagegen nicht streng zivilrechtlich zu beurteilen (ein Unternehmen oder Teilbetrieb als Sachgesamtheit kann als solches nicht durch ein einzelnes Rechtsgeschäft übereignet werden); entscheidend ist vielmehr, ob sich der Erwerber das Unternehmen bzw. den Teilbetrieb wirtschaftlich zu eigen macht.

Voraussetzung für die Haftung ist nach § 75 Abs. 1 S. 1 AO weiterhin, dass die Steuern und Erstattungsansprüche seit dem Beginn des letzten vor der Übereignung liegenden Kj. entstanden sind und innerhalb eines Jahres nach Anmeldung des Betriebes (zur Betriebsanmeldung s. § 138 AO) durch den Erwerber festgesetzt oder angemeldet worden sind. Der Haftungsbescheid selbst kann auch nach Ablauf dieser Jahresfrist erlassen werden. Die Jahresfrist beginnt frühestens mit dem Zeitpunkt der Betriebsübernahme. Eine Änderung der Steuerfestsetzung nach Ablauf der Jahresfrist hat auf den Haftungsanspruch keinen Einfluss.

Die Haftung gem. § 75 Abs. 1 S. 2 AO ist **gegenständlich, nicht nur wertmäßig auf den Bestand des übernommenen Vermögens beschränkt**. Die Beschränkung der Haftung muss in den Haftungsbescheid aufgenommen werden, ohne dass es der genauen Bezeichnung der übernommenen Vermögensgegenstände bedarf. Bei Erwerb eines Surrogates mit Mitteln des übernommenen Vermögens bzw. Ersatzbeschaffung haftet der Erwerber mit dem Surrogat (vgl. die Rspr. des RG zu § 419 BGB a. F., RG vom 20.06.1932, RGZ 137, 55).

2.2.3.6 Sachhaftung (§ 76 AO)

Nach § 76 Abs. 1 AO haften zoll- oder verbrauchstpfl. Waren ohne Rücksicht auf Privatrechte für die auf ihnen ruhenden Abgaben. Die Haftung entsteht ausnahmsweise unter Durchbrechung des Grundsatzes der Akzessorietät u. U. bereits vor dem Entstehen der Steuerschuld mit dem Verbringen der Waren in den Geltungsbereich der AO (§ 76 Abs. 2 AO).

Die USt ist keine Verbrauchsteuer i. S. d. § 76 AO; eine Sachhaftung scheidet insoweit aus (RFH vom 23.02.1927, RFHE 20, 255). Bei der Geltendmachung der Sachhaftung unterscheidet sich § 76 AO wesentlich von den anderen Haftungstatbeständen. Das FA erlässt keinen eigentlichen Haftungsbescheid, sondern ist aufgrund der Sachhaftung berechtigt, die haftenden Gegenstände bis zum Entrichten der Steuer zurückzubehalten, zu beschlagnahmen und notfalls durch öffentliche Versteigerung gem. §§ 327, 296 AO zu verwerten.

2.2.3.7 Duldungspflicht (§ 77 AO)

Die Vorschrift regelt zwei unterschiedliche Fälle der Duldungspflicht: eine Pflicht nach § 77 Abs. 1 AO, die Vollstreckung in das verwaltete Vermögen zu dulden, kommt vor allem bei den in den §§ 34 und 35 AO genannten Vertretern, Vermögensverwaltern und Verfügungsberechtigten in Betracht, soweit sie Gewahrsam über die verwalteten Mittel ausüben. Die Duldungspflicht nach § 77 Abs. 2 AO betrifft Steuern, die als öffentliche Last auf einem Grundbesitz lasten. Auf Grundbesitz ruht als öffentliche Last insb. die Grundsteuer (§ 12 GrStG).

§ 77 AO regelt die Duldungspflichten nicht abschließend; auch aus anderen Gesetzen können sich Duldungspflichten ergeben, die das FA mittels Duldungsbescheids nach § 191 AO durchsetzen kann.

Von besonderer Bedeutung bei den außersteuerlichen Duldungspflichten ist die Möglichkeit des FA, den Anfechtungsgegner nach dem **Anfechtungsgesetz** (AnfG) mittels Duldungsbescheids in Anspruch zu nehmen. Manche Vollstreckungsschuldner neigen in Zeiten der wirtschaftlichen Krise dazu, ihr Vermögen unentgeltlich auf andere Rechtsträger umzuschichten, um nicht dem Zugriff des FA oder anderer Vollstreckungsgläubiger ausgesetzt zu sein. Solche, den Gläubiger benachteiligenden Rechtshandlungen sind unter engen Voraussetzungen nach dem AnfG anfechtbar; dies gilt insb. dann, wenn die Rechtshandlung in der Absicht erfolgt, den Gläubiger zu benachteiligen (§ 3 AnfG), wenn Vermögenswerte verschenkt werden (§ 4 AnfG) oder bei anfechtbaren Rechtshandlungen im Nachlassinsolvenzverfahren (§ 5 AnfG).

Die **Gläubigeranfechtung** nach dem AnfG führt dazu, dass für Zwecke der Vollstreckung der weggegebene Vermögenswert noch dem Vermögen des Vollstreckungsschuldners hinzugerechnet wird. Die angefochtene Übertragung ist in ihrer Wirkung nach erfolgter Anfechtung dem FA als Anfechtungsberechtigten gegenüber relativ unwirksam.

3 Durchsetzung von Haftungs- und Duldungsansprüchen

Die Haftungs- und Duldungsansprüche aufgrund der gesetzlichen Haftungs- und Duldungstatbestände werden vom FA durch einen Verwaltungsakt, nämlich einen Haftungs- oder Duldungsbescheid gem. § 191 Abs. 1 AO festgesetzt. § 191 AO ist lediglich eine **Verfahrensvorschrift** und selbst kein Haftungstatbestand.

3.1 Voraussetzungen der Inanspruchnahme
3.1.1 Akzessorietät der Haftung
Der Haftungsanspruch, den das FA durch Erlass eines Haftungsbescheids gem. § 191 Abs. 1 S. 1 AO gegenüber dem Haftungsschuldner festsetzt, setzt ein konkretes Steuerschuldverhältnis i. S. d. § 37 AO voraus. Die Haftungs- bzw. Duldungspflicht muss aufgrund der Verwirklichung eines gesetzlichen Tatbestandes entstanden und darf im Grundsatz nicht bereits wieder erloschen sein. Die Abhängigkeit des Haftungs- und Duldungsanspruchs von diesem fremden Steuerschuldverhältnis sowohl dem Grunde als auch der Höhe nach bezeichnet man als **Akzessorietät** der Haftung. Ein Haftungsbescheid kann nach dem Grundsatz der Akzessorietät nicht mehr erlassen werden, wenn
- der Steueranspruch aufgrund eingetretener Festsetzungsverjährung nicht mehr geltend gemacht werden kann (§ 191 Abs. 5 Nr. 1 AO),
- die gegen den Steuerschuldner festgesetzte Steuer aufgrund Zahlungsverjährung verjährt ist (§ 191 Abs. 5 Nr. 2 1. Alt. AO),
- die Steuerschuld erlassen worden ist (§ 191 Abs. 5 Nr. 2 2. Alt. AO) oder
- die Steuerschuld durch Erfüllung erloschen ist (§ 44 Abs. 2 AO).

Von diesem Grundsatz gibt es jedoch einige **Ausnahmen**, wie etwa im Falle des § 76 AO, wo der Haftungsanspruch bereits vor Entstehen der eigentlichen Steuerschuld entstehen kann. Folge der Akzessorietät ist u. a., dass der Haftungsbescheid **nach Ablauf der Festsetzungsfrist des Steueranspruchs nicht mehr festgesetzt werden kann** (§ 191 Abs. 5 S. 1 Nr. 1 AO); faktisch erlischt die Haftung somit mit dem Erlöschen des zugrunde liegenden Steueranspruchs. Auch diese Akzessorietät ist allerdings teilweise wieder durchbrochen, wenn die Haftung auf Steuerhinterziehung oder Steuerhehlerei beruht (§ 191 Abs. 5 S. 2 AO).

Eine weitere Ausnahme vom Grundsatz der Akzessorietät ist in § 166 AO geregelt. Die Vorschrift gehört systematisch eigentlich zu § 191 AO, da sie einen Einwendungsausschluss des Haftungsschuldners zum Inhalt hat. Ist die Steuer dem StPfl. gegenüber bestandskräftig festgesetzt, gilt sie gem. § 166 AO über die Drittwirkung gegenüber dem Haftungsschuldner, wenn dieser die rechtliche Möglichkeit hatte, den Steuerbescheid anzufechten, von dieser Möglichkeit aber keinen Gebrauch gemacht hat.[16]

Auch wenn die Akzessorietät aufgeweicht ist, richtet sich der Haftungsanspruch jedenfalls **im Grundsatz hinsichtlich des Entstehens, der Höhe und des Erlöschens nach der steuerlichen Hauptschuld.**

Das Entstehen des Haftungsanspruchs hängt vom Entstehen der Hauptschuld gegen den eigentlichen Steuerschuldner ab. Der Erlass eines Haftungsbescheides setzt daher auch nicht voraus, dass die – bereits entstandene – Hauptschuld gegenüber dem eigentlichen Steuerschuldner bereits festgesetzt worden ist (§ 191 Abs. 3 S. 4 AO). Das FA kann deshalb auch dann einen Haftungsbescheid erlassen, wenn der Haftungsanspruch zuvor nicht mittels Steuerbescheids gegen den Steuerschuldner festgesetzt worden ist. Das ergibt sich aus § 191 Abs. 5 S. 1 Nr. 1 AO, wonach der Erlass nur dann ausgeschlossen ist, wenn die Steuer noch nicht festgesetzt **und** (kumulativ) wegen Eintritt der Verjährung auch nicht mehr festgesetzt werden kann. Praktisch relevant wird diese Möglichkeit, wenn gegenüber dem Steuerschuldner aufgrund eines eröffneten Insolvenzverfahrens kein Steuerbescheid mehr bekannt gegeben werden kann. Dies gilt auch für Feststellungsbescheide: Der BFH hat wiederholt (etwa mit Urteil vom 19.08.2008, BStBl II 2009, 90) klargestellt, dass **nach Eröffnung des Insolvenzverfahrens** und vor Abschluss der Prüfungen grds. **keine Bescheide mehr erlassen werden dürfen**, in denen Besteuerungsgrundlagen festgestellt oder Steuern festgesetzt werden, wenn diese die Höhe der zur Insolvenztabelle anzumeldenden Steuerforderungen beeinflussen können (vgl. § 87 InsO). Die Feststellung der Forderung in der Insolvenztabelle stellt das insolvenzrechtliche Äquivalent zur Steuerfestsetzung durch VA dar (§§ 87, 178 Abs. 3 InsO).

3.1.2 Haftungsverjährung

Haftungsbescheide, die auf steuerlichen Haftungstatbeständen beruhen, können nur erlassen werden, solange die Festsetzungsfrist der Steuer (vgl. § 169 AO) noch nicht abgelaufen ist (§ 191 Abs. 3 S. 1 AO). Die **Festsetzungsfrist für Haftungsbescheide** beträgt demnach im Regelfall vier Jahre, in den Fällen des § 70 AO (Haftung des Vertretenen) zehn Jahre bei Steuer-

---

16 Wird z. B. eine Steuerforderung gegenüber einer GmbH widerspruchslos zur Insolvenztabelle festgestellt, ist der GF der GmbH im Verfahren wegen Haftung gem. § 166 AO mit Einwendungen gegen die Höhe der Steuerforderung ausgeschlossen, wenn er der Forderungsanmeldung hätte widersprechen können, dies aber nicht getan hat (BFH vom 27.09.2017, BStBl II 2018, 515).

hinterziehung und fünf Jahre bei leichtfertiger Steuerverkürzung (§ 191 Abs. 3 S. 2 AO[17]). Die Festsetzungsfrist **beginnt mit Ablauf des Kj., in dem der Haftungtatbestand vollständig verwirklicht ist**, wenn also sämtliche Tatbestandsmerkmale der Haftungsnorm erfüllt sind, § 191 Abs. 3 S. 3 AO. Die Anwendung der Vorschriften über die Anlaufhemmung ist dadurch nicht ausgeschlossen: Soll etwa ein Arbeitgeber für nicht gezahlte Lohnsteuer in Anspruch genommen werden, ist es für die Frage der Festsetzungsverjährung ohne Bedeutung, ob und wann der Arbeitnehmer eine ESt-Erklärung abzugeben hat oder tatsächlich abgibt? Der Beginn der Festsetzungsfrist richtet sich für die Lohnsteuer nach § 170 Abs. 2 S. 1 Nr. 1 AO (BFH vom 06.03.2008, BStBl II 2008, 597); für den Beginn der betreffenden Festsetzungsfrist ist also die LSt-Anmeldung, und nicht die ESt-Erklärung des Arbeitnehmers maßgebend.

Ist die Steuer, für die gehaftet wird, zwar bereits entstanden, aber noch nicht festgesetzt worden, endet die Frist für den Haftungsbescheid nach Ablauf der für die Steuerfestsetzung geltenden Festsetzungsfrist (§ 191 Abs. 3 S. 4 1. HS AO). Dem nach § 191 Abs. 3 S. 4 AO sinngemäß anzuwendenden § 171 Abs. 10 AO kann darüber hinaus nicht entnommen werden, dass der Ablauf der Festsetzungsfrist für den Haftungsbescheid gehemmt ist, soweit und solange der dem Haftungsbescheid zugrunde liegende Steuerbescheid noch ergehen kann (BFH vom 05.10.2004, BStBl II 2006, 343). Steuer- und Haftungsbescheid stehen damit nicht in einem Verhältnis von Grundlagen- und Folgebescheid zueinander.

Beruht die Haftung auf Haftungstatbeständen des Privatrechts, sind die maßgeblichen zivilrechtlichen Verjährungsvorschriften auch für den Erlass des Haftungsbescheides nach § 191 AO maßgeblich (§ 191 Abs. 4 AO). Solange der Haftungsanspruch nach den außersteuerlichen Vorschriften noch nicht verjährt ist, kann noch ein Haftungsbescheid erlassen werden.

> **Beispiel 8: Nachhaftung bei der GbR**
>
> Der G'fter einer GbR haftet nach seinem Ausscheiden sowie nach der Auflösung der GbR im Rahmen der sog. Nachhaftung noch weitere fünf Jahre für die Verbindlichkeiten der GbR (§ 736 Abs. 2 BGB i. V. m. § 160 Abs. 1 HGB analog).
>
> **Lösung:** Die gesellschaftsrechtliche Fünf-Jahres-Frist ist auch für den Erlass eines Haftungsbescheides gegen einen G'fter maßgeblich (§ 191 Abs. 4 AO).

Die Korrektur eines Haftungsbescheides nach §§ 130, 131 AO ist zugunsten des Haftungsschuldners auch noch nach Ablauf der Haftungsfestsetzungsfrist zulässig. Die Verjährungsvorschrift in § 191 Abs. 3 AO betrifft nur den erstmaligen Erlass eines Haftungsbescheides (BFH vom 27.10.2014, BFH/NV 2015, 155).

3.2 Haftungsbescheid (§ 191 AO)

Der Haftungsbescheid ist ein VA i. S. d. § 118 AO. Es gelten daher die allgemeinen Vorschriften der §§ 119 ff. AO. Der Haftungsbescheid ist kein Steuerbescheid, sodass die Vorschriften über die Steuerfestsetzung (§§ 155 ff. AO) und die Korrekturvorschriften für Steuerbescheide (§§ 172 ff. AO) nicht anwendbar sind. Rücknahme und Widerruf richten sich vielmehr nach §§ 130 f. AO.

---

17 Auf andere Haftungstatbestände, insb. auf § 69 AO, ist § 191 Abs. 3 S. 2 AO nicht analog anwendbar (BFH vom 22.04.2008, BStBl II 2008, 735).

Der Haftungsbescheid muss inhaltlich **hinreichend bestimmt** sein (§ 119 Abs. 1 AO); neben der Höhe der Haftungsschuld muss klar erkennbar sein, für welche Steuer der Haftungsschuldner einzustehen hat.[18] Eine Zusammenfassung mehrerer Haftungsfälle in einem Sammelhaftungsbescheid ist zulässig. Der **Sammelhaftungsbescheid** ist die äußerliche Zusammenfassung mehrerer, rechtlich voneinander unabhängiger VA in einem Bescheid. Ist die Haftung gegenständlich beschränkt, wie etwa in § 75 AO, muss die Beschränkung im Bescheid zum Ausdruck kommen. Fehler bei der Bestimmtheit führen zur Nichtigkeit des Bescheides (§ 125 AO) und können nicht geheilt werden.

Der Haftungsbescheid muss nach § 191 Abs. 1 S. 2 AO schriftlich ergehen und nach § 121 AO auch schriftlich begründet werden. Neben der Darlegung des Haftungsgrundes hat das FA hier insb. seine **Ermessenserwägungen** zum Ausdruck zu bringen. Nach § 126 Abs. 1 Nr. 2 AO können Begründungsmängel allerdings im Einspruchsverfahren und für den Fall der Klage gegen den Haftungsbescheid bis zum Abschluss des finanzgerichtlichen Verfahrens, also bis zur letzten mündlichen Verhandlung vor dem FG, nachgeholt werden (vgl. § 102 FGO).

Der Erlass eines Haftungsbescheides steht im pflichtgemäßen **Ermessen des FA**. Im Rahmen der Ermessensausübung hat das FA im Rahmen eines **zweistufigen Verfahrens** zunächst zu prüfen (und nachfolgend im Haftungsbescheid darzulegen), **ob** eine Haftungsinanspruchnahme erfolgen soll (sog. Entschließungsermessen) und in einem zweiten Schritt, **wie** der Haftungsschuldner in Anspruch genommen wird, d. h. wer von mehreren Haftungsschuldnern in Anspruch genommen wird und gegebenenfalls in welcher Höhe (sog. Auswahlermessen). In der Begründung des Haftungsbescheides muss deutlich zum Ausdruck kommen, dass das FA den Sachverhalt umfassend und zutreffend ermittelt und hierauf aufbauend alle entscheidungserheblichen Aspekte des Sachverhalts bei der Ermessensausübung berücksichtigt hat. Fehlerhaft ist die Ermessensausübung bereits dann, wenn das FA bei seiner Entscheidung Gesichtspunkte tatsächlicher oder rechtlicher Art, die nach dem Sinn und Zweck der Ermessensvorschrift zu berücksichtigen waren, nicht hinreichend würdigt.

Bei der Ausübung des **Entschließungsermessens** muss das FA insb. darlegen, warum der Haftungsschuldner anstelle des eigentlichen Steuerschuldners in Anspruch genommen werden soll (vgl. BFH vom 07.04.1992, BFH/NV 1993, 213). Das Ausüben des Entschließungsermessens braucht das FA lediglich dann nicht besonders zu begründen, wenn der Steueranspruch ansonsten nicht durchgesetzt werden kann. Bereits mit Urteil vom 02.10.1986 (BFH/NV 1987, 349) hatte der BFH bezweifelt, ob dem FA bei Uneinbringlichkeit der Erstschuld überhaupt ein Entschließungsermessen eingeräumt wird. Im Beschluss vom 13.08.2007 (BFH/NV 2008, 23) geht der BFH anscheinend ebenfalls davon aus, dass der Haftungsschuldner bei Teilnahme an einer Steuerhinterziehung und bei Uneinbringlichkeit der Erstschuld in Anspruch genommen werden muss, insoweit also kein Ermessen eingeräumt wird; die **Vorprägung der Ermessensentscheidung** im Falle einer vorsätzlichen Steuerverkürzung oder einer Beihilfe ist nicht nur für die Inanspruchnahme dem Grunde nach, sondern auch für die Inanspruchnahme der Höhe nach gegeben (BFH vom 13.08.2007, a. a. O.).

---

18 Vgl. BFH vom 27.08.2009, BFH/NV 2009, 1964: Der Bescheid ist nur dann inhaltlich hinreichend bestimmt, wenn er die Steuer, derentwegen die Anfechtung erfolgt, nach Art, Betrag und Erhebungszeitraum angibt. Nicht ausreichend ist etwa die Angabe in einer Gesamtsumme ohne Aufschlüsselung nach den jeweiligen Erhebungszeiträumen.

Im Rahmen des Entschließungsermessens ist regelmäßig auf die **persönliche und finanzielle Situation des Haftenden** einzugehen. Zudem muss das FA bei mehreren potentiellen Haftungsschuldnern darlegen, warum es neben dem in Anspruch genommenen Haftungsschuldner nicht auch die übrigen Haftungsschuldner in Anspruch nimmt. So sind z. B. nach § 42d Abs. 3 S. 1 EStG Arbeitgeber und Arbeitnehmer im Umfang der Haftung des Arbeitgebers Gesamtschuldner. Ein bei der Ermessensausübung generell zu berücksichtigender Vorrang in der Heranziehung des Arbeitnehmers als Haftungsschuldner ist § 42d EStG nicht zu entnehmen (BFH vom 10.10.2006, BFH/NV 2007, 204). Geht das FA auf diese Auswahlfrage nicht ein, ist die Ermessensentscheidung fehlerhaft und der Haftungsbescheid aufgrund nicht hinreichend ausgeübten Auswahlermessens aufzuheben (BFH vom 07.04.1992, BFH/NV 1993, 213).

Vor Erlass des Haftungsbescheides ist der Haftungsschuldner regelmäßig **anzuhören** (Grundsatz der Gewährung rechtlichen Gehörs, § 91 AO). Zu diesem Zweck wird dem Haftungsschuldner in der sog. **Haftungsankündigung** (mangels Regelungsgehalts ist diese Ankündigung kein eigenständiger VA i. S. d. § 118 AO) unter Darstellung der Steuerrückstände, der maßgeblichen Rechtsgrundlagen und der Erfüllung der Tatbestandsmerkmale die beabsichtigte Heranziehung zur Haftung mitgeteilt. Die Anhörung soll das FA in die Möglichkeit versetzen, alle persönlichen und finanziellen Aspekte in das Auswahlermessen einzustellen. Inhaltlich ist die Haftungsankündigung mit dem späteren Haftungsbescheid im Wesentlichen identisch, er beruht lediglich auf einem früheren Informationsstand.

Das FA ist zur Änderung des Haftungsbescheids und damit zum Erlass eines ergänzenden Haftungsbescheids berechtigt, wenn die Erhöhung der dem ersten Bescheid zu Grunde liegenden Steuerschuld auf neuen, im Rahmen einer Außenprüfung festgestellten Tatsachen beruht. Dass die Steuerschuld und damit der Haftungsanspruch im Zeitpunkt des Erlasses des ersten Bescheids bereits materiell-rechtlich entstanden waren, steht einer weiteren Haftungsinanspruchnahme nicht entgegen (Präzisierung der Rspr. durch BFH vom 15.02.2011, BStBl II 2011, 534).

3.3 Rechtsfolgen des Haftungsbescheides

Im Haftungsbescheid setzt das FA einen bestimmten Geldbetrag als **Haftungsschuld** fest. Dies geschieht auch in den Fällen, in denen die Haftung gegenständlich beschränkt ist, etwa bei § 75 AO. Der Haftungsbescheid selbst darf nach § 191 Abs. 1 S. 1 AO ohne Rücksicht darauf ergehen, ob die Vollstreckung in das bewegliche Vermögen des Schuldners ohne Erfolg geblieben ist. Regelmäßig verbindet das FA den Haftungsbescheid jedoch mit einem weiteren, rechtlich selbständigen VA, der Zahlungsaufforderung nach § 219 AO. Die Vorschrift beinhaltet das sog. **Leistungsgebot**: Der Haftungsschuldner wird aufgefordert, die Haftungsschuld innerhalb einer bestimmten Frist an das FA zu zahlen.

Ist ein Haftungsbescheid ergangen, darf das FA den Haftungsschuldner wegen desselben Sachverhaltes nicht wiederholt durch Haftungsbescheid in Anspruch nehmen. Ein Haftungsbescheid ist rechtswidrig, wenn der zugrunde liegende Sachverhalt bereits Gegenstand eines bestandskräftig gewordenen und fortbestehenden anderen Haftungsbescheids ist.[19] Die »Sperrwirkung« des Haftungsbescheids ist sachverhaltsbezogen, hindert also eine

---

19 BFH vom 07.04.2005, BStBl II 2006, 530.

erneute Inanspruchnahme des Haftungsschuldners nur, soweit es um ein und denselben Sachverhalt geht.

§ 219 S. 1 AO umschreibt bzgl. des Leistungsgebotes die **Subsidiarität** der Haftung. Das Leistungsgebot darf nur ergehen, wenn die Vollstreckung in das bewegliche Vermögen des Schuldners ohne Erfolg geblieben oder aussichtslos ist. Die Subsidiarität ist – ähnlich wie die Akzessorietät – aber eingeschränkt. Das FA ist nach § 219 S. 1 AO nicht gehalten, vor Erlass des Haftungsbescheides samt der damit verbundenen Zahlungsaufforderung die Vollstreckung in das unbewegliche Vermögen des Vollstreckungsschuldners zu versuchen. Gleichwohl ist das Vorhandensein von unbeweglichem Vermögen für die Ermessensausübung von Bedeutung. Sofern das FA Kenntnis von umfangreichem, unbelastetem Grundvermögen des Vollstreckungsschuldners hat, kann die Inanspruchnahme eines Haftungsschuldners im Einzelfall ermessensfehlerhaft sein.

In den besonders prüfungsrelevanten Haftungsfällen des §§ 69, 71 AO sowie bei der Haftung für einzubehaltende und abzuführende Steuern nach den Einzelsteuergesetzen ist die **Subsidiarität gem. § 219 S. 2 AO vollständig aufgehoben.** Gleichwohl ist auch in diesen Fällen eine Ermessensentscheidung des FA notwendig, warum der Haftungsschuldner – und nicht der eigentliche Steuerschuldner – in Anspruch genommen wird.

Infolge des Haftungsbescheides besteht zwischen dem eigentlichen Steuerschuldner und dem Haftungsschuldner ein **Gesamtschuldverhältnis** nach § 44 Abs. 1 S. 1 AO, d.h. Steuerschuldner und Haftungsschuldner schulden nebeneinander als Gesamtschuldner die gesamte Leistung, wobei die Zahlung eines Gesamtschuldners auch den oder die anderen Gesamtschuldner von der Zahlungspflicht befreit (§ 44 Abs. 2 S. 1 AO). Das Gleiche gilt für mehrere Haftungsschuldner.

Wird in der Begründung eines Haftungsbescheids nicht auf die Auswahl zwischen mehreren Personen eingegangen, ist immer zu prüfen, ob neben dem Adressaten des Haftungsbescheides noch andere Personen als Haftungsschuldner in Betracht kommen. Hat das FA eine Auswahlmöglichkeit überhaupt nicht gesehen oder hat es die einzelnen Ermessenserwägungen nicht dargestellt und abgewogen, ist die Ermessensentscheidung gegebenenfalls fehlerhaft. Nimmt das FA z. B. bei einer Lohnsteuerhinterziehung sowohl den Arbeitgeber als auch den früheren G'fter-GF in Haftung, hat es insoweit eine Ermessensentscheidung zu treffen und diese auch regelmäßig zu begründen. Die Tatsache, dass mehrere Personen nach verschiedenen Vorschriften haften, entbindet das FA nicht von seiner Begründungspflicht, da unter den einzelnen Haftungstatbeständen grds. keine Rangordnung besteht. Gehen die Erwägungen für die Ermessensauswahl aus der Entscheidung nicht hervor, ist die Entscheidung regelmäßig rechtswidrig (vgl. BFH vom 09.08.2003, BStBl II 2003, 160).

Die AO unterscheidet zwischen der gesetzlichen **Entstehung** der Haftungsschuld nach den einzelnen Haftungstatbeständen (insb. §§ 69 ff. AO), der **Festsetzung** der Haftungsschuld durch das FA im Haftungsbescheid gem. § 191 AO sowie der **Inanspruchnahme** des Haftungsschuldners durch Zahlungsaufforderung nach § 219 AO. Eine Vermischung der unterschiedlichen Stufen ist in der Klausurbearbeitung möglichst zu vermeiden; in der Beraterprüfung wurde das Thema Haftung zuletzt 2001 (!) abgeprüft.

IV Steuerverwaltungsakte

1 Definition des Verwaltungsaktes (§ 118 S. 1 AO)

Die FÄ erfüllen die ihnen gesetzlich zugewiesenen Aufgaben zumeist als **Eingriffsverwaltung**: sie erlassen für den Adressaten verbindliche Regelungen, die erforderlichenfalls im Wege des Verwaltungszwangs durchgesetzt werden können (z. B. Erlass einer Prüfungsanordnung, eines Steuerbescheides, eines Haftungsbescheides oder die Pfändung des Bankkontos).

Die FÄ sind nicht darauf angewiesen, Ansprüche aus dem Steuerschuldverhältnis über die Gerichte geltend zu machen; sie können vielmehr selbst entscheiden, was Rechtens ist.[1] Das rechtliche Instrumentarium für den Erlass von verbindlichen Regelungen definiert § 118 S. 1 AO als Verwaltungsakt: Ein VA ist jede Verfügung, Entscheidung oder andere hoheitliche **Maßnahme, die eine Behörde zur Regelung eines Einzelfalles auf dem Gebiet des öffentlichen Rechts** trifft und die auf **unmittelbare Rechtswirkung nach außen** gerichtet ist. Der typische VA im Bereich des Steuerrechts ist der **Steuerbescheid**. Die Ansprüche des Fiskus an den StPfl., die sich aus den Einzelsteuergesetzen und der AO selbst ergeben, werden erst mit dem Erlass eines VA konkretisiert und rechtsverbindlich geregelt.

Mit dem Erlass eines VA schafft sich die Finanzbehörde einseitig eine Grundlage für die zwangsweise Durchsetzung des Rechts. Solange die Regelung besteht, ist ihr Inhalt für die Finanzbehörde selbst als auch für den Adressaten **rechtsverbindlich**. Dabei ist es regelmäßig **unerheblich**, ob der VA **rechtmäßig oder rechtswidrig ist**; auch ein rechtswidriger VA ist gültig und im Wege des Verwaltungszwangs durchsetzbar, wenn er nicht ausnahmsweise mit einem besonders schweren Fehler behaftet und damit **nichtig** ist. Auch rechtswidrige VA werden **bestandskräftig**, d. h. für den Adressaten und die Finanzbehörde selbst **verbindlich**, wenn sie nicht auf Veranlassung eines Betroffenen durch Rechtsbehelfe angefochten oder durch anderweitige Korrektur aufgehoben oder geändert werden. Wird der VA nicht innerhalb der Rechtsbehelfsfristen angefochten, erwächst er in **formelle Bestandskraft**.[2] Der Adressat kann die Korrektur eines formell bestandskräftigen VA weder außergerichtlich noch im gerichtlichen Verfahren erzwingen, es sei denn, dass zwei Voraussetzungen kumulativ vorliegen: Eine besondere Korrekturvorschrift gestattet ausnahmsweise die Durchbrechung der Bestandskraft, und die Festsetzungsverjährung (§ 169 Abs. 1 S. 1 AO) ist noch nicht eingetreten.

> **Beispiel 1: Der schlampige Gastwirt**
>
> Gastwirt Klumpe kümmert sich während des Betriebs seines Stehausschanks nicht um behördliche Angelegenheiten. Post vom FA landet ungelesen in Schuhkartons. Nachdem Klumpe keine Steuererklärungen abgibt, schätzt das FA die Besteuerungsgrundlagen des Klumpe und erlässt entsprechende Steuerbescheide, auf die Klumpe ebenfalls nicht reagiert. Als Klumpe auch Mahnungen und Vollstreckungsankündigungen des FA unbeachtet lässt, veranlasst das FA auf Grundlage der bestandskräftigen Steuerbescheide die Pfändung von Klumpes Bankkonto. Erst als die Bank Klumpe die Auflösung der Kontoverbindung androht, öffnet Klumpe die behördliche Post und stellt mit Entsetzen fest, dass die Schätzungen des FA im Hinblick auf die tatsächlich erzielten Umsätze und Gewinne um ein Vielfaches zu hoch sind. Klumpe wendet sich an einen StB und bittet um Rat.

---

1 Vgl. *Tipke/Kruse*, AO, vor § 118 Rz. 1; selbstverständlich müssen und können im Streitfall unabhängige Finanzgerichte dann anschließend überprüfen, ob die Einschätzung der Behörde rechtlich zutreffend ist.
2 Achten Sie auf die richtige Terminologie: Nur gerichtliche Entscheidungen erwachsen in Rechtskraft. Verwaltungsakte werden nicht rechtskräftig, sondern bestandskräftig (vgl. auch Kap. VI 1.1).

> **Lösung:** Das FA hat die Bemessungsgrundlagen für die Besteuerung gem. § 162 AO geschätzt und entsprechende Steuerbescheide, d. h. VA i. S. d. § 118 S. 1 AO, erlassen. Die Bescheide sind an Klumpe bekannt gegeben worden und damit wirksam (§ 124 Abs. 1 AO); die einmonatige Einspruchsfrist ist abgelaufen (§ 357 Abs. 1 AO). Die Steuerbescheide sind nach Ablauf der Einspruchsfrist formell bestandskräftig. Eine Anfechtung der Bescheide ist nicht mehr möglich. Auch ein Antrag auf Erlass der Steuer nach § 227 AO hat keine Aussicht auf Erfolg, da im Erlassverfahren keine Einwendungen mehr berücksichtigt werden können, die von Klumpe im Einspruchsverfahren hätten vorgebracht werden können; eine Ausnahme von diesem Grundsatz liegt nur vor, wenn die Steuerfestsetzung offensichtlich und eindeutig fehlerhaft ist (z. B. bei »Mondschätzungen«) **und** es dem StPfl. nicht möglich und zumutbar gewesen ist, sich rechtzeitig gegen die Fehlerhaftigkeit zu wenden (BFH vom 13.01.2005, BStBl II 2005, 460). Hierfür gibt der Sachverhalt keine Anhaltspunkte. Der Einwand des Klumpe, die Steuer sei fehlerhaft festgesetzt worden, darf damit vom FA nicht mehr berücksichtigt werden.[3]

Durch die Definition in § 118 S. 1 AO wird der VA von anderen Handlungsformen der Finanzbehörden abgegrenzt. Diese Abgrenzung ist nicht nur von theoretischem Interesse, sondern in vielerlei Hinsicht auch praktisch bedeutsam und prüfungsrelevant:

- Ein VA wird mit **Bekanntgabe** wirksam (§ 124 Abs. 1 i. V. m. § 122 Abs. 2 AO) und regelt einen Sachverhalt verbindlich, solange und soweit der VA nicht korrigiert wird oder sich durch Zeitablauf oder auf andere Weise erledigt (§ 124 Abs. 1 und 2 AO). Diese **inhaltliche Verbindlichkeit** des VA – für das FA und den Adressaten – wird als **materielle Bestandskraft** bezeichnet.
- VA, mit denen eine Geldleistung, eine sonstige Handlung, eine Duldung oder Unterlassung gefordert wird, können im Verwaltungsweg **vollstreckt**, d. h. zwangsweise durchgesetzt werden (vgl. § 249 Abs. 1 S. 1 AO).
- Für die **Korrektur** von VA gelten besondere Vorschriften (vgl. §§ 129 ff., 172 ff. AO); die Korrekturvorschriften regeln die **Durchbrechung der materiellen Bestandskraft**.
- Das in der AO geregelte **Einspruchsverfahren** (§§ 347 ff. AO) ist nur bei VA vorgesehen. Liegt kein VA vor, ist der Rechtsbehelf des Einspruchs nicht statthaft (§ 347 Abs. 1 S. 1 AO) und damit als unzulässig zu verwerfen (§ 358 S. 2 AO).

Ein VA setzt nach der Definition des § 118 S. 1 AO voraus, dass eine Behörde eine hoheitliche Maßnahme auf dem Gebiet des öffentlichen Rechts zur Regelung eines Einzelfalles mit unmittelbarer Außenwirkung vornimmt. Die Tatbestandsmerkmale müssen kumulativ erfüllt sein. Kein VA i. S. d. § 118 S. 1 AO liegt vor, wenn

- anstelle einer **Behörde** (§ 6 AO) eine Privatperson handelt, wie etwa bei der Einbehaltung der Lohnsteuer durch den Arbeitgeber oder der Kapitalertragsteuer durch die Bank[4];
- zwar eine Behörde tätig wird, aber nicht **hoheitlich** (im Rahmen eines Über- und Unterordnungsverhältnisses), sondern auf andere Art und Weise. Beispiel: Die oberste Finanzbehörde eines Landes schließt mit dem Steuerschuldner einen öffentlich-rechtlichen Vertrag über die Annahme von Kunstgegenständen an Zahlungs statt (§ 224a AO). Die Aufrechnungserklärung des FA ist als Ausübung eines schuldrechtlichen Gestaltungsrechts ebenfalls kein VA, sondern eine zivilrechtliche Willenserklärung; bei Streit über

---

3 Vgl. auch § 256 AO, wonach Einwendungen gegen den zu vollstreckenden VA außerhalb des Vollstreckungsverfahrens geltend zu machen sind.
4 Eine Ausnahme hierzu sind Steueranmeldungen gem. § 168 AO, wonach die vom StPfl. selbst gefertigte Steueranmeldung – etwa die USt-Voranmeldung – einem Steuerbescheid unter Vorbehalt der Nachprüfung gleichsteht (bei einer Erstattung allerdings nur mit Zustimmung des FA, § 168 S. 2 AO).

die Wirksamkeit einer Aufrechnung ist daher nicht der Einspruch statthaft, sondern ein Abrechnungsbescheid nach § 218 Abs. 2 AO zu beantragen (ständige Rspr., zuletzt etwa BFH vom 18.02.2020, DStR 2020, 1130). Gerichtliche Entscheidungen sind ebenfalls keine VA, sondern Entscheidungen »sui generis«;

- eine Behörde hoheitlich tätig wird, aber nicht auf dem Gebiet des **öffentlichen Rechts**;
- keine **Regelung** getroffen wird. Eine Regelung i. S. d. § 118 S. 1 AO setzt voraus, dass die behördliche Maßnahme auf die Herbeiführung bestimmter Rechtsfolgen gerichtet ist. Keine Regelung liegt vor, wenn der Finanzbeamte einem Anrufer einen telefonischen Hinweis zur Rechtslage erteilt oder Erklärungsvordrucke übersendet. Bloße Wissenserklärungen (Auskünfte, Hinweise) haben ebenfalls keinen Regelungscharakter und sind deshalb keine VA.[5] Ohne Regelungscharakter sind zudem Maßnahmen, die lediglich einen VA **vorbereiten** sollen, z. B. ein Benennungsverlangen nach § 160 AO, eine Vollstreckungsankündigung, eine Mahnung sowie Schlussbesprechungen bei Außenprüfungen oder die während einer Außenprüfung vom Betriebsprüfer erlassene Aufforderung, bestimmte Kontenblätter vorzulegen (BFH vom 10.11.1998, BStBl II 1999, 199); auch der BP-Bericht im Anschluss an eine Außenprüfung ist kein VA. **An einer Regelung fehlt es immer dann, wenn die handelnde Behörde lediglich eine Maßnahme trifft, die den zukünftigen Erlass eines VA vorbereiten soll** (BFH vom 18.11.2004, BStBl II 2005, 217).[6] Andererseits liegt eine Regelung immer dann vor, wenn eine Maßnahme, die selbst keinen VA darstellt, abgelehnt wird, z. B. die Ablehnung der Akteneinsicht oder die Ablehnung der Fristverlängerung für die Einreichung der Steuererklärung;
- kein **Einzelfall konkret und individuell geregelt** wird, sondern abstrakte und generelle Regelungen vorliegen, die erst noch durch einen VA konkretisiert werden müssen, z. B. Verordnungen und allgemeine Verwaltungsanweisungen (EStDV, EStR u. Ä.). VA, die an einen genau bestimmten oder bestimmbaren Personenkreis gerichtet sind, werden als **Allgemeinverfügung** bezeichnet (§ 118 S. 2 AO, z. B. die öffentliche Aufforderung zur Abgabe von Steuererklärungen gem. § 149 Abs. 1 S. 3 AO). Allgemeinverfügungen sind mehrere, in einem Bescheid zusammengefasste Einzelverwaltungsakte. Bedeutung haben Allgemeinverfügungen im Bereich der Teileinspruchsentscheidung nach § 367b AO;
- die behördliche Regelung ohne **unmittelbarer Rechtswirkung** nach außen erfolgt, z. B. behördeninterne Weisungen (Ministerialerlass, OFD-Verfügung) oder sonstige behördeninterne Verfügungen (Aktenvermerke, Betriebsprüfungsberichte, Kontrollmitteilungen, Niederschlagungen).

Die Entscheidung, ob eine bestimmte Maßnahme des FA einen Verwaltungsakt darstellt oder nicht, ist für die Frage des Rechtsschutzes von entscheidender Bedeutung: ein **Einspruch ist nur gegen Verwaltungsakte statthaft**, nicht gegen sonstige Maßnahmen des FA (§ 347 Abs. 1 S. 1 1. HS AO).

---

5   Eine Ausnahme hierzu ist die verbindliche Auskunft nach § 89 AO, deren Erteilung einen VA darstellt (vgl. AEAO zu § 89 Nr. 3.7); auch die Lohnsteueranrufungsauskunft nach § 42e EStG ist ein Verwaltungsakt i. S. d. § 118 AO (BFH vom 02.09.2010, BFH/NV 2010, 2345); an der bisherigen Rspr. (bloße Wissenserklärung) hält der BFH ausdrücklich nicht mehr fest.

6   Dementsprechend ist die Aufforderung des FA im Steuerbescheid, künftig ein Fahrtenbuch zu führen, kein VA und daher nicht selbständig anfechtbar. Es handelt sich lediglich um eine Vorbereitungshandlung für künftige Steuerbescheide bzw. um den Hinweis auf Nachweis-Obliegenheiten für künftige Veranlagungsverfahren, nicht um die Regelung eines Einzelfalles i. S. d. § 118 S. 1 AO (BFH vom 19.07.2005, DStRE 2005, 1236).

2 Bekanntgabe von Verwaltungsakten (§ 122 AO)

2.1 Allgemeines

Voraussetzung für das Wirksamwerden eines VA ist, dass dieser **inhaltlich hinreichend bestimmt ist** (§ 119 Abs. 1 AO) und demjenigen, für den er bestimmt ist oder der von ihm betroffen wird, **bekannt gegeben** wird (§ 124 Abs. 1 AO). Bis zur Bekanntgabe entfaltet der VA keine Wirkung (Ausnahme: § 169 Abs. 1 S. 3 AO). Der VA wird insb. nicht bereits im Zeitpunkt seines Entstehens mit der Willensäußerung des handelnden Amtsträgers oder mit der Absendung durch die Finanzbehörde wirksam.

Die Bekanntgabe setzt zunächst den **Bekanntgabewillen** des für den Erlass des VA zuständigen Bediensteten voraus (AEAO zu § 122 Nr. 1.1.2). Der im Zeitpunkt des Entstehens, bei abschließender Zeichnung der Aktenverfügung vorhandene Bekanntgabewille kann auch nach der Absendung noch **aufgegeben** werden. Zur Unwirksamkeit der Bekanntgabe und damit des VA führt die Aufgabe des Bekanntgabewillens jedoch nur dann, wenn diese klar und eindeutig in den Behördenakten dokumentiert und dies zudem erfolgt ist, bis der VA den Herrschaftsbereich der Finanzbehörde verlassen hat (BFH vom 28.05.2009, BStBl II 2009, 949). Der Empfänger des VA ist in diesen Fällen unverzüglich über die Aufgabe des Bekanntgabewillens zu informieren, wobei selbst eine telefonische Mitteilung des FA ausreichend ist (BFH a.a.O.). Sobald der VA den Herrschaftsbereich des FA verlassen hat, ist die danach eintretende Aufgabe des Bekanntgabewillens unerheblich. Allerdings wird ein VA – unabhängig von der Frage des Bekanntgabewillens – auch dann nicht wirksam, wenn das FA dem Empfänger bis zum Ablauf des nach § 122 Abs. 2 AO fingierten Bekanntgabetages mitteilt, dass der Bescheid nicht gelten soll; dies gilt selbst dann, wenn der VA dem Empfänger tatsächlich früher zugegangen ist (BFH vom 18.08.2009, BStBl II 2009, 965 und AEAO zu § 124 Nr. 6, Thema der schriftlichen Prüfung 2020).

Die Bekanntgabe eines VA entfaltet verschiedene **Rechtswirkungen**: Der VA wird mit der Bekanntgabe **wirksam** (§ 124 Abs. 1 AO) und damit auch vollziehbar, die einmonatige **Einspruchsfrist wird in Lauf gesetzt** (§ 355 Abs. 1 AO) und eine **Korrektur** des VA ist nur noch aufgrund einer ausdrücklichen gesetzlichen Ermächtigung, d.h. einer Korrekturvorschrift zulässig (§ 124 Abs. 2 AO).

Die Bekanntgabe von VA ist in § 122 AO geregelt. **Bekanntgabe** i.S.d. § 122 Abs. 1 AO ist die mit Willen der Behörde erfolgte Mitteilung des Inhalts eines VA an denjenigen, für den er bestimmt ist oder der von ihm betroffen wird. Nach der h.M. kann der Bekanntgabewille nur von einem Behördenangehörigen gebildet werden, der nach seiner behördeninternen Stellung zum Erlass von VA befugt ist (also beispielsweise nicht vom Reinigungspersonal; vgl. AEAO zu § 122 Nr. 1.1.2).

Die Bekanntgabe erfolgt in dem **Zeitpunkt**, in dem der VA dem Adressaten **zugeht** (vgl. § 130 Abs. 1 S. 1 BGB; zur Aufgabe des Bekanntgabewillens vgl. § 130 Abs. 1 S. 2 BGB).[7] Ein schriftlicher VA geht zu, wenn er in einer Weise in den **Machtbereich des Adressaten gelangt**,

---

[7] Auf das Datum des Bescheides kommt es dabei – zumindest unmittelbar– nicht an. Ein Steuerbescheid, der vor dem Datum des Bescheids zugestellt wird, ist wirksam bekannt gegeben, sodass die Einspruchsfrist mit Bekanntgabe des Bescheids zu laufen beginnt (BFH vom 20.11.2008, BStBl II 2009, 185); das Datum der Bekanntgabe richtet sich i.d.R. nach § 122 Abs. 2 S. 1 Nr. 2 AO. Wird der Einspruch vor Ablauf der Frist eingelegt, die sich aus dem (fehlerhaften) Bescheiddatum ergibt, ist Wiedereinsetzung in den vorigen Stand zu gewähren (BFH vom 20.11.2008, a.a.O.).

dass die **Kenntnisnahme möglich und nach der Verkehrsanschauung zu erwarten** ist (ständige Rspr., vgl. BFH vom 09.11.2005, DStR 2006, 183 m.w.N.). Ein Brief ist dem Empfänger damit bekannt gegeben, wenn er in den Briefkasten eingeworfen oder in das Postfach eingelegt wird.[8] Ob der Adressat **tatsächlich Kenntnis** von dem Inhalt des VA erlangt, ist für die Bekanntgabe unerheblich; es liegt im Verantwortungsbereich des Empfängers, den Posteingang so zu kontrollieren, dass er zugegangene VA auch zur Kenntnis nimmt (vgl. BFH vom 09.12.1999, BStBl II 2000, 175). Eine längere Abwesenheit, z. B. urlaubs- oder krankheitsbedingt, hindert die Bekanntgabe demnach nicht; der Adressat hat in diesen Fällen Vorkehrungen zu treffen, dass ihn der Inhalt des VA auch tatsächlich erreicht. Bei Versäumen einer gesetzlichen Frist aufgrund einer längeren Abwesenheit kommt allenfalls eine **Wiedereinsetzung in den vorigen Stand** nach § 110 AO in Betracht.[9] Für eine ordnungsgemäße Bekanntgabe i. S. d. § 122 AO muss der VA
- den richtigen Steuerschuldner bezeichnen (sog. **Inhaltsadressat**),
- den richtigen Adressaten (sog. **Bekanntgabeadressat**) enthalten und
- dem richtigen **Empfänger** übermittelt werden.

Inhaltsadressat ist derjenige, gegen den sich der Steueranspruch bzw. allgemein die Regelung des VA richtet. Der Inhaltsadressat muss in dem Bescheid so **eindeutig** bezeichnet sein, dass Zweifel über seine Identität nicht bestehen. Feststellungsbescheide zur einheitlichen und gesonderten Feststellung sind nicht an die PersG selbst, sondern an die an ihr beteiligten G'fter zu richten. Wird dies nicht beachtet, ist der entsprechende Feststellungsbescheid nicht hinreichend bestimmt und damit nichtig (BFH vom 24.07.2013, AO-StB 2014, 70). Allerdings reicht aus, wenn der Inhaltsadressat durch Auslegung anhand der dem Betroffenen bekannten Umstände hinreichend sicher bestimmt werden kann, z. B. wenn in den Erläuterungen eines ungenau adressierten Bescheides »an die Erbengemeinschaft X« auf einen Betriebsprüfungsbericht verwiesen wird, in dem die Beteiligten dann, wie eigentlich bereits in der Adressierung erforderlich, namentlich aufgeführt sind.[10] Inhaltsadressat eines Steuerbescheides ist der Steuerschuldner. **Bekanntgabeadressat** ist derjenige, an den der VA bekannt gegeben wird. Regelmäßig ist der Inhaltsadressat auch der Bekanntgabeadressat; Ausnahmen ergeben sich, wenn Dritte die steuerlichen Pflichten übernehmen, z. B. wenn ein VA an einen Handlungsunfähigen (vgl. § 79 AO) bekannt gegeben wird, etwa an Minderjährige oder juristische Personen. In diesen Fällen ist Bekanntgabeadressat der gesetzliche Vertreter des handlungsunfähigen Inhaltsadressaten (vgl. den Verweis in § 122 Abs. 1 S. 2 AO auf § 34 Abs. 2 AO). Als **Empfänger** wird derjenige bezeichnet, dem der VA tatsächlich zugehen soll, damit er durch die Bekanntgabe wirksam wird: Ein Empfangsbevollmächtigter (§§ 123, 183 AO) ist rein postalischer Empfänger. § 122 Abs. 1 S. 3 AO bestimmt allgemein, dass ein VA auch gegenüber einem Bevollmächtigten (§ 80 AO) bekannt gegeben werden kann. Hat ein Beteiligter im Inland weder einen Wohnsitz noch gewöhnlichen Aufenthalt, Sitz oder eine Geschäftsleitung, ist auf Verlangen des FA ebenfalls ein inländischer Empfangsbevollmäch-

---

8 Dies gilt auch dann, wenn der VA am Samstag in den Briefkasten eines Betriebes eingeworfen wird und in dem betreffenden Betrieb samstags weder gearbeitet noch der Briefkasten geleert wird (BFH vom 09.11.2005, DStR 2006, 183); die Frage war entscheidungsrelevant, da der VA nach Ablauf der Vier-Tage-Regelung des § 122 Abs. 2 Nr. 1 AO beim Empfänger eingeworfen wurde.
9 Beträgt die Abwesenheit **mehr als sechs Wochen**, hat der StPfl. nach der Rspr. des BVerfG Vorkehrungen für die Einhaltung von Fristen zu treffen. Eine Wiedereinsetzung ist andernfalls zu versagen.
10 So BFH vom 11.04.2018, BFN/NV 2018, 1075.

tigter zu benennen. In den meisten Fällen sind Inhalts-, Bekanntgabeadressat und Empfänger identisch.

Beispiel 2: Bekanntgabe an den Steuerberater einer KapG

Wie ist ein KSt-Bescheid an eine AG zu adressieren, die einen StB bevollmächtigt hat, sie in allen steuerlichen Angelegenheiten zu vertreten?

Lösung: Steuerschuldner der KSt ist gem. § 1 Abs. 1 Nr. 1 KStG die AG als juristische Person. Die AG ist als Inhaltsadressat des VA selbst nicht handlungsfähig; fähig zur Vornahme von Verfahrenshandlungen, d. h. auch zur Entgegennahme von Steuerbescheiden, ist der Vorstand als gesetzlicher Vertreter (§ 79 Abs. 1 Nr. 3 AO, § 78 AktG). Der Vorstand ist damit Bekanntgabeadressat. Allerdings ist die Angabe der gesetzlichen Vertreter der AG als Bekanntgabeadressat bei der Übersendung des Steuerbescheides nach der Rspr. (BFH vom 07.08.1970, BStBl II 1970, 814) nicht zwingend erforderlich (AEAO zu § 122 Nr. 2.8.1). Da sich die AG in steuerlichen Angelegenheiten durch einen StB vertreten lässt (§ 80 Abs. 1 AO), kann der Steuerbescheid gem. § 122 Abs. 1 S. 3 AO auch gegenüber dem StB als postalischem Empfänger bekannt gegeben werden. Hat die AG dem FA ausdrücklich mitgeteilt, dass sie ihren StB auch zur Entgegennahme von Steuerbescheiden ermächtigt, sind diese nach dem AEAO zu § 122 Nr. 1.7.2 grds. an den StB und nicht der AG selbst bekannt zu geben. Der Steuerbescheid ist daher an den StB für die AG zu adressieren. Für den Fall, dass der StB zwar als Bevollmächtigter im Verfahren bestellt war, aber dem FA keine schriftliche Empfangsvollmacht vorlag, hat der BFH am 03.03.2004 (DStR 2004, 724) entschieden, dass die Bekanntgabe an den Betroffenen unmittelbar kein Ermessensfehler sei und demzufolge zum Lauf der Rechtsbehelfsfrist führt.

Die Bekanntgabe eines VA ist nur wirksam, wenn er an denjenigen bekannt gegeben wird, für den er bestimmt ist oder der von ihm betroffen wird (§ 122 Abs. 1 S. 1 AO). **Mängel in der Bekanntgabe**, die zwingende gesetzliche Begriffsmerkmale der Bekanntgabe berühren, wie z. B. den Zugang, führen zur **Unwirksamkeit** des VA (BFH vom 15.03.1994, BStBl II 1994, 599).

Bei der Bekanntgabe eines VA an **mehrere Personen** ist die Bekanntgabe bei jedem Beteiligten einzeln zu überprüfen. Der VA wird nicht erst dann wirksam, wenn er allen Beteiligten bekannt gegeben wurde; vielmehr kommt eine wirksame Bekanntgabe an einzelne Beteiligte auch dann in Betracht, wenn der VA anderen Beteiligten nicht oder nicht wirksam bekannt gegeben wird. Infolgedessen ist es auch möglich, dass die Einspruchsfrist bei den verschiedenen Beteiligten zu unterschiedlichen Zeitpunkten in Lauf gesetzt wird (so in der schriftlichen Prüfung 2018). Die Einheitlichkeit des Bescheides betrifft somit nur den Entscheidungsinhalt, aber nicht die Bekanntgabe des Bescheides (BFH vom 25.11.1987, BStBl II 1988, 410). Ein prüfungsrelevantes Beispiel ist die Bekanntgabe von Steuerbescheiden an Ehegatten, § 122 Abs. 7 AO.

Wird der VA **fehlerhaft übermittelt**, z. B. an den falschen Bekanntgabeadressaten, kommt es darauf an, ob der VA dem richtigen Bekanntgabeadressaten wenigstens mittelbar über einen Umweg tatsächlich zugeht (AEAO zu § 122 Tz. 1.7 und 4.4.4). Die Weiterleitung eines unzutreffend adressierten oder sonst fehlgeleiteten VA (z. B. die Übermittlung an eine alte, unzutreffende Adresse des Bekanntgabeadressaten) an den Adressaten ist in entsprechender Anwendung des Rechtsgedankens aus § 8 VwZG unschädlich und führt mit dem tatsächlichen Zugang zur Heilung des Bekanntgabemangels (ständiges Prüfungsproblem; § 8 Abs. 1 VwZG regelt die Rechtsfolgen fehlgeleiteter VA bei förmlichen Zustellungen). Beachtet z. B. das FA eine vom StPfl. ausdrücklich erteilte **Bekanntgabevollmacht** vom FA nicht (häufiger Fehler und gängiges Prüfungsproblem), sondern gibt den VA anstelle an den StB unmittelbar dem StPfl. selbst bekannt, ist der Steuerbescheid nicht unwirksam. **Der Mangel wird durch** die **Weitergabe des VA an den Bevollmächtigten geheilt** (BFH vom 13.09.2017, BFH/NV 2018, 403); der Rechtsgedanke des § 8 VwZG ist auch hier heranzuziehen. Der VA erzeugt allerdings erst dann und nur dann Rechtswirkungen, wenn ihn die Person erhalten hat, die ihn nach dem erklärten Willen des betroffenen StPfl. erhalten soll, also der StB.[11]

2.2 Bekanntgabearten

Ein VA kann gem. § 119 Abs. 2 AO **schriftlich, elektronisch, mündlich oder in anderer Art und Weise** erlassen werden. Für bestimmte Gruppen von VA sieht die AO jedoch besondere Formvorschriften vor. Das Erfordernis der schriftlichen Bekanntgabe gilt z. B. für Haftungsbescheide (§ 191 Abs. 1 S. 3 AO). Sofern eine schriftliche Bekanntgabe nicht ausdrücklich vorgeschrieben ist, kann ein VA auch mündlich erlassen werden. Dafür besteht aus Vereinfachungsgründen auch häufig ein praktisches Bedürfnis, z. B. bei der telefonischen Verlängerung von Abgabefristen nach § 109 AO. Schriftliche VA, insb. Steuerbescheide, sind im Normalfall durch die Post zu übermitteln, sofern der Empfänger im Inland wohnt oder soweit der ausländische Staat mit der Postübermittlung einverstanden ist (AEAO zu § 122 Nr. 1.8 und Nr. 1.8.4).

§ 122 AO zählt verschiedene **Bekanntgabeformen** auf:
- **Übersendung mit einfachem Brief** (§ 122 Abs. 2 AO).
- **Elektronische Übermittlung:** Nach § 122 Abs. 2a AO gilt ein elektronisch übermittelter Verwaltungsakt – gleichgültig, ob im Inland oder Ausland übermittelt – grds. am vierten Tag nach der Absendung als bekannt gegeben; in der Praxis scheitert die elektronische Übermittlung derzeit noch an den fehlenden technischen Voraussetzungen in den FÄ (vgl. § 87a Abs. 4 S. 2, Abs. 6 AO).
- Bekanntgabe durch **Bereitstellung zum Datenabruf:** Die Bekanntgabe von Verwaltungsakten über das ElsterOnline-Portal ist seit Anfang 2017 gem. § 122a Abs. 1 AO mit Einwilligung des Beteiligten oder seines Bevollmächtigten ebenfalls zulässig und seit 2020 auch technisch möglich; diese Form der Bekanntgabe ersetzt die bis dahin rechtlich unverbindliche Bescheiddaten-Rückübermittlung. Die zum Datenabruf berechtigte Person erhält per E-Mail eine Benachrichtigung, sobald der VA zum Datenabruf bereitgestellt wird. Der VA gilt dann am dritten Tag – für Verwaltungsakte mit Bekanntgabe ab 2025 mit dem vierten Tag – nach Versand der Benachrichtigung als bekannt gegeben.
- **Öffentliche Bekanntmachung** (§ 122 Abs. 3 und 4 AO), wenn dies durch Rechtsvorschrift zugelassen ist: Aufgrund des Steuergeheimnisses ist diese Form der Bekanntgabe nur von untergeordneter Bedeutung; die öffentliche Bekanntmachung ist zulässig bei der Aufforderung zur Abgabe der Steuererklärung gem. § 149 AO, bei der Zahlungserinnerung gem. § 259 S. 4 AO sowie bei der öffentlichen Zustellung von Bescheiden nach § 15 VwZG. Wegen des Anspruchs des Zustellungsempfängers auf rechtliches Gehör ist die öffentliche Zustellung nur **als »letztes Mittel«** der Bekanntgabe zulässig, wenn alle anderen nach der Sachlage des Falles gebotenen Möglichkeiten erschöpft sind, das Schriftstück dem Empfänger in anderer, herkömmlicher Weise zu übermitteln. § 15 Abs. 1a VwZG setzt deshalb für den häufigsten Fall der öffentlichen Zustellung voraus, dass der Aufenthaltsort des Zustellungsempfängers allgemein unbekannt ist, denn die öffentliche Zustellung

---

[11] *Kühn/von Wedelstädt*, AO, § 122 Rz. 12 m. w. N.; vgl. zu dieser häufigen Prüfungsproblematik AEAO zu § 122 Tz. 1.7.3 und 1.7.4.

hat in aller Regel zur Folge, dass der Empfänger vom zugestellten Schriftstück erst nach geraumer Zeit oder überhaupt nicht Kenntnis erhält.[12]
- **Förmliche Zustellung** (§ 122 Abs. 5 AO): Die förmliche Zustellung ist eine **besondere Art der Bekanntgabe** und erfolgt nur, wenn die Finanzbehörde dies besonders anordnet oder die Zustellung gesetzlich vorgeschrieben ist (s. Kap. 2.4).

2.3 Bekanntgabe von Verwaltungsakten in Sonderfällen

Die Bekanntgabe von VA bereitet vor allem Schwierigkeiten, wenn VA an Personenmehrheiten, z. B. Ehegatten oder an PersG, bekannt gegeben werden sollen, wenn Bescheide über die gesonderte und einheitliche Feststellung ergehen, in Insolvenzfällen, bei der Gesamtrechtsnachfolge, der Testamentsvollstreckung, Nachlassverwaltung und Nachlasspflegschaft. Im sog. Bekanntgabeerlass (AEAO zu § 122) sind diese Sonderfälle ausführlich behandelt; der Bekanntgabeerlass enthält auch Muster für den jeweiligen Bescheidkopf und zur Anschriftenformulierung.

2.3.1 Bekanntgabe an Ehegatten oder Lebenspartner (§ 122 Abs. 7 AO)

Betreffen VA Ehegatten oder Ehegatten mit ihren Kindern oder Alleinstehende mit ihren Kindern, so reicht es für die Bekanntgabe an alle Beteiligten aus, wenn ihnen eine Ausfertigung unter ihrer **gemeinsamen Anschrift** übermittelt wird (§ 122 Abs. 7 S. 1 AO).

§ 122 Abs. 7 AO beruht auf **Zweckmäßigkeitserwägungen**: Schulden mehrere StPfl. eine Steuer gesamtschuldnerisch, können gegen sie zusammengefasste Steuerbescheide ergehen (§ 155 Abs. 3 S. 1 AO). Der zusammengefasste Bescheid ist die Zusammenführung **mehrerer Einzelverwaltungsakte** in einem – äußerlich einheitlichen – Steuerbescheid, z. B. der ESt-Bescheid bei der Zusammenveranlagung von Ehegatten (vgl. BFH vom 28.08.1987, BStBl II 1987, 836).[13] Der Steuerbescheid muss, um gegenüber beiden Ehegatten wirksam zu werden, beide Ehegatten als Steuerschuldner bezeichnen (Bestimmtheitsgebot, § 119 Abs. 1 AO). § 122 Abs. 7 AO ermächtigt die Finanzbehörde in dieser Konstellation, nicht jedem Ehegatten seine eigene Ausfertigung des zusammengefassten Bescheides zu übersenden, sondern den Steuerbescheid in nur einer Ausfertigung bekannt zu geben, sofern die Beteiligten in einer Gemeinschaft leben und eine gemeinsame Anschrift haben. Nach der Lebenserfahrung ist davon auszugehen, dass sich die Adressaten gegenseitig über den Inhalt des bekannt gegebenen Bescheides unterrichten.

§ 122 Abs. 7 AO setzt voraus, dass im Bekanntgabezeitpunkt die Beteiligten tatsächlich eine **gemeinsame Anschrift** haben. Im Falle des Getrenntlebens begründet § 122 Abs. 7 AO auch dann keine wirksame Bekanntgabe für alle Beteiligten, wenn das FA irrtümlich vom Vorliegen einer gemeinsamen Adresse ausgeht. Soweit Steuererklärungsvordrucke eine ausdrückliche gegenseitige Bevollmächtigung enthalten oder soweit durch die gemeinsame

---

12 Ausführlich zu den Ermittlungspflichten des FA vor einer öffentlichen Zustellung BFH vom 09.12.2009, BStBl II 2010, 732.
13 Beantragen Eheleute innerhalb der Einspruchsfrist gegen den Zusammenveranlagungsbescheid die Einzelveranlagung gem. § 26a EStG, ist das FA bei der daraufhin für jede durchzuführende getrennte Veranlagung an die tatsächliche und rechtliche Beurteilung der Besteuerungsgrundlagen im Zusammenveranlagungsbescheid gebunden. Den Zusammenveranlagungsbescheid hat es gem. § 175 Abs. 1 S. 1 Nr. 2 AO aufzuheben (BFH vom 03.03.2005, BStBl II 2005, 564).

Unterschrift eine gegenseitige Bevollmächtigung konkludent angenommen werden kann, kann der an beide Ehegatten gerichtete zusammen gefasste Steuerbescheid allerdings gem. §§ 122 Abs. 1 S. 3, 80 Abs. 1 AO wirksam bekannt gegeben werden. Die Regelungen des § 122 Abs. 6 und 7 AO sind für diese Fälle ohne Bedeutung.

Eine **gesonderte Bekanntgabe** an jeden Ehegatten ist gem. § 122 Abs. 7 S. 2 AO unbeschadet einer etwaigen Vollmacht nach §§ 122 Abs. 1 S. 3, 80 Abs. 1 AO erforderlich, wenn dies von den Beteiligten beantragt wird oder der Finanzbehörde bekannt ist, dass zwischen den Beteiligten ernstliche **Meinungsverschiedenheiten** bestehen. Ernstliche Meinungsverschiedenheiten liegen bei Ehegatten vor, wenn nicht mehr von einer intakten Ehe gesprochen werden kann; solange diese Umstände der Finanzbehörde nicht bekannt sind, ändert sich an der Wirksamkeit der Bekanntgabe in der Form eines zusammengefassten Bescheides in nur einer Ausfertigung nichts.

2.3.2 Übermittlung schriftlicher Verwaltungsakte durch die Post (§ 122 Abs. 2 AO)

In der täglichen Arbeit der FÄ wird die Mehrzahl der VA schriftlich durch die Post übermittelt. Der in § 122 Abs. 2 AO verwendete Begriff der »Post« ist nicht auf die Deutsche Post AG beschränkt, sondern umfasst alle Unternehmen, soweit sie Postdienstleistungen erbringen (AEAO zu § 122 Nr. 1.8.2). Für diese Bekanntgabeform sieht § 122 Abs. 2 AO eine **Bekanntgabevermutung** vor, die in nahezu jeder Prüfungsaufgabe von Bedeutung ist. Nach § 122 Abs. 2 AO gilt ein schriftlicher VA, der durch die Post übermittelt wird, im Inland **mit dem vierten Tage** und im Ausland nach Ablauf eines Monats **nach Aufgabe zur Post**[14] als bekannt gegeben, außer wenn er nicht oder zu einem späteren Zeitpunkt zugegangen ist. Diese gesetzliche Vermutung wurde aus Vereinfachungsgründen in die AO aufgenommen, um im Massenverfahren die Feststellung des Bekanntgabetages zu vereinfachen; sie ist von entscheidender Bedeutung für die **Fristenberechnung**.

Das 2024 in Kraft getretene Postrechtsmodernisierungsgesetz (PostModG) ist ein Gesetz, um die Rahmenbedingungen der Postbranche mehr als 25 Jahre nach Inkrafttreten des Postgesetzes zu modernisieren. Es enthält für VA, die nach dem 31.12.2024 bekannt gegeben werden, wichtige Änderungen:

Aufgrund der Verlängerung der Laufzeitvorgaben im Universalpostdienst wird die bisherige gesetzliche Vermutung bei Bekanntgabe eines schriftlichen VA im Inland durch die Post entsprechend angepasst. Anders als bisher wird bei der Bekanntgabe eines VA nicht mehr auf drei Tage, sondern auf **vier Tage nach der Aufgabe zur Post** abgestellt werden. Zu diesem Zweck wurde § 122 Abs. 2 Nr. 1 AO dahingehend geändert, dass ein schriftlicher VA, der durch die Post im Inland übermittelt wird, am vierten Tag nach der Aufgabe zur Post als bekannt gegeben gilt. Die Möglichkeit, einen späteren Zugang des VA geltend zu machen, bleibt unverändert bestehen. Auch die Bekanntgabevermutung von einem Monat im Falle der Übermittlung im Ausland bleibt unverändert.

Bestehen Zweifel, ob der VA dem Empfänger überhaupt zugegangen ist, hat die Behörde, also das FA, den Zugang des VA und den Zeitpunkt des Zugangs nachzuweisen (§ 122 Abs. 2 2. HS AO); in der Praxis kann das FA diesen Beweis bei der gewöhnlichen Bekanntgabe mit einfachem Brief nicht führen.

---

14 Die Zugangsfiktion des § 122 Abs. 2 Nr. 1 AO ist nicht anwendbar, wenn nur das Datum eines Bescheides, nicht aber das Datum der Aufgabe zur Post feststeht (BFH vom 22.05.2002, BFH/NV 2002, 1417).

Die für VA ab 2025 geltende 4-Tage-Frist im § 122 Abs. 2 Nr. 1 AO gilt insb. auch, wenn
- der VA tatsächlich vor Ablauf der drei Tage angekommen und der Empfänger von ihm Kenntnis genommen hat (BFH vom 18.08.2009, BStBl II 2009, 965) oder
- sich der Bekanntgabeadressat das Schriftstück postlagernd zustellen lässt oder ein Postfach unterhält (BFH vom 09.12.1999, BStBl II 2000, 175),
- der dritte Tag auf einen Samstag, Sonntag oder gesetzlichen Feiertag fällt; allerdings ist § 108 Abs. 3 AO, der eine **Fristenverlängerung** bzw. **Fristenstreckung** auf den nächstfolgenden Werktag anordnet, auf die Bekanntgabevermutung des § 122 Abs. 2 AO ebenfalls anzuwenden (die sog. »SaSoFei-Regelung«, BFH vom 14.10.2003, BStBl II 2003, 898; in den Beck'schen Texten ist diese Rspr. in einer Fußnote zu § 122 AO zitiert).

Die **Aufgabe zur Post** geschieht durch Einwerfen in einen Briefkasten (bei der Flut der Postsendungen eines FA unüblich) oder durch Einlieferung bei der Postfiliale selbst. In den Prüfungsaufgaben ist der sog. »Tag der Aufgabe zur Post« regelmäßig im Sachverhalt angegeben. **Bestreitet der StPfl. den Zugang des Schriftstücks, muss die Finanzbehörde den Nachweis des tatsächlichen Zugangs erbringen.** Die sog. **Feststellungslast** trägt in diesen Fällen nicht der StPfl., sondern das FA. Ein Anscheinsbeweis dergestalt, dass das Schriftstück das FA an einem bestimmten Tag verlassen hat und nach dem üblichen Geschehensablauf wenige Tage später beim Empfänger eingetroffen sein muss, ist nach der Rspr. nicht zulässig (ständige Rspr., BFH vom 31.05.2005, BStBl II 2005, 623). Die Überprüfung und Würdigung bestimmter Verhaltensweisen des StPfl. innerhalb eines längeren Zeitraums nach Absendung des Schriftstücks kann zwar geeignet sein, den Nachweis seines Zugangs zu erbringen (sog. Indizienbeweis, BFH vom 06.04.1999, BFH/NV 1999, 1581), etwa wenn der StPfl. nicht nur kurzzeitig, sondern dauerhaft Vollstreckungshandlungen hinnimmt. Das FG Münster hat ferner entschieden, dass vom Zugang eines Steuerbescheids trotz Bestreitens des StPfl. auszugehen ist, wenn nachgewiesen ist, dass ein tatsächlich zugegangener anderer Bescheid vom Rechenzentrum im selben Umschlag versandt wurde (FG Münster vom 16.08.2022, Az.: 6 K 2755/21). **Die beweisrechtliche Stellung des FA ist hier insgesamt aber sehr schwach.**

Bestreitet z. B. ein StB, den Steuerbescheid eines Mandanten erhalten zu haben, ist die Zugangsvermutung des § 122 Abs. 2 Nr. 1 AO nach der Rspr. selbst dann widerlegt, wenn er kein Fristenkontrollbuch führt, sofern nicht weitere Indizien für den Zugang des Bescheids sprechen (BFH vom 31.05.2005, BStBl II 2005, 623).[15] Der Zugangsnachweis gem. § 122 Abs. 2 AO kann folglich nicht auf einen Anscheinsbeweis, der nur den typischen Geschehensablauf wiedergibt, gestützt werden. Will die Behörde einen Streit über den Zugang vermeiden, weil der StPfl. beispielsweise in der Vergangenheit mehrfach den Zugang von Steuerbescheiden bestritten hat, kann sie den VA künftig **förmlich zustellen** (§ 122 Abs. 5 AO i. V. m. dem VwZG), z. B. durch Postzustellungsurkunde (PZU) oder durch Einschreiben mit Rückschein. Dann ist das genaue Datum des Zugangs und damit der Wirksamkeit des Verwaltungsaktes eindeutig dokumentiert.

---

15 Provokativ ausgedrückt: Je schlampiger die Fristenkontrolle erfolgt, desto leichter kann der StB die Zugangsvermutung widerlegen. Zwar ist ein Fristenkontrollbuch oder eine vergleichbare Einrichtung die unerlässliche Voraussetzung einer ordnungsgemäßen Büroorganisation zur Wahrung von Ausschlussfristen. Die Folge eines fehlenden Fristenkontrollbuchs erschöpft sich jedoch darin, dass man sich bei einer Fristversäumung nicht zu entschuldigen vermag und eine Wiedereinsetzung in den vorigen Stand nicht gewährt werden kann.

Bestreitet der Empfänger dagegen nicht den Zugang als solchen, sondern behauptet er, dass der VA ihn erst **nach Ablauf der vier Tage** erreicht hat, bestehen Zweifel i. S. d. § 122 Abs. 2 2. HS AO nach der Rspr. nur dann, wenn Tatsachen vorgebracht werden, die den Schluss darauf zulassen, dass eine Bekanntgabe binnen vier Tagen nach Aufgabe zur Post ernstlich nicht möglich gewesen ist (BFH vom 22.05.2019, BFH/NV 2019, 900 m. w. N.; Beispiel: Bekanntgabe in der Weihnachtszeit mit starkem Postaufkommen und zahlreichen Feiertagen).

Beispiel 3: Rechtzeitiger Einspruch?[16]

Das FA gibt den ESt-Bescheid 01 des A, der auf den 12.02.02 datiert, am 13.02.02 zur Post. A erhält den Bescheid bereits am Donnerstag, den 14.02.02. Wegen anderer, vordringlicher Arbeiten prüft er den Bescheid aber erst am Sonntag, den 17.03.02. Nachdem das FA verschiedene Werbungskosten nach Auffassung des A zu Unrecht nicht angesetzt hat, möchte er seinen gegen den ESt-Bescheid 01 gerichteten Einspruch am Montag, den 18.03.02 persönlich in den Briefkasten des FA einwerfen. Auf dem Fußweg zum FA erleidet A am 18.03.02 einen Herzanfall. Er beauftragt am nächsten Tag aus dem Krankenhaus seine Tochter, den Einspruch persönlich beim FA abzugeben. Dort trifft der Einspruch am Dienstag, den 19.03.02 mit einer Bescheinigung des Krankenhauses über den Gesundheitszustand des A ein. Ist der Einspruch zulässig?

Lösung: Bei der Entscheidung über den Einspruch hat das FA gem. § 358 S. 1 AO insb. zu prüfen, ob der Einspruch in der vorgeschriebenen Frist eingelegt ist. Die Einspruchsfrist beträgt gem. § 355 Abs. 1 S. 1 AO einen Monat. Hinweise auf eine unterbliebene oder unrichtige Rechtsbehelfsbelehrung mit der Folge, dass der Einspruch binnen eines Jahres seit Bekanntgabe zulässig ist (§ 356 Abs. 2 AO), enthält der Sachverhalt nicht. Der ESt-Bescheid gilt gem. § 122 Abs. 2 Nr. 1 AO als am vierten Tage nach der Aufgabe zur Post als bekannt gegeben. Die Aufgabe des Bescheides zur Post erfolgte am 13.02.02; das auf dem Bescheid aufgedruckte Datum ist insoweit unerheblich. Gem. § 122 Abs. 2 Nr. 1 AO gilt der Bescheid am 17.02.02 als bekannt gegeben. Allerdings wird der Fristbeginn infolge der Bekanntgabefiktion wegen § 108 Abs. 3 AO auf den Ablauf des nächstfolgenden Werktages, d. h. auf Ablauf Montag, den 18.02.02, verlegt (sog. **Fristenstreckung**). Unerheblich ist dabei, dass A den Bescheid bereits am 14.02.02 erhalten hat; insoweit ist die gesetzliche Vermutung unwiderleglich. Die Einspruchsfrist begann nach § 108 Abs. 1 AO i. V. m. § 187 Abs. 1 BGB mit Ablauf des 18.02.02 und endete mit Ablauf des 18.03.02. Der Einspruch hat das FA erst am 19.03.02, also nach Ablauf der Einspruchsfrist, erreicht.

Aufgrund des Herzinfarktes war A ohne Verschulden gehindert, die Einspruchsfrist einzuhalten. Dass er die einmonatige Frist bis zum letzten Tag ausnutzen wollte, kann A nicht vorgeworfen werden. A kann daher **Wiedereinsetzung in den vorigen Stand** gem. § 110 AO beantragen. Grds. ist Wiedereinsetzung in den vorigen Stand nur auf einen ausdrücklichen Antrag hin zu gewähren (§ 110 Abs. 1 S. 1 AO). Nach § 110 Abs. 2 S. 4 AO ist ein ausdrücklicher Antrag entbehrlich, wenn A, wie hier, die versäumte Handlung über seine Tochter innerhalb eines Monats nach Wegfall des Hindernisses nachholt. Mit der Vorlage der Bescheinigung des Krankenhauses hat A die Tatsachen zur Begründung des unverschuldeten Fristversäumnisses auch nachgewiesen (§ 110 Abs. 2 S. 2 AO). Die FA hat daher auch ohne ausdrücklichen Antrag Wiedereinsetzung in den vorigen Stand zu gewähren. Der Einspruch erfolgte damit im Ergebnis rechtzeitig. Der Einspruch ist somit gem. § 358 AO fristgemäß erfolgt.[17]

---

16 Nachgebildet einem Sachverhalt aus der StB-Prüfung 2013.
17 Beachten Sie, wie viele kleine Probleme der kurze Sachverhalt beinhaltet; das Erreichen der vollen Punktzahl in der Prüfungsaufgabe gelingt nur, wenn Sie nicht unmittelbar auf das (richtige) Ergebnis zusteuern, sondern auf dem Weg dorthin auch sämtliche aufgeworfenen Probleme ansprechen.

2.3.3 Bekanntgabe bei einheitlichen Feststellungen (§ 183 und § 183a AO)

Betrifft ein VA mehrere Personen, ist er gem. § 122 Abs. 1 S. 1 AO grds. jedem der Beteiligten einzeln bekannt zu geben. Richtet sich ein Feststellungsbescheid (vgl. § 179 Abs. 2 S. 2 AO) gegen mehrere Personen, die an dem Gegenstand der Feststellung als G'fter oder Gemeinschafter beteiligt sind (sog. **Feststellungsbeteiligte**), ist aus Zweckmäßigkeitsgründen eine vereinfachte Bekanntgabe nach § 183 AO möglich. Die Vorschrift dient der Vereinfachung der Bekanntgabe von Feststellungsbescheiden an die Feststellungsbeteiligten. Das FA soll mittels einer einzigen Ausfertigung des VA die Bekanntgabe gegenüber allen Feststellungsbeteiligten bewirken können (so auch § 183 Abs. 1 S. 2 AO). Eine andere Handhabung wäre gerade bei Publikumsgesellschaften mit einer Vielzahl von Beteiligten nicht praktikabel.

Die Änderungen im MoPeG haben § 183 AO dem Grunde nach neu gefasst: Gem. § 183 Abs. 1 AO sind VA, die mit der einheitlichen und gesonderten Feststellung zusammenhängen, der rechtsfähigen Personenvereinigung mit Wirkung für und gegen alle Feststellungsbeteiligten bekannt zu geben. Es handelt sich dabei um eine **gesetzliche (Bekanntgabe-)Vertretung**; die Bestellung oder Bestimmung eines Empfangsbevollmächtigten ist nur noch in den Fällen des § 183a AO, also bei nicht rechtsfähigen Personenvereinigungen, erforderlich. Dies betrifft etwa Erbengemeinschaften. Bei der Bekanntgabe eines VA an die Personenvereinigung ist diese durch entsprechende Gestaltung des Bescheidkopfs darauf hinzuweisen, dass die Bekanntgabe **mit Wirkung für und gegen alle Feststellungsbeteiligten** erfolgt (§ 183 Abs. 1 S. 2 AO).

2.4 Förmliche Bekanntgabe durch Zustellung (§ 122 Abs. 5 AO)

Die **Zustellung** ist als besondere Bekanntgabeform die förmliche Übergabe eines Schriftstücks nach den Regelungen des VwZG. Schriftliche VA werden nur dann förmlich zugestellt, wenn dies **gesetzlich vorgeschrieben** oder **behördlich angeordnet** ist (§ 122 Abs. 5 AO). Die Zustellung ist in der AO zwingend vorgesehen für Ladungen zum Termin zur Abgabe der Vermögensauskunft (§ 284 Abs. 6 S. 1 AO), für Pfändungsverfügungen (§§ 309 Abs. 2 S. 1, 310 Abs. 2, 321 Abs. 2 AO) und für Arrestanordnungen (§§ 324 Abs. 2, 326 AO). Bei Steuerbescheiden und Einspruchsentscheidungen ist die Zustellung nicht zwingend vorgesehen. Eine behördliche Anordnung der Zustellung ist insb. dann vorzunehmen, wenn die Finanzbehörde den eindeutigen Nachweis der Bekanntgabe erbringen möchte, z. B. weil der StPfl. in der Vergangenheit mehrfach den Erhalt von Steuerbescheiden bestritten hat (wie etwa in der schriftlichen Prüfung 2012) oder wenn der Zeitpunkt der Bekanntgabe von erheblicher rechtlicher Bedeutung ist (z. B. bei der Einleitung eines Steuerstrafverfahrens gem. § 371 Abs. 2 Nr. 1b AO).

Die Art und Weise der Zustellung richtet sich nach dem VwZG (§ 122 Abs. 5 S. 2 AO; die landesrechtlichen Vorschriften über die Zustellung von VA sind nicht anwendbar). Als Zustellungsarten kann die Behörde wählen zwischen der

- Zustellung durch die Post mittels **Postzustellungsurkunde** (PZU) nach § 3 VwZG (aufwendig und teuer, aber auch die **sicherste Zustellungsart**). Wenn die Zustellung an den Adressaten oder eine Ersatzperson (vgl. § 3 Abs. 2 VwZG i. V. m. §§ 177 ff. ZPO) scheitert, kann der VA auch durch **Niederlegung** mit Benachrichtigungsschein gem. § 181 ZPO zugestellt werden: Damit gilt die Zustellung als bewirkt, auch wenn der Adressat vom

Inhalt des VA keine Kenntnis hat.[18] Eine wirksame **Ersatzzustellung** durch Einlegen in einen Briefkasten (§ 180 ZPO) setzt voraus, dass zuvor ein erfolgloser Versuch der Ersatzzustellung in der Wohnung oder den Geschäftsräumen des Adressaten (§ 178 Abs. 1 Nr. 1, 2 ZPO) unternommen wurde. (Rn. 14). Diese Konstellation war Gegenstand der schriftlichen Prüfung 2024. Allein aus den allgemeinen während der COVID-19-Pandemie geltenden Kontaktbeschränkungen kann nicht abgeleitet werden, dass in dieser Zeit eine Ersatzzustellung durch Einlegen in einen Briefkasten ohne vorherigen Versuch der Ersatzzustellung in der Wohnung oder den Geschäftsräumen als wirksam anzusehen wäre (BFH vom 19.10.2022, BStBl II 2023, 528).

- Zustellung durch die Post mittels **eingeschriebenen Briefs** (Übergabe-Einschreiben, nicht aber Einwurf-Einschreiben, vgl. AEAO zu § 122 Nr. 3.1.2) nach § 4 VwZG;
- Zustellung durch die Behörde gegen **Empfangsbekenntnis** nach § 5 VwZG und der
- Zustellung durch die Behörde mittels **Vorlegens der Urschrift** bei der Zustellung an Behörden und Körperschaften und Anstalten des öffentlichen Rechts nach § 5 Abs. 4 VwZG.

Als Sonderarten der Zustellung regelt das VwZG ferner die Zustellung in das Ausland (§ 9 VwZG) und die öffentliche Zustellung (§ 10 VwZG); die öffentliche Zustellung kommt nur als »letztes Mittel« in Betracht, wenn eine Übermittlung des Schriftstücks auf andere Weise nicht erfolgen kann. Nach BFH vom 13.01.2005 (BFH/NV 2005, 998) ist der Aufenthaltsort des Empfängers nicht schon deshalb unbekannt, weil das FA seine Anschrift im Zeitpunkt der beabsichtigten Bekanntgabe nicht kennt oder Briefe als unzustellbar zurückkommen. Die Anschrift muss vielmehr allgemein unbekannt sein, was zumindest Nachforschungen bei der zuletzt zuständigen Meldebehörde erforderlich macht. Eine Zustellung von ESt-Bescheiden an einen in der Schweiz lebenden StPfl. unmittelbar durch die Post ist völkerrechtlich erstmals für VZ ab 2018 zulässig (BFH vom 08.03.2022, BStBl II 2023, 547).

2.5 Bekanntgabe von Verwaltungsakten mittels Datenabruf (§ 122a AO)

Der neue § 122a AO enthält Regelungen zur elektronischen Bekanntgabe von Steuerverwaltungsakten, also insb. von Steuerbescheiden, durch Bereitstellung zum Datenabruf. Diese Form der Bekanntgabe setzt die vorherige **Zustimmung** des StPfl. oder seines Bevollmächtigten voraus. Die Zustimmung kann widerrufen werden. Die zum Datenabruf berechtigte Person wird per E-Mail eine Benachrichtigung erhalten, sobald ein VA zum Datenabruf bereitgestellt wurde. Der VA gilt dann – genauso wie bei der Bekanntgabe in analoger Form – am vierten (für VA vor 2025 am dritten) Tag nach Versand der Benachrichtigung als bekannt gegeben, spätestens aber am Tag des Datenabrufs. Er wird damit zu diesem fiktiven Zeitpunkt für alle Beteiligten rechtlich wirksam, vor allem beginnt auch mit Ablauf dieses Tages die einmonatige Einspruchsfrist zu laufen. Etwaige Zweifel gehen – wie auch beim Versand in analoger Form – zulasten des FA (§ 122a Abs. 4 S. 2 und 3 AO).

---

18 Die Zustellung eines Bescheides durch Postzustellungsurkunde nach dem VwZG ist in besonderer Weise formalisiert. So müssen bei der Zustellung eines Bescheides über die gesonderte Feststellung von Besteuerungsgrundlagen nach § 179 AO Zustellungsurkunde und Sendung einen Hinweis auf den Gegenstand der Feststellung enthalten; andernfalls ist die Bekanntgabe unwirksam (BFH vom 13.10.2005, BStBl II 2006, 214).

3 Nebenbestimmungen zum Verwaltungsakt (§ 120 AO)

Das FA kann VA, die auf einer **Ermessensentscheidung** beruhen (z. B. Fristverlängerung, Stundung, Erlass, Aussetzung der Vollziehung), mit einer Nebenbestimmung ergänzen (§ 120 Abs. 2 AO).

Prüfungsrelevant sind vor allem diejenigen Nebenbestimmungen, die nur bei Steuerbescheiden und gleichgestellten Bescheiden auftreten – d. h. der **Vorbehalt der Nachprüfung** (§ 164 AO) und der **Vorläufigkeitsvermerk** (165 AO).

4 Formelle Rechtmäßigkeitsvoraussetzungen

4.1 Form (§ 119 Abs. 2 AO)

Gem. § 119 Abs. 2 S. 1 AO kann ein VA schriftlich, elektronisch, mündlich oder in anderer Weise erlassen werden. Ein mündlich erlassener VA soll schriftlich bestätigt werden, wenn der Betroffene hieran ein berechtigtes Interesse hat und dies unverzüglich verlangt (§ 119 Abs. 2 S. 2 AO). Das berechtigte Interesse kann z. B. darin bestehen, dass der Betroffene den VA gegenüber Dritten oder einer anderen Behörde nachweisen muss. Für zahlreiche VA schreibt die AO die Schriftform ausdrücklich vor, insb. für Steuerbescheide (§ 157 Abs. 1 AO), für Feststellungsbescheide (§§ 181 Abs. 1 S. 1 i. V. m. § 157 Abs. 1 AO), für Prüfungsanordnungen (§ 196 AO) und für Aufteilungsbescheide (§ 279 Abs. 1 S. 1 AO).

Ein schriftlicher VA muss die erlassende Behörde erkennen lassen und die Unterschrift oder die Namenswiedergabe des Behördenleiters, seines Vertreters oder seines Beauftragten enthalten (§ 119 Abs. 3 AO). Formularmäßig oder mithilfe der EDV erlassene VA können gem. § 119 Abs. 4 AO auch ohne Unterschrift und Namenswiedergabe ergehen.

Ein **Verstoß gegen zwingende Formvorschriften** (Beispiel: Auf mehrfaches Drängen des StPfl. erlässt der Sachbearbeiter im FA, um den Anrufer zu beruhigen, einen telefonischen »Einspruchsbescheid«; eindeutiger Verstoß gegen § 366 AO) führt zur **Nichtigkeit** des VA (§ 125 Abs. 1 AO).

4.2 Bestimmtheit (§ 119 Abs. 1 AO)

Ein VA muss gem. § 119 Abs. 1 AO **hinreichend bestimmt** sein, d. h. er muss den Willen der Behörde unzweideutig ausdrücken. Der Inhalt des VA muss **klar, eindeutig und vollständig erkennen lassen, von wem was verlangt oder wem was gewährt oder abgelehnt wird**.[19]

Insb. ist die exakte Angabe des Inhaltsadressaten ein entscheidender Bestandteil eines VA: der VA muss klarstellen, für wen er bestimmt ist (§ 124 Abs. 1 AO). Für Steuerbescheide ist in § 157 Abs. 1 AO ausdrücklich klargestellt, dass sie angeben müssen, wer die Steuer schul-

---

[19] So erfüllen Steuer- und Feststellungsbescheide, die die Adressaten lediglich in einem Bescheidkopf mit der jeweiligen Steuernummer benennen und weder eine Firmenbezeichnung noch eine Anschrift tragen (also mit leerem Adressfeld), nicht die Voraussetzungen an die hinreichende Bestimmtheit, BFH vom 23.08.2017, BFH/NV 2018, 401.

det.[20] So ist etwa ein USt-Bescheid nichtig, wenn aus ihm nicht klar ersichtlich wird, ob der Inhaltsadressat (Steuerschuldner) eine GmbH oder deren GF bzw. Liquidator ist.

Lässt der Tenor eines VA Zweifel offen, können zur **Auslegung** des Tenors auch die Gründe und sonstigen Anlagen zum VA herangezogen werden (vgl. BFH vom 16.01.2020, BFH/NV 2020, 536). Die Regelung in § 119 AO gestattet auch, mehrere VAe in einer Verfügung zusammenzufassen; so beinhaltet etwa ein versandter Steuerbescheid oftmals mehrere VAe, etwa die Steuerfestsetzung selbst, die Anrechnungsverfügung über Vorauszahlungen und Steuerabzugsbeträge (§ 36 Abs. 2 EStG) oder auch das eigenständige Leistungsgebot nach § 254 AO (ständige Rspr., etwa BFH vom 14.04.2015, BFH/NV 2015, 1073).

Sofern sich der Regelungsinhalt des VA nicht unmittelbar aus dem Tenor ergibt, ist der VA auszulegen. Dabei kommt es analog § 133 BGB nicht darauf an, was die Behörde mit ihren Erklärungen gewollt hat oder wie sie den VA bezeichnet hat, sondern darauf, wie der Adressat nach den ihm bekannten Umständen den materiellen Gehalt der Erklärungen unter Berücksichtigung von Treu und Glauben verstehen konnte (sog. **Empfängerhorizont**). Verbleiben auch nach der Auslegung Zweifel, gehen diese zulasten der Finanzbehörde; im Ergebnis ist dann das StPfl. weniger belastende Auslegungsergebnis vorzuziehen (BFH vom 22.08.2007, BStBl II 2008, 4).

> **Beispiel 4: Der ungenaue Haftungsbescheid**
>
> Mit Haftungsbescheid vom 14.06.01 nimmt das FA den GF der A&B-GbR für nachfolgende Steuern und Nebenleistungen gem. § 69 AO in Haftung: »Lohnsteuer Februar bis März 01 (lt. Anmeldungen) i. H. v. 8.400 €«. Ist der Bescheid hinreichend bestimmt?
>
> **Lösung:** Der Haftungsbescheid ist inhaltlich hinreichend bestimmt i. S. d. § 119 Abs. 1 AO. Die Abgabenschulden sind zwar nicht nach Besteuerungszeiträumen gegliedert, obwohl sich die Aufgliederung grds. aus dem Haftungsbescheid selbst ergeben soll. Es reicht allerdings aus, wenn die Besteuerungszeiträume aus den dem Haftungsschuldner bekannten Voranmeldungen hervorgehen. Die inhaltliche Ungenauigkeit des Haftungsbescheides ist daher rechtlich ohne Bedeutung.

VA, die nicht hinreichend bestimmt sind und deren Inhalt sich auch nicht durch Auslegung ermitteln lässt, leiden an einem besonders schwerwiegenden Fehler und sind nichtig (§ 125 Abs. 1, Abs. 2 Nr. 2 AO).

4.3 Begründung (§ 121 AO)

Gem. § 121 Abs. 1 AO ist ein schriftlicher, elektronischer oder schriftlich bestätigter VA **schriftlich oder elektronisch zu begründen**, soweit dies zu seinem Verständnis erforderlich ist. Die Vorschrift soll das Verwaltungshandeln transparent machen, damit der Adressat des VA die Gründe für die behördliche Entscheidung nachvollziehen und gegebenenfalls Rechtsschutzmöglichkeiten prüfen kann. Bei **Ermessensentscheidungen** (§ 5 AO) muss die Begründung darüber hinaus erkennen lassen, dass die Finanzbehörde ihr Ermessen ausgeübt hat und von welchen Gesichtspunkten sie sich bei ihrer Entscheidung leiten ließ. Eine Ermessens-

---

20 Vgl. BFH vom 17.06.1992 (BStBl II 1993, 174): Ein Steuerbescheid, der sich an einen verstorbenen Steuerschuldner richtet, ist mangels inhaltlicher Bestimmtheit nichtig.

entscheidung, die überhaupt nicht begründet ist, ist im Regelfall rechtswidrig (BFH vom 29.09.1987, BStBl II 1988, 176).

- Einer **Begründung bedarf es** gem. § 121 Abs. 2 AO **nicht**, wenn
- und soweit die Finanzbehörde einem **Antrag entspricht** oder einer (Steuer-)Erklärung folgt und der VA nicht in Rechte eines anderen eingreift (§ 121 Abs. 2 Nr. 1 AO); in diesen Fällen – etwa der erklärungsgemäßen Veranlagung – hat der Betroffene kein rechtliches Interesse an der Begründung;
- dem Betroffenen die **Auffassung der Finanzbehörde** hinsichtlich der Sach- und Rechtslage **bereits bekannt** oder für ihn auch ohne schriftliche Begründung ohne weiteres erkennbar ist (§ 121 Abs. 2 Nr. 2 AO);

> **Beispiel 5: Ermessensreduzierung auf Null**
>
> Eine Begründung des Auswahlermessens bei Erlass eines Haftungsbescheides nach § 191 Abs. 1 AO ist nicht erforderlich, wenn infolge der wirtschaftlichen Situation eines der beiden Gesamtschuldner nur mehr die Inanspruchnahme des anderen infrage kommt und diesen die hierfür maßgebenden Gründe bekannt oder ohne weiteres erkennbar sind (vgl. BFH vom 26.06.1996, BFH/NV 1997, 2).

- die Finanzbehörde **gleichartige VA in größerer Zahl** oder **VA** mit EDV-Anlagen erlässt und die Begründung nach Umständen des Einzelfalles nicht geboten ist (§ 121 Abs. 2 Nr. 3 AO). Hierunter fallen nicht die mit EDV-Unterstützung erlassenen Steuerbescheide, da diese nicht gleichartig sind. Steuerbescheide müssen die Besteuerungsgrundlagen angeben (§ 157 Abs. 2 AO); Abweichungen von der Steuererklärung sind also regelmäßig zu begründen;
- sich dies aus einer **Rechtsvorschrift** ergibt (§ 121 Abs. 2 Nr. 4 AO), z.B. beim Vorbehalt der Nachprüfung, der nach § 164 Abs. 1 S. 1 AO als Nebenbestimmung auch ohne Begründung zulässig ist;
- eine **Allgemeinverfügung** (§ 118 S. 2 AO) öffentlich bekannt gegeben wird (§ 121 Abs. 2 Nr. 5 AO);
- der VA **mündlich** erlassen wurde, da dann § 121 Abs. 1 AO nur anwendbar ist, wenn der Betroffene eine schriftliche Bestätigung verlangt (§ 119 Abs. 2 S. 2 AO).

Für die Begründung des VA ist regelmäßig die **Angabe der Rechtsgrundlage**, auf die der VA gestützt wird, erforderlich. Die Angabe einer unzutreffenden Rechtsgrundlage (z.B. § 93 anstelle § 97 AO bei der Anforderung von Urkunden) ist **unschädlich**, wenn die getroffene Maßnahme nur überhaupt von einer Rechtsgrundlage gedeckt wird (**häufiges Prüfungsproblem:** Das FA begründet eine Maßnahme unter Verweis auf eine falsche Rechtsnorm, beispielsweise wird die Korrektur eines Steuerbescheides mit der falschen Korrekturnorm begründet, obgleich eine andere Korrekturnorm einschlägig ist). Maßgebend ist allein, ob der VA zum Zeitpunkt seines Ergehens durch eine Ermächtigungsnorm gedeckt war. Die Angabe der Norm ist lediglich Bestandteil der Begründung des Bescheids, deren Fehlerhaftigkeit den Bescheid nicht rechtswidrig macht (vgl. § 157 Abs. 2 AO, BFH vom 21.10.2014, BStBl II 2015, 593; **markieren Sie die Fundstelle im AEAO vor § 172 ff. Tz. 5!**). Eine fehlende, unvollständige oder falsche Begründung führt lediglich zu einem **formalen Mangel** des VA. Ein fehlerhaft begründeter VA ist allerdings nicht nichtig (§ 125 Abs. 1 AO), sondern zwar **fehlerhaft**, aber wirksam. Dies ergibt sich aus § 126 Abs. 1 Nr. 2 i.V.m. Abs. 2 AO, nach dem eine unterlassene (oder fehlerhafte) Begründung bis zum Abschluss des finanzgerichtlichen Verfahrens, also insb. auch im Einspruchsverfahren, nachgeholt und der Fehler damit **geheilt** werden kann. Die Möglichkeit der Heilung setzt allerdings voraus, dass der VA nicht von Anfang an nichtig ist. Wenn die Begründung fehlerhaft ist, die Finanzbehörde aber **in der Sache keine andere Entscheidung** hätte treffen können, ist die fehlerhafte Begründung als formeller Fehler sogar gem. § 127 AO **unbeachtlich**.[21]

Die Möglichkeit der Nachbesserung der Begründung im Einspruchsverfahren und die Anwendbarkeit des § 127 AO führt in der Praxis häufig dazu, dass der Begründungszwang von den Finanzbehörden nicht sonderlich ernst genommen wird. Gerade weil der Begründungsfehler aufgrund der Fehlerfolgen des § 126 Abs. 1 Nr. 2 AO sowie des bei Steuerbescheiden anwendbaren § 127 AO häufig ohne Konsequenzen bleibt, ist eine mangelhafte Begründung ein **ständiges Zusatzproblem bei den schriftlichen Prüfungsarbeiten**.

Wurde wegen einer fehlenden Begründung die rechtzeitige Einlegung des Einspruchs versäumt, etwa weil der Betroffene zu Unrecht davon ausging, das FA habe die Steuer entsprechend der eingereichten Steuererklärung veranlagt, so ist auf Antrag Wiedereinsetzung in den vorigen Stand zu gewähren (§ 126 Abs. 3 i. V. m. § 110 AO; AEAO zu § 91 Nr. 3); das Versäumnis der einmonatigen Einspruchsfrist gilt in diesen Fällen als nicht verschuldet (§ 126 Abs. 3 S. 1 a. E. AO). Nach Ablauf der **Jahresfrist** in § 110 Abs. 3 AO ist eine Wiedereinsetzung in den vorigen Stand jedoch in jedem Fall ausgeschlossen.

5 Fehlerhafte Verwaltungsakte

5.1 Allgemeines

VA sind fehlerhaft, wenn sie **formell oder materiell rechtswidrig** sind, d. h. wenn sie gegen **verfahrensrechtliche oder materiell-rechtliche Vorschriften** verstoßen. Auch fehlerhafte und damit rechtswidrige VA sind grds. wirksam, solange und soweit sie nicht zurückgenommen, widerrufen, anderweitig aufgehoben oder durch Zeitablauf oder auf andere Weise erledigt werden (§ 124 Abs. 2 AO). Werden fehlerhafte VA nicht innerhalb der Einspruchsfrist angefochten, erwachsen sie in Bestandskraft und können nur noch unter besonderen Voraussetzungen geändert werden (vgl. für Steuerbescheide: §§ 129, 164 f., 172 ff. AO).

Nichtig und damit unwirksam (§ 124 Abs. 3 AO) sind VA nur in seltenen Ausnahmefällen, wenn sie an einem **besonders schwerwiegenden Fehler leiden** und dies bei verständiger Würdigung aller in Betracht kommenden Umstände offensichtlich ist (§ 125 Abs. 1 AO, sog. **Evidenztheorie**). Nichtige VA erzeugen keinerlei Rechtswirkungen; sie sind insb. – im Gegensatz zu bloß rechtswidrigen VA – auch nicht vollstreckbar. Die Grenze zwischen rechtswidrigen und nichtigen VA ist oftmals fließend, für die Rechtsfolgen aber von erheblicher Bedeutung:

---

21 § 127 AO ist nach der Rspr. (BFH vom 02.08.2012, BFH/NV 2013, 243) nur auf gebundene Entscheidungen, nicht aber auf Ermessensentscheidungen anwendbar. Steuerbescheide sind immer gebundene VA, sodass hier formale Fehler häufig unbeachtlich bleiben (häufiges Prüfungsproblem!).

Beispiel 6: Der ewige Schlamper

Der notorische Spieler G ist hoch verschuldet. Steuererklärungen gibt G ab Frühjahr 01 nicht mehr ab, Post vom FA verschwindet ungelesen im Papierkorb. Der Sachbearbeiter F im FA schätzt aufgrund der fehlenden Steuererklärungen die Besteuerungsgrundlagen des G für das Jahr 01. Nachdem G auf die Schätzung nicht reagiert, berücksichtigt F im nachfolgenden Jahr bei der Schätzung für 02 einen üppigen Sicherheitszuschlag, sodass sich die Schätzung der Besteuerungsgrundlagen im Ergebnis als **reine Willkürmaßnahme** darstellt. Als sich die Schwester des G im Herbst 03 um die steuerlichen Angelegenheiten ihres Bruders kümmert, kann sie eine Wiederaufrollung der Steuerfestsetzungen, die allesamt unter dem Vorbehalt der Nachprüfung standen, erreichen. Die Steuer für die Jahre 01 und 02 wird auf Null festgesetzt. Unter Berufung auf § 240 Abs. 1 S. 4 AO verlangt das FA allerdings weiterhin Säumniszuschläge für die in den Jahren 01 und 02 zunächst festgesetzte Steuer. Wie kann G – zumindest für das Jahr 02 – argumentieren?

Lösung: Gem. § 240 Abs. 1 S. 4 AO bleiben die verwirkten Säumniszuschläge von einer nachfolgenden Änderung der Steuerfestsetzung unberührt. Für die Entstehung der Säumniszuschläge ist es irrelevant, dass sich die zunächst erfolgte Steuerfestsetzung in Nachhinein als zu hoch und damit rechtswidrig darstellt. Allerdings entstehen Säumniszuschläge nur, wenn die Steuer – auch für das Jahr 02 – wirksam festgesetzt wurde. Die Steuerfestsetzung 02 könnte nichtig und damit unwirksam sein, weil die Schätzung des F unzutreffend ist. Allerdings ist hier zu beachten, dass selbst grobe Schätzungsfehler der Finanzbehörde regelmäßig nicht zur Nichtigkeit des VA führen (BFH vom 30.08.2007, BFH/NV 2008, 13). Eine Ausnahme gilt nur, wenn sich die Schätzung des FA als bewusste **Willkürmaßnahme** darstellt (BFH a.a.O.). Davon kann nach den Angaben im vorliegenden Sachverhalt ausgegangen werden. G sollte daher die Feststellung der Nichtigkeit des Steuerbescheides 01 gem. § 125 Abs. 5 AO beantragen. Gibt das FA dem Antrag statt, müssen die Säumniszuschläge insoweit storniert werden. Ein Antrag auf Erlass der Säumniszuschläge gem. § 227 AO ist dem G dagegen nicht anzuraten, da das FA im Rahmen der Ermessensausübung einem Vollerlass der Säumniszuschläge kaum zustimmen wird.

5.2 Nichtigkeit von Verwaltungsakten (§ 125 AO)

VA sind gem. § 125 Abs. 1 AO nichtig, soweit sie an einem **besonders schwerwiegenden Fehler** leiden und dies bei verständiger Würdigung aller in Betracht kommenden Umstände **offenkundig** ist. Nach der Rspr. liegt ein besonders schwerwiegender Fehler nur vor, wenn der VA die an eine ordnungsgemäße Verwaltung zu stellenden Anforderungen so erheblich verletzt, dass von niemandem erwartet werden kann, ihn als verbindlich anzuerkennen (vgl. BFH vom 26.09.2006, BFH/NV 2007, 122). Dem VA muss der Fehler praktisch »auf der Stirn stehen« (Beispiel: Das Wasserwirtschaftsamt erlässt gegenüber dem Nichtunternehmer N einen USt-Bescheid; ein Steuerbescheid wird gegenüber einem bei Bekanntgabe **bereits verstorbenem** StPfl. bekannt gegeben).

Fehler bei der Anwendung des materiellen Rechts führen i.d.R. nicht zur Nichtigkeit, sondern »nur« zur Rechtswidrigkeit des VA (AEAO zu § 125 Nr. 2). § 125 Abs. 2 AO stellt für einige (praktisch kaum relevante) Fälle die Nichtigkeit unwiderlegbar fest. Praxisrelevant ist dagegen die Nichtigkeit von Steuerbescheiden bei falschem Inhaltsadressaten, etwa wenn sich der Bescheid an einen **nicht mehr existierenden** StPfl. richtet.[22] Insb. für die Fälle der Bekanntgabe von Bescheiden nach Eintritt der Gesamtrechtsnachfolge entspricht es ständiger Rspr. des BFH, dass ein Bescheid (mit dem Eintritt der Gesamtrechtsnachfolge) an den Gesamtrechtsnachfolger zu richten ist. Wichtig ist die Klarstellung in § 125 Abs. 3 AO, in welchen Fällen die Fehlerhaftigkeit eines VA gerade **nicht zur Nichtigkeit** führt, insb. beim Verstoß gegen die **örtliche Zuständigkeit**.

Um den Rechtsschein, der von einem nichtigen VA ausgeht, zu beseitigen, kann das FA die **Nichtigkeit** jederzeit, also auch nach Ablauf der Einspruchsfrist, von Amts wegen **feststellen** (§ 125 Abs. 5 1. HS AO). Wenn der Antragsteller hieran ein berechtigtes Interesse hat (wie z.B. im obigen Beispiel 6), ist das FA zur Feststellung der Nichtigkeit verpflichtet (§ 125 Abs. 5 2. HS AO). Die Aufhebung eines nichtigen VA kann selbst Regelungswirkung haben und damit auch einen VA darstellen; stellt das FA durch VA die Nichtigkeit eines Grundlagenbescheids fest, ist der Folgebescheid gem. § 175 Abs. 1 S. 1 Nr. 1 AO zu ändern (BFH vom 20.08.2014, BStBl II 2015, 109). Aus Gründen des Rechtsschutzes ist gegen einen nichtigen VA auch der Einspruch statthaft (AEAO zu § 347 Nr. 1).

5.3 Sonstige fehlerhafte Verwaltungsakte

Führt die Verletzung von verfahrensrechtlichen und/oder materiell-rechtlichen Vorschriften nicht zur Nichtigkeit des VA, ist der VA zwar fehlerhaft und damit rechtswidrig, aber wirksam. Eine Verletzung von Verfahrens- oder Formvorschriften kann darüber hinaus nach § 126 AO rückwirkend durch das FA geheilt werden. Der Fehler ist gem. § 126 Abs. 1 AO unbeachtlich, wenn

- der für den VA erforderliche Antrag nachträglich gestellt wird,
- die erforderliche Begründung (vgl. § 121 AO) nachträglich gegeben wird,
- die erforderliche Anhörung eines Beteiligten (nach § 91 AO ist dem Beteiligten regelmäßig Gelegenheit zu geben, sich zu den für die Entscheidung erheblichen Tatsachen vor Erlass des VA zu äußern) nachgeholt wird[23],

sowie in den praktisch unbedeutenden Fällen des § 126 Abs. 1 Nr. 4 und 5 AO. Die Heilung der unterlassenen Handlung kann in den Fällen des § 126 Abs. 1 Nr. 2 – 5 AO bis zum Abschluss des finanzgerichtlichen Verfahrens in erster Instanz nachgeholt werden (§ 126 Abs. 2 AO).

Ergeht ein VA unter Verletzung von Vorschriften über das Verfahren, die Form oder die örtliche Zuständigkeit, kann allein mit dieser Begründung die Aufhebung des rechtswidrigen VA nicht beansprucht werden, wenn keine andere Entscheidung in der Sache hätte getroffen werden können (§ 127 AO). **Derartige Fehler bleiben, auch wenn sie nicht geheilt werden, unbeachtlich.** Der Vorschrift liegt die Erwägung zugrunde, dass der StPfl. allein durch die Verletzung der Vorschriften über die örtliche Zuständigkeit oder die sonst in § 127 AO genannten Punkte nicht beschwert ist, wenn sich die Entscheidung als sachlich richtig erweist. § 127 AO

---

22 Hierzu zählt auch die Fallgestaltung, dass ein VA an eine zwischenzeitlich verstorbene natürliche Person bekannt gegeben wird; so war z.B. bei der StB-Prüfung 2005 der Inhaltsadressat eines Steuerbescheides innerhalb der damaligen Drei-Tage-Frist des § 122 Abs. 2 Nr. 1 AO verstorben, d.h. vor Wirksamwerden des Bescheides: dieser VA war daher als nichtig zu behandeln. Auch in der Prüfung 2011 wurde ein Feststellungsbescheid an einen verstorbenen Adressaten gerichtet: Mangels Wirksamkeit entfaltete der VA keine Rechtswirkung.

23 Die Nachholung der Anhörung gem. § 126 Abs. 1 Nr. 3 AO ist ein häufig vorkommendes Problem in den schriftlichen Prüfungsarbeiten.

gilt allerdings nur für **gebundene VA** (also insb. für Steuerbescheide), nicht für Ermessensentscheidungen (AEAO zu § 127 Nr. 1), da hier nicht absehbar ist, ob bei Einhaltung der Formvorschriften das Ermessen anders ausgeübt worden wäre. Auch auf die Korrekturvorschriften (§§ 130 f., 172 ff. AO) ist § 127 AO nicht anwendbar; diese Vorschriften regeln nicht, wie beim Erlass eines VA zu verfahren ist, sondern ob und unter welchen Voraussetzungen ein VA erlassen oder geändert werden kann (BFH vom 24.08.2008, BStBl II 2009, 35).

Anwendbar ist § 127 allerdings, wenn das FA die aufgrund einer einschlägigen Korrekturvorschrift zulässige Änderung eines Steuerbescheides rechtswidrig mit einer anderen – nicht einschlägigen – Korrekturvorschrift begründet (häufiges Klausurproblem); in diesem Fall ist die Änderung per se zulässig, lediglich die Begründung der Änderung ist fehlerhaft: Genau diese Fehler sind aber nach § 127 AO bei gebundenen Verwaltungsakten unbeachtlich (AEAO vor §§ 172 ff. Tz. 5).

> **Beispiel 7: Das unzuständige FA**
>
> Anstelle des örtlich zuständigen FA X erlässt das FA Y den ESt-Bescheid des A. Wie ist die Rechtslage?
>
> **Lösung:** Der Steuerbescheid ist ein gebundener VA, sodass § 127 AO anwendbar ist. Die Verletzung der Zuständigkeitsregeln führt zwar zur Rechtswidrigkeit des Bescheides, A ist hierdurch aber, wenn die Steuer der Höhe nach zutreffend festgesetzt wurde, nicht beschwert. A kann die fehlende Zuständigkeit des FA Y im Einspruchsverfahren nicht mit Erfolg rügen, da der Fehler gem. § 127 AO unbeachtlich ist.

Wenn **Ermessensentscheidungen** mit einem Verfahrens- oder Formfehler behaftet sind, der nicht nach § 126 AO geheilt worden ist, müssen sie aufgehoben und nach erneuter Ausübung des Ermessens nochmals erlassen werden, falls der Beteiligte rechtzeitig Einspruch eingelegt hat.

V Das steuerliche Verwaltungsverfahren

1 Organisation und Zuständigkeit der Finanzbehörden

1.1 Organisation der Finanzverwaltung

Die Organisation der FinVerw ist durch das Grundgesetz (Art. 108 GG) vorgegeben: Zölle, Finanzmonopole, bundesgesetzlich geregelte Verbrauchsteuern einschließlich der E-USt, die Kfz-Steuer und die Abgaben im Rahmen der Europäischen Gemeinschaften werden durch die **Bundesfinanzbehörden** verwaltet (Art. 108 Abs. 1 GG), die übrigen (und damit die vom Aufkommen wichtigsten) Steuerarten durch die **Landesfinanzbehörden** (Art. 108 Abs. 2 GG). Das Grundgesetz spricht sich damit klar gegen eine einheitliche Bundes-FinVerw aus; die **Finanzverfassung** ist vielmehr **föderal geprägt**. Soweit die Landesfinanzbehörden Steuern verwalten, die ganz oder teilweise dem Bund zufließen, werden sie im Auftrag des Bundes tätig (Art. 108 Abs. 3 S. 1 GG; sog. **Bundesauftragsverwaltung**). Diese verfassungsrechtlich vorgegebene Grundstruktur des Fiskalföderalismus wird durch das FVG wie folgt präzisiert:

Oberste **Bundesfinanzbehörde** ist das Bundesministerium der Finanzen (§ 1 FVG). Zwischen dem BMF und den örtlichen Bundesfinanzbehörden (§ 1 Nr. 4 FVG: Hauptzollämter einschließlich ihrer Dienststellen) stehen die **Bundesfinanzdirektionen als Mittelbehörden** (§§ 8 ff. FVG). Der dreistufige Verwaltungsaufbau wird im Bereich der Bundesfinanzbehörden durch sog. Bundesoberbehörden ergänzt (§ 1 Nr. 2 und §§ 4 ff. FVG). Die Bundesoberbehörden, zu denen insb. das Bundeszentralamt für Steuern (das ehemalige Bundesamt für Finanzen) gehört, nehmen eigenständige Aufgaben wahr (vgl. §§ 4 f. FVG).

Für die **Landesfinanzbehörden** sieht § 2 FVG im Grundsatz ebenfalls einen dreistufigen Behördenaufbau vor (Landes-FinMin oder Finanzsenator als oberste Landesfinanzbehörde, Oberfinanzdirektion als Mittelbehörde[1] und FA als örtliche Behörde). Die **FÄ** sind damit im Bereich der Bundesauftragsverwaltung als Teil der Landes-FinVerw **keine nachgeordneten Stellen des Bundesministeriums der Finanzen**. Allerdings besitzt das BMF gegenüber den Länderfinanzbehörden nach Art. 108 Abs. 3 S. 2, Art. 85 Abs. 3 GG ein Weisungsrecht. In den vergangenen Jahren wurde im Rahmen der Verwaltungsreformen in einigen Bundesländern vom klassischen dreistufigen Verwaltungsaufbau bei den Landesfinanzbehörden durch Einsparung der OFD als Mittelbehörde abgewichen. Die Aufgaben der Mittelbehörden (§ 8a FVG) werden dort von den obersten Landesfinanzbehörden mit übernommen.

Die Kenntnis der Verwaltungsorganisation ist erforderlich, um interne Verwaltungsabläufe zu verstehen.

> **Beispiel 1: Weg einer Aufsichtsbeschwerde**
>
> A hat gegen seinen ESt-Bescheid für das Jahr 2024 beim FA Erding Einspruch eingelegt. Nachdem er mehrere Wochen nichts vom FA gehört hat, teilt ihm dies mit Schreiben vom 17.03.2025 mit, aufgrund der starken Arbeitsbelastung werde die Bearbeitung des Einspruchs noch längere Zeit dauern. Um weitere Verzögerungen zu vermeiden, wird A gebeten, von Anrufen zum Arbeitsstand abzusehen. A ist über das Schreiben des FA empört und beschwert sich hierüber beim BMF. Wie wird die Eingabe dort behandelt?

---

1 In Bayern das Bayerische Landesamt für Steuern als reine Landesbehörde (vgl. § 2 Abs. 1 Nr. 3 FVG und § 6 Abs. 2 Nr. 4a AO).

Lösung: Die ESt wird von den Ländern im Auftrag des Bundes verwaltet. Das FA Erding ist keine nachgeordnete Dienstbehörde des BMF. Das BMF wird die Aufsichtsbeschwerde daher an die oberste Landesfinanzbehörde, hier das Bayerische Staatsministerium der Finanzen, für Landesentwicklung und Heimat weiterleiten. Nachdem die unmittelbare Dienstaufsicht über das FA Erding beim Bayerischen Landesamt für Steuern (BayLfSt) liegt (§ 8a FVG), wird das FinMin die Aufsichtsbeschwerde entweder dorthin zur weiteren Behandlung abgeben oder über das BayLfSt das FA Erding um einen Bericht zur Sache ersuchen, um die Beschwerde selbst zu beantworten.

1.2 Sachliche Zuständigkeit (§ 16 AO)

Zuständigkeit im Rechtssinne bedeutet das **Recht**, aber auch die **Pflicht** einer bestimmten Behörde, die gesetzlich zugewiesenen Aufgaben zu erfüllen. Die sachliche Zuständigkeit der FÄ, d. h. der diesen Behörden zugewiesene Aufgabenbereich, ergibt sich aus § 16 AO i. V. m. § 17 FVG. Die FÄ sind demnach für die Verwaltung der Steuern, deren Verwaltung nicht den Bundesfinanzbehörden oder den Gemeinden übertragen worden ist, zuständig. Neben dem Aufgabenbereich, der den FÄ durch das FVG zugewiesen ist, weisen auch andere Gesetze den FÄ bestimmte Aufgaben zu, so z. B. §§ 208, 249, 386 AO, ferner das StBerG und das InvZulG. Stellt die Einspruchsbehörde i. R. d. gem. § 367 Abs. 2 S. 1 AO durchzuführenden umfassenden Prüfung der Entscheidung fest, dass die Ausgangsbehörde sachlich unzuständig war, hat sie deren Ausgangsbescheid aufzuheben und durch einen neuen Ausgangsbescheid erstmals selbst über den Erlassantrag zu entscheiden; der Heilungstatbestand des § 126 AO erfasst nicht den Mangel der fehlenden sachlichen Zuständigkeit (BFH vom 19.01.2023, BStBl II 2023, 626). Die **interne Zuständigkeit** innerhalb eines FA wird nicht durch das FVG oder die AO, sondern durch eine Verwaltungsanweisung, die sog. Geschäftsordnung für die FÄ (FAGO), geregelt.

1.3 Örtliche Zuständigkeit (§§ 17 – 29 AO)

Die **örtliche Zuständigkeit** regelt, welche von mehreren sachlich zuständigen Behörden, deren Aufgabenbereiche untereinander nach regionalen Gesichtspunkten abgegrenzt sind, zuständig ist. Daneben ist die örtliche Zuständigkeit auch für die Steuerertragskompetenz (Art. 107 Abs. 1 GG) von Bedeutung. Soweit die örtliche Zuständigkeit eines FA nicht in den Einzelsteuergesetzen geregelt ist, richtet sie sich – insb. für die wichtigen Steuerarten – nach den §§ 18 – 29 AO. Anknüpfungspunkte für die Zuständigkeit sind demnach, je nach Steuerart, Merkmale wie Wohnsitz, Ort der Berufsausübung, Sitz bzw. Ort der Geschäftsleitung und die Belegenheit von Objekten.

Handelt anstelle des zuständigen FA ein örtlich unzuständiges FA, führt dies zur **Fehlerhaftigkeit** des VA. § 125 Abs. 3 Nr. 1 AO stellt klar, dass eine Verletzung der Vorschriften über die örtliche Zuständigkeit nicht zur Nichtigkeit des VA führt. Wenn keine andere Entscheidung in der Sache hätte getroffen werden können (z. B. bei Steuerbescheiden, nicht jedoch bei Ermessensentscheidungen), ist die **Verletzung der Zuständigkeitsregeln** allein gem. § 127 AO **kein Aufhebungsgrund** (vgl. BFH vom 02.08.2012, BFH/NV 2013, 243); der Fehler bleibt in diesen Fällen ohne Konsequenz. Fragen betreffend die örtliche Zuständigkeit sind in der StB-Prüfung nur von untergeordneter Bedeutung. Die Kenntnis folgender Grundbegriffe wird jedoch, insb. in der mündlichen Prüfung, vorausgesetzt:

1.3.1 Zuständigkeit des Lagefinanzamts (§§ 18 und 22 AO)
§ 18 Abs. 1 Nr. 1 AO bestimmt die Zuständigkeit des sog. **Lage-FA**, wenn bei der Besteuerung nicht eine natürliche oder juristische Person, sondern eine Sache in den Vordergrund tritt, d. h. bei der Einheitsbewertung von Betrieben der Land- und Forstwirtschaft, privaten und betrieblichen Grundstücken, außerdem bei der gesonderten Feststellung von Einkünften aus Land- und Forstwirtschaft. Gem. § 22 Abs. 1 AO ist das Lage-FA ebenfalls zuständig für die Festsetzung und Zerlegung der Steuermessbeträge bei der Grundsteuer.

1.3.2 Zuständigkeit des Betriebsfinanzamts (§§ 18, 21 und 22 AO)
Betriebs-FA (auch Betriebsstätten-FA genannt) ist für Gewerbetreibende mit Geschäftsleitung im Inland das FA, in dessen Bezirk sich die Geschäftsleitung (vgl. § 10 AO) befindet; für Gewerbetreibende, die im Inland keine Geschäftsleitung haben, ist das FA zuständig, in dessen Bezirk eine Betriebsstätte und bei mehreren Betriebsstätten die wirtschaftlich bedeutsamste Betriebsstätte unterhalten wird (§ 18 Abs. 1 Nr. 2 AO). Hintergrund der Regelung ist, dass das Betriebsstätten-FA mit den betrieblichen Verhältnissen regelmäßig besser vertraut ist als das Wohnsitz-FA und daher eher eine zutreffende Entscheidung gewährleisten kann. Abzustellen ist auf die Merkmale, die im Zeitpunkt der Durchführung der gesonderten Feststellung vorliegen. Das Betriebsstätten-FA ist demnach zuständig für die **gesonderten Feststellungen** nach § 180 AO, **soweit gewerbliche Betriebe betroffen sind**, für den Erlass von **Gewerbesteuermessbescheiden und Gewerbesteuerzerlegungsbescheiden** (§ 22 Abs. 1 AO) und für die **USt** mit Ausnahme der E-USt (§ 21 Abs. 1 S. 1 AO).

1.3.3 Zuständigkeit des Finanzamts der vorwiegenden Berufstätigkeit (§§ 18 und 21 AO)
§ 18 Abs. 1 Nr. 3 AO weist die örtliche Zuständigkeit für eine gesonderte Feststellung bei selbständiger Tätigkeit dem FA zu, von dessen Bezirk aus die Berufstätigkeit ausgeführt wird. Ist dieses »Tätigkeits-FA« zugleich auch das Wohnsitz-FA, so ist eine gesonderte Feststellung der Einkünfte aus selbständiger Tätigkeit nicht erforderlich (vgl. BFH vom 10.06.1999, BStBl II 1999, 691). Einkünfte aus selbständiger Arbeit i. S. d. § 18 Abs. 1 Nr. 3 AO sind nur solche gem. § 18 Abs. 1 EStG. Wird die Tätigkeit im Bereich mehrerer FÄ ausgeübt, wird auf den Schwerpunkt der Tätigkeit abgestellt; dies soll gewährleisten, dass das FA, in dessen Bezirk der Schwerpunkt der Berufsausübung liegt, eine umfassende Zuständigkeit für diese Tätigkeit im Ganzen erhält. Das Tätigkeits-FA ist auch für die USt freiberuflich Tätiger zuständig (§ 21 AO).

1.3.4 Zuständigkeit des Wohnsitzfinanzamts (§ 19 AO)
Wohnsitz-FA ist das FA, in dessen Bezirk der StPfl. aktuell seinen Wohnsitz oder in Ermangelung dessen seinen gewöhnlichen Aufenthalt hat (§ 19 Abs. 1 AO). Bei mehreren Wohnsitzen ist derjenige Wohnsitz maßgebend, an dem sich der StPfl. vorwiegend aufhält (§ 19 Abs. 1 S. 2 AO). Das Wohnsitz-FA ist örtlich zuständig für die Besteuerung natürlicher Personen nach dem Einkommen (§ 19 Abs. 1 S. 1 AO), unberührt der besonderen Regelungen für gesonderte Feststellungen nach § 18 AO. In § 19 Abs. 6 AO hat der Gesetzgeber mit dem JStG 2009 eine neue Bestimmung der örtlichen Zuständigkeit für die sog. Auslandsrentner (§ 49 Abs. 1 EStG) geschaffen; zentral zuständig ist in diesen Fällen nunmehr das FA Neubrandenburg.

1.3.5 Zuständigkeit des Geschäftsleitungsfinanzamts (§ 20 AO)
Für die Besteuerung von Körperschaften, Personenvereinigungen und Vermögensmassen nach dem Einkommen ist gem. § 20 Abs. 1 AO das FA zuständig, in dessen Bezirk sich die

Geschäftsleitung befindet (Geschäftsleitungs-FA). Fehlt eine inländische Geschäftsleitung, ist subsidiär auf den Sitz (§ 11 AO) abzustellen (§ 20 Abs. 2 AO).

1.3.6 Sonstige Zuständigkeitsregeln (§§ 24 – 29 AO)

Die örtliche Zuständigkeit bestimmt sich regelmäßig nach den Verhältnissen im Zeitpunkt des Verwaltungshandelns, d. h. im Zeitpunkt der Durchführung der Steuerfestsetzung oder Feststellung, nicht nach den Verhältnissen im Veranlagungs- oder Feststellungszeitraum.[2] Bei einem Zuständigkeitswechsel ist ferner zu prüfen, wann die Steuerverwaltung (das »alte« bzw. das »neue« FA) von den Umständen, die zu einem Wechsel führen, erfährt (§ 26 S. 1 AO): Ein Wohnsitzwechsel führt demnach erst dann zu einer neuen Zuständigkeit des Wohnsitz-FA, wenn die Steuerverwaltung über den Umzug informiert wird.

Sind **mehrere FÄ** nach den Zuständigkeitsregeln der §§ 18 ff. AO örtlich zuständig, so entscheidet gem. § 25 AO dasjenige FA, das **zuerst** mit der Sache **befasst** worden ist (FA des ersten Zugriffs). Einigen sich bei mehrfacher örtlicher Zuständigkeit die Finanzbehörden auf ein zuständiges FA, handelt es sich nicht um eine Zuständigkeitsvereinbarung i. S. d. § 27 AO (AEAO zu § 25). Der Zustimmung des Betroffenen bedarf es in diesen Fällen daher nicht.

§ 27 AO (Zuständigkeitsvereinbarung) betrifft dagegen Fälle, in denen ein an sich örtlich unzuständiges FA die Besteuerung übernimmt. Dies kann im Einzelfall zweckmäßig sein, wenn z. B. in komplizierten Fallgestaltungen die Bündelung der Zuständigkeit bei einem bestimmten FA sinnvoll scheint. Eine Zuständigkeitsvereinbarung nach § 27 AO ist nur mit Zustimmung des Betroffenen zulässig (§ 27 S. 2 – 4 AO). In **Zweifelsfällen** wird das örtlich zuständige FA durch die gemeinsame Aufsichtsbehörde bestimmt (§ 28 Abs. 1 AO). Bei **Gefahr im Verzug** ist für unaufschiebbare Maßnahmen jedes FA örtlich zuständig, in dessen Bezirk der Anlass für die Amtshandlung hervortritt (§ 29 S. 1 AO). § 26 AO regelt den Zuständigkeitswechsel, § 24 AO die **Ersatzzuständigkeit**, wenn sich die Zuständigkeit nicht aus anderen Vorschriften ableiten lässt. § 24 AO hat insb. Bedeutung für den Erlass von Haftungsbescheiden nach § 191 AO. Für den Erlass eines Haftungsbescheides ist wegen des Sachzusammenhangs i. d. R. das für den Steuerschuldner zuständige FA zuständig.

> **Beispiel 1a: Wer ist zuständig?**
>
> RA'in Ramona Rehauge (R) wohnt in Ebersberg (FA-Bezirk Ebersberg) und betreibt dort auch ihre Kanzlei. Am 30.06.2020 verlegt R ihre Kanzlei nach Erding (FA-Bezirk Erding) und zeigt dies am 01.07.2020 dem FA Ebersberg an. R möchte von Ihnen wissen,
> - ob sie verpflichtet war, die Verlegung der Kanzlei dem FA mitzuteilen,
> - welches FA für die ESt und USt 2019 zuständig ist,
> - welches FA für die ESt- und USt 2020 zuständig ist, wenn R die Erklärungen am 12.07.2021 beim FA Ebersberg eingereicht hat (Gewinnermittlungszeitraum ist das Kj.) und
> - welche rechtlichen Folgen sich bei einem Verstoß gegen die Regeln über die örtliche Zuständigkeit ergäben.
>
> **Lösung:** R war gem. § 138 Abs. 1 S. 4 und S. 3 AO verpflichtet, die Verlegung ihrer freiberuflichen Tätigkeit dem Wohnsitz-FA, hier also dem FA Ebersberg (§ 19 Abs. 1 AO), mitzuteilen. Für die **ESt 2020** ist gem. § 19 Abs. 1 AO das Wohnsitz-FA, also das FA Ebersberg, örtlich zuständig. Nachdem nach den Verhältnissen **am Ende des Jahres 2020** (vgl. § 180 Abs. 1 Nr. 2 Buchst. b, 2. HS AO) das für

---

2 *Kühn/von Wedelstädt*, § 17 AO Rn. 3; BFH vom 22.09.1989, BFH/NV 1990, 568.

die gesonderte Feststellung zuständige FA nicht auch für die Steuern vom Einkommen zuständig ist, erfolgt gem. § 18 Abs. 1 Nr. 3 AO eine gesonderte Feststellung der Einkünfte 2020 als RA'in durch das Tätigkeits-FA Erding. Für die **USt 2020** ist ab 01.07.2020 das Unternehmens-FA in Erding zuständig (§§ 21 Abs. 1 i. V. m. 26 AO).

Für die **ESt 2019** ist gem. § 19 Abs. 1 AO ebenfalls das Wohnsitz-FA Ebersberg örtlich zuständig. 2019 kommt es nicht zu einer gesonderten Feststellung der Einkünfte als RA'in, da nach den Verhältnissen zum Schluss des Gewinnermittlungszeitraums 2019 das für die gesonderte Feststellung zuständige FA Ebersberg auch für die ESt 2019 zuständig ist; eine gesonderte Feststellung unterbleibt daher für 2019. Für die **USt 2019** ist gem. §§ 21, 26 AO das FA Erding zuständig. Ein Verstoß gegen die Vorschriften über die örtliche Zuständigkeit führt zwar zur Rechtswidrigkeit, aber nicht zur Nichtigkeit der entsprechenden Bescheide (arg. ex § 125 Abs. 3 Nr. 1 AO). Da es sich bei Steuerbescheiden um gebundene Verwaltungsakte handelt, ist der **Verstoß gem. § 127 AO unbeachtlich**, wenn in der Sache selbst richtig entschieden worden ist.

2 Fristen, Termine, Wiedereinsetzung (§§ 108 – 110 AO)

2.1 Fristen und Termine (§§ 108 f. AO)

Zur Sicherstellung eines ordnungsgemäßen Ablaufs des Verwaltungsverfahrens und zur Schaffung von Rechtssicherheit sind Fristen und Termine sowohl in der AO selbst, aber auch in den Einzelsteuergesetzen (z. B. bei der Antragsveranlagung nach § 46 Abs. 2 Nr. 8 EStG) zu finden. Die Fristenberechnung ist von hoher praktischer Bedeutung und **Gegenstand nahezu jeder schriftlichen Prüfungsarbeit**, so auch zuletzt 2020.

Fristen sind **abgegrenzte, bestimmbare Zeiträume**, vor deren Ablauf eine Handlung oder ein Ereignis wirksam werden muss, um fristgerecht zu sein (AEAO zu § 108 Nr. 1). An die Einhaltung oder Nichteinhaltung der Frist knüpft das Gesetz rechtliche Folgen. Wird beispielsweise ein VA nicht rechtzeitig innerhalb der einmonatigen Einspruchsfrist (§ 355 Abs. 1 AO) nach Bekanntgabe angefochten, wird er formell bestandskräftig und damit unanfechtbar. Demgegenüber betrifft ein **Termin** nicht einen Zeitraum, sondern einen Zeitpunkt. »Fälligkeitstermine« geben das Ende einer Frist an; sie sind keine Termine im Rechtssinne, sondern uneigentliche Termine. Bei den Fristen unterscheidet die AO **gesetzliche und behördlich bestimmte Fristen**. Die Unterscheidung ist wichtig, da gem. § 109 Abs. 1 S. 1 AO neben den Fristen zur Einreichung von Steuererklärungen **nur behördlich bestimmte Fristen** durch das FA **verlängert** werden können. So ist etwa die Einspruchsfrist nach § 355 Abs. 1 AO nicht verlängerbar; wird sie versäumt, kommt allenfalls Wiedereinsetzung in den vorigen Stand nach § 110 AO in Betracht.

Die behördliche **Fristverlängerung** steht dabei im Ermessen des FA (§ 109 Abs. 1 S. 1 AO). Eine Verlängerung gesetzlicher Fristen ist nur möglich, wenn das Gesetz dies ausdrücklich zulässt (z. B. bei Steuererklärungsfristen (§ 109 Abs. 1 S. 1 AO) und bei einer Stundung §§ 222 f. AO). Das FA kann eine Frist auch stillschweigend verlängern, indem es schweigt, nachdem rechtzeitig ein Verlängerungsantrag gestellt worden ist. Solange allerdings noch mit einem ablehnenden VA zu rechnen ist, darf der Antragsteller die Verlängerung nicht als bewilligt ansehen.[3] Gegen die Ablehnung der Fristverlängerung durch das FA kann – da es sich um einen VA handelt – Einspruch nach den §§ 347 ff. AO und bei ablehnender Einspruchsentscheidung Verpflichtungsklage beim FG eingelegt werden. Unter den Voraussetzungen

---

3   *Tipke/Kruse*, AO, § 109 Rz. 7.

des § 109 Abs. 1 S. 2 AO können Fristen auch rückwirkend, d. h. nach Fristablauf, verlängert werden. Fristen, bei denen eine Verlängerung zwingend ausgeschlossen ist (z.B. die Klagefrist gem. § 47 Abs. 1 FGO) werden auch als **Ausschlussfristen** bezeichnet. Werden Ausschlussfristen versäumt, ist keine rückwirkende Fristverlängerung, sondern allenfalls eine Wiedereinsetzung in den vorigen Stand gem. § 110 AO möglich.

Gesetzliche Fristen sind solche, die unmittelbar durch Gesetz oder Rechtsverordnung geregelt sind, etwa Aufbewahrungsfristen für Buchführungsunterlagen nach § 147 AO oder die Steuererklärungsfrist nach § 149 AO. **Behördliche Fristen** sind solche, die das FA in Ausübung seiner Befugnisse eigenverantwortlich bestimmt, etwa die Fristen für Mitwirkungspflichten nach §§ 93 ff. AO oder die Präklusionsfrist gem. § 364b AO.

Für die **Fristberechnung** verweist § 108 Abs. 1 AO auf die Vorschriften des Bürgerlichen Rechts (§ 187 bis § 193 BGB), soweit nicht durch § 108 Abs. 2 – 5 AO etwas anderes bestimmt ist. Für den **Fristbeginn** unterscheidet § 187 BGB zwischen **Ereignisfristen**, zu denen fast alle steuerlich bedeutsamen Fristen gehören, und sog. **Tagesbeginnfristen** (§ 187 Abs. 2 BGB), die vor allem bei der Lebensalterberechnung von Bedeutung sind.

Bei den **Ereignisfristen** (§ 187 Abs. 1 BGB) wird der Tag, in welchen das Ereignis oder der Zeitpunkt fällt, nicht mitgerechnet. Fristen, die an **VA** anknüpfen, beginnen daher mit **Ablauf des Tages der Bekanntgabe**. Für einen am Montag bekannt gegebenen VA beginnt die Einspruchsfrist demnach am nachfolgenden Dienstag um null Uhr. § 108 Abs. 2 AO wiederholt diesen Rechtsgedanken nochmals ausdrücklich für behördliche Fristen.

Ist dagegen der **Beginn eines Tages der maßgebende Zeitpunkt** (sog. **Tagesbeginnfristen**), wird dieser Tag bei der Berechnung der Frist mitgerechnet (§ 187 Abs. 2 BGB). Der am 12.04.1972 geborene C vollendet sein 53. Lebensjahr nicht am Tag seines Geburtstages, sondern mit Ablauf des 11.04.2025; der Tag der Geburt zählt bei der Lebensalterberechnung daher mit (§ 187 Abs. 2 S. 2 BGB). Das **Fristende** bestimmt sich gem. § 188 BGB danach, wie die Frist bemessen ist. Eine nach **Tagen** bestimmte Frist endet nach § 188 Abs. 1 BGB mit Ablauf des letzten Tages der Frist, eine nach **Wochen, Monaten oder Jahren** bestimmte Frist mit Ablauf desjenigen Tages, welcher durch seine Benennung dem Tag entspricht, in den das Ereignis oder der Zeitpunkt fällt (§ 188 Abs. 2 1. HS BGB). Fehlt bei einer nach Monaten bestimmten Frist in dem letzten Monat der für ihren Ablauf maßgebende Tag, endet die Frist mit dem Ablauf des letzten Tages dieses Monats (§ 188 Abs. 3 BGB).

Fällt das Fristende auf einen Samstag, Sonntag oder gesetzlichen Feiertag, endet die Frist erst mit dem Ablauf des nächstfolgenden Werktages (§ 108 Abs. 3 AO, sog. Fristenstreckung). § 108 Abs. 3 AO gilt auch für die Vier-Tage-Regelungen (§ 122 Abs. 2 Nr. 1 AO, Abs. 2a AO, § 123 S. 2 AO; § 4 Abs. 2 S. 2 VwZG), die Monats-Regelungen (§ 122 Abs. 2 Nr. 2 AO, § 123 S. 2 AO) und die Zwei-Wochen-Regelung (§ 122 Abs. 4 S. 3 AO; BMF vom 12.01.2004, BStBl I 2004, 31; s. auch Kap. IV 2.3.2).

Beachten Sie: In der schriftlichen Prüfung fehlt Ihnen zumeist die Zeit, die äußerst kompliziert formulierten Vorschriften der §§ 187 – 193 BGB nachzulesen. Sofern nicht ausdrücklich eine ausführliche Begründung gefragt ist, reicht für die Begründung der Fristberechnung regelmäßig ein pauschaler Verweis auf die »§§ 108 Abs. 1 AO i.V.m. §§ 187 – 193 BGB«.

Beispiel 2: Fristberechnung bei der Bekanntgabe von Steuerbescheiden

Wann endet die einmonatige Einspruchsfrist für einen Steuerbescheid, der am Mittwoch, 26.04.06 zur Post gegeben wird?

Lösung: Für den Beginn der Einspruchsfrist ist der Bekanntgabetag maßgebend (§ 355 Abs. 1 AO). Die Vier-Tage-Regelung des § 122 Abs. 2 Nr. 1 AO ist eine Frist i. S. d. § 108 Abs. 3 AO. Die Frist beginnt daher nicht mit dem Ablauf der gewöhnlichen Vier-Tage-Regelung, da der Tag der Bekanntgabefiktion auf einen Sonntag fällt und auch der nachfolgende 01.05.06 ein Feiertag ist. Beide Tage bleiben für den Fristbeginn daher außer Betracht. Der erste, für den Fristbeginn beachtliche Werktag nach der Bekanntgabefiktion ist damit der Dienstag, 02.05.06. Die Einspruchsfrist beginnt mit Ablauf des 02.05.06 und endet gem. § 188 Abs. 2 und 3 BGB am 02.06.06 um 24.00 Uhr. Sollte es sich dabei um Samstag, Sonntag oder Feiertag handeln (hier nicht der Fall!), endet die Frist nach § 193 BGB erst am nächsten Werktag. Die Einspruchseinlegung darf bis zum Ablauf des letzten Tages der Frist vorgenommen werden, also bis 24.00 Uhr. Nach der Rspr. des BVerfG müssen Behörden und Gerichte geeignete Vorkehrungen treffen, um dem Bürger die volle Ausnutzung der ihm vom Gesetz eingeräumten Fristen zu ermöglichen.

2.2 Wiedereinsetzung in den vorigen Stand (§ 110 AO)

Versäumt jemand ohne Verschulden eine gesetzliche Frist, ist ihm auf Antrag hin Wiedereinsetzung in den vorigen Stand zu gewähren (§ 110 Abs. 1 S. 1 AO). Durch die Wiedereinsetzung wird der Betroffene **so gestellt, als habe er die versäumte Frist gewahrt.** Die Gewährung der Wiedereinsetzung lässt somit den Ablauf der gesetzlichen Frist unberührt, bewirkt jedoch die Beseitigung der aus der Fristversäumnis resultierenden Folgen. § 110 Abs. 1 S. 1 AO setzt voraus, dass ein **StPfl.** (nicht also das FA!) eine **gesetzliche Frist versäumt**. Eine Wiedereinsetzung ist daher nicht möglich, wenn nicht der StPfl., sondern das FA eine gesetzliche Frist versäumt. Die Festsetzungsfrist gem. § 169 AO und die Zahlungsverjährungsfrist gem. §§ 228 ff. AO sind demnach nicht wiedereinsetzungsfähig (vgl. BFH vom 24.01.2008, BStBl II 2008, 462 für die Festsetzungsfrist). Nicht wiedereinsetzungsfähig sind ferner die verlängerbaren gesetzlichen Fristen wie z. B. die Steuererklärungsfrist nach § 149 AO oder die Zahlungsfrist nach §§ 222 f. AO, da insoweit § 109 AO eine Sonderregelung enthält.[4] Soweit das Gesetz eine Fristverlängerung für behördliche Fristen vorsieht (§ 109 Abs. 1 AO), kommt eine Wiedereinsetzung ebenfalls nicht in Betracht.

Das wichtigste **Beispiel für wiedereinsetzungsfähige gesetzliche Fristen** ist die Einspruchsfrist nach § 355 Abs. 1 AO.

Eine Frist wird **versäumt**, wenn eine fristgebundene Handlung nicht rechtzeitig oder nicht wirksam vorgenommen wurde. Die Frist endet an ihrem letzten Tag um 24.00 Uhr, nicht bereits mit Ende der Dienstzeit. In der FA-Praxis sind Nachtbriefkästen, die nach Dienstschluss den rechtzeitigen Einwurf eines Schriftstücks vor Mitternacht dokumentieren, regelmäßig nicht anzutreffen. In den Posteingangsstellen wird die am Morgen vorgefundene Post daher mit dem sog. **Frühleerungsstempel** versehen, wenn nicht ausgeschlossen werden kann, dass das Schriftstück noch am Vortag in den Briefkasten eingeworfen wurde. Bei Verwendung eines solchen Frühleerungsstempels gilt das Schriftstück zugunsten des Absenders als am Vortag eingegangen (vgl. BFH vom 28.10.1987, BStBl II 1988, 111).

---

4   *Kühn/von Wedelstädt*, § 110 AO Rz. 5 m. w. N.

Die Wiedereinsetzung setzt gem. § 110 Abs. 1 S. 1 AO regelmäßig einen ausdrücklichen **Antrag** voraus. Wird die versäumte Handlung innerhalb der Antragsfrist (ein Monat seit Wegfall des Hindernisses, § 110 Abs. 2 S. 1 AO) nachgeholt, kann Wiedereinsetzung auch ohne Antrag gewährt werden, § 110 Abs. 2 S. 4 AO. Die Monatsfrist für die Begründung eines Wiedereinsetzungsantrags ist gewahrt, wenn innerhalb der Frist zumindest im Kern die Tatsachen vorgetragen werden, aus denen sich die schuldlose Verhinderung ergeben soll. Ist dies geschehen, können unklare oder unvollständige Angaben auch noch nach Fristablauf erläutert bzw. ergänzt werden (BFH vom 31.01.2017, BFH/NV 2017, 885).

Die Wiedereinsetzung in den vorigen Stand ist keine Ermessensentscheidung. Liegen die Voraussetzungen des § 110 AO vor, **muss** die Behörde nach dem Wortlaut des § 110 Abs. 1 S. 1 AO Wiedereinsetzung gewähren. Zuständig für die Entscheidung über den Wiedereinsetzungsantrag ist das FA, das über die versäumte Rechtshandlung zu befinden hat (§ 110 Abs. 4 AO). Über den Antrag wird nicht in einem eigenen Verfahren entschieden, sondern (als unselbständiger Teil) zusammen mit der Hauptsacheentscheidung (etwa mit der Einspruchsentscheidung). Wird die Wiedereinsetzung abgelehnt, ist der Ablehnungsbescheid daher auch nicht selbständig anfechtbar, sondern nur zusammen mit dem zugrunde liegenden VA durch Klageerhebung (BFH vom 14.11.2006, BFH/NV 2007, 728).

Eine Wiedereinsetzung ist nur bei **unverschuldeter Fristversäumnis** zulässig (§ 110 Abs. 1 S. 1 AO). Schuldhaft handelt, wer vorsätzlich oder fahrlässig die gesetzlichen Fristen nicht einhält, wenn er die Versäumung hätte voraussehen können und ihm ein anderes Verhalten zumutbar war (vgl. § 276 BGB); es **genügt insoweit leichte Fahrlässigkeit**: Im Rahmen des § 110 AO ist – anders als bei § 173 Abs. 1 Nr. 2 AO – bereits bei einem leicht fahrlässigen Verhalten eine Wiedereinsetzung zu versagen (BFH vom 29.08.2017, BStBl II 2018, 69). Dabei sind die persönlichen Verhältnisse des StPfl. zu berücksichtigen (**subjektiver Verschuldensmaßstab**): Bei steuerlich erfahrenen Personen und Angehörigen der steuerberatenden Berufe wird der Sorgfaltsmaßstab höher liegen als bei steuerlich gänzlich unbedarften StPfl.[5] So gehört bei den steuerberatenden Berufen ein **Fristenkontrollbuch** oder eine ähnliche Einrichtung zur unerlässlichen Voraussetzung für eine ordnungsgemäße Büroorganisation, bei deren Fehlen eine Wiedereinsetzung nicht gewährt werden kann (BFH vom 22.09.2023, Az.: IX R 29/22). Arbeitsüberlastung des steuerlichen Vertreters ist nach ständiger Rspr. für sich allein kein Grund für eine Wiedereinsetzung, ebenso wenig ein nicht näher erläutertes »Büroversehen«. Ein Fehler bei der Fristberechnung durch einen rechtskundigen Prozessbevollmächtigten ist regelmäßig als fahrlässig einzustufen und stellt ein die Wiedereinsetzung ausschließendes Verschulden dar (BFH vom 01.09.2022, BFH/NV 2022, 1190).

Eine Erkrankung ist nur dann ein Wiedereinsetzungsgrund, wenn sie plötzlich aufgetreten ist, mit ihr nicht gerechnet werden musste und sie so schwerwiegend war, dass weder die Wahrung der laufenden Fristen noch die Bestellung eines Dritten, der sich um die Frist kümmern konnte, möglich war (Gegenstand der schriftlichen Prüfung 2023, vgl. BFH vom 21.07.2021, Az.: X B 126/20).

Nach der sehr kasuistischen Rspr. ist die Verschuldensfrage immer eine **Einzelfallentscheidung**. Im Ergebnis geht es darum, zu verhindern, dass durch pflichtvergessenes und

---

5 Vgl. BFH vom 19.03.2019, BFH/NV 2019, 705: Wiedereinsetzung in den vorigen Stand kann nicht gewährt werden, wenn bei Verwendung eines elektronischen Fristenkalenders in der Kanzlei des Prozessvertreters nicht dargetan wird, dass ausreichende Vorkehrungen zur Fristenkontrolle für den Fall eines Totalausfalls der Computeranlage getroffen worden sind.

gleichgültiges Verhalten gegenüber dem FA der ordnungsgemäße Ablauf des Verfahrens beeinträchtigt wird, und nicht darum, zerstreute, vergessliche oder gedankenlose StPfl. zur Konzentration zu erziehen. Eine Überspannung der Sorgfaltspflichten ist daher sicherlich verfehlt, so kann der StPfl. z. B. darauf vertrauen, dass werktags im Bundesgebiet aufgegebene Postsendungen am folgenden Werktag im Bundesgebiet auch ausgeliefert werden, unabhängig davon, welches lizenzierte Postdienstleistungsunternehmen beauftragt wurde; werden die Postlaufzeiten nicht eingehalten, ist daher i. d. R. Wiedereinsetzung zu gewähren (BFH vom 28.10.2008, BStBl II 2009, 190).

Bei der Verschuldensfrage muss sich der StPfl. das **Verschulden** eines steuerlichen Vertreters **zurechnen** lassen (§ 110 Abs. 1 S. 2 AO). Aus Gründen der Rechtssicherheit bestimmt § 110 Abs. 3 AO ferner, dass nach einem Jahr seit Ende der versäumten Frist nur dann ein Antrag auf Wiedereinsetzung gestellt werden darf, wenn der Antrag vor Ablauf der Jahresfrist infolge höherer Gewalt unmöglich war.

Beispiel 3: Der fehlgeleitete Schriftsatz
Das FA Hamm nimmt Klumpe mit einem an diesen persönlich am 20.03.2020 zugestellten Haftungsbescheid für Steuerrückstände einer GmbH in Haftung. Mit Schreiben vom 20.06.2020 legt Klumpes StB, Schnell, gegen den Haftungsbescheid Einspruch beim FA Hamm ein und beantragt Wiedereinsetzung in den vorigen Stand. Den Antrag begründet Schnell wie folgt: Er habe bereits mit einem an das FA Minden adressierten Schreiben vom 12.04.2020 Einspruch gegen den Haftungsbescheid eingelegt. Die falsche Adressierung sei aber in der Kanzlei erst Mitte Juni 2020 erkannt worden. Das FA Minden bestätigt diesen Sachvortrag des Schnell. Warum das Schreiben nicht bereits von dort an das zuständige FA Hamm weitergeleitet wurde, ist nicht mehr aufklärbar. Die fehlerhafte Adressierung im Schreiben vom 12.04.2020 ist durch die Kanzleikraft Sorglos vorgenommen worden, weil die Anschrift des FA Minden – zu Unrecht – bei den Daten des Klumpe im PC abgespeichert war. Schnell argumentiert wie folgt: Hätte das unzuständige FA Minden die Einspruchsschrift unverzüglich an das FA Hamm weitergeleitet, wäre die Einspruchsfrist gewahrt worden. Es sei deshalb Wiedereinsetzung in den vorigen Stand zu gewähren. Wie wird das FA Hamm entscheiden?

Lösung: Der Einspruch gegen den Haftungsbescheid war gem. § 357 Abs. 2 AO beim FA Hamm als zutreffende Anbringungsbehörde einzulegen. Die schriftliche Anbringung bei einer anderen Behörde ist nach § 357 Abs. 2 S. 4 AO nur dann unschädlich, wenn der Einspruch vor Ablauf der Einspruchsfrist der zuständigen Behörde übermittelt wird. Der Eingang des Schreibens vom 12.04.2020 beim FA Minden hat die Einspruchsfrist nicht gewahrt, da das Schriftstück nicht rechtzeitig beim FA Hamm eingegangen ist. Ursächlich für die Versäumung der Einspruchsfrist sind die fehlerhafte Adressierung des Schreibens vom 12.04.2020 sowie die versäumte Weiterleitung des Schriftstücks an das FA Hamm. Eine Wiedereinsetzung in den vorigen Stand setzt voraus, dass Klumpe die Einspruchsfrist unverschuldet versäumt hat (§ 110 Abs. 1 S. 1 AO). Handelt ein Bevollmächtigter für den Einspruchsführer, muss sich Klumpe das Verschulden des Schnell zurechnen lassen (§ 110 Abs. 1 S. 2 AO). Nach der Rspr. trägt der Schnell als Bevollmächtigter die Verantwortung dafür, dass die Einspruchsschrift rechtzeitig bei der richtigen Behörde eingeht. Schnell hat beim Unterzeichnen der Einspruchsfrist den Fehler nicht bemerkt. Als rechtskundige Fachkraft hätte Schnell wissen müssen, dass der Einspruch an das FA Hamm zu richten ist.

Es gehört zu den Sorgfaltspflichten eines Bevollmächtigten, zu überprüfen, ob der Schriftsatz an die richtige Anbringungsbehörde gerichtet ist. Entgegen der Auffassung des Schnell entfällt die Verantwortlichkeit für die Fristversäumnis auch nicht deshalb, weil das FA Minden die Weiterleitung des Schriftstücks nicht vorgenommen hat. Das tatsächliche oder vermutete Verschulden des FA Minden könnte nur ausnahmsweise – bei willkürlichem, offenkundig nachlässigem und nachgewiesenem Fehlverhalten dazu führen, dass die Verantwortlichkeit des Absenders entfällt. Dafür sind im vorliegenden Fall keine Anhaltspunkte erkennbar. Der Antrag auf Wiedereinsetzung ist daher abzulehnen (vgl. zum Ganzen BFH vom 19.12.2000, BStBl II 2001, 158).

3 Grundsätze des Besteuerungsverfahrens (§§ 85 ff. AO)

3.1 Ablauf des Besteuerungsverfahrens

Das Besteuerungsverfahren gehört zu den Kernaufgaben des FA: Diese haben gem. § 85 S. 1 AO die Steuern nach Maßgabe der Gesetze gleichmäßig **festzusetzen und zu erheben**. Zur Vorbereitung der Steuerfestsetzung ermittelt das FA die Besteuerungsgrundlagen im steuerlichen **Ermittlungsverfahren**; anschließend werden aufgrund dieser Ermittlungen die Steuern festgesetzt (**Festsetzungsverfahren**) und erhoben (**Erhebungsverfahren**). Wenn der StPfl. nicht rechtzeitig zahlt, schließt sich an das Erhebungsverfahren das **Vollstreckungsverfahren** an.

3.2 Allgemeine Besteuerungsgrundsätze

3.2.1 Grundsatz der Gesetzmäßigkeit und Gleichmäßigkeit der Besteuerung

Die §§ 85 bis 88 AO enthalten die elementaren Grundsätze des Besteuerungsverfahrens. § 85 S. 1 AO verpflichtet die Finanzbehörden, die Steuern **nach Maßgabe der Gesetze** (Grundsatz der **Gesetzmäßigkeit der Besteuerung**, vgl. Art. 20 Abs. 3 GG) **gleichmäßig** (Grundsatz der **Gleichmäßigkeit der Besteuerung**, vgl. Art. 3 Abs. 1 GG) festzusetzen und auch zu erheben (sog. gleichmäßiger Verwaltungsvollzug). Dabei gewährt der Grundsatz der Gleichmäßigkeit der Besteuerung **gleiches Recht für alle, aber keine Gleichbehandlung im Unrecht**. Ein StPfl. kann sich demnach nicht darauf berufen, dass die Finanzbehörde in einem anderen Steuerfall rechtswidrig gehandelt hat und dass nun auch bei ihm entsprechend verfahren werden müsse. § 85 S. 1 AO gewährleistet keine »Gleichheit im Unrecht« (vgl. BFH vom 26.09.2007, BStBl II 2008, 405).

In diesem Zusammenhang ist darauf hinzuweisen, dass der Gleichheitssatz des Art. 3 Abs. 1 GG für das Steuerrecht verfassungsrechtlich verlangt, dass die StPfl. **rechtlich, aber auch tatsächlich** gleich belastet werden. Wird die Gleichheit im Belastungserfolg durch die rechtliche Gestaltung des Erhebungsverfahrens prinzipiell verfehlt, kann dies nach der Rspr. des BVerfG zur Besteuerung der Kapitaleinkünfte die Verfassungswidrigkeit der gesetzlichen Besteuerungsgrundlage nach sich ziehen (BVerfG in BVerfGE 84, 239). Verfassungsrechtlich verboten ist dabei nicht die Norm an sich, sondern der Widerspruch zwischen dem normativen Befehl der Steuernorm und der nicht auf Durchsetzung angelegten Erhebungsregel. Zur Gleichheitswidrigkeit führt nicht ohne weiteres die empirische Ineffizienz von Rechtsnormen, wohl aber das normative Defizit des auf Ineffektivität angelegten Rechts (BVerfG vom 09.03.2004, BStBl II 2005, 56). Vor diesem Hintergrund hat das BVerfG in seiner Entscheidung vom 09.03.2004 (a. a. O.) klargestellt, dass § 23 Abs. 1 S. 1 Nr. 1 Buchst. b EStG in der für 1997 und 1998 geltenden Fassung mit Art. 3 Abs. 1 GG nicht vereinbar ist, soweit er Veräußerungsgeschäfte mit Wertpapieren betrifft.[6]

Das Gebot der **Rechtsanwendungsgleichheit** wird in der Praxis der FÄ durch die Knappheit der Ressourcen überlagert. Die Steuerverwaltung ist eine **Massenverwaltung**, bei der ein ständiger Zielkonflikt zwischen der korrekten Sachaufklärung und Besteuerung im Ein-

---

6   Mit Urteil vom 16.09.2021, Az.: IV R 34/18 hat der BFH entschieden, dass im Jahr 2015 hinsichtlich der Erfassung von Bareinnahmen auch bei sog. bargeldintensiven Betrieben mit offener Ladenkasse kein dem Gesetzgeber zuzurechnendes strukturelles Vollzugsdefizit bestand.

zelfall und der Sicherstellung des Gesamtvollzugs existiert.[7] Im AEAO zu § 88 Nr. 1 wird den FÄ an die Hand gegeben, wie sie mit diesem Zielkonflikt umgehen sollen:

Die FÄ können bei der Entscheidung, in welchem Umfang im Einzelfall Ermittlungen anzustellen sind, Erwägungen einbeziehen, die im Ergebnis **Zweckmäßigkeitserwägungen** gleichzustellen sind (ausdrücklich klargestellt in § 88 Abs. 2 S. 2 AO). Für die Anforderungen, die an die Aufklärungspflicht zu stellen sind, darf auch die Erwägung eine Rolle spielen, dass die Aufklärung einen nicht mehr vertretbaren Zeitaufwand erfordert. Dabei kann auf das Verhältnis zwischen voraussichtlichem Arbeitsaufwand und steuerlichem Erfolg abgestellt werden. Vereinfacht ausgedrückt sollen die FÄ ihre Ressourcen insb. dort einsetzen, wo »etwas zu holen« ist.

§ 85 S. 1 AO umschreibt ferner das sog. **Legalitätsprinzip**: Sofern sich Anhaltspunkte für ein steuerlich relevantes Handeln ergeben, **müssen** die Finanzbehörden diesem Sachverhalt nachgehen und aufklären, ob ein Tatbestand verwirklicht ist, an den das Gesetz die Leistungspflicht knüpft (§ 38 AO). Die Festsetzung der Steuern steht nicht im Ermessen der Finanzbehörde (**kein Opportunitätsprinzip**). Unzulässig ist demnach nicht nur eine Besteuerung außerhalb der Rechtsordnung, sondern auch die Nichtbesteuerung eines Sachverhaltes trotz gesetzlicher Anordnung.

3.2.2 Untersuchungsgrundsatz (§ 88 AO)

Die Finanzbehörde ermittelt den Sachverhalt gem. § 88 Abs. 1 S. 1 AO von Amts wegen. Sie bestimmt Art und Umfang der Ermittlungen nach den Umständen des Einzelfalles (§ 88 Abs. 1 S. 2 AO). Diese **Amtsermittlungspflicht** wird auch als **Untersuchungsgrundsatz** bezeichnet, während z. B. im zivilprozessualen Verfahren über weite Strecken der Beibringungsgrundsatz gilt, d. h. das Gericht trifft seine Entscheidung dort nur auf Grundlage der vorgetragenen Sachverhalte. Die Ermittlungstätigkeit der Finanzbehörden hat damit die für die rechtliche Beurteilung erforderlichen Sachverhalte von sich aus aufzuklären. Dabei ist sie an das Vorbringen der Beteiligten nicht gebunden (§ 88 Abs. 1 S. 2, 2. HS AO). Andererseits muss das FA auch die für die Beteiligten günstigen Umstände ermitteln (§ 88 Abs. 2 AO); eine Ermittlungstätigkeit »in dubio pro fisco« ist mit diesen Ermittlungspflichten nicht vereinbar.

Eindeutigen Steuererklärungen braucht das FA dabei nicht mit Misstrauen zu begegnen; es kann regelmäßig von deren Richtigkeit und Vollständigkeit ausgehen (BFH vom 25.02.2012, BFH/NV 2012, 1133; AEAO zu § 88 Nr. 2).

Bei der Sachverhaltsaufklärung hat das FA den **Grundsatz der Verhältnismäßigkeit** zu beachten. Sowohl die Verfahrenseinleitung selbst (§ 86 AO) als auch Art und Umfang der Ermittlungshandlungen müssen hinreichend veranlasst sein und dürfen zu dem angestrebten Erfolg **nicht erkennbar außer Verhältnis** stehen (AEAO zu § 88 Nr. 1); die Erfüllung der Pflichten zur Aufklärung des Sachverhalts seitens des StPfl. sowie zur Vorsorge und Beschaffung von Beweismitteln muss entsprechend dem allgemeinen Verhältnismäßigkeitsgrundsatz **erforderlich, möglich, zumutbar und verhältnismäßig** sein (BFH vom 28.10.2009, BStBl II 2010, 455). So ist z. B. ein Vorlageverlangen an einen StB im Rahmen einer ihn betreffenden Außenprüfung übermäßig und damit rechtswidrig, wenn es sich auf Unterlagen richtet, deren Existenz beim StPfl. ihrer Art nach nicht erwartet werden kann (BFH vom 28.10.2009, a. a. O.).

---

7   Vgl. zum sog. »maßvollen Gesetzesvollzug« unter der Bedingung knapper Verwaltungsressourcen auch *Tipke/Lang*, Steuerrecht, § 21 Rz. 5 ff.

Die Ermittlungshandlungen sollen so gewählt werden, dass unter Berücksichtigung der Verhältnisse des Einzelfalles ein möglichst geringer Eingriff in die Rechtssphäre des Beteiligten oder Dritten verbunden ist. Eine Verletzung des Grundsatzes der Verhältnismäßigkeit ist gegeben, wenn die Finanzbehörden ohne Anhaltspunkte, dass möglicherweise eine Steuerschuld entstanden ist, Rasterfahndungen oder ähnliche »Ermittlungen ins Blaue hinein« vornehmen (vgl. BFH vom 12.05.2016, BStBl II 2016, 822). Im Bereich der USt ist eine verdachtsunabhängige Nachschau dagegen ausdrücklich gesetzlich zugelassen (§ 27b UStG), ebenso im Bereich der Lohnsteuer (Lohnsteuernachschau gem. § 42 g EStG) und bei der sog. Kassennachschau (§ 146b AO).

Das FA muss den Sachverhalt aufklären, soweit er steuerlich aufklärungsbedürftig ist. Dabei darf es regelmäßig darauf vertrauen, dass die Angaben des StPfl. zutreffend und vollständig sind (vgl. BFH vom 25.02.2012, BFH/NV 2012, 1133). Das FA muss für die Umsetzung des Untersuchungsgrundsatzes die Steuererklärungen nicht argwöhnisch prüfen, sofern nicht greifbare Umstände vorliegen, die auf falsche oder unvollständige Angaben hindeuten. Wenn das FA Tatsachen, Umstände, Erklärungslücken oder Beweismittel, die sich nach Lage des Einzelfalles aufdrängen mussten, trotz einschlägiger Hinweise aus den Akten oder Steuererklärungen nicht ermittelt oder würdigt, verletzt es seine Aufklärungspflicht.[8]

Wirkt der StPfl. pflichtwidrig bei der Aufklärung des Sachverhalts **nicht** mit, mindert sich entsprechend die Ermittlungspflicht des FA. Als Kriterien für die Minderung der Sachaufklärungspflicht sind u. a. die Schwere der Pflichtverletzung, die Verhältnismäßigkeit und Zumutbarkeit sowie insb. die Beweisnähe heranzuziehen. Die Verantwortung des StPfl. für die Aufklärung des Sachverhalts ist umso größer und die des FA umgekehrt umso geringer, je mehr Tatsachen und Beweismittel der von ihm beherrschten Informations- und Tätigkeitssphäre angehören (BFH vom 18.08.2010, BFH/NV 2010, 2010).

Ab Jahresbeginn 2017 sind Risikomanagementsysteme, die von einer vollständig IT-gestützten Bearbeitung der geeigneten Steuererklärungen begleitet werden, ausdrücklich in die Abgabenordnung aufgenommen worden (§ 88 Abs. 5 i.V.m. § 155 Abs. 4 AO). Neben den schon bisher geltenden Grundsätzen der Gleichmäßigkeit und Gesetzmäßigkeit der Besteuerung wird dadurch verstärkt der Fokus auf die **Aspekte der Wirtschaftlichkeit** und Zweckmäßigkeit gelegt, um einen insgesamt möglichst gleichmäßigen Vollzug der Steuergesetze sicherzustellen. Eine vollautomatische Veranlagung des Steuerfalles darf nur erfolgen, wenn kein Anlass für eine individuelle Prüfung durch das FA besteht, etwa weil der StPfl. Eintragungen im sog. »qualifizierten Freitextfeld« vorgenommen hat (z. B. Hinweis auf abweichende Rechtsauffassung) oder Abweichungen zwischen den erklärten Daten und den von Dritten dem FA mitgeteilten Daten vorliegen (vgl. § 150 Abs. 7 AO).[9]

3.2.3 Mitwirkungspflichten

Der Untersuchungsgrundsatz gem. § 88 Abs. 1 S. 1 AO wird durch die **Mitwirkungspflichten**, die dem StPfl. auferlegt werden, ergänzt. Gem. § 90 Abs. 1 AO sind die Beteiligten bei der Sachverhaltsermittlung zur Mitwirkung verpflichtet, insb. durch vollständige und wahrheits-

---

[8] Eine Verletzung der Aufklärungspflicht führt u. U. dazu, dass eine spätere Änderung des Steuerbescheides wegen »neuer Tatsachen« (§ 173 Abs. 1 Nr. 1 S. 1 AO) ausgeschlossen ist, vgl. Kap. VI 8.2.
[9] Kritisch hierzu Martini/Nink, Wenn Maschinen entscheiden ... – vollautomatisierte Verwaltungsverfahren und der Persönlichkeitsschutz, NVwZ Extra 10/2017, 3 ff.

gemäße Offenlegung der steuerlich erheblichen Tatsachen und Beweismittel. Ohne eine Mitwirkung bei der Sachverhaltsaufklärung durch den StPfl. selbst ist die Finanzbehörde regelmäßig nicht in der Lage, den steuerlich relevanten Sachverhalt zutreffend und umfassend zu ermitteln. Verletzt ein Beteiligter seine Mitwirkungspflichten – etwa durch pflichtwidrige Nichtabgabe seiner Steuererklärung–, können aus dieser Pflichtverletzung für ihn nachteilige Schlussfolgerungen gezogen werden; dies gilt insb. dann, wenn die Mitwirkungspflicht sich auf Tatsachen und Beweismittel aus dem alleinigen Verantwortungsbereich des StPfl. bezieht (BFH vom 28.01.2009, BFH/NV 2009, 912). Kann das FA infolge einer Verletzung der Mitwirkungspflichten die Besteuerungsgrundlagen nicht aufklären, hat sie diese zu **schätzen** (§ 162 Abs. 2 AO). Die in § 90 Abs. 1 AO allgemein normierte Mitwirkungspflicht wird in der AO selbst und in den Einzelsteuergesetzen durch verschiedene, spezielle Mitwirkungspflichten ergänzt, u. a. durch die Auskunftspflicht (§ 93 AO), durch die Pflicht zur Vorlage von Urkunden (§ 97 AO), durch die Pflicht zur Abgabe von Steuererklärungen (§ 149 AO), durch Anzeige-, Aufzeichnungs- und Buchführungspflichten (§§ 134 ff., 140 ff. AO) und durch die Pflicht zur Mitwirkung bei einer Außenprüfung (§§ 147 Abs. 6, 200 AO).

§ 90 Abs. 2 AO sieht für Sachverhalte, die sich auf Vorgänge im **Ausland** beziehen, eine **erhöhte Mitwirkungspflicht** vor. Bei Auslandssachverhalten sind die Möglichkeiten des FA, den Sachverhalt von Amts wegen aufzuklären, erheblich erschwert. Der StPfl. ist daher bei Auslandssachverhalten nach der Rspr. verpflichtet, die Ermittlungstätigkeit der Finanzbehörden durch eigene Nachforschungen zu ergänzen und zu unterstützen. § 90 Abs. 2 S. 1 AO ergänzt die Mitwirkungspflicht des StPfl. daher um eine sog. **Beweismittelbeschaffungspflicht**. § 90 Abs. 2 S. 3 AO sieht darüber hinaus eine sog. **Beweisvorsorgeobliegenheit** vor: Ein Beteiligter kann sich nicht darauf berufen, dass er den Sachverhalt nicht aufklären oder Beweismittel nicht beschaffen kann, wenn er sich nach Lage des Falles bei der Gestaltung seiner Verhältnisse die Möglichkeit dazu hätte beschaffen oder einräumen lassen können.[10] Wer z. B. mit einer »Briefkastenfirma« Verträge schließt und Zahlungen leistet, muss damit rechnen, dass die Finanzbehörde die Zahlungen gem. §§ 90 Abs. 2, 160 AO als nicht abziehbare Betriebsausgaben behandelt, wenn nicht der tatsächliche Empfänger der Zahlungen benannt werden kann (BFH vom 24.04.2009, BFH/NV 2009, 1398, AEAO zu § 160 Nr. 3).

Bei grenzüberschreitenden Sachverhalten hat der StPfl. gem. § 90 Abs. 3 S. 1 AO über seine Geschäftsbeziehungen mit nahestehenden Personen i. S. d. § 1 Abs. 2 AStG gesonderte Aufzeichnungen zu erstellen; dies ist insb. auf dem Gebiet der **Verrechnungspreise** von Bedeutung. Die Verordnung zu Art, Inhalt und Umfang von Aufzeichnungen i. S. d. § 90 Abs. 3 AO (**Gewinnabgrenzungsaufzeichnungs-Verordnung** – GAufzV) vom 12.07.2017 (BStBl I 2017, 1220) greift diesen Bedarf auf.

Die §§ 138d bis 138k AO enthalten die Verpflichtung zur Mitteilung grenzüberschreitender Steuergestaltungen an die FinVerw. Die Anzeigepflicht gilt seit 01.07.2020. Ihren Ursprung haben diese Regelungen in der Richtlinie DAC 6 der EU.

Das Gesetz zum automatischen Austausch von Informationen über Finanzkonten in Steuersachen (Finanzkonten-Informationsaustauschgesetz – FKAustG) sieht ab Juli 2017 vor,

---

10   Europarechtliche Bedenken stehen dem nicht entgegen (BFH vom 10.04.2013, AO-StB 2013, 300). Die Erfüllung der Mitwirkungspflichten muss nach dem Grundsatz der Verhältnismäßigkeit erforderlich, möglich, zumutbar und verhältnismäßig sein. So kommen bei der Beschaffung amtlicher Bescheinigungen aus Krisengebieten, die Unterhaltszahlungen an im Ausland lebende Angehörige nachweisen, Beweiserleichterungen in Betracht (BFH vom 02.12.2004, BStBl II 2005, 483).

dass Informationen über Finanzkonten in Steuersachen zwischen dem BZSt und der zuständigen Behörde des jeweils anderen Staates automatisch ausgetauscht werden. Das BMF hat mittlerweile eine vorläufige Staatenaustauschliste bekannt gegeben (BStBl I 2017, 878).

Basis für den Austausch ist der Common Reporting Standard (CRS) sowie das FKAustG. Die Vertragsparteien sind hierdurch verpflichtet, die vereinbarten Daten von Finanzinstituten zu erheben und regelmäßig automatisch auszutauschen.

3.2.4 Grundsatz des rechtlichen Gehörs (§ 91 AO)

Gem. § 91 AO gilt der in Art. 103 Abs. 1 GG für gerichtliche Verfahren vorgeschriebene **Grundsatz des rechtlichen Gehörs** auch im steuerlichen Verwaltungsverfahren. Bevor ein belastender VA erlassen wird, soll das FA dem Betroffenen die Gelegenheit geben, sich zu den für die Entscheidung erheblichen **Tatsachen** zu äußern (§ 91 Abs. 1 S. 1 AO). Das Anhörungsrecht besteht nur hinsichtlich der für die Entscheidung erheblichen Tatsachen. Eine Verpflichtung, mit dem Betroffenen ein Rechtsgespräch zu führen, ergibt sich aus § 91 AO dagegen nicht (anders aber § 364a AO für das Einspruchsverfahren).

§ 91 AO ist eine **Sollvorschrift**. Von der Anhörung kann demnach nur in atypischen Ausnahmefällen, von denen § 91 Abs. 2 AO einige beispielhaft aufzählt, abgesehen werden. Rechtliches Gehör ist insb. zu gewähren, wenn von dem in der Steuererklärung erklärten Sachverhalt zuungunsten des StPfl. wesentlich abgewichen werden soll (§ 91 Abs. 1 S. 2 AO). Wann eine Änderung nicht wesentlich ist, lässt sich nicht betragsmäßig, sondern nur einzelfallbezogen bestimmen; eine Abweichung von der sich nach der Erklärung ergebenden Steuer i. H. v. 10 % dürfte in aller Regel wesentlich sein.[11] Sind die steuerlichen Auswirkungen der Abweichung nur gering (Beispiel: angegebene Spenden i. H. v. 100 € werden mangels Nachweises nicht anerkannt), genügt die Angabe der Abweichungen in den Erläuterungen des Steuerbescheides. Wird von den Angaben nicht abgewichen, wäre eine Anhörung unsinnig; sie kann daher bei erklärungsgemäßer Veranlagung unterbleiben (§ 91 Abs. 2 Nr. 3 AO).

Verstößt das FA gegen § 91 AO[12], ist der gleichwohl ergangene VA nicht nichtig, sondern wirksam, aber rechtswidrig. Es liegt ein **heilbarer Verfahrensfehler** vor. Nach § 126 Abs. 1 Nr. 3 AO i. V. m. § 126 Abs. 2 AO kann die unterlassene Anhörung bis zum Abschluss des finanzgerichtlichen Verfahrens (Zeitpunkt der letzten mündlichen Tatsachenverhandlung) nachgeholt werden. Wenn keine andere Entscheidung in der Sache hätte getroffen werden können, d. h. bei gebundenen VA (insb. also bei Steuerbescheiden), ist der Verfahrensfehler nach § 127 AO gänzlich unbeachtlich. Hat der StPfl. infolge der unterbliebenen Anhörung die Einspruchsfrist versäumt, z. B. weil ihm die Abweichung des Steuerbescheides vom Inhalt der Steuererklärung nicht aufgefallen ist, gilt die Fristversäumnis für die Wiedereinsetzung in den vorigen Stand als unverschuldet (§ 126 Abs. 3 AO, **häufiges Prüfungsproblem**). Die unterlassene Anhörung ist im Allgemeinen nur dann für die Versäumung der Einspruchsfrist ursächlich, wenn die notwendigen Erläuterungen auch im VA selbst unterblieben sind (AEAO zu § 91 Nr. 3).

---

11 *Kühn/von Wedelstädt*, § 91 AO, Rn. 5.
12 In den schriftlichen Prüfungsarbeiten wird der Sachverhalt regelmäßig nicht ausdrücklich darauf hinweisen, dass die Vorschrift des § 91 AO verletzt wurde. Achten Sie auf Formulierungen im Sachverhalt wie »der Haftungsbescheid, der ohne Vorwarnung erging, […]«.

§ 91 AO lässt sich ferner entnehmen, dass dem StPfl. im Steuerfestsetzungsverfahren kein **Recht auf Akteneinsicht** eingeräumt wird.[13] Die Abgabenordnung unterscheidet sich insofern vom allgemeinen Verwaltungsverfahrensrecht, dass in § 29 VwVfG ein Akteneinsichtsrecht der Beteiligten im Regelfall vorsieht. Eine analoge Anwendung dieser Vorschrift ist mangels Gesetzeslücke nicht möglich. Hintergrund ist, dass die Steuerakten häufig auch Informationen über Dritte enthalten, die vom Steuergeheimnis geschützt sind und es dem FA in diesen Fällen nicht zuzumuten ist, diese Aktenbestandteile vor Gewährung der Akteneinsicht auszusortieren. Die Gewährung von Akteneinsicht steht im **pflichtgemäßen Ermessen** des FA (BFH vom 03.11.2020, BStBl II 2021, 467; AEAO zu § 91 Nr. 4). Mit Beschluss vom 10.03.2008 hat das BVerfG zu den verfassungsrechtlichen Anforderungen an die Ablehnung eines Antrags Stellung genommen, mit dem ein Einzelner Auskunft über ihn betreffende Daten begehrt, die in einer Datensammlung enthalten sind (BVerfG vom 10.03.2008, BStBl II 2009, 23). Das BMF hat daraufhin den Anspruch eines Beteiligten gegenüber dem FA, auf Antrag Auskunft über die zu seiner Person gespeicherten Daten zu erhalten, grds. bejaht, wenn er ein berechtigtes Interesse darlegt und keine Gründe für eine Auskunftsverweigerung vorliegen (BMF vom 17.12.2008, DB 2009, 147). Ein Anspruch auf Auskunft über die bei der Informationszentrale für steuerliche Auslandsbeziehungen (IZA) gespeicherten Daten besteht nach Auffassung des BFH ebenso nicht (BFH vom 17.11.2021, BStBl II 2022, 427).

4 Ermittlung der Besteuerungsgrundlagen

Neben der eigentlichen Steuerfestsetzung gehört die Ermittlung der Besteuerungsgrundlagen, d. h. derjenigen tatsächlichen und rechtlichen Verhältnisse, die für die Steuerpflicht und für die Bemessung der Steuer maßgebend sind (§ 199 Abs. 1 AO), zu den Hauptaufgaben der Finanzbehörden.

4.1 Beweismittel (§§ 92 ff. AO)

Zur Ermittlung des Sachverhalts kann sich die Finanzbehörde derjenigen Beweismittel bedienen, die sie nach pflichtgemäßem Ermessen für erforderlich hält (§ 92 S. 1 AO). Mit der Pflicht zur Ermessensausübung wird gewährleistet, dass die Finanzbehörden sich nur derjenigen Beweismittel bedienen dürfen, die zur Ermittlung des Sachverhalts **geeignet** und objektiv **erforderlich** sind; von mehreren, gleichwertigen Beweismitteln ist dasjenige zu wählen, das den Betroffenen am wenigsten belastet. Das gewählte Beweismittel muss für den Betroffenen auch **zumutbar** sein; wegen der Anerkennung von Werbungskosten in geringer Höhe darf beispielsweise keine eidliche Vernehmung nach § 94 AO angeordnet werden. Die Vorschriften der §§ 93 ff. AO enthalten Hinweise für die Ermessensausübung; so sollen z. B. gem. § 93 Abs. 1 S. 3 AO andere Personen als die Beteiligten erst dann zur Auskunft angehalten werden, wenn die Sachverhaltsaufklärung durch die Beteiligten selbst nicht zum Ziel führt oder keinen Erfolg verspricht.

---

13 Im Gegensatz zum allgemeinen Verwaltungsverfahren (§ 29 VwVfG). Auch die FGO sieht für das finanzgerichtliche Verfahren in § 78 FGO ein Akteneinsichtsrecht vor; dieses erlischt erst mit endgültigem Abschluss des Verfahrens (ausführlich BFH vom 02.10.2007, BFH/NV 2008, 93).

In § 92 S. 2 AO werden als Methoden zur Sachverhaltserforschung die klassischen zivilprozessualen Beweismittel genannt. Allerdings ist das FA nicht an die beispielhaft aufgezählten (»insb.«) Beweismittel gebunden. Im Steuerverfahren herrscht – anders als im Zivilprozess – vielmehr das sog. **Freibeweisverfahren**, d. h. das FA kann alle Beweismittel zulassen, die es für die Sachverhaltsaufklärung für erforderlich hält.

Die Vorschriften über die Beweismittel sind unvollständig: Sie sagen nicht aus, wie das FA die erlangten Beweismittel würdigen soll. Die Rspr. geht hierbei vom **Grundsatz der freien Beweiswürdigung** aus, d. h. das FA würdigt die Beweise nach freier Überzeugung, die sich nicht auf absolute Gewissheit gründen muss (BFH vom 15.10.1976, BStBl II 1976, 767; vgl. § 96 Abs. 1 S. 1 FGO für das finanzgerichtliche Verfahren). Es genügt, wenn der Sachverhalt mit an Sicherheit grenzender Wahrscheinlichkeit festgestellt werden kann.[14]

§ 92 AO enthält schließlich auch keine Aussagen über die **Feststellungslast**, d. h. wer letztlich belastet wird, wenn ein aufklärungsbedürftiger Sachverhalt nicht aufgeklärt werden kann (sog. »Non liquet«-Situation). Im Besteuerungsverfahren ist aufgrund des Untersuchungsgrundsatzes der StPfl. grds. nicht zur Beweisführung verpflichtet. Es ist allein Aufgabe der Finanzbehörde, den Sachverhalt aufzuklären. Bleibt bei der Sachverhaltsermittlung eine rechtlich relevante Tatsache ungeklärt, geht dies nicht immer zulasten des StPfl. Vielmehr ist nach der Rspr. in Anknüpfung an die Rosenbergsche Normenbegünstigungstheorie[15] **zwischen steuerbegründenden und steuerbegünstigenden Tatsachen zu unterscheiden**. Für steuerbegründende (und steuererhöhende) Tatsachen trifft die Feststellungslast das FA, für steuerbegünstigende (und steuerbefreiende) Tatsachen den StPfl. (ständige Rspr., etwa BFH vom 29.03.2012, AO-StB 2012, 204). Unberührt von dieser **Beweislastgrundregel** bleiben besondere gesetzliche Beweislastregeln, z. B. § 90 Abs. 2 AO für Auslandssachverhalte. Vor einer Entscheidung nach den Regeln der Feststellungslast muss das FA vorrangig den entscheidungserheblichen Sachverhalt aufklären oder – sofern dies nicht gelingt – eine Reduzierung des Beweismaßes unter Berücksichtigung von Mitwirkungspflichtverletzungen vornehmen (BFH vom 23.03.2011, BStBl II 2011, 884).

> **Beispiel 4: Feststellungslast**
>
> Ein Steuerbescheid wird gem. § 124 Abs. 1 S. 1 AO erst mit der Bekanntgabe wirksam. Bestreitet der Adressat, dass ihm der Bescheid zugegangen ist, trägt das FA hierfür die Feststellungslast, da die Bekanntgabe den steuerbegründenden Tatsachen zuzurechnen ist. Das FA hat dafür einzustehen, dass die Bekanntgabe nicht bewiesen werden kann (vgl. schriftliche Prüfung Herbst 2012). Wenn der StPfl. selbst seine Mitwirkungspflichten verletzt, z. B. über seine Angaben keine ausreichenden Aufklärungen zu geben vermag, reduziert sich das Beweismaß infolge der Pflichtverletzung auf eine größtmögliche Wahrscheinlichkeit (vgl. § 162 Abs. 2 AO). Bestreitet das FA die Gewinnerzielungsabsicht, trägt der StPfl. die Feststellungslast, sofern er Verluste geltend macht; will das FA Gewinne der Besteuerung zugrunde legen, muss es die Gewinnerzielungsabsicht dagegen selbst nachweisen.

---

14 *Hübschmann/Hepp/Spitaler*, § 88 AO, Rz. 80.
15 *Rosenberg*, Die Beweislast auf der Grundlage des Bürgerlichen Gesetzbuches und der Zivilprozessordnung, München 1965, 98 f.

4.1.1 Beweis durch Auskünfte (§ 93 AO)

Das in der Praxis gebräuchlichste Beweismittel ist **die Auskunft von Beteiligten und anderen Personen** nach § 93 AO. Gem. § 93 Abs. 1 S. 1 AO kann das FA von den Beteiligten (§ 78 AO) oder von anderen Personen schriftliche und mündliche Auskünfte einholen (zur Form der Auskunftserteilung s. § 93 Abs. 4 AO). Mit der Verpflichtung zur Auskunftserteilung trifft den Bürger eine allgemeine staatsbürgerliche Pflicht, die ihm aus Gründen des Gemeinwohls auferlegt ist und kein besonderes Verhalten des Auskunftspflichtigen voraussetzt.[16] Andere Personen als die Beteiligten sollen allerdings nur **subsidiär** herangezogen werden, wenn die Sachverhaltsaufklärung durch die Beteiligten nicht zum Ziel führt oder aufgrund konkreter, nachweisbarer Tatsachen keinen Erfolg verspricht (§ 93 Abs. 1 S. 3 AO; BFH vom 29.07.2015, BStBl II 2016, 135). Die auskunftspflichtigen Personen können die Auskunft nicht grundlos verweigern. **Die Beteiligten selbst müssen in jedem Fall Auskunft erteilen**; dies betrifft auch für sie ungünstige Tatsachen (§ 90 Abs. 1 AO); der strafrechtliche Grundsatz »nemo tenetur se ipsum accusare« (niemand muss sich selbst belasten) gilt im Besteuerungsverfahren nicht (arg. § 103 AO e contrario).[17]

Lediglich andere Personen als die Beteiligten, also sog. Dritte, haben unter bestimmten Umständen ein **Auskunftsverweigerungsrecht**. Dieses steht demnach Angehörigen eines Beteiligten (§ 101 AO), bestimmten Berufsträgern[18] (§ 102 AO) und dritten Personen bei der Gefahr der Strafverfolgung (§ 103 AO) zu.

Grds. sind **auch Banken auskunftspflichtig**. In Deutschland existiert, anders als z.B. in Österreich, Belgien und der Schweiz, kein gesetzlich geschütztes **Bankgeheimnis**. Das in der Öffentlichkeit und Presse oftmals zitierte Bankgeheimnis ist lediglich Gegenstand einer Vertragsbeziehung zwischen den Banken und ihren Kunden; es ist demzufolge nicht in der AO oder anderen Gesetzen, sondern in den Allgemeinen Geschäftsbedingungen der Banken geregelt. **Insb. beinhaltete auch der zwischenzeitlich gestrichene § 30a AO kein Bankgeheimnis** (vgl. schon BFH vom 25.07.2000, BStBl II 2000, 643). Am 23.06.2017 wurde im Steuerumgehungsbekämpfungsgesetz (StUmgBG) der bisherige § 30a AO ersatzlos gestrichen, der im ersten Absatz die Finanzbehörden dazu anhielt, »bei der Ermittlung des Sachverhalts […] auf das Vertrauensverhältnis zwischen den Kreditinstituten und deren Kunden besonders Rücksicht zu nehmen.«

Danach hatten die FÄ bei ihren Ermittlungen gem. § 30a Abs. 1 AO auf das Vertrauensverhältnis zwischen den Kreditinstituten und ihren Kunden »besonders Rücksicht zu nehmen«. So durften die FÄ nicht zum Zwecke der allgemeinen Steueraufsicht von den Banken die einmalige oder periodische Mitteilung von Konten bestimmter Art oder bestimmter Höhe

---

16 Allerdings unterliegt selbstverständlich auch das Auskunftsrecht allgemeinen rechtsstaatlichen Grenzen: die verlangte Auskunft muss zur Sachverhaltsaufklärung geeignet und notwendig, die Pflichterfüllung für den Betroffenen möglich und seine Inanspruchnahme erforderlich, verhältnismäßig und zumutbar sein (Verhältnismäßigkeitsgrundsatz, BFH vom 05.10.2006, BStBl II 2007, 155).

17 Dies gilt auch dann, wenn parallel zum Besteuerungsverfahren ein Steuerstrafverfahren läuft. Es ist höchstrichterlich geklärt, dass der StPfl. im Besteuerungsverfahren in der AO vorgesehene Mitwirkungspflichten unbeschadet eines parallel laufenden Strafverfahrens erfüllen muss. Jede andere Auffassung würde zu einer mit dem Gleichheitssatz unvereinbaren Privilegierung des in ein Strafverfahren verwickelten StPfl. führen (BFH vom 27.07.2009, BFH/NV 2010, 4).

18 Auskunft- und Vorlageverweigerungsrechte nach § 102 und § 104 AO bestehen auch, wenn Außenprüfungen bei einem StB (oder anderem Berufsträger) im Rahmen einer ihn selbst betreffenden Prüfung stattfinden; allerdings kann das FA die Vorlage der erforderlichen Unterlagen (etwa Bewirtungsbelege), ggf. in neutralisierter Form, verlangen (BFH vom 28.10.2009, BStBl II 2010, 455).

verlangen. Ferner galten bestimmte Einschränkungen bei der Anfertigung von Kontrollmitteilungen (§ 30a Abs. 3 AO). Sofern diese Einschränkungen nicht vorlagen, konnte das FA bei Vorliegen der Voraussetzungen gem. § 93 Abs. 1 AO die Banken im Einzelfall oder auch in einer Mehrzahl von Einzelfällen (sog. Sammelauskunftsersuchen) um Auskunft ersuchen. § 30a Abs. 5 S. 1 AO stellte dies ausdrücklich klar.[19]

Nach der Rspr. sind auch bei zulässigen Auskunftsverlangen gegenüber Banken »**Ermittlungen ins Blaue hinein**« verboten (vgl. BFH vom 09.12.2008, BStBl II 2009, 509). Allerdings können die FÄ schon dann Auskünfte von den Banken einholen, wenn sie im Rahmen ihrer getroffenen Prognoseentscheidung zu dem Ergebnis gelangen, dass Auskünfte zur Aufdeckung steuererheblicher Tatsachen führen können; die Grenze für ein Auskunftsersuchen setzt der BFH dort, wo jedwede Anhaltspunkte für steuererhebliche Umstände fehlen (BFH vom 09.12.2008, a.a.O.).[20] **Von einem steuerlichen Bankgeheimnis kann daher nicht gesprochen werden.**

Auskunftsersuchen nach § 93 AO sind VA, gegen die der in Anspruch genommene Einspruch einlegen kann (§ 347 Abs. 1 Nr. 1 AO).

4.1.2 Kontenabruf nach § 93 Abs. 7 und 8 AO

2005 sind die Vorschriften zum Kontenabrufverfahren (§§ 93 Abs. 7 und 8 AO, 93b AO) in Kraft getreten. Das FA kann nach § 93 Abs. 7 AO im Einzelfall bei den Kreditinstituten über das Bundeszentralamt für Steuern die sog. **Kontenstammdaten**, d.h.

- die Kontonummer oder die Nummer eines Depots,
- den Tag der Errichtung und den Tag der Auflösung des Kontos oder Depots,
- den Namen, sowie bei natürlichen Personen den Tag der Geburt, des Inhabers und eines Verfügungsberechtigten sowie
- den Namen und die Anschrift eines abweichend wirtschaftlich Berechtigten (vgl. § 8 Abs. 1 Geldwäschegesetz)

abrufen. Kontenbewegungen und Kontostände können auf diesem Wege dagegen nicht ermittelt werden. Die Verpflichtung der Kreditinstitute, Daten für einen Kontenabruf durch das Bundeszentralamt für Steuern bereitzuhalten, ergibt sich unmittelbar aus § 93b AO i.V.m. § 24c Kreditwesengesetz.

Das BMF hat im AEAO zu den §§ 92 und 93 mit Schreiben vom 02.01.2009 eine umfangreiche Verwaltungsanweisung erlassen, unter welchen Voraussetzungen ein Kontenabruf für Finanzbehörden (§ 93 Abs. 7 AO) zulässig ist. Die Hürden für einen Kontenabruf nach § 93 AO wurden in dieser Verwaltungsanweisung sehr hoch gelegt, sodass damit zu rechnen ist, dass mit der Abrufmöglichkeit – auch weiterhin – zurückhaltend umgegangen wird. So soll der

---

19 Vgl. auch BFH vom 21.03.2002 (BFH/NV 2002, 830): Liegen die Voraussetzungen der §§ 93, 208 Abs. 1 S. 1 Nr. 3 AO vor, dürfen die FA Auskünfte – auch Sammelauskünfte – bei den Kreditinstituten einholen. Eine Erweiterung des Bankkundenschutzes durch eine entsprechende Anwendung des zwischenzeitlich abgeschafften § 30a Abs. 3 AO ist nicht geboten.

20 »Hinreichend veranlasst« ist eine Kontrollmitteilung dann, wenn das zu prüfende Bankgeschäft Auffälligkeiten aufweist, die es aus dem Kreis der alltäglichen und banküblichen Geschäfte hervorheben oder eine für Steuerhinterziehung besonders anfällige Art der Geschäftsabwicklung erkennen lassen, die [...] dazu verlockt, solche Einkünfte dem FA zu verschweigen, wenn also eine erhöhte Wahrscheinlichkeit der Entdeckung unbekannter Steuerfälle besteht. Der hinreichende Anlass für die »Nachprüfung der steuerlichen Verhältnisse« muss sich anhand der konkreten Ermittlungen im Einzelfall und der in vergleichbaren Prüfsituationen gewonnenen verallgemeinerungsfähigen Erkenntnisse nachvollziehbar ergeben (BFH vom 09.12.2008, a.a.O.).

StPfl. vor einem Kontenabruf grds. um Aufklärung des steuererheblichen Sachverhalts gebeten werden. In diesem Auskunftsersuchen ist er bereits auf die Möglichkeit hinzuweisen, dass seine Angaben durch einen Kontenabruf überprüft werden können. Bei der Ausübung des Ermessens, ob ein Kontenabruf durchgeführt werden soll, haben die Behörden »die Grundsätze der Gleichmäßigkeit der Besteuerung, der Verhältnismäßigkeit der Mittel, der Erforderlichkeit, der Zumutbarkeit, der Billigkeit und von Treu und Glauben sowie das Willkürverbot und das Übermaßverbot« zu beachten (vgl. § 5 AO, Tz. 2.3 des AEAO zu §§ 92 und 93).

Seit 2006 sind Kontenabfragen über die Vorschrift des § 93 Abs. 7 und 8 AO europaweit möglich, wenn zuvor ein steuerstrafrechtliches Ermittlungsverfahren eingeleitet wurde.

4.2 Buchführungs- und Aufzeichnungspflichten (§§ 140 – 148 AO)

4.2.1 Allgemeines

Zu den gesetzlich normierten Mitwirkungspflichten der StPfl. gehören auch die in den §§ 140 ff. AO aufgeführten **Pflichten zum Führen von Büchern und Aufzeichnungen**. Zu unterscheiden sind Vorschriften, welche die Buchführungspflicht als solche betreffen (§ 140 f. AO), und Vorschriften über die Beschaffenheit der Buchführung (§§ 142 ff. AO). Die Pflicht zur Führung von Büchern und Aufzeichnungen soll die vollständige und zutreffende Erfassung der Besteuerungsgrundlagen sicherstellen.

Erfüllt der StPfl. die ihm auferlegten Pflichten ordnungsgemäß und vollständig, sind seine Buchführung und Aufzeichnungen der Besteuerung zugrunde zu legen, soweit im Einzelfall kein Anlass besteht, an ihrer sachlichen Richtigkeit zu zweifeln (**Beweiskraft der Buchführung, § 158 AO**). § 158 AO enthält insoweit eine **gesetzliche Vermutung**. Die Vermutung wird entkräftet, wenn es nach einer Verprobung oder anderen Überprüfungsmaßnahmen des FA unwahrscheinlich ist, dass das in der Buchführung ausgewiesene Ergebnis mit den tatsächlichen Verhältnissen übereinstimmt (AEAO zu § 158). Weicht das Ergebnis der Buchführung von den Richtsätzen ab, ist dies für sich allein noch kein sachlicher Grund, den Beweiswert der Buchführung zu entkräften. Zweifel an der Richtigkeit können sich aber dadurch ergeben, dass der erklärte Gewinnaufschlag erheblich von der Richtsatzsammlung abweicht (zur Richtsatzsammlung 2023 BMF BStBl I 2024, 1198), dem StPfl. darüber hinaus keine ausreichenden Mittel zur Bestreitung seines Lebensunterhalts verbleiben und er sich weigert, Erläuterungen hierzu abzugeben (BFH vom 24.11.1993, BFH/NV 1994, 766). Die Verletzung der in den §§ 140 ff. AO genannten Pflichten bzw. die Entkräftung der Vermutung nach § 158 AO führt dazu, dass die Finanzbehörde die Besteuerungsgrundlagen schätzen darf (§ 162 Abs. 2 S. 2 AO); bei bestimmten Verstößen, z. B. gegen die Aufzeichnungspflichten in § 4 Abs. 7 S. 1 EStG kommt auch ein generelles Abzugsverbot von Betriebsausgaben in Betracht (§ 4 Abs. 7 S. 2 EStG). Ferner kann das FA die Erfüllung der Verpflichtungen nach den §§ 140 ff. AO mit Zwangsmitteln nach den §§ 328 ff. AO erzwingen.

§§ 140 ff. AO werden durch die Grundsätze zur ordnungsmäßigen Führung und Aufbewahrung von Büchern, Aufzeichnungen und Unterlagen in elektronischer Form sowie zum Datenzugriff (GoBD) ergänzt; sie regeln die formalen Anforderungen an die Buchführung und die Aufbewahrung von steuerrechtlich relevanten elektronischen Daten und Papierdokumenten unter Bezug auf die Grundsätze ordnungsmäßiger Buchführung. Zudem enthalten die GoBD Regeln zum elektronischen Datenzugriff der FinVerw im Rahmen von Außenprüfungen.

Die GoBD wurden durch Schreiben des BMF am 14.11.2014 veröffentlicht und sind seit 01.01.2015 gültig (BStBl I 2014, 1450). Sie lösen die Grundsätze zum Datenzugriff und zur

Prüfbarkeit digitaler Unterlagen (GDPdU) und die Grundsätze ordnungsmäßiger DV-gestützter Buchführungssysteme (GoBS) ab. Mit Schreiben vom 11.03.2024 hat das BMF die GoBD aktualisiert. Die Neufassung der GoBD gilt seit dem 01.04.2024 und setzt u. a. Änderungen der AO aus dem DAC7-Umsetzungsgesetz um. Die Aufforderung der FinVerw an einen StPfl., der seinen Gewinn im Wege der EÜR ermittelt, zu Beginn einer Außenprüfung einen Datenträger »nach GDPdU« zur Verfügung zu stellen, ist als unbegrenzter Zugriff auf alle elektronisch gespeicherten Unterlagen unabhängig von den gemäß § 147 Abs. 1 AO bestehenden Aufzeichnungs- und Aufbewahrungspflichten des StPfl. zu verstehen und damit rechtswidrig (BFH vom 07.06.2021, BStBl II 2023, 63).

Besonders wichtig sind die GoBD für die elektronische Aufzeichnung der Barerlöse, die in der Besteuerungspraxis häufig nicht vollständig aufgezeichnet oder nachträglich verändert werden. Deshalb sind umfassende Regelungen zum internen Kontrollsystem und der Verfahrensdokumentation zu beachten. Der Unternehmer bleibt nach den GoBD verantwortlich, auch wenn er die Datenverarbeitung auslagert oder einen Dienstleister wie den StB einschaltet. Die GoBD gelten auch im Bereich der Bareinnahmen nur für digitale Aufzeichnungen mit Kassensystemen, Registrierkassen, PC-Kassen, Wiegekassen und Taxametern. Sie gelten nicht für manuelle Kassenführung wie z. B. die offene Ladenkasse.

Der Bundesrat hat am 07.07.2017 die sog. **Kassensicherungsverordnung** (KassenSichV) beschlossen. Demnach müssen gem. § 146a Abs. 3 AO alle elektronischen Aufzeichnungssysteme ab 2020 über eine zertifizierte technische Sicherungseinrichtung verfügen.

4.2.2 Derivative Buchführungspflicht (§ 140 AO)

§ 140 AO regelt die sog. **derivative** oder abgeleitete **Buchführungspflicht.** Wer nach anderen Gesetzen als den Steuergesetzen Bücher und Aufzeichnungen zu führen hat, muss diese Verpflichtungen auch für die Besteuerung erfüllen. Außersteuerliche Buchführungspflichten finden sich insb. im HGB (§§ 238 – 261 HGB; buchführungspflichtig sind alle Kaufleute i. S. d. HGB), in § 41 GmbHG, §§ 91, 270, 286 AktG und § 33 GenG, ferner gelten Vorschriften für bestimmte Gewerbezweige (z. B. nach der Apothekenbetriebsordnung). Wer verpflichtet ist, Bücher und Aufzeichnungen zu führen, ergibt sich aus den jeweiligen außersteuerlichen Normen. Die handelsrechtliche Buchführungspflicht trifft den jeweiligen Kaufmann. Bei Personenhandelsgesellschaften trifft die Pflicht hinsichtlich des Gesamthandvermögens die Gesellschaft. Für Geschäftsunfähige, beschränkt Geschäftsfähige, juristische Personen und nicht rechtsfähige Personenvereinigungen haben die gesetzlichen Vertreter die Bücher und Aufzeichnungen zu führen (vgl. §§ 34 f. AO).

4.2.3 Originäre Buchführungspflicht (§ 141 AO)

Für gewerbliche Unternehmen und Land- und Forstwirte, die nicht bereits nach § 140 AO buchführungspflichtig sind, kann sich eine rein steuerliche Buchführungspflicht bei Überschreiten bestimmter Umsatz- oder Gewinngrenzen auch aus § 141 AO ergeben.[21] § 141 AO ist gegenüber § 140 AO subsidiär (§ 141 Abs. 1 S. 1 a. E. AO) und begründet daher nur für diejenigen Gewerbetreibenden und Land- und Forstwirte eine Buchführungspflicht, die nicht in das Handelsregister eingetragen sind. Die Buchführungsgrenzen beziehen sich jeweils

---

21 Die für die Buchführungspflicht maßgebliche Umsatzgrenze ist unter Einbeziehung der nicht steuerbaren Auslandsumsätze zu ermitteln (BFH vom 07.10.2009, BStBl II 2010, 219).

auf den einzelnen Betrieb, auch wenn der StPfl. mehrere Betriebe der gleichen Einkunftsart hat (AEAO zu § 141 Nr. 3).[22] **Für selbständig Tätige (§ 18 EStG) besteht nach § 141 AO generell keine Buchführungspflicht.** Die Buchführungspflicht für das steuerliche Sonder-BV einer PersG obliegt nach § 141 AO nicht dem einzelnen G'fter, sondern der PersG (BFH vom 20.07.1990, BStBl II 1991, 104).

Bei der **originären Buchführungspflicht** besteht die Verpflichtung zur Führung von Büchern und Aufzeichnungen erst vom Beginn des Wj. an, das auf die Bekanntgabe der Mitteilung folgt, durch die das FA auf den Beginn der Buchführungspflicht hingewiesen hat (§ 141 Abs. 2 S. 1 AO). Die Mitteilung nach § 141 Abs. 2 AO ist demnach für die Buchführungspflicht **konstitutiv**; sie kann mit der Feststellung i. S. d. § 141 Abs. 1 AO verbunden werden und bildet dann einen einheitlichen VA (AEAO zu § 141 Nr. 2). Beim einmaligen Überschreiten der Buchführungsgrenze soll auf Antrag nach § 148 AO eine Befreiung von der Buchführungspflicht bewilligt werden, wenn nicht zu erwarten ist, dass die Grenze auch später überschritten wird (AEAO zu § 141 Nr. 4).

4.2.4 Anforderungen an Buchführung und Aufzeichnungen (§§ 142 ff. AO)

Die §§ 142 ff. AO regeln allgemeine Anforderungen an Buchführung und Aufzeichnungen sowie ergänzende Aufzeichnungs- und Aufbewahrungspflichten.[23] Insb. muss die Buchführung so beschaffen sein, dass sie einem sachverständigen Dritten innerhalb angemessener Zeit einen Überblick über die Geschäftsvorfälle und über die Lage des Unternehmens vermitteln kann (§ 145 Abs. 1 S. 1 AO). Die Grundsätze zur ordnungsgemäßen Führung und Aufbewahrung von Büchern, Aufzeichnungen und Unterlagen in elektronischer Form sowie zum Datenzugriff (GoBD) sind im BMF-Schreiben vom 14.11.2014, BStBl I 2014, 1450, geregelt.

Die Datenzugriffsbefugnisse nach § 147 Abs. 6 AO stehen dem FA nur hinsichtlich der Unterlagen zu, die der StPfl. nach § 147 Abs. 1 AO aufzubewahren hat; darunter können neben bilanzierenden Unternehmern auch StPfl. fallen, die ihren Gewinn nach § 4 Abs. 3 EStG ermitteln (BFH vom 24.06.2009, BStBl II 2010, 452). Verwendet ein Einzelhändler, der in seinem Betrieb im Allgemeinen Waren von geringem Wert an ihm der Person nach nicht bekannte Kunden über den Ladentisch gegen Barzahlung verkauft, eine PC-Kasse, die detaillierte Informationen zu den einzelnen Verkäufen aufzeichnet und eine dauerhafte Speicherung ermöglicht, so sind die damit bewirkten Einzelaufzeichnungen auch zumutbar. Das FA ist in diesem Fall nach § 147 Abs. 6 AO im Rahmen einer Außenprüfung berechtigt, Zugriff auf die Kasseneinzeldaten zu nehmen (vgl. BFH vom 16.12.2014, BStBl II 2015, 519 zum Zugriff auf Kassendaten eines Apothekers).

Bis Ende 2009 mussten nur Steuerzahler mit Gewinneinkünften ihre steuerlichen **Aufzeichnungen und Unterlagen aufbewahren**. Steuerzahler mit Überschusseinkünften waren dagegen nicht verpflichtet, ihre Belege nach Bestandskraft des Steuerbescheids weiterhin aufzubewahren (§ 147 AO). Ab 01.10.2010 sind auch **Steuerzahler mit Überschusseinkünften**, die positive Einkünfte von mehr als 500.000 € im Jahr haben, verpflichtet, ihre Aufzeichnungen und Unterlagen sechs Jahre lang aufzubewahren (§ 147a AO). Bei einem Verstoß gegen diese Verpflichtung kann das FA ein Verzögerungsgeld von 2.500 € bis 250.000 € gem.

---

22 Eine Ausnahme gilt für steuerbegünstigte Körperschaften, bei denen mehrere StPfl. wirtschaftliche Geschäftsbetriebe als ein Betrieb zu behandeln sind (§ 64 Abs. 2 AO).
23 Zu den Anforderungen an eine ordnungsgemäße Kassenführung vgl. *Schumann*, AO-StB 2015, 213.

§ 146 Abs. 2b AO verhängen[24], denn insoweit wird nicht zwischen und Unternehmen und Nichtunternehmern unterschieden.

4.3 Steuererklärungen (§§ 149 – 153 AO)

4.3.1 Abgabe der Steuererklärung (§ 149 AO)

Die Abgabe der Steuererklärung gehört zu den elementaren Mitwirkungspflichten des Steuerbürgers. In einer Vielzahl von Fällen ist die Ermittlung der Besteuerungsgrundlagen mit der Abgabe einer ordnungsgemäßen und vollständigen Steuererklärung abgeschlossen. Der Begriff der Steuererklärung ist gesetzlich nicht definiert. Nach der Rspr. versteht man unter einer **Steuererklärung** eine formalisierte, innerhalb einer bestimmten Frist abzugebende Auskunft des StPfl., die dem FA die Festsetzung der Steuer ermöglichen soll und i. d. R. zum Erlass eines Steuerbescheides führt (BFH vom 14.01.1998, BStBl II 1999, 203). Die Steuererklärung ist damit vor allem eine **Wissenserklärung**; sie enthält Angaben über steuerlich erhebliche Sachverhalte. Darüber hinaus enthalten Steuererklärungen aber auch häufig **Willenserklärungen**, z. B. wenn eine Steuerermäßigung beantragt wird oder bei der Ausübung von Gestaltungsrechten, etwa dem Antrag auf Einzelveranlagung gem. § 26 Abs. 2 EStG. Teilweise muss der StPfl. in der Steuererklärung die Steuer auch selbst berechnen; diese besonderen Steuererklärungen werden als **Steueranmeldung** bezeichnet (§ 150 Abs. 1 S. 3 AO). Zu den Steueranmeldungen gehören u. a. die Lohnsteueranmeldungen und die USt-Voranmeldungen, aber auch die USt-Jahreserklärung, da der Unternehmer nach § 18 Abs. 3 S. 1 UStG nach Ablauf eines Kj. eine USt-Erklärung abzugeben hat, in der er die USt oder den Überschuss, der sich zu seinen Gunsten ergibt, selbst berechnen muss. Steueranmeldungen stehen, sofern sie zu keiner Herabsetzung der bisher zu entrichtenden Steuer oder zu einer Steuervergütung führen, gem. § 168 S. 1 AO immer einer Steuerfestsetzung unter Vorbehalt der Nachprüfung gleich; in diesen Fällen erzeugt der StPfl. den Verwaltungsakt autark ohne Zutun des FA.

Die **Pflicht zur Abgabe einer Steuererklärung** wird regelmäßig nicht in der AO, sondern in den **Einzelsteuergesetzen** geregelt (§ 149 Abs. 1 S. 1 AO), z. B. in § 25 Abs. 3 EStG, §§ 56, 60 EStDV, § 31 KStG, § 18 Abs. 3 UStG und § 31 ErbStG. Eine hilfreiche Übersicht über die Paragrafen, die eine Verpflichtung zur Abgabe der Steuererklärung beinhalten, findet sich in § 149 Abs. 3 AO (Vorschlag: markieren!). Daneben kann das FA gem. § 149 Abs. 1 S. 2 – 4 AO auch individuell zur Abgabe einer Steuererklärung auffordern, wenn die Möglichkeit besteht, dass der Aufgeforderte stpfl. ist. Ist eine Steuerpflicht des Aufgeforderten dagegen von vornherein ausgeschlossen, ist die Aufforderung ermessensfehlerhaft und damit rechtswidrig (BFH vom 18.12.1974, BStBl II 1975, 464). Eine Aufforderung liegt bereits in der Übersendung von Erklärungsvordrucken, weil das FA dadurch zu erkennen gibt, dass es von einer potentiellen Steuerpflicht des Adressaten ausgeht.[25]

Soweit die Einzelsteuergesetze nichts anderes bestimmen, sind Steuererklärungen, die sich auf ein Kj. oder einen gesetzlich bestimmten Zeitpunkt beziehen, spätestens sie-

---

[24] Diese Möglichkeit wurde erst durch das JStG 2009 in die AO eingeführt; ausführlich *Haubner*, Verzögerungsgeld nach § 146 Abs. 2b AO in der Betriebsprüfung, AO-StB 2010, 187.

[25] Ein Anspruch auf kostenlose Übersendung der amtlichen Steuererklärungsvordrucke besteht übrigens nicht; es handelt sich dabei lediglich um einen freiwilligen Service des FA (BFH vom 12.09.2002, BFH/NV 2003, 6).

ben Monate danach abzugeben (§ 149 Abs. 2 S. 1 AO, sog. **Abgabefrist**. Diese Fristen werden bedingt durch die Coronapandemie
- für die Besteuerungszeiträume 2020 und 2021 jeweils um drei Monate,
- für den Besteuerungszeitraum 2022 um zwei Monate und
- für den Besteuerungszeitraum 2023 um einen Monat verlängert (Art. 97 § 36 EGAO).
- Ab dem VZ 2024 gelten wieder die regulären siebenmonatigen Erklärungsfristen (vgl. BMF vom 23.06.2022, BStBl I 2022, 938). Eine Sonderregelung enthält z. B. § 18 Abs. 1 UStG für die USt-VA oder § 41a Abs. 1 EStG für die LSt-Anmeldung.

Die Abgabefrist kann allerdings durch die Finanzbehörde gem. § 109 Abs. 1 S. 1 AO **verlängert** werden. Für die **steuerberatenden Berufe** werden die Erklärungsfristen in § 149 Abs. 3 AO bis zum letzten Februartag des Zweitfolgejahres verlängert. Diese Fristen werden bedingt durch die Corona-Pandemie
- für die Besteuerungszeiträume 2020 und 2021 jeweils um sechs Monate,
- für den Besteuerungszeitraum 2022 um fünf Monate,
- für den Besteuerungszeitraum 2023 um drei Monate und
- für den Besteuerungszeitraum 2024 um zwei Monate verlängert (Art. 97 § 36 Abs. 3 Nr. 1 und 2 EGAO).
- Ab dem Besteuerungszeitraum 2025 gelten wieder die regulären Erklärungsfristen (zu Anwendungsfragen vgl. BMF vom 23.06.2022, BStBl I 2022, 938).

Ein Gleichheitsverstoß im Verhältnis zu steuerlich nicht beratenen StPfl. liegt darin nicht, vgl. BFH vom 27.08.2021, Az.: VIII B 36/21. Für die Abgabe der USt-Voranmeldungen besteht die Möglichkeit einer **Dauerfristverlängerung** gem. § 18 Abs. 6 UStG, wenn die Voraussetzungen der §§ 46 ff. UStDV vorliegen. Existenzgründer mussten bisher im Jahr der Gründung sowie im Folgejahr monatliche USt-Voranmeldungen abgeben. Diese Regelung wird bis 2026 ausgesetzt. Sofern die Umsatzschwelle von 7.500 € nicht überschritten wird, dürfen Gründer ab Januar 2021 vierteljährliche USt-Voranmeldungen abgeben (§ 18 Abs. 2 S. 1 UStG).

Die Verpflichtung zur Abgabe der Steuererklärung bleibt auch dann bestehen, wenn das FA die Besteuerungsgrundlagen nach § 162 AO geschätzt hat (§ 149 Abs. 1 S. 4 AO); dadurch soll zu niedrigen Schätzungen vorgebeugt werden. Auf die fortbestehende Abgabepflicht wird der StPfl. in den Schätzungsbescheiden regelmäßig auch ausdrücklich hingewiesen. Lässt sich der StPfl. zu niedrig schätzen und verstößt gegen die Abgabepflicht nach § 149 Abs. 1 S. 4 AO, kann hierdurch auch Steuerhinterziehung gem. § 370 Abs. 1 AO vorliegen.

Gibt der StPfl. die Erklärung pflichtwidrig nicht oder nicht rechtzeitig ab, kann das FA verschiedentlich reagieren: Es kann die Abgabe mit Zwangsmitteln erzwingen (§§ 328 ff. AO), die Besteuerungsgrundlagen gem. § 162 AO schätzen sowie einen Verspätungszuschlag gem. § 152 AO festsetzen. Mit der Nichtabgabe einer Steuererklärung kann auch eine Steuerhinterziehung (§ 370 AO) oder eine leichtfertige Steuerverkürzung (§ 378 AO) vorliegen.

Inhalt und Form der Steuererklärung richten sich nach § 150 AO. Die Erklärungen sind demnach, soweit nicht eine formlose Erklärung zugelassen ist (z. B. § 19 Abs. 5 GrEStG) nach (aber nicht »auf«) **amtlich vorgeschriebenem Vordruck** abzugeben. Dies bedeutet nicht, dass tatsächlich ein amtlicher Vordruck verwendet werden muss. Die beim FA eingereichte

Erklärung muss aber in ihrer Gestaltung dem amtlichen Vordruck entsprechen.[26] Dies ist beispielsweise bei den Softwareprogrammen, die zur Erstellung der Steuererklärung am PC angeboten werden, der Fall. Gem. § 150 Abs. 1 S. 2 AO ist § 87a AO – also die elektronische Ersetzung – auf Steuererklärungen nur anwendbar, soweit eine elektronische Steuererklärung vorgeschrieben oder zugelassen ist; Einzelheiten hierzu sind in §§ 87a Abs. 6, 87b bis 87e AO enthalten. Seit dem VZ 2017 braucht der StPfl. Daten, die von dritter Stelle an die FÄ elektronisch übermittelt werden, nicht mehr angeben, wenn er die an die Verwaltung übermittelten Daten für vollständig und richtig hält. Die Daten, etwa über Lohn und einbehaltende Lohnsteuer, über Rentenleistung, Renten- und Krankenversicherungsbeträge oder Lohnersatzleistungen, gelten in diesem Fall als eigene Angaben des StPfl. (§ 150 Abs. 7 S. 2 AO). Sind die übermittelten Daten zuungunsten des StPfl. unrichtig, ist der Steuerbescheid später zu korrigieren (vgl. § 175b Abs. 2 AO).

Gem. § 150 Abs. 3 S. 1 AO können die Einzelsteuergesetze vorschreiben, dass die Steuererklärung **eigenhändig zu unterschreiben** ist. Davon hat der Gesetzgeber u.a. in § 25 Abs. 3 S. 2 EStG, § 18 Abs. 3 S. 3 UStG, § 14a Abs. 1 S. 3 GewStG und § 31 Abs. 1a KStG Gebrauch gemacht. Bei den Voranmeldungen zur USt (§ 18 Abs. 1 UStG) und zur LSt (§ 41a Abs. 1 EStG) genügt dagegen die Unterzeichnung durch einen Bevollmächtigten, etwa des StB. Beim Erfordernis der eigenhändigen Unterschrift ist eine Unterschrift des Bevollmächtigten gem. § 150 Abs. 3 AO nur in Ausnahmefällen möglich, wenn der StPfl. durch längere Abwesenheit an der Unterschrift gehindert ist.[27] Trotz des Erfordernisses der eigenhändigen Unterschrift ist auch die Abgabe der Steuererklärung per Telefax zulässig. Dies hat der BFH Ende 2014 für die Antragsveranlagung nach § 46 Abs. 2 Nr. 8 EStG ausdrücklich bestätigt (Eingang der Steuererklärung per Telefax beim FA am letzten Tag der Festsetzungsfrist). Unerheblich ist dabei, ob der StPfl. den Inhalt der Steuererklärung tatsächlich in vollem Umfang zur Kenntnis genommen hat (BFH vom 08.10.2014, BStBl II 2015, 259). An der abweichenden Rspr. beim Antrag auf Investitionszulage hält der BFH dagegen fest: die fristgerechte Übermittlung eines eigenhändig unterzeichneten Investitionszulagenantrags per Telefax genügt nicht, um den Anspruch des Berechtigten auf Investitionszulage zu wahren (BFH vom 08.10.2014, a.a.O.).

Einzelunternehmen, PersG und Körperschaften, die nicht zur Buchführung verpflichtet sind, haben ihrer Steuererklärung gem. § 60 EStDV eine Gewinnermittlung nach amtlich vorgeschriebenen Vordruck beizufügen (Anlage EÜR).[28] Wird die Anlage EÜR pflichtwidrig nicht abgegeben, kann gegen den StPfl. zum einen ein Verspätungszuschlag gem. § 152 AO festgesetzt werden, da die Steuererklärung unvollständig ist. Alternativ dazu kann das FA die Pflicht zur Abgabe der Anlage EÜR auch durch Zwangsmittel, d.h. regelmäßig durch Androhung und ggf. Festsetzung eines Zwangsgeldes durchsetzen. Gem. § 25 Abs. 4 S. 1 EStG haben StPfl. dem FA ihre Steuererklärung digital zu übermitteln, wenn sie Einkünfte nach § 2 Abs. 1 S. 1 Nr. 1 bis 3 EStG erzielen und es sich nicht um einen der Veranlagungsfälle gem. § 46 Abs. 2 Nr. 2 bis 8 EStG handelt. Das FA muss auf Antrag zur Vermeidung unbilliger Härten eine analoge Übermittlung akzeptieren, wenn die digitale Erklärungsabgabe für den StPfl.

---

26 Vgl. ausführlich BMF vom 12.08.2022 (BStBl I 2022, 1334). Eine ESt-Erklärung ist auch dann »nach amtlich vorgeschriebenem Vordruck« abgegeben, wenn ein – auch einseitig – privat gedruckter oder fotokopierter Vordruck verwendet wird, der dem amtlichen Muster entspricht (BFH vom 22.05.2006, BStBl II 2007, 2).
27 Zusätzlich ist in diesen Fällen eine Offenlegung der Bevollmächtigung z. B. durch den Zusatz »i.V.« oder »i.A.« erforderlich (BFH vom 03.05.2005, BFH/NV 2005, 1824).
28 Hierzu BFH vom 16.11.2011, BStBl II 2012, 129; vgl. zur Anlage EÜR 2023 BMF vom 31.08.2023, BStBl I 2023, 1603.

wirtschaftlich oder persönlich unzumutbar ist (§ 150 Abs. 8 S. 1 AO i.V.m. § 25 Abs. 4 S. 2 EStG). Wirtschaftliche Unzumutbarkeit liegt insb. vor, wenn die Schaffung der technischen Möglichkeiten nur mit einem nicht unerheblichen finanziellen Aufwand möglich wäre. Ob ein nicht unerheblicher finanzieller Aufwand anzunehmen ist, kann nur unter Berücksichtigung der betrieblichen Einkünfte des StPfl. entschieden werden (vgl. für einen Kleinstbetrieb mit 14.500 € Einnahmen BFH vom 16.06.2020, NWB 2020, 3534). Auch der Fragebogen zur steuerlichen Erfassung gem. § 138 Abs. 1b S. 2 AO ist ab 2021 digital einzureichen, sofern die Auskunftserteilung nicht aufgrund eines Härtefalls nach amtlich vorgeschriebenem Vordruck zugelassen wurde (§ 138 Abs. 1b S. 3 AO, vgl. BMF vom 17.09.2021).

4.3.2 Verspätungszuschlag (§ 152 AO)

Um den StPfl. zur fristgerechten Abgabe der Steuererklärungen anzuhalten, kann das FA gegen denjenigen, der seiner Steuererklärungspflicht nicht oder nicht rechtzeitig nachkommt, als Druckmittel einen Verspätungszuschlag festsetzen (§ 152 Abs. 1 S. 1 AO). Der Verspätungszuschlag hat eine **Doppelfunktion**: Er dient der (repressiven) Sanktion einer Pflichtverletzung und der in die Zukunft gerichteten Prävention (BFH vom 13.04.2010, BStBl II 2010, 815). Der Verspätungszuschlag ist eine **steuerliche Nebenleistung** (§ 3 Abs. 4 AO); er entsteht mit der Bekanntgabe seiner Festsetzung und wird mit Ablauf der vom FA gesetzten Frist fällig (§ 220 Abs. 2 AO). Regelmäßig entspricht die vom FA gesetzte Frist der Zahlungsfrist für die Steuer (AEAO zu § 152 Nr. 3). Die Festsetzung des Verspätungszuschlags erfolgt in der Praxis meist zusammen mit der Steuerfestsetzung (§ 152 Abs. 11 AO n. F., sog. **Verbindungsgebot**); auch in diesen Fällen ist sie jedoch ein eigenständiger VA. Die Festsetzung des Verspätungszuschlags kann – bei Vorliegen besonderer Gründe – aber auch noch nach der Steuerfestsetzung binnen einer Jahresfrist nachgeholt werden (BFH vom 13.04.2010, BStBl II 2010, 815).

Durch das **Gesetz zur Modernisierung des Besteuerungsverfahrens** wurden die Regelungen zur Festsetzung des Verspätungszuschlags neugefasst (BGBl 2016 I, 1679 ff.): Demnach ist die Erklärungsfrist nicht beratener StPfl. **ab dem VZ 2018** nunmehr zwei Monate länger als bisher, d. h. bis 31. Juli des Folgejahres (§ 149 Abs. 2 AO n. F.). In sog. Beraterfällen, wo also ein Angehöriger der steuerberatenden Berufe an der Erklärung mitwirkt, wird die Frist auf Ende Februar des Zweitfolgejahres verlängert, § 149 Abs. 3 AO. Vorige Anforderungen im Einzelfall bleiben nach § 149 Abs. 4 AO in den dort genannten Einzelfällen zulässig (sog. »Vorabanforderung«). Die Festsetzung des Verspätungszuschlages gem. § 152 AO wird auch künftig regelmäßig im Ermessen des FA liegen. Bei erheblichem Verstoß gegen die Erklärungspflichten wird der Verspätungszuschlag ab dem VZ 2018 aber obligatorisch festgesetzt (§ 152 Abs. 2 AO n. F.); der automatisierte Verspätungszuschlag greift nach Ablauf der allgemeinen Frist nur für die Einreichung von Steuererklärungen durch steuerlich vertretene StPfl. ein, sodass nur noch in den Fällen der nicht vertretenen StPfl. ein Anwendungsbereich für die bislang uneingeschränkt geltende Ermessensregel greift. Der obligatorische Verspätungszuschlag ist als Gegenstück zu den verlängerten Abgabefristen anzusehen. Ausgenommen hiervon sind Nullfestsetzungen und Erstattungsfälle, hier steht die Festsetzung des Verspätungszuschlags weiter im Ermessen des FA. Die Berechnungsmodalitäten sind in § 152 Abs. 5 bis Abs. 10 AO n. F. wesentlich stärker reglementiert (i. d. R. 25 € je angefangenem Verspätungsmonat). Die Neuregelungen im § 152 AO sind gem. § 10a Abs. 4 EGAO erst ab dem VZ 2018 anzuwenden. Aus diesem Grund wird nachfolgend auch noch die bis dahin geltende Rechtslage dargestellt:

Für die Festsetzung des Verspätungszuschlags hatte das FA bisher sowohl ein **Entschließungs- als auch ein Auswahlermessen**. Für die Höhe des Verspätungszuschlags – der gem. § 152 Abs. 2 S. 1 nicht mehr als 10% der festgesetzten oder geänderten Steuer oder des Messbetrages betragen darf und in der Höhe auf max. 25.000 € begrenzt ist – ist neben dem Zweck, den StPfl. zur rechtzeitigen Abgabe der Steuererklärung anzuhalten, die Dauer der Fristüberschreitung, die Höhe des sich aus der Steuerfestsetzung ergebenden Zahlungsanspruches, die aus der verspäteten Abgabe der Erklärung gezogenen Vorteile sowie das Verschulden und die wirtschaftliche Leistungsfähigkeit des StPfl. ebenso berücksichtigen wie das Verhalten des StPfl. in den Vorjahren (§ 152 Abs. 2 AO). Ist die festgesetzte Steuer oder der festgesetzte Messbetrag Null, kann ein Verspätungszuschlag nicht festgesetzt werden (BFH vom 26.06.2002, BStBl II 2002, 679). Ergibt sich nach der Festsetzung des Verspätungszuschlages eine Änderung der festgesetzten Steuer (z. B. im Einspruchsverfahren), dass das FA bei der Festsetzung von unrichtigen Tatsachen ausgegangen ist, muss es die Festsetzung überprüfen und den Verspätungszuschlag gegebenenfalls gem. § 130 AO ganz oder teilweise korrigieren; insb. darf die 10%-Grenze in § 152 Abs. 2 S. 1 AO nicht überschritten werden. Die konkrete Berechnung eines Verspätungszuschlags nach § 152 Abs. 5 – 10 AO sowie die Frage einer etwaigen Korrektur war Gegenstand der schriftlichen Prüfung 2023.

Neben der Festsetzung eines Verspätungszuschlags kann das FA kumulativ die Abgabe der Steuererklärung mit Zwangsmitteln, insb. durch Festsetzung eines Zwangsgeldes gem. § 329 AO, erzwingen.

4.3.3 Berichtigungspflicht (§ 153 AO)

Erkennt der StPfl. **nachträglich** (d. h. nach Abgabe der Steuererklärung), aber noch **vor Ablauf der Festsetzungsfrist**, dass die abgegebene Steuererklärung unrichtig oder unvollständig ist und dass es dadurch zu einer Steuerverkürzung kommen kann oder bereits gekommen ist, trifft ihn die Pflicht, dies unverzüglich anzuzeigen und die gemachten Angaben richtig zu stellen (§ 153 Abs. 1 S. 1 Nr. 1 AO).[29] Das FA kann daraufhin die Steuerfestsetzung nach § 173 Abs. 1 Nr. 1 AO ändern; § 172 Abs. 1 Nr. 2 Buchst. a AO scheidet dagegen als Korrekturnorm aus, da die Anzeige nach § 153 AO keinen Antrag gem. § 172 Abs. 1 Nr. 2 Buchst. a AO darstellt (häufiges Problem der schriftlichen Prüfung, zuletzt 2015; AEAO zu § 172 Tz. 3 S. 2). § 153 AO ist selbst keine Korrekturnorm!

Bei einer **von Anfang an geplanten Falschangabe** liegt rechtlich keine Berichtigung i. S. d. § 153 AO, sondern tatbestandlich eine Steuerhinterziehung, also allenfalls eine strafbefreiende Selbstanzeige nach § 371 AO vor.

§ 153 AO und § 371 AO schließen sich damit gegenseitig aus (häufige Prüfungsfrage!). Wer bewusst eine falsche Erklärung abgibt, wird somit nicht zur Selbstbezichtigung verpflichtet; ihm steht lediglich die Möglichkeit der Selbstanzeige offen. Allerdings kann im Verstoß gegen die Berichtigungspflicht in § 153 AO selbst wiederum eine Steuerhinterziehung gem. § 370 AO liegen. StB sind als Bevollmächtigte nach dem Wortlaut nicht zur Berichtigung von Steuererklärungen ihrer Mandanten verpflichtet, sofern sie nicht die Erklärung in eigener Verantwortung erstellt, unterschrieben und abgegeben haben (umstritten, vgl. BFH vom

---

29 Dies wirkt sich auch bei der Festsetzungsfrist aus. Die Berichtigung gem. § 153 AO führt allerdings nicht zur Ablaufhemmung nach § 171 Abs. 3 AO, da kein »Antrag« auf Steuerfestsetzung gestellt wird, sondern zur Ablaufhemmung gem. § 171 Abs. 9 AO.

29.10.2013, BStBl II 2014, 295). Eine Verletzung der Berichtigungspflicht[30] kann – was häufig übersehen wird – zur Strafbarkeit wegen Steuerhinterziehung gem. § 370 AO führen, da die Nichterfüllung bzw. nicht rechtzeitige Erfüllung der Anzeigepflicht eine Verkürzung von Steuern gem. § 370 Abs. 4 AO zur Folge haben kann.

Fehler des FA muss der StPfl. nicht korrigieren; die Berichtigungspflicht nach § 153 AO entsteht nicht, wenn unabhängig von der Erklärung des StPfl. dem FA Fehler oder Irrtümer unterlaufen (vgl. *Tormöhlen*, AO-StB 2010, 141). Die Berichtigungspflicht gem. § 153 AO trifft auch den Rechtsnachfolger (§ 153 Abs. 1 S. 1 Nr. 1 und S. 2 AO). Sie wird nicht dadurch ausgeschlossen, dass der Erbe bereits vor dem Tod des Erblassers Kenntnis davon hatte, dass dessen Steuererklärung unrichtig ist (BFH vom 29.08.2017, BStBl II 2018, 223). Die von einem Erben durch eine unterlassene Berichtigung gem. § 153 Abs. 1 AO begangene Steuerhinterziehung (§ 370 Abs. 1 Nr. 2 AO) führt allerdings nicht zu einer weiteren Verlängerung der Festsetzungsfrist, wenn diese sich schon aufgrund einer Steuerhinterziehung des Erblassers nach § 169 Abs. 2 S. 2 AO auf zehn Jahre verlängert hatte. Die Ablaufhemmung dauert in diesem Fall gem. § 171 Abs. 7 AO allerdings weiter an, solange der Erbe wegen seiner eigenen Hinterziehung strafrechtlich verfolgt werden kann (BFH vom 21.06.2022, BStBl II 2023, 210).

4.4 Besonderheiten der Mitwirkungspflichten
4.4.1 Schätzung der Besteuerungsgrundlagen (§ 162 AO)

Wenn das FA die Besteuerungsgrundlagen nicht ermitteln oder berechnen kann, muss sie diese gem. § 162 AO schätzen. Dies gilt insb. dann, wenn der StPfl. seiner Mitwirkungspflicht nicht nachkommt, z. B. keine Steuererklärung abgibt (§ 162 Abs. 2 AO). Die Schätzung steht nicht im Ermessen des FA; es besteht eine **Pflicht zur Schätzung**. Ziel der Schätzung ist es, dem Sachverhalt möglichst nahe zu kommen, der sich beim Ermitteln oder Berechnen ergeben würde. Es ist der Betrag zu schätzen, der die **größtmögliche Wahrscheinlichkeit** für sich hat. Schätzen bedeutet m.a.W. **Feststellung des möglichst wahrscheinlichsten Sachverhalts**. Das Schätzungsergebnis muss schlüssig, wirtschaftlich möglich und vernünftig sein. Die Schätzung ist – in systematischer Hinsicht – nicht vorgesehen, um den StPfl. zu »bestrafen«. Sog. Mondschätzungen sind daher rechtswidrig. Allerdings führen selbst grobe Schätzungsfehler und großzügige »Sicherheitszuschläge« bei der Feststellung der Besteuerungsgrundlagen nicht zur Nichtigkeit der darauf beruhenden Steuerbescheide, es sei denn, es handelt sich bei der Schätzung um bewusste Willkürmaßnahmen (BFH vom 15.07.2014, BFH/NV 2015, 145).[31]

Verletzt der StPfl. seine Steuererklärungspflicht, darf sich dies bei der Schätzung zu seinen Ungunsten auswirken, zumal er den Anlass für die Schätzung gegeben hat. Der StPfl. darf nicht besser stehen als derjenige, der seinen steuerlichen Pflichten ordnungsgemäß nachkommt. Das FA kann sich daher an der oberen Grenze des zulässigen Schätzungsrahmens bewegen, wenn zu befürchten ist, dass der StPfl. möglicherweise Einkünfte verheimlichen will.[32] Ebenso darf das FA zur Beseitigung von Besteuerungsrisiken aufgrund der mangelhaften Mitwirkung ohne Bindung an das Maß einer großen oder gar überwiegenden

---

30 Etwa durch Unterlassen der Berichtigung oder der Abgabe der Berichtigung beim unzuständigen FA (vgl. BFH vom 28.02.2008, AO-StB 2008, 151).
31 Zur Nichtigkeit einer Strafschätzung vgl. *Nöcker*, Nichtigkeit der (Straf-)Schätzung, AO-StB 2016, 271.
32 *Kühn/von Wedelstädt*, § 162 AO Rn. 15 m.w.N.

Wahrscheinlichkeit griffweise im Wege der Schätzung Sicherheitszuschläge ansetzen (BFH vom 26.02.2018, AO-StB 2018, 233).

Die Fallgestaltung der Willkürmaßnahmen hat der BFH um eine wichtige Variante ergänzt: Willkürlich und damit nichtig ist ein Schätzungsbescheid nicht nur bei gezielter, subjektiver Willkür des Sachbearbeiters, sondern auch dann, wenn das Schätzungsergebnis trotz vorhandener Möglichkeiten, den Sachverhalt aufzuklären, krass von den (bekannten) tatsächlichen Gegebenheiten abweicht und in keiner Weise erkennbar ist, dass überhaupt und gegebenenfalls welche Schätzungserwägungen angestellt wurden (BFH vom 15.05.2002, BFH/NV 2002, 1415).[33]

In der Praxis erfolgt eine Schätzung der Besteuerungsgrundlagen i.d.R. unter dem **Vorbehalt der Nachprüfung**, wenn der Sachverhalt im Rahmen einer Außenprüfung ermittelt werden soll (AEAO zu § 162 Nr. 4; rechtlich zwingend ist dies allerdings nicht!) oder wenn sich aus den Akten für eine zutreffende Schätzung kaum ausreichende Anhaltspunkte ergeben. In einigen Bundesländern werden Veranlagungen, bei denen die Besteuerungsgrundlagen wegen der Nichtabgabe der Steuererklärung geschätzt werden müssen, grds. unter Vorbehalt der Nachprüfung durchgeführt. Besteuerungsgrundlagen sind auch dann zu schätzen, wenn gegen den StPfl. ein Strafverfahren wegen einer Steuerstraftat eingeleitet worden ist (BFH vom 28.07.2010, AO-StB 2010, 291). Der strafprozessuale »Nemo-tenetur-Grundsatz« sichert den aus Art. 2 GG abzuleitenden Schutz vor Bestrafung, befreit aber nicht von den in der AO normierten Mitwirkungspflichten im Besteuerungsverfahren.

Geht in einem Schätzungsfall nach Erlass des Steuerbescheids beim FA innerhalb der Einspruchsfrist die Steuererklärung ohne weitere Erklärung ein[34], so ist dies im Zweifel als Einlegung eines Einspruchs gegen den Schätzungsbescheid – und nicht als (bloßer) Antrag auf schlichte Änderung des Schätzungsbescheides nach § 172 Abs. 1 S. 1 Nr. 2 Buchst. a AO zu werten (BFH vom 27.02.2003, BStBl II 2003, 505); die fehlende Bezeichnung als Einspruch ist gem. § 357 Abs. 1 S. 3 AO unbeachtlich.

4.4.2 Benennung von Gläubigern und Zahlungsempfängern (§ 160 AO)

Gem. § 160 Abs. 1 AO sind Schulden und andere Lasten, Betriebsausgaben, Werbungskosten und andere Ausgaben steuerlich regelmäßig nicht zu berücksichtigen, wenn der StPfl. dem Verlangen des FA, die Gläubiger oder die Empfänger genau zu benennen, nicht nachkommt. Bei § 160 AO handelt es sich nicht um eine Verfahrensvorschrift, sondern um eine Norm des **materiellen Rechts**. Die Bedeutung des § 160 AO liegt in der Verhinderung von Steuerausfällen bei Ohne-Rechnung-Geschäften, Scheingeschäften und nützlichen Aufwendungen (Schmiergeldern), die dadurch eintreten können, dass der Empfänger geltend gemachter Betriebsausgaben die Einnahmen bei sich nicht erfasst (BFH vom 01.04.2003, BStBl II 2007, 855). § 160 AO normiert eine Art **Gefährdungshaftung** des StPfl., indem es den Abzug unterbindet, wenn der StPfl. den Empfänger bzw. Gläubiger nicht genau benennt.

Die Anwendung des § 160 AO setzt bei der Geltendmachung von Betriebsausgaben voraus, dass es sich dem Grunde nach um abziehbare Betriebsausgaben i.S.d. § 4 EStG handelt.

---

[33] Vgl. ausführlich *Günther*, Nichtigkeit von Verwaltungsakten – Letzter Rettungsanker bei versäumten Einsprüchen und chancenlosen Anträgen auf Änderung, AO-StB 2016, 201.

[34] Etwa in der schriftlichen Prüfung 2010: Auch nach einer Schätzung bleibt die Verpflichtung zur Abgabe der Steuererklärung bestehen, § 149 Abs. 1 S. 4 AO.

Ist der Betriebsausgabenabzug ertragsteuerlich bereits ausgeschlossen, weil z. B. § 4 Abs. 5 Nr. 10 EStG einschlägig ist, kommt § 160 AO nicht zur Anwendung.

Es steht im **Ermessen** des FA, ob es von dem Benennungsverlangen nach § 160 AO Gebrauch macht (AEAO zu § 160 Nr. 1); das Verlangen darf nicht unzumutbar oder unbillig sein.[35] Bei **Zahlungen an ausländische Empfänger** soll das FA auf den Empfängernachweis verzichten, wenn feststeht, dass die Zahlung im Rahmen eines üblichen Handelsgeschäfts erfolgte, der Geldbetrag in das Ausland geflossen ist und der Empfänger nicht der deutschen Steuerpflicht unterliegt (AEAO zu § 160 Nr. 4). Andererseits ist ein Benennungsverlangen nicht ermessensfehlerhaft, wenn dem StPfl. – bezogen auf den konkreten Geschäftsvorfall und im Zeitpunkt der Zahlung – zuzumuten war, sich nach den Gepflogenheiten eines ordnungsgemäßen Geschäftsverkehrs der Identität seines jeweiligen Geschäftspartners zu versichern (BFH vom 01.04.2003, BStBl II 2007, 855). Bei Leistungen an Domizilgesellschaften (Briefkastenfirma) ist der Empfängernachweis nur erbracht, wenn die hinter der Gesellschaft stehenden Personen benannt werden (vgl. BFH vom 11.07.2013, BStBl II 2013, 989): Als Gläubiger i. S. d. § 160 Abs. 1 S. 1 AO ist der wirtschaftliche Eigentümer der Forderung zu verstehen und als Empfänger derjenige, dem der in der Betriebsausgabe enthaltene wirtschaftliche Wert vom StPfl. übertragen wurde.

Bei Zahlungen in das Ausland ist insb. auch § 90 Abs. 2 AO zu beachten. Diese Einschränkung macht deutlich, dass § 160 AO nicht aus »moralischen Gründen« nützliche Aufwendungen ablehnt, sondern lediglich Steuerausfälle des Fiskus verhindern will (**Wertneutralität des Steuerrechts**, vgl. z. B. auch § 40 AO). Infolge des Benennungsverlangens muss das FA auf einer zweiten Stufe der Ermessensausübung entscheiden, ob und in welcher Höhe der Abzug der Ausgaben zu versagen ist; nach dem Wortlaut des § 160 AO ist der Abzug mit Ausnahme von atypischen Fällen »regelmäßig« zu versagen, selbst wenn dem StPfl. mit Sicherheit Betriebsausgaben entstanden sind (BFH vom 09.08.1989, BStBl II 1989, 995).

Das Benennungsverlangen nach § 160 AO ist **kein eigenständiger VA**, sondern eine nicht selbständig anfechtbare Vorbereitungshandlung zum Erlass des Steuerbescheids; die Rechtmäßigkeit des Benennungsverlangens ist daher im Einspruchsverfahren gegen den Steuerbescheid zu überprüfen (BFH vom 10.11.1998, BStBl II 1999, 199). Ein Benennungsverlangen gem. § 160 AO begründet als solches – genauso wenig wie eine fehlende Antwort hierauf – die Tatbestandsvoraussetzungen zur Korrektur eines Steuerbescheides. Nur wenn nachträglich neue Tatsachen i. S. v. § 173 Abs. 1 AO bekannt werden, ist die Änderung eines bestandskräftigen Bescheides nach dieser Vorschrift zulässig (so auch BFH vom 19.01.2017, BStBl II 2017, 743). Wird etwa dem FA aufgrund eines nach Bestandskraft eines ESt-Bescheids gestellten Benennungsverlangens bekannt, dass der StPfl. den Wareneingang nicht entsprechend den Vorschriften des § 143 Abs. 1 AO aufgezeichnet hat, kann dies eine nachträglich bekannt gewordene Tatsache i. S. d. § 173 Abs. 1 Nr. 1 AO darstellen (BFH a. a. O.).

---

35   Ein solcher Fall ist nach der Rspr. (BFH vom 10.11.1998, BStBl II 1999, 121) z. B. gegeben, wenn dem Empfänger durch die Benennung unverhältnismäßig große Nachteile entstehen würden (hier die Entlassung als Angestellter wegen eines geringen Schmiergeldes). Ebenfalls unzulässig ist ein Benennungsverlangen nach § 160 AO bei Zinszahlung auf Inhaberschuldverschreibungen, sog. Commercial-Paper-Papieren (BFH vom 25.02.2004, BStBl II 2004, 582). Auch in dieser Konstellation ist das Benennungsverlangen unverhältnismäßig und damit ermessensfehlerhaft.

5 Festsetzungs- und Feststellungsverfahren (§§ 155 ff. AO)

5.1 Steuerfestsetzung
5.1.1 Steuerbescheide
Kommt das FA infolge der Sachaufklärung zu dem Ergebnis, dass ein Steueranspruch entstanden ist, setzt es diesen durch einen gesondert bezeichneten VA, dem **Steuerbescheid**, fest (§ 155 Abs. 1 S. 1 und 2 AO). Ein Steuerbescheid ist gem. § 155 Abs. 1 S. 3 AO auch die volle oder teilweise Freistellung von einer Steuer (sog. **Freistellungsbescheid**) sowie die Ablehnung eines Antrages auf Steuerfestsetzung (z. B. bei der Antragsveranlagung nach § 46 Abs. 2 Nr. 8 EStG) und auch die **Ablehnung eines Änderungsantrags**. Gerade die letzte Variante ist häufig Gegenstand der schriftlichen Prüfung, da die Kandidaten hier erkennen müssen, dass auch die Ablehnung der Änderung eines Steuerbescheides Gegenstand eines Einspruchsverfahrens sein kann. Der Steuerbescheid ist gem. § 157 Abs. 1 S. 1 AO **schriftlich oder elektronisch** zu erteilen. Er muss die **festgesetzte Steuer** (d. h. den sog. Tenor des Bescheides) nach **Art und Betrag** sowie bei periodischen Steuern den **VZ** bezeichnen und den **Steuerschuldner** angeben (§ 157 Abs. 1 S. 2 AO). Nur diese Bestandteile des Steuerbescheides – nicht aber die Besteuerungsgrundlagen – erwachsen in Bestandskraft; dies stellt § 157 Abs. 2 AO ausdrücklich klar.

Eine besondere Form der **Begründung** ist für Steuerbescheide nicht vorgesehen; es verbleibt daher bei der allgemein für **VA** geltenden Vorschrift des § 121 AO. Regelmäßig genügt für die Begründung des Steuerbescheides die **Angabe der Besteuerungsgrundlagen**.

§ 157 Abs. 1 S. 3 AO sieht vor, dass dem Steuerbescheid eine Rechtsbehelfsbelehrung beizufügen ist. Eine fehlende oder unvollständige Rechtsbehelfsbelehrung führt zu einem formalen Fehler des VA und hat zur Folge, dass dieser – abweichend von § 127 AO – binnen eines Jahres seit seiner Bekanntgabe angefochten werden kann (§ 356 Abs. 2 AO); die einmonatige Einspruchsfrist beginnt in diesem Fall nicht zu laufen.[36]

§ 157 Abs. 2 AO stellt klar, dass die **Besteuerungsgrundlagen** (zum Begriff: § 199 Abs. 1 AO) als Teil der Begründung des Bescheides grds. **nicht selbständig angefochten werden können**. Soweit die Besteuerungsgrundlagen nicht gesondert festgestellt werden, entfalten sie keine Bindungswirkung; **Besteuerungsgrundlagen erwachsen nicht in Bestandskraft**.[37] Soweit der Betroffene gegen den Steuerbescheid Einspruch einlegen möchte, muss sich der Einspruch gegen die festgesetzte Steuer selbst richten; unzutreffende Besteuerungsgrundlagen können den Einspruch nur begründen. Dementsprechend ist ein Einspruch wegen des Ansatzes einzelner Besteuerungsgrundlagen nur zulässig, wenn damit gleichzeitig die Herabsetzung der Steuer begehrt wird; durch unzutreffende Besteuerungsgrundlagen, die sich nicht auf die festgesetzte Steuer auswirken, ist der StPfl. nicht beschwert i. S. d. § 350 AO.

Eine **Ausnahme** von dem Grundsatz, dass die Besteuerungsgrundlagen nicht selbständig angefochten werden können, gilt bei der gesonderten Feststellung von Besteuerungsgrundlagen nach § 179 AO sowie bei Steuermessbescheiden gem. § 184 AO. Gesonderte Feststellung der Besteuerungsgrundlagen bedeutet verfahrensrechtlich ein gestuftes Verfahren: Die Feststellung der Besteuerungsgrundlagen erfolgt in einem eigenem VA (§§ 179 ff. AO), dem sog. Feststellungsbescheid, und bildet (als sog. Grundlagenbescheid) die verbindliche Grundlage für die Berücksichtigung der Besteuerungsgrundlagen in Folgebescheiden (vgl. § 182 Abs. 1 AO).

---

36 Ein Hinweis auf den elektronischen Rechtsverkehr ist nicht zwingend erforderlich, es genügt eine Wiedergabe des Wortlauts von § 357 Abs. 1 S. 1 AO (BFH vom 12.12.2012, BStBl II 2013, 272).
37 *Kühn/von Wedelstädt*, AO, § 157 Rz. 27.

Schulden mehrere StPfl. eine Steuer als Gesamtschuldner, so können gegen sie **zusammengefasste Steuerbescheide** ergehen (§ 155 Abs. 3 S. 1 AO). Ein zusammengefasster Steuerbescheid ist die Zusammenfassung mehrerer selbständiger VA in einem – äußerlich gemeinsamen – Steuerbescheid (AEAO zu § 122 Nr. 2.1.1). Er enthält mehrere inhaltsgleiche Steuerfestsetzungen, die nur der äußeren Form nach zusammengefasst, verfahrensrechtlich aber voneinander unabhängig sind. Daher kann ein zusammengefasster Steuerbescheid, der gegenüber zusammen zu veranlagenden Ehegatten erlassen werden konnte, auch nach dem Tode eines der Ehegatten gegenüber dem überlebenden Ehegatten und den Erben des verstorbenen Ehegatten erlassen werden (BFH vom 17.11.2005, BStBl II 2006, 287). Ein schriftlicher Steuerbescheid ist nicht erforderlich bei

- **Steueranmeldungen**, wenn der StPfl. die Steuer zutreffend berechnet hat (§§ 150 Abs. 1 S. 2, 167 Abs. 1 AO). Hierzu zählt insb. die Anmeldung der LSt, KapESt und der USt. Eine Steuerfestsetzung durch Bescheid ist bei Steueranmeldungen nur erforderlich, wenn die Festsetzung zu einer von der Anmeldung abweichenden Steuer führt oder die Anmeldung nicht abgegeben wird (§ 167 Abs. 1 S. 1 AO),
- einem schriftlichen **Zahlungsanerkenntnis** (§ 167 Abs. 1 S. 3 AO),
- der Verwendung von **Steuerzeichen und Steuerstemplern** (§ 167 Abs. 1 S. 2 AO),
- in den Sonderfällen des § 156 Abs. 1 S. 1 AO (betrifft die Kleinbetragsverordnung[38]) und § 156 Abs. 2 AO (Absehen von der Steuerfestsetzung wegen Aussichtslosigkeit der Einziehung),
- eingetretener **Festsetzungsverjährung**, da erloschene Ansprüche nicht mehr festgesetzt werden dürfen (§ 47 i. V. m. §§ 169 bis 171 AO).

Gem. § 155 Abs. 2 AO kann ein **Steuerbescheid auch dann erlassen werden**, wenn der **Grundlagenbescheid noch nicht vorliegt**. Dies kommt z. B. in Betracht, wenn das FA aufgrund einer hohen Nachzahlung einen ESt-Bescheid erlassen möchte, obwohl die exakte Höhe von Verlustanteilen aus einer Beteiligung noch nicht feststeht, oder bei der Berücksichtigung von Sanierungsaufwendungen beim Erlass eines ESt-Bescheides vor dem Erlass eines Grundlagenbescheides der Denkmalschutzbehörde.[39] Für den Adressaten des Folgebescheids muss aus dem VA selbst oder aus den Umständen eindeutig erkennbar sein, dass bestimmte Besteuerungsgrundlagen von der Regelung in einem Grundlagenbescheid abhängig sind (BFH vom 24.05.2006, BStBl II 2007, 76). Die in dem Grundlagenbescheid festzustellenden Besteuerungsgrundlagen müssen von demjenigen FA, das den Folgebescheid erlässt, geschätzt werden (§ 162 Abs. 5 AO). Sobald der Grundlagenbescheid mit abweichenden Besteuerungsgrundlagen erlassen wird, ist der Folgebescheid aufgrund der in § 182 Abs. 1 AO geregelten **zwingenden Bindungswirkung** von Amts wegen gem. § 175 Abs. 1 S. 1 Nr. 1 AO zu ändern. Die Aufnahme eines Vorbehalts der Nachprüfung im Folgebescheid ist daher nicht erforderlich.

---

38 Die Kleinbetragsverordnung ist auch insoweit durch § 156 Abs. 1 AO gedeckt, als auch Änderungen zugunsten des StPfl. unterbleiben, wenn die Abweichungen zu den bisherigen Festsetzungen bestimmte Bagatellgrenzen nicht erreichen (BFH vom 16.02.2011, BStBl II 2011, 671).
39 Vgl. dazu BFH vom 14.05.2014, BStBl II 2015, 12: Entscheidet sich das FA zu einem sog. vorauseilenden Folgebescheid und berücksichtigt Sanierungsaufwendungen gem. § 10f EStG auch ohne den Grundlagenbescheid der Denkmalschutzbehörde gem. § 7i Abs. 2 EStG, verhindert eine Vorläufigkeitserklärung der geschätzten Besteuerungsgrundlagen gem. § 165 Abs. 1 S. 1 AO, dass bei einer Nichtentscheidung oder Antragsablehnung der ressortfremden Behörde die steuerbegünstigende Schätzung der Tatbestandsvoraussetzungen zu Unrecht fortbesteht.

Regelmäßig enthalten Steuerbescheide über die eigentliche Steuerfestsetzung hinaus noch weitere, unabhängige und selbständig anfechtbare Regelungen, so z. B. die sog. Anrechnungsverfügungen als Teil des Steuererhebungsverfahrens (etwa Anrechnung gezahlter Steuerabzugsbeträge oder Vorauszahlungen), die Festsetzung von Zinsen (§§ 233a ff. AO) oder die Festsetzung eines Verspätungszuschlags (§ 152 AO).

Eine ausschließlich IT-gestützte Bearbeitung von Steuererklärungen ist gem. § 155 Abs. 4 AO zulässig.

5.1.2 Steuerfestsetzung unter dem Vorbehalt der Nachprüfung (§ 164 AO)

Solange der Steuerfall nicht abschließend geprüft ist, kann die **Steuerfestsetzung unter dem Vorbehalt der Nachprüfung** erfolgen, ohne dass dies einer ausdrücklichen Begründung bedarf (§ 164 Abs. 1 S. 1 AO; eine gleichwohl erfolgte Begründung ist allerdings möglich und unschädlich). Der Vorbehalt der Nachprüfung ist möglich bei Steuerfestsetzungen, sowie kraft Verweisung bei Bescheiden über die gesonderte Feststellung von Besteuerungsgrundlagen (§ 181 Abs. 1 S. 1 AO), bei Freistellungsbescheiden (§ 155 Abs. 1 S. 3 AO), bei Steuermessbescheiden (§ 184 Abs. 1 S. 3 AO), bei Zerlegungsbescheiden (§§ 184 f. AO) und anderen VA, die auf die Vorschriften über die Steuerfestsetzung verweisen. Das FA kann mit dem Vorbehalt der Nachprüfung aus Zweckmäßigkeitsgesichtspunkten zur Beschleunigung des Verfahrens die Steuer aufgrund der Angaben des StPfl. oder aufgrund vorläufiger Überprüfung festsetzen, ohne die Sach- und Rechtslage abschließend zu ermitteln.

In der Praxis erfolgt ein Vorbehaltsvermerk vor allem dann, **wenn der Steuerfall für die Außenprüfung vorgesehen ist** oder wenn die Besteuerungsgrundlagen gem. § 162 AO geschätzt wurden.[40] Jedoch ist das FA nicht verpflichtet, den Steuerfall nochmals abschließend zu überprüfen; der Vorbehalt räumt dem FA mit anderen Worten das Recht, aber nicht die Pflicht zur abschließenden Überprüfung des Falles ein. Unabhängig von einer nochmaligen Prüfung **entfällt der Vorbehalt** gem. § 164 Abs. 4 S. 1 AO **automatisch mit Ablauf der Festsetzungsfrist** des § 169 Abs. 2 S. 1 Nr. 2 AO (ständiges Prüfungsproblem, zuletzt in der Prüfung 2016). Ein für einen VA eigentlich vorgesehener, aber versehentlich unterbliebener Vorbehaltsvermerk kann nach § 129 AO im Wege der Berichtigung auch nachträglich ergänzt werden (ständige Rspr., BFH vom 22.02.2006, BStBl II 2006, 400).

Der Vorbehalt der Nachprüfung gibt dem FA die Möglichkeit, die Steuerfestsetzung **jederzeit ohne Angabe von Gründen zugunsten als auch zulasten des StPfl. zu ändern** (§ 164 Abs. 2 S. 1 AO); der Bescheid erwächst nicht in Bestandskraft, die Korrekturvorschriften der §§ 172 ff. AO sind nicht anwendbar (§ 172 Abs. 1 S. 1 AO gilt nach dem 2. Halbsatz der Vorschrift nur, soweit der Steuerbescheid nicht vorläufig oder unter dem Vorbehalt der Nachprüfung ergangen ist). Solange der Vorbehalt wirksam ist, bleibt der **gesamte Steuerfall in vollem Umfange** – nicht nur punktuell – offen und der Steuerbescheid **änderbar**. Die Änderung kann auf anderen Besteuerungsgrundlagen, aber auch auf einer anderen rechtlichen Würdigung beruhen. Das FA ist bei der Änderung einer Steuerfestsetzung unter dem Vorbehalt der Nachprüfung nicht an seine Rechtsauffassung für einen früheren Besteuerungszeitraum gebunden (BFH vom 13.10.2009, BFH/NV 2010, 406). Ebenso kann die Änderung auf Tatsachen gestützt werden, die bereits bei Erlass des Bescheides bekannt waren. Nur wenn die Voraussetzungen

---

40 Allerdings ist die Zulässigkeit einer Außenprüfung nicht davon abhängig, dass die zu überprüfenden Steuerfestsetzungen unter Vorbehalt stehen (BFH vom 24.01.1989, BStBl II 1989, 440).

einer bindenden Zusage vorliegen, kann sich ein StPfl. gegenüber einer Änderung nach § 164 Abs. 2 AO auf Vertrauensschutz berufen (BFH vom 29.04.2008, BStBl II 2008, 817).

Der Vorbehalt bezieht sich – im Gegensatz zum Vorläufigkeitsvermerk nach § 165 AO – auf die **gesamte Festsetzung** (so auch BFH vom 27.09.2007, BFH/NV 2008, 27). Der Fall ist also »komplett offen«. Auch der StPfl. kann – allerdings nur innerhalb der Festsetzungsfrist – jederzeit die Änderung des Bescheides beantragen, und zwar auch dann, wenn die Einspruchsfrist bereits abgelaufen ist (§ 164 Abs. 2 AO). Das FA darf die Entscheidung über den Änderungsantrag bis zur abschließenden Prüfung des Steuerfalles hinausschieben, um zu vermeiden, dass der Steuerfall zwischenzeitlich verjährt; der Änderungsantrag löst insoweit die Hemmung des Ablaufs der Festsetzungsfrist aus (§ 171 Abs. 3 AO). Wird eine Steuerfestsetzung unter dem Vorbehalt der Nachprüfung geändert, so ist in dem Änderungsbescheid zu vermerken, ob dieser weiter unter Vorbehalt steht oder ob der Vorbehalt aufgehoben wird. Fehlt ein derartiger Vermerk, bleibt der Vorbehalt weiter bestehen (BFH vom 14.09.1993, BStBl II 1995, 2).[41]

Steueranmeldungen stehen gem. § 168 S. 1 AO **einer Steuerfestsetzung unter Vorbehalt der Nachprüfung gleich.** Der kraft Gesetzes für eine Steueranmeldung geltende Vorbehalt der Nachprüfung entfällt, wenn das FA nach Eingang der Steuererklärung erstmals einen Steuerbescheid ohne Nachprüfungsvorbehalt erlässt (BFH vom 02.12.1999, BStBl II 2000, 284).

5.1.3 Vorläufige Steuerfestsetzung und Aussetzung der Steuerfestsetzung (§ 165 AO)

Eine vorläufige Steuerfestsetzung ist nach § 165 Abs. 1 S. 1 AO zulässig, **soweit ungewiss ist, ob der Tatbestand verwirklicht ist**, an den das Gesetz die Leistungspflicht knüpft. Im Gegensatz zum Nachprüfungsvorbehalt gem. § 164 AO ist es bei der vorläufigen Steuerfestsetzung möglich, die Festsetzung **nicht insgesamt**, sondern **punktuell** offen zu halten, d. h. nur in dem Umfang, soweit die Ungewissheit besteht. Die Steuerfestsetzung kann gem. § 165 Abs. 1 S. 1 AO nur im Hinblick auf ungewisse Tatsachen, nicht aber im Hinblick auf die steuerrechtliche Beurteilung von Tatsachen für vorläufig erklärt werden (AEAO zu § 165 Nr. 1). Eine über die Ungewissheit hinausgehende Vorläufigkeit ist rechtswidrig. § 165 AO verfolgt den Zweck, dem FA eine im Übrigen endgültige Steuerfestsetzung zu ermöglichen, obwohl ein vorübergehendes Hindernis außerhalb der Sphäre der Finanzbehörde besteht, welches das FA mit verhältnismäßigem Aufwand nicht ad hoc überwinden kann (BFH vom 04.09.2008, BStBl II 2009, 335). Typische Beispiele für derartige Hindernisse sind Ungewissheiten über das Vorliegen der Gewinnerzielungsabsicht (etwa in der Prüfung 2012) oder über nichtsteuerliche Vorfragen. Ist nicht anzunehmen, dass sich die Unklarheit im Laufe der Zeit aufklären lässt, kommt ein Vorläufigkeitsvermerk nicht in Betracht; die Besteuerungsgrundlagen sind dann gem. § 162 AO zu schätzen. Soweit die Steuer vorläufig festgesetzt wurde, kann das FA die Festsetzung gem. § 165 Abs. 2 S. 1 AO jederzeit ändern. Das FA ist dabei zur Änderung auch dann befugt, wenn sich eine neue Tatsachenlage allein durch Zeitablauf ergeben hat. Kommt es etwa bei einer behaupteten Vermietungsabsicht über einen Zeitraum von mehr als zehn Jahren nicht zur angeblich beabsichtigten Vermietung, darf das FA die Vermietungsabsicht regelmäßig verneinen (BFH vom 16.06.2015, AO StB 2016, 8).

Ein wesentlicher Unterschied zum Nachprüfungsvorbehalt besteht ferner darin, dass bei einer vorläufigen Steuerfestsetzung die Festsetzungsfrist **nicht vor dem Ablauf eines Jah-**

---

41 Dieser Aspekt ist häufig Gegenstand von Prüfungsaufgaben, vgl. auch AEAO zu § 164 Nr. 6.

res endet, nachdem die Ungewissheit beseitigt ist und die Finanzbehörde hiervon Kenntnis erlangt (§ 171 Abs. 8 AO).[42]

Umfang und Grund der Vorläufigkeit müssen aus dem VA gem. § 165 Abs. 1 S. 3 AO hervorgehen. Sind die Formulierung des Vermerks und die Erläuterungen im Bescheid nicht hinreichend klar, kann sich die Wirksamkeit auch durch Würdigung der Umstände des Einzelfalles ergeben, je nachdem, ob der Umfang des Vermerks aus Sicht eines objektiven Empfängers hinreichend erkennbar war (BFH vom 14.09.2017, BFH/NV 2018, 1). Es müssen insb. diejenigen Tatsachen bezeichnet werden, die als ungewiss betrachtet werden; fehlen Angaben über den Umfang der Vorläufigkeit und ist der Umfang auch nicht durch Auslegung eindeutig erkennbar, ist der Vorläufigkeitsvermerk unwirksam (BFH vom 12.07.2007, BStBl II 2008, 2). Wenn die Gründe für die Vorläufigkeit nicht mehr bestehen, ist der vorläufige Bescheid gem. § 165 Abs. 2 S. 2 AO in einen endgültigen Bescheid zu ändern (BFH vom 20.12.2012, BStBl II 2013, 359). Änderungen nach § 165 Abs. 2 AO sind nach Art und Umfang nur in dem durch die Vorläufigkeit wirksam gesteckten Rahmen zulässig. Dazu ist eine ausdrückliche Erklärung des FA erforderlich. Ein Vorläufigkeitsvermerk bleibt in Änderungsbescheiden so lange wirksam, bis er ausdrücklich aufgehoben wird (Problem der Prüfung 2012, BFH vom 14.07.2015, BStBl II 2015, 371). Eine stillschweigende Aufhebung des Vorläufigkeitsvermerks durch eine Änderungsveranlagung, auch wenn sie auf eine (andere) Korrekturvorschrift gestützt ist, ist ausgeschlossen. Keine solche – unwirksame – stillschweigende Aufhebung des Vorläufigkeitsvermerks, sondern dessen inhaltlich neue Bestimmung ist gegeben, wenn dem Änderungsbescheid im Verhältnis zum Ursprungsbescheid ein inhaltlich eingeschränkter Vorläufigkeitsvermerk beigefügt wird (BFH vom 16.06.2020, DStR 2020, 2022).

Ist ungewiss, ob der Steueranspruch überhaupt entstanden ist, kommt eine **Aussetzung der Steuerfestsetzung** gem. § 165 Abs. 1 S. 4 AO in Betracht.

Neben der Vorläufigkeitsfestsetzung nach § 165 Abs. 1 S. 1 AO sieht § 165 Abs. 1 S. 2 AO auch Vorläufigkeitsfestsetzungen vor, wenn

- ungewiss ist, ob und wann völkerrechtliche Verträge über die Besteuerung, die sich zugunsten des StPfl. auswirken (insb. Abkommen zur Vermeidung der Doppelbesteuerung), für die Steuerfestsetzung wirksam werden,
- das **BVerfG** die **Unvereinbarkeit eines Steuergesetzes mit dem Grundgesetz** festgestellt hat und der Gesetzgeber zu einer Neuregelung verpflichtet ist,
- sich aufgrund einer Entscheidung des EuGH Bedarf für eine gesetzliche Neuregelung ergeben kann oder
- die **Vereinbarkeit eines Steuergesetzes mit höherrangigem Recht** Gegenstand eines Verfahrens beim EuGH, dem BVerfG oder einem obersten Bundesgericht ist.[43]

Durch das Steuerbürokratieabbaugesetz besteht ab Beginn 2009 die Möglichkeit, eine Steuer nach § 165 Abs. 1 AO in den Fällen vorläufig festzusetzen, in denen wegen der Auslegung eines Steuergesetzes, d. h. wegen einer einfachgesetzlichen Rechtsfrage, ein Verfahren beim

---

42 So ist etwa die Ungewissheit, ob ein StPfl. mit Einkünfteerzielungsabsicht tätig geworden war oder ob Liebhaberei vorliegt, dann beseitigt, wenn die für die Beurteilung der Absicht maßgeblichen Hilfstatsachen festgestellt werden können und das FA davon positive Kenntnis hat (BFH vom 04.09.2008, BStBl II 2009, 335).
43 Dies betrifft insb. die sog. Musterverfahren vor dem BFH; ob in den Fällen des § 165 Abs. 1 S. 2 Nr. 3 AO zur Vermeidung von Massenrechtsbehelfen Vorläufigkeitsvermerke in die Festsetzung aufgenommen werden, entscheiden nicht die FÄ, sondern bundeseinheitlich die obersten Finanzbehörden des Bundes und der Länder.

BFH anhängig ist. Damit konnte erfolgreich einem weiteren Anwachsen der Massenrechtsbehelfe entgegengewirkt werden.

In den Fällen des § 165 Abs. 1 S. 2 AO ist eine Endgültigkeitserklärung nicht erforderlich, wenn sich die Steuerfestsetzung letztlich als zutreffend erweist und der StPfl. keine Entscheidung beantragt. Die Vorläufigkeit entfällt in diesem Fall mit Ablauf der – gegebenenfalls nach § 171 Abs. 8 S. 2 AO verlängerten – Festsetzungsfrist. Sind die Verfahren, die einem Vorläufigkeitsvermerk zugrunde liegen, beendet und ist die vorläufige Festsetzung noch nicht für endgültig erklärt, bleibt die Festsetzung vorläufig, wenn vor Ablauf der Festsetzungsfrist wieder ein einschlägiges Verfahren anhängig wird (BFH vom 30.09.2010, AO-StB 2011, 9).

2025 sind im Hinblick auf anhängige Musterverfahren ESt-Festsetzungen in folgenden Punkten für vorläufig zu erklären (zuletzt BMF vom 06.02.2023):
- Besteuerung von Leibrenten und anderen Leistungen aus der Basisversorgung nach § 22 Nr. 1 S. 3 Buchst. a Doppelbuchst. aa EStG,
- Höhe der kindbezogenen Freibeträge nach § 32 Abs. 6 S. 1 und 2 EStG,
- Verlustverrechnungsbeschränkung für Aktienveräußerungsverluste nach § 20 Abs. 4 EStG (§ 20 Abs. 6 S. 5 EStG a. F.).

Beispiel 5: Vorläufigkeit bei unklarer vGA?
Bei der Abgabe der ESt-Erklärung 01 beantragt der A (Allein-G'fter der A-GmbH) im Sommer 02, seine Steuerfestsetzung hinsichtlich der Leistungen zwischen KapG und Anteilseigner nach § 165 Abs. 1 S. 1 AO vorläufig vorzunehmen, um eine Korrektur der Steuerfestsetzung bei einer eventuellen Feststellung einer vGA zu ermöglichen (§ 165 Abs. 2 i.V.m. § 171 Abs. 8 AO). Wie wird das FA reagieren?

Lösung: Die Frage, ob ein bestimmter Sachverhalt eine vGA darstellt, war bis zum Inkrafttreten des JStG 2007 bei der Körperschaftsteuerfestsetzung gegenüber der GmbH und der ESt-Veranlagung bei A jeweils eigenständig und unabhängig zu beurteilen. Die Ungewissheit über die steuerliche Behandlung bei der KapG hatte – nach Auffassung der FinVerw – keine Bedeutung für die Besteuerung des Anteilseigners. Die Voraussetzungen für eine vorläufige Steuerfestsetzung lagen damit nicht vor. Steuerfestsetzungen konnten allerdings unter dem Vorbehalt der Nachprüfung gem. § 164 Abs. 1 AO ergehen.

Um eine korrespondierende Besteuerung im Halbeinkünfteverfahren hinsichtlich vGA und verdeckter Einlagen bei der KapG und ihren G'ftern zu erreichen, wurde durch das JStG 2007 eine neue Korrekturvorschrift eingefügt (§ 32a KStG). Ein Steuerbescheid oder Feststellungsbescheid gegenüber dem G'fter kann gem. § 32a Abs. 1 KStG geändert werden, soweit gegenüber einer KapG ein Steuerbescheid hinsichtlich der Berücksichtigung einer vGA erlassen, aufgehoben oder geändert wird. Die Festsetzungsfrist des gegenüber dem G'fter zu ändernden Steuerbescheids endet insoweit nicht vor Ablauf eines Jahres nach Unanfechtbarkeit des Körperschaftsteuerbescheids (vgl. BFH vom 16.12.2014, BFH/NV 2015, 1105). Diese Regelung greift insb. dann, wenn durch Betriebsprüfungen bei der KapG nachträglich vGA aufgedeckt werden, die jedoch bereits einer vollen ESt-Belastung beim G'fter (z.B. als Gehalt oder Tantieme) unterlagen. Durch § 32a Abs. 1 KStG wird der Steuerbescheid des G'fters offengehalten und eine Anwendbarkeit des Halbeinkünfteverfahrens bei nachträglichem Aufdecken der vGA ermöglicht. Mit Inkrafttreten des § 32a KStG braucht das FA nicht mehr den »Kunstgriff« des Vorbehalts der Nachprüfung, um den Bescheid im Hinblick auf eine etwaige Korrektur offen zu halten. Sowohl nach alter als auch nach neuer Rechtslage ist eine unklare vGA damit kein hinreichender Anlass, um die Steuerfestsetzung vorläufig i.S.d. § 165 AO vorzunehmen.

Die StPfl. haben keinen Anspruch darauf, dass in einen ESt-Bescheid ein Vorläufigkeitsvermerk aufgenommen wird, durch den der Bescheid hinsichtlich sämtlicher beim BVerfG, beim BFH und beim EuGH anhängigen steuerrechtlichen Verfahren für vorläufig erklärt wird. Dies hat das Finanzgericht Köln mit Urteil vom 07.12.2006 (Az.: 10 K 3795/06, rkr.) entschieden. Das FG schloss sich der Auffassung der FinVerw an, wonach es ermessensgerecht und damit rechtmäßig sei, die Steuerbescheide nicht bezüglich aller denkbaren Fälle für vorläufig zu erklären, sondern dies u.a. von der Breitenwirkung der Verfahren abhängig zu machen. Gegen das Urteil wurde beim BFH Nichtzulassungsbeschwerde eingelegt, die als unbegründet zurückgewiesen wurde (BFH/NV 2007, 2328); die Entscheidung ist damit rechtskräftig.

5.1.4 Abweichende Steuerfestsetzung aus Billigkeitsgründen (§ 163 AO)

§ 163 AO regelt den **Billigkeitserlass im Festsetzungsverfahren**; die Gewährung von Billigkeitsmaßnahmen im Erhebungsverfahren (Erlass bereits festgesetzter Steuern) behandelt § 227 AO. Der in § 163 S. 1 AO verwendete Begriff der »Unbilligkeit« ist mit dem in § 227 AO verwendeten identisch (BFH vom 28.11.2016, BStBl II 2017, 393). Voraussetzung für eine abweichende Steuerfestsetzung aus Billigkeitsgründen ist, dass die Erhebung der Steuer nach Lage des einzelnen Falles unbillig wäre. Dabei ist zwischen **persönlichen und sachlichen Billigkeitsgründen zu unterscheiden**. **Sachliche Billigkeitsgründe** sind solche, die aus dem steuerlichen Tatbestand selbst hervorgehen und von den außerhalb des Tatbestandes liegenden persönlichen Gründen unabhängig sind. Sie sind nach der Rspr. gegeben, wenn die Festsetzung der Steuer zwar äußerlich dem Gesetz entspricht, aber den Wertungen des Gesetzgebers im konkreten Fall derart zuwiderläuft, dass die Festsetzung der Steuer unbillig erscheint, wenn also nach dem erklärten oder mutmaßlichen Willen des Gesetzgebers angenommen werden kann, dass die Besteuerung nach dem Gesetz zu einem **offenkundig nicht gewollten Ergebnis** führt (BFH vom 17.04.2018, BFH/NV 2018, 929). Die generelle Geltungsanordnung des Gesetzes darf durch eine Billigkeitsmaßnahme dagegen nicht unterlaufen werden. Umstände, die der Gesetzgeber bei der Ausgestaltung des gesetzlichen Tatbestandes bewusst in Kauf genommen hat, rechtfertigen keinen Erlass (BFH vom 11.05.2020, BFH/NV 2020, 851).

Eine sachliche Unbilligkeit liegt z.B. vor, wenn ein StPfl. bei einem Hochwasser unver-schuldet Buchführungsunterlagen verliert und ihm dadurch bestimmte Steuervergünstigungen versagt bleiben. Eine abweichende Steuerfestsetzung **aus persönlichen Billigkeitsgründen** setzt voraus, dass der StPfl. **erlassbedürftig und erlasswürdig** ist. **Erlassbedürftigkeit** liegt vor, wenn die Einziehung der Steuer nach der wirtschaftlichen Lage unbillig erscheint, d.h. wenn im Falle des Versagens des Erlasses das wirtschaftliche Bestehen des StPfl. gefährdet wäre, weil z.B. der notwendige Lebensunterhalt nicht mehr bestritten werden kann oder die Erwerbstätigkeit nicht mehr fortgesetzt werden könnte. Die **Erlasswürdigkeit** ist nicht gegeben, wenn der StPfl. durch sein Verhalten in eindeutiger Weise gegen die Interessen der Allgemeinheit verstoßen oder die mangelnde Leistungsfähigkeit selbst schuldhaft herbeigeführt hat (BFH vom 29.10.1997, BFH/NV 1998, 683).

In der Praxis sind die FÄ bei der abweichenden Festsetzung aus Billigkeitsgründen nach § 163 AO äußerst **zurückhaltend**. Eine gewisse Praxisrelevanz hatte dabei noch der Erlass von Sanierungsgewinnen nach dem BMF-Schreiben betr. »Die ertragsteuerliche Behandlung von Sanierungsgewinnen[44]«. Ab bestimmten Größenordnungen sind die FÄ gehalten, die Zustimmung der Oberbehörden einzuholen; bei gewichtigen Fällen sind die Sachverhalte mit einem Entscheidungsvorschlag durch die jeweilige oberste Landesfinanzbehörde dem BMF zur Billigung vorzulegen (vgl. die gleichlautenden Erlasse der obersten Finanzbehörden der Länder vom 24.03.2017, BStBl I 2017, 419 und das BMF-Schreiben zur Mitwirkung des BMF vom 15.02.2017, BStBl I 2017, 283; vgl. Nr. 800, § 222/2).

5.2 Festsetzungsverjährung (§§ 169 – 171 AO)
5.2.1 Allgemeines
Im Interesse der **Rechtssicherheit** und des **Rechtsfriedens** erlöschen Steueransprüche, sobald sie verjährt sind (§ 47 AO). Mit Eintritt der Verjährung gehen Rechtsfrieden und Rechtssicherheit dem Streben nach materieller Gerechtigkeit und zutreffender Steuerfestsetzung vor. Die AO unterscheidet zwischen verschiedenen Verjährungsarten: der **Festsetzungsverjährung** (§§ 169 ff. AO) und der **Zahlungsverjährung** (§§ 228 ff. AO).

Die Festsetzungsverjährung bewirkt verfahrensrechtlich, dass eine Steuerfestsetzung sowie deren Aufhebung oder Änderung nach Ablauf der Festsetzungsfrist aus Gründen der Rechtssicherheit **nicht mehr zulässig ist** (§ 169 Abs. 1 S. 1 AO). Der Eintritt der Festsetzungsverjährung bewirkt gem. § 47 AO ferner, dass ein noch nicht festgesetzter Steueranspruch materiell-rechtlich erlischt. Das FA hat die Erlöschensgründe nach § 47 AO und damit auch die Festsetzungsverjährung **von Amts wegen zu beachten** (BFH vom 22.05.2006, BStBl II 2006, 820; vgl. auch § 232 AO). Dadurch unterscheidet sich die Festsetzungsverjährung nach der AO z. B. von der zivilrechtlichen Einrede der Verjährung nach § 214 BGB. Ein nach Ablauf der Festsetzungsverjährung ergehender Steuerbescheid ist daher **rechtswidrig**, aber mangels Offenkundigkeit des Fehlers nicht nichtig.[45]

Die Festsetzungsverjährung gilt für erstmalige Steuerfestsetzungen, für Änderungsbescheide, für Aufhebungsbescheide sowie für Berichtigungen wegen offenbarer Unrichtigkeiten nach § 129 AO (§ 169 Abs. 1 S. 1 und 2 AO), gleichgültig ob zugunsten oder zuungunsten des StPfl. Die Bestimmungen über die Festsetzungsverjährung gelten sinngemäß auch für die Festsetzung von Steuermessbeträgen (§ 184 Abs. 1 AO) und für die gesonderte Feststellung von Besteuerungsgrundlagen (§ 181 Abs. 1 AO) sowie bei allen Festsetzungen, auf die die Vorschriften über das Steuerfestsetzungsverfahren anwendbar sind. Auf steuerliche Nebenleistungen finden die Vorschriften der §§ 169 ff. AO nur Anwendung, wenn dies besonders vorgeschrieben ist (§ 1 Abs. 3 S. 2 AO); dies gilt z. B. für **Zinsen** (§ 239 AO). Für **Verspätungszuschläge** fehlt dagegen eine vergleichbare Vorschrift; sie können daher so lange festgesetzt werden, wie die jeweilige Steuerfestsetzung noch zulässig ist. **Säumniszuschläge** entstehen nicht durch Festsetzung, sondern kraft Gesetzes (§ 240 AO); sie unterliegen damit allein der Zahlungsverjährung.

---

44 Nachdem der Große Senat des BFH den Sanierungserlass mit Beschluss vom 28.11.2016 (BStBl II 2017, 393) wegen Verstoß gegen den Grundsatz der Gesetzmäßigkeit der Verwaltung für verfassungswidrig erachtet hat, wurden neue Regelungen zur Steuerbefreiung von Sanierungsgewinnen in §§ 3a, 3c Abs. 4 EStG und § 7b GewStG erlassen. In den Fällen, in denen der Forderungsverzicht der beteiligten Gläubiger bis zum 08.02.2017 vollzogen wurde, sind die BMF-Schreiben vom 27.03.2003 (a. a. O.) und 22.12.2009 entgegen der Auffassung der Verwaltung ebenfalls nicht anwendbar (BFH vom 23.08.2017, BStBl II 2018, 236).

45 Vgl. auch AEAO vor §§ 169 bis 171, Nr. 3.

Bei der Zusammenveranlagung von Ehegatten zur ESt ist die Frage, ob Festsetzungsverjährung eingetreten ist, für jeden Ehegatten gesondert zu prüfen (z. B. bei einer Außenprüfung nur gegenüber einem Ehegatten und der daraus resultierenden Frage der Ablaufhemmung nach § 171 Abs. 4 AO). Dies wird auch durch die Regelung in § 44 Abs. 2 AO bestätigt, da im Falle des Bestehens einer Gesamtschuldnerschaft – die bei Zusammenveranlagung gegeben ist – andere Tatsachen als Erfüllung sowie Aufrechnung und Sicherheitsleistung nur für und gegen den Gesamtschuldner wirken, in dessen Person sie eintreten (BFH vom 25.04.2006, BStBl II 2007, 220).

Die Vorschriften über die Festsetzungsverjährung sind nahezu jedes Jahr Gegenstand der schriftlichen Prüfung, zuletzt umfangreich in 2024. Oftmals kombiniert der Klausurverfasser Fragen der Verjährung mit Problemen aus dem Bereich der Korrekturvorschriften. Für den Prüfungsaufbau empfiehlt es sich dann regelmäßig, mit der Prüfung der einschlägigen **Korrekturvorschrift zu beginnen** und anschließend – inzident – die Verjährungsproblematik zu prüfen, denn oftmals können die einschlägigen verjährungsrechtlichen Vorschriften erst subsumiert werden, wenn klar ist, welche Korrekturvorschrift zur Verfügung steht (etwa in § 164 Abs. 4, § 171 Abs. 2, § 171 Abs. 8 bis 10 und § 175 Abs. 1 S. 2 AO); ein anschauliches Beispiel hierfür ist unter Kap. 5.2.5 angeführt.

5.2.2 Festsetzungsfristen (§ 169 AO)

Die Festsetzungsfrist beträgt gem. § 169 Abs. 2 AO
- **ein Jahr** für **Verbrauchsteuern und Verbrauchsteuervergütungen**: hierzu gehört etwa die Kaffee- und Tabaksteuer, nicht aber die USt (BFH vom 16.10.1986, BStBl II 1987, 95);
- **vier Jahre** für alle **anderen Steuern und Steuervergütungen**; hierunter fallen insb. die ESt, die KSt, die GewSt und auch die USt, die für die AO nicht als Verbrauch-, sondern als Verkehrsteuer gilt;
- **fünf Jahre** für alle **leichtfertig verkürzten Steuern** (§ 169 Abs. 2 S. 2 i. V. m. § 378 AO) und
- **zehn Jahre** für alle **hinterzogenen Steuern** (§ 169 Abs. 2 S. 2 und 3 i. V. m. § 370 AO).

Die verlängerten Festsetzungsfristen bei leichtfertig verkürzten Steuern und vorsätzlich hinterzogenen Steuern erfassen alle Steuerarten und gelten unabhängig davon, ob der Steuerschuldner oder ein Dritter Täter ist (§ 169 Abs. 2 S. 3 AO). Entscheidend ist allein, dass die objektiven und subjektiven Tatbestandsmerkmale der leichtfertigen Steuerverkürzung bzw. der Steuerhinterziehung schuldhaft verwirklicht wurden (BFH vom 29.04.2008, BStBl II 2009, 842).[46] Die leichtfertige fehlerhafte Erstellung einer Gewinnermittlung durch einen StB führt allerdings nicht zur Verlängerung der Frist, da der Berater nicht Täter einer leichtfertigen Verkürzung ist und dem StPfl. das leichtfertige Handeln des Beraters nicht zugerechnet werden kann (BFH vom 29.10.2013, AO-StB 2014, 36). Die längere Festsetzungsfrist bei leichtfertiger Steuerverkürzung bzw. Steuerhinterziehung greift nur, **soweit** die Steuer hinterzogen bzw. leichtfertig verkürzt wurde. Damit hat der Gesetzgeber ausdrücklich die Teilverjährung anerkannt mit der Folge, dass die Steuer ggf. in einen hinterzogenen bzw. verkürzten Betrag und einen Betrag zerlegt werden muss, für den diese Voraussetzungen nicht vorliegen. Ist Teilverjährung eingetreten, kann nur noch der hinterzogene bzw. verkürzte Betrag festge-

---

46 Strafausschließungsgründe wie z. B. eine wirksame Selbstanzeige (§§ 371, 378 Abs. 3 AO) haben keinen Einfluss auf die Festsetzungsverjährung.

setzt werden.[47] Dieses Problem ist ebenfalls häufig Gegenstand von Prüfungsaufgaben (zuletzt StB-Prüfung 2015): Der Bearbeiter hat dann **für jeden Teilbereich der Aufgabe einzeln zu prüfen, ob bzw. welche Korrekturnorm einschlägig ist und ob hinsichtlich des konkreten Sachverhalts bereits Festsetzungsverjährung eingetreten ist.**

Mit der verlängerten Festsetzungsverjährung soll es dem durch die Hinterziehung geschädigten FA ermöglicht werden, die ihm vorenthaltenen Steuerbeträge auch noch nach Ablauf der Regelverjährung von vier Jahren zurückzufordern. § 169 Abs. 2 S. 2 AO setzt einen hinterzogenen Betrag im Sinne eines Anspruchs des Fiskus auf eine Abschlusszahlung voraus, der bislang nicht wegen einer vollendeten Hinterziehung geltend gemacht werden konnte. Der Steuerhinterzieher selbst kann sich dagegen nicht auf die verlängerte Frist berufen: Sinn und Zweck der Vorschrift ist es nicht, den Hinterzieher in die Lage zu versetzen, Erstattungsansprüche über die reguläre Verjährungsfrist hinaus zu realisieren (BFH vom 26.02.2008, BStBl II 2008, 659).

Fällt das Ende der Festsetzungsfrist auf einen Sonntag, einen gesetzlichen Feiertag oder einen Samstag (wie in der schriftlichen Prüfung 2017), endet die Frist erst mit dem Ablauf des nächstfolgenden Werktags, also am 2. Januar des Folgejahres (BFH vom 20.01.2016, BStBl II 2016, 380).

Die Festsetzungsfrist ist **gewahrt**, wenn vor Ablauf der Frist der Steuerbescheid den Bereich der für die Steuerfestsetzung zuständigen Finanzbehörde **verlässt** (§ 169 Abs. 1 S. 3 Nr. 1 AO; dieses Problem wurde zuletzt in der schriftlichen Prüfung 2017 abgefragt); dies gilt unabhängig davon, ob der Steuerbescheid vor oder nach Ablauf der Frist dem Adressaten bekannt gegeben und damit wirksam wird (vgl. § 124 Abs. 1 AO). In der Rspr. war lange umstritten, ob diese Voraussetzung auch erfüllt ist, wenn der nachweislich noch vor Ablauf der Frist abgesandte Steuerbescheid dem StPfl. nicht zugegangen ist und das FA ihm deshalb nach Ablauf der Frist einen inhaltsgleichen neuen Bescheid übersendet (vgl. BFH vom 28.09.2000, BStBl II 2001, 211). Nach der Entscheidung des Großen Senats beim BFH vom 25.11.2002 (BStBl II 2003, 548) genügt dies nicht. Die Festsetzungsfrist ist nur gewahrt, wenn der bekannt gegebene Steuerbescheid, also derjenige, den der StPfl. bekommen hat, rechtzeitig den Bereich der für die Steuerfestsetzung zuständigen Behörde verlassen hat (so nun auch AEAO zu § 169 Nr. 1 S. 1). Anders formuliert: § 169 Abs. 1 S. 3 Nr. 1 AO greift nur dann, wenn der vor Ablauf der Frist zur Post gegebene Steuerbescheid dem Empfänger nach Fristablauf **tatsächlich** zugegangen ist.

5.2.3 Beginn der Festsetzungsfrist, Anlaufhemmung (§ 170 AO)

Die **Festsetzungsfrist beginnt grds. mit Ablauf des Kj.**, in dem die Steuer entstanden (§ 38 AO) oder eine bedingt entstandene Steuer (vgl. § 50 AO) unbedingt geworden ist (§ 170 Abs. 1 AO). Für Besitz- und Verkehrsteuern, bei denen aufgrund einer gesetzlichen Vorschrift (z. B. § 25 Abs. 3 EStG, § 31 KStG, § 18 UStG) oder aufgrund einer Aufforderung[48] des FA (§ 149 Abs. 1 S. 2 AO) eine Steuererklärung oder eine Steueranmeldung einzureichen oder eine Anzeige zu erstatten ist, sieht § 170 Abs. 2 Nr. 1 AO eine praktisch sehr bedeutsame **Anlaufhemmung** vor: Abweichend von § 170 Abs. 1 AO beginnt die Festsetzungsfrist erst mit **Ablauf**

---

47 Vgl. *Kühn/von Wedelstädt*, AO, § 170 Rz. 12.
48 Fordert die Finanzbehörde den StPfl. zur Abgabe einer ESt-Erklärung auf, so ist er gem. § 149 Abs. 1 S. 2 AO hierzu gesetzlich verpflichtet mit der Folge, dass sich der Beginn der Festsetzungsfrist nach § 170 Abs. 2 S. 1 Nr. 1 AO richtet (BFH vom 04.10.2017, BStBl II 2018, 123).

des Kj., in dem die Steuererklärung, die Steueranmeldung oder die Anzeige eingereicht wird, spätestens jedoch mit Ablauf des dritten Kj., das auf das Entstehungsjahr folgt.[49] Wird die Steuererklärung bei einem unzuständigen FA eingereicht, endet die Anlaufhemmung des § 170 Abs. 2 S. 1 Nr. 1 AO erst dann, wenn die zuständige Behörde die Erklärung erhalten hat (BFH vom 14.12.2021, BStBl II 2022, 461).[50]

Diese **Anlaufhemmung dauert im Höchstfall drei Jahre**, um das FA zur Durchsetzung der Steuererklärungspflicht anzuhalten. Vorsicht: In Prüfungsaufgaben ist die Anlaufhemmung nach § 170 Abs. 2 Nr. 1 AO nicht die Ausnahme, sondern der absolute Regelfall.

Beispiel 6: Anlaufhemmung

Während des Jahres 01 hat A lediglich die USt-Voranmeldungen, jedoch keine Jahreserklärung abgegeben. Dem FA fällt dieser Umstand erst im Jahr 09 auf. Wie ist die Rechtslage?

Lösung: Die Anlaufhemmung gem. § 170 Abs. 2 Nr. 1 AO gilt nicht nur für die USt-Jahreserklärung (vgl. § 18 UStG), sondern auch für Steueranmeldungen für kürzere Zeiträume, wie z. B. bei der USt- oder LSt-Voranmeldung (BFH vom 14.01.1998, BStBl II 1999, 203). Der Beginn der Festsetzungsfrist kann daher bei der USt abhängig von der Abgabe der Voranmeldung bzw. der Jahresanmeldung zu verschiedenen Zeitpunkten beginnen. Im obigen Beispiel beginnt die Festsetzungsfrist für die USt 01 aufgrund der Anlaufhemmung gem. § 170 Abs. 2 S. 1 Nr. 1 AO mit Ablauf des Jahres 04 und endet vier Jahre später (§ 169 Abs. 2 Nr. 2 AO) mit Ablauf des Jahres 08. Im Jahr 09 darf die USt-Jahresschuld 01 wegen Ablauf der Festsetzungsfrist nicht mehr festgesetzt werden (Merkformel: 01 + 03 (Anlaufhemmung) + 04 (Festsetzungsfrist) = 08). In diesem Fall bleiben die im Jahr 01 abgegebenen Steueranmeldungen als Grundlage für die durchgeführte Erhebung und die angefallenen Säumniszuschläge bestehen (BFH vom 12.10.1999, BStBl II 2000, 486). Gem. § 168 S. 1 AO steht die USt-Voranmeldung einer Steuerfestsetzung unter Vorbehalt der Nachprüfung gleich. Der Vorbehalt der Nachprüfung ist jedoch ebenfalls mit Ablauf der Festsetzungsfrist entfallen (§ 164 Abs. 4 S. 1 AO).

Lange Zeit war streitig, ob die Anlaufhemmung nach § 170 Abs. 2 Nr. 1 AO auch in den Fällen gilt, in denen keine Erklärungspflicht besteht, sondern die Festsetzung nur auf Antrag erfolgt (etwa bei der **Antragsveranlagung** nach § 42 Abs. 2 Nr. 8 EStG). Nach BFH vom 14.04.2011 (BStBl II 2011, 746) greift § 170 Abs. 2 Nr. 1 AO nur, wenn der StPfl. gesetzlich zur Abgabe der Steuererklärung verpflichtet ist. Für diese Auslegung spricht der klare Wortlaut der Regelung (vgl. auch BFH vom 08.03.2010, BFH/NV 2010, 1080).

Gibt eine zur Einbehaltung und Abführungen von Steuern verpflichtete Person (Entrichtungsschuldner) die ihr obliegende Steueranmeldung nicht ab, wird hierdurch der Anlauf der Festsetzungsfrist gegenüber dem Steuerschuldner gem. § 170 Abs. 2 S. 1 Nr. 1 AO ebenfalls gehemmt. Diese Auffassung, die der BFH mit Urteil vom 29.01.2003 (BStBl II 2003, 687) gegen die Auffassung der Verwaltung (BMF vom 24.04.1997, BStBl I 1997, 414) bestätigt hat, berück-

---

49 Die von jemand anderem als dem Steuerschuldner unterschriebene und beim FA eingereichte Steuererklärung ist zumindest dann als Steuererklärung i. S. d. § 170 Abs. 2 S. 1 Nr. 1 AO anzusehen, wenn das FA aus der Steuererklärung die richtigen Schlüsse auf den Steuerschuldner und die zu veranlagende Steuer ziehen kann und in Kenntnis des Umstandes, dass die Erklärung von einem (z. B. nicht vertretungsberechtigten) Dritten stammt, diese Erklärung zur Grundlage der Veranlagung macht (BFH vom 10.11.2002, BFH/NV 2003, 292).

50 Nur ausnahmsweise kann auch die Abgabe der Erklärung bei einem unzuständigen FA genügen, um die Anlaufhemmung zu beenden. Dies ist der Fall, wenn das unzuständige FA seine Fürsorgepflicht gemäß § 89 AO verletzt, indem es die Erklärung lediglich zu den Akten nimmt, obwohl ihm seine eigene Unzuständigkeit ebenso bekannt ist wie die zuständige Behörde. Verletzt die Behörde ihre Fürsorgepflicht, ist der StPfl. im Rahmen des rechtlich Zulässigen so zu stellen, als wäre der Verstoß nicht passiert (BFH vom 14.12.2022, a. a. O.).

sichtigt Sinn und Zweck des § 170 Abs. 2 S. 1 Nr. 1 AO. Die Vorschrift soll verhindern, dass dem FA für eine Steuerfestsetzung nur noch unangemessen wenig Zeit bleibt, wenn das FA infolge einer Verletzung von Erklärungspflichten oder Anmeldungspflichten einen stpfl. Vorgang erst mit erheblicher Verspätung erfährt. Dieses Ziel besteht aber unabhängig davon, ob die Pflichtverletzung dem Steuerschuldner selbst oder einem Dritten anzulasten ist. Diese ratio legis ist durch das BFH-Urteil vom 27.08.2008 (DStR 2008, 2109) bestätigt worden: Anlaufhemmung mit Ablauf des Kj., in dem die (hier: Schenkungsteuer-)Erklärung eingereicht wurde, spätestens mit Ablauf des dritten Kj. nach dem Jahr der Steuerentstehung.[51]

§ 170 Abs. 3 AO enthält eine Sonderregelung, wenn eine **Steuer** oder Steuervergütung nur **auf Antrag festgesetzt** wird. Die Frist für die Aufhebung, Änderung oder Berichtigung nach § 129 AO beginnt nicht vor Ablauf des Jahres, in dem der Antrag gestellt wird. Für die erstmalige Festsetzung gilt dagegen § 170 Abs. 1 AO.

> **Beispiel 7: Korrektur einer Antragsveranlagung**
>
> Arbeitnehmer S unterliegt nicht der Pflichtveranlagung; er stellt im Dezember 03 einen Antrag auf Veranlagung für das Jahr 01 nach § 46 Abs. 2 Nr. 8 EStG. Im Jahr 06 beantragt S eine Korrektur des im Jahr 04 erlassenen ESt-Bescheides für 01 nach § 129 AO.
>
> **Lösung:** Die Festsetzungsfrist für die erstmalige Festsetzung der ESt 01 beginnt mit Ablauf des Jahres 01, da S nicht zur Abgabe einer Steuererklärung verpflichtet ist. Ohne die Anlaufhemmung nach § 170 Abs. 3 AO würde die Festsetzungsfrist mit Ablauf des Jahres 05 enden. § 170 Abs. 3 AO bewirkt, dass der Fristbeginn für Korrekturen des ESt-Bescheides 01 erst mit Ablauf des Jahres 03 beginnt und daher erst mit Ablauf des Jahres 07 endet (§ 169 Abs. 1 S. 1 AO). Die Berichtigung des Bescheides nach § 129 AO im Jahr 06 ist daher noch möglich.

§ 170 Abs. 4 – 5 AO enthält weitere Anlaufhemmungen für die GrSt und für die ErbSt. Soweit der Anlauf der Festsetzungsfrist für die Schenkungsteuer an die Kenntnis der Finanzbehörde von der Schenkung anknüpft, ist auf die Kenntnis der organisatorisch zur Verwaltung der ErbSt berufenen Dienststelle des zuständigen FA abzustellen. Die Kenntnis des als solches zuständigen FA von der Schenkung genügt lediglich dann, wenn ihm die Schenkung ausdrücklich zur Prüfung der Schenkungssteuerpflicht bekannt gegeben wird, die Information aber aufgrund organisatorischer Mängel oder Fehlverhaltens die berufene Dienststelle nicht unverzüglich erreicht (BFH vom 05.02.2003, BStBl II 2003, 502). Erlangt das FA erst mehr als drei Jahre nach Steuerentstehung Kenntnis von einer vollzogenen Schenkung i.S.d. § 170 Abs. 5 Nr. 2 AO, beginnt die Festsetzungsfrist mit Ablauf des Jahres der Kenntniserlangung (vgl. zur Anlaufhemmung nach § 170 Abs. 5 AO BFH vom 03.03.2017, BStBl II 2017, 751). § 170 Abs. 6 AO sieht für bestimmte **ausländische Kapitalerträge** für ab 2015 beginnende Festsetzungsfristen einen verzögerten Fristbeginn mit Ablauf des Kj. vor, in dem diese Kapitalerträge dem deutschen FA durch eine Erklärung des StPfl. oder in sonstiger Weise bekannt geworden sind. Fristbeginn ist jedoch spätestens zehn Jahre nach Ablauf des Kj., in dem die Steuer entstanden ist.

Der neue § 170 Abs. 6 AO geht als lex specialis den allgemeinen Regelungen zum Beginn der steuerlichen Festsetzungsverjährung vor. Er soll nach dem Willen des Gesetzgebers gewährleisten, dass bestimmte ausländische Kapitalerträge, die den deutschen Finanzbe-

---

51 Wohl a. A. BFH vom 06.07.2005 (BStBl II 2005, 780) zur GrESt.

hörden nicht bekannt sind, zukünftig zutreffend besteuert werden können. Durch die Neuregelung soll für einen längeren Zeitraum die Durchsetzung des Steueranspruchs ermöglicht werden.

5.2.4 Ablaufhemmung (§ 171 AO)

Neben der Anlaufhemmung in § 170 AO wird gem. § 171 AO das Ende der regulären Festsetzungsfrist in den verschiedensten Fällen hinausgeschoben (**Ablaufhemmung**). Die Ablaufhemmung bewirkt, dass die **Zeit, während der die Hemmung besteht, in die Verjährungsfrist nicht eingerechnet wird**. Die Festsetzungsfrist endet in diesen Fällen meist nicht – wie im Normalfall – am Ende, sondern **im Laufe eines Kj.** Die verschiedenen Varianten der Ablaufhemmung sind Gegenstand nahezu jeder StB-Prüfung. Beachten Sie dabei auch, dass die verschiedenen Absätze zusammentreffen können (s. Kap. 5.2.5 Beispiel 8).

5.2.4.1 Höhere Gewalt (§ 171 Abs. 1 AO)

Die Festsetzungsfrist läuft nicht ab, solange die Steuerfestsetzung wegen höherer Gewalt innerhalb der letzten sechs Monate des Fristlaufs nicht erfolgen kann (§ 171 Abs. 1 AO). Unter »höherer Gewalt« sind unabwendbare Ereignisse wie Krieg, Naturkatastrophen und andere unabwendbare Ereignisse zu verstehen; geringstes Verschulden schließt höhere Gewalt aus (BFH vom 07.05.1993, BStBl II 1993, 818). Die Unkenntnis des FA vom Bestehen eines Steueranspruchs stellt kein Ereignis höherer Gewalt dar.

5.2.4.2 Berichtigung offenbarer Unrichtigkeiten (§ 171 Abs. 2 AO)

§ 171 Abs. 2 AO gibt der Verwaltung **zur Korrektur** einer offenbaren Unrichtigkeit nach § 129 bzw. § 173a AO eine Frist von **nicht weniger als einem Jahr** ab Bekanntgabe des Bescheides. Die Ablaufhemmung betrifft jedoch nicht den gesamten Bescheid, sondern nur **punktuell** die offenbare Unrichtigkeit, d. h. es ist eine Teilverjährung möglich (»endet die Festsetzungsfrist **insoweit** nicht […]«). Die punktuelle Ablaufhemmung nach § 171 Abs. 2 AO wirkt sich auch auf das Entfallen des Vorbehalts der Nachprüfung nach § 164 Abs. 4 AO aus. Soweit und solange die Ablaufhemmung greift, entfällt auch ein etwaiger Vorbehalt der Nachprüfung nicht. Wiederholt sich die offenbare Unrichtigkeit durch Übernahme in mehreren Änderungsbescheiden, führt allein der **erste** fehlerhafte Bescheid zur Ablaufhemmung (BFH vom 08.03.1989, BStBl II 1989, 531). Bei Unrichtigkeiten, die sich zulasten des StPfl. auswirken, empfiehlt es sich für den steuerlichen Berater, die Berichtigung nach § 129 AO ausdrücklich zu beantragen, um in Bezug auf die offenbare Unrichtigkeit den Ablauf der Festsetzungsfrist über § 171 Abs. 2 i. V. m. Abs. 3 AO so lange zu hemmen, bis über den Änderungsantrag unanfechtbar entschieden worden ist.[52] Schreib- oder Rechenfehler des StPfl. bei Erstellung der Steuererklärung sind ebenfalls von der Ablaufhemmung umfasst (§ 171 Abs. 2 S. 2, § 173a AO).

---

52 Hier wird deutlich, warum die einzelnen Absätze des § 171 AO derart prüfungsrelevant sind: Der Verfasser der Prüfungsaufgabe kann hier durch einfache Sachverhalte viele verschiedene Probleme abhandeln, etwa den regulären Ablauf der Festsetzungsfrist, die Ablaufhemmung nach § 171 Abs. 2 und 3 AO, die Prüfung, ob eine offenbare Unrichtigkeit vorliegt und den Zeitpunkt, wann der Nachprüfungsvorbehalt entfällt. Daher: extrem prüfungsrelevant!

5.2.4.3 Antrag auf Steuerfestsetzung und Antrag auf Änderung (§ 171 Abs. 3 AO)

Nach § 171 Abs. 3 AO hemmt ein **Antrag** auf Steuerfestsetzung oder auf Korrektur einer Steuerfestsetzung außerhalb eines Rechtsbehelfsverfahrens die Festsetzungsfrist **insoweit** (d. h. punktuell), bis über den Antrag unanfechtbar entschieden wurde; i. Ü., soweit also kein Antrag gestellt wurde, tritt **Teilverjährung** mit entsprechendem Wegfall des Nachprüfungsvorbehalts nach § 164 Abs. 4 AO ein (vgl. auch BFH vom 30.07.1997, BStBl II 1997, 635). Der Umfang der Ablaufhemmung wird damit durch den Antrag bestimmt; ob der Antrag zulässig und begründet ist, spielt für den Eintritt der Festsetzungsverjährung nach dem klaren Wortlaut des § 171 Abs. 3 AO keine Rolle.[53]

Bei einem rechtzeitig vor Fristablauf gestellten Festsetzungs- oder Änderungsantrag braucht infolge der Vorschrift weder der StPfl. noch das FA den Ablauf der Festsetzungsfrist zu befürchten; so hemmt auch ein Antrag auf Anpassung eines ESt-Bescheides an die Aufhebung eines Grundlagenbescheides nach § 175 Abs. 1 Nr. 1 AO die Festsetzungsfrist für die ESt (BFH vom 27.11.2013, BStBl II 2016, 506). Nicht zu den Anträgen i. S. d. § 171 Abs. 3 AO gehört die Abgabe von Steuererklärungen, soweit sie gesetzlich vorgeschrieben ist oder das FA zu ihrer Abgabe aufgefordert hat (BFH vom 28.07.2021 – X R 35/20); nach der ständigen BFH-Rspr. ist die Abgabe einer Steuererklärung auch dann kein Antrag i. S. d. § 171 Abs. 3 AO, wenn sie zu einer Erstattung führen soll (BFH vom 28.08.2014, BStBl II 2015, 3). Dies ergibt sich aus § 170 Abs. 2 Nr. 1 AO: Dort hat der Gesetzgeber die Auswirkungen von Steuererklärungen auf die Festsetzungsfrist abschließend geregelt.[54]

Bei einer reinen Antragsveranlagung wird der Ablauf der Festsetzungsfrist gem. § 171 Abs. 3 AO nur dann gehemmt, wenn die für die Veranlagung gem. § 46 Abs. 2 Nr. 8 EStG erforderliche Steuererklärung bis zum Ablauf der Festsetzungsfrist beim örtlich zuständigen FA eingeht (BFH vom 13.02.2020, BFH/NV 2020, 871).

Die Abgabe einer Selbstanzeige nach § 371 AO oder einer Berichtigung nach § 153 AO führt ebenfalls nicht zur Ablaufhemmung nach § 171 Abs. 3 AO: Der Gesetzgeber hat diese Fälle in der Sonderregelung des § 171 Abs. 9 AO erfasst. § 171 Abs. 9 AO hätte keine Bedeutung, wenn man jede Selbstanzeige oder Berichtigung zugleich als Antrag i. S. d. § 171 Abs. 3 AO beurteilen würde (BFH vom 08.07.2009, BStBl II 2010, 583; beliebtes Problem der schriftlichen Prüfungsaufgaben, zuletzt 2015). Der Antrag auf Veranlagung nach § 46 Abs. 2 Nr. 8 S. 2 EStG ist ein Antrag i. S. d. § 171 Abs. 3 AO (BFH vom 20.01.2016, BStBl II 2016, 380).

Die Ablaufhemmung nach § 171 Abs. 3 AO wirkt bei mehreren Betroffenen nur für denjenigen, der den Festsetzungs- oder Änderungsantrag gestellt hat (z. B. bei mehreren Gesamtschuldnern). Bei einheitlichen Feststellungen hat der Antrag dagegen eine ablaufhemmende Wirkung gegenüber allen Feststellungsbeteiligten (BFH vom 13.09.1994, BStBl II 1995, 39).

Die Ablaufhemmung endet erst mit Unanfechtbarkeit der behördlichen Entscheidung über den Antrag, d. h. sobald die Entscheidung formell bestandskräftig ist.

5.2.4.4 Ablaufhemmung im Einspruchs- und Klageverfahren (§ 171 Abs. 3a AO)

Wird ein Steuerbescheid mit Einspruch oder Klage angefochten, so läuft die Festsetzungsfrist nicht ab, bevor über den Rechtsbehelf unanfechtbar entschieden wurde. Die Ablaufhemmung umfasst den gesamten Steueranspruch und schafft damit auch die **verjährungsrechtliche**

---

53 So BFH vom 12.12.2000, BStBl II 2001, 218; a. A. *Rüsken* in *Klein*, AO, § 171 Rz. 10.
54 Vgl. BFH vom 18.02.2009, BStBl II 2009, 876; *Kühn/von Wedelstädt*, AO, § 171 Rz. 21.

Möglichkeit zur Verböserung (sog. reformatio in peius). Die Ablaufhemmung setzt allerdings voraus, dass der Rechtsbehelf zulässig ist. Wird ein Steuerbescheid mit einem unzulässigen Rechtsbehelf angefochten, tritt keine Ablaufhemmung nach § 171 Abs. 3a AO ein (BFH vom 10.12.2003, AO-StB 2004, 165). Der StPfl. kann einer drohenden Verböserung durch rechtzeitige Rücknahme des Einspruchs bzw. der Klage entgehen. Gem. § 171 Abs. 3a S. 3 AO endet die Hemmung erst bei Eintritt der Unanfechtbarkeit eines aufgrund von § 100 Abs. 1 S. 1, Abs. 2 S. 2, Abs. 3 S. 1 oder § 101 FGO erlassenen Bescheides. Eine Verlängerung der Ablaufhemmung bis zum Erlass eines neuen Bescheides tritt nach § 171 Abs. 3a S. 3 AO nur dann ein, wenn eine gerichtliche Kassation des Erstbescheides erfolgt ist. Eine analoge Anwendung der Vorschrift auf den Fall der Aufhebung des Bescheides durch die Finanzbehörde kommt nach Auffassung des BFH vom 05.10.2003 (BStBl II 2004, 122) nicht in Betracht.[55] Hinzuzufügen ist, dass nach dem BFH-Urteil vom 19.01.2005 (BStBl II 2005, 242) die Anfechtung eines Grundlagenbescheids mit Einspruch oder Klage nicht mehr dazu führt, dass die für die Festsetzung der Folgesteuern maßgebende Festsetzungsfrist bis zur Unanfechtbarkeit des (geänderten) Feststellungsbescheides gehemmt wird (Abweichung vom BFH-Urteil vom 30.11.1999).

5.2.4.5 Ablaufhemmung bei Außenprüfungen (§ 171 Abs. 4 AO)

§ 171 Abs. 4 AO gehört zu den prüfungsrelevantesten Absätzen der Ablaufhemmung: Soweit vor Ablauf der Verjährungsfrist mit einer **Außenprüfung begonnen** wird oder deren **Beginn auf Antrag des StPfl. hinausgeschoben wird**, läuft die Festsetzungsfrist für die Steuern, auf die sich die Außenprüfung erstreckt oder im Falle der Hinausschiebung der Außenprüfung erstrecken sollte, nicht ab, bevor die aufgrund der Außenprüfung zu erlassenden **Steuerbescheide unanfechtbar** geworden sind oder nach Bekanntgabe der Mitteilung nach § 202 Abs. 1 S. 3 AO **drei Monate verstrichen** sind (§ 171 Abs. 4 S. 1 AO). Der Begriff Außenprüfung umfasst die Außenprüfung nach §§ 193 ff. AO sowie die USt- und LSt-Sonderprüfung, ferner die steuerlichen Ermittlungen der Steuerfahndung als Außenprüfung auf Ersuchen des FA nach § 208 Abs. 2 Nr. 1 AO, nicht aber »reguläre« Steuerfahndungsprüfungen (vgl. § 171 Abs. 5 AO) und sog. betriebsnahe Veranlagungen (BFH vom 06.07.1999, BStBl II 2000, 306). Die Außenprüfung muss darüber hinaus auch **tatsächlich begonnen** haben, d. h. der Prüfer muss beim StPfl. tatsächlich erscheinen und die **Prüfung ernsthaft aufgenommen** haben (BFH vom 08.07.2009, BStBl II 2010, 4). Aus Beweisgründen hat der Betriebsprüfer diesen Zeitpunkt in seinen Prüfungsbericht aufzunehmen (§ 198 S. 2 AO). Das bloße Vorliegen einer Prüfungsankündigung reicht dagegen nicht aus, ebenso wenig Scheinhandlungen des FA, um den Fristablauf zu hemmen (vgl. AEAO zu § 198 Nr. 1). Das Anfordern von Unterlagen kann ebenso eine Prüfungshandlung darstellen, durch die eine den Ablauf der Festsetzungsfrist hemmende Außenprüfung wirksam beginnt (FG Düsseldorf, Urteil vom 08.07.2022 – 1 K 472/22 U; Nichtzulassungsbeschwerde anhängig, BFH-Az.: V B 75/22). Die Ablaufhemmung nach § 171 Abs. 4 AO tritt nur bei einer wirksamen (wenn auch rechtswidrigen) Prüfungsanordnung ein (BFH vom 11.11.2020, BStBl II 2021, 415).

Wird die Außenprüfung unmittelbar nach ihrem Beginn für mehr als sechs Monate aus Gründen unterbrochen, die das FA zu vertreten hat (so geschehen in der Prüfung 2013, nochmals abgefragt in der Prüfung 2014), entfällt die Ablaufhemmung rückwirkend (§ 171

---

55 Hebt das FA allerdings während eines finanzgerichtlichen Verfahrens den angefochtenen Haftungsbescheid auf und erlässt gleichzeitig – im selben Verwaltungsakt – einen neuen Haftungsbescheid, ist der neue Haftungsbescheid noch innerhalb der nach § 171 Abs. 3a AO gehemmten Festsetzungsfrist ergangen (BFH vom 05.10.2004, BStBl II 2005, 323).

Abs. 4 S. 2 AO), wenn nicht die Prüfung nach der sechsmonatigen Pause doch noch innerhalb der Festsetzungsfrist begonnen wird (BFH vom 13.02.2003, BStBl II 2003, 552). Wird der Beginn der Außenprüfung auf Antrag des StPfl. hinausgeschoben, entfällt die Ablaufhemmung des § 171 Abs. 4 AO nur, wenn das FA nicht vor Ablauf von zwei Jahren nach Eingang des Antrags mit der Prüfung beginnt (BFH vom 19.05.2016, BStBl II 2017, 96). Mit dieser Rspr. schließt der BFH unter Heranziehung des Rechtsgedankens aus § 171 Abs. 8 S. 2 AO und auch § 171 Abs. 10 AO eine Gesetzeslücke, denn nach dem Wortlaut des Gesetzes hätte das FA ansonsten unbegrenzt Zeit, um mit der Prüfung zu beginnen.

Der **Umfang der Ablaufhemmung** erstreckt sich gem. § 171 Abs. 4 AO auf diejenigen Steuern, die in der Prüfungsanordnung genannt sind und die vom Prüfer auch **tatsächlich geprüft** worden sind (BFH vom 06.07.1999, BStBl II 2000, 306); denkbar ist also auch eine Teilverjährung für nicht von der Prüfung erfasste Steuerarten oder VZ. Die Auswertungsfrist von Prüfungsfeststellungen ist in § 171 Abs. 4 S. 3 AO geregelt. Die Ablaufhemmung nach Satz 1 endet spätestens fünf Jahre nach Ablauf des Kj., in dem die Prüfungsanordnung bekannt gegeben wurde; eine weitergehende Ablaufhemmung nach anderen Vorschriften bleibt unberührt.[56]

Ist der Verwaltungsakt, mit dem der Beginn der Prüfung festgesetzt wurde, **rechtswidrig** und hat der StPfl. ihn oder die Prüfungsanordnung mit Einspruch angefochten, beinhaltet ein Antrag auf Aussetzung der Vollziehung der Prüfungsanordnung nicht auch einen Antrag auf Verschiebung des Beginns der Prüfung i. S. d. § 197 Abs. 2, § 171 Abs. 4 AO (BFH vom 10.04.2003, BStBl II 2003, 827). Andernfalls könnte das FA den Eintritt der Festsetzungsverjährung verhindern, indem es wenige Tage vor Jahresende eine Prüfungsanordnung erlässt und diese mit einer rechtswidrigen Terminbestimmung verbindet. Jedoch muss der mit der Anfechtung der Prüfungsanordnung verbundene Antrag auf AdV dem Antrag auf Hinausschieben des Prüfungsbeginns zumindest dann gleichgestellt werden, wenn der StPfl. damit erreicht, dass die Prüfung nicht zu dem vorgesehenen Datum beginnt, vorausgesetzt, dass die Festlegung des Prüfungsbeginns rechtmäßig ist (BFH vom 16.02.2001, BFH/NV 2001, 1009).[57]

5.2.4.6 Ablaufhemmung bei Steuerfahndungsprüfungen (§ 171 Abs. 5 AO)

Mit dem **Beginn von Ermittlungen der Steuerfahndung** tritt eine Ablaufhemmung für die Steuern **insoweit** ein, als die Ermittlungen geführt werden. Betroffen sind insoweit nur der Teil der Steuer, der sich aus Sachverhalten, die Gegenstand der Ermittlungen waren, ergibt (BFH vom 03.07.2018, Az.: VIII R 9/16). Der Fristablauf soll nach der einschränkenden Formulierung »insoweit« nur gehemmt werden, soweit und damit die Ergebnisse der Ermittlungen der Festsetzung der betreffenden Steuern zugrunde gelegt werden können (BFH vom 08.07.2009, BStBl II 2010, 583).

---

56 Der Zweck des § 171 Abs. 4 S. 3 AO besteht darin, zugunsten des Rechtsfriedens und der Rechtssicherheit eine zeitlich unbegrenzte Auswertung von Prüfungsfeststellungen zu verhindern und damit eine zeitgerechte Auswertung der Prüfungsfeststellungen durch den Erlass von Änderungsbescheiden zu erzwingen. Da es keine Rolle spielt, aus welchen Gründen die Frist nicht eingehalten werden konnte, tritt Festsetzungsverjährung auch dann ein, wenn die Verursachung beim StPfl. lag (BFH vom 08.07.2009, BStBl II 2010, 4).

57 Diese komplizierte Fallgestaltung war Gegenstand der schriftlichen StB-Prüfungen 2005 und 2013; unter Zuhilfenahme des AEAO zu § 171 Nr. 3 letzter Satz hätte man eine vertretbare Lösung in den zulässigen Hilfsmitteln erkennen können.

Ausreichend ist, wenn dem StPfl. vor Ablauf der Festsetzungsfrist die Einleitung eines Steuerstrafverfahrens oder eines Bußgeldverfahrens wegen einer Steuerordnungswidrigkeit bekannt gegeben worden ist (§ 171 Abs. 5 S. 2 AO; vgl. § 397 AO). Die Frist ist gewahrt, wenn die Mitteilung das FA rechtzeitig verlassen hat (§ 171 Abs. 5 S. 2 2. HS AO). Die durch die Fahndungsprüfung ausgelöste Ablaufhemmung endet nur dann, wenn aufgrund der Prüfung Steuerbescheide ergangen und diese unanfechtbar geworden sind (BFH vom 24.04.2002, BStBl II 2002, 586). Die Auswertungsfrist des § 171 Abs. 4 S. 3 AO ist insoweit – nach Auffassung der Rspr. – nicht analog anwendbar.

Wird der Umfang einer Fahndungsprüfung nachträglich auf zusätzliche Veranlagungszeiträume erweitert, wird hierdurch der Ablauf der Festsetzungsfrist für diese Zeiträume nur dann gehemmt, wenn der StPfl. die Erweiterung bis zum Ablauf der Frist erkennen konnte. Der Eintritt der Ablaufhemmung setzt jedoch nicht voraus, dass für den StPfl. erkennbar war, auf welche Sachverhalte sich die zusätzlichen Ermittlungen erstrecken. Im Ergebnis erlaubt § 171 Abs. 5 AO dem FA, sämtliche aufgrund einer Fahndungsprüfung gewonnenen Erkenntnisse umzusetzen, wenn und soweit die Prüfung vor Ablauf der Festsetzungsfrist begonnen hat. Maßnahmen der Bußgeld- und Strafsachenstelle sind keine Ermittlungen der Steuerfahndung und führen nicht zur Ablaufhemmung nach § 171 Abs. 5 AO (BFH vom 08.07.2009, BStBl II 2010, 583).

5.2.4.7 Verfolgungsverjährung (§ 171 Abs. 7 AO)

In den Fällen der Steuerhinterziehung und der leichtfertigen Steuerverkürzung **endet die Festsetzungsfrist nicht, bevor nicht nach den strafprozessualen Vorschriften die Verfolgung der Tat verjährt ist.** Solange der Täter noch bestraft werden kann, ist auch die Festsetzung der Steuern noch möglich. Praktische Bedeutung hat § 171 Abs. 7 AO aufgrund der kurzen Strafverfolgungsverjährung (vgl. Kap. XII 2.2.7) nur für leichtfertige Steuerverkürzungen.

5.2.4.8 Vorläufige und ausgesetzte Steuerfestsetzungen (§ 171 Abs. 8 AO)

Wird eine Steuer gem. § 165 AO vorläufig festgesetzt oder wird die Steuerfestsetzung ausgesetzt, endet die Festsetzungsfrist nicht vor dem Ablauf **eines Jahres, nachdem die Ungewissheit beseitigt ist und das FA hiervon Kenntnis erlangt;** in den Fällen des § 165 Abs. 1 S. 2 AO beträgt die Auswertungsfrist **zwei Jahre** (§ 171 Abs. 8 S. 2 AO). Die Ungewissheit ist beseitigt, wenn die für die Beurteilung maßgeblichen Tatsachen festgestellt werden können und das FA davon positive Kenntnis hat (BFH vom 04.09.2008, BStBl II 2009, 335).

5.2.4.9 Berichtigung von Erklärungen und Selbstanzeige (§ 171 Abs. 9 AO)

Berichtigt ein StPfl. vor Ablauf der Festsetzungsfrist gem. § 153 AO seine Steuererklärung oder erstattet er eine Selbstanzeige gem. §§ 371 und 378 Abs. 3 AO, hat das FA eine Auswertungsfrist von einem Jahr nach Eingang der Anzeige. Die Ablaufhemmung betrifft dabei – ohne dass dies aus dem Wortlaut der Vorschrift eindeutig hervorginge – nur den nachgemeldeten Sachverhalt. Die Jahresfrist beginnt mit Ablauf des Tages, an dem die Anzeige beim zuständigen[58] FA eingeht (d.h. keine Anwendung der Vier-Tage-Fiktion gem. § 122

---

58 Reicht ein StPfl. vor Ablauf der Festsetzungsfrist eine Berichtigungsanzeige nach § 153 AO bei einem unzuständigen FA ein, ist die Anzeige zwar wirksam erstattet, zur Berechnung der Ablaufhemmung nach § 171 Abs. 9 AO ist auf den Eingang beim **zuständigen** FA abzustellen (BFH vom 28.02.2008, BStBl II 2008, 595).

Abs. 2 AO). Die Ablaufhemmung beginnt nur, wenn die angezeigte Steuerverkürzung dem Grunde nach individualisiert werden kann, der StPfl. also Steuerart und VZ benennt und den Sachverhalt so schildert, dass der Gegenstand der Selbstanzeige erkennbar wird (BFH vom 21.04.2010, BStBl II 2010, 771). Die Ablaufhemmung nach § 171 Abs. 9 AO schließt den Eintritt der Ablaufhemmung nach § 171 Abs. 5 S. 1 AO nicht generell aus: § 171 Abs. 5 AO greift dann, wenn die Ermittlungen der Steuerfahndung vor Ablauf der ungehemmten Festsetzungsfrist beginnen und die Festsetzung auf den Ermittlungen der Fahndung beruht (BFH vom 03.07.2018, BStBl II 2019, 122).

5.2.4.10 Steuerfestsetzung aufgrund eines Grundlagenbescheides (§ 171 Abs. 10 AO)

§ 171 Abs. 10 AO ist die **verjährungsrechtliche Ergänzung der Korrekturvorschrift des § 175 Abs. 1 S. 1 Nr. 1 AO** und der zwingenden Bindungswirkung von Grundlagenbescheiden für Folgebescheide gem. § 182 Abs. 1 AO. Nach § 171 Abs. 10 AO endet die Festsetzungsfrist für einen Folgebescheid **nicht vor Ablauf von zwei Jahren nach Bekanntgabe des Grundlagenbescheids**, soweit die im Grundlagenbescheid enthaltenen Feststellungen gem. § 182 Abs. 1 AO bindend sind. Andere, nicht bindende Besteuerungsgrundlagen werden von der Ablaufhemmung dagegen nicht umfasst. Grundlagenbescheide sind nach § 171 Abs. 10 AO **Feststellungsbescheide und Steuermessbescheide** sowie diejenigen VA der Finanzbehörden und anderer Behörden, die für die Festsetzung einer Steuer bindend sind. Die Vorschrift soll dem FA, das für den Folgebescheid zuständig ist, die Möglichkeit geben, den Grundlagenbescheid ohne Rücksicht auf die Festsetzungsfrist des Folgebescheides auszuwerten. Dies gilt auch dann, wenn die ursprüngliche Festsetzungsfrist des Folgebescheides bereits abgelaufen ist (BFH vom 27.01.2016, BFH/NV 2016, 889). Vielmehr ist die erneute Zwei-Jahres-Frist gem. § 171 Abs. 10 S. 1 AO maßgeblich.

Die Zwei-Jahres-Frist mag auf den ersten Blick überraschen, da die punktuelle Änderung des Folgebescheides regelmäßig rasch erfolgen könnte. Die lange Zwei-Jahres-Frist nimmt aber Rücksicht auf komplexe Steuerfälle mit zahlreichen Beteiligungssachverhalten: Hier wird durch die lange Auswertungsfrist sichergestellt, dass das für den Folgebescheid zuständige FA nicht jedes Mal, wenn eine Änderung ansteht, unmittelbar tätig werden muss, sondern eingehende Mitteilungen auch vorübergehend »sammeln« kann, um eine allzu häufige Änderung des Folgebescheides zu vermeiden.

Das kann für den StPfl. – gerade wenn es zu Nachzahlungen kommt – zu unerfreulichen Zinseffekten führen, denn die Erhebung von Nachforderungszinsen nach § 233a AO ist nicht allein deshalb sachlich unbillig, weil die Änderung eines Steuerbescheids gem. § 175 Abs. 1 S. 1 Nr. 1 AO erst nach Ablauf eines längeren Zeitraums nach Erlass des Grundlagenbescheids erfolgt (so BFH vom 03.12.2019, BStBl II 2020, 214 für einen Zeitraum von 13 Monaten).

Gem. § 171 Abs. 10 S. 3 AO kann ein Grundlagenbescheid unabhängig von der Zwei-Jahres-Frist in § 171 Abs. 10 S. 1 AO so lange ausgewertet werden, wie die Ablaufhemmung eines Folgebescheides aufgrund einer wirksamen Außenprüfung beim StPfl. gem. § 171 Abs. 4 AO andauert. Beachtet das FA beim Erlass eines Steuerbescheides einen bereits vorliegenden Grundlagenbescheid nur versehentlich nicht, führt dies zu einer offenbaren Unrichtigkeit des Steuerbescheides i. S. d. § 129 AO (BFH vom 16.07.2003, BStBl II 2003, 867, Änderung der Rspr.); insoweit greift auch § 171 Abs. 2 AO.

Die für Folgebescheide geltende Ablaufhemmung nach § 171 Abs. 10 S. 1 AO wird im Verhältnis vom ESt-Bescheid zum Zinsbescheid gemäß § 233a AO durch die speziellen Regelungen in § 239 Abs. 1 S. 1 bis 3 AO verdrängt (BFH vom 16.01.2019, BStBl II 2019, 362).

Grundlagenbescheide ressortfremder Behörden, die nicht dem Anwendungsbereich der §§ 179 ff. AO unterstehen (etwa Schwerbehindertenausweise), bewirken nur dann eine Ablaufhemmung nach § 171 Abs. 10 AO, wenn der Antrag, den Grundlagenbescheid zu erteilen, vor Ablauf der Festsetzungsfrist des maßgebenden Folgebescheides gestellt worden ist. Diese Sonderregelung für sog. **ressortfremde Grundlagenbescheide** wurde zum Jahresbeginn 2015 in § 171 Abs. 10 S. 2 AO aufgenommen (vgl. BFH vom 20.04.2016, AO-StB 2016, 250).

5.2.4.11 Sonstige Ablaufhemmungen (§ 171 Abs. 11 bis 15 AO)

§ 171 Abs. 11 bis 14 AO enthalten ferner Ablaufhemmungen bei fehlendem gesetzlichen Vertreter (§ 171 Abs. 11 AO), bei der Steuerfestsetzung gegen einen Nachlass (§ 171 Abs. 12 AO, vgl. § 211 BGB), bei Insolvenzforderungen (§ 171 Abs. 13 AO) und für Erstattungsansprüche aufgrund eines unwirksamen Steuerbescheides (§ 171 Abs. 14 AO). Eine im Vorgriff auf eine erwartete geänderte Steuerfestsetzung für die Streitjahre erbrachte Zahlung begründet einen die Ablaufhemmung des § 171 Abs. 14 AO auslösenden Erstattungsanspruch, wenn es an einem formalen Rechtsgrund für die Zahlung fehlt (BFH vom 04.08.2020, BStBl II 2022, 98).

5.2.5 Prüfungsschema und zusammenfassendes Beispiel

Die Vorschriften über die Festsetzungsverjährung sind Gegenstand nahezu jeder schriftlichen Prüfungsaufgabe. Empfehlenswert ist, die Prüfung entsprechend dem gesetzlichen Aufbau zu strukturieren, d. h.
- den Beginn der Festsetzungsfrist unter Berücksichtigung einer etwaigen Anlaufhemmung nach § 170 AO berechnen,
- die Fristdauer nach § 169 Abs. 2 AO angeben und das reguläre Fristende (unter Berücksichtigung des § 108 Abs. 3 AO) berechnen und
- etwaige Ablaufhemmungen nach § 171 AO prüfen.

Besonders beliebt und anfangs schwer zu durchschauen sind Prüfungsaufgaben, in denen Hemmungstatbestände nach § 171 AO kumulativ anzuwenden sind.

Beispiel 8: Undurchsichtige Verfahrenslage[59]

Ramona Rehauge (R) hat die ESt-Erklärung 03 nach Fristverlängerung Ende 04 beim zuständigen FA eingereicht. Im Rahmen einer Neuorganisation der Veranlagungsbezirke wurde die ESt-Erklärung 03 der R Anfang 05 versehentlich verlegt und erst Ende April 08 wieder aufgefunden. Der ESt-Bescheid 03 erging unter dem Vorbehalt der Nachprüfung und wurde am 12.05.08 vom FA mit einfachem Brief zur Post gegeben. Er ging am Mittwoch, den 13.05.08 bei R ein. Die ESt 03 wurde auf 38.800 € festgesetzt.

Bei der Überprüfung des Bescheides stellte R fest, dass ihr in der Steuererklärung bei der Addition der Einnahmen aus Kapitalvermögen ein Rechenfehler von 1.000 € zu ihren Ungunsten unterlaufen ist. Eine Einzelaufstellung der Zinseinnahmen war der Steuererklärung beigefügt. Mit Schreiben vom 14.05.09, das R noch am gleichen Tag in den Briefkasten des FA einwarf, beantragte sie die Berichtigung des Bescheides nach § 164 AO.

---

59 Nachgebildet einem Sachverhalt aus der StB-Prüfung 2000.

Am 26.08.09 lehnte das FA den Antrag auf Berichtigung ab, da Festsetzungsverjährung eingetreten sei. Eine Rechtsbehelfsbelehrung war dem Schreiben des FA nicht angefügt. R möchte nunmehr im Oktober 09 wissen, ob die Auffassung des FA richtig sei und was sie gegebenenfalls dagegen machen könne.

Lösung: Eine Berichtigung des ESt-Bescheides 03 wegen offenbarer Unrichtigkeit gem. § 129 AO kommt nur in Betracht, wenn die Festsetzungsfrist noch nicht abgelaufen ist (§ 169 Abs. 1 AO). Die Festsetzungsfrist für den ESt-Bescheid 03 begann wegen der Anlaufhemmung nach § 170 Abs. 2 S. 1 Nr. 1 AO mit Ablauf des Jahres 04 und endete regulär mit Ablauf des Jahres 08 (§ 169 Abs. 2 S. 1 Nr. 2 AO). Mit dem Additionsfehler unterlief R bei Abgabe der Steuererklärung ein Rechenfehler, der für das FA aus den Anlagen zur Steuererklärung erkennbar war und vom FA übernommen wurde. Der Fehler wird zu einem sog. Übernahmefehler, der dem FA bei Erlass des Steuerbescheides 03 unterlaufen ist. Die Voraussetzungen für einen Berichtigungsantrag nach § 129 AO lagen daher vor, sodass die Ablaufhemmung gem. § 171 Abs. 2 S. 1 AO eingreift. Der Bescheid gilt aufgrund der Fristenstreckung in § 108 Abs. 3 AO am 18.05.08 als bekannt gegeben (§§ 122 Abs. 2 Nr. 1, 124 Abs. 1, 108 AO i.V.m. §§ 187 ff. BGB), sodass die Festsetzungsfrist mit Ablauf des 18.05.09 endete; bis zu diesem Zeitpunkt wäre eine Änderung nach § 129 AO möglich gewesen.

Zugleich kommt wegen des Antrags der R vom 14.05.09 auf Berichtigung des ESt-Bescheides eine Ablaufhemmung nach § 171 Abs. 3 AO in Betracht, da der Berichtigungsantrag vor Ablauf der Jahresfrist gestellt wurde. Die Festsetzungsfrist läuft somit nicht ab, bevor über den Änderungsantrag unanfechtbar entschieden wurde. Mit Schreiben vom 26.08.09 hat das FA zwar den Antrag abgelehnt; dem Schreiben war allerdings keine Rechtsbehelfsbelehrung beigefügt, sodass gem. § 356 Abs. 2 AO innerhalb eines Jahres nach Bekanntgabe des Schreibens Einspruch eingelegt werden kann. Im Oktober 09 liegt damit noch keine unanfechtbare Entscheidung über den Antrag vor; die Festsetzungsfrist ist noch nicht abgelaufen. Eine Berichtigung ist noch möglich, R sollte gegen das Schreiben des FA Einspruch einlegen.

Daneben kann der Bescheid auch noch nach § 164 Abs. 2 AO geändert werden. §§ 171 Abs. 2 und 3 AO gelten auch für Vorbehaltsfestsetzungen, da beide Vorschriften nicht durch § 164 Abs. 4 S. 2 AO ausgeschlossen sind. Der Vorbehalt der Nachprüfung ist damit im Oktober 09 noch wirksam, allerdings nur punktuell, soweit über den Änderungsantrag der R vom 14.05.09 noch nicht unanfechtbar entschieden wurde.

Die Berichtigung des ESt-Bescheides kann **daher sowohl nach § 129 AO als auch nach § 164 Abs. 2 AO erfolgen.**[60]

5.3 Feststellungsbescheide (§§ 179 – 183 AO)

Die Feststellung der Besteuerungsgrundlagen bildet gem. § 157 Abs. 2 AO einen **unselbständigen**, mit Rechtsbehelfen nicht selbständig anfechtbaren Teil des Steuerbescheids, soweit die Besteuerungsgrundlagen nicht gesondert festgestellt werden. Wurden die Besteuerungsgrundlagen fehlerhaft ermittelt, ist ein Einspruch gegen den Steuerbescheid nur dann zulässig, wenn sich die fehlerhafte Ermittlung auf den festgesetzten Steuerbetrag ausgewirkt hat; ansonsten ist der Einspruch mangels Beschwer unzulässig (§ 350 AO).

Eine **Ausnahme von dem Grundsatz,** dass die Besteuerungsgrundlagen einen unselbständigen Teil des Steuerbescheides bilden, enthalten die Vorschriften über die gesonderte Feststellung von Besteuerungsgrundlagen und die Festsetzung von Steuermessbeträgen (§§ 179 – 184 AO). Die §§ 179 ff. AO bzw. entsprechende Vorschriften der Einzelsteuergesetze (z.B. § 2a Abs. 1 S. 5, § 10b Abs. 1 S. 10, § 10d Abs. 4, § 15a Abs. 4, § 39a Abs. 4 EStG, § 138

---

60 Das Beispiel enthält einen eindeutigen Hinweis auf § 164 AO: Wer in der Lösung nur die Korrekturvorschrift des § 129 AO prüfte, vergab zahlreiche Wertungspunkte.

BewG) sehen in bestimmten Fällen eine **gesonderte Feststellung der Besteuerungsgrundlagen** vor. Gesonderte Feststellungen dürfen nur erfolgen, wenn eine ausdrückliche gesetzliche Ermächtigung vorliegt (§ 179 Abs. 1 AO). Der Feststellungsbescheid ist **Grundlagenbescheid** (vgl. § 171 Abs. 10 AO) für die auf ihm beruhenden Folgebescheide (§ 182 Abs. 1 AO). Der Inhalt des Feststellungsbescheides ist damit für den Folgebescheid **bindend**. Das für den Erlass des Folgebescheides zuständige FA muss und darf die Rechtmäßigkeit des Grundlagenbescheides bei der Auswertung gem. § 175 Abs. 1 Nr. 1 AO nicht überprüfen. Zweck des verselbständigten Feststellungsverfahrens ist es u. a. zu verhindern, dass die im Grundlagenbescheid getroffene Entscheidung im Folgebescheid gegensätzlich entschieden werden kann.

Die gesonderte Feststellung ist **selbständig anfechtbar** und kann bestandskräftig werden. Entscheidungen in einem Feststellungsbescheid können **nur durch Anfechtung dieses Bescheides**, nicht auch durch Anfechtung des Folgebescheides angegriffen werden (§ 351 Abs. 2 AO); ein gleichwohl eingelegter Einspruch wäre unbegründet (AEAO zu § 351 Nr. 4). Der Vereinfachungseffekt von Feststellungsbescheiden liegt darin, dass die verbindlich festgestellten Besteuerungsgrundlagen nur einmal ermittelt werden müssen und gegenüber mehreren StPfl. übereinstimmend festgestellt werden können.

> **Beispiel 9: Publikums-KG**
>
> An einer Publikums-KG (Ort der Geschäftsleitung in Berlin) sind mehrere Tausend Kommanditisten aus dem gesamten Bundesgebiet beteiligt. Würden die jeweiligen Wohnsitz-FÄ der Kommanditisten Aussagen über die Beteiligung der Kommanditisten an der KG treffen, wären zahlreiche verschiedene FÄ mit der Gewinnermittlung der KG beschäftigt; zudem bestünde die Gefahr divergierender Entscheidungen über die Höhe des Gewinns der KG sowie hinsichtlich der Gewinnverteilung. Daher stellt das für die gesonderte Feststellung zuständige Berliner FA (§ 18 Abs. 1 Nr. 2 AO) die Besteuerungsgrundlagen gesondert und einheitlich fest (§ 180 Abs. 1 Nr. 2 Buchst. a AO) und übersendet das Ergebnis in sog. »Mitteilungen« den jeweiligen Wohnsitz-FÄ der G'fter. Soweit deren ESt-Bescheide schon erlassen wurden (was auch bei noch ausstehendem Grundlagenbescheid nach § 155 Abs. 2 AO zulässig ist) und sich aufgrund der Mitteilung des Berliner FA eine Änderung ergibt, sind die ESt-Bescheide nach § 175 Abs. 1 S. 1 Nr. 1 AO zu ändern; die Ablaufhemmung in § 171 Abs. 10 AO sorgt dafür, dass das FA die Auswertung ohne zeitlichen Druck durchführen kann.

Ist die gesonderte Feststellung mehreren Personen zuzurechnen, ist die gesonderte Feststellung zugleich **einheitlich** vorzunehmen (§ 179 Abs. 2 S. 2, 2. Alt. AO). Gem. § 180 AO werden insb. folgende Besteuerungsgrundlagen gesondert festgestellt:
- **Einheitswerte** nach Maßgabe des Bewertungsgesetzes (§ 180 Abs. 1 Nr. 1 AO i.V.m. § 19 Abs. 1 BewG). Einheitlich festgestellt werden auch **Grundbesitzwerte** (Bedarfswerte) gem. § 151 Abs. 1 BewG für die ErbSt sowie für die GrESt. Ein Feststellungsbescheid nach § 180 Abs. 1 Nr. 1 AO wirkt gem. § 182 Abs. 2 AO auch gegenüber dem Rechtsnachfolger, auf den der Gegenstand der Feststellung nach dem Feststellungszeitpunkt mit steuerlicher Wirkung übergeht (sog. dingliche Wirkung).
- **Einkommen- und körperschaftspfl. Einkünfte und** mit ihnen im Zusammenhang stehende **andere Besteuerungsgrundlagen,** wenn an den Einkünften **mehrere Personen** beteiligt sind und die Einkünfte diesen Personen steuerlich zuzurechnen sind (§ 180 Abs. 1 Nr. 2 Buchst. a AO). Die gesonderte Feststellung nach § 180 Abs. 1 Nr. 2 Buchst. a AO umfasst über die von den Feststellungsbeteiligten gemeinschaftlich erzielten Einkünfte hinaus alle weiteren Besteuerungsgrundlagen, die in rechtlichem, wirtschaftlichem oder tatsächlichem Zusammenhang mit diesen Einkünften stehen. Dies sind insb. Sonderbe-

triebseinnahmen und -ausgaben der Beteiligten. § 180 Abs. 1 Nr. 2 Buchst. a AO ist **nur auf PersG anwendbar**, da nur dort die Einkünfte den Feststellungsbeteiligten steuerlich zuzurechnen sind. Die Feststellung umfasst insb. Aussagen dazu, ob nicht steuerbare, steuerfreie oder stpfl. Einkünfte vorliegen und welchen Einkunftsarten sie zuzurechnen sind, ob eine MU-schaft vorliegt[61], welchen Personen die Einkünfte zuzurechnen sind, sowie über Höhe und Anteil der Beteiligten an den Gesamteinkünften und anderen Besteuerungsgrundlagen und über Sonderbetriebseinnahmen und -ausgaben einzelner G'fter. Im Falle doppelstöckiger PersG'en ist für jede Gesellschaft ein eigenständiges Feststellungsverfahren durchzuführen (BFH vom 21.10.2015, BStBl II 2016, 517).

Nach diesen Grundsätzen sind Einkünfte einer nicht gewerblich geprägten PersG, die eine vermögensverwaltende Tätigkeit ausübt und an der mehrere G'fter gemeinschaftlich beteiligt sind, gesondert und auch einheitlich festzustellen (§ 180 Abs. 1 Nr. 2 Buchst. a i.V.m. § 179 Abs. 2 S. 2 AO). Darüber hinaus enthält § 180 Abs. 1 Nr. 2 Buchst. a AO keine ausdrückliche Regelung dazu, ob die gesonderte und einheitliche Feststellung Angaben zur Art und zur Höhe des Gewinns eines betrieblich an der vermögensverwaltenden PersG beteiligten G'fters enthalten muss (sog. Zebragesellschaft[62]). Streitig war dabei lange Zeit, auf welcher Ebene eine Umrechnung und Umqualifizierung anteiliger gewerblicher Einkünfte erfolgen muss (vgl. BFH vom 30.10.2002, BStBl II 2003, 167). Mit Vorlagebeschluss vom 30.10.2002 (BStBl II 2003, 167) hat der 9. Senat des Bundesfinanzhofs dem Großen Senat die Frage vorgelegt, ob eine verbindliche Entscheidung über die Einkünfte eines betrieblich an einer vermögensverwaltenden Gesellschaft beteiligten G'fters – sowohl ihrer Art als auch ihrer Höhe nach – durch das für die persönliche Besteuerung des G'fters zuständige Wohnsitz-FA zu treffen ist. Mit Beschluss vom 11.04.2005 (BFH GrS BStBl II 2005, 679) hat der Große Senat des BFH die Streitfrage im Sinne des Vorlagebeschlusses des 9. Senats entschieden: Die Umqualifizierung der Einkunftsart obliegt damit allein dem jeweiligen **Wohnsitz-FA**. Die verfahrensrechtliche Reichweite der Feststellungswirkung bezieht sich damit nur auf die gemeinschaftlich verwirklichten Tatbestandsmerkmale, nicht dagegen auf diejenigen, die außerhalb der Beteiligung im Bereich der persönlichen Einkunftserzielung liegen (so auch BFH vom 18.04.2012, BStBl II 2012, 647).

- Einkünfte aus Land- und Forstwirtschaft, Gewerbebetrieb oder einer freiberuflichen Tätigkeit, **wenn das für die gesonderte Feststellung zuständige FA nicht auch für die Steuern vom Einkommen zuständig ist** (§ 180 Abs. 1 Nr. 2 Buchst. b AO); Hintergrund ist, dass dem Betriebs-, Belegenheits-, oder Tätigkeitsort-FA (§ 18 Abs. 1 Nr. 1 bis 3 AO) die Gewinnermittlung besser möglich ist als dem jeweiligen Wohnsitz-FA.
- Besteuerungsgrundlagen in den weiteren Fällen des § 180 Abs. 1 Nr. 3, Abs. 2 und Abs. 5 AO. Nach § 180 Abs. 2 AO können gem. der Verordnung über die gesonderte Feststellung von Besteuerungsgrundlagen nach § 180 Abs. 2 AO **zur Sicherstellung einer einheitlichen Rechtsanwendung bei gleichen Sachverhalten und zur Erleichterung des Besteuerungsverfahrens** Besteuerungsgrundlagen auch in anderen als den in § 180 Abs. 1 AO genannten Fällen gesondert (und ggf. einheitlich) festgestellt werden.

---

61 Die bestandskräftige Feststellung zum Vorliegen einer MU-schaft entfaltet als selbständiger Regelungsgehalt eines Gewinnfeststellungsbescheids Bindungswirkung für die rechtlich nachrangigen Feststellungen und damit z. B. auch für die Frage der Erzielung eines Veräußerungsgewinns (BFH vom 14.01.2003, BStBl II 2003, 335).

62 Unter dem Begriff Zebragesellschaft verstehen Rspr. und Schrifttum eine vermögensverwaltende PersG, an der – mindestens – ein Beteiligter aufgrund von in seiner Person bzw. in seiner Tätigkeit liegenden Umständen gewerbliche Einkünfte nach § 15 EStG bezieht.

Ein Gewinnfeststellungsbescheid enthält im Regelfall verschiedene Feststellungen, je nachdem, was vom FA in den Tenor des VA aufgenommen wird (BFH vom 16.06.2011, BStBl II 2011, 903):
- Feststellung der Einkunfts**art**,
- **wer** an den Einkünften beteiligt ist,
- **wie hoch** die Einkünfte sind,
- ob und ggf. in welcher Höhe in den Einkünften ein begünstigter Veräußerungsgewinn enthalten ist und
- wie die Einkünfte auf die einzelnen Personen **zu verteilen** sind.

Die verschiedenen Feststellungen erwachsen selbständig in Bestandskraft; Voraussetzung ist allerdings, dass der Feststellungsbescheid tatsächlich eine Reglung zu den einzelnen Feststellungen enthält. Enthält der Bescheid über die gesonderte und einheitliche Feststellung des (gewerblichen) Gewinns keine Feststellung zur Tarifbegrenzung nach § 32c EStG a. F., so entfaltet dieser Grundlagenbescheid insoweit auch keine Bindungswirkung für die ESt-Bescheide der G'fter/Gemeinschafter. Hat die Finanzbehörde in diesem Fall im bestandskräftigen ESt-Bescheid gegenüber einem G'fter/Gemeinschafter zu Unrecht die Tarifbegrenzung nach § 32c EStG a. F. gewährt, so kann dieser Fehler nicht im Wege der Änderung nach § 175 Abs. 1 S. 1 Nr. 1 AO korrigiert werden (BFH vom 22.08.2007, BStBl II 2008, 4). Umfasst ein Feststellungsbescheid auch die Feststellung des verrechenbaren Verlusts i. S. d. § 15a Abs. 4 S. 1 EStG, handelt es sich ebenfalls um einen trennbaren und selbständig anfechtbaren Verwaltungsakt.[63] Wird Einspruch eingelegt, umfasst dieser nach dem Grundsatz der Gesamtaufrollung (vgl. § 367 Abs. 2 S. 1 AO) alle Feststellungen. Das FA hat den Feststellungsbescheid dann ohne Bindung an den Antrag des StPfl. vollumfänglich zu überprüfen (BFH vom 04.11.2003, BFH/NV 2003, 1372).[64]

Für die gesonderte Feststellung gelten gem. § 181 Abs. 1 AO die **Vorschriften über die Durchführung der Besteuerung sinngemäß**. Für Feststellungsbescheide sind damit z. B. auch die besonderen **Korrekturvorschriften** für Steuerbescheide gem. §§ 172 ff. AO anwendbar (und nicht die allgemeinen Berichtigungsvorschriften für Verwaltungsakte gem. §§ 130, 131 AO, vgl. § 172 Abs. 1 S. 1 Nr. 2 Buchst. d 2. HS AO).

Sind in einem Feststellungsbescheid notwendige Feststellungen unterblieben, besteht gem. § 179 Abs. 3 AO innerhalb der Feststellungsfrist die Möglichkeit, den lückenhaften Bescheid inhaltlich durch einen sog. **Ergänzungsbescheid** zu vervollständigen (z. B. Nachholung der Feststellung, wie der Gewinn zu verteilen ist, vgl. AEAO zu § 179 Nr. 2). Eine notwendige Feststellung ist unterblieben, wenn sie hätte getroffen werden müssen, aber nicht getroffen worden ist. Hat das FA dagegen bereits eine – wenn auch negative – Entscheidung über die betreffende Feststellung getroffen, so liegt insoweit kein unvollständiger Bescheid

---

63   Der Feststellungsbescheid nach § 180 Abs. 1 Nr. 2a AO ist dann Grundlagenbescheid i. S. d. § 171 Abs. 10 S. 1, § 175 Abs. 1 Nr. 1 AO für die Feststellung nach § 15a Abs. 3 S. 1 EStG, soweit er den Anteil eines G'fters am StB-Gewinn der Gesellschaft und das Ergebnis aus Ergänzungsbilanzen feststellt, die zusammen den Gewinnanteil i. S. d. § 15 Abs. 1 S. 1 Nr. 2 EStG ausmachen (BFH vom 22.06.2006, BStBl II 2007, 687).

64   Anders im finanzgerichtlichen Verfahren, wo der Grundsatz der Gesamtaufrollung nicht gilt (§ 96 Abs. 1 S. 2 FGO). Ein Gewinnfeststellungsbescheid kann mehrere einzelne Feststellungen von Besteuerungsgrundlagen umfassen, die, soweit sie eine rechtliche selbständige Würdigung enthalten und eines rechtlichen selbständigen Schicksals fähig sind, als eigenständiger Gegenstand eines Klagebegehrens in Betracht kommen. Selbständiger Teil eines Gewinnfeststellungsbescheides in diesem Sinne ist z. B. die Feststellung der Art der Einkünfte (BFH vom 04.07.2008, BFH/NV 2008, 53).

vor (BFH vom 17.12.2008, BStBl II 2009, 444). Ergänzungsbescheide dürfen einen lückenhaften Feststellungsbescheid **vervollständigen**, nicht aber einen unrichtigen Feststellungsbescheid korrigieren oder in ihm getroffene Feststellungen ändern, denn in einem solchen Fall ist die ursprüngliche Feststellung nicht lückenhaft, sondern inhaltlich falsch. Nachträglich geltend gemachte Sonderbetriebsausgaben können beispielsweise nicht durch Erlass eines Ergänzungsbescheids gem. § 179 Abs. 3 AO berücksichtigt werden, wenn die Feststellungserklärung unrichtig ist (BFH vom 23.08.2011, AO-StB 2011, 327). Ebenso wenig kann eine fehlende Feststellung für eine weitere Einkunftsart in einem Ergänzungsbescheid nachgeholt werden, wenn der verbleibende Verlustvortrag nur für eine bestimmte Einkunftsart gesondert festgestellt wurde (BFH vom 17.12.2008, BStBl II 2009, 444).

§ 181 AO enthält ferner einige **Sonderbestimmungen für die Feststellungsverjährung**. Bei der Entscheidung, ob eine gesonderte Feststellung durchgeführt oder verändert werden kann, ist die Frage der Verjährung der von der Feststellung abhängigen Steuern nicht zu prüfen. Ist dagegen die Feststellungsfrist bereits abgelaufen, die Steuerfestsetzung in einem Folgebescheid aber noch zulässig, gilt § 181 Abs. 5 AO: die Feststellung kann also auch in diesen Fällen erfolgen.[65] Nach § 181 Abs. 5 S. 1 AO kann eine gesonderte Feststellung auch nach Ablauf der für sie geltenden Feststellungsfrist insoweit erfolgen, als die gesonderte Feststellung für eine Steuerfestsetzung von Bedeutung ist, für die die Festsetzungsfrist im Zeitpunkt der gesonderten Feststellung noch nicht abgelaufen ist; ein unter dem Vorbehalt der Nachprüfung stehender Feststellungsbescheid kann aber nach Ablauf der Feststellungsfrist wegen des damit verbundenen Wegfalls des Vorbehalts der Nachprüfung nicht mehr geändert werden (BFH vom 29.11.2017, BStBl II 2018, 419).

Die Vorschrift trägt dem Umstand Rechnung, dass die gesonderte Feststellung von Besteuerungsgrundlagen nur eine Vorstufe der Steuerfestsetzung ist, d. h. nur eine dienende Funktion hat (BFH vom 11.11.2009, BStBl II 2010, 723). Gem. § 181 Abs. 5 S. 2 AO hat das FA bei Erlass eines Feststellungsbescheids nach Ablauf der Feststellungsfrist in dem Bescheid darauf hinzuweisen, dass die getroffenen Feststellungen nur noch für solche Steuerfestsetzungen Bedeutung haben sollen, für die die Festsetzungsfrist im Zeitpunkt der gesonderten Feststellung noch nicht abgelaufen ist. Dieser Hinweis hat nicht bloße Begründungsfunktion, sondern Regelungscharakter, weil mit ihm der – zeitliche – Geltungsbereich der getroffenen Feststellungen abweichend von § 182 Abs. 1 AO bestimmt und damit rechtsgestaltend auf das Steuerrechtsverhältnis eingewirkt wird (ständige Rspr., vgl. BFH-Urteil vom 02.02.2014, BStBl II 2016, 567 m.w.N.). Für den StPfl. und die für den Folgebescheid zuständige Behörde muss deshalb erkennbar sein, dass es sich um einen Feststellungsbescheid handelt, der lediglich für solche Steuerfestsetzungen bedeutsam ist, bei denen die Festsetzungsfrist noch nicht abgelaufen ist (BFH vom 15.07.2021, BStBl II 2022, 226). Ist ein Feststellungsbescheid nach Ablauf der für ihn geltenden Feststellungsfrist ohne den notwendigen Hinweis nach § 181 Abs. 5 S. 2 AO ergangen und bestandskräftig geworden, entfaltet der insoweit rechtswidrige, aber bestandskräftige Bescheid gleichwohl uneingeschränkte Bestandskraft (BFH vom 25.11.2008, BStBl II 2009, 287).

Liegen nach Auffassung des FA die Voraussetzungen einer gesonderten Feststellung nicht vor, ist ein **negativer Feststellungsbescheid** zu erlassen (§ 180 Abs. 3 S. 2 und 3 AO).

---

65 Diese etwas versteckte Vorschrift war wiederholt, zuletzt 2006 Gegenstand der schriftlichen Prüfung; zusammen mit der Erläuterung im AEAO zu § 181 Nr. 1 war das Problem – sofern man es erkannte – gut lösbar.

Auch ein negativer Feststellungsbescheid ist ein Grundlagenbescheid i. S. d. §§ 171 Abs. 10, 175 Abs. 1 S. 1 Nr. 1 AO und entfaltet Bindungswirkung gegenüber einem Folgebescheid.

Von einer gesonderten Feststellung ist **ferner abzusehen**, wenn sie zur einheitlichen Rechtsanwendung und zur Erleichterung des Besteuerungsverfahrens nicht erforderlich ist (vgl. § 182 Abs. 1 AO). Insb. kann auf eine gesonderte Feststellung nach § 180 Abs. 1 Nr. 2 und 3 AO verzichtet werden, wenn **nur ein Feststellungsbeteiligter im Inland stpfl.** ist (§ 180 Abs. 3 S. 1 Nr. 1 AO) oder es sich um einen **Fall von geringer Bedeutung** handelt (§ 180 Abs. 3 S. 1 Nr. 2 AO; vgl. AEAO zu § 180 Nr. 4).

5.4 Steuermessbescheide (§ 184 AO)

Bei Realsteuern (§ 3 Abs. 2 AO: Grundsteuer und Gewerbesteuer) wird der nach den Steuergesetzen zu ermittelnde **Steuermessbetrag** durch sog. **Steuermessbescheide** festgesetzt. (§ 184 Abs. 1 S. 1 AO). Die FÄ teilen den Inhalt der Steuermessbescheide den Gemeinden als Besteuerungsgrundlage für den Erlass der Realsteuerbescheide mit (§ 184 Abs. 3 AO).[66] Der Steuermessbescheid ist **Grundlagenbescheid** i. S. d. § 171 Abs. 10 AO und für die Gemeinde bindend (§§ 184 Abs. 1 S. 4 i. V. m. 182 Abs. 1 AO). Die Festsetzung der Realsteuer durch die Gemeinde erfolgt durch die Anwendung des gemeindlichen Hebesatzes auf den Steuermessbetrag. Gegen den Steuermessbescheid ist der Einspruch beim zuständigen FA statthaft; Gemeinden sind nicht befugt, Steuermessbescheide anzufechten (AEAO zu § 184). Das Rechtsbehelfsverfahren gegen die Realsteuerbescheide richtet sich nicht nach der AO, sondern nach der VwGO.

5.5 Verhältnis des Feststellungs- zum Festsetzungsverfahren bei § 10d EStG

Ein prüfungsrelevantes verfahrensrechtliches Problem ergibt sich aus den Verfahrensfragen zum Verlustabzug nach § 10d EStG. Kann in einem Jahr ein Verlust nicht ausgeglichen werden, kann der verbleibende Verlust gem. § 10d Abs. 4 EStG gesondert festgestellt, in das Folgejahr vorgetragen und dort verrechnet werden.

> **Beispiel 10: Was kann jetzt noch festgestellt werden?**
>
> Klumpe hat nach seinem Studium der BWL im Jahr 08 ein Auslandsstudium in den USA absolviert. Hierfür sind ihm Kosten von 70.000 € entstanden. Eigene Einkünfte hatte Klumpe in 08 nicht. Eine ESt-Veranlagung wurde nicht durchgeführt. Seit dem Jahr 12 ist Klumpe bei einer WP-Gesellschaft angestellt und erzielt dort Einkünfte aus nichtselbständiger Tätigkeit. Für die VZ ab 12 hat er jeweils am 01.04. des Folgejahres Erklärungen abgegeben. Sein zu versteuerndes Einkommen betrug jeweils 35.000 €. Die Kosten für das Auslandsstudium hat Klumpe bisher nicht geltend gemacht. Am 23.12.16 kommt Klumpe zu Ihnen und bittet Sie um Rat, ob er seine Kosten aus dem Amerikaaufenthalt »noch geltend machen« könne. Welche verfahrensrechtlichen Möglichkeiten hat Klumpe?
>
> **Lösung:** Klumpe begehrt aufgrund der im Jahre 08 erfolgten vorweggenommenen Werbungskosten die Feststellung eines verbleibenden Verlusts zum 31.12.08 i. H. v. 70.000 € sowie anschließend die Änderung der ESt-Bescheide ab dem Jahre 12. Verfahrensrechtlich muss er hierfür eine Erklärung zur gesonderten Feststellung des verbleibenden Verlustvortrags auf den 31.12.08 gem. § 10d Abs. 4 EStG i. V. m. §§ 179 ff. AO abgeben.

---

66 In den Stadtstaaten Berlin, Bremen und Hamburg obliegt die Festsetzung der Realsteuern nicht den Gemeinden, sondern den FÄ.

Fraglich ist, ob Klumpe diese Erklärung isoliert abgeben kann oder diese mit einer ESt-Erklärung für das Jahr 08 verbunden werden muss. Bei dem Verfahren nach § 10d EStG handelt es sich um ein gesondertes Feststellungsverfahren, dem zwar zweckmäßigerweise eine ESt-Veranlagung vorausgehen kann; dies ist aber nicht zwingend (vgl. BFH vom 01.03.2006, BStBl II 2007, 919). Die Feststellungsfrist beginnt nach § 181 Abs. 1 S. 1 und S. 2 AO, § 169 Abs. 1 S. 1 AO, § 170 Abs. 1 grds. mit Ablauf des Jahres 08. Allerdings besteht für die gesonderte Feststellung nach § 10d Abs. 4 EStG gem. § 181 Abs. 2 S. 1 eine Erklärungspflicht, sodass die Anlaufhemmung nach § 170 Abs. 2 S. 1 Nr. 1 AO greift. Die Frist beginnt damit mit Ablauf des Jahres 11 und endet gem. § 181 Abs. 1 S. 1, § 169 Abs. 2 AO mit Ablauf des Jahres 15. Daran ändert auch die Vorschrift des § 181 Abs. 5 AO nichts:

Trotz Ablauf der Feststellungsfrist kann gem. § 181 Abs. 5 AO eine gesonderte Feststellung insoweit erfolgen, als die gesonderte Feststellung für eine Steuerfestsetzung von Bedeutung ist, für die die Festsetzungsfrist im Zeitpunkt der gesonderten Feststellung noch nicht abgelaufen ist. Für die Steuerfestsetzungen ab 12 ist eine Festsetzungsverjährung im Jahr 16 aber offensichtlich noch nicht eingetreten.

Die Anwendbarkeit von § 181 Abs. 5 AO ist allerdings seit dem 19.12.2006 gem. § 10d Abs. 4 S. 6 EStG auf diejenigen Fälle beschränkt, in denen das FA die Feststellung des Verlustvortrags (z. B. trotz ausdrücklichen Antrags) pflichtwidrig unterlassen hat. Im vorliegenden Fall könnte eine gesonderte Feststellung des verbleibenden Verlustvortrags für das Jahr 11 aufgrund der abgelaufenen Feststellungsfrist demnach nicht mehr erfolgen, da der Sachverhalt für ein pflichtwidriges Unterlassen seitens des FA keine Anhaltspunkte liefert.[67]

Laut BFH vom 17.09.2008 (BStBl II 2009, 897, bestätigt durch BFH vom 13.01.2015, BFH/NV 2015, 891) ist ein verbleibender Verlustvortrag auch dann erstmals gesondert festzustellen, wenn der ESt-Bescheid für das Verlustentstehungsjahr zwar bestandskräftig ist, darin aber keine nicht ausgeglichenen negativen Einkünfte berücksichtigt worden sind. Damit macht der BFH die Möglichkeit des Erlasses eines Verlustfeststellungsbescheides nicht mehr von der verfahrensrechtlichen Änderungsmöglichkeit der Steuerfestsetzung im Verlustfeststellungsjahr abhängig.

Infolge dieser Rspr. können StPfl. auch Jahre nach Eintritt der Bestandskraft der Steuerfestsetzung Gründe (z. B. infolge günstiger Rspr.) für den erstmaligen Erlass eines Feststellungsbescheides nach § 10d Abs. 4 EStG vorbringen, der wiederum Bindungswirkung für die Folgejahre entfaltet. Diese für den StPfl. günstige Rspr. hat der Gesetzgeber durch das JStG 2010 beseitigt. Ein Verlustfeststellungsbescheid darf mit der Neufassung des § 10d Abs. 4 S. 4 und 5 EStG wegen nachträglich bekannt gewordener Tatsachen nicht erlassen oder geändert werden, wenn das FA bei ursprünglicher Kenntnis nicht anders entschieden hätte. Daher sieht die Neuregelung eine inhaltliche Bindung der Feststellungsbescheide an die der ESt-Festsetzung zugrunde gelegten Beträge vor. **Der ESt-Bescheid wirkt** durch die entsprechende Anwendung der §§ 171 Abs. 10, 175 Abs. 1 Nr. 1, § 351 Abs. 2 AO **wie ein Grundlagenbescheid**. Diese Einschränkung gilt erstmals für eine ab 2011 abgegebene Erklärung zur Feststellung des verbleibenden Verlustvortrags (§ 52 Abs. 25 S. 5 EStG).

Ein verbleibender Verlustvortrag kann im Übrigen nach Ablauf der Feststellungsfrist nicht mehr gesondert festgestellt werden, wenn der StPfl. in den bereits festsetzungsverjährten Veranlagungszeiträumen, in die der Verlust nach § 10d Abs. 2 EStG hätte vorgetragen werden können, über zur Verlustkompensation ausreichende Gesamtbeträge der Einkünfte verfügt (so auch BFH vom 29.06.2011, BStBl II 2011, 963).

---

67 Das FA verletzt seine Pflichten insb., wenn es über einen innerhalb der Feststellungsfrist i. S. d. § 10d Abs. 4 S. 6 EStG erklärten Verlust innerhalb der Frist keinen Bescheid erlässt (BMF vom 30.11.2007, BStBl I 2007, 825).

6 Erhebungsverfahren (§§ 218 – 248 AO)

6.1 Verwirklichung von Ansprüchen aus dem Steuerschuldverhältnis

Rechtsgrundlage für die Verwirklichung von Ansprüchen aus dem Steuerschuldverhältnis sind Steuerbescheide und andere VA (§ 218 Abs. 1 AO). Steuerbescheide, Steuervergütungsbescheide, Haftungsbescheide und VA, durch die steuerliche Nebenleistungen festgesetzt werden, bilden die **Grundlage für die Erhebung und Vollstreckung** des Anspruchs und sind gleichzeitig der **Rechtsgrund für die Leistung**, die zur Erfüllung des Anspruchs erbracht worden ist. Die in § 218 Abs. 1 AO genannten VA haben demnach die **Funktion eines** vollstreckungsfähigen **Titels**. Unerheblich für diese Titelfunktion ist, ob der VA rechtmäßig oder materiell-rechtlich unrichtig ist: Auch ein rechtswidriger VA darf vollstreckt werden! Ein wirksamer (nicht nichtiger) VA legt verbindlich fest, ob und in welcher Höhe ein Anspruch durchgesetzt werden kann (vgl. § 124 Abs. 2 AO). Dies gilt allerdings nicht für Säumniszuschläge gem. § 240 AO. Säumniszuschläge werden nicht durch VA festgesetzt; sie entstehen gem. § 218 Abs. 1 S. 1 2. HS AO kraft Gesetzes.

Über Streitigkeiten, die Ansprüche im Erhebungsverfahren betreffen, entscheidet das FA durch VA (sog. **Abrechnungsbescheid**; § 218 Abs. 2 AO). Gegenstand des Abrechnungsbescheids ist nur die Frage, ob die in dem Steuerbescheid ausgewiesenen Ansprüche aus dem Steuerschuldverhältnis noch bestehen oder bereits erfüllt bzw. erloschen sind (BFH vom 05.09.2012, BStBl II 2012, 854). Ein Abrechnungsbescheid ist vom StPfl. insb. zu beantragen, wenn mit dem FA Meinungsverschiedenheiten bestehen, wie eine bestimmte Zahlung des StPfl. mit Rückständen verrechnet wurde, ob Festsetzungs- oder Zahlungsverjährung eingetreten ist oder ob wirksam aufgerechnet wurde. Eine unmittelbare Klageerhebung ohne vorherige Beantragung eines Abrechnungsbescheids ist mangels Rechtsschutzinteresses unzulässig (FG Köln vom 18.09.2014, AO-StB 2015, 73). Als Rechtsbehelf gegen den Abrechnungsbescheid ist der Einspruch gegeben.[68] Eine Verfügung über die Anrechnung von Steuerabzugsbeträgen und Steuervorauszahlungen ist als Teil des Leistungsgebotes kein Abrechnungsbescheid; dies gilt auch für Kontoauszüge des FA (BFH vom 26.10.2009, BFH/NV 2010, 174). Eine fehlerhafte Anrechnung kann jederzeit zugunsten oder zulasten des StPfl. i. R. e. Änderungsbescheids gem. §§ 129 – 131 AO geändert werden, wenn sich die ursprüngliche Anrechnung als unzutreffend erweist.

> **Beispiel 11: Rechtsschutz bei Streit über Säumniszuschläge**
>
> Zwischen dem FA und A besteht Streit, ob und in welcher Höhe die ESt 01 bereits getilgt wurde. Im ESt-Bescheid 01 hat das FA nach Auffassung des A in der Anrechnungsverfügung zu geringe Vorauszahlungen berücksichtigt. Soll A gegen die Anrechnungsverfügung Einspruch einlegen?
>
> **Lösung:** Gegen die Anrechnungsverfügung, die zusammen mit dem Steuerbescheid ergeht, ist der Einspruch statthaft (§ 347 Abs. 1 S. 1 Nr. 1 AO), da es sich um einen eigenständigen VA (§ 118 S. 1 AO) im Bereich der Steuererhebung handelt. Sind die Einwendungen des StPfl. nicht begründet, ist der Einspruch als Antrag auf Erlass eines Abrechnungsbescheides nach § 218 Abs. 2 AO anzusehen. Im Zeitpunkt des Erlasses des Abrechnungsbescheides entfällt das Rechtsschutzbedürfnis für den Einspruch gegen die Anrechnungsverfügung (vgl. OFD Niedersachsen vom 04.09.2013, AO-StB 2014, 49); die Problematik war ausführlich Gegenstand der schriftlichen Prüfung 2017.

---

68   Es ist also unzulässig, unmittelbar das FG mit dem Begehren anzurufen, einen Erstattungsanspruch festzustellen oder das FA zur Erstattung zu verurteilen (BFH vom 05.10.2006, BFH/NV 2007, 385).

6.2 Fälligkeit (§§ 220 f. AO)
6.2.1 Grundsätze
Ein entstandener Anspruch ist nicht in jedem Fall sofort durchsetzbar. Erst mit der **Fälligkeit** muss der Schuldner die Leistung erbringen bzw. kann der Gläubiger die Leistung erzwingen (vgl. § 254 Abs. 1 S. 1 AO). Wird eine Steuer nicht bis zum Ablauf des Fälligkeitstages entrichtet, entstehen – kraft Gesetzes – **Säumniszuschläge** (§ 240 Abs. 1 S. 1 AO).

§ 220 AO verzichtet auf eine detaillierte Regelung der Fälligkeit, sondern verweist auf die **Einzelsteuergesetze** (§ 220 Abs. 1 AO). Für die **Veranlagungssteuern** bestimmen die Einzelsteuergesetze, dass die Abschlusszahlungen innerhalb eines Monats nach Bekanntgabe des Steuerbescheides zu entrichten sind (§ 36 Abs. 4 EStG, § 18 Abs. 1 und 4 UStG, § 31 Abs. 1 KStG, § 20 Abs. 2 GewStG). Soweit die Einzelsteuergesetze keine Fälligkeitsregelung enthalten, bestimmt § 220 Abs. 2 S. 1 AO entsprechend der Regelung in § 271 Abs. 1 BGB, dass der **Anspruch mit seiner Entstehung fällig wird**. Hierunter fallen z. B. Säumniszuschläge. Das FA kann die Fälligkeit hinausschieben, indem es eine Zahlungsfrist in das Leistungsgebot aufnimmt (§ 220 Abs. 2 S. 1 2. HS AO). Ergibt sich der Anspruch aus einer Steuerfestsetzung, tritt die Fälligkeit nicht vor Bekanntgabe der Festsetzung ein (§ 220 Abs. 2 S. 2 AO). § 220 Abs. 2 S. 2 AO gilt z. B. für die Fälligkeit einer Haftungsforderung, die in einem Haftungsbescheid ohne Zahlungsgebot festgesetzt worden ist (BFH vom 14.03.1989, BStBl II 1990, 363). Im Insolvenzverfahren gelten nicht fällige Steuerforderungen gem. § 41 Abs. 1 InsO als fällig und können damit zur Tabelle gem. § 174 InsO angemeldet werden.

Stundung (§ 222 AO) und **Zahlungsaufschub** (§ 223 AO) **schieben die Fälligkeit hinaus**. In ihrer Wirkung schiebt die Aussetzung der Vollziehung (§ 361 Abs. 2 AO) ebenfalls die Fälligkeit hinaus, da neben gegebenenfalls entstehenden Aussetzungszinsen (§ 237 AO) keine zusätzlichen Säumniszuschläge entstehen. Die **Fälligkeit** wird dagegen **weder durch einen Vollstreckungsaufschub** (§ 258 AO) **noch durch die Niederschlagung** (§ 261 AO) beeinflusst; beide Maßnahmen hindern nicht das Anfallen weiterer Säumniszuschläge. § 221 AO gibt dem FA die Möglichkeit, unter bestimmten Voraussetzungen den Fälligkeitszeitpunkt bei der USt und den Verbrauchsteuern vorzuverlegen.

6.2.2 Stundung (§ 222 AO)
Ansprüche aus dem Steuerschuldverhältnis können gestundet werden, wenn die **Einziehung bei Fälligkeit eine erhebliche Härte** für den Schuldner bedeuten würde **und** der **Anspruch durch die Stundung nicht gefährdet** erscheint (§ 222 Abs. 1 S. 1 AO). Der Steueranspruch ist gefährdet, wenn er zu einem späteren Fälligkeitszeitpunkt nicht mehr oder nur noch erschwert realisiert werden kann. Die Stundung ist eine Billigkeitsmaßnahme, die in das pflichtgemäße Ermessen (§ 5 AO) des FA gestellt ist. Als Stundungsvoraussetzung ist regelmäßig ein Antrag des Schuldners sowie die Leistung einer Sicherheit (§§ 241 ff. AO) erforderlich (§ 222 S. 2 AO).[69] Sofern der Anspruch gestundet und die Fälligkeit hinausgeschoben ist, entstehen keine Säumniszuschläge, sondern Stundungszinsen von monatlich 0,5 % (§ 234 AO). Gem. § 222 S. 3 und 4 AO ist eine Stundung sog. **Abzugsteuern** (z. B. einbehaltene Lohnsteuer und Kapitalertragsteuer) **ausdrücklich ausgeschlossen**. Bei den Abzugsteuern

---

69 In der Praxis wird die Stellung von Sicherheiten von den FÄ allerdings meist nur verlangt, wenn ein größerer Betrag über einen längeren Zeitraum gestundet werden soll. Bei der kurzfristigen Stundung geringer Beträge sind die FÄ angehalten, Stundungen auch ohne Sicherheitsleistung auszusprechen.

handelt es sich für den StPfl. um treuhänderisch einbehaltene Fremdgelder, mit denen er nicht wirtschaften soll.

Eine Stundung soll dem StPfl. helfen, wenn eine Steuerzahlung **vorläufig zur Vermeidung einer erheblichen Härte** bei der sofortigen Einziehung zum Fälligkeitszeitpunkt nicht in Betracht kommt. Es muss sich um eine **momentane Härte handeln**; ist die Besteuerung an sich und auf Dauer unbillig, kommt nur ein Billigkeitserlass (§§ 163 oder 227 AO) in Betracht. Eine erhebliche Härte liegt nur vor, wenn der StPfl. erheblich härter getroffen wird als andere StPfl., insb. wenn bei sofortiger Beitreibung die wirtschaftliche Existenz des StPfl. gefährdet würde. Eine allgemeine Härte, wie sie in jeder Steuerzahlung zu sehen ist, ist kein Stundungsgrund. Coronabedingte wirtschaftliche Schwierigkeiten können eine Stundung dagegen schon begründen (vgl. BMF vom 19.03.2020, BStBl I 2020, 262). Zudem ist dem StPfl. im Regelfall zuzumuten, vor der Stellung eines Stundungsantrages zur Abdeckung der Steuern Kredite aufzunehmen (BFH vom 08.03.1990, BStBl II 1990, 673). **Der Steuergläubiger ist keine Bank.**[70]

Eine erhebliche Härte kann sich sowohl **aus sachlichen als auch persönlichen Gründen** ergeben. Einwendungen gegen die materielle Richtigkeit des Steuerbescheids können im Stundungsverfahren nicht berücksichtigt werden. Sie sind Gegenstand des Einspruchsverfahrens und berühren die damit zusammenhängende Frage über die Aussetzung der Vollziehung (vgl. § 256 AO). Eine Stundung aus sachlichen Gründen kommt insb. in Betracht, wenn der StPfl. in naher Zukunft mit einer Steuererstattung rechnen kann, ohne dass bereits die Möglichkeit einer Aufrechnung besteht (sog. **Verrechnungsstundung** oder technische Stundung; vgl. BFH vom 28.08.2008, BFH/NV 2008, 1991). Persönliche Stundungsgründe können vorliegen, wenn sich der StPfl. nicht rechtzeitig auf die Zahlung einstellen konnte, etwa bei hohen unerwarteten Nachforderungen in Folge einer Betriebsprüfung oder wenn er sich für kurze Zeit in unverschuldeten Zahlungsschwierigkeiten befindet.

Ein Stundungsantrag hat nur Aussicht auf Erfolg, wenn der StPfl. die Stundungsvoraussetzungen gegenüber dem FA nachweist. Wesentlicher Bestandteil eines Stundungsantrags ist daher die Darlegung der wirtschaftlichen Verhältnisse anhand einer Einnahmen/Ausgaben-Übersicht und eines Liquiditätsstatus sowie – wenn möglich – das Angebot von Ratenzahlungen.

6.3 Erlöschen von Ansprüchen aus dem Steuerschuldverhältnis

Gem. § 47 AO erlöschen Ansprüche aus dem Steuerschuldverhältnis insb. durch Zahlung (§§ 224 f. AO), Aufrechnung (§ 226 AO), Erlass (§§ 163 und 227 AO) und Verjährung (§§ 169 – 171, 228 – 232 AO).

6.3.1 Zahlung (§§ 224 f. AO)

Dass Ansprüche durch Zahlung erlöschen, ist an sich selbstverständlich. § 224 AO regelt Leistungsort sowie Art und Tag der Zahlung. Die Norm ist wichtig für die Berechnung von Zinsen

---

[70] Die Rspr. umschreibt diesen Grundsatz in einer Entscheidung zu §§ 227, 240 AO mit folgender Formulierung (BFH vom 08.03.1990, BStBl II 1990, 673): Ist der Steuerschuldner in der Lage, die Liquiditätsunterdeckung über einen gewissen Zeitraum durch Aufnahme von Bankkrediten zu finanzieren, mit denen er seine betrieblichen und privaten Schulden bezahlt, ist noch ein Zustand gegeben, seitens des FA auf die Tilgung auch der Steuerschulden durch Erhebung von Säumniszuschlägen hinzuwirken.

und Säumniszuschlägen. Bei Banküberweisungen ist der Tag der Gutschrift bei der Bank des FA entscheidend (§ 224 Abs. 2 AO).

Schuldet ein StPfl. mehrere Steuerbeträge und reicht bei freiwilliger Zahlung der gezahlte Betrag nicht zur Tilgung sämtlicher Steuern, so wird die Schuld getilgt, die der StPfl. bei der Zahlung **bestimmt** (Tilgungsbestimmung).[71] Trifft der StPfl. keine Bestimmung, sind gem. § 225 Abs. 2 AO zunächst Geldbußen zu tilgen, dann nacheinander Zwangsgelder, Steuerabzugsbeträge (als Fremdgelder), übrige Steuern, Kosten, Verspätungszuschläge, Zinsen und zuletzt Säumniszuschläge.

6.3.2 Aufrechnung (§ 226 AO)

Unter einer Aufrechnung versteht man die Verrechnung sich gegenüberstehender Forderungen durch eine einseitige Willenserklärung. Die Aufrechnung ist auch im Steuerrecht möglich; die Vorschriften des BGB (§§ 387 – 396 BGB) gelten vorbehaltlich der Regelungen in § 226 Abs. 2 – 4 AO sinngemäß (§ 226 Abs. 1 AO). Aufrechnen können sowohl der StPfl. als auch das FA.[72] Auch ein als »Umbuchungsmitteilung« bezeichnetes Schreiben des FA kann eine wirksame Aufrechnungserklärung beinhalten, wenn sie den Hinweis enthält, dass der StPfl. bei mangelndem Einverständnis seine Buchungswünsche mitteilen soll; entscheidend ist immer der für den Empfänger erkennbare Erklärungswert. Eine wirksame Aufrechnung setzt gem. § 387 BGB voraus:

- **Gegenseitigkeit von Hauptforderung** (Schuld des Aufrechnenden) **und Gegenforderung** (Forderung des Aufrechnenden), d. h. der Schuldner der einen Forderung muss Gläubiger der anderen Forderung sein. § 226 Abs. 4 AO bestimmt, dass für die Aufrechnung auch die steuerverwaltende Körperschaft (i. d. R. also das jeweilige Bundesland) als Gläubiger oder Schuldner gilt.[73]
- **Gleichartigkeit**: Da es sich bei den Ansprüchen aus dem Steuerschuldverhältnis um Geldforderungen handelt, kann nur mit und gegen Geldforderungen aufgerechnet werden; zwischen den beiden Forderungen muss kein rechtlicher Zusammenhang bestehen.
- **Erfüllbarkeit der Hauptforderung**: die Hauptforderung muss bereits entstanden sein.
- **Fälligkeit der Gegenforderung**: die eigene Forderung des Aufrechnenden muss fällig sein.

Zudem muss gem. § 226 Abs. 3 AO bei der Aufrechnung gegen Ansprüche aus dem Steuerschuldverhältnis die Gegenforderung **unbestritten oder rechtskräftig festgestellt** sein. Die Aufrechnungserklärung bewirkt, dass die Forderungen, die sich aufrechenbar gegenüberstehen, als in dem Zeitpunkt erloschen gelten, in dem erstmals die Voraussetzungen für eine Aufrechnung erfüllt waren (§ 389 BGB). Für die Berechnung von Zinsen und Säumniszuschlägen wirkt die Aufrechnung jedoch gem. § 238 Abs. 1 S. 3 und § 240 Abs. 1 S. 5 AO nicht zurück.

---

71 Als freiwillig gilt auch eine nach Einleitung der Vollstreckung geleistete Zahlung an den Vollziehungsbeamten zur Abwendung einer Sachpfändung.

72 Die Aufrechnungserklärung des FA ist kein VA i. S. d. § 118 AO, sondern eine Willenserklärung (BFH vom 29.11.2012, BFH/NV 2013, 508). Besteht zwischen den Beteiligten Streit über die Wirksamkeit einer Aufrechnung, ist hierüber durch Abrechnungsbescheid gem. § 218 Abs. 2 AO zu entscheiden.

73 § 226 Abs. 4 AO ist weit auszulegen: Besteht zwischen einer Haftungsforderung und einem Erstattungsanspruch materiell-rechtlich Gegenseitigkeit, kann die Körperschaft, welche den Erstattungsanspruch verwaltet, die Aufrechnung erklären, auch wenn sie nicht Gläubiger der Haftungsforderung ist und diese auch nicht verwaltet (BFH vom 10.05.2007, BStBl II 2007, 914).

Liegen die Voraussetzungen einer Aufrechnung nach § 226 AO nicht vor, bleibt es dem FA unbenommen, eine vertragliche Verrechnung der Forderungen mit den Beteiligten zu vereinbaren (AEAO zu § 226 Nr. 5).

6.3.3 Erlass (§ 227 AO)

Während § 163 AO den Steuererlass im Festsetzungsverfahren regelt, können die Finanzbehörden gem. § 227 AO auch bereits festgesetzte Ansprüche aus dem Steuerschuldverhältnis erlassen, wenn deren Einziehung nach Lage des einzelnen Falles unbillig wäre. § 227 AO ist eine sog. **Koppelungsvorschrift**, die sowohl eine Ermessensermächtigung (»können«) als auch einen unbestimmten Rechtsbegriff (»unbillig«) enthält. Nach Auffassung des BFH handelt es sich bei § 227 AO jedoch um eine einheitliche Ermessensvorschrift (BFH vom 04.02.2010, BStBl II 2010, 663), weil der Begriff »unbillig« mit der Rechtsfolge »können« unlösbar verzahnt ist. Die Entscheidung über den Erlass ist eine Ermessensentscheidung (§ 5 AO), die gerichtlich nur in den durch § 102 FGO gezogenen Grenzen nachprüfbar ist; die gerichtliche Überprüfung des den Erlass ablehnenden Bescheids und der hierzu ergangenen Einspruchsentscheidung ist damit auf die Fälle beschränkt, in denen das FA bei seiner Entscheidung die gesetzlichen Grenzen des Ermessens überschritten oder von dem Ermessen in einer dem Zweck der Ermächtigung nicht entsprechenden Weise Gebrauch gemacht hat.[74]

Der Zweck der Vorschrift liegt darin, sachlichen und persönlichen Besonderheiten des Einzelfalles, die der Gesetzgeber in der Besteuerungsnorm nicht berücksichtigt hat, durch eine den Steuerbescheid selbst nicht ändernde Korrektur des Steuerbetrags insoweit Rechnung zu tragen, als sie die steuerliche Belastung als unbillig erscheinen lassen. Die Voraussetzungen sind etwa im Schreiben des FinMin Baden-Württemberg (Stand April 2002 = Nr. 800, Nr. 227/1) aufgezählt.

Unbillig ist, was mit dem Rechtsempfinden nicht vereinbar ist (BFH vom 19.01.1965, BStBl III 1965, 206). Der in § 227 AO verwendete Begriff der »Unbilligkeit« ist mit dem in § 163 S. 1 AO verwendeten identisch (BFH vom 28.11.2016, BStBl II 2017, 393). So ist z. B. eine bei unberechtigtem Steuerausweis in einer Rechnung gem. § 14 Abs. 3 UStG entstandene Steuer zwingend nach § 227 AO wegen sachlicher Unbilligkeit zu erlassen, soweit der von dem Rechnungsempfänger in Anspruch genommene VSt-Abzug rückgängig gemacht und der entsprechende Betrag an den Fiskus tatsächlich zurückgezahlt worden ist (BFH vom 25.04.2002, BStBl II 2004, 343). Härten, die im Gesetz selbst liegen und jeden Einzelfall gleich treffen, können nicht durch Billigkeitsmaßnahmen ausgeglichen werden. Die Frage, ob eine Ausnahme vorliegt, muss unter Abwägung der schutzwürdigen Interessen der öffentlichen Hand und der des StPfl. beantwortet werden.

Bei § 227 AO wird zwischen **persönlichen und sachlichen Billigkeitsgründen** unterschieden. Auf die Ausführungen in Kap. 5.1.4 wird verwiesen. Neben der Erlassbedürftigkeit und der Erlasswürdigkeit setzt ein Erlass aus persönlichen Billigkeitsgründen nach § 227 AO voraus, dass der Erlass der Steuer dem StPfl. und nicht einem Dritten (Gläubiger des StPfl.) zugutekommt (ständige Rspr., etwa BFH vom 18.07.2002, BFH/NV 2002, 1546). In der Praxis scheitern viele Erlassanträge aus persönlichen Billigkeitsgründen daran, dass der Steuerschuldner noch zahlreiche andere Verbindlichkeiten hat, diese Gläubiger aber ihre Forderungen nicht erlassen und die Billigkeitsmaßnahme dann letztlich den anderen Gläubigern zugutekäme.

---

74 Vgl. dazu Kap. I 3 und BFH vom 09.03.2006, BStBl II 2006, 612.

Die Einziehung von Ansprüchen aus dem Steuerschuldverhältnis kann auch dann persönlich unbillig sein, wenn zwar deren Durchsetzung wegen des Vollstreckungsschutzes beim Steuerschuldner ausgeschlossen ist, die Rückstände den StPfl. aber hindern, eine neue Erwerbstätigkeit zu beginnen und sich so eine eigene, von Sozialhilfeleistungen unabhängige wirtschaftliche Existenz aufzubauen (BFH vom 27.09.2001, BStBl II 2002, 176).

Ergänzend ist zu berücksichtigen, dass im Billigkeitsverfahren keine Einwendungen mehr berücksichtigt werden können, die in einem Rechtsbehelfsverfahren gegen die Steuerfestsetzung hätten vorgebracht werden können. **Im Erlassverfahren kann ein unanfechtbarer Bescheid nicht mehr sachlich überprüft werden**; das Erlassverfahren darf ein (etwa wegen Versäumen der Einspruchsfrist) unzulässiges Rechtsbehelfsverfahren nicht ersetzen.

Eine bestandskräftige Steuerfestsetzung kann im Billigkeitsverfahren nach § 227 AO nur dann sachlich überprüft werden, wenn die Steuerfestsetzung – beurteilt nach der Rechtslage bei der Festsetzung – offensichtlich und eindeutig falsch ist und wenn dem StPfl. nicht möglich oder zuzumuten war, sich gegen die Fehlerhaftigkeit rechtzeitig zu wehren (BFH vom 11.05.2020, BFH/NV 2020, 851). Beide Voraussetzungen müssen kumulativ vorliegen. Es entspricht den Wertungen des Verfahrensrechts, dass der Grundsatz der Rechtssicherheit grds. den Vorrang vor dem Grundsatz der materiellen Gerechtigkeit im Einzelfall haben soll, wenn ein Steuerbescheid unanfechtbar geworden ist; diese Auslegung ist auch bei § 227 AO zu berücksichtigen.

6.3.4 Zahlungsverjährung (§§ 228 ff. AO)

Sämtliche Zahlungsansprüche aus dem Steuerschuldverhältnis, z. B. die sich aus den Festsetzungen ergebenden Steueransprüche, unterliegen nach ihrer Festsetzung und Fälligkeit einer besonderen **Zahlungsverjährung** (§ 228 AO). Die Verjährungsfrist beträgt einheitlich **fünf Jahre** (§ 228 S. 2 AO). Der Anwendungsbereich der Zahlungsverjährung ist weiter als der der Festsetzungsverjährung, z. B. um festgesetzte Verspätungszuschläge und Säumniszuschläge. Gem. § 229 Abs. 1 AO beginnt die Verjährung mit Ablauf des Kj., in dem der Anspruch erstmals fällig geworden ist. Bei Fälligkeitssteuern und bei der Aufhebung, Änderung oder Berichtigung von Festsetzungen enthält § 229 Abs. 1 S. 2 AO eine Anlaufhemmung. § 231 Abs. 1 AO enthält abschließend aufgezählte Fälle, in denen die **Zahlungsverjährung unterbrochen** wird; mit Ablauf des Kj., in dem die Unterbrechung geendet hat, beginnt eine neue, fünfjährige Verjährungsfrist (§ 231 Abs. 3 AO).[75] Zu den Unterbrechungstatbeständen gehören u. a. Zahlungsaufforderung, Stundung, Aussetzung der Vollziehung, Vollstreckungsaufschub und alle Vollstreckungsmaßnahmen (selbst rechtswidrige Vollstreckungsmaßnahmen unterbrechen die Verjährung, BFH vom 21.06.2010, BStBl II 2011, 331). Selbst die Online-Abfrage des FA im Melderegister zur Ermittlung des aktuellen Wohnsitzes unterbricht die Zahlungsverjährung (BFH vom 17.09.2014, BFH/NV 2015, 4). Es reicht auch aus, wenn das FA durch eine BZSt-Online-Anfrage direkt auf die IdNr.-Datenbank zugreift, die aus den Daten der Meldebehörden gespeist wird (BFH vom 21.12.2021, BStBl II 2022, 295).

Allen Unterbrechungstatbeständen ist gemeinsam, dass es sich um eine nach außen wirkende Maßnahme handeln muss. Nur so ist die nötige Rechtssicherheit gewahrt, denn bei nur innerdienstlichen Maßnahmen des FA ist es für den Betroffenen nicht feststellbar, ob der Zahlungsanspruch durch Verjährung erloschen ist oder nicht (BFH vom 28.11.2006, BStBl II 2009, 575). Die Zahlungsverjährung wird auch dann nicht unterbrochen, wenn die vor Ablauf

---

75 Dagegen wird bei einer Ablaufhemmung die Verjährungsfrist um die Dauer der Hemmung hinausgeschoben.

der Zahlungsverjährung abgesandte schriftliche Zahlungsaufforderung dem Zahlungsverpflichteten nicht zugeht (BFH vom 28.08.2003, BStBl II 2003, 933). Gelangt die Sendung nicht ordnungsgemäß in den Machtbereich des StPfl., treten die Wirkungen der Bekanntgabe nicht ein. Allerdings können bestimmte Vollstreckungshandlungen mit Außenwirkung auch ohne Bekanntgabe an den Schuldner die Verjährung unterbrechen, sofern § 231 Abs. 1 AO dies bestimmt.

6.4 Verzinsung und Säumniszuschläge (§§ 233 ff. AO)
6.4.1 Verzinsung (§§ 233 ff. AO)

Ansprüche aus dem Steuerschuldverhältnis werden nicht grds., sondern nur dann verzinst, wenn dies **gesetzlich vorgeschrieben** ist (§ 233 S. 1 AO).[76] Nebenleistungen (§ 3 Abs. 4 AO) und die entsprechenden Erstattungsansprüche betreffend Nebenleistungen bleiben dagegen in jedem Fall von der Verzinsung ausgenommen (§ 233 S. 2 AO). Die Zinsen betragen für alle Verzinsungstatbestände **einheitlich 0,5 % je vollen Monat** (§ 238 Abs. 1 S. 1 AO); angefangene Monate bleiben außer Betracht (§ 238 Abs. 1 S. 2 2. HS AO). Mit Beschluss vom 08.07.2021 hat das BVerfG entschieden, dass die Verzinsung in den Fällen des § 233a i.V.m. § 238 Abs. 1 AO verfassungswidrig ist, soweit der Zinsberechnung ab 2014 der Zinssatz von 0,5 % monatlich zugrunde liegt (DStR 2021, 1934). Der Zinssatz für Zinsen nach § 233a AO wurde 2022 für Verzinsungszeiträume ab dem 01.01.2019 rückwirkend auf 0,15 % pro Monat (1,8 % pro Jahr) gesenkt und damit an die verfassungsrechtlichen Vorgaben angepasst (§ 238 Abs 1a AO). Die Neuregelung gilt für alle Steuern, auf die die Vollverzinsung anzuwenden ist. Eine Ausnahme einzelner Steuern, insb. der UStz, ist dabei nicht vorgesehen.

Für die Zinsberechnung ist der zu verzinsende Betrag jeder Steuerart auf volle 50 € abzurunden (§ 238 Abs. 2 AO). Zinsen werden durch einen gesonderten schriftlichen VA, den sog. **Zinsbescheid**, festgesetzt (§ 239 Abs. 1 AO); die Regeln für Steuerbescheide sind entsprechend anwendbar. Es gilt jedoch eine Festsetzungsfrist von einem Jahr (§ 239 Abs. 1 AO).

6.4.1.1 Verzinsung von Steuernachforderungen und -erstattungen (§§ 233a ff. AO)

Die Verzinsung nach § 233a AO (**Vollverzinsung**) soll im Interesse der Gleichmäßigkeit der Besteuerung und zur Vermeidung von Wettbewerbsverzerrungen einen Ausgleich dafür schaffen, dass die Steuern trotz gleichen gesetzlichen Entstehungszeitpunkts zu unterschiedlichen Zeitpunkten festgesetzt und erhoben werden. Dadurch sollen Liquiditätsvorteile, die dem StPfl. oder dem Fiskus aus dem verspäteten Erlass eines Steuerbescheids typischerweise entstanden sind, ausgeglichen werden. Ob die möglichen Zinsvorteile tatsächlich **gezogen** wurden, ist grds. **unbeachtlich** (zuletzt BFH vom 11.05.2020 – V B 76/18, nicht veröffentlicht). Auch ein **Erlass von Zinsen aus Billigkeitsgründen** kommt nur in seltenen Ausnahmefällen in Betracht: die Erhebung von Nachzahlungszinsen ist nur dann sachlich unbillig, wenn zwar die gesetzlichen Voraussetzungen der Verzinsung erfüllt sind, die Verzinsung aber den Wertungen des Gesetzgebers zuwiderläuft und deshalb die Erhebung der Zinsen mit Rücksicht auf den Zweck der Verzinsungsregelung nicht gerechtfertigt ist (BFH vom 13.03.2007, BFH/NV 2007, 1266). Da die reine Möglichkeit der Kapitalnutzung die Zinspflicht auslöst, ist auch für **Verschuldenserwägungen kein Raum**. Deshalb rechtfertigt

---

[76] Daher ist § 233a AO auch nicht analog auf andere Erstattungsbeträge anwendbar, da sich der Gesetzgeber absichtlich gegen eine lückenlose Verzinsung jeglicher Erstattungsansprüche aus dem Steuerschuldverhältnis ausgesprochen hat (so zuletzt BFH vom 23.09.2009, BStBl II 2010, 334 zur E-USt).

etwa auch die verzögerte oder fehlerhafte Bearbeitung der Steuererklärung keinen Erlass (AEAO zu § 233a Tz. 69.2).

Zur Verwaltungsvereinfachung sieht § 233a Abs. 2 S. 1 AO für den Zinsbeginn eine **Karenzzeit von 15 Monaten nach Ablauf des Kj. vor, in dem die Steuer entstanden ist**. In der Mehrzahl der veranlagten Steuerfälle kommt die Vollverzinsung aufgrund dieser Karenzzeit nicht zum Tragen. Die Karenzzeiten nach § 233a Abs. 2 AO sollen damit eine Anlaufphase zinsfrei halten, in der das Veranlagungsverfahren regelmäßig abgeschlossen sein kann (BFH vom 01.06.2016, Az.: X R 66/14). Die Verzinsung ist beschränkt auf die Festsetzung der ESt, KSt, USt[77] und GewSt (§ 233a Abs. 1 AO). Die übrigen Steuern und Abgaben sowie Steuervorauszahlungen und Steuerabzugsbeträge sind von der Verzinsung ausgenommen. Soweit sich hierbei Verzinsungslücken ergeben, ist dies de lege lata hinzunehmen, da ein Anspruch auf lückenlose Verzinsung jeglicher Steueransprüche nach § 233a AO gerade nicht besteht (BFH vom 19.12.2019, BFH/NV 2020, 340). Der Zinslauf endet mit Ablauf des Tages, an dem die Steuerfestsetzung wirksam wird, bei Steuerfestsetzungen durch Steuerbescheid also am Tag der Bekanntgabe des Steuerbescheides (§ 233a Abs. 2 S. 2 AO).

Für Nachforderungen des FA gilt das Prinzip der sog. **Sollverzinsung**. Dabei wird aus Vereinfachungsgründen nicht an den konkreten Zahlungszeitpunkt (Istverzinsung), sondern an den Zeitpunkt angeknüpft, an dem die Steuerzahlung aufgrund einer Festsetzung zu zahlen ist. Berechnungsgrundlage ist danach der Unterschied zwischen dem festgesetzten Soll und dem vorher festgesetzten Soll (Vorsoll; vgl. AEAO zu § 233a Nr. 12). Bei Erstattungszinsen gilt dagegen der Grundsatz der **Istverzinsung**, d. h. verzinst wird hier der zu erstattende Betrag.

Die Vollverzinsung führt in der Praxis zu zahlreichen Anwendungsschwierigkeiten. Allein der AEAO zu § 233a AO umfasst im amtlichen AO-Handbuch fast 40 Seiten mit zahlreichen komplizierten Berechnungsbeispielen. Die Zinsberechnung hat dadurch eine kaum mehr nachvollziehbare, unzumutbare Komplexität erreicht.[78]

Einen Einblick in die verwirrende Zinspraxis erlaubt auch das BFH-Urteil vom 11.07.2013 (AO-StB 2013, 297): Der Wegfall der Investitionsabsicht vor Ablauf der Investitionsfrist hat zur Folge, dass die Gewinnminderung durch den Investitionsabzugsbetrag rückgängig zu machen ist. Hier hat der BFH zugunsten des StPfl. Klarheit geschaffen, dass – zumindest für die Zeit bis zum Inkrafttreten des § 7g Abs. 3 S. 4 EStG i. d. F. des Amtshilferichtlinie-Umsetzungsgesetzes zum 30.06.2013 – ein rückwirkendes Ereignis vorliegt, sodass nach § 233a Abs. 2a AO der Zinslauf erst 15 Monate nach Ablauf des Kj. beginnt, in dem das rückwirkende Ereignis eingetreten ist. Die Auffassung der Verwaltung, wonach § 233a Abs. 2 AO anwendbar sei, wurde verworfen.

Im Falle der Änderung der Steuerfestsetzung knüpft die Zinsberechnung gem. § 233a Abs. 5 S. 1 und 2 AO allein an den Unterschiedsbetrag zwischen der nunmehr festgesetzten Steuer und der vorher festgesetzten Steuer an. Eine hilfsweise Nebenberechnung zur Ermittlung einer von der festgesetzten Steuer abweichenden fiktiven Steuer und der danach zu berechnenden Zinsen ist nicht vorgesehen (BFH vom 15.07.2004, BStBl II 2005, 236). Aber auch ohne Änderung der festgesetzten Steuer ist eine Verzinsung nach § 233a AO denkbar,

---

77   Nach dem BFH-Urteil vom 17.04.2008 (BStBl II 2009, 2), beruht der Steuervergütungsanspruch nach § 18 Abs. 9 i. V. m. §§ 59 ff. UStDV auf einer »Festsetzung der USt« i. S. d. § 233a Abs. 1 S. 1 AO und ist deshalb nach § 233a AO zu verzinsen; anders dagegen die Erstattung von Abzugsteuern gem. § 50a Abs. 4 S. 1 Nr. 1 EStG 1997: Da es sich hier um keine »Veranlagungssteuer« handelt, ist der Anspruch nicht zu verzinsen (BFH vom 18.08.2007, BStBl II 2008, 332).
78   *Tipke/Kruse*, § 233a AO Rz. 1 ff.; vgl. auch BFH vom 28.11.2002, BStBl II 2003, 175.

etwa wenn in einem Steuerbescheid einerseits höhere Einkünfte als zuvor und andererseits ein bislang nicht berücksichtigter Verlustrücktrag angesetzt werden kann und es per saldo zu keiner Abweichung zwischen der neu festgesetzten und der zuvor festgesetzten Steuer kommt (BFH vom 09.08.2006, BStBl II 2007, 82).

6.4.1.2 Stundungszinsen (§ 234 AO)
Für die Dauer einer gewährten Stundung werden Zinsen erhoben (§ 234 Abs. 1 S. 1 AO). Auf die Erhebung der Stundungszinsen kann verzichtet werden, wenn die Erhebung unbillig ist (§ 234 Abs. 2 AO; AEAO zu § 234 Nr. 11); dies ist z. B. der Fall, wenn im Hinblick auf demnächst fällige Erstattungsansprüche eine technische Stundung gewährt wird.

6.4.1.3 Hinterziehungszinsen (§ 235 AO)
Hinterzogene Steuern sind ebenfalls zu verzinsen (§ 235 Abs. 1 S. 1 AO). Voraussetzung für die Verzinsung ist das Vorliegen einer vollendeten Steuerhinterziehung (nicht einer bloßen leichtfertigen Steuerverkürzung), d. h. der Tatbestand des § 370 AO muss objektiv und subjektiv erfüllt sein.

Bei einer durch **Unterlassen** der Anzeige begangenen Hinterziehung von Schenkungsteuer beginnt der Lauf der Hinterziehungszinsen zu dem Zeitpunkt, zu dem das FA bei ordnungsgemäßer Anzeige und Abgabe der Steuererklärung die Steuer festgesetzt hätte. Der Zeitpunkt für den Beginn des Zinslaufs kann unter Berücksichtigung der beim zuständigen FA durchschnittlich erforderlichen Zeit für die Bearbeitung eingegangener Schenkungsteuererklärungen bestimmt werden (BFH vom 28.08.2019, BStBl II 2020, 247).

Etwaige Strafausschließungsgründe – wie eine erfolgte Selbstanzeige nach § 371 AO – sind für die Verzinsung unerheblich. Eine strafrechtliche Verurteilung des Steuerhinterziehers ist ebenfalls nicht erforderlich; dies ergibt sich daraus, dass die Festsetzung von Hinterziehungszinsen keinen Strafcharakter hat (BFH vom 28.03.2012, BStBl II 2012, 712). Ebenso wie die nachträgliche Erhebung der hinterzogenen Steuern dient auch die Festsetzung der Hinterziehungszinsen lediglich der Gleichmäßigkeit der Besteuerung. Sie soll den Vorteil ausgleichen, der in der verspäteten Zahlung der Steuer liegt. Abzugrenzen von den Hinterziehungszinsen ist der »Strafzuschlag« nach § 398a AO, der abhängig von der Höhe der hinterzogenen Steuer zusätzlich zu den Hinterziehungszinsen und der Steuer zu entrichten ist und zu einem strafprozessualen Verfolgungshindernis führt. Möchte der Steuerhinterzieher durch Abgabe einer Selbstanzeige Straffreiheit erreichen, ist neben dem Bezahlen der eigentlichen Steuer auch die Zahlung der Hinterziehungszinsen Voraussetzung für die Strafbefreiung (§ 371 Abs. 3 S. 1 AO). Denn es gilt: Wer sich anzeigt, muss auch bezahlen, oder kurzum: Wer A sagt, muss auch B sagen.

Zinsschuldner ist derjenige, **zu dessen steuerlichem Vorteil hinterzogen worden ist**, und zwar auch dann, wenn ein Dritter der Täter der Steuerhinterziehung war (BFH vom 31.07.1996, BStBl II 1996, 354). § 235 Abs. 1 S. 3 AO regelt die Fälle, in denen der Steuerschuldner deshalb nicht Zinsschuldner ist, weil die Steuern nicht zu seinem Vorteil hinterzogen worden sind. Besteht die Steuerhinterziehung darin, dass diese Personen ihre Pflicht zum Steuerabzug und zur Steuerentrichtung verletzen (z. B. der Arbeitgeber bei der LSt), sind sie auch Zinsschuldner. Der Personenkreis der §§ 34 ff. AO gehört dagegen nicht zu den möglichen Zinsschuldnern nach § 235 Abs. 1 S. 3 AO; er haftet aber gegebenenfalls nach § 71 AO (BFH vom 18.07.1991, BStBl II 1991, 781). Ein Erlass von Hinterziehungszinsen ist, anders als bei § 234 Abs. 2 AO, nicht möglich.

6.4.1.4 Sonstige Verzinsungstatbestände

Erstattungsbeträge sind zu verzinsen, wenn aufgrund einer gerichtlichen Entscheidung eine festgesetzte Steuer herabgesetzt wird (§ 236 AO). Ein Anspruch auf Prozesszinsen nach § 236 AO besteht allerdings nicht für den Zeitraum, in dem während eines Klageverfahrens die Vollziehung des Steuerbescheids aufgehoben wurde und das FA daraufhin den Steuerbetrag an den StPfl. zurückgezahlt hat (BFH vom 17.05.2022 – VII R 34/19; veröffentlicht am 13.10.2022). Aus der Entstehungsgeschichte des § 236 AO ergibt sich, dass der Gesetzgeber von Anfang an die Verzinsung auf gezahlte Beträge beschränken und die Gewährung von Prozesszinsen als Billigkeitsregelung für die Fälle vorsehen wollte, in denen dem StPfl. während eines gerichtlichen Verfahrens ein entrichteter Betrag – möglicherweise für einen längeren Zeitraum – vorenthalten bleibt, weil die Erhebung der Klage gemäß § 69 Abs. 1 FGO keine aufschiebende Wirkung hat. Daher besteht die Pflicht zur Verzinsung gemäß § 236 Abs. 1 S. 1 AO bis zum Auszahlungstag.

Erstattungsbeträge infolge einer Einspruchsentscheidung fallen nicht unter § 236 AO. § 237 AO soll dagegen verhindern, dass Einspruchsverfahren und gerichtliche Verfahren nur deshalb geführt werden, um die Zahlungsverpflichtung hinauszuschieben. Ist die Aussetzung der Vollziehung verfügt worden und bleibt der mit der Aussetzung korrespondierende Rechtsbehelf endgültig ohne Erfolg, sind **Aussetzungszinsen** zu erheben (§ 237 AO). Ohne Bedeutung ist, aus welchen Gründen der Rechtsbehelf letztlich erfolglos bleibt (AEAO zu § 237 Nr. 4). Dies gilt aber nur bei AdV von Steuerbescheiden, nicht etwa von Haftungsbescheiden. Hat ein Einspruch in vollem Umfang Erfolg, können Aussetzungszinsen gem. § 237 AO auch dann nicht festgesetzt werden, wenn das FA rechtsirrig einen zu hohen Betrag von der Vollziehung ausgesetzt hat (BFH vom 31.08.2011, BStBl II 2012, 219); eine andere Auslegung wäre systemwidrig, denn nach der Konzeption des Gesetzes fallen bei einem erfolgreichen Einspruch keine Aussetzungszinsen an. Der BFH hält den gesetzlichen Zinssatz i. H. v. 0,5 % pro Monat, also 6 % pro Jahr, für Aussetzungszinsen – zumindest für Zeiträume ab 2019 – nicht mit Art. 3 Abs. 1 GG vereinbar, also für verfassungswidrig. Er hat daher mit Beschluss vom 08.05.2024 (Az.: VIII R 9/23) das BVerfG zur Entscheidung hierüber angerufen.

6.4.2 Säumniszuschläge (§ 240 AO)

Bei nicht fristgerechter Abgabe der Steuererklärung kann das FA einen Verspätungszuschlag gem. § 152 AO festsetzen; wird eine Steuer dagegen nicht bis zum Ablauf des Fälligkeitstages entrichtet, ist für jeden angefangenen Monat der Säumnis ein **Säumniszuschlag** i. H. v. 1 % des rückständigen Steuerbetrages zu entrichten[79]. Säumniszuschläge sind Nebenleistungen i. S. d. § 3 Abs. 4 AO. Sie **entstehen kraft Gesetzes allein durch Zeitablauf** ohne Rücksicht auf ein Verschulden des StPfl. und stellen in erster Linie ein **Druckmittel** ohne Strafcharakter zur Durchsetzung fälliger Steuerforderungen dar, sind aber auch eine **Gegenleistung für das Hinausschieben der Zahlung** und ein **Ausgleich für den angefallenen Verwaltungsaufwand** (BFH vom 27.09.2001, BStBl II 2002, 176). Säumniszuschläge entstehen nicht bei Nebenleistungen (§ 240 Abs. 2 AO). Im Falle einer Aufhebung oder Änderung der Steuerfestsetzung oder ihrer Berichtigung nach § 129 AO bleiben die bis zu diesem Zeitpunkt verwirkten Säum-

---

[79] Gegen die Höhe des Säumniszuschlags nach § 240 Abs. 1 S. 1 AO bestehen, soweit diese nach 2018 entstanden sind, zumindest im Rahmen einer summarischen Einschätzung im AdV-Verfahren verfassungsrechtliche Bedenken (BFH vom 22.09.2023, VIII B 64/22); anders – d. h. keine Bedenken – allerdings BFH vom 16.10.2023, BStBl II 2024, 97.

niszuschläge bestehen (§ 240 Abs. 1 S. 4 AO). Will der StPfl. im Einspruchsverfahren das Entstehen von Säumniszuschlägen vermeiden, muss er einen Antrag auf Aussetzung der Vollziehung oder einen Stundungsantrag stellen.

Säumnis gem. § 240 Abs. 1 S. 1 AO tritt ein, wenn die Steuer oder die zurückzuzahlende Steuervergütung nicht bis zum Ablauf des Fälligkeitstages entrichtet wird. Sofern die Steuer ohne Rücksicht auf die erforderliche Steuerfestsetzung oder Steueranmeldung fällig wird, tritt die Säumnis nicht ein, bevor die Steuer festgesetzt oder die Steueranmeldung abgegeben worden ist.

Wenn eine fällige Steuerzahlung nicht bis zum Ablauf von **drei Tagen nach Fälligkeit** geleistet wird (sog. Zahlungs-Schonfrist), werden gem. § 240 AO Säumniszuschläge erhoben. Die Zahlungs-Schonfrist gilt wie nur bei Überweisung des fälligen Betrags, aber nicht bei Scheckzahlung (§ 240 Abs. 3 AO). Bei der Bestimmung des Zahlungszeitpunktes gilt nach § 224 AO Folgendes:

Bei Überweisung oder Einzahlung auf ein Konto des FA (Finanzkasse) gilt die Zahlung an dem Tag als wirksam geleistet, an dem der Betrag dem Konto des FA (Finanzkasse) gutgeschrieben wird. Bei Scheckzahlung gilt die Zahlung als an dem Tag geleistet, an dem der Scheck dem FA (Finanzkasse) zugegangen ist. In diesem Fall wird – wie bisher – keine Zahlungs-Schonfrist gewährt. Säumniszuschläge entstehen daher, wenn der Scheck bei der zuständigen Finanzkasse erst nach Ablauf des Fälligkeitstags eingegangen ist.

Bei erteilter Lastschrift-Einzugsermächtigung, d. h. einem SEPA-Mandat an das FA, ist die Zahlungs-Schonfrist ohne Bedeutung, da bei Vorlage einer Einzugsermächtigung die Steuerschuld als am Fälligkeitstag entrichtet gilt.

Wenn die Säumniszuschläge ihrer Zielsetzung als Druckmittel nicht mehr gerecht werden, weil der StPfl. z. B. zahlungsunfähig ist, können verwirkte Säumniszuschläge gem. § 227 AO ganz oder teilweise erlassen werden (vgl. AEAO zu § 240 Nr. 5). Sachlich unbillig ist die Erhebung von Säumniszuschlagen u. a. dann, wenn dem StPfl. die rechtzeitige Zahlung der Steuer wegen Überschuldung und Zahlungsunfähigkeit unmöglich ist und deshalb die Ausübung von Druck zur Zahlung ihren Sinn verliert (ständige Rspr., vgl. BFH vom 30.03.2006, BStBl II 2006, 612). Jedoch kommt in diesen Fällen nur ein **Teilerlass** in Betracht, da Säumniszuschläge auch als Gegenleistung für das Hinausschieben der Fälligkeit und zur Abgeltung des Verwaltungsaufwands dienen. Sie sind daher im Regelfall nur zur Hälfte zu erlassen (sog. **Hälfteerlass**), denn ein säumiger StPfl. soll grds. nicht besser stehen als ein StPfl., dem Aussetzung der Vollziehung oder Stundung gewährt wurde (BFH a. a. O.). Säumniszuschläge sind in vollem Umfang zu erlassen, wenn eine rechtswidrige Steuerfestsetzung aufgehoben wird und der StPfl. zuvor alles getan hat, um die AdV zu erreichen und diese – obwohl möglich und geboten – abgelehnt worden ist (BFH vom 24.04.2014, BStBl II 2015, 106).

Besteht zwischen StPfl. und FA Streit, ob bzw. in welcher Höhe Säumniszuschläge gem. § 240 AO entstanden sind, muss der StPfl. einen **Abrechnungsbescheid** gem. § 218 Abs. 2 AO beantragen, der dann als VA – falls erforderlich – mittels Einspruch angefochten werden kann (vgl. BFH vom 20.07.2007, BFH/NV 2007, 2069).

VI Aufhebung, Änderung und Berichtigung von Steuerverwaltungsakten

1 Bestandskraft von Steuerbescheiden

1.1 Bestandskraft einerseits – Rechtskraft andererseits

Gerichtsurteile, die nicht mehr angefochten werden können, werden formell rechtskräftig (vgl. z. B. § 110 FGO). Diese formelle Rechtskraft (Unanfechtbarkeit) löst die materielle Rechtskraft aus, d. h. auch in einem neuen Verfahren darf keine abweichende Entscheidung getroffen werden. Die Rechtskraft gerichtlicher Entscheidungen kann nur in Ausnahmefällen durchbrochen werden (Nichtigkeitsklage, Restitutionsklage, z. B. finanzgerichtliche Urteile gem. § 134 FGO i. V. m. §§ 579, 580 ZPO). § 110 Abs. 2 FGO ist dahingehend auszulegen, dass die Rechtskraft eines Urteils Vorrang gegenüber den Änderungsvorschriften der AO hat (BFH vom 04.03.2020, BStBl II 2021, 155).

Auch VA – ob rechtmäßig oder rechtswidrig – **entfalten Bindungswirkung**. Eine Durchbrechung dieser Bindungswirkung ist nur zulässig, wenn eine gesetzliche Vorschrift die Aufhebung oder Änderung des Steuer-VA erlaubt. Da die Bestandsgarantie im Vergleich zu gerichtlichen Entscheidungen deutlich abgeschwächt ist, spricht man hier allerdings nicht von Rechtskraft, sondern von **Bestandskraft** (vgl. auch die gesetzliche Kapitelüberschrift vor §§ 172 ff. AO).

> **Beispiel 1: Unterschied zwischen einem Urteil und einem Bescheid (VA)?**
>
> A legt B nach Jahren ein Urteil vor, wonach B ihm 1.000 € zahlen soll. B geht zu seinem Anwalt und will wissen, ob er dieses Urteil noch anfechten kann.
>
> A bringt seinem StB im Dezember 01 einen Steuerbescheid vom Mai 01, der in diesem Monat auch bekannt gegeben wurde, und will wissen, ob er gegen den Steuerbescheid noch vorgehen kann.
>
> **Lösung:** Weder das Urteil (Rechtskraft) noch der Steuerbescheid (Bestandskraft) können von den Betroffenen angefochten werden. Insoweit ist zwischen den Prozessparteien (A und B) sowie zwischen den Partnern des Steuerschuldverhältnisses (A und FA = Staat) der Rechtsfrieden eingetreten.

1.2 Formelle und materielle Bestandskraft

Der (wirksam bekannt gegebene) Steuer-VA ist **formell bestandskräftig** (= unanfechtbar), wenn
- die Rechtsbehelfsfrist (§ 355 AO) abgelaufen ist und die Voraussetzungen für eine Wiedereinsetzung (§ 110 AO) nicht vorliegen,
- der Rechtsweg erschöpft ist,
- ein Einspruchsverzicht (§ 354 AO) erklärt oder
- der Rechtsbehelf zurückgenommen worden und die Einspruchsfrist abgelaufen ist.

Die **materielle Bestandskraft** folgt aus der formellen Bestandskraft. Sie bedeutet, dass die Beteiligten (FA und StPfl.) an den Inhalt des Steuer-VA **gebunden** sind. Er darf (innerhalb der Festsetzungsfrist, § 169 AO) nur geändert oder aufgehoben werden, wenn dies – in der AO oder anderen Steuergesetzen (z. B. § 10d Abs. 1 S. 3 EStG) – ausdrücklich gesetzlich geregelt ist. Somit wird auch eine vorläufige oder unter dem Vorbehalt der Nachprüfung stehende Steuerfestsetzung nach Ablauf der Rechtsbehelfsfrist formell bestandskräftig (= unanfechtbar), nicht aber materiell.

1.3 Spannungsverhältnis zwischen Bestandskraft und Gesetzmäßigkeit

Ein unanfechtbarer VA bindet FA und StPfl. auch dann, wenn er fehlerhaft ist. Selbst die Feststellung der Nichtigkeit oder Verfassungswidrigkeit eines Steuergesetzes durch das BVerfG oder entsprechende Entscheidungen des EuGH tangieren die Bestandskraft von Steuerbescheiden grds. nicht (vgl. etwa § 79 Abs. 2 S. 1 BVerfGG). Andererseits ist das FA zu gesetzmäßigem Handeln bzw. zu richtiger Rechtsanwendung verpflichtet und die in **Massenverfahren** zu bewältigende Materie des Abgabenrechts ist besonders fehleranfällig. Dieses Spannungsverhältnis zwischen Gesetzmäßigkeit einerseits und Rechtssicherheit, Rechtsfrieden bzw. Vertrauensschutz andererseits wird durch die Korrekturvorschriften der AO gelöst. Das System der Korrekturvorschriften im steuerlichen Verfahrensrecht unterscheidet sich erheblich von der Systematik im allgemeinen Verwaltungsrecht.

Die Korrekturvorschriften der AO sind Gegenstand nahezu jeder schriftlichen StB-Prüfung und bilden hier meist auch den Schwerpunkt!

2 Berichtigungsvorschriften

Die AO sieht für die unterschiedlichen Steuer-VA unterschiedliche Berichtigungsvorschriften[1] vor:
- § 129 AO gilt für **alle VA** (»Berichtigung« offenbarer Unrichtigkeiten);
- § 130 AO (»Rücknahme eines rechtswidrigen VA«) und § 131 AO (»Widerruf eines rechtmäßigen VA«) gelten für VA, die **keine Steuerbescheide** sind;
- **Steuerbescheide** (bzw. ihnen gleichgestellte Steuer-VA) können nach
  - § 164 Abs. 2 AO geändert werden, wenn der Bescheid unter dem Vorbehalt der Nachprüfung ergangen ist;
  - § 165 Abs. 2 AO geändert werden, wenn die Steuer vorläufig festgesetzt worden ist;
  - § 172 Abs. 1 Nr. 1 AO ohne weitere Voraussetzungen geändert werden, soweit es sich um Bescheide über Zölle oder Verbrauchsteuern handelt;
  - § 172 Abs. 1 Nr. 2 Buchst. a AO geändert werden (sog. »schlichte Änderung«);
  - § 172 Abs. 1 Nr. 2 Buchst. b AO geändert werden, soweit der Bescheid von einer sachlich unzuständigen Behörde erlassen wurde;
  - § 172 Abs. 1 Nr. 2 Buchst. c AO geändert werden, soweit er durch unlautere Mittel erwirkt wurde;
  - § 172 Abs. 1 Nr. 2 Buchst. d AO geändert werden, soweit dies sonst gesetzlich zugelassen ist. Hierzu zählen neben den vordringlich zu prüfenden **§§ 129, 173 – 175b AO** auch die Änderungsvorschriften anderer Steuergesetze (z. B. § 7g Abs. 3 S. 2 EStG, § 10d Abs. 1 S. 3 EStG; § 35b GewStG; § 32a KStG, §§ 24 und 24a BewG; § 20 GrStG).

---

1 Zur exakten Terminologie der einzelnen Korrekturbestimmungen (Aufhebung, Änderung, Berichtigung, Rücknahme, Widerruf) vgl. *Tipke/Lang*, Steuerrecht, § 22 Punkt 3.

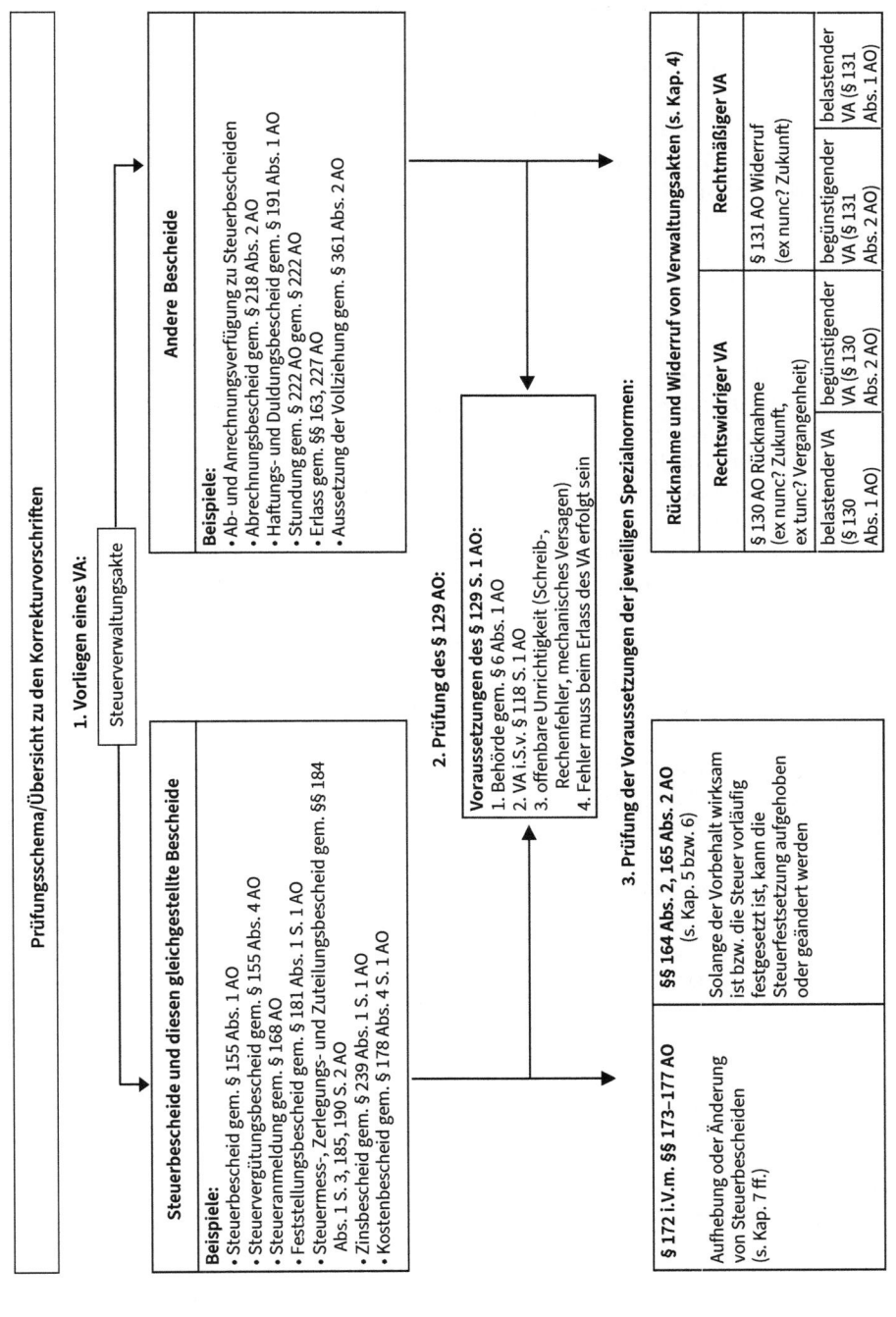

3 Die Berichtigung offenbarer Unrichtigkeiten

3.1 Grundsätze zu § 129 AO

Nach § 129 AO können Schreib- und Rechenfehler und ähnliche offenbare Unrichtigkeiten berichtigt werden. Die Formulierung »Unrichtigkeiten, die beim Erlass eines VA unterlaufen sind«, soll deutlich machen, dass alle offenbaren Unrichtigkeiten, die von der Bildung des Entscheidungswillens bis zur Bekanntgabe des VA unterlaufen sind, berichtigt werden können. Die Unrichtigkeit muss nicht ohne weiteres aus dem VA erkennbar sein.[2] Ausreichend ist jeder **mechanische**, also außerhalb der Entscheidungsbildung liegende Fehler. Ein Fehler ist nämlich im Sinne dieser Vorschrift offenbar, wenn er auf der Hand liegt, durchschaubar, eindeutig oder augenfällig ist. Entscheidend ist, ob sich das Vorliegen eines solchen Fehlers für einen unvoreingenommenen Dritten ohne Weiteres aus der Steuererklärung, deren Anlagen sowie aus den in den Akten befindlichen Unterlagen für das betreffende Veranlagungsjahr ergibt (BFH vom 27.02.2014, BFH/NV 2014, 825). Es muss sich um einen **Fehler des FA** handeln. Nicht erforderlich ist, dass der Fehler in der Veranlagungsstelle geschah. Deshalb können auch Bescheide, in denen mechanische Fehler des Betriebsprüfungsberichts unbemerkt übernommen werden, nach § 129 AO berichtigt werden (sog. **Übernahmefehler**). Liegt kein Übernahmefehler vor, können mechanische Fehler des StPfl. ggf. nach § 173a AO korrigiert werden. Eine offenbare Unrichtigkeit liegt auch vor, wenn das FA eine in der Steuererklärung oder dieser beigefügten Anlagen enthaltene offenbare, d. h. für das FA erkennbare, Unrichtigkeit als eigene **übernimmt** (ständige Rspr., zuletzt BFH vom 12.02.2020, Az.: X R 27/18, nicht veröffentlicht; AEAO zu § 129 Nr. 4). Auch grobe Fahrlässigkeit des FA beim Erlass des unrichtigen Bescheids, selbst mehrere mechanische Fehler oder Fehler mehrerer Bediensteter stehen der Berichtigung nach § 129 AO nicht entgegen.

Der Begriff der »offenbaren Unrichtigkeit« erfasst auch sprachliche Klarstellungen und Präzisierungen, mittels derer ein bisher auslegungsbedürftiger VA in einem nunmehr zweifelsfreien Sinne zum Ausdruck gebracht wird (BFH vom 25.02.2010, BStBl II 2010, 726).

> **Beispiel 2: Der unvorsichtige Steuerbürger**
>
> S, ungeschickt beim Ausfüllen der Steuererklärung, trägt im Erklärungsvordruck der Anlage EÜR in Zeile 12 (= Betriebseinnahmen aus Gewerbebetrieb) und in Zeile 57 (= Gewinn aus Gewerbebetrieb) zweimal den gleichen Betrag (35.498 €) ein, obwohl in Zeile 53 (= Betriebsausgaben) 15.498 € stehen. Genauso verfährt der Veranlagungsbeamte, als er den Betrag von 35.498 € im grauen Eingabefeld einträgt.

Versehen des StPfl. sind grds. unbeachtlich. Eine Berichtigung kommt ausnahmsweise nur dann in Betracht, wenn die Fehlerhaftigkeit der Angaben für das FA als offenbare Unrichtig-

---

2   So etwa in dem vom BFH (Entscheidung vom 22.02.2006, BStBl II 2006, 401) entschiedenen Fall, in dem das FA die Anordnung eines Nachprüfungsvorbehalts irrtümlich unterlassen hat, d. h. der in der Aktenverfügung enthaltene Vorbehaltsvermerk nicht in den bekannt gegebenen Bescheid übernommen wurde. In diesem Fall hat der BFH auch entschieden, dass der irrtümlich unterbliebene Nachprüfungsvorbehalt nicht zunächst nach § 129 AO berichtigt werden muss, um ihn anschließend nach § 164 Abs. 2 AO ändern zu können. Die Änderung kann vielmehr unmittelbar nach § 164 Abs. 2 AO erfolgen. Die Entscheidung war Gegenstand der schriftlichen StB-Prüfung 2007 und in ähnlicher Form erneut 2009.

keit erkennbar war und der Fehler in den Bescheid **übernommen** wurde bzw. bei der Selbstveranlagung (z. B. bei der USt) und der Selbsterrechnung der Lohnsteuer durch den Arbeitgeber erfolgte (zuletzt BFH vom 27.05.2009, BStBl II 2009, 946).

> **Lösung:**
> Der Übernahmefehler seitens des Finanzbeamten schließt die Möglichkeit eines Tatsachen- oder Rechtsirrtums aus und stellt somit eine offenbare Unrichtigkeit dar. Der Fehler ist auch beim Erlass des VA unterlaufen, selbst wenn er vom StPfl. ausgelöst wurde.

Eine Berichtigung nach § 129 AO ist **grds. jederzeit** möglich. Die Formulierung ist missverständlich: Bei Steuerbescheiden gilt dies jedoch nur bis zum **Ablauf der Festsetzungsfrist** (s. ausdrücklich § 169 Abs. 1 S. 2 AO). Nach § 171 Abs. 2 AO endet diese insoweit – also punktuell beschränkt auf die offenbare Unrichtigkeit – jedoch nicht vor Ablauf eines Jahres nach Bekanntgabe des Steuerbescheids. Gleiches gilt für alle Bescheide, für die ebenfalls eine Festsetzungsfrist gilt, also z. B. auch für Haftungs- und Duldungsbescheide. Aufteilungsbescheide können hingegen bis zur Beendigung der Vollstreckung (§ 280 AO), auf Zahlungsansprüche gerichtete VA bis zum Ablauf der Zahlungsverjährung (§ 228 AO) berichtigt werden.

Die Berichtigung nach § 129 AO steht im **Ermessen** der Finanzbehörde. Die Ermessensentscheidung muss nicht begründet werden. Bei berechtigtem Interesse des StPfl., also bei einem Fehler zu seinen Ungunsten, muss das FA aber nach § 129 S. 2 AO berichtigen.

Nach § 129 AO darf nur ein mechanischer Fehler als offenbare Unrichtigkeit berichtigt werden. Zusätzlich vorhandene Rechtsfehler dürfen nicht mitbereinigt werden. Nach § 177 Abs. 3 AO kann die Berichtigung zugunsten wie zuungunsten des StPfl. jedoch mit Rechtsfehlern kompensiert werden. Der Berichtigungsbescheid kann mit Einspruch angefochten werden.

3.2 Fälle der »offenbaren Unrichtigkeit«

§ 129 AO stellt ausdrücklich auf Schreib- und Rechenfehler ab und erwähnt daneben »ähnliche offenbare Unrichtigkeiten«. Die Rspr. leitet aus diesem Kontext ab, dass es sich um **mechanische Fehler** handeln muss. Die Vorschrift erfasst somit alle Fälle, in denen der bekannt gegebene Inhalt eines Bescheids vom eigentlich Gewollten abweicht. **Rechtsfehler oder Tatsachenirrtümer müssen ausgeschlossen sein.**[3] Selbst die lediglich theoretische Möglichkeit eines Fehlers bei der Auslegung einer Vorschrift, einer unrichtigen Tatsachenwürdigung oder mangelnder Sachverhaltsermittlung schließen die Anwendung von § 129 AO aus (BFH vom 10.12.2019, BStBl II 2020, 371). Die konkrete Möglichkeit eines Rechtsirrtums muss mit hinreichender Sicherheit ausgeschlossen werden können. Verbleibende Unklarheiten gehen insoweit zulasten des FA.

Die offenbare Unrichtigkeit muss sich nicht aus dem Bescheid selbst ergeben. Es ist nicht erforderlich, dass der StPfl. die Unrichtigkeit anhand seines Bescheids und der ihm vorliegenden Unterlagen erkennen kann. Eine Berichtigung nach § 129 AO ist vielmehr immer dann möglich, wenn der Fehler bei Offenlegung des Sachverhalts für jeden unvoreingenommenen Dritten klar und deutlich als offenbare Unrichtigkeit erkennbar ist (BFH vom 06.11.2012, BStBl II 2013, 307).

---

3 BFH vom 26.10.2016, BFH/NV 2017, 257; *Kühn/von Wedelstädt*, AO, § 129 Rz. 9 f.

Ob eine offenbare Unrichtigkeit vorliegt, richtet sich nach den Verhältnissen des Einzelfalles. Durch die Rspr. sind mittlerweile allerdings einige typische Fallgestaltungen geklärt. So wurde z. B. eine Berichtigungsmöglichkeit nach § 129 AO **bejaht**:
- bei Ablese- und Übertragungsfehlern;
- wenn ein in der Aktenverfügung enthaltener Vorbehaltsvermerk nicht in den bekannt zu gebenden Bescheid übernommen wurde (BFH vom 22.02.2006, BFH/NV 2006, 992);
- wenn unabsichtlich der Eingabewertbogen unrichtig ausgefüllt wird (BFH vom 13.06.2012, BFH/NV 2012, 2035);
- wenn der unrichtige Bescheid aus einem Irrtum über den tatsächlichen Programmablauf oder der Nichtbeachtung der für das maschinelle Veranlagungsverfahren geltenden Dienstanweisungen resultiert (BFH vom 30.10.2009, BFH/NV 2010, 176);
- wenn ein BP-Bericht in einem Punkt doppelt ausgewertet wird (BFH vom 24.01.2019, BFH/NV 2019, 673);
- wenn das FA bei der ESt-Veranlagung übersieht, dass der StPfl. in seiner vorgelegten Gewinnermittlung die bei der USt-Erklärung für denselben VZ erklärten und im USt-Bescheid erklärungsgemäß berücksichtigten USt-Zahlungen nicht als Betriebsausgabe erfasst hat (BFH vom 27.08.2013, BStBl II 2014, 439);
- wenn ein mechanischer Fehler des StPfl. für das FA erkennbar ist und bei der Erstellung der Steuererklärung übernommen wird (BFH vom 27.05.2009, BStBl II 2009, 946);
- wenn Freibeträge für mehr Kinder als in der Steuererklärung angegeben gewährt werden;
- wenn Freibeträge doppelt berücksichtigt werden;
- wenn das FA einen für die GewSt ermittelten Gewinn nicht in die ESt-Veranlagung übertragen hat;
- wenn das FA im Änderungsbescheid, mit dem eine Gewinnmitteilung ausgewertet wird, die im Erstbescheid erfassten Gewinne aus dem Einzelunternehmen des StPfl. versehentlich streicht;
- wenn das FA beim Erlass eines Steuerbescheids einen bereits vorliegenden Grundlagenbescheid übersieht (BFH vom 27.05.2009, BStBl II 2009, 946);
- wenn das FA beim Erlass eines Steuerbescheids einen bereits vorliegenden Rentenbescheid übersieht (BFH vom 27.02.2014, BFH/NV 2014, 825);
- wenn die vom StPfl. angegebenen Einkünfte im ESt-Bescheid nicht berücksichtigt worden sind, weil die Anlage S zur Erklärung versehentlich nicht eingescannt und die angegebenen Einkünfte somit nicht in das elektronische System übernommen wurden (BFH vom 14.01.2020, BStBl II 2020, 433).

Eine offenbare Unrichtigkeit liegt hingegen **nicht** vor,
- wenn das FA eine notwendige tatsächliche Ermittlung oder eine rechtliche Prüfung unterlässt (BFH vom 27.05.2009, BStBl II 2009, 946);
- wenn Angaben des StPfl. ungeprüft zur Grundlage der Veranlagung gemacht werden, obwohl Veranlassung zur Überprüfung bestand;
- wenn der StPfl. ein Damnum nicht als Vorkosten nach § 10e Abs. 6 EStG geltend macht und nicht ausgeschlossen werden kann, dass dies auf einem Rechtsirrtum beruht;
- bei doppelter Berücksichtigung desselben »Verlustbetrages« innerhalb verschiedener Einkunftsarten, weil hier die Verletzung der Amtsermittlungspflicht nicht unwahrscheinlich ist (BFH vom 16.03.2000, BStBl II 2000, 372);

- bei der Nichtberücksichtigung erhöhter AfA;
- wenn das FA bei einer Papiererklärung den elektronisch übermittelten und der Steuererklärung beigestellten Arbeitslohn generell nicht mit dem vom StPfl. in der ESt-Erklärung erklärten Arbeitslohn abgleicht und daher die Einnahmen aus nichtselbständiger Arbeit im Bescheid infolgedessen unzutreffend erfasst (BFH vom 16.01.2018, BStBl II 2018, 378).

Ein mechanisches Versehen ist nicht mehr gegeben, sondern es liegt ein Fehler im Bereich der Sachverhaltsermittlung nach § 88 AO vor, wenn der Sachbearbeiter eine weitere Sachverhaltsermittlung unterlässt, obwohl sich ihm aufgrund der im Rahmen des Risikomanagementsystems ergangenen Prüf- und Risikohinweise eine weitere Prüfung des Falles hätte aufdrängen müssen (BFH vom 14.01.2020, BStBl II 2020, 433).

Es scheiden mithin Verstöße aus, die zum Bereich des Überlegens, Schlussfolgerns und Urteilens sowie zur Subsumtion eines Lebenssachverhalts unter die jeweilige Norm des materiellen Rechts gehören, da in diesen Fällen ein Tatsachen- bzw. Rechtsirrtum vorliegt, der die Anwendung von § 129 AO ausschließt. Merken Sie sich: Ist der Fehler im Verwaltungsakt Ergebnis einer – zutreffenden oder fehlerhaften – Willensbildung, scheidet § 129 AO aus.

Liegt eine offenbare Unrichtigkeit vor, ist die Berichtigungsmöglichkeit nach § 129 S. 1 AO nicht von Verschuldensfragen abhängig, weshalb die oberflächliche Behandlung eines Steuerfalls grds. eine Berichtigung nach dieser Vorschrift nicht hindert. Anders ist dies erst, wenn sich die Unachtsamkeit bei der Bearbeitung des Falls häuft und Zweifeln, die sich aufdrängen, nicht nachgegangen wird (BFH vom 16.01.2018, BStBl II 2018, 378).

4 Rücknahme und Widerruf von Steuerverwaltungsakten

4.1 Die Vorfrage: Rechtmäßigkeit oder Rechtswidrigkeit des Steuerbescheids

Steuer-VA, die nicht Steuerbescheide oder diesen gleichgestellt sind, können nach §§ 130, 131 AO aufgehoben werden. Das Gesetz unterscheidet in zweierlei Hinsicht: Zum einen wird zwischen der Rücknahme rechtswidriger (§ 130 AO) und dem Widerruf rechtmäßiger VA (§ 131 AO) unterschieden. Dann ist zu beachten, ob es sich um belastende oder begünstigende VA handelt. In Klausuren liegt oftmals in den tatbestandlichen Vorfragen, insb. bei der Frage nach der Rechtmäßigkeit, das Hauptproblem eines Berichtigungsfalles.

Rechtmäßig ist ein VA, wenn materielles und formelles Recht auf den richtigen Sachverhalt im Zeitpunkt der behördlichen Entscheidung zutreffend angewendet wurde. Hierbei ist auf den Zeitpunkt der Bekanntgabe des VA abzustellen (BFH vom 09.12.2008, BStBl II 2009, 344). Verstößt ein VA hingegen gegen zwingende gesetzliche Vorschriften (§ 4 AO), ist er ermessensfehlerhaft (§ 5 AO) oder fehlt eine Rechtsgrundlage ganz, ist er **rechtswidrig**, aber dennoch wirksam. Nur besonders schwerwiegende Fehler führen zur Nichtigkeit und damit zur Unwirksamkeit des Bescheids (§ 125 i. V. m. § 124 Abs. 3 AO). Eine nachträgliche Änderung der Sach- oder Rechtslage nach Erlass des VA macht einen ursprünglich rechtmäßigen Verwaltungsakt grds. nicht i. S. d. § 130 AO rechtswidrig, es sei denn, es liegt ausnahmsweise ein Fall steuerrechtlicher Rückwirkung vor (BFH vom 09.12.2008, BStBl II 2009, 344).

Über die Rücknahme und den Widerruf entscheidet die örtlich zuständige Finanzbehörde (§§ 17 ff. AO), auch wenn der VA von einer anderen Behörde erlassen wurde. Allerdings lässt § 26 S. 2 AO die Fortführung des Verwaltungsverfahrens durch die bisher zuständige Behörde unter bestimmten Voraussetzungen zu. Die Vorschriften über Rücknahme und Widerruf gelten auch im Einspruchs- und gerichtlichen Verfahren (§ 132 AO).

4.2 Anwendungsbereich von §§ 130, 131 AO

Zu den Steuer-VA, die nach §§ 130, 131 AO zurückgenommen bzw. widerrufen werden können, zählen insb.:
- Auskunftsersuchen (§ 93 AO),
- Fristverlängerung (§ 109 AO),
- Festsetzung eines Verspätungszuschlags (§ 152 AO),
- Billigkeitsmaßnahmen (§§ 163, 227, 234 Abs. 2 AO),
- Haftungs- und Duldungsbescheide (§ 191 AO),
- Prüfungsanordnung (§ 196 AO),
- Verbindliche Auskunft (§ 89 Abs. 2 AO),
- Verbindliche Zusage (§ 204 AO),
- Abrechnungsbescheid (§ 218 Abs. 2 AO),
- Stundung (§ 222 AO),
- Anforderung von Säumniszuschlägen (§ 240 AO),
- Feststellungsbescheid gem. § 251 Abs. 3 AO,
- Pfändungen (§ 281 AO),
- Festsetzung von Zwangsgeldern (§ 328 AO),
- Aussetzung der Vollziehung (§ 361 AO).

4.3 Begünstigender oder belastender Verwaltungsakt

Begünstigend ist ein VA, der Rechte oder rechtlich erheblich Vorteile gewährt. **Belastende VA** greifen hingegen in die Rechte des Betroffenen ein. Häufig wirken belastende VA aber auch zugunsten des Betroffenen. So belastet z.B. die Festsetzung eines Verspätungszuschlags (eines Zwangsgeldes) den StPfl. Wäre jedoch die Festsetzung eines höheren Verspätungszuschlags (Zwangsgeldes) richtig gewesen, wird er durch die Festsetzung des geringeren Verspätungszuschlags (Zwangsgeldes) gleichzeitig begünstigt. Ähnliches gilt auch für Haftungsbescheide. Nach dem Wortlaut von § 130 Abs. 2 AO ist bei der Frage, ob ein begünstigender VA vorliegt, nicht darauf abzustellen, ob sich die Rücknahme begünstigend auswirkt. Mit Vertrauensschutzgesichtspunkten ist jedoch kaum zu vereinbaren, dass das FA den Bescheid, in dem ein niedriger Verspätungszuschlag (Zwangsgeld) festgesetzt wurde, ohne jede Einschränkung nach § 130 Abs. 1 AO zurücknehmen und einen höheren Verspätungszuschlag (Zwangsgeld) festsetzen kann. Nach der Rspr., die auch im AEAO (AEAO zu § 130 Nr. 4) ihren Niederschlag gefunden hat, ist deshalb unter **Begünstigung i. S. v. §§ 130, 131 AO jede Rechtswirkung** zu verstehen, **an deren Aufrechterhaltung der vom VA Betroffene ein schutzwürdiges Interesse hat**. Ist danach die Rücknahme zulässig und wirksam, kann die Finanzbehörde einen neuen VA erlassen, der für den Beteiligten weniger vorteilhaft ist.

Auch begünstigende VA können zugleich belasten, wenn dem Antrag des Betroffenen nicht voll entsprochen wird (z. B. bei Stundung oder Erlass).

4.4 Die Rücknahme (§ 130 AO)

4.4.1 Rücknahme eines rechtswidrigen nicht begünstigenden Verwaltungsaktes

Nach § 130 Abs. 1 AO kann ein **rechtswidriger** VA ex tunc und ex nunc zurückgenommen werden. Die Entscheidung liegt also im **Ermessen** (§ 5 AO) der Finanzbehörde. Nicht begünstigende rechtswidrige VA können auch dann noch zurückgenommen werden, wenn sie bestandskräftig sind. Mit der Rücknahme soll die Einspruchsfrist jedoch nicht unterlaufen werden. Deshalb kann das FA den Antrag, einen bestandskräftigen VA zurückzunehmen, dann ablehnen, wenn der Betroffene nur die Gründe vorträgt, die er bereits im Rechtsbehelfsverfahren hätte geltend machen können. Ein Rechtsanspruch auf Rücknahme eines VA kann nur in Extremfällen bejaht werden, wenn beispielsweise der Betroffene durch das Verhalten des FA von der Einlegung eines Rechtsbehelfs abgehalten wurde, nachträglich Beweismittel auftauchen oder sich die Sach- oder Rechtslage geändert hat. Bei der Ermessensentscheidung hat das FA auch die Schwere und Offensichtlichkeit des Rechtsverstoßes zu würdigen.

Trotz § 125 Abs. 5 AO kann auch ein **nichtiger VA** gem. § 130 Abs. 1 AO zurückgenommen werden. Die Rücknahme kommt hingegen nicht in Betracht, wenn die Rechtswidrigkeit auf unbeachtlichen Verfahrens- oder Formfehlern i. S. v. § 126 AO beruht, wenn keine andere Entscheidung in der Sache hätte getroffen werden können (§ 127 AO) oder der rechtswidrige VA in einen rechtmäßigen umgedeutet werden kann (§ 128 AO). Auch Entscheidungen auf der Grundlage von für verfassungswidrig erklärten Gesetzen sind nicht aufzuheben (§ 79 Abs. 2 BVerfGG).[4]

Eine **teilweise** Rücknahme ist möglich, wenn der Regelungsgehalt des VA teilbar ist. Dies ist immer der Fall bei Bescheiden, die sich auf Geldleistungen beziehen, also z. B. bei Haftungsbescheiden oder Festsetzungen von Verspätungszuschlägen, Zwangsgeld etc. Die Teilrücknahme berührt nicht den Bestand des ursprünglichen VA hinsichtlich des nicht betroffenen Teilbetrags. Anders verhält es sich aber, wenn die Finanzbehörde den ursprünglichen Bescheid insgesamt zurücknimmt und einen neuen VA erlässt.

4.4.2 Rücknahme eines rechtswidrigen begünstigenden Verwaltungsaktes

§ 130 Abs. 2 AO zählt die Rücknahmegründe bei begünstigenden VA abschließend auf. Eine Rücknahme ist deshalb ausgeschlossen, wenn das FA seine Rechtsansicht ändert, wenn nach Erlass des Bescheids der Sachverhalt oder Beweismittel anders gewürdigt werden. Aus dem Begriff »darf« ergibt sich, dass die Rücknahme im Ermessen der Behörde liegt. Bei dieser Ermessensprüfung ist insb. von Bedeutung, ob der Begünstigte im Vertrauen auf den Bestand des begünstigenden VA bereits wirtschaftliche **Dispositionen** getroffen hat. Greifen hingegen keine Vertrauensschutzgesichtspunkte, wird im Interesse der Gesetzmäßigkeit und Gleichmäßigkeit des Verwaltungshandelns der VA im Regelfall zurückgenommen werden.

4.4.2.1 § 130 Abs. 2 Nr. 1 AO

Die sachliche Zuständigkeit ergibt sich aus den Organisationsgesetzen, z. B. aus dem FVG. Der von einer sachlich unzuständigen Behörde erlassene Bescheid ist häufig nichtig, bei-

---

4   Dies gilt analog, wenn das BVerfG lediglich die Auslegung einer Norm für unvereinbar mit dem GG erklärt (BFH vom 28.11.2006, DStR 2007, 108).

spielsweise wenn das Forstamt Säumniszuschläge erlässt. Anders ist es aber, wenn innerhalb der zutreffenden Verwaltung die unzuständige Behörde tätig wird, wenn z. B. die OFD anstelle des FA Säumniszuschläge erlässt. In diesen Fällen ist die Rücknahme nach § 130 Abs. 1 Nr. 1 AO auch dann möglich, wenn der Betroffene keine Kenntnis von der Unzuständigkeit der Behörde hat. Dies muss aber bei der Ermessensausübung berücksichtigt werden. Die interne Unzuständigkeit innerhalb der Behörde reicht nicht aus.

4.4.2.2 § 130 Abs. 2 Nr. 2 AO
Eine Rücknahme kommt in Betracht, wenn der StPfl. unlautere Mittel anwendet **und** dies für den Erlass des Bescheids ursächlich ist (»erwirkt«). Arglist liegt insb. dann vor, wenn der StPfl. **vorsätzlich** falsche Angaben macht, um den rechtswidrigen Bescheid zu erlangen. Daran fehlt es, wenn er den Angaben keine Bedeutung beimisst. Auch das Verhalten eines Dritten, der ihn vertritt, muss sich der Begünstigte zurechnen lassen (z. B. StB oder gesetzlicher Vertreter). Unter den gleichen Voraussetzungen können auch Steuerbescheide aufgehoben oder geändert werden (vgl. § 172 Abs. 1 Nr. 2 Buchst. c AO).

4.4.2.3 § 130 Abs. 2 Nr. 3 AO
Dieser Vorschrift liegt die Überlegung zugrunde, dass die Ursache der Rechtswidrigkeit im Bereich des Betroffenen liegt, Vertrauensschutzgesichtspunkte deshalb nur eine untergeordnete Rolle spielen. »Erwirkt« durch objektiv unrichtige oder unvollständige Angaben ist der Bescheid aber nur, wenn die Angaben entscheidungserheblich waren, wenn die Behörde also den VA bei Kenntnis der Unrichtigkeit nicht erlassen hätte. Auch hier muss sich der Betroffene das Verhalten seines Vertreters zurechnen lassen. Auf Verschulden kommt es nicht an. Bei der Ermessensentscheidung ist allerdings das Verschulden des Betroffenen ebenso wie das Verschulden der Finanzbehörde (wenn diese die Unrichtigkeit beispielsweise hätte erkennen können) zu beachten.

4.4.2.4 § 130 Abs. 2 Nr. 4 AO
Es genügt nicht, dass der Betroffene die Umstände, die zur Rechtswidrigkeit des Bescheids führen, kennt. Ihm muss vielmehr die Rechtswidrigkeit des VA selbst bekannt oder nur infolge ungewöhnlicher Sorglosigkeit unbekannt geblieben sein. Eine Prüfungspflicht anhand der Begründung besteht regelmäßig nicht. § 130 Abs. 2 Nr. 4 AO ist etwa auf die Anrechnungsverfügung eines Steuerbescheides anwendbar, in der das FA die Anrechnung geleisteter ESt-Vorauszahlungen nach § 36 EStG verfügt. Die Anrechnungsverfügung ist in diesen Fällen ein VA mit Bindungswirkung, der als begünstigender VA aufgrund des durch ihn begründeten Vertrauens durch einen nachfolgenden Abrechnungsbescheid nach § 218 Abs. 2 AO nur geändert werden kann, wenn die Voraussetzungen des § 130 Abs. 2 Nr. 4 AO vorliegen; dies folgt daraus, dass auch die Anrechnungsverfügung ein VA mit Bindungswirkung ist, der verbindlich festlegt, was auf die festgesetzte Steuerschuld angerechnet wird und was nicht. Allerdings ist eine Anrechnungsverfügung im Allgemeinen zurückzunehmen, wenn der Begünstigte deren Rechtswidrigkeit erkannt oder lediglich infolge grober Fahrlässigkeit nicht erkannt hat (BFH vom 27.10.2009, BStBl II 2010, 382). Die Anrechnung von Steuerabzugsbeträgen kann nach Ablauf der durch die Anrechnungsverfügung in Lauf gesetzten Zahlungsverjährungsfrist gem. § 228 AO nicht mehr nachgeholt werden (BFH vom 25.10.2011, BStBl II 2012, 220).

4.4.3 Folgen der Rücknahme

Mit der Rücknahme wird der Bescheid unwirksam (§ 124 Abs. 2 AO). Er kann daher nicht mehr vollstreckt oder erzwungen werden; ein anhängiger Einspruch erledigt sich. Wird die Rücknahme zurückgenommen, lebt jedoch der ursprüngliche Bescheid wieder auf.

Aus § 130 AO kann nicht entnommen werden, ob an die Stelle des zurückgenommenen Bescheids ein neuer VA treten kann. Nach der Rspr. stehen nur bei einer »ersatzlosen« Rücknahme Vertrauensschutzgesichtspunkte dem Erlass eines neuen Bescheids entgegen. Ob eine »ersatzlose« Rücknahme vorliegt, ist aus dem Blickwinkel des Betroffenen unter Berücksichtigung der maßgeblichen Umstände zu beurteilen. Eine »ersatzlose« Rücknahme wird deshalb niemals vorliegen, wenn ihm gleichzeitig mit dem Rücknahmebescheid ein neuer Bescheid, der an dessen Stelle treten soll, zugeht. Auch in Fällen, in denen ein Bescheid – für den StPfl. erkennbar – nur wegen eines Formmangels aufgehoben wird, kann er nicht darauf vertrauen, von weiteren Maßnahmen der Verwaltung verschont zu bleiben. Der Erlass eines neuen VA ist zulässig. Im Ergebnis führen die Aufhebung eines VA und der Erlass eines neuen Bescheids zum gleichen Gegenstand zu einer Änderung des ursprünglichen Bescheids. Wird durch diese Änderung ein belastender VA erweitert, richtet sich die Zulässigkeit nach § 130 Abs. 2 AO, wird die Belastung gemindert, ist § 130 Abs. 1 AO einschlägig. Bei der teilweisen Rücknahme eines begünstigenden Bescheids kommt § 130 Abs. 2 AO, bei der Erweiterung hingegen § 130 Abs. 1 AO zur Anwendung.

Die Rücknahme eines VA kann mit Einspruch angefochten werden. Auch wenn der Antrag des StPfl. auf Rücknahme eines Bescheides abgelehnt wird, ist der Einspruch gegeben.

4.4.4 Auch möglich: Widerruf eines rechtswidrigen Verwaltungsaktes

Ein rechtswidriger VA kann aber auch **widerrufen** werden, wenn die Voraussetzungen des § 131 Abs. 2 Nr. 1 oder 2 AO vorliegen (argumentum a maiore ad minus), also eine Auflage nicht erfüllt oder der Widerruf vorbehalten wurde. Hier kann der Widerruf mit der Rechtswidrigkeit begründet werden.[5]

Nur wenn der VA mit unlauteren Mitteln erwirkt wurde, ist die Rücknahme unbefristet zulässig. In den anderen Fällen muss die Rücknahme eines begünstigenden VA **innerhalb eines Jahres** nach Kenntnis der die Rücknahme rechtfertigenden Tatsachen erfolgen. Nach der Rspr. beginnt die Jahresfrist, wenn die Behörde die **Rechtswidrigkeit** ihrer Entscheidung **erkennt** (BFH vom 09.12.2008, BStBl II 2009, 344).

4.5 Widerruf eines Verwaltungsaktes

4.5.1 Widerruf eines rechtmäßigen nicht begünstigenden Verwaltungsaktes

Die Frage der Rechtmäßigkeit eines VA (vgl. Kap. 4.1) richtet sich nach den Verhältnissen im Zeitpunkt seines Erlasses. Bei Ermessensentscheidungen ist der Zeitpunkt der letzten Verwaltungsentscheidung (= Einspruchsentscheidung) maßgebend. § 131 AO greift vor allem bei sog. Dauer-VA (Stundung, Aussetzung der Vollziehung), aber auch bei noch nicht vollzogenen Bescheiden. Bereits vollzogene VA können hingegen nicht widerrufen werden. Das gilt für den Steuererlass – die nachträgliche Verbesserung der Liquiditäts- oder Vermögenslage ist unbeachtlich (vgl. § 47 AO) – gleichermaßen wie für festgesetzte und bereits bezahlte Verspätungszuschläge, Zwangsgelder oder auch Haftungssummen.

---

5 Vgl. *Kühn/von Wedelstädt*, AO, § 130 Rz. 17 m. w. N.

Die Widerrufbarkeit von nicht begünstigenden Bescheiden wird durch den Grundsatz der Gesetzmäßigkeit des Verwaltungshandelns stark eingeschränkt. Ein Widerruf ist immer dann unzulässig, wenn der gleiche VA neu erlassen werden müsste. Ein Widerruf ist deshalb vor allem bei Ermessensentscheidungen, nicht jedoch bei sog. gebundenen Entscheidungen möglich. »Andere Gründe«, die den Widerruf ausschließen (vgl. § 131 Abs. 1, letzter HS AO), sind hingegen nicht ersichtlich.

Anders als § 130 Abs. 1 AO sieht § 131 Abs. 1 AO den Widerruf nur mit Wirkung für die Zukunft vor. Ein Widerruf ist dann nicht erforderlich, wenn zu einem nicht begünstigenden rechtmäßigen VA lediglich ein weiterer rechtmäßiger VA hinzutritt, z. B. eine Prüfungsanordnung auf ein weiteres Prüfungsjahr ausgedehnt wird, wegen einer Steuerschuld eine weitere Pfändung verfügt wird etc.

4.5.2 Widerruf eines rechtmäßigen begünstigenden Verwaltungsaktes

§ 131 Abs. 2 AO schränkt den Widerruf bei rechtmäßigen begünstigenden VA (vgl. Kap. 4.3) ein. Ein rechtmäßiger begünstigender VA darf jederzeit um einen weiteren rechtmäßigen VA ergänzt werden, z. B. Verlängerung der Stundung, Erhöhung des Erlassbetrags etc.

4.5.2.1 § 131 Abs. 2 Nr. 1 AO

Ein Widerruf ist in den gesetzlich zugelassenen Fällen (z. B. § 148 S. 3 AO) oder bei einem **Widerrufsvorbehalt** im Bescheid zulässig. Auch wenn der Widerrufsvorbehalt (§ 120 Abs. 2 Nr. 3 AO) rechtswidrig, aber unanfechtbar war, kann der Widerruf grds. auf den Vorbehalt gestützt werden. In diesem Fall hat das FA die Rechtswidrigkeit des Widerrufsvorbehalts aber bei der Ermessensausübung zu berücksichtigen. Stets muss ein sachlicher Grund für den Widerruf vorliegen, die Behörde darf nicht willkürlich widerrufen. Vertrauensschutzgesichtspunkte können in Fällen des vorbehaltenen Widerrufs keine Rolle spielen, da der Begünstigte wegen des Vorbehalts gerade nicht auf den Bestand des VA vertrauen durfte.

4.5.2.2 § 131 Abs. 2 Nr. 2 AO

Erfüllt der Begünstigte eine **Auflage** (§ 120 Abs. 2 Nr. 4 AO) nicht, ist ein Widerruf auch dann möglich, wenn ihn daran kein Verschulden trifft. Die Nichterfüllung einer Bedingung, einer weiteren Nebenbestimmung zum VA gem. § 120 Abs. 2 Nr. 2 AO, wird in § 130 Abs. 2 AO nicht erwähnt. Hier ist keine Regelung erforderlich, da der VA bei einer aufschiebenden Bedingung erst mit Eintritt der Bedingung Wirkung entfaltet, bei einer auflösenden Bedingung mit Bedingungseintritt von selbst unwirksam wird.[6]

4.5.2.3 § 131 Abs. 2 Nr. 3 AO

Diese Widerrufsmöglichkeit ist bei VA mit Dauerwirkung von Bedeutung. Sie betrifft nur die Änderung der tatsächlichen, nicht der rechtlichen Verhältnisse. Werden der Behörde rechtserhebliche Tatsachen erst nachträglich bekannt, greift Nr. 3 nicht. Eine »nachträglich eingetretene Tatsache« i. S. d. § 131 Abs. 2 S. 1 Nr. 3 AO kann auch die steuerrechtliche Beurteilung eines Sachverhalts in einem anderen Bescheid sein, der Bindungswirkung für den zu

---

[6] Daher lautet die herkömmliche (im Einzelfall schwierige) Unterscheidung zwischen Auflage und Bedingung:
 • Die **Auflage** zwingt, aber suspendiert nicht (von Gesetzes wegen).
 • Die **Bedingung** suspendiert (den VA), zwingt aber nicht.

widerrufenden Bescheid hat.[7] Das öffentliche Interesse i. S. dieser Vorschrift ist immer dann gefährdet, wenn bei einem Festhalten an der Entscheidung der Betroffene gegenüber anderen StPfl. bevorzugt würde. Im Rahmen der Ermessensausübung wird die Behörde jedoch zu prüfen haben, ob das Interesse der Allgemeinheit an einer gleichmäßigen Besteuerung von solchem Gewicht ist, dass der Vertrauensschutz des Begünstigten in den Bestand des VA dahinter zurücktritt. Auch der Widerruf hat innerhalb Jahresfrist zu erfolgen (§ 131 Abs. 2 S. 2 AO). Sie beginnt erst, wenn der Behörde die Widerrufsmöglichkeit bewusst wird. Der Widerruf wirkt grds. ex nunc, niemals ex tunc. Es kann jedoch ein späterer Zeitpunkt bestimmt werden (§ 131 Abs. 3 AO).

5 Steuerfestsetzung unter dem Vorbehalt der Nachprüfung (§ 164 AO)

Erfolgt die Steuerfestsetzung unter dem Vorbehalt der Nachprüfung, ist der Bescheid **in vollem Umfang änderbar**. Die Änderung der Vorbehaltsfestsetzung ist daher jederzeit zugunsten wie zuungunsten des StPfl. aus rechtlichen oder tatsächlichen Gründen möglich. Mit Ablauf der allgemeinen Festsetzungsfrist wird der Bescheid automatisch endgültig, ohne dass es einer besonderen Erklärung des FA bedarf (§ 164 Abs. 4 AO).[8] Die Verlängerung der Festsetzungsfrist für hinterzogene oder leichtfertig verkürzte Steuern verlängert gem. § 164 Abs. 4 S. 2 AO nicht die Wirksamkeit des Vorbehalts.

> **Beispiel 3: Die späte Einsicht**
>
> Der KSt-Bescheid gegen die A-GmbH sowie der darauf fußende Gewerbesteuerbescheid für den VZ (EZ) 01 datieren vom 20.12.02 mit dem Vermerk »§ 164 AO – Vorbehalt der Nachprüfung« (Inhalt jeweils: Einkünfte = 0 €).
>
> Am 18.11.06 beginnt eine Außenprüfung bei der GmbH, die in der Folge zu einem geänderten KSt- und Gewerbesteuerbescheid führen, die jeweils in 07 bekannt gegeben werden.

5.1 Zulässigkeit des Vorbehalts der Nachprüfung (§ 164 Abs. 1 AO)

Solange der Steuerfall nicht abschließend geprüft ist, können alle Steuern **ohne Begründung** unter dem Vorbehalt der Nachprüfung festgesetzt werden. Der Vorbehaltsvermerk ist eine unselbständige Nebenbestimmung zum Steuer-VA (§ 120 Abs. 1 AO). Kraft Gesetzes gelten als Steuerbescheide unter dem Vorbehalt der Nachprüfung **Steueranmeldungen** (§ 168 S. 1 AO, also insb. die selbst zu berechnende USt[9]) und **Vorauszahlungsbescheide** (§ 164 Abs. 1 S. 2 AO). § 37 Abs. 3 S. 3 EStG begrenzt allerdings die Befugnis, ESt-Vorauszah-

---

7   Wird etwa ein ESt-Bescheid geändert, weil die in ihm erfassten Lohnzahlungen wegen Festsetzungsverjährung nicht erfasst werden dürfen, kann die mit dem Bescheid verbundene Anrechnungsverfügung, welche die auf den Lohn entrichtete Lohnsteuer angerechnet hatte, widerrufen werden (BFH vom 09.12.2008, BStBl II 2009, 344).
8   Diese Verknüpfung mit den Vorschriften über die Festsetzungsverjährung macht die Korrekturvorschrift des § 164 Abs. 2 AO besonders prüfungsrelevant; hier muss bei der Frage, ob die Voraussetzungen des § 164 Abs. 2 AO vorliegen, inzident der Ablauf der Festsetzungsverjährung geprüft werden (vgl. Beispiel 8, Kap. V 5.2.5).
9   Vgl. für die Voranmeldung § 18 Abs. 1 UStG sowie für die Jahres-USt § 18 Abs. 3 UStG.

lungen festzusetzen – abweichend von § 164 Abs. 2 S. 2 AO – auf 15 Monate nach Ablauf des Veranlagungszeitraums (BFH vom 10.07.2002, BFH/NV 2002, 1567).

Der Vorbehaltsvermerk kann bei allen Steuerfestsetzungen, aber auch bei Feststellungsbescheiden, Zinsbescheiden usw. (vgl. AEAO § 164 Nr. 2) angebracht werden. Die Entscheidung darüber steht im Ermessen der Finanzbehörde. Haftungsbescheide und sonstige Steuer-VA, die unter §§ 130, 131 AO fallen, können hingegen nicht unter dem Vorbehalt der Nachprüfung ergehen.

Auch wenn der Vorbehalt in einem Änderungsbescheid nicht wiederholt wird, bleibt er bestehen (BFH vom 10.10.1995 BFH/NV 1996, 304, häufiges Prüfungsproblem, zuletzt 2016). Nach BFH vom 02.12.1999 (BStBl II 2000, 284) gilt dies dann nicht, wenn die zu ändernde Festsetzung **kraft Gesetzes** unter dem Nachprüfungsvorbehalt steht, etwa bei einer Steueranmeldung (§ 168 S. 1 AO). Denn ebenso wie die angeordnete Festsetzung des Vorbehalts muss nach § 164 Abs. 3 S. 1 AO auch die Aufhebung – wenn gewünscht – ausdrücklich angeordnet werden. Kommt das FA seiner Verpflichtung nicht nach, den Vorbehalt – etwa nach einer Außenprüfung – aufzuheben, bleibt dieser somit bestehen und **eröffnet bis zum Eintritt der Verjährung weiterhin die Korrekturmöglichkeit nach § 164 Abs. 2 AO** (BFH vom 18.08.2009, AO-StB 2010, 39).

Wird der Vorbehalt in der Einspruchsentscheidung nicht ausdrücklich aufgehoben, gilt er ebenfalls fort (BFH vom 16.10.1984, BStBl II 1985, 448). Er kann in der Rechtsbehelfsentscheidung auch nachträglich – als Verböserung – in die Steuerfestsetzung aufgenommen werden.[10] Eine endgültige Steuerfestsetzung kann hingegen nur mit Zustimmung des StPfl. um den Nachprüfungsvorbehalt ergänzt werden. Auch die Korrekturvorschriften (§ 172 ff. AO) ermöglichen es dem FA nicht, einen Änderungsbescheid erstmals unter den Vorbehalt der Nachprüfung zu stellen.

Die Aufhebung des Vorbehalts muss schriftlich, eindeutig erkennbar (BFH vom 02.12.1999, BStBl II 2000, 284) und mit Rechtsbehelfsbelehrung versehen erfolgen (AEAO § 164 Nr. 6). Eine Begründung ist entbehrlich. Nach der Aufhebung kann eine Änderung nicht mehr auf § 164 Abs. 2 AO gestützt werden. Unberührt bleiben davon aber die Änderungsmöglichkeiten nach §§ 172 ff. AO. Hebt das FA während des Einspruchsverfahrens den Vorbehalt der Nachprüfung auf, wird dieser Änderungsbescheid gem. §§ 164 Abs. 3 S. 2, 365 Abs. 3 AO Verfahrensgegenstand (BFH vom 26.06.2002, BStBl II 2003, 112). Eine Einspruchsentscheidung, die nicht den Änderungs-, sondern den Ausgangsbescheid nennt, geht daher ins Leere. Sie ist aufzuheben.

5.2 Wirkung der Vorbehaltsfestsetzung

Eine Steuerfestsetzung unter dem Vorbehalt der Nachprüfung erlangt **keine materielle Bestandskraft** (vgl. Kap. 1.1). Der gesamte Steuerfall bleibt »offen«, d. h. der Bescheid kann jederzeit aufgehoben oder geändert werden (§ 164 Abs. 2 S. 1 AO, der den allgemeinen Korrekturvorschriften für Steuerbescheide gem. §§ 172 ff. AO vorgeht, § 172 Abs. 1 S. 1 2. HS AO). Nachdem in der Praxis der Vorbehalt der Nachprüfung häufig zu einer Außenprüfung führt, ist bzgl. der Änderung der Steuerbescheide aufgrund der Prüfungsfeststellungen nochmals auf § 171 Abs. 4 AO hinzuweisen (s. auch Kap. XI 1).

---

10   Das Rechtsbehelfsverfahren selbst muss keine abschließende Prüfung des Falles i. S. d. § 164 AO bedeuten (BFH vom 28.06.2001, BStBl II 2001, 714).

Deshalb kann auch der StPfl. während des Bestehens des Vorbehalts die Änderung des Steuerbescheids beantragen und Gründe sowie Beweismittel nachschieben. Er kann noch Wahlrechte, die nicht an gesetzliche Fristen gebunden sind, ausüben oder ändern.

Bei einer Steuerfestsetzung unter dem Vorbehalt der Nachprüfung ist das FA nicht an seine Rechtsauffassung für einen früheren Besteuerungszeitraum gebunden (BFH vom 14.10.2009, BFH/NV 2010, 406). Ein Steuerbescheid unter dem Vorbehalt der Nachprüfung kann auch aufgrund von Tatsachen geändert werden, die bereits bei Erlass des Steuerbescheids bekannt waren (BFH vom 13.06.2002, BFH/NV 2002, 1421).

Grds. verhindert eine unter dem Vorbehalt der Nachprüfung stehende Festsetzung die Entstehung eines Vertrauensschutzes. Anderes gilt nur, wenn zusätzlich eine bindende Zusage vorliegt. Auch eine Mitteilung nach § 202 Abs. 1 S. 3 AO hindert nicht die Änderung nach § 164 Abs. 2 AO (BFH vom 09.11.2006, BStBl II 2007, 344). Allerdings kann das FA an seine frühere Auffassung nach Treu und Glauben gebunden sein, wenn der StPfl. im Vertrauen darauf Vermögensdispositionen getroffen hat. Zudem finden auch für die Änderung nach § 164 Abs. 2 AO die in § 176 AO geregelten Vertrauensschutzgrundsätze Anwendung. Bei der Aufhebung oder Änderung einer Steuerfestsetzung unter dem Vorbehalt der Nachprüfung darf deshalb zum Nachteil des StPfl. nicht berücksichtigt werden, dass für ihn günstige Gesetze oder Verwaltungsanweisungen nicht mehr bestehen oder sich die höchstrichterliche Rspr. zu seinem Nachteil geändert hat.[11]

Der Vorbehalt der Nachprüfung behält nach Eintritt der formellen Bestandskraft seine Wirkung, auch wenn er nicht hätte ergehen dürfen. Das FA kann den Vorbehalt jederzeit aufheben (§ 164 Abs. 3 S. 1 AO). Nach einer Außenprüfung muss das FA den Vorbehalt aufheben, wenn sich keine Änderungen des ursprünglichen Steuerbescheids ergeben haben.[12] Geschieht dies nicht, kann das FA gleichwohl innerhalb der Festsetzungsfrist den Bescheid nach § 164 Abs. 2 AO ändern (BFH vom 14.09.1994, BFH/NV 1995, 369).

Lösung:
- Die beiden Null-Bescheide vom 20.12.02 gelten als sog. »negative Feststellungsbescheide«. Auch für diese gilt nach BFH vom 31.10.2000 (BStBl II 2001, 156), dass sie nach Ablauf der Feststellungsfrist nicht mehr geändert werden dürfen.
- Die vierjährige Festsetzungs- (Feststellungs-)Frist beginnt gem. § 170 Abs. 2 Nr. 1 AO mit Ablauf des Kj. (31.12.02), in dem die Erklärung abgegeben wurde. Damit wurde in 06 noch rechtzeitig mit der Außenprüfung begonnen. Gem. § 171 Abs. 4 AO ist der Ablauf der Festsetzungsfrist jedoch gehemmt. Unter den weiteren tatbestandlichen Voraussetzungen des § 171 Abs. 4 AO können die Steuerbescheide noch in 07 erlassen werden.

5.3 Rechtsbehelfe

Der StPfl. kann mit Einspruch die unter dem Vorbehalt der Nachprüfung stehende Steuerfestsetzung angreifen; insoweit unterscheidet sich die Vorbehaltsfestsetzung nicht von einer

---

11 So auch ausdrücklich BFH GrS vom 17.12.2007 (BStBl II 2008, 608) zur Anwendung der neuen Rspr.-Grundsätze zur Vererbbarkeit von Verlustvorträgen: Demnach ist die bisherige gegenteilige Rspr. des BFH aus Gründen des Vertrauensschutzes weiterhin in allen Erbfällen anzuwenden, die bis zum Ablauf des Tages der Veröffentlichung dieses Beschlusses (dem 12.03.2008) eingetreten sind.
12 Dies gilt nach h. M. (*Rüsken* in *Klein*, § 164 Rz. 46) auch dann und erst recht, wenn sich Änderungen ergeben.

endgültigen Steuerfestsetzung. Möglich ist auch, dass er sich gegen den Steuerbescheid nur deshalb wendet, weil er den Vorbehaltsvermerk enthält. Die mit dem Vorbehalt verbundene Ungewissheit ist eine Beschwer i. S. v. § 350 AO. Eine isolierte Anfechtung des Vorbehalts – ohne den zugrunde liegenden Verwaltungsakt – ist hingegen nicht möglich, weil es sich um eine unselbständige Nebenbestimmung i. S. v. § 120 Abs. 1 AO handelt.

Die Änderung einer Vorbehaltsfestsetzung kann ohne jede Einschränkung angegriffen werden, weil der Vorbehaltsbescheid keine materielle Bestandskraft erlangt hat; **§ 351 Abs. 1 AO der auf unanfechtbare VA abstellt, ist insoweit nicht anwendbar.**

6 Vorläufige Steuerfestsetzung (§ 165 AO)

Eine vorläufige Steuerfestsetzung nach § 165 AO ist nur möglich, wenn **ungewiss** ist, ob oder inwieweit die Voraussetzungen für die Entstehung einer Steuer eingetreten sind. Dies ist aus Sicht des FA zu beurteilen. Die Ungewissheit muss sich auf den **Sachverhalt**, der unter das Gesetz subsumiert werden soll, beziehen. Sie kann **rechtlicher oder tatsächlicher Art** sein.

> **Beispiel 4: Der verunsicherte Finanzbeamte**
>
> Der Beamte B1 überprüft die Steuerakten des Bürgers B2. In der Anlage V stößt er auf erstmals erklärte Verluste i. H. v. 75 T€, die aus dem Erwerb einer Immobilie in Magdeburg resultieren. Der Vertrag und die Kalkulationsunterlagen begründen erhebliche Zweifel an der Überschusserzielungsabsicht, da die vereinbarte gerade noch kostendeckende Miete in der Zukunft kaum durchzusetzen sein wird. B1 überlegt, ob er den ESt-Bescheid des B2 vorläufig oder unter Vorbehalt der Nachprüfung veranlagen soll.

Zwar spricht das Gesetz von der vorläufigen Festsetzung der Steuer. Dies ist jedoch weit zu fassen. Beispielsweise kann auch die Feststellung der Besteuerungsgrundlagen vorläufig erfolgen. Anders als bei einer Steuerfestsetzung unter dem Vorbehalt der Nachprüfung, der immer den ganzen Steuerbescheid offenhält, kann eine **vorläufige Steuerfestsetzung** nicht den ganzen Bescheid, sondern nur **einen oder auch mehrere Aspekte** betreffen (vgl. § 165 Abs. 1 AO: »[…] Soweit […]«). Nur hinsichtlich der ungewissen Punkte ist die Festsetzung offen. Ob das FA einen oder mehrere Punkte eines Steuerbescheids für vorläufig erklärt, steht in seinem Ermessen. Im Steuerbescheid müssen Grund und Umfang der Vorläufigkeit angegeben (§ 165 Abs. 1 S. 3 AO) und die Vorläufigkeit begründet werden. Nach § 126 Abs. 1 Nr. 2 AO kann dies jedoch nachgeholt werden. Wird eine vorläufige Steuerfestsetzung geändert, muss im Änderungsbescheid vermerkt werden, ob und inwieweit dieser weiterhin vorläufig ist oder aber für endgültig erklärt wird (AEAO zu § 165 Nr. 5).

Während § 164 AO aus Vereinfachungsgründungen eine Steuerfestsetzung ohne eine eigentlich mögliche genauere Prüfung zulässt, kommt eine vorläufige Steuerfestsetzung nach § 165 AO bei **tatsächlichen Ermittlungsschwierigkeiten** in Betracht. Bei einer Steuerfestsetzung unter dem Vorbehalt der Nachprüfung kann das FA seine Rechtsauffassung grds. uneingeschränkt ändern. Die Änderung einer vorläufigen Steuerfestsetzung setzt hingegen stets voraus, dass sich der der Besteuerung zugrunde gelegte Sachverhalt als unzutreffend erweist.

6.1 Ungewissheit

§ 165 AO entbindet das FA nicht von seiner Aufklärungspflicht. Eine Ungewissheit i. S. v. § 165 AO ist deshalb nur dann anzunehmen, wenn die Zweifel im Zeitpunkt der Veranlagung nicht mit zumutbarem Aufwand beseitigt werden können.

Unsicherheiten bei der Auslegung eines Steuergesetzes begründen – abgesehen von den Fällen des § 165 Abs. 1 S. 2 Nr. 2 und 3 AO – keine **Ungewissheit rechtlicher Art** (AEAO zu § 165 Nr. 1). Jedoch rechtfertigen Zweifel an einer rechtlichen **Vorfrage der Besteuerung** eine vorläufige Steuerfestsetzung.

Nach § 165 Abs. 1 S. 2 Nr. 1 AO ist eine vorläufige Steuerfestsetzung auch möglich, wenn ein DBA nach seinem Inkrafttreten voraussichtlich rückwirkend anzuwenden sein wird. Auch verfassungsrechtliche Zweifel an einem dem Steuerbescheid zugrunde liegenden Steuergesetz lassen nach § 165 Abs. 1 S. 2 Nr. 3 AO eine vorläufige Steuerfestsetzung zu. § 165 Abs. 1 S. 2 Nr. 2 AO setzt hingegen voraus, dass das BVerfG bereits entschieden und den Gesetzgeber zu einer Neuregelung verpflichtet hat. Eine **Ungewissheit tatsächlicher Art** begründen beispielsweise Zweifel über den Wert eines WG.

Lösung:
Da es sich bei der Frage nach der Überschusserzielungsabsicht nur um eine Unsicherheit in der Steuererklärung des B2 handelt (sog. »innere Tatsache«) und somit auch kein feststehender Tatbestand vorliegt, ist für diese Frage § 165 AO das probate Mittel, um die Veranlagung offen zu halten.[13]

6.2 Umfang der Änderung; zeitliche Grenze

§ 165 AO ermöglicht die Änderung des Steuerbescheids, **soweit** die Vorläufigkeit reicht. Dabei kann der Bescheid nur aus solchen Gründen aufgehoben oder geändert werden, derentwegen er für vorläufig erklärt wurde.[14] Eine vorläufige Steuerfestsetzung kann jedoch nicht allein wegen einer veränderten steuerrechtlichen Beurteilung geändert werden (BFH vom 20.11.2012, BStBl II 2013, 359). Erklärt das FA z. B. die Steuerfestsetzung für vorläufig, weil es die Einkünfteerzielungsabsicht noch nicht abschließend beurteilen kann, so kann es bei der endgültigen Steuerfestsetzung auch die von der tatsächlichen Ungewissheit nicht betroffenen, aber zunächst hingenommenen rechtlichen Fehlbeurteilungen zur Abziehbarkeit von Werbungskosten ändern (BFH vom 24.02.2009, BFH/NV 2009, 889: Gegenstand der schriftlichen Prüfung 2012). § 176 AO und die Grundsätze von Treu und Glauben sind vom FA zu beachten.

Nach Eintritt der Festsetzungsverjährung (§ 169 AO) ist eine Änderung unzulässig. Jedoch ist § 171 Abs. 8 AO zu beachten: Die Festsetzungsfrist endet nicht vor Ablauf eines Jahres (bzw. nicht vor Ablauf von zwei Jahren in den Fällen des § 165 Abs. 1 S. 2 AO), nachdem die Ungewissheit beseitigt ist und die Finanzbehörde hiervon Kenntnis erhalten hat.

---

13 Ständige BFH-Rspr. (seit 08.07.1998, BStBl II 1998, 702 und zuletzt vom 25.11.2005, BFH/NV 2006, 484).
14 *Kühn/von Wedelstädt*, AO, § 165 Rz. 26 m. w. N.

6.3 Endgültige Veranlagung (§ 165 Abs. 2 AO)

Ein vorläufiger Bescheid kann jederzeit für endgültig erklärt werden (§ 165 Abs. 2 S. 1 AO). Ist die Ungewissheit entfallen, muss der Bescheid – mit oder ohne Änderung – für endgültig erklärt werden. Sofern keine Vorläufigkeit nach § 165 Abs. 1 S. 2 AO vorliegt, ist hierfür eine ausdrückliche Erklärung erforderlich. Deshalb bleibt ein Vorläufigkeitsvermerk auch dann wirksam, wenn ein auf eine andere Änderungsvorschrift gestützter Änderungsbescheid den Vermerk gem. § 165 AO nicht wiederholt (BFH vom 19.10.1999, BStBl II 2000, 282).

In den Fällen des § 165 Abs. 1 S. 2 AO wird – sofern der Bescheid nicht aus anderen Gründen zu ändern ist – der Steuerfall nur auf Antrag des StPfl. für endgültig erklärt. Dadurch soll der Verwaltungsaufwand möglichst gering gehalten werden. Die Vorläufigkeit entfällt in diesen Fällen mit Ablauf der Festsetzungsfrist (vgl. AEAO zu § 165 Nr. 7).

6.4 Rechtsbehelfsverfahren

Der Vorläufigkeitsvermerk ist eine unselbständige Nebenbestimmung (§ 120 AO). Er kann deshalb – ebenso wie der Vorbehalt der Nachprüfung gem. § 164 AO – **nicht isoliert** angefochten werden. Der StPfl. kann jedoch den Steuerbescheid mit der Begründung anfechten, dass die Aufnahme bzw. der Umfang des Vorläufigkeitsvermerks rechtswidrig sei. Wird der vorläufige Steuerbescheid unanfechtbar, kann sich der StPfl. nicht mehr auf die Rechtswidrigkeit des Vorläufigkeitsvermerks berufen.

7 Aufhebung und Änderung von Steuerbescheiden

7.1 Grundsätze zur Änderung

Die Vorschriften über die Aufhebung und Änderung von Steuerbescheiden haben eine überragende Relevanz in der schriftlichen Prüfung, zuletzt auch im Durchgang 2024; hier ist eine gründliche Vorbereitung dringend anzuraten! Für Steuerbescheide gelten nicht die §§ 130 und 131 AO, sondern die Sondervorschriften der §§ 172 ff. AO. Dies stellt § 172 Abs. 1 S. 1 Nr. 2 Buchst. d 2. HS AO ausdrücklich klar. Den Steuerbescheiden sind insoweit gleichgestellt:
- Freistellungsbescheide (§ 155 Abs. 1 S. 3 AO),
- Feststellungsbescheide (§ 181 Abs. 1 S. 1 AO),
- Steuermessbescheide (§ 184 Abs. 1 S. 3 AO),
- Zerlegungsbescheide (§ 185 AO),
- Zinsbescheide (§ 239 Abs. 1 S. 1 AO) u. a.

Eine Änderung nach §§ 172 ff. AO setzt voraus, dass der Bescheid **rechtswidrig** ist (vgl. Kap. 4.1): Bei rechtmäßigen Bescheiden besteht für eine Änderung kein Bedarf. Die Korrektur ist – ebenso wie die eigentliche Steuerfestsetzung – nur bis zum **Ablauf der Festsetzungsfrist zulässig** (§ 169 Abs. 1 S. 1 AO).[15] Geändert werden kann jedoch nur der Tenor

---

[15] Vor diesem Hintergrund drängt sich bei zahlreichen Prüfungsaufgaben folgender Prüfungsaufbau auf: zunächst Klärung der Frage, welche Korrekturvorschrift einschlägig ist und anschließend Überprüfung, ob für die Korrektur nach dieser Vorschrift die Festsetzungsverjährung noch nicht abgelaufen ist.

des Bescheides, also die Steuerfestsetzung als solche. Sind nur die Besteuerungsgrundlagen unzutreffend, ändert sich hierdurch aber die Steuerfestsetzung nicht, kommt eine Änderung nach §§ 172 ff. AO auch dann nicht in Betracht, wenn die Besteuerungsgrundlagen anderweitig – z. B. im Hinblick auf die Gewährung von Leistungen nach dem BAföG – von Bedeutung sind. Eine Ausnahme von diesem Grundsatz gilt für die gesonderte Feststellung der Besteuerungsgrundlagen nach §§ 179 ff. AO, da dort die Besteuerungsgrundlagen einen selbständig anfechtbaren Teil des Steuerbescheides bilden.

Vorläufige Bescheide und Bescheide unter dem Vorbehalt der Nachprüfung unterliegen nicht den Einschränkungen der §§ 172 ff. AO (so ausdrücklich § 172 Abs. 1 S. 1 2. HS AO: »soweit er nicht vorläufig oder unter Vorbehalt der Nachprüfung ergangen ist«). Nach dem Wortlaut des § 172 Abs. 1 S. 1 2. HS AO sind die Korrekturvorschriften der §§ 164 und 165 AO vorrangig zu prüfen (so auch BFH vom 10.05.2007, BStBl II 2007, 807). Enthält der zu ändernde Bescheid keine solche Nebenbestimmung oder ist die Nebenbestimmung – etwa infolge der Vorschrift des § 164 Abs. 4 AO – aufgrund von Zeitablauf entfallen, ist der Zugang zu den §§ 172 ff. eröffnet.

Beginnen Sie die Prüfung der Korrekturvorschriften daher immer mit der Frage, ob die vorrangigen Vorschriften der § 164 Abs. 2 AO und § 165 Abs. 2 AO einschlägig sind.

Hat die Finanzbehörde einen Änderungsbescheid auf eine nicht greifende Änderungsvorschrift gestützt, liegen jedoch die Voraussetzungen für eine Änderung nach einer anderen Bestimmung vor, kann auch **noch im gerichtlichen Verfahren** die angegebene **Rechtsgrundlage ausgetauscht** werden. In diesen Fällen ist lediglich die Begründung der vorgenommenen Änderung fehlerhaft, nicht aber die Änderung als solche. Für den Begründungsmangel gilt dann – wie bei sonstigen Verwaltungsakten auch – die Möglichkeit der Heilung nach § 126 Abs. 2 AO[16] auch im Einspruchsverfahren.

Nach § 172 AO **darf** das FA einen Steuerbescheid aufheben oder ändern. Es handelt sich also um eine Ermessensvorschrift. Andererseits ist das FA an das Gesetz gebunden, muss also die Steuer in zutreffender Höhe festsetzen. Aus Sicht des Bürgers besteht ein Anspruch auf ermessensfehlerfreie Entscheidung des FA. Im Übrigen werden die §§ 173 bis 175 AO durch die Verweisung in § 172 Abs. 1 Nr. 2 Buchst. d AO nicht zu Ermessensvorschriften. Der StPfl. kann gegen einen nach § 172 AO geänderten Bescheid Einspruch einlegen. Auch bei Ablehnung eines Antrags auf schlichte Änderung ist der Einspruch gegeben, da die Ablehnung selbst einen Steuerbescheid gem. § 155 Abs. 1 S. 3 AO darstellt.

Mehrmalige Korrekturen von Steuerbescheiden nach §§ 172 ff. AO – auch nach derselben Vorschrift – sind innerhalb der Festsetzungsverjährungsfrist zulässig. Außerdem sind die für Steuerbescheide geltenden Vorschriften auch dann anwendbar, wenn ein Bescheid bereits durch eine Einspruchsentscheidung bestätigt oder geändert wurde (§ 172 Abs. 1 S. 2 AO) oder eine Klage beim Finanzgericht anhängig ist (§ 110 Abs. 2 FGO). Nach Abschluss des Klageverfahrens scheidet eine Änderung aus, soweit die Rechtskraft des Urteils wirkt (§ 110 Abs. 1 FGO). Die Bindungswirkung bezieht sich auf den vom FG zugrunde gelegten tatsächlichen Sachverhalt und auf die hierzu angestellten rechtlichen Überlegungen.

---

16 Dieser heilbare formelle Begründungsmangel ist häufig Gegenstand der schriftlichen Prüfung. Wird der Mangel nicht geheilt, bleibt er im Ergebnis bei gebundenen Verwaltungsakten – also allen Steuerbescheiden – irrelevant (§ 127 AO), vgl. auch AEAO vor § 172 Tz. 5.

7.2 Die schlichte Änderung nach § 172 Abs. 1 Nr. 2 Buchst. a AO

Ein rechtswidriger Steuerbescheid kann geändert werden, wenn der StPfl. die Änderung beantragt oder ihr zumindest zustimmt. Antrag und Zustimmung können – anders als die Einlegung eines Einspruchs gem. § 357 AO – formlos erfolgen, also auch mündlich oder telefonisch, ja sogar konkludent erklärt werden.[17] Eine Änderung **zugunsten** des StPfl. ist jedoch nur dann möglich, wenn der Antrag bzw. die Zustimmung **innerhalb der Einspruchsfrist** erfolgt (zuletzt BFH vom 07.06.2018, BFH/NV 2018, 931). Wiedereinsetzung (§ 110 AO) ist möglich. Bis zur Bekanntgabe des Änderungsbescheids kann die Zustimmung widerrufen werden; später ist dies nicht mehr möglich.

> **Beispiel 5: »Versteckte und verschwiegene Fehler in der Erklärung«**
>
> Zwei Wochen nach Bekanntgabe des ESt-Bescheides überkommen S erhebliche Zweifel ob seiner Mitwirkungsmöglichkeiten bei der ESt-Veranlagung. S hat schlichtweg vergessen, Arbeitsmittel als WK geltend zu machen. Dies teilt er dem FA telefonisch mit.
>
> Die Bearbeiterin sieht sich daraufhin nochmals die Steuerakte an und berücksichtigt bei der Änderung des Bescheides zusätzlich außergewöhnliche Belastungen, die der Steuererklärung an anderer Stelle zu entnehmen waren.

Im Gegensatz zum Einspruch, der zur nochmaligen Gesamtaufrollung der Sachprüfung führt, erlaubt § 172 Abs. 1 Nr. 2 Buchst. a AO nur eine **punktuelle Änderung** des Bescheids (»soweit der Steuerpflichtige zustimmt [...]«). **Aus dem Änderungsantrag muss sich deshalb ergeben, inwieweit und aus welchem Grund der Bescheid geändert werden soll.**[18] Auch ist eine Erweiterung des Änderungsantrags nach Ablauf der Rechtsbehelfsfrist nicht mehr möglich. Das FA ist seinerseits an das fristgerechte Vorbringen des StPfl. gebunden; es kann die Steuerfestsetzung – anders als im Einspruchsverfahren – **nicht in vollem Umfang erneut überprüfen** (vgl. § 367 AO). Mit der beantragten Änderung nicht in sachlichen oder rechtlichen Zusammenhang stehende materielle Fehler der Steuerfestsetzung können aber ggf. nach § 177 AO mitberichtigt werden (vgl. Kap. 14).

Der Antrag auf schlichte Änderung verhindert nicht den Eintritt der Unanfechtbarkeit, er ist – mangels Suspensiveffekts – **kein Rechtsbehelf**. Anstelle der Aussetzung der Vollziehung (§ 361 AO) kommt deshalb bis zur Entscheidung über den Änderungsantrag allenfalls eine Stundung in Betracht. In Zweifelsfällen hat das FA im Wege der Auslegung zu ermitteln, ob der StPfl. Einspruch einlegen wollte oder eine schlichte Änderung beantragt hat; bleiben die **Zweifel auch nach der Auslegung bestehen, ist ein Einspruch anzunehmen**, da er die

---

17 Die Auslegung der Erklärung des StPfl. richtet sich – wie üblich – nach den gesetzlichen Auslegungsregeln in den §§ 133, 157 BGB. Hat ein StPfl. etwa Einspruch wegen unzutreffender Aufteilung des Gewinns nur für das Vorjahr eingelegt, beantragt er damit nicht – auch nicht konkludent – zugleich die Heraufsetzung der ESt für das Folgejahr (BFH vom 24.08.2008, BStBl II 2009, 35).

18 So BFH vom 22.05.2019 (BStBl II 2019, 647): Ein wirksamer Änderungsantrag muss das verfolgte Änderungsbegehren innerhalb der Monatsfrist zumindest in groben Zügen zu erkennen geben. Angaben zur rein betragsmäßigen Auswirkung der Änderung auf die Steuerfestsetzung sind für einen wirksamen Antrag weder erforderlich noch – für sich genommen – ausreichend.

Rechte des StPfl. umfassender wahrt als ein Korrekturantrag (AEAO vor § 347 Nr. 1 AO, häufiges Prüfungsproblem).[19]

Dem Antrag auf schlichte Änderung kann auch nur teilweise entsprochen werden. Anders als beim Einspruch ist jedoch eine »**Verböserung**« **ausgeschlossen**, eine **Saldierung** mit sonstigen Fehlern nach § 177 Abs. 2 AO hingegen **möglich**. In der Praxis kommt dem Antrag auf schlichte Änderung nur eine geringe Bedeutung zu. Andererseits ermöglicht es § 172 Abs. 1 Nr. 2 Buchst. a AO zusammen mit § 367 Abs. 2 S. 3 AO dem FA, das Rechtsbehelfsverfahren mit einem Abhilfebescheid zu erledigen. Ebenso ist eine schlichte Änderung in den Fällen möglich, in denen der zu ändernde Bescheid bereits durch eine Einspruchsentscheidung geändert oder bestätigt wurde. Dies wird in § 172 Abs. 1 S. 2 AO ausdrücklich klargestellt und ist insb. in Schätzungsfällen von Bedeutung, wenn die Steuererklärung erst nach Bekanntgabe der Einspruchsentscheidung, aber innerhalb der Klagefrist eingereicht wurde. Ein Klageverfahren ist in diesen Fällen entbehrlich (BFH vom 11.10.2017, BFH/NV 2018, 322).

Lösung:
- Im Rahmen der schlichten Änderung gem. § 172 Abs. 1 Nr. 2 Buchst. a AO sind die Arbeitsmittel als WK zu berücksichtigen.
- Anders sieht es mit den außergewöhnlichen Belastungen aus, da deren Berücksichtigung durch S nicht »angemahnt« wurde. Für eine Abhilfeentscheidung gem. § 367 Abs. 2 S. 3 AO fehlt es an einem formgerechten schriftlichen oder elektronischen Einspruch (§ 357 AO).

7.3 § 172 Abs. 1 Nr. 2 Buchst. b und c AO

Wegen der identischen Voraussetzungen wird bei der Änderung gem. § 172 Abs. 1 Nr. 2 Buchst. b und c AO auf die Ausführungen zu § 130 Abs. 2 Nr. 1 und 2 AO verwiesen. § 172 Abs. 1 Nr. 2 Buchst. c AO war in den vergangenen Jahren wiederholt Gegenstand der schriftlichen Prüfung, zuletzt 2015. Als zusätzliche Korrekturvorschrift kommt sie insb. in den Fällen der **Steuerhinterziehung** in Betracht, da hier immer der Tatbestand des unlauteren Mittels verwirklicht wurde (vgl. BFH vom 08.07.2015, BStBl II 2017, 13). Arglistige Täuschung i. S. d. § 172 Abs. 1 Nr. 2c AO ist die bewusste und vorsätzliche Irreführung, durch die die Willensbildung des FA unzulässig beeinflusst wird; dazu gehört auch das pflichtwidrige Verschweigen entscheidungserheblicher Tatsachen (BFH vom 28.03.2018, BFN/NV 2018, 1073). Wer bei solchen Fallkonstellationen direkt auf die meist ebenfalls einschlägige Änderungsvorschrift des § 173 Abs. 1 Nr. 1 AO zusteuert, ohne § 172 Abs. 1 Nr. 2 Buchst. c AO zu erwähnen, »verschenkt« leicht zu erzielende Wertungspunkte. Die Bearbeitungshinweise in den schriftlichen Prüfungsarbeiten verlangen diesbezüglich in aller Regel, sämtliche, alternativ anwendbare Änderungsvorschriften zu prüfen.

---

19 Ganz allgemein gilt, dass bei der Auslegung von Erklärungen des StPfl. gegenüber dem FA maßgebend ist, was bei objektiver Würdigung für die Behörde erkennbar geworden ist (z. B. BFH vom 29.10.2019, BStBl II 2020, 368). Dabei ist nicht nur die Erklärung selbst, sondern auch die objektive Erklärungsbedeutung des Gesamtverhaltens des Erklärenden einschließlich der Begleitumstände in die Auslegung einzubeziehen.

7.4 Aufhebung oder Änderung in sonstigen gesetzlich zugelassenen Fällen (§ 172 Abs. 1 Nr. 2 Buchst. d AO)

Nach der Rspr. ist die Aufhebung oder Änderung eines bestandskräftigen Steuerbescheides nur zulässig, soweit eine gesetzgeberische Wertentscheidung zugunsten der Durchbrechung der Bestandskraft klar erkennbar ist (BFH vom 09.08.1990, BStBl II 1991, 55). Neben den Änderungsvorschriften der AO (§ 129 AO, §§ 172 bis 175b AO) sind dies auch die Berichtigungsvorschriften in den Einzelsteuergesetzen (z. B. §§ 10d Abs. 1, 10a Abs. 5 S. 3, 34 f. Abs. 3 S. 5 EStG, § 32a KStG, § 35b GewStG, § 16 GrEStG).

8 Nachträgliches Bekanntwerden von Tatsachen oder Beweismitteln

§ 173 Abs. 1 AO ist die wichtigste und – mit Abstand – **prüfungsrelevanteste Korrekturvorschrift; sie ist Gegenstand nahezu jeder schriftlichen Prüfung, so auch 2018.** Danach sind Steuerbescheide zu ändern oder aufzuheben, soweit steuerlich relevante Tatsachen oder Beweismittel nachträglich bekannt werden. Die Aufhebung oder Änderung des Bescheids ist also **nicht in das Ermessen** des FA gestellt. Nach § 173 AO kann jedoch **keine Gesamtaufrollung** des Falles vorgenommen werden. Dies wird mit der Einschränkung »soweit« deutlich. Sonstige Fehler des Bescheids können nur i. R. d. § 177 AO berücksichtigt werden. Rechtfertigender Grund für die Durchbrechung der Bestandskraft nach § 173 AO ist nicht die Unrichtigkeit der Steuerfestsetzung, sondern der Umstand, dass das FA bei seiner Entscheidung von einem unvollständigen Sachverhalt ausgegangen ist.

8.1 Tatsachen und Beweismittel i. S. v. § 173 Abs. 1 AO

Von entscheidender Bedeutung für das Grundverständnis des § 173 Abs. 1 AO ist der **Begriff der Tatsachen.**

> **Beispiel 6: Schlussfolgerung oder Tatsache?**
>
> Im Prüfungszeitraum 01 bis 03 erhöht der Prüfer die HK einer Maschine im VZ 03 um 200 T€. Vor Abschluss der Prüfung reicht der StPfl. bereits die Steuererklärung für 04 ein, in der die HK der Maschine (zehnjährige ND, lineare AfA) nach wie vor mit 1 Mio. € angegeben sind. Noch vor der Auswertung des Prüfungsberichtes ergeht der Steuerbescheid für 04, in dem bei den gewerblichen Einkünften von einer AfA von 100 T€ für die Maschine ausgegangen wird.

Tatsache i. S. d. § 173 Abs. 1 AO ist alles, was Merkmal oder Teilstück eines Steuertatbestandes sein kann, also Zustände, Vorgänge, Beziehungen, Eigenschaften. Auch **innere Tatsachen** (z. B. die Absicht, Einkünfte bzw. Gewinne zu erzielen), die nur anhand äußerer Merkmale (sog. Hilfstatsachen) festgestellt werden können, gehören dazu. Die Schätzungsgrundlagen sind Tatsachen, die Schätzung selbst hingegen nicht. Der Gewinn ist keine Tatsache; nur die tatsächlichen Umstände, die für die Gewinnermittlung bedeutsam sind, sind Tatsachen. Keine Tatsachen sind Rechtsnormen und Schlussfolgerungen aller Art, insb. die steuerliche Würdigung eines Sachverhalts (BFH vom 28.06.2006, BFH/NV 2006, 2204). **Entscheidungen der Gerichte,** insb. auch des BVerfG beruhen auf rechtlichen Erwägungen und **stellen als juristische Subsumtion ebenfalls keine neuen Tatsachen i. S. d. § 173 AO** dar.[20] § 79 Abs. 2 BVerfGG stellt in diesem Zusammenhang ausdrücklich klar, dass nicht mehr anfechtbare (also bestandskräftige) Verwaltungsentscheidungen, die auf einer gem. § 78 BVerfGG für nichtig erklärten Norm beruhen, bestehen bleiben; dies gilt analog auch dann, wenn das BVerfG die Norm nicht für nichtig erklärt, aber eine bisher gehandhabte Auslegung für unvereinbar mit dem GG erklärt.[21]

Der Wert eines Gegenstandes ist keine Tatsache, er ergibt sich vielmehr aus den wertbegründenden Eigenschaften, die wiederum Tatsachen i. S. v. § 173 AO sind (z. B. die Baureife eines Grundstücks).

Tatsachen sind aber auch **vorgreifliche Rechtsverhältnisse** aus einem anderen Rechtsgebiet. Rechtsbegriffe wie Kauf, Miete, Pacht, Gewinnausschüttung usw. beinhalten eine Zusammenfassung von Tatsachen, die eine bestimmte rechtliche Wertung auslösen. Die Qualifikation als präjudizieller Rechtsbegriff oder präjudizielles Rechtsverhältnis kommt aber nur in Fällen in Betracht, in denen die Finanzbehörde keinerlei eigene rechtliche Erwägungen angestellt hat, sondern die Wertung des StPfl. nur als Faktum (»juristische Tatsache«) übernimmt. Nur wenn sich nachträglich ergibt, dass die vom FA **übernommene rechtliche Beurteilung des StPfl. unzutreffend** ist und der diesen Begriffen zugrunde liegende Sachverhalt rechtlich anders zu würdigen ist, kann der Steuerbescheid nach § 173 Abs. 1 AO aufgehoben oder geändert werden.

Das Urteil eines **Zivil- oder Verwaltungsgerichts** ist grds. keine neue Tatsache i. S. v. § 173 AO. Nur wenn durch den Tatbestand eines Urteils, dem insoweit Beweiskraft zukommt, Tatsachen nachträglich bekannt werden oder wenn sich aus der Entscheidung ergibt, dass ein präjudizieller Rechtsbegriff anders zu würdigen ist, kommt eine neue Tatsache und somit eine Änderung nach § 173 AO in Betracht.[22]

Beweismittel ist jedes Erkenntnismittel, das für die Aufklärung eines steuergesetzlichen Sachverhalts geeignet ist (vgl. auch § 92 AO). Es muss geeignet sein, das Vorliegen oder Nichtvorliegen von Tatsachen zu beweisen. Auch ein Sachverständigengutachten kann danach ein Beweismittel sein. Es rechtfertigt jedoch dann die Aufhebung oder Änderung eines Bescheids nicht, wenn es lediglich zu einem anderen Ergebnis kommt, also Schlussfolgerungen enthält und nicht Tatsachen beweist.

Die neuen Tatsachen oder Beweismittel müssen – für sich betrachtet oder im Zusammenhang mit anderen Tatsachen – **rechtserheblich** sein. Diese Voraussetzung liegt vor, wenn das FA bei Kenntnis der Tatsache oder des Beweismittels schon bei der ursprünglichen Veranlagung mit an Sicherheit grenzender Wahrscheinlichkeit zu einem **höheren oder niedrigeren steuerlichen Ergebnis** gelangt wäre (ständige Rspr., zuletzt etwa BFH vom 21.01.2015, BFH/NV 2015, 815). Hierbei sind die damalige Rspr. und Verwaltungsanweisungen entscheidend, die mutmaßliche subjektive Beurteilung des zuständigen Sachbearbeiters ist dagegen unerheblich. Eine Änderung wegen einer nachträglich bekannt gewordenen Tatsache kommt demnach auch dann nicht in Betracht, wenn sich die nachträglich bekannt gewordene Tatsache zunächst wegen Zusammenveranlagung nicht ausgewirkt hatte (BFH vom 14.10.2009, BStBl II 2010, 533). Bei einem Feststellungsbescheid ist auf den festgestell-

---

20 BFH vom 12.05.2009, BStBl II 2009, 891; *Kühn/von Wedelstädt*, § 173 AO, Rz. 3; ständiges Prüfungsproblem (zuletzt 2012).
21 BFH vom 28.06.2006, DStR 2006, 1836 m. w. N.
22 *Klein/Rüsken*, § 173 Rz. 26; *von Wedelstädt* in *Beermann*, § 173 Rz. 10.

ten Betrag abzustellen.[23] Nicht ausreichend für eine Änderung nach § 173 AO ist, dass aufgrund neuer Tatsachen ein bisher als feststehend betrachteter Sachverhalt zweifelhaft wird. Neue Tatsachen können bei einer oder mehreren Steuerarten rechtserheblich sein, sie können sich in einem oder mehreren Veranlagungszeiträumen auswirken. In den Vergleich, ob die nachträglich bekannt gewordene Tatsache der Erzielung von Einkünften aus Kapitalvermögen zu einer höheren (§ 173 Abs. 1 Nr. 1 AO) oder einer niedrigeren (§ 173 Abs. 1 Nr. 2 AO) Steuer führt, ist im Rahmen der Günstigerprüfung gemäß § 32d Abs. 6 EStG nicht nur die festgesetzte ESt, sondern auch die durch den Abzug vom Kapitalertrag abgegoltene ESt einzubeziehen (BFH vom 25.03.2021, BStBl II 2023, 166).

Lösung:
- Als relevante, wertbegründende Tatsache ist die Höhe der AK für die Maschine anzusehen, da mit ihr die AfA-BMG (rechtlich erhebliche Tatsache) festgelegt wird. Die (neue) AfA ist damit eine Tatsache und keine Schlussfolgerung.
- Beim Erlass des Bescheides für den VZ 04 war dem Veranlagungsbeamten diese Tatsache nicht bekannt (s. Kap. 8.2). Die Kenntnis des Außenprüfers ist ihm nicht zuzurechnen.
- Der Steuerbescheid für den VZ 04 muss nach § 173 Abs. 1 Nr. 2 AO korrigiert werden und führt zu einer niedrigeren Steuer für den StPfl.

8.2 Nachträgliches Bekanntwerden

Tatsachen oder Beweismittel werden dann »nachträglich« bekannt, wenn sie den für die Steuerfestsetzung **zuständigen Beamten** (Vorsteher, Sachgebietsleiter, Sachbearbeiter) nach Abschluss der Willensbildung (= abschließende Zeichnung) bekannt werden. Ein Sachverhalt kann nur dann »nachträglich bekannt werden«, wenn er im Zeitpunkt der Veranlagung bereits vorliegt, das FA aber nichts davon weiß.

Grds. ist die **tatsächliche Kenntnis** entscheidend. Kenntnisse eines Außen- oder Fahndungsprüfers oder anderer Stellen im FA sind der Veranlagungsstelle nicht zuzurechnen. Jeder Stelle im FA sind nur die Tatsachen bekannt, die sich aus den bei ihr geführten Akten für den jeweiligen StPfl. ergeben[24] (BFH vom 12.03.2019, BFH/NV 2019, 1057). Erfolgt im automatisierten Verfahren nach der abschließenden Zeichnung noch eine materiell-rechtliche Kontrolle des Steuerbescheids, ist dieser Zeitpunkt maßgebend. Eine bloße Plausibilitätskontrolle reicht jedoch nicht aus.

Beispiel 6a: Widerruf der Zustimmung um Realsplitting allgemein bekannt?
Der Widerruf der Zustimmung zum Realsplitting kann gem. § 10 Abs. 1 Nr. 1 S. 4 EStG sowohl gegenüber dem für den Unterhalt leistenden Ehegatten zuständigen FA als auch gegenüber dem für den Unterhalt empfangenden Ehegatten zuständigen FA erklärt werden. Sind innerhalb eines FA verschiedene Bezirke für die Bearbeitung der Ehegatten zuständig, stellt sich die Frage, ob dessen

---

23 Bei der einheitlichen und gesonderten Feststellung kommt es für die Frage, ob eine nachträglich bekannt gewordene Tatsache i. S. d. § 173 Abs. 1 AO zu einer höheren oder niedrigeren »Steuer« führt, nur auf die Änderungen der Besteuerungsgrundlagen an. Die Auswirkungen in den Folgebescheiden sind nicht maßgeblich. Ob sich die Besteuerungsgrundlagen erhöhen oder verringern, ist nicht für die Gesellschaft insgesamt, sondern für jeden Feststellungsbeteiligten getrennt zu beurteilen (BFH vom 24.06.2009, BStBl II 2009, 950).
24 Die Veranlagungsstelle muss sich also nur die Tatsachen zurechnen lassen, die sich aus ihren Akten, nicht aber beispielsweise aus den Akten der GrESt-Stelle oder der BP ergeben.

Wissen nicht i. S. d. § 173 Abs. 1 Nr. 1 AO dem für den Unterhaltsleistenden zuständigen Bezirk zugerechnet werden muss, insb. wenn der für den Empfänger zuständige Bezirk pflichtwidrig nicht zeitnah eine Kontrollmitteilung angefertigt hat.

Lösung: Nach § 173 Abs. 1 Nr. 1 AO sind Steuerbescheide zu ändern, soweit Tatsachen oder Beweismittel nachträglich bekannt werden, die zu einer höheren Steuer führen. Dem FA ist es jedoch verwehrt, solche nachträglich bekannt gewordenen Tatsachen oder Beweismittel zu verwerten, die es bei gehöriger Erfüllung der Ermittlungspflicht nach § 88 AO schon vor der Steuerfestsetzung hätte feststellen können, sofern der StPfl. seinerseits seine Mitwirkungspflichten voll erfüllt. Hier ist dem FA der Widerruf der Zustimmung erst nachträglich bekannt geworden i. S. d. Vorschrift des § 173 Abs. 1 Nr. 1 AO. Das Wissen des Veranlagungsbeamten, der für den Leistungsempfänger zuständig ist, kann dem für die Veranlagung des Leistenden zuständigen Beamten nicht zugerechnet werden; dass der für den Leistungsempfänger zuständige Beamte pflichtwidrig keine Kontrollmitteilung gefertigt hat, ändert hieran nichts.

Führt das FA die Veranlagung ohne Beiziehung der Akten durch, muss es sich dennoch den Inhalt der Akten zurechnen lassen. Der Akteninhalt wird dann als bekannt unterstellt. Ergeben sich die Tatsachen aus älteren, bereits archivierten Akten, sind sie bekannt i. S. v. § 173 AO, wenn besondere Umstände ihre Hinzuziehung verlangen (BFH vom 12.03.2019, BFH/NV 2019, 1057).

Beispiel 7: Der zweite Änderungsbescheid

Im VZ 01 wird ursprünglich eine AfA (§ 4 Abs. 4 EStG) für einen Betriebs-Pkw angesetzt, da das FA von einer betrieblichen Nutzung von 15 % ausgeht. Entsprechend werden die laufenden Pkw-Kosten zu 15 % berücksichtigt.

Aufgrund einer späteren schriftlichen Befragung des StPfl. ermittelt das FA einen betrieblichen Nutzungsgrad von 8 % und verneint den BA-Abzug für den Pkw. Ein geänderter Bescheid ergeht, demzufolge nur noch 8 % der laufenden Pkw-Kosten (laut Fahrtenbuch: 1 km = 1 €) als BA anerkannt werden. Es ergeht ein geänderter Bescheid für den VZ 01.

Nach einem Bearbeiterwechsel im FA erkennt der neue Beamte beim Durchblättern der Steuerakten sofort, dass von den 8 % betrieblicher Pkw-Kosten in 01 die Hälfte auf Fahrten zwischen Wohnung und Betriebsstätte entfiel. Kann nochmals ein geänderter Bescheid für den VZ 01 ergehen?

Bei Erlass eines **Änderungsbescheids** muss das FA die bis dahin bekannt gewordenen Tatsachen berücksichtigen. Unklare Sachverhalte müssen zuvor ermittelt werden (§ 88 AO). Allerdings braucht das FA eindeutigen Steuererklärungen nicht mit Misstrauen zu begegnen. Es kann von deren Richtigkeit und Vollständigkeit ausgehen.[25] **Nur bei Zweifeln und Unklarheiten muss das FA ermitteln.** Zudem muss auch der StPfl. seinerseits seine Mitwirkungspflicht erfüllt haben. Haben sowohl StPfl. als auch FA den Sachverhalt nicht ausreichend aufgeklärt, trifft i. d. R. den StPfl. die Verantwortung (BFH vom 10.11.2009, BFH/NV 2010, 602). Der Steuerbescheid kann deshalb nach § 173 AO geändert werden. Verletzt hingegen nur das FA seine **Ermittlungspflicht** und bleiben ihm deshalb Tatsachen unbekannt, kann es auf diese nicht später eine Änderung nach § 173 AO stützen. Verletzt das FA seine Aufklärungspflicht und der StPfl. die ihm obliegende Mitwirkungspflicht, steht der Änderung des Steuerbescheides gem. § 173 Abs. 1 Nr. 1 AO der Grundsatz von Treu und Glauben nur dann

---

25 BFH vom 07.07.2004, BStBl II 2004, 911; *Tipke/Kruse*, § 173 Rz. 65.

entgegen, wenn der Verstoß des FA die Pflichtverletzung des StPfl. deutlich überwiegt (BFH vom 21.02.2017, BStBl II 2017, 745). Anders verhält es sich aber, wenn die Änderung allein nach § 175 Abs. 1 S. 1 Nr. 1 AO erfolgt. Die Auswertung eines Grundlagenbescheids zwingt das FA allerdings nicht zu einer sachlichen Prüfung des zu ändernden Bescheids (vgl. BFH vom 18.12.2014, BFH/NV 2015, 714). Ist das FA im Rahmen der Änderung eines Steuerbescheids zur (umfassenden) Berücksichtigung aller bis dahin bekannt gewordenen Tatsachen nicht verpflichtet, bleibt eine Änderung nach § 173 AO möglich. Davon ist insb. bei der Änderung eines Steuerbescheids nach § 175 Abs. 1 S. 1 Nr. 1 AO und in Fällen des § 165 Abs. 1 S. 2 Nr. 3 AO auszugehen (BFH vom 18.12.2014, BStBl II 2017, 4).

Wird nach der Steuerfestsetzung ein Einspruchsverfahren durchgeführt, ist für die Frage, ob Tatsachen nachträglich bekannt geworden sind, auf den Erlass der **Einspruchsentscheidung** abzustellen (BFH vom 21.02.1991, BStBl II 1991, 496 – str.). Die Rechtsbehelfsstelle muss sich in diesem Fall die Kenntnisse der Veranlagungsstelle zurechnen lassen. Schließt sich ein **Klageverfahren** an, müssen Tatsachen, die den Streitgegenstand betreffen, nach Schluss der mündlichen Verhandlung bekannt geworden sein.

Einmal bekannt gewordene Tatsachen werden durch den Wechsel in der Zuständigkeit des FA oder durch einen Bearbeiterwechsel nicht wieder unbekannt, wenn sich die Tatsachen aus den Akten ergeben. Jedoch darf sich das FA nicht zum Nachteil des StPfl. auf sein eigenes Verschulden berufen. Bei § 173 Abs. 1 Nr. 2 AO kann deshalb eine Tatsache dann nicht als bekannt gelten, die der zuständige Bearbeiter lediglich hätte kennen können oder kennen müssen.

Nachträglich, d. h. nach der Steuerfestsetzung entstandene Tatsachen fallen nicht unter § 173 AO. § 173 AO und § 175 AO schließen sich deshalb gegenseitig aus. § 173 AO greift, wenn Tatsachen bei Erlass des Bescheids zwar vorhanden, aber nicht bekannt waren. § 175 Abs. 1 S. 1 Nr. 2 AO kommt zur Anwendung, wenn die Tatsachen nachträglich entstehen.

> **Lösung:**
> - Fraglich ist, ob eine zweite Berichtigung wegen neuer Tatsachen möglich ist, die zu einer höheren Steuer führt. Die erste bereits durchgeführte Berichtigung führte zu einer höheren Steuer gem. § 173 Abs. 1 Nr. 1 AO, da die rechtserhebliche Tatsache (Pkw = kein Betriebs-WG, sondern ein WG des notwendigen PV und damit keine AfA) erst im Rahmen der schriftlichen Befragung festgestellt wurde.
> - Die beabsichtigte zweite Änderung für den VZ 01 mit dem pauschalierten BA-Ansatz für den Entfernungskilometer (§ 4 Abs. 5 Nr. 6 EStG) würde zu einer nochmals erhöhten Steuer für den StPfl. führen und ist ebenfalls auf § 173 Abs. 1 Nr. 1 AO zu stützen.
> - Fraglich kann hier schon sein, ob überhaupt eine neue Tatsache vorliegt, die nicht bereits der aufmerksame Erstbearbeiter hätte wissen müssen. Dabei stellt man bei § 173 AO grds. auf die **tatsächliche Kenntnis** und nicht auf das Kennen-Müssen ab. Eine Ausnahme wiederum wird vom BFH jedoch für **aktenkundige** Tatsachen gemacht. Unterstellt man, dass der Erstbearbeiter die angefallenen Fahrten zwischen Wohnung und Betriebsstätte nicht aus den Akten erkennen konnte, so liegt eine neue Tatsache vor.
> - Für die nochmalige Berücksichtigung einer neuen Tatsache im zweiten Änderungsbescheid hat der BFH am 13.09.2001 (BStBl II 2002, 2) jedoch entschieden, dass eine zweite Änderung nach § 173 Abs. 1 Nr. 1 AO dann ausgeschlossen ist, wenn die Tatsache beim ersten Änderungsbescheid bereits hätte berücksichtigt werden müssen.
> - M. a. W. wird bei der beabsichtigten **zweiten Änderung zulasten** des StPfl. auf das **Kennen-Müssen** beim ersten Änderungsbescheid abgestellt.

8.3 Verwertung rechtswidrig ermittelter Tatsachen

Im Rahmen des § 173 AO ist es grds. gleichgültig, wie das FA von den Tatsachen und Beweismitteln Kenntnis erlangt hat. Wurden die Tatsachen bei einer Außenprüfung festgestellt, deren Prüfungsanordnung durch ein Gericht aufgehoben wurde, können sie nicht verwertet werden. Die Prüfung kann allerdings wiederholt werden, wenn die Prüfungsanordnung lediglich wegen eines Formfehlers aufgehoben wurde. Die dann ermittelten Tatsachen können auch bei § 173 AO berücksichtigt werden. Ebenso dürfen Feststellungen der Außenprüfung, die außerhalb des Prüfungszeitraums liegende Sachverhalte betreffen, berücksichtigt werden.

8.4 Erster Hauptfall: Aufhebung oder Änderung zuungunsten des Steuerpflichtigen (§ 173 Abs. 1 Nr. 1 AO)

Eine Aufhebung oder Änderung des Bescheids zuungunsten des StPfl. setzt lediglich das nachträgliche Bekanntwerden neuer Tatsachen oder Beweismittel voraus, die zu einer höheren Steuer führen. Die festzusetzende Steuer – der sog. Tenor des Steuerbescheides gem. § 155 Abs. 1 S. 1 AO – ist dabei entscheidend. Bei der einheitlichen und gesonderten Feststellung ist auf die Änderungen der Besteuerungsgrundlagen abzustellen; dies ist nicht für die Gesellschaft insgesamt, sondern für jeden einzelnen Feststellungsbeteiligten getrennt zu beurteilen (BFH vom 24.06.2009, BStBl II 2009, 950).

Wird nachträglich bekannt, dass Einkünfte aus einer Einkunftsart nicht erklärt wurden, ist auf die Höhe dieser Einkünfte (nicht etwa getrennt auf Betriebseinnahmen und Betriebsausgaben) abzustellen. Werden innerhalb einer Einkunftsart **selbständige Erwerbsgrundlagen** (d.h. eine neue Einkunftsquelle, z.B. ein weiteres Mietshaus) nachträglich bekannt, ist das daraus erzielte Ergebnis eine einheitliche Tatsache i.S.v. § 173 AO. Entscheidend ist immer, ob einzelne Einnahmen bzw. Aufwendungen oder aber ein in sich abgeschlossener einheitlicher Lebenssachverhalt nachträglich bekannt werden, vgl. AEAO zu § 173 Tz. 6.2.

Soll ein Schätzungsbescheid nach § 173 AO geändert werden, müssen sämtliche Umstände gewürdigt und so festgestellt werden, ob die nachträglich bekannt gewordenen Tatsachen (z.B. die nach Ablauf der Rechtsbehelfsfrist eingereichte Steuererklärung) zu einer höheren oder niedrigeren Steuer führen. Bei einer Schätzung von Einkünften aus einer bestimmten Einkunftsart gilt als nachträglich bekannt gewordenen Tatsache die tatsächliche Höhe dieser Einkünfte (BFH vom 02.11.2007, BFH/NV 2008, 190).

Die Aufhebung und Änderung des Bescheids muss immer vor Ablauf der Festsetzungsfrist (§§ 169 ff. AO) erfolgen. Im Falle einer Änderung zuungunsten des StPfl. trägt das FA die objektive Beweislast (**Feststellungslast**) für das nachträgliche Bekanntwerden.[26]

8.5 Zweiter Hauptfall: Aufhebung oder Änderung zugunsten des Steuerpflichtigen (§ 173 Abs. 1 Nr. 2 AO)

Die neuen Tatsachen oder Beweismittel, die zu einer niedrigeren Steuer führen, können auch vom StPfl. geltend gemacht werden. Ihn darf jedoch **kein grobes Verschulden** am nachträglichen Bekanntwerden der Tatsachen und Beweismittel treffen. Bei dieser Prüfung ist der

---

26 BFH vom 22.11.2006, BFH/NV 2007, 395.

Zeitraum bis zur Bestandskraft des Steuerbescheids einzubeziehen (BFH vom 16.09.2004, DStR 2004, 2100[27]). Erkennt der StPfl. während der Einspruchsfrist den Fehler des Steuerbescheids, muss er deshalb Einspruch einlegen und kann nicht nach Eintritt der Bestandskraft eine Änderung nach § 173 AO verlangen.

Bezugspunkt für das grobe Verschulden i. S. d. § 173 Abs. 1 Nr. 2 AO, das bei Vorsatz oder grober Fahrlässigkeit vorliegt, ist die Verletzung von Mitwirkungs- und Erklärungspflichten. Wer seine Mitwirkungs- und Erklärungspflichten kennt und ihre Verletzung will oder bewusst in Kauf nimmt oder die ihm nach seinen persönlichen Verhältnissen und Fähigkeiten zumutbare Sorgfalt in ungewöhnlich großem Maße und in nicht entschuldbarer Weise verletzt, handelt vorsätzlich bzw. grob fahrlässig (BFH vom 03.12.2009, BStBl II 2010, 531). Der StPfl. muss die Steuererklärungsformulare sorgfältig lesen und ausfüllen. Bei Zweifelsfragen muss er sich um Klärung durch Rückfrage beim FA bemühen (BFH vom 14.10.2009, DStR 2010, 109).

Ob grobes Verschulden vorliegt, ist somit grds. anhand der **individuellen Fähigkeiten und Kenntnisse** des StPfl. zu ermitteln. Eine allgemeine Rechtspflicht, vor dem Ausfüllen der Steuererklärungen fachkundigen Rat einzuholen, besteht nicht. Mangelnde steuerrechtliche Kenntnisse eines StPfl. ohne einschlägige Ausbildung begründen kein grobes Verschulden. Die objektive **Beweislast** für das grobe Verschulden trägt das FA. **Sinn und Zweck** der durch § 173 Abs. 1 Nr. 2 S. 1 AO bewirkten Einschränkung der Änderungsmöglichkeit bei grobem Verschulden ist, dass der StPfl. motiviert werden soll, der Finanzbehörde den steuerlich relevanten Sachverhalt rechtzeitig, d. h. bereits in der Steuererklärung sorgfältig und vollständig darzustellen, und zwar insb. in Bezug auf solche Tatsachen und Beweismittel, die geeignet sind, seine Steuerbelastung zu mindern. Nachlässiges und oberflächliches Verhalten soll zu seinen Gunsten nicht mehr korrigierbar sein.

Grobes Verschulden liegt immer dann vor, wenn der StPfl. keine Steuererklärung einreicht und deshalb geschätzt werden muss. Nach Ziff. 5.1.2 zu § 173 AEAO soll grobes Verschulden »im Allgemeinen« auch angenommen werden können, wenn allgemeine Grundsätze der Buchführung (§§ 145 – 147 AO) verletzt oder ausdrückliche Hinweise in – dem StPfl. zugegangenen – Vordrucken, Merkblättern oder sonstigen Mitteilungen der Finanzbehörden nicht beachtet wurden. Grobes Verschulden i. S. d. § 173 Abs. 1 Nr. 2 AO ist dann nicht gegeben, wenn die Abgabe einer unvollständigen Steuererklärung allein auf einem subjektiv entschuldbaren Rechtsirrtum beruht. Allerdings muss auch ein StPfl., dem einschlägige steuerrechtliche Kenntnisse fehlen, im Steuererklärungsformular ausdrücklich gestellte Fragen beantworten und dem Steuererklärungsformular beigefügte Erläuterungen mit der von ihm zu erwartenden Sorgfalt lesen und beachten. Dies gilt jedenfalls dann, wenn solche Fragen und Hinweise ausreichend verständlich sowie klar und eindeutig sind. Auch muss der StPfl. sich ihm aufdrängenden Zweifelsfragen nachgehen (BFH vom 09.11.2011, BFH/NV 2012, 588). Der Begriff des Verschuldens ist unabhängig von der Form der Erklärungsabgabe – auf Papier oder elektronisch – gleich auszulegen. Dabei ist das schlichte Vergessen des Übertrags selbst ermittelter Besteuerungsgrundlagen in die entsprechende Anlage zur ESt-Erklärung grds. nicht grob fahrlässig i. S. eines groben Verschuldens (BFH vom 10.02.2015, BStBl II 2017, 7).

Im Mai 2013 sorgte eine Entscheidung des BFH für Aufsehen, in der sich die Rspr. grds. zum groben Verschulden bei **ELSTER-Erklärungen** äußerte: nach BFH vom 16.05.2013 (Az.: III R 12/12) trifft den StB grobes Verschulden am nachträglichen Bekanntwerden von Tatsa-

---

27   Kritisch hierzu *Tiedtke/Szczesny*, Anwendungsbereich der Änderungsvorschrift des § 173 Abs. 1 Nr. 2 AO bei verschuldeter Versäumung der Einspruchsfrist, DStR 2005, 1122.

chen, die Voraussetzung für die Gewährung eines Entlastungsbetrages für Alleinerziehende sind, wenn er dem steuerlich unerfahrenen Mandanten lediglich eine komprimierte ESt-Erklärung zur Prüfung aushändigt, **ohne den für die Abgabe einer vollständigen Erklärung maßgebenden Sachverhalt zu ermitteln.** Damit nimmt er dem StPfl. die Möglichkeit, die darin enthaltenen Angaben auf Vollständigkeit und Richtigkeit hin zu prüfen.

Ob die Vermutung, der StPfl. könne den Entwurf des StB auf Vollständigkeit und Richtigkeit hin überprüfen, in der Praxis realistisch ist, darf allerdings bezweifelt werden.

Ob damit ein grobes Verschulden des StB immer dann anzunehmen ist, wenn der StB den für die Abgabe einer vollständigen Erklärung maßgebenden Sachverhalt – auch ohne entsprechende Anhaltspunkte für eine steuerrelevante Auswirkung – selbst nicht vollständig ermittelt, hat der BFH offengelassen.

Einheitliche Kriterien, welche Kenntnisse beim StPfl. vorausgesetzt werden können, welche Nachforschungen er anstellen muss bzw. in welchen Fällen er grob fahrlässig handelt, wenn er keine fremde Hilfe (Steuerberater) in Anspruch nimmt, lassen sich aus der Rspr. nicht ableiten. In jedem Fall kommt es auf die besonderen Verhältnisse des Einzelfalles an. Auch die Kompliziertheit des Steuerrechts ist bei der Frage des groben Verschuldens zu beachten. **Grobes Verschulden** wurde von der Rspr. z. B. **bejaht,** wenn der StPfl.

- **eine im Erklärungsvordruck ausdrücklich gestellte Frage nicht beantwortet** (BFH vom 28.04.2020, Az.: VI R 24/17, nicht veröffentlicht). Das grobe Verschulden entfällt in diesem Fall auch dann nicht, wenn dem FA Versäumnisse bei der Aufklärung des Sachverhalts unterlaufen sind (BFH vom 23.10.2002, BFH/NV 2003, 441);
- nicht überprüft, ob die Angaben aus seiner Handakte oder dem Entwurf seiner Steuererklärung in die für das FA bestimmte Ausfertigung vollständig und richtig übertragen wurden (BFH vom 30.01.1997, BFH/NV 1997, 385);
- zur Erstellung einer Steuererklärung einen StB beauftragt und diesem Unterlagen vorenthält, die steuerlich relevant sein können (BFH vom 09.11.2011, BFH/NV 2012, 588);
- den Antrag auf Verlustabzug nach § 10d EStG nicht rechtzeitig stellt (BFH vom 27.04.1994, BFH/NV 1994, 867 und vom 09.05.2001, BFH/NV 2001, 1627[28]);
- einen Verlust aus Gewerbebetrieb nicht erklärt und sich bei der Erstellung der Erklärung einer Person bedient, die zur Hilfe in Steuersachen nicht befugt ist (BFH vom 01.10.1993, BStBl II 1994, 346);
- die von seinem Berater erstellte Erklärung unterschreibt, obwohl ihm bei Durchsicht Unstimmigkeiten hätten auffallen müssen (BFH vom 28.06.1983, BStBl II 1984, 2);
- seine Steuererklärung nicht daraufhin überprüft, ob alle wesentlichen Erwerbsgrundlagen dem FA mitgeteilt werden, selbst wenn er beruflich stark in Anspruch genommen ist (BFH vom 08.12.1998, BFH/NV 1999, 743);
- in seiner Erklärung unzutreffende oder unvollständige Angaben macht (BFH vom 03.12.2009, BStBl II 2010, 531);
- Unterlagen nicht vorlegt, deren steuerliche Bedeutung ihm bekannt ist; dies gilt auch dann, wenn er die Frist zur Abgabe der Steuererklärung versäumt und den Erlass eines

---

28   In dieser Entscheidung hat der BFH nochmals die beiden Wege aufgezeigt, um einen behaupteten Verlust – entgegen der finanzamtlichen Behandlung – verfahrensrechtlich durchzusetzen:
• entweder über das isolierte Verlustfeststellungsverfahren gem. § 10d Abs. 4 S. 4 f. EStG
• oder im (zeitlichen!) Rahmen der Einspruchsfrist gegen den ESt-Bescheid.

Schätzungsbescheids veranlasst. Das Verschulden wirkt dann bis zur Bestandskraft des Schätzungsbescheides fort (BFH vom 16.09.2004, BStBl II 2005, 122).

Grobes Verschulden wurde hingegen **verneint**, wenn der StPfl.
- Angaben zu einem im Erklärungsvordruck nicht vorgesehenen Punkt unterlässt (BFH vom 09.11.2011, AO-StB 2012, 109);
- keine Steuererklärung abgibt, weil er annimmt, der Begriff »Gewinn« setze Einnahmen voraus (BFH vom 23.01.2001, BStBl II 2001, 379); mit dieser Argumentation kann folglich eine unterlassene Verlustberücksichtigung noch nachgeholt werden;
- Zahlungen an einen Handwerker wegen Nichtdurchführung eines Vertrages nicht als WK bei den Einkünften aus Vermietung und Verpachtung geltend macht (BFH vom 21.09.1993, BFH/NV 1994, 100);
- vorab entstandene Schuldzinsen nicht als WK bei Vermietung und Verpachtung geltend macht (BFH vom 10.08.1988, BStBl II 1989, 131);
- Einnahmen als angestellter Chefarzt aus der Erbringung wahlärztlicher Leistungen im Rahmen der ESt-Erklärung irrtümlich sowohl bei den Einkünften aus selbständiger Arbeit als auch bei den Einkünften aus nichtselbständiger Arbeit erklärt, weil weder der Chefarzt noch sein StB erkannt haben und nach den Umständen des Streitfalls auch nicht erkennen mussten, dass diese Einnahmen bereits dem LSt-Abzug unterlegen haben (BFH vom 18.04.2023, Az.: VIII R 9/20).

Die oben zitierten Entscheidungen machen deutlich, dass sich der StPfl. gründlich mit den Erklärungsvordrucken auseinandersetzen muss, auch wenn diese oftmals unübersichtlich, kompliziert und schwer verständlich sind. Der Begriff des Verschuldens i. S. v. § 173 Abs. 1 Nr. 2 AO bei elektronisch gefertigten Steuererklärungen ist nicht anders auszulegen als bei schriftlich gefertigten Erklärungen (BFH vom 13.03.2014, BFH/NV 2014, 1347). Außerdem hat der StPfl. nicht nur sämtliche steuerlich relevante Unterlagen seinem steuerlichen Berater zuzuleiten, er muss zudem die vom Berater erstellte Erklärung einschließlich Richtigkeit und Vollständigkeit überprüfen. Mit der Lebenswirklichkeit hat diese Rspr. nur wenig zu tun.

Ehegatten, die zusammenveranlagt werden, müssen sich das grobe Verschulden des anderen als eigenes zurechnen lassen (BFH vom 25.04.2006, BStBl II 2007, 220). Der StPfl. hat auch für das grobe **Verschulden seines Vertreters, insb. seines StB, einzustehen**. Dieser allgemeine Rechtsgedanke des Verfahrensrechts ist bei § 173 AO – anders als bei § 110 AO – zwar nicht ausdrücklich geregelt, wird aber von Verwaltung (AEAO zu § 173 Nr. 5.4) und Rspr. gleichwohl angewandt.[29] Ob diesen grobes Verschulden trifft, ist nach den o. a. Grundsätzen zu prüfen. Berücksichtigt werden muss aber, dass beim StB die sachgemäße Anwendung der steuerrechtlichen Vorschriften und eine sorgfältige Sachverhaltsermittlung erwartet werden kann. Bei einem steuerlichen Berater kann grobes Verschulden auch dann vorliegen, wenn er nicht rechtzeitig Einspruch gegen einen objektiv unrichtigen Steuerbescheid einlegt (BFH vom 25.11.1993, BStBl II 1984, 256).

---

29 Zuletzt BFH vom 03.12.2009 (BStBl II 2010, 531): Einem StB kann ein grobes Verschulden – das dann dem Mandanten zugerechnet wird – am nachträglichen Bekanntwerden von Zahnbehandlungskosten zulasten fallen, wenn er es unterlässt, seinen Mandanten nach solchen Aufwendungen zu fragen.

8.6 Dritter Hauptfall: Zusammenhang zwischen steuererhöhenden und steuermindernden Tatsachen (§ 173 Abs. 1 Nr. 2 S. 2 AO)

Das Verschulden des StPfl. ist dann unbeachtlich, wenn die steuermindernden Tatsachen oder Beweismittel in einem **Zusammenhang mit steuererhöhenden Tatsachen** oder Beweismitteln stehen (§ 173 Abs. 1 Nr. 2 S. 2 AO). Dieser Zusammenhang ist nach der Rspr. des BFH vom 19.10.2009 (BFH/NV 2010, 169) gegeben, wenn der **steuererhöhende Vorgang nicht ohne den steuermindernden Vorgang denkbar** wäre. Von der Rspr. sind folgende Fälle des untrennbaren Zusammenhangs entschieden worden:

- Die in einem Schätzungsbescheid nicht erfassten VSt-Beträge stehen mit nachträglich bekannt gewordenen Umsätzen (nur) insoweit in Zusammenhang, als sie zur Ausführung dieser Leistungen verwendet wurden (Gegenstand der schriftlichen Prüfung 2010).
- Wird ein ESt-Bescheid nach § 173 AO geändert, weil aufgrund einer Kontrollmitteilung ein Spekulationsgewinn nachträglich bekannt wird, können auch die damit zusammenhängenden WK berücksichtigt werden. Sonderausgaben oder außergewöhnliche Belastungen kann der StPfl. hingegen nicht geltend machen.

Erforderlich ist nur ein **sachlicher Zusammenhang,** nicht auch ein zeitlicher (BFH vom 19.10.2009, AO-StB 2010, 40).

> **Beispiel 8: Der vergessliche Hinterzieher**
>
> Ein StPfl. erzielt aus dem Verkauf eines Grundstücks im Jahr 01 einen nicht erklärten Spekulationsgewinn. Die Maklerprovision für die Vermittlung des Grundstücksgeschäfts bezahlt er erst im Jahr 02.
>
> **Variante:** Nachdem der Bescheid für 02 bestandskräftig wurde, erinnert sich der StPfl. an die Provisionszahlung.
>
> **Lösung:** Die bestandskräftigen ESt-Veranlagungen können im Ausgangsfall für beide Jahre geändert werden. Die Änderung des Jahres 01 erfolgt gem. § 173 Abs. 1 Nr. 1 AO. Der Bescheid für das Jahr 02 kann – ohne Rücksicht auf etwa vorliegendes grobes Verschulden – nach § 173 Abs. 1 Nr. 2 S. 2 AO geändert werden.
>
> In der **Variante** greift hingegen § 173 Abs. 1 Nr. 2 S. 2 AO nicht ein, da die Änderung nach § 173 Abs. 1 Nr. 1 AO bereits bestandskräftig ist (BFH vom 13.01.2005, BStBl II 2005, 451).

§ 173 Abs. 1 Nr. 2 S. 2 AO ist gem. § 181 Abs. 1 S. 1 AO sinngemäß auf einen Gewinnfeststellungsbescheid einer PersG anzuwenden, wenn sich eine gegenläufige Änderung (§ 173 Abs. 1 Nr. 1 AO) aus einem anderen Bescheid (z. B. dem ESt-Bescheid für einen feststellungsbeteiligten G'fter) ergibt (BFH vom 17.12.2020, BStBl II 2021, 197).

Bei einer Änderung nach § 173 Abs. 1 Nr. 2 S. 2 AO sind die steuermindernden Tatsachen nicht nur bis zur steuerlichen Auswirkung der steuererhöhenden Tatsachen, sondern uneingeschränkt und ohne Rücksicht auf das Unterschreiten bisher festgesetzter Steuerbeträge zu berücksichtigen (BFH vom 30.10.1986, BFH/NV 1987, 353). Besteht kein Zusammenhang zwischen steuermindernden und steuererhöhenden Tatsachen, kommt eine Berichtigung von materiellen Fehlern nur noch gem. § 177 AO in Betracht (vgl. auch Kap. 14).

8.7 Änderungssperre nach einer Außenprüfung

Steuerbescheide, die aufgrund einer Außenprüfung (§§ 193 ff. AO) ergangen sind, haben eine **erhöhte Bestandskraft**. Sie können nur aufgehoben oder geändert werden, wenn eine Steuerhinterziehung (§ 370 AO) oder leichtfertige Steuerverkürzung (§ 378 AO) vorliegt. Diese Regelung beruht auf der Überlegung, dass die Finanzbehörde bei der Außenprüfung alle entscheidungserheblichen Tatsachen ermitteln kann. Werden ihr erst nach der Auswertung der Prüfungsergebnisse neue Tatsachen bekannt, hat sie insoweit ihr Änderungsrecht verwirkt. Die Änderungssperre wirkt zulasten wie zugunsten des StPfl. (BFH vom 18.08.1988, BStBl II 1988, 932). **Beachten Sie:** Die Änderungssperre gilt für den Steuerbescheid, der aufgrund der Außenprüfung ergeht, also für den »neuen« Bescheid (häufiger Fehler in Prüfungsarbeiten).

Außenprüfung i. S. v. § 173 Abs. 2 AO sind alle Prüfungen i. S. d. §§ 193 ff. AO, d. h. auch eine gem. § 203 AO abgekürzte Außenprüfung. Auch die Mitteilung nach § 202 Abs. 1 S. 3 AO, dass die Außenprüfung zu keiner Änderung der Besteuerungsgrundlagen geführt hat, führt zur Änderungssperre nach § 173 Abs. 2 AO, ebenso wie eine Lohnsteuer-Außenprüfung nach den §§ 42 f. EStG (BFH vom 07.02.2008, BStBl II 2009, 703). Eine normale Fahndungsprüfung bewirkt hingegen keine Änderungssperre (BFH vom 11.12.1997, BStBl II 1998, 367)[30], ebenso wenig eine betriebsnahe Veranlagung. USt-Sonderprüfungen sind zwar Außenprüfungen i. S. d. § 173 Abs. 2 AO; eine Änderungssperre lösen sie aber nur aus, wenn die daraufhin ergangenen Bescheide endgültigen Charakter haben, also nicht nur Vorauszahlungen oder Voranmeldungen betreffen (BFH vom 07.12.2006, BStBl II 2007, 420).

Die Änderungssperre greift nur insoweit, als der Bescheid aufgrund der Außenprüfung ergangen ist. Beschränkt die Prüfungsanordnung den Umfang der Außenprüfung, greift der erhöhte Bestandsschutz ebenfalls nur insoweit. Der Umfang der Änderungssperre richtet sich somit allein nach der Prüfungsanordnung. Das tatsächliche Prüfungsverhalten ändert hieran nichts. Die Änderungssperre nach § 173 Abs. 2 AO verbietet ausschließlich eine Aufhebung oder Änderung des Steuerbescheids nach § 173 AO. Besteht der Vorbehalt der Nachprüfung nach Abschluss der Außenprüfung fort oder greifen andere Änderungsvorschriften, steht der erhöhte Bestandsschutz einer entsprechenden Änderung nicht entgegen (BFH vom 18.08.2009, BFH/NV 2010, 161).

Ein **erhöhter Bestandsschutz greift** auch dann **nicht**, wenn die Tatbestandsvoraussetzungen der **Steuerhinterziehung oder leichtfertigen Steuerverkürzung** vorliegen. In diesen Fällen ist der StPfl. nicht schutzwürdig. Nicht erforderlich ist, dass der StPfl. wegen der Steuerhinterziehung bestraft wird. Eine Änderung der Steuerfestsetzung ist deshalb auch dann möglich, wenn eine Selbstanzeige vorliegt (§ 371 AO), wenn Verfolgungsverjährung eingetreten ist (§ 384 AO) oder ein sonstiges Prozesshindernis vorliegt (vgl. AEAO zu § 173 Nr. 7). Der StPfl. muss die Steuerhinterziehung oder leichtfertige Steuerverkürzung auch nicht selbst begangen haben (BFH vom 14.12.1993, BStBl II 1995, 293). Es genügt, wenn ein Dritter zu seinen Gunsten die Tat begangen hat, selbst wenn der StPfl. hiervon nichts wusste.

---

30 Ausnahmsweise führt die Ermittlung des Sachverhalts durch die Steuerfahndung zur Änderungssperre nach § 173 Abs. 2 AO, wenn die Steuerfahndung eine Außenprüfung nach § 208 Abs. 2 Nr. 1 AO durchführt (AEAO zu 173 Nr. 8.4). In erster Linie ist es allerdings Aufgabe der Steuerfahndung, gem. § 208 Abs. 1 Nr. 1 AO Steuerstraftaten und -ordnungswidrigkeiten zu erforschen. Hier ist es also entscheidend, aufgrund welcher gesetzlichen Grundlage die Steuerfahndung tätig wird. Für den Ablauf der Festsetzungsfrist ist diese Unterscheidung unerheblich, da alternativ § 171 Abs. 4 S. 1 AO oder § 171 Abs. 5 S. 1 AO einschlägig ist.

9 Schreib- oder Rechenfehler bei Erstellung einer Steuererklärung

Schreib- und Rechenfehler können genauso wie ähnliche offenbare Unrichtigkeiten nach § 129 AO nur dann innerhalb der Festsetzungsfrist berichtigt werden, wenn sie dem FA »**beim Erlass**« des VA unterlaufen. Damit scheiden Fehler des StPfl. als Grund für eine Berichtigung grds. aus, es sei denn, das FA übernimmt eine in der Erklärung oder einer beigefügten Anlage enthaltene offenbare Unrichtigkeit als eigene (sog. Übernahmefehler).

Durch den neuen, seit Anfang 2017 geltenden § 173a AO wird eine langjährige Diskussion im Interesse des StPfl. zum Abschluss gebracht, da nunmehr eine Korrektur von Steuerbescheiden auch dann vorgeschrieben ist, soweit **dem StPfl.** bei Erstellung seiner Erklärung Schreib- oder Rechenfehler (nicht auch andere offenbare Unrichtigkeiten!) unterlaufen sind und er deshalb rechtserhebliche Tatsachen nicht mitteilt. Betroffen davon sind insb. Fehler bei der Datenerfassung über das ELSTER-Verfahren. Fehler oder Unvollständigkeiten im Rahmen der Datenübertragung an das FA – z. B. bei Abbruch der Internetverbindung oder Fehlern der genutzten Software – werden von der Vorschrift nicht erfasst (BFH vom 27.04.2022, Az.: IX B 57/21). Ein »Verklicken« beim Import von steuerlichen Daten in das ELSTER-Portal ist ebenfalls kein nach § 173a AO korrigierbarer Schreibfehler (BFH vom 18.07.2023, BStBl II 2024, 90).

Die Ablaufhemmung für die Festsetzungsfrist nach § 171 Abs. 2 AO bei offenbaren Unrichtigkeiten wird auf die Fälle des § 173a AO n. F. erweitert (§ 171 Abs. 2 S. 2 AO n. F.).

10 Widerstreitende Steuerfestsetzungen

§ 174 AO bietet die Möglichkeit, Vor- und Nachteile auszugleichen, die sich durch inhaltlich einander widersprechende Steuerfestsetzungen ergeben (vgl. AEAO, Nr. 1 zu § 174). In den Fällen des § 174 Abs. 1 und 2 AO besteht der Widerstreit in der Doppelberücksichtigung von Tatsachen (**positiver Widerstreit**), in den Fällen des § 174 Abs. 3 und 4 AO sind steuerlich relevante Tatsachen überhaupt nicht berücksichtigt worden (**negativer Widerstreit**). Wie § 173 AO lässt auch § 174 AO keine »Gesamtaufrollung« des Steuerfalles zu. Andere Fehler können nur im Rahmen des § 177 AO berichtigt werden.

Die Bestandskraft der kollidierenden Bescheide ist grds. ohne Bedeutung. Wurde der Bescheid aber schon gerichtlich bestätigt, kommt eine Änderung nach § 174 AO nur dann in Betracht, wenn der widerstreitende Sachverhalt nicht Gegenstand des Verfahrens war (z. B. wenn mit der Klage die Berücksichtigung zusätzlicher BA geltend gemacht wird und das Gericht nicht prüft, ob eine geleaste Maschine dem Kläger zuzurechnen ist). Die Festsetzungsverjährung ist grds. zu beachten (vgl. aber Kap. 10.1 a. E.).

10.1 § 174 Abs. 1 AO: Mehrfache Berücksichtigung desselben Sachverhalts zuungunsten des Steuerpflichtigen

Der Korrekturtatbestand des § 174 Abs. 1 AO setzt voraus, dass ein bestimmter Sachverhalt zu Unrecht mehrfach **in verschiedenen Steuerbescheiden** berücksichtigt wurde. § 174 Abs. 1 AO liegt nur dann vor, wenn die mehrfache Berücksichtigung des streitigen Sachverhalts zueinander in einem wechselseitigen Ausschließlichkeitsverhältnis stehen, das jeweils die weitere Berücksichtigung desselben Sachverhalts bei einem anderen StPfl., bei einer anderen Steuerart oder in einem anderen Veranlagungszeitraum denkgesetzlich ausschließt

(BFH vom 21.09.2016, BStBl II 2017, 143). Unter **Sachverhalt** ist der **einheitliche Lebensvorgang** zu verstehen, an den das Gesetz steuerliche Folgen knüpft (BFH vom 20.03.2020, BStBl II 2020, 463). Diese Voraussetzung liegt beispielsweise vor, wenn
- dieselbe Einnahme oder dasselbe Wirtschaftsgut mehreren StPfl. zugeordnet wird;
- ein Vorgang bei demselben StPfl. in verschiedenen Veranlagungszeiträumen zur selben Steuer herangezogen wird;
- mehrere FÄ gegen denselben StPfl. für dieselbe Steuer und denselben Besteuerungszeitraum Steuerbescheide erlassen.

Der Sachverhalt i. S. v. § 174 AO kann auch aus zeitlich auseinanderliegenden Ereignissen bestehen: Dann handelt es sich bei den verschiedenen Ereignissen um den für die Besteuerung maßgeblichen Sachverhaltskomplex (BFH vom 14.01.2010, BStBl II 2010, 586). Nicht von § 174 Abs. 1 AO erfasst werden hingegen die Fälle falscher Periodenabgrenzung. Hier wird der Sachverhalt zwar falsch, aber nicht doppelt berücksichtigt. Das ESt-Recht kennt auch kein Korrespondenzprinzip. Nach § 174 Abs. 1 AO kann deshalb nicht die unterschiedliche steuerliche Würdigung von Verträgen oder Leistungsbeziehungen bei den Beteiligten berichtigt werden (vgl. BFH vom 20.09.1995, BFH/NV 1996, 288 zum Wechselspiel von § 10 Abs. 1 Nr. 1a EStG und § 22 Nr. 1 EStG). So liegt ein Widerstreit zwischen einem inländischen und einem ausländischen Steuerbescheid etwa auch dann nicht vor, wenn derselbe Sachverhalt im Ausland bei der BMG für die Steuer und im Inland im Rahmen des Progressionsvorbehalts hätte berücksichtigt werden können (BFH vom 20.03.2020, BStBl II 2020, 463).

Häufig ist nicht eindeutig festzustellen, welcher der zu demselben Sachverhalt ergangenen Steuerbescheide falsch ist. So können z. B. in Leasingfällen Gründe für die Zurechnung eines WG zum einen, aber auch zum anderen StPfl. sprechen. Der AEAO sieht deshalb in Ziffer 3 zu § 174 vor, dass in Fällen, in denen der StPfl. nur einen Antrag auf Änderung des rechtmäßigen Steuerbescheids gestellt hat, dieser **Antrag** allgemein als Antrag auf Beseitigung der widerstreitenden Festsetzung zu behandeln ist.

Liegen die Voraussetzungen für eine Änderung nach § 174 AO vor, hat der Betroffene hierauf einen **Rechtsanspruch** (BFH vom 14.03.2012, BStBl II 2012, 653). Ist die Festsetzungsfrist bereits abgelaufen, kann der Bescheid noch innerhalb eines Jahres nach Eintritt der Unanfechtbarkeit des anderen Steuerbescheids geändert werden (§ 174 Abs. 1 S. 2 AO).

10.2 § 174 Abs. 2 AO: Mehrfache Berücksichtigung desselben Sachverhalts zugunsten des Steuerpflichtigen

Die Vorschrift regelt in entsprechender Anwendung des § 174 Abs. 1 AO die Fälle, in denen ein bestimmter Sachverhalt mehrfach zugunsten eines StPfl. oder mehrerer StPfl. berücksichtigt wurde. Die Aufhebung oder Änderung nach Abs. 2 ist aber **nicht antragsgebunden.** Andererseits ist hier das Vertrauensschutzprinzip zu beachten. Die Aufhebung oder Änderung eines Steuerbescheids ist nur dann zulässig, wenn die mehrfache Berücksichtigung auf einen Antrag oder eine Erklärung des StPfl. zurückzuführen ist. Auch formlose Mitteilungen und Auskünfte sowie Erklärungen, die ein Dritter für den StPfl. abgegeben hat, fallen unter die Vorschrift (vgl. AEAO zu § 174 Nr. 4). Legt der StPfl. dem FA aber den zutreffenden Sachverhalt dar und zieht daraus nur die falschen rechtlichen Folgerungen, die das FA übernimmt, ist die fehlerhafte Festsetzung nicht auf seine Erklärung zurückzuführen. Eine Änderung nach § 174 Abs. 2 AO scheidet aus.

10.3 § 174 Abs. 3 AO: Nichtberücksichtigung eines Sachverhalts

Die Vorschrift regelt den Fall, dass ein Sachverhalt (s. Kap. 10.1) in der erkennbaren Annahme, dass er nur Bedeutung für eine andere Steuer, einen anderen VZ oder einen anderen StPfl. habe, überhaupt nicht berücksichtigt wurde (sog. Kausalitätsprüfung).[31] Ein anderer Steuerbescheid i. S. dieser Vorschrift kann auch ein Feststellungsbescheid sein. Ob eine tatsächliche oder rechtliche Fehlbeurteilung vorliegt, ist unbeachtlich (BFH vom 19.12.2013, AO-StB 2014, 199).

Beispiel 9: Zweimal nichts

WK werden im Jahr 01 nicht berücksichtigt, weil das FA – für den StPfl. erkennbar – der Auffassung ist, dass sie erst im Jahr 02 abzugsfähig seien (§ 11 Abs. 2 S. 2 EStG). Diese Annahme stellt sich nachträglich als unzutreffend heraus.

Lösung: Die Änderung des bestandskräftigen Bescheids des Jahres 01 ist möglich. Die Festsetzungsverjährung ist jedoch zu beachten.

Kommt das FA zu der Auffassung, dass ein Sachverhalt steuerlich überhaupt nicht relevant ist, greift § 174 Abs. 3 AO nicht, wenn sich diese Annahme später als unzutreffend erweist. Auch wenn das FA einen Sachverhalt nicht unberücksichtigt lässt, sondern die Rechtslage falsch würdigt, scheidet § 174 Abs. 3 AO aus. Der die Änderungsmöglichkeit legitimierende Vertrauensschutzgedanke greift auch dann nicht, wenn der Betroffene die Möglichkeit hat, gegen die Auffassung des FA vorzugehen. Erfährt der StPfl. während des Einspruchsverfahrens, dass eine anderweitige Berücksichtigung eines bestimmten Sachverhalts nicht in Betracht kommt, und nimmt er die Möglichkeit, gegen die geänderte Auffassung des FA vorzugehen, nicht wahr, findet § 174 Abs. 3 AO folgerichtig keine Anwendung (BFH vom 06.12.2006, BStBl II 2007, 238).

Nach § 174 Abs. 3 AO muss der Sachverhalt für den StPfl. **erkennbar** unberücksichtigt geblieben sein. Nicht erforderlich ist, dass sich dies aus den Erläuterungen zum Steuerbescheid ergibt. Ausreichend ist vielmehr, dass für den StPfl. bei verständiger Würdigung aus den Gesamtumständen (z. B. aus den Angaben in seiner Erklärung, denen das FA offensichtlich folgt) ersichtlich ist, dass der Sachverhalt in diesem Bescheid nur deshalb unberücksichtigt bleibt, weil in einem anderen Bescheid steuerliche Folgerungen gezogen werden sollen. Umstritten ist, ob eine Änderung **zugunsten** des StPfl. nach § 174 Abs. 3 AO voraussetzt, dass die Nichtberücksichtigung eines Sachverhalts für ihn erkennbar war.[32] Da die Forderung der Erkennbarkeit in der gesetzlichen Regelung eindeutig Ausfluss des Vertrauensschutzes ist, ist m. E. bei nachträglichen Änderungen zugunsten des StPfl. auf die mangelnde Erkennbarkeit nicht abzustellen. Im Beispiel 9 zu § 174 AO wäre deshalb m. E. der Steuerbescheid für 01 in jedem Fall nach § 174 Abs. 3 AO änderbar.

Die Nachholung, Aufhebung bzw. Änderung steht trotz des Wortlauts »kann« nach der Rspr. **nicht im Ermessen** des FA (BFH vom 13.11.1985, BStBl II 1986, 241). § 173 Abs. 2 AO steht einer Änderung nach § 174 Abs. 3 AO nicht entgegen.

---

31 So fehlt es nach BFH vom 29.05.2001 (BFH-PR 2001, 386 – Ambros-Scheinrenditen) an der Kausalität, wenn die Nichtberücksichtigung des Sachverhalts auf Unkenntnis des FA beruhte.
32 Vgl. *Klein*, AO, 7. Aufl., § 174 Rz. 44 m. w. N.

10.4 § 174 Abs. 4 AO

§ 174 Abs. 4 AO ergänzt die Regelung des § 174 Abs. 3 AO um die Fälle, in denen eine Steuerfestsetzung auf Antrag oder im Rechtsbehelfsverfahren zugunsten des StPfl. geändert worden ist. Die in einem anderen Steuerbescheid gezogenen steuerlichen Folgerungen, die sich nun im Nachhinein als unzutreffend erwiesen haben, sollen – gegebenenfalls unter Durchbrechung der Bestandskraft (vgl. § 174 Abs. 4 S. 3 AO) – rückgängig gemacht werden. Der **Grundsatz von Treu und Glauben** prägt § 174 Abs. 4 AO in besonderem Maße.

Durch § 174 AO soll das FA die Möglichkeit erhalten, in bestimmten Fällen der materiellen Richtigkeit Vorrang einzuräumen, indem vermieden wird, dass Steuerfestsetzungen bestehen bleiben, die inhaltlich zueinander im Widerspruch stehen (vgl. BFH vom 25.10.2016, BStBl II 2017, 287). Die Regelung bezweckt den Ausgleich einer zugunsten des StPfl. eingetretenen Änderung; derjenige, der erfolgreich für seine Rechtsansicht gestritten hat, muss auch die damit verbundenen Nachteile hinnehmen. Wie der BFH entschieden hat, regelt die Vorschrift die verfahrensrechtlichen (inhaltlichen) Folgerungen aus einer vorherigen Aufhebung oder Änderung eines Steuerbescheids auf Antrag des StPfl. zu dessen Gunsten (BFH vom 24.04.2008, BStBl II 2009, 35 m. w. N.). Diese Aufhebung oder Änderung löst sodann »nachträglich« die Rechtsfolge des § 174 Abs. 4 AO aus, dass ein anderer Bescheid erlassen oder geändert werden kann. Die Vorschrift zieht somit die verfahrensrechtliche Konsequenz daraus, dass der andere Bescheid nunmehr eine »widerstreitende Steuerfestsetzung« enthält, wie sie § 174 AO nach seiner Überschrift voraussetzt. § 174 Abs. 4 S. 1 AO schafft nach ständiger Rspr. des BFH eine gegenüber den Regelungen des § 174 Abs. 1 bis Abs. 3 AO **eigenständige Änderungsnorm**, die nicht auf die Fälle der alternativen Erfassung eines bestimmten Sachverhalts beschränkt ist.

> **Beispiel 10: Wer einmal irrt, ...**
> Der USt-Bescheid des Jahres 12 wird aufgrund des Einspruchs des StPfl. mit der Begründung geändert, verschiedene Umsätze seien bereits im Jahr 11 angefallen.
>
> Kann der Bescheid für 11 nach § 174 Abs. 4 AO geändert werden?

Das Gesetz will den StPfl. auch dann an seinem Rechtsstandpunkt festhalten, wenn dies in anderer Hinsicht – also bei nicht angefochtenen Verwaltungsakten – zu nachteiligen steuerlichen Konsequenzen für ihn führt. Dies kann im Ergebnis sogar zu einer »Verböserung« führen (BFH vom 26.10.1989, BStBl II 1990, 373). Die Folgeänderungen nach Abs. 4 müssen sich nicht auf dieselbe Steuerart beziehen (z. B. Änderung des GrESt-Bescheids führt zu Folgeänderung bei Schenkungsteuerbescheid). Die richtigen Folgerungen können auch in mehreren Bescheiden gezogen werden. Sofern Dritte nach Abs. 5 (vgl. Kap. 10.5) beteiligt waren, kann sich die Folgeänderung auch auf diese beziehen. Es muss aber immer ein anderer Steuerbescheid betroffen sein.[33] Im selben Steuerbescheid können Folgeänderungen nach Abs. 4 niemals vor-

---

33 § 174 Abs. 4 S. 1 AO bleibt selbst dann anwendbar, wenn der Saldo zwischen den Auswirkungen zugunsten und der Änderung zuungunsten des StPfl. zu einer Steuermehrbelastung führt. Das Gesetz fordert – anders als bei § 367 Abs. 2 AO – nicht einmal einen Verböserungshinweis, denn die ursprüngliche Änderung ist stets eine Änderung zugunsten des StPfl. (BFH vom 19.05.2005, BStBl II 2005, 637).

genommen werden. Neben der Änderung ist nach § 174 Abs. 4 AO auch der erstmalige Erlass eines Steuerbescheids – u. U. nach Eintritt der Festsetzungsverjährung – möglich.

Es reicht nicht aus, dass das FA beim Erlass des Bescheids den Sachverhalt übersehen hat. **Es muss ihn tatsächlich, aber falsch beurteilt haben.** Wie bei § 174 Abs. 3 AO kann der Fehler im tatsächlichen wie im rechtlichen Bereich liegen.

Anders als bei § 174 Abs. 1 bis 3 AO muss die Berücksichtigung des Sachverhalts in einem Bescheid dessen Berücksichtigung in einem anderen Steuerbescheid nicht denkgesetzlich ausschließen. Das FA muss nur die im Rechtsbehelfs- oder Änderungsverfahren gewonnenen Erkenntnisse in einem anderen Bescheid umsetzen. Gleiches gilt gem. § 174 Abs. 4 S. 2 AO für die Erkenntnisse aus einem **gerichtlichen Verfahren**. Hier ist das FA bei der Änderung nach § 174 Abs. 4 AO nicht an die Rechtsauffassung des Gerichts gebunden (BFH vom 21.10.1993, BStBl II 1994, 385). § 174 Abs. 4 AO greift aber nicht, wenn der ursprüngliche Bescheid **nichtig** war. Die »richtige steuerliche Folgerung« muss sich aus der – durch den Antrag oder Einspruch resultierenden – Beurteilung des »bestimmten Sachverhalts« ergeben. Unter dem Begriff »Sachverhalt« in § 174 Abs. 4 AO sind nicht nur einzelne Tatsachen, sondern einheitliche Lebensvorgänge, an die das Gesetz bestimmte steuerrechtliche Folgen knüpft, zu verstehen.[34] Es muss sich aber immer um einen Zustand, einen Vorgang, eine Beziehung, bzw. eine Eigenschaft materieller oder immaterieller Art handeln, die ihrerseits Merkmal oder Teilstück eines gesetzlichen Tatbestands ist (BFH vom 26.02.2002, BStBl II 2002, 450). Die Anwendung der einen oder anderen Schätzungsmethode ist aber kein »Sachverhalt«. Hier geht es darum, rechtliche Folgerungen aus einem mehr oder weniger vollständig aufgeklärten bzw. aufklärbaren Sachverhalt zu ziehen. Hat deshalb das FA aufgrund eines Rechtsbehelfs einen Schätzungsbescheid unter Anwendung einer für den StPfl. günstigeren Schätzungsmethode geändert, können andere Veranlagungszeiträume, in denen diese Schätzungsmethode zu höheren Steuern führt, nicht nach § 174 Abs. 4 AO geändert werden (BFH vom 26.02.2002, BStBl II 2002, 450).

Andere Gründe dürfen nicht berücksichtigt werden. Werden die steuerlichen Folgen innerhalb der Jahresfrist des S. 3 gezogen, ist der Ablauf der **Festsetzungsfrist** bei der Änderung gem. § 174 Abs. 4 AO grds. unschädlich. War jedoch die Festsetzungsfrist für den nach Abs. 4 zu ändernden Bescheid bei Erlass des später geänderten oder aufgehobenen Steuerbescheids bereits abgelaufen, ist die Änderung nur unter den Voraussetzungen des § 174 Abs. 3 S. 1 AO möglich (vgl. § 174 Abs. 4 S. 4 AO).

Lösung:
Der Bescheid für 11 kann gem. § 174 Abs. 4 AO geändert werden. Der Sachverhalt im Jahr 11 kann gem. § 174 Abs. 4 S. 3 AO noch innerhalb eines Jahres nach Aufhebung oder Änderung des Bescheids 12 berücksichtigt werden. War jedoch im Zeitpunkt der Festsetzung 12 die Festsetzungsfrist für 11 bereits abgelaufen, ist die Änderung nur dann möglich, wenn die Umsätze bei der Festsetzung 11 erkennbar in der Annahme nicht berücksichtigt wurden, dass sie im Jahr 12 zu berücksichtigen sind.

---

34 *Von Wedelstädt* in *Beermann*, § 174 Rz. 15 f und Rz. 94 m. w. N.

10.5 § 174 Abs. 5 AO

Abs. 5 erweitert die Änderungsbefugnis des Abs. 4 gegenüber **Dritten**. Voraussetzung ist aber, dass diese an dem **Verfahren**, das zur Berichtigung des fehlerhaften Steuerbescheids geführt hat, **beteiligt** waren. Die Dritten müssen also nach § 360 AO hinzugezogen oder gem. § 60 FGO beigeladen worden sein (BFH vom 18.02.2009, BStBl II 2010, 109). Liegen die Voraussetzungen dieser Vorschriften nicht vor, kann der Dritte auch nach § 174 Abs. 5 S. 2 AO beteiligt werden, wenn ihm gegenüber zu diesem Zeitpunkt die Festsetzungsfrist seines Steuerbescheids noch nicht abgelaufen war (zuletzt BFH vom 18.02.2009, BStBl II 2009, 876). § 174 Abs. 5 AO greift immer dann, wenn ein zunächst unrichtig beurteilter Sachverhalt beim StPfl. und einem Dritten korrespondierende Rechtsfolgen hat.

> **Beispiel 11: Ein Unglück kommt selten allein**
> Im finanzgerichtlichen Verfahren wird einem StPfl. die Unternehmereigenschaft abgesprochen.
>
> **Lösung:** Bei den Leistungsempfängern entfällt der VSt-Abzug. Ihre USt-Bescheide können nach § 174 Abs. 5 AO geändert werden, wenn sie gem. § 360 AO, § 60 FGO oder § 174 Abs. 5 S. 2 AO am Verfahren beteiligt waren.

11 Anpassung von Steuerbescheiden an Grundlagenbescheide

Im Regelfall werden die **Besteuerungsgrundlagen** im Rahmen des Steuerbescheids festgestellt. Gem. § 157 Abs. 2 AO sind sie ein **unselbständiger Teil** der Steuerfestsetzung. Hiervon gibt es jedoch Ausnahmen. Nach §§ 179, 180 AO werden Einheitswerte, aber auch Einkünfte, an denen mehrere Personen beteiligt sind oder wenn das Wohnsitz-FA nicht mit dem Betriebsstätten-FA identisch ist, gesondert und/oder einheitlich festgestellt. In diesen Fällen ergeht ein sog. **Grundlagenbescheid**, dessen Feststellungen in den sog. Folgebescheiden zwingend zu beachten sind (§ 182 Abs. 1 und 2 AO). Die Legaldefinition des Grundlagenbescheids findet sich in § 171 Abs. 10 AO. Außer den Feststellungsbescheiden nach §§ 179, 180 AO[35] gehören auch Steuermessbescheide und die anderen Bescheide mit Bindungswirkung für die Steuerfestsetzung zu den Grundlagenbescheiden. Dem Feststellungsbescheid über Verluste aus privaten Veräußerungsgeschäften gem. § 23 EStG nach der bis zum 31.12.2008 geltenden Rechtslage (sog. Altverluste) kommt als Grundlagenbescheid gem. § 175 Abs. 1 S. 1 Nr. 1 AO bei einer Verlustverrechnung im Rahmen der ESt-Festsetzung mit Kapitaleinkünften i. S. d. § 20 Abs. 2 EStG sowohl hinsichtlich des Bestehens als auch der Höhe der Altverluste Bindungswirkung zu (BFH vom 09.08.2016, BStBl II 2017, 821).

Grundlagenbescheide sind aber nicht nur VA des FA. Auch Bescheide anderer Behörden können Grundlagenbescheide sein, z. B. der VA über eine Körperbehinderung oder Erwerbsunfähigkeit bei § 33b EStG oder die Bescheinigung einer Gemeinde über Baumaßnahmen in Sanierungsgebieten (BFH vom 04.05.2004, BStBl II 2005, 171).

---

35 Nur echte Grundlagenbescheide entfalten die Wirkung des § 175 Abs. 1 Nr. 1 AO.

11.1 Anpassungszwang

Da im Grundlagenbescheid die relevanten Besteuerungsgrundlagen mit bindender Wirkung festgestellt werden (vgl. § 182 Abs. 1 AO), verpflichtet § 175 Abs. 1 S. 1 AO das FA, die Folgerungen aus dem Grundlagenbescheid zu ziehen. Zwar ist eine Gesamtaufrollung des Folgebescheids nicht zulässig – und nach § 175 Abs. 1 S. 1 AO auch nicht erforderlich: Insoweit geht das Rechtskraftprinzip dem Bedürfnis zur Berichtigung materieller Fehler vor. Die Bindungswirkung des Grundlagenbescheides fordert jedoch, dass der Folgebescheid vollständig und zutreffend an den Regelungsgehalt des Grundlagenbescheides angepasst wird. Die Anpassung des Folgebescheids steht somit nicht im Ermessen des FA. § 175 Abs. 1 S. 1 Nr. 1 AO begründet eine »**absolute Anpassungsverpflichtung**« (BFH vom 06.11.2009, BFH/NV 2010, 177). Durch das Nichtbeachten eines Grundlagenbescheids bei der erstmaligen Festsetzung der Steuer oder einer Folgeänderung wird der Grundlagenbescheid nicht »verbraucht«. Er ist nach wie vor geeignet, innerhalb der Festsetzungsverjährung eine spätere nochmalige Änderung des Folgebescheids zu rechtfertigen (BFH vom 09.08.2016, BStBl II 2017, 821). Auch ein rechtswidriger Grundlagenbescheid zwingt das FA zur Anpassung (vgl. auch § 351 Abs. 2 AO). Hat etwa die zuständige Gemeindebehörde eine bindende Entscheidung über die von ihr nach § 7h Abs. 1 EStG zu prüfenden Voraussetzungen getroffen, hat das FA diese im Besteuerungsverfahren ohne weitere Rechtmäßigkeitsprüfung zugrunde zu legen, es sei denn, die Bescheinigung wird förmlich zurückgenommen, widerrufen oder ist nach § 44 VwVfG nichtig und deshalb unwirksam (BFH vom 17.04.2018, BStBl II 2018, 597). Etwas anderes gilt nur für den nichtigen Grundlagenbescheid; dieser entfaltet keinerlei Rechtswirkung und damit auch keinen Anpassungszwang. Wird ein als Grundlagenbescheid wirkender Feststellungsbescheid aufgehoben, ohne dass damit der Erlass eines negativen Feststellungsbescheides verbunden ist, muss eine von dem Feststellungsbescheid ausgelöste Änderung des Folgebescheides rückgängig gemacht werden; auch hier wirkt der Anpassungszwang fort (BFH vom 24.09.2009, BFH/NV 2010, 164).

11.2 Vorwegnahme der Feststellung

Ein Steuerbescheid kann nach § 155 Abs. 2 AO jedoch bereits vor Erlass des Grundlagenbescheids ergehen. In diesem Fall werden insoweit die Besteuerungsgrundlagen geschätzt (§ 162 Abs. 5 AO); die Vorschrift erlaubt aber nur, im Folgebescheid eine erkennbar einstweilige Regelung zu treffen, die einem noch zu erlassenden Grundlagenbescheid vorgreift. § 155 Abs. 2 AO ermöglicht es dem FA dagegen nicht, den Steuerbescheid im Hinblick auf eine zu erwartende Änderung des Grundlagenbescheids zu berichtigen. Hier steht die Bindungswirkung des noch nicht geänderten Grundlagenbescheids entgegen.

11.3 Umfang der Änderung, insb. die zeitliche Grenze

§ 175 Abs. 1 Nr. 1 AO ermöglicht dem FA nur die Änderung des Folgebescheids, »soweit« die Änderung des Grundlagenbescheids reicht. Die Wiederaufrollung des gesamten Steuerfalles ist nicht möglich. Fehler des Steuerbescheids, die in keinem Zusammenhang mit dem Grundlagenbescheid stehen, können nur dann berichtigt werden, wenn weitere Änderungsvorschriften greifen. Innerhalb des Anpassungsspielraums, den § 175 Abs. 1 Nr. 1 AO eröffnet, dürfen auch Rechtsfehler nach § 177 AO berichtigt werden. Zum Verhältnis von § 175 Abs. 1 Nr. 1 AO zu § 129 AO vgl. Tz. 3.2.

> **Beispiel 12: Die Unterbrechung**
>
> Der gegen die A-B-C-OHG im November 02 erlassene Gewinnfeststellungsbescheid für den VZ 01 i. H. v. 300 T€ wird anlässlich einer Außenprüfung auf 600 T€ erhöht. Die Prüfungsanordnung wurde am 20.12.06 ordnungsgemäß bekannt gegeben; wegen des anstehenden Weihnachtsurlaubs wurde der Prüfungsbeginn einvernehmlich auf den 10.01.07 gelegt.

Der Änderung nach § 175 Abs. 1 Nr. 1 AO steht die Bestandskraft nicht entgegen. Auch zeitliche Vorgaben für die Anpassung des Folgebescheids sieht das Gesetz nicht vor. Nach ständiger Rspr. des BFH kann das FA einen Steuerbescheid nach § 175 Abs. 1 Nr. 1 AO noch ändern, wenn der Grundlagenbescheid bei Erlass eines früheren Steuerbescheids bereits vorlag und deshalb hätte berücksichtigt werden können.[36] Die Änderung nach § 175 Abs. 1 Nr. 1 AO ist jedoch nur innerhalb der **Festsetzungsfrist** zulässig. Diese endet nach § 171 Abs. 10 AO nicht vor Ablauf von zwei Jahren nach Bekanntgabe des Grundlagenbescheids.

In Ausnahmefällen kann die Anpassung des Folgebescheids an den Grundlagenbescheid verwirkt sein. So steht der Grundsatz von Treu und Glauben einer Änderung nach § 175 Abs. 1 Nr. 1 AO dann entgegen, wenn das FA durch sein Verhalten den StPfl. von der Anfechtung des Grundlagenbescheids abgehalten hat (BFH vom 19.01.1989, BStBl II 1989, 393). Längere Untätigkeit des FA nach Ergehen des Grundlagenbescheids allein führt jedoch nicht zur Verwirkung des Anpassungsrechts.

> **Lösung:**
>
> Nachdem für die Änderung der Folgebescheide grds. die Fristen des § 169 Abs. 2 AO maßgeblich sind, endet zunächst die Berichtigungsmöglichkeit zum 31.12.06. Gem. § 171 Abs. 4 AO ist diese (Ablauf-)Frist jedoch gehemmt, wenn mit einer Außenprüfung in 06 begonnen wurde. Die hierfür erforderliche konkrete Prüfungshandlung liegt nicht vor, auch ein Antrag der OHG auf Verschiebung des Prüfungsbeginnes ist nicht ersichtlich. Damit greifen in diesem Fall nicht die Regelungen des § 171 Abs. 4 S. 3 AO (zulässige spätere Auswertung der Prüfungsergebnisse).

11.4 Rechtsbehelf und Aussetzung der Vollziehung

Nicht nur der geänderte Folgebescheid, sondern auch die Ablehnung der Änderung nach Ergehen eines geänderten Grundlagenbescheids können mit Einspruch angefochten werden. **Einwendungen gegen den Grundlagenbescheid können aber im Rechtsbehelfsverfahren gegen den Folgebescheid nicht berücksichtigt werden (§ 351 Abs. 2 AO)**. Würde man derartige Einwände akzeptieren, würde dies eine vom Gesetz nicht gewünschte Einschränkung der Bindungswirkung des Grundlagenbescheides bedeuten.

Erging der Folgebescheid vor Erlass des Grundlagenbescheids, kann er unter den allgemeinen Voraussetzungen ausgesetzt werden. Wird der Antrag auf Aussetzung des Folgebescheids mit Zweifeln an der Rechtmäßigkeit des Grundlagenbescheids begründet, ist er wegen des fehlenden Rechtsschutzinteresses unzulässig (BFH vom 09.12.1986, BStBl II 1988, 240).

---

36 Nach dem Wortlaut und Zweck der Vorschrift sind auch Fehler, die bei der Auswertung eines Grundlagenbescheids im Folgebescheid unterlaufen sind, nachträglich nach § 175 Abs. 1 S. 1 Nr. 1 AO richtigzustellen (BFH vom 29.06.2005, BFH/NV 2005, 1749).

12 Eintritt eines Ereignisses mit steuerlicher Wirkung für die Vergangenheit

Auch bei § 175 Abs. 1 S. 1 Nr. 2 AO ändern sich die Besteuerungsgrundlagen **nachträglich**. Dies setzt voraus, dass sich der Sachverhalt, der bei Erlass eines Steuerbescheids vorlag, im Anschluss an die Festsetzung durch eine nachträgliche Entwicklung ändert. Hierin liegt der Unterschied zu § 173 AO. Diese Änderungsvorschrift greift, wenn nachträglich Tatsachen bekannt werden, die bei Erlass des Bescheids **bereits vorlagen**; dies bestätigt auch BFH vom 16.06.2015, BStBl II 2017, 95: An einem rückwirkenden Ereignis fehlt es, wenn das FA erst nachträglich Kenntnis von einem bereits gegebenen Sachverhalt erlangt. Der ursprüngliche Bescheid war somit bereits zum Zeitpunkt seines Erlasses objektiv falsch. § 175 Abs. 1 S. 1 Nr. 2 AO findet hingegen Anwendung, wenn der Bescheid im Zeitpunkt seines Erlasses richtig war, dann aber **später** falsch wurde, weil sich der Sachverhalt geändert hat. Wird beispielsweise nach Erlass eines bestandskräftigen Erbschaftsteuerbescheids das Testament erfolgreich angefochten, ist der Steuerbescheid nach § 175 Abs. 1 S. 1 Nr. 2 AO zu ändern. § 173 Abs. 1 AO greift hingegen, wenn nachträglich ein Testament aufgefunden wird, das dem anderen vorgeht (vergleichbar dem Sachverhalt der schriftlichen Prüfung 2017 und auch 2019). Die Korrekturvorschriften § 175 Abs. 1 S. 1 Nr. 2 AO und § 173 AO stehen gegenseitig in einem **Alternativverhältnis**: Es ist ausgeschlossen, dass die Korrektur eines bestimmten Sachverhalts durch beide Normen gedeckt ist.

Der Begriff »**Ereignis**« in § 175 Abs. 1 Nr. 2 AO ist weit auszulegen. Er umfasst alle rechtlich bedeutsamen Vorgänge. Dazu rechnen nicht nur solche mit ausschließlich rechtlichem Bezug, sondern auch **tatsächliche Lebensvorgänge** (BFH vom 10.12.2008, BStBl II 2009, 473). Die nachträgliche **Korrektur des Wertansatzes** eines WG, das Teil des BV am Schluss des Wj. ist, ist ebenfalls ein Ereignis mit steuerlicher Rückwirkung hinsichtlich der Veranlagung für die **Folgejahre**, wo sich der Wertansatz gewinnerhöhend oder -mindernd auswirkt (BFH vom 30.06.2005, BStBl II 2005, 809). Die Gegenauffassung[37] verkennt, dass die Korrektur eines Wertansatzes des Vorjahresendvermögens nicht lediglich eine andere rechtliche Beurteilung darstellt; das BV am Schluss des vorangegangenen Wj. ist daher materiell-rechtliches Tatbestandsmerkmal des Steueranspruchs für das Folgejahr und damit Teil des Sachverhalts, der auch dieser Steuerfestsetzung zugrunde liegt. Die Festsetzung der Steuer in einem Änderungsbescheid nach Eintritt der Bestandskraft, die aufgrund der im Änderungsbescheid berücksichtigten Besteuerungsgrundlagen erstmals eine erfolgreiche Antragstellung gemäß § 32d Abs. 6 EStG ermöglicht, ist ein rückwirkendes Ereignis i.S.d. § 175 Abs. 1 S. 1 Nr. 2 AO, das einen korrekturbedürftigen Zustand auslöst (BFH vom 14.07.2020, BStBl II 2021, 92). Ebenso ist die Stellung des Antrags auf Berücksichtigung der Unterhaltsleistungen nach § 10 Abs. 1 Nr. 1 EStG 2007 durch den Geber samt Einreichung der Zustimmungserklärung des Empfängers bereits das rückwirkende Ereignis i.S.d. § 175 Abs. 1 S. 1 Nr. 2, S. 2 AO, das zur Änderung der ESt-Festsetzung des Empfängers der Unterhaltsleistung nach § 22 Nr. 1a EStG 2007 führt. Auf die tatsächliche Anerkennung der Leistungen als Sonderausgaben beim Geber kommt es nicht an (BFH vom 28-07.2021, BStBl II 2023, 312).

---

37 *Tipke/Kruse*, AO, § 175 Rz. 39.

Andererseits sind rückwirkende Vereinbarungen oder Handlungen des StPfl. kein rückwirkendes Ereignis i. S. v. § 175 Abs. 1 S. 1 Nr. 2 AO, da der bereits entstandene Steueranspruch nicht nachträglich beeinflusst werden kann.

Durch das Ereignis muss sich der **Sachverhalt**, der der Besteuerung zugrunde lag, **geändert** haben. Rückwirkende Änderungen von Steuerrechtsnormen, eine Änderung der finanzgerichtlichen Rspr. bzw. jede nachträgliche Änderung der steuerrechtlichen Würdigung eines unveränderten Sachverhalts sind daher keine Ereignisse i. S. v. § 175 AO (häufiges Prüfungsproblem).[38]

> **Beispiel 13: Rückwirkung von EuGH-Rechtsprechung**
>
> Der EuGH hat 2005 (Rs. C-453/02 und C-462/02) zur Steuerfreiheit von Glücksspielen entschieden, dass sich ein Veranstalter oder Betreiber von Glücksspielen abweichend von § 4 Nr. 9 Buchst. b UStG direkt auf Art. 13 Teil B Buchst. f der 6. EG-RL berufen kann. Die Steuerfreiheit gilt damit nicht mehr nur in öffentlichen Spielbanken. Unternehmer, die gestützt auf die Änderung der Rspr. eine Änderung bereits bestandskräftiger USt-Bescheide für die Vergangenheit beantragten, hatten sich allerdings zu früh gefreut. Eine Änderung bereits bestandskräftiger USt-Bescheide aufgrund § 175 Abs. 1 Nr. 2 AO kommt trotz dieser EuGH-Rspr. nicht in Betracht. Die Änderung der Rspr. ist kein rückwirkendes Ereignis (BFH vom 21.03.1996, BStBl II 1996, 399). Auch die Einlegung von Einsprüchen nach Ablauf der einmonatigen Einspruchsfrist dürfte keinen Erfolg haben.
>
> Den Unternehmern kann im Hinblick auf das EuGH-Urteil in EuGHE 1991, I-4269, 4292 (Rs. Theresa Emmott) die Bestandskraft der Bescheide entgegengehalten werden, sodass auch eine Änderung nach § 172 Abs. 1 Nr. 2 Buchst. a AO nicht in Betracht kommt. Im Streitfall sind die Voraussetzungen, an die der EuGH die sog. **Emmott'sche Fristenhemmung** knüpft, nicht gegeben. Auf der Grundlage der EuGH-Entscheidung ist zu unterscheiden zwischen der Nichtumsetzung einer Steuerrichtlinie und einer richtlinienwidrigen Auslegung und Anwendung umgesetzter Richtlinien. Nur im Fall der nicht ordnungsgemäßen Umsetzung einer Richtlinie kommt als Sanktion eine Fristenhemmung in Betracht. Da es sich vorliegend aber um einen Fall der richtlinienwidrigen Auslegung einer Richtlinie handelt, gelten die normalen nationalen Regelungen über die Bestandskraft. Eine Änderung der Bescheide scheidet daher aus.[39]

Die Änderung einer außersteuerrechtlichen Norm kann hingegen dazu führen, dass ein Lebenssachverhalt nachträglich umgestaltet wird. Gleiches gilt für Gerichtsentscheidungen (Beispiel: Ein Grundstückskaufvertrag wird erfolgreich wegen arglistiger Täuschung angefochten). In diesen Fällen kommt § 175 Abs. 1 S. 1 Nr. 2 AO zum Zug. Verändert das zivilgerichtliche Urteil hingegen den Sachverhalt nicht, sondern zieht es lediglich andere zivilrechtliche Schlussfolgerungen, greift § 175 Abs. 1 S. 1 Nr. 2 AO nicht (Beispiel: Im Gegensatz zum FA ist das Zivilgericht der Meinung, dass dem Kläger aufgrund eines Vermögensübergabevertrages keine nur mit dem Ertragsanteil zu besteuernde Leibrente, sondern – angesichts der Abänderbarkeit – eine dauernde Last, die in vollem Umfang der Besteuerung unterliegt, zusteht).

---

38 BFH vom 12.05.2009, BStBl II 2009, 891: Diese Einschränkung gebietet der Vertrauensschutz des StPfl. Die Bestandskraft der Steuerbescheide würde bei rückwirkender Anpassung an die jeweilige Rspr. nahezu ausgehöhlt. Außerdem wirken Entscheidungen der Gerichte gem. § 110 FGO nur inter partes, sodass eine Rückwirkung auf nicht Beteiligte nicht möglich ist.

39 Der BFH hat in seiner Entscheidung vom 16.09.2010 (DStR 2010, 2400) erneut ausdrücklich bestätigt, dass die Einspruchsfrist von einem Monat gem. § 355 Abs. 1 AO gemeinschaftsrechtlich nicht zu beanstanden ist. Bescheide, die gegen EU-Recht verstoßen, sind rechtswidrig, aber nicht anders bzw. weitergehend korrigierbar als Bescheide, die gegen nationales Recht verstoßen.

Ein nachträglich gestellter Antrag bildet ebenso wenig wie die nachträgliche Ausstellung einer Bescheinigung, die für die Besteuerung von Bedeutung ist, ein Ereignis i. S. v. § 175 AO. Auch der nachträgliche Verzicht auf die Steuerfreiheit einer Grundstückslieferung ist kein nachträgliches Ereignis (BFH vom 02.04.1998, BStBl II 1998, 695).

Ob sich das Ereignis **steuerlich für die Vergangenheit** auswirkt, richtet sich allein nach den Normen des jeweils einschlägigen materiellen Steuerrechts. Es muss ein Bedürfnis bestehen, eine schon bestandskräftig getroffene Regelung an die nachträgliche Sachverhaltsänderung anzupassen (BFH vom 23.05.2012, BStBl II 2012, 675). Dabei ist zu beachten, dass sich reale Lebensvorgänge regelmäßig nicht rückgängig machen lassen. Eine Entnahme kann beispielsweise durch eine Einlage nicht ungeschehen gemacht werden. Für die Überschusseinkünfte sind die tatsächlichen Zu- und Abflüsse von Einnahmen und Ausgaben materiell-rechtlich erheblich. Diese tatsächlichen Vorgänge können nicht durch später bewirkte tatsächliche Rückzahlungen ungeschehen gemacht werden.[40] Auch schuldrechtliche Verträge, die nach dem Willen der Beteiligten rückwirkend in Kraft treten sollen, haben steuerlich keine Rückwirkung. Der einmal kraft Gesetzes entstandene Steueranspruch kann vom StPfl. nicht mehr beeinflusst werden. Gleiches gilt für die nachträgliche Änderung vertraglicher Bestimmungen. Bei laufend veranlagten Steuern wirkt sich eine spätere Änderung des Sachverhalts nur ausnahmsweise aus.

> **Beispiel 14: Späte Erkenntnis**
>
> Nach dem Erwerb des Handelsgeschäftes seines Konkurrenten K in 01 erkennt der Übernehmer Ü, dass K ihn über einige Posten getäuscht hat. Aus diesem Grund wird zwei Jahre später durch ein Gerichtsurteil der Kaufpreis um 1 Mio. € reduziert (gemindert).

Ereignisse mit Rückwirkung sind insb. die **Anfechtung** (§§ 119 ff. BGB), die **auflösende Bedingung** (§ 158 Abs. 2 BGB) sowie die erfolgreiche Ausübung eines **gesetzlichen oder vertraglichen Rücktrittsrechts.** Sie müssen von den Beteiligten aber tatsächlich rückgängig gemacht werden (§ 41 AO). Nach der Rspr. sind sowohl der Gewinnverteilungsbeschluss als auch die Gewinnausschüttung rückwirkende Ereignisse i. S. v. § 175 AO.

Exkurs: Nachträgliche Änderung der Veranlagungsart bei Ehegatten

Als rückwirkendes Ereignis werden auch **Anträge** beurteilt, mit denen der StPfl. nachträglich ein Wahlrecht ausübt. So führt der zulässige Antrag eines Ehegatten, statt der bisherigen Zusammenveranlagung eine getrennte Veranlagung durchzuführen, für den Zusammenveranlagungsbescheid des anderen Ehegatten zu einem rückwirkenden Ereignis (BFH vom 28.07.2005, BStBl II 2005, 865).[41] Ab dem VZ 2013 ist die Wahl der Veranlagungsart grds. nach Abgabe der Steuererklärung bindend, § 26 Abs. 2 S. 3 i. V. m. § 52 Abs. 68 S. 1 EStG (vgl. zur Änderung von Antrags- und Wahlrechten auch nach § 34 Abs. 3 EStG BFH vom 09.12.2015, AO-StB 2016, 123). Ist ein Steuerbescheid insgesamt bestandskräftig geworden, ist die erstmalige oder geänderte Ausübung eines Antrags- oder Wahlrechts zum Zwecke der Durchbrechung der Bestandskraft nicht mehr möglich (BFH vom 09.12.2015, BStBl II 2016, 967).

---

40 Daher ist die Rückzahlung einer Abfindung auch dann im Abflussjahr zu berücksichtigen, wenn die Abfindung im Zuflussjahr begünstigt besteuert worden ist (BFH vom 04.05.2006, BStBl II 2006, 911).

41 Grds. kann ein mit der Steuererklärung ausgeübtes Wahlrecht nur bis zur Unanfechtbarkeit der Steuerfestsetzung getroffen werden (BFH vom 09.12.2015, BStBl II 2016, 967). Die Rspr. zur Ausübung von steuerlichen Wahlrechten ist unübersichtlich und nicht so konsequent, wie der neue Beschluss des BFH nahelegt: Es bleibt abzuwarten, ob der BFH seine restriktiven Ausführungen generalisierend für sämtliche Wahlrechte anwenden möchte.

Mit Urteil vom 07.07.2004 (BStBl II 2004, 1058) hat der BFH die Frage entschieden, welche verfahrensrechtlichen Folgen die Erstattung von Sonderausgaben in einem späteren Veranlagungszeitraum hat: Werden gezahlte Sonderausgaben, wie z. B. Kirchensteuer, in einem späteren Veranlagungszeitraum an den StPfl. erstattet, wird der Erstattungsbetrag aus Gründen der Praktikabilität im Erstattungsjahr mit gleichartigen Sonderausgaben verrechnet. Ist im Jahr der Erstattung ein Ausgleich mit gleichartigen Aufwendungen nicht oder nicht in voller Höhe möglich, so ist der Sonderausgabenabzug des Jahres der Verausgabung rückwirkend zu mindern (so erneut BFH vom 02.09.2008, BStBl II 2009, 229).

Die nachträgliche Erteilung oder Vorlage einer Bescheinigung oder Bestätigung gilt nach § 175 Abs. 2 S. 2 AO nicht als rückwirkendes Ereignis. § 175 Abs. 2 S. 2 AO ist allerdings nicht auf die Bescheinigung der anrechenbaren KSt bei verdeckten Gewinnausschüttungen anzuwenden (AEAO zu § 175 Nr. 2.2).

12.1 § 175 Abs. 1 S. 1 Nr. 2 AO bei laufend veranlagten Steuern

Zwar wirken Ereignisse mit steuerlicher Wirkung für die Vergangenheit auch auf laufend veranlagte Steuern ein. Nach h. M. soll aber die Rückgängigmachung eines Geschäftsvorfalls weder zur Bilanzberichtigung noch zur Bilanzänderung berechtigen. Nach BFH vom 26.07.1984 (BStBl II 1984, 786) sollen beispielsweise die Vorteile aus einem günstigen Vergleich hinsichtlich eines zurückliegenden laufenden Geschäftsvorfalls nach den auch steuerlich zu beachtenden GoB erst in der auf den Vergleichsabschluss folgenden Bilanz berücksichtigt werden und die Berichtigung der gewinnabhängigen Steuern nach § 175 Abs. 1 S. 1 Nr. 2 AO auf einen früheren Zeitpunkt nicht möglich sein. Ähnliches soll auch bei der Gewinnermittlung nach G+V und bei den Überschusseinkünften gelten. Da § 11 EStG nur auf den tatsächlichen Zufluss abstellt, hebe die Rückzahlung in einem späteren Jahr den Zufluss nicht auf, sondern führe zu einem Abfluss.

12.2 § 175 Abs. 1 S. 1 Nr. 2 AO bei Veräußerungsgeschäften

Nach h. M. ist § 175 Abs. 1 S. 1 Nr. 2 AO hingegen auf einzelne Veräußerungsgeschäfte anwendbar (aktuell dazu BFH vom 16.06.2015, BStBl II 2017, 94 und BFH vom 21.09.2009, DStR 2010, 101 zur nachträglichen Herabsetzung des Kaufpreises bei der Veräußerung einbringungsgeborener Anteile). Die GoB beziehen sich nur auf die laufenden Geschäftsvorfälle und für das Entstehen eines Veräußerungsgewinns kommt es auch nicht auf den Zufluss an. Deshalb kann eine nachträgliche Kaufpreisminderung nach § 175 Abs. 1 S. 1 Nr. 2 AO berücksichtigt werden und eine Rücklage nach § 6b EStG kann rückwirkend erhöht werden, wenn sich der Kaufpreis nachträglich erhöht. § 175 Abs. 1 S. 1 Nr. 2 AO ist auch dann anwendbar, wenn der Kaufpreis uneinbringlich wird. Diese Rspr. zu § 16 Abs. 2 EStG (betrieblicher Veräußerungsgewinn) hat der BFH auch auf § 17 Abs. 2 EStG übertragen und dabei präzisiert, dass ein rückwirkendes Ereignis (nur) dann vorliege, wenn der Grund für die Rückgewähr des Kaufpreises »im Kern« im **Kaufvertrag selbst** angelegt ist (BFH vom 23.05.2012, BStBl II 2012, 675).

Lösung:

An sich stellt bereits die erfolgreiche Anfechtung wegen ihrer Ex-tunc-Wirkung (§ 142 BGB) ein »rückwirkendes Ereignis« i.S.d. § 175 Abs. 1 Nr. 2 AO dar. Dies ist vorliegend nicht ersichtlich. Spätestens die Rechtskraft des Urteils führt die Rückwirkung herbei.

Bei »Einmal-Tatbeständen« wie bei der Veräußerung eines Betriebs i.S.d. § 16 EStG wendet der BFH – anders als bei laufenden Geschäften[42] – regelmäßig § 175 Abs. 1 Nr. 2 AO an. Der Veräußerungsgewinn des K aus dem Jahre 01 wird daher neu berechnet.

12.3 Änderung von Steuerbescheiden bei Datenübermittlung durch Dritte (§ 175b AO)

§ 93c AO n.F. regelt für die immer zahlreicheren Fälle, in denen mitteilungspflichtige Stellen steuerliche Daten an das FA übermitteln, in welcher Art, in welchem Umfang und in welcher Frist die Daten geliefert werden müssen. Neu ist insb. eine allgemeine Informationspflicht der mitteilungspflichtigen Stelle gegenüber dem StPfl. über durchgeführte oder geplante Datenübermittlungen. Durch die Neuregelung werden die bisher in den Einzelsteuergesetzen verstreuten **Übermittlungspflichten vereinheitlicht** (vgl. etwa §§ 10a Abs. 2 und 4b, § 10a Abs. 5, 22a Abs. 1, 32b Abs. 3 bis 5, 41b Abs. 1, 4 und 5, 45d Abs. 1 und 3 EStG n.F. oder §§ 50 Abs. 2, 65 Abs. 3a EStDV n.F. oder § 15 Abs. 1 und 1a 5. VermBG n.F.).

Da diese übermittelten Daten nicht durch Grundlagenbescheide übermittelt werden, fehlt insoweit die Bindungswirkung in § 182 Abs. 1 S. 1 AO. § 175b AO n.F. stellt klar, dass der Steuerbescheid aber auch hier an die gemeldeten Daten anzupassen ist, etwa weil Daten bis dato nicht oder nicht zutreffend berücksichtigt wurden. Auf ein Verschulden des StPfl. kommt es insoweit nicht an. Die Änderung eines Steuerbescheids ist nach § 175b Abs. 1 AO etwa zulässig, wenn ein Unternehmen der Krankenversicherung – entgegen der gesetzlichen Anordnung – die ID-Nummer des Versicherungsnehmers nicht übermittelt, der Datensatz der Steuernummer einer Person zugeordnet wird, die nicht Versicherungsnehmer ist, und der Sachbearbeiter im FA – materiell-rechtlich zuunrecht – entscheidet, dieser Person den Sonderausgabenabzug zu gewähren. Soweit § 175b Abs. 1 AO an »Daten im Sinne des § 93c« AO anknüpft, beschränkt sich dies nicht lediglich auf die Inhalte des in § 93c Abs. 1 Nr. 2 AO definierten Datensatzes, sondern umfasst nach dem den Regelungsbereich umschreibenden Eingangssatz des § 93c Abs. 1 AO alle steuerlichen Daten eines StPfl., die aufgrund gesetzlicher Vorschriften von einer mitteilungspflichtigen Stelle an FÄ elektronisch zu übermitteln sind (BFH vom 08.09.2021, BStBl II 2022, 398).

§ 171 Abs. 10a AO n.F. ergänzt § 175b AO um eine korrespondierende Ablaufhemmung von 2 Jahren nach Zugang der Daten beim FA.

13 Vertrauensschutz bei Aufhebung und Änderung von Steuerbescheiden

§ 176 AO ist **keine Korrekturvorschrift**, sondern schützt das Vertrauen des StPfl. in die Gültigkeit einer ihm **günstigen** Gesetzgebung, in den Bestand der Rspr. eines obersten Bundesgerichts bzw. die Übereinstimmung einer allgemeinen Verwaltungsvorschrift (z.B. EStR) mit

---

42 Dort kann die Rückabwicklung eines Rechtsgeschäftes in diesem Zeitpunkt erfasst werden.

der Rechtslage. Er gilt nur bei der **Aufhebung und Änderung** von Steuerbescheiden, nicht jedoch beim erstmaligen Erlass (BFH vom 16.04.2002, BFH/NV 2002, 1014) und auch nicht in einem Einspruchsverfahren.[43] Er greift nur, wenn sich die Rspr. in der Zeit zwischen dem Erlass des ursprünglichen Bescheids und dem Erlass des Änderungsbescheids geändert hat. Die Vorschrift erfasst jedoch nicht den Fall, dass zunächst ein Änderungsbescheid ergeht und sich erst im Anschluss hieran die Rspr. ändert (BFH vom 20.12.2000 BStBl II 2001, 409). Kein Verstoß gegen § 176 AO liegt vor, wenn die Finanzbehörde die Änderung auf BFH-Urteile stützt, mit denen die Rspr. nicht geändert, sondern lediglich **präzisiert** wurde (BFH vom 24.04.2002, BFHE 199, 148).

§ 176 AO beinhaltet **keine selbständige Korrekturnorm**, sondern greift nur, wenn die Änderung des Bescheids nach anderen Bestimmungen zulässig ist. Bei einer Änderung nach § 173 AO kann § 176 AO nicht zur Anwendung kommen, da diese Vorschrift bei nachträglich bekannt gewordenen Tatsachen greift und eine spätere Änderung der Rechtslage keine neue Tatsache darstellt. Auch bei der Anwendung von § 174 Abs. 1 und 2 AO kommt § 176 nicht in Betracht. Die irrtümliche Doppelberücksichtigung steuerlich relevanter Sachverhalte kann nicht durch Rechtsnormen, Urteile oder Verwaltungsanweisungen verursacht sein.

§ 176 AO gilt nach BFH vom 05.09.2000 (BStBl II 2000, 676; vgl. AEAO zu § 176, Nr. 1) auch i. R. d. § 164 AO, bei nach § 165 AO vorläufigen Steuerfestsetzungen und bei Steueranmeldungen, die gem. § 168 AO einer Steuerfestsetzung unter dem Vorbehalt der Nachprüfung gleichstehen (BFH vom 02.11.1989, BStBl II 1990, 253).

14 Berichtigung materieller Fehler (§ 177 AO)

§ 177 AO stellt in beiden Absätzen **keine eigenständige Korrekturvorschrift** dar. Die Vorschrift begrenzt vielmehr die Korrektur eines Steuerbescheids zugunsten der materiellrechtlich zutreffenden Steuerfestsetzung. § 177 Abs. 1 AO nimmt diejenigen Änderungen vorweg, die der StPfl. sonst in dem durch § 351 Abs. 1 AO eröffneten Rahmen gegen eine ihm nachteilige Änderung des Steuerbescheids aufgrund selbständiger Korrekturvorschriften geltend machen könnte, erlaubt es ihm also, der eigentlich gebotenen Änderung zu seinen Lasten eine materiell-rechtliche Korrektur zu seinen Gunsten entgegenzusetzen. § 177 Abs. 2 AO ist Spiegelbild zu § 177 Abs. 1 AO.

Letztere Vorschrift stellt Waffengleichheit für beide Beteiligten her und erlaubt somit der Finanzbehörde, der eigentlich gebotenen Änderung zu ihren Lasten – zugunsten des StPfl. – eine materiell-rechtliche Korrektur zu ihren Gunsten – zulasten des StPfl. – entgegenzusetzen. Die Aufhebung oder Änderung eines Steuerbescheids i. S. d. § 177 AO erfasst dabei alle Fälle, in denen die Bestandskraft eines Steuerbescheids durchbrochen werden kann. Das sind insb., aber nicht nur, die Korrekturvorschriften der §§ 172 ff. AO. Dazu gehört auch eine Aufhebung oder Änderung eines Folgebescheids nach Erlass, Aufhebung oder Änderung eines Grundlagenbescheids nach Maßgabe von § 175 Abs. 1 S. 1 Nr. 1 AO (BFH vom 22.04.2015, BFH/NV 2015, 1334).

---

43 *Kühn/von Wedelstädt*, AO, § 176 Rz. 1.

14.1 Materieller Fehler

Der Begriff »materieller Fehler« ist **weit auszulegen**. Ein Fehler i. S. v. § 177 AO liegt nicht nur vor, wenn geltendes Recht unrichtig angewendet wurde, sondern auch dann, wenn der Steuerfestsetzung ein unzutreffender Sachverhalt zugrunde gelegt wurde (BFH vom 05.08.1986, BStBl II 1987, 297). Ein Fehler ist auch anzunehmen, wenn gegen eine bindende Verwaltungsvorschrift verstoßen wurde, die sich im Rahmen des Gesetzes hält. Zwar liegt eine rechtsfehlerhafte Steuerfestsetzung auch dann vor, wenn das BVerfG eine verfassungswidrige Norm für nichtig erklärt hat oder sich die höchstrichterliche Rspr. ändert. Wegen § 176 AO darf sich die Finanzbehörde hierauf zuungunsten des StPfl. aber nicht berufen. Auch bei Bekanntwerden neuer Tatsachen liegt ein Rechtsfehler vor. Scheidet eine Änderung gem. § 173 AO wegen des Eintritts der Festsetzungsverjährung aus, kann deshalb eine Fehlerberichtigung nach § 177 AO in Betracht kommen (BFH vom 09.08.2006, BStBl II 2007, 87 m. w. N.).

§ 177 AO greift auch dann, wenn der Rechtsfehler verschuldet ist. Die Fehlerberichtigung ist deshalb möglich, auch wenn den StPfl. am nachträglichen Bekanntwerden der Tatsache ein grobes Verschulden trifft und eine Änderung zu seinen Gunsten nach § 173 Abs. 1 Nr. 2 AO deshalb ausgeschlossen ist. Ein saldierungsfähiger Rechtsfehler nach § 177 Abs. 3 AO liegt auch dann vor, wenn das FA einen Grundlagenbescheid nicht rechtzeitig innerhalb der Zwei-Jahres-Frist des § 171 Abs. 10 S. 1 AO ausgewertet hat und deshalb durch die Vorschriften über die Festsetzungsverjährung an einer Auswertung gem. § 175 Abs. 1 Nr. 1 AO gehindert wird (BFH vom 11.07.2007, BFH/NV 2008, 6).

14.2 Umfang der Fehlerberichtigung

Nach § 177 Abs. 1 und 2 AO **sind** materielle Fehler bei der Änderung von Steuerbescheiden zu berichtigen. Die Finanzbehörde hat demnach **kein Ermessen**. Der StPfl. hat einen Rechtsanspruch auf die Richtigstellung von Fehlern, die sich zu seinen Lasten auswirken. Der Umfang der Fehlerberichtigung ergibt sich aus dem betragsmäßigen Unterschied zwischen der Steuer aus Änderungsbescheid und geändertem Bescheid.

> **Beispiel 15: Der Grundfall**
>
> Die bisherige Steuer i. H. v. 1.000 € soll durch einen auf § 173 Abs. 1 Nr. 1 AO gestützten Änderungsbescheid auf 1.500 € erhöht werden.
>
> **Lösung:** Rechtsfehler zuungunsten des StPfl. können hier höchstens mit einer steuerlichen Auswirkung von 500 € berichtigt werden.

Greifen gleichzeitig Änderungsvorschriften zugunsten und zuungunsten des StPfl. (z. B. liegen gleichzeitig die Voraussetzungen für eine Änderung nach § 173 Abs. 1 Nr. 1 und 2 AO vor), sind **Ober- und Untergrenze** der Fehlerberichtigung anhand der steuerlichen Auswirkungen der neuen Tatsachen zu ermitteln. Die neuen Tatsachen dürfen zur Ermittlung der Berichtigungsgrenzen nicht saldiert werden (AEAO zu § 177 Nr. 2). Saldiert werden hingegen die Auswirkungen der Fehler i. S. v. § 177 AO (AEAO zu § 177 Nr. 4). Zur Ermittlung des Umfangs des Saldierungsrahmens ist nicht allein auf den zu erlassenden Änderungsbescheid abzustellen. Vielmehr sind auch alle Änderungen heranzuziehen, die aufgrund der Anwendung selbständiger Korrekturvorschriften zugunsten und zulasten des StPfl. in denjenigen Bescheiden vorgenommen worden sind, die dem zu erlassenden Änderungsbescheid vorangegangen, aber nicht formell bestandskräftig geworden sind (BFH vom 09.09.2006, BStBl II 2007, 87).

> **Beispiel 16: Der Spezialfall**
>
> Der Sachverhalt entspricht Beispiel 15, jedoch wurde zusätzlich eine neue Tatsache zugunsten des StPfl. mit einer steuerlichen Auswirkung von 300 € bekannt. Neben einem Rechtsfehler zugunsten des StPfl. mit einer steuerlichen Auswirkung von 500 € wurde auch ein Rechtsfehler zuungunsten des StPfl. mit einer steuerlichen Auswirkung von 400 € festgestellt.
>
> **Lösung:**
>
> | | | | |
> |---|---|---|---|
> | Steuer | 1.000 € | | |
> | neue Tatsache zuungunsten | 500 € | | |
> | Berichtigungsobergrenze | | 1.500 € | |
> | neue Tatsache zugunsten | 300 € | | |
> | Berichtigungsuntergrenze | | 700 € | |
> | Fehler i. S. v. § 177 AO saldiert | 100 € | zugunsten StPfl. | |
> | **bisherige Steuer** | | | 1.000 € |
> | neue Tatsache zuungunsten | | | + 500 € |
> | neue Tatsache zugunsten | | | ./. 300 € |
> | Zwischensumme | | | 1.200 € |
> | saldierte Rechtsfehler i. S. v. § 177 AO | | | ./. 100 € |
> | **neue Steuer** | | | **1.100 €** |

Soweit § 177 AO die Berichtigung von Rechtsfehlern nicht ermöglicht, verbleibt es bei dem fehlerhaften Bescheid.

VII Das außergerichtliche Rechtsbehelfsverfahren

1 Übersicht

Rechtsschutz im Steuerrecht ist gekennzeichnet durch ein **zweistufiges Verfahren**. Zunächst erfolgt eine Selbstkontrolle der Verwaltung im außergerichtlichen **Einspruchsverfahren**; das Einspruchsverfahren ist von den anwendbaren Verfahrensvorschriften der AO dem Festsetzungsverfahren angenähert und wird daher oftmals als »**verlängertes Festsetzungsverfahren**« bezeichnet (etwa BFH vom 20.07.2007, BFH/NV 2007, 2069). An das außergerichtliche Einspruchsverfahren schließt sich das in der FGO geregelte gerichtliche Klageverfahren vor den Finanzgerichten an.

Das dem Klageverfahren vorgeschaltete Einspruchsverfahren erfüllt eine **Doppelfunktion**: Es ermöglicht der Finanzbehörde zum einen, die getroffenen Entscheidungen nochmals eigenverantwortlich in vollem Umfang (§ 367 Abs. 2 S. 1 AO) zu überprüfen (sog. Grundsatz der Gesamtaufrollung) und entlastet zum anderen die Finanzgerichte.[1]

Schätzungen, nach denen jeder dritte Steuerbescheid fehlerhaft ist, werden zwar von den Finanzbehörden zurückgewiesen. Das Einspruchsverfahren, in dem das FA zur nochmaligen Aufrollung des gesamten Sachverhalts angehalten wird, ist gleichwohl für den im Grundgesetz (Art. 19 Abs. 4 GG) verbürgten Individualrechtsschutz des StPfl. von überragender Bedeutung. Im Kj. 2023 wurden etwa 9,93 Mio. Einsprüche (nach 2,98 Mio. in 2022) bei den FÄ eingelegt.[2] Gegenüber den Vorjahren haben sich die Anzahl der eingegangenen Einsprüche und auch der Stand der zum 31.12.2023 unerledigten Einsprüche mit 8,67 Mio. erheblich gesteigert, was im Wesentlichen auf die eingehenden Einsprüche betreffend die Grundsteuerreform zurückzuführen ist. Lediglich ein geringer Teil der Einspruchsverfahren führt anschließend zu einem finanzgerichtlichen Rechtsstreit: **2023 wurden bei den Finanzgerichten 47.309 neue Klagen anhängig**; die Erfolgsquote von Klägern vor deutschen Finanzgerichten liegt i. Ü. seit Jahren im einstelligen Prozentbereich.

Mit der Einlegung eines Rechtsbehelfs begehrt der Adressat eines VA die Überprüfung der Entscheidung des FA. Die Rechtsbehelfe lassen sich dabei unterscheiden nach **gerichtlichen und außergerichtlichen Rechtsbehelfen** bzw. nach **förmlichen** und **nichtförmlichen** (d. h. nicht ausdrücklich geregelten) Rechtsbehelfen.

Die Überprüfung erlassener VA der FÄ erfolgt regelmäßig im Rahmen des Einspruchsverfahrens nach §§ 347 ff. AO. Vom Einspruchsverfahren abzugrenzen sind die außerordentlichen Rechtsbehelfe.

Der Adressat eines VA hat zum einen die Möglichkeit, dessen Korrektur, d. h. Berichtigung, Rücknahme, Widerruf, Aufhebung oder Änderung nach den **Vorschriften der AO** zu beantragen (§§ 129 ff., 172 ff. AO). Zudem hat jedermann gem. Art. 17 GG und den entsprechenden Vorschriften der Landesverfassungen das Recht, mit den in der AO nicht ausdrücklich geregelten nichtförmlichen Rechtsbehelfen eine Korrektur der Verwaltungsauffassung

---

1 Vgl. zur Möglichkeit der Selbstkontrolle der Verwaltung Bayerischer Oberster Rechnungshof, Jahresbericht 1983, S. 105: »Ein von der Veranlagungsstelle oder Rechtsbehelfsstelle vermiedenes Rechtsbehelfsverfahren ist im praktischen Ergebnis eine größere Leistung als ein nach Jahren zugunsten des Staates abgeschlossener Finanzgerichtsprozess.«

2 Nach der Statistik des BMF über die Einspruchsbearbeitung in den FÄ im Jahr 2023 erledigten sich die im Jahr 2023 abgeschlossenen 3,67 Mio. Einspruchsverfahren wie folgt: 18,5 % Rücknahme, 68,8 % Abhilfe bzw. Teilabhilfe, 11,9 % Einspruchsentscheidung und 0,2 % Teileinspruchsentscheidung.

zu beantragen. Zu den nichtförmlichen Rechtsbehelfen gehören neben der **Gegenvorstellung** (richtet sich an die Behörde, die den VA erlassen hat) die **Sach- und Dienstaufsichtsbeschwerde** sowie die **Petition**. Das außerordentliche Rechtsbehelfsverfahren führt im Fall der Sach- oder Dienstaufsichtsbeschwerde, aber auch im Rahmen einer Petition an das Parlament regelmäßig zur Überprüfung des Sachverhaltes durch die übergeordnete Behörde. Das gesamte nichtförmliche Rechtsbehelfsverfahren ist fristlos, formlos und kostenlos.

Das Einspruchsverfahren weist gegenüber den Korrekturanträgen einige Besonderheiten auf. Die Einlegung des Einspruchs
- hemmt den Eintritt der **Bestandskraft**, d. h. der Unanfechtbarkeit des VA (sog. Suspensiveffekt);
- führt zur nochmaligen **Gesamtaufrollung** des Steuerfalles, da das FA den angefochtenen VA gem. § 367 Abs. 2 S. 1 AO nicht auf die angefochtenen Punkte beschränkt, sondern nochmals in vollem Umfang überprüft (vgl. BFH vom 20.07.2007, BFH/NV 2007, 2069: Einspruchsverfahren als verlängertes Verwaltungsverfahren);
- kann zur sog. **Verböserung** führen, d. h. der angefochtene VA kann – nach entsprechendem Hinweis – auch zum Nachteil des Einspruchsführers geändert werden (§ 367 Abs. 2 AO);
- ist Voraussetzung für einen Antrag auf **Aussetzung der Vollziehung** nach § 361 AO.

Ist zweifelhaft, ob der StPfl. einen Korrekturantrag oder einen förmlichen Rechtsbehelf einlegen will, ist **zugunsten des StPfl. von einem Einspruch auszugehen,** da dieser die Rechte umfassender wahrt als ein Korrekturantrag (BFH vom 27.02.2003, BStBl II 2003, 505; vgl. AEAO vor § 347 Nr. 1 AO).[3]

2 Zulässigkeitsvoraussetzungen des Einspruchs (§ 358 AO)

2.1 Einleitung

Die Einlegung des Einspruchs hat Aussicht auf Erfolg, wenn der Einspruch **zulässig und begründet** ist. Das FA hat bei der Bearbeitung des Einspruchs zunächst zu prüfen, ob der Einspruch zulässig ist, insb. ob er form- und fristgerecht eingelegt wurde (§ 358 S. 1 AO). Ist der Einspruch unzulässig, wird er vom FA ohne weitere Sachprüfung in einer Einspruchsentscheidung als unzulässig verworfen (§§ 358 S. 2, 367 Abs. 1 S. 1 AO).

> **Beispiel 1: Zielkonflikt materielle Richtigkeit – Rechtssicherheit**
>
> Der Haftungsschuldner legt gegen einen offensichtlich rechtswidrigen Haftungsbescheid verspätet Einspruch ein.
>
> **Lösung:** Das FA wird den Einspruch – ungeachtet der materiellen Rechtslage – als unzulässig verwerfen. Der Einspruch ist mit Ablauf der Einspruchsfrist unanfechtbar und damit bestandskräftig. Der Interessenkonflikt zwischen Rechtssicherheit und dem Individualrechtsschutz wird nach Ablauf der Einspruchsfrist zugunsten der Rechtssicherheit entschieden (vgl. BFH vom 13.01.2005, BStBl II

---

[3] Diesen Auslegungsgrundsatz können Sie in den schriftlichen Prüfungsarbeiten oft heranziehen, da dort der Einspruchsführer häufig nicht genau deutlich macht, ob er sich gegen den Steuerbescheid mit Einspruch oder einem schlichten Änderungsantrag wendet.

2005, 460); der Haftungsschuldner hat damit den – materiell rechtswidrigen – Haftungsbescheid gegen sich gelten zu lassen. Wenn der Haftungsschuldner dem Leistungsgebot nicht folgt, kann das FA den Bescheid zwangsweise vollstrecken (§§ 249 ff. AO). Im Vollstreckungsverfahren bleiben etwaige Einwendungen des Vollstreckungsschuldners, der zugrunde liegende VA sei rechtswidrig, unbeachtlich (vgl. § 256 AO).

2.2 Einzelne Zulässigkeitsvoraussetzungen

2.2.1 Zulässigkeit des Finanzverwaltungsrechtsweges (§ 347 AO)

Das Einspruchsverfahren ist als außergerichtliches Rechtsbehelfsverfahren im Bereich der FinVerw ausgestaltet. § 347 Abs. 1 S. 1 Nr. 1 AO sieht den Einspruch in erster Linie in sog. Abgabenangelegenheiten vor. Die Abgabenangelegenheit muss nach § 347 Abs. 1 S. 1 Nr. 1 AO i. V. m. § 1 Abs. 1 AO eine Abgabe betreffen, die der Gesetzgebung des Bundes oder der europäischen Gemeinschaften unterliegt und die durch Bundes- oder Landesfinanzbehörden verwaltet wird. Bei Steuerarten, die durch die Kommunen verwaltet werden (z. B. Hundesteuern), richtet sich der Rechtsschutz nicht nach der AO, sondern nach den Kommunalabgabengesetzen.

Bei der Grund- und Gewerbesteuer (Realsteuern gem. § 3 Abs. 2 AO) ist der Rechtsweg gespalten. Während die Grund- und Gewerbesteuerbescheide regelmäßig – abhängig vom jeweiligen Landesrecht – von den Kommunen festgesetzt werden, ist für den Erlass des Grundsteuermessbescheides sowie des Gewerbesteuermessbescheides das FA zuständig. Zuständig für den Rechtsschutz gegen die Steuermessbescheide sind demzufolge die FÄ, während sich der Rechtsschutz bezüglich der Realsteuerbescheide nach den Kommunalabgabengesetzen richtet.

Der FinVerw-Rechtsweg ist nach § 347 Abs. 3 AO ebenfalls nicht eröffnet für Straf- und Bußgeldangelegenheiten; insoweit sind die ordentlichen Gerichte, d. h. in erster Instanz das Amts- oder Landgericht, zuständig. Die s **trafrechtliche Ahndung der Steuerhinterziehung** obliegt demzufolge **nicht den Finanzgerichten.**

2.2.2 Statthaftigkeit des Einspruchs (§§ 347 f. AO)

2.2.2.1 Einspruchsfähige Verwaltungsakte

Nach Abschaffung des Beschwerdeverfahrens mit Wirkung zum 31.12.1995 ist der Einspruch gegen alle VA der FÄ der allein statthafte Rechtsbehelf (§ 347 Abs. 1 S. 1 i. V. m. Abs. 2 AO). Der Einspruch ist auch statthaft, wenn das FA einen VA aufhebt, ändert, zurücknimmt oder widerruft oder einen Antrag auf Erlass eines VA ablehnt, denn auch die **Ablehnung eines Änderungsantrags ist gem. § 155 Abs. 1 S. 3 AO ein Steuerbescheid.** Ferner ist der Einspruch statthaft, wenn das FA einen VA gem. § 129 AO berichtigt oder eine solche Berichtigung ablehnt (BFH vom 13.12.1983, BStBl II 1984, 511); gegen einen im Einspruchsverfahren erlassenen Änderungsbescheid, mit dem einem Antrag des StPfl. voll entsprochen wird (Vollabhilfebescheid), ist der Einspruch ebenfalls statthaft (BFH vom 18.04.2007, BStBl II 2007, 736). Beantragt der StPfl. bei einer Steuerfestsetzung, die mit einer Nebenbestimmung verbunden ist, z. B. einer Steuerfestsetzung unter Vorbehalt der Nachprüfung gem. § 164 AO oder bei einer vorläufigen Steuerfestsetzung gem. § 165 AO die Aufhebung der Nebenbestimmung, ist gegen den ablehnenden Bescheid ebenfalls der Einspruch statthaft (vgl. AEAO zu § 347 Nr. 3).

Nicht statthaft und damit unzulässig ist ein Einspruch, wenn kein VA i. S. d. § 118 AO vorliegt.

Beispiel 2: Einspruch gegen eine Aufrechnungserklärung

Bei der ESt-Veranlagung ergibt sich eine Steuererstattung von 1.000 €. Im ESt-Bescheid rechnet das FA gegenüber dem StPfl. mit rückständigen Säumniszuschlägen zur Kraftfahrzeugsteuer gem. § 226 AO auf. Hiergegen möchte sich der StPfl. wenden, da nach seiner Auffassung die Voraussetzungen für eine Aufrechnung nicht erfüllt waren.

Lösung: Die Aufrechnungserklärung des FA mit Ansprüchen aus dem Steuerschuldverhältnis ist als öffentlich-rechtliche Willenserklärung kein VA i. S. d. § 118 AO (ständige Rspr., vgl. BFH vom 29.11.2012, BFH/NV 2013, 508), sondern die Ausübung eines Gestaltungsrechts. Gegen die Aufrechnungserklärung kann der StPfl. daher nicht Einspruch einlegen; ein gleichwohl eingelegter Einspruch wäre nicht statthaft gem. § 347 Abs. 1 Nr. 1 AO und damit als unzulässig zu verwerfen. Zur Verfolgung seines Rechtsschutzes muss der StPfl. einen Abrechnungsbescheid nach § 218 Abs. 2 AO beantragen, da im Steuerschuldverhältnis streitig ist, ob der Anspruch auf Rückerstattung der ESt teilweise durch die Aufrechnungserklärung erloschen ist (BFH vom 15.10.2007, BFH/NV 2008, 28). Sofern das FA im Abrechnungsbescheid weiterhin von der Rechtmäßigkeit der erfolgten Aufrechnung ausgeht, ist hiergegen der Einspruch statthaft (vgl. AEAO zu § 218 Nr. 3).

Aus Gründen des Rechtsschutzinteresses kann ausnahmsweise auch ein nichtiger VA sowie ein **Scheinverwaltungsakt** Gegenstand des Einspruches sein (AEAO zu § 347 Nr. 1). Nur durch den Einspruch kann der Betroffene in diesen Fällen den vom FA gesetzten Rechtsschein wieder beseitigen. Dies betrifft auch Fälle, in denen die Bekanntgabe des Verwaltungsaktes nicht wirksam erfolgte (etwa schriftliche Prüfung 2008 und 2017).

Beispiel 3: Nichtiger Verwaltungsakt

Das FA richtet einen ESt-Bescheid an einen zum Zeitpunkt der Bekanntgabe verstorbenen StPfl.

Lösung: Ein Steuerbescheid, der sich an einen Toten richtet, ist nach § 125 Abs. 1 AO nichtig. Gleichwohl ist aufgrund des vom FA gesetzten Rechtsscheins auch der nichtige VA von den Rechtsnachfolgern des Verstorbenen mittels Einspruchs anfechtbar.

2.2.2.2 Untätigkeitseinspruch (§ 347 Abs. 1 S. 2 AO)

Neben der Fallgestaltung, dass der StPfl. einen VA des FA anfechten möchte, ist es möglich, dass trotz eines bestimmten Antrags des StPfl. das FA hierüber nicht entscheidet. In diesen Fällen kann – obwohl ein VA gerade noch nicht vorliegt – gleichwohl Einspruch eingelegt werden, der sog. **Untätigkeitseinspruch** (§ 347 Abs. 1 S. 2 AO); andernfalls wäre das Gebot effektiven Rechtsschutzes beeinträchtigt, da der Zugang zu den Finanzgerichten nach § 44 FGO ein abgeschlossenes Einspruchsverfahren bedingt. Voraussetzung für die Statthaftigkeit des Einspruchs ist in diesen Fällen, dass der Einspruchsführer geltend macht, über seinen Antrag auf Erlass eines VA sei ohne Mitteilung eines zureichenden Grundes binnen angemessener Frist nicht entschieden worden.

Beispiel 4: Untätigkeitseinspruch

Der StPfl. A beantragt beim FA, aufgelaufene Säumniszuschläge wegen persönlichen Unbilligkeitsgründen zu erlassen. Die überlastete Stundungs- und Erlassstelle im FA kommt aufgrund der vordringlich zu bearbeitenden Stundungsfälle nicht dazu, den Antrag innerhalb von sechs Monaten zu bearbeiten. Lediglich eine Zwischennachricht wird erteilt, dass die Bearbeitung des Erlassantrags noch einige Zeit in Anspruch nehmen wird. Wie ist die Rechtslage?

Lösung: Mit Antrag auf Erlass der Säumniszuschläge beantragt A einen VA gem. § 227 Abs. 1 AO. Über diesen Antrag wurde ohne zureichenden Grund innerhalb angemessener Frist nicht entschieden. Die von der Stundungs- und Erlassstelle geltend gemachte Arbeitsüberlastung rechtfertigt die Nichtbearbeitung des Antrags nicht; dieser Grund liegt allein in der Sphäre der FinVerw und ist von A nicht beeinflussbar. Die verstrichenen sechs Monate sind für die Bearbeitung eines Erlassantrags auch angemessen. Dieser unbestimmte Rechtsbegriff ist im Gesetz selbst nicht definiert, sodass immer auf die Umstände des Einzelfalles abgestellt werden muss. Regelmäßig wird man sich an der für die Untätigkeitsklage gem. § 46 Abs. 1 S. 2 FGO angesprochenen Sechs-Monats-Frist orientieren können mit dem Ergebnis, dass die Nichtbearbeitung eines Antrags innerhalb der Sechs-Monats-Frist unangemessen ist.

A kann deshalb unbefristet (§ 355 Abs. 2 AO) Einspruch in Form des **Untätigkeitseinspruchs** gegen die Nichtbearbeitung seines Antrags einlegen. Wird sein Erlassantrag nach Einlegung des Einspruchs positiv entschieden, hat sich der Untätigkeitseinspruch erledigt.[4]

2.2.2.3 Ausschluss des Einspruchs (§ 348 AO)

Der Einspruch ist nicht gegen sämtliche VA der statthafte Rechtsbehelf. Einspruchsentscheidungen gem. § 367 AO können von der Verwaltung selbst nicht ein zweites Mal überprüft werden (§ 348 Nr. 1 AO); dies gilt auch dann, wenn die Einspruchsfrist für den ursprünglichen VA bei Erlass der Einspruchsentscheidung noch nicht abgelaufen ist (BFH vom 18.09.2014, BStBl II 2015, 115). Statthafter Rechtsbehelf ist insoweit ausschließlich die Klage (§§ 40 ff. FGO). Gegen die Nichtentscheidung über einen Einspruch ist ebenfalls kein erneuter Einspruch statthaft (§ 348 Nr. 2 AO); hier kann bei Vorliegen der Voraussetzungen nach § 46 FGO unmittelbar Untätigkeitsklage beim Finanzgericht eingereicht werden. Gegen VA der obersten Finanzbehörden des Bunds und der Länder sowie gegen Entscheidungen der StB-Kammern betr. bestimmter Streitigkeiten im Bereich des Steuerberatungsrechts kann ebenfalls ohne Durchführung des außergerichtlichen Einspruchsverfahrens **unmittelbar Klage** beim Finanzgericht erhoben werden (§ 348 Nr. 4 und 5 AO).

2.2.3 Einspruchsbefugnis (§§ 350 ff. AO)

2.2.3.1 Beschwer

Einspruchsbefugt gem. § 350 AO ist, wer geltend macht, durch einen VA oder dessen Unterlassen beschwert zu sein[5]; liegt keine Beschwer vor, ist der Einspruch vom FA als unzulässig zu verwerfen (BFH vom 09.08.2007, BFH/NV 2008, 9). Eine **Beschwer** liegt vor, wenn dem Adressaten des VA eine Last, eine Pflicht, eine Beschränkung oder ein sonstiger Nachteil auferlegt wird bzw. im Falle des Unterlassens eine Vergünstigung oder ein sonstiger entlastender VA verweigert wird (BFH vom 07.11.1986, BStBl II 1987, 94). Zur Geltendmachung der Beschwer ist es ausreichend, wenn der Einspruchsführer **schlüssig eine Rechtsverletzung darlegt**, aber auch, wenn eine Ermessenswidrigkeit gerügt wird bzw. der Einspruchsführer eine andere, ihm günstigere Ermessensentscheidung begehrt; auch durch eine fehlerhafte Ermessensausübung ist der StPfl. beschwert. Ob der Einspruchsführer durch den VA tatsächlich beschwert ist, ist nicht eine Frage der Zulässigkeit, sondern der Begründetheit des Einspruchs.

---

4 Der Untätigkeitseinspruch setzt sich also nicht als Einspruch gegen den erlassenen Verwaltungsakt fort. Gegen diesen muss ggf. erneut Einspruch eingelegt werden; § 365 Abs. 3 AO ist insoweit nicht anwendbar.

5 Die Ablehnung eines beantragten Verwaltungsaktes ist selbst VA und beschwert den StPfl. stets.

In **Steuerbescheiden** ergibt sich die Beschwer i.d.R. aus der Höhe der festgesetzten Steuer, dem sog. **Tenor** des Bescheides (vgl. § 155 Abs. 1 S. 1 AO).[6] Eine Rechtsverletzung durch einen Steuerverwaltungsakt ist aufgrund des Entscheidungssatzes zu beurteilen. Die übrigen Erläuterungen dienen dagegen nur der Begründung der eigentlichen Steuerfestsetzung; diese Begründung kann auch nicht in Bestandskraft erwachsen (BFH vom 07.11.2000, BStBl II 2001, 338). Die im Steuerbescheid ausgewiesenen Besteuerungsgrundlagen können nicht selbständig angefochten werden, es sei denn, sie werden ausnahmsweise gesondert festgestellt (§§ 157 Abs. 2, 179 Abs. 1 AO). Die fehlerhafte Einkünftequalifikation in einer Festsetzung, die ein gem. § 157 Abs. 2 AO nicht selbständig anfechtbarer Teil eines ESt-Bescheids ist, entfaltet für die ESt-Festsetzung in Folgejahren keine Bindungswirkung; auch hier fehlt es also an einer Beschwer (vgl. BFH vom 04.09.2023, Az.: VI B 21/23).

Bei einer Steuerfestsetzung von 0 € besteht damit grds. keine Beschwer, auch wenn die der Steuerfestsetzung zugrunde liegenden Besteuerungsgrundlagen unzutreffend sind (BFH vom 20.12.2006, BFH/NV 2007, 699). Die festgesetzte Steuer ändert sich nicht, auch wenn die Behauptung des Einspruchsführers zutrifft. Der Bescheid kann daher z. B. nicht mit der Begründung angefochten werden, dass Verluste aus einer Einkunftsart zu niedrig berechnet wurden, wenn sich bei Berücksichtigung der höheren Verluste die festgesetzte Steuer nicht änderte. Lediglich in Fällen, in denen den Besteuerungsgrundlagen außersteuerliche Bindungswirkung für andere VA zukommt, kann ausnahmsweise eine Beschwer auch bei einer festgesetzten Steuer von 0 € angenommen werden (AEAO zu § 350 Nr. 3, BFH vom 08.06.2011, BStBl II 2012, 421).[7]

> **Beispiel 5: Beschwer**
>
> Die Tochter der StPfl. A und B beantragt Förderung nach dem BAföG. Gegenüber den A und B wurden im maßgeblichen VZ ESt i.H. v. 0 € festgesetzt, allerdings sind in den Besteuerungsgrundlagen aufgrund eines Fehlers des FA zu hohe Einkünfte aus Gewerbebetrieb angeführt; der Fehler führt dazu, dass der Tochter aufgrund zu hoher Einkünfte der Eltern die Gewährung von Leistungen nach dem BAföG versagt wird.
>
> **Lösung:** Besteuerungsgrundlagen eines Steuerbescheides sind, sofern sie nicht gesondert festgestellt werden, nach § 157 Abs. 2 AO nicht gesondert anfechtbar. Obwohl die Steuerfestsetzung auf 0 € lautet, sind A und B durch den Steuerbescheid beschwert gem. § 350 AO. Aufgrund der Bindungswirkung für die Bearbeitung des Antrags auf BAföG der Tochter werden die Eltern durch den Steuerbescheid in ihren Rechten verletzt; sie sind daher einspruchsbefugt (vgl. BFH vom 29.05.1996, BStBl II 1996, 654).

Im Falle des Verlustvortrags und -rücktrags wirkt sich die Höhe des Verlusts nicht im Jahr des Entstehens aus, sondern erst im Abzugsjahr. Folglich ist bei einer zu niedrigen Ausweisung des Verlusts der Betroffene erst im Abzugsjahr und nicht im Jahr des Entstehens des Verlusts beschwert. Bei einer zu **niedrigen** Steuerfestsetzung kann eine Beschwer dann bestehen,

---

6 Bei der Bearbeitung der schriftlichen Prüfungsarbeiten genügt daher regelmäßig der Hinweis, dass die Steuerfestsetzung größer Null ist und der Einspruchsführer daher in seinen Rechten verletzt ist.

7 So ist durch die Rspr. beispielsweise entschieden, dass für die Kindergeldfestsetzung zugunsten der Eltern der ESt-Bescheid für das Kind keine Bindungswirkung hat. Bei der Festsetzung der ESt des Kindes und der Kindergeldfestsetzung zugunsten der Eltern handelt es sich um unterschiedliche Verfahren; der für das Kind ergangene ESt-Bescheid ist auch kein Grundlagenbescheid i. S. d. § 171 Abs. 10 AO. Die Familienkasse hat die Höhe der Einkünfte und Bezüge des Kindes selbständig und ohne Bindung an den Inhalt eines für das Kind ergangenen ESt-Bescheids zu ermitteln (BFH vom 22.02.2007, BFH/NV 2007, 1083).

wenn sich die Festsetzung in späteren VZ zuungunsten des StPfl. auswirken kann, etwa wenn durch die begehrte höhere Steuerfestsetzung die Anrechnung von Steuerabzugsbeträgen oder von KSt ermöglicht wird und aufgrund dessen ein geringerer Betrag als bisher zu entrichten ist (AEAO zu § 350 Nr. 3).

Neben dem Adressaten des VA ist nur derjenige beschwert und damit einspruchsbefugt, der inhaltlich unmittelbar durch den Regelungsgehalt betroffen ist.

> **Beispiel 6: Beschwer bei Zusammenveranlagung**
> Die Ehegatten A und B werden gemeinsam zur ESt veranlagt. Im ESt-Bescheid werden die Einkünfte der B unzutreffend ermittelt. Auch wenn die fehlerhafte Ermittlung der Einkünfte nur die Einkünfte der B betrifft, sind A und B beide Adressaten des fehlerhaften Bescheides (zusammengefasster Bescheid gem. § 155 Abs. 3 AO). Beide Ehegatten sind daher durch den Bescheid unmittelbar betroffen, d. h. beschwert und damit einspruchsbefugt. Dieser Rechtsgedanke gilt gleichermassen im Klagerverfahren: Erhebt im Falle einer Zusammenveranlagung nur ein Ehegatte Klage gegen den Steuerbescheid und wird der Bescheid gegenüber dem anderen Ehegatten bestandskräftig, kann dem klagenden Ehegatten nicht allein deswegen die Klagebefugnis und das allgemeine Rechtsschutzbedürfnis abgesprochen werden, weil die festgesetzte Steuer schon entrichtet ist und ein Aufteilungsbescheid gemäß § 269 Abs. 2 S. 2 AO nicht mehr beantragt werden kann (BFH vom 14.12.2021, BStBl II 2022, 380).

Ob der Einspruchsführer durch den angefochtenen VA tatsächlich beschwert ist, ist keine Frage der Zulässigkeitsprüfung, sondern der **Begründetheit**. Auch bei fehlender Begründung des Einspruchs dürfen an die Geltendmachung der Beschwer keine hohen Anforderungen gestellt werden; diese würde sonst im Ergebnis eine gesetzlich nicht vorgesehene Begründungspflicht schaffen (vgl. § 357 Abs. 3 S. 3 AO).

2.2.3.2 Einspruchsbefugnis bei der einheitlichen Feststellung (§ 352 AO)

Von der allgemeinen Beschwer nach § 350 AO abzugrenzen ist die Einspruchsbefugnis bei der einheitlichen Feststellung gem. §§ 179 ff. AO, hier ist die Feststellung der Besteuerungsgrundlagen Gegenstand der Entscheidung. Insb. bei Publikumsgesellschaften wird dann durch einen einzelnen Steuerbescheid eine Vielzahl von G'ftern, Gemeinschaftern oder Mitberechtigten betroffen sein. Zur Vereinfachung des Verfahrens ist nicht jeder Beteiligte befugt, gegen den Feststellungsbescheid Einspruch einzulegen, auch wenn er nach der Regelung in § 350 AO an sich unmittelbar durch den Bescheid betroffen ist. Im Regelfall sollen die nicht zur Geschäftsführung befugten G'fter, die auch nur eingeschränkte Informationsrechte besitzen (vgl. § 166 Abs. 2 HGB), nicht über das Klageverfahren an entsprechende Informationen gelangen.

> **Beispiel 7: Einspruchsbefugnis bei der einheitlichen Feststellung**
> In einer GmbH & Co. KG sind A und B Geschäftsführer der Komplementär-GmbH. C ist Prokurist der Komplementär-GmbH und zugleich Kommanditist der KG. Neben C sind an der KG noch zahlreiche andere G'fter beteiligt. Wer ist für die GmbH & Co. KG einspruchsbefugt?

Nach dem gesetzlichen normierten Grundfall in § 352 Abs. 1 Nr. 1 AO ist lediglich die rechtsfähige Personenvereinigung selbst **einspruchsbefugt**. Der GF handelt – wie auch im sonstigen Rechtsverkehr – für die von ihm vertretene Gesellschaft oder Gemeinschaft. Rechtsbehelfsführer ist damit die Gesellschaft (und nicht der zur Vertretung befugte GF) in Prozessstandschaft für die G'fter (BFH vom 27.05.2004, BFH/NV 2004, 1571).

> **Lösung:**
> Einspruchsbefugt für die GmbH & Co. KG ist seit der Neufassung von § 352 AO die KG selbst. Die übrigen Kommanditisten der KG sind nicht vertretungsberechtigt und daher nicht einspruchsbefugt (vgl. § 170 HGB).

§ 352 Abs. 1 Nr. 4 und 5 AO regeln Fälle, in denen einzelne Beteiligte beschränkt auf bestimmte Fragen einspruchsbefugt sind. Soweit streitig ist, wer an dem festgestellten Betrag beteiligt ist und wie dieser sich auf die einzelnen Beteiligten verteilt, ist jeder Beteiligte einspruchsbefugt. Weiter reicht seine Einspruchsbefugnis in diesen Fällen allerdings nicht.

> **Beispiel 8: Einspruchsbefugnis bei negativem Feststellungsbescheid**
> Der Gesellschaftsvertrag der ABC-GbR regelt eindeutig, dass A und B Mitunternehmer der GbR sind. Bei C ist die entsprechende Vertragsklausel so missverständlich, dass das FA die Anerkennung des C als MU bestreitet und C als typisch stillen G'fter einordnet (vgl. § 20 Abs. 1 Nr. 4 EStG). C möchte gegen den Feststellungsbescheid, in dem er nicht als G'fter aufgeführt ist, Einspruch einlegen.
>
> **Lösung:** Nachdem C durch die Frage, ob er als MU in den Feststellungsbescheid als Beteiligter aufzunehmen ist, unmittelbar steuerlich in seinen Interessen betroffen ist, ist er einspruchsbefugt nach § 352 Abs. 1 Nr. 4 AO.

Beschränkt einspruchsbefugt sind die einzelnen Feststellungsbeteiligten zudem hinsichtlich derjenigen Fragen, die einen Beteiligten persönlich angehen (§ 352 Abs. 1 Nr. 5 AO), z. B. Sonder-BV und damit in Zusammenhang stehende Einnahmen und Ausgaben eines Kommanditisten.

Die Regelung über die Einspruchsbefugnis nach § 352 AO ist gleichsam anzuwenden, wenn hinsichtlich eines Feststellungsbescheides ein Korrekturantrag bzw. ein Antrag auf AdV gestellt wird.

2.2.3.3 Einspruchsbefugnis bei Rechtsnachfolge (§ 353 AO)
Bestimmte Steuerbescheide entfalten eine dingliche Wirkung, d. h. sie wirken nicht nur gegenüber dem eigentlichen Inhaltsadressaten, sondern auch gegenüber dessen Rechtsnachfolger. Dies gilt gem. § 182 Abs. 2 S. 1 AO vor allem für Einheitswertbescheide, bei denen der Gegenstand der Feststellung nach dem Feststellungszeitpunkt mit steuerlicher Wirkung übergeht. § 353 AO regelt für diese dinglich wirkenden Steuerbescheide die Einspruchsbefugnis des Rechtsnachfolgers. Dieser kann nur innerhalb der für den Rechtsvorgänger maßgebenden Einspruchsfrist Einspruch einlegen. Versäumt der Rechtsvorgänger die Anfechtung des Bescheides innerhalb der Einspruchsfrist mit der Rechtsfolge der Bestandskraft, muss der Rechtsnachfolger die eingetretene Bestandskraft gegen sich gelten lassen, obwohl er den Steuerbescheid innerhalb der Einspruchsfrist gegebenenfalls nicht zur Kenntnis nehmen konnte.

2.2.4 Einspruchsfrist (§ 355 AO)
Die Frist zur Einlegung des Einspruchs beträgt gem. § 355 Abs. 1 S. 1 AO **einen Monat (nicht: vier Wochen!)** ab Bekanntgabe des VA. Verwaltungsakte, die nach Ablauf der Einspruchsfrist nicht mehr anfechtbar sind, sind für die Beteiligten bindend; dies gilt auch dann, wenn sie gegen europäisches Recht verstoßen und dieser Verstoß später durch den EuGH festgestellt wird. Die Monatsfrist in § 355 Abs. 1 AO verstößt insoweit nicht gegen unionsrechtliche Vorgaben (BFH vom 21.01.2015, AO-StB 2015, 159 sowie vom 16.09.2010, AO-StB 2011, 7).

Nachdem ein VA erst mit Bekanntgabe des Bescheides wirksam wird (§ 124 Abs. 1 S. 1 AO), beginnt auch erst zu diesem Zeitpunkt die Monatsfrist zu laufen. In diesem Zusammenhang taucht in den schriftlichen Prüfungsarbeiten häufig das Problem der fehlerhaften Bekanntgabe auf, wie etwa in der Prüfung 2024.

Beispiel 8a: Wiedereinsetzung in den vorigen Stand bei fehlerhafter Bekanntgabe?
Das FA gibt den USt-Bescheid 08 der Susi Wong am 03.05.10 mit gewöhnlichem Brief zur Post. Wegen eines Versehens des Postboten wird der Bescheid in den Briefkasten der Nachbarin eingeworfen, der sich unmittelbar oberhalb des Briefkastens von Susi Wong befindet. Nach Rückkehr aus dem Urlaub überreicht die Nachbarin am Sonntag, den 06.06.10 den Bescheid an Susi Wong. Diese legt am 06.07.10 Einspruch ein.

Lösung: Die Frage der wirksamen Bekanntgabe ist bei der Frage, ob fristgerecht gegen den Bescheid Einspruch eingelegt wurde, zu prüfen, denn **ohne wirksame Bekanntgabe beginnt die Einspruchsfrist nicht zu laufen**. Die Anwendung der Vier-Tage-Fiktion in § 122 Abs. 2 Nr. 2 AO ist nicht anwendbar, wenn der VA der Adressatin später oder aber gar nicht zugegangen ist (vgl. § 122 Abs. 2 AO a. E.). Dies ist hier aufgrund des Fehlers des Postboten der Fall. Der VA wird aber in dem Zeitpunkt geheilt, in dem der zutreffende Adressat den VA tatsächlich erhält (AEAO zu § 122 Nr. 1.7.3 und 4.4.4). Der Bescheid wird damit am 06.06.10 bekannt gegeben; dass dieser Tag ein Sonntag ist, bleibt unerheblich, da § 108 Abs. 3 AO nicht anwendbar ist, wenn es auf den tatsächlichen Zugang ankommt. Die Einspruchsfrist beginnt damit mit Ablauf des 06.06.10. Nachdem die Einspruchsfrist erst mit Ablauf des 06.07.10 endet, war der Einspruch fristgerecht. Ein Antrag auf Wiedereinsetzung in den vorigen Stand ist deshalb nicht erforderlich.

Die Einspruchsfrist ist nur gewahrt, wenn der Einspruch **innerhalb der Frist dem FA zugegangen** ist; dafür trägt der Einspruchsführer die Feststellungslast (BFH vom 21.09.2007, BFH/NV 2008, 29). Das **rechtzeitige Absenden genügt daher nicht**, entscheidend ist, ob der Einspruch auch rechtzeitig das FA erreicht. Für die Fristberechnung gelten die Vorschriften des § 108 Abs. 1 AO i. V. m. §§ 187 ff. BGB.

Beispiel 9: Einspruchsfrist bei Frühleerungsstempel
Das FA gibt den ESt-Bescheid 06 des A am Donnerstag, den 20.12.07 mit gewöhnlichem Brief zur Post. Aufgrund der Feiertage erreicht der Brief A erst nach den Feiertagen am Donnerstag, den 27.12.07. Der von A formgerecht am Sonntag, 27.01.08 eingelegte Einspruch trägt den Eingangsstempel des FA »29.01.08 Frühleerung«. Ist der Einspruch rechtzeitig eingelegt?

Lösung: Ein schriftlicher VA, der durch die Post übermittelt wird, gilt am vierten Tage nach der Aufgabe zur Post als bekannt gegeben, außer wenn er zu einem späteren Zeitpunkt zugegangen ist. Mit der Aufgabe zur Post am Donnerstag, den 20.12.07 gilt der ESt-Bescheid 06 nach der Bekanntgabefiktion gem. § 122 Abs. 2 Nr. 1 AO als am 24.12.07 bekannt geben. Da der Bescheid dem A jedoch erst nach Ablauf der Vier-Tage-Fiktion am Donnerstag, den 27.12.07 zugegangen ist, fällt die Bekanntgabe auf diesen Tag. Die Monatsfrist beginnt damit gem. § 108 Abs. 1 AO i. V. m. § 187 ff. BGB am Freitag, den 28.12.07 um 0 Uhr und endet am Sonntag, den 27.01.08 um 24 Uhr. Da das Fristende auf einen Sonntag fällt, endet die Einspruchsfrist gem. § 108 Abs. 3 AO mit Ablauf des nächstfolgenden Werktages, d.h. am Montag, den 28.01.08 um 24 Uhr. Der eingelegte Einspruch trägt den Eingangsstempel »29.01.08 Frühleerung«. Nachdem die FÄ regelmäßig über keinen Nachtbriefkasten verfügen, wird die am Morgen aus den Briefkästen des FA entnommene Post mit dem »Frühleerungsstempel« versehen; in diesen Fällen wird zugunsten des Absenders unterstellt, dass das eingeworfene Schreiben das FA am Tag der Frühleerung noch vor null Uhr erreicht hat.[8] Vorliegend kann also unterstellt werden, dass das mit dem Frühstempel versehene Schreiben das FA noch am 28.01.08 und damit vor Fristablauf erreicht hat. Der Einspruch erfolgte daher fristgerecht.

Für **Steueranmeldungen** (§ 168 AO) gilt ebenfalls eine einmonatige Einspruchsfrist, die bei nicht zustimmungsbedürftigen Steueranmeldungen mit dem Eingang der Steueranmeldung beim FA beginnt, bei zustimmungsbedürftigen Steueranmeldungen mit der Bekanntgabe der Zustimmung (§ 355 Abs. 1 S. 2 AO).

Der Untätigkeitseinspruch kann gem. § 355 Abs. 2 AO unbefristet erhoben werden, da kein VA bekannt gegeben worden ist.

Beim Erlass von Steuerbescheiden ist der Beteiligte über die Art des Rechtsbehelfs, über die Finanzbehörde, bei der der Einspruch einzulegen ist, deren Sitz und die Einspruchsfrist zu **belehren** (§ 157 Abs. 1 S. 3 AO, § 356 Abs. 1 AO).[9] Darüber hinausgehende Erläuterungen sind zulässig, müssen aber richtig und unmissverständlich sein. Auch bei mündlichen VA ist eine Rechtsbehelfsbelehrung tunlich, da ansonsten Wiedereinsetzung in den vorigen Stand in Betracht kommen kann. Die Fälle einer fehlerhaften Rechtsbehelfsbelehrung sind in der Praxis selten, da von den FÄ vor dem Hintergrund fortschreitender Automation zumeist sachlich einwandfreie Textbausteine verwendet werden; **in Prüfungsaufgaben sind fehlerhafte oder gar fehlende Rechtsbehelfsbelehrungen dagegen häufig anzutreffen** (so zuletzt in der Prüfung 2017). Achten Sie auf Fehler in der Rechtsbehelfsbelehrung insb. dann, wenn VA des FA in der Aufgabe wörtlich wiedergegeben werden.

Fehlt bei einem Steuerbescheid die erforderliche Rechtsbehelfsbelehrung, führt dies nicht zur Nichtigkeit des Bescheides; gleichwohl hat der formale Mangel eine besonders prüfungsrelevante Rechtsfolge: Die einmonatige Einspruchsfrist beginnt nicht, wenn bei schriftlichen VA die Rechtsbehelfsbelehrung fehlt oder unrichtig ist (§ 356 Abs. 1 AO). Weist die Rechtsbehelfsbelehrung entgegen dem Wortlaut des § 357 Abs. 1 S. 1 AO nicht auf die Möglichkeit der elektronischen Einreichung des Einspruchs hin, ist die Rechtsbehelfsbelehrung ebenfalls unrichtig i. S. d. § 356 Abs. 2 AO. Die Einspruchsfrist beträgt dann ein Jahr (BFH vom 28.04.2020, DStR 2020, 1782). Erwähnt die Rechtsbehelfsbelehrung die elektronische Einlegung i. S. d. § 357 Abs. 1 S. 1 AO, ist ein zusätzlicher Hinweis auf die Möglichkeit einer Einspruchseinlegung mittels E-Mail nicht erforderlich. Die Rechtsbehelfsbelehrung ist hinsichtlich der Formerfordernisse für die Einlegung eines Einspruchs weder unvollständig noch unrichtig i. S. d. § 356 Abs. 2 AO, wenn sie den Wortlaut des § 357 Abs. 1 S. 1 AO wiedergibt (BFH vom 17.08.2023, BStBl II 2024, 94).

Bei **mündlichen** VA (z. B. Zollbescheiden gem. § 36 Abs. 2 ZG, Prüfungsentscheidungen nach dem StBerG) ist die ordnungsgemäße Rechtsbehelfsbelehrung dagegen nicht Voraussetzung für den Beginn der Einspruchsfrist. Eine Rechtsbehelfsbelehrung, die den Wortlaut des § 357 Abs. 1 S. 1 AO wiedergibt und verständlich über allgemeine Merkmale des Fristbeginns sowie Fristdauer informiert, ist ordnungsgemäß (BFH vom 06.07.2016, BStBl II 2016, 863).

Fehlt die Rechtsbehelfsbelehrung oder wurde sie unrichtig erteilt, kann der Einspruchsführer – nachdem die Monatsfrist nicht zu laufen beginnt – **innerhalb eines Jahres** seit Bekanntgabe zulässigerweise Einspruch gegen den VA einlegen (§ 356 Abs. 2 AO). Die Jahres-

---

[8] Bei Verwendung eines Frühleerungsstempels gilt das Schriftstück zugunsten des Absenders als am Vortag eingegangen (vgl. BFH vom 28.10.1987, BStBl II 1988, 111).
[9] Ein Hinweis auf die Bedeutung des § 108 Abs. 3 AO für die Ermittlung des Tages der Bekanntgabe (§ 122 Abs. 2 Nr. 1 AO) ist dagegen nicht erforderlich (BFH vom 07.03.2006, BStBl II 2006, 455).

frist gem. § 356 Abs. 2 AO gilt auch dann nicht, wenn der Einspruchsführer infolge höherer Gewalt gehindert war, vor Fristablauf Einspruch einzulegen. Der Einspruch ist in diesen Fällen unbefristet, muss aber innerhalb eines Monats nach Wegfall des Hindernisses nachgeholt werden (§ 356 Abs. 2 AO i. V. m. § 110 Abs. 2 AO).

Zur Wahrung der Einspruchsfrist ist es ferner erforderlich, dass der Einspruch vor Fristablauf bei der zuständigen Behörde eingeht, d. h. bei der Finanzbehörde, deren VA angefochten wird oder bei der ein Antrag auf Erlass eines VA gestellt worden ist (§ 357 Abs. 2 S. 1 AO), die sog. **Anbringungsbehörde**.[10] Bei Feststellungs- und Steuermessbescheiden kann der Einspruch fristwahrend auch bei der für die Erteilung des Steuerbescheides zuständigen Behörde eingereicht werden (§ 357 Abs. 2 S. 2 AO, häufiges Prüfungsproblem). Die Einreichung des Einspruchs bei einer unzuständigen Behörde (z. B. bei der vorgesetzten Behörde oder im Zusammenhang mit einer Petition beim Landesparlament) wahrt die Einspruchsfrist nur, wenn der Einspruch noch innerhalb der Frist der Anbringungsbehörde zugeht (§ 357 Abs. 2 S. 4 AO); **das Risiko des rechtzeitigen Zugangs trägt insoweit allein der StPfl.** (BFH vom 21.09.2007, BFH/NV 2008, 29; AEAO zu § 357 Nr. 2).

2.2.5 Einlegung des Einspruchs (§ 357 AO)

Die Zulässigkeit des Einspruchs setzt weiter voraus, dass den formalen Voraussetzungen der Einspruchseinlegung genügt wird. Der Einspruch ist gem. § 357 Abs. 1 S. 1 AO **schriftlich oder elektronisch** einzureichen oder zur Niederschrift zu erklären. Die Schriftform ist gewahrt, wenn der Einspruch per Telefax eingelegt wird (AEAO zu § 357 Nr. 1). Die Schriftform wird auch durch die elektronische Einlegung des Einspruchs gewahrt. Nach Auffassung der FinVerw[11] bedarf es insoweit keiner elektronischen Signatur (AEAO zu § 357 Nr. 1), sodass auch eine gewöhnliche E-Mail ohne elektronische Signatur die Formvorschrift erfüllt.

Im Gegensatz zur Klageerhebung muss der Einspruch nicht eigenhändig unterschrieben sein, obwohl das Gebot der Schriftform in § 357 Abs. 1 S. 1 AO an sich das Erfordernis einer handschriftlichen Unterschrift vermuten lässt (vgl. § 126 Abs. 1 BGB). Es genügt vielmehr, **wenn aus dem Schriftstück hervorgeht, wer den Einspruch eingelegt hat** (§ 357 Abs. 1 S. 2 AO, sprechen Sie dies bei der Lösung der schriftlichen Prüfungsarbeiten auch immer kurz an); im Regelfall ist damit die bloße Absenderangabe bzw. die Angabe der Steuernummer des Einspruchsführers ausreichend. Eine telefonische Einspruchseinlegung ist dagegen nicht formgerecht, auch wenn das Telefonat vom Sachbearbeiter im FA protokolliert wird.

§ 357 Abs. 3 AO empfiehlt weitere einzuhaltende formelle Vorgaben; es handelt sich hierbei allerdings um eine bloße **Sollvorschrift**. Ein Zwang für die **Begründung** des eingelegten Einspruchs besteht gem. § 357 Abs. 3 S. 3 AO nicht. Gleichwohl ist eine Begründung des Einspruchs dringend zu empfehlen, da das FA ohne bestimmte Anhaltspunkte die Rechtmäßigkeit des angefochtenen Bescheides kaum überprüfen kann.[12] Ficht der StPfl. verbundene Bescheide – etwa ESt- und Zinsfestsetzung – unter bloßer Wiedergabe der »Bescheidbezeichnung« an, ohne zunächst konkrete Einwendungen gegen einen bestimmten Verwaltungsakt

---

10 Auch wenn dies in den schriftlichen Prüfungsarbeiten regelmäßig unproblematisch ist: Dieser Punkt ist oftmals Gegenstand der »unverbindlichen Lösungshinweise« – weisen Sie also auf das Vorliegen dieser Voraussetzung ausdrücklich hin.
11 Vgl. AEAO zu § 357 Nr. 1.
12 Die Sollvorschrift des § 357 Abs. 3 S. 3 AO ist häufig Gegenstand der schriftlichen Prüfung. Auch wenn die Zulässigkeit des Einspruchs an der fehlenden Begründung nicht scheitert, ist die fehlende Begründung im Rahmen einer gutachterlichen Prüfung kurz anzusprechen.

zu erheben, können bei der Auslegung des Einspruchsbegehrens auch spätere Begründungen herangezogen werden (BFH vom 29.10.2019, BStBl II 2020, 368).

Eine **unrichtige Bezeichnung des Einspruchs** führt nicht zu dessen Unzulässigkeit (§ 357 Abs. 1 S. 3 AO). Die unrichtige Bezeichnung des Einspruchs ist also unschädlich. Aus dem Einspruch muss lediglich hervorgehen, dass der Einspruchsführer mit dem angefochtenen VA nicht einverstanden ist. Das Gesetz folgt damit dem allgemein gültigen Verfahrensgrundsatz, dass Verfahrenshandlungen auslegungsfähig sind (Rechtsgedanke des § 133 BGB, BFH vom 19.08.2013, BStBl II 2014, 234). In Prüfungsaufgaben ist die unrichtige Bezeichnung des Einspruchs häufiger anzutreffen als eine korrekte Bezeichnung. Generell gilt, dass § 357 AO Gegenstand nahezu jeder schriftlichen Prüfungsaufgabe ist.

2.2.6 Einspruchsverzicht und Einspruchsrücknahme

2.2.6.1 Einspruchsverzicht (§ 354 AO)

Verzichtet der StPfl. nach Erlass des Verwaltungsaktes auf die Einlegung eines Einspruchs, wird der VA bestandskräftig; ein gleichwohl anschließend erhobener Einspruch wäre unzulässig (§ 355 Abs. 1 S. 3 AO). Anwendung findet die Vorschrift im Bereich des Außensteuerrechts, da bei bilateralen Verträgen die Einleitung und Durchführung von Verständigungs- oder Schiedsverfahren oftmals die Bestandskraft der zugrunde liegenden VA vorausgesetzt wird. § 354 Abs. 1a AO ermöglicht daher einen beschränkten, auf bestimmte Besteuerungsgrundlagen bezogenen Teilverzicht, über die im zwischenstaatlichen Verfahren eine Verständigung erzielt werden soll. Der Anwendungsbereich der Vorschrift ist i. Ü. in der Praxis ohne Bedeutung.

2.2.6.2 Einspruchsrücknahme (§ 362 AO)

Ein bereits eingelegter Einspruch kann bis zur Bekanntgabe der Einspruchsentscheidung wieder zurückgenommen werden (§ 362 AO). Beachten Sie: Wegen § 124, § 122 Abs. 2 Nr. 1 AO kommt es hierbei i. d. R. nicht auf den Zugang an, sodass u. U. eine bereits zugegangene, aber formal noch nicht bekannt gegebene Einspruchsentscheidung einer Einspruchsrücknahme nicht entgegensteht. Die für die Einspruchseinlegung geltenden Vorschriften gelten sinngemäß (§ 362 Abs. 1 S. 2 AO), d. h., die Rücknahme muss insb. schriftlich erfolgen. Im Gegensatz zum Einspruchsverzicht führt die Rücknahme nicht zur sofortigen Bestandskraft des angefochtenen Bescheides, sondern lediglich zum Verlust des eingelegten Einspruchs. Innerhalb der Einspruchsfrist kann daher erneut Einspruch eingelegt werden.

> **Beispiel 10: Vorschnelle Einspruchsrücknahme**
>
> A legt gegen den ESt-Bescheid 01 zulässigerweise Einspruch ein. Das FA teilt ihm daraufhin mit, dass sein Einspruch zwar an sich begründet sei; allerdings habe eine erneute Überprüfung des Sachverhaltes ergeben, dass die Veranlagungsstelle WK des A zu Unrecht berücksichtigt habe. Insgesamt sei deshalb – mit Hinweis auf § 367 Abs. 2 S. 2 AO – eine Änderung des ESt-Bescheides zum Nachteil des A veranlasst. A möchte der drohenden Verböserung entgehen und nimmt den Einspruch formgerecht nach § 362 AO zurück. Noch innerhalb der Einspruchsfrist erfährt er, dass das FA die streitigen WK nach einer geänderten Verwaltungsanweisung doch hätte anerkennen müssen.
>
> **Lösung:** A kann innerhalb der Einspruchsfrist erneut Einspruch gegen den ESt-Bescheid 01 einlegen; der Gefahr der Verböserung kann er durch Hinweis auf die geänderte Verwaltungsanweisung entgehen.

Eine zulässige – und damit eine Verböserung durch die Einspruchsentscheidung hindernde – Rücknahme des Einspruchs »bis zur Bekanntgabe der Entscheidung über den Einspruch« nach § 362 Abs. 1 S. 1 AO liegt auch dann vor, wenn die Rücknahmeerklärung beim FA entsprechend § 122 Abs. 2 Nr. 1 AO vor Ablauf des dritten Tages nach Aufgabe der Einspruchsentscheidung zur Post eingeht; dies gilt selbst dann, wenn die Einspruchsentscheidung dem StPfl. tatsächlich vor Ablauf dieses für die Bekanntgabefiktion nach § 122 Abs. 2 Nr. 1 AO maßgeblichen Tages bekannt wurde (BFH vom 26.02.2002, BFH/NV 2002, 1409). In diesem Fall wird der schon erlassene – aber nach § 122 Abs. 2 Nr. 1 AO eben noch nicht bekannt gegebene und damit noch nicht wirksame – VA durch eine Rechtshandlung des Einspruchsführers (nämlich die Rücknahme des Einspruchs) rechtswidrig und angreifbar; eine merkwürdige Konstellation, die sich aus der Bekanntgabefiktion von VA ergibt. Die Rücknahme des Einspruchs verstößt im Übrigen nicht gegen den Grundsatz von Treu und Glauben und kann nicht als »illoyale Rechtsausübung« angegriffen werden: Genauso wie es dem StPfl. freisteht, einen Einspruch einzulegen, kann er ihn auch wieder zurücknehmen (BFH vom 05.11.2009, BStBl II 2010, 720).

Bei der **Bearbeitung schriftlicher Prüfungsaufgaben ist unbedingt darauf zu achten**, dass die Sachentscheidungsvoraussetzungen nicht schematisch abgehandelt werden, sondern lediglich diejenigen Voraussetzungen näher geprüft werden, deren Vorliegen nach dem Sachverhalt zweifelhaft ist. Sind die Zulässigkeitsvoraussetzungen unstreitig gegeben, genügt ein kurzer Hinweis, dass der Einspruch statthaft ist, form- und fristgerecht eingelegt wurde und der Einspruchsführer eine Beschwer geltend macht.

3 Das Einspruchsverfahren

3.1 Einspruchsverfahren als verlängertes Festsetzungsverfahren

Das Einspruchsverfahren wird oft als **verlängertes oder fortgesetztes Verwaltungsverfahren**[13] bezeichnet. Im Grundsatz gelten für das Einspruchsverfahren die gleichen Verfahrensvorschriften wie bei Erlass des angefochtenen oder des begehrten VA (§ 365 Abs. 1 AO). Der **Sachverhalt wird damit von der Finanzbehörde nochmals in vollem Umfange untersucht**, auch wenn der Einspruchsführer seinen Einspruch auf bestimmte Punkte beschränkt hat.[14] Das Veranlagungsverfahren wird also im Ergebnis nochmals gänzlich aufgerollt (**Grundsatz der Gesamtaufrollung**, § 367 Abs. 2 S. 1 AO); insoweit ist auch der Ablauf der Festsetzungsfrist gem. § 171 Abs. 3a AO in vollem Umfang gehemmt. Aus diesem Grund ist die Finanzbehörde auch befugt, den angefochtenen VA zum Nachteil des Einspruchsführers abzuändern, allerdings nur, soweit dieser vor Erlass der Einspruchsentscheidung i. R. d. obligatorischen Gewährung rechtlichen Gehörs auf die Möglichkeit der sog. **Verböserung** hingewiesen wurde und dem Einspruchsführer damit die Gelegenheit gegeben wird, den Einspruch zurückzunehmen (§ 367 Abs. 2 S. 2 AO).[15] Hat das FA eine Frist bestimmt, bis zu der es dem StPfl.

---

13 Vgl. BFH vom 14.03.2012, BStBl II 2012, 536 m. w. N.
14 Mit dieser Feststellung sollten in der schriftlichen Prüfung die Ausführungen zur Begründetheit des Einspruchs beginnen, da für diese »Selbstverständlichkeit« in den letzten Jahren immer wieder Wertungspunkte vorgesehen waren.
15 Der Verböserungshinweis ist nur dann – ausnahmsweise – entbehrlich, wenn eine erhöhte Steuerfestsetzung auch nach Rücknahme des Einspruchs aufgrund einer anderen Korrekturvorschrift möglich ist, etwa gem. § 164 Abs. 2 AO. In diesen Fällen wäre der Hinweis ein überflüssiger Formalismus (so auch BFH vom 25.02.2009, BStBl II 2009, 587).

möglich ist, zur Vermeidung der angedrohten Verböserung den Einspruch zurückzunehmen, verstößt eine gleichwohl vor Ablauf der selbst gesetzten Frist ergehende verbösernde Einspruchsentscheidung gegen den Grundsatz von Treu und Glauben, der abweichend vom Grundsatz des § 127 AO zur Aufhebung der verbösernden Einspruchsentscheidung führt (BFH vom 15.05.2013, BStBl II 2013, 669).

Das FA ist selbst dann noch zum Erlass einer **verbösernden Einspruchsentscheidung** gem. § 367 Abs. 2 S. 2 AO berechtigt, wenn es zuvor einen Änderungsbescheid erlassen hat, in dem es dem Einspruchsbegehren teilweise entsprochen, jedoch nicht in voller Höhe abgeholfen hat (sog. Teilabhilfebescheid, BFH vom 06.09.2006, BStBl II 2007, 84). Dies ist konsequent, denn der während des Einspruchsverfahrens erlassene teilweise Abhilfebescheid hat keine stärkere Bestandskraft als der durch ihn geänderte Bescheid.

Im Einspruchsverfahren ist weiterhin der **Untersuchungsgrundsatz** anwendbar, demzufolge die Finanzbehörde den Sachverhalt von Amts wegen ermittelt (§ 88 AO). Die Aufklärungspflicht der Finanzbehörde wird allerdings von der Zumutbarkeit der Aufklärungsmaßnahmen und den Mitwirkungspflichten des Einspruchsführers begrenzt (vgl. AEAO zu § 365 Nr. 1). Dies kommt insb. dann in Betracht, wenn der Einspruch trotz Aufforderung nicht begründet wird.

Während des Einspruchsverfahrens gelten weiterhin die Vorschriften über die Rücknahme, den Widerruf, die Aufhebung und die Änderung von VA (§ 132 AO). Im Falle einer **Änderung** wird der neue, geänderte VA ipso iure – d.h. auch ohne ausdrücklichen Antrag – Gegenstand des Einspruchsverfahrens (§ 365 Abs. 3 S. 1 AO). Eine Ersetzung i.S.d. § 365 Abs. 3 AO liegt auch dann vor, wenn sich ein angefochtener Vorauszahlungsbescheid mit Wirksamwerden der Jahressteuerfestsetzung erledigt (AEAO zu § 365 Nr. 2). Wird ein unter dem Vorbehalt der Nachprüfung ergangener Steuerbescheid mit Einspruch angefochten und hebt das FA den Vorbehalt der Nachprüfung während des Einspruchsverfahrens auf, so wird der Bescheid, mit dem der Vorbehalt der Nachprüfung aufgehoben wird, gem. § 365 Abs. 3 AO Gegenstand des Einspruchsverfahrens (BFH vom 26.06.2002, BStBl II 2003, 112). Ein besonderer Antrag des Einspruchsführers ist insoweit nicht nötig.[16]

Ist wegen der Verfassungsmäßigkeit einer Rechtsnorm oder wegen einer Rechtsfrage ein Verfahren beim EuGH, dem BVerfG oder einem obersten Bundesgericht anhängig und wird der Einspruch hierauf gestützt, ruht das Einspruchsverfahren insoweit gem. § 363 Abs. 2 AO; dies gilt nicht, wenn nach § 165 Abs. 1 S. 2 Nr. 3 AO die Steuer vorläufig festgesetzt wurde (§ 363 Abs. 2 S. 2 AO). Voraussetzung der gesetzlichen Zwangsruhe ist damit, dass sich der Einspruchsführer zur Begründung seines Einspruchs auf ein bei einem der o.g. Gerichte anhängiges Verfahren beruft, das noch nicht abgeschlossen ist, und dieses Musterverfahren für das Einspruchsverfahren **präjudizielle Bedeutung** hat; es muss daher eine auch in dem Einspruchsverfahren entscheidungserhebliche Rechtsfrage betreffen. Ein kraft Gesetzes ruhendes Verfahren kann nach § 363 Abs. 2 S. 4 AO durch das FA fortgesetzt werden; die Entscheidung über die Fortsetzung steht im pflichtgemäßen Ermessen des FA und muss daher entsprechend begründet werden (BFH vom 26.09.2006, BStBl II 2007, 222).

---

16 Die Ersetzungsregelung des § 365 Abs. 3 AO findet auf Änderungen nach §§ 172 ff. AO außerhalb des Einspruchsverfahrens keine analoge Anwendung (BFH vom 07.11.2006, BStBl II 2007, 236). Damit steht etwa die Bestandskraft eines nach einem Antrag auf schlichte Änderung ergangenen Steuerbescheides einer erneuten Änderung nach dieser Vorschrift unter Berufung auf die vorausgegangene Zustimmung bzw. den vorausgegangenen Antrag entgegen.

Das Einspruchsverfahren ist **kostenfrei**. Einspruchsführer und Finanzbehörde tragen ihre eigenen Aufwendungen jeweils selbst. Eine Ausnahme ergibt sich lediglich aus § 139 Abs. 3 S. 3 FGO, wenn sich an das Einspruchsverfahren ein Klageverfahren anschließt und das Finanzgericht im Falle des Obsiegens des Klägers die Zuziehung eines Bevollmächtigten oder Beistandes für das Einspruchsverfahren für notwendig erklärt. Die AO sieht hingegen keine Kostenerstattung für Kosten des Vorverfahrens vor, wenn es nicht zu einer Klageerhebung kommt; dies ist nach Auffassung des BFH mit dem GG vereinbar (BFH vom 23.07.1996, BStBl II 1996, 501).

3.2 Mündliche Erörterung (§ 364a AO)

Die mit Wirkung zum 01.01.1996 eingefügte Vorschrift soll eine einvernehmliche Erledigung der Einspruchsverfahren fördern und Streitfälle von den Finanzgerichten fernhalten. Die **praktische Bedeutung der Regelung ist gering**, nur wenige Einspruchsführer machen von ihrem Antragsrecht nach § 364a Abs. 1 S. 1 AO Gebrauch. Bei der Ladung des Einspruchsführers zu einer mündlichen Erörterung bzw. bei der Ablehnung eines Antrags auf mündliche Erörterung handelt es sich zwar um eigenständige VA; als verfahrensleitende Verfügungen sind diese jedoch – analog dem Rechtsgedanken in § 128 Abs. 2 FGO – nicht selbständig anfechtbar.[17]

3.3 Setzung von Präklusionsfristen (§ 364b AO)

§ 364b AO sieht vor, dass die Finanzbehörde im Einspruchsverfahren dem Einspruchsführer in bestimmten Fällen eine Frist zur Mitwirkung setzen kann (sog. **Ausschlussfrist**). Erklärungen und Beweismittel, die nach Ablauf der gesetzten Präklusionsfrist vorgebracht werden, bleiben unberücksichtigt (§ 364b Abs. 2 S. 1 AO). Von der Fristsetzung nach § 364b AO ist nach dem AEAO zu § 364b Nr. 1 insb. in Einspruchsverfahren, die einen **Schätzungsbescheid** nach Nichtabgabe der Steuererklärung betreffen, Gebrauch zu machen. Nach dem Willen des Gesetzgebers soll § 364b AO dem Missbrauch des Rechtsbehelfsverfahrens zu rechtsbehelfsfremden Zwecken entgegenwirken, insb. als »Fristverlängerungsverfahren« hinsichtlich der Abgabe von Steuererklärungen.

Nach § 76 Abs. 3 S. 1 FGO kann auch das FG Erklärungen und Beweismittel, die erst nach Ablauf der vom FA gesetzten Frist im Einspruchsverfahren oder im Klageverfahren vorgebracht werden, zurückweisen und ohne weitere Ermittlungen entscheiden; die Maßstäbe des § 79b Abs. 3 FGO gelten hier sinngemäß (§ 76 Abs. 3 S. 2 FGO). Dem FG wird für die Frage der Zurückweisung somit – anders als dem FA in § 364b AO – ein Verfahrensermessen eingeräumt. Die Voraussetzungen des § 79b Abs. 3 FGO sind erfüllt, wenn die Zulassung der verspätet vorgebrachten Erklärungen und Beweismittel die Erledigung des Rechtsstreits **verzögern** würde. Eine Verzögerung tritt dann ein, wenn der Rechtsstreit bei Zulassung der verspäteten Erklärungen und Beweismittel länger als bei deren Zurückweisung dauern würde. Danach kann es zu keiner Verzögerung kommen, wenn eine Erledigung in der ersten vom FG nach pflichtgemäßen Ermessen terminierten mündlichen Verhandlung möglich ist. Das FA kann dann – trotz seiner rechtmäßigen Fristsetzung – im nachfolgenden Klageverfahren einen Abhilfebescheid gem. § 172 Abs. 1 S. 1 Nr. 2 Buchst. a AO erlassen. Bei Versäumen der Präklusionsfrist kommt gem. § 364b Abs. 2 S. 3 AO eine Wiedereinsetzung in den vorigen Stand

---

17 Bestätigt durch BFH vom 11.04.2011, BStBl II 2012, 539; vgl. auch *Hübschmann/Hepp/Spitaler*, AO, § 364a Rz. 72 ff. m. w. N., auch mit Hinweisen zur abweichenden Auffassung.

in Betracht, wenn das Versäumen der Frist schuldlos erfolgte. § 137 FGO wurde zwischenzeitlich dahingehend ergänzt, dass in Fällen, in denen das FG nach § 76 Abs. 3 FGO Erklärungen und Beweismittel berücksichtigt, die im Einspruchsverfahren rechtmäßig zurückgewiesen wurden, dem Kläger insoweit die Kosten aufzuerlegen sind.

Umstritten ist, ob es sich bei der Fristsetzung nach § 364b AO um einen selbständig anfechtbaren VA i. S. d. § 118 AO handelt. Nach Auffassung der Verwaltung ist über Einwendungen gegen die Fristsetzung nicht in einem gesonderten Verfahren, sondern i. R. d. Entscheidung über den Einspruch gegen den Steuerbescheid zu entscheiden (AEAO zu § 364b Nr. 4). Zwar sei die Aufforderung nach § 364b Abs. 1 AO ein VA i. S. d. § 118 AO, aber als verfahrensleitende Verfügung analog dem Rechtsgedanken in § 128 Abs. 2 FGO nicht selbständig anfechtbar (BFH vom 10.02.2020, BGH/NV 2020, 754).

3.4 Bindungswirkung anderer Verwaltungsakte (§ 351 AO)

3.4.1 Anfechtbarkeit von Änderungsbescheiden

Das FA hat den angefochtenen VA auch dann in vollem Umfange zu überprüfen, wenn es sich um einen Änderungsbescheid handelt (§ 367 Abs. 2 S. 1 AO). Allerdings kann ein **Änderungsbescheid** aufgrund des eingelegten Einspruchs nur insoweit geändert werden, als er von dem ursprünglichen Bescheid abweicht, soweit also die Änderung reicht (§ 351 Abs. 1 AO). § 351 AO schränkt damit die Einspruchsbefugnis eines beschwerten StPfl. klarstellend ein; ein Änderungsbescheid trifft **nur im Umfang der Änderung** eine neue Regelung, während der übrige Inhalt des Verwaltungsaktes lediglich wiederholt wird. Die wiederholende Verfügung ist aber nicht erneut angreifbar. Die **Anfechtung eines Änderungsbescheides führt daher im Ergebnis nur zu einer teilweisen Aufhebung der Bestandskraft**; § 351 AO ist nach Auffassung der Rspr. eine eigenständige einschränkende Zulässigkeitsvoraussetzung.[18] War der ursprüngliche Bescheid bei Erlass des Änderungsbescheides noch nicht bestandskräftig, greift die Einspruchsbeschränkung des § 351 Abs. 1 AO nicht; § 351 Abs. 1 AO setzt voraus, dass ein bestandskräftiger (»unanfechtbarer«) Steuerbescheid geändert wurde (BFH vom 18.04.2007, BFH/NV 2007, 1554).

> **Beispiel 11: Anfechtbarkeit von Änderungsbescheiden**
>
> Aufgrund des Bekanntwerdens neuer Tatsachen (§ 173 Abs. 1 Nr. 1 AO) ändert das FA einen ESt-Bescheid in der Form, dass die festgesetzte Steuer um 1.000 € erhöht wird. Der ursprüngliche Steuerbescheid ist nach Ablauf der Einspruchsfrist mittlerweile bestandskräftig geworden. Der StPfl. macht im Einspruchsverfahren gegen den Änderungsbescheid nunmehr geltend, dass im ursprünglichen Steuerbescheid Sonderausgaben i. H. v. 2.000 € nicht berücksichtigt worden seien.
>
> **Lösung:** Im Einspruchsverfahren bezüglich des Änderungsbescheides können Einwendungen, die bereits gegen die ursprüngliche Steuerfestsetzung hätten vorgebracht werden können, vorgetragen werden. Eine Änderung ist allerdings nur in dem Umfang möglich, als der Änderungsbescheid vom ursprünglichen Steuerbescheid abweicht (§ 351 Abs. 1 AO); die ursprünglich festgesetzte Steuer kann also keinesfalls unterschritten werden. Eine Berücksichtigung der Sonderausgaben kommt damit höchstens bis zu einem Betrag von 1.000 € in Betracht. Eine darüber hinausgehende Berücksichtigung der Sonderausgaben kommt gem. § 351 Abs. 1 2. HS AO nur in Betracht, wenn Korrekturvorschriften dies zulassen; § 351 AO schränkt die Änderungsvorschriften insoweit nicht ein. Hier könnte eine Berücksichtigung der Sonderausgaben in voller Höhe je nach Sachverhaltsgestaltung gem. § 173 Abs. 1 Nr. 2 AO in Betracht kommen.

---

18 Kühn/von Wedelstädt, AO, § 351 Rz. 1 m. w. N.

Die Einschränkung des Einspruchs wird durchbrochen, wenn sich aus den Vorschriften über die Aufhebung und Änderung von VA etwas anderes ergibt (§ 351 Abs. 1 2. HS AO); dies bedeutet, dass ohne Rücksicht auf § 351 Abs. 1 AO die allgemeinen Korrekturvorschriften für Verwaltungsakte angewandt werden können: **§ 351 Abs. 1 AO schränkt nur die Anfechtung von Änderungsbescheiden im Einspruchsverfahren** ein.

Auf VA, bei denen die Änderung des ursprünglichen Bescheides auf den Vorschriften der §§ 130, 131 AO beruht, ist § 351 AO nicht anwendbar (AEAO zu § 351 Nr. 3).

3.4.2 Bindungswirkung im Verhältnis Grundlagenbescheid – Folgebescheid

Soweit für die Festsetzung einer Steuer ein Feststellungsbescheid (vgl. § 182 Abs. 1 AO), ein Steuermessbescheid oder ein anderer VA bindend ist (**Grundlagenbescheid** nach § 171 Abs. 10 AO), kann die Bindungswirkung nicht durch Anfechtung des Folgebescheides, sondern nur durch Anfechtung des Grundlagenbescheides beseitigt werden. § 351 Abs. 2 AO stellt dies nochmals ausdrücklich klar.

Gleichwohl handelt es sich bei § 351 Abs. 2 AO nach Auffassung der Verwaltung nicht um eine Zulässigkeitsvoraussetzung des Einspruchs. Ein Einspruch gegen einen Folgebescheid, der mit Einwendungen gegen einen Grundlagenbescheid begründet ist, ist unbegründet und nicht unzulässig (AEAO zu § 351 Nr. 4). Ein Einspruch gegen den Folgebescheid ist dagegen zulässig, wenn der Einspruchsführer behauptet, das FA habe zu Unrecht die Voraussetzungen des § 175 Abs. 1 S. 1 Nr. 1 AO bejaht, da es sich hierbei um Einwendungen handelt, die sich spezifisch gegen den Folgebescheid richten.

Die Einschränkungen des § 351 Abs. 1 und 2 AO stehen unabhängig nebeneinander, die Voraussetzungen sind also getrennt zu prüfen. Der Einspruchsführer darf den geänderten Folgebescheid damit nur anfechten, soweit die Änderung reicht (Abs. 1), und er darf hierbei keine Gründe anführen, die die Rechtmäßigkeit des (bindenden) Grundlagenbescheids betreffen (§ 351 Abs. 2 AO).

4 Hinzuziehung zum Verfahren (§ 360 AO)

§ 359 AO regelt, wer Beteiligter des Einspruchsverfahrens ist: neben dem Einspruchsführer sind dies diejenigen Personen, die gem. § 360 AO zum Einspruchsverfahren hinzugezogen worden sind. Die Einspruchsentscheidung entfaltet eine Bindungswirkung nur inter partes, d. h. gegenüber dem FA und den Beteiligten des Einspruchsverfahrens. Ziel der Hinzuziehung nach § 360 AO ist, das Einspruchsverfahren zu vereinfachen und divergierende Entscheidungen bei Verfahren zu vermeiden, in denen aufgrund des eingelegten Einspruchs die Rechtsfrage zwingend auch gegenüber dritten Personen entschieden werden muss. Durch die Hinzuziehung erhält der Hinzugezogene die Stellung eines Beteiligten gem. § 359 Nr. 2 AO und ist damit an die in der Sache ergehende Entscheidung gebunden.

Nachdem aufgrund der Hinzuziehung Dritte an die Einspruchsentscheidung gebunden sind, bestimmt § 360 Abs. 4 AO als Rechtsfolge der Hinzuziehung, dass die Hinzugezogenen im Einspruchsverfahren dieselben Rechte gelten machen können wie der Einspruchsführer selbst; dem Hinzugezogenen ist daher rechtliches Gehör gem. § 91 AO zu gewähren und er muss über den Schriftwechsel zwischen FA und Einspruchsführer informiert werden. Will das FA den angefochtenen VA gem. § 172 Abs. 1 S. 1 Nr. 2 Buchst. a AO ändern, ohne dem

Antrag des Einspruchsführers der Sache nach zu entsprechen, ist auch die Zustimmung des Hinzugezogenen einzuholen; dies gilt zumindest für die Fälle der notwendigen Hinzuziehung (AEAO zu § 360 Nr. 4). Die Hinzuziehung gem. § 360 AO ist **akzessorisch**; die Stellung der hinzugezogenen Beteiligten leitet sich vom Verhalten des Einspruchsführers ab; nimmt dieser seinen Einspruch zurück, können die Hinzugezogenen das Einspruchsverfahren nicht selbständig fortführen.

Die Einspruchsentscheidung des FA ist allen Beteiligten und damit auch den Hinzugezogenen bekannt zu geben (§§ 366, 359 AO).

§ 360 AO unterscheidet zwischen **notwendiger und einfacher** Hinzuziehung. Die einfache Hinzuziehung kommt gem. § 360 Abs. 1 AO in Betracht, wenn rechtliche Interessen Dritter nach den Steuergesetzen durch die Einspruchsentscheidung berührt werden, ohne dass die Entscheidung aus rechtlichen Gründen einheitlich ergehen muss (§ 360 Abs. 1 S. 1, Abs. 3 AO). Rechtliche Interessen sind nach der Rspr. dann berührt, wenn auch nur die Möglichkeit besteht, dass die anstehende Entscheidung rechtlich geschützte Positionen des Beigeladenen positiv oder negativ beeinflusst; maßgeblich ist insofern, inwieweit die zu erwartende Entscheidung den Beigeladenen binden kann (BFH vom 22.12.2005, BStBl II 2006, 331). Die einfache Hinzuziehung steht im Ermessen des FA (§ 360 Abs. 1 S. 1 AO: »Die [...] Finanzbehörde kann [...]«).

> **Beispiel 12: Hinzuziehung von Ehegatten**
>
> Die Eheleute A und B werden gemeinsam zur ESt veranlagt. A legt in eigenem Namen gegen den ESt-Bescheid Einspruch ein.
>
> **Lösung:** Der BFH geht bei zusammen veranlagten Eheleuten davon aus, dass gegenüber den Eheleuten unterschiedliche Entscheidungen ergehen können (BFH vom 25.04.2006, BStBl II 2007, 220). Gleichwohl wird es sich regelmäßig empfehlen, auch den Ehegatten des Einspruchsführers im Wege der einfachen Hinzuziehung am Einspruchsverfahren zu beteiligen (vgl. AEAO zu § 360 Nr. 3).

Bei der notwendigen Hinzuziehung kann die Einspruchsentscheidung aus rechtlichen Gründen gegenüber dem Einspruchsführer und einem Dritten nur einheitlich ergehen (§ 360 Abs. 3 AO). Das ist der Fall, wenn die Entscheidung nach Maßgabe des materiellen Steuerrechts notwendigerweise und unmittelbar Rechte oder Rechtsbeziehungen des Dritten gestaltet, bestätigt, verändert oder zum Erlöschen bringt.[19] In diesen Fällen ist der Dritte notwendig – d. h. ohne eine Ermessensentscheidung des FA – dem Verfahren hinzuzuziehen. Standardfall der notwendigen Hinzuziehung ist die gesonderte und einheitliche Feststellung nach § 180 AO.

Sowohl vor der einfachen als auch vor der notwendigen Hinzuziehung ist dem Einspruchsführer **rechtliches Gehör** (§ 91 AO) **zu gewähren**; für die einfache Hinzuziehung ergibt sich dies ausdrücklich aus § 360 Abs. 1 S. 2 AO; der Einspruchsführer erhält dadurch die Möglichkeit, den Einspruch noch zurückzunehmen. Die Hinzuziehung selbst erfolgt durch **VA**, gegen den wiederum der Einspruch statthaft ist. Unterlässt das FA rechtswidrig die Hinzuziehung, ist wie folgt zu unterscheiden:
- Im Falle der einfachen Hinzuziehung bleibt die Einspruchsentscheidung wirksam, bindet allerdings nur den Einspruchsführer selbst.

---

19 Vgl. BFH vom 19.12.2007, BStBl II 2008, 536.

- Im Falle der notwendigen Hinzuziehung ist die Einspruchsentscheidung rechtswidrig (§ 125 Abs. 1 AO); allerdings kann die unterlassene notwendige Hinzuziehung durch Beiladung im gerichtlichen Verfahren nach § 60 Abs. 3 FGO geheilt werden (BFH vom 11.05.2005, BStBl II 2005, 776). Diese Lösung dient zwar zugunsten des Rechtsbehelfsführers der Abkürzung der Verfahrensdauer, animiert aber das FA, im Einspruchsverfahren § 360 Abs. 3 S. 1 AO zu übergehen.[20] Der Mangel der notwendigen Hinzuziehung kann nicht nur durch eine Beiladung gem. § 60 Abs. 3 FGO, sondern (erst recht) durch Klageerhebung geheilt werden. So ist z. B. die Klage eines Kommanditisten gegen einen Bescheid zur Feststellung des verrechenbaren Verlusts (§ 15a Abs. 4 EStG) auch dann zulässig, wenn die Einspruchsentscheidung an die KG gerichtet und der Kommanditist nicht zum Einspruchsverfahren hinzugezogen worden ist (BFH vom 14.10.2003, BStBl II 2004, 359).

5 Entscheidung über den Einspruch (§ 367 AO)

Gem. § 367 Abs. 1 S. 1 AO entscheidet das FA (und dort die Rechtsbehelfsstelle) über den Einspruch durch eine sog. **Einspruchsentscheidung**.[21] Die Einspruchsentscheidung ist in den meisten Fällen vom Aufbau her einem Urteil nachgebildet. In der Praxis führt die Mehrzahl der Einspruchsverfahren allerdings zu keiner förmlichen Einspruchsentscheidung. Die Finanzbehörde hat neben der Einspruchsentscheidung noch andere Möglichkeiten, um das Einspruchsverfahren zu beenden.

Einer Einspruchsentscheidung bedarf es zum einen nicht, wenn die Finanzbehörde dem Einspruch abhilft, d. h. dem Begehren des Einspruchsführers nachkommt (sog. Abhilfebescheid, §§ 367 Abs. 2 S. 3, 132 AO). Möglich ist auch eine teilweise Abhilfe des Einspruchs, verbunden mit einer förmlichen Einspruchsentscheidung, soweit dem Einspruch nicht abgeholfen wurde (sog. Teilabhilfebescheid). Soweit der Abhilfebescheid reicht, ist keine förmliche Einspruchsentscheidung erforderlich. Ein Abhilfebescheid i. S. d. § 367 Abs. 2 AO liegt auch vor, soweit sich der Bescheid teilweise als dem Einspruchsführer nachteilig erweist, er dieser Änderung aber nach § 172 Abs. 1 S. 1 Nr. 2 AO zugestimmt hat (BFH vom 05.06.2003, BStBl II 2004, 2).

Durch das JStG 2007 hat der Gesetzgeber mit einer Ergänzung der §§ 172, 348 und 367 AO für die FÄ eine zusätzliche Möglichkeit geschaffen, bei sog. **Massenrechtsbehelfsverfahren** nach einer Entscheidung des EuGH, des BVerfG oder des BFH die anhängigen Verfahren arbeitsökonomisch zu erledigen. Hintergrund dieser Entwicklung war, dass die Bearbeitung der Rechtsbehelfe in den FÄ in den letzten Jahren immer mehr durch die ansteigende Zahl von Massenrechtsbehelfsverfahren behindert wurde. Die Zahl der in den Rechtsbehelfsstellen gem. § 363 Abs. 2 AO ruhenden Verfahren nahm immer mehr zu, mit der Folge, dass die Rechtsbehelfe insgesamt nicht erledigt werden konnten.

---

20 *Tipke/Kruse*, AO, § 360 Rz. 13.
21 Das den VA erlassende FA ist auch dann für die Einspruchsbearbeitung zuständig, wenn die Zuständigkeit auf einer Beauftragung eines anderen, ursprünglich zuständigen FA, beruht (BFH vom 18.11.2008, BStBl II 2009, 507): Im Streitfall ging es um die Prüfungsanordnung einer Auftragsprüfung nach § 195 S. 2 AO. § 367 Abs. 3 S. 1 AO, der auch eine andere Auslegung rechtfertigen könnte, wurde vom BFH als nicht einschlägig angesehen, da dort nur die unmittelbare gesetzliche Ermächtigung gemeint sei.

Mit § 367 Abs. 2b AO hat das BMF die Möglichkeit, durch Allgemeinverfügung sowohl Anträge (§ 172 Abs. 3 AO n. F.) als auch Einsprüche (§ 367 Abs. 2b AO n. F.) zurückzuweisen, die eine vom EuGH, vom BVerfG oder vom BFH entschiedene Rechtsfrage betreffen.[22] So wurden etwa im März 2013 Einspruchsverfahren mit der Rüge, die Nichtabziehbarkeit von Steuerberatungskosten als Sonderausgaben verstoße gegen das GG, allgemein zurückgewiesen (Allgemeinverfügung vom 25.03.2013, BStBl I 2013, 348). Sofern ein Einspruchsverfahren betroffen ist, hat der Einspruchsführer die Möglichkeit, innerhalb eines Jahres nach Bekanntgabe der Allgemeinverfügung Klage zu erheben (§ 367 Abs. 2b S. 5 AO); durch diese verlängerte Klagefrist (die üblicherweise gem. § 47 Abs. 1 S. 1 FGO einen Monat beträgt) wird dem Justizgewährleistungsanspruch (Art. 19 Abs. 4 GG) hinreichend Rechnung getragen. Für die FÄ bedeutet diese Neuregelung, dass eingegangene Anträge und Einsprüche nicht durch Einzelentscheidung erledigt werden müssen, sondern zunächst abzuwarten ist, ob eine Allgemeinverfügung erlassen wird.

Darüber hinaus sieht § 367 Abs. 2a AO die Möglichkeit der **Teileinspruchsentscheidung** vor. § 367 Abs. 2a AO ermöglicht es den FÄ, die Verfassungsmäßigkeit einer Norm von der Entscheidung auszunehmen und im Übrigen über den Einspruch zu entscheiden. Durch die Verpflichtung der FÄ, in der Teileinspruchsentscheidung ausdrücklich zu bestimmen[23], hinsichtlich welcher Teile Bestandskraft nicht eintreten soll, wird für den StPfl. deutlich, inwieweit der Steuerfall »offen« bleibt (§ 367 Abs. 2a S. 2 AO). Der Erlass einer Teileinspruchsentscheidung hat nicht zur Folge, dass stets noch eine abschließende Einspruchsentscheidung ergehen muss. Das Einspruchsverfahren kann auch dadurch endgültig abgeschlossen werden, dass das FA hinsichtlich der zunächst offen gebliebenen Frage abhilft, der Einspruchsführer seinen Rechtsbehelf zurücknimmt oder durch Allgemeinverfügung eine Einspruchsentscheidung fingiert wird.

Die teilweise Erledigung eines Einspruchs durch Teileinspruchsentscheidung bietet sich insb. dann an, wenn es sich um umfangreiche Einsprüche handelt, die teilweise Rechtsfragen mit Bezug zu anhängigen Verfahren aufwerfen und deshalb insoweit noch nicht entschieden werden können, im Übrigen aber entscheidungsreif sind (BFH vom 21.12.2016, BFH/NV 2017, 881, zur Verfassungsmäßigkeit BFH vom 18.04.2018, BFH/NV 2018, 818).

Ergeht eine förmliche Einspruchsentscheidung, wird die Finanzbehörde in der Einspruchsentscheidung im Falle der

- Unzulässigkeit den Einspruch als **unzulässig verwerfen** (§ 358 S. 2 AO),
- Unbegründetheit den Einspruch als **unbegründet zurückweisen**,
- Begründetheit den Einspruch entweder mittels **Abhilfebescheids** korrigieren oder dem Einspruch in einer förmlichen Einspruchsentscheidung stattgeben,
- teilweisen Begründetheit dem Einspruch im Umfang der Begründetheit mittels **Teilabhilfebescheids** abhelfen und den Einspruch im Übrigen als unbegründet zurückweisen oder dem Einspruch in einer förmlichen Einspruchsentscheidung teilweise stattgeben.

---

22 Allerdings betrifft die Zurückweisung nur die Streitfrage, die in dem entsprechenden Musterverfahren entschieden wurde. Da durch den Einspruch der Verwaltungsakt nicht nur beschränkt auf das Musterverfahren, sondern umfassend angefochten wurde (Grundsatz der Gesamtaufrollung), muss also trotz Zurückweisung durch Allgemeinverfügung für die übrigen Punkte noch eine Teileinspruchsentscheidung ergehen. Die vom Gesetzgeber erhoffte Verwaltungsvereinfachung ist insoweit nur teilweise eingetreten.

23 Z. B. durch Benennung der anhängigen Verfahren vor dem EuGH, BVerfG oder BFH mit Aktenzeichen und Streitfrage.

Soweit der angefochtene VA unter dem Vorbehalt der Nachprüfung (§ 164 AO) steht oder vorläufig gem. § 165 AO erging, kann die Finanzbehörde diese Nebenbestimmung auch in der Einspruchsentscheidung beibehalten. **Beide Nebenbestimmungen bleiben bestehen, wenn sie in der Entscheidung über den Einspruch nicht ausdrücklich aufgehoben werden** (BFH vom 09.09.1988, BStBl II 1989, 9; Achtung: häufiges Prüfungsproblem!). Der Vorbehalt der Nachprüfung ist jedoch aufzuheben, wenn im Einspruchsverfahren eine abschließende Prüfung i. S. d. § 164 Abs. 1 AO durchgeführt wird (AEAO zu § 367 Nr. 5). Es ist auch zulässig, den angefochtenen VA nach Hinweis auf die Verböserungsmöglichkeit erstmals im Einspruchsverfahren mit dem Vorbehalt der Nachprüfung zu versehen.

VIII Das finanzgerichtliche Verfahren

1 Überblick über die Finanzgerichtsbarkeit

1.1 Einführung

Die Finanzgerichtsbarkeit gewährleistet den grundrechtlich verbürgten gerichtlichen Rechtsschutz in Steuersachen. Gem. Art. 19 Abs. 4 GG kann jedermann das Handeln der Verwaltungsbehörden – in den Grenzen der jeweiligen Verfahrensordnung – gerichtlich überprüfen lassen (sog. **Justizgewährleistungsanspruch**). Die Finanzgerichtsbarkeit wird durch unabhängige, von den Finanzbehörden getrennte besondere Verwaltungsgerichte[1] ausgeübt (§ 1 FGO). Im Gegensatz zu den anderen Gerichtszweigen existiert für den gerichtlichen Rechtsschutz in Steuersachen kein dreistufiger Instanzenzug (mit Tatsacheninstanz, Berufungsinstanz sowie Revisionsinstanz), sondern ein **zweistufiger Instanzenzug**: in den Ländern die Finanzgerichte[2] als alleinige Tatsacheninstanz und als Revisionsinstanz auf Bundesebene der Bundesfinanzhof mit Sitz in München. Nachdem der BFH ausschließlich als Rechtsmittelinstanz für Revisionen und Beschwerden ausgestaltet ist (§ 36 FGO), existiert in der Finanzgerichtsbarkeit **kein Berufungsgericht**.

1.2 Gerichtsverfassung

Sowohl die Finanzgerichte als auch der Bundesfinanzhof entscheiden durch ein Richterkollegium, die sog. **Senate** (§ 5 Abs. 2, § 10 Abs. 2 FGO). Bei den Finanzgerichten entscheiden die Senate in der Besetzung mit **drei Berufsrichtern** und **zwei ehrenamtlichen Richtern**; bei Beschlüssen außerhalb der mündlichen Verhandlung und bei Gerichtsbescheiden (§ 90a FGO) entscheiden die ehrenamtlichen Richter nicht mit (§ 5 Abs. 3 S. 2 FGO). Das Finanzgericht hat zudem die Möglichkeit, den Rechtsstreit unter bestimmten Voraussetzungen (keine besonderen Schwierigkeiten tatsächlicher oder rechtlicher Art, keine grundsätzliche Bedeutung der Rechtssache) einem **einzelnen Richter zu übertragen** (§ 6 FGO). Mit der Übertragung auf den Einzelrichter tritt dieser an die Stelle des Senats und ist erkennendes Gericht und gesetzlicher Richter i. S. d. Art. 101 Abs. 1 S. 2 GG. Eine Mitwirkung der ehrenamtlichen Richter ist für diesen Fall nicht vorgesehen.

In der Praxis der Finanzgerichte werden zu Beginn des Verfahrens sowohl der Kläger als auch das beklagte FA regelmäßig befragt, ob sie mit der Übertragung des Rechtsstreits auf den Einzelrichter einverstanden sind. Die Einlassung der Beteiligten bindet den zuständigen Senat jedoch nicht: Ob der Rechtsstreit dem **Einzelrichter** übertragen wird, entscheidet der Senat nach pflichtgemäßem Ermessen durch unanfechtbaren Beschluss (§ 6 Abs. 4 S. 1 FGO). Die Beteiligten können demnach nicht zwischen einer Entscheidung des Rechtsstreits durch den Einzelrichter bzw. dem Senat wählen, sie können jedoch zu den Voraussetzungen des § 6 Abs. 1 Nr. 1 und 2 FGO Stellung nehmen.

---

[1] Weitere besondere Verwaltungsgerichte sind die Sozialgerichte (vgl. Art. 95 Abs. 1 GG); der Instanzenzug ist häufig Gegenstand der mündlichen Prüfung.

[2] Als einzige Tatsacheninstanz sind die FG als obere Landesgerichte (d. h. wie OLG, OVG, LAG und LSG) eingestuft, was insb. Auswirkung auf die Besetzung der Senate hat (§ 2 FGO).

Soweit an einer Entscheidung des FG ehrenamtliche Richter mitwirken, haben diese die gleichen Rechte wie die Berufsrichter (§ 16 FGO).

Die **Senate des BFH** entscheiden in der Besetzung von **fünf Berufsrichtern** (§ 10 Abs. 3 FGO), außerhalb der mündlichen Verhandlung in der Besetzung von drei Richtern. Eine Übertragung des Rechtsstreits auf einen Einzelrichter ist beim BFH nicht vorgesehen. Die jährliche Geschäftsverteilung beim BFH wird auf der Homepage www.bundesfinanzhof.de veröffentlicht. Die Zuweisung eines Rechtsgebiets an einen bestimmten Senat überträgt diesem die Rechtsfortbildung hierfür nur in den Grenzen des § 11 FGO. Das Spannungsverhältnis, das zwischen Rechtsfortbildung und Einheitlichkeit der Rspr. bestehen kann, ist nach Maßgabe des § 11 FGO aufzulösen (BFH vom 09.10.2014, BStBl II 2015, 345). Neben den – derzeit elf – Senaten existiert beim BFH der sog. **Große Senat** (§ 11 FGO). Der Große Senat entscheidet, wenn ein Senat in einer Rechtsfrage von der Entscheidung eines anderen Senats oder des Großen Senats abweichen will (§ 11 Abs. 2 FGO); die Anzahl der vom Großen Senat des BFH jährlich entschiedenen Rechtsfragen bewegt sich im einstelligen Bereich, betrifft aber oftmals ganz grundlegende Richtungsentscheidungen; die Verfahren sind daran zu erkennen, dass dem Aktenzeichen das Kürzel »GrS« hinzugefügt wird. Anfang 2017 kippte der Große Senat des BFH den sog. Sanierungserlass wegen Verstoßes gegen den Grundsatz der Gesetzmäßigkeit der Verwaltung (BFH GrS 1/15, BStBl II 2017, 393).

2 Gerichtliches Klageverfahren

Das gerichtliche Klageverfahren ist anders aufgebaut als das Einspruchsverfahren: Intention der FGO ist es nicht, im Rahmen eines verlängerten Festsetzungsverfahrens die materiell zutreffende Besteuerung zu ermitteln, sondern dem Kläger **individuellen Rechtsschutz** zu gewährleisten. Dabei ist Rechtsschutz mehr als **Überprüfung der Gesetzmäßigkeit** des Verwaltungshandelns. Die Finanzgerichte haben auch eine verfassungs- und eine europarechtliche Verantwortung. Sie müssen die Gesetze auch auf ihre Verfassungsmäßigkeit hin überprüfen. Hat ein Gericht sich davon überzeugt, dass ein Gesetz, auf dessen Gültigkeit es bei der Entscheidung ankommt, verfassungswidrig ist, **muss** es die Entscheidung des BVerfG einholen (sog. konkreter **Normenkontrollantrag**, Art. 100 Abs. 1 GG; §§ 13 Nr. 11, 80 ff. BVerfGG). Ferner dürfen die Finanzgerichte Gesetze nicht anwenden, sofern und soweit diese dem **europäischen Gemeinschaftsrecht** widersprechen (BVerfGE 85, 191). Während die Finanzgerichte entscheidungserhebliche, ungeklärte Fragen des Gemeinschaftsrechts dem EuGH vorlegen **können**, ist der BFH hierzu gem. Art. 267 des Vertrages über die Arbeitsweise der Europäischen Union (AEV) nicht nur berechtigt, sondern **verpflichtet**.[3] Dadurch hat der EuGH die Möglichkeit, eine unterschiedliche Auslegung des Gemeinschaftsrechts durch die Gerichte der Mitgliedstaaten zu verhindern. Unterlässt der BFH eine gebotene Vorlage an den EuGH in »objektiv willkürlicher Weise«, so entscheidet entgegen Art. 101 Abs. 1 S. 2 GG nicht der gesetzliche Richter.[4]

---

3 Vgl. BFH vom 13.07.2016, BStBl II 2017, 198 zu den Grenzen der Pflicht zur Vorlage von Rechtsfragen an den EuGH – Besteuerung von Erträgen aus sog. »schwarzen« Fonds mit Sitz im Drittland – Vereinbarkeit von § 18 Abs. 3 AuslInvestmG mit dem Unionsrecht.
4 Vgl. BFH vom 07.02.2018, BFH/NV 2018, 690. Der Verstoß gegen Art. 101 Abs. 1 S. 2 GG kann mit der Verfassungsbeschwerde gerügt werden (BVerfG in BVerfGE 75, 224).

Keine Vorlagepflicht an den EuGH besteht, wenn das nationale Steuerrecht der Gemeinschaftsrechtslage **eindeutig widerspricht**. Aufgrund des Anwendungsvorrangs der gemeinschaftsrechtlichen Grundfreiheiten vor nationalem Recht, der auch für die Ausgestaltung der nationalen Ertragsteuersysteme gilt (ständige Rspr. des EuGH, vgl. z. B. Urteile vom 14.02.1995, Rs. C-279/93, Schumacker, Slg. 1995, I-225, und vom 21.09.1999, Rs. C-307/97, Saint-Gobain, Slg. 1999, I-6161), haben die FÄ und Gerichte die dem EUV entgegenstehenden diskriminierenden Regelungen (hier § 18 AuslInvestmG) unangewendet zu lassen, ohne dass sie die vorherige Beseitigung dieser Norm durch den Gesetzgeber abwarten müssten (BFH vom 18.11.2008, BStBl II 2009, 518).

Das Klageverfahren ist insgesamt **deutlich formaler geregelt** als das außergerichtliche Einspruchsverfahren. Je nach Ziel des Rechtsschutzbegehrens unterscheidet die FGO verschiedene Klagearten: die Unterscheidung, welche Klageart im Einzelfall einschlägig ist, hat Auswirkungen auf die Zulässigkeitsvoraussetzungen, die nicht für alle Klagearten gleich geregelt sind. Die Klagearten sind zudem beliebter Prüfungsgegenstand in der mündlichen Prüfung.

2.1 Klagearten nach der Finanzgerichtsordnung

Das Klagesystem der FGO gewährleistet einen umfassenden Rechtsschutz, sofern der Finanzrechtsweg nach § 33 FGO eröffnet ist. Gem. §§ 40 f. FGO umfasst das Rechtsschutzsystem folgende Klagearten: **Anfechtungsklage, Verpflichtungsklage, Leistungsklage und Feststellungsklage.**

2.1.1 Anfechtungsklage (§ 40 Abs. 1, 1. Alt. FGO)

Die in der Praxis mit Abstand bedeutendste Klageart ist die **Anfechtungsklage**: Mit dieser Klageart soll ein bereits erlassener behördlicher VA ganz oder teilweise angefochten werden. Die Klage ist gerichtet auf die Aufhebung oder Abänderung eines VA (vollständige oder teilweise Kassation).

> **Beispiel 1: Statthafte Klageart**
>
> Das FA setzt die ESt 01 und die ESt 02 auf je 1.000 € fest. Nach erfolglosem Einspruchsverfahren klagt der StPfl. auf Änderung beider Bescheide mit der Maßgabe, die ESt 01 und 02 auf je 500 € festzusetzen. Beide Klagebegehren stützt der Kläger auf die – seiner Ansicht nach – unzureichende Berücksichtigung von Sonderausgaben. Liegen statthafte Klagearten vor?
>
> **Lösung:** Vorliegend begehrt der Kläger die Änderung zweier VA, die einen Geldbetrag festsetzen. Statthafte Klageart ist die Anfechtungsklage in Form der **Abänderungsklage** gem. § 40 Abs. 1 i. V. m. § 100 Abs. 2 FGO. Klagegegenstand ist der ursprüngliche VA in Gestalt der Einspruchsentscheidung (§ 44 Abs. 2 FGO), d.h. in Gestalt der letzten behördlichen Entscheidung. Die beiden Klagebegehren können mit einer Klage verfolgt werden, sofern sie sich gegen denselben Beklagten richten, im Zusammenhang stehen und dasselbe Gericht zuständig ist (§ 43 FGO), sog. **Klagenhäufung**.

Im Fall der Abänderungsklage kann das Gericht bei der abschließenden Entscheidung durch Urteil oder Gerichtsbescheid die Änderung des VA durch Angabe der zu Unrecht berücksichtigten oder nicht berücksichtigten tatsächlichen Verhältnisse so bestimmen, dass das FA den Betrag aufgrund der Entscheidung errechnen kann, falls die Ermittlung des festzusetzenden oder festzustellenden Betrags einen nicht unerheblichen Aufwand erfordert (§ 100 Abs. 2 S. 2 FGO[5]). Alternativ kann es – in einfachen Fällen – die Steuer auch selbst in anderer Höhe festsetzen oder die Feststellung durch eine andere ersetzen. Für die Beurteilung der Rechtmäßigkeit eines Steuerbescheides, d. h. eines gebundenen Verwaltungsaktes, hat das FG nicht den Zeitpunkt des Erlasses, sondern auf die Rechtslage im Zeitpunkt der gerichtlichen Entscheidung abzustellen (BFH vom 16.04.2013, AO-StB 2013, 306).

2.1.2 Verpflichtungsklage (§ 40 Abs. 1, 2. Alt. FGO)

Mit der Verpflichtungsklage wird von der Finanzbehörde der **Erlass eines abgelehnten oder unterlassenen VA** begehrt.

> **Beispiel 2: Verpflichtungsklage als statthafte Klageart**
>
> Aufgrund rückständiger Steuerforderungen hat das FA das Bankkonto des A gepfändet. A beantragt beim FA einen Vollstreckungsaufschub für den Zeitraum von sechs Monaten, da die sofortige Zwangsvollstreckung für ihn eine besondere Härte bedeute und damit unbillig sei (§ 258 AO). Das FA lehnt den Antrag ab. Gegen den ablehnenden Bescheid legt A Einspruch ein, den das FA als unbegründet zurückweist. Liegt eine statthafte Klageart vor?
>
> **Lösung:** A könnte gegen den Ablehnungsbescheid Anfechtungsklage erheben. Allerdings geht sein Klagebegehren über die Aufhebung des VA, der den Vollstreckungsaufschub ablehnt, hinaus auf Erlass eines dem Antrag stattgebenden VA. Statthafte Klageart ist daher die Verpflichtungsklage nach § 40 Abs. 1, 2. Alt. FGO; eine darüber hinausgehende Anfechtung des ablehnenden VA ist nicht erforderlich; insoweit »absorbiert« die Verpflichtungsklage die Anfechtungsklage.[6]

Auch wenn die Verpflichtungsklage zulässig und begründet ist, kann das FG den beantragten VA **nicht selbst erlassen**. Sachlich zuständig für den Erlass des begehrten VA bleibt auch nach Klageerhebung **allein die Finanzbehörde**. Ist die Verpflichtungsklage erfolgreich, spricht das Gericht die Verpflichtung für die Finanzbehörde aus, den begehrten VA zu erlassen, wenn die Sache spruchreif ist (§ 101 FGO). Spruchreif ist die Sache, wenn der Sachverhalt so umfassend geklärt ist, dass die Verpflichtung endgültig ausgesprochen werden kann. Der Rechtsstreit ist regelmäßig dann nicht spruchreif, wenn die Finanzbehörde für den Erlass des begehrten VA einen Ermessensspielraum hat.[7] Ist die Sache nicht spruchreif, verpflichtet das Gericht die Finanzbehörde, den Kläger unter Beachtung der Rechtsauffassung des Gerichts zu bescheiden (§ 101 S. 2 FGO, sog. Bescheidungsurteil).

2.1.3 Leistungsklage (§ 40 Abs. 1, 3. Alt. FGO)

Mit der Leistungsklage begehrt der Kläger eine Leistung des FA, die nicht im Erlass eines VA besteht (§ 40 Abs. 1 3. Alt. FGO). Die Leistungsklage hat in der Praxis nur eine geringe Bedeutung, da die von der Finanzbehörde beantragte Leistung regelmäßig im Erlass eines bestimmten VA besteht. Beispiele für **behördliches Handeln**, das mit der Leistungsklage begehrt werden kann:

---

[5] Hierzu ausführlich BFH vom 18.11.2004, BStBl II 2005, 217; die formlose Mitteilung des Ergebnisses der Neuberechnung der Steuer gem. § 100 Abs. 2 S. 3 FGO ist kein VA.
[6] Tipke/Kruse, FGO, § 40 FGO, Rz. 6.
[7] Ausnahme: Im Falle der Ermessensreduzierung auf Null ist nur eine einzige Ermessensentscheidung rechtmäßig; in diesen Fällen ist der Rechtsstreit spruchreif und das Gericht darf die Finanzbehörde verpflichten, einen bestimmten VA zu erlassen (vgl. BFH vom 29.08.1991, BStBl II 1991, 906).

- Auskunftserteilung[8],
- Gewährung von Akteneinsicht,
- Anfertigen von Aktenkopien,
- Unterlassen der Fertigung von Kontrollmitteilungen,
- Unterlassen der Weitergabe von Steuerakten an parlamentarische Untersuchungsausschüsse.

2.1.4 Feststellungsklage (§ 41 FGO)

Mit der Feststellungsklage begehrt der Kläger die **Feststellung des Bestehens oder Nichtbestehens eines Rechtsverhältnisses oder die Nichtigkeit eines VA**. Die Feststellungsklage ist gegenüber der Anfechtungs-, Verpflichtungs- und Leistungsklage **subsidiär**, d. h. die Feststellung kann nicht begehrt werden, wenn der Kläger seine Rechte durch andere Klagearten verfolgen kann oder hätte verfolgen können (§ 41 Abs. 2 FGO). Ferner setzt die Feststellungsklage gem. § 41 Abs. 1 FGO ein berechtigtes Interesse an der baldigen Feststellung voraus. Da die Rechtsverhältnisse zwischen der Finanzbehörde und dem FA in aller Regel durch VA konkretisiert werden, hat § 41 FGO nur einen engen Anwendungsraum.

> **Beispiel 3: Feststellungsklage als statthafte Klageart**
>
> Der Softwareberater S möchte nach Beginn seiner beruflichen Tätigkeit durch die Finanzbehörde verbindlich feststellen lassen, dass er Einkünfte aus selbständiger Arbeit und nicht solche aus Gewerbebetrieb erzielt. Das FA lehnt eine solche Feststellung ab, da die Entscheidung hierüber erst im Veranlagungsverfahren getroffen werden könne. Kann S Feststellungsklage erheben?
>
> **Lösung:** Nachdem die Finanzbehörde die Einkunftsart nicht durch VA feststellt, kommt eine Anfechtungs- oder Verpflichtungsklage nicht in Betracht. Eine Feststellungsklage gem. § 41 FGO ist allerdings nur zulässig, wenn S ein berechtigtes Interesse an der baldigen Feststellung hat. S möchte mit der Feststellungsklage einem künftigen, nachteiligen VA vorbeugen. Für vorbeugende Feststellungsklagen ist ein Feststellungsinteresse nur in Ausnahmefällen anzunehmen, wenn nämlich für S ein Bedürfnis für vorbeugenden Rechtsschutz besteht, weil bei weiterem Abwarten für ihn erhebliche Nachteile entstehen würden. Ansonsten ist es dem StPfl. zuzumuten, den VA der Finanzbehörde abzuwarten. Hier hängt die Kalkulation des S u.a. davon ab, ob seine Tätigkeit gewerbestpfl. ist oder nicht. Dem S ist es kaum zuzumuten, hinsichtlich der steuerlichen Einordnung seiner Tätigkeit bis zum Ergehen des ESt-Bescheides abzuwarten. Eine vorbeugende Feststellungsklage wäre somit wohl zulässig; der BFH beurteilt die Zulässigkeit vorbeugender Feststellungsklagen allerdings sehr restriktiv (vgl. BFH vom 11.04.1991, BStBl II 1991, 729).

Praktische Bedeutung hat die Feststellungsklage auch bei der Feststellung der Nichtigkeit von VA, § 41 Abs. 1 2. Alt. FGO. Ferner kann mit der Feststellungsklage geltend gemacht werden, dass ein VA nicht ordnungsgemäß bekannt gegeben wurde und daher unwirksam ist. Die Zulässigkeit dieser sog. Nichtigkeits-Feststellungsklage ist nicht davon abhängig, dass der Kläger vor der Klageerhebung ein entsprechendes Antragsverfahren nach § 125 Abs. 5 AO beim FA durchgeführt hat. Die Klage ist auch nicht unzulässig, wenn er einen solchen (freiwilligen) Antrag zwar gestellt hat, das Ergebnis der vor Klageerhebung aber nicht abwartet (BFH vom 24.01.2008, BStBl II 2008, 686).

---

[8] Etwa auch durch die Erteilung einer steuerlichen Unbedenklichkeitsbescheinigung, auf die der StPfl. einen Anspruch hat, wenn er steuerlich zuverlässig ist (FG Hamburg vom 04.09.2006, EFG 2007, 234).

2.1.5 Sprungklage und Untätigkeitsklage (§§ 45 f. FGO)

Keine eigenen Klagearten sind die **Sprungklage** nach § 45 FGO sowie die **Untätigkeitsklage** gem. § 46 FGO. Vielmehr handelt es sich hierbei um »gewöhnliche« Gestaltungsklagen, d. h. Anfechtungs- oder Verpflichtungsklagen, bei denen ausnahmsweise das ansonsten obligatorische außergerichtliche Vorverfahren gem. § 44 FGO entfällt (s. Kap. 2.2.6).

2.2 Zulässigkeitsvoraussetzungen

Ähnlich wie die Finanzbehörde im Einspruchsverfahren nach § 358 AO zunächst die Zulässigkeitsvoraussetzungen prüft, wird das FG in der Sache selbst regelmäßig nur und erst dann entscheiden, wenn die erhobene Klage bestimmte Zulässigkeitsvoraussetzungen (**Sachentscheidungsvoraussetzungen**) erfüllt (BFH vom 07.08.2001, BStBl II 2002, 13). Das FG prüft die Zulässigkeitsvoraussetzungen von Amts wegen (BFH vom 10.03.2000, BFH/NV 2000, 476 m. w. N.). Die Voraussetzungen müssen spätestens am Schluss der mündlichen Verhandlung (bzw. wenn eine Entscheidung ohne mündliche Verhandlung ergeht: spätestens im Zeitpunkt der Entscheidung) vorliegen (BFH vom 19.06.1990, BStBl II 1990, 1068). Fehlt eine Zulässigkeitsvoraussetzung, wird das FG die Klage ohne weitere Sachprüfung als **unzulässig abweisen**.[9]

2.2.1 Zulässigkeit des Finanzrechtswegs (§ 33 FGO)

Der **Finanzrechtsweg** ist in allen Fällen eröffnet, in denen der Einspruch nach § 347 AO statthaft ist; die dortigen Ausführungen gelten sinngemäß. Ist der Finanzrechtsweg nicht eröffnet, wird das FG eine gleichwohl eingelegte Klage an das zuständige Gericht des zulässigen Rechtsweges verweisen (§§ 155 FGO, 17a Abs. 2 GVG).

> **Beispiel 4: Falscher Rechtsweg**
>
> Der Gewerbetreibende A erhebt – vor Abschluss des Einspruchsverfahrens – sowohl gegen den Gewerbesteuermessbescheid als auch gegen den Gewerbesteuerbescheid Klage zum FG. Wie wird das FG verfahren?
>
> **Lösung:** Sowohl die Klage gegen den Gewerbesteuermessbescheid als auch die Klage gegen den Gewerbesteuerbescheid sind unzulässig. Für die Klage gegen den Gewerbesteuerbescheid ist der Verwaltungsrechtsweg eröffnet, da es sich um eine kommunale Steuer handelt, die in den meisten Bundesländern durch die Kommunen verwaltet wird; der Finanzrechtsweg ist daher nicht nach § 33 Abs. 1 Nr. 1 FGO eröffnet, soweit nicht § 33 Abs. 1 Nr. 4 FGO einschlägig ist. Das FG wird den Rechtsstreit insoweit an das zuständige Verwaltungsgericht verweisen. Die Klage gegen den Gewerbesteuermessbescheid ist im Zeitpunkt der Klageeinreichung ebenfalls unzulässig, da das vorgeschaltete Einspruchsverfahren nicht abgeschlossen wurde (§ 44 Abs. 1 FGO). Allerdings genügt es, wenn das Vorverfahren bis zum Ergehen des Urteils abgeschlossen ist, die Einspruchsentscheidung also vor Ergehen der gerichtlichen Entscheidung ergeht (BFH vom 29.03.2001, BStBl II 2001, 432). Die Klage »wächst« somit mit der Einspruchsentscheidung in die Zulässigkeit »hinein«.

---

9 Beachten Sie die Terminologie: Unzulässige Einsprüche werden vom FA verworfen, unzulässige Klagen vom FG abgewiesen.

2.2.2 Zuständigkeit des Gerichts (§§ 35 ff. FGO)

Ist der Finanzrechtsweg eröffnet, entscheidet in erster Instanz ausschließlich das FG (§ 35 FGO, sachliche Zuständigkeit). Die sachliche Zuständigkeit des Bundesfinanzhofs beschränkt sich als reine Rechtsinstanz auf Entscheidungen über Rechtsmittel. Für die örtliche Zuständigkeit gilt § 38 FGO: Zuständig ist das Finanzgericht, in dessen Bezirk die Behörde, gegen welche die Klage gerichtet ist, ihren Sitz hat (§ 38 Abs. 1 FGO). Sofern der Einspruchsentscheidung eine korrekte Rechtsbehelfsbelehrung angefügt ist, ergibt sich aus dieser die Adresse des zuständigen Finanzgerichts (§ 356 Abs. 1 AO). Ist das Finanzgericht örtlich unzuständig, wird es die Klage gem. § 70 FGO, § 17a Abs. 2 GVG an das örtlich zuständige Gericht verweisen.

2.2.3 Statthaftigkeit der Klageart (§§ 40 f. FGO)

Der Kläger muss in der Klageschrift die richtige Klageart zu wählen. Die Wahl der Klageart muss nicht ausdrücklich geschehen, sondern kann sich konkludent aus dem Klageantrag ergeben; die Klageart ist vom Gericht daher gegebenenfalls auch im Wege der Auslegung zu ermitteln. Problematisch wird die Wahl der Klageart nur, wenn der Kläger trotz Hinweis des Gerichts nach § 76 Abs. 2 FGO ausdrücklich auf einer unzulässigen Klageart besteht.

> **Beispiel 5: Falscher Klageantrag**
>
> In der Klageschrift beantragt der Kläger »festzustellen, dass die Finanzbehörde verpflichtet ist, den Haftungsbescheid aufzuheben«. Tatsächlich gemeint ist mit dem gestellten Antrag eine Anfechtungsklage bzgl. des Haftungsbescheides.
>
> **Lösung:** Das Gericht wird – da eine Auslegung vorliegend ausscheidet – den Kläger gem. § 76 Abs. 2 FGO auf die Unzulässigkeit der Feststellungsklage hinweisen (Subsidiarität der Feststellungsklage, § 41 Abs. 2 S. 1 FGO) und auf die Stellung eines sachdienlichen Antrags hinwirken.

2.2.4 Beteiligtenfähigkeit und Prozessfähigkeit (§§ 57 ff. FGO)

Beteiligte des finanzgerichtlichen Verfahrens sind der Kläger, der Beklagte und gegebenenfalls der Beigeladene (die Beiladung entspricht der Hinzuziehung nach § 360 AO) sowie die beigetretene Behörde (§ 57 FGO). Ein Beitreten des Bundesministeriums der Finanzen zum Verfahren gem. §§ 57 Nr. 4, 122 Abs. 2 S. 1 FGO kommt vor allem bei Verfahren von grundsätzlicher Bedeutung in Betracht. Dem BMF wird dadurch die Möglichkeit eingeräumt, unabhängig vom Ausgang des anhängigen Verfahrens die Hintergründe der jeweils streitigen Vorschriften aufzuzeigen.[10] Beteiligtenfähig gem. § 57 FGO ist nach der Rspr. des BFH, wer – wenn auch begrenzt – auf dem steuerrechtlichen Gebiet, das Gegenstand des Rechtsstreits ist, steuerrechtsfähig ist (BFH vom 25.06.2009, BStBl II 2010, 202). Dies ist z. B. im Verfahren der einheitlichen und gesonderten Feststellung bei einer Grundstücksgemeinschaft dann der Fall, wenn diese nach außen als Vermieterin auftritt.

Prozessfähigkeit bedeutet, wirksam Verfahrenshandlungen in eigener Person oder durch einen Vertreter vornehmen zu können (§ 58 FGO). Vor dem Finanzgericht besteht **kein Vertretungszwang**. Der Kläger kann sich zwar durch einen Angehörigen der steuerberatenden Berufe vertreten lassen, muss dies aber nicht (§ 62 Abs. 2 S. 1 FGO). Er ist selbst **postulationsfähig**. Lediglich vor dem BFH muss sich jeder Beteiligte durch einen Angehörigen der

---

10 BMF vom 19.03.2004, BStBl I 2004, 409; *Hübschmann/Hepp/Spitaler*, FGO, § 122 Rz. 23.

steuerberatenden Berufe vertreten lassen (§ 62 Abs. 4 S. 1 FGO[11]). Das FA kann sich auch durch Beamte oder Angestellte mit Befähigung zum Richteramt sowie durch Diplomjuristen im höheren Dienst vertreten lassen (§ 62 Abs. 4 S. 4 FGO). Vor dem BFH herrscht damit Vertretungszwang, nicht ordnungsgemäß vertretenen Beteiligten fehlt die **Postulationsfähigkeit** (BFH vom 28.07.1999, BStBl II 1999, 637), d.h. sie können keine rechtswirksamen Verfahrenshandlungen vornehmen. Im Falle der Prozessvertretung muss die Bevollmächtigung dem Gericht gegenüber durch Vorlage der Originalvollmacht schriftlich nachgewiesen werden (§ 62 Abs. 6 S. 1 FGO). Allerdings braucht das FG das Fehlen der Vollmacht nicht von Amts wegen zu berücksichtigen, wenn sich ein Beteiligter durch einen zur Hilfeleistung in Steuersachen Befugten vertreten lässt (§ 62 Abs. 6 S. 4 FGO); in diesen Fällen gilt eine gesetzliche Vermutung für eine ordnungsgemäße Bevollmächtigung. Diese Vermutung geht in ihren Auswirkungen sogar noch einen Schritt weiter: Das FG kann nach der Neufassung des § 62 FGO bei dem Auftreten einer Person i.S.d. § 3 Nr. 1 bis 3 StBerG als Bevollmächtigter den Nachweis der Bevollmächtigung nur dann verlangen, wenn begründete Zweifel an der Bevollmächtigung bestehen; für die Annahme begründeter Zweifel müssen konkrete Anhaltspunkte vorliegen (BFH vom 11.11.2009, BFH/NV 2010, 449). Entscheidend ist die ordnungsgemäße Bevollmächtigung aus Sicht des FG auch deshalb, weil sich hieraus die Pflicht zur Übernahme der Verfahrenskosten ergibt: Wird die Prozessführung durch den Vertretenen nicht genehmigt, ist die Klage durch Prozessurteil als unzulässig abzuweisen und die Kosten trägt der (vollmachtlose) Vertreter (ständige Rspr., z.B. BFH vom 17.07.2007, Az.: X B 203/06).

2.2.5 Klagebefugnis (§§ 40 Abs. 2, 48 FGO)
Entsprechend den Vorschriften im Einspruchsverfahren ist eine Anfechtungs-, Verpflichtungs- oder Leistungsklage nur zulässig, wenn der Kläger **geltend macht**, durch den angegriffenen VA oder durch die Ablehnung oder Unterlassung eines VA oder einer anderen Leistung **in seinen Rechten verletzt zu sein** (§ 40 Abs. 2 FGO). Für Feststellungsklagen genügt insoweit das besondere Feststellungsinteresse gem. § 41 Abs. 1 FGO. Zur Klagebefugnis wird auf die entsprechenden Ausführungen zu § 350 AO verwiesen. § 42 FGO verweist zudem auf § 351 AO und stellt damit klar, dass Änderungsbescheide nur insoweit angefochten werden können, als die Änderung reicht. Die teilweise eingetretene Bestandskraft (soweit der ursprüngliche VA nicht geändert wurde) wirkt damit auch im Klageverfahren fort; Feststellungen in einem Grundlagenbescheid können auch im gerichtlichen Verfahren nur durch Anfechtung des Grundlagenbescheides, nicht durch Anfechtung des Folgebescheides angegriffen werden (§ 42 FGO i.V.m. § 351 Abs. 2 AO).

Im Gleichklang mit der Vorschrift des § 352 AO regelt § 48 FGO die **Klagebefugnis bei Feststellungsbescheiden**; auf die Ausführungen zu § 352 AO wird verwiesen.[12] Rechtsfähige Personenvereinigungen sind demnach mittlerweile unmittelbar klagebefugt (§ 48 Abs. 1 Nr. 1 FGO).

Greift die Regelung des § 48 Abs. 1 Nr. 1 FGO ein, so wird hierdurch die individuelle Klagebefugnis der einzelnen G'fter bzw. Gemeinschafter verdrängt. Deren Rechte leben – ebenso

---

11 Eine Ausnahme vom Vertretungszwang gilt lediglich für die Stellung eines Antrags auf Bewilligung von Prozesskostenhilfe (vgl. § 62 Abs. 4 S. 2 FGO, BFH vom 16.09.2010, Az.: XI S 18/10 (PKH)).
12 Entgegen der missverständlichen Überschrift regelt § 48 FGO nur die Klagebefugnis bei Bescheiden über die einheitliche und gesonderte Feststellung; in allen anderen Fällen ergibt sich das Erfordernis der Klagebefugnis allein aus § 40 Abs. 2 FGO.

wie bei § 352 AO – erst wieder auf, wenn sie durch den angefochtenen oder erstrebten Feststellungsbescheid persönlich betroffen sind (vgl. § 48 Abs. 1 Nr. 5 FGO).

2.2.6 Erfolgloses Vorverfahren (§ 44 FGO)
2.2.6.1 Grundsatz
Um zu vermeiden, dass offensichtlich begründete Rechtsbehelfe die Finanzgerichte überschwemmen, ist dem Klageverfahren zwingend das außergerichtliche Einspruchsverfahren vorgeschaltet, in dem die Finanzbehörde ihr Handeln nochmals überprüfen kann. Das Einspruchsverfahren bedeutet für den Steuerbürger zusätzlichen Rechtsschutz, für die Finanzbehörde die Möglichkeit der Selbstkontrolle und für die Steuergerichte eine Entlastung von vermeidbaren Klagen (zur sog. Filterfunktion BFH vom 17.12.2008, BStBl II 2009, 791).

In den Fällen, in denen gegen einen VA der Einspruch statthaft ist (vgl. §§ 347 f. AO), ist die Klage daher **nur zulässig, wenn das Einspruchsverfahren ganz oder zumindest teilweise erfolglos geblieben ist** (§ 44 Abs. 1 FGO). Nachdem in Fällen der Feststellungsklage und der Leistungsklage kein anfechtbarer VA einer Behörde vorliegt und ein Einspruchsverfahren nicht möglich ist, ist bei diesen Klagearten das erfolglose Einspruchsverfahren keine Sachentscheidungsvoraussetzung.

Wird vor Abschluss des Einspruchsverfahrens Klage erhoben, wächst die Klage in die Zulässigkeit hinein, sofern die Einspruchsentscheidung noch vor Ergehen der gerichtlichen Entscheidung erlassen wird.[13] Der Grund hierfür liegt darin, dass die Sachurteilsvoraussetzungen spätestens im Zeitpunkt der gerichtlichen Entscheidung (sofern mündlich verhandelt wird, im Zeitpunkt der letzten mündlichen Verhandlung) vorliegen müssen (vgl. BFH vom 29.03.2001, BStBl II 2001, 432).

Eine Ausnahme vom Erfordernis gilt ferner für die Sprungklage (§ 45 FGO) sowie für die Untätigkeitsklage (§ 46 FGO).

2.2.6.2 Sprungklage (§ 45 FGO)
Der Zweck des Vorverfahrens ist die nochmalige Überprüfung einer behördlichen Maßnahme durch die Behörde selbst. Dieser Zweck kann nicht erreicht werden, wenn die Finanzbehörde den Sachverhalt bereits vor dem Einspruchsverfahren so sorgfältig ermittelt hat, dass nach übereinstimmender Auffassung des StPfl. und der Finanzbehörde nicht mehr mit weiteren oder anderen Feststellungen zu rechnen ist und die Finanzbehörde ihre Rechtsauffassung nicht mehr ändern wird (BFH-GrS vom 21.01.1985, BStBl II 1985, 303).

In diesem Fall kann der StPfl. zur Verfahrensbeschleunigung ohne vorigem Einspruch unmittelbar Klage erheben, § 45 Abs. 1 S. 1 FGO (Sprungklage). Die Finanzbehörde muss der Sprungklage innerhalb eines Monats nach Zustellung der Klageschrift zustimmen, andernfalls wird die Klage als Einspruch behandelt und der Finanzbehörde zur Entscheidung übermittelt (§ 45 Abs. 1 S. 1, Abs. 3 FGO). Sprungklagen sind in der gerichtlichen Praxis **selten**.

§ 45 Abs. 2 FGO soll sicherstellen, dass die Finanzbehörden der Sprungklage nur in Fällen zustimmen, in denen der Sachverhalt vollständig ermittelt ist. Wenn nach Auffassung des Gerichts eine weitere Sachaufklärung erforderlich ist, kann das FG die Klage an die zuständige Finanzbehörde zur Durchführung des Einspruchsverfahrens abgeben (§ 45 Abs. 2 FGO). Nach

---
13 A.A. *Gräber/v. Groll*, FGO § 44 Rz. 48 f., der § 44 FGO als Zugangsvoraussetzung versteht. Hiergegen spricht jedoch der Wortlaut der Vorschrift.

dem Zweck dieser Vorschrift sollen die FÄ einer Sprungklage nicht nur deshalb zustimmen, um die interne Rechtsbehelfsstelle von der Bearbeitung des Rechtsbehelfs freizuhalten.

Legt der StPfl. nach Erhebung einer Sprungklage und noch vor dem Ergehen der behördlichen Zustimmungserklärung Einspruch ein, führt das zur Umwandlung der Sprungklage in einen Einspruch (BFH vom 08.06.2016, BStBl II 2017, 720).

2.2.6.3 Untätigkeitsklage (§ 46 FGO)

Ebenso wie die Sprungklage ist die Untätigkeitsklage **keine eigene Klageart**, sondern eine Anfechtungs- oder Verpflichtungsklage, die ohne abgeschlossenes Vorverfahren zulässig ist. Die Finanzbehörde selbst kann den Rechtsschutz nicht dadurch vereiteln, dass sie über den Einspruch überhaupt nicht entscheidet.

Die Klage ist ohne vorherigen Abschluss des Vorverfahrens zulässig, wenn ohne Mitteilung eines zureichenden Grundes innerhalb angemessener Frist sachlich nicht über den Einspruch entschieden worden ist (§ 46 Abs. 1 S. 1 FGO). Eine Bearbeitungszeit von weniger als **sechs Monaten** sieht das Gesetz im Regelfall als noch angemessen an (§ 46 Abs. 1 S. 2 FGO), sodass vor Ablauf der sechsmonatigen Frist nur dann zulässig Klage erhoben werden kann, wenn besondere Umstände eine kürzere Frist gebieten (§ 44 Abs. 1 S. 2 FGO, z. B. einschneidende Vollstreckungsmaßnahmen). In der Praxis wird aufgrund häufiger Arbeitsüberlastung der Rechtsbehelfsstellen in den FÄ eine Vielzahl von Einsprüchen erst nach Ablauf der sechsmonatigen Frist erledigt. Einspruchsentscheidungen innerhalb der Sechs-Monats-Frist sind – je nach Bundesland – eher die Ausnahme als die Regel. Arbeitsüberlastung allein ist allerdings kein zureichender Grund i. S. d. § 46 Abs. 1 S. 1 FGO.[14]

Trotzdem spielt auch die Untätigkeitsklage in der Praxis der Finanzgerichte nur eine untergeordnete Rolle. Regelmäßig wird das zuständige FG nach Eingang der Untätigkeitsklage das Verfahren gem. § 46 Abs. 1 S. 3 FGO aussetzen und dem FA Gelegenheit geben, über den Einspruch innerhalb angemessener Frist zu entscheiden. Wird dem Einspruch innerhalb der vom FG gesetzten Frist stattgegeben oder der beantragte VA erlassen, ist der Rechtsstreit in der Hauptsache erledigt (§ 46 Abs. 1 S. 3 2. HS FGO).[15] Die Finanzgerichte neigen zu diesem Verfahren häufig schon deshalb, weil sie ein »Abdrücken unerledigter Fälle an das FG« verhindern wollen. Wird nach einem erfolglosen Untätigkeitseinspruch eine Untätigkeitsklage erhoben und ergeht daraufhin ein Steuerbescheid, der dem Antrag des StPfl. nicht oder nur teilweise entspricht, kann die Untätigkeitsklage als Anfechtungsklage fortgeführt werden (BFH vom 19.04.2007, BStBl II 2009, 315).

2.2.7 Klagefrist (§ 47 FGO)

Die Frist für die Erhebung der Anfechtungs- und der Verpflichtungsklage beträgt gem. § 47 Abs. 1 FGO **einen Monat** (nicht: vier Wochen!) ab Bekanntgabe der Einspruchsentscheidung bzw. des VA. Die Einspruchsentscheidung muss vollständig sein, um die Klagefrist in Gang zu setzen. Die **Leistungsklage und Feststellungsklage sind nicht fristgebunden**. Für die Fristberechnung verweist § 54 FGO auf § 222 ZPO, der wiederum auf die §§ 187 ff. BGB verweist. Unterschiede zur Berechnung der Fristen nach der AO ergeben sich daher nicht. Die Klagefrist ist gewahrt, wenn die Klageschrift bis zum Ablauf des letzten Tages der Monatsfrist dem zuständigen FG zugeht. Ist kein Nachtbriefkasten vorhanden, müssen Schriftstücke, die nach

---

14 Vgl. *Tipke/Kruse*, § 46 FGO, Rz. 12.
15 Das FG entscheidet in diesen Fällen nur noch gem. § 138 Abs. 2 S. 1 FGO über die Kosten des Verfahrens.

Dienstschluss beim FG in den Briefkasten eingeworfen werden, bei Leerung des Kastens am Morgen mit dem Eingangsstempel des Vortags versehen werden.[16]

Nach § 47 Abs. 2 FGO kann die Klageschrift **auch fristwahrend beim FA** angebracht werden; in diesen Fällen fungiert die Finanzbehörde als Briefkasten des Finanzgerichts.

Versäumt der Kläger die Monatsfrist schuldlos, ist ihm auf Antrag Wiedereinsetzung in den vorigen Stand zu gewähren (§ 56 FGO). Dabei ist dem StPfl. das Verschulden seines Bevollmächtigten zuzurechnen (§ 155 FGO i. V. m. § 85 ZPO; BFH vom 20.12.2006, Az.: III B 181/05).

2.2.8 Ordnungsgemäße Klageerhebung (§§ 64 f. FGO)

Gem. § 64 Abs. 1 FGO ist die Klage **schriftlich** oder zur Niederschrift zu erheben (BFH vom 04.07.2002, BStBl 2003, 45). Eine Klageerhebung per Telefon ist dagegen – wie auch beim Einspruch – nicht zulässig. Im Gegensatz zum Einspruch, der nicht unterschrieben werden muss, hat die Rspr. das Unterschriftserfordernis bei der Klageschrift bis dato noch nicht aufgegeben.[17] Aufgrund des Schriftformerfordernisses verlangt die Rspr., dass die Klageschrift **eigenhändig unterschrieben** ist, vgl. § 126 Abs. 2 BGB. Zwar hat sich die Rspr. zum Erfordernis der Unterschrift in den letzten Jahren gelockert: Während der BFH mit Urteil vom 29.11.1995 (BStBl II 1996, 140) noch entschieden hat, dass ein Abzeichnen der Klageschrift mit einer Paraphe oder Namensabkürzung nicht ausreichend ist, hat der Gemeinsame Senat der obersten Gerichtshöfe die Übermittlung eines Computerfaxes mit eingescannter Unterschrift als formwirksam angesehen (BB 2000, 1645). Die Begründung der Entscheidung spricht für die Anwendung der Urteilsgrundsätze nicht nur auf Computerfaxe, sondern auf alle Formen der Übersendung bestimmender Schriftsätze (Briefpost, Telefax etc.). Nach BFH vom 22.06.2010 (BStBl II 2010, 1017) entspricht eine mit eingescannter Unterschrift des Prozessbevollmächtigten per Telefax eingelegte Klage zumindest dann § 64 Abs. 1 FGO, wenn sie von dem Bevollmächtigten an einen Dritten mit der tatsächlich ausgeführten Weisung gemailt wird, sie auszudrucken und per Telefax an das Gericht zu senden.

Gleichwohl ist dem Kläger bzw. dem Klägervertreter vor dem Hintergrund der o. g., doch recht schwammigen Rspr. noch immer dringend anzuraten, die Klageschrift so zu unterzeichnen, dass einzelne Buchstaben erkennbar sind und dabei auf eine einigermaßen leserliche Schrift zu achten.[18]

StB sind ab dem 01.01.2023 **verpflichtet**, Schriftsätze beim Finanzgericht in elektronischer Form über das besondere elektronische Steuerberaterpostfach (beSt) einzureichen. Die Pflicht zur elektronischen Einreichung folgt aus § 52d S. 2 FGO und setzt das Vorliegen eines sicheren Übermittlungswegs nach § 52a Abs. 4 Nr. 2 FGO voraus. Ein solcher Übermittlungsweg steht den StB, Steuerbevollmächtigten und Berufsausübungsgesellschaften nach

---

16 *Tipke/Kruse*, § 47 FGO, Rz. 8.
17 Erstmals hat das FG Nds. vom 20.07.1999 (EFG 2000, 385) auf die Unterschrift verzichtet: Eine Unterschrift verlangt § 64 FGO – im Gegensatz zu § 126 BGB – zumindest ausdrücklich nicht. Es sei nicht erkennbar, warum die Klageschrift zwingend unterschrieben werden müsse, wenn aus dem Schriftstück hervorgeht, wer Absender der Klageschrift ist. Dem ist zuzustimmen: Verfahrensvorschriften bilden keinen Selbstzweck, sondern dienen der Wahrung des materiellen Rechts der Prozessbeteiligten. Ein übertriebener Formalismus bei der Wahrung der Prozessvoraussetzungen ist damit nicht vereinbar (vgl. auch die Entscheidung des Gemeinsamen Senats der obersten Gerichtshöfe, BGHZ 75, 440).
18 Zur Lesbarkeit der Unterschrift existiert eine reichhaltige Rspr.: so reicht eine »gekrümmte Linie« nicht aus (BGH vom 31.03.1974, BB 1974, 717), es genügt aber ein »individueller Schriftzug mit charakteristischen Merkmalen« (BFH vom 26.06.2014, BFH/NV 2014, 1568).

den §§ 86d, 86e, 157e StBerG ab Januar 2023 mit dem beSt zur Verfügung, das von der Bundes-StB-Kammer über die StB-Plattform eingerichtet wird.

Die Pflicht zur elektronischen Einreichung von Schriftsätzen für StB schließt an die entsprechende Pflicht aus § 52d S. 1 FGO für RA, Behörden und jPdöR an, die bereits seit 2022 besteht. RA steht für die elektronische Einreichung das besondere elektronische Anwaltspostfach (beA) als sicherer Übermittlungsweg nach § 52a Abs. 4 Nr. 2 FGO zur Verfügung. Für den Inhalt der Klageschrift ist eine Reihe von Formalien zu beachten, die teils zwingenden Charakter haben, teilweise nur beachtet werden sollen. In schriftlichen Prüfungsarbeiten ist es durchaus üblich, dass die Klageschrift zwar die zwingenden Voraussetzungen erfüllt, aber gegen eine »Soll-Vorschrift« in § 65 FGO verstößt. In diesen Fällen genügt ein kurzer Hinweis, dass ein Verstoß gegen eine Sollvorschrift die Zulässigkeit der Klage nicht beeinflusst.

§ 65 FGO beschreibt den **notwendigen Inhalt der Klage**: Sie muss den Kläger, den Beklagten sowie den Gegenstand der Klage bezeichnen; für das FG muss aus der Klageschrift eindeutig und konkret erkennbar sein, was der Kläger begehrt. Ein bloßer Antrag, die Steuer »anderweit« festzusetzen, genügt hierfür nicht (BFH vom 01.02.2018, BFH/NV 2018, 534). Bei Anfechtungsklagen ist ferner der angefochtene VA und die Einspruchsentscheidung zu bezeichnen. Fehlt es an einer dieser Voraussetzungen, wird das Gericht den Kläger zur »Nachbesserung« der Klageschrift auffordern (§ 65 Abs. 2 S. 1 FGO).

Neben diesem »Mussinhalt« soll die Klage ferner einen bestimmten Antrag sowie eine Begründung enthalten (§ 65 Abs. 1 S. 2 und 3 FGO). Auch zur Ergänzung dieser »Sollinhalte« kann dem Kläger vom Gericht eine Frist zur Ergänzung nach § 65 Abs. 2 FGO aufgegeben werden.

2.3 Verfahrensgrundsätze: Ablauf des finanzgerichtlichen Verfahrens

Im Gegensatz zum Einspruchsverfahren folgt das Gerichtsverfahren einem in der FGO recht **detailliert geregelten, sehr formalisierten Ablauf**. Nach der Erhebung der Klage (§ 64 FGO) wird die Klageschrift der beklagten Finanzbehörde zugestellt mit der Aufforderung, schriftlich Stellung zu nehmen (§ 71 FGO). Anschließend versucht das FG, seine Entscheidung durch eine umfassende Sachaufklärung vorzubereiten. Gem. § 76 Abs. 1 FGO erforscht das Gericht hierfür den Sachverhalt von Amts wegen (sog. **Untersuchungsgrundsatz** im Gegensatz zum Beibringungsgrundsatz im Zivilprozess).

Hierzu kann der Vorsitzende alle Anordnungen treffen, die erforderlich sind, um den Rechtsstreit möglichst in einer mündlichen Verhandlung zu erledigen (§ 79 FGO). Zu den Anordnungen des Gerichts gehört häufig die Terminierung eines sog. **Erörterungstermins** (§ 79 Abs. 1 S. 2 Nr. 1 FGO). Es handelt sich hierbei nicht um eine mündliche Verhandlung i.S.d. § 90 FGO, sondern um einen vorbereitenden Termin zur Erörterung des Sach- und Rechtsstands mit dem Ziel der gütlichen Beilegung des Rechtsstreits. Da die Beteiligten des Prozesses aufgrund der Einlassung des Gerichts im Erörterungstermin ihre Rechtsauffassung nochmals überdenken können und das FA z.B. den angefochtenen Bescheid teilweise ändern kann bzw. der Kläger seine Klage ganz oder teilweise zurücknimmt, kann eine Vielzahl von Klagen bereits in diesem Verfahrensstadium abgeschlossen werden.

Bei der Vorbereitung der Entscheidungsfindung ist das Gericht auf die Mitwirkung der Beteiligten angewiesen, vgl. § 76 Abs. 1 FGO. Das Gericht ist dabei an das Vorbringen und an die Beweisanträge der Beteiligten nicht gebunden (§ 76 Abs. 1 S. 5 FGO). Das gilt aber nur in dem Sinne, dass das FG von sich aus auch Beweise erheben kann, die von den Parteien nicht angeboten sind. Von den Verfahrensbeteiligten angebotene Beweise muss das FG grds. erheben, wenn es einen Verfahrensmangel vermeiden will. Auf eine beantragte Beweiserhebung kann es im Regelfall nur verzichten, wenn das Beweismittel für die zu treffende Entscheidung unerheblich ist, wenn die infrage stehende Tatsache zugunsten des Beweisführenden als wahr unterstellt werden kann, wenn das Beweismittel unerreichbar ist oder wenn das Beweismittel unzulässig oder absolut untauglich ist. Daneben ist das FG auch nicht verpflichtet, unsubstantiierten Beweisanträgen nachzugehen (ständige Rspr., zuletzt BFH vom 14.03.2018, BFH/NV 2018, 728).

Zur Beschleunigung des Verfahrens kann das FG den Verfahrensbeteiligten gem. § 79b FGO eine Frist setzen, innerhalb derer Auskünfte zu erteilen und Urkunden vorzulegen sind. Verspätetes Vorbringen im Anschluss an eine erfolgte Fristsetzung muss das FG bei seiner Entscheidungsfindung nicht mehr berücksichtigen (§ 79b Abs. 3 FGO; sog. **Präklusion**). Hat das FA bereits im Einspruchsverfahren eine Frist nach § 364b AO gesetzt und Erklärungen und Beweismittel nach Ablauf der Frist nicht berücksichtigt, kann das FG dieses präkludierte Vorbringen auch im finanzgerichtlichen Prozess **unberücksichtigt lassen**, wenn ihre Zulassung nach der freien Überzeugung des Gerichts die Erledigung des Rechtsstreits verzögern würde, der Beteiligte die Verspätung nicht genügend entschuldigt oder der Beteiligte über die Folgen einer Fristversäumnis belehrt worden ist (§ 76 Abs. 3 i. V. m. § 79b Abs. 3 FGO).

Kommt es in dem Erörterungstermin nicht zur gütlichen Beilegung des Rechtsstreits, wird das FG **Termin zur mündlichen Verhandlung** anberaumen (§ 90 Abs. 1 S. 1 FGO). Das Gericht darf sein Urteil nur auf Tatsachen und Beweisergebnisse stützen, zu denen sich die Beteiligten äußern konnten (**Grundsatz der Mündlichkeit**). Mit Einverständnis der Beteiligten kann vom Grundsatz der Mündlichkeit abgewichen werden und ohne mündliche Verhandlung entschieden werden (§ 90 Abs. 2 FGO). Im Falle der mündlichen Verhandlung kann das FG das persönliche Erscheinen eines Beteiligten anordnen (§ 80 FGO). Erscheint einer der geladenen Beteiligten in der mündlichen Verhandlung nicht, kann gleichwohl ohne ihn verhandelt und entschieden werden (§ 91 Abs. 2 FGO); eine besondere Form der Entscheidung (wie das sog. Versäumnisurteil im Zivilprozess) ist dabei nicht vorgesehen. Versäumnisse eines Beteiligten im Zusammenhang mit der mündlichen Verhandlung sind i. d. R. nicht mehr heilbar: Das FG ist im zweistufigen Instanzenzug die alleinige Tatsacheninstanz, in der Beweise erhoben werden können. Das unentschuldigte Nichterscheinen in der mündlichen Verhandlung und auch ein Versäumnis beim Stellen eines Beweisantrags kann der Beteiligte in der Revisionsinstanz vor dem BFH nicht mehr nachholen.

In der mündlichen Verhandlung, deren Ablauf in §§ 92 f. FGO geregelt ist, wird der Streitfall vor dem erkennenden Gericht abschließend sachlich und rechtlich erörtert. Die Verhandlung erfolgt grds. in öffentlicher Sitzung (**Grundsatz der Öffentlichkeit**, §§ 52 FGO, 169 GVG). Auf Antrag eines Beteiligten muss die Öffentlichkeit allerdings gem. § 52 Abs. 2 FGO ausgeschlossen werden (insb. zum Schutz des Steuergeheimnisses). Soweit erforderlich, erhebt das Gericht Beweis, insb. durch Zeugen-, Beteiligten- und Sachverständigenvernehmung, aber auch durch die Augenscheinnahme und Heranziehung von Urkunden (§ 81 FGO). Die Aufzählung der Beweismittel in § 81 FGO ist **nicht abschließend** (sog. Freibeweisverfahren). Kann eine Tatsache im Rahmen der Beweisaufnahme nicht erwiesen werden, hat das FG nach den Regeln über die **Feststellungslast** (objektive Beweislast) zu entscheiden. Hierbei trägt nach der Rspr. des BFH die Finanzbehörde die Beweislast für die steuerbegründenden Tatsachen, der Kläger die Beweislast für die steuermindernden oder steuerbefreienden Tatsachen (ständige Rspr., zuletzt BFH vom 28.11.2007, BStBl II 2008, 335).

Im Anschluss an die mündliche Verhandlung, d. h. entweder unmittelbar nach Schluss der mündlichen Verhandlung oder in einem gesonderten Verkündungstermin entscheidet das FG über die Klage durch **Urteil** (§ 95 FGO).

In geeigneten Fällen kann das FG auch ohne mündliche Verhandlung durch **Gerichtsbescheid** entscheiden (§§ 79a Abs. 2, 90a FGO). Eine Entscheidung durch Gerichtsbescheid kommt insb. in Betracht, wenn der Rechtsstreit weder in tatsächlicher noch in rechtlicher Hinsicht besondere Schwierigkeiten bereitet. Innerhalb eines Monats nach Ergehen des Gerichtsbescheides können die Beteiligten **mündliche Verhandlung beantragen**; der Gerichtsbescheid gilt dann als nicht erlassen (§ 90a Abs. 2 FGO).[19] Hat das FG in dem Gerichtsbescheid die Revision zugelassen, haben die Beteiligten die Wahl, ob sie mündliche Verhandlung beantragen oder Revision einlegen (§ 90a Abs. 2 FGO). Nach Antrag auf mündliche Verhandlung darf kein zweiter Gerichtsbescheid in gleicher Sache erlassen werden (BFH vom 22.06.1984, BStBl II 1984, 720 zum ehemaligen Vorbescheid); die Beteiligten haben damit im Ergebnis einen **Anspruch auf eine mündliche Verhandlung** vor dem erkennenden Gericht.

Prozesstaktisch macht ein Antrag auf mündliche Verhandlung seitens des steuerlichen Vertreters vor allem dann Sinn, wenn neue Argumente oder Beweismittel vorgetragen werden können, wenn der im Gerichtsbescheid dargestellte Sachverhalt nicht zutreffend ist oder wenn der steuerliche Vertreter der Auffassung ist, durch die veränderte Besetzung des Spruchkörpers in der mündlichen Verhandlung (volles Stimmrecht der ehrenamtlichen Richter!) das Gericht doch noch von seiner Auffassung überzeugen zu können.

3 Rechtsmittel

Gegen Entscheidungen des FG sieht die FGO als Rechtsmittel die Revision (§§ 115 ff. FGO) bzw. die Beschwerde (§§ 128 ff. FGO) zum Bundesfinanzhof vor. Im Gegensatz zu den anderen Gerichtszweigen ist eine **Berufung** – und damit eine zweite Tatsacheninstanz – **nicht vorgesehen**.[20] Die beiden in der FGO abschließend vorgesehenen Rechtsmittel, Revision und Beschwerde schließen sich gegenseitig aus. Die Revision richtet sich gegen Urteile und Gerichtsbescheide des FG (§§ 90a Abs. 2 S. 2, 115 Abs. 1 FGO), die Beschwerde gegen andere gerichtliche Entscheidungen (§ 128 Abs. 1 FGO).

Die Nichtzulassungsbeschwerde (§ 116 FGO) ist eine besondere Ausprägung der Revision. Die Rechtsmittel der FGO sind gekennzeichnet durch den sog. **Devolutiveffekt** (zuständig für die Entscheidung ist die nächsthöhere Instanz, d. h. der BFH) und den **Suspensiveffekt** (Hemmung der Rechtskraft der angegriffenen Entscheidung, § 110 FGO).

Durch das Anhörungsrügengesetz vom 09.12.2004 (BStBl I 2005, 370) wurde mit Wirkung ab 2005 als zusätzlicher Rechtsbehelf die Anhörungsrüge in § 133a FGO geregelt. Danach ist auf Rüge eines durch eine gerichtliche Entscheidung beschwerten Beteiligten das Verfahren ausnahmsweise fortzuführen, wenn ein Rechtsmittel oder ein anderer Rechtsbehelf gegen

---

19   Ein Antrag auf mündliche Verhandlung kann auch dann gestellt werden, wenn sich der Antragsteller nicht gegen die sachliche Richtigkeit des Gerichtsbescheids wehrt, sondern die Entscheidung tatsächlich annimmt, z. B., um die Klage nach Stellung des Antrags zurückzunehmen. Ebenso darf das FA einen Antrag auf mündliche Verhandlung stellen, um der Klage abzuhelfen (BFH vom 30.03.2006, BStBl II 2006, 542).

20   Nach ständiger Rspr. des BVerfG fordern weder die Rechtsweggarantie (Art. 19 Abs. 4 GG) noch der Grundsatz des rechtlichen Gehörs (Art. 103 Abs. 1 GG) einen mehrstufigen Instanzenzug, BVerfG vom 30.04.2003, NJW 2003, 1924; Art. 19 Abs. 4 GG gewährt Rechtsschutz durch den Richter, aber nicht gegen den Richter.

die Entscheidung nicht gegeben ist und wenn das Gericht den Anspruch des Beteiligten auf rechtliches Gehör in entscheidungserheblicher Weise verletzt hat (§ 133a Abs. 1 FGO).[21] Eine Anhörungsrüge wegen unterlassener Anrufung des EuGH (Stichwort Entzug des gesetzlichen Richters gem. Art 101 Abs. 1 S. 2 GG) ist nicht statthaft (BFH vom 11.05.2007, BStBl II 2007, 653).

Die Erfolgsaussichten der Verfahren vor dem BFH für den StPfl. sind überschaubar. Der Prozentsatz der zugunsten der StPfl. getroffenen Entscheidungen betrug 2020 23 %. Bei den Revisionen lag der Anteil im Jahr 2020 bei 44 %, bei den Nichtzulassungsbeschwerden bei nur 19 %; aufgrund der hohen Zulässigkeitshürden scheiterten auch 2020 von den 1.156 erledigten Nichtzulassungsbeschwerden 396, also rund ein Drittel an der Zulässigkeitsprüfung.

3.1 Revision

Die Revision ist unabhängig vom Streitwert nur dann statthaft, wenn sie vom FG selbst oder auf Beschwerde gegen die Nichtzulassung vom BFH **zugelassen** wurde. Sie ist damit im Ergebnis eine reine **Zulassungsrevision** (§ 115 Abs. 1 FGO). Die Zulassungsfreiheit der Revision unter bestimmten Voraussetzungen (§ 116 FGO a. F.) ist weggefallen.

3.1.1 Zulassungsgründe (§ 115 Abs. 2 FGO)

§ 115 Abs. 2 FGO legt die Gründe für die Zulassung der Revision abschließend fest. Die Revision ist durch das FG zuzulassen, wenn
- die Rechtssache **grundsätzliche Bedeutung** hat (**Grundsatzrevision**, § 115 Abs. 2 Nr. 1 FGO),
- eine Entscheidung des BFH zur Fortbildung des Rechts erforderlich ist (**Rechtsfortbildungsrevision**, § 115 Abs. 2 Nr. 2 1. Alt. FGO),
- eine Entscheidung des BFH zur **Sicherung einer einheitlichen Rspr.** erforderlich ist (§ 115 Abs. 2 Nr. 2 2. Alt. FGO) oder
- ein **Verfahrensmangel** geltend gemacht wird und vorliegt, auf dem die Entscheidung beruhen kann (sog. **Verfahrensrevision**, § 115 Abs. 2 Nr. 3 FGO).

Das FG entscheidet von Amts wegen, ob es gegen sein Urteil oder einen Gerichtsbescheid die Revision zulässt (§ 115 Abs. 1 FGO) oder nicht; ein diesbezüglicher Antrag ist daher nicht erforderlich, als Anregung aber zulässig. Der BFH ist für den Fall der Zulassung an diese gebunden (§ 115 Abs. 3 FGO). Enthält das Urteil zur Zulassung der Revision keinerlei Ausführungen, gilt die Revision als nicht zugelassen (ständige Rspr., vgl. BFH vom 30.08.2023, Az.: X B 63/23). Die **Nichtzulassung der Revision kann durch Nichtzulassungsbeschwerde angefochten werden** (§ 116 FGO). Als Revisionsinstanz ist der BFH an die tatsächlichen Feststellungen des FG gem. § 118 Abs. 2 FGO gebunden, soweit das FG die Feststellungen nicht verfahrensfehlerhaft ermittelt hat (§ 118 Abs. 2 2. HS FGO).

3.1.1.1 Grundsatzrevision (§ 115 Abs. 2 Nr. 1 FGO)

Die Revision ist gem. § 115 Abs. 2 Nr. 1 FGO zuzulassen, wenn die Rechtssache **grundsätzliche Bedeutung** hat. Die Rspr. hat den unbestimmten Rechtsbegriff der »grundsätzlichen Bedeutung« bis zur Änderung durch das 2. FGO-ÄndG sehr eng ausgelegt und führt diese

---

21 Der Anwendungsbereich der Anhörungsrüge beschränkt sich auf eine Verletzung des rechtlichen Gehörs durch die gerichtliche Entscheidung; eine Überprüfung der Sachentscheidung des Gerichts in vollem Umfang kann damit nicht erreicht werden (BFH vom 30.09.2005, DStRE 2006, 61).

Rspr. auch nach Änderung des § 115 Abs. 2 Nr. 1 FGO fort: Eine Rechtssache hat demnach nur dann grundsätzliche Bedeutung, wenn die Rechtsfrage im konkreten Einzelfall entscheidungserheblich und klärungsbedürftig, d. h. vom BFH noch nicht entschieden war[22]; darüber hinaus wird verlangt, dass die Entscheidung des BFH **im Interesse der Allgemeinheit an der einheitlichen Entwicklung und Handhabung des Rechts liegt** (ständige Rspr., vgl. BFH vom 24.04.2009, BFH/NV 2009, 1398), d. h. wenn die Beantwortung der Rechtsfrage aus Gründen der Rechtssicherheit, der Rechtseinheitlichkeit und/oder der Rechtsentwicklung dem allgemeinen Interesse dient. Ferner verlangt der BFH in zahlreichen Entscheidungen, dass es sich bei der Rechtsfrage um eine »**aus rechtssystematischen Gründen bedeutsame und für die einheitliche Rechtsanwendung wichtige Frage**« handelt (vgl. BFH a. a. O.). Hierzu genügt nicht die Behauptung in der Beschwerdeschrift, dass die Voraussetzung vorliegt. Aus der Gesetzesbegründung zum 2. FGO-ÄndG könnte man schließen, dass mit der Grundsatzrevision nach § 115 Abs. 2 Nr. 1 FGO n. F. auch Fehler des FG bei der Auslegung revisiblen Rechts beseitigt werden können, wenn diese von erheblichem Gewicht und geeignet sind, das Vertrauen in die Rspr. zu beschädigen.[23] Dass der Einzelfall vom FG unrichtig entschieden worden ist, begründet auch bei schwerwiegenden Fehlern das abstrakte Allgemeininteresse noch nicht.[24] Schwerwiegende Fehler bei der Auslegung revisiblen Rechts können aber die Zulassung der Revision nach § 115 Abs. 2 Nr. 2, 2. Alt. FGO rechtfertigen, wenn sie geeignet sind, das Vertrauen in die Rspr. zu beschädigen (s. Kap. 3.1.1.3).

Zur Darlegung der grundsätzlichen Bedeutung ist auszuführen, dass, in welchem Umfang und aus welchen Gründen eine Rechtsfrage umstritten ist und worin die Bedeutung einer Entscheidung im Hinblick auf die Rspr. oder auf gewichtige Auffassungen in der Literatur zu sehen ist. Insb. sind Ausführungen dazu erforderlich, warum die Bedeutung der streitigen Rechtsfrage über den konkreten Einzelfall hinausgeht und warum sie zur Erhaltung der Rspr. oder zur Fortentwicklung des Rechts höchstrichterlicher Klärung bedarf (BFH vom 15.09.2022, Az.: IX B 69/21). Wird die Verfassungswidrigkeit einer Norm gerügt, muss sowohl auf die Rechtsfrage (einschließlich Sinn und Zweck sowie systematischer Zusammenhang der einschlägigen Norm) als auch darauf eingegangen werden, von welcher Seite und aus welchen Gründen ein Verstoß gegen das Grundgesetz geltend gemacht wird (BFH vom 31.08.2010, Az.: III B 77/09); wird ein Verstoß gegen höherrangiges Gemeinschaftsrecht behauptet, ist zur substantiierten Darlegung der grundsätzlichen Bedeutung eine an den Vorgaben des Gemeinschaftsrechts sowie der dazu ergangenen Rspr. orientierte Auseinandersetzung erforderlich (BFH vom 09.11.2007, BFH/NV 2008, 390).

3.1.1.2 Rechtsfortbildungsrevision (§ 115 Abs. 2 Nr. 2, 1. Alt. FGO)

Die **Rechtsfortbildungsrevision** ermöglicht Musterprozesse, wenn ein steuerlicher Einzelfall Anlass gibt, Leitsätze für die Auslegung von Gesetzesbestimmungen aufzustellen oder Gesetzeslücken zu füllen.[25] Der Zulassungsgrund kommt in Betracht, wenn die Entscheidung des FG über den Rechtsstreit von einer ungeklärten Rechtsfrage abhängt.

---

22 An der Klärungsbedürftigkeit fehlt es insb., wenn die Rechtsfrage durch das FG nach den gesetzlichen Grundlagen und der dazu ergangenen Rspr. eindeutig so zu beantworten ist, wie es das FG in dem angefochtenen Urteil getan hat (BFH vom 12.05.2005, BStBl II 2005, 714).
23 BT-Drs. 14/4061, 9.
24 *Tipke/Kruse*, FGO, § 115 FGO Rz. 47 m. w. N.; nach ständiger Rspr. (zuletzt BFH vom 30.11.2007, BFH/NV 2008, 389) führt die Rüge falscher Rechtsanwendung grds. nicht zur Zulassung der Revision.
25 *Tipke/Kruse*, FGO, § 115 FGO Rz. 61.

3.1.1.3 Revision zur Sicherung einer einheitlichen Rechtsprechung (§ 115 Abs. 2 Nr. 2, 2. Alt. FGO)

Der in § 115 Abs. 2 Nr. 2, 2. Alt. FGO vorgesehene Revisionsgrund »**Sicherung einer einheitlichen Rspr.**« umfasst die bisherige Divergenz i. S. d. § 115 Abs. 2 Nr. 2 FGO a. F., geht aber auch darüber hinaus (BFH vom 30.08.2001, BStBl II 2001, 837). Insb. kommt es nicht mehr darauf an, welches Gericht die Entscheidung, von der abgewichen wird, getroffen hat. Die Sicherung einer einheitlichen Rspr. durch den BFH ist erforderlich, wenn das FG bei seiner Entscheidung über eine Rechtsfrage von einer Entscheidung des BFH oder eines anderen Gerichts (insb. eines anderen FG) abweicht.[26] Die Abweichung liegt allerdings nur vor, wenn das FG seine Entscheidung mit einem entscheidungserheblichen Rechtssatz begründet, der von einem Rechtssatz eines anderen Gerichts abweicht.

Nach Auffassung der Rspr. ist die Revision zur Sicherung einer einheitlichen Rspr. auch zuzulassen, wenn ein allgemeines Interesse an einer korrigierenden Entscheidung besteht, weil das FG revisibles Recht fehlerhaft angewandt hat **und** der unterlaufene Fehler geeignet ist, das Vertrauen in die Rspr. zu schädigen (vgl. etwa BFH vom 14.07.2010, Az.: VIII B 54/10). Dies ist dann der Fall, wenn die Auslegung und Anwendung des Rechts durch das FG nicht lediglich fehlerhaft, sondern **objektiv willkürlich** oder **greifbar gesetzwidrig** ist (vgl. BFH vom 20.07.2022, BFH/NV 2022, 1061). Von Willkür kann dann nicht gesprochen werden, wenn sich das Gericht mit der Rechtslage eingehend auseinandersetzt und seine Auffassung nicht jeder Rechtsgrundlage entbehrt (BVerfG vom 08.06.1993, BVerfGE 89, 15). Hat das FG eine für den Streitfall zweifellos einschlägige Rechtsvorschrift übersehen (!), ist bei der Frage, ob deshalb ein Fehler von erheblichem Gewicht vorliegt, auch zu berücksichtigen, in welchem Umfang sich der Fehler des FG im Ergebnis nachteilig auf den unterlegenen Beteiligten ausgewirkt hat und in welchem Umfang die Beteiligten durch ihr eigenes Verhalten diesen Irrtum hätten vermeiden und damit ein anderes Verfahrensergebnis herbeiführen können. Das Übersehen einer einschlägigen Vorschrift allein ist mit anderen Worten allein kein Umstand, der einen Fehler von so erheblichem Gewicht begründet, dass das Vertrauen in die Rspr. beschädigt würde, wenn der BFH den Fehler nicht korrigiert (BFH vom 19.07.2022, BFH/NV 2022, 1289).

3.1.1.4 Verfahrensrevision (§ 115 Abs. 2 Nr. 3 FGO)

Verfahrensmängel sind Fehler des FG bei der Handhabung der prozessualen Vorschriften (vgl. BFH vom 08.09.2006, BFH/NV 2007, 245). Verfahrensmängel sind beispielsweise die unzureichende Sachaufklärung nach § 76 Abs. 1 FGO, die Verletzung des rechtlichen Gehörs nach § 96 Abs. 2 FGO[27] oder die Aktenwidrigkeit des gewürdigten Sachverhalts, wenn also das FG eine nach den Akten klar feststehende Tatsache unberücksichtigt lässt (§ 96 FGO). Die fehlerhafte Beweiswürdigung ist dagegen kein Verfahrensmangel, sondern die Verletzung materiellen Rechts. Insb. ist die richterliche Überzeugungsbildung durch das FG, die Tatsachen- bzw. Sachverhaltswürdigung als auch Schlussfolgerungen tatsächlicher Art einer Nachprüfung durch den BFH wegen § 118 Abs. 2 FGO weitgehend entzogen. Die fehlerhafte Beweiswürdi-

---

26 BFH vom 08.04.2020, BFH/NV 2020, 898; *Beermann*, DStZ 2000, 773.
27 Eine Verletzung des Anspruchs auf rechtliches Gehör liegt auch bei einer – verbotenen – Überraschungsentscheidung vor, etwa wenn das FG den nicht im Besitz seiner Belegsammlung befindlichen Kläger in der mündlichen Verhandlung erstmals mit der Feststellung konfrontiert, die geltend gemachten Betriebsausgaben für bestimmte Aufwendungen seien nicht vollständig durch Belege nachgewiesen, und das FG in der Entscheidung den Abzug dieser Betriebsausgaben kürzt (BFH vom 13.05.2020, Az.: VIII B 117/19, nicht veröffentlicht).

gung ist nur in denjenigen seltenen Ausnahmefällen revisibel, wenn Verstöße gegen Denkgesetze oder allgemeine Erfahrungssätze vorliegen (BFH vom 22.12.2006, BStBl II 2009, 839).

Voraussetzung für die Revision ist nicht nur, dass ein Verfahrensmangel gerügt wird, vielmehr muss tatsächlich ein solcher **Mangel vorliegen,** auf dem das Urteil **beruhen** kann. § 119 FGO normiert einige besonders schwere, sog. absolute Revisionsgründe, bei denen unwiderlegbar vermutet wird, dass das Urteil auf der Verletzung von Bundesrecht beruht. Bei verzichtbaren Verfahrensmängeln, etwa der Verletzung der Sachaufklärungspflicht und des rechtlichen Gehörs, verliert der rechtskundig vertretene Kläger sein Rügerecht durch rügelose Verhandlung zur Sache und damit durch bloßes Unterlassen der rechtzeitigen Rüge; dieser Fehler kann im Revisionsverfahren nicht mehr geheilt werden (BFH vom 22.12.2006, BStBl II 2009, 839).

3.1.2 Nichtzulassungsbeschwerde (§ 116 FGO)

Die **Nichtzulassung der Revision durch das FG kann selbständig durch Beschwerde angefochten werden** (§ 116 Abs. 1 FGO). Die Bedeutung der Nichtzulassungsbeschwerde in der Praxis ist groß; die Zahl der beim BFH eingehenden Nichtzulassungsbeschwerden übersteigt die der Revisionen deutlich.[28] Die Beschwerde ist innerhalb eines Monats nach Zustellung der Urteils beim **BFH** (sog. iudex ad quem) einzulegen und innerhalb von zwei Monaten nach Zustellung des Urteils zu begründen (§ 116 Abs. 2 S. 1, Abs. 3 S. 1 FGO). In der Begründung muss das Bestehen eines Revisionszulassungsgrundes nach § 115 Abs. 2 FGO dargelegt werden (§ 116 Abs. 3 S. 3 FGO). An diese Darlegung stellt die Rspr. des BFH **sehr hohe formale Anforderungen**. So setzt eine schlüssige Verfahrensrüge beispielsweise voraus, dass die Tatsachen, die den Verfahrensmangel ergeben, im Einzelnen angeführt werden und dass ferner dargelegt wird, dass die Entscheidung des FG auf dem Mangel beruhen kann; dies setzt voraus, dass das Gericht von seinem materiell-rechtlichen Standpunkt aus bei richtigem Verfahren zu einer anderen Entscheidung hätte kommen können (BFH vom 14.03.2007, BStBl II 2007, 466). In der bloßen Rüge, das Finanzgericht habe Bundesrecht verletzt, liegt keine Darlegung eines Zulassungsgrundes (vgl. BFH vom 29.09.2023, Az.: IX B 96/22). Mit diesem Vorbringen wird ein Zulassungsgrund nach § 115 Abs. 2 FGO nicht in der nach § 116 Abs. 3 S. 3 FGO gebotenen Weise dargelegt.

Die Begründungsfrist kann gem. § 116 Abs. 3 S. 4 FGO um einen weiteren Monat verlängert werden. Das FG selbst hat keine Möglichkeit, der Beschwerde abzuhelfen. In der Begründung der Nichtzulassungsbeschwerde müssen die Zulassungsgründe für die Revision dargelegt werden (§ 116 Abs. 3 S. 3 FGO). Hat die Nichtzulassungsbeschwerde Erfolg, wird das Verfahren über die Nichtzulassungsbeschwerde als Revisionsverfahren fortgeführt (§ 116 Abs. 7 S. 1 FGO). Für die Einlegung und Begründung der Nichtzulassungsbeschwerde besteht gem. § 62 Abs. 4 FGO Vertretungszwang. Über die Nichtzulassungsbeschwerde entscheidet der BFH gem. § 116 Abs. 5 S. 1 FGO durch Beschluss. Lehnt der BFH die Beschwerde ab, wird das FG-Urteil rechtskräftig (§ 116 Abs. 5 S. 3 FGO).

3.1.3 Revisionsverfahren

Die **Revision** ist innerhalb eines Monats nach Zustellung des vollständigen Urteils beim BFH schriftlich einzulegen, wenn die Revision bereits im angefochtenen Urteil zugelassen wurde (§ 120 Abs. 1 FGO). Die Frist für die Begründung beträgt zwei Monate ab Zustellung des Urteils

---

28 Im Jahr 2021 standen 393 eingegangenen Revisionen 1.090 Nichtzulassungsbeschwerden gegenüber, ein im historischen Zeitvergleich ausgesprochen niedriger Neueingang, vgl. https://www.bundesfinanzhof.de/fileadmin/media/pdf/jahresberichte/BFH_Jahresbericht_2021.pdf.

unabhängig davon, wann die Revision eingelegt wurde (§ 120 Abs. 2 FGO). Im Gegensatz zur früheren Rechtslage schließt sich die Revisionsbegründungsfrist nicht mehr an den Ablauf der Frist zur Einlegung der Revision an (BFH vom 05.02.2004, BStBl II 2004, 336); sie ist damit eine selbständige Frist. Die Frist kann auf Antrag verlängert werden (§ 120 Abs. 2 S. 3 FGO). § 120 Abs. 3 FGO nennt als zwingenden Inhalt der Revisionsbegründungsschrift die Benennung der Revisionsanträge und die Angabe des Revisionsgrundes. Der Revisionsführer hat sich dabei mit den tragenden Gründen des finanzgerichtlichen Urteils auseinanderzusetzen und darzulegen, weshalb er dieses für unrichtig hält. Dafür reicht der bloße Hinweis, das angefochtene Urteil stehe zu einer genau angegebenen BFH-Entscheidung in Widerspruch, für sich alleine nicht aus (BFH vom 20.04.2010, BStBl II 2010, 691).

Sowohl für die Einlegung als auch für die Begründung der Revision besteht nach § 62a FGO **Vertretungszwang**.

Ist die Revision unzulässig, verwirft sie der BFH gem. § 126 Abs. 1 FGO durch Beschluss; unbegründete Revisionen werden durch Urteil zurückgewiesen (§ 126 Abs. 2 FGO). Ist die Revision begründet, kann der BFH in der Sache selbst entscheiden oder das angefochtene Urteil aufheben und die Sache zur anderweitigen Verhandlung und Entscheidung an das Ausgangsgericht zurückverweisen (§ 126 Abs. 3 FGO). Eine Zurückverweisung kommt insb. in Betracht, wenn noch Tatsachenfeststellungen erforderlich sind, da der BFH selbst keine Tatsacheninstanz ist. Das FG ist im Falle der Zurückverweisung gem. § 126 Abs. 5 FGO an die rechtliche Beurteilung des BFH gebunden.

3.2 Beschwerde (§§ 128 ff. FGO)

Gegen Entscheidungen des FG, die weder Urteile noch Gerichtsbescheide sind, steht den Beteiligten nach § 128 Abs. 1 FGO grds. die Beschwerde zu. Ein Rechtsmittel gegen die Nichtzulassung der Beschwerde bei einer Entscheidung über die Aussetzung der Vollziehung sieht die FGO nicht vor. Im Unterschied zur Nichtzulassung der Revision gibt es kein eigenständiges Verfahren zur Prüfung der Voraussetzungen für die Zulassung der Beschwerde.[29] Beispiele für **beschwerdefähige Entscheidungen** sind:
- Ablehnung der Gewährung der Akteneinsicht nach § 78 Abs. 1 FGO;
- Ausschluss der Öffentlichkeit nach § 52 FGO i. V. m. § 174 GVG;
- Aussetzung der Vollziehung und einstweilige Anordnung, jedoch jeweils erst nach Zulassung (§ 128 Abs. 3 FGO).

Gegen prozessleitende Maßnahmen nach § 128 Abs. 2 FGO ist die Beschwerde nicht statthaft, ebenso gegen Kostenentscheidungen (§ 128 Abs. 4 FGO).

Die Beschwerde ist beim FG schriftlich oder zur Niederschrift innerhalb von zwei Wochen nach Bekanntgabe der Entscheidung einzulegen (§ 129 Abs. 1 FGO); die Einlegung der Beschwerde beim BFH wahrt ebenfalls die Frist.

---

29 Eine sog. »außerordentliche Beschwerde« gegen die Nichtzulassung der Beschwerde wegen sog. greifbarer Gesetzeswidrigkeit ist im Finanzprozess seit Inkrafttreten des § 321a ZPO generell nicht mehr statthaft (BFH vom 14.03.2007, BStBl II 2007, 468). Stattdessen kann zur Beseitigung schweren Verfahrensunrechts in mit förmlichen Rechtsmitteln nicht anfechtbaren Entscheidungen eine fristgebundene Gegenvorstellung bei dem Ausgangsgericht, d. h. beim FG, entsprechend § 321a ZPO erhoben werden (BFH vom 06.11.2006, BFH/NV 2007, 264).

4 Kosten des Verfahrens

Bei der Führung eines finanzgerichtlichen Verfahrens entstehen **Gerichtskosten** nach dem Gerichtskostengesetz und, wenn sich der StPfl. durch einen Bevollmächtigten vertreten lässt, **außergerichtliche Kosten** (§ 139 FGO). Die Aufwendungen des FA sind dabei unabhängig vom Ausgang des Verfahrens nicht zu erstatten (§ 139 Abs. 2 FGO). Zu den anfallenden Kosten zählen Gebühren und Auslagen (§ 1 GKG). Die Höhe der Gebühren richtet sich nach dem Streitwert. Nach dem GKG fallen Gebühren nicht für einzelne Entscheidungen an, sondern es entsteht für das jeweilige (gesamte) finanzgerichtliche Verfahren eine einzige – in ihrer Höhe vom Streitwert abhängige – Gebühr. Wie auch in anderen Gerichtszweigen üblich, wird die Verfahrensgebühr schon mit Einreichung eines Antrags bei Gericht fällig (§ 6 Abs. 1 Nr. 4 GKG). Diese Verfahrensgebühr wird nach dem tatsächlichen Streitwert erhoben (§ 52 Abs. 5 GKG).[30] Die rechtzeitige Entrichtung der vorläufigen Verfahrensgebühr stellt aber keine Zulässigkeitsvoraussetzung dar. Die Möglichkeit einer kostenfreien Klagerücknahme ist bereits vor einigen Jahren entfallen; allerdings ermäßigt sich die Verfahrensgebühr bei **Klagerücknahme** (§ 72 FGO) unter den Voraussetzungen der Gebührentatbestände Nr. 6211 und 6212 des Kostenverzeichnisses zu § 34 GKG um die Hälfte.

Gem. dem Vergütungsverzeichnis zum RVG erhält der RA oder der StB (auf den die Vorschriften des RVG entsprechend anzuwenden sind) für das finanzgerichtliche Verfahren insgesamt 2,8 Gebühren, nämlich eine Verfahrensgebühr von 1,6 und eine Termingebühr von 1,2. Die Verfahrensgebühr wird gekürzt, wenn der Vertreter bereits im Einspruchsverfahren tätig geworden ist. Die Beweisgebühr wurde komplett abgeschafft. Neben der Verfahrens- und Termingebühr kann noch eine Erledigungsgebühr von 1,3 Gebühren entstehen (Nr. 1004 der Anlage zu § 2 Abs. 2 RVG), weil es sich bei dem FG um ein oberstes Landesgericht handelt.

Die §§ 135 ff. FGO regeln insb., wer die Kosten zu tragen hat und wie über die Kosten zu entscheiden ist. Gem. § 135 Abs. 1 FGO trägt grds. die unterliegende Partei die Kosten des Verfahrens; wenn ein Beteiligter teils obsiegt, teils unterliegt, sind die Kosten gem. § 136 Abs. 1 FGO gegeneinander aufzuheben oder verhältnismäßig zu teilen. Sind Aufwendungen für einen Bevollmächtigten im Einspruchsverfahren entstanden, hängt die Erstattungsfähigkeit davon ab, dass sie im anschließenden finanzgerichtlichen Verfahren vom FG für notwendig erklärt werden (§ 139 Abs. 3 S. 3 FGO); dies geschieht regelmäßig dann, wenn die Sach- und Rechtslage nicht so einfach war, dass sich der Beteiligte selbst vertreten konnte.

---

30 Der Streitwert im Verfahren der AdV nach § 69 Abs. 3, 5 FGO ist mit 10 % des Betrages anzusetzen, dessen Aussetzung begehrt wird (ständige BFH-Rspr.). Der durch das Kostenrechtsmodernisierungsgesetz eingeführte Mindeststreitwert (§ 52 Abs. 4 GKG) findet in Verfahren des vorläufigen Rechtsschutzes vor den Gerichten der Finanzgerichtsbarkeit keine Anwendung (BStBl II 2008, 199).

IX Vorläufiger Rechtsschutz

Der Einspruch gegen einen Steuerbescheid hemmt die Vollziehung des angefochtenen Verwaltungsaktes gem. § 361 Abs. 1 AO zunächst nicht. Die Aussetzung der Vollziehung (AdV) nach § 361 AO gewährt dem StPfl. **vorläufigen Rechtsschutz** gegen die Vollziehung der angefochtenen VA, soweit diese noch nicht in materieller Bestandskraft erwachsen sind. Dabei steht § 361 AO neben § 69 FGO; beide Vorschriften entsprechen sich hinsichtlich der materiellen Voraussetzungen der AdV. § 361 AO findet immer dann Anwendung, wenn noch keine finanzgerichtliche Klage anhängig ist. Ist die Klage anhängig, entscheidet die Finanzbehörde nach § 69 Abs. 2 FGO bzw. das Finanzgericht oder der BFH nach § 69 Abs. 3 FGO. Im Gegensatz zur Finanzbehörde kann eine gerichtliche AdV nur auf Antrag gewährt werden.

In Abgrenzung zu den **Billigkeitsmaßnahmen** der Stundung (§ 222 AO), dem Erlass (§ 227 AO) und der einstweiligen Einstellung der Vollstreckung (§ 258 AO), die erst bei materiell bestandskräftig gewordenen Verwaltungsakten möglich sind, kann im Verfahren über die AdV die fehlende materielle Rechtmäßigkeit des angefochtenen VA noch gerügt werden. Wird die Aussetzung gewährt, schiebt sie die Fälligkeit des angefochtenen Verwaltungsaktes hinaus (sog. Suspensiveffekt).

1 Vorläufiger Rechtsschutz durch die Finanzbehörde (§ 361 AO)

1.1 Überblick

§ 361 AO regelt die **Aussetzung und Aufhebung der Vollziehung (AdV)** durch die Finanzbehörde während eines Einspruchsverfahren. Im Gegensatz zum allgemeinen Verwaltungsrechts (vgl. § 80 Abs. 1 VwGO) geht das Einspruchsverfahren von dem Grundsatz aus, dass die **Vollziehung des angefochtenen VA durch die Einlegung des Einspruchs nicht gehemmt wird** (§ 361 Abs. 1 AO). Der VA bleibt auch nach Einlegung des Einspruchs weiterhin vollstreckbar. Dies bedeutet, dass insb. bei Steuerbescheiden mit einem Leistungsgebot die festgesetzte Steuer bezahlt werden muss (§§ 361 Abs. 1 S. 1 a. E., 251 Abs. 1 AO). Diese Einschränkung des sog. **Suspensiveffektes** soll das **öffentliche Interesse an einer geordneten Haushaltsführung** sicherstellen. Die Vollziehbarkeit des Steuerverwaltungsaktes wird erst suspendiert, wenn dies durch einen gesonderten VA über die Aussetzung der Vollziehung angeordnet wird. Im allgemeinen Verwaltungsrecht ist dieser Grundsatz in § 80 Abs. 2 Nr. 1 VwGO für öffentliche Abgaben und Kosten ebenfalls verankert. Den StPfl. wird dadurch die Möglichkeit genommen, allein durch das Einlegen des Einspruchs über den Zeitpunkt der Zahlung der Steuerverbindlichkeiten zu disponieren. Ausnahmsweise Suspensiveffekt hat der Einspruch lediglich gegen Bescheide über die Untersagung des Gewerbebetriebes oder der Berufsausübung (§ 361 Abs. 4 S. 1 AO).

Durch die sofortige Vollziehung von Steuerverwaltungsakten können dem StPfl. gravierende, nicht wieder gut zu machende Nachteile entstehen, die bis zur Existenzvernichtung ganzer Betriebe reichen können.

Beispiel 1: Fehlerhafte Datenerfassung

Durch ein Versehen in der Datenerfassungsstelle des FA wird die ESt für den Betrieb des A auf 1.500.000 € anstelle von 150.000 € festgesetzt. A legt gegen des ESt-Bescheid umgehend Einspruch ein und beantragt die Korrektur des Bescheides gem. § 129 AO.

Lösung: Der ESt-Bescheid des A ist offensichtlich rechtswidrig. Gleichwohl ist der Bescheid nach § 251 Abs. 1 AO mangels aufschiebender Wirkung des Einspruchs vollstreckbar, sofern die Vollziehung des Bescheides nicht nach § 361 AO ausgesetzt wird. Bis über die Anträge des A entschieden ist, könnten Vollstreckungsmaßnahmen des FA wie z. B. eine Kontenpfändung zur Kündigung der Kreditlinie bei der Hausbank führen mit der Folge, dass A aufgrund der eingetretenen Zahlungsunfähigkeit beim zuständigen AG einen Insolvenzantrag stellen müsste.

Das Beispiel verdeutlicht, dass das öffentliche Interesse an einer geordneten Haushaltsführung dem individuellen Rechtsschutzinteresse des StPfl. gegenübergestellt werden muss, um für den Einzelnen einen **effektiven Rechtsschutz** zu gewährleisten. Dieser Anspruch auf effektiven Rechtsschutz ist auch verfassungsrechtlich in Art. 19 Abs. 4 GG verbürgt. Die Aussetzung der Vollziehung ist Ausfluss dieser Rechtsschutzgarantie. A sollte im obigen Beispiel zeitgleich mit der Einlegung des Einspruchs gegen den ESt-Bescheid beim FA die Aussetzung der Vollziehung beantragen. Solange über den Antrag nicht entschieden ist, sind die Finanzbehörden gehalten, keine Vollstreckungsmaßnahmen zu ergreifen, es sei denn, der Antrag ist aussichtslos, bezweckt offensichtlich nur ein Hinausschieben der Vollstreckung oder bei Gefahr in Verzug (AEAO zu § 361 Nr. 3.1 S. 2). Die Regelung stellt sicher, dass die Finanzbehörde nicht »Fakten schafft«, indem sie nach Eingang des Antrags auf vorläufigen Rechtsschutz den VA zunächst vollzieht und erst anschließend über den Antrag auf Aussetzung der Vollziehung entscheidet. Mit der o. g. Einschränkung ist auch die Aussage zutreffend, dass im Regelfall bereits ein Antrag auf Aussetzung der Vollziehung den Vollzug des Verwaltungsaktes hemmt.

Ist der VA im Zeitpunkt im Zeitpunkt der behördlichen Entscheidung über den Antrag schon vollzogen, tritt an die Stelle der Aussetzung der Vollziehung die **Aufhebung der Vollziehung** (§ 361 Abs. 2 S. 3 AO). Die Aufhebung der Vollziehung bewirkt die Rückgängigmachung bereits durchgeführter Vollziehungsmaßnahmen. Die Aufhebung der Vollziehung kann auch beantragt werden, wenn die Steuer ohne behördlichen Druck, d. h. »freiwillig«, bezahlt worden ist (BFH vom 22.07.1977, BStBl II 1977, 838).

1.2 Voraussetzungen für die Vollziehungsaussetzung (§ 361 AO)

1.2.1 Angefochtener Verwaltungsakt

Nach § 361 Abs. 2 S. 1 AO **kann** die Finanzbehörde, die den **angefochtenen VA** erlassen hat, die Vollziehung ganz oder teilweise aussetzen. Die Aussetzung der Vollziehung setzt demnach voraus, dass der VA, der ausgesetzt werden soll, durch Einspruch **angefochten** und das **Rechtsbehelfsverfahren noch nicht abgeschlossen** ist (§ 361 Abs. 1 AO).

Eine Ausnahme gilt lediglich für Folgebescheide: Diese sind gem. § 361 Abs. 3 S. 1 AO von der Vollziehung auszusetzen, wenn die Vollziehung des korrespondierenden Grundlagenbescheides ausgesetzt wird (sog. **Folgeaussetzung**). Ein Antrag auf AdV eines Folgebescheides mit der Begründung, es bestünden Zweifel an der Rechtmäßigkeit des Grundlagenbescheides, ist dementsprechend unzulässig (BFH vom 29.10.1987, BStBl II 1988, 240).[1]

---

1 Anders jedoch BFH vom 21.12.1993 (BStBl II 1994, 300) zum Gewerbesteuermessbescheid wegen § 35b GewStG.

Die Aussetzung der Vollziehung setzt ein **anhängiges Rechtsbehelfsverfahren** voraus, d. h. ein Einspruchsverfahren, Klageverfahren, Revisionsverfahren oder Nichtzulassungsbeschwerdeverfahren. Ein Korrekturantrag, z. B. nach § 164 Abs. 2 S. 2 oder nach § 172 Abs. 1 S. 1 Nr. 2 Buchst. a AO, erfüllt diese Voraussetzung nicht. Die AdV kommt daher nicht in Betracht, wenn der StPfl. einen Änderungsantrag anstelle des Einspruchs stellt. Der Einspruch als Voraussetzung für den einstweiligen Rechtsschutz nach § 361 AO wird von StPfl., die einen Änderungsantrag stellen, häufig übersehen. Ist das Rechtsbehelfsverfahren endgültig erledigt, endet mit der unanfechtbaren Entscheidung in der Hauptsache auch das AdV-Verfahren.

1.2.2 Vollziehbarkeit des angefochtenen Verwaltungsaktes

Die Aussetzung der Vollziehung bedeutet, dass die Finanzbehörde den Regelungsinhalt des angefochtenen Veraltungsaktes **nicht verwirklichen** darf (BFH vom 31.08.1995, BStBl II 1996, 55). Dem FA ist jedes Gebrauchmachen von den Wirkungen des VA, die auf die Verwirklichung seines Regelungsgehalts abzielt, untersagt. Der Begriff der Aussetzung der Vollziehung setzt voraus, dass der dem Antrag zugrunde liegende VA überhaupt **vollziehbar** ist. Vollziehbar und damit aussetzungsfähig sind nur VA, die in eine Rechtsposition des Adressaten eingreifen (so BFH vom 28.11.1974, BStBl II 1975, 240), d. h. insb. alle VA, mit denen eine Geldleistung oder eine sonstige Handlung, eine Duldung oder Unterlassung gefordert wird (vgl. § 249 Abs. 1 S. 1 AO). Vollziehbar sind damit u. a.

- alle Steuerbescheide, bei denen eine positive Steuer festgesetzt wird,
- Feststellungsbescheide, Steuermessbescheide und andere Grundlagenbescheide, die Grundlage einer sich aus dem Folgebescheid ergebenden Zahlungspflicht sind,
- Steuerbescheide über 0 €, wenn sie einen vorherigen Steuerbescheid über einen negativen Betrag ändern,
- Abrechnungsbescheide nach § 218 Abs. 2 AO, die eine Zahlungspflicht feststellen,
- der Widerruf einer Stundung und
- die Anordnung einer Außenprüfung (vgl. AEAO zu § 361 Nr. 2.3.1).

Ist der VA **nicht vollziehbar oder liegt kein VA vor**, kommt ein Antrag auf AdV nicht in Betracht. Nicht vollziehbar sind VA, die in keine Rechtsposition des Adressaten eingreifen; darunter fallen z. B.

- erstmalige Steuerbescheide über 0 €, auch wenn der StPfl. die Festsetzung einer negativen Steuer begehrt,
- die Aufrechnung, da die Aufrechnungsentscheidung keinen VA darstellt (BFH vom 02.04.1987, BStBl II 1987, 536),
- VA, die den Erlass oder die Korrektur eines VA ablehnen, z. B. Ablehnung eines Änderungsbescheides, einer Stundung, eines Vollstreckungsaufschubs oder eines Erlasses[2],
- VA, deren Wirkung sich in einer bloßen Ablehnung erschöpft: Der Regelungsgehalt derartiger VA beschränkt sich auf eine reine Negation, die nicht vollziehbar ist sowie ganz allgemein **alle VA, in denen in der Hauptsache keine Anfechtungsklage, sondern Verpflichtungsklage oder allgemeine Leistungsklage erhoben werden muss** (BFH vom 17.10.1979, BStBl II 1980, 212; vgl. AEAO zu § 361 Nr. 2.3.2).

---

2   Eine Ausnahme macht die Rspr. für den vorläufigen Rechtsschutz gegenüber einem negativen Feststellungsbescheid, der die einheitliche und gesonderte Feststellung von Einkünften ablehnt: Hier ist die Aussetzung der Vollziehung grds. möglich (BFH-GrS vom 14.04.1987, BStBl II 1987, 637).

- der Widerruf einer dem Arbeitgeber erteilten Lohnsteueranrufungsauskunft (§ 42e EStG, BFH vom 15.01.2015, BStBl II 2015, 447).

In diesen Fällen ist vorläufiger Rechtsschutz nicht im Rahmen eines Antrags auf Aussetzung der Vollziehung bei der Finanzbehörde, sondern ausschließlich beim FG über einen **Antrag auf einstweilige Anordnung** (§ 114 FGO) zu erreichen. Die Rechtsinstitute der Aussetzung der Vollziehung sowie der einstweiligen Anordnung schließen sich gegenseitig aus (§ 114 Abs. 5 FGO).

1.2.3 Umfang der Aussetzung der Vollziehung

Ein AdV-Antrag umfasst nicht generell die im Steuerbescheid genannte Abschlusszahlung. Bei Steuerbescheiden ist die Aussetzung und die Aufhebung der Vollziehung nach § 361 Abs. 2 S. 4 AO beschränkt auf die festgesetzte Steuer, vermindert um die Vorleistungen (Vorauszahlungen und anrechenbare Steuerabzugsbeträge).

> **Beispiel 2: Umfang der Aussetzung der Vollziehung**
>
> Das FA setzt die ESt des A auf 15.000 € fest. Die festgesetzten Vorauszahlungen betragen 8.000 €, von denen A allerdings nur 5.000 € entrichtet hat. Die Steuerabzugsbeträge belaufen sich auf 4.000 €. Die Abschlusszahlung beläuft sich einschließlich der rückständigen Vorauszahlungsbeträge auf 6.000 €. Aussetzungsbetrag?
>
> **Lösung**[3]: Gem. § 361 Abs. 2 S. 4 AO ist eine pauschale Bestimmung der auszusetzenden Steuer anhand des Betrages der Abschlusszahlung nicht zulässig. Aussetzungsfähig ist nur der Betrag der festgesetzten Steuer (15.000 €) abzüglich den festgesetzten Vorauszahlungsbeträgen (8.000 €) und den anrechenbaren Steuerabzugsbeträgen (12.000 €), d. h. ein Betrag i. H. v. 3.000 €. Die rückständigen Vorauszahlungsbeträge muss A in jedem Fall sofort entrichten.

1.2.4 Ernstliche Zweifel an der Rechtmäßigkeit oder unbillige Härte

Das FA soll die Aussetzung der Vollziehung auf Antrag verfügen, wenn **ernstliche Zweifel** an der Rechtmäßigkeit des angefochtenen VA bestehen oder wenn die Vollziehung für den Betroffenen eine unbillige, nicht durch überwiegende öffentliche Interessen gebotene Härte zu Folge hätte (§ 361 Abs. 2 AO). Die Aussetzung der Vollziehung steht damit im **Ermessen** der Finanzbehörde (§ 361 Abs. 2 S. 1 AO i.V.m. § 5 AO).[4] Bei der Entscheidung über Anträge auf Aussetzung der Vollziehung hat die Finanzbehörde den eingeräumten Ermessensspielraum stets voll auszuschöpfen. Ist der Antrag nur teilweise begründet, kann die Finanzbehörde den Vollzug teilweise aussetzen.

> **Beispiel 3: Aussetzung der Vollziehung als Ermessensentscheidung**
>
> Nach Durchführung der Außenprüfung übersendet der Betriebsprüfer den Betriebsprüfungsbericht an die zuständige Veranlagungsstelle, die die gewonnenen Erkenntnisse ohne eigene Prüfung übernimmt und geänderte Steuerbescheide erlässt. Der Adressat der Steuerbescheide legt unverzüglich Einspruch ein und beantragt die Aussetzung der Vollziehung. Die Finanzbehörde lehnt den Antrag ab, da »[...] nach Rücksprache mit dem Betriebsprüfer keine ernstlichen Zweifel an der Rechtmäßigkeit der Steuerbescheide bestehen«. Auf die Begründung des StPfl. im Antrag auf Aussetzung der Vollziehung wird nicht eingegangen.

---

3   Vgl. AEAO zu § 361 Nr. 4.2.
4   Eine aufgezwungene Aussetzung der Vollziehung ist unzulässig: Das FA darf StPfl. die Aussetzung der Vollziehung nicht mit dem Ziel aufdrängen, dem Staat Zinsvorteile zu verschaffen (FG Köln vom 08.09.2010, Az.: 13 K 960/08).

Lösung: Die Finanzbehörde hat den Antrag pauschal mit Hinweis auf fehlende ernstliche Zweifel abgelehnt, ohne im Ablehnungsbescheid auf die Argumente des StPfl. einzugehen. Den ihr eingeräumten Ermessensspielraum hat sie damit nicht ausgeschöpft. Der lapidare Hinweis auf die Rücksprache mit dem Betriebsprüfer bedeutet letztlich, dass der für die Veranlagung zuständige Beamte keine eigenständige Prüfung durchgeführt hat, ob die Voraussetzungen der Aussetzung der Vollziehung vorliegen. Es liegt damit ein Ermessensnichtgebrauch vor, der allein aus diesem Grund zur Rechtswidrigkeit des Ablehnungsbescheides führt. Trotz der eingeschränkten Überprüfbarkeit von Ermessensentscheidung durch das FG könnte die Ablehnung vor Gericht keinen Bestand haben, da die Behörde im Rahmen der Entscheidung nach § 361 AO mit dem Ermessensnichtgebrauch in einer dem Zweck der Ermächtigung nicht entsprechenden Weise Gebrauch gemacht hat (§ 102 FGO).

Die Ermessensentscheidung hat sich nach § 361 Abs. 2 S. 2 AO insb. daran zu orientieren, ob ernstliche Zweifel an der Rechtmäßigkeit des angefochtenen VA bestehen oder die Vollziehung für den Betroffenen eine unbillige Härte zur Folge hätte (sog. **gebundenes Ermessen**).

1.2.4.1 Ernstliche Zweifel

Ernstliche Zweifel an der Rechtmäßigkeit des angefochtenen VA bestehen, wenn eine **summarische Prüfung** ergibt, dass neben den für die Rechtmäßigkeit sprechenden Umständen gewichtige gegen die Rechtmäßigkeit sprechende Gründe vorhanden sind, die Unentschiedenheit oder Unsicherheit in der Beurteilung der Rechtsfragen oder Unklarheit in der Beurteilung der Tatfragen bewirken (ständige Rspr., z.B. BFH vom 02.01.2014, BFH/NV 2014, 733). Dabei brauchen die für die Unrechtmäßigkeit des VA sprechenden Bedenken nicht zu überwiegen, d.h. ein Erfolg des StPfl. muss nicht wahrscheinlicher sein als ein Misserfolg; vielmehr reicht die ernsthafte Möglichkeit hierfür bereits aus. Ist die Rechtslage nicht eindeutig, so ist im Regelfall die Vollziehung auszusetzen. Das gilt auch dann, wenn ernstliche Zweifel daran bestehen, ob die maßgebliche gesetzliche Regelung verfassungsgemäß ist (BFH vom 01.04.2010, BStBl II 2010, 558, m.w.N.). Beruhen allerdings die ernstlichen Zweifel an der Rechtmäßigkeit des VA auf Bedenken gegen die Verfassungsmäßigkeit einer dem VA zugrunde liegenden Gesetzesvorschrift, setzt die Gewährung vorläufigen Rechtsschutzes wegen des Geltungsanspruchs jedes formell verfassungsgemäß zustande gekommenen Gesetzes (d.h. im Sinne eines ordnungsgemäßen Gesetzgebungsvorgangs) zusätzlich ein (besonderes) berechtigtes Interesse des Antragstellers voraus (BFH vom 02.03.2017, BStBl II 2017, 646 zur Verfassungswidrigkeit der Einheitsbewertung) oder BFH vom 25.04.2018, BStBl II 2018, 415 zur Verfassungsmäßigkeit der Höhe von Nachzahlungszinsen i.S.v. § 233a i.V.m. § 238 AO – strukturelles und verfestigtes Niedrigzinsniveau).

Ernstliche Zweifel können beispielsweise vorliegen, wenn
- die streitige Rechtsfrage vom BFH noch nicht entschieden wurde und in der Rspr. der Finanzgerichte sowie im Schrifttum unterschiedliche Auffassungen vertreten werden,
- die streitige Rechtsfrage zwar vom BFH bereits entschieden wurde, aber noch eine Entscheidung des Europäischen Gerichtshofs aussteht,
- das FA aufgrund eines »Nichtanwendungserlasses« die Steuer abweichend von der Rspr. des BFH festsetzt,
- eine im Streitfall einschlägige Rechtsnorm verfassungsrechtlichen Bedenken begegnet und das BVerfG hierüber noch nicht entschieden hat oder
- Zweifel an der Vereinbarkeit innerstaatlichen Rechts mit Europäischem Gemeinschaftsrecht bestehen.

Beispiel 4: Ernstliche Zweifel

Im Einspruchsverfahren des A war streitig, ob Aufwendungen für ein häusliches Arbeitszimmer trotz des – zwischenzeitlich aufgehobenen – Abzugsverbots in § 9 Abs. 5 S. 1 i.V.m. § 4 Abs. 5 S. 1 Nr. 6b EStG zu berücksichtigen sind. Wie wird das FA verfahren?

Lösung: Nach § 361 AO soll auf Antrag die Vollziehung ausgesetzt werden, wenn ernstliche Zweifel an der Rechtmäßigkeit des angefochtenen VA bestehen oder wenn die Vollziehung für den Betroffenen eine unbillige, nicht durch überwiegende öffentliche Interessen gebotene Härte zur Folge hätte. Auch Zweifel an der Verfassungsmäßigkeit einer Norm können ernstliche Zweifel i.S.d. § 361 AO begründen (zuletzt BFH vom 20.09.2022, II B 3/22, AdV). Im vorliegenden Fall waren die Zweifel augenscheinlich, da die Frage im Schrifttum kontrovers diskutiert wurde und unterschiedliche Entscheidungen der FG vorlagen; der Anspruch des Antragstellers auf effektiven Rechtsschutz tritt auch nicht hinter das öffentliche Interesse an einer geordneten Haushaltsführung zurück. Nur in eng gelagerten Ausnahmefällen kann danach dieses öffentliche Interesse höher zu bewerten sein als das Interesse des Antragstellers an der Gewährung vorläufigen Rechtsschutzes mit der Folge, dass trotz ernstlicher Zweifel die Aussetzung der Vollziehung zu versagen ist. Ein solcher Ausnahmefall liegt hier aber nicht vor.[5]

Dagegen sind ernstliche Zweifel regelmäßig zu verneinen, wenn
- die streitige Rechtsfrage vom BFH bereits in ständiger Rspr. entschieden wurde oder
- der Rechtsbehelf gegen den VA unzulässig ist (BFH vom 26.03.1991, BStBl II 1991, 463).

Die Gefährdung des Steueranspruches (wegen bereits eingetretener oder drohender Zahlungsunfähigkeit des StPfl.) allein ist kein Grund, einen Antrag auf Aussetzung der Vollziehung abzulehnen; sie rechtfertigt ggf. aber die Anordnung einer Sicherheitsleistung (§ 361 Abs. 2 S. 5 AO).

1.2.4.2 Unbillige Härte

Alternativ zur Voraussetzung der ernstlichen Zweifel ist die Aussetzung der Vollziehung auch zulässig, wenn die sofortige Vollziehung eine **unbillige Härte** für den Betroffenen zur Folge hätte (§ 361 Abs. 2 S. 2 2. Alt. AO). Die Aussetzung wegen unbilliger Härte ist nach dem Gesetzeswortlaut ein **eigenständiger Aussetzungstatbestand, wird jedoch in der Praxis kaum angewandt**. Eine unbillige Härte kommt in Betracht, wenn bei sofortiger Vollziehung dem Betroffenen Nachteile drohen würden, die über die eigentliche Realisierung des VA hinausgehen, weil die Folgen nicht mehr oder nur schwer rückgängig gemacht werden können oder existenzbedrohend sind (AEAO zu § 361 Nr. 2.6). Die unbillige Härte muss gerade darin liegen, dass bereits vor der Bestandskraft des angefochtenen VA Vollziehungsmaßnahmen ergriffen werden.[6]

Auf die Erfolgsaussichten des Rechtsbehelfs kommt es dabei zwar nach dem Wortlaut des Gesetzes nicht an. Allerdings muss die Aussetzung nach Auffassung der Rspr. trotz Vorliegen einer unbilligen Härte unterbleiben, wenn der **Rechtsbehelf offensichtlich keine Aussicht auf Erfolg hat** (BFH vom 09.01.1996, BFH/NV 1996, 589). Die Vollziehung eines offensichtlich rechtmäßigen VA kann nicht unbillig i.S.d. § 361 AO sein; Billigkeitsmaßnahmen bei offen-

---

5 Bemerkenswert ist hier die haushälterische Argumentation des BFH in der Entscheidung vom 25.08.2009 (BStBl II 2009, 826): »Letztlich werden durch die Gewährung der AdV Risiken für die öffentliche Haushaltswirtschaft, die mit der Verplanung bzw. Verausgabung möglicherweise verfassungswidriger Steuern verbunden sind, geradezu vermieden.«

6 *Hübschmann/Hepp/Spitaler*, § 69 FGO Rz. 343.

sichtlicher Rechtmäßigkeit des VA sind nur im Rahmen eines Antrags auf Erlass (§ 227 AO), Stundung (§ 222 AO) oder Vollstreckungsaufschub (§ 258 AO) möglich.

1.3 Verfahren

Das Verfahren über die Aussetzung der Vollziehung soll einerseits schnellen, aber andererseits nur vorläufigen Rechtsschutz gewährleisten. Die Finanzbehörden sind gehalten, über Anträge auf AdV **unverzüglich** zu entscheiden (AEAO zu § 361 Nr. 3.1). Nur dadurch wird der Anspruch auf effektiven Rechtsschutz gewährleistet. Die Entscheidung über die Aussetzung der Vollziehung ergeht in einem **summarischen Verfahren**, das unabhängig vom eigentlichen Einspruchsverfahren (**Hauptsacheverfahren**) ist. Im Gegensatz zum Einspruchsverfahren, in dem die Rechtmäßigkeit des Verwaltungshandelns vollumfänglich geprüft wird (Grundsatz der Gesamtaufrollung gem. § 367 Abs. 2 S. 1 AO), würdigt die Finanzbehörde im AdV-Verfahren lediglich, ob das Rechtsschutzinteresse des Antragstellers das öffentliche Interesse an einer geordneten Haushaltsführung übersteigt. Im Rahmen dieses summarischen Verfahrens braucht die Finanzbehörde die Erfolgsaussichten des Einspruchs nur in einem **begrenzten Umfang zu überprüfen**; nicht präsente Beweismittel bleiben bei der überschlägigen Überprüfung ausgeschlossen (BFH vom 19.05.1987, BStBl II 1988, 5).

Die Finanzbehörde entscheidet über die Aussetzung der Vollziehung gem. § 361 Abs. 2 S. 1 AO grds. **von Amts wegen**; ein entsprechender Antrag ist also aus rechtlichen Gründen **nicht zwingend erforderlich**. Allerdings ist dem Einspruchsführer dringend anzuraten, einen entsprechenden Antrag stets ausdrücklich zu stellen. In diesem Fall verdichtet sich das behördliche Ermessen bei der Entscheidung über den Antrag dahingehend, dass die Aussetzung gewährt werden **soll**, wenn ernstliche Zweifel an der Rechtmäßigkeit des angefochtenen VA bestehen oder wenn die Vollziehung für den Betroffenen eine unbillige Härte zur Folge hätte (§ 361 Abs. 2 S. 2 AO).

Die Finanzbehörde kann die Aussetzung von einer **Sicherheitsleistung** abhängig machen (§ 361 Abs. 2 S. 5 i. V. m. §§ 241 ff. AO). Durch die Verknüpfung mit einer Sicherheitsleistung sollen Steuerausfälle bei einem für den StPfl. ungünstigen Verfahrensausgang vermieden werden. Von dieser Möglichkeit wird das FA insb. Gebrauch machen, wenn die wirtschaftlichen Verhältnisse auf eine drohende Zahlungsunfähigkeit hinweisen. Dazu bedarf es allerdings konkreter Anhaltspunkte für eine Gefährdung des Steueranspruchs. Ist die Rechtmäßigkeit eines angefochtenen VA ernstlich zweifelhaft und bestehen keine konkreten Anhaltspunkte dafür, dass bei einem Unterliegen des Antragstellers im Hauptsacheverfahren die Durchsetzung des Steueranspruchs gefährdet wäre, ist die Vollziehung des VA ohne Sicherheitsleistung auszusprechen. Dies gilt auch dann, wenn die für die Rechtswidrigkeit des VA sprechenden Gründe nicht überwiegen (so nunmehr BFH vom 03.02.2005, BStBl II 2005, 351).[7]

Das Verlangen nach einer Sicherheitsleistung darf den Anspruch des StPfl. auf vorläufigen Rechtsschutz nicht konterkarieren: Ist es dem StPfl. bei zumutbarer Anstrengung nicht möglich, Sicherheitsleistung in der verlangten Höhe zu erbringen, darf diese nicht verlangt werden.

---

[7] Enger formuliert dagegen AEAO zu § 361 Nr. 9.2.2. in Anlehnung an die Entscheidung des BFH vom 25.11.2005, BStBl II 2006, 484: »wenn die Zweifel […] so bedeutsam sind, dass mit großer Wahrscheinlichkeit seine Aufhebung zu erwarten ist«.

Beispiel 5: Sicherheitsleistung

A beantragt zeitgleich mit seinem Einspruch Aussetzung der Vollziehung wegen unbilliger Härte, da eine sofortige Bezahlung der Verbindlichkeiten die Gefährdung der Existenz seines Betriebes bedeutete. Das FA erkennt das Vorliegen einer unbilligen Härte zwar an, macht aber aufgrund der geschilderten wirtschaftlichen Lage die Gewährung der Aussetzung der Vollziehung von einer Sicherheitsleistung abhängig.

Lösung: Nach der Rspr. darf das FA keine Sicherheitsleistung verlangen, wenn es dem A erkennbar unmöglich ist, diese in der verlangten Höhe zu erbringen (BFH vom 19.10.2009, BFH/NV 2010, 58). Es kann nicht Sinn der AdV sein, diejenigen Antragsteller, die zur Leistung einer Sicherheit nicht in der Lage sind, von dem Rechtsvorteil der AdV auszuschließen, obwohl ernstliche Zweifel an dessen Rechtmäßigkeit bestehen. Das Verlangen einer Sicherheitsleistung ist eine Nebenbestimmung zum VA (§ 120 Abs. 2 Nr. 2 AO). A kann diese Nebenbestimmung nicht isoliert anfechten; vielmehr muss er sich gegen die AdV-Entscheidung wenden mit der Begründung, die Nebenbestimmung sei rechtswidrig.

Bei einem uneingeschränkten Antrag auf Aussetzung der Vollziehung stellt das Verlangen des FA nach einer Sicherheitsleistung eine teilweise Ablehnung des Antrags dar und eröffnet den Zugang zum FG gem. § 69 Abs. 4 S. 1 FGO (BFH vom 19.10.2009, BFH/NV 2010, 58).

§ 361 AO regelt die Aussetzung oder Aufhebung der Vollziehung während eines anhängigen Einspruchsverfahrens. Der Antrag auf Aussetzung oder Aufhebung der Vollziehung kann bei der Finanzbehörde jedoch auch **nach** der Klageerhebung in der Hauptsache beantragt werden (§ 69 Abs. 2 FGO). Die Regelung in § 69 Abs. 2 FGO entspricht nahezu wörtlich dem Wortlaut des § 361 Abs. 2 AO; auf die obigen Ausführungen kann insoweit verwiesen werden.

1.4 Entscheidung über den Antrag auf Aussetzung der Vollziehung

1.4.1 Aussetzung der Vollziehung

Über einen Antrag auf Aussetzung der Vollziehung entscheidet das FA durch VA (§ 118 AO). Die Aussetzung der Vollziehung ist grds. **nur für eine Rechtsbehelfsstufe**, also z. B. bis zum Abschluss des Einspruchsverfahrens, zu bewilligen.[8] Mit der Aussetzung der Vollziehung bleibt der VA als solcher bestehen und wirksam; er darf aber von der Finanzbehörde **nicht mehr vollzogen** werden, insb. sind Vollstreckungsmaßnahmen unzulässig (§ 251 Abs. 1 AO).[9] Ob die Aussetzung der Vollziehung die Fälligkeit der ausgesetzten Steuerforderung hinausschiebt, ist in Rspr. und Schrifttum umstritten.[10] Unstreitig wirkt die AdV im Ergebnis so, als wenn die Fälligkeit hinausgeschoben worden wäre. Insb. fallen Säumniszuschläge für die Zeit der Aussetzung nicht an (BFH vom 23.11.1994, BFH/NV 1995, 662). Ist die Aussetzung der Vollziehung gewährt worden und unterliegt der Antragsteller in der Hauptsache, ist der ausgesetzte Steuerbetrag gem. §§ 237 ff. AO zu verzinsen; der Zinssatz beträgt 0,5 % monatlich (§ 238 Abs. 1 S. 1 AO). Die Verfassungsmäßigkeit des Zinssatzes für die Erhebung von Zinsen bei AdV gem. § 237 ist aktuell Gegenstand eines Verfahrens vor dem BVerfG (BFH vom 08.05.2024, BFH/NV 2024, 1207).

---

8 Im Einspruchsverfahren wird das Ende der Aussetzung der Vollziehung regelmäßig auf einen Monat nach Bekanntgabe der Einspruchsentscheidung festgelegt.
9 Die Aufrechnung des FA mit einem Anspruch aus dem Steuerschuldverhältnis stellt eine Vollziehung des zugrunde liegenden VA dar. Das FA ist während der AdV eines Steuerbescheids an der Aufrechnung mit dem durch ihn festgesetzten Steueranspruch gehindert (BFH vom 31.08.1995, BStBl II 1996, 55).
10 Vgl. *Hübschmann/Hepp/Spitaler*, § 361 AO, Rz. 276 und 280 ff.

Bewilligt das FA die AdV, wird der Beginn der Aussetzung i. d. R. auf den Tag der Fälligkeit oder aber, bei Antragstellung nach Fälligkeit, auf den Tag der Antragstellung verfügt. Eine rückwirkende AdV (mit der Folge, dass seit Fälligkeit verwirkte Säumniszuschläge wieder entfallen) ist ebenfalls möglich, wenn die Zweifel an der Rechtmäßigkeit des VA bereits zu diesem Zeitpunkt vorgelegen haben; wird der Beginn der AdV nicht ausdrücklich verfügt, tritt ihre Wirkung – wie bei jedem VA – erst mit Bekanntgabe der AdV-Verfügung ein.

1.4.2 Ablehnung der Vollziehungsaussetzung

Wird ein rechtzeitig gestellter Antrag auf Aussetzung der Vollziehung nach Fälligkeit **abgelehnt**, wird die Finanzbehörde regelmäßig eine kurze Frist zur Zahlung der rückständigen Steuern bewilligen. Zahlt der StPfl. bis zum Ablauf der dreitägigen Schonfrist gem. § 240 Abs. 3 AO, sind ebenfalls keine Säumniszuschläge zur erheben (AEAO zu § 240 Nr. 6 Buchst. b). Zahlt der StPfl. auch nach Ablauf der Schonfrist nicht freiwillig, wird das FA Vollstreckungsmaßnahmen ergreifen. Gegen die Ablehnung der Vollziehungsaussetzung kann der Antragsteller seinen Rechtsschutz **zweigleisig weiterverfolgen**: Zum einen kann er gegen die Ablehnung der Vollziehungsaussetzung **Einspruch** einlegen (§ 347 Abs. 1 Nr. 1 AO). Nachteil des Einspruchs gegen eine ablehnende AdV-Verfügung ist, dass hierbei regelmäßig nicht mit einer zeitnahen Entscheidung des FA gerechnet werden kann.

Anstelle des Einspruchs gegen die Ablehnung der Vollziehungsaussetzung kann der Antragsteller auch **unmittelbar beim Finanzgericht die Aussetzung der Vollziehung** beantragen (§ 69 Abs. 3 und 4 S. 1 FGO). Die beiden Verfahren – Einspruch gegen die Ablehnungsverfügung und unmittelbarer Antrag beim Finanzgericht – können **auch parallel** verfolgt werden.

2 Vorläufiger Rechtsschutz im finanzgerichtlichen Verfahren

2.1 Überblick

Die FGO regelt den vorläufigen Rechtsschutz im finanzgerichtlichen Verfahren **zweigleisig** in verschiedenen, sich gegenseitig ausschließenden Rechtsinstituten: die Aussetzung der Vollziehung in § 69 FGO sowie die Einstweilige Anordnung in § 114 FGO. Die einstweilige Anordnung ist gegenüber der Aussetzung der Vollziehung gem. § 114 Abs. 5 FGO als allgemeinere Vorschrift **subsidiär**. Soweit vorläufiger Rechtsschutz über einen Antrag auf Aussetzung oder Aufhebung der Vollziehung zu beantragen ist, schließt dies die Anwendung der einstweiligen Anordnung aus (§ 114 Abs. 5 FGO). Ein Antrag nach § 114 FGO wäre damit unzulässig.

Die Abgrenzung zwischen den beiden Formen des vorläufigen Rechtsschutzes richtet sich nach der statthaften Klageart im Hauptsacheverfahren: Ist im Hauptsacheverfahren die **Anfechtungsklage** statthafte Klageart, wird vorläufiger Rechtsschutz durch die **Aussetzung bzw. Aufhebung der Vollziehung** gewährt. Bei Streitigkeiten, in denen zur Erreichung des Rechtsschutzes in der **Hauptsache Verpflichtungsklage oder allgemeine Leistungsklage** erhoben werden muss, wird der vorläufige Rechtsschutz dagegen durch **einstweilige Anordnung** (§ 114 FGO) gewährt.

2.2 Aussetzung der Vollziehung (§ 69 FGO)

§ 69 FGO regelt die AdV im gerichtlichen Verfahren, d.h. **ab Rechtshängigkeit des Rechtsstreits**. Rechtshängig wird der Rechtsstreit durch Erhebung der Klage (§ 66 FGO). Parallel zum Einspruchsverfahren wird auch durch die Erhebung der Klage die Vollziehung des angefochtenen VA nicht gehemmt (§ 69 Abs. 1 FGO). § 69 FGO regelt sowohl die AdV durch die **Finanzbehörde selbst** (§ 69 Abs. 2 FO) als auch die AdV durch das **Finanzgericht** (§ 69 Abs. 3 FGO).

2.2.1 Voraussetzungen

2.2.1.1 Aussetzung der Vollziehung durch die Finanzbehörde (§ 69 Abs. 2 FGO)

Das FA kann die Vollziehung eine VA auch nach Abschluss des Einspruchsverfahrens im finanzgerichtlichen Verfahren aussetzen. Die materiellen Voraussetzungen für die Aussetzung oder Aufhebung der Vollziehung im finanzgerichtlichen Verfahren durch die Finanzbehörde selbst sind nach § 69 Abs. 2 S. 2 FGO die gleichen wie bei § 361 AO. Entscheidend ist demnach, ob **ernstliche Zweifel** an der Rechtmäßigkeit des angefochtenen VA bestehen oder die Vollziehung für den Betroffenen eine **unbillige**, nicht durch überwiegende öffentliche Interessen gebotene **Härte** zur Folge hätte. Auf die Ausführungen unter Kap. 1.2.4 kann verwiesen werden.

2.2.1.2 Aussetzung der Vollziehung durch das Finanzgericht (§ 69 Abs. 3 – 7 FGO)

Die Voraussetzungen für die Begründetheit eines AdV-Antrags beim Finanzgericht sind aufgrund des Verweises in § 69 Abs. 3 S. 1 FGO auf § 69 Abs. 2 S. 2 FGO identisch mit den Voraussetzungen der AdV durch die Finanzbehörde: auch das FG überprüft den angefochtenen VA auf ernstliche Zweifel an der Rechtsmäßigkeit bzw. dahingehend, ob die Vollziehung des VA eine unbillige Härte zur Folge hat, die nicht durch überwiegende öffentliche Interessen geboten ist (vgl. BFH vom 06.11.2008, BStBl II 2009, 156). Ein Antrag auf Aussetzung oder Aufhebung der Vollziehung beim **Finanzgericht** ist unter folgenden verfahrensrechtlichen Voraussetzungen zulässig:

- Gegen den VA muss ein **Rechtsbehelf eingelegt** worden sein. Da § 69 FGO die AdV im gerichtlichen Verfahren regelt, geschieht dies regelmäßig durch Erhebung der Klage. § 69 Abs. 3 S. 2 FGO stellt allerdings klar, dass der AdV-Antrag auch vor Erhebung der Klage zulässig gestellt werden kann; wird der AdV-Antrag bereits vor Klageerhebung gestellt, muss gegen den VA Einspruch eingelegt worden sein, da die AdV immer ein anhängiges Rechtsbehelfsverfahren voraussetzt.
- Der StPfl. muss die Aussetzung oder Aufhebung der Vollziehung beim FG ausdrücklich **beantragen**.[11] Das Gericht wird im Gegensatz zur Finanzbehörde nur auf ausdrücklichen Antrag hin tätig (§ 69 Abs. 3 S. 1 FGO).
- Ferner ist die **besondere Zugangsvoraussetzung** gem. § 69 Abs. 4 FGO zu beachten: Unabhängig davon, ob der AdV-Antrag vor oder nach Klageerhebung bei Gericht eingereicht wird, ist dieser nur zulässig, wenn die zuständige Finanzbehörde zuvor einen entsprechenden Aussetzungsantrag nach § 361 Abs. 2 S. 2 AO (für den Fall der Antragstellung vor Klageerhebung) oder nach § 69 Abs. 2 S. 2 FGO (für den Fall der Antragstellung nach Klageerhebung) ganz oder teilweise abgelehnt hat (§ 69 Abs. 4 S. 1 FGO). Aus

---

11 Der Antrag kann formlos, d.h. auch mündlich gestellt werden; a.A. *Tipke/Kruse*, § 69 FGO, Rz. 56.

dem Normzweck der Vorschrift hat der BFH abgeleitet, dass diese Voraussetzungen dann nicht erfüllt sind, wenn dem FG ein völlig neuer Problembereich unterbreitet wird, der zuvor noch nicht Gegenstand einer Prüfung durch das FA geworden ist (BFH vom 01.02.2006, BStBl II 2006, 420). Die Rspr. sieht in der vorherigen Ablehnung des Antrags durch die Finanzbehörde keine bloße Sachentscheidungsvoraussetzung, sondern eine besondere Zugangsvoraussetzung, ohne deren Vorliegen im Zeitpunkt der Antragstellung das Gericht den Antrag ohne weitere Prüfung als unzulässig abweisen wird (BFH vom 11.10.1979, BStBl II 1980, 49). Dagegen kann eine zunächst fehlende Sachentscheidungsvoraussetzung bis zum Schluss der mündlichen Verhandlung (bzw. der Entscheidung) noch nachgeholt werden, sodass der Antrag in die Zulässigkeit »hineinwächst«. Erreicht wird mit dieser besonderen Zugangsvoraussetzung eine Filterwirkung: Sofern nicht eine sofortige Entscheidung des FG unumgänglich ist, soll die Finanzbehörde selbst nochmals mit dem Sachverhalt befasst werden. Wenn das FA den Antrag auf AdV pflichtwidrig ohne Sachprüfung ablehnt, weil der Antrag auf AdV nicht begründet war, ist für einen anschließenden, nunmehr begründeten Antrag auf AdV bei Gericht nach § 69 Abs. 3 FGO die Zugangsvoraussetzung des § 69 Abs. 4 S. 1 FGO gleichwohl erfüllt (BFH vom 20.06.2007, BStBl II 2007, 789); eine »qualifizierte« Ablehnung durch das FA verlangt § 69 Abs. 4 FGO nach seinem klaren Wortlaut nicht.

Zur Sicherstellung eines effektiven Rechtsschutzes wird vom Erfordernis der vorherigen behördlichen Ablehnung des Antrags nur in zwei gesetzlich geregelten Ausnahmefällen abgesehen, wenn
- die **Finanzbehörde** über den AdV-Antrag ohne Mitteilung eines zureichenden Grundes in **angemessener Frist sachlich nicht entscheidet** (§ 69 Abs. 4 S. 2 Nr. 1 FGO, die Vorschrift entspricht damit in etwa § 46 FGO) oder
- eine **Vollstreckung droht** (§ 69 Abs. 4 S. 2 Nr. 2 FGO). Die Vollstreckung droht dann, wenn es für den StPfl. aufgrund konkreter Vorbereitungshandlungen des FA zur Vollstreckung unzumutbar ist, noch einen Antrag an die Finanzbehörde zu stellen (BFH vom 29.10.1985, BStBl II 1986, 236), d. h. wenn ein Antrag an die Finanzbehörde selbst nicht mehr geeignet erscheint, die Vollstreckung vorerst abzuwenden.[12]

2.2.2 Zuständigkeitskonkurrenz Finanzbehörde/Finanzgericht
Der StPfl. ist gehalten, die Aussetzung der Vollziehung **zunächst bei der zuständigen Finanzbehörde** zu beantragen (§ 69 Abs. 4 S. 1 FGO). Lediglich in den Ausnahmefällen des § 69 Abs. 4 S. 2 FGO ist die unmittelbare Antragstellung beim FG zulässig. Lehnt die Finanzbehörde den Antrag ab, kann der Antragsteller entweder gegen die ablehnende Entscheidung **Einspruch einlegen** (§ 347 Abs. 1 Nr. 1 AO) oder den Aussetzungsantrag erneut **unmittelbar beim FG einreichen** (§ 69 Abs. 3 FGO); beide AdV-Anträge können auch **kumulativ** sowohl bei der Finanzbehörde als auch beim Finanzgericht gestellt werden. Der Antrag nach § 69 Abs. 3 FGO kann alternativ auch dann beim FG eingereicht werden, wenn das FA den Einspruch gegen die Ablehnung eines AdV-Antrags abgewiesen hat.

---

12 Hat das FA bereits Vollstreckungsmaßnahmen ergriffen, ist die Zugangsvoraussetzung ebenfalls erfüllt (BFH vom 29.10.1985, BStBl II 1986, 236).

Gegen den ablehnenden Beschluss der FG ist die Beschwerde zum BFH statthaft – allerdings nur, wenn die Beschwerde entweder im Tenor oder in den Entscheidungsgründen des gerichtlichen Beschlusses ausdrücklich zugelassen wurde (§ 128 Abs. 3 S. 1 FGO; BFH vom 06.09.2002, BFH/NV 2003, 69).[13]

2.3 Einstweilige Anordnung (§ 114 FGO)

2.3.1 Überblick

Vorläufiger Rechtsschutz in Form der einstweiligen Anordnung kommt in Betracht, sofern die vorrangige Aussetzung oder Aufhebung der Vollziehung rechtlich nicht möglich ist (§ 114 Abs. 5 FGO). Die einstweilige Anordnung ist damit gegenüber der Aussetzung der Vollziehung **subsidiär**. Ein Antrag auf einstweilige Anordnung ist nur **statthaft**, wenn in der Hauptsache nicht die Anfechtungsklage, sondern eine Verpflichtungsklage, eine sonstige Leistungsklage oder eine Feststellungsklage erhoben werden müsste. Der Antrag kann bereits vor Klageerhebung gestellt werden (§ 114 Abs. 1 S. 1 FGO).

§ 114 FGO unterscheidet zwei unterschiedliche Anordnungsarten: Die sog. **Sicherungsanordnung** (§ 114 Abs. 1 S. 1 FGO) kommt in Betracht, wenn die Gefahr besteht, dass durch eine Veränderung des bestehenden Zustandes die Verwirklichung eines Rechts des Antragstellers vereitelt oder wesentlich erschwert werden könnte.

> **Beispiel 6: Sicherungsanordnung**
>
> Das FA beabsichtigt im Rahmen einer Außenprüfung bei einer Bank, Kontrollmitteilungen über Depotguthaben auszustellen (möglicher Verstoß gegen § 93 AO). Entscheidend ist, dass seitens der Finanzbehörde noch kein VA ergangen ist, dessen Vollzug ausgesetzt werden könnte. Vorläufiger Rechtsschutz ist daher nur im Wege der Sicherungsanordnung möglich.

Die sog. **Regelungsanordnung** nach § 114 Abs. 1 S. 2 FGO kommt dagegen in Betracht, wenn ein streitiges Rechtsverhältnis zur Abwendung wesentlicher Nachteile oder drohender Gewalt oder aus anderen Gründen vorläufig geregelt werden muss, der Antragsteller seine bisherige Rechtstellung also verbessern möchte.

> **Beispiel 7: Regelungsanordnung**
>
> Eine Regelungsanordnung kommt zur Abwehr von Vollstreckungsmaßnahmen in Betracht, wenn die Finanzbehörde bereits einen Antrag auf Vollstreckungsaufschub nach § 258 AO abgelehnt hat und Vollstreckungsmaßnahmen unmittelbar bevorstehen. Die Ablehnung des Antrags auf Vollstreckungsaufschub ist kein vollziehbarer VA, vorläufiger Rechtsschutz ist daher nur über einen Antrag auf einstweilige Anordnung zu erreichen.

2.3.2 Voraussetzungen einer einstweiligen Anordnung

Gem. § 114 Abs. 1 S. 2 FGO kann das Gericht auf Antrag eine einstweilige Anordnung zur Regelung eines vorläufigen Zustandes in Bezug auf ein streitiges Rechtsverhältnis treffen, wenn die Regelung zur Abwendung wesentlicher Nachteile, zur Verhinderung drohender Gewalt oder aus anderen Gründen nötig erscheint (sog. Regelungsanordnung). Voraussetzung für einen erfolgreichen Antrag ist, dass der Antragsteller einen Grund für die zu treffende Rege-

---

[13] Ein Rechtsmittel gegen die Nichtzulassung der Beschwerde bei einer Entscheidung über die Aussetzung der Vollziehung sieht die FGO nicht vor (vgl. BFH vom 29.01.2003, BStBl II 2003, 317).

lung (sog. Anordnungsgrund) und den Anspruch, aus dem er sein Begehren herleitet (sog. Anordnungsanspruch), schlüssig dargelegt und deren tatsächliche Voraussetzungen glaubhaft gemacht hat. Fehlt es an einer der beiden Voraussetzungen, kann die einstweilige Anordnung nicht ergehen (§ 114 Abs. 3 FGO i. V. m. § 920 Abs. 2 ZPO; BFH vom 22.12.2006, BStBl II 2009, 839). Die tatbestandlichen Voraussetzungen für die einstweilige Anordnung sind für beide Alternativen, d. h. für die Sicherungs- und Regelungsanordnung, identisch.

2.3.2.1 Antrag

Die einstweilige Anordnung ergeht gem. § 114 Abs. 1 S. 1 FGO nur **auf ausdrücklichem Antrag**, in dem die Voraussetzungen des § 114 Abs. 1 FGO, d. h. insb. der **Anordnungsanspruch sowie der Anordnungsgrund, glaubhaft** gemacht werden müssen (§ 114 Abs. 3 FGO i. V. m. § 920 ZPO). Die Glaubhaftmachung bedeutet eine Überzeugung des Gerichts anhand präsenter Beweismittel, dass die vorgetragenen Tatsachen mit überwiegender Wahrscheinlichkeit vorliegen.[14] Der Antrag ist beim Gericht der Hauptsache einzureichen (§ 114 Abs. 2 S. 1 FGO).

2.3.2.2 Anordnungsanspruch

Mit dem Antrag soll zum einen der Anordnungsanspruch glaubhaft gemacht werden. Der Anordnungsanspruch ist gleichbedeutend mit dem Begehren, das in der Hauptsache vom Antragsteller verfolgt werden soll (BFH vom 14.04.1989, BStBl II 1990, 351). **Das Gericht prüft damit summarisch die Erfolgsaussichten des Antragstellers im Hauptsacheverfahren**. Verfolgt der Antragsteller in der Hauptsache eine Ermessensentscheidung der Finanzbehörden, kann das FG diese Entscheidung aufgrund der Vorgabe in § 102 FGO nur eingeschränkt überprüfen. Die Glaubhaftmachung des Anordnungsanspruchs setzt in diesen Fällen voraus, dass nur eine einzige Ermessensentscheidung rechtmäßig ist, d. h. eine sog. Ermessensreduzierung auf Null vorliegt.

2.3.2.3 Anordnungsgrund

Das Vorliegen des Anordnungsanspruches allein rechtfertigt die unmittelbare Anrufung des Finanzgerichts nicht. Der Antragsteller muss zudem glaubhaft machen, dass eine **sofortige Entscheidung des Gerichts erforderlich** ist. Ein Anordnungsgrund ist nur gegeben, wenn ansonsten die Gefahr besteht, dass die Verwirklichung eines Rechts des Antragstellers vereitelt oder wesentlich erschwert wird (so bei der Sicherungsanordnung) oder in Fällen der Regelungsanordnung eine Regelung zur Abwendung wesentlicher Nachteile, zur Verhinderung drohender Gewalt oder aus anderen Gründen nötig erscheint. Entscheidend ist letztlich immer, dass die sofortige Entscheidung des Gerichts zwingend erforderlich ist, weil eine Entscheidung im Hauptsacheverfahren nicht abgewartet werden kann. Die Rspr. ist bei der Annahme eines Anordnungsgrundes **sehr restriktiv**. Kreditaufnahme, Veräußerung entbehrlicher Vermögensgegenstände, Einschränkung des Lebensstandards oder bloßer Zinsverlust sind keine wesentlichen Nachteile im Sinne des § 114 FGO.[15] Ein Anordnungsgrund wird dagegen anerkannt, wenn die wirtschaftliche oder persönliche Existenz des Antragstellers unmittelbar bedroht ist (BFH vom 22.12.2006, BStBl II 2009, 839).

---

14   Vgl. *Tipke/Kruse*, § 114 FGO, Rz. 70.
15   *Tipke/Kruse*, § 114 FGO Rz. 29 m. w. N.

2.3.2.4 Keine Vorwegnahme der Hauptsacheentscheidung

Die Entscheidung des FG im Rahmen des § 114 FGO ergeht im vorläufigen Rechtsschutz. Vorläufiger Rechtsschutz bedeutet aber auch, dass die Entscheidung in der Hauptsache nicht vorweggenommen werden darf (ständige Rspr., vgl. BFH vom 09.12.1969, BStBl II 1970, 222). Eine Vorwegnahme der Hauptsachentscheidung ist nur in Ausnahmefällen zulässig, wenn ein effektiver Rechtsschutz sonst nicht erreicht werden kann, weil z. B. die Entscheidung in der Hauptsache zu spät kommen würde, etwa bei der vom FA abgelehnten Zuteilung einer Steuernummer nach Beginn der unternehmerischen Tätigkeit (BFH vom 17.07.2019, BFH/NV 2019, 1141): In diesem Fall kann im Wege der einstweiligen Anordnung zum Zwecke vorläufigen Rechtsschutzes (mit den sich aus § 114 Abs. 3 FGO ergebenden Folgen) die Verpflichtung des FA ausgesprochen werden, der antragstellenden, zuvor gegründeten GmbH (Gesellschaftszweck: Baudienstleistungen) eine Steuernummer zuzuteilen. Sind nähere Einzelheiten der tatsächlichen Aufnahme der unternehmerischen Tätigkeit noch ungeklärt, sind sie im Verfahren zur Hauptsache zu klären. Ein weiterer Anwendungsfall von § 114 FGO ist die Überprüfung von Insolvenzanträgen der FÄ (BFH vom 31.08.2011, AO-StB 2001, 364).

2.3.3 Verfahren

Zuständig für den Erlass einstweiliger Anordnungen ist ausschließlich das **Finanzgericht der Hauptsache** in erster Instanz (§ 114 Abs. 2 FGO, vgl. auch BFH vom 27.08.2012, BFH/NV 2012, 1994). Eine einstweilige Anordnung durch das FA selbst ist nicht möglich. Das Gericht entscheidet gem. § 114 Abs. 4 FGO durch Beschluss. Gegen einen ablehnenden Beschluss ist die Beschwerde zum BFH nur zulässig, wenn sie in der gerichtlichen Entscheidung ausdrücklich zugelassen wurde (§ 128 Abs. 3 S. 1 FGO).

Beispiel 8: Zusammenfassendes Beispiel

Der StPfl. Klumpe wurde wegen Nichtabgabe der ESt- und USt-Erklärungen 03 vom FA im Schätzungswege gem. § 162 AO mit Bescheiden vom 21.09.04 veranlagt. Klumpe hat gegen beide Bescheide fristgerecht, jedoch ohne Begründung Einspruch eingelegt. Die aus den Bescheiden resultierenden Steuerschulden hat er bis dato nicht entrichtet. Der Grund für seine schlechte Finanzlage liegt in unerwartet hohen Reparaturaufwendungen für einen selbst verschuldeten Autounfall.

Wegen der rückständigen Steuern hat das FA zwei Konten des Klumpe bei dessen Hausbank gepfändet. Klumpe hat daraufhin einen Antrag auf Einstellung und Aufhebung der Pfändungen beim FA gestellt, den das FA jedoch abgelehnt hat. Klumpe fürchtet, dass ihm seine Hausbank aufgrund der Kontopfändungen diverse Darlehensverträge kündigen könnte und die Geschäftsbeziehungen beendet. Konkrete Maßnahmen der Bank liegen jedoch bisher nicht vor. Aufgrund seiner vorläufigen Berechnungen hat Klumpe festgestellt, dass sich bei Abgabe der noch nicht fertig gestellten Steuererklärungen jeweils eine Steuererstattung ergeben würde.

Klumpe möchte wissen, wie er auf gerichtlichem Wege bei seinem zuständigen FG eine möglichst schnelle einstweilige Einstellung der Vollstreckung und eine Aufhebung oder Aussetzung der Pfändungen erreichen kann und welche Erfolgsaussichten bestehen.

Lösung: Für den vorläufigen Rechtsschutz beim FG sieht die FGO die Möglichkeit der **Aussetzung der Vollziehung** nach § 69 FGO sowie eine einstweilige Anordnung nach § 114 FGO vor. Durch den eingelegten Einspruch wird die Vollziehung der beiden Steuerbescheide nicht gehemmt (§ 69 Abs. 1 FGO). Nach § 69 Abs. 3 S. 1 FGO kann jedoch das FG der Hauptsache auf Antrag des Klumpe die Vollziehung der Steuerbescheide aussetzen. Nach § 69 Abs. 3 S. 2 FGO ist der Antrag auch schon vor Erhebung der Klage zulässig. Zwar kann gem. § 69 Abs. 4 S. 1 FGO ein AdV-Antrag beim FG nur gestellt werden, wenn das FA einen AdV-Antrag abgelehnt hat. Einen AdV-Antrag beim FA hat Klumpe jedoch nicht gestellt. Der Antrag auf Einstellung und Aufhebung der Pfändungen kann auch nicht als AdV-Antrag ausgelegt werden. Allerdings ist vorliegend der AdV-Antrag gem. § 69 Abs. 4 S. 2 Nr. 2 FGO unmittelbar beim FG zulässig, da das FA bereits mit der Vollstreckung begonnen hat. § 69 Abs. 4 S. 2 Nr. 2 FGO ist nicht nur einschlägig, wenn Vollstreckungsmaßnahmen drohen, sondern erst recht, wenn das FA bereits Vollstreckungsmaßnahmen durchgeführt hat. Der AdV-Antrag unmittelbar beim FG wäre demnach zulässig. Der Antrag hätte jedoch nur Aussicht auf Erfolg, wenn Klumpe die Steuererklärungen 03 nebst Gewinnermittlung beim FG einreicht.

Daneben sind die Erfolgsaussichten eines **Antrags auf einstweilige Anordnung** zu prüfen. Soweit sich der Antrag nach § 114 Abs. 1 FGO auf die Aussetzung der beiden Steuerbescheide richtet, wäre dieser unzulässig, da ein Antrag nach § 114 FGO nur zulässig ist, soweit keine AdV in Betracht kommt (§ 114 Abs. 5 FGO). Sofern sich der Antrag jedoch auf die einstweilige Einstellung der Zwangsvollstreckung nach § 258 AO beschränkt, wäre dieser zulässig. Klumpe müsste für die einstweilige Anordnung einen Anordnungsanspruch und einen Anordnungsgrund glaubhaft machen (§ 114 Abs. 3 FGO i. V. m. § 920 Abs. 2 ZPO). Als Anordnungsanspruch käme ein Anspruch auf Vollstreckungsaufschub in Betracht (§ 258 AO). Dies würde jedoch voraussetzen, dass die Vollstreckung im Einzelfall unbillig ist, d. h. durch die Vollstreckung unangemessene Nachteile entstehen, die durch kurzfristiges Zuwarten oder durch anderweitige Vollstreckungsmaßnahmen nicht entstehen würden.[16] Davon kann bei vorliegendem Sachverhalt nicht ausgegangen werden. Zudem fehlt es vorliegend auch an einem Anordnungsgrund, da die wirtschaftliche oder persönliche Existenz des StPfl. nicht durch die Ablehnung des Vollstreckungsaufschubs unmittelbar bedroht ist (vgl. hierzu BFH vom 15.01.2003, BFH/NV 2003, 738). Konkrete Maßnahmen wurden durch die Bank bis dato nicht angedroht. Klumpe kann somit weder einen Anordnungsanspruch noch einen Anordnungsgrund glaubhaft machen, sodass ein Antrag auf einstweilige Anordnung eines Vollstreckungsaufschubes erfolglos bleiben würde.

---

16 Vgl. *Kühn/von Wedelstädt*, AO, § 258 Rz. 21 ff.; vgl. zum Ganzen *Tormöhlen*, Einstweilige Anordnung – Gerichtliche Eilentscheidung zur Gewährleistung effektiven Rechtsschutzes, AO-StB 2014, 381.

X Vollstreckung von Steueransprüchen (§§ 249 ff. AO)

1 Einleitung

Die Vollstreckung von Steueransprüchen, d. h. die zwangsweise Durchsetzung von Ansprüchen der Finanzbehörden, ist in der AO im sechsten Teil sehr ausführlich in nahezu einhundert Vorschriften geregelt. Die AO enthält eine abgeschlossene und **eigenständige Regelung** des Vollstreckungsrechts; gleichwohl wird immer wieder auf Vorschriften anderer Gesetze, insb. auf das Zwangsvollstreckungsverfahren nach der ZPO (§§ 704 ff. ZPO) verwiesen. Die **Prüfungsrelevanz** des Vollstreckungsverfahrens ist nicht zu unterschätzen: Kurze Sachverhalte zum Vollstreckungsrecht ergänzen häufig eine ansonsten »zu kurz geratene« Prüfungsaufgabe aus dem Verfahrensrecht und anderen Steuerrechtsgebieten oder bilden – wie bei den schriftlichen Prüfungen 2002 und 2007 – einen Schwerpunkt des Klausurteils Abgabenordnung und Finanzgerichtsordnung. Prüfungsrelevant sind dabei allein die Vorschriften über die Vollstreckung durch das FA. Für die Vollstreckung von Ansprüchen des Bürgers **gegen den Steuerfiskus** gelten nicht die §§ 249 ff. AO, sondern die §§ 151 ff. FGO.

Die Finanzbehörden sind im Vollstreckungsverfahren in weiten Teilen nicht auf andere Behörden (d. h. vor allem auf die Justizbehörden) angewiesen. Sie vollstrecken ihre VA selbst (§ 249 Abs. 1 S. 1 AO, **Grundsatz der Selbstexekution**). Lediglich bei Vollstreckungsmaßnahmen in das unbewegliche Vermögen und in das gesamte Vermögen (Insolvenzverfahren) ist das Vollstreckungsverfahren abhängig von der Mitwirkung der Justizbehörden. Die Vollstreckungsvoraussetzungen der ZPO (entscheidend sind dort vor allem Vollstreckungstitel, Vollstreckungsklausel sowie die Zustellung des Vollstreckungstitels) gelten für die Finanzbehörden nicht. Die von der Finanzbehörde erlassenen VA sind **aus sich heraus vollstreckbar** (§ 251 Abs. 1 AO). Für die zwangsweise Durchsetzung ihrer Ansprüche unterhalten die FÄ als regelmäßig eigenes Sachgebiet die sog. Vollstreckungsstellen zur Bewältigung der Aufgaben im Innendienst und – entsprechend den Gerichtsvollziehern der Amtsgerichte – die sog. Vollziehungsbeamten für Vollstreckungsmaßnahmen im Außendienst.

2 Allgemeine Vollstreckungsvoraussetzungen

2.1 Anwendbarkeit der Abgabenordnung

Das Vollstreckungsrecht der AO ist anwendbar auf die Vollstreckung von Leistungen, die aufgrund der Steuergesetze, d. h. der AO sowie der Einzelsteuergesetze, geschuldet werden (§ 249 Abs. 1 S. 1 AO). Vollstreckbar sind alle VA, mit denen auf Grundlage eines Steuergesetzes eine Geldleistung, eine sonstige Handlung, eine Duldung oder Unterlassung gefordert wird (§ 249 Abs. 1 S. 1 AO).

> **Beispiel 1: Pfändung von Mietansprüchen**
>
> V hat Steuerrückstände in erheblicher Höhe. Das FA München pfändet gem. § 309 AO die Mietzinsansprüche des V gegen den Mieter M. M weigert sich trotz der ergangenen Pfändungs- und Einziehungsverfügung, die fälligen Mieten an das FA zu entrichten. Kann das FA seine gepfändeten Forderungen gegen M mit Zwangsvollstreckungsmaßnahmen nach der AO durchsetzen?

Lösung: Die Leistungspflicht des M gegenüber seinem Vermieter V beruht nicht auf Steuergesetzen, sondern auf dem geschlossenen Mietvertrag. Auch nach der Pfändung der Mietforderung handelt es sich bei dem Anspruch des FA gegenüber M um einen mietrechtlichen, d. h. zivilrechtlichen Anspruch. Eine Vollstreckung dieser Mietforderung im Verwaltungsweg ist nach § 249 Abs. 1 S. 1 AO nicht zulässig. Das FA wird veranlassen, dass die Forderung zunächst außergerichtlich und erforderlichenfalls gerichtlich vor dem zuständigen AG geltend gemacht wird.

2.2 Zuständige Vollstreckungsbehörde (§ 249 AO)

Zuständige **Vollstreckungsbehörden** sind gem. § 249 Abs. 1 S. 3 AO die **FÄ** und die **Hauptzollämter**. Für die Vollstreckung wegen anderer Leistungen als Geldforderungen ist Vollstreckungsbehörde die Behörde, die den zu vollstreckenden VA erlassen hat (§ 249 Abs. 1 S. 3 i. V. m. § 328 Abs. 1 S. 3 AO).

§ 249 Abs. 1 S. 1 AO ist als **Ermessensvorschrift** ausgestaltet. Die Vollstreckungsbehörden »können« VA vollstrecken. Entgegen dem Wortlaut steht der Vollstreckungsbehörde jedoch **kein Entschließungsermessen** zu, ob sie ein Vollstreckungsverfahren einleitet oder nicht. Sobald fällige und vollstreckbare Rückstände vorliegen, erstellt die Finanzkasse eine Rückstandsanzeige. Aufgrund dieser Rückstandsanzeige ist innerhalb der Finanzbehörden die Vollstreckungsstelle nach § 85 AO **verpflichtet**, die Steuern nach Maßgabe der Gesetze zu erheben. Allein diese Auslegung entspricht dem im Steuerrecht herrschenden Legalitätsprinzip. Ausnahmen von dieser gesetzlichen Verpflichtung können sich allenfalls aus dem Gesetz selbst ergeben, z. B. aufgrund eines Vollstreckungsaufschubes nach § 258 AO. Das den Finanzbehörden eingeräumte Ermessen beschränkt sich demnach auf das **Auswahlermessen**, d. h. die Auswahl der jeweiligen Vollstreckungsmaßnahmen. Die Vollstreckungsmaßnahmen müssen dem **Grundsatz der Verhältnismäßigkeit** entsprechen, d. h. sie müssen geeignet und erforderlich zur Durchsetzung der Ansprüche sein; zudem darf das eingesetzte Mittel nicht außer Verhältnis zu verfolgten Ziel stehen (sog. Mittel-Zweck-Relation).[1]

2.3 Voraussetzungen für den Beginn der Vollstreckung (§ 254 AO)

Die Voraussetzungen für den Beginn der Vollstreckung sind insb. in § 254 AO aufgezählt. Die Vollstreckung darf erst beginnen, wenn
- ein **vollstreckbarer VA** vorliegt (§ 251 Abs. 1 AO),
- die Leistung **fällig** ist (§ 254 Abs. 1 S. 1 AO),
- der Vollstreckungsschuldner zur Leistung oder Duldung oder Unterlassung aufgefordert wurde (**Leistungsgebot**, § 254 Abs. 1 S. 1 AO) und
- seit Bekanntgabe des Leistungsgebotes mindestens eine Woche verstrichen ist (sog. **Schonfrist**, § 254 Abs. 1 S. 1 AO).

---

1 Die sofortige Pfändung eines Geschäftskontos ohne Überprüfung, ob andere Vollstreckungsmaßnahmen möglich sind, ist nach Auffassung des FG Brandenburg vom 19.10.1998 (EFG 1999, 62) wegen Ermessensnichtgebrauch rechtswidrig; gleichwohl bevorzugen die Vollstreckungsstellen die Kontopfändung oftmals gegenüber der teureren und umständlicheren Sachpfändung, was nach Auffassung des FG Hamburg vom 18.02.2000 (EFG 2000, 536) auch nicht zu beanstanden ist. Allerdings hat der BFH wiederholt entschieden, dass sich die Vollstreckung im Falle des Anbietens von Ratenzahlungen durch den Vollstreckungsschuldner als unbillig erweisen kann, wenn mit hinreichender Wahrscheinlichkeit erwartet werden kann, dass er seine Zusage einhalten wird, und wenn nach der Höhe der angebotenen Raten mit einer zügigen Tilgung der Steuerschuld gerechnet werden kann; in diesen Fällen kann sich der Anspruch auf ermessensfehlerfreie Entscheidung über den Antrag auf einstweilige Einstellung der Vollstreckung zu einem Anspruch auf Gewährung des Vollstreckungsaufschubs gem. § 258 AO verdichten (BFH vom 11.12.2007, BFH/NV 2008, 749).

Die in § 249 Abs. 1 und § 254 Abs. 1 AO genannten Vollstreckungsvoraussetzungen sind besondere, unabdingbare Statthaftigkeitsvoraussetzungen einer rechtmäßigen Vollstreckung, deren Fehlen bei Beginn der Vollstreckungshandlungen zu einem – auch durch Nachholung im Vollstreckungsverfahren – nicht heilbaren Rechtsfehler und bei Anfechtung zur ersatzlosen Aufhebung dennoch ausgebrachter Vollstreckungsmaßnahme führt (BFH vom 22.10.2002, BStBl II 2003, 109).

2.3.1 Vollstreckbarer Verwaltungsakt (§ 251 AO)

Vollstreckbar sind gem. § 249 Abs. 1 S. 1 AO alle VA, mit denen eine Geldleistung, eine sonstige Handlung, eine Duldung oder Unterlassung gefordert wird. Die Vollstreckung des VA ist **nur dann ausgeschlossen, soweit die Vollziehung ausgesetzt wurde** oder die Vollziehung durch Einlegung eines Rechtsbehelfs gehemmt ist (§ 251 Abs. 1 AO i.V.m. § 361 AO, § 69 FGO). Die Vollziehung von Steuer-VA wird allerdings durch die Einlegung eines Rechtsbehelfs regelmäßig gerade nicht gehemmt. Ausnahmen vom Grundsatz, dass Rechtsbehelfe keinen Suspensiveffekt haben, sind in § 361 Abs. 4 AO und § 69 Abs. 5 FGO geregelt. Die **Bestandskraft** (Unanfechtbarkeit) eines VA ist ebenfalls **keine Voraussetzung** für dessen Vollziehung. Regelmäßig kann der Vollstreckungsschuldner die Vollstreckbarkeit nur mit einem Antrag auf AdV beseitigen. Eine Vollstreckungsmaßnahme, der ein mangels Bekanntgabe nicht wirksam gewordener Steuerbescheid und damit kein wirksamer Vollstreckungstitel und kein Leistungsgebot zugrunde liegt, ist nicht nichtig, sondern nur rechtswidrig und anfechtbar.

§ 251 Abs. 2 S. 1 AO bestimmt, dass die Vorschriften der Insolvenzordnung unberührt bleiben; gemeint ist damit, dass die **Vorschriften der Insolvenzordnung (InsO) dem Steuerrecht vorgehen**. Sobald das Insolvenzverfahren eröffnet ist (§ 89 InsO), sind Vollstreckungsmaßnahmen gegen den Vollstreckungsschuldner nach der AO nicht mehr zulässig.[2] Nach Eröffnung des Insolvenzverfahrens darf das FA bis zum Prüfungstermin Steuern nicht mehr festsetzen, die zur Insolvenztabelle anzumelden sind, und Feststellungsbescheide nicht mehr erlassen, in denen Besteuerungsgrundlagen mit Auswirkung für das Vermögen des Gemeinschuldners festgestellt wird. Das gilt auch für Besteuerungsgrundlagen, die einheitlich und gesondert festzustellen sind (BFH vom 19.08.2008, BStBl II 2009, 90). **Die Feststellung der Forderung in der Insolvenztabelle stellt das insolvenzrechtliche Äquivalent zur Steuerfestsetzung durch VA dar** (§§ 87, 178 Abs. 3 InsO). Liegt bei Eröffnung des Insolvenzverfahrens eine bestandskräftige Steuerfestsetzung vor und bestreitet der Insolvenzverwalter die Forderung, weil er die Forderungsanmeldung für unwirksam hält, kann das FA die Forderung ebenfalls durch Feststellungsbescheid nach § 251 Abs. 3 AO feststellen; eine andere Möglichkeit, die Feststellung der titulierten Forderung zur Insolvenztabelle durchzusetzen, hat das FA nicht (BFH vom 23.02.2010, AO-StB 2010, 168).

Unberührt von der Sperrwirkung des § 93 InsO bleibt die Möglichkeit des FA, den GF einer GmbH auch nach der Eröffnung des Insolvenzverfahrens mit Haftungsbescheid in Anspruch zu nehmen. Die Sperrwirkung des § 93 InsO ist nur auf die Haftung als G'fter gem. § 128 HGB beschränkt. Individualansprüche, die eine persönliche Haftung des G'fters für Verbindlichkeiten der Gesellschaft begründen, unterliegen nicht der Sperrwirkung des § 93 InsO. Der abgabenrechtliche Haftungstatbestand des § 69 AO i.V.m. § 34 AO begründet im Gegensatz

---

2   Entscheidend ist damit die vom Insolvenzgericht festgestellte Eröffnung des Insolvenzverfahrens; nicht ausreichend ist, dass der Vollstreckungsschuldner einen Antrag auf Eröffnung des Insolvenzverfahrens bei Gericht eingereicht hat.

zur Haftung nach § 128 HGB eine Verbindlichkeit gegenüber dem Fiskus, die den Individualansprüchen aus rechtsgeschäftlicher Haftung vergleichbar ist (BFH vom 02.11.2001, BStBl II 2002, 73).

2.3.2 Fälligkeit der Leistung (§ 254 Abs. 1 S. 1 AO)

Die Vollstreckung darf erst beginnen, wenn der Anspruch fällig ist. Die Fälligkeit von Ansprüchen aus dem Steuerschuldverhältnis richtet sich regelmäßig nicht nach der AO, sondern nach den Einzelsteuergesetzen (§ 220 Abs. 1 AO).[3] Fehlt es an einer besonderen gesetzlichen Regelung über die Fälligkeit (z. B. bei der Auskunftspflicht nach § 93 AO), wird der Anspruch mit der Entstehung fällig (§ 220 Abs. 2 AO). Ergibt sich der Anspruch aus einer Steuerfestsetzung i. S. d. § 220 Abs. 1 AO, tritt die Fälligkeit jedoch nicht vor Bekanntgabe der Steuerfestsetzung ein (§ 220 Abs. 2 S. 2 AO). Sieht das Gesetz bei Leistungen eine bestimmte Fälligkeit nicht vor, z. B. bei der Auskunftspflicht, der Festsetzung von Verspätungszuschlägen und von Zwangsgeldern, kann die Finanzbehörde die Fälligkeit mittels **Leistungsgebot** nach § 220 Abs. 2 S. 1 AO auch **gesondert bestimmen**.

2.3.3 Leistungsgebot (§ 254 Abs. 1 S. 1 AO)

Das Leistungsgebot ist die Aufforderung der Finanzbehörde, **wer, aufgrund welchen Rechtsgrunds, wie viel, bis wann, wo leisten bzw. dulden oder unterlassen** muss. Das Leistungsgebot wird in aller Regel in den Steuerverwaltungsakt aufgenommen (§ 254 Abs. 1 S. 2 AO), z. B. durch die Formulierung »Bitte zahlen Sie spätestens am … den Betrag …«. Das Leistungsgebot ist nicht erforderlich, wenn der Vollstreckungsschuldner eine von ihm aufgrund einer Steueranmeldung geschuldete Leistung nicht erbracht hat, d. h. wenn eine USt- oder LSt-Anmeldung zwar abgegeben wird, aber keine Zahlung erfolgt (§ 254 Abs. 1 S. 4 AO). Berechnet der StPfl. seine Steuerschuld selbst, wäre ein gesondertes Leistungsgebot eine überflüssige Förmelei. Ein Leistungsgebot stellt grds. einen **selbständigen VA** dar, der mittels Einspruchs angefochten werden kann. Wegen der Säumniszuschläge bedarf es keines gesonderten Leistungsgebotes, wenn diese zusammen mit der Steuer beigetrieben werden (§ 254 Abs. 2 S. 1 AO). Bei mehreren Vollstreckungsschuldnern muss das Leistungsgebot jedem Einzelnen bekannt gegeben werden.

2.3.4 Schonfrist (§ 254 Abs. 1 S. 1 AO)

Nach Bekanntgabe des Leistungsgebotes (§ 122 AO) muss vor der Einleitung der Vollstreckung mindestens **eine Woche verstrichen** sein (§ 254 Abs. 1 S. 1 AO). Der Vollstreckungsschuldner erhält damit nochmals die Gelegenheit, auf das Leistungsgebot zu reagieren. Diese Wochenfrist ist unabhängig von der Schonfrist nach § 240 Abs. 3 AO; beide Schonfristen haben nichts miteinander zu tun. Vor Ablauf der Schonfrist dürfen Vollstreckungsmaßnahmen nur vorbereitet, aber noch nicht erlassen werden. Maßnahmen, die unter Verletzung der Schonfrist ergehen, sind allerdings nicht nichtig, sondern lediglich rechtswidrig und damit anfechtbar (BFH vom 27.03.1979, BStBl II 1979, 589). Ist ein Leistungsgebot – z. B. in Fällen der Steueranmeldung nach § 254 Abs. 1 S. 4 AO – nicht vorgesehen, erübrigt sich für die Finanzbehörde das Abwarten der Wochenfrist.

---

3   Vorschriften betr. die Fälligkeit sind z. B. § 36 Abs. 4, § 37 Abs. 1, § 41a Abs. 1 Nr. 2, § 44 Abs. 1 EStG, § 18 Abs. 1 UStG, § 31 Abs. 1 KStG.

2.3.5 Mahnung (§ 259 AO)
Der Vollstreckungsschuldner soll i.d.R. nach Eintritt der Fälligkeit und nach Ablauf der Vollstreckungsschonfrist mit einer Zahlungsfrist von einer Woche gemahnt werden (§ 259 S. 1 AO). Die Mahnung ist allerdings nicht verbindlich vorgeschrieben und damit **keine zwingende Voraussetzung der Vollstreckung** (BFH vom 04.10.1983, BStBl II 1984, 167). Ist die Mahnung aber ohne sachlich gerechtfertigten Grund ermessensfehlerhaft unterblieben, sind die Vollstreckungsmaßnahmen als rechtswidrig aufzuheben.[4] Als bloße Zahlungserinnerung ist die Mahnung **kein VA** i.S.d. § 118 S. 1 AO, da sie nicht auf die Herbeiführung einer bestimmten Rechtsfolge gerichtet ist und deshalb keine Regelung enthält. Ebenso wenig wie die Mahnung ist auch die in der Praxis häufig ergehende **Vollstreckungsankündigung** keine zwingende Voraussetzung der Vollstreckung. Diese nochmalige, letzte Erinnerung der Vollstreckungsstelle soll dem Vollstreckungsschuldner letztmals die Gelegenheit einräumen, die unmittelbar bevorstehende Vollstreckung abzuwenden; die Vollstreckungsankündigung ist ebenso wie die Mahnung mangels Regelungscharakters kein VA gem. § 118 AO. Im Gegensatz zur Mahnung ist die Vollstreckungsankündigung im Gesetz nicht ausdrücklich geregelt.[5]

3 Vollstreckung wegen Geldforderungen (§§ 259 ff. AO)

Die Vorschriften über das Vollstreckungsverfahren unterscheiden zunächst danach, ob wegen **Geldforderungen** (§§ 259 – 327 AO) oder wegen **anderer Leistungen** als **Geldforderungen** (§§ 328 – 336 AO) vollstreckt wird. Neben der Unterscheidung, **weswegen** die Vollstreckung betrieben wird, differenziert die AO nach dem Objekt, in das die Zwangsvollstreckung erfolgen soll, nämlich
- die **Vollstreckung in das bewegliche Vermögen** (§§ 281 ff. AO),
- die **Vollstreckung in das unbewegliche Vermögen** (§§ 322 ff. AO) sowie
- die in der Insolvenzordnung geregelte **Vollstreckung in das gesamte Vermögen** (§ 251 Abs. 2 S. 1 AO i.V.m. §§ 1 ff. InsO).

Schwerpunkt der schriftlichen Prüfungsarbeiten ist dabei allein die Vollstreckung in das bewegliche Vermögen.

3.1 Vollstreckung in das bewegliche Vermögen (§§ 281 ff. AO)
3.1.1 Einleitung
Die Vollstreckung in das bewegliche Vermögen erfolgt durch **Pfändung** (§ 281 Abs. 1 AO). Gepfändet werden können
- **bewegliche Sachen**, d.h. alle körperlichen Gegenstände i.S.d. § 90 BGB, die nicht als Grundstückszubehör (z.B. ein fest eingebauter Kachelofen, § 91 BGB) der Vollstreckung in das unbewegliche Vermögen unterliegen (§§ 285 ff. AO),
- **Wertpapiere** (§§ 286 Abs. 2, 302 AO),

---

[4] Vgl. Kruse in *Tipke/Kruse*, § 259 AO, Rz. 14.
[5] Regelungen über die Vollstreckungsankündigung finden sich in der sog. Vollstreckungsanweisung (VollStrA = Nr. 800a). Die Vollstreckungsanweisung regelt als bindende Verwaltungsanweisung bundeseinheitlich das Vollstreckungsverfahren der Bundes- und Landesfinanzbehörden.

- **Forderungen** auf Geld und auf Herausgabe oder Leistung von Sachen (§§ 309 ff. AO) und
- **Gesellschaftsrechte**, z. B. Anteile an PersG und KapG oder an Erbengemeinschaften.

Durch die Pfändung in das bewegliche Vermögen erwirbt das FA gem. § 282 Abs. 1 AO ein **Pfändungspfandrecht** an dem gepfändeten Gegenstand. Soweit es für die Durchführung des Vollstreckungsverfahrens erforderlich ist, geht mit der Pfändung die Verfügungsmacht über den gepfändeten Gegenstand auf die Finanzbehörde über; diese rechtliche Bindung wird als **Verstrickung** bezeichnet. Die Verstrickung gestattet dem FA, den gepfändeten Gegenstand zu verwerten und den Verwertungserlös auf die Steuerrückstände anzurechnen (§§ 282 Abs. 2, 296 ff. AO).

Die Pfändung darf nicht weiter ausgedehnt werden, als es zur Deckung des zu vollstreckenden Betrages erforderlich ist (§ 281 Abs. 2 AO, sog. **Verbot der Überpfändung**). Die Vorschrift konkretisiert insoweit den Grundsatz der Verhältnismäßigkeit, da eine über den Rückstand hinausgehende Pfändung nicht erforderlich ist. Das Verbot der Überpfändung ist auch anwendbar, wenn der Vollstreckungsschuldner zur Abwehr von Vollstreckungsmaßnahmen freiwillig die Steuerrückstände absichern möchte, z. B. durch Sicherungszession oder Lohnabtretung. Zwecklose Pfändungen sind nach § 281 Abs. 3 AO zu unterlassen.

> **Beispiel 2: Zwecklose Pfändung**
>
> Der Vollziehungsbeamte pfändet durch Anlegen einer Pfandsiegelmarke einen stark abgenutzten Schlafzimmerschrank des Vollstreckungsschuldners. Aufgrund zahlreicher Beschädigungen müsste der Schrank vor einer etwaigen Versteigerung aufwendig repariert und in dieser Zeit auch eingelagert werden.
>
> **Lösung:** Aufgrund der erheblichen Kosten, die durch Lagerung und Reparatur des Schrankes entstünden, kann davon ausgegangen werden, dass der Erlös die Vollstreckungskosten übersteigt. Von der Pfändung ist daher nach § 281 Abs. 3 AO abzusehen. Zudem dürfte es sich bei dem Schrank um eine unpfändbare Sache gem. § 295 AO i. V. m. § 811 Nr. 1 ZPO handeln. Auch aus diesem Grunde scheidet eine Pfändung aus.

3.1.2 Pfändung beweglicher Sachen (§§ 285 ff. AO)

Die Pfändung beweglicher Sachen ist im Gesetz besonders ausführlich geregelt, obgleich diese Vollstreckungsmaßnahme hinsichtlich der wirtschaftlichen Bedeutung in der Praxis hinter anderen Vollstreckungsmaßnahmen des Innendienstes bis vor einigen Jahren zurückstand. Durch die Möglichkeit der Versteigerung über Online-Portale (vgl. § 296 Abs. 1 Nr. 2 AO unter Verweis auf: www.zoll-auktion.de sowie § 299 Abs. 1 S. 2 AO) ist die Pfändung beweglicher Sachen in den vergangenen Jahren für die FÄ wieder interessant geworden.

Sachen, die im Gewahrsam des Vollstreckungsschuldners sind, pfändet der Vollziehungsbeamte grds. dadurch, dass er sie in Besitz nimmt (§ 286 Abs. 1 AO). Bleiben die gepfändeten Sachen ausnahmsweise im Gewahrsam des Vollstreckungsschuldners, wird die Pfändung regelmäßig durch Anbringen eines **Pfandsiegels** kenntlich gemacht (§ 286 Abs. 2 S. 2 AO). Das Pfändungspfandrecht und damit die Verstrickung entstehen auch, wenn die gepfändete Sache dem Vollstreckungsschuldner nicht gehört (sog. Pfändung von schuldnerfremden Sachen). Der Vollziehungsbeamte des FA, der die Vollstreckung in bewegliche Sachen ausführt (§ 285 Abs. 1 AO), ist oftmals nicht in der Lage, die Eigentumsverhältnisse der zu pfändenden Gegenstände vor Ort verlässlich zu überprüfen. § 286 Abs. 1 AO stellt für die Pfändung demgemäß nur darauf ab, dass sich die zu pfändende Sache im **Gewahrsam** (d. h.

in der tatsächlichen Gewalt) des Vollstreckungsschuldners befindet.[6] Bei Gegenständen, die sich im Gewahrsam von Eheleuten befinden, wird gem. § 1362 Abs. 1 S. 1 BGB zugunsten des Gläubigers und zur Erleichterung des Vollstreckungsverfahrens vermutet, dass sie dem jeweiligen Vollstreckungsschuldner gehören.[7]

Beabsichtigt der Vollziehungsbeamte, bestimmte Gegenstände zu pfänden, kann der Vollstreckungsschuldner dies nur abwenden, wenn er den geschuldeten Betrag zahlt oder nachweist, dass ihm eine Zahlungsfrist bewilligt worden ist oder die Schuld erloschen ist (§ 292 AO). **Einwendungen gegen den zu vollstreckenden VA** mit der Begründung, die Forderung bestünde nicht oder nicht in der vorliegenden Höhe, sind dagegen nach § 256 AO **nicht zulässig** (häufige Prüfungsfrage).

Bestimmte Sachen sind nach § 295 AO i. V. m. § 811 ZPO **unpfändbar**. Hierzu gehören insb. Gegenstände des persönlichen Gebrauchs oder dem Haushalt dienende Gegenstände, soweit der Vollstreckungsschuldner diese zu einer seiner Berufstätigkeit und Verschuldung angemessenen bescheidenen Lebensführung benötigt; bei der Beurteilung der »bescheidenen Lebensführung« sind die veränderten Lebensverhältnisse in den vergangenen Jahrzehnten zu berücksichtigen, sodass ältere Rspr. nur bedingt als Maßstab herangezogen werden kann.

Nach der Pfändung kann der Vollstreckungsschuldner die Verwertung der gepfändeten Gegenstände nur vermeiden, wenn er die Steuerrückstände tilgt oder die Vollstreckungsvoraussetzungen anderweitig entfallen; ansonsten wird die Finanzbehörde die Verwertung anordnen, d. h. regelmäßig die Versteigerung der gepfändeten Sachen (§§ 296 ff. AO).

3.1.3 Pfändung in Forderungen und andere Vermögensrechte (§§ 309 ff. AO)
3.1.3.1 Pfändung in Forderungen
Die Vollstreckung in Forderungen erfolgt ebenfalls durch Pfändung, allerdings nicht durch Vollziehungsbeamte des Außendienstes, sondern durch den Innendienst (§ 309 AO). Die Forderungspfändung gehört zu den **wirksamsten Vollstreckungsmaßnahmen** der Vollstreckungsstelle, da z. B. die Pfändung des Bankkontos im Zeitalter des bargeldlosen Zahlungsverkehrs einen erheblichen Eingriff für den Vollstreckungsschuldner bedeutet. Mit der wirksamen Pfändung erhält die Finanzbehörde ein **Pfändungspfandrecht an der Forderung**. Dem Vollstreckungsschuldner sind infolge der Verstrickung aufgrund des Pfändungspfandrechts nur noch Maßnahmen gestattet, die das Pfandrecht nicht beeinträchtigen. Der Drittschuldner darf daher aufgrund der Pfändung nicht mehr an den Vollstreckungsschuldner bezahlen (sog. **Arrestatorium,** § 309 Abs. 1 1. HS AO[8]); der Vollstreckungsschuldner hat sich zudem jeder Verfügung über die Forderung zu enthalten (sog. **Inhibitorium**, § 309 Abs. 1 2. HS AO). Mit der Pfändungsverfügung ist i. d. R. die Einziehungsverfügung nach § 314 AO verbunden, d. h. die Finanzbehörde wird ermächtigt, die Forderung im eigenen Namen geltend zu machen und einzuziehen. Die Forderungspfändung ist bewirkt, sobald die Pfändungsverfügung dem Drittschuldner **zugestellt** ist (§ 309 Abs. 2 S. 1 AO). Erforderlich ist damit eine

---

6   Damit wird der Dritte allerdings nicht rechtlos gestellt, er kann seine Rechte nach §§ 262, 293 AO geltend machen; s. Kap. 7.5.
7   Eine Ausnahme von dieser Gewahrsamsvermutung gilt, wenn die Ehegatten getrennt leben oder es sich um Sachen handelt, die ausschließlich zum persönlichen Gebrauch eines Ehegatten bestimmt sind, der nicht Vollstreckungsschuldner ist.
8   Aufgrund des Arrestatoriums kann der Drittschuldner mit befreiender Wirkung lediglich an das FA leisten (§§ 135 f. BGB), durch eine Leistung an den Vollstreckungsschuldner selbst erlischt die Leistungspflicht nicht.

förmliche Bekanntmachung nach dem VwZG, die aus Beweisgründen mit **Postzustellungsurkunde** erfolgt (§ 3 VwZG).

Pfändbar nach § 309 AO sind alle bestehenden Forderungen, unabhängig von der Fälligkeit (vgl. § 313 AO). **Künftige Forderungen** können gepfändet werden, wenn und soweit sie bestimmt oder zumindest **bestimmbar** sind und ihr Rechtsgrund schon vorhanden ist (BFH vom 20.08.1991, BStBl II 1991, 869). Die Unpfändbarkeit von Forderungen oder die nur teilweise Pfändbarkeit kann sich aus § 319 AO i. V. m. §§ 850 ff. ZPO oder § 319 AO i. V. m. anderen gesetzlichen Vorschriften ergeben. Damit ist klargestellt, dass alle gesetzlichen Pfändungsbeschränkungen und -verbote auch vom FA – und den HZÄ – als Vollstreckungsbehörde beachtet werden müssen.

Mit der Reform des Kontopfändungsschutzes in 2010 wurde erstmalig ein sog. **Pfändungsschutzkonto** (»P-Konto«) eingeführt.[9] Auf diesem Konto erhält ein Schuldner für sein Guthaben einen automatischen Basispfändungsschutz in Höhe seines Pfändungsfreibetrages (ab 01.07.2024 beträgt dieser Freibetrag 1.491,75 € monatlich bei Ledigen ohne Unterhaltsverpflichtungen[10]). Dabei kommt es nicht mehr darauf an, aus welchen Einkünften dieses Guthaben herrührt; auch Selbständige erlangen insoweit Pfändungsschutz für ihr Kontoguthaben. Jeder Kunde kann von seiner Bank oder Sparkasse verlangen, dass sein Girokonto als P-Konto geführt wird. Wählt der Bankkunde das P-Konto, steht ihm der herkömmliche Kontopfändungsschutz nicht mehr zur Verfügung, da dieser ab 01.01.2012 nur noch subsidiär fortbesteht (§ 850 l Abs. 4 ZPO).

Nachdem die Finanzbehörde bei Erlass der Pfändungsverfügung oft den genauen Forderungsbestand nicht kennt, sind sowohl der Vollstreckungsschuldner (§ 315 Abs. 2 AO) als auch der Drittschuldner (§ 316 AO) verpflichtet, bestimmte Angaben über die Forderung zu machen. Der Drittschuldner ist nach § 316 AO verpflichtet, auf Verlangen in der **Drittschuldnererklärung** die in § 316 AO genannten Fragen zu beantworten.[11]

Nach § 316 Abs. 2 S. 2 AO haftet der Drittschuldner verschuldensunabhängig für den Schaden, der ursächlich aus der Nichtbeantwortung der Fragen entsteht. Entstehen dem Drittschuldner durch Auskunftserteilung oder Erstellen der Drittschuldnererklärung Kosten, kann er diese nicht von der Finanzbehörde verlangen, da für einen derartigen Erstattungsanspruch keine Rechtsgrundlage besteht (BGH vom 19.10.1999, BB 2000, 169).

3.1.3.2 Vollstreckung in andere Vermögensrechte

Neben der Vollstreckung in Forderungen (§§ 309 ff. AO) und der Vollstreckung in Ansprüche auf Herausgabe oder Leistung nach § 318 AO regelt § 321 AO Verfahrensbesonderheiten bei der Vollstreckung in andere Vermögensrechte. Darunter fallen vor allem Anteile an einer PersG, Geschäftsanteile an einer GmbH und Miterbenanteile an einem Nachlass.

---

9 Gesetz zur Reform des Kontopfändungsschutzes vom 07.07.2009, BStBl I 2009, 872.
10 Die Beträge ergeben sich aus der Pfändungsfreigrenzenbekanntmachung 2024, Nr. 160.
11 Erstens muss der Drittschuldner erklären, ob und inwieweit er die Forderung als begründet anerkennt und bereit ist zu zahlen (§ 316 Abs. 1 S. 1 Nr. 1 AO). Insoweit handelt es sich um eine Willenserklärung. § 316 Abs. 1 S. 2 AO stellt klar, dass die Bejahung dieser Frage nicht als Anerkenntnis i. S. d. § 781 BGB oder als sog. deklaratorisches Schuldanerkenntnis zu werten ist. Die bloße Bejahung oder Verneinung der Frage reicht zur Erfüllung der Erklärungspflicht aus. Der Drittschuldner muss zweitens angeben, ob und welche Ansprüche andere Personen an die Forderung erheben (§ 316 Abs. 1 S. 1 Nr. 2 AO). Ggf. sind die Ansprüche und die Identität der anderen Personen näher zu bezeichnen. Infrage kommen Abtretung, Verpfändung oder gesetzlicher Übergang der Forderung. Schließlich muss angegeben werden, ob und wegen welcher Ansprüche die Forderung bereits für andere Gläubiger gepfändet ist (§ 316 Abs. 1 S. 1 Nr. 3 AO).

3.1.4 Vermögensauskunft (§ 284 AO)

Mit der Vermögensauskunft des Vollstreckungsschuldners nach § 284 AO versucht das FA einen Überblick über die Vermögens- und Einkommensverhältnisse des Vollstreckungsschuldners zu gewinnen. Regelmäßig steht die sog. eidesstattliche Versicherung am Ende des Vollstreckungsverfahrens, damit die Finanzbehörde vor der Entscheidung über eine evtl. Niederschlagung der Rückstände nach § 261 AO feststellen kann, ob die weitere Fortsetzung von Vollstreckungsmaßnahmen Erfolg versprechend ist.[12]

Die Ladung zur Vermögensauskunft setzt nach § 284 Abs. 1 S. 1 AO voraus, dass der Vollstreckungsschuldner die Forderung nicht binnen zwei Wochen begleicht, nachdem ihm das FA zur Zahlung aufgefordert hat.

Im Termin zur Abgabe der Vermögensauskunft muss der Vollstreckungsschuldner bei der Finanzbehörde ein umfangreiches Formular, das sog. **Vermögensverzeichnis** abgeben (§ 284 Abs. 2 AO) und darin alle Vermögenswerte aufzählen, die möglicherweise für die Vollstreckungsbehörde von Interesse sind. Zur Bekräftigung der Angaben hat der Vollstreckungsschuldner die Richtigkeit und Vollständigkeit an Eides statt zu versichern (§ 284 Abs. 3 S. 1 AO). Die vorsätzliche oder fahrlässige Abgabe einer unrichtigen Versicherung an Eides statt ist nach §§ 156, 163 StGB und gegebenenfalls als Beitreibungshinterziehung nach § 370 AO strafbar.

3.2 Vollstreckung in das unbewegliche Vermögen (§ 322 AO)

§ 322 AO enthält keine eigenständige Regelung für das Vollstreckungsverfahren in das unbewegliche Vermögen, sondern verweist insoweit auf Vorschriften anderer Gesetze. Der Vollstreckung in das unbewegliche Vermögen unterliegen Grundstücke, Grundstücksbruchteile (z. B. der Miteigentumsanteil bei einer Wohnungseigentümergemeinschaft), Grundstücksbestandteile nach § 93 BGB (u. a. Fenster und Türen), grundstücksgleiche Rechte (z. B. Erbbaurechte) und Grundstückszubehör, das dem Grundstückseigentümer gehört. Insb. das Grundstückszubehör umfasst oftmals Gegenstände, bei denen auf den ersten Blick ein Zusammenhang mit dem Grundstück nicht zu erkennen ist.

> **Beispiel 3: Vollstreckung in Grundstückszubehör**
>
> Die Finanzbehörde pfändet beim Landwirt L auf dessen Bauernhof einen Traktor. Eine Vollstreckung in das Grundstück, auf dem der Bauernhof steht, scheint dagegen aussichtslos, nachdem dieses bereits mit Sicherheiten belastet ist, die über den Verkehrswert des Grundstücks weit hinausgehen. Nach welchen Vorschriften richtet sich die Vollstreckung?
>
> **Lösung:** Nach § 322 Abs. 1 S. 2 AO i. V. m. § 865 ZPO unterliegen alle Gegenstände der Vollstreckung in das unbewegliche Vermögen, auf die sich eine Hypothek erstreckt. Die Hypothek erstreckt sich auf das Zubehör des Grundstücks (§ 1120 i. V. m. §§ 97 f. BGB). Zum Grundstückszubehör gehören alle beweglichen Sachen, die dem wirtschaftlichen Zweck des Grundstücks zu dienen bestimmt sind und zu dem Grundstück in einem dieser Bestimmung entsprechenden räumlichen Verhältnis stehen; zum Grundstückszubehör eines Bauernhofes gehören damit auch die im Eigentum des Grundstückseigentümers stehenden Maschinen, z. B. der Traktor. Der Traktor unterliegt damit den Vorschriften über die Vollstreckung in das unbewegliche Vermögen.

---

12 Vgl. hierzu *Carlé*, Die eidesstattliche Versicherung vor dem Finanzamt – Praxishinweise, AO-StB 2008, 25.

Die Vollstreckung in das unbewegliche Vermögen obliegt dem zuständigen Amtsgericht. Die Finanzbehörden haben dabei lediglich die erforderlichen Anträge zu stellen (§ 322 Abs. 3 AO). In Betracht kommen dabei Anträge auf
- Eintragung einer Sicherungshypothek gem. § 867 ZPO,
- Zwangsversteigerung nach § 15 Zwangsversteigerungsgesetz (ZVG) und
- Zwangsverwaltung nach § 146 ZVG.

Die Anträge werden regelmäßig einzeln, können aber auch nebeneinander gestellt werden (§ 866 ZPO). Die Zwangsversteigerung und Zwangsverwaltung soll die Vollstreckungsbehörde aufgrund der gravierenden Nachteile für den Vollstreckungsschuldner nur beantragen, wenn der Rückstand durch Vollstreckungsmaßnahmen in das bewegliche Vermögen nicht beigetrieben werden kann (§ 322 Abs. 4 AO, **Subsidiarität der Zwangsvollstreckung in das unbewegliche Vermögen**).

4 Vollstreckung wegen anderer Leistungen als Geldforderungen (§§ 328 ff. AO)

Ebenso wie Geldforderungen können auch VA, die auf Vornahme einer Leistung, d. h. auf Handlung oder auf Duldung oder Unterlassung gerichtet sind, mit Zwangsmitteln durchgesetzt werden (§ 328 Abs. 1 S. 1 AO). Zwangsmittel sind Beugemittel zur Erzwingung von Ansprüchen, die nicht auf Geldleistung gerichtet sind. Mit Zwangsmitteln durchgesetzt werden können z. B. Ansprüche des FA auf
- Abgabe der Steuererklärung (§ 149 AO i. V. m. den Einzelsteuergesetzen),
- Mitwirkungspflichten (z. B. Vorlage des Jahresabschlusses nach § 150 Abs. 4 AO),
- Auskunftspflichten nach §§ 90 ff. AO,
- Abgabe der Drittschuldnererklärung nach § 316 Abs. 2 AO und
- Unterlassen der geschäftsmäßigen Hilfeleistung in Steuersachen nach § 159 StBerG.

Unzulässig sind Zwangsmittel, soweit der StPfl. dadurch gezwungen würde, sich selbst wegen einer von ihm begangenen Steuerstraftat oder Steuerordnungswidrigkeit zu belasten (§ 393 Abs. 1 S. 2 AO, Ausfluss des Grundsatzes nemo tenetur se ipsum accusare[13]). Auch die eidesstattliche Versicherung nach § 95 Abs. 4 AO darf nicht mit Zwangsmitteln erzwungen werden.

Die AO sieht als Zwangsmittel das **Zwangsgeld** (§ 329 AO), die **Ersatzvornahme** (§ 330 AO) vor und für den Fall, dass Zwangsgeld und Ersatzvornahme nicht zum Ziel führen oder untunlich sind, den **unmittelbaren Zwang** (§ 331 AO). Bei der Auswahl der Zwangsmittel hat das FA den Verhältnismäßigkeitsgrundsatz zu wahren, d. h. es ist dasjenige Zwangsmittel zu bestimmen, dass den Verpflichteten am geringsten belastet (§ 328 Abs. 2 AO). Das **Zwangsgeld** kommt in Betracht bei Nichtbefolgung einer Anordnung, die die Finanzbehörde im Besteuerungsverfahren auf gesetzlicher Grundlage getroffen hat. Das einzelne Zwangsgeld darf 25.000 € nicht übersteigen (§ 329 AO). Allerdings kann das Zwangsgeld zur Erzwingung

---

13 Sinngemäß: Niemand darf gezwungen werden, sich selbst anzuklagen. Ausführlich hierzu *Müller*, Kein Zwang zur Selbstbelastung im Steuerstrafverfahren, AO-StB 2008, 285.

der Leistung notfalls wiederholt werden. **Häufiger Prüfungsgegenstand ist die Vorschrift des § 335 AO**: Wird die Verpflichtung nach Festsetzung des Zwangsmittels erfüllt, kann die Festsetzung des Zwangsgeldes bestehen bleiben, allerdings ist der Vollzug einzustellen, d. h. nach Erfüllung der geforderten Leistung muss der Verpflichtete nicht mehr zahlen.

Die **Ersatzvornahme** nach § 330 AO dient der Durchsetzung vertretbarer Leistungen, d. h. Handlungen, die nicht unbedingt vom Verpflichteten persönlich vorgenommen werden müssen. Unmittelbarer Zwang nach § 331 AO ist anzuwenden, wenn Zwangsgeld oder Ersatzvornahme nicht zum Ziel führen oder untunlich sind. Die in § 334 AO geregelte **Ersatzzwangshaft** ist in der Praxis der Finanzbehörden ohne Bedeutung.

> **Beispiel 4: Einsatz unmittelbaren Zwangs im Steuerrecht**
>
> Zwangsweiser Zutritt zur Wohnung des Vollstreckungsschuldners zur Vornahme von Vollstreckungsmaßnahmen. Erforderlich ist hierfür allerdings aufgrund Art. 13 GG ein richterlicher Durchsuchungsbeschluss. Zur Durchführung des unmittelbaren Zwangs darf sich das FA anderer Personen (z. B. Schlosser) und Behörden (u. a. Polizei) bedienen (§ 111 AO).

Sämtliche Zwangsmittel müssen unter Fristsetzung zunächst schriftlich **angedroht** werden (§ 332 AO). Die Androhung muss sich auf ein bestimmtes Zwangsmittel beziehen, bei Androhung eines Zwangsgelds dessen betragsmäßige Höhe nennen (§ 332 Abs. 2 S. 2 und 3 AO, § 119 Abs. 1 AO). Eine pauschale Androhung von Zwangsmitteln zur Durchsetzung mehrerer einzelner Verpflichtungen ist nicht zulässig (§ 332 Abs. 2 S. 2 AO). Erst nach erfolglosem Verstreichen der Frist wird das Zwangsmittel in einem zweiten, separatem VA gem. § 333 AO festgesetzt.

5 Vollstreckungsmaßnahmen außerhalb der Abgabenordnung

Neben den Vollstreckungsmaßnahmen nach der AO hat die Finanzbehörde die Möglichkeit, durch nichtsteuerliche Verwaltungsmaßnahmen den Vollstreckungsschuldner unter Druck zu setzen bzw. das weitere Ansteigen der Steuerrückstände zu unterbinden (daher auch der Ausdruck **rückstandsunterbindende Maßnahmen**). Rückstandsunterbindende Maßnahmen sollen primär das Entstehen weiterer Steuerrückstände verhindern und dienen nur sekundär der Tilgung der Rückstände. In Betracht kommen insb.:
- Anregung der **Gewerbeuntersagung** bei der zuständigen Gewerbebehörde gem. § 35 GewO. Gewerberechtlich unzuverlässig ist, wer wiederholt seine Zahlungs- und Erklärungsverpflichtungen verletzt oder finanziell leistungsunfähig ist. Die Anregung des Gewerbeuntersagungsverfahrens ist nach § 30 Abs. 4 Nr. 5 AO nur bei Vorliegen eines zwingenden öffentlichen Interesses zulässig. Ein solches zwingendes öffentliches Interesse ist zu bejahen, wenn steuerliche Pflichten beharrlich verletzt werden (BFH vom 10.02.1987, BStBl II 1987, 545);
- Anregung **berufsrechtlicher Maßnahmen** bei StB gem. § 10 StBerG;
- Anregung der **Zwangsabmeldung von Kraftfahrzeugen** nach § 14 KraftStG durch Einziehung des Kfz-Scheins und Entstempelung der Kennzeichen. Voraussetzung ist nach § 14 KraftStG, dass **Kraftfahrzeugsteuern** rückständig sind;

- Antrag auf **Zwangslöschung von Gesellschaften** im Handelsregister (HR) bei Vorliegen der handelsrechtlichen Voraussetzungen. So kann z. B. eine AG oder eine GmbH von Amts wegen im HR gelöscht werden, wenn sie vermögenslos ist (§ 141a Abs. 1 FGG);
- Antrag auf Eröffnung des **Insolvenzverfahrens** beim zuständigen Insolvenzgericht gem. § 13 InsO bei **Überschuldung** (§ 19 InsO), **Zahlungsunfähigkeit** (§ 17 InsO) oder **drohender Zahlungsunfähigkeit** (§ 18 InsO).[14] Gem. § 251 Abs. 2 S. 1 AO gehen die Vorschriften der InsO ab Eröffnung des Insolvenzverfahrens bis zu dessen Aufhebung den Vorschriften der AO vor, insb. sind Vollstreckungsmaßnahmen der Finanzbehörde unzulässig. Das Steuerrecht wird ganz allgemein durch die Eröffnung des Insolvenzverfahrens vom Insolvenzrecht überlagert.

6 Arrestverfahren (§§ 324 ff. AO)

6.1 Überblick

Das Arrestverfahren gem. § 324 ff. AO ist trotz seiner Regelung im sechsten Teil der AO (§§ 249 ff.) nicht dem Zwangsvollstreckungsverfahren zuzuordnen. Es handelt sich vielmehr um ein **Sicherungsverfahren eigener Art** zur Sicherung von Steueransprüchen in Fällen, in denen die Ansprüche **noch nicht vollstreckbar** sind. Nach § 254 Abs. 1 S. 1 AO darf die Vollstreckung grds. erst beginnen, wenn die Leistung fällig ist und der Schuldner zur Leistung aufgefordert worden ist. Da sich das Vermögen des Vollstreckungsschuldners bis zum Zeitpunkt der Vollstreckbarkeit der Ansprüche verringern kann, darf die Finanzbehörde unter engen Voraussetzungen zur Sicherung der Vollstreckung den persönlichen oder den dinglichen Arrest anordnen. Das Arrestverfahren hat nur **vorläufigen Charakter**: Es dient allein der Sicherung der künftigen Erhebung, nicht aber der Verwirklichung der Steueransprüche. Ausweislich der Prüfungsprotokolle ist das Thema Arrest gelegentlich Gegenstand der mündlichen Prüfungen.

Beispiel 5: Dinglicher Arrest

Im Rahmen einer Steuerfahndungsprüfung stellt das FA fest, dass der Großhändler A Einnahmen in erheblichem Umfang »schwarz« kassiert hat; das Schwarzgeld ist in einem Wertpapierdepot bei einer inländischen Bank angelegt. Die Festsetzung der sich hieraus ergebenden Steueransprüche ist noch nicht erfolgt. Unmittelbar nach Abschluss der Fahndungsprüfung erfährt das FA, dass sich A in das Ausland absetzen möchte.

Lösung: Die Steueransprüche der Finanzbehörde sind im vorliegenden Fall noch nicht festgesetzt. Die Einleitung von Vollstreckungsmaßnahmen scheidet daher nach § 249 Abs. 1 S. 1 AO aus. Allerdings kann die Finanzbehörde zur Sicherung der Steueransprüche, die sich aus der Festsetzung ergeben werden, einen Arrest in das Vermögen des A anordnen, da zu befürchten ist, dass die Beitreibung durch die Ausreise des A wesentlich erschwert wird (§ 324 Abs. 1 AO). Der Arrest schafft die Grundlage für sofortige Sicherungsmaßnahmen: hier kommt vor allem die Pfändung des Wertpapierdepots in Betracht. Neben der Pfändung der Forderungen bzgl. des Wertpapierdepots darf das FA nicht auch die Einziehung der Forderung verfügen, da im Arrestverfahren alle Maßnahmen unterlassen werden müssen, die über die Sicherung des Arrestanspruchs hinausgehen.

---

14 Vgl. sehr ausführlich: der AEAO zu § 251 AO.

Das Arrestverfahren unterscheidet den **dinglichen Arrest**, der sich auf das bewegliche und unbewegliche Vermögen des Vollstreckungsschuldners richtet (§ 324 AO) und den **persönlichen Arrest**, der sich auf die Person des Vollstreckungsschuldners selbst richtet und zur vorläufigen Freiheitsentziehung führt (§ 326 AO). Die Anordnung des Arrest ist zulässig, wenn ein **Arrestgrund und ein Arrestanspruch** vorliegt (vgl. hierzu die ähnliche Terminologie bei den Voraussetzungen des einstweiligen Rechtsschutzes nach § 114 FGO: Anordnungsgrund und -anspruch).

6.2 Arrestanspruch

Das Arrestverfahren findet gem. § 324 Abs. 1 AO zur Sicherung der Vollstreckung von Geldforderungen statt, d.h. von Ansprüchen auf Steuern und steuerliche Nebenleistungen. Das FA muss in der Arrestanordnung glaubhaft machen, dass ein Steueranspruch in bestimmter Höhe bereits entstanden ist, auch wenn die Forderung noch nicht zahlenmäßig feststeht oder wenn sie bedingt oder betagt ist (§ 324 Abs. 1 S. 2 AO). Besteht bereits ein vollstreckbarer Zahlungsanspruch, fehlt es an einem Arrestgrund, da die Finanzbehörde dann Vollstreckungsmaßnahmen nach §§ 249 ff. AO anordnen kann. Für die Arrestanordnung genügt für den Arrestanspruch, d.h. die zu sichernden Forderungen, eine hinreichende Wahrscheinlichkeit. Die Steuerforderungen müssen in der Arrestanordnung im Einzelnen (gegebenenfalls geschätzt) und getrennt nach Jahren aufgeführt werden. Werden die in der Arrestanordnung bezeichneten Ansprüche vollstreckbar, geht das Arrestverfahren in ein gewöhnliches Vollstreckungsverfahren über; die erlangten Sicherheiten bleiben dem FA dabei erhalten.

6.3 Arrestgrund

Nach § 324 Abs. 1 S. 1 AO ist der dingliche Arrest zulässig, wenn zu befürchten ist, dass sonst die Beitreibung vereitelt oder wesentlich erschwert wird (Arrestgrund). Der persönliche Arrest ist nach § 326 Abs. 1 AO zulässig, wenn dies erforderlich ist, um die Vollstreckung in das Vermögen des Vollstreckungsschuldners zu sichern. Der Arrestgrund ist also gegeben, wenn die Finanzbehörde bei Abwägung aller Umstände des Einzelfalles befürchten muss, dass ohne Arrest der Anspruch erheblich weniger vollständig oder erheblich erschwert verwirklicht werden kann (BFH vom 06.12.1962, HFR 1963, 220). Für die Annahme des Arrestgrundes genügt – wie auch beim Arrestanspruch – eine »hinreichende Wahrscheinlichkeit«. Dies ergibt sich aus dem Sicherungscharakter des Verfahrens und der Eilbedürftigkeit der Entscheidung.

Ein Arrestgrund liegt beispielsweise vor, wenn
- der Steuerschuldner Vermögen verschleudert oder auf nahe Angehörige überträgt (ständige Rspr. seit RFH vom 15.12.1921, RFHE 7, 341),
- der Steuerschuldner im Steuerermittlungsverfahren mit erheblicher krimineller Energie falsche Angaben macht (BFH vom 06.12.1962, HFR 1963, 222),
- eine spätere Vollstreckung im Ausland erforderlich wäre.

Der Verdacht einer Steuerhinterziehung allein rechtfertigt dagegen keinen Arrest (BFH vom 26.02.2001, BStBl II 2001, 464).

6.4 Anordnung und Vollziehung des Arrests

Die Anordnung des Arrests ist dem Arrestschuldner gem. § 324 Abs. 2 S. 1 AO förmlich zuzustellen (§ 122 Abs. 5 AO). Auf die Vollziehung finden nach § 324 Abs. 3 S. 4 AO die §§ 930 ff. ZPO Anwendung. In Betracht kommt ein Vollzug in das bewegliche Vermögen und Forderungen durch **Pfändung** (§ 930 ZPO) sowie bei unbeweglichen Vermögen ein Vollzug durch Eintragung einer sog. **Arresthypothek** in das Grundbuch (§ 932 ZPO, Voraussetzung ist ein entsprechender Antrag beim Amtsgericht). Die Vollziehung des Arrests muss nach § 324 Abs. 3 S. 1 AO innerhalb eines Monats nach dem Tag, an dem die Anordnung unterzeichnet worden ist, angeordnet und begonnen, nicht aber vollumfänglich durchgeführt sein. Andernfalls ist die Arrestanordnung nach Ablauf der Frist gem. § 325 AO aufzuheben. Die Finanzbehörde hat ferner in der Arrestanordnung einen Geldbetrag zu bestimmen (**Hinterlegungssumme**), bei dessen Hinterlegung die Vollziehung des Arrestes gehemmt und der vollzogene Arrest aufzuheben ist (§ 324 Abs. 1 S. 3 AO).

7 Rechtsschutz im Vollstreckungsverfahren

7.1 Grundsatz

Der wichtigste Grundsatz für Einwendungen gegen die Vollstreckung ergibt sich aus § 256 AO: Einwendungen, die sich nicht gegen die Art und Weise der Ausführung der Zwangsvollstreckung (das »Wie« der Zwangsvollstreckung), sondern gegen den zu vollstreckenden VA richten (das »Ob« der Zwangsvollstreckung), sind **außerhalb des Vollstreckungsverfahrens** mit den hierfür zugelassenen Rechtsbehelfen zu verfolgen. Die Frage, ob der zu vollstreckende Steuerbescheid inhaltlich, also materiell richtig ist oder nicht, ist für den Beginn der Vollstreckung irrelevant (vgl. Abschn. 11 VollStrA). Auch ein rechtswidriger Verwaltungsakt erwächst, wenn er nicht angefochten wird, in Bestandskraft und wird notfalls zwangsweise durchgesetzt.

> **Beispiel 6: Der unbekannte Steuerbescheid**
>
> Der Gastwirt G verstößt über Jahre nachhaltig gegen seine Steuererklärungspflichten. Das FA erlässt für die jeweiligen VZ wiederholt Schätzungsbescheide, die G ungelesen in seiner »Schuhschachtelbuchführung« ablegt. Mahnungen und Vollstreckungsankündigungen der Vollstreckungsstelle bleiben ebenfalls unbeantwortet. Bei Erscheinen des Vollstreckungsbeamten führt G an, die festgesetzte Steuer könne keinesfalls richtig sein. Es handle sich eindeutig um eine »Mondschätzung«. Im Übrigen könne er sich bei einigen Steuern nicht erinnern, jemals einen entsprechenden Steuerbescheid erhalten zu haben. Insb. die Festsetzung der ESt 2013 habe er nie erhalten. Wird G mit seinen Einwendungen Erfolg haben?
>
> **Lösung:** Nach der Schilderung des Sachverhalts liegen die Voraussetzungen für den Beginn der Vollstreckung (§§ 251 und 254 AO) vor. Die Vollstreckung ist nur unter den Voraussetzungen des § 257 Abs. 1 AO einzustellen oder zu beschränken (dazu Kap. 7.2).
>
> Vorliegend macht G lediglich geltend, das der VA, aus dem vollstreckt wird, rechtswidrig ist bzw. er bestreitet die Bekanntgabe einzelner Bescheide. Derartige Einwendungen erfüllen nicht die Voraussetzungen des § 257 AO und sind gem. § 256 AO außerhalb des Vollstreckungsverfahrens mit den zulässigen Rechtsbehelfen zu verfolgen. G ist daher zu raten, gegen die Bescheide Einspruch

einzulegen, soweit die Einspruchsfrist noch nicht abgelaufen ist, bzw. die Bekanntgabe einzelner Bescheide substantiiert zu bestreiten. Beide Aspekte sind mit der Veranlagungsstelle des FA, nicht aber mit der Vollstreckungsstelle abzuklären.

7.2 Einschränkung und Beschränkung der Vollstreckung (§ 257 AO)

Nach § 257 AO ist die Vollstreckung von Amts wegen einzustellen oder zu beschränken, wenn
- die **Vollstreckungsvoraussetzungen** des § 251 Abs. 1 AO **weggefallen** sind: Dies ist insb. der Fall, wenn die Vollziehung des zu vollstreckenden VA nach § 361 AO bzw. § 69 FGO ausgesetzt wurde. Ein Antrag auf Aussetzung der Vollziehung stoppt die Vollstreckung noch nicht. Allerdings sind die Vollstreckungsbehörden gehalten, vor der Entscheidung über einen Antrag auf AdV Vollstreckungsmaßnahmen zu unterlassen (AEAO zu § 361 Nr. 3.1.)[15];
- der **VA**, aus dem vollstreckt wird, **aufgehoben** wird, z. B. im Wege der Korrektur nach den §§ 129, 172 ff. AO;
- der **Anspruch** auf Leistung **erloschen** ist (Erlöschensgründe sind nach § 47 AO Zahlung, Aufrechnung, Erlass oder Verjährung);
- die Leistung gem. § 222 AO **gestundet** worden ist.

In Fällen der Aussetzung der Vollziehung (§ 257 Abs. 1 Nr. 1 AO) sowie der Stundung (§ 257 Abs. 1 Nr. 4 AO) bleiben bereits getroffenen Vollstreckungsmaßnahmen weiterhin bestehen, soweit nicht ihrer Aufhebung ausdrücklich angeordnet wird (§ 257 Abs. 1 S. 3 AO).

7.3 Vollstreckungsaufschub (§ 258 AO)

Gem. § 258 AO kann (Ermessensentscheidung) die Vollstreckungsbehörde die Vollstreckung einstweilen einstellen oder beschränken, wenn sie im Einzelfall **unbillig** ist. Eine Unbilligkeit i. S. d. § 258 AO ist nur anzunehmen, wenn die Vollstreckung dem Vollstreckungsschuldner einen unangemessenen Nachteil bringen würde, der durch **kurzfristiges Zuwarten** oder durch eine andere Vollstreckungsmaßnahme vermieden werden kann.[16] Nachteile, die üblicherweise mit der Vollstreckung verbunden sind, begründen keine Unbilligkeit, beispielsweise die Beeinträchtigung der wirtschaftlichen Reputation oder die Einschränkung des gewohnten Lebensstandards. Nach § 258 AO kann die Vollstreckung nur »einstweilen«, d. h. **maximal sechs bis zwölf Monate** eingeschränkt werden (BFH vom 31.05.2005, BFH/NV 2005, 1743). Ist die Vollstreckung nicht nur vorübergehend, sondern **dauerhaft unbillig**, kommt nur ein Erlass nach § 227 AO in Betracht. In der Praxis der Vollstreckungsstellen ist es durchaus üblich, dass insolventen Vollstreckungsschuldnern über einen langen Zeitraum gegen monatliche Ratenzahlungen wiederholt Vollstreckungsaufschub gewährt wird, insb. wenn offensichtlich ist, dass Vollstreckungsmaßnahmen nicht zweckmäßig sind. Diese Vorgehensweise ist von § 258 AO nicht gedeckt.

---

15 Die Finanzbehörde wird trotz eines gestellten Antrags auf AdV Vollstreckungsmaßnahmen einleiten, wenn der Antrag aussichtslos ist, offensichtlich nur ein Hinausschieben der Vollstreckung bezweckt oder Gefahr in Verzug besteht. Dieser Grundsatz gilt auch, wenn sich der Vollstreckungsschuldner im Wege einer Aufsichtsbeschwerde an eine vorgesetzte Dienstbehörde oder im Wege der Petition an das Parlament wendet.

16 Vgl. Abschn. 7 Abs. 2 VollStrA.

Durch den Vollstreckungsaufschub wird die Fälligkeit des Steueranspruchs – im Gegensatz zur Stundung – nicht berührt. Es sind daher Säumniszuschläge nach § 240 AO zu erheben.[17]

7.4 Niederschlagung (§ 261 AO)

Steuerrückstände dürfen niedergeschlagen werden, wenn die Einziehung keinen Erfolg haben wird oder die Kosten der Einziehung außer Verhältnis zu dem Steuerrückstand stehen, § 261 AO. Die Niederschlagung ist keine Billigkeitsmaßnahme, sondern dient allein der **Arbeitserleichterung der Vollstreckungsstelle**. Es entspricht dem Grundsatz der Wirtschaftlichkeit der Verwaltung, dass die Vollstreckungsstelle in aussichtlosen Fällen die Beitreibung vorübergehend unterlässt. Die Niederschlagung ist kein VA i. S. d. § 118 AO (keine unmittelbare Rechtswirkung nach außen), sondern eine **verwaltungsinterne Maßnahme**. Sie wird dem Steuerschuldner i. d. R. nicht mitgeteilt und entfaltet keine Rechtswirkungen, insb. bewirkt sie nicht das Erlöschen des Anspruchs; die Niederschlagung wird dementsprechend auch nicht als Erlöschensgrund in § 47 AO erwähnt.

7.5 Einwendungen Dritter (§ 262 AO)

Die Vorschrift hat den Schutz Dritter zum Ziel, deren Rechte durch die Zwangsvollstreckung gegen den Vollstreckungsschuldner betroffen sind. Sie regelt, in welchen Fällen und in welcher Form der Dritte Einwendungen gegen die Vollstreckung erheben kann.

> **Beispiel 7: Pfändung schuldnerfremder Sachen**
>
> Die Finanzbehörde pfändet einen Pkw des Leasingnehmers, da dieser Gewahrsamsinhaber i. S. d. § 286 Abs. 1 AO ist. Vor der Verwertung macht der Leasinggeber sein Eigentum an dem Fahrzeug geltend.

Ein Dritter kann insb. einwenden, dass ihm am Gegenstand der Vollstreckung ein die Veräußerung hinderndes Recht zusteht.[18] Dazu gehört beispielsweise fremdes Eigentum wie im Beispielsfall, aber auch Miteigentum, ein bestehender Eigentumsvorbehalt oder Sicherungseigentum. Die in § 262 AO weiter angesprochenen Einwendungen nach §§ 772 – 774 ZPO betreffen die Widerspruchsklage bei einem relativen Veräußerungsverbot nach § 772 ZPO i. V. m. §§ 135 f. BGB, die Widerspruchsklage des Nacherben (§§ 2100 ff. BGB) nach § 773 ZPO sowie die Widerspruchsklage des Ehegatten bei ehelicher Gütergemeinschaft (§ 774 ZPO).

Der Widerspruch nach § 262 ZPO ist zunächst beim FA zu erheben und im Falle der Ablehnung im Wege der sog. **Drittwiderspruchsklage** vor dem zuständigen Zivilgericht weiter zu verfolgen (§ 262 Abs. 3 AO). Als vorläufiger Rechtsschutz kommt ein Antrag auf Erlass einer einstweiligen Anordnung gem. § 769 ZPO in Betracht.

---

17 Allerdings sind bei Zahlungsunfähigkeit oder Überschuldung die Säumniszuschläge gem. § 227 AO zur Hälfte zu erlassen (sog. Hälfteerlass), sodass der Vollstreckungsschuldner im Ergebnis ebenso belastet wird wie im Falle einer Stundung (0,5 % Zinsen monatlich).
18 Die Norm ist somit § 771 ZPO ähnlich.

7.6 Aufteilung einer Gesamtschuld (§§ 268 ff. AO)

Personen, die nebeneinander dieselbe Leistung aus dem Steuerschuldverhältnis schulden, sind Gesamtschuldner (§ 44 Abs. 1 S. 1 AO). Grds. kann die Finanzbehörde jeden Gesamtschuldner auf die gesamte Leistung in Anspruch nehmen (§ 44 Abs. 1 S. 2 AO). Geht die Gesamtschuldnerschaft auf eine Zusammenveranlagung der ESt zurück, können gem. § 268 AO beide Gesamtschuldner eine Aufteilung der Gesamtschuld beantragen und die Vollstreckung damit auf den Betrag beschränken, der sich aus der Aufteilung nach den §§ 269 ff. AO ergibt. Selbst wenn einer der beiden Ehegatten zwischenzeitlich verstorben ist, bleibt der Antrag auf Aufteilung zulässig (BFH vom 17.01.2008, BStBl II 2008, 418).[19] Die §§ 268 ff. AO eröffnen zusammenveranlagten Ehegatten als Gesamtschuldnern der ESt die Möglichkeit, den Gesamtschuldbetrag aufzuteilen, um auf diese Weise die Vollstreckung gegen den einzelnen Ehegatten auf den entsprechenden Anteil an der Gesamtschuld zu beschränken (§§ 270, 278 Abs. 1 AO). Der Gesamtschuldner wird damit im Vollstreckungsverfahren so gestellt, als sei er nur noch **Teilschuldner** (BFH vom 07.03.2006 BStBl II 2007, 594). In dieser Entscheidung hat der BFH allerdings auch bestätigt, dass gegen den Mittäter oder Teilnehmer einer Steuerhinterziehung ein Haftungsbescheid gem. § 71 AO selbst dann ergehen kann, wenn wegen Aufteilung der Steuerschuld nach § 268 ff. AO gegen diesen nicht als Steuerschuldner vollstreckt werden kann. Die Steuerschuldnerschaft besteht eben auch nach der Aufteilung gem. § 268 ff. AO formal auch insoweit weiter, als der aufgeteilte Steuerbetrag auf andere Gesamtschuldner entfällt.

Nach der Aufteilung darf die Vollstreckung nur nach Maßgabe der auf die einzelnen Teilschuldner entfallenden Beträge durchgeführt werden (§ 278 Abs. 1 AO). Die Aufteilung erstreckt sich gem. § 276 Abs. 4 AO auch auf die Nebenleistungen. Wechseln zusammenveranlagte Ehegatten nach Aufteilung der Gesamtschuld und Einleitung der Vollstreckung nach § 278 Abs. 2 AO zur getrennten Veranlagung, berührt dies den zu vollstreckenden Anspruch grds. nicht (BFH vom 18.12.2001, BStBl II 2002, 214). Daher sind weder der auf § 278 Abs. 2 AO beruhende Duldungsbescheid noch die darauf gestützten Vollstreckungsmaßnahmen aufzuheben.

Die Aufteilung selbst erfolgt nach dem Verhältnis, das sich bei getrennter Veranlagung der Ehegatten ergeben würde (§ 270 AO). Solange über den Antrag auf Aufteilung nicht entschieden ist, dürfen Vollstreckungsmaßnahmen nur zur Sicherung des Steueranspruchs durchgeführt werden (§ 277 AO).

7.7 Allgemeine Rechtsbehelfe im Vollstreckungsverfahren

§ 257 AO zählt die Einwendungen gegen die Vollstreckung nicht abschließend auf. Der Vollstreckungsschuldner kann auch im Einspruchsverfahren gegen die einzelne Vollstreckungsmaßnahme geltend machen, dass Art und Weise der Vollstreckung rechtswidrig ist. Der Rechtsbehelf des Einspruchs ist allerdings nur gegeben, wenn die angegriffene Maßnahme einen VA darstellt (§ 347 Abs. 1 Nr. 1 AO i. V. m. § 118 AO).

---

19 Eine Haftungsbeschränkung kann der Erbe dabei auch durch die Erhebung der Einrede der Dürftigkeit nach § 1990 Abs. 1 BGB erreichen. Danach kann der Erbe die Befriedigung eines Nachlassgläubigers insoweit verweigern, als der Nachlass hierzu nicht ausreicht.

XI Die Außenprüfung (§§ 193 ff. AO)

1 Bedeutung und Definition

Die in den §§ 193 ff. AO gesetzlich geregelte Außenprüfung, zu der u. a. die Betriebsprüfung zählt, ist das wichtigste Instrument des FA zur Erfassung der steuerlich erheblichen Sachverhalte. Die Außenprüfung ermöglicht der FinVerw auch die effektivste Kontrolle der Steuerfälle. Veranlagungen sollen dadurch – zugunsten wie zuungunsten des StPfl. (§ 199 Abs. 1 AO) – abschließend überprüft werden. Deshalb kommt Steuerbescheiden, die aufgrund einer Außenprüfung ergangen sind, **erhöhte Bestandskraft** zu (vgl. § 173 Abs. 2 AO). Nach Abschluss der Außenprüfung ist der Vorbehalt der Nachprüfung aufzuheben (§ 164 Abs. 3 S. 3 AO[1]). Daneben aber hat die Außenprüfung **generalpräventive Wirkung**. Potenzielle Steuerhinterzieher sollen durch die jederzeit mögliche Überprüfung zur Steuerehrlichkeit angehalten werden. Die Außenprüfung leistet somit einen erheblichen Beitrag zur Steuergerechtigkeit.

Neben der eigentlichen, in §§ 193 ff. AO geregelten Betriebsprüfung zählen auch die LSt-Außenprüfung und USt-Sonderprüfung zur Außenprüfung. Die sog. betriebsnahe Veranlagung ist eine abgekürzte Außenprüfung, soweit sie aufgrund einer Prüfungsanordnung erfolgt (vgl. AEAO zu § 85 Nr. 3). Dagegen gehört die betriebsnahe Veranlagung zum allgemeinen Steuerfestsetzungsverfahren, wenn sie ohne Prüfungsanordnung mit Einverständnis des StPfl. an Ort und Stelle durchgeführt wird; Rechtsgrundlage sind dann §§ 85, 88 und 90 ff. AO. Folgerichtig bewirkt eine betriebsnahe Veranlagung auch keine Ablaufhemmung nach § 171 Abs. 4 AO.[2] Die §§ 193 ff. AO gelten auch nicht für die Steuerfahndungsprüfung. Ebenfalls **keine Außenprüfung** ist die **Umsatzsteuer-Nachschau** (§ 27b UStG) als besonderes Verfahren zur zeitnahen Aufklärung möglicher umsatzsteuererheblicher Sachverhalte (AEAO zu § 193, Nr. 6 S. 4) und die durch das JStG 2013 in § 42 g EStG eingeführte **Lohnsteuer-Nachschau**.

Für Steuernachforderungen aufgrund einer Außenprüfung gibt es keine besonderen Berichtigungsvorschriften. Die Korrektur ist damit nur unter den Voraussetzungen des § 129 und der §§ 172 bis 177 AO (Hauptfall: neue Tatsachen und Beweismittel gem. § 173 AO) zulässig, bzw. wenn die Steuerfestsetzung unter dem Vorbehalt der Nachprüfung (§ 164 AO) oder ausdrücklich vorläufig ergangen ist (§ 165 AO). Eine Außenprüfung kann jedoch nicht nur dann durchgeführt werden, wenn die Steuerbescheide – was bei einer beabsichtigten Außenprüfung häufig der Fall ist – unter dem Vorbehalt der Nachprüfung ergangen sind. Auch bei endgültigen Steuerbescheiden bzw. nach Aufhebung des Vorbehalts der Nachprüfung (§ 164 Abs. 3 S. 1 AO) ist die Prüfung »vor Ort« möglich (BFH vom 23.01.2002, BFH/NV 2002, 622). In diesen Fällen kann allerdings nicht jeder durch die Außenprüfung festgestellte steuererhebliche Sachverhalt zu einer Änderung der Steuerbescheide führen. Bei einer vorbehaltslosen Veranlagung kommt die Änderung nur bei Vorliegen der Voraussetzungen einer der Änderungsvorschriften der §§ 172 ff. AO in Betracht.

Steuerbescheide, die aufgrund einer Außenprüfung ergangen sind, unterliegen – zu Gunsten wie zuungunsten des StPfl. – der **Änderungssperre** des § 173 Abs. 2 AO. Auch die Mitteilung an den StPfl., dass sich die Besteuerungsgrundlagen aufgrund der Außenprüfung nicht ändern, bewirkt die Änderungssperre. Eine Ausnahme gilt zugunsten des FA nur für die

---

1 Entgegen dem Wortlaut gilt dies nach h. M. (*Tipke/Kruse*, § 164, Rz. 23) auch, wenn sich Änderungen aufgrund der Außenprüfung ergeben.
2 Vgl. zu den Einzelheiten Kap. V 5.2.4.5.

Fälle der Steuerhinterziehung und der leichtfertigen Steuerverkürzung, da das Vertrauen des StPfl. in die Bestandskraft des Steuerbescheides in diesen Fällen nicht schutzwürdig ist. Die Änderungssperre bezieht sich jedoch nur auf die Änderungen nach § 173 Abs. 1 AO, nicht aufgrund anderer Korrekturvorschriften. Wird nach abgeschlossener Außenprüfung der Nachprüfungsvorbehalt – zu Recht oder zu Unrecht – nicht aufgehoben, kann das FA den Steuerbescheid weiterhin nach § 164 Abs. 2 AO uneingeschränkt ändern (BFH vom 29.04.1987, BStBl II 1988, 168). Auch ist die Berichtigung eines nach einer Außenprüfung ergangenen Änderungsbescheids nach § 129 AO zulässig, wenn das FA eine offenbare Unrichtigkeit des vorausgegangenen Bescheids übernommen hat (BFH vom 10.09.1987, BStBl II 1987, 834). Zudem wirkt die Änderungssperre nur im Umfang der durchgeführten Außenprüfung, der sich nach der Prüfungsanordnung bestimmt.

Nach § 171 Abs. 4 AO wird der **Ablauf der Festsetzungsfrist** gehemmt, wenn das FA innerhalb der Festsetzungsfrist mit einer Außenprüfung beginnt oder deren Beginn auf Antrag des StPfl. hinausschiebt. Die Ablaufhemmung erstreckt sich aber auch hier nur auf die Steuern und Besteuerungszeiträume, die in der Prüfungsanordnung **aufgezählt** sind und vom Prüfer auch **tatsächlich** – jedenfalls stichprobenartig – **geprüft** werden (BFH vom 29.06.2004, BFH/NV 2004, 1510 m.w.N.). Ergänzende Vorschriften für die Außenprüfung finden sich in der Betriebsprüfungsordnung (BpO vom 15.03.2000, BStBl I 2000, 368). Ein grundlegender Überblick über die in der BpO enthaltenen Regelungen ist sowohl für die schriftliche als auch mündliche StB-Prüfung dringend zu empfehlen und war zuletzt Gegenstand der schriftlichen Prüfung 2021.

2 Zulässigkeit der Außenprüfung

Mit der Außenprüfung darf das FA »nicht ins Blaue hinein« ermitteln. Eine Außenprüfung nach Ablauf der Festsetzungsfrist (§ 169 Abs. 1 S. 1 AO) ist deshalb generell unzulässig. Da aber Steuerhinterziehung (§ 370 AO) und Steuerverkürzung (§ 378 AO) die Festsetzungsfrist gem. § 169 Abs. 2 S. 2 AO verlängern, ist nach BFH vom 15.05.2007 (BFH/NV 2007, 1624) eine Außenprüfung nach Ablauf der regulären Festsetzungsfrist zulässig, wenn festgestellt werden soll, ob Steuern hinterzogen oder leichtfertig verkürzt wurden.

Die Anordnung einer Außenprüfung steht im **Ermessen** des FA (§ 5 AO). Für die (erstmalige) Anordnung einer Außenprüfung ist es auch unerheblich, ob hinsichtlich der betroffenen Steuerarten und Besteuerungszeiträume der Anfangsverdacht einer Steuerstraftat besteht (BFH vom 14.04.2020, BFH/NV 2020, 944).

Eine fehlerhafte Ausübung des Ermessens kann allerdings vorliegen, wenn sich das FA im Einzelfall von sachfremden Erwägungen leiten lässt und der Zweck der Prüfung der steuerlichen Verhältnisse in den Hintergrund tritt; sich die Prüfung also als reine Schikane und damit einen Verstoß gegen das Willkürverbot darstellt (BFH vom 28.09.2011, BStBl II 2012, 395). Das FA muss entscheiden, ob und in welchem Turnus sie eine Außenprüfung durchführt (sog. Entschließungsermessen) und wer geprüft werden soll (sog. Auswahlermessen). § 193 Abs. 1 AO hält jedoch StPfl. mit **Gewinneinkünften** und die sog. Einkommensmillionäre gem. § 147a AO (Summe der Überschusseinkünfte mehr als 500.000 € im VZ) generell für prüfungsbedürftig. Deshalb genügt hier zur Begründung der Prüfungsanordnung (§ 121 Abs. 1 AO) regelmäßig die **Bezugnahme auf § 193 Abs. 1 AO**. Dies gilt selbst für die Prüfung von Kleinstbetrieben (BFH vom 17.12.2002, BFH/NV 2003, 296). Eine Außenprüfung ist grds. auch dann nicht ermessensfehlerhaft, wenn sie sich auf Zeiträume erstreckt, für die Steuerfestsetzungen möglicherweise wegen Verjährung nicht mehr durchgeführt werden können (BFH vom 28.09.2011, BStBl II 2012, 395).

Eine auf § 193 Abs. 1 AO gestützte Prüfung ist nicht nur auf die betrieblichen Verhältnisse beschränkt. Vielmehr können die gesamten steuerlichen Verhältnisse (z. B. Überschuss-einkünfte, Sonderausgaben) des in der Prüfungsanordnung genannten StPfl. überprüft werden. Andere StPfl. können hingegen nur unter den Voraussetzungen des § 193 Abs. 2 Nr. 2 AO geprüft werden. Aus der Prüfungsanordnung muss sich in diesen Fällen ergeben, warum »die für die Besteuerung maßgebenden Verhältnisse der Aufklärung bedürfen und warum eine Prüfung an Amtsstelle nicht zweckmäßig ist« (vgl. § 193 Abs. 1 und 2 AO). Das für eine Außenprüfung nach § 193 Abs. 2 Nr. 2 AO erforderliche Aufklärungsbedürfnis liegt jedenfalls dann vor, wenn dem StPfl. im Prüfungszeitraum aufgrund hoher Einkünfte erhebliche Beträge zu Anlagezwecken zur Verfügung standen und der StPfl. nur Kapitaleinkünfte in geringer Höhe erklärt sowie keine substantiierten und nachprüfbaren Angaben zur Verwendung der verfügbaren Geldmittel gemacht hat (BFH vom 26.07.2007, BStBl II 2009, 338). Die für eine Prüfungsanordnung erforderliche Begründung der Ermessensentscheidung kann noch im Einspruchsverfahren ergänzt werden, vgl. § 126 Abs. 1 Nr. 2 und Abs. 2 AO (BFH vom 28.09.2011, BStBl II 2012, 395).

Beispiel 1: Prüfung bei Ehegatten
M und F werden zusammen zur ESt veranlagt. M erzielt Einkünfte aus Gewerbebetrieb, F solche aus Vermietung und Verpachtung. Das FA will eine Außenprüfung durchführen und stützt die Prüfungsanordnung auf § 193 Abs. 1 und § 193 Abs. 2 Nr. 2 AO.
Lösung: Während bei M die Bezugnahme auf § 193 Abs. 1 AO ausreicht, genügt bei F die Angabe von § 193 Abs. 2 Nr. 2 AO zur Begründung der Prüfungsanordnung nicht aus. Auch bei Ehegatten müssen bei jedem gesondert die Voraussetzungen für die Durchführung einer Außenprüfung vorliegen. Das FA hätte bei F deshalb darlegen müssen, aus welchen Gründen auch ihre steuerlichen Verhältnisse überprüft werden sollen. Dies kann aber noch im Einspruchsverfahren gegen die Prüfungsanordnung nachgeholt werden (§ 126 Abs. 1 Nr. 2 und Abs. 2 AO).

Angesichts der angespannten personellen Situation in der FinVerw können keinesfalls alle in Betracht kommenden StPfl. geprüft werden. Dennoch gibt die AO selbst nicht vor, nach welchen Grundsätzen die Auswahl zu erfolgen hat. Die FinVerw hat dies in der BpO geregelt. StPfl. mit Gewinneinkünften werden danach in vier **Größenklassen** (§ 3 BpO) eingeordnet.[3] An diesen Größenklassen orientiert sich die Prüfungshäufigkeit. Sog. **Großbetriebe** »sollen« nach § 4 Abs. 2 BpO lückenlos[4] geprüft werden, weil bei ihnen erfahrungsgemäß die steuerlich erheblichen Verhältnisse so umfangreich und schwierig zu überschauen sind, dass der Innendienst sie allein nicht wirksam kontrollieren kann. Bei anderen Betrieben erfolgt die Prüfung hingegen nur mit gewissen zeitlichen Abständen. Doch gelten hierfür keine festen Regeln. Im Einzelfall ist auch bei Klein- oder Mittelbetrieben eine Anschlussprüfung zulässig (vgl. BFH vom 07.06.2022, Az.: VIII B 105/21). Selbst die Anordnung einer zweiten Anschlussprüfung für ein gewerbliches Einzelunternehmen, das im Zeitpunkt der Bekanntgabe dieser

---

3 Die Festlegung der Größenklassenmerkmale ab 01.01.2019 erfolgte durch BMF vom 13.04.2018, BStBl I 2018, 614; das Verzeichnis der Wirtschaftszweige/Gewerbekennzahlen ist abgedruckt in BStBl I 2022, 583.
4 Der BFH hat mit Urteil vom 07.02.2002 (BStBl II 2002, 269) entschieden, dass die Anordnung von Anschlussprüfungen bei Großbetrieben auch dann nicht gegen das Gleichheitsgebot von Art. 3 GG verstößt, wenn für die einzelnen Betriebe (im Urteilsfall: L+F-Betrieb) einkunftsabhängige Besonderheiten gelten.

Prüfungsanordnung als Mittelbetrieb eingestuft ist, bedarf grds. keiner über § 193 Abs. 1 AO hinausgehenden Begründung. Der BFH führt insoweit aus: Eine derartige Prüfung ist ermessensgerecht, wenn keine Anhaltspunkte für eine willkürliche oder schikanöse Belastung bestehen und sie nicht gegen das Übermaßverbot verstößt. Sie ist nicht übermäßig, wenn das Unternehmen während des vorgesehenen Prüfungszeitraumes zeitweise als Großbetrieb eingeordnet war und sich aufgrund vorliegenden Kontrollmaterials aus Sicht des FA ein Prüfungsbedarf ergibt (BFH vom 15.06.2016, BStBl II 2017, 22).

3 Die Prüfungsanordnung

Den Umfang der Außenprüfung (§ 194 AO) muss das FA in der Prüfungsanordnung (§ 196 AO und § 5 BpO) in sachlicher, persönlicher und zeitlicher Hinsicht konkretisieren und begrenzen. Durch diese Konkretisierung wird auch der Rahmen beschrieben, innerhalb dessen der StPfl. an der Feststellung der steuerrelevanten Sachverhalte mitwirken muss. Die allgemeine Mitwirkungspflicht (normiert in § 90 AO) wird für eine Außenprüfung durch § 200 AO näher beschrieben: Der StPfl. hat insb. Auskünfte zu erteilen, Aufzeichnungen, Bücher und andere Urkunden zur Einsicht und Prüfung vorzulegen und beim Datenzugriff nach § 147 Abs. 6 AO mitzuwirken. Verstößt er gegen diese Mitwirkungspflichten, kann das FA hierauf – neben den üblichen Zwangsmitteln – neuerdings auch ein Verzögerungsgeld nach § 146 Abs. 2b AO festsetzen.[5]

In der Prüfungsanordnung werden auch Zeitpunkt und Ort der Prüfung schriftlich festgelegt. Die Prüfungsanordnung muss in den Fällen des § 193 Abs. 2 Nr. 2 AO **begründet** und immer mit einer Rechtsbehelfsbelehrung (§ 356 AO) versehen werden. Dem StPfl. ist sie angemessene Zeit vor Beginn der Prüfung (ca. 14 Tage) bekannt zu geben. Die Bestimmung des Prüfungsbeginns und des Prüfungsorts sind **selbständig anfechtbare Verwaltungsakte** i. S. d. § 118 AO, die äußerlich regelmäßig mit der eigentlichen Prüfungsanordnung verbunden sind (BFH vom 13.09.2017, BFH/NV 2018, 180). Ein Einspruch gegen die Prüfungsanordnung entfaltet gem. § 361 Abs. 1 AO keine aufschiebende Wirkung; vorläufiger Rechtsschutz kann daher nur durch einen Antrag auf Aussetzung der Vollziehung beim FA nach § 361 AO, ggf. auch beim Finanzgericht nach § 69 FGO, erreicht werden (AEAO zu § 196 Nr. 1). Bei Beauftragung mit einer Außenprüfung (§ 195 S. 2 AO, sog. Auftragsprüfung) hat das beauftragte FA über den gegen die Prüfungsanordnung gerichteten Einspruch zu entscheiden, wenn auch die Prüfungsanordnung von ihm – und nicht vom beauftragenden FA – erlassen wurde (vgl. auch BFH vom 06.08.2013, AO-StB 2014, 9 zur Anfechtung der Prüfungsanordnung bei einer Auftragsprüfung).

3.1 Sachlicher Umfang der Prüfung

Bei StPfl. mit Gewinneinkünften erlaubt die allein auf § 193 Abs. 1 AO gestützte Prüfungsanordnung nicht nur die Prüfung der betrieblich relevanten Steuerarten. Die Prüfung kann sich vielmehr auch auf nichtbetriebliche Verhältnisse erstrecken. Deshalb können z. B. auch die

---

5 Ein Verzögerungsgeld kann insb. dann verhängt werden, wenn ein StPfl. einer Aufforderung des FA zur Erteilung von Auskünften oder zur Vorlage angeforderter Unterlagen i. S. d. § 200 Abs. 1 AO im Rahmen einer Außenprüfung nicht nachkommt (BFH vom 16.06.2011, BStBl II 2011, 855).

Einkünfte aus Kapitalvermögen oder das Vorliegen der Voraussetzungen für die Inanspruchnahme der Eigenheimzulage im Rahmen der Außenprüfung geprüft werden. Die auf § 193 Abs. 1 AO gestützte Außenprüfung **umfasst damit die ganze Steuerart**, wobei natürlich Prüfungsschwerpunkte gebildet werden können.

3.2 Persönlicher Umfang der Prüfung

Die Außenprüfung darf sich grds. nur auf die steuerlichen Verhältnisse des in der Prüfungsanordnung bezeichneten StPfl. erstrecken. Nach dem Versterben des StPfl. ist eine Prüfungsanordnung gemäß § 193 Abs. 1 AO gegenüber den Erben des verstorbenen Unternehmers zulässig, denn nach dem Zweck des § 193 Abs. 1 AO muss es die Möglichkeit geben, die steuerlichen Verhältnisse früherer Unternehmer auch dann zu prüfen, wenn sie ihren Betrieb veräußert oder aufgegeben haben; Gleiches gilt beim Tod des Unternehmers (BFH vom 15.06.2022, Az.: X B 87/21). Auch die Prüfung der steuerlichen Verhältnisse beider **Ehegatten** ist deshalb nur dann zulässig, wenn zum einen die Voraussetzungen des § 193 AO hinsichtlich beider vorliegen und zudem die Prüfungsanordnung gegen beide ergeht.

> **Beispiel 2: Die Außenprüfung bei einer OHG**
> Bei der A-B-C-OHG wird eine Außenprüfung durchgeführt, die auf § 193 Abs. 1 AO gestützt ist. Bei der Überprüfung des Sonder-BV von A wird erstmals ein Grundstück erfasst, das der OHG zur Nutzung überlassen war (bisherige Behandlung: V+V-Einkünfte). Bei dem G'fter B führt die Überprüfung der Kapitalkonten in den OHG-Bilanzen dazu, dass seine Kapitaleinkünfte nachversteuert werden, da die hohen Gewinnentnahmen auf privaten Konten deponiert wurden.

Soweit die Außenprüfung bei einer **PersG** durchgeführt wird, ist nach § 194 Abs. 1 S. 3 AO auch die Prüfung der Verhältnisse der G'fter zulässig, soweit sie für die einheitliche Feststellung von Bedeutung sind (z. B. Entnahmen, Einlagen, Sonderbetriebsausgaben). Das FA muss in den Fällen des § 194 Abs. 1 S. 3 AO keine eigene Prüfungsanordnung gegen die G'fter erlassen. Anders ist hingegen der Fall zu beurteilen, wenn auch die Einkünfte geprüft werden sollen, die der G'fter außerhalb der Gesellschaft erzielt. Diese Prüfung ist nur zulässig, wenn das FA eine gesonderte Prüfungsanordnung gegen den/die G'fter erlässt oder die G'fter von vornherein in die Prüfungsanordnung der Gesellschaft aufnimmt (vgl. § 194 Abs. 2 AO und § 5 Abs. 6 BpO).

> **Lösung:**
> Die Prüfungsfeststellungen zum Sonder-BV des A erfolgten korrekt im Rahmen des § 194 Abs. 1 S. 3 AO. Anders sieht es mit der Nachversteuerung der Kapitaleinkünfte des B aus, wenn über die Nachprüfung der Bewegungen auf den Kapitalkonten des B bei der OHG hinaus auch die Besteuerungsgrundlagen des § 20 EStG in eine Außenprüfung (z. B. durch Bankanfragen) einbezogen wurden. Insoweit ist die Prüfungsmaßnahme nicht von § 194 Abs. 1 S. 3 AO gedeckt. Es hätte hierzu einer auf § 194 Abs. 2 AO (oder § 193 Abs. 2 S. 2 AO) gestützten neuen Prüfungsanordnung bedurft.[6]

Bei der **Lohnsteueraußenprüfung** (§ 194 Abs. 1 S. 4 AO) werden ausschließlich die steuerlichen Verhältnisse der Arbeitnehmer, also Dritter, geprüft.

---

6 Wiederum anders ist die Rechtslage, wenn der Prüfer im Rahmen der Amtshilfe für die Veranlagungsstelle Einzelfeststellungen trifft. Diese dürfen aber nicht den Charakter einer Außenprüfung annehmen.

3.3 Zeitlicher Umfang der Prüfung

Nach § 194 Abs. 1 S. 2 AO kann sich der Prüfungszeitraum auf mehrere Besteuerungszeiträume erstrecken. In der BpO hat die Verwaltung dieses Ermessen jedoch eingeengt: Bei Großbetrieben soll sich der Prüfungszeitraum an den vorherigen anschließen (§ 4 Abs. 2 BpO; so auch der BFH vom 07.02.2002, BStBl II 2002, 269). Bei anderen Betrieben soll er hingegen i.d.R. **nicht mehr als drei zusammenhängende Besteuerungszeiträume** umfassen (§ 4 Abs. 3 S. 1 BpO). Obgleich die BpO eine innerdienstliche Anweisung ist, kommt dieser Regelung über Art. 3 Abs. 1 GG im Rahmen der Selbstbindung der Verwaltung auch Außenwirkung zu. Allerdings kann der Prüfungszeitraum – mit entsprechender substantiierter Begründung – erweitert werden, wenn mit nicht unerheblichen Änderungen zu rechnen ist oder der Verdacht einer Steuerstraftat besteht (§ 4 Abs. 3 S. 2 BpO); die Frage, wann eine Steuerforderung nicht unerheblich ist, ist nach Lage des Einzelfalls zu entscheiden, wobei bei einem Mittelbetrieb ein Betrag von etwa 1.500 € je VZ als Richtschnur gilt (FG München vom 02.03.2011, AO-StB 2012, 156). Die vom FA zu treffende Ermessensentscheidung erfordert lediglich eine Prognose, nicht die endgültige und umfassende Aufklärung, ob Mehrsteuern tatsächlich anfallen (BFH vom 02.09.2008, BFH/NV 2009, 3). Im Erweiterungszeitraum muss die Außenprüfung nicht auf bestimmte Sachverhalte beschränkt werden.

Liegen die Voraussetzungen für die Erweiterung des Prüfungszeitraums nicht vor und prüft das FA dennoch mehr als drei Jahre, liegt darin ein Verstoß gegen den Gleichheitsgrundsatz und damit ein Ermessensfehler, der auch von den Gerichten zu beachten ist (vgl. BFH vom 03.08.2022, BStBl II 2023, 213).

§ 4 BpO begrenzt den Prüfungszeitraum nur für die Vergangenheit. Nach der Bekanntgabe der Prüfungsanordnung eingereichte Steuererklärungen können immer in die Prüfung einbezogen werden.

3.4 Begründungs- und weitere Verfahrensmängel

Enthält die Prüfungsanordnung (z.B. in den Fällen des § 193 Abs. 2 S. 2 AO) keine Begründung, so kann dieser Mangel in der Einspruchsentscheidung nachgeholt werden (BFH vom 02.09.2008, BFH/NV 2009, 3). Irrelevant ist der Mangel – anders als bei Steuerbescheiden als gebundene VAe – gem. § 127 AO nicht, da die Prüfungsanordnung einen Ermessens-VA darstellt. Gravierender als diese Mängel sind allerdings Akte der Außenprüfung, die ohne Prüfungsanordnung ergehen.

> **Beispiel 3: Prüfung ohne Prüfungsanordnung**
>
> Außenprüfer O verschickt eine Prüfungsanordnung an den Bäckermeister B, in der ihm u.a. mitgeteilt wird, dass O in zwei Wochen mit der Außenprüfung bei B beginnen wird. Noch vor dem offiziellen Prüfungsbeginn erscheint O bei B und nimmt – im Vorgriff auf die anstehende Außenprüfung – einen Kassensturz vor. Dabei entdeckt B einen Kassenfehlbetrag von 200 €, den er bei der späteren Prüfung zur Grundlage der Hinzuschätzung von Einnahmen macht.

Ohne förmliche Erweiterung des Prüfungszeitraums darf der Außenprüfer – gestützt auf §§ 93 ff. AO – **Einzelermittlungen** treffen, die über den Prüfungszeitraum hinausgehen. In diesem Fall muss er aber deutlich machen, dass die Ermittlungen nicht im Rahmen der

Außenprüfung erfolgen. Stellt er dies nicht klar, liegen Maßnahmen der Außenprüfung vor, die durch die Prüfungsanordnung nicht gedeckt und somit rechtswidrig und nicht verwertbar sind.[7]

Lösung:
Der unangemeldete Kassensturz ist weder von der Prüfungsanordnung gedeckt noch stellt er eine reguläre Ermittlungsmaßnahme im Rahmen des allgemeinen Amtsermittlungsgrundsatzes von § 85 AO dar. Die Maßnahme führt zu einem **Verwertungsverbot**.

4 Bekanntgabe der Prüfungsanordnung

Die Bekanntgabe der Prüfungsanordnung ist in § 197 AO geregelt. Wie jeder VA muss sie demjenigen gegenüber bekannt gegeben werden, an den sie sich richtet, also gegenüber dem **Inhaltsadressaten** bzw. Prüfungssubjekt. Bei PersG oder KapG ist dies die Gesellschaft, nicht der einzelne G'fter. Nur soweit die Bekanntgabe an das **Prüfungssubjekt** nicht möglich oder nicht zulässig ist, kommen Dritte als **Bekanntgabeadressaten** in Betracht (z. B. Eltern eines minderjährigen Kindes, GF einer nichtrechtsfähigen Personenvereinigung, Liquidator). In solchen Fällen muss jedoch ein erläuternder Zusatz in die Prüfungsanordnung aufgenommen werden, aus dem der Grund für die Bekanntgabe der Anordnung beim Adressaten erkennbar wird (z. B. »die Prüfungsanordnung ergeht an Sie als Alleinerbin und Gesamtrechtsnachfolgerin nach Ihrem verstorbenen Ehemann Max Maier«).

Prüfungsanordnungen gegenüber zusammenveranlagten **Ehegatten** können gegebenenfalls in einer Verfügung zusammengefasst werden, doch handelt es sich hierbei um zwei VA. Sind aber beide Ehegatten unternehmerisch tätig (aber nicht gemeinschaftlich), müssen die Außenprüfungen getrennt angeordnet werden. **Personenhandelsgesellschaften** ist die Prüfungsanordnung unter ihrer Firma bekannt zu geben.

Mit Bekanntgabe der Prüfungsanordnung (nicht mit dem Zugang, § 122 AO) entfällt die Möglichkeit der strafbefreienden Selbstanzeige (§ 371 Abs. 2 Nr. 1a AO).

5 Rechtsbehelfe gegen die Prüfungsanordnung

5.1 Der Grundsatz

Die Prüfungsanordnung kann als VA mit dem **Einspruch** (§ 347 AO) angefochten werden. Auch in diesem Fall kommt dem Einspruch keine aufschiebende Wirkung zu, d. h. die Finanzbehörde kann trotz eines Einspruchs gegen die Prüfungsanordnung mit der Prüfung beginnen (vgl. § 361 Abs. 1 S. 1 AO). Gegebenenfalls kann aber **Aussetzung der Vollziehung** beantragt werden (vgl. § 361 Abs. 2 AO). Doch verspricht ein solcher Antrag i. d. R. wenig Aussicht auf Erfolg, da der StPfl. nach Auffassung der BFH-Rspr. durch die **Verwertungsverbote** ausreichend gegen die Folgen einer rechtswidrigen Außenprüfung geschützt ist.

---

[7] Ausführlich und instruktiv BFH vom 04.10.2006, BFH/NV 2007, 190 zur Feststellung von Verhältnissen Dritter im Rahmen einer Außenprüfung.

Die einzelnen Prüfungshandlungen können nicht isoliert mit dem Einspruch angegriffen werden, da es sich hierbei um keine VA handelt.[8] Dennoch ist der StPfl. nicht schutzlos. Ob die Prüfungshandlungen rechtmäßig oder rechtswidrig waren, wird im Rechtsbehelfs- bzw. Klageverfahren gegen den Änderungsbescheid überprüft, der auf den Erkenntnissen der Außenprüfung beruht.

Nur wenn ausnahmsweise eine Prüfungsmaßnahme als VA i. S. v. § 118 AO zu qualifizieren ist, also dem StPfl. ein bestimmtes Tun, Dulden oder Unterlassen aufgibt, ist die isolierte Anfechtung möglich. Neben der Prüfungsanordnung und ihrer Erweiterung sind dies vor allem die Festlegung des voraussichtlichen Prüfungsbeginns und des Prüfungsorts (zur Prüfung an Amtsstelle vgl. BFH vom 26.07.2007, BFH/NV 2007, 1950). Auch die Aufforderung, Bücher vorzulegen bzw. ein Lesegerät für Mikrofilme zur Verfügung zu stellen, ist ein VA. Hingegen ist die während einer Außenprüfung dem StPfl. gegenüber ergangene Aufforderung, bestimmte Fragen zu beantworten, i. d. R. kein VA, sondern dient ausschließlich der Ermittlung steuererheblicher Umstände.

5.2 Rechtsbehelf und Verwertungsverbot

Auch wenn sich der StPfl. zunächst widerspruchslos auf die Prüfung einlässt, verwirkt er sein Anfechtungsrecht gegen die Prüfungsanordnung nicht. Nach **Abschluss der Außenprüfung** wird die Klage auf Aufhebung der Prüfungsanordnung aber unzulässig. Es fehlt das **Rechtsschutzbedürfnis** (BFH vom 10.05.1991, BStBl II 1991, 825). Will der StPfl. die Auswertung der Prüfungsergebnisse verhindern, hat er jedoch ein berechtigtes Interesse an der Feststellung der Rechtswidrigkeit der Anordnung. Mit der damit zulässigen **(Fortsetzungs-)Feststellungsklage** kann er gem. § 100 Abs. 1 S. 4 FGO erreichen, dass die Finanzbehörde die Erkenntnisse aus der Prüfung nicht in Steuerbescheiden umsetzen darf. Ficht der StPfl. die Prüfungsanordnung nicht an, kann er dem FA die Verwertung der einzelnen Prüfungsfeststellungen nicht mit der Begründung verwehren, die Prüfungsanordnung sei rechtsfehlerhaft (BFH vom 26.09.2007, BStBl II 2008, 134). Das bedeutet, dass ein für ein Verwertungsverbot relevanter Fehler der Prüfungsanordnung nur dann verfahrensrechtlich zu einem Verwertungsverbot führt, wenn dem nicht eine bestandskräftige Prüfungsanordnung entgegensteht.

Allerdings ist auch die Verwertung von Prüfungsfeststellungen, die aufgrund einer rechtswidrigen Prüfungsanordnung getroffen worden sind, nicht generell unzulässig. Mit Urteil vom 22.02.2006 (BStBl II 2006, 400) hat der BFH erneut seine Rspr. bestätigt, wonach ein **Verwertungsverbot nicht eingreift**, wenn die Feststellungen im Rahmen eines erstmaligen Steuerbescheids oder einer Änderung nach § 164 Abs. 2 AO verwertet werden. In beiden Fällen besteht ein Verwertungsverbot nur dann, wenn entweder die rechtlichen Voraussetzungen für die Anordnung einer Außenprüfung nicht gegeben waren oder wenn im Rahmen der Prüfung **schwerwiegende Verfahrensfehler** unterlaufen sind und die Prüfungsfeststellun-

---

8 Vgl. den entsprechenden Rechtsgedanken zu verfahrensleitenden Verfügungen in § 128 Abs. 2 FGO.

gen hierauf beruhen.⁹ Anderenfalls sind bei einer Außenprüfung festgestellte Tatsachen mithin auch dann verwertbar, wenn sie durch Prüfungshandlungen aufgedeckt wurden, die nicht auf einer (wirksamen) Prüfungsanordnung beruhen.

5.3 Erneute Reaktion der Verwaltung

Wird die Prüfungsanordnung aufgrund eines Einspruchs oder im Klageverfahren wegen Verfahrensfehlern aufgehoben, dürfen die Prüfungsergebnisse nicht ausgewertet werden (sog. Verwertungsverbot). Werden sie dennoch ausgewertet, sind die darauf beruhenden Steuerfestsetzungen ihrerseits fehlerhaft. Allerdings kann die Finanzbehörde eine neue Prüfungsanordnung (sog. »**wiederholende Verfügung**«) erlassen, wenn die ursprüngliche Anordnung durch das Gericht oder seitens des FA aus formalen Gründen aufgehoben oder für nichtig erklärt wurde und die Prüfung wiederholen.¹⁰ Die mit dieser Prüfung gewonnenen Erkenntnisse dürfen verwertet werden.

5.4 Zusammenfassende Fallstudie

Die Reichweite und die rechtliche Bedeutung der Prüfungsanordnung sowie allgemein der Prüfungshandlungen sind nicht immer leicht zu erkennen.

> **Beispiel 4: Der clevere Betriebsprüfer**
>
> Das FA ordnet bei M, der als StB Einkünfte aus selbständiger Arbeit erzielt, gem. § 193 Abs. 1 AO eine Außenprüfung für die Jahre 02 bis 04 an. Kurz nach Beginn der Prüfung findet der Prüfer einen Beleg über Zinseinkünfte aus dem Jahr 02 über 5.000 €, die M nicht versteuert hat. Der Prüfer fordert daraufhin die Vorlage sämtlicher Bankbelege auch des Jahres 01. M kommt dieser Forderung nach. In diesen Belegen findet der Prüfer weitere Belege über nicht erklärte Zinseinkünfte des M und entdeckt zusätzlich, dass F, die Einkünfte aus nichtselbständiger Arbeit erzielt, im Jahr 01 Vermietungseinkünfte nicht erklärt hat.
>
> **Lösung:** Bevor die einzelnen Prüfungshandlungen untersucht werden können, muss zuerst die Rechtmäßigkeit der Prüfungsanordnung beurteilt werden. Da M Einkünfte nach § 18 EStG hat, reicht die Bezugnahme auf § 193 Abs. 1 AO zur Begründung der Prüfungsanordnung aus. Zutreffend ist auch der dreijährige Prüfungszeitraum. Die Prüfungsanordnung ist somit formal in Ordnung.

Auch musste sich der Prüfer nicht nur auf den betrieblichen Bereich beschränken. Seine Prüfungsbefugnis bezieht sich – ohne dass es hier einer besonderen Begründung bedarf – auch auf die nichtbetrieblichen Einkünfte des M, also auf Einkünfte aus Kapitalvermögen, Vermietung und Verpachtung oder sonstige Einkünfte. Die Überprüfung der Zinseinkünfte

---

9 Zu einem Verwertungsverbot führen damit nach der Rspr. nur solche Fehler, die **besonders schwerwiegende** Rechtsverletzungen des FA bei der Sachverhaltsermittlung darstellen. Dazu zählen Verstöße gegen den verfassungsrechtlich geschützten Bereich des StPfl. (sog. qualifiziertes materiell-rechtliches Verwertungsverbot; BFH vom 04.10.2006, BStBl II 2007, 227 m.w.N.), die Verletzungen von Vorschriften, die den StPfl. in seiner Willensentschließung und Willensbetätigung schützen sollen, sowie besonders schwerwiegende Verfahrensverstöße. Derartige Verstöße sind geeignet, das Ermittlungsergebnis maßgeblich dahingehend zu beeinflussen, dass es ohne eine solche Verletzung gar nicht erlangt oder anders ausgefallen sein könnte. Diese Fehler führen auch bei erstmaliger Steuerfestsetzung sowie bei Steuerfestsetzungen unter dem Vorbehalt der Nachprüfung zu einem Verwertungsverbot.
10 Dies gilt sogar, wenn bereits Prüfungshandlungen vorgenommen wurden.

des M im Jahr 02 war somit korrekt. Anders verhält es sich hingegen mit der Überprüfung der Bankbelege des Jahres 01. Dies war durch die Prüfungsanordnung nicht gedeckt und somit rechtswidrig. Der Prüfer hätte nach Auffinden des Zinsbelegs des Jahres 02 den zeitlichen Umfang der Prüfung erweitern müssen. Dies ist nur durch eine weitere Prüfungsanordnung möglich, die wiederum schriftlich ergehen und auch begründet werden muss. Da nun mehr als drei Jahre geprüft werden sollen, greift § 4 Abs. 3 S. 2 BpO. Die Erweiterung des Dreijahreszeitraums ist nur zulässig, wenn wahrscheinlich »mit nicht unerheblichen Steuernachforderungen [...] zu rechnen ist«. Dies hätte geprüft und in der Prüfungsanordnung zusätzlich begründet werden müssen.

Auch die Prüfungshandlungen gegenüber F sind rechtswidrig, da die Prüfungsanordnung nur gegenüber M erging. Die Finanzbehörde hätte gegenüber F eine gesonderte Anordnung erlassen müssen. Da hier nur § 193 Abs. 2 AO als Rechtsgrundlage herangezogen werden kann, hätte dies in jedem Fall begründet werden müssen.

Ergebnis: Die Prüfungshandlungen gegenüber M sind rechtswidrig, soweit sie sich auf das Jahr 01 beziehen. Die Prüfungshandlungen gegenüber F sind insgesamt rechtswidrig. Somit unterliegen die Erkenntnisse des Jahres 01 bei M und die bei F dem Verwertungsverbot.

6 Kontrollmitteilungen

§ 194 Abs. 3 AO eröffnet dem Prüfer die Möglichkeit, **Kontrollmitteilungen (KM)** zu fertigen. Sie dienen der routinemäßigen Kontrolle. Zwischen der Außenprüfung und der Feststellung steuerrelevanter Verhältnisse dritter Personen muss lediglich ein enger Zusammenhang dergestalt bestehen, dass bei einer konkreten und im Aufgabenbereich des Prüfers liegenden Tätigkeit ein **Anlass** auftaucht, solche Feststellungen zu treffen. **Anlässlich der Außenprüfung** – so der Wortlaut des § 194 Abs. 3 AO – bedeutet, dass nicht nur ein zeitlicher Zusammenhang zwischen Außenprüfung und mitzuteilender Feststellung, sondern ein sachlicher Zusammenhang in der Weise bestehen muss, dass bei einer konkreten und im Aufgabenbereich des Prüfers liegenden Tätigkeit ein Anlass auftaucht, solche Feststellungen quasi als Nebenprodukt zu treffen. Fehlt es an einer solchen konkreten Prüfungstätigkeit, die den Anlass für die Feststellung der Verhältnisse Dritter bieten muss, handelt der Prüfer außerhalb der ihm durch den Prüfungsauftrag verliehenen Befugnisse (BFH vom 04.10.2006, BStBl II 2007, 227 m.w.N.). Nicht erforderlich ist, dass der Dritte verdächtig ist, unrichtige steuerliche Angaben gemacht zu haben oder bei der Prüfung ungewöhnliche Vorgänge (z.B. bar gezahlte Provisionen auf Wunsch des Empfängers) festgestellt werden. Kontrollmitteilungen sind keine VA und können demgemäß nicht mit dem Einspruch angefochten werden. Die Verwertung der Kontrollmitteilungen ist auch dann nicht eingeschränkt, wenn der geprüfte StPfl. ein Auskunftsverweigerungsrecht hätte. Deshalb dürfen Kontrollmitteilungen gefertigt werden, wenn der Geschäftspartner ein naher Angehöriger des StPfl. ist. Die Notwendigkeit von Kontrollmitteilungen soll jedoch in diesen Fällen besonders sorgfältig geprüft werden. Die Auskunftsverweigerungsrechte nach § 102 AO (Geistliche, Abgeordnete, RA, StB, Presse) hindern die Fertigung von Kontrollmitteilungen ebenfalls nicht generell; für die Außenprüfung bei gesetzlich zur Verschwiegenheit verpflichteten und zur Auskunftsverweigerung berechtigter Personen – wie StB und Wirtschaftsprüfer – gelten ebenfalls die allgemeinen Vorschriften (BFH vom 08.04.2008, BStBl II 2009, 579).

7 Die Stellung des Betriebsprüfers

Aufgabe des Betriebsprüfers ist es, als Amtsperson die Besteuerungsgrundlagen zu ermitteln. Gegen seine Bestimmung steht dem StPfl. grds. kein Rechtsbehelf zu. Insb. räumt ihm § 83 AO kein selbständiges Recht zur Ablehnung des Betriebsprüfers wegen Besorgnis der Befangenheit ein. Gleichwohl kommt ausnahmsweise eine gerichtliche Überprüfung der Festlegung des Prüfers in Betracht, wenn zu befürchten ist, dass dieser Rechte des StPfl. verletzt, die durch spätere Rechtsbehelfe nicht wieder rückgängig gemacht werden können (BFH vom 29.04.2002, BStBl II 2002, 507). Hat beispielsweise der Betriebsprüfer in einer vorangegangenen Außenprüfung unberechtigterweise Prüfungsfeststellungen an Dritte (z. B. die Strafverfolgungsbehörden) weitergegeben, kann der StPfl. gerichtlich gegen die Bestimmung des Prüfers vorgehen.

Der Betriebsprüfer trägt für die von ihm getroffenen tatsächlichen Feststellungen die Verantwortung. Diese fasst er im Prüfungsbericht zusammen (§ 202 AO). An die von ihm vertretene **Rechtsauffassung ist das Veranlagungs-FA** (oder die Veranlagungsstelle des FA) **aber nicht gebunden**. Es kann daher die tatsächlichen Feststellungen anders würdigen und bei der Auswertung des Prüfungsberichts eine unrichtige Rechtsauffassung richtigstellen. Über den Steueranspruch selbst wird erst bei der Veranlagung entschieden.[11]

> **Beispiel 5: Die Verständigung über eine vGA bei der Schlussbesprechung**
>
> Im Rahmen der Außenprüfung bei der X-GmbH wird das GF-Gehalt des X (Allein-G'fter-GF) überprüft. Der Außenprüfer stellt dabei fest, dass dieses im Schnitt bei 80% des vorläufigen Betriebsergebnisses der GmbH lag. Das zu versteuernde Einkommen der X-GmbH war entsprechend niedrig.
>
> Bei der Schlussbesprechung war auch der Amtsvorsteher zugegen, der das heftig geführte Gespräch anfangs noch mit Interesse verfolgte. Bei der Einigung zwischen dem Prüfer, dem BP-Stellenleiter, X und seinem StB war er schon gegangen.
>
> Der Kompromiss sah folgende Punkte vor:
> - Anerkennung des Gehalts in Höhe von maximal 50% als BA.
> - Der Verstoß gegen das Gebot der schriftlichen Vereinbarung beim Mehrheits-G'fter im ersten Prüfungsjahr sei keine vGA.

Lassen sich Unklarheiten über steuerlich erhebliche Sachverhalte nicht oder nur schwer und mit erheblichem Aufwand aufklären, ist eine **tatsächliche Verständigung**[12] zulässig. Deshalb kann sich eine tatsächliche Verständigung auch nur auf die in der Vergangenheit verwirklichten Besteuerungstatbestände beziehen; für die künftige Besteuerung kann allenfalls eine Zusage (vgl. Kap. 10) erteilt werden. Zweck der Verständigung ist es, zu jedem Zeitpunkt des Besteuerungsverfahrens und somit auch während einer Betriebsprüfung den möglichst zutreffenden Besteuerungssachverhalt i. S. d. § 88 AO einvernehmlich festzulegen. Die Rechtsnatur der Verständigung ist nach wie vor strittig. Während der BFH früher von einem öffentlich-rechtlichen Vertrag ausging, ergibt sich nach BFH vom 31.07.1996 (BStBl II

---

[11] Diese Ausführungen gelten für den Regelfall der funktionellen Trennung von Veranlagung und Außenprüfung. Es gibt jedoch auch die sog. »Amts-BP«, wo die Veranlagungstätigkeit der Außenprüfung übertragen wird.

[12] Vgl. ausführlich BMF vom 30.07.2008, BStBl I 2008, 831 und Kap. I 3.6.2.

1996, 625) die Bindung nur nach den **Grundsätzen von Treu und Glauben**. Eine bindende tatsächliche Verständigung setzt allerdings voraus, dass für die Finanzbehörde ein Amtsträger beteiligt ist, der zur Entscheidung über die Steuerfestsetzung befugt ist (BFH vom 07.07.2004, DStR 2004, 2082). Dies kann der Vorsteher, der zuständige Sachgebietsleiter der Veranlagungsstelle oder – im Rechtsbehelfsverfahren – der Leiter der Rechtsbehelfsstelle sein. Auch im Rahmen der Schlussbesprechung sind **tatsächliche Verständigungen** mit dem **Außenprüfer** oder auch mit dem BP-Stellenleiter dagegen **nicht bindend,** da diese nach der innerbehördlichen Organisation der FÄ keine Entscheidungen über die Steuerfestsetzung treffen können (BFH vom 28.07.1993, BFH/NV 1994, 290). Charakteristisch für die tatsächlichen Geschehensabläufe ist hingegen der Sachverhalt vom 20.08.1997 (BFH/NV 1998, 333), als der für die Steuerfestsetzung zuständige Beamte schweigend die Ausführungen des Außenprüfers zur Kenntnis nahm und im Nachhinein der StPfl. eine fehlende Bindungswirkung reklamierte.

Von grundlegender Bedeutung ist des Weiteren, dass sich die tatsächliche Verständigung nur auf den der Besteuerung zugrunde liegenden Sachverhalt beziehen darf. **Vergleiche über Steueransprüche** bzw. über Rechtsfragen sind hingegen wegen der Grundsätze der Gesetzmäßigkeit und Gleichmäßigkeit der Besteuerung **nicht möglich.**

> **Lösung:**
> - Die Einigung im zweiten Punkt (keine vGA wegen einem – angeblich hier – unbeachtlichen Verstoß gegen das Vereinbarungsgebot beim beherrschenden G'fter) ist unzulässig, da sie sich auf eine Rechtsfrage bezog, die nicht kompromissfähig ist. Außerdem ist die Entscheidung materiell-rechtlich falsch.
> - Gegen die Einigung im ersten Punkt (Höhe des GF-Gehalts) können wegen des »säumigen« Amtsvorstehers Bedenken bestehen. Nachdem der BFH in der letzten Entscheidung die Rechtsgrundlage der tatsächlichen Verständigung auf Treu und Glauben gestützt hat – unter anfänglicher Beteiligung des Amtsleiters–, ist hier von seiner konkludenten Bevollmächtigung der funktionell zuständigen Beamten des Außendienstes auszugehen. Jedenfalls ist der Bindungswille der FinVerw offensichtlich (hierzu BFH vom 21.06.2000, BFH/NV 2001, 2).

8 Die Schlussbesprechung

Die Schlussbesprechung bildet den regelmäßigen Abschluss der Außenprüfung. Ihre Durchführung ist verbindlich vorgeschrieben (§ 201 Abs. 1 S. 1 AO); das FA hat insoweit kein Ermessen. Dem StPfl. soll noch vor der Erstellung des Prüfungsberichts rechtliches Gehör gewährt werden. Bei der Schlussbesprechung können Missverständnisse und Meinungsverschiedenheiten ausgeräumt und so unnötige Rechtsbehelfe verhindert werden. Äußerungen in einer Schlussbesprechung haben nur vorläufigen Charakter; das **rechtliche Ergebnis der Schlussbesprechung** ist – auch wenn Übereinstimmung erzielt wurde – grds. **unverbindlich** und kann bei der Auswertung der Prüfungsfeststellungen korrigiert werden. Die Schlussbesprechung kann nur unterbleiben, wenn
- sich keine Änderung der Besteuerungsgrundlagen ergibt,
- der StPfl. darauf verzichtet oder
- bei der abgekürzten Außenprüfung.

Verweigert das FA die Abhaltung der Schlussbesprechung, kann der StPfl. Einspruch einlegen. Macht der StPfl. von dieser Möglichkeit keinen Gebrauch, ist die Tatsache, dass keine Schlussbesprechung stattgefunden hat, als bloßer Verfahrensfehler ohne Einfluss auf die Rechtmäßigkeit der durch die Prüfung veranlassten Steuerfestsetzungen (§ 127 AO). Der Verfahrensfehler wird durch die Möglichkeit des StPfl. geheilt, sich zum Prüfungsbericht vor und im Einspruchsverfahren zu äußern. Ein Verwertungsverbot besteht deshalb nicht.

9 Der Prüfungsbericht

Nach abgeschlossener Außenprüfung erhält der StPfl. gem. § 202 AO einen Prüfungsbericht, in dem die Prüfungsfeststellungen in (sehr) formalisierter Darstellung zusammengefasst sind.[13] Dem StPfl. wird dadurch Gelegenheit gegeben, die Richtigkeit der Prüfungsfeststellungen nachzuprüfen und ggf. dazu Stellung zu nehmen; er erhält – nach der Schlussbesprechung – nochmals rechtliches Gehör. Ein häufiges Missverständnis seitens der StB besteht darin, dem Prüfungsbericht VA-Qualität zuzubilligen. Gegen den Prüfungsbericht selbst ist kein Rechtsmittel statthaft (so schon der BFH vom 01.08.1985, BStBl II 1986, 21). Rechtsmittel stehen dem Bürger erst gegen die Auswertung des Prüfungsberichts mittels berichtigter Steuerbescheide für die geprüften Jahre zu.

10 Verbindliche Zusage (§ 204 AO)

Während die verbindliche Auskunft nach § 89 Abs. 2 AO Sachverhalte betrifft, die erstmalig verwirklicht werden sollen, betrifft § 204 AO Fallgestaltungen, die schon in früheren Veranlagungszeiträumen verwirklicht wurden und nunmehr im Rahmen einer Außenprüfung verwirklicht worden sind. Angestrebt wird also eine verbindliche Aussage, wie ein für die Vergangenheit geprüfter und im Prüfungsbericht dargestellter Sachverhalt in Zukunft durch das FA steuerlich gewürdigt wird.[14] § 204 AO setzt für die Erteilung einer verbindlichen Zusage voraus, dass
- ein im Rahmen der Außenprüfung für die Vergangenheit geprüfter Sachverhalt im Prüfungsbericht dargestellt wird,
- dieser Sachverhalt Wirkung für die Zukunft besitzt,
- der StPfl. die verbindliche Zusage während der Außenprüfung beantragt und
- die Kenntnis der künftigen steuerrechtlichen Behandlung für die weiteren geschäftlichen Maßnahmen des StPfl. von Bedeutung ist.

Nur ein bereits geprüfter, d.h. in der Vergangenheit abgeschlossener Sachverhalt kann Grundlage für eine verbindliche Zusage sein. Deshalb kommen nur bereits verwirklichte Sachverhalte mit **Dauerwirkung** (z.B. Auswirkungen des Gesellschaftsvertrags) oder aber wiederkehrende Sachverhalte in Betracht. Allein die Tatsache, dass das FA eine bestimmte

---

13 Vgl. *Buse*, Der Prüfungsbericht, AO-StB 2008, 50.
14 Vgl. *von Wedelstädt*, Verbindliche Zusage im Anschluss an eine Außenprüfung – ein solides Fundament für wirtschaftliche Dispositionen, AO-StB 2009, 15.

Gestaltung bei zwei Außenprüfungen nicht beanstandet hat, kann hingegen keinen nach Treu und Glauben zu beanstandenden Vertrauenstatbestand schaffen. Das FA wird sich in diesen Fällen generell auf den **Grundsatz der Abschnittsbesteuerung** berufen (BFH vom 30.03.2011, BStBl II 2011, 613).

§ 204 AO ist als Sollvorschrift ausgestaltet. Dies bedeutet, dass die Finanzbehörde – hier ist wiederum die Stelle zuständig, der die Auswertung der Prüfungsfeststellungen obliegt, also die Veranlagungsstelle – die verbindliche Zusage erteilen muss, sofern nicht ausnahmsweise gegenteilige Gründe vorliegen. Lehnt das FA die Erteilung der verbindlichen Zusage ab, so muss sie ihre Entscheidung begründen. Bei der ablehnenden Entscheidung handelt es sich um einen VA (§ 118 AO), die mit dem Einspruch angefochten werden kann. Auch die erteilte Zusage, also die Erklärung, einen bestimmten Sachverhalt später wie festgelegt zu würdigen, ist nach h. M. ein VA.

Das FA ist an eine Zusage nur dann gebunden, wenn der StPfl. die entscheidungserheblichen Teile des Sachverhalts objektiv vollständig und zutreffend darlegt (BFH vom 27.07.1988, BStBl II 1989, 57). Entspricht der tatsächlich verwirklichte Sachverhalt nicht dem der verbindlichen Zusage zugrunde gelegten Sachverhalt, ist das FA an die erteilte Zusage auch ohne besonderen Widerruf nicht gebunden, wenn die Abweichung wesentlich war (§ 206 Abs. 1 AO). Sind die beiden Sachverhalte hingegen identisch, kann der StPfl. im Rechtsbehelfsverfahren gegen den Steuerbescheid die Bindungswirkung der Zusage geltend machen. Hierzu sind keine Dispositionen des StPfl. aufgrund der Zusage erforderlich. Andererseits ist der StPfl. nicht an die verbindliche Zusage gebunden, wenn sie zu seinen Ungunsten geltendem Recht widerspricht (§ 206 Abs. 2 AO). Er kann deshalb den Steuerbescheid, der aufgrund der bindenden Zusage erging, anfechten, um eine günstigere Regelung zu erreichen. Die Bindungswirkung der Zusage haben auch die Finanzgerichte zu beachten.

§ 207 AO ist **lex specialis** zu anderen Korrekturvorschriften. Das Vertrauen in den Fortbestand einer gesetzlichen Regelung kann über eine verbindliche Zusage nicht geschützt werden. Deshalb tritt – ohne dass es eines Zutuns des FA bedarf – nach § 207 Abs. 1 AO die verbindliche Zusage außer Kraft, wenn sich die Rechtsvorschriften, auf denen die Entscheidung beruht, ändern. Nach § 207 Abs. 2 AO kann das FA die verbindliche Zusage mit **Wirkung für die Zukunft** aufheben oder ändern, wenn sich beispielsweise die steuerliche Beurteilung durch die Rspr. oder Verwaltung zum Nachteil des StPfl. ändert. Zuvor ist jedoch der StPfl. zu hören (§ 91 Abs. 1 AO). Gegen den danach zu erteilenden Bescheid ist der Einspruch gegeben.

XII Steuerstraftaten und Steuerordnungswidrigkeiten

1 Überblick

Der achte Teil der AO (§§ 369 bis 412 AO) behandelt mit den Straf- und Bußgeldvorschriften das **Steuerstrafrecht** sowie das **Steuerordnungswidrigkeitenrecht** und damit die Verfolgung und Ahndung von Verstößen gegen die Steuergesetze.[1] Insb. das **materielle Steuerstrafrecht** ist – samt den korrespondierenden Verfahrensvorschriften – häufig **Prüfungsgegenstand der StB-Prüfung**. Dies liegt vor allem daran, dass sich Aufgabenstellungen aus dem achten Teil der AO besonders gut mit anderen Prüfungsschwerpunkten des Verfahrensrechts verbinden lassen. Verknüpfungen existieren beispielsweise bei den **Haftungsvorschriften** (Haftung des Steuerhinterziehers gem. § 71 AO), der **Festsetzungsverjährung** (verlängerte Festsetzungsfrist bei Steuerhinterziehung und leichtfertiger Steuerverkürzung gem. § 169 Abs. 2 S. 2 und 3 AO), der **Ablaufhemmung** (§ 171 Abs. 5 und 9 AO) sowie der **Bestandskraft** (§ 173 Abs. 2 S. 1 AO und der besonders prüfungsrelevante § 164 Abs. 4 AO). Die Vorschriften der AO werden für die Finanzbehörden durch die »Anweisungen für das Straf- und Bußgeldverfahren (Steuer)«, die sog. AStBV, ergänzt. Diese bindenden Richtlinien (Verwaltungsanweisungen) sichern die bundeseinheitliche Handhabung des Steuerstrafrechts und die Zusammenarbeit der Ermittlungsbehörden.[2]

Die AO unterscheidet zwischen Steuerstraftaten (samt den dazugehörigen Strafvorschriften, §§ 369 ff. AO) und Steuerordnungswidrigkeiten (einschließlich den Bußgeldvorschriften, §§ 377 ff. AO). **Steuerordnungswidrigkeiten** sind nach Einschätzung des Gesetzgebers keine Straftaten, sondern bloßes **Verwaltungsunrecht**, also praktisch Fälle **steuerlicher Kleinkriminalität**. Bei den Steuerordnungswidrigkeiten wird das geschützte Rechtsgut entweder nur abstrakt gefährdet (z. B. durch das Versteigern von Tankrechnungen, was seit 2006 durch eine Ergänzung des Tatbestandes von § 379 Abs. 1 AO ebenfalls eine Steuergefährdung darstellt) oder es ist strafrechtlich von geringerer Bedeutung als bei den Steuerstraftaten (z. B. § 378 AO).

Strafvorschriften auf der einen und Bußgeldvorschriften auf der anderen Seite haben vor diesem Hintergrund folgende **wesentliche Unterschiede**:
- Während Steuerstraftaten mit einer **Strafe** (Freiheits- oder Geldstrafe) geahndet werden, wird als Rechtsfolge einer Steuerordnungswidrigkeit eine **Geldbuße** verhängt. Freiheits- und Geldstrafen über (also nicht »ab«) 90 Tagessätzen werden in das Bundeszentralregister (wichtig für das sog. polizeiliche Führungszeugnis) eingetragen; Geldbußen erscheinen dort grds. nicht (§ 4 Nr. 1 BZRG).
- **Leichtfertig verkürzte Steuern** (§ 378 AO) werden im Gegensatz zu vorsätzlich hinterzogenen Steuern (§ 370 AO) **nicht nach § 235 AO verzinst** (bestätigt durch FG München vom 23.09.2014, AO-StB 2015, 76).
- Nur der **Steuerhinterzieher** (§ 370 AO), nicht aber der leichtfertige Steuerverkürzer (§ 378 AO) **haftet nach § 71 AO**.
- Die verlängerte Festsetzungsverjährungsfrist bei Steuerhinterziehung beträgt gem. § 169 Abs. 2 S. 2 AO zehn Jahre, bei leichtfertiger Steuerverkürzung dagegen fünf Jahre.

---

1 Das Steuerstraf- und -ordnungswidrigkeitenrecht ist allerdings nicht abschließend in der AO geregelt; teilweise finden sich auch in den Einzelsteuergesetzen Straf- und Bußgeldvorschriften, z. B. § 50e EStG, § 26a – c UStG.

2 Abgedruckt als AStBV (St) 2023 in BStBl I 2023, 103. Aufgrund der zweifelhaften Erlasskompetenz sind die AStBV rechtlich nicht unumstritten (vgl. *Franzen/Gast/Joecks*, Steuerstrafrecht, § 385 Rz. 16).

- Lediglich für das Strafverfahren gilt das **Legalitätsprinzip** (§ 385 Abs. 1 AO, § 152 Abs. 2 StPO), d. h. FA oder Staatsanwaltschaft sind bei Vorliegen des Anfangsverdachts einer Steuerstraftat nicht nur berechtigt, sondern verpflichtet, ein Steuerstrafverfahren einzuleiten.[3] Im Steuerordnungswidrigkeitenverfahren herrscht dagegen das **Opportunitätsprinzip** (§ 410 Abs. 1 AO, § 47 Abs. 1 S. 1 OWiG): Die Finanzbehörde entscheidet nach pflichtgemäßem Ermessen, ob die Ordnungswidrigkeit verfolgt wird oder nicht (sog. Entschließungsermessen).
- Dieser theoretische Unterschied zwischen Legalitätsprinzip bei Steuerstraftaten und Opportunitätsprinzip bei Steuerordnungswidrigkeiten wird in der Praxis freilich aufgrund der starken Arbeitsbelastung der Straf- und Bußgeldstellen der Finanzbehörden dadurch konterkariert, dass oft auch bei eindeutigem Vorliegen einer Steuerstraftat in Fällen einer betragsmäßig geringen Steuerverkürzung das FA vom Einleiten eines Steuerstrafverfahrens – contra legem – absieht. Mit einem »maßvollen Gesetzesvollzug« hat diese Praxis nichts zu tun, wenn man bedenkt, dass für die staatsbürgerliche Akzeptanz der Steuerpflicht das Bewusstsein unerlässlich ist, der Staat setze das Steuerrecht entsprechend § 85 AO auch gegenüber den anderen Bürgern durch.[4]
- Zuständig für die Verhängung und Vollstreckung von Geldbußen sind die Finanzbehörden (§ 409 AO), bei Strafen die ordentlichen Strafgerichte (§ 385 AO i. V. m. §§ 24 f., 74 ff. GVG, d. h. das zuständige Amts- bzw. Landgericht).

2 Steuerstraftaten

2.1 Überblick

Der Begriff der Steuerstraftat ist in § 369 Abs. 1 AO definiert. Die Abgrenzung, ob durch die Verwirklichung eines strafrechtlich relevanten Tatbestandes eine Steuerstraftat vorliegt, ist von erheblicher Bedeutung, da für Steuerstraftaten neben den soeben angesprochenen materiell-rechtlichen Folgen **besondere Verfahrensvorschriften** anwendbar sind (§§ 385 – 408 AO).[5] Soweit die Strafvorschriften der Steuergesetze nichts anderes bestimmen, gelten für das Steuerstrafverfahren subsidiär die allgemeinen Gesetze über das Strafrecht, also insb. der allgemeine Teil des StGB, aber auch das Jugendgerichtsgesetz (JGG).

2023 wurden in den Bußgeld- und Strafsachenstellen der FÄ bundesweit insgesamt circa 47.900 Strafverfahren wegen Steuerstraftaten bearbeitet. Zudem wurden rund 5.000 Bußgeldverfahren abgeschlossen und Bußgelder in einer Gesamthöhe von über 16 Mio. € festgesetzt.

Im selben Zeitraum erledigte die Steuerfahndung bundesweit insgesamt 34.600 Fälle. Dabei sind Mehrsteuern in Höhe von rund 2,5 Mrd. € festgestellt und Freiheitsstrafen im Gesamtumfang von 1.460 Jahren verhängt worden.

---

3   Ein Anfangsverdacht ist nach § 152 Abs. 2 StPO gegeben, wenn »zureichende tatsächliche Anhaltspunkte« für eine Steuerstraftat vorliegen. Eine bloße Vermutung reicht zur Einleitung eines Steuerstrafverfahrens dagegen nicht aus.
4   Vgl. Tipke/Lang, Steuerrecht, § 21 Rz. 1 f.
5   Hiervon hängt vor allem die Zuständigkeit der Finanzbehörde für die Ermittlung des Sachverhalts gem. § 386 AO ab, ferner die Unterbrechung der Verfolgungsverjährung (§ 376 AO).

Steuerstraftaten sind neben den in § 369 Abs. 1 Nr. 2 – 4 AO aufgeführten Delikten diejenigen Taten, die nach den Steuergesetzen strafbar sind (§ 369 Abs. 1 Nr. 1 AO). Steuergesetze i. S. d. § 369 Abs. 1 Nr. 1 AO sind alle Rechtsnormen, die steuerliche Pflichten begründen, also die jeweiligen Einzelsteuergesetze, aber auch die AO selbst. In einigen nichtsteuerlichen Gesetzen aus dem Zulagen- und Prämienrecht wird darüber hinaus ausdrücklich auf bestimmte Straf- und Bußgeldvorschriften der AO Bezug genommen, so z. B. in § 15 InvZulG 2010.

§ 369 Abs. 1 Nr. 4 AO zählt zu den Steuerstraftaten auch die Begünstigung einer Person, die eine Tat nach § 369 Abs. 1 Nr. 1 – 3 AO begangen hat.[6] Die Vorschrift ist notwendig, da die Begünstigung auch einen Straftatbestand des allgemeinen Strafrechts (§ 257 StGB) darstellt, der Gesetzgeber aber auch diese Fälle dem Steuerstrafrecht unterstellen wollte.

2.2 Steuerhinterziehung (§ 370 AO)

§ 370 AO regelt mit der Steuerhinterziehung das **zentrale Delikt der Steuerstraftaten**. Die übrigen Straftatbestände der §§ 372 ff. AO betreffen ausschließlich Zoll- und Verbrauchsteuervergehen. Geschütztes Rechtsgut der Steuerhinterziehung ist das vollständige und rechtzeitige staatliche Steueraufkommen.[7] § 370 AO schützt damit zugleich auch eine gerechte und gleichmäßige Lastenverteilung in der Solidargemeinschaft der Steuerzahler. § 370 AO geht als Betrug in Steuersachen dem allgemeinen Betrugsdelikt in § 263 StGB vor. Beide Delikte ähneln sich stark im Aufbau (eine Täuschungshandlung bewirkt einen Irrtum der Finanzbehörde, wodurch letztlich ein Schaden als Taterfolg eintritt). Im Gegensatz zum Betrug nach § 263 StGB, wo regelmäßig ein Schadenseintritt für die Verwirklichung des objektiven Tatbestandes erforderlich ist, ist die Steuerhinterziehung jedoch **kein Verletzungsdelikt**, sondern ein **konkretes Gefährdungsdelikt**: § 370 Abs. 4 S. 3 AO macht deutlich, dass der Tatbestand der Steuerhinterziehung auch dann vorliegen kann, wenn das Steueraufkommen des Staates tatsächlich nicht beeinträchtigt ist; vielmehr genügt der Eintritt einer bloßen Gefahr für das Steueraufkommen, bei der die Möglichkeit einer Schadensverwirklichung nahe liegt.

Voraussetzung für die Strafbarkeit nach § 370 AO ist, dass der Täter den Tatbestand in objektiver und subjektiver Hinsicht verwirklicht.

2.2.1 Objektiver Tatbestand der Steuerhinterziehung

§ 370 AO ist eine sog. **Blankettnorm**.[8] Als solche wird die Tatbestandsverwirklichung in § 370 AO selbst nicht abschließend beschrieben, sondern ergibt sich erst im Zusammenhang mit den steuerlichen Pflichten, die in der AO selbst oder in den Einzelsteuergesetzen normiert sind. Der Tatbestand der Steuerhinterziehung setzt nach § 370 Abs. 1 AO als Tathandlung bzw. als Begehungsform voraus, dass jemand

- den Finanzbehörden oder anderen Behörden über steuerlich erhebliche Tatsachen unrichtige oder unvollständige Angaben macht (d. h. **Falschabgabe**). Strafbar ist hier die Verletzung steuerlicher Erklärungs-, Anzeige-, Auskunfts- oder Mitwirkungspflichten im Festsetzungs- und Erhebungsverfahren;

---

6 Begünstigung liegt nach § 257 StGB vor, wenn jemand einem anderen, der eine rechtswidrige Tat begangen hat, in der Absicht Hilfe leistet, ihm die Vorteile der Tat zu sichern.
7 BGH vom 02.12.2009, BB 2009, 312.
8 Dies steht mit dem Grundsatz der hinreichenden Bestimmtheit der Strafbarkeitsvoraussetzungen vor Begehung der Tat in Einklang (§§ 1 ff. StGB, Art. 103 Abs. 2 GG, vgl. BVerfG vom 08.05.1974, BVerfGE 37, 201).

- die Finanzbehörden pflichtwidrig über steuerlich erhebliche Tatsachen in Unkenntnis lässt (d.h. **Nichtabgabe**): Strafbar ist also das Unterlassen einer rechtlich normierten Handlungspflicht, also z.B. einer Anzeigepflicht (§ 137 ff. AO), einer Abgabepflicht (§ 149 AO oder einer Berichtigungspflicht (§ 153 AO; erkennt der StPfl. also nach Abgabe der Erklärung, dass bestimmte steuerrelevante Angaben »vergessen« wurden, ohne dass eine Steuerhinterziehung vorlag, und berichtigt die Erklärung trotz der Verpflichtung in § 153 AO nicht, liegt hierin (und nicht im »Vergessen« die Steuerhinterziehung);
- pflichtwidrig die Verwendung von Steuerzeichen oder Steuerstemplern unterlässt.

Bei den Begehungsformen der Falsch- und Nichtabgabe können Abgrenzungsschwierigkeiten zur **legalen Steuerumgehung** und zum nichtstrafbaren Abweichen von einer Rechtsauffassung der Verwaltung oder Rspr. entstehen.

> **Beispiel 1: Miete oder Leihe?**
> Als Steuersparmodell schließen die Eheleute A und B mit ihrer Tochter T einen Mietvertrag über eine Eigentumswohnung. Bei Abschluss des Vertrages gehen A, B und T davon aus, dass der vereinbarte Mietzins tatsächlich nicht gezahlt werden muss. Für das FA werden monatlichen Zahlungen zwar regelmäßig von T auf das Konto der Eltern überwiesen, allerdings jeweils einige Tage später in bar an die Tochter zurückgezahlt. In der Steuererklärung geben A und B die Rückzahlungen an T in der Anlage V+V nicht an, da diese »ihre Privatsache« sei.
> **Lösung:** A und B könnten sich der gemeinschaftlich begangenen Steuerhinterziehung gem. § 370 Abs. 1 Nr. 1 AO i.V.m. § 25 Abs. 2 StGB strafbar gemacht haben. Ein Mietvertrag unter Angehörigen (hier § 15 Abs. 1 Nr. 3 AO) über eine Wohnung ist steuerlich gem. § 42 AO nur anzuerkennen, wenn der vereinbarte Mietzins tatsächlich und endgültig aus dem Vermögen des Mieters in das Vermögen des Vermieters übergeht (vgl. BFH vom 28.01.1997, BStBl II 1997, 655). Haben die Vertragsparteien, so wie hier, bereits bei Abschluss des Mietvertrages vereinbart, dass der gezahlte Mietzins an den Mieter zurückfließt, liegt wirtschaftlich keine (entgeltliche) Miete, sondern eine (unentgeltliche) Leihe vor. A und B dürfen zwar in der Steuererklärung die Auffassung vertreten, es handle sich bei dem geschlossenen Vertrag um ein steuerlich anzuerkennendes Mietverhältnis. Die legale Steuerumgehung wird aber zur strafbaren Steuerhinterziehung, wenn A und B die Rückzahlung der monatlichen Zahlungen verschweigen und dem FA dadurch die Möglichkeit nehmen, in voller Kenntnis des Sachverhalts die Vorschrift des § 42 AO zu überprüfen. A und B haben damit den objektiven Tatbestand der Steuerhinterziehung verwirklicht. Ihre Ansicht, die Rückzahlung sei »ihre Privatsache«, kann evtl. im Rahmen des subjektiven Tatbestandes gewürdigt werden.

Eine Steuerhinterziehung liegt tatbestandlich allein bei einer **Täuschung über Tatsachen** vor. Eine falsche rechtliche Würdigung ist für sich allein nicht strafbar. Ist allerdings bei einzelnen Tatsachen die rechtliche Relevanz unklar, besteht seitens des StPfl. insoweit eine **Offenbarungspflicht** gem. § 90 Abs. 1 S. 2 AO. Diese Offenbarungspflicht ist insb. dann anzunehmen, wenn eine vertretene Rechtsauffassung über die Auslegung von Rechtsbegriffen oder die Subsumtion bestimmter Sachverhalte von Rspr. und Verwaltungsauffassung abweicht.[9] Das bewusste Unterdrücken entscheidungserheblicher Tatsachen ist in jedem Falle strafbar, denn § 370 Abs. 1 AO stellt nicht nur falsche, sondern auch unvollständige Angaben unter Strafe.

---

9   Vgl. ausführlich *Theisen*, Die Reichweite der Offenbarungspflicht aus steuerstrafrechtlicher Sicht – Risiken abweichender Rechtsansichten, AO-StB 2008, 136.

Die Verwirklichung des objektiven Tatbestands der Steuerhinterziehung setzt nach § 370 Abs. 1 letzter HS AO voraus, dass durch die Tathandlung Steuern verkürzt oder der Täter für sich oder einen anderen nicht gerechtfertigten Steuervorteil erlangt. Aus dem Wortlaut »für sich oder einen anderen« wird deutlich, dass die Steuerhinterziehung **zugunsten eines Dritten** (»fremdnützige Steuerhinterziehung«) begangen werden kann. Neben dem StPfl. selbst kann somit z. B. auch ein Angestellter, Bevollmächtigter oder Finanzbeamter Täter der Steuerhinterziehung sein. Damit kann also auch ein StB Mittäter einer Steuerhinterziehung sein, selbst wenn die hinterzogenen Steuern wirtschaftlich letztlich seinem Mandanten zugutekommen. Lediglich bei den Begehungsformen des § 370 Abs. 1 Nr. 2 und 3 AO, die im Gegensatz zu § 370 Abs. 1 Nr. 1 AO (sog. echte) Unterlassungsdelikte darstellen, trifft die Handlungspflicht allein den StPfl. selbst.

Eine Abgrenzung der Steuerverkürzung von der Erlangung eines nicht gerechtfertigten Steuervorteils (§ 370 Abs. 1 2. HS AO) ist in der Praxis kaum möglich. Regelmäßig liegt in der Steuerverkürzung gleichzeitig ein Fall des ungerechtfertigten Steuervorteils und umgekehrt. Steuern sind gem. § 370 Abs. 4 S. 1 AO insb. dann verkürzt, wenn sie **nicht, nicht in voller Höhe oder nicht rechtzeitig** festgesetzt werden. Diese Formulierung will die Deliktsart der Steuerhinterziehung als **konkretes Gefährdungsdelikt** deutlich machen, da die Steuerhinterziehung einen tatsächlichen oder endgültigen Steuerausfall gerade nicht voraussetzt. Unerheblich ist nach § 370 Abs. 4 S. 1 2. HS AO insb., dass die Steuer vorläufig (§ 165 AO) oder unter Vorbehalt der Nachprüfung (§ 164 AO) festgesetzt wird oder eine Steueranmeldung einer Steuerfestsetzung unter Vorbehalt der Nachprüfung gleichsteht.

> **Beispiel 2: Der schlampige Buchhalter**
>
> Im gewerblichen Einzelunternehmen des A ist Buchhalter B mit der Lohnbuchhaltung betraut. Aufgrund drängender Jahresabschlussarbeiten und einem Liquiditätsengpass gibt B – auf Weisung des A – die Lohnsteueranmeldung für November 2019 erst Anfang 2020 beim FA ab. Liegt eine Steuerhinterziehung des A bzw. des B vor?
>
> **Lösung:** Die Pflicht zur Abgabe der Lohnsteueranmeldung trifft A als Arbeitgeber persönlich (§ 38 ff. EStG). B ist zur Mitteilung der steuerlich relevanten Tatsachen nicht verpflichtet, sodass für ihn eine Strafbarkeit nach § 370 Abs. 1 Nr. 2 AO nicht in Betracht kommt. Durch die Anweisung, die LSt-Anmeldung verspätet (nach dem 10.12.2019, § 41a Abs. 1 S. 1 EStG) abzugeben, hat A das FA pflichtwidrig über steuererhebliche Tatsachen in Unkenntnis gelassen und dadurch Steuern verkürzt. Die Lohnsteueranmeldung steht gem. § 167 Abs. 1, § 168 S. 1 AO einer Steuerfestsetzung unter Vorbehalt der Nachprüfung gleich. Steueranmeldungen werden gem. § 370 Abs. 4 AO der Steuerfestsetzung gleichgestellt, sodass mit der verspäteten Abgabe der LSt-Anmeldung die Steuer verkürzt wurde. A hat den objektiven Tatbestand des § 370 Abs. 1 Nr. 2 AO verwirklicht.

Bei **Veranlagungssteuern**, die der StPfl. nicht selbst berechnet und beim FA anmeldet, ist die Steuerhinterziehung mit der zu niedrigen oder nicht rechtzeitigen Festsetzung vollendet.[10] Problematisch sind die Fälle, in denen eine Steuerfestsetzung nicht erfolgt, weil der StPfl. seinen Erklärungspflichten nicht nachkommt. Nach der Rspr. ist die Steuerverkürzung durch Unterlassen gem. § 370 Abs. 1 Nr. 2 AO vollendet, wenn das zuständige FA die Veranlagungsarbeiten für den betreffenden VZ allgemein abgeschlossen hat und damit auch den StPfl. bei Abgabe seiner Steuererklärung veranlagt hätte (BGH vom 18.05.2011, BFH/NV 2011, 1820).

---

10 Die Steuer ist festgesetzt, sobald der Steuerbescheid dem StPfl. bekannt gegeben wird (§ 124 Abs. 1 AO).

Eine Steuerhinterziehung ist auch im Anschluss an die erfolgte Steuerfestsetzung im Erhebungsverfahren als sog. **Beitreibungshinterziehung** möglich (BGH vom 21.08.2012, wistra 2012, 482). Als Tathandlung kommt hier jedes täuschende Verhalten in Betracht, dass den Vollstreckungserfolg der Finanzbehörde vereiteln soll, beispielsweise die Tilgung der Steuerrückstände mit einem nicht gedeckten Scheck[11] oder die Verschleierung von Vermögenswerten bei der Angabe der wirtschaftlichen Verhältnisse im Rahmen eines Stundungsantrags nach § 222 AO.

Nach § 370 Abs. 1 letzter HS AO (»und dadurch«) muss die Handlung **kausal** für die zu niedrige oder unterbliebene Steuerfestsetzung (Tatererfolg) sein, das heißt die Handlung darf nicht hinweg gedacht werden, ohne dass der Erfolg entfällt (sog. Äquivalenztheorie). Ein objektiver Verkürzungstatbestand liegt demnach nicht vor, wenn pflichtwidrig keine Steuererklärung abgegeben wird, dem FA jedoch alle erforderlichen Informationen in Form elektronischer LSt-Bescheinigungen vorliegen (FG Münster vom 24.06.2022, Az.: 4 K 135/19 E; Revision anhängig, BFH-Az.: VI R 14/22). Das FA kann nur über solche Umstände in Unkenntnis gelassen werden, über die es nicht bereits informiert ist.

Eine wichtige und prüfungsrelevante Ergänzung findet das Erfordernis der Kausalität in § 370 Abs. 4 S. 3 AO. Dort regelt der Gesetzgeber in einer schwer verständlichen Formulierung das sog. **Kompensationsverbot**.

Die Steuerhinterziehung setzt als konkretes Gefährdungsdelikt einen konkreten Schadenseintritt (d. h. Steuerausfall) beim Fiskus **nicht** voraus. Der objektive Tatbestand der Steuerhinterziehung ist nach § 370 Abs. 4 S. 3 AO bereits verwirklicht, wenn aufgrund der Verkürzungshandlung ein geringerer Steuerbetrag festzusetzen wäre als ohne die täuschende Handlung. Unerheblich bleibt bei der Kausalitätsprüfung, ob die Steuer aus anderen Gründen hätte ermäßigt oder der Steuervorteil **aus anderen Gründen** hätte beansprucht werden können. Der Täter darf die Täuschungshandlung also nicht dadurch kompensieren, dass er andere, bis dato nicht vorgetragene Tatsachen nachreicht, die eine niedrigere Festsetzung der Steuer begründet hätte. Mit anderen Worten will das Kompensationsverbot verhindern, dass der Täter nach Tatbegehung einwendet, er hätte den gewonnenen Steuervorteil auch auf anderem, legalem Wege erreichen können. Der Grundsatz verhindert, dass der Steuerfall nach Entdecken einer Steuerstraftat nochmals im Sinne einer Gesamtaufrollung überprüft werden muss; ein »rechtmäßiges Alternativverhalten« bleibt außer Betracht. Insoweit beruht das Kompensationsverbot auf einem ähnlichen Rechtsgedanken wie die Vorschrift des § 173 Abs. 1 Nr. 2 S. 2 AO.

Allerdings wird das Kompensationsverbot durch die Rspr. insoweit eingeschränkt, als steuermindernde Umstände, die in **unmittelbarem wirtschaftlichen Zusammenhang** mit den verschwiegenen steuerbegründenden Tatsachen stehen, berücksichtigt werden dürfen (BGH vom 05.02.2004, wistra 2004, 147).

> **Beispiel 3: Die vergessene Umsatzsteuer – Änderung der Rechtsprechung Ende 2018**
>
> Zumpe ist in einer kleinen Anwaltskanzlei als Anwaltsgehilfe angestellt. Er ärgert sich seit langem über die hohen Steuerabzüge und Sozialversicherungsbeiträge bei der monatlichen Gehaltsabrechnung. Im Einvernehmen mit seinem Arbeitgeber stellt er diesem für geleistete Tätigkeiten, die er am Computer zu Hause für die Kanzlei getätigt hat, eine Rechnung für »geleistete Vermittlungstätigkeiten«. Die in der Rechnung gesondert ausgewiesene USt teilt er seinem FA nicht mit. Bei

---

11 *Joecks* in *Franzen/Gast/Joecks*, Steuerstrafrecht, § 370 AO, Rz. 229.

einer Betriebsprüfung wird der Sachverhalt aufgedeckt. Zumpe räumt den Sachverhalt bezüglich der USt-Hinterziehung ein. Er macht jedoch hinsichtlich der Höhe der hinterzogenen USt VSt geltend, die im Zusammenhang mit der Heimarbeit entstanden seien. Zu Recht?

Lösung: Durch die pflichtwidrige Nichtabgabe einer USt-Erklärung hat Zumpe den objektiven Tatbestand des § 370 Abs. 1 Nr. 2 AO verwirklicht. Fraglich ist, ob für die Höhe der hinterzogenen USt die VSt berücksichtigungsfähig sind. Nach dem Kompensationsverbot ist es für die Verwirklichung des objektiven Tatbestands der Steuerhinterziehung unerheblich, wenn die Steuer aus **anderen Gründen** hätte ermäßigt werden können (§ 370 Abs. 4 S. 3 AO). Anders ist es nur, wenn steuermindernde Tatsachen wirtschaftlich unmittelbar mit der verschwiegenen USt zusammenhängen. Dies erkennt die Rspr. bei BA an, die in unmittelbarem Zusammenhang mit verschwiegenen Betriebseinnahmen stehen. Für das USt-Recht, also die Berücksichtigung von VSt bei der USt-Hinterziehung, wurde dies von der Rspr. bis 2018 abgelehnt. D. h., trotz entsprechender in wirtschaftlichem Zusammenhang stehender VSt-Beträge wurde tatbestandlich eine USt-Hinterziehung angenommen. VSt-Beträge wurden lediglich auf Ebene der Strafzumessung berücksichtigt. Dies führte dazu, dass eine USt-Hinterziehung verwirklicht sein konnte, obwohl USt gar nicht geschuldet war, weil die VSt die USt erreichte oder überstieg.

An dieser Rspr., die ein Kompensationsverbot bezüglich der VSt mangels inneren Zusammenhangs zwischen VSt und USt annahm, hält der BGH nicht mehr fest. Nach neuer Rspr. lässt der BGH nun bereits auf Tatbestandsebene eine Verrechnung von VSt mit der USt zu (BGH vom 13.09.2018, BFH/NV 2019, 191).

2.2.2 Subjektiver Tatbestand der Steuerhinterziehung

Der subjektive Tatbestand beschreibt die innere Einstellung des Täters zu seiner Tat. Eine strafbare Tatbestandsverwirklichung des § 370 AO setzt **vorsätzliches Handeln** voraus, denn fahrlässiges Handeln wird gem. § 15 StGB nur bestraft, wenn sich dies aus dem Wortlaut des Gesetzes eindeutig ergibt.

Vorsatz bedeutet, dass der Täter in Kenntnis aller Tatbestandsmerkmale die Tatbestandsverwirklichung will (»**Wissen und Wollen aller Tatbestandsmerkmale**«). Fahrlässiges Handeln ist bei der Steuerhinterziehung nicht strafbar; allerdings wird die grob fahrlässige, d. h. leichtfertige Steuerverkürzung als Ordnungswidrigkeit gem. § 378 AO verfolgt (s. Kap. 3). Ob der Täter aufgrund einer strafrechtlich relevanten Steuerhinterziehung oder lediglich wegen einer Ordnungswidrigkeit verfolgt wird, hängt damit in der Praxis häufig lediglich davon ab, ob die Strafverfolgungsbehörden den für die Steuerhinterziehung erforderlichen Vorsatz nachweisen können.

Vorsatz nach § 15 StGB kann in mehreren **Abstufungen** vorliegen. Für die Annahme des Vorsatzes ist es nicht erforderlich, dass der Täter absichtlich[12] oder mit direktem Vorsatz[13] handelt. Es genügt vielmehr das Vorliegen der schwächsten Form des Vorsatzes in Form des sog. Eventualvorsatzes (**dolus eventualis**): Der Täter hält die Verwirklichung des Tatbestandes ernsthaft für möglich, nimmt diesen aber für den Fall seines Eintritts billigend in Kauf (der Täter denkt sich sinngemäß: »Na wenn schon!«).

Eine für die Annahme des Vorsatzes nicht ausreichende **bewusste Fahrlässigkeit** liegt dagegen vor, wenn der Täter die Verwirklichung des Tatbestandes zwar für möglich hält, aber nicht mit dessen Eintreten rechnet, weil er den strafbaren Erfolg seiner Handlung nicht erwartet, vorhergesehen oder bedacht hat (der Täter denkt sich sinngemäß: »Es wird schon gut gehen!«).

---

12 Verwirklichung des Tatbestandes als Ziel des Handelns.
13 Wissen, dass das Handeln zur Verwirklichung des Tatbestandes führt.

Die Annahme des Vorsatzes setzt voraus, dass der Täter die Umstände kennt, die zum gesetzlichen Tatbestand gehören und darüber hinaus weiß, dass er durch sein Handeln gegen gesetzliche Bestimmungen verstößt, er also »etwas Verbotenes« tut (BFH vom 30.06.2010, AO-StB 2011, 6). Dieses Bewusstsein der Rechtswidrigkeit gehört gem. § 17 StGB zwingend zum subjektiven Tatbestand. Meint der Täter dagegen in Unkenntnis der gesetzlichen Bestimmungen, sein Handeln sei strafrechtlich nicht relevant, befindet er sich in einem **Verbotsirrtum** gem. § 17 StGB. Allerdings ist auch bei Vorliegen eines Verbotsirrtums die Schuld des Täters anzunehmen, wenn der Irrtum bei gehöriger Anspannung des Gewissens oder durch Einholung von Rat vermeidbar gewesen wäre. Die Rspr. setzt hier einen strengen Maßstab an: Regelmäßig gilt bei § 17 StGB der Grundsatz »Unwissenheit schützt nicht vor Strafe«. Die Kenntnis des gesetzlichen Tatbestandes setzt deshalb auch nicht voraus, dass der Täter die gesetzlichen Vorschriften im Einzelnen kennt und deren Tatbestandsmerkmale juristisch zutreffend subsumiert. Ausreichend ist für das erforderliche Unrechtsbewusstsein eine **Parallelwertung in der Laiensphäre**, d. h. es genügt das Wissen, das sein Handeln gegen eine gesetzliche Bestimmung verstößt.

Beispiel 4: Der schusselige Gastwirt

Gastwirt G kümmert sich nach der Eröffnung seines Lokals nicht mehr um seine steuerlichen Angelegenheiten. Er geht davon aus, dass er ohne besondere Aufforderung des FA keine Steuererklärung abgeben müsse.

Lösung: Vorliegend täuscht sich G über seine Handlungspflicht nach § 149 AO, § 25 Abs. 3 S. 1 EStG i. V. m. § 56 EStDV. G handelt objektiv rechtswidrig, wertet sein Tun aber fälschlicherweise nicht als Unrecht. Ob dieser Verbotsirrtum seine Schuld gem. § 17 StGB ausschließt, ist anhand des Einzelfalles zu entscheiden. Beim Betreiben eines Lokals muss sich G aber wohl auch über seine steuerlichen Erklärungspflichten erkundigen, sodass sein Verbotsirrtum vermeidbar gewesen ist. Allerdings kann bei einem vermeidbaren Verbotsirrtum die Strafe gem. § 17 S. 2 StGB gemildert werden.

Beim Tatbestandsirrtum gem. § 16 StGB kennt der Täter dagegen einen Umstand nicht, der zum gesetzlichen Tatbestand gehört. Der Tatbestandsirrtum schließt – unabhängig von einer etwaigen Vermeidbarkeit, wie sie beim Verbotsirrtum gem. § 17 StGB relevant ist – den Vorsatz aus.

Beispiel 5: Geldanlage im Ausland

Der Pensionist P hat nach Einführung der Kapitalertragsteuer sein Vermögen auf ein Schweizer Wertpapierdepot übertragen. Er geht davon aus, dass die anfallenden Kapitaleinkünfte lediglich in der Schweiz, nicht aber in Deutschland einkommenstpfl. sind und unterlässt demzufolge die Angabe der Erträge in der deutschen Steuererklärung. Liegt Strafbarkeit des P vor?

Lösung: P hat die Finanzbehörden pflichtwidrig über steuerlich erhebliche Tatsachen in Unkenntnis gelassen und dadurch Steuern verkürzt. Er hat damit objektiv den Tatbestand des § 370 Abs. 1 Nr. 2 AO verwirklicht. P handelt ohne Vorsatz, wenn er sich über ein Merkmal des gesetzlichen Tatbestandes irrt (§ 16 StGB). Hier glaubt P, bei den Kapitalerträgen handele es sich nicht um in Inland steuerlich erhebliche Tatsachen gem. § 370 Abs. 1 Nr. 2 AO. Sein Irrtum schließt nach § 16 StGB den Vorsatz aus, eine Bestrafung des P kommt nicht in Betracht. Fraglich wäre im vorliegenden Fall allenfalls, ob das FA der Einlassung des P Glauben schenkt.

Der Vorsatz beschreibt die **innere Einstellung des Täters zu seiner Tat**. In der Praxis ist der für die Strafverfolgung erforderliche Nachweis des Vorsatzes oft schwierig zu führen: Regelmäßig müssen die Strafverfolgungsbehörden aus äußeren Anzeichen auf den Vorsatz des Täters schließen können. Die Einlassung des Täters, er habe die steuerliche Auswirkung seines Handelns nicht gekannt, ist dabei umso glaubwürdiger, je mehr schwierige steuerrechtliche Probleme tangiert werden. Hingegen lassen gefälschte Belege in der Steuererklärung, Ohne-Rechnung-Geschäfte und manipulierte Buchführungen in starkem Maße auf das Vorliegen des Vorsatzes schließen (BGH vom 08.09.2011, AO-StB 2011, 323).

Die subjektiven und objektiven Voraussetzungen einer Steuerhinterziehung gem. § 370 AO sind im Strafprozess – auch bei der Verletzung von Mitwirkungspflichten – immer mit an Sicherheit grenzender Wahrscheinlichkeit festzustellen. Dies gilt selbst für die Verletzung sog. erweiterter Mitwirkungspflichten bei internationalen Steuerpflichten nach § 90 Abs. 2 AO (BFH vom 07.11.2006, BStBl II 2007, 364). Die steuerrechtlichen Mitwirkungsvorschriften werden insoweit von den strafrechtlichen Vorschriften über das Beweismaß **überlagert**.

2.2.3 Täterschaft und Teilnahme

Nachdem die Vorschriften des Achten Teils der AO zu den Beteiligungsformen hinsichtlich der Steuerhinterziehung und den anderen Steuerstraftaten keine Aussagen treffen, gelten auch insoweit (vgl. § 379 Abs. 2 AO) die Vorschriften des Allgemeinen Teils des Strafrechts (§§ 25 ff. StGB). Das StGB unterscheidet bei den Beteiligungsformen zwischen **Täterschaft** (Alleintäter, mittelbarer Täter oder Mittäter, § 25 StGB) und **Teilnahme** (Anstifter oder Gehilfe, §§ 26 f. StGB).[14]

Täter ist, wer die Steuerhinterziehung als eigene Straftat begeht und dabei als kennzeichnendes Merkmal die **Tatherrschaft** innehat (§ 25 StGB).[15] Die Tatherrschaft kann sich dabei ergeben aus der unmittelbaren Handlungsherrschaft (so beim Alleintäter, § 25 Abs. 1, 1. Alt. StGB), aus der Willensherrschaft (so beim mittelbaren Täter, der sich zur Ausführung der Tat eines anderen Menschen als Werkzeug bedient, s. das folgende Beispiel) oder aus der funktionellen Tatherrschaft (so beim Mittäter, wo alle Mittäter bei der Tatbegehung arbeitsteilig vorgehen und dabei bewusst und gewollt zusammenarbeiten, § 25 Abs. 2 StGB). Mittäter ist nach ständiger Rspr., wer nicht nur fremdes Tun fördert, sondern einen eigenen Tatbeitrag derart in eine gemeinschaftliche Tat einfügt, dass sein Beitrag als Teil der Tätigkeit des anderen und umgekehrt dessen Tun als Ergänzung seines eigenen Tatanteils erscheint, wobei die Abgrenzung aufgrund einer wertenden Betrachtung aller von der Vorstellung der Beteiligten umfassten Umstände erfolgt. Dabei kommt dem Umfang der Tatbeteiligung, der Tatherrschaft, dem Willen zur Tatherrschaft und dem eigenen Interesse am Taterfolg besondere Bedeutung zu (BGH vom 15.05.2018, Az.: 3 StR 130/18).

---

14 Bei der schriftlichen StB-Prüfung 2003 war gerade diese Abgrenzung der verschiedenen Formen von Täterschaft und Teilnahme Schwerpunkt im AO-Teil der Klausur aus dem Verfahrensrecht und anderen Steuerrechtsgebieten.
15 Unter Tatherrschaft versteht man das »In-den-Händen-Halten des tatbestandlichen Geschehensablaufs«; der Täter bestimmt damit das »Ob« und »Wie« der Tat.

Beispiel 6: Der Steuerberater als vorsatzloses Werkzeug

Der StPfl. S übergibt seinem StB gefälschte Rechnungen. Dieser ermittelt hieraus einen (objektiv nicht bestehenden) VSt-Überschuss und reicht infolgedessen eine falsche USt-Voranmeldung beim FA ein, deren Richtigkeit er mit seiner eigenen Unterschrift bestätigt.

Lösung: Zwar kann auch ein StB grds. den Tatbestand der Steuerhinterziehung verwirklichen (vgl. § 370 Abs. 1 AO). Der StB bleibt aber hier mangels Vorsatzes straflos, bei ihm liegt ein vorsatzausschließender Tatbestandsirrtum vor.[16] S selbst ist mittelbarer Täter gem. § 25 Abs. 1, 2. Alt. StGB, da er die Steuerhinterziehung durch den StB als vorsatzloses Werkzeug begeht. Das Wesen der mittelbaren Täterschaft besteht darin, dass der Täter – hier der StB – die einzelnen Tatbestandsmerkmale nicht selbst verwirklicht, sondern sich dazu eines anderen bedient; dieser Dritte ist selbst weder Täter noch Mittäter. Der mittelbare Täter ist strafrechtlich so zu behandeln, als habe er alle Tatbestandsmerkmale selbst verwirklicht.

Teilnehmer der Steuerhinterziehung ist, wer sich an einer fremden Steuerhinterziehung als Anstifter oder Gehilfe beteiligt, und dabei selbst keine Tatherrschaft innehat. **Anstifter** gem. § 26 StGB ist, wer wissentlich einen anderen zu dessen vorsätzlich begangener rechtswidrigen Tat bestimmt, indem er dessen Tatentschluss hervorruft. **Gehilfe** ist, wer vorsätzlich dem Täter zu dessen vorsätzlich begangener Tat Hilfe leistet (§ 27 Abs. 1 StGB). Als Hilfeleistung i. S. d. § 27 StGB ist jede Handlung anzusehen, welche die Herbeiführung des Taterfolges durch den Täter in irgendeiner Weise objektiv fördert, ohne dass sie für den Erfolg ursächlich gewesen sein muss (ständige Rspr., vgl. BGH vom 08.03.2001, NJW 2001, 2409 f. m. w. N.). Die Hilfeleistung muss nicht zur Ausführung der Tat selbst geleistet werden, es genügt schon die Unterstützung bei einer vorbereitenden Handlung. Der Tatbestand der Beihilfe zur Steuerhinterziehung ist demzufolge bereits erfüllt, wenn der Gehilfe dem Haupttäter, der sog. Schwarzgeschäfte tätigt, die Tat dadurch erleichtert, dass dieser annehmen kann, auch in der Buchführung des Gehilfen nicht in Erscheinung zu treten (BFH vom 21.01.2004, BStBl II 2004, 919).

Schwierigkeiten bereitet bei den verschiedenen Begehungsformen insb. die Abgrenzung von Mittäterschaft zur Beihilfe. Die Abgrenzung ist dabei insb. nach der Willensrichtung des Beteiligten vorzunehmen, ob dieser also als Mittäter die Steuerhinterziehung als »eigene« Tat will, oder ob er durch seine Hilfeleistung lediglich »eine fremde Tat« unterstützen möchte.[17] Die Schwierigkeit der Abgrenzung wird dadurch deutlich, dass nach Auffassung des BGH das Gesamtbild der Tatverhältnisse entscheiden muss, ob der Beteiligte als Mittäter oder Gehilfe zu bestrafen ist.

Beispiel 7: Der hilfsbereite Bankangestellte

Der StPfl. Schlau möchte durch die Verlagerung seines Wertpapiervermögens der deutschen ESt entgehen und plant die Übertragung seines Depots auf eine luxemburgische Bank. Schlau beabsichtigt, die Wertpapiererträge nicht in seiner ESt-Erklärung anzugeben. Der Bankangestellte Klein, dem Schlau von seinem Plan erzählt, hilft diesem bei der anonymen Überweisung nach Luxemburg und verschleiert dabei den Zahlungsvorgang. Macht Klein sich strafbar?

---

16 Anders liegt der Fall, wenn der StB für seinen Mandanten wissentlich unrichtige Anträge auf Herabsetzung von Vorauszahlungen stellt; hier erfüllt er durch eine eigene aktive Handlung den Tatbestand der Steuerhinterziehung (FG Niedersachsen vom 18.12.2006, AO-StB 2008, 38).

17 Sog. Animus-Theorie, vgl. BGH in BGHSt 36, 367; vgl. *Müller*, Beihilfe zur Steuerhinterziehung – Gefahr für beratende Berufe und Mitarbeiter von Kreditinstituten, AO-StB 2015, 16.

Lösung: Die Abgrenzung erlaubter beruflicher Mitwirkung eines Bankangestellten von einer strafbaren Beihilfe zur Steuerhinterziehung richtet sich nach den allgemeinen Regeln des Strafrechts. Bei der Beihilfe muss der Tatbeitrag des Klein nicht für die spätere falsche Steuererklärung des Schlau kausal sein. Weiß Schlau, dass sein Handeln ausschließlich auf die Begehung einer Straftat abzielt, ist sein Tatbeitrag als Beihilfebeitrag zu werten. Der BGH hat mit diesen Grundsätzen die Verurteilung eines Bankangestellten wegen Beihilfe zur Steuerhinterziehung bestätigt, der seinen Kunden dabei behilflich war, Kapitalanlagen anonym ins Ausland zu transferieren. Der Bankangestellte habe durch seine Mitwirkung die Steuerhinterziehung des Kunden aktiv gefördert, indem er durch die Anonymisierung des Geldtransfers das Entdeckungsrisiko für die Nichtversteuerung der im Ausland erzielten Erträge verringert habe (BGH vom 01.08.2000, wistra 2000, 340).

Eine besonders **prüfungsrelevante Problematik** liegt in der Frage, ob bei zusammenveranlagten Ehegatten die Steuerverkürzung eines Ehegatten auch dem anderen als Mittäter oder als Gehilfen zuzurechnen ist.

Beispiel 8: Vergessene Kapitaleinkünfte

Herr und Frau Schlau werden zusammen zur ESt veranlagt (§§ 26 Abs. 1, 26b EStG). Bei der Steuererklärung für das Jahr 2006 möchte Herr Schlau seine Kapitaleinkünfte aus dem luxemburgischen Wertpapierdepot nicht angeben, da er das Entdeckungsrisiko aufgrund des anonymen Geldtransfers für minimal hält. Als er wegen der Presseberichterstattung zu den »Bankenfällen« der Steuerfahndungsstellen seiner Frau von seinem Plan erzählt, erklärt sich diese mit dem Vorgehen ausdrücklich einverstanden, da man sich mit der ersparten Steuer einen schönen Kurzurlaub leisten könne. Beide unterzeichnen daraufhin absprachegemäß die Steuererklärung und reichen diese beim FA ein. Liegt eine Strafbarkeit der Ehegatten Schlau vor?

Lösung: Herr und Frau Schlau haben sich wegen gemeinschaftlicher Steuerhinterziehung gem. § 370 Abs. 1 Nr. 2 AO, § 25 Abs. 2 StGB strafbar gemacht. Gibt bei der Zusammenveranlagung zur ESt ein Ehegatte steuerlich erhebliche Tatsachen in der Steuererklärung nicht an, ist hierfür zwar nicht automatisch auch der andere Ehegatte strafrechtlich verantwortlich. Trotz der Zusammenveranlagung handelt es sich weiterhin um zwei getrennte Einzelsteuererklärungen, die lediglich zu einem zusammengefassten ESt-Bescheid führen (§ 155 Abs. 3 S. 1 AO). Die bloße Mitunterzeichnung der gemeinsamen Steuererklärung ist für sich alleine strafrechtlich irrelevant (BFH vom 19.02.2008, BFH/NV 2008, 1158). Jeder Ehegatte übernimmt mit seiner Unterschrift nur die Verantwortung für denjenigen Teil, der ihn betrifft. Bestärkt allerdings ein Ehegatte den anderen beim Tatentschluss der Steuerhinterziehung und hat er ein starkes Tatinteresse (wie hier bei der geplanten »Beuteverwendung«), will er in der Gesamtschau der Verhältnisse die Steuerhinterziehung »als eigene Tat«, machen sich beide Ehegatten als Mittäter der gemeinsam begangenen Steuerhinterziehung strafbar.[18]

Finanzbeamte können sich ebenfalls der Steuerhinterziehung zugunsten eines StPfl. strafbar machen, wenn steuerlich relevante Sachverhalte pflichtwidrig nicht erfasst werden oder rechtswidrig zugunsten des StPfl. gewertet werden. Missbraucht der Finanzbeamte dabei pflichtwidrig seine Befugnisse als Amtsträger, verwirklicht er regelmäßig zudem den Tatbestand der Untreue gem. § 266 StGB.

2.2.4 Zeitliche Stadien der Steuerhinterziehung

Die Steuerhinterziehung (§ 370 AO) lässt sich zeitlich in verschiedene Stadien unterteilen, an die unterschiedliche Rechtsfolgen anknüpfen:

---

18 In der Praxis wird die Bestrafung von Frau Schlau wegen Steuerhinterziehung häufig daran scheitern, dass der Vorsatz nicht nachweisbar sein wird; übrig bleibt dann regelmäßig eine leichtfertige Steuerverkürzung nach § 378 Abs. 1 AO.

2.2.4.1 Vorbereitungsstadium (strafrechtlich nicht relevant)

Handlungen, die eine beabsichtigte Steuerhinterziehung nur vorbereiten, sind nicht strafbar. Mit den Vorbereitungshandlungen schafft der Täter erst die Vorbedingungen zur späteren Tat, beginnt aber noch nicht mit der eigentlichen Tatbestandsverwirklichung. Hierzu gehört beispielsweise die Transferierung von Wertpapieren in das Ausland in der Absicht, die Kapitaleinkünfte nicht in der Steuererklärung anzugeben, das bewusste Falschbuchen (vgl. aber § 379 Abs. 1 Nr. 1 AO), das Ausführen von »Ohne-Rechnung-Geschäften«. In allen Beispielen hat der Täter noch nicht unmittelbar zu den Handlungen nach § 370 AO angesetzt.

2.2.4.2 Versuchsstadium (strafbar, § 370 Abs. 2 AO)

Die versuchte Steuerhinterziehung ist gem. § 370 Abs. 2 AO i.V.m. § 23 Abs. 1, 2. Alt. StGB strafbar. Eine Straftat versucht, wer die Vollendung der Tat will (sog. **Tatentschluss**) und **unmittelbar zur Verwirklichung des Tatbestandes ansetzt** (§ 22 StGB). Das Verhalten des Täters muss nach dessen Vorstellung der Tatbestandsverwirklichung **unmittelbar vorgelagert** sein.[19] Typisch für den Versuch ist, dass der objektive Tatbestand nicht vollständig verwirklicht wird, obwohl der Täter subjektiv die Vollendung der Tat will. Solange sich der Täter noch im Versuchsstadium befindet, ist ein strafbefreiender Rücktritt von der Tat nach § 24 StGB möglich.

> **Beispiel 9: Jetzt geht's los!**
>
> Klumpe feilt seit Monaten an der Fälschung von Spendenbelegen für die ESt-Erklärung 2009. Am 20.05.2010 wirft er die Steuererklärung samt Anlagen in den örtlichen Briefkasten. Bereits auf dem Heimweg vom Postkasten bereut er sein Handeln. Am nächsten Tag erscheint er bereits bei Öffnung des FA in der dortigen Poststelle und bittet, ihm das noch nicht geöffnete Kuvert wieder auszuhändigen. Nach längerer Diskussion willigt der Finanzbeamte in der Poststelle ein. Macht sich Klumpe strafbar?
>
> **Lösung:** Zur vollendeten Steuerhinterziehung nach § 370 Abs. 1 Nr. 1 AO ist es vorliegend nicht gekommen, da nicht sämtliche Tatbestandsmerkmale erfüllt sind: die Steuerverkürzung war zwar ursprünglich gewollt, ist aber aufgrund der Rückholung der Erklärung nicht eingetreten. In Betracht kommt daher allenfalls eine Strafbarkeit wegen Versuchs (§ 370 Abs. 2 AO). Klumpe wollte im Zeitpunkt des Einwurfs der Steuererklärung in den Postkasten Steuern hinterziehen; sein Tatentschluss war zum damaligen Zeitpunkt zu bejahen. Mit dem Einwurf der unrichtigen Steuererklärung hat Klumpe auch unmittelbar zur Tat angesetzt (§ 22 StGB). Er hat mit dem Einwurf nach seiner Vorstellung die Schwelle des »Jetzt geht's los« überschritten. Bei einem ungehinderten Geschehensablauf wäre es nach seiner Vorstellung zur Vollendung des Delikts gekommen. Allerdings ist Klumpe von der Tat gem. § 24 Abs. 1 S. 1 StGB strafbefreiend zurückgetreten, da er mit der Rückholung der Unterlagen in der Poststelle die Vollendung der Tat verhindert hat. Klumpe bleibt daher straffrei.[20]

---

19 Vgl. BGH vom 06.12.2007, NStZ 2008, 209; besonders anschaulich ist dabei das Abgrenzungskriterium, nach dem das unmittelbare Ansetzen vorliegt, wenn sich der Täter vorstellt:»**Jetzt geht's los!**«

20 **Beachten Sie auch hier wieder den Aufbau der Lösungsskizze:** Steuern Sie nicht sofort auch das erkennbare Ergebnis (»Klumpe bleibt straffrei«), sondern arbeiten Sie die angesprochenen Problemfelder ab: keine Vollendung der Tat/Subsumtion des Versuchs/strafbefreiender Rücktritt. **Nur so erhalten Sie in der schriftlichen Prüfung die maximal erreichbare Punktzahl.**

2.2.4.3 Vollendung
Die Steuerhinterziehung ist vollendet, wenn alle Tatbestandsmerkmale erfüllt sind. Beim Regelfall einer zu niedrig festgesetzten Steuer ist dies mit dem Wirksamwerden (d.h. Bekanntgabe, § 124 AO) der Steuerfestsetzung der Fall. Bei Fälligkeitssteuern – also insb. den Anmeldesteuern – wird die Steuerhinterziehung bereits mit der Versäumung der Fälligkeitsfrist vollendet. Mit dem Zeitpunkt der Vollendung beginnt die Verzinsung nach § 235 AO sowie die Haftung nach § 71 AO. Sobald die Steuerhinterziehung vollendet ist, kommt ein strafbefreiender Rücktritt nach § 24 StGB nicht mehr in Betracht. § 24 StGB setzt nach seinem Wortlaut voraus, dass sich die Tat noch im Versuchsstadium befindet. Straffreiheit kann nach Vollendung der Steuerhinterziehung allerdings noch durch die Selbstanzeige gem. § 371 AO erreicht werden (s. Kap. 2.2.5).

2.2.4.4 Beendigung
Die Steuerhinterziehung ist mit dem materiellen Abschluss der Tat, d.h. mit dem planmäßigen Zu-Ende-Führen der Tat, beendet. Regelmäßig fallen bei der Steuerhinterziehung der Zeitpunkt der Vollendung und der Beendigung zusammen. Dies ist nur ausnahmsweise nicht der Fall, z.B. beim Eingehen von unrichtigen Steuervorauszahlungen in den Jahressteuerbescheid. Der Zeitpunkt der Tatbeendigung ist entscheidend für den Fristbeginn der Strafverfolgungsverjährung (§ 78a StGB i.V.m. § 78 StGB, 376 AO).

2.2.5 Selbstanzeige (§ 371 AO)
Die in § 370 AO normierte Strafbarkeit der Steuerhinterziehung schützt das öffentliche Interesse des Staates an einem rechtzeitigen und vollständigen Steueraufkommen.[21] Zeigt der Täter oder Teilnehmer einer Steuerhinterziehung nach Vollendung der Tat seine Verfehlung beim FA an und bezahlt er etwaige bereits eingetretene Steuerausfälle nach, entfällt – zumindest fiskalpolitisch – der Grund für eine Bestrafung. Vor diesem Hintergrund wird gem. § 371 Abs. 1 AO auch derjenige nicht bestraft, der nach Vollendung der Steuerhinterziehung unrichtige oder unvollständige Angaben bei der Finanzbehörde berichtigt oder ergänzt oder unterlassene Angaben nachholt. Dem Täter oder Teilnehmer soll nach der Rspr. durch die Möglichkeit der Selbstanzeige die **Rückkehr zur Steuerehrlichkeit** erleichtert werden (BGH vom 21.04.2010, BStBl II 2010, 771). Die Zahl der Selbstanzeigen ist seit 2010 nach dem Ankauf der brisanten Daten-CD Anfang 2010 sprunghaft gestiegen; bundesweit sind 2014 die meisten, nämlich insgesamt 39.812, Selbstanzeigen bei den FÄ eingegangen, 2017 waren es nur mehr 2.000.

Die Selbstanzeige ist systematisch mit dem Rücktritt vom Versuch (§ 24 StGB) vergleichbar. Die begangene Straftat als solche bleibt bestehen, gleichwohl wird von einer Bestrafung des Täters bzw. Teilnehmers abgesehen. Die Selbstanzeige bewirkt damit einen **persönlichen Strafaufhebungsgrund**.[22] Wichtig: Die übrigen abgabenrechtlichen Folgerungen der Steuerhinterziehung (insb. Hinterziehungszinsen gem. § 235 AO, Haftung gem. § 71 AO, verlängerte Festsetzungsverjährung gem. § 169 Abs. 2 S. 2 AO) bleiben von der Selbstanzeige unberührt.

---

21 BGH vom 02.12.2008, BB 2009, 312; vgl. ausführlich *Hübschmann/Hepp/Spitaler*, AO, § 370 Rz. 1 ff.
22 Im Allgemeinen Strafrecht kann die Schadenswiedergutmachung nicht als Strafaufhebungsgrund, aber als Strafzumessungsregel berücksichtigt werden (§ 46a StGB).

Anfang 2015 wurde die Möglichkeit, durch eine Selbstanzeige straffrei zu bleiben, erneut erschwert: dies betrifft zum einen erweiterte Anforderungen an die Vollständigkeit der Selbstanzeige (§ 371 Abs. 1 AO) sowie Verschärfungen bei den Sperrgründen nach Bekanntgabe der Prüfungsanordnung bzw. dem Erscheinen des Prüfers (§ 371 Abs. 2 AO). Betragsmäßig darf der hinterzogene Betrag seit 2015 25.000 € (davor 50.000 €) nicht überschreiten (§ 371 Abs. 2 S. 1 Nr. 3 AO). Ferner wurde der bislang einheitliche Zuschlagssatz von 5% durch gestaffelte Zuschlagssätze von bis zu 20% bei Hinterziehungsbeträgen von mehr als 1 Mio. € ersetzt (§ 398a Abs. 1 Nr. 2 AO). Besonderheiten zum Vollständigkeitsgebot gibt es nunmehr bei USt-Voranmeldungen und LSt-Anmeldungen (§ 371 Abs. 2a AO).

2.2.5.1 Voraussetzungen der Selbstanzeige (§ 371 Abs. 1 und 3 AO)

Eine strafbefreiende Selbstanzeige setzt voraus, dass
- der Täter oder Teilnehmer im Fall des § 370 Abs. 1 Nr. 1 AO die unrichtigen oder unvollständigen Angaben für den gesamten Berichtigungszeitraum von 10 Jahren[23] **in vollem Umfang** berichtigt bzw. ergänzt und im Fall des § 370 Abs. 1 Nr. 2 AO die unterlassenen Angaben nachholt **und**
- die hinterzogene Steuer an den Fiskus entrichtet wird (§ 371 Abs. 3 AO).

Anzeigefähig sind dabei alle Fälle der Steuerhinterziehung einschließlich der Fälle des Versuchs, der Beihilfe, der Anstiftung und der Mittäterschaft. Eine bestimmte Form ist für die Selbstanzeige nicht vorgesehen; die Selbstanzeige kann schriftlich, mündlich oder zur Niederschrift erklärt werden. Insb. muss der Erklärende nicht ausdrücklich den Begriff »Selbstanzeige« verwenden. Die Selbstanzeige kann vielmehr auch **konkludent** erklärt werden. Allerdings setzt § 371 Abs. 1 AO voraus, dass das FA auf Grundlage der Selbstanzeige in der Lage ist, den Sachverhalt ohne langwierige Ermittlungstätigkeiten vollständig aufzuklären und die Steuer richtig festzusetzen (**Grundsatz der Materiallieferung**).

Der StPfl. muss nach ständiger Rspr. durch seine Erklärung wesentlich dazu beitragen, dass die Finanzbehörde auf der Basis seiner Erklärung ohne größere weitere Ermittlungen und unabhängig von der weiteren Bereitschaft des StPfl. zur Mitwirkung die betroffene Steuer zutreffend veranlagen kann.[24] Die Nachholung der bisher unterlassenen Steuererklärung oder -anmeldung reicht daher als Selbstanzeige regelmäßig aus. Erforderlich ist aber, dass der StPfl. seine Selbstanzeige mit dem erforderlichen **Zahlenmaterial unterlegt**. Ist der Täter oder Teilnehmer hierzu – schuldhaft oder schuldlos – nicht in der Lage, kommt eine strafbefreiende Wirkung seiner Anzeige nicht in Betracht.[25] Die Strafbefreiung nach § 371 AO erstreckt sich nur auf die begangene Steuerhinterziehung, nicht aber auf andere Delikte, die der Täter oder Teilnehmer im Zusammenhang mit der Steuerhinterziehung begangen hat (z. B. Urkundenfälschung). § 371 AO beschränkt das Strafverfolgungshindernis eindeutig auf das Delikt der Steuerhinterziehung.

---

23 Für den Zehnjahreszeitraum ist auf die letzten 10 Kj. abzustellen; nach Auffassung der Verwaltung ist es zusätzlich erforderlich, die Hinterziehungen des Kj. zu erklären, in welchem die Selbstanzeige abgegeben wird, vgl. Erlass des FM NRW zur Auslegung der §§ 371, 398a vom 12.01.2016, Az.: S 0702 – 8f-V A 1, nicht veröffentlicht.
24 BFH vom 21.04.2010, BStBl II 2010, 771.
25 Vom StPfl. ist zumindest eine Schätzung der Besteuerungsgrundlagen zu erwarten, bis er im Anschluss hieran in angemessener Frist die genauen Zahlen ermitteln kann.

Auf die **Freiwilligkeit** der Selbstanzeige kommt es – anders als beim strafbefreienden Rücktritt gem. § 24 StGB – nicht an.

Die im Rahmen der Selbstanzeige gegenüber der Finanzbehörde gemachten Erklärungen (»**Materiallieferung**«) müssen wahr und vor allem auch vollständig sein. Nicht ausreichend ist daher, wenn der StPfl. von mehreren bisher dem FA verheimlichten Auslandskonten nur diejenigen offenbart, deren Aufdeckung er fürchtet; er muss – so der BGH – hinsichtlich aller Konten reinen Tisch machen. Geringfügige und unbewusste Abweichungen von bis zu 5 % der hinterzogenen Steuer sind dabei regelmäßig unschädlich (BGH vom 25.07.2011, Az.: 1 StR 631/10). Diese Bagatellgrenze bezieht sich auf den gesamten Berichtigungszeitraum des § 371 Abs. 1 S. 2 AO, sodass zugunsten des Betroffenen eine Saldierung unterschiedlicher Jahre möglich ist.[26]

Die Selbstanzeige kann jeder Täter und Teilnehmer der Tat hinsichtlich des von ihm verursachten Taterfolges erstatten. Eine Selbstanzeige durch einen Bevollmächtigten sowie einen gesetzlichen oder satzungsmäßigen Vertreter ist ebenfalls zulässig, wenn dieser aufgrund eines **ausdrücklichen Auftrags** handelt. Die allgemeine Bevollmächtigung eines StB im Rahmen eines Mandatsverhältnisses ist für eine derartige ausdrückliche Beauftragung nicht ausreichend. Die strafbefreiende Wirkung tritt auch nicht ein, wenn der Täter oder Teilnehmer die für ihn abgegebene Selbstanzeige nachträglich genehmigt.

> **Beispiel 10: Der übereifrige Steuerberater**
>
> StB Eifrig erfährt bei den Jahresabschlussarbeiten für seinen Mandanten Faul, dass dieser über Jahre Einnahmen in beträchtlicher Höhe nicht in der Buchhaltung erfasst hat. Ohne vorher mit Faul zu sprechen, zeigt er unter Vorlage einer allgemeinen steuerlichen Vollmacht die Steuerhinterziehung dem zuständigen FA an. Das FA leitet daraufhin ein Steuerstrafverfahren gegen Faul gem. § 397 AO ein. Als Faul die Einleitung des Steuerstrafverfahrens bekannt wird, ruft er beim FA an, um die Selbstanzeige des Eifrig rückwirkend zu genehmigen. Wie ist die Rechtsfolge?
>
> **Lösung:** Durch die unvollständige Erfassung der Einnahmen in der Gewinnermittlung hat Faul über Jahre hinweg gegenüber dem FA unvollständige Angaben gemacht und damit den Tatbestand des § 370 Abs. 1 Nr. 1 AO verwirklicht. Fraglich ist, ob durch die Selbstanzeige des Eifrig ein Strafverfolgungshindernis eingetreten ist. Zwar kann sich Faul bei der Abgabe der Selbstanzeige durch seinen StB als Bevollmächtigten vertreten lassen (§ 80 Abs. 1 S. 1 AO). Eine Vertretung ist bei der Selbstanzeige aber nur möglich, wenn die Vollmachtserteilung sich über die allgemeine steuerliche Vertretung hinaus ausdrücklich auf die Selbstanzeige erstreckt (BGH vom 13.05.1952, BGHSt 3, 373). Auch eine ausdrückliche mündliche Vollmacht wäre insoweit ausreichend; vorliegend hat Faul die Selbstanzeige aber erst nachträglich genehmigt. Eine strafbefreiende Wirkung scheidet daher aus. Der Anruf beim FA entfaltet auch keine strafbefreiende Wirkung als eigenständige Selbstanzeige, da zu diesem Zeitpunkt dem Faul die Einleitung des Strafverfahrens bereits bekannt gegeben wurde (§ 371 Abs. 2 Nr. 1 Buchst. b AO). Die verunglückte Selbstanzeige kann allenfalls bei der Strafzumessung berücksichtigt werden, vgl. LG München II vom 13.03.2014, AO-StB 2014, 119 (»Fall Hoeneß«).

Bei der vollendeten Steuerhinterziehung muss der Täter zur Erreichung der Straffreiheit die hinterzogene Steuer (einschließlich Hinterziehungszinsen) als Schadenswiedergutmachung innerhalb einer vom FA festgesetzten Frist **nachzahlen** (§ 371 Abs. 3 AO). Ist er hierzu – schuldhaft oder schuldlos – nicht in der Lage, kommt ihm die Straffreiheit nicht zugute. Hat der Täter oder Teilnehmer die Tat zugunsten eines Dritten begangen, ist er zur Nachzahlung

---

26 Erlass des FinMin NRW zur Auslegung der §§ 371, 398a AO vom 12.01.2016, Az.: S 0702 – 8f-V A 1, kommentiert in AO-StB 2016, 261.

nur verpflichtet, wenn er aus der Tat einen unmittelbaren wirtschaftlichen Erfolg erlangt hat (vgl. BGH vom 04.07.1979, BGHSt 29, 37).

Die gesetzte Nachzahlungsfrist muss unter Berücksichtigung der persönlichen Verhältnisse der Täter so bemessen sein, dass die rechtzeitige Begleichung der Steuerschuld nicht von vornherein ausgeschlossen ist.

2.2.5.2 Ausschlussgründe der Selbstanzeige (§ 371 Abs. 2 AO)

§ 371 Abs. 2 AO schließt die Straffreiheit der Selbstanzeige aus (sog. Sperrwirkung), wenn
- vor der Berichtigung, Ergänzung oder Nachholung
    - dem Täter oder seinem Vertreter eine **Prüfungsanordnung** nach § 196 AO bekannt gegeben worden ist (§ 371 Abs. 2 Nr. 1a AO) oder
    - ein Amtsträger des FA zur steuerlichen Prüfung oder zur Ermittlung einer Steuerstraftat oder einer Steuerordnungswidrigkeit **erschienen** (§ 371 Abs. 2 Nr. 1d AO) ist oder
    - dem Täter oder seinem Vertreter die **Einleitung** des Straf- oder Bußgeldverfahrens wegen der Tat **bekannt gegeben** worden ist (§ 371 Abs. 2 Nr. 1b AO) oder
- die Tat im Zeitpunkt der Berichtigung, Ergänzung oder Nachholung ganz oder z. T. bereits **entdeckt** war und der Täter dies **wusste** oder bei verständiger Würdigung der Sachlage damit **rechnen musste** (§ 371 Abs. 2 Nr. 2 AO).

Erscheint ein Amtsträger zur steuerlichen Prüfung, ist die Selbstanzeige mit strafbefreiender Wirkung nicht mehr möglich (§ 371 Abs. 2 Nr. 1 Buchst. c AO). Ein tatsächlicher Beginn mit den Prüfungshandlungen ist hierbei – anders als etwa bei § 171 Abs. 4 AO – nicht erforderlich (BFH vom 19.06.2007, BStBl II 2008, 7). Zum Erscheinen gehört dabei regelmäßig ein Betreten der Geschäftsräume oder der Wohnung des StPfl.[27]

Die Sperrwirkung ist einerseits begrenzt auf den Betroffenen der Prüfung und ferner auf den Umfang des Prüfungsauftrags, zu dessen Durchführung der Prüfer erschienen ist (grundlegend BGH vom 15.01.1988, wistra 1988, 151). **Nur für die im Prüfungsauftrag genannten Steuern und Besteuerungszeiträume ist die strafbefreiende Selbstanzeige ausgeschlossen.** Die Bekanntgabe der Prüfungsanordnung führt seit Anfang 2011 ebenfalls zu einer Sperrwirkung (Schwarzgeldbekämpfungsgesetz); nach dem eindeutigen Wortlaut im § 371 Abs. 2 Nr. 1 Buchst. a AO ist auch hier die Bekanntgabefiktion des § 122 Abs. 2 Nr. 1 AO anwendbar (so auch BGH vom 07.08.2014, NStZ-RR 2014, 349).

Die strafbefreiende Selbstanzeige ist ferner ausgeschlossen, wenn dem Täter oder seinem Vertreter die **Einleitung** des Straf- oder Bußgeldverfahrens wegen der Tat **bekannt gegeben** worden ist (§ 371 Abs. 2 Nr. 1 Buchst. b AO). Das Steuerstraf- oder -ordnungswidrigkeitenverfahren ist eingeleitet, sobald das FA, die Staatsanwaltschaft oder die Polizei eine Maßnahme ergreift, die erkennbar darauf abzielt, gegen jemanden wegen einer Steuerstraftat oder einer Steuerordnungswidrigkeit vorzugehen (§ 397 Abs. 1 und § 410 Abs. 1 Nr. 6 AO). Die Verfahrenseinleitung kann durch eine entsprechende schriftliche Verfügung, aber auch durch anderweitige eindeutige Amtshandlungen, wie z. B. durch Verhaftung (§§ 114 ff. StPO), Festnahme (§ 127 StPO), Beschlagnahme (§§ 94, 98 StPO) oder Durchsuchung (§ 102 StPO) geschehen. Ein interner Aktenvermerk des FA, der dem Betroffenen nicht bekannt wird, genügt dagegen nicht. Der übliche Vermerk am Ende eines Prüfungsberichts nach § 201 Abs. 2 AO, dass die straf- oder bußgeldrechtliche Würdigung einem besonderen Verfahren

---

27 Vgl. *Kühn/von Wedelstädt*, AO, § 371 Rz. 15; die hierzu ergangene Rspr. wird auch als »Fußmattentheorie« bezeichnet.

vorbehalten bleibt, ist ein bloßer rechtlicher Hinweis; er beinhaltet nicht gleichzeitig eine Verfahrenseinleitung. Die Sperrwirkung der Verfahrenseinleitung ist sachlich beschränkt auf die in der Mitteilung bezeichneten Taten und persönlich beschränkt auf den bezeichneten Täter oder Teilnehmer.[28]

Nach § 371 Abs. 2 Nr. 2 AO tritt eine strafbefreiende Wirkung der Selbstanzeige auch dann nicht ein, wenn die Tat im Zeitpunkt der Berichtigung, Ergänzung oder Nachholung ganz oder z. T. bereits **entdeckt** war und der Täter dies **wusste** oder bei verständiger Würdigung der Sachlage damit **rechnen musste**. Der fiskalpolitische Zweck der Selbstanzeige kann nicht mehr erreicht werden, wenn das FA auch ohne Mithilfe des Täters den Sachverhalt aufdeckt. Die Tat ist entdeckt, wenn für einen Dritten, der nicht Täter oder Teilnehmer ist, feststeht, dass gegenüber dem FA unrichtige Angaben gemacht wurden und dadurch eine Steuerverkürzung angestrebt wurde. Damit ist auch eine Entdeckung durch Personen, die nicht Finanzbeamte sind, möglich, wenn damit zu rechnen ist, dass die Kenntnisse an das FA weitergeleitet werden (BGH vom 13.05.1987, wistra 1987, 295). Zur Tatendeckung muss hinzukommen, dass der Täter von der Entdeckung wusste oder bei verständiger Würdigung der Sachlage mit der Entdeckung rechnen musste.

> **Beispiel 11: Schon entdeckt?**
> Im Rahmen einer Außenprüfung bei dem Versicherungsvermittler Rück fertigt der Betriebsprüfer zahlreiche Kontrollmitteilungen, um die steuerliche Erfassung von gezahlten Provisionen an die Außendienstmitarbeiter sicherzustellen. Rück informiert daraufhin seine Außendienstmitarbeiter über das Vorgehen des Prüfers, um diesen »eine goldene Brücke zu bauen«. Außendienstmitarbeiter Klein, der seine erhaltenen Provisionen gegenüber dem FA nicht erklärt hat, berichtigt infolge dieser Mitteilung seine Steuererklärungen der vergangenen Jahre. Ist die Selbstanzeige wirksam?
> **Lösung:** Nach § 371 Abs. 2 Nr. 2 AO ist eine strafbefreiende Selbstanzeige nicht mehr möglich, wenn die Tat entdeckt war und der Täter dies wusste. Mit der Kontrollmitteilung liegt noch keine Tatentdeckung vor, da zu diesem Zeitpunkt die steuerliche Verfehlung des Klein noch nicht festgestellt wurde. Eine strafbefreiende Selbstanzeige ist möglich, bis das FA durch Nachprüfung feststellt, dass Klein die Einnahmen nicht erfasst hat. Nach Inkrafttreten des Schwarzgeldbekämpfungsgesetzes ergibt sich die Sperrwirkung allerdings nunmehr durch die bekannt gegebene Prüfungsanordnung (§ 371 Abs. 2 Nr. 1a AO).

Die Voraussetzungen für die strafbefreiende Selbstanzeige wurden Ende 2014 durch das Gesetz zur Änderung der AO mit Wirkung zum 01.01.2015 erneut verschärft: Keine Straffreiheit wird bei einer Steuerverkürzung von mehr als 25.000 € je Tat erlangt (§ 371 Abs. 2 Nr. 3 AO; bei dieser Grenze ist bei einer Selbstanzeige wegen ESt oder KSt der SolZ einzubeziehen). Allerdings kann von der strafrechtlichen Verfolgung der Tat gem. § 398a AO bei diesen Fällen abgesehen werden, wenn der Täter neben den hinterzogenen Steuern einen Geldbetrag, der sich prozentual an der Höhe der hinterzogenen Steuer orientiert, zugunsten der Staatskasse zahlt.

2.2.6 Strafzumessung

Für die Strafzumessung gilt nach § 370 Abs. 1 1. HS AO ein Strafrahmen von bis zu **fünf Jahren Freiheitsstrafe** oder Geldstrafe. Grundlage für die Zumessung der Strafe ist die Schuld des Täters (§ 46. Abs. 1 S. 1 StGB). Hierbei kann insb. die Tatausführung, die persönlichen

---

28 Vgl. im Einzelnen *Franzen/Gast/Joecks*, Steuerstrafrecht, § 371 AO Rz. 180 ff. m. w. N.

und wirtschaftlichen Verhältnisse des Täters als auch das Verhalten des Täters nach der Tat (Schadenswiedergutmachung) berücksichtigt werden. Dabei sind auch die Wirkungen zu berücksichtigen, die von der Strafe für das künftige Leben des Täters in der Gesellschaft zu erwarten sind (§ 46 Abs. 1 StGB). § 46 Abs. 2 S. 1 StGB bestimmt, dass bei der Zumessung der Strafe die Umstände gegeneinander abzuwägen sind, die für und gegen den Täter sprechen. Dabei kommen namentlich die in § 46 Abs. 2 S. 2 StGB genannten Umstände in Betracht.

Bei der Zumessung einer Strafe wegen Steuerhinterziehung hat das in § 46 Abs. 2 S. 2 StGB vorgegebene Kriterium der »verschuldeten Auswirkungen der Tat« im Rahmen der erforderlichen Gesamtwürdigung besonderes Gewicht. »Auswirkungen der Tat« sind insb. die Folgen für das durch die Strafnorm geschützte Rechtsgut. Das durch § 370 AO geschützte Rechtsgut ist die Sicherung des staatlichen Steueranspruchs, d. h. des rechtzeitigen und vollständigen Steueraufkommens. Deshalb ist die **Höhe der verkürzten Steuern ein bestimmender Strafzumessungsumstand** (BGH vom 07.02.2012, DStRE 2012, 508).

Bei der Geldstrafe ist neben der Anzahl der verhängten Tagessätze (gem. § 40 Abs. 1 StGB mindestens 5 und höchstens 360, bei Tatmehrheit maximal 720 Tagessätze) auch die Höhe eines Tagessatzes anzugeben, wobei ein Tagessatz i. d. R. einem Tagesnettoeinkommen entspricht (vgl. § 40 Abs. 2 StGB). Die Höhe des Tagessatzes beträgt gem. § 40 Abs. 2 S. 3 StGB mindestens 1 und höchstens 30.000 €. Damit kann im Ergebnis eine Geldstrafe zwischen 5 € und 10,8 Mio. €, bei Tatmehrheit bis zu 21,6 Mio. € verhängt werden. Ein **Richtwert** aus der Praxis sind etwa **120 Tagessätze für 20.000 € verkürzte Steuern**. Die Grundsätze zur Strafzumessung bei Steuerhinterziehung hat der BGH in einer Grundsatzentscheidung Ende 2008 wie folgt klargestellt (BGH vom 02.12.2008, BB 2009, 312):

Nachdem der entstandene Steuerschaden maßgeblich die Höhe der Strafe bestimmt, kommt der gesetzlichen Vorgabe des § 370 Abs. 3 S. 2 Nr. 1 AO, wonach bei einer Hinterziehung »in großem Ausmaß« in der Regel nur eine Freiheitsstrafe (und zwar von sechs Monaten bis zu zehn Jahren) angedroht ist, indizielle Bedeutung zu. Der BGH hat ausgeführt, dass ein großes Ausmaß jedenfalls dann vorliegt, wenn der Steuerschaden über 50.000 € liegt (BGH vom 27.10.2015, AO-StB 2016, 152). Das bedeutet ferner, dass jedenfalls bei einem sechsstelligen Hinterziehungsbetrag die Verhängung einer Geldstrafe nur bei Vorliegen besonderer Milderungsgründe noch schuldangemessen ist. Bei Hinterziehungsbeträgen in Millionenhöhe kommt eine Strafaussetzung zur Bewährung (Freiheitsstrafen bis zu zwei Jahren kann das Gericht zur Bewährung aussetzen, § 56 Abs. 2 StGB) nur ausnahmsweise, bei Vorliegen besonders gewichtiger Milderungsgründe in Betracht (bestätigt durch BGH vom 07.02.2012, DStRE 2012, 508).

§ 370 Abs. 3 AO enthält eine Strafschärfung **für besonders schwere Fälle der Steuerhinterziehung** auf zehn Jahre Freiheitsstrafe vor. Ein besonders schwerer Fall liegt insb. in den in § 370 Abs. 3 S. 2 AO aufgeführten Regelbeispielen vor, daneben kann es aber auch unbenannte besonders schwere Fälle geben. Liegt andererseits ein Regelbeispiel vor, muss nicht unbedingt von der Strafschärfung Gebrauch gemacht werden. Für Steuerhinterziehungen, die seit dem 01.01.2008 – d. h. seit Inkrafttreten der neuen Fassung des § 370 Abs. 3 S. 2 Nr. 1 AO – begangen wurden, kommt der Streichung des subjektiven Merkmals »aus grobem Eigennutz« aus dem Regelbeispiel zusätzliches Gewicht zu. Hier erfüllt schon das objektive Merkmal »großes Ausmaß« das Regelbeispiel des besonders schweren Falles des § 370 Abs. 3 S. 2 Nr. 1 AO (BGH vom 02.12.2008, a. a. O.).

2.2.7 Verjährung

Die **Strafverfolgungsfrist**, die von der zehnjährigen Festsetzungsfrist für die hinterzogene Steuer zu unterscheiden ist, beträgt bei Steuerstraftaten grds. **fünf Jahre** (§ 78 Abs. 3 Nr. 4 StGB). Für die Regelbeispiele des § 370 Abs. 3 S. 2 Nr. 1 bis 5 AO wurde die Strafverfolgungsverjährung durch das JStG 2009 auf **zehn Jahre** und durch das JStG 2020 vor dem Hintergrund der sog. Cum-Ex-Verfahren zuletzt auf 15 Jahre erhöht. In besonderen Konstellationen des § 76 Abs. 3 AO kann sich eine effektive Verjährungsfrist von bis zu 37,5 Jahren ergeben. Die Regelung ist auf alle zum Zeitpunkt ihres Inkrafttretens noch nicht strafrechtlich verjährten Taten anzuwenden. Dies gilt insb. für § 370 Abs. 3 S. 2 Nr. 5 AO, der Nachfolgeregelung der früher in § 370a AO geregelten **bandenmäßigen** Steuerhinterziehung.

Die Frist beginnt nicht mit der Vollendung, sondern mit der Beendigung der Tat (§ 78a S. 1 StGB). Allerdings führen bestimmte Maßnahmen im Rahmen der Strafverfolgung, beispielsweise die Beschuldigtenvernehmung nach § 78c Abs. 1 Nr. 1 StGB oder Maßnahmen nach § 376 Abs. 2 AO zur Verjährungsunterbrechung mit der Folge, dass die Frist erneut zu laufen beginnt (§ 78c Abs. 3 S. 1 StGB).

3 Steuerordnungswidrigkeiten (§§ 377 ff. AO)

3.1 Einführung

Steuerordnungswidrigkeiten sind Zuwiderhandlungen, die nach der AO oder den Einzelsteuergesetzen (z. B. § 26b UStG) nicht mit einer Strafe, sondern mit einer **Geldbuße** geahndet werden können (§ 377 Abs. 1 AO). Gem. § 377 Abs. 2 AO gelten hierbei nicht die Vorschriften des StGB und der StPO, sondern die §§ 1 – 34 OWiG, soweit nicht die Bußgeldvorschriften der Steuergesetze eine andere Regelung treffen. Die §§ 1 – 34 OWiG haben allerdings viele Parallelen zum allgemeinen Teil des StGB. Ein wesentlicher Unterschied liegt darin, dass im Ordnungswidrigkeitenrecht nicht zwischen den verschiedenen Beteiligungsformen (Täterschaft und Teilnahme) unterschieden wird, sondern alle Beteiligungsformen gleichgestellt sind (sog. **Einheitstäter** gem. § 14 OWiG).

Verwirklicht eine Zuwiderhandlung gegen Steuergesetze gleichzeitig den Tatbestand einer Steuerstraftat und einer Ordnungswidrigkeit, wird nach dem **Subsidiaritätsprinzip** in § 21 OWiG lediglich das Strafgesetz angewandt.

Während eine begangene Steuerhinterziehung neben den strafrechtlichen Konsequenzen auch andere abgabenrechtliche Folgen nach sich zieht (u. a. Durchbrechung der Änderungssperre nach § 173 Abs. 2 AO, verlängerte Festsetzungsverjährung nach § 169 Abs. 2 S. 2, 1. Alt. AO, Haftung nach § 71 AO, Hinterziehungszinsen nach § 235 AO), gelten diese Konsequenzen für Ordnungswidrigkeiten nach dem jeweiligen Gesetzeswortlaut **nur teilweise**. Die verlängerte Festsetzungsfrist beträgt bei einem leichtfertig verkürzten Steuervorteil fünf Jahre (§ 169 Abs. 2 S. 2, 2. Alt. AO), die Änderungssperre nach § 173 Abs. 2 AO ist ebenfalls durchbrochen. Eine Haftung nach § 71 AO und die Zinsverpflichtung nach § 235 AO trifft dagegen allein den Täter einer Steuerhinterziehung, nicht aber den Täter einer Steuerordnungswidrigkeit.

3.2 Leichtfertige Steuerverkürzung (§ 378 AO)

Wer als StPfl. oder bei Wahrnehmung der Angelegenheiten eines StPfl. eine der in § 370 Abs. 1 AO bezeichneten Taten nicht vorsätzlich, sondern **leichtfertig** begeht, handelt ordnungswidrig (§ 378 Abs. 1 AO). Die leichtfertige Steuerverkürzung unterscheidet sich von der Steuerhinterziehung zum einen durch einen eingeschränkten Täterkreis. Als Täter kommt nur der StPfl. selbst in Betracht sowie Personen, die Angelegenheiten des StPfl. wahrnehmen (darunter fallen insb. die Angestellten des StPfl.). Vom Täterkreis ausgeschlossen sind im Gegensatz zu § 370 AO Personen, die nicht Angelegenheiten des StPfl. wahrnehmen, z. B. Finanzbeamte und Auskunftspersonen nach § 93 AO sowie die Angehörigen der steuerberatenden Berufe, da diese i. d. R. keine eigenen Angaben gegenüber dem FA machen (BFH vom 29.10.2013, BStBl II 2014, 295). Entscheidendes Abgrenzungsmerkmal zu den Steuerstraftaten ist bei der leichtfertigen Steuerverkürzung der **Grad der Vorwerfbarkeit** bei der Tatbegehung: Während bei den Steuerstraftaten Vorsatz gem. § 15 StGB nachgewiesen werden muss, genügt für die Ahndung einer leichtfertigen Steuerverkürzung ein **leichtfertiges Handeln**.

Die **Leichtfertigkeit** entspricht etwa der groben Fahrlässigkeit, stellt aber zudem auf die persönlichen Fähigkeiten des Täters ab; leichtfertig handelt, wer die Sorgfalt außer Acht lässt, zu der er nach den besonderen Umständen des Falles und seinen persönlichen Fähigkeiten und Kenntnissen verpflichtet und imstande ist, und dem sich danach aufdrängen muss, dass er dadurch Steuern verkürzt (ständige Rspr., zuletzt BFH vom 16.05.2023, BStBl II 2024, 28). Die hinzutretende subjektive Komponente bei der Beurteilung der Leichtfertigkeit hat zur Folge, dass an unterschiedliche Berufsgruppen unterschiedliche Sorgfaltsmaßstäbe gestellt werden können. So ist an die Angehörigen der steuerberatenden Berufe und an Kaufleute ein strengerer Sorgfaltsmaßstab zu stellen als an StPfl., die nur gelegentlich mit dem Steuerrecht in Kontakt kommen. Leichtfertig handelt ein StPfl. insb. dann, wenn er sich nicht über die steuerlichen Pflichten unterrichtet, die ihn in seinem Lebenskreis treffen. Bei Zweifelsfällen in steuerlichen Fragen ist der StPfl. gehalten, sachkundigen Rat bei den steuerberatenden Berufen einzuholen. Die Missachtung dieser Informations- und Erkundigungspflicht kann dazu führen, dass auch bei Vorliegen eines Irrtums über die Anwendbarkeit und Reichweite steuerlicher Vorschriften Leichtfertigkeit anzunehmen ist (BGH vom 17.12.2014, AO-StB 2015, 120).

Ähnlich wie bei der Selbstanzeige nach einer begangenen Steuerhinterziehung kann sich der Täter auch nach einer leichtfertigen Steuerverkürzung durch Selbstanzeige von den bußgeldrechtlichen Folgen der Tat befreien (§ 378 Abs. 3 AO). Abweichend von § 371 AO schließt das Erscheinen eines Amtsträgers oder die erfolgte Entdeckung der Tat die Möglichkeit der Selbstanzeige nach § 371 Abs. 3 AO nicht aus. Lediglich die Bekanntgabe der Einleitung eines Straf- oder Bußgeldverfahrens entfaltet parallel zu § 371 Abs. 2 Nr. 1b AO eine Sperrwirkung für die Bußgeldbefreiung (§ 378 Abs. 3 S. 1 AO).

Als **Rechtsfolge** einer leichtfertigen Steuerverkürzung kann weder eine Freiheitsstrafe noch eine Geldstrafe, sondern (nur) eine **Geldbuße** bis zu 50.000 € festgesetzt werden. Einzelheiten der Geldbußenzumessung, die im Wesentlichen den Prinzipien der Strafzumessung bei der Steuerhinterziehung entsprechen, sind in § 17 OWiG geregelt. Die Verfolgungsverjährung beträgt in Abweichung zu § 31 Abs. 2 OWiG fünf Jahre (§ 384 AO). Sie entspricht damit der regulären Verjährungsfrist bei der Steuerhinterziehung.

Beispiel 12: Hälfte oder Viertel?

Ein Ärzteehepaar hatte den Gewinn seiner Praxis in der Feststellungserklärung richtig angegeben und hälftig auf die Eheleute verteilt. In der ESt-Erklärung bezifferten sie die Einkünfte des Ehemannes zutreffend mit der Hälfte des Gewinns, die Einkünfte der Ehefrau dagegen nur mit einem Viertel. Beide Erklärungen waren durch einen StB angefertigt worden; die Eheleute hatten sie unterschrieben und beim FA eingereicht. Das FA erließ den ESt-Bescheid zunächst auf der Grundlage der Erklärung. Nachdem der Fehler aufgefallen war, berücksichtigte das FA in einem Änderungsbescheid den Gewinnanteil der Ehefrau in voller Höhe. Dagegen wandten die Eheleute ein, dass beim Erlass des Änderungsbescheids die vierjährige Festsetzungsfrist (§ 169 Abs. 2 S. 1 Nr. 2 AO) bereits abgelaufen gewesen sei.

Lösung: Der BFH (Urteil vom 23.07.2013, BStBl II 2016, 503) sah dies jedoch anders: Da die Eheleute eine leichtfertige Steuerverkürzung i. S. d. § 378 AO begangen hatten, verlängerte sich die Festsetzungsfrist gem. § 169 Abs. 2 S. 2 AO auf fünf Jahre. Daher hat das FA den ESt-Bescheid im Streitfall noch ändern können. Die Eheleute hätten den Fehler bei Unterzeichnung ihrer Erklärung, spätestens aber nach Erhalt des Steuerbescheids bemerken und korrigieren müssen. Ihnen hätte sich die Frage aufdrängen müssen, weshalb der in der Erklärung ausgewiesene Gewinnanteil der Ehefrau von ihrem Gewinnanteil, der in der Gewinnfeststellungserklärung angegeben war, erheblich abwich. Da sie diese gravierende Abweichung hingenommen und die Steuererklärung gleichwohl unterzeichnet und in den Verkehr gegeben haben, ohne sich bei ihrem steuerlichen Berater oder beim FA nach dem Grund der Abweichung zu erkundigen, haben sie die ihnen obliegende **Sorgfalt in erheblichem Umfang verletzt** und eine leichtfertige Steuerverkürzung begangen.

4 Steuerstrafverfahren

Prüfungsschwerpunkt des Steuerstrafrechts in den schriftlichen Prüfungsarbeiten ist regelmäßig das **materielle Steuerstrafrecht**. Für das Gesamtverständnis und die **mündliche Prüfung** ist ein **Überblick über das Verfahrensrecht** jedoch unerlässlich.

Für das Steuerstrafverfahren gelten nach § 385 Abs. 1 AO die allgemeinen Gesetze über das Strafverfahren (StPO, GVG und JGG). Diese verfahrensrechtlichen Vorschriften werden durch die §§ 385 ff. AO teils modifiziert, teils ergänzt. Insb. werden den Finanzbehörden aufgrund deren besonderer Sachnähe und Sachkompetenz weitreichende **Mitwirkungsrechte** im Strafverfahren eingeräumt.

4.1 Ermittlungsverfahren
4.1.1 Zuständigkeit

Das Ermittlungsverfahren dient der Erforschung des Sachverhalts. Bei den allgemeinen Straftaten leitet die Staatsanwaltschaft die Ermittlungen von der Einleitung des Verfahrens bis zu dessen Abschluss. Sie ist »**Herrin des Strafverfahrens**« (§§ 160 f. StPO). Die Ermittlungskompetenz für Steuerstraftaten obliegt dagegen gem. § 386 Abs. 1 AO grds. nicht der Staatsanwaltschaft, sondern den **Finanzbehörden**, und dort behördenintern den Bußgeld- und Strafsachenstellen. Voraussetzung ist, dass die verfolgte Tat ausschließlich eine Steuerstraftat oder eine gleichgestellte Straftat darstellt (§ 386 Abs. 2 AO). Wird mit der Steuerstraftat tateinheitlich ein Nichtsteuerdelikt begangen, z. B. bei Fälschung eines Beleges Urkundenfälschung gem. § 267 Abs. 1 StGB, ist die Staatsanwaltschaft für die Durchführung des Ermittlungsverfahrens zuständig, ebenso nach Erlass eines Haftbefehls oder Unterbringungsbefehls (§ 386 Abs. 3 AO).

Das FA ist bei ausschließlichen Steuerstraftaten Ermittlungsbehörde und nimmt alle Rechte und Pflichten wahr, die ansonsten der Staatsanwaltschaft im Ermittlungsverfahren zustehen (§ 399 Abs. 1 AO). Das FA kann die Strafsache allerdings gem. § 386 Abs. 4 AO jederzeit an die Staatsanwaltschaft abgeben und die Staatsanwaltschaft kann die Strafsache jederzeit an sich ziehen (§ 386 Abs. 4 S. 2 AO, sog. **Evokationsrecht**). Eine Abgabe an die Staatsanwaltschaft kommt vor allem in Betracht, wenn aufgrund der zu erwartenden Strafe ein Strafbefehlsverfahren (Höchststrafe Freiheitsstrafe von einem Jahr, § 407 Abs. 2 StPO) nicht in Betracht kommt (§ 400 AO).

4.1.2 Einleitung des Strafverfahrens (§ 397 AO)

Das Strafverfahren lässt sich vom Ablauf in folgende Verfahrensabschnitte einteilen:
- Einleitung des Strafverfahrens bei Verdacht einer Steuerstraftat (§ 397 AO),
- Durchführung des Ermittlungsverfahrens zur Erforschung des Sachverhalts (§§ 160 ff. StPO),
- Abschluss des Ermittlungsverfahrens durch
  - Einstellung des Verfahrens (§ 398 AO i. V. m. §§ 153 ff. StPO),
  - Abgabe an die Staatsanwaltschaft (§ 386 Abs. 4 AO) oder
  - Antrag auf Erlass eines Strafbefehls (§ 400 AO),
- gegebenenfalls gerichtliches Verfahren bei Erhebung der öffentlichen Klage (§§ 203, 207, 213 ff. und 226 ff. StPO).

Jedes Steuerstrafverfahren beginnt zwingend mit der **Einleitung des Verfahrens**. Das Strafverfahren ist eingeleitet, sobald das FA bzw. die Staatsanwaltschaft oder ihre Ermittlungspersonen eine Maßnahme treffen, die erkennbar darauf abzielt, gegen jemanden wegen einer Steuerstraftat strafrechtlich vorzugehen (§ 397 Abs. 1 AO). Die Vorschrift dient dem **Schutz des StPfl.**, dessen Rechtsstellung sich durch die Einleitung des Verfahrens wesentlich ändert. Für den StPfl. ergeben sich durch die Einleitung des Strafverfahrens insb. folgende Konsequenzen:
- er ist nach §§ 136 Abs. 1 und 163a StPO berechtigt, die **Aussage zu verweigern** (und hierüber auch entsprechend zu belehren);
- die Bekanntgabe der Einleitung führt zur **Sperrwirkung** bei der strafbefreienden Selbstanzeige (§ 371 Abs. 2 Nr. 1 Buchst. b AO);
- der StPfl. braucht nicht mehr bei der Ermittlung des Sachverhalts **mitzuwirken** (§ 393 Abs. 1 S. 2 AO): Die Befugnisse des FA im Besteuerungsverfahren werden gem. § 393 Abs. 1 AO durch ein laufendes Steuerstrafverfahren nicht berührt, d. h. im **Besteuerungsverfahren** bleibt der StPfl. zur Mitwirkung gem. §§ 90 ff. AO verpflichtet. Damit das FA den StPfl. nicht über das Besteuerungsverfahren zur Selbstbezichtigung im Steuerstrafverfahren zwingen kann, dürfen nach Einleitung des Strafverfahrens Zwangsmittel i. S. d. §§ 328 ff. AO auch im Besteuerungsverfahren nicht mehr angewandt werden (§ 393 Abs. 1 S. 2 AO[29]). Ist gegen einen StPfl. wegen der Abgabe unrichtiger Steuererklärungen ein Steuerstrafverfahren anhängig, rechtfertigt das Zwangsmittelverbot nach BGH vom 12.01.2005 (DStRE 2005, 1424) für nachfolgende Besteuerungszeiträume weder die

---

29 Die Anwendung unzulässiger Zwangsmittel liegt nach der Rspr. auch vor, wenn das FA zwar keine Zwangsmittel i. S. d. §§ 328 ff. AO anwendet, aber durch Androhung einer Mondschätzung (§ 162 AO) auf die Willensentschließung des Beschuldigten unzulässig einwirkt (BVerfG vom 13.01.1981, BVerfGE 56, 37).

Nichtabgabe zutreffender noch die Abgabe unrichtiger Steuererklärungen.[30] Anderenfalls würde – durch Nichtabgabe von oder durch falsche Angaben in Steuererklärungen – neues Unrecht geschaffen, zu dem das Recht auf Selbstschutz nicht berechtigt; allerdings besteht für die zutreffenden Angaben des StPfl. für die zurückliegenden strafbefangenen Besteuerungszeiträume ein strafrechtliches Verwertungsverbot;
- es tritt eine Ablaufhemmung der Festsetzungsfrist ein (§ 171 Abs. 5 AO) und
- die Strafverfolgungsverjährung wird unterbrochen (§ 376 Abs. 2 AO).

Wegen dieser erheblichen Auswirkungen ist die Einleitung des Strafverfahrens in den Akten zu vermerken (§ 397 Abs. 2 AO) und dem Beschuldigten mitzuteilen (§ 397 Abs. 3 AO).[31] Gleichwohl ist der Einleitungsvermerk nur deklaratorischer Art. Das FA hat es damit nicht in der Hand, durch das verzögerte Abfassen des Vermerks nach § 397 Abs. 2 AO die Einleitung des Strafverfahrens samt der damit verbundenen Folgen zeitlich hinauszuschieben. Über sein Auskunftsverweigerungsrecht und die Auswirkungen auf die Mitwirkungspflichten im Besteuerungsverfahren ist der StPfl. spätestens bei der Bekanntgabe der Verfahrenseinleitung zu **belehren** (§ 136 Abs. 1 S. 2 StPO, § 393 Abs. 1 S. 4 AO). Wird die Belehrung unterlassen, führt dies bei trotzdem erteilten Auskünften des Beschuldigten zu einem **Verwertungsverbot** für das Steuerstrafverfahren (Grundsatzentscheidung des BGH vom 27.02.1992, NJW 1992, 1463); im Besteuerungsverfahren bleiben die Auskünfte des Beschuldigten trotz Verletzung der Belehrungspflicht dagegen verwertbar (BFH vom 23.01.2002, BFH/NV 2002, 826).

Der BFH geht dabei davon aus, dass ein Verstoß gegen eine strafprozessuale Verfahrensnorm nicht zwingend zu einem Verwertungsverbot im Besteuerungsverfahren führt. Er begründet dies damit, dass im Besteuerungsverfahren der einer Straftat Verdächtige auch nach Einleitung des Strafverfahrens rechtlich zur (wahrheitsgemäßen) Mitwirkung verpflichtet ist.

Bestimmte Maßnahmen bedeuten automatisch die Einleitung des Strafverfahrens. Erkennbar auf das Vorgehen wegen einer Steuerstraftat (vgl. den Wortlaut des § 397 Abs. 1 AO) zielen insb. die Durchsuchung, Beschlagnahme oder die vorläufige Festnahme als typische strafprozessuale Maßnahmen ab (vgl. BFH vom 29.04.2008, BStBl II 2008, 844). Der Hinweis in der Schlussbesprechung der Betriebsprüfung nach § 201 Abs. 2 AO bzw. die Belehrung durch den Betriebsprüfer nach § 9 S. 3 BPO mit dem Hinweis auf das Auskunftsverweigerungsrecht bedeutet dagegen noch keine Einleitung des Strafverfahrens; es fehlt zu diesem Zeitpunkt noch der konkrete Tatverdacht.

4.1.3 Befugnisse der Strafverfolgungsbehörden im Ermittlungsverfahren

Führt das FA das Ermittlungsverfahren selbständig durch, nimmt sie die Rechte und Pflichten wahr, die der Staatsanwaltschaft im Ermittlungsverfahren zustehen (§ 399 Abs. 1 AO). Das FA kann zur Erforschung des Sachverhalts die gleichen Maßnahmen durchführen, zu denen die Staatsanwaltschaft nach der StPO befugt ist. Als Ermittlungsmaßnahmen kommen insb. folgende Möglichkeiten in Betracht:

---

30 Vgl. auch BFH vom 01.02.2012, AO-StB 2012, 196.
31 Die Einleitung des Strafverfahrens ist kein VA i. S. d. § 118 S. 1 AO. Ein Rechtsbehelf ist gegen die Einleitung daher nicht gegeben.

- **Vernehmung des Beschuldigten und der Zeugen** (§§ 133 ff. und 161a StPO): Der Beschuldigte ist spätestens vor Abschluss der Ermittlungen zu vernehmen, ausgenommen das Verfahren wird eingestellt (§ 163a Abs. 1 StPO); die Pflicht zur Vernehmung entspricht dem Grundsatz des rechtlichen Gehörs. Der Beschuldigte muss zu der Vernehmung erscheinen und Angaben zur Person machen, braucht aber zur Sache nicht auszusagen (Grundsatz des nemo tenetur se ipsum accusare). Der Beschuldigte hat einen Anspruch, sich bei Vernehmungen durch die Finanzbehörde – mit Ausnahme der Steuerfahndung – durch einen Verteidiger begleiten zu lassen (§ 385 Abs. 1 AO, §§ 163a Abs. 3 S. 2, 168c Abs. 1 StPO). Zeugen und Sachverständige sind dagegen – anders als der Beschuldigte und Sachverständige – verpflichtet, auch zur Sache auszusagen. Eine **Erscheinungspflicht** des Beschuldigten bei Ermittlungen der Steuerfahndung besteht dagegen nicht, § 404 AO;
- **Ersuchen des Richters auf Vornahme von** Vernehmungen **und Vereidigungen** (§§ 162 StPO);
- **Beschlagnahme von Gegenständen** (§§ 94 ff. StPO): Die Beschlagnahme von Gegenständen, die als Beweismittel von Bedeutung sein können, ist im Steuerstrafverfahren von erheblicher Bedeutung. Eine förmliche Sicherstellung (d. h. Beschlagnahme) von Beweismitteln ist immer dann notwendig, wenn der Gegenstand gewahrsamslos ist oder nicht freiwillig herausgegeben wird. Das FA darf die Beschlagnahme nur bei Gefahr in Verzug anordnen (§ 98 StPO); ansonsten obliegt die Entscheidung über die Beschlagnahme dem Richter. Gefahr in Verzug liegt vor, wenn eine richterliche Anordnung nicht rechtzeitig eingeholt werden kann, ohne dass der Zweck der Ermittlungsmaßnahme gefährdet würde. Schriftliche Mitteilungen zwischen dem Beschuldigten und Personen, die nach §§ 52 oder 53 Abs. 1 Nr. 1 – 3a StPO das Zeugnis verweigern dürfen (RA und StB), unterliegen einem Beschlagnahmeverbot (§ 97 Abs. 1 StPO).[32]
- **Durchsuchung** (§§ 102 ff. StPO): Eine Durchsuchung zur Ergreifung eines Verdächtigten bzw. zur Erlangung von Beweismitteln (Ergreifungs- bzw. Ermittlungsdurchsuchung) kann nur aufgrund einer richterlichen Durchsuchungsanordnung erfolgen (§ 105 Abs. 1 S. 1 StPO). Lediglich bei Gefahr in Verzug kann die Durchsuchungsanordnung auch durch die Finanzbehörde als Ermittlungsperson der Staatsanwaltschaft erlassen werden (§ 105 Abs. 1 S. 1 StPO, § 399 Abs. 2 AO);
- **Vorläufige Festnahme** (§ 127 StPO): Sie ist zulässig, wenn die Voraussetzungen eines Haft- oder Unterbringungsbefehls vorliegen (§ 127 Abs. 2 StPO). Die Untersuchungshaft selbst kann nur aufgrund eines richterlichen Haftbefehls angeordnet werden (§ 114 Abs. 1 StPO). Mit Erlass des Haftbefehls geht die Zuständigkeit nach § 386 Abs. 3 AO automatisch von der Finanzbehörde auf die Staatsanwaltschaft über.

4.1.4 Abschluss des Ermittlungsverfahrens

Im Jahr 2020 wurden von den Bußgeld- und Strafsachenstellen der FÄ bundesweit insgesamt 53.977 Strafverfahren abgeschlossen. Sofern das FA das Ermittlungsverfahren selbständig durchführt, kommen für den Abschluss des Verfahrens je nach Ermittlungsergebnis folgende Möglichkeiten in Betracht:

---

32 Dies gilt allerdings nicht für Buchführungsunterlagen (Nr. 58 Abs. 1 S. 4 AStBV).

- **Einstellung des Verfahrens** nach §§ 399 Abs. 1 AO, § 170 Abs. 2 StPO: Ergibt sich aus den Ermittlungen kein genügender Anlass zur Erhebung der öffentlichen Klage oder erweist sich der Anfangsverdacht als unbegründet, ist das Verfahren nach § 170 Abs. 2 StPO einzustellen.
- **Einstellung des Verfahrens wegen Geringfügigkeit** nach §§ 399 Abs. 1, 398 AO: Eine Einstellung des Verfahrens kommt trotz Vorliegen eines hinreichenden Tatverdachts in Betracht, wenn nur eine geringwertige Steuerverkürzung eingetreten ist, die Schuld des Täters als gering anzusehen wäre und kein öffentliches Interesse an der Verfolgung besteht (§ 398 AO). Eine geringwertige Steuerverkürzung bzw. ein geringwertiger Steuervorteil ist abhängig von den übrigen Umständen bei einem hinterzogenen Betrag bis maximal 2.500 € anzunehmen. In einigen Bundesländern liegt die Grenze deutlich darunter.
- **Einstellung des Verfahrens bei Erfüllung von Auflagen und Weisungen** nach § 153a StPO: Das FA kann bei Vorliegen eines hinreichenden Tatverdachts mit Zustimmung des Gerichts vorläufig von der Erhebung der öffentlichen Klage absehen und dabei dem Beschuldigten auferlegen, einen Geldbetrag zugunsten der Staatskasse oder einer gemeinnützigen Einrichtung zu zahlen, wenn die Schuld des Täters als gering anzusehen wäre und kein öffentliches Interesse an der Verfolgung besteht. Die Einstellung des Verfahrens nach § 153a StPO hat eine große praktische Bedeutung für Steuerhinterziehungen bis etwa 5.000 €.
- **Antrag auf Erlass eines Strafbefehl s** nach § 400 AO: Bei Vorliegen eines hinreichenden Tatverdachts kann das FA beim AG den Erlass eines Strafbefehls beantragen, wenn die Strafsache aufgrund der Höhe der verkürzten Steuer und den übrigen Tatumständen hierfür geeignet erscheint. Geeignet für die Behandlung im Strafbefehlsverfahren sind nur in tatsächlicher und rechtlicher Hinsicht einfach gelagerte Fälle mit einer zu erwartenden Strafe von maximal einem Jahr Freiheitsstrafe, wenn deren Vollstreckung zur Bewährung ausgesetzt wird und der Angeschuldigte einen Verteidiger hat.
- Der Vorteil des Strafbefehlsverfahren (§§ 407 ff. StPO) liegt in der ausschließlich **schriftlichen Verfahrensabwicklung**; das Verfahren kann zeitnah, ohne Anklageschrift und Hauptverhandlung und ohne öffentliches Aufsehen abgewickelt werden. Hat der Richter gegen den Vorschlag des FA auf Erlass eines Strafbefehls keine Bedenken, wird er – nicht das FA – den Strafbefehl erlassen (§ 408 StPO). Das Gericht kann alternativ dazu auch den Strafbefehlsantrag zurückweisen, eine Hauptverhandlung anberaumen oder das Verfahren mit Zustimmung des FA und des Angeschuldigten einstellen (§ 408 Abs. 2 StPO, §§ 153 Abs. 2, 153a Abs. 2 StPO). Gegen einen vom Richter erlassenen Strafbefehl kann innerhalb von zwei Wochen **Einspruch** beim Gericht eingelegt werden (§ 410 StPO); ist der Einspruch zulässig, wird das Gericht einen Termin zur Hauptverhandlung anberaumen (§ 411 Abs. 1 S. 2 StPO).
- **Klageerhebung** durch die Staatsanwaltschaft nach § 170 Abs. 1 StPO: Bieten die Ermittlungen Anlass zur Erhebung der öffentlichen Klage, erscheint die Strafsache aber z. B. aufgrund der Straferwartung nicht für das Strafbefehlsverfahren geeignet, legt die Finanzbehörde die Akten der Staatsanwaltschaft vor, damit diese die öffentliche Klage durch Einreichung einer Anklageschrift beim zuständigen Gericht erhebt (§ 386 Abs. 2 AO, § 400 2. HS AO, § 170 Abs. 1 StPO). Die Finanzbehörde kann nicht selbst Anklage erheben, auch wenn sie die Ermittlungen selbständig durchgeführt hat.

4.2 Verfahren vor dem Strafgericht

Die sachliche Zuständigkeit des Gerichts richtet sich nach der zu erwartenden Strafe. Im Regelfall einer zu erwartenden Geldstrafe oder Freiheitsstrafe bis zu vier Jahren ist das Amtsgericht sachlich zuständig (§ 391 Abs. 1 AO, § 24 Abs. 1 Nr. 2 GVG). In den Ausnahmefällen einer zu erwartenden Freiheitsstrafe von mehr als vier Jahren oder in Fällen der besonderen Bedeutung des Falles wird die Staatsanwaltschaft die Anklage beim Landgericht erheben (§ 24 Abs. 1 Nr. 2 und 3 GVG).

B Umsatzsteuerrecht

I Einführung

1 Umsatzsteuer-Aufkommen, Verteilung, Verwaltung

Die Umsatzsteuer (USt) bzw. »Mehrwertsteuer« macht einschließlich der Einfuhrumsatzsteuer (E-USt) nahezu ein Drittel der gesamten Steuereinnahmen aus. Das **USt-Aufkommen** erreichte zuletzt im Jahr 2021 eine neue Rekordhöhe von 250,80 Mrd. € und bleibt damit – noch vor der Lohnsteuer – die ertragreichste Steuer.

Die **Ertragshoheit** hinsichtlich des Aufkommens aus der USt steht nach Art. 106 Abs. 3 S. 1 GG **dem Bund und den Ländern gemeinsam** zu (**Gemeinschaftssteuer**).

Die **Verwaltungshoheit** liegt mit Ausnahme der E-USt bei den Ländern/ **Landesfinanzbehörden**, die insoweit im Auftrag des Bundes tätig werden (Art. 108 Abs. 2 und 3 GG). Das bedeutet, dass es der Unternehmer als StPfl. allein mit dem nach den §§ 17, 21 AO jeweils örtlich zuständigen FA zu tun hat. Dies ist regelmäßig das FA, von dessen Bezirk aus der Unternehmer sein Unternehmen ganz oder überwiegend betreibt. Für im Ausland ansässige Unternehmer richtet sich die örtliche Zuständigkeit nach der USt-Zuständigkeitsverordnung (§ 21 Abs. 1 S. 2 AO).

2 Rechtliche Rahmenbedingungen

Die Gesetzgebungshoheit für die USt als Gemeinschaftssteuer steht nach Art. 105 Abs. 2 GG dem Bund im Rahmen der konkurrierenden Gesetzgebung (Art. 72 Abs. 1 GG) zu. Hiervon hat der Bund durch das **Umsatzsteuergesetz (UStG)** Gebrauch gemacht. Weitere Rechtsgrundlage mit Gesetzeskraft ist die **Umsatzsteuer-Durchführungsverordnung (UStDV)**, soweit sie sich im Rahmen der Ermächtigung des § 26 UStG bewegt (vgl. Art. 80 GG). Hiervon zu unterscheiden ist der **Umsatzsteueranwendungserlass (UStAE)**. Dieser hat keine Gesetzeskraft, sondern dient als Verwaltungsvorschrift – wie BMF-Schreiben – der einheitlichen Handhabung des USt-Rechts durch die FinVerw. Gegenüber dem Steuerbürger und den Gerichten entfalten diese Regelungen aber keine Bindungswirkung.

Klausurhinweis: Nichtsdestoweniger richten sich die Prüfungsklausuren der StB-Prüfung hiernach, sodass Lösungen anzubieten sind, die sich an den im UStAE geäußerten Auffassungen der FinVerw orientieren. Zudem ist der UStAE ähnlich wie ein Gesetzeskommentar aufgebaut und stellt damit aufgrund der darin enthaltenen zahlreichen Hinweise eine nicht unerhebliche Hilfestellung in der Prüfungsklausur dar.

Jene Vorschriften sind wiederum zu unterscheiden von der sog. **Mehrwertsteuer-Systemrichtlinie (MwStSystRL)**. Hierbei handelt es sich um eine EU-Richtlinie i.S.d. Art. 288 Abs. 3 des Vertrages über die Arbeitsweise der Europäischen Union (AEUV) zur Harmonisierung der (nationalen) Rechtsvorschriften über die USt im einheitlichen europäischen Binnenmarkt (vgl. Art. 113 AEUV).[1]

---

[1] Die MwStSystRL (Richtlinie 2006/112/EG) vom 28.11.2006 ersetzt seit dem 01.01.2007 die Vorgängerregelung der 6. EG-Richtlinie vom 17.05.1977. Inhaltlich unterscheidet sich die MwStSystRL nicht von dieser. Es hat nur redaktionelle Anpassungen gegeben, sodass die Judikatur des EuGH zur 6. EG-Richtlinie auf die MwStSystRL übertragbar ist.

Die MwStSystRL ist für jeden Mitgliedstaat, an den sie gerichtet ist, hinsichtlich des zu erreichenden Ziels verbindlich, wirkt jedoch nicht unmittelbar in den Mitgliedstaaten, sondern bedarf hierzu der Umsetzung durch die nationalen Gesetzgeber ins nationale Recht (in Deutschland durch das UStG). Im Zusammenspiel von MwStSystRL und UStG gelten im Konfliktfall – d. h. einer Abweichung des UStG von der MwStSystRL – folgende Rechtsgrundsätze:

- Die **Bestimmungen des nationalen UStG sind** durch die nationalen Gerichte und die FinVerw »**richtlinienkonform**« auszulegen.
- Bei **Zweifeln an der Vereinbarkeit** einer nationalen Regelung mit der MwStSystRL haben die nationalen Gerichte eine **Vorabentscheidung des EuGH** aufgrund dessen **Auslegungsmonopols** zur Auslegung des Gemeinschaftsrechts einzuholen.
- Für den StPfl. **günstigere Richtlinienvorschriften begründen einen »Anwendungsvorrang«** – mit der Folge, dass sich der StPfl. gegenüber der FinVerw auf die für ihn günstigere Bestimmung der MwStSystRL berufen kann, sofern diese aus Sicht des EuGH »unbedingt, genau und hinreichend klar« ist. Hat z. B. der nationale Gesetzgeber eine für den StPfl. günstigere Steuerbefreiungsvorschrift der MwStSystRL nicht oder fehlerhaft in das nationale UStG aufgenommen, kann sich der StPfl. unmittelbar auf die Befreiung nach der MwStSystRL berufen.

3 Wesen und Wirkungsweise der Umsatzsteuer

Verfahrensrechtlich wird zwischen Verbrauchsteuern und anderen Steuern unterschieden (vgl. § 169 Abs. 2 AO, § 172 Abs. 1 S. 1 Nr. 1 und 2 AO). Nach dieser Unterteilung gehört die USt zwar **nicht zu den Verbrauchsteuern**. Von ihrem **materiellen Besteuerungsziel** her und nach der Belastungswirkung ist die USt jedoch als **allgemeine Verbrauchsteuer** zu charakterisieren. **Anknüpfungspunkt ist der in der Einkommensverwendung liegende Verbrauch.** Davon geht bei der Auslegung von Zweifelsfragen seit jeher der EuGH[2] und – freilich ohne eindeutiges »Bekenntnis« – auch der BFH aus.

Das Ziel einer allgemeinen USt, den **Aufwand des Endverbrauchers für Konsumgüter steuerlich zu belasten**, ist rechtstechnisch in vielfältiger Weise realisierbar. So kann man die denkbaren USt-Systeme nach der Anzahl der Erhebungsphasen (Stufen) in Einphasen- oder Allphasensteuern und nach der Erhebungstechnik in kumulative und nichtkumulative Steuern unterteilen.

> **Beispiel 1: Wirkungsweise des Allphasen-Nettosystems mit VSt-Abzug**
>
> Der erfolgreiche Künstler K (kein Kleinunternehmer nach § 19 UStG) kann eine der von ihm gefertigten Zeichnungen für 500 € zzgl. gesondert auszuweisender USt an den Kunsthändler L verkaufen. L gelingt es, die Zeichnung für 1.000 € zzgl. gesondert auszuweisender USt an den Kunsthändler M zu veräußern, der das Werk schließlich für 2.380 € an den privaten Kunstsammler P abgibt. Jahre später muss sich P aus finanziellen Gründen von dem Gemälde trennen. Da K zwischenzeitlich eine gewisse Berühmtheit erlangt hat, erzielt P durch den Verkauf der Zeichnung an P2 einen Erlös von 5.000 €.

---

2   Z. B. EuGH vom 03.10.2006, Az.: C-475/03, EuGHE 2006, I-9373.

Eine **Einphasen-USt** läge vor, wenn Gegenstand der Besteuerung nur die Leistung wäre, die der Unternehmer an den Endverbraucher erbringt – im Beispiel also die Lieferung des Bildes von M an P – und alle Umsätze zwischen Unternehmern – im Beispiel also die von K an L und L an M – nicht besteuert würden. Ein Blick auf § 1 Abs. 1 Nr. 1 UStG verdeutlicht schnell, dass das gegenwärtige deutsche USt-System ein anderes ist. Der Grundtatbestand des § 1 Abs. 1 Nr. 1 S. 1 UStG besteuert Leistungen (Lieferungen oder sonstige Leistungen), die ein Unternehmer im Inland gegen Entgelt im Rahmen seines Unternehmens ausführt. Der Status des Abnehmers, ob Unternehmer oder Endverbraucher, spielt für die Steuerbarkeit nach § 1 Abs. 1 Nr. 1 UStG erkennbar keine Rolle. USt fällt auch bei Umsätzen gegenüber anderen Unternehmern an. Von daher hat man es also mit einem **Allphasensystem** zu tun. Während Einphasen-USt selbstverständlich niemals kumulativ wirken können[3], gilt für Allphasen-USt-Systeme etwas anderes. Sie können sowohl kumulativ als auch nicht kumulativ wirken. Ein **kumulatives System** ist gegeben, wenn anlässlich aller Phasen der Leistungskette USt zur Erhebung gelangt und die Gesamtbelastung mit USt u. a. davon abhängig ist, wie viele Vorumsätze dem Endumsatz an den Verbraucher vorangegangen sind. Ein solches USt-System mit einer kumulativen Allphasensteuer hat es in der Bundesrepublik bei einem Steuersatz von zuletzt 4 % bis zum 31.12.1967 gegeben. Es schafft zwangsläufig **Wettbewerbsbeeinträchtigungen**. Größere Unternehmen, die sich die Vorstufen wirtschaftlich einverleiben, sind im Vorteil gegenüber kleineren Konkurrenten, die die gleiche Ware mit einem höheren USt-Anteil im Preis erwerben müssen.

Diese Wirkung ist **seit 1968** durch die **Einführung des VSt-Abzugs** beseitigt worden. Nach § 15 Abs. 1 S. 1 Nr. 1 UStG können Unternehmer grds. die USt für Leistungen, die sie von anderen Unternehmern für ihr Unternehmen beziehen, als sog. Vorsteuer (VSt) von ihrer Steuerschuld abziehen, wenn die VSt in einer ordnungsgemäßen Rechnung i. S. d. §§ 14, 14a UStG gesondert ausgewiesen ist. Der VSt-Abzug ist es, der für die Wettbewerbsneutralität der USt sorgt. Das seit dem 01.01.1968 geltende USt-System, bei dem eine Kumulation der USt ausgeschlossen ist, wird als **Netto-Allphasensystem mit VSt-Abzug** bezeichnet. Seine genaue Wirkungsweise sei an der Lösung von Beispiel 1 veranschaulicht.

Lösung:
K liefert die Zeichnung als Unternehmer steuerbar und stpfl. nach § 1 Abs. 1 Nr. 1 UStG an L. Die BMG für die dadurch ausgelöste USt bildet nach § 10 Abs. 1 S. 1 UStG das Entgelt. Es besteht nach § 10 Abs. 1 S. 2 UStG in dem Aufwand des Leistungsempfängers ohne USt[4], hier 500 €. Auf den Gemäldeverkauf durch einen **Urheber von Kunstgegenständen** findet gem. § 12 Abs. 2 Nr. 13 Buchst. a UStG der ermäßigte Steuersatz von 7 % und nicht der Regelsteuersatz von 19 % Anwendung. K wird dem L also zusätzlich 35 € (7 % von 500 €) USt in Rechnung stellen und damit insgesamt 535 € berechnen. Der Vorgang verursacht, allein die USt betrachtet, bei L einen zusätzlichen Aufwand i. H. v. 35 € und bei K zunächst eine zusätzliche Einnahme in gleicher Höhe. K als Schuldner der USt nach § 13a Abs. 1 Nr. 1 UStG muss diese zusätzliche Einnahme allerdings an das für ihn zuständige FA abführen.

---

3 Ein Kumulativeffekt kann nur eintreten, wenn die tatsächliche Höhe der den Verbraucher belastenden Steuer von der Anzahl der Stufen abhängig ist, die die Leistung durchlaufen hat, bevor sie den Unternehmensbereich verlässt.

4 Insofern ist die Bezeichnung der USt als »Mehrwertsteuer« irreführend, weil sie zu der unzutreffenden Annahme verleitet, Steuer-BMG sei der auf jeder Stufe hinzugefügte »Mehrwert«, während die Besteuerung tatsächlich auf der Basis des Gesamtaufwands des Leistungsempfängers für die ihm gegenüber erbrachte Leistung erfolgt. Eine Besteuerung auf der Basis des geschaffenen Mehrwerts erfolgt nur ausnahmsweise in den Fällen, bei denen die Differenzbesteuerung Anwendung findet (vgl. z. B. § 25a Abs. 3 UStG).

Mithin läuft die USt für die Lieferung des Gemäldes an L bei ihm nur durch. Belastet ist zunächst der L. Er hat für eine Lieferung im Nettowert von 500 € zusätzlich 35 € USt entrichtet. Gleichwohl muss jener die 535 € nicht als seinen Einstandspreis ansehen: L steht für die zusätzliche Ausgabe von 35 € der VSt-Abzug nach § 15 Abs. 1 S. 1 Nr. 1 UStG zu. Er erhält so i. H. d. 35 € eine Erstattung von seinem FA. Infolgedessen beträgt sein Einstandspreis für das von K erhaltene Bild nicht 535 €, sondern nur 500 €. Innerhalb der **Unternehmerkette** wirkt die USt also wie ein **durchlaufender Posten**.[5] Der für die Lieferung des K an L beschriebene Ablauf wiederholt sich bei der Veräußerung des Bildes von L an M. Die wiederum nach § 1 Abs. 1 Nr. 1 UStG steuerbare Veräußerung löst bei einer BMG von 1.000 € für den Kunsthändler L bei der gebotenen Anwendung des Regelsteuersatzes eine USt von 190 € aus. Diese wird L dem M zusätzlich berechnen, ihm folglich insgesamt 1.190 € in Rechnung stellen. Der von M zusätzlich aufgewendete USt-Betrag von 190 € verbleibt nicht bei dem leistenden Unternehmer L, sondern wird von diesem an das FA abgeführt. M ist mit den 190 €, die er als Unternehmer an L entrichtet hat, nicht endgültig belastet. Seine Ausgabe wird vielmehr durch eine gleich hohe Einnahme in Form des VSt-Abzugs von 190 € ausgeglichen.

Das Rechtsinstitut des VSt-Abzugs bewirkt also, dass zwar an jeder Stelle der Umsatzkette USt-Zahlungen an das FA erfolgen, dem Fiskus aber (soweit die bisherigen Betrachtungen reichen) nichts davon verbleibt. Oder andersherum: Eine wirtschaftliche Belastung mit USt tritt für Unternehmer nicht ein, sodass es **unerheblich** ist, **wie viele Umsatzstufen eine Ware durchlaufen hat.** Im Beispiel haben K 35 € und L 190 € an die jeweiligen FÄ abgeführt, die ihrerseits aber die 35 € und 190 € an M und L wieder ausbezahlt haben. Der beschriebene Ausgleichsmechanismus endet jedoch, wenn es sich um die vom Endverbraucher an den letzten Unternehmer gezahlte USt handelt. M hat für das Bild insgesamt 1.190 € entrichtet, davon jedoch 190 € als VSt vom FA zurückerhalten. Sein Netto-Einstandspreis beläuft sich damit auf 1.000 €. Da im Beispiel auch M mit einem Aufschlag von 100 % weiterveräußert und er natürlich um die zusätzlich von ihm für die Weiterveräußerung dem FA geschuldete USt von 380 € weiß, berechnet er dem Verbraucher P einen Betrag von 2.380 €. Anders als bei den vorangegangenen Umsätzen verbleibt die von P mit dem Kaufpreis entrichtete und von M an das FA abgeführte USt von 380 € dem FA nun aber endgültig. P als Verbraucher kann nämlich die von ihm aufgewendeten 380 € nicht als VSt geltend machen. Ihm fehlt die Grundvoraussetzung für einen VSt-Abzug, der Unternehmerstatus.

Ungeachtet des so dem Grundsatz nach verwirklichten Ziels, die USt innerhalb der Unternehmerkette kostenneutral wirken zu lassen und nur den (End-)Verbraucher zu belasten, bleibt die USt gleichwohl eine »Unternehmersteuer«. Wie gesehen zahlt der Verbraucher selbst keine staatliche Abgabe in Form einer Verbrauchsteuer an den Fiskus. Er tritt hinsichtlich der USt nicht in Kontakt mit dem FA. Er hat für seine Einkäufe keine USt-Erklärung abzugeben. Diese abzugeben ist Sache des leistenden Unternehmers. Da dieser aber die für den Umsatz an seinen Abnehmer (Verbraucher) geschuldete USt von dem Abnehmer mit der Zahlung des Kaufpreises ersetzt bekommt, handelt es sich bei der **USt** um eine **indirekte Steuer**. Für diese ist kennzeichnend, dass der mit Steuer wirtschaftlich belastete (Steuerträger) und der Steuerschuldner auseinanderfallen.[6]

Der Beispielsfall kann schließlich noch ein weiteres Prinzip des USt-Rechts verdeutlichen: Ist das mit USt belastete WG erstmalig in den Endverbrauch gelangt, ist es damit regelmäßig

---

5 Die USt ist aber kein durchlaufender Posten i. S. d. § 4 Abs. 3 EStG.
6 Zur Einteilung der Steuerarten unter diesem und anderen Aspekten näher Teil A Kap. I 3.1.

zugleich endgültig aus dem Blickfeld der USt verschwunden.[7] Wertschöpfungen im Privatbereich werden von der USt nicht erfasst. Dies zeigt die umsatzsteuerrechtliche Beurteilung der Veräußerung der Zeichnung durch P an P2. Sie löst keine USt aus. Nur Leistungen eines Unternehmers können steuerbar nach § 1 Abs. 1 Nr. 1 UStG sein.

Schaubildartig lässt sich die **Wirkungsweise des Allphasen-Nettosystems** mit VSt-Abzug anhand der Lösung des Beispiels 1 wie folgt darstellen:

Phase	Rechnung	USt	VSt	Zahllast	Mehrwert
K an L	500 € zzgl. 35 € USt	FA + 35 €	0 €	35 €	500 €
L an M	1.000 € zzgl. 190 € USt	FA + 190 €	FA ./. 35 €	155 €	500 €
M an P	2.000 € zzgl. 380 € USt	FA w+ 380 €	FA ./. 190 €	190 €	1.000 €
P an P2	5.000 €	0 €	0 €	0 €	(2.620 €)

---

7   Eine Ausnahme gilt, wenn das in den Endverbrauch gelangte WG über den Umweg einer anschließenden unternehmerischen Nutzung erneut in den Endverbrauch gelangt, weil der Unternehmer das WG nach der unternehmerischen Nutzung wiederum an eine Privatperson veräußert.

II Hinweise für die Bearbeitung von Umsatzsteuerklausuren

Die Aufgabenstellung in einer USt-Klausur lautet regelmäßig wie folgt: »Beurteilen Sie die nachstehenden Sachverhalte in ihren umsatzsteuerrechtlichen Auswirkungen auf die Personen (bzw. Personenvereinigungen) A, B und die A & B OHG [...]«. Daraus ergeben sich regelmäßig zwei Hauptaufgaben:
1. **Ermittlung der USt**, die von den zu beurteilenden Personen und Personenvereinigungen aufgrund der von ihnen verwirklichten Sachverhalte entstanden ist (bzw. Angabe der Gründe, weshalb keine USt ausgelöst ist), und
2. **Bestimmung der abziehbaren VSt** für die zu beurteilenden Personen.

Nur ausnahmsweise wird der Aufgabenumfang eingeschränkt, indem für einzelne Sachverhalte entweder nur danach gefragt wird, ob sie für den Handelnden deutsche USt auslösen (Aufgabe etwa: »Der Mandant möchte von Ihnen wissen, ob und ggf. in welcher Höhe er für die ausgeführten Leistungen deutsche USt abzuführen hat«), oder indem gezielt nur gefragt wird, ob dem Empfänger bestimmter Leistungsbezüge ein VSt-Abzugsrecht zukommt (Aufgabe etwa: »Der Mandant möchte geklärt wissen, ob ihn die vorgelegten Rechnungen zum VSt-Abzug berechtigen«). Soweit solche Einschränkungen nicht erfolgen, ist es durchweg sinnvoll, innerhalb eines Sachverhalts **zunächst** sämtliche **Ausgangsumsätze** zu prüfen. Hierdurch klären sich zumeist auch viele Probleme im Hinblick auf den VSt-Abzug für bezogenen Leistungen, sodass sich an die Prüfung der Ausgangsumsätze des zu beurteilenden Unternehmers die **Prüfung** seiner **Eingangsleistungen zur Ermittlung der abziehbaren VSt-Beträge** anschließt.

1 Prüfung von entgeltlichen Umsätzen nach § 1 Abs. 1 Nr. 1 UStG

Sind nach der Aufgabenstellung mehrere Personen zu beurteilen, empfiehlt sich eine weitere Untergliederung des Prüfungsvorgehens nach diesen Personen. Dies bewahrt Sie davor, Personen zu untersuchen, die gar nicht zu beurteilen sind. Ein solches Vorgehen dient letztlich auch der eigenen klaren Gedankenführung und beseitigt die Gefahr, dass Sie Umsätze verschiedener Personen miteinander vermengen und nicht sichtbar wird, welcher Person Sie welchen Umsatz zurechnen wollen. Zugleich ist es ratsam, die jeweiligen Ausgangs- und Eingangsleistungen in einem Teilsachverhalt chronologisch zu prüfen.

1.1 Steuerbarkeit

In **§ 1 Abs. 1 Nr. 1 UStG** ist der **Haupttatbestand für steuerbare Aktivitäten** geregelt. Sind dem Sachverhalt Anhaltspunkte für die Verwirklichung dieses Steuertatbestands zu entnehmen, ist stets mit der Prüfung einer Steuerbarkeit nach § 1 Abs. 1 Nr. 1 UStG zu beginnen.

§ 1 Abs. 1 Nr. 1 UStG enthält fünf Tatbestandsmerkmale, deren Vorliegen festzustellen ist:
1. der Handelnde ist **Unternehmer**,
2. er führt eine **Lieferung oder sonstige Leistung** aus,
3. dies geschieht **gegen Entgelt**,
4. **im Rahmen seines Unternehmens** und
5. **im Inland**.

Regelmäßig ist **zu Beginn** Ihrer Prüfung des Haupttatbestands die **Unternehmereigenschaft** der zu beurteilenden Person zu prüfen (dazu § 2 UStG). Ist dieselbe Person in weiteren Sachverhalten erneut zu prüfen, brauchen Sie eine bereits festgestellte Unternehmereigenschaft nicht erneut zu erwähnen.

Klausurhinweis: In den Beraterklausuren wird die Prüfung der Unternehmereigenschaft und des Umfangs des Unternehmens der zu beurteilenden Personen regelmäßig aufgrund einer gesonderten Aufgabenstellung vorgezogen. Im Rahmen der weiteren Beurteilung der Sachverhalte brauchen Sie dann nicht mehr auf die Unternehmereigenschaft und nur in Ausnahmefällen auf den Umfang des Unternehmens eingehen (dazu später mehr).

Als **zweites Tatbestandsmerkmal** ist das Vorliegen einer **Leistung im umsatzsteuerrechtlichen Sinne** zu prüfen. Dazu ist die Frage zu beantworten, ob die Person, die Sie auf die Verwirklichung des Steuertatbestands nach § 1 Abs. 1 Nr. 1 UStG untersuchen, eine **Lieferung i. S. d. § 3 Abs. 1 UStG** oder eine **sonstige Leistung i. S. d. § 3 Abs. 9 UStG** ausgeführt hat

Dass es gute Gründe gibt, sich strikt an die hier nahegelegte Vorgehensweise zu halten, sei an folgendem kleinen Sachverhalt und typisch fehlerhaften Bearbeitungen belegt.

> **Beispiel 1: Systematisches Vorgehen ersetzt Schlagworte**
>
> Der Unternehmer U hat an den Kunden K Ware für 1.000 € zzgl. USt 190 € verkauft und für den Versand vorbereitet. Bevor es zum Versand kommt, wird die Ware bei U durch einen Brand zerstört. Die Versicherung des U, die V-AG, überweist 1.000 € an U. Die Aufgabe lautet: Zu beurteilen ist **U**.

Aus der Palette fehlerhafter Antworten seien hier nur zwei angeboten: »Schadensersatz ist nicht steuerbar; es fehlt die Gegenleistung«. Dazu folgende Anmerkung: Eingebracht wird ein Schlagwort, das im UStG nicht verwendet wird. Es bleibt offen, welche Person beurteilt wird, die Schadensersatz leistende V-AG oder Unternehmer U, der die 1.000 € erhält. Unabhängig davon ist die Feststellung, dass es an einer **Gegenleistung** fehle, sowohl für U als auch für die nicht zu beurteilende V-AG falsch.

Dieses »Prädikat« verdiente auch die folgende Feststellung: »Es ist keine USt ausgelöst, Versicherungsleistungen sind steuerfrei nach § 4 Nr. 10a UStG.« Diese Lösung ist wiederum gleich in mehrfacher Hinsicht »daneben«: Die geforderte Stellungnahme zum Unternehmer U unterbleibt, eingegangen wird auf die nicht zu beurteilende V-AG. Deren Handeln erklärt der Verfasser für steuerbefreit, ohne dass er zuvor für die V-AG die Steuerbarkeit ihres Handelns erörtert hat (vgl. Kap. 1.2). Hätte der Verfasser dieses getan, wäre ihm schnell bewusst geworden, dass es (auch) für die V-AG bereits an der Steuerbarkeit ihres Handelns fehlt, da deren einzige Aktivität im Sachverhalt – die Hingabe von Geld – keine Leistung im umsatzsteuerrechtlichen Sinne darstellt.

> **Lösung:**
>
> Eine korrekte Lösung hätte in folgenden schlichten Feststellungen bestanden: »Ein nach § 1 Abs. 1 Nr. 1 UStG steuerbarer Umsatz des Unternehmers U scheitert schon daran, dass dieser keine Leistung im umsatzsteuerrechtlichen Sinne erbracht hat. Weder hat er seinem Kunden die Verfügungsmacht an der verkauften Ware i. S. d. § 3 Abs. 1 UStG verschafft noch hat er der V-AG etwas zugewendet, wofür die Hingabe der 1.000 € Entgelt sein könnte.«

Liegt eine Leistung der zu beurteilenden Person vor, sollten Sie **anschließend** auf die **Frage der Entgeltlichkeit der Leistung** eingehen (übliche Charakterisierung: Tätigkeit im Leistungsaustausch). Dabei geht es darum festzustellen, ob der erbrachten Leistung eine Gegenleistung gegenübersteht. Diese kann, muss aber nicht in Geld bestehen (vgl. § 3 Abs. 12 UStG).

Auch die Höhe des aufgewendeten Entgelts ist zunächst unerheblich. Die Entgeltlichkeit ist auch dann zu bejahen, wenn das Entgelt unangemessen niedrig erscheint.[1] Fehlt es an einem Entgelt für die erbrachte Leistung, führt dies aber nicht zwangsläufig zur Feststellung, dass der Vorgang nicht steuerbar nach § 1 Abs. 1 Nr. 1 UStG ist. In diesem Fall kann vielmehr weiter zu prüfen sein, ob eine **uWa** (eine gegen Entgelt gleichgestellte Lieferung i. S. d. des § 3 Abs. 1b UStG oder gegen Entgelt gleichgestellte sonstigen Leistungen i. S. d. § 3 Abs. 9a UStG) vorliegt und der Vorgang danach als fiktiv entgeltliche Leistung zu behandeln ist und somit ebenfalls die Steuerbarkeit nach § 1 Abs. 1 Nr. 1 UStG zu bejahen ist.

Um festzustellen, ob der Umsatz **im Inland** (dazu § 1 Abs. 2 UStG) erfolgt ist, bedarf es der **Ermittlung des Leistungsortes**. Die Regelungen hierfür sind unterschiedlich, je nachdem, ob es sich um eine Lieferung (Ortsbestimmung nach § 3 Abs. 5a UStG) oder eine sonstige Leistung (Ortsbestimmung nach § 3a UStG) handelt.

Sind alle Tatbestandsmerkmale erfüllt, ist der Umsatz steuerbar nach § 1 Abs. 1 Nr. 1 UStG.

1.2 Steuerbefreiungen nach § 4 UStG

Nur wenn die Steuerbarkeit nach § 1 Abs. 1 Nr. 1 UStG bejaht worden ist, ist weiter zu prüfen, ob eine der Steuerbefreiungsvorschriften aus dem Katalog des § 4 UStG zur Anwendung kommt. Es ist regelmäßig falsch, auf § 4 UStG einzugehen, ohne zuvor die Steuerbarkeit festgestellt zu haben.

Trifft einer der in § 4 UStG aufgeführten Steuerbefreiungstatbestände zu, kann im Einzelfall weiter zu erörtern sein, ob die Beteiligten zulässigerweise von der Möglichkeit eines **Verzichts auf die Steuerbefreiung** (sog. Option) nach § 9 UStG Gebrauch gemacht haben. Dazu besteht insb. Anlass, wenn über einen an sich steuerfreien Umsatz unter Ausweis von USt abgerechnet worden ist. Ist nicht optiert worden oder ist ein von den Beteiligten gewollter Verzicht unzulässig, da die Voraussetzungen des § 9 UStG nicht vorliegen, steht endgültig fest, dass der Umsatz nicht stpfl. ist.

Klausurhinweis: Auch wenn offensichtlich keine Steuerbefreiung in Betracht kommt, ist in der Lösung darauf hinzuweisen, dass der »Umsatz mangels Steuerbefreiung nach § 4 UStG stpfl.« ist.

1.3 Bemessungsgrundlage und Steuersatz

Bei steuerbaren und stpfl. Umsätzen nach § 1 Abs. 1 Nr. 1 UStG bildet gem. § 10 Abs. 1 S. 1 UStG das Entgelt die **BMG** zur Berechnung der USt.

Nach § 10 Abs. 1 S. 2 UStG ist **Entgelt** alles, was den Wert der Gegenleistung bildet, die der leistende Unternehmer vom Leistungsempfänger oder von einem Dritten für die Leis-

---

[1] Dieser Umstand kann ggf. bei der Bestimmung der umsatzsteuerrechtlichen BMG Relevanz erlangen (vgl. § 10 Abs. 5 UStG).

tung erhält oder erhalten soll, **abzüglich** der für diese Leistung gesetzlich geschuldeten **USt**. An sich eine Selbstverständlichkeit, weil der zivilrechtliche Preis für eine Leistung die USt einschließt, sofern die Beteiligten keine Nettopreisabrede getroffen haben. Handelt es sich bei dem entgeltlichen Umsatz um einen Tausch oder ein tauschähnliches Geschäft (dazu § 3 Abs. 12 UStG), gilt nach § 10 Abs. 2 S. 2 und 3 UStG der Wert des empfangenen Umsatzes, abzüglich USt, als Entgelt. Aus dem Gesamtaufwand bzw. dem Wert der Gegenleistung ist folglich regelmäßig die USt mit dem Regelsteuersatz von 19 % oder dem ermäßigten Steuersatz von 7 % (dazu § 12 UStG) herauszurechnen. Formelhaft lässt sich die **BMG** für stpfl. entgeltliche Leistungen also ermitteln, indem der **Gesamtaufwand des Leistungsempfängers** mit **100/119** bzw. **100/107** multipliziert wird. Die USt errechnet sich dementsprechend durch eine Multiplikation des Gesamtaufwands mit 19/119 bzw. 7/107. Eine Identität der BMG mit dem vereinbarten Preis besteht, wenn die Vertragsparteien die Preisabrede für einen stpfl. Umsatz mit dem Zusatz »netto« versehen haben. Dann ist die USt mit dem zutreffenden Steuersatz hinzuzurechnen.

Bestehen Anhaltspunkte dafür, dass das vereinbarte Entgelt niedriger ist als das marktübliche Entgelt bzw. als die nach § 10 Abs. 4 UStG anzusetzenden Werte, ist weiter zu prüfen, ob die Voraussetzungen des § 10 Abs. 5 UStG, der sog. **Mindest-BMG**, vorliegen. Ist das zu bejahen, wird die BMG nach § 10 Abs. 1 UStG durch die für die uWa geltenden Regelungen zur BMG in § 10 Abs. 4 UStG verdrängt, d. h. auf die dafür anzusetzenden Werte angehoben, höchstens jedoch auf das marktübliche Entgelt.

Klausurhinweis: Auch wenn steuerfreie Umsätze keine USt auslösen und es insoweit auch logischerweise keine BMG geben kann, sollten Sie in Klausuren vorbehaltlich entgegenstehender Bearbeitungshinweise auch einen steuerfreien Umsatz quantifizieren, d. h. den Wert angeben, mit dem der Umsatz in der USt-VA zu erfassen ist.

1.4 Entstehen und Schuldner der Umsatzsteuer

Der Regelfall in einer Klausur ist der einer **Besteuerung nach vereinbarten Entgelten** (sog. Soll-Besteuerung). Dabei entsteht die Steuer für entgeltliche Leistungen nach § 13 Abs. 1 Nr. 1a S. 1 UStG grds. **mit Ablauf des VAZ**, in dem der Unternehmer die Leistung ausgeführt, d. h. vollständig erbracht hat. Entsprechendes gilt für Teilleistungen nach § 13 Abs. 1 Nr. 1a S. 2 und 3 UStG. Nach § 13 Abs. 1 Nr. 1a S. 4 UStG entsteht die Steuer ausnahmsweise vor Ausführung der Leistung oder Teilleistung, sofern der Unternehmer das vereinbarte Entgelt (oder Teile davon) bereits vor Ausführung der geschuldeten (Teil-)Leistung vereinnahmt hat. Bei der Besteuerung nach vereinnahmten Entgelten nach § 20 UStG (sog. Ist-Besteuerung) entsteht die Steuer für entgeltliche Leistung abweichend nach § 13 Abs. 1b UStG mit Ablauf des VAZ, in dem die Entgelte vereinnahmt worden sind.

Steuerschuldner ist gem. § 13a Abs. 1 Nr. 1 UStG **der die Leistung erbringende Unternehmer**.

Liegt ein Sachverhalt vor, bei dem nach § 13b Abs. 5 UStG die Steuer für einen nach § 1 Abs. 1 Nr. 1 UStG stpfl. Umsatz vom Leistungsempfänger geschuldet wird (sog. **Reverse-Charge-Verfahren**), sind **Sonderregelungen** zum Entstehen der Steuer in § 13b Abs. 1 – 3 UStG zu beachten.

1.5 Änderungen der Bemessungsgrundlage nach § 17 UStG

Ergänzend kann eine Änderung der BMG nach § 17 UStG und folgend eine Korrektur der USt zu erörtern sein. Dazu besteht insb. Anlass, wenn bei einer Besteuerung nach vereinbarten Entgelten der tatsächliche Aufwand des Leistungsempfängers für eine stpfl. Leistung von der vereinbarten, für die Besteuerung zunächst zugrunde gelegten Gegenleistung abweicht.

2 Steuerbarkeit unentgeltlicher Wertabgaben

Wie in Kap. 1.1 dargelegt, können nach § 3 Abs. 1b bzw. § 3 Abs. 9a UStG auch uWa nach § 1 Abs. 1 Nr. 1 UStG steuerbar sein. Vorrangig geht es bei diesen Tatbeständen darum, einen einmal vorgenommenen **VSt-Abzug** für den Fall **rückgängig zu machen**, dass die dafür vorausgesetzte unternehmerische Verwendung tatsächlich nicht (mehr) gegeben ist. Sie dient daher zur **Verhinderung eines unversteuerten Endverbrauchs**.

Die **Steuerbarkeit** einer **uWa nach § 3 Abs. 1b UStG** erfordert, dass der zu beurteilende Unternehmer einen der in § 3 Abs. 1b S. 1 Nr. 1 – 3 UStG beschriebenen Tatbestände verwirklicht. Danach können die folgenden Abgaben von Gegenständen des Unternehmens fiktiv als entgeltliche Lieferungen zu behandeln sein:
- Entnahme für außerunternehmerische Zwecke (Nr. 1),
- unentgeltliche Zuwendung an das Personal für dessen privaten Bedarf (Nr. 2),
- jede andere – auch unternehmerisch veranlasste – unentgeltliche Zuwendung (Nr. 3).

Aus den mit der Besteuerung uWa verfolgten Zielen erklärt sich die in § 3 Abs. 1b S. 2 UStG normierte weitere Voraussetzung: Der entnommene Gegenstand oder seine Bestandteile müssen zu einem vollen oder teilweisen VSt-Abzug berechtigt haben.

Fiktiv als **entgeltliche sonstige Leistungen** können **nach § 3 Abs. 9a UStG** die folgenden Sachverhalte zu behandeln sein:
- Verwendung eines Unternehmensgegenstands für außerunternehmerische Zwecke oder für den privaten Bedarf des Personals (Nr. 1).
 Aus den zuvor dargelegten Gründen erfolgt auch hier eine Besteuerung nur, wenn der Gegenstand zum zumindest teilweisen VSt-Abzug berechtigt hatte.
- Unentgeltliche Erbringung anderer (als in Nr. 1 genannter) sonstiger Leistungen für außerunternehmerische Zwecke oder für den privaten Bedarf des Personals (Nr. 2).

Innerhalb der Entnahmetatbestände kennt nur dieser Tatbestand keine Abhängigkeit von einem vorangegangenen VSt-Abzug.

Für uWa enthielt § 3f UStG eine spezielle Regelung zur Ortsbestimmung, obwohl im Unionsrecht eine entsprechende Spezialregelung nicht vorgesehen ist. Daher wurde § 3f UStG durch das Gesetz zur weiteren steuerlichen Förderung der Elektromobilität aufgehoben, sodass sich der **Leistungsort nach den allgemeinen Ortsbestimmungsregelungen** richtet.[2]

---

2 Praktische Änderungen können sich z. B. bei Leistungen im Zusammenhang mit einem Grundstück im Ausland sowie bei der kurzfristigen Vermietung eines Beförderungsmittels im Ausland ergeben, bei denen der Leistungsort entgegen des bisherigen § 3f UStG nicht mit dem Sitzort des Unternehmens bzw. dem Belegenheitsort der Betriebsstätte zusammenfällt.

Steuerbare uWa können ebenfalls **unter den Voraussetzungen des § 4 UStG steuerbefrei** sein. Die dortigen Steuerbefreiungstatbestände sind nur mit wenigen Ausnahmen auch auf uWa anwendbar.[3] Eine entsprechende Anwendung solcher Bestimmungen, die von ihrem Wortlaut her uWa nicht erfassen können (wie etwa die – zwangsläufig entgeltliche – Vermietung in § 4 Nr. 12a UStG), wird heutzutage entgegen früherer Praxis abgelehnt (vgl. A 4.12.1 Abs. 3 S. 6 UStAE).

Für die fiktiv als entgeltliche Lieferungen zu behandelnden Tatbestände des § 3 Abs. 1b UStG gelten nach § 10 Abs. 4 S. 1 Nr. 1 UStG als **BMG** der Einkaufspreis zzgl. der Nebenkosten oder die Selbstkosten (vereinfachend: Wiederbeschaffungspreis) zum Zeitpunkt der Entnahme.

Für die fiktiv als entgeltliche sonstige Leistungen zu behandelnden Wertabgaben ist zu differenzieren:
- Für uWa i. S. d. § 3 Abs. 9a Nr. 1 UStG richtet sich die BMG gem. § 10 Abs. 4 S. 1 Nr. 2 UStG nach den bei der Ausführung der Wertabgabe entstandenen Ausgaben, soweit diese jedenfalls teilweise zum VSt-Abzug berechtigt haben.
- Für uWa i. S. d. § 3 Abs. 9a Nr. 2 UStG richtet sich die BMG gem. § 10 Abs. 4 S. 1 Nr. 3 UStG zwar ebenfalls nach den bei der Ausführung dieser Leistungen entstandenen Ausgaben. Anders als bei § 3 Abs. 9a Nr. 1 UStG sind jedoch sämtliche Ausgaben einzubeziehen; auch solche die – wie z. B. Lohnkosten – nicht mit USt belastet sind.

Die USt gehört grds. nicht zur BMG (§ 10 Abs. 4 S. 2 UStG). Der ermäßigte Steuersatz ist ebenfalls anzuwenden, wenn die in § 12 Abs. 2 UStG bezeichneten Voraussetzungen vorliegen.

Die USt für uWa entsteht nach § 13 Abs. 1 Nr. 2 UStG mit Ablauf des VAZ, in dem die Wertabgabe erfolgte. Wie bei entgeltlichen Umsätzen schuldet auch der die uWa erbringende Unternehmer die Steuer gem. § 13a Abs. 1 Nr. 1 UStG.

3 Innergemeinschaftlicher Erwerb nach § 1 Abs. 1 Nr. 5 UStG

Dem Tatbestand des igE i. S. d. § 1 Abs. 1 Nr. 5 UStG kommt wie der Einfuhr nach § 1 Abs. 1 Nr. 4 UStG nur bei **grenzüberschreitenden** Warenbewegungen Bedeutung zu. Die Steuerbarkeit eines igE ergibt sich aus einem Zusammenspiel der Grundnorm des § 1 Abs. 1 Nr. 5 UStG i. V. m. der ergänzenden Norm des § 1a UStG. Der Haupttatbestand eines igE nach § 1a Abs. 1 UStG ist durch die **grenzüberschreitende Warenbewegung zwischen zwei EU-Mitgliedstaaten anlässlich einer bewegten Lieferung zwischen zwei unternehmerisch tätigen Unternehmern** gekennzeichnet. Nach § 1a Abs. 2 UStG kann auch das rechtsgeschäftslose Verbringen von Gegenständen durch einen Unternehmer ins Inland eine Steuerbarkeit nach § 1 Abs. 1 Nr. 5 UStG auslösen. Ob der Erwerbsort – wie es § 1 Abs. 1 Nr. 5 UStG für einen steuerbaren Erwerb verlangt – im Inland liegt, ist anhand der speziellen Regelung zum **Erwerbsort in § 3d UStG** zu bestimmen. Besondere Steuerbefreiungsvorschriften für den igE sind in § 4b UStG geregelt. Für den Grundtatbestand des igE gilt nach **§ 10 Abs. 1 UStG** das **Entgelt als BMG**, und für das innergemeinschaftliche Verbringen nach § 1a Abs. 2 UStG findet wie bei einer uWa § 10 Abs. 4 S. 1 Nr. 1 UStG Anwendung. Die USt entsteht nach § 13 Abs. 1 Nr. 6 UStG vorrangig im Zeitpunkt der Ausstellung der Rechnung.

---

3   Eine Option zur Steuerpflicht nach § 9 UStG kommt jedoch allenfalls bei uWa nach § 3 Abs. 1b S. 1 Nr. 3 UStG an einen anderen Unternehmer für dessen Unternehmen in Betracht (vgl. A 3.2 Abs. 2 S. 4 UStAE).

4 (Zusätzliche) Steuer nach § 14c UStG

Daneben normiert § 14c UStG eine besondere Schuld für die unrichtig bzw. zu Unrecht in einer Rechnung ausgewiesene USt. Hauptfälle des unrichtigen Steuerausweises i. S. d. § 14c Abs. 1 UStG bilden die Anwendung des Regelsteuersatzes statt des ermäßigten Steuersatzes sowie die fehlerhafte Behandlung eines im Inland nicht steuerbaren oder steuerfreien Umsatzes als steuerbar und stpfl. Hauptfälle einer nach § 14c Abs. 2 UStG begründeten Steuer sind der Ausweis von USt durch Kleinunternehmer oder Privatpersonen. Da die § 14c-Steuer an den Steuerausweis anknüpft, entsteht die USt für beide Tatbestände folgerichtig nach § 13 Abs. 1 Nr. 3 UStG im Zeitpunkt der Ausgabe der fehlerbehafteten Rechnung.

5 Ermittlung der abziehbaren Vorsteuer und Vorsteuerberichtigung

Die anspruchsbegründenden Merkmale für einen VSt-Abzug finden Sie in § 15 Abs. 1 S. 1 Nr. 1 – 5 UStG. Für den Haupttatbestand des § 15 Abs. 1 S. 1 Nr. 1 UStG sind regelmäßig folgende Voraussetzungen zu prüfen:
- Unternehmerstellung desjenigen, der den VSt-Abzug beansprucht.
- Der zu beurteilende Unternehmer muss Leistungsempfänger (regelmäßig der zivilrechtliche Auftraggeber) der Leistung sein, für die er den VSt-Abzug begehrt.
- Er muss diese Leistung für sein Unternehmen bezogen haben.
- Die Leistung muss von einem anderen Unternehmer erbracht worden sein (Leistungsbezug von einem anderen Unternehmer).
- Der Leistungsempfänger muss für diese Leistung im Besitz einer ordnungsgemäßen Rechnung i. S. d. §§ 14, 14a UStG sein.
- Die darin ausgewiesene USt muss vom Leistenden gesetzlich für den Umsatz geschuldet werden.

Liegen die Voraussetzungen für einen Anspruch auf VSt-Abzug nach § 15 Abs. 1 S. 1 UStG vor (sog. abziehbare VSt), ist weiter zu prüfen, ob der Abzugsfähigkeit ein **VSt-Abzugsverbot** nach § 15 Abs. 1a und 1b UStG oder ein **Ausschluss vom VSt-Abzug** nach § 15 Abs. 2 und 3 UStG entgegensteht. Insoweit ist maßgebend, ob die zu beurteilenden Eingangsleistungen für der VSt-Abzug für einen der in § 15 Abs. 2 UStG aufgeführten Ausgangsumsätze verwendet werden (sollen). Die dort genannten, sog. vorsteuerschädlichen Umsätze, schließen – vorbehaltlich der Rückausnahme in § 15 Abs. 3 UStG (sog. vorsteuerunschädliche Umsätze) – einen VSt-Abzug aus. Sofern Vorbezüge sowohl für vorsteuerschädliche als auch vorsteuerunschädliche Umsätze verwendet werden, ist gem. § 15 Abs. 4 UStG eine **Aufteilung der abziehbaren VSt-Beträge** nach wirtschaftlicher Zurechnung in einen abziehbaren und einen nicht abziehbaren Teil vorzunehmen.

Ändern sich nach Vornahme des VSt-Abzugs die für den ursprünglichen VSt-Abzug maßgeblichen Verhältnisse, z. B. weil der Unternehmer seine ursprüngliche Absicht, die Eingangsleistung für stpfl. Umsätze verwenden zu wollen, später aufgegeben hat und nunmehr mit dem Vorbezug eine stpfl. Leistung ausführt, kommt eine **Berichtigung des VSt-Abzugs nach § 15a UStG** in Betracht.

6 Steuerschuldnerschaft des Leistungsempfängers (§ 13b UStG)

Der **Bezug von Leistungen** kann umsatzsteuerrechtlich nicht nur die **Frage eines VSt-Abzugs** beim Leistungsempfänger hinsichtlich der auf die Leistungsbezüge ausgewiesenen USt und – bei Warenlieferungen aus anderen EU-Mitgliedstaaten – die nach einem **igE** aufwerfen. Hinzu kommt als weiterer Aspekt noch eine ggf. zu erörternde **Steuerschuldnerschaft des Leistungsempfängers nach § 13b UStG** (sog. Reverse-Charge-Verfahren).

Klausurhinweis: In den »13b-Fällen« kann es sinnvoll sein, von dem dargestellten Prüfungsschema abzuweichen und die **Steuerschuldnerschaft des Leistungsempfängers bereits nach Feststellung der Steuerpflicht** festzustellen. Dies kann vor Fehlern bei der Ermittlung der BMG bewahren, denn falls § 13b UStG zur Anwendung gelangt, ist der vom Leistungsempfänger aufgewendete Betrag stets ein Nettobetrag.

7 Umsatzsteuerrechtliche Haftungsansprüche

Hiervon streng zu unterscheiden sind jene Normen des UStG, die eine meist summenmäßig begrenzte (Mit-)Haftung eines anderen als des Schuldners der USt vorsehen. Neben dem Reverse-Charge-Verfahren (§ 13b UStG) ermöglichen die Haftungstatbestände nach § 13c UStG (Haftung bei Abtretung, Verpfändung und Pfändung von Forderungen) und § 25e UStG (Haftung beim Handel über eine elektronische Schnittstelle) eine Zugriffsmöglichkeit des Fiskus auf das Vermögen eines – am Umsatzgeschäft nicht beteiligten – Dritten und stellen eine Antwort des Gesetzgebers auf die zunehmenden Steuerausfälle im Bereich der USt dar.

Klausurhinweis: Haftungsfragen nach den vorgenannten Bestimmungen sind bisher nicht Prüfungsgegenstand von Beraterklausuren gewesen.

III Unternehmer und Unternehmen als Anknüpfungspunkte des Umsatzsteuerrechts

Wie schon die einführenden Erläuterungen in Kap. I sichtbar machen konnten, kommt der in § 2 UStG näher beschriebenen Unternehmereigenschaft im USt-Recht eine zentrale Bedeutung zu. Von wenigen Ausnahmen abgesehen können nur Unternehmer steuerbare Umsätze nach § 1 UStG tätigen. Sie sind üblicherweise die Steuerschuldner der USt nach § 13a UStG, und grds. können nur Unternehmer nach § 13b UStG als Leistungsempfänger Steuerschuldner für an sie erbrachte Leistungen werden. Ebenso haben grds. nur Unternehmer die Möglichkeit, einen VSt-Abzug nach § 15 UStG geltend zu machen.

1 Der Unternehmer i. S. d. § 2 UStG

Nach § 2 Abs. 1 S. 1 und S. 3 UStG ist derjenige Unternehmer, der eine gewerbliche oder berufliche Tätigkeit selbständig nachhaltig zur Erzielung von Einnahmen ausübt. Indem § 2 Abs. 1 S. 1 UStG festlegt, durch welche Aktivitäten eine Unternehmerstellung geprägt sein soll, bestimmt das UStG den **Unternehmerstatus** erkennbar **tätigkeitsbezogen**. Daraus folgt u. a., dass die Unternehmerstellung als solche nicht im Erbfall auf einen anderen übergehen kann (A 2.6 Abs. 5 S. 1 UStAE).

1.1 Unternehmensfähigkeit (»wer«)

Im Gegensatz zu den aus anderen Steuergesetzen bekannten Beschreibungen stpfl. Gebilde und Personen enthält sich das UStG jeder einschränkenden Vorgabe dazu, wer denn unter den weiteren Voraussetzungen des § 2 UStG Unternehmer und damit Steuersubjekt des USt-Rechts sein kann. Daraus folgt zugleich: **Unternehmensfähig** i. S. d. USt-Rechts ist jede Person bzw. jeder Personenzusammenschluss, der nach außen durch eine gewerbliche oder berufliche Tätigkeit in Erscheinung treten kann. Unternehmerfähig sind also außer den natürlichen Personen auch alle juristischen Personen des Privatrechts (z. B. GmbH, AG, eingetragener Verein, Stiftung) und des öffentlichen Rechts (z. B. Gebietskörperschaften). Unternehmensfähig sind aber **auch die herkömmlich als teilrechtsfähig bezeichneten PersG** des Privatrechts (z. B. OHG oder KG). Unter den weiteren Voraussetzungen des § 2 Abs. 1 UStG wird der jeweilige nach außen auftretende Zusammenschluss Unternehmer – nicht aber die G'fter. Im USt-Recht stehen sich G'fter und Gesellschaft als unabhängig voneinander zu beurteilende Steuersubjekte gegenüber.

Hinweis: Der Gesetzgeber hat durch das JStG 2022 in § 2 Abs. 1 S. 1 UStG klargestellt, dass die Unternehmerfähigkeit unabhängig davon bestehen kann, ob der Handelnde nach anderen (zivilrechtlichen) Vorschriften rechtsfähig ist. Unternehmer können daher auch nicht rechtsfähige PersG wie z. B. Bruchteilsgemeinschaften sein.[1]

---

[1] Hierdurch beseitigt der Gesetzgeber die aus dem anderslautenden Urteil des BFH vom 22.11.2018 (Az.: V R 65/17, BFH/NV 2019, 359) resultierende Rechtsunsicherheit.

1.2 Ausüben einer gewerblichen oder beruflichen Tätigkeit

Unternehmensfähige Subjekte werden nach den Vorgaben des § 2 Abs. 1 UStG dadurch zum Unternehmer, dass sie selbständig eine gewerbliche oder berufliche Tätigkeit ausüben. Vor Assoziationen zu ähnlichen Begriffen im ESt-Recht – so etwa zu den in § 15 EStG beschriebenen Einkünften aus gewerblicher Tätigkeit oder den in § 18 Abs. 1 Nr. 1 EStG aufgeführten Einkünften aus freiberuflicher Tätigkeit – sei gewarnt. Nach § 2 Abs. 1 S. 3 UStG ist gewerblich oder beruflich **jede nachhaltige Tätigkeit zur Erzielung von Einnahmen, auch wenn die Absicht, Gewinn zu erzielen, fehlt**. Auf dem Gebiet des USt-Rechts hat der Begriff »gewerblich oder beruflich« folglich eine viel weitere Ausdehnung als ihn etwa § 15 Abs. 2 EStG für das ESt-Recht bestimmt. So bedarf es weder einer Gewinnerzielungsabsicht, noch ist eine Teilnahme am allgemeinen wirtschaftlichen Verkehr erforderlich. Vielmehr genügt **jede wirtschaftliche Tätigkeit** (vgl. Art. 9 Abs. 1 MwStSystRL).

1.2.1 Tätigkeit im Leistungsaustausch

Hiernach kommt als Tätigkeit, die einen Unternehmerstatus begründen kann, jede Art von selbständig ausgeübter wirtschaftlicher Tätigkeit in Betracht. Allerdings muss die Tätigkeit, aus der sich unter den weiteren Voraussetzungen des § 2 Abs. 1 UStG die Unternehmerstellung des Handelnden ergeben kann, darin bestehen, **Leistungen im umsatzsteuerrechtlichen Sinne** (willentliche Zuwendungen eines wirtschaftlich verbrauchbaren Nutzens, Näheres s. Kap. IV) an einen anderen **gegen ein (Sonder-)Entgelt** zu bewirken, d. h., die Tätigkeit muss im Rahmen eines Leistungsaustausches ausgeübt werden. Dieses Erfordernis ist erkennbar § 1 Abs. 1 Nr. 1 UStG entnommen, der für einen steuerbaren Umsatz verlangt, dass der zu beurteilende Unternehmer Leistungen gegen Entgelt erbringt. Soweit es darum geht, die Unternehmereigenschaft des Handelnden festzustellen, ist es oft gerade dieses ungeschriebene Tatbestandsmerkmal des § 2 UStG, das in der Praxis erhebliche Schwierigkeiten bereitet.

1.2.1.1 Gesellschafter als Unternehmer

Dies gilt im Besonderen für G'fter, denn das bloße Halten von gesellschaftsrechtlichen Beteiligungen, mithin die **Stellung als G'fter** (oder Aktionär), begründet für sich (noch) **keinen Unternehmerstatus**. Wer sich an einer Personen- (oder Kapital-)gesellschaft beteiligt, übt zwar eine »Tätigkeit zur Erzielung von Einnahmen« aus. Gleichwohl ist er im Regelfall nicht Unternehmer i.S.d. UStG, weil Dividenden und andere Gewinnbeteiligungen aus Gesellschaftsverhältnissen nicht als umsatzsteuerrechtliches Entgelt im Rahmen eines Leistungsaustauschs anzusehen sind (A 2.3 Abs. 2 S. 3 UStAE). Das **Erwerben, Halten und Veräußern von gesellschaftsrechtlichen Beteiligungen** ist grds. keine unternehmerische Tätigkeit.[2] Vielmehr handelt es sich um eine sog. nichtwirtschaftliche Tätigkeit i.e.S. (A 2.3 Abs. 1a UStAE). Dies schließt es jedoch nicht aus, dass G'fter auch mit bestimmten Aktivitäten, die sie für die Gesellschaft erbringen, einen Unternehmerstatus begründen können. Hierfür ist zwischen

---

2   Nach A 2.3 Abs. 4 S. 5–7 UStAE sollen allerdings Finanzinvestoren Unternehmer sein, soweit sie (sanierungsreife) Gesellschaften erwerben, um sie nach erfolgter Sanierung gewinnbringend zu veräußern.

- **Leistungen, die die Gesellschaft durch die Beteiligung am Gewinn und Verlust vergütet und**
- **Leistungen, die der G'fter gegen ein sog. Sonderentgelt erbringt,**

zu unterscheiden. Nur wenn der G'fter **Leistungen gegen** ein **Sonderentgelt** erbringt, **begründet** dies den **Unternehmerstatus** des G'fters. Maßgeblich sind dabei die zwischen dem G'fter und der Gesellschaft getroffenen Vergütungsabreden. Den Beteiligten kommt insoweit Gestaltungsfreiheit zu. Sie entscheiden folglich selbst über den Unternehmerstatus des G'fters und damit über dessen Berechtigung zum VSt-Abzug und die Steuerbarkeit der von ihm an die Gesellschaft erbrachten Tätigkeiten.

> **Beispiel 1: Leistungsaustausch zwischen Gesellschaft und Gesellschafter**
>
> V und der bislang selbständige Lebensmittelhändler L schließen sich zu der V & L OHG zusammen, die fortan den Lebensmittelhandel des L als OHG betreibt. V erbringt eine Bareinlage von 50.000 € und vermietet der OHG einen von ihm neu erworbenen Lagerraum für monatlich 1.000 € zzgl. 190 €.
>
> **Lösung:** Unternehmensfähig sind alle Zusammenschlüsse, die nach außen auftreten können. Dazu gehören auch teilrechtsfähige Personenvereinigungen wie hier die V & L OHG. Diese ist mit dem Betrieb des Lebensmittelhandels nachhaltig und selbständig im Leistungsaustausch tätig und damit Unternehmer. Die beteiligten G'fter sind aufgrund ihrer G'fter-Stellung nicht Unternehmer. Anderes gilt, sofern die G'fter der Gesellschaft gegenüber wie Dritte im Leistungsaustausch tätig werden. Von daher ist V – anders als L, dessen Unternehmerstellung mit der Aufgabe des Einzelhandels endete – Unternehmer nach § 2 UStG. Seine Unternehmereigenschaft gründet sich darauf, dass er der OHG die Lagerräume entgeltlich überlässt. Wird die Gebrauchsüberlassung an die Gesellschaft als Mietverhältnis gestaltet, liegt darin im Regelfall kein Missbrauch von Gestaltungsmöglichkeiten. (V tätigt also nach § 1 Abs. 1 Nr. 1 UStG steuerbare Vermietungsumsätze an die OHG. Auf die Steuerbefreiung der Vermietung nach § 4 Nr. 12 Buchst. a UStG ist hier zwecks Erlangung des VSt-Abzugs nach § 9 Abs. 1 und 2 UStG wirksam verzichtet worden. Die BMG für die monatlichen Teilleistungen beträgt nach § 10 Abs. 1 UStG 1.000 €; die USt i. H. v. 190 € entsteht – so der Kalendermonat VAZ ist – nach § 13 Abs. 1 Nr. 1a S. 2 und 3 UStG mit Ablauf eines jeden Monats). Soweit V eine Bareinlage leistet, scheitert ein steuerbarer Umsatz nach § 1 Abs. 1 Nr. 1 UStG schon daran, dass die Hingabe von Geld keine Leistung im umsatzsteuerrechtlichen Sinne darstellt. Bei L stellt sich die Übertragung seines Lebensmittelhandels auf die V & L OHG als nicht steuerbare GiG. nach § 1 Abs. 1a UStG dar (vgl. Kap. VII).

Eine Besonderheit galt lange Zeit für die **Führung der Geschäfte einer PersG**. Aktivitäten der geschäftsführungsberechtigten G'fter in Verfolgung von Gesellschaftszwecken werden privatrechtlich der Gesellschaft als solcher zugerechnet. Dies hatte den BFH zunächst dazu bewogen, die Unternehmereigenschaft geschäftsführender G'fter generell zu versagen (BFH vom 17.07.1980, UR 1980, 202). Seit seiner Entscheidung vom 06.06.2002 (BStBl II 2003, 36) hat der BFH das für die Besteuerung von Geschäftsführungsleistungen entwickelte Sonderrecht ausdrücklich aufgegeben und geht seither davon aus, dass es für die Frage, ob derartige Tätigkeiten im Leistungsaustausch erbracht werden, ebenso wie bei allen anderen G'fter-Leistungen darauf ankommt, ob eine **gewinnabhängige Vergütung oder ein sog. Sonderentgelt** vorliegt.

Beispiel 2: Geschäftsführung im Unternehmerstatus[3]

Alleiniger GF der R-KG, die stpfl. Leistungen erbringt, ist der Komplementär J. R., der für seine Geschäftsführungs- und Vertretungsleistungen eine Tätigkeitsvergütung von 8.000 € erhält, die monatlich auf das Konto des J. R. bei der Sparkasse überwiesen wird. Die KG behandelt die Vergütung im Rahmen ihrer Ergebnisermittlung als Aufwand. Ein Arbeitsvertrag wurde nicht geschlossen.

Lösung: Angesichts der gewinnunabhängigen Vergütungsabrede für die Geschäftsführungstätigkeiten ist der Unternehmerstatus des J. R. nicht zweifelhaft. Er wird gegenüber der KG im Leistungsaustausch tätig. (Die nach § 1 Abs. 1 Nr. 1 UStG steuerbaren und stpfl. Geschäftsführungsleistungen lösen als monatliche Teilleistungen auf der Basis einer BMG nach § 10 Abs. 1 S. 1, 2 UStG von 6.722,69 € monatlich eine USt von 1.277,31 € aus, die die KG als VSt in Abzug bringen kann, sofern hierüber ordnungsgemäße Abrechnungen erstellt werden.)

A 1.6 Abs. 4 – 6 UStAE trifft zur **Abgrenzung** einer **gewinnabhängigen Vergütung von einer Leistung gegen sog. Sonderentgelt** folgende Kernaussagen:

- Die Bezeichnung der Gegenleistung als Aufwendungsersatz, Umsatzbeteiligung, Kostenerstattung oder auch als Gewinnvorab spielt keine Rolle (A 1.6 Abs. 4 S. 1 UStAE).
- Unabhängig von einer denkbaren Bezeichnung als Gewinnvorab ist von einem Sonderentgelt auszugehen, sofern es sich um eine Zahlung handelt, die im Rahmen der Ergebnisermittlung in der HB als Aufwand behandelt wird (A 1.6. Abs. 4 S. 4 UStAE).[4]
- Entnahmen, zu denen der G'fter nach Art eines Abschlags auf den nach der Anzahl der G'fter und ihrem Kapitaleinsatz bemessenen Anteil am Gewinn der Gesellschaft berechtigt ist, begründen grds. kein Leistungsaustauschverhältnis (A 1.6. Abs. 4 S. 12 UStAE). Anderes gilt nur für ein gesellschaftsvertraglich vereinbartes garantiertes Entnahmerecht, bei dem die den Gewinnanteil übersteigenden Entnahmen keine Rückzahlungsverpflichtung begründen sollen. Solche Vereinbarung führt wie die Vereinbarung einer Vorwegvergütung zu einem Leistungsaustausch (A 1.6 Abs. 4 S. 13 UStAE).
- Auch gewinnabhängige Vergütungen können ein Sonderentgelt darstellen, wenn sie sich – wie häufig bei Arbeitsgemeinschaften im Baugewerbe – nicht nach den vermuteten, sondern nach den tatsächlich erbrachten G'fter-Leistungen bemessen (A 1.6 Abs. 4 S. 8 UStAE).[5]
- Wird für die Geschäftsführung neben einem Sonderentgelt eine gewinnabhängige Vergütung (sog. Mischentgelt) bezahlt, sind die Beträge umsatzsteuerrechtlich getrennt zu beurteilen (A 1.6 Abs. 5 UStAE). Die gewinnabhängige Vergütung steht außerhalb des Leistungsaustausches, bleibt folglich auch bei der Ermittlung der BMG für die steuerbare Geschäftsführungsleistung unberücksichtigt.

---

3   Auszug aus der StB-Prüfung 2009, verkürzte Darstellung.
4   Ist die Vergütung für die Leistungen des G'fters im Gesellschaftsvertrag als Teil der Ergebnisverwendung geregelt, schließt dies einen Leistungsaustausch nicht von vornherein aus. Wirkt sich die Vergütung gleichwohl ergebnismindernd aus, so soll ein Leistungsaustausch vielmehr auch dann anzunehmen sein, wenn die Vergütung im Rahmen der Ergebnisermittlung nicht als Aufwand gebucht wird (vgl. dazu A 1.6 Abs. 4 S. 7 UStAE mit dortigem Beispiel 6).
5   Die Überlassung von Vieheinheiten durch einen G'fter an eine PersGes unter gesellschaftsrechtlicher Vereinbarung eines Vorabgewinns erfolgt ebenso gegen Entgelt, wenn der G'fter mit der Zahlung rechnen kann (BFH vom 12.11.2020, DStR 2021, 859).

Beispiel 3: Mischentgelt[6]
S und F sind G'fter der S & F KG. S. ist als Komplementär für den kaufmännischen Bereich zuständig. Für die Geschäftsführungs- und Vertretungsleistungen erhält S laut Gesellschaftsvertrag eine Tätigkeitsvergütung i. H. v. 10 % des Gewinns – im Kj. 01 belief sich dieser Betrag auf 50.000 € –, mindestens jedoch 3.000 € monatlich.

Lösung: Außerhalb des Leistungsaustausches steht die Gewinnbeteiligung, soweit sie die garantierte Mindestvergütung übersteigt. Sie hat insoweit keinen Entgeltcharakter. BMG nach § 10 Abs. 1 S. 1, 2 UStG für die steuerbaren und stpfl. Geschäftsführungsleistungen bildet das monatliche Entgelt von 2.521,01 €; die ausgelöste USt für die monatlichen Teilleistungen beträgt 478,99 €.

Auch die sog. **Haftungsvergütungen** – die persönlich haftende G'fter einer PersG erhalten – (insb. die nicht vermögensmäßig beteiligte GmbH als Komplementär einer GmbH & Co. KG) kann eine Unternehmerstellung begründen. Wie die Geschäftsführung und Vertretung besitzt auch die **Haftungsübernahme ihrer Art nach Leistungscharakter und kann im Falle ihrer isolierten Erbringung Gegenstand eines steuerbaren Leistungsaustausches zwischen G'fter und Gesellschaft sein** (A 1.6 Abs. 6 S. 2 UStAE). Erhält der geschäftsführungs- und vertretungsberechtigte Komplementär einer KG für die Geschäftsführung, Vertretung und Haftung eine Festvergütung, ist diese als Entgelt für eine einheitliche Leistung (Geschäftsführung, Vertretung und Haftung) umsatzsteuerbar und auch steuerpflichtig.

1.2.1.2 Holdinggesellschaften als Unternehmer
Mit der Aufgabe der Sonderbehandlung für Geschäftsführungsleistungen befindet sich die nationale Praxis im Einklang mit der Betrachtung von **Holdinggesellschaften**. Soweit diese sich auf das Halten und Verwalten von Beteiligungen an Gesellschaften beschränken, sind sie selbstverständlich kein Unternehmer i. S. d. § 2 UStG. Insoweit kann nichts anderes gelten, als wenn jemand Geld aufs Sparbuch legt oder zum Erwerb von Schuldverschreibungen verwendet. Beim »Einsammeln von Nutzungen« aus einem Kapitalbestand fehlt es bereits an einer Leistung im umsatzsteuerrechtlichen Sinne. Dementsprechend steht außer Frage, dass der reinen Finanzholding kein Unternehmerstatus zukommt (A 2.3 Abs. 3 S. 2 UStAE). Etwas anderes gilt jedoch, wenn die Holdinggesellschaft in die Verwaltung ihrer Tochtergesellschaft durch das Erbringen von administrativen, finanziellen, kaufmännischen oder technischen Dienstleistungen eingreift. Erbringt eine Holding z. B. entgeltliche Dienstleistungen im Bereich der Verwaltung oder Buchführung, begründet diese (wirtschaftliche) Tätigkeit einen unternehmerischen Bereich der Holdinggesellschaft. Eine solche **Führungs- und Funktionsholding ist Unternehmerin** i. S. d. § 2 UStG und hat für hiermit im Zusammenhang stehende Kosten grds. ein Recht auf VSt-Abzug (A 2.3 Abs. 3 S. 3 UStAE). Auch die Vermietung eines Gebäudes an eine Tochtergesellschaft stellt einen Eingriff in die Verwaltung der Tochtergesellschaft dar, wenn diese Dienstleistung nachhaltig ist, entgeltlich erbracht wird und besteuert wird (EuGH vom 05.07.2018, Az.: C-320/17, DStR 2018, 1713). Wird eine Holding nur gegenüber einzelnen Tochtergesellschaften geschäftsleitend tätig, während sie andere Beteiligungen lediglich hält und verwaltet (sog. gemischte Holding), hat sie sowohl einen

---

[6] Auszug aus der StB-Prüfung 2005, verkürzte Darstellung.

unternehmerischen als auch einen nichtunternehmerischen Bereich, denen die jeweilige Tochtergesellschaft zugeordnet ist (vgl. A 2.3 Abs. 3 S. 4 UStAE).[7]

Ein VSt-Abzug aus Aufwendungen, die im direkten und unmittelbaren Zusammenhang mit der **Veräußerung einer gesellschaftsrechtlichen Beteiligung** stehen, kommt nur infrage, sofern die Veräußerung steuerbar ist und der VSt-Abzug nicht nach § 15 Abs. 2 UStG ausgeschlossen ist. Somit scheidet der VSt-Abzug im Fall der Veräußerung einer **nicht im Unternehmensvermögen** gehaltenen gesellschaftsrechtlichen Beteiligung wegen des unmittelbaren Zusammenhangs mit einer nicht steuerbaren, **nichtwirtschaftlichen Tätigkeit** i. e. S. aus. Im Fall der Veräußerung einer **im Unternehmensvermögen gehaltenen Beteiligung** ist diese Veräußerung zwar als wirtschaftliche Tätigkeit **steuerbar nach § 1 Abs. 1 Nr. 1 UStG**; sie ist **aber** grds. **steuerfrei** nach § 4 Nr. 8 Buchst. e oder f UStG. Damit scheidet auch in diesem Fall der VSt-Abzug aus.[8]

1.2.1.3 Forderungseinziehung als unternehmerische Betätigung

Über das Erfordernis einer Tätigkeit im Leistungsaustausch lässt sich bei rigider Handhabung der Kreis der Unternehmer i. S. d. § 2 UStG – und damit der Kreis der zum VSt-Abzug Berechtigten – erheblich einschränken. Mit einer solchen Handhabung sahen sich früher **Factoringunternehmen** konfrontiert. Ihr Geschäft ist dadurch gekennzeichnet, dass sie sich als Factor Forderungen eines Unternehmers (des sog. Anschlusskunden) abtreten lassen, die regelmäßig noch nicht fällig sind. Für diese Forderungen entrichtet der Factor sofort einen bestimmten Betrag. I. Ü. entlastet der Factor den Anschlusskunden bei der Debitorenverwaltung, überwacht die Fälligkeit der Kundenforderungen des Anschlusskunden und versucht bei Fälligkeit, diese Forderungen einzuziehen. Das sog. echte Factoring liegt vor, wenn der Factor auch das Risiko des Forderungsausfalls übernimmt. Der Verkäufer der Forderung haftet dem Käufer (Factor) grds. nur für deren Bestehen (Verität), nicht aber für die Zahlungsfähigkeit des Schuldners. Dieses sog. Bonitätsrisiko kompensiert der Factor dadurch, dass er die Forderung unter dem Nennwert aufkauft. Dagegen werden beim unechten Factoring die Forderungen nur vorschussweise vergütet. Stellt sich ihre Uneinbringlichkeit heraus, muss der Anschlusskunde die Vergütung zurückzahlen. Der Anschlusskunde tritt hierbei die Forderung lediglich erfüllungshalber an den Factor ab.

> **Beispiel 4: Echtes Factoring als unternehmerische Aktivität**
>
> **Unternehmer U** hat im April 01 Ware für 10.000 € zzgl. 1.900 € USt an A geliefert und den Kaufpreis bis zum 31.10.01 gestundet. Im August 01 veräußert U seine Forderung aus dem Verkauf für 9.520 € an den Factor F. Nach den vertraglichen Abreden soll F das Ausfallrisiko tragen. Anfang November 01 kann F nur noch 7.140 € von A einziehen, bevor über dessen Vermögen noch im selben Monat die beantragte Eröffnung des Insolvenzverfahrens abgelehnt wird. F unterrichtet U über diese Entwicklung.
>
> **Lösung:** Mit der unter Nennwert erfolgenden Veräußerung an F scheidet die Forderung des U über 11.900 € aufgrund der Übernahme des Ausfallrisikos endgültig aus dem Vermögen des U aus. Folglich handelt es sich um echtes Factoring, das nach früherer Betrachtung eine **Unternehmerstel-**

---

7 Für Eingangsleistungen, die mit beiden Bereichen im Zusammenhang stehen (Gemeinkosten), kommt ein VSt-Abzug nur nach der Gesamttätigkeit der Holding in Betracht und zieht zwangsläufig eine Aufteilung der abziehbaren VSt-Beträge analog zu § 15 Abs. 4 EStG nach sich.
8 Nach § 9 Abs. 1 UStG besteht allerdings eine Optionsmöglichkeit zur Steuerpflicht.

lung des Factors nicht begründen konnte. Nach vormaliger Auffassung erbrachte der Factor beim echten Factoring weder mit dem Forderungserwerb noch mit den anschließenden Aktivitäten Leistungen an einen anderen, sondern hat mit der Forderungsrealisierung alleine seine eigenen Interessen verfolgt. Steuerbar (aber nach § 4 Nr. 8c UStG steuerfrei) sollte lediglich die Forderungsabtretung des Anschlusskunden an den Factor sein. Dieser Betrachtungsweise ist der EuGH und ihm folgend der BFH entgegengetreten (EuGH vom 26.06.2003, Az.: C-205/01, BStBl II 2004, 688 und BFH vom 04.09.2003, Az.: V R 34/99, BStBl II 2004, 667). Nunmehr gilt (vgl. A 2.4 UStAE): Auch beim echten Factoring erbringt der Factor dem Anschlusskunden gegenüber eine Dienstleistung. Diese sei darin zu sehen, dass er jenen von der Einziehung der Forderungen und dem Risiko ihrer Nichterfüllung entlaste. Diese Leistung werde des Weiteren auch gegen Entgelt erbracht. Das **Entgelt** bestehe in der **Differenz zwischen dem Nennbetrag der dem Factor abgetretenen Forderungen und dem Betrag, den der Factor ihm als Preis für die Forderungen zahlt**. Von daher ist der Factor auch beim echten Factoring als Unternehmer zu behandeln. Nach A 2.4 Abs. 4 UStAE sind die erbrachten Leistungen als Unterart der in § 4 Nr. 8c UStG erwähnten »Einziehung von Forderungen« als **stpfl.** zu behandeln. Demnach erbringt der F an U eine nach § 1 Abs. 1 Nr. 1 UStG steuerbare und stpfl. sonstige Leistung. BMG nach § 10 Abs. 1 UStG bildet das Entgelt von 2.000 € (11.900 € abzgl. 9.520 €, abzgl. USt); die ausgelöste USt beträgt 380 €.[9] Aufgegeben hat die FinVerw auch ihre Auffassung, wonach der Anschlusskunde mit der **Abtretung** an den Factor eine steuerbare, aber steuerfreie Forderungsabtretung erbringt. Regelmäßig handelt es sich insoweit um eine nicht steuerbare **Leistungsbeistellung**. Lediglich in den Fällen, in denen nicht der Forderungskäufer, sondern der Forderungsverkäufer (Anschlusskunde) die Forderung einzieht, sowie bei der Übertragung zahlungsgestörter Forderungen wird nach wie vor von einer steuerbaren, aber nach § 4 Nr. 8c UStG steuerfreien Forderungsabtretung des Forderungsverkäufers (Anschlusskunden) an den Forderungskäufer ausgegangen (A 2.4 Abs. 3 S. 3 f.; Abs. 8 S. 7 UStAE).

Der **Forderungsverkauf unter Nennwert lässt** selbstverständlich die **BMG der zugrunde liegenden stpfl. Leistung unbeeinflusst** (in Beispiel 4 bleibt es also für die stpfl. Lieferung des U an A zunächst bei einer BMG nach § 10 Abs. 1 UStG von 10.000 €). Eine Änderung der BMG nach § 17 UStG erfolgt erst, wenn feststeht, dass der Factor mit der übernommenen Forderung ganz oder teilweise ausfällt. Davon ist in Beispiel 4 im VAZ der Ablehnung der Eröffnung des Insolvenzverfahrens auszugehen. Damit steht fest, dass die Forderung i.H.v. 4.760 € uneinbringlich sein wird. Da U Kenntnis von diesem Forderungsausfall erhält, kann er die Steuer nach § 17 Abs. 2 Nr. 1 UStG für seine Lieferung an A also im VAZ 11/01 von 1.900 € auf 1.140 € berichtigen (s. dazu Näheres in Kap. IX 6).

Auch beim unechten Factoring erbringt der Factor nur eine stpfl. sonstige Leistung an den Anschlusskunden, bestehend in einer Einziehung der Forderung. Eine ggf. mit der Factoringleistung einhergehende Kreditgewährung des Factors an den Anschlusskunden ist »[...] regelmäßig von untergeordneter Bedeutung und teilt daher als unselbständige Nebenleistung das Schicksal der Hauptleistung.«

1.2.1.4 Leistungen an (Vereins-)Mitglieder
Die Frage, ob eine Tätigkeit im Leistungsaustausch anzunehmen ist, spielt auch bei Vereinigungen, die nur gegenüber ihren Mitgliedern tätig werden, eine erhebliche Rolle. Nach

---

[9] Beim Erwerb sog. zahlungsgestörter Forderungen liegt keine unternehmerische Tätigkeit vor, wenn sich der Kaufpreis im Wesentlichen nach dem für die jeweilige Forderung geschätzten Ausfallrisiko richtet und dem Forderungseinzug im Verhältnis zu dem auf das Ausfallrisiko entfallenden Abschlag nur untergeordnete Bedeutung zukommt. Weitreichende Folge: Liegt beim Kauf zahlungsgestörter Forderungen keine entgeltliche Leistung an den Forderungsverkäufer vor, ist der Forderungserwerber aus Eingangsleistungen für den Forderungserwerb und den Forderungseinzug nicht zum VSt-Abzug nach § 15 UStG berechtigt (A 2.4 Abs. 8 S. 5 UStAE).

§ 2 Abs. 1 S. 3 letzter HS UStG schließt dies eine Unternehmereigenschaft der Vereinigung nicht aus. Begründet ist die Unternehmereigenschaft allerdings auch insoweit nur, sofern die Tätigkeit gegenüber den Mitgliedern eine ist, bei der konkrete Leistungen gegen ein diesen Leistungen zuzuordnendes (Sonder-)Entgelt erbracht werden. Nach (deutscher) Verwaltungsauffassung haben (echte) Mitgliedsbeiträge, die dazu bestimmt sind, die Vereinigung ihrer satzungsgemäßen Zwecke zu ermöglichen, keinen Entgeltcharakter und begründen daher keinen Unternehmerstatus (A 1.4 Abs. 1 S. 1 UStAE). Als Hauptbeispiel dafür stehen in der nationalen Praxis die Mitgliedsbeiträge in Sportvereinen.

> **Beispiel 5: Der unternehmerisch tätige Sportverein**
>
> Ein eingetragener **Tennisverein** erhebt von seinen Mitgliedern einen Jahresbeitrag von 500 €. Nichtmitglieder zahlen für eine einstündige Platzbenutzung 15 €. Eine Übungsstunde kostet – auch für Mitglieder – 25 €.
>
> **Lösung:** Der Tennisverein vereinnahmt die Mitgliedsbeiträge, um in Erfüllung seines satzungsgemäßen Zwecks die Gesamtbelange seiner Mitglieder wahrzunehmen und soll nach den unverändert gebliebenen Aussagen in A 1.4 Abs. 1 und A 2.10 Abs. 1 UStAE keine Unternehmereigenschaft begründen, da der Beitrag der Mitglieder kein Entgelt für konkrete Leistungen des Vereins darstellt. Hinsichtlich der weiteren Aktivitäten des Tennisvereins (Überlassung der Sportanlagen an Nichtmitglieder sowie Trainerstunden für Nichtmitglieder und Mitglieder) liegt auch aus Sicht des BMF fraglos eine wirtschaftliche und damit unternehmerische Tätigkeit vor. Es werden bestimmte (individualisierbare) Leistungen gegen ein diesen Leistungen zuzuordnendes konkretes Entgelt angeboten (A 1.4 Abs. 1 S. 2 und A 2.10 Abs. 1 S. 4 UStAE). Insoweit erbringt der Tennisverein also als Unternehmer nach § 1 Abs. 1 Nr. 1 UStG steuerbare und stpfl. Umsätze und hat für die diesen Leistungen zuzurechnenden Eingangsumsätze auch ein VSt-Abzugsrecht. Leistungsbezüge, die beiden Tätigkeitsbereichen des Vereins verwendet werden, erfordern eine VSt-Aufteilung.

Diese Differenzierung widerspricht allerdings der MwStSystRL. Hiernach können auch die Jahresbeiträge der Mitglieder an einen Sportverein eine Gegenleistung für von dem Verein erbrachte Dienstleistungen darstellen. Die Leistung des Vereins bestehe darin, dass dieser seinen Mitgliedern die Sportanlagen zur Verfügung stellt. Ob und wie häufig die Mitglieder tatsächlich die Anlagen nutzen, bleibt ebenso unerheblich wie der Umstand, dass die Mitgliedsbeiträge als Pauschalbeträge und nicht nutzungsbezogen erhoben werden (BFH vom 20.03.2014, Az.: V R 4/13, DStR 2014, 1539). Die stpfl. Personenvereinigung kann sich daher für ihre Mitgliedsbeiträge auf den Anwendungsvorrang der MwStSystRL berufen und auch insoweit ihre Unternehmereigenschaft begründen. Dies lässt zwar USt auf die Mitgliedsbeiträge entstehen, eröffnet aber zugleich das Recht auf VSt-Abzug aus hiermit im Zusammenhang stehenden Eingangsleistungen. Dies kann insb. bei geplanten Investitionsmaßnahmen einen erheblichen Liquiditätsvorteil begründen.

1.2.2 Nachhaltigkeit der Tätigkeit

Die gewerbliche oder berufliche Tätigkeit wird nachhaltig ausgeübt, wenn sie auf Dauer zur Erzielung von Entgelten angelegt ist. Mit dem Kriterium der Nachhaltigkeit sollen private Verwertungshandlungen aus dem Kreis der Tätigkeiten ausgeschlossen werden, die eine Unternehmereigenschaft begründen können.

Der Begriff der Nachhaltigkeit ist ein Typusbegriff, der dazu nötigt, nach dem Gesamtbild der Verhältnisse des Einzelfalles (Gesamtschau) die für und gegen die Nachhaltigkeit sprechenden Merkmale gegeneinander abzuwägen. Auf der Grundlage der Rspr. hat die Fin-Verw in A 2.3 Abs. 5 UStAE eine Reihe von Kriterien formuliert, die hierbei eine Rolle spielen können.

Die Tendenz geht eher dahin, großzügig mit dem Kriterium der Nachhaltigkeit umzugehen. Z. B. führt die entgeltliche Unterlassung von Wettbewerb (Wettbewerbsverbot) wie auch die **Vermietung nur eines Gegenstands** oder auch die **einmalige Bestellung eines Nießbrauchrechts** an einem Grundstück (jeweils Duldungsleistungen) zu einer nachhaltigen Tätigkeit (A 2.3 Abs. 6 UStAE). Probleme bereitet in der Praxis regelmäßig die Abgrenzung einer privaten Sammlertätigkeit von einer wegen Nachhaltigkeit anzunehmenden unternehmerischen Betätigung. Dabei geht es letztlich nicht erst um die Frage der Steuerbarkeit der späteren Veräußerung von Sammlungsgegenständen, sondern zuvor bereits um den VSt-Abzug aus dem Erwerb der Sammlungsstücke. Eine Unternehmerstellung durch die Sammlertätigkeit (hier: Aufbau einer Fahrzeugsammlung und museumsartige Einlagerung in einer Tiefgarage) wird nur begründet, **wenn sich der Sammler bereits während des Aufbaus der Sammlung »wie ein Händler« verhält** (BFH vom 27.01.2011, Az.: V R 21/09, BStBl II 2011, 524). Demgegenüber hängt die **Unternehmerstellung von eBay-Verkäufern** nicht von einer beim Einkauf vorhandenen Wiederverkaufsabsicht ab, sondern maßgeblich von der Frage, ob der Verkäufer aktive Schritte zum Vertrieb der Gegenstände unternimmt, indem er sich ähnlicher Mittel bedient wie ein Händler (BFH vom 12.08.2015, Az.: XI R 43/13, BStBl II 2015, 919). Veräußert ein Verkäufer auf jährlich mehreren Hundert Auktionen Waren über eBay, liegt regelmäßig eine nachhaltige und damit unternehmerischen Tätigkeit i. S. d. § 2 Abs. 1 UStG vor (BFH vom 20.02.2023, Az.: V R 19/20, BFH/NV 2023, 101).

1.2.3 Einnahmeerzielungsabsicht

Da die Unternehmerstellung abweichend vom einkommensteuerrechtlichen Gewerbebetriebsbegriff keine Gewinnerzielungsabsicht verlangt, können nicht nur gemeinnützige, sondern auch verlustreiche Betätigungen unternehmerisch i. S. d. USt-Rechts sein. So scheitert die Unternehmerstellung eines städtischen Versorgungsbetriebs nicht daran, dass die festgesetzten Tarife kaum die Kosten decken.

1.3 Selbständigkeit

Die Selbständigkeit bestimmt sich in ihrer **Abgrenzung zur unselbständigen Beschäftigung** (als AN) grds. **nach den gleichen Kriterien wie im ESt- bzw. GewSt-Recht.**[10] Dort wie auch im USt-Recht ist die Beurteilung, ob jemand selbständig oder nichtselbständig tätig ist, nach dem Gesamtbild der Verhältnisse vorzunehmen. Hierbei sind die für und gegen die Selbständigkeit sprechenden Merkmale, wie sie sich nach den vertraglichen Vereinbarungen und deren tatsächlicher Durchführung ergeben, sorgfältig gegeneinander abzuwägen.

Ein hauptberuflicher Status als weisungsgebundener AN schließt eine daneben bestehende selbständige Tätigkeit als Unternehmer selbstverständlich nicht aus. Ob eine Selbständigkeit vorliegt, ist für jede einzelne Tätigkeit, die Einnahmen bringt, unabhängig zu prüfen. Selbstverständlich kann eine natürliche Person sowohl selbständige als auch unselbständige Tätigkeiten nebeneinander ausüben. In einem solchen Falle ist sie in Bezug

---

10 S. zum Folgenden deshalb auch Band 1, Teil A Kap. II 1.2.2.

auf die selbständig ausgeübten nachhaltigen Tätigkeiten zur Einnahmeerzielung Unternehmer i. S. d. UStG; der andere Bereich, in dem sie AN ist, wird dadurch nicht berührt. Beispiele bilden der als Justiziar bei einem Verband angestellte Jurist, der außerhalb seiner Dienstzeit eine private RA-Praxis betreibt; der im öffentlichen Dienst beschäftigte Hochschullehrer oder Finanzbeamte, der seine freie Zeit zur Herausgabe und Mitarbeit von Kommentierungen des Steuerrechts nutzt oder als Romanschriftsteller tätig ist. Die hierbei erlösten Einnahmen sind Ausfluss einer unternehmerischen Tätigkeit. Die selbständig wahrgenommene (unternehmerische) Tätigkeit kann auch an denjenigen erbracht werden, der zugleich (in anderem Zusammenhang) AG des Leistenden ist (Beispiel: AN erwirbt einen Pkw und vermietet diesen anschließend an seinen AG – BFH vom 11.10.2007, Az.: V R 77/05, BStBl II 2008, 443).

I. Ü. können auch natürliche Personen als G'fter **Geschäftsführungs- und Vertretungsleistungen an eine PersG** sowohl aufgrund eines Arbeitsvertrags unselbständig oder auch selbständig erbringen. Auch bei der Beurteilung **der Tätigkeit eines GmbH-GF** für die Selbständigkeit ist **auf die Umstände des Einzelfalles abzustellen**. Normalerweise werden aber natürliche Personen als GF von KapG mangels Selbständigkeit i. S. d. § 2 Abs. 2 Nr. 1 UStG kein Unternehmer sein und Einkünfte aus nichtselbständiger Tätigkeit nach § 19 EStG erzielen. Die einkommensteuerrechtliche Beurteilung deckt sich auch insoweit nach Verwaltungsauffassung regelmäßig mit der umsatzsteuerrechtlichen. Zu abweichenden Beurteilungen kann es jedoch kommen, wenn **Vergütungen für nichtselbständige Tätigkeiten in ertragsteuerrechtlicher Hinsicht** aufgrund bestehender Sonderregelungen **in Gewinneinkünfte umqualifiziert** werden (vgl. dazu A 2.2 Abs. 2 UStAE, dortiges Beispiel 3). I. Ü. vgl. Kap. III 1.2.1.1.

Anderes wiederum gilt für **juristische Personen, die als G'fter Geschäftsführungs- und Vertretungsleistungen** an eine Gesellschaft erbringen. Sie werden insoweit grds. selbständig tätig, sofern sie nicht nach § 2 Abs. 2 Nr. 2 UStG organschaftlich in ein anderes Unternehmen eingegliedert sind.[11]

Unter besonderer Beobachtung stand zuletzt die **Unternehmereigenschaft von Aufsichtsratsmitgliedern**. Während bisher Vorstandsmitglieder und GF selbständig sein konnten, wurde die Tätigkeit als Mitglied eines Aufsichtsrats einer AG gegen Zahlung einer Aufsichtsratsvergütung seit jeher als selbständige Tätigkeit eines Unternehmers angesehen, ohne dabei nach der weiteren Ausgestaltung oder den Begleitumständen dieser Tätigkeit zu unterscheiden (BFH vom 20.08.2009, Az.: V R 32/08, BStBl II 2010, 88). Nunmehr hat der BFH allerdings aufgrund des EuGH-Urteils vom 13.06.2019 (Az.: C-420/18, DStR 2019, 1396) entschieden, dass das Mitglied eines Aufsichtsrats nicht als Unternehmer tätig ist, wenn es aufgrund einer nicht variablen Festvergütung (Pauschalvergütung) kein Vergütungsrisiko trägt (BFH vom 27.11.2019, Az.: V R 23/19 (V R 62/17), DStR 2020, 279). Dem folgt die FinVerw, wenngleich Sitzungsgelder sowie die nach dem tatsächlichen Aufwand bemessene Aufwandsentschädigung keine Festvergütung darstellen soll (A 2.2 Abs. 3a UStAE). Variable Vergütungsbestandteile im Umfang von weniger als 10 % sind unschädlich (A 2.2 Abs. 3a S. 5 UStAE). Reisekostenerstattungen stellen allerdings keine Vergütungsbestandteile dar (A 2.2 Abs. 3a S. 6 UStAE).

---

11 Nach unveränderter Auffassung der FinVerw soll dies freilich für eine GmbH, die an einer KG als persönlich haftende G'fterin beteiligt ist, regelmäßig nicht in Betracht kommen können – und zwar auch dann nicht, wenn die Kommanditisten sämtliche Gesellschaftsanteile der GmbH halten (vgl. A 2.8 Abs. 2 S. 6, 7 UStAE). Etwas anderes gilt nur, wenn die KG selbst mehrheitlich an der Komplementär-GmbH beteiligt ist. Dann soll nach kürzlich geänderter Auffassung des BMF eine Organschaft möglich sein (vgl. A 2.8 Abs. 2 S. 8 UStAE).

2 Das Unternehmen i. S. d. § 2 UStG

Zum Begriff des Unternehmers gehört notwendig der Begriff des Unternehmens, der in vielen Vorschriften des UStG, auch in den zentralen des § 1 Abs. 1 Nr. 1 UStG (»im Rahmen des Unternehmens«) und § 15 Abs. 1 UStG (»für sein Unternehmen«), auftritt.

2.1 Grundsatz der Unternehmenseinheit

Unternehmer und das Unternehmen sind dabei als zwei Seiten ein und derselben Sache aufzufassen. Das »Unternehmen« einer Person reicht immer nur so weit, wie sie als umsatzsteuerlicher »Unternehmer« agiert; in ihrer nichtunternehmerischen Sphäre unterhält sie daher auch kein Unternehmen. Hier ordnet sich § 2 Abs. 1 S. 2 UStG ein. Danach **umfasst das Unternehmen die gesamte gewerbliche oder berufliche Tätigkeit des Unternehmers**. Übt ein Unternehmer nicht nur eine, sondern mehrere unterschiedliche unternehmerische Tätigkeiten aus, verbleibt es also bei nur einem Unternehmen. **Egal wie viele »Betriebe«, »Firmen« oder »Betriebsstätten«** ein Unternehmer unterhalten mag: Zusammen bilden sie ein einziges (nämlich sein) Unternehmen i. S. d. USt-Rechts (sog. »Grundsatz der Unternehmenseinheit«).

Hinweis: Nach § 1 Abs. 1 Nr. 1 UStG scheidet ein steuerbarer **Leistungsaustausch zwischen den Unternehmensteilen** eines Unternehmers schon deshalb aus, weil der Begriff der Leistung voraussetzt, dass es einen vom Leistenden zu unterscheidenden Leistungsempfänger gibt (üblicherweise wird daher von einem sog. **nicht steuerbaren Innenumsatz** gesprochen). Dies gilt natürlich nur im Verhältnis mehrerer Einzelbetriebe desselben Unternehmers. Beliefert das Einzelunternehmen E die (Einmann-)»E-GmbH« oder eine E-PersG, so liegt nach § 1 Abs. 1 Nr. 1 UStG zwischen den jeweils selbständigen Subjekten des USt-Rechts ein steuerbarer Leistungsaustausch vor.[12]

2.2 Handeln im Rahmen des Unternehmens

Zu den Leistungen, die ein Unternehmer »im Rahmen seines Unternehmens« erbringt, gehören selbstverständlich all jene **Geschäfte, die den Hauptzweck der unternehmerischen Tätigkeit(en) bilden**. Diese Geschäfte, die den eigentlichen Gegenstand des Unternehmens ausmachen, werden üblicherweise als sog. **Grundgeschäfte** charakterisiert. Neben den Grundgeschäften tätigt ein Unternehmer aber auch solche Geschäfte »im Rahmen seines Unternehmens«, die – ohne den eigentlichen Gegenstand der unternehmerischen Betätigung zu bilden – »in ihrem Gefolge vorkommen«, wenn sie mit der Haupttätigkeit in einem sachlichen, insb. wirtschaftlichen Zusammenhang stehen. Diese Geschäfte »firmieren« als sog. **Hilfsgeschäfte**. Sie können sowohl Lieferungen als auch sonstige Leistungen sein. Typische Hilfsgeschäfte sind etwa die **Veräußerung von Gegenständen des Anlagevermö-**

---

12 Eine Besonderheit besteht für den Fall, dass sich einzelne Unternehmensteile in unterschiedlichen EU-Mitgliedstaaten befinden und Waren von einem Unternehmensteil aus einem Mitgliedstaat in einen anderen EU-Mitgliedstaat »zur dauerhaften Verwendung« verbracht werden. Dieses an sich »**rechtsgeschäftslose Verbringen**« wird dann **nach § 3 Abs. 1a UStG** fiktiv als entgeltliche Tätigkeit behandelt, die im Abgangsmitgliedstaat als igL nach § 4 Abs. 1 Nr. 1b UStG i. V. m. § 6a Abs. 2 UStG steuerbefreit ist und im Empfangsmitgliedstaat der Erwerbsbesteuerung nach § 1a Abs. 2 UStG unterliegt (vgl. Kap. XIV 3).

gens. Für die Steuerbarkeit kommt es nicht darauf an, dass solche Geschäfte regelmäßig vorkommen. Die Frage der Nachhaltigkeit ist nicht für das Hilfsgeschäft zu beurteilen, sondern für die Gesamtheit der Umsätze, zu denen auch das Hilfsgeschäft gehört. Die übrige umsatzsteuerrechtliche **Würdigung der Hilfsgeschäfte** (etwa unter den Gesichtspunkten des Leistungsorts, der Steuerbefreiung und des Steuersatzes) ist aber **losgelöst von der der Grundgeschäfte** vorzunehmen.

Hinweis: Hatte ein Unternehmer bei Erwerb eines sowohl unternehmerisch als auch nichtunternehmerisch genutzten Gegenstands nur den unternehmerisch genutzten Anteil seinem Unternehmen zugeordnet – sichtbar gemacht etwa durch einen eingeschränkten VSt-Abzug –, so erfolgt eine spätere Veräußerung des Gegenstands auch nur insoweit im Rahmen seines Unternehmens, als sie sich auf den dem Unternehmen zugeordneten Teil bezieht (A 15.2c Abs. 4 S. 1 ff. UStAE). Dann ist bei einem späteren Verkauf des Gegenstands die Veräußerung nur im Umfang des zum Unternehmen gehörenden Anteils steuerbar.[13]

3 Beginn und Ende der Unternehmerstellung

Bei der Frage, wann die unternehmerische Tätigkeit beginnt, geht es **in der Sache** allein darum, **ab welchem Zeitpunkt die Berechtigung zum VSt-Abzug einsetzt.**

3.1 Beginn der Unternehmerstellung

Die Eigenschaft als Unternehmer beginnt bereits **mit dem ersten nach außen sichtbaren Tätigwerden, das darauf zielt, später Umsätze zu bewirken.** Sie beginnt also nicht erst, wenn es tatsächlich zu entgeltlichen Umsätzen kommt. Als Unternehmer gilt bereits, wer die durch objektive Anhaltspunkte belegte Absicht hat, eine unternehmerische Tätigkeit auszuüben und erste Investitionsausgaben für diesen Zweck tätigt (A 2.6 Abs. 1 S. 1 UStAE). Da demnach Vorbereitungshandlungen schon zur unternehmerischen Tätigkeit zählen, ist **folglich bereits in der Vorbereitungsphase ein VSt-Abzug möglich.** Hat der Betreffende die Ernsthaftigkeit seiner Absicht, eine zu besteuernden Umsätzen führende wirtschaftliche Tätigkeit aufnehmen zu wollen, nachgewiesen bzw. glaubhaft gemacht, entfällt die Unternehmereigenschaft und damit der VSt-Abzug – außer in Fällen von Betrug oder Missbrauch – nicht rückwirkend (A 2.6 Abs. 1 S. 2 UStAE).[14] Die FinVerw stellt deswegen zur Wahrung fiskalischer Belange strenge Maßstäbe an die Anforderungen an den Nachweis bzw. die Glaubhaftmachung beabsichtigter nachhaltiger Tätigkeiten im Leistungsaustausch (vgl. A 2.6 Abs. 2 und 3 UStAE).

---

13 Weist der Verkäufer in der Rechnung USt für den Gesamtpreis aus, so schuldet er den anteiligen USt-Betrag, der auf den nichtunternehmerisch genutzten Teil entfällt, nach § 14c Abs. 2 UStG!
14 Der erfolglose Unternehmer muss aber in dem Zeitpunkt, in dem er endgültig entscheidet, die besteuerte Tätigkeit nicht umzusetzen, seinen VSt-Abzug nach § 15a UStG berichtigen (EuGH vom 06.10.2022, Az.: C-293/21, BFH/NV 2022, 1423).

3.2 Sonderfall Vorgründungsgesellschaften

Unter dem Aspekt des Beginns der Unternehmereigenschaft werfen die **KapG** (z. B. GmbH und AG) besondere Probleme auf. Die KapG entstehen nach deutschem Recht als juristische Personen erst mit der Eintragung in das Handelsregister (vgl. § 41 Abs. 1 AktG für die AG). Jener Eintragung geht regelmäßig nicht nur eine sog. **Vorgesellschaft** voraus, die zwangsläufig mit der Errichtung (Satzungsfeststellung) als Personenvereinigung eigener Art entsteht. Noch weiter vorgelagert gibt es meist noch eine sog. **Vorgründungsgesellschaft**. Sie beruht auf der Absicht der Gründer, zur Gründung einer KapG zusammenzuwirken, und sie handelt regelmäßig in der Rechtsform einer GbR. Schließen sich also schon vor Abschluss des Gesellschaftsvertrags der **KapG** die Gründer zur Vorbereitung der späteren Tätigkeit der Gesellschaft zu einer Personenvereinigung zusammen, so gehen die von dieser Vorgründungsgesellschaft erworbenen Vermögensgegenstände und die von ihr begründeten Rechte und Pflichten nicht ohne Weiteres auf die mit der Errichtung entstandene Vorgesellschaft (und später auf die KapG) über. Die erworbenen WG und Rechtspositionen müssen vielmehr, wenn die KapG sie übernehmen soll, durch besondere/s Rechtsgeschäft/e auf sie übertragen werden. Mit dieser Übertragung geht freilich für die Vorgründungsgesellschaft eine nachhaltige Tätigkeit im Leistungsaustausch nicht einher.

> **Beispiel 6: Vorgründungsgesellschaft als vorsteuerabzugsberechtigter Unternehmer**
>
> Einziger Gesellschaftszweck der Vorgründungsgesellschaft (V) ist es, die Gründung der F-AG vorzubereiten. In der Phase vor Feststellung der notariell zu beurkundenden Satzung mietet sie Büroräume an, erwirbt Anlagegüter und lässt in den Büroräumen Einbauten durchführen. Außerdem versendet sie Informationsschreiben und betreibt Werbung für die noch zu gründende AG. Nach Feststellung der Satzung und der damit erfolgten Gründung der (Vor-)AG stellte V ihre Tätigkeit ein und überträgt in Erfüllung ihres Gesellschaftszwecks ihre gesamten zuvor erworbenen Gegenstände zum Kaufpreis von 50.000 € auf die neu gegründete AG. Die AG konnte ohne Weiteres Zutun ihre stpfl. unternehmerische Tätigkeit in den von V angemieteten und für die Bedürfnisse der AG eingerichteten Büroräumen aufnehmen. V behandelte die Übertragung als nicht steuerbare GiG. nach § 1 Abs. 1a UStG und macht die für ihre Eingangsumsätze in Rechnung gestellte USt i. H. v. insgesamt 7.000 € als AK geltend. Zu Recht?
>
> **Lösung:** Die von der Vorgründungsgesellschaft im Zusammenhang mit der beabsichtigten Gründung der AG aufgewendeten Kosten sind für Leistungen getätigt worden, die ihrer Art nach als Bestandteil der gesamten wirtschaftlichen Tätigkeit eines Unternehmens anzusehen sind. Besteuert werden soll aber nur der private Endverbrauch, den die Vorgründungsgesellschaft nicht beabsichtigt hat. Insoweit verbietet es aber der Neutralitätsgrundsatz, Wirtschaftsteilnehmer mit gleichen Umsätzen bei der Besteuerung unterschiedlich zu behandeln. Wenn von vornherein die unternehmerische Tätigkeit (nur) in der Rechtsform einer PersG beabsichtigt gewesen wäre, hätte der VSt-Abzug gewährt werden müssen, und zwar auch hinsichtlich solcher Eingangsumsätze, die erst der anschließenden Aufnahme der eigentlichen Tätigkeit dienen (zum VSt-Abzug der Vorgründungsgesellschaft: **A 15.2b Abs. 4 UStAE**). Im Ergebnis ist hiernach die Vorgründungsgesellschaft vorsteuerabzugsberechtigt. Sie hat die Eingangsleistungen insofern für Zwecke einer wirtschaftlichen Tätigkeit bezogen, als ihr die späteren Umsätze der AG für Zwecke des VSt-Abzugs zuzurechnen sind. Bei der Vorgesellschaft besteht diese Problematik nicht, weil die Rechte und Pflichten aus Geschäften der Vorgesellschaft mit der Eintragung der GmbH auf diese übergehen (BFH vom 29.08.2012, Az.: XI R 40/10, BFH/NV 2013, 182).

3.3 Ende des Unternehmens (insb. Fortbestand bei Insolvenz)

Die **Unternehmereigenschaft erlischt** erst, wenn der Unternehmer **alle Rechtsbeziehungen abgewickelt** hat, die mit dem (aufgegebenen) Unternehmen in Zusammenhang stehen (A 2.6 Abs. 6 S. 3 UStAE). Die spätere Veräußerung von Gegenständen des Unternehmensvermögens oder die nachträgliche Vereinnahmung von Entgelten gehören daher noch zur Unternehmertätigkeit. Daher ist bei Gesellschaften auch die Löschung der Eintragung im Handelsregister ohne Bedeutung.

Die Frage, wie lange die Unternehmereigenschaft währt, stellt sich natürlich nicht nur unter dem Aspekt der Steuerbarkeit von Aktivitäten, sondern auch unter dem Gesichtspunkt des VSt-Abzugs. Soll die Berechtigung hierzu generell ausgeschlossen sein, wenn es um Leistungsbezüge geht, die nach Einstellung der unternehmerischen Tätigkeit erfolgen? Die Frage kulminiert in dem Beispiel des Restaurantbetreibers, der für den Betrieb des Restaurants einen Mietvertrag über zehn Jahre eingegangen ist, den Betrieb aber nach fünf Jahren einstellt. Diesem bleibt der VSt-Abzug auch für die letzten fünf Jahre erhalten, soweit er die Räume für seine wirtschaftliche Tätigkeit genutzt hatte und wegen einer Unkündbarkeitsklausel im Mietvertrag weiterhin Miete und Nebenkosten zahlen muss (EuGH vom 03.03.2005, Az.: C-32/03, UR 2005, 443).

Bestehen bleibt das Unternehmen auch bei **Eröffnung eines Insolvenzverfahrens**. Der das Unternehmen betreibende Unternehmer verliert dadurch lediglich die Verwaltungs- und Verfügungsbefugnisse über sein Vermögen. Nach § 80 InsO gehen jene Befugnisse mit Eröffnung des Verfahrens auf den Insolvenzverwalter über, der sie fortan anstelle des Insolvenzschuldners ausübt. Dessen Unternehmen besteht aber bis zur endgültigen Abwicklung weiter. Das Handeln des Insolvenzverwalters ist im Verhältnis zu Dritten als Handeln des Insolvenzschuldners anzusehen. Die durch den Insolvenzverwalter ausgeführten Lieferungen und Leistungen gelten als vom Insolvenzschuldner erbracht (A 2.1 Abs. 7 UStAE). Veräußert ein Insolvenzverwalter WG aus der Insolvenzmasse, handelt es sich folglich um nach § 1 Abs. 1 Nr. 1 UStG steuerbare und im Regelfall auch stpfl. Umsätze des Unternehmers, über dessen Vermögen das Insolvenzverfahren eröffnet wurde. Wird eine Rechnung mit offenem Steuerausweis erteilt, steht dem Erwerber daher unter den weiteren Voraussetzungen des § 15 UStG der VSt-Abzug zu. Er hat WG »von einem Unternehmer« erworben.

Davon zu unterscheiden ist, dass der Insolvenzverwalter seinerseits mit seiner Geschäftsführung eine sonstige Leistung für das Unternehmen des Insolvenzschuldners erbringt. Diese ist ebenfalls steuerbar nach § 1 Abs. 1 Nr. 1 UStG, da er sie gegen Entgelt erbringt.

4 Juristische Personen des öffentlichen Rechts als Unternehmer

Bei jPdöR ist zwischen der umsatzsteuerrechtlich relevanten **wirtschaftlichen Betätigung** (als Unternehmer) **und der nichtwirtschaftlichen** – vorzugsweise hoheitlichen – **Tätigkeit zu unterscheiden**.

Bis zum 31.12.2015 waren jPdöR gem. § 2 Abs. 3 S. 1 UStG a. F. nur im Rahmen ihrer Betriebe gewerblicher Art i. S. d. § 1 Abs. 1 Nr. 6 KStG und § 4 KStG und ihrer land- oder forstwirtschaftlichen Betriebe unternehmerisch tätig. Um die umsatzsteuerliche Behandlung der jPdöR den Vorgaben des Art. 13 MwStSystRL anzupassen, hat der Gesetzgeber **§ 2b UStG** mit Wirkung zum 01.01.2017 eingeführt (§ 27 Abs. 22 S. 2 UStG). Die jPdöR konnten allerdings durch eine bis zum 31.12.2016 gegenüber ihrem FA abzugebende formlose Erklärung die **Anwendung** des § 2b UStG längstens bis zum 31.12.2020 hinausschieben (§ 27 Abs. 22 S. 4 – 5 UStG). Diese Übergangsregelung wurde zunächst aufgrund vordringlicher Arbeiten der jPdöR zur Bewältigung der COVID-19-Pandemie bis zum 31.12.2022 und sodann erneut durch das JStG 2022 bis zum 31.12.2024 verlängert (§ 27 Abs. 22a UStG). Spätestens auf Umsätze, die **nach dem 31.12.2022** ausgeführt werden, ist § 2b UStG von allen jPdöR zu beachten.

Nach der Neuregelung des § 2b Abs. 1 S. 1 UStG werden Tätigkeiten einer jPdöR, die dieser im Rahmen der öffentlichen Gewalt obliegen, grds. nicht unternehmerisch ausgeübt, es sei denn die Behandlung als Nichtunternehmer würde zu größeren Wettbewerbsverzerrungen (mit privatrechtlich handelnden Unternehmern) führen (§ 2b Abs. 1 S. 2 UStG).

Hinweis: Auf privatrechtlicher Grundlage erbrachte Leistungen einer jPdöR unterliegen von vornherein nicht der Sonderregelung des § 2b UStG und unterliegen mit diesen Tätigkeiten – wenn stpfl. – stets der USt. Inwieweit die jPdöR dabei (auch) öffentliche Aufgaben des Gemeinwohls wahrnimmt, ist ohne Belang (vgl. BMF vom 16.12.2016, BStBl I 2016, 1451, Rz. 6 – 7).

Größere Wettbewerbsverzerrungen sollen nach der unwiderlegbaren Regelung des § 2b Abs. 2 Nr. 1 UStG insb. dann nicht vorliegen, wenn der von der jPdöR im Kj. aus gleichartigen Tätigkeiten erzielte Umsatz voraussichtlich 17.500 € jeweils nicht übersteigt. Zwar orientiert sich diese quantitative Umsatzgrenze ersichtlich an der Kleinunternehmerregelung des § 19 UStG; dennoch stellt § 2b Abs. 2 Nr. 1 UStG auf die Umsätze aus der jeweiligen Einzeltätigkeit der jPdöR und nicht auf den Gesamtumsatz ab.

Nach § 2b Abs. 2 Nr. 2 UStG sind größere Wettbewerbsverzerrungen darüber hinaus auch ausgeschlossen, wenn vergleichbare, auf privatrechtlicher Grundlage erbrachte Leistungen aufgrund zwingender Steuerbefreiungsvorschriften nicht mit USt belastet werden. Ausgenommen von dieser Regelung sind Leistungen, bei denen ein Recht auf Verzicht auf die Steuerbefreiung nach § 9 UStG besteht. So wird vermieden, dass die Behandlung der jPdöR als Nichtunternehmer für derartige Leistungen zu einem Wettbewerbsnachteil zulasten der öffentlichen Hand führt (vgl. BMF vom 16.12.2016, BStBl I 2016, 1451, Rz. 38).

Daneben beschreibt § 2b Abs. 3 UStG Fälle der Zusammenarbeit von jPdöR bei der Erfüllung öffentlicher Aufgaben, in denen ebenfalls keine größeren Wettbewerbsverzerrungen entstehen. Insb. wenn sich die Zusammenarbeit der jPdöR auf Leistungen bezieht, die aufgrund gesetzlicher Bestimmungen nur von jPdöR erbracht werden dürfen, liegen nach § 2b Abs. 3 Nr. 1 UStG keine wettbewerbsrelevanten Tätigkeiten vor. Dies ist z.B. der Fall, wenn zwei Kommunen einen gemeinsamen Ordnungsamtsbezirk bilden oder die Tätigkeiten der Einwohnermeldeämter zentralisieren (vgl. BMF vom 16.12.2016, BStBl I 2016, 1451, Rz. 42 – 43).

I. Ü. gelten im Zusammenhang mit dem Bezug von Eingangsleistungen für jPdöR (als Leistungsempfänger) folgende **klausurrelevante Besonderheiten**:

- Das Empfängerortprinzip beim Bezug sonstiger Leistungen gelangt gem. § 3a Abs. 2 S. 3 UStG nicht nur dann zur Anwendung, wenn die sonstige Leistung für den unternehmerischen Bereich, sondern auch wenn sie als Eingangsleistung für den nichtwirtschaftlichen (hoheitlichen) Tätigkeitsbereich bestimmt ist (vgl. Kap. IV 2.1).
- Gem. § 13b Abs. 5 S. 1 UStG sind jPdöR stets als Leistungsempfänger Steuerschuldner für die in § 13b Abs. 1 und Abs. 2 Nr. 1 – 3 UStG genannten Sachverhalte (vgl. Kap. XI). In den Fällen des § 13b Abs. 2 Nr. 4, 5 Buchst. b und Nr. 7 – 11 UStG schulden die jPdöR als Leistungsempfänger die USt hingegen nur dann, wenn sie die Leistungen für ihren unternehmerischen Bereich beziehen (§ 13b Abs. 5 S. 10 UStG).

- Wird eine bezogene Leistung sowohl für eine wirtschaftliche Tätigkeit der jPdöR als auch für eine nichtwirtschaftliche Tätigkeit verwendet, ist eine VSt-Aufteilung entsprechend § 15 Abs. 4 UStG vorzunehmen (vgl. Kap. XV 5).

Hinweis: Mit der Implementierung des § 18 Abs. 4f und 4 g UStG hat der Gesetzgeber die dezentrale Besteuerung der Gebietskörperschaften Bund und Länder (mit einheitlicher Verzichtsmöglichkeit) gesetzlich verankert. Hiernach obliegen den jeweiligen Organisationseinheiten des Bundes und der Länder (z. B. Bundes- oder Landesbehörden) alle steuerrechtlichen Rechte und Pflichten, soweit diese durch ihr Handeln eine umsatzsteuerliche Erklärungspflicht durch Ausführung steuerbarer Umsätze begründen (§ 18 Abs. 4f S. 1 UStG). Aus Vereinfachungsgründen gelten zahlreiche Betragsgrenzen des UStG gem. § 18 Abs. 4f S. 5 UStG als überschritten (daher ist z. B. die Kleinunternehmerregelung nicht anwendbar). Die Regelung ist erstmals auf Besteuerungszeiträume anzuwenden, für die die Gebietskörperschaften nicht mehr von der vorgenannten Optionserklärung Gebrauch machen (§ 27 Abs. 22 S. 7 UStG).

5 Kleinunternehmer i. S. d. § 19 UStG

Daneben hält das UStG für Kleinunternehmer in § 19 UStG eine bedeutsame Sonderregelung bereit.

Aufgrund des § 19 Abs. 1 S. 1 UStG wird die USt auf entgeltliche Leistungen und ihnen gleichgestellte Vorgänge der im Inland ansässigen sog. Kleinunternehmer **nicht erhoben, wenn** ihr **Bruttoumsatz im vorangegangenen Kj. 22.000 €** nicht überstiegen hat und **im laufenden Kj. voraussichtlich 50.000 €** nicht übersteigen wird. Maßgebend für den letztgenannten Betrag ist die zu Beginn des Jahres vorzunehmende Beurteilung der Verhältnisse für das laufende Kj. Erweist sich diese Schätzung nachträglich als unzutreffend, weil sich die Umsätze in nicht vorhergesehener Weise entwickelt haben, berührt dies die Anwendung der Kleinunternehmerregelung für das laufende Kj. nicht.

Der **maßgebliche Umsatz** ist der nach vereinnahmten Entgelten bemessene Gesamtumsatz der vom Unternehmer ausgeführten Umsätze i. S. d. § 1 Abs. 1 Nr. 1 UStG zzgl. der USt und abzgl. der darin enthaltenen Umsätze von WG des Anlagevermögens sowie der nach § 4 Nr. 8 Buchst. i, Nr. 9 Buchst. b und Nr. 11 – 28 steuerfreien Umsätze und der nach § 4 Nr. 8 Buchst. a – h, Nr. 9 Buchst. a und Nr. 10 steuerfreien Umsätze, wenn sie Hilfsumsätze sind (§ 19 Abs. 1 S. 2 i. V. m. Abs. 3 S. 1 UStG). Zum Gesamtumsatz gehören insb. auch die vom Kleinunternehmer ausgeführten Umsätze, für die dessen Leistungsempfänger Steuerschuldner nach § 13b Abs. 5 UStG ist (A 19.3 Abs. 1 S. 1 – 2 UStAE). Bei einem Händler, der die Differenzbesteuerung (§ 25a UStG) anwendet, ist bei der Ermittlung des Gesamtumsatzes nicht auf die Differenz zwischen dem geforderten Verkaufspreis und dem Einkaufspreis (Handelsspanne), sondern auf die Gesamteinnahmen abzustellen (BFH vom 23.10.2019, Az.: XI R 17/19 (XI R 7/16), UR 2020, 244).

Hinweis: Die Kleinunternehmerregelung ist auf solche Unternehmer beschränkt, die im Mitgliedstaat der Leistungserbringung ansässig sind (BFH vom 12.12.2019, UR 2020, 1050).

Ein im Ausland ansässiger Unternehmer ist daher nicht berechtigt, die Kleinunternehmerregelung des § 19 UStG in Anspruch zu nehmen.[15]

Hat der Unternehmer seine Tätigkeit im Laufe des Vorjahres begonnen, ist nach § 19 Abs. 3 S. 3 UStG der im Vorjahr erzielte Gesamtumsatz auf einen Jahreswert hochzurechnen (A 19.3 Abs. 3 UStAE). Im **Jahr des Beginns** der wirtschaftlichen Tätigkeit ist **allein auf den voraussichtlichen (vom Unternehmer prognostizierten) Erstjahresumsatz** abzustellen (A 19.1 Abs. 4 S. 1 UStAE).[16] Entsprechend der Zweckbestimmung des § 19 Abs. 1 UStG ist hierbei die **Grenze von 22.000 €** und nicht die Grenze von 50.000 € **maßgebend** (A 19.1 Abs. 4 S. 2 – 3 UStAE; zuletzt BFH vom 21.04.2021, Az.: XI R 12/19, BFH/NV 2021, 1618).

Liegen die Voraussetzungen der Kleinunternehmerregelung des § 19 UStG vor, werden aber nicht nur auf die nach § 1 Abs. 1 Nr. 1 UStG steuerbaren und stpfl. Umsätze keine USt erhoben, sondern der **Kleinunternehmer** ist insb. gem. § 19 Abs. 1 S. 4 UStG **nicht zum VSt-Abzug nach § 15 UStG berechtigt,** darf keine Rechnungen mit gesondertem Steuerausweis erteilen (tut er dies dennoch, schuldet er den ausgewiesenen Betrag nach § 14c Abs. 2 UStG) und die Steuerbefreiung für igL nach § 4 Nr. 1 Buchst. b UStG nicht in Anspruch nehmen. Damit wird der Kleinunternehmer zwar materiell-rechtlich im Ergebnis weitgehend **wie ein Endverbraucher behandelt, allerdings können Kleinunternehmer** auch außerhalb des Erwerbs neuer Fahrzeuge **verpflichtet sein,** einen igE nach § 1 Abs. 1 Nr. 5 UStG zu versteuern, wenn dessen Erwerbe die Erwerbsschwelle übersteigen. Kleinunternehmer können – anders als Endverbraucher – auch gem. § 19 Abs. 1 S. 3 UStG **als Leistungsempfänger nach § 13b Abs. 5 UStG Steuerschuldner** sein (ohne dass sie die von ihnen geschuldete USt als VSt geltend machen können).

Allerdings kann der Unternehmer gem. § 19 Abs. 2 S. 1 UStG auf die Anwendung der Kleinunternehmerregelung **verzichten.** Insb. bei Beginn einer unternehmerischen Tätigkeit werden i. d. R. erhebliche Investitionen erforderlich. Die hierauf lastende USt zählt – wenn sie wegen § 19 Abs. 1 S. 4 UStG nicht als VSt zum Abzug gebracht werden könnte – zum Aufwand und wird damit in der Gründungsphase zu einem erheblichen Kostenfaktor. Dieser nicht unerhebliche Liquiditätsnachteil kann durch die **Option zur Regelbesteuerung** vermieden werden. Ab 01.01.2025 kann der Verzicht bis zum Ablauf des zweiten auf den Besteuerungszeitraum folgenden Kj. erklärt werden (§ 19 Abs. 2 S. 1 UStG). Die Option **bindet den Unternehmer** gem. § 19 Abs. 2 S. 2 UStG **für mindestens fünf Kj.** Der Kleinunternehmer kann auch gleichzeitig mit der Option zur Regelbesteuerung gem. § 9 Abs. 1 UStG zur Steuerpflicht eines an sich steuerbefreiten Umsatzes optieren (sog. Doppeloption).

Hinweis: Der § 19 UStG unterfallende Kleinunternehmer betreibt ein einheitliches Unternehmen (vgl. § 2 Abs. 1 S. 2 UStG), sodass der Verzicht nach § 19 Abs. 2 S. 1 UStG auf die Anwendung des § 19 Abs. 1 UStG nur für alle Umsätze des Unternehmers einheitlich erfolgen kann.

Für den Wechsel (Übergang) zur Regelbesteuerung (oder umgekehrt) gilt Folgendes:

---

15 Die EU-Mitgliedstaaten haben allerdings mit Wirkung ab dem 01.01.2025 auch im grenzüberschreitenden Geschäft für in einem anderen EU-Mitgliedstaat ansässige Unternehmer ihre nationale Kleinunternehmerregelung unter besonderen Voraussetzungen anzuwenden (RL (EU) 2020/285 des Rates vom 18.02.2020, ABl EU Nr. L 62/13).

16 Für die Bestimmung des Erstjahres kommt es nicht auf die Ausführung tatsächlicher Umsätze an, weil zu einer unternehmerischen Tätigkeit auch sog. Vorbereitungshandlungen vor Aufnahme der tatsächlichen Umsatztätigkeit zählen (FG Münster vom 25.02.2020, Az.: 15 K 61/17 U, EFG 2020, 689).

Umsätze, die der betroffene Unternehmer vor dem Übergang zur Regelbesteuerung ausgeführt hat, fallen auch dann noch unter die Sonderregelung, wenn die Entgelte nach diesem Zeitpunkt vereinnahmt werden (A 19.5 Abs. 1 UStAE); Umsätze, die der Unternehmer aber erst nach dem Übergang ausführt, unterliegen der Regelbesteuerung (A 19.5 Abs. 2 UStAE). Umsätze, die der Unternehmer vor dem Übergang von der Regelbesteuerung zur Anwendung des § 19 Abs. 1 UStG ausgeführt hat, unterliegen noch der Regelbesteuerung (A 19.5 Abs. 6 UStAE). Die nach dem Übergang ausgeführten Umsätze fallen unter § 19 Abs. 1 S. 1 UStG (A 19.5 Abs. 7 S. 1 UStAE). Sind hierfür Anzahlungen noch vor dem Übergang vereinnahmt und der USt unterworfen worden, ist die entrichtete USt zu erstatten (A 19.5 Abs. 7 S. 2 UStAE). Zum Zeitpunkt der Leistungsausführung s. Kap. X 1.1.

Den VSt-Abzug können die betroffenen Unternehmer für solche Eingangsleistungen vornehmen, die nach dem Zeitpunkt ausgeführt worden sind, zu dem sie zur allgemeinen Besteuerung übergingen (A 15.1 Abs. 5 S. 1 UStAE). Der VSt-Abzug bleibt daher für die Steuerbeträge ausgeschlossen, die vor dem Zeitpunkt des Übergangs zur allgemeinen Beteuerung ausgeführt worden sind (A 15.1 Abs. 5 S. 2 UStAE). Bei einem Übergang von der allgemeinen Besteuerung zur Besteuerung nach § 19 UStG sind umgekehrt die VSt nicht nach § 15 UStG abziehbar (A 15.1 Abs. 6 S. 1 UStAE).

Durch den Wechsel der Besteuerungsform kann daher auch eine VSt-Berichtigung nach § 15a Abs. 7 UStG ausgelöst werden (A 15a.9 UStAE). S. hierzu Kap. XVI 2.

6 Organschaft i. S. d. § 2 Abs. 2 Nr. 2 UStG

Nach § 2 Abs. 2 Nr. 2 UStG wird eine gewerbliche oder berufliche (wirtschaftliche) Tätigkeit in den Fällen nicht selbständig ausgeübt, in denen eine OrgG in einen OrgT eingegliedert ist. Eine besondere praktische Bedeutung kommt der umsatzsteuerlichen Organschaft deshalb zu, weil die Leistungsbeziehungen zwischen OrgG und OrgT als nicht steuerbare Innenumsätze zu behandeln sind (EuGH vom 11.07.2024, C-184/23, DStR 2024, 1600).

6.1 Voraussetzungen

Eine umsatzsteuerliche Organschaft i. S. d. § 2 Abs. 2 Nr. 2 S. 1 UStG **liegt vor, wenn** nach dem Gesamtbild der Verhältnisse eine juristische Person als **OrgG finanziell, wirtschaftlich** und **organisatorisch in** ein anderes Unternehmen (**OrgT**) **eingegliedert** ist. Es ist allerdings nicht erforderlich, dass alle drei Eingliederungsmerkmale gleichermaßen ausgeprägt sind. Eine Organschaft kann deshalb auch vorliegen, wenn die Eingliederung auf einem Gebiet nicht vollständig, dafür aber auf den anderen Gebieten um so eindeutiger ist (A 2.8 Abs. 1 S. 3 UStAE). Während **jeder Unternehmer** i. S. d. § 2 Abs. 1 UStG (rechtsformneutral) **OrgT** sein kann (z. B. auch eine jPdöR),[17] kommen als **OrgG** nach dem Wortlaut des Gesetzes **grds. nur juristische Personen** in Betracht (A 2.8 Abs. 2 S. 4 UStAE). Nur **ausnahmsweise** kann auch eine **PersG** als OrgG in Betracht kommen. Besondere Probleme bereitet insoweit das Erfordernis der finanziellen Eingliederung.

---

17 Die die Unternehmereigenschaft der OrgT begründenden entgeltlichen Leistungen können sich auch in einer ausschließlichen Leistungstätigkeit für die OrgG erschöpfen (A 2.8 Abs. 2 S. 3 UStAE).

6.1.1 Finanzielle Eingliederung

Die finanzielle Eingliederung einer juristischen Person erfordert den Besitz der entscheidenden **Anteilsmehrheit** an der OrgG, die es dem OrgT ermöglicht, **durch Mehrheitsbeschlüsse seinen Willen in der OrgG durchzusetzen** (A 2.8 Abs. 5 S. 1 UStAE). Entsprechen die Beteiligungsverhältnisse den Stimmrechtsverhältnissen und ist gesellschaftsvertraglich (in der Satzung) keine besonders qualifizierte Mehrheit für die Beschlussfassung in der OrgG erforderlich, ist die finanzielle Eingliederung gegeben, wenn die Beteiligung mehr als 50 % beträgt (A 2.8 Abs. 5 S. 2 – 4 UStAE).[18] Eine **mittelbare finanzielle Eingliederung** an der OrgG ist **ausreichend** (Beispiel: Einzelunternehmer E hält 70 % der Anteile an der X-GmbH, die ihrerseits 20 % der Anteile an der Y-GmbH hält. Daneben ist E mit 35 % unmittelbar an der Y-GmbH beteiligt). Dabei ist unerheblich, ob die die finanzielle Eingliederung vermittelnde Tochtergesellschaft ihrerseits nichtunternehmerisch tätig ist (A 2.8. Abs. 5b S. 2 UStAE).[19] Eine gleichzeitige Eingliederung einer OrgG in mehrere OrgT (sog. Mehrmütterorganschaft) ist nicht möglich (A 2.8 Abs. 3 S. 2 UStAE). Nur eine **eigene** unmittelbare oder mittelbare **Beteiligung des OrgT** an der OrgG kann zur unverzichtbaren finanziellen Eingliederung führen.

> **Beispiel 7: Schwestergesellschaften**
>
> A ist zu 60 % und B zu 40 % Anteilseigner der A+B GbR und der A+B GmbH.
>
> **Lösung:** Soweit die Anteile an der A+B GmbH von den G'ftern A und B selbst und nicht unmittelbar von der A+B GbR gehalten werden, kann die GmbH nicht finanziell in die GbR eingegliedert sein. Eine umsatzsteuerliche Organschaft zwischen der GbR und der GmbH ist ausgeschlossen, weil es sich um Schwestergesellschaften handelt. Lediglich zwischen dem A als OrgT und der A+B GmbH als OrgG wäre eine OrgG denkbar, sofern die weiteren Voraussetzungen der wirtschaftlichen und organisatorischen Eingliederung in diesem Verhältnis erfüllt sind.

Eine **PersG** kann **ausnahmsweise** wie eine juristische Person als **eingegliedert** anzusehen sein, **wenn die finanzielle Eingliederung wie bei einer juristischen Person zu bejahen ist** (A 2.8 Abs. 2 S. 5 UStAE). Dies setzt voraus, dass Gesellschafter der PersG neben dem OrgT nur Personen sind, die ebenfalls nach § 2 Abs. 2 Nr. 2 UStG in das Unternehmen des OrgT finanziell eingegliedert sind, sodass die erforderliche Durchgriffsmöglichkeit selbst bei der stets möglichen Anwendung des Einstimmigkeitsprinzip im PersG-Recht gewährleistet ist (A 2.8 Abs. 5a UStAE).[20]

---

18 Nach Auffassung des EuGH ist aber weder das Erfordernis der Stimmenmehrheit noch das der Mehrheitsbeteiligung als unbedingt erforderlich anzusehen, solange der OrgT in der Lage ist, seinen Willen bei der OrgG durchzusetzen. Eine finanzielle Eingliederung liegt daher auch dann vor, wenn die erforderliche Willensdurchsetzung dadurch gesichert ist, dass der G'fter zwar über nur 50 % der Stimmrechte verfügt, er aber eine Mehrheitsbeteiligung am Kapital der OrgG hält und er den einzigen GF der OrgG stellt (BFH vom 18.01.2023, Az.: XI R 29/22 (XI R 16/18), DStR 2023, 638).

19 Eine nichtunternehmerisch tätige Tochtergesellschaft wird dadurch jedoch nicht Teil des Organkreises (vgl. A 2.8 Abs. 5b S. 3 UStAE).

20 Nach dem jüngsten Urteil des EuGH vom 15.04.2021 (Az.: C-868/19, DStR 2021, 915) darf eine Organschaft aber nicht davon abhängig gemacht werden, dass G'fter der PersG neben dem OrgT nur Personen sind, die in das Unternehmen des OrgT finanziell eingegliedert sind.

Beispiel 8: Ein Gesellschafter zu viel

G'fter einer GmbH & Co. KG sind die Komplementär-GmbH K1 sowie als Kommanditisten die GmbH K2 und eine weitere Person P (Beteiligungsquote 0,1 %). Die A-AG hält an K1 und K2 jeweils einen Anteil von mehr als 50 %. An P ist die A-AG nicht beteiligt.

Lösung: Da nicht alle G'fter der GmbH & Co. KG finanziell in das Unternehmen der A-AG eingegliedert sind, ist auch die GmbH & Co. KG nicht finanziell in das Unternehmen der A-AG eingegliedert. Ohne den G'fter P hätte man die finanzielle Eingliederung der KG in das Unternehmen der AG zu bejahen, da dann alle G'fter der KG finanziell in das Unternehmen der A-AG eingegliedert wären.

6.1.2 Wirtschaftliche Eingliederung

Wirtschaftliche Eingliederung bedeutet grundsätzlich, dass die **OrgG** nach dem Willen des **OrgT** im Rahmen des Gesamtunternehmens **in engem wirtschaftlichen Zusammenhang tätig** ist (A 2.8 Abs. 6 S. 1 UStAE) und liegt bei einer entsprechend deutlich ausgeprägten finanziellen und organisatorischen Eingliederung bereits dann vor, wenn zwischen dem OrgT und der OrgG aufgrund gegenseitiger Förderung und Ergänzung mehr als nur unerhebliche wirtschaftliche Beziehungen bestehen (A 2.8. Abs. 6 S. 3 UStAE). Jedenfalls **im Falle einer** ertragsteuerlichen **Betriebsaufspaltung** ist die wirtschaftliche Eingliederung **regelmäßig zu bejahen** (A 2.8 Abs. 6b UStAE). Die wirtschaftliche Eingliederung kann nicht nur aufgrund unmittelbarer Beziehungen zum OrgT bestehen, sondern auch auf der Verflechtung zwischen den Unternehmensbereichen verschiedener OrgG beruhen (BFH vom 11.05.2023, Az.: V R 28/20, DStR 2023, 2104).

6.1.3 Organisatorische Eingliederung

Schlussendlich setzt die organisatorische Eingliederung voraus, dass die mit der finanziellen Eingliederung verbundene **Möglichkeit der Beherrschung der OrgG** durch die OrgT in der laufenden Geschäftsführung auch tatsächlich wahrgenommen wird, mithin der OrgT seinen Willen in der OrgG **tatsächlich durchsetzen kann** (A 2.8 Abs. 7 S. 1 – 2 UStAE). Im Regelfall ergibt sich dies durch eine personelle Verflechtung, z. B. durch **Personenidentität in der Geschäftsleitung.** Ausreichend für die organisatorische Eingliederung ist aber **auch**, dass (leitende) **Mitarbeiter des OrgT** als **GF der OrgG** tätig sind (A 2.8 Abs. 9 S. 1 UStAE). Denn typischerweise wird der Mitarbeiter des OrgT dessen Weisungen bei der Geschäftsführung der OrgG aufgrund eines zum OrgT bestehenden Anstellungsverhältnisses und einer sich hieraus ergebenden persönlichen Abhängigkeit befolgen und bei weisungswidrigem Verhalten vom OrgT als GF der OrgG abberufen (A 2.8 Abs. 9 S. 2 UStAE). Demgegenüber reicht es nicht aus, dass ein leitender Mitarbeiter des vermeintlichen OrgT nur Prokurist bei der vermeintlichen OrgG ist, während es sich beim einzigen GF der vermeintlichen OrgG um eine Person handelt, die weder Mitglied der Geschäftsführung noch leitender Angehöriger des Mehrheits-G'fters ist (A 2.8 Abs. 9 S. 3 UStAE). Wie schon die finanzielle Eingliederung kann auch die organisatorische Eingliederung über eine Beteiligungskette zum OrgT vermittelt werden (A 2.8. Abs. 10a S. 1 UStAE mit zahlreichen Beispielen).

6.2 Rechtsfolgen

Soweit hiernach ein Organschaftsverhältnis besteht, liegt **nur ein Unternehmen** vor. Ein **Wahlrecht** für den Eintritt der Rechtsfolgen einer Organschaft **sieht das UStG nicht vor** (A 2.8 Abs. 4 UStAE). Nur der OrgT ist noch Unternehmer i. S. d. § 2 UStG. Die Leistungsbeziehungen zwischen der OrgG und dem OrgT sind nicht steuerbar (**nicht steuerbare Innenumsätze**) und lösen selbst bei gesondertem Steuerausweis in internen Rechnungen zwischen OrgG und OrgT keine USt-Schuld nach § 14c Abs. 2 UStG aus (A 14.1 Abs. 4 UStAE). Ein VSt-Abzug aus diesen sog. unternehmensinternen Buchungsbelegen ist ebenfalls nicht erlaubt.

Daneben ist die **gesamte wirtschaftliche Tätigkeit der OrgG**, d. h. die gegenüber Dritten von der OrgG getätigten Umsätze sowie die ihr gegenüber ausgeführten Eingangsleistungen, **dem OrgT zuzurechnen**; gleichwohl bleibt die OrgG zivilrechtliche Vertragspartnerin. Somit wird der OrgT einerseits auch zum Steuerschuldner der Umsätze der OrgG i. S. d. § 13a Abs. 1 S. 1 UStG und ist andererseits für den gesamten Organkreis zum VSt-Abzug berechtigt. D. h., der OrgT ist zum VSt-Abzug aus den Eingangsleistungen der OrgG berechtigt, obwohl der OrgT weder Leistungsempfänger ist noch die Rechnungen auf ihn lauten.

Aus der Zurechnung der gesamten wirtschaftlichen Tätigkeit der OrgG folgt auch noch, dass der OrgT ggf. **VSt-Berichtigungen nach § 15a UStG** vorzunehmen hat, **wenn** er **WG der OrgG übernimmt**. Nach Beendigung der Organschaft fallen die steuerlichen Verpflichtungen aus Umsätzen der OrgG mit Dritten wieder auf die ehemalige OrgG zurück.

> **Beispiel 9: Ertragreiche Organschaft**
>
> Der Bauunternehmer B beabsichtigt eine langfristige Kooperation mit der auf dem Vermietungssektor tätigen V-GmbH. Geplant ist, dass die V-GmbH von B Wohngebäude erstellen lässt und diese dann an private Abnehmer vermietet. Das voraussichtliche jährliche Auftragsvolumen (Rechnungspreis für die V-GmbH) beträgt 7.000.000 € zzgl. 1.330.000 € USt. Bei B dürften – bezogen auf diese Bauvorhaben – jährlich etwa 400.000 € an VSt anfallen. Die Beteiligten erwägen, ein Organschaftsverhältnis zu begründen.
>
> **Lösung:** Begründen die beiden Firmen ein Organschaftsverhältnis (OrgT = Einzelunternehmer B, OrgG = V-GmbH), so werden keine steuerbaren und stpfl. Leistungen hinsichtlich der Leistungen von B an die V-GmbH getätigt. Umsatzsteuerrechtlich ist nur B Unternehmer; der GmbH als zivilrechtlich selbständige juristische Person ist wegen § 2 Abs. 2 Nr. 2 UStG die umsatzsteuerrechtliche Selbständigkeit und damit die Unternehmereigenschaft zu versagen. Bei der Errichtung der Gebäude für die V-GmbH würde es sich um nicht steuerbare Innenumsätze handeln. Dem Einzelunternehmer B würden des Weiteren auch die nach § 4 Nr. 12a UStG steuerfreien Vermietungsumsätze der V-GmbH zugerechnet. Dies hätte zwar zur Folge, dass für B die Möglichkeit zum VSt-Abzug hinsichtlich der 400.000 € VSt entfiele; die tatsächliche Steuerbelastung würde sich – wenn man B und die V-GmbH gemeinsam betrachtet – durch die Begründung einer Organschaft dennoch erheblich verringern. Ohne eine Organschaft würde nämlich eine Steuerbelastung i. H. v. 1.330.000 € als nichtabziehbare VSt bei der V-GmbH entstehen. Der Steuervorteil durch die Organschaft beträgt demnach 930.000 €.

Die **Organschaft endet** zu dem Zeitpunkt, zu dem eine der **Eingliederungsvoraussetzungen** des § 2 Abs. 2 Nr. 2 S. 1 UStG **nicht mehr erfüllt** ist (z. B. wenn sich die Stimmrechtsverhältnisse durch Aufnahme weiterer G'fter in die OrgG entscheidend ändern). Die Liquidation der OrgG oder die Beantragung der Eröffnung eines Insolvenzverfahrens steht der Organschaft nicht entgegen, solange der vorläufige Insolvenzverwalter noch keinen maßgeblichen Einfluss auf die OrgG erhalten hat und ihm eine vom Willen des OrgT abweichende Willensbildung in der OrgG noch nicht möglich ist (A 2.8 Abs. 12 UStAE).

Nach § 2 Abs. 2 Nr. 2 S. 2 UStG sind die **Wirkungen der Organschaft** allerdings auf Innenleistungen zwischen den im Inland gelegenen Unternehmensteilen beschränkt, d. h. die Rechtsfolgen, die mit der Organschaft verbunden sind, sind auf die im Inland gelegenen Unternehmensteile zu beschränken, die nach § 2 Abs. 2 Nr. 2 S. 3 UStG als ein Unternehmen zu behandeln sind.

Dennoch sind grenzüberschreitende Leistungen innerhalb des Unternehmens, insb. zwischen dem Unternehmer (OrgT oder OrgG) und seinen Betriebsstätten oder umgekehrt – mit Ausnahme von Warenbewegungen aufgrund eines innergemeinschaftlichen Verbringens – nicht steuerbare Innenumsätze (A 2.9 Abs. 2 UStAE). Allerdings gehören OrgG im Ausland nicht zu einem im Inland ansässigen OrgT – mit der Folge, dass die Regelungen über den innergemeinschaftlichen Warenverkehr, Ausfuhrlieferungen und den Wechsel der Steuerschuldnerschaft nach § 13b UStG anwendbar sind (A 2.9 Abs. 6 UStAE). Sofern der OrgT im Ausland ansässig ist, gilt der wirtschaftlich bedeutendste (im Regelfall der umsatzstärkste) Teil im Inland als Unternehmer i. S. d. § 13a Abs. 1 Nr. 1 UStG (A 2.9 Abs. 7 S. 1 – 4 UStAE). Ihm sind die Umsätze der anderen inländischen Unternehmensteile (weiterer OrgG oder Betriebsstätten) zuzurechnen.

IV Leistungen (Lieferungen und sonstige Leistungen)

Eine Steuerbarkeit i.S.v. § 1 Abs. 1 Nr. 1 UStG kann nur vorliegen, wenn der Unternehmer eine Leistung im umsatzsteuerrechtlichen Sinne erbracht hat. Leistung ist der gemeinsame Oberbegriff für die in § 1 Abs. 1 Nr. 1 UStG genannten Erscheinungsformen der Lieferung und sonstigen Leistung. Die umsatzsteuerliche Leistung wird üblicherweise als ein **willentliches Verhalten** charakterisiert, **mit dem einem Anderen ein wirtschaftlich verbrauchbarer Nutzen bzw. ein konsumierbarer Erfolg zugewendet wird**. Aus dieser Beschreibung lassen sich eine Reihe wichtiger Folgerungen ziehen:

- Die Hingabe von **Geld scheidet als Leistung i. d. R. aus**, weil Geld als solches nicht konsumierbar ist, sondern lediglich zur Finanzierung von Gütern und Dienstleistungen benötigt wird. Geld ist daher im USt-Recht in erster Linie als Entgelt von Bedeutung (Gegenleistung; vgl. A 1.1 Abs. 3 S. 3 UStAE).
- Eine **Leistung** in Form einer Lieferung oder sonstigen Leistung liegt **nur** vor, wenn ein zweites Rechtssubjekt vorhanden ist. Im umsatzsteuerlichen Sinne kann nur **gegenüber einem anderen** – im Zusammenhang mit Lieferungen spricht § 3 Abs. 1 UStG vom **Abnehmer**, in Bezug auf sonstige Leistungen ist dies deren **Auftraggeber** – geleistet werden. Eine »Leistungsabgabe« innerhalb der verschiedenen Unternehmensbereiche desselben Unternehmers ist – soweit sie sich auf im Inland belegene Unternehmensteile bezieht – nicht steuerbar (Schlagworte: nicht steuerbarer Innenumsatz, rechtsgeschäftsloses Verbringen; s. auch schon unter Kap. III 3[1]).
- Erfolgt der **Erwerb von WG** nicht aufgrund einer willentlichen Zuwendung, sondern **von Gesetzes wegen**, ist dies mangels Leistung im umsatzsteuerrechtlichen Sinne grds. kein Vorgang, der eine USt nach § 1 Abs. 1 Nr. 1 UStG auslösen kann.[2] Dies ist u. a. von Bedeutung, wenn ein Unternehmer verstirbt. Im Erbfall gehen seine WG kraft gesetzlich vorgesehener Gesamtrechtsnachfolge auf den oder die Erben über. Nach den §§ 1922, 1967 BGB treten die Erben in alle Rechtspositionen des Verstorbenen ein. Da es insoweit an einer Leistung des Erblassers fehlt, kommt dem Übergang der WG auf den oder die Erben für sich betrachtet folglich keine umsatzsteuerrechtliche Relevanz zu.[3]
- **Zwang schließt grds. die Annahme einer Leistung aus.** Eine **Ausnahme** gilt nach **§ 1 Abs. 1 Nr. 1 S. 2 UStG** für Umsätze aufgrund behördlicher oder gesetzlicher Anordnung (z. B. Enteignungen von Grund und Boden, behördliche Zuweisungen von Obdachlosen oder Asylbewerbern in Hotels oder Versteigerungen von WG eines Unternehmers im Rahmen einer Zwangsvollstreckung).

---

1 Ausnahme: Das sog. innergemeinschaftliche Verbringen i. S. d. § 1a Abs. 2 UStG; s. Kap. XIV 3.1.3 und 3.2.4.
2 Zuletzt hat der EuGH klargestellt, dass eine steuerbare Lieferung von Elektrizität durch einen Verteilernetzbetreiber auch vorliegt, wenn sie unbeabsichtigt erfolgt und das Ergebnis des rechtswidrigen Handelns eines Dritten ist (EuGH vom 27.04.2023, Az.: C-677/21, BB 2023, 1045).
3 Aber: Zu steuerbaren Leistungen des Gesamtrechtsnachfolgers kommt es nicht nur, wenn er das Unternehmen fortführt, sondern auch, wenn er i. R. d. Liquidation des Unternehmens Gegenstände des ererbten Unternehmensvermögens veräußert (BFH vom 13.01.2010, Az.: V R 24/07, BStBl II 2011, 241). Mag auch die Unternehmerstellung als solche nicht vererbbar sein, so liegt insoweit gleichwohl ein Handeln als Unternehmer vor (»Nachwirkung« der unternehmerischen Tätigkeit des Erblassers).

Beispiel 1: Zwangsversteigerung als steuerbarer Vorgang

Elektrohändler E ist rechtskräftig zur Zahlung einer offenen Forderung über 8.000 € nebst Zinsen verurteilt worden. Im Oktober 01 kommt es zur Vollstreckung aus dem Urteil. Dabei wird ein seinem BV zugeordneter Firmenwagen gepfändet. Bei der vom Amtsgericht Hamburg im November 01 durchgeführten Zwangsversteigerung wird für den Pkw ein Erlös von 23.800 € erzielt. Davon erhält E am 04.01.02 einen Betrag von 10.000 € ausgehändigt. Der Restbetrag wurde zur Befriedigung seines Gläubigers sowie zur Abdeckung der Kosten des Zivilverfahrens und der Verwertung benötigt.

Lösung: Ob E einen nach § 1 Abs. 1 Nr. 1 UStG steuerbaren Umsatz tätigt, kann deshalb zweifelhaft sein, weil er nicht willentlich einem anderen die Verfügungsmacht an seinem Firmen-Pkw verschafft. Der fehlende Leistungswille wird jedoch durch das Vorliegen der Voraussetzungen des § 1 Abs. 1 Nr. 1 S. 2 UStG ersetzt. Dabei liefert der Vollstreckungsschuldner E direkt an den Erwerber des Fahrzeugs – ohne den »Umweg« über die Gebietskörperschaft, der das Vollstreckungsorgan angehört (A 1.2 Abs. 2 UStAE). BMG des damit nach § 1 Abs. 1 Nr. 1 UStG als Hilfsgeschäft steuerbaren und stpfl. Umsatzes des E ist nach § 10 Abs. 1 S. 1, 2 UStG das Entgelt i. H. v. 20.000 €; die USt-Schuld des E aus diesem Umsatz beträgt 3.800 €. Dass E tatsächlich nur 10.000 € erhält, ist umsatzsteuerrechtlich ohne Bedeutung. Für die **Ermittlung der BMG ist entscheidend, was der Leistungsempfänger aufwendet und nicht das, was dem Leistenden** nach Abzug von Veräußerungs- und anderen Kosten **verbleibt**. Die USt entsteht nach § 13 Abs. 1 Nr. 1 Buchst. a S. 1 UStG mit Ablauf des VAZ 11/01, da es erst dann zur Lieferung des Pkw kommt; im Oktober – zum Zeitpunkt der Pfändung – gibt es noch keinen Abnehmer für den Pkw.

Wer um die aufgezeigten Konsequenzen weiß und des Weiteren bedenkt, dass willentliche Zuwendungen zumeist auf der Grundlage dazu verpflichtender Verträge – also darüber eingegangener zivilrechtlicher Verpflichtungsgeschäfte – erfolgen, sollte bei der umsatzsteuerrechtlichen Beurteilung von zunächst vielleicht kompliziert erscheinenden Schadensersatzabwicklungen nicht in Schwierigkeiten kommen können. Hat hierbei eines der zu beurteilenden Subjekte eine Leistung im umsatzsteuerrechtlichen Sinne erbracht, ist ergänzend nur noch die Frage des Leistungsempfängers zu klären. Dies ist regelmäßig nicht schwierig, denn: **Wer an wen leistet, beantwortet sich** – eher schon eine Selbstverständlichkeit – regelmäßig **danach, wer mit wem ein auf die Leistung gerichtetes privatrechtliches Verpflichtungsgeschäft eingegangen ist.** Dies ist gemeint, wenn der BFH immer wieder betont, dass sich regelmäßig aus den zivilrechtlichen Vereinbarungen ergebe, wer bei einem Umsatz als Leistender und wer als Leistungsempfänger anzusehen ist (BFH vom 23.09.2009, Az.: XI R 14/08, BStBl II 2010, 243; A 15.2b Abs. 1 S. 1, 2 UStAE). So ist bei einem Handeln im fremden Namen nach § 164 BGB die dem Leistungsempfänger erbrachte Leistung grds. dem Vertretenen zuzurechnen.[4] Dies gilt selbst für den Fall, dass es sich bei dem Vertretenen um einen sog. »Strohmann« handelt, der im Rechtsverkehr in eigenem Namen aber auf fremde Rechnung in Erscheinung tritt. Eine Person, die ein Gewerbe angemeldet hat oder Inhaber einer Konzession ist, ist in Bezug auf die davon umfassten Leistungen nach der sog. Laden-Rspr. des BFH grds. als leistender Unternehmer anzusehen (BFH vom 03.02.2021, Az.: XI B 45/20, BFH/NV 2021, 673 m. w. N.; zu Anwendbarkeit auf sonstige Leistungen im Internet: BFH vom 15.05.2012, Az.: XI R 16/10, BStBl II 2013, 49).

---

4 Im Falle einer objektiv mehrdeutigen Erklärung, die sowohl als Handeln im eigenen als auch als Handeln im fremden Namen verstanden werden kann, gehen Unklarheiten zulasten des Erklärenden. Auf dieser Grundlage wird der angebliche Vermittler verpflichtet, wenn er seine Vermittlerrolle nicht hinreichend deutlich macht (BFH vom 03.02.2021, Az.: XI B 45/20, BFH/NV 2021, 673).

Beispiel 2: Abwicklung eines Schadensersatzanspruchs

S hat schuldhaft den Firmenwagen des Unternehmers U beschädigt. Dieser lässt den Wagen in der Werkstatt W reparieren. W sendet die Rechnung über 1.000 € zzgl. 190 € USt unmittelbar an die Kfz-Haftpflichtversicherung des S, die V-AG, die an U 1.000 € überweist.

Lösung: W hat gegenüber dem Unternehmer U mit der Reparatur eine nach § 1 Abs. 1 Nr. 1 UStG steuerbare Leistung erbracht, bei der es sich entweder um eine Werkleistung nach § 3 Abs. 9 UStG oder um eine Werklieferung nach § 3 Abs. 4 UStG handelt (BMG nach § 10 Abs. 1 S. 1, 2 UStG: 1.000 €, USt: 190 €). Weitere Leistungen im umsatzsteuerrechtlichen Sinne liegen nicht vor. Mit der Hingabe des Geldbetrages von 1.000 € (wegen des VSt-Abzugs des U nicht zusätzlich 190 €) erbringt die V-AG keine Leistung. Die 1.000 € haben hier auch keinen Entgeltcharakter, da es nicht darum geht, eine Leistung des Unternehmers U abzugelten. U erbringt keine Leistung im umsatzsteuerrechtlichen Sinne, sondern erleidet i. H. v. 1.000 € einen Schaden. Die V-AG gleicht diesen Schaden aus, weil sie als Kfz-Haftpflichtversicherer des Schädigers dazu verpflichtet ist.

Innerhalb der umsatzsteuerrechtlichen Leistungen ist allerdings sorgfältig zwischen Lieferungen und sonstigen Leistungen zu unterscheiden, weil das UStG systembedingt insb. unterschiedliche **Regelungen zum Leistungsort** bereithält – **je nachdem, ob** man es mit einer **Lieferung nach § 3 Abs. 1 UStG** oder einer **sonstigen Leistung nach § 3 Abs. 9 UStG** zu tun hat (hierzu Kap. 1.2 und Kap. 2.1).

1 Lieferungen i. S. d. § 3 Abs. 1 UStG und deren Ortsbestimmung

Kennzeichnend für die Lieferung als Unterfall der Leistung ist nach § 3 Abs. 1 UStG, dass ein anderes Rechtssubjekt befähigt wird, im eigenen Namen über einen Gegenstand zu verfügen.

1.1 Gegenstandsbegriff des Umsatzsteuerrechts

Abweichend vom Sprachgebrauch des BGB (vgl. § 90 BGB) versteht § 3 Abs. 1 UStG unter einem Gegenstand nur **körperliche Sachen** und solche Güter, die im Wirtschaftsleben wie Sachen behandelt werden (z. B. Gas, Wasser, Strom, Wärme). Rechte wie z. B. Patente, Urheberrechte, Forderungen usw. können nicht geliefert werden. Wer Rechte überträgt bzw. einräumt, tätigt eine sonstige Leistung nach § 3 Abs. 9 UStG.

Entscheidend für die Abgrenzung einer Lieferung von einer sonstigen Leistung ist der Charakter des Umsatzes aus der Sicht des Durchschnittsverbrauchers. Es kommt darauf an, welche Bestandteile der Leistung unter Berücksichtigung des Willens der Vertragsparteien den wirtschaftlichen Gehalt der Leistung bedingen (BFH vom 03.06.2009, Az.: XI R 34/08, BStBl II 2010, 857, A 3.5 Abs. 1 UStAE). Daher ist auch dann eine sonstige Leistung anzunehmen, wenn zwar ein Gegenstand übertragen wird, der wirtschaftliche Gehalt aber in einer Dienstleistung zu sehen ist und die Übertragung insoweit nur dazu dient, die Übertragung eines Rechts oder einer bestimmten Nutzung zu ermöglichen (z. B. Überlassung von nicht standardisierter Software auf einem Datenträger; A 3.5 Abs. 3 Nr. 8 UStAE). Der Annahme einer sonstigen Leistung steht dann auch nicht entgegen, dass die Überlassung eines Gegenstandes zur Übertragung, Auswertung oder Ausnutzung eines Rechts erforderlich ist (z. B. Bauplan des Architekten und Berechnungen des Statikers, A 3.5 Abs. 3 Nr. 4 UStAE oder die Überlassung von Eintrittskarten zu einem sportlichen oder kulturellen Ereignis, A 3.5 Abs. 3 Nr. 14 UStAE).

1.2 Verschaffung der Verfügungsmacht

Die Verschaffung der Verfügungsmacht an einem Gegenstand verlangt, dass der Leistende willentlich die **wirtschaftliche Substanz**, den **Wert** und **Ertrag eines Gegenstands** auf einen anderen überträgt. Verfügungsmacht zu haben bedeutet, faktisch in der Lage zu sein, mit dem Gegenstand nach Belieben zu verfahren. Diese Kompetenz hat i.d.R. der Eigentümer einer Sache. Verfügungsmacht wird folglich regelmäßig durch eine Eigentumsübertragung nach den §§ 929 – 931 BGB[5] und §§ 873, 925 BGB oder mit der Einigung und Übergabe eines Traditionspapiers (§ 363 HGB)[6] verschafft (BFH vom 06.04.2016, Az.: V R 12/15, BStBl II 2017, 188). Denn die Beziehung zwischen der zivilrechtlichen Eigentumsübertragung, der Verschaffung der Verfügungsmacht und damit auch zu einer Lieferung ist dahingehend konkretisiert, dass durch die zivilrechtliche Eigentumsverschaffung regelmäßig die wirtschaftliche Substanz des Gegenstands und damit auch die Verfügungsmacht vom Veräußerer auf den Erwerber übergeht und daher gleichzeitig geliefert wird. Ein **Wechsel der Verfügungsmacht verlangt aber nicht notwendig einen Eigentumswechsel** hinsichtlich des übergebenen Gegenstands. Nach der mit § 3 Abs. 1 UStG umgesetzten Bestimmung des Art. 14 Abs. 1 MwStSystRL gilt als Lieferung eines Gegenstands die Übertragung der **Befähigung, wie ein Eigentümer über einen körperlichen Gegenstand zu verfügen**.[7] Demnach bezieht sich der Begriff der Lieferung eines Gegenstands nicht auf die Eigentumsübertragung in den durch das anwendbare nationale Recht vorgesehenen Formen, sondern umfasst jede Übertragung eines Gegenstands durch eine Partei, die die andere Partei ermächtigt, über diesen Gegenstand faktisch so zu verfügen, als wäre sie ein Eigentümer (EuGH vom 06.02.2003, Az.: C-185/01, BStBl II 2004, 573).[8] Daher wird auch der Miteigentumsanteil an einem Gegenstand geliefert (A 3.5 Abs. 2 Nr. 6 UStAE).

> **Beispiel 3: Verkauf unter Eigentumsvorbehalt**
>
> Händler H hat am 16.02.01 dem Studenten S unter Eigentumsvorbehalt eine teure Musikanlage verkauft, deren Barzahlungspreis 5.000 € + 950 € USt beträgt. S vereinbart mit H Ratenzahlung. Bei einem effektiven Jahreszins von 8% beträgt – wie im Kaufvertrag neben dem Effektivzins gesondert ausgewiesen – der Teilzahlungsgesamtbetrag 6.120 €, die Höhe der monatlich fälligen sechs Teilzahlungen jeweils 1.020 €. S entrichtet die erste Rate bereits bei Übergabe der Anlage am 16.02.01 und bezahlt die restlichen fünf Raten pünktlich in den Monaten 04 – 08/01.[9]

---

5   Die klassische Verschaffung der Verfügungsmacht erfolgt durch Einigung und Übergabe des Liefergegenstands (§ 929 S. 1 BGB) oder nur durch Einigung, wenn der Erwerber bereits im Besitz der Sache ist (§ 929 S. 2 BGB) bzw. der Veräußerer den Besitz an der Sache behält und ein Besitzmittlungsverhältnis zugunsten des Erwerbers vereinbart wird (§ 930 BGB) bzw. sofern ein Dritter die Sache unter Abtretung des Herausgabeanspruchs ihm gegenüber weiterhin besitzt (§ 931 BGB).
6   Die Indossierung und Übergabe eines Orderlagerscheins i. S. d. § 475 g HGB ersetzt z. B. die fehlende körperliche Übergabe der Ware.
7   Demnach können gestohlene Gegenstände i. S. d. § 3 Abs. 1 UStG geliefert werden, obwohl der Eigentumserwerb gem. § 935 BGB nicht möglich ist. Auch geschäftsunfähige Unternehmer können Lieferungen ausführen, obwohl ihre Willenserklärungen nichtig sind (§§ 104, 105 BGB).
8   Der EuGH sieht gar den Zweck gemeinschaftsrechtlicher Vorgaben gefährdet, »wenn die Feststellung, dass eine Lieferung von Gegenständen […] vorliegt, von der Erfüllung von je nach Mitgliedstaat unterschiedlichen Voraussetzungen abhinge, wie es die Voraussetzungen für die zivilrechtliche Eigentumsübertragung sind«.
9   Der Sachverhalt ist nahezu deckungsgleich mit der Beraterklausur 2016: Dort wurde statt einer Musikanlage ein Fernseher unter Eigentumsvorbehalt veräußert. Weiter heißt es dann: »Im schriftlichen Kaufvertrag wurde der Barzahlungspreis (2.975 €), der Teilzahlungspreis (3.050 €), die Höhe (305 €) und die Anzahl der Raten (10) sowie der effektive Jahreszins vereinbart. […] Bei Übergabe des Fernsehers am 23.05.2016 bezahlte K gleich die erste Rate. Auch die restlichen Raten bezahlte er pünktlich.«

Abwandlung: M zahlt die restlichen fünf Raten nicht mehr, sodass H vom Kaufvertrag zurücktritt, die Musikanlage zurückerlangt und die bereits gezahlte erste Rate einbehält.

Lösung: Obwohl der S noch nicht das Eigentum erlangt hat, wird ihm bereits mit der schlichten Übergabe die wirtschaftliche Substanz der Ware verschafft, sodass bereits zu diesem Zeitpunkt, und nicht erst bei vollständiger Bezahlung des Kaufpreises, eine Lieferung nach § 3 Abs. 1 UStG anzunehmen ist (A 3.1 Abs. 3 S. 4 UStAE). Denn wie ein Eigentümer hat S nämlich fortan nach § 446 BGB die Gefahr eines zufälligen Untergangs oder einer zufälligen Verschlechterung der Ware zu tragen, und umgekehrt kommen auch etwaige Wertsteigerungen der Sache ab Übergabe dem Käufer zugute. H tätigt folglich mit der Übergabe der Anlage eine nach § 1 Abs. 1 Nr. 1 UStG steuerbare Lieferung. Problematisch ist, ob es daneben eine weitere selbständig zu beurteilende sonstige Leistung nach § 3 Abs. 9 UStG in Form einer **Kreditgewährung** gibt (A 3.11. Abs. 2 UStAE). Dies wird man hier angesichts der getroffenen Abreden zu bejahen haben. Daher beträgt die BMG für die Lieferung 5.000 €, die USt 950 €. Sie entsteht losgelöst von den Zahlungsmodalitäten nach § 13 Abs. 1 Nr. 1 Buchst. a S. 1 UStG mit Ablauf des VAZ 02/01. (Für die ebenfalls nach § 1 Abs. 1 Nr. 1 UStG steuerbare, aber nach § 4 Nr. 8 Buchst. a UStG steuerfreie Kreditgewährung beläuft sich das Entgelt auf 170 €. Würde es sich um eine einheitliche Leistung handeln, hätte man die USt aus dem Gesamtaufwand von 6.120 € herauszurechnen und gelangt zu einer BMG für die dann allein zu beurteilende Lieferung von 5.142,86 € und einer USt von 977,14 €.)

Sofern der Verkäufer H in der **Abwandlung** wegen Zahlungsverzugs des Vorbehaltskäufers M von seinem kaufvertraglichen Rücktrittsrecht Gebrauch macht, führt die Rückgabe der Musikanlage nicht zu einer eigenständigen (Rück-)Lieferung des ursprünglichen Erwerbers an den ursprünglichen Verkäufer, sondern zu einer **Rückgängigmachung des ursprünglichen Umsatzes** (EuGH vom 12.10.2017, Az.: C-404/16, MwStR 2017, 954; BFH vom 29.10.1998, Az.: V B 38/98, BFH/NV 1999, 680). Die Rückgängigmachung der ursprünglichen Lieferung führt zu einer **Berichtigung der BMG** gem. § 17 Abs. 2 Nr. 3 i.V.m. Abs. 1 S. 1 – 2 UStG. Der **einbehaltene Ratenzahlungsbetrag** ist nach Rücktritt vom Kaufvertrag und Rückgängigmachung des ursprünglichen Umsatzes für die Lieferung nunmehr als Entgelt für eine als **eigenständige Leistung** des Vorbehaltsverkäufers H an M ausgeführte sonstige Leistung in Gestalt der Gewährung des (zeitweisen) Gebrauchs der Musikanlage anzusehen.

Zu einer **Lieferung vor Eigentumsübertragung** kommt es i. Ü. regelmäßig auch, wenn kraft vertraglicher Vereinbarungen **Besitz, Nutzen und Lasten** an der verkauften Sache zu einem fest fixierten Zeitpunkt bereits vorher **übergehen** sollen. Solche Vereinbarungen sind insb. bei Grundstücksgeschäften anzutreffen, bei denen sich die Eintragung des Eigentümerwechsels im Grundbuch aus sehr unterschiedlichen und oft nicht vorhersehbaren Gründen verzögern kann.

Eigentumsübertragung und Lieferung fallen auch bei der **Sicherungsübereignung** nach den §§ 929, 930 BGB auseinander. Hier behält der Sicherungsgeber (SG) ungeachtet der formal vollzogenen (Sicherungs-)Übereignung zunächst noch die Verfügungsmacht an der zur Sicherheit übereigneten Sache. Er verliert diese erst in einer logischen Sekunde vor der (Weiter-)Lieferung durch den Sicherungsnehmer (SN).

Beispiel 4: Sicherungsübereignung

Zur Sicherung eines Darlehens i.H.v. 120.000 € hat Möbelhändler M seiner Bank am 10.01.01 einen Lkw sicherungsübereignet. Bis zum 31.12.02 hat M die Verpflichtungen aus dem Darlehensvertrag erfüllt. Nachdem im Jahr 03 keine Zahlungen des M mehr erfolgt sind, hat die Bank am 10.11.03 den Lkw bei M abholen lassen und am 02.12.03 an den Spediteur S für 119.000 € verkauft und übereignet (weitere Abwicklung in Kap. XI 2.2, dortiges Beispiel 1).

Lösung: Indem M (Sicherungsgeber = SG) der Bank (Sicherungsnehmer = SN) den Lkw am 10.01.01 zur Sicherheit übereignet, tätigt er noch keine Lieferung i.S.d. § 3 Abs. 1 UStG. Wirtschaftlich betrachtet handelt es sich bei der Sicherungsübereignung um die Einräumung eines besitzlosen

Pfandrechts, welches das BGB an sich nicht kennt (vgl. §§ 1204, 1205 BGB). Nach A 3.1 Abs. 3, A 1.2 Abs. 1 UStAE führt aber auch der Eintritt der Verwertungsreife sowie das Abholen des Sicherungsguts (hier des Lkw im VAZ 11/03) noch nicht zu einer Lieferung. Hierfür lässt sich aus zivilrechtlicher Sicht anführen, dass die gängigen vertraglichen Abreden es dem SG durchweg bis zur Vornahme der Verwertung ermöglichen, durch vollständige Tilgung der gesicherten Forderung eine Verwertung abzuwenden. Ein praktischer Gesichtspunkt kommt hinzu. Solange es nicht zur Verwertung gekommen ist, steht auch das Entgelt für die Lieferung des SG an den SN nicht fest. Dieses ist nämlich abhängig von dem Erlös, den der SN erzielt. Die Lieferung **des SG an den SN** soll deshalb **erst in einer logischen Sekunde vor der Weiterveräußerung durch den SN** anzunehmen sein (von daher handelt es sich insoweit dann um eine **unbewegte Lieferung** mit einer Lieferortsbestimmung nach § 3 Abs. 7 S. 1 UStG). Die Lieferung des M an die Bank erfolgt hier also erst am 02.12.03 vor der Veräußerung des Lkw durch die Bank (BMG jener Lieferung, für die die Bank zum Steuerschuldner nach § 13b Abs. 2 Nr. 2 i.V.m. Abs. 5 S. 1 UStG wird, bildet nach § 10 Abs. 1 S. 1, 2 UStG der Veräußerungserlös des SN abzüglich der entstandenen Veräußerungskosten).

Dass die Sicherungsübereignung erst mit der Veräußerung an einen Dritten zu einer Lieferung des SG an den SN erstarkt, gilt auch, wenn der SN das Sicherungsgut nicht selber veräußert, sondern der SG es nach Eintritt der Verwertungsreife übernimmt, das Sicherungsgut im eigenen Namen, aber für Rechnung des SN zu veräußern. Da der SG im eigenen Namen für Rechnung des SN handelt, kann bei dieser Sachverhaltskonstellation eine (zusätzliche) Lieferung des SN (Kommittenten) an den SG (Verkäufer, Kommissionär) vorliegen (näher zu diesem sog. **Dreifachumsatz** A 1.2 Abs. 1a S. 1 – 4 UStAE).

In der umsatzsteuerrechtlichen Beurteilung entspricht die herkömmliche **Sicherungsübereignung** mit anschließender Verwertung durch den Sicherungsnehmer **weitestgehend** der erfolgreichen Abwicklung eines **Kommissionsgeschäfts**, bei der der Kommissionär vor der Weiterveräußerung Besitz an der zu veräußernden Ware erhält.

Beispiel 4a: Kommissionsgeschäft

Unternehmer U mit Sitz in HH hat im März 01 an den Bremer Kommissionär B Ware mit dem Auftrag übergeben, diese für mindestens 1.000 € netto zu veräußern. B erhält im Erfolgsfall 10 % vom Verkaufserlös. Es gelingt B im April 01, die Ware in Bremen für brutto 1.428 € an den Abnehmer A zu veräußern.

Lösung: Ein **Kommissionär** tritt nach **§ 383 HGB** im eigenen Namen auf. B (und nicht etwa U) tätigt folglich gegenüber A einen nach § 1 Abs. 1 Nr. 1 UStG steuerbaren Umsatz, indem er A Verfügungsmacht an der Ware verschafft. Der Ort dieser Lieferung ist nach § 3 Abs. 6 S. 1 UStG in Bremen (BMG nach § 10 Abs. 1 S. 1, 2 UStG: 1.200 €; die USt beläuft sich auf 228 € und entsteht gem. § 13 Abs. 1 Nr. 1 Buchst. a S. 1 UStG mit Ablauf VAZ 04/01). Eine weitere steuerbare Lieferung erfolgt zwischen U und B (klarstellend dazu **§ 3 Abs. 3 UStG**). Die Verfügungsmacht ist trotz Aushändigung der Ware an B im März 01 zunächst bei U verblieben. Indem U die Ware an B aushändigt, tätigt er folglich noch keine Lieferung nach § 3 Abs. 1 UStG. Die **Lieferung des Kommittenten an den Kommissionär** erfolgt nach h.M. erst **in einer logischen Sekunde vor der Weiterlieferung des Kommissionärs an seinen Abnehmer** (A 3.1 Abs. 3 S. 7 UStAE). Da hierbei die Ware nicht bewegt wird, handelt es sich um eine **unbewegte Lieferung** mit Ortsbestimmung nach § 3 Abs. 7 S. 1 UStG,[10] hier also Bremen (die BMG nach § 10 Abs. 1 S. 1, 2 UStG beträgt formelhaft: Verkaufserlös des Kommittenten abzgl. Provision und sonstiger Veräußerungskosten, hier: 1.428 € abzgl. 142,80 € = 1.285,20 €, abzgl. USt, hier: 205,20 €, = 1.080 €; die USt von 205,20 € entsteht gem. § 13 Abs. 1 Nr. 1 Buchst. a S. 1 UStG mit Ablauf des VAZ 04/01).

---

10 Nach dem FG Münster vom 14.04.2021 (Az.: 6 K 2185/20, EFG 2022, 1493; Rev.-Az. beim BFH: XI R 13/22) soll bei der Verkaufskommission nach dem Grundsatz der sog. Doppellieferung die Lieferung zwischen dem Kommittenten und dem Kommissionär hingegen am selben Ort und zu derselben Zeit zustande kommen wie die Lieferung des Kommissionärs an den Dritten.

Beispiel 4b: Besondere landwirtschaftliche Umsätze

Landwirt L übergibt

a) der Zuckerfabrik Z eine Ladung Zuckerrüben. Mit Z ist vereinbart, dass sich die Lieferung lediglich auf die Lieferung des Zuckergehalts der Rüben beschränkt. Die Reste der Zuckerrüben erhält L nach der Verarbeitung durch Z zurück.

b) der Obstmosterei O eine Ladung Äpfel. Entsprechend dieser Menge erhält L Most derselben Obstart, der allerdings nicht aus dem übergebenen Äpfeln hergestellt wurde. Als Werklohn für das Mosten ist pro Flasche ein bestimmter Preis zu zahlen.

Lösung: Im Fall a) beschränkt sich die Lieferung gem. § 3 Abs. 5 UStG auf den Zuckergehalt in den Zuckerrüben (sog. **Gehaltslieferung**). Es liegt daher keine Lieferung von Rüben an Z und auch keine Rücklieferung der Rübenreste vor. Überlässt O wie im Fall b) seinem Auftraggeber L, der ihm einen Stoff zur Herstellung eines Gegenstands übergeben hat, anstelle des herzustellenden Gegenstands einen gleichartigen Gegenstand, wie er ihn in seinem Unternehmen aus solchem Stoff herzustellen pflegt, gilt die Leistung des O gem. **§ 3 Abs. 10 UStG** als Werkleistung, wenn das Entgelt für die Leistung nach Art eines Werklohns unabhängig vom Unterschied zwischen dem Marktpreis des empfangenen Stoffes (Äpfel) und dem des überlassenen Gegenstands (Most) berechnet wird. Anstelle einer Lieferung und einer Rücklieferung wird lediglich eine sonstige Leistung besteuert, denn, wirtschaftlich betrachtet, wollen L und O nur die Verarbeitung der Äpfel.

1.2.1 Besonderheiten im Zusammenhang mit Leasingverträgen

Die entgeltliche Überlassung eines Gegenstands aufgrund eines Leasingvertrages ist grds. eine sonstige Leistung i. S. d. § 3 Abs. 9 UStG, kann jedoch unter besonderen Umständen auch als **Lieferung i. S. d. § 3 Abs. 1 UStG** anzusehen sein (EuGH vom 04.10.2017, Az.: C-164/16, MwStR 2017, 912). Werden Gegenstände im Rahmen eines Miet- oder Leasingvertrages überlassen, ist die Übergabe des Leasinggegenstands durch den Leasinggeber an den Leasingnehmer eine Lieferung, **wenn**

1. der Vertrag **ausdrücklich** eine **Klausel zum Übergang des Eigentums** an diesem Gegenstand vom Leasinggeber **auf den Leasingnehmer** enthält und
2. aus den – zum Zeitpunkt der Vertragsunterzeichnung und objektiv zu beurteilenden – Vertragsbedingungen deutlich hervorgeht, dass das **Eigentum** am Gegenstand **automatisch auf den Leasingnehmer übergehen soll**, wenn der Vertrag bis zum Vertragsablauf **planmäßig** ausgeführt wird.[11]

Eine ausdrückliche Klausel zum Eigentumsübergang liegt neben dem offensichtlichen Fall eines vertraglich vereinbarten obligatorischen Eigentumsübergangs bei Zahlung der letzten Leasingrate auch vor, wenn der Vertrag eine Kaufoption für den Gegenstand enthält (A 3.5 Abs. 5 S. 2 UStAE). Insoweit ist die zweite Voraussetzung allerdings nur erfüllt, wenn die im Vertrag enthaltene – formal völlig unverbindliche – Kaufoption angesichts der finanziellen Vertragsbedingungen die Optionsausübung zum gegebenen Zeitpunkt in Wirklichkeit als

---

11 Nach alter Rechtsauffassung war eine Lieferung anzunehmen, wenn der Leasingnehmer nach den vertraglichen Vereinbarungen und deren tatsächlicher Durchführung berechtigt war, wie ein Eigentümer über den Leasinggegenstand zu verfügen. Hiervon konnte ausgegangen werden, wenn der Leasinggegenstand einkommensteuerrechtlich dem Leasingnehmer zuzurechnen war. Für vor dem 18.03.2020 abgeschlossene Leasing- und Mietverträge dürfen diese Rechtsgrundsätze – insb. auch für Zwecke des VSt-Abzugs – von den Vertragsbeteiligten übereinstimmend weiterhin angewandt werden (BMF vom 18.03.2020, BGBl I 2020, 286).

einzig wirtschaftlich rationale Möglichkeit für den Leasingnehmer erscheint (A 3.5 Abs. 5 S. 3 UStAE). Ein solcher Fall wird immer vorliegen, wenn nach dem Vertrag zu dem Zeitpunkt, zu dem die Option ausgeübt werden darf, die Summe der vertraglichen Leasingraten dem Verkehrswert des Gegenstands einschließlich der Finanzierungskosten entspricht und der Leasingnehmer bei der Optionsausübung nur einen unerheblichen Betrag – im Umfang von höchstens 1% des Verkehrswertes des Gegenstands im Zeitpunkt der Optionsausübung – zu zahlen hat (A 3.5 Abs. 5 S. 5 – 6 UStAE). Sofern aber z. B. bei Optionsausübung ein angemessener Kaufpreis in Höhe des voraussichtlichen mittleren Restwerts im späteren Erwerbszeitpunkt zu bezahlen ist, kann aus der Perspektive zum Zeitpunkt der Vertragsunterzeichnung die Vorteilhaftigkeit der Optionsausübung nicht beurteilt werden, sodass die Optionsausübung keineswegs als einzig wirtschaftlich rationale Möglichkeit für den Leasingnehmer erscheint. Denn diese Frage ist von weiteren Faktoren im Entscheidungszeitpunkt abhängig.

> **Beispiel 4c: Ein Mietvertrag führt zur Lieferung[12]**
>
> Unternehmer U vermietet an Kunden K eine Photovoltaikanlage für 20 Jahre. Die Jahresmiete beträgt 1.500 €. Hiervon entfallen 1.300 € auf die Überlassung der PV-Anlage einschließlich der damit verbundenen Finanzierungskosten, und der Restbetrag von 200 € entfällt auf Serviceleistungen. Nach dem Mietvertrag hat K eine Option, zum Ende der Mietzeit die PV-Anlage für 1 € zu erwerben. Sollte K von der Option keinen Gebrauch machen, ist er zur Rückgabe der PV-Anlage auf eigene Kosten verpflichtet. Der Verkehrswert der PV-Anlage beträgt zu Beginn der Vertragslaufzeit 22.000 € und am Ende der Vertragslaufzeit voraussichtlich noch 4.000 €.
>
> **Lösung:** Obwohl die Nutzungsüberlassung gewöhnlich eine sonstige Leistung i. S. d. § 3 Abs. 9 UStG darstellt, handelt es sich vorliegend gem. § 3 Abs. 1 UStG um eine Lieferung der PV-Anlage von U an K. Denn einerseits beträgt die Summe der vertraglichen Raten 26.000 € und entspricht damit dem Verkehrswert des Gegenstands einschließlich der Finanzierungskosten und andererseits muss K bei der Ausübung der Option lediglich 1 € bezahlen. In Anbetracht des voraussichtlichen Restwerts und der mit Rückgabe verbundenen Kosten für den Abbau der PV-Anlage erscheint die Optionsausübung zum Vertragsende als einzig wirtschaftlich rationale Möglichkeit für K. Allerdings findet auf die Lieferung der PV-Anlage seit dem 01.01.2013 der Nullsteuersatz gem. § 12 Abs. 3 UStG Anwendung. Die Serviceleistungen sind mit dem Regelsteuersatz als sonstige Leistung zu besteuern, sodass U für den jährlichen Betrag von 200 € USt i. H. v. 38 € abzuführen hat.

Wird bei einer grenzüberschreitenden Überlassung eines Leasinggegenstands (sog. **Cross-Border-Leasing**) die Überlassung aus dem anderen EU-Mitgliedstaat in das Inland nach dem Recht des anderen EU-Mitgliedstaates als Lieferung (oder sonstige Leistung) an den inländischen Vertragspartner qualifiziert, dürfte nach dem Sinn und Zweck der Regelung des A 3.5 Abs. 6 UStAE dieser rechtlichen Einordnung zur Vermeidung von endgültigen Steuerausfällen auch dann zu folgen sein, wenn nach den vorhergehenden Grundsätzen demgegenüber von einer sonstigen Leistung (oder Lieferung) auszugehen wäre und der Nachweis erbracht wird, dass die Überlassung in dem anderen EU-Mitgliedstaat der Besteuerung unterlegen hat. Dasselbe dürfte auch für die Überlassung aus dem Inland in einen anderen EU-Mitgliedstaat gelten.

Hinweis: Für die Beurteilung von **Ausgleichszahlungen** im Zusammenhang mit der Beendigung von Leasingverträgen ist entscheidend, ob der Zahlung eine Leistung gegenübersteht (vgl. A 1.1 Abs. 17 UStAE). Verpflichtet sich der Leasingnehmer im Leasingvertrag, für am Leasinggegenstand durch eine nicht vertragsgemäße Nutzung eingetretene Schäden

---

12 Anlehnung an A 12.18 Abs. 1 S. 12, Beispiel.

nachträglich einen Minderwertausgleich zu zahlen, ist diese Zahlung beim Leasinggeber als Schadensersatz nicht der USt zu unterwerfen (BFH 20.03.2013, Az.: XI R 6/11, BStBl II 2014, 206). Ausgleichszahlungen, die darauf gerichtet sind, Ansprüche aus dem Leasingverhältnis an die tatsächliche Nutzung des Leasinggegenstandes durch den Leasingnehmer anzupassen (z. B. Mehr- und Minderkilometervereinbarungen bei Fahrzeugleasingverhältnissen) stellen hingegen je nach Zahlungsrichtung zusätzliches Entgelt oder aber eine Entgeltminderung für die Nutzungsüberlassung dar.

In den Fällen, in denen der Überlassung des Gegenstands eine zivilrechtliche Eigentumsübertragung vom späteren Nutzenden des Gegenstands an den überlassenden Unternehmer vorausgeht (sog. **sale-and-lease-back**), ist zu prüfen, ob die Verfügungsmacht an dem Gegenstand sowohl im Rahmen dieser Eigentumsübertragung als auch im Rahmen der nachfolgenden Nutzungsüberlassung jeweils tatsächlich übertragen wird und damit eine Hin- und Rücklieferung stattfindet oder ob dem der Nutzung vorangehenden Übergang des zivilrechtlichen Eigentums an dem Gegenstand vielmehr eine bloße Sicherungs- und Finanzierungsfunktion zukommt, sodass insgesamt eine Kreditgewährung vorliegt (BFH vom 09.02.2006, Az.: V R 22/03, BStBl II 2006, 727). Diese Prüfung richtet sich nach dem Gesamtbild der Verhältnisse des Einzelfalls. Von einem Finanzierungsgeschäft ist insb. auszugehen, wenn die Vereinbarungen über die Eigentumsübertragung und über das Leasingverhältnis bzw. über die Rückvermietung in einem unmittelbaren sachlichen Zusammenhang stehen und eine Ratenkauf- oder Mietkaufvereinbarung geschlossen wird, aufgrund derer das zivilrechtliche Eigentum mit Ablauf der Vertragslaufzeit wieder auf den Nutzenden zurückfällt oder die den Überlassenden zur Rückübertragung des Eigentums verpflichtet. Weitere Einzelheiten – insb. zum sog. **Bestelleintritt** – in A 3.5 Abs. 7 und Abs. 7a UStAE.

1.2.2 Ausgabe von Gutscheinen

Mit Wirkung zum 01.01.2019 enthält § 3 Abs. 13 – 15 UStG eigene Regelungen zur umsatzsteuerlichen Behandlung der Ausgabe von Gutscheinen gegen Entgelt.[13]

Nach der Definition in **§ 3 Abs. 13 UStG** sind **Gutscheine im umsatzsteuerrechtlichen Sinne** nur solche, die verbindlich als vollständige oder teilweise Gegenleistung für eine Lieferung oder sonstige Leistung entgegengenommen werden müssen (§ 3 Abs. 13 S. 1 Nr. 1 UStG) und bei denen entweder der Gegenstand der Lieferung, die zu beanspruchende sonstige Leistung oder die Identität des leistenden Unternehmers auf dem Gutschein selbst oder in damit zusammenhängenden Unterlagen, einschließlich der Nutzungsbedingungen, angegeben sind (§ 3 Abs. 13 S. 1 Nr. 2 UStG). Fahrscheine, Eintrittskarten und Briefmarken sind keine Gutscheine, weil diese dem Erwerber ein unmittelbares Recht verleihen, die bezeichnete Leistung in Anspruch nehmen zu können (A 3.17 Abs. 1 S. 6 UStAE).

---

13 Allerdings wird es von der FinVerw nicht beanstandet, wenn ab dem 01.01.2019 und vor dem 02.02.2021 ausgestellte Gutscheine von den Beteiligten nach den bisherigen Regelungen behandelt worden sind (BMF vom 02.11.2020, BStBl I 2002, 1121). Hiernach wurde im USt-Recht zwischen Wertgutscheinen und Waren- oder Sachgutscheinen unterschieden. Die Ausgabe von Nennwertgutscheinen, die bei dem ausstellenden Händler gegen eine beliebige Leistung eingetauscht werden konnten, wurde lediglich als Tausch von Zahlungsmitteln behandelt. Bei Waren- oder Sachgutscheinen war der Bezug zu der im Gutschein bezeichneten Leistung bereits bei Ausgabe des Gutscheins gegeben und unterlag insoweit der Anzahlungsbesteuerung nach § 13 Abs. 1 Nr. 1a S. 4 UStG.

Hinweis: Rabatt- oder Preisnachlassgutscheine sind hiervon ausdrücklich nicht umfasst (§ 3 Abs. 13 S. 2 UStG), sodass diesbezüglich in der StB-Prüfung weiterhin auf die Regelungen in A 17.2 UStAE zurückzugreifen ist (Kap. IX 6).

Die **Neuregelung differenziert** sodann **zwischen Mehrzweck- und Einzweckgutscheinen** und knüpft an diese Einordnung **verschiedene Rechtsfolgen**, insb. hinsichtlich des Besteuerungszeitpunkts:

Ein **Einzweckgutschein** liegt gem. § 3 Abs. 14 S. 1 UStG vor, wenn der Leistungsort und die für den Umsatz geschuldete Steuer bei Ausgabe des Gutscheins bereits feststehen (z. B. Gutschein für eine genau festgelegte Warenlieferung oder eine konkrete Leistung eines konkreten Händlers, dessen Einlösebereich auf Deutschland eingeschränkt ist).[14] Da die Leistung, die mit dem Gutschein in Anspruch genommen werden kann, bereits konkretisiert ist, sind Einzweckgutscheine gem. § 3 Abs. 14 S. 2 UStG bereits bei ihrer Ausgabe im eigenen Namen der USt zu unterwerfen. Die (Weiter-)Übertragung des Gutscheins gilt als Lieferung des Gegenstands oder als Erbringung der sonstigen Leistung, auf die sich der Gutschein bezieht. Die spätere Einlösung, d. h. die konkrete Leistungserbringung oder Lieferung, wird konsequenterweise nicht als eigenständiger Umsatz behandelt (§ 3 Abs. 14 S. 5 UStG). Konsequent ist daher, dass auch jede Übertragung des Gutscheines als (weitere) Lieferung oder Leistung gilt (§ 3 Abs. 14 S. 3 UStG). Beim Einzweckgutschein steht daher dem unternehmerisch tätigen Erwerber der VSt-Abzug bereits mit Ausgabe des Gutscheins und Vorliegen der Rechnung zu, da damit bereits die USt gesetzlich geschuldet wird.

Wird der Gutschein von einem anderen Unternehmer (in eigenem Namen) ausgegeben als demjenigen, bei dem der Gutschein später eingelöst wird, fingiert § 3 Abs. 14 S. 4 UStG eine Leistungskette vom Leistungserbringer an den Gutscheinaussteller und von diesem an den Einlöser des Gutscheins (z. B. Ausgabe durch Gutscheinportale: Hier wird eine Leistung von demjenigen, der sich zur Einlösung verpflichtet, an das Gutscheinportal fingiert, und das Gutscheinportal erbringt die Leistung dann wiederum an den Erwerber des Gutscheins; A 3.17 Abs. 3 UStAE mit dortigem Beispiel).

Hinweis: Erfolgt die Ausgabe eines Einzweckgutscheins durch einen Dritten in fremdem Namen (d. h. als Vertreter), erbringt der Dritte eine gesonderte Vermittlungsleistung, während der eigentliche Umsatz (Ausgabe/Übertragung des Gutscheins) zwischen dem Vertretenen und dem Empfänger des Gutscheins ausgelöst wird (A 3.17 Abs. 4 UStAE mit dortigem Beispiel).

Die unentgeltliche Ausgabe bzw. Übertragung eines Einzweckgutscheins kann unter den Voraussetzungen des § 3 Abs. 1b UStG als uWa zu beurteilen sein (zur Besteuerung von uWa s. Kap. XII). Der Leistungsort der Ausgabe bzw. der erstmaligen Übertragung eines Einzweckgutscheins bestimmt sich nach § 3 Abs. 7 S. 1 UStG, wenn der Gutschein zum Bezug einer Lieferung berechtigt, und nach den allgemeinen Vorschriften des § 3a UStG, wenn er sich auf die Erbringung einer sonstigen Leistung bezieht (A 3.17 Abs. 5 UStAE). Die Nichteinlösung oder der Verfall eines Einzweckgutscheins berührt die Steuerbarkeit der vorausgegangenen Gutscheinübertragung nicht. Bei der Rückerstattung des Entgelts für den Gutschein ändert sich die BMG nach § 17 UStG (A 3.17 Abs. 7 – 8 UStAE).

---

14 Es ist allerdings ernstlich zweifelhaft, ob der Ort der Leistung nur im Fall der Ausgabe an Endverbraucher oder auch bei einer vorausgehenden Übertragung auf einen anderen Unternehmer feststehen muss (BFH vom 16.08.2022, Az.: XI S 4/21 (AdV), BStBl II 2023, 419; EuGH-Vorlage vom 03.11.2022, Az.: XI R 21/21, BFH/NV 2023, 485; Az. beim EuGH: C-68/23).

Mehrzweckgutscheine sind gem. § 3 Abs. 15 S. 1 UStG solche Gutscheine, die keine Einzweckgutscheine im vorgenannten Sinne sind. Im Ergebnis sind damit unter Mehrzweckgutscheinen multivalent einsetzbare Gutscheine zu verstehen, die sich dadurch auszeichnen, dass der Liefergegenstand bzw. eine konkrete sonstige Leistung noch nicht feststeht (z. B. typische Nennwertgutscheine) oder zumindest noch nicht abzusehen ist, an welchem Ort oder von wem genau die Leistung erbracht wird (z. B. bei international einsetzbaren Reise-, Restaurant- oder Hotelgutscheinen). Ein Mehrzweckgutschein ist im Ergebnis ebenfalls anzunehmen, wenn sich der Gutschein auf das gesamte Warensortiment eines Unternehmens bezieht und dieses sowohl regel- und ermäßigt besteuerte Artikel und Leistungen umfasst.

Bei Mehrzweckgutscheinen sind die Ausgabe und auch der Verkauf derselben umsatzsteuerrechtlich noch nicht relevant, denn der Umsatz wird erst mit Einlösung des Gutscheins verwirklicht und damit die konkrete Leistung, für die der Gutschein verwandt wird, zu diesem Zeitpunkt versteuert (§ 3 Abs. 15 S. 2 UStG). Der Erwerb eines solchen Gutscheins gleicht daher eher einem Zahlungsmitteltausch, und die Lieferung oder sonstige Leistung konkretisiert sich erst bei Einlösung und ist dann entsprechend den allgemeinen umsatzsteuerlichen Regelungen zu besteuern (A 3.17 Abs. 9 ff. UStAE).

> **Beispiel 4c: Veränderungen im Warensortiment**
>
> Unternehmer U hat bei Ausgabe des Gutscheins, der für das gesamte Sortiment eingesetzt werden kann, nur Waren zum Regelsteuersatz im Angebot. Nach Ausgabe des Gutscheins, aber noch vor dessen Einlösung, nimmt er Waren zum ermäßigten Steuersatz ins Sortiment auf.
>
> **Lösung**: Die Einordnung des Gutscheins als Einzweckgutschein bei Ausgabe kann sich durch den späteren Wechsel des Sortiments nicht mehr verändern. Löst der Kunde den bei Ausgabe zu 19 % versteuerten Gutschein später allerdings für Waren zu 7 % ein, erfolgt aber eine Berichtigung im Zeitpunkt des tatsächlichen Umsatzes gem. § 17 Abs. 1 S. 1 UStG. Entsprechendes gilt im umgekehrten Fall, wenn der Unternehmer zunächst Waren zu unterschiedlichen Steuersätzen im Sortiment hatte und im Zeitpunkt der Einlösung des Gutscheins nur noch solche zum Regelsteuersatz. Die Besteuerung erfolgt insoweit bei Einlösung des Gutscheins und nicht im Moment des Sortimentswechsels.

Insoweit wurden auch die Regelungen zur Bestimmung der umsatzsteuerlichen BMG in § 10 Abs. 1 UStG angepasst. Bei der Entgegennahme von Mehrzweckgutscheinen, bei denen keine Angaben über die für den Mehrzweckgutschein erhaltene Gegenleistung vorliegen, bemisst sich die Gegenleistung für die erbrachte Leistung nach dem Gutscheinwert bzw. dem sich aus damit zusammenhängenden Unterlagen ergebenden Geldwert (§ 10 Abs. 1 S. 6 UStG). Die Gegenleistung des Umsatzes ergibt sich demnach aus dem Wert, mit dem der Gutschein angerechnet wird, zzgl. einer etwaigen Barzahlung. Zur Ermittlung der BMG ist die USt auf die konkret in Anspruch genommene Leistung oder Lieferung aus dieser Gegenleistung – wie üblich – herauszurechnen (A 3.17 Abs. 12 UStAE mit dortigen Beispielen).

> **Beispiel 4d: Weiterverkauf und Einlösung**
>
> Einzelhändler E verkauft einen Mehrzweckgutschein im Wert von 50 € an ein Gutscheinportal zum Preis von 30 €. Das Portal verkauft den Gutschein an den Kunden zum Preis von 40 €. Der Kunde löst den Gutschein für regelbesteuerte Waren im Wert von 50 € bei E ein.
>
> **Lösung**: Da ein Mehrzweckgutschein vorliegt, unterliegt der Verkauf des Gutscheins durch E an das Portal nicht der USt. Ebenso ist der Verkauf durch das Gutscheinportal an den Kunden keine steuerbare Leistung. E erbringt erst dann eine Lieferung, wenn der Kunde den Gutschein bei ihm

einlöst. Die BMG der Lieferung richtet sich gem. § 10 Abs. 1 S. 6 UStG grds. nach dem vom Kunden aufgewandten Entgelt für den Erhalt des Gutscheins (40 €). Dem E ist der Verkaufspreis des Portals aber nicht bekannt, sodass sich die BMG aus dem auf dem Gutschein angegebenen Nennwert von 50 € ergibt. In diesem Fall hat E eine USt von 7,98 € (50 € x 19/119) an das FA abzuführen.

Da Mehrzweckgutscheine erst bei ihrer Einlösung zu besteuern sind, eine Einlösung beim Verfall aber nicht stattfindet, kommt es somit nie zu einer Besteuerung (A 3.17 Abs. 13 – 14 UStAE).

1.3 Bestimmung des Lieferortes (§ 3 Abs. 5a UStG)

Innerhalb der Lieferungen ist zwischen sog. bewegten und unbewegten (ruhenden) Lieferungen zu unterscheiden. Je nachdem, ob man es mit einer bewegten oder einer unbewegten (ruhenden) Lieferung zu tun hat, gelangen unterschiedliche Regelungen zur Bestimmung des Lieferorts zur Anwendung.

1.3.1 Unbewegte Lieferungen und deren Ort

Unbewegte Lieferungen sind solche, bei denen es anlässlich der Lieferung nicht zu einer Bewegung des Gegenstands der Lieferung kommt.

Beispiele hierfür bilden die **Lieferung von Grundstücken**, die **Übereignung beweglicher Sachen durch bloße Einigung** nach § 929 S. 2 BGB, durch Vereinbarung eines Besitzkonstituts nach den §§ 929, 930 BGB, durch **Abtretung von Herausgabeansprüchen** nach § 931 BGB oder **Übergabe sog. Traditionspapiere** nach § 363 HGB, aber auch die **Lieferungen beim Kauf auf Probe nach § 454 BGB**, die erst mit Billigung der Warensendung durch den Besteller erfolgen (BFH vom 06.12.2007, Az.: V R 24/05, BStBl II 2009, 490). Von praktischer Relevanz sind ferner die bereits angesprochenen unbewegten Lieferungen bei der Verwertung von Sicherungsgut und beim Kommissionsgeschäft (vgl. Beispiele 4 und 4a). Sofern Gegenstand der Lieferung eine **Bauleistung an einem Grundstück (§ 3 Abs. 4 S. 2 UStG)** ist, handelt es sich grds. um eine mit Abnahme der Bauleistung ausgeführte **unbewegte Lieferung**. Unbewegte Lieferungen haben nach § 3 Abs. 5a UStG i. V. m. **§ 3 Abs. 7 S. 1 UStG** ihren Lieferort grds. dort, **wo sich der Liefergegenstand zum Zeitpunkt des Verschaffens der Verfügungsmacht befindet.**

> **Beispiel 5: Lieferort bei unbewegten Lieferungen**
>
> A mit Sitz in Amerika gehören mehrere Ferienhäuser in der Bretagne. Anlässlich einer Geschäftsreise in Europa verkauft er in Hamburg unter Einschaltung des dort ansässigen Notars N am 29.11.01 eines der Häuser an den Belgier B. Übergang von Nutzen und Lasten soll am 01.12.01 sein.
>
> **Lösung:** Die Lieferung des Ferienhauses erfolgt am 01.12.01. Sie hat als unbewegte Lieferung ihren Lieferort nach § 3 Abs. 7 S. 1 UStG in Frankreich (dort, wo der Verbrauch des WG stattfindet) und ist deshalb im Inland nicht steuerbar. Ebenso unerheblich wie die Nationalität der am Vertragsabschluss Beteiligten ist der Ort des Vertragsabschlusses.

1.3.2 Befördern und Versenden als bewegte Lieferungen

Bezüglich der bewegten Lieferung unterscheidet § 3 Abs. 6 S. 2, 3 UStG zwischen Beförderungen und Versendungen, wobei in der Konzeption des UStG die **Versendung nur eine besondere Form des** in § 3 Abs. 6 S. 2 UStG als Fortbewegung eines Gegenstands beschriebenen **Beförderns** darstellt. Das **Befördern** begegnet Ihnen in Klausuren, wenn der Lieferer oder der Abnehmer den Warentransport **selber** ausführen oder durch Mitarbeiter ausführen lassen. Nach § 3 Abs. 6 S. 3 UStG liegt ein **Versenden** demgegenüber vor, wenn die **Beförderung** eines

Gegenstandes **durch** einen **selbständigen Beauftragten** ausgeführt oder besorgt wird. Als selbständige Beauftragte, die mit der **Ausführung von Warentransporten** zu Land oder See betraut sind, kommen in erster Linie die in den §§ 407 ff. HGB näher gekennzeichneten **Frachtführer** in Betracht. Soweit es darum geht, die **Durchführung von Transporten** zu **besorgen**, ist dies Aufgabe der **Spediteure** (§ 453 HGB). Beauftragt der Spediteur seinerseits in eigenem Namen und auf Rechnung des Warenlieferanten einen selbständigen Frachtführer, wird dessen Beförderungsleistung an ihn und nicht etwa an den Warenlieferanten ausgeführt. Der Frachtführer unterhält lediglich vertragliche Beziehungen zum **Spediteur**, und zwar solche, die auf die Ausführung einer **Besorgungsleistung** gerichtet sind, **die umsatzsteuerrechtlich über § 3 Abs. 11 UStG in eine (weitere) Beförderungsleistung umgewandelt wird** (vgl. Beispiele in A 3.15 Abs. 6 UStAE und Kap. 2.4.2 mit dortigem Beispiel 16a). Macht der Spediteur von seinem **Selbsteintrittsrecht** nach § 458 HGB Gebrauch und führt er sodann den Warentransport selbst aus, so besorgt er nicht mehr, sondern **fungiert** nur noch **als Frachtführer** und **erbringt** insoweit gegenüber dem Warenlieferanten tatsächlich nur eine **Beförderungsleistung**.

1.3.3 Ort des Transportbeginns als Lieferort bewegter Lieferungen

Als Grundregel für den **Lieferort** bewegter Lieferungen bestimmt § 3 Abs. 6 S. 1 UStG, dass im Falle einer **Beförderung oder Versendung des Gegenstands der Lieferung** durch den Lieferer, Abnehmer oder einen beauftragten Dritten die Beförderung oder Versendung dort als ausgeführt gilt, **wo** die **Beförderung oder Versendung** an den Abnehmer **beginnt**.

Dies festzustellen ist i. d. R. dann unproblematisch, wenn der **Gegenstand der Lieferung** feststeht. Im Einzelfall kann es durchaus erforderlich werden, diesen zunächst sorgfältig **zu bestimmen**. Nicht jede Bewegung von Gegenständen anlässlich einer Vertragsabwicklung beinhaltet nämlich eine bewegte Lieferung. Worin der Gegenstand der Lieferung besteht, ergibt sich **aus den vertraglichen Vereinbarungen**. Bei der Vereinbarung »Lieferung einer fertig installierten und probegelaufenen Maschine« ist die Beförderung der Maschine zum Abnehmer kein Befördern i. S. d. § 3 Abs. 6 S. 1 UStG, denn Gegenstand der Lieferung ist hier die fertig installierte und Probe gelaufene Maschine. Insoweit wird dem Abnehmer die Verfügungsmacht an der Maschine dadurch verschafft, dass dieser den »Gegenstand der Lieferung« nach dem Probelauf abnimmt (vgl. A 3.12 Abs. 4 UStAE). Anlässlich dieser Lieferung wird der Gegenstand nicht mehr bewegt.

> **Beispiel 6: Unbewegte Lieferung trotz bewegten Liefertransports**
>
> M mit Sitz in Hamburg hat von B in Bremen den Auftrag erhalten, in Kuwait eine Maschinenanlage zu erstellen (montieren). M fertigt die Einzelteile in Hamburg, versendet diese per Schiff nach Kuwait und lässt sie dort zusammenbauen.
>
> **Lösung:** Gegenstand der Lieferung ist die fertige Anlage (sog. Montagelieferung). Schuldet der leistende Unternehmer nicht nur die bloße Lieferung der Anlage, sondern auch den Aufbau und die Anpassung an lokale Gegebenheiten, geht die Verfügungsmacht an der Anlage erst mit Fertigstellung des Aufbaus an B in Kuwait über. Dort ist gem. § 3 Abs. 5a i. V. m. § 3 Abs. 7 S. 1 UStG auch der Lieferort der ruhenden Lieferung. Somit ist der Umsatz nicht nach § 1 Abs. 1 Nr. 1 UStG steuerbar. Um eine bewegte Lieferung handelt es sich hingegen, wenn M die Anlage noch in seinem Werk zusammensetzt und mehrere Probeläufe durchführt sowie am Bestimmungsort lediglich die nur für Zwecke des Transports zerlegte Anlage wieder zusammensetzt (Kaufvertrag mit Montageverpflichtung; A 3.12 Abs. 4 S. 7 UStAE). Soweit in diesem Fall der Gegenstand der Lieferung allerdings körperlich in das Drittlandsgebiet (Kuwait) gelangt, liegt eine Ausfuhrlieferung nach § 6 Abs. 1 S. 1 Nr. 1 UStG vor, die nach § 4 Nr. 1 Buchst. a UStG steuerfrei ist (hierzu Kap. XIV 2).

Noch ein weiterer Aspekt kann bei der Ortsbestimmung nach § 3 Abs. 6 S. 1 UStG besonders zu beachten sein: Von einem **Transport an den Abnehmer** (oder in dessen Auftrag an einen Dritten) lässt sich erst sprechen, wenn die Warenbewegung den Zweck verfolgt, den Gegenstand der Lieferung zum Abnehmer gelangen zu lassen. Das **setzt voraus, dass der Abnehmer bei Beginn der Beförderung bzw. Versendung feststeht.**

> **Beispiel 7: Start ohne Abnehmer**
>
> Der Hamburger Unternehmer A lässt mit eigenem Lkw Ware zu seinem Auslieferungslager in Bern befördern. Der Fahrer macht in Stuttgart Rast und erhält dort telefonisch die Anweisung, die Ware nicht nach Bern, sondern zum zwischenzeitlich gefundenen Kunden B in Trier zu bringen.
>
> **Lösung:** Ort der Lieferung des A an B ist Stuttgart, da erst dort die Beförderung an den Abnehmer beginnt. (Solange der Abnehmer noch nicht feststeht, handelt es sich um ein rechtsgeschäftsloses innerbetriebliches Verbringen, das nur im grenzüberschreitenden innergemeinschaftlichen Warenverkehr unter den Voraussetzungen des § 3 Abs. 1a UStG als entgeltliche Lieferung gilt.)

> **Beispiel 7a: Umkartonierung**
>
> Händler H lässt 30 Wäschetrockner von seinem Auslieferungslager in Hannover durch den Frachtführer F an seinen Kunden K1 in Tallinn (Estland) transportieren. Unvorhergesehen storniert K1 den Auftrag. Als W den F telefonisch erreicht und diesen anweist, die Wäschetrockner an seinen Kunden K2 in Genf zu transportieren, befindet sich F bereits in Polen.
>
> **Abwandlung:** Während F mit den Wäschetrocknern in Polen unterwegs ist, leitet ihn K1 zu seinem Abnehmer K2 in Minsk um.
>
> **Lösung:** Die Umleitung der rollenden Ware durch H führt zu einer Rückgängigmachung der ersten Lieferung an K1 gem. § 17 Abs. 2 Nr. 3 UStG. Der Ort der zweiten Lieferung an K2 richtet sich gem. § 3 Abs. 5a i.V.m. Abs. 6 S. 1 UStG danach, wo sich die Ware im Zeitpunkt dieser sog. Umkartonierung befindet, mithin in Polen. Die zweite Lieferung ist daher im Inland nicht steuerbar.
>
> In der Abwandlung bleibt die erste Lieferung von H an K1 durch die Umleitung des Erwerbs unberührt. Nunmehr liefert aber K1 die Wäschetrockner an K2. Ort der zweiten Lieferung durch den ersten Abnehmer an seinen Vertragspartner richtet sich ebenfalls nach § 3 Abs. 5a i.V.m. Abs. 6 S. 1 danach, wo sich die Ware im Zeitpunkt der Umkartonierung befindet – in diesem Fall in Polen. Die zweite Lieferung ist daher im Inland nicht steuerbar. Ein Reihengeschäft i.S.d. § 3 Abs. 6a S. 1 UStG liegt nicht vor, weil der zweite Abnehmer beim ursprünglichen Beginn des Warentransports in Hannover nicht bereits feststand.

1.3.4 Verlagerungen des Lieferorts im grenzüberschreitenden Warenverkehr

Bezüglich der bewegten Lieferung sind nur wenige Sonderregelungen zu beachten, die abweichend von § 3 Abs. 6 S. 1 UStG den Ort der Lieferung weg vom Transportbeginn in das Bestimmungsland verlagern. Nach § 3 Abs. 5a UStG sind dies die Bestimmungen in § 3 Abs. 8 UStG, § 3c UStG und § 3g UStG. Sie betreffen alle den grenzüberschreitenden Warenverkehr.

1.3.4.1 Verlagerung aus dem Drittland ins Inland nach § 3 Abs. 8 UStG

Die Regelung des **§ 3 Abs. 8 UStG betrifft Warenbewegungen aus dem Drittlandsgebiet in das Inland.** Hierbei verschiebt sich ein Lieferort, der nach § 3 Abs. 6 S. 1 UStG im Drittland wäre, in das Inland, sofern der Lieferer (oder sein Beauftragter) Schuldner der E-USt ist.

Klausurhinweis: Wer Schuldner der E-USt ist, ergibt sich in Beraterklausuren regelmäßig aus den hierzu mitgeteilten vertraglichen Abreden.
- Soll »**verzollt und versteuert**«[15] geliefert werden, ist der **Lieferer Schuldner der E-USt**.
- »Unverzollt und unversteuert«[16] weist auf den Abnehmer des Schuldners.

Zweck der in Abhängigkeit zur Schuldnerstellung hinsichtlich der E-USt vorgesehenen Bestimmung des Lieferorts ist es, **dafür zu sorgen, dass demjenigen, der wirtschaftlich mit der E-USt belastet ist, auch die Berechtigung zukommt, diese nach § 15 Abs. 1 S. 1 Nr. 2 UStG als VSt in Abzug zu bringen** (vgl. dazu näher Kap. XIV 2.1).[17]

> **Beispiel 8: Einfuhrumsatzsteuer bestimmt Lieferort**
>
> Möbelhändler M aus Hamburg hat am 28.11.01 bei dem in Bern ansässigen Hersteller H 50 Stühle bestellt. Vereinbarter Nettopreis: 2.000 €; die Lieferkondition lautet alternativ »unverzollt und unversteuert« bzw. »verzollt und versteuert«. H beauftragt mit der Durchführung des Transports einen Frachtführer, der die Stühle am 02.12.01 in Bern übernimmt, an der Grenze die deutsche E-USt für Rechnung des M bzw. alternativ des H entrichtet und die Stühle am 03.12.01 bei M anliefert.
>
> **Lösung:** Zweifelhaft an einem steuerbaren Umsatz des H nach § 1 Abs. 1 Nr. 1 UStG ist allein, ob sich der Lieferort im Inland befindet. Es liegt eine Versendung nach § 3 Abs. 6 S. 3 UStG vor, da der Lieferer H den Transport durch einen selbständigen Beauftragten, den Frachtführer, durchführen lässt. Wird »unverzollt und unversteuert« geliefert, bleibt es bei einer Lieferortsbestimmung nach § 3 Abs. 6 S. 1 UStG, und der Lieferort ist in Bern in der Schweiz. Lautet die Lieferklausel »verzollt und versteuert«, kommt es zu einer Verlagerung nach § 3 Abs. 8 UStG, da der Lieferer H Schuldner der E-USt ist. Der Lieferort ist damit im Inland (die auch stpfl. Lieferung hat als BMG nach § 10 Abs. 1 UStG das Nettoentgelt von 2.000 €; die USt beträgt 380 € und entsteht gem. § 13 Abs. 1 Nr. 1 Buchst. a S. 1 UStG mit Ablauf des VAZ 12/01). H wird zum Steuersubjekt im Inland. Bei der Lieferklausel »verzollt und versteuert« ist H auch derjenige, der den Tatbestand der Einfuhr nach § 1 Abs. 1 Nr. 4 UStG verwirklicht.

1.3.4.2 Verlagerung des Lieferorts an das Transportende für Fernverkäufe (§ 3c UStG)

Für bis zum 30.06.2021 ausgeführte Umsätze galt für grenzüberschreitende Lieferungen von Gegenständen an (private) Endverbraucher innerhalb der EU grds. das Ursprungslandprinzip, d. h., die Besteuerung erfolgte grds. in dem Mitgliedstaat, aus dem die Ware stammt, mit dem dort geltenden Steuersatz. Lieferte z. B. ein inländischer Unternehmer an einen Endverbraucher in das übrige Gemeinschaftsgebiet, richtete sich der Ort der Beförderungs- oder Versendungslieferung nach dem Ort des Beginns der Lieferung gem. § 3 Abs. 6 S. 1 UStG. Eine steuerbefreite igL nach § 4 Nr. 1b i. V. m. § 6a UStG konnte für Lieferungen an Endverbraucher wegen der Vorgabe in § 6a Abs. 1 Nr. 2 UStG nicht zur Anwendung gelangen. Den befürchteten Wettbewerbsverzerrungen aufgrund unterschiedlicher Steuersätze innerhalb der EU trug aber die sog. **Sonderregelung für den Versandhandel** des **§ 3c UStG a. F. in seiner bis zum 30.06.2021 geltenden Fassung** Rechnung. Hiernach wurde für **Lieferungen gegenüber**

---

15 Incoterm: DDP (Delivered Duty Paid).
16 Incoterms: EXW (Ex Works) oder DDU (Delivered Duty Unpaid).
17 Die Bestimmung des § 3 Abs. 8 UStG gelangt jedoch auch dann zur Anwendung, wenn tatsächlich gar keine E-USt anfällt. Schuldner der E-USt i. S. d. § 3 Abs. 8 UStG bleibt auch derjenige, dessen Umsätze zwar gem. § 1 Abs. 1 Nr. 4 UStG steuerbar, aber nach § 5 UStG steuerfrei sind (BFH vom 29.01.2015, Az.: V R 5/14, BStBl II 2015, 567).

privaten Abnehmern i. S. d. § 3c Abs. 2 Nr. 1 UStG a. F. (**Endverbrauchern**) das **Bestimmungslandprinzip** verwirklicht, in dem bei bestimmten bewegten Lieferungen der **Lieferort** abweichend von § 3 Abs. 6 S. 1 UStG **an das Ende der Beförderung oder Versendung**, also in das Bestimmungsland, verlagert wurde. Grundvoraussetzung hierfür war nach § 3c Abs. 1 S. 1 UStG a. F., dass der Lieferer für den Transport verantwortlich war. Im Abholfall bleib es beim Ursprungslandprinzip. Zur Entlastung kleinerer Unternehmen wegen des mit der Ortsverlagerung in den Bestimmungsmitgliedstaat einhergehenden Registrierungsaufwands kam es zur Ortsverlagerung nach § 3c Abs. 3 UStG a. F. **nur** dann, wenn eine von Mitgliedstaat zu Mitgliedstaat unterschiedliche **Lieferschwelle** zwischen 35.000 € und 100.000 € überschritten wurde. Blieb der versendende Unternehmer unter der vom jeweiligen Bestimmungsland festgelegten Lieferschwelle, verblieb es bei der Besteuerung im Ursprungsland. Etwas anderes galt nach § 3c Abs. 5 S. 2 UStG a. F. nur für **verbrauchstpfl. Artikel**. Diese **waren bei privaten Abnehmern – unabhängig vom Überschreiten einer Lieferschwelle – stets im Bestimmungsland zu besteuern**. Daneben bestand für die liefernden Unternehmer aber auch die Möglichkeit eines Verzichts auf die Anwendung der Lieferschwelle (§ 3c Abs. 4 UStG a. F.).

Mit **Wirkung zum 01.07.2021** wurden die **Regelungen** zum Versandhandel **grundlegend überarbeitet**. Hiernach gilt als **Ort der Lieferung eines innergemeinschaftlichen Fernverkaufs** – wie auch schon zuvor – der Ort, an dem sich der Gegenstand **bei Beendigung der Beförderung oder Versendung** an den Erwerber befindet (§ 3c Abs. 1 S. 1 UStG).

Ein innergemeinschaftlicher Fernverkauf liegt gem. § 3c Abs. 1 S. 2 UStG grds. vor, wenn ein Gegenstand **grenzüberschreitend innerhalb der EU transportiert** wird. Zudem muss der Gegenstand **an einen Empfänger i. S. d. § 3c Abs. 1 S. 3 UStG** geliefert werden. Daher können Fernverkäufe erbracht werden an

- **Nichtunternehmer** und Unternehmer, die den Gegenstand nicht für ihr Unternehmen beziehen (§ 3a Abs. 5 S. 1 Nr. 1 UStG),
- Erwerber, die keine ausschließlich nichtunternehmerisch tätige juristische Personen sind, denen eine USt-IdNr. erteilt worden ist (§ 3a Abs. 5 S. 1 Nr. 2 UStG) sowie
- Erwerber, die keine juristischen Personen sind, die sowohl unternehmerisch als auch nichtunternehmerisch tätig sind und bei denen die Leistung nicht ausschließlich für den privaten Gebrauch des Personals oder ihrer Gesellschafter bestimmt ist (§ 3a Abs. 5 S. 1 Nr. 3 UStG) und
- an sog. Schwellenerwerber i. S. d. § 1a Abs. 3 Nr. 1 UStG, die weder die maßgebende Erwerbsschwelle überschritten noch auf ihre Anwendung verzichtet haben.

Der Abnehmerkreis der Ware bleibt daher im Vergleich zur Vorgängerregelung der gleiche. Nach wie vor fallen B2B-Leistungen (mit Ausnahme der Schwellenerwerber) nicht unter diesen Fernverkauf und werden weiterhin als igL nach § 6a UStG besteuert (vgl. Kap. XIV 3).

Daneben muss der liefernde Unternehmer (sog. Fernverkäufer) den Transport veranlasst haben, wobei eine **indirekte Beteiligung des Fernverkäufers an der Transportveranlassung** ausreicht. Daher sollen auch solche Fälle erfasst werden, bei denen der Fernverkäufer die gesamte oder teilweise Verantwortung für den Transport übernimmt, die Transportkosten vom Kunden einzieht und sie an den Spediteur weiterleitet oder die Zustelldienste eines Spediteurs bewirbt oder diesem die benötigten Informationen übermittelt (vgl. hierzu die Fälle des Art. 5a MwSt-DVO bzw. A 3.18 Abs. 4 S. 8 UStAE). Im Ergebnis liegt daher nur dann kein Fernverkauf vor, wenn der Käufer sich vollständig selbst um den Transport der Ware kümmert. Lieferungen von Gas, Elektrizität, Wärme und Kälte sind allerdings keine bewegten Lieferungen und sind deshalb nicht von § 3c Abs. 1 S. 2 UStG erfasst (A 3c.1 Abs. 2 S. 2 UStAE).

Hinweis: Die im Gemeinschaftsgebiet ansässigen Fernverkäufer können ihre im Bestimmungsland steuerbaren Umsätze im sog. One-Stop-Shop (OSS) entsprechend der deutschen Regelung des § 18j UStG in ihrem Ansässigkeitsstaat anmelden und die USt des Bestimmungslands insoweit abführen (Einzelheiten: vgl. Kap. XVII 2).

Zur **Entlastung von Kleinstunternehmen mit Sitz in nur einem EU-Mitgliedstaat** werden die bisherigen länderspezifischen Lieferschwellen durch eine **EU-einheitliche Geringfügigkeitsschwelle** in Höhe von nur noch **10.000 €** ersetzt (§ 3c Abs. 4 UStG).[18] Der neue Schwellenwert ist dabei nicht mehr auf innergemeinschaftliche Fernverkäufe aus einem EU-Mitgliedstaat in einen bestimmten (einzigen) EU-Mitgliedstaat beschränkt, sondern erfasst nunmehr sämtliche Lieferungen in alle anderen EU-Mitgliedstaaten. Daneben sind auch sämtliche Entgelte für die in § 3a Abs. 5 S. 2 UStG bezeichneten sonstigen Leistungen auf dem Gebiet der Telekommunikation, Rundfunk- und Fernsehdienstleistungen sowie die auf elektronischem Weg erbrachten sonstigen Leistungen in die Berechnung des Schwellenwerts mit einzubeziehen. Der Fernverkäufer kann auf die Anwendung der Geringfügigkeitsschwelle mit Bindungswirkung für mindestens zwei Kalenderjahre gem. § 3c Abs. 4 S. 2 und S. 3 UStG verzichten.

> **Beispiel 9: Lieferort beim innergemeinschaftlichen Fernverkauf**
>
> Der im Inland ansässige Händler H veräußert erstmals über seine eigene Internetseite einen Wandteppich an eine Privatperson in Spanien. Der Wandteppich wird aus einem Auslieferungslager im Inland durch eine Spedition zum Kunden transportiert. H stellt dem Kunden die Transportkosten in Rechnung und leitet sie nach Zahlung an die Spedition weiter.
>
> **Abwandlung:** Der Händler H hat bereits im vorangegangenen Kj. einen Umsatz in Spanien i. H. v. 30.000 € erzielt.
>
> **Lösung:** Nach § 3 Abs. 6 S. 1 und 3 UStG läge der Ort der Lieferung im Inland, weil dort die Warenbewegung durch Übergabe an die Spedition beginnt. Gem. § 3 Abs. 5a UStG ist die Vorschrift des § 3c Abs. 1 UStG allerdings vorrangig anzuwenden. Hiernach ist der Ort der Lieferung der Ort, an dem ich der Gegenstand bei Beendigung der Versendung an die Privatperson befindet (hier: Spanien). Da H seinem Kunden die Transportkosten berechnet und der Spedition weiterleitet, ist auch von einer indirekten Beteiligung am Transport auszugehen und es liegt somit ein innergemeinschaftlicher Fernverkauf von Gegenständen vor. Der Lieferort verlagert sich damit allerdings nur in der Abwandlung nach § 3c Abs. 1 UStG nach Spanien, weil H im Grundfall die Umsatzschwelle von 10.000 € im vorangegangenen Kj. nicht überschritten hat und im laufenden Kj. nicht überschreitet (§ 3c Abs. 4 S. 1 UStG) bzw. auf die Anwendung des § 3c Abs. 4 S. 1 UStG nicht verzichtet hat (§ 3c Abs. 4 S. 2 UStG). In der Abwandlung kann H wegen der Ortsverlagerung aufgrund des § 3c Abs. 1 UStG das besondere Besteuerungsverfahren nach § 18j UStG in Anspruch nehmen und den Umsatz darüber erklären. Andernfalls hat H den Umsatz im Bestimmungsland (hier: Spanien) im allgemeinen Besteuerungsverfahren zu erklären.

---

18 Die Umsatzschwelle wird, auch wenn die Regelung erst zum 01.07.2021 in Kraft getreten ist, nicht zeitanteilig aufgeteilt.

Die neue Regelung über innergemeinschaftliche Fernverkäufe gilt gem. § 3c Abs. 5 S. 1 UStG nicht für die Lieferung neuer Fahrzeuge[19] und daneben auch nicht
- für die Lieferung eines Gegenstands, der mit oder ohne probeweise Inbetriebnahme durch den Lieferer oder für dessen Rechnung montiert oder installiert geliefert wird (sog. Montagelieferungen[20]), und
- für die Lieferung eines Gegenstands, auf die die Differenzbesteuerung nach § 25a Abs. 1 oder Abs. 2 UStG angewendet wird (vgl. auch § 25a Abs. 7 Nr. 2 UStG und Kap. IX 5).

Hinweis: Diese Umsätze können somit auch nicht über den One-Stop-Shop (OSS) gemeldet und besteuert werden.

Für die Lieferung von verbrauchstpfl. Waren (Alkohol und Tabak) an einen Schwellenerwerber gilt die neue Fernverkaufsregelung ebenfalls nicht (§ 3c Abs. 5 S. 2 UStG), da für solche Lieferungen die Erwerbsschwelle entsprechend § 1a Abs. 5 UStG nicht anwendbar ist (dazu später mehr). Daneben fallen auch die Lieferung von Wärme, Kälte, Gas und Elektrizität nicht in den Anwendungsbereich von § 3c UStG (A 3c.1 Abs. 2 S. 2 UStAE).

Hinweis: Fernverkäufe von Gegenständen aus dem Drittland sind nach § 3c Abs. 2 und Abs. 3 UStG bereits ab dem ersten Umsatz ebenfalls im Bestimmungsland zu besteuern (vgl. Kap. XIV 2.1).

Sofern ein anderer Unternehmer mittels seiner elektronischen Schnittstelle (z.B. **Onlinemarktplatz, § 3 Abs. 3a S. 3 UStG) den innergemeinschaftlichen Fernverkauf eines Lieferers, der nicht im Gemeinschaftsgebiet ansässig ist, unterstützt** (z.B. bei der Anbahnung des Umsatzes) und der Endabnehmer ein Empfänger i.S.d. § 3a Abs. 5 S. 1 UStG ist (s. oben), wird der Betreiber der elektronischen Schnittstelle gem. § 3 Abs. 3a S. 1 UStG so behandelt, als ob er den Liefergegenstand selbst erhalten und geliefert hätte. Beispiel: Versendung von Gegenständen eines chinesischen Unternehmers aus einem polnischen oder deutschen Lager an eine Privatperson in Deutschland aufgrund eines über einen Onlinemarktplatz geschlossenen Kaufvertrags. Aufgrund des § 3 Abs. 3a S. 1 UStG wird somit ein **Reihengeschäft zwischen** dem nichtansässigen Lieferer (**Onlinehändler**) und dem anderen Unternehmer (**Onlinemarktplatz**) und dem **Endabnehmer fingiert** (zum Reihengeschäft und den Rechtsfolgen s. Kap. 1.4). Hierfür wird gem. § 3 Abs. 6b UStG die bewegte Lieferung der Lieferung von der elektronischen Schnittstelle an den Endabnehmer zugeschrieben, deren Besteuerungsort bei einem innergemeinschaftlichen Fernverkauf gem. § 3c Abs. 1 S. 1 UStG im Bestimmungsland liegt. Der Betreiber der elektronischen Schnittstelle kann diese Umsätze im sog. One-Stop-Shop (OSS) gem. § 18j UStG erklären, soweit er selbst die Geringfügigkeitsschwelle des § 3c Abs. 4 UStG überschreitet. Die **fiktive Lieferung des nichtansässigen Fernverkäufers an den Betreiber der elektronischen Schnittstelle** ist bei innergemeinschaftlichen Fernverkäufen sodann zwangsläufig die ruhende Lieferung und aufgrund der Ortsbestimmung nach § 3 Abs. 7 S. 2 Nr. 1 UStG im Gemeinschaftsgebiet steuerbar, jedoch gem. § 4 Nr. 4c UStG **steuerfrei**, sofern der Betreiber der elektronischen Schnittstelle den Liefergegenstand nach § 3 Abs. 3a S. 1 UStG im Gemeinschaftsgebiet weiterliefert.

---

19   Die Lieferung neuer Fahrzeuge ins EU-Ausland unterliegt entweder der Regelung zur igL (§ 6a Abs. 1 UStG) oder der sog. Fahrzeugeinzelbesteuerung (§ 2a UStG). Hierzu Kap. XIV 3.2.4.
20   Für Montagelieferungen gilt als der Ort der Lieferung bereits der Ort, an dem die Installation oder Montage vorgenommen wird (ruhende Lieferung nach § 3 Abs. 7 S. 1 UStG).

Hinweis: Um als elektronische Schnittstelle rechtssicher agieren zu können, sind in Art. 5d MwSt-DVO Vermutungsregelungen zum Status von Veräußerer und Erwerber getroffen worden.

1.3.4.3 Energielieferungen nach § 3 g UStG

Die (bewegte) **Lieferung von Gas** über das Erdgasnetz, von **Elektrizität, Wärme und Kälte** über Wärme- und Kältenetze ist nach § 3 Abs. 5a i.V.m. § 3 g UStG in Abhängigkeit von der Stellung des Abnehmers wie folgt zu behandeln:

- Ist der **Leistungsempfänger ein Wiederverkäufer**, so gilt als **Ort** der Lieferung der Ort, **an dem der Wiederverkäufer als Abnehmer sein Unternehmen betreibt** (§ 3 g Abs. 1 S. 1 UStG). Als Wiederverkäufer beschreibt § 3 g Abs. 1 S. 1 UStG einen Unternehmer, dessen Haupttätigkeit in Bezug auf den Erwerb dieser Gegenstände in deren Lieferung besteht und dessen eigener Verbrauch dieser Gegenstände von untergeordneter Bedeutung ist.
- Ist der Abnehmer einer Lieferung von Gas oder Elektrizität **kein Wiederverkäufer**, gilt nach § 3 g Abs. 2 UStG als Ort der Lieferung der **Ort, an dem der Abnehmer die Gegenstände tatsächlich nutzt oder verbraucht** (normalerweise der Ort, an dem sich der Zähler des Abnehmers befindet).

Im Ergebnis wird hierdurch das **Bestimmungslandprinzip** umgesetzt. Der **Endverbraucher** wird nicht mehr mit der USt des Ursprungslands, sondern **mit der USt des Bestimmungslands belastet**. Damit geht eine Reihe von Sonderregelungen einher, die dieser Besonderheit Rechnung tragen:

- Nach § 3 g Abs. 3 UStG kann die grenzüberschreitende Bewegung dieser Gegenstände innerhalb der EU kein innergemeinschaftliches Verbringen (dazu Kap. XIV 3.1.3) bewirken. Denn soweit § 3 g UStG bereits das Bestimmungslandprinzip umsetzt, bedarf es hierfür der Regelungen in § 1a Abs. 2, § 3 Abs. 1a UStG nicht.
- Bei einer grenzüberschreitenden Bewegung aus dem Drittlandsgebiet ins Inland sind bestimmte Einfuhren von Erdgas, Elektrizität, Kälte und Wärme gem. § 5 Abs. 1 Nr. 6 UStG von der E-USt befreit.
- Zur Sicherstellung des fiskalischen Interesses sieht § 13b Abs. 2 Nr. 5 Buchst. a UStG einen Wechsel der Steuerschuldnerschaft für Lieferung eines im Ausland ansässigen Unternehmers an inländische Wiederverkäufer vor. Dies gilt nach § 13b Abs. 2 Nr. 5 Buchst. b UStG auch für Lieferung von Gas über das Erdgasnetz und von Elektrizität, wenn der leistende Unternehmer im Inland ansässig ist.

Beispiel 10:

Die russische Erdgasfirma Gaspo mit Sitz in Moskau liefert über ihre Erdgaspipeline Erdgas an die Stadtwerke Trier GmbH. Die Stadtwerke Trier GmbH verkauft das eingekaufte Erdgas weiter, unter anderem auch an private und industrielle Endabnehmer in Luxemburg.

Lösung: Die Lieferung der Firma Gaspo an die Stadtwerke Trier GmbH beurteilt sich unter Beachtung der Ortsbestimmung in § 3 g Abs. 1 S. 1 UStG als steuerbare und stpfl. Inlandslieferung. Als Ort dieser Lieferung gilt der Ort, wo der Wiederverkäufer-Abnehmer sein Unternehmen betreibt, also Trier. Die Stadtwerke Trier GmbH schuldet gem. § 13b Abs. 2 Nr. 5 Buchst. a i.V.m. § 13b Abs. 5 S. 1 2. HS UStG die USt, die durch die Lieferung der russischen Lieferfirma Gaspo ausgelöst ist. (Die Stadtwerke Trier GmbH ist gem. § 15 Abs. 1 S. 1 Nr. 4 UStG zum VSt-Abzug in gleicher Höhe berechtigt. Nach § 14a Abs. 5 UStG hat Gaspo an die Stadtwerke Trier GmbH eine Nettorechnung ohne USt-Ausweis mit Hinweis »Steuerschuldnerschaft des Leistungsempfängers« auszustellen.) Die Weiterlieferung des Erdgases von den Stadtwerken an die in Luxemburg ansässigen Endabnehmer befindet sich gem. § 3 g Abs. 2 S. 1 UStG dort, wo der Verbrauch des Erdgases durch die Abnehmer stattfindet, mithin in Luxemburg. Die Stadtwerke Trier GmbH hat für diese Leistungen eine Rechnung mit luxemburgischer USt auszustellen. Der Übergang der Steuerschuldnerschaft scheidet für die Lieferungen an die privaten Endabnehmer mangels Unternehmereigenschaft dieser Abnehmer aus, sodass sich die Stadtwerke in Luxemburg registrieren und die USt dort abführen müssen. Die Einfuhr des Erdgases von Russland nach Deutschland ist nach § 5 Abs. 1 Nr. 6 UStG steuerfrei.

1.4 Besonderheiten beim Reihengeschäft

Ein Reihengeschäft liegt gem. § 3 Abs. 6a S. 1 UStG vor, wenn mehrere Unternehmer über denselben Gegenstand Umsatzgeschäfte abschließen und dieser Gegenstand bei der Beförderung oder Versendung unmittelbar vom ersten Unternehmer an den letzten Abnehmer gelangt. Unmittelbarkeit bedeutet dabei, dass beim Transport der Ware vom Abgangsort zum Bestimmungsort nur ein Unternehmer in der Kette die Transportverantwortung innehaben kann (A 3.14 Abs. 4 S. 1 UStAE). Folge des Reihengeschäfts ist, dass die Warenbewegung nur einer der Lieferungen zuzuordnen ist. Diese **eine Lieferung** ist die **bewegte Beförderungs- oder Versendungslieferung**, deren Lieferort sich grds. nach § 3 Abs. 6 S. 1 UStG bestimmt. **Nur diese Lieferung kommt in den Genuss der Steuerbefreiungen** für Ausfuhrlieferungen (§ 4 Nr. 1 Buchst. a i.V. m. § 6 UStG) oder igL (§ 4 Nr. 1 Buchst. b i.V. m. § 6a UStG), und nur bei dieser Lieferung ist eine Verlagerung des Lieferorts nach § 3 Abs. 8 UStG bzw. nach § 3c UStG oder ein igE des Abnehmers nach § 1 Abs. 1 Nr. 5 UStG denkbar (A 3.14 Abs. 13 UStAE). **Alle anderen Lieferungen** in der Reihe werden als **unbewegte Lieferungen** (sog. ruhende Lieferungen) behandelt, die nach der zugrunde liegenden gesetzgeberischen Konzeption entweder vor oder nach der Beförderungs- oder Versendungslieferung stattfinden und nach § 3 Abs. 7 S. 2 UStG dementsprechend ihren Lieferort am Beginn oder Ende der Warenbewegung haben.

1.4.1 Bestimmung der Leistungsbeziehungen
Um Schwierigkeiten bei der Bearbeitung solcher Sachverhalte zu vermeiden, ist es sinnvoll, sich in einem 1. Schritt Klarheit darüber zu verschaffen, wer an wen liefert. Dies bestimmt sich – ergebnisorientiert – danach, wer mit wem einen (Kauf-)Vertrag eingegangen ist, aus dem heraus er zur Lieferung der Ware verpflichtet ist.

> **Beispiel 11: Grundfall zum Reihengeschäft**
>
> Unternehmer B mit Sitz in Belgien hat Ende Januar 01 an W in Wolfsburg eine Maschine verkauft. Da B die geordnete Maschine nicht vorrätig hat, bestellt er sie Anfang Februar 01 beim Hersteller H in Hamburg, der die Maschine im März 01 durch den von ihm beauftragten Frachtführer F unmittelbar zu W befördern lässt.
>
> **Lösung – 1. Schritt:** Im ersten Schritt ist zu **klären, wer mit wem einen (Kauf-)Vertrag eingegangen ist, aus dem heraus er zur Lieferung von Ware verpflichtet ist**. Dies bereitet keine Probleme. H hat mit B einen Kaufvertrag i.S.d. § 433 BGB geschlossen, der ihn B gegenüber zur Lieferung verpflichtet, und B hat mit W einen ebensolchen Vertrag geschlossen, der ihn gegenüber W zur Lieferung verpflichtet. Also liefert H an B und B an W. In der Sprache des § 3 Abs. 1 UStG: B liefert

an seinen Abnehmer W, indem im Auftrag des Lieferers B ein Dritter auf Liefererseite, der H, dem Abnehmer des B – dem W – Verfügungsmacht an der Maschine verschafft. H liefert an B, indem er im Auftrage seines Abnehmers B einem Dritten auf Abnehmerseite – dem W – Verfügungsmacht an der Maschine verschafft.

Insgesamt kann es hilfreich sein, eine Skizze zum Überblick über die bestehenden vertraglichen Beziehungen sowie die Warenbewegung zu fertigen:

Grundfall: Skizze 1 – Leistungsbeziehungen

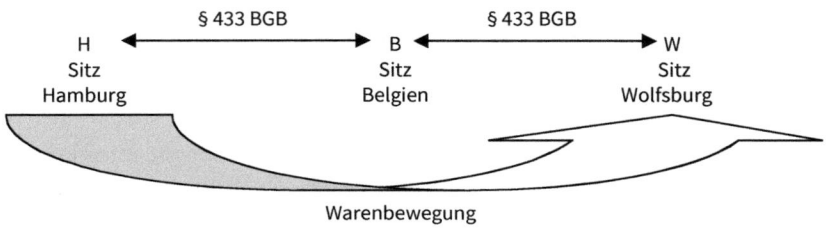

1.4.2 Zuordnung der Warenbewegung

In einem **2. Schritt** geht es darum zu **klären, welcher der Lieferungen des Reihengeschäfts die Warenbewegung (Beförderung oder Versendung) zuzuordnen ist**. Dies hängt davon ab, ob der Gegenstand der Lieferung durch den ersten Unternehmer, den letzten Abnehmer oder einen mittleren Unternehmer in der Reihe befördert oder versendet wird. § 3 Abs. 6a S. 2 UStG stellt klar, dass bei Beförderung oder Versendung durch den ersten Unternehmer entsprechend der Transportveranlassung die Warenbewegung der Lieferung des ersten Unternehmers zuzuordnen ist. Wird der Gegenstand der Lieferung durch den letzten Abnehmer in der Reihe befördert oder versendet, ist die Warenbewegung gem. § 3 Abs. 6a S. 3 UStG entsprechend der Transportveranlassung der Lieferung an den letzten Abnehmer zuzuordnen (A 3.14 Abs. 6 UStAE).

> **Lösung – 2. Schritt:**
>
> Die Warenbewegung ist hier also der Lieferung des H an seinen Abnehmer B zuzuordnen. Der Ort dieser bewegten Lieferung des H an B ist nach § 3 Abs. 6 S. 1 UStG in Hamburg, da dort die Versendung durch den Lieferer H beginnt. Der Ort der unbewegten nachfolgenden Lieferung des B an W ist nach § 3 Abs. 7 S. 2 Nr. 2 UStG dort, wo die Beförderung oder Versendung endet. Dies ist im Grundfall Wolfsburg.

Dies lässt sich durch Vervollständigung der obigen Skizze 1 entsprechend den Sachverhaltsvorgaben zur Frage, wer für den Transport verantwortlich ist, ermitteln. Für den Grundfall, bei dem H als erster Unternehmer in der Reihe versendet, ist H hervorzuheben und demzufolge in der folgenden Skizze 2 sein Umsatz an B als bewegter zu kennzeichnen.

Grundfall: Skizze 2 – Zuordnung der Warenbewegung

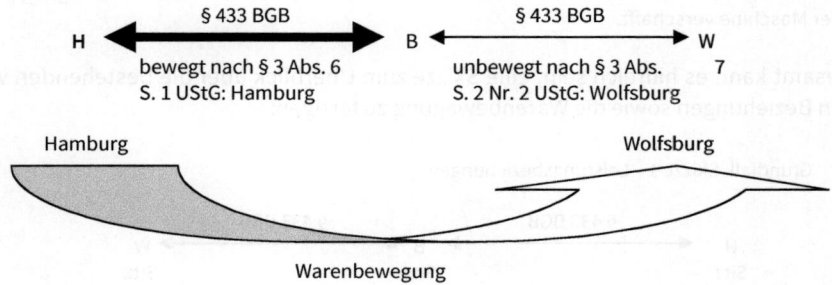

Für den Fall, dass W als letzter Abnehmer die Maschine abholt oder abholen lässt, sind die Ergebnisse aus einem entsprechenden Schaubild ebenfalls problemlos ablesbar. Hervorzuheben ist dann der W und demzufolge ist der Umsatz des B an ihn in der nachfolgenden Skizze 3 als bewegte Lieferung zu kennzeichnen. Der Lieferort der bewegten Lieferung des B an W bestimmt sich nach § 3 Abs. 6 S. 1 UStG und ist ebenso wie der Lieferort der Lieferung des H an B – unter diesen Umständen eine vorangehende unbewegte Lieferung mit Lieferortsbestimmung nach § 3 Abs. 7 S. 2 Nr. 1 UStG – in Hamburg.

Grundfall: Skizze 3 – Zuordnung der Warenbewegung, falls der letzte Abnehmer den Transport organisiert

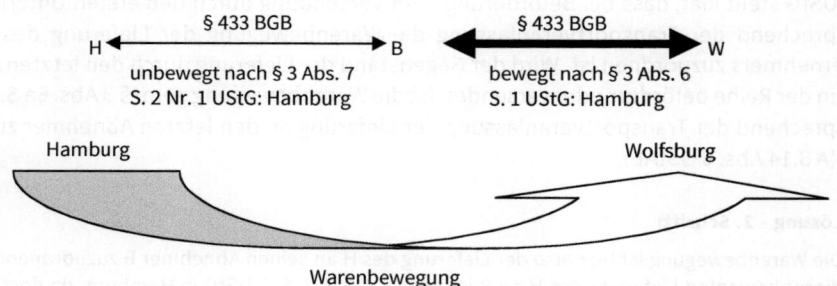

1.4.3 Besonderheiten der Zuordnung der Warenbewegung bei Zwischenhändlern

In der Vergangenheit hat die Zuordnung der Warenbewegung in den Fällen, in denen ein **mittlerer Unternehmer** in der Reihe den Liefergegenstand **befördert oder versendet** hat, besondere Schwierigkeiten bereitet. Der mittlere Unternehmer (sog. Zwischenhändler) befindet sich in einer **Doppelrolle**: Er ist Abnehmer der Lieferung (des ersten Unternehmers) an ihn und zugleich Lieferer seiner eigenen Lieferung (an den letzten Abnehmer).

Wird der Gegenstand der Lieferung in dieser Konstellation also durch einen Abnehmer befördert oder versendet, der zugleich Lieferer ist, ist die Beförderung oder Versendung der Lieferung (**Warenbewegung**) gem. § 3 Abs. 6a S. 4 1. HS UStG **grds. an ihn zuzuordnen**. Dies gilt gem. § 3 Abs. 6a S. 4 2. HS UStG **nur dann nicht, wenn dieser Zwischenhändler nachweist, dass er den Gegenstand** nicht entsprechend der gesetzlichen Vermutung in seiner

Eigenschaft als Abnehmer, sondern ausnahmsweise **als Lieferer befördert oder versendet hat**. D. h., der Zwischenhändler muss die Beförderung durchgeführt oder die Versendung im Sinne einer (Transportverantwortlichkeit) veranlasst haben (A 3.14 Abs. 7 S. 4 UStAE). Im Fall der Versendung ist dabei auf die Auftragserteilung an den selbständigen Beauftragten abzustellen (A 3.14 Abs. 7 S. 5 UStAE). Eine hiervon abweichende Zuordnung ist nur zulässig, wenn der Unternehmer nachweist, dass die Beförderung oder die Versendung auf Rechnung eines anderen Unternehmers erfolgt ist und dieser tatsächlich die Gefahr des zufälligen Untergangs des Gegenstands während des Transports getragen hat (A 3.14 Abs. 7 S. 6 UStAE). Der Zwischenhändler ist nach alledem für eine auf das Inland beschränkte Warenbewegung als Lieferer anzusehen, wenn er die Transportkosten aufgrund der mit dem Vorlieferanten und seinem Auftraggeber vereinbarten Lieferkonditionen übernommen hat (A 3.14 Abs. 9 S. 4 UStAE).

Gelangt der Gegenstand der Lieferung im Rahmen eines Reihengeschäfts hingegen aus dem Gebiet eines EU-Mitgliedstaats in das Gebiet eines anderen EU-Mitgliedstaats (**innergemeinschaftliche Warenbewegung**), **gilt der Nachweis**, dass der Zwischenhändler den Gegenstand als Lieferer befördert oder versendet hat, gem. § 3 Abs. 6a S. 5 UStG aber **nur dann als erbracht, wenn der Zwischenhändler** gegenüber dem leistenden Unternehmer bis zum Beginn der Beförderung oder Versendung **eine USt-IdNr., die ihm vom Mitgliedstaat des Beginns der Beförderung oder Versendung erteilt wurde, verwendet**. Verwendet der Zwischenhändler seine ihm vom Abgangsstaat der Ware erteilte USt-IdNr., muss dies in der Regel bereits bei Vertragsschluss, spätestens bei Ausführung der Lieferung erfolgen (Einzelheiten zur Verwendung A 3.14 Abs. 10 UStAE).

Im Falle der **Ausfuhr eines Gegenstands in das Drittlandsgebiet gilt der Nachweis**, dass der Zwischenhändler den Gegenstand als Lieferer befördert oder versendet hat, gem. § 3 Abs. 6a S. 6 UStG nur dann **als erbracht, wenn der Zwischenhändler gegenüber dem leistenden Unternehmer** bis zum Beginn der Beförderung oder Versendung **eine USt-IdNr. oder Steuernummer verwendet, die ihm vom Mitgliedstaat des Beginns der Beförderung oder Versendung erteilt worden ist**. Die durch den Zwischenhändler ausgeführte Lieferung gilt dann als warenbewegte Lieferung. Gelangt der Gegenstand der Lieferung demgegenüber vom Drittlandsgebiet in das Gemeinschaftsgebiet (Einfuhr), gilt der Nachweis, dass der Zwischenhändler den Gegenstand als Lieferer befördert oder versendet hat, nur dann als erbracht, wenn der Gegenstand der Lieferung in seinem Namen oder im Rahmen der indirekten Stellvertretung (Art. 18 UZK) für seine Rechnung zum zoll- und umsatzsteuerrechtlich freien Verkehr angemeldet wird (§ 3 Abs. 6a S. 7 UStG). Diese Grundsätze gelten selbstredend nicht für auf das Inland beschränkte Warenbewegungen. Die Verwendung einer ausländischen USt-IdNr. führt in diesen Fällen nicht zu einer Änderung hinsichtlich des Lieferorts, der Steuerpflicht und der Zuordnung der Warenbewegung (A 3.14 Abs. 12 UStAE mit dortigem Beispiel).

1.4.4 Unterbrechung der Warenbewegung (sog. gebrochene Beförderung oder Versendung)

Die Sonderregelungen über das **Reihengeschäft** verlangen stets eine **Warenbewegung vom ersten Unternehmer an den letzten Abnehmer**. Hat der mittlere Unternehmer die Ware bereits bei sich, bevor er seinerseits eine Lieferverpflichtung über die Ware eingeht oder eine eingegangene Lieferverpflichtung erfüllt, bleibt es bei den allgemeinen Grundsätzen zum Lieferort. Liefert etwa der Hersteller H mit Sitz in Hamburg unter Eigentumsvorbehalt Waren an den Bremer Unternehmer B aus, die dieser wenig später an einen Abnehmer W in Wolfsburg verkauft und ausliefert, liegt bei den Lieferungen des U an B und des B an W jeweils eine bewegte Lieferung vor, deren Lieferort jeweils nach § 3 Abs. 6 S. 1 UStG zu bestimmen ist. Liegt im Ergebnis die Transportverantwortlichkeit bei mehreren an der Reihe beteiligten Unternehmern (sog. gebrochene Beförderung oder Versendung), liegt daher kein Reihengeschäft vor (BMF vom 07.12.2015, BStBl I 2015, 1014).

2 Sonstige Leistungen i. S. d. § 3 Abs. 9 UStG und deren Ortsbestimmung

§ 3 Abs. 9 S. 1 UStG beschränkt sich darauf, sonstige Leistungen als **Leistungen** zu beschreiben, **die keine Lieferungen sind**. § 3 Abs. 9 S. 2 UStG hebt hervor, was selbstverständlich ist: Sonstige Leistungen können nicht nur in einem **Tun**, sondern auch in einem **Dulden oder Unterlassen** bestehen. Typische sonstige Leistungen sind etwa **Dienst- oder Werkleistungen, Gebrauchs- und Nutzungsüberlassungen** aufgrund von Miet- oder Pachtverträgen, die Darlehensgewährung, **Vermittlungsleistungen**, die Übertragung von Rechten und Forderungen, aber auch die **Übertragung immaterieller WG** wie z. B. Firmenwert und Kundenstamm (vgl. A 3.1 Abs. 4 UStAE). Unter Klausurgesichtspunkten verdienen auch **Beförderungs- und Besorgungsleistungen** besondere Aufmerksamkeit. **Weitere Beispiele** lassen sich aus den Regelungen zum Ort sonstiger Leistungen in **§ 3a Abs. 3 und 4 UStG** ableiten.

Während der Ort von Lieferungen trotz mancher Verschiebungen bei bewegten Lieferungen und spezieller Regelungen bei Reihengeschäften noch relativ leicht zu bestimmen ist, beinhalten die §§ 3a, 3b und 3e UStG für den Ort von sonstigen Leistungen umfangreiche und teilweise komplizierte Regelungen.

2.1 Grundregeln zur Ortsbestimmung (§ 3a Abs. 1 und 2 UStG)

Das UStG differenziert hinsichtlich der Ortsbestimmung für sonstige Leistungen wie folgt:
Es wird grds. danach unterschieden, ob die sonstige Leistung an einen Unternehmer (§ 3a Abs. 2 UStG) **oder an einen Nichtunternehmer als Leistungsempfänger** (§ 3a Abs. 1 UStG) **erbracht wird.** Den Unternehmern werden nichtunternehmerisch tätige juristische Personen gleichgestellt, wenn ihnen einen USt-IdNr. erteilt worden ist oder wenn sie daneben auch unternehmerisch tätig sind und die sonstige Leistungen nicht aber für den privaten Bedarf des Personals oder eines G'fters bezogen haben (§ 3a Abs. 2 S. 3 UStG). Hiervon sind in erster Linie jPdöR betroffen, bei denen es für die Ortsbestimmung ohne Bedeutung bleiben soll, ob sie die Leistung für eine unternehmerische oder eine hoheitliche Tätigkeit beziehen.

Für **sonstige Leistungen an Unternehmer** (und gleichgestellte juristische Personen) **gilt** nach der **Grundregel des § 3a Abs. 2 S. 1 UStG** das **Empfängerortprinzip**. Die Leistung wird an dem Ort ausgeführt, an dem der empfangende Unternehmer sein Unternehmen betreibt. Sofern die Leistung an eine Betriebsstätte (feste Niederlassung) erbracht wird, ist der Ort der Betriebsstätte maßgebend (§ 3a Abs. 2 S. 2 UStG). Nach dem Wortlaut des § 3a Abs. 2 UStG kommt diese Regelung zur Ortsbestimmung bei Unternehmern aber nur dann zur Anwendung, wenn der Unternehmer die Leistung **für sein Unternehmen**[21] bezieht.

Durch das Abstellen auf den Empfängerort wird erreicht, dass damit für den Regelfall die Besteuerung auch in dem Staat stattfindet, in dem der tatsächliche Verbrauch der Leistung durch den Empfänger erfolgt. Insoweit entspricht dies den Besteuerungsprinzipien bei der Ausfuhr bzw. der igL von Waren. Dabei wird die Lieferung im Ursprungsland nicht mit USt belastet und im Bestimmungsland besteuert (vgl. dazu ausführlich Kap. XIV 1). Entsprechend wird für den Fall, dass der Empfänger ein Unternehmer ist, die »Ausfuhr« von sonstigen Leistungen behandelt. Grundsätzlich soll auch hier die Besteuerung in dem Land erfolgen, in dem der Empfänger ansässig ist (**Bestimmungslandprinzip**). Für eine solche Leistungsortbestimmung spricht zusätzlich, dass sie einfach zu handhaben ist, weil sich i.d.R. der Sitz des Leistungsempfängers ohne große Mühe bestimmen lässt. Für einen leistenden Unternehmer, der im Ausland ansässig ist, bedeutet dies allerdings nicht, dass er in dem Land, in dem die sonstige Leistung ihren Leistungsort hat, umsatzsteuerrechtliche Verpflichtungen zu erfüllen hat, und zwar deshalb, weil bei grenzüberschreitenden sonstigen Leistungen, die an Unternehmer erbracht werden, **regelmäßig eine Umkehr der Steuerschuldnerschaft** eintritt. Sofern etwa ein im Ausland ansässiger Unternehmer an einen im Inland ansässigen Unternehmer (oder eine im Inland ansässige gleichgestellte juristische Person, vgl. **§ 13b Abs. 5 S. 1 UStG**) eine hier im Inland stpfl. sonstige Leistung erbringt, wird der **Leistungsempfänger Schuldner** der durch die stpfl. Leistung an ihn ausgelösten USt (§ 13b Abs. 1 oder Abs. 2 Nr. 1 i.V.m. § 13b Abs. 5 S. 1 HS 1 UStG). Die USt wird abweichend vom Normalfall nicht vom leistenden Unternehmer, sondern vom inländischen Leistungsempfänger geschuldet. Dieser hat sie bei »seinem« FA zu erklären, und er kann seinerseits für die von ihm geschuldete USt bei »seinem« FA den VSt-Abzug geltend machen (für das deutsche USt-Recht § 15 Abs. 1 S. 1 Nr. 4 UStG).

Von den sonstigen Leistungen an Unternehmer für deren Unternehmen sind **Leistungen an Nichtunternehmer** (bzw. an Unternehmer, für deren nichtunternehmerischen Bereich) zu unterscheiden. Da die Erhebung der Steuer beim Leistungsempfänger praktisch nur möglich ist, wenn dieser als Unternehmer erfasst ist, lässt sich das **Empfängerortsprinzip** bei Leistungen an Nichtunternehmer nicht realisieren. Vorbehaltlich einer **Vielzahl von vorrangigen Bestimmungen (in § 3a Abs. 3 – 8, § 3b und § 3e UStG)** verbleibt es insoweit beim **Ursprungslandprinzip** nach § 3a Abs. 1 UStG, d.h., der **Leistungsort bestimmt sich gem. § 3a Abs. 1 UStG nach dem Ort, von dem aus der leistende Unternehmer sein Unternehmen betreibt.** Es ist also zunächst zu klären, wer Leistungsempfänger ist und für welche Zwecke er die Leistung bezieht. Dies gilt unabhängig davon, dass die Grundregeln nach § 3a Abs. 1 und Abs. 2 UStG nur »vorbehaltlich der Abs. 3 – 8 und der §§ 3b, § 3e UStG« zur Anwendung kommen. Denn auch jene vorrangig zu prüfenden spezielleren Regelungen zum Leistungsort unterscheiden ihrerseits zumeist danach, welchen Status der Abnehmer hat.

---

21 Weder in § 3a Abs. 2 UStG noch an anderer Stelle im Gesetz ist geregelt, wie der leistende Unternehmer nachzuweisen hat, dass der Leistungsempfänger Unternehmer ist und dieser die Leistung auch für seinen unternehmerischen Bereich zu verwenden beabsichtigt. Insoweit enthält A 3a.2 Abs. 9 – 11a für der Praxis bedeutsame Ausführungen. So wirkt die Verwendung der dem Leistungsempfänger erteilten USt-IdNr. als Indiz, sofern es sich nicht um eine sonstige Leistung handelt, die ihrer Art nach mit hoher Wahrscheinlichkeit nicht für das Unternehmen, sondern für den privaten Gebrauch bestimmt sind. In diesen Fällen muss der leistende Unternehmer über ausreichende Informationen verfügen, die eine Verwendung der sonstigen Leistung für die unternehmerischen Zwecke des Leistungsempfängers bestätigt. Ausreichend ist aber eine Erklärung des Leistungsempfängers, in dieser bestätigt, dass die bezogene sonstige Leistung für sein Unternehmen bestimmt ist.

Hinweis: Mit Wirkung zum 01.07.2021 wurde zur Umsetzung des Mehrwertsteuer-Digitalpakts zur Besteuerung der grenzüberschreitenden sonstigen Leistungen an Nichtunternehmer ein sog. One-Stop-Shop (OSS) eingeführt. Hiernach kann jeder leistende Unternehmer – unabhängig davon, ob er im Drittland, in einem anderen EU-Mitgliedstaat oder in Deutschland ansässig ist – Leistungen, die er an Nichtunternehmer im übrigen Gemeinschaftsgebiet erbringt und die nach den besonderen Regelungen nach dem Bestimmungslandprinzip dort zu besteuern sind, im OSS anmelden und abführen. Die im Inland bzw. Ansässigkeitsstaat zuständige Finanzbehörde nimmt dann die notwendige Verteilung der USt auf die einzelnen Staaten vor (weiteren Einzelheiten s. A 18.7b und A 18h.1 UStAE). Eine Registrierungspflicht in dem Land, in dem die Leistung steuerbar ist, entfällt damit.

2.2 Besondere Anknüpfungspunkte für Leistungsortbestimmungen

Im Folgenden werden die den Grundregeln vorgehenden speziellen Regelungen zur Ortsbestimmung sonstiger Leistungen im Einzelnen dargestellt; darüber hinaus wird auf die unter Klausurgesichtspunkten über die Frage des Leistungsortes hinausgehenden besonderen Problemstellungen eingegangen.

2.2.1 Leistungen im Zusammenhang mit einem Grundstück (Belegenheitsort)

Soweit es um Leistungen im Zusammenhang mit einem **Grundstück** geht, knüpft **§ 3a Abs. 3 Nr. 1 Buchst. a – c UStG** für die Bestimmung des Leistungsorts an den **Belegenheitsort** des Grundstücks an. Entwirft etwa ein in Amsterdam ansässiger Architekt für seinen deutschen Auftraggeber die Pläne für den Bau eines Hauses, so ist der Ort der Architektenleistung allein davon abhängig, wo das Grundstück gelegen ist, auf dem das Haus errichtet werden soll. Liegt es im Inland, hat die sonstige Leistung des Architekten, die der Vorbereitung und Ausführung von Bauleistungen dient, ihren Leistungsort nach § 3a Abs. 3 Nr. 1 Buchst. c UStG ebenfalls im Inland und ist dort nach § 1 Abs. 1 Nr. 1 UStG steuerbar; liegt das Grundstück im Ausland, entfällt eine Steuerbarkeit im Inland. **Ohne jede Bedeutung bleiben für die Ortsbestimmung die Nationalität und der Sitz der Beteiligten, der Abnehmerstatus als Unternehmer oder Privatperson** oder gar der Ort, wo die Pläne übergeben werden (Begründung: Auch wenn die Architektenleistung sich schließlich in der Übergabe von Plänen dokumentiert, handelt es sich bei ihr nicht um eine Lieferung).

> **Beispiel 12: Grundstücksumsätze im Ausland**
>
> Makler M mit Sitz in Hamburg ist für den in Lübeck ansässigen Bauunternehmer B damit befasst, verschiedene seiner in Frankreich belegenen Eigentumswohnungen »an den Mann zu bringen«. Er vermittelt u. a. den Verkauf einer der Wohnungen an einen in Belgien ansässigen Amerikaner (und berechnet B als Honorar für seine Vermittlungsbemühungen 5.000 € zzgl. 950 € USt).
>
> **Lösung:** Der Ort der sonstigen Leistung des Maklers liegt gem. § 3a Abs. 3 Nr. 1 Buchst. b UStG in Frankreich, da die Leistung des Maklers im Zusammenhang mit der Veräußerung der in Frankreich belegenen ETW steht. § 3a Abs. 3 Nr. 1 Buchst. b UStG genießt insoweit Vorrang vor der Grundregel zum Leistungsort im unternehmerischen Bereich nach § 3a Abs. 2 UStG. Da die Vermittlungsleistung sich auf ein Grundstück bezieht, ist sie trotz der Beauftragung durch den inländischen Auftraggeber B im Inland nicht steuerbar nach § 1 Abs. 1 Nr. 1 UStG. M hat also in »einer Rechnung für eine sonstige Leistung einen höheren Betrag, als er nach diesem Gesetz für den Umsatz schuldet, gesondert ausgewiesen [...]«. Er schuldet »den Mehrbetrag« von 950 € nach **§ 14c Abs. 1 UStG**. Ein VSt-Abzug des B nach § 15 Abs. 1 S. 1 Nr. 1 UStG kommt nicht in Betracht, da es sich bei den ausgewiesenen 950 € **nicht um die gesetzlich geschuldete Steuer** für eine bezogene sonstige Leistung handelt.

Unter § 3a Abs. 3 Nr. 1 Buchst. a UStG fällt auch die **Vermittlung einer Vermietung von Grundstücken**, nicht aber die **Vermittlung einer kurzfristigen Vermietung von Zimmern** in Hotels, Gaststätten oder Pensionen (A 3a.3 Abs. 9 Nr. 2 UStAE). Wird eine solche Vermittlungsleistung an Unternehmer erbracht, gelangt die Grundregel des § 3a Abs. 2 UStG zur Anwendung (A 3a.7 Abs. 1 S. 4 UStAE); sind Nichtunternehmer Empfänger einer solchen Vermittlungsleistung, bestimmt sich der Leistungsort nach § 3a Abs. 3 Nr. 4 UStG (A 3a.7 Abs. 1 S. 3 UStAE).

Hinweis: Bei der Anwendung des § 3a Abs. 3 Nr. 1 UStG ist zu beachten, dass der Katalog der sonstigen Leistungen in den Buchst. a – c ein beispielhafter (»insb.«), kein abschließender ist. Eine Aufzählung der in Betracht kommenden sonstigen Leistungen enthält **A 3a.3 UStAE** mit einem Negativkatalog in A 3a.3 Abs. 10 UStAE.

2.2.2 (Kurzfristige) Vermietung von Beförderungsmitteln (Übergabeort)

Bei der Vermietung von Beförderungsmitteln ist zwischen der lang- und der kurzfristigen Vermietung von Beförderungsmitteln zu unterscheiden.

Nach § 3a Abs. 3 Nr. 2 S. 1 UStG ist der Ort einer **kurzfristigen Vermietung** eines Beförderungsmittels grds. **dort, wo das Beförderungsmittel dem Empfänger tatsächlich zur Verfügung gestellt wird.** Diese Regelung erfasst auch die kurzfristige Vermietung von Sportbooten. Kurzfristig ist gem. § 3a Abs. 3 Nr. 2 S. 2 UStG ein Zeitraum von nicht mehr als 90 Tagen bei Wasserfahrzeugen und von nicht mehr als 30 Tagen bei anderen Beförderungsmitteln. Vermietet also z. B. ein Bootsvermietungsunternehmen mit Sitz in Düsseldorf eine Jacht an einen Unternehmer oder eine Privatperson für drei Wochen und erfolgt die Übergabe der Jacht in einem italienischen Adriahafen, so ist dort auch der Leistungsort. Der Sitzort des Empfängers bleibt ebenso ohne Bedeutung wie der Ort, an dem der leistende Unternehmer seinen Sitz hat.

Hinweis: Um Missbrauch zu verhindern, bestimmt A 3a.5 Abs. 2 S. 3 UStAE, dass sich die Dauer der Vermietung nicht nach der vertraglichen Vereinbarung, sondern nach der **tatsächlichen ND** richten soll. Wird ein Fahrzeug mehrfach unmittelbar hintereinander vermietet, liegt eine kurzfristige Vermietung nur dann vor, wenn der ununterbrochene Vermietungszeitraum mehr als 90 Tage bzw. 30 Tage insgesamt nicht überschreitet.

Während die Regelung zur kurzfristigen Vermietung sowohl für zwischenunternehmerische Umsätze als auch für solche an private Endverbraucher gilt, bestimmt sich der Ort der **langfristigen Vermietung eines Beförderungsmittels** grds. nach dem Empfängerortprinzip – für zwischenunternehmerische Umsätze nach der Grundregel des § 3a Abs. 2 UStG und bei Umsätzen an Endverbraucher (nichtunternehmerische Verwendung) nach § 3a Abs. 3 Nr. 2 S. 3 UStG. Anderes gilt nur, wenn es sich es sich bei dem langfristig an eine Privatperson vermieteten Beförderungsmittel um ein Sportboot handelt. In diesen Fällen ist nach § 3a Abs. 3 Nr. 2 S. 4 UStG der Übergabeort maßgebend, sofern der leistende Unternehmer dort auch seinen Sitz hat. Eine Besonderheit gilt für Drittlandsunternehmer: Sofern die von ihnen lang- oder kurzfristig vermieteten Beförderungsmittel im Inland genutzt werden, ist die Vermietungsleistung grds. als im Inland ausgeführt zu behandeln (§ 3a Abs. 6 S. 1 Nr. 1 UStG).

Beachte: Diese Ortsbestimmungsvorschriften kommen i.d.R. auch bei der **Firmenwagenüberlassung an Mitarbeiter** zur Anwendung, da die Überlassung zu privaten Zwecken regelmäßig als **entgeltliche Vermietung eines Beförderungsmittels** anzusehen ist (vgl. A 3a.5 Abs. 4 S. 2 UStAE, BFH vom 30.06.2022, Az.: V R 25/21, BFH/NV 2022, 1258).

Beispiel 13: Vermietung durch Drittlandsunternehmer bei Nutzung im Inland

Ein Mitarbeiter des Hamburger Unternehmers H bleibt mit dem Firmen-Lkw in der Schweiz liegen. Er mietet bei dem in der Schweiz ansässigen Autovermieter A für eine Woche einen Lkw, lädt die Ware um und fährt anschließend mit dem gemieteten Lkw zum Firmensitz nach Hamburg, wo der Lkw bis zum vereinbarten Rückgabetermin genutzt wird.

Abwandlung 1: Der im Inland ansässige Autovermieter A vermietet für zwei Wochen einen Lkw an einen Schweizer Unternehmer, der das Fahrzeug für unternehmerische Zwecke in der Schweiz nutzt. A stellt den Lkw an seinem inländischen Unternehmenssitz zur Verfügung.

Abwandlung 2: Der in der Schweiz (alternativ: Niederlande) ansässige Autovermieter A vermietet einen Pkw an einen Deutschen, der das Fahrzeug ausschließlich in Deutschland nutzt. A stellt den Pkw an seinem Unternehmenssitz zur Verfügung.

Lösung: Der Leistungsort der Vermietungsleistung des A wäre nach § 3a Abs. 3 Nr. 2 S. 1, 2 UStG grds. in der Schweiz (Übergabeort). Da der Lkw bei dieser kurzfristigen Vermietung aber ausschließlich im Inland genutzt wird, ist die Leistung nach § 3a Abs. 6 S. 1 Nr. 1 UStG als im Inland ausgeführt zu behandeln. Als Unternehmer wird der H nach § 13b Abs. 2 Nr. 1 UStG i.V.m. Abs. 5 S. 1 UStG zum Schuldner der durch die Vermietungsleistung im Inland ausgelösten USt.

In der ersten Abwandlung ist die Vermietungsleistung abweichend von § 3a Abs. 3 Nr. 2 UStG gem. § 3a Abs. 7 S. 1 UStG als im Drittlandsgebiet ausgeführt zu behandeln, weil die Vermietungsleistung an einen in der Schweiz ansässigen Unternehmer erbracht wird, der den Lkw unternehmerisch ausschließlich in der Schweiz nutzt.

In der zweiten Abwandlung führt der Schweizer Autovermieter A grds. eine im Inland steuerbare Vermietungsleistung aus. Sofern der Leistungsempfänger eine Privatperson ist, liegt der Ort der sonstigen Leistung – unabhängig davon, ob eine kurzfristige oder langfristige Vermietung erfolgt – gem. § 3a Abs. 6 S. 1 Nr. 1 UStG im Inland, weil der Mieter den Pkw ausschließlich im Inland nutzt. Soweit der leistende Unternehmer A im übrigen Gemeinschaftsgebiet (Niederlande) ansässig wäre und dort den Pkw an den Endverbraucher zur Verfügung stellt, wäre nur die langfristige Vermietung gem. § 3a Abs. 3 Nr. 2 S. 3 UStG im Inland steuerbar. Sofern es sich um eine kurzfristige Vermietung eines Pkw an einen Unternehmer handelt, liegt der Ort der sonstigen Vermietungsleistung des in der Schweiz ansässigen A – abweichend vom Übergabeort nach § 3 Abs. 3 Nr. 2 S. 1 UStG – gem. § 3a Abs. 6 S. 1 Nr. 1 UStG im Inland, wenn der unternehmerische Mieter den Pkw ausschließlich im Inland nutzt. Im Falle der langfristigen Vermietung des Pkw an einen inländischen Unternehmer ist die Vermietungsleistung des A nach § 3a Abs. 2 UStG im Inland steuerbar. In beiden Fällen schuldet der unternehmerische Leistungsempfänger die USt gem. § 13b Abs. 2 Nr. 1 i.V.m. Abs. 5 S. 1 UStG. Soweit sich der Ort der Vermietungsleistung nach § 3a Abs. 2 UStG bestimmt, findet § 13b Abs. 1 UStG deshalb keine Anwendung, weil der leistende Unternehmer A nicht im übrigen Gemeinschaftsgebiet ansässig ist (vgl. dazu Kap. XI 3.1). Soweit der leistende Unternehmer wiederum im übrigen Gemeinschaftsgebiet ansässig wäre und dort den Pkw an einen im Inland ansässigen Unternehmer für dessen Unternehmen zur Verfügung stellt, wäre ebenfalls nur die langfristige Vermietung gem. § 3a Abs. 2 UStG im Inland steuerbar.

2.2.3 Besondere Leistungen, die am Tätigkeitsort erbracht werden (Tätigkeitsort)

Neben dem Belegenheitsort und dem Übergabeort kennt das UStG als besonderen Anknüpfungspunkt zur Bestimmung des Leistungsortes auch noch den **Tätigkeitsort**. Dies ist der Ort, an dem die sonstigen Leistungen tatsächlich erbracht werden. Bei den Regelungen, die – wie insb. § 3a Abs. 3 Nr. 3 Buchst. a – c und Nr. 5 UStG, aber auch § 3b Abs. 2 UStG – zur Ortsbestimmung an den Tätigkeitsort anknüpfen, gilt es freilich vorab auf eines besonders zu achten: Der Eingangssatz in § 3a Abs. 3 UStG (»Abweichend von den Abs. 1 und 2 gilt: […]«) lässt an sich erwarten, dass die Anknüpfung an den Tätigkeitsort in § 3a Abs. 3 Nr. 3

UStG für alle dort genannten Leistungen gelten soll, unabhängig vom Status des Abnehmers. Dies ist freilich mitnichten so. Gleich bei mehreren sonstigen Leistungen in der Rubrik Tätigkeitsort soll jener nämlich nur dann Anwendung finden können, wenn die Leistung »[...] an einen Empfänger (erbracht wird), der weder ein Unternehmer ist, für dessen Unternehmen die Leistung bezogen wird, noch eine nicht unternehmerisch tätige juristische Person, der eine USt-IdNr. erteilt worden ist«. Dies bedeutet nichts anderes, als dass dort, wo dieser Zusatz steht, zur Ortsbestimmung im zwischenunternehmerischen Bereich die Grundregel des § 3a Abs. 2 UStG heranzuziehen ist, ein Vorrang des Tätigkeitsorts also nur gegenüber § 3a Abs. 1 UStG besteht. Hiervon betroffen sind u. a. die in **§ 3a Abs. 3 Nr. 3 Buchst. a UStG** aufgeführten **kulturellen, künstlerischen, wissenschaftlichen, unterrichtenden, sportlichen, unterhaltenden und ähnliche Leistungen**, die typischerweise im Rahmen von Veranstaltungen erbracht werden. Ihr **Leistungsort** ist **dort, wo die Veranstaltungen tatsächlich stattfinden**. Dies gilt aber nach dem Wortlaut der Norm zunächst nur, wenn diese Leistungen weder **an einen Unternehmer für dessen Unternehmen** noch an eine gleichgestellte juristische Person erbracht werden. Bei unternehmerischen Leistungsempfängern **richtet sich der Leistungsort** im Regelfall daher **nach der Grundregel des § 3a Abs. 2 UStG** (Empfängerortsprinzip). Etwas anderes gilt nur für die Einräumung der **Eintrittsberechtigung** zu solchen Veranstaltungen. Hier gilt für **Leistungen an einen unternehmerischen Leistungsempfänger** wegen **§ 3a Abs. 3 Nr. 5 UStG** uneingeschränkt der **Tätigkeitsort als Leistungsort** (Einzelheiten hierzu in A 3a.7a UStAE).

> **Beispiel 13a: Leistungsort von Konzerten**
>
> Die Musikgruppe P aus Polen singt auf einem Konzert in Hamburg. Der Konzertveranstalter ist eine in den Niederlanden ansässige Firma, die die Eintrittskarten für das Konzert veräußert.
>
> **Lösung:** Die Musikgruppe P erbringt eine sonstige (künstlerische) Leistung gegenüber dem Konzertveranstalter. Der Ort richtet sich nach § 3a Abs. 2 UStG und liegt in den Niederlanden. § 3a Abs. 3 Buchst. a UStG kommt insoweit aufgrund der unternehmerischen Tätigkeit des Konzertveranstalters und § 3a Abs. 3 Nr. 5 UStG kommt mangels Einräumung der Eintrittsberechtigung nicht in Betracht. Der Konzertveranstalter erbringt seinerseits gegenüber den Konzertbesuchern aufgrund der Einräumung der Eintrittsberechtigungen gegen Entgelt eine im Inland steuerbare sonstige Leistung. Der Veranstaltungsort ist für die Ortsbestimmung im Inland für Leistungen an private Endverbraucher nach § 3a Abs. 3 Nr. 3 Buchst. a UStG und, soweit die Besucher die Einräumung der Eintrittsberechtigung für ihr Unternehmen beziehen, nach § 3a Abs. 3 Nr. 5 UStG maßgebend.

Hinweis: Im Zusammenhang mit sog. Reisevorleistungen i. S. d. § 25 Abs. 1 S. 5 UStG sowie Veranstaltungsleistungen im Zusammenhang mit Messen und Ausstellungen ist im zwischenunternehmerischen Bereich die besondere Ortsregelung des § 3a Abs. 8 S. 1 UStG zu beachten. Solche Leistungen sind als im Drittlandsgebiet ausgeführt zu behandeln, wenn sie dort genutzt oder ausgewertet werden.

Auf den jeweiligen **Tätigkeitsort** ist nach § 3a Abs. 3 Nr. 3 Buchst. c UStG auch abzustellen, wenn der Unternehmer **Arbeiten an beweglichen körperlichen Gegenständen** (Werkleistungen) erbringt oder solche **Gegenstände begutachtet**. Allerdings auch insoweit wiederum nur, **wenn diese Leistungen an private Abnehmer erbracht werden**.[22] Werden

---

22 So in der Beraterklausur 2014: Anfertigung von Expertisen und Restaurierung von Gemälden für private Kunstsammler.

diese Leistungen an Unternehmer oder diesen gleichgestellte jPdöR erbracht, werden sie von der Grundregel des § 3a Abs. 2 UStG erfasst.

> **Beispiel 14: Leistungsort von Werkleistungen**
>
> Ein Mechaniker der Werkstatt W mit Sitz in der Cuxhavener Innenstadt repariert im Freihafen Cuxhaven mit ein paar Handgriffen den dort liegen gebliebenen Pkw eines dänischen Urlaubers (Privatperson).
>
> **Abwandlung:** Er repariert den liegen gebliebenen Lkw des dänischen Unternehmers Smörre.
>
> **Lösung:** Bei der Reparaturleistung handelt es sich um eine sonstige Leistung i. S. d. § 3 Abs. 9 UStG (der Sachverhalt enthält keine Anhaltspunkte für eine Werklieferung nach § 3 Abs. 4 UStG). Die sonstige Leistung besteht in Arbeiten an einem beweglichen körperlichen Gegenstand und hat damit ihren Leistungsort gem. § 3a Abs. 3 Nr. 3 Buchst. c UStG im Freihafen. Durch das Wort »tatsächlich« im Eingangssatz des § 3a Abs. 3 Nr. 3 UStG wird klargestellt, dass auf die **Abwicklung des einzelnen Umsatzes** und nicht auf die Gesamttätigkeit des Unternehmens (hier Unternehmenssitz in der Cuxhavener Innenstadt) abzustellen ist. Da Freihäfen nach § 1 Abs. 2 S. 1 UStG nicht zum Inland gehören, ist der Vorgang für W also grds. nicht steuerbar i. S. d. § 1 Abs. 1 Nr. 1 UStG. (Zur Verhinderung des unbesteuerten Endverbrauchs im Freihafen ist die Reparatur aber gem. § 1 Abs. 3 Nr. 2 Buchst. a UStG wie ein Umsatz im Inland und damit als steuerbar zu behandeln).
>
> **Abwandlung:** Wird die **Reparaturleistung an den Unternehmer** Smörre erbracht, gelangt § 3a Abs. 2 UStG als Grundregel für sonstige Leistungen im zwischenunternehmerischen Bereich zur Anwendung. Die Reparaturleistung ist in Deutschland nicht steuerbar. Der Ort befindet sich in Dänemark. Smörre wird in Dänemark nach den § 13b Abs. 1, Abs. 5 S. 1 UStG entsprechenden Regelungen im dänischen UStG als Leistungsempfänger Steuerschuldner der USt auf diese Reparaturleistung.

Hinweis: Auch im Zusammenhang mit Arbeiten an beweglichen körperlichen Gegenständen und der Begutachtung dieser Gegenstände gelten diese Leistungen abweichend von der Grundregel nach § 3a Abs. 2 UStG im unternehmerischen Bereich als **im Drittland ausgeführt**, wenn diese Leistungen dort tatsächlich genutzt oder ausgewertet werden (**§ 3a Abs. 8 UStG**).

Der **Tätigkeitsort kommt als Leistungsort** nach § 3b Abs. 2 UStG auch dann in Betracht, wenn **selbständig zu beurteilende Leistungen im Zusammenhang mit einer Güterbeförderung im nichtunternehmerischen Bereich (Beladen, Entladen, Umschlagen** und ähnliche Leistungen) erbracht werden. Werden solche Leistungen jedoch an Unternehmer oder ihnen gleichgestellte juristische Personen erbracht, findet insoweit auch wieder die Grundregel des § 3a Abs. 2 UStG Anwendung (s. Kap. 2.2.5 zu den Beförderungsleistungen).

Zu guter Letzt ist der **Tätigkeitsort** maßgebend, wenn es um di**e Abgabe von Speisen und Getränken zum Verzehr an Ort und Stelle (Restaurationsumsätze**) geht. Diese Leistungen haben gem. **§ 3a Abs. 3 Nr. 3 Buchst. b UStG** sowohl gegenüber Privatpersonen wie auch gegenüber Unternehmern ihren Ort grds. dort, wo diese Dienstleistungen tatsächlich erbracht werden.

Eine Ausnahme greift nur für den Fall, dass die Abgabe in bestimmten Verkehrsmitteln (Schiff, Eisenbahn, Flugzeug) während einer Beförderung innerhalb des Gemeinschaftsgebiets erfolgt. Dann befindet sich der Leistungsort nach § 3e UStG am Abgangsort des Beförderungsmittels.[23]

---

23 **Hinweis:** Für diesen Fall nimmt § 13b Abs. 6 Nr. 6 UStG die Restaurationsleistungen ausdrücklich aus dem Anwendungsbereich der Steuerschuldnerschaft des Leistungsempfängers aus, d. h.: Ein ausländischer Unternehmer, der diese Leistungen im Inland erbringt, wird unabhängig vom Status seiner Abnehmer stets selbst zum Schuldner der hierdurch ausgelösten USt.

Der Gesetzgeber hat darauf verzichtet, die Abgabe von Speisen und Getränken zum Verzehr an Ort und Stelle, die – anders als die dem ermäßigten Steuersatz gem. § 12 Abs. 2 Nr. 1 UStG unterliegende Lieferung von Lebensmittelzubereitungen – als sonstige Leistung mit dem Regelsteuersatz nach § 12 Abs. 1 UStG zu besteuern ist, näher zu definieren.[24] Abgrenzungsprobleme gibt es vor allem bei sog. Mischfällen wie Cateringleistungen, Leistungen eines Partyservices oder auch bei der Abgabe von Nahrungsmitteln in einem Kino, einem Theater oder in einem Stadion. Soweit es um die **Abgabe von Speisen und Getränken, verbunden mit einem Dienstleistungselement**, geht, hat das BMF in **Abschn. 3.6 UStAE** ausführlich dazu Stellung genommen, unter welchen Voraussetzungen der Vorgang als begünstigte Speisenlieferung i. S. d. § 3 Abs. 1 UStG einzuordnen und wann von einer nicht begünstigten sonstigen (Restaurations-)Leistung i. S. d. § 3 Abs. 9 UStG auszugehen ist. Entscheidend soll danach sein, ob nach dem Gesamtbild der Verhältnisse der **Dienstleistungsanteil qualitativ überwiegt**. Überwiegt der Dienstleistungsanteil qualitativ nicht, ist insgesamt von einer (begünstigten) Speisenlieferung auszugehen. Allerdings können solche Dienstleistungselemente, die notwendig mit der Vermarktung der Nahrungsmittel verbunden sind, eine (begünstigte) Speisenlieferung nicht zu einer (voll zu besteuernden) Restaurationsleistung umfunktionieren. Hierzu zählen insb. die Zubereitung der Speisen (Kochen, Braten usw.), der Transport der Speisen zum Kunden einschließlich der damit in Zusammenhang stehenden Leistungen wie Kühlen oder Warmhalten in besonderen Behältnissen, die Vereinbarung eines festen Lieferzeitpunkts, das Verpacken der Speisen und die Beigabe von Einweggeschirr und -besteck, Papierservietten, Senf, Ketchup usw. (A 3.6 Abs. 2 UStAE). Eine voll zu besteuernde Restaurationsleistung kann daher insgesamt überhaupt nur dann angenommen werden, wenn Dienstleistungselemente, die nicht notwendig mit der Vermarktung der Speisen verbunden sind, hinzutreten. Hierzu gehören nach A 3.6 Abs. 3 UStAE u. a.

- die Bereitstellung einer die Bewirtung fördernden Infrastruktur i. S. d. A 3.6 Abs. 4 UStAE (z. B. Gasträume, Garderobe und Kundentoiletten sowie Tische, Bänke, Stühle), das Servieren der Speisen und Getränke,
- die Gestellung von Bedienungs-, Koch- und Reinigungspersonal bzw. die Durchführung von Service-, Bedien- oder Spülleistungen beim Kunden oder
- die Überlassung von Mobiliar an den Kunden (z. B. von Tischen, Bänken, Stühlen).

Verkauft z. B. eine Bäckerei in Filialen, die sich teilweise in »Vorkassenzonen« eines Supermarkts befinden, Speisen zum Verzehr vor Ort auf Mehrweggeschirr und mit Mehrwegbesteck, das sie nach dem Verzehr der Speisen zurücknimmt und reinigt, führt sie damit (ebenso wie ein Partyservice) sonstige Leistungen aus, die vor Inkrafttreten des § 12 Abs. 2 Nr. 15 UStG dem Regelsteuersatz unterlagen (BFH vom 15.09.2021, Az.: XI R 12/21 (XI R 25/19), BStBl II 2022, 417 und A 3.6 Abs. 6 S. 1 UStAE). Ein Unternehmer, der in einer Betriebskantine Speisen portioniert, auf Mehrweggeschirr mit Mehrwegbesteck ausgibt sowie das Geschirr und Besteck nach dessen Rückgabe reinigt, erbringt ebenso eine sonstige (Restaurations-)Leistung (BFH vom 20.10.2021, Az.: XI R 2/21, BFH/NV 2022, 353).

---

24 **Hinweis:** Zur Bewältigung der COVID-19-Pandemie unterlagen die nach dem 30.06.2020 und vor dem 01.01.2024 erbrachten Restaurant- und Verpflegungsdienstleistungen mit Ausnahme der Abgabe von Getränken temporär auch dem ermäßigten Steuersatz (§ 12 Abs. 2 Nr. 15 UStG).

Von Dritten erbrachte Dienstleistungselemente sind grds. nicht zu berücksichtigen (A 3.6 Abs. 5 S. 2 UStAE). Allerdings ist eine gemeinsame Infrastruktur, z. B. die in einem Einkaufszentrum bereitgestellten Tische und Stühle, die von allen Kunden der Unternehmer gleichermaßen genutzt werden können, auch allen Unternehmern zuzurechnen (s. Beispiel 16 in A 3.6 Abs. 6 UStAE). Daher kann die Nutzung eines Food-Courts in einem Einkaufszentrum beim Verzehr von Speisen als überwiegendes Dienstleistungselement zum Vorliegen einer sonstigen Leistung führen, wenn die Einräumung dieser Nutzungsmöglichkeit aus der Sicht eines Durchschnittsverbrauchers dem Speisenanbieter zuzurechnen ist. Für die Annahme einer sonstigen Leistung genügt dabei die Ausgabe von Speisen auf einem Tablett, wenn dies typischerweise dazu dient, es dem Kunden zu ermöglichen, die von ihm erworbenen Speisen zu einem Verzehrort in der Nähe (hier dem Food-Court) zu bringen und diese dort an einem Tisch mit Sitzmöglichkeit zu verzehren (BFH vom 26.08.2021, Az.: V R 42/20, BStBl II 2022, 219). Sofern die Abgabe der Speisen und Getränke nach dem vom Kunden zum Ausdruck gebrachten Willen zum Verzehr vor Ort erfolgt, kommt es jedoch nicht darauf an, dass sämtliche bereitgestellte Einrichtungen auch tatsächlich genutzt werden (A 3.6 Abs. 4 S. 11 und 15 UStAE).

Beispiel 14a: Imbissstand (nach A 3.6 Abs. 6 S. 5 UStAE Beispiele 1 und 2)

Der Betreiber eines Imbissstandes gibt verzehrfertige Würstchen und Pommes frites an seine Kunden in Pappbehältern oder auf Mehrweggeschirr ab. Die Kunden erhalten dazu eine Serviette, Einweg- oder Mehrwegbesteck und auf Wunsch Ketchup, Mayonnaise oder Senf. Der Imbissstand verfügt über eine Theke, an der Speisen im Stehen eingenommen werden können, sowie über eine aus Bänken und Tischen bestehende Bierzeltgarnitur, an denen die Kunden auch im Sitzen essen können. Der Betreiber gibt 80% der Speisen zum sofortigen Verzehr am Imbissstand und 20% der Speisen zum Mitnehmen ab.

Lösung: Maßgeblich für die Zuordnung der abgegebenen Speisen ist die Absichtserklärung der Kunden, die Speisen entweder mitnehmen oder vor Ort verzehren zu wollen. Soweit die Speisen zum Mitnehmen abgegeben werden, liegen Lieferungen i.S.d. § 3 Abs. 1 UStG vor, die ihrerseits als sog. Lebensmittelzubereitungen dem ermäßigten Steuersatz gem. § 12 Abs. 2 Nr. 1 UStG i.V.m. Nr. 33 der Anlage 2 zum UStG unterliegen. Soweit die Speisen aber zum Verzehr vor Ort abgegeben werden, liegen nicht steuersatzbegünstigte sonstige Leistungen i.S.d. § 3 Abs. 9 UStG vor, denn mit der Bereitstellung der Bierzeltgarnitur wird die Schwelle zum Restaurationsumsatz überschritten. Auf die tatsächliche Inanspruchnahme der Sitzgelegenheiten kommt es nicht an.

Sofern sich der Betreiber auf die Bereitstellung einfachster Verzehrvorrichtungen wie Theke, Stehtische sowie der Zurverfügungstellung von Mehrweggeschirr beschränkt hätte, würde bei einer wertenden Gesamtbetrachtung die erbrachten Dienstleistungselemente demgegenüber hinsichtlich der vor Ort verzehrten Speisen nicht zur Annahme von Restaurationsumsätzen führen (vgl. A 3.6 Abs. 4 S. 10 UStAE).

Beispiel 14b: Partyservice (nach A 3.6 Abs. 6 S. 5 UStAE Beispiele 9 und 10)

Der Metzger M betreibt einen Partyservice. M berät seine Kunden individuell bei der Auswahl der Speisen, deren Zusammenstellung und Menge. Die fertig belegten Platten werden in Warmhaltebehältern von den Kunden abgeholt oder von M zu den Kunden gebracht. Die leeren Platten und Warmhaltebehälter werden von M am Folgetag abgeholt und gereinigt.

Abwandlung: Zusätzlich stellt M auch Geschirr und/oder Besteck zur Verfügung; die leeren Platten, Warmhaltebehälter sowie das Geschirr und/oder Besteck sind von den Kunden zu reinigen.

Lösung: Im Ausgangsfall beschränkt sich M auf die Abgabe von zubereiteten Speisen, ggf. deren Beförderung sowie Beratung bei der Auswahl, sodass insoweit eine nach § 12 Abs. 2 Nr. 1 UStG begünstigte Lieferung vorliegt. Der Überlassung der Platten und Warmhaltebehälter kommt vornehmlich Verpackungscharakter zu. Nach der erforderlichen Gesamtbetrachtung führt dies auch mit dem zu berücksichtigenden Dienstleistungselement »Beratung« nicht zu einem qualitativen Überwiegen der Dienstleistungselemente. Die Reinigung ist aufgrund der Verpackungsfunktion der Platten und Warmhaltebehälter nicht zu berücksichtigen.

In der Abwandlung erfüllt das Geschirr bzw. Besteck allerdings keine Verpackungsfunktion, sodass mit dessen Überlassung in größerer Anzahl ein Dienstleistungselement hinzutritt, durch das bei Betrachtung des Gesamtbildes eine nicht begünstigte Restaurationsleistung vorliegt. Unerheblich ist dabei, dass das Geschirr/Besteck von den Kunden gereinigt zurückgegeben wird.

Hinweis: Werden Restaurationsleistungen als sonstige Leistungen nach § 3 Abs. 9 UStG aus unternehmerischen Gründen unentgeltlich erbracht, bleibt der VSt-Abzug erhalten, da § 3 Abs. 9a Nr. 2 UStG die Abgabe von sonstigen Leistungen aus unternehmerischen Gründen nicht erfasst.

In der Rspr. ist die Frage, ob der Grundsatz der Einheitlichkeit zur Anwendung gelangt, ein echter »Dauerbrenner«. Abschließend sei hier deshalb nur noch auf eine jüngste BFH-Entscheidung zur Dinner-Show hingewiesen (BFH vom 13.06.2018, Az.: XI R 2/16, BStBl II 2018, 678): Bei einer solchen Show, bei der künstlerische Darbietungen, die als Einzelleistungen an sich dem ermäßigten Steuersatz nach § 12 Abs. 2 Nr. 7a UStG unterliegen, und Restaurationsleistungen »im Paket« angeboten werden, greift der Grundsatz der **Einheitlichkeit der Leistung** in der Form, dass eine eigenständig zu beurteilende **untrennbare Gesamtleistung** vorliegt. Folge: Die Gesamtleistung »Dinner-Show« unterliegt dem Regelsteuersatz (A 4.20.1 Abs. 3 S. 5 UStAE). Nicht etwa bilden die begünstigten künstlerischen Darbietungen die Hauptleistung und die Restaurationsleistungen die unselbständige Nebenleistung.

2.2.4 Vermittlungsleistungen

Vermittlungsleistungen sind dadurch charakterisiert, dass derjenige, der sie erbringt, fremde Angelegenheiten wahrnimmt, dabei aber, anders als etwa der Spediteur (er erbringt regelmäßig Besorgungsleistungen; dazu Kap. 2.2.5, Beispiel 16a) oder der Kommissionär nicht im eigenen Namen tätig wird (dazu Kap. 1.2). Soweit der Vermittler in den Verkauf von Produkten eingeschaltet ist, schließt der Vermittler über die Produkte, die es an den Mann zu bringen gilt, entweder sogleich Verträge im Namen des Produktanbieters (Auftraggeber des Vermittlers) ab oder er beschränkt sich darauf, einem Vertragsabschluss zwischen dem Produktanbieter und dem potentiellen Kunden den Weg zu ebnen, indem er die beiden an den Verhandlungstisch bringt. In beiden Fällen ist der Vermittler selbst darauf beschränkt, eine Vermittlungsleistung an seinen Auftraggeber, den Produktanbieter, zu erbringen. Nicht etwa wird der Vermittler selbst Vertragspartner des Kunden, der an den Produkten interessiert ist, für die der Vermittler Kunden zu gewinnen hat. Entsprechendes gilt, wenn nicht der Produktanbieter, sondern der Interessent an einem bestimmten Produkt einen Vermittler einschaltet (vgl. dazu Beispiel 15a). Der Vermittler ist darauf beschränkt, eine Vermittlungsleistung an seinen Auftraggeber zu erbringen. Als klassisches Beispiel für einen Kaufmannstyp, der Vermittlungsleistungen erbringt, steht die in § 84 HGB näher charakterisierte Berufsgruppe der **Handelsvertreter**. Daneben sind auch **Handelsmakler** von Berufs wegen damit befasst, Vermittlungsleistungen zu erbringen.

Wie die zuvor erörterten sonstigen Leistungen haben auch Vermittlungsleistungen eine **spezielle Bestimmung zum Leistungsort** erhalten. Diese findet sich in **§ 3a Abs. 3 Nr. 4 UStG**. Sie folgt dem Muster, das die bereits erörterten sonstigen Leistungen in § 3a Abs. 3 Nr. 3 Buchst. a und c UStG kennzeichnet. Die besondere Bestimmung für den Leistungsort von Vermittlungsleistungen findet nur Anwendung, wenn die Vermittlungsleistung »[...] an einen Empfänger (erbracht wird), der weder ein Unternehmer ist, für dessen Unternehmen die Leistung bezogen wird, noch eine nicht unternehmerisch tätige juristische Person, der eine USt-IdNr. erteilt worden ist«. Nur wenn **Abnehmer** der Vermittlungsleistung eine **Privatperson** ist oder ein Unternehmer die Vermittlungsleistung für seinen außerunternehmerischen Bereich bezieht, greift die Sonderregelung. Dann bestimmt sich der Leistungsort der Vermittlungsleistung – mit Ausnahme der schon erörterten Vermittlung von Grundstücksverkäufen, dazu Beispiel 13 – **nach § 3a Abs. 3 Nr. 4 UStG** grds. in **Abhängigkeit zum Leistungsort der vermittelten Leistung**, dem Hauptumsatz. Dies lässt es bei Klausuren geboten erscheinen, bei Vermittlungsleistungen **gegenüber Privatpersonen zunächst den vermittelten Hauptumsatz zu beurteilen** und sich erst dann der Vermittlungsleistung zuzuwenden.

Bei **Vermittlungsleistungen gegenüber Unternehmern** für unternehmerische Zwecke oder an gleichgestellte juristische Personen bestimmt sich der Ort der Vermittlungsleistungen hingegen regelmäßig nach der Grundregel des **§ 3a Abs. 2 UStG**. Sieht man von der Vermittlung von Grundstücksgeschäften ab, kommt es nur auf die **Ansässigkeit des empfangenden Unternehmers** an.[25]

Soweit der Leistungsort einer **Vermittlungsleistung** gegenüber Unternehmern danach im Inland liegt, ist stets **sorgfältig zu prüfen, ob die Vermittlungsleistung nicht möglicherweise steuerbefreit ist**. Dies kommt insb. bei der Vermittlung von Leistungen in Betracht, deren Verbrauch vermutlich im Drittland stattfindet (vgl. dazu **§ 4 Nr. 5 Buchst. a – d UStG**).

> **Beispiel 15: Vermittlungsleistungen bei grenzüberschreitenden Lieferungen**
>
> Der in Basel ansässige selbständige Handelsvertreter H ist für eine in Freiburg ansässige F-OHG tätig. Er vermittelt Lieferungen der F-OHG an Unternehmer in der Schweiz und in Österreich. (H erteilt hierüber eine Rechnung, die für den Monat 05/02 Provisionseinkünfte i. H. v. 3.000 € für die vermittelten Lieferungen der F-OHG nach Österreich ausweisen. Die Rechnung für die vermittelten Lieferungen in die Schweiz beläuft sich auf 1.000 €).
>
> **Lösung:** Die von H vermittelten Umsätze, also die Lieferungen der F-OHG an ihre Abnehmer in der Schweiz und Österreich, haben nach § 3 Abs. 6 S. 1 UStG ihren Lieferort in Freiburg. Sie sind damit steuerbar nach § 1 Abs. 1 Nr. 1 UStG (aber steuerbefreit als Ausfuhr nach § 4 Nr. 1 Buchst. a UStG bzw. igL nach § 4 Nr. 1 Buchst. b UStG). Die Vermittlungsleistungen des H, deren Leistungsempfänger die in Freiburg ansässige F-OHG ist, haben ihren Leistungsort nach § 3a Abs. 2 UStG ebenfalls in Freiburg. Hinsichtlich der stpfl. Vermittlungsleistungen des im Ausland ansässigen H bezüglich der igL der F-OHG nach Österreich ist nach § 13b Abs. 2 S. 1 Nr. 1, Abs. 5 S. 1 UStG die F-OHG als Leistungsempfänger Schuldner der ausgelösten USt i. H. v. 570 €. Von daher hat H auch insoweit zu Recht keine USt ausgewiesen (vgl. § 14a Abs. 5 S. 1 UStG). Die F-OHG kann die von ihr geschuldete USt trotz des fehlenden USt-Ausweises in der Rechnung nach § 15 Abs. 1 S. 1 Nr. 4 UStG als VSt wieder abziehen. (Der Ausschluss vom VSt-Abzug nach § 15 Abs. 2 S. 1 Nr. 1 UStG wird durch § 15

---

25 Dies soll nach A 3a.7 Abs. 1 S. 4 UStAE auch für die Vermittlung **kurzfristiger** Vermietung von Zimmern in Hotels, Gaststätten usw. an Unternehmer gelten. Anders bei der Vermittlung von »normalen« Vermietungen von Grundstücken an Unternehmer. Insoweit bleibt es bei einer Ortsbestimmung nach § 3a Abs. 3 Nr. 1 UStG (Belegenheitsort des Grundstücks).

Abs. 3 Nr. 1 Buchst. a UStG wieder aufgehoben). Soweit sich die Vermittlungsleistungen auf die Ausfuhrlieferungen in die Schweiz beziehen, sind sie allerdings wie die Ausfuhrlieferung selbst nach § 4 Nr. 5 Buchst. a UStG steuerbefreit, sodass insoweit auch keine Steuerschuldnerschaft der OHG nach § 13b Abs. 2 S. 1 Nr. 1, Abs. 5 S. 1 UStG ausgelöst sein kann!

Bezieht ein Unternehmer eine Vermittlungsleistung für sein Unternehmen, ist es für die Bestimmung des Leistungsortes **unerheblich, ob eine Lieferung oder eine sonstige Leistung vermittelt wird.** Da Vermittlungsleistungen im zwischenunternehmerischen Bereich der Ortsbestimmung des § 3a Abs. 2 UStG unterfallen, ist insoweit nur der Ort des Unternehmenssitzes des Empfängers von Bedeutung. Insoweit bedarf allerdings besonderer Beachtung, wer Auftraggeber und damit Leistungsempfänger der Vermittlungsleistung ist. Auch für diese Fälle, bei denen es notwendig mehr als zwei Beteiligte gibt, gilt: Es ist durchweg sinnvoll, sich eine kleine Skizze zu fertigen, die offenlegt, wer mit wem vertragliche Beziehungen unterhält und welcher Art die Leistungen sind, die in Erfüllung des jeweiligen Vertrages erbracht werden.

> **Beispiel 15a: Erfolgreiche Lizenzvermittlung**
>
> **Fabrikant F** mit Sitz in Ohio (USA) **schaltet den Handelsmakler H ein**, um eine Lizenz bezüglich eines Patentes des Hamburger Unternehmers U zu erhalten. Die Vermittlungsbemühungen des H sind erfolgreich. U gewährt dem F die gewünschte Lizenz. **Abwandlung: Unternehmer U hat** wegen der Vergabe von Lizenzen **den H eingeschaltet**, und es kommt dank der Vermittlungsbemühungen des H zu einem Vertrag zwischen U und F hinsichtlich der Lizenzgewährung.
>
> **Lösung:** Indem U dem F eine Lizenz hinsichtlich seines Patents gewährt, erbringt er eine sonstige Leistung. Bei der Lizenzgewährung handelt es sich um eine sog. Katalogleistung nach § 3a Abs. 4 S. 2 Nr. 1 UStG. Katalogleistungen im zwischenunternehmerischen Bereich unterliegen allerdings der Grundregel zum Leistungsort in § 3a Abs. 2 UStG. Leistungsort ist damit der Ansässigkeitsort des die Leistung empfangenden Fabrikanten F in Ohio. Die Lizenzgewährung ist damit nicht steuerbar nach § 1 Abs. 1 Nr. 1 UStG. Entsprechendes gilt für die Vermittlungsleistung des H. H vermittelt eine sonstige Leistung an einen Unternehmer. Vermittlungsleistungen an Unternehmer unterfallen ebenfalls der Grundregel des § 3a Abs. 2 UStG. Da auch der Empfänger der Vermittlungsleistung der in Ohio ansässige Fabrikant F ist, ist auch die Vermittlungsleistung nach § 1 Abs. 1 Nr. 1 UStG nicht steuerbar. Wenn – wie in der Abwandlung – U wegen der Vergabe von Lizenzen H einschaltet, bleibt es für die Lizenzgewährung bei den vorgestellten Ergebnissen. Die Lizenzgewährung ist ebenfalls nicht steuerbar nach § 1 Abs. 1 Nr. 1 UStG. Aber: Da nunmehr U als Auftraggeber der Vermittlungsleistung im Inland ansässig ist, ergibt sich nach § 3a Abs. 2 UStG als Leistungsort der Sitz des Unternehmens des U in Hamburg. Die Vermittlungsleistung ist damit anders als der vermittelte Umsatz im Inland nach § 1 Abs. 1 Nr. 1 UStG steuerbar. Die nach § 1 Abs. 1 Nr. 1 UStG steuerbare Vermittlungsleistung des H an U ist dann aber steuerbefreit nach § 4 Nr. 5 Buchst. c UStG.

Merke: Während bei Vermittlungsleistungen gegenüber Unternehmern nur deren Sitz für die Ortsbestimmung entscheidend ist, gilt etwas anderes bei Vermittlungsleistungen gegenüber Privatpersonen. Soweit nicht Grundstücksgeschäfte vermittelt werden, bestimmt sich ihnen gegenüber der Ort der Vermittlungsleistung nach § 3a Abs. 3 Nr. 4 UStG in Abhängigkeit zum Ort des vermittelten Umsatzes. Insoweit ist im Rahmen der erforderlichen inzidenten Prüfung also durchaus von Bedeutung, ob eine Lieferung oder eine sonstige Leistung vermittelt wird, da – je nachdem, ob man es mit einer Lieferung oder einer sonstigen Leistung zu tun hat – unterschiedliche Regelungen zur Ortsbestimmung Anwendung finden.

2.2.5 Beförderungsleistungen und damit zusammenhängende Umsätze
2.2.5.1 Personenbeförderung

Werden Personen befördert, so haben diese Beförderungsleistungen nach der Grundregel des § 3b Abs. 1 S. 1 UStG ihren Leistungsort dort, **wo die Beförderung bewirkt** (verbraucht) **wird** – also über die ganze **Strecke**. Soweit sich die Beförderung nicht nur auf das Inland beschränkt (sog. grenzüberschreitende Beförderungsleistung) ist die gesamte Beförderungsleistung nach § 3b Abs. 1 S. 2 UStG in einen nach § 1 Abs. 1 Nr. 1 UStG steuerbaren Inlandsteil und einen im Inland nicht steuerbaren Beförderungsanteil aufzuteilen. In diesem Zusammenhang sind einerseits die zahlreichen Vereinfachungsvorschriften auf Grundlage des § 3b Abs. 1 S. 4 UStG in den §§ 2 – 7 UStDV (lesen!) zu beachten und andererseits die Berechnungsformel in A 3b.1 Abs. 6 UStAE.

Hinweis: Die Beförderung von Personen unterliegt unter den Voraussetzungen des § 12 Abs. 2 Nr. 10 UStG dem ermäßigten Steuersatz.

2.2.5.2 Güterbeförderung

Problematischer ist die Bestimmung des Leistungsortes, wenn es sich um eine (selbständige) **Güterbeförderung** handelt.[26] Für diese gilt es zunächst zu klären, wer als Auftraggeber Leistungsempfänger der Güterbeförderungsleistung ist. Ist der Leistungsempfänger ein **Unternehmer, der diese Beförderungsleistung für seine unternehmerische Betätigung bezieht**, oder eine gleichgestellte juristische Person, bestimmt sich der Leistungsort wiederum nach der **Grundregel des § 3a Abs. 2 UStG** (Empfängerortprinzip).

Hinweis: Eine Besonderheit gilt allerdings nach § 3a Abs. 8 UStG für den Fall, dass die Güterbeförderung und damit zusammenhängende Dienstleistungen ausschließlich **im Drittlandsgebiet genutzt** oder ausgewertet werden. Dann gilt diese Leistung selbst dann **im Drittland ausgeführt**, wenn der Auftraggeber ein inländischer Unternehmer ist.

Sind **Privatpersonen Auftraggeber der Güterbeförderungsleistung** oder der sonstigen mit der Beförderung im Zusammenhang stehenden Leistungen (Beladen, Entladen, Umschlagen gem. § 3b Abs. 2 UStG) ist hingegen danach zu unterscheiden, ob sich die Güterbeförderung auf eine Warenbewegung zwischen Inland und Drittland (oder umgekehrt) bezieht oder ob man es mit einer innergemeinschaftlichen Güterbeförderung i.S.d. § 3b Abs. 3 UStG zu tun hat:

- Im ersten Fall folgt die Beurteilung jenen Regelungen, die für Personenbeförderungen generell gelten (vgl. § 3b Abs. 1 S. 3 UStG). Demnach ist eine grenzüberschreitende Güterbeförderung zwischen Inland und Drittland (oder umgekehrt) nach § 3b Abs. 1 S. 2 UStG in einen nach § 1 Abs. 1 Nr. 1 UStG steuerbaren Inlandsanteil und einen nicht steuerbaren Leistungsteil aufzuteilen, der seinen Leistungsort im Ausland hat.
- Eine innergemeinschaftliche Güterbeförderung gegenüber Privatpersonen hat nach § 3b Abs. 3 UStG ihren Leistungsort hingegen in dem Mitgliedstaat, in dem die Güterbeförderung beginnt.
- Der Ort einer ausschließlich inländischen Güterbeförderungsleistung an Nichtunternehmer wird gem. § 3b Abs. 1 S. 3 i.V.m. S. 1 UStG insgesamt im Inland bewirkt (§ 3b Abs. 1 S. 1 UStG).

---

26 Unselbständige Güterbeförderungen von Liefergegenständen teilen umsatzsteuerlich das Schicksal der Hauptleistung, der Lieferung.

Beispiel 16: Beförderungsleistungen an Unternehmer

Der in Rotterdam ansässige Frachtführer F hat von dem in Hamburg ansässigen Maschinenhersteller M den Auftrag erhalten, für ihn einen Transport von Blechen von Rotterdam nach Hamburg auszuführen. Nach Durchführung des Transports berechnet F dem M hierfür 3.500 €.

Abwandlung: Der Frachtführer F ist in Bern ansässig und der Transportauftrag geht dahin, Bleche von Zürich (Schweiz) nach Hamburg zu schaffen.

Lösung: Frachtführer F erbringt an M als sonstige Leistung nach § 3 Abs. 9 UStG eine innergemeinschaftliche Güterbeförderungsleistung. Deren Leistungsort ist nach der Grundregel des § 3a Abs. 2 S. 1 UStG in Hamburg, dort, wo der M als Auftraggeber und Leistungsempfänger der Beförderungsleistung ansässig ist. Die Leistung des F an M ist damit im Inland nach § 1 Abs. 1 Nr. 1 UStG steuerbar.

Bei diesem Ergebnis bleibt es auch, wenn es sich – wie in der Abwandlung – nicht um eine innergemeinschaftliche Güterbeförderung handelt, sondern der Transport von Zürich nach Hamburg führt. Der **Transportweg wie auch die Nationalität des Leistenden ist für** die Frage, in welchem Land die Beförderungsleistung ihren **Leistungsort** hat, **ohne Bedeutung**. Bedeutsam ist hierfür allein die Ansässigkeit des empfangenden Unternehmers.

Relevant kann der Transportweg allerdings werden, wenn es um die Frage einer möglichen Steuerbefreiung geht. Soweit es sich um **innergemeinschaftliche Güterbeförderungsleistungen** handelt, sind diese stets **in dem Land, in dem** sie ihren **Leistungsort** haben, nicht nur **steuerbar**, sondern auch **steuerpflichtig**. Für den niederländischen Frachtführer bedeutet dies allerdings wiederum nicht, dass er hier in der BRD auch umsatzsteuerrechtliche Verpflichtungen zu erfüllen hätte. Die durch den Umsatz ausgelöste USt von 665 € schuldet nach **§ 13b Abs. 1 i. V. m. § 13b Abs. 5 S. 1 UStG** der Maschinenhersteller M.

Etwas anderes gilt jedoch für die Abwandlung mit einer Güterbeförderungsleistung zwischen Zürich und Hamburg. **Güterbeförderungsleistungen zwischen Drittland und Inland** (und umgekehrt) sind, soweit sie sich auf Gegenstände der Einfuhr beziehen, **regelmäßig steuerbefreit** nach § 4 Nr. 3a Buchst. bb UStG oder – soweit sie sich auf Gegenstände der Ausfuhr beziehen – steuerbefreit nach § 4 Nr. 3a Buchst. aa UStG. Diese Steuerbefreiungen kommen allerdings nur für die Leistungen des Hauptfrachtführers, nicht aber für die Leistungen der Unterfrachtführer in Betracht, da diese die Beförderungsleistung nicht unmittelbar an den Versender oder Empfänger der Gegenstände erbringen, sondern an den Hauptfrachtführer (A 4.3.4 Abs. 3 UStAE).[27]

Zusätzliche Probleme können die Güterbeförderungsleistungen an Unternehmer und ihnen gleichgestellte juristische Personen aufwerfen, wenn in die Durchführung von Transporten noch **Spediteure** (dazu §§ 453 ff. HGB) **eingeschaltet** sind. Deren Mitwirken führt nämlich regelmäßig dazu, dass § 3 Abs. 11 UStG zur Anwendung gelangt – jene Norm also, die üblicherweise als Sonderregelung zur **Dienstleistungskommmission** firmiert. Ähnlich wie ein Kommissionär, der bei der Einkaufskommission in eigenem Namen für fremde (des Kommittenten) Rechnung Waren einkauft, agiert regelmäßig auch ein Spediteur. Auch er besorgt – dabei durchweg in eigenem Namen handelnd (vgl. § 454 Abs. 3 HGB) – für Rechnung seines Auftraggebers Leistungen. Nur handelt es sich bei den von ihm besorgten Leistungen nicht um Waren (und damit Lieferungen), sondern Beförderungsleistungen (und damit sonstige Leistungen). Damit ist der Weg frei für **§ 3 Abs. 11 UStG**. Danach wird der Spediteur

---

[27] Für vor dem 01.01.2022 ausgeführte Umsätze konnte der Unterfrachtführer noch die Steuerbefreiung in Anspruch nehmen (BMF vom 14.10.2020, BStBl I 2020, 1043).

als »Unternehmer, (der) in die Erbringung einer sonstigen Leistung eingeschaltet (ist)«, so behandelt, als ob die besorgte Beförderungsleistung »an ihn und von ihm erbracht (wird)«. Nach § 3 Abs. 11 UStG wird also eine **Leistungskette fingiert**. **Der Frachtführer erbringt eine Beförderungsleistung an den Spediteur, der Spediteur führt eine Beförderungsleistung an seinen Auftraggeber aus.** Zu beachten bleibt, dass ungeachtet der Fiktion zweier vom Inhalt her gleicher Leistungen jede für sich nach den allgemeinen Regeln des USt-Rechts zu beurteilen ist. Spielen persönliche Merkmale wie Ansässigkeit der Beteiligten, Status als Unternehmer oder Privatperson eine Rolle, bleibt es hierbei auch im Rahmen der sog. Dienstleistungskommission.[28]

> **Beispiel 16a: Beförderungsleistungen**
>
> Der in Hamburg ansässige Maschinenhersteller M hat den Hamburger Spediteur S damit betraut, für den Transport der Bleche von Rotterdam nach Hamburg zu sorgen. S überträgt die Ausführung des Transports dem in Rotterdam ansässigen Frachtführer F.
>
> **Abwandlung:** Wie zuvor, aber der Spediteur ist in Amsterdam ansässig.
>
> **Lösung:** Sowohl für die Beförderungsleistung des F an S als auch für die (fiktive) Beförderungsleistung des S an M bestimmt sich der Leistungsort nach § 3a Abs. 2 UStG danach, wo der jeweilige Leistungsempfänger ansässig ist. Da sowohl S als Leistungsempfänger der Beförderungsleistung des F wie auch M als Leistungsempfänger der fiktiven Beförderungsleistung des S in Hamburg ansässig sind, sind sowohl die Beförderungsleistung des F an S als auch die des S an M im Inland steuerbar nach § 1 Abs. 1 Nr. 1 UStG und stpfl. Bei diesem Ergebnis bleibt es aber nicht, wenn – wie in der Abwandlung – die beteiligten Leistungsempfänger, hier also die beiden Leistungsempfänger M und S, in unterschiedlichen Staaten ansässig sind. Dann führt die Leistungsortbestimmung nach § 3a Abs. 2 S. 1 UStG dazu, dass die umsatzsteuerrechtliche Beurteilung der Beförderungsleistung des F an S sich nicht mit der des S an M deckt. Ist S in Amsterdam ansässig, ist der Leistungsort der Beförderungsleistung des F an ihn in den Niederlanden, während Leistungsort der Beförderungsleistung des S an M in Hamburg ist. Dort ist diese Beförderungsleistung steuerbar und stpfl. und löst für M eine Steuerschuldnerschaft nach § 13b Abs. 1 i.V.m. § 13b Abs. 5 S. 1 UStG aus.

2.2.6 Katalogleistungen i. S. d. § 3a Abs. 4 UStG

Auch für die in § 3a Abs. 4 S. 2 UStG (lesen!) aufgeführten sonstigen Leistungen, sog. **Katalogleistungen**, greift die grundlegende Unterscheidung zwischen Leistungsbezügen von Unternehmern für deren Unternehmen (bzw. ihnen gleichgestellte juristische Personen) und Privatpersonen als Auftraggeber. Werden die in § 3a Abs. 4 UStG erfassten **Leistungen an Unternehmer für deren Unternehmen** erbracht, gelangt die Grundregel des **§ 3a Abs. 2 UStG** zur Anwendung (Empfängerortprinzip).

Nur wenn der Auftraggeber eine **Privatperson mit Wohnsitz** oder Sitz **im Drittlandsgebiet** ist, **bestimmt dieser Ort den Leistungsort nach § 3a Abs. 4 S. 1 UStG.**

Für **im Inland oder im Gemeinschaftsgebiet ansässige Privatpersonen** als Auftraggeber einer der in § 3a Abs. 4 S. 2 UStG bezeichneten Leistungen findet hingegen die Grundregel des

---

28 S. dazu auch die Beispiele in A 3.15 Abs. 6 UStAE.

§ 3a Abs. 1 UStG wiederum Anwendung. In diesen Fällen ist der Leistungsort also der **Sitzort des leistenden Unternehmers.**[29]

> **Beispiel 17: Beratungsleistungen und ihr Leistungsort**
>
> Rechtsanwalt R, der seine Praxis in Hamburg betreibt, führt folgende Leistungen aus:
> - Beratung eines schweizerischen/niederländischen Unternehmers in Fragen des deutschen Wettbewerbsrechts;
> - Vertretung einer in der Schweiz/den Niederlanden ansässigen Privatperson in einer Erbschaftsangelegenheit.
>
> **Lösung:** Die Beratungsleistung des Anwalts ist grds. von § 3a Abs. 4 S. 2 Nr. 3 UStG erfasst. Ihr Ort bestimmt sich folglich in Abhängigkeit vom Abnehmerstatus und – sofern Privatpersonen Auftraggeber sind – vom Sitz des Empfängers nach § 3a Abs. 4 S. 2 UStG. Für die angebotenen Alternativen ergeben sich die folgenden Leistungsorte: Bei der Beratung in Fragen des deutschen Wettbewerbsrechts ist wegen des Unternehmerstatus des jeweiligen Empfängers der Leistungsort nach § 3a Abs. 2 S. 1 UStG in der Schweiz bzw. alternativ in den Niederlanden. Es kann davon ausgegangen werden, dass die Beratung in Fragen deutschen Wettbewerbsrechts für unternehmerische Zwecke erfolgt ist. Bei der Vertretung der Privatperson in Erbschaftsangelegenheiten ist der Leistungsort nach § 3a Abs. 4 S. 1 UStG in der Schweiz und in der Alternative – Privatperson mit Sitz im Gemeinschaftsgebiet als Leistungsempfänger – nach § 3a Abs. 1 UStG in Hamburg und damit im Inland.

2.2.7 Empfängerortsprinzip für Telekommunikations-, Rundfunk-, Fernseh- und auf elektronischem Weg erbrachte sonstige Leistungen

Für sonstige Leistungen auf dem Gebiet der Telekommunikation, der Rundfunk- und Fernsehdienstleistungen sowie der auf elektronischem Weg erbrachten sonstigen Leistungen[30] i.S.d. § 3a Abs. 5 S. 2 UStG findet in Abhängigkeit vom Abnehmerstatus **einheitlich** das **Empfängerortprinzip** Anwendung. Der Sitzort des Leistungsempfängers gelangt nach **§ 3a Abs. 5 S. 1 UStG für Privatpersonen** und ihnen gleichgestellte juristische Personen und nach der Grundregel des **§ 3a Abs. 2 UStG für Unternehmer** und ihnen gleichgestellte juristische Personen zur Anwendung. Der Sitzort des leistenden Unternehmers ist insoweit unerheblich. Für nach dem 01.01.2021 erbrachte Telekommunikationsdienstleistungen – z.B. Telefonie, SMS, Datenübertragungen, VoIP (Art. 6a MwSt-DVO, A 3a.10 UStAE) – schuldet allerdings der inländische Leistungsempfänger die Steuer, wenn er ein sog. Wiederverkäufer ist (§ 13b Abs. 2 Nr. 12 i.V.m. § 13b Abs. 5 S. 6 UStG). Für entsprechende sonstige Leistungen eines im Ausland ansässigen Unternehmers greift der Übergang der Steuerschuldnerschaft auf den Leistungsempfänger nach § 13b Abs. 2 Nr. 1 UStG ohne Einschränkung auf Wiederverkäufer.

Hinweis: Sofern der im Inland ansässige Unternehmer die in § 3a Abs. 5 S. 2 UStG geschilderten Leistungen an den in § 3a Abs. 5 S. 1 UStG genannten Personenkreis (also an Leistungsempfänger, die nicht unter § 3a Abs. 2 UStG fallen) im übrigen Gemeinschaftsgebiet

---

29 In Klausuren dominieren aus dem Katalog des § 3a Abs. 4 S. 2 UStG neben Beratungsleistungen nach § 3a Abs. 4 Nr. 3 UStG Datenverarbeitungsleistungen (Nr. 5) sowie insb. die Vermietung beweglicher körperlicher Gegenstände mit Ausnahme von Beförderungsmitteln (Nr. 10 UStG).

30 Eine auf elektronischem Weg erbrachte sonstige Leistung ist nur anzunehmen, wenn sie im Wesentlichen automatisiert und nur mit minimaler menschlicher Beteiligung erfolgt. Sie liegt daher nicht vor, wenn bei Wettumsätzen auf eine Zweitlotterie insb. Spielergebnisse nicht eigenständig über Computersysteme, sondern manuell durch menschliche Arbeitskraft in das System eingepflegt werden (BFH vom 23.01.2023, Az.: XI R 36/19, BFH/NV 2023, 152). Dient z.B. das Internet nur als Kommunikationsmedium, liegt ebenfalls keine elektronisch erbrachte Leistung vor. Einzelheiten in A 3a.11 UStAE.

erbringt, muss er sich nicht mehr in den EU-Mitgliedstaaten, in denen er diese Leistungen erbringt, umsatzsteuerlich registrieren, sondern kann diese Umsätze seit dem 01.07.2021 im sog. One-Stop-Shop (OSS) im Inland anmelden und die USt hierfür abführen. Ebenso können sowohl im Gemeinschaftsgebiet als auch im Drittland ansässige Unternehmer künftig alle sonstigen Leistungen an Nichtunternehmer, die im Gemeinschaftsgebiet bzw. in einem anderen EU-Mitgliedstaat als dem Ansässigkeitsstaat zu besteuern sind, im OSS anmelden und abführen.

> **Beispiel 18: Softwareprogramm**
>
> Eine Bank B (Privatperson P) mit Sitz in Hamburg lässt sich von einem Anbieter T mit Sitz in Texas (USA) ein Softwareprogramm elektronisch überspielen. Das Entgelt hierfür beträgt 20.000 € netto.
>
> **Lösung:** Gem. § 3a Abs. 2 S. 1 UStG liegt der Ort der elektronischen Dienstleistung in Hamburg. Da die Bank B Unternehmer und T ein im Ausland ansässiger Unternehmer ist, geht die Steuerschuld für diesen Umsatz gem. § 13b Abs. 2 Nr. 1 i. V. m. Abs. 5 S. 1 UStG auf B über. T hat mit dem deutschen Fiskus wegen dieses Umsatzes somit nichts zu tun. B schuldet die Steuer i. H. v. 3.800 €. Unterstellt, die Bank B tätigt ausschließlich vorsteuerschädliche Umsätze nach § 4 Nr. 8a – g UStG, bilden die 3.800 € aus diesem Geschäft vollständig Steueraufkommen im Inland, da ein VSt-Abzug der Bank nach § 15 Abs. 1 S. 1 Nr. 4 UStG an § 15 Abs. 2 S. 1 Nr. 1 UStG scheitert. Lädt sich eine Privatperson das Softwareprogramm herunter, ist der Leistungsort nach § 3a Abs. 5 S. 1 UStG ebenfalls in Hamburg. Da für Nichtunternehmer als Leistungsempfänger die Steuerschuldverlagerung gem. § 13b UStG jedoch nicht zur Anwendung kommt, muss T wegen solcher Umsätze in einem EU-Mitgliedstaat, in dem er steuerbare Umsätze i. S. d. § 3a Abs. 5 S. 2 UStG an Leistungsempfänger i. S. d. § 3a Abs. 5 S. 1 UStG erbringt, seine Umsätze erklären (vgl. § 18 Abs. 4c UStG).

Als **weitere Vereinfachungsregel** wurde in § 3a Abs. 5 UStG zur Entlastung von Kleinstunternehmern, die nur in einem EU-Mitgliedstaat ansässig sind, normiert, dass eine Versteuerung nach dem **Bestimmungslandprinzip** gem. § 3a Abs. 5 UStG **nur noch verpflichtend** ist, **wenn** gem. § 3a Abs. 5 S. 3 UStG das Gesamtentgelt für die vorgezeichneten Leistungen in allen anderen Mitgliedstaaten zusammengerechnet insgesamt den **Schwellenwert von 10.000 €** im laufenden Jahr und im Vorjahr **übersteigt**. Bei Unterschreiten des Schwellenwertes entfällt damit die Pflicht zur Besteuerung nach dem Bestimmungslandprinzip; es verbleibt dann bei der Besteuerung im Sitzstaat des leistenden Unternehmers. Die Unternehmen können auf die Anwendung dieser Vereinfachungsregel verzichten und gem. § 3a Abs. 5 S. 4 UStG zur Besteuerung nach dem Bestimmungslandprinzip optieren. Diese Option bindet den Unternehmer für mindestens zwei (volle) Kj. (§ 3a Abs. 5 S. 5 UStG). Mit **Wirkung ab 01.07.2021** sind die sog. **innergemeinschaftlichen Fernverkäufe** i. S. d. § 3c Abs. 1 S. 2 und S. 3 UStG **in die Berechnung des Schwellenwerts miteinzubeziehen**.

2.2.8 Vorgehen zur Bestimmung des Ortes entgeltlicher sonstiger Leistungen

Vorrangige Ortsbestimmungen – unabhängig vom Status des Leistungsempfängers:		
1	Belegenheitsort für grundstücksbezogene Leistungen	§ 3a Abs. 3 Nr. 1 UStG
2	Übergabeort für kurzfristige Vermietung eines Beförderungsmittels	§ 3a Abs. 3 Nr. 2 S. 1 UStG
	Ausnahmen: – kurzfristige (und langfristige) Vermietung eines Beförderungsmittels durch Drittlandsunternehmer und Nutzung im Inland	– § 3a Abs. 6 S. 1 Nr. 1 UStG Leistungsort: Inland
	– kurzfristige Vermietung eines Schienenfahrzeugs, Kraftomnibusses oder eines ausschließlich zur Beförderung von Gegenständen bestimmten Straßenfahrzeugs durch inländischen Unternehmer an Drittlandsunternehmer für dessen Unternehmen und Nutzung im Drittland	– § 3a Abs. 7 UStG Leistungsort: Drittland
3	Tätigkeitsort für Leistungen im Zusammenhang mit Eintrittsberechtigungen zu kulturellen und ähnlichen Veranstaltungen	§ 3a Abs. 3 Nr. 5 UStG
4	Bewirtungsort (Tätigkeitsort) für Restaurationsleistung	§ 3a Abs. 3 Nr. 3 Buchst. b UStG
	Ausnahme: Bewirtung an Bord eines Schiffes, in einem Luftfahrzeug oder in einer Eisenbahn während einer Beförderung innerhalb der EU	§ 3e UStG Leistungsort: Abgangsort
5	Beförderungsstrecke bei Personenbeförderung	§ 3b Abs. 1 UStG
Liegt keiner der vorgenannten Sachverhalte vor und ist der **Leistungsempfänger Unternehmer**, der die sonstige Leistung für sein Unternehmen bezieht oder gleichgestellte juristische Person mit USt-IdNr. gelangt zwangsläufig das **Empfängerortsprinzip nach § 3a Abs. 2 UStG** zur Anwendung.		
	Ausnahme: Es handelt sich um eine in § 3a Abs. 8 UStG aufgeführte Leistung, die im Drittlandsgebiet genutzt oder ausgewertet wird.	§ 3a Abs. 8 UStG Leistungsort: Drittland
Nur für nichtunternehmerische Leistungsempfänger ist weiter zu prüfen, ob einer der nachfolgenden Sachverhalte vorliegt:		
1	Tätigkeitsort für Leistungen im Zusammenhang mit Eintrittsberechtigungen zu kulturellen und ähnlichen Veranstaltungen	§ 3a Abs. 3 Nr. 2 Buchst. a UStG
2	Tätigkeitsort für Arbeiten an beweglichen körperlichen Gegenständen und deren Begutachtung	§ 3a Abs. 3 Nr. 3 Buchst. c UStG
3	Tätigkeitsort für selbständige Leistungen wie Beladen/Entladen im Zusammenhang mit einer Güterbeförderung	§ 3b Abs. 2 UStG
4	Ort des vermittelten Umsatzes für Vermittlungsleistung	§ 3a Abs. 3 Nr. 4 UStG
5	Empfängerort für langfristige Vermietung von Beförderungsmitteln	§ 3a Abs. 3 Nr. 2 S. 3 UStG
	Ausnahme: langfristige Vermietung eines Sportbootes	§ 3a Abs. 3 Nr. 2 S. 4 UStG Leistungsort: Übergabeort

Vorrangige Ortsbestimmungen – unabhängig vom Status des Leistungsempfängers:		
6	Empfängerort für Katalogleistungen i. S. d. § 3a Abs. 4 S. 2 UStG an Leistungsempfänger mit Wohnsitz/Sitz im Drittland	§ 3a Abs. 4 S. 1 UStG
7	Empfängerort für Telekommunikations-, Rundfunk- und Fernsehdienstleistungen sowie auf elektronischem Weg erbrachte sonstige Leistungen (§ 3a Abs. 5 S. 2 UStG)	§ 3a Abs. 5 S. 1 UStG
8	Abgangsort für innergemeinschaftliche Güterbeförderung	§ 3b Abs. 3 UStG
9	Beförderungsstrecke für Güterbeförderung, die keine innergemeinschaftliche Güterbeförderung ist	§ 3b Abs. 1 UStG
Nur wenn keiner der vorgenannten Sachverhalte vorliegt, gelangt bei nichtunternehmerischen Leistungsempfängern die **nachrangige Generalklausel des § 3a Abs. 1 UStG** zur Anwendung, sodass der **Sitzort des leistenden Unternehmers** den Leistungsort bestimmt. **Ausnahmen für Drittlandsunternehmer:** – Katalogdienstleistungen nach § 3a Abs. 4 Nr. 1 bis 10 UStG an inländische jPdöR und Nutzung im Inland: Leistungsort = Inland (§ 3a Abs. 6 S. 1 Nr. 2 UStG); – Telekommunikations-, Rundfunk- und Fernsehdienstleistung und Nutzung im Inland: Leistungsort = Inland (§ 3a Abs. 6 S. 1 Nr. 3 UStG).		

2.3 Besonderheiten im Besteuerungsverfahren für sonstige Leistungen

Befindet sich der Ort der sonstigen Leistung eines im Inland ansässigen Unternehmers im Ausland, ist diese Leistung nach deutschem Recht nicht steuerbar. In der Rechnung darf demnach keine deutsche USt ausgewiesen werden. Ob eine USt des Staates auszuweisen ist, in dem der Leistungsort belegen ist, kann nicht pauschal beantwortet werden. Uneingeschränkt richtig ist lediglich die Aussage, dass sich sämtliche umsatzsteuerliche Pflichten regelmäßig nach dem Recht des betroffenen Staates richten. Als Richtschnur kann – auch für Beraterklausuren – diese Aussage jedoch wie folgt präzisiert werden:

- **Liegt der Ort** einer stpfl. sonstigen Leistung **im** übrigen **Gemeinschaftsgebiet** und bestimmt sich der Leistungsort **nach** der Vorschrift des **§ 3a Abs. 2 UStG** (Auflistung dieser Umsätze in A 3a.2 Abs. 16 UStAE), ist im anderen Mitgliedstaat die Regelung des **§ 13b Abs. 1 UStG i. V. m. § 13b Abs. 5 S. 1 UStG** sinngemäß anzuwenden. Die Rechnung hat ohne gesonderten Ausweis von USt zu erfolgen (§ 14a Abs. 5 S. 2 UStG) und den Hinweis »Steuerschuldnerschaft des Leistungsempfängers« zu enthalten. Ferner sind die USt-IdNr. des Leistenden und die des Leistungsempfängers aufzunehmen (§ 14a Abs. 1, S. 1 – 3 UStG).[31] Darüber hinaus ist dieser Umsatz auch in eine sog. **Zusammenfassende Meldung nach § 18a Abs. 2 S. 1 UStG** aufzunehmen. Hiernach hat der inländische Unternehmer für seine gem. § 3a Abs. 2 UStG im EU-Ausland stpfl. erbrachte Dienstleistung bei Übergang der Steuerschuldnerschaft auf den Leistungsempfänger diese Leistungen in der Zusammenfassenden Meldung zu erklären (Abgabefrist bis zum 25. Tag nach Ablauf jedes Kalendervierteljahres, in dem der Unternehmer Leistungen i. S. d. § 3a Abs. 2 UStG ausgeführt hat). Hierzu muss der leistende Unternehmer die USt-IdNr. eines jeden einzel-

---

31 Weist der leistende Unternehmer dennoch USt in der Rechnung gesondert aus, wird diese Steuer von ihm nach § 14c Abs. 1 UStG geschuldet (A 13b.14 Abs. 1 S. 5 UStAE).

nen Leistungsempfängers und die Summe der BMG der an den einzelnen Leistungsempfänger erbrachten Dienstleistungen angeben (§ 18a Abs. 7 Nr. 3 UStG). Ein Hinweis auf diese Verpflichtungen wird in Beraterklausuren nicht ohne Eindruck bleiben.
- **Liegt der Ort** einer stpfl. sonstigen Leistung **im übrigen Gemeinschaftsgebiet** und bestimmt sich der **Leistungsort nicht nach** der Vorschrift des **§ 3a Abs. 2 UStG**, kann nicht für jeden Mitgliedstaat davon ausgegangen werden, dass die dortigen Regelungen einen Wechsel der Steuerschuldnerschaft entsprechend der Regelung in § 13 Abs. 2 Nr. 1 i. V. m. Abs. 5 S. 1 UStG vorsehen. Dies hängt damit zusammen, dass die MwStSystRL nicht für sämtliche sonstigen Leistungen von im Ausland ansässigen Unternehmern den Wechsel der Steuerschuldnerschaft zwingend vorschreibt, sondern den Mitgliedstaaten ein Wahlrecht einräumt. Ist nach der dortigen Regelung der Wechsel der Steuerschuldnerschaft vorgesehen, ist zwar in der Rechnung keine USt auszuweisen und die Rechnung mit dem Zusatz »Steuerschuldnerschaft des Leistungsempfängers« zu versehen. Es hat aber **keine Angabe in der Zusammenfassenden Meldung** zu erfolgen
- **Liegt der Ort** der sonstigen Leistung **im Drittland**, gelten die dortigen Regelungen zu Steuer-, Rechnungs- und Meldepflichten. Ausführungen hierzu werden in den Beraterklausuren nicht erwartet.

3 Einheitlichkeit der Leistung

Enthält die vertraglich geschuldete Leistung **sowohl Elemente einer Lieferung als auch einer sonstigen Leistung** (oder Elemente unterschiedlicher sonstiger Leistungen), bedarf es zunächst der Klärung, ob von einer **einheitlichen Leistung oder** von **mehreren** getrennt zu beurteilenden **selbständigen Einzelleistungen** auszugehen ist. Bedeutung gewinnt dies nicht nur für die Ortsbestimmung, sondern auch für die Anwendung von Befreiungsvorschriften und des Steuersatzes. I. d. R. ist jede Lieferung und jede sonstige Leistung als eigene, selbständige Leistung zu betrachten. Bei einem Umsatz, der ein Bündel von Einzelleistungen und Handlungen umfasst, ist aber im Rahmen einer Gesamtbetrachtung aus der Sicht eines Durchschnittsverbrauchers zu bestimmen, ob zwei oder mehr getrennte Umsätze vorliegen oder ein einheitlicher Umsatz. Allerdings darf einerseits ein einheitlicher wirtschaftlicher Vorgang nicht in mehrere Leistungen aufgeteilt werden und andererseits sind mehrere formal getrennt erbrachte Leistungen als einheitlicher Umsatz anzusehen, wenn sie nicht selbständig sind (A 3.10 Abs. 2 und 3 UStAE).

Nach dem Grundsatz der Einheitlichkeit der Leistung ist eine gemischte Tätigkeit, in der sich unterschiedliche Leistungselemente bündeln, als **eine Leistung** zu betrachten, wenn **entweder**
- mehrere Einzelleistungen im Verhältnis von Haupt- und Nebenleistung zueinander stehen, bei denen die Nebenleistung dann das umsatzsteuerrechtliche Schicksal der Hauptleistung teilt oder
- mehrere Einzelleistungen so eng miteinander verbunden sind, dass sie aus Sicht des Durchschnittsverbrauchers eine einzige untrennbare Gesamtleistung bilden, deren Aufspaltung wirklichkeitsfremd wäre und
- es sich in beiden Konstellationen um **Leistungen desselben Unternehmers an denselben Leistungsempfänger handelt**.

3.1 Haupt- und Nebenleistung

Eine Leistung ist eine unselbständige Nebenleistung, wenn sie für die Leistungsempfänger keinen eigenen Zweck, sondern das Mittel darstellt, um die Hauptleistung des Leistungserbringers unter optimalen Bedingungen in Anspruch zu nehmen. Zu den »Paradebeispielen« für eine **unselbständige Nebenleistung** zählen etwa der **Transport und die Verpackung** eines Liefergegenstands (EuGH vom 03.07.2001, Az.: C-380/99, UR 2001, 346). Daraus folgt dann für die Lieferung von Lebensmitteln, dass auch eine besonders berechnete Verpackung dem ermäßigten Steuersatz von 7 % gem. § 12 Abs. 2 Nr. 1 UStG unterliegt; sie teilt das umsatzsteuerliche Schicksal der Hauptleistung.

Unselbständige Nebenleistung zu einer steuerfreien Vermietung von Wohnraum bildet regelmäßig auch die Überlassung von Mobiliar im Zusammenhang mit einer Raumvermietung (BFH vom 11.11.2015, Az.: V R 37/14, BStBl II 2017, 1259) sowie der **mitvermietete Abstellplatz für das Fahrzeug des Mieters** (BFH vom 10.12.2020, Az.: V R 41/19, BFH/NV 2021, 949). Mag hierüber auch ein gesonderter Vertrag zwischen Vermieter und Mieter geschlossen sein, so bleibt diese ansonsten nach § 4 Nr. 12 S. 2 UStG stpfl. Vermietung eines Abstellplatzes für Fahrzeuge also steuerfrei (A 4.12.2 Abs. 2 S. 4 UStAE).

Beim **Factoring**, dessen wirtschaftlicher Gehalt im stpfl. Einzug von Forderungen besteht, stellt sich eine damit einhergehende Kreditgewährung regelmäßig ebenfalls als unselbständige Nebenleistung dar. Die Folge: Für diese Kreditgewährung gelangt die Steuerbefreiungsnorm des § 4 Nr. 8 Buchst. a UStG nicht zur Anwendung (vgl. A 2.4 Abs. 4 S. 4 UStAE). Beim **Kauf unter EV** ist die Kreditgewährung hingegen regelmäßig als gesonderte – nach § 4 Nr. 8 Buchst. a UStG steuerfreie – Darlehensgewährung anzusehen, wenn eine eindeutige Trennung zwischen dem Kreditgeschäft und der Lieferung vorliegt. Dazu müssen die aufzuwendenden Entgelte für die Lieferung und die Kreditgewährung gesondert vereinbart und abgerechnet werden (A 3.11 Abs. 1 – 2 UStAE). Wird den Anforderungen an eine selbständig zu beurteilende Kreditgewährung nicht entsprochen, bildet diese eine unselbständige Nebenleistung.

Bei der Verpflegung von Hotelgästen handelt es sich i. Ü. auch um eine unselbständige Nebenleistung zur Übernachtung, die als Teil der Hauptleistung gem. § 3a Abs. 3 Nr. 1 Buchst. a UStG am Belegenheitsort des Hotels steuerbar ist (BFH vom 15.01.2009, Az.: V R 9/06, BStBl II 2010, 433). Im Hinblick auf den anzuwendenden Steuersatz nach § 12 Abs. 2 Nr. 11 S. 2 UStG gilt aber ein normiertes Aufteilungsgebot (BFH vom 24.04.2013, Az.: XI R 3/11, BStBl II 2014, 86).

3.2 Untrennbare Gesamtleistung

In den Fällen einer untrennbaren Gesamtleistung setzt sich die einheitliche Leistung aus unterschiedlichen Einzelleistungen zusammen. Die Einzelleistungen sind aber – anders als bei Haupt- und Nebenleistung – für den Kunden so eng miteinander verbunden, dass sie objektiv einen einzigen untrennbaren wirtschaftlichen Vorgang bilden, dessen Aufteilung wirklichkeitsfremd wäre (BFH vom 10.01.2013, Az.: V R 31/10, BStBl II 2013, 352). Die Leistungen sind so aufeinander abgestimmt, dass sie aus der Sicht eines durchschnittlichen Leistungsempfängers ihre Selbständigkeit verlieren und wirtschaftlich etwas selbständiges »Drittes« bilden; wenn also aus Einzelleistung A und Einzelleistung B wirtschaftlich die

Leistung C wird.[32] In diesen Fällen muss für die Prüfung der Steuerbarkeit in einem weiteren Prüfungsschritt festgestellt werden, ob es sich um eine Lieferung oder um eine sonstige Leistung handelt. Insoweit ist entscheidend, »welche Leistungselemente aus der Sicht des Durchschnittsverbrauchers und unter Berücksichtigung des Willens der Vertragsparteien den wirtschaftlichen Gehalt der Leistung bestimmen« (so A 3.5 Abs. 1 S. 1 UStAE). Abhängig vom jeweiligen Leistungstatbestand ergeben sich sodann Unterschiede im Rahmen der Ortsbestimmung und für die Prüfung einer eventuellen Steuerfreiheit sowie der Bestimmung des Steuersatzes.

Z.B. ist die Aufspaltung einer sog. »Dinnershow« in ihre Leistungsbestandteile Restaurationsleistung und Theaterdarbietung wirklichkeitsfremd (BFH vom 10.01.2013, Az.: V R 31/10, BStBl II 2013, 352). Nach einer jüngsten Entscheidung stellt die automatisierte Versorgung von Mastschweinen eines Landwirts mit Flüssigfutter durch eine computergesteuerte Flüssigfutteranlage, die nach den Vorgaben eines anderen Schweinemästers die jeweiligen Futtermittelrezepturen regelt, die Fütterung über eine voreingestellte »Futterkurve« vornimmt und mehrmals am Tag automatisch den Füllstand der jeweiligen Schweineträge überprüft und im Bedarfsfall automatisch Flüssigfutter nachliefert, keine ermäßigt zu besteuernde Futterlieferung, sondern eine dem Regelsteuersatz unterliegende sonstige Leistung (Futtermanagementleistung) dar (FG Münster vom 25.02.2021, 5 K 3446/18 U, EFG 2021, 886; Revision beim BFH, Az.: XI R 9/21). Auch ein Dienstleistungsvertrag über die strukturierte Vermittlung eines Grundstückskaufs und der dafür erforderlichen Finanzierung führt nicht zu einer einheitlichen Leistung (BFH vom 16.03.2023, Az.: V R 17/21, BFH/NV 2023, 965). Ebenso führt ein Schnellrestaurant im Rahmen sogenannter Sparmenüs mindestens zwei selbständige Lieferungen – die des Getränks und die der Speisen – aus. Die Aufteilung des Gesamtentgelts für solche Sparmenüs in der Systemgastronomie zur Bestimmung der Anteile, die dem vollen und dem ermäßigten Steuersatz unterliegen, hat nach der einfachstmöglichen Berechnungs- oder Bewertungsmethode zu erfolgen (BFH vom 03.04.2012, Az.: V B 125/12, BStBl II 2013, 973) und kann regelmäßig nach dem Verhältnis der Einzelverkaufspreise für die einzelnen Bestandteile erfolgen, wenn die Einzelbestandteile den Kunden auch separat mit Einzelverkaufspreisen angeboten werden (Niedersächsisches FG vom 05.10.2020, Az.: 11 V 112/20, DStRE 2021, 871).

Zuletzt hat der EuGH (20.04.2023, Az.: C-282/22, DStR 2023, 1008) entscheiden, dass eine einheitliche Leistung in Gestalt einer Lieferung vorliegt, wenn sie sich zusammensetzt aus
- der Bereitstellung von Ladevorrichtungen für Elektrofahrzeuge,
- der Übertragung von Elektrizität mit entsprechend angepassten Parametern an die Batterien des Elektrofahrzeugs,
- der notwendigen technischen Unterstützung für die betreffenden Nutzer und
- der Bereitstellung von IT-Anwendungen, die es dem betreffenden Nutzer ermöglichen, einen Anschluss zu reservieren, den Umsatzverlauf einzusehen und in einer elektronischen Geldbörse gespeicherte Guthaben zu erwerben und sie für die Bezahlung der Aufladungen zu verwenden.

---

32 Allein der Umstand, dass die einzelnen Bestandteile einer Leistung im Wirtschaftsleben auch getrennt erbracht werden können oder im konkreten Fall getrennt abgerechnet werden, rechtfertigt keine Aufspaltung, wenn es dem durchschnittlichen Leistungsempfänger gerade um die Verbindung beider Elemente geht.

Für die **Abgrenzung Werklieferung/Werkleistung** enthält § 3 Abs. 4 UStG eine spezielle gesetzliche Vorgabe.

Kennzeichnend für eine **Werklieferung** ist nach § 3 Abs. 4 UStG, dass der Werkunternehmer für das herzustellende Werk einen fremden Gegenstand be- oder verarbeitet und dafür zumindest ein Teil des verwendeten Hauptstoffes von ihm (und nicht vom Besteller) stammt (A 3.8 Abs. 1 S. 1 UStAE). Klassischer Fall: Bauunternehmer errichtet mit ihm gehörenden Baustoffen für seinen Auftraggeber ein Gebäude auf dessen Grund und Boden (BFH vom 22.08.2013, Az.: V R 37/10, BStBl II 2014, 128). Ist dies der Fall, so liegen nicht etwa zwei Leistungen, nämlich eine Lieferung des Stoffes und eine sonstige Leistung in Form der Bearbeitung, vor, sondern eine einheitliche (Werk-)Lieferung des bearbeiteten Hauptstoffes. Wird der **Hauptstoff** ausschließlich **vom Besteller** gestellt oder besorgt der Werkunternehmer die Hauptstoffe lediglich in dessen Namen und auf dessen Rechnung (sog. Materialbeistellung) und verwendet lediglich Stoffe, die als Zutaten oder sonstige Nebensachen anzusehen sind, liegt eine sonstige Leistung in Form einer **Werkleistung** vor (A 3.8 Abs. 1 S. 3 UStAE). Unter Zutaten (Nebensachen) sind solche Lieferungen zu verstehen, die bei einer Gesamtbetrachtung aus der Sicht des Durchschnittsbetrachters nicht das Wesen des Umsatzes bestimmen (A 3.8 Abs. 1 S. 4 UStAE). Stoffe, die den Gegenstand als solchen kennzeichnen, sind Hauptstoffe. Stoffe, die »nicht das Wesen des Umsatzes bestimmen«, sind Zutaten oder Nebensachen (A 3.8. Abs. 1 S. 5 UStAE; z. B. kleinere technische Hilfsmittel wie Nägel und Schrauben, vgl. A 3.8. Abs. 1 S. 7 UStAE).

> **Beispiel 19: Die Autoreparatur**
>
> Der Schweizer Rentner S ist während seines Urlaubs in Deutschland mit seinem Pkw verunfallt und hat deshalb seinen Pkw in der Kfz-Werkstatt von K in Frankfurt reparieren lassen. K tauscht dabei auch diverse schadhafte Teile aus. In seiner Rechnung weist er für das verwendete Material 4.000 € und für die Arbeitsleistung 3.000 € aus.
>
> **Abwandlung:** In seiner Rechnung weist er neben der Arbeitsleistung von 3.000 € nur Kleinmaterialien in Höhe von 500 € aus.
>
> **Lösung:** Die Reparatur des Pkw ist eine einheitliche Leistung, die nicht in eine Lieferung und eine sonstige Leistung aufgespalten werden kann. Daher muss nach § 3 Abs. 4 UStG abgegrenzt werden, ob eine Werklieferung oder eine Werkleistung vorliegt. Zwar ist das Verhältnis zwischen eingesetztem Material und der Arbeitsleistung kein geeignetes Abgrenzungskriterium. Allerdings bereitet die Abgrenzung zwischen Werklieferung und Werkleistung insb. bei **Reparaturen beweglicher körperlicher Gegenstände** Schwierigkeiten, ist gerade dort aber von erheblicher praktischer Bedeutung. Daher lässt es die FinVerw bei der Reparatur von beweglichen körperlichen Gegenständen aus Vereinfachungsgründen zu, dass in Zweifelsfällen von einer Werklieferung ausgegangen werden kann, **wenn der Entgeltanteil**, der **auf das** verwendete **Material** entfällt, **mehr als 50 % des für die Reparatur berechneten Gesamtentgelts** beträgt (A 3.8. Abs. 6 UStAE). Da im Ausgangsfall mehr als 50 % des Gesamtentgelts auf das bei der Reparatur verwendete Material entfällt, kann von einer Werklieferung ausgegangen werden. Der Ort dieser Werklieferung liegt nach § 3 Abs. 5a i.V.m. Abs. 6 UStG in Frankfurt, da S seinen Pkw nach der Reparatur in der Kfz-Werkstatt abgeholt hat. Die Lieferung ist allerdings nach § 4 Nr. 1 Buchst. a UStG als Ausfuhrlieferung gem. § 6 Abs. 1 S. 1 Nr. 2 UStG steuerfrei, weil der Pkw nach der Bearbeitung durch K offensichtlich vom Leistungsempfänger S in die Schweiz zurückbefördert wird und er ein ausländischer Abnehmer i.S.d. § 6 Abs. 2 Nr. 1 UStG ist. Die Einschränkung der Steuerbefreiung nach § 6 Abs. 3 UStG kommt bei Werklieferungen nicht zur Anwendung (A 6.4 Abs. 1 S. 3 UStAE).

In der **Abwandlung** handelt es sich hingegen um eine **Werkleistung**, weil K offensichtlich nur Kleinmaterial verwendet (§ 3 Abs. 4 UKS, da nur Nebensachen oder Zutaten bei der Leistungsausführung verwendet wurden). Abweichend von § 3a Abs. 1 UStG bestimmt sich der Ort dieser sonstigen Leistungen gem. § 3a Abs. 3 Nr. 3 Buchst. c UStG für Arbeiten an dem beweglichen körperlichen Gegenstand (Pkw) für den nichtunternehmerischen Leistungsempfänger S nach dem Ort, wo der Unternehmer für diesen Umsatz tätig geworden ist, mithin in Frankfurt. Eine Steuerbefreiung scheidet aus, insb. liegt keine Lohnveredelung nach § 4 Nr. 1 Buchst. a i.V.m. § 7 Abs. 1 Nr. 2 UStG vor, weil der Pkw weder zum Zwecke der Bearbeitung oder Verarbeitung aus dem Drittlandsgebiet Schweiz eingeführt (hier zum Zwecke der Durchführung einer Urlaubsreise) noch zu diesem Zweck im Inland erworben wurde.

Beispiel 20: Die neue Heizung

Der in der Schweiz ansässige Heizungsbauer H liefert aus seinem Zentrallager in der Schweiz an den Frankfurter F eine neue Heizung für ein in Frankfurt belegenes Mietwohnhaus, das F ausschließlich steuerfrei vermietet. Den Einbau übernimmt im Auftrag des F der in Frankfurt ansässige Installateur I.

Abwandlung: Der Einbau erfolgt durch den Installateur I im Auftrag des H.

Lösung: H liefert i.S.d. § 3 Abs. 1 UStG die Heizung an F, weil er keine Be- oder Verarbeitung des Gegenstands vornimmt. Ort der Lieferung ist dort, wo die Beförderung des Gegenstands (Heizung) an den Abnehmer (F) beginnt, also im Zentrallager in der Schweiz (Drittlandsgebiet). Die Lieferung ist damit in Deutschland nach § 1 Abs. 1 Nr. 1 UStG nicht steuerbar (es sei denn, H schuldet die E-USt mit der Folge der Ortsverlagerung ins Inland gem. § 3 Abs. 8 UStG).

Der Einbau der Heizung durch I erfolgt im Ausgangsfall im Rahmen einer Werkleistung, da I offensichtlich nur Nebensachen oder Zutaten bei dem Einbau der Heizung verwendet (Umkehrschluss aus § 3 Abs. 4 UStG). Die Hauptstoffe (Heizung und Mietwohnhaus) werden durch F gestellt und sind insoweit als sog. Materialbeistellung nicht Teil des Leistungsaustausches zwischen I und F (A 3.8 Abs. 2 UStAE). Da die Heizung fest in das Mietwohnhaus eingebaut wird, handelt es sich um eine sonstige Leistung im Zusammenhang mit einem Grundstück, die dort ausgeführt ist, wo sich das Grundstück befindet (§ 3a Abs. 3 Nr. 1 Buchst. c UStG). Die Leistung ist damit in Deutschland steuerbar. F hat keinen VSt-Abzug, weil er die Werkleistung für seine steuerfreie Vermietungstätigkeit nach § 4 Nr. 12 Buchst. a UStG verwendet (§ 15 Abs. 2 S. 1 Nr. 1 UStG; ohne Rückausnahme nach § 15 Abs. 3 UStG).

In der Abwandlung führt H eine einheitliche Leistung aus, die einerseits in der Verschaffung der Verfügungsmacht über die Heizung (Lieferung i.S.d. § 3 Abs. 1 UStG) und andererseits aus dem Einbau der Heizung in das Mietwohnhaus (sonstige Leistung i.S.d. § 3 Abs. 9 UStG) besteht. Da die Heizung nunmehr von dem leistenden Unternehmer H kommt, liegt eine Werklieferung nach § 3 Abs. 4 UStG vor. Dass sich H für den Einbau der Heizung im Mietwohnhaus des I als Subunternehmer bedient, ist für die Annahme einer einheitlichen Leistung von H an F unschädlich, da H gegenüber F die in das Mietwohnhaus eingebaute und funktionsfähige Heizung schuldet. Der Ort der Werklieferung durch H bestimmt sich nach § 3 Abs. 5a i.V.m. Abs. 7 S. 1 UStG mit dem Ort, wo sich der Gegenstand im Moment der Verschaffung der Verfügungsmacht befindet – mithin eine ruhende Lieferung in Frankfurt. Eine Beförderungslieferung liegt deswegen nicht vor, weil der vertraglich vereinbarte Gegenstand die »eingebaute« Heizung ist und diese Leistung erst dort ausgeführt werden kann, wo der Einbau erfolgt (A 3.12. Abs. 4 UStAE). Die Werklieferung ist somit in Deutschland nach § 1 Abs. 1 Nr. 1 UStG steuerbar. Da die Werklieferung allerdings durch einen ausländischen Unternehmer i.S.d. § 13b Abs. 7 UStG ausgeführt wird, geht die Steuerschuldnerschaft für die von H gegenüber F ausgeführte Werklieferung auf den Leistungsempfänger F über (§ 13b Abs. 2 Nr. 1 i.V.m. Abs. 5 S. 1 UStG). I führt in der Abwandlung nunmehr seine weiterhin im Inland steuerbaren Werkleistung gegenüber H aus. Allerdings handelt es sich bei dem Einbau der Heizung um eine Bauleistung nach § 13b Abs. 2 Nr. 4 UStG (A 13b.2 Abs. 5 Nr. 1 UStAE). Insoweit könnte die Steuerschuldnerschaft auf H – unabhängig davon, dass H ein ausländischer Unternehmer ist – übergehen, wenn dieser selbst ein bauleistender Unternehmer i.S.d. § 13b Abs. 5 S. 2 UStG ist.

3.3 Aufteilung durch gesetzliche Vorgaben

In Ausnahmefällen ordnet das Gesetz allerdings eine Aufspaltung eines eigentlich einheitlichen Vorgangs an. Eine solche **gesetzlich gebotene Aufspaltung** kann Auswirkungen auf die Steuerbarkeit, die Steuerpflicht und den Steuersatz haben. Dazu drei Beispiele:

- Bei einer Personenbeförderung über die Inlandsgrenze und bei Güterbeförderungen zwischen Inland und Drittland an Privatpersonen ist – **trotz einheitlicher Beförderungsleistung** – nach § 3b Abs. 1 S. 1 – 3 UStG **nur der auf das Inland entfallende** inländische **Teil** der Beförderung **steuerbar**.
- Die **Veräußerung** eines bebauten **Grundstücks mit Betriebsvorrichtungen,** die wesentliche Bestandteile des Grundstücks sind, führt – trotz einheitlichen Veräußerungsvorgangs – zu **stpfl. Lieferungen der Betriebsvorrichtungen** und zu einer gem. § 4 Nr. 9a UStG **steuerbefreiten Lieferung des bebauten Grundstücks** (dazu später mehr).
- Aufgrund der Beschränkung der Anwendung des ermäßigten Steuersatzes nach § 12 Abs. 2 Nr. 11 S. 2 UStG ausschließlich auf die **kurzfristige Vermietung von Wohn- und Schlafräumen** sind die üblichen **Zusatzleistungen zur Beherbergung** wie z. B. die Verpflegung in Form der Frühstücksgewährung, die an sich eine klassische unselbständige Nebenleistung darstellt, von der Anwendung des ermäßigten Steuersatzes ausgenommen und folglich mit dem Regelsteuersatz zu besteuern (auch dazu später mehr). Auch in diesem Fall wird der Grundsatz, dass eine (unselbständige) Nebenleistung das Schicksal der Hauptleistung teilt, von einem gesetzlichen Aufteilungsgebot verdrängt (A 12.16 Abs. 8 S. 3 UStAE).[33] Zur Aufteilung eines Pauschalpreises: A 12.16 Abs. 12 UStAE.

---

[33] Es ist allerdings ernstlich zweifelhaft, ob dieses im nationalen Recht angeordnete Aufteilungsgebot mit dem Unionsrecht vereinbar ist. Die sich aus dem Grundsatz der Einheitlichkeit der Leistung ergebende Rechtsfolge, dass die unselbständige Nebenleistung stets das Schicksal der Hauptleistung zu teilen hat, könnte das Aufteilungsgebot aus § 12 Abs. 2 Nr. 11 S. 2 UStG verdrängen (EuGH-Vorlage des BFH vom 10.01.2024, XI R 11/23, DStR 2024, 1360).

V Einzelfragen zum Leistungsaustausch

Steuerbar nach § 1 Abs. 1 Nr. 1 UStG sind die von Unternehmern erbrachten Leistungen grds. nur, wenn sie »gegen Entgelt« und damit im Rahmen eines Leistungsaustauschs erbracht werden. Das UStG verwendet den Begriff des Entgelts jedoch nicht nur als Merkmal eines Leistungsaustauschs, sondern dient zugleich nach § 10 Abs. 1 S. 1, 2 UStG als BMG für einen nach § 1 Abs. 1 Nr. 1 UStG steuerbaren Umsatz.

Ein Leistungsaustausch im umsatzsteuerlichen Sinne liegt nur vor, wenn zwischen dem Leistenden und dem Leistungsempfänger ein **Rechtsverhältnis** besteht, **in dessen Rahmen gegenseitige Leistungen ausgetauscht werden**. Insoweit bedarf es einer Leistung im umsatzsteuerlichen Sinne durch den leistenden Unternehmer und einer hiermit im Zusammenhang stehenden Gegenleistung des Leistungsempfängers. Die **Gegenleistung** setzt Aufwendungen des Leistungsempfängers oder eines Dritten voraus, die **in Geld** (als **Regelfall** der Gegenleistung) oder wiederum in Leistungen bestehen können. Besteht die **Gegenleistung ihrerseits in einer Leistung** im umsatzsteuerrechtlichen Sinne, liegt nach § 3 Abs. 12 UStG ein **Tausch** (Lieferung gegen Lieferung) **oder** ein **tauschähnlicher Umsatz** (Lieferung oder sonstige Leistung gegen sonstige Leistung) vor. Setzt sich die Gegenleistung aus einer Leistung und einem Geldbetrag zusammen, spricht man von einem Tausch bzw. einem tauschähnlichen Umsatz mit Baraufgabe.

1 Wirtschaftliche Verknüpfung von Leistung und Gegenleistung

Eine Leistung gegen Entgelt erfordert nicht notwendig eine »Zielgerichtetheit des Handelns« in dem Sinne, dass die Leistung um der Gegenleistung willen erfolgen müsste.[1] Dies wird zwar der Regelfall sein, da Unternehmer ihre Leistungen regelmäßig auf der Grundlage zweiseitig verpflichtender Verträge erbringen und bei gegenseitigen Verträgen die Voraussetzungen für eine entgeltliche Leistung regelmäßig erfüllt sind. Denn insoweit besteht zwischen der erbrachten Leistung und dem empfangenen Gegenwert ein unmittelbarer Zusammenhang, und es steht der Leistungsempfänger aufgrund der vertraglichen Beziehung fest. Bei Leistungen, zu deren Ausführungen sich die Vertragsparteien verpflichtet haben, liegt auch der erforderliche Leistungsverbrauch grds. vor (BFH vom 18.01.2005, Az.: V R 17/02, BFH/NV 2005, 888).

Es reicht aber aus, wenn zwischen dem Leistenden und dem Leistungsempfänger ein wie auch immer geartetes Rechtsverhältnis besteht, in dessen Rahmen gegenseitige Leistungen ausgetauscht werden. Es genügt ein **unmittelbarer Zusammenhang zwischen der erbrachten Leistung und dem hierfür erhaltenen Gegenwert**. Von daher kann ein Leistungsaustausch auch zu bejahen sein, wenn es zwischen dem Leistenden und dem Leistungsempfänger keine vertraglichen Beziehungen gibt, in denen die Beteiligten die Leistungsverpflichtung sowie Gegenleistung konkret festgeschrieben haben. So soll es für die Annahme eines Leistungsaustausches nicht nur genügen können, dass ein **GF einer PersG** für diese **gegen Aufwendungsersatz** tätig wird (z. B. BFH vom 04.07.2013, Az.: V R 33/11, UR 2013, 751 und vom 11.04.2002, Az.: V R 65/00, BStBl II 2002, 782). **Ausreichend** soll bereits sein, **wenn dem Leistenden** – wie etwa im Falle eines Abmahnvereins – **gegen den Leistungsempfänger gesetz-**

---

[1] In den Worten des BFH vom 20.08.2009 (Az.: V R 32/08, BStBl II 2010, 88): Für das Vorliegen eines Leistungsaustausches »kommt es nicht auf eine finale Verknüpfung von Leistung und Entgelt an«.

liche Ansprüche unter dem Gesichtspunkt einer Geschäftsführung ohne Auftrag nach § 683 BGB zustehen (BFH vom 16.01.2003, Az.: V R 92/01, BStBl II 2003, 732, bestätigt durch BFH vom 21.12.2016, Az.: XI R 27/14, BStBl II 2021, 779). Ebenso sind Kontrollgebühren, die eine mit dem Betrieb privater Parkplätze betraute Gesellschaft des Privatrechts in dem Fall erhebt, dass Pkw-Fahrer die allgemeinen Nutzungsbedingungen für diese Parkplätze nicht beachten, als Gegenleistung für eine Dienstleistung anzusehen, die gegen Entgelt erbracht wird. Denn es kann keine Notwendigkeit, vorschriftswidriges Parken zu kontrollieren, und mithin keine Auferlegung einer solchen Kontrollgebühr geben, wenn nicht zuvor die Dienstleistung der Bereitstellung eines Parkplatzes erbracht wurde. Es besteht daher ein unmittelbarer Zusammenhang, weil sich zwei Leistungen gegenseitig bedingen, d. h. die eine Leistung nur unter der Voraussetzung erbracht wird, dass auch die andere Leistung erfolgt, und umgekehrt (A 1.3 Abs. 16b UStAE).

Für die Annahme eines Leistungsaustausches ist es auch **unerheblich**, ob eine **Gleichwertigkeit von Leistung und Gegenleistung** erstrebt oder tatsächlich erreicht wird. Leistung und Gegenleistung brauchen sich nicht gleichwertig gegenüberzustehen. Ein Leistungsaustausch setzt nicht voraus, dass das Entgelt, die Gegenleistung, den Wert der Leistung erreicht oder übersteigt. Bedeutsam ist allein, dass mit der Leistung überhaupt die Erwartung auf eine Gegenleistung verbunden war. Eine Tätigkeit erfolgt daher z. B. auch dann im Leistungsaustausch, wenn die Gegenleistung außer Verhältnis zum Aufwand steht und allenfalls als Aufwandsentschädigung angesehen werden kann. Ebenso bestehen bei der Vereinbarung von erfolgsabhängigen Vergütungen i. d. R. keine Zweifel an einem steuerbaren Leistungsaustausch. Die Erfolgsabhängigkeit einer Vergütung könnte einem Leistungsaustausch allenfalls dann entgegenstehen, wenn die Zahlung im Rahmen eines Wettbewerbs mit mehreren Konkurrenten von Unwägbarkeiten ähnlicher Art abhängt wie bei einem Reitturnier oder Pokerturnier (BFH vom 30.03.2021, Az.: V B 63/20 (AdV), DStR 2021, 2071).

Dies ist i. Ü. nicht nur für die Frage eines Leistungsaustausches nach § 1 Abs. 1 Nr. 1 UStG, sondern regelmäßig auch bei der Ermittlung der BMG nach § 10 Abs. 1, 2 UStG ohne Belang. **Der Verbrauch von Gütern und Dienstleistungen soll nach Maßgabe der Einkommensverwendung des Verbrauchers für die Inanspruchnahme der Leistungen besteuert werden.** Dessen Aufwand für die Leistung, nicht aber deren objektiver Wert ist Anknüpfungspunkt für die BMG. Eine Korrektur der BMG nach Maßgabe des Aufwands des Leistungsempfängers kommt lediglich in den später zu erörternden Fällen des § 10 Abs. 5 UStG in Betracht.

2 Abgrenzung zwischen sog. »echten« und »unechten« Schadensersatz

Unproblematisch ist der Leistungsaustausch, wenn ein zweiseitig verpflichtender gegenseitiger Vertrag von beiden Beteiligten vollständig erfüllt wird. Demgegenüber weisen aber im Zusammenhang mit der terminologischen Unterscheidung zwischen echtem und unechtem Schadensersatz unter Klausurgesichtspunkten unterschiedliche Sachverhaltskonstellationen vielfältige Probleme auf. Meist geht es dabei aber primär darum festzustellen, ob überhaupt eine Leistung vorliegt, für die der Aufwand des anderen Beteiligten die Gegenleistung darstellen kann. Liegt eine Leistung im umsatzsteuerrechtlichen Sinne vor, so macht die **zivilrechtliche Bezeichnung des Gegenwerts als Schadensersatz oder Entschädigung** den Sachverhalt noch **nicht** zu einem Fall des nicht steuerbaren sog. echten Schadensersatzes. Ob die Voraussetzungen eines Leistungsaustausches gegeben sind, bestimmt sich stets allein nach umsatzsteuerrechtlichen Maßstäben.

Dies hat der BFH in seinen Entscheidungen zur vorzeitigen Auflösung eines entgeltlichen Beratervertrages (Urteil vom 07.07.2005, Az.: V R 34/03, BStBl II 2007, 66) und zum Verzicht auf die Ausübung einer entgeltlichen Tätigkeit als Testamentsvollstrecker (Urteil vom 06.05.2004, Az.: V R 40/02, BStBl II 2004, 854), jeweils gegen Zahlung einer »Entschädigung«, ausdrücklich betont. In beiden Fällen sei der entgeltliche Verzicht letztlich nur die Kehrseite der vorausgegangenen wirtschaftlichen Tätigkeit. Zwischen der erbrachten Leistung und dem empfangenen Gegenwert bestehe deshalb ein unmittelbarer Zusammenhang mit der Folge, dass ein Leistungsaustausch und damit ein steuerbarer Umsatz nach § 1 Abs. 1 Nr. 1 UStG zu bejahen sei. Als **steuerbarer Umsatz** wird deshalb auch die **vertragliche Auflösung eines Mietverhältnisses gegen Zahlung einer Abfindung** angesehen (A 1.3 Abs. 13 S. 1 UStAE). Dieser Umsatz soll dann aber grds. unter die für Vermietungsumsätze geltende Befreiungsvorschrift des § 4 Nr. 12a UStG fallen (A 4.12.1 Abs. 1 S. 7 UStAE).

2.1 Verträge, die nicht, mangelhaft oder verspätet erfüllt werden

Bei der Nichterfüllung vertraglicher Verpflichtungen dominieren Sachverhalte, bei denen der Gläubiger eine ihm geschuldete Leistung nicht abnimmt. In der Sache geht es hierbei um Zahlungen, die üblicherweise unter dem Begriff der Stornokosten erfasst werden.

Beispiele:
- Ein Käufer nimmt den gekauften Neuwagen nicht ab und nach dem Vertrag soll für diesen Fall eine Zahlung i. H. v. 10 % des Kaufpreises fällig werden;
- Ein Urlauber tritt vom Pauschalreisevertrag zurück, es wird eine Stornogebühr i. H. v. 25 % des Reisepreises fällig.

Ein Leistungsaustausch scheitert hier regelmäßig schon am Vorliegen einer Leistung. **Stornokosten** werden denn auch zu Recht ganz überwiegend unter die Rubrik »**echter Schadensersatz**« eingeordnet (so auch A 25.1 Abs. 14 UStAE für die Stornogebühr wegen Rücktritts vom Pauschalreisevertrag). Etwas **anderes gilt aber, wenn von vornherein die Leistungsbereitschaft als Vertragsgegenstand festgeschrieben ist** und Leistungen nicht abgerufen werden wie z. B. solche eines StB, der auf Basis eines Pauschalhonorars arbeitet.

Von **mangelhafter Vertragserfüllung** spricht man, wenn die geschuldete Leistung zwar erbracht wird, aber nicht den herkömmlichen oder vertraglich festgelegten Anforderungen genügt.

Beispiele:
- Die gelieferte Ware ist mit Fehlern behaftet, die der Verkäufer nach § 437 ff. BGB zu vertreten hat. Der Verkäufer mindert den Kaufpreis (vgl. § 441 BGB), fordert also einen Teil des gezahlten Kaufpreises zurück. Der Leistungsaustausch an sich bleibt hiervon unbeeinflusst. Es reduziert sich allerdings die Gegenleistung, sodass sich die BMG nach § 17 UStG ändert.
- Sofern der Verkäufer im Rahmen seiner Gewährleistungspflicht die fehlerbehaftete Ware repariert, erbringt er gegenüber dem Käufer keine Leistungen, sondern erfüllt eine eigene Verpflichtung, der kein Entgelt gegenübersteht. Bedient sich der Verkäufer für die Erfüllung seiner Gewährleistungspflicht eines Dritten gegen Entgelt, liegt insoweit zwischen dem Verkäufer und dem Dritten ein selbständiger Leistungsaustausch vor.

Wird die **geschuldete Leistung verspätet** erbracht, stehen die dadurch ausgelösten Rechtsfolgen nach A 1.3 Abs. 6 UStAE außerhalb des Leistungsaustausches (und führen deshalb nicht zu einer Änderung der BMG nach § 17 Abs. 1 UStG, vgl. dazu näher Kap. IX 1).

Beispiele:
- Der mit der Kaufpreiszahlung im Verzug befindliche Käufer hat die Geldschuld zu verzinsen und dem Verkäufer zusätzlich Mahnkosten zu erstatten. Die zusätzlichen Aufwendungen erfolgen nicht für die erbrachte Leistung, sondern erfüllen die gesetzliche Verpflichtung des Käufers zum Ersatz des Verzögerungsschadens nach den §§ 288, 286 BGB.
- Bei einem Verzug des Werkunternehmers mit der geschuldeten Bauleistung ist eine Vertragsstrafe ausgelöst, der Besteller reduziert das Honorar um die Vertragsstrafe. Der Leistungsaustausch bleibt unverändert (A 1.3 Abs. 3 S. 3 UStAE). Auch eine Änderung der BMG nach § 17 UStG für die Werkleistung oder Werklieferung kommt nicht in Betracht.
- Der Auftraggeber rechnet mit seiner Schadensersatzforderung auf (zuletzt abgefragt in der Beraterklausur 2015, dort Konventionalstrafe wegen nicht rechtzeitiger Fertigstellung).

Soweit im Rahmen von **Leasingverträgen** der Leasingnehmer einen **Minderwertausgleich** zu leisten hat, beinhaltet die zusätzliche Zahlung **kein zusätzliches Entgelt** für die vereinbarte Gebrauchsüberlassung, **sondern** ist als **Schadensersatz** zu behandeln (A 1.3 Abs. 17 S. 2 UStAE).

2.2 Abgebrochene (Werk-)Lieferungen

Einen Sonderstatus innerhalb der Erörterungen zu nicht (vollständig) erfüllten Verträgen nehmen nicht zu Ende geführte (Werk-)Lieferungsverträge ein. Hintergrund hierfür bildet die Regelung des § 648 BGB. Danach können Werkverträge jederzeit gekündigt werden. Der Werkunternehmer behält aber den Anspruch auf die vereinbarte Vergütung. Er muss sich lediglich nach § 648 S. 2 BGB seine ersparten Aufwendungen anrechnen lassen.

In der Sache geht es letztlich auch bei nicht vollständig erfüllten (Werk-)Lieferungen allein darum, **sorgfältig zu prüfen, ob überhaupt eine Leistung gegeben ist**. Jedenfalls sind Zahlungen nicht bereits deshalb als Leistungsentgelt zu qualifizieren, weil sie vertraglich vereinbart sind oder als Folge eines Vertragsabschlusses geschuldet werden. Maßgeblich ist, ob der bisherige Arbeitsaufwand des Unternehmers für den zur Zahlung verpflichteten Besteller von wirtschaftlichem Nutzen ist. Dies wird nur in Betracht kommen können, sofern die bisherigen Arbeiten so in die Verfügungsmacht des Bestellers gelangt sind, dass dieser sie für sich verwerten kann. Die gem. § 648 S. 2 BGB für Bau- oder Architektenleistungen nach Kündigung des Vertrags zu zahlende Vergütung ist daher nur insoweit Entgelt und damit BMG nach § 10 Abs. 1 UStG für den steuerbaren Umsatz, als sie auf schon erbrachte Leistungsteile entfällt (BFH vom 26.08.2021, Az.: V R 13/19, BStBl II 2022, 197). Ein halbfertiges Schiff etwa, mit dem nach Kündigung des Vertrages nicht der Auftraggeber, sondern die Werft weiterhin als Werkunternehmer nach Belieben verfahren kann, kann von daher niemals zu einem nach § 1 Abs. 1 Nr. 1 UStG steuerbaren Leistungsaustausch führen (so schon BFH vom 27.08.1970, Az.: V R 159/66, BStBl II 1971, 6). Etwas anderes gilt aber in der Tat für nicht zu Ende geführte (**»halbfertige«**) **Bauten auf dem Grund und Boden** des Bestellers. Diese verbleiben wegen der Vorschriften der §§ 946, 93, 94 BGB dem Besteller. An ihn ist deshalb bereits geleistet worden, auch wenn die Leistung dem Umfange nach hinter den ursprünglichen Vereinbarungen zurückblieb. Die Werklieferung beschränkt sich nunmehr auf das halbfertige Werk. Der BFH wie auch die FinVerw bejahen denn auch folgerichtig einen Leistungsaustausch bei Verträgen über Bauarbeiten, die wegen wirtschaftlicher Schwierigkeiten eines der Beteiligten abgebrochen werden (A 3.9 UStAE).

2.3 Abwicklung von Schadensersatzansprüchen aus unerlaubter Handlung

Bei der Abwicklung von Schadensersatzansprüchen aus unerlaubter Handlung nach den §§ 823 ff. BGB sind die folgenden Abwicklungen zu unterscheiden:
- Der Geschädigte G erhält vom Schädiger S Ersatz der von ihm, G, für die Reparatur bei der Werkstatt W aufgewendeten Kosten. Lösung: Die umsatzsteuerrechtliche Relevanz ist beschränkt auf die entgeltliche Reparaturleistung, die die Werkstatt als Unternehmer gegenüber G erbringt (keine Leistung des G an S, keine Leistung des S).
- G repariert notdürftig selber, verlangt auf der Basis eines unentgeltlichen Kostenvoranschlags der Werkstatt von S Ersatz der fiktiven Reparaturkosten. Lösung: Niemand erbringt eine Leistung im umsatzsteuerrechtlichen Sinne.
- G mit eigener Werkstatt kommt mit S überein, den Schaden in seiner Werkstatt zu beheben und S die üblichen Reparaturpreise in Rechnung zu stellen: Hier wird ein Leistungsaustausch angenommen, da G gegenüber S eine nach § 1 Abs. 1 Nr. 1 UStG steuerbare Werklieferung oder Werkleistung (A 1.3 Abs. 11 S. 1 UStAE) erbringt (sog. unechter Schadensersatz). Die Leistungsbeziehung überlagert den Schadensersatzanspruch in solchen Fällen.

3 Leistungsaustausch zwischen Personengesellschaften und ihren Gesellschaftern

Nachdem die Einzelheiten zum Leistungsaustausch zwischen (Personen-)Gesellschaften und ihren Gesellschaftern während des bestehenden Gesellschaftsverhältnisses bereits dargestellt worden sind (vgl. Kap. III 1.2.1.1), verbleiben noch die umsatzsteuerlichen Konsequenzen bei der Gründung von (Personen-)Gesellschaften, einschließlich des Ein- und Austritts von G'ftern:

3.1 Gründung von Gesellschaften bzw. Eintritt von Gesellschaftern

Eine Gesellschaft erbringt bei Aufnahme eines G'fters gegen Bar- oder Sacheinlage an den G'fter keine steuerbare Leistung gegen Entgelt (A 1.6 Abs. 2, A 1.1 Abs. 15 UStAE). Aus Sicht der Gesellschaft gibt es insoweit keinen nach § 1 Abs. 1 Nr. 1 UStG steuerbaren Umsatz, der ggf. steuerbefreit nach § 4 Nr. 8f UStG sein und so dem VSt-Abzug aus Gründungskosten nach § 15 Abs. 2 S. 1 Nr. 1 UStG entgegenstehen könnte.[2] Dies gilt i. Ü. unabhängig davon, ob es sich um eine PersG oder KapG handelt, und auch dann, wenn erst später ein weiterer G'fter aufgenommen wird, der eine Bar- oder Sacheinlage zu erbringen hat.

---

2 Der VSt-Abzug richtet sich daher nach der wirtschaftlichen Gesamttätigkeit der Gesellschaft.

Hiervon streng zu unterscheiden ist die Frage, ob es nicht bei dem **G'fter**, der die Einlage erbringt, zu einem **steuerbaren Umsatz** kommen kann. Dies ist für den Fall einer **Bareinlage** zwar schon deshalb **zu verneinen**, weil Geldzahlungen zum Zwecke der Entgeltentrichtung keine Leistung im umsatzsteuerlichen Sinne darstellen (vgl. Kap. 1). Etwas anderes gilt jedoch für **Sacheinlagen**. Soweit der **G'fter außerhalb seiner G'fter-Stellung Unternehmer** ist und die Sacheinlage aus seinem Unternehmensvermögen bewirkt, tätigt er als Hilfsgeschäft im Rahmen seines Unternehmens einen nach § 1 Abs. 1 Nr. 1 UStG steuerbaren und regelmäßig auch stpfl. Umsatz (BFH vom 13.11.2003, Az.: V R 79/01, BStBl II 2004, 375 und vom 06.10.2005, Az.: V R 7/04, BFH/NV 2006, 834) – soweit sich die Sacheinlage nicht als nicht steuerbare GiG. nach § 1 Abs. 1a UStG darstellt. Der **Einlage steht als Entgelt die Gewährung von Gesellschaftsrechten gegenüber**. Es handelt sich somit um einen tauschähnlichen Umsatz. Die Rspr. des EuGH zur Nichtsteuerbarkeit der Ausgabe von Gesellschaftsanteilen aufseiten der Gesellschaft steht dieser Würdigung nicht entgegen. Es gehört nicht zu den Voraussetzungen eines steuerbaren Umsatzes, dass die Gegenleistung des Leistungsempfängers (hier die Ausgabe von Gesellschaftsrechten durch die Gesellschaft) für diesen ebenfalls nach § 1 Abs. 1 Nr. 1 UStG steuerbar ist (vgl. auch **A 1.6 Abs. 2 S. 4 ff. UStAE**).

3.2 Ausscheiden eines Gesellschafters

Ebenso wie es bei der Ausgabe von Gesellschaftsanteilen im Gründungsstadium mangels einer unternehmerischen Tätigkeit der Gesellschaft nicht zu einem steuerbaren Umsatz der Gesellschaft an den »einsteigenden« G'fter kommt, wird es regelmäßig auch nicht zu einem nach § 1 Abs. 1 Nr. 1 UStG steuerbaren Umsatz kommen, wenn der G'fter aus einer (fortbestehenden) Gesellschaft »aussteigt«, und dabei seine Gesellschaftsanteile an die Gesellschaft zurückgibt. Soweit es sich hierbei um »Nur«-G'fter handelt, scheitert ein steuerbarer Umsatz nach § 1 Abs. 1 Nr. 1 UStG schon an dessen Grundvoraussetzung, der Unternehmerstellung des Handelnden. Wie dargelegt, begründet die G'fter-Stellung als solche keinen Unternehmerstatus. Bei den G'ftern, denen aus anderen Gründen ein Unternehmerstatus zukommt, wird die **Rückgabe regelmäßig nicht im »Rahmen des Unternehmens«** erfolgen. Damit die Rückgabe im Rahmen des Unternehmens erfolgen kann, müssen die Gesellschaftsanteile nämlich bei Erwerb Unternehmensvermögen geworden sein. Davon soll aber nur auszugehen sein, wenn der G'fter die Beteiligung erworben hat, um damit eine unternehmerische Tätigkeit außerhalb seiner G'fter-Stellung unmittelbar zu fördern – etwa zur Sicherung günstiger Einkaufs- oder Absatzkonditionen, oder um sich Einfluss bei potentiellen Konkurrenten zu verschaffen (vgl. dazu näher A 2.3 Abs. 3 S. 5, dortige Nr. 2 UStAE). Soweit die Rückgabe der Gesellschaftsanteile danach steuerbar ist, wird sie i. Ü. regelmäßig steuerfrei nach § 4 Nr. 8 Buchst. f UStG sein.

Für die Gesellschaft, die den ausscheidenden G'fter in bar abfindet, scheitert ein steuerbarer Umsatz nach § 1 Abs. 1 Nr. 1 UStG schon daran, dass die Hingabe von Geld keine Leistung im umsatzsteuerrechtlichen Sinne darstellt. Aufseiten der Gesellschaft kann es beim Ausscheiden eines G'fters folglich nur dann zu einem steuerbaren Umsatz kommen, wenn die Gesellschaft dem ausscheidenden G'fter in Anrechnung auf dessen Abfindungsanspruch WG ihres Unternehmensvermögens überträgt. Die Gegenleistung des austretenden G'fters ist in diesen Fällen die Aufgabe seiner Gesellschaftsanteile bzw. der Verzicht auf die Auszahlung eines Auseinandersetzungsguthabens (BFH vom 26.08.2014, Az.: XI R 26/10, BFH/NV 2015, 121 und BFH vom 05.06.2013, Az.: XI B 116/12, BFH/NV 2013, 1640).

4 Leistungsaustausch bei der Abgabe von Leistungen an Arbeitnehmer

Zuwendungen an AN werfen unter dem Gesichtspunkt eines steuerbaren Leistungsaustausches keine besonderen Probleme auf, wenn für die zu beurteilenden AG-Leistungen – wie bei der Abgabe von Waren des Unternehmens – ein konkretes Barentgelt des AN als Gegenleistung i.S.d. § 1 Abs. 1 Nr. 1 UStG vereinbart ist. Unter dem Aspekt der Tatbestandsverwirklichung des § 1 Abs. 1 Nr. 1 UStG ist es auch noch unproblematisch, wenn sich der AG im Arbeitsvertrag ausdrücklich dazu verpflichtet, seine Vergütungspflicht in der Weise zu erfüllen, dass er dem Beschäftigten – zusätzlich zum Barentgelt – einen auch privat nutzbaren Pkw oder zu Wohnzwecken eine ihm gehörende Räumlichkeit überlässt (BFH vom 30.06.2022, Az.: V R 25/21, BFH/NV 2022, 1258).[3] In solchen Fällen hat man es mit einem nach § 1 Abs. 1 Nr. 1 UStG steuerbaren Umsatz zu tun, bei dem das Entgelt in der diesen Leistungen zuzuordnenden – anteiligen – Arbeitsleistung besteht. Bei den Umsätzen handelt es sich um tauschähnliche Umsätze i.S.d. § 3 Abs. 12 S. 2 UStG.

Letzteres hat aber auch dann zu gelten, wenn bei einer **Pkw-Überlassung besondere Abreden nicht getroffen** worden sind. Die Überlassung eines Kfz ist nach Verwaltungsauffassung nicht nur dann als Vergütung für geleistete Dienste und damit als entgeltlich anzusehen, wenn sie im Arbeitsvertrag geregelt ist oder auf mündlichen Abreden oder sonstigen Umständen des Arbeitsverhältnisses (z. B. der faktischen betrieblichen Übung) beruht. Vielmehr ist von einer **Entgeltlichkeit** stets auszugehen, **wenn das Kfz dem AN für eine gewisse Dauer und nicht nur gelegentlich zur Privatnutzung überlassen wird** (A 15.23 Abs. 9 S. 3 UStAE).

Die eigentlichen Probleme dieser Fallkonstellationen bestehen in der Ermittlung der BMG für diesen **tauschähnlichen Umsatz**. Bei einer entgeltlichen Fahrzeugüberlassung zu privater Nutzung, die als Gegenleistung eine anteilige Arbeitsleistung des AN hat, müsste zur Ermittlung der BMG an sich der Wert der nicht in Geld abgegoltenen Arbeitsleistung bestimmt werden. Dies ist dort, wo es an konkreten Vereinbarungen hierzu fehlt, ein schier aussichtsloses Unterfangen. Man hilft sich, indem man – wie im ESt-Recht – zur Ermittlung der BMG die Gesamtkosten, die dem leistenden Unternehmer entstanden sind (zu denen hier auch der nicht vorsteuerentlastete Aufwand gehört, da es sich um einen **entgeltlichen Umsatz** handelt), entsprechend dem Anteil unternehmerischer zur privaten Nutzung aufteilt oder pauschalierend ermittelt.

> **Beispiel 1: Pkw-Überlassung an Arbeitnehmer**
>
> Die B-GmbH hat ihrem angestellten GF einen Pkw zur Verfügung gestellt. Der Pkw mit einer Jahresfahrleistung von 20.000 km wird von dem GF lt. ordnungsgemäß geführtem Fahrtenbuch an 180 Tagen für Fahrten zur 10 km entfernten Arbeitsstätte benutzt. Die übrigen Fahrten des GF,

---

3   Dabei ist ein entgeltlicher Umsatz auch anzunehmen, wenn der Anstellungsvertrag davon spricht, dass der angestellte GmbH-GF die Möglichkeit erhält, die überlassenen Räumlichkeiten »[...] unentgeltlich zu privaten Wohnzwecken zu nutzen« (BFH vom 18.02.2016; Az.: V R 23/15, BStBl II 2016, 496).

die eine Urlaubsreise nach Skandinavien einschließen, belaufen sich auf insgesamt 3.400 km. Die gesamten Kraftfahrzeugkosten (Nettoaufwendungen einschließlich AfA, verteilt auf sechs Jahre) betragen 9.000 €.

Lösung: Die Überlassung des Firmenwagens an den GF als AN der B-GmbH ist als entgeltlicher tauschähnlicher Umsatz auch insoweit steuerbar nach § 1 Abs. 1 Nr. 1 UStG, als das Fahrzeug für eine Urlaubsreise nach Skandinavien genutzt wird (vgl. § 3a Abs. 3 Nr. 2 S. 2 UStG; das dort festgeschriebene Empfängerortsprinzip für die langfristige Vermietung von Beförderungsmitteln erfasst auch die Firmenwagenüberlassung). Für die **Ermittlung der BMG** nach § 10 Abs. 2 S. 2 UStG sind **bei Fahrtenbuchaufzeichnungen die Gesamtkosten** (zu denen auch nicht vorsteuerentlastete Beträge zählen) im Verhältnis der Privatfahrten zur Gesamtnutzung **aufzuteilen**. Zu den Privatfahrten des GF zählen die 3.600 km für Fahrten zwischen Wohnung und Arbeitsstätte (180 Tage x 20 km) und die 3.400 km für sonstige Fahrten. Dies entspricht einer Privatnutzung von insgesamt 35 % (7.000 km von 20.000 km). Für die umsatzsteuerliche BMG ist folglich von einem Betrag von 35 % von 9.000 € = 3.150 € auszugehen. Da es sich bei dem so ermittelten Betrag um einen **Nettobetrag** handeln soll, beläuft sich die durch die Fahrzeugüberlassung ausgelöste USt auf 19 % auf 3.150 € = 598,50 €. Das Beispiel entspricht weitgehend dem Beispiel 2 in A 15.23 Abs. 11 UStAE.

Wird kein Fahrtenbuch geführt, so lässt es die FinVerw aus Vereinfachungsgründen zu, auf die lohnsteuerlichen Werte zurückzugreifen, die sich pauschalierend an dem Bruttolistenpreis des Fahrzeugs orientieren. Der bei Pauschalierung ermittelte Betrag soll ein Bruttobetrag sein, aus dem folglich die USt herauszurechnen ist.

Beispiel 2: Firmenwagenüberlassung – Pauschalierung

Unternehmer U hat seinem GF einen Firmenwagen zur Verfügung gestellt. Der Listenpreis des Wagens beträgt einschließlich USt 60.000 €. Der GF mit doppelter Haushaltsführung nutzt den Wagen im Kj. 01 auch zu reinen Privatfahrten, zu Fahrten zur zehn km entfernten Arbeitsstätte und zu 20 Familienheimfahrten zum 150 km entfernten Wohnsitz der Familie. Ein Fahrtenbuch wird nicht geführt.

Lösung: Legt man für die Ermittlung der BMG nach § 10 Abs. 1 und 2 UStG die pauschalierenden lohnsteuerlichen Werte nach § 8 Abs. 2 EStG folgende Ansätze zugrunde, ergeben sich:

a) für die allgemeine Privatnutzung
1 % von 60.000 € x 12 Monate 7.200,00 €
b) für Fahrten zwischen Wohnung und Arbeitsstätte
0,03 % von 60.000 € x 10 km x 12 Monate 2.160,00 €
lohnsteuerlicher geldwerter Vorteil 9.360,00 €
c) für Familienheimfahrten
0,002 % von 60.000 € x 150 km x 20 Fahrten 3.600,00 €
Gesamt-**Bruttowert** der sonstigen Leistung 12.960,00 €
Die darin **enthaltene USt** beträgt (19/119 von 12.960 €) 2.069,24 €

Übersichtsartig lässt sich die Besteuerung der Fahrzeugüberlassung an AN nach A 15.23 UStAE wie folgt darstellen:

Ermittlung der BMG bei der Fahrzeugüberlassung an das Personal	
Pauschalierung: aus Vereinfachungsgründen lohnsteuerliche Werte A 15.23 Abs. 11 UStAE	**Fahrtenbuch:** Aufteilung entsprechend dem Anteil unternehmerischer zu Privatnutzung A 15.23 Abs. 10 UStAE
Privatfahrten: monatlich 1 % des Listenpreises (§ 6 Abs. 1 Nr. 4 S. 2 EStG)	Privatfahrten werden mit
Fahrten zw. Wohnung und Arbeitsstätte:	Fahrten zw. Wohnung und Arbeitsstätte
0,03 % des Listenpreises je Kalendermonat für jeden Entfernungskilometer (§ 8 Abs. 2 S. 2 und 3 EStG)	und
Familienheimfahrten:	Familienheimfahrten
0,002 % des Listenpreises je Entfernungskilometer (§ 8 Abs. 2 S. 2 und 5 EStG)	zusammengefasst, um so den Anteil der Privatnutzung zu ermitteln. Die gesamten Kfz-Kosten (Nettoaufwand einschl. AfA, verteilt auf 6 Jahre) werden anschließend entsprechend dem Nutzungsverhältnis aufgeteilt.
kein pauschaler Abzug für nicht mit VSt belastete Kosten (A 15.23 Abs. 11 Nr. 1 S. 5 UStAE)	kein Abzug für nicht mit VSt belastete Kosten (A 15.23 Abs. 10 S. 5 UStAE)
Bruttowert	**Nettowert**

Von einer **unentgeltlichen Überlassung von Kraftfahrzeugen** an das Personal i.S.d. § 3 Abs. 9a S. 1 Nr. 1 UStG ist **nur ausnahmsweise** auszugehen. Dafür muss die vereinbarte private Nutzung des Fahrzeugs derart gering sein, dass sie für die Gehaltsbemessung wirtschaftlich keine Rolle spielt. Nach Auffassung des BMF ist dies nur anzunehmen, wenn dem AN das Fahrzeug nur aus besonderem Anlass oder zu einem besonderen Zweck an nicht mehr als fünf Kalendertagen im Kalendermonat für private Zwecke überlassen wird (vgl. A 15.23 Abs. 12 S. 1 – 2 UStAE). Sofern ausnahmsweise eine unentgeltliche Überlassung vorliegt, soll sich deren Leistungsort nach Verwaltungsauffassung ebenfalls nach § 3a Abs. 3 Nr. 2 UStG richten (A 3a.5 Abs. 4 S. 2 UStAE).[4]

Hinweis: Zur entgeltlichen und unentgeltlichen **Abgabe von Mahlzeiten an AN** vgl. die kasuistischen Beispiele in **A 1.8 Abs. 9 ff. UStAE**.

Bei der Überlassung eines Pkw durch eine KapG oder PersG an ihren G'fter-GF gelten **die vorhergehenden Ausführungen**, wenn der **G'fter-GF als AN** für die Gesellschaft tätig geworden ist. Nachdem er aber auch als **selbständiger Unternehmer für seine Gesellschaft tätig** werden kann, gilt in diesen Fällen Folgendes:
- Entrichtet der G'fter-GF für die private Nutzung des Pkw ein Entgelt (z.B. durch Belastung seines Privat-/Kapitalkontos bzw. Verrechnungskontos), liegt hinsichtlich der Privatfahrten eine Vermietung des Pkw durch die Gesellschaft an ihn vor. BMG ist das tatsächlich entrichtete Entgelt, soweit nicht die Mindest-BMG gem. § 10 Abs. 5 Nr. 1 UStG Anwendung findet.

---

4   Entgegen EuGH vom 20.01.2021, Az.: C-288/19, DStR 2021, 154.

- Entrichtet der G'fter-GF für die private Nutzung des Pkw kein gesondertes Entgelt, ist – wie bei AN mit denselben Rechtsfolgen – von einem tauschähnlichen Umsatz i. S. d. § 3 Abs. 12 S. 2 UStG auszugehen.
- Übernimmt eine KapG gegen Entgelt die Geschäftsführung für eine PersG, ist sie im Regelfall selbständig tätig (A 2.2 Abs. 6 UStAE). Überlässt die PersG ihrer Komplementär-GmbH einen Pkw und wird der Pkw durch den G'fter-GF der GmbH auch für private Fahrten genutzt, gelten für die Überlassung durch die PersG an die GmbH einerseits und für die Überlassung des Pkw durch die GmbH an ihren G'fter-GF – je nachdem, ob er als AN oder Unternehmer tätig ist – die vorgenannten Ausführungen entsprechend.

VI Inland/Ausland/Drittland/Gemeinschaftsgebiet

Das umsatzsteuerliche Inland ist nicht identisch mit dem Gebiet der Bundesrepublik Deutschland. Dies ergibt sich aus einer Lektüre des § 1 Abs. 2 S. 2 UStG (lesen!). Ebenfalls aus sich heraus verständlich erscheint die Abgrenzung des Inlands zum **Ausland,** das sich nach § 1 Abs. 2a UStG in das **übrige Gemeinschaftsgebiet** und das **Drittlandsgebiet** unterteilt. Nur ausnahmsweise wird es in Beraterklausuren geboten sein, hierfür auf die Ausführungen in den **A 1.9 und 1.10 UStAE** zurückzugreifen.

Soweit die Steuerbarkeit von Umsätzen zu beurteilen ist, die ihren Leistungsort in einem **Freihafen** haben – aus nationaler Sicht **Drittland** –, verdient Beachtung, dass solche Umsätze – je nach Verwendung und Status des Abnehmers – nach **§ 1 Abs. 3 UStG** wie Umsätze im Inland zu behandeln sein können.[1] Die Zielsetzung der dortigen Bestimmungen liegt auf der Hand: Sie dient der **Sicherstellung der Besteuerung privaten Endverbrauchs.**

---

[1] Umsätze in Freihäfen – früher beliebter Klausurgegenstand – haben kaum noch praktische Relevanz. Nachdem zum 01.01.2013 auch Hamburg seinen Freihafen aufgegeben hat, verbleiben nur noch die Freihäfen Bremerhaven und Cuxhaven.

VII Geschäftsveräußerung im Ganzen (§ 1 Abs. 1a UStG)

Nach § 1 Abs. 1a S. 1 UStG unterliegen die Umsätze im Rahmen einer sog. Geschäftsveräußerung im Ganzen (GiG) an einen anderen Unternehmer für dessen Unternehmen nicht der USt. § 1 Abs. 1a S. 2 UStG kennzeichnet die GiG als einen Vorgang, bei dem ein **Unternehmen oder ein in der Gliederung eines Unternehmens gesondert geführter Betrieb im Ganzen entgeltlich oder unentgeltlich übereignet oder in eine Gesellschaft eingebracht wird**.[1]

In diesem Zusammenhang bereitet regelmäßig die Abgrenzung zwischen der nicht steuerbaren GiG und der ggf. steuerbaren Veräußerung von Einzel-WG teilweise erhebliche Schwierigkeiten und beschäftigt regelmäßig die Finanzgerichte. Dabei ist man sich in der allgemeinen Charakterisierung der **GiG** noch durchaus einig. Sie soll anzunehmen sein, **wenn die übertragenen Gegenstände »ein hinreichendes Ganzes« bilden, um dem Erwerber die Fortsetzung der bisher vom Veräußerer ausgeübten unternehmerischen Tätigkeit zu ermöglichen**, und der Erwerber dies auch tatsächlich tut (A 1.5 Abs. 1 S. 2 UStAE). Die sofortige Abwicklung der übernommenen Geschäftstätigkeit durch den Erwerber ist daher nicht erfasst. Maßgeblich ist allerdings die bloße Fortführungsabsicht. Eine GiG ist daher auch dann anzunehmen, wenn eine Fortführungsabsicht für das übernommene Unternehmen z. B. wegen einer fehlenden Betriebsgenehmigung nicht umgesetzt worden ist (EuGH vom 27.11.2003, Az.: C-497/01, DStR 2003, 2220).

Probleme gibt es regelmäßig, wenn der Übertragende einzelne **Unternehmensgegenstände zurückbehält** oder an andere Personen als den Erwerber überlässt. Im Hinblick auf die maßgebliche Absicht des Erwerbers, den übertragenen Geschäftsbetrieb oder einen gesonderten Unternehmensteil zu betreiben, ist entscheidend, ob die übertragenen Vermögensgegenstände die Fortsetzung einer bisher durch den Veräußerer ausgeübten Tätigkeit ermöglichen, d. h., ob die übertragenen Vermögensgegenstände ein hinreichendes Ganzes bilden, um die Ausübung einer wirtschaftlichen Tätigkeit zu ermöglichen. Dabei sind im Rahmen einer Gesamtwürdigung die Art der übertragenen Vermögensgegenstände und der Grad der Übereinstimmung oder Ähnlichkeit zwischen den vor und nach der Übertragung ausgeübten Tätigkeiten zu berücksichtigen (BFH vom 23.08.2007, Az.: V R 14/05, BStBl II 2008, 165). Nach Auffassung der FinVerw liegt im Falle einer einkommensteuerrechtlichen Teilbetriebsveräußerung (mit einer Einschränkung für die Veräußerung einer Gesellschaftsbeteiligung als Teilbetriebsveräußerung in A 1.5 Abs. 9 UStAE) regelmäßig eine Übertragung eines gesondert geführten Betriebs i. S. d. § 1 Abs. 1a S. 2 UStG vor (A 1.5 Abs. 6 S. 4 UStAE).

Nach der Rspr. kann eine GiG z. B. auch dann vorliegen, wenn der Erwerber mit dem übertragenen Inventar einer Gaststätte die Gaststätte dauerhaft fortführen kann und selbst über die zur Fortführung der Tätigkeit erforderliche Immobilie verfügt (BFH vom 29.08.2018, Az.: XI R 37/17, BStBl. II 2019, 378).

---

1 In Beraterklausuren ist die GiG seit 2011 regelmäßiger Prüfungsgegenstand.

1 Grundstücksübertragung als Geschäftsveräußerung

Insoweit ist von ganz erheblicher praktischer Relevanz – auch unter Klausurgesichtspunkten – unter welchen Voraussetzungen die Übertragung eines einzelnen Grundstücks sich umsatzsteuerrechtlich als GiG nach § 1 Abs. 1a UStG darstellen kann. Insoweit besteht nach einer Vielzahl von Gerichtsentscheidungen in folgenden Punkten Einvernehmen:
- Wird ein Mietgrundstück übertragen, ist es zur Annahme des § 1 Abs. 1a UStG erforderlich, dass die gesamte Grundlage des Vermietungsunternehmens und damit dessen wirtschaftliche Substanz übertragen wird. Bei einem Mietgrundstück gehören dazu regelmäßig vorhandene Mietverträge, die vom Erwerber fortgeführt werden können und die der Erwerber fortzuführen beabsichtigt (A 1.5 Abs. 2 S. 2 UStAE).
- Überträgt der Veräußerer ein vermietetes Geschäftshaus und führt der Erwerber die Vermietung nur hinsichtlich eines Teils des Gebäudes fort, liegt hinsichtlich dieses Teils eine GiG (in Form eines gesondert geführten Betriebs) vor. Dies gilt unabhängig davon, ob der vermietete Gebäudeteil zivilrechtlich selbständig ist oder nicht (**partielle GiG**; A 1.5 Abs. 2 S. 5, 6 UStAE).
- Demgegenüber stellt aber die Lieferung eines weder verpachteten noch vermieteten Grundstücks – etwa durch Bauträger – im Regelfall keine GiG dar (A 1.5 Abs. 2 S. 1 UStAE). Es fehlt bezüglich des Grundstücks an einer unternehmerischen Tätigkeit, die fortgeführt werden kann. Ein Bauträger, der vor der Veräußerung noch Mietverträge für das von ihm errichtete Gebäude abschließt, betreibt regelmäßig erst dann ein fortführungsfähiges Vermietungsunternehmen, wenn die Vermietung einen Zeitraum von mindestens 17 Monaten erreicht hat (BFH vom 25.11.2015, Az.: V R 66/14, BStBl II 2020, 793), nicht aber bei einer Vermietung von nur einigen Monaten vor der Veräußerung (BFH vom 28.10.2010, Az.: V R 22/09, BFH/NV 2011, 854) oder bei der Übertragung eines noch gar nicht errichteten Gebäudes, selbst wenn bereits ein Mietvertrag für die geplante Nutzung existiert (BFH vom 18.09.2008, Az.: V R 21/07, BStBl II 2009, 254).
- Wird eine vermietete Immobilie an den bisherigen Mieter veräußert, der die Immobilie vorher und nachher für Zwecke seines Handelsunternehmens nutzt, liegt wegen fehlender Ähnlichkeit der vorher und nachher ausgeübten Tätigkeit keine GiG vor (A 1.5 Abs. 2 S. 3 UStAE). Einer GiG steht allerdings nicht entgegen, wenn und soweit der Erwerber selbst vor dem Grundstückserwerb das Grundstück untervermietet hatte und diese Vermietungstätigkeit danach unverändert fortführt (BFH vom 24.02.2021, Az.: XI R 8/19, BStBl II 2022, 34).
- Wird ein an eine OrgG vermietetes Grundstück an den OrgT übertragen, liegt ebenfalls keine GiG vor, da der OrgT in diesem Fall keine Vermietungstätigkeit fortführt (denn die Vermietung an die OrgG stellt einen nicht steuerbaren Innenumsatz dar), sondern das Grundstück im Rahmen seines Unternehmens selbst nutzt (A 1.5 Abs. 2 S. 4 UStAE).

Berücksichtigt man, dass umsatzsteuerrechtlich das **Unternehmen tätigkeitsbezogen** zu verstehen ist, muss es sich an sich auch verbieten, eine GiG anzunehmen, wenn ein **erfolgloser Vermietungsunternehmer** sein einziges Vermietungsobjekt veräußert, ohne Vermietungsumsätze erzielt zu haben.

An dieser Betrachtungsweise lässt sich jedoch nicht mehr festhalten, nachdem sich die Auffassung durchgesetzt hat, dass bereits die ernsthafte Absicht, einer Vermietungstätigkeit nachgehen zu wollen, materiell-rechtlich endgültig den Unternehmerstatus begründet (vgl. auch Kap. III 3). Genügen glaubhaft gemachte Absichten, einen Unternehmerstatus zu begründen, müssen solche (Vermietungs-)Absichten konsequenterweise auch ein (Vermietungs-)Unternehmen begründen können. Es kann schließlich keinen Unternehmer ohne ein dazugehöriges Unternehmen geben. Wenn dem aber so ist, wird man nicht umhinkönnen, die Übertragung jenes Grundstücks, mit dem die nicht realisierten Vermietungsumsätze erzielt werden sollten, als nicht steuerbare GiG. nach § 1 Abs. 1a UStG zu behandeln (BFH vom 08.03.2001, Az.: V R 24/98, BStBl II 2003, 430 und A 1.5 Abs. 1a S. 3 UStAE).

2 Übereignung aller wesentlichen Betriebsgrundlagen?

Eine GiG kann auch vorliegen, wenn einzelne wesentliche WG (Betriebsgrundlagen) nicht mit dinglicher Wirkung auf den Erwerber übertragen, sondern langfristig zur dauerhaften Nutzung an den Erwerber überlassen werden. Es genügt, wenn das übertragene Unternehmensvermögen als hinreichendes Ganzes die Ausübung einer wirtschaftlichen Tätigkeit ermöglicht und die vor und nach der Übertragung ausgeübten Tätigkeiten übereinstimmen oder sich hinreichend ähneln (BFH vom 04.07.2002, Az.: V R 10/01, BStBl II 2004, 662; vom 28.11.2002, Az.: V R 3/01, BStBl II 2004, 665 und vom 18.09.2008, Az.: V R 21/07, BStBl II 2009, 254 sowie A 1.5 Abs. 3 S. 2 UStAE).

> **Beispiel 1: Geschäftsveräußerung ohne Grundstücksübereignung**
>
> Bauunternehmer B übertrug zum 01.07.01 seinem Sohn S das Anlagevermögen seines Bauunternehmens unentgeltlich. Das Betriebsgrundstück behielt er zurück und vermietete es seinem Sohn ab 01.07.01 stpfl. für zehn Jahre zum Betrieb des Bauunternehmens. Der Vertrag sollte sich um jeweils ein Jahr verlängern, sofern keine Kündigung erfolgte. S war verpflichtet, die für das Grundstück anfallenden öffentlichen Lasten, Instandhaltungs- und Versicherungskosten zu tragen. Einen Pkw und einen Kopierer überführte B in sein Privatvermögen.
>
> **Lösung:** Eine **GiG** i. S. d. § 1 Abs. 1a UStG kann **auch** vorliegen, **wenn einzelne wesentliche Betriebsgrundlagen nicht mitübereignet werden.** Wesentlich ist nur, dass die übertragenen Vermögensgegenstände ein hinreichendes Ganzes bilden, um die Ausübung einer wirtschaftlichen Tätigkeit zu ermöglichen. Dafür genügt es, wenn ein Betriebsgrundstück dem Erwerber durch ein langfristiges Nutzungsrecht für 10 Jahre überlassen wird, das die dauerhafte Fortführung des Unternehmens ermöglicht. Die Entnahme der einzelnen, für die Geschäftsübertragung unwesentlichen WG ist bei B als stpfl. uWa nach § 1 Abs. 1 Nr. 1 UStG i. V. m. § 3 Abs. 1b Nr. 1 UStG zu besteuern.[2]

Hinweis: Eine **nicht steuerbare GiG** kann **auch** vorliegen, **wenn der Mietvertrag auf unbestimmte Zeit läuft** und von beiden Parteien kurzfristig kündbar ist (A 1.5 Abs. 3 S. 4 UStAE).

---

[2] Ebenso kann die Veräußerung eines Sauenbestands ohne landwirtschaftliche Flächen unter gleichzeitiger Verpachtung der für die Sauenhaltung erforderlichen Ställe eine GiG sein (FG Münster vom 20.05.2020, Az.: 15 K 1850/17 U, EFG 2020, 1352).

3 Erwerb für das Unternehmen des Erwerbers

Die Anwendung des § 1 Abs. 1a UStG setzt weiter voraus, dass der **Erwerber Unternehmer** ist. Hierfür reicht es selbstverständlich, wenn der Erwerb des Unternehmens erfolgt, um anschließend unternehmerisch tätig werden zu wollen. Die Unternehmereigenschaft beginnt mit den ersten sichtbaren Aktivitäten, die darauf ausgerichtet sind, nachhaltig im Leistungsaustausch tätig werden zu wollen (s. Kap. III 4). Dies ist hier der Erwerb des Unternehmens bzw. des gesondert geführten Teilbetriebs. Es ist nicht erforderlich, dass der Erwerber das Unternehmen anschließend unverändert fortführen will. Eine nicht steuerbare GiG. ist auch anzunehmen, wenn der Erwerber beabsichtigt, den von ihm übernommenen Geschäftsbetrieb aus betriebswirtschaftlichen oder kaufmännischen Gründen in seinem Zuschnitt zu ändern (A 1.5 Abs. 1a S. 1 UStAE). Eine gewisse Ähnlichkeit muss aber erhalten bleiben.

4 Wirkung der Rechtsnachfolge nach § 1 Abs. 1a S. 3 UStG

Wenn es in § 1 Abs. 1a S. 3 UStG heißt, dass der Erwerber an die Stelle des Veräußerers tritt, so weckt dies Assoziationen zu einer Gesamtrechtsnachfolge. Eine solche hat der Gesetzgeber damit jedoch nicht anordnen wollen. Die in § 1 Abs. 1a S. 3 UStG angeordnete Rechtsnachfolge ist allein aus umsatzsteuerrechtlicher Sicht auszulegen. Gemeint ist, **dass der Erwerber die WG in den umsatzsteuerrechtlichen Bindungen übernimmt**, die der Veräußerer geschaffen hat. Praktische Relevanz entfaltet dies insb. in den Fällen, in denen es beim Erwerber zu einer unter dem Gesichtspunkt des VSt-Abzugs relevanten Änderung der Verwendungsverhältnisse hinsichtlich der übernommenen WG kommt. Insoweit stellt **§ 15a Abs. 10 UStG** ausdrücklich klar, dass der **BZ nicht unterbrochen** wird, sondern **bei dem Erwerber weiterläuft**. Um diesem eine Berichtigung zu ermöglichen, erklärt § 15a Abs. 10 S. 2 UStG den Veräußerer für verpflichtet, dem Erwerber die für die Durchführung der Berichtigung erforderlichen Angaben zu machen. Dass der Erwerber an die Stelle des Veräußerers tritt, ist ferner z. B. von Bedeutung, wenn der Erwerber Gegenstände des Unternehmens entnimmt, für die der Veräußerer einen VSt-Abzug geltend gemacht hat. Hier unterbleibt die Besteuerung nach § 3 Abs. 1b UStG nicht etwa nach dessen S. 2, weil der Erwerber infolge der Regelung des § 1 Abs. 1a UStG keinen VSt-Abzug in Anspruch nehmen konnte. Dem Erwerber wird vielmehr auch insoweit der VSt-Abzug des Veräußerers zugerechnet.

5 Fehlerhafter Steuerausweis

Erteilt der Veräußerer dem Erwerber eine Abrechnung, in der er USt gesondert ausweist, obwohl eine GiG im Ganzen vorliegt, liegt ein unrichtiger, weil zu hoher, Steuerausweis vor. Es handelt sich damit um einen Sachverhalt, der von § 14c Abs. 1 UStG erfasst wird. Daraus folgt weiter: Ein VSt-Abzug hinsichtlich der ausgewiesenen Steuer ist unzulässig. Insoweit ist Folgendes besonders zu beachten: Nach der ausdrücklichen gesetzlichen Vorgabe in **§ 14c Abs. 1 S. 3 UStG** ist der unzutreffende Steuerausweis im Fall des § 1 Abs. 1a UStG nur nach den Regeln berichtigungsfähig, die § 14c Abs. 2 S. 3 – 5 UStG für den sog. unberechtigten Steuerausweis bereithält. Gehen die Parteien der Übertragung irrtümlich davon aus, dass die Voraussetzungen des § 1 Abs. 1a UStG nicht vorliegen und stellt der Veräußerer für seine Leistung USt gesondert in Rechnung, kann dieser Steuerausweis also nur berichtigt werden, wenn die Finanzbehörde zuvor festgestellt hat, dass die durch den Steuerausweis eingetretene Gefährdung des Steueraufkommens beseitigt wurde (vgl. dazu näher Kap. XII 2).

6 Vorsteuerabzug aus Leistungsbezügen für die Geschäftsveräußerung

Hinsichtlich des VSt-Abzugs des Veräußerers aus Leistungen im Zusammenhang mit der Veräußerung (z. B. Beratungsleistungen durch StB, Maklerkosten) ist darauf abzustellen, wie die veräußerten **WG im Besteuerungszeitraum vor der Veräußerung genutzt** wurden. Die Ausgaben des Übertragenden für die Dienstleistungen, die er zur Durchführung der Übertragung in Anspruch nimmt, gehören zu seinen allgemeinen Kosten und weisen insoweit allenfalls einen direkten und unmittelbaren Zusammenhang mit seiner wirtschaftlichen Gesamttätigkeit auf. Für den VSt-Abzug **des Veräußerers** kommt es demnach darauf an, in welchem Umfang dieser **vor der GiG vorsteuerschädliche bzw. vorsteuerunschädliche Umsätze** ausgeführt hat (§ 15 Abs. 4 UStG).

Für den **VSt-Abzug des Erwerbers** aus Leistungsbezügen im Zusammenhang mit der GiG. sind **die von ihm beabsichtigten Umsätze** mit dem übernommenen Geschäft **maßgeblich** (vgl. dazu näher Kap. XV 1.3).

VIII Steuerbefreiungen entgeltlicher Inlandsumsätze (§ 4 UStG)

Ist eine Leistung nach § 1 Abs. 1 Nr. 1 UStG steuerbar, so steht damit noch nicht fest, dass sie auch tatsächlich USt auslöst. Zu prüfen bleibt zunächst noch, ob sie möglicherweise nach § 4 UStG steuerbefreit ist.

1 Zweck und Wirkungen von Steuerbefreiungstatbeständen

Die in § 4 UStG zusammengefassten Steuerbefreiungen für entgeltliche Inlandsumsätze werden aus unterschiedlichen Gründen gewährt. Eine Gruppe der Befreiungen erklärt sich **aus sozialen Erwägungen**. Dies betrifft in erster Linie die V+V von Grundstücken nach **§ 4 Nr. 12 Buchst. a UStG**, die ärztlichen Heilbehandlungsleistungen nach **§ 4 Nr. 14 Buchst. a UStG** sowie weitere sonstige Leistungen im Zusammenhang mit der Gesundheitsvorsorge nach **§ 4 Nr. 16 UStG**. Auch die Befreiung der in § 4 Nr. 20 – 23 UStG aufgeführten kulturellen Leistungen sowie die Befreiung von Leistungen gemeinnütziger Einrichtungen in § 4 Nr. 18, 24, 25 und 27 UStG sind dieser Gruppe der Steuerbefreiungen aus sozialen Erwägungen zuzurechnen.

Hinweis: In diesem Zusammenhang sind aufgrund des Gesetzes zur weiteren steuerlichen Förderung der Elektromobilität nach § 4 Nr. 29 UStG insb. sonstige Leistungen von selbständigen inländischen Personenzusammenschlüssen, deren Mitglieder eine dem Gemeinwohl dienende und nach den Nrn. 11b, 14–18, 20–25 oder 27 steuerfreie Tätigkeit ausüben, gegenüber ihren im Inland ansässigen Mitgliedern steuerfrei, soweit diese Leistungen gegen bloße Kostenerstattung für unmittelbare Zwecke der Ausübung dieser Tätigkeiten verwendet werden (Einzelheiten im BMF vom 19.07.2022, BStBl I 2022, 1208).

Eine ganz andere Zielsetzung verfolgen hingegen z. B. § 4 Nr. 9 Buchst. a UStG (Umsätzen, die unter das GrEStG fallen) und § 4 Nr. 10 Buchst. a UStG (Leistungen aufgrund eines Versicherungsverhältnisses i. S. d. VersStG). Bei ihnen geht es darum, eine Doppelbesteuerung zu vermeiden. Vorgänge, die von speziellen Verkehr- bzw. Verbrauchsteuern erfasst werden, werden nicht noch zusätzlich mit USt belastet.

Hinweis: Wenn der Verkäufer einer Ware dem Kunden gegen Entgelt zusichert, einen Schaden an der Ware entweder selbst zu reparieren oder die Reparaturkosten zu ersetzen, liegt ein Versicherungsverhältnis im Sinne des VersStG vor, und das für diese Garantiezusage gezahlte Entgelt ist Versicherungsentgelt i. S. d. § 3 VersStG, das der Versicherungsteuer unterliegt (A 4.10.1 Abs. 4 S. 3 UStAE). Abweichend hiervon soll ein sog. »Vollwartungsvertrag« kein Versicherungsverhältnis begründen (BMF vom 11.05.2021, BStBl I 2021, 781).[1] Die praktischen Konsequenzen können wegen der Nichtabziehbarkeit der VersSt als VSt zu einem massiven finanziellen Nachteil für den Kunden führen.

Eine **dritte Gruppe** betrifft schließlich bestimmte Umsätze mit Auslandsberührung. Hier gilt es, durch Steuerbefreiungen **Wettbewerbsneutralität** zwischen deutschen und ausländischen Anbietern zu gewährleisten (und das sog. **Bestimmungslandprinzip umzusetzen**). Bei diesen Steuerbefreiungen wird durch die Befreiung der Leistung im Inland eine

---

1 Diese Grundsätze sind anzuwenden auf Garantiezusagen, die nach dem 31.12.2022 abgegeben wurden (BMF vom 18.06.2021, BStBl I 2021, 871 und vom 18.10.2021, BStBl I 2021, 2142).

Belastung mit deutscher USt vermieden, wenn ansonsten eine Doppelbesteuerung mit inländischer USt und ausländischer E-USt bzw. ausländischer USt auf igE einzutreten droht (vgl. auch Kap. XIV 1). Beispiele für so motivierte Steuerbefreiungen sind die Befreiungen von Ausfuhrlieferungen nach § 4 Nr. 1 Buchst. a i. V. m. § 6 UStG sowie die igL nach § 4 Nr. 1 Buchst. b i. V. m. § 6a UStG (zu jenen Tatbeständen vgl. Kap. XIV 2.2 und 3.2).

Bezüglich der **Wirkung von Steuerbefreiungsvorschriften** ist von entscheidender Bedeutung, ob mit der Steuerbefreiung – wie es § 15 Abs. 2 S. 1 Nr. 1 UStG als Grundregel vorsieht – ein Ausschluss vom VSt-Abzug hinsichtlich der Eingangsleistungen verbunden ist. Wo dies der Fall ist, führt die Steuerbefreiung nicht zu einer vollständigen Entlastung von der USt auf der letzten Stufe, da die nicht abziehbare USt auf der Vorstufe über den Preis an den Abnehmer weitergegeben wird. Der Ausschluss nach § 15 Abs. 2 S. 1 Nr. 1 UStG ist freilich in vielen Fällen kein endgültiger – sei es, dass es sich um Steuerbefreiungen handelt, bei denen unter den in § 9 UStG genannten Voraussetzungen auf die Steuerbefreiung verzichtet werden kann, oder sei es, dass der Ausschluss nach § 15 Abs. 3 UStG für bestimmte, dort aufgeführte Befreiungen wieder aufgehoben wird. Unter dem Aspekt der Wirkung der Steuerbefreiungen auf den VSt-Abzug lassen sich also drei Gruppen unterscheiden:

1. **Steuerbefreiungen, bei denen der VSt-Abzug aus Eingangsbezügen zwingend ausgeschlossen ist;**
2. **Steuerbefreiungen, bei denen durch die Möglichkeit eines Verzichts auf die Steuerbefreiung (§ 9 UStG) der Ausschluss vom VSt-Abzug vermieden werden kann;**
3. **Steuerbefreiungen, bei denen der VSt-Abzug aus Eingangsbezügen (wegen § 15 Abs. 3 UStG) erhalten bleibt.**

Zu den Steuerbefreiungen, die »**vorsteuerunschädlich**« sind, weil der Ausschluss vom VSt-Abzug nach § 15 Abs. 3 UStG nicht eintritt, zählen in erster Linie die in § 15 Abs. 3 Nr. 1a UStG aufgeführten Steuerbefreiungen nach § 4 Nr. 1 – 7 UStG. Sie lassen sich unter dem Oberbegriff »**Umsätze mit Auslandsberührung**« zusammenfassen. Von besonderer praktischer Bedeutung sind dabei die bereits erwähnten Steuerbefreiungstatbestände der Ausfuhr nach § 4 Nr. 1 Buchst. a i. V. m. § 6 UStG und der igL nach § 4 Nr. 1 Buchst. b i. V. m. § 6a UStG. Diese Steuerbefreiungstatbestände sollen neben anderen Umsätzen mit Auslandsberührung in Kap. XIV Gegenstand besonderer Betrachtung werden. **An dieser Stelle** soll es zunächst allein um solche **Steuerbefreiungen für entgeltliche Leistungen gehen, die ihren Leistungsort wie auch ihren Verbrauch im Inland haben.** Soweit diese Umsätze steuerbefreit sind, führt die Steuerbefreiung regelmäßig zu einem Ausschluss des VSt-Abzugs aus Eingangsleistungen nach § 15 Abs. 2 S. 1 Nr. 1 UStG. Etwas anderes kommt nur in Betracht, wenn eine Steuerbefreiung Anwendung findet, bei der durch einen Verzicht auf die Steuerfreiheit nach § 9 UStG der VSt-Abzug auf die Eingangsleistungen erhalten bleibt.

2 Befreiungstatbestände mit Optionsmöglichkeit i. S. d. § 9 UStG

Um nachteilige Wirkungen einer Steuerbefreiung bei **Umsätzen zwischen Unternehmern** zu vermeiden, gewährt das Gesetz bei bestimmten, in § 9 Abs. 1 UStG abschließend aufgeführten Umsätzen die Möglichkeit, auf die Steuerbefreiung zu verzichten. Machen die Beteiligten hiervon Gebrauch, wird aus dem an sich steuerfreien Umsatz ein stpfl. Umsatz. Damit ist die Barriere des § 15 Abs. 2 S. 1 Nr. 1 UStG für einen VSt-Abzug aus den hiermit im Zusammenhang stehenden Eingangsleistungen überwunden. Die Belastungswirkung entspricht nun wieder derjenigen eines von Anbeginn nicht steuerbefreiten Umsatzes. Praktisch bedeutsam wird dies insb. für bankentypische Umsätze nach § 4 Nr. 8 Buchst. a – k UStG (Kapital- und Geldverkehr) sowie mit hoher Klausurrelevanz für die Umsätze, die unter das GrEStG fallen und deshalb an sich nach **§ 4 Nr. 9 Buchst. a UStG** steuerbefreit sind, und für die Tatbestände des **§ 4 Nr. 12 Buchst. a – c UStG**, denen zufolge nicht nur die im Folgenden näher vorgestellte V+V, sondern jedwede Form der Nutzungsüberlassung von Grundstücken grds. steuerfrei bleiben soll.

2.1 Grunderwerbsteuerbare Vorgänge (§ 4 Nr. 9 Buchst. a UStG)

Der Grunderwerbsteuer unterliegen nach § 1 GrEStG vertragliche Schuldverhältnisse, die wie Kauf-, Gesellschafts- und Schenkungsverträge eine Verpflichtung zur Eigentumsübertragung an Grundstücken begründen sowie hilfsweise der Eigentumsübergang selbst. Damit diese Sachverhalte in der USt-Klausur als steuerbefreite Vorgänge nach § 4 Nr. 9 Buchst. a UStG relevant werden können, gilt es, im Auge zu behalten, dass es dafür zunächst der Steuerbarkeit der Grundstücksübertragungen nach § 1 Abs. 1 Nr. 1 UStG bedarf! Verlangt ist also aufseiten des Veräußerers ein Unternehmer, der das Grundstück im Rahmen seines Unternehmens veräußert. Die Probleme um § 4 Nr. 9 Buchst. a UStG betreffen somit zum einen natürlich **Grundstückshändler**, die im Rahmen ihrer sog. Grundgeschäfte Grundstücke veräußern sowie **Bauträger**, die **eigene** Grundstücke zum Zwecke des Verkaufs bebauen. Betroffen sind aber auch **andere Unternehmer**, und zwar solche, bei denen die Grundstücke als Gegenstände des Anlagevermögens ins Unternehmensvermögen gelangt waren. **Veräußern** diese Unternehmer später die **(Betriebs-)Grundstücke**, oder legen sie diese als Einlage in eine Gesellschaft ein, sind diese Vorgänge – sofern nicht die Voraussetzungen für eine GiG. nach § 1 Abs. 1a UStG vorliegen – bei ihnen **als Hilfsgeschäfte** steuerbar nach § 1 Abs. 1 Nr. 1 UStG.[2] Vorgänge, die **nach § 1 GrEStG steuerbar** sind, **aber nach den §§ 3 ff. GrEStG** ganz oder teilweise **von der GrESt ausgenommen** sind – wie z. B. nach § 3 Nr. 4 GrEStG die Grundstücksveräußerungen unter Ehegatten – fallen trotzdem unter die Befreiung des § 4 Nr. 9 Buchst. a UStG. Dies folgt aus dem insoweit eindeutigen Wortlaut § 4 Nr. 9 Buchst. a UStG. Danach sind Umsätze steuerbefreit, die »unter das Grunderwerbsteuergesetz fallen«. Es wird nicht verlangt, dass die Vorgänge auch tatsächlich eine GrESt auslösen.[3]

Hinweis: Die Steuerbefreiung des **§ 4 Nr. 9 Buchst. a UStG ist** auch **auf unentgeltliche Grundstücksentnahmen**, die nach § 3 Abs. 1b S. 1 Nr. 1 UStG als fiktive entgeltliche Lieferung nach § 1 Abs. 1 Nr. 1 UStG steuerbar sind, **anzuwenden**. Dies gilt unabhängig davon, ob mit der Entnahme ein Rechtsträgerwechsel am Grundstück verbunden ist (A 4.9.1 Abs. 2 Nr. 6 UStAE). Steuerfrei ist damit nicht nur die Schenkung eines Grundstücks, sondern auch die schlichte Überführung in das Privatvermögen.

§ 4 Nr. 9 Buchst. a UStG schließt an die grunderwerbsteuerrechtliche Behandlung an und übernimmt daher auch dessen Begriffsbestimmungen. Da sich das GrEStG in § 2 Abs. 1 GrEStG

---

2 Beachte: Entgeltliche Lieferungen von Betriebsgrundstücken werden durchweg Unternehmer als Erwerber haben, sodass in diesen Fällen nicht nur die Voraussetzungen für einen Verzicht auf die Steuerbefreiung des § 4 Nr. 9 Buchst. a UStG nach § 9 Abs. 1 UStG gegeben sind, sondern auch eine Steuerschuldnerschaft des Erwerbers nach § 13 Abs. 2 Nr. 3, Abs. 5 S. 1 UStG ausgelöst ist, es sei denn, die Grundstücksveräußerung stellt sich als GiG dar und lässt insoweit bereits die Steuerbarkeit des Umsatzes entfallen.

3 Zu unterscheiden ist also zwischen Grunderwerbsteuerbarkeit (erforderlich) und -steuerpflicht (nicht erforderlich); somit ist die aus der USt bekannte Abgrenzung auch innerhalb der GrESt vorzunehmen.

hinsichtlich des zentralen Begriffs des Grundstücks prinzipiell am BGB orientiert, zählt als Grundstück nicht nur das unbebaute, sondern nach § 94 BGB auch das mit einem Gebäude bebaute Grundstück.

Beachte: Bei einem **Werkvertrag über die Errichtung eines Gebäudes ohne gleichzeitigen Verkauf** von Grund und Boden liegt kein Verpflichtungsgeschäft vor, das nach § 1 Abs. 1 Nr. 2 GrEStG einen Anspruch auf Übereignung eines Grundstückes begründet. Ist der Vertrag lediglich auf die **Errichtung eines Gebäudes auf dem Grundstück des Bestellers** gerichtet, unterliegt die Leistung des beauftragten Bauunternehmers als stpfl. **Werklieferung nach § 3 Abs. 4 UStG** der USt (vgl. Kap. IV 3.2).

Abweichend vom BGB gehören nach § 2 Abs. 1 Nr. 1 GrEStG **Betriebsvorrichtungen** nicht zum Grundstück, auch wenn diese wesentliche Bestandteile sein sollten. Betriebsvorrichtungen sind alle Maschinen und Anlagen, mit denen der Betrieb unmittelbar ausgeübt wird, soweit sie nicht Gebäude oder Teil eines Gebäudes sind. Bei der Veräußerung eines Grundstückes mit Betriebsvorrichtungen ist folglich neben der steuerfreien Grundstückslieferung eine **stpfl. Lieferung** der Betriebsvorrichtungen gegeben. Ein Gesamtentgelt muss nach dem Verhältnis der gemeinen Werte des Grund und Bodens, des Gebäudes (steuerfrei) und der Betriebsvorrichtungen (stpfl.) aufgeteilt werden.

> **Beispiel 1: GrESt – Klausel ohne Einfluss auf BMG der USt**
>
> Unternehmer U verkauft ein bebautes Betriebsgrundstück an einen anderen Unternehmer, der das Grundstück für stpfl. Aktivitäten nutzen will. Bei der Veräußerung handelt es sich nicht um eine GiG. nach § 1 Abs. 1a UStG. Lt. Kaufvertrag wird auf Steuerbefreiungen soweit wie möglich verzichtet. Der Erwerber übernimmt die GrESt alleine. Der Netto-Kaufpreis beträgt 500.000 €; darin sind ausweislich des Kaufvertrages netto 100.000 € für Betriebsvorrichtungen enthalten.
>
> **Lösung:** Die als Hilfsgeschäft steuerbare Lieferung des Grundstücks (einschließlich des Gebäudes) ist steuerfrei gem. § 4 Nr. 9 Buchst. a UStG, da dieser Umsatz nach § 1 Abs. 1 Nr. 1 GrEStG unter das GrEStG fällt. Nicht erfasst ist nach § 2 Abs. 1 Nr. 1 GrEStG die Lieferung der Betriebsvorrichtungen, sodass insoweit ein eigener stpfl. Umsatz vorliegt. Die Steuerfreiheit der Grundstückslieferung würde u. a. dazu führen, dass U ein VSt-Abzug aus allen damit zusammenhängenden Eingangsleistungen verwehrt bliebe. Dies und ggf. auch eine VSt-Berichtigung nach § 15a UStG ist durch den hier nach § 9 Abs. 1, Abs. 3 S. 2 UStG zulässigen Verzicht auf die Steuerbefreiung des § 4 Nr. 9 Buchst. a UStG vermieden. Für den Erwerber schafft dies keine Probleme, weil die anfallende USt für ihn wegen seines VSt-Abzugs nach § 15 Abs. 1 S. 1 Nr. 4 UStG keinen Kostenfaktor darstellt.
>
> Die GrESt-Klausel (Erwerber trägt die GrESt) hat keine umsatzsteuerlichen Auswirkungen. Bei einer Grundstücksveräußerung gehört die nach dem GrEStG gesamtschuldnerisch vom Erwerber und Veräußerer geschuldete GrESt auch dann nicht zum Entgelt für die Grundstücksveräußerung, wenn die Parteien des Grundstückskaufvertrages vereinbaren, dass der Erwerber die GrESt alleine zu tragen hat (A 10.1 Abs. 7 S. 6 UStAE). Dies folgt aus § 448 Abs. 2 BGB, der vorsieht, dass der Käufer die Kosten des Grunderwerbs zu tragen hat. Zu den Kosten des Grunderwerbs zähle – ohne in § 448 Abs. 2 BGB ausdrücklich genannt zu sein – auch die GrESt. Diese könne von daher nicht gleichzeitig Entgeltcharakter für die Grundstücksveräußerung haben. Eine wechselseitige Beeinflussung von USt und GrESt besteht daher nicht: Weder geht die USt in die BMG der GrESt ein, noch geht die hälftige GrESt in die BMG der USt ein.
>
> Die vom Käufer gem. § 13b Abs. 2 Nr. 3 i.V.m. § 13b Abs. 5 S. 1 UStG geschuldete USt beträgt somit 76.000 € (19% auf 400.000 €). Die BMG für die ohnehin stpfl. Lieferung der Betriebsvorrichtung beträgt 100.000 €. Die dadurch ausgelöste USt von 19.000 € schuldet nach § 13a Abs. 1 Nr. 1 UStG allerdings der liefernde Unternehmer U.

Ein **Erbbaurecht** wie auch ein **Gebäude auf fremdem Grund und Boden stehen** nach § 2 Abs. 2 GrEStG **einem Grundstück gleich**. Ihre Veräußerung und beim Erbbaurecht auch die erstmalige Begründung sind daher nach § 4 Nr. 9 Buchst. a UStG umsatzsteuerbefreit. Für die zahlreichen Sachverhaltskonstellationen im Zusammenhang mit **Gebäuden auf fremden Grund und Boden** liefert das **BMF-Schreiben vom 23.07.1986** (BStBl I 1986, 432) eine lehrbuchartige Darstellung.

2.2 Vermietung und Verpachtung von Grundstücken (§ 4 Nr. 12 Buchst. a UStG)

Die in § 4 Nr. 12 Buchst. a UStG für steuerbefreit erklärte V+V von Grundstücken richtet sich nicht nach den Vorschriften des nationalen Zivilrechts, sondern nach Unionsrecht. Danach setzt die Vermietung voraus, dass dem Mieter vom Vermieter **auf bestimmte Zeit gegen eine Vergütung das Recht eingeräumt** wird, das Grundstück oder ein Grundstücksteil so in Besitz zu nehmen, als ob er **dessen Eigentümer** wäre, und jede andere Person **von diesem Recht auszuschließen** (EuGH vom 22.01.2015, Az.: C-55/14, UR 2015, 347). Diese Voraussetzungen gelten auch für die Verpachtung eines Grundstücks und die hierdurch typischerweise eingeräumten Berechtigungen an dem Grundstück zur Ausübung einer sachgerechten und nachhaltigen Bewirtschaftung (vgl. A 4.12.1 Abs. 1 S. 2 – 6 UStAE). Eine ideelle Zuordnung einer genau bezeichneten Grundstücksfläche zur Befriedigung eines Affektionsinteresses im Rahmen eines Umweltschutzprojekts stellt aber im Hinblick auf die eng auszulegende Vorschrift keine steuerfreie Vermietung und Verpachtung eines Grundstücks dar (FG Rheinland-Pfalz vom 23.11.2021, Az.: 3 K 1844/20, EFG 2022, 283).

Die Vorschrift wird darüber hinaus aber auch auf den **entgeltlichen Verzicht auf Rechte aus einem Mietvertrag** angewendet (A 4.12.1 Abs. 1 S. 7 UStAE) und **erfasst** zudem zahlreiche i. d. R. mit der Vermietung und Verpachtung in unmittelbarem Zusammenhang stehende übliche **Nebenleistungen wie** z. B. die **Überlassung einer Parkfläche für das Abstellen von Fahrzeugen des Mieters** (A 4.12.2 Abs. 3 UStAE), sofern diese Mietflächen Teil eines Gebäudekomplexes sind und von ein und demselben Vermieter an ein und denselben Mieter vermietet werden (BFH vom 10.12.2020, V R 41/19, BFH/NV 2021, 949), oder auch die **Lieferung von Wärme, Wasser und Strom** (A 4.12.1 Abs. 5 UStAE). Nach Auffassung des EuGH vom 16.04.2015, C-42/14, DStR 2015, 888 sind die Vermietung einer Immobilie und die Lieferung von Wasser, Elektrizität und Wärme sowie die Abfallentsorgung, die diese Vermietung begleiten, allerdings grds. als mehrere unterschiedliche und unabhängige Leistungen anzusehen, die umsatzsteuerrechtlich getrennt zu beurteilen sind; es sei denn, dass gewisse Bestandteile des Umsatzes, einschließlich derer, die die wirtschaftliche Grundlage des Vertragsschlusses bilden, so eng miteinander verbunden sind, dass sie objektiv eine einzige untrennbare wirtschaftliche Leistung bilden, deren Aufspaltung wirklichkeitsfremd wäre. Hierzu hat der EuGH ausgeführt, dass die Leistungen, die sich auf diese Gegenstände oder Dienstleistungen beziehen, als von der Vermietung getrennt angesehen werden können, wenn der Mieter über die Möglichkeit verfügt, die Lieferanten und/oder die Nutzungsmodalitäten der in Rede stehenden Gegenstände oder Dienstleistungen auszuwählen. Insb. wenn der Mieter über seinen Verbrauch von Wasser, Elektrizität oder Wärme, die durch die Anbringung von individuellen Zählern kontrolliert und in Abhängigkeit dieses Verbrauchs abgerechnet werden, entscheiden kann, können die Leistungen, die sich auf diese Gegenstände oder Dienstleistungen beziehen, grds. als von der Vermietung getrennt angesehen werden. Ebenso hat der EuGH klargestellt, dass die im Rahmen der Vermietung von Dritten erbrachten Energielieferungen sowie die Abfallbeseitigung zugunsten der Mieter, die diese Gegenstände und Dienstleistungen unmittelbar nutzen, als vom Vermieter erbracht anzusehen sind, wenn dieser die Verträge für die Lieferung dieser Leistungen abgeschlossen hat und lediglich die Kosten an die Mieter weitergibt. Hiernach hat der BFH daher entschieden, dass es sich bei der Lieferung von Strom, den der Vermieter von Wohnraum über eine Photovoltaikanlage selbst erzeugt und an seine Mieter gegen Entgelt abgibt, nicht um eine unselbständige Nebenleistung der umsatzsteuerfreien Vermietung von Wohnraum handelt, sondern um eine selbständige, umsatzsteuerpflichtige Leistung, die zum VSt-Abzug aus den Eingangsleistungen berechtigt, da kraft Gesetzes für den Mieter die Möglichkeit besteht, den Stromanbieter frei zu wählen, und die Stromlieferung getrennt und nach individuellem Verbrauch abgerechnet wird (BFH vom 17.07.2024, XI R 8/21). Demgegenüber stehen die Kosten des Vermieters für eine neue Heizungsanlage im direkten und unmittelbaren Zusammenhang zur steuerfreien Vermietung, wenn der Vermieter von Wohnraum zum vertragsgemäßen Gebrauch auch die Versorgung mit Wärme und warmem Wasser schuldet, wenn es sich nicht ausnahmsweise (bei Gewerberaummietverträgen) um Betriebskosten handelt, die der Mieter gesondert zu tragen hat (BFH vom 07.12.2023, V R 15/21, BStBl II 2024, 503). Die Steuerbefreiung erstreckt sich **in der Regel auch** auf **mitvermietete Einrichtungsgegenstände**, wenn die Gebrauchsüberlassung der vertragsgemäßen Nutzung des Gebäudes dient (A 4.12.2 Abs. 3 S. 4 UStAE).

Beachte: Für Gebäude, die bis zum 31.12.2010 ins Unternehmensvermögen gelangt sind, konnte der Unternehmer im Falle einer privaten (nichtunternehmerischen) Mitbenutzung zunächst den vollen VSt-Abzug aus den AK bzw. HK des gemischt genutzten Gebäudes geltend machen. Die private Mitbenutzung war sodann von § 3 Abs. 9a Nr. 1 UStG erfasst und nicht einer steuerfreien Grundstücksvermietung i. S. d. § 4 Nr. 12 Buchst. a UStG gleichgestellt (vgl. A 4.12.1 Abs. 3 S. 6 UStAE). Nach dem mit Wirkung ab dem 01.01.2011 eingeführten § 15 Abs. 1b S. 1 UStG ist der VSt-Abzug für den nichtunternehmerisch genutzten Grundstücksteil nunmehr ausgeschlossen.

Zwar ist nach den vorhergehenden Ausführungen grds. auch eine kurzfristige Nutzungsüberlassung eines Grundstücks steuerbefreit (A 4.12.1 Abs. 2 S. 5 UStAE). Nach § 4 Nr. 12 S. 2 UStG gilt die Steuerbefreiung allerdings nicht für

- die Vermietung von Plätzen für das Abstellen von Fahrzeugen, sofern es sich um eine selbständig zu beurteilende Hauptleistung handelt (s. Beispiele in A 4.12.3 Abs. 3 UStAE),
- die **kurzfristige Vermietung auf Campingplätzen** (d. h. tatsächliche – nicht ursprünglich vereinbarte – ND von bis zu sechs Monaten, A 4.12.3 Abs. 2 UStAE),
- die Verpachtung von Maschinen und sonstigen Vorrichtungen aller Art, die zu einer Betriebsanlage gehören (**Betriebsvorrichtungen**), auch wenn sie wesentliche Bestandteile eines Grundstücks sind (Abgrenzungsfragen s. A 4.12.10 UStAE) und
- die Vermietung von Wohn- und Schlafräumen, die ein Unternehmer **zur kurzfristigen Beherbergung von Fremden** bereithält.

Letztere betrifft insb. das Hotel- und Gaststättengewerbe sowie die Vermietung von Ferienhäusern und Ferienwohnungen, die nach dem wortlautidentischen § 12 Abs. 2 Nr. 11 UStG – wie auch die kurzfristige Vermietung von Campingflächen – dem ermäßigten Steuersatz von 7 % unterliegen.[4] Insoweit werden aber gem. § 12 Abs. 2 Nr. 11 S. 2 UStG nur solche Leistungen

---

4 Die für die Vermietung von Campingplätzen und Plätzen für das Abstellen von Wohnwagen vorgesehene Steuersatzermäßigung ist nicht auf die Vermietung von Bootsliegeplätzen anwendbar (A 12 – 16 Abs. 7 S. 5 UStAE).

erfasst, die unmittelbar der Beherbergung dienen (zur Abgrenzung A 12.16. Abs. 4 – 5 UStAE). Leistungen, die nicht unmittelbar der Vermietung dienen, unterliegen daher auch dann dem Regelsteuersatz nach § 12 Abs. 1 UStG, wenn es sich um Nebenleistungen zur Beherbergung handelt und diese Leistungen mit dem Entgelt für die Vermietung abgegolten sind. Unter dieses Aufteilungsgebot fallen insb. Verpflegungsleistungen, Wellnessangebote, Transport zur Unterkunft und die Einräumung einer Parkmöglichkeit (A 12.16 Abs. 8 S. 4 UStAE).[5] Die halbstündige oder stundenweise Überlassung von Zimmern in einem »Stundenhotel« ist allerdings keine Beherbergung i. S. d. § 4 Nr. 12 S. 2 UStG und damit steuerfrei (A 4.12.9 Abs. 1 S. 3 UStAE).

Besondere Probleme verursachen solche Vertragsgestaltungen, die als sog. gemischte Verträge bezeichnet werden. Sie sind dadurch gekennzeichnet, dass die **Leistungsvereinbarung sowohl Elemente einer Grundstücksüberlassung wie auch anderer Leistungen** umfasst (A 4.12.5 Abs. 1 UStAE). Hier ist zunächst nach den Grundsätzen der Einheitlichkeit der Leistung zu klären, ob es sich um eine einheitlich zu beurteilende Leistung handelt (dazu Kap. IV 3.1). Liegt eine solche vor, so ist für die Anwendung des § 4 Nr. 12 Buchst. a UStG **entscheidend, ob das Vermietungselement der Leistung »ihr Gepräge« gibt**. Wenn dieses zu bejahen ist, bleibt die Leistung insgesamt steuerfrei. Eine Aufteilung des Entgelts in einen auf das Element der Grundstücksüberlassung und einen auf den Leistungsteil anderer Art entfallenden Teil ist nicht zulässig (A 4.12.5 Abs. 2 UStAE). Insoweit scheidet die Steuerbefreiung nach der Typologie der FinVerw insb. für die sog. Verträge besonderer Art aus, wenn die Gebrauchsüberlassung des Grundstücks gegenüber anderen, wesentlicheren Leistungen zurücktritt und das Vertragsverhältnis dadurch ein einheitliches, unteilbares Ganzes darstellt (A 4.12.6 Abs. 1 UStAE). Hierzu zählen z. B. die Überlassung einer Außenwandfläche des Gebäudes zu Reklamezwecken, die Erlaubnis eines Gastwirts zum Aufstellen von Zigarettenautomaten in seiner Gastwirtschaft oder die entgeltliche Überlassung eines Zimmers an Prostituierte, verbunden mit dominierenden zusätzlichen Leistungselementen, die die Ausübung des Gewerbes der Bewohnerinnen fördern (weitere Beispiele in A 4.12.6 Abs. 2 UStAE).

Hiervon zu unterscheiden sind solche **Verträge, bei denen** die zusammen mit der Grundstücksüberlassung erbrachten Leistungen nicht als übliche Nebenleistung in dieser aufgehen, sondern **diesen anderen – nicht befreiten – Leistungselementen eine eigenständige Bedeutung zukommt**. Wenn sowohl die Grundstücksvermietung als auch die anderen Leistungselemente als jeweils selbständige Hauptleistungen zu beurteilen sind, ist ein für die verschiedenen Leistungselemente festgelegtes einheitliches Entgelt aufzuteilen.

Diese Fragen gewinnen besondere Bedeutung, wenn neben der Grundstücksüberlassung **auch Betriebsvorrichtungen mitüberlassen** werden, denn die Nutzungsüberlassung von Betriebsvorrichtungen ist nach § 4 Nr. 12 S. 2 UStG auch dann nicht im Rahmen einer Grundstücksüberlassung steuerbefreit, wenn diese nach den §§ 93, 94 BGB wesentlicher Bestandteil des Grundstücks sind. Im Einzelfall kann allerdings bei der Überlassung von Grundstücken mit Betriebsvorrichtungen ein (insgesamt stpfl.) Vertrag besonderer Art vorliegen. So ist die kurzfristige Überlassung eines Tennisplatzes zur Ausübung des Tennissports keine steuerfreie Grundstücksvermietung (EuGH vom 18.01.2001, Az.: C-150/99, UR 2001, 153). Die langfristige Überlassung eines Theatergebäudes mit Bühnenvorrichtungen

---

5   Es ist allerdings ernstlich zweifelhaft, ob dieses im nationalen Recht angeordnete Aufteilungsgebot mit dem Unionsrecht vereinbar ist. Die sich aus dem Grundsatz der Einheitlichkeit der Leistung ergebende Rechtsfolge, dass die unselbständige Nebenleistung stets das Schicksal der Hauptleistung zu teilen hat, könnte das Aufteilungsgebot aus § 12 Abs. 2 Nr. 11 S. 2 UStG verdrängen (EuGH-Vorlage des BFH vom 10.01.2024, XI R 11/23, DStR 2024, 1360).

(BFH vom 04.03.2011, Az.: V B 51/10, BFH/NV 2011, 1035) und eine 25-jährige Überlassung einer Sportanlage an eine Gemeinde für den Schulsport »von Montags bis Samstags von 8 – 14 Uhr« (BFH vom 07.05.2014, Az.: V B 94/13, BFH/NV 2014, 1242) sind dagegen insgesamt als steuerfreie Grundstücksvermietung zu werten, weil die langfristige Grundstücksüberlassung des Grundstücks gegenüber der Überlassung von Betriebsvorrichtungen prägend ist (vgl. BFH vom 31.08.2023, Az.: XI B 89/22, BB 2023, 2196).

Nach Verwaltungsauffassung ist die Nutzungsüberlassung einer gesamten Sportanlage an einen anderen Unternehmer als Betreiber zur Überlassung an Endverbraucher (sog. Zwischenvermietung) aufgrund des Aufteilungsgebots des § 4 Nr. 12 S. 2 UStG in eine steuerfreie Grundstücksüberlassung und ggf. eine stpfl. Vermietung von Betriebsvorrichtungen aufzuteilen (A 4.12.11 Abs. 2 S. 1 UStAE).[6] Zur Abgrenzung zwischen (begünstigten) Grundstücksteilen und Betriebsvorrichtungen s. Beispiele in A 4.12.11 Abs. 2 S. 2 UStAE und zur Aufteilung eines Gesamtentgelts S. A 4.12.11 Abs. 2 UStAE. Da das Betreiben einer Sportanlage nicht nur die passive Zurverfügungstellung des Grundstücks, sondern außerdem eine Vielzahl geschäftlicher Tätigkeiten wie Aufsicht, Verwaltung und das ständige Unterhalten sowie Zurverfügungstellung anderer Anlagen umfasst, handelt es sich insoweit regelmäßig nicht um eine bloße Raumüberlassung, und damit scheidet die Steuerbefreiung aus (BFH vom 21.06.2018, Az.: V R 63/17, BFH/NV 2019, 52; A 4.12.11 Abs. 1 S. 1 UStAE).

2.3 Einzelheiten zum Verzicht auf Steuerbefreiungen (§ 9 UStG)

Bei einer Option wird der an sich steuerfreie Ausgangsumsatz als stpfl. behandelt und demgemäß der VSt-Abzug auf die dem Ausgangsumsatz zuzurechnenden Leistungsbezüge gewährt. **Der eigentliche Sinn und Zweck einer Option** sind zusammengefasst aus unternehmerischer Sicht:
- **Möglichkeit des VSt-Abzugs durch Ausschaltung des § 15 Abs. 2 S. 1 Nr. 1 UStG** und
- **Verhinderung der Berichtigung des VSt-Abzugs nach § 15a UStG.**

2.3.1 Grundvoraussetzungen (§ 9 Abs. 1 UStG)

Allerdings ist die Zulässigkeit einer Option nach § 9 Abs. 1 UStG[7] nicht nur inhaltlich auf einige wenige Steuerbefreiungen beschränkt, sondern normiert zur **Grundvoraussetzung eines Verzichts** auf die Steuerbefreiung, dass der (an sich steuerbefreite) **Umsatz an einen anderen Unternehmer für dessen Unternehmen** ausgeführt wird. Bei Leistungen an Nichtunternehmer oder an Unternehmer für deren nichtunternehmerische Sphäre scheidet ein

---

6 Unionsrechtlich ist allerdings im Fall einer wirtschaftlich einheitlichen Leistung, die zusammengesetzt ist aus einer nach Art. 135 Abs. 1 Buchst. l MwStSystRL von der Mehrwertsteuer befreiten Hauptleistung in Form der Verpachtung oder Vermietung eines Grundstücks und einer mit der Hauptleistung untrennbar verbundenen Nebenleistung, die nach Art. 135 Abs. 2 S. 1 Buchst. c MwStSystRL (Betriebsvorrichtung) grds. von dieser Befreiung ausgeschlossen ist, die Nebenleistung steuerlich ebenso zu behandeln wie die Hauptleistung (EuGH vom 04.05.2023, Az.: C-516/21, DStR 2023, 1323). § 4 Nr. 12 S. 2 UStG ist daher nicht auf die Verpachtung von auf Dauer eingebauten Vorrichtungen und Maschinen anzuwenden, wenn es sich hierbei um eine Nebenleistung zur Verpachtung eines Gebäudes als Hauptleistung handelt, die im Rahmen eines zwischen denselben Parteien geschlossenen Vertrags nach § 4 Nr. 12 S. 1 Buchst. a UStG steuerfrei ist, sodass eine einheitliche Leistung vorliegt (BFH vom 17.08.2023, Az.: V R 7/23 (V R 22/20), DStR 2023, 2005).

7 Außer den bereits vorgestellten Umsätzen sind dies – mit ungleich geringerer Klausurrelevanz – Kreditumsätze u. Ä. i. S. d. § 4 Nr. 8 Buchst. a – g UStG sowie bestimmte Leistungen von Wohnungseigentumsgemeinschaften an Wohnungseigentümer nach § 4 Nr. 13 UStG und Blindenumsätze nach § 4 Nr. 19 UStG.

Verzicht aus. Die Begründung liegt auf der Hand: Nur bei Umsätzen an Unternehmer für deren unternehmerische Zwecke gibt es ein anzuerkennendes Bedürfnis für eine Option. Nur hier führt die Steuerbefreiung zu einer Steigerung der Belastungswirkung, die dann mittels der Option wieder derjenigen eines von Anbeginn nicht befreiten Umsatzes entspricht.

Nach A 9.1 Abs. 2 S. 3 UStAE soll **bei uWa** ein **Verzicht** auf Steuerbefreiungen unverändert **nicht möglich** sein, und zwar auch dann nicht, wenn die Leistung an Angehörige oder andere Personen erbracht wird, die selbst Unternehmer sind und die abgegebenen Leistungen für Zwecke ihres Unternehmens beziehen.

Wird ein steuerbefreiter Umsatz sowohl für das Unternehmen als auch für den nichtunternehmerischen Bereich des Empfängers ausgeführt, stellt sich die Frage nach einer **Teiloption**. Deren Zulässigkeit war für die Übertragung von Grundstücken lange umstritten. Inzwischen ist die Möglichkeit einer teilweisen Option **auch für Grundstückslieferungen** durchweg anerkannt (A 9.1 Abs. 6 UStAE).

> **Beispiel 2: Eine sinnvolle Teiloption**
>
> Unternehmer U veräußert ein seinem Unternehmen zugeordnetes Betriebsgrundstück für 400.000 €. U hatte bisher sowohl das EG des Gebäudes als auch das gleichgroße Obergeschoss für seine stpfl. Umsätze als Einzelhändler genutzt. Der Erwerber Z nutzt das Gebäude im Obergeschoss für seine Zahnarztpraxis, im EG betreibt Z ein Zahnlabor.
>
> U verzichtet in dem notariell beurkundeten Kaufvertrag (weitere formelle Voraussetzung gem. § 9 Abs. 3 S. 2 UStG für einen wirksamen Verzicht) nur hinsichtlich des EG auf die Steuerbefreiung. Ausweislich des Kaufvertrages beläuft sich der auf das EG und den anteiligen Grund und Boden entfallende Kaufpreis auf 200.000 €.
>
> **Lösung:** Der Verzicht auf die Steuerfreiheit einer Grundstückslieferung nach § 4 Nr. 9 Buchst. a UStG **kann auf einen abgrenzbaren Teil (Stockwerk, Räume u. Ä.) beschränkt werden.** Das ist insb. sachgerecht, wenn der Erwerber die VSt bei voller Option wegen teilweise vorsteuerschädlicher Nutzung (hier die nach § 4 Nr. 14 Buchst. a UStG steuerbefreite Zahnarzttätigkeit im Obergeschoss) nur anteilig abziehen könnte. Der Erwerber schuldet hier nach § 13b Abs. 2 Nr. 3 UStG i. V. m. § 13b Abs. 5 S. 1 UStG bei einer Teiloption lediglich USt i. H. v. 38.000 € und kann diesen Betrag dann in voller Höhe – wegen der unmittelbaren Zuordnung des EG zum nicht steuerbefreiten Zahnlabor (§ 4 Nr. 14 Buchst. a S. 2 UStG) – nach § 15 Abs. 1 S. 1 Nr. 4 UStG wieder in Abzug bringen (bei voller Option für beide Stockwerke beliefe sich die von Z geschuldete USt auf 76.000 € und spart daher durch die Teiloption die ansonsten nicht abziehbare VSt i. H. v. 38.000 €).
>
> Für den Veräußerer U bedeutet die Teiloption allerdings auch, dass sein VSt-Abzug hinsichtlich aller Leistungsbezüge, die der nur teilweise stpfl. Grundstückslieferung zuzurechnen sind (etwa Leistungen der Makler, StB und Notare) nach § 15 Abs. 4 UStG ebenfalls nur anteilig zugelassen ist. Zudem ist für den Veräußerer bei einem Verkauf innerhalb des BZs eine VSt-Berichtigung nach § 15a Abs. 8, 9 UStG ausgelöst.

2.3.2 Einschränkungen (§ 9 Abs. 2 UStG)

Nach **§ 9 Abs. 1 UStG** ist es für den Verzicht auf die Steuerbefreiung irrelevant, wie der Leistungsempfänger die empfangene **Leistung** weiterverwendet: Erforderlich ist nur, dass jener sie **als Unternehmer für unternehmerische Zwecke empfangen** hat. Daher kann auch dann verzichtet werden, wenn der Erwerber das übertragene WG zwar insgesamt unternehmerisch, aber teilweise auch für steuerfreie (vorsteuerschädliche) Umsätze verwenden will.

Hiervon hat der Gesetzgeber aber erstmals im Jahr 1985 bestimmte Umsätze ausgenommen. So berechtigten insb. entgeltliche **Nutzungsüberlassungen von Grundstücken**[8] i. S. d. § 4 Nr. 12 Buchst. a UStG nach dem seinerzeit neu eingefügten **§ 9 Abs. 2 UStG a. F.** nur noch zur Option, wenn das Grundstück letztendlich weder Wohnzwecken noch anderen nichtunternehmerischen Zwecken zugeführt wurde. Hintergrund der Gesetzesänderung war der Ausschluss der sog. Zwischenvermietung von Wohnraum zur Erlangung des VSt-Abzugs aus den HK. Wer bis dahin ein Wohngebäude hatte errichten lassen, um es an Privatpersonen zu vermieten, konnte den damit nach § 15 Abs. 2 S. 1 Nr. 1 UStG einhergehenden Ausschluss des VSt-Abzugs aus den HK recht einfach vermeiden. Er brauchte das Wohngebäude z. B. nur an eine (»Zwischen«-)Vermietungs-GmbH zu vermieten, die diese Vermietungsleistung dann als Unternehmer für ihr Unternehmen bezog, das u. a. darin bestand, das ihr vermietete Wohngebäude an Privatpersonen weiterzuvermieten.

Seit dem 01.01.1994 sind die Möglichkeiten zur Option bei Grundstücksüberlassungen **weiter eingeschränkt** worden. Seitdem **verlangt § 9 Abs. 2 UStG n. F. für einen wirksamen Verzicht** vom überlassenden Unternehmer den **Nachweis, dass** sein **Leistungsempfänger »das Grundstück ausschließlich für Umsätze verwendet oder zu verwenden beabsichtigt, die den VSt-Abzug nicht ausschließen«.**

> **Beispiel 3: Vorschaltgesellschaften**
>
> Die B-Bank gründet die X-GmbH und stattet diese mit dem erforderlichen Kapital aus, um ein Bürogebäude erstellen zu können. Die X-GmbH vermietet das Bürogebäude an die B-Bank.
>
> **Lösung:** Nach der bis zum 31.12.1993 geltenden Fassung des § 9 Abs. 2 UStG war für die X-GmbH ein VSt-Abzug aus den HK möglich. Sie konnte durch Verzicht auf die Steuerbefreiung stpfl. an ein anderes Unternehmen, die B-Bank, für deren Unternehmen vermieten. Das Grundstück diente weder Wohnzwecken noch anderen nichtunternehmerischen Zwecken. Die seit dem 01.01.1994 geltende Fassung des § 9 Abs. 2 UStG schließt den VSt-Abzug der X-GmbH aus. Ihr Mieter, die B-Bank, tätigt nämlich überwiegend Umsätze, die den VSt-Abzug nach § 15 Abs. 2 S. 1 Nr. 1 i. V. m. § 4 Nr. 8 UStG ausschließen. So wie auch die B-Bank keinen VSt-Abzug hat, wenn sie selbst ein Gebäude in Auftrag gibt, hat auch die X-GmbH als Auftraggeber eines solchen Gebäudes keinen VSt-Abzug.

Heute hat also ein vermietender Unternehmer sorgfältig zu klären, ob seine Mieter als Leistungsempfänger das Grundstück oder räumlich abgrenzbare Teile davon ausschließlich für Umsätze verwenden wollen, die zum VSt-Abzug berechtigen (Option möglich), oder ob jene Umsätze tätigen (wollen), die den VSt-Abzug ausschließen (Option ausgeschlossen). Im Grunde muss er sich stets darüber auf dem Laufenden halten, was sein Mieter im Detail in den Räumen so treibt und diese Nutzung umsatzsteuerrechtlich dahingehend würdigen, ob sie ihn zum VSt-Abzug berechtigt oder nicht. Dies stellt die Vermieter im gewerblichen Vermietungsbereich z. T. vor erhebliche Probleme. Wollen sie insoweit sicher gehen, müssen sie zivilrechtliche Mitteilungspflichten für ihre Mieter für den Fall vereinbaren, dass deren Nutzung eine vorsteuerschädliche wird. So schaffen sie wenigstens eine klare Anspruchsgrundlage für etwaige Schadensersatzansprüche, die ausgelöst sind, wenn sie als Vermieter wegen der vorsteuerschädlichen Nutzung durch ihre Mieter die geltend gemachte VSt anteilig dem FA zu erstatten haben.

---

8   Wie bei den anderen in § 9 Abs. 1 UStG genannten Steuerbefreiungen sind bei Grundstücks**übertragungen** für einen wirksamen Verzicht **unverändert nur die Voraussetzungen des § 9 Abs. 1 UStG zu prüfen!**

Die FinVerw kommt den Vermietern in **A 9.2 Abs. 3 UStAE** immerhin insoweit entgegen, als unter dem Aspekt der »**ausschließlichen Verwendung**« für vorsteuerunschädliche Umsätze eine Vereinfachungsregelung geschaffen wurde: **Bei einer geringfügigen Verwendung für vorsteuerschädliche Umsätze von bis zu 5 % der Gesamtumsätze des Mieters bleibt das Optionsrecht des Vermieters erhalten.**

Beispiel 3a: Kurzfristige Vermietung (nach A 9.2 Abs. 3 UStAE Beispiel 2)

V vermietet einen Ausstellungsraum an den Autohändler A. A vermietet diesen Ausstellungsraum jährlich für zwei Wochen an ein staatliches Museum zum Zwecke der Durchführung einer Kunstausstellung.

Lösung: Die Vermietung des Ausstellungsraums durch V an A und die Weitervermietung durch A an das Museum sind nach § 4 Nr. 12 S. 1 Buchst. a UStG steuerfrei. Für die Weitervermietung kann A gem. § 9 Abs. 2 UStG nicht auf die Steuerbefreiung verzichten, weil das staatliche Museum den Ausstellungsraum für steuerfreie Umsätze i. S. d. § 4 Nr. 20 Buchst. a UStG verwendet, die den VSt-Abzug zwingend ausschließen. Demgegenüber soll V für die Vermietung des Ausstellungsraums an A aber nach der Verwaltungsauffassung auf die Steuerbefreiung verzichten können, denn A nutzt den Ausstellungsraum im Besteuerungszeitraum (Jahr) lediglich an 14 von 365 Tagen (ca. 4 %) zur Ausführung von Umsätzen, die den VSt-Abzug ausschließen.

Im Hinblick auf die ganz erhebliche Verschärfung der Optionsmöglichkeit durch § 9 Abs. 2 UStG n. F. ist regelmäßig **§ 27 Abs. 2 UStG** zu beachten. Danach findet § 9 Abs. 2 UStG n. F. dann keine Anwendung, wenn das Gebäude vor dem 01.01.1998 fertiggestellt und mit seiner Errichtung vor dem 11.11.1993 begonnen worden ist. In Klausuren werden immer wieder auch solche »**Altgebäude**« vermietet oder verpachtet, bei denen ein **wirksamer Verzicht auch bei Nutzungsüberlassungen nur am Maßstab des § 9 Abs. 2 UStG a. F. zu prüfen** ist. Signalisiert wird diese Besonderheit, indem man das Herstellungsdatum des vermieteten oder verpachteten Gebäudes mitteilt. Besondere Aufmerksamkeit ist geboten, wenn an einem Altgebäude nachträglich ein Anbau, eine Aufstockung oder erhebliche Umbauten vorgenommen werden. Wird ein Altgebäude dabei so umfassend saniert, dass nach ertragsteuerlichen Grundsätzen ein anderes (selbständiges) WG entsteht, steht dieser Umbau einem Neubau gleich (A 9.2 Abs. 6 UStAE).

Beispiel 3b: Der Klausurklassiker

V hat in 2010 ein viergeschossiges Gebäude errichten lassen. Es liegen ordnungsgemäße Rechnungen über HK von insgesamt 1.000.000 € zzgl. 190.000 € USt vor. V nutzt die gleichgroßen Geschosse des Gebäudes, das er insgesamt seinem Unternehmen zugeordnet hat, seit dem 01.10.2010 wie folgt:
- Erdgeschoss wird an eine StB-Kanzlei für monatlich 1.800 € zzgl. 342 € USt vermietet.
- 1. OG: Vermietung an Z, der in den Räumlichkeiten eine Zahnarztpraxis betreibt; monatliche Miete: 1.800 € zzgl. 342 € USt.
  Alternative: Z nutzt eine abgrenzbare Hälfte der gemieteten Räume als Zahnlabor.
- 2. OG wird an die Privatperson P zu Wohnzwecken vermietet.
- 3. OG nutzt der Unternehmer selbst zu unternehmerischen Zwecken.
  Alternative: Er nutzt es für sich und seine Familie zu Wohnzwecken.

Lösung: Mit der Vermietung an die verschiedenen Nutzer erbringt V als Unternehmer im Rahmen seines Unternehmens (Unternehmenseinheit aus Vermietungsumsätzen und den anderen stpfl. Aktivitäten im 3. OG) gegen Entgelt sonstige Leistungen gem. § 3 Abs. 9 UStG, bei denen es sich um monatliche Teilleistungen (§ 13 Abs. 1 Nr. 1a S. 2, 3 UStG) handelt. Der Ort der Vermietungsleistungen ist gem. 3a Abs. 3 S. 1 und S. 2 Nr. 1a UStG der Lageort des Grundstückes (hier unterstellt im Inland). Die Umsätze sind steuerbar gem. § 1 Abs. 1 Nr. 1 UStG und grds. steuerfrei gem. § 4 Nr. 12 S. 1 Buchst. a UStG. Möglicherweise ist jedoch eine wirksame Option zur Steuerpflicht erfolgt. Die Option kann auch im Mietvertrag erfolgen und wurde von V in dieser Weise auch ausgeübt. Die Wirksamkeit der Option nach § 9 Abs. 1 und 2 UStG ist für jeden Grundstücksteil gesondert zu beurteilen (A 9.2 Abs. 1 S. 4 UStAE):

- **Erdgeschoss:** Bei den Mietern des Erdgeschosses erfolgt die Vermietung an einen Unternehmer für dessen Unternehmen (§ 9 Abs. 1 UStG). StB erzielen als Unternehmer üblicherweise ausschließlich stpfl. Umsätze mit der Berechtigung zum VSt-Abzug. Somit sind auch die Voraussetzungen des § 9 Abs. 2 UStG gegeben und der Verzicht auf die Steuerbefreiung wurde zulässigerweise ausgeübt. Das Entgelt für die Vermietung an den StB beträgt nach § 10 Abs. 1 S. 1 und 2 UStG monatlich 1.800 €. Bei einem Steuersatz von 19 % gem. § 12 Abs. 1 UStG beträgt die monatliche USt 342 €. Sie entsteht, da monatliche Teilleistungen vorliegen, gem. § 13 Abs. 1 S. 1 Nr. 1a S. 1–3 UStG in dieser Höhe fortlaufend mit Ablauf eines jeden VAZ seit 10/2010.
- **1. OG:** Die Vermietung an den Zahnarzt Z erlaubt keine Option. Ein Zahnarzt erbringt steuerfreie Leistungen nach § 4 Nr. 14a UStG, die nach § 15 Abs. 2 S. 1 Nr. 1 UStG den VSt-Abzug ausschließen. Eine Option war somit gem. § 9 Abs. 2 S. 1 UStG für die an den Zahnarzt vermieteten Räume ausgeschlossen. Das steuerfreie monatliche Entgelt beträgt 2.142 €. Die für die Vermietung an den Zahnarzt ausgewiesene USt von 342 € schuldet V nach § 14c Abs. 1 UStG. Sie entsteht nach § 13 Abs. 1 Nr. 3 UStG monatlich.
- **2. OG:** Bei der Vermietung des V an P scheitert eine Option bereits an § 9 Abs. 1 UStG, da die Vermietung an die Privatperson nicht für eine unternehmerische Verwendung erfolgt.
- **3. OG:** Die stpfl. Umsätze im 3. OG sind hier mangels näherer Beschreibung der Umsätze nicht zu beurteilen.

Da das Gebäude z. T. für steuerfreie, z. T. für stpfl. Umsätze genutzt wird, ist eine Aufteilung nach § 15 Abs. 4 UStG geboten. Diese Aufteilung erfolgt grds. nach dem Nutzflächenverhältnis (vgl. A 15.17 Abs. 7 UStAE). Bei der gebotenen Aufteilung nach Nutzflächen waren somit 50 % der angefallenen VSt von 190.000 € = 95.000 € abziehbar.

Lösung zu den Alternativen: Soweit Z die gemieteten Räumlichkeiten abgrenzbar hälftig als Zahnlabor nutzt, tätigt er insoweit Umsätze, die einen VSt-Abzug erlauben. § 4 Nr. 14a S. 2 UStG nimmt die Umsätze eines Zahnlabors von der Steuerbefreiung des § 4 Nr. 14a UStG für Heilbehandlungen im Bereich der Humanmedizin ausdrücklich aus. Insoweit ist also ein Verzicht auf die Steuerbefreiung nach § 9 Abs. 2 UStG zulässig geworden. Das Gebot, die Wirksamkeit einer ausgeübten Option für jeden Grundstücksteil gesondert zu beurteilen (vgl. A 9.2 Abs. 1 S. 4 UStAE), erfasst auch Sachverhalte, bei denen in einem Geschoss einzelne Räume unterschiedlich genutzt werden (vgl. dazu das Beispiel 6 in A 9 Abs. 2 UStAE). Auch einzelne Räume eines Geschosses sind selbständig nutzbare und für die Wirksamkeit einer Option selbständig zu beurteilende Grundstücksteile. Damit reduziert sich die nach § 14c Abs. 1 UStG anfallende Steuer von monatlich 342 € auf 171 €; die weiteren 171 € werden für eine stpfl. Vermietung geschuldet.

Lösung nach Rechtslage bis 2010: Die Selbstnutzung des 3. OG stellt sich als steuerbare und stpfl. uWa nach § 1 Abs. 1 Nr. 1 UStG i. V. m. § 3 Abs. 9a Nr. 1 UStG dar, da das Gebäude wegen der stpfl. Vermietungsumsätze an die StB-Kanzlei und an Z, soweit er stpfl. Umsätze mit dem Zahnlabor tätigt, jedenfalls teilweise zum VSt-Abzug berechtigt war (vorgreiflich: BMG nach § 10 Abs. 4 Nr. 1 UStG bilden die anteilig auf die Privatnutzung entfallenden Ausgaben, hier mangels Angaben zu Unterhaltungskosten die auf 10 Jahre zu verteilenden AfA). Wegen der zu mehr als 10 % (konkret 75 %) unternehmerischen Nutzung konnte V trotz der Privatnutzung das gesamte Gebäude seinem Unternehmen zuordnen (§ 15 Abs. 1 S. 2 UStG). Die abziehbare VSt erhöht sich wegen der hälftig stpfl. Vermietung an Z von 50 % auf 62,5 % und damit auf 118.750 €.

Lösung nach Rechtslage ab 2011: Soweit es den Grundsachverhalt betrifft, ergeben sich keine Veränderungen gegenüber der Lösung bei Errichtung des Gebäudes in 2010. Eine bedeutsame Änderung ergibt sich allerdings für die Lösung der Alternative, bei der V das 3. OG für sich und seine Familie als Wohnraum nutzt. Wurde das Gebäude erst in 2011 errichtet, gelangt § 15 Abs. 1b UStG zur Anwendung (zum Anwendungsbereich der Norm: § 27 Abs. 16 UStG). Diese Norm beschränkt bei einer lediglich teilunternehmerischen Nutzung von Gebäuden den VSt-Abzug von vornherein auf die anteilig der unternehmerischen Nutzung zuzuordnenden VSt. Für die Aufteilung der VSt für Zwecke des § 15 Abs. 1b UStG gelten nach § 15 Abs. 4 S. 4 UStG die Grundsätze des § 15 Abs. 4 UStG (= grds. nach Nutzflächenverhältnis). § 15 Abs. 1b UStG führt hier somit von vornherein zu einer VSt-Beschränkung. Eine Besteuerung der Privatnutzung entfällt nach § 3 Abs. 9a Nr. 1 S. 2 UStG.

Zu einer weiteren Beschränkung des VSt-Abzugs kommt es, weil im unternehmerisch genutzten Gebäudeteil (Erdgeschoss bis 2. OG) nicht nur stpfl., sondern auch vorsteuerschädliche, steuerfreie Vermietungsumsätze getätigt werden. Insoweit hat eine Aufteilung unmittelbar nach § 15 Abs. 4 UStG zu erfolgen. In der Alternative wird das Gebäude im 2. OG sowie hälftig auch im 1. OG vorsteuerschädlich genutzt. Letztlich wird damit nur in 37,5 % des Gebäudes eine Nutzung praktiziert, die zum VSt-Abzug berechtigt. Der VSt-Abzug ist auf 71.250 € beschränkt.

2.3.3 Besondere Vorgaben für die Verzichtsausübung (§ 9 Abs. 3 UStG)

Nur für Grundstücksübertragungen, aber nicht für die Vermietung und Verpachtung von Grundstücken hat der Gesetzgeber **besondere Vorgaben für die Ausübung des Verzichts** auf die Steuerbefreiung vorgesehen (§ 9 Abs. 3 S. 2 UStG). Hiernach kann der Verzicht nur noch in der Weise wirksam vorgenommen werden, dass er in dem gem. § 311b Abs. 1 BGB notariell zu beurkundenden Vertrag (typischerweise also im Kaufvertrag) erklärt wird. Eine **einvernehmliche nachträgliche notarielle Änderung** des ursprünglichen notariellen Vertrages zum Zwecke der nachträglichen Option oder für die Rücknahme des Verzichts ist nicht zulässig (A 9.2 Abs. 9 UStAE).[9]

Zum Schutz des Ersteigerers vor einer nicht einkalkulierten USt ist bei Grundstücksveräußerungen **im Zwangsversteigerungsverfahren** die Option gem. § 9 Abs. 3 S. 1 UStG **nur zulässig, sofern** sie bereits vor der **Aufforderung zur Abgabe von Geboten** im Versteigerungstermin **erklärt** wurde.

Vorbehaltlich der für Grundstücksübertragungen geltenden Einschränkungen in § 9 Abs. 3 UStG reicht i. Ü. für die Ausübung des Verzichts **jede schlüssige, auch formlose Erklärung** aus. Es genügt, wenn der leistende Unternehmer gegenüber seinem Abnehmer mit gesondertem Ausweis der USt abrechnet. Da es keiner ausdrücklichen Mitteilung an das FA bedarf, reicht es selbstverständlich auch aus, den Umsatz in der Jahreserklärung oder in einer VA als stpfl. zu behandeln. Die Erklärung zur Option nach § 9 UStG sowie die Rücknahme dieser Option sind zulässig, solange die Steuerfestsetzung für das Jahr der Leistungserbringung anfechtbar oder aufgrund eines Vorbehalts der Nachprüfung nach § 164 AO noch änderbar ist (A 9.1 Abs. 3 S. 1 UStAE). So lange kann ein einmal erklärter Verzicht auf die Steuerbefreiung eines Umsatzes auch wieder rückgängig gemacht werden. Erfolgte der Verzicht durch gesonderten Ausweis der USt in einer Rechnung, kann dies allerdings nur dadurch geschehen, dass der Unternehmer dem Leistungsempfänger eine berichtigte Rech-

---

9 Nach Auffassung des BFH kann der Verzicht aber auch bei Grundstücksübertragungen widerrufen werden, solange die Steuerfestsetzung für das Jahr der Leistungserbringung noch anfechtbar ist oder noch nach § 164 AO änderbar ist. Der Widerruf nach § 9 Abs. 3 S. 2 UStG ist nicht in dem der Grundstückslieferung zugrunde liegenden notariell zu beurkundendem Vertrag zu erklären. Allerdings ist für die Prüfung, ob der Widerruf rechtzeitig erklärt worden ist, auf die Steuerfestsetzung des Grundstückserwerbs abzustellen, weil bei ihm wegen der Umkehr der Steuerschuldnerschaft gem. § 13b Abs. 5 S. 1 i. V. m. Abs. 2 Nr. 3 UStG die Steuerschuld entstanden ist (BFH vom 02.07.2021, Az.: XI R 22/19, BFH/NV 2021, 1624).

nung ohne USt erteilt. Zwar soll die Rechnungsberichtigung auf das Jahr der Ausführung des Umsatzes zurückwirken, der leistende Unternehmer schuldet aber die dem Leistungsempfänger in Rechnung gestellte USt bis zur Rechnungsberichtigung nach § 14c Abs. 1 UStG.

Hinweis: Für die Bearbeitung von Klausurfällen ist aufgrund der Aufgabenstellung »[...] dass die Beteiligten, soweit zulässig und sinnvoll, auf Steuerbefreiungen verzichtet haben« regelmäßig davon auszugehen, dass ein Verzicht auf die Steuerbefreiung gewollt ist, wenn die Beteiligten in dem auf Nutzungsüberlassung gerichteten Vertrag USt gesondert ausgewiesen haben. In diesem Fall gehört es zu den Aufgaben des Bearbeiters, die Zulässigkeitsvoraussetzungen nach § 9 Abs. 1 UStG und ggf. auch § 9 Abs. 2 UStG zu prüfen. Sind die Zulässigkeitsvoraussetzungen für eine Option nicht gegeben, wird die ausgewiesene USt nach § 14c Abs. 1 UStG geschuldet und ist vom Leistungsempfänger nicht als VSt abziehbar. Beraterklausuren enthalten regelmäßig einen unzulässig ausgeübten Verzicht auf die Steuerbefreiung des § 4 Nr. 12 Buchst. a UStG. Klausurtypische Mieter, denen gegenüber ein ausgeübter Verzicht unzulässig ist, sind insoweit Ärzte, Zahnärzte und Versicherungsvertreter sowie Kreditinstitute und Finanzmakler.

2.4 Verzicht gegenüber einer nichtunternehmerisch tätigen Gemeinschaft

Eine Problematik, die man früher meist ausschließlich unter dem Aspekt des VSt-Abzugs erörtert hat, ist zwischenzeitlich zu einer geworden, die man richtigerweise bereits im Rahmen des § 9 UStG diskutiert. Es geht hierbei um solche Sachverhalte, bei denen eine an sich steuerbefreite Leistung von einer Gemeinschaft/Gesellschaft bezogen wird, die selbst – als Zusammenschluss – keine Unternehmerstellung innehat, wohl aber einzelne der an ihr Beteiligten. In der Praxis taucht diese Fallkonstellation typischerweise auf, wenn Ehegatten gemeinsam Verträge über die entgeltliche Nutzung von Geschäftsräumen eingehen, die nur ein Ehegatte für seine unternehmerischen Zwecke nutzt. Hintergrund hierfür bildet das Bedürfnis der Vermieter oder Verpächter, sich wegen der Miete/Pacht auch an den anderen Ehegatten halten zu können, der durch die Mitunterzeichnung des Miet- oder Pachtvertrages insoweit dann zum Gesamtschuldner nach § 421 BGB wird.

> **Beispiel 4: Die nichtunternehmerisch tätige Ehegattengemeinschaft**
>
> Ehemann E betreibt als Alleininhaber und alleiniger Konzessionsträger eine Gaststätte in gepachteten Räumen. Ausweislich des Pachtvertrages ist Pächter aber nicht nur der E. Der Pachtvertrag nennt als Pächter außer E auch dessen Ehefrau. Dementsprechend haben auch beide Eheleute den Pachtvertrag unterzeichnet. Ehemann E begehrt VSt-Abzug hinsichtlich des im Pachtvertrag ausgewiesenen monatlichen USt-Betrages von 200 €.
>
> **Lösung:** Unter dem Aspekt des § 9 Abs. 1 UStG stellt sich die Frage, ob ein wirksamer Verzicht vorliegt, weil die Leistung »an einen anderen Unternehmer für dessen Unternehmen« erfolgt. Zivilrechtlicher Vertragspartner und damit der Leistungsempfänger ist formal die nichtunternehmerisch tätige Gemeinschaft der Eheleute (Ehegattengemeinschaft), sodass schon deshalb ein wirksamer Verzicht ausscheiden könnte. Wenn allerdings mehrere Personen gemeinsam eine Leistung beziehen, kann die Personenmehrheit überhaupt nur dann als Leistungsempfänger zu betrachten sein, wenn sie als solche selbst unternehmerisch tätig ist. Sind dagegen nur die Beteiligten oder einzelne von ihnen unternehmerisch tätig, sind die einzelnen Beteiligten entsprechend ihrem Anteil an der Gemeinschaft als Leistungsempfänger anzusehen. Folglich sind die Eheleute als Einzelpersonen gleichermaßen Leistungsempfänger der Pachtleistungen. Dies führt dazu, dass

der Verzicht, soweit die Verpachtung an den unternehmerisch tätigen Ehemann betrifft, wirksam gewesen ist und nur diesem folglich – entsprechend seinem Anteil an der Gemeinschaft – monatlich ein hälftiger VSt-Abzug von 100 € hinsichtlich der auf die Verpachtung ausgewiesenen USt von 200 € zukommt. Eine Teiloption wäre denkbar. Dasselbe gilt, wenn eine nichtunternehmerisch tätige Ehegattengemeinschaft als solche den Auftrag zur Gebäudeherstellung erteilt hat. Insoweit hat der unternehmerisch tätige Ehegatte einen anteiligen VSt-Abzug aus den HK, soweit er das errichtete Objekt für unternehmerische Zwecke verwendet oder verwenden will (vgl. auch Kap. XV 1.2.1).

3 Zwingend »vorsteuerschädliche« Steuerbefreiungen (ohne Optionsmöglichkeit)

Die zwingend vorsteuerschädlichen Steuerbefreiungen, bei denen der damit einhergehende Ausschluss vom VSt-Abzug nach § 15 Abs. 2 S. 1 Nr. 1 UStG weder durch § 15 Abs. 3 UStG aufgehoben ist noch durch einen Verzicht nach § 9 UStG beseitigt werden kann, machen den Großteil der in § 4 UStG genannten Steuerbefreiungstatbestände aus. Die meisten dieser Normen sind aus sich heraus verständlich oder lassen sich in ihrem praktischen Anwendungsbereich durch **Lektüre** der einschlägigen Abschnitte des UStAE erschließen. Um ein Gespür für Leistungen zu entwickeln, die möglicherweise zwingend steuerfrei erbracht werden, ist eine vorsorgliche Lektüre der hier nicht erörterten Steuerbefreiungsvorschriften in **§ 4 Nr. 8 – 28 UStG unverzichtbar**. In **Beraterklausuren** stehen beispielhaft für Unternehmer mit zwingend vorsteuerschädlichen Umsätzen (denen gegenüber bei Vermietungsumsätzen ein Verzicht auf die Steuerbefreiung nach § 9 Abs. 2 UStG ausgeschlossen ist) die **Versicherer (§ 4 Nr. 10 Buchst. a UStG)**, Versicherungsvertreter **(§ 4 Nr. 11 UStG)**, Kreditinstitute **(§ 4 Nr. 8 Buchst. a–k UStG)** sowie die Ärzte und Krankenhäuser, die in **§ 4 Nr. 14 UStG** zusammengefasst worden sind.

Welche Berufsgruppen es sind, die eine **ähnliche heilberufliche Tätigkeit** i. S. d. § 4 Nr. 14 UStG ausüben, ist ebenso dauerhaft Gegenstand von Auseinandersetzungen wie die Frage, welche Umsätze zu den Tätigkeiten »als Arzt« (dazu A 4.14.2 UStAE), »als Zahnarzt« (dazu A 4.14.3 UStAE) oder anderer dort genannter Berufsgruppen gehören. Im Kern sind **Leistungen eines Arztes nur dann steuerfrei, wenn sie der medizinischen Betreuung von Personen durch das Diagnostizieren und Behandeln von Krankheiten oder anderen Gesundheitsstörungen dienen.** Deswegen sind bestimmte Sachverständigentätigkeiten aus dem Anwendungsbereich der Steuerbefreiungsvorschrift des § 4 Nr. 14 UStG ausgenommen (dazu A 4.14.1 Abs. 5 Nr. 6 UStAE). Auch ästhetisch-plastische Leistungen, bei denen ein therapeutisches Ziel nicht im Vordergrund steht (**Schönheitsoperationen**), fallen nicht unter § 4 Nr. 14 UStG.

4 Steuerfreie Veräußerung nicht vorsteuerentlasteter Gegenstände nach § 4 Nr. 28 UStG

Besonderer Betrachtung bedarf die Befreiungsvorschrift des § 4 Nr. 28 UStG. **Zweck** dieser Norm ist es, **Doppelbesteuerungen** zu **vermeiden**. Steuerfrei soll die Lieferung solcher Gegenstände bleiben, die ohne die Möglichkeit zum VSt-Abzug in das Unternehmen gelangt sind. Dies kann unterschiedliche Gründe gehabt haben. Zum einen kann der VSt-Abzug bei Erwerb nach **§ 15 Abs. 1a UStG** ausgeschlossen gewesen sein. Praktisch sehr viel bedeutsamer als dieser VSt-Ausschluss für sog. Repräsentationsgegenstände ist der VSt-Ausschluss für solche Gegenstände, die der Unternehmer im Rahmen seines Unternehmens **ausschließlich für steuerfreie Umsätze nach § 4 Nr. 8 – 27 und 29 UStG** (also grds. vorsteuerschädliche Umsätze) verwendet. Veräußert der Unternehmer später solche Gegenstände, bleibt die (steuerbare) Veräußerung nach § 4 Nr. 28 UStG steuerfrei.

> **Beispiel 5: Kein VSt-Abzug bei Erwerb, keine Steuerpflicht bei der Veräußerung!**
> Eine Versicherungsgesellschaft hat Anfang 01 eine Datenverarbeitungsanlage für 50.000 € zzgl. 9.500 € USt erworben. Sie veräußert die Anlage im Juni 06 für 10.000 €.
>
> **Lösung:** Die Versicherungsgesellschaft nutzte die Datenverarbeitungsanlage zur Ausführung von steuerfreien Umsätzen nach § 4 Nr. 10 Buchst. a UStG. Sie konnte daher die VSt wegen § 15 Abs. 2 S. 1 Nr. 1 UStG nicht abziehen. Die USt-Belastung ist bereits durch die Versagung des VSt-Abzugs herbeigeführt. Die Veräußerung ist als Hilfsgeschäft nach § 1 Abs. 1 Nr. 1 UStG steuerbar, aber nach § 4 Nr. 28 UStG steuerfrei. Der Vorgang ist in der VA für den Juni 06 mit einem steuerfreien Entgelt von 10.000 € zu erfassen.

Die Verwendung erfolgt auch dann **ausschließlich** für steuerfreie Umsätze nach § 4 Nr. 8 – 27 und 29 UStG, **wenn** der Unternehmer den Gegenstand in geringfügigem Umfang von **bis zu 5 % der Gesamtnutzung** für stpfl. Umsätze verwendet hat und sofern kein anteiliger VSt-Abzug bei Erwerb erfolgte (A 4.28.1 Abs. 2 UStAE). So bliebe im Beispiel 5 die Steuerbefreiung der Veräußerung der Datenverarbeitungsanlage auch erhalten, wenn der Versicherer auch die (stpfl.) Verwertung von Sicherungsgütern über die EDV-Anlage abgewickelt hätte, sofern dies nicht mehr als 5 % der Gesamtnutzung ausgemacht hat.

Die Vorschrift des § 4 Nr. 28 UStG kommt auch dann zur Anwendung, wenn die Lieferung (auch) die Voraussetzungen einer nach § 4 Nr. 1 Buchst. a UStG steuerbefreiten Ausfuhrlieferung oder nach § 4 Nr. 1 Buchst. b UStG steuerbefreiten igL erfüllt. Die Vorschrift des § 4 Nr. 28 UStG genießt insoweit Vorrang (A 4.28.1 Abs. 6 UStAE).

IX Bemessungsgrundlage (§ 10 UStG) und Steuersatz (§ 12 UStG)

Besteuerungsgegenstand der USt ist die durch den Umsatz ausgelöste Einkommensverwendung des (potenziellen) Endverbrauchers. Folgerichtig ist die BMG für eine nach § 1 Abs. 1 Nr. 1 UStG steuerbare entgeltliche Leistung gem. § 10 Abs. 1 S. 1 UStG das Entgelt.

1 Grundsätze der Entgeltsbestimmung nach § 10 UStG

Nach § 10 Abs. 1 S. 2 UStG in seiner bis zum 31.12.2018 geltenden Fassung sollte Entgelt alles sein, »was der Leistungsempfänger aufwendet, um die Leistung zu erhalten, abzüglich der USt«. Im Zuge der Änderung des § 10 UStG zum 01.01.2019 wurde der Begriff des Entgelts stärker an die Formulierung in Art. 73 MwStSystRL angepasst. Nunmehr ist Entgelt »alles, was den Wert der Gegenleistung bildet, die der leistende Unternehmer vom Leistungsempfänger oder von einem anderen als dem Leistungsempfänger für die Leistung erhält oder erhalten soll, einschließlich der unmittelbar mit dem Preis dieser Umsätze zusammenhängenden Subventionen, jedoch abzüglich der für diese Leistung gesetzlich geschuldeten USt.« Eine materiell-rechtliche Änderung ist mit der neuen Begriffsdefinition nicht verbunden, da bereits die bisherige Definition, die das Entgelt aus der Sicht des Empfängers bestimmte, unionsrechtskonform ausgelegt wurde und die Sicht des leistenden Unternehmers und den (subjektiven) Wert der Gegenleistung für ihn einbezog (BFH vom 10.06.2020, Az.: XI R 25/18, DStR 2020, 2240).

Letztlich soll für die Besteuerung allein **das tatsächlich für die Leistung aufgewendete Entgelt maßgebend** sein. Technisch läuft dies über zwei Stufen:

- Die USt entsteht im Rahmen der sog. Sollbesteuerung bei entgeltlichen Umsätzen nach § 13 Abs. 1 Nr. 1 Buchst. a UStG zunächst auf der Basis des vereinbarten Entgelts zum Zeitpunkt der Leistungsausführung (hierzu später in Kap. X).
- Wird später tatsächlich ein hiervon abweichender Betrag gezahlt, löst dies eine Änderung der BMG nach § 17 UStG aus, um so im Ergebnis eine Besteuerung nach dem tatsächlichen Entgelt sicherzustellen.

Insoweit führt eine Besteuerung nach vereinbarten Entgelten (§ 16 UStG) zur selben USt wie eine Besteuerung nach vereinnahmten Entgelten (§ 20 UStG). In Beraterklausuren ist aber regelmäßig die Besteuerung nach vereinbarten Entgelten maßgebend.

Ausgangsbasis bildet zunächst die zivilrechtlich getroffene **Preisabrede**. Da der zivilrechtliche Preis **regelmäßig die USt** einschließt (Bruttopreisabrede[1]), ist diese bei einem stpfl. Umsatz also regelmäßig aus dem zivilrechtlichen Preis **herauszurechnen**, um das Entgelt zu bestimmen (anderes gilt selbstverständlich, wenn die Beteiligten ausdrücklich eine Nettoabrede getroffen haben). Unerheblich ist, ob der leistende Unternehmer von der Steuerpflicht seiner Leistung ausgegangen ist und ob er überhaupt einen bzw. welchen Steuerbetrag er in seiner Abrechnung ausgewiesen hat. Stets ist der vereinbarte bzw. schon

---

1   BGH vom 24.02.1988, VIII ZR 64/87, BGHZ 102, 284.

getätigte Gesamtaufwand für die zu beurteilende Leistung zugrunde zu legen. Aus diesem ist dann die USt mit dem zutreffenden Steuersatz nach § 12 UStG herauszurechnen.

Bevor dieser Schritt praktiziert wird, kann es freilich **im Einzelfall** sorgfältiger **Prüfung** bedürfen, **ob** der **Gesamtaufwand des Leistungsempfängers insgesamt Entgeltcharakter hat**, also für die zu beurteilende Leistung erbracht wird. Zum Entgelt zählt zwar in erster Linie die vertraglich vereinbarte Leistungsvergütung, zu deren Zahlung der Leistungsempfänger verpflichtet ist. Darüber hinaus können aber auch weitergehende Aufwendungen des Leistungsempfängers durchaus Entgeltcharakter haben. **Zahlen Kunden irrtümlich doppelt** oder zahlen sie irrtümlich zu viel, so ist der Gesamtbetrag **Entgelt** i. S. d. § 10 Abs. 1 S. 2 UStG, denn auch die Zahlungen über die vereinbarten Entgelte hinaus werden erbracht, »um die Leistung zu erhalten«. Dass die Kunden sich hinsichtlich des Umfangs bzw. des Fortbestands der Zahlungsverbindlichkeit im Irrtum befanden, ändert nichts am Zweck der Zahlung, sondern berührt lediglich das Zahlungsmotiv (A 10.1 Abs. 3 S. 6 UStAE). In Rechnung gestellte **Nebenkosten** wie **Verpackungs- und Beförderungskosten gehören** nach dem Grundsatz der Einheitlichkeit der Leistung **regelmäßig** mit **zum Entgelt** für die Warenlieferung, sofern sie nicht ausnahmsweise Entgelt für eine selbständig zu beurteilende weitere Leistung sind.

> **Beispiel 1: Erhöhtes Beförderungsentgelt als Entgelt i. S. d. § 10 Abs. 1 UStG?**
>
> Der Hamburger Verkehrsverbund erhebt bei Schwarzfahrer S am 04.04.01 wegen einer vorgenommenen Fahrt ohne Fahrausweis ein »erhöhtes Beförderungsentgelt« von 40 €. Der tarifmäßige Fahrpreis hätte 2,20 € betragen.
>
> **Lösung:** Der Leistungsaustausch ist auf die **Beförderungsleistung** und den tarifmäßigen Fahrpreis von 2,20 € begrenzt. Das Entgelt beträgt also bei einem Steuersatz von 7 % (vgl. § 12 Abs. 2 Nr. 10 UStG) 2,06 €, die USt 14 Cent. Der »Schwarzfahrer-Tribut« wird nicht für die Beförderung gezahlt, sondern als **Vertragsstrafe** und damit für die nicht erbrachte eigene (Gegen-)Leistung. Der Schwarzfahrer muss zahlen, weil er schwarzgefahren ist und nicht, weil er befördert wurde (**A 10 Abs. 3 S. 11 UStAE**).

Unter dem Aspekt, **ob** der Gesamtaufwand des Leistungsempfängers insgesamt **Entgeltcharakter** hat, geht es oft um Sachverhalte, die nach herkömmlicher Terminologie die Frage nach der Abgrenzung zum **sog. echten Schadensersatz** aufwerfen.

> **Beispiel 2: Verzugszinsen und Mahnkosten = Zahlungen für eigene Versäumnisse**
>
> Die V-GmbH hatte im Februar 01 an den Kunden K Waren für 10.000 € + 1.900 € USt verkauft und geliefert. Eine Bezahlung bleibt trotz wiederholter Mahnungen zunächst aus. Erst eine Rechnungsnote vom 28.10.01, mit der V zusätzlich zum Kaufpreis von 11.900 € noch Verzugszinsen von 500 € und Mahnkosten von 100 € anfordert, zeigt Wirkung. K überweist im November 01 einen Betrag von 12.500 €.
>
> **Lösung:** Der nach § 1 Abs. 1 Nr. 1 UStG steuerbaren und stpfl. Warenlieferung der V-GmbH steht eine vereinbarte Gegenleistung von 11.900 € gegenüber, die bei einer BMG von 10.000 € mit Ablauf des VAZ Februar 01 eine USt-Schuld von 1.900 € auslöst. Fraglich ist, ob es zu einer nachträglichen Änderung der BMG nach § 17 UStG kommt, weil der Leistungsempfänger K im November 01 12.500 € zahlt. Dies ist zu verneinen: Verzugszinsen, Mahnkosten u. Ä. werden nicht für die stpfl. Leistung (Warenlieferung) aufgewendet. Sie sind wegen der nicht rechtzeitig erfolgten eigenen (Gegen-)Leistung zu zahlen (und sind damit sog. echter Schadensersatz, vgl. A 10.1 Abs. 3 S. 8 ff. UStAE).

Hinweis: Eine Vergütung, die der Unternehmer nach Kündigung oder vertraglicher Auflösung eines Vertrages vereinnahmt, ohne an den Besteller das teilweise vollendete Werk geliefert oder sonstige Leistungsteile schon erbracht zu haben, stellt kein Entgelt dar (A 1.3 Abs. 5 UStAE; BFH vom 26.08.2021, Az.: V R 13/19, BStBl II 2022, 197).

2 Anwendung und Bestimmung des Steuersatzes nach § 12 UStG

Hat man den der Leistung zuzurechnenden Aufwand des Leistungsempfängers festgestellt, ist bei Bruttopreisen im zweiten Schritt die **USt** mit dem zutreffenden Steuersatz **herauszurechnen**. Welcher **Steuersatz** Anwendung findet, bestimmt sich nach **§ 12 UStG**. Nach § 12 Abs. 1 UStG beträgt der Regelsteuersatz 19 %. Findet der Regelsteuersatz Anwendung, beträgt das Entgelt nach § 10 Abs. 1 S. 2 UStG folglich 100/119 des zuzurechnenden Gesamtaufwands. Die durch den stpfl. Umsatz ausgelöste USt rechnet sich entsprechend aus dem Gesamtaufwand mit 19/119. Neben dem Regelsteuersatz kennt das deutsche USt-Recht noch den ermäßigten Steuersatz von 7 %, sofern der Umsatz in § 12 Abs. 2 UStG genannt ist. Dazu zählen vor allem die Lieferungen der in der Anlage 2 zum UStG aufgeführten Gegenstände, auf die § 12 Abs. 2 Nr. 1 UStG verweist (lesen!).

Mit Wirkung zum 01.01.2023 hat der Gesetzgeber durch das JStG 2022 erstmals auf Grundlage von Art. 98 Abs. 2 i.V.m. Anhang III Nr. 10c der MwStSystRL eine **zusätzliche Steuersatzermäßigung auf 0 % (sog. Nullsteuersatz)** in § 12 Abs. 3 Nr. 1 S. 1 UStG **für die Lieferung und Installation von Solarmodulen an den Betreiber einer Photovoltaikanlage**, einschließlich der für den Betrieb einer PV-Anlage wesentlichen Komponenten und der Speicher, die dazu dienen, den mit Solarmodulen erzeugten Strom zu speichern, wenn die PV-Anlage auf oder in der Nähe[2] von Privatwohnungen, Wohnungen (= jeder umschlossene Raum, der zum Wohnen oder Schlafen benutzt wird, A 12.18 Abs. 3 S. 2 ff.) sowie öffentlichen und anderen Gebäuden, die für dem Gemeinwohl dienende Tätigkeiten genutzt werden,[3] eingeführt.[4] Diese Voraussetzungen gelten nach der Vereinfachungsregelung in § 12 Abs. 3 Nr. 1 S. 2 UStG als erfüllt, wenn die installierte Bruttoleistung der PV-Anlage nach dem Marktstammdatenregister nicht mehr als 30 kWp beträgt.[5] Begünstigt sind auch der igE nach § 12 Abs. 3 Nr. 2 UStG sowie die Einfuhr nach § 12 Abs. 3 Nr. 3 UStG sowie die Installation dieser begünstigten PV-Anlage sowie der Speicher nach § 12 Abs. 3 Nr. 4 UStG. Nicht begünstigt sind alle Leistungen vorbereitender Art, sofern sie als eigenständige Leistungen erbracht werden (A 12.18 Abs. 10 UStAE), und Lieferungen weiterer Gegenstände, die nicht mit dem Betrieb der PV-Anlage unabdingbar zusammenhängen (z. B. Wallbox), sowie die Lieferung von Solarmodulen in der Unternehmerkette (A 12.18 Abs. 2 S. 2 UStAE). Wartungs- und Instandsetzungsarbeiten sind ebenfalls nicht begünstigt – es sei denn, es werden im

---

2 Einzelheiten zum Begriff »in der Nähe« in A 12.18 Abs. 3 S. 7 ff.
3 Diese Voraussetzung erfüllen Gebäude, die zu mehr als 10 % für Umsätze nach § 4 Nr. 11b, 14–18, 20–25, 27 und 29 oder § 12 Abs. 2 Nr. 8 UStG oder für hoheitliche oder ideelle Tätigkeiten verwendet werden (A 12.18 Abs. 3 S. 5, Abs. 4 UStAE).
4 Umfangreiche Hinweise zur Lieferung von PV-Anlagen enthält A 12.18 Abs. 1 UStAE.
5 Für den Nachweis über das Vorliegen der Voraussetzung für die Anwendung des Nullsteuersatzes muss der Erwerber gegenüber dem leistenden Unternehmer nur erklären, dass er Betreiber der PV-Anlage ist und es sich entweder um ein begünstiges Gebäude i. S. d. § 12 Abs. 3 Nr. 1 S. 1 UStG handelt oder die installierte Bruttoleistung der PV-Anlage laut Marktstammdatenregister nicht mehr als 30 kWp beträgt oder betragen wird (A 12.18 Abs. 6 S. 2 UStAE).

Rahmen einer Instandsetzungsmaßnahme alte Solarmodule durch neue ersetzt. Die bloße Vermietung einer PV-Anlage an einen Betreiber führt ebenso nicht zur Anwendung des Nullsteuersatzes (beachte aber A 12.18 Abs. 1 S. 12 ff. UStAE).

Die Anwendung des sog. Nullsteuersatzes bedeutet, dass der leistende Unternehmer für die vorgenannten Leistungen keine Umsatzsteuer schuldet (Steuersatz: 0%), aber gleichwohl für seine Eingangsleistungen VSt abziehen kann.[6] Die Regelung soll Privatpersonen entlasten, die sich auf ihrem Haus eine PV-Anlage installieren lassen und wegen der Einspeisung von Strom in das Stromnetz als umsatzsteuerliche Unternehmer einzuordnen sind, jedoch bisher zur Erlangung des VSt-Abzugs aus der Anschaffung der PV-Anlage auf die Kleinunternehmerregelung i. S. d. § 19 UStG mit den damit verbundenen Konsequenzen verzichten mussten. Infolge des Nullsteuersatzes entfällt der VSt-Abzug als Grund für den Verzicht auf die Kleinunternehmerregelung.[7]

Hinweis: Durch die Neuregelung kommt es in den Fällen, in denen erzeugter Strom (auch) für private Zwecke verwendet wird, zu einem positiven wirtschaftlichen Effekt, da der für private Zwecke entnommene Strom nicht mehr der Umsatzbesteuerung unterliegt; dies gilt unabhängig davon, ob die Kleinunternehmerbesteuerung in Anspruch genommen wird oder nicht. Bisher führte die Entnahme von Strom aus einer dem Unternehmen zugeordneten PV-Anlage zu einer fiktiv gegen Entgelt ausgeführten Lieferung, wenn der Unternehmer aus der PV-Anlage den VSt-Abzug hatte. Auch nach dem 31.12.2022 ist in diesen Fällen wie bisher weiterhin grds. eine uWa zu besteuern. Die Entnahme oder unentgeltliche Zuwendung einer PV-Anlage, die vor dem 01.01.2023 erworben wurde und die zum vollen oder teilweisen VSt-Abzug berechtigt hat, unterliegt ebenso der Entnahmebesteuerung nach § 3 Abs. 1b UStG. Unter den übrigen Voraussetzungen des § 12 Abs. 3 UStG unterliegt diese uWa allerdings dem Nullsteuersatz (A 3.2 Abs. 3 Nr. 1 S. 3 UStAE). Eine Entnahme der PV-Anlage ist aber nur möglich, wenn zukünftig voraussichtlich mehr als 90 % des erzeugten Stroms für nichtunternehmerische Zwecke verwendet wird (A 3.2 Abs. 3 Nr. 1 S. 2 UStAE). Bei Anschaffung ab dem 01.01.2023 ist kein VSt-Abzug aus der Anlage mehr möglich, sodass eine uWa sowohl für den selbst verbrauchten Strom als auch für Entnahme der PV-Anlage wegen § 3 Abs. 1b S. 2 UStG nicht mehr vorliegen kann (A 3.2 Abs. 3 Nr. 2 UStAE). Sollten Personen eine begünstigte PV-Anlage erwerben, die auch noch anderweitig unternehmerisch tätig sind, wird sich der gewünschte Vereinfachungseffekt der Kleinunternehmerbesteuerung nicht ergeben, da in diesem Fall die auf das einheitliche Unternehmen bezogene Gesamtumsatzgrenze von 22.000 € überschritten werden dürfte.

> **Beispiel 3: USt entsteht auch ohne USt-Ausweis!**
>
> V ist Eigentümer mehrerer Ferienwohnungen an der Ostsee. In der Nähe der Ferienhaussiedlung betreibt er einen kleinen Laden, in dem er Lebensmittel und Weine veräußert. Er unterliegt nicht den Sonderregeln für Kleinunternehmer. V stellt dem Urlauber U für die einwöchige Miete des Ferienhauses 800 € und für den Verkauf von Lebensmitteln 100 € in Rechnung. Ein Ausweis von USt erfolgt nicht.

---

6   Bisher hat der deutsche Gesetzgeber dieses Ziel über echte Steuerbefreiungen erreicht, bei denen der Ausschluss des VSt-Abzugs nach § 15 Abs. 2 S. 1 Nr. 1 UStG über die Rückausnahme des § 15 Abs. 3 Nr. 1 UStG aufgehoben wird.

7   Wurde für die Anschaffung einer PV-Anlage vor dem 01.01.2023 eine Anzahlung geleistet und erst nach dem 31.12.2022 geliefert, so ist die Anzahlungsbesteuerung für den VAZ zu berichten, in dem die Leistung ausgeführt wird (vgl. § 27 Abs. 1 UStG). Die Verpflichtung des leistenden Unternehmers zur Rückzahlung der vorausgezahlten USt an den Erwerber richtet sich nach § 29 UStG oder nach einer individuellen vertraglichen Regelung.

Lösung: Bei der Vermietung des Ferienhauses handelt es sich um eine nach § 1 Abs. 1 Nr. 1 UStG steuerbare und wegen § 4 Nr. 12 S. 2 UStG auch stpfl. Vermietungsleistung. Um die BMG zu ermitteln, ist aus dem Gesamtaufwand für die Vermietungsleistung die USt unter Anwendung des zutreffenden Steuersatzes herauszurechnen. Unerheblich ist insoweit, ob überhaupt USt ausgewiesen wurde und weshalb ein Steuerausweis unterblieben ist. Die **Vermietung von Ferienhäusern** unterliegt als »Vermietung von Wohn- und Schlafräumen, die ein Unternehmer zur kurzfristigen Beherbergung von Fremden bereithält«, **nach § 12 Abs. 2 Nr. 11 UStG** dem ermäßigten Steuersatz von **7 %**. BMG für die Ferienhausvermietung ist somit das Entgelt von 800 € x 100/107 = 747,66 €. Entsprechend ist für den ebenfalls nach § 1 Abs. 1 Nr. 1 UStG stpfl. Verkauf von Lebensmitteln vorzugehen. Der Verkauf von Lebensmitteln unterliegt – wie eine Lektüre der in der Anlage 2 zu § 12 Abs. 2 UStG unter Nr. 10 ff. aufgeführten Produkte zeigt – ebenfalls dem ermäßigten Steuersatz. Die BMG beträgt insoweit also 100 € x 100/107 = 93,46 €.

Das geschilderte Vorgehen zur Ermittlung der BMG bleibt auch unbeeinflusst davon, ob die Beteiligten den zutreffenden oder falschen Steuersatz angewendet haben oder ob sie richtig oder falsch gerechnet haben.

Beispiel 4: Verwechselung des anzuwendenden Steuersatzes

Ein Mitarbeiter des V (voriges Beispiel 3) berechnet einem Urlauber für 15 Flaschen Wein, deren Einzelverkaufspreis pro Flasche 7 € zzgl. USt beträgt, »105 € zzgl. 7 % USt (7,35 €) = 112,35 €« und für den Verkauf von Lebensmitteln »100 € zzgl. 19 % USt (19 €) = 119 €«.

Lösung: Es gibt keinen Grund, den Verkauf von Wein umsatzsteuerrechtlich zu begünstigen. Es findet daher der Regelsteuersatz Anwendung. Nach § 10 Abs. 1 S. 2 UStG beträgt die BMG für den nach § 1 Abs. 1 Nr. 1 UStG steuerbaren und stpfl. Weinverkauf somit 112,35 € x 100/119 = 94,41 € (und die USt beläuft sich auf 17,94 €). Die BMG für den Verkauf von Lebensmitteln, deren Lieferung dem ermäßigten Steuersatz unterliegt, ermittelt sich wie folgt: 119 € x 100/107 = 111,21 €. Die für den stpfl. Umsatz geschuldete USt beträgt 7,79 € (und die Differenz zum ausgewiesenen USt-Betrag von 19 € i. H. v. 11,21 € wird nach § 14c Abs. 1 UStG geschuldet).

Zu den Gebrauchsgütern des täglichen Lebens, deren Lieferung (wie auch Vermietung, vgl. § 12 Abs. 2 Nr. 2 UStG) nach der Anlage 2 zu § 12 Abs. 2 Nr. 1 UStG einem **ermäßigten Steuersatz** unterliegt, gehören außer dem **Verkauf von Lebensmitteln** (Nr. 10 ff. der Anlage 2 zu § 12 Abs. 2 Nr. 1, 2, 12, 13 und 14 UStG) z. B. auch der **Verkauf von Blumen** (Nr. 8 der Anlage 2) oder der von **Büchern und Zeitschriften** (Nr. 49 der Anlage 2) und auch der **Verkauf von Hörbüchern** (Nr. 50 der Anlage 2). Die in der Anlage 2 aufgeführten WG lassen sich in insgesamt sechs Gruppen unterteilen. Es sind dies neben den Lebensmitteln und Druckereierzeugnissen noch land- und forstwirtschaftliche Produkte, zubereitete Futtermittel sowie Körperersatzstücke. Die Steuerermäßigung für die Lieferung und Vermietung von **Kunst- und Sammlungsgegenständen** (Nr. 53 der Anlage 2) ist **für Kunsthändler mit Wirkung vom 01.01.2014 weggefallen** (vgl. Neufassung des § 12 Abs. 2 Nr. 1 UStG) und lediglich **für die Hersteller/Urheber** und in begrenztem Umfang für Unternehmer, die keine Wiederverkäufer sind, **erhalten geblieben** (vgl. Neufassung des § 12 Abs. 2 Nr. 13 UStG).[8] Um hinsichtlich der Anwendung des ermäßigten Steuersatzes vor Überraschungen bewahrt zu sein, ist eine **Lektüre der Anlage 2 ebenso** wie eine Lektüre **der in § 12 Abs. 2 Nr. 3 – 15 UStG aufgeführten**

---

8 Dies wurde bereits in der **Beraterklausur 2014** Prüfungsgegenstand und ist von daher ein weiterer Beleg dafür, dass der USt-Teil der sog. gemischten Klausur sich durch Berücksichtigung aktueller Gesetzesänderungen auszeichnet.

Leistungen unverzichtbar. Ein geschlossenes System ist insoweit nicht erkennbar. Allenfalls lässt sich sagen, dass überall dort, wo es um die Befriedigung vitaler Grundbedürfnisse geht und der Gesetzgeber gleichwohl keine Steuerbefreiung vorgesehen hat, eine Besteuerung zu einem ermäßigten Steuersatz zumindest nahe liegt. Auf die Verfolgung solcher Zwecke ist die Anwendung des ermäßigten Steuersatzes jedoch nicht beschränkt. Aus dem Katalog des § 12 Abs. 2 UStG seien hier neben solchen als bekannt vorausgesetzten Ermäßigungen wie etwa denen für **Theater-, Konzert- und Kinobesuche** nur hervorgehoben:[9]

- die in § 12 Abs. 2 Nr. 6 UStG genannten Umsätze aus der Tätigkeit als Zahntechniker sowie die in § 4 Nr. 14 Buchst. a S. 2 UStG bezeichneten Leistungen der Zahnärzte;
- die in § 12 Abs. 2 Nr. 10 UStG aufgeführten **Beförderungsleistungen im öffentlichen Personennahverkehr**;
- die Ermäßigung für die Vermietung von Wohn- und Schlafräumen, die ein Unternehmer zur kurzfristigen Beherbergung von Fremden bereithält (§ 12 Abs. 2 Nr. 11 UStG)[10];
- Veröffentlichungen in elektronischer Form (**E-Books**) werden mit dem ermäßigten USt-Satz von 7 % besteuert, wenn sie mit gedruckten Erzeugnissen der in Nr. 49 Buchst. a – e und Nr. 50 der Anlage 2 zu § 12 Abs. 2 Nr. 1 und 2 UStG genannten Art vergleichbar sind (§ 12 Abs. 2 Nr. 14 S. 1 UStG), ebenso die Bereitstellung eines Zugangs zu Datenbanken, die eine Vielzahl von elektronischen Büchern, Zeitungen und Zeitschriften enthalten (§ 12 Abs. 2 Nr. 14 S. 3 UStG).

Wenn die Ermäßigungsvorschriften Gegenstand gerichtlicher Auseinandersetzungen werden, geht es meist um sehr einzelfallbezogene Abgrenzungsfragen, bei denen der Grundsatz

---

9   Nach dem Gesetz zur temporären Senkung des USt-Satzes auf **Gaslieferungen über das Erdgasnetz** vom 19.10.2022 (BGBl I 2022, 1743) ist für Lieferungen von Gas (Bio- oder Erdgas) über das Erdgasnetz nach § 28 Abs. 5 UStG sowie für Lieferungen von Wärme über ein Wärmenetz nach § 28 Abs. 6 UStG **im Zeitraum vom 01.10.2022 bis 31.03.2024** der ermäßigte Steuersatz anzuwenden. Das Legen eines Hausanschlusses für Gas- oder Fernwärmelieferungen wird ebenso wie die (Weiter-)Lieferungen von Gas über andere Vertriebswege, die vom leistenden Unternehmer zuvor dem Erdgasnetz entnommen worden sind, ermäßigt besteuert (BMF vom 25.10.2022, BStBl II 2022, 1455). Nach § 27 Abs. 1 S. 1 – 3 UStG ist die Änderung des Steuersatzes für Lieferungen anwendbar, die ab dem 01.10.2022 ausgeführt werden. Dies gilt auch dann, wenn die USt dafür z. B. bei Abschlagszahlungen bereits vorher nach § 13 Abs. 1 Nr. 1 Buchst. a S. 4 UStG entstanden ist. Die Steuer ist in diesen Fällen erst in dem VAZ zu berichtigen, in dem die Lieferung ausgeführt wird. Gaslieferungen über das Erdgasnetz gelten nach A 13.1 Abs. 2 S. 4 UStAE erst mit Ablauf des jeweiligen Ablesezeitraums als ausgeführt. Die geleisteten Abschlagszahlungen führen also im VAZ ihrer Vereinnahmung zum Entstehen der USt. Daher hat die allgemeine Anwendungsregelung des § 27 Abs. 1 UStG zur Folge, dass der Gasverbrauch eines Kunden in vollem Umfang demjenigen Steuersatz unterliegt, der am Ende des Ablesezeitraums gilt, und zwar auch dann, wenn zu Beginn dieses Ablesezeitraums noch ein anderer Steuersatz gegolten hat. Sofern der Ablesezeitraum nach dem 30.09.2022 und vor dem 01.04.2023 endet, ist für die Lieferungen des gesamten Ablesezeitraums der ermäßigte Steuersatz anzuwenden. Sofern der Ablesezeitraum nach dem 31.03.2024 endet, unterliegen die Lieferungen des gesamten Ablesezeitraums dem Regelsteuersatz. Allerdings können gesonderte Abrechnungen in der Weise vorgenommen werden, dass die Ergebnisse der Ablesezeiträume, die regulär nach dem 30.09.2022 und/oder vor dem 01.04.2024 enden, im Verhältnis der Tage vor und ab dem 01.10.2022 aufgeteilt werden (sog. fiktive Teilleistungszeiträume). Für Ablesezeiträume, die regulär nach dem 31.03.2024 enden, können die gesonderten Abrechnungen im Verhältnis der Tage vor und ab dem 01.04.2024 vorgenommen werden (BMF vom 25.10.2022, BStBl II 2022, 1455).
10 Allerdings ist nicht nur die Vermietung von Grundstücken und mit diesen fest verbundenen Gebäuden begünstigt, sondern allgemein die Vermietung von Wohn- und Schlafräumen durch einen Unternehmer zur kurzfristigen Beherbergung von Fremden und damit auch die Vermietung von Wohncontainern an Erntehelfer (A 12.16 Abs. 1 S. 4 UStAE; BFH vom 29.11.2022, Az.: XI R 13/20, DStR 2023, 515). Die für die Vermietung von Campingplätzen und Plätzen für das Abstellen von Wohnwagen vorgesehene Steuersatzermäßigung ist allerdings nicht auf die Vermietung von Bootsliegeplätzen anwendbar (A 12–16 Abs. 7 S. 5 UStAE).

der Einheitlichkeit der Leistung (s. dazu Kap. IV 3) zentrale Bedeutung erlangt: **Ist die begünstigte Leistung nur Nebenleistung zu einer nicht begünstigten Hauptleistung, unterliegt die an sich begünstigte Leistung ebenfalls dem Regelsteuersatz.** Handelt es sich bei dem Leistungspaket anlässlich einer Vertragserfüllung um mehrere Hauptleistungen, sind diese unter dem Gesichtspunkt des Steuersatzes jeweils selbständig zu beurteilen.

3 Besonderheiten zur Entgeltbestimmung

3.1 Auslagenersatz/durchlaufende Posten

Im Zusammenhang mit der Frage, welche Positionen zum Gesamtaufwand gehören, von dem bei stpfl. Leistungen die USt zur Ermittlung des Entgelts abzuziehen ist, kann als besondere Thematik eine Abgrenzung zwischen Auslagenersatz und durchlaufenden Posten angeboten.

In der Sache geht es dabei darum, Sachverhalten gerecht zu werden, bei denen der Leistende im Zusammenhang mit der Vertragserfüllung **Zahlungen an Dritte** zu tätigen hat, **die er seinem Leistungsempfänger** unmittelbar oder mittelbar **weiterberechnet**. Auch insoweit genügt es durchweg, sich in einem ersten Schritt präzise damit auseinander zu setzen, was Leistungsgegenstand der stpfl. Leistung des leistenden Unternehmers ist, und in einem nächsten Schritt zu prüfen, ob der Aufwand des Leistungsempfängers Entgeltcharakter für diesen Leistungsgegenstand hat. Verfährt man so, werfen die meisten der hierzu gestellten Sachverhalte keine ernsthaften Probleme auf. Sagt z. B. ein Warenlieferant zu, auch für den Transport zum Abnehmer sorgen zu wollen, handelt es sich bei der Durchführung des Transports um eine unselbständige Nebenleistung zur Lieferung. Alles, was der Leistungsempfänger für das Leistungspaket aufwenden hat, gehört selbstverständlich mit zum Entgelt für die Warenlieferung als Hauptleistung. Hat der Lieferer die Transportkosten in seinen Preis einkalkuliert, sind sie von Hause aus Entgeltsbestandteil. Daran ändert sich aber auch nichts, wenn der Lieferer diese Kosten seinem Abnehmer gesondert in Rechnung stellt oder als Auslagenersatz deklariert, mit dem er die ihm berechneten Frachtkosten weiterberechnet.

Für jene Sachverhalte, die nach der speziellen Regelung des **§ 10 Abs. 1 S. 5 UStG** als sog. **durchlaufende Posten** »nicht zum Entgelt (gehören)«, hätte es einer speziellen Regelung kaum bedurft. Es handelt sich hierbei nämlich um **Zahlungen**, die der leistende Unternehmer von seinem Leistungsempfänger »**im Namen und für Rechnung eines anderen vereinnahmt**« und an den anderen weiterleitet (**oder verausgabt** und sich von seinem Abnehmer erstatten lässt).[11] Zu dieser Situation kann es nur kommen, **wenn der Leistungsempfänger dem Dritten gegenüber aufgrund eines vertraglichen oder gesetzlichen Schuldverhältnisses zur Zahlung verpflichtet** ist. Kennzeichnend ist also, dass zwischen dem durch die Zahlung wirtschaftlich belasteten Leistungsempfänger und demjenigen, an den die Gelder weitergeleitet werden, **eigene Rechtsbeziehungen** bestehen, z. B.

---

11 Nach Auffassung des BFH (03.07.2014, Az.: V R 1/14, BStBl II 2023, 89) sei § 10 Abs. 1 S. 5 UStG richtlinienkonform in der Weise auszulegen, dass solche Beträge nur dann als durchlaufende Posten zu behandeln sind, wenn sie entsprechend Art. 79 Abs. 1 Buchst. c MwStSystRL auch in der Buchführung als durchlaufende Posten verbucht worden sind. Nach Auffassung des BMF vom 11.01.2023 (BStBl I 2023, 179) habe der BFH allerdings verkannt, dass Deutschland nach Art. 373 MwStSystRL nicht zur Umsetzung von Art. 79 Abs. 1 Buchst. c MwStSystRL verpflichtet gewesen war.

- verauslagte Gerichtskosten, die der Anwalt seinem Mandanten in Rechnung stellt, oder auch
- die Kurtaxe, die der Vermieter einer Ferienwohnung von seinen Mietern vereinnahmt, um sie an die Gemeinde weiterzuleiten (sofern nicht nach den gemeindlichen Satzungen der Vermieter Schuldner der Kurtaxe ist).

Offensichtlich dienen die in den Beispielen erhobenen Beträge nicht dazu, stpfl. Leistungen des Anwalts oder des Vermieters zu entgelten. Allerdings können auch Gebühren auch dann noch durchlaufende Posten sein, wenn sie gesamtschuldnerisch vom Unternehmer und Leistungsempfänger geschuldet werden (BFH vom 03.07.2014, Az.: V R 1/14, BStBl II 2023, 89). Der Unternehmer kann in diesen Fällen seine Funktion als bloßer Mittelsmann nachweisen (A 10.4 Abs. 4 UStAE).

Beispiel 5: Kfz-Steuer und Zulassungsgebühr als durchlaufende Posten

Kfz-Händler U hat dem Kunden K einen Pkw verkauft. U hat zugesagt, alle Formalitäten abzuwickeln und den Wagen anschließend fahrbereit vor die Tür des K zu stellen. Seine Abrechnung gegenüber K lautet auszugsweise:

Autotyp ...	20.000 €
+ verauslagte Kfz-Steuer	300 €
+ Zulassungsgebühr	100 €
+ 19 % USt	3.876 €
+ Überführungskosten	500 €
Gesamtrechnungsbetrag	**24.776 €**

Lösung: U tätigt mit der Veräußerung des Pkw einen nach § 1 Abs. 1 Nr. 1 UStG steuerbaren und stpfl. Umsatz. Die 300 € für die Kfz-Steuer sowie die 100 € für die Zulassung sind Verbindlichkeiten des K aus öffentlich-rechtlichen Schuldverhältnissen gegenüber Trägern staatlicher Hoheitsgewalt. K wendet die 400 € nicht für die Lieferung des Pkw auf. Sie sind durchlaufende Posten i. S. d. § 10 Abs. 1 S. 5 UStG, weil U diese Beträge im Namen des K verausgabt hatte. Hingegen zählen die Überführungskosten zur BMG für die Pkw-Lieferung, da die Überführung zum vertraglich vereinbarten Leistungspaket des U gegenüber K gehört. (Vertragliche Beziehungen zum Pkw-Hersteller hat insoweit der U, nicht aber der K begründet.) Der zu berücksichtigende Gesamtaufwand beträgt also 24.776 € ./. 400 € = 24.376 €. Das Entgelt nach § 10 Abs. 1 S. 1, 2 UStG beläuft sich auf 24.376 € x 100/119 = 20.484,03 € und löst eine USt von 3.891,97 € aus.

Ergebnisorientiert und formelhaft unterscheidet sich der Auslagenersatz von durchlaufenden Posten dadurch, dass beim **Auslagenersatz der leistende Unternehmer zunächst selbst Schuldner** der Zahlungen wird, die er vorher oder nachher von seinem Abnehmer erstattet erhält. Er tätigt diesbezüglich also Eigengeschäfte **und handelt nicht** – wie bei **durchlaufenden Posten – in fremdem Namen und für fremde Rechnung** (A 10.4 UStAE).

3.2 Entgelt von dritter Seite (Zuschüsse)

Zum Entgelt gehört nach der Neufassung des § 10 Abs. 1 S. 2 UStG zum 01.01.2019, was »der leistende Unternehmer [...] von einem anderen als dem Leistungsempfänger für die Leistung erhält oder erhalten soll, einschließlich der unmittelbar mit dem Preis dieser Umsätze zusammenhängenden Subventionen [...]«. Damit ist der bisherige S. 3 in § 10 Abs. 1 UStG hinfällig geworden, wo es hieß, dass zum Entgelt auch gehört, »was ein anderer als der Leistungsempfänger dem Unternehmer für die Leistung gewährt«. Da der (Gesamt-)Aufwand für eine stpfl. Leistung zu besteuern ist, beschreibt dieser Satz, der in der neuen Fassung des § 10 Abs. 1 S. 2 UStG aufgegangen ist, eine Selbstverständlichkeit.

Die Probleme liegen mehr in seiner praktischen Handhabung. Weshalb und wofür ein Dritter zahlt, ist oft nicht ohne Weiteres erkennbar. Dies gilt im Besonderen für Zahlungen der öffentlichen Hand, die als Zuschüsse deklariert sind. **Zahlungen unter der Bezeichnung »Zuschuss« können** nämlich auch **Entgelt für eine eigene Leistung an den Zuschussgeber (Zahlenden) sein** (A 10.2 Abs. 2 UStAE). Dies ist oft der Fall, wenn der Zahlungsempfänger im Auftrag der öffentlichen Hand eine Aufgabe aus deren Kompetenzbereichen übernimmt und die Zahlung damit zusammenhängt. Ein Leistungsaustausch mit der öffentlichen Hand ist in diesen Fällen jedenfalls dann anzunehmen, wenn es zum Abschluss eines gegenseitigen Vertrages mit der öffentlichen Hand gekommen ist (vgl. BFH vom 18.12.2008, Az.: V R 38/06, BStBl II 2009, 749).

Zuschüsse können aber auch erbracht werden, um – aus unterschiedlichsten Gründen – den Leistenden allgemein in die Lage zu versetzen, bestimmten Aufgaben nachzukommen, die der Zuschussgeber realisiert sehen möchte. Hierbei handelt es sich um einen sog. echten Zuschuss, der grds. nicht steuerbar ist (dazu später mehr). **Umsatzsteuerlich relevant** sind demgegenüber nur solche Zahlungen, die ein anderer als der Leistungsempfänger der zu beurteilenden Leistung dem leistenden Unternehmer in Erfüllung einer – meist öffentlich-rechtlichen – Verpflichtung gegenüber dem Leistungsempfänger oder zumindest im Interesse des Leistungsempfängers gewährt. Solche Zahlungen haben typischerweise **preisauffüllenden Charakter** – etwa, wenn sie dazu dienen, das **Entgelt** für den Umsatz an den Leistungsempfänger auf die nach Kalkulationsgrundsätzen erforderliche Höhe zu bringen und dadurch das Zustandekommen eines Leistungsaustausches zu sichern oder wenigstens zu erleichtern (A 10.2 UStAE). **Beispiele** hierfür bilden die Erstattung von Fahrgeldausfällen nach dem Schwerbehindertengesetz für die verbilligte Beförderung von Schwerbehinderten oder auch Zahlungen eines Schulträgers an den Betreiber einer Schulmensa, der die Schüler mit Essen versorgt. Typischerweise gilt für diese sog. unechten Zuschüsse, dass sie in Abhängigkeit von konkreten Umsätzen des leistenden Unternehmers gegenüber anderen erbracht werden (in den Beispielen: Zahl der verkauften Beförderungstickets an Schwerbehinderte bzw. der ausgegebenen Mahlzeiten an Schüler). Nach **A 10.2 Abs. 3 S. 5 UStAE** sind Zahlungen der öffentlichen Hand an einen Unternehmer, der Lieferungen oder sonstige Leistungen erbringt, als Aufwand eines Dritten zum Entgelt für diese Umsätze hinzuzurechnen, wenn

- der Zuschuss dem Abnehmer des Gegenstands oder dem Dienstleistungsempfänger zugutekommt,
- der Zuschuss gerade für die Lieferung eines bestimmten Gegenstands oder die Erbringung einer bestimmten sonstigen Leistung gezahlt wird und
- mit der Verpflichtung der den Zuschuss gewährenden Stelle zur Zuschusszahlung das Recht des Zahlungsempfängers (Unternehmers) auf Auszahlung des Zuschusses einhergeht, wenn er einen steuerbaren Umsatz bewirkt hat.

Die **nicht zum** (zusätzlichen) **Entgelt zählenden Zahlungen** Dritter sind hingegen dadurch charakterisiert, dass sie **dem Leistenden zu dessen Förderung** aus strukturpolitischen, volkswirtschaftlichen oder allgemeinpolitischen Gründen gewährt werden. Es fehlt ihnen durchweg der Bezug zu konkreten Umsätzen (A 10.2 Abs. 7 UStAE). **Beispiele** hierfür bilden gemeindliche Zuschüsse für karitative Zwecke, etwa an ein Krankenhaus zum Ausbau seiner Einrichtungen, Landesbeihilfen an notleidende Betriebe mit dem Ziel der Sanierung und des Erhalts von Arbeitsplätzen oder auch Forschungszuschüsse der öffentlichen Hand, ohne dass dem Zuschussgeber eine Forschungsleistung zugewendet werden soll. Ebenso können Zahlungen einer Gemeinde an einen Sportverein im Zusammenhang mit der Bewirtschaftung einer zur langfristigen Eigennutzung von der Gemeinde an den Sportverein überlassenen Sportanlage, die es dem Sportverein lediglich ermöglichen sollen, sein Sportangebot aufrechtzuerhalten, nicht steuerbare echte Zuschüsse für die Tätigkeit des Sportvereins darstellen (vgl. auch A 10.2 Abs. 2 S. 10 Bsp. 5 sowie A 10.2 Abs. 7 S. 8 Bsp. 6 UStAE).

Mit den angebotenen Abgrenzungskriterien wird man sich den Problemsachverhalten nähern können. Um einen Überblick über die teilweise sehr kasuistische Handhabung zu erhalten, empfiehlt sich ergänzend eine Lektüre des **A 10.2 UStAE**.

3.3 Tauschvorgänge

Bei einem Tausch oder tauschähnlichen Umsatz i. S. d. § 3 Abs. 12 UStG liegen Doppelumsätze vor, weil das Entgelt für eine Lieferung oder sonstige Leistung wiederum in einer Lieferung oder sonstigen Leistung besteht. Folglich ist nach § 10 Abs. 2 S. 2 UStG auch der Wert des einen Umsatzes jeweils **BMG** für den anderen Umsatz. Auch dies entspricht dem Charakter der USt, die Einkommensverwendung, d. h. die Aufwendungen des Leistungsempfängers, zu erfassen. Vor dem Hintergrund verschiedener EuGH-Entscheidungen hat sich das BMF davon verabschiedet, den nach § 10 Abs. 2 S. 2 UStG anzusetzenden **Wert der Gegenleistung** stets nach deren gemeinem Wert und damit nach einem objektiven Wert zu bestimmen. Jedenfalls, wenn es sich bei dem anderen Umsatz (der Gegenleistung) um eine Dienstleistung (sonstige Leistung) handelt und damit ein tauschähnlicher Umsatz vorliegt, soll stattdessen **der subjektive Wert** anzusetzen sein, **den diese Gegenleistung für den Leistenden** hat. Hat der Leistende konkrete Aufwendungen getätigt, so soll sich der subjektive Wert der Gegenleistung nach diesen Aufwendungen einschließlich der entstandenen Nebenkosten bestimmen (A 10.5 Abs. 1 UStAE).

Beispiel: Fahrzeuglieferung gegen die Verpflichtung des Empfängers, den Wagen über einen längeren Zeitraum zu Werbezwecken einzusetzen. BMG für die Lieferung des Fahrzeugs ist nicht der Preis, der im gewöhnlichen Geschäftsverkehr für die Werbeleistung zu erzielen ist (objektive Wert), sondern vielmehr der subjektive Wert, den die Werbeleistung für den Fahrzeuglieferer hat. Dieser Wert bestimmt sich nach dem Betrag, den der Fahrzeuglieferer für die Werbeleistung tatsächlich aufgewendet hat, um diese zu erhalten. Demnach bemisst sich der subjektive Wert nach seinem Aufwand (AK) für das gelieferte Fahrzeug.

Diese Vorgehensweise entspricht im Ergebnis dem, was seit jeher schon insb. bei der Besteuerung der Firmenüberlassung praktiziert wird. Hierbei wird nicht auf den – nicht ermittelbaren – gemeinen Wert der Gegenleistung (anteilige, nicht durch Barlohn abgegoltene Arbeitsleistung) abgestellt, sondern auf die Aufwendungen des leistenden Unternehmers zum Erhalt der Gegenleistung (s. dazu Kap. V 6).

Dennoch hat sich die FinVerw im Zusammenhang mit dem **Tausch mit Baraufgabe** noch nicht (endgültig) davon verabschiedet, die BMG nach dem gemeinen Wert der Gegenleistung zu bestimmen. Ein Tausch mit Baraufgabe liegt vor, wenn sich beim Tausch Leistung und Gegenleistung nicht decken und deshalb Zuzahlungen geleistet werden.

Beispiel 6: Inzahlungnahme eines gebrauchten Fahrzeugs

Privatmann P erwirbt beim Händler H einen neuen Pkw (Listenpreis: 35.700 €). P gibt seinen alten Pkw, dessen gemeiner Wert 9.000 € beträgt, für 11.900 € in Zahlung, sodass er bar nur 23.800 € zu zahlen hat.

Lösung: Bei der nach § 1 Abs. 1 Nr. 1 UStG steuerbaren und stpfl. Lieferung des neuen Wagens handelt es sich um einen Tausch mit Baraufgabe nach § 3 Abs. 12 UStG. Nach alter Verwaltungsauffassung gehörte zur BMG nach § 10 Abs. 1 S. 1–2 i.V.m. Abs. 2 S. 2 UStG für diesem Umsatz neben dem Baraufwand von 23.800 € auch der gemeine Wert (Verkehrswert) des in Zahlung genommenen Pkw i.H.v. 9.000 €. Aus dem so ermittelten Gesamtaufwand von 32.800 € war die USt herauszurechnen, sodass die BMG 32.800 € x 100/119 = 27.563,03 € und die USt 5.236,97 € betrug. Aufgrund der Entscheidung des BFH vom 25.04.2018 (Az.: XI R 21/16, BStBl II 2018, 505) ist die Verwaltungsauffassung nunmehr dahingehend angepasst worden, dass der subjektive Wert des in Zahlung genommenen gebrauchten Fahrzeugs maßgeblich ist und sich dieser aus dem individuell vereinbarten Verkaufspreis zwischen dem Kfz-Händler und dem Käufer abzüglich der vom Käufer zu leistenden Zuzahlung ergeben soll (A 10.5 Abs. 4 UStAE).

4 Mindest-Bemessungsgrundlage nach § 10 Abs. 5 UStG

Wenn das USt-Recht die Angemessenheit des Entgelts nicht kontrolliert, so beruht dies auf der Annahme, dass es sich bei dem vereinbarten Entgelt um einen Betrag handelt, der sich bei widerstreitenden Interessen der Anbieter- und Abnehmerseite im Verhandlungswege ergeben hat und der folglich marktüblich ist. Diese Grundannahme trifft allerdings nicht zu, wenn **Leistender und Abnehmer in einem engen wirtschaftlichen oder persönlichen Verhältnis stehen**. In einem solchen Fall wird dem vereinbarten Entgelt misstraut. Das UStG sucht die sachgerechte Lösung solcher Sachverhalte über die sog. Mindest-BMG in § 10 Abs. 5 UStG. Hiernach ist das **vereinbarte Entgelt mit den Werten zu vergleichen, die bei einer uWa als BMG nach § 10 Abs. 4 UStG anzusetzen gewesen wären**. Der Ansatz dieser Werte soll durch Vereinbarung geringfügiger Entgelte nicht vermieden werden können. Bleibt das vereinbarte Entgelt hinter diesen Werten zurück, wird die BMG i.S.d. § 10 Abs. 1 UStG daher auf die Werte des § 10 Abs. 4 UStG angehoben – allerdings beschränkt auf das marktübliche Entgelt.

Anwendungsfälle der sog. Mindest-BMG sind stets entgeltliche Leistungen, die ein Unternehmer an sein Personal oder dessen Angehörige aufgrund des Dienstverhältnisses ausführt (§ 10 Abs. 5 S. 1 Nr. 2 UStG), und bei Einzelunternehmern kommen Leistungen an ihnen nahe stehende Personen sowie bei Gesellschaften Leistungen an ihre Anteilseigner oder diesen nahe stehende Personen hinzu (§ 10 Abs. 5 S. 1 Nr. 1 UStG).

Ist der Abnehmer voll vorsteuerabzugsberechtigt, empfiehlt es sich, die durch § 14 Abs. 4 S. 2 UStG eingeräumte Möglichkeit zu nutzen, die auf der Basis der Mindest-BMG geschuldete USt gesondert in Rechnung zu stellen. Denn § 10 Abs. 5 UStG ist grds. **auch anzuwenden, wenn über eine Leistung an einen zum vollen VSt- Abzug berechtigten Unternehmer abgerechnet wird** (A 10.7 Abs. 6 S. 1 UStAE). Allerdings entfällt die Anwendung der Mindest-BMG, wenn die gegenständliche Leistung der Art nach keinem Berichtigungstatbestand des § 15a UStG unterliegt (A 10.7 Abs. 6 S. 2–3 UStAE). Bei der Lieferung von Strom und Wärme an einen zum vollen VSt-Abzug berechtigten Unternehmer findet die Mindest-BMG daher Anwendung, wenn die Leistung im Zeitpunkt der Lieferung vom Abnehmer verbraucht wird (A 10.7 Abs. 6 S. 4 UStAE).

Beispiel 7: USt-Ausweis verhindert Belastung durch Mindest-BMG

Eine GmbH hat ihrem G'fter G (Unternehmer außerhalb seiner G'fter-Stellung) in 01 einen Pkw zum Buchwert von 5.000 € verkauft, den G für vorsteuerunschädliche unternehmerische Aktivitäten nutzt. Anlässlich einer USt-Sonderprüfung in 03 gelangt das FA zu der Auffassung, dass die GmbH 19 % USt aus dem Wiederbeschaffungspreis des Pkws zum Zeitpunkt der Veräußerung von 23.800 € schulde.

Lösung: Die GmbH hat einen nach § 1 Abs. 1 Nr. 1 UStG steuerbaren Umsatz getätigt, indem sie ihrem G'fter G zum Preis von 5.000 € einen Pkw übereignet. Die BMG nach § 10 Abs. 1 UStG beträgt für diesen Umsatz 4.201,68 €. Da es sich um einen Verkauf an einen Anteilseigner handelt, bleibt hier jedoch die Mindest-BMG nach § 10 Abs. 5 UStG zu prüfen. Ihre Anwendung führt dazu, dass die BMG nach § 10 Abs. 1 UStG durch die nach § 10 Abs. 4 Nr. 1 UStG verdrängt wird. Diese beläuft sich auf 20.000 €.

Die GmbH wie auch ihr G'fter G sind hier aber durch die Anwendung der Mindest-BMG nicht belastet. § 14 Abs. 4 S. 2 UStG berechtigt die GmbH, die anfallende USt i. H. v. 3.800 € in einer Rechnung gesondert auszuweisen. Als Unternehmer außerhalb seiner G'fter-Stellung kann G die von der Gesellschaft abzuführende USt von 3.800 € als VSt nach § 15 Abs. 1 S. 1 Nr. 1 UStG abziehen, sofern er den Wagen für vorsteuerunschädliche unternehmerische Aktivitäten nutzt.

Soweit aber nach dem Sinn und Zweck des § 10 Abs. 5 UStG die Besteuerung uWa nicht durch die Vereinbarung eines unangemessen niedrigen Entgelts unterlaufen werden soll, ist es ebenfalls geboten, die **Mindest-BMG** auch dann **nicht anzuwenden, wenn** zwar die tatsächlichen Kosten i. S. d. § 10 Abs. 4 UStG höher sind, **aber nachweisbar ein marktgerechter Preis für die Leistung vereinbart** wurde. Dies wird in § 10 Abs. 5 S. 1 UStG am Ende klargestellt: »der Umsatz ist jedoch höchstens nach dem marktüblichen Entgelt zu bemessen«. Ebenso selbstverständlich ist das vereinbarte Entgelt letztlich doch noch gem. § 10 Abs. 5 S. 2 UStG anzusetzen, wenn es das marktübliche Entgelt übersteigt.

Die **Mindest-BMG** ist i. Ü. **nur auf entgeltliche Leistungen anzuwenden, die bei einer unentgeltlichen Leistungserbringung nach § 3 Abs. 1b S. 1 Nr. 2 bzw. § 3 Abs. 9a UStG i. V. m. § 10 Abs. 4 UStG zu besteuern wären** (BFH vom 10.06.2020, Az.: XI R 25/18, DStR 2020, 2240). Hätte z. B. bei einer unentgeltlichen Beförderung von AN zur Arbeitsstätte eine Besteuerung als uWa zu unterbleiben, weil **die Beförderung im überwiegenden betrieblichen Interesse des AG** erfolgt, verbietet sich eine Anwendung der Mindest-BMG für den Fall, dass die AN für diese Fahrten einen geringfügigen Betrag zu zahlen hätten (BFH vom 15.11.2007, Az.: V R 15/06, BStBl II 2009, 423). Entsprechendes gilt, wenn **Arbeitskleidung verbilligt überlassen** wird, sofern die Überlassung durch eigenbetriebliche Erfordernisse bedingt ist. Da für diesen Fall bei unentgeltlicher Abgabe eine Besteuerung als uWa entfiele, darf diese auch keine Anwendung der Mindest-BMG zur Folge haben (**A 10.7 Abs. 2 UStAE**).

Klausurhinweis: In Beraterklausuren wird die Mindest-BMG bevorzugt in der Weise angeboten, dass einem Mitarbeiter bzw. einem G'fter gegen Entgelt ein Pkw zur außerunternehmerischen Nutzung überlassen wird. Aufgabe ist es dann, das vereinbarte Entgelt mit dem Betrag zu vergleichen, der bei einer unentgeltlichen Überlassung anzusetzen wäre. Durch die »Hintertür« Mindest-BMG wird so die außerunternehmerische Kfz-Nutzung als uWa zum Thema.

Beispiel 7a: Firmenwagenüberlassung am Maßstab des § 10 Abs. 5 UStG

Eine KG überlässt einem ihrer G'fter einen firmeneigenen Pkw zur privaten Nutzung. Die Belastung des Privatkontos des G'fters erfolgt i. H. v. 3.000 € für das Kj. Der auf die private Nutzung entfallende Ausgabenanteil an den mit USt belasteten Gesamtkosten (AK verteilt auf den VSt-BZ nach § 15a UStG, Garagenmiete, Kraftstoff, Öl, Reparaturen) beträgt tatsächlich 4.000 €. Die übliche Miete würde 5.000 € für das Kj. betragen.

Lösung: Das durch die Belastung des Privatkontos entrichtete Entgelt ist niedriger als die BMG nach § 10 Abs. 4 S. 1 Nr. 2 UStG. Die durch die private Nutzung des G'fters entstandenen Ausgaben i. H. v. 4.000 € sind daher BMG nach § 10 Abs. 5 Nr. 1 UStG. Das marktübliche Entgelt bleibt ohne Relevanz, da die anzusetzenden Ausgaben unter dem marktüblichen Entgelt liegen (vgl. A 10.7 Abs. 1 UStAE mit dortigem Beispiel 2a).

5 Differenzbesteuerung nach den §§ 25, 25a UStG

5.1 Sinn und Zweck und tatbestandliche Voraussetzungen (§ 25a UStG)

Eine gänzlich andere BMG sieht § 25a UStG für Händler vor, die typischerweise oder auch nur gelegentlich Gegenstände umsetzen, die ohne VSt-Abzug in ihr Unternehmen gekommen sind. BMG für Umsätze dieser sog. Wiederverkäufer (vgl. dazu § 25a Abs. 1 Nr. 1 S. 2 UStG) bildet nicht das Entgelt nach § 10 Abs. 1 UStG, sondern nach **§ 25a Abs. 3 UStG** die **Differenz** zwischen dem **Einkaufspreis** bei Erwerb der Ware und dem späteren **Verkaufspreis**. Besteuerungsgrundlage bildet also nur der geschaffene Mehrwert, aus dem die USt – wie sonst auch – herauszurechnen ist (§ 25a Abs. 3 S. 3 UStG).

Zweck dieser Sonderregelung i. R. d. Bestimmungen zur BMG ist es, **Wettbewerbsnachteilen der Wiederverkäufer gegenüber privaten Anbietern entgegenzuwirken**. Solche Wettbewerbsnachteile ergeben sich zwangsläufig, wenn Unternehmer z. B. von Privatpersonen Gegenstände ohne VSt-Abzug erwerben, diese dann in den unternehmerischen Bereich überführen, um sie anschließend selbst wieder zu verkaufen. Da § 1 Abs. 1 Nr. 1 USG für die Steuerbarkeit entgeltlicher Umsätze nicht darauf abstellt, ob die Gegenstände mit oder ohne VSt-Abzug in das Unternehmen gelangt sind, haben Händler – trotz des fehlenden VSt-Abzugs beim Erwerb – grds. die in dem Verkaufserlös insgesamt enthaltene USt abzuführen. Bieten Privatpersonen vergleichbare (Gebraucht-)Gegenstände an, können sie mangels Unternehmerstellung ihre Verkäufe unbelastet mit USt tätigen. Will ein Gebrauchtwagenhändler aus dem Verkauf eines Wagens einen Erlös von 8.000 € erzielen, müsste er auf der Basis einer BMG von § 10 Abs. 1 UStG einen Preis von 9.520 € erzielen; ein aussichtsloses Unterfangen, wenn es daneben private Anbieter gibt, die einen vergleichbaren Wagen für 8.000 € anbieten.

Die Differenzbesteuerung nach **§ 25a UStG bezieht sich** aber nicht nur auf Gebrauchtwagenhändler, sondern **auf alle beweglichen körperlichen Gegenstände** (§ 25a Abs. 1 Nr. 1 UStG) mit Ausnahme bestimmter Edelsteine und Edelmetalle i. S. d. § 25a Abs. 1 Nr. 3 UStG (vgl. A 25a.1 Abs. 1 S. 4 – 7 UStAE), sofern für die Lieferung dieser Gegenstände an den Wiederverkäufer USt nicht geschuldet oder nach § 19 Abs. 1 UStG nicht erhoben (Erwerb von Privatperson bzw. steuerfrei nach § 4 Nr. 28 UStG oder von Kleinunternehmern) oder die Differenzbesteuerung vorgenommen,[12] d. h. der Gegenstand von einem anderen Wiederverkäufer erworben wurde (§ 25a Abs. 1 Nr. 2 UStG). Eine Veräußerung unterliegt jedoch nur dann der Differenzbesteuerung, wenn der gelieferte Gegenstand – zumindest nachrangig – zum Zwecke des Wiederverkaufs erworben wurde und der Wiederverkauf zur normalen Tätigkeit des Unternehmers gehört (A 25a.1 Abs. 4 S. 3 UStAE). Veräußert z. B. ein Kioskbetreiber seinen Firmenwagen, den er ohne VSt-Abzug erworben hatte, ist kein Raum für eine Differenzbesteuerung.[13]

Die Differenzbesteuerung ist auch dann anwendbar, wenn ein Unternehmer Gegenstände liefert, die er dadurch gewonnen hat, dass er die zuvor erworbenen Gebrauchtgegenstände zerlegt[14] hat (A 25a.1 Abs. 4 S. 4 UStAE).[15]

Bei Anwendung der Differenzbesteuerung **darf** der **Wiederverkäufer** die geschuldete **USt nach § 14a Abs. 6 S. 2 UStG in der Rechnung nicht ausweisen.** Tut er dies dennoch, schuldet er die offen ausgewiesene USt zusätzlich zu der für den stpfl. Umsatz geschuldete USt nach § 14c Abs. 2 UStG (A 25a.1 Abs. 16 UStAE).

> **Beispiel 8: Eine ertragreiche Differenzbesteuerung**
>
> Kfz-Händler K mit Sitz in Hamburg nimmt beim Verkauf eines Neuwagens an den Privatmann P dessen Gebrauchtwagen für 8.000 € in Zahlung. Anlässlich einer Inspektion des Fahrzeugs in seiner Werkstatt beseitigt er Lackschäden (mit Lohnkosten von 400 €) und ersetzt die defekte Kupplung (Einkaufspreis: 600 € zzgl. 114 € USt). Anschließend verkauft er den Wagen für 9.500 € wiederum an eine Privatperson.
>
> **Lösung:** K tätigt mit der Veräußerung des Wagens eine nach § 1 Abs. 1 Nr. 1 UStG steuerbare und stpfl. Lieferung. Ohne die Sonderregelung des § 25a UStG wäre die BMG dem § 10 Abs. 1 UStG zu entnehmen. Hieraus würde für K ein Verlustgeschäft resultieren, da ihm von den 9.500 € lediglich 7.983,19 € verblieben (9.500 € x 100/119). Die übrigen 1.516,81 € müsste er an das FA abführen. Aufgrund der Differenzbesteuerung ist die BMG nach § 25a Abs. 3 S. 1 UStG aber die Differenz zwischen seinem Ein- und Verkaufspreis. Die nach dem Erwerb von P angefallenen Nebenkosten (Beseitigung der Lackschäden und Ersatz der Kupplung) mindern die BMG nicht (A 25a.1 Abs. 8 S. 2 UStAE). Hiernach beträgt die BMG nunmehr statt 7.983,19 € nur noch 1.260,50 € (1.500 € x 100/119). Die USt-Schuld des K reduziert sich von 1.516,81 € auf 239,50 €. Es verbleibt K auch unter Ansatz der Nebenkosten (für die K nach § 15 UStG einen VSt-Abzug hat; vgl. A 25a.1 Abs. 11a UStAE mit dortigem Beispiel 3) ein geringfügiger Ertrag.

---

12 Hat der Verkäufer für diese Lieferung allerdings zu Unrecht die Differenzbesteuerung angewendet, hat er den Weiterverkauf normal zu besteuern (A 25a.1 Abs. 5 S. 2 Nr. 5 S. 2 UStAE). Demgegenüber hat das FG Münster entschieden, dass dem Wiederverkäufer bei Erteilung einer Rechnung mit Angaben zur Differenzbesteuerung die Anwendung der Differenzbesteuerung nur versagt werden dürfe, wenn das FA nachweist, dass der Wiederverkäufer nicht in gutem Glauben gehandelt oder nicht alle ihm zur Verfügung stehenden zumutbaren Maßnahmen ergriffen hat, um sicherzustellen, dass der von ihm getätigte Umsatz nicht zu einer Beteiligung an einer Steuerhinterziehung geführt hat (FG Münster vom 28.05.2024, 15 K 3670/19 U, EFG 2024, 1349; Az. beim BFH XI B 38/24).

13 Abhilfe könnte in diesen Fällen wegen § 3 Abs. 1b S. 2 UStG allenfalls die Entnahme vor Veräußerung schaffen.

14 Nach der jüngsten Entscheidung des EuGH vom 17.05.2023 (Az.: C-365/22) ist die Differenzbesteuerung für endgültig stillgelegte Kfz, die ein Unternehmer erworben hat und die nur noch zum Ausschlachten verkauft werden sollen, ohne dass die verwertbaren Teile aber aus den Fahrzeugen durch diesen Unternehmer entnommen werden, nur dann anwendbar, wenn sie zum einen noch Teile enthalten, die die Funktion behalten haben, die sie im Neuzustand hatten, sodass sie in ihrem derzeitigen Zustand oder nach Instandsetzung erneut verwendet werden können, und zum anderen feststeht, dass diese Fahrzeuge aufgrund einer solche Wiederverwendung der Teile in ihrem Wirtschaftszyklus geblieben sind. Gebrauchtgegenstände sind insoweit von Schrott abzugrenzen.

15 Nach Auffassung des Schleswig-Holsteinischen FG vom 29.03.2023 (Rev.-Az. beim BFH: XI R 9/23) sei die Differenzbesteuerung nicht auf Recyclingfälle, wie das Ausschlachten von Einzelteilen aus Gebrauchtfahrzeugen, beschränkt, sondern könne auch in den Fällen der Verbindung eines aufgearbeiteten Gebrauchtgegenstands mit einem Neuteil (Upcycling) zur Anwendung kommen. Dies gelte jedenfalls dann, wenn der aufgearbeitete Gebrauchtgegenstand dem Wiederverkaufsobjekt sein Gepräge gibt und aus Verbrauchersicht das entscheidende Kaufmotiv bildet.

Der Wiederverkäufer kann gem. § 25a Abs. 4 UStG anstelle der Einzeldifferenz für jeden Gegenstand ausnahmsweise die gesamten innerhalb eines Besteuerungszeitraums ausgeführten Umsätze mit solchen Gegenständen, **deren Einkaufspreis 500 € nicht übersteigt**, nach dem Gesamtbetrag bemessen, um den die Summe der Verkaufspreise und der Werte nach § 10 Abs. 4 Nr. 1 UStG die Summe der Einkaufspreise dieses Zeitraums übersteigt (**Gesamtdifferenz**). Die Gesamtdifferenz kann aber nur einheitlich für die gesamten innerhalb eines Besteuerungszeitraums ausgeführten Umsätze ermittelt werden, die sich auf Gegenstände mit Einkaufspreisen bis zu 500 € beziehen (A 25a.1 Abs. 13 S. 1 – 3 UStAE). Ein Wechsel von der Ermittlung nach der Einzeldifferenz zur Ermittlung nach der Gesamtdifferenz und umgekehrt ist nur zu Beginn eines Kj. zulässig (A 25a.1 Abs. 14 UStAE).

5.2 Anwendung auf Entnahmen i. S. d. § 3 Abs. 1b UStG

§ 25a UStG ist nach seinem Wortlaut auch bei uWa für außerunternehmerische Zwecke nach § 3 Abs. 1b UStG anwendbar. BMG ist dann nach § 25a Abs. 3 S. 1 2. HS UStG die Differenz zwischen der Mindest-BMG i. S. d. § 10 Abs. 4 Nr. 1 UStG im Zeitpunkt der uWa und dem ursprünglichen Einkaufspreis. Da die Anwendung der Differenzbesteuerung im Ergebnis aber verlangt, dass der Gegenstand ohne VSt-Abzug in das Unternehmen gekommen ist und eine Besteuerung als uWa aber umgekehrt nach § 3 Abs. 1b S. 2 UStG grds. einen Erwerb mit VSt-Abzug voraussetzt, kann die Differenzbesteuerung regelmäßig nicht zur Anwendung gelangen (A 25a.1 Abs. 9 S. 2 UStAE). Ein denkbarer Anwendungsbereich liegt in den Fällen vor, in denen dem entnommenen Gegenstand nach Erwerb, aber vor der Entnahmehandlung, vorsteuerbehaftete Bestandteile eingefügt wurden. In diesen Fällen bildet nach § 10 Abs. 4 Nr. 1 UStG nicht der Wiederbeschaffungspreis des entnommenen Gegenstands die BMG, sondern nur der des entnommenen Bestandteils. Allerdings unterliegt nur eine positive Differenz zwischen dem Entnahmewert und dem Einkaufspreis für den Bestandteil der Differenzbesteuerung (A 25a.1 Abs. 11 S. 3 UStAE).

5.3 Verzicht auf Differenzbesteuerung

Der Wiederverkäufer kann gem. § 25a Abs. 8 S. 1 UStG bei jeder einzelnen Lieferung auf die Anwendung der Differenzbesteuerung verzichten, wenn er nicht die Regelungen zur Gesamtdifferenz i. S. d. 25a Abs. 4 UStG anwendet. Dies kann insb. bei Lieferungen an zum vollen VSt-Abzug berechtigte Unternehmer in Betracht zu ziehen sein, da diese wegen des VSt-Abzugs auch zur Zahlung der zusätzlichen USt bereit sind. Dann spart der liefernde Unternehmer die USt aus der Marge nach § 25a Abs. 3 UStG.

> **Beispiel 9: Verzicht auf Differenzbesteuerung**
>
> Wie Beispiel 8, aber Unternehmer U erwirbt den Wagen für Unternehmenszwecke. Er beruft sich auf die Anzeige des K, wonach »USt ausgewiesen werden kann«.
>
> **Lösung:** K verbliebe bei einem Verkauf an eine Privatperson nach Abführung der USt aus der Marge ein Erlös von 9.260,50 €. Verzichtet K bei der Lieferung an U auf die Anwendung der Differenzbesteuerung und erhebt USt auf den Verkaufspreis, verbliebe ihm ein Erlös von 9.500 €. U wird dies im Falle eines vollen VSt-Abzugs akzeptieren. Demgegenüber könnte U die USt aus der Marge nach § 25a Abs. 3 UStG nicht als VSt abziehen. Während U im Ergebnis weiterhin nur 9.500 € für den Pkw aufwendet, spart K die USt auf die Marge 239,50 € und erhält ebenfalls 9.500 €.

Nach § 25a Abs. 5 S. 1 UStG ist die USt bei der Differenzbesteuerung **stets** mit dem allgemeinen Steuersatz von **19 %** zu berechnen. Dieser Steuersatz ist also auch bei der Lieferung solcher Gegenstände anzuwenden, für die bei der Besteuerung nach allgemeinen Vorschriften der ermäßigte Steuersatz von 7 % gelten würde. Bei einem erheblichen Auseinanderfallen von Einkaufs- und Verkaufspreis kann es bei solchen Gegenständen im Einzelfall durchaus sinnvoll sein, auf die Anwendung der Differenzbesteuerung nach § 25a Abs. 8 UStG zu verzichten.

5.4 Differenzbesteuerung im Binnenmarkt

Die Differenzbesteuerung kann auch bei Lieferungen vom Inland in das übrige Gemeinschaftsgebiet angewendet werden. Der Wiederverkäufer kann allerdings weder die Steuerbefreiung für igL i. S. d. § 4 Nr. 1 Buchst. b UStG in Anspruch nehmen, noch findet eine Ortsverlagerung nach § 3c UStG statt (§ 25a Abs. 7 Nr. 3 UStG). Im Ergebnis folgt die Differenzbesteuerung damit dem Ursprungslandprinzip. Insoweit ist folgerichtig auch ein igE ausgeschlossen, wenn auf die Lieferung an den Erwerb im übrigen Gemeinschaftsgebiet die Differenzbesteuerung angewendet worden ist (§ 25a Abs. 7 Nr. 2 UStG).

> **Beispiel 10: Ursprungslandprinzip bei Differenzbesteuerung I**
>
> Der in München ansässige Kunstgalerist hat von einem privaten Kunstsammler in Wien ein Bild für 2.000 € erworben und das Bild anschließend mit nach München genommen. Er veräußert dieses Bild später in München an die Privatperson V aus den Niederlanden für 4.000 € und lässt das Bild durch einen Frachtführer zu V bringen. Liefer- und Erwerbsschwellen gelten ggf. als überschritten.
>
> **Lösung:** Der Ort der entgeltlichen Versendungslieferung (§ 3 Abs. 6 S. 3 UStG) des A, der nach § 3 Abs. 6 S. 1 UStG in München (= Inland) liegt, könnte sich zwar nach § 3c Abs. 1 UStG in die Niederlande, also an das Ende der Versendung, verlagert haben. Sofern allerdings die Differenzbesteuerung anzuwenden ist, schließt § 25a Abs. 7 Nr. 3 UStG die Anwendung des § 3c UStG aus. Als Kunsthändler ist A Wiederverkäufer i.S.d. § 25a Abs. 1 Nr. 1 UStG, da er gewerbsmäßig mit beweglichen körperlichen Gegenständen (Gemälden) handelt. Des Weiteren wurde das Gemälde an A im Gemeinschaftsgebiet geliefert, da die Lieferungen an ihn gem. § 3 Abs. 6 S. 1 UStG in Wien (Österreich) erfolgte (§ 25a Abs. 1 Nr. 2 S. 1 UStG). Da ein privater Kunstsammler die Lieferung ausführte, wurde dafür auch keine USt geschuldet (§ 25a Abs. 1 Nr. 2 S. 2 Buchst. a UStG). Damit liegen die Voraussetzungen für die Differenzbesteuerung vor. Folglich ist die sog. Fernverkaufsregelung des § 3c UStG nicht anwendbar und die Lieferung ist nach § 1 Abs. 1 Nr. 1 S. 1 UStG im Inland steuerbar und stpfl. Nach § 25a Abs. 5 S. 1 UStG i.V.m. § 12 Abs. 1 UStG beträgt der Steuersatz 19 %. Die BMG berechnet sich abweichend von § 10 Abs. 1 UStG nach § 25a Abs. 3 S. 1 UStG wie folgt: Veräußerungspreis von 4.000 € abzgl. Einkaufspreis von 2.000 € = 2.000 €. Die USt gehört nach § 25a Abs. 3 S. 3 UStG nicht zur BMG. Diese beläuft sich also auf 2.000 € / 1,19 = 1.680,68 €; die USt beträgt 319,32 €.

> **Beispiel 10a: Ursprungslandprinzip bei Differenzbesteuerung II**
>
> A veräußert als Kommissionär drei Bilder des privaten Kunstsammlers K mit Wohnsitz in Starnberg (Inland). Käufer ist die Kunstgalerie S in Wien für 90.000 €. Die Bilder holt A bei K persönlich ab und bringt sie direkt zur Kunstgalerie S. Gegenüber K rechnet A in der Weise ab, dass er von den erhaltenen 90.000 € die vereinbarte Provision von 15 % und Spesen von 4.000 € in Abzug bringt. Er überweist an K 72.500 €.
>
> **Lösung:** Der Ort der entgeltlichen Beförderungslieferungen des A an S ist gem. § 3 Abs. 6 S. 1 UStG in Starnberg und daher im Inland. Die Lieferungen werden nicht im Rahmen eines Reihengeschäftes i.S.d. § 3 Abs. 6a UStG ausgeführt, da nicht mehrere Unternehmer über denselben Gegenstand Umsatzgeschäfte abgeschlossen haben (Kommittent K ist Privatperson). Der Verkauf der drei Bil-

der ist daher gem. § 1 Abs. 1 Nr. 1 S. 1 UStG steuerbar. Der Verkauf der Bilder ist nicht als igL gem. § 4 Nr. 1 Buchst. b UStG i. V. m. § 6a UStG steuerfrei, da diese Regelung gem. § 25a Abs. 7 Nr. 3 UStG nicht anwendbar ist. Der damit stpfl. Verkauf unterliegt dem Regelsteuersatz des § 12 Abs. 1 UStG (§ 25a Abs. 5 S. 1 UStG). Die BMG berechnet sich abweichend von § 10 Abs. 1 UStG nach § 25a Abs. 3 UStG wie folgt: Veräußerungspreis von 90.000 € abzgl. Einkaufspreis von 72.500 € = 17.500 €. Bei einem Steuersatz von 19 % ergibt sich eine BMG von 14.705,88 €; die USt beträgt 2.794,12 €.

Die Differenzbesteuerung ist ebenfalls ausgeschlossen für die Lieferung neuer Fahrzeuge i. S. d. § 1b UStG (§ 25a Abs. 7 Nr. 1 Buchst. b UStG) und auf die Lieferung eines Gegenstandes, den der Wiederverkäufer seinerseits nach den Vorschriften über die igL steuerfrei im übrigen Gemeinschaftsgebiet erworben hat (§ 25a Abs. 7 Nr. 1 Buchst. a UStG).

5.5 Besonderheiten für gewerbliche Kunsthändler

Der Wiederverkäufer kann mit Beginn des Kj., in dem er eine entsprechende formlose Erklärung gegenüber seinem FA abgibt, die Differenzbesteuerung auch für selbst eingeführte Kunstgegenstände, Sammlungsstücke, Antiquitäten (§ 25a Abs. 2 S. 1 Nr. 1 UStG) und für vom Künstler direkt oder von einem anderen Unternehmer, der kein Wiederverkäufer ist, erworbene Kunstgegenstände, für die USt geschuldet wurde (§ 25a Abs. 2 S. 1 Nr. 2 UStG), anwenden.[16] Die Erklärung kann auf einzelne Gruppen dieser Gegenstände beschränkt werden und umfasst auch solche Gegenstände, die er vor dem Erklärungszeitpunkt erworben hat, aber erst danach veräußert (A 25a.1 Abs. 7 UStAE). An die Erklärung ist der Wiederverkäufer für mindestens zwei Jahre gebunden (§ 25a Abs. 2 S. 2 UStG). Insoweit ist der Wiederverkäufer aber abweichend von § 15 Abs. 1 UStG nicht berechtigt, die entstandene E-USt, die gesondert ausgewiesene USt oder die nach § 13b Abs. 5 UStG geschuldete USt als VSt abzuziehen (§ 25a Abs. 5 S. 3 UStG).

Um die Nachteile des gewerblichen Kunsthandels durch den Wegfall des ermäßigten Steuersatzes zum 01.01.2014 abzumildern, sieht **§ 25a Abs. 3 S. 2 UStG für den gewerblichen Kunsthandel eine Pauschalmarge** bei der Differenzbesteuerung vor. Lässt sich der Einkaufspreis eines Kunstgegenstandes (Nr. 53 der Anlage 2) nicht ermitteln oder ist der Einkaufspreis unbedeutend, wird der Betrag, nach dem sich der Umsatz bemisst, mit 30 % des Verkaufspreises angesetzt (vgl. A 25a.1 Abs. 11a–12 UStAE mit dortigen Beispielen). Von einem unbedeutenden Einkaufspreis eines Kunstgegenstands soll auszugehen sein, wenn er den Betrag von 500 € (netto) nicht übersteigt (A 25a.1 Abs. 11a S. 10 UStAE).

5.6 Besonderheiten bei der Besteuerung von Reiseleistungen (§ 25 UStG)

§ 25 UStG sieht eine Differenzbesteuerung auch für **Reiseveranstalter** vor, sofern diese **im eigenen Namen** (und nicht als Vermittler)[17] Reiseleistungen erbringen und dabei sog. **Reisevorleistungen in Anspruch** nehmen (§ 25 Abs. 1 S. 1 UStG). Das sind Lieferungen und

---

16 Die Differenzbesteuerung ist im Wege der unmittelbaren Berufung auf Art. 316 Abs. 1 Buchst. b MwStSystRL auch auf die Weiterveräußerungen von Kunstgegenständen anzuwenden, die der Wiederverkäufer zuvor von den Künstlern innergemeinschaftlich erworben hatte (EuGH vom 29.11.2018, Az.: C-264/17, HFR 2019, 69). Insoweit besteht kein Recht auf VSt-Abzug (Art. 322 Buchst. b MwStSystRL). Die vom Wiederverkäufer in diesem Fall auf den igE geschuldete USt ist nicht margenmindernd i. S. d. § 25a Abs. 3 UStG als Bestandteil des Einkaufspreises zu berücksichtigen (EuGH vom 13.07.2023, Az.: C-180/22, DStR 2023, 1838).
17 Zur Abgrenzung s. A 25.1 Abs. 3–5 UStAE.

sonstige Leistungen, die ein Dritter an den Veranstalter erbringt, die aber unmittelbar den Kunden des Veranstalters zugute kommen – wie z. B. Beförderungsleistungen, Gewährung von Unterkunft und Verpflegung. Folgerichtig ist der **VSt-Abzug des Reiseveranstalters** für die ihm für die Reisevorleistungen gesondert in Rechnung gestellten sowie die nach § 13b UStG von ihm geschuldeten VSt **ausgeschlossen (§ 25 Abs. 4 S. 1 UStG).**

Der **Leistungsort** der nach § 25 Abs. 1 S. 2 UStG einheitlichen sonstigen (Reise-)Leistungen bestimmt sich nach **§ 3a Abs. 1 UStG (§ 25 Abs. 1 S. 4 UStG).** § 25 Abs. 3 S. 1 – 2 UStG bestimmt als besondere **BMG** für diese einheitliche Leistung die **Differenz** zwischen dem **vom Leistungsempfänger** (Reisenden) hierfür **aufzuwendenden Betrag und dem vom Reiseveranstalter für die Reisevorleistungen aufgewandten Betrag, abzüglich USt.**

> **Beispiel 11: Reisevorleistungen ohne VSt-Abzug**
>
> Reiseveranstalter R mit Sitz in Hamburg berechnet der vierköpfigen Familie F für die gebuchte dreiwöchige Ferienreise in den Schwarzwald 2.088 €. An Vorleistungen sind dieser Reise zuzuordnen: Beförderungsleistungen von 200 € zzgl. 38 € USt, Gewährung von Unterkunft (selbständige Leistung zum Steuersatz von 7 %!) und Verpflegung mit Kosten von insgesamt 1.666 € einschließlich USt. Die Gesamtbelastung durch Vorleistungen beträgt damit 1.904 €.
>
> **Lösung:** Der Unternehmer R erbringt gegenüber der Familie F eine gem. § 1 Abs. 1 Nr. 1 UStG steuerbare einheitliche sonstige Leistung i. S. d. § 25 Abs. 1 S. 2 – 3 i. V. m. § 3 Abs. 9 UStG mit Leistungsort nach § 25 Abs. 1 S. 4 i. V. m. § 3a Abs. 1 UStG am Unternehmenssitz in Hamburg. Die von R erbrachte Reiseleistung ist auch im vollen Umfang stpfl., weil keine Reisevorleistungen, die im Drittland bewirkt werden, ausgeführt werden und daher die Steuerbefreiung nach § 25 Abs. 2 UStG nicht greift. Die Reiseleistung des R ist daher dem Regelsteuersatz nach § 12 Abs. 1 UStG zu unterwerfen. Die BMG für diesen Umsatz richtet sich abweichend von § 10 Abs. 1 UStG nach § 25 Abs. 3 UStG. Danach ergibt sich bei einer Bruttomarge von 184 € (Betrag, den der Leistungsempfänger aufwendet 2.088 € abzgl. Betrag, den der Unternehmer für die Reisevorleistungen aufwendet 1.904 €) eine BMG von 154,62 € und eine USt-Schuld von 29,38 €. Die Steuer entsteht gem. § 13 Abs. 1 Nr. 1 Buchst. a UStG mit Ablauf der gebuchten Reise. Soweit Vorauszahlungen geleistet wurden, ist § 13 Abs. 1 Nr. 1 Buchst. a S. 4 UStG zu beachten. Ein VSt-Abzug für die bezogenen Reisevorleistungen ist nach § 25 Abs. 4 S. 1 UStG ausgeschlossen. Andere Leistungsbezüge für das Unternehmen (z. B. Büro- und Raumkosten) sind von diesem VSt-Ausschluss gem. § 25 Abs. 4 S. 2 UStG nicht betroffen. Im Hinblick auf § 14a Abs. 6 UStG erhält F eine Rechnung ohne gesonderten USt-Ausweis.

Hinweis: Der Abschluss einer **Reiserücktrittskostenversicherung unterliegt nicht der Margenbesteuerung.** Hierbei handelt es sich um eine selbständige Leistung, die je nach Sachverhalt entweder nach § 4 Nr. 10b UStG (Gewährung von Versicherungsschutz) oder nach § 4 Nr. 11 UStG (Umsätze aus der Tätigkeit als Versicherungsvertreter) steuerfrei sein kann (A 25.1 Abs. 13 UStAE).

Eine einheitliche **Reiseleistung** i. S. d. § 25 Abs. 1 UStG **erfordert** allerdings **kein Bündel von Einzelleistungen,** sondern liegt auch dann vor, wenn der Reiseveranstalter nur eine Leistung erbringt (EuGH vom 19.12.2018, Az.: C-552/17, DStR 2018, 2693), und dies gilt sogar dann, wenn er dabei zwar **in eigenem Namen,** aber **für fremde Rechnung** handelt (A 25.1 Abs. 1 S. 9 UStAE).[18] Damit werden solche Sachverhalte zu besonders »reizvollen« Aufgabenstellungen

---

18 Nach A 25.1 Abs. 2 S. 3 UStAE soll dies aber nicht gelten, wenn ein Unternehmer gegenüber seinem Kunden lediglich eine Beförderungsleistung erbringt, deren Zweck es ist, den Kunden die An- und Abreise zu organisieren. Denn entgegen EuGH vom 13.10.2005 (Az.: C-200/04, DStRE 2005, 1481) soll nach Verwaltungsauffassung eine einzelne Leistung für die Anwendung des § 25 UStG nur dann genügen, wenn es sich um eine Beherbergungsleistung handelt (A 25.1 Abs. 2 S. 6 UStAE).

i. R. d. **Dienstleistungskommission** nach § 3 Abs. 11 UStG (vgl. dazu die Beispiele in A 3.15 Abs. 6 Beispiel 3, Abs. 7 Beispiel 1 – 3 UStAE).

Beispiel 12: Vermietungsleistungen als Reiseleistung[19]

Arzt A kann sich nicht länger selber um die Vermietung seines Ferienhauses auf Rügen kümmern. Im März 01 beauftragt er deshalb die V-Vermietungs-GmbH (V) in Rügen damit, sein Ferienhaus ab April 01 im eigenen Namen an Urlauber zu vermieten. Dafür soll die V-GmbH 20 % der Mieteinnahmen behalten dürfen, der Rest ist an A auszuzahlen.

Das Ferienhaus wird in den Monaten April 01 bis Juni 01 von den jeweiligen Mietern für eine bis maximal drei Wochen angemietet. Bis einschließlich Juni 01 beliefen sich die Mieteinnahmen der V-GmbH auf (brutto) 9.000 €. Nach Abzug der vereinbarten 20 % überwies V an A am 03.07.01 den Bruttobetrag von 7.200 €. Der Zahlung ist eine ordnungsgemäße Abrechnung der V-GmbH vom 02.07.01 vorausgegangen.

Lösung: Die Vermietung des Ferienhauses an die Urlauber erfolgt im Wege einer sog. Dienstleistungskommission i. S. d. § 3 Abs. 11 UStG. V wird in die Erbringung von sonstigen Leistungen, hier in Form von Vermietungsleistungen an die Urlauber, eingeschaltet und handelt dabei gegenüber den Urlaubern in eigenem Namen, jedoch für Rechnung des A. Wie bei der Lieferkommission nach § 3 Abs. 3 UStG gilt für die mit § 3 Abs. 11 UStG anerkannte sog. **Dienstleistungskommission:** Wer im eigenen Namen, aber für fremde Rechnung eine Dienstleistung erbringt (hier V mit den Vermietungsleistungen), gilt als »Einkäufer« dieser Dienstleistungen gegenüber dem »Kommittenten« (im Sachverhalt also dem A) und als »Verkäufer« gegenüber den Dienstleistungsempfängern (hier den Feriengästen). Demzufolge gelten die Vermietungsleistungen als an V und von V erbracht. Der Regelungsgehalt des § 3 Abs. 11 UStG beschränkt sich freilich darauf, eine bestimmte sonstige Leistung des Auftraggebers (hier A) an den eingeschalteten Unternehmer (hier V) zu fingieren und damit auszuschließen, dass umsatzsteuerlich die Geschäftsbesorgung des eingeschalteten Unternehmers als sonstige Leistung besteuert wird.[20] Die **fingierte Leistung und die an den Dritten bewirkte Leistung sind** dabei lediglich nach ihrem sachlichen Gehalt (hier Vermietungen) identisch. I. Ü. sind sie **umsatzsteuerrechtlich** jedoch **selbständig zu würdigen**, z. B. hinsichtlich des Ortes der Leistung, der Anwendung von Steuerbefreiungen oder auch der Anwendung von Steuersätzen (vgl. A 3.15 Abs. 2 und 3 UStAE).

Die **Vermietungsleistungen des V** an die Urlauber **unterliegen** der Sonderregelung über die **Besteuerung von Reiseleistungen** in § 25 UStG. Eine Reiseleistung i. S. d. § 25 Abs. 1 UStG liegt nämlich auch vor, wenn der Unternehmer nur eine Leistung im eigenen Namen und für fremde Rechnung erbringt (A 25.1 Abs. 1 S. 4 UStAE). Der Ort dieser Reiseleistung bestimmt sich gem. § 25 Abs. 1 S. 4 UStG nach § 3a Abs. 1 UStG und liegt damit auf Rügen. Die als Grundgeschäft i. R. d. Unternehmens des V erbrachten Reiseleistungen sind damit steuerbar nach § 1 Abs. 1 Nr. 1 UStG. Sie sind auch stpfl. Die BMG für die Reiseleistungen des V bestimmt sich nach § 25 Abs. 3 UStG und damit nach dem Unterschied zwischen dem Betrag, den die Leistungsempfänger (Feriengäste) für die Leistung jeweils aufgewendet haben, und dem Betrag, den der Unternehmer V für die Reisevorleistungen (hier die fingierten Vermietungsleistungen des A an V) aufgewendet hat. Bezogen auf den Zeitraum von April bis Juni 01 macht der Unterschiedsbetrag 1.800 € aus (9.000 € ./. 7.200 €). Da die USt nach § 25 Abs. 3 S. 2 UStG nicht zur BMG gehört, ferner die Reiseleistungen dem Regelsteuersatz unterliegen, ergibt sich als BMG für die im zweiten Quartal 01 getätigten Umsätze ein Betrag von 1.512, 61 €, die USt beläuft sich auf 287,39 €. Die Steuer entsteht nach § 13 Abs. 1 Nr. 1a S. 1 UStG anteilig mit Ablauf der jeweiligen VAZ, in denen die Reiseleistungen ausgeführt wurden (Ablauf des jeweiligen Mietverhältnisses).

---

19 Hierzu auch BFH vom 27.03.2019, Az.: V R 10/19 (V R 60/16), BStBl II 2021, 497.
20 Vgl. zum Vorstehenden auch Kap. III 2.2.1 mit dortigem Beispiel 2.

Beurteilung des A: Die entgeltlichen Vermietungsleistungen des A erfolgen i. R. d. Unternehmens des A, das aus ärztlicher Tätigkeit und Vermietungsleistungen besteht (Grundsatz der Unternehmenseinheit). Der Leistungsort bestimmt sich nach § 3a Abs. 3 Nr. 1 S. 2 Buchst. a UStG und ist ebenfalls in Rügen. Die Umsätze sind damit steuerbar nach § 1 Abs. 1 Nr. 1 UStG. Sie sind auch stpfl. Bei den Vermietungsleistungen des A an V handelt es sich um kurzfristige Vermietungsleistungen i. S. d. § 4 Nr. 12 S. 2 UStG. Die BMG nach § 10 Abs. 1 S. 1, 2 UStG beträgt unter Anwendung des ermäßigten Steuersatzes nach § 12 Abs. 2 Nr. 11 UStG, also 7.200 € abzüglich 7 % USt = 6.728,97 €; die Steuer 471,03 €. Die Steuer entsteht nach § 13 Abs. 1 Nr. 1 Buchst. a S. 1 UStG anteilig mit Ablauf des jeweiligen VAZ, in dem die einzelnen Vermietungsleistungen an die unterschiedlichen Mieter endeten. Einem VSt-Abzug des V aus der von ihm erstellten Gutschrift steht § 25 Abs. 4 S. 1 entgegen.

Hinweis: Setzt der Unternehmer für die Reise auch eigene Betriebsmittel ein – z. B. eigene Beförderungsmittel oder Unterkünfte – handelt es sich um Eigenleistungen, die nicht nach § 25 UStG, sondern als getrennt zu beurteilende Einzelleistungen nach den allgemeinen Vorschriften zu besteuern sind (A 25.1 Abs. 8 und 11 UStAE). Bei solchen gemischten Reiseleistungen sind die gesamten Reiseerlöse nach dem prozentualen Verhältnis der Einzelverkaufspreise auf die verschiedenen Umsätze aufzuteilen. Liegen Einzelverkaufspreise nicht vor, sind die Bruttokosten zur Berechnung heranzuziehen (vgl. dazu OFD Karlsruhe vom 14.04.2023, DB 2023, 1315 mit zahlreichen Beispielen).

Trotz der Differenzbesteuerung ist eine (einheitliche) Reiseleistung nach § 25 Abs. 2 UStG steuerfrei, soweit die ihr einzeln zuzurechnenden Reisevorleistungen nicht im Gemeinschaftsgebiet, sondern im Drittlandsgebiet bewirkt werden. Unterkunft und Verpflegung bereiten insoweit keine Schwierigkeiten. Erstreckt sich allerdings die Beförderung von Personen sowohl auf das Drittlandsgebiet als auch auf das Gemeinschaftsgebiet, hat der Reiseveranstalter die gesamte Beförderungsleistung nach Maßgabe der zurückgelegten Strecken aufzuteilen (A 25.2 Abs. 3 UStAE). Für Personenbeförderungen im Luftverkehr kann der Reiseveranstalter einheitlich für alle von ihm veranstalteten Reisen hiervon abweichend aus Vereinfachungsgründen auf den jeweiligen Zielort abstellen, der sich im Falle von Hin- und Rückflug nach dem Hinflug richtet (A 25.2 Abs. 4 – 5 UStAE). Kreuzfahrten sind gänzlich steuerfrei, wenn sie sich auch auf das Drittlandsgebiet erstrecken (A 25.2 Abs. 6 UStAE).

X Steuerentstehung

Umsatzsteuerliche Leistungstatbestände werden zu bestimmten, fixierbaren Zeitpunkten realisiert. Diese Zeitpunkte fallen in sog. Voranmeldungszeiträume (VAZ). Das sind Kalendervierteljahre oder Kalendermonate (näher dazu Kap. XVII).

1 Besteuerung nach vereinbarten Entgelten (§ 16 UStG)

Hierauf nimmt **§ 13 Abs. 1 Nr. 1 Buchst. a S. 1 UStG** Bezug, der die Entstehung der USt für den **Regelfall** einer Besteuerung nach vereinbarten Entgelten regelt (sog. **Sollbesteuerung**, vgl. § 16 Abs. 1 S. 1 UStG).

1.1 Leistungszeitpunkt als Anknüpfungspunkt

Danach entsteht die Steuer für Lieferungen und sonstige Leistungen »mit Ablauf des VAZ, in dem die Leistungen ausgeführt worden sind«. Je nach Leistungsart bestehen nachfolgende Grundsätze zum Zeitpunkt der Leistungsausführung:[1]

Art der Leistung	Zeitpunkt der Leistungsausführung
Lieferung i. S. d. § 3 Abs. 1 UStG	Verschaffung der Verfügungsmacht; in Beförderungs- und Versendungsfällen mit Beginn des Warentransports (A 13.1 Abs. 2 S. 2 UStAE)
Werklieferung i. S. d. § 3 Abs. 4 UStG	Abnahme, d. h. durch ggf. konkludente Billigung ordnungsgemäßer Leistungserfüllung i. S. d. § 640 BGB
Sonstige Leistung i. S. d. § 3 Abs. 9 UStG	Vollendung bzw. Beendigung; bei Dauerleistungen mit Ende des Leistungsabschnitts, wenn keine Teilleistungen vorliegen
Werkleistung (§ 3 Abs. 4 UStG UKS)	Vollendung bzw. Beendigung
IgE i. S. d. § 1 Abs. 1 Nr. 5 UStG	Rechnungsausstellung, spätestens mit Ablauf des auf die Erfüllung des zugrunde liegenden Leistungstatbestands folgenden Kalendermonats
Reverse-Charge-Umsätze	abhängig von der Art der Leistung nach § 13b Abs. 1 oder Abs. 2 UStG (vgl. Kap. XI)
UWa	Erfüllung des zugrunde liegenden Leistungstatbestands

Überblick über die Grundsätze des Zeitpunkts der Leistungsausführung

Entsprechendes gilt nach § 13 Abs. 1 Nr. 1 Buchst. a S. 2 UStG für **Teilleistungen**. Bei ihnen entsteht der Steueranspruch für die gesamte Leistung sukzessive in mehreren Abschnitten bereits mit Ablauf der VAZ, in denen die jeweiligen Teilleistungen ausgeführt werden. Diese Sonderregelung bewirkt eine Vorverlagerung des Entstehungszeitpunktes gegenüber der Grundregel, wonach es auf die Ausführung der gesamten Leistung ankommt. Die einzelne

---

[1] Bei der Pflicht zur Vorfinanzierung der USt durch den Unternehmer im Falle der Soll-Versteuerung handelt es sich um eine bewusste Entscheidung des Gesetzgebers, die nicht gegen allgemeine Rechtsgrundsätze verstößt (BFH vom 28.09.2022, Az.: XI R 28/20, BStBl II 2023, 598).

Teilleistung wird bezüglich der Entstehung des Steueranspruches **wie eine selbständige Leistung** behandelt. Nach § 13 Abs. 1 Nr. 1 Buchst. a S. 3 UStG sind für die Annahme von **Teilleistungen drei Voraussetzungen** notwendig:
- Die Leistung muss überhaupt **wirtschaftlich teilbar** sein,
- es muss eine **gesonderte Entgeltvereinbarung** vorliegen und
- diese gesonderte Entgeltvereinbarung muss für **bestimmte Teile der Leistung** vereinbart sein.

Bei der wirtschaftlich teilbaren Leistung muss es sich allerdings um eine Leistung mit einem »kontinuierlichen oder wiederkehrenden Charakter« handeln. Eine Anwendung von § 13 Abs. 1 Nr. 1 Buchst. a S. 3 UStG auf eine einmalige Leistung gegen bloße Ratenzahlung ist daher ausgeschlossen (A 13.4 S. 4 – 5 UStAE). Besondere Schwierigkeiten bereitet die Feststellung, ob von einer gesonderten Entgeltvereinbarung für bestimmte Teile einer Leistung auszugehen ist. Das Problem besteht darin, Teilleistungen von Vereinbarungen abzugrenzen, bei denen für **eine** (Gesamt-)Leistung **Abschlagszahlungen entsprechend dem Leistungsfortschritt** vereinbart worden sind. Solche Abreden beinhalten der Sache nach eine Vereinbarung von **Fälligkeitszeitpunkten für die** geschuldete **Gegenleistung (das Entgelt)**, nicht aber eine gesonderte Entgeltvereinbarung für Teile einer Leistung. Abschlagszahlungen werden insb. bei Werkverträgen in Abweichung von der Grundregel des § 641 Abs. 1 S. 1 BGB vereinbart, indem die Fälligkeit der Gegenleistung, die von Gesetzes wegen erst nach Fertigstellung und Abnahme des gesamten Werkes eintritt, vorverlagert wird. Entsprechendes gilt durchweg auch bei **Werklieferungen der Bauwirtschaft sowie bei Architekten- und Ingenieurleistungen,** die nach Leistungsphasen der Honorarordnung abgerechnet werden. Ebenso fällt die in Raten vergütete einmalige Dienstleistung nicht in den Anwendungsbereich der Teilleistungen (BFH vom 01.02.2022, Az.: V R 37/21 (V R 16/19), BFH/NV 2022, 875).

Bei **Teilleistungen** wird nicht die Fälligkeit der Gegenleistung vorverlagert, sondern die Fälligkeit tritt dort – wie bei gegenseitigen Verträgen sonst auch – ein, weil der Schuldner mit der Teilleistung die geschuldete eigene (Teil-)Leistung erbracht hat.

Klassische Anwendungsfälle für Teilleistungen stellen **Dauernutzungsverhältnisse (Miete/Pacht/Nießbrauch/Erbbaurecht)** dar, wenn für bestimmte Zeiträume der Duldung/Überlassung (Monat, Jahr usw.) ein gesondertes Entgelt vereinbart ist. Denn obwohl es für die Leistungsausführung bei zeitlich begrenzten Dauerleistungen wie etwa Duldungs- oder Unterlassungsleistungen an sich auf die Beendigung der dem zugrunde liegenden Rechtsverhältnisse ankommt (A 13.1 Abs. 3 UStAE), tritt dennoch mit der Duldung der Gebrauchsüberlassung über den jeweiligen Zeitraum Erfüllung ein. Ebenso liegt es bei **Wartungsverträgen,** wenn innerhalb bestimmter Zeiträume Überprüfungen stattzufinden haben und ggf. Störungen zu beseitigen sind. Entsprechendes gilt für **Beratungsleistungen der StB und WP**, wenn nach Zeitabschnitten bemessene Pauschalhonorare vereinbart wurden. Auch insoweit liegen dann – ebenso wie etwa bei steuerbaren **Geschäftsführungsleistungen eines G'fters**, denen ein monatliches Entgelt gegenübersteht – Teilleistungen vor.

Hinweis: Zur Umsetzung des Mehrwertsteuer-Digitalpakts sind die Regelungen zur Steuerentstehung in § 13 Abs. 1 Nr. 1 UStG um die Buchst. f – i für solche (im Inland nicht steuerbare) Umsätze erweitert, die über den sog. One-Stop-Shop nach den §§ 18i–k UStG angemeldet werden.

1.2 Entgeltsvereinnahmung als Anknüpfungspunkt

Im Rahmen der Sollbesteuerung ist der Zeitpunkt der Bezahlung für das Entstehen der Steuer grds. ohne Bedeutung. Etwas anderes gilt nur, wenn schon vor Ausführung der Leistung das Entgelt ganz oder teilweise vereinnahmt wird. Nach § 13 Abs. 1 Nr. 1 Buchst. a S. 4 UStG entsteht dann die Steuer bereits mit Ablauf des VAZ, in dem es zu einer **Vereinnahmung des Entgelts** oder eines Teils des Entgelts gekommen ist. Der Höhe nach entsteht der Steueranspruch nach Maßgabe des in dem vereinnahmten Betrag enthaltenen Entgelts nach § 10 Abs. 1 S. 1 und 2 UStG. Die USt ist also aus dem vereinbarten Betrag **herauszurechnen**. Diese sog. Mindest-Ist-Besteuerung führt zu einer Vorverlagerung des Entstehens des Steueranspruches. Sie kommt daher nur zum Tragen, wenn der Steueranspruch nicht ohnehin bereits wegen Ausführung der Leistung oder Teilleistung entstanden ist. Sie findet insb. bei Abschlagszahlungen vor Erbringen der Leistung oder Teilleistung Anwendung.

> **Beispiel 1: Steuerentstehung bei Abschlagszahlungen**
>
> Bauunternehmer B hat sich gegenüber dem Unternehmer U im März 01 zur Errichtung einer Lagerhalle verpflichtet. Vereinbarter Festpreis: 240.000 €; Fertigstellungstermin: August 01. B sendet dem U im Mai 01 für eine im Juni 01 zu leistende Anzahlung eine Rechnung über 100.000 € + 19.000 € USt zu. U überweist im Juni 100.000 € und erst Anfang Juli 01 die geforderten weiteren 19.000 €. Mit der Fertigstellung der Lagerhalle im August erhält U eine ordnungsgemäße Schlussrechnung. Den Restbetrag von 121.000 € zahlt U, der die Lagerhalle zu vorsteuerunschädlichen Umsätzen nutzt, Anfang September 01.
>
> **Lösung:** B tätigt gegenüber dem U mit der Errichtung der Lagerhalle eine nach § 1 Abs. 1 Nr. 1 UStG stpfl. Lieferung. Die BMG nach § 10 Abs. 1 S. 1 und 2 UStG beträgt 201.680,67 €. Nach § 13 Abs. 1 Nr. 1 Buchst. a S. 1 UStG entstände die USt für diese Werklieferung i.H.v. 38.319,33 € grds. mit Ablauf des VAZ der Lieferung (August 01). Da es hier jedoch vor Ausführung der Werklieferung zur Vereinnahmung von Teilen des Entgelts kommt, findet § 13 Abs. 1 Nr. 1 Buchst. a S. 4 UStG Anwendung. Danach entsteht die USt i.H.d. in den Teilentgelten enthaltenen USt mit Ablauf der VAZ der Vereinnahmung der Teilentgelte. Folglich entsteht hier mit Ablauf des VAZ Juni 01 USt i.H.v. 15.966,39 € (enthalten in 100.000 €) und mit Ablauf des VAZ Juli 01 eine USt von 3.033,61 € (enthalten in 19.000 €). Die restliche USt-Schuld von 19.319,33 € entsteht gem. § 13 Abs. 1 Nr. 1 Buchst. a S. 1 UStG – losgelöst von der erst im September 01 erfolgenden Restzahlung – mit Ablauf des VAZ der Werklieferung, hier August 01.

Entsprechend § 13 Abs. 1 Nr. 1 Buchst. a S. 1 UStG ist nach § 15 Abs. 1 S. 1 Nr. 1 S. 1 UStG der **VSt-Abzug grds.** erst möglich, **wenn** die **Leistung ausgeführt** wurde und eine **Rechnung vorliegt**. Korrespondierend zur Mindest-Ist-Besteuerung erlaubt § 15 Abs. 1 S. 1 Nr. 1 S. 2 UStG aber einen Abzug vor Leistungsausführung, wenn eine Rechnung mit offenem Steuerausweis vorliegt und die Zahlung bereits erfolgt ist.

Werden über Abschlagszahlungen Rechnungen mit offenem Steuerausweis ausgestellt, muss bei der Endabrechnung eine offene Absetzung der bereits in Rechnung gestellten USt erfolgen. Andernfalls ist für den leistenden Unternehmer eine USt-Schuld nach § 14c Abs. 1 UStG begründet (A 14.8 Abs. 10 UStAE). Zulässig ist es, von vornherein eine Rechnung über den Gesamtbetrag mit offenem Steuerausweis zu erteilen. Die Steuerschuld und die Abzugsmöglichkeit nach § 15 Abs. 1 Nr. 1 UStG entstehen dann jeweils im VAZ der Zahlung nach Maßgabe der Höhe des vereinnahmten Entgeltes (A 14.8 Abs. 5 und 6 UStAE).

2 Besteuerung nach vereinnahmten Entgelten (§ 20 UStG)

Neben dem Regelfall der Besteuerung nach vereinbarten Entgelten räumt § 20 UStG unter den dort genannten Voraussetzungen die Möglichkeit ein, auf Antrag die USt auch nach den vereinnahmten Entgelten i. S. d. **§ 13 Abs. 1 Nr. 1 Buchst. b UStG** zu berechnen.[2]

Hinweis: Das Entgelt ist vereinnahmt, wenn der Unternehmer für seine Leistung eine Gegenleistung in Geld oder Geldeswert erhält, über die er wirtschaftlich verfügen kann. Bei Überweisungen liegt eine Vereinnahmung daher auch dann erst im Zeitpunkt der Gutschrift auf dem Girokonto des Zahlungsempfängers vor, wenn die Wertstellung (Valutierung) bereits zu einem früheren Zeitpunkt wirksam wird (BFH vom 17.08.2023, V R 12/22, DStR 2023, 2438).

Relevant wird die Unterscheidung zwischen einer Besteuerung nach vereinbarten Entgelten und der nach vereinnahmten Entgelten (sog. **Ist-Besteuerung**) nur für den Steuertatbestand des § 1 Abs. 1 Nr. 1 UStG, soweit er durch einen realen Leistungsaustausch begründet ist. Insoweit verschafft eine Besteuerung nach vereinnahmten Entgelten den Unternehmern insb. einen **Liquiditätsvorteil**: Sie dürfen den VSt-Abzug unabhängig von der Bezahlung der Vorbezüge vornehmen, müssen Steuern für die ausgeführten Umsätze aber erst im VAZ der Vereinnahmung der Gegenleistung anmelden.

Nach § 20 Abs. 1 S. 1 Nr. 1 – 4 UStG kann ein Unternehmer die Ist-Versteuerung auf Antrag anwenden,
- dessen **Gesamtumsatz i. S. d. § 19 Abs. 3 UStG** im vorangegangenen Kj. nicht mehr als **800.000 €** betragen hat,
- der von der **Buchführungspflicht** nach § 148 AO befreit ist,[3]
- der »**Umsätze aus einer Tätigkeit als Angehöriger eines freien Berufs**« i. S. d. § 18 Abs. 1 Nr. 1 EStG ausführt oder
- der eine jPdöR ist, soweit er nicht freiwillig Bücher führt und aufgrund jährlicher Bestandsaufnahmen regelmäßig Abschlüsse macht oder hierzu gesetzlich verpflichtet ist.

3 Änderungen der Bemessungsgrundlage nach § 17 UStG

Eine Besteuerung auf der Basis »vereinbarter Entgelte« muss dem Umstand Rechnung tragen, dass sich Sollentgelt und tatsächliches Entgelt unterscheiden. Daher bestimmt § 17 Abs. 1 S. 1 und 2 UStG: Ändert sich die BMG, muss der Unternehmer, der den Umsatz ausgeführt hat, den dafür geschuldeten Steuerbetrag und sein Abnehmer die abgezogene VSt berichtigen (Berichtigungspflicht). Dies hat nach § 17 Abs. 1 S. 8 i. V. m. § 18 Abs. 2 UStG ex nunc für den Besteuerungsabschnitt (VAZ) zu erfolgen, in dem die Änderung eingetreten ist. Eine spätere Berichtigung ist ausgeschlossen (BFH vom 08.05.2020, Az.: V B 95/18, BFH/NV 2020, 1102). Bei der Vereinbarung einer vollständigen oder teilweisen Rückzahlung eines entrichteten Entgelts tritt die Änderung erst in dem VAZ ein, in dem das Entgelt tatsächlich zurückgezahlt wird, die Vereinbarung als solche löst noch keine Änderung der BMG aus

---

2   In Beraterklausuren spielt diese Besteuerungsform so gut wie keine Rolle. Die Bearbeitungshinweise enthielten bisher – mit einer Ausnahme – durchweg die Vorgabe, dass die Unternehmer nach vereinbarten Entgelten besteuern.
3   Dies bedeutet allerdings nicht, dass Unternehmern, die von vornherein keine Buchführungspflicht trifft, automatisch eine Besteuerung nach vereinnahmten Entgelten zu gestatten ist (A 20.1 Abs. 1 S. 5 UStAE).

(A 17.1 Abs. 2 S. 3 UStAE). Die Vorschrift betrifft nachträgliche Minderungen wie Erhöhungen des Entgelts und wird in § 17 Abs. 2 UStG auf gleichgelagerte Sachverhalte – namentlich die Fälle der Uneinbringlichkeit und der Rückgängigmachung einer stpfl. Lieferung oder sonstigen Leistung – erweitert. All diese Vorgänge müssen schlicht eingetreten sein. Ob sie den bestehenden rechtlichen Beziehungen entsprechen, ist für die Berichtigungspflicht unerheblich. Hauptbeispiele für **Entgeltsminderungen** bilden **Skonti, Boni und Minderungen wegen Mängeln** der erbrachten Leistung.

> **Beispiel 2: Skontoabzug**
>
> A liefert an einen Kunden im Januar 01 Ware für 10.000 € zzgl. USt i. H. v. 1.900 €. Im Februar 01 zahlt der Kunde unter Abzug von 2 % Skonto vom Nettobetrag 11.700 €.
>
> **Lösung:** Die Lieferung im Januar 01 ist nach § 1 Abs. 1 Nr. 1 UStG steuerbar. Die BMG beträgt gem. § 10 Abs. 1 S. 1 – 2 UStG 10.000 €; die mit Ablauf des VAZ 01/01 gem. § 13 Abs. 1 Nr. 1 Buchst. a S. 1 UStG entstehende USt beträgt 1.900 €. Im Februar 01 tritt eine Änderung der BMG aufgrund des Skontoabzugs i. H. v. 168,07 € ein. Die USt ist zugunsten des A i. H. v. 31,93 € gem. § 17 Abs. 1 S. 1 und 8 UStG zu mindern. Sofern der Kunde ein vorsteuerabzugsberechtigter Unternehmer ist und die Ware für Zwecke seines Unternehmens bezogen hat, konnte er im VAZ 01/01 einen VSt-Abzug gem. § 15 Abs. 1 S. 1 Nr. 1 UStG im Umfang von 1.900 € geltend machen. Im VAZ 02/01 hat er diese um 31,93 € zu seinen Ungunsten gem. § 17 Abs. 1 S. 2 und 7 UStG zu korrigieren.

Gewährt der leistende Unternehmer seinem Abnehmer nachträglich, d. h. nach Ausführung der Lieferung, einen Preisnachlass, verringert sich daher gem. § 17 Abs. 1 S. 1 UStG die BMG für die Lieferung. Der Leistungsempfänger hat entsprechend seinen VSt-Abzug gem. § 17 Abs. 1 S. 2 UStG zu korrigieren. Die BMG des leistenden Unternehmers für die Lieferung an seinen unmittelbaren Abnehmer ist auch zu berichtigen, wenn der **Preisnachlass in einer Lieferkette** nicht dem unmittelbaren Abnehmer, sondern einem in der Kette nachfolgenden Abnehmer gewährt wird. Ist der durch den Preisnachlass bzw. die Preiserstattung begünstigte Abnehmer ein in vollem Umfang oder teilweise zum VSt-Abzug berechtigter Unternehmer und bezieht er die Leistung für sein Unternehmen, mindert sich dadurch grds. sein VSt-Abzug aus der Leistung um den in dem Preisnachlass enthaltenen Steuerbetrag (§ 17 Abs. 1 S. 4 UStG). Voraussetzung hierfür ist, dass sich aufgrund des Preisnachlasses die BMG für einen im Inland stpfl. Umsatz der an der Leistungskette beteiligten Unternehmer geändert hat. Unterliegt danach der Umsatz des preisnachlassgewährenden Unternehmers bereits nicht der deutschen USt, weil dieser steuerfrei oder im Inland nicht steuerbar ist, hat sich nach § 17 Abs. 1 S. 1 UStG die BMG für diesen Umsatz nicht geändert. Führt ein Unternehmer eine igL aus dem übrigen Gemeinschaftsgebiet in das Inland aus und gewährt er einem in der Lieferkette nicht unmittelbar nachfolgenden Unternehmer einen Preisnachlass, liegt ebenfalls keine Minderung der BMG nach § 17 Abs. 1 S. 1 UStG beim liefernden Unternehmer vor (A 17.2 Abs. 3 S. 2 UStAE). Ebenso wenig hat sich in diesem Fall die BMG für den igE seines unmittelbaren Abnehmers geändert (§ 17 Abs. 1 S. 5 UStG). In der Folge ist der VSt-Abzug bei dem durch den Preisnachlass oder die Preiserstattung begünstigten Unternehmer nicht zu mindern (BFH vom 05.06.2014, Az.: XI R 25/12, BStBl II 2017, 806; BFH vom 04.12.2014, Az.: V R 6/13, BStBl II 2017, 810). Im umgekehrten Fall ist der inländische Rabattgeber nach § 17 Abs. 1 S. 6 UStG nicht zur Minderung seiner USt berechtigt, wenn die Lieferung durch den letzten inländischen Unternehmer an den ausländischen Rabattempfänger als igL oder Ausfuhrlieferung steuerfrei ist (A 17.2 Abs. 1 S. 5 Nr. 2 UStAE).

> **Beispiel 3: Ausgabe von Gutscheinen**
>
> Hersteller A verkauft an den Zwischenhändler B ein Möbelstück für 1.000 € zzgl. 190 € gesondert ausgewiesener USt. B verkauft dieses Möbelstück an den Einzelhändler C für 1.500 € zzgl. 285 € gesondert ausgewiesener USt. C verkauft dieses Möbelstück an den Endverbraucher D für 2.000 € zzgl. 380 € gesondert ausgewiesener USt. D zahlt C einen Barbetrag i. H. v. 2.261 € und übergibt C einen von A ausgegebenen Gutschein mit einem Nennwert von 119 € an Zahlungs statt. C legt den Warengutschein A vor und erhält von diesem eine Vergütung i. H. v. 119 € (**Preisnachlassgutschein**).
>
> **Abwandlung:** D zahlt C den gesamten Kaufpreis i. H. v. 2.380 € und legt den Gutschein A vor. D erhält von A eine Erstattung i. H. v. 119 € (**Preiserstattungsgutschein**).
>
> **Lösung:** Hersteller A kann sowohl im Grundfall als auch in der Abwandlung die BMG seiner Lieferung an B (zunächst: 1.000 €) um 100 € (119 € abzgl. USt) mindern. Die geschuldete USt aus seiner Lieferung an B vermindert sich um 19 €. Einer Rechnungsberichtigung bedarf es nicht. Zwischenhändler B hat sowohl im Grundfall als auch in der Abwandlung in Höhe des in der Rechnung des A ausgewiesenen USt-Betrages einen VSt-Abzug i. H. v. 190 €. Dieser bleibt unbeeinflusst durch die Änderung der BMG aufseiten des A. Der Gesamtaufwand für die Lieferung des C an D ergibt sich im Grundfall aus der Barzahlung des D i. H. v. 2.261 € und dem von A gezahlten Erstattungsbetrag von 119 €. Er beläuft sich somit auf 2.380 €. Die BMG für die Lieferung des C beträgt demnach 2.000 €, die USt 380 €. Dies gilt auch in der Abwandlung, in der zur Ermittlung der BMG die USt schlicht aus der Barzahlung des D herauszurechnen ist. Dem Fiskus fließen in beiden Fällen demnach insgesamt 361 € USt zu (Abführung von 380 € durch C abzgl. der Minderung i. H. v. 19 € bei A). Dies entspricht dem USt-Betrag, der in dem vom Endverbraucher D tatsächlich aufgewendeten Betrag enthalten ist, mit dem D also tatsächlich wirtschaftlich belastet ist. Ist der Endabnehmer D ein zum VSt-Abzug berechtigter Unternehmer und bezieht er den erworbenen Gegenstand für sein Unternehmen, mindert sich sein VSt-Abzug um den in der Erstattung oder in dem Preisnachlass enthaltenen Steuerbetrag (vgl. § 17 Abs. 1 S. 4 UStG).

Hinweis: Zu einer Änderung der BMG kommt es nicht, wenn ein Händler der Ware Gutscheine oder Chips beifügt, die zum verbilligten Bezug von Leistungen eines Dritten (z. B. Sondertarif bei der Parkhausbenutzung) berechtigen, der mit der Warenlieferung selbst nichts zu tun hat. Aus Sicht des BFH weisen solche Chips keine Gemeinsamkeiten mit den zuvor erörterten Preisnachlässen bzw. Preiserstattungsgutscheinen auf (s. hierzu auch A 10.3 Abs. 3 UStAE).[4]

Technisch bewirkt die Vorschrift des § 17 UStG, dass ein Umsatz nur mit der letztendlich aufgewendeten Gegenleistung zu besteuern ist. Da die geschuldete Steuer des Leistenden und die VSt seines Abnehmers einander entsprechen sollen, entsprechen auch die Berichtigungspflichten einander. Sie stehen aber steuerschuldrechtlich unabhängig nebeneinander und sind auch verfahrensrechtlich nicht miteinander verbunden. So kann ein Unternehmer § 17 Abs. 1 Nr. 1 UStG in Anspruch nehmen, ohne seinem Abnehmer eine geänderte Rechnung zu schicken. Anders als die Korrektur nach AO-Regelungen normiert § 17 UStG eine arteigene Ex-nunc-Berichtigung und erfasst Ereignisse, die nach Entstehung der Steuer oder VSt eingetreten sind. Ereignisse, die bereits vor diesem Zeitpunkt liegen, bringen eine Steuer zur Ent-

---

[4] Beteiligt sich ein Unternehmer an einem von einem Dritten betriebenen Rabattsystem, das an Kunden des Unternehmers umsatzabhängige Punkte ausgibt, so mindert sich die BMG des Unternehmers erst, wenn der Kunde die Punkte tatsächlich einlöst (BFH vom 16.01.2020, Az.: V R 42/17, BStBl II 2020, 361).

stehung, die bereits den geänderten Verhältnissen entspricht: Ist noch im VAZ der Lieferung Skonto in Anspruch genommen (§ 17 Abs. 1 S. 1 UStG) oder die Lieferung rückgängig gemacht worden (§ 17 Abs. 2 Nr. 3 UStG), bedarf es folglich keiner Berichtigung.

3.1 Uneinbringlichkeit der Forderung (§ 17 Abs. 2 Nr. 1 UStG)

Der Berichtigungstatbestand der sog. **Uneinbringlichkeit** i. S. d. § 17 Abs. 2 Nr. 1 UStG ist unabhängig von ertragsteuerlichen Maßstäben zu beurteilen, also nicht schon bei der Wertberichtigung einer Forderung zulässig. Die Uneinbringlichkeit liegt erst vor, wenn die **Forderung bei objektiver Betrachtung auf absehbare Zeit (ganz oder teilweise) nicht durchsetzbar** erscheint (BFH vom 22.10.2009, Az.: V R 14/08, BStBl II 2011, 988). Davon ist ohne Weiteres bei Überschuldung, gescheiterter Zwangsvollstreckung, bei Insolvenzeröffnung oder natürlich auch bei ihrer Ablehnung mangels Masse auszugehen (A 17.1 Abs. 5 ff. UStAE). Uneinbringlichkeit ist auch bereits anzunehmen, wenn der Leistungsempfänger das Bestehen der Entgeltforderung dem Grunde oder der Höhe nach substantiiert bestreitet und damit erklärt, dass er die Forderung (ganz oder teilweise) nicht bezahlen wird (A 17.1 Abs. 5 S. 4 UStAE). So der (bestreitende) Leistungsempfänger Unternehmer ist, entfällt damit auch seine Berechtigung für den Abzug der VSt und dementsprechend ist auch die USt-Schuld des Leistenden nach § 17 Abs. 2 Nr. 1 UStG zu korrigieren. Die bloße Nichtbezahlung eines (Teil-)Betrags der Vergütung vor seiner Fälligkeit führt bei Vorliegen einer Ratenzahlungsvereinbarung aber nicht zu einer Uneinbringlichkeit der Forderung (BFH vom 01.02.2022, Az.: V R 37/21 (V R 37/21), BFH/NV 2022, 875). Ebenso kommt es nicht zu einer Berichtigung, wenn der Unternehmer für die Errichtung einer PV-Anlage mit deren Betreiber vereinbart, dass das Entgelt hierfür nur insoweit geschuldet wird, als es durch Einnahmen aus der Stromeinspeisung beglichen werden kann (BFH vom 28.09.2022, Az.: XI R 28/20, BStBl . II 2023, 598).

> **Beispiel 4: Ausfall von Forderungen I**
>
> Die V-GmbH hatte im Februar 01 an den Kunden K1 Waren für 10.000 € + 1.900 € USt verkauft und geliefert. K1 zahlt nicht und setzt sich im Juni 01 in die Südsee ab – ohne Hoffnung für die Gläubiger, ihn dort ausfindig machen zu können. Immerhin zahlt im September 01 die Warenkreditversicherungs-AG, bei der sich die V gegen Forderungsausfall versichert hatte.
>
> **Lösung:** Die Lieferung an K1 löst für die V-GmbH mit Ablauf VAZ Februar 01 bei einer BMG von 10.000 € eine USt von 1.900 € aus. Die Forderung der V gegen K1 ist wegen dessen Flucht in die Südsee spätestens im Juni 01 in voller Höhe uneinbringlich geworden, sodass die V-GmbH die USt nach § 17 Abs. 2 Nr. 1 i. V. m. § 17 Abs. 1 S. 1 UStG in voller Höhe berichtigen kann (A 17.1 Abs. 5 S. 2 UStAE). Die Zahlung seitens der Warenkreditversicherung löst nicht erneut eine Änderung der BMG aus. Diese Zahlung ist auch kein Entgelt von dritter Seite. Sie erfolgt nicht für die Warenlieferung, sondern weil der Versicherungsfall eingetreten ist (vgl. A 1.3 Abs. 7 S. 1 UStAE).

Eine **Änderung der BMG ist auch nicht ausgelöst, wenn der Warenlieferant die Forderung aus seinem Verkauf unter Nennwert veräußert.** Solche Geschäfte sind gang und gäbe, wenn dem Schuldner Zahlungsziele eingeräumt sind, bei dem Lieferanten aber vorher Bargeldbedarf besteht.

Beispiel 5: Ausfall von Forderungen II

V hat aus einer im April 01 getätigten Warenlieferung an K2 eine offene Forderung über 11.900 €, die zum 01.11.01 fällig sein soll. Er veräußert diese Forderung im August 01 für 9.520 € die an die M-GmbH. Ausweislich der getroffenen Abreden liegt ein Fall sog. echten Factorings. Die M-GmbH kann im November 01 nur 7.140 € realisieren, bevor K2 Ende November die Eröffnung des Insolvenzverfahrens beantragt (ähnliches Beispiel in A 17.1 Abs. 6 UStAE). Die Max-Factoring GmbH unterrichtet V über diese Entwicklung.

Lösung: Der Forderungsverkauf im August 01 hat auf die BMG für die zugrunde liegende stpfl. Lieferung (10.000 €) keine Auswirkung. Die 9.520 € werden nicht für die Warenlieferung, sondern für den Forderungsaufkauf aufgewendet. Das Entgelt nach § 10 Abs. 1 UStG bestimmt sich danach, was der Leistungsempfänger für die Lieferung aufzuwenden hat, und das ist hier im August 01 unverändert 11.900 €. Zu einer Änderung der BMG kommt es erst, nachdem wegen des Insolvenzantrags feststeht, dass der über die bereits gezahlten 7.140 € hinausgehende Betrag uneinbringlich sein wird. Die BMG beträgt jetzt nur noch 7.140 € x 100/119 = 6.000 €. Folge: V kann die Steuer nach § 17 Abs. 2 Nr. 1 UStG im VAZ 12/01 von 1.900 € auf 1.140 € berichtigen.

Eine Entgeltsforderung ist auch dann **uneinbringlich, wenn der Schuldner mit einer Forderung aufrechnet, die der Gläubiger (der leistende Unternehmer) substantiiert bestreitet** (A 17.1 Abs. 5 S. 4 UStAE). Auch in diesem Fall muss der Gläubiger, der Leistende, damit rechnen, dass der Schuldner auf absehbare Zeit das vereinbarte Entgelt unter Hinweis auf die Aufrechnung mit der angeblichen Gegenforderung nicht bezahlen wird. Dass der Schuldner, der Leistungsempfänger, die Entgeltsforderung selbst nicht infrage stellt und diese nach Obsiegen des Gläubigers im Streit um die Gegenforderung tatsächlich schließlich bezahlen wird, ist hierfür ohne Bedeutung. Dies ergibt sich ohne Weiteres aus § 17 Abs. 2 Nr. 1 S. 2 UStG, wonach bei nachträglicher Vereinnahmung des Entgelts der USt-Betrag und der VSt-Abzug erneut zu berichtigen sind.

3.2 Nichtausführung der Leistung (§ 17 Abs. 2 Nr. 2 UStG)

Wird das Entgelt oder ein Teil des Entgelts für eine noch auszuführende Leistung im Voraus vereinnahmt, entsteht nicht nur bei der Ist-Besteuerung nach § 13 Abs. 1 Nr. 1 Buchst. b UStG, sondern auch bei der Soll-Besteuerung nach § 13 Abs. 1 Nr. 1 Buchst. a S. 4 UStG die Steuer insoweit bereits mit Ablauf des VAZ, in dem das Entgelt oder ein Teil des Entgelts vereinnahmt worden ist. Der Leistungsempfänger ist in diesen Fällen vor Ausführung der Leistung unter den Voraussetzungen des § 15 Abs. 1 S. 1 Nr. 1 S. 3 UStG zum VSt-Abzug berechtigt (vgl. dazu Kap. XV 6.2 Beispiel 21). Wird die **Leistung**, für die Vorauszahlungen bewirkt worden sind, anschließend **nicht ausgeführt**, sind gem. § 17 Abs. 2 Nr. 2 UStG in sinngemäßer Anwendung des § 17 Abs. 1 UStG der geschuldete Steuerbetrag und der in Anspruch genommene VSt-Betrag zu berichtigen. Die Berichtigungen der USt und der VSt sind nach § 17 Abs. 1 S. 8 UStG in dem VAZ vorzunehmen, in dem die **Anzahlung zurückgewährt** worden ist (A 17.1 Abs. 7 S. 3 UStAE). Die Rückzahlung der Anzahlung kann entsprechend § 10 Abs. 1 S. 3 UStG auch von einem Dritten stammen, wenn diese in einem unmittelbaren Zusammenhang mit dem ursprünglich vereinbarten Umsatzgeschäft steht. Daher gilt auch die Zahlung aus einer Anzahlungsbürgschaft als Rückzahlung der Anzahlung (Sächsisches FG vom 06.09.2023, 8 K 1202/22, Rev-Az. beim BFH XI R 31/23).

3.3 Rückgängigmachung einer Lieferung/Rücklieferung (§ 17 Abs. 2 Nr. 3 UStG)

Nach § 17 Abs. 2 Nr. 3 UStG ist § 17 Abs. 1 UStG auch dann entsprechend anzuwenden, wenn eine stpfl. Lieferung (sonstige Leistung oder ein stpfl. igE) rückgängig gemacht worden ist. Voraussetzung für die Anwendung des **§ 17 Abs. 2 Nr. 3 UStG** ist, dass die Rückgabe der gelieferten Sache aufgrund einer **Rückabwicklung des** der Lieferung zugrunde liegenden **Verpflichtungsgeschäfts** erfolgt. Anlass hierfür sind regelmäßig **Vertragsstörungen** bei der Abwicklung des Umsatzgeschäfts. Macht man sich dies klar, ist ohne Weiteres zu verstehen, dass der **klassische Fall** einer Rückabwicklung jener ist, bei dem der **Verkäufer einer Ware unter Eigentumsvorbehalt** von seinem Vorbehalt Gebrauch macht und **wegen Zahlungsverzugs** des Vorbehaltskäufers **zurücktritt**. Aber auch **Rücktritt vom Kaufvertrag und Rückgabe** durch den Käufer **wegen Mängeln der verkauften Sache** führt zur Anwendung des § 17 Abs. 2 Nr. 3 UStG. Im Fall der Rückgängigmachung der Lieferung erhält der Lieferer für die zwischenzeitliche Nutzung des Liefergegenstandes häufig ein Entgelt, sei es aufgrund Vereinbarung oder als gesetzliche Folge des Rücktritts (§ 346 Abs. 1 BGB). An die Stelle der Lieferung tritt damit ein (anderer) Leistungsaustausch (Nutzungsüberlassung gegen Entgelt). Von diesem Nutzungsentgelt ist ein eventueller Schadensersatz zu unterscheiden, den der Leistungsempfänger – oft zusätzlich – wegen der Rückgängigmachung des Liefervorgangs zahlen muss. Nur insoweit handelt es sich dann mangels einer Leistung eines der Beteiligten um sog. echten Schadensersatz.

Die Rückgabe eines gelieferten Gegenstandes durch den Käufer muss aber nicht notwendig mit dem ursprünglichen Umsatzgeschäft zusammenhängen (Rückgängigmachung). Sie kann auch auf einem neuen, also weiteren Umsatz beruhen. In diesem Fall spricht man von einer sog. **Rücklieferung**. Sie liegt vor, **wenn die Beteiligten ein neues Umsatzgeschäft eingehen** und der Empfänger der Hinlieferung dieses dadurch erfüllt, dass er dem ursprünglichen Lieferer die Verfügungsmacht an dem gelieferten Gegenstand in Erwartung einer Gegenleistung überträgt. Bei einer Rücklieferung erfolgt eine **Lieferung über denselben Liefergegenstand also mit umgekehrten Rollen der Beteiligten.** Der Empfänger der »Hinlieferung« verschafft dem ursprünglichen Lieferer aufgrund eines neuen Umsatzgeschäftes in Erwartung einer Gegenleistung die Verfügungsmacht an dem »hingelieferten« Gegenstand. Ob eine Rückgängigmachung einer Lieferung oder eine selbständige Rücklieferung vorliegt, ist aus der Sicht des Empfängers und nicht aus der Sicht des ursprünglichen Lieferers zu beurteilen (A 17.1 Abs. 8 UStAE). Eine Rücklieferung liegt insb. vor, wenn

- die Rückgabe des Liefergegenstandes auf der Ausübung des Wiederkaufsrechtes (§ 456 BGB) des ursprünglichen Verkäufers beruht oder
- der Liefergegenstand beim Kauf eines anderen (teureren) Gegenstandes zum Einstandspreis eingelöst wird.

Beispiel 6: Rücknahme verkaufter Umzugskartons[5]

Unternehmer U führt Umzüge durch und betreibt einen Umzugsshop, in dem er u.a. Falt- und Bücherkartons verkauft. Für neuwertige Kartons berechnete er 4 € und für gebrauchte Kartons 3,50 €. Angebote und Werbung enthielten Zusätze wie: »Rückgabe gegen Entgelt«, »Wir erstatten unseren Kunden gebrauchte Kartons im wiederverwertbaren Zustand mit 2 €«. Die Erstattungen

---

5   BFH vom 12.11.2008, Az.: XI R 46/07, BStBl II 2009, 558.

für die Kartons, die jährlich zwischen 50.000 € und 100.000 € lagen, behandelte U als »Erlösschmälerung« und besteuerte letztlich nur die Differenz zwischen dem Verkaufspreis der Kartons und den bei Rückgabe gezahlten Beträgen. Bis auf einen relativ geringen Anteil erfolgten die Zahlungen an Privatpersonen. Das FA behandelte die Zahlungen für den Rückkauf als Entgelt für einen eigenständigen Umsatz der Kunden.

Lösung des BFH: Bei dem Verkauf der neuwertigen Umzugskartons handelt es sich um Lieferungen i. S. d. § 3 Abs. 1 UStG, da die Kunden über die Kartons wie ein Eigentümer verfügen können und nach dem Inhalt des Kaufvertrags nicht zu einer Rückgabe verpflichtet sind. Die BMG für diese Lieferungen ist das vom Kunden jeweils gezahlte Entgelt von 4 € abzgl. USt (§ 10 Abs. 1 S. 1 und 2 UStG). Eine Änderung dieser BMG läge nur vor, wenn die ursprüngliche Lieferung durch die Rückgabe der gebrauchten Kartons nach § 17 Abs. 2 Nr. 3 UStG rückgängig gemacht worden wäre. Dafür hätte das ursprüngliche Geschäft unwirksam oder eine sonstige Vertragsstörung vorliegen müssen. An der Wirksamkeit der ursprünglichen Lieferung der Kartons wie auch an dem vertragsgemäßen Verhalten der Beteiligten bestehen indessen keine Zweifel. Eine Änderung der BMG nach § 17 Abs. 2 Nr. 3 UStG liegt damit nicht vor. Es ist vielmehr von einer Rücklieferung auszugehen, bei der die Beteiligten ein neues Umsatzgeschäft eingegangen sind. Für einen nachträglichen Preisnachlass (§ 17 Abs. 1 UStG) bestehen keine Anhaltspunkte. Nicht das ursprünglich vereinbarte Entgelt ist herabgesetzt worden, sondern es ist das von vornherein nur für den Fall der Rückgabe der gebrauchten Kartons vereinbarte Entgelt bezahlt worden.

3.4 Tätigen von Aufwendungen i. S. d. § 15 Abs. 1a UStG (§ 17 Abs. 2 Nr. 5 UStG)

Nach § 17 Abs. 2 Nr. 5 UStG gilt § 17 Abs. 1 UStG auch dann sinngemäß, wenn Aufwendungen i. S. d. § 15 Abs. 1a UStG getätigt werden. Das sind Aufwendungen, für die das Abzugsverbot des § 4 Abs. 5 S. 1 Nr. 1 bis 4, 7 oder des § 12 Nr. 1 EStG gilt (vgl. dazu näher Kap. XV 3.1). Der Gesetzgeber will damit erreichen, dass erforderliche VSt-Berichtigungen nicht rückwirkend für das Abzugsjahr, sondern in dem VAZ vorgenommen werden, in dem die Aufwendungen getätigt werden. § 17 Abs. 2 Nr. 5 UStG hat grds. Vorrang gegenüber der Anwendung des § 3 Abs. 1b S. 1 Nr. 3 UStG.

> **Beispiel 7: Weine für den Geschäftsfreund**
>
> Weinhändler W hat in 3/01 eine Kiste Rotwein für 200 € zzgl. 38 € erworben. Im VAZ 5/02 entnimmt er diese Kiste seinem Bestand und schenkt sie einem Geschäftsfreund zu dessen 10-jährigem Geschäftsjubiläum.
>
> **Lösung:** W hatte bei Erwerb in 3/01 einen VSt-Abzug nach § 15 Abs. 1 S. 1 Nr. 1 UStG i. H. v. 38 €. Aufwendungen für Geschenke an Geschäftsfreunde sind gem. § 4 Abs. 5 S. 1 Nr. 1 EStG nicht abziehbare Betriebsausgaben. Hätte W diese Verwendung von vornherein geplant gehabt, wäre die VSt für den Erwerb der Kiste Wein gem. § 15 Abs. 1a UStG nicht abziehbar gewesen. Der VSt-Abzug i. H. v. 38 € ist deshalb gem. § 17 Abs. 2 Nr. 5 UStG für den VAZ Mai 02 rückgängig zu machen.[6]

---

6 § 3 Abs. 1b S. 1 Nr. 3 UStG geht § 17 Abs. 2 Nr. 5 UStG ausnahmsweise vor, wenn der schenkweise hingegebene Gegenstand im Unternehmen des Schenkers bereits verwendet worden und damit nicht mehr neuwertig ist (str.).

4 Steuerentstehung mit Rechnungserteilung

Daneben enthält § 13 Abs. 1 UStG zahlreiche weitere besondere Steuerentstehungszeitpunkte. So entsteht die USt etwa für die Steuertatbestände des unberechtigten USt-Ausweises nach **§ 14c Abs. 2 UStG** und des unrichtigen Steuerausweises nach **§ 14c Abs. 1 UStG** gem. § 13 Abs. 1 Nr. 3 UStG grds. »mit Ausgabe der Rechnung«.

Bedeutung hat die Rechnungserteilung für das Entstehen von Steuer aber auch noch in anderen Fällen. So entsteht nach § 13 Abs. 1 Nr. 6 UStG auch die **Steuer auf den igE** regelmäßig im Zeitpunkt der Ausgabe der Rechnung, und nach der außerhalb des § 13 UStG stehenden Regelung des § 13b Abs. 2 UStG gilt dies auch für die Fälle, bei denen der **Leistungsempfänger Steuerschuldner** für eine der in § 13b Abs. 2 UStG genannten Leistungen geworden ist. Anders aber für die in § 13b Abs. 1 UStG bezeichneten stpfl. sonstigen Leistungen, für die – wie nach § 13 Abs. 1 Nr. 1 Buchst. a S. 1 UStG – die Steuer mit Ablauf des VAZ der Leistungsausführung einhergeht.

5 Fälligkeit

Von der **Entstehung** des Steueranspruchs ist dessen **Fälligkeit** zu unterscheiden. Sie fällt nicht mit dem Entstehen zusammen. Maßgebend für die Fälligkeit sind nach § 220 AO die Vorschriften des UStG. Nach § 18 Abs. 1 S. 3 UStG tritt die Fälligkeit für die Vorauszahlung am 10. Tag nach Ablauf des VAZ ein. Dem steht § 220 Abs. 2 S. 2 AO – wonach es keine Fälligkeit vor Bekanntgabe der Steuerfestsetzung geben kann – nicht entgegen, denn nach § 168 AO ist die VA als Steueranmeldung i. S. d. § 150 Abs. 1 S. 2 AO i. V. m. § 18 Abs. 1 UStG einer Steuerfestsetzung gleichzusetzen. Die Fälligkeit tritt daher bei verspäteter Abgabe einer VA oder nachträglicher Festsetzung durch das FA erst mit der Abgabe der VA bzw. der Bekanntgabe der Festsetzung ein. Aufgrund des Saldierungsgebotes der § 16 Abs. 1, Abs. 2, § 18 Abs. 1 UStG wird dabei nicht der einzelne Steueranspruch bzw. VSt-Anspruch fällig, sondern der Saldo für den betreffenden VAZ.

Unterschiedsbeträge zwischen der Jahressteuerschuld und der Summe der fällig gewordenen Vorauszahlungen werden nach § 18 Abs. 4 UStG einen Monat nach Eingang der Jahressteueranmeldung bzw. Steuerfestsetzung fällig. Führt eine Steuerfestsetzung zu einer negativen Steuer oder Steuervergütung wegen eines VSt-Überhanges, tritt die Fälligkeit nach § 220 Abs. 2 S. 2 AO erst mit der Festsetzung ein. Bei Steueranmeldungen durch VA oder die Jahreserklärung tritt die Fälligkeit eines Erstattungs- oder Vergütungsanspruches nach § 220 Abs. 2 S. 2 AO i. V. m. § 168 S. 2 AO erst mit Zustimmung der Finanzbehörden ein.

XI Steuerschuldnerschaft

1 Der leistende Unternehmer als Steuerschuldner (§ 13a UStG)

Im Regelfall schuldet der leistende Unternehmer gem. § 13a Abs. 1 Nr. 1 UStG die nach § 1 Abs. 1 Nr. 1 UStG für seine Lieferungen und sonstigen Leistungen **entstandene USt**. Daneben schuldet derjenige, der einen igE i. S. d. § 1 Abs. 1 Nr. 5 UStG bewirkt, die USt (Erwerbsteuer) nach § 13a Abs. 1 Nr. 2 UStG, und bei unberechtigter Rechnungsausstellung i. S. d. § 14c Abs. 2 UStG schuldet der Delinquent die deswegen entstehende USt gem. § 13a Abs. 1 Nr. 4 UStG.

2 Leistungsempfänger als Steuerschuldnerschaft (§ 13b UStG)

Nach dem sog. **Reverse-Charge-Verfahren** in § 13b UStG wird allerdings **in bestimmten Fällen** die **Steuerschuldnerschaft umgekehrt**, d. h., nicht der leistende Unternehmer schuldet die bei Ausführung seiner Umsätze entstandene USt, sondern dessen **Leistungsempfänger wird zum Steuerschuldner**. Nach zahlreichen Gesetzesänderungen gehört § 13b UStG inzwischen zu den kompliziertesten Vorschriften des deutschen USt-Rechts und kann dabei vor allem gesetzestechnisch nicht mehr überzeugen.

Der **Kern der Regelung** – der eigentliche Übergang der Steuerschuldnerschaft vom leistenden Unternehmer auf seinen Leistungsempfänger – **findet sich erst in Abs. 5** der Vorschrift. Aufgrund zahlreicher Verweisungen und mehrfacher textlicher Wiederholungen wirkt diese Vorschrift auch unnötig kompliziert. Sowohl Abs. 1 als auch Abs. 2 der Vorschrift enthalten Grundregeln für den von § 13 UStG abweichenden Zeitpunkt der Entstehung der Steuer als auch diejenigen Umsätze, die von der Umkehr der Steuerschuldnerschaft betroffen sind. Dennoch beinhalten die Abs. 3 und Abs. 4 der Vorschrift weitere Sonderregelungen zur Steuerentstehung. § 13b Abs. 6 UStG enthält sodann für bestimmte Leistungen eine Anwendungsbereichsausnahme. § 13b Abs. 7 UStG definiert – für die Praxis von erheblicher Bedeutung – den im Ausland ansässigen Unternehmer (s. auch A 13b.11 UStAE).

Hinweis: In Beraterklausuren sind die Unternehmer regelmäßig in ihrem jeweiligen Heimatland ansässig.

Grundsätzlich geht es bei § 13b UStG darum, USt-Ausfälle zu verhindern, die dadurch eintreten können, dass bestimmte Leistungen von Unternehmern nicht oder nicht vollständig im allgemeinen Besteuerungsverfahren erfasst werden bzw. der Fiskus den Steueranspruch beim Leistenden nicht realisieren kann. Wer je versucht hat, Forderungen gegen im Ausland ansässige Schuldner durchzusetzen, wird um die Schwierigkeiten wissen, die mit der Realisierung solcher Forderungen verbunden sind.

Die Wahrung fiskalischer Belange ist aber nicht der alleinige Zweck des § 13b UStG, denn ohne einen Wechsel der Steuerschuldnerschaft würden bei grenzüberschreitenden sonstigen Leistungen im zwischenunternehmerischen Bereich innerhalb des Gemeinschaftsgebiets die leistenden Unternehmer durchweg Gefahr laufen, dort, wo ihre Abnehmer ansässig sind, zum Steuersubjekt zu werden.

3 Die klausurrelevanten Fallgruppen

Im Hinblick auf die unübersichtliche gesetzliche Regelung orientiert sich die nachfolgende Darstellung an den klausurrelevanten Anwendungsfallgruppen des § 13b Abs. 1 und Abs. 2 UStG.

3.1 Werklieferungen und sonstige Leistungen im Ausland oder Gemeinschaftsgebiet ansässiger Unternehmer

Den **Hauptanwendungsfall** für einen Wechsel der Steuerschuldnerschaft bilden einerseits die im Inland erbrachten sog. **innergemeinschaftlichen Dienstleistungen im übrigen Gemeinschaftsgebiet ansässiger Unternehmer (§ 13b Abs. 1 UStG)** und andererseits die **Werklieferungen und sonstigen Leistungen im Ausland ansässiger Unternehmer (§ 13b Abs. 2 Nr. 1 UStG)**.

Die **Tatbestandsvoraussetzungen** beider Normen sind **trennscharf voneinander abzugrenzen**:

- Von **§ 13b Abs. 1 UStG** werden ausschließlich **stpfl. sonstige Leistungen** erfasst, die ein **im Gemeinschaftsgebiet ansässiger Unternehmer** erbringt und **deren Leistungsort sich nach der Grundregel des § 3a Abs. 2 UStG (B2B) bestimmt.** Nur dann liegen sog. innergemeinschaftliche Dienstleistungen vor, die auch im Rahmen einer Zusammenfassenden Meldung nach § 18a Abs. 2 UStG dem BZSt zu melden sind (vgl. Kap. XVII 3). Wird der Leistungsort nach einer anderen Vorschrift bestimmt oder handelt es sich um eine Werklieferung eines im übrigen Gemeinschaftsgebiet ansässigen Unternehmers, richtet sich der Übergang der Steuerschuldnerschaft nicht nach § 13b Abs. 1 UStG, sondern nach § 13b Abs. 2 Nr. 1 UStG.

- Von **§ 13b Abs. 2 Nr. 1 UStG** werden demgegenüber **von im Ausland ansässigen Unternehmern erbrachte** stpfl. **Werklieferungen** – mithin keine gewöhnlichen Lieferungen – **und** nicht unter § 13b Abs. 1 UStG fallende **stpfl. sonstige Leistungen** erfasst. Nur wenn solche sonstige Leistungen von einem im übrigen Gemeinschaftsgebiet ansässigen Unternehmer erbracht werden und sich der Ort der sonstigen Leistung nach § 3a Abs. 2 UStG bestimmt, überschneiden sich die Tatbestandsvoraussetzungen – mit der Folge, dass die Sonderregelung des § 13b Abs. 1 UStG für innergemeinschaftliche Dienstleistungen der allgemeinen Regelung des § 13b Abs. 2 Nr. 1 UStG vorgeht.

Liegen diese Voraussetzungen vor, geht die **Steuerschuldnerschaft** für die ausgeführte Leistung auf den **Leistungsempfänger** gem. § 13b Abs. 5 S. 1 UStG[1] über, **wenn dieser ein Unternehmer i. S. d. § 2 UStG oder eine juristische Person ist**. Das Reverse-Charge-Verfahren findet insoweit **auch Anwendung, wenn** die jeweilige Leistung **für den nichtunternehmerischen Bereich bezogen** wird (§ 13b Abs. 5 S. 7 UStG).

---

[1] Sofern die gegenständliche Leistung neben einem Unternehmer von einer weiteren Person bezogen wird, die nicht zum Kreis der in § 13b Abs. 5 S. 1 UStG genannten Leistungsempfänger gehört, steht dies der Anwendung des Reverse-Charge-Verfahrens nicht entgegen (BFH vom 10.12.2020, Az.: V R 7/20, DStR 2021, 1229).

Beispiel 1: Reverse-Charge-Verfahren für Lieferungen

Der in Schweden ansässige Unternehmer S liefert Fertigbauteile an den inländischen Unternehmer U im Inland und montiert bzw. passt diese auftragsgemäß auf dem Betriebsgelände in die vorhandene Einbaustruktur an. Danach erfolgt die Abnahme durch U.

Abwandlung: S erbringt die gleiche Leistung an eine deutsche Gemeinde.

Lösung: S erbringt mit der Lieferung der Fertigbauteile und der Montage eine Werklieferung i. S. d. § 3 Abs. 4 UStG, deren Ort gem. § 3 Abs. 5a i. V. m. Abs. 7 S. 1 UStG im Inland liegt, da die Liefergegenstände erst im Inland in einen »betriebsbereiten« Zustand versetzt und U übergeben wurden. Da S in Schweden und damit im Ausland ansässig ist, geht die Steuerschuldnerschaft nach § 13b Abs. 2 Nr. 1 i. V. m. § 13b Abs. 5 S. 1 1. HS UStG auf den Unternehmer U über.

In der Abwandlung geht die Steuerschuldnerschaft – unabhängig von einer Verwendung für den nichtunternehmerischen Bereich – ebenfalls auf die deutsche Gemeinde gem. § 13b Abs. 2 Nr. 1 i. V. m. Abs. 5 S. 1 1. HS UStG über.

Eine Folge der **Differenzierung** zwischen den Tatbestandsvoraussetzungen wirkt sich auf den **Zeitpunkt der Entstehung der USt** beim Leistungsempfänger aus:
- Für die **innergemeinschaftlichen Dienstleistungen** entsteht **nach § 13b Abs. 1 UStG** die USt beim Leistungsempfänger bereits **mit Ablauf des VAZ, in dem die sonstigen Leistungen i. S. d. § 3a Abs. 2 UStG ausgeführt worden sind** (d. h. erbracht wurden), **wohingegen** die USt **für die Leistungen i. S. d. § 13b Abs. 2 Nr. 1 UStG** nach § 13b Abs. 2 UStG **mit Ausstellung der Rechnung, spätestens jedoch mit Ablauf des der Ausführung der Leistungen folgenden Kalendermonats** entsteht.
- Abweichend hiervon sieht § 13b Abs. 3 UStG vor, dass die USt für sonstige Leistungen, die dauerhaft über einen Zeitraum von mehr als einem Jahr erbracht werden, spätestens mit Ablauf eines jeden Kj. entsteht, in dem sie tatsächlich erbracht werden. Hiervon sollen vor allem diejenigen Fallkonstellationen erfasst werden, bei denen nicht schon eine zeitabschnittsweise Besteuerung nach den Regeln über Teilleistungen in § 13b Abs. 4 S. 1 UStG erfolgt. Bei Dauerleistungen soll zumindest eine jährliche Besteuerung sichergestellt werden, wenn der Leistungsempfänger für diesen Umsatz Steuerschuldner ist. Vorauszahlungen werden über § 13b Abs. 4 S. 2 UStG erfasst.

Die Frage, unter welchen Voraussetzungen ein Unternehmer als ein **im Ausland ansässiger Unternehmer** anzusehen ist, hat der EuGH aufgrund eines Vorlageverfahrens des BFH vom 30.06.2010 (Az.: XI R 5/08, BStBl II 2011, 144) dahingehend entschieden, dass in erster Linie der **Sitz der wirtschaftlichen Tätigkeit** und nicht der Wohnsitz maßgebend ist. Dem Leistungsempfänger müsse bei Leistungsbezügen von einem Unternehmer mit Sitz im Ausland erspart werden, Nachforschungen anstellen zu müssen, ob der leistende Unternehmer einen »privaten« Wohnsitz im Inland hat (EuGH vom 06.10.2011, Az.: C-421/10, DStR 2011, 1947). Danach ist ein Unternehmer, der im Inland (nur) einen Wohnsitz, im Ausland aber den Sitz seiner wirtschaftlichen Tätigkeit, seine Geschäftsleitung oder Betriebsstätte hat, als ein im Ausland (§ 13b Abs. 7 S. 1 UStG) oder als ein im übrigen Gemeinschaftsgebiet ansässiger Unternehmer (§ 13b Abs. 7 S. 2 UStG) zu behandeln. Nur wenn der Unternehmer im Inland über eine Betriebsstätte verfügt, gilt er dennoch als inländischer Unternehmer, wenn die Betriebsstätte an dem jeweiligen Umsatz beteiligt ist oder der Unternehmer die der Betriebsstätte erteilte USt-IdNr. gegenüber dem Leistungsempfänger verwendet (§ 13b Abs. 7 S. 3 UStG).[2]

Praxishinweis: Der Leistungsempfänger schuldet die USt auch dann, wenn die ausländische Ansässigkeit des leistenden Unternehmers zweifelhaft ist, es sei denn, der leistende Unternehmer weist mit der amtlichen Bescheinigung »USt 1 TS« seine inländische Ansässigkeit nach (§ 13b Abs. 7 S. 5 UStG).

3.2 Verwertung von Sicherungsgut (§ 13b Abs. 2 Nr. 2 UStG)

Neben den stpfl. Werklieferungen und sonstigen Leistungen eines im Ausland ansässigen Unternehmers nach § 13b Abs. 2 Nr. 1 UStG als Haupttatbestände einer Steuerschuldnerschaft des Leistungsempfängers sind seit jeher auch bestimmte Lieferungen inländischer Unternehmer einbezogen.

Dazu gehören insb. die **Lieferungen sicherungsübereigneter Gegenstände durch den Sicherungsgeber an den Sicherungsnehmer außerhalb des Insolvenzverfahrens** (§ 13b Abs. 2 Nr. 2 UStG). Die Vorschrift ist auch zu beachten, wenn die Leistungen für den nichtunternehmerischen Bereich des Sicherungsnehmers bezogen wird (§ 13b Abs. 5 S. 7 UStG) und ausgeschlossen, wenn der Liefergegenstand von dem Sicherungsgeber unter den Voraussetzungen der Differenzbesteuerung nach § 25a UStG geliefert wird (§ 13b Abs. 5 S. 10 UStG).

Beispiel 2: Verwertung von Sicherungsgut auf Kosten des FA?
Zur Sicherung eines Darlehens i. H. v. 120.000 € hat Möbelhändler M seiner Bank am 10.01.01 einen Lkw sicherungsübereignet. Bis zum 31.12.02 hat M die Verpflichtungen aus dem Darlehensvertrag erfüllt. Nachdem im Jahr 03 keine Zahlungen des M mehr erfolgt sind, hat die Bank am 10.11.03 den Lkw bei M abholen lassen und am 02.12.03 an den Spediteur S für 119.000 € verkauft und übereignet. Das Darlehen einschließlich aufgelaufener Zinsen betrug zu diesem Zeitpunkt noch 105.000 €. An Verwertungskosten waren der Bank für Inseratskosten etc. 500 € zzgl. 95 € USt entstanden. Die Bank, die nach dem Sicherungsübereignungsvertrag zur Rechnungslegung verpflichtet ist, erteilt dem M folgende Abrechnung:

Verwertung Lkw für	119.000 €
./. USt 19 %	./. 19.000 €
=	100.000 €
./. Verwertungskosten	./. 500 €
=	99.500 €
./. Darlehen/Zinsen	./. 105.000 €
Verbleibender Saldo zu Ihren Lasten	5.500 €

Muss das FA fürchten, die USt-Forderung aus der Lieferung des M an die Bank nicht realisieren zu können?

Lösung: Die Sicherungsübereignung des Lkw stellt noch keine Lieferung i. S. d. § 3 Abs. 1 UStG dar (A 3.1 Abs. 3 S. 1 UStAE). Der Leistungsaustausch kommt nach den Grundsätzen in A 1.2 Abs. 1

---

[2] Eine vermietete Immobilie stellt allerdings keine feste Niederlassung dar, wenn der Eigentümer der Immobilie nicht über eigenes Personal für die Leistungsbewirkung im Zusammenhang mit der Vermietung verfügt (EuGH vom 03.06.2021, Az.: C-931/19, DStR 2021, 1423).

und Abs. 2 UStAE erst zustande, wenn der Sicherungsnehmer das Sicherungsgut an einen Dritten veräußert (Doppelumsatz) oder der Sicherungsgeber es aufgrund einer Vereinbarung mit dem Sicherungsnehmer selbst übernimmt (Dreifachumsatz).

Die Veräußerung des Lkw an S ist für die Bank als Hilfsgeschäft nach § 1 Abs. 1 Nr. 1 UStG steuerbar und stpfl. (§ 4 Nr. 8 UStG findet auf dieses Hilfsgeschäft keine Anwendung). Die BMG des Umsatzes bildet nach § 10 Abs. 1 S. 1 und 2 UStG das Entgelt von 100.000 €. Die USt von 19.000 € entsteht mit Ablauf VAZ 12/03. Eine weitere Lieferung nach § 3 Abs. 1 UStG erfolgt zwischen M und der Bank. Fraglich ist insoweit nur der Lieferzeitpunkt. Die Lieferung des Sicherungsgebers (SG) an den Sicherungsnehmer (SN) erfolgt erst in einer logischen Sekunde vor der Weiterveräußerung durch den SN (mit der Lieferortsbestimmung nach § 3 Abs. 7 S. 1 UStG). BMG dieser Lieferung bildet der Erlös des SN abzüglich seiner Veräußerungskosten. Für die stpfl. Lieferung des M an die Bank bedeutet dies: Der Nettoerlös beträgt 100.000 € (Erlös des SN abzüglich USt) ./. 500 € (Veräußerungskosten abzüglich USt) = 99.500 €. Die USt auf diesen Nettoerlös beträgt 18.905 €. Bezüglich der Realisierung dieser USt-Forderung aus der Lieferung des M an die Bank muss das FA keine Sorge haben. Diese wäre nur begründet, wenn der im Stadium der Verwertung häufig illiquide SG, hier also der M, Schuldner dieser USt wäre. Schuldner der USt aus der Lieferung des SG an den SN ist nach § 13b Abs. 2 S. 1 Nr. 2 i.V.m. Abs. 5 S. 1 UStG aber allein der SN, hier also die Bank, die entsprechend der Vorgabe in § 14a Abs. 5 S. 3 UStG die USt auch nicht gesondert ausgewiesen hat. Das FA muss folglich finanzielle Engpässe des M als SG nicht fürchten. Die USt i.H.v. 18.905 € entsteht als Steuerschuld der Bank nach § 13b Abs. 2 S. 1 UStG mit Rechnungsausstellung am 04.12.03. Im gleichen VAZ kommt der Bank nach § 15 Abs. 1 S. 1 Nr. 4 UStG die Berechtigung zu, die von ihr nach §§ 13b UStG geschuldete USt als VSt abzuziehen (Erwerb erfolgt für stpfl. Veräußerung des Lkw, nicht für die typischen, nach § 4 Nr. 8 Buchst. a–h UStG steuerfreien und damit nach § 15 Abs. 2 S. 1 Nr. 1 UStG vorsteuerschädlichen Umsätze). Für den Fiskus liegt insoweit ein neutrales Geschäft vor.

Die Regelung des § 13b Abs. 2 Nr. 2 UStG **verhindert** auf »elegante Art« eine **Befriedigung privater Gläubiger zulasten des Fiskus**. Würde es die Steuerschuldnerschaft des Leistungsempfängers nicht geben, würde der SN den dann auszuweisenden USt-Betrag (im Beispiel also den Betrag von 18.905 €) als VSt geltend machen, und diesen Betrag anschließend zusammen mit dem Nettoerlös aus der Verwertung (im Beispiel also insgesamt 118.405 €) gegen die offene Restforderung aus dem Darlehen (im Beispiel 105.000 €) verrechnen. Mithilfe des VSt-Abzugs hätte die Bank so ihre Darlehensforderung gegen den Sicherungsgeber komplett getilgt, während der Fiskus nicht sicher sein könnte, den Steueranspruch gegen Sicherungsgeber realisieren zu können.

Hinweis: Zu einem Wechsel der Steuerschuldnerschaft bei Verwertung von Sicherungsgütern kommt es allerdings dann nicht, wenn der sicherungsübereignete Gegenstand vom Sicherungsgeber unter den Voraussetzungen der Differenzbesteuerung nach § 25a UStG geliefert wird (§ 13b Abs. 5 S. 10 UStG).

Beispiel 2a: Verwertung von Sicherungsgut und § 25a UStG

Gebrauchtwagenhändler G aus Hamburg möchte für sein Unternehmen einen gebrauchten und äußerst seltenen VW erwerben, um ihn später gewinnbringend verkaufen zu können. Nach Finanzierungszusage der Bank B kauft G den VW von der Privatperson P aus Berlin. B lässt sich zur Kaufpreisabsicherung den Fahrzeugschein im Rahmen eines Sicherungsübereignungsvertrags aushändigen. Leider bleibt G der B bereits nach kurzer Zeit mehrere Monatsraten schuldig, sodass B nach Eintritt der Verwertungsreife den VW bei G abholt und an den Oldtimersammler H verkauft.

Lösung: Mit der Veräußerung des Pkw durch B liegen eine Lieferung des G (SG) an B (SN) sowie eine Lieferung von B an H vor. Da G den VW von einer Privatperson erworben hat, kann G für die Lieferung an B die Differenzbesteuerung nach § 25a Abs. 1 UStG anwenden. Der differenzbesteuerte Umsatz bemisst sich nach dem von B erzielten Veräußerungspreis abzüglich des Einkaufspreises des Gegenstands aus dem Ankauf durch G von P. Kosten, die durch die Verwertung anfallen, sind bei der BMG nach § 25a UStG nicht zu berücksichtigen. Die USt ist aus dem ermittelten Differenzbetrag mit dem Regelsteuersatz herauszurechnen (§ 25a Abs. 3 S. 3 und Abs. 5 S. 1 UStG). Steuerschuldner bleibt G, weil § 13b Abs. 5 S. 10 UStG das Reverse-Charge-Verfahren in den Fällen des § 25a UStG von der Anwendung ausschließt. § 13b UStG würde nur greifen, wenn G gem. § 25a Abs. 8 UStG auf die Anwendung der Differenzbesteuerung verzichtet.

B ist seinerseits ebenfalls berechtigt, auf den Weiterverkauf des VW an H die Differenzbesteuerung anzuwenden (§ 25a Abs. 1 Nr. 1 und Nr. 2 Buchst. b UStG). Die BMG für diesen Umsatz beträgt jedoch 0 €, weil der tatsächliche Verkaufspreis und der hiervon abzuziehende Einkaufspreis (= Verkaufspreis der Lieferung von dem SG an B) betragsmäßig identisch sind.

3.3 Umsätze, die unter das Grunderwerbsteuergesetz fallen (§ 13b Abs. 2 Nr. 3 UStG)

Nach § 13b Abs. 2 Nr. 3 i. V. m. § 13b Abs. 5 S. 1 UStG gilt die Steuerschuldnerschaft des Leistungsempfängers, so er Unternehmer oder juristische Person ist, **für alle Umsätze, die unter das GrEStG** fallen und die durch einen Verzicht auf die Steuerbefreiung des § 4 Nr. 9 Buchst. a UStG zu stpfl. Umsätzen geworden sind.

Die Erweiterung des Anwendungsbereiches auf **alle Umsätze, die unter das Grunderwerbsteuergesetz** fallen, geht auf Feststellungen des Bundesrechnungshofes zurück. Danach hat sich die Option zur USt-Pflicht im Zusammenhang mit Grundstücksveräußerungen gem. § 9 Abs. 1 UStG als in hohem Maße missbrauchsanfällig erwiesen. So hätten sich von Zahlungsunfähigkeit bedrohte Unternehmen häufig auf Druck der Kreditinstitute zur stpfl. Veräußerung von Betriebsgrundstücken entschlossen, um mit dem erzielten Kaufpreis die Kreditbelastung zu verringern. Der um USt erhöhte Kaufpreis belastete die Kaufinteressenten nicht, wenn das Grundstück für stpfl. unternehmerische Zwecke genutzt werden sollte. Den eigentlichen Vorteil aus der Option zogen die das Grundstück finanzierenden Kreditinstitute. Sie vereinnahmten den Bruttokaufpreis und verwendeten ihn regelmäßig vollständig zur Aufrechnung ihrer offenen Kreditforderung gegenüber dem Veräußerer. Da für die Veräußerer oft kein Resterlös verblieb, konnten diese dann die gegenüber dem FA anzumeldende und abzuführende USt nicht zahlen.

§ 13b Abs. 2 Nr. 3 UStG erfasst nicht nur Lieferungen von bebauten und unbebauten Grundstücken, sondern z. B. auch die Bestellung und Übertragung von Erbbaurechten wie auch die Lieferung von auf fremdem Boden errichteten Gebäuden nach Ablauf der Miet- oder Pachtzeit. Sofern es nicht um Unternehmer geht, die mit Grundstücken handeln, werden die **typischen Fallgestaltungen** solche sein, bei denen ein **Unternehmer** als Hilfsgeschäft im Rahmen seines Unternehmens ein **Betriebsgrundstück** unter Verzicht auf die Steuerbefreiung nach § 9 Abs. 1 UStG **an einen anderen Unternehmer veräußert, der das erworbene Grundstück seinerseits für unternehmerische Zwecke nutzen will** und es sich bei diesem Vorgang nicht um eine GiG. nach § 1 Abs. 1a UStG handelt.

Beispiel 3: Veräußerung eines Mehrfamilienhauses

Der Vermietungsunternehmer V ist Eigentümer eines Mehrfamilienhauses (MFH), dessen zehn Wohnungen er fremdvermietet. Weitere Betriebsteile hat sein Unternehmen nicht. Er veräußert das Grundstück an H, der die Vermietung der zehn Wohneinheiten fortführt. Im notariellen Kaufvertrag verzichtet V auf die Steuerfreiheit nach § 4 Nr. 9 Buchst. a UStG und vereinbart einen Kaufpreis i. H. v. 500.000 € zzgl. 95.000 € USt.

Lösung: V schuldet hier die in dem notariellen Kaufvertrag offen ausgewiesene USt i. H. v. 95.000 € nicht bereits deshalb nach § 14c Abs. 1 UStG, weil wegen des Verzichts auf die Steuerbefreiung die Steuerschuldnerschaft nach § 13b Abs. 2 Nr. 3 i. V. m. Abs. 5 S. S. 1 1. HS UStG auf H übergegangen wäre. Denn die Veräußerung des Grundstücks ist als GiG i. S. d. § 1 Abs. 1a UStG bereits nicht steuerbar. V veräußert nicht nur ein Grundstück, sondern sein nur aus dem MFH bestehendes umsatzsteuerliches Unternehmen. H vermietet weiterhin die Wohneinheiten des MFH und setzt damit die Vermietungstätigkeit des V fort. Die in der Rechnung ausgewiesene USt schuldet V infolgedessen dennoch nach § 14c Abs. 1 UStG.

Zum Schutz der Erwerber, die nicht von einer nach Abwicklung des Grundstückskaufs vom Grundstücksveräußerer einseitig abgegebenen Optionserklärung nach § 9 Abs. 1 UStG überrascht werden sollen, sieht **§ 9 Abs. 3 S. 2 UStG** eine zeitliche Grenze für die Ausübung des Verzichts vor. Danach kann der Verzicht auf die Steuerbefreiung bei Grundstücksumsätzen, die nicht im Zwangsversteigerungsverfahren bewirkt werden, nur in dem nach § 311b BGB notariell zu beurkundenden Vertrag (dem zivilrechtlich vorangehenden Verpflichtungsgeschäft) erklärt werden kann. Für den besonderen Fall einer Grundstücklieferung im Zwangsversteigerungsverfahren hat es der Gesetzgeber schon aus Gründen der Rechtssicherheit für erforderlich gehalten, die Optionsmöglichkeit zeitlich zu begrenzen. Damit eine etwaige Belastung mit USt bereits bei der Abgabe von Geboten feststeht, soll hier nach § 9 Abs. 3 S. 1 UStG ein Verzicht nur bis zur Aufforderung zur Abgabe von Geboten im Versteigerungstermin zulässig sein.

Hinweis: Auch hier gilt zu beachten, dass die Steuerschuldnerschaft auch dann auf den Leistungsempfänger übergeht, wenn dieser die Leistungen für seinen nichtunternehmerischen Bereich bezieht (§ 13b Abs. 5 S. 7 UStG).

3.4 Bauleistungen (§ 13b Abs. 2 Nr. 4 UStG)

Nach **§ 13b Abs. 2 Nr. 4 S. 1 UStG** können auch **Werklieferungen und sonstige Leistungen** eines **im Inland ansässigen Unternehmers** eine Steuerschuldnerschaft des Leistungsempfängers auslösen, sofern die erbrachten Leistungen der Herstellung, Instandsetzung, Instandhaltung, Änderung oder Beseitigung von Bauwerken **im Zusammenhang mit einem Grundstück** dienen (sog. **Bauleistungen**). Lediglich Planungs- und Überwachungsleistungen sind hiervon ausgenommen.

Hinweis: Nach dem Wortlaut des **§ 13b Abs. 2 Nr. 4 S. 3 UStG** bleibt § 13b Abs. 2 Nr. 1 UStG unberührt! D. h., für entsprechende Werklieferungen und sonstige Leistungen eines **im Ausland ansässigen Unternehmers findet weiterhin** der Übergang der Steuerschuldnerschaft auf den Leistungsempfänger nach **§ 13b Abs. 2 Nr. 1 UStG Anwendung**!

Die Steuerschuldnerschaft des Leistungsempfängers ist im Fall des § 13b Abs. 2 Nr. 4 UStG aber an zusätzliche Voraussetzungen geknüpft. Anders als in den bisher dargestellten Fällen genügt es nun nicht mehr, dass der Empfänger der Bauleistungen Unternehmer ist.

Nach § 13b Abs. 5 S. 2 UStG ist eine **Steuerschuldnerschaft** für den Bezug von Bauleistungen vielmehr **nur** begründet, wenn der **Leistungsempfänger** ein Unternehmer ist, der **auch selbst nachhaltig Bauleistungen erbringt**. Entsprechend der gesetzlichen Klarstellung ist aber nicht mehr Voraussetzung, dass der Leistungsempfänger die bezogenen Bauleistungen auch seinerseits zur Erbringung einer derartigen Bauleistung verwendet. Im Ergebnis **gilt die Steuerschuldnerschaft des Leistungsempfängers** deshalb vor allem **nicht für Nichtunternehmer** sowie für Unternehmer mit anderen als den vorgenannten Umsätzen, z. B. Baustoffhändler, die ausschließlich Baumaterial liefern, oder Unternehmer, die ausschließlich Lieferungen erbringen, die unter das GrEStG fallen – insb. Bauträger (A 13b.3 Abs. 1 S. 3 UStAE und A 13b.2 Abs. 7 Nr. 17 UStAE).

Die Regelung des § 13b Abs. 2 Nr. 4 UStG erfasst in der Hauptsache Subunternehmerverhältnisse, in denen der Generalunternehmer die vom Subunternehmer geschuldete USt nach § 13b Abs. 2 Nr. 4 i. V. m. Abs. 5 S. 2 UStG zu entrichten hat. Abgesehen von solchen aus Sicht der Beteiligten klaren Verhältnissen kann die Beschränkung der Steuerschuldnerschaft auf den genannten Personenkreis freilich erhebliche Probleme schaffen. Der leistende Unternehmer müsste nämlich in jedem Einzelfall klären, ob der Auftraggeber selbst auch nachhaltig Bauleistungen erbringt. Nach Verwaltungsauffassung erbringt jemand zumindest dann nachhaltig Bauleistungen, wenn er mindestens 10 % seines Weltumsatzes (Summe seiner im Inland steuerbaren und nicht steuerbaren Umsätze) als Bauleistungen erbringt (A 13b.3 Abs. 2 S. 1 UStAE). Davon ist aber erfreulicherweise auszugehen, wenn ihm das zuständige FA eine im Zeitpunkt der Ausführung des Umsatzes gültige Bescheinigung »USt 1 TG« darüber erteilt hat, dass er ein Unternehmer ist, der entsprechende Leistung erbringt (§ 13b Abs. 5 S. 2 letzter HS UStG und näher dazu A 13b.3 Abs. 3 – 5 UStAE).

Hinweis: Zwar gilt auch in den Fällen des § 13b Abs. 2 Nr. 4 UStG, dass die Steuerschuldnerschaft auch dann auf den Leistungsempfänger übergeht, wenn dieser die Leistungen für seinen nichtunternehmerischen Bereich bezieht (§ 13b Abs. 5 S. 7 UStG). Allerdings schulden jPdöR die USt dann nicht, wenn sie die in Rede stehende Bauleistungen für ihren nichtunternehmerischen Bereich beziehen (§ 13b Abs. 5 S. 10 UStG).

Der Gesetzgeber hat sich bei der Formulierung des Tatbestands erkennbar vom **Begriff der »Bauleistungen«** in § 48 Abs. 1 S. 3 EStG leiten lassen, ohne darauf allerdings direkt Bezug zu nehmen. Ungeachtet dessen ist der Begriff der Bauleistung bei der Bauabzugsteuer und bei der Anwendung des § 13b Abs. 2 Nr. 4 UStG weitgehend gleich auszulegen (A 13b.2 Abs. 2 S. 2 UStAE). Entsprechend sind die in § 1 Abs. 2 und § 2 der Baubetriebe-Verordnung genannten Leistungen regelmäßig Bauleistungen i. S. d. § 13b Abs. 2 Nr. 4 UStG. Ein Positiv- und Negativ-Katalog der Bauleistungen findet sich in A 13b.2 UStAE. Als Faustregel kann gelten: Bauleistungen sind grds. sämtliche Leistungen, die sich auf die Substanz eines Bauwerks auswirken.[3] Der **Begriff des Bauwerks** ist dabei **weit auszulegen** und umfasst nicht nur Gebäude, sondern sämtliche mit dem Erdboden verbundene oder infolge ihrer eigenen Schwere auf ihm ruhende, aus Baustoffen oder Bauteilen hergestellte Anlagen (z. B. Brücken, Straßen und Versorgungsleitungen).

---

[3] Allerdings sollen Reparatur- und Wartungsarbeiten an Bauwerken generell nicht unter § 13b UStG fallen, wenn das (Netto-)Entgelt für den einzelnen Umsatz nicht mehr als 500 € beträgt; ist diese Grenze überschritten, sind sie aber nur als Bauleistungen zu behandeln, sofern dabei Teile verändert, bearbeitet oder ausgetauscht werden (A 13b.2 Abs. 7 Nr. 15 UStAE).

Nachdem der BFH mit Urteil vom 28.08.2014 (Az.: V R 7/14, BStBl II 2015, 682) entschieden hatte, dass Betriebsvorrichtungen keine Bauwerke i.S.v. § 13b Abs. 2 Nr. 4 S. 1 UStG seien, wären Arbeiten an solchen nicht als Bauleistungen anzusehen und nicht von § 13b Abs. 2 Nr. 4 UStG erfasst. Um den Umfang der Steuerschuldverlagerung bei **bauwerksbezogenen Leistungen in Bezug auf Betriebsvorrichtungen** entsprechend der Verwaltungsauffassung weitgehend beizubehalten, hat der Gesetzgeber daher mit Wirkung zum 01.01.2016 den § 13b Abs. 2 Nr. 4 UStG um einen Satz 2 ergänzt. Danach gelten »als Grundstücke auch Sachen, Ausstattungsgegenstände und Maschinen, die auf Dauer in einem Gebäude oder Bauwerk installiert sind und die nicht bewegt werden können, ohne das Gebäude oder Bauwerk zu zerstören oder zu verändern«.

Dem Interesse der Rechtssicherheit der Beteiligten dient insoweit die **gesetzlich** festgeschriebene **Nichtbeanstandungsregelung** in **§ 13b Abs. 5 S. 8 UStG**. Danach wird die Abrechnung ohne USt mit Übergang der Steuerschuld auf den Auftraggeber nicht beanstandet, wenn die Parteien übereinstimmend von einer Bauleistung ausgegangen sind, mag dies auch unter Anlegung objektiver Kriterien nicht zutreffend gewesen sein. Weitere Voraussetzung für die Anwendung der Nichtbeanstandungsregelung ist freilich, dass dadurch keine Steuerausfälle entstehen, der Leistungsempfänger den an ihn erbrachten Umsatz also in zutreffender Höhe versteuert hat.

> **Beispiel 4: Der Hoch- und Tiefbauunternehmer**
>
> K betreibt ein Unternehmen für Hoch- und Tiefbauarbeiten und erbringt seinerseits unstreitig Bauleistungen. Im Juni 01 erwarb er vom Fensterbauer F mehrere Fenster, die er vom Tischler T in das von ihm genutzte Bürogebäude einbauen ließ. Im Zusammenhang mit Bauarbeiten an einer Baustelle ließ K als Auftraggeber durch den in Italien ansässigen Unternehmer U eine von ihm angefertigte Photovoltaikanlage im Rahmen seiner Bauleistungen als Subunternehmer installieren. U verwendete gegenüber K seine italienische USt-IdNr.
>
> **Lösung:** K erbringt unstreitig mit seinem Bauunternehmen Bauleistungen und gehört somit grds. in den Kreis der Leistungsempfänger, die für bezogene Eingangsleistungen gem. § 13b Abs. 5 S. 2 i.V.m. § 13b Abs. 2 Nr. 4 UStG die USt schulden.
>
> Die Lieferung der Fenster durch F sind hiervon jedoch nicht erfasst, da die Fensterlieferung keinerlei Züge einer Werklieferung und offensichtlich auch keine sonstige Leistung i.S.d. § 13b Abs. 2 Nr. 4 S. 1 UStG darstellt. Steuerschuldner aus der Lieferung bleibt der leistende Unternehmer F gem. § 13a Abs. 1 Nr. 1 UStG.
>
> Demgegenüber wirkt sich der Einbau der Fenster auf die Substanz des Bürogebäudes aus und stellt zumindest eine Instandhaltungsmaßnahme an diesem Bauwerk dar. Die Fenster sind auch fest mit dem Bauwerk verbunden, sodass es sich bei dem Einbau durch T um eine Bauleistung handelt. Insoweit ist unbeachtlich, dass K die Fenster nur allgemein für sein Unternehmen bezieht und nicht für einen bestimmten Ausgangsumsatz nutzt. K wird gem. § 13b Abs. 2 Nr. 4 i.V.m. § 13b Abs. 5 S. 1 UStG zum Steuerschuldner aus der sonstigen (Werk-)Leistung des T (A 13b.2 Abs. 5 Nr. 1 UStAE).
>
> Die Lieferung und Installation der Photovoltaikanlage, die auf dem Bauwerk installiert wird, stellt üblicherweise eine Werklieferung dar, sodass eine Bauleistung i.S.d. § 13b Abs. 2 Nr. 4 S. 1 UStG vorliegt (A 13b.2 Abs. 5 Nr. 11 UStAE). Allerdings ist U in Italien und damit im Ausland ansässig, sodass gem. § 13b Abs. 2 Nr. 4 S. 3 UStG die Regelung des § 13b Abs. 2 Nr. 1 UStG grds. vorgeht. Allerdings schuldet K auch hiernach die USt aus der Werklieferung. Die Ortsbestimmung erfolgt hier allerdings nicht nach § 3a UStG, weil es sich um eine ruhende Werklieferung handelt, deren Ort sich nach § 3 Abs. 7 S. 1 UStG im Inland befindet.

Die Unternehmen der Bauwirtschaft haben den Übergang der Steuerschuldnerschaft bei Bauleistungen überwiegend begrüßt, denn während der Auftragnehmer vor Geltung des § 13b Abs. 2 Nr. 4 UStG die USt sofort abführen musste, er aber wegen der in der Baubranche schlechten Zahlungsmoral sein Geld vom Auftraggeber oft erst zu einem sehr viel späteren Zeitpunkt bekam, hat sich nunmehr das Blatt gewendet: Der Auftragnehmer muss jedenfalls für die USt nicht mehr in Vorleistung treten, da die USt-Schuld – einen entsprechenden Auftraggeber vorausgesetzt – auf den Auftraggeber übergeht. Der Auftragnehmer ist damit in einer komfortablen Situation. Er ist weiterhin zum VSt-Abzug aus seinen Eingangsleistungen berechtigt, muss selbst aber keine USt mehr an den Fiskus abführen.

3.5 Gebäudereinigungsdienstleistungen (§ 13b Abs. 2 Nr. 8 UStG)

Nach § 13b Abs. 2 Nr. 8 UStG i. V. m. § 13b Abs. 5 S. 5 UStG geht die Steuerschuldnerschaft für Gebäudereinigungsdienstleistungen unter ganz ähnlichen Voraussetzungen wie bei den Bauleistungen nach § 13b Abs. 2 Nr. 4 i. V. m. § 13b Abs. 5 S. 3 UStG auf den Leistungsempfänger über. Auch hier wird eine **Steuerschuldnerschaft des Leistungsempfängers nur** ausgelöst, **wenn es sich bei dem Leistungsempfänger um einen Unternehmer handelt, der selbst nachhaltig damit befasst ist, Gebäude und Gebäudeteile zu reinigen.**

Wie bei den Bauleistungen inländischer Unternehmer hilft bezüglich des Nachweises der Nachhaltigkeit eine Bescheinigung des FA. Entscheidend für einen Wechsel der Steuerschuldnerschaft ist allein, ob der empfangende Unternehmer jemand ist, der nachhaltig auf dem Sektor der Gebäudereinigung tätig ist. Dann greift der Übergang der Steuerschuldnerschaft auch, soweit der Leistungsempfänger die Leistung für seinen nichtunternehmerische Bereich bezieht (§ 13b Abs. 5 S. 7 UStG).

3.6 Sonstige klausurrelevante Fallgruppen

Um sicherzustellen, dass bei der **Lieferung von Gas, Elektrizität, Wärme und Kälte** die Ortsverlagerung nach dem Bestimmungslandprinzip über § 3 g UStG auch fiskalisch umgesetzt werden kann, sieht **§ 13b Abs. 2 Nr. 5 UStG** für bestimmte Fälle eine Steuerschuldnerschaft des Leistungsempfängers vor:
- Nach § 13b Abs. 2 Nr. 5 Buchst. a i. V. m. § 13b Abs. 5 S. 1 2. HS UStG geht die Steuerschuld auf den Leistungsempfänger für solche Lieferung eines **im Ausland ansässigen Unternehmers** unter den Bedingungen des § 3 g UStG über, wenn der Leistungsempfänger ein Unternehmer ist. Dies gilt auch, wenn der unternehmerisch tätige Leistungsempfänger die Lieferung für seinen nichtunternehmerischen Bereich bezieht (§ 13b Abs. 5 S. 6 UStG).
- Das Reverse-Charge-Verfahren findet auch Anwendung, wenn ein **im Inland ansässiger Unternehmer Gas über das Erdgasnetz liefert** und der **Leistungsempfänger ein Wiederverkäufer** i. S. d. § 3 g UStG ist, d. h. der selbst Erdgas über das Erdgasnetz liefert (§ 13b Abs. 2 Nr. 5 Buchst. b i. V. m. § 13b Abs. 5 S. 3 UStG.
- Bei der Lieferung von Elektrizität führt die Lieferung eines im Inland ansässigen Unternehmers zur Steuerschuldnerschaft des Leistungsempfängers, wenn er und der liefernde Unternehmer Wiederverkäufer von Elektrizität i. S. d. § 3 g UStG sind (§ 13b Abs. 2 Nr. 5 Buchst. b i. V. m. § 13b Abs. 5 S. 4 UStG).

Mit Wirkung zum 01.01.2021 ist das Reverse-Charge-Verfahren um Telekommunikationsdienstleistungen der im Inland ansässigen Unternehmer an sog. Wiederverkäufer erweitert worden (§ 13b Abs. 2 Nr. 12 i. V. m. Abs. 5 S. 6 UStG).

Hinweis: Die Steuerschuldnerschaft geht auch in diesen Fällen auf den Leistungsempfänger über, wenn er die Leistungen für seinen nichtunternehmerischen Bereich bezieht (§ 13b Abs. 5 S. 7 UStG). Allerdings schulden jPdöR in den Fällen des § 13b Abs. 2 Nr. 5 Buchst. a UStG die USt dann nicht, wenn sie die Leistungen für ihren nichtunternehmerischen Bereich beziehen (§ 13b Abs. 5 S. 11 UStG).

Darüber hinaus ist der Wechsel der Steuerschuldnerschaft gem. **§ 13b Abs. 2 Nr. 7 UStG** auf die **stpfl. Lieferungen von Industrieschrott, Altmetallen und sonstigen Abfallstoffen i. S. d. Anlage 3 zum UStG** erweitert worden (A 13b.4 Abs. 1 UStAE). Die Steuerschuldnerschaft des Leistungsempfängers ist auch in diesen Fällen auf solche Leistungsempfänger beschränkt, die Unternehmer sind (§ 13b Abs. 5 S. 1 2. HS UStG). Dies gilt auch für einen Bezug zum nichtunternehmerischen Bereich (§ 13b Abs. 5 S. 7 UStG).

Beispiel 5: Reifen- oder Schrotthändler

Der Reifenhändler R liefert zum Runderneuern ungeeignete Autoreifen an den Reifenhersteller K-GmbH.

Lösung: Bei der Reifenlieferung handelt es sich um eine Lieferung der in der Nr. 5 der Anlage 3 zum UStG genannten »Abfälle aus Weichkautschuk«, weil die Autoreifen nicht wieder instand gesetzt werden können und es sich daher um Abfall handelt (A 13b.4 Abs. 1 Nr. 5 S. 2 UStAE). Steuerschuldner aus der Lieferung ist daher gem. § 13b Abs. 2 Nr. 7 i. V. m. Abs. 5 S. 1 UStG der Leistungsempfänger, die K-GmbH. Sofern sich die Autoreifen aber mit einem relativ geringen Aufwand wieder in einen gebrauchsfertigen Zustand versetzen ließen, scheidet die Einordnung als »Abfall« und damit die Anwendung des Reverse-Charge-Verfahrens aus (A 13b.4 Abs. 1 Nr. 5 S. 3 UStAE). Insoweit bliebe R als leistender Unternehmer Steuerschuldner aus der Reifenlieferung an die K-GmbH gem. § 13a Abs. 1 Nr. 1 UStG.

Dasselbe gilt auch **für die Lieferung** der in der Anlage 4 zum UStG aufgeführten **Metallerzeugnisse (§ 13b Abs. 2 Nr. 11 UStG**; zu den erfassten Produkten, A 13b.7a UStAE) und die **Lieferung von Mobilfunkgeräten, Tablet-Computern und Spielekonsolen sowie von integrierten Schaltkreisen** vor Einbau in einen zur Lieferung auf der Einzelhandelsstufe geeigneten Gegenstand (**§ 13b Abs. 2 Nr. 10 UStG**). Voraussetzung ist allerdings für beide Fallgruppen, dass die Summe der für die stpfl. Lieferungen dieser Gegenstände in Rechnung zu stellenden **Entgelte mindestens 5.000 €** beträgt. Abzustellen ist dabei auf alle im Rahmen eines zusammenhängenden wirtschaftlichen Vorgangs gelieferten Gegenstände der genannten Art, um Manipulationen z. B. durch Aufspalten der Rechnungsbeträge zu unterbinden (näheres dazu A 13b.7 UStAE). Eine nachträgliche Entgeltsminderung hat unberücksichtigt zu bleiben. Bei Lieferungen an Nichtunternehmer (insb. also im typischen Einzelhandel) verbleibt es bei der Steuerschuld des leistenden Unternehmers, unabhängig vom Rechnungsbetrag.

Beispiel 6: Mobilfunkgerätehandel

Unternehmer U betreibt ein Einzelhandelsgeschäft für Mobiltelefone und Zubehör. Er erwirbt von Großhändler G im Jahr 01 insgesamt 100 Mobiltelefone verschiedener Hersteller und Typen zum Gesamtpreis von 50.000 € (Nettoentgelt). Die Belieferung erfolgt in Form eines Rahmenvertrages, in dem G dem U die Lieferung von Telefonen mit einer Bestpreisregelung zusagt. Liefermenge und Abrufzeitpunkte stehen im freien Ermessen des U. U erhält aus dem Rahmenvertrag heraus tatsächlich monatlich Lieferungen der von ihm bestellten Mobiltelefone, mit jeweils einem Nettoentgelt von weniger als 5.000 €. Im November und Dezember bestellte er hingegen Lieferungen mit einem Nettoentgelt von 5.000 € (für November) und 6.000 € (für Dezember). Im Zusammenhang mit der Novemberlieferung gelang es U erstmals, vereinbarungsgemäß bei der Bezahlung der gelieferten Ware einen Skontoabzug i. H. v. 3 % vorzunehmen.

Lösung: Mit dem Verkauf der Mobiltelefone erbringt G steuerbare und stpfl. Umsätze in Form der jeweiligen Lieferung an U. Da U die Geräte als Unternehmer für sein Unternehmen erwirbt, könnte zwar grds. § 13b Abs. 2 Nr. 10 UStG zur Anwendung gelangen. Allerdings wird die notwendige Lieferschwelle i. H. v. 5.000 € aus einem zusammenhängenden wirtschaftlichen Vorgang nicht erreicht, denn entsprechend A 13b.7 Abs. 3 S. 5 Nr. 2 UStAE stellen Lieferungen aufgrund eines Rahmenvertrags, in dem lediglich die Lieferkonditionen und Preise der zu liefernden Gegenstände, nicht aber deren Menge festgelegt ist, keine Lieferungen im Rahmen eines zusammenhängenden wirtschaftlichen Vorgangs dar. Steuerschuldner für die monatlichen Lieferungen von Januar bis Oktober bleibt somit der G gem. § 13a Abs. 1 Nr. 1 UStG. Für die November- und Dezemberlieferung wird U Steuerschuldner nach § 13b Abs. 2 Nr. 10 UStG, da für diese Lieferungen die Lieferschwelle überschritten ist. Insb. für die Novemberlieferung wird die notwendige Lieferschwelle deshalb erreicht, weil ein Gesamtpreis von (netto) 5.000 € vereinbart war und nachträgliche Entgeltminderungen, etwa in Form des Skontoabzugs, unbeachtlich sind.

3.7 Ausnahmen von der Umkehr der Steuerschuldnerschaft

Ausgeschlossen ist eine Steuerschuldnerschaft des Leistungsempfängers nach § 13b Abs. 6 Nr. 1 – 3 UStG bei bestimmten Beförderungsleistungen. Nach § 13b Abs. 6 Nr. 4 und 5 UStG wird für **bestimmte Leistungen im Zusammenhang mit Messen sowie Ausstellungen und Kongressen** eine Steuerschuldnerschaft nach § 13b UStG ebenfalls ausgeschlossen. Besondere praktische Relevanz kommt dabei der im Inland stpfl. Leistung in Gestalt der Einräumung der Eintrittsberechtigung für Messen, Ausstellungen und Kongresse zu. In der Vergangenheit hatte die Anwendung des § 13b UStG auf diese Sachverhalte zu erheblichen Schwierigkeiten für die leistenden Unternehmer geführt, wenn die Besucher sowohl Unternehmer als auch Privatpersonen waren. Nach Feststellungen der FinVerw sind die ausländischen Veranstalter in Deutschland zumeist ohnehin für umsatzsteuerliche Zwecke erfasst und können daher problemlos die USt für ihre gesamten Umsätze auf Messen und ähnlichen Veranstaltungen anmelden.

Eine **weitere Ausnahme** folgt aus dem Leistungsort bei der **Abgabe von Speisen und Getränken an Bord eines Schiffs, in einem Luftfahrzeug oder in einer Eisenbahn**, der sich nicht nach § 3a Abs. 3 Nr. 3 Buchst. b UStG am Ort der tatsächlichen Leistungserbringung befindet, sondern bei Abgabe während einer Beförderung im Gemeinschaftsgebiet mit einem inländischen Abgangsort in Deutschland (§ 3e UStG). Ist der leistende Unternehmer im Ausland ansässig und erfolgt die Leistung an einen Unternehmer oder an eine juristische Person, sind diese an sich als Leistungsempfänger Steuerschuldner. Dies gilt auch, wenn die Leistung an den nichtunternehmerischen Bereich erbracht wird. Dieses Ergebnis ist für die

Betroffenen (leistende Unternehmer und Leistungsempfänger) nicht handhabbar und nach Auffassung des BMF nicht administrierbar. Deshalb nimmt **§ 13b Abs. 6 Nr. 6 UStG** diese Leistungen aus dem Anwendungsbereich der Steuerschuldnerschaft des Leistungsempfängers heraus. Steuerschuldner bleibt der leistende Unternehmer.

Eine Steuerschuldnerschaft kann grds. auch **Kleinunternehmer** nach § 19 UStG treffen (§ 19 Abs. 1 S. 3 UStG). Sie **können nach § 13b Abs. 5 S. 9 UStG mit ihren Ausgangsumsätzen allerdings keine Steuerschuldnerschaft ihrer Leistungsempfänger begründen.**

3.8 Anforderungen an Rechnung und Berechnung der vom Leistungsempfänger geschuldeten Umsatzsteuer

Liegen die Voraussetzungen der Steuerschuldnerschaft des Leistungsempfängers vor, haben inländische Unternehmer und entsprechend auch die im übrigen Gemeinschaftsgebiet ansässigen leistenden Unternehmer **besondere Rechnungsanforderungen** zu beachten.

In den Fällen des § 13b Abs. 2 UStG ordnet § 14a Abs. 5 S. 1 UStG an, dass die **Rechnung** des Leistenden neben den allgemeinen Angaben die **Angabe »Steuerschuldnerschaft des Leistungsempfängers«** enthalten muss. Außerdem findet die Vorschrift über den **gesonderten Steuerausweis in einer Rechnung keine Anwendung** (§ 14a Abs. 5 S. 2 UStG). Letzteres erklärt die eigene Regelung zum VSt-Abzug in **§ 15 Abs. 1 S. 1 Nr. 4 UStG**, der Unternehmer gleichwohl für berechtigt erklärt, die Steuer für Leistungen i. S. d. § 13b UStG abzuziehen, soweit sie die Leistungen für ihr Unternehmen bezogen haben.

Auch in den Fällen innergemeinschaftlicher Dienstleistungen i. S. d. § 13b Abs. 1 UStG gilt im Wesentlichen nichts anderes (§ 14a Abs. 1 S. 4 UStG). Allerdings ist zusätzlich die USt-IdNr. des leistenden Unternehmers und des Leistungsempfängers anzugeben und die Rechnungserstellung hat bis zum 15. Tag des Folgemonats zu erfolgen (§ 14a Abs. 1 S. 2 – 3 UStG).

Wird entgegen **den Vorgaben in § 14a Abs. 5 UStG** überhaupt keine Rechnung erstellt, so berührt dies freilich weder den Übergang der Steuerschuldnerschaft noch das VSt-Abzugsrecht. Nach § 15 Abs. 1 S. 1 Nr. 4 UStG bleibt der VSt-Abzug dem Leistungsempfänger erhalten, da diese Norm den VSt-Abzug nicht vom Vorliegen einer Rechnung abhängig macht. Dementsprechend vermag der fehlende Hinweis auf die »Steuerschuldnerschaft des Leistungsempfängers« den Leistungsempfänger auch nicht von seiner Steuerschuldnerschaft nach § 13b Abs. 5 UStG zu entbinden (A 13b.14 Abs. 1 S. 4 UStAE). **Der Hinweis auf die Steuerschuldnerschaft des Leistungsempfängers ist keine materiell-rechtliche Voraussetzung für den Übergang der Steuerschuldnerschaft.**

Wird entgegen der Verpflichtung in § 14a Abs. 5 S. 2 UStG die USt in der Rechnung dennoch gesondert ausgewiesen, so schuldet der leistende Unternehmer die gesondert ausgewiesene USt nach § 14c Abs. 1 UStG (A 13b.14 Abs. 1 S. 5 UStAE und A 14.1 Abs. 6 UStAE mit dortigem Beispiel 2). Dies hat zugleich Auswirkungen auf die **BMG der nach § 13b UStG geschuldeten USt**. Grundsätzlich bildet in den Fällen, in denen der Leistungsempfänger die USt schuldet, der in der **Rechnung** oder Gutschrift **ausgewiesene Nettobetrag** die BMG (A 13b.13 Abs. 1 UStAE). Entsprechend dem Rechtsgedanken des § 13b UStG handelt es sich bei diesem Betrag zwingend um einen Betrag ohne USt. Führt man diesen Gedanken fort, wird für den Fall, dass die Beteiligten keine Kenntnis von der Steuerschuldnerschaft des Leistungsempfängers haben und deshalb der Leistende unter Ausweis von USt abrechnet, der Gesamtbetrag einschließlich der verbotswidrig ausgewiesenen USt zur BMG für die vom Leistungsempfänger geschuldete USt (str.). Ist das in der Rechnung ausgewiesen Entgelt in ausländischer Währung angegeben, erfolgt die Umrechnung gem. § 16 Abs. 6 UStG. Bei Umsätzen mit nahestehenden Personen und bei Leistungen von im Ausland ansässigen Unternehmern greift auch die Mindest-BMG gem. § 10 Abs. 5 und Abs. 4 UStG. Der Leistungsempfänger hat bei seiner Steuerberechnung den Steuersatz zugrunde zu legen, der sich für den maßgeblichen Umsatz nach § 12 UStG ergibt. Ändert sich die BMG zu einem späteren Zeitpunkt, gilt § 17 Abs. 1 S. 1 – 4 UStG.

XII Besteuerung unentgeltlicher Wertabgaben

UWa sind, soweit sie in der Abgabe bzw. Entnahme von Gegenständen aus dem Unternehmen bestehen, unter den Voraussetzungen des § 3 Abs. 1b UStG entgeltlichen Lieferungen gleichgestellt; bei anderen uWa liegen unter den Voraussetzungen des § 3 Abs. 9a UStG fiktive entgeltliche sonstige Leistungen vor.

Die Regelungen über die Besteuerung von uWa nach den § 3 Abs. 1b und § 3 Abs. 9a UStG setzen entsprechend der unionsrechtlichen Grundlage in Art. 16 und Art. 26 MwStSystRL im Regelfall voraus, dass der entnommene oder außenunternehmerische verwendete Gegenstand (oder seine Bestandteile) zum vollen oder teilweisen VSt-Abzug berechtigt haben. Hierin wird der **vorrangige Zweck** der Besteuerung von uWa sichtbar. Neben der Gleichbehandlung des Unternehmers mit dem Endverbraucher soll der **VSt-Abzug für den Fall zu korrigieren sein**, dass eine **Verwendung** praktiziert wird, die die **Voraussetzungen eines VSt-Abzugs nach § 15 UStG nicht erfüllt**. Eine Ausnahme bildet insoweit lediglich die uWa nach § 3 Abs. 9a Nr. 2 UStG, die unabhängig von einem vorherigen VSt-Abzug nach § 1 Abs. 1 Nr. 1 UStG steuerbar ist.

Hinweis: Im Zusammenhang mit dem VSt-Abzug, der nur für »besteuerte Umsätze« (wirtschaftliche Tätigkeiten) in Betracht kommt, ist der Anwendungsbereich der steuerbaren uWa weiter eingeschränkt worden. Hiernach ist ein **Unternehmer** schon **nicht zum VSt-Abzug berechtigt**, wenn er eine **Leistung** für sein Unternehmen **bezieht**, um sie **ausschließlich für unentgeltliche Lieferungen** i. S. v. § 3 Abs. 1b UStG **oder unentgeltliche sonstige Leistungen** i. S. v. § 3 Abs. 9a UStG zu verwenden. Solche Leistungen werden dem nichtwirtschaftlichen Bereich des Unternehmers zugeordnet, und der VSt-Abzug ist **auch dann zu versagen**, wenn der Unternehmer mit der beabsichtigten uWa mittelbar **unternehmerische Ziele** verfolgt, **die zum VSt-Abzug berechtigen** (A 3.3 Abs. 1 S. 7 und A 15.15 Abs. 1 UStAE).

Droht hingegen kein unversteuerter Endverbrauch, sind § 3 Abs. 1b und Abs. 9a UStG unionsrechtskonform dahingehend einschränkend auszulegen, dass eine Besteuerung der unentgeltlichen Wertabgabe nicht erfolgt (A 3.2 Abs. 4 UStAE). Dieser droht nicht, wenn eine bezogene Leistung zwar einem Dritten einen Vorteil verschafft, diese Eingangsleistung aber vor allem für Bedürfnisse des Unternehmers genutzt wird und nicht darüber hinaus geht, was hierfür erforderlich bzw. unerlässlich ist, die Kosten für die Eingangsleistung Bestandteile des Preises der von ihm erbrachten Leistungen sind und der Vorteil des Dritten demgegenüber allenfalls nebensächlich ist (A 3.2 Abs. 4 S. 2 UStAE).

1 Rahmenbedingungen der Besteuerung unentgeltlicher Lieferungen nach § 3 Abs. 1b UStG

Grundvoraussetzung für alle in § 3 Abs. 1b S. 1 Nr. 1 – 3 UStG einer entgeltlichen Lieferung gleichgestellten Sachverhalte ist, dass es sich bei dem entnommenen oder unentgeltlich zugewendeten Gegenstand um einen Gegenstand **»aus dem Unternehmen«** handelt. Dies setzt die Zugehörigkeit des Gegenstandes zum Unternehmen voraus, was sich nicht nach ertragsteuerrechtlichen Merkmalen, also nicht nach der Einordnung als Betriebs- oder Privatvermögen richtet (A 3.3 Abs. 1 S. 2 UStAE). **Maßgebend ist allein**, ob der Unternehmer den Gegenstand dem **unternehmerischen** oder dem **nichtunternehmerischen** Tätigkeitsbereich zugewiesen hat. Die **Zuordnung eines Gegenstands zum Unternehmen** dokumentiert der Unternehmer regelmäßig **mit der Vornahme des VSt-Abzugs im Zeitpunkt des Erwerbs** (hierzu auch Kap. XV 1.3).

Beispiel 1: PC-Erwerb von Privatperson

Einzelhändler E hat im April 01 vom Privatmann P einen PC für 1.000 € erworben, den P vor einem halben Jahr für 1.500 € zzgl. 285 € USt gekauft hatte. E nutzt den PC ausschließlich für unternehmerische Zwecke. Nach einem weiteren halben Jahr schenkt er den PC im April 02 seinem Sohn. Der Einkaufspreis für einen solchen PC beträgt zum Zeitpunkt der Schenkung 500 €.

Lösung: Eine Besteuerung der uWa entfällt, da E den entnommenen PC von einer Privatperson erworben hatte und der PC damit zwangsläufig ohne VSt-Abzug ins Unternehmen gelangt ist. In einem solchen Fall steht § 3 Abs. 1b S. 2 UStG einer Besteuerung der Entnahme entgegen. Die Besteuerung des PCs selbst ist mit dem Erwerb durch P abgeschlossen, indem P als Privatperson keinen VSt-Abzug hinsichtlich der ausgewiesenen USt von 285 € geltend machen konnte. Damit ist der PC dem Blickfeld der USt entwichen.

Hätte E seinem Sohn den PC nicht geschenkt, sondern ihn ihm oder einem Dritten für 500 € verkauft, läge eine nach § 1 Abs. 1 Nr. 1 UStG steuerbare entgeltliche Lieferung vor. Dieses Ergebnis wäre nur durch eine vorhergehende Entnahme des PCs aus dem Unternehmen und die anschließende nicht mehr »im Rahmen des Unternehmens« erfolgende Veräußerung zu vermeiden.

Fraglich ist im Zusammenhang mit der durch § 3 Abs. 1b S. 2 UStG normierten Abhängigkeit der Entnahmebesteuerung von einem vorangegangenen VSt-Abzug, was unter einem **Bestandteil** zu verstehen ist.

Beispiel 2: Entnahmebesteuerung wegen vorsteuerentlasteter Leistungsbezüge?

Gebrauchtwagenhändler H hatte in 01 von privat einen Oldtimer für 14.400 € erworben. Um ihn verkaufen zu können, hat H im Jahr 02 an dem Wagen umfangreiche vorsteuerentlastete Karosserie- und Lackarbeiten für insgesamt 5.400 € vornehmen lassen. Ende 04 überführt H den Pkw ins Privatvermögen. Wiederbeschaffungspreis des Wagens zu diesem Zeitpunkt: 10.000 €.

Lösung: Eine Besteuerung der Entnahme kommt nur in Betracht, wenn auch Dienstleistungen in Form von Karosserie- und Lackarbeiten Bestandteile i. S. d. § 3 Abs. 1b S. 2 UStG darstellen können. Nach A 3.3 Abs. 2 S. 4 UStAE führen Dienstleistungen (sonstige Leistungen) einschließlich derjenigen, für die zusätzlich kleinere Lieferungen von Gegenständen erforderlich sind (z. B. ausdrücklich Karosserie- und Lackarbeiten an einem Pkw) aber nicht zu Bestandteilen im vorgenannten Sinne.

Nicht zu übersehen ist, dass es bei dieser Lösung zu einem unbesteuerten Endverbrauch kommt. Dieser betrifft den (Rest-)Wert der Karosserie- und Lackarbeiten, der noch nicht im Rahmen der unternehmerischen Tätigkeit des StPfl. verbraucht worden ist. Insoweit ist dann weiter zu prüfen, ob hinsichtlich der vorsteuerentlasteten Karosserie- und Lackarbeiten eine VSt-Berichtigung nach § 15a Abs. 3 S. 1 und 3 UStG ausgelöst ist (dazu näher Kap. XVI 3.2).

Beispiel 3: Entnahmebesteuerung wegen vorsteuerentlasteter Leistungsbezüge?

StB S hatte in 01 von privat einen Pkw für 10.800 € erworben. In den Jahren ausschließlich unternehmerischer Nutzung von 01 – 06 hat es einen vorsteuerentlasteten Aufwand von 8.000 € für Inspektionen, kleinere Reparaturen sowie den nachträglichen Einbau eines Katalysators (800 €) und die Erneuerung der Windschutzscheibe (500 €) gegeben. Dies ist für das FA Anlass, die Entnahme des Pkw in 06 auf der Basis einer BMG von 4.000 € zu besteuern. Hierbei handelt es sich um den Betrag, den S ertragsteuerrechtlich als Entnahmewert angegeben hatte.

Lösung: Bei dem Einbau eines Katalysators und auch bei der Erneuerung einer Windschutzscheibe handelt es sich nicht lediglich um werterhaltende Dienstleistungen. Dies führt jedoch keineswegs automatisch zur Annahme von Bestandteilen i. S. d. § 3 Abs. 1b UStG. Denn Bestandteile i. S. d. § 3 Abs. 1b S. 2 UStG sind diejenigen gelieferten Gegenstände, die aufgrund ihres Einbaus ihre körperliche und wirtschaftliche Eigenart endgültig verloren haben und die ferner zu einer dauerhaften, im Zeitpunkt der Entnahme noch nicht vollständig verbrauchten Werterhöhung des Gegenstands geführt haben (A 3.3 Abs. 2 S. 3 UStAE). Diese Voraussetzungen sind hinsichtlich eines eingebauten Katalysators und der Windschutzscheibe nicht feststellbar. Die hiermit verbundenen Feststellungsprobleme hat die FinVerw durch die sog. **Bagatellregelung** in **A 3.3 Abs. 4 UStAE** entschärft. Danach ist aus Vereinfachungsgründen **keine dauerhafte Werterhöhung des Gegenstands anzunehmen, wenn die vorsteuerentlasteten Aufwendungen für den Einbau von Bestandteilen weder 20 % der AK des Gegenstands noch einen Betrag von 1.000 € übersteigen**. Werden an einem WG **mehrere Bestandteile** in einem zeitlichen oder sachlichen Zusammenhang eingebaut, handelt es sich nicht um eine Maßnahme, sodass **für jede einzelne Maßnahme die Vereinfachungsregelung zu prüfen ist** (A 3.3 Abs. 4 S. 3 UStAE). In Beraterklausuren wird man also der Frage, ob der Einbau eines Katalysators oder einer Windschutzscheibe zu einer dauerhaften Werterhöhung geführt haben, schon deshalb nicht nähertreten, weil die aufgewendeten Entgelte jeweils weder die 1.000-€-Grenze noch 20 % der AK überstiegen haben. Andernfalls lässt sich die Frage, ob ein in einen Pkw **eingebauter Gegenstand** im Zeitpunkt der Entnahme des Pkw noch einen **Restwert** hat, im Allgemeinen unter Heranziehung anerkannter **Marktübersichten** für den **Wert gebrauchter Pkw** (z. B. sog. »Schwacke-Liste«) beurteilen (A 10.6 Abs. 2 S. 2 UStAE). Wenn insoweit kein »**Aufschlag**« auf den – im Wesentlichen nach Alter und Laufleistung bestimmten – durchschnittlichen Marktwert des Pkw im Zeitpunkt des Verkaufs bzw. der Entnahme üblich ist, soll der Ansatz eines Restwertes ausscheiden (so A 10.6 Abs. 2 S. 3 UStAE). In diesen Fällen kommt allerdings eine **VSt-Berichtigung** nach **§ 15a Abs. 3 S. 3 UStG** in Betracht (A 15a.6 Abs. 1 UStAE und A 15a.6 Abs. 14 UStAE). Zu beachten ist allerdings, dass von der Durchführung einer VSt-Berichtigung nach § 44 Abs. 5 i. V. m. Abs. 1 UStDV insoweit regelmäßig abzusehen ist, wenn der auf die AK oder HK entfallende USt-Betrag 1.000 € nicht übersteigt.

2 Weitere Voraussetzungen fiktiv entgeltlicher Lieferungen

§ 3 Abs. 1b UStG unterscheidet verschiedene Sachverhalte einer fiktiven entgeltlichen Lieferung, die an unterschiedliche Voraussetzungen anknüpfen.

2.1 Entnahmen des Unternehmers (§ 3 Abs. 1b S. 1 Nr. 1 UStG)

Eine Entnahme i. S. d. § 3 Abs. 1b S. 1 Nr. 1 UStG hat ihre klassischen Fälle in der Überführung von Unternehmensgegenständen ins Privatvermögen sowie in der unentgeltlichen Abgabe von Unternehmensgegenständen zu **unternehmensfremden** Zwecken.[1] Sie liegt nur dann vor, wenn der Vorgang bei entgeltlicher Ausführung an einen Dritten als Lieferung – einschließlich Werklieferung – anzusehen wäre. Der Grundsatz der Einheitlichkeit der Leistung gilt auch für die uWa. Für die Frage, was entnommen wird, ist nicht darauf abzustellen, was der Unternehmer i. d. R. im Rahmen seines Unternehmens herstellt. Entscheidend ist vielmehr, was im konkreten Fall Gegenstand der Wertabgabe ist. Bei einem Rohbauunternehmer, der für eigene Wohnzwecke ein schlüsselfertiges Haus mit Mitteln des Unternehmens errichtet, ist Gegenstand der Entnahme folglich das schlüsselfertige Haus, nicht lediglich der

---

[1] **Hinweis:** Ist die unentgeltliche Abgabe von Unternehmensgegenständen **unternehmerisch** veranlasst, kommt § 3 Abs. 1b S. 1 Nr. 3 UStG zur Anwendung (dazu vgl. Kap. 2.3).

Rohbau. Errichtet ein Bauunternehmer auf einem dem Unternehmensvermögen zugeordneten Grundstück ein Einfamilienhaus für unternehmensfremde Zwecke, entnimmt er das Grundstück spätestens im Zeitpunkt des Baubeginns aus seinem Unternehmensvermögen. Dieser Vorgang ist dann allerdings unter den Voraussetzungen des § 3 Abs. 1b S. 2 UStG eine nach § 4 Nr. 9 Buchst. a UStG steuerfreie Lieferung i.S.d. § 3 Abs. 1b S. 1 Nr. 1 UStG (A 3.3 Abs. 7 UStAE). Die BMG einer steuerbaren unentgeltlichen Lieferung nach § 3 Abs. 1b UStG richtet sich nach § 10 Abs. 4 S. 1 Nr. 1 UStG (vgl. Kap. 5).

Wird ein dem Unternehmen dienender Gegenstand während der Dauer einer nichtunternehmerischen Verwendung aufgrund äußerer Einwirkung **zerstört** (z.B. Totalschaden eines Pkw auf einer Privatfahrt), liegt **keine Entnahme** des Gegenstandes aus dem Unternehmen vor. Das Schadensereignis fällt in den Vorgang der nichtunternehmerischen Verwendung und beendet diese wegen Untergangs der Sache. Eine Entnahmehandlung ist in Bezug auf den unzerstörten Gegenstand nicht mehr möglich (A 3.3 Abs. 6 UStAE).

2.2 Sachzuwendungen an das Personal (§ 3 Abs. 1b S. 1 Nr. 2 UStG)

Zuwendungen von Gegenständen (Sachzuwendungen) an das Personal für dessen privaten Bedarf sind nach § 3 Abs. 1b S. 1 Nr. 2 UStG auch dann steuerbar nach § 1 Abs. 1 Nr. 1 UStG, wenn sie unentgeltlich außerhalb eines Leitungsaustauschs sind, d.h. wenn sie keine Vergütungen für die Dienstleistung des AN darstellen (A 1.8 Abs. 1 – 2 UStAE). Ausgenommen von der Besteuerung nach § 3 Abs. 1b S. 1 Nr. 2 UStG sind allerdings **Aufmerksamkeiten**. Hierbei handelt es sich um Sachzuwendungen wie Blumen, Genussmittel und Bücher, die dem AN oder seinen Angehörigen aus Anlass eines besonderen persönlichen Ereignisses zugewendet werden, bis zu einem Wert von 60 € (A 1.8 Abs. 3 S. 2 UStAE). Nicht erfasst werden ferner Zuwendungen, die durch das betriebliche Interesse des AG überlagert sind, wie etwa das Überlassen von Arbeitskleidung, deren private Nutzung so gut wie ausgeschlossen ist (A 1.8 Abs. 2 S. 7 UStAE).

> **Beispiel 3a: Großzügiges Geschenk an Mitarbeiter**
>
> Weinhändler W schenkt einem Mitarbeiter anlässlich dessen Feier zur 20-jährigen Firmenzugehörigkeit in 5/01 aus seinem Bestand eine Kiste besten französischen Rotweins (Einkaufspreis bei Erwerb in 3/01 und zum Zeitpunkt der Entnahme: 250 € zzgl. USt).
>
> **Abwandlung:** Weinhändler W hatte bereits bei Erwerb der Kiste in 3/01 die Absicht, sie später dem Mitarbeiter zum Firmenjubiläum zu schenken.
>
> **Lösung:** Schenkt der Weinhändler die Kiste aus seinem Bestand, so ist die Abgabe der Kiste Rotwein nach § 3 Abs. 1b S. 1 Nr. 2 UStG einer entgeltlichen Lieferung nach § 1 Abs. 1 Nr. 1 UStG gleichgestellt. BMG bildet nach § 10 Abs. 4 Nr. 1 UStG der Netto-Einkaufspreis der Weine zum Zeitpunkt der Entnahme in 5/01, hier 250 €. Die USt i.H.v. 47,50 € entsteht nach § 13 Abs. 1 Nr. 2 UStG mit Ablauf des VAZ der Entnahme. Mit der Besteuerung nach § 1 Abs. 1 Nr. 1 UStG i.V.m. § 3 Abs. 1b S. 1 Nr. 2 UStG wird letztlich der VSt-Abzug bei Erwerb der Kiste rückgängig gemacht. Dies ist vom Ergebnis her auch geboten, da es bei der USt darum geht, den hier fraglos vorliegenden Aufwand für Endverbrauch zu besteuern. Hatte W – wie in der Abwandlung – bereits bei Erwerb der Kiste Wein die Absicht, sie einem Mitarbeiter zu schenken, wäre nach W bereits deswegen nicht zum VSt-Abzug berechtigt. Denn wie bereits dargestellt, ist der Unternehmer nicht zum VSt-Abzug berechtigt, wenn er bereits bei Leistungsbezug beabsichtigt, die bezogene Leistung unmittelbar und ausschließlich für eine uWa i.S.v. § 3 Abs. 1b UStG zu verwenden. Eine Besteuerung der Entnahme entfällt sodann wegen § 3 Abs. 1b S. 2 UStG.

2.3 Sonstige unentgeltliche Lieferungen (§ 3 Abs. 1b S. 1 Nr. 3 UStG)

Während die unentgeltliche **Abgabe von sonstigen Leistungen** aus unternehmerischen Gründen generell nicht steuerbar ist, gilt etwas anderes für unentgeltliche Zuwendungen von Gegenständen. Diese sind nach § 3 Abs. 1b S. 1 Nr. 3 UStG auch dann steuerbar, wenn der Unternehmer sie **aus unternehmerischen Erwägungen** (z. B. zu Werbezwecken, zur Verkaufsförderung oder Imagepflege) tätigt. Hierunter fallen insb. Sachspenden an Vereine, Warenabgaben anlässlich von Preisausschreiben, Verlosungen und auch Geschenke an Geschäftspartner. Die Steuerbarkeit entfällt auch dann nicht, wenn der Empfänger die zugewendeten Gegenstände in seinem Unternehmen für unternehmerische Zwecke verwendet.

Ausgenommen von der Besteuerung sind lediglich die Abgabe von **Warenmustern** für Zwecke des abgebenden Unternehmens **sowie Geschenke von geringem Wert**, d. h. wenn die AK oder HK der dem Empfänger im Kj. zugewendeten Gegenstände insgesamt 50 € (Nettobetrag ohne USt) nicht übersteigen (A 3.3 Abs. 10 – 20 UStAE).

Zu beachten ist auch insoweit, dass bei größeren Geschenken, die von vornherein mit der Absicht erworben werden, sie z. B. Geschäftsfreunden zuzuwenden, bereits der VSt-Abzug zu versagen ist, sodass folgerichtig die Besteuerung der Zuwendungen nach § 3 Abs. 1b S. 1 Nr. 3 UStG wegen § 3 Abs. 1b S. 2 UStG entfällt.

> **Beispiel 3b: Werbekampagne ohne VSt-Abzug**
>
> Möbelhaus M startet eine Werbekampagne und verlost im August 01 unter den Kunden (Möbelkäufern) Fernsehgeräte, die M schon im Januar 01 zu einem Einkaufspreis von jeweils 500 € zuzüglich 95 € USt angeschafft hatte.
>
> **Lösung:** Die Fernsehgeräte werden aus unternehmerischen Erwägungen (Werbeeffekt) an die Gewinner der Verlosung abgegeben. Dieser Vorgang fällt der Art nach unter § 3 Abs. 1b S. 1 Nr. 3 UStG. Es handelt sich nicht um Geschenke von geringem Wert (vgl. A 3.3 Abs. 11 UStAE). Der VSt-Abzug wäre allerdings im Januar 01 von vornherein ausgeschlossen, wenn M bereits beim Bezug der Eingangsleistung (Einkauf der Fernsehgeräte) beabsichtigt hatte, die Geräte für die Verlosung im August 01 einzusetzen. In diesem Falle entfiele sodann bei der Abgabe im August 01 die Besteuerung einer uWa.

> **Beispiel 3c: Eröffnungsveranstaltung**
>
> Aus Anlass der Eröffnung seiner Galerie im August 01 veranstaltete der Galerist A für das interessierte Publikum einen Tag der offenen Tür. Als besondere Attraktion verloste Anton unter allen Besuchern ein Bild aus dem Bestand seiner Galerie. Das Bild hatte er im Januar 01 von einem bekannten Nachwuchskünstler für 1.000 € zzgl. 70 € USt für seine Galerie erworben. Der glückliche Gewinner, der Privatier P aus St. Moritz (Schweiz), nahm das Bild noch am selben Tag mit nach Hause.
>
> **Lösung:** A hat im Januar 01 einen auf § 15 Abs. 1 S. 1 Nr. 1 UStG gestützten VSt-Abzug i. H. v. 70 €, da A im Januar noch nicht wusste, dass er dieses Bild im Rahmen einer Verlosung für eine uWa nach § 3 Abs. 1b S. 1 Nr. 3 UStG nutzen würde. Die nach § 1 Abs. 1 Nr. 1 UStG i. V. m. § 3 Abs. 1b S. 1 Nr. 3 UStG steuerbare Abgabe des Bildes an P im August 01 ist auch stpfl., weil gem. § 6 Abs. 5 UStG eine steuerbare Ausfuhr bei uWa nicht zur Anwendung gelangt. Der Steuersatz beträgt 19 %. A ist nicht Urheber des Bildes (§ 12 Abs. 2 Nr. 13 Buchst. a UStG) und zudem seinerseits Wiederverkäufer i. S. d. § 25a Abs. 1 Nr. 1 S. 2 UStG (§ 12 Abs. 2 Nr. 13 Buchst. b UStG), da er gewerbsmäßig mit Kunstgegenständen handelt. Die Steuer i. H. v. 190 € entsteht nach § 13 Abs. 1 Nr. 2 UStG mit Ablauf VAZ August 01.

3 Voraussetzungen fiktiv entgeltlicher sonstiger Leistungen nach § 3 Abs. 9a UStG und deren Bemessungsgrundlage

Die uWa i. S. d. § 3 Abs. 9a UStG umfassen alle sonstigen Leistungen, die ein Unternehmer im Rahmen seines Unternehmens für eigene, außerhalb des Unternehmens liegende Zwecke oder für den privaten Bedarf des Personals ausführt; sie erstrecken sich auf alles, was seiner Art nach Gegenstand einer sonstigen Leistung i. S. d. § 3 Abs. 9 UStG sein kann.

3.1 Außerunternehmerische Verwendung von Unternehmensgegenständen (§ 3 Abs. 9a Nr. 1 UStG)

Die Verwendung eines Gegenstands für Zwecke, die außerhalb des Unternehmens liegen, kann selbstverständlich nur dann als uWa besteuert werden, wenn der Gegenstand bei Erwerb ungeachtet seiner auch nichtunternehmerischen Nutzung insgesamt dem Unternehmen zugeordnet werden konnte. Nur für diesen Fall nämlich kann es darum gehen, mit der Besteuerung der Privatnutzung einen VSt-Abzug rückgängig zu machen. Entfiele wegen der unternehmensfremden Nutzung bereits anteilig der VSt-Abzug, bedürfte es keiner Besteuerung der Privatnutzung mehr. Die nichtunternehmerische Nutzung wäre bereits über die anteilige Versagung des VSt-Abzugs besteuert. In der Sache geht es bei dieser Thematik um das Zuordnungswahlrecht des Unternehmers bei Erwerb eines gemischt genutzten Gegenstands (ausführlich dazu Kap. XV 1.3). Insoweit gilt: Bei Gegenständen, die **sowohl unternehmerisch als auch unternehmensfremd** (zu privaten Zwecken) genutzt werden sollen, hat der Unternehmer grds. ein **Zuordnungswahlrecht** (A 15.2c Abs. 2 Nr. 2b UStAE). Macht die unternehmerische Nutzung mindestens 10% aus (dazu § 15 Abs. 1 S. 2 UStG), kann und wird der Unternehmer regelmäßig auch Gegenstände, die er sowohl unternehmerisch als auch unternehmensfremd nutzt, insgesamt seinem Unternehmen zuordnen.

Hinweis: In den Beraterklausuren weist der Bearbeitungshinweis regelmäßig daraufhin, dass **gemischt genutzte Gegenstände soweit sinnvoll und zulässig dem Unternehmensvermögen zugeordnet werden**, sodass regelmäßig die vollständige Zuordnung zum Unternehmen und sodann eine Besteuerung der unternehmensfremden Verwendung als uWa nach § 3 Abs. 9a Nr. 1 UStG vorzunehmen ist. Würde der Unternehmer einen gemischt genutzten Gegenstand nur insoweit seinem Unternehmensvermögen zuordnen, als er ihn unternehmerisch nutzt, scheidet diese Besteuerung der uWa aber wegen der fehlenden außerunternehmerischen Verwendung des dem Unternehmen zugeordneten Teils aus.

Die **BMG** für die einer entgeltlichen sonstigen Leistung gleichgestellte Verwendung eines dem Unternehmen zugeordneten Gegenstands bemisst sich gem. § 10 Abs. 4 S. 1 Nr. 2 UStG nach den **bei der Ausführung dieser Umsätze entstandenen Ausgaben, soweit sie zum** vollen oder teilweisen **VSt-Abzug berechtigt haben**. Hierzu gehören auch die AK oder HK eines dem Unternehmen zugeordneten WG, das für die Erbringung der sonstigen Leistung verwendet wird (§ 10 Abs. 4 S. 1 Nr. 2 S. 2 UStG). Sofern die AK oder HK 500 € übersteigen, sind sie entsprechend dem für das WG maßgeblichen BZ nach § 15a gleichmäßig zu verteilen (§ 10 Abs. 4 S. 1 Nr. 2 S. 3 UStG).

Hinweis: Wird ein dem Unternehmen zugeordneter Gegenstand, bei dem **kein Recht zum VSt-Abzug** bestand, für nichtunternehmerische Zwecke genutzt, **hat** eine **Besteuerung grds. zu unterbleiben**. Entgegen dem Wortlaut des § 3 Abs. 9a Nr. 1 UStG ist gleichwohl dessen Tatbestand verwirklicht, soweit es um die Verwendung eingebauter Teile und der für den Gegenstand in Anspruch genommenen Lieferungen und Dienstleistungen geht, für die der VSt-Abzug vorgenommen worden war. In die BMG nach § 10 Abs. 4 S. 1 Nr. 2 S. 1 UStG sind dann aber auch nur die darauf entfallenden Kosten einzubeziehen (EuGH vom 27.06.1989, DB 1989, 2054 und A 15.23 Abs. 5 Nr. 4 UStAE für ohne VSt-Abzug erworbene Kraftfahrzeuge).

Beispiel 4: Ferienhaus- bzw. Wohnmobilnutzung als unentgeltliche Wertabgabe

Unternehmensberater U nennt ein vor 2011 mit vollem VSt-Abzug errichtetes Ferienhaus (Abwandlung: Wohnmobil) auf Sylt sein Eigen und konnte dieses im Jahr 01 für 17 Wochen an Urlauber vermieten. Hierdurch erzielte er Mieteinnahmen von 23.800 €. Zusammen mit seiner Familie verbrachte U im Juli 01 einen dreiwöchigen Urlaub in dem Haus. Die übrige Zeit des Jahres stand das Haus leer bzw. zur Vermietung bereit. Das Ferienhaus verursachte für U in 01 einen vorsteuerentlasteten Aufwand von 14.000 € netto sowie weitere Kosten von 5.000 €, die nicht mit USt belastet waren.

Lösung: Soweit U das Haus (Wohnmobil) für sich und seine Familie nutzt, liegt nach § 3 Abs. 9a Nr. 1 UStG eine einer entgeltlichen sonstigen Leistung gleichzustellende Verwendung eines dem Unternehmen zugeordneten Gegenstands vor, deren Leistungsort sich im Fall der Ferienwohnung nach § 3a Abs. 3 Nr. 1a UStG und im Fall des Wohnmobils nach § 3a Abs. 1 UStG richtet und die auch stpfl. ist. Im Rahmen der BMG nach § 10 Abs. 4 S. 1 Nr. 2 UStG bleiben die Aufwendungen von 5.000 €, für die ein VSt-Abzug nicht möglich war (etwa Steuern, Versicherungsprämien) unberücksichtigt. Um die BMG für die Privatnutzung zu ermitteln, ist der vorsteuerentlastete Aufwand von 14.000 € grds. im Verhältnis der Privat- zur Gesamtnutzung aufzuteilen: 14.000 € x 3/20 = 2.100 €. Die Leerstandszeiten bzw. Zeiten der Nichtnutzung werden auch dann weder der nichtunternehmerischen noch der unternehmerischen Nutzung zugerechnet, wenn der Unternehmer über den Gegenstand nach Belieben verfügen kann (A 10.6 Abs. 5 UStAE).

Der ermäßigte Steuersatz findet keine Anwendung (A 12.16 Abs. 5 letzter Spiegelstrich UStAE), sodass für die nach § 1 Abs. 1 Nr. 1 UStG steuerbare Selbstnutzung eine USt-Schuld von 399 € entsteht. VAZ nach § 13 Abs. 1 Nr. 2 UStG: Juli 01.

Bei den Vermietungen an Feriengäste handelt es sich um steuerbare Umsätze nach § 1 Abs. 1 Nr. 1 UStG und mit einem Leistungsort im Fall der Ferienwohnung nach § 3a Abs. 3 Nr. 1a UStG und im Fall des Wohnmobils nach § 3a Abs. 3 Nr. 2 UStG auf Sylt. Die Umsätze sind nicht steuerbefreit nach § 4 Nr. 12 Buchst. a S. 2 UStG. Lediglich die kurzfristige Vermietung zu Beherbergungszwecken von Ferienhäusern bzw. -wohnungen sind seit dem 01.01.2010 nach § 12 Abs. 2 Nr. 11 UStG steuersatzermäßigt. Daher beträgt die BMG für die Überlassung der Ferienwohnung insgesamt 22.242,99 €, die abzuführende USt beträgt 1.557,01 €. Die BMG für die Vermietung des Wohnmobils beträgt insgesamt 20.000 €, die abzuführende USt beträgt 3.800 €.

Hinweis: Bei einem Erwerb des Ferienhauses **nach dem 31.12.2010** führt die teilweise Privatnutzung zu einer Beschränkung des VSt-Abzugs nach **§ 15 Abs. 1b UStG**. Eine teilunternehmerische Verwendung i. S. d. § 15 Abs. 1b UStG liegt nämlich nicht nur vor, wenn die verschiedenen Nutzungen räumlich voneinander abgegrenzt sind, sondern auch, wenn sie – wie z. B. bei Ferienwohnungen – zeitlich wechselnd stattfinden (A 15.6a Abs. 2 S. 6 UStAE). Eine Besteuerung der Privatnutzung kommt nach § 3 Abs. 9a Nr. 1 UStG dann nicht mehr in Betracht (hierzu Kap. XV 3.2).

3.1.1 Besonderheiten bei der nichtunternehmerischen Grundstücksnutzung

Hintergrund der Einfügung des § 15 Abs. 1b UStG war das sog. Seeling-Modell (EuGH vom 08.05.2003, Az.: C-269/00, BStBl II 2004, 378). Hiernach konnte der Unternehmer ein gemischt genutztes Gebäude sowohl mit seinem stpfl. unternehmerischen Nutzungsanteil als auch mit dem unternehmensfremd (privat; insb. zu eigenen Wohnzwecken) genutzten Teil insgesamt seinem Unternehmensvermögen zuordnen und die gesamten VSt für das Gebäude zunächst im vollen Umfang abziehen. Aus Sicht stpfl. Unternehmer schien damit der Boden für attraktive Steuersparmodelle geebnet:

> **Beispiel 5: »Eigenheimförderung« durch VSt-Abzug?**
>
> Unternehmer U hat im 1. Halbjahr 2004 ein Gebäude für 1 Mio. € zzgl. 160.000 € USt (Regelsteuersatz seinerzeit 16%) herstellen lassen. Er nutzt das zweistöckige Gebäude, das er insgesamt seinem Unternehmensvermögen zugeordnet hat, im EG für stpfl. unternehmerische Zwecke. Im gleich großen OG wohnt er mit seiner Familie.
>
> **Lösung:** Unternehmer U konnte das Gebäude in vollem Umfang seinem Unternehmen zuordnen[2], da der nach § 15 Abs. 1 S. 2 UStG erforderliche Mindestumfang unternehmerischer Nutzung von 10% deutlich überschritten ist. Damit stand ihm der volle VSt-Abzug i.H.v. 160.000 € zu, da er das Gebäude nunmehr **insgesamt vorsteuerunschädlich** verwendete. Zu der stpfl. Nutzung für unternehmerische Zwecke im EG tritt durch die Nutzung des OG für private Wohnzwecke eine **stpfl. uWa** nach § 3 Abs. 9a Nr. 1 UStG. BMG für die private Nutzung waren nach der früheren Fassung des § 10 Abs. 4 S. 1 Nr. 2 UStG die anteiligen vorsteuerentlasteten Kosten, wobei die FinVerw damals in A 155 Abs. 2 S. 2 UStR 2000 von den bei der Einkommensteuer zugrunde gelegten Kosten (AfA) ausging. In Anlehnung an die ertragsteuerliche Typisierung gingen demnach nur 2% der HK in die BMG für die uWa ein. Dies führte dazu, dass – ohne Berücksichtigung von Unterhaltungskosten – für die private Nutzung des OG jährlich lediglich 1.600 € (2% der anteiligen HK von 500.000 € = 10.000 € x 16%) zu versteuern waren. Die im Investitionsjahr für die Privatwohnung »zu viel« verlangte VSt wäre über die jährliche Versteuerung der uWa somit erst in 50 Jahren (der bei der AfA zugrunde gelegten ND) vollständig an den Fiskus zurückbezahlt worden. Das Gestaltungsmodell wäre dadurch vollendet, in dem der Unternehmer nach Ablauf des BZs nach § 15a UStG von zehn Jahren den privat genutzten Gebäudeteil aus seinem Unternehmensvermögen in entsprechender Anwendung des § 4 Nr. 9a UStG steuerfrei entnimmt. Im Ergebnis würde der anfänglich anteilig für die Privatwohnung erstatteten VSt i.H.v. 80.000 € eine uWa i.H.v. lediglich 10 x 1.600 € = 16.000 € gegenüberstehen. Dem ist die FinVerw respektive der Gesetzgeber unmittelbar entgegengetreten und hat (mit Rückwirkung zum 01.07.2004) zur Ermittlung der BMG für die stpfl. Privatnutzung den § 10 Abs. 4 Nr. 2 UStG in seiner heutigen Fassung normiert. Seitdem sind die AK und HK gleichmäßig auf den nach § 15a UStG maßgeblichen BZ (bei Gebäuden also auf zehn Jahre) zu verteilen. Demnach beträgt der jährliche Entnahmewert für die private Nutzung des OG nicht mehr 1.600 €, sondern 1/10 der hierauf entfallenden HK, mithin 8.000 €. Nach Ablauf des BZs haben sich nun die erstatteten VSt und die Wertabgabenbesteuerung ausgeglichen.

Der mit Wirkung zum 01.01.2011 eingefügte § 15 Abs. 1b UStG sieht nunmehr jedoch einen weiteren VSt-Ausschlusstatbestand vor. Hiernach ist **die Steuer für die Lieferungen,** die Einfuhr und den igE **sowie für sonstigen Leistungen im Zusammenhang mit einem Grundstück vom VSt-Abzug ausgeschlossen, soweit sie nicht auf die Verwendung des Grundstücks für**

---

2 Allerdings war die Verwendung eines dem Unternehmen zugeordneten Gebäudes für unternehmensfremde Zwecke nur dann nach § 3 Abs. 9a Nr. 1 UStG steuerbar, wenn die unternehmerische Nutzung der anderen Gebäudeteile zum vollen oder teilweisen VSt-Abzug berechtigt haben, d. h., ohne stpfl. Grundgeschäfte war das Seeling-Modell schon nicht möglich (A 3.4 Abs. 7 UStAE).

Zwecke des Unternehmens entfällt. Der Umstand, dass die bezogenen Leistungen (teilweise) auch für nichtunternehmerische Zwecke verwendet werden, führt daher zu einer entsprechenden Beschränkung des VSt-Abzugs. Der Besteuerung der uWa nach § 3 Abs. 9a Nr. 1 UStG steht nunmehr nach dem ausdrücklichen Wortlaut in § 3 Abs. 9a Nr. 1 S. 1 UStG »[...] wenn der VSt-Abzug nach § 15 Abs. 1b UStG ausgeschlossen ist [...]« für den außerunternehmerisch verwendeten Teil entgegen. Für den Fall, dass sich die Nutzungsverhältnisse während des für Grundstücke geltenden BZ ändern – also der Anteil von unternehmerischer zu außerunternehmerischer Nutzung variiert–, erfolgt ausschließlich nach § 15a Abs. 6a UStG eine Korrektur des VSt-Abzugs in Anlehnung an die auch ansonsten für eine VSt-Berichtigung geltenden Grundsätze. Wird das gemischt genutzte Grundstück während des laufenden BZ entnommen, wird eine VSt-Berichtigung nach § 15a Abs. 8 S. 2 und Abs. 9 UStG ausgelöst.

Hinweis: Ab dem 01.01.2013 ist innerhalb der nichtunternehmerischen Tätigkeiten zwischen unternehmensfremder und nichtwirtschaftlicher Tätigkeit i.e.S. zu unterscheiden. Im Zusammenhang mit einer Verwendung für nichtwirtschaftliche Tätigkeiten i.e.S. ist der VSt-Abzug anteilig bereits nach § 15 Abs. 1 S. 1 Nr. 1 UStG ausgeschlossen. Für die Anwendung des § 15 Abs. 1b UStG bleibt insoweit kein Raum (A 15. 6a Abs. 1 S. 4 UStAE).

3.1.2 Besonderheiten der unternehmensfremden Fahrzeugnutzung

Unter den Tatbestand des § 3 Abs. 9a Nr. 1 UStG fällt auch die private (sog. unternehmensfremde) Nutzung eines dem Unternehmen zugeordneten Fahrzeugs durch den Unternehmer selbst. Insoweit gilt also dem Grunde nach nichts anderes als bei der Privatnutzung eines Ferienhauses oder eines mit VSt-Abzug erworbenen PCs.

Trotz der privaten Nutzung bleibt aber grds. eine volle Zuordnung zum Unternehmen und damit regelmäßig auch ein voller VSt-Abzug möglich, der erst sukzessive über die Besteuerung der unternehmensfremden Nutzung nach § 3 Abs. 9a Nr. 1 UStG rückgängig gemacht wird. Ob tatsächlich eine unternehmensfremde, private Nutzung vorliegt, kann dabei gelegentlich durchaus der Prüfung bedürfen. So ist z.B. keine gemischte, sondern eine **ausschließlich unternehmerische Nutzung** anzunehmen, wenn bei einem Unternehmer zu der rein unternehmerischen Nutzung lediglich noch eine Nutzung für **Fahrten zwischen Wohnung und Betriebsstätte** tritt (A 15.23 Abs. 2 S. 2 UStAE). Diese gelten bei Unternehmern ebenso wie Familienheimfahrten im Rahmen doppelter Haushaltsführung als unternehmerisch veranlasst. Eine ausschließlich unternehmerische Nutzung ist i.Ü. regelmäßig auch anzunehmen, wenn der Unternehmer einem Mitarbeiter ein Fahrzeug als **Firmenwagen** überlässt.

> **Beispiel 5a: Pkw-Privatnutzung**
>
> StB S hat im Januar 01 beim Händler H einen Pkw für 40.000 € zzgl. 7.600 € gesondert ausgewiesener USt erworben. Der Bruttolistenpreis betrug 50.000 €. In 01 wird der Wagen wie folgt genutzt:
> - Für unternehmerische Zwecke: 18.000 km;
> - für private Zwecke: 4.000 km;
> - für Fahrten zwischen Wohnung und Betrieb (einfache Entfernung 10 km, genutzt an 150 Tagen): 3.000 km.
>
> Es liegen Rechnungen für das Jahr 01 vor, die folgende Kosten für die Unterhaltung des Fahrzeugs ausweisen:
> - Steuer: 317 €;
> - Haftpflichtversicherung: 623 €;
> - Kaskoversicherung: 660 €;

- Kraftstoff: 3.600 € zzgl. 684 € USt;
- Inspektion 610 € zzgl. 115,90 € USt.

Lösung: S kann ungeachtet der Privatnutzung den vollen VSt-Abzug hinsichtlich der vorsteuerbelasteten Positionen geltend machen (im Zusammenhang mit dem Fahrzeugerwerb vgl. A 15.23 Abs. 3 S. 2 UStAE und mit den Kraftstoff- und Inspektionskosten vgl. A 15.2c Abs. 2 S. 6 UStAE). Diesen vollen VSt-Abzug hat S sukzessive über eine Besteuerung der Privatnutzung nach § 3 Abs. 9a Nr. 1 i.V.m. § 10 Abs. 4 Nr. 2 UStG rückgängig zu machen. Zur Ermittlung der BMG nach § 10 Abs. 4 Nr. 2 UStG kommen alternativ drei Methoden in Betracht (A 15.23 Abs. 5 UStAE):

1. **Fahrtenbuchmethode** (Aufteilung des vorsteuerentlasteten Aufwands im Verhältnis der unternehmerischen zur privaten Nutzung) oder
2. **Schätzung** des privaten Anteils oder
3. Ansatz der privaten Nutzung mit **monatlich 1% des Bruttolistenpreises abzgl. einer Pauschale von 20% für nicht vorsteuerentlasteten Aufwand**.[3]

Bei Anwendung der Fahrtenbuchmethode ist zunächst der vorsteuerentlastete Gesamtaufwand zu ermitteln. Dazu zählen nicht nur die vorsteuerentlasteten Ausgaben für die Nutzung und Unterhaltung, sondern auch die AK oder HK für das WG. Diese Kosten sind losgelöst von der betriebsgewöhnlichen ND des WG anteilig auf den nach § 15a UStG maßgeblichen BZ zu verteilen (vgl. § 10 Abs. 4 Nr. 2 S. 3 UStG). Daraus folgt für bewegliche WG wie einen Pkw also grds. eine Verteilung der AK auf fünf Jahre. Dies ergibt für das Jahr 01 einen vorsteuerentlasteten Gesamtaufwand von 12.210 € (anteilige AK von 8.000 € + 4.210 € an vorsteuerentlasteten Kraftstoff- und Inspektionskosten). In einem nächsten Schritt ist dieser vorsteuerentlastete Gesamtaufwand entsprechend den unternehmerisch und den privat gefahrenen Kilometern aufzuteilen. Die unternehmerische Nutzung, zu der bei Unternehmen auch die Fahrten zwischen Wohnung und Betrieb zählen (A 15.23 Abs. 2 S. 2 UStAE), beläuft sich im Beispiel auf insgesamt 21.000 km. Bei einer Privatnutzung von lediglich 4.000 km errechnet sich für die stpfl. Privatnutzung in 01 also eine BMG nach § 10 Abs. 4 Nr. 2 UStG von 4/25 von 12.210 € = 1.953,60 € und eine USt von 371,18 €.

Hätte U die Pauschalierung nach der 1%-Methode gewählt, wäre er schlecht beraten gewesen. Es hätte sich dann nämlich eine BMG nach § 10 Abs. 4 Nr. 2 UStG von 4.800 € ergeben (12 x 500 € = 6.000 € abzgl. 20% für nicht vorsteuerentlasteten Aufwand). Die Privatnutzung löste folglich in 01 eine USt von 912 € aus.

Klausurhinweise: Die Besteuerung außerunternehmerischer Pkw-Nutzung muss wie die Firmenwagenüberlassung beherrscht werden; die **Thematik taucht in steter Regelmäßigkeit in Beraterklausuren auf**. Angesichts der erheblichen Aufmerksamkeit, die eine **Fahrzeugverwendung für sog. nichtwirtschaftliche Tätigkeiten i.e.S.** in A 15.23 Abs. 6 UStAE erfährt, wird man nicht ausschließen können, dass solche Sachverhaltskonstellationen **alsbald zum Gegenstand von Beraterklausuren** werden (keine anteilige Zuordnungsmöglichkeit des Pkw, soweit er für die nichtwirtschaftliche Tätigkeit verwendet wird, und folgerichtig auch keine Wertabgabenbesteuerung; ebenfalls anteiliger VSt-Ausschluss für die anteiligen laufenden Aufwendungen für die Unterhaltung. Erhöht sich allerdings der Anteil der Nutzung für nichtwirtschaftliche Tätigkeiten, ist eine Wertabgabenbesteuerung vorzunehmen).

---

[3] Die ertragsteuerliche Kürzung des inländischen Listenpreises für Elektrofahrzeuge für umsatzsteuerliche Zwecke kommt nicht in Betracht (A 15.23 Abs. 5 S. 4 Nr. 1a S. 2 UStAE).

3.2 Erbringen anderer sonstiger Leistungen (§ 3 Abs. 9a Nr. 2 1. Alt. UStG)

Nach § 3 Abs. 9a Nr. 2 UStG unterliegen alle anderen, nicht bereits unter § 3 Abs. 9a Nr. 1 UStG fallenden unentgeltlichen **Dienstleistungen für nichtunternehmerische Zwecke** oder für den privaten Bedarf des Personals der Umsatzbesteuerung. Die Besteuerung dieser uWa hängt nicht davon ab, dass USt angefallen und der Unternehmer hinsichtlich dieser Steuer zum VSt-Abzug nach § 15 UStG berechtigt war. Die **Berechtigung zum VSt-Abzug** nach § 15 UStG ist **kein Tatbestandsmerkmal des § 3 Abs. 9a Nr. 2 UStG**. Entsprechend sind in die **BMG** für diese uWa nach § 10 Abs. 4 S. 1 Nr. 2 UStG **sämtliche entstandenen Kosten** einzubeziehen, also auch die Kosten, die nicht mit USt belastet sind (z. B. Lohnkosten). Als herkömmliches Beispiel hierfür dienen die betrieblichen Arbeitskräfte eines Unternehmers, die eingesetzt werden, um den Privatgarten des Unternehmers oder anderer Familienangehöriger auf Vordermann zu bringen.

Hinweis: Während die unentgeltliche Abgabe von Gegenständen nach § 3 Abs. 1b S. 1 Nr. 3 UStG auch dann steuerbar ist, wenn unternehmerische Zwecke verfolgt werden, gilt dies für **unentgeltliche Dienstleistungen** nicht. Sie sind **nur steuerbar, wenn damit außerunternehmerische Zwecke verfolgt werden**. Gibt es für die unentgeltlich erbrachten Dienstleistungen unternehmerische Gründe, entfällt eine Besteuerung nach § 3 Abs. 9a S. 1 Nr. 2 UStG (BFH vom 11.12.2003, Az.: V R 48/02, BStBl II 2006, 384). Unentgeltliche sonstige Leistungen, die unternehmerisch veranlasst sind, kennen damit keine Gleichstellung mit entgeltlichen sonstigen Leistungen.

> **Beispiel 6: Unternehmerisch veranlasste sonstige Leistungen**
>
> Das Möbelhaus M verlost anlässlich der Werbekampagne unter den Kunden auch fünf Eintrittskarten für das Spiel eines Fußballbundesligisten für jeweils 50 € zuzüglich 9,50 € USt.
>
> **Lösung:** Die Eintrittskarten für das Fußballspiel werden wie die Fernseher in Beispiel 3b aus unternehmerischen Erwägungen (Werbeeffekt) heraus abgegeben. Es handelt sich jedoch bei Eintrittsberechtigungen – im Gegensatz zur Abgabe von Gegenständen – um die Abgabe von sonstigen Leistungen. Da § 3 Abs. 9a Nr. 2 UStG uWa aus unternehmerischen Gründen nicht aufführt, handelt es sich bei der Abgabe der Eintrittskarten an die Gewinner der Verlosung um einen der Art nach nicht steuerbaren Vorgang. Weitreichende Folge für den VSt-Abzug: Es fehlt an einem Ausgangsumsatz in Form einer uWa, dem der Eingangsumsatz (Kauf der Eintrittskarten) direkt (unmittelbar) zugeordnet werden könnte und der den VSt-Abzug ausschließen würde. Für den VSt-Abzug kommt es deshalb – mangels direkter Zuordnungsmöglichkeit – auf die Gesamttätigkeit des Unternehmers an. Da das Möbelhaus ausschließlich stpfl. und damit vorsteuerunschädliche Umsätze ausführt (stpfl. Verkauf von Möbeln), kann es die VSt aus den Eintrittskarten i. H. v. jeweils 9,50 € abziehen (A 15.15 Abs. 1 UStAE mit dortigem Beispiel 1).

3.3 Sonstige Leistungen gegenüber dem Personal (§ 3 Abs. 9a Nr. 2 2. Alt. UStG)

Sachzuwendungen an AN erfahren unter den Voraussetzungen des § 3 Abs. 1b Nr. 2 UStG eine Behandlung als fiktive Lieferung gegen Entgelt. Ermöglicht der AG seinen AN unentgeltlich die Verwendung von Unternehmensgegenständen oder wendet er ihnen unentgeltlich andere sonstige Leistungen zu, so werden diese Leistungen nach § 3 Abs. 9a Nr. 1 bzw. 2 UStG sonstigen Leistungen gegen Entgelt gleichgestellt, wenn sie für den privaten Bedarf der Beschäftigten erfolgen. Diese Gleichbehandlung ist geboten, um einen unversteuerten Endverbrauch bei AN zu verhindern, wenn diese – über den Umweg des AG – **sonstige Leistungen zur privaten Bedarfsdeckung** erhalten.

Insoweit verdient besondere Beachtung, dass § 3 Abs. 9a UStG wie auch § 3 Abs. 1b Nr. 2 UStG **keine Anwendung** findet, **wenn** betrieblich veranlasste **Maßnahmen** zwar **auch** die Befriedigung eines privaten Bedarfs der AN zur Folge haben, diese **aber durch die mit den Maßnahmen angestrebten betrieblichen Zwecke überlagert wird** (vgl. A 1.8 Abs. 2 S. 7 UStAE). In einem solchen Fall ist davon auszugehen, dass die Gewährung der unentgeltlichen Leistungen aus unternehmerischen Gründen und damit nicht steuerbar erfolgt (Beispiele in A 1.8 S. 3 Abs. 4 Nr. 1 – 13 UStAE). Besondere praktische Relevanz gewinnt diese Einschränkung bei den sog. **AN-Sammelbeförderungen**. Hierbei handelt es sich um unentgeltliche Beförderungen der AN von ihrem Wohnsitz, gewöhnlichen Aufenthaltsort oder von einer Sammelhaltestelle zum Arbeitsplatz durch betriebseigene Kraftfahrzeuge oder Beförderungsunternehmer, die der AG beauftragt hat. Auch diese Beförderungen sind nur dann nach § 3 Abs. 9a Nr. 2 UStG steuerbar, wenn sie nicht im überwiegenden betrieblichen Interesse des AG liegen. Eine Besteuerung hat danach gem. A 1.8 Abs. 15 UStAE zu unterbleiben, wenn

- die Beförderung mit öffentlichen Verkehrsmitteln nicht oder nur mit unverhältnismäßig hohem Zeitaufwand durchgeführt werden könnte,
- die AN an ständig wechselnden Tätigkeitsstätten oder an verschiedenen Stellen eines weiträumigen Arbeitsgebiets eingesetzt werden oder
- Beförderungsleistungen wegen eines außergewöhnlichen Arbeitseinsatzes erforderlich werden.

Hinweis: Insb. bei der Firmenwagenüberlassung ist aber sorgfältig zu prüfen, ob es sich insoweit nicht um eine entgeltliche sonstige Leistung im Rahmen eines tauschähnlichen Umsatzes handelt, bei der das Entgelt in der nicht durch Barlohn abgegoltenen Arbeitsleistung besteht (hierzu Kap. V 4).

Wie bei Sachzuwendungen nach § 3 Abs. 1b Nr. 2 UStG sind auch im Rahmen der uWa an AN nach § 3 Abs. 9a UStG bloße Aufmerksamkeiten, die dem Personal zugewendet werden, ohnehin von der Besteuerung ausgenommen.

4 Ortsbestimmung, Steuerbefreiung und Steuersatz

Für uWa richtet sich die Bestimmung des Leistungsorts nach den allgemeinen Regelungen.

Die Gleichstellung uWa mit entgeltlichen Lieferungen ist auch im Anwendungsbereich des § 4 UStG zu beachten, sodass die **Steuerbefreiungen** auch auf die Entnahmetatbestände anwendbar sind. Allerdings ist für uWa i. S. d. § 3 Abs. 1b UStG die Steuerbefreiung **für Ausfuhrlieferungen ausgeschlossen** (§ 6 Abs. 5 UStG), und bei uWa i. S. d. § 3 Abs. 9a Nr. 2 UStG entfällt die Steuerbefreiung für Lohnveredelungen an Gegenständen der Ausfuhr (§ 7 Abs. 5 UStG). Die übrigen **Steuerbefreiungen** sowie die **Steuerermäßigungen sind** auf uWa **anzuwenden**, wenn die in den §§ 4 und 12 UStG bezeichneten Voraussetzungen vorliegen (A 3.2 Abs. 2 S. 2 – 3 UStAE). Insb. ist auch die Befreiungsvorschrift des § 4 Nr. 9 Buchst. a UStG auf Entnahmen ohne Rechtsträgerwechsel (d. h. Überführung ins Privatvermögen) anwendbar (A 4.9.1 Abs. 2 Nr. 6 UStAE). Eine Option zur Steuerpflicht nach § 9 UStG kommt aber allenfalls bei uWa nach § 3 Abs. 1b S. 1 Nr. 3 UStG an einen anderen Unternehmer für dessen Unternehmen in Betracht (A 3.2 Abs. 2 S. 4 UStAE).

5 Bemessungsgrundlage sowie Steuerentstehung und -schuldner

Für die fiktiv als entgeltliche **(Werk-)Lieferungen** zu behandelnden Tatbestände des § 3 Abs. 1b UStG gilt nach **§ 10 Abs. 4 S. 1 Nr. 1 UStG** als **BMG** der **Einkaufspreis** zzgl. der Nebenkosten für den Gegenstand der uWa oder für einen gleichartigen Gegenstand und nachrangig – mangels eines Einkaufspreises – auf Grundlage der Selbstkosten **zum Zeitpunkt der Entnahme**.[4] Die USt gehört grds. nicht zur BMG (§ 10 Abs. 4 S. 2 UStG). Der alternative Ansatz der Selbstkosten kommt insb. bei der Entnahme selbst hergestellter Produkte in Betracht.[5]

Für die fiktiv als entgeltliche sonstige Leistungen zu behandelnden Wertabgaben ist – wie teilweise bereits zuvor dargestellt – zu differenzieren:

- Für **uWa i. S. d. § 3 Abs. 9a Nr. 1 UStG** richtet sich die **BMG** gem. **§ 10 Abs. 4 S. 1 Nr. 2 UStG** nach den **bei der Ausführung** der Wertabgabe **entstandenen Ausgaben**, soweit diese zum vollen oder teilweisen VSt-Abzug berechtigt haben. Hierzu gehören auch die AK und HK eines dem Unternehmen zugeordneten WG, wenn es für die Erbringung dieser sonstigen Leistungen verwendet worden ist. Betragen die AK und HK mehr als 500 €, sind sie gleichmäßig auf den § 15a-UStG-Berichtigungszeitraum im Rahmen der Bemessung der bei der Ausführung entstandenen Ausgaben zu verteilen. Die nach § 15 UStG abziehbaren VSt-Beträge sind nicht mit einzubeziehen (A 10.6 Abs. 3 S. 4 UStG)
- Für **uWa i. S. d. § 3 Abs. 9a Nr. 2 UStG** richtet sich die **BMG** gem. **§ 10 Abs. 4 S. 1 Nr. 3 UStG** zwar **ebenfalls** nach den **bei der Ausführung dieser Leistungen entstandenen** Ausgaben. Anders als bei § 3 Abs. 9a Nr. 1 UStG sind jedoch **sämtliche Ausgaben** einzubeziehen, d. h. auch solche, die – wie z. B. Lohnkosten – nicht mit USt belastet sind.

Hinweis: Über eine uWa, die in der unmittelbaren Zuwendung eines Gegenstandes oder in der Ausführung einer sonstigen Leistung an einen Dritten besteht, **kann** grds. **nicht mit einer Rechnung** i. S. d. § 14 UStG **abgerechnet werden** (A 3.2 Abs. 2 S. 5 UStAE). Der Empfänger kann folglich die vom Zuwendenden geschuldete USt nicht als VSt abziehen, selbst wenn er den Gegenstand zu unternehmerischen Zwecken nutzt.

Bei stpfl. uWa nach § 3 Abs. 1b und § 3 Abs. 9a UStG lässt **§ 13 Abs. 1 Nr. 2 UStG** die Steuer mit Ablauf des VAZ entstehen, in dem diese Tatbestände verwirklicht worden sind. Wie bei entgeltlichen Umsätzen schuldet auch der die uWa erbringende Unternehmer die Steuer gem. § 13a Abs. 1 Nr. 1 UStG.

---

4 Selbstkosten sind nicht nur die unmittelbaren Herstellungs- oder Erzeugungskosten, sondern auch mittelbar zurechenbare Kosten wie z. B. Finanzierungsaufwendungen, wobei es keine Rolle spielt, ob es sich um vorsteuerbehaftete Kosten handelt oder nicht (EuGH vom 25.04.2024, C-207/23, DStR 2024, 1004).

5 Entstehen die Selbstkosten sowohl für entgeltliche Lieferungen wie auch für uWa, sind diese entsprechend § 15 Abs. 4 UStG nach den tatsächlichen oder ggf. fiktiven Umsätzen aufzuteilen (BFH vom 15.03.2022, Az.: V R 34/20, BFH/NV 2022, 1013).

XIII Unrichtiger oder unberechtigter Steuerausweis (§ 14c UStG)

USt kann nicht nur durch die in § 1 Abs. 1 UStG genannten steuerbaren Vorgänge ausgelöst werden. Die dort genannten Tatbestände werden um solche Tatbestände ergänzt, die ihren Anknüpfungspunkt für das Entstehen einer USt-Schuld in Abrechnungspapieren finden, mit denen eine der umsatzsteuerrechtlichen Beurteilung nicht entsprechende USt ausgewiesen wird. Diese Sachverhalte können unter den in § 14c UStG beschriebenen Voraussetzungen ebenfalls eine USt-Schuld begründen. Hierbei handelt es sich um abstrakte Gefährdungstatbestände, deren Verwirklichung zunächst nicht davon abhängt, dass der Rechnungsempfänger selbst Unternehmer ist oder zum VSt-Abzug nach § 15 UStG berechtigt ist (BFH vom 31.05.2017, Az.: V B 133/16, BFH/NV 2017, 1202).[1]

Hinweis: Ein vorsteuerabzugsberechtigter Unternehmer kann nur die in der Rechnung ausgewiesene USt abziehen, die der Rechnungsaussteller für einen nach § 1 Abs. 1 Nr. 1 UStG stpfl. Umsatz schuldet, denn § 15 Abs. 1 S. 1 Nr. 1 UStG spricht insoweit von »gesetzlich geschuldeter Steuer für Lieferungen und sonstigen Leistungen« und erfasst daher nicht eine nach § 14c UStG vom Rechnungsaussteller geschuldete USt (vgl. Kap. XV 1.6). Insoweit gibt es dann also kein Gleichgewicht von geschuldeter USt und VSt-Abzug.

§ 14c UStG unterscheidet zwischen den Fällen eines unrichtigen Steuerausweises in Abs. 1 und denen eines unberechtigten in Abs. 2.

1 Unrichtiger Steuerausweis nach § 14c Abs. 1 UStG

Weist ein Unternehmer in einer Rechnung für eine Lieferung oder sonstige Leistung einen höheren Steuerbetrag aus, als er nach dem Gesetz für den Umsatz schuldet, so ist der Tatbestand des unrichtigen Steuerausweises verwirklicht.[2] Der Unternehmer schuldet dann nach § 14c Abs. 1 S. 1 UStG auch den Mehrbetrag. Wird für den Umsatz tatsächlich – weil der Umsatz nicht steuerbar oder steuerfrei ist – gar keine USt geschuldet, ist der Mehrbetrag identisch mit dem ausgewiesenen Steuerbetrag. Ansonsten tritt die »§ 14c Abs. 1 – Steuer« neben die USt, die für den nach § 1 Abs. 1 Nr. 1 UStG stpfl. Umsatz auf der Basis einer BMG nach § 10 Abs. 1 UStG tatsächlich geschuldet wird. Die Rechtsfolge des § 14c Abs. 1 UStG tritt i. Ü. unabhängig davon ein, ob das Abrechnungspapier ansonsten alle in § 14 Abs. 4 und § 14a UStG genannten Angaben enthält. § 14c Abs. 1 UStG erfasst insb. folgende Sachverhalte:
- **Rechenfehler, die zu einem zu hohen Steuerbetrag führen,**
- **Anwendung des Regelsteuersatzes statt des ermäßigten Steuersatzes,**

---

1   Nach der Entscheidung des EuGH vom 08.12.2022 (Az.: C-378/21, DStR 2022, 2621) schuldet der Rechnungsaussteller die auf der Grundlage eines falschen Steuersatzes berechnete Steuer allerdings dann nicht, wenn keine Gefährdung des Steueraufkommens vorliegt, weil seine Leistungen ausschließlich an Endverbraucher erbracht worden sind, die nicht zum VSt-Abzug berechtigt sind. Steht daher fest, dass keiner der Rechnungsempfänger zum VSt-Abzug berechtigt ist, dürfte keine Steuerschuld nach § 14c UStG mehr entstehen. Eine Änderung der Verwaltungsauffassung bleibt abzuwarten.

2   Ein zu hoher Steuerausweis liegt auch dann vor, wenn in Kleinbetragsrechnungen i. S. d. § 33 UStDV ein zu hoher Steuersatz oder in Fahrausweisen i. S. d. § 34 UStDV ein zu hoher Steuersatz oder eine falsche Tarifentfernung angegeben ist (A 14c.1 Abs. UStAE).

- **Ausweis von USt für steuerfreie Umsätze und für nicht steuerbare Umsätze** (Leistungsort im Ausland, GiG. nach § 1 Abs. 1a UStG) und
- **gesonderter Steuerausweis für eine stpfl. Leistung** durch den leistenden Unternehmer, **für die der Leistungsempfänger nach § 13b Abs. 5 UStG die USt schuldet** (A 13b.14 Abs. 1 S. 5 UStAE).

Die **Berichtigung einer Rechnung** mit unrichtig ausgewiesener USt ist nach § 14c Abs. 1 S. 2 UStG **grds. an keine besonderen Voraussetzungen geknüpft**. Unerheblich bleibt also, ob der Leistungsempfänger einen VSt-Abzug hinsichtlich der nach § 14c Abs. 1 UStG geschuldeten USt geltend gemacht, diesen ggf. berichtigt hat und ob die Finanzbehörde die Ansprüche gegen den Leistungsempfänger aus der ggf. gebotenen Berichtigung des VSt-Abzugs hat durchsetzen können. Infolge des EuGH-Urteils vom 08.12.2022 (C-378/21, DStR 2022, 2621) ist § 14c Abs. 1 UStG allerdings in richtlinienkonformer Auslegung dann nicht anwendbar, wenn der unrichtige Ausweis der USt in Rechnungen zu keiner Gefährdung des Steueraufkommens geführt hat. Dies hat zur Folge, dass der Rechnungsaussteller dann, wenn der durch ihn erfolgte unrichtige Steuerausweis in den Rechnungen mangels VSt-Abzugsberechtigung der jeweiligen Leistungsempfänger nicht zu einer Gefährdung des Steueraufkommens führt, keine Korrekturhandlungen vornehmen muss (vgl. A 14c. 1 Abs. 1a UStAE).

Nur für die **Fallgruppen** der **Rückgängigmachung eines Verzichts auf die Steuerbefreiung** nach § 9 Abs. 2 UStG und bei fehlerhafter Behandlung einer nicht steuerbaren **GiG. als stpfl.** ist in § 14c Abs. 1 S. 3 UStG vorgesehen, dass – wie in den Fällen des unberechtigten Steuerausweises nach § 14c Abs. 2 UStG – vor einer Berichtigung in einem besonderen Verfahren vom Unternehmer zunächst der **Nachweis** zu führen ist, dass eine **Gefährdung des Steueraufkommens beseitigt** worden ist, d.h., wenn der VSt-Abzug beim Rechnungsempfänger nicht durchgeführt oder die geltend gemachte VSt an die Finanzbehörde zurückgezahlt worden ist (§ 14c Abs. 2 S. 4 UStG). Die Berichtigung des geschuldeten Betrages ist gem. § 14c Abs. 2 S. 5 UStG in entsprechender Anwendung des § 17 Abs. 1 UStG für den Besteuerungszeitraum vorzunehmen, in dem die Gefährdung des Steueraufkommens beseitigt worden ist. Auf den Zeitpunkt der Berichtigungsbeantragung beim FA oder den einer Rechnungsberichtigung kommt es nicht an (BFH vom 27.07.2021, Az.: V R 43/19, BFH/NV 2022, 89). Wurde beim Empfänger der Rechnung überhaupt kein VSt-Abzug vorgenommen, kann der geschuldete Betrag beim Aussteller der Rechnung nach Verwaltungsauffassung bereits für den Zeitraum berichtigt werden, in dem die Steuer nach § 13 Abs. 1 Nr. 3 UStG entstanden ist (A 14c.2 Abs. 5 S. 6 UStAE).

In den anderen Fällen des unrichtigen Steuerausweises nach § 14c Abs. 1 UStG erfolgt die **Berichtigung** zwar ohne Mitwirkung des FA durch eine Berichtigungserklärung gegenüber dem Leistungsempfänger. Die Berichtigung eines Steuerbetrages nach § 14c Abs. 1 UStG **erfordert** darüber hinaus allerdings zur Vermeidung einer ungerechtfertigten Bereicherung zusätzlich, dass der Unternehmer **die vereinnahmte USt an den Leistungsempfänger zurückgezahlt** hat (BFH vom 16.05.2018, Az.: XI R 28/16, BFH/NV 2018, 1048 und A 14c.1 Abs. 5 S. 4 UStAE). Der Berichtigung kommt insoweit folgerichtig auch **keine Rückwirkung** zu, da dies dem Regelungszweck des § 14c Abs. 1 S. 2 UStG i.V. m. § 17 Abs. 1 UStG widersprechen würde (A 14c.1 Abs. 5 S. 3 UStAE). Die aufgrund des unrichtigen Steuerausweises entstandene USt-Schuld bleibt daher bis zur Berichtigung des Steuerbetrags bestehen.

2 Unberechtigter Steuerausweis nach § 14c Abs. 2 UStG

Die Regelung des § 14c Abs. 2 S. 1 UStG wendet sich an Unternehmer, die zum gesonderten Ausweis nicht berechtigt sind. Dies sind vor allem die **Kleinunternehmer** (§ 19 Abs. 1 S. 4 UStG) und **Händler, die von der Differenzbesteuerung nach § 25a UStG Gebrauch machen** (§ 14a Abs. 6 S. 2 UStG). Weisen diese Unternehmer über die von ihnen getätigten Umsätze in einer Rechnung USt aus, so schulden sie die ausgewiesene USt nach § 14c Abs. 2 S. 1 UStG.

Die von § 14c Abs. 2 **S. 2** UStG erfassten Sachverhalte betreffen Personen, die wie ein leistender Unternehmer abrechnen, indem sie USt in Rechnungen gesondert ausweisen, obwohl sie entweder tatsächlich keine Unternehmer i. S. d. § 2 UStG (»Privatpersonen«) sind oder die die Lieferung oder sonstige Leistung, über die abgerechnet wird, gar nicht ausgeführt haben (A 14c.2 Abs. 2 Nr. 2 UStAE). Letzteres umfasst insb. auch solche Fälle, in denen Unternehmer eine andere als die abgerechnete Leistung (A 14c.2 Abs. 2 Nr. 3 UStAE) erbracht oder an einen anderen Leistungsempfänger als den in der Rechnung angegebenen ausgeführt haben.

§ 14c Abs. 2 S. 2 UStG erfasst jedoch nicht solche Sachverhalte, bei denen fälschlich über nicht steuerbare sog. Innenumsätze (s. dazu Kap. III 3) – etwa Warenbewegungen innerhalb einer Organschaft – unter USt-Ausweis abgerechnet wird (A 14c.2 Abs. 2a UStAE). Bei solchen Abrechnungen handelt es sich umsatzsteuerrechtlich nicht um Rechnungen, sondern lediglich um unternehmensinterne Buchungsbelege.

Für die von § 14c Abs. 2 UStG erfassten Fälle des »unberechtigten« Steuerausweises sieht das UStG ein besonderes Berichtigungsverfahren in § 14c Abs. 2 S. 3 – 5 UStG vor. Die dortigen Regelungen überantworten den Finanzbehörden die Prüfung, ob und ggf. in welcher Höhe und für welchen Besteuerungszeitraum eine Berichtigung vorgenommen werden darf.

Hinweis: Die Steuer wird auch dann nach § 14c UStG geschuldet, wenn die Rechnung nicht sämtliche in § 14 Abs. 4 UStG aufgezählten Pflichtangaben aufweist, nach denen eine Rechnung für Zwecke des VSt-Abzugs erst als ordnungsgemäß i. S. d. § 15 Abs. 1 S. 1 Nr. 1 S. 2 UStG angesehen wird (A 14c.1 Abs. 1 S. 2 UStAE). Denn bei § 14c UStG geht es um eine abstrakte Gefährdung des Steueraufkommens, und auch Abrechnungsdokumente, die (nur) elementare Merkmale einer Rechnung aufweisen, könnten den Empfänger zum VSt-Abzug verleiten (BFH vom 17.02.2011, Az.: V R 39/09, BStBl II 2011, 734). Von daher schuldet nach § 14c UStG die USt, wer einem anderen ein Dokument überlässt, das den Rechnungsaussteller, den (vermeintlichen) Leistungsempfänger, eine Leistungsbeschreibung, sowie das Entgelt und die USt gesondert ausweist. Insoweit können auch Dauerschuldverträge Rechnungen i. S. d. § 14c UStG sein.[3]

---

3 Dieser weiten Auslegung des Rechnungsbegriffs dürfte aber die jüngste Entscheidung des EuGH vom 29.09.2022 (Az.: C-235/21, MwStR 2022, 928) entgegenstehen, weil hiernach der Vertrag über ein Dauerschuldverhältnis als Rechnung nur dann angesehen werden kann, wenn er alle Angaben enthält, die erforderlich sind, damit die Steuerverwaltung feststellen kann, ob die materiellen Voraussetzungen für das Recht auf VSt-Abzug im konkreten Fall erfüllt sind.

XIV Grenzüberschreitende Warenbewegungen

1 Besteuerungsprinzipien

Grundsätzlich bestehen zwei Möglichkeiten, grenzüberschreitende Lieferungen zu besteuern: Entweder wird die USt im Ursprungsland auf die Lieferung (Ursprungslandprinzip) oder sie wird im Bestimmungsland auf den Erwerb (Bestimmungslandprinzip) erhoben.

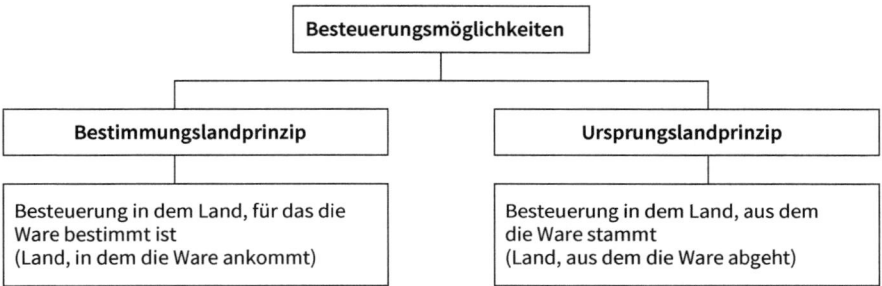

Bis zum 31.12.1992 galt im deutschen USt-Recht generell das Bestimmungslandprinzip. Wurden Waren in das Ausland exportiert, wurden diese von der deutschen USt über den Tatbestand der Ausfuhr befreit (s. dazu Kap. 2.2) und im Ausland entsprechend den umsatzsteuerrechtlichen Regelungen des jeweiligen Staates besteuert. Umgekehrt erhob der deutsche Zoll auf die Einfuhr von Waren (s. dazu Kap. 2.1) aus dem Ausland in das Inland an den Landesgrenzen E-USt.

Seit dem 01.01.1993 sind die innergemeinschaftlichen Zollgrenzen entfallen. Folglich konnte bei grenzüberschreitenden Warenbewegungen innerhalb des Gemeinschaftsgebiets das bis dahin praktizierte Verfahren, die Einfuhr im Bestimmungsland durch das Erheben der E-USt beim Zoll zu belasten und die Ausfuhrlieferung im Herkunftsland gleichzeitig von der Steuer zu befreien, nicht mehr praktiziert werden. Dieses Verfahren gilt seit 01.01.1993 nur noch für Im- und Exporte aus bzw. in das Drittlandsgebiet.

2 Abwicklungen mit Drittländern

Im Zusammenhang mit dem grenzüberschreitenden Warenverkehr mit Drittländern ist einerseits zwischen dem Tatbestand der Einfuhr nach § 1 Abs. 1 Nr. 4 UStG (E-USt) und der steuerbefreiten Ausfuhrlieferung nach § 4 Nr. 1 Buchst. a UStG i. V. m. § 6 UStG und andererseits hiermit im Zusammenhang stehenden sonstigen Leistungen zu unterscheiden.

2.1 Die Einfuhr aus dem Drittland nach § 1 Abs. 1 Nr. 4 UStG

Der Steuertatbestand der Einfuhr nach § 1 Abs. 1 Nr. 4 UStG knüpft – unabhängig vom Status des Einführenden als Unternehmer oder Privatperson – regelmäßig an den rein tatsächlichen Vorgang des Verbringens eines körperlichen Gegenstandes aus dem Drittland in das Inland an. Von daher ist die E-USt bereits rechtstechnisch keine Verkehrsteuer, sondern eine

Verbrauchsteuer i. S. d. AO (§ 21 Abs. 1 UStG). Dass die Verwaltung der E-USt nach Art. 108 Abs. 1 GG den Bundesfinanzbehörden (Zollbehörden) und nicht den für die herkömmliche USt zuständigen Landesfinanzbehörden obliegt, hat in erster Linie praktische Gründe. Die **Erhebung der E-USt** findet wie die Erhebung von Zoll **zumeist bereits beim Grenzübertritt** der Ware statt. Von daher ist es naheliegend, der mit der Zollabwicklung befassten **Zollverwaltung auch die Verwaltung der E-USt** anzutragen. In der Sache geht es bei der E-USt aber nicht um einen Zoll, sondern um einen **Haupttatbestand der Umsatzbesteuerung**. Dieser zielt darauf, eine **gleiche Belastung der inländischen Verbraucher zu gewährleisten** – egal, ob es sich um Aufwand für Inlands- oder um solchen für Auslandsware handelt. Von daher ist es nur konsequent, die Erträge aus der **E-USt als Teil des USt-Aufkommens** zu berücksichtigen, das nach Art. 106 Abs. 3 GG als Gemeinschaftssteuer auf Bund und Länder zu verteilen ist.

Der frühere Wortlaut des § 1 Abs. 1 Nr. 4 UStG (»Einfuhr von Gegenständen aus dem Drittland in das Inland«) legte den Schluss nahe, eine steuerbare Einfuhr liege **immer** schon dann vor, wenn ein Gegenstand aus dem Drittlandsgebiet in das Inland verbracht wird. Tatsächlich begründet dieser Vorgang umsatzsteuerlich jedoch nur dann den Tatbestand einer steuerbaren Einfuhr gem. § 1 Abs. 1 Nr. 4 UStG, wenn neben dem Gelangen des Gegenstandes aus dem Drittland in das Inland dieser Vorgang auch hier der Besteuerung unterliegt, also E-USt auslöst. Soweit die Ware zwar körperlich vom Drittland in das Inland gelangt, sich hier aber in einem besonderen Zollverfahren (dem sog. Nichterhebungsverfahren) befindet, ist die Ware zwar körperlich vom Drittland in das Inland verbracht worden, sie löst aber gerade noch keine Einfuhrumsatzsteuerschuld aus. Dieses klarzustellen, ist u. a. Anliegen der jetzigen Fassung des § 1 Abs. 1 Nr. 4 UStG, die für steuerbar »die Einfuhr von Gegenständen **im Inland** (Hervorhebung vom Verf.) [...]« erklärt. Es geht darum, sichtbar zu machen, dass der Tatbestand der **Einfuhr** erst mit der im Inland erfolgten **Überführung in den zoll- und steuerrechtlich freien Verkehr** verwirklicht wird.

Soll das **Bestimmungslandprinzip auch gegenüber Privatpersonen** verwirklicht werden, ist es **unvermeidlich**, eine **Besteuerung der Einfuhr regelmäßig bereits an den Zollgrenzen** vorzunehmen. Als Nichtunternehmer sind die Privatpersonen grds. nicht Steuersubjekt des USt-Rechts. Von daher treffen sie auch keine Erklärungspflichten im VA-Verfahren. Der Steueranspruch des Bestimmungslandes lässt sich ihnen gegenüber folglich gar nicht anders realisieren, als dass die E-USt direkt anlässlich der Warenabfertigung erhoben wird. Nur so lässt sich gewährleisten, dass die Einfuhr von Waren durch diesen Personenkreis tatsächlich mit inländischer USt belastet wird (die dann definitiv dem deutschen Fiskus verbleibt). Da es für die Verwirklichung des Tatbestands der Einfuhr **ohne Belang** ist, **wer die Ware einführt**, haben aber auch Unternehmer E-USt zu entrichten, und zwar selbst dann, wenn sie die eingeführte Ware zu vorsteuerunschädlichen Aktivitäten verwenden und die entstandene E-USt folglich nach § 15 Abs. 1 S. 1 Nr. 2 UStG voll als VSt in Abzug bringen können.

Für den Tatbestand der Einfuhr nach § 1 Abs. 1 Nr. 4 UStG hält das UStG **spezielle Steuerbefreiungsvorschriften in § 5 UStG** und spezielle Regelungen zur BMG in § 11 UStG vor. So ist die Einfuhr bestimmter Gegenstände, deren Lieferung auch im Inland steuerbefreit ist, gem. § 5 Abs. 1 Nr. 1 und Nr. 2 UStG ebenfalls steuerbefreit. Erheblich bedeutsamer ist demgegenüber aber die Steuerbefreiung bei der Einfuhr sog. innergemeinschaftlicher Transitware gem. § 5 Abs. 1 Nr. 3 UStG. Hiernach sind solche Gegenstände von der E-USt befreit, die von dem Schuldner der E-USt unmittelbar im Anschluss an die Einfuhr zur Ausführung von igL i. S. d. § 4 Nr. 1 Buchst. b i. V. m. § 6a UStG verwendet werden. Diese Befreiungsvorschrift dient der Steuervereinfachung, da die Steuerbefreiung der igL den VSt-Abzug der E-USt nach

§ 15 Abs. 3 Nr. 1 Buchst. a UStG nämlich nicht ausschlösse und die Behandlung der Lieferung als igL im Regelfall garantiert, dass der Gegenstand der Einfuhr in dem EU-Mitgliedstaat, in den sie im Anschluss an die Einfuhr gelangt, als igE entsprechend § 1a UStG besteuert wird.

> **Beispiel 1: Steuerbefreite Einfuhr von Transitware**
>
> Unternehmer H in Hamburg verkauft Schweizer Uhrwerke für 10.000 € an den belgischen Unternehmer B für dessen Uhrenhandel in Brüssel. Die Lieferklausel lautet »verzollt und versteuert.« In Erfüllung des Kaufvertrages werden die Uhrwerke anschließend vom Auslieferungslager des H in der Schweiz aus über Deutschland nach Belgien transportiert. Der von H mit dem Transport beauftragte Frachtführer F übernimmt an der deutsch-schweizerischen Grenze die Einfuhrabfertigung im Namen des H.
>
> **Lösung:** H bewirkt an B eine nach § 3 Abs. 8 UStG im Inland steuerbare Lieferung, die aber gem. § 4 Nr. 1 Buchst. b i.V.m. § 6a UStG als igL steuerfrei ist. Da die eingeführte Ware unmittelbar zur Ausführung einer igL verwendet wird, bleibt auch die Einfuhr nach § 5 Abs. 1 Nr. 3 UStG steuerfrei, sofern H als Anmelder seinen Mitteilungspflichten gem. § 5 Abs. 1 Nr. 3 Buchst. a und b UStG nachkommt und das Vorliegen der Voraussetzungen des § 6a Abs. 1 – 3 UStG nachweist.

Mit der **Einführung der neuen Fernverkaufsregeln** wurde mit Wirkung ab dem 01.07.2021 die E-USt-Befreiung für Einfuhrsendungen mit einem Wert bis 22 € außer Kraft gesetzt. Um dem dadurch erhöhten Verwaltungsaufwand für die Zollbehörden zu begegnen, können die Post- und Paketdienstleister, die die **Einfuhrsendungen** von aus Drittländern eingeführten Gegenständen – die direkt an einen Erwerber im Zollgebiet der EU versandt werden – i. d. R. beim Verbringen in das Zollgebiet den Zollbehörden gestellen, für Sendungen **mit einem Höchstwert von 150 €** gem. § 21a UStG die Waren im Namen und für Rechnung der Empfänger zum freien Verkehr anmelden und bei Auslieferung die E-USt vom Empfänger einfordern. Solche Einfuhrsendungen sind hingegen gem. § 5 Abs. 1 Nr. 7 UStG von der E-USt befreit, wenn der Lieferer Fernverkäufe nach § 3c Abs. 2 oder Abs. 3 UStG erbringt und für diese Einfuhrsendungen an dem besonderen Besteuerungsverfahren nach § 18k UStG (sog. One-Stop-Shop (OSS)) teilnimmt. In diesen Fällen verlagert sich der Ort der Lieferung gem. § 3c Abs. 3 UStG in den EU-Mitgliedstaat, in dem die Beförderung oder Versendung endet. Sofern der Lieferer weder an dem OSS teilnimmt noch die E-USt nach § 21a UStG abgeführt wird oder der Empfänger die Ware selbst einführt, ist die Einfuhr – wie allgemein bei **Sendungen über 150 €** – nicht von der E-USt befreit. Allerdings kann es umsatzsteuerlich zu einer Ortsverlagerung nach § 3 Abs. 8 UStG kommen, wenn der Lieferer die Einfuhr anmeldet und die E-USt schuldet. Insoweit führt der Lieferer eine im Inland steuerbare Lieferung aus und kann die von ihm geschuldete E-USt unter den Voraussetzungen des § 15 Abs. 1 S. 1 Nr. 2 UStG als VSt abziehen.

> **Beispiel 1a: Fernverkauf aus dem Drittland (ab 01.07.2021)**
>
> Ein in Japan ansässiger Versandhändler J veräußert über die eigene Internetseite Waren an den Endverbraucher D in Deutschland zu einem Kaufpreis von 100 € (Abwandlung: 200 €). Die Ware wird aus seinem japanischen Lager an den Wohnsitz des D in Deutschland versendet.
>
> **Lösung:** Wenn J im Grundfall nicht an dem One-Stop-Shop (OSS) nach § 18k UStG teilnimmt und die Zollanmeldung für seine Rechnung vorgenommen wird, schuldet J die E-USt. Die Lieferung des J ist sodann gem. § 3 Abs. 8 UStG in Deutschland steuerbar und stpfl. (vgl. Beispiel 1). Würde die Zollanmeldung in Deutschland durch D bzw. gem. § 21a UStG durch den Post- und Paketdienstleister (nur im Grundfall!) im Namen und für Rechnung des D erfolgen und dieser daher die E-USt schulden, wäre die Lieferung des J an D in Deutschland nicht steuerbar, da sich der Ort der Lieferung nach § 3 Abs. 6 S. 1

UStG in Japan befände. Die Regelung zum Fernverkauf aus dem Drittland wäre nicht anwendbar, weil J den OSS nach § 18k UStG nicht in Anspruch nimmt (§ 3c Abs. 3 S. 1 UStG). Nimmt J allerdings durch einen in D ansässigen Vertreter den OSS nach § 18k UStG in Anspruch, ist die Einfuhr der Waren im Grundfall gem. § 5 Abs. 1 Nr. 7 UStG steuerfrei. Die Lieferung des J an D ist als Fernverkauf aus dem Drittlandsgebiet in den Einfuhrstaat Deutschland steuerbar und stpfl. J hat diesen Umsatz im OSS nach § 18k UStG zu erklären. Die Steuer entsteht gem. § 13 Abs. 1 Nr. 1 Buchst. h UStG mit Ablauf des Besteuerungszeitraums nach § 16 Abs. 1a S. 1 UStG, in dem die Lieferung ausgeführt worden ist; die Gegenstände gelten als zu dem Zeitpunkt geliefert, zu dem die Zahlung von J angenommen wurde. Gem. § 3c Abs. 2 UStG sind die Fernverkaufsregelungen auch anzuwenden, wenn sich die eingeführten Waren am Ende des Transports in einem anderen EU-Mitgliedstaat als den Einfuhrstaat befinden. Nach alledem gilt die Ortsregelung für den Fernverkauf aus dem Drittlandsgebiet nach § 3c Abs. 2 – 3 UStG ausschließlich für den Fall, dass die Steuer auf die Lieferung im OSS erklärt wird. Andernfalls gelten die allgemeinen Regelungen über die Ortsbestimmung nach § 3 Abs. 6 – 8 UStG.

Hinweis: Sofern ein anderer Unternehmer mittels seiner elektronischen Schnittstelle (z.B. **Onlinemarktplatz, § 3 Abs. 3a S. 3 UStG) den Fernverkauf des Lieferers unterstützt** (z.B. bei der Anbahnung des Umsatzes) und der Endabnehmer ein Verbraucher oder ein sog. Schwellenerwerber (dazu später mehr) ist (§ 3 Abs. 3a S. 5 UStG), wird gem. § 3 Abs. 3a S. 1 und S. 2 UStG ein **Reihengeschäft zwischen** dem Lieferer (**Onlinehändler**) und dem anderen Unternehmer (**Onlinemarktplatz**) und dem **Endabnehmer fingiert**. Die Lieferung von dem anderen Unternehmer an den Endabnehmer ist hierbei gem. § 3 Abs. 6b UStG in jedem Fall die bewegte Lieferung, und soweit nach dem Wortlaut der Norm auch die Beförderung oder Versendung des Gegenstands dem anderen Unternehmer zugeschrieben wird, kann insoweit auch die Neuregelung zum Ort der Leistung beim Fernverkauf nach § 3c UStG zum Tragen kommen. Das fingierte Reihengeschäft bzw. die Regelung, dass der Betreiber der elektronischen Schnittstelle so behandelt wird, als ob er den Gegenstand der Einfuhr für sein Unternehmen selbst erhalten und geliefert hat, findet allerdings gem. § 3 Abs. 3a S. 6 UStG keine Anwendung für die Lieferung eines Gegenstands, der mit oder ohne probeweise Inbetriebnahme durch den Lieferer oder für dessen Rechnung montiert oder installiert geliefert wird, und für die Lieferung neuer Fahrzeuge i. S. d. § 1b UStG, wenngleich insoweit ein Sachwert unter 150 € nur schwer vorstellbar erscheint.

Beispiel 1b: Fernverkauf aus dem Drittland über einen Onlinemarktplatz (ab 01.07.2021)

Der in Japan ansässiger Versandhändler J veräußert über den Onlinemarktplatz A Waren an den Endverbraucher D in Deutschland zu einem Kaufpreis von 100 €. Die Ware wird aus seinem japanischen Lager an den Wohnsitz des D in Deutschland versendet. (Abwandlung: Der Kaufpreis beträgt 200 €, und die Einfuhrverzollung erfolgt im Namen des J entweder a) in den Niederlanden oder b) in Deutschland.)

Lösung: Der Ort der warenbewegten Lieferungen an die deutschen Endverbraucher liegt nach § 3c Abs. 3 S. 3 UStG in Deutschland, unabhängig davon, ob J den OSS nach § 18k UStG nutzt und ob die Umsatzschwelle von 10.000 € überschritten ist. Denn bei einem Fernverkauf unter Einbindung einer elektronischen Schnittstelle mit einem Sachwert von höchstens 150 € wird die bewegte Lieferung nach § 3 Abs. 3a S. 2 UStG i. V. m. § 3 Abs. 6b UStG dem Onlinemarktplatz A im Rahmen eines fiktiven Reihengeschäfts zugewiesen. Demzufolge stellt die vorhergehende Lieferung des J an A eine ruhende Lieferung dar, die nach § 3 Abs. 7 S. 1 Nr. 1 UStG am Ort des Beginns des Warentransports in Japan ausgeführt wird. A muss die USt auf seine fiktive Lieferung an D entweder im allgemeinen Besteuerungsverfahren oder über den OSS nach § 18k UStG erklären. Da hiernach die Erhebung der USt sichergestellt ist, bleibt die eigentliche Einfuhr der Ware nach § 5 Abs. 1 Nr. 7 UStG steuerfrei. Die von A abzuführende USt entsteht gem. § 13 Abs. 1 Nr. 1 Buchst. i UStG zu dem Zeitpunkt, zu dem die Zahlung angenommen wurde.

In der Abwandlung ist die Anwendung des OSS ausgeschlossen, weil der Warenwert 150 € übersteigt. Ferner gelangt die Regelung des § 3 Abs. 3a S. 2 UStG ebenso nicht zur Anwendung, sodass stets eine unmittelbare Leistungsbeziehung zwischen dem Versandhändler J und dem Endverbraucher D vorliegt. Wenn die Ware wie in Abwandlung a) in einem Mitgliedstaat (Niederlande) eingeführt und zum zollrechtlich freien Verkehr abgefertigt worden ist und erst anschließend in einen anderen Mitgliedstaat (Deutschland) gelangt, liegt der Ort der Lieferung an den Kunden gem. 3c Abs. 2 UStG im Bestimmungsland. Die E-USt ist im Einfuhrmitgliedstaat zu entrichten. Wird der Gegenstand wie in Abwandlung b) erst im Bestimmungsland zollrechtlich abgefertigt, greift § 3c Abs. 3 UStG. Der Ort der Lieferung bestimmt sich nach den allgemeinen Regelungen. Die E-USt ist weiterhin im Einfuhrmitgliedstaat zu entrichten. Weder die Steuerbefreiung nach § 5 Abs. 1 Nr. 7 UStG noch die Sonderregelung des § 21a UStG greift. In der Abwandlung b) kann J die von ihm geschuldete E-USt als VSt geltend machen, weil die Lieferung an D gem. § 3 Abs. 8 UStG in Deutschland steuerbar ist.

Zur **BMG** für stpfl. Einfuhren bestimmt **§ 11 Abs. 1 UStG** den **Zollwert**. Dieser Wert ist bei entgeltlichen Transaktionen praktisch aus dem Entgelt, dem Preis ohne USt, abzuleiten (sog. Transaktionswert). Ihm sind im Bestimmungsland zu erhebende Zölle und Transport- und Vermittlungskosten bis zum Bestimmungsort hinzuzurechnen (§ 11 Abs. 3 Nr. 1 UStG). Die Einbeziehung der Kosten für die Vermittlung der Lieferung und für die Kosten der Beförderung der eingeführten Ware bis zum ersten Bestimmungsort im Gemeinschaftsgebiet in die BMG der E-USt soll die **Belastungsgleichheit** der eingeführten Ware mit einer entsprechenden im Inland gelieferten Ware gewährleisten (§ 11 Abs. 3 Nr. 3 und Nr. 4 UStG). Dort gehören zur BMG als Teil des Entgelts i.S.d. § 10 Abs. 1 S. 2 UStG grds. auch die Vermittlungs- und Beförderungskosten bis zum Ort des Empfängers der Ware. Der **Besteuerung** der Beförderungskosten **mittels E-USt korrespondiert** mit entsprechendem Umfang die **USt-Befreiung** nach § 4 Nr. 3 Buchst. a Doppelbuchst. bb UStG für grenzüberschreitende Beförderungsleistungen aus dem Drittland in das Inland. Diese Befreiung wird nur gewährt, wenn die Kosten für diese Leistung in der BMG für die Einfuhr enthalten sind. Die beiden Vorschriften gehören systematisch zusammen und dienen letztlich dem Zweck, sämtliche anfallenden Kosten für solche Leistungen steuerlich nur einmal, d.h. ohne dass eine Doppelbesteuerung eintritt, zu erfassen.

Hinsichtlich des Steuersatzes gelten bei der Einfuhr **keine Besonderheiten**. Nach **§ 12 UStG** unterliegt die Einfuhr demselben Steuersatz wie die Lieferung entsprechender Gegenstände im Inland.

Beispiel:
Der in Hamburg ansässige Unternehmer U bezieht Bücher aus dem Drittland Schweiz zu einem vereinbarten Nettopreis von 50.000 € und wendet für die Fracht nochmals 4.000 € auf. Die Einfuhr nach § 1 Abs. 1 Nr. 4 UStG ist auf Basis eines BMG nach § 11 Abs. 1 und 3 UStG von 54.000 € und einem Steuersatz von 7 % nach § 12 Abs. 2 Nr. 1 i.V.m. Nr. 49 der Anlage 2 UStG zu besteuern. Die E-USt beträgt danach 3.780 €.

Klausurhinweis: Die E-USt war bisher in Beraterklausuren von untergeordneter Bedeutung. Lediglich bei der Bestimmung des Lieferortes bei Warenbewegungen zwischen Drittland und Inland (§ 3 Abs. 8 UStG: Verschiebung ins Inland in Abhängigkeit zur Schuldnerstellung hinsichtlich der E-USt) und unter dem Aspekt des VSt-Abzugs nach § 15 Abs. 1 S. 1 Nr. 2 UStG war sie in der Vergangenheit Prüfungsgegenstand. Wegen der Neuregelung des Fernverkaufs zum 01.07.2021 ist zukünftig mit entsprechenden Aufgabenstellungen, die auch die E-USt zum Gegenstand haben, zu rechnen!

2.2 Ausfuhrlieferungen nach § 4 Nr. 1 Buchst. a i. V. m. § 6 UStG

Der Tatbestand der Ausfuhr nach § 6 UStG betrifft Warenlieferungen, die den umgekehrten Weg gehen, also aus dem Inland in das Drittlandsgebiet gelangen. Indem diese im Inland (Lieferort gem. § 3 Abs. 6 S. 1 UStG) nach § 1 Abs. 1 Nr. 1 UStG steuerbaren Lieferungen von der deutschen USt befreit werden, wird dem **Bestimmungslandprinzip** Rechnung getragen. Belastet wird die Lieferung (ggf.) mit der USt des Bestimmungslandes über eine Besteuerung der Einfuhr. **Wettbewerbsgleichheit mit den Anbietern des Bestimmungslands** ist aber erst hergestellt, wenn dem exportierenden Lieferer für Leistungen, die er für Zwecke seiner Ausfuhrlieferungen bezieht, trotz deren Steuerfreiheit der VSt-Abzug erhalten bleibt. Dies gewährleistet § 15 Abs. 3 Nr. 1 Buchst. a UStG. Damit wird der für steuerfreie Umsätze an sich nach § 15 Abs. 2 S. 1 Nr. 1 UStG begründete VSt-Ausschluss aufgehoben. Es erfolgt also eine **vollständige Entlastung von der USt des Ursprungslandes** Deutschland, indem trotz Steuerfreiheit der Ausfuhrlieferung der VSt-Abzug aus Eingangsleistungen nicht gesperrt ist. Der **Tatbestand der Ausfuhr** steht somit seit jeher als **Paradebeispiel für eine vorsteuerunschädliche Steuerbefreiung.**

§ 6 Abs. 1 UStG differenziert hinsichtlich der Voraussetzungen dieser Steuerbefreiung nach der Art und Weise, wie der Gegenstand in das Drittlandsgebiet gelangt.

> **Beispiel 2: Ausfuhr bei inländischem Abnehmer?**
>
> Unternehmer H mit Sitz in Hamburg hat im Februar 01 für 10.000 € Ware an die ebenfalls in Hamburg ansässige A-GmbH verkauft. Auf Wunsch der Käuferin versendet H die Ware im März 01 ab Hamburg unmittelbar zum Auslieferungslager der A-GmbH in der Schweiz.
>
> **Abwandlung:** Die A-GmbH lässt den Transport von H ins Schweizer Auslieferungslager durch einen von ihr beauftragten Frachtführer vornehmen.
>
> **Lösung:** H tätigt eine nach § 1 Abs. 1 Nr. 1 UStG steuerbare Versendungslieferung, deren Lieferort sich nach § 3 Abs. 6 S. 1 UStG in Hamburg befindet. Da der liefernde Unternehmer H den Gegenstand der Lieferung in das Drittlandsgebiet Schweiz versendet hat, ist der Umsatz steuerfrei nach § 4 Nr. 1 Buchst. a UStG i. V. m. § 6 Abs. 1 S. 1 Nr. 1 UStG und in der VA für den VAZ 03/01 mit einem steuerfreien Entgelt von 10.000 € zu erfassen. Soweit im Fall des § 6 Abs. 1 S. 1 Nr. 1 UStG der liefernde Unternehmer den Gegenstand vom Inland in das Drittlandsgebiet selbst befördert oder versendet, ist kein ausländischer Abnehmer erforderlich.
>
> **Lösung (Abwandlung):** Die Lieferung des H an die A-GmbH ist jetzt nicht mehr steuerbefreit. § 6 Abs. 1 S. 1 Nr. 1 UStG ist in dieser Sachverhaltskonstellation nicht mehr anzuwenden, da der leistende Unternehmer nicht selbst befördert oder versendet. Zwar liegt eine steuerbefreite Ausfuhrlieferung auch dann vor, wenn der Abnehmer den Gegenstand vom Inland in das Drittlandsgebiet befördert oder versendet. Nach § 6 Abs. 1 S. 1 Nr. 2 UStG erfordert dies aber darüber hinaus auch, dass der Abnehmer ein ausländischer Abnehmer ist. Die Regelung dient der Vermeidung von Missbräuchen, denn es ist zu befürchten, dass es in den sog. Abholfällen nicht wirklich zur Ausfuhr kommt. Die ebenfalls in Hamburg ansässige A-GmbH ist aber kein ausländischer Abnehmer. Ein ausländischer Abnehmer ist nach § 6 Abs. 2 S. 1 Nr. 1 UStG nur derjenige Abnehmer, der zum Zeitpunkt der Lieferung seinen Wohnsitz oder Sitz im Ausland hat (ausschließlich der in § 1 Abs. 3 UStG bezeichneten Gebiete). Die BMG des in der Abwandlung stpfl. Umsatzes beträgt nach § 10 Abs. 1 UStG 8.403,36 €; die USt beläuft sich auf 1.596,64 € (sofern es sich bei dem vereinbarten Kaufpreis von 10.000 € nicht um eine Nettovereinbarung handelt; BMG dann: 10.000 €, USt 1.900 €).

Beispiel 2a: Die Praxis der Ausfuhrlieferung

Der Kieler Einzelhändler E verkauft an den norwegischen Touristen T eine Stereoanlage. T erklärt dem E, dass er diese heute noch mit seinem Pkw mit zurück nach Hause nehmen wolle. E vereinbart mit T, dennoch die inländische USt von ihm zu fordern und in der Rechnung offen auszuweisen, bis er von T den erforderlichen Ausfuhr- und Abnehmernachweis erhalten habe. Wenige Monate später erhält E von T die vollständigen Unterlagen übersandt.

Lösung: Hat ein Unternehmer – insb. im Einzelhandel – über eine (steuerfreie Ausfuhr-)Lieferung an einen Abnehmer aus dem Drittland eine Rechnung mit gesondertem Steuerausweis erteilt, schuldet er die Steuer nach § 14c Abs. 1 UStG, wenn nachträglich die Voraussetzungen für die Steuerbefreiung als Ausfuhrlieferung erfüllt werden. Die Steuerschuld nach § 14c Abs. 1 UStG erlischt erst, wenn der Lieferer die Rechnung wirksam berichtigt und dem Leistungsempfänger die zuvor in Rechnung gestellte USt zurückgezahlt hat. § 17 Abs. 1 UStG ist insoweit entsprechend anzuwenden.

Beispiel 2b: Eine gebrochene Beförderungslieferung

Der in Moskau ansässige Unternehmer W bestellte bei K in Hannover einen Gabelstapler, wobei K beauftragt war, den Gabelstapler mittels eigenen Lkws bis Hamburg zu transportieren. W nahm den Gabelstapler in Hamburg in Empfang und verlud ihn auf ein Schiff, mit welchem er ihn nach Moskau weitertransportierte.

Abwandlung: K schuldete die Lieferung frei Haus nach Moskau. Er beförderte den Gabelstapler daher nach Litauen und übergab ihn dort dem Spediteur S zur Weiterbeförderung nach Russland.

Lösung: Es liegt eine gebrochene Beförderungslieferung von K an W vor. Der Lieferort ist nach § 3 Abs. 6 S. 1 UStG bei Beginn der Beförderung in Hannover. Die Steuerbefreiung nach § 6 Abs. 1 S. 1 Nr. 1 UStG greift hier nicht, da der Gabelstapler nicht im Zuge der Beförderung durch den Lieferer K, sondern infolge der Weiterbeförderung durch W ins Drittlandgebiet gelangt. Eine Steuerbefreiung nach § 6 Abs. 1 S. 1 Nr. 2 UStG kommt aber in Betracht.

Gelangt der Gegenstand wie in der Abwandlung vor der Ausfuhr in einen anderen EU-Mitgliedstaat, handelt es sich um eine rein tatsächliche Unterbrechung des einheitlichen Transportvorgangs nach Russland, weil der Abnehmer zu Beginn des Transports bereits feststand und zwischen der Lieferung des Gegenstands und seiner Beförderung ein kontinuierlicher Vorgang der Warenbewegung bestanden hat (A 6.1 Abs. 3a und A 6a.1 Abs. 8 S. 3 – 4 UStAE).

Eine **Sonderregelung** trifft **§ 6 Abs. 1 S. 1 Nr. 3 UStG**, wenn der Lieferant oder Abnehmer den Liefergegenstand in die in § 1 Abs. 3 UStG bezeichneten Gebiete befördert oder versendet hat. Handelt es sich bei dem Leistungsempfänger um einen Unternehmer, der den Gegenstand für sein Unternehmen bezogen hat, soll nach **§ 6 Abs. 1 S. 1 Nr. 3 Buchst. a UStG** die Steuerbefreiung nur greifen können, **wenn der Unternehmer die gelieferten Gegenstände seinerseits für Umsätze verwendet, die einen VSt-Abzug erlauben.** Ist der Leistungsempfänger eine Privatperson mit Sitz im Freihafen, scheidet eine Steuerbefreiung als Ausfuhr von vornherein aus. Der Zweck dieser Regelungen liegt auf der Hand. Lieferungen an Unternehmer mit vorsteuerschädlichen Umsätzen wie auch Lieferungen an Privatpersonen sorgen normalerweise für echtes Steueraufkommen. Dies soll auch erhalten bleiben, wenn diese Abnehmergruppen ihren Sitz im Freihafen haben.

Beispiel 3: Freihafen ist keine »Steueroase« des USt-Rechts

K ist selbständiger Kantinenwirt im Freihafen Cuxhaven und beköstigt im Freihafen tätige AN. Er bestellt die benötigten Lebensmittel beim Großhändler G in der Cuxhavener Innenstadt, der die Lebensmittel mit eigenem Fahrzeug anliefert.

Abwandlung: Möbelgroßmarkt M in der Cuxhavener Innenstadt versendet eine neue Bestuhlung an ein Theater im Freihafen Cuxhaven.[1] Das Theater tätigt Umsätze, die unter die Steuerbefreiung des § 4 Nr. 20 UStG fallen.

Lösung: Der Ort der Lieferungen des G ist gem. § 3 Abs. 6 S. 1 UStG in der Cuxhavener Innenstadt. Die entgeltliche Lieferung der Lebensmittel ist steuerbar nach § 1 Abs. 1 Nr. 1 UStG, aber steuerfrei gem. § 4 Nr. 1 Buchst. a i.V.m. § 6 Abs. 1 S. 1 Nr. 3 Buchst. a UStG, da G die Lebensmittel in ein in § 1 Abs. 3 UStG bezeichnetes Gebiet befördert hat, der Abnehmer K die Ware für sein Unternehmen erwirbt und er die Lebensmittel für stpfl. und damit vorsteuerunschädliche Umsätze verwendet. Denn K erbringt mit der Kantinenbeköstigung der AN sonstige Leistungen nach § 3 Abs. 9 UStG, da bei einer Beköstigung in einer Kantine das Dienstleistungselement das der Lieferung von Speisen und Getränken qualitativ zurückdrängt (also: Restaurationsumsatz, bestehend in der Abgabe von Speisen zum Verzehr an Ort und Stelle). Leistungsort dieser sonstigen Leistungen ist nach § 3a Abs. 3 Nr. 3 Buchst. b UStG der Freihafen Cuxhaven, der nach § 1 Abs. 2 UStG nicht zum Inland zählt. Da K die sonstigen Leistungen aber an AN für deren privaten Bedarf erbringt und nicht etwa an Unternehmer für unternehmerische Zwecke, sind die Beköstigungen nach § 1 Abs. 3 Nr. 2 Buchst. a UStG wie Umsätze im Inland zu behandeln. Die Beköstigungen der AN im Freihafen sind damit steuerbar und stpfl. nach § 1 Abs. 1 Nr. 1 UStG, und zwar zum Regelsteuersatz von 19 %.

Lösung (Abwandlung): Die Lieferung der Stühle durch M an das Theater im Cuxhavener Freihafen ist steuerbar nach § 1 Abs. 1 Nr. 1 UStG mit Lieferort nach § 3 Abs. 6 S. 1 UStG in der Cuxhavener Innenstadt. Sie ist auch stpfl., denn die in Betracht kommende Steuerbefreiung des § 6 Abs. 1 S. 1 Nr. 3 Buchst. a UStG scheitert hier daran, dass es sich bei dem Theater mit Sitz im Freihafen um ein Unternehmen handelt, das vorsteuerschädliche Ausgangsumsätze nach § 4 Nr. 20 UStG ausführt.

§ 6 Abs. 3 UStG enthält **spezielle Regelungen** für die Lieferung von Gegenständen, die der **Ausrüstung und Versorgung von eigenen oder mitgeführten Beförderungsmitteln** dienen. Werden diese Gegenstände für private, nichtunternehmerische Zwecke des Abnehmers geliefert, ist die Lieferung nur steuerfrei, wenn der **Lieferer** die Gegenstände befördert oder versendet (fehlender Verweis auf § 6 Abs. 1 S. 1 Nr. 1 UStG). Geschieht dies durch den Abnehmer, ist die Lieferung im Inland grds. stpfl., es sei denn, der Abnehmer ist ein ausländischer Unternehmer (§ 6 Abs. 3 Nr. 1 UStG) und das Beförderungsmittel den Zwecken seines Unternehmens dient (§ 6 Abs. 3 Nr. 2 UStG). Damit scheidet die Ausrüstung von privaten Beförderungsmitteln für die Anwendung der Befreiungsvorschrift generell aus. Dies gilt allerdings **nicht für Werklieferungen** (A 6.4 Abs. 1 S. 3 ff. UStAE) und für solche Gegenstände, die ein Unternehmer zur Weiterlieferung (Wiederverkäufer) oder zur Verwendung in seinem Unternehmen (z. B. für Reparaturen) erworben hat (A 6.4 Abs. 4 S. 2 UStAE).

§ 6 Abs. 3a UStG spezifiziert die Voraussetzungen einer steuerbefreiten Ausfuhr für den Fall, dass der Abnehmer – für nichtunternehmerische Zwecke – erworbenen Gegenstände im persönlichen Reisegepäck ausführt (sog. **nichtkommerzieller Reiseverkehr**). Hiernach liegt eine steuerfreie Ausfuhrlieferung vor, wenn der ausländische Abnehmer i. S. d. § 6 Abs. 3a S. 1 Nr. 1 UStG den Gegenstand der Lieferung vor Ablauf des dritten Kalendermonats, der auf den

---

1 Hinweis: Nachdem der Freihafen Hamburg zum 01.01.2013 aufgegeben worden ist, hat Deutschland nur noch zwei Freihäfen: Cuxhaven und Bremerhaven.

Monat der Lieferung folgt, ausführt (§ 6 Abs. 3a S. 1 Nr. 2 UStG). Aufgrund des Gesetzes zur weiteren Förderung der Elektromobilität werden Ausfuhrlieferungen im nichtkommerziellen Reiseverkehr gem. § 6 Abs. 3a S. 1 Nr. 3 UStG nunmehr erst ab einem (Brutto-)Rechnungsbetrag von über 50 € freigestellt (zur Wertgrenze A 6.11 Abs. 2 – 6 UStAE).[2]

Der Befreiung als Ausfuhrlieferung steht nach § 6 Abs. 1 S. 2 UStG nicht entgegen, dass der Ausfuhrgegenstand vor der Ausfuhr im Inland noch be- oder verarbeitet wurde. Für denjenigen, der die Bearbeitung des später ausgeführten Gegenstands übernimmt, kommt dabei ebenfalls eine Befreiung in Betracht. Sofern es sich bei seiner Tätigkeit um eine Werkleistung handelt, kann eine sog. **Lohnveredelung** nach § 4 Nr. 1 Buchst. a UStG i. V. m. § 7 UStG vorliegen (s. dazu unter Kap. 2.3.1).

Gem. § 6 Abs. 4 UStG hat der Unternehmer die **Voraussetzungen der Ausfuhr nachzuweisen**. Der **Nachweis zählt zu den materiellen Voraussetzungen** für die Steuerbefreiung. Wird der Nachweis nicht geführt, ist die Befreiung zu versagen – selbst wenn es im Einzelfall glaubhaft erscheint, dass der Gegenstand in das Drittlandsgebiet gelangt ist. Nach den §§ 8 – 11 UStDV sowie § 17 UStDV, die ihre Ermächtigungsvorschrift in § 6 Abs. 4 S. 2 UStG haben, ist sowohl ein Beleg- als auch ein Buchnachweis in Form von Aufzeichnungen gefordert. Die Anforderungen der FinVerw an einen ordnungsgemäßen Beleg- und Buchnachweis sind in A 6.5 – 6.10 UStAE enthalten.

Hinweis: In Beraterklausuren spielen die für die Praxis bedeutsamen Anforderungen an die Buch- und Belegnachweise keine Rolle, da sie regelmäßig den lapidaren Bearbeitungshinweis »Erforderliche Buch- und Belegnachweise liegen vor« enthalten.

2.3 Sonstige Leistungen im Zusammenhang mit steuerbefreiten Ausfuhrlieferungen

Werden sonstige Leistungen im Zusammenhang mit grenzüberschreitenden Warenbewegungen erbracht, so stellt sich das Problem einer Steuerbefreiung zumeist nicht. Diese sonstigen Leistungen haben, sofern sie an Unternehmer erbracht werden, ihren Leistungsort nach § 3a Abs. 2 UStG nämlich durchweg dort, wo die empfangenden Unternehmer ihren Sitz bzw. ihre Betriebsstätte haben. Befindet sich deren Sitz im Ausland, sind die sonstigen Leistungen damit bereits nicht steuerbar nach § 1 Abs. 1 Nr. 1 UStG. Für diese im Inland nicht steuerbaren sonstigen Leistungen kann es zur Prüfung einer etwaigen Steuerbefreiung nach § 4 UStG folglich gar nicht kommen.

Sind sonstige Leistungen aber im Inland steuerbar, so können bei einer Reihe von sonstigen Leistungen, die sich auf Umsätze mit **Warenbewegungen zwischen Inland und Drittland** beziehen, Steuerbefreiungsvorschriften zur Anwendung kommen. Von besonderer Bedeutung sind insoweit **die**

- **Lohnveredelung an Gegenständen der Ausfuhr** nach § 4 Nr. 1 Buchst. a UStG i. V. m. § 7 UStG,
- **grenzüberschreitende Güterbeförderung** nach § 4 Nr. 3 Buchst. a UStG und
- **Vermittlungsleistungen** i. S. d. § 4 Nr. 5 UStG.

---

[2] Der Umstand, dass die speziellen Regelungen zum nichtkommerziellen Reiseverkehr nicht erfüllt sind, schließt nicht aus, dass die Voraussetzungen einer gewöhnlichen Ausfuhrlieferung erfüllt sind (EuGH vom 17.12.2020, Az.: C-656/19, DStRE 2021, 300).

2.3.1 Lohnveredelung an Gegenständen der Ausfuhr

Eine Lohnveredelung i. S. d. § 7 UStG erfordert grundsätzlich, dass ein Werkunternehmer Gegenstände seines Auftraggebers be- oder verarbeitet und dass diese be- oder verarbeiteten Gegenstände (= Gegenstände der Ausfuhr) anschließend in das Drittlandsgebiet gelangen. Eine Lohnveredelung kann darüber hinaus nur dann vorliegen, wenn diese **Tätigkeit** ihren **Leistungsort im Inland** hat.[3] Hiermit korrespondierend unterliegt umgekehrt die Lohnveredelung in einem Drittlandsgebiet bei Wiedereinfuhr des bearbeiteten Stoffes der Einfuhrumsatzbesteuerung.

BMG ist der Werklohn (= das Veredelungsentgelt; vgl. § 1 Abs. 1 Nr. 4 UStG i. V. m. § 11 Abs. 2 UStG). Die Überwachung ist hier wegen der Verbindung mit dem Verbringen eines körperlichen Gegenstandes über die Zollgrenze möglich.

Die **Befreiung** für die Lohnveredelung nach § 4 Nr. 1 Buchst. a UStG i. V. m. § 7 UStG erfolgt weitgehend nach den gleichen **Kriterien wie** die Befreiung der **Ausfuhrlieferung**. In den Versendungs- und Beförderungsfällen durch den bearbeitenden Werkunternehmer bedarf es gem. § 7 Abs. 1 S. 1 Nr. 1 UStG keines im Ausland ansässigen Auftraggebers. In den Abholfällen, bei denen der Auftraggeber befördert oder versendet, muss dieser hingegen nach § 7 Abs. 1 S. 1 Nr. 2 UStG im Ausland (also auch in einem EU-Staat) ansässig sein. Der Steuerbefreiungstatbestand des § 7 Abs. 1 S. 1 Nr. 2 UStG kann freilich nur bei Privatpersonen als Auftraggebern relevant werden.

Handelt es sich bei dem im Ausland ansässigen Leistungsempfänger um einen Unternehmer, der die Werkleistung für unternehmerische Zwecke bezieht, ist damit nämlich nach § 3a Abs. 2 UStG bereits der Leistungsort im Ausland, die Werkleistung im Inland also nicht steuerbar nach § 1 Abs. 1 Nr. 1 UStG.[4]

Zu beachten ist folgende wesentliche **Abweichung zur Ausfuhrlieferung**:

- Die Lohnveredelung ist nur dann befreit, wenn der Auftraggeber den Gegenstand, der zu be- oder verarbeiten ist, entweder **zum Zwecke der Lohnveredelung** in das Gemeinschaftsgebiet **eingeführt** oder zum Zwecke der Lohnveredelung **im Gemeinschaftsgebiet erworben** hat.
- **Anders** ist dies **bei Werklieferungen**, die unmittelbar den Regeln über die **Ausfuhrlieferung nach § 6 UStG** unterliegen. Bei ihnen ist kein Erwerb oder keine Einfuhr zum Zwecke der Bearbeitung erforderlich. Nach A 3.3 Abs. 6 S. 6 UStAE, auf den A 7.4 Abs. 1 S. 3 UStAE verweist, kann bei der Reparatur von Gegenständen im Zweifel von einer Werklieferung ausgegangen werden, wenn der Entgeltanteil, der auf das bei der Reparatur verwendete Material entfällt, 50 % des für die Reparatur berechneten Gesamtentgelts übersteigt.

Beispiel 4: Steuerbefreite Generalüberholung

Der in Zürich (Schweiz) ansässige Bauunternehmer B transportiert in 01 auf seinem Lkw einen defekten Bagger nach Bayreuth, um ihn dort in der Werkstatt des W reparieren zu lassen. Nach einem General-Check des Baggers, verbunden mit dem Austausch zahlreicher Ersatzteile, holt B den Bagger bei W mit eigenem Lkw wieder ab.

---

3   Dies verlangt nach § 3a Abs. 2 UStG im zwischenunternehmerischen Bereich einen Unternehmer als Leistungsempfänger, der seinen Sitz im Inland hat und ergibt sich nur bei Privatpersonen als Leistungsempfängern problemlos aus § 3a Abs. 3 Nr. 3 Buchst. c UStG!
4   Auch für die Lohnveredelung ist i. Ü. ein Beleg- und Buchnachweis zu führen (§ 7 Abs. 4 UStG i. V. m. den §§ 12, 13 UStDV).

Abwandlung: B war in 01 mit seinem in der Schweiz zugelassenen Pkw privat in Bayern unterwegs. Auf der Rückfahrt macht der Motor des Pkw Schwierigkeiten. B lässt ihn in Bayrisch-Eisenstein notdürftig in der dortigen Werkstatt des H reparieren, bevor er die Rückfahrt nach Zürich fortsetzt. Der dem B von H berechnete Gesamtbetrag von 500 € schlüsselt sich in Arbeitslohn von 400 € und Kosten für Kleinteile i. H. v. 100 € auf.

Lösung: Vorab bedarf es der Entscheidung, ob W mit der Reparatur des Baggers eine Lieferung in Form einer Werklieferung nach § 3 Abs. 4 UStG oder eine sonstige Leistung nach § 3 Abs. 9 UStG in Form einer Werkleistung (= Arbeit an einem beweglichen körperlichen Gegenstand i. S. d. § 3a Abs. 3 Nr. 3 Buchst. c UStG) erbringt. Liegt eine (Werk-)Lieferung vor, ergibt sich die Steuerbarkeit nach § 1 Abs. 1 Nr. 1 UStG aus der Leistungsortbestimmung nach § 3 Abs. 6 S. 1 UStG (hier Bayreuth = Inland). Der steuerbare Umsatz ist nach § 4 Nr. 1 Buchst. a i. V. m. § 6 Abs. 1 S. 1 Nr. 2 UStG steuerfrei, da der ausländische Abnehmer B den Liefergegenstand (die eingebauten Ersatzteile) in das Drittlandsgebiet befördert. Liegt eine sonstige Leistung in Form einer Werkleistung vor, fehlt es, anders als bei Annahme einer Werklieferung, bereits an einem nach § 1 Abs. 1 Nr. 1 UStG steuerbaren Umsatz, weil der Leistungsort nach § 3a Abs. 2 S. 1 UStG in Zürich ist, da der Bauunternehmer B als Leistungsempfänger dort seinen Sitz hat.

Lösung (Abwandlung): Bei der Reparatur des Pkw-Motors durch H handelt es sich in Anbetracht der Zusammensetzung des Rechnungsbetrages um eine Werkleistung (vgl. A 3.8 Abs. 6 S. 6 UStAE). Deren Leistungsort bestimmt sich gegenüber privaten Abnehmern danach, wo der leistende Unternehmer sie erbringt (Tätigkeitsort nach § 3a Abs. 3 Nr. 3 Buchst. c UStG) und liegt folglich in Bayrisch-Eisenstein. Der nach § 1 Abs. 1 Nr. 1 UStG steuerbare Umsatz ist allerdings nicht steuerbefreit, weil der bearbeitete Gegenstand (Motor) nicht zum Zwecke der Bearbeitung eingeführt worden war. (Die BMG des damit stpfl. Umsatzes beträgt – vorbehaltlich einer Nettovereinbarung – nach § 10 Abs. 1 UStG 420,17 €, die von H geschuldete USt beläuft sich auf 79,83 €).

2.3.2 Grenzüberschreitende Güterbeförderungen

Werden **Güterbeförderungsleistungen gegenüber Unternehmern** erbracht, so unterliegen diese – unabhängig von der konkreten Strecke – stets der Grundregel zum Leistungsort nach § 3a Abs. 2 UStG. Dort, wo der Empfänger seinen Sitz hat, sind diese Beförderungsleistungen steuerbar und – soweit es innergemeinschaftliche Güterbeförderungen betrifft – auch stpfl. Nur soweit es sich bei der Güterbeförderung um eine nach § 3a Abs. 2 UStG im Inland steuerbare **Warenbewegung zwischen Inland und Drittland oder umgekehrt** handelt, kann der Vorgang steuerbefreit sein – und zwar **nach § 4 Nr. 3 Buchst. a UStG**.

Entsprechendes gilt bei **Güterbeförderungsleistungen an Privatpersonen**. Handelt es sich um innergemeinschaftliche Güterbeförderungen, haben diese nach § 3b Abs. 3 UStG im Abgangsland ihren Leistungsort und sind dort steuerbar und stpfl. Auch insoweit kommt eine Steuerbefreiung nach § 4 Nr. 3 Buchst. a UStG nur bei einer Warenbewegung zwischen Inland und Drittland oder umgekehrt in Betracht. Anders als bei im Inland nach § 3a Abs. 2 UStG steuerbaren Güterbeförderungsleistungen an Unternehmer, stellt sich bei Privatpersonen das Problem einer Steuerbefreiung aber nur für den Teil der Beförderungsleistung, der auf das Inland entfällt. Nach § 3b Abs. 1 S. 1 UStG ist nämlich nur die Beförderung auf der inländischen Teilstrecke steuerbar nach § 1 Abs. 1 Nr. 1 UStG.

Die Steuerbefreiung nach § 4 Nr. 3 Buchst. a UStG betrifft nicht nur die Beförderung von Gegenständen anlässlich einer Ausfuhr (dann § 4 Nr. 3 Buchst. a Doppelbuchst. aa UStG), sondern auch die Beförderung von Gegenständen aus dem Drittland in das Inland bei der Einfuhr (dann § 4 Nr. 3 Buchst. a Doppelbuchst. bb UStG). Die Befreiung des inländischen Streckenanteils der Güterbeförderung steht in einem inneren Zusammenhang damit, dass die Kosten der Güterbeförderung bis zum ersten Ort im Bestimmungsland zumeist von der E-USt des Bestimmungslands erfasst werden (s. dazu bereits Kap. 2.1).

2.3.3 Vermittlung grenzüberschreitender Warenlieferungen

Vermittlungsleistungen **im zwischenunternehmerischen Bereich** unterliegen wie Werkleistungen und Güterbeförderungen der Grundregel in **§ 3a Abs. 2 UStG**. Für Vermittlungsleistungen an einen deutschen Unternehmer, der grenzüberschreitende Warenlieferungen aus dem Inland tätigt, gilt deshalb im Regelfall: Der Leistungsort der Vermittlungsleistung ist wie der der vermittelten Lieferungen im Inland. Geht es um **Warenlieferungen aus dem Inland ins Drittland**, folgen die Vermittlungsleistungen der Beurteilung der Warenlieferung allerdings nicht nur unter dem Aspekt ihres Leistungsortes, sondern auch unter dem Aspekt der **Steuerbefreiung**. Dies verdeutlicht **§ 4 Nr. 5 Buchst. a UStG**.

> **Beispiel 5: Vermittlung einer Ausfuhr bleibt steuerfrei**
>
> Makler M aus Hamburg vermittelt für den Flensburger Händler H. einen Kaufvertragsabschluss mit dem in Brasilien ansässigen Unternehmer B. Die verkaufte Ware wird von Wilhelmshaven aus nach Brasilien verschifft.
>
> **Lösung:** M erbringt an H eine nach § 1 Abs. 1 Nr. 1 UStG steuerbare Vermittlungsleistung, deren Ort sich nach § 3a Abs. 2 UStG in Flensburg befindet. Die Vermittlungsleistung ist steuerfrei nach § 4 Nr. 5 Buchst. a UStG i.V.m. § 4 Nr. 1 Buchst. a UStG, da die vermittelte Exportlieferung als Ausfuhr gem. § 4 Nr. 1 Buchst. a UStG i.V.m. § 6 Abs. 1 S. 1 Nr. 1 UStG steuerfrei ist.

3 Innergemeinschaftliche Warenbewegungen

Für den grenzüberschreitenden Warenverkehr im EU-Binnenmarkt plante man ursprünglich die Verwirklichung des Ursprungslandprinzips. Benachteiligungen der Importländer oder evtl. Wettbewerbsverzerrungen sollten innerhalb der Mitgliedstaaten durch Ausgleichszahlungen von einer übergeordneten Ausgleichsstelle in einem sog. Clearing-Verfahren behoben werden. Nachdem sich die Mitgliedstaaten aber nicht einigen konnten, sind mit dem USt-Binnenmarktgesetz zum 01.01.1993 auch für den innergemeinschaftlichen Warenverkehr zwischen Unternehmern (B2B) Regelungen geschaffen worden, die **grds. am Bestimmungslandprinzip** festhalten.

Die Regelungen des USt-Binnenmarktgesetzes waren ursprünglich als vierjährige Übergangsregelung gedacht. Nachdem sich die Erwartungen zur Schaffung einer Besteuerung nach dem Ursprungslandprinzip aber nicht realisieren ließen, trat mit Wirkung zum 01.01.1997 eine unbefristete Verlängerung der Gültigkeit des Binnenmarktgesetzes ein. Für den **innergemeinschaftlichen Warenverkehr zwischen regelversteuernden Unternehmern** (B2B) wird somit **das Bestimmungslandprinzip** beibehalten. Dessen Ablösung durch das Ursprungslandprinzip wurde nach einer Mitteilung der EU-Kommission aus dem Jahr 2011 zur Zukunft der Mehrwertsteuer nicht weiter verfolgt. Vielmehr beabsichtigte die EU-Kommission, endgültig das Bestimmungslandprinzip als Grundsatz für die Bestimmung des Besteuerungsorts grenzüberschreitender innergemeinschaftlicher Warenlieferung festzulegen, und schlug im Jahr 2017 vor, das derzeitige Mehrwertsteuersystem grundlegend zu verändern, indem der Verkauf von Waren von einem Mitgliedstaat in einen anderen in gleicher Weise besteuert wird wie der Verkauf von Waren innerhalb desselben Mitgliedstaats. In dessen Folge wurde aufgrund des Mehrwertsteuer-Digitalpakts mit Wirkung zum 01.07.2021 auch für innergemeinschaftliche Fernverkäufe an Endverbraucher (B2C) – und die sog. Schwellenerwerber – das Bestimmungslandprinzip konsequent umgesetzt (siehe auch Kap. IV 1.3.4.2).

Achtung: Für den Warenverkehr mit Nordirland gelten – trotz des Austritts des Vereinigten Königreichs aus der EU am 01.02.2020 und dem Ende der Übergangsfrist zur Geltung der EU-Regelungen am 31.12.2020 – aufgrund des Austrittsabkommens weiterhin die Vorschriften des innergemeinschaftlichen Handels. Unternehmer in Nordirland treten nunmehr mit einer USt-IdNr. mit dem Präfix »XI« auf.

3.1 Die Erwerbsbesteuerung i. S. d. § 1 Abs. 1 Nr. 5 UStG

Um bei grenzüberschreitenden Warenbewegungen zwischen den Ländern des Gemeinschaftsgebietes – trotz Wegfalls der Zollgrenzen – weiterhin das Bestimmungslandprinzip praktizieren zu können, bedurfte es eines Tatbestands, der **an die Stelle der E-USt nach § 1 Abs. 1 Nr. 4 UStG** treten konnte, die seit dem 01.01.1993 der Einfuhr von Gegenständen aus dem Drittlandsgebiet in das Gemeinschaftsgebiet vorbehalten ist. Dem dient der **Tatbestand des igE** i. S. d. § 1 Abs. 1 Nr. 5 UStG, dessen Voraussetzungen das deutsche UStG in seinem § 1a UStG näher definiert. Soweit es sich um innergemeinschaftliche Warenbewegungen im zwischenunternehmerischen Bereich handelt (von Unternehmer zu Unternehmer bzw. B2B), tritt der **Tatbestand des igE nach § 1 Abs. 1 Nr. 5 i. V. m. § 1a UStG** an die Stelle der E-USt nach § 1 Abs. 1 Nr. 4 UStG. Handelt es sich bei dem Erwerber um einen regelversteuernden Unternehmer, hat dieser die innergemeinschaftlichen »Einfuhren« aus einem Mitgliedstaat der EU in einen anderen Mitgliedstaat der EU regelmäßig im Bestimmungsland zu versteuern. Anders als die E-USt, die von den Zollbehörden erhoben wird, haben Unternehmer die USt auf einen igE selbst bei den FÄ anzumelden, d. h. in ihren VA und USt-Jahreserklärungen zu erfassen.

3.1.1 Tatbestandliche Voraussetzungen eines innergemeinschaftlichen Erwerbs (§ 1a Abs. 1 UStG)

Ein (realer) igE gegen Entgelt liegt – abgesehen von Spezialfällen – gem. § 1a Abs. 1 UStG vor, wenn die im Folgenden näher beschriebenen drei Voraussetzungen gegeben sind:
1. **Der Gegenstand muss bei einer Lieferung an den Abnehmer von einem EU-Mitgliedstaat in einen anderen gelangen (§ 1a Abs. 1 Nr. 1 UStG).**
   Dies erfordert regelmäßig, dass es **anlässlich der Lieferung zu einer Warenbewegung** (Beförderung oder Versendung des Liefergegenstands) gekommen ist, die in einem EU-Mitgliedstaat begonnen und in einem anderen Mitgliedstaat geendet hat. Erfasst sind damit nur Lieferungen von Gegenständen i. S. d. § 3 Abs. 1 UStG sowie Werklieferungen i. S. d. § 3 Abs. 4 UStG. Bei den **Reihengeschäften** nach § 3 Abs. 6a UStG kommt dies zwangsläufig nur für die **Lieferung** in Betracht, **der die Warenbewegung zugeordnet wird (sog. bewegte Lieferung)**. Gleichgültig ist, ob der Lieferer oder der Abnehmer den Transport durchgeführt oder veranlasst hat. Unerheblich ist auch, ob die Ware auf dem Lieferweg durch ein Drittland kommt.
   Eine Warenbewegung zwischen zwei EU-Mitgliedstaaten ist auch anzunehmen, wenn die Beförderung oder Versendung zwar in einem Drittlandsgebiet beginnt, der Gegenstand aber im Gebiet eines EU-Mitgliedstaates der E-USt unterworfen wird, bevor er in das Gebiet des anderen Mitgliedstaates gelangt (A 1a.1 Abs. 1 S. 4 UStAE).
   Beispiel: Liefert ein schwedischer Unternehmer an einen deutschen Unternehmer Ware, die er selbst aus dem Drittland Norwegen bezieht und in Dänemark zum freien Verkehr abfertigen lässt, so ist für die Prüfung eines igE des deutschen Abnehmers von einer Warenbewegung zwischen den Mitgliedstaaten Dänemark und Deutschland auszugehen.

Davon zu unterscheiden ist der Sachverhalt, dass die Ware aus dem Drittland im Wege der Durchfuhr durch das Gebiet eines anderen Mitgliedstaates in das Land des Erwerbers gelangt und erst hier einfuhrumsatzsteuerlich abgefertigt wird – wenn also in dem geschilderten Beispiel die Ware im Wege der Durchfuhr unmittelbar nach Deutschland gelangte und erst hier zum freien Verkehr abgefertigt wird. Dann wird dem Bestimmungslandprinzip Rechnung getragen, indem eine Einfuhrbesteuerung nach § 1 Abs. 1 Nr. 4 UStG erfolgt.

2. **Der Erwerber muss Unternehmer sein und den Gegenstand für sein Unternehmen erwerben (§ 1a Abs. 1 Nr. 2 Buchst. a UStG) oder eine nichtunternehmerisch tätige juristische Person (§ 1a Abs. 1 Nr. 2 Buchst. b UStG) sein.**

    Zum erwerbstpfl. Personenkreis gehören alle sog. regelversteuernden Unternehmer. Das sind Unternehmer i. S. d. § 2 UStG, deren Umsätze steuerbar und, soweit keine spezifische Befreiungsvorschrift greift, auch stpfl. sind. Gleichzeitig ist der regelversteuernde Unternehmer dadurch gekennzeichnet, dass er unter den Voraussetzungen des § 15 UStG zum Abzug der VSt berechtigt ist. Im Zusammenhang mit dem innergemeinschaftlichen Warenverkehr spricht man auch vom »**Vollunternehmer**«. Demnach scheidet eine Erwerbsbesteuerung für Unternehmer, die nur vorsteuerschädliche Umsätze ausführen (§ 1a Abs. 3 Nr. 1 Buchst. a UStG), für Kleinunternehmer (§ 1a Abs. 3 Nr. 1 Buchst. b UStG) und Pauschallandwirte i. S. d. § 24 UStG (§ 1a Abs. 3 Nr. 1 Buchst. c UStG) aus, soweit sie weder die sog. **Erwerbsschwelle von 12.500 € überschreiten** (§ 1a Abs. 3 Nr. 2 UStG) noch auf die Anwendung der Erwerbsschwelle verzichten (§ 1a Abs. 4 UStG).

    Als von der Erwerbsteuerpflicht auch betroffene nichtunternehmerisch tätige juristische Personen werden sowohl solche des öffentlichen Rechts (z. B. Gebietskörperschaften) als auch des privaten Rechts (z. B. eingetragene Vereine) erfasst. Zu einer Erwerbsbesteuerung kann es bei ihnen nach § 1a Abs. 3 Nr. 1 Buchst. d UStG allerdings nur kommen, wenn sie mit ihren Erwerben (im Inland insgesamt) entweder die Erwerbsschwelle von 12.500 € überschreiten oder auf die Anwendung der Erwerbsschwelle verzichten.

3. **Der Lieferer muss »normaler« Unternehmen (und nicht Kleinunternehmer) sein und gegen Entgelt im Rahmen seines Unternehmens liefern (§ 1a Abs. 1 Nr. 3 UStG).**

    Ob letztere Voraussetzungen erfüllt sind, wird der Erwerber selbst nicht immer beurteilen können. In der Praxis und den Beraterklausuren darf aber regelmäßig davon ausgegangen werden, dass diese Voraussetzungen vorliegen, sofern der Lieferer in seiner Rechnung auf die Steuerfreiheit seiner Lieferung hingewiesen und seine USt-IdNr. und die seines Abnehmers angegeben hat (vgl. § 14a Abs. 1 und 3 UStG für den umgekehrten Fall).

> **Beispiel 5a: Grundfall**
>
> Die in Emden ansässige E-GmbH erwirbt für ihren Verwaltungsbereich von dem belgischen Lieferanten B (Regelbesteuerer) einen Server für 9.000 €. B liefert diesen in Emden aus. Der voraussichtliche Gesamtbetrag aller Wareneinkäufe der E-GmbH aus EU-Staaten beträgt für das laufende Jahr
>
> a) 10.000 €
> b) 20.000 €
>
> Im vorangegangenen Kj. ergaben sich keine Erwerbe aus EU-Staaten.
>
> **Abwandlung:** Erwerber ist die Stadt Emden, die den Server für ihren Hoheitsbereich nutzt.

Lösung: Der Server gelangt im Rahmen einer Lieferung i. S. d. § 3 Abs. 1 UStG aus dem EU-Mitgliedstaat Belgien in das Gebiet eines anderen EU-Mitgliedstaats (Deutschland) an die E-GmbH (§ 1a Abs. 1 Nr. 1 UStG). Die E-GmbH ist eine Unternehmerin, die den Server für ihr Unternehmen erwirbt (§ 1a Abs. 1 Nr. 2 Buchst. a UStG), und der Lieferer B führt im Rahmen seines Unternehmens aufgrund der den deutschen Regelungen des § 4 Nr. 1 Buchst. b i. V. m. § 6a UStG entsprechenden belgischen Regelungen eine steuerfreie igL aus (dazu später mehr). Es handelt sich daher um einen entgeltlichen igE i. S. d. § 1a UStG. Der Erwerb wird gem. § 3d S. 1 UStG in Deutschland bewirkt, da sich der Server am Ende der Beförderung in Emden befindet. Der inländische Erwerb ist daher für die E-GmbH nach § 1 Abs. 1 Nr. 5 UStG steuerbar. Auf die Höhe der igE des Vorjahres und des laufenden Jahres kommt es bei einem Regelversteuerer, wie der E-GmbH, nicht an.

In der **Abwandlung** ist die Erwerberin eine jPdöR, die den Server für ihren Hoheitsbereich erwirbt (§ 1a Abs. 1 Nr. 2 Buchst. b UStG). Nach § 1a Abs. 3 UStG ist die Erwerbsbesteuerung i. S. d. § 1 Abs. 1 Nr. 5 UStG allerdings für den Personenkreis der sog. »Exoten bzw. Schwellenerwerber« eingeschränkt. Danach muss der Erwerber einen igE nicht versteuern, wenn z. B. eine juristische Person den Liefergegenstand für ihren hoheitlichen Bereich erwirbt und die Erwerbsschwelle von 12.500 € im vorangegangenen Kj. nicht überschritten wurde und voraussichtlich im laufenden Kj. nicht überschreiten wird.

Im Fall a) liegen die Erwerbe der Stadt Emden im laufenden Kj. unterhalb der Erwerbsschwelle, sodass der Erwerbsvorgang nicht der Erwerbsbesteuerung unterliegt. B hat jedoch nur dann die insoweit nicht als igL steuerbefreite Lieferung im Ursprungsland mit belgischer USt zu besteuern, wenn er die Geringfügigkeitsgrenze nach § 3c Abs 4 S. 1 UStG überschreitet oder auf deren Anwendbarkeit nach § 3c Abs. 4 S. 2 UStG verzichtet hat und es daher für die nämliche Lieferung zu einer Ortsverlagerung nach Deutschland gem. § 3c Abs. 1 UStG kommt.

Nachdem im Fall b) die Erwerbsschwelle des § 1 Abs. 3 Nr. 2 UStG voraussichtlich überschritten wird, greift die Beschränkung der Erwerbsbesteuerung nach § 1a Abs. 3 UStG nicht. Die Stadt Emden muss den entgeltlichen Erwerb in Deutschland der Besteuerung nach § 1 Abs. 1 Nr. 5 UStG (ohne VSt-Abzug) unterwerfen.

3.1.2 Erwerbsort, Steuerbefreiung, Bemessungsgrundlage, Steuersatz und Steuerentstehung

So wie die von § 1 Abs. 1 Nr. 1 UStG erfassten Lieferungen und sonstigen Leistungen spezielle Regelungen zum Leistungsort kennen, hat auch der Tatbestand des igE eine eigene Regelung zum **Erwerbsort** erfahren. Da der Steuertatbestand des igE das Ziel verfolgt, wie früher durch die E-USt weiterhin eine Besteuerung im **Bestimmungsland** der Ware zu erreichen, kann die Regelung hierzu in **§ 3d S. 1 UStG** nicht überraschen. Danach liegt der **Ort des igE** grds. **dort, wo die Beförderung oder Versendung endet und damit im Bestimmungsland**. Ob die Beförderung oder Versendung durch den liefernden Unternehmer oder durch den Leistungsempfänger erfolgt, ist unerheblich.

Als **Auffangvorschrift** versteht sich in diesem Zusammenhang **§ 3d S. 2 UStG**. Damit soll die Besteuerung in mindestens einem Mitgliedstaat gewährleistet werden. Verwendet der Erwerber bei seiner Bestellung eine USt-IdNr., die ein anderer EU-Mitgliedstaat erteilt hat als der, in dem die Beförderung oder Versendung endet, haben zunächst beide Mitgliedstaaten ein Besteuerungsrecht. Der igE gilt zunächst auch im Gebiet des EU-Mitgliedstaates als bewirkt, dessen USt-IdNr. der Erwerber im Rahmen der Lieferung angegeben hat. Dies gilt so lange, bis der erwerbende Unternehmer nachgewiesen hat, dass er den Erwerb im Bestimmungsland besteuert hat. Erst damit entfällt nach § 17 Abs. 2 Nr. 4 UStG das Besteuerungsrecht des EU-Mitgliedstaats, dessen USt-IdNr. vom Unternehmer verwendet wurde.

Der **VSt-Abzug** nach § 15 Abs. 1 S. 1 Nr. 3 UStG **beschränkt sich** allerdings **auf die Erwerbsteuer** die **nach § 3d S. 1 UStG** im Inland bewirkt wurde. Ein VSt-Abzug der nach § 3d S. 2 UStG geschuldeten Steuer kommt nicht in Betracht.

Dem Tatbestand des igE sind i. Ü. abweichend von § 4 UStG **eigene Steuerbefreiungsregelungen in § 4b Nr. 1 – 4 UStG** zugewiesen. So ist der igE bestimmter Gegenstände, deren Lieferung auch im Inland steuerbefreit ist, gem. § 4b Nr. 1 und Nr. 2 UStG ebenfalls steuerbefreit. Dasselbe gilt für den Erwerb der Gegenstände, deren Einfuhr nach den für die E-USt geltenden Vorschriften des § 5 UStG steuerfrei wäre (§ 4b Nr. 3 UStG). Erheblich bedeutsamer ist die **Steuerbefreiung nach § 4b Nr. 4 UStG**. Hiernach bleibt ein igE solcher Gegenstände steuerfrei, die der Erwerber für solche Umsätze verwendet, für die der Ausschluss vom VSt-Abzug nach § 15 Abs. 3 UStG nicht eintritt. Unter diese Befreiung fallen also insb. **Erwerbe für steuerfreie Ausfuhrlieferungen** i. S. d. § 4 Nr. 1 Buchst. a UStG in Drittlandsgebiete **sowie für steuerfreie igL i. S. d. § 4 Nr. 1 Buchst. b UStG**. Beabsichtigt ist damit eine Vereinfachung für den erwerbenden Unternehmer. Die Unterscheidung zwischen steuerbefreiten und stpfl. Erwerben ist bei Unternehmern, die zum vollen VSt-Abzug berechtigt sind, u. U. aber aufwendiger als die einheitliche Behandlung aller Erwerbe als stpfl. Das Gesetz sieht für diese Fälle indessen keine Möglichkeit vor, auf diese Steuerbefreiung zu verzichten. Die FinVerw beanstandet es jedoch nicht, wenn in diesen Fällen der igE als stpfl. behandelt wird (A 4b.1 Abs. 3 S. 2 UStAE).

Die **BMG** für igE bestimmt sich ebenfalls nach **§ 10 UStG**. Insoweit ist lediglich zu beachten, dass die die Erwerbsbesteuerung auslösende Warenbewegung im Abgangsland als igL entsprechend der deutschen Regelungen in § 4 Nr. 1 Buchst. b UStG i. V. m. § 6a UStG steuerfrei und die mit dem Veräußerer getroffene **Preisvereinbarung** daher stets als **Netto**betrag zu behandeln ist.

> **Beispiel 6: Entgeltsbestimmung ohne USt-Abzug!**
> Der in Karlsruhe ansässige deutsche Unternehmer D erwirbt vom französischen Unternehmer F in Nantes eine Maschine. Die Maschine wird am 02.11.01 bei D angeliefert. Der Kaufpreis für die Maschine beträgt 10.000 €; in seiner Rechnung vom 23.12.01 stellt F zusätzlich 1.000 € für den Transport und 500 € für die Verpackung in Rechnung. D begleicht die Rechnung am 05.01. des Folgejahres.
>
> **Lösung:** D verwirklicht einen igE im Inland, da die Voraussetzungen des § 1a Abs. 1 UStG erfüllt sind. Die USt ist auf der Basis eines Entgelts von 11.500 € (Transport und Verpackung bilden unselbständige Nebenleistung) zu berechnen. Der Steuersatz richtet sich nach den allgemeinen Regelungen in § 12 UStG und beträgt im Beispiel 19 %. Insoweit entsteht USt i. H. v. 2.185 €. Das Entgelt wird jedenfalls nicht dadurch ermittelt, dass aus dem Betrag von 11.500 € die USt herauszurechnen ist.

Nach **§ 13 Abs. 1 Nr. 6 UStG entsteht** die **Steuerschuld** beim igE **regelmäßig mit Ausstellung der Rechnung, spätestens jedoch mit Ablauf des dem Erwerb folgenden Kalendermonats**. Letzteres kommt nur in Betracht, wenn bis dahin keine Rechnung ausgestellt worden ist. **Steuerschuldner** ist nach **§ 13a Abs. 1 Nr. 2** i. V. m. **§ 1 Abs. 1 Nr. 5 UStG der Erwerber**.

Dies ist im vorgenannten Beispiel nicht der Fall. Dort entsteht die Erwerbsteuer mit Ablauf 12/01 (Ausstellung der Rechnung: 23.12.01). Der igE ist im Rahmen der VA für den Dezember 01 zu erklären, und zugleich kann D die von ihm geschuldete Erwerbsteuer als VSt gem. § 15 Abs. 1 S. 1 Nr. 3 UStG in Abzug bringen. Bei Rechnungen vor Ausführung der Lieferung entsteht die Steuer erst, wenn der Besteuerungstatbestand verwirklicht ist, also der igE erfolgt ist. Wäre keine Rechnung ausgestellt worden, wäre die Erwerbsteuer mit Ablauf des Monats, der auf den Monat folgt, in dem der igE bewirkt worden ist, entstanden. Da der igE im November 01 bewirkt wurde, entstünde die Erwerbsteuer auch ohne Rechnung mit Ablauf des Dezember 01.

3.1.3 Innergemeinschaftlicher Erwerb durch Verbringen (§ 1a Abs. 2 UStG)

Überführt ein Unternehmer **im Inland** Gegenstände aus einem Unternehmensstandort in einen anderen, so ist dieser **Vorgang des Verbringens** von Unternehmensgegenständen **umsatzsteuerlich irrelevant**. Für einen steuerbaren Umsatz nach § 1 Abs. 1 Nr. 1 UStG fehlt es schon an einer Leistung, da es kein zweites Subjekt gibt, dem dabei etwas zugewendet wird. Man spricht üblicherweise von einem sog. **nicht steuerbaren Innenumsatz** (s. dazu Kap. III 3). Anders sieht es aber aus, wenn Gegenstände des Unternehmens aus einer Betriebsstätte im Drittland ins Inland zu einer dortigen Betriebsstätte verbracht werden. Der Tatbestand der Einfuhr knüpft grds. nur an das tatsächliche Gelangen von Gegenständen aus dem Drittland in das Inland an. Daher entsteht bei der Einfuhr der Gegenstände zwangsläufig E-USt nach § 1 Abs. 1 Nr. 4 UStG. Wer dies berücksichtigt und verinnerlicht hat, dass der Tatbestand des igE bei Warenbewegungen zwischen zwei Mitgliedstaaten an die Stelle der Einfuhr tritt, den kann § **1a Abs. 2 UStG** nicht überraschen. Diese Norm **stellt das Verbringen eines Gegenstandes** des Unternehmens **aus dem übrigen Gemeinschaftsgebiet in das Inland** durch einen Unternehmer **einem igE gegen Entgelt gleich**, sofern der Gegenstand im Inland nicht nur vorübergehend verwendet werden soll. Die Besteuerung des fiktiven Erwerbs stellt den gleichen Rechtszustand her, der besteht, wenn die Einfuhr aus dem Drittlandsgebiet mit E-USt belastet wird.

Wird das Verbringen von Unternehmensgegenständen zwischen Staaten innerhalb des Gemeinschaftsgebiets im Bestimmungsland als igE behandelt, so geht damit folgerichtig einher, dass es **im Herkunftsland als steuerfreie igL** zu betrachten ist (**entsprechend § 6a Abs. 2 UStG** für das Verbringen aus dem Inland in einen anderen EU-Mitgliedstaat, s. dazu Kap. 3.2.4). Der Unternehmer, der den Gegenstand von einer Betriebsstätte aus dem übrigen Gemeinschaftsgebiet in eine Betriebsstätte im Inland verbringt, gilt daher im Herkunftsland als Lieferer und im Inland als Erwerber.

Die **Fiktion des igE durch Verbringen** greift aber **nur, wenn** eine **dauerhafte Verwendung im Bestimmungsland** erfolgen soll. Davon ist i. d. R. auszugehen, wenn Zweck des Verbringens
- die Nutzung des Gegenstandes als Anlagevermögen,
- der Weiterverkauf des Gegenstandes oder
- der Verbrauch oder Gebrauch im Bestimmungsland ist.

Das nur **vorübergehende Verbringen** wird vom Gesetz in § 1a Abs. 2 UStG als Erwerbstatbestand ausdrücklich ausgeschlossen. Es liegt z. B. vor, wenn Werkzeuge oder Maschinen zur Ausführung von Werklieferungen oder Werkleistungen in den anderen Mitgliedstaat verbracht werden. Eine der Art nach vorübergehende Verwendung liegt nach A 1a.2 Abs. 10 Nr. 1 UStAE auch dann vor, wenn die verbrachten Gegenstände, wie z. B. Baumaterial, Bestandteil einer Werklieferung werden, die im Bestimmungsland steuerbar ist, die Gegenstände also tatsächlich dauerhaft im Bestimmungsland verbleiben. Hier ist die Besteuerung des Baumaterials im Bestimmungsland dadurch sichergestellt, dass das Entgelt für das Baumaterial Bestandteil des Entgelts für die Werklieferung wird. Die Besteuerung von Bauleistungen erfolgt dort, wo das Gebäude errichtet wird (§ 3 Abs. 7 bzw. § 3a Abs. 3 Nr. 1 UStG).

> **Beispiel 7: Aufwendiges Verbringen**
>
> Der Hamburger Unternehmer H lässt am 11.04.02 aus seiner Niederlassung in Lüttich Einrichtungsgegenstände zum Stammbetrieb nach Hamburg verbringen, um damit dort angemietete Geschäftsräume dauerhaft auszustatten. H hatte das Mobiliar im Februar 01 für umgerechnet 62.000 € (einschl. gesondert ausgewiesener belgischer USt) in Belgien erworben. Er schätzt, dass der Netto-Wiederbeschaffungspreis für das Mobiliar, für das er die belgische USt als VSt abgezogen hat, in seinem aktuellen Zustand 20.000 € beträgt.
>
> **Lösung:** Das schlichte Verbringen des Mobiliars von Belgien (dort erfolgte eine Unternehmenszuordnung durch den VSt-Abzug) in das Inland wird nach § 1a Abs. 2 UStG als igE gegen Entgelt behandelt. H gilt nach § 1a Abs. 2 UStG fiktiv als Erwerber. Der Erwerbsort befindet sich nach § 3d S. 1 UStG in Hamburg. Der Erwerb ist folglich steuerbar und stpfl. nach § 1 Abs. 1 Nr. 5 UStG. BMG bilden nach § 10 Abs. 4 Nr. 1 UStG die Wiederbeschaffungskosten zum Zeitpunkt des Verbringens i. H. v. geschätzten 20.000 €. Die USt auf den igE von 3.800 € entsteht gem. § 13 Abs. 1 Nr. 6 UStG mit Ablauf des VAZ 05/02. H kann die USt auf den igE nach § 15 Abs. 1 S. 1 Nr. 3 UStG im selben VAZ als VSt wieder abziehen.

Ein regelversteuernder Unternehmer wird so durch die Besteuerung des Verbringens von Gegenständen nach § 1a Abs. 2 UStG wirtschaftlich zwar nicht belastet, der Verwaltungsaufwand ist jedoch ganz anders als bei der Besteuerung als Einfuhr ein beträchtlicher. So hat im Beispiel der H in Belgien auch noch eine nach dortigem USt-Recht steuerbefreite igL zu erklären.

Eine nicht nur vorübergehende Verwendung liegt auch dann vor, wenn der Unternehmer den Gegenstand mit der konkreten Absicht in den Bestimmungsmitgliedstaat verbringt, um ihn dort an einen noch nicht feststehenden Abnehmer weiterzuliefern. Steht bei Beginn des Transports des Gegenstandes ins Bestimmungsland der Abnehmer bereits fest, liegt kein Verbringen vor. Es handelt sich um einen steuerbaren Vorgang, der unter den weiteren Voraussetzungen des § 6a UStG nach § 4 Nr. 1 Buchst. b UStG im Ausgangsstaat steuerfrei ist (A 1a.2 Abs. 6 S. 4 UStAE). Werden Gegenstände zum ungewissen Verkauf ins Inland verbracht und gelangen die nicht verkauften Waren unmittelbar anschließend wieder in den Ausgangsmitgliedstaat zurück, wird aus Vereinfachungsgründen die Erwerbsbesteuerung auf die tatsächlich verkauften Waren beschränkt (A 1a.2 Abs. 6 S. 3 UStAE mit dortigem Beispiel).

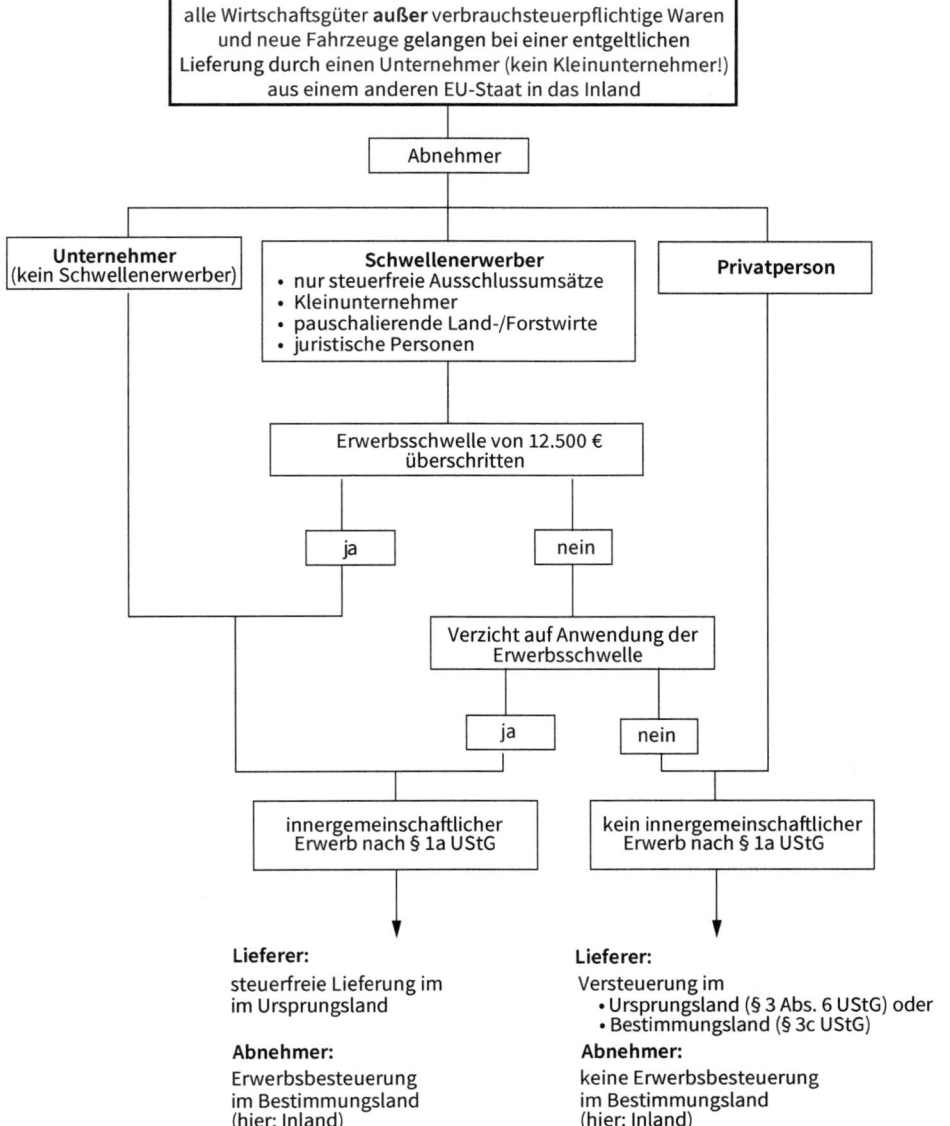

3.1.4 Ausnahmen von der Erwerbsbesteuerung nach § 1a Abs. 3 UStG
Von einer Besteuerung als igE ist abzusehen, wenn
- der **Erwerber dem in § 1a Abs. 3 Nr. 1 UStG beschriebenen Personenkreis angehört und**

- der Gesamtbetrag der Entgelte aus den innergemeinschaftlichen Erwerbsvorgängen aus allen EU-Mitgliedstaaten eine bestimmte Bagatellgrenze, die sog. **Erwerbsschwelle i. H. v. 12.500 €** nach § 1a Abs. 3 Nr. 2 UStG, **nicht übersteigt.**

Die Beschränkung dient der Vereinfachung. Den betroffenen Erwerbern (auch »kleine Exoten« genannt) sollen – **sofern es sich gem. § 1a Abs. 5 UStG nicht um den Erwerb von neuen Fahrzeugen** i. S. d. § 1a Abs. 2 UStG **oder von verbrauchstpfl. Gütern** i. S. d. § 1a Abs. 5 S. 2 UStG **handelt** (bei diesen Erwerben haben auch die sog. Schwellenerwerber unabhängig von dem Umfang der Erwerbe stets eine Erwerbsbesteuerung vorzunehmen) – grds. keine umsatzsteuerlichen Verpflichtungen auferlegt werden. Das Bestimmungsland verzichtet bei geringfügigen Erwerben des Personenkreises auf sein Besteuerungsrecht. Die Besteuerung der gelieferten Ware erfolgt somit beim Lieferer im **Ursprungsland.**[5]

Die Vereinfachungsregelung kann auf folgende Erwerber Anwendung finden:
- Unternehmer, die nur steuerfreie Umsätze ausführen, die zum Ausschluss des VSt-Abzugs führen (§ 1a Abs. 3 Nr. 1 Buchst. a UStG);
- Kleinunternehmer, die nicht zur Regelbesteuerung optiert haben (§ 1a Abs. 3 Nr. 1 Buchst. b UStG);
- juristische Personen, die nicht Unternehmer sind oder den Gegenstand nicht für ihr Unternehmen erwerben (§ 1a Abs. 3 Nr. 1 Buchst. c UStG) und
- Landwirte, die den Gegenstand zur Ausführung von Umsätzen verwenden, für die die Steuer nach den Durchschnittssätzen des § 24 UStG festgesetzt wird (§ 1a Abs. 3 Nr. 1 Buchst. d UStG).

Die aufgeführten Erwerber, meist als »Halbunternehmer« oder »Schwellenerwerber« bezeichnet, haben einen **igE nur zu versteuern, wenn** sie die in den jeweiligen Mitgliedstaaten unterschiedlich hohen **Erwerbsschwellen überschreiten oder auf deren Anwendung nach § 1a Abs. 4 S. 1 UStG verzichtet haben.**[6]

Für die Ermittlung der in Deutschland gem. § 1a Abs. 3 Nr. 2 UStG bestehenden **Erwerbsschwelle** i. H. v. **12.500 €** ist der **Gesamtbetrag der Entgelte für alle Erwerbe i. S. d. § 1a UStG aus sämtlichen EU-Mitgliedstaaten** maßgebend. Hiervon ausgenommen bleiben allerdings die Erwerbe von neuen Fahrzeuge i. S. d. § 1 Abs. 2 UStG und von verbrauchstpfl. Waren i. S. d. § 1a Abs. 5 S. 2 UStG, die bei den Schwellenerwerbern stets eine Erwerbsbesteuerung im Bestimmungsland auslösen (A 1a.1 Abs. 2 S. 2 UStAE).

Wird die Erwerbsschwelle nicht überschritten, liegt grds. kein igE im Inland vor. Für in der Bundesrepublik ansässige Schwellenerwerber kann sich allerdings ein Verzicht auf die Erwerbsschwelle nach § 1a Abs. 4 S. 1 UStG rechnen. Durch den Verzicht vermeidet der Schwellenerwerber nämlich die ansonsten ausgelöste Besteuerung im Ursprungsland. Solange in Deutschland noch ein Regelsteuersatz von 16 % galt, war die Option für deutsche Halbunternehmer regelmäßig vorteilhaft, da die meisten EU-Mitgliedstaaten einen höheren Regelsteuersatz als 16 % haben (vgl. dazu die Übersicht im Anhang). Seit der Anhebung

---

5   Hintergrund: Die steuerbefreite igL im Abgangsmitgliedstaat und die Erwerbsbesteuerung korrespondieren materiell-rechtlich (vgl. § 6a Abs. 1 S. 1 Nr. 3 UStG).
6   Hinweis: Die allgemeinen Bearbeitungshinweise in Beraterklausuren sehen durchweg vor, dass **»Liefer- und Erwerbsschwellen ggf. als überschritten gelten«.**

des Regelsteuersatzes auf 19% zum 01.01.2007 hat dieser Aspekt an Bedeutung verloren. Deutschland liegt mit dem Regelsteuersatz von 19% im breiten Mittelfeld der in den Mitgliedstaaten geltenden Steuersätze. I.Ü. war auch früher schon zu berücksichtigen, dass einer möglichen Ersparnis durch einen Verzicht auf die Erwerbsschwelle ein deutlich erhöhter Verwaltungsaufwand gegenübersteht.

Beispiel 8: Vorteilhafter Verzicht auf Erwerbsschwelle?
Der in Karlsruhe ansässige Arzt D kauft in Straßburg ein Röntgengerät, dessen Nettopreis 10.000 € beträgt. Der Kauf ist der erste und einzige Auslanderwerb des Arztes.

Lösung: D ist Halbunternehmer nach § 1a Abs. 3 Nr. 1a UStG, da er nur steuerbefreite Umsätze nach § 4 Nr. 14 UStG ausführt, die nach § 15 Abs. 2 Nr. 1 UStG zum Ausschluss vom VSt-Abzug führen. Da ein einmaliger Auslandseinkauf vorliegt, hat D die Erwerbsschwelle von 12.500 € weder im Vorjahr noch im laufenden Jahr überschritten. Der Einkauf unterliegt nicht der deutschen Erwerbsbesteuerung. Der Umsatz ist an sich in Frankreich mit 20% TVA (= französische USt) zu versteuern. Verzichtet D auf die Anwendung der Erwerbsschwelle, spart er lediglich 100 € (statt 2.000 € französischer USt auf die Lieferung hat er 1.900 € als USt auf den dann in Deutschland verwirklichten igE zu erklären). Im Gegenzug hat er aber nach § 18 Abs. 4a UStG im Monat des igE eine USt-VA abgeben und die USt an das FA abführen müssen. Bei einer derartigen Annäherung der Steuersätze werden wirtschaftliche Erwägungen für die Entscheidung über einen Verzicht keine nennenswerte Rolle mehr spielen. Der mit einem Verzicht verbundene zusätzliche Aufwand wird Unternehmer wie den Arzt D regelmäßig davon abhalten, für die Erwerbsbesteuerung zu optieren.

Ein **Verzicht** auf die Anwendung der Erwerbsschwelle ist bereits dann anzunehmen, **wenn der Erwerber** gegenüber dem Lieferer eine ihm erteilte **USt-IdNr. verwendet**. Der Verzicht **bindet den Erwerber** nach § 1a Abs. 4 S. 3 UStG **für mindestens zwei Kj**. Eine USt-VA ist aber gem. § 18 Abs. 4a S. 2 UStG jeweils nur für die Zeiträume abzugeben, in denen tatsächlich ein igE getätigt wird.

3.1.5 Sonderfall: Erwerb neuer Fahrzeuge nach § 1b UStG

Von dem für innergemeinschaftliche Warenlieferungen an Privatpersonen an sich geltenden Ursprungslandprinzip hat der Gesetzgeber mit der Regelung des § 1b UStG den Erwerb neuer Fahrzeuge ausgenommen. Bei diesen besonders aufwendigen WG soll eine **Besteuerung im Bestimmungsland** gesichert sein. Für die zuvor in Kap. 3.1.4 näher betrachteten »Schwellenerwerber« erreicht man dies durch § 1a Abs. 5 S. 1 UStG, der die Erwerbsschwellen für jene Erwerber bei dem Erwerb von neuen Fahrzeugen für nicht anwendbar erklärt. Ist der Erwerber »normaler« Unternehmer, der das Fahrzeug für sein Unternehmen erwirbt, folgt eine Besteuerung im Bestimmungsland ohnehin bereits aus § 1a Abs. 1 UStG. Eine **Sonderregelung** war deshalb nur noch **für Privatpersonen als Käufer neuer Fahrzeuge** zu treffen (bzw. Unternehmer, die das Fahrzeug nicht für ihr Unternehmen erwerben). Diese Lücke schließt § **1b UStG**. Diese Norm ordnet auch **für Privatpersonen** die **Erwerbsbesteuerung** an. Ziel dieser Sonderregelung ist es, Mitgliedsländer mit hohen Steuersätzen bzw. solche, in denen keine oder nur wenige Fahrzeuge produziert werden, vor hohen Steuerausfällen durch eine Besteuerung nach dem Ursprungslandprinzip zu bewahren.

Welche Fahrzeuge erfasst werden (Land-, Wasser- und Luftfahrzeuge), definiert § 1b Abs. 2 UStG; wann diese als neu gelten, wird von § 1b Abs. 2 UStG vorgegeben.

Soweit eine Privatperson eine Erwerbsbesteuerung nach § 1 Abs. 1 Nr. 5 UStG i. V. m. § 1b UStG vorzunehmen hat, geschieht dies im Wege sog. **Fahrzeugeinzelbesteuerung**. Nach den §§ 16 Abs. 5a UStG, § 18 Abs. 5a UStG ist innerhalb von zehn Tagen nach dem Erwerb eine Steueranmeldung beim FA abzugeben, das auch für die Einkommensbesteuerung zuständig ist. Zur Sicherung des Steueranspruches sieht § 18 Abs. 10 UStG die Mitwirkung der Kfz-Zulassungsstellen vor.

3.2 Innergemeinschaftliche Lieferungen i. S. d. § 4 Nr. 1 Buchst. b i. V. m. § 6a UStG

Für eine steuerfreie igL i. S. d. § 4 Nr. 1 Buchst. b UStG ist nach § 6a Abs. 1 Nr. 1 UStG kennzeichnend, dass der Liefergegenstand durch Befördern oder Versenden aus dem Inland in das übrige Gemeinschaftsgebiet gelangt. Die Steuerbefreiung greift insoweit nur für bewegte (Werk-)Lieferungen.

3.2.1 Tatbestandliche Voraussetzungen einer innergemeinschaftlichen Lieferung

Anders als bei der Ausfuhr muss der Abnehmer ein in einem anderen EU-Mitgliedstaat als dem EU-Mitgliedstaat, in dem die igL ausgeführt wird, für Zwecke der USt erfasster Unternehmer oder eine juristische Person sein (§ 6a Abs. 1 S. 1 Nr. 2 Buchst. a und b UStG). Das bedeutet, der Abnehmer (Erwerber) muss im Zeitpunkt der an ihn bewirkten Lieferung eine ihm von dem anderen EU-Mitgliedstaat erteilte USt-IdNr. besitzen, und mit Wirkung zum 01.01.2020 wurde gem. § 6a Abs. 1 S. 1 Nr. 4 UStG das Vorliegen einer igL ausdrücklich auch davon abhängig gemacht, dass der Abnehmer der igL **gegenüber dem liefernden Unternehmer eine ihm von einem anderen EU-Mitgliedstaat erteilte gültige USt-IdNr. verwendet** hat.[7] Die Verwendung einer ihm erteilten gültigen USt-IdNr. durch den Abnehmer wird somit eine zusätzliche materiell-rechtliche Voraussetzung für das Vorliegen einer igL.[8] Darüber hinaus muss der Erwerb beim Abnehmer nach § 6a Abs. 1 S. 1 Nr. 3 UStG in einem anderen Mitgliedstaat der vorangehend dargestellten Erwerbsbesteuerung unterliegen. Wie sich an einer Gegenüberstellung von § 6a Abs. 1 und § 1a Abs. 1 UStG zeigt, besteht eine **direkte Korrespondenz zwischen der steuerbefreiten igL und der Erwerbsbesteuerung** in einem anderen EU-Mitgliedstaat (s. § 6a Abs. 1 S 1 Nr. 3 UStG). Im Interesse der beteiligten EU-Staaten muss diese Korrespondenz zwischen Steuerbefreiung und Erwerbsbesteuerung kontrolliert werden können. Zu diesem Zweck erhalten alle Unternehmer und juristischen Personen, die am innergemeinschaftlichen Warenverkehr teilnehmen, eine USt-IdNr.

> **Beispiel 9: Grundfall zur innergemeinschaftlichen Lieferung**
>
> Der in Hamburg ansässige Unternehmer H verkauft eine Maschine an den Bauunternehmer B aus Barcelona, der die Maschine unter seiner spanischen USt-IdNr. bestellt. H lässt die Maschine auf Wunsch des B von Hamburg nach Madrid befördern, da sie dort auf einer Baustelle des B zum Einsatz kommen soll.

---

7 Voraussetzung ist demnach, dass die Angaben des Abnehmers über seine USt-IdNr. im Zeitpunkt der Ausführung der igL zutreffend sind. Dies kann sich der Lieferant vom BZSt bestätigen lassen (§ 18e UStG).
8 Bis zum 31.12.2019 war die Verwendung der USt-IdNr. zwar keine materiell-rechtliche Voraussetzung für die Steuerbefreiung. Dennoch ergeben sich für die Beraterklausuren keine wesentlichen Unterschiede, weil die Abnehmer in den Beraterklausuren üblicherweise die USt-IdNr. ihrer Ansässigkeitsstaaten verwenden.

Lösung: H tätigt eine nach § 1 Abs. 1 Nr. 1 UStG steuerbare Beförderungslieferung, deren Lieferort sich nach § 3 Abs. 6 S. 1 UStG in Hamburg befindet. Der nach § 1 Abs. 1 Nr. 1 UStG steuerbare Umsatz ist steuerfrei nach § 4 Nr. 1 Buchst. b UStG i.V.m. § 6a Abs. 1 UStG. H hat den Gegenstand der Lieferung in das übrige Gemeinschaftsgebiet, Madrid in Spanien, befördert (§ 6a Abs. 1 S. 1 Nr. 1 UStG). Der Abnehmer ist ein Unternehmer, der den Gegenstand für sein Unternehmen erwirbt (§ 6a Abs. 1 S. 1 Nr. 2 Buchst. a UStG). Der Erwerb des Gegenstandes unterliegt beim Abnehmer B in einem anderen Mitgliedstaat der Besteuerung (§ 6a Abs. 1 S. 1 Nr. 3 UStG) und er hat gegenüber H seine spanische USt-IdNr. verwendet (§ 6a Abs. 1 S. 1 Nr. 4 UStG). Sofern die spanische USt-IdNr. im Zeitpunkt der Ausführung der Lieferung ungültig gewesen wäre, ist die Lieferung im Inland steuerpflichtig. Eine Ortsverlagerung nach § 3c UStG kommt nicht in Betracht.

Beispiel 9a: Erweiterungsfall zur innergemeinschaftlichen Lieferung

Die niederländische Firma N befördert im Juni 01 einen Bausatz zur Errichtung eines Ferienhauses nach Deutschland an den Ferienhausparkbetreiber B. B beabsichtigt nach Errichtung des Ferienhauses die Ausführung von Beherbergungsumsätzen. Nach den Lieferbedingungen schuldet N nicht die Errichtung des Ferienhauses. Allerdings kommt B mit der Errichtung des Ferienhauses nicht zurecht, sodass er im August 01 doch noch der Firma N nachträglich den Auftrag zur Errichtung erteilt.

Abwandlung: Nach den Lieferbedingungen schuldet N die Errichtung des Ferienhauses auf dem Grundstück des B. Noch im Juni 01 wird das Fertighaus im Inland errichtet und von B als vertragsgemäß abgenommen.

Lösung: Im Ausgangsfall liegen zwei unterschiedliche Leistungen der Firma N vor. Im Juni 01 führt N eine igL nach niederländischem Recht durch Verschaffung der Verfügungsmacht an dem Bausatz an B aus. Hierauf beschränkt sich die vertragsgemäße Leistung von N. B hat die Erwerbsbesteuerung gem. § 1 Abs. 1 Nr. 5 UStG durchzuführen.

Im August 01 erbringt B eine hiervon zu trennende selbständige sonstige Leistung i.S.d. § 3 Abs. 9 UStG, nämlich die Montage des Ferienhauses im Inland. Diese Leistung wird gem. § 3a Abs. 3 Nr. 1 UStG im Inland erbracht. Allerdings schuldet B als Leistungsempfänger die Steuer gem. § 13b Abs. 2 Nr. 1 (wegen Abs. 2 Nr. 4 S. 3) i.V.m. Abs. 5 S. 1 UStG. B kann diese Steuer als VSt gem. § 15 Abs. 1 S. 1 Nr. 4 UStG abziehen. Ein VSt-Ausschluss nach § 15 Abs. 2 S. 1 Nr. 1 UStG kommt nicht in Betracht, weil das Bereithalten von Ferienhäusern zur kurzfristigen Beherbergung von Fremden gem. § 4 Nr. 12 S. 2 UStG nicht steuerbefreit ist.

In der **Abwandlung** schuldet N ein fertig errichtetes Ferienhaus. Da das Ferienhaus erst auf dem Grundstück des B errichtet werden muss, handelt es sich um eine Werklieferung, denn N stellt den Hauptstoff (Ferienhaus) und errichtet dieses auf dem Grundstück des B. Insoweit liegt eine (ruhende) Werklieferung i.S.d. § 3 Abs. 4 UStG im Inland vor, da die Verfügungsmacht an dem Ferienhaus erst durch Fertigstellung und nach Abnahme durch B im Inland verschafft wird (§ 3 Abs. 7 S. 1 UStG). Eine steuerbefreite igL entsprechend § 4 Nr. 1 Buchst. b UStG scheidet aus, weil es an einer warenbewegten innergemeinschaftlichen Beförderungslieferung fehlt. Das insoweit naheliegende innergemeinschaftliche Verbringen kommt ebenfalls nicht in Betracht, weil das Ferienhaus Bestandteil einer im Inland stpfl. Werklieferung ist (A 1a.2 Abs. 10 Nr. 1 UStAE). Allerdings findet das Reverse-Charge-Verfahren für die Werklieferung der Firma N als eines im Ausland ansässigen Unternehmers Anwendung (§ 13b Abs. 2 Nr. 1 i.V.m. Abs. 5 S. 1 UStG).

Beispiel 9b: innergemeinschaftliche Weinlieferung an Endverbraucher und Schwellenerwerber

Der deutsche Weinhändler W versendet Weinflaschen im Wert von 100 € nach Belgien an B. B ist

a) Endverbraucher (Konsument);
b) nach belgischem Recht Kleinunternehmer, der die Flaschen für seine Weinhandlung erwirbt (B besitzt keine USt-IdNr. und tätigt keine anderen nennenswerten Erwerbe aus anderen EU-Mitgliedstaaten);
c) zwar Kleinunternehmer nach belgischem Recht, überschreitet allerdings regelmäßig die belgische Erwerbsschwelle (entsprechend § 1a Abs. 3 Nr. 2 UStG) und hat gegenüber W seine belgische USt-IdNr. verwendet.

Lösung: W erbringt in allen drei Fällen eine Lieferung i.S.d. § 3 Abs. 1 UStG. Der Ort der Versendungslieferung befindet sich gem. § 3 Abs. 5a i.V.m. Abs. 6 S. 1, 3, 4 UStG zwar grds. am Abgangsort im Inland. Im Fall a) kommt eine Steuerbefreiung nach § 4 Nr. 1 Buchst. b UStG als igL i.S.d. § 6a UStG allerdings schon deshalb nicht in Betracht, weil Endverbraucher nicht unter den Abnehmerkreis des § 6a Abs. 1 Nr. 2 UStG zu erfassen sind. Weil B als Endverbraucher ein Leistungsempfänger i.S.d. § 3a Abs. 5 S. 1 UStG ist, könnte allerdings der Ort aufgrund des innergemeinschaftlichen Fernverkaufs gem. § 3c Abs. 1 nach Belgien verlagert werden, sofern W die Geringfügigkeitsgrenze des § 3c Abs 4 S. 1 UStG überschreitet oder auf deren Anwendung gem. § 3c Abs. 4 S. 2 UStG verzichtet. Ebenso ist die Ortsverlagerung nach § 3c UStG zwar für innergemeinschaftliche Fernverkäufe im Fall b) an Kleinunternehmer, die die Erwerbsschwelle in ihrem Ansässigkeitsstaat unterschreiten, gem. § 3c Abs. 1 S. 3 regelmäßig anzuwenden; allerdings ist die Ortsverlagerung für die Lieferung verbrauchstpfl. Waren an diese sog. Schwellenerwerber gem. § 3c Abs. 5 S. 2 UStG ausgeschlossen. Wie auch in Fall c) hat B in Belgien zwingend eine Erwerbsbesteuerung entsprechend § 1 Abs. 1 Nr. 5 UStG vorzunehmen. Während sich dies im Fall c) unmittelbar aus dem Überschreiten der Erwerbsschwelle in Belgien begründet (vgl. entsprechende nationale Regelung in § 1a Abs. 3 Nr. 1 Buchst. b und Nr. 2 UStG), muss im Fall b) das Erfordernis des Überschreitens der Erwerbsschwelle durch die im belgischen Recht entsprechende Regelung des § 1a Abs. 5 UStG abgelehnt werden. Insoweit verbleibt es in beiden Fällen bei der Ortsbestimmung nach dem Abgangsort. Die Lieferungen sind jedoch aufgrund der korrespondierenden Erwerbsbesteuerung durch B in Belgien gem. § 6a UStG als igL für W gem. § 4 Nr. 1 Buchst b UStG steuerbefreit. Problematisch ist hierfür im Fall b) jedoch, dass der Abnehmer B nicht über eine USt-IdNr. i.S.d. § 6a Abs. 1 Nr. 4 UStG verfügt.

Zur Kontrolle der Korrespondenz zwischen steuerbefreiter igL und Erwerbsbesteuerung muss der Lieferant gem. § 18a UStG außerdem **Zusammenfassende Meldungen (ZM)** über die von ihm ausgeführten steuerfreien Lieferungen abgeben. Die ZM über innergemeinschaftliche Warenlieferungen sind **monatlich** abzugeben. Die Meldung ist bis zum 25. Tag nach Ablauf des Kalendermonats abzugeben. Wenn die BMG für innergemeinschaftliche Warenlieferungen für die vier vorangegangenen Quartale und das laufende Quartal nicht mehr als 50.000 € betragen hat, kann der Unternehmer als Meldezeitraum das Kalendervierteljahr wählen. Anzugeben sind in der ZM die BMG und die USt-IdNr. der Abnehmer. Diese Daten können zu Kontrollzwecken dem EU-Staat des Erwerbers mitgeteilt werden.

Hinweis: Mit **Wirkung zum 01.01.2020** wird die **Steuerbefreiung** für eine igL gem. § 4 Nr. 1 Buchst. b letzter HS UStG allerdings **versagt, wenn** der **liefernde Unternehmer** seiner Pflicht zur Abgabe der **ZM** nicht oder nicht vollständig und richtig im Hinblick auf die jeweilige Lieferung nachgekommen ist. Berichtigt der Unternehmer eine ursprünglich **unrichtig oder unvollständig** abgegebene ZM (§ 18a Abs. 10 UStG), wirkt dies für Zwecke der Steuerbefreiung auf den Zeitpunkt des Umsatzes zurück. Entsprechendes gilt für die verspätete Abgabe einer richtigen und vollständigen Meldung.

I. Ü. hat der leistende Unternehmer in der Rechnung über eine steuerfreie igL auf die Steuerfreiheit nach § 6a UStG hinzuweisen und sowohl seine als auch die USt-IdNr. des Abnehmers aufzuführen (§ 14a Abs. 3 UStG). Diese Rechnung ist bis zum 15. nach Ablauf des Monats zu erstellen, der der igL folgt.

Wie bei der steuerfreien Ausfuhrlieferung **hat der leistende Unternehmer** auch bei der steuerfreien igL **die Voraussetzungen für die Steuerfreiheit seiner Lieferung nachzuweisen.** Nach § 6a Abs. 3 UStG i. V. m. den §§ 17b – 17d UStDV hat der Unternehmer als Nachweis für den grenzüberschreitenden Warenbewegung in das übrige Gemeinschaftsgebiet einen Beleg- und Buchnachweis zu führen. Nachdem es sich bei diese Nachweispflichten aber nicht um materiell-rechtliche Voraussetzungen für die Steuerbefreiung handelt, kann eine steuerbefreite igL z. B. trotz fehlenden Buchnachweises nicht versagt werden, wenn nach der objektiven Beweislage zweifelsfrei feststeht, dass die materiell-rechtlichen Voraussetzungen des § 6a Abs. 1 UStG vorliegen (A 6a.2 Abs. 3 S. 5 ff. UStAE).

Mit **Wirkung zum 01.01.2020** wird für die Zwecke der Anwendung der Steuerbefreiung für igL aber vermutet, dass der Gegenstand der Lieferung in das übrige Gemeinschaftsgebiet befördert oder versendet wurde, wenn die Voraussetzungen einer **Gelangensvermutung nach § 17a UStDV** vorliegen.

Darüber hinaus enthält **§ 6a Abs. 4 UStG eine Gutglaubensschutzregelung für den Lieferanten**, wenn die Voraussetzungen des § 6a Abs. 1 UStG aufgrund unrichtiger Angaben des Abnehmers nicht erfüllt sind. Hat der Lieferant trotz Aufbietens der **Sorgfalt eines ordentlichen Kaufmanns** eine Lieferung als igL behandelt, obwohl deren Voraussetzungen nicht vorgelegen haben, wird die Lieferung für den Lieferanten trotzdem als steuerfrei angesehen. Nach Verwaltungsauffassung kann sich die Frage, ob der Unternehmer die Unrichtigkeit der Angaben des Abnehmers erkennen konnte, überhaupt erst dann stellen, wenn der Lieferant seinen formellen Nachweispflichten nachgekommen ist (A 6a.8 Abs. 1 S. 3, Abs. 5 S. 2 UStAE). Gelingt – ausnahmsweise – der Nachweis der Sorgfalt eines ordentlichen Kaufmanns, dann schuldet nach § 6a Abs. 4 S. 2 UStG der Abnehmer die USt.

Klausurhinweis: Beraterklausuren enthielten bisher jedenfalls regelmäßig den Bearbeitungshinweis, dass alle erforderlichen Buch- und Belegnachweise vorliegen.

3.2.2 Innergemeinschaftliches Verbringen

Als Kehrseite eines igE im Bestimmungsland muss zwangsläufig auch das unternehmensinterne Verbringen vom Inland in das übrige Gemeinschaftsgebiet als igL **steuerbefreit** sein. Dafür sorgen die **§§ 3 Abs. 1a UStG, § 6a Abs. 2 UStG.** Wird ein Unternehmensgegenstand in einen anderen EU-Mitgliedstaat verbracht, um dort dauerhaft verwendet zu werden, so behandelt § 3 Abs. 1a UStG diesen Vorgang fiktiv als entgeltliche Lieferung. Der damit im Inland nach § 1 Abs. 1 Nr. 1 UStG steuerbare Umsatz ist steuerfrei nach § 6a Abs. 2 UStG.

> **Beispiel 10: Unternehmensinternes Verbringen als steuerbefreite Lieferung**
>
> Der Hamburger Unternehmer H unterhält eine Betriebsstätte in Straßburg. Er verbringt aus seinem Hamburger Betrieb einen Kran zum dauernden Verbleib in seine französische Betriebsstätte.
>
> **Lösung:** Wird der Kran zum dauernden Verbleib in das übrige Gemeinschaftsgebiet verbracht, gilt dies gem. § 3 Abs. 1a UStG als fiktive Lieferung gegen Entgelt. Der Ort dieser fiktiven Lieferung des H ist gem. § 3 Abs. 6 S. 1 UStG Hamburg. Der nach § 1 Abs. 1 Nr. 1 UStG steuerbare Umsatz des H ist aber steuerfrei nach § 4 Nr. 1 Buchst. b i.V.m. § 6a Abs. 2 UStG. In Frankreich unterliegt der Vorgang der Erwerbsbesteuerung (vgl. für den umgekehrten Fall § 1a Abs. 2 UStG und dazu Kap. 3.1.3 mit Beispiel 7).

Über das Verbringen kann keine Rechnung im umsatzsteuerrechtlichen Sinne erstellt werden. Dem ausländischen Unternehmensteil ist allerdings in einer »**Pro-Forma-Rechnung**« die BMG nach § 10 Abs. 4 Nr. 1 UStG mitzuteilen, damit auf dieser Grundlage die Erwerbsbesteuerung durchgeführt wird (A 14a.1 Abs. 3 UStAE). H hat das innergemeinschaftliche Verbringen ferner als steuerfreien Umsatz zu erklären und nach § 18a Abs. 7 S. 1 Nr. 2 UStG i. V. m. § 18a Abs. 6 Nr. 2 UStG auch in seiner ZM zu erfassen.

3.2.3 Die neue Konsignationslagerregelung (§ 6b UStG)

Bislang galt das Verbringen von Waren durch einen Unternehmer in sein in einem anderen EU-Mitgliedstaat belegenes Konsignationslager (bzw. call-off-stock oder Auslieferungslager) als steuerbefreites innergemeinschaftliches Verbringen nach § 3 Abs. 1a UStG, wobei der Unternehmer im Bestimmungsmitgliedstaat einen igE zu versteuern hatte (vgl. § 1a Abs. 2 UStG). Die anschließende Lieferung aus dem Konsignationslager an den Endabnehmer im Bestimmungsmitgliedstaat war als Inlandslieferung anzusehen. In einigen anderen EU-Mitgliedstaaten gab es allerdings Vereinfachungsregeln, nach denen Verbringen von Ware in ein Konsignationslager noch nicht zu einem igE führte und erst dann als igE zu besteuern war, wenn die Ware aus dem Lager an den Abnehmer ausgeliefert wurde. Dies führte regelmäßig zu Unstimmigkeiten im innergemeinschaftlichen Kontrollverfahren (MIAS-Verfahren), sodass mit Art. 17a MwStSystRL eine einheitliche Regelung zur Behandlung des innergemeinschaftlichen Verbringens von Waren in ein Auslieferungslager in einem anderen Mitgliedstaat vorgegeben und **mit Wirkung ab 01.01.2020** in das deutsche UStG integriert worden ist.

Die neue **Konsignationslagerregelung**[9] gilt nach § 6b Abs. 1 UStG für die Beförderung oder Versendung von **Gegenständen aus** dem Gebiet eines EU-Mitgliedstaates (**Abgangsmitgliedstaat**) **in** das Gebiet eines anderen EU-Mitgliedstaates (**Bestimmungsmitgliedstaat**) **für Zwecke einer (Weiter-)Lieferung** nach dem Ende dieser Warenbewegung an einen Erwerber. In diesen Fällen **wird zum Zeitpunkt der Lieferung an den Erwerber** die Lieferung an den Erwerber **einer im Abgangsmitgliedstaat** steuerbaren und **steuerfreien igL i. S. d. § 6a UStG** (§ 6b Abs. 2 Nr. 1 UStG) **und** einem **im Bestimmungsmitgliedstaat steuerbaren igE i. S. d. § 1a Abs. 1 UStG** (§ 6b Abs. 2 Nr. 2 UStG) **gleichgestellt, wenn** die folgenden Voraussetzungen erfüllt sind:

- Der Unternehmer befördert oder versendet in den Bestimmungsmitgliedstaat zu dem Zweck, dass nach dem Ende dieser Warenbewegung die Lieferung i. S. d. § 3 Abs. 1 UStG gemäß einer bestehenden Vereinbarung an einen Erwerber bewirkt werden soll, dessen Name und dessen vollständige Anschrift dem Unternehmer zum Zeitpunkt des Beginns seiner ersten Warenbewegung bekannt ist, und der Gegenstand im Bestimmungsland verbleibt (§ 6b Abs. 1 Nr. 1 UStG),
- der liefernde Unternehmer hat im Bestimmungsmitgliedstaat weder seinen Sitz noch seine Geschäftsleitung (§ 6b Abs. 1 Nr. 2 UStG),
- der Erwerber hat gegenüber dem leistenden Unternehmer bis zum Transportbeginn die ihm vom Bestimmungsmitgliedstaat erteilte USt-IdNr. verwendet (§ 6b Abs. 1 Nr. 3 UStG) und
- der leistende Unternehmer erfüllt für die Beförderung oder Versendung die gesonderten Aufzeichnungspflichten (§ 6b Abs. 1 Nr. 4 UStG).

---

9 Der Ort, an den der Gegenstand im Bestimmungsland gelangt, wird nicht gesetzlich definiert und muss somit nicht zwingend ein Lager als solches sein.

Liegen die Voraussetzungen der Konsignationslagerregelung hiernach **vor,** kann das Verbringen der Gegenstände durch den Unternehmer in den Bestimmungsmitgliedstaat **weder** den auf ein **innergemeinschaftliches Verbringen** folgenden Tatbestand des igE i. S. d. § 1a Abs. 2 UStG auslösen (vgl. § 1a Abs. 2a UStG) **noch** als eine **Lieferung** von Gegenständen gegen Entgelt i. S. d. § 3 Abs. 1a S. 1 – 2 UStG zu behandeln sein (vgl. § 3 Abs. 1a S. 3 UStG).

Erfolgt die beabsichtigte **Weiterlieferung** an den Abnehmer aber nicht innerhalb von zwölf Monaten nach dem Transport ins Auslieferungslager, gilt am Tag nach Ablauf des **Zwölf-Monats-Zeitraums**[10] die Beförderung oder Versendung des Gegenstandes als das einer igL gleichgestellte Verbringen nach **§ 6b Abs. 3 UStG** i. V. m. § 6a Abs. 2 und § 3 Abs. 1a S. 1 UStG. Der leistende Unternehmer muss daher am Tag nach Ablauf des Zwölf-Monats-Zeitraums im Bestimmungsmitgliedstaat das Konsignationslager für Mehrwertsteuerzwecke registrieren lassen und die Erteilung einer USt-IdNr. beantragen (A 6b.1 Abs. 17 UStAE). Dasselbe gilt, wenn die Voraussetzungen nach § 6b Abs. 1 UStG innerhalb des Zwölf-Monats-Zeitraums wegfallen (§ 6b Abs. 6 UStG), es sei denn, dass die vom Unternehmer **beabsichtigte Lieferung** der in den Bestimmungsmitgliedstaat transportierten Ware **nicht bewirkt** wird und die Ware **innerhalb** des **Zwölf-Monats-Zeitraums in den Abgangsmitgliedstaat zurückgelangt** (§ 6b Abs. 4 UStG). In diesen Fällen bleibt es bei den Rechtsfolgen der Konsignationslagerregelung nach § 6b Abs. 2 UStG (d. h. insgesamt keine umsatzsteuerlichen Folgen).

Dasselbe gilt gem. **§ 6b Abs. 5 UStG** auch für den Fall, dass **der bisher berechtigte Erwerber durch einen anderen Erwerber** ersetzt wird und auch der andere Erwerber gegenüber dem leistenden Unternehmer die ihm vom Bestimmungsmitgliedstaat erteilte USt-IdNr. verwendet hat, dessen vollständiger Name und die vollständige Anschrift bekannt sind und der leistende Unternehmer den Erwerberwechsel nach Maßgabe des § 22 Abs. 4f UStG gesondert aufgezeichnet hat. Durch den Erwerberwechsel wird der Zwölf-Monats-Zeitraum nach § 6b Abs. 3 UStG aber nicht verlängert (A 6b.1 Abs. 6 S. 5 UStAE).

Wird die Lieferung an einen anderen Erwerber als den berechtigten Erwerber ausgeführt, ohne dass diese Voraussetzungen für die Erwerberwechsel vorliegen, gilt am Tag vor der Lieferung an den anderen Erwerber die Beförderung oder Versendung des Gegenstandes als das einer igL gleichgestellte Verbringen i. S. d. § 6a Abs. 2 i. V. m. § 3 Abs. 1a S. 1 UStG (§ 6b Abs. 6 S. 2 UStG).

> **Beispiel 10a: Umlagerung im Konsignationslager**
>
> Der im Inland ansässige Automobilzulieferer Z befördert im Rahmen einer Lagerabrufvereinbarung mit dem Automobilhersteller R (berechtigter Erwerber) ab Februar 01 Karosserieteile in ein Konsignationslager in Frankreich. Im September 01 beenden Z und R ihre Zusammenarbeit. Hierauf schließt Z eine neue Vereinbarung mit dem Automobilhersteller P (weiterer berechtigter Erwerber) über den Teil der Karosserieteile, die von R noch nicht aus dem Konsignationslager entnommen wurden. P entnimmt diese Karosserieteile sodann im November 01 und Dezember 01.
>
> **Lösung:** Die Beförderung der Karosserieteile im Februar 01 nach Frankreich hat nur bei Anwendung der Konsignationslagerregelung nach § 6b Abs. 1 UStG zunächst keine steuerlichen Folgen. Ein innergemeinschaftliches Verbringen ist gem. § 3 Abs. 1a S. 3 UStG und eine Erwerbsbesteuerung ist gem. § 1a Abs. 2a UStG ausgeschlossen. Für die entnommenen Karosserieteile durch R gilt sodann jeweils im Zeitpunkt der Entnahme für Z gem. § 6b Abs. 2 Nr. 1 UStG die Annahme einer im ursprünglichen Abgangsort steuerfreie igL i. S. d. § 4 Nr. 1 Buchst. b i. V. m. § 6a UStG und für R gem. § 6b Abs. 2 Nr. 2 UStG die eines igE. Ab dem Zeitpunkt der Änderung der Vereinbarung im September

---

[10] Zur Berechnung des Zwölf-Monats-Zeitraums s. A 6b.1 Abs. 15 UStAE.

01 tritt die Rechtsfolge des § 6b Abs. 2 UStG für R wegen dessen Ersetzung durch P nicht mehr ein. Vielmehr lösen die Entnahmen im November 01 und Dezember 01 die Rechtsfolgen des § 6b Abs. 2 UStG im Verhältnis zwischen Z und P aus. Die vertragliche Vereinbarung mit P für die Substitution muss allerdings bereits am Tag des Wirksamwerdens des Erlöschens der bisherigen Vereinbarung mit R wirksam abgeschlossen sein (A 6b.1 Abs. 6 S. 2 UStAE). Liegen die Voraussetzungen für den Erwerberwechsel insoweit nicht vor, gilt am Tag des Wegfalls der Voraussetzungen nach § 6b Abs. 1 UStG die Beförderung oder Versendung der Gegenstände als das einer igL gleichgestellte Verbringen gem. § 6b Abs. 6 S. 1 i.V.m. § 6a Abs. 2 und § 3 Abs. 1a S. 1 UStG. Z unterliegt in diesem Fall einer unverzüglichen Registrierungspflicht im Bestimmungsmitgliedstaat.

Der ursprüngliche Warentransport in den Bestimmungsmitgliedstaat wird ebenfalls einem innergemeinschaftlichen Verbringen gleichgestellt, wenn die **Ware in** das **Drittlandsgebiet oder** in einen **anderen EU-Mitgliedstaat als** den **Abgangsmitgliedstaat** gelangt (**§ 6b Abs. 6 S. 3 UStG**). Die **Zerstörung**, der **Verlust** oder der **Diebstahl der Ware** nach ihrer Ankunft im Bestimmungsmitgliedstaat wird insoweit ebenfalls einem innergemeinschaftlichen Verbringen gleichgestellt (**§ 6b Abs. 6 S. 4 UStG**). Gewöhnliche, branchenübliche, sich aus den Erfahrungen der letzten Lagerungsjahre ergebende Mengenverluste von Gegenständen, die aufgrund ihrer Beschaffenheit oder infolge unvorhersehbarer Umstände nach dem Ende der Beförderung oder Versendung und vor dem Zeitpunkt der Lieferung entstanden sind, gelten als sog. »kleine Verluste«, für die § 6b Abs. 6 S. 4 UStG keine Anwendung findet (A 6b.1 Abs. 2 S. 3 UStAE). Von »kleinen Verlusten« ist im Regelfall auszugehen, wenn diese wert- oder mengenmäßig weniger als 5% des Gesamtbestands (Freigrenze) der identischen Gegenstände betragen, der an dem Tag der Zerstörung, des Verlustes oder des Diebstahls oder, falls ein solcher Tag nicht bestimmt werden kann, an dem Tag, an dem die Zerstörung oder das Fehlen der Gegenstände erkannt worden ist, festgestellt wurde (A 6b.1 Abs. 2 S. 4 UStAE).

3.2.4 Sonderfall: Lieferung neuer Fahrzeuge

Die **Lieferung neuer Fahrzeuge** unterliegt nach § 1b UStG **im Bestimmungsland immer** der **Erwerbsbesteuerung**. Sie ist daher umgekehrt im Ursprungsland immer als igL steuerbefreit. Im Einzelnen ist wie folgt zu unterscheiden:
- Erfolgt die **Lieferung von einem Unternehmer** im Inland an einen Erwerber mit USt-IdNr. in einem anderen EU-Mitgliedstaat, ist die Lieferung »ganz normal« im Inland steuerbar und **nach § 6a Abs. 1 S. 1 Nr. 2 Buchst. a oder Nr. 2 Buchst. b UStG steuerbefreit**.
- Erfolgt die **Lieferung** von einem Unternehmer im Inland **an eine Privatperson** mit Wohnsitz in einem anderen EU-Mitgliedstaat, ist die Lieferung gleichwohl **nach § 6a Abs. 1 S. 1 Nr. 2 Buchst. c UStG steuerbefreit**.
- Ist der **Lieferant** des neuen Fahrzeugs **kein Unternehmer** (oder liefert ein Unternehmer dieses außerhalb seines Unternehmens), ist die Lieferung als Folge von **§ 2a UStG** ebenfalls als nach § 1 Abs. 1 Nr. 1 UStG steuerbare, aber steuerfreie igL zu behandeln. Der **Nichtunternehmer wird** für die igL neuer Fahrzeuge **wie ein Unternehmer behandelt**. D.h., er hat eine Rechnung nach §§ 14, 14a Abs. 3 S. 1 und Abs. 4 UStG auszustellen, in der er insb. die Fahrzeugmerkmale nach § 1b Abs. 2 und 3 UStG aufzuführen hat. Für den VAZ der Lieferung hat er eine USt-VA abzugeben (§ 18 Abs. 4a UStG). Und schließlich muss der Fahrzeuglieferer nach § 18c UStG i.V.m. der Fahrzeuglieferungs-Meldepflichtverordnung bis zum 10. Tag nach Ablauf des Kalendervierteljahres, in dem die Lieferung ausgeführt worden ist, dem BZSt eine Meldung machen.

Der Sinn liegt u. a. darin, ihm wegen der Erwerbsbesteuerung im anderen Staat den VSt-Abzug zu ermöglichen und so eine Doppelbesteuerung zu vermeiden. Der VSt-Abzug wird allerdings nach § 15 Abs. 4a UStG in mehrfacher Hinsicht beschränkt.
- Abziehbar ist nur der auf die Lieferung (bzw. die Einfuhr oder den igE), also die Anschaffung des Fahrzeugs entfallende VSt-Betrag (§ 15 Abs. 4a Nr. 1 UStG). Die VSt-Beträge, die auf Nebenkosten (z. B. Reparaturen und Kraftstoff) entfallen, sind nicht abziehbar, denn es ist kein Grund ersichtlich, Privatpersonen nachträglich eine VSt-Abzugsberechtigung hierfür allein deshalb zuzusprechen, weil sie ihr Fahrzeug an einen Abnehmer in einem anderen EU-Mitgliedstaat veräußern.
- Dieser VSt-Abzug ist des Weiteren summenmäßig beschränkt (§ 15 Abs. 4a Nr. 2 UStG). **Abziehbar ist die für die Anschaffung des Fahrzeugs aufgewendete USt nur bis zu der Höhe, in der bei fehlender Befreiung** als igL **eine Steuer angefallen wäre.** Der VSt-Abzug wird also im gleichen Verhältnis herabgesetzt, wie der Verkaufspreis niedriger ist als der Nettoeinkaufspreis. Der durch die nichtunternehmerische Nutzung des Fahrzeugs verursachte Wertverzehr vor der Weiterveräußerung muss mit anteilig nicht abziehbarer USt belastet bleiben.
- Die VSt ist auch erst in dem VAZ abziehbar, in dem die igL ausgeführt wird (§ 15 Abs. 4a Nr. 3 UStG).

Beispiel 11: Innergemeinschaftliche Lieferung neuer Fahrzeuge

Der in Hamburg wohnhafte Privatmann P erwirbt am 04.02.01 von dem Hamburger Autohändler A einen neuen **Pkw** zum Preis von 30.000 € zzgl. 5.700 € USt, den er noch am selben Tag zulässt. Bereits zwei Monate später – bei bis dahin gefahrenen 5.000 km – verkauft P den Pkw in Hamburg für 28.000 € an den französischen Privatmann F, der nach der Übereignung des Fahrzeugs mit dem Pkw zurück nach Frankreich fährt.[11]

Lösung: Autohändler A tätigt gegenüber P am 04.02.01 eine nach § 1 Abs. 1 Nr. 1 UStG steuerbare und stpfl. Lieferung. Die hierdurch ausgelöste USt i. H. v. 5.700 € entsteht mit Ablauf des VAZ 02/01. P als Nichtunternehmer hat zunächst keinen VSt-Abzug.

Für die (Weiter-)Veräußerung des Wagens an F im April 01 wird P nach § 2a S. 1 UStG wie ein Unternehmer behandelt. Er liefert ein neues Landfahrzeug i. S. d. § 1b Abs. 3 Nr. 1 UStG, das bei der Lieferung an F in das übrige Gemeinschaftsgebiet gelangt. Der Ort bestimmt sich in diesem Abholfall nach § 3 Abs. 5a i. V. m. Abs. 6 S. 1 UStG und liegt im Inland. Eine Ortsverlagerung nach § 3c Abs. 1 UStG kommt gem. § 3c Abs. 5 UStG nicht in Betracht. Diese damit nach § 1 Abs. 1 Nr. 1 UStG steuerbare Lieferung ist steuerbefreit nach § 4 Nr. 1 Buchst. b UStG i. V. m. § 6a Abs. 1 UStG. Der Status des Abnehmers F als Privatperson steht dem nach § 6a Abs. 1 S. 1 Nr. 2 Buchst. c UStG nicht entgegen.

F hat in Frankreich, dessen UStG eine § 1b UStG entsprechende Regelung enthält, den Erwerb des neuen Fahrzeugs als igE zu versteuern (Ort in Frankreich entsprechend § 3d S. 1 UStG).

Die steuerbefreite igL löst für P nunmehr aber die Berechtigung zum VSt-Abzug nach § 15 Abs. 1 S. 1 Nr. 1 S. 1 UStG aus. Denn P hat beim Erwerb des an F gelieferten neuen Fahrzeugs an den Autohändler A USt gezahlt und wird nun für die Weiterlieferung als Unternehmer behandelt, dem grds. das Recht auf VSt-Abzug zusteht. Allerdings besteht nach Sonderregelung des § 15 Abs. 4a Nr. 1 UStG für P eine Abzugsbeschränkung. P kann den VSt-Abzug maximal in Höhe der USt geltend machen, die der Steuerschuld des P entspräche, wenn seine (Weiter-)Lieferung nicht steuerbefreit gewesen wäre. Daher kann sich P höchstens 19 % von 28.000 € = 5.320 € als VSt gem. § 15 Abs. 4 Nr. 3 UStG im VAZ der innergemeinschaftlichen (Weiter-)Lieferung, also im April 01, vom FA erstatten lassen.

---

11 Das Beispiel 11 ist von der Struktur her deckungsgleich mit dem Sachverhalt 3 der **Beraterklausur 2015** (ändere Zahlen und ersetze Pkw durch Motorrad).

3.3 Lieferungen an Privatpersonen im Reiseverkehr

Die Lieferung an Privatpersonen im Reiseverkehr ist ein weiterer Hauptanwendungsfall innergemeinschaftlicher Warenbewegungen. Für die Besteuerung dieser Lieferungen hat das USt-Binnenmarktgesetz das **Ursprungslandprinzip** vollständig verwirklicht. Die Besteuerung erfolgt ohne Unterschied wie bei einer normalen Inlandslieferung in dem jeweiligen Mitgliedstaat. Insoweit ist tatsächlich eine Steuervereinfachung eingetreten. Privatleute können auf ihren Reisen uneingeschränkt Waren einkaufen, ohne auf Wert- oder Mengengrenzen achten zu müssen.[12] Unerheblich ist auch, ob die Reise nur dem Einkaufen dient oder ob nur anlässlich einer Reise eingekauft wird. Voraussetzung ist nur, dass – anders im Anwendungsbereich der bereits näher vorgestellten Regelung des § 3c UStG (s. dazu Kap. IV 1.2.4.2) – der **Privatmann die Ware selbst im Einkaufsland abholt oder selbst den Transport in sein Heimatland veranlasst**.

Ansonsten aber ist mit der Steuererhebung im Land des Einkaufs umsatzsteuerlich alles erledigt. An der Grenze erfolgt weder eine Entlastung von der Steuer des Einkaufslandes noch eine Belastung mit der Steuer des Heimatlandes des Erwerbers.

> **Beispiel 11a:**
>
> Kauft sich ein deutscher Tourist in Dänemark für 10.000 dkr zuzüglich 2.500 dkr MOMS (= dänische USt) Möbel, die er sich durch einen von ihm beauftragten Spediteur anliefern lässt, so bleibt er mit der dänischen USt von 25% belastet. (Dies gilt i. Ü. auch für die USt auf die Beförderungsleistung des Frachtführers, die nach § 3b Abs. 3 S. 1 UStG ihren Leistungsort ebenfalls in Dänemark hat.) Wären die Möbel durch den dänischen Lieferer oder einen von ihm beauftragten Dritten von Dänemark nach Deutschland befördert oder versendet worden, käme ggf. unter den weiteren Voraussetzungen des § 3c UStG eine Verlagerung des Lieferortes nach Deutschland in Betracht.

3.4 Das innergemeinschaftliche Dreiecksgeschäft i. S. d. § 25b UStG

Bei **Reihengeschäften** (s. dazu Kap. IV 1.2.5), an denen **drei Unternehmer beteiligt sind, die in verschiedenen EU-Mitgliedstaaten für Zwecke der USt erfasst sind, kann die Sonderregelung des § 25b UStG zur Anwendung gelangen** und u. a. dazu führen, dass nach § 25b Abs. 3 UStG bestimmte igE als besteuert gelten. Diese Rechtsfolge fügt sich ein in die allgemeine Zielsetzung des § 25b UStG, den mittleren Unternehmer davor zu bewahren, in den jeweiligen EU-Mitgliedstaaten, in denen seine Abnehmer ansässig sind, steuerliche Verpflichtungen erfüllen zu müssen. Ob solche Verpflichtungen drohen, **hängt allerdings von der konkreten Abwicklung des Reihengeschäfts ab**. Nicht jedes Reihengeschäft, an dem Unternehmer aus drei verschiedenen EU-Mitgliedstaaten beteiligt sind, lässt den mittleren Unternehmer im EU-Mitgliedstaat seines Abnehmers, dem Bestimmungsland, zum Steuerschuldner eines dort verwirklichten igE werden.

---

12 Einschränkungen gelten insoweit lediglich für Genussmittel wie Tabakerzeugnisse oder alkoholische Getränke, sofern die Menge des Erwerbs die Vermutung nahe legt, dass diese Produkte für eine gewerbliche Verwendung bestimmt sind.

Beispiel 12: Reihengeschäft ohne schutzbedürftigen mittleren Unternehmer

Der niederländische Unternehmer A mit Sitz in Amsterdam hat dem in Hamburg ansässigen Bauunternehmer B am 03.01.01 einen auf dessen Bedürfnisse zugeschnittenen Baukran verkauft. Als Kaufpreis ist ein Betrag von 690.000 € netto vereinbart. Da A selbst mit der Herstellung eines solchen Krans überfordert ist, gibt er diesen bei der auf solche Kräne spezialisierten Firma L in Lüttich (Belgien) für 460.000 € in Auftrag. Nach Fertigstellung des Krans lässt B, der über einen für den Transport erforderlichen Sattelschlepper verfügt, den Kran durch Mitarbeiter in Lüttich abzuholen. Dies geschieht Anfang Februar 01. Alle Beteiligten verwenden die USt-IdNr. des EU-Mitgliedstaates, in dem sie ansässig sind.

Lösung: Praktiziert man das oben (s. Kap. IV 1.2.5) nahe gelegte Vorgehen bei Reihengeschäften, so führt die danach gefertigte Lösungsskizze für diesen Sachverhalt zu folgenden Ergebnissen:

A tätigt eine entgeltliche Lieferung (durch L als Dritten auf Liefererseite) an B. Da B als Abnehmer dieses Umsatzes den Transport durchführt, ist auch die Warenbewegung von Lüttich nach Hamburg dem Umsatz des A an B zuzurechnen. Die bewegte Lieferung des A an B hat ihren Lieferort folglich nach § 3 Abs. 6 S. 1 UStG in Lüttich und ist damit im Inland nicht steuerbar. Dasselbe gilt für die Lieferung des L an A. Der Lieferort dieser vorangegangenen unbewegten Lieferung im Rahmen eines Reihengeschäfts ist nach § 3 Abs. 7 S. 2 Nr. 1 UStG ebenfalls in Lüttich.

Hieraus folgt, dass es der im Bestimmungsland ansässige B ist, der als Empfänger der bewegten Lieferung einen hier im Inland steuerbaren igE nach § 1 Abs. 1 Nr. 5 UStG verwirklicht. (Erwerbsort ist nach § 3d S. 1 UStG Hamburg. Die BMG nach § 10 Abs. 1 UStG bildet das Entgelt von 690.000 €; die USt beträgt 131.100 €. Sie entsteht gem. § 13 Abs. 1 Nr. 6 UStG spätestens mit Ablauf des dem Erwerb folgenden VAZ, hier 03/01. Im selben VAZ kommt B hinsichtlich der Erwerbsteuer von 131.100 € ein VSt-Abzug nach § 15 Abs. 1 S. 1 Nr. 3 UStG zu.)

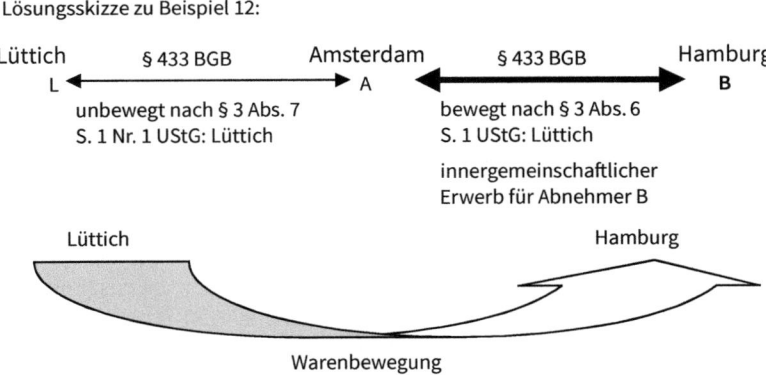

Eine solche Sachverhaltsabwicklung wie in Beispiel 12 schafft für den mittleren Unternehmer keine Situation, vor der die Sonderregelung des § 25b UStG bewahren will. Nicht der mittlere Unternehmer A hat steuerliche Verpflichtungen im Bestimmungsland zu erfüllen, sondern der dort ansässige und dort als Steuersubjekt ohnehin geführte Unternehmer B. Damit erklärt sich die Bestimmung des § 25b Abs. 1 S. 1 Nr. 4 UStG, wonach ein **innergemeinschaftliches Dreiecksgeschäft gem. § 25b UStG nur** vorliegt, **wenn der Liefergegenstand durch den ersten Lieferer oder den ersten Abnehmer befördert oder versendet wird** (so

Letzterer nicht »als Lieferer« i. S. d. § 3 Abs. 6a S. 4–5 UStG agiert). Nur dann nämlich kommt es zu der Konstellation, die von § 25b UStG vermieden werden soll.

> **Beispiel 12a: Reihengeschäft mit schutzbedürftigem mittleren Unternehmer**
> Abwandlung des vorangegangenen Beispiel 12: Es holt nicht B den Kran ab, sondern L lässt den Kran durch einen von ihm beauftragten Frachtführer zu B befördern.
> **Lösung:** Versendet der L als erster Lieferer, ist seinem Umsatz an A die Warenbewegung zuzurechnen. Der Leistungsort dieser bewegten Lieferung bestimmt sich nach § 3 Abs. 6 S. 1 UStG und befindet sich in Lüttich. Der Umsatz des L an A ist folglich im Inland nicht steuerbar. Aber: Als Empfänger dieser bewegten Lieferung verwirklicht nunmehr der A einen igE nach § 1 Abs. 1 Nr. 5 UStG im Bestimmungsland Deutschland, da der Kran bei der Versendung an ihn aus dem Mitgliedstaat Belgien in den Mitgliedstaat Deutschland gelangte.

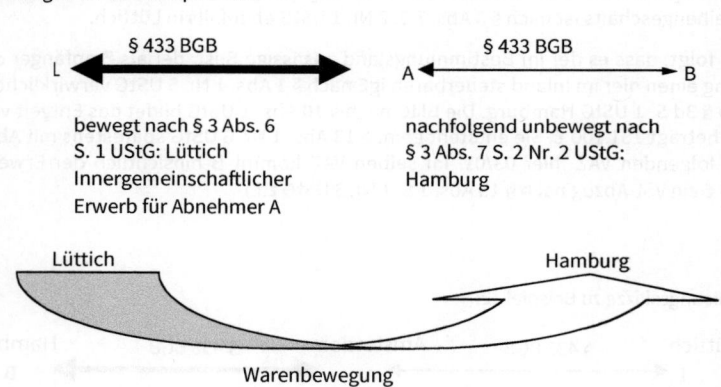

Dieser igE wäre nach § 3d S. 1 UStG in Deutschland steuerbar (und würde wegen Verwendung der niederländischen USt-IdNr. nach § 3d S. 2 UStG zudem auch in den Niederlanden als bewirkt gelten). Diese Rechtsfolge verhindert § 25b Abs. 3 UStG. Bei dieser Abwicklung des Reihengeschäfts liegen die Voraussetzungen eines innergemeinschaftlichen Dreiecksgeschäfts nach § 25b Abs. 1 UStG (lesen!) vor, es sind überdies auch die zusätzlichen Anforderungen des § 25b Abs. 2 UStG (lesen!) erfüllt. In einem solchen Fall gilt nach § 25b Abs. 3 UStG der igE des ersten Abnehmers, also hier des A als besteuert (womit nach § 3d S. 2 UStG i. Ü. auch die Grundlage für eine hilfsweise Besteuerung in den Niederlanden entfällt).

Um den mittleren Unternehmer A von Registrierungs- und Anmeldepflichten im Bestimmungsland zu bewahren, genügt es indes nicht, seinen igE als besteuert gelten zu lassen. Wie die Lösungsskizze z. B. 12a sichtbar macht, tätigt A außer dem igE des Weiteren eine nachfolgende unbewegte Lieferung an B. Deren Lieferort bestimmt sich nach § 3 Abs. 7 S. 2 Nr. 2 UStG und befindet sich in Hamburg. Die Lieferung des A an B ist folglich nach § 1 Abs. 1 Nr. 1 UStG im Inland steuerbar und stpfl. (für unbewegte Lieferungen kommt eine steuerfreie igL nicht in Betracht!). Schuldner der auf der Basis einer BMG nach § 10 Abs. 1 UStG von 690.000 € entstehenden USt von 131.100 € wäre nach § 13a Abs. 1 Nr. 1 UStG damit an sich der A. Dies verhindert § 25b Abs. 2 UStG. Danach geht unter den hier vorliegenden Voraussetzungen des § 25b Abs. 2 Nr. 1 – 4 UStG (lesen!) die Steuerschuld für die Lieferung des mittleren Unternehmers an den letzten Abnehmer im Bestimmungsland (Inland) auf diesen über. Steuerschuldner der für die stpfl. Lieferung entstandenen USt von 131.100 € wird im Beispiel also der B. Für ihn ändert sich im Ergebnis nichts. B kann die 131.100 € trotz ihres fehlenden Ausweises in einer Rechnung (dazu § 25b Abs. 2 Nr. 3 UStG) gem. § 25b Abs. 5 UStG sogleich wieder als VSt in Abzug bringen. Die übrigen Voraussetzungen für einen VSt-Abzug nach § 15 UStG sind zweifelsfrei gegeben. Seine Situation entspricht damit der im Beispiel 12, bei dem er als Schuldner einer Erwerbsteuer i. H. v. 131.100 € diese nach § 15 Abs. 1 S. 1 Nr. 3 UStG im selben VAZ wieder abziehen kann.

Hinweis: Ein innergemeinschaftliches Dreiecksgeschäft liegt allerdings nur vor, wenn in der Rechnung des mittleren Unternehmers an den letzten Abnehmer gem. § 14a Abs. 7 S. 1 UStG auf dessen Steuerschuldnerschaft hingewiesen wird (EuGH vom 08.12.2022, Az.: C-247/21, DStR 2022, 2675). Eine diesbezügliche nachträgliche Rechnungskorrektur entfaltet insoweit keine Rückwirkung (BFH vom 17.07.2024, XI R 35/22 (XI R 14/20, BStBl II 2024, 810).

Bei Vierecks- oder Mehrecksgeschäften ist es aus Vereinfachungsgründen ebenfalls sachgerecht, die Regeln des § 25b UStG im Verhältnis derjenigen drei Unternehmer anzuwenden, die die Voraussetzungen des § 25b Abs. 1 und 2 UStG erfüllen (A 25b.1 Abs. 2 S. 2 UStAE). Die Regelungen über das innergemeinschaftliche Dreiecksgeschäft sind auch bei mehr als drei Beteiligten anzuwenden, sofern die drei unmittelbar nacheinander liefernden Unternehmer am Ende der Lieferkette stehen.

XV Vorsteuerabzug (§ 15 UStG)

Zur Beseitigung der USt-Vorbelastung kann der Unternehmer die USt, die auf unternehmerisch genutzten Leistungen von anderen Unternehmern (oder auf Einfuhren bzw. igE) lastet, grds. nach § 15 Abs. 1 UStG als VSt von seiner USt-Schuld abziehen. Auch bei Investitionsgütern, die über mehrere Jahre verwendet werden, ist der VSt-Abzug abweichend von der einkommensteuerrechtlichen Behandlung (zeitanteilige Absetzung der AK oder HK) bei Anschaffung in voller Höhe gegeben (so das bezogene WG ausschließlich für vorsteuerunschädliche Zwecke verwendet werden soll). Bei einer späteren Änderung der Verwendungsverhältnisse (nicht nur, aber insb. unter dem Aspekt vorsteuerschädlich/vorsteuerunschädlich) erfolgt entweder eine Berichtigung des VSt-Abzugs nach § 15a UStG, oder bei einer späteren Verwendung für eine uWa i. S. d. § 3 Abs. 1b oder Abs. 9a UStG wird der VSt-Abzug durch die Besteuerung als uWa im Ergebnis wieder rückgängig gemacht.

Hinweis: Ist die ausschließliche Verwendung für eine uWa von vornherein, also bereits bei Leistungsbezug, beabsichtigt, entfällt auch der VSt-Abzug von vornherein (vgl. A 3.3 Abs. 1 S. 7, A 15.15 Abs. 1 und A 15.2b Abs. 2 S. 5 UStAE).

Zu unterscheiden sind im Rahmen einer Prüfung des VSt-Abzugs die **anspruchsbegründenden Merkmale des § 15 Abs. 1 S. 1 Nr. 1 – 5 UStG** von **den anspruchsausschließenden des § 15 Abs. 1a UStG sowie § 15 Abs. 2 UStG** (und ggf. der Rückausnahme **in § 15 Abs. 3 UStG**).

Eine in ihrer praktischen Bedeutung wahrlich nicht zu unterschätzende **VSt-Beschränkung** ist mit Wirkung zum **01.01.2011** hinzugekommen. Hierbei handelt es sich um die schon im Zusammenhang mit der Besteuerung außerunternehmerischer Grundstücksnutzung vorgestellte Norm des **§ 15 Abs. 1b UStG**. Danach ist die Steuer für die Lieferung, die Einfuhr und den igE sowie für sonstige Leistungen im Zusammenhang mit einem Grundstück vom VSt-Abzug ausgeschlossen, soweit sie nicht auf die Verwendung des Grundstücks für Zwecke des Unternehmens entfällt. Insoweit hat nach § 15 Abs. 4 S. 4 UStG eine Aufteilung des VSt-Abzugs nach den Grundsätzen zu erfolgen, die ansonsten gelten, wenn ein Unternehmer einen Gegenstand in der Weise »gemischt« nutzt, dass er ihn sowohl für vorsteuerunschädliche, weil stpfl., wie für vorsteuerschädliche, weil steuerbefreite, Umsätze verwendet.

1 Anspruchsbegründende Voraussetzungen des § 15 Abs. 1 S. 1 Nr. 1 UStG

Die anspruchsbegründenden Voraussetzungen eines VSt-Abzugs nach § 15 Abs. 1 S. 1 Nr. 1 UStG lassen sich überwiegend unmittelbar aus dem Wortlaut der gesetzlichen Regelung ableiten. Im Einzelnen sind es sechs Tatbestandsmerkmale, die in der Beraterklausur ggf. einer besonderen Erörterung bedürfen. Hierzu zählen:
- **Unternehmerstellung** desjenigen, der den VSt-Abzug beansprucht.
- Der zu beurteilende **Unternehmer** muss **Leistungsempfänger** (regelmäßig der zivilrechtliche Auftraggeber) der Leistung sein, für die er den VSt-Abzug begehrt.
- Er muss diese **Leistung für sein Unternehmen** bezogen haben.
- **Diese Leistung muss von einem anderen Unternehmer erbracht worden** sein (Leistungsbezug von einem anderen Unternehmer).

- Der Leistungsempfänger muss für die Leistung im **Besitz einer ordnungsgemäßen Rechnung i. S. d. §§ 14, 14a UStG** sein.
- Die darin **ausgewiesene USt muss** vom Leistenden **gesetzlich für den Umsatz geschuldet** werden.

1.1 Der abzugsberechtigte Unternehmer

Wie bereits in Kap. III näher dargelegt ist Unternehmer und damit unter den weiteren Voraussetzungen des § 15 UStG vorsteuerabzugsberechtigt nicht erst, wer tatsächlich nachhaltig im Leistungsaustausch tätig wird. Es genügt bereits die nachvollziehbar und **glaubhaft dargelegte ernsthafte Absicht, im Leistungsaustausch tätig werden zu wollen**, um einen VSt-Abzug aus Eingangsleistungen geltend machen zu können. Auch **Investitionen zur Vorbereitung von Umsätzen** eröffnen daher bei einer entsprechenden unternehmerischen Verwendungsabsicht einen VSt-Abzug. **Das Recht auf VSt-Abzug entsteht dem Grunde und der Höhe nach bereits im Zeitpunkt des Leistungsbezugs** (A 15.12 Abs. 1 S. 5 UStAE). Das FA darf den VSt-Abzug für Investitionsausgaben nur versagen, wenn es eine Betrugs- oder Missbrauchsabsicht nachweisen kann. In allen anderen Fällen führt die in gutem Glauben geäußerte und durch objektive Anhaltspunkte belegte Absicht, Umsätze zu erzielen, schon vor Aufnahme einer entgeltlichen Tätigkeit im Leistungsaustausch materiell endgültig zur Unternehmerstellung und damit dem Grunde nach zur Berechtigung zum VSt-Abzug für hiermit im Zusammenhang stehende Eingangsleistungen.

Die an den Unternehmerstatus geknüpfte Berechtigung zum Abzug der VSt entfällt auch nicht etwa rückwirkend, wenn der StPfl. die beabsichtigte Tätigkeit aus Gründen, die er nicht zu vertreten hat, nicht aufnimmt. **Kommt es tatsächlich nicht zu nachhaltigen Tätigkeiten im Leistungsaustausch, hat dies auf die einmal begründete Unternehmerstellung grds. keinerlei Einfluss** (A 2.6 Abs. 1 S. 2 UStAE).

> **Beispiel 1: Unternehmerstellung ohne entgeltliche Umsätze**
>
> S will zum 01.10.01 ein kleines Fuhrunternehmen aufmachen. Hierzu erwirbt er im September 01 u. a. einen alten Lkw für 50.000 € zzgl. 9.500 € gesondert ausgewiesener USt. Da Aufträge ausbleiben, gibt er seine Pläne zum Betrieb des Fuhrunternehmens bereits Mitte November 01 endgültig auf (und veräußert den Lkw Ende November 01 für 45.000 €).
>
> **Lösung:** Ein VSt-Abzug des S hinsichtlich der ausgewiesenen USt auf den Erwerb des Lkw scheitert nicht daran, dass S zu keinem Zeitpunkt entgeltliche Leistungen als Fuhrunternehmer erbracht hat. Die für einen VSt-Abzug erforderliche **Unternehmerstellung beginnt bereits mit dem ersten nach außen erkennbaren, auf eine Unternehmertätigkeit gerichteten Handeln**. Dazu gehören alle **Vorbereitungstätigkeiten**. Zu diesen zählt hier auch der Erwerb des Lkw. Da der Sachverhalt keine Anhaltspunkte für missbräuchliche Aktivitäten des S liefert, begründet er bereits mit diesen Investitionen die für einen VSt-Abzug erforderliche Unternehmerstellung und hat folglich im VAZ 09/01 einen VSt-Abzug hinsichtlich der ausgewiesenen USt von 9.500 €.
>
> Darf die zugebilligte Unternehmereigenschaft nachträglich nicht wieder aberkannt werden, so muss allerdings hinsichtlich aller Vorgänge aus der Gründungsphase eine Nachwirkung der zugebilligten Unternehmerstellung angenommen werden. Daraus folgt: S hat die Veräußerung des Lkw – wie Unternehmer sonst auch – als nach § 1 Abs. 1 Nr. 1 UStG steuerbares und stpfl. Hilfsgeschäft zu behandeln. Die Veräußerung löst folglich für S auf der Grundlage einer BMG nach § 10 Abs. 1 UStG von 37.815,13 € mit Ablauf des VAZ 11/01 eine USt i. H. v. 7.184,87 € aus; abhängig von den näheren Umständen kann es sich auch um eine nicht steuerbare GiG. nach § 1 Abs. 1a UStG handeln.

Hinweis: Die beabsichtigte Verwendung entspricht in Beraterklausuren nach dem üblichen Bearbeitervermerk regelmäßig der tatsächlichen Verwendung.

Dass bereits die **Absicht der unternehmerischen Betätigung** zu einer **materiell endgültigen Unternehmerstellung** führen kann, akzeptiert im Grundsatz auch die FinVerw. Sie versucht, fiskalische Belange zu wahren, indem sie in A 2.6 Abs. 3 S. 1 – 3 UStAE bei problematischen Fallkonstellationen besondere Vorsichtsmaßnahmen anordnet. So soll etwa bei dem Erwerb von Gegenständen, die ihrer Art nach sowohl unternehmerisch als auch privat genutzt werden können (PC, Fahrzeuge) noch vor der ersten Steuerfestsetzung geprüft werden, ob die Verwendungsabsicht durch objektive Anhaltspunkte nachgewiesen ist. Bei dem Erwerb von Gegenständen, die typischerweise zur privaten Nutzung bestimmt sind (Wohnmobil, Segelschiff oder sonstige Freizeitgegenstände) sei bei dieser Prüfung ein »besonders hoher Maßstab« anzulegen. Lassen sich dabei objektive Anhaltspunkte für eine unternehmerische Verwendung nicht in dem erforderlichen Umfang ermitteln, ist nach Auffassung der FinVerw »grundsätzlich nicht von der Unternehmereigenschaft auszugehen.«

Hinweis: Vorsteuerabzugsberechtigt sind auch Unternehmer mit **Sitz im Ausland**. Soweit sie keine Umsätze im Inland tätigen oder nur solche, die in § 59 UStDV aufgeführt sind, erhalten sie angefallene VSt-Beträge nur in dem besonderen VSt-Vergütungsverfahren nach den §§ 59 ff. UStDV erstattet (A 18.10 – 18.16 UStAE).

Ausnahmsweise – beim **Verkauf neuer Fahrzeuge** – kann auch **Privatpersonen** ein VSt-Abzug zukommen, sofern die neuen Fahrzeuge bei der Lieferung in das übrige Gemeinschaftsgebiet gelangen, mit der Folge, dass die **Privatpersonen nach § 2a UStG** wie ein Unternehmer behandelt werden (vgl. auch Kap. XIV 3.2.4). Hingegen scheidet für **Kleinunternehmer** ein VSt-Abzug aus Leistungsbezügen nach **§ 19 Abs. 1 S. 4 UStG** normalerweise aus.

Für Leistungsbezüge **nach Aufgabe einer wirtschaftlichen Betätigung** gilt der Empfänger **weiterhin** als Unternehmer und damit **vorsteuerabzugsberechtigt**, sofern die erhaltenen Leistungen mit der aufgegebenen Tätigkeit in einem direkten und unmittelbaren Zusammenhang stehen (vgl. auch Kap. III 3.3).

1.2 Unternehmer als Leistungsempfänger

Grundsätzlich kann nur derjenige eine Leistung »für sein Unternehmen« beziehen, der **selber Leistungsempfänger** jener Leistung ist, für die er den VSt-Abzug begehrt (A 15.2b Abs. 2 S. 1 UStAE). Dies legt es nahe, in Zweifelsfällen (aber nur bei solchen!) sozusagen als ungeschriebene Voraussetzung für einen VSt-Abzug gesondert zu prüfen, wer die fragliche Leistung bezogen hat. Dies bestimmt sich regelmäßig danach, wer **zivilrechtlicher Vertragspartner** und damit Auftraggeber des Leistenden geworden ist – sei es, dass er selbst auf den Vertragsschluss gerichtete Willenserklärungen abgegeben hat, sei es, dass er Vertragspartner wurde, weil in seinem Namen ein anderer nach § 164 BGB als Vertreter für ihn gehandelt hat (A 15.2b Abs. 1 UStAE). Wenn das USt-Recht bei der Bestimmung des Leistungsempfängers grds. an das Zivilrecht anknüpft, geschieht dies insb. im Interesse des Leistenden (Auftragnehmers). Schließlich ist für diesen die zivilrechtliche Rechtslage auch in anderen Fragen bindend. So etwa, wenn jener unsicher ist, wem gegenüber er eine Rechnung erteilen darf bzw. muss oder wenn jener prüfen will, ob er die Möglichkeit hat, einen steuerfreien Umsatz nach § 9 UStG als stpfl. zu behandeln, weil der Umsatz an einen anderen Unternehmer für dessen Unternehmen ausgeführt wird. Solche Überlegungen lassen es sinnvoll erscheinen, auch im

Rahmen des VSt-Abzugs den Leistungsempfänger grds. anhand der zivilrechtlichen Vertragsbeziehungen zu bestimmen.

1.2.1 Leistungsbezug durch Gesellschafter/Gemeinschafter bzw. Bruchteilsgemeinschaften

Ein derartiges Vorgehen kann jedoch dazu führen, dass ein VSt-Abzug trotz unternehmerischer Verwendung von Vorbezügen ausscheidet. Tritt etwa ein G'fter einer unternehmerisch tätigen Gesellschaft bei der Vergabe von Modernisierungsarbeiten nach außen nur alleine auf, ohne offenzulegen, dass er für die Gesellschaft handelt, hat ein VSt-Abzug der Gesellschaft auszuscheiden, da sie nicht Leistungsempfänger geworden ist.

> **Beispiel 2: Gesellschafter als Leistungsempfänger**
>
> Rechtsanwalt A ist Sozius der Sozietät A, B, C & Partner. Im April 01 hat A einen Mercedes für 40.000 € zzgl. gesondert ausgewiesener USt von 7.600 € im eigenen Namen erworben und auch auf sich zugelassen. Es fährt allein der A mit dem Pkw und zwar überwiegend für Zwecke der Sozietät, von der er keine Kostenerstattung o.Ä. erhält.
>
> **Alternative:** A erhält, soweit er für die Sozietät unterwegs ist, eine als Mietzins deklarierte Vergütung von 1 € pro gefahrenen Kilometer.
>
> **Lösung:** Ein VSt-Abzug der unternehmerisch tätigen Sozietät scheitert schon daran, dass diese nicht Leistungsempfänger des Autohändlers geworden ist. Vertragspartner des Händlers ist allein der Rechtsanwalt A, der – in seiner Eigenschaft als Sozietätsmitglied und G'fter – nicht Unternehmer ist. Für den Fall, dass keine Kostenerstattung o.Ä. entsprechend den gefahrenen Kilometern vereinbart ist, bliebe also auch A ein VSt-Abzug aus der Rechnung des Autohändlers versagt. Es fehlte an der für eine Unternehmerstellung erforderlichen Tätigkeit im Leistungsaustausch. Dass der Wagen überwiegend für unternehmerische Zwecke der Sozietät verwendet wird, bliebe danach unerheblich.
>
> Anders sieht es in der **Alternative** aus: **Überlässt der G'fter der Gesellschaft Gegenstände mietweise zur Nutzung, begründet diese entgeltliche Nutzungsüberlassung stets für sich schon die Unternehmereigenschaft des G'fters** (A 15.20 Abs. 1 UStAE). Dies gilt auch, wenn nur ein einzelner Gegenstand überlassen wird und auch, wenn dieser Gegenstand ausschließlich durch den überlassenden G'fter genutzt wird. Vom Ergebnis her wird man für diese Beurteilung Verständnis aufbringen können. Indem man das Vorliegen eines Mietverhältnisses nicht näher hinterfragt, werden der Erwerb und die spätere Unterhaltung des Fahrzeugs einem VSt-Abzug zugänglich. Dies ist insofern zutreffend, als das Fahrzeug fraglos für unternehmerische Zwecke, nämlich für die der Sozietät, genutzt wird und die unternehmerische Nutzung nicht mit USt belastet sein soll.

Eine ähnliche Fallgestaltung betrifft die Sachverhalte, bei denen die **Leistung von einer Gemeinschaft/Gesellschaft bezogen wird, die selbst – als Zusammenschluss – keine Unternehmerstellung innehat, wohl aber alle oder einzelne der an ihr Beteiligten.** Erwerben z.B. mehrere Landwirte als Gemeinschaft einen Mähdrescher, deren Existenz sich ihrerseits auf den bloßen gemeinschaftlichen Erwerb dieses WG erschöpft, begründet dies für die Gemeinschaft keine Unternehmerstellung i.S.d. § 2 Abs. 1 S. 1 UStG. Die beteiligten Landwirte sind ihrerseits entsprechend ihrem Anteil an der Gemeinschaft jeweils vorsteuerabzugsberechtigt (BFH vom 01.10.1998, V R 31/98, BStBl II 2008, 497). Die Personenmehrheit kann allenfalls dann Leistungsempfängerin sein, wenn sie als solche selbst unternehmerisch tätig ist. Sind dagegen nur die Beteiligten oder einzelne von ihnen unternehmerisch tätig, nicht aber die Gemeinschaft als solche, sind die einzelnen Beteiligten entsprechend ihrem Anteil an der Gemeinschaft als Leistungsempfänger i.S.d. § 15 Abs. 1 UStG anzusehen (A 15.2b Abs. 1 UStAE).

Hinweis: Für USt-Zwecke können diese Besteuerungsgrundlagen gem. § 1 Abs. 2 der VO zu § 180 AO gesondert und für mehrere Personen einheitlich festgestellt werden, wenn mehrere Unternehmer im Rahmen eines Gesamtobjekts Umsätze ausführen oder empfangen (BFH vom 01.10.1998, V R 31/98, BStBl II 2008, 497).

Beispiel 3: VSt-Abzug wegen eines Arbeitszimmers im privaten Wohngebäude einer Miteigentümergemeinschaft

Hochschullehrer A und seine Ehefrau B haben zu ¼ bzw. ¾ Miteigentum an einem Grundstück und beauftragten eine GmbH mit der Errichtung eines Einfamilienhauses. Die Rechnungen werden entsprechend der Auftragserteilung an die »Eheleute A und B« gerichtet. A nutzt ein Zimmer in dem Wohnhaus als Arbeitszimmer für seine selbständige nebenberufliche, schriftstellerische Tätigkeit. Die Fläche des Arbeitszimmers beträgt 12 % der Gesamtwohnfläche. Dementsprechend bringt A 12 % der angefallenen USt für Bauleistungen als VSt in Abzug.

Lösung: Im Falle der Bestellung eines Investitionsguts durch eine Ehegattengemeinschaft, die keine Rechtspersönlichkeit besitzt und selbst keine wirtschaftliche Tätigkeit ausübt, sind die Miteigentümer, die diese Gemeinschaft bilden, als Leistungsempfänger anzusehen. Leistungsempfänger sind daher beide Ehegatten und nicht etwa die Ehegattengemeinschaft. A und seine Ehefrau B wurden mit den gemeinsam bestellten Bauaufträgen nämlich nicht unternehmerisch tätig. Der Umfang des VSt-Abzugs steht bei Erwerb eines Investitionsguts durch zwei eine Gemeinschaft bildende Ehegatten, von denen einer einen Teil des Gegenstands ausschließlich für unternehmerische Zwecke verwendet, dem Ehegatten und Miteigentümer für die gesamte Mehrwertsteuerbelastung des von ihm für unternehmerische Zwecke verwendeten Teils des Gegenstands zu, sofern der Abzugsbetrag nicht über seinen Miteigentumsanteil an dem Gegenstand hinausgeht (A 15.2b Abs. 2 S. 11 UStAE). Daraus folgt für die VSt-Abzugsberechtigung des A: Ihm steht diese im Umfang von 12 % zu. Summenmäßig begrenzt ist dieser VSt-Abzug nur für den hier nicht vorliegenden Fall, dass der Arbeitszimmeranteil am Wohnhaus größer ist als der Miteigentumsanteil des Nutzers des Arbeitszimmers.

Nach **bisheriger Auffassung konnten** sowohl **Bruchteilsgemeinschaften** als auch Gesamthandsgemeinschaften (z. B. GbR) selbst **Unternehmer i. S. d. § 2 UStG sein** (A 2.1 Abs. 2 S. 2 UStAE). Daher war eine Bruchteilsgemeinschaft, die nach außen auftritt und eine wirtschaftliche Tätigkeit ausübt, auch als Steuersubjekt zum VSt-Abzug berechtigt. Die einzelnen Gemeinschafter wurden durch die Tätigkeit gleich einem G'fter einer Gesamthandsgemeinschaft nicht unternehmerisch tätig. Bruchteilsgemeinschaften wurden daher für umsatzsteuerliche Zwecke wie Gesamthandsgemeinschaften behandelt. Anders bisher nur in den zuvor dargestellten Fällen, in denen eine Bruchteilsgemeinschaft mangels eigener wirtschaftlicher Tätigkeit und Auftreten nach außen nicht als Unternehmer anzusehen war. **Nach der Entscheidung des BFH** vom 22.11.2018 (V R 65/17, BFH/NV 2019, 359) **sollte eine Bruchteilsgemeinschaft jedoch** mangels zivilrechtlicher Rechtsfähigkeit umsatzsteuerlich grds. **nicht Unternehmer i. S. d. § 2 UStG sein können; vielmehr lägen** von jedem einzelnen Gemeinschafter erbrachte Leistungen vor. Entsprechendes hätte dann auch für den VSt-Abzug gegolten. Mit der Änderung des § 2 Abs. 1 S. 1 UStG durch das JStG 2022 beabsichtigte der Gesetzgeber, die alte Rechtslage wiederherzustellen und die Unternehmerfähigkeit von Bruchteilsgemeinschaften und weiterer zivilrechtlich nicht rechtsfähiger Gebilde, die im Wirtschaftsverkehr nach außen hin als Unternehmer i. S. d. UStG auftreten, gesetzlich festzustellen.

1.2.2 Leistungsbezug durch Arbeitnehmer des Unternehmers

Eine ähnliche Problematik wie beim Leistungsbezug durch G'fter tut sich auf, wenn AN im eigenen Namen Leistungen im Interesse ihres AG in Anspruch nehmen.

> **Beispiel 3a: VSt-Abzug aus Übernachtungskosten des Personals**
>
> Verschiedene AN des Unternehmers U sind in den Monaten April und Mai 01 für U geschäftlich unterwegs gewesen. Für die auswärtige Unterbringung der Beschäftigten liegen Hotelrechnungen vor, die sich auf insgesamt 4.000 € zzgl. 760 € USt belaufen. In einer Höhe von 3.000 € zzgl. 570 € USt lauten die Rechnungen auf den Unternehmer U, in den weiteren Rechnungen sind die jeweiligen AN als Rechnungsadressat aufgeführt. U hat allen AN die entstandenen Kosten erstattet. Er macht in seinen USt-VA für die Monate April und Mai 01 aus diesen Rechnungen einen VSt-Abzug von 760 € geltend.
>
> **Lösung:** Soweit U selbst Vertragspartner des Hoteliers geworden ist, ist ein VSt-Abzug ohne Weiteres zu bejahen. U hat die Übernachtungsleistungen für sein Unternehmen empfangen. Der erforderliche unmittelbare Zusammenhang zwischen den von U bezogenen Übernachtungsleistungen und seinen Ausgangsleistungen ist vorhanden, weil die **Aufwendungen für die Übernachtungsleistungen zu den Kostenelementen seiner besteuerten Umsätze** zählen. Ein persönlicher Vorteil, den AN dadurch haben könnten, ist gegenüber dem Bedarf des Unternehmers nebensächlich. Da zu den Voraussetzungen für einen VSt-Abzug aber stets auch gehört, dass der den VSt-Abzug begehrende **Unternehmer selbst Empfänger jener Leistungen** ist, für die er den VSt-Abzug beansprucht (s. dazu Kap. 1.2), ist hier der VSt-Abzug hinsichtlich der USt, die in Rechnungen gegenüber den AN ausgewiesen worden ist, zu versagen. Die danach nicht abziehbare USt beläuft sich für U auf 190 €.

1.2.3 Besonderheiten bei unfreier Versendung (§ 40 UStDV)

Das Problem einer unternehmerischen Verwendung von Vorbezügen durch jemanden, der selbst nicht zivilrechtlicher Auftraggeber und damit auch nicht Leistungsempfänger der erbrachten Leistung ist, stellt sich auch für die im Frachtgeschäft üblichen sog. unfreien Versendungen.

> **Beispiel 3b: Unfreie Versendung**
>
> Der Hamburger Unternehmer H verkauft Waren an seinen Abnehmer K in Köln. Lt. Kaufvertrag hat K die Kosten des Transports zu tragen. Mit der Durchführung des Transports beauftragt H den Frachtführer F, der bei Anlieferung von K Bezahlung der Transportkosten verlangt. Diese belaufen sich ausweislich der übergebenen Frachtrechnung auf 200 € zzgl. 38 € USt und werden umgehend von K beglichen.
>
> **Lösung:** Ein VSt-Abzug des K aus der Rechnung des Frachtführers müsste grds. daran scheitern, dass K nicht Vertragspartner des Frachtführers und damit nicht Leistungsempfänger der von dem Frachtführer erbrachten Beförderungsleistung ist. Dies verhindert § 40 UStDV. Danach gilt bei unfreier Versendung der mit den Frachtkosten wirtschaftlich belastete Abnehmer als Auftraggeber und damit als Leistungsempfänger. K kann daher unter den weiteren Voraussetzungen des § 15 Abs. 1 S. 1 Nr. 1 UStG die auf den Frachtkosten ruhende USt von 38 € als VSt geltend machen.

Für den Fall, dass der Absender den Gegenstand durch einen **im Ausland ansässigen Frachtführer** unfrei zum Empfänger der Frachtsendung hat befördern lassen, stellt sich eine ähnliche Problematik unter dem Gesichtspunkt des § 13b UStG. So die Beförderungsleistung im Inland stpfl. ist, würde an sich nach § 13b Abs. 2 Nr. 1 UStG i. V. m. § 13b Abs. 5 S. 1 UStG der Absender als Auftraggeber zum Schuldner der durch die Beförderungsleistung ausgelösten deutschen USt. Hier greift korrigierend § 30a UStDV ein. Ist der Empfänger der Frachtsendung Unternehmer oder jPdöR, wird er an Stelle des Auftraggebers Steuerschuldner nach § 13b Abs. 5 S. 1 UStG, sofern er die Entrichtung des Entgelts für die Beförderung übernommen hat und dies auch aus der Rechnung über die Beförderung zu ersehen ist.

Diese Regelung schafft wie § 40 UStDV eine sinnvolle Vereinfachung. In den Fällen der unfreien Versendung nach den §§ 453 ff. HGB erfolgt die Abrechnung nicht gegenüber dem Auftraggeber (dem Absender) der Warensendung, sondern gegenüber dem Empfänger der Warensendung. Es bietet sich deshalb an, den Rechnungsempfänger auch an Stelle des Auftraggebers zum Steuerschuldner zu bestimmen. Er darf dann natürlich auch den VSt-Abzug nach § 15 Abs. 1 S. 1 Nr. 4 UStG vornehmen – sofern er die Leistung als Unternehmer für sein Unternehmen bezogen hat (A 15.7 Abs. 3 UStAE mit dortigem Beispiel).

1.3 Leistungsbezug »für sein Unternehmen« (Zuordnungsmöglichkeiten)

Das Erfordernis eines Leistungsbezugs »für [das] [...] Unternehmen« ist angesichts der Zielsetzung des UStG, den Aufwand für Endverbrauch besteuern zu wollen, eine Selbstverständlichkeit. Es dient der **Abgrenzung zum außerunternehmerischen Bereich**, für den eine Entlastung von USt ausgeschlossen sein soll. Denn der Unternehmer ist bei Vorliegen der übrigen Voraussetzungen nur zum VSt-Abzug berechtigt, soweit er Leistungen für sein Unternehmen bezieht und damit für seine wirtschaftliche Tätigkeit zur Erbringung entgeltlicher Leistungen (sog. wirtschaftliche Tätigkeiten) zu verwenden beabsichtigt.[1]

Besteht der **direkte und unmittelbare Zusammenhang** zu einzelnen Ausgangsumsätzen seiner wirtschaftlichen Tätigkeit, die stpfl. sind, kann der Unternehmer den VSt-Anzug in Anspruch nehmen. Besteht kein solcher Zusammenhang zwischen einem bestimmten Eingangsumsatz und einem oder mehreren Ausgangsumsätzen, ist der Unternehmer gleichwohl zum VSt-Abzug berechtigt, wenn die Kosten für die fragliche Eingangsleistung zu seinen allgemeinen Aufwendungen gehören und als solche Bestandteile des Preises der von ihm gelieferten Gegenstände oder erbrachten Dienstleistungen sind. Derartige Kosten hängen dann direkt und unmittelbar **mit der wirtschaftlichen Gesamttätigkeit** des Unternehmers zusammen. Voraussetzung hierfür ist allerdings, dass diese Gesamttätigkeit zu zum VSt-Abzug berechtigenden Umsätzen führt (vgl. EuGH vom 29.10.2009, Az.: C-29/08, DStR 2009, 2311; BFH vom 06.05.2010, Az.: V R 29/09, BStBl II 2010, 885).

Bei einer Leistung, die **ausschließlich für nichtunternehmerische Tätigkeiten bezogen** wird, ist deren Zuordnung zum Unternehmen deshalb von vornherein ausgeschlossen (A 15.2c Abs. 1 S. 2 UStAE; **Zuordnungsverbot**). Ebenso steht ein Bezug von Leistungen, die ausschließlich in unmittelbarem Zusammenhang mit der Erbringung von uWa i.S.d. § 3 Abs. 1b oder Abs. 9a UStG stehen, nicht in direktem und unmittelbarem Zusammenhang zu einzelnen stpfl. Ausgangsumsätzen einer wirtschaftlichen Tätigkeit, weil ein Bezug für die Verwendung für eine wirtschaftliche Tätigkeit begrifflich gerade nicht vorliegen kann, wenn die Eingangsleistung für Zwecke, die außerhalb des Unternehmens liegen, oder für den privaten Bedarf seines Personals verwendet werden sollen (BFH vom 09.12.2010, Az.: V R 17/10, BStBl II 2012, 53). Wird umgekehrt eine Leistung **ausschließlich für unternehmerische Tätigkeiten** verwendet, ist sie daher vollständig dem Unternehmen zuzuordnen. Insoweit besteht ein **Zuordnungsgebot** (A 15.2c Abs. 1 S. 1 UStAE).

---

[1] USt, die nur aus § 14c UStG geschuldet wird, vermittelt keinen VSt-Abzug (FG Berlin-Brandenburg vom 20.09.2022, 7 V 7115/22).

Beispiel 4: Die Weihnachtsfeier

Am 12.12.2022 veranstaltete B eine Weihnachtsfeier für seine 32 AN in der Domschenke zu Köln. Für das Buffet und die Getränke stellte die Domschenke 2.000 € zzgl. 380 € USt in Rechnung. B ist Unternehmer und erbringt im Inland stpfl. Dienstleistungen. Weitere Betriebsveranstaltungen hatte B im Jahr 2022 nicht durchgeführt.

Lösung: Betriebsveranstaltungen wie Weihnachtsfeiern sind grds. eine Leistung des Unternehmers für den privaten Bedarf des Personals (BFH vom 09.12.2010, Az.: V R 17/10, BStBl II 2012, 53). Daher liegt grds. eine uWa i. S. d. § 3 Abs. 9a Nr. 2 UStG vor, sodass ein VSt-Abzug aus der Rechnung der Domschenke bereits von vornherein mangels Zusammenhangs mit der wirtschaftlichen Tätigkeit des B ausscheidet. Allerdings kann es sich bei einer Betriebsveranstaltung nach Maßgabe des § 19 Abs. 1 S. 1 Nr. 1a EStG um eine sog. Aufmerksamkeit handeln. Nach A 1.8 Abs. 4 UStAE liegen Leistungen an AN im Rahmen einer Weihnachtsfeier sogar im überwiegenden betrieblichen Interesse des Unternehmers. Nach beiden Auffassungen eröffnen solche Zuwendungen im Rahmen von Betriebsveranstaltungen allerdings nur dann einen VSt-Abzug gem. § 15 Abs. 1 S. 1 Nr. 1 UStG nach Maßgabe der wirtschaftlichen Gesamttätigkeit (des B), soweit sich die Aufwendungen im üblichen Rahmen halten. Diese Grenze ist auch nach der Verwaltungsauffassung in A 1.8 Abs. 4 S. 3 Nr. 6 UStAE vorliegend eingehalten, weil die Aufwendungen je AN im Kj. 2022 den Betrag von 110 € einschließlich USt nicht überschritten haben (2.380 € / 32 Teilnehmer = 74,37 €). Die Kosten sind insoweit zu gleichen Teilen auf die bei der Betriebsveranstaltung anwesenden Teilnehmer aufzuteilen (BFH vom 10.05.2023, Az.: V R 16/21, DStR 2023, 1654).

Hinweis: Bezieht ein Unternehmer eine Leistung, um diese an einen Dritten unentgeltlich weiter zu leisten und zugleich seine eigene unternehmerische Tätigkeit zu ermöglichen, steht ihm allerdings dennoch der VSt-Abzug zu, wenn die bezogene Eingangsleistung nicht über das hinausgeht, was erforderlich bzw. unerlässlich ist, um diesen Zweck zu erfüllen, und die Kosten für die Eingangsleistung Bestandteil des Preises der von ihm erbrachten Leistungen sind und der Vorteil des Dritten allenfalls nebensächlich ist (vgl. dazu A 15.2b Abs. 2a UStAE mit dortigen Beispielen). Insoweit reicht ausnahmsweise eine nur mittelbare Veranlassung für den VSt-Abzug aus.

In den Beraterklausuren sind solche **Leistungsbezüge problematisch,** die **sowohl für unternehmerische** (wirtschaftliche Tätigkeiten) **als auch für nichtunternehmerische Zwecke** genutzt werden. Bei diesen sog. gemischten Nutzungen kommt es für das weitere umsatzsteuerrechtliche Schicksal darauf an, ob dem Unternehmer das Zuordnungswahlrecht zukommt, die bezogenen Leistungen trotz der z. T. auch nichtunternehmerischen Nutzung ganz seinem Unternehmen zuzuordnen. Wo dieses Wahlrecht fehlt, ist ein VSt-Abzug mangels Leistungsbezugs für das Unternehmen zwingend für den Teil der Leistung ausgeschlossen, den der Unternehmer im nichtunternehmerischen Bereich verwendet. Insoweit ist zwischen vertretbaren Sachen und sonstigen Leistungen auf der einen Seite und einheitlichen Gegenständen auf der anderen Seite zu differenzieren (vgl. hierzu unbedingt **Übersicht in A 15.2b Abs. 2 UStAE** a. E.).

1.3.1 Aufteilungsgebote bei teilunternehmerischer Nutzung

Seit jeher hält man es bei der Lieferung vertretbarer Sachen wie z. B. der Lieferung von Brennstoffen wie Gas und Öl für erforderlich, eine Aufteilung des VSt-Abzugs vorzunehmen. Insoweit ist der VSt-Abzug dann von vornherein anteilig auf die USt beschränkt, die auf die im Unternehmen benötigten Brennstoffe entfällt (A 15.2c Abs. 2 Nr. 1 UStAE).

Beim **Bezug sonstiger Leistungen,** die sowohl für unternehmerische als auch für nichtunternehmerische Zwecke genutzt werden, ist **grds.** eine **Aufteilung** geboten. So besteht ein Aufteilungsgebot nicht nur für **Dienstleistungen eines StB an eine Gesellschaft, soweit die Leistungen der Erfüllung einkommensteuerrechtlicher Verpflichtungen ihrer G'fter dienen,** sondern auch für die **Anmietung von gemischt genutzten beweglichen Gegenständen** (wie etwa bei Anmietung einer unternehmerisch wie nichtunternehmerisch genutzten EDV-Anlage). Bei Gegenständen, die dem Unternehmer nur auf Zeit zur Nutzung überlassen werden und an denen der Unternehmer keine Verfügungsmacht erlangt, kann eine Zuordnung des Gegenstandes zum Unternehmen des Anmietenden nicht in Betracht kommen. Vielmehr ist die bezogene Leistung in Form der Gebrauchsüberlassung danach aufzuteilen, in welchem Umfang der Leistungsempfänger die sonstige Leistung für unternehmerische und nichtunternehmerische Zwecke verwendet.

Etwas anderes gilt nur für solche sonstigen Leistungen, die im Zusammenhang mit dem Gebrauch, der Nutzung oder Unterhaltung eines einheitlichen Gegenstands stehen, der zulässigerweise dem Unternehmensvermögen zugeordnet worden war (z. B. Inspektion bei einem auch privat genutzten Firmenwagen). Hier kann aus Vereinfachungsgründen der volle VSt-Abzug geltend gemacht werden (vgl. A 15.2c Abs. 2 S. 6 und Nr. 2b UStAE mit dortigem Beispiel 6) – sofern es sich bei dem einheitlichen Gegenstand nicht um ein Grundstück i. S. d. § 15 Abs. 1b UStG handelt.

Bei der Verwendung einheitlicher Gegenstände ist jedoch nicht nur zwischen unternehmerischer (wirtschaftlicher) und nichtunternehmerischer (nichtwirtschaftlicher) Tätigkeit zu unterscheiden. **Innerhalb der nichtunternehmerischen Tätigkeit** ist vielmehr zu **differenzieren** zwischen
- **nichtwirtschaftlicher Tätigkeit i. e. S.** und
- **unternehmensfremder Tätigkeit.**

Zur nichtwirtschaftlichen Tätigkeit i. e. S. zählen (vgl. A 2.3 Abs. 1a UStAE)
- unentgeltliche Tätigkeiten eines Vereins, die aus ideellen Vereinszwecken verfolgt werden,
- hoheitliche Tätigkeiten von jPdöR,
- das bloße Erwerben, Halten und Veräußern von gesellschaftsrechtlichen Beteiligungen, wenn die Beteiligungen nicht dem Unternehmensvermögen zugeordnet wurden,
- der Leerstand eines Gebäudes verbunden mit dauerhafter Nichtnutzung (A 15.2c Abs. 8 UStAE im dortigen Beispiel 1).

Zur unternehmensfremden Tätigkeit zählen
- die private (außerunternehmerische) Sphäre des Unternehmers;
- Entnahmen für den privaten Bedarf des Unternehmers, den privaten Bedarf seines Personals oder für private Zwecke der G'fter.

Soweit ein Gegenstand **anteilig** auch **für eine nichtwirtschaftliche Tätigkeit i. e. S.** verwendet wird, ist **anteilig von vornherein der VSt-Abzug** ausgeschlossen (A 15.2c Abs. 2 Nr. 2a UStAE und – bezogen auf Fahrzeuge – A 15.23 Abs. 6 S. 1 UStAE). Es besteht also auch insoweit ein Aufteilungsgebot.

Beispiel 4a:
Eine Gemeinde schafft einen Kleinbus an, der zu 40 % für den Eigenbetrieb Wasserversorgung und zu 60 % für den hoheitlichen Bereich verwendet werden soll. Der VSt-Abzug ist von vornherein auf die Verwendung für die unternehmerische/wirtschaftliche Tätigkeit beschränkt (also auf 40 %). Oder – so das BMF in A 15.23 Abs. 6 UStAE, dortiges Beispiel 1: Verein V schafft ein Fahrzeug an, das V zu 60 % für seinen wirtschaftlichen Geschäftsbetrieb (unternehmerische Tätigkeit) und zu 40 % für seinen ideellen Bereich (nichtwirtschaftliche Tätigkeit i. e. S.) verwenden will.

Eine Besonderheit gilt, wenn sich später der Anteil zwischen unternehmerischer und nichtwirtschaftlicher Tätigkeit i. e. S. verändert (dazu A 3.4 Abs. 2 S. 4 – 5 UStAE): Vermindert sich innerhalb des maßgeblichen BZ die Nutzung für unternehmerische/wirtschaftliche Zwecke und erhöht sich damit die Nutzung für nichtwirtschaftliche Zwecke i. e. S., ist der Vorgang als uWa nach § 3 Abs. 9a Nr. 1 UStG zu versteuern (Verwendung eines Gegenstands des Unternehmens für außerunternehmerische Zwecke). Erhöht sich die unternehmerische/wirtschaftliche Verwendung, kommt in entsprechender Anwendung des § 15a UStG eine VSt-Berichtigung zugunsten des Unternehmers aus Billigkeitsgründen in Betracht[2].

Die im Folgenden beschriebenen **Wahlrechte** beim Erwerb einheitlicher Gegenstände, die auch nichtunternehmerisch genutzt werden sollen, beziehen sich folglich nur noch auf solche **Sachverhalte, bei denen sich die gemischte Nutzung aus unternehmerischer und unternehmensfremder Nutzung zusammensetzt.**[3] In diesen Fällen hat der Unternehmer ein dreifaches Wahlrecht. Er kann den Gegenstand insgesamt seinem Unternehmensvermögen zuordnen, so ein Mindestumfang unternehmerischer Nutzung von 10 % gewährleistet ist (vgl. dazu Kap. 1.3.4). Er kann den Gegenstand aber auch nur im Umfang der unternehmerischen Nutzung seinem Unternehmen zuordnen oder ihn trotz der anteiligen unternehmerischen Nutzung auch insgesamt dem nichtunternehmerischen Bereich zuordnen (**A 15.2c Abs. 2 Nr. 2b UStAE**).

1.3.2 Zuordnung bei teilweise unternehmensfremder Nutzung von Gegenständen

In der Praxis nehmen Unternehmer dieses Wahlrecht durchweg in der Weise wahr, dass sie einen Gegenstand, den sie teilweise auch für unternehmensfremde Zwecke einsetzen wollen, in vollem Umfang ihrem Unternehmensvermögen zuordnen.

Klausurhinweis: In Beraterklausuren heißt es in den Bearbeitungshinweisen regelmäßig, dass »[...] **gemischt genutzte Wirtschaftsgüter dem Unternehmensvermögen zugeordnet** (werden)« und damit diese Zuordnungsalternative Grundlage der Lösung werden soll.

Macht ein Unternehmer hiervon Gebrauch, so kommt ihm bei einer Verwendung für Umsätze, die den VSt-Abzug nach § 15 Abs. 2 UStG nicht ausschließen, der VSt-Abzug zunächst in vollem Umfang zu. Die **Geltendmachung des vollen VSt-Abzugs ist regelmäßig auch ein wichtiges Indiz**, das auf eine **volle Zuordnung zum Unternehmen** schließen lässt (A 15.2c Abs. 17 UStAE). Dieser volle VSt-Abzug, der wegen der auch unternehmensfremden Nutzung

---

2 Vgl. zum Vorstehenden und den im Folgenden beschriebenen Wahlrechten auch die Übersicht »Prüfungsfolge bei VSt-Abzug und VSt-Berichtigung« im Anschluss an Kap. XVI 4.
3 Klausurhinweis: Diese Art der gemischten Nutzung ist regelmäßig Gegenstand der Beraterklausuren. Es werden WG wie Pkw, PC oder Gebäude/Grundstücke sowohl für unternehmerische als auch für unternehmensfremde (private) Zwecke genutzt. Unverändert ist eine volle Zuordnung zum Unternehmen möglich, die – außer in Grundstücksfällen nach § 15 Abs. 1b UStG – über eine Besteuerung der Privatnutzung als uWa sukzessive rückgängig zu machen ist.

sachlich nicht gerechtfertigt ist, **wird später über eine Besteuerung der unternehmensfremden Nutzung sukzessive rückgängig gemacht**. Es erfolgt insoweit eine Besteuerung als fiktiv entgeltliche Leistung nach § 3 Abs. 9a Nr. 1 UStG mit den dieser Verwendung zuzuordnenden vorsteuerentlasteten Ausgaben als BMG nach § 10 Abs. 4 S. 1 Nr. 2 UStG, sofern es nicht trotz voller Zuordnung zum Unternehmen bei Grundstücken von vornherein zu einer Beschränkung des VSt-Abzugs nach **§ 15 Abs. 1b UStG** gekommen ist (Kap. 1.3.3).

In der Praxis ergeben sich Probleme mit der Zuordnung eines Gegenstands zum Unternehmen, wenn wegen vorsteuerschädlicher Nutzung eines Gegenstands der VSt-Abzug nach § 15 Abs. 2 UStG ganz oder teilweise ausgeschlossen ist (s. hierzu Kap. 4). Dieses Problem stellt sich insb. bei Grundstücken. Man denke etwa an Gebäude, bei denen neben eine steuerfreie ärztliche unternehmerische Tätigkeit eine Privatnutzung tritt. In einem derartigen Fall ist ein VSt-Abzug insgesamt ausgeschlossen (vgl. auch A 3.4 Abs. 7 UStAE mit dortigem Beispiel 2). Gleichwohl kann es für den Arzt gute Gründe geben, das Gebäude insgesamt seinem Unternehmen zuzuordnen (etwa, um sich die Möglichkeit für eine spätere VSt-Berichtigung zu eröffnen, sofern eine spätere unternehmerische Nutzung zu stpfl. Umsätzen vorhersehbar ist). Über den VSt-Abzug kann der Arzt eine solche Zuordnung aber nicht sichtbar machen. Nach A 15.2c Abs. 16 S. 7 ff. UStAE sind für eine teilweise oder vollständige Zuordnung zum Unternehmen daher andere nach außen hin objektiv erkennbare Beweisanzeichen heranzuziehen (vgl. dazu A 15.2c Abs. 17 UStAE). Liegen innerhalb der Dokumentationsfrist (bis zum Ablauf der gesetzlichen Abgabefrist der USt-Erklärung) solche Anzeichen vor, können diese dem FA auch noch nach Fristablauf mitgeteilt werden. Fehlt es an objektiven Beweisanzeichen, ist demgegenüber eine ausdrückliche Mitteilung an das FA innerhalb der Dokumentationsfrist erforderlich. Das gilt auch für den in zeitlicher Hinsicht »gestreckten« Vorgang der Herstellung eines Gebäudes. Eine Zuordnung zum Unternehmen kann nicht angenommen werden (A 15.2c Abs. 17 S. 4 UStAE).

1.3.3 Zuordnung von teilunternehmerisch genutzten Grundstücken (§ 15 Abs. 1b UStG)

Diese Vorgabe gewinnt besondere Relevanz für teilunternehmerisch genutzte Grundstücke, die nach dem 31.12.2010 erworben werden. Bei diesen lässt sich aus dem Umfang des VSt-Abzugs nämlich nicht ersehen, ob der StPfl. das Gebäude insgesamt seinem Unternehmen zugeordnet hat und die VSt-Reduzierung wegen § 15 Abs. 1b UStG erfolgt ist, oder ob die VSt-Reduzierung darauf beruht, dass der StPfl. von seinem Wahlrecht in der Weise Gebrauch gemacht hat, dass er nur den unternehmerisch genutzten Teil des Gebäudes seinem Unternehmensvermögen zugeordnet hat (A 15.6a Abs. 7 UStAE).

> **Beispiel 4b: Ausgebliebene Zuordnungsmitteilung wird teuer bezahlt**
>
> Unternehmer U mit vorsteuerunschädlichen Ausgangsumsätzen lässt zum 01.06.01 ein Einfamilienhaus (EFH) errichten. Die HK betragen insgesamt 300.000 € zzgl. 57.000 € USt. U nutzt das Gebäude ab Fertigstellung planungsgemäß zu 40 % für seine vorsteuerunschädlichen Ausgangsumsätze und zu 60 % für private Wohnzwecke. U macht einen VSt-Abzug i. H. v. 22.800 € (40 % von 57.000 €) geltend, **ohne schriftlich mitzuteilen, in welchem Umfang er das Grundstück seinem Unternehmen zugeordnet hat.** Zum 01.01.02 erhöht sich der Anteil stpfl. unternehmerischer Nutzung des Gebäudes auf 52 %. Diese Nutzung setzt sich über das Jahr 02 hinaus fort.
>
> **Lösung:** U hat durch die Geltendmachung des VSt-Abzugs i. H. v. 40 % dokumentiert, dass er in dieser Höhe das Grundstück seinem Unternehmen zugeordnet hat. Da U gegenüber dem FA nicht schriftlich erklärt hat, dass er das Grundstück insgesamt seinem Unternehmen zugeordnet hat,

kann diese Zuordnung zum Unternehmen nicht unterstellt werden (15.2c Abs. 17 S. 3 UStAE). Nach § 15 Abs. 1 S. 1 Nr. 1 UStG sind 22.800 € (57.000 € x 40%) als VSt abziehbar. § 15 Abs. 1b UStG findet keine Anwendung, da U den für die privaten Wohnzwecke genutzten Grundstücksanteil nicht seinem Unternehmen zugeordnet hat. Obwohl der für private Wohnzwecke genutzte Grundstücksanteil ab 01.01.02 teilweise unternehmerisch genutzt wird, ist eine VSt-Berichtigung zugunsten des U nach § 15a Abs. 6a UStG nicht zulässig, da U diesen Grundstücksanteil nicht nachweisbar seinem Unternehmen zugeordnet hat. U bezahlt die fehlende Zuordnungsmitteilung allein für das Jahr 02 mit 684 €. Verringert sich hingegen später der Umfang der unternehmerischen Nutzung des dem Unternehmen zugeordneten Grundstücksanteils (z. B. Nutzung des gesamten Grundstücks zu 80% für private Wohnzwecke und zu 20% für unternehmerische Zwecke), ist unter Beachtung der Bagatellgrenzen des § 44 UStDV eine VSt-Berichtigung nach § 15a UStG zulasten des U durchzuführen. Eine Wertabgabenbesteuerung nach § 3 Abs. 9a Nr. 1 UStG erfolgt nicht.

Soweit ein **Grundstück** anteilig auch für **nichtwirtschaftliche Zwecke i. e. S.** verwendet wird, **entfällt** der **VSt-Abzug** anteilig bereits **nach § 15 Abs. 1 UStG**. Für die Anwendung des § 15 Abs. 1b UStG bleibt insoweit kein Raum (A 15.6a Abs. 1 S. 4 UStAE).

1.3.4 Mindestumfang unternehmerischer Nutzung (10%-Grenze)

Gem. § 15 Abs. 1 S. 2 UStG gilt der Erwerb von Gegenständen, die zu weniger als 10% unternehmerisch genutzt werden, nicht als für das Unternehmen ausgeführt. Deren Lieferung (sowie ihre Einfuhr oder ihr igE) berechtigt folglich schon dem Grunde nach nicht zum VSt-Abzug. Bei dieser Regelung handelt es sich aufgrund des Wortlauts und der systematischen Stellung der Vorschrift technisch nicht um ein VSt-Abzugsverbot. Es wird bereits vorab die Zuordnung eines Gegenstandes zum Unternehmen verhindert, soweit die unternehmerische Mindestnutzung nicht erreicht wird. Es erfolgt eine zwangsweise Zuordnung zum nichtunternehmerischen Bereich des Unternehmers. Eine entsprechende spätere Nutzungsänderung kann deshalb auch nicht zu einer VSt-Berichtigung i. S. d. § 15a UStG führen (A 15a.1 Abs. 6 Nr. 5 UStAE).

Da die zu weniger als 10% unternehmerisch genutzten Gegenstände nicht zum Unternehmensvermögen gehören, entfällt bei ihnen außer einer Besteuerung der Privatnutzung nach § 3 Abs. 9a Nr. 1 UStG konsequenterweise auch eine Besteuerung ihrer entgeltlichen Weiterlieferung. Die Veräußerung erfolgt nicht »im Rahmen [...] [des] Unternehmens«.

Die Ermittlung der 10%-Grenze folgt den bei der Aufteilung der VSt nach § 15 Abs. 4 UStG zu beachtenden Grundsätzen (vgl. dazu Kap. 5).

Hierbei sind nicht ausschließlich unternehmerisch genutzte Gebäudeteile nur mit dem Anteil der tatsächlich unternehmerischen Nutzung in die Berechnung der unternehmerischen Mindestnutzung einzubeziehen (A 15.2c Abs. 7 UStAE). So kommt z.B. die Zuordnung eines Gebäudes zum Unternehmen nicht in Betracht, wenn ein Unternehmer in seinem Einfamilienhaus ein Arbeitszimmer mit einer Nutzfläche von 12% der Gesamtnutzfläche hat, dieses Arbeitszimmer aber nur zu 50% für seine unternehmerischen Zwecke verwendet. Bezogen auf das gesamte Gebäude beträgt die unternehmerische Nutzung dann nämlich nur 6% (50% von 12%).

Ist beim Erwerb gemischt genutzter Gegenstände offen, ob die unternehmerische Nutzung mindestens 10% ausmachen wird, hat der Unternehmer im Zweifelsfall eine Prognoseentscheidung zu treffen. Diese Prognoseentscheidung kann auch dann nach verfahrensrechtlichen Korrekturnormen nicht mehr geändert werden, wenn die tatsächliche unternehmerische Nutzung tatsächlich unter 10% bleibt. Im Hinblick auf den Sofortabzug der VSt bei Leistungsbezug muss der Unternehmer seine Verwendungsabsicht, den Gegenstand mindestens zu 10% für sein Unternehmen nutzen zu wollen, durch objektive Anhaltspunkte belegen können (s. auch Kap. 6). Sofern der Unternehmer bei seiner Annahme einer mindestens 10%igen unternehmerischen Nutzung gutgläubig war, steht einer Änderung der Grundsatz des Vertrauensschutzes entgegen.

Sonstige Leistungen unterliegen nicht der unternehmerischen Mindestnutzung und dürfen daher mit ihrem unternehmerischen Anteil auch dann anteilig berücksichtigt werden, wenn sie insgesamt zu weniger als 10% für das Unternehmen bezogen werden (Aufteilungsgebot, s. Kap. 1.3.1). Daher sind sonstige Leistungen für den Gebrauch und die Erhaltung eines auch unternehmerisch genutzten Gegenstands, der nach § 15 Abs. 1 S. 2 UStG nicht dem Unternehmen zugeordnet werden durfte, aber vom Zuordnungsverbot nicht betroffen (A 15.2c Abs. 3 UStAE).

1.3.5 Zuordnungsalternativen bei teilweise unternehmensfremder Nutzung

Statt einen gemischt genutzten Gegenstand **insgesamt dem Unternehmen zuzuordnen, kann der Unternehmer** den Gegenstand **auch nur entsprechend dem Anteil unternehmerischer Nutzung seinem Unternehmen zuordnen.** Will der Unternehmer von der Aufteilung des WG Gebrauch machen, bedarf es regelmäßig keiner besonderen Mitteilungen an das FA.[4]

Bevor der Unternehmer die Entscheidung trifft, einen gemischt genutzten Gegenstand lediglich anteilig seinem Unternehmen zuzuordnen, wollen die Konsequenzen eines solchen Vorgehens freilich gut überlegt sein.

Beachtenswerte Rechtsfolgen zeitigt die Aufteilung zum einen für den VSt-Abzug für den Erwerb (und die Unterhaltung) des gemischt genutzten Gegenstands. Während dem Unternehmer bei voller Zuordnung zum Unternehmen und einer Verwendung für Umsätze, die den VSt-Abzug nach § 15 Abs. 2 UStG nicht ausschließen, der VSt-Abzug zunächst in vollem Umfang zukommt, ist **bei einer anteiligen Zuordnung der VSt-Abzug schon auf der Stufe des § 15 Abs. 1 S. 1 Nr. 1 UStG** auf die der unternehmerischen Nutzung anteilig zuzuordnende VSt **beschränkt**. Mit der anteiligen Zuordnung verzichtet der Unternehmer somit auf einen mehr oder weniger großen Finanzierungsvorteil. Von Bedeutung ist eine lediglich anteilige Unternehmenszuordnung des Weiteren für die Steuerbarkeit einer späteren Veräußerung oder Entnahme des Gegenstands. Beide Vorgänge können selbstverständlich nur in dem Umfang steuerbar sein, in dem der Gegenstand dem Unternehmensvermögen zugeordnet worden war. Bei einer Entnahme des Gegenstandes stammt der nicht dem Unternehmen zugeordnete Teil nicht »aus [...] [dem] Unternehmen« i.S.d. § 3 Abs. 1b S. 1 Nr. 1 UStG, sodass schon deshalb eine Besteuerung als fiktiv entgeltliche Lieferung zu unterbleiben hat. Bei einer entgeltlichen Abgabe erfolgt die Veräußerung des anderen Teils ebenso nach § 1 Abs. 1 Nr. 1 UStG nicht »im Rahmen [...] [des] Unternehmens« (A 15.2c Abs. 4 S. 5 UStAE). Dies bedeutet u.a., dass z.B. bei einer Veräußerung eines aufgeteilten Grundstücks der Verzicht auf die Steuerbefreiung nach § 4 Nr. 9 Buchst. a UStG zwangsläufig auf den dem Unternehmen zugeordneten Teil des Grundstücks beschränkt bleibt und damit auch nur in diesem Umfang ein anteiliger VSt-Abzug aus Leistungsbezügen im Zusammenhang mit der Grundstücksveräußerung stattfinden kann.

---

4   Eine Besonderheit gilt allerdings für Grundstücke, bei denen sich aus dem Umfang des geltend gemachten VSt-Abzugs nicht ergibt, mit welchem Anteil das Gebäude dem Unternehmen zugeordnet wurde (dazu näher bereits Kap. 1.3.3).

Bei einer späteren Ausdehnung der unternehmerischen Nutzung, die über das Ausmaß der Zuordnung hinausgeht, ist eine Berichtigung des VSt-Abzugs gem. § 15a UStG zugunsten des Unternehmens nicht mehr möglich (A 15.2c Abs. 4 S. 4 UStAE). Es handelt sich dann um eine Einlage aus dem nichtunternehmerischen Bereich in das Unternehmen (dazu näher Kap. XIV 1). Der beim Bezug des Gegenstandes anteilig nicht vorgenommene VSt-Abzug ist damit endgültig verloren.[5] Im Regelfall spricht deshalb alles dafür, gemischt genutzte Gegenstände, insb. Gebäude, insgesamt dem Unternehmen zuzuordnen.

Beispiel 5: Rechtsfolgen einer anteiligen Unternehmenszuordnung

A hat **vor dem 01.01.2011** ein Gebäude errichten lassen, dass er hälftig als Wohnung, hälftig für seine Tätigkeit als StB nutzt. Angefallene VSt: 190.000 €. A hat dem FA gegenüber erklärt, er ordne das Gebäude nur im Umfang seiner unternehmerischen Nutzung dem Unternehmen zu. Nach fünf Jahren
- gibt er die Wohnung in dem Gebäude auf und nutzt fortan die frei gewordenen Räumlichkeiten in den nächsten fünf Jahren ebenfalls für seine steuerberatende Tätigkeit;
- veräußert er das Gebäude für 1,2 Mio. € stpfl. an eine Sozietät, die das gesamte Gebäude für Sozietätszwecke nutzen will. Im Zusammenhang mit der Grundstücksveräußerung liegen auf A lautende Rechnungen Dritter mit einem USt-Ausweis von insgesamt 4.000 € vor.

Lösung: Während A bei voller Unternehmenszuordnung die gesamten 190.000 € als VSt geltend machen konnte, ist sein VSt-Abzug bei einer anteiligen Unternehmenszuordnung auf 50% und damit auf 95.000 € beschränkt. Schon allein deswegen hätte sich eine anteilige Zuordnung eigentlich verbieten sollen. I. Ü. ist A bei einer Ausweitung der unternehmerischen Nutzung nicht berechtigt, den bei Herstellung des Gebäudes unterlassenen VSt-Abzug von 95.000 € entsprechend der verbleibenden Zeit des BZ von fünf Jahren anteilig mit 9.500 € pro Jahr nachzuholen (A 15a.1 Abs. 6 Nr. 4 UStAE). Bei einer Veräußerung des Grundstücks ist ein Verzicht auf die Steuerbefreiung des § 4 Nr. 9 Buchst. a UStG nur hinsichtlich des Teils des Kaufpreises zulässig, der auf den unternehmerisch genutzten Teil des Gebäudes entfällt. Nur in diesem Umfang – mangels besonderer Abreden also i. H. v. 50% = 2.000 € – hat er auch den VSt-Abzug aus Leistungen Dritter anlässlich der Grundstücksveräußerung.

Wäre die **Gebäudeerrichtung nach dem 31.12.2010** erfolgt, so ist zwar auch bei voller Zuordnung zum Unternehmen der VSt-Abzug wegen des dann geltenden **§ 15 Abs. 1b UStG** von vornherein auf 95.000 € beschränkt. Trotzdem bleibt es auch nach dem 31.12.2010 sinnvoll, das Gebäude insgesamt dem Unternehmen zuzuordnen. Nur bei voller Zuordnung kann es nämlich bei einer Ausdehnung der unternehmerischen Nutzung zugunsten des A zu einer VSt-Berichtigung nach § 15a Abs. 6a UStG (s. dazu schon das vorangegangene Beispiel 4) und bei einer stpfl. Veräußerung innerhalb des BZ zu einer VSt-Berichtigung nach § 15a Abs. 8 S. 2 UStG zugunsten des A kommen!

Der **Unternehmer kann** aber einen gemischt genutzten Gegenstand **auch insgesamt dem privaten, außerunternehmerischen Bereich zuordnen** (A 15.2c Abs. 2 Nr. 2b UStAE). Bei oberflächlicher Betrachtung mag dies **kaum attraktiv** sein, da der Unternehmer aus den Vorbezügen sodann auch keine VSt abziehen kann.

---

5 Nimmt umgekehrt der Umfang der unternehmerischen Nutzung gegenüber dem Anteil der nichtunternehmerischen Zuordnung ab, liegt insoweit eine Wertabgabe für nichtunternehmerische Zwecke i. S. v. § 3 Abs. 9a UStG vor. Diese kann sich freilich konsequenterweise nur auf den (ideellen) Teil des Gegenstands beziehen, der dem Unternehmen zugeordnet war.

Im Einzelfall kann eine Zuordnung zum Privatbereich jedoch durchaus sinnvoll sein, insb. wenn der Unternehmer bereits bei Erwerb des gemischt genutzten Gegenstands eine spätere Überführung in den Privatbereich plant und davon ausgeht, dass die erworbenen Gegenstände bis dahin eine erhebliche Wertsteigerung erfahren werden.

> **Beispiel 6: Sinnvoller Verzicht auf Unternehmenszuordnung**
>
> Rechtsanwalt R möchte sein Büro mit wertvollen, von einem Kunsttischler gefertigten Schränken ausstatten, in denen er auch private Sachen lagern will. Die von ihm in Aussicht genommenen Schränke haben in 01 einen Händlerpreis von 20.000 € zzgl. 3.800 € USt. R beabsichtigt, die Schränke spätestens in 05 in seiner Privatwohnung aufzustellen. Erwarteter Wiederbeschaffungspreis der Schränke in 05: 47.600 €.
>
> **Lösung:** Könnte R durch Verzicht auf den VSt-Abzug beim Erwerb der Schränke in 01 davon absehen, die Schränke seinem Unternehmen zuzuordnen, stellte deren Überführung in die Privatwohnung in 05 wegen § 3 Abs. 1b S. 2 UStG keine nach § 3 Abs. 1b S. 1 Nr. 1 UStG zu besteuernde uWa dar. Im Belastungsergebnis würde R durch den freiwilligen Verzicht auf den VSt-Abzug hierbei wie eine Privatperson behandelt, die beim Erwerb zwangsläufig keinen VSt-Abzug geltend machen kann. Verneinte man die Möglichkeit einer Zuordnung der gemischt genutzten Schränke zum Privatvermögen, hätte R beim Erwerb in 01 zwar einen maximalen VSt-Abzug i. H. v. 3.800 €. Dafür hätte er aber in 05 bei Realisierung der erwarteten Preissteigerung das Aufstellen der Schränke in der Privatwohnung mit 7.600 € »zu bezahlen«. Es läge dann nämlich eine nach § 3 Abs. 1b S. 1 Nr. 1 UStG steuerbare Entnahme vor, die bei einer BMG nach § 10 Abs. 4 S. 1 Nr. 1 UStG von 40.000 € eine USt von 7.600 € auslöste. Die Ersparnis durch eine Zuordnung zum Privatvermögen beträgt also 3.800 €.

Die Bedeutung einer solchen im Allgemeinen aber eher fernliegenden Zuordnung reicht aber über die bisher aufgeworfenen Fragen hinaus. Eine besondere Fallgruppe bildet insoweit die **Zuordnung zum Privatvermögen bei einem Erwerb von Privatpersonen**.

> **Beispiel 7:**
>
> Ein Unternehmer erwirbt einen Pkw von einer Privatperson und damit **zwangsläufig ohne VSt-Abzug** und nutzt das Fahrzeug fortan vor dem Weiterverkauf zu 30 % privat und zu 70 % unternehmerisch. **Entnimmt der Unternehmer** ohne VSt-Abzug erworbene Gegenstände später, so **löst dies, wie gesehen, keine USt** aus. § 3 Abs. 1b S. 2 UStG macht die Besteuerung der unentgeltlichen Abgabe von Gegenständen davon abhängig, dass es bei deren Erwerb einen VSt-Abzug gegeben hat. Das nationale UStG schenkt der Frage, ob der Unternehmer einen später veräußerten Gegenstand mit oder ohne VSt-Abzug erworben hat, außer im Rahmen der Differenzbesteuerung nach § 25a UStG nur in § 4 Nr. 28 UStG Beachtung. Danach bleibt die Veräußerung steuerfrei, wenn der veräußernde Unternehmer den Gegenstand ausschließlich für steuerbefreite Umsätze nach § 4 Nr. 8 – 27 und 29 UStG genutzt hat, ein VSt-Abzug bei Erwerb des Gegenstands somit an § 15 Abs. 2 S. 1 Nr. 1 UStG scheitern musste. Für diesen Fall befreit § 4 Nr. 28 UStG auch die spätere entgeltliche Weiterlieferung des Gegenstandes. Davon nicht erfasst ist jedoch der Ausgangsfall, bei dem der VSt-Abzug des Erwerbers bereits auf der Stufe des § 15 Abs. 1 UStG scheitern musste, weil der selbst stpfl. Umsätze tätigende Leistungsempfänger das Fahrzeug von einer nicht zum USt-Ausweis berechtigten Privatperson bezogen hatte. Die spätere Veräußerung solcher nach Erwerb im Unternehmen genutzter Gegenstände ist schlicht steuerbar und stpfl. In diesen Konstellationen kann der Unternehmer die Steuerbarkeit der späteren Veräußerung einerseits dadurch vermeiden, dass der den zwangsläufig ohne VSt-Abzug erworbenen Pkw insgesamt seinem Privatvermögen zuordnet oder den Gegenstand erst aus seinem Unternehmensvermögen entnimmt und danach im Privatvermögen veräußert (BFH vom 31.01.2002, Az.: V R 61/96, BStBl II 2003, 813).

1.4 Von einem anderen Unternehmer

Nach dem klaren Wortlaut des § 15 Abs. 1 S. 1 Nr. 1 UStG ist der VSt-Abzug eines Unternehmers weiter davon abhängig, dass die Leistung von einem anderen Unternehmer bezogen wird. Leistender und Rechnungsaussteller müssen identisch sein (s. Kap. 1.5). Fehlt es daran, muss der VSt-Abzug scheitern.

Wer Leistender ist, ergibt sich aus den zivilrechtlichen Vereinbarungen (so bereits Kap. 1.2). I. d. R. ist dies derjenige, der die Lieferungen oder sonstige Leistungen im eigenen Namen gegenüber dem Leistungsempfänger selbst oder durch einen Beauftragten ausführt. Ob eine Leistung daher dem Handelnden oder einem anderen zuzurechnen ist, hängt davon ab, ob der Handelnde gegenüber dem Leistungsempfänger im eigenen Namen oder berechtigterweise im Namen eines anderen (Stellvertretung i. S. d. § 164 Abs. 1 BGB) tätig wird. Auch ein »Strohmann« kann Leistender sein, soweit dieser im Rechtsverkehr im eigenen Namen, aber für Rechnung eines anderen auftritt. In diesen Fällen wird zivilrechtlich grds. nur der »Strohmann« verpflichtet und berechtigt, sodass diesem auch die Leistungen zuzurechnen sind, die ein anderer berechtigterweise im Namen des »Strohmanns« tatsächlich ausgeführt hat. Unbeachtlich ist aber das »vorgeschobene« Strohmanngeschäft nach § 41 Abs. 2 AO, wenn es nur zum Schein abgeschlossen wird, d. h. wenn die Vertragsparteien davon ausgehen, dass die Rechtswirkungen des Geschäfts gerade nicht zwischen ihnen, sondern zwischen dem Leistungsempfänger und dem »Hintermann« eintreten sollen.

1.5 Besitz einer Rechnung i. S. d. §§ 14, 14a UStG

Der VSt-Abzug setzt ferner den Besitz einer ordnungsgemäßen, nach den §§ 14, 14a UStG vom leistenden Unternehmer ausgestellten Rechnung voraus. Eine ordnungsgemäße Rechnung muss den Anforderungen des § 14 Abs. 4 UStG entsprechen. Fehlen die erforderlichen Rechnungsangaben oder sind sie unzutreffend, besteht für den Leistungsempfänger kein Anspruch auf VSt-Abzug.

1.5.1 Anforderungen an eine ordnungsgemäße Rechnung

Eine **Rechnung** im umsatzsteuerrechtlichen Sinne ist **jedes Dokument, mit dem über eine Lieferung oder sonstige Leistung abgerechnet wird, gleichgültig, wie dieses Dokument im Geschäftsverkehr bezeichnet wird.**

§ 14 Abs. 4 S. 1 UStG beinhaltet die Pflichtangaben einer Rechnung, die auch für eine (umsatzsteuerliche) Gutschrift gelten (hierzu Kap. 1.5.4). Die Angaben der Nr. 1 – 8 sind in allen Rechnungen anzugeben, die der Nr. 9 – 10 nur in den gesetzlich definierten Fällen, wobei für Rechnungen über Kleinbeträge und Fahrausweise die Sonderregelungen der §§ 33 und 34 UStDV gelten (hierzu Kap. 1.5.3).

Im Wesentlichen muss die Rechnung folgende Punkte enthalten:
1. Name und Anschrift des leistenden Unternehmers und des Leistungsempfängers,
2. die dem leistenden Unternehmer vom FA erteilte Steuernummer oder seine USt-IdNr.,
3. das Ausstellungsdatum,
4. eine fortlaufende Nummer mit einer oder mehreren Zahlenreihen, die zur Identifizierung der Rechnung vom Rechnungsaussteller einmalig vergeben wird (Rechnungsnummer),

5. die Menge und die Art (handelsübliche Bezeichnung) der gelieferten Gegenstände oder den Umfang und die Art der sonstigen Leistung (Leistungsbeschreibung),
6. den Zeitpunkt der Lieferung oder sonstigen Leistung oder der Vereinnahmung des Entgelts,
7. das nach Steuersätzen und einzelnen Steuerbefreiungen aufgeschlüsselte Entgelt für die Lieferung oder sonstige Leistung,
8. den anzuwendenden Steuersatz sowie den auf das Entgelt entfallenden Steuerbetrag oder im Fall einer Steuerbefreiung einen Hinweis auf die Steuerbefreiung,
9. bei stpfl. Werklieferungen oder sonstigen Leistungen im Zusammenhang mit einem Grundstück einen Hinweis auf die Aufbewahrungspflichten des Leistungsempfängers,
10. in den Fällen der Ausstellung der Rechnung durch den Leistungsempfänger oder durch einen von ihm beauftragten Dritten gem. § 14 Abs. 2 S. 2 die Angabe »Gutschrift«.

Klausurhinweis: Da der **typische Bearbeitungshinweis in Beraterklausuren** dahin geht, dass **Rechnungen den gesetzlichen Anforderungen entsprechen, soweit sich aus den Einzelsachverhalten nichts anderes ergibt,** wird hinsichtlich der Folgen fehlerhafter Rechnungsangaben für den VSt-Abzug auf die einschlägigen Kommentare verwiesen.

1.5.2 Rechnungsberichtigung mit Rückwirkung für den Vorsteuerabzug
Dennoch sei aber darauf hingewiesen, dass eine nicht zum VSt-Abzug berechtigende, fehlerhafte Rechnung grds. gem. § 31 Abs. 5 UStDV berichtigt werden kann. Die FinVerw erkannte bislang einen VSt-Abzug erst für den Zeitpunkt der Berichtigung an. Hatte der Unternehmer den VSt-Abzug bereits aufgrund der erstmaligen Rechnungserteilung in Anspruch genommen, ergab sich für ihn deshalb im Rahmen der Verzinsung nach § 233a AO ein erheblicher Zinsschaden. Der EuGH ist dem entgegengetreten und hat entschieden, dass das Vorliegen einer Rechnung für den VSt-Abzug nur eine formelle Voraussetzung ist und daher eine **Rechnungsberichtigung mit Rückwirkung für den VSt-Abzug möglich** ist (EuGH vom 15.09.2016, Az.: C-518/14, DStR 2016, 2211). Das Recht auf VSt-Abzug aufgrund der berichtigten – sodann hoffentlich ordnungsgemäßen – Rechnung kann daher für den Besteuerungszeitraum ausgeübt werden, in dem die Rechnung ursprünglich ausgestellt wurde (BFH vom 20.10.2016, Az.: V R 26/15, BStBl II 2020, 593). Der EuGH hat sich allerdings nicht zu der Frage geäußert, welche Mindestanforderungen erfüllt sein müssen, damit eine Rechnung überhaupt mit Rückwirkung berichtigt werden kann. Nach Auffassung des BFH ist ein Dokument jedenfalls dann eine Rechnung und damit berichtigungsfähig, wenn es Angaben zum Rechnungsaussteller, zum Leistungsempfänger, zur Leistungsbeschreibung, zum Entgelt und zur gesondert ausgewiesenen USt enthält. Hierfür reicht es aus, dass sie diesbezügliche Angaben enthält und diese Angaben nicht in so hohem Maße unbestimmt, unvollständig oder offensichtlich unzutreffend sind, dass sie fehlenden Angaben gleichstehen (BFH vom 20.10.2016, Az.: V R 26/15, BStBl II 2020, 593).

1.5.3 Kleinbetragsrechnungen/Fahrausweise
Praktisch bedeutsame **Ausnahmen** zu den Erfordernissen in § 14 Abs. 4 S. 1 Nr. 1 – 10 UStG enthalten die §§ 31 ff. UStDV. Dabei geht es insb. um erleichterte Voraussetzungen hinsichtlich eines VSt-Abzugs aus sog. **Kleinbetragsrechnungen.** Dies sind nach den Vorgaben des § 33 UStDV Rechnungen über Leistungen, für die der **Gesamtaufwand einschließlich USt**

250 € nicht überschreitet. Insoweit soll es für einen VSt-Abzug genügen, wenn entgegen den Vorgaben in § 14 Abs. 4 Nr. 7 und 8 UStG das Entgelt und der Steuerbetrag in einer Summe nebst Angabe des Steuersatzes genannt sind. Um bürokratische Hemmnisse im Bereich der Kleinbetragsrechnungen so gering wie möglich zu halten, hat man bei Kleinbetragsrechnungen auch auf die Angabe einer Steuernummer i. S. d. § 14 Abs. 4 Nr. 2 UStG verzichtet.

Erwähnenswert ist darüber hinaus insb. § 34 UStDV. Diese Norm beschreibt die Voraussetzungen, unter denen **Fahrausweise** als vorsteuertaugliche Rechnungen angesehen werden können.[6]

1.5.4 Gutschriften

In der täglichen Praxis entspricht es durchaus der Normalität, dass über eine erbrachte Leistung nicht der Leistende, sondern der Leistungsempfänger durch eine sog. Gutschrift abrechnet. Dies geschieht vornehmlich in Leistungsbeziehungen, bei denen nur der Empfänger über jene Daten und Abrechnungsunterlagen verfügt, die zur Entgeltsbestimmung notwendig sind.

Nach § 14 Abs. 1 S. 1 UStG gilt als Rechnung seither »jedes Dokument, mit dem über eine Lieferung oder sonstige Leistung abgerechnet wird«. Nach § 14 Abs. 2 S. 2 UStG kann eine **Rechnung** auch von »[…] einem […] **Leistungsempfänger** […] ausgestellt werden, **sofern dies vorher vereinbart wurde (Gutschrift)**«. Sieht man einmal von dem Erfordernis ab, die Abrechnung mit der Angabe »Gutschrift« zu versehen (§ 14 Abs. 4 S. 1 Nr. 10 UStG), bestehen keine weiteren Anforderungen für die Gleichstellung einer Abrechnung des Leistenden mit der eines Leistungsempfängers. Die am Leistungsaustausch Beteiligten können also frei vereinbaren, ob der leistende Unternehmer oder der Leistungsempfänger abrechnen soll.

Hinweis: In Beraterklausuren besteht nach dem üblichen Bearbeitervermerk regelmäßig Einverständnis über die Abrechnung im Gutschriftenweg.

> **Beispiel 8: Fehlerhafte Behandlung von Vermittlungsleistungen**
>
> Der in Basel (Schweiz) ansässige selbständige Handelsvertreter H, der für eine in Freiburg ansässige F-OHG tätig ist, vermittelt der F-OHG Lieferungen an Abnehmer in der Schweiz. Entsprechend den getroffenen Vereinbarungen erteilt die F-OHG dem H hierüber eine Abrechnung. Diese weist für die vermittelten Lieferungen der F-OHG in die Schweiz Provisionseinkünfte des H i. H. v. 3.000 € zzgl. 570 € aus.
>
> **Lösung:** Die von H vermittelten Umsätze, also die Lieferungen der F-OHG an ihre Abnehmer in der Schweiz, sind steuerbar nach § 1 Abs. 1 Nr. 1 UStG (Lieferort nach § 3 Abs. 6 S. 1 UStG: Freiburg), aber steuerbefreit als Ausfuhr nach § 4 Nr. 1 Buchst. a UStG i. V. m. § 6 UStG. Die Vermittlungsleistungen des H sind ebenfalls im Inland steuerbar. (Der Leistungsort Freiburg folgt aus der Grundregel zum Ort sonstiger Leistungen in § 3a Abs. 2 S. 1 UStG.) Sie sind aber wie die vermittelten Ausfuhrlieferungen steuerfrei, und zwar nach § 4 Nr. 5 Buchst. a UStG. Ein VSt-Abzug der OHG hinsichtlich der USt von 570 €, die sie für die an sie erbrachten Vermittlungsleistungen des H ausgewiesen hat, scheidet unabhängig davon, wer abgerechnet hat, schon deswegen aus, **weil die ausgewiesene USt von 570 € nicht für den abgerechneten Umsatz geschuldet wird**. Da die Abrechnung durch den Leistungsempfänger, die F-OHG, vorher vereinbart wurde, handelt es sich bei dem von ihr erstellten

---

6 Nachdem mit Wirkung zum 01.01.2020 der Steuersatz für den Schienenbahnverkehr auch im Fernverkehr auf 7 % herabgesetzt worden ist (§ 12 Abs. 2 Nr. 10 Buchst. a UStG), dürfte sich die praktische Relevanz dieser Regelung allerdings auf Bus- und Schiffsfahrten im Fernverkehr (nicht von § 12 Abs. 2 Nr. 10 Buchst. b UStG erfasst) beschränken.

Abrechnungspapier aber um eine Rechnung im umsatzsteuerrechtlichen Sinne. Da diese Gutschrift über eine steuerfreie Leistung unrichtig 570 € USt ausweist, ist in Höhe der ausgewiesenen USt eine USt-Schuld nach 14c Abs. 1 UStG begründet. Steuerschuldner ist nach § 13a Abs. 1 Nr. 1 UStG der leistende Unternehmer H. Ihm ist die unrichtige Abrechnung des Leistungsempfängers, der F-OHG, wie eine eigene Abrechnung zuzurechnen.

Um eine USt für den leistenden Unternehmer wegen eines unrichtigen Steuerausweises durch den abrechnenden Leistungsempfänger abwehren zu können, sieht § 14 Abs. 2 S. 3 UStG vor, dass die Gutschrift die Wirkung einer Rechnung verliert, sobald der Empfänger der Gutschrift dem ihm übermittelten Dokument widerspricht. Der Widerspruch wirkt erst in dem Besteuerungszeitraum, in dem er dem Gutschriftenaussteller zugegangen ist. Aufgrund des Widerspruchs erforderliche Berichtigungen der Steuer und VSt sind in entsprechender Anwendung des § 17 Abs. 1 UStG für diesen Besteuerungszeitraum vorzunehmen.

Zu einer **Abrechnung mittels Gutschrift** wird es **regelmäßig in den Fällen** kommen, in denen der Leistungsempfänger derjenige ist, der als erster Kenntnis über die Abrechnungsgrundlagen hat. Von besonderer praktischer Relevanz sind dabei Sachverhalte, bei denen schon der zivilrechtliche Gesetzgeber eine Abrechnungslast für den Leistungsempfänger vorgesehen hat. Das ist außer bei der **Handelsvertretung** (dazu § 87c HGB) z. B. auch beim **Kommissionsgeschäft** (dazu § 384 Abs. 2 HGB) oder bei den **Autorenabrechnungen** eines Verlags (dazu § 24 VerlG) der Fall. Erwähnung verdient darüber hinaus die **Sicherungsübereignung**, bei der zunächst nur der verwertende Sicherungsnehmer in der Lage ist, über die Lieferung des Sicherungsgebers an ihn abzurechnen (vgl. Kap. IV 1.2, Beispiel 4).

Enthält eine Abrechnung durch den Leistungsempfänger nicht die durch § 14 Abs. 4 S. 1 Nr. 10 UStG geforderte Rechnungsangabe »Gutschrift«, führt dies nicht automatisch zum Verlust des VSt-Abzugs, wenn die stattdessen gewählte Bezeichnung hinreichend eindeutig ist (z. B. Eigenfaktura), die Gutschrift i. Ü. ordnungsgemäß erteilt wurde und keine Zweifel an ihrer inhaltlichen Richtigkeit bestehen (A 14.5 Abs. 24 S. 4 UStAE).

1.6 Begrenzung des Vorsteuerabzugs auf die für den Umsatz geschuldete Umsatzsteuer

Als VSt abziehbar ist allerdings nur die USt, die der Leistende für einen nach § 1 Abs. 1 Nr. 1 UStG stpfl. Umsatz auf der Grundlage einer BMG nach § 10 Abs. 1 UStG schuldet. § 15 Abs. 1 S. 1 Nr. 1 UStG spricht davon, dass abziehbar nur »[…] die gesetzlich geschuldete USt für Lieferungen und sonstige Leistungen [ist], die von anderen Unternehmern […] ausgeführt worden sind«. Nach ständiger Rspr. erstreckt sich das Recht auf VSt-Abzug daher nicht auf die Steuer, die ausschließlich deshalb geschuldet wird, weil sie in einer Rechnung ausgewiesen ist; vielmehr muss die ausgewiesene Steuer aufgrund der tatsächlich erbrachten Lieferung oder sonstigen Leistung geschuldet werden (BFH vom 05.12.2018, Az.: XI R 44/14, BFH/NV 2019, 499).

Beispiel 9: VSt-Abzug nur für die durch den Umsatz ausgelöste USt (I)

Rechtsanwalt R hat eine Rechnung über den Kauf eines juristischen Lexikons vorliegen. Sie lautet über 200 € zzgl. 19 % USt (38 €) = 238 €.

Lösung: Der VSt-Abzug ist der Höhe nach auf die USt beschränkt, die für einen nach § 1 Abs. 1 Nr. 1 UStG stpfl. Umsatz unter Anwendung des zutreffenden Steuersatzes tatsächlich geschuldet wird. Die Veräußerung von Büchern unterliegt nach § 12 Abs. 2 Nr. 1 UStG i. V. m. Nr. 49 der Anlage 2 zum

UStG dem ermäßigten Steuersatz von 7 %, sodass die vom Verkäufer des Lexikons **für den Umsatz gesetzlich geschuldete USt** nicht 38 €, sondern lediglich **15,57 €** (238 € x 7/107) beträgt. Nur diesen Betrag kann R als VSt abziehen. Der vom Verkäufer wegen des unrichtigen Steuerausweises **nach § 14c Abs. 1 UStG** geschuldete Differenzbetrag zu 38 € i. H. v. 22,43 € ist **nicht abziehbar**.

Beispiel 9a: VSt-Abzug nur für die durch den Umsatz ausgelöste USt (II)

Unternehmer B erwirbt Gegenstände für 500 € zzgl. offen ausgewiesener USt i. H. v. 35 € (7 %) = 535 €, obwohl für diese Lieferung USt in Höhe des Regelsteuersatzes (19 %) geschuldet wird.

Lösung: Bei einem **zu niedrigen Steuerausweis** darf der Leistungsempfänger als VSt höchstens den in der Rechnung ausgewiesenen Steuerbetrag i. H. v. 35 € als VSt abziehen (A 15.2a Abs. 6 S. 10 ff. UStAE), obwohl der leistende Unternehmer USt i. H. v. 85,42 € (535 € × 19/119) schuldet.

Die USt, die der Leistende nach § 14c Abs. 1 UStG oder § 14c Abs. 2 UStG schuldet, ist daher einem VSt-Abzug nicht zugänglich (A 15.2 Abs. 1 S. 2 UStAE). Weitere Hinweise in Kap. XIII. Insb. der **Kleinunternehmer** ist gem. § 19 Abs. 1 S. 4 UStG nicht zum gesonderten Ausweis der Steuer in einer Rechnung berechtigt, sodass eine von diesem in Rechnung gestellte USt als nicht gesetzlich geschuldete Steuer i. S. d. § 14c Abs. 2 UStG angesehen wird und ein VSt-Abzug nicht möglich ist (BFH von 26.01.1978, V B 15/77, BStBl II 1978, 394).

Klausurhinweis: Dass nur die gesetzlich für Lieferungen und sonstige Leistungen geschuldete USt zum VSt-Abzug berechtigt, kann bedeutsam für Klausurbearbeitungen werden, bei denen von der Aufgabenstellung her nur der Leistungsempfänger zu betrachten ist. Bei zweifelhaften Abrechnungen unter USt-Ausweis ist beim VSt-Abzug mittelbar auch der Leistende zu untersuchen. Nur wenn dieser einen im Inland steuerbaren und stpfl. Umsatz getätigt hat und sein USt-Ausweis auch in der Höhe zutreffend ist, ist der VSt-Abzug des zu beurteilenden Leistungsempfängers hinsichtlich des ausgewiesenen Betrages zu bejahen.

2 Vorsteuerabzug der Einfuhrumsatzsteuer, Erwerbsteuer und der nach § 13b UStG geschuldeten Umsatzsteuer

Einer Entlastung von USt bedarf ein Unternehmer nicht nur, wenn er die USt als Leistungsempfänger eines nach § 1 Abs. 1 Nr. 1 UStG steuerbaren und auch stpfl. Umsatzes zusammen mit dem Entgelt an den leistenden Unternehmer zu entrichten hatte. Die angestrebte Neutralität der USt für Unternehmer verlangt genauso eine Entlastung, wenn der Unternehmer die USt nicht an einen anderen Unternehmer als Teil des Preises schuldet, sondern USt bei der Einfuhr als E-USt nach § 1 Abs. 1 Nr. 4 UStG zu entrichten war, ein igE nach § 1 Abs. 1 Nr. 5 UStG die Verpflichtung ausgelöst hat, USt an den inländischen Fiskus abzuführen, oder der Leistungsempfänger die USt gem. § 13b Abs. 5 UStG anstelle des leistenden Unternehmers schuldet. Dem tragen die Regelungen zum VSt-Abzug in § 15 Abs. 1 S. 1 Nr. 2 UStG für die entstandene E-USt, in § 15 Abs. 1 S. 1 Nr. 3 UStG für die im Inland bewirkte Steuer für den igE (sog. Erwerbsteuer) und § 15 Abs. 1 S. 1 Nr. 4 UStG für die nach § 13b UStG geschuldete USt Rechnung. Mit kleinen Ausnahmen werfen diese Regelungen kaum Probleme auf.

2.1 Berechtigung zum Abzug der Einfuhrumsatzsteuer (§ 15 Abs. 1 S. 1 Nr. 2 UStG)

Nach § 15 Abs. 1 S. 1 Nr. 2 UStG kann der Unternehmer die **entstandene E-USt für Gegenstände**, die er für sein Unternehmen nach § 1 Abs. 1 Nr. 4 UStG **im Inland** oder in den österreichischen Gebieten Jungholz und Mittelberg **eingeführt**[7] hat, als VSt abziehen. Die **Abzugsfähigkeit der E-USt als VSt** soll den Unternehmer entsprechend dem Neutralitätsgrundsatz nicht schlechter stellen als bei einem Inlandserwerb. Der VSt-Abzug nach § 15 Abs. 1 S. 1 Nr. 1 und Nr. 2 UStG schließen sich gegenseitig aus. Der Unternehmer kann dementsprechend eine im Zusammenhang mit der Lieferung des Gegenstands gesondert in Rechnung gestellte USt grds. nicht neben der E-USt abziehen (A 15.8 Abs. 10 UStAE mit Ausnahmen).

In Beraterklausuren kann gelegentlich problematisch sein, **wem von mehreren Beteiligten die Berechtigung zum Abzug der E-USt** zukommt. Dies richtet sich danach, **wer zum Zeitpunkt der Überführung in den zoll- und steuerrechtlich freien Verkehr im Inland an dem Gegenstand der Einfuhr die Verfügungsmacht** hatte (A 15.8 Abs. 4 S. 2 UStAE).[8]

> **Beispiel 10: Abzug von E-USt bei Verlagerungen des Lieferorts**
>
> Möbelhändler M aus Hamburg hat am 28.11.01 bei dem in Bern ansässigen Hersteller H 50 Stühle bestellt. Vereinbarter Nettopreis: 2.000 €; die Lieferkondition lautet »verzollt und versteuert«. H beauftragt mit der Durchführung des Transports einen Frachtführer, der die Stühle am 02.12.01 in Bern übernimmt, an der Grenze die deutsche E-USt für Rechnung des H entrichtet und die Stühle am 03.12.01 bei M anliefert.
>
> **Lösung:** Zweifelhaft an einem steuerbaren Umsatz des H nach § 1 Abs. 1 Nr. 1 UStG ist allein, ob sich der Lieferort im Inland befindet. Es liegt eine Versendung nach § 3 Abs. 6 S. 3 UStG vor, da der Lieferer H den Transport durch einen selbständigen Beauftragten, den Frachtführer, durchführen lässt. Nach § 3 Abs. 6 S. 1 UStG wäre der Lieferort in der Schweiz. Es kommt hier aber zu einer Verlagerung nach § 3 Abs. 8 UStG, da aufgrund der Lieferklausel »verzollt und versteuert« der Lieferer H bzw. dessen Beauftragter Schuldner der E-USt ist.[9] Der Lieferort ist damit im Inland. Die stpfl. Lieferung hat als BMG nach § 10 Abs. 1 UStG ein Entgelt von 2.000 €; die USt beträgt 380 € und entsteht gem. § 13 Abs. 1 Nr. 1 Buchst. a S. 1 UStG mit Ablauf des VAZ 12/01; Steuerschuldner ist nach § 13a Abs. 1 Nr. 1 UStG der H.[10] Des Weiteren verwirklicht H den Tatbestand der Einfuhr nach § 1 Abs. 1 Nr. 4 UStG. Die dadurch ausgelöste E-USt kann H nach § 15 Abs. 1 S. 1 Nr. 2 UStG als VSt in Abzug bringen. Wegen der fiktiven Verlagerung des Lieferorts nach § 3 Abs. 8 UStG ins Inland hatte H zum Zeitpunkt der Überführung in den freien Verkehr noch Verfügungsmacht an den Stühlen (A 15.8 Abs. 6 UStAE). Im Ergebnis ist folglich gewährleistet, dass derjenige, der wirtschaftlich mit E-USt belastet ist, diese auch in Abzug bringen kann (hierzu bereits Kap. IV 1.3.4.1).

---

[7] Eine Einfuhr, die in einem anderen EU-Mitgliedstaat zum freien Verkehr abgefertigt worden ist, stellt keine Einfuhr im Inland dar und führt daher im Inland nicht zum VSt-Abzug nach § 15 Abs. 1 S. 1 Nr. 2 UStG.

[8] Der VSt-Abzug der E-USt erfordert die Einfuhr für das Unternehmen ebenso wie eine Verwendung des eingeführten Gegenstandes für Zwecke der besteuerten Umsätze des Unternehmers. Dies setzt voraus, dass er den Gegenstand selbst für diese Umsätze verwendet. Erbringt der Unternehmer in Bezug auf die eingeführten Gegenstände lediglich eine Verzollungs- oder eine Beförderungsdienstleistung, steht ihm daher kein Abzugsrecht zu (BFH vom 20.07.2023, Az.: V R 13/21, DStR 2023, 2107).

[9] Die Bestimmung des § 3 Abs. 8 UStG gelangt auch dann zur Anwendung, wenn tatsächlich gar keine E-USt anfällt. Schuldner der E-USt i. S. d. § 3 Abs. 8 UStG bleibt auch derjenige, dessen Umsätze zwar gem. § 1 Abs. 1 Nr. 4 UStG steuerbar, aber nach § 5 UStG steuerfrei sind (BFH vom 29.01.2015, Az.: V R 5/14, BStBl II 2015, 567).

[10] Hinweis: **In Klausuren** wird bei Warenbewegungen aus dem Drittland ins Inland **häufig** »verzollt und versteuert« geliefert. Jedenfalls Unternehmer, die nur gelegentlich aus dem Drittland ins Inland liefern, dürften tatsächlich eher unverzollt und unversteuert vereinbaren, da die Drittlandsunternehmer bei Verwendung der Lieferklausel »verzollt und versteuert« – wie die Lösung zeigt – zwangsläufig zum Steuersubjekt im Inland werden.

Ein VSt-Abzug hinsichtlich der USt von 380 €, die durch die nach § 1 Abs. 1 Nr. 1 UStG stpfl. Inlandslieferung ausgelöst ist, kommt für den Leistungsempfänger M nach § 15 Abs. 1 S. 1 Nr. 1 S. 2 UStG erst in Betracht, wenn er über eine Rechnung mit einem entsprechenden USt-Ausweis verfügt.

Hinweis: § 15 Abs. 1 S. 1 Nr. 2 UStG stellt allein auf die Entstehung ab und enthält darüber hinaus auch keine Beschränkung auf die materiell rechtmäßig entstandene E-USt. Daher ist auch die zu hoch oder zu niedrig festgesetzte E-USt in voller Höhe abzugsfähig, und auch deren tatsächliche Entrichtung (Zahlung) wird nicht vorausgesetzt.

2.2 Abzug der Umsatzsteuer auf den innergemeinschaftlichen Erwerb (§ 15 Abs. 1 S. 1 Nr. 3 UStG)

Nach § 15 Abs. 1 S. 1 Nr. 3 UStG kann der Unternehmer auch die USt für den im Inland nach § 3d S. 1 UStG bewirkten igE von Gegenständen i. S. d. § 1 Abs. 1 Nr. 5 i. V. m. § 1a UStG, die er für sein Unternehmen bezieht (hierzu Kap. 1.3) und zur Ausführung von Umsätzen verwendet, die den VSt-Abzug nicht ausschließen (hierzu Kap. 3), als VSt abziehen.

Nach dem eindeutigen Wortlaut des **§ 15 Abs. 1 S. 1 Nr. 3 UStG** ist für den **VSt-Abzug** der USt auf einen igE **nicht Voraussetzung**, dass der Leistungsempfänger im Besitz einer ordnungsgemäßen **Rechnung** i. S. d. §§ 14, 14a UStG ist (EuGH vom 01.04.2004, Az.: C-90/02, UR 2004, 367). Das **Recht auf den VSt-Abzug** entsteht **in demselben Zeitpunkt, in dem die Steuer für den igE gem. § 13 Abs. 1 Nr. 6 UStG entsteht** (A 15.10 Abs. 3 S. 1 UStAE). Nach dem Sinn und Zweck der Regelung kann der Unternehmer grds. in dem VAZ, in dem er den igE zu versteuern hat, den korrespondierenden VSt-Abzug geltend machen (A 15.10 Abs. 3 S. 2 UStAE). Eine tatsächliche Steuerbelastung tritt im Ergebnis in diesem Zeitpunkt nur dann ein, wenn der VSt-Abzug (durch § 15 Abs. 1a – 4 UStG) ganz oder teilweise ausgeschlossen ist. Andernfalls ist die Besteuerung des igE bei vorsteuerabzugsberechtigten Unternehmern wirtschaftlich betrachtet ein »Nullsummenspiel«.

Eine ganz erhebliche Bedeutung für den VSt-Abzug der Erwerbsteuer ist am Ende von § 15 Abs. 1 S. 1 Nr. 3 UStG normiert. Hiernach ist der **VSt-Abzug** der Erwerbsteuer **auf die nach § 3d S. 1 UStG im Inland entstandene Erwerbsteuer beschränkt** (A 15.10 Abs. 2 UStAE). Nach der Grundregel des § 3d S. 1 UStG wird der igE in dem EU-Mitgliedstaat bewirkt, in dem sich der Gegenstand am Ende der Beförderung oder Versendung befindet. Nicht abziehbar ist daher die Erwerbsteuer i. S. d. § 3d S. 2 UStG, die deswegen (zusätzlich) entsteht, wenn der Erwerber eine von dem EU-Mitgliedstaat am Ende der Beförderung oder Versendung abweichende USt-IdNr. verwendet (sog. fiktiver igE). Die Entlastung des Unternehmers von der USt auf den fiktiven igE erfolgt in diesem speziellen Fall nicht durch die Gewährung des VSt-Abzugs, sondern nach § 17 Abs. 2 Nr. 4 i. V. m. Abs. 1 S. 1 UStG durch eine Verminderung der BMG für den nach § 3d S. 2 UStG stpfl. Umsatz, wenn der Unternehmer die Besteuerung im EU-Mitgliedstaat der Beendigung der Beförderung nachweist. Eine etwaige Berichtigung nach § 17 Abs. 2 Nr. 4 UStG kann in sinngemäßer Anwendung des § 17 Abs. 1 S. 3 UStG bzw. Abs. 1 S. 7 UStG erst in dem Besteuerungszeitraum erfolgen, in dem der Nachweis durchgeführt ist (BFH vom 01.09.2010, Az.: V R 39/08, BStBl II 2011, 658).

Beispiel 11: Der Lodenmantel

Am 25.06.01 bestellte der niederländischer Tourist N im Trachtengeschäft des T in München einen Tiroler Lodenmantel. T wiederum bestellte den Mantel bei dem Unternehmer A in Österreich und bat diesen, für den Versand in die Niederlande zu sorgen. Am 25.08.01 versandte A sodann den Mantel direkt aus Österreich in die Niederlande. Die Rechnung des A vom 02.09.11 i. H. v. 1.700 € beglich T umgehend. Alle beteiligten Unternehmer verwandten dabei die USt-IdNr. des EU-Mitgliedstaats, in dem sie ansässig sind.

Lösung: Es liegt zwischen A, T und N ein Reihengeschäft vor. T tätigt als Abnehmer der bewegten Lieferung im Rahmen des Reihengeschäfts mit dem Erwerb des Lodenmantels einen Erwerb nach § 1a UStG. Dieser igE ist gem. § 3d S. 1 UStG in den Niederlanden steuerbar, da die Beförderung bzw. Versendung dort endet. Da T jedoch gegenüber A seine deutsche USt-IdNr. verwendet hatte, ist daneben gem. § 3d S. 2 UStG auch in Deutschland eine (zusätzliche) Erwerbsbesteuerung vorzunehmen, bis T nachweist, dass der Erwerb in den Niederlanden von ihm der Erwerbsbesteuerung unterworfen wurde. BMG ist gem. § 10 Abs. 1 UStG das Entgelt (1.700 €). Die USt beläuft sich demnach auf 323 € und entsteht gem. § 13 Abs. 1 Nr. 6 UStG mit Ausstellung der Rechnung am 02.09.2011. Sie wird gem. § 13a Abs. 1 Nr. 2 UStG von T geschuldet.

Die Steuer auf den nach § 3d S. 2 UStG (auch) in Deutschland bewirkten igE kann T nicht nach § 15 Abs. 1 S. 1 Nr. 3 UStG als VSt abziehen, da nur die Erwerbsteuer abziehbar ist, deren Erwerbsort im Inland sich aus § 3d S. 1 UStG ergibt. Sobald T dem deutschen Fiskus nachgewiesen hat, dass der Erwerb des Lodenmantels in den Niederlanden der Erwerbsbesteuerung unterworfen wurde, kann er gem. § 17 Abs. 2 Nr. 4 i.V.m. Abs. 1 S. 7 UStG die Erwerbsteuer nach § 3d S. 2 UStG berichtigen (vgl. auch Kap. XIV 3.1.2).

2.3 Abzug der nach § 13b UStG geschuldeten Umsatzsteuer (§ 15 Abs. 1 S. 1 Nr. 4 UStG)

Nach § 15 Abs. 1 S. 1 Nr. 4 UStG kann der Unternehmer die von ihm nach § 13b Abs. 5 UStG geschuldete USt aus für sein Unternehmen bezogenen Lieferungen und sonstigen Leistungen als VSt abziehen, wenn er diese Leistungen seinerseits zur Ausführung von Umsätzen verwendet, die den VSt-Abzug nicht (nach den §§ 15 Abs. 1a – 4 UStG) ausschließen.

Hinweis: Die Verwendung der empfangenen Leistungen für die wirtschaftliche Tätigkeit des Unternehmers erlangt hier eine besondere Bedeutung, weil Unternehmer in bestimmten Fällen auch dann die USt nach § 13b Abs. 5 UStG schulden, wenn sie die Leistungen für ihren nichtunternehmerischen Bereich beziehen (vgl. auch Kap. XI 3.1). Der VSt-Abzug ist auch für Kleinunternehmer i. S. d. § 19 UStG und für nach § 24 UStG pauschal besteuernde Land- und Forstwirte ausgeschlossen, obwohl auch diese Leistungsempfänger eine Besteuerung nach § 13b UStG vornehmen müssen (s. Kap. III).

Wie schon bei § 15 Abs. 1 S. 1 Nr. 3 UStG setzt das Recht auf VSt-Abzug auch bei § 15 Abs. 1 S. 1 Nr. 4 UStG **keine Rechnung** voraus (BFH vom 17.06.2004, Az.: V R 61/00, BStBl II 2004, 970). Insoweit kann dem VSt-Abzug auch der fehlende Rechnungshinweis auf die Steuerschuldnerschaft des Leistungsempfängers (§ 14a Abs. 5 S. 2 UStG) nicht entgegenstehen (A 13b.15 Abs. 2 UStAE). Das **Recht auf VSt-Abzug** entsteht **in demselben Zeitpunkt, in dem die USt für die empfangene Leistungen i. S. d. § 13b Abs. 1 – 2 UStG entsteht**, sodass sich auch die nach § 13b Abs. 5 UStG geschuldete USt und der VSt-Abzug nach § 15 Abs. 1 S. 1 Nr. 4 UStG unter den weiteren Voraussetzungen des § 15 UStG regelmäßig neutralisieren. Der Leistungsempfänger muss zum Zwecke der Erstellung der USt-VA bzw. USt-Jahreserklärung die BMG schätzen, sofern ihm noch keine Rechnung vorliegt (A 13b.15 Abs. 3 UStAE).

> **Beispiel 12: Berechnung des VSt-Abzugs**
>
> Der bauleistende Subunternehmer SUB erbringt gegenüber dem Generalunternehmer G (ebenfalls Bauleistender) eine Bauleistung i. S. d. § 13b Abs. 2 Nr. 4 S. 1 UStG und erteilt ihm eine Rechnung über die Bauleistung i. H. v. 100.000 € zzgl. 19 % USt (19.000 €) = 119.000 €.
>
> **Lösung:** G schuldet als Leistungsempfänger der Bauleistung die Steuer hierfür gem. § 13b Abs. 5 S. 2 UStG. BMG für die von G als Leistungsempfänger geschuldete Steuer ist der in der Rechnung des SUB ausgewiesene Betrag (A 13b.13 Abs. 1 S. 1 UStAE). Nach der Verwaltungsauffassung soll dies grds. der Betrag ohne USt sein, mithin der Nettobetrag 100.000 €. Die USt hierauf beträgt 19.000 € und kann sodann von G unter den Voraussetzungen des § 15 Abs. 1 S. 1 Nr. 4, Abs. 2-3 UStG ggf. als VSt in Abzug gebracht werden. SUB darf in seiner Rechnung die USt nicht ausweisen, weil die Vorschriften über den gesonderten Steuerausweis gem. § 14a Abs. 5 S. 2 UStG keine Anwendung finden. Daher schuldet SUB die in seiner Rechnung fälschlicherweise ausgewiesene Steuer i. H. v. 19.000 € nach § 14c Abs. 1 UStG. Diese Steuer ist nicht zusätzlich als VSt nach § 15 Abs. 1 S. 1 Nr. 1 S. 1 UStG von G abziehbar, weil diese nicht für die Leistung des SUB geschuldet wird, sondern für den fehlerhaften Steuerausweis (A 15.2 Abs. 1 S. 2 UStAE).

Im Zusammenhang mit dem VSt-Abzug nach § 15 Abs. 1 S. 1 Nr. 4 UStG ist auch die **Vereinfachungsregel des A 13b.8 UStAE** entsprechend anzuwenden. Danach wird nicht beanstandet, wenn sich Leistender und Leistungsempfänger über die Anwendung von § 13b UStG in besonderen Fällen einig waren, obwohl die Voraussetzungen hierfür fraglich waren oder sich später herausstellt, dass die Voraussetzungen hierfür nicht vorgelegen haben und der Umsatz dennoch vom Leistungsempfänger in zutreffender Höhe versteuert worden ist. Für den umgekehrten Fall gilt dies aber nicht!

3 Ausschlüsse bzw. Einschränkungen des Vorsteuerabzugs

Dem VSt-Abzug nach § 15 Abs. 1 UStG kann aber das sog. **Abzugsverbot** für Aufwendungen ohne streng geschäftlichen Charakter **(§ 15 Abs. 1a UStG)** oder ein anteiliges Abzugsverbot für die Anschaffung von teilunternehmerisch genutzten Grundstücken **(§ 15 Abs. 1b UStG)** entgegenstehen.

Daneben kann der VSt-Abzug gem. § 15 Abs. 2 UStG ausgeschlossen sein, wenn der Unternehmer die mit VSt bezogenen Eingangsleistungen für steuerfreie Umsätze (sog. Ausschlussumsätze) verwendet. Dieser Grundsatz wird für bestimmte steuerfreie Umsätze gem. § 15 Abs. 3 UStG wieder aufgehoben (sog. Rückausnahme). Insoweit differenziert man zwischen **vorsteuerschädlichen Umsätzen**, die gem. § 15 Abs. 2 UStG den VSt-Abzug ausschließen, und **vorsteuerunschädlichen Umsätzen**, die gem. § 15 Abs. 2 i. V. m. Abs. 3 UStG – trotz Steuerfreiheit – zum VSt-Abzug berechtigen.

Maßgeblich kommt es hierbei auf die direkte und unmittelbare Zuordnung der vorsteuerbehafteten Eingangsleistungen zu vorsteuerschädlichen oder -unschädlichen Umsätzen an. Werden die bezogenen Leistungen sowohl zur Ausführung von vorsteuerschädlichen als auch -unschädlichen Umsätzen verwendet, ist gem. § 15 Abs. 4 UStG nur der Teil der VSt abziehbar, der den vorsteuerunschädlichen Umsätzen zugerechnet werden kann.

3.1 Vorsteuerabzugsverbot nach § 15 Abs. 1a UStG

Gem. § 15 Abs. 1a UStG ist die VSt, die auf Aufwendungen für die das Abzugsverbot des § 4 Abs. 5 S. 1 Nr. 1 – 4, 7 oder des § 12 Nr. 1 EStG gilt, nicht abziehbar. Hiernach wird der Ausschluss des VSt-Abzugs für Aufwendungen, die die private Lebensführung in einem besonderen Maße berühren und daher keinen streng geschäftlichen Charakter haben, bezweckt. Für die Beurteilung, ob VSt-Beträge gem. § 15 Abs. 1a UStG vom VSt-Abzug ausgeschlossen sind, wird auf die Vorschriften des EStG abgestellt.

Hinweis: Eine spätere Veräußerung eines dem Unternehmen zugeordneten Gegenstandes, für den der VSt-Abzug nach § 15 Abs. 1a UStG ausgeschlossen war, ist gem. § 4 Nr. 28 UStG steuerfrei; dessen Entnahme unterliegt gem. § 3 Abs. 1b S. 2 UStG wegen des ausgeschlossenen VSt-Abzugs nicht der USt.

Im Folgenden werden für die aus der Sicht der Beraterklausuren wichtigsten Tatbeständen Hinweise gegeben.

3.1.1 Geschenke (§ 4 Abs. 5 S. 1 Nr. 1 EStG)

Der VSt-Abzug aus Aufwendungen für Geschenke jeder Art an Personen, die nicht AN des Unternehmers sind, ist ausgeschlossen, wenn die AK der Gegenstände, die einem Geschäftsfreund im Kj. zugewendet wurden, zusammengerechnet 50 € übersteigen. Maßgeblich ist der Nettobetrag der AK, wenn die USt – ohne Berücksichtigung des § 15 Abs. 1a UStG – als VSt abziehbar wäre (A 4.10 Abs. 3 S. 1 i.V.m. A. 9b Abs. 2 S. 3 EStR). Geschenke sind unentgeltliche Zuwendungen, die ohne rechtliche Verpflichtung erbracht werden und nicht im Zusammenhang mit einer Leistung des Empfängers stehen (A 4.10 Abs. 4 S. 1 EStR). Nicht zu den Geschenken zählen – wegen der Sonderregelung des § 4 Abs. 5 S. 1 Nr. 2 EStG – die Bewirtungsaufwendungen. Bei der 50-€-Grenze handelt es sich um eine sog. personenbezogene Freigrenze: Wird diese überschritten, ist der VSt-Abzug in vollem Umfang ausgeschlossen. Die Freigrenze ist für umsatzsteuerliche Zwecke auf das Kj. zu beziehen, und bei deren Prüfung werden Geldgeschenke einbezogen (A 15.6 Abs. 4 S. 3–4 UStAE).

> **Beispiel 13: Edle Weine für Geschäftsfreunde**
>
> Weinhändler W erwirbt eine Kiste besten französischen Rotweins (Einkaufspreis 200 € zzgl. 38 € USt), um sie einem Geschäftsfreund zu dessen Geschäftsjubiläum zu schenken.
>
> **Alternative:** W entnimmt seinem Warenbestand eine Kiste Rotwein, um sie einem Geschäftsfreund zu dessen Geschäftsjubiläum zu schenken.
>
> **Lösung:** Nach dem Grundsatz des Sofortabzugs der VSt im Zeitpunkt des Leistungsbezugs scheitert der VSt-Abzug bereits auf der Stufe des § 15 Abs. 1 S. 1 Nr. 1 UStG, da bereits bei Erwerb des Rotweins eine Verwendung für eine uWa nach § 3 Abs. 1b S. 1 Nr. 3 UStG und damit für den nichtunternehmerischen Bereich beabsichtigt ist. Eine Besteuerung der Schenkung hat sodann nach § 3 Abs. 1b S. 2 UStG folgerichtig zu unterbleiben. Soweit das Geschenk an einen Geschäftsfreund die Grenze von 50 € nicht überschreitet, wäre der VSt-Abzug beim Erwerb des Geschenks aber möglich. Denn solche »Geschenke von geringem Wert« i.S.d. § 3 Abs. 1b S. 1 Nr. 3 UStG sind von einer Besteuerung als uWa ausdrücklich ausgenommen und werden i. Ü. auch nicht von § 15 Abs. 1a S. 1 UStG i.V.m. § 4 Abs. 5 S. 1 Nr. 1 EStG erfasst, sodass der VSt-Abzug auch nicht an § 15 Abs. 1a S. 1 UStG scheitert. In der Alternative steht demgegenüber im Zeitpunkt des Erwerbs der Kiste Rotwein eine Verwendung als Geschenk noch nicht fest, sodass W den VSt-Abzug zunächst unter den allgemeinen Voraussetzungen des § 15 UStG beanspruchen kann. Im VAZ der Hingabe des Geschenks

ist eine VSt-Korrektur nach § 17 Abs. 2 Nr. 5 UStG vorzunehmen, sofern – wie hier – die Freigrenze von 50 € überschritten ist oder mit der Zuwendung überschritten wird (A 15.6 Abs. 5 UStAE mit dortigem Beispiel).

3.1.2 Bewirtungsaufwendungen (§ 4 Abs. 5 S. 1 Nr. 2 EStG)

Einkommensteuerrechtlich können auch angemessene Bewirtungsaufwendungen seit jeher nicht vollständig als Betriebsausgabe in Abzug gebracht werden. Hiernach ist der Betriebsausgabenabzug auf 70 % der angemessenen Aufwendungen beschränkt. Demgegenüber gilt das VSt-Abzugsverbot gem. § 15 Abs. 1a S. 2 UStG ausdrücklich nicht für unternehmerisch veranlasste Bewirtungsaufwendungen, »soweit § 4 Abs. 5 S. 1 Nr. 2 EStG einen Abzug angemessener und nachgewiesener Aufwendungen ausschließt«.

Im Ergebnis berechtigen **angemessene und nachgewiesene Bewirtungsaufwendungen auch insoweit zum VSt-Abzug, als § 4 Abs. 5 S. 1 Nr. 2 EStG einen Abzug als BA ausschließt** (A 15.6 Abs. 6 und 7 UStAE). Liegen unangemessene Bewirtungsaufwendungen aufgrund eines Missverhältnisses zwischen Anlass und Höhe der Bewirtung vor, sind die Aufwendungen insgesamt nicht mehr unternehmerisch veranlasst und der VSt-Abzug daher vollständig zu versagen (A 15.6 Abs. 6 S. 3 UStAE). Unter einer Bewirtung ist die unentgeltliche Überlassung oder Verschaffung von Speisen, Getränken oder sonstigen Genussmitteln zum sofortigen Verzehr zu verstehen (BFH vom 18.09.2007, I R 75/06, BStBl II 2008, 116). Werden zusätzlich weitere Leistungen geselliger oder unterhaltender Art dargeboten, kann der VSt-Abzug für diese Aufwendungen nach § 15 Abs. 1a S. 1 UStG i. V. m. § 4 Abs. 5 S. 1 Nr. 7 EStG als unangemessene Aufwendungen ausgeschlossen sein.

3.1.3 Aufwendungen für Gästehäuser, Motorjachten sowie für ähnliche Zwecke (§ 4 Abs. 5 S. 1 Nr. 3 und 4 EStG)

Ein VSt-Abzugsverbot besteht im Zusammenhang mit Aufwendungen für Einrichtungen des Unternehmers, soweit sie der Bewirtung, Beherbergung oder Unterhaltung von Personen dienen und die sich außerhalb des Orts eines Betriebs des Unternehmers befinden (sog. **Gästehäuser i. S. d. § 4 Abs. 5 S. 1 Nr. 3 EStG**). Erfasst vom VSt-Abzugsverbot werden die VSt aus den AK oder HK sowie die auf den laufenden Unterhalt der Gästehäuser entfallene VSt.

Ein VSt-Abzugsverbot besteht darüber hinaus für **Aufwendungen für die Jagd, die Fischerei, Segel- oder Motorjachten sowie für ähnliche Zwecke (§ 4 Abs. 5 S. 1 Nr. 4 EStG)**. Ähnliche Zwecke sind solche, die in vergleichbarer Weise wie die vorgenannten bei typisierender Betrachtung einer überdurchschnittlichen Repräsentation, der Unterhaltung von Geschäftsfreunden, der Freizeitgestaltung oder der sportlichen Betätigung dienen, wie z. B. Golf, Reiten, Tennis, Fliegen, Safaris.

Nicht vom VSt-Abzugsverbot erfasst werden:
- Gegenstände, die den eigenen AN des Unternehmers zur Verfügung gestellt werden,
- Aufwendungen für Gästehäuser am Ort des Betriebs des Unternehmers,
- Aufwendungen für die Unterbringung von Geschäftsfreunden in fremden Beherbergungsbetrieben sowie
- Aufwendungen für mit einer Gewinnerzielungsabsicht ausgeübten Betätigung.[11]

---

11 Ist eine unternehmerische Nutzung von mindestens 10 % glaubhaft gemacht, besteht die Möglichkeit, diese Gegenstände insgesamt dem Unternehmen zuzuordnen. Die Privatnutzung ist dann als fiktiv entgeltliche sonstige Leistung nach § 3 Abs. 9a Nr. 1 UStG auf der Basis einer BMG nach § 10 Abs. 4 S. 1 Nr. 2 UStG zu besteuern.

3.1.4 Von § 15 Abs. 1a UStG nicht erfasste Aufwendungen

Der VSt-Ausschluss nach § 15 Abs. 1a UStG erstreckt sich nicht auf folgende Aufwendungen:
- Mehraufwendungen für Verpflegung inklusive doppelter Haushaltsführung nach § 4 Abs. 5 S. 1 Nr. 5 EStG,
- Aufwendungen für Fahrten zwischen Wohnung und Betrieb nach § 4 Abs. 5 S. 1 Nr. 6 EStG sowie
- Aufwendungen für ein häusliches Arbeitszimmer nach § 4 Abs. 5 S. 1 Nr. 6b EStG.

Insoweit ist ausschließlich anhand von § 15 Abs. 1 S. 1 Nr. 1 UStG zu entscheiden, ob der VSt-Abzug zulässig ist.

3.2 Teilunternehmerische Grundstücksnutzung (§ 15 Abs. 1b UStG)

Die schon im Zusammenhang mit der Besteuerung außerunternehmerischer Grundstücksnutzung vorgestellte Norm des **§ 15 Abs. 1b UStG** sieht für Leistungsbezüge im Zusammenhang mit einem Grundstück eine **VSt-Abzugsbeschränkung** vor, sofern das Grundstück nicht ausschließlich für unternehmerische Zwecke verwendet wird. **In dem Umfang, in dem das Grundstück für unternehmensfremde Zwecke genutzt wird, ist anteilig der VSt-Abzug gesperrt.** Wie bereits in Kap. 1.3.5 aufgezeigt, bleibt das Zuordnungswahlrecht des Unternehmers hiervon jedoch unberührt (A 15.6a Abs. 1 S. 3 UStAE).[12]

Eine teilunternehmerische Verwendung liegt nicht nur vor, wenn die verschiedenen Nutzungen räumlich voneinander abgegrenzt sind, sondern auch, wenn sie zeitlich wechselnd stattfinden (sog. alternierende Verwendung wie z. B. bei Ferienwohnungen oder Mehrzweckhallen; A 15.6a Abs. 2 S. 6 UStAE). Ist die Nutzung im Zeitpunkt des Leistungsbezugs unbekannt, ist sie anfänglich zu schätzen und ggf. später eine VSt-Berichtigung nach § 15a Abs. 6a UStG vorzunehmen. Die nicht abziehbaren VSt-Beträge sind gem. § 15 Abs. 4 S. 4 UStG entsprechend des § 15 Abs. 4 S. 1 – 3 UStG zu ermitteln. Können einzelne Eingangsleistungen jedoch unmittelbar der ausschließlichen Verwendung für unternehmerische Zwecke zugeordnet werden, unterliegen sie aber nicht dem VSt-Ausschluss nach § 15 Abs. 1b UStG. Sind Eingangsleistungen demgegenüber unmittelbar der unternehmensfremden Verwendung des Grundstücks zuzuordnen, werden sie insoweit nicht für das Unternehmen ausgeführt, sodass die hiermit im Zusammenhang stehenden VSt schon nach § 15 Abs. 1 UStG nicht abziehbar sind.

Hinweis: Der umsatzsteuerliche **Grundstücksbegriff** ist ein eigenständiger Begriff des Unionsrechts und richtet sich daher nicht nach den Vorschriften des nationalen Rechts (BFH vom 19.07.2011, Az.: XI R 21/10, BStBl II 2012, 434). Was unter einem solchen Grundstück zu verstehen ist, findet sich in **A 3a.3 Abs. 1 S. 3 UStAE** (und Art. 13b MwSt-DVO).

Von erheblicher praktischer Relevanz ist die Übergangsregelung nach § 27 Abs. 16 UStG. Hiernach werden **solche** teilunternehmerisch genutzten **Grundstücke von § 15 Abs. 1b UStG nicht erfasst**, die aufgrund eines **vor dem 01.01.2011** rechtswirksam abgeschlossenen obligatorischen Vertrags oder gleichstehenden Rechtsakts **angeschafft worden** sind oder mit deren

---

12 Handelt es sich bei der nichtunternehmerischen Nutzung hingegen um eine nichtunternehmerische Nutzung i. e. S., kommt § 15 Abs. 1b UStG nicht zur Anwendung, weil eine Berechtigung zum VSt-Abzug bereits nach § 15 Abs. 1 UStG ausscheidet (vgl. Kap. 1.3.1.3).

Herstellung vor dem 01.01.2011 begonnen worden ist (A 15.6a Abs. 8 S. 2 UStAE). Für die »Altgrundstücke« kann daher weiterhin das sog. **Seeling-Modell** – auch in Beraterklausuren – noch anzuwenden sein. In diesem Zusammenhang ist aber zu beachten, dass § 27 Abs. 16 UStG nur von »Wirtschaftsgütern i. S. d. § 15 Abs. 1b UStG« spricht und daher Leistungen im Zusammenhang mit teilunternehmerisch genutzten Grundstücken, die keine AK oder HK darstellen, von der Übergangsregelung nicht erfasst werden (A 15.6a Abs. 8 S. 3 UStAE). Daher ist der VSt-Abzug für solche Leistungen (vorrangig Erhaltungsaufwendungen und nach überwiegender Auffassung auch nachträgliche HK) seit dem 01.01.2011 nur noch in Höhe des unternehmerischen genutzten Anteils möglich – auch wenn es sich um ein »Altgrundstück« handelt.

4 Ausschluss des Vorsteuerabzugs für steuerfreie Umsätze (§ 15 Abs. 2 und 3 UStG)

Ergibt die Prüfung der anspruchsbegründenden Voraussetzungen des § 15 Abs. 1 UStG sowie der VSt-Abzugsverbote des § 15 Abs. 1a UStG und der VSt-Abzugsbeschränkung des § 15 Abs. 1b UStG, dass der Unternehmer (zumindest teilweise) zum VSt-Abzug berechtigt ist, ist schlussendlich noch zu prüfen, ob der Unternehmer beabsichtigt, diese für sein Unternehmen bezogene Eingangsleistung zur Ausführung von sog. vorsteuerschädlichen Umsätzen i. S. d. § 15 Abs. 2 UStG zu verwenden. Hiernach ist der VSt-Abzug generell ausgeschlossen, soweit der Unternehmer die bezogenen Leistungen zur Ausführung von

- **steuerfreien Umsätzen** (§ 15 Abs. 2 S. 1 Nr. 1 UStG) **oder**
- im Inland nicht steuerbaren **Umsätzen im Ausland, die steuerfrei wären, wenn sie im Inland ausgeführt würden** (sog. fiktiv steuerfreie Umsätze i. S. d. § 15 Abs. 2 S. 1 Nr. 2 UStG),

verwendet und keine Rückausnahme nach § 15 Abs. 3 UStG anzuwenden ist.

> **Beispiel 14: VSt-Abzug eines selbständigen Tischlermeisters**
>
> Der selbständige Tischlermeister M erwirbt im Tischler-Großhandel einen Rasenmäher für 1.000 € zzgl. 190 € USt. Er beabsichtigt, den Rasenmäher für Gartenarbeiten im Rahmen seiner zahlreichen zu Wohnzwecken fremdvermieteten Mehrfamilienhäuser einzusetzen.
>
> **Lösung:** Die in der Rechnung für den Erwerb des Rasenmähers offen ausgewiesene USt ist für M gem. § 15 Abs. 1 S. 1 Nr. 1 UStG grds. als VSt abziehbar. Der VSt-Abzug ist allerdings gem. § 15 Abs. 2 S. 1 Nr. 1 UStG ausgeschlossen, weil die von M beabsichtigte Verwendung des Rasenmähers in unmittelbarem Zusammenhang mit steuerfreien Vermietungsumsätzen i. S. d. § 4 Nr. 12 Buchst. a UStG steht (A 15.12 Abs. 1 S. 7 UStAE). Die Rückausnahme des § 15 Abs. 3 UStG findet keine Anwendung.

Wegen der Rückausnahme in § 15 Abs. 3 UStG verbietet es sich, steuerfreie Verwendungen generell mit einem VSt-Ausschluss gleichzusetzen, denn innerhalb der Steuerbefreiungen gibt es nach § 15 Abs. 3 UStG eine Vielzahl von steuerfreien Ausgangsumsätzen, bei denen der VSt-Abzug erhalten bleibt. Daher **lassen sich die** (fiktiv) **steuerfreien Ausgangsumsätze** hinsichtlich ihrer Auswirkungen auf den VSt-Abzug **in vorsteuerschädliche Ausgangsumsätze** (sog. Ausschlussumsätze), die den VSt-Abzug ausschließen, **und in vorsteuerunschädliche Ausgangsumsätze** (sog. Abzugsumsätze), die den VSt-Abzug zulassen, **einteilen.** Die **Abzugsumsätze** werden für Zwecke des VSt-Abzugs also den stpfl. Ausgangsumsätzen gleichgestellt.

Hierzu gehören **insb. die** bereits näher erörterten **Umsätze mit Auslandsberührung**, die nach § 4 Nr. 1 – 7 UStG steuerfrei sind. Für diese hat der Gesetzgeber aus den dargelegten Gründen den VSt-Ausschluss nach § 15 Abs. 2 S. 1 UStG durch § 15 Abs. 3 Nr. 1 Buchst. a bzw. Nr. 2 Buchst. a UStG wieder aufgehoben.

Hinweis: Nach Auffassung der FinVerw gehen die den VSt-Abzug ausschließenden Steuerbefreiungen denen der in § 15 Abs. 3 Nr. 1 Buchst. a und Nr. 2 Buchst. a UStG genannten vorsteuerunschädlichen Steuerbefreiungen vor (A 15.13 Abs. 5 UStAE). Somit kann für Umsätze, die sowohl einer Steuerbefreiung mit VSt-Abzugsberechtigung (z. B. Ausfuhrlieferung nach § 4 Nr. 1 Buchst. a UStG) als auch einer Steuerbefreiung ohne VSt-Abzugsberechtigung (z. B. Umsätze mit Blutkonserven nach § 4 Nr. 17 Buchst. a UStG) zuzuordnen sind, grds. kein VSt-Abzug beansprucht werden. Für den Fall der igL von Gegenständen, deren Lieferung im Inland ohne Recht zum VSt-Abzug steuerfrei wäre, hat sich der BFH der Verwaltungsauffassung angeschlossen (BFH vom 22.08.2013, Az.: V R 30/12, BStBl II 2014, 133).

Für die in **§ 9 Abs. 1 UStG** aufgeführten Steuerbefreiungstatbestände besteht die Möglichkeit, durch einen **Verzicht auf die Steuerbefreiung** aus einer vorsteuerschädlichen eine vorsteuerunschädliche (weil durch die Option stpfl.) Verwendung werden zu lassen.

Probleme bereiten Vermietungsumsätze insb., wenn sie ein im Ausland gelegenes Grundstück betreffen und die Anwendung des **§ 15 Abs. 2 S. 1 Nr. 2 UStG** streitig ist. Hiernach tritt ein Ausschluss des VSt-Abzugs ein, wenn der Unternehmer die bezogenen Leistungen für Umsätze im Ausland verwendet, »die steuerfrei wären, wenn sie im Inland ausgeführt würden«. **Ob der Umsatz steuerfrei wäre, beurteilt sich** – unabhängig davon, wie der Umsatz nach dem USt-Recht am Leistungsort im Ausland zu beurteilen ist – **allein nach deutschem Recht**.

> **Beispiel 14a: VSt-Abzug bei Vermietung im Ausland**
>
> Die im Inland ansässige V KG ist Eigentümerin mehrerer in Holland belegener Büroimmobilien, die sie in Holland stpfl. vermietet hat. Hierfür hat sie gelegentlich auch im Inland in Zeitungen inseriert und macht die hiermit im Zusammenhang stehende VSt geltend. Nach einer Betriebsprüfung lehnt das FA den VSt-Abzug unter Berufung auf die Vorschrift des § 15 Abs. 2 S. 1 Nr. 2 UStG ab, weil danach Auslandsumsätze vom VSt-Abzug ausgeschlossen seien, die – wie Vermietungsumsätze – als Inlandsumsätze an sich steuerfrei wären.
>
> **Lösung:** Bei der Prüfung, ob die Grundstücksvermietung (wäre sie im Inland erfolgt) steuerfrei gewesen wäre, ist nicht nur die Vorschrift des § 4 Nr. 12 Buchst. a UStG, sondern auch die des § 9 UStG entsprechend anzuwenden. Die V KG kann daher den VSt-Abzug geltend machen, wenn bei einer Vermietung im Inland die Voraussetzungen für eine Option zur Steuerpflicht erfüllt wären.

Folglich ist eine Grundstücksvermietung im Ausland vorsteuerunschädlich, wenn der Unternehmer die Grundstücksvermietung dort tatsächlich als stpfl. behandelt hat und die in § 9 UStG normierten nationalen Voraussetzungen für einen Verzicht auf die Steuerbefreiung einer Grundstücksvermietung vorgelegen haben (A 15.14 Abs. 1 S. 5 UStAE) oder die Umsätze im Inland bereits unter die Ausnahme von der Steuerbefreiung von Vermietungsumsätzen nach § 4 Nr. 12 S. 2 UStG fielen (sog. fiktive doppelte Steuerpflicht: FG Hamburg vom 24.05.2024, 5 K 77/22, EFG 2024, 696).

5 Vorsteueraufteilung nach § 15 Abs. 4 UStG

5.1 Aufteilungsgrundsätze

Der **Umfang des VSt-Abzugs** kann nur dann eindeutig bestimmt werden, wenn eine Leistung bezogen wird, die entweder direkt und unmittelbar zur Ausführung vorsteuerunschädlicher Umsätze (abziehbar – z. B. Erwerb von Waren, um sie anschließend stpfl. zu veräußern) oder zur Ausführung vorsteuerschädlicher Umsätze (nicht abziehbar – z. B. Errichtung eines Hauses, um darin eine Arztpraxis zu betreiben) verwendet wird. Wird dagegen die bezogene Leistung **sowohl für zum VSt-Abzug berechtigende als auch für den VSt-Abzug ausschließende Umsätze verwendet** (Hauptanwendungsfall in Beraterklausuren sind gemischt genutzte Grundstücke, die sowohl für stpfl. als auch steuerfreie Umsätze genutzt werden), sind die VSt in einen abziehbaren und einen nicht abziehbaren Teil nach § 15 Abs. 4 UStG aufzuteilen.

Die **VSt-Aufteilung** vollzieht sich dabei in zwei Stufen: Auf der **1. Stufe** ist ggf. das gegenständliche **Aufteilungsobjekt** zu **bestimmen** (falls mehrere Leistungsbezüge – z. B. bei der Errichtung von Gebäuden – zusammenzufassen sind), und auf der **2. Stufe** erfolgt dann die **eigentliche Aufteilung mittels** eines **sachgerechten Aufteilungsmaßstabs** (Grundsatz der wirtschaftlichen Zurechnung im Wege einer sachgerechten Schätzung).

Hinweis: Ändern sich bei einem WG, das nicht nur einmalig zur Ausführung von Umsätzen verwendet wird, nach dem Zeitpunkt der erstmaligen Verwendung die für den ursprünglichen VSt-Abzug bzw. die VSt-Aufteilung maßgebenden Verhältnisse, ist eine VSt-Berichtigung nach § 15a UStG vorzunehmen (dazu später Kap. XVI 1.2.3).

5.2 Hauptanwendungsfall: gemischt genutzte Gebäude

Für den **Hauptanwendungsfall des gemischt genutzten Gebäudes** ist **zunächst zu klären**, ob es sich um **Erhaltungsaufwand bzw. Eingangsleistungen für die Nutzung, Erhaltung und Unterhaltung des Gebäudes oder AK oder HK** handelt (A 15.17 Abs. 5 S. 2 UStAE).[13]

Nur für Erhaltungsaufwand bzw. Eingangsleistungen für die Nutzung, Erhaltung und Unterhaltung des Gebäudes ist nämlich vorab zu prüfen, ob die bezogenen Leistungen im **Zusammenhang mit bestimmten Ausgangsumsätzen** stehen und damit eine **direkte Zuordnung** zu konkreten Ausgangsumsätzen möglich ist (A 15.17 Abs. 5 S. 4 UStAE). VSt-Beträge, die die Voraussetzungen § 15 Abs. 1 UStG erfüllen und nicht nach § 15 Abs. 1a oder § 15 Abs. 1b UStG vom Abzug ausgeschlossen sind, lassen sich – soweit es um **Erhaltungsaufwand** geht – dabei in drei Gruppen einteilen:
1. VSt-Beträge, die **in voller Höhe abziehbar** sind, weil die bezogenen Leistungen als Erhaltungsaufwand o. Ä. ausschließlich in einem wirtschaftlichen Zusammenhang mit Umsätzen stehen, die den VSt-Abzug erlauben (Abzugsumsätze).

---

[13] Diese Begriffe sind nach den handelsrechtlichen Grundsätzen auszulegen, sodass für eine Umqualifizierung von Erhaltungsaufwendungen zu HK nach § 6 Abs. 1 Nr. 1a EStG kein Raum ist (A 15.17 Abs. 6 UStAE).

Beispiel 15:

V ist Eigentümer eines zu Vermietungsumsätzen genutzten mehrgeschossigen Gebäudes. Die Räumlichkeiten sind teilweise steuerfrei und stpfl. vermietet. Es fallen VSt-Beträge für die Beseitigung einer Leckage sowie für Renovierungsarbeiten in einer stpfl. vermieteten Räumlichkeit an.

Lösung: Der VSt-Abzug ist in vollem Umfang zulässig, da die bezogenen Leistungen (Beseitigung Leckage und Renovierungsarbeiten) auch nicht teilweise zu Umsätzen verwendet werden, die vorsteuerschädlich i. S. d. § 15 Abs. 2 UStG sind. Sie stehen in direkten und unmittelbaren Zusammenhang mit einem stpfl. vermieteten Gebäudeteil.

2. VSt-Beträge, die **in voller Höhe vom Abzug ausgeschlossen** sind, weil sie als Erhaltungsaufwand o. Ä. ausschließlich Umsätzen zuzurechnen sind, die nach § 15 Abs. 2 UStG (ohne Rückausnahme in § 15 Abs. 3 UStG) den Abzug verbieten.

Beispiel 16: Erhaltungsaufwand ohne VSt-Abzug

V ist Eigentümer eines zu Vermietungsumsätzen genutzten mehrgeschossigen Gebäudes. Die Räumlichkeiten sind teilweise steuerfrei und stpfl. vermietet. Es fallen VSt-Beträge für die Beseitigung einer Leckage sowie für Renovierungsarbeiten in einer steuerfrei vermieteten Wohnung an.

Lösung: Der VSt-Abzug für die bezogenen Leistungen (Beseitigung Leckage und Renovierungsarbeiten) ist nach § 15 Abs. 2 S. 1 Nr. 1 UStG gänzlich ausgeschlossen, weil sie in direktem und unmittelbarem Zusammenhang mit dem steuerfrei vermieteten Gebäudeteil stehen.

3. Die übrigen **VSt-Beträge, die keiner der beiden vorherigen Gruppen** ausschließlich **zugeordnet werden können**, weil sie sowohl mit Umsätzen, die zum VSt-Abzug berechtigen, als auch mit Umsätzen, die den VSt-Abzug nach § 15 Abs. 2 UStG (ohne Rückausnahme in § 15 Abs. 3 UStG) ausschließen, in wirtschaftlichem Zusammenhang stehen (Fälle der gemischten Verwendung).

Beispiel 17: Vorsteueraufteilung bei Erhaltungsaufwand

V ist Eigentümer eines zu Vermietungsumsätzen genutzten mehrgeschossigen Gebäudes. Die Räumlichkeiten sind teilweise steuerfrei und stpfl. vermietet. Es fallen VSt-Beträge für die Erneuerung einer Fassade sowie für die Renovierung des Treppenhauses an.

Lösung: Während sich die Berechtigung zum bzw. der Ausschluss vom VSt-Abzug in den beiden ersten Fallgruppen unmittelbar aus einer Prüfung des § 15 Abs. 2 UStG ergibt (und jene VSt-Beträge nicht in eine Aufteilung nach § 15 Abs. 4 UStG einbezogen werden dürfen), hat in der letzten Fallgruppe eine Aufteilung nach § 15 Abs. 4 mittels sachgerechter Schätzung zu erfolgen. Diese betrifft sowohl die Erneuerung der Fassade als auch die Renovierung des Treppenhauses. Beide Maßnahmen können nicht direkt einem Gebäudeteil zugeordnet werden, der entweder zur Erzielung von vorsteuerunschädlichen oder von vorsteuerschädlichen Ausgangsumsätzen verwendet wird.

Nachdem jede einzelne Eingangsleistung danach untersucht wurde, ob sie unter wirtschaftlichen Gesichtspunkten einem Abzugs-, Ausschluss- oder gemischt genutzten Umsatz zuzurechnen ist, hat für Letztere eine VSt- **Aufteilung** nach dem **Grundsatz der wirtschaftlichen Zurechnung** im Wege einer sachgerechten Schätzung zu erfolgen (**Aufteilungsmethode**). Der Grundsatz der wirtschaftlichen Zurechnung umfasst im Fall der gemischten Verwendung eines Gebäudes neben dem **unternehmensbezogenen Gesamtumsatzschlüssel** (Aufteilung nach den Ausgangsumsätzen des ganzen Unternehmens) auch einen objektbezogenen Aufteilungsmaßstab. Insoweit ist eine VSt-Aufteilung sowohl nach dem Verhältnis der vorsteuerschädlich genutzten Flächen zu den vorsteuerunschädlich genutzten Flächen (sog. **Flächenschlüssel**) als auch nach dem Teilumsatzschlüssel (sog. **objektbezogener Umsatzschlüssel** → Aufteilung nach den objektspezifischen Ausgangsumsätzen) sachgerecht.

Nach richtlinienkonformer Auslegung des § 15 Abs. 4 S. 3 UStG ist eine **VSt-Aufteilung nach** dem unternehmensbezogenen **Gesamtumsatzschlüssel aber nur dann zulässig, wenn keine präzisere wirtschaftliche Zurechnung möglich** ist (A 15.17 Abs. 3 UStAE). Der **Flächenschlüssel** schließt bei der Verwendung von Gebäuden deshalb als im **Regelfall** präzisere mögliche Zurechnung sowohl den Gesamt- wie auch den Teilumsatzschlüssel aus (BFH vom 07.05.2014, Az.: V R 1/10, DStR 2014, 1162).

Auch die **FinVerw** hält es bei Gebäuden seit jeher **regelmäßig** für geboten, die Aufteilung entsprechend den unterschiedlich verwendeten **Nutzflächen des Gebäudes** vorzunehmen (A 15.17 Abs. 7 S. 5 Nr. 1 S. 1 UStAE). Bei einer Aufteilung nach dem objektbezogenen Flächenschlüssel sind die tatsächlichen Nutzflächen des Gebäudes zugrunde zu legen (A 15.17 Abs. 7 S. 5 Nr. 1 S. 3 UStAE). Dabei ist die **Flächenberechnung** nach den Gebäudeinnenflächen vorzunehmen, ohne z. B. Außenstellplätze mit einzubeziehen (A 15.17 Abs. 7 S. 5 Nr. 1 S. 4 UStAE). Flächen, die zur Versorgung des Gebäudes verwendet oder nur gemeinsam genutzt werden (z. B. Technikräume, Treppenhaus, Fahrradabstellräume, Waschküchen), bleiben unberücksichtigt (A 15.17 Abs. 7 S. 5 Nr. 1 S. 5 UStAE). Die Grundflächen sind auch bei Dachschrägen in vollem Umfang anzusetzen (A 15.17 Abs. 7 S. 5 Nr. 1 S. 6 UStAE). Die Flächen von Terrassen oder Balkonen zählen zur Hälfte zu der maßgeblichen Grundfläche (A 15.17 Abs. 7 S. 5 Nr. 1 S. 7 UStAE). Eine weitere anerkannte Methode zur Flächenberechnung (z. B. nach der Wohnflächenverordnung) kann auch für Zwecke der VSt-Aufteilung angewandt werden, wenn die gewählte Methode bereits für andere (z. B. mietvertragliche) Zwecke angewandt wird, die Flächenberechnung für das gesamte Gebäude einheitlich erfolgt und das Ergebnis sachgerecht ist (A 15.17 Abs. 7 S. 5 Nr. 1 S. 8 UStAE). Ist eine präzisere wirtschaftliche Zurechnung durch den Flächenschlüssel nicht möglich (z. B. weil die Ausstattung der unterschiedlich genutzten Räume erheblich voneinander abweicht), sind VSt anhand des objektbezogenen Umsatzschlüssels aufzuteilen, wenn sie den Gegenstand selbst betreffen, weil die objektumsatzbezogene Aufteilung durch den direkten und unmittelbaren Zusammenhang zu den Ausgangsumsätzen der Verwendung bzw. Nutzung dieses Gegenstandes gegenüber einer gesamtumsatzbezogenen Aufteilung genauer ist (A 15.17 Abs. 7 S. 5 Nr. 2 UStAE). Der unternehmensbezogene Umsatzschlüssel ist nur dann vorrangig, wenn es um eine Verwendung des Gegenstandes für Umsätze des gesamten Unternehmens geht (z. B. Verwaltungsgebäude; A 15.17 Abs. 7 S. 5 Nr. 2 S. 3 UStAE). Nach neuerer Verwaltungsauffassung kann die VSt-Aufteilung anstelle des objektbezogenen Umsatzschlüssels auch nach dem umbauten Raum in Betracht kommen, wenn erhebliche Abweichungen lediglich in der Geschosshöhe bestehen und eine solche Aufteilung daher noch eine präzisere wirtschaftliche Zurechnung der VSt ermöglicht (A 15.17 Abs. 7 S. 5 Nr. 3 UStAE).

Hinweis: Nur bei einer VSt-Aufteilung nach dem Gesamtumsatzschlüssel ist der Prozentsatz der abzugsfähigen VSt auf volle Prozentpunkte aufzurunden (A 15.17 Abs. 3a S. 7 UStAE). Der Prozentsatz eines Aufteilungsschlüssels nach einer anderen wirtschaftlichen Zuordnung ist auf die zweite Nachkommastelle aufzurunden (A 15.17 Abs. 3 S. 6 UStAE). Zur Berechnung des Gesamtumsatzschlüssel vgl. A 15.17 Abs. 3a UStAE.

Bei der Bearbeitung von Beraterklausuren mit **gemischt genutzten Grundstücken** ist regelmäßig ohne nähere Problematisierung eine Aufteilung nach dem **Flächenschlüssel** entsprechend A 15.17 Abs. 7 S. 5 Nr. 1 S. 2 UStAE **zu praktizieren!** Eine Aufteilung nach dem objektbezogenen Umsatzschlüssel kommt kann allenfalls in Betracht gezogen werden, wenn bei einem Gebäude die Nutzflächen nicht wesensgleich sind, etwa wenn die Ausstattung der den unterschiedlichen Zwecken dienenden Räume (nach FG Münster vom 08.12.2022, Az.: 5 K 1946/20 U z. B. Höhe der Räume, Dicke der Wände und Decken, Innenausstattung) erhebliche Unterschiede aufweist. Dann kann nicht davon ausgegangen werden, dass sich die Eingangsleistungen gleichmäßig auf die Flächen verteilen – mit der Folge, dass der Flächenschlüssel sich nicht mehr als die genauere Aufteilungsmethode erweist. So würde eine besonders aufwendige Ausstattung der Wohnräume bei gleichzeitig einfacher Ausstattung der zur Ausführung stpfl. Umsätze genutzten Räume bei der VSt-Aufteilung nach dem Flächenverhältnis zur Annahme eines unverhältnismäßig hohen Anteils des stpfl. verwendeten Leistungsbezugs und damit zu einem zu hohen VSt-Abzug führen.

Im Gegensatz zur umsatzsteuerlichen Behandlung von Erhaltungsaufwendungen u. Ä. sind bei einer **Gebäudeerrichtung** alle VSt aus den **AK oder HK** in die VSt-Aufteilung unter Berücksichtigung der Verwendung des gesamten Gebäudes zu vorsteuerschädlichen bzw. vorsteuerunschädlichen Umsätzen einzubeziehen (sog. **einheitliches Aufteilungsobjekt**, BFH vom 28.09.2006, Az.: V R 43/03, BStBl II 2007, 417 und A 15.16 Abs. 2 S. 7 UStAE).

Unter Beachtung der Präzisionsanforderungen vertrat der XI. Senat des BFH zunächst die Auffassung, dass bei Anschaffung oder Errichtung eines gemischt genutzten Gebäudes die Eingangsleistungen zur präziseren Bestimmung der abziehbaren VSt zunächst den stpfl. und steuerfreien Verwendungsumsätzen des Gebäudes zuzuordnen seien und sich die VSt-Aufteilung insoweit nur noch auf die verbliebenen, nicht zuordenbaren VSt beschränkt (EuGH-Vorlage des BFH vom 05.06.2014, Az.: XI R 31/09, DStR 2014, 1438). Zwar hat sich der EuGH dieser Auffassung auch mit der Maßgabe angeschlossen, dass diese Vorabzuordnung nach den einzelnen Verwendungen leicht durchführbar ist (EuGH vom 09.06.2016, Az.: C-332/14, DStR 2016, 1370). Allerdings hat sodann der XI. Senat daraufhin entsprechend der bisherigen Rspr. und Praxis entschieden, dass sich im Fall der Errichtung eines gemischt genutzten Gebäudes eine Zuordnung der Gegenstände oder Dienstleistungen zu den Umsätzen, für die sie verwendet werden, regelmäßig als zu komplex und somit schwer durchführbar erweist (BFH vom 10.08.2016, Az.: XI R 31/09, DStR 2016, 2280). Bei der Herstellung eines gemischt genutzten Gebäudes kann für den VSt-Abzug daher nicht darauf abgestellt werden, welche Aufwendungen in bestimmte Teile des Gebäudes eingehen, sondern vielmehr kommt es insoweit auf die prozentualen Verwendungsverhältnisse des gesamten Gebäudes an.

Wird ein Gebäude durch einen Unternehmer angeschafft oder hergestellt und soll dieses Gebäude sowohl für vorsteuerunschädliche als auch für vorsteuerschädliche Ausgangsumsätze verwendet werden, ist nach diesen Rechtsgrundsätzen **stets eine Aufteilung nach § 15 Abs. 4 UStG** vorzunehmen, bei der die **gesamten**, auf die AK oder HK des Gebäudes entfallenden **VSt-Beträge nach § 15 Abs. 4 UStG** aufzuteilen sind (A 15.17 Abs. 5 S. 3 UStAE).[14]

Erweiterungen eines Gebäudes i. S. d. § 255 Abs. 2 S. 1 HGB oder auch **nachträgliche HK** sind getrennt vom ursprünglichen AK oder HK zu betrachten und bilden daher ein – vom Altgebäude getrenntes – **eigenständiges Zuordnungs- bzw. Aufteilungsobjekt**. Für den

---

14 Zum VSt-Abzug in der sog. Investitionsphase s. Kap. 6.1.

VSt-Abzug kommt es insoweit auch nur auf die Verwendungsverhältnisse der neuen Gebäudeteile an (BMF vom 02.01.2014, IIV D 2 – S 7300/12/10002:001, BStBl I 2014, 119; EuGH vom 19.07.2012, Az.: C-334/10, DStR 2012, 1551).

Wird etwa im Rahmen einer nachträglichen Herstellungsmaßnahme ein bestehendes Gebäude um einen neuen Gebäudeteil erweitert, ist dementsprechend für die Zuordnung der nachträglichen HK ausschließlich auf die Verwendungsverhältnisse in dem neuen Gebäudeteil abzustellen (A 15.2c Abs. 9 S. 3 Nr. 2 UStAE). Über den VSt-Abzug aus nachträglichen AK oder HK ist allein anhand der Tätigkeiten zu entscheiden, denen die nachträglichen HK konkret dienen oder dienen sollen.

> **Beispiel 18: Dachgeschossausbau ohne eigenständige Nutzung**
> A hat in 01 auf eigenem Grundstück ein Gebäude mit HK von 250.000 € zzgl. 47.500 € USt errichten lassen. Er betreibt in dem Gebäude seit dem 02.01.02 seine Zahnarztpraxis nebst Labor. Im EG (150 qm) befindet sich die Praxis und im Obergeschoss (100 qm) das Labor. A lässt im Oktober 02 vom Tischler T das Dachgeschoss für 50.000 € zzgl. 9.500 € USt ausbauen. Die Fläche des Dachgeschosses beträgt 50 qm; ab dem 01.11.02 werden für die Praxis 20 qm und für das Labor 30 qm verwendet. Es liegen ordnungsgemäße Rechnungen vor.
>
> **Lösung:** Die steuerfreie Tätigkeit als Zahnarzt schließt nach § 4 Nr. 14 Buchst. a S. 1 UStG i.V.m. § 15 Abs. 2 S. 1 Nr. 1 UStG (ohne Rückausnahme in § 15 Abs. 3 UStG) den VSt-Abzug aus. Die Laborumsätze sind jedoch nach § 4 Nr. 14 Buchst. a S. 2 UStG stpfl. und ermöglichen somit den VSt-Abzug. Bei einer Aufteilung nach Nutzflächen erlaubte die Herstellung des Gebäudes einen VSt-Abzug i.H.v. 19.000 € (100/250 von 47.500 €).
>
> Der Dachgeschossausbau ist demgegenüber, obwohl sich darin die Nutzung des Altgebäudes fortsetzt, für die VSt-Aufteilung **selbständig zu beurteilen**. Mithin sind 3/5 der angefallenen VSt von 9.500 € abziehbar. Dies entspricht einem Betrag von 5.700 €. Ändert sich in den Folgejahren die Nutzung des Dachgeschosses, kann dies auch nur zu einer VSt-Berichtigung des eigenen Berichtigungsobjektes »Dachgeschoss« führen (§ 15a Abs. 6 UStG), aber nicht zu einer VSt-Berichtigung für das Altgebäude.

Dass nachträgliche AK oder HK stets ein eigenes Zuordnungs- und Berichtigungsobjekt bilden, ist nicht nur für die VSt-Aufteilung nach § 15 Abs. 4 UStG i.V.m. § 15 Abs. 2 S. 1 Nr. 1 UStG von Bedeutung, sondern auch für die Frage, ob § 15 Abs. 1b UStG zur Anwendung gelangt. Auch insoweit ist nämlich jeweils ausschließlich auf den durch die nachträglichen AK oder HK entstandenen Gebäudeteil abzustellen.

> **Beispiel 19: Kein objektbezogener Bestandsschutz bei »Altgebäuden« (Anlehnung an A 15.17 Abs. 8 UStAE mit dortigem Beispiel 2)**
> U hat in 2010 ein Gebäude errichten lassen (HK lt. ordnungsgemäßen Rechnungen 1.000.000 € zzgl. 190.000 € USt). Das EG nutzt U seither als Ladenlokal zu stpfl. Umsätzen, das gleichgroße Obergeschoss hat U an eine Privatperson vermietet. Sieben Jahre nach Fertigstellung des Gebäudes wird in 2017 das Dachgeschoss mit gleicher Grundfläche ausgebaut (Kosten 300.000 € zzgl. 57.000 € USt). Es entstehen dabei drei separat zugängliche, gleich große Einheiten, von denen eine stpfl. vermietet wird, eine steuerfrei vermietet wird und eine zu eigenen Wohnzwecken genutzt wird. Gleichzeitig lässt U das Treppenhaus zum Dachgeschoss erweitern (Kosten 50.000 € zzgl. 9.500 € USt). Des Weiteren lässt U eine Alarmanlage installieren, die das gesamte Gebäude sichert (Kosten 12.000 € zzgl. 2.280 € USt). Das neu ausgebaute Gebäude ist vollständig dem Unternehmen des U zugeordnet.

Lösung: Die Aufwendungen für den Ausbau des Dachgeschosses, die Erweiterung des Treppenhauses sowie der Einbau der Alarmanlage bilden jeweils (nachträgliche) HK. Für die Aufteilung der VSt aus der Errichtung des Dachgeschosses findet, weil der Ausbau in 2017 stattfindet, neben § 15 Abs. 2 S. 1 Nr. 1 UStG auch § 15 Abs. 1b UStG Anwendung. Dass das »Altgebäude« zu einer Zeit errichtet wurde, als § 15 Abs. 1b UStG noch nicht zur Anwendung gelangen konnte (§ 27 Abs. 16 UStG), bleibt ohne Bedeutung. Es gibt keinen Bestandsschutz für nachträgliche Baumaßnahmen (A 15.6a Abs. 8 UStG). Soweit das Dachgeschoss zu eigenen Wohnzwecken genutzt wird, ist damit der VSt-Abzug anteilig bereits nach § 15 Abs. 1b UStG ausgeschlossen, für die steuerfreie Vermietung ergibt sich ein anteiliger Ausschluss nach § 15 Abs. 2 S. 1 Nr. 1 UStG. Legt man für die Aufteilung nach § 15 Abs. 4 UStG die Nutzflächen zugrunde, sind bei einer zu lediglich einem Drittel vorsteuerunschädlichen Verwendung des Dachgeschosses die VSt aus dem Dachausbau lediglich i. H. v. 19.000 € abziehbar.

Die Aufwendungen für die Erweiterung des Treppenhauses sind ebenfalls dem Dachgeschoss zuzuordnen, da sie ausschließlich durch den Ausbau des Dachgeschosses verursacht sind. Die VSt sind daher wiederum nach den Nutzungsverhältnissen des Dachgeschosses aufzuteilen und ebenfalls zu einem Drittel, d. h. i. H. v. 3.166,66 € abziehbar.

Die Aufwendungen für den Einbau der Alarmanlage sind dem gesamten Gebäude in seinen neuen Nutzungsverhältnissen zuzuordnen, da die Alarmanlage das gesamte Gebäude sichert. Bei einer Aufteilung entsprechend den Nutzflächen sind die für die Alarmanlage angefallenen VSt von 2.280 € entsprechend dem dann für das Gesamtgebäude geltenden Aufteilungsschlüssel von 55,56 % vorsteuerunschädlicher Nutzung zu 44,44 % vorsteuerschädlicher Nutzung i. H. v. 1.013,23 € abziehbar.

Beispiel 20: Installation einer Photovoltaikanlage mit Dachsanierung

U nutzt ein Gebäude teilweise auch zu vorsteuerabzugsschädlichen Zwecken. Zur Vorbereitung der Installation einer Photovoltaikanlage ist U aus bautechnischen Gründen gezwungen, den maroden Dachstuhl zu sanieren und anschließend neu einzudecken. Aus statischen Gründen muss U aber zusätzlich auch den gesamten Dachstuhl verstärken, damit dieser die Last der Photovoltaikanlage tragen kann. Der Betrieb der Photovoltaikanlage dient ausschließlich zur stpfl. Stromlieferung.

Lösung: Die Aufwendungen für die Neueindeckung bzw. Dachsanierung im Zusammenhang mit der Neuinstallation einer Photovoltaikanlage stehen regelmäßig sowohl in einem direkten und unmittelbaren Zusammenhang mit dem Betrieb der Photovoltaikanlage als auch mit dem Gesamtbauwerk, welches durch das Dach geschützt wird (BFH vom 19.07.2011, Az.: XI R 29/09, BStBl II 2012, 430; 434; 438). Insoweit sind diese Aufwendungen als Erhaltungsaufwand dem gesamten Gebäude zuzurechnen, sodass sich der VSt-Abzug deshalb nach der Verwendung des gesamten Gebäudes richtet (BFH vom 14.03.2012, Az.: XI R 26/11, BFH/NV 2012, 1192). Die Ermittlung des abziehbaren Teils der VSt richtet sich mangels Vergleichbarkeit nicht auf das Verhältnis der Dach- und Innenraumflächen, sondern regelmäßig nach dem objektbezogenen Umsatzschlüssel. Fehlt es an einem entgeltlichen Umsatz für das Innere des Gebäudes und/oder an einer entgeltlichen Nutzung der Dachfläche, ist auf das Verhältnis fiktiver Vermietungsumsätze abzustellen. Dabei ist allerdings zu berücksichtigen, dass auch das Gebäudeinnere teilweise vorsteuerabzugsschädlich genutzt wird, sodass unter Berücksichtigung des insoweit präziseren Flächenschlüssels in einem weiteren Schritt der auf die Innenfläche entfallende abziehbare Teil der VSt anhand des Flächenschlüssels zu ermitteln ist. Insoweit ist auch die von § 15 Abs. 1 S. 2 UStG geforderte unternehmerische Mindestnutzung zu beachten, sodass beim VSt-Abzug aus einer Werklieferung für die gesamte Dachfläche eines Gebäudes daher die Verwendungsmöglichkeit des gesamten Gebäudes in die erforderliche Verhältnisrechnung einbezogen werden muss (BFH vom 03.08.2017, Az.: V R 59/16, DStR 2017, 2047).

Die Verstärkung des vorhandenen Dachstuhls erfolgt demgegenüber einzig aus statischen Gründen für die Photovoltaikanlage und ohne weiteren Nutzungs- und Funktionszusammenhang zum restlichen Gebäude, sodass hieraus der volle VSt-Abzug wegen der stpfl. Stromlieferung möglich ist.

6 Zeitpunkt des Vorsteuerabzugs

6.1 Recht auf Sofortabzug der Vorsteuer (ggf. anhand der Verwendungsabsicht)

Der VSt-Abzug aus einer Eingangsleistung kann grds. erst in dem Besteuerungszeitraum vom Unternehmer geltend gemacht werden, in dem (kumulativ) **die bezogene Lieferung oder sonstige Leistung ausgeführt** worden **und** der vorsteuerabzugsberechtigte Unternehmer im Besitz einer ordnungsgemäßen **Rechnung** i. S. d. §§ 14, 14a UStG ist. Eine solche Rechnung ist danach also **materiell-rechtliche Voraussetzung für das Entstehen des VSt-Anspruchs** (A 15.2a Abs. 7 UStAE). Fallen Leistungsbezug und Empfang der Rechnung zeitlich auseinander, ist der VSt-Abzug daher erst in dem VAZ zulässig, in dem erstmalig beide Voraussetzungen erfüllt sind (A 15.2 Abs. 2 S. 8 UStAE). Wird die Rechnung erstmalig in einem auf die Ausführung der Lieferung oder sonstigen Leistung folgenden VAZ ausgestellt, tritt grds. keine Rückwirkung auf den Zeitpunkt der Leistungsausführung ein (BFH vom 20.07.2012, V B 82/11, BStBl II 2012, 809). Auf die Zahlung wird hierbei nicht abgestellt;[15] im Falle einer Nicht- oder nicht vollständigen Zahlung ist jedoch die Berichtigung eines etwaigen VSt-Abzugs nach § 17 UStG zu prüfen.

> **Beispiel 21: Verschiedene Zeitpunkte**
>
> Der Unternehmer wird im Januar 01 mit Waren beliefert. Hierfür erhält er im März 01 eine ordnungsgemäße Rechnung, in der USt i. H. v. 190 € offen ausgewiesen wird und die er im April 01 begleicht.
>
> **Lösung:** Die Voraussetzungen für den VSt-Abzug liegen kumulativ erst im März 01 vor, sodass der Unternehmer erst in der USt-VA für den Monat März 01 die VSt geltend machen kann. Wird der VSt-Abzug im März 01 unterlassen, kann der Unternehmer, solange noch keine Jahresfestsetzung erfolgt ist, eine berichtigte USt-VA einreichen und so den VSt-Abzug nachholen. Er kann den VSt-Abzug aber auch noch im Rahmen seiner Jahresfestsetzung für das Jahr 01 geltend machen, da der VSt-Abzug nach § 16 Abs. 2 UStG für den Besteuerungszeitraum geltend zu machen ist, in dem die Berechtigung zum VSt-Abzug entstanden ist und der Besteuerungszeitraum nach § 16 Abs. 1 S. 2 UStG das jeweilige Kj. ist (BFH vom 01.12.2010, Az.: XI R 28/08, BStBl II 2011, 994). Der VSt-Abzug kann aber weder in einer USt-VA des Jahres 2016 noch in der Jahreserklärung 2016 geltend gemacht werden (BFH vom 13.02.2014, Az.: V R 8/13, BStBl II 2014, 595).

Bereits **im Zeitpunkt des Leistungsbezugs** hat der Unternehmer i. Ü. die Entscheidung über die Zuordnung der bezogenen Lieferungen und sonstigen Leistungen zum Unternehmen zu treffen (A 15.12 Abs. 1 S. 6 UStAE). Dies folgt aus dem **Grundsatz des Sofortabzugs der VSt** aus Art. 167 MwStSystRL, da hiernach das Recht auf VSt-Abzug in dem Zeitpunkt entsteht, in dem der Anspruch auf die abziehbare Steuer – mithin mit Ausführung der Lieferung oder sonstigen Leistung – entsteht.

---

15 Nach der jüngsten Entscheidung des EuGH vom 10.02.2022 (Az.: C-9/20, DStR 2022, 255) kann der Leistungsempfänger eines »Ist-Versteuerers« sein VSt-Abzugsrecht erst dann ausüben, wenn der Steueranspruch des Fiskus gegen den leistenden »Ist-Versteuerer« nach § 13 Abs. 1 Nr. 1 Buchst. b UStG mit der tatsächlichen Vereinnahmung des Entgelts entstanden ist. Solange das EuGH-Urteil im Hinblick auf den Leistungsbezug vom »Ist-Versteuerer« noch nicht in das deutsche Recht »umgesetzt« ist, können sich davon betroffene stpfl. Leistungsempfänger nach dem »Günstigerprinzip« wahlweise vorübergehend auf die von ihnen jeweils für vorteilhafter erachtete Rechtslage berufen.

Steht die tatsächliche unternehmerische Verwendung im Zeitpunkt des Leistungsbezugs aber noch nicht fest, ist die beabsichtigte Verwendung (sog. **Verwendungsabsicht**) zu diesem Zeitpunkt für den VSt-Abzug maßgebend (A 15.12 Abs. 1 S. 5 UStAE). Im Zusammenhang mit § 15 Abs. 2 UStG ist entscheidend, ob der Unternehmer im Zeitpunkt des Leistungsbezugs **die Absicht hat, die Eingangsumsätze für vorsteuerunschädliche Umsätze zu verwenden** (A 15.12. Abs. 1 S. 7 UStAE). Entsprechend dem Grundsatz des Sofortabzugs muss der Unternehmer bei jedem einzelnen Leistungsbezug sofort über die beabsichtigte Verwendung der bezogenen Leistung entscheiden (A 15.12. Abs. 1 S. 8 UStAE). Die Verwendungsabsicht muss objektiv belegt und in gutem Glauben erklärt werden (A 15.2c Abs. 12 S. 3 UStAE). Daher bleibt bei einem für das Unternehmen erfolgten Leistungsbezug der Untergang bzw. Verlust der bezogenen Gegenstände (z. B. Diebstahl von Waren) genauso ohne Auswirkungen auf den VSt-Abzug, wie wenn die Absicht später aufgegeben wird und es später nicht zu den ursprünglich beabsichtigten Verwendungsumsätzen kommt (A 15.12. Abs. 1 S. 13 UStAE).

> **Beispiel 22: Steuerfreie statt beabsichtigter steuerpflichtiger Vermietung**
>
> U lässt auf einem zu seinem Unternehmensvermögen gehörenden Grundstück ein zweigeschossiges Haus errichten. Das Gebäude wird im Jahr 01 errichtet; die über die gesamte Bauleistung abrechnende Rechnung (1,25 Mio. € zzgl. 237.500 € USt) datiert ebenfalls aus dem Jahr 01. U beabsichtigte, das gesamte Gebäude stpfl. zu vermieten. Tatsächlich kann er nur 50 % des Gebäudes stpfl. vermieten. Ansonsten vermietet er das Gebäude an Privatpersonen. Sämtliche Mietverträge datieren vom 02.01.02. Die Mieterstruktur ändert sich weder in 02 noch in 03.
>
> **Lösung:** Über den VSt-Abzug ist endgültig im Zeitpunkt des Leistungsbezuges zu entscheiden. Sofern U die Absicht, insgesamt stpfl. vermieten zu wollen, objektiv glaubhaft machen kann, steht ihm in 01 der volle VSt-Abzug i. H. v. 237.500 € zu. Deckt sich die spätere tatsächliche Verwendung nicht mit der beabsichtigten, führt dies zu einer VSt-Berichtigung nach § 15a UStG, denn es haben sich die »für den ursprünglichen VSt-Abzug maßgebenden Verhältnisse« geändert. Erstes Berichtigungsjahr ist für U das Jahr 02. Angesichts der tatsächlichen Verwendung des Gebäudes muss U 50 % des jährlichen VSt-Volumens, also 11.875 € (237.500 € x 1/10 x 50%), in 02 berichtigen. Die gleiche Pflicht trifft ihn für das Jahr 03. Der Vorteil für U liegt auf der Hand: Unterstellt, die Nutzung des Jahres 02 setzt sich über den gesamten BZ fort, muss U den in 01 geltend gemachten VSt-Abzug i. H. v. 237.500 € abschnittsweise erst mit Ablauf der zehnjährigen Nutzung auf 118.750 € berichtigen. Dies schafft einen erheblichen Finanzierungsvorteil. Zum VSt-Abzug in der sog. Investitionsphase s. Kap. XVI Beispiel 1.

Hinweis: In der Praxis hängt viel davon ab, welche Anforderungen an die objektiven Anhaltspunkte für eine bestimmte Verwendungsabsicht gestellt werden. A 15.12 Abs. 2 S. 4 UStAE fordert »konkrete Nachweise [...], die einem strengen Prüfungsmaßstab unterliegen«. Unklarheiten gehen zulasten des Unternehmers. Als Beispiel für Anhaltspunkte, mit denen Verwendungsabsichten belegt werden können, nennt A 15.12 Abs. 2 S. 1 UStAE »Mietverträge, Zeitungsinserate, Beauftragung eines Maklers, Schriftwechsel mit Interessenten, Vertriebskonzepte, Kalkulationsunterlagen«.

6.2 Vorsteuerabzug aus Anzahlungen (§ 15 Abs. 1 S. 1 Nr. 1 S. 3 UStG)

Ein **VSt-Abzug** ist auch bereits **gem. § 15 Abs. 1 S. 1 Nr. 1 S. 3 UStG vor Leistungsausführung möglich**, wenn der Leistungsempfänger eine Zahlung vor Leistungsausführung leistet (Vorauszahlung, **Anzahlung**, Abschlagszahlung) und eine nach §§ 14, 14a UStG ausgestellte

Rechnung bzw. Gutschrift vorliegt. Das Recht auf VSt-Abzug entsteht mit Ablauf des VAZ, in dem sowohl die Rechnung vorliegt als auch die Zahlung geleistet wurde, und ist insoweit auf die Höhe des in der Zahlung enthaltenen USt-Betrages beschränkt. Eine Rechnung im vorgenannten Sinne liegt jedoch nur dann vor, wenn sie als solche z. B. nach ihrer Aufmachung durch Bezeichnung als Vorausrechnung auf den ersten Blick ohne Kenntnis der Sachlage als bloße »Vorausrechnung« erkennbar ist (BFH vom 05.02.1998, Az.: V R 65/97, BStBl II 1998, 415).

Hinweis: Zahlungen vor der Leistungsausführung sind von den Teilleistungen abzugrenzen, bei denen bereits eine Leistung erbracht wurde und insoweit ein VSt-Abzug ohne Erfordernis der Zahlung nach § 15 Abs. 1 S. 1 Nr. 1 S. 1 UStG in Betracht kommt. Teilleistungen liegen vor, wenn für bestimmte Teile einer wirtschaftlich teilbaren Leistung das Entgelt gesondert vereinbart wird (§ 13 Abs. 1 Nr. 1 Buchst. a S. 3 UStG). Derartige Teilleistungen sind z. B. bei Mietverträgen über eine bestimmte Laufzeit gegeben, wenn sie in monatliche Zahlungs- und Leistungsabschnitte untergliedert sind und durch die monatlichen Zahlungsaufforderungen oder -belege konkretisiert werden (s. auch Kap. X 1.1).

Wird die **Lieferung oder sonstige Leistung** nach der Vorauszahlung **tatsächlich nicht erbracht**, ist der VSt-Abzug gem. § 17 Abs. 2 Nr. 2 i. V. m. Abs. 1 S. 2 UStG zu dem Zeitpunkt, in dem feststeht, dass die Leistung nicht mehr erbracht wird und die geleistete Anzahlung vom Lieferer zurückgezahlt wurde, zu korrigieren (A 17.1 Abs. 7 S. 3 UStAE).

> **Beispiel 23: VSt-Abzug bei Anzahlungen**
>
> Bauunternehmer B hat sich gegenüber dem Unternehmer U im März 01 verpflichtet, eine Lagerhalle zum Festpreis von 240.000 € zu errichten, die im August 01 fertiggestellt sein soll. B sendet dem U im Mai 01 für eine im Juni 01 zu leistende Anzahlung eine Rechnung über 100.000 € + 19.000 € USt zu. U überweist im Juni 100.000 € und erst Anfang Juli 01 die geforderten weiteren 19.000 €. Mit der Fertigstellung der Lagerhalle im August erhält U eine ordnungsgemäße Schlussrechnung. Den Restbetrag von 121.000 € zahlt U, der die Lagerhalle zu vorsteuerunschädlichen Umsätzen nutzt, Anfang September 01.
>
> **Lösung:** B tätigt gegenüber dem U mit der Errichtung der Lagerhalle eine nach § 1 Abs. 1 Nr. 1 UStG stpfl. Werklieferung. VAZ für den VSt-Abzug des U ist grds. der VAZ, indem erstmals alle Voraussetzungen des § 15 Abs. 1 S. 1 Nr. 1 UStG vorliegen. Eine dieser Voraussetzungen bildet der Leistungsbezug von einem anderen Unternehmer, der hier erst im August erfolgt. Spiegelbildlich zum Entstehen von USt vor Ausführen der Leistung nach § 13 Abs. 1 Nr. 1 Buchst. a S. 4 UStG ist nach § 15 Abs. 1 S. 1 Nr. 1 S. 3 UStG aber auch ein VSt-Abzug vor Erhalt der Leistung möglich, wenn vorher eine Zahlung erfolgt und eine Rechnung vorliegt. Ist der gesondert ausgewiesene Steuerbetrag höher als die Steuer, die auf die Zahlung vor Umsatzausführung entfällt, so kann vorweg nur der Steuerbetrag abgezogen werden, der in dem im Voraus geleisteten Betrag enthalten ist. Daraus folgt: U kann im Juni die in 100.000 € enthaltene USt von 15.966,39 € und im Juli die in 19.000 € enthaltene USt von 3.033,61 € abziehen. Ist die Leistung erbracht, spielt die Zahlung wie beim Entstehen allerdings keine Rolle mehr. Die restliche USt von 19.319,33 € kann U nach § 15 Abs. 1 S. 1 Nr. 1 S. 1 UStG im VAZ August 01 geltend machen.

Nach Ausführung der Lieferung oder sonstigen Leistung rechnet der leistende Unternehmer regelmäßig durch eine End- bzw. Schlussrechnung ab.

Beispiel 24: Erteilung einer Endrechnung

Bauunternehmer B erstellt für einen Auftraggeber einen Rohbau, für den er bei Baubeginn am 01.02. eine ordnungsgemäße Abschlagsrechnung i. H. v. 100.000 € zzgl. 19.000 € USt erteilt hat. Nach Fertigstellung des Bauvorhabens möchte B eine Schlussrechnung über den gesamten Auftragswert i. H. v. 150.000 € (netto) erteilen.

Lösung: In einer Endrechnung sind die vor Ausführung der Lieferung oder sonstigen Leistung vereinnahmten Teilentgelte und die auf sie entfallende USt abzusetzen, wenn insoweit Rechnungen i. S. d. § 14 UStG ausgestellt worden sind. Im Fall von mehreren Anzahlungsrechnungen genügt es, wenn der Gesamtbetrag der vorausgezahlten Entgelte und die Summe der darauf entfallenden USt abgesetzt werden. Alternativ erlaubt die FinVerw, auch die Gesamtbeträge der Voraus- oder Anzahlungen abzusetzen und die darin enthaltene USt zusätzlich anzugeben. Wird in der Endrechnung der Gesamtbetrag der USt für die Leistung angegeben, braucht der auf das verbleibende restliche Entgelt entfallende Steuerbetrag nicht angegeben zu werden (A 14.8 Abs. 7 UStAE mit dortigen Beispielen).

Auftragswert (netto)	150.000 €
zzgl. USt (19%)	28.500 €
Gesamtpreis (brutto)	178.500 €
abzgl. Abschlagsrechnung vom 01.02.	119.000 €
verbleibende Restzahlung	**59.500 €**
darin enthaltene USt (19%)	**9.500 €**
in der Abschlagsrechnung enthaltene USt	19.000 €

oder

	Preis	Entgelt	Umsatzsteuer
	178.500 €	150.000 €	28.500 €
./. Abschlagsrechnung vom 01.02.	119.000 €	100.000 €	19.000 €
verbleibende Restzahlung	**59.500 €**	**50.000 €**	**9.500 €**

XVI Berichtigung des Vorsteuerabzugs (§ 15a UStG)

Wie im vorhergehenden Kapitel dargelegt, ist die Entscheidung, ob und in welchem Umfang VSt abgezogen werden können, materiell endgültig regelmäßig bereits beim Bezug der jeweiligen Leistungen zu treffen, für die der VSt-Abzug beansprucht wird. Weicht die nachfolgende tatsächliche Verwendung von der ursprünglich beabsichtigten Verwendung ab, können Korrekturen des VSt-Abzugs nach den Änderungsvorschriften der AO nur dann ausnahmsweise erfolgen, wenn der Unternehmer seine Verwendungsabsicht im Zeitpunkt des Leistungsbezugs nicht durch »objektive Anhaltspunkte« belegen kann oder ein Fall des »Missbrauchs« bzw. »Betrugs« vorliegt.

Eine Orientierung an den beabsichtigten Verwendungsverhältnissen beim Leistungsbezug ist sachlich allerdings nur gerechtfertigt, wenn sich diese Verwendungsverhältnisse tatsächlich realisieren. **Entsprechen die tatsächlichen Verhältnisse nicht der zum Zeitpunkt des VSt-Abzugs zugrunde gelegten Prognose**, bedarf es einer Korrektur des VSt-Abzugs. Dies geschieht über eine **VSt-Berichtigung** nach § 15a UStG. Deren Ziel ist es, **den VSt-Abzug nach § 15 UStG im Ergebnis den tatsächlichen Verwendungsverhältnissen anzupassen**. Ohne eine solche Anpassung käme es zu ungerechtfertigten Steuervor- oder -nachteilen.

Die Aufgabe einer VSt-Berichtigung im Grundfall nach § 15a Abs. 1 UStG ist folglich, den ursprünglichen VSt-Abzug für ein WG, das nicht nur einmalig zur Ausführung von Umsätzen verwendet wird (sog. **Investitionsgut**), zu korrigieren, **wenn sich** innerhalb eines zeitlich beschränkten sog. Berichtigungszeitraums (BZ) **nach der erstmaligen Verwendung die für den ursprünglichen VSt-Abzug maßgebenden Verhältnisse ändern**. Das ist regelmäßig die im Zeitpunkt des Leistungsbezug beabsichtigte Verwendung, sodass folgerichtig eine VSt-Berichtigung auch ausgelöst sein kann, wenn bereits die erstmalige Nutzung im Kj. der erstmaligen Verwendung des WG nicht der prognostizierten Verwendung entspricht (A 15a.2 Abs. 2 S. 1 – 2 UStAE).[1]

> **Beispiel 1: VSt-Abzug während Investitionsphase und VSt-Berichtigung**
>
> Unternehmer U errichtet ein Bürogebäude. Die für die Herstellung des Gebäudes in Rechnung gestellten VSt-Beträge betragen im Jahr 01 150.000 € und im Jahr 02 450.000 €. Im Jahr 01 beabsichtigte U noch, das Gebäude nach Fertigstellung zu 100 % für zum VSt-Abzug berechtigende Zwecke zu verwenden, während er im Jahr 02 beabsichtigte, das Gebäude gar nicht mehr für zum VSt-Abzug berechtigende Zwecke zu verwenden. Seine Verwendungsabsicht konnte er jeweils schlüssig darlegen.
>
> **Lösung:** Insgesamt wurden U 600.000 € VSt-Beträge in Rechnung gestellt. Ursprünglich hatte er einen VSt-Abzug i. H. v. 150.000 € geltend gemacht. Das für eine VSt-Berichtigung nach § 15a UStG maßgebende prozentuale Verhältnis des ursprünglichen VSt-Abzugs zum VSt-Volumen beträgt insgesamt 25 % (150.000 € : 600.000 €; A 15a.1 Abs. 3 UStAE). Eine Änderung der Verhältnisse liegt insoweit bereits im Erstjahr vor, da U das Gebäude seit der erstmaligen Verwendung ausschließlich vorsteuerschädlich verwendet (fiktive Berechtigung zum VSt-Abzug: 0 % anstatt der tatsächlichen 25 %).

Während von § 15a Abs. 1 UStG vorrangig nur Investitionsgüter erfasst werden, ist eine VSt-Berichtigung gem. **§ 15a Abs. 2 UStG auch** möglich, wenn sich die Verhältnisse bei einem **WG** ändern, das nur **einmalig im Unternehmen zur Ausführung eines Umsatzes verwendet** wird (hierzu später Kap. 4.1).

---

1 Die VSt-Berichtigung setzt allerdings einen ursprünglichen – tatsächlich vorgenommenen – VSt-Abzug voraus. Dieser kann sich aber auch aus einer in der USt-Erklärung nicht ausdrücklich angegebenen Saldierung der USt mit einem korrespondierenden VSt-Abzug nach § 15 Abs. 1 S. 1 Nr. 3 oder Nr. 5 UStG ergeben (A 15a.1 Abs. 4 UStAE).

Nach § 15a Abs. 3 S. 1 UStG sind einerseits **auch** solche **WG** von einer VSt-Berichtigung betroffen, **die nachträglich in ein anderes WG eingehen und dabei ihre körperliche und wirtschaftliche Eigenart endgültig verlieren,** und **andererseits auch sonstige Leistungen, die an einem WG ausgeführt werden** (hierzu später Kap. 4.2). Gehen im Rahmen einer Maßnahme mehrere Gegenstände in ein WG ein oder werden im Rahmen einer Maßnahme mehrere sonstige Leistungen an einem WG ausgeführt, sind diese zu einem Berichtigungsobjekt zusammenzufassen (§ 15a Abs. 3 S. 2 UStG).

Die **übrigen sonstigen Leistungen** werden über **§ 15a Abs. 4 UStG** von einer VSt-Berichtigung nur ausnahmsweise erfasst, **wenn für sie in der Steuerbilanz ein Aktivierungsgebot bestünde** (hierzu später Kap. 4.3).

Im Zusammenhang mit der VSt-Beschränkung des **§ 15 Abs. 1b UStG** für (teilweise nichtunternehmerisch) gemischt genutzte Grundstücke **korrespondieren** die **Regelungen über die VSt-Berichtigung in § 15a Abs. 6a und Abs. 8 S. 2 UStG.** Änderungen der Verhältnisse zwischen der unternehmerischen und nichtunternehmerischen Tätigkeit und in den Fällen der Entnahme nach § 3 Abs. 1b UStG der Veräußerung innerhalb des BZ werden hiernach einer VSt-Berichtigung unterworfen. Zwingende Voraussetzung ist aber – wie bereits im Zusammenhang mit dem VSt-Abzug aufgezeigt–, dass das Grundstück – ungeachtet der nur teilweise unternehmerischen Nutzung – insgesamt vom Unternehmer seinem Unternehmen zugeordnet worden ist (hierzu Kap. XV 1.3.5).

In diesem Kontext ist auch die **Billigkeitsregelung in A 15a.1 Abs. 7 UStAE** zu sehen, nach der eine VSt-Berichtigung auch durchzuführen ist, wenn sich bei einem teilweise auch nichtunternehmerisch i. e. S. genutzten WG der Anteil unternehmerischer Nutzung zu einem späteren Zeitpunkt erhöht.

Um die VSt-Berichtigung nicht ausufern zu lassen, hat der Gesetzgeber in den §§ 44 – 45 UStDV Vereinfachungsregelungen vorgesehen.

1 Änderung der Verhältnisse bei Wirtschaftsgütern des Anlagevermögens (§ 15a Abs. 1 UStG)

1.1 Berichtigungsobjekt

Die von § 15a Abs. 1 UStG erfassten **Berichtigungsobjekte** sind **WG, die nicht nur einmalig zur Ausführung von Umsätzen verwendet werden.** Das sind i. d. R. die WG, die ertragsteuerrechtlich abnutzbares oder nicht abnutzbares AV darstellen oder – sofern sie nicht zu einem BV gehören – als solche WG anzusehen wären. Allerdings ist die ertragsteuerliche Beurteilung als AV oder UV umsatzsteuerrechtlich nicht entscheidend (A 15a.1 Abs. 2 Nr. 1 UStAE). Der **Klausurklassiker** ist das **Gebäude** (seltener eine Fertigungsmaschine).

1.2 Änderung der Verhältnisse

Eine Berichtigung des ursprünglichen VSt-Abzugs erfordert nach allen Berichtigungsvorschriften des § 15a UStG ab dem Zeitpunkt der erstmaligen Verwendung (des WG) eine Änderung der für den ursprünglichen VSt-Abzug maßgebenden Verhältnisse. **Verwendung** in diesem Sinne ist die **tatsächliche** Nutzung des Berichtigungsobjekts zur Erzielung von Umsätzen

(A 15a.2 Abs. 1 S. 1 UStAE). Als Verwendung sind **auch** die **Veräußerung** bzw. **uWa** nach § 3 Abs. 1b und 9a UStG anzusehen (A 15a.2 Abs. 1 S. 2 UStAE). Für die Frage, ob eine **Änderung der Verhältnisse** vorliegt, sind die **Verhältnisse im Zeitpunkt der tatsächlichen Verwendung im Vergleich zum – auf Grundlage der Verwendungsabsicht vorgenommenen – ursprünglichen VSt-Abzug** entscheidend (A 15a.2 Abs. 2 S. 1 – 2 UStAE).

1.2.1 Keine Anwendung beim Wechsel von unternehmensfremder (privater) zu unternehmerischer Nutzung

Nicht jede Änderung der Verhältnisse von Berichtigungsobjekten i.S.d. § 15a UStG begründet aber den Anwendungsbereich einer VSt-Berichtigung nach § 15a UStG. Insb. die **Einlage von WG** aus dem nichtunternehmerischen Bereich eines Unternehmers in sein Unternehmen löst **keine VSt-Berichtigung** zu seinen Gunsten aus. Es fehlt schlicht im Zeitpunkt des Leistungsbezugs an den anspruchsbegründenden Voraussetzungen des § 15 Abs. 1 UStG. Denn wenn ein WG von einem Unternehmer für seinen nichtunternehmerischen Bereich bezogen wurde, kann er es im Regelfall nicht seinem Unternehmen zuordnen.

> **Beispiel 2: Einlage aus dem Privatbereich**
>
> Der Beamte B hatte sich zum 01.07.01 einen Pkw für 30.000 € + 5.700 € USt angeschafft. Zum 01.04.02 macht er sich als Unternehmensberater selbständig und verwendet den Pkw fortan ausschließlich für stpfl. unternehmerische Zwecke.
>
> **Alternative:** Zum Zeitpunkt des Erwerbs am 01.07.01 war B als Unternehmensberater aktiv, zum 01.04.02 wechselt er in den öffentlichen Dienst.
>
> **Lösung:** Beim Erwerb des Wagens kam für B ein VSt-Abzug hinsichtlich der 5.700 € USt schon deshalb nicht in Betracht, weil es ihm seinerzeit an der Grundvoraussetzung hierfür, der Unternehmerstellung, fehlte. Der VSt-Abzug wird B auch nicht zeitanteilig nachträglich ab dem 01.04.02 gewährt, wenn B das Fahrzeug einer stpfl. unternehmerischen Nutzung zuführt. **Die Einlage in das Unternehmen erfolgt mithin vorsteuerbelastet.**
>
> **Lösung (Alternative):** Der VSt-Abzug bei Erwerb des Wagens i.H.v. 5.700 € USt bleibt B hier nicht erhalten. Der Wechsel in den öffentlichen Dienst zum 01.04.02 führt hinsichtlich des Wagens zu einer Entnahme, die eine Besteuerung als uWa nach § 1 Abs. 1 Nr. 1 UStG i.V.m. § 3 Abs. 1b S. 1 Nr. 1 UStG auf der Basis des Wiederbeschaffungspreises des Wagens zum Zeitpunkt der Entnahme auslöst.

Dieser Wertungswiderspruch ist hinzunehmen. Danach soll der Umstand, dass jemand, der einen Gegenstand als Nichtstpfl. angeschafft hat, später aber die StPfl.-Eigenschaft erlangt, kein Recht auf nachträglichen Abzug der für diesen Gegenstand entrichteten Mehrwertsteuer eröffnen, und damit nicht zu einer VSt-Berichtigung führen können (A 15a.1 Abs. 6 S. 2 Nr. 1 UStAE).

1.2.2 Besonderheiten bei § 15 Abs. 1b UStG und nichtwirtschaftlicher Nutzung i.e.S.

Anderes gilt allerdings **für gemischt genutzte Gebäude**, die sowohl unternehmerisch als auch nichtunternehmerisch genutzt werden, und **bei denen der VSt-Abzug** trotz voller Zuordnung zum Unternehmen **nach § 15 Abs. 1b UStG** deshalb von vornherein **auf den unternehmerisch genutzten Teil beschränkt war**. Kommt es bei Grundstücken im Laufe des BZ zu einer Änderung des Anteils der unternehmerischen zur nichtunternehmerischen Nutzung, ist dem nach § 15a Abs. 6a UStG durch eine VSt-Berichtigung Rechnung zu tragen. Damit wird für den Bereich der Grundstücksnutzung bestimmt, dass sowohl eine nachträgliche Erhöhung als auch eine Verringerung des Anteils der unternehmerischen Verwendung zu einer VSt-Berichtigung führt und nicht wie bei anderen WG über die uWa i. S. d. § 3 Abs. 9a Nr. 1 UStG korrigiert wird. Dies folgt daraus, dass § 15 Abs. 1b UStG überhaupt nur dann als VSt-Beschränkung zur Anwendung gelangt, wenn das teilunternehmerisch genutzte Grundstück bei Erwerb trotz der nur teilweisen unternehmerischen Nutzung insgesamt (d. h. auch mit dem nichtunternehmerisch genutzten Anteil) dem Unternehmen zugeordnet worden ist (dazu bereits Kap. XV 1.3.3).

> **Beispiel 3: Ausdehnung unternehmerischer Grundstücksnutzung**
>
> Unternehmer U nutzt ein in 01 errichtetes Gebäude zu 50 % für stpfl. unternehmerische Zwecke und zu 50 % für eigene Wohnzwecke (ergo unternehmensfremd). Er hat das Gebäude insgesamt seinem Unternehmen zugeordnet. Aus der Herstellung sind 100.000 € VSt angefallen. In 02 erhöht sich der Anteil unternehmerischer Nutzung auf 75 %.
>
> **Lösung:** In 01 ist der VSt-Abzug trotz voller Zuordnung zum Unternehmen gem. § 15 Abs. 1b UStG auf 50 % = 50.000 € begrenzt. Für das Jahr 02 wird zugunsten des U eine VSt-Korrektur nach § 15a Abs. 6a UStG i.V. m. § 15a Abs. 1 und Abs. 5 UStG ausgelöst.

Aus Billigkeitsgründen gilt Entsprechendes, wenn ein Unternehmer für einen **sowohl unternehmerisch als auch nichtwirtschaftlich i.e.S. verwendeten einheitlichen Gegenstand** nach § 15 Abs. 1 UStG nur für den unternehmerisch genutzten Anteil zum VSt-Abzug berechtigt gewesen ist und sich **die unternehmerische Nutzung innerhalb des BZ** erhöht. Dann kann nach den Grundsätzen des § 15a UStG zugunsten des Unternehmers aus Billigkeitsgründen eine VSt-Berichtigung vorgenommen werden (A 15a.1 Abs. 7 S. 1 UStG). Macht der Unternehmer von dieser Billigkeitsmaßnahme Gebrauch, gilt der Gegenstand auch insoweit als dem Unternehmen zugeordnet (A 15a.1 Abs. 7 S. 2 UStAE). Der umgekehrte Fall führt zu einer uWa i. S. d. § 3 Abs. 9a Nr. 1 UStG. Hintergrund der Billigkeitsregelung ist vorrangig eine Gleichstellung zwischen der Verwendung für unternehmensfremde und nichtwirtschaftliche Tätigkeiten i.e.S. Denn wenn ein Grundstück nicht unternehmensfremd, sondern für nichtwirtschaftliche Tätigkeiten i.e.S. verwendet wird, ist eine Zuordnung zum Unternehmen bereits vorrangig durch § 15 Abs. 1 UStG gesperrt und die Regelung des § 15 Abs. 1b UStG in den Fällen der späteren Erhöhung der unternehmerischen Verwendung nicht anwendbar (A 3.4 Abs. 5a UStAE; vgl. bereits Kap. XV 1.3.3). Bei der unternehmerfremden Verwendung ist demgegenüber die Zuordnung zum Unternehmer erlaubt, sodass im Ergebnis nur in diesen Fällen § 15 Abs. 1b UStG anzuwenden ist, obwohl diese VSt-Beschränkung nach ihrem Wortlaut auch die Fallgruppe der nichtwirtschaftlichen Verwendung i. e. S. abdecken soll.

> **Beispiel 4: Ausdehnung unternehmerischer Nutzung gegenüber nichtwirtschaftlicher Verwendung i. e. S.**
>
> Der Verein V erwirbt zum 01.01.01 einen Pkw für 30.000 € zzgl. 5.700 € USt. Der Pkw wird entsprechend der von Anfang an beabsichtigten Verwendung zu 50 % für unternehmerische Tätigkeiten (im wirtschaftlichen Geschäftsbetrieb) und zu 50 % für unentgeltliche Tätigkeiten für ideelle Vereinszwecke verwendet. Die Verwendung für unternehmerische Tätigkeiten erhöht sich ab dem 01.01.02 um 20 % auf insgesamt 70 %.
>
> **Lösung (A 15a.1 Abs. 7 a. E. UStAE):** V ist zum VSt-Abzug i. H. v. 2.850 € (50 % von 5.700 €) nach § 15 Abs. 1 S. 1 Nr. 1 UStG berechtigt. Der für ideelle Tätigkeiten des Vereins – und damit für eine nicht wirtschaftliche Tätigkeit i. e. S. (A 2.3 Abs. 1a UStAE) – verwendete Anteil des Pkw berechtigt nicht

zum VSt-Abzug (A 15.2b Abs. 2b S. und A 15.2c Abs. 2. Nr. 2 Buchst. a UStAE). Der BZ läuft gem. § 15a Abs. 1 S. 1 UStG bis zum 31.12.05 (Zeitpunkt der erstmaligen Verwendung 01.01.01. BZ: 5 Jahre).

Das anteilige VSt-Berichtigungvolumen für das Jahr 02 beträgt 1.140 € und ermittelt sich aus dem gesamten VSt-Volumen pro Kj. i. H. v. 5.700 € : 5 Jahre (BZ). Der fiktive Ansatz des V mit seinem VSt-Abzug von 50% beträgt pro Kj. des BZ 50% von 1.140 € = 570 €. Die tatsächliche Verwendung in 02 hätte demgegenüber zum VSt-Abzug von 70% von 1.140 € = 798 € berechtigt. Die Differenz zum fiktiven Ansatz des V von 570 € ist der Berichtigungsbetrag in 02. Dieser beträgt 228 € zugunsten des V. § 44 Abs. 2 UStDV sperrt nicht, da die Abweichung mehr als 10% beträgt. Dazu später mehr.

1.2.3 Grundfall: Veränderung des Anteils der vorsteuerschädlichen zur vorsteuerunschädlichen Verwendung

Der **Hauptanwendungsfall** für eine VSt-Berichtigung – **auch in Beraterklausuren** – sind Veränderungen des Anteils der sog. vorsteuerschädlichen Umsätze (steuerfrei ohne VSt-Abzug nach § 15 Abs. 2 UStG) zu den vorsteuerunschädlichen Umsätzen (stpfl. oder steuerfrei mit VSt-Abzug nach § 15 Abs. 2 i. V. m. Abs. 3 UStG). Die dominierenden Klausursachverhalte betreffen **vorwiegend bebaute Grundstücke.** Hierbei können sich die (Nutzungs- bzw. Verwendungs-)Verhältnisse insb. in folgenden Fällen ändern:

- durch Übergang von einer durch Option nach § 9 UStG stpfl. Vermietung zu einer nach § 4 Nr. 12a UStG steuerfreien Vermietung oder umgekehrt,
- durch Übergang von der Verwendung für stpfl. unternehmerische Tätigkeiten zu einer (vorsteuerschädlichen) steuerfreien Tätigkeit oder umgekehrt,
- durch Änderung des VSt-Aufteilungsschlüssels bei Grundstücken, die sowohl zur Ausführung von Umsätzen, die zum VSt-Abzug berechtigen (Abzugsumsätze), als auch für Umsätze, die den VSt-Abzug ausschließen (Ausschlussumsätze), verwendet werden (Veränderungen im objekt- oder unternehmensbezogenen Umsatzschlüssel; vgl. Kap. XV 5).
- Dementsprechend ist auch von einer Änderung der Verhältnisse i. S. d. § 15a UStG auszugehen, wenn bei einer ursprünglich gemischten Verwendung i. S. d. § 15 Abs. 4 UStG eine Tätigkeit aufgegeben wird (z. B. die zum VSt-Abzug berechtigende) und das WG nunmehr ausschließlich für Zwecke der beibehaltenen Tätigkeit (z. B. der nicht zum VSt-Abzug berechtigenden) genutzt wird (A 15a.2 Abs. 8 S. 4 UStAE).

Hinweis: Eine GiG. i. S. d. § 1 Abs. 1a UStG stellt keine Änderung der Verhältnisse dar, weil der Erwerber nach § 1 Abs. 1a S. 3 UStG an die Stelle des Veräußerers tritt.

1.3 Berichtigungszeitraum

Eine VSt-Berichtigung nach § 15a Abs. 1 UStG kommt allerdings nur in Betracht, wenn die Änderung der Verwendungsverhältnisse innerhalb des BZ erfolgt.

Der BZ **beginnt mit der tatsächlichen erstmaligen Verwendung** des Gegenstandes, die sich keineswegs mit dem Zeitpunkt des Leistungsbezugs oder des VSt-Abzugs decken muss. Denn insb. während längerer Investitionsphasen muss der vorsteuerabzugsberechtigte Unternehmer – wie bereits dargestellt – bei jedem einzelnen Leistungsbezug nach dem Grundsatz des Sofortabzugs der VSt entsprechend seiner Verwendungsabsicht zu diesem Zeitpunkt den VSt-Abzug geltend machen. Die sich hiernach ergebende Summe bildet das Tatbestandsmerkmal des »ursprünglichen VSt-Abzugs« in § 15a Abs. 1 S. 1 UStG (vgl. auch Beispiel 1).

Bei Gebäuden – aber nicht nur bei solchen – besteht allerdings die Besonderheit, dass sie entsprechend dem Baufortschritt verwendet werden können, noch bevor sie insgesamt fertiggestellt sind. In diesen Fällen läuft für jeden gesondert in Verwendung genommenen Gebäudeteils ein besonderer BZ (jeweils gesondertes Berichtigungsobjekt; BFH vom 29.04.2020, Az.: XI R 14/19, BStBl II 2020, 613). Diese BZ beginnen jeweils zu dem Zeitpunkt, zu dem der einzelne Teil des jeweiligen Gebäudes erstmalig verwendet wird. Der einzelnen Berichtigung sind jeweils die VSt-Beträge zuzuordnen, die auf den entsprechenden Teil des Gebäudes entfallen. Wird dagegen ein **insgesamt fertiggestelltes Gebäude nur teilweise genutzt**, besteht ein **einheitlicher BZ für das gesamte Gebäude**, der mit dessen erstmaliger teilweiser Verwendung beginnt. Dabei bleibt für die nicht genutzten Teile die Verwendungsabsicht maßgebend (A 15a.3 Abs. 2 UStAE).

Hinsichtlich der **Dauer** des BZ beschränkt sich der Gesetzgeber darauf, eine Höchstdauer festzuschreiben. Diese beträgt nach § 15a Abs. 1 S. 1 UStG **bei beweglichen WG 5 Jahre** und gem. § 15a Abs. 1 S. 2 UStG **bei Grundstücken einschließlich ihrer wesentlichen Bestandteile, insb. Gebäuden, 10 Jahre** – mag die tatsächliche Nutzung auch ein Vielfaches betragen. Lediglich eine **tatsächlich kürzere Verwendungsdauer ist** nach § 15a Abs. 5 S. 2 UStG **zu berücksichtigen**. Hiervon sind WG mit einer kürzeren betriebsgewöhnlichen ND erfasst (A 15a.3 Abs. 1 S. 5 UStAE). Kann ein WG vor Ablauf des BZ wegen Unbrauchbarkeit oder Diebstahl nicht mehr zur Ausführung von Umsätzen genutzt werden, endet damit auch der BZ (A 15a.3 Abs. 7 S. 1 UStAE). Verkürzt sich deswegen der BZ, kann für die vorausgegangenen Zeitabschnitte des BZ nach Auffassung der FinVerw eine Neuberechnung des jeweiligen Berichtigungsbetrages erforderlich werden. Aus Vereinfachungsgründen können die Differenzbeträge bei der Steuerfestsetzung für das letzte Kj. des verkürzten BZ berücksichtigt werden (A 15a.11 Abs. 5 UStAE).

Für das **Ende des BZ** sieht § 45 UStDV eine Begradigung vor. Es ist nicht mit Monatsteilen zu rechnen, sondern **es sind volle Monate anzusetzen**: Endet der BZ vor dem 16. Tag eines Monats, wird er rechnerisch auf das Ende des Vormonats verkürzt (z. B. bei einem BZ vom 12.01.01 bis 11.01.11 auf den 31.12.10), ansonsten auf das Ende des laufenden Monats verlängert (bei einem Ende des BZ am 17.01.11 also auf den 31.01.11). Die Vorschrift des § 45 UStDV ist zur Ermittlung des Beginns des BZ analog anzuwenden (A 15a.3 Abs. 1 S. 6 UStAE).

Hinweis: Steht ein Gebäude im Anschluss an seine erstmalige Verwendung ganz oder teilweise leer, ist bis zur tatsächlichen erneuten Verwendung des Gebäudes anhand der Verwendungsabsicht zu entscheiden, ob sich die für den ursprünglichen VSt-Abzug maßgebenden Verhältnisse ändern (A 15a.2 Abs. 8 S. 1 UStAE).

Beispiel 5: Zwischenzeitlicher Leerstand eines Gebäudes

V hat seit dem 01.01.01 ein Grundstück stpfl. an M vermietet. Zum 31.12.02 zieht M aus. V will das Grundstück weiterhin stpfl. vermieten, was ihm aber trotz intensiver Bemühungen nicht gelingt. Nach einer Leerstandszeit während des gesamten Jahres 03 nimmt V ab 01.01.04 Verhandlungen mit einer Bank auf. Zum 01.03.04 vermietet V das Grundstück steuerfrei an die Bank.

Lösung: Da die Verwendungsabsicht auch für Leerstandszeiten maßgebend ist, entfällt für das Jahr 03 eine VSt-Berichtigung. Eine VSt-Berichtigung ist erst für den Rest-BZ ab 01.01.04 notwendig, weil V ab diesem Zeitraum seine Absicht geändert hat und auch tatsächlich ab 01.03.04 steuerfrei vermietet.

1.4 Ermittlung und Berechnung des Berichtigungsbetrags (in Beraterklausuren)

Ziel der VSt-Berichtigung ist es, den Unterschiedsbetrag zu ermitteln, der sich zwischen dem VSt-Abzug zum Zeitpunkt des Leistungsbezugs und dem Betrag errechnet, der sich ergeben würde, wenn die spätere, tatsächliche Verwendung ebenfalls am Maßstab des § 15 UStG beurteilt worden wäre. Dabei ist grds. **Jahr für Jahr zu entscheiden, ob eine Änderung der Verhältnisse gegeben ist**. Gem. § 44 Abs. 2 UStDV unterbleibt eine VSt-Berichtigung allerdings für solche Kj., bei denen die Änderung der Verhältnisse weniger als 10 % **und** auch der Berichtigungsbetrag nicht mehr als 1.000 € ausmacht.

Diese Rahmenbedingungen lassen es für die Bearbeitung von Sachverhalten, die ihren Schwerpunkt in einer VSt-Berichtigung nach § 15a UStG haben, ratsam erscheinen, **zunächst** – wie sonst auch – die **Ausgangsumsätze** zu beurteilen, für die die VSt-belasteten Leistungen bezogen werden. Daran **anschließend** ist auf den **VSt-Abzug** einzugehen. Wird die bezogene Leistung sogleich im Unternehmen verwendet (d. h. für den unternehmerischen Bereich bezogen), kommt Ihnen die schon vorgenommene Betrachtung der Ausgangsumsätze zugute, wenn es darum geht festzustellen, ob der VSt-Abzug wegen vorsteuerschädlicher Nutzung nach § 15 Abs. 1a – 3 UStG ganz oder teilweise ausgeschlossen ist. Geht der erstmaligen Nutzung eine Investitionsphase voran, ist die vorgeschaltete Prüfung der damit später bewirkten Umsätze ebenfalls sinnvoll. Entspricht die erstmalige Verwendung nämlich nicht der ursprünglich in der Investitionsphase angenommenen Verwendung, so steht damit zugleich fest, dass bereits für das Erstjahr der Verwendung eine VSt-Berichtigung durchzuführen ist.

Ist eine VSt-Berichtigung ausgelöst, weil bei einem **Gegenstand des AV** die erstmalige oder eine spätere tatsächliche Verwendung von der beim Leistungsbezug zugrunde gelegten abweicht, ist es empfehlenswert, sich

- zunächst Klarheit über das **Ende des BZ** zu verschaffen, um davor bewahrt zu sein, für § 15a UStG – wegen des Ablaufs des BZ – irrelevante Vorgänge noch in die Betrachtung einer VSt-Berichtigung einzubeziehen,
- **sodann** den entsprechend den Verwendungsverhältnissen zu verteilenden **VSt-Betrag pro Kj. (oder Kalendermonat)** sowie
- den mit dem VSt-Abzug **fiktiv in Ansatz gebrachten VSt-Betrag pro Kj. (oder Kalendermonat)** zu **ermitteln** und diesem Betrag
- den **VSt-Betrag** gegenüberzustellen, der **angesichts der tatsächlichen Verwendung** im zu beurteilenden Kj. bzw. Kalendermonat **hätte in Abzug gebracht werden dürfen**.

Der **Differenzbetrag ist der Berichtigungsbetrag** pro Kj. bzw. Kalendermonat. Zwischenzeitliche Steuersatzerhöhungen haben für eine VSt-Berichtigung schon deshalb keine Bedeutung, weil es darum geht, den ursprünglichen VSt-Abzug zu berichtigen.

Hinweis: Dieselbe Vorgehensweise kann bei allen anderen Berichtigungstatbeständen – mit Ausnahme des § 15a Abs. 2 UStG – praktiziert werden.

> **Beispiel 6: Modellbeispiel zur Berechnung des Berichtigungsbetrags**
>
> Unternehmer U erwirbt am 03.02.05 für sein Unternehmen eine EDV-Anlage. U liegt hierüber eine ordnungsgemäße Rechnung vom 03.02.05 vor, die 24.000 € USt ausweist. U nutzt die Anlage ab 02.04.05 entsprechend seiner Verwendungsabsicht beim Leistungsbezug zu 50 % für stpfl., zu 50 % für steuerfreie Umsätze. Ab 01.07.06 wird die Anlage zu 30 % für stpfl. und zu 70 % für steuerfreie Umsätze verwendet. Ab 01.07.09 erfolgt eine erneute Änderung: Die Nutzung ist fortan zu 80 % stpfl., zu 20 % steuerfrei.

Lösung: Angesichts der beim Leistungsbezug am 03.02.05 beabsichtigten und ab 02.04.05 tatsächlich auch realisierten Verwendung ist beim VSt-Abzug eine Aufteilung nach § 15 Abs. 2 und Abs. 4 UStG geboten. Der VSt-Abzug im VAZ 02/05 beträgt 12.000 € (50 % der angefallenen VSt von 24.000 €). Für die VSt-Berichtigung ergibt sich unter Berücksichtigung von § 45 UStDV als Ende des BZ der 31.03.10. Der zu verteilende VSt-Betrag pro Kj./Kalendermonat beträgt 4.800 €/400 €, die fiktiv in Ansatz gebrachte VSt aufgrund des VSt-Abzugs im VAZ des Erwerbs pro Kj./Kalendermonat beläuft sich 2.400 €/200 €. Dem gegenüberzustellen ist jeweils der VSt-Betrag, der angesichts der tatsächlichen Verwendung in dem jeweils zu beurteilenden Kj./Kalendermonat des BZ hätte in Abzug gebracht werden dürfen.

05:	Fiktiver Ansatz in 05: 9/12 x 50 % von 4.800 € (2.400 €)		1.800 €
	Tatsächliche Nutzung in 05 berechtigte zu 9/12 x 50 % von 4.800 € (2.400 €)		1.800 €
	Ergebnis: Eine Berichtigung des VSt-Abzugs in 05 entfällt.		
06:	Fiktiver Ansatz in 06: 12/12 x 50 % von 4.800 € (2.400 €)		2.400 €
	Tatsächliche Nutzung in 02 berechtigte zu 6/12 x 50 % von 4.800 € (2.400 €) = + 6/12 x 30 % von 4.800 € (1.440 €) =	1.200 € 720 €	1.920 €
	Dies entspricht über das Jahr 06 einer stpfl. Nutzung von 40 %. Der Vergleich mit dem fiktiven Ansatz von 2.400 € ergibt einen Berichtigungsbetrag von 480 €. Obwohl in 06 der Mindestberichtigungsbetrag von 1.000 € nicht erreicht wird, steht § 44 Abs. 2 UStDV einer Berichtigung nicht entgegen, da die prozentuale Abweichung gegenüber den für den VSt-Abzug maßgeblichen Verhältnissen (50 %) die in § 44 Abs. 2 UStDV geforderten 10 % erreicht.		

07:	Fiktiver Ansatz in 07: 12/12 x 50 % von 4.800 € (2.400 €)	2.400 €
	Tatsächliche Nutzung in 07 berechtigte zu 12/12 x 30 % von 4.800 € (1.440 €)	1.440 €
	Der Vergleich mit dem fiktiven Ansatz von 2.400 € ergibt einen Berichtigungsbetrag von 960 €. § 44 Abs. 2 UStDV steht einer Berichtigung aus denselben Gründen wie in 06 nicht entgegen. Die prozentuale Abweichung gegenüber den Verwendungsverhältnissen beim Leistungsbezug beträgt in 07 sogar 20 %.	

08:	wie in 07

09:	Fiktiver Ansatz in 09: 12/12 x 50 % von 4.800 € (2.400 €)		2.400 €
	Tatsächliche Nutzung in 09 berechtigte zu 6/12 x 30 % von 4.800 € (1.440 €) = + 6/12 x 80 % von 4.800 € (3.840 €) =	720 € 1.920 €	2.640 €
	Dies entspricht über das Jahr 09 einer stpfl. Nutzung von 55 % gegenüber 50 % beim VSt-Abzug. Der Vergleich mit dem fiktiven Ansatz von 2.400 € ergibt einen Berichtigungsbetrag von 240 €. § 44 Abs. 2 UStDV steht einer Berichtigung für 05 entgegen, da in 09 weder der Mindestberichtigungsbetrag von 1.000 € noch eine prozentuale Mindestabweichung von 10 % gegenüber den Verwendungsverhältnissen beim Leistungsbezug erreicht wird. Eine Berichtigung entfällt für das Kj. 09.		

10:	Fiktiver Ansatz in 06: 3/12 x 50 % von 4.800 € (2.400 €)		600 €
	Tatsächliche Nutzung in 10 berechtigte zu 3/12 x 80 % von 4.800 € (3.840 €)		960 €
	Der Vergleich mit dem fiktiven Ansatz in 10 von 600 € ergibt einen Berichtigungsbetrag von		360 €

2 Vorsteuerberichtigung wegen eines Wechsels der Besteuerungsform (§ 15a Abs. 7 UStG)

Gem. § 15a Abs. 7 UStG liegt eine Änderung der Verhältnisse auch in den Fällen vor, in denen jemandem beim Leistungsbezug der VSt-Abzug als Kleinunternehmer nach § 19 Abs. 1 S. 4 UStG versagt geblieben ist. Wächst dieser innerhalb des BZ aufgrund erhöhter Umsatzzahlen in die Regelbesteuerung hinein oder optiert er nach § 19 Abs. 2 UStG aus freien Stücken zur Regelbesteuerung, kann er über eine VSt-Berichtigung den VSt-Abzug anteilig nachholen. Eine Berichtigung des VSt-Abzugs hat selbstverständlich auch im umgekehrten Fall zu erfolgen, bei dem es zu einem Übergang von der allgemeinen Besteuerung zur Nichterhebung der Steuer nach § 19 Abs. 1 UStG kommt. Dasselbe gilt auch beim Übergang von der allgemeinen Besteuerung zur Durchschnittssatzbesteuerung nach den §§ 23, 23a und 24 UStG oder umgekehrt.

Beispiel 6a:

Ein besonderes Problem besteht, wenn ein Kleinunternehmer in 01 einen auch zu unternehmensfremden Zwecken genutzten Pkw erwirbt und danach ab 02 seinen Kleinunternehmerstatus einbüßt. Rechtsfolgen: Der Kleinunternehmer hatte aus den AK des Pkw in 01 keinen VSt-Abzug (§ 19 Abs. 1 S. 4 UStG) und musste deswegen auch keine uWa nach § 3 Abs. 9a Nr. 1 UStG für die private Nutzungsentnahme besteuern. In 02 greift dann die VSt-Berichtigung nach § 15a Abs. 7 i.V.m. Abs. 1 S. 1 UStG, und zugleich hat der Ex-Kleinunternehmer auch zukünftig eine uWa zu versteuern.

3 Vorsteuerberichtigung wegen Veräußerung oder Entnahme des Berichtigungsobjekts (§ 15a Abs. 8 UStG)

Eine relevante Änderung der Verhältnisse kann nach § 15a Abs. 8 S. 1 UStG auch vorliegen, wenn ein WG, das nicht nur einmalig zur Ausführung eines Umsatzes verwendet wird, vor Ablauf des BZ veräußert oder nach § 3 Abs. 1b UStG geliefert wird. In diesen Fällen ist das veräußerte bzw. entnommene WG so anzusehen, als ob es bis zum Ablauf des maßgeblichen BZ entsprechend der umsatzsteuerrechtlichen Behandlung der Veräußerung bzw. uWa weiterhin innerhalb des Unternehmens verwendet worden wäre (§ 15 Abs. 9 UStG). Voraussetzung hierfür ist aber selbstverständlich, dass die Veräußerung oder Entnahme für den VSt-Abzug anders zu beurteilen ist als die für den ursprünglichen VSt-Abzug maßgebliche Verwendung. Zu einer solchen abweichenden Beurteilung wird es durchweg nicht kommen, wenn der Unternehmer ein bewegliches WG entsprechend seiner Verwendungsabsicht beim Leistungsbezug bisher **ausschließlich** zu vorsteuerschädlichen oder ausschließlich zu vorsteuerunschädlichen Umsätzen verwendet hat. Die Veräußerung oder Entnahme wird dann regelmäßig genauso zu beurteilen sein wie die für den VSt-Abzug maßgebliche Verwendung.

Beispiel 7: Entnahme oder Veräußerung als Berichtigungstatbestand

Arzt A (alternativ: Bauunternehmer B) schafft sich zum 01.04.01 für 30.000 € zzgl. 5.700 € USt einen Pkw an. In der Folgezeit nutzt er den Pkw ausschließlich für seine ärztliche/bauunternehmerische Tätigkeit. Zum 01.07.02
- veräußert A (B) den Pkw für 23.800 €,
- überführt A (B) den Pkw ins Privatvermögen.

Lösung: Die ausschließliche Nutzung des Pkw zu nach § 4 Nr. 14a UStG steuerfreien Umsätzen hat einen VSt-Abzug des Arztes bei Erwerb des Pkw nach § 15 Abs. 2 S. 1 Nr. 1 UStG ausgeschlossen. Da der Pkw ohne VSt-Abzug ins Unternehmen gelangt ist, unterbleibt folgerichtig auch eine Besteuerung der als Hilfsgeschäft nach § 1 Abs. 1 Nr. 1 UStG steuerbaren Veräußerung. Diese ist steuerfrei nach § 4 Nr. 28 UStG (steuerfreies Entgelt nach § 10 Abs. 1 UStG: 23.800 €) und ist damit unter dem Aspekt des § 15 Abs. 2 S. 1 Nr. 1 UStG nicht anders zu beurteilen als die bisherige Nutzung im Unternehmen. Überführt A den Pkw ins Privatvermögen, wird der Pkw nicht »nach § 3 Abs. 1b UStG geliefert«, da die Besteuerung einer Entnahme nach § 3 Abs. 1b S. 2 UStG von einem vorangegangenen VSt-Abzug abhängt. Eine Berichtigung nach § 15a Abs. 8 S. 1 UStG ist in keinem der Fälle ausgelöst. B hatte bei Erwerb vollen VSt-Abzug hinsichtlich der ausgewiesenen 5.700 € USt; dementsprechend ist auch die Veräußerung voll stpfl. (BMG: 20.000 €, USt: 3.800 €). Eine VSt-Berichtigung ist ebenso wenig ausgelöst wie im Falle einer Entnahme durch B, die bei ihm anders als bei A nach § 3 Abs. 1b S. 1 Nr. 1 UStG steuerbar und stpfl. ist. Wiederum sind Veräußerung und Entnahme für den VSt-Abzug nicht anders zu beurteilen als die für den VSt-Abzug maßgebliche Verwendung.

Besondere Probleme bestehen bei einer **Berichtigung nach § 15a Abs. 8 UStG wegen der Veräußerung oder Entnahme von Grundstücken**. Denn ein Unternehmer, der ein Gebäude zunächst ausschließlich zu stpfl. Umsätzen verwendet, es aber noch innerhalb des BZ veräußert, muss eine VSt-Berichtigung nach § 15a Abs. 8 S. 1 UStG fürchten, wenn die Veräußerung steuerfrei nach § 4 Nr. 9 Buchst. a UStG bleibt – etwa weil er an einen Nichtunternehmer veräußert oder der Erwerber wegen seinerseits vorsteuerschädlicher Umsätze nicht an einer Option zur Steuerpflicht nach § 9 UStG interessiert ist. Entsprechendes gilt, wenn der Unternehmer das Grundstück nicht veräußert, sondern innerhalb des BZ entnimmt. Denn auch die Entnahme von Grundstücken unterliegt – unabhängig davon, ob ein Rechtsträgerwechsel eintritt – der Steuerbefreiung nach § 4 Nr. 9 Buchst. a UStG (A 4.9.1 Abs. 2 Nr. 6 UStAE). Soweit die Grundstücksübertragung aber eine GiG. i. S. d. § 1 Abs. 1a UStG darstellt, fehlt es an der für die Anwendung des § 15 Abs. 8 S. 1 UStG erforderlichen Änderung der Verhältnisse, weil der Erwerber nach § 1 Abs. 1a S. 3 UStG an die Stelle des Veräußerers tritt und die (stpfl.) Vermietungstätigkeit unverändert fortführt. Hierdurch entstehen wiederum für den Erwerber besondere Gefahren, weil der für das Grundstück unter dem Veräußerer bereits begonnene BZ nicht unterbrochen und unter Berücksichtigung des ursprünglichen VSt-Abzugs des Veräußerers fortgesetzt wird.

Beispiel 8: Unentgeltliche Zuwendungen von Grundstücken als »teurer Spaß«

Zum Unternehmen des V gehören mehrere Grundstücke, die V in den Jahren 01 und 02 mit Gebäuden bebauen lässt. Eines der bebauten Grundstücke kann V wie geplant ab 01.07.02 stpfl. vermieten (angefallene USt: 200.000 €). V schenkt das Grundstück am 01.10.05 seiner Tochter B, die die stpfl. Vermietung bis zum 30.06.12 fortsetzt.

Abwandlung: V hat vor der Übertragung des Grundstücks auf seine Tochter das bestehende Mietverhältnis aufgelöst. B zieht zunächst mit ihrer Familie in das Gebäude, bevor sie ab 01.07.07 das Gebäude bis zum 30.06.12 stpfl. vermietet.

Lösung: Handelt es sich bei der Schenkung um die unentgeltliche Übertragung eines gesondert geführten Betriebs i. S. d. § 1 Abs. 1a S. 2 UStG, tritt B als das Grundstück erwerbende Unternehmerin nach § 1 Abs. 1a S. 3 UStG an die Stelle ihres Vaters V. Insoweit stellt § 15a Abs. 10 S. 1 UStG ergänzend ausdrücklich klar, dass der BZ für die im Wege einer GiG. erworbenen WG nicht unterbrochen wird, sondern beim Erwerber weiterläuft. Er endet folglich bei B am 30.06.12. Eine VSt-Berichtigung ist im Grundfall weder bei V noch bei B veranlasst. Die für den ursprünglichen VSt-Abzug maßgebenden Verhältnisse haben sich während des gesamten BZ vom 01.07.02 bis zum 30.06.12 nicht geändert.

Anders sieht es aus, wenn es sich – wie in der Abwandlung – um eine nach § 3 Abs. 1b S. 1 Nr. 1 UStG steuerbare Entnahme des Grundstücks handelt. Da diese nach § 4 Nr. 9 Buchst. a UStG steuerfrei ist, handelt es sich nunmehr um einen Umsatz, der anders zu beurteilen ist als die für den ursprünglichen VSt-Abzug des V maßgebliche Verwendung. Nach § 15a Abs. 9 UStG ist für den verbleibenden BZ vom 01.10.05 bis zum 30.06.12, also für 81 Monate, von einer steuerfreien Verwendung des Gebäudes auszugehen. Es ist folglich zulasten des V eine VSt-Berichtigung i. H. v. 81/120 x 200.000 € = 135.000 € ausgelöst. Bei diesem Ergebnis bleibt es unabhängig von der späteren Verwendung durch die Tochter, da bei Vorliegen einer steuerbaren, aber steuerfreien Entnahme die spätere Verwendung durch den Leistungsempfänger generell irrelevant ist.

Sieht man von Grundstücksübertragungen ab, so bleiben als **weitere Anwendungsfälle** einer VSt-Berichtigung nach § 15a Abs. 8 S. 1 UStG solche Sachverhalte, bei denen bei Erwerb eines WG für den VSt-Abzug von einer teilweise steuerfreien (vorsteuerschädlichen) und teilweise stpfl. (vorsteuerunschädlichen) Verwendung des WG auszugehen war (Beispiel: Zahnarzt mit Umsätzen aus zahnärztlichen Heilbehandlungen und aus dem Betrieb eines Zahnlabors). Wird ein solches WG später veräußert oder entnommen, ist die Veräußerung oder Entnahme zwangsläufig anders zu beurteilen als die für den VSt-Abzug maßgebliche Verwendung. Denn die Veräußerung oder Entnahme eines solchen WG ist regelmäßig zu 100 % stpfl. Die Steuerbefreiung des § 4 Nr. 28 UStG kann aus Vereinfachungsgründen überhaupt nur in denjenigen Fällen noch in Anspruch genommen werden, in denen der Unternehmer dieses WG in nur geringem Umfang (höchstens 5 %) für Tätigkeiten verwendet hat, die nicht nach § 4 Nr. 8 bis 27 und 29 UStG steuerbefreit sind (A 4.28.1 Abs. 2 S. 1 UStAE). Hinzu kommt **nach § 15a Abs. 8 S. 2 UStG** der Fall, dass der VSt-Abzug bei Erwerb wegen auch unternehmensfremder Nutzung nach § 15 Abs. 1b UStG beschränkt war, und das Grundstück noch innerhalb des BZ veräußert oder entnommen wird.

Beispiel 9: Veräußerung eines gemischt genutzten Grundstücks (§ 15a Abs. 8 S. 2 UStG)

V hat Anfang April 01 ein Gebäude für 200.000 € zzgl. 38.000 € erworben. Er nutzt das Gebäude, wie von vornherein beabsichtigt, zu 50 % für stpfl. Vermietungsumsätze, zu 50 % für private Zwecke. Zum 01.04.03 veräußert er das in vollem Umfang seinem Unternehmen zugeordnete Gebäude für 212.000 € an P, der das gesamte Gebäude für sich und seine Familie ausschließlich als Wohnraum nutzen will.

Lösung: V war nach § 15 Abs. 1b UStG bei Erwerb des Gebäudes im VAZ April 01 auf einen VSt-Abzug i. H. v. 19.000 € beschränkt. Die Veräußerung im April 03 bleibt nach § 4 Nr. 9 Buchst. a UStG zwingend steuerfrei und löst nach § 15a Abs. 8 S. 2 UStG zulasten des V eine VSt-Berichtigung aus. Berichtigungsbetrag zu seinen Lasten: 96/120 × 50 % von 38.000 € = 15.200 €, zu erklären nach § 44 Abs. 4 S. 3 UStG in der VA für den April 03 (vgl. auch A 15.6a Abs. 7 UStAE mit dortigem Beispiel).

Beispiel 9a: VSt-Berichtigung nach § 15a Abs. 6a, Abs. 8 UStG

Unternehmer U mit vorsteuerunschädlichen Ausgangsumsätzen lässt zum 01.07.01 ein Einfamilienhaus (EFH) errichten. Die HK betragen insgesamt 300.000 € zzgl. 57.000 € USt. U nutzt das Gebäude ab Fertigstellung planungsgemäß zu 40 % für seine vorsteuerunschädlichen Ausgangsumsätze und zu 60 % für private Wohnzwecke. U hat das Gebäude insgesamt seinem Unternehmen zugeordnet und macht einen VSt-Abzug i. H. v. 22.800 € (40 % von 57.000 €) geltend. Zum 01.01.02 erhöht sich der Anteil stpfl. unternehmerischer Nutzung des Gebäudes auf 52 %. Diese Nutzung setzt sich über das ganze Jahr 02 fort, bevor U das Grundstück zum 01.01.03

a) an eine Privatperson für 400.000 €, alternativ
b) an einen anderen Unternehmer stpfl. für 400.000 € veräußert (eine GiG. nach § 1 Abs. 1a UStG liegt nicht vor).

Lösung: U konnte das Gebäude insgesamt seinem Unternehmen zuordnen, da die unternehmerische Nutzung mehr als 10 % ausmacht. Nach § 15 Abs. 1b UStG kommt es zu einer VSt-Beschränkung auf 40 % der angefallenen VSt. U hat zutreffend lediglich 22.800 € an VSt geltend gemacht.

Die Nutzung im Jahr 02 mit einer Ausdehnung der unternehmerischen Nutzung auf 52 % führt zu einer VSt-Berichtigung nach § 15 Abs. 6a UStG. Der BZ endet am 30.06.11.

Berechnung der VSt-Berichtigung für das Kj. 02: VSt-Volumen pro Kj.: 5.700 €; fiktiver Ansatz des U für das Kj. 02: 40 % von 5.700 € = 2.280 €; tatsächliche Nutzung in 02 hätte zum Abzug von 52 % von 5.700 € = 2.964 € berechtigt. Der Vergleich mit dem fiktiven Ansatz von 2.280 € ergibt zugunsten des U einen Berichtigungsbetrag von 684 €. § 44 Abs. 2 UStDV sperrt trotz des Berichtigungsbetrages von unter 1.000 € nicht, da die Abweichung mehr als 10 Prozentpunkte ausmacht. Die VSt-Berichtigung ist nach § 44 Abs. 3 S. 1 UStDV in der Jahreserklärung 02 vorzunehmen.

Alternativen:

Die in der Variante a) nach § 4 Nr. 9 Buchst. a UStG zwingend steuerfreie Veräußerung an die Privatperson löst eine VSt-Berichtigung nach § 15a Abs. 8 S. 2 UStG aus. Bei der zu 100 % steuerfreien Grundstücksveräußerung handelt es sich um einen Umsatz, der anders zu beurteilen ist als die für den ursprünglichen VSt-Abzug maßgebliche Verwendung. Nach § 15a Abs. 9 UStG ist für den verbleibenden BZ vom 01.01.03 bis zum 30.06.11, also für 102 Monate, von einer steuerfreien Verwendung des Gebäudes auszugehen. Es ist folglich zulasten des U eine VSt-Berichtigung i. H. v. 102/120 x 40 % v. 57.000 € = 19.380 € ausgelöst.

In der Variante b) ergibt sich demgegenüber wegen der Option zu Steuerpflicht zugunsten des U ein Berichtigungsbetrag von 102/120 x 60 % von 57.000 € = 29.070 €.

Die Berichtigungsbeträge sind in beiden Varianten nach § 44 Abs. 3 S. 2 UStDV jeweils in der VA 1/03 zu erklären.

Kommt es bei Erwerb eines einheitlichen Gegenstands zu einer anteiligen VSt-Beschränkung, weil der Gegenstand auch für eine nichtwirtschaftliche Tätigkeit i. e. S. verwendet werden soll, kann eine Ausdehnung der unternehmerischen Nutzung zu einer VSt-Berichtigung zugunsten des Unternehmers aus Billigkeitsgründen führen (A 15a.1 Abs. 7 S. 1 UStAE). Entsprechendes hat auch zu gelten, wenn der Gegenstand nach Ausdehnung der unternehmerischen Nutzung und einer daraufhin vorgenommenen VSt-Berichtigung noch innerhalb des BZ entnommen oder veräußert wird.

Beispiel 10: Veräußerung eines auch für nichtwirtschaftliche Tätigkeiten i. e. S. genutzten Pkw

Der Verein V erwirbt zum 01.01.01 einen Pkw für 30.000 € zzgl. 5.700 € USt. Der Pkw wird, entsprechend der von Anfang an beabsichtigten Verwendung, zu 50 % für unternehmerische Tätigkeiten und zu 50 % für unentgeltliche Tätigkeiten für ideelle Vereinszwecke verwendet. Die Verwendung für unternehmerische Tätigkeiten erhöht sich ab dem 01.01.02 um 20 % auf insgesamt 70 %. Zum 01.01.03 wird der Pkw für einen Nettobetrag von 10.000 € veräußert.

Lösung: Zum VSt-Abzug bei Erwerb und zur VSt-Berichtigung wegen Erhöhung des Anteils unternehmerischer Nutzung im Jahr 02 s. Lösung zu Beispiel 4.

Mit der VSt-Berichtigung für das Jahr 02 gilt der Pkw auch hinsichtlich der weiteren 20 %, also insgesamt zu 70 %, dem Unternehmen zugeordnet. Die Veräußerung des Pkw ist in Höhe des für unternehmerische Tätigkeiten verwendeten Anteils steuerbar nach § 1 Abs. 1 Nr. 1 UStG. Die BMG nach § 10 Abs. 1 UStG beträgt 70 % von 10.000 € = 7.000 €. Die USt beläuft sich auf 1.330 €. Die VSt-Berichtigung beträgt in Anlehnung an § 15a Abs. 8 und Abs. 9 UStG: 36/60 × 20 % von 5.700 € = 684 €. Die Berichtigung in dieser Höhe ist nach § 44 Abs. 3 S. 2 UStG in der VA für Januar 03 vorzunehmen (zur Veräußerung von Fahrzeugen, die zuvor auch für nichtwirtschaftliche Tätigkeiten i. e. S. genutzt wurden: A 15.23 Abs. 6 UStAE mit dortigen Beispielen 1 und 2).

Prüfungsfolge bei VSt-Abzug und VSt-Berichtigung

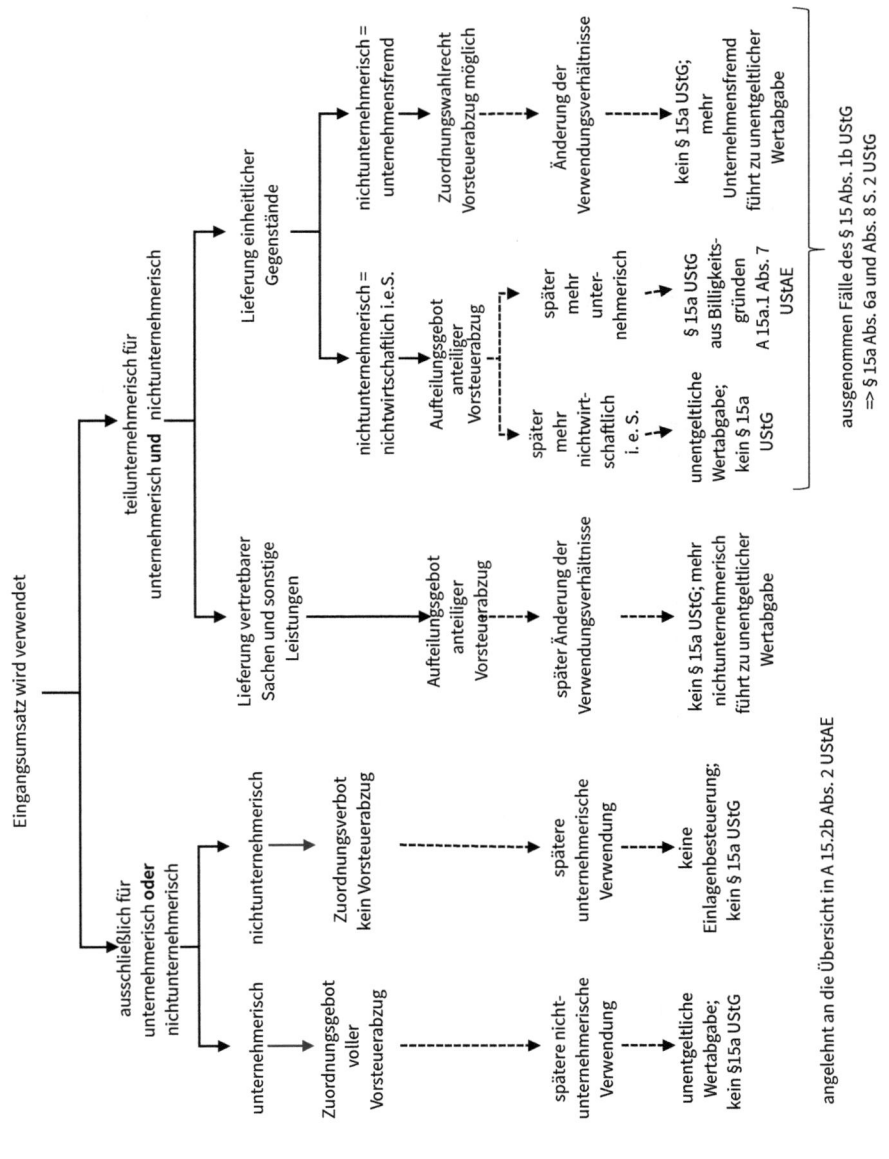

4 Sonstige Berichtigungstatbestände

4.1 Verwendungsänderungen bei Umlaufvermögen (§ 15a Abs. 2 UStG)

WG, die nur einmalig zur Ausführung eines Umsatzes verwendet werden, unterliegen nach § 15a Abs. 2 UStG der VSt-Berichtigung. Hierbei handelt es sich im Wesentlichen um WG, die ertragsteuerrechtlich dem UV zuzuordnen sind. Die ertragsteuerrechtliche Qualifizierung ist aber nicht zwingend, sodass deshalb auch ertragsteuerrechtliches Anlagevermögen betroffen sein kann, wenn es entgegen seiner Zweckbestimmung vor dem Einsatz im betrieblichen Leistungsprozess veräußert oder entnommen wird (A 15a.1 Abs. 2 Nr. 2 S. 2 UStAE).

Bei den nur einmalig verwendeten WG ist eine VSt-Berichtigung ausgelöst, wenn die tatsächliche Verwendung aus der Sicht des § 15 UStG nicht der ursprünglichen Verwendungsabsicht entspricht, die dem ursprünglichen VSt-Abzug zugrunde lag. Hervorzuheben ist, dass für diese WG **kein begrenzter BZ** vorgegeben wird (A 15a.5 Abs. 1 UStAE). Die Berichtigung ist stets für den Besteuerungszeitraum vorzunehmen, in dem es zu der tatsächlichen Verwendung, regelmäßig also zur Veräußerung, kommt. Der BZ für Investitionsgüter spielt bei WG des Umlaufvermögens keine Rolle. Der Anwendungsbereich des § 15a Abs. 2 UStG ist in der Praxis im Wesentlichen auf den Fall beschränkt, dass ein mit VSt-Abzug erworbenes WG des Umlaufvermögens später steuerfrei veräußert (oder entnommen) wird.

> **Beispiel 11: Steuerfreie Grundstücksveräußerung als Berichtigungstatbestand**
>
> Unternehmer U hat mit notariellem Kaufvertrag vom 20.01.01 dem Grundstückshändler G ein unbebautes Betriebsgrundstück in HH zum Preis von 500.000 € netto verkauft und in dem Vertrag gem. § 9 Abs. 1 i.V.m. Abs. 3 S. 2 UStG auf die Steuerbefreiung des § 4 Nr. 9 Buchst. a UStG verzichtet. G erklärte die von ihm nach § 13b Abs. 2 S. 1 Nr. 3 i.V.m. Abs. 5 S. 1 UStG geschuldete USt i. H. v. 95.000 € in seiner VA für den VAZ 02/01 (Übergang von Nutzen und Lasten zum 01.02.01). Im gleichen VAZ machte er gem. § 15 Abs. 1 S. 1 Nr. 4 UStG die 95.000 € als VSt geltend, da er glaubhaft versicherte, das Grundstück stpfl. weiter veräußern zu wollen. Erst zum 01.02.03 (alternativ: 01.02.13) gelingt es ihm, das Grundstück für 650.000 € an die Freie und Hansestadt Hamburg zu verkaufen, die das Grundstück für einen Behördenneubau nutzen will.
>
> **Lösung:** Bei einem gewerblichen Grundstückshändler gehört das Grundstück im Regelfall zum UV, sodass es sich hierbei um ein Berichtigungsobjekt i.S.d. § 15a Abs. 2 UStG handelt. Die hier nach § 4 Nr. 9 Buchst. a UStG zwingend steuerfreie Veräußerung des Grundstücks an die Freie Hansestadt Hamburg (beabsichtigt ist eine nichtunternehmerische Nutzung i. e. S. für hoheitliche Tätigkeiten durch eine jPdöR) führt zu einer Verwendungsänderung »bei einem WG, das nur einmalig zur Ausführung eines Umsatzes verwendet wird«. Der im VAZ 02/01 zutreffend geltend gemachte VSt-Abzug ist im VAZ 02/03 zuungunsten des G um 95.000 € zu berichtigen. Da § 15a Abs. 2 UStG einen BZ nicht kennt, gilt Entsprechendes auch für die alternative Veräußerung zum 01.02.13. Für den VAZ 02/13 ist in entsprechender Anwendung des § 44 Abs. 3 S. 2 UStDV der VSt-Abzug um 95.000 € zu berichtigen.

Hinweis: War eine stpfl. Verwendung beabsichtigt und kommt es tatsächlich zu einer vorsteuerschädlichen, steuerfreien Veräußerung, so **erfasst § 15a Abs. 2 UStG stets die gesamte abgezogene VSt** und nicht etwa nur einen Teil davon. Es spielt keine Rolle, ob das Berichtigungsobjekt noch einen dem VSt-Berichtigungsbetrag entsprechenden Wert hat.

4.2 Nachträgliche Einbauten oder sonstige Leistungen an einem Wirtschaftsgut (§ 15a Abs. 3 UStG)

Einerseits betrifft § 15a Abs. 3 S. 1 UStG eine mögliche VSt-Berichtigung für einen nachträglich in einen Gegenstand eingefügten anderen **Gegenstand, der mit dem Einbau seine körperliche und wirtschaftliche Eigenart endgültig (Bestandteil) verloren hat.** Das ist der Fall, wenn diese Gegenstände nicht selbständig nutzbar sind und mit dem WG in einem einheitlichen Nutzungs- und Funktionszusammenhang stehen. Kein Gegenstand i.S.d. § 15a Abs. 3 UStG ist ein Gegenstand, der abtrennbar ist, seine körperliche oder wirtschaftliche Eigenart behält und damit ein selbständiges WG bleibt (A 15a.1 Abs. 2 Nr. 3 S. 1 – 3 UStAE). **Beispiele** hierfür bilden nach A 15a.6 Abs. 1 S. 6 UStAE bei einem **Fahrzeug: Klimaanlage, fest eingebautes Navigationssystem oder Austauschmotor** und bei einem **Gebäude: Klimaanlage, Einbauküche, Fenster, angebaute Balkone oder Aufzüge.**

Andererseits erfasst § 15a Abs. 3 S. 1 UStG auch **sonstige Leistungen, die an einem WG ausgeführt werden** und die nicht schon – wie z.B. Reinigungs- und Wartungsarbeiten – bereits im Zeitpunkt des Leistungsbezugs vollständig verbraucht sind oder nur der Werterhaltung dienen. Eine sonstige Leistung ist im Zeitpunkt des Leistungsbezugs aber dann nicht wirtschaftlich verbraucht, wenn ihr über den Zeitpunkt des Leistungsbezugs hinaus eine eigene Werthaltigkeit innewohnt (A 15a.1 Abs. 2 Nr. 4 UStAE). Dazu gehören insb. bei einem Gebäude der Fassadenanstrich und Fassadenreinigungen sowie bei einem Kraftfahrzeug die Neulackierung (A 15a.6 Abs. 7 UStAE mit weiteren Beispielen).

Hinweis: Maßnahmen, die auf nachträgliche AK oder HK i.S.d. § 15a Abs. 6 UStG entfallen und bei denen es sich um Bestandteile handelt, unterliegen vorrangig der Berichtigungspflicht nach § 15a Abs. 6 UStG (A 15a.6 Abs. 2 UStAE).

Eine Berichtigung pro rata temporis ist nur dann vorzunehmen, wenn es sich bei dem WG, in das der Bestandteil eingegangen oder an dem eine sonstige Leistung ausgeführt worden ist, um ein solches handelt, das nicht nur einmalig zur Erzielung von Umsätzen verwendet wird. Für den Bestandteil bzw. die sonstige Leistung gilt dabei ein eigenständiger BZ, dessen Dauer sich danach bestimmt, in welches WG nach § 15a Abs. 1 UStG der Bestandteil eingeht bzw. woran die sonstige Leistung ausgeführt wird (A 15a.6 Abs. 3 und Abs. 8 UStAE). Gehen die Maßnahmen in ein WG ein, das nur einmalig zur Ausführung von Umsätzen verwendet wird, tritt die Änderung der Verhältnisse auch bezüglich der sonstigen Leistung bzw. Einbauten jeweils mit der Veräußerung des WG ein.

Gem. § 15a Abs. 3 S. 2 UStG sind mehrere **im Rahmen einer Maßnahme** in ein WG eingegangene Gegenstände und/oder **mehrere** im Rahmen einer Maßnahme an einem WG **ausgeführte sonstige Leistungen zu einem Berichtigungsobjekt zusammenzufassen.** Dies bedeutet, dass sämtliche im zeitlichen Zusammenhang bezogenen Leistungen, die ein WG betreffen und deren Bezug dem Erhalt oder der Verbesserung des WG dient, ein Berichtigungsobjekt werden. Von einem zeitlichen Zusammenhang ist vorbehaltlich anderer Nachweise auszugehen, wenn die verschiedenen Leistungen für ein bewegliches WG innerhalb von drei Kalendermonaten und für ein unbewegliches WG innerhalb von sechs Monaten bezogen werden. Der Zusammenfassung steht nicht entgegen, dass die Bestandteile und/oder sonstigen Leistungen von verschiedenen Unternehmern bezogen worden sind (A 15a.6 Abs. 11 UStAE).

Beispiel 12: Gebäudesanierung

Fabrikant F mit stpfl. Umsätzen hat in der ersten Jahreshälfte 02 ein bebautes Grundstück für 1.000.000 € netto erworben. Die Veräußerung an ihn erfolgte stpfl. F hat die von ihm nach § 13b Abs. 2 Nr. 3 i.V.m. Abs. 5 S. 1 UStG geschuldete USt von 190.000 € nach § 15 Abs. 1 S. 1 Nr. 4 UStG voll als VSt in Abzug gebracht. In dem Gebäude hat F seit dem 01.07.02 sein Büropersonal untergebracht. Im Juni 06 erhielt das Gebäude neue Fenster, im August 06 einen neuen Außenanstrich. Der Einbau der Fenster wurde am 28.06.06 abgeschlossen, der Außenanstrich war am 21.08.06 fertiggestellt. Kosten für die neuen Fenster gem. Rechnung der A-GmbH vom 02.07.06: 20.000 € zzgl. 3.800 € USt, für den neuen Außenanstrich berechnete der Malermeister M unter dem 25.08.06 einen Betrag von 5.000 € zzgl. 950 € USt. Ab dem 01.07.11 vermietet F das Grundstück steuerfrei an eine Versicherung. Hat für das Jahr 11 eine VSt-Berichtigung zu erfolgen?

Lösung: Mit der steuerfreien Vermietung ab dem 01.07.11 tritt eine Änderung der für den ursprünglichen VSt-Abzug maßgebende Verhältnisse ein. Dies gilt sowohl gegenüber den Verhältnissen in 02 bei Erwerb des Grundstücks als auch gegenüber den Verhältnissen in 06 beim Bezug der Malerarbeiten sowie dem Einbau der Fenster. Insoweit war die VSt wegen der stpfl. Umsätze des F jeweils zu 100% abzugsfähig. Bei dem bebauten **Grundstück** handelt es sich um ein Investitionsgut i.S.d. § 15a Abs. 1 S. 1 UStG. Die Änderung der Verhältnisse erfolgte innerhalb des zehnjährigen BZ nach § 15a Abs. 1 S. 2 UStG, der am **01.07.02** begann und am **30.06.12** enden wird. Daher ist – bezogen auf das Jahr 11 – eine VSt-Berichtigung für 1/2 Jahr durchzuführen, und zwar i.H.v. 190.000 € : 10 x 6/12 = 9.500 €, wobei nach § 44 Abs. 3 S. 1 UStDV – Berichtigungsbetrag größer 6.000 € – monatlich ein Berichtigungsbetrag von 1.583,33 € zu erklären ist.

Hinsichtlich der **Malerarbeiten** liegt umsatzsteuerlich eine sonstige Leistung vor, ertragsteuerlich handelt es sich um Erhaltungsaufwendungen. Diese sonstige Leistung wird an einem Investitionsgut i.S.d. § 15a Abs. 1 UStG ausgeführt, nämlich dem Gebäude. Hinsichtlich des **Fenstereinbaus** liegt eine Werklieferung vor. Die Fenster wurden in das Gebäude als Investitionsgut eingefügt und verloren damit ihre körperliche und wirtschaftliche Eigenart, wurden somit Bestandteil des Gebäudes. Nach § 15a Abs. 3 S. 1 i.V.m. § 15a Abs. 1 UStG kommt insoweit also ebenfalls eine Berichtigung in Betracht. Fraglich könnte höchstens sein, ob nicht eine VSt-Berichtigung hinsichtlich der Malerarbeiten schon deshalb entfallen muss, weil das nach § 44 Abs. 1 UStDV erforderliche **VSt-Volumen von 1.000 € nicht erreicht** ist. Nach § 15a Abs. 3 S. 2 UStG steht dieser einer VSt-Berichtigung jedoch nicht entgegen, denn danach sind mehrere im Rahmen einer Maßnahme in ein WG eingegangene Gegenstände und/oder **mehrere** im Rahmen einer Maßnahme an einem WG ausgeführte **Leistungen zu einem Berichtigungsobjekt zusammenzufassen**. Dies gilt hier für die Malerarbeiten und den Fenstereinbau, die angesichts des zeitlichen Zusammenhangs der Maßnahmen zu einem Berichtigungsobjekt werden. Das VSt-Volumen für das eine Berichtigungsobjekt, bestehend aus Außenanstrich und Fenstereinbau, beträgt insgesamt 4.750 € (3.800 € + 950 €). Der BZ für dieses eine Berichtigungsobjekt beginnt zu dem Zeitpunkt, zu dem der Unternehmer das WG nach Durchführung der Maßnahme erstmalig verwendet (A 15a.6 Abs. 11 S. 8 UStAE). Unter Berücksichtigung von § 45 UStV ist dies hier der 01.09.06. Nach A 15a.6 Abs. 8 UStAE ist **hinsichtlich der Dauer des BZ** darauf **abzustellen, in welches WG die Leistungen eingehen**. Da hier die Maßnahme ein Grundstück betrifft, gilt insoweit ein zehnjähriger BZ, und zwar vom 01.09.06 bis zum 31.08.16. Pro Kj. beträgt das VSt-Volumen 475 €. Mithin hat für das Kj. 11 für das Berichtigungsobjekt, bestehend aus Außenanstrich und Fenstereinbau, eine VSt-Berichtigung von 475 € x 6/12 = 237,50 € stattzufinden. Da die Abweichung gegenüber den für den VSt-Abzug maßgeblichen Verhältnissen mehr als zehn Prozentpunkte beträgt, steht § 44 Abs. 2 UStDV einer VSt-Berichtigung trotz des Korrekturbetrags von unter 1.000 € nicht entgegen. Nach § 44 Abs. 3 S. 1 UStDV erfolgt die Korrektur erst in der Jahreserklärung für 11. Offensichtlich wird: Durch die Zusammenfassung mehrerer Leistungen zu einem Berichtigungsobjekt reduziert sich nicht nur der Anwendungsbereich des § 44 Abs. 1 UStDV, sondern auch der des § 44 Abs. 2 UStDV, der – vorbehaltlich der 10%-Grenze – bei einem Korrekturbetrag von unter 1.000 € eine VSt-Berichtigung entfallen lassen kann.

Nach **§ 15a Abs. 3 S. 3 UStG** liegt eine relevante Änderung der Verhältnisse bezüglich eingefügter Gegenstände und sonstiger Leistungen auch dann vor, wenn das WG, in das ein anderer Gegenstand eingefügt oder an dem eine sonstige Leistung ausgeführt wurde, aus dem Unternehmen entnommen wird, aber diese Entnahme nicht als eine uWa nach § 3 Abs. 1b UStG zu besteuern ist (A 15a.6 Abs. 16 – 17 UStAE mit dortigen Beispielen). Dann wird die **nicht besteuerte Entnahme wie eine vorsteuerschädliche Verwendung** behandelt. Dies betrifft in erster Linie die Konstellation, dass hinsichtlich des Hauptgegenstandes § 3 Abs. 1b UStG nicht vorliegt, weil bei dessen Anschaffung z. B. wegen des Erwerbs von einer Privatperson kein VSt-Abzug möglich war, und anschließend in den Gegenstand vorsteuerentlastete Leistungen eingegangen sind, die nicht schon im Zeitpunkt des Leistungsbezugs vollständig wirtschaftlich verbraucht waren (hierzu bereits Kap. XII 1).

> **Beispiel 13: Berichtigung wegen vorsteuerentlasteter Leistungsbezüge ohne spätere Entnahmebesteuerung**
>
> Händler H hatte zum 01.01.01 von privat einen Pkw für 14.400 € erworben. Im März 01 hat H an dem Wagen eine Inspektion für 300 € zzgl. 57 € USt ausführen lassen; am 01.07.02 hat er umfangreiche vorsteuerentlastete Karosserie- und Lackarbeiten für insgesamt 7.500 € zzgl. 1.425 € vornehmen lassen. Da H den Wagen für stpfl. unternehmerische Zwecke nutzt, hat er die ausgewiesenen USt-Beträge als VSt abgezogen. Zum 31.12.04 überführt H den Pkw ins Privatvermögen.
>
> **Lösung:** Eine Besteuerung der Entnahme kommt nicht in Betracht, da die Inspektion wie auch die Karosserie- und Lackarbeiten nicht zu Bestandteilen i. S. d. § 3 Abs. 1b S. 2 UStG führen. Die Inspektion war bereits im Zeitpunkt der Leistungsbezugs wirtschaftlich vollständig verbraucht und ist weder für eine uWa noch für eine VSt-Berichtigung von Relevanz. Die Karosserie- und Lackarbeiten waren demgegenüber im Zeitpunkt ihres Bezugs noch nicht verbraucht. Im Zeitpunkt der Entnahme ist eine Werterhöhung hierdurch aber nicht mehr vorhanden, sodass die Entnahme nicht nach § 3 Abs. 1b UStG steuerbar ist (A 3.3 Abs. 2 S. 3 UStAE). Zur Vermeidung eines unversteuerten Endverbrauchs kommt deswegen § 15a Abs. 3 S. 2 i. V. m. § 15a Abs. 1 S. 1 UStG zur Anwendung. Der BZ läuft vom 01.07.02 bis 30.06.07. Das insgesamt zu verteilende VSt-Volumen beträgt 1.425 €. Zu berichtigen ist der Zeitraum vom 01.01.05 bis zum 30.06.07. Der Berichtigungsbetrag für den Rest-BZ von 2 1/2 Jahren beträgt demnach 1.425 € : 2 = 712,50 €. Er ist in entsprechender Anwendung des § 44 Abs. 3 S. 2 UStDV (i. V. m. § 44 Abs. 4 UStDV) im VAZ 12/04 vorzunehmen.

Werden mit VSt-Abzug erworbene **Gegenstände in ein WG eingebaut,** das ohne VSt-Abzug erworben wurde und später entnommen wird, sind im Einzelnen **folgende Fälle auseinanderzuhalten:**

- Hat der eingebaute **Gegenstand** mit dem Einbau seine **körperliche und wirtschaftliche Eigenart nicht verloren** (z. B. eingebautes **Autoradio**), findet hinsichtlich des eingebauten Gegenstandes eine **Entnahmebesteuerung nach § 3 Abs. 1b UStG** statt. **Für eine Berichtigung nach § 15a Abs. 3 S. 3 UStG ist** hinsichtlich des Autoradios **kein Raum** (A 15a.6 Abs. 15 UStAE).
- Hat der eingebaute Gegenstand mit dem Einbau seine **körperliche und wirtschaftliche Eigenart vollständig verloren** (z. B. eingebaute **Klimaanlage**) und ist infolge **des Einbaus zum Zeitpunkt der Entnahme noch eine Wertsteigerung des WG vorhanden** (= Bestandteil i. S. v. A 3.3 Abs. 2 S. 3 UStAE), kommt es **wiederum** zu einer **Entnahmebesteuerung nach** § 3 Abs. 1b UStG. BMG bildet der Wiederbeschaffungspreis der entnommenen Klimaanlage zum Zeitpunkt der Entnahme des Fahrzeugs. Eine Berichtigung nach § 15a Abs. 3 S. 3 UStG unterbleibt (A 15a.6 Abs. 13 UStAE).

- Nur wenn der eingebaute Gegenstand mit dem Einbau seine körperliche und wirtschaftliche Eigenart vollständig verloren hat **und** die **Wertsteigerung zum Zeitpunkt der Entnahme vollständig verbraucht** ist (z. B. eingebaute **Windschutzscheibe**), kommt es dem Grunde nach zu einer **VSt-Berichtigung nach § 15a Abs. 3 S. 3 UStG** (A 15a.6 Abs. 14 UStAE). Diese wird aber, sofern nicht mehrere Einbauten und sonstige Leistungen nach § 15a Abs. 3 S. 2 UStG zusammenzufassen sind, nach **§ 44 Abs. 1 UStDV** häufig deswegen unterbleiben können, weil der auf den eingebauten Gegenstand entfallende VSt-Betrag 1.000 € nicht überschreiten wird.

4.3 Vorsteuerberichtigung wegen sonstiger Leistungen, die nicht unter § 15a Abs. 3 S. 1 UStG fallen (§ 15a Abs. 4 UStG)

Durch § 15a Abs. 4 S. 1 UStG werden auch solche sonstigen Leistungen erfasst, die nicht unter § 15a Abs. 3 S. 1 UStG fallen, d. h., die nicht an einem anderen WG ausgeführt werden. In Betracht kommen hierfür insb. beratende und gutachterliche Leistungen, die Anmietung von WG sowie der Erwerb von Patenten und Urheberrechten (A 15a.7 Abs. 1 S. 2 UStAE mit weiteren Beispielen). Wird die sonstige Leistung mehrfach zur Erzielung von Einnahmen verwendet, erfolgt die VSt-Berichtigung pro rata temporis; wird sie hingegen nur einmalig zur Erzielung von Umsätzen verwendet, erfolgt die Berichtigung unmittelbar für den Zeitpunkt der Verwendung (A 15a.7 Abs. 2 UStAE).

Nach § 15a Abs. 4 S. 2 UStAE ist die VSt-Berichtigung aber auf **solche sonstigen Leistungen beschränkt**, für die in der **Steuerbilanz ein Aktivierungsgebot bestünde**. Diese **Einschränkung gelangt** allerdings **nicht zur Anwendung**, soweit es sich um Leistungen handelt, für die der Leistungsempfänger bereits für einen Zeitraum vor Ausführung (Vollendung) der sonstigen Leistung den VSt-Abzug vornehmen konnte (A 15a.7 Abs. 4 UStAE mit dortigen Beispielen). Der **VSt-Abzug für Anzahlungen und Vorauszahlungen auf sonstige Leistungen ist deshalb** stets nach § 15a Abs. 4 UStG **zu berichtigen, wenn sich** z. B. die zum Zeitpunkt der Zahlung angenommene **vorsteuerunschädliche Verwendung** später **nicht realisiert**.

> **Beispiel 14: Langfristig angemietetes medizinisches Gerät**
>
> Chirurg C hat für die Dauer von 4 Jahren, beginnend mit dem 01.01.01, ein medizinisches Gerät gegen Einmalzahlung von 100.000 € zzgl. 19.000 € USt angemietet. Nach seinen bisherigen Erfahrungen wird er das Gerät zu 50 % für stpfl. schönheitschirurgische Leistungen und zu 50 % für steuerfreie Heilbehandlungen verwenden. Dementsprechend hat C, der den geforderten Betrag Anfang Januar 01 überwiesen hat, aus der ordnungsgemäßen Vorausrechnung im VAZ 1/01 einen VSt-Abzug von 50 % geltend gemacht. Die prognostizierte Verwendung realisiert sich nur bis Ende Juni 03. Ab 01.07.03 wird das Gerät nur noch zu 30 % für schönheitschirurgische Leistungen genutzt.
>
> **Lösung:** Für den VSt-Abzug aus einer Zahlung vor Leistungsausführung ist die beabsichtigte Verwendung zum Zeitpunkt der Zahlung maßgebend (A 15.12 Abs. 1 S. 14 UStAE). Daher hat C gem. § 15 Abs. 1 S. 1 Nr. 1 S. 3 UStG und aufgrund des § 15 Abs. 2 S. 1 Nr. 1 i.V.m. Abs. 4 UStG zutreffend 50 % der angefallenen VSt-Beträge abgezogen. Ab 07/03 haben sich die für den VSt-Abzug maßgebenden Verhältnisse um 20 % verändert. Daher ist der VSt-Abzug nach § 15a Abs. 4 UStG zu berichtigen. Die Frage nach Aktivierungspflicht kann dahingestellt bleiben, weil es bei der Berichtigung des VSt-Abzugs aus Anzahlungen nicht auf ein Aktivierungsgebot ankommt (§ 15a Abs. 4 S. 3 UStG). Die VSt ist unter Zugrundelegung eines **vierjährigen** BZ zu berichtigen (§ 15a Abs. 4 S. 1 i.V.m. § 15a Abs. 1 und Abs. 5 S. 2 UStG). Das VSt-Volumen pro Kj. des BZ beträgt 4.750 € (19.000 € : 4). Der fiktive VSt-Abzug beträgt daher auf Grundlage des ursprünglichen VSt-Abzugs 2.375 € im Kj. Der ihm nach

Änderung der Verhältnisse zustehende Betrag in 03 beträgt angesichts der tatsächlichen Nutzungsverhältnisse nur 1.900 € (vorsteuerunschädliche Nutzungen im Jahr 03: 50% x 6/12 und 30% x 6/12); 40% von 4.750 €). Der Berichtigungsbetrag zulasten den C für das Kj. 03 beläuft sich damit auf den Differenzbetrag 475 € (2.375 € ./. 1.900 €). § 44 Abs. 2 UStDV steht einer VSt-Berichtigung für das Kj. 03 nicht entgegen, da die Abweichung gegenüber den für den ursprünglichen VSt-Abzug maßgebenden Verhältnissen 10 Prozentpunkte ausmacht. Die Berichtigungen für 03 wie auch die für 04 i. H. v. 950 € sind nach § 44 Abs. 3 S. 1 UStDV jeweils in den Jahreserklärungen vorzunehmen.

4.4 Nachträgliche Anschaffungs- oder Herstellungskosten (§ 15a Abs. 6 UStG)

Für nachträgliche AK oder HK, die für ein WG anfallen, das nicht nur einmalig zur Ausführung von Umsätzen verwendet wird, gilt gem. § 15a Abs. 6 UStG ein **gesonderter BZ** (gesondertes Berichtigungsobjekt). Der Begriff der nachträglichen AK oder HK ist entsprechend der Verwaltungsauffassung nach den für das Einkommensteuerrecht geltenden Grundsätzen abzugrenzen; Erhaltungsaufwendungen unterliegen daher der VSt-Berichtigung nach § 15a Abs. 3 UStG (A 15a.1 Abs. 2 S. 3 Nr. 6 UStAE). Der Anwendungsbereich des § 15a Abs. 6 UStG ist jedoch überhaupt nur dann betroffen, wenn die nachträglichen Aufwendungen für Berichtigungsobjekte nach § 15a Abs. 1 – 4 UStG angefallen sind.

Der gesonderte BZ für nachträgliche AK oder HK beginnt zu dem Zeitpunkt, zu dem der Unternehmer das in seiner Form geänderte WG erstmalig zur Ausführung von Umsätzen verwendet (A 15a.8 Abs. 1 S. 2 UStAE). Die Dauer des BZ bestimmt sich nach der Art des WG entsprechend § 15a Abs. 1 UStG und beträgt entweder 5 oder 10 Jahre. Der BZ endet jedoch gleichermaßen, wenn das WG, für das die nachträglichen AK oder HK angefallen sind, wegen Unbrauchbarkeit vom Unternehmer nicht mehr zur Ausführung von Umsätzen verwendet werden kann (§ 15a Abs. 5 S. 2 UStG).

Für nachträgliche AK oder HK, die für ein WG anfallen, das nur einmalig zur Erzielung eines Umsatzes verwendet wird, ist die VSt-Berichtigung für den Besteuerungszeitraum vorzunehmen, in dem das WG verwendet wird (A 15a.8 Abs. 2 UStAE).

5 Verfahrensfragen und Vereinfachungsregeln

Die wesentlichen Regelungen zur Vereinfachung bei der Berichtigung des VSt-Abzugs enthält § 44 UStDV. Nach **§ 44 Abs. 3 S. 1 UStDV** hat die VSt-Berichtigung **grds. bereits im VA-Verfahren** für das laufende Kj. zu erfolgen. Nur wenn der für das Kj. zu ermittelnde Berichtigungsbetrag 6.000 € nicht übersteigt, ist die VSt-Berichtigung erst im Rahmen der Steuerfestsetzung für das entsprechende Kj. durchzuführen. Daraus folgt:

- Betragen die angefallenen VSt für ein WG mit 5-jährigem BZ nicht mehr als 30.000 € bzw. bei einem 10-jährigen BZ nicht mehr als 60.000 €, erfolgt die VSt-Berichtigung erst mit der USt-Jahreserklärung.
- Bei einem größeren VSt-Volumen für ein WG muss der Unternehmer bereits im VA-Verfahren prüfen, ob sich die Verwendungsverhältnisse gegenüber dem für den ursprünglichen VSt-Abzug maßgebenden Verhältnissen geändert haben und ob der voraussichtliche Berichtigungsbetrag im Besteuerungszeitraum, dem Kj., die Grenze von 6.000 € übersteigen wird. Diese Prognose führt insb. dann zu praktischen Schwierigkeiten, wenn es in einem Gebäude während des laufenden Jahres mehrfach zu einem Mieterwechsel und damit einhergehend mehrfach zu geänderten Verwendungsverhältnissen kommt.

Unabhängig von der Höhe des VSt-Volumens hat **in den Fällen des § 15a Abs. 8 UStG**, bei denen die VSt-Berichtigung durch eine Veräußerung oder Lieferung i. S. d. § 3 Abs. 1b UStG ausgelöst ist, die Berichtigung gem. **§ 44 Abs. 3 S. 2 UStDV** stets in dem VAZ zu erfolgen, in dem das WG endgültig aus dem Unternehmen ausgeschieden ist (A 15a.11 Abs. 4 UStAE). Dahinter steckt derselbe Aspekt, der auch die Fiktion des § 15a Abs. 9 UStG legitimiert: Eine nochmalige Änderung der Verhältnisse in den verbleibenden Jahren und Monaten des BZ ist ausgeschlossen. Von daher ist es sachgerecht, im selben VAZ, in dem der Liefer- bzw. Entnahmevorgang umsatzsteuerrechtlich zu erfassen ist, auch die erforderliche VSt-Berichtigung abschließend durchzuführen.

Eine weitere Besonderheit ist zwar zum 01.01.2012 entfallen; nach **§ 44 Abs. 3 UStDV a. F.** sollte, wenn die angefallene VSt nicht mehr als 2.500 € betragen haben, die Berichtigung einheitlich erst für das Kj. vorzunehmen sein, in dem der BZ endet. Diese Regelung findet allerdings nach § 74 Abs. 2 UStDV noch Anwendung auf **WG, die vor dem 01.01.2012 angeschafft oder hergestellt worden sind.**

Eine **VSt-Berichtigung entfällt gem. § 44 Abs. 1 UStDV vollständig, wenn** die auf die AK oder HK eines WG entfallende **VSt 1.000 € nicht übersteigt**. Dies gilt für alle Berichtigungsobjekte – unabhängig davon, nach welcher Vorschrift des § 15a UStG die VSt-Berichtigung vorzunehmen ist und in welchem Umfang sich die für den VSt-Abzug maßgebenden Verhältnisse später ändern. Bei der Bestimmung der 1.000-€-Grenze sind nachträgliche AK oder HK allerdings nicht einzubeziehen, da sie eigenständige Berichtigungsobjekte i. S. d. § 15a Abs. 6 UStG darstellen und selbständig der 1.000-€-Grenze unterliegen (A 15a.11 Abs. 2 UStAE).

Nach der **Vereinfachungsregelung** des **§ 44 Abs. 2 UStDV entfällt** eine **VSt-Berichtigung** ebenfalls, wenn sich die für den ursprünglichen VSt-Abzug maßgebenden **Verhältnisse um weniger als 10 Prozentpunkte geändert haben und** der Betrag, um den der VSt-Abzug für dieses Kj. zu berichtigen ist (**Berichtigungsbetrag**), **1.000 € nicht übersteigt** (A 15a.11 Abs. 3 UStAE).

§ 15a UStG steht regelmäßig nicht zur Verfügung, wenn der **VSt-Abzug von vornherein zu Unrecht in Anspruch genommen** wurde. Anliegen des § 15a UStG ist es nicht, die »richtigen« Verhältnisse herstellen, wenn diese von Anfang an unrichtig gewesen sind. Ist der VSt-Abzug materiellrechtlich unzutreffend behandelt worden, ist die Veranlagung nach den Vorschriften der AO zu korrigieren. Etwas anderes gilt nur, wenn die fehlerhafte Festsetzung des VSt-Abzugs bestandskräftig geworden ist. Dann ist für die VSt-Berichtigung von der unanfechtbaren fehlerhaften Steuerfestsetzung auszugehen (A 15a.2 Abs. 2 S. 3 Nr. 6 UStAE und A 15a.4 Abs. 3 UStAE).

XVII Besteuerungsverfahren

1 Steueranmeldung (Jahreserklärung und Voranmeldungen)

Nach dem althergebrachten Verständnis ist die USt wie die ESt eine Jahressteuer. Nach Ablauf des Kj. hat der Unternehmer eine Steuererklärung abzugeben, in der er allerdings seine Steuerschuld selbst ermittelt. Hierfür bedarf es einer Verrechnung zwischen der geschuldeten USt und dem VSt-Abzug. Ist die zu entrichtende USt größer als der VSt-Abzug, spricht man von einer »**Zahllast**« gegenüber dem FA.

Die Verrechnung zwischen USt-Schuld und VSt-Erstattungsansprüchen erfolgt regelmäßig nicht nur am Ende des Jahres, sondern auch noch in kürzeren Abständen. Nach § 18 UStG ist der Unternehmer nämlich zusätzlich verpflichtet, nach Ablauf sog. VAZ jeweils eine **Voranmeldung (VA)** abzugeben. Nach § 18 Abs. 1 UStG hat die Abgabe der VA grds. auf elektronischem Weg zu erfolgen. Von der Verpflichtung zur Abgabe von USt-VA können nur Unternehmer befreit werden, deren Zahllast des Vorjahres nicht mehr als **1.000 €** (ab 01.01.2025: 2.000 €) betragen hat (§ 18 Abs. 2 S. 3 UStG). Regelmäßiger VAZ ist nach § 18 Abs. 2 S. 1 UStG das **Kalendervierteljahr**. Der **Kalendermonat** wird VAZ, **wenn** die **Steuer (Zahllast)** im vorangegangenen Kj. **mehr als 7.500 €** betragen hat (§ 18 Abs. 2 S. 2 UStG) **oder** sich im vorangegangenen Kj. zugunsten des Unternehmers ein **Überschuss von mehr als 7.500 €** ergeben und der Unternehmer von seinem in § 18 Abs. 2a S. 1 UStG eingeräumten **Wahlrecht** Gebrauch gemacht hat, statt des Kalendervierteljahres den Kalendermonat als VAZ zu wählen. Im Erstattungsfall ist aber generell auch eine Befreiung von der Abgabepflicht von VA möglich (A 18.2 Abs. 2 S. 4 – 5 UStDV).

Darüber hinaus ist bei Neugründungen bzw. -registrierungen von Unternehmen der Kalendermonat ebenfalls der VAZ. Wie sich in der Vergangenheit gezeigt hat, erfolgten solche **Neugründungen** vereinzelt allein mit dem Ziel des vorsteuerentlasteten Leistungsbezugs. Um solchen Sachverhalten und der damit ggf. verbundenen Missbrauchsbekämpfung besser begegnen zu können, sieht § 18 Abs. 2 S. 4 – 5 UStG vor, dass bei erstmaliger Aufnahme einer unternehmerischen Tätigkeit **für das laufende und folgende Kj. stets** der **Kalendermonat VAZ** ist (A 18.7 UStAE).[1] Hiervon verspricht sich die FinVerw, frühzeitig Informationen aus der Abgabe von USt-VA zu gewinnen, um insb. Betrugsfälle rechtzeitig entdecken zu können. Dies kommt allerdings auch den rechtschaffenen Unternehmensgründern zugute, weil gerade im Gründungsstadium hohe Investitionsausgaben anfallen und ggf. ein nicht unerheblicher VSt-Überhang (VSt höher als die USt für die Ausgangsumsätze) frühzeitig erstattet wird.

Klausurhinweis: In **Beraterklausuren** geben alle Unternehmer entsprechend der üblichen Bearbeitungshinweise **regelmäßig monatliche Voranmeldungen** ab.

Die VA sind gem. § 18 Abs. 1 S. 1 UStG am 10. Tag nach Ablauf des jeweiligen VAZ abzugeben und eine etwaige Zahllast in selbiger Frist zu zahlen (§ 18 Abs. 1 S. 4 UStG), es sei denn dem Unternehmer wurde auf Antrag eine Dauerfristverlängerung (um einen Monat) gewährt (§ 18 Abs. 6 UStG i. V. m. §§ 46 – 48 UStDV).

---

1 Diese Regelung wird für die Kj. 2021 bis 2026 ausgesetzt und soll danach evaluiert werden. In diesen Jahren ist daher für die Bestimmung der VAZe nach den allgemeinen Regelungen im Gründungsjahr die Steuer zahl last gem. § 18 Abs. 2 S. 6 UStG realistisch zu schätzen, und für das Folgejahr ist die im Erstjahr gezahlte Steuer in eine Jahressteuer umzurechnen.

Im Regelfall – wenn die USt in den einzelnen VA fehlerfrei berechnet wurde – deckt sich die Summe der vorangemeldeten Beträge mit denen der USt-Jahreserklärung. Zu Differenzen kommt es demgegenüber z. B., wenn VSt-Berichtigungen nach § 15a UStG erst in der Jahreserklärung vorzunehmen sind oder im Einvernehmen mit dem FA die Besteuerung uWa nach § 3 Abs. 9a Nr. 1 UStG erst mit der Jahreserklärung erfolgen soll. Ergibt sich insoweit gegenüber den VA ein Unterschiedsbetrag zugunsten des FA, hat der Unternehmer diesen nach § 18 Abs. 4 UStG binnen eines Monats nach Abgabe der Jahreserklärung zu zahlen.

Sowohl die USt-VA wie auch die USt-Jahreserklärung sind **Steueranmeldungen** i. S. d. §§ 167, 168 AO, die regelmäßig einer Steuerfestsetzung **unter dem Vorbehalt der Nachprüfung** gleichstehen. Dafür bedarf es in den Fällen, da die Anmeldung zu einer Steuervergütung führt, nach § 168 S. 2 AO der **Zustimmung des FA**. Die FÄ können diese Zustimmung nach § 18f UStG im Einvernehmen mit dem Unternehmer **von einer Sicherheitsleistung abhängig** machen.

2 Der One-Stop-Shop (OSS)

Nach den materiell-rechtlichen Neuregelungen zur Umsetzung des Mehrwertsteuer-Digitalpakts in das nationale Recht können Unternehmer nunmehr für bestimmte Umsätze, die nach dem 30.06.2021 ausgeführt werden, optional ein besonderes Besteuerungsverfahren nach den §§ 18i, 18j und 18k UStG in Anspruch nehmen (sog. One-Stop-Shop (OSS)). Der OSS ermöglicht in seinem jeweiligen Anwendungsbereich Unternehmern, die Leistungen in mehreren EU-Mitgliedstaaten erbringen, eine unionsweite Besteuerung von bestimmten Umsätzen durch Abgabe nur einer Steuererklärung anstelle einer steuerrechtlichen Registrierung in einer Vielzahl von EU-Mitgliedstaaten.[2]

- Der OSS nach **§ 18i UStG** gilt für sämtliche sonstige Leistungen, die ein nicht im Gemeinschaftsgebiet ansässiger Unternehmer an Nicht-StPfl. i. S. d. § 3a Abs. 5 S. 1 UStG im Gemeinschaftsgebiet erbringt, für die er dort die Steuer schuldet und für die er im Regelbesteuerungsverfahren dort Steuererklärungen abzugeben hätte (sog. **Nicht-EU-Regelung**). Der OSS ermöglicht es nunmehr, eine gemeinschaftsweit geltende Steuererklärung abzugeben. Bei § 18i UStG handelt es sich um die Nachfolgeregelung zum bisherigen Mini-One-Stop-Shop (MOSS) nach § 18 Abs. 4c – d UStG, wobei die bisherige Begrenzung auf die in § 3a Abs. 5 S. 2 UStG bezeichneten Leistungen entfallen ist. Der Besteuerungszeitraum ist gem. § 16 Abs. 1c UStG das Kalendervierteljahr.
- Der OSS nach **§ 18j UStG** erfasst als sog. **EU-Regelung** ebenfalls sonstige Leistungen, die nunmehr jedoch von einem im Gemeinschaftsgebiet ansässigen Unternehmer an Nicht-StPfl. in anderen Mitgliedstaaten als denen seiner Ansässigkeit erbracht werden (§ 18j Abs. 1 S. 1 Nr. 2 UStG), sowie solche Lieferungen aller Unternehmer – unabhängig von ihrer Ansässigkeit–, die entweder als Betreiber einer elektronischen Schnittstelle nach § 3 Abs. 3a S. 1 UStG als Lieferer gelten oder die innergemeinschaftliche Fernverkäufe nach § 3c Abs. 1 UStG ausführen (§ 18j Abs. 1 S. 1 Nr. 1 UStG). Besteuerungszeitraum ist hier gem. § 16 Abs. 1d UStG ebenfalls das Kalendervierteljahr.

---

2 Der OSS berechtigt aber nicht zur Geltendmachung von VSt-Beträgen. Diese sind weiterhin über das sog. VSt-Vergütungsverfahren erstattungsfähig. In Deutschland ist dieses in § 18 Abs. 9 UStG und § 18 g UStG geregelt. Die Zuständigkeit liegt nach § 5 Abs. 1 Nr. 8 FVG beim BZSt.

- Der OSS nach **§ 18k UStG** gilt für Fernverkäufe i. S. d. § 3c Abs. 2 – 3 UStG für Sendungen mit einem Sachwert von höchstens 150 €, bei denen der Liefergegenstand aus dem Drittlandsgebiet ins Gemeinschaftsgebiet eingeführt wird, sowie für derartige Umsätze durch Betreiber elektronischer Schnittstellen nach § 3 Abs. 3a S. 2 UStG. Der Besteuerungszeitraum für diese sog. **Einfuhrregelung** ist gem. § 16 Abs. 1d UStG der Kalendermonat. Die Nutzung des Import-OSS (IOSS) setzt neben dem Einfuhrsachwert von höchstens 150 € u. a. voraus, dass der StPfl./Verkäufer die ihm erteilte individuelle MwSt-Nummer für die Nutzung des IOSS in der Zollmeldung bei der Einfuhr angibt. Folge der Nutzung des IOSS ist sodann die E-USt-Befreiung nach § 5 Abs. 1 Nr. 7 UStG. Wird der IOSS nicht in Anspruch genommen, erfolgt die Einfuhrbesteuerung nach dem besonderen Verfahren gem. § 21a UStG (umfassend hierzu Kap. XIV 2.1).

Beispiel 1: EU-Regelung

Unternehmer U veräußert im August 2021 über den Onlinemarkplatz M Waren an den Endverbraucher F in Frankreich. Die Waren werden aus einem Lager des U in Deutschland an den Wohnsitz von F in Frankreich versendet. D überschreitet die Umsatzschwelle von 10.000 €.

Lösung: Nach § 3 Abs. 3a S. 1 UStG wird keine Lieferung zwischen M und F fingiert, weil U im Gemeinschaftsgebiet ansässig ist. Das fiktive Reihengeschäft findet über § 3 Abs. 3a S. 2 UStG ebenso keine Anwendung, weil die Ware nicht aus dem Drittlandsgebiet eingeführt wurde. Für die Lieferung des U an F finden daher die allgemeinen Regelungen über den innergemeinschaftlichen Fernverkauf nach § 3c Abs. 1 UStG Anwendung. Der Ort der Lieferung ist der Ort, an dem sich die Ware bei Beendigung der Versendung an F befindet, mithin Frankreich. U kann diesen Umsatz nach § 18i UStG im OSS anmelden. Andernfalls hätte er den Umsatz im Bestimmungsland im dortigen allgemeinen Besteuerungsverfahren zu erklären.

3 Zusammenfassende Meldungen (§ 18a UStG)

Unternehmer, die innergemeinschaftliche Warenlieferungen i. S. d. § 6a UStG und Dreiecksgeschäfte i. S. d. § 25b UStG ausführen, müssen hierüber nach § 18a UStG beim BZSt eine sog. **Zusammenfassende Meldung (ZM)** abgeben. Sie dient vor allem dem EU-weiten Datenabgleich und damit der Kontrolle der innergemeinschaftlichen Warenbewegungen und ist mittlerweile materiell-rechtliche Voraussetzung für die Steuerfreiheit (vgl. Kap. XIV 3.2.1).

Die Abgabe der ZM hat im Interesse der Betrugsbekämpfung bis zum 25. Tag nach Ablauf jedes Kalendermonats zu erfolgen. Ausnahmsweise darf der Unternehmer die ZM für das Kalendervierteljahr abgeben, wenn der Gesamtbetrag der betroffenen Lieferung weder für das laufende Kalendervierteljahr noch für eine der vier vorangegangen Kalendervierteljahre jeweils mehr als 50.000 € meldepflichtigen Umsatz betragen wird bzw. hat.

Unternehmer haben auch für sonstige Leistungen i. S. d. § 3a Abs. 2 UStG, für die der in einem anderen EU-Mitgliedstaat ansässige Leistungsempfänger die Steuer schuldet, bis zum 25. Tag nach Ablauf jedes Kalendervierteljahres eine ZM abzugeben. Sofern die betroffenen Unternehmer daneben auch eine ZM über innergemeinschaftliche Warenlieferungen abzugeben haben, eröffnet § 18a Abs. 3 S. 1 ihnen die Möglichkeit, die vorgenannten sonstigen Leistungen auch in die jeweilige Monatsmeldung aufzunehmen.

Im Zusammenhang mit den ZM ist eine Dauerfristverlängerung nicht möglich.

Hinweis: Nach den üblichen Bearbeitungshinweisen in den Beraterklausuren sind alle Unternehmer ihrer Pflicht zur Abgabe von ZM ordnungsgemäß nachgekommen.

C Erbschaftsteuerrecht

I Das Erbschaftsteuerrecht inklusive der erbrechtlichen Grundlagen

1 Einführung

1.1 Historische und wirtschaftliche Bedeutung der Erbschaftsteuer
1.1.1 Das Erbschaftsteuergesetz in seiner Entwicklung

Eine ErbSt gab es schon in der Antike.[1] In Deutschland war das am 01.01.1900 in Kraft getretene BGB der Wegbereiter für ein einheitliches ErbSt-Recht (Reichserbschaftsteuergesetz 1906). Danach brachte das ErbStG 1919 einen – neben der Erbanfallsteuer (des Erwerbers) – zweiten Steuertatbestand, die Nachlasssteuer (des Verstorbenen). In der Folgezeit wurde die Steuer auf den Nachlass aufgehoben (ErbStG 1922) und das ErbStG 1925 bildete – zusammen mit der eingeführten Vermögensteuer – die Grundlage für die Nachlass- und Vermögensbesteuerung bis zum Jahre 1973.

Das seit 01.01.1974 geltende **ErbStG 1974** löste für weitere 23 Jahre die alte Rechtslage ab und die Besteuerung unentgeltlicher Vermögensübertragungen war nunmehr durch folgende Eckpunkte charakterisiert:
- bei der Bewertung des Grundvermögens wurden die niedrigen Einheitswerte von 1964 mit 40% indiziert und auf 140% angesetzt;
- gesellschaftsrechtliche »Schlupflöcher« wurden mittels § 7 Abs. 5 – 7 ErbStG geschlossen;
- die Ersatz-ErbSt auf Familienstiftungen wurde eingeführt.

Während das StÄndG 1992 mit der sog. verlängerten Maßgeblichkeit der StB für die Bewertung des vererbten bzw. verschenkten BV (anstelle des früheren Teilwertansatzes) eine wesentliche Verbesserung und Erleichterung bei der Unternehmensübertragung mit sich brachte, gab es durch das **JStG 1997** gravierende Änderungen, die weitestgehend auf den BVerfG-Beschluss vom 22.06.1995 (Abschaffung der Vermögensteuer und Neubewertung bei der ErbSt) zurückzuführen waren. Als eine der Hauptänderungen wurden die Einheitswerte als Bewertungsgrundlage für das Grundvermögen durch ein Ertragswertverfahren ersetzt, das im Ergebnis zu einem Ansatz des Immobilienvermögens von ca. 50% des Verkehrswerts führte. Mit der Erhöhung der persönlichen Freibeträge für Angehörige ging eine weitere Verschonung des Familienvermögens einher. Das sog. Produktivvermögen (im Wesentlichen das BV inkl. der wesentlichen Beteiligung an KapG – die sog. »Viertel-Plus«-Quote) konnte mit einem erweiterten Freibetrag von 256.000 € (ab 01.01.2004: 225.000 €) sowie einem zusätzlichen Bewertungsabschlag von ursprünglich 40% (seit 01.01.2004: 35%) unentgeltlich übertragen werden.

Am **01.01.2009 trat das ErbStRG (2009)** in Kraft.

Das WachstBeschlG (Dezember 2009) reagierte – mit Wirkung ab 01.01.2010 – auf die größten Bedenken gegen das ErbStRG und brachte im Bereich der Privilegierung von Elementarvermögen (§§ 13a, b ErbStG) ebenso wie bei den Steuersätzen (in StKl. II) deutliche Änderungen mit sich.

Das **JStG 2010** brachte bei § 13b Abs. 2 ErbStG nur eine geringfügige Änderung (der Verwaltungsvermögenstest bei KapG wurde neu gefasst) und näherte die Gesetzeslage an den

---

[1] Vgl. *Meincke*, Einf. 9 – 14 im Meincke-ErbStG-Komm. mit einem historischen Abriss.

Beschluss des BVerfG vom 21.07.2010 (DStR 2010, 1875: verfassungswidrige Ungleichbehandlung von Ehe und eingetragener Lebenspartnerschaft) an.
Ende 2011 wurden die ErbStR (2011) verabschiedet.
Mit dem JStG (2013) und dem AmtshilfeRLUmsG (2013) hat der Gesetzgeber die Verschonungsregelung der §§ 13a, b EStG novelliert.
Das ErbStG (2016) hat die Monita des BVerfG (2014) umgesetzt (s. oben).
Das **bis 30.06.2016** geltende ErbStG (2009) wurde zum **01.07.2016** durch das ErbSt-AnpG abgelöst.[2]
Für **Übertragungen ab 01.01.2017** kommt nur das neue ErbStG (2016) zur Anwendung. Klarstellend wird darauf hingewiesen, dass sich die neue Rechtslage nicht nur auf die Verschonungsregelungen der §§ 13a ff. ErbStG sowie auf §§ 28 f. ErbStG bezieht. Der Kernbereich des ErbSt-Rechts bleibt jedoch unangetastet.

Mit der **Entscheidung des BVerfG** vom 17.12.2014 ist die fehlende Punktgenauigkeit der Subventionsvorschriften der §§ 13a und 13b ErbStG gerügt worden. In der Übergangszeit (bis 30.06.2016) bleibt das ErbStRG (2009) anwendbar. Für Erwerbe ab 01.07.2016 gilt das ErbStG (2016).

Die vom BVerfG festgestellten Gleichheitsverstöße erfassten die §§ 13a und 13b ErbStG insgesamt; dies galt für die Ursprungsfassung des Erbschaftsteuerreformgesetzes vom 24.12.2008 und für alle Folgefassungen. Aufgrund der festgestellten Gleichheitsverstöße erwiesen sich wichtige Elemente der §§ 13a und 13b ErbStG als verfassungswidrig. Ohne sie konnten die restlichen – nicht beanstandeten – Bestandteile nicht mehr sinnvoll angewandt werden. Auch § 19 Abs. 1 ErbStG, der die Besteuerung begünstigten wie nicht begünstigten Vermögens gleichermaßen betrifft, war in der Verbindung mit §§ 13a und 13b ErbStG für unvereinbar mit Art. 3 Abs. 1 GG zu erklären.

Im Folgenden wird die Antwort des ErbStG (2016) in Grundzügen dargestellt:
1. Bei einem Erwerbswert bis 26 Mio. € (gerechnet für den einzelnen Erwerber) verbleibt es bei dem zweispurigen Verschonungssystem (Regelverschonung mit 85% Steuerbefreiung und das sog. Optionsmodell mit 100% Steuerverschonung).
2. Bei Erwerben über 26 Mio. € kommt es wahlweise
   a) zu einer Abschmelzung der Verschonungsregelung oder
   b) zu einem Erlass.
3. Für sog. Familienunternehmen wird ein Vorweg-Abschlag von bis zu 30% gewährt.
4. Die Lohnsummenregelung bleibt bestehen, greift aber schon ab dem 6. Arbeitnehmer und wird gestaffelt bis zum 15. Arbeitnehmer. Ab dem 16. Arbeitnehmer wird sie voll angewandt.
5. Die 100%-Verschonung greift nur, falls das Verwaltungsvermögen nicht mehr als 20% beträgt.
6. Nur im Erbfall wird dem Erben die Steuerschuld bis zu sieben Jahre gestundet.
7. Missbräuchliche Gestaltungen (Cash-Gesellschaften bzw. unangemessenes Verwaltungsvermögen) werden nicht weiter toleriert.
8. Altersvorsorge-Schulden werden begünstigt.
9. Es gilt die Abkehr vom Alles-oder-nichts-Prinzip (Verwaltungsvermögen wird nie verschont, sondern immer besteuert), aber mit einem Unschädlichkeitsfreibetrag von 10% für das nicht begünstigte Vermögen.

---

2   Lediglich der Kapitalisierungsfaktor für die Bewertung des Unternehmensvermögens gem. § 203 BewG mit nunmehr 13,75 (statt 17,86 nach altem Recht für die erste Halbjahreshälfte 2016) ist rückwirkend **ab 01.01.2016** anzuwenden.

Im Oktober 2019 hat der Bundesrat den bereits im Dezember 2018 vorgelegten, im April 2019 veröffentlichten ErbStR 2019 zugestimmt. Die ErbStR und die ErbStH 2019 sind in die Darstellung dieser Auflage einbezogen. Durch das JStG 2022 vom 16.12.2022 (BGBl I 2022, 2294) wurde die Bewertung des Grundvermögens ab dem 01.01.2023 vor allem im Ertragswertverfahren geändert. Mit gleichlautenden Ländererlassen vom 20.03.2023 (BStBl I 2023, 738) hat die FinVerw dazu Stellung bezogen.

In 2024 sind an gesetzgeberischen Aktivitäten hervorzuheben:
- das JStG 2024 (mit vorgesehenen Änderungen zu §§ 10 Abs. 6, 13d und 28 ErbStG),
- das Kreditzweitmarktförderungsgesetz mit der Beibehaltung der Gesamthand im Steuerrecht (trotz MoPeG) und
- das Wachstumschancengesetz.

Zur **fiskalischen Bedeutung**: Das ErbSt-Aufkommen belief sich in 2023 auf 11,8 Mrd. € (= 1,29 % am Gesamtaufkommen).

1.1.2 Der Gesetzesaufbau

Das ErbStG in der Fassung vom 27.02.1997 mit den Änderungen durch das ErbStAnpG vom 04.11.2016 (BGBl I 2016, 2464) besteht aus fünf Teilen, die ihrerseits untergliedert sind. In Teil I ist – nach der Pauschal-Definition der Erwerbstatbestände in § 1 ErbStG – die persönliche Steuerpflicht mit einer extensiven Anordnung zur unbeschränkten Steuerpflicht (§ 2 Abs. 1 Nr. 1b ErbStG) geregelt. Der objektive Steuertatbestand folgt – noch in Teil I – unmittelbar der subjektiven Steuerpflicht. In den §§ 3 – 8 ErbStG sind im Einzelnen die steuerauslösenden Tatbestände definiert (insb. gem. § 3 ErbStG der Erwerb von Todes wegen und gem. § 7 ErbStG die Schenkung unter Lebenden).

In Teil II sind die Bewertungsvorschriften »beheimatet«. Aus diesen ergibt sich zusammen mit dem BewG, auf das in § 12 Abs. 1 ErbStG umfassend verwiesen wird, die Höhe des steuerlichen Vermögensanfalls des Erwerbers (s. auch R E 10.1 ErbStR 2011). Die Bestimmungen dienen der Ermittlung der BMG für die ErbSt (horizontaler Regelungsbereich des ErbStG).

Die konkrete Steuerbelastung des Steuerbürgers (des Erwerbers, des Bereicherten) erschließt sich aufgrund der Tarifvorschriften des Teil III (§§ 14 – 19a ErbStG). Hier findet sich die »vertikale Steuergerechtigkeit« des ErbSt-Rechts wieder. Die persönlichen Verhältnisse zwischen Erblasser (Schenker) und Erwerber sind die Ausgangsgrößen für die drei Steuerklassen und die darauf fußenden progressiven Steuersätze.

Die Eigenart des unentgeltlichen Erwerbsvorgangs bzw. der Charakter der ErbSt als Anfallsteuer finden ihren Niederschlag in einem eigenen ErbSt-Schuldrecht, das in Teil IV des ErbStG die Bestimmungen der AO ergänzt und z. T. überlagert.

Teil V enthält die abschließenden Vorschriften.

ErbStG-Aufbau	
Teil I	Subjektive und objektive Steuerpflicht/Grundtatbestände des Erbschaftsteuerrechts (§ 3 ErbStG) und des Schenkungsteuerrechts (§ 7 ErbStG)
Teil II	Wertermittlung und Bewertungsvorschriften (mit Verweis auf das BewG)
Teil III	Das quantifizierende ErbStR (Tarifvorschriften, Steuerklassen u. a.)
Teil IV	ErbSt-Schuldrecht zzgl. Sonderkonstellationen
Teil V	Ermächtigungs- und Schlussvorschriften

1.2 Grundaussagen zum Erbschaftsteuerrecht
1.2.1 Die wirtschaftlichen Auswirkungen auf der Planungs- und Belastungsebene des Steuerbürgers

Nachdem die Vorschriften des ErbStG **auch für Schenkungen** gelten, kommt der jeweiligen Gesetzesfassung eine große Bedeutung für die **Dispositionen** der Steuerbürger zu. Der folgende Sachverhalt soll verfehlte Steuergestaltungen ebenso aufzeigen, wie er die »verschlungenen Pfade« der Gesetzgebung erkennen lässt.

Beispiel 1:

Die 70-jährige Witwe W hat im Jahre 2020 aufgrund eines Ehegattentestaments den Unternehmer U beerbt. Zum Nachlass des U gehörten ein Einzelunternehmen, privater Grundbesitz und ein landwirtschaftlicher Betrieb. W hat aus der Ehe mit U eine Tochter T und einen Sohn S, die nach dem Testament das gemeinsame Vermögen von W und U erhalten sollen (sog. Berliner Testament, § 2269 BGB). W selbst hat noch Wertpapiere und Barvermögen in ihrem eigenen Bestand. 2023 erkrankt W und überträgt vorweg an T den Betrieb und an S das landwirtschaftliche Anwesen, jeweils gegen eine Leibrente (sog. vorweggenommene Erbfolge). 2024 verstirbt W.

Die einzelnen (fünf) Vermögenspositionen sollen den gleichen Verkehrswert aufweisen.

Lösung:

(1) **Grobanalyse**

In drei Nachfolgezyklen (2020, 2023 und 2024) wurde unter Familienmitgliedern innerhalb eines Zeitraumes von fünf Jahren teilweise dasselbe Vermögen zweimal übertragen. Jeder Erwerb löst unabhängig voneinander einen Erwerbstatbestand nach dem ErbStG aus. Zu Beginn (2020) und am Ende (2024) liegen **Erwerbe von Todes wegen** gem. § 1 Abs. 1 Nr. 1 i. V. m. § 3 ErbStG vor; in 2023 hat W eine **Schenkung** unter Auflagen gem. § 1 Abs. 1 Nr. 2 i. V. m. § 7 ErbStG vorgenommen.

Bindeglied für beide Übertragungen von Todes wegen war ein Ehegattentestament, in dem sich die Ehegatten gegenseitig zu Alleinerben des Vorversterbenden einsetzten und gleichzeitig den gemeinsamen Nachlass den Kindern als Schlusserben des überlebenden Ehegatten zukommen lassen. Für die Berechnung der ErbSt ist die Wertermittlung nach der jeweils gültigen Fassung des ErbStG von entscheidender Bedeutung.

(2) **Der Erbfall in 2020**
- Die Daten im Ausgangsfall führen beim Immobilienbesitz, der in 202018 auf W überging und sich 2024 noch im Nachlass befindet, zu sog. Bedarfswerten, die seit 2009 nahezu mit den Verkehrswerten nahezu identisch sind.
- Gravierende Steuerfolgen werden bei der Vermögensübertragung innerhalb einer Familie allerdings durch die **persönlichen Freibeträge** verhindert. Nach geltendem Recht kommt W als überlebende Ehefrau in den Genuss eines persönlichen Freibetrages von bis zu 756 T€ (500 T€ gem. § 16 Abs. 1 Nr. 1 ErbStG und ggf. zusätzlich 256 T€ gem. § 17 Abs. 1 ErbStG).
- Die Kinder könnten beim Erbfall immerhin noch einen Freibetrag von 400 T€ nach § 16 ErbStG beanspruchen; hinzu kommt ein nach dem Lebensalter der Kinder gestaffelter besonderer Versorgungsfreibetrag nach § 17 Abs. 2 S. 1 ErbStG.

(3) **Die Schenkung im Jahr 2023 – eine sog. vorweggenommene Erbfolge**

Durch persönliche Umstände war W gezwungen, den landwirtschaftlichen Betrieb an S und das Einzelunternehmen an T gegen eine Leibrente zu übertragen. Dies führt in doppelter Hinsicht zu einer Wertdiskussion, wenn die Schenkung mit einer Gegenleistung verbunden ist.
- Die Gegenleistung bei der vorgezogenen Übertragung in Form der Leibrente führt bei einem Erwerbsvorgang der **(gemischten) Schenkung** zu einer gesonderten Wertermittlung. Danach wird die Bereicherung der Kinder – und damit die quantitative Besteuerungsgrundlage – gegen-

standsbezogen ermittelt. Dies wird im Ergebnis bei einer Schenkung zu einer Bereicherung der Kinder führen, bei der die Gegenleistung (Leibrente) **anteilig** berücksichtigt wird.
- Anders hingegen wird bei einem **Erwerb von Todes wegen** gerechnet. Dort wird eine etwaige Verbindlichkeit, die anlässlich des Erbfalls zu berücksichtigen ist (z. B. Vermächtnisschuld) – wegen des ganzheitlichen Vermögensübergangs – mit dem **ganzen Betrag** abgezogen.

Hieran schließt sich zwanglos die Frage an, ob die mehrfache Übertragung desselben Vermögens innerhalb der Familie, aber bei unterschiedlichen Erwerbern »doppelt« besteuert wird.

§ 27 ErbStG sieht in den Fällen, in welchen innerhalb von zehn Jahren »dasselbe« Vermögen, wie hier das Einzelunternehmen und die Landwirtschaft, innerhalb einer Familie unentgeltlich weitergegeben wird, eine Ermäßigung der Steuer für den letzten Erwerbsfall vor, wenn dieser ein Erwerb von Todes wegen ist.

Im vorliegenden Fall liegt jedoch die entgegengesetzte Konstellation (Ersterwerb von Todes wegen und Letzterwerb als Schenkung) vor, bei der nach derzeitiger Gesetzeslage keine Ermäßigung zu gewähren ist.

Für den Fall, dass die im Jahr 2023 erhobene Schenkungsteuer für S und T zu einer existenzbedrohenden Situation führt, kann es nach § 28 ErbStG in beiden Fällen (übertragener Betrieb sowie übertragene Landwirtschaft) zu einer Stundung der Schenkungsteuer kommen.

(4) Der Erbfall im Jahr 2024

Die erbschaftsteuerliche Lösung hängt zunächst von der erbrechtlichen Vorfrage ab.

S und T haben als Miterben zu je 1/2 den Nachlass als Erwerb von Todes wegen zu versteuern (§ 3 Abs. 1 Nr. 1 ErbStG). Die Tatsache, dass sie zivilrechtlich bis zur Auseinandersetzung des Nachlasses eine Miterbengemeinschaft bilden, ist für steuerliche Zwecke (vgl. § 39 Abs. 2 Nr. 2 AO) unbeachtlich.

Nachdem der Nachlasswert ermittelt ist, werden beide Erben eine (u. U. gemeinsame) Steuererklärung nach § 31 Abs. 4 ErbStG abgeben, aufgrund derer sie vom Erblasser-FA (§ 35 ErbStG) zur ErbSt veranlagt werden. Dabei wird der Nachlass entsprechend der Erbquote aufgeteilt und es wird sodann – unter Berücksichtigung der individuellen Steuermerkmale der einzelnen Miterben – ein Steuerbescheid gegenüber jedem einzelnen Miterben erlassen.

(5) Wie hoch fällt die Bereicherung von S und T aus?

Vorweg sind die Werte für die übernommenen Vermögensgegenstände steuerlich zu würdigen. Das ErbSt-Recht gelangt dabei zu einer **wertmäßigen Aufsplittung** der einzelnen Übergabegegenstände.
- Während das Barvermögen (sog. Zahlungsmittel) mit dem Nennwert zu erfassen war, wird der Grundbesitz mit dem steuerlichen Bedarfswert angesetzt.
- Bei den Wertpapieren wiederum wird der Kurswert zum Todestag angesetzt, wenn es sich dabei um börsennotierte Papiere handelte.
- Das BV ist mit dem Ertragswert zu erfassen.
- Ansonsten ist der gemeine Wert zu ermitteln.

Letztlich hängt die Höhe der ErbSt-Schuld von S und T noch von dem **Vorerwerb** aus dem Jahre 2022 von W ab. Nach § 14 ErbStG sind Vorerwerbe, die innerhalb des **Zehnjahreszeitraumes** von **derselben** Person angefallen sind, bei der Ermittlung der Steuerschuld einzubeziehen. So können Freibeträge, die bei einer Erstschenkung gewährt wurden, bei weiteren Erwerben von dieser Person innerhalb des Zehnjahreszeitraumes nicht ein zweites Mal gewährt werden. Auch die Höhe des Steuersatzes wird nach § 19 ErbStG beeinflusst, da mehrere Erwerbe von derselben Person zusammengerechnet werden und somit einen Kaskadensprung auslösen können.

Für alle Beteiligten an Übertragungsvorgängen gelten folgende Steuersätze, die je nach dem Wert des Erwerbs aufgeschlüsselt sind. Im konkreten Beispielsfall unterliegen sämtliche Erwerbe der StKl. I, die für Ehegatten wie für Kinder der verstorbenen Erblasser gleichermaßen gilt.

Wert des steuerpflichtigen Erwerbs (§ 10) bis einschließlich ...	Prozentsatz in der Steuerklasse		
€	I	II	III
75.000	7	15	30
300.000	11	20	30
600.000	15	25	30
6.000.000	19	30	30
13.000.000	23	35	50
26.000.000	27	40	50
über 26.000.000	30	43	50

1.2.2 Tragende Prinzipien des Erbschaftsteuerrechts

Das Erbschaftsteuergesetz kennt als Haupt-Steuertatbestände die Erbschaft und die Schenkung. In beiden Fällen kommt es zu einem Rechtsträgerwechsel aufgrund eines unentgeltlichen Übertragungsaktes. § 1 Abs. 1 Nr. 3 ErbStG schließlich hat als dritter Steuertatbestand die ergänzende Funktion, bei Fehlen eines rechtsfähigen Auflagenbegünstigten (Beispiel: Grab soll gepflegt werden) eine subjektive Steuerpflicht des Beschwerten (!) zu fingieren; der Gesetzgeber hat für diesen (sehr seltenen Ausnahme-)Tatbestand die Steuerpflicht der sog. Zweckzuwendung konstruiert. Der weitere und letzte gesetzliche Grundtatbestand ist schließlich der Familienstiftung vorbehalten. Mit der in § 1 Abs. 1 Nr. 4 ErbStG angeordneten Ersatzerbschaftsteuer wird ein Gesetzesauftrag erfüllt, der auf einer Fiktion basiert (unterstellter Generationenwechsel innerhalb von 30 Jahren). Die Ersatzerbschaftsteuer lässt keine konstitutiven Merkmale für das Erbschaftsteuerrecht erkennen und ist umgekehrt als »Ausreißer« im System des ErbStG zu qualifizieren.

Während bei der Erbschaft das **ganze** Vermögen des Erblassers auf den (die) Erben übergeht (Universalsukzession), steht bei der Schenkung die Übergabe **einzelner** Vermögensgegenstände oder einzelner Vermögensgruppen (Wirtschaftseinheiten) im Vordergrund (Singularsukzession). In beiden Fällen ist der Erwerber bereichert. Insoweit knüpft die Erbschaftsteuer an die gesteigerte finanzielle **Leistungsfähigkeit** des Erwerbers an. Diesem Aspekt (vom BVerfG im Beschluss vom 07.11.2006, DStR 2007, 235 zum Ausgangspunkt des Neubewertungs-Appells gemacht) ist es zu verdanken, dass der Vermögenszuwachs des Erwerbers erst nach Abzug des erforderlichen Aufwands ermittelt werden kann. Entscheidend ist dabei, dass der steuerliche Anknüpfungspunkt nicht das Vermögen des Übergebers (keine Nachlasssteuer), sondern die **Bereicherung** des (der) einzelnen Erwerber(s) ist (**Erbanfallsteuer**). Die Einordnung der Erbschaft- bzw. Schenkungsteuer als Personensteuer führt u.a. dazu, dass identisches Vermögen bei mehreren unentgeltlichen Übertragungen z.B. innerhalb einer Familie mehrfach dieser Steuer unterliegt. Ebenso kann es wegen des verschiedenen Charakters der betroffenen Steuern zu unterschiedlichen Wertansätzen kommen.

1.2.3 Der rechtstechnische Ausgangspunkt

Rein begrifflich sind die Ausgangspunkte des Erwerbs von Todes wegen und der Schenkung unter Lebenden konträr und werden nur durch die Unentgeltlichkeit der Übertragung miteinander verbunden.

1.2.3.1 Die Bedeutung der unentgeltlichen Leistungsfähigkeit

Die strenge Trennung in die beiden gegensätzlichen Formen der entgeltlichen vs. unentgeltlichen Übertragung führt herkömmlich in der ersten Gruppe (entgeltliche Übertragung = Veräußerung, Sacheinlage) zu einem einkommensteuerbaren Vorgang, während die unentgeltlichen Übertragungsakte zwar im EStG erwähnt werden, aber nicht selten steuerneutral vonstattengehen (§ 6 Abs. 3, § 6 Abs. 5 S. 3, § 16 Abs. 3 EStG).

Die unentgeltliche Transaktion bleibt als Steuertatbestand dem ErbStG als freigebige Zuwendung (§ 7 Abs. 1 Nr. 1 ErbStG) vorbehalten. Soweit der (steuer-)gesetzliche Ausgangspunkt. Wirtschaftliche Vorgaben und die kautelarjuristische Phantasie brachten es aber mit sich, dass immer häufiger **teilentgeltliche** Vermögenstransfers in das Blickfeld der steuerlichen Beurteilung rückten. Dies betrifft die (frühere) Fallgruppe der Schenkung unter Auflage, der gemischten Schenkung und – vor allem – die vorweggenommene Erbfolge. In diesen Fällen zeichnet sich – je nach Standort – sodann ein Paradigmenwechsel ab. Getreu der Zielsetzung der jeweiligen Einzelsteuer wird **ein und derselbe Lebenssachverhalt** (Beispiel: eine vorweggenommene Betriebsübertragung gegen Ausgleichszahlung der Geschwister) sowohl der ESt wie der ErbSt unterworfen.

Dies führt im Anwendungsbereich des EStG zu einer **teilentgeltlichen Veräußerung** und im ErbStG zu einer **teilunentgeltlichen Übertragung**.

Bei der Ermittlung der jeweiligen BMG obliegt es sodann der jeweiligen Einzelsteuer, den ihr gebührenden Part (bei der ESt: den Entgeltsanteil und bei der ErbSt die unentgeltliche Quote) zu definieren und abzugreifen.

1.2.3.2 Der Aspekt der Rechtsnachfolge

Noch wichtiger für das Vorverständnis des Erbschaftsteuerrechts ist jedoch die Unterscheidung nach den einzelnen zivilrechtlichen Übertragungstechniken. Während der Erwerb von Todes wegen grds. in Form der Gesamtrechtsnachfolge (Universalsukzession gem. § 1922 BGB) erfolgt, vollziehen sich unentgeltliche Übertragungen unter Lebenden grds. im Wege der Einzelrechtsnachfolge (Schenkung als Singularsukzession gem. § 516 BGB).

Hieraus lassen sich zunächst einfache rechtstechnische Konsequenzen ableiten. So werden akzessorische Aufwendungen in Zusammenhang mit dem (immer noch unentgeltlichen!) Erwerb eines Vermögensgegenstands beim Erwerb von Todes wegen (z. B. ein Geldvermächtnis) in Gänze abgezogen, da die Gesamtrechtsnachfolge auch den Übergang der kompletten Nachlassschulden beinhaltet. Umgekehrt, z. B. bei der Schenkung eines Grundstücks, ist eine etwaige Grundschuld nur insoweit als Subtrahend des Bereicherungsvorgangs abzuziehen, soweit sie sich auf die geschenkte Immobilie bezieht.

Die skizzierte Zuordnung (Gesamtrechtsnachfolge im Erbschaftsteuerrecht und Einzelrechtsnachfolge im Schenkungsteuerrecht) hat jedoch eine Durchbrechung erfahren. So hat das Umwandlungs(steuer)recht die Universalsukzession als Gestaltungsoption entdeckt (1995 ist das UmwG in Kraft getreten). Der Rechtskomfort des ganzheitlichen Vermögensübergangs unter Verzicht auf die einzelnen – vom BGB vorgesehenen – Übertragungsakte ist oftmals die Motivation für Unternehmensverschmelzungen ebenso wie für Spaltungen. Bereits vorher galt dies (und gilt dies heute noch) für die Anwachsung nach §§ 736, 738 BGB. In diesen Fällen wird für Zwecke der Erbschaftsteuer das technische Merkmal des jeweiligen Übertragungsaktes ersetzt und überlagert durch den schlichten Zeitaspekt. Kommt es demnach zu einem Ausscheiden eines G'fters einer PersG zu dessen Lebzeiten und kommt es in diesem Zusammenhang zu einer freigebigen Zuwendung, so bleibt es trotz der Technik des ganzheitlichen Übertragungsaktes bei einer Schenkung unter Lebenden (vgl. § 7 Abs. 5 und 7 ErbStG). Umgekehrt – bei der Vererbung einer Beteiligung an einer PersG – werden die Rechtsfolgen etwaiger Ausgleichszahlungen, die sich im Wege der Einzelnachfolge vollziehen, als Erwerb von Todes wegen behandelt (§ 3 Abs. 1 Nr. 2 S. 2 ErbStG). Im Vordergrund der primären erbschaftsteuerlichen Zuordnung steht demnach nicht der rechtstechnische Übertragungsaspekt, sondern der phänomenologische Sachverhalt (Übertragung durch Tod oder unter Lebenden).

Diese Vorabüberlegungen spielen bei Auslegungsfragen zur Schenkung auf den Todesfall (§ 2301 BGB bzw. § 3 Abs. 1 Nr. 2 ErbStG) eine ebenso große Rolle wie bei der erbschaftsteuerlichen Einordnung der so häufig praktizierten Lebensversicherung auf den Todesfall (§ 3 Abs. 1 Nr. 4 ErbStG). Den Testfall hierzu bilden die Versorgungsansprüche der Angehörigen des verstorbenen G'fter-GF. Entgegen der modernen Doktrin im Zivilrecht und in der ESt beantwortet das ErbSt-Recht diese Grenzfragen der Rechtsordnung weitgehend pragmatisch unter dem Gesichtspunkt des **einheitlichen Zusammenhangs mit dem Todesfall**. Sie werden damit dem Erbschaftsteuerrecht unterstellt.

1.2.4 Das Verhältnis Erbschaftsteuer/Schenkungsteuer

Wie aus § 1 Abs. 2 ErbStG ersichtlich wird, sind die Steuerfolgen aus den unterschiedlichen Steuertatbeständen der Erbschaft und der Schenkung weitestgehend identisch. Nach der amtlichen Begründung (RT-Drs. Nr. 10 Anl. 5, 1905/06) soll damit ein Ausweichen des stpfl. Erwerbs von Todes wegen in einen steuerfreien Korridor der Schenkung verhindert werden. Während sich dieser Grundsatz als einfachgesetzliches Postulat aus § 1 ErbStG ableiten lässt, überraschen weitgehende Urteilspassagen aus den letzten Entscheidungen des BVerfG zum ErbStG.[3] In beiden Fällen wird – wenngleich mit unterschiedlicher Zielrichtung – einseitig und bedenklich (!) nur auf die Erbschaftsteuer abgestellt. Dies gilt sowohl für die Ableitung der verfassungsrechtlichen Schranken aus der Erbrechtsgarantie des Art. 14 GG (BVerfG-Beschluss 1965) als auch für das Petitum der einheitlichen finanziellen Leistungsfähigkeit wegen des (sic) einmaligen Erwerbsvorgangs (BVerfG-Beschluss 2006).

1.2.5 Die Erbschaftsteuer als Erwerbersteuer (Erbanfall- oder Bereicherungssteuer)

Das geltende Erbanfallsteuersystem ist in Kontinentaleuropa weit verbreitet, während der angelsächsische Rechtsraum vom Nachlasssteuersystem geprägt ist.[4] Dieser Ansatz wird – als Ausfluss des Leistungsfähigkeitsgrundsatzes – zzt. von niemandem infrage gestellt. Konkrete Auswirkung des Bereicherungsgrundsatzes ist der Abzug der mit dem Erwerbsanfall verbundenen Aufwendungen. Zu dem Charakter einer Bereicherungssteuer passt aber nicht die Anordnung der Steuerschuldnerschaft für den Schenkungsteuerfall (§ 20 Abs. 1 ErbStG), die sich nur als Relikt aus der Charakterisierung der ErbSt als Verkehrsteuer begreifen lässt.

---

3 Beschluss vom 22.06.1995, NJW 1995, 2624 sowie Beschluss vom 06.11.2006, DStR 2007, 235.
4 Vgl. nur *Kapp/Ebeling*, Einl. 4 und *Moench*, ErbStG-Komm., Einl. 8 f.

1.3 Die Erbschaft-/Schenkungsteuer in der Steuersystematik

1.3.1 Der Standort der Erbschaft-/Schenkungsteuer

Im allgemeinen System der Steuern erfolgt einvernehmlich[5] eine Eingruppierung der Erbschaft- und Schenkungsteuer (im Folgenden hier nur als Erbschaftsteuer bezeichnet) als
- Verkehrsteuer (Anknüpfungspunkt ist der Rechtsverkehrsakt der Übertragung),
- Personensteuer (i. S. d. § 12 Nr. 3 EStG),
- direkte Steuer (es besteht ein Steuerschuldverhältnis zum Steuerzahler) und
- nicht periodische Stichtagssteuer.

1.3.2 Erbschaftsteuer und Einkommensteuer

Bis in die jüngste Zeit kontrovers wird das Verhältnis zwischen der ErbSt und der ESt diskutiert. Rspr. und mehrheitliches Schrifttum halten sich an die Vorgabe des Gesetzgebers in § 2 EStG und sehen den Kreis der einkommensteuerbaren Einkünfte auf die sieben Einkunftsarten beschränkt, bei denen eben der Erbfall fehlt. Danach stehen die beiden Steuern konkurrenzlos nebeneinander, sodass es alleine wegen der unterschiedlichen Erhebungstechnik (Periodensteuer contra Stichtagsteuer) zu einer Doppelbelastung kommen kann. So werden der Erbschaftsteuer als Stichtagsteuer die Vermögenswerte ohne Berücksichtigung einer etwaigen latenten ESt-Belastung zugrunde gelegt. Das ErbStG selbst schließt die Berücksichtigung solcher **latenter**, d. h. noch nicht durch Bescheid aktualisierter, **ESt-Nachlassverbindlichkeiten** aus.

Die Diskussion wurde unter umgekehrten Voraussetzungen im Rahmen der Beratungen zum ErbStG (2008) wieder aufgenommen. Auch wegen § 24 Nr. 2 EStG (nachträgliche Einkünfte des Rechtsnachfolgers = die Eintrittspforte erbschaftsteuerlicher Vorgänge in die ESt) sprach sich die wohl h. M. im Schrifttum für die Berücksichtigung der latenten ESt-Verbindlichkeit als Nachlassverbindlichkeit gem. § 10 Abs. 5 ErbStG gerade in den Fällen des Generationenübergangs aus. Obwohl der BFH noch im Beschluss vom 16.08.2006 (BFH/NV 2006, 2261) einer solchen Berücksichtigung entgegengetreten war, sind die o. g. Bedenken gegen die Abschaffung des § 35 EStG aufgegriffen worden.

Sie führten – ab VZ 2009 als § 35b EStG – zur Wiedereinführung der alten Regelung. Damit wird eine Doppelbelastung mit ErbSt und ESt vermieden. Die Kollisionsnorm ist beschränkt auf Fälle, in denen beim Erben Einkünfte tatsächlich mit ESt belastet werden, die zuvor als **Vermögen**[6] oder Bestandteil von Vermögen bereits der Erbschaftsteuer unterlagen. Zu den Einkünften gehören dabei auch Gewinne aus der Veräußerung oder Entnahme einzelner WG (Aufdeckung stiller Reserven), die beim Erblasser BV waren und als BV auf den Erwerber übergegangen sind, oder aus der Veräußerung oder Aufgabe eines ganzen Gewerbebetriebs, Teilbetriebs oder MU-Anteils nach § 16 EStG.

Ein weiteres (technisches) Thema stellt die stringente Orientierung und Fixierung der einzelnen Verschonungsobjekte gem. § 13b Abs. 1 und 4 ErbStG (inkl. der Ausnahmen und der Rückausnahmen) an **ertragsteuerlichen** Vorgaben dar. Dabei wird zwar die Einheit der Rechtsordnung »vorgespiegelt«, die dahinter stehenden z. T. konträren Wertungen des EStG einerseits (inkl. seiner kautelarjuristischen Verschiebung) und des ErbStG andererseits lassen bei Auslegungsfragen eine manchmal undurchdringliche Gemengelage erkennen.

---

5 Vgl. *Meincke*, ErbStG-Komm., Einf. 1.
6 Insoweit liegt ein gesetzestechnischer Fehler vor. In § 35b EStG ist von »Einkünften« die Rede, die der ErbSt unterlegen haben.

1.3.3 Erbschaftsteuer und Grunderwerbsteuer
Im Verhältnis zur Erbschaftsteuer tritt die Grunderwerbsteuer regelmäßig zurück, weil § 3 Nr. 2 S. 1 GrEStG die unter das ErbStG fallenden Grundstückserwerbe von Todes wegen und die Grundstücksschenkungen von der Besteuerung ausnimmt. Hierdurch soll eine Doppelbelastung vermieden werden. In diesem Sinne hat sich auch das BVerfG im Urteil vom 15.05.1984 (BStBl II 1984, 608) für eine Prävalenz der ErbSt ausgesprochen.

Von der GrESt-Befreiung nicht betroffen sind nach dem ausdrücklichen Wortlaut von § 3 Nr. 2 S. 2 GrEStG abziehbare Auflagen bei Schenkungen unter Auflage sowie der entgeltliche Part bei einer gemischten Schenkung.

1.3.4 Erbschaftsteuerrecht und Umsatzsteuergesetz
An zwei Stellen begegnen sich das ErbStG und das UStG:
- bei der (unentgeltlichen) Geschäftsveräußerung (§ 1 Abs. 1a UStG) und
- bei den uWa (§ 3 Abs. 1b UStG) und beim unentgeltlichen Verwendungstatbestand (§ 3 Abs. 9a UStG) zugunsten des Personals.

Während es bei der Geschäftsveräußerung (gleich, ob entgeltlich oder unentgeltlich) wegen der Wertentscheidung des USt-Gesetzgebers (kein steuerbarer Tatbestand!) keine Konkurrenz zwischen den beiden Steuerarten gibt, können die Arbeitnehmerverbrauchstatbestände (alte UStG-Terminologie) zugunsten des Personals einer mehrfachen Steuerbelastung (Schenkungsteuer i.V.m. § 15 Abs. 2 BewG, Lohnsteuer – Sachbezug – und Umsatzsteuer) unterliegen. In allen Fällen liegt jedoch keine doppelte Besteuerung im juristischen Sinne vor, da eine etwaige Lohnsteuerpflicht eine Schenkungsteuer alleine deshalb ausschließt, da sie als Entlohnung für geleistete Dienste anzusehen ist. Die ggf. erforderliche Vorsteuerkorrektur im UStG, die materiell für den »Ersatz«-Umsatzsteuertatbestand verantwortlich ist, betrifft keine Konkurrenzproblematik zwischen den beiden Verkehrsteuern.

1.3.5 Erbschaftsteuergesetz und Zivilrecht
Das Verhältnis zwischen Erbschaftsteuerrecht und Zivilrecht wird allgemein dadurch charakterisiert, dass das Zivilrecht gegenüber dem ErbStR **nicht prävalent** ist (d. h. keine Vorrangigkeit), sondern dass vielmehr der Grundsatz der **Präzedenz** des Zivilrechts gilt. Dies ist in dem (selbstverständlichen) Sinne gemeint, dass die Lebenssachverhalte, die der erbschaftsteuerlichen Beurteilung unterliegen, durch zivilrechtliche Gestaltungen vorgeprägt sind. Im ErbStG gilt dies im besonderen Maße für das ErbSt-Recht, da dies durch das Erbrecht vorgeprägt ist. Damit ist gleichzeitig zum Ausdruck gebracht, dass bei der Verwendung von erbrechtlichen Fachausdrücken im ErbStG eine Orientierung an dem jeweiligen Begriffs- und Institutsverständnis des Erbrechts erfolgt. Nur dann, wenn das ErbStG eine eigene Terminologie verwendet, darf von dem zivilrechtlichen Vorverständnis abgewichen werden (z. B. bei der Unterscheidung zwischen der Schenkung i. S. d. § 516 BGB und der freigebigen Zuwendung i. S. d. § 7 ErbStG).

Schwierigkeiten im Umgang mit erbrechtlichen Vorfragen hat jedoch auch der Gesetzgeber, wie nachfolgendes Beispiel belegt.

Beispiel 1a:

In Beispiel 1 soll sich beim Tode der W in 2022 noch ein nichteheliches Kind (K) gemeldet haben. Welche Auswirkungen ergeben sich dadurch für die Erbschaftsteuer der als Erben vorgesehenen leiblichen Kinder S und T?

Lösung: Die erbschaftsteuerliche Lösung hängt von der erbrechtlichen Vorfrage ab. Dabei muss die erbrechtliche Position von K ebenso gewürdigt werden wie das vorliegende Berliner Testament von W und U.

Die erbrechtliche Ausgangslage

Seit 01.04.1998 sind nichteheliche Kinder durch das ErbGleichG für Erbfälle vollständig gleichgestellt. In einer Übergangszeit vom 01.07.1970 bis 31.03.1998 hatten nichteheliche Kinder gem. § 1934a BGB einen Erbersatzanspruch in Geld auf Zahlung des Werts ihres gesetzlichen Erbteils. Damit waren sie nur wertmäßig den ehelichen Kindern gleichgestellt, aber nicht nach der rechtlichen Qualität.[7] Im ErbStG (2008) ist die Streichung schließlich erfolgt.

Für den Fall einer fehlenden letztwilligen Verfügung würde die erbrechtliche Gleichstellung von K dazu führen, dass alle drei Kinder (T, S und K) nach dem Tode der W eine Miterbengemeinschaft nach §§ 1922 Abs. 1, 2032 ff. BGB begründen und in dieser Eigenschaft die **dingliche Rechtsnachfolge** in den Nachlass der W (Grundbesitz/Wertpapiere/Barvermögen) antreten würden.

Erbschaftsteuerliche Folgebeurteilung

Nach dem hier maßgeblichen Ehegattentestament zwischen W und U sind die ehelichen Kinder S und T die alleinigen Schlusserben des vorhandenen Nachlassvermögens. Für den Fall, dass man zu keiner anderen erbrechtlichen Bewertung gelangt (beachte aber eine mögliche Anfechtung des Testaments durch K gem. § 2079 BGB), gilt K als enterbt. Damit ist allerdings ein Pflichtteilsanspruch des K nach §§ 2303 Abs. 1, 2317 BGB verbunden, der wertmäßig auf die Hälfte des gesetzlichen Erbteils gerichtet ist. Der gesetzliche Erbteil wiederum beträgt gem. § 1924 Abs. 4 BGB bei drei gleich erbberechtigten Kindern 1/3 (= gesetzliche Erbquote), der Pflichtteil des nichtehelichen K beläuft sich demnach auf 1/6.

Mit dem Erbrecht nichtehelicher Kinder ist seit 2009 auch der Europäische Gerichtshof für Menschenrechte befasst (EGMR vom 28.05.2009, ZEV 2009, 519; s. auch BVerfG vom 18.03.2013, ZEV 2013, 326). Es geht um die Frage der (ggf. rückwirkenden) Anwendung der neuen Rechtslage.

1.3.6 Exkurs. Erbschaftsteuer und MoPeG

Nachdem das MoPeG den Rechtsgedanken der Gesamthand im Zivilrecht abgeschafft hat, die Gesamthand aber für das Steuerrecht erhalten bleiben sollte, wurde § 2a ErbStG neu aufgenommen. Danach gelten rechtsfähige PersG (wie die rechtsfähige GbR, die PersHG und die PartG) für Zwecke der Erbschaft- und Schenkungsteuer als Gesamthand und deren Vermögen als Gesamthandsvermögen (s. auch § 39 Abs. 2 Nr. 2 AO; dort für die Ertragsteuer).

Damit ist natürlich ein Bruch zwischen Zivilrecht und ErbStR verbunden.

1.4 Verfassungsrechtliche Vorgaben

Drei Aspekte haben seit jeher die erb- und verfassungsrechtliche Diskussion begleitet. Zum einen sorgt der Gleichheitsgedanke (Art. 3 GG) für Unbehagen. Zum anderen wird die Ableitung der Erbrechtsgarantie aus Art. 14 GG und dessen Tragweite für das ErbStG als zu eng empfunden und schließlich unterliegt die Familie einem besonderen Grundrechtsschutz (Art. 6 GG).

---

7   Vgl. *Palandt/Weidlich*, 81. Aufl. 2022, § 1924 Rz. 8 ff. (10).

1.4.1 Erbschaftsteuergesetz und Art. 14 GG

Die erste Frage, ob sich die Erbrechtsgarantie auf das Erbrecht **vor** oder **nach** der Belastung mit ErbSt bezieht, lässt sich mit § 9 ErbStG und mit ihrem Charakter als Erbanfallsteuer nur bei Unterscheidung der Grundrechtssubjekte beantworten. Wenn danach die ErbSt mit dem Erwerb (von Todes wegen) entsteht, gewinnt man zwei Antworten:

- Die Erbrechtsgarantie des **Erblassers** ist grds. frei von einer künftigen ErbSt-Belastung zu definieren. Sie umfasst danach materiell-rechtliche Teilaspekte wie die Testierfreiheit und das Prinzip des Verwandtenerbrechts. Eine (allerdings nicht feste[8]) Obergrenze ist nur bei »erdrosselnden« Spitzen-Steuersätzen von über 70 % anzunehmen, da mit diesen das Institut des Verwandten-Erbrechts ausgehöhlt würde. Eine andere verfassungsrechtliche Beurteilung müsste bei dem Konzept einer Nachlasssteuer angestellt werden.
- Aus Sicht des (der) **Erben** tritt mit dem Erbfall das – ebenfalls von Art. 14 GG – geschützte Eigentumsrecht an die Seite des Erbrechts. Auf den Erwerbsfall bezogen, lässt sich folgende Gleichung aufstellen: Das Erbrecht des Erblassers nach Art. 14 Abs. 1 GG (freie Auswahl und Zuordnung der Nachlassgegenstände) verdichtet sich nach dem Tode zum Eigentumsrecht des Erben am Nachlass. An dieser Stelle findet über die Sozialpflichtigkeit des Eigentums (Art. 14 Abs. 2 GG) der fiskalische Redistributionsgedanke bereits bei einem Steuersatz von 50 % (vgl. Art. 14 Abs. 2 GG: »zugleich«) seine Grenze, wenngleich die Übertragung des Halbteilungsgrundsatzes auf das ErbStR nicht zwingend vorgeschrieben ist (BVerfG vom 19.03.2006, DStR 2006, 555).

Darüber hinaus stellt sich die Frage der Einbeziehung von Schenkungen und sonstigen Übertragungen unter Lebenden in den Schutzbereich von Art. 14 GG. Für die »klassische« Schenkung ebenso wie für die Sonderformen der »Attributs«-Schenkungen (wie »gemischte Schenkung« oder »Schenkung unter Auflage«) findet sich kein grammatikalischer Anhaltspunkt für eine Institutsgarantie. Anders könnte es allerdings für die vorweggenommene Erbfolge aussehen. Dieses Rechtsinstitut mag zwar in Hinblick auf die erbrechtliche Aussicht des künftigen Erben vom BFH (GrS vom 05.07.1990, BStBl II 1990, 847) entwickelt worden sein. Die zwischenzeitlichen Aktivitäten der Rspr. (BFH vom 21.01.2001, BStBl II 2001, 414: Eliminierung aus dem Anwendungsbereich des § 13a ErbStG a. F.) und des Gesetzgebers (die Einfügung in § 593a BGB führt nicht zur Anwendung erbrechtlicher Grundsätze[9]) verbieten jedoch eine Einbeziehung der vorweggenommenen Erbfolge in den Schutzbereich von Art. 14 GG.

1.4.2 Erbschaftsteuergesetz und Art. 6 GG

Bei Übertragungen im (engen) Familienkreis begrenzt die Rspr. des BVerfG (vom 22.06.1996, BStBl II 1996, 671) den Zugriff insoweit, als der »deutlich überwiegende« Teil – und bei geringem Vermögen der ganze Nachlass – steuerfrei bleiben muss. Zahlreiche Entscheidungen des BVerfG (z. B. zum Steuertarif oder zur Gleichstellung der Lebenspartner) ergingen jedoch zu Art. 6 GG.

---

8 Vgl. *Gebel* in *Troll/Gebel/Jülicher*, Einf. 39.
9 Vgl. *Grüneberg/Weidlich*, 83. Aufl. 2024, Einl. zu § 1922, Rz. 6 ff.

1.4.3 Erbschaftsteuergesetz und Art. 3 GG

Die immer wieder gestellte Frage der Unvereinbarkeit der unterschiedlichen Bewertungsansätze für die verschiedenen Vermögenskategorien im ErbStG ist nunmehr einer endgültigen Antwort zugeführt worden. Mit dem unumkehrbaren Beschluss vom 06.11.2006 (DB 2007, 320) muss der Gesetzgeber im Bereich der erbschaftsteuerlichen BMG ein einheitliches Bewertungsziel definieren, das sich für alle Vermögensgegenstände am gemeinen Wert zu orientieren hat (strenge horizontale Steuergerechtigkeit in der ErbSt). Erst auf der Ebene der sachlichen Befreiungen und des Tarifrechts kann der Gesetzgeber zielgenaue (und normenklare) Verschonungsregelungen treffen (aufgelockerte vertikale Steuergerechtigkeit in der ErbSt).

Im **BVerfG-Beschluss vom 21.07.2010** zur damaligen Ungleichbehandlung von Ehe und Lebenspartnerschaft für Altfälle – bis inkl. 2008 – (DB 2010, 1853) war ebenfalls Art. 3 GG der Prüfungsmaßstab für das Gericht.

1.5 Einkommensteuergesetz und Gemeinschaftsrecht

Die Diskriminierung von Steuer-Ausländern (exakt: von beschränkt StPfl.) bzw. von Inländern mit Auslandsvermögen steht im Fokus des Gemeinschaftsrechts, wobei sich die Beschränkungsverbote des EG-Vertrages nicht ausdrücklich auf das ErbSt-Recht erstrecken.

Während die drastische Reduzierung des persönlichen Freibetrages nach § 16 Abs. 2 ErbStG (ausländische Erwerber mit Inlandsvermögen gem. § 2 Abs. 1 Nr. 3 ErbStG) vom BFH (vom 21.09.2005, BStBl II 2005, 875) für europarechtskonform erklärt wurde (zwischenzeitlich aufgehoben; vgl. § 16 Abs. 2 ErbStG 2017), wird der Ansatz des ausländischen in den Grenzen der EU befindlichen Vermögens mit dem Teilwert nach wie vor für gemeinschaftswidrig erachtet. Vor allem die Einbeziehung des EU-Vermögens in den Privilegierungsbereich der §§ 13a ff. ErbStG ist der EuGH-Rspr. zu verdanken.

1.6 Schema

Für erbschaftsteuerliche Fälle bieten sich, je nach Schwierigkeitsgrad, zwei unterschiedliche Arbeitsanleitungen an. Der erste Vorschlag dient dem steuerrechtlichen Problem, während der zweite der Berechnung der Erbschaftsteuer gilt.

1.6.1 Erbschaftsteuerliche Due Diligence – 1. Stufe

Erste Fragen für ein Standard-Mandat in Sachen Erbschaftsteuer können anhand der nachfolgenden Kriterien zufriedenstellend beantwortet werden:
a) Fragen zum **Steuersubjekt** (d. h. Fragen nach der un-/beschränkten persönlichen Steuerpflicht, § 2 i. V. m. § 1 Abs. 1 ErbStG) sind vorweg zu erörtern.
b) Beim **Steuergegenstand** erfolgt die Hauptunterscheidung nach Erwerben von Todes wegen gem. § 3 ErbStG und nach Schenkungen gem. § 7 ErbStG.
c) Dieser Vorabunterscheidung folgt die **Wertermittlung der Bereicherung** (§§ 10, 12 ErbStG), wobei bei den ganzheitlichen Erwerben von Todes wegen unter Abzug der Nachlassschulden der Netto-Vermögensanfall ermittelt wird. Bei der Ermittlung der Bereicherung sind objektive Befreiungen und sachliche Freibeträge zu berücksichtigen).

Rein technisch lautet die Reihenfolge:
- (+) Ermittlung des positiven Rohvermögens
- (./.) Nachlassverbindlichkeiten (bzw. Schulden)
- (./.) Befreiungen und sachliche Freibeträge
- (=) **Bereicherung**

d) Nach Abzug persönlicher Freibeträge ergibt sich der stpfl. Erwerb.

e) Der **Steuersatz** (§ 19 ErbStG) auf den stpfl. Erwerb wird unter Berücksichtigung von drei StKl. (§ 15 ErbStG) ermittelt. Dabei spielen **Vorerwerbe** von derselben Person sowie desselben Vermögens eine Rolle.

f) Das Festsetzungsverfahren ist in §§ 20 ff. ErbStG geregelt. §§ 29 ff. ErbStG enthalten Sonderregelungen.

1.6.2 Erbschaftsteuerliche Due Diligence – 2. Stufe

Gem. R E 10.1 ErbStR 2019, die ein Berechnungsschema für den stpfl. Erwerb bzw. für die Berechnung der Erbschaftsteuer liefern, kann auch für umfassende Fälle mit nachfolgendem Schema gearbeitet werden.

I) Ermittlung des stpfl. Erwerbs

(1) Steuerwert des Wirtschaftsteils des L+F-Vermögens
   + Steuerwert des BV
   + Steuerwert der Anteile an KapG
   = **Zwischensumme**
   ./. Befreiung nach §§ 13a, 13c ErbStG
   ./. Befreiungen nach § 13 Abs. 1 Nr. 2 und Nr. 3 ErbStG
   ./. Befreiung nach § 13d ErbStG
   + Steuerwert des Wohnteils und der Betriebswohnungen des land- und forstwirtschaftlichen Vermögens
   ./. Befreiungen nach § 13 Abs. 1 Nr. 2, 3 und 4b und 4c ErbStG
   ./. Befreiung nach § 13c ErbStG
   + Steuerwert des Grundvermögens
   ./. Befreiungen nach § 13 Abs. 1 Nr. 2 und Nr. 3 und 4a bis 4c ErbStG
   ./. Befreiung nach § 13d ErbStG
   + Steuerwert des übrigen Vermögens
   ./. Befreiungen nach § 13 Abs. 1 Nr. 1 und Nr. 2 ErbStG
   = **Vermögensanfall nach Steuerwerten**

(2) Steuerwert der Nachlassverbindlichkeiten, soweit nicht vom Abzug ausgeschlossen
   mindestens Pauschbetrag für Erbfallkosten (einmal je Erbfall)
   = **abzugsfähige Nachlassverbindlichkeiten**

(3) **Vermögensanfall nach Steuerwerten (1)**
   ./. abzugsfähige Nachlassverbindlichkeiten (2)
   weitere Befreiungen nach § 13 ErbStG
   = **Bereicherung des Erwerbers**

(4) ./. ggf. steuerfreier Zugewinnausgleich (§ 5 Abs. 1 ErbStG)
    + ggf. hinzuzurechnende Vorerwerbe (§ 14 ErbStG)
    ./. persönlicher Freibetrag (§ 16 ErbStG)
    ./. besonderer Versorgungsfreibetrag (§ 17 ErbStG)
    = **steuerpflichtiger Erwerb** (§ 10 ErbStG; abzurunden auf volle 100 €)

II) Die festzusetzende Erbschaftsteuer
(1)   tarifliche Erbschaftsteuer nach § 19 ErbStG
    ./. abzugsfähige Steuer nach § 14 Abs. 1 ErbStG
    + Entlastungsbetrag nach § 19a ErbStG
    = **Summe 1**

(2)   ./. Ermäßigung nach § 27 ErbStG (dabei Steuer lt. Summe 1
    nach § 27 Abs. 2 ErbStG aufzuteilen und zusätzlich Kappungsgrenze
    nach § 27 Abs. 3 ErbStG zu beachten)
    ./. anrechenbare Steuer nach § 6 Abs. 3 ErbStG
    = **Summe 2**

(3)   ./. anrechenbare Steuer nach § 21 ErbStG (dabei Steuer lt. Summe 2
    nach § 21 Abs. 1 S. 2 ErbStG aufzuteilen)
    = **Summe 3**
    mindestens Steuer nach § 14 Abs. 1 S. 4 ErbStG
    höchstens nach § 14 Abs. 3 ErbStG begrenzte Steuer (Hälfte des Werts
    des weiteren Erwerbs)

festzusetzende Erbschaftsteuer

2 Die gesetzliche Erbfolge

Die gesetzliche Erbfolge der §§ 1924 – 1936 BGB regelt gleichberechtigt und gleichrangig nebeneinander das Erbrecht der **Verwandten** und der **Ehegatten** (§ 1931 Abs. 1 BGB). Von der Gesetzestechnik her wird die Erbregelung der Verwandten vorgezogen.

2.1 Das gesetzliche Verwandtenerbrecht

Der gesetzliche Grundfall wird mit den Eltern und Abkömmlingen des Erblassers gebildet.

> **Beispiel 2: Der »fruchtbare« Stammbaum**
> Am folgenden Stammbaum soll die gesetzliche Erbfolge nach dem Erblasser EL bestimmt werden. Vorverstorben sind die Ehefrau und die Mutter des EL:

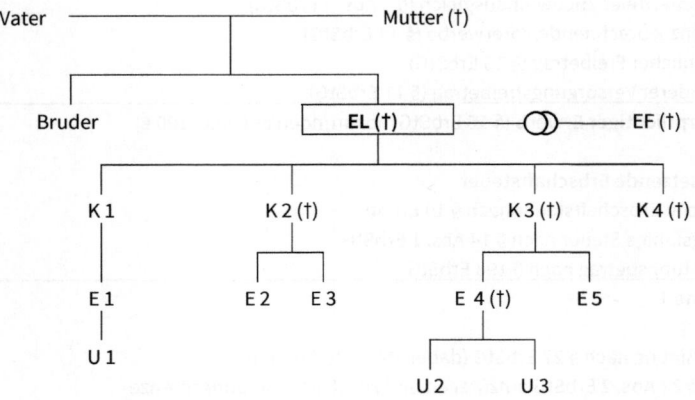

Es werden **Ordnungen (sog. Parentelen)** mit einer strengen Gesetzmäßigkeit (Ordnungssystem) gebildet. Die Hierarchie der jeweiligen Ordnungsstufen (erste Ordnung, zweite Ordnung usw.) folgt dem System der Abstammung, d.h. der Nähe zum Erblasser. So besteht die erste Ordnung (§ 1924 BGB), nur aus den Abkömmlingen des Erblassers; das sind solche Personen, die mit diesem in gerade absteigender Linie verwandt sind. Die zweite Ordnung schließlich (§ 1925 BGB), bilden die Eltern des Erblassers und deren Abkömmlinge. Für die dritte Parentele (und sinngemäß für die folgenden) ist der Ausgangspunkt noch weiter vom Erblasser weggerückt: hier bilden die Großeltern des Erblassers (und deren Abkömmlinge) die Ordnungsstufe (§§ 1926 ff. BGB). Die wichtigste Regelung ist in § 1930 BGB getroffen, wonach vorhandene **Angehörige der vorherigen Ordnungsstufe** komplett die **nächste Ordnung ausschließen**. Ist nur ein (noch so entfernter) Angehöriger der ersten Ordnung vorhanden, kommt die zweite Ordnung nicht zum Zuge (usw.). Innerhalb der Ordnungsstufen gelten wiederum drei Grundsätze:
1. Nach dem Eintrittsprinzip (vgl. § 1924 Abs. 3 BGB und die folgenden Paragrafen) treten an die Stelle eines vorverstorbenen Abkömmlings dessen Nachrücker (Stammeserbfolge).
2. Umgekehrt schließt der erste Vertreter eines Stammes seine Abkömmlinge aus, sog. Repräsentationsprinzip (§ 1924 Abs. 2 BGB).
3. Nach § 1924 Abs. 4 BGB schließlich erben die Vertreter eines (lebenden) Stammes zu gleichen Teilen.

Lösung:

Nachdem die Ehefrau des Erblassers vorverstorben ist, kommt nur das Verwandtenerbrecht in Betracht. Danach sind Erben der ersten Ordnung die Abkömmlinge des EL: K1 – K4. Gem. § 1930 BGB scheiden sowohl der Vater als auch der Bruder als Erben der zweiten Ordnung aus. Nachdem auch K4 vorverstorben ist und er keine Kinder hinterlässt, erben die »lebenden Stämme« K1 – K3 gem. § 1924 Abs. 4 BGB zu gleichen Teilen, d.h. zu je 1/3.

Für K1, der seine Abkömmlinge E1 und U1 gem. § 1924 Abs. 2 BGB von der Erbfolge ausschließt, gilt diese Quote unmittelbar.

Anstelle des K2 treten seine Kinder E2 und E3 wiederum zu gleichen Teilen, d.h. zu je 1/6 die Erbfolge nach EL an (§ 1924 Abs. 3 ErbStG).

Diese Quote kommt auch E5 zu, während sich U2 und U3 die 1/6 – Quote von E4 teilen, also je 1/12 beanspruchen können.

Der korrigierte – erbrechtliche – Stammbaum sieht wie folgt aus:

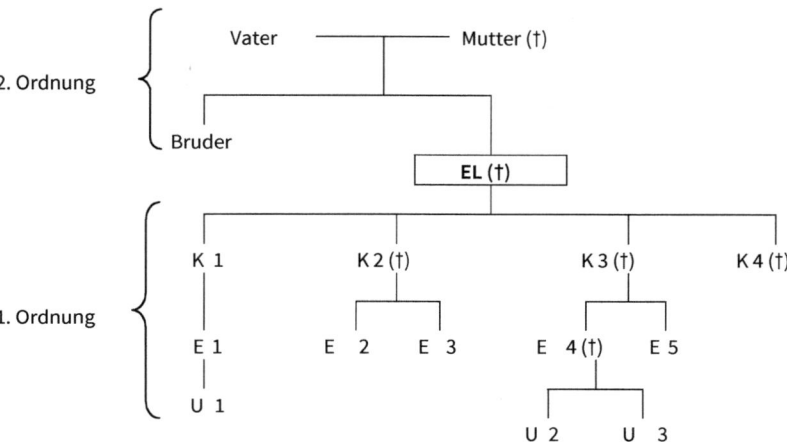

Der nach §§ 2353, 2357 BGB zu erteilende Erbschein sieht wie folgt aus:

EL wird von K1 zu einem Drittel, von E2, E3 und E5 zu je einem Sechstel und von U2 und U3 zu je einem Zwölftel beerbt. K1, E2, E3, E5, U2 und U3 bilden eine Erbengemeinschaft.

Der nächste Anwendungsfall führt in das System der zweiten Ordnung ein.

Beispiel 3: Der »karge« Stammbaum

In diesem Beispiel wird unterstellt, dass der Erblasser keine Nachkommen hinterlässt, aber zusätzlich noch eine Schwester hat.

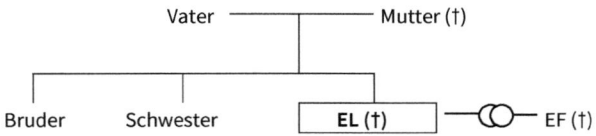

Lösung: Nachdem keine Erben der ersten Ordnung vorhanden sind, kommt gem. §§ 1930, 1925 BGB die zweite Parentele (Ordnung) zum Zuge. Nach § 1925 Abs. 2 BGB würden die überlebenden Eltern zu gleichen Teilen erben. Da aber M schon tot ist, kommt gem. § 1925 Abs. 3 i.V.m. § 1924 Abs. 3 BGB das **Stammesprinzip** zum Tragen: Die Geschwister B und S übernehmen anteilig die hälftige Erbberechtigung der Mutter. Erben sind V zu 1/2, B und S zu je 1/4.

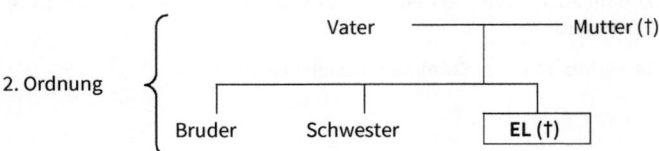

2.2 Das Ehegattenerbrecht und die ehelichen Güterstände im Erbschaftsteuergesetz
2.2.1 Die Bedeutung des Güterstandes für das Ehegattenerbrecht

Alle drei vom Familienrecht vorgesehenen Güterstände haben eine unmittelbare Bedeutung für das konkrete Ehegattenerbrecht. Erst danach werden die Fragen der Begründung und Beendigung des jeweiligen Güterstandes besprochen.

> **Beispiel 4: »Der überlebende Ehegatte lebt auf«**
>
> Der Erblasser EL hinterlässt eine lustige Witwe W, zwei trauernde Kinder und kein Testament.
>
> Legen Sie die Erbquote der W fest, wobei alle vom BGB vorgesehenen Güterstände untersucht werden sollen.

Das Ehegattenerbrecht, das als eigenständiges Erbrecht neben dem Verwandtenerbrecht steht, berücksichtigt in einem ersten Schritt die o. g. Parentelordnung und führt sodann zu eigenen differenzierten Lösungen, die vom jeweiligen Güterstand abhängen.

> **Lösung:**
>
> Für die selten vereinbarte **Gütergemeinschaft** (§§ 1415 ff. BGB) gilt die Grundaussage von § 1931 Abs. 1 S. 1 BGB, dass der Ehegatte neben den Verwandten der ersten Ordnung 1/4 (wörtlich: »ein Viertel«) erbt und dass bei Verwandten der zweiten Ordnung sein Erbteil die Hälfte beträgt. Ist weder ein Verwandter der ersten noch der zweiten Ordnung vorhanden, so erhält gem. § 1931 Abs. 2 BGB der überlebende Ehegatte die ganze Erbschaft.
>
> Im Beispiel 4 weist der Erbschein bei Gütergemeinschaft W als (Mit-)Erbin mit 1/4 und die beiden Kinder als Miterben zu je 3/8 aus.
>
> Sollten die Eheleute **Gütertrennung** (§ 1414 BGB) vereinbart haben, so verhindert das Zusammenspiel von § 1931 Abs. 1 und 4 BGB, dass der Erbteil des überlebenden Ehegatten geringer ist als der Erbteil eines Kindes. Bei einem oder zwei Kindern haben die Partner der Erbengemeinschaft nach Abs. 4 gleiche Quoten (im Sachverhalt also je ein Drittel), während ab dem dritten Kind nach Abs. 1 der überlebende Ehegatte die 1/4 – Quote beibehält.
>
> Am häufigsten kommt jedoch die **Zugewinngemeinschaft** (= Gütertrennung mit anschließendem Zugewinnausgleich bei Tod oder Scheidung) vor, die immer dann greift, wenn kein besonderer Güterstand vereinbart wurde, § 1363 Abs. 1 BGB. Die genaue Erbberechtigung hängt wegen der Verweisung in § 1931 Abs. 3 BGB auf § 1371 BGB von weiteren Faktoren ab.
> - Für den Standardfall, dass der überlebende Ehegatte als Erbe die Erbschaft (oder ein Vermächtnis) annimmt, kommt die sog. **erbrechtliche Lösung**[10] nach § 1371 Abs. 1 BGB zum Tragen: Danach erhöht sich der gesetzliche Erbteil (gem. § 1931 Abs. 1 BGB) um ein weiteres Viertel,

---

10 Die Begriffe »erbrechtliche Lösung« – und später »güterrechtliche Lösung« – entsprechen dem zivilistischen Sprachgebrauch (vgl. *Palandt-Brudermüller,* § 1371, Rz. 2). Das Wort »Lösung« meint hier: Auflösung (oder Abwicklung) der Zugewinngemeinschaft (vgl. Wortgebrauch in R E 5.1 und R E 5.2 ErbStR 2019).

sodass – wie im vorliegenden Fall – die Witwe neben den Kindern die **Hälfte** beanspruchen kann. Sind keine Abkömmlinge vorhanden – und erbt demnach die zweite Ordnung (Eltern/Geschwister) –, so beträgt die Erbquote des Ehegatten 3/4 (vgl. § 1931 Abs. 1 S. 1, 2. Alt. BGB).
Hinweis: Bei hohem Einstiegsvermögen des Verstorbenen und/oder kurzer Dauer der Ehe ist der überlebende Ehegatte mit der erbrechtlichen Lösung meistens bessergestellt.
- Sollte der Ehegatte die Erbschaft allerdings ausschlagen (§ 1371 Abs. 3 BGB) oder sollte er als Erbe oder Vermächtnisnehmer überhaupt nicht bedacht, also enterbt sein (§ 1372 Abs. 2 BGB), so steht ihm nach der **güterrechtlichen Lösung** der (klassische) Zugewinnausgleich und der sog. kleine Pflichtteil (1/8) zu.

Die Verbindlichkeiten konnten nach dem bis 30.08.2009 geltenden Recht nur bis zur Höhe des Vermögens abgezogen werden (§ 1374 Abs. 1 2. HS BGB a.F.: Es gab kein negatives Anfangsvermögen!). Seit der am 01.09.2009 in Kraft getretenen **Reform des Zugewinnausgleichsrechts**[11] ist ein Abzug der Verbindlichkeiten über die Höhe des Vermögens hinaus möglich (§ 1374 Abs. 3 BGB; zum negativen Anfangsvermögen s. auch R E 5.1 Abs. 2 S. 4 ErbStR 2019).

Vorgreiflich wird darauf hingewiesen, dass der Zugewinnausgleich **unter Lebenden** (Hauptfall: Scheidung) nach § 5 Abs. 2 ErbStG nicht schenkungstpfl. ist.

2.2.2 Die Beendigung des Güterstandes, insbesondere bei der Zugewinngemeinschaft (inklusive der Berechnung der Ausgleichsforderung)

Anders als bei der Zugewinngemeinschaft gibt es bei der **Gütertrennung**, die meist aus zivilrechtlichen Sicherheitsaspekten (Abschottung beider Vermögen) gewählt wird, keinen Zugewinnausgleich. Folgerichtig wird ein solcher Anspruch auch nicht bei der Erbschaftsteuer des überlebenden Ehegatten berücksichtigt. Für erbschaftsteuerliche Zwecke gelten bei der Gütertrennung demnach die allgemeinen Regeln, wonach der überlebende Ehegatte entsprechend der nach § 1931 Abs. 1 und 4 BGB ermittelten Erbquote zur Besteuerung herangezogen wird.

Ganz anders – und auf den ersten Blick schwer verständlich – ist aber die Regelung bei der **Zugewinngemeinschaft** nach § 5 ErbStG. Dort findet beim wirtschaftlich gleichen Sachverhalt (**überlebender Ehegatte – oder Lebenspartner – wird Erbe**), d.h. bei Geltung der erbrechtlichen Lösung, gem. § 5 Abs. 1 S. 1 ErbStG eine Anrechnung des fiktiven (!) Zugewinnausgleichanspruches[12] auf den ErbSt-Wert statt (s. auch R E 5.1 Abs. 1 S. 1 ErbStR 2019). Dies hat seinen Grund in der beabsichtigten Gleichstellung der güterrechtlichen Lösung (§ 5 Abs. 2 ErbStG) mit der erbrechtlichen Lösung. Nach § 5 Abs. 2 ErbStG wird der Zugewinnausgleichsanspruch – sowohl bei der güterrechtlichen Lösung (Ausgleich von Todes wegen nach § 1371 Abs. 2 BGB) als auch beim Zugewinnausgleich unter Lebenden – ausdrücklich von der Steuer befreit. Diese Befreiung soll nun folgerichtig den beiden Ausgleichsberechnungen von Todes wegen zukommen.

Im Ergebnis wird bei der erbrechtlichen Lösung der gesetzlichen Zugewinngemeinschaft nicht das erhöhte Viertel an der Erbquote (§ 1371 Abs. 1 BGB) als steuerfrei behandelt, sondern die – ansonsten nur bei der güterrechtlichen Lösung – greifende Ausgleichsforderung. Das ErbStG ignoriert die »erbrechtliche Lösung« und räumt der (vermeintlichen) Steuerge-

---

11 Vgl. hierzu *Münch*, MittBayNot 2009, 261 ff.
12 Nach BFH vom 22.03.2001 (BFH/NV 2001, 1266) ist die fiktive Ausgleichsforderung auch kein Vermögensgegenstand, der vererbbar ist. Ist hingegen die steuerrechtliche Abwicklung der aufgelösten Ehe noch nicht erfolgt, rückt der Erbe des ausgleichsberechtigten länger lebenden Ehegatten in die Rechtsstellung ein.

rechtigkeit (Gleichbehandlung beider Fälle der Abwicklung einer Zugewinngemeinschaft) Vorrang ein.

Dabei wird nur noch der **reale Zugewinn** (statt der nominalen Ausgleichsforderung) von der Besteuerung ausgenommen.[13] Im Urteil vom 27.06.2007 (BStBl II 2007, 783) bestätigte der BFH die Verwaltungsauffassung, dass auch im Steuerrecht nur der reale Gewinn (als Abzugsgröße) berücksichtigt wird. Dies bedeutet, dass sowohl das Anfangsvermögen als auch die späteren in die Berechnung einzustellenden Erwerbe zu indexieren sind.

> **Beispiel 5: Die späte Bedeutung des Güterstandes**
>
> Bei einem kinderlosen Ehepaar verstirbt die anlagetüchtige Ehefrau. Der fidele Hausmann wird Alleinerbe.
>
> Der Steuerwert des Nachlasses beträgt 2 Mio. €, die Nachlassverbindlichkeiten belaufen sich auf 70 T€. Privilegiertes Produktivvermögen (§ 13a ErbStG) ist nicht vorhanden. Die Ausgleichsforderung des Hausmannes soll in zutreffender Höhe 350 T€ betragen.
>
> **Variante a:** Es war nichts vereinbart, d.h. es gilt die Zugewinngemeinschaft.
>
> **Variante b:** Es wurde Gütertrennung vereinbart.
>
> **Lösung Variante a:**
>
> | | | |
> |---|---:|---:|
> | Der Steuerwert des Nachlasses gem. § 12 ErbStG | | 2.000.000 € |
> | ./. Nachlassverbindlichkeiten nach § 10 ErbStG | ./. | 70.000 € |
> | = | | 1.930.000 € |
> | ./. Bestattungskostenpauschale (§ 10 Abs. 5 Nr. 3 ErbStG) | ./. | 10.300 € |
> | ./. Zugewinnausgleich gem. § 5 Abs. 1 S. 2 ErbStG | ./. | 350.000 € |
> | ./. Freibetrag nach § 16 Abs. 1 Nr. 1 ErbStG | ./. | 500.000 € |
> | ./. (Versorgungs-)Freibetrag nach § 17 Abs. 1 ErbStG | ./. | 256.000 € |
> | = **steuerpflichtiger Erwerb** | | **813.700 €** |
>
> Nach §§ 19, 15 ErbStG beträgt die mit 19 % festzusetzende Erbschaftsteuer **154.603 €**.
>
> **Lösung Variante b:** Nachdem es bei der Gütertrennung keinen Ausgleich gibt, beträgt der stpfl. Wert nunmehr **1.163.700 €** (1.930.000 € abzgl. Bestattungskostenpauschale und Freibeträge, jedoch ohne Berücksichtigung eines Zugewinnausgleichs). Nach §§ 19, 15 ErbStG ist eine mit 19 % festzusetzende Steuer von **221.103 €**[14] zu zahlen.

Der Beweis für die fiskalisch günstigere Wahl der Zugewinngemeinschaft – zumindest bei kinderloser Ehe – ist wegen der unterschiedlichen steuerlichen Auswirkung in diesem Fall erbracht. Große (Rechen-)Probleme bereitet in der Praxis die konkrete Höhe der **Zugewinnausgleichsforderung**.

---

13 Nach R E 5.1 Abs. 2 S. 5 ErbStR 2019 wird eine sich aufgrund des Kaufkraftschwundes ergebende rein nominale Wertsteigerung nicht berücksichtigt. S. auch **H E 5.1 ErbStH 2019. Hinweis:** Letzte Zahlen finden sich in H E 5.1 ErbStH 2019 bzw. im BMF-Schreiben vom 28.02.2013, DStR 2013, 271.

14 In diesem Fall kommt die Härtefallregelung des § 19 Abs. 3 ErbStG nicht zum Tragen (s. H E 19 »Berechnung der fiktiven Ausgleichsforderung« ErbStH 2019).

Beispiel 6: Zugewinnausgleich

Die Ehe von Herrn H und Frau F wurde 2000 geschlossen und 2022 durch Tod beendet. Ein besonderer Güterstand war nicht vereinbart. Das Endvermögen des verstorbenen H beträgt nach Verkehrswerten 2,4 Mio. €, der Steuerwert (§§ 10, 12 ErbStG) soll 1,7 Mio. € und der sich unter Abzug weiterer sachlicher Freibeträge (§§ 13, 13a ErbStG) ergebende Wert soll 1,5 Mio. € betragen. Das Endvermögen der Ehefrau beträgt zu Verkehrswerten 450 T€. Das nach RE 5.1 ErbStR indizierte Anfangsvermögen von H beträgt 1,3 Mio. €, während F nur ein bescheidenes (indiziertes) Startvermögen von 80 T€ aufzuweisen hatte.

Zu berechnen ist die Erbschaftsteuer von F. Dabei ist vorweg die relevante Zugewinnausgleichsforderung nach folgendem Berechnungsbeispiel (s. auch die Beispiele in H E 5.1 ErbStH) zu ermitteln.

Die Berechnung der Zugewinnausgleichsforderung folgt im Prinzip dem folgenden Schema.
Die Berechnungsbeispiele zeigen auch, dass die von § 5 Abs. 1 S. 5 ErbStG vorgesehene **Kappung** der (fiktiven) Zugewinnausgleichsforderung zu einer deutlichen Begrenzung des Steuerprivilegs (Gleichstellung beider Abwicklungslösungen im ErbStG) führt. In diesen Zusammenhang fügt sich ein Urteil des BFH vom 29.06.2005 (BStBl II 2005, 873) ein, dessen Auslöser § 1375 Abs. 2 BGB ist. Danach wird zunächst das Endvermögen des verstorbenen Ehegatten und damit der Ausgleichsanspruch des überlebenden Ehegatten um die Beträge **erhöht**, um die der Erblasser sein (End-)Vermögen durch Schenkungen (an Dritte) oder durch Vermögensverschwendung gemindert hat. Der BFH hat diese zivilrechtliche Regelung für einen Fall umfangreicher unentgeltlicher Zuwendungen (§ 1375 Abs. 2 Nr. 1 BGB) **nicht** in das Erbschaftsteuerrecht übernommen. Der überlebende Ehegatte (Zugewinngemeinschaft) in diesem Fall kommt als Erbe (Vermächtnisnehmer) weder in den Genuss einer höheren zivilrechtlichen Ausgleichsforderung (sein Ausgleich richtet sich nach § 1371 Abs. 1 BGB) noch genießt er den steuerlichen Vorteil einer erhöhten fiktiven Ausgleichsforderung.

Den häufigeren Fall, dass der verstorbene Ehegatte dem **überlebenden Ehegatten** zu Lebzeiten **Schenkungen** zukommen ließ, löst H E 5.1 ErbStH 2011 wie folgt:

Diese Schenkungen sind dem Zugewinn des verstorbenen Ehegatten i. S. d. § 1380 Abs. 2 BGB hinzuzurechnen. Sie sind im Zugewinn des anderen Ehegatten nicht zu erfassen (konkret: Abzug mit dem Verkehrswert im Zeitpunkt der Zuwendung, höchstens mit dem Wert, zu dem der Schenkungsgegenstand noch im Endvermögen des Ehegatten enthalten ist). Mit diesem (Verkehrs-)Wert sind die anrechenbaren Schenkungen von der Ausgleichsforderung abzuziehen (s. auch das hierzu in den Hinweisen gebildete Beispiel).

Hinweis: Mit dem StÄndG 2020 ist seit 29.12.2020 (Tag des Inkrafttretens) nachfolgender S. 6 hinzugefügt worden. Danach wird die Ausgleichsforderung nur noch im Verhältnis des um den Wert des **steuerbefreiten Vermögens geminderten Wer t** des Endvermögens zum **ungeminderten Wert** des Endvermögens des Erblassers als Steuerbefreiung zugelassen (s. hierzu – und zur Güterstandsschaukel – ausführlich die Beispiele bei *Brüggemann*, ErbBstg 2021, 164).

C Erbschaftsteuerrecht

1. Ermittlung des Anfangsvermögens für beide Ehegatten

		Überlebender Ehegatte	Verstorbener Ehegatte
1a)	Aktivvermögen (zu Verkehrswerten)		
1b)	Passivvermögen*	./.	./.
	Zwischensumme		
1c)	Umrechnung des Kaufkraftschwundes realer Zugewinn**)		
	mit der Formel: $\dfrac{\text{Anfangsvermögen} \times \text{Index (Beendigung)}}{\text{Index (Beginn)}}$		
1d)	Reales Anfangsvermögen		

2. Ermittlung des Endvermögens zum Todestag des verstorbenen Ehegatten
(Hinweis: Beim verstorbenen Ehegatten werden drei Werte eingesetzt.)

		Überlebender Ehegatte Verkehrswert	Verstorbener Ehegatte Steuerwert	Verstorbener Ehegatte Verkehrswert
2a)	Aktivvermögen			
2b)	Passivvermögen	./.	./.	./.
	Zwischensumme			

3. Endvermögen

4. Ermittlung des Zugewinns

		Überlebender Ehegatte Verkehrswert	Verstorbener Ehegatte Verkehrswert
4a)	Endvermögen		
4b)	Indiziertes Anfangsvermögen	./.	./.
4c)	Individueller Zugewinn		
4d)	**Zugewinn des Verstorbenen**		
4e)	Differenzbetrag (4d zu 4c)		
4f)	davon 1/2		
	(= fiktiver Zugewinnausgleichsanspruch)		

5. Nach § 5 Abs. 1 S. 5 ErbStG wird der Steuerfreibetrag errechnet, indem die Ausgleichsforderung entsprechend dem Verhältnis des Steuerwerts des Endvermögens des Erblassers zu dessen Verkehrswert steuerfrei gestellt wird: $\dfrac{\text{Ausgleichsforderung} \times \text{Steuerwert Endvermögen}}{\text{Verkehrswert Endvermögen}}$

6. Schließlich wird der steuerpflichtige Erwerb des überlebenden Ehegatten (oben, rechte Spalte) unter Abzug der Ausgleichsforderung und der persönlichen Freibeträge besteuert.

→ stpfl. Erwerb***

---

*Seit der am 01.09.2009 in Kraft getretenen Reform des Zugewinnausgleichsrechts ist ein Abzug der Verbindlichkeiten über die Höhe des Vermögens hinaus möglich (§ 1374 Abs. 3 BGB).

**Vgl. hierzu die H E 5.1 ErbStH 2011 (Verbraucherindices bis 2010) und aktuell R E 5.1 Abs. 2 S. 5 ErbStR 2019.

***D. h. ohne Berücksichtigung von persönlichen Freibeträgen, aber unter Berücksichtigung des Abzugs gem. § 13a Abs. 1 und 2 ErbStG.

I Das Erbschaftsteuerrecht inklusive der erbrechtlichen Grundlagen

In Zahlen bedeutet dies im **Beispiel 6:**

1. Ermittlung des Anfangsvermögens für beide Ehegatten

	Überlebender Ehegatte (F)	Verstorbener Ehegatte (H)
1d) Reales Anfangsvermögen	0,08 Mio. €	1,30 Mio. €

2. Ermittlung des Endvermögens zum Todestag des verstorbenen Ehegatten
(Hinweis: Beim verstorbenen Ehegatten werden drei Werte eingesetzt.)

	Überlebender Ehegatte Verkehrswert	Verstorbener Ehegatte Verkehrswert	Verstorbener Ehegatte Steuerwert
...			
3. Endvermögen	**0,45 Mio. €**	**2,40 Mio. €**	**1,70 Mio. €**

4. Ermittlung des Zugewinns

	Überlebender Ehegatte Verkehrswert	Verstorbener Ehegatte Verkehrswert
...		
4c) Individueller Zugewinn	0,37 Mio. €	
4d) Zugewinn des Verstorbenen	1,10 Mio. €	1,10 Mio. €
4e) Differenzbetrag (4d zu 4c)	0,73 Mio. €	
4f) davon 1/2 (= Ausgleichsforderung)	**0,365 Mio. €**	
(= fiktiver Zugewinnausgleichsanspruch)		

5. Die Minderung auf Steuerwertniveau geschieht nach der Formel: $\frac{0{,}365 \text{ Mio.} \times 1{,}7 \text{ Mio.}}{2{,}4 \text{ Mio.}}$

Diese ergibt einen Steuerfreibetrag von **0,258 Mio. €**

6. Der steuerpflichtige Erwerb von F beträgt demnach:

	1,500	Mio. €
./. Freibetrag gem. § 5 Abs. 1 ErbStG	0,258	Mio. €
./. Freibetrag gem. § 16 ErbStG	0,500	Mio. €
./. Freibetrag gem. § 17 ErbStG	0,256	Mio. €
./. Grabpflegepauschale (§ 10 Abs. 5 Nr. 3 ErbStG)	0,010.300	Mio. €
= **steuerpflichtiger Erwerb**	**0,475.700 Mio. €**	

7. Bei dem Steuersatz von 15 % (§§ 19, 15 ErbStG) beträgt die Steuer 71.355 €.

Verkehrswert: 2,40 Mio. € → 1,10 Mio.

stpfl. Erwerb*: 1,50 Mio. €

---

*D. h. ohne Berücksichtigung von persönlichen Freibeträgen, aber nach § 13a Abs. 1 und 2 ErbStG.

Der BFH hat im Beschluss vom 22.03.2011 (BFH/NV 2011, 1266) deutlich betont, dass die fiktive Ausgleichsforderung gem. § 5 Abs. 1 ErbStG nur im Erbschaftsteuerschuldverhältnis zu berücksichtigen ist, selbst aber keinen vererbbaren Anspruch darstellt.

2.2.3 Die Änderung des Güterstandes und die modifizierte Zugewinngemeinschaft (inkl. »Güterstandsschaukel«[15])

2.2.3.1 Allgemeine Ausführungen

Der Zugewinnausgleichsanspruch kann in beiden Fällen (Scheidung/Erbfall) zu einer starken Liquiditätseinbuße des Vermögensstockes führen. Aus diesen Gründen hat sich kautelarjuristisch eine ehevertragliche Vereinbarung durchgesetzt, die als »modifizierte Zugewinngemeinschaft« bezeichnet wird.[16] Die zulässigen Modifikationen betreffen:
- die Veränderung der Ausgleichsquote (statt 1/2),
- die Änderung der Bestimmungen für die Bewertung des Anfangs- und Endvermögens,
- andere Bewertungsmaßstäbe (z. B. Buchwert statt Verkehrswert),
- die Ausschließung bestimmter Vermögenswerte vom Zugewinnausgleich,
- die Ausschließung der Ausgleichsregeln für einen der beiden Beendigungsfälle.

Diese zivilrechtlichen Möglichkeiten beinhalten allerdings die Gefahr einer Disposition über steuerliche (Freibetrags-)Größen und sollen von daher angeblich die Konzeption des ErbStG infrage gestellt haben. Durch das StMBG vom 21.12.1993 wurden mit den geänderten § 5 Abs. 1 S. 2 ff. ErbStG die **modifizierte Zugewinngemeinschaft**, d. h. die abweichenden güterrechtlichen Regelungen für das **Erbschaftsteuerrecht nicht übernommen**.

Nach § 5 Abs. 1 S. 2 ErbStG bleiben die o. g. Änderungen erbschaftsteuerlich unberücksichtigt. Ebenso wird seit 01.01.1994 die praxisfreundliche Anordnung von § 1377 Abs. 3 BGB nicht mehr in das Erbschaftsteuerrecht übernommen (§ 5 Abs. 1 S. 3 ErbStG): Die zivilrechtliche Fiktion, dass bei der – häufig – fehlenden Registrierung des Anfangsvermögens das gesamte Endvermögen des Ehegatten als Zugewinn gilt (mit der Folge einer höheren Ausgleichsforderung), kommt im ErbStG folglich nicht zum Tragen.

Kontrovers diskutiert wird jedoch immer noch die Frage, ob – trotz § 5 Abs. 1 S. 4 ErbStG (Beginn der Zugewinngemeinschaft mit Vertragsabschluss) – die zivilrechtlich zulässige **Umdatierung** der relevanten Rechengrößen (Änderung des Zeitpunktes für Ansatz und Bewertung von Anfangs-[17] und Endvermögen) auch für das Steuerrecht gilt. Während der BFH in zwei Urteilen[18] diese Praxis auch für das ErbStR zu tolerieren schien, wollten zunächst (1989) die Verwaltung und später (1993) der Gesetzgeber mit § 5 Abs. 1 S. 4 ErbStG diese Vereinbarungen, auch wenn sie vor dem Stichtag (01.01.1994) abgeschlossen wurden, aus dem Erbschaftsteuerrecht verbannen.

Andererseits sieht z. B. § 5 Abs. 1 S. 4 ErbStG beim **Wechsel** des Güterstandes (beispielsweise – und häufig praktiziert – von der Gütertrennung zur Zugewinngemeinschaft) den Tag des Vertragsabschlusses als Basis einer auch steuerrechtlichen Neuberechnung vor (im Urteil

---

15 Hierzu instruktiv *Brüggemann*, ErbBstg 2021, 164 ff.
16 Zur zivilrechtlichen Zulässigkeit vgl. *Grüneberg/Siede*, 83. Aufl. 2024, § 1363, Rz. 4 sowie § 1408, Rz. 10 ff. sowie *Escher* in *Preißer/Seltenreich/Königer*, 4. Aufl. (2022), § 5, Rz. 51 ff.
17 Für Altehen gilt der 01.07.1958 als maßgeblicher Stichtag für das Anfangsvermögen; ansonsten der Tag der Eheschließung (vgl. R 11 Abs. 3 ErbStR).
18 BFH vom 28.06.1989 (BStBl II 1989, 897) und vom 12.05.1993 (BStBl II 1993, 739).

vom 18.01.2006 (ZEV 2006, 224) vom BFH bestätigt, und zwar auch für den Fall, dass der Ehevertrag vor dem 01.01.1994 geschlossen wurde). Ganz deutlich beendet jetzt R E 5.2 Abs. 2 S. 4 ErbStR 2019 die Diskussion, indem ausgeführt wird, dass eine **rückwirkend** vereinbarte Zugewinngemeinschaft zu **keiner erhöhten güterrechtlichen** Ausgleichsforderung führt.

Der BFH hat im Urteil vom 28.06.2007 (BStBl II 2007, 785) eine freigebige Zuwendung i. S. d. § 7 Abs. 1 Nr. 1 ErbStG angenommen, womit ein bezahlter Ausgleich beim sog. »fliegenden Zugewinnausgleich« schenkungstpfl. ist. Der Sachverhalt war dadurch gekennzeichnet, dass der Übergang vom regulären gesetzlichen Güterstand der Zugewinngemeinschaft zur modifizierten Zugewinngemeinschaft (z. B. kein Ausgleich bei Scheidung) gegen eine **Abgeltung** erfolgt. Entscheidend für den BFH war, dass in diesem Falle der Güterstand der Zugewinngemeinschaft grds. bestehen bleibt und es zu keinem (entgeltlichen) Austauschverhältnis kommt.

2.2.3.2 Die Güterstandsschaukel

Wiederum anders ist die Fallgruppe der Güterstandsschaukel (Beendigung eines Güterstandes gegen Begründung eines neuen Güterstandes gegen Entgelt) zu beurteilen (entgeltliches Austauschverhältnis nach BFH vom 12.07.2005, BStBl II 2005, 843).

Die Güterstandsschaukel (Wechsel von der Zugewinngemeinschaft in die Gütertrennung (und ggf. zurück zum gesetzlichen Güterstand der Zugewinngemeinschaft) wird häufig eingesetzt, um der drohenden Steuerpflicht bei **unbenannten Zuwendungen** durch den steuerfreien Zugewinnausgleich gem. § 29 Abs. 1 Nr. 3 ErbStG zu entgehen (s. dazu *Demuth/Schreiber*, ZEV 2012, 405 ff. (407 f.) sowie *Milatz/Herbst*, DStR 2011, 706).

2.2.4 Sonstige Regelungen bei der Zugewinngemeinschaft und bei der Ausgleichsforderung

2.2.4.1 Die Hinterbliebenenbezüge und die Ausgleichsforderung

Oftmals entstehen durch Verträge zugunsten Dritter auf den Todesfall mit dem Tode **Versorgungsansprüche** der Hinterbliebenen. Soweit es sich dabei um **stpfl.** Bezüge (z. B. Witwenansprüche eines Freiberuflers gegen die Sozietät, § 3 Abs. 1 Nr. 4 ErbStG i.V.m. R E 3.5 Abs. 4 S. 1 ErbStR 2019) handelt[19], stellt sich die Frage, ob diese Bezüge bei der Berechnung der Zugewinnausgleichsforderung zu berücksichtigen sind.

Konform mit älteren Urteilen des BFH[20] übernimmt die Verwaltung diese Differenzierung, wonach **steuerfreie** Versorgungsbezüge (Beispiele:
- Witwen- und Waisenbezüge aufgrund der Beamtengesetze oder
- AN-Versorgungsbezüge aus der gesetzlichen Rentenversicherung oder
- Versorgungsbezüge von Freiberuflern aufgrund berufsständischer Pflichtversicherung)

nicht dem Endvermögen des Erblassers zugerechnet werden, während stpfl. Ansprüche mit ihrem Kapitalwert hinzuzurechnen sind (**§ 3 Abs. 1 Nr. 4 ErbStG** i.V.m. R E 5.1 Abs. 4 S. 1 ErbStR 2019 i.V.m. H E 5.11 Abs. 4 »Hinterbliebenenbezüge« ErbStH 2019). Im Ergebnis führt dies bei Empfängern erbschaftstpfl. Hinterbliebenenbezüge zu einer höheren Ausgleichsforderung und vice versa (umgekehrt) bei Empfängern steuerfreier Bezüge zu einem niedrigeren Freibetrag.

---

19   S. im Einzelnen weiter unten.
20   BFH vom 12.04.1978 (BStBl II 1978, 400) sowie vom 20.05.1981 (BStBl II 1982, 27).

Im Urteil vom 05.05.2010 (DB 2010, 1865) behandelt der BFH den Pensionsanspruch der Witwe des Komplementärs als stpfl. Forderung im **Sonder-BV** (Bewertung mit dem Kapitalwert) und berücksichtigt ihn nicht bei der Berechnung des Zugewinnausgleichs nach § 5 Abs. 1 ErbStG.

Auch dann, wenn ein ArbG mit dem AN (späterer Erblasser) eine Direktversicherung abgeschlossen hat und der AN die persönlichen Voraussetzungen der §§ 46 ff. SGB **nicht erfüllt**, unterliegt der Anspruch des Bezugsberechtigten – trotz Bedenken aus Art. 3 I GG – der Besteuerung nach § 3 Abs. 1 Nr. 4 ErbStG (BFH vom 18.12.2013, Az.: II R 55/12).

2.2.4.2 Die güterrechtliche Lösung gemäß § 5 Abs. 2 ErbStG

Bei der im Erbfall möglichen Variante (überlebender Ehegatte ist enterbt) und bei der im Falle der Scheidung generell greifenden güterrechtlichen Lösung unterliegt der Zugewinnausgleich gem. § 5 Abs. 2 ErbStG nicht der Erbschaft- (bzw. Schenkung-)steuer. Nach R E 5.2 Abs. 2 ErbStR 2019 führt dies zwangsläufig zur Nichtsteuerbarkeit nach § 5 Abs. 2 ErbStG auch jener Abreden zwischen den Ehepartnern, die zu einer **erhöhten güterrechtlichen Ausgleichsforderung** führen. Die Abzugsbeschränkungen von § 5 Abs. 1 S. 2 ff. ErbStG gelten demnach nicht für die güterrechtliche Lösung.

2.2.5 Die Regelung bei der – fortgesetzten – Gütergemeinschaft (§ 4 ErbStG)

Während die Begründung der einfachen Gütergemeinschaft gem. § 7 Abs. 1 Nr. 4 ErbStG dann einen Schenkungsteuertatbestand auslöst, wenn mit der Einbringung der jeweiligen Gegenstände in das (nunmehrige) Gesamtgut ein Ehegatte zwangsläufig bereichert ist, behandelt § 4 ErbStG ausdrücklich nur die fortgesetzte Gütergemeinschaft im Falle des Todes eines Ehegatten.

§ 4 Abs. 1 ErbStG regelt dabei gar nicht den Grundtatbestand der Beendigung der (einfachen) Gütergemeinschaft. In diesem Fall gehen nämlich die einzelnen Gegenstände des verstorbenen Ehegatten – unabhängig von ihrer ehevertraglichen Qualifikation als Sondergut (§ 1417 BGB), Vorbehaltsgut (§ 1418 BGB) oder Gesamtgut (§ 1416 BGB) – auf den überlebenden Ehegatten bzw. auf die Erbengemeinschaft über. Dabei ist der Grundtatbestand des § 3 Abs. 1 Nr. 1 ErbStG erfüllt.

§ 4 Abs. 1 ErbStG betrifft ausschließlich die **fortgesetzte Gütergemeinschaft**, bei der der überlebende Ehegatte das Gesamtgut mit den gemeinsamen Abkömmlingen gemeinschaftlich verwaltet. Während das Zivilrecht (§ 1483 Abs. 1 S. 3 BGB) den Übergang dieses Anteils nicht zum Nachlass rechnet und einen rein güterrechtlichen Übergang anordnet, fingiert § 4 Abs. 1 ErbStG einen Erwerb von Todes wegen. In einer zweiten rein fiskalischen Fiktion erweitert § 20 Abs. 2 ErbStG den Kreis der Steuerschuldner für diesen Vorgang um den überlebenden Ehegatten, obwohl dieser nicht Rechtsnachfolger geworden sein muss.

Wiederum abweichend vom Familienrecht (§ 1490 S. 1 BGB) ordnet § 4 Abs. 2 ErbStG für Zwecke der Erbschaftsteuer an, dass beim Tode eines anteilsberechtigten Abkömmlings die Rechtsnachfolger (nach § 1490 S. 2 BGB seine Abkömmlinge oder nach § 1490 S. 3 BGB die überlebenden Partner der fortgesetzten Gütergemeinschaft) erbschaftstpfl. werden.

Der Grund für diese vom Zivilrecht abweichende Besteuerung liegt darin, dass das Familien-(Güter-)Recht das Gesamtgut zusammenhalten will, indem eine Auseinandersetzung nicht stattfindet. Von dieser Betrachtungsweise löst sich aufgrund eigengesetzlicher Wertungen das Erbschaftsteuerrecht, in dessen Vordergrund die Ermittlung der Bereicherung der betroffenen Personen steht.

2.3 Gesetzliches Erbrecht und die Steuerklassen des Erbschaftsteuergesetzes

Das Urteil des BVerfG zur Abschaffung der Vermögensteuer[21] mit dem Gesetzesauftrag zur Immobilien-Bedarfsbewertung bei der Erbschaftsteuer wurde in dem hier einschlägigen Kontext mit der Formel der »im Erbrecht angelegten Mitberechtigung der Kinder am Familiengut« begründet. Als weitere Reaktion auf das BVerfG-Urteil sind zum 01.01.1996 auch die Steuerklassen neu zusammengefasst worden.

Übereinstimmend mit der Parentelordnung der §§ 1924 ff. BGB sind **alle** (auch die entfernten) **Abkömmlinge** des Erblassers (bzw. Schenkers) in der günstigen **StKl. I** erfasst (§ 15 Abs. 1 StKl. I Nr. 3 ErbStG), nachdem die (nicht geschiedenen[22]) Ehegatten und die Kinder schon immer dieser Klasse angehörten. Konform mit dem Erbrecht werden bei den Kindern die ehelichen und die nichtehelichen Kinder gleichgestellt. Das Gleiche gilt für die adoptierten Kinder. Obwohl nach dem neuen Adoptionsrecht bei Volladoption von Minderjährigen ein neues Verwandtschaftsverhältnis zu den neuen Eltern begründet wird und das alte Verwandtschaftsverhältnis erlischt (§ 1755 BGB), hält **§ 15 Abs. 1a ErbStG** im Sinne einer Billigkeitsregelung für Zuwendungen (unter Lebenden und von Todes wegen) der leiblichen Eltern an die fremdadoptierten Kinder an dem Steuerklassenprivileg (StKl. I) fest.

Abweichend von der Parentelordnung des BGB werden die **Eltern** (dort: zweite Ordnung) und die Voreltern (dort: dritte Ordnung) bei **Erwerben von Todes wegen** in StKl. I erfasst, bei Zuwendungen unter Lebenden bleibt es für Zwecke der Schenkungsteuer bei StKl. II. Ebenfalls abweichend vom Erbrecht genießen auch Stiefkinder (Kinder des anderen Elternteils) das Privileg der StKl. I. Dies wird auf die eigenständige Betrachtungsweise des Steuerrechts (wirtschaftliche Betrachtungsweise ohne den zivilrechtlichen – hier: Adoptions-Formalismus) zurückgeführt.

In einem anderen Punkt folgt die Rspr. des BVerfG[23] und des BFH[24] dem »Register-Formalismus«, wenn Partner einer nichtehelichen Lebensgemeinschaft, ebenso wie Verlobte, nach wie vor in StKl. III verharren.

Gem. § 10 LPartG (BGBl I 2001, 226) werden die **eingetragenen Lebenspartner** erbrechtlich weitgehend den Ehegatten gleichgestellt.[25]

Während der BFH im Beschluss vom 20.06.2007 (BStBl II 2007, 649) die Ehegatten-Vergünstigungen der StKl. I sowie die (hohen) persönlichen Freibeträge den eingetragenen Lebenspartnern vorenthalten hat, gewährt das ErbStG (2008) nunmehr diese Vorteile.

---

21 BVerfG vom 22.06.1995 (BStBl II 1995, 671).
22 Für die geschiedenen Ehegatten gilt StKl. II gem. § 15 Abs. 1 StKl. II Nr. 7 ErbStG.
23 BVerfG vom 15.05.1990 (BStBl II 1990, 764).
24 BFH vom 23.03.1998 (BFH/NV 1998, 1152).
25 So beträgt der gesetzliche Erbteil der eingetragenen Lebenspartner – neben Verwandten erster Ordnung – gem. § 10 Abs. 1 S. 1 LPartG auch hier »ein Viertel«.

3 Letztwillige Verfügungen im Erbrecht und im Erbschaftsteuerrecht

Das BGB, das dem Grundsatz der Privatautonomie folgt, behandelt auch im Erbrecht persönliche Willensäußerungen (hier: letztwillige Verfügungen) als gegenüber dem gesetzlichen Erbrecht **vorrangig**.[26] Der testierende Erblasser ist jedoch an die vom Gesetz vorgegebenen Rechtsinstitute und die sie mittragenden Formvorschriften gebunden. Der Erblasser kann sich dabei des einseitigen Testaments (§ 1937 BGB) oder des Erbvertrages (§ 1941 BGB) bedienen. Wegen der Bindungswirkung nimmt das gemeinschaftliche Ehegattentestament (§§ 2265 ff. BGB) eine Mittelstellung ein. Die Grenzen der Testierfreiheit liegen für den Erblasser im nicht disponiblen Pflichtteilsrecht (§§ 2303 ff. BGB) sowie – allgemein – in der Sittenwidrigkeit der angeordneten gewillkürten Erbfolge (§ 138 BGB).

In einer Erbschaftsteuerklausur ist im Zweifel von der Gültigkeit der testamentarischen Anordnung auszugehen. In den meisten Aufgaben werden auch die Qualität der Anordnung (z.B. Erbeinsetzung/Vermächtnisanordnung) ebenso wie die Erbquote mitgeteilt. Für einen verständigen Umgang mit erbschaftsteuerlichen Aufgaben ist ein erbrechtliches Grundlagenwissen jedoch unerlässlich.

Einen ersten Überblick vermittelt die nachstehende Übersicht (s. nachfolgend Kap. 3.1), in der die wichtigsten Voraussetzungen und Rechtsfolgen enthalten sind.

3.1 Wirksamkeit und Auslegung von Testamenten

Der Erblasserwille kommt bei Testamenten nur zum Tragen, wenn das Testament formgültig errichtet ist. Dies hat seinen Grund darin, dass es sich bei einem Testament um eine **einseitige**, nicht empfangsbedürftige Willenserklärung handelt, die ihre Wirksamkeit allein mit der Niederschrift entfaltet. Zumal bei eigenhändigen Testamenten (§ 2247 BGB) konnte das BGB nicht auf formale Mindestvorschriften verzichten. Daneben müssen die sonstigen Voraussetzungen für die Gültigkeit von Willenserklärungen – Rechtsbindungswille (hier: ein Testierwille[27]) sowie zumindest Handlungswille[28] – vorliegen.[29] Nicht selten kommt es vor, dass der einmal geäußerte Testierwille widerrufen wird. In diesem Fall gilt bei einer neuen Anordnung das letzte Testament (§ 2258 BGB) oder die gesetzliche Erbfolge, falls es sich beim Widerruf nur um die Aufhebung des Ur-Testaments handelt (§§ 2254 f. BGB). Formfehler können vermieden werden, wenn ein öffentliches Testament beim Notar errichtet wird (§ 2232 BGB).

---

26 Vgl. §§ 1937, 1941, 2088 und 2104 BGB.
27 Ein Testierwille liegt z.B. nicht vor, wenn es sich nur um die Ankündigung handelt oder wenn eine Verfügung über einen einzelnen Gegenstand getroffen wird, da der Erblasserwille auf die Gesamtrechtsnachfolge gerichtet sein muss.
28 Bei einer testamentarischen Niederschrift unter Zwangseinwirkung (»vorgehaltene Pistole«) fehlt der Handlungswille. Es liegt keine Verfügung von Todes wegen vor.
29 Zu Auslegungsfragen beim Testament vgl. NJW-RR 2013, 1353; 2014, 71; 2014, 781.

I Das Erbschaftsteuerrecht inklusive der erbrechtlichen Grundlagen

Verfügungen von Todes wegen
(vorrangig, vgl. §§ 1937, 1941, 1953, 2088, 2104 BGB)

1. Form

Einseitiges Testament

- *Formtypen*
  - **Ordentliches Testament**
    - **Eigenhändiges Testament** § 2247 BGB
      - Handschrift
      - ganzer Text
      - Unterschrift
    - **Öffentliches Testament (Notar)** § 2232 f. BGB (zwei Formen)
  - **Außerordentliches Testament** §§ 2249–2251 BGB

Gemeinschaftliches Testament

- *Formtypen*
  - **Ordentliches Testament**
    - **Eigenhändiges Testament** vgl. § 2267 BGB (§ 2247 BGB privilegiert)
    - **Öffentliches Testament** vgl. § 2232 BGB
  - **Außerordentliches Testament privilegiert** § 2266 BGB

Erbvertrag

- *Formtypen*
  - § 2276 Abs. 1 BGB
  - § 2276 Abs. 2 BGB
- §§ 2231 Nr. 1 BGB, 2232 BGB (ordentlich/öffentlich)

2. Höchstpersönlich

§§ 2064, 2065 BGB, ergo:
a) keine Vertretung
b) § 2065 Abs. 2 BGB (keine Fremdbestimmung des Erben)

§ 2274: s. §§ 2064 f.

3. Testierfähigkeit

§ 2229 BGB (> 16-jährig; s. aber § 2233 BGB*)

§ 2275 BGB

4. Widerruf

Widerruf gem. §§ 2253 ff.
(= letztwillige Verfügung von Todes wegen)

- § 2254 BGB: Widerrufstestament
- § 2255 BGB: Vernichtung
- § 2256 BGB: Rücknahme
- § 2258 BGB: widersprechendes späteres Testament

Widerruf für wechselbezügliche Verfügungen
a) zu Lebzeiten: §§ 2271 Abs. 1, 2296 BGB
b) mit Tod: § 2271 Abs. 2 BGB (nur mit Ausschlagung)

Eingeschränkter Widerruf bei vertragsmäßigen Verfügungen
§§ 2289 ff. BGB (§ 2290 BGB!)

---

*S. auch die überarbeitete Fassung des § 2233 (beim notariellen Testament Verzicht auf eine »mündliche« Erklärung), da damit die faktische Testierunfähigkeit mehrfach Behinderter verbunden war (so BVerfG vom 19.01.1999, BGBl I 1999, 699).

Mögliche Verfügungen von Todes wegen

| Einseitiges Testament | Gemeinschaftliches Testament | Erbvertrag |

5. Auslegung (schwierigster Part)

Einseitiges Testament

Erbfolgeregelungen

- **Erbeinsetzung** – § 1937 BGB mit Abgrenzung zu Zuwendungen
  - § 2088 BGB Nicht: Einzelgegenstand
- **Vor/Nach Erbeinsetzung** – §§ 2100 ff. BGB mit Verfügungsbeschränkung des Vorerben
- **Ersatzerbe** – §§ 2096 ff. BGB
- **Enterbung** – § 1938 BGB, aber: §§ 2303 ff. BGB

Zuwendungen

- **Vermächtnis** – §§ 1939, 2147 ff. BGB mit Rechtsanspruch
- **Auflage** – §§ 1940 BGB, 2192 ff. BGB ohne Rechtsanspruch

Nachlassverwaltung
- Teilungsanordnung § 2048 BGB
- Ausgleichsanordnung § 2050 BGB
- TV-Einsetzung §§ 2197 ff. BGB
- Auseinandersetzungsausschluss § 2044 BGB

Familienrechtliche Regelungen z. B. § 1777 Abs. 2 BGB Vormundbenennung

Rechtsgeschäft a. d. Tod z. B. §§ 331 ff. BGB

6. Auslegungsregeln

Entscheidend ist der subjektive Erblasserwille bei einseitigem Testament.
Zusätzlich:
a) Erläuternde Auslegung
b) Ergänzende Auslegung
c) Gesetzliche Auslegungsregeln, z. B. §§ 2066 ff., § 2269, § 2280 BGB

+ § 2084 BGB: »interpretatio benigna« (wohlwollende Auslegung; geltungserhaltende Reduktion)

7. Nichtigkeit/Anfechtung

a) Verstoß gegen Gesetze und gegen die »guten Sitten«: §§ 134, 138 BGB (Fall-Rspr. des BGH)
b) spezielle Anfechtungsregelungen in §§ 2078 ff. BGB
   insb. Jahresfrist (§ 2082 BGB) für Anfechtungserklärung, ggf. Nachlassgericht (§ 2081 BGB)

3.1.1 Gewillkürter oder gesetzlicher Erbe?

Der Vorrang der gewillkürten Erbfolge gilt nur, wenn das **Testament** formgültig errichtet ist. Ansonsten gilt die gesetzliche Erbfolge. Nahezu alle denkbaren Auslegungsfragen zur Formgültigkeit von Testamenten werden im nachfolgenden Beispiel angesprochen.

Beispiel 7: Das Testament des »großen S«

Einziger Verwandter des Stuttgarter Singles Schrumpf S ist sein Neffe N, wohnhaft in Wuppertal. Von N nimmt »Global Player« S bei seinen Inlandsaufenthalten kaum Notiz. Nachdem er von seinem RA aufgeklärt wird, dass N sein ganzes Vermögen erbt (als Angehöriger der zweiten Ordnung), entschließt sich S, seine Inlandsmätresse Veronika V zur Alleinerbin einzusetzen. Dabei steckt er die Durchschrift (Blaupause) eines zehnseitigen handschriftlichen, aber nicht unterschriebenen Testaments in einen Briefumschlag und versieht diesen mit: »Dein Schrumpi«, Stuttgart. Gleichzeitig notiert er den Tag der Testamentserrichtung auf dem Umschlag. Die vorletzte Seite des Testaments, in dem das ganze Vermögen (Steuerwert: 10 Mio. €) aufgelistet ist, wurde allerdings mittels PC-Ausdruck erstellt; hierauf wurde im Testament mehrfach Bezug genommen. S unterschrieb alle persönlichen Schreiben mit »Schrumpi«.

Das Original steckte er in seine Brusttasche. Original wie S sind nach einem Flugzeugabsturz über dem Pazifik nicht mehr auffindbar. Den Briefumschlag hat er beim RA hinterlegt. Wer (N, V oder der Staat) darf sich freuen, als Alleinerbe eingesetzt zu werden, und wer muss die Erbschaftsteuer in welcher Höhe zahlen?

Lösung: Der Staat (»Fiskus« = das Bundesland) kommt als Noterbe gem. § 1936 BGB nur in Betracht, wenn sich kein gesetzlicher oder testamentarischer Erbberechtigter findet. N ist gem. § 1925 BGB (als Abkömmling der verstorbenen Eltern des S und bei vorverstorbenen Geschwistern des S) einziger gesetzlicher Erbe des S. Gem. § 1937 BGB geht die gewillkürte Erbfolge der gesetzlichen Erbfolge vor. V wäre also (Allein-)Erbin geworden, wenn das Testament wirksam errichtet wurde. Allerdings bestehen in mehrfacher Hinsicht Zweifel an der **Formwirksamkeit (§ 2247 BGB**[30]**)** des Testaments von S:

- Der PC-Ausdruck ist zwar nicht **eigenhändig** (§ 2247 Abs. 1 BGB) geschrieben; dennoch ist diese Tatbestandsvoraussetzung erfüllt, wenn im – ansonsten handschriftlichen – Testament auf diesen Anhang (wie im vorliegenden Fall) Bezug genommen wird (sog. Andeutungstheorie). Ohne den Hinweis im Testament und losgelöst von den sonstigen testamentarischen Ausführungen wäre dies nicht der Fall, d.h. es läge kein formgültiges Testament vor; in diesem Fall gälten die gesetzlichen Bestimmungen mit der Folge, dass N Alleinerbe wäre.
- Auch die bloße **Durchschrift** genügt dem handschriftlichen Kriterium, da es bei dieser Bestimmung nach teleologischer Auslegung um die eindeutige Zuordnung des Schriftstückes zum Testator geht. Dies ist auch bei einer Blaupause möglich.
- Obwohl hier der Text nicht – wie vom Gesetz vorgesehen – am Ende des Schriftstückes **unterschrieben** wurde, lässt es die Rspr. genügen, wenn der geäußerte komplette testamentarische Wille auf einem verschlossenen Umschlag abschließend von der Unterschrift des Erblassers gedeckt ist (sog. Selbstbenennung[31]).
- Die Unterschrift mit einem Pseudonym (»Schrumpi«) ist dann unproblematisch, wenn sich damit eindeutig die Identität des Unterzeichnenden feststellen lässt.
- Die Angabe von Zeit und Ort der Testamentserrichtung ist lediglich eine Soll-Vorschrift (§ 2247 Abs. 2 und 5 BGB) und beeinträchtigt nicht die Gültigkeit testamentarischer Verfügungen.

---

30 Zum Kriterium der Unterschrift und der Eigenhändigkeit vgl. auch MüKo, § 2247 Rz. 14 ff. und 23 ff. sowie *Grüneberg/Weidlich*, 83. Aufl. 2024, § 2247 Rz. 6 ff. und Rz. 10 ff. m.w.N.

31 OLG Rostock vom 25.09.2013, ZEV 2014, 443. S. aber auch OLG Hamburg vom 15.10.2013, ZEV 2014, 218 (Aufkleber = kein wirksames Testament).

Je nachdem, ob es mehrere mit »Schrumpi« unterzeichnende Erblasser in Stuttgarter Raum gibt, ist V (Alternative: nur »S« verwendet diese Kosebezeichnung) oder N (Alternative: mehrere Stuttgarter signieren mit »Schrumpi«) Alleinerbe geworden.

Gem. § 1 Abs. 1 Nr. 1 ErbStG liegt ein stpfl. Erwerb vor. Je nach Sachverhaltsvariante sind beide potentiellen Erwerber (V und N) nach § 2 Abs. 1 Nr. 1 S. 2 Buchst. a ErbStG als Steuerinländer unbeschränkt stpfl., sodass die Frage nach den persönlichen Inlandsmerkmalen des Erblassers S dahingestellt bleiben kann. Es liegt in beiden Fällen ein Erwerb von Todes wegen nach § 3 Abs. 1 Nr. 1 ErbStG vor.

Bei V als Erbin (StKl. III gem. § 15 Abs. 1 ErbStG) wird vom Steuerwert von 10 Mio. € (§ 10 Abs. 1 ErbStG) zunächst eine Pauschale für Erblasserverbindlichkeiten i. H. v. 10.300 € (§ 10 Abs. 5 Nr. 3 S. 2 ErbStG) und sodann ein persönlicher Freibetrag von 20.000 € gem. § 16 Abs. 1 Nr. 7 ErbStG abgezogen. Der Erwerb von Todes wegen würde bei V als Schuldnerin nach §§ 19 Abs. 1, 20 Abs. 1 ErbStG mit 50 % besteuert werden. Die Steuer für V beträgt danach: **4.984.850 €**.

Bei N als Erbe (Stkl. II gem. § 15 Abs. 1 Nr. 3 ErbStG) beträgt – bei ansonsten identischer Bereicherung – der persönliche Freibetrag nach § 16 Abs. 1 Nr. 5 ErbStG ebenfalls 20.000 €. Der Erwerb von Todes wegen wird bei ihm mit 35 % (§ 19 Abs. 1 ErbStG), d. h. mit **3.489.395 €** besteuert.

Grafische Darstellung der Lösung:

Bereicherung		10.000.000 €
./. Grabpflegepauschale	./.	10.300 €
./. persönlicher Freibetrag	./.	20.000 €
stpfl. Erwerb		9.969.700 €

V erbt aufgrund wirksamer Erbeinsetzung:

Steuersatz V	50 %
Festzusetzende Erbschaftsteuer V	**4.984.850 €**

Alternative: N wird gesetzlicher Erbe:

Steuersatz N	35 %
Festzusetzende Erbschaftsteuer N	**3.489.395 €**

Weitaus schwieriger als die richtige Benennung des Erben und damit des alleinigen Schuldners der Erbschaftsteuer (§ 20 Abs. 1 ErbStG) ist die Auslegung der einzelnen testamentarischen Anordnungen, je nachdem, ob es sich dabei um Erbfolgeregelungen, sonstige Zuwendungen oder Anordnungen zur Nachlassverwaltung handelt. Die gefundenen erbrechtlichen Auslegungsergebnisse schlagen sich unmittelbar in der erbschaftsteuerlichen Würdigung nieder.

3.1.2 Alleinerbe oder mehrere Erben sowie der »unbekannte Erbe«
Von den vielfältigen erbrechtlichen Möglichkeiten werden nachfolgend die wichtigsten und in der Praxis am häufigsten vorkommenden Gestaltungsvarianten diskutiert.

3.1.2.1 Unklare Testamente und die Bedeutung des Erbscheins
Eine besondere Rolle bei der Ermittlung des Erben spielt die (Nicht-)Existenz eines Erbscheins und ggf. dessen Inhalt.

Beispiel 8: Geglückter oder missglückter testamentarischer Wille?

Zum Vermögen des Witwers A zählen zwei Grundstücke im Wert von je 1 Mio. € (Steuerwert: je 0,6 Mio. €) und fünf Sammlerstücke (Porzellanvasen, Briefmarkensammlung, Pkw-Jaguar, Gemälde und Gewehre) mit einem Gesamtwert (Steuerwert) von 200 T€, wovon kein Einzelstück teurer als 50 T€ ist. A hat einen 17-jährigen Sohn S und eine 19-jährige Tochter T und trifft folgende Anordnung:

»S und T bekommen je ein Grundstück (S erhält die Flur-Nr. 177 und T bekommt die Flur-Nr. 178). Die übrigen Gegenstände sollen sie unter sich aufteilen.«

Der **Erbschein** soll aufgrund der Verfügungen erteilt werden. Anschließend soll dann die BMG für die Erbschaftsteuer ermittelt werden.

Lösung: Zunächst ist im Wege der erläuternden bzw. grammatikalischen Auslegung[32] des Begriffs »bekommen« als Erbeinsetzung i.S.d. § 1937 BGB zu verstehen, da sich die Nachfolgeregelung offensichtlich auf den gesamten Nachlass bezieht. Sodann enthält der erste Satz eine echte Erbfolgeregelung, während Satz 2 eine Anordnung zur Nachlassverwaltung trifft, der zufolge die Kinder bei der Zuteilung der beweglichen Nachlassgegenstände ungebunden sind.

Die herkömmliche Testierpraxis in Deutschland ist aber – wie in diesem Fall – objektbezogen (S soll Flur-Nr. 177 bekommen), was im Zweifel nicht als Erbeinsetzung angesehen wird.[33]

Die Praxis der Nachlassgerichte behilft sich in diesem Fall mit der Annahme, dass die einzelnen Gegenstände Vermögensgruppen (s. § 2087 Abs. 1 BGB) darstellen und somit als **Bruchteil** eines Nachlasses zu verstehen sind (vgl. zur Erbeinsetzung BayObLG, NJW-RR 2003, 656 sowie zuletzt BGH, NJW 2004, 3558). Bei wohlwollender Auslegung gem. § 2084 BGB wird die Formulierung in eine Bruchteilseinsetzung gem. § 2088 Abs. 1 BGB umgedeutet. Bei der Festlegung des Bruchteils orientiert sich der Richter[34] an den Verkehrswerten und wird hier zu einer Erbteilsquote von je 1/2 für S und T kommen. Die Teilungsanordnung hinsichtlich der Grundstücke (§ 2048 BGB) ändert wegen der Gleichwertigkeit nichts an der Quote, ebenso wenig wie die offene Regelung hinsichtlich der beweglichen Gegenstände. Der Erbschein weist S und T als Miterben je zur Hälfte aus (vgl. § 2353 bzw. § 2357 BGB). Verfügungsbeschränkungen[35], die mit aufgenommen werden können, sind nicht ersichtlich.

Des Weiteren wird festgehalten, dass S und T trotz der Teilungsordnung den Nachlass als Gesamthandsgemeinschaft (Miterbengemeinschaft) gem. §§ 2032 ff. BGB erworben haben und erst mit deren Auseinandersetzung (Allein-)Eigentümer der einzelnen Nachlassgegenstände werden (§ 2042 BGB).

Das Erbschaftsteuerrecht trägt dem komplizierten Gebilde einer Gesamthandsgemeinschaft keine Rechnung und ordnet stattdessen nach **§ 39 Abs. 2 Nr. 2 AO Bruchteilsgemeinschaft** an. Damit korrespondierend wird nach § 3 Abs. 1 Nr. 1 ErbStG als Steuertatbestand der Erwerb »durch Erbanfall« und nicht etwa ein Erwerb »im Rahmen« oder »aufgrund« eines Erbanfalles besteuert. Die spätere Auseinandersetzung mit der Einzelzuweisung der Gegenstände ist folglich erbschaftsteuerrechtlich irrelevant (vgl. auch R 3.1 Abs. 1 S. 3 und Abs. 3 S. 2 ErbStR 2011: keine Verschiebung der Erbquote). Danach haben S und T den Gesamtnachlass mit einem Steuerwert von 1,4 Mio. € je zur Hälfte zu versteuern.

---

32 Bei dieser Auslegungsvariante wird geprüft, was der Erblasser mit der fraglichen Formulierung zum Ausdruck bringen wollte.
33 Nach § 2087 Abs. 2 BGB liegt bei Zuwendung einzelner Gegenstände im Zweifel keine Erbeinsetzung vor.
34 Die funktionelle Zuständigkeit des Richters für die Erteilung von Erbscheinen ergibt sich aus § 16 Abs. 1 Nr. 6 RPflG, wenn eine Verfügung von Todes wegen vorliegt. Sonst ist grds. der Rechtspfleger zuständig (s. auch *Grüneberg/Weidlich*, 83. Aufl. 2024, § 2353, Rz. 17 f.).
35 Dazu gehören die Anordnung der Testamentsvollstreckung und ggf. die Nacherbeneinsetzung.

Beispiel 9:

Bei gleichem Ausgangssachverhalt lautet nunmehr die testamentarische Anordnung des A:

»S bekommt die Grundstücke, T den Rest. Für etwaige Nachlassschulden kommen S und T gemeinsam auf.«

Der Richter erstellt – wegen der Miterbengemeinschaft – wieder einen Erbschein, der S und T als Miterben zu je 1/2 ausweist. Entfällt auf T die Hälfte der Erbschaftsteuer?

Lösung: Für die Auslegung dieser testamentarischen Verfügung kommen grds. zwei Annahmen in Betracht:

1. Entweder ist S Alleinerbe geworden und T erhält nur ein Vermächtnis oder
2. S und T sind Miterben geworden; bei der Erbquote wird das Verhältnis der Verkehrswerte der einzelnen, qua Teilungsanordnung zugewiesenen Gegenstände zugrunde gelegt und die Quoten betragen demnach 1/11 (200 T€ von 2,2 Mio. € Gesamtnachlass) für T und 10/11 für S.

Die Auslegung hängt letztlich davon ab, ob aus dem gesamten Wortlaut des Testaments von A ersichtlich wird, ob er seine beiden Kinder als Rechtsnachfolger-Einheit für seinen gesamten Nachlass betrachtet oder ob die Grundstücke eine so überragende Bedeutung haben, dass die Vermögensidentifikation des A allein den Immobilien galt. Wegen der Anordnung der für die Erbschaft gem. § 1967 Abs. 1 BGB charakteristischen gemeinschaftlichen Haftung für die Nachlassverbindlichkeiten des Erblassers und wegen der gesetzlichen Auslegungsregel von § 2087 Abs. 1 BGB sind S und T materiell-rechtlich als **Miterben** mit der o. g. Quote (T = 1/11 und S = 10/11) einzusetzen.

Ergänzend ist anzuführen, dass bei beiden Auslegungsmöglichkeiten der T Pflichtteilsansprüche nach § 2303 BGB (bzw. § 2305 BGB) zustehen.

Exkurs: Für die Berechnung der Erbschaftsteuer ist zunächst die Frage zu klären, welche Bedeutung der **Erbschein** für das Steuerrecht hat. Für den Fall, dass dem Erbschein als amtliche Bestätigung der konkreten erbrechtlichen Verhältnisse auch im Steuerrecht sog. Tatbestands- und Bindungswirkung zukommt, hat der Erbschein die rechtliche Qualität eines nicht steuerspezifischen Grundlagenbescheids nach § 171 Abs. 10 AO.[36] Bei der Beantwortung dieser Frage kommt der BFH vom 22.11.1995 (BStBl II 1996, 242) zu dem Ergebnis, dass es sich beim Erbschein lediglich um eine **widerlegbare Vermutung** der erbrechtlichen Richtigkeit handelt und ggf. die FinVerw selbst die Höhe der Erbquote ermitteln müsste (so auch das FG München vom 26.03.2003, EFG 2003, 1322; bestätigt vom BFH mit Beschluss vom 24.11.2004, BFH/NV 2005, 557). Bei der Beurteilung sind über den entschiedenen Einzelfall (aufgrund einer Außenprüfung wurden die Wertverhältnisse, die zum Erbschein führten, richtiggestellt) hinaus folgende Aspekte zu berücksichtigen:

- Die Frage nach der Bindungswirkung einer amtlichen Entscheidung für andere Behörden und Gerichte steht im Vordergrund. Hierbei ist allgemein anerkannt, dass diese Bindungswirkung nur dann zum Zuge kommt, wenn sie gesetzlich angeordnet ist. In § 2365 BGB ist eine gesetzesübergreifende Wirkung nicht vorgesehen; allenfalls für den zivilistischen Vertrauenstatbestand nach § 2366 BGB (Öffentlicher Glaube des Erbscheins für gutgläubigen Erwerb Dritter) kann § 2365 BGB diese Wirkung beanspruchen.

---

36 S. zu den nicht steuerlichen Grundlagenbescheiden auch Teil A Kap. VI 10.3.

- Wegen der sonstigen Ausrichtung der FinVerw am Erbschein[37] (genauer: an den durch den Erbschein festgelegten Quoten) kann jedoch von einer gewissen **Selbstbindung** der Verwaltung in dieser Frage gesprochen werden.
- Eine **Ausnahme** (keine Bindungswirkung des Erbscheins) ist, gerade wegen § 41 AO, für die Fälle zu machen,
  - da die Erben einer unwirksamen letztwilligen Verfügung diese dennoch gelten lassen[38],
  - in denen der konkret ausgestellte Erbschein steuerlich einem Anwendungsfall der offenbaren Unrichtigkeit (§ 129 AO) gleichkäme, etwa weil substantielle Auslegungsgrundsätze missachtet wurden[39],
  - wenn im Wege des Vergleichs unter den Miterben Streitfragen zur Quote und zur Testamentsauslegung geklärt werden.[40]

Dieser Auslegung ist allein deshalb der Vorzug zu geben, da bei vielen letztwilligen Verfügungen das Nachlassgericht keinen Erbschein ausstellt bzw. von der Antragstellung abrät und von daher die Frage der (auch anteiligen) Erbberechtigung ohnehin in die originäre Entscheidungsbefugnis der Finanzbehörden gestellt ist.

Lösung:
Der Richter beging eine offenbare Unrichtigkeit, indem er kopfteilig – und nicht nach den Verkehrswerten – die Quote gebildet hat. Demnach ist der StB/das FA nicht an diese Quote gebunden; der Steuerwert wird nach dem richtigen Maßstab (1/11 bei T sowie 10/11 bei S) aufgeteilt.

3.1.2.2 Teilungsanordnung vs. Vorausvermächtnis[41]

Zu einer der schwierigsten Fragen des Erbrechts und des Erbschaftsteuerrechts gehört die Abgrenzung zwischen einer Teilungsanordnung (§ 2048 BGB) und einem Vorausvermächtnis (§ 2150 BGB). Diese Unterscheidung spielt nicht nur für die (auch steuerliche) Quotenbildung beim Erbschein und bei der Erbberechtigung eine Rolle, sondern darüber hinaus für das praxisrelevante Steuerprivileg des nach § 13a ErbStG erworbenen Produktivvermögens und seiner Gefährdung durch eine steuerschädliche Weitergabeverpflichtung (§ 13a Abs. 5 ErbStG).[42]

Beispiel 9a:

A ergänzt die testamentarische Anordnung im Ausgangsfall (Miterbeneinsetzung von S und T zu je 1/2) um den Zusatz:

»S soll aber die »Altdeutschen Staaten« (geschätzter Wert: 40 T€) erhalten.«

---

37 Z. B. bei den Ertragsteuererlassen über die Erbauseinandersetzung (BStBl I 1993, 62).
38 So auch der BFH in mehreren Urteilen, zuletzt sogar für einen Fall der teilweisen Befolgung der unwirksamen testamentarischen Verfügung (BFH vom 07.10.1981, BStBl II 1982, 28).
39 Diese Auslegung knüpft an die Regelung der Versagung der »Gutglaubenswirkung« des Erbscheins nach § 2366 BGB an.
40 Statt aller *Meincke*, ErbStG, § 3 Rz. 26 aufbauend auf der vorliegenden Rspr.
41 Hierzu instruktiv *Slabon*, ErbBstg 2021, 106.
42 Darüber hinaus spielt die Frage im Ertragsteuerrecht bei der Auseinandersetzung einer Erbengemeinschaft eine große Rolle, vgl. einerseits Tz. 72 ff. (Vorausvermächtnis) und Tz. 76 (Teilungsanordnung) des BMF-Schreibens vom 11.01.1993 (BStBl I 1993, 62) andererseits.

Das Vermächtnis (§ 1939 BGB) räumt dem Begünstigten einen Anspruch gegen den (die) Erben ein, wobei das Vorausvermächtnis (§ 2150 BGB) den Anwendungsbereich um den Fall erweitert, dass der Begünstigte selbst ein Erbe ist und sich infolgedessen der Anspruch (auch) gegen ihn (als Partner der Erbengemeinschaft) richtet. Demgegenüber will die Teilungsanordnung – als eine nur schuldrechtlich die Miterben bindende Verfügung des Erblassers – nur die Aufteilung der Einzelgegenstände bezwecken.

Im Zivilrecht sind beide Anwendungsfälle (Teilungsanordnung/Vorausvermächtnis) gemeinsam dadurch gekennzeichnet, dass einem Miterben testamentarisch ein Gegenstand zugewendet wird, der einen objektiv höheren Wert hat, als ihm bei der Auseinandersetzung zukäme. Für den Fall, dass der begünstigte Miterbe mit dem Gegenstand einen zusätzlichen Vorteil – ohne Anrechnung auf die Quote – erhalten soll, nimmt die BGH-Rspr. ein **Vorausvermächtnis** an.[43] Sollte hingegen eine Wertverschiebung dadurch ausgeschlossen sein, dass der Begünstigte den Mehrwert aus »seiner eigenen Tasche« (mit einer sog. **Ausgleichsverpflichtung**) zahlen muss, nimmt man eine **Teilungsanordnung** an.

Hinweis: Ein Vorausvermächtnis liegt auch dann vor, wenn S der T keinen Ausgleich für die »Altdeutschen Staaten« zahlen muss und S **vor der Auseinandersetzung** die Herausgabe der Briefmarken verlangen kann. Der verbleibende Nachlass wird sodann entsprechend der festgelegten Erbquote verteilt. Umgekehrt liegt eben eine Teilungsanordnung vor, wenn der Wert der Briefmarken auf den Erbteil des S angerechnet werden soll.

Die Unterscheidung wurde auch für das Steuerrecht übernommen: Eine vom Erblasser gewollte wertmäßige Begünstigung (»**ein Extra ohne Ausgleich**«) führt demnach zu einem Vorausvermächtnis.

> **Lösung:**
> Es liegt dann ein **Vorausvermächtnis** vor, wenn S von der Teilungsmasse die Briefmarken (40 T€) bekommt, **ohne** die Differenz aus seinem Vermögen an die T zu bezahlen. Eine Ausgleichspflicht indiziert hingegen eine Teilungsanordnung.

Erbschaftsteuerlich ist zunächst der technische Unterschied hervorzuheben. Nachdem das Vermächtnis eine Nachlassverbindlichkeit darstellt, ist es als solche beim Erbanfall des (der) Erben vom Erwerb abzuziehen (§ 10 Abs. 5 Nr. 2 ErbStG). Der Vermächtnisnehmer hat es gleichzeitig als Erwerb von Todes wegen nach § 3 Abs. 1 Nr. 1 ErbStG zu versteuern. Bei einem **Vorausvermächtnis** gelten grds. die gleichen Regeln:

- Die Erbengemeinschaft (hier: S und T) hat bei ihrem Steuertatbestand (§ 3 Abs. 1 Nr. 1 ErbStG) demnach den Wert der Briefmarken beim Steuerwert des Nachlasses abzuziehen (§ 10 Abs. 5 Nr. 2 ErbStG).
- S versteuert die »Altdeutschen Staaten« zusätzlich gem. § 3 Abs. 1 Nr. 1 ErbStG (vgl. R E 3.1 Abs. 4 ErbStR 2019)[44], im Ergebnis noch gekürzt um 10.300 € (§ 13 Abs. 1 Nr. 1 Buchst. b ErbStG) sowie um die Freibeträge nach §§ 16, 17 ErbStG.

---

43 BGH vom 15.10.1997 (NJW 1998, 682). Weiterer Rechtsfolgenunterschied: Während das Vorausvermächtnis ausgeschlagen werden kann, ist dies bei der Teilungsanordnung nicht der Fall.
44 S. hierzu auch das erste Beispiel (Vorausvermächtnis) in H E 3.1 ErbStH 2019 (dort mit zusätzlichen Unterschieden von Verkehrswert und Steuerwert). Beim Wert des Vorausvermächtnisses geht die Verwaltung in dem o. g. Beispiel bei einer paritätischen Erbquote zweier Miterben (je 50 %) von der Hälfte des Gegenstandswertes aus, da nur insoweit ein Plus (ein Extra ohne Ausgleich) vorliegt, da die andere Hälfte ohnehin dem (Voraus-)Vermächtnisnehmer zusteht (in Beispiel 9 folglich 20 T€).

Das Zusammenspiel von stpfl. Tatbestand einerseits und dem Abzug als Nachlassverbindlichkeit andererseits ist das erbschaftsteuerliche Charakteristikum des Vermächtnisses.

Bei einer (steuerirrelevanten, vgl. R E 3.1 Abs. 1 ErbStR 2019) **Teilungsanordnung** versteuern S und T den Nachlass je zur Hälfte. Die noch 1983 von der Verwaltung übernommene Rechtsfigur der »wertverschiebenden Teilungsanordnung« ist überholt. Nur die sog. ausgleichspflichtigen Vorempfänge (Zuwendungen zu Lebzeiten des Erblassers, die nach dem Tode zum internen Ausgleich der Miterben gebracht werden, vgl. § 2050 BGB) ändern die steuerrelevante Erwerbsquote.[45]

3.1.2.3 Vermächtnis (insb. das Kaufrechtsvermächtnis) und Auflage

Der Erblasser kann mittels Vermächtnis[46] nicht nur Geld- und Rentenvermächtnisse zugunsten des Vermächtnisnehmers anordnen. Er kann auch gegenständliche Direktzuwendungen vornehmen, wonach ein bestimmter Nachlassgegenstand aus dem Nachlass an die bedachte Person auszukehren ist (sog. Stück- oder **Sachvermächtnis**). Schließlich kann auch ein Gattungsvermächtnis verfügt werden, wonach ein der Gattung nach bestimmter Gegenstand von den Erben herauszugeben ist.

Eher seltener trifft man auf die Verpflichtung der Erben, für den Vermächtnisnehmer einen nicht zum Nachlass gehörenden Gegenstand zu erwerben, sog. Verschaffungsvermächtnis.

Handelt es sich bei dem Gegenstand um eine Immobilie (oder allgemein: um ein WG, bei dem Verkehrswert und Steuerwert abweichen), stellt sich sogleich die Frage, welcher Wert anzusetzen ist. Bei hinreichend konkretisierten Grundstücksvermächtnissen kommen dem Vermächtnisnehmer, der seinen Erwerb von Todes wegen nach § 9 Abs. 1 Nr. 1 i. V. m. § 3 Abs. 1 Nr. 1 ErbStG sofort mit dem Tode des Erblassers und nicht erst mit der Anforderung, d. h. der Geltendmachung des Anspruchs, versteuern muss, die **Bewertungsvorteile der Bedarfsbewertung** nach § 12 Abs. 3 i. V. m. § 10 Abs. 1 S. 2 ErbStG zugute. Diese Auffassung (Bewertung eines Sachvermächtnisses mit dem Steuerwert) hat der BFH im Urteil vom 09.04.2008 (DStR 2008, 881) bestätigt, allerdings unter dem Vorbehalt der Geltung des alten ErbStG (1974). Dies gilt nach absolut h. M. auch für das Grundstücks-Verschaffungsvermächtnis, obwohl die Verschaffungs-Schuld der Erben mit dem höheren gemeinen Wert angesetzt wird.[47]

Als besonders problematisch haben sich sog. »**Kaufrechtsvermächtnisse**« erwiesen, womit dem Vermächtnisnehmer ein Kaufvertragsanspruch (ein Gestaltungsrecht) zu einem festgelegten Kaufpreis für einen Gegenstand aus dem **Nachlass** zugewiesen wird. Bis zum Urteil des BFH vom 06.06.2001 (BStBl II 2001, 605) war es fraglich, ob der Steuerwert oder der Verkehrswert anzusetzen ist (1. Frage). Hiermit zusammen hängt die zweite Frage, in welcher Höhe ein Erbe (bzw. die Erbengemeinschaft) die Nachlassschuld nach § 10 Abs. 5 Nr. 2 ErbStG abziehen kann.

---

45 Vgl. H E 3.1 ErbStR 2019 mit dem zweiten Beispiel (angelehnt an RFH, RStBl 1931, 559) und dem wichtigen Hinweis auf den Zehnjahreszeitraum der Zusammenrechnung der Vorempfänge mit dem Erbfall nach § 14 ErbStG (dies gilt für die Fälle, da vor dem Erbfall mit Teilungsanordnung eine ausgleichspflichtige Zuwendung zu Lebzeiten erfolgte).

46 Bezeichnenderweise war mit R 5a ErbStR 2003 zwar eine neue Verwaltungsauffassung zum »Erwerb durch Vermächtnis« angekündigt, diese aber im Textteil »unbesetzt« belassen worden. Diese Ignoranz hat sich mit R E 3.2 ErbStR 2019 (»unbesetzt«) fortgesetzt.

47 Aus der Lit. statt aller *Gebel*, ZEV 1999, 85 ff. und *ders.* in *Troll/Gebel/Jülicher*, ErbStG-Kommentar § 3 Tz. 174; so auch der BFH mit Urteil vom 18.10.2000 (BStBl II 2001, 14).

Beispiel 10:

M will testamentarisch neben den Kindern S und T auch die Lebensgefährtin L berücksichtigen. Zum Nachlass gehören drei Mietshäuser (alle mit einem Verkehrswert von 1 Mio. € und je einem Steuerwert von 0,8 Mio. €). M setzt S und T zu je 1/2 als Erben ein und verfügt gleichzeitig, dass L eines dieser Mietshäuser zu einem festgelegten Preis von 0,6 Mio. € erwerben kann. Zwei Jahre nach dem Tode des M (01) teilt L das ihr zustehende Kaufangebot den Waisen S und T in 03 mit.

Rein wirtschaftlich betrachtet ist es offensichtlich, dass beim Abschluss des Kaufvertrages die Erben verpflichtet sind, einen Nachlassgegenstand mit einem Verkehrswert von 1 Mio. € zu einem Kaufpreis von 0,6 Mio. € zu verkaufen. Der objektive Vermögensnachteil aus diesem Geschäft beträgt für S und T insgesamt 0,4 Mio. €, und umgekehrt ist dies der Vermögensvorteil der L.

Wie werden Anspruch (der L) und Verpflichtung (der Erben) angesetzt?

1. Frage: Ansatz des Anspruchs bei L

Lösung:
- Als Nachlassgegenstand wird bei einem Sachleistungsanspruch das **Gestaltungsrecht**[48] (das Übernahmerecht) – und nicht der Gegenstand selbst (Steuerwert!) – definiert.
- Damit korrespondierend stellt der gemeine Wert des Übereignungsanspruchs die Bereicherung des Vermächtnisnehmers dar. Dieser richtet sich nach dem **Verkehrswert des Gegenstandes (1 Mio. €)** abzüglich der Kaufpreisverpflichtung (0,6 Mio. €) und beträgt demnach **0,4 Mio. €**.
- **Neuland** betrat der BFH, als er die Steuer hierfür – analog zu § 9 Abs. 1 Nr. 1 Buchst. b ErbStG (und gegen den Wortlaut von § 9 Abs. 1 Nr. 1 ErbStG!) – erst mit dem **Geltendmachen des Anspruches** entstehen lässt.

2. Frage: Bewertung der Verpflichtung

Der BFH berücksichtigt **Sachleistungsverpflichtungen** mit dem **gemeinen Wert** (s. Urteil vom 15.10.1997, BStBl II 1997, 820).

Lösung: Die Sachleistungsverpflichtung ist mit 0,4 Mio. € von der MEG anzusetzen.

Hinweis: Um Missverständnissen vorzubeugen, wird darauf hingewiesen, dass bei einem **Sachvermächtnis**, d. h. bei einer **unmittelbaren** Verpflichtung zur Übereignung der Immobilie aus dem Nachlass, diese Verpflichtung mit dem Steuerwert anzusetzen ist.

Ebenfalls einem zeitlichen Verzug in der Besteuerung dient das Gestaltungsinstrument der **Auflage**.

Beispiel 11: Auflage als Alternative zum Vermächtnis

Statt L im Beispiel 10 ein Kaufrechtsvermächtnis einzuräumen, trifft M folgende Verfügung:

»S und T erhalten mein ganzes Vermögen. Es wird ihnen zugleich auferlegt, die Wünsche meiner Lebensgefährtin L zu ihrem Lebensunterhalt nach besten Kräften zu erfüllen.«

Von einem Vermächtnis unterscheidet sich eine **Auflage** dadurch, dass dem Begünstigten **kein** Anspruch auf Erfüllung zusteht (§ 1940 BGB).

---

48 Von dieser Beurteilung (Gegenstand ist ein Gestaltungsrecht) weicht der BFH im Urteil vom 13.08.2008, DStR 2008, 1830 ab; Erwerbsgegenstand ist nach dieser Entscheidung – in Übereinstimmung mit der BGH-Rspr. – eine **aufschiebend bedingte** Forderung des Vermächtnisnehmers (s. auch *Fischer*, ZEV 2008, 553). Dies ändert aber nichts an der Bewertung: Die Forderung wird mit dem gemeinen Wert (und nicht mit dem Steuerwert) bewertet.

Lösung:

Wegen der vagen Formulierung wird L aus der vorliegenden letztwilligen Anordnung keine einklagbaren Ansprüche ableiten können.[49] Andererseits hat M mehr als einen erbschaftsteuerlich unbeachtlichen Wunsch geäußert. Es liegt eine Auflage vor.

Wegen des **zeitlichen Auseinanderfallens** der Aktiv-Besteuerung der Auflage durch den Begünstigten einerseits (nach § 3 Abs. 2 Nr. 2 i. V. m. § 9 Abs. 1 Nr. 1 Buchst. d ErbStG hat L die Vorteile aus der Auflage erst mit dem Vollzug zu versteuern) und dem sofortigen Abzug als Nachlassverbindlichkeit gem. § 10 Abs. 5 Nr. 2 ErbStG (wegen der »Nettobereicherung« im Todeszeitpunkt) andererseits ist die Auflage auch als Gestaltungsinstrument entdeckt worden. Größere Vermögenszuwendungen werden durch entsprechende »klaglose« und damit anspruchslose Positionierung als Auflage zu einer sofortigen Abzugsgröße und zu einer späten Steuergröße. Wegen des weiterhin geltenden Stichtagsprinzips von § 11 ErbStG (Wertermittlung im Zeitpunkt der Entstehung der Steuer) können sich die Vorteile bei tendenziell sinkenden Vermögenswerten verdoppeln lassen.

3.2 Besonderheiten beim Ehegattentestament

Nach den Erfahrungen der Nachlassgerichte und Erbschaftsteuerstellen der FÄ sind etwa 80 % aller Testamente sog. Berliner Testamente, mit denen sich Ehegatten gegenseitig zu Erben einsetzen und nach dem Tode beider Ehegatten die Kinder Erben sein sollen. Bei vielen Ehegatten bleibt es beim Versuch, manche bereuen später ein formgültiges erstes Ehegattentestament.

3.2.1 Zivilrechtliche Fragen zum Berliner Testament

Das Erbrecht kommt den Ehegatten bei der Abfassung des Berliner Testaments sowohl mit einer Formerleichterung als auch mit einer gesetzlichen Vorwegnahme (»Vorformulierung«) des gemeinsamen Erblasserwunsches entgegen.

> **Beispiel 12: Philomen und Bauzis und das Erbrecht**
>
> Aus der Ehe von Philomen P und Bauzis B sind zwei Söhne hervorgegangen. Im Jahre 00 versuchen sie sich an einem gemeinschaftlichen Testament, mit dem sie **sich gegenseitig zu Erben des vorversterbenden Ehegatten** und die **Söhne zu Erben des Längstlebenden** einsetzen wollen. Und dies geschieht folgendermaßen:
>
> P setzt auf einem eigenhändig geschriebenen und auch unterschriebenen Papier B zur Alleinerbin und die Söhne zu Schlusserben ein. Ähnlich verfährt B: Alleinerbeneinsetzung des P und Schlusserbeneinsetzung der Kinder. Danach tauschen B und P die Durchschriften der jeweiligen Testamente aus und jeder bewahrt sein Original und die ihn begünstigende Ehegatten-Blaupause auf. Die Söhne möchten wissen, ob sie nach dem Ableben von P in 02 enterbt sind oder zusammen mit ihrer Mutter als gesetzliche Erben eine Erbengemeinschaft bilden.

---

[49] Für den Hauptfall der Auflagen (Erblasser hat sich eine »angemessene Grabpflege« ausbedungen) gibt es zumindest die Pauschale von 10.300 € gem. § 10 Abs. 5 Nr. 3 ErbStG.

Die beabsichtigten Rechtsfolgen des Berliner Testaments nach § 2269 BGB treten ein, wenn die Ehegatten B/P formwirksam in 00 ein gemeinschaftliches Testament mit dem dortigen Regelungsgehalt errichtet haben. Sodann wären die Söhne im ersten Erbgang in 02 enterbt und auf das Warten (zweiter Erbgang) bzw. auf Pflichtteilsansprüche (gegen die Mutter) angewiesen. Falls sich die Eheleute keinem Notar anvertrauen (kein öffentliches Testament), erleichtert § 2267 BGB die sonstige Formstrenge und lässt beim eigenhändigen Berliner Testament die Handschrift eines Ehegatten genügen, wenn dieses Papier von beiden Ehegatten unterzeichnet ist.

> **Lösung:**
> Im konkreten Fall handelt es sich nicht um ein vom BGB vorgesehenes Berliner Testament; es liegen vielmehr **zwei einseitige**, jeweils eigenhändig errichtete Testamente nach § 2247 BGB vor. Dies steht nach ständiger Rspr. aber nicht der beabsichtigten Erbfolge entgegen, sodass das Testament von P zur Alleinerbeneinsetzung von B und zur Enterbung der Söhne führt.

Die wahren Probleme beim Berliner Testament treten jedoch in der Praxis häufig erst nach der Errichtung auf.

> **Beispiel 12a: Der bald wankelmütige Philomen**
> Bei ansonsten identischem Sachverhalt (Beispiel 12) trennt sich P in 01 nach 50-jähriger Ehe von B und er widerruft gleichzeitig die in 00 getroffene Regelung, in dem er seinen neuen Freund Woody W zum Alleinerben einsetzt.

Ein wirksamer **Widerruf zu Lebzeiten** setzt nach § 2271 Abs. 1 S. 1 BGB i. V. m. § 2296 BGB eine notarielle Erklärung gegenüber dem anderen Ehegatten voraus[50]; ein einseitiger Widerruf vermag dies nicht zu ersetzen. Fraglich ist, ob diese Schutzvorschrift auch dann greift, wenn – wie hier – zwei einseitige letztwillige Verfügungen vorliegen. Nach derzeit h. M. werden auch getrennte Erklärungen von Ehegatten zu einem gemeinschaftlichen Ehegattentestament zusammengefasst, wenn der gemeinschaftliche Wille aus der Urkunde ersichtlich ist.[51]

> **Lösung:**
> Wegen der identischen Schlusserbeneinsetzung in beiden Testamenten ist – trotz § 2267 BGB – auch in diesem Fall von § 2271 BGB auszugehen. Die spätere Erbeinsetzung von W war unwirksam. Es bleibt bei der Alleinerbeneinsetzung von B und der Enterbung der Söhne.

Mit dem Tode eines der Ehegatten ist natürlich auch seine Fähigkeit entfallen, eine widerrufende Willenserklärung des anderen Teils empfangen zu können.

---

50 Die weitere Voraussetzung, dass es sich dabei um wechselbezügliche Verfügungen i. S. d. § 2270 BGB handelt, ist bei einer gegenseitigen Erbeinsetzung immer gegeben. Zur Wirksamkeit des Widerrufs vgl. OLG Karlsruhe vom 07.03.2012 (ErbR 2014, 35) und OLG Nürnberg vom 06.06.2013 (ZEV 2013, 450).
51 BGH vom 12.03.1953 (BGHZ 9, 113) sowie *Grüneberg/Weidlich*, 83. Aufl. 2024, Einf. von § 2265, Rz. 9.

Beispiel 12b: Die später wankelmütige Bauzis

Nach den erbrechtlichen Informationen zu Beispiel 12 machen die Söhne in 03 ihr Pflichtteil geltend. B ist darüber so erbost, dass sie nachträglich das Testament ändert und ihr (jetzt reduziertes) Vermögen der Kirche vermacht.

Lösung: Ein Widerruf eines gemeinschaftlichen Testaments nach dem Ableben des Ehegatten ist nach § 2271 Abs. 2 BGB unwirksam (**Ausnahme: gegenseitige Ermächtigung**, die zu Lebzeiten ausgesprochen wurde). Die Söhne werden, nachdem ihnen nach dem ersten Erbfall nach P nur die Pflichtteile zugesprochen wurden, beim Ableben von B deren Erben.

In der Kautelarpraxis wird diese missliche Folge mit einer sog. »**Sanktionsklausel**« vermieden, wonach die Kinder, die den Pflichtteil nach dem vorverstorbenen Elternteil geltend machen, auch auf den Pflichtteil beim zweiten Erbfall gesetzt werden. Darüber hinaus kann später ein geändertes **Verhalten der Kinder nicht mehr berücksichtigt** werden. Die einzige Ausnahme von diesem Grundsatz ist ein vereinbarter Änderungsvorbehalt, der die Bindungswirkung für den Überlebenden einschränkt oder ausschließt.[52]

Die bisherigen Ausführungen zu Beispiel 12 und zu dessen Varianten haben – wie in der Praxis üblich – eine Grundaussage bei § 2269 BGB unterstellt, die in concreto erst bewiesen werden müsste. Das Berliner Testament mit den aufgezeigten Bindungswirkungen für die Ehegatten untereinander und der begrifflichen Enterbung der Kinder im ersten Erbfall geht vom sog. **Einheitsprinzip** aus, wonach die testierenden Ehegatten ihr (zivilrechtlich getrenntes) Vermögen erbrechtlich als Einheit begreifen. Dies unterstellt, dass die Einheitstheorie (besser: Ehegatten mit dem Willen zum Berliner Testament) davon ausgeht, dass die **Kinder** nur dann Erben werden, falls sie den letztversterbenden Ehegatten **überleben**.

Anderenfalls[53] gilt die Trennungstheorie[54], wonach die Ehegatten ihr jeweiliges Vermögen auch erbrechtlich isoliert behandeln mit der Folge, dass bzgl. des Nachlasses des vorversterbenden Ehegatten Vorerbschaft des überlebenden Ehegatten (und Nacherbschaft der Kinder) eintritt und der überlebende Ehegatte hinsichtlich seines Vermögens wieder frei testieren (d.h. auch widerrufen) kann.[55] Führen die juristischen Auslegungskünste zu keinem eindeutigen Ergebnis – und dies gilt im Zweifel erst recht für die steuerliche Wertung – spricht die gesetzliche Vermutung (vgl. § 2269 Abs. 1 BGB: »... im Zweifel«) für das Berliner Testament.

3.2.2 Die erbschaftsteuerliche Antwort zum Berliner Testament

Bezogen auf den Nachlass des vorversterbenden Elternteils überwiegt erbschaftsteuerlich beim Berliner Testament vor allem ein anderer Nachteil: Nachdem zuerst der überlebende Ehegatte und sodann die Kinder erben, fällt u.U. für den gleichen Nachlass **zweimal** Erbschaftsteuer[56] an.

---

52 Vgl. hierzu *Grüneberg/Weidlich*, 83. Aufl. 2024, § 2271 Rz. 19 ff.
53 Dies gilt auch für die »Wiederverheiratungsklausel«, wenn die privilegierte Stellung des überlebenden Ehegatten von einer Nicht-Nachehe abhängig gemacht wird.
54 Zur Unterscheidung von Einheitstheorie und Trennungstheorie s. OLG Brandenburg, ErbBstg 2021, 53).
55 Zu den schwierigen Auslegungen im Einzelnen vgl. *Grüneberg/Weidlich*, 83. Aufl. 2024, § 2269 Rz. 6 ff. (Beispiel für Berliner Testament: Die gemeinsamen Kinder sind die Schlusserben; Beispiel für Vor-/Nacherbschaft: Die Verwandten (Kinder) des Mannes sind seine »Schlusserben«, die Verwandten (Kinder) der Frau sind ihre »Schlusserben«.
56 Auch die Ermäßigung nach § 27 ErbStG kann bei großen Altersunterschieden der Ehegatten nicht greifen.

Um diesen Nachteil zu mindern und um dennoch die Übergabe des ganzen Vermögens i. S. d. Einheitstheorie zu garantieren, wird statt der o. g. »harten« Sanktionsklausel die ausgleichende »**Jastrowsche**« Formel eingesetzt.[57]

> **Beispiel 13: Die Jastrowsche Klausel im Berliner Testament von P & B – zwei Söhne**
> »Für den Fall, dass ein Sohn beim Tode des Erstversterbenden sein Pflichtteil einfordert, soll der andere Sohn, der seinen Pflichtteil nicht verlangt, aus dem Nachlass des Erstversterbenden ein Vermächtnis i. H. d. Geldbetrages erhalten, welcher dem Wert seines gesetzlichen Erbteils entspricht. Das Vermächtnis soll sofort bei dem Tode des Erstversterbenden anfallen, aber erst beim Tode des längstlebenden Elternteils ausbezahlt werden[58]«.

Mit der Jastrowschen Formel (s. zuletzt BFH vom 11.10.2023, ErbBstg 2024, 120 sowie *Brüggemann* a. a. O.) liegt ein Vermächtnis vor, bei dem der Anspruch des »zurückhaltenden« Sohnes mit dem ersten Erbfall bereits entstanden ist, seine Fälligkeit jedoch aufgeschoben ist (betagtes Vermächtnis). Von entscheidender Bedeutung sind – neben dem Verlust des Freibetrages – zwei Fragen:
1. **Ist der Anspruch des »zurückhaltenden« Sohnes im Zeitpunkt des Todes des erstversterbenden oder des letztversterbenden Elternteils zu erfassen (zu versteuern)?**
   Die heute h. M. interpretiert die **Betagung als Nichtfälligkeit** i. S. d. Zivilrechts (vgl. § 813 Abs. 2 BGB).[59] Danach ist beim Ableben des erstversterbenden Elternteils für den »braven« Sohn die Steuer nach § 9 Abs. 1 Nr. 1 Buchst. a ErbStG noch nicht entstanden, für den pflichtteilfordernden Sohn hingegen schon (§ 9 Abs. 1 Nr. 1 Buchst. b ErbStG).
2. **Wann und bei welchem Erbfall ist die betagte Vermächtnisschuld abzuziehen?**
   Die betagte Vermächtnisschuld wäre beim ersten Erbfall beim überlebenden Ehegatten dann eine abziehbare Schuld nach § 10 Abs. 5 Nr. 2 ErbStG, wenn sie auch erbschaftsteuerlich als Vermächtnis – und damit als Erwerb von Todes wegen – vom **erstversterbenden** Elternteil zu werten wäre. Für einen solchen Abzug als vorherige Vermächtnisschuld ist jedoch kein Platz (s. auch R E 6 S. 4 ErbStR 2019). Folgerichtig kann die Schuld erst beim Tode des **längstlebenden** Elternteils als Erblasserschuld nach § 10 Abs. 5 Nr. 1 ErbStG abgezogen werden. Ebenso erfolgt die Besteuerung des Bedachten nach den persönlichen Merkmalen zum Beschwerten.

3.2.3 Folgeprobleme beim Berliner Testament
Zwei erbschaftsteuerliche Themenkreise beim Berliner Testament werden häufig diskutiert:
1. **Die maßgebliche Steuerklasse**
   § 15 Abs. 3 ErbStG ordnet für die Schlusserben (die »Dritten« i. S. d. § 2269 BGB) des Berliner Testaments – abweichend vom Erbrecht – an, dass sich die **StKl.** für die Schlusserben nach dem Verwandtschaftsgrad zum erstverstorbenen Ehegatten richtet, soweit sein Vermögen beim Erbgang des letztverstorbenen Ehegatten noch vorhanden war. Dies gilt nach dem Gesetzeswortlaut nur, soweit der Überlebende an die letztwillige Ver-

---
57 Zum ersten Mal erwähnt in DNotZ 1904, 424.
58 So die – im Anschluss an das Urteil des FG Hessen vom 13.09.1989 (EFG 1990, 67) – gängige Formulierung; s. hierzu auch *Ebeling*, DStjG 1999, 243 und 246 sowie *ders.* in *Kapp/Ebeling*, § 9 Rz. 27.1 mit weiteren Vorschlägen.
59 *Kapp/Ebeling*, § 9 Rz. 27.1, *Meincke*, § 9 Rz. 22, *Moench*, § 9 Rz. 10a.

fügung gebunden ist. Nach bisheriger BFH-Rspr. wurde jede zwischenzeitliche Änderung bzgl. des gemeinsamen Nachlassvermögens durch den überlebenden Ehegatten als steuerschädlich behandelt, auch wenn der Ehegatte hierzu berechtigt war.[60] In einer viel beachteten Entscheidung hat sich der BFH zwischenzeitlich von dieser rigiden Rspr. distanziert, wenn durch die testamentarisch zulässige Änderung die Erbquote nicht verändert wird.[61] Unter diesen Voraussetzungen wird man auch in Zukunft die StKl. der Schlusserben bei vorhandenem Nachlassvermögen des **vorverstorbenen** Ehegatten umfassend nach deren **Verwandtschaftsgrad** zu diesem Vermögensträger bestimmen.

2. **Das Thema der beeinträchtigenden Schenkungen (§ 2287 BGB) bei einem Berliner Testament**

Umgekehrt ist die Interessenslage, wenn der überlebende Ehegatte eines Berliner Testaments die rechtliche Bindungswirkung (wegen des Widerrufsausschlusses) durch sog. **beeinträchtigende Schenkungen** zugunsten Dritter aushöhlt. § 2287 BGB und – ihm folgend – § 3 Abs. 2 Nr. 7 ErbStG sehen aber ausdrücklich nur für den Fall des Erbvertragserben einen entsprechenden Herausgabeanspruch gegen den Beschenkten vor. Wegen der gleichen Problemlage zum Berliner Testament (Widerrufsausschluss des überlebenden Ehegatten) erweitern die BGH-Rspr. und auch die BFH-Rspr.[62] den Anwendungsbereich beider Vorschriften um den **Herausgabeanspruch des beeinträchtigten Schlusserben.**

3.3 Vor- und Nacherbschaft

Den ausführlichen Regelungen im BGB zum Trotz erfreut sich die Vor- und Nacherbschaft in der Praxis keiner allzu großen Beliebtheit. Dies hat neben der **doppelten Erbschaftsteuer** für ein Nachlassvermögen seinen Grund auch in der komplizierten Regelung des BGB zur Vor-/Nacherbschaft (§§ 2100 ff. BGB).

3.3.1 Erbrechtliche Bedeutung

Der Erblasser kann einen Erben (Nacherbe) in der Weise einsetzen, dass dieser Erbe wird, nachdem zunächst ein anderer Erbe (Vorerbe) geworden ist (§ 2100 BGB). Beide – Vorerbe wie Nacherbe – sind Erben des Erblassers, allerdings in einer zeitlichen Reihenfolge. Zunächst erbt der Vorerbe. Als Vollerbe ist er zunächst Träger aller Rechte und Pflichten, die zum Nachlass gehören. Seine Stellung ist allerdings zeitlich begrenzt auf den Eintritt einer Bedingung oder eines Ereignisses – meist seines Todes. Mit Eintritt der Bedingung/des Ereignisses erbt der Nacherbe den Nachlass und zwar unmittelbar vom Erblasser. Bis zu diesem Zeitpunkt hat der **Nacherbe** lediglich ein **Anwartschaftsrecht** auf den Nachlass. Mit Eintritt des Nacherbfalls wird der Nacherbe endgültiger Erbe des Erblassers.

Da der Nacherbe unmittelbar vom Erblasser erbt, aber nicht der Erbe des Vorerben ist, sind zwei Vermögensmassen zu unterscheiden:

---

60 BFH vom 26.09.1990 (BStBl II 1990, 1067).
61 Im konkreten Fall des BFH vom 16.06.1999 (BStBl II 1999, 789) hatte die überlebende Ehefrau zulässig der Schlusserbin (Nichte) ein Vorausvermächtnis (Eigentumswohnung) eingeräumt, ohne die Quote zu ändern. Der BFH gewährte der Schlusserbin die günstigere StKl. III statt der (alten) StKl. IV.
62 BFH vom 08.08.2000 (BStBl II 2000, 587) in Anlehnung an BGHZ 59, 343. S. auch BFH vom 20.11.2013, ZEV 2014, 98.

- zum einen das vom Erblasser herrührende Vermögen, das in der Hand des Vorerben ein von seinem übrigen Vermögen rechtlich getrenntes Sondervermögen darstellt,
- zum anderen das sonstige Vermögen des Vorerben.

Mit diesem Unterschied ist auch der Begriff »Trennungstheorie« verbunden, wonach bei der Anordnung einer Vor-/Nacherbschaft (im Unterschied zum Berliner Testament) die Vermögen des Erblassers und des ersten Erben (hier: Vorerbe) eben nicht zusammengelegt werden.

Der Hauptzweck der Vor-/Nacherbschaft liegt im Erhalt des Familienvermögens. Daneben wird von dieser Möglichkeit vor allem dann Gebrauch gemacht, wenn der Nachlass gegen eventuelle Ansprüche, die gegen den ersten Erben (hier: den Vorerben) bestehen, abgeschottet werden soll.

Die Stellung des Vorerben ist von zwei gegenläufigen Aspekten geprägt. So ist zum einen zu berücksichtigen, dass der Vorerbe vollwertiger Erbe ist, zum anderen aber, dass im Interesse des Nacherben die Substanz des Nachlasses erhalten bleiben soll. Je nachdem, welchen Aspekt der Erblasser stärker betonen will, wird er den Vorerben als befreiten oder nicht befreiten Vorerben einsetzen. Um die Rechte des Nacherben dinglich zu sichern, wird ein Nacherbenvermerk im Grundbuch eingetragen.[63]

Der nicht befreite Vorerbe darf nur die Ergebnisse seiner Arbeit sammeln (»Früchte ziehen«), aber nicht über die Substanz verfügen. So kann ein nicht befreiter Vorerbe weder Grundstücke verkaufen noch diese mit einer Hypothek beleihen. Damit ist natürlich für Kontinuität gesorgt, aber eben häufig auch für Immobilität, wenn dringend Geld benötigt wird. Als besonders hartnäckiges Hindernis wird sich die nicht befreite Vorerbschaft bei Unternehmensvermögen auswirken, wenn Geld für betriebswirtschaftliche Maßnahmen benötigt wird, aber der vorhandene Grundbesitz nicht »eingesetzt« werden darf.

Im Gegensatz dazu kann der befreite Vorerbe über die Nachlassgegenstände verfügen. Er ist aber auch verpflichtet, den Erlös für verkaufte Grundstücke etc. wieder in das Nachlassvermögen zu investieren und er bleibt – genau wie der nicht befreite Vorerbe – verpflichtet, bei Eintritt des vorher bestimmten Ereignisses den Nachlass an den Nacherben weiterzugeben.

Zusätzliche Bedeutung hat das Rechtsinstitut der Vor- und Nacherbschaft durch die Möglichkeit des Vorbeisteuerns des Nachlassvermögens an den Erben des Vorerben und dessen Pflichtteilsberechtigten. So kann beispielsweise beim **Geschiedenentestament** ein geschiedener Ehegatte ein eheliches Kind als Vorerben einsetzen und für den Fall des Todes des Kindes die Nacherbfolge anordnen. Damit wird vermieden, dass beim Ableben des Vorerben der Ex-Ehegatte das vom Erblasser stammende Vermögen erbt. Ein weiterer Anlass, Vor- und Nacherbschaft anzuordnen, besteht im Schutz des Nachlasses vor Gläubigern des Vorerben. Wird nämlich die Vor- und Nacherbfolge mit einer Testamentsvollstreckung (§§ 2115, 2214 BGB) kombiniert, so besteht die Möglichkeit, dem Vorerben den Nachlass zukommen zu lassen, ohne dass Gläubiger des Vorerben auf diesen zugreifen können. Die gleiche Intention ist beim **Behindertentestament** gegeben. Auch dort besteht ein Bedürfnis, das Nachlassvermögen vor dem Zugriff durch den Sozialhilfeträger zu schützen. So besteht die Möglichkeit, ein behindertes Kind zum Vorerben mit einer über der Pflichtteilsquote liegenden Erbquote

---

63 Schwierigkeiten treten bei Löschung des Nacherbenvermerks auf. Vgl. BGH vom 19.12.2013, ZEV 2014, 252.

einzusetzen. Beim Tod des Kindes tritt die Nacherbfolge ein. Zu Nacherben werden weitere Familienmitglieder, speziell die »gesunden« Kinder eingesetzt.[64]

Ein weiterer Grund für die Anordnung der Vor- und Nacherbfolge besteht in der **Reduktion von Ansprüchen** Pflichtteilsberechtigter des Vorerben. Würde der Vorerbe nicht lediglich als Vorerbe, sondern als »klassischer« Erbe eingesetzt, so träte bei ihm eine Vermögenskumulation auf, die zur Folge hätte, dass seine Pflichtteilsberechtigten auch hierauf im Rahmen ihres Pflichtteils zugreifen könnten. Ist dagegen lediglich eine Vorerbschaft angeordnet, so bleibt das Nachlassvermögen vom eigenen Vermögen des Vorerben rechtlich getrennt und wird nicht bei der Berechnung der Pflichtteilsansprüche gegenüber den Erben des Vorerben miteinbezogen.

Zivilrechtlich lassen sich die Vor- und Nacherbfolge an einem Beispiel wie folgt skizzieren.

Beispiel 13a:

Erblasser (EL) mit einem Vermögen von 12 Mio. € (Steuerwert: 8 Mio. €) ist mit Ehefrau (EF) kinderlos verheiratet. EL setzt EF als nicht-befreite Vorerbin und seinen noch rüstigen Vater (V) als Nacherben ein. EL stirbt 2020, EF zwei Jahre später.

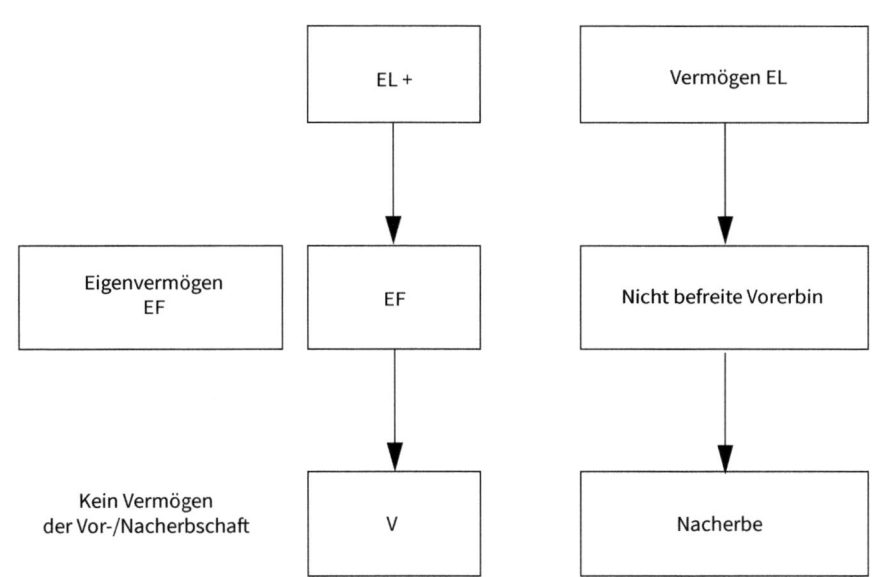

Lösung: Mit dem Tode des EL in 2020 wird seine Ehefrau Vorerbin. Dieses Sondervermögen geht mit dem Tode der EF auf den Vater V über. Davon losgelöst ist der Erbgang nach EF zu beurteilen. Ihr Eigenvermögen ist von der Vor-/Nacherbschaft nicht betroffen.

---

64 Gleichzeitig wird während der Dauer der Vorerbschaft eine Testamentsvollstreckung angeordnet mit der Maßgabe, dass der Stamm des verwalteten Vermögens und seine Erträge dem Behinderten nur insoweit zur Verfügung gestellt werden sollen, als es sich um Schonvermögen i. S. d. § 88 BSHG handelt (*Ruby*, ZEV 2006, 66 ff., mit zahlreichen Formulierungsvorschlägen).

Grafisch lässt sich die zivilrechtliche Vor- und Nacherbfolge wie folgt darstellen:

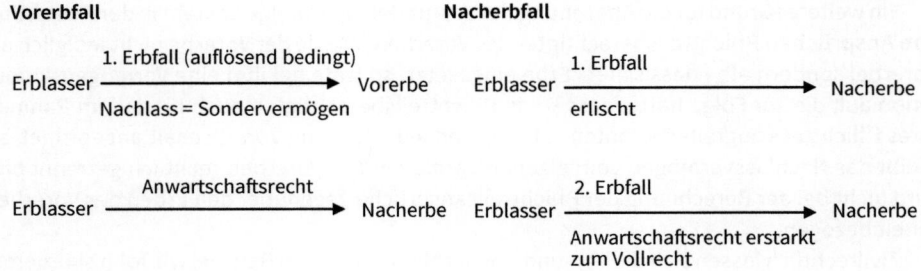

3.3.2 Das Erbschaftsteuerrecht bei der Vor-/Nacherbschaft
Folgender Überblick skizziert die erbschaftsteuerliche Behandlung der Vor-/Nacherbschaft:

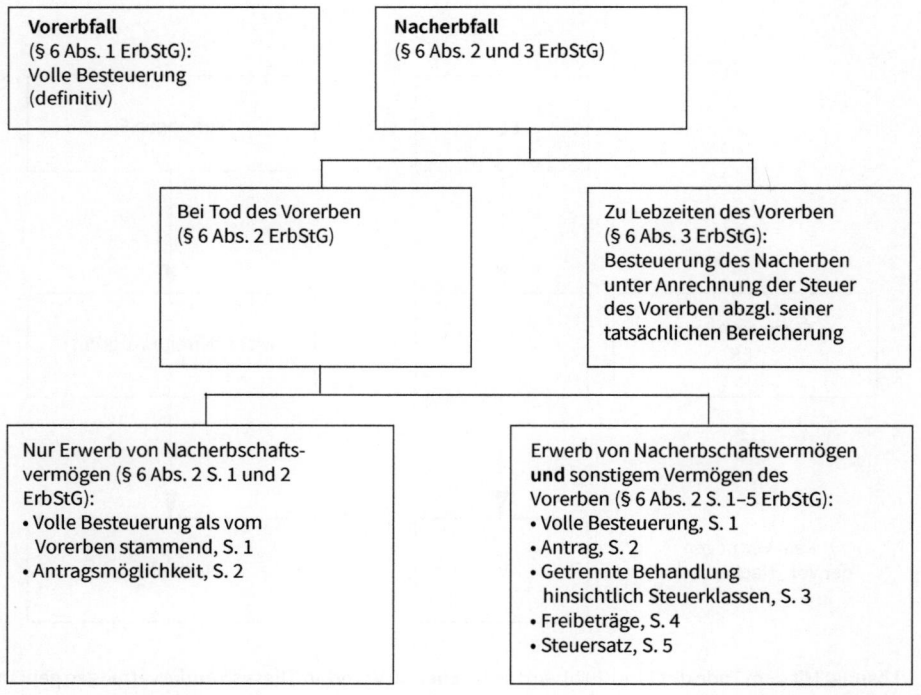

Beispiel 14: Die matriarchalische Vor- und Nacherbschaft

Erblasser EL mit einem Vermögen von 10 Mio. € (Steuerwert 7 Mio. €; kein Produktivvermögen nach § 13a ErbStG) ist mit Ehefrau EF (eigenes Vermögen – ebenfalls kein Produktivvermögen nach § 13a ErbStG – Verkehrswert: 1,0 Mio. €; Steuerwert 0,7 Mio. €) kinderlos verheiratet. EL setzt EF als (nicht-)befreite Vorerbin und seine noch rüstige Mutter M als Nacherbin ein. EL stirbt in 2018. EF, die – mangels Alternative – ebenfalls ihre Schwiegermutter M als ihre Erbin eingesetzt hat, stirbt im Jahre 2023, kurz nachdem sie den Erbschaftsteuerbescheid erhalten und die Steuer bezahlt hat. Der Vermögenszuwachs sowie der Schuldendienst – mit Ausnahme der ErbSt – halten sich die Waage. Ebenso bleibt das Eigenvermögen von EF konstant. (Schwieger-)Mutter M überlebt alle und alles, auch den Erbschaftsteuerbescheid.

Der erste Erbfall im Jahre 2018, als EF **Vorerbin** wurde, führt nach § 6 Abs. 1 ErbStG – anders als im Erbrecht – zu einem steuerbaren Erwerb von Todes wegen (§ 1 Abs. 1 i. V. m. § 3 Abs. 1 Nr. 1 ErbStG). EF gilt **steuerlich** als **Vollerbin**, und zwar unabhängig davon, ob sie in der Ausübung ihrer Rechte erbrechtlichen Verfügungsbeschränkungen unterliegt oder nicht.[65] Etwaige Verfügungsbeschränkungen greifen nur zivilrechtlich und ändern nichts daran, dass der Vorerbe die Erbschaftsteuer aus Nachlassmitteln zu erbringen hat (§ 20 Abs. 4 ErbStG), wobei diese Erbschaftsteuer beim Erbanfall nicht abzugsfähig ist (§ 10 Abs. 8 ErbStG).

Auf die **Vorerbschaft** der EF bezogen, ergibt sich in 2018 folgendes Rechenexempel:

Bereicherung der EF gem. § 6 Abs. 1, § 10 Abs. 1 S. 1, § 12 ErbStG		7.000.000 €
./. Pauschale für Bestattung etc. gem. § 10 Abs. 5 Nr. 3 ErbStG	./.	10.300 €
./. Freibetrag gem. § 16 Abs. 1 Nr. 1 ErbStG a. F.	./.	500.000 €
./. besonderer Versorgungsfreibetrag gem. § 17 Abs. 1 S. 1 ErbStG a. F.	./.	256.000 €
steuerpflichtiger Erwerb		**6.235.700 €**

Der Erwerb löst für EF nach § 19 Abs. 1 ErbStG einen Steuersatz von 23 % aus und führt folglich zu einer Steuer von 1.435.751 € (hier gerechnet ohne Härteausgleich).

Nach § 6 Abs. 2 S. 1 ErbStG löst der **Nacherbfall** in 2023 wiederum einen Steuertatbestand aus, und zwar zunächst als Erbanfall von der Vorerbin EF. Diese Steuer berechnet sich somit wie folgt:

Erwerb vom Vorerben gem. § 6 Abs. 2, § 1 Abs. 1 Nr. 1, § 3 Abs. 1 Nr. 1 ErbStG		7.000.000 €
./. veranlasste Steuer Vorerbschaft (§ 20 Abs. 4 ErbStG)	./.	1.435.751 €
+ Erwerb des eigenen Vermögens der EF gem. § 1 Abs. 1 Nr. 1, § 3 Abs. 1 Nr. 1 ErbStG	+	700.000 €
Bereicherung der M		**6.264.249 €**
./. Freibetrag gem. §§ 16 Abs. 1 Nr. 4, 15 Abs. 1 StKl. II Nr. 6 ErbStG	./.	20.000 €
Vermögensanfall bei M (Nacherbschaft)		**6.244.269 €**
Abrundung gem. § 10 Abs. 1 S. 6 ErbStG		**6.244.200 €**

Der Anfall der Nacherbschaft führt zu einem Steuersatz nach § 19 Abs. 1 ErbStG von 35 %; die Steuer beträgt zunächst **2.185.467 €**.

Nach § 6 Abs. 2 S. 2 ErbStG wird M auf Antrag jedoch gestattet, für die **Steuerklassenwahl** das Verwandtschaftsverhältnis zum Erblasser, d. h. zu ihrem Sohn, zugrunde zu legen. Dies führt hinsichtlich des durch die Nacherbschaft erlangten Vermögens – wiederum zunächst – zu einer Reduzierung des Steuersatzes auf 23 % (StKl. I). M wird steuerlich so gestellt, als hätte sie direkt von EL geerbt.

Nachdem aber M zugleich Vollerbin ihrer Schwiegertochter EF geworden ist, sind zusätzlich die Sätze 3 und 4 von § 6 Abs. 2 ErbStG zu berücksichtigen. Danach ist für den Vermögensanfall aus dem Nachlass der EF (Steuerwert 0,7 Mio. € – nach Satz 4 ohne weitere Freibeträge, da der Freibetrag bei der Nacherbschaft verbraucht ist) ein niedrigerer Steuersatz – isoliert betrachtet – gegeben. Eine Trennung der beiden Erwerbe erfolgt auch hinsichtlich der Freibeträge sowie sonstiger Tarifvorschriften.[66]

---

65 Gem. §§ 2113 ff. BGB kann der Vorerbe mittels Verfügungsbeschränkungen, insb. über Grundstücke, auf einen reinen Treuhänder zugunsten des Nacherben reduziert werden.
66 *Seltenreich* in *Preißer/Seltenreich/Königer*, 4. Aufl. (2022), § 6 Rz. 62 ff.

In einem letzten Rechenschritt werden nach § 6 Abs. 2 S. 5 ErbStG beide Erwerbe **zusammengerechnet,** um den endgültigen getrennten Steuersatz für beide Erwerbsvorgänge zu ermitteln. Bei einer Zusammenrechnung beider Vermögensanfälle löst die Summe von 6,12 Mio. €[67] beim Erwerb der Nacherbschaft (StKl. I) eine Steuer von 23 % und beim Erwerb als Vollerbin nach EF (StKl. II) eine Steuer von 35 % aus (vorbehaltlich der Härteklausel nach § 19 Abs. 3 ErbStG).

Beispiel 15: Die bauernschlaue »Zölibats-Klausel« (oder die mehrfache Vorerbschaft)

Landwirt L mit einem L+F-Steuerwert von 1 Mio. € (unter Berücksichtigung von Freibetrag und Bewertungsabschlag ermittelter Restwert nach § 13a ErbStG a. F.) hat drei Söhne, Single 1, Single 2 und Single 3. Nachdem L sich in seinem letzten Jahre nur den Kühen gewidmet hat, erwartet er dieses auch von seinen Nachkommen und trifft – im Interesse des zu erhaltenden Anwesens – folgende Anordnung:

»Den Hof soll der Älteste S1 bekommen. Im Falle einer Eheschließung soll S2 in seine Fußstapfen treten. Für S3 gilt das Gleiche.«

Als L in 18 verstirbt, erweist sich die Anordnung als Selffulfilling Prophecy. Im Jahre 20 heiratet S1, nachdem er für zwei Jahre den landwirtschaftlichen Betrieb geführt hat. Nicht anders ergeht es S2 nach einem zweijährigen Intermezzo im Jahre 22. Sodann ist S3 am Zuge.

Lösung: Die Anordnung des L lässt sich als eine zeitlich befristete, aufschiebend bedingte Vor-/Nacherbeneinsetzung seiner Söhne qualifizieren, bei der die Nacherbfolge noch zu Lebzeiten der (jeweiligen) Vorerben eintritt. § 6 Abs. 3 ErbStG trägt dieser Variante dadurch Rechnung, dass jede der **einzelnen Vorerbschaften** einen eigenen Erwerbstatbestand darstellt. Die Anordnung der auflösenden Bedingung lässt den Steuertatbestand der jeweils nach § 6 Abs. 1 ErbStG vorhergehenden Vorerbschaft nicht entfallen. Es bleibt demnach in 22 bei der für 16 gegen S1 festgesetzten Steuer. Wegen der Vermögenseinheit des Nachlasses (vgl. § 20 Abs. 4 ErbStG) wird jedoch auf eine Erstattung der Steuer verzichtet, vielmehr wird nach Satz 2 die von S1 entrichtete Steuer auf die von S2 zu entrichtende Steuer angerechnet. Der Anrechnungsbetrag mindert sich dabei um den Steuerbetrag auf die tatsächliche Nutzung des Vorerbschaftsvermögens. Bei der Berechnung der Nutzungen ist wie bei der Ermittlung des gemeinen Wertes eines Nießbrauches (kapitalisierter Wert nach § 15 BewG) auszugehen.[68]

Ein rechtlich interessantes Phänomen ist schließlich dann gegeben, wenn der Nacherbe sein (zivilrechtlich bestehendes[69]) **Anwartschaftsrecht** auf den Vorerben überträgt. Damit wird der Vorerbe Vollerbe. Nach § 3 Abs. 2 Nr. 6 ErbStG ist der dafür gezahlte Preis ein stpfl. Erwerb von Todes wegen. Innerhalb der Finanz-Rspr. gibt es Streit, ob dieser ergänzende Tatbestand eine Definition oder eine Fiktion eines Erwerbs von Todes wegen ist.

Dies hat Bedeutung zum einen für die Frage, ob auf den bezahlten Ausgleich für die Aufgabe des Anwartschaftsrechts die Grundsätze der mittelbaren Schenkung anzuwenden sind, wenn das Entgelt in der Übereignung eines Grundstücks besteht, und zum anderen für die Frage des Abzugs beim Vorerben als Nachlassverbindlichkeit nach § 10 Abs. 5 Nr. 3 ErbStG.[70]

---

67 Hier ohne Bestattungskostenpauschale gem. § 10 Abs. 5 Nr. 3 ErbStG gerechnet. Diese Pauschale wird nach h. M. (statt aller *Meincke*, ErbStG, § 6) dem Nacherben nicht gewährt.
68 S. hierzu sogleich im Kapitel über die Besteuerung des Nießbrauches sowie das Beispiel bei *Kapp/Ebeling*, § 6 Rz. 37.1, wonach bei längerer Nutzung der Anrechnungsbetrag häufig höher als die ermittelte Steuerschuld ist, ohne dass dies zu einer Erstattung führt.
69 Die Rechtsposition kann dem Nacherben nicht entzogen werden. Das Anwartschaftsrecht ist nicht nur veräußerbar, sondern auch vererblich (vgl. § 2108 BGB).
70 Dies wird abgelehnt durch den BFH vom 23.08.1995 (BStBl II 1996, 137).

Nicht sonderlich überzeugend entscheidet der BFH in der ersten Frage zur Anwendung der Grundsätze der mittelbaren Schenkung (Urteil vom 21.05.2001, BFH/NV 2001, 1406), während der Abzug als Nachlassverbindlichkeit im zweiten Fall verneint wird.[71] M. E. kommen beide Rechtsfolgen – wegen des Fiktionscharakters – nicht zum Tragen.

Exkurs: Häufig kommt es vor, dass **Vorerben** mit Rücksicht auf die angeordnete Nacherbschaft **Vermögen auf den Nacherben** übertragen. Hierfür sieht § 7 Abs. 1 Nr. 7 ErbStG i. V. m. § 7 Abs. 2 ErbStG vor, dass der Nacherbe sein **(StKl.-)Verhältnis zum Erblasser** beantragen kann. In dieser Konstellation entschied der BFH am 03.11.2010 (BStBl II 2011, 123), dass es zur Zusammenrechnung mehrerer Erwerbe nach **§ 14 ErbStG** komme und dass für den späteren Erwerb des Nacherben **§ 6 Abs. 2 S. 3 – 5 ErbStG entsprechend** anzuwenden sei.

3.4 Die negative Erbschaft, insbesondere die Ausschlagung

3.4.1 Erbrechtliche Vorfragen

Nach § 1922 Abs. 1 BGB tritt der Erbe unmittelbar die Vermögensnachfolge des Erblassers an. Trotz des »Vonselbsterwerbs« im deutschen Erbrecht[72] wird – etwa bei einem überschuldeten Nachlass – dem gesetzlichen wie dem gewillkürten Erben zugestanden, die Erbschaft auszuschlagen (§ 1942 ff. BGB). Insoweit besteht bis zum Ablauf der (grds. sechswöchigen) Ausschlagungsfrist auch nach deutschem Erbrecht ein Schwebezustand. Mit der Ausschlagung gilt der Erbanfall als nicht erfolgt und der Nächstberufene ist der gesetzliche Zwangserbe. Der Ausschlagende verwirkt auch sein Pflichtteilsrecht, von Ausnahmen (§§ 2305 f. BGB) abgesehen. Gerade im Hinblick auf eine steuerlich motivierte Ausschlagung ist noch hervorzuheben, dass die formbedürftige Ausschlagungserklärung nach § 1947 BGB **bedingungsfeindlich**[73] konzipiert ist. Danach sind Ausschlagungen, die im bestgemeinten Sinne mit dem Vorschlag der Erbeinsetzung zugunsten anderer Personen – etwa des Ersatzerben – gekoppelt sind (Ausschlagung zugunsten Dritter), grds. unwirksam. Dies gilt nicht, soweit der Vorgeschlagene ohnehin der gesetzliche Ersatzerbe wäre.[74]

3.4.2 Steuerliche Motive für die Ausschlagung

Neben der hohen Erbschaftsteuerbelastung sind es vor allem ungeschickte Testamente, die zu einer überflüssigen doppelten Belastung der Erbschaft führen, wenn etwa gleich alte Ehegatten sich bei Produktivvermögen gegenseitig einsetzen und die nächste Generation schon die Firmenleitung übernommen hat. Weitaus gravierender als diese Nachteile, die sich ggf. noch durch eine **Nachlasstrennung** (sog. separatio bonorum[75]) beheben lassen, sind jedoch falsche Testamente aus einkommensteuerlicher Sicht. Dies ist z. B. der Fall, wenn durch letztwillige Anordnungen die personelle Verflechtung bei einer Betriebsaufspaltung aufgehoben wird und es somit zur Betriebsaufgabe bei der Besitzgesellschaft kommt. Ähn-

---

71 S. BFH vom 23.08.1995 (BStBl II 1996, 137).
72 In anderen Rechtsordnungen tritt (z. B. im österreichischen Recht) bzw. trat (z. B. im römischen Recht) die Rechtsfolge des § 1922 BGB (unmittelbarer Vermögensübergang) erst mit der ausdrücklichen Annahme der Erbschaft ein (vorher besteht ein Schwebezustand).
73 Zu Bedingungen im Erbrecht (Hauptfall: Wiederverheiratungsklauseln) s. einerseits BGH vom 06.03.1991, NJW 1991, 1736 und andererseits BVerfG vom 22.03.2004, ZEV 2004, 241.
74 Sog. unechte Rechtsbedingung. Ansonsten wird man sich um eine Umdeutung der unwirksamen bedingten Ausschlagung kümmern.
75 Nach §§ 1975 ff. BGB wird die Trennung (Nachlassverwaltung/-insolvenz) durchgeführt, um für die Ansprüche der Gläubiger nur das Nachlassvermögen und nicht auch das Eigenvermögen des Erben haften zu lassen.

liche Problemlagen bestehen bei Testamenten von PersG, wenn diese nicht mit dem Gesellschaftsvertrag abgestimmt sind und von daher durch sachliche Zuweisungen (des Sonder-BV an Nicht-G'fter) der betriebliche Zusammenhang gelöst wird und es so zur Steuerentstrickung kommt.[76] In diesen Fällen bleibt oftmals nur die Ausschlagung, wenn und soweit in der Person des Nächstberufenen (des Ersatzerben) die steuerlichen Qualifikationsmerkmale vorliegen, die ungewollte Ertragsteuerfolgen verhindern helfen.

Umgekehrt kann die Ausschlagung als Gestaltungsinstrument eingesetzt werden.[77] In den meisten Fällen wird jedoch die »Abkürzung des Zuwendungsweges« die nachträgliche Korrektur des Erblasserwillens auslösen.

Beispiel 16: »Der Onkel aus Amerika«

M ist zunächst angenehm überrascht, als sie erfährt, dass sie von ihrem Onkel O aus Amerika das in Oggersheim befindliche MFH (Steuerwert 3 Mio. €) als Erbschaft erhält. Erste Erkundigungen ergeben jedoch, dass das MFH in Oggersheim ein Verdrussobjekt ist und sich dieser Aufgabe ihr einziger Sohn S, ein Immobilienfachwirt, besser annehmen könnte. S, der ohnehin alles erben wird, ist neben seiner Mutter der einzige Verwandte des Erblassers (Erbfall 2023).

Ein einfacher steuerlicher Belastungsvergleich belegt die Notwendigkeit der **Ausschlagung**, gekoppelt mit der Erbeinsetzung des Sohnes (1. Variante).
Als Alternative wird die Annahme der Erbschaft, verbunden mit einer anschließenden Schenkung (2. Variante), diskutiert.

Lösung:

1. Variante:

Auch, wenn der Erblasser O in Amerika wohnt und damit Steuerausländer ist, liegt in beiden Fällen (M wie S als Erbe) ein steuerbarer Erwerb nach § 1 Abs. 1 i.V.m. § 2 Abs. 1 Nr. 1 Buchst. a ErbStG vor, da jeweils ein Beteiligter des Erwerbsvorganges Inländer ist. Selbst wenn das MFH in Washington belegen wäre, begründet der Erbfall die Steuerpflicht von M bzw. S als unbeschränkt steuerpflichtige Erwerber.

In beiden Varianten ist von einem Steuerwert von 3 Mio. € auszugehen. In der ersten (Ausschlagungs-)Variante kommt eine Eingruppierung von S in StKl. II nach § 15 ErbStG nicht in Betracht; keine der dort genannten Verwandtschaftsverhältnisse trifft auf S in seinem Verhältnis zu dem Onkel seiner Mutter zu.

Der stpfl. Erwerb des S von Todes wegen (§ 1 Abs. 1 Nr. 1 i.V.m. § 2 Abs. 1 Nr. 1 S. 2 Buchst. a i.V.m. § 3 Abs. 1 Nr. 1 und § 10 Abs. 1 S. 1 (§ 12 Abs. 3) i.V.m. § 10 Abs. 5 Nr. 3 und § 16 Abs. 1 Nr. 5 ErbStG (StKl. III)) beläuft sich auf 2.969.700 € (3 Mio. € abzüglich 10.300 € Bestattungskostenpauschale und

---

76 *Flick* (DStR 2000, 1816) listet sieben Gründe auf, die eine Ausschlagung dringend geboten sein lassen:
• Widerspruch zwischen Testament und Gesellschaftsvertrag,
• unfreiwillige Entnahmen (mit Zwangsrealisation der Reserven),
• übersehene Gewinnrealisierung bei Erbauseinandersetzung,
• Wegfall der persönlichen Voraussetzungen bei der Betriebsaufspaltung,
• kurzzeitiges Hintereinander-Versterben beim Berliner Testament,
• Überspringen von Generationen,
• Vorversterben.
77 Statt aller *von Oertzen/Reich*, ZEV 2010, 281 (dort: Ausschlagung eines Ehegattenvermächtnisses).

20.000 € Freibetrag); dieser wird gem. § 19 Abs. 1 ErbStG mit 30% besteuert; die Steuer beträgt **890.910 €**.

2. Variante:

Demgegenüber sieht die Gegenrechnung der Steuer für die zweite (Schenkungs-)Variante so aus[78]:

M befindet sich als Nichte des O in StKl. II (§ 15 Abs. 1 Nr. 3 ErbStG); danach führt der Erbgang (O g M) zu einem stpfl. Erwerb von 2.969.700/ (3 Mio. ./. 10.300/ ./. 20.000/); er wird gem. § 19 ErbStG mit 30% besteuert; Steuer darauf: **890.910 €**).

Die nachfolgende Schenkung (M g S) führt gem. § 1 Abs. 1 Nr. 2 i.V.m. § 7 Abs. 1 Nr. 1 ErbStG zu einem stpfl. Erwerb von 2.600.000 € (3 Mio. €./. 400 T€). Bei der gegebenen StKl. I (19%) werden für die Schenkung **494.000 €** Steuer fällig. Insgesamt sind also bei dieser Variante 1.384.910 € Steuern zu zahlen.

Im Ergebnis sparen sich M und S bei der Ausschlagung die zweite Steuer i.H.v. 494.000 €.

3.4.3 Die marktwirtschaftliche Ausschlagung – gegen Entgelt

Häufiger und typischer ist jedoch die Ausschlagung gegen eine Abfindung.

Beispiel 16a: Die kapitalistische Nichte des großzügigen Onkels aus USA

M ist nicht bereit, ihrem Sohn das MFH (Steuerwert: 3 Mio. €) ganz ohne Gegenleistung zukommen zu lassen. S und M vereinbaren daher einen Ausgleichsbetrag von 1,5 Mio. €.

In den Fällen, da der eingesetzte Erbe über kein anderweitiges Vermögen verfügt, bietet sich die Ausschlagung gegen Abfindung an. Nach § 3 Abs. 2 Nr. 4 ErbStG wird die (auch einkommensteuerrelevante[79]) Entgeltsvereinbarung zwischen S und M als Bereicherung des Ausschlagenden besteuert, und zwar als Erwerb von Todes wegen. Konsequenterweise führt dies zur Anwendung der StKl. II gem. § 15 Abs. 1 Nr. 3 ErbStG, da das Verhältnis der M zu ihrem Onkel zugrunde gelegt wird. Umgekehrt kann der Abfindende S den Abfindungsbetrag bei seinem stpfl. Erwerb als Nachlassschuld gem. § 10 Abs. 5 Nr. 3 ErbStG (»Kosten zur Erlangung des Erwerbs«) abziehen.

Lösung:

Bei der konkret vorliegenden Steuerklassensituation (S hat StKl. III) kann – bei einem stpfl. Erwerb von > 6 Mio. € – die gewählte entgeltliche Abfindung zu einem weiteren Vorteil führen, der in der Progressions- (besser: Degressions-)Wirkung der abzuziehenden Nachlassschuld liegt.

---

78 § 27 ErbStG kommt nicht zur Anwendung, da eine Schenkung vorliegt.
79 S. Tz. 40 S. 4 des BMF-Schreibens zur Erbauseinandersetzung vom 10.01.1993 (BStBl I 1993, 62): Als vom Erblasser zugewendet gilt nach § 3 Abs. 2 Nr. 4 ErbStG (2011) auch das, was für die Zurückweisung eines Rechts aus einem Vertrag des Erblassers zugunsten Dritter auf den Todesfall oder anstelle eines anderen in Abs. 1 genannten Erwerbs gewährt wird. Hier hat der Gesetzgeber eine Lücke geschlossen, um Abfindungen für jede Art von Verzicht auf das vom Erblasser Bestimmte dem ErbStG zu unterwerfen.

3.5 Pflichtteile und ihre »Abfindung«[80]

Häufig wird bei Testamentsgestaltungen vergessen, dass den enterbten Angehörigen (Ehegatte, Abkömmlinge und Eltern) ein (schuldrechtlicher) Pflichtteilsanspruch zusteht, der auf die Hälfte des Wertes des gesetzlichen Erbteils gerichtet ist (§ 2303 BGB). Nachdem der Erblasser das Pflichtteilsrecht nicht durch letztwillige Verfügung aufheben kann, muss er versuchen, den Pflichtteilsberechtigten zu einem Verzicht auf den Anspruch zu bewegen. Hierfür wird der Berechtigte eine Gegenleistung fordern.

Für den Fall schließlich, dass der Pflichtteilsanspruch durch eine Sachleistung erfüllt wird, ist es für den Anspruchssteller wegen der geringeren Bewertung regelmäßig vorteilhafter, den Pflichtteilsanspruch nicht in bar geltend zu machen. Umgekehrt erfüllt der Erbe den Pflichtteilsanspruch lieber als Geldleistung, da er hier den Nominalwert (und nicht den geringeren Steuerwert) abziehen kann. Die Entscheidung im Einzelfall hängt von der jeweiligen Erbschaftsteuerbelastung der Beteiligten (Erbe/Pflichtteilsberechtigter) ab. Nachdem im Regelfall eine höhere Erbschaftsteuerbelastung beim Erben unterstellt werden kann, wird die Erfüllung des Pflichtteilsanspruchs mit einer Barzahlung statt einer Sachleistung die – im Gesamtergebnis – vorteilhafte Lösung sein.

4 Erbrechtliche Grundsätze und ihre Umsetzung im Erbschaftsteuerrecht

4.1 Die Rechtsnachfolge im Erbrecht und im Erbschaftsteuerrecht

Das Erbrecht fußt auf dem Prinzip der **Gesamtrechtsnachfolge** (§ 1922 BGB): Das ganze Vermögen geht von Gesetzes wegen (d. h. ohne weitere Voraussetzungen) auf den (die) Nachfolger über.

4.2 Fundamentalprinzipien im Lichte der BGH- und BFH-Rechtsprechung/steuerliche Konsequenzen

Beispiel 17: Das Problem der Erben des Tycoon T

Zum Nachlass des süddeutschen Industriellen T gehören u. a.:
- Inhaberaktien der börsennotierten Nürnberger Tycoon-T-AG (Wert: 600 Mio. €),
- eine Komplementärbeteiligung an der Münchner Tycoon-M-KG (Wert: 300 Mio. €),
- eine Kommanditistenbeteiligung an der Passauer Tycoon-P-KG (Wert: 400 Mio. €),
- eine 50%ige Beteiligung an der Regensburger Tycoon-GmbH (Wert: 200 Mio. €),
- ein Immobilienpark in Passau, der von der P-KG angemietet ist (Wert: 100 Mio. €),
- eine Baugenehmigung für ein vergleichbares Areal in Regensburg (geschätzter Wert: 50 Mio. €).

Der geschiedene T hinterlässt bei einem Flugzeugabsturz drei Kinder A, B und C. Seine Ehefrau hat bei früheren Scheidungsfolgeverhandlungen wirksam einen Erbverzicht erklärt. Für eine Testamentserrichtung fehlte ihm die Zeit.

---

80 Zu Pflichtteilen allgemein (und zum Pflichtteilsanspruch im System des erbschaftsteuerlichen Vermögensanfalls) *Seer/Krumm*, ZEV 2010, 57.

Gem. § 1922 BGB i.V.m. §§ 2032 ff. BGB gehen alle Vermögensbestandteile von Gesetzes wegen als Ganzes auf die Erbengemeinschaft A, B und C über. Gesonderte Übertragungsakte (wie etwa eine notarielle Auflassung für das Grundstück) sind nicht erforderlich.

Den Gegenpol dazu bildet jedoch im Steuerrecht § 39 Abs. 2 Nr. 2 AO. Danach kommt jedes der drei Kinder – nach Abzug aller Freibeträge – für 1/3 der Erbschaftsteuer in Betracht, ggf. haftet der Nachlass gem. § 20 Abs. 3 ErbStG (bzw. § 1967 BGB bzw. § 45 Abs. 2 S. 1 AO) für die komplette Steuer.

Bereits bei der Frage der nach § 1922 BGB übergangsfähigen (und damit steuerbaren) Positionen können Zweifel bei der Baugenehmigung bestehen, da es sich um eine öffentlich-rechtliche Rechtsposition handelt. Nach gefestigter Rspr. der Verwaltungsgerichte bzw. nach den meisten landesrechtlichen Bestimmungen gehen bestandskräftige Baugenehmigungen als sog. dingliche VA auf den (die) Rechtsnachfolger über. Darüber hinaus ist ebenso gesichert, dass öffentlich-rechtliche Rechtspositionen mit Vermögenscharakter an der Gesamtrechtsnachfolge des § 1922 BGB teilhaben.[81]

Eine Zwitterstellung bei der Frage übergangsfähiger Vermögenspositionen kommt den Beteiligungen an PersG zu (s. unten Kap. 4.2.1).

Lösung (zu den Nachlassgegenständen mit Ausnahme der PersG-Beteiligungen):

Die Immobilen in Passau gehen auf die Erbengemeinschaft ohne notarielle Auflassung über, können dabei jedoch enorme einkommensteuerliche Folgen auslösen, wenn eine Aufnahme der Kinder in die P-KG aus irgendwelchen Gründen scheitern sollte. Werden die (oder nur eines der) Kinder jedoch nicht Nachfolger in der P-KG, so liegt insoweit eine Entnahme des Sonder-BV (des Erblassers an der P-KG) vor (§ 6 Abs. 1 Nr. 4 EStG).

Ebenso problemlos und kostenlos, d.h. ohne Notargebühren, gestaltet sich die Nachfolge in die Beteiligungen an den beiden KapG. Dabei spielt es zunächst keine Rolle, ob es sich bei den Beteiligungen um Wertpapiere (Aktien) oder nur um bloß verbriefte GmbH-Geschäftsanteile handelt. Die Nachfolge in Kapitalbeteiligungen folgt – bei fehlendem Satzungsausschluss – ausnahmslos dem Grundsatz der §§ 1922, 2032 ff. BGB. A, B und C beerben den T mit sofortiger Wirkung, allerdings bis zur Auseinandersetzung gesamthänderisch gebunden, als G'fter der Nürnberger AG und der Regensburger GmbH.

Exkurs 1: Zu treuhänderisch gehaltenen PersG-Beteiligungen[82] hat die Verwaltung ihre ursprüngliche Auffassung (keine Privilegierung nach §§ 13a, b ErbStG) aufgegeben und gewährt nunmehr auch bei Treuhand-Kommanditanteilen die volle BV-Vergünstigung (hierzu auch *Richter/Fürwentsches*, DStR 2010, 2070; s. auch FG Niedersachsen vom 28.07.2010, DStRE 2010, 1191).

Exkurs 2: Gerade im Zusammenhang mit **Immobilien** wird die Anlehnung des ErbStG an das Zivilrecht deutlich, wenn es um die konkrete **Nachlassposition** geht und wenn bei einem **Grundstückskaufvertrag** der Tod des Erblassers (§ 9 ErbStG) zwischen dem Kaufvertrag und der Auflassung bzw. der Eintragung im Grundbuch liegt. Im Vordergrund der verschiedenen Fallkonstellationen, die sehr ausführlich (i. S. e. Fallgruppenbildung) in den ErbStR geregelt sind[83], steht

---

81 S. die zusammenfassende Kurzdarstellung bei *Grüneberg/Weidlich*, 83. Aufl. 2024, § 1922 Rz. 40 ff. Damit stimmt überein, dass nur Vermögenspositionen auf die Erben übergehen. Vom Übergang ausgeschlossen sind Nicht-Vermögenswerte und höchstpersönliche Positionen.
82 Hierzu allgemein Band 2, Teil B Kap. I 3.3.
83 Vgl. H E 13a ErbStH 2019 mit zahlreichen Beispielen (Stichwort »Einzelfälle«).

der Gedanke, dass das Grundstück erst im Zeitpunkt der (zuletzt vorgenommenen) Grundbucheintragung den Rechtsträger wechselt (§ 873 i.V.m. § 925 BGB). Bis dahin ist eine Immobilie noch beim Verkäufer (ggf. mit dessen Steuerwert) zu erfassen (s. auch § 12 Abs. 3 ErbStG i.V.m. § 138 Abs. 5 BewG). Die gegenseitigen Ansprüche inkl. der Anzahlungen sind als solche mit dem Nennbetrag zu erfassen, ebenso wie die noch nicht erbrachte Sachleistungsverpflichtung als Nachlassschuld mit dem gemeinen Wert zu behandeln ist. Die Auswirkungen auf die jeweils betroffenen Vertragspartner unter Einbeziehung ihrer steuerlichen Einkunftsspezifika werden in H 13a »Einzelfälle« ErbStH 2019 dargestellt. Vorgreiflich wird darauf hingewiesen, dass diese zeitliche Betrachtungsweise (Abstellen auf die Grundbucheintragung) nur für Erwerbe von Todes wegen gilt, während bei Schenkungen von Immobilien andere Überlegungen zum Zeitpunkt der (ausgeführten) unentgeltlichen Übertragung angestellt werden (s. unten Kap. II 1.2.1).

> **Fall:**
> EL hat am 14.11.2023 aufgrund eines notariellen Kaufvertrages von V eine Baulücke erworben (Kaufpreis: 6 Mio. €; noch nicht bezahlt). EL verkauft das Grundstück zum 28.12.2023 beim Notar an K (Kaufpreis: 7 Mio. €; noch nicht bezahlt); Besitzübergang zum 01.01.2024.
>
> Am 23.01.2024 verstirbt EL; im Grundbuch wird der Eigentumsübergang am 27.01.2024 eingetragen. Der Steuerwert des Grundstücks beträgt 3 Mio. €.
>
> **Lösung:** Am Todestag (23.01.2024) erfolgt keine Bewertung mit dem Steuerwert, vielmehr sind die gegenseitigen vertraglichen Ansprüche/Verpflichtungen gem. § 12 BewG anzusetzen:
>
> die Kaufpreisforderung (gegen K) i.H.v. 7 Mio. €
>
> ./. die Kaufschuld (gegenüber V) i.H.v. 6 Mio. €.

4.2.1 Sonderrechtsnachfolge bei vererbten Beteiligungen an Personengesellschaften[84]

Lediglich bei den KG-Beteiligungen im Beispiel 17 sowie allgemein bei Beteiligungen an PersG (und darüber hinaus noch bei anderen Kompetenzobjekten[85]) wird der Übergang nach dem Leitbild des § 1922 BGB nicht funktionieren.

> **Beispiel 17a: Nachfolge in die KG-Beteiligung**
> Wie vollzieht sich konkret die Nachfolge in die KG-Beteiligungen des T?

Immer schon konnte die Frage der Übertragung und Vererbung von Beteiligungen an PersG nur in Verbindung mit dem jeweiligen Gesellschaftsvertrag gelöst werden. Sämtliche einzelgesetzlichen Regelungen, ob zur GbR, zur OHG, zur KG oder den sonstigen PersG, sind in diesem Punkt dispositiv. Nur bei fehlendem Vertrag oder bei fehlender Nachfolgeklausel gelten subsidiär die gesetzlichen Regelungen.

Nach der seit 01.07.1998 geltenden Neufassung des HGB werden Personenhandelsgesellschaften wie z.B. die OHG beim Tode eines G'fters nicht mehr ipso iure aufgelöst, sondern bleiben fortbestehen (§ 130 Abs. 1 Nr. 1 HGB n.F.).[86] Der Tod eines OHG-G'fters oder eines Komplementärs bei einer KG (§ 161 Abs. 2 i.V.m. § 130 Abs. 1 Nr. 1 HGB n.F.) berührt nicht die

---

84 S. Hierzu (und auch zu Auswirkungen aufgrund des MoPeG) *Stein*, ErbBstg 2021, 19, 73 und 172.
85 Z.B. bei der landwirtschaftlichen Nachfolge gem. der landesrechtlichen HöfeO oder bei Mietwohnungen (§ 563 BGB).
86 Gleiche Rechtsfolge auch bei einer PartG (vgl. § 9 PartGG).

Existenz der PersG, sondern löst nur die Rechtsfolgen wie beim Ausscheiden des G'fters aus[87] (sog. Fortsetzungsklausel).

Anders (so, wie nach dem alten Recht auch bei den Personenhandelsgesellschaften) verhält es sich beim Tode eines BGB-G'fters. Die GbR wurde – sofern gesellschaftsvertraglich nichts anderweitig vereinbart – aufgelöst (§ 727 Abs. 1 BGB). Dies gilt bis zum 31.12.2023; nach neuem Recht (MoPeG ab 01.01.2024) gilt bei rechtsfähigen BGB-Gesellschaften die Fortsetzungsklausel wie bei OHG.

Losgelöst von der aktuellen Gesetzeslage beeinflusst jedoch das zwischenzeitlich von der Rspr. des BGH entwickelte Nachfolgekonzept bei allen PersG-Beteiligungen den Übergang. Wegen der Gefahr der sofortigen Erbauseinandersetzung bei mehreren Miterben geht die Beteiligung an einer PersG im Wege der **Sonderrechtsnachfolge** von Todes wegen auf die einzelnen Miterben über, soweit der Übergang gesetzlich oder vertraglich – durch eine sog. Nachfolgeklausel – gewährleistet ist. Die Beteiligung fällt nicht in den noch ungeteilten Nachlass[88]; die Miterben übernehmen sofort und aufgeteilt die G'fter-Position des Erblassers.[89] Dies bedeutet z.B., dass das Kapitalkonto des Alt-G'fters entsprechend der Anzahl der Miterben gesplittet wird und jedes der Kinder (hier: A, B und C) in die aufgespaltene »Drittelstellung« des T bei der KG einrückt. Dies gilt unabhängig von der Eigenschaft als Komplementär[90] oder Kommanditist. Hierauf aufbauend und in Anlehnung an die **vertragliche Gestaltungspraxis** hat sich ein Nachfolgekonzept bei Beteiligungen an PersG entwickelt, das von folgenden Alternativen ausgeht[91]:

1. Bei der **Auflösungsklausel** wird die PersG aufgelöst und die Erbengemeinschaft tritt an die Stelle des Alt-G'fters und ist (nur in diesem Fall) Partner der zu liquidierenden PersG; dies entspricht dem gesetzlichen Leitbild bei der GbR (§ 727 BGB; altes Recht bis 31.12.2023); dies kann aber weiter kautelarjuristisch vereinbart werden.
2. Bei Vereinbarung der sog. **Fortsetzungsklausel** werden die Erben nicht G'fter, sondern haben einen Anspruch auf das Abfindungsguthaben nach § 728 BGB n.F., während der Gesellschafts-Anteil des Erblassers auf die verbleibenden G'fter übergeht (sog. An-/Abwachsung). Die PersG wird unter den Alt-G'ftern fortgesetzt; dies entspricht dem gesetzlichen Leitbild bei der OHG[92] (und der PartG[93]).
3. Bei der **einfachen Nachfolgeklausel** erhält jeder der Miterben den seiner Erbquote entsprechenden Anteil am Kapitalkonto, die G'fter-Stellung geht somit qua Sonderrechtsnachfolge auf die einzelnen Miterben über; dies entspricht dem gesetzlichen Leitbild beim Todes eines Kommanditisten einer KG (§ 177 HGB).

---

87 Beim Tod des Kommanditisten gilt (immer schon) § 177 HGB: Fortbestand der KG und »Einrücken« der Erben.
88 Damit sind komplizierte Fragen verbunden wie sie etwa bei der häufig angeordneten Testamentsvollstreckung an Kommanditisten-Anteilen auftreten: Nur an Nachlassgegenständen kann Testamentsvollstreckung angeordnet werden; bei Einwilligung der anderen G'fter soll dies dennoch möglich sein BGH vom 03.07.1989 (BGHZ 108, 187).
89 BGH vom 04.05.1983, NJW 1983, 2376.
90 Dies setzt beim Komplementär allerdings eine vertragliche Vereinbarung voraus (sog. Nachfolgeklausel). Der Komplementär-Erbe hat allerdings das Recht, bei seinem Eintritt in die KG die Herabstufung auf den Kommanditanteil zu verlangen (§ 139 Abs. 1 HGB).
91 Sehr ausführliche Darstellung bei *Leipold* in MüKo, § 1922, Rz. 32 – 46 sowie bei *Neumayer/Imschweiler*, DStR 2010, 201 und Hochheim/Wagenmann, DStR 2010, 1707, s. auch *Preißer* in *Preißer/Seltenreich/Königer*, 4. Aufl. (2022), § 3 Rz. 322 ff.
92 § 131 Abs. 3 Nr. 1 HGB.
93 § 9 Abs. 1 PartGG.

4. Bei der **qualifizierten Nachfolgeklausel** geht der Anteil des Alt-G'fters auf einen (oder mehrere) privilegierte Miterben ungeteilt über; wegen der – verglichen mit der Erbquote – einhergehenden Privilegierung ist der G'fter-Miterbe den anderen zum Ausgleich verpflichtet.
5. Bei der **Eintrittsklausel** wird einem Dritten ein Optionsrecht auf Eintritt in die PersG gewährt. Gelegentlich wird der Anwendungsbereich der Eintrittsklausel auch für den Fall reklamiert, dass ein (Mit-)Erbe nicht automatisch Nachfolger wird, sondern erst nach Ausübung des Gestaltungsrechts.

Lösung:
- Die Vererbung der Komplementärbeteiligung vollzieht sich gem. § 161 Abs. 2 HGB i.V.m. § 130 Abs. 1 Nr. 1 HGB n.F. nach den gesetzlichen Regeln der OHG. Die M-KG wird unter den verbleibenden G'ftern fortgesetzt.[94] Die Erbengemeinschaft A, B, C hat einen Abfindungsanspruch gegen die KG.
- Die Vererbung der Kommanditbeteiligung folgt § 177 HGB. Danach übernehmen die Erben A, B und C die G'fter-Stellung des T und zwar im Wege der Sonderrechtsnachfolge. Jeder der Erben (und nicht etwa die Erbengemeinschaft) rückt anteilig und unmittelbar (hier: zu je 1/3) in die Rechtsstellung des T bei der KG ein.

4.2.2 Die Erbschaftsteuer bei der vererbten Mitunternehmerschaft – (Grundzüge)

Während die technischen Details zur Bewertung der Anteile an PersG ausführlich in Kap. III 3 behandelt werden, werden nachfolgend die erbschaftsteuerrechtlichen Aspekte der einzelnen Nachfolgekonzepte untersucht. Zum besseren Verständnis wird eine kurze »steuertechnische« Einführung der rechtlichen Klauseldiskussion vorangestellt.

Nach § 109 Abs. 2 S. 1 BewG ist der Wert eines Anteils am BV einer PersG i.S.d. § 97 Abs. 1 S. 1 Nr. 5 S. 1 BewG nunmehr mit dem gemeinen Wert anzusetzen. Für die Ermittlung des gemeinen Werts gilt § 11 Abs. 2 BewG entsprechend (s. § 109 Abs. 2 S. 2 BewG). Danach ist nicht mehr die Summe der einzelnen, zum BV gehörenden WG maßgebend, sondern im Regelfall der durch ein Ertragswertverfahren berechnete Gesamtwert.

Es gelten nunmehr die (aktuellen) tatsächlichen Verhältnisse und Wertverhältnisse zum Bewertungsstichtag (Besteuerungszeitpunkt s. § 11 und § 9 Abs. 1 Nr. 1 ErbStG). Ergebnis der Bedarfsbewertung ist der Wert des Anteils am BV der PersG (BV-Wert s. § 157 Abs. 5 BewG).

Nachfolgend werden die Bewertungsverfahren i.V.m. den Privilegierungen gem. § 13a, b ErbStG in Abhängigkeit von der jeweiligen Nachfolgeklausel dargestellt.

Im Zuge der am 01.01.2009 in Kraft getretenen Erbschaftsteuerreform sind die erbschaftsteuerlichen Folgen der Übertragung von BV grundlegend neu geregelt worden. Für nicht börsennotierte Unternehmen kann ein **vereinfachtes Ertragswertverfahren** angewendet werden (§§ 199 – 203 BewG).

Das BVerfG hat es gebilligt, dass auf einer 2. Stufe die verkehrswertorientierte Bewertung zur Förderung nichtsteuerlicher Lenkungszwecke durchbrochen werden darf. Daher sieht das ErbStG in einem zweiten Schritt verschiedene **Verschonungsregelungen** vor, die zu

---

94 Voraussetzung für die bestehen bleibende Rechtsform einer KG ist allerdings, dass einer der bisherigen Kommanditisten die Stellung eines Komplementärs einnimmt, soweit nicht ohnehin ein weiterer Komplementär bei der M-KG vorhanden ist.

einem sukzessiven Erlass der Erbschaftsteuer führen können. Für Erwerber von Unternehmen bestehen zwei Optionen, die zu einer vollständigen Steuerbefreiung (**Option A**) oder zu einer Steuerbefreiung von 85% (**Option B**) führen können:
- Für die **Option A** ist Voraussetzung, dass das Verwaltungsvermögen des erworbenen Betriebes nicht mehr als 10% des betrieblichen Gesamtvermögens beträgt, der erworbene Betrieb im Kern sieben Jahre fortgeführt wird und die Lohnsumme nach sieben Jahren nicht weniger als 700% der Ausgangslohnsumme zum Erbzeitpunkt beträgt.
- Für die **Option B** ist Voraussetzung, dass das Verwaltungsvermögen des erworbenen Betriebes nicht mehr als 50% des betrieblichen Gesamtvermögens beträgt, der erworbene Betrieb im Kern fünf Jahre fortgeführt wird und die Lohnsumme nach fünf Jahren nicht weniger als 400% der Ausgangslohnsumme zum Erbzeitpunkt beträgt. Es gilt eine Freigrenze von 150.000 €.

Für Betriebe, die nicht mehr als 5 Arbeitnehmer (sog. Beschäftigungsquorum) beschäftigen, wird der Verschonungsabschlag ohne Einhaltung der genannten Lohnsummen gewährt.

	Option A	Option B
Verschonungsabschlag (steuerfrei)	100%	85%
zu versteuern	0%	15%
Behaltensfrist und Einhaltung der Lohnsumme	7 Jahre	5 Jahre
Verhältnis Ausgangslohnsumme zu Lohnsumme in sieben bzw. fünf Jahren	700%	400% (> 15 AN) 300% (> 10/< 15) 250% (> 5/< 10)
max. Verwaltungsvermögen	20%	90%

Beim Erwerb von begünstigtem BV wird gemäß § 19a ErbStG ein Entlastungsbetrag gewährt, der wie eine Anwendung der günstigen StKl. I auf das BV wirkt.

Nachfolgend werden die grundsätzlichen erbschaftsteuerlichen Folgen der oben genannten Fallgestaltungen nach dem Tode eines G'fters dargestellt:
- Bei **Fortsetzung unter den übrigen G'ftern** gilt der Übergang der Gesellschaftsbeteiligung des Erblassers auf die überlebenden G'fter als Schenkung auf den Todesfall gem. § 3 Abs. 1 Nr. 2 S. 2 ErbStG, soweit der nach § 12 ErbStG i.V.m. § 11 Abs. 2 BewG ermittelte Verkehrswert seines Anteils zur Zeit seines Todes Abfindungsansprüche Dritter übersteigt (s. hierzu auch sehr unsystematisch R E 3.4 und R E 10.13 ErbStR 2019). Unter der alten Rechtslage traten selten Sachverhalte auf, in denen der Abfindungsanspruch den Steuerwert der Beteiligung unterschritt. Da Beteiligungen an PersG mit dem Buchwert der StBil, ggf. mit Wertkorrekturen für einzelne WG, bewertet wurden, ergaben sich selbst bei Anwendbarkeit sog. »Buchwertklauseln« keine wesentlichen Abweichungen. Durch die seit dem 01.01.2009 vorzunehmende Bewertung zum Verkehrswert wird der Steuerwert der Beteiligung zukünftig sehr häufig den Abfindungsanspruch übersteigen. Insb. Abfindungen nach »Buchwertklauseln« oder »Substanzwertklauseln« werden unter dem Verkehrswert liegen, sodass sich für die verbleibenden G'fter erhebliche Belastungen mit Erbschaftsteuer ergeben können. Die Verschonungsregelungen des § 13a ErbStG und die Tarifbegrenzung des § 19a ErbStG können von den verbleibenden G'ftern in Anspruch genommen werden.

- Gem. § 3 Abs. 1 Nr. 1 ErbStG unterliegt der **Abfindungsanspruch** der Erben, die nicht G'fter werden, ebenfalls der ErbSt. Der Abfindungsanspruch wird **nicht dem BV**, sondern dem PV zugeordnet, sodass die Verschonungsregelungen des § 13a ErbStG und die Tarifbegrenzung gem. § 19a ErbStG nicht zur Anwendung kommen. Ggf. vorhandenes Sonder-BV des Erblassers wird ins PV überführt. Den Erben steht daher auch für das Sonder-BV weder die Verschonungsregelungen noch die Tarifbegrenzung für BV zu.
- Wird ein Anteil an einer PersG aufgrund einer **einfachen Nachfolgeklausel** vererbt, unterliegt auch dieser Vorgang gem. § 3 Abs. 1 Nr. 1 ErbStG der ErbSt. Jeder Miterbe wird gemäß seinem Anteil am Steuerwert der Gesellschaftsbeteiligung besteuert. Da in diesem Fall BV vererbt wird, kommen die Verschonungsregelungen gem. § 13a ErbStG und die Tarifbegrenzung nach § 19a ErbStG zur Anwendung.
- Sofern der Erblasser über Sonder-BV verfügt, bleibt dieses Sonder-BV bei den Erben, da diese unmittelbar MU geworden sind. Die Verschonungsregelungen und die Tarifbegrenzung finden also Anwendung.
- Die **qualifizierte Nachfolgeklausel** stellt sich nach einer Entscheidung des BFH als ein gesellschaftsrechtlich besonders ausgestalteter Unterfall einer bloßen Teilungsanordnung dar. Der Erwerb durch Erbanfall wird daher gem. § 3 Abs. 1 Nr. 1 ErbStG wie ein Erwerb durch alle Erben behandelt (vgl. BFH vom 01.04.1992, BStBl II 1992, 669).
- Für **Sonder-BV** besteht die Problematik, dass dieses in den Nachlass fällt und sämtlichen Erben anteilig zuzurechnen ist. Dadurch findet i. H. d. Erbquote der nicht qualifizierten Erben eine Entnahme in das PV statt. Für diesen Anteil im PV finden weder die Verschonungsregelungen gem. § 13a ErbStG noch die Tarifbegrenzung gem. § 19a ErbStG Anwendung.
- Auch bei einer **Eintrittsklausel** ist von einem Erwerb durch den Erbanfall auszugehen, soweit der Eintrittsberechtigte sein Eintrittsrecht ausübt. Demgemäß stehen dem Eintretenden die Begünstigungen gem. §§ 13a, 19a ErbStG zu. Wenn die Erben ihr Eintrittsrecht nicht wahrnehmen, gilt für die Fortsetzung der Gesellschaft unter den übrigen G'ftern und den Abfindungsanspruch der Erben dieselbe Rechtsfolge wie bei einer Fortsetzung unter den überlebenden G'ftern.

4.3 Bedeutung von § 10 ErbStG, insbesondere die Schulden im Erbfall (§ 10 Abs. 5 ff. ErbStG)

4.3.1 Der steuerpflichtige Erwerb gemäß § 10 ErbStG

Mit (dem schon mehrfach angesprochenen) § 10 ErbStG wird die BMG des stpfl. Vermögensanfalls definiert. Er gilt für beide Kategorien der stpfl. Erwerbsvorgänge, hat aber insb. für den Erwerb von Todes wegen eine konstitutive Bedeutung. Der sich nach dem ersten Abschnitt des ErbStG ergebende (Brutto-)Vermögensanfall wird in § 10 ErbStG zunächst mit dem Begriff der Bereicherung (§ 10 Abs. 1 S. 1 ErbStG) auf die erste Stufe des Nettobetrages reduziert. Davon werden auf der zweiten Stufe der Ermittlung des stpfl. Erwerbs die zahlreichen Freibeträge und Befreiungen abgezogen.[95]

Die Absätze 2 bis 4 behandeln Sonderfragen der Eingrenzung des Vermögensanfalls, auf die aus Gründen des Sachzusammenhangs an der jeweiligen Stelle näher eingegangen wird. In den folgenden Absätzen sind die legalen Abzugsgrößen beim Vermögensanfall definiert, von denen die Nachlassverbindlichkeiten eine Sonderstellung einnehmen.

---

95 In der Kommentarliteratur wird hierfür auch das Begriffspaar »Nettobetrag I« und »Nettobetrag II« verwendet (vgl. *Meincke*, ErbStG-Komm. § 10 Rz. 2).

Neu aufgenommen wurde mit dem ErbStRG (2008) die Regelung in § 10 Abs. 1 S. 3 ErbStG, wonach etwaige **Steuererstattungsansprüche** bereits mit ihrem materiell-rechtlichen Gehalt (als sog. abstrakte Ansprüche) und nicht erst mit der Konkretisierung durch einen Steuerbescheid zu erfassen sind. Weiter präzisiert etwa R E 10.3 Abs. 2 und Abs. 3 ErbStR 2019 für ESt-Erstattungsansprüche den Entstehenszeitpunkt im Todesjahr mit dem Ende des VZ, in dem der Tod des Erblassers eingetreten ist.

Hinweis: Erstattungsansprüche aus den Vortodesjahren erhöhen die Bereicherung des Erben, unabhängig davon, ob diese schon durch Bescheid festgesetzt sind. Gem. R E 10.3 Abs. 4 ErbStR 2019 sind diese Regelungen auch auf Erstattungszinsen anzuwenden.

4.3.2 Die Schulden im Erbfall

Nachlassschulden ziehen häufig kontroverse Rechtsfolgen nach sich.

> **Beispiel 18: Die nicht zur Ruhe kommenden Erben**
>
> Der selbständige Anästhesist A erleidet bei einer von ihm assistierten Operation einen Kreislauf-Kollaps und verstirbt daraufhin am 02.02.2024. Er hinterlässt neben Aktivvermögen im (Steuer-)Wert von 1 Mio. € auch Steuerschulden aus der Veranlagung des Jahres 22 i.H.v. 0,8 Mio. €.[96] Noch nicht berücksichtigt ist, dass A zehn wertvolle »Versace«-Anzüge besaß, deren Anschaffung er komplett fremdfinanziert hat (40 T€). Erben sind die Ehefrau EF (ansehnliches Eigenvermögen[97]) und das einzige Kind, Tochter T.
>
> Insb. wegen der schnellen Auseinandersetzung der Erbengemeinschaft hat A seinen StB B als Testamentsvollstrecker eingesetzt (Honorar: 20 T€), der auch für die Erbschaftsteuererklärung zuständig ist (Honorar 2 T€).
>
> **Zusatzfrage:** Was gilt für eine ESt-Schuld im/für das Todesjahr?

An kaum einer anderen Stelle lässt sich die **unterschiedliche** Beurteilung ein- und derselben Größe für die beiden betroffenen Teilrechtsordnungen, das Steuerrecht und das Erbrecht, deutlicher manifestieren als in der Behandlung der Nachlassschulden. Während diese Schulden nicht selten für den (die) vorgesehenen Erben zur Ausschlagung der Erbschaft führen, reduzieren Nachlassverbindlichkeiten erbschaftsteuerlich die Bereicherung des (der) annehmenden Erben und damit die Steuerlast.

Nach § 1922 BGB geht nicht nur das Aktivvermögen auf den (die) Erben über. Vielmehr beinhaltet der ganzheitliche Vermögensübergang auch die Übernahme der Schulden (so ausdrücklich § 1967 BGB). Wegen der **Vereinigung** des Eigenvermögens und des Erblasservermögens und der damit einhergehenden Gefährdung der jeweiligen Gläubigeransprüche sieht das Erbrecht in den §§ 1975 ff. BGB die Möglichkeit der Trennung beider Vermögensbestandteile vor (Nachlasspflegschaft bzw. Nachlassinsolvenz).[98] Übereinstimmend mit dieser Nachlassregelung definiert § 45 Abs. 2 AO auch die Haftung des Erben für steuerliche Nachlassverbindlichkeiten.

---

96 Mögliche Erklärung: Die Abschreibung – und damit die Verluste – für eine zu spät aufgelegte Schiffsbeteiligung wurden nicht anerkannt.
97 D.h., ein Zugewinnausgleich ist ausgeschlossen.
98 Die Initiative hierzu kann sowohl von den Erben als auch von den Gläubigern ausgehen.

Konform mit dem Zivilrecht (§§ 1967 ff. BGB) werden nun nach § 10 Abs. 5 ErbStG die nachfolgenden Verbindlichkeiten zu den Nachlassschulden gezählt und – bei Erwerb von Todes wegen – vom Wert der Bereicherung abgezogen:
- **Erblasser schulden** (Nr. 1), d.h. aus der Person des Erblassers herrührende Schulden, die grds. zu Lebzeiten des Erblassers entstanden sind, aber auch erst mit oder nach dem Tode entstehen können. Die weitere Einschränkung nach Satz 2, dass es sich dabei nicht um Betriebsschulden handeln darf, soll lediglich verhindern, dass betriebliche Schulden zweimal (über die vorherige Berücksichtigung nach § 12 Abs. 5 ErbStG i. V. m. § 103 BewG) berücksichtigt werden können.
  Hinweis (und Vorweg-Beantwortung **der Zusatzfrage – ESt-Schuld des Todesjahres**):
  Es stellt sich die Frage, ob die ESt-Abschlusszahlung des Erblassers für das Todesjahr nach § 10 Abs. 5 Nr. 1 ErbStG zu berücksichtigen ist, auch wenn noch kein Steuerbescheid vorliegt. Hierzu hat der BFH in früheren Urteilen (z. B. BFH vom 27.06.2007, BStBl II 2007, 651) immer formal argumentiert und auf das spätere Entstehen des Steueranspruchs (mit Ablauf des VZ) abgestellt. Mit dem Urteil vom 02.03.2011 (BFH/NV 2011, 1147) hat der BFH mit dem Aspekt der wirtschaftlichen Belastung eine **Änderung** angedeutet. Mit dem Urteil vom 07.12.2001 (ZEV 2012, 500) hat der BFH die Änderung der alten Rspr. vollzogen und stellt nunmehr auf das erbschaftsteuerliche Stichtagsprinzip ab (§ 10 Abs. 1 S. 1 ErbStG i. V. m. § 9 Abs. 1 ErbStG). Damit ist die **ESt-Schuld des Todesjahrs** – auch ohne Bescheid – **abzugsfähig** (zustimmend *Crezelius*, ZEV 2012, 504).
  Mit dem Folgeurteil vom 04.07.2012 (BStBl II 2012, 790) ist diese Auffassung nochmals bestätigt worden, die Verwaltung ist dieser Auffassung gefolgt (DStR 2012, 1698).
  Eine andere Thematik ist später in den Vordergrund gerückt: Ist ein Pflegeaufwand, der nur aus moralischen Gründen unentgeltlich geleistet wurde, als eine Nachlassverbindlichkeit abziehbar? Der BFH verneint im Urteil vom 26.02.2014 (ZEV 2014, 269) die Abziehbarkeit, weil der Wille zu einer vertraglich-entgeltlichen Verpflichtung gefehlt habe.[99]
- **Erbfallschulden** (Nr. 2), d.h. die den Erben als solchen betreffenden Schulden wie Vermächtnisse, Auflagen und geltend gemachte (!) **Pflichtteilsansprüche**[100], wobei die den Erben unmittelbar betreffende ErbSt-Schuld gem. § 10 Abs. 8 ErbStG nicht abziehbar ist. Die Verwaltung hat sich dem BFH-Urteil vom 22.07.2015 (BStBl II 2016, 230) angeschlossen, dass Pflichtteilsschulden in voller Höhe abzugsfähig sind, auch wenn sich privilegierte WG im Nachlass befinden. Konkret: Es besteht hier kein wirtschaftlicher Zusammenhang (vgl. R E 10.10 Abs. 3 ErbStR 2019[101]).

---

[99] M. E. zu einseitige Betrachtung, wie der Hinweis auf § 13 Nr. 9 ErbStG zeigt. Die Vorschrift stellt einen Freibetrag i. H. v. 20 T€ für unentgeltlich oder angemessen entgeltlich erbrachte Pflegeleistung, die häufig als Vermächtnis zugewendet wird. (So auch im BFH-Fall vom 11.09.2013, BStBl II 2014, 114; danach erfordert der Abzug des Freibetrags die Kenntnis und das Glaubhaftmachen der Hilfsbedürftigkeit des Erblassers.)

[100] Für verjährte Pflichtteilsansprüche kommt allenfalls ein Abzug gem. § 10 Abs. 5 Nr. 1 ErbStG in Betracht. Dies gilt nach FG München vom 24.07.2002 (EFG 2002, 1626) aber nicht, wenn von den späteren Erben eigene – ihnen – zustehenden Pflichtteilsansprüche gegen den Vorverstorbenen verspätet geltend gemacht werden (fehlende wirtschaftliche Belastung). Klarstellend zum BFH-Urteil vom 07.10.1998 (BStBl II 1999, 23) führt der BFH im Urteil vom 30.04.2003 aus, dass es beim Wortlaut des § 10 Abs. 5 Nr. 2 ErbStG bleibt, wonach der Pflichtteilsanspruch nur **ernsthaft geltend** gemacht werden muss. Auf die **Bezifferung** des Pfichtteilsanspruchs kommt es **ebenso wenig** wie auf die Erfüllung dieser Geldschuld an (BFH vom 19.07.2006, BStBl II 2006, 718). Der BFH hat am 08.10.2003 (StE 2004, 106) für einen Pflichtteilsergänzungsanspruch infolge einer lebzeitigen Schenkung des Erblassers entschieden, dass dieser bei der Besteuerung der Schenkung (!) nach § 10 Abs. 5 Nr. 2 ErbStG erwerbsmindernd abzuziehen ist.

[101] S. hierzu *Brüggemann*, ErbStG 2019, 207.

- Kosten für die **Abwicklung des Erbfalls** und die **Bestattungskosten** (Nr. 3[102]). Letztere können mit einer (ohne Nachweis) anzusetzenden Pauschale von 10.300 € pro Erbfall immer berücksichtigt werden. Mindestvoraussetzung für die Pauschale ist allerdings, dass dem Erwerber dem Grunde nach Kosten entstanden sind, nur die Höhe nicht nachgewiesen werden kann (BFH vom 21.01.2005, BFH/NV 2005, 1092).

EF und T rücken, wenn sie die Erbschaft nicht ausgeschlagen haben, in **verfahrensrechtlicher** (und nach h. M. auch in materiell-rechtlicher) Hinsicht in die Rechtstellung des B ein. Danach trifft die **ESt-Schuld** aus dem VZ 22[103] (0,8 Mio. €, z. B. wegen nachträglich aberkannter Beteiligungsverluste nach § 2b EStG für den VZ 20) unmittelbar die Erben (§ 45 AO). Vergleichbar mit der Regelung in §§ 1967 ff. BGB haftet dem Fiskus für die Erstattung der 0,8 Mio. € bis zur Annahme nur der Nachlass[104], nach Annahme auch der (die) einzelne(n) Erbe(n). Nehmen EF und T die Erbschaft an (dies ist der Fall, wenn sie nicht binnen der Sechs-Wochenfrist die Erbschaft ausschlagen), so haften EF und T auch mit ihrem eigenen Vermögen für die Steuerverbindlichkeit des B. Erschwerend kommt hinzu, dass sowohl das Zivilrecht (§§ 2058 f. BGB) als auch das Steuerrecht (§ 44 AO) für diesen Fall Gesamtschuldnerschaft angeordnet haben, sich der Fiskus demnach wegen seiner Ansprüche an beiden Erbinnen in voller Höhe schadlos halten kann. EF und T haben jedoch die Möglichkeit der nachträglichen Nachlassverwaltung bzw. der Nachlassinsolvenz, die auch steuerlich zu respektieren ist (§ 45 Abs. 2 S. 1 AO). Wegen des positiven Saldos (1 Mio. € ./. 800 T€) ist beiden Erbinnen dennoch die Annahme zu empfehlen.

Immer wieder kommt es vor, dass Auslandsvermögen dem Fiskus verschwiegen wird. Für diesen Fall hat das FG Düsseldorf am 10.07.2002 (EFG 2002, 1317) entschieden, dass ggf. hieraus resultierende Steuerschulden dann beim Erben nicht gem. § 10 Abs. 5 Nr. 1 ErbStG abzugsfähig sind, wenn nicht sofort nach dem Todesfall das FA hierüber informiert wird. Bei fehlender (oder verzögerter) Information sei der Erbe nicht wirtschaftlich belastet.

Rein schematisch lassen sich die Nachlassverbindlichkeiten (§ 10 Abs. 5 ErbStG) – wie folgt – gruppieren, wobei mit (–) die nicht abzugsfähigen und mit **(+) die abzugsfähigen** Schulden bezeichnet sind:

Erblasserschulden (Nr. 1)	Erbfallschulden (Nr. 2)	Erbfallkosten (Nr. 3)
»betriebliche« [Abs. 5 (–)]	eigene Steuer [Abs. 8 (–)]	Bestattung/Grabpflege (+)
i. V. m. nicht steuerbaren Gegenständen [Abs. 6 (–)]	Vermächtnisse und geltend gemachte Pflichtteilsansprüche (+)	unmittelbare Erwerbs- und Abwicklungskosten (+)
i. V. m. steuerbefreiten Gegenständen [(–)/(+)]	Auflagen zugunsten des Beschwerten [Abs. 9 (–)]	Nachlassverwaltung (–)
i. V. m. steuerpflichtigen Gegenständen (+)	sonstige Auflagen (+)	

---

102 S. hierzu ausführlich R E 10.9 ErbStR 2019 und detaillierte Beispiele in H E 10.9 ErbStH 2019 (insb. zur Frage, wer den Grabpflegevertrag abgeschlossen hat; daneben ist auch die Höhe der künftigen Grabpflegekosten und ihre Kapitalisierung mit dem Faktor 9,3 (§ 13 Abs. 2 BewG) angesprochen).
103 Gem. R E 10.8 Abs. 3 ErbStR 2019 sind ESt-Schulden des Todesjahres nicht zu berücksichtigende Nachlassverbindlichkeiten, da sie erst am 31.12. des Todesjahres entstehen (vgl. auch § 36 Abs. 1 i. V. m. § 25 Abs. 1 EStG). Identische Regelung wie bei den ESt-Erstattungsansprüchen!
104 S. § 1958 BGB bzw. auch § 20 Abs. 3 ErbStG.

Lösung:

EF und T sind Miterben zu je 1/2 und haben als Mitglieder einer steuerlichen Bruchteilsgemeinschaft (§ 39 Abs. 2 Nr. 2 AO) einen Erwerb von Todes wegen mit 50 % des Vermögensanfalls zu versteuern (§ 1 Abs. 1 Nr. 1, § 3 Abs. 1 Nr. 1 ErbStG). Für die Wertermittlung nach §§ 10, 12 ErbStG ist der Todestag des A am 02.02.2024 maßgeblich (§ 9 Abs. 1 Nr. 1, § 11 ErbStG).

Unter **erbschaftsteuerlichen** Gesichtspunkten muss der **Schuldenabzug** gem. § 10 Abs. 5 ff. ErbStG geprüft werden; Ausgangspunkt ist dabei der vorläufige Steuerwert des Nachlasses von 1 Mio. € nach § 10 Abs. 1 S. 2 ErbStG.

- Die ESt-Nachzahlungsschuld geht zwar auf die Erben über, hat ihre Entstehung nach §§ 2, 36 EStG dem Erblasser B zu verdanken und ist von daher zweifellos eine Erblasserschuld und somit grds. nach § 10 Abs. 5 Nr. 1 ErbStG abzuziehen. Eine Ausnahme ist wegen des sog. **wirtschaftlichen Zusammenhangs** nur für Betriebsschulden zu machen, die bereits bei der Wertermittlung des Gewerbebetriebs (§ 95 BewG) bzw. des freien Berufs (§ 96 BewG) nach § 12 Abs. 5 ErbStG abgezogen wurden – und demzufolge in dem Steuerwert von 1 Mio. € bereits enthalten sind.[105] Im konkreten Fall liegen jedoch bei einem Arzt keine abzugsfähigen Betriebsschulden (wie die Umsatzsteuer- oder Gewerbesteuerschuld) vor. Die nachgeforderte ESt-Schuld von 0,8 Mio. € ist uneingeschränkt abzugsfähig.
- Bei den teuren Herrenanzügen stellt sich in doppelter Hinsicht die Frage ihrer Berücksichtigung: **zum ersten** als Bereicherungstatbestand und **zum zweiten** als Abzugsposten, da sie »fremdfinanziert« sind. Nach § 13 Abs. 1 Nr. 1 Buchst. a ErbStG sind Kleidungsstücke als **Hausratsbestandteil** steuerbefreit, wenn die Erwerber den Erblasser – wie hier – nach StKl. I beerben.
- Für den »Versace«-Kredit in gleicher Höhe (40 T€) ergibt sich aus dem Wortlaut von § 10 Abs. 6 S. 1 ErbStG zunächst ein **Abzugsverbot**. Mit einer reduzierenden Auslegung nimmt die Verwaltung gem. R E 10.10 Abs. 3 S. 2 ErbStR 2019 jene Schulden vom Abzugsverbot wieder aus, die mit WG in Zusammenhang stehen, für die die Befreiung nur pauschal (z.B. § 13 Abs. 1 Nr. 1 ErbStG – Steuerbefreiung wegen Hausrat) und nicht konkret-gegenständlich (z.B. § 13 Abs. 1 Nr. 2[106] und 3 ErbStG) vorgesehen ist. Auf den Fall bezogen, werden die teuren Anzüge zwar nicht als Vermögensanfall besteuert, die damit zusammenhängenden Schulden (40 T€) können aber abgezogen werden.
- Weiterhin problematisch sind die Kosten des StB B, soweit sie seinem Amt als Testamentsvollstrecker[107] (TV) (hier: 20 T€) gelten und soweit sie für die Erbschaftsteuererklärung (2 T€) anfallen. Bei der Vergütung für den TV hängt die Entscheidung allein davon ab, ob das Honorar als abzugsfähige Nachlassabwicklungskosten (§ 10 Abs. 5 Nr. 3 S. 1, 2. Alt. ErbStG) oder als nicht abzugsfähige Nachlassverwaltungskosten (S. 3 a.a.O.) angesehen werden. Die Entscheidung kann nur dem Erbrecht entnommen werden: Ordnet der Erblasser Dauertestamentsvollstreckung (nach § 2210 BGB längstens für 30 Jahre) an, so liegen Nachlassverwaltungskosten vor. Dient hingegen die TV-Ernennung[108] nur der Durchsetzung des Erblasserwillens hinsichtlich der konkreten Erbauseinandersetzung nach §§ 2038 und insb. nach § 2042 BGB, so liegen – vergleichbar den Kosten für die Erteilung des Erbscheins – voll abzugsfähige Abwicklungskosten (20 T€) vor. Die Kosten für die Erbschaftsteuererklärung (2 T€) sind nach heute h.A. voll abzugsfähige Abwicklungskosten, anders als die Erbschaftsteuer, für die ein gesetzliches Abzugsverbot (§ 10 Abs. 8 ErbStG) gilt.
Da es häufig vorkommt, dass nach dem Todesfall berichtigte Steuererklärungen abgegeben werden (müssen), hat das FG Ba-Wü am 15.05.2019 entschieden, dass auch die Beraterkosten hierfür abzugsfähige Nachlassverbindlichkeiten sind (ErbBstg 2019, 222; Revision beim BFH, II R 30/19).

---

105 Für den vollen Abzug der Schulden bei privilegiertem Produktivvermögen nach § 13a ErbStG und dem nur eingeschränkten Abzug bei übernommener L+F bzw. bei wesentlichen KapG-Beteiligungen vgl. § 10 Abs. 6 S. 4 und 5 ErbStG.
106 Hauptfall: Denkmalgrundstück.
107 Nach Ansicht des BFH vom 07.12.1999 (BStBl II 2000, 233) kann der TV aufgrund seiner Handlungspflichten den Lauf der Verjährung nach §§ 169 Abs. 2 Nr. 2, 170 Abs. 2 AO beeinflussen.
108 Die gelegentlich diskutierte Annahme eines Vermächtnisses bei der angeordneten Vergütung für den TV ist obsolet.

Im Ergebnis sind vom Vermögensanfall von 1 Mio. € alle Schulden i. H. v. 862 T€ (800 T€ für die ESt-Schuld, 40 T€ für die Anzüge, 22 T€ für den StB) abzuziehen, sodass sich der stpfl. Erwerb von Todes wegen (vor den persönlichen Freibeträgen) auf 138 T€ beziffert, die bei StKl. I aufgrund der nach §§ 16, 17 ErbStG zu gewährenden Freibeträge keine Steuer auslösen.

Noch vor der Diskussion des Schuldenabzugs muss allgemein geprüft werden, ob der (nicht näher bezifferte) **Honoraranspruch** des A aus der freiberuflichen ärztlichen Leistung am 02.02.2024 als Erwerb von Todes wegen bei EF und T zu erfassen sind. Zwar handelt es sich einkommensteuerlich noch um einen Leistungsbeitrag des Erblassers, nach § 24 Nr. 2, 2. Alt. EStG haben jedoch EF und T den in 2022 zufließenden Honoraranspruch (§ 4 Abs. 3 EStG[109]) des B als eigene nachträgliche Einkünfte (§§ 24, 18 Abs. 1 Nr. 1 EStG) in 2022 mit ihren persönlichen Steuermerkmalen zu versteuern.

Exkurs: Drei zusätzliche Problembereiche kommen häufig bei § 10 ErbStG vor:
1. Abzug der (späten Schuld für) Pflegeleistungen;
2. die erbschaftsteuerliche Behandlung der »Konfusion« bzw. »Konsolidation«;
3. Aufteilung und Zuordnung der Nachlassverbindlichkeiten zu einzelnen (auch steuerbefreiten) Gegenständen (§ 10 Abs. 6 ErbStG).

Zu 1.: Bei den **Pflegeleistungen** (Hauptfall: Vermächtnis zugunsten der Haushaltshilfe bzw. erbvertragliche Vereinbarung) geht es um die Frage des Abzugs der in der Vergangenheit erbrachten Pflegeleistung als Nachlassverbindlichkeit gem. § 10 Abs. 5 Nr. 1 ErbStG (Erblasserschuld) bzw. als Erwerbskosten nach § 10 Abs. 5 Nr. 3 ErbStG (Vertragslösung).

Bei der Abzugsfrage (für die Haushaltshilfe) stellt sich die Verwaltung mit R E 13.5 Abs. 2 S. 1 ErbStR 2011 auf den Standpunkt, dass sich der Freibetrag nach § 13 Abs. 1 Nr. 9 ErbStG und die Behandlung als Nachlassschuld gegenseitig ausschließen, wobei Letzterem der Vorrang gebührt. Eine Nachlassschuld wird nach Verwaltungsauffassung und BFH-Rspr. aber nur angenommen[110], wenn ein verbindlicher Dienstvertrag nach § 611 BGB nachgewiesen werden kann, wobei eine fehlende Entgeltsvereinbarung wegen § 612 BGB (»übliche Vergütung«) geheilt werden kann. Abgesehen von den Nachweisschwierigkeiten und wegen der grundsätzlichen Ablehnung als Erwerbskosten wird in der Praxis – entgegen dem rechtlichen Vorrang der Nachlassschuld gegenüber dem Freibetrag – wohl nur Letzterer gewährt.[111]

Für den zweiten Fall, wonach bei einem Erbvertrag (bzw. einem gemeinschaftlichen Testament) vorherige Pflegeleistungen als »Erwerbskosten« beansprucht werden, entscheiden die Finanzgerichte durchweg ablehnend (FG München vom 05.11.2003, EFG 2004, 358; ähnlich FG Rhl.-Pf. vom 31.07.2003, EFG 2003, 1406).

Losgelöst davon hat die Haushaltshilfe im ersten Fall (kein Erbvertrag/kein gemeinschaftliches Testament) den empfangenen Betrag nach § 3 Abs. 1 Nr. 1 ErbStG in beiden Varianten als Erwerb von Todes wegen abzüglich des Freibetrages von 20.000 € (§ 13 Abs. 1 Nr. 9 ErbStG – Steuerbefreiung wegen Pflegebetrag[112]) zu versteuern.

---

109 Wäre der Arzt (freiwillig) Bilanzierender, so ist die Forderung gewinnerhöhend in die Schlussbilanz aufzunehmen und bei Zahlungseingang läge ein gewinnneutraler Vorgang vor.
110 R E 13.5 Abs. 2 S. 3 ff. ErbStR 2019 sowie zuletzt BFH vom 09.11.1994 (BStBl II 1995, 62 – ablehnend zur Frage der Erwerbskosten).
111 Zum Problem der abzugsfähigen Pflegeleistungen s. auch *Meincke*, ErbStG-Kommentar 12. Aufl., § 10 Rz. 49.
112 Nach R E 13.5 Abs. 1 S. 3 ErbStR 2019 wird der Freibetrag nur bei (teil-)unentgeltlicher privater Pflege gewährt.

Zu 2.: Eine erbfallbedingte **Konfusion** ist dann gegeben, wenn dem Erblasser zu Lebzeiten eine Forderung (z. B. eine Darlehensforderung) gegen seine Kinder zusteht und diese nun als seine eingesetzten Erben diese Forderung erben.[113] Während zivilrechtlich die Forderung wegen Personenidentität von (Alt-)Schuldner und (Neu-)Gläubiger erlischt (sog. Konfusion), gelten diese Forderungen (bzw. Rechte[114]) gem. § 10 Abs. 3 ErbStG als »nicht erloschen«, sind also **steuerpflichtig**. Dies gilt auch in »umgekehrter« Richtung, wenn der Erblasser seinem Erben etwas schuldet, so ist auch diese Schuld als Nachlassverbindlichkeit abziehbar. Diese erbschaftsteuerliche Fiktion wird vor allem beim Nießbrauch eine wichtige Rolle spielen. Damit hängt auch die nächste Fallgruppe zusammen.

Zu 3.: Häufig hängen **Nachlassverbindlichkeiten** mit dem Übergang **unterschiedlicher** Vermögensgegenstände zusammen, wenn sie sowohl (anteilig) steuerbefreiten Nachlassgegenständen als auch stpfl. Gegenständen zuzuordnen sind.

Die **Sätze 4 und 5 in § 10 Abs. 6 ErbStG** regeln die Abzugsfähigkeit von Schulden und Lasten, die in wirtschaftlichem Zusammenhang mit steuerbefreitem BV, land- und forstwirtschaftlichem Vermögen und steuerbefreiten Anteilen an KapG (§ 13a, b ErbStG) und steuerbefreiten für zu Wohnzwecken vermieteten Grundstücken (§ 13d ErbStG) stehen.

Der **Satz 6** verhindert, dass Nutzungsrechte an einer wirtschaftlichen Einheit eines Grundstücks, die bereits bei der Bewertung des Grundstücks berücksichtigt wurden, zusätzlich als Nachlassverbindlichkeit oder Duldungslast abgezogen werden können.[115]

Somit enthält § 10 Abs. 6 S. 5 ErbStG – entsprechend zu § 10 Abs. 6 S. 4 ErbStG für begünstigtes BV – eine Begrenzung des Abzugs von Schulden und Lasten, die mit nach § 13d ErbStG befreitem Vermögen in wirtschaftlichem Zusammenhang stehen. Danach sind Verbindlichkeiten und Lasten, beispielsweise Verbindlichkeiten für die Finanzierung eines Mietwohngrundstücks, nur insoweit abzugsfähig, als sie nicht auf nach § 13d ErbStG befreitem Vermögen beruhen. Im Ergebnis sind daher **90 % der übernommenen Schulden** und Lasten abzugsfähig.

Soweit sich bereits bei der Ermittlung des gemeinen Werts des übertragenen Grundstücks Nutzungsrechte wertbildend ausgewirkt haben (z. B. bei Wertgutachten nach § 199 BauGB bzw. der ImmoWertV oder nach dem Kaufpreis; nicht nach §§ 182 ff. BewG!), ist ein weiterer Abzug des Nutzungsrechts gem. § 10 Abs. 6 S. 6 ErbStG im Rahmen der Ermittlung der Bereicherung des Bedachten nicht mehr möglich. Damit soll ein doppelter Abzug von wertmindernden Nutzungsrechten verhindert werden (R E 10.10 Abs. 6 ErbStR 2019). Relevant wird dies in der Praxis bei Grundstücksübertragung gegen Nießbrauchsvorbehalt.

Hinweis 1: Soweit schließlich **Schulden** mit dem gem. §§ 13a, b ErbStG privilegierten Elementarvermögen zusammenhängen, sind diese nach § 10 Abs. 6 S. 4 ErbStG nur mit dem Betrag abzugsfähig, der dem Verhältnis des Vermögens **nach und vor** Anwendung des § 13a ErbStG entspricht (R E 10.10 Abs. 4 ErbStR 2019; s. auch das Beispiel in H E 10.10 ErbStH 2019).

---

113 Sollte der Erblasser zu Lebzeiten dem späteren Erben ein zinsloses Darlehen eingeräumt haben und später die Konfusion eintreten, so liegen mit dem Urteil des BFH vom 07.10.1998 (BStBl II 1999, 25) zwei getrennte – und nicht nach § 14 ErbStG saldierbare – Bereicherungsvorgänge vor (die frühere BFH-Rspr. nahm eine Wertbegrenzung vor).
114 Dies ist der Fall der **Konsolidation**, wenn etwa der Sohn das zu seinen Gunsten belastete Grundstück im Erbfall erwirbt.
115 S. hierzu instruktiv Scharfenberg, DStR 2010, 1210 sowie weitergehend (Verzicht auf Nießbrauchsrecht) *Götz*, ZEV 2009, 609.

Hinweis 2: Mit drei gleichlautenden Ländererlassen vom 16.03.2012 (BStBl I 2012, 338) ist die Abzugsfähigkeit der Nebenkosten einer Schenkung geregelt worden. So sind die allgemeinen Erwerbsnebenkosten (wie z. B. Notar- und Grundbuchkosten) Folgekosten und keine Gegenleistungen. Falls der Beschenkte diese Kosten trägt, mindern sie dessen **Bereicherung**.[116] Diese Rechtsfolge gilt für alle Anwendungsfälle des § 7 ErbStG, somit auch für gemischte und mittelbare Schenkungen. Für Steuer- und Rechtsberatungskosten gilt schließlich, dass die im Vorfeld getätigten Aufwendungen steuerlich nicht abzugsfähig sind, während die Kosten für die Schenkungsteuererklärung vom Steuerwert der Zuwendungen abziehbar sind.

Hinweis 3: Zunächst wird nach JStG 2024 die Regelung an die EuGH-Entscheidung vom 21.12.2021 (C – 394/20) angepasst, wonach auch beschränkt Stpfl. nunmehr den Pflichtteil als Nachlassverbindlichkeit abziehen dürfen. Darüber hinaus sollen zwei neue Absätze (§ 10 Abs. 6a und Abs. 6b ErbStG) eingefügt werden. Sodann soll klargestellt werden, dass in dem Falle, dass sich die Besteuerung nur auf einzelne Gegenstände bezieht, nur die damit in Zusammenhang stehenden Schulden abzugsfähig sind (s. dazu *Dorn*, ErbBstg, Anhang 06/2024 sowie *Dorn/Dräger*, NWB-EV 21, 272).

4.4 Die Schenkung auf den Todesfall (§ 2301 BGB und § 3 Abs. 1 Nr. 2 S. 1 ErbStG)

Eine Mittelstellung zwischen einer testamentarischen Anordnung und einer Schenkung unter Lebenden nimmt die Schenkung auf den Todesfall ein.

> **Beispiel 19: Der Fall »Mata Hari I« in Lüneburg**
>
> Witwer W (zwei Kinder X und Y) wird in den letzten Jahren aufopferungsvoll von der Krankenschwester Mata Hari MH gepflegt. W hinterlässt bei seinem Tode am 15.01.2025 Wertpapier- und Barvermögen im Wert von 1 Mio. €. Sein Vertrauter Bonifaz B wird von W bevollmächtigt, nach seinem Tode das zusätzlich vorhandene Sparbuch (Wert 200 T€), das bei der Lüneburger Stadtsparkasse zugunsten von W angelegt ist, auf MH umzuschreiben. Mit der Umschreibung sind Auslagen i. H. v. 10 T€ verbunden.
>
> Wie hoch ist die Erbschaftsteuer, wenn es B gelingt, den Willen des Erblassers W zu realisieren?

Die Schenkung auf den Todesfall ist mit dem Risiko verbunden, wenn, wie das häufig der Fall ist, beim Schenkungsversprechen der Notar »vergessen« wurde oder allgemein nur eine mündliche Absprache erfolgte. Dies hat seinen zivilrechtlichen Grund darin, dass in § 2301 BGB zwischen einer **vollzogenen** (Abs. 2) und einer **nicht vollzogenen** Schenkung (Abs. 1) unterschieden wird.

Für einen **Vollzug** der Schenkung zu Lebzeiten nach § 2301 Abs. 2 BGB gelten nach einhelliger Rspr. des BGH nämlich die Heilungsvorschriften von § 518 Abs. 2 BGB, wonach bei Bewirkung der versprochenen Leistung ein möglicher Formmangel (fehlende notarielle Beurkundung) geheilt ist.[117] Umgekehrt, bei fehlender Leistungserfüllung zu Lebzeiten, gelten – ohne Heilungsmöglichkeit – nach § 2301 Abs. 1 S. 1 BGB die strengen Formvorschriften

---

116 Übernimmt hingegen der Schenker die Erwerbsnebenkosten, liegt eine zusätzliche Schenkung vor, die gleichzeitig zu einer Entreicherung des Schenkers führt.
117 BGH vom 12.11.1986 (NJW 1987, 840).

des Erbrechts. Danach ist zumindest[118] § 2247 BGB (»eigenhändig und unterschrieben«) zu beachten, wenn ein wirksamer[119] Rechtsgrund für das Behalten-Dürfen der Zuwendung vorliegen soll. Hätte somit B das Sparbuch Mata Hari im Rahmen eines wirksamen Erbvertrages zugewendet und den Vollzug bis zu seinem Tode hinausgeschoben, läge ein Erwerbsvorgang nach § 3 Abs. 1 Nr. 2 S. 1 (oder sogar nach § 3 Abs. 1 Nr. 1[120]) ErbStG vor.

In der wichtigsten Sachverhaltsvariante – wie im konkreten Beispiel 19 – stattet der Zuwendende (bzw. der Erblasser W) eine Mittelsperson (hier **Bote B**) mit einer Vollmacht über den Tod hinaus aus (sog. **transmortale Vollmacht**). In der Praxis ist dies die **formularmäßige Vollmachtserteilung** an Banken oder Notare, kurz nach dem Tode die rechtsgeschäftlichen Voraussetzungen für die Überschreibung von Sparbüchern, Wertpapieren und dgl. zu erbringen. Damit beginnt oftmals sofort nach dem Ableben des Schenkers der Wettlauf der Erben, die das Rechtsgeschäft noch widerrufen können[121][122], mit dem Vertreter, der die Willenserklärung des Erblassers zum Vertragspartner (i. d. R. die Banken) »transportiert«. Sowohl die erbrechtliche wie die steuerliche Beurteilung hängen in dieser Fallkonstellation davon ab, wer »schneller« war (**Wettlauf** zwischen Erben und Beschenkten). Gelingt den Erben der Widerruf vor Zugang der Offerte des B an die Bank, so steht ihnen als gesetzliche oder gewillkürte Erben das Sparbuchvermögen zu. Hat die Mittelsperson hingegen rechtzeitig das Angebot übertragen, liegt eine nach dem Tode des W vollzogene Schenkung auf den Todesfall vor.

Es ist derzeit noch nicht vollends geklärt, ob die **zivilrechtliche Unterscheidung** auch in das **Erbschaftsteuerrech**t übernommen werden kann. Nach dem letzten BFH-Urteil[123] in dieser Frage soll die zivilrechtliche Vorgabe auch im Erbschaftsteuerrecht befolgt werden:
- Bei Vollzug unter Lebenden wird die Zuwendung als Schenkung nach § 7 ErbStG behandelt.
- Bei Vollzug mit (bzw. nach) dem Tode des Erblassers soll ein Erwerb von Todes wegen nach § 3 Abs. 1 Nr. 2 ErbStG vorliegen.

Die Verwaltung hat mit der Transformation dieses erbrechtlichen Instituts große Schwierigkeiten. So erlaubt auch die amtliche Äußerung (RE 3.3 ErbStR 2019) jede undifferenzierte Schlussfolgerung, wenn einerseits (Satz 1) die Voraussetzungen des § 7 ErbStG (freigebige Zuwendung) gefordert werden, mit Satz 2 aber der – für einen Erwerb von Todes wegen typische – **volle** Abzug etwaiger Nachlassschulden zugelassen wird.

---

118 Erst recht erfüllt ein notarieller Erbvertrag (§ 2267 BGB) diese Voraussetzung.
119 Hierzu (und zu erbrechtlichen Umdeutungen) ausführlich Musielak in MüKo, § 2301 Rz. 14.
120 Diese Annahme unterstellt, dass das erbvertragliche Schenkungsversprechen nur als Vermächtnis oder als Erbeinsetzung zu behandeln ist.
121 Zu Problemen der transmortalen Vollmacht i. V. m. einer angeordneten Testamentsvollstreckung s. OLG München vom 15.11.2011, ZErb 2012, 18 sowie *Hannes/von Oertzen*, ZEV 2012, 142 ff. (143).
122 Genau genommen kann das Angebot zum Abschluss eines (z. B. Bank-)Vertrages nach § 168 S. 2 BGB solange widerrufen werden, bis es von dem Vertragspartner noch nicht angenommen ist.
123 BFH vom 05.12.1990 (BStBl II 1991, 181) bestätigt zuletzt in einem obiter dictum vom BFH am 24.10.2001 (BStBl II 2002, 153); s. hierzu auch *Meincke*, § 3, Rz. 55 ff. (57 und 61).

Lösung:

- Kommt das von B übermittelte Vertragsangebot vor dem Widerruf (1. Alt.) von X und Y bei der Bank an, so hat MH die Sparbücher mit einem Wert von 200 T€ von Todes wegen nach § 3 Abs. 1 Nr. 2 ErbStG erworben, da der Vollzug nach dem Tode des Erblassers eintrat. Nach § 10 Abs. 1 S. 2 ErbStG können die Auslagen in voller Höhe (10 T€[124]) abgezogen werden, ohne dass hierauf die Grundsätze der gemischten Schenkung Anwendung finden. MH stehen als Freibeträge jeweils 20.000 € zu (nach § 13 Abs. 1 Nr. 9 ErbStG – Steuerbefreiung wegen Pflegebetrag – sowie nach § 16 Abs. 1 Nr. 7 ErbStG). Für den stpfl. Erwerb von 150.000 € hat MH nach § 19 Abs. 1 ErbStG 30 % Steuer, also **45.000 €** zu zahlen.
- Sind die Erben hingegen schneller (**Widerruf vor übermitteltem Vertragsangebot** = 2. Alt.), gehören die Sparbücher zur Gesamtbereicherung von X und Y i. H. v. 1,2 Mio. €.

4.5 Erwerb durch einen Vertrag zugunsten Dritter (§ 3 Abs. 1 Nr. 4 ErbStG sowie R E 3.7 Abs. 1 ErbStR 2019)

Vom BGB wird der Fall einfacher gelöst, wenn es sich nicht um einen Boten, sondern um einen »**Außenstehenden**« handelt, gegen den die begünstigte Person einen Anspruch erwirbt.

Beispiel 20: Der Fall »Mata Hari II« in Lüneburg

W (aus Beispiel 19) vereinbart diesmal direkt mit der Lüneburger Stadtsparkasse, die das Sparbuch bis zu seinem Tode verwahrt, einen Vertrag zugunsten Dritter, wonach die Sparkasse nach seinem Tode verpflichtet ist, das Sparbuch auf MH als neue Gläubigerin umzuschreiben.

Bei einer nur geringfügigen Abweichung im Sachverhalt, wonach diesmal die Bank unmittelbar (als sog. Versprechende) verpflichtet ist, den Betrag auf Wunsch an MH auszukehren, liegt ein **formfreier Vertrag zugunsten Dritter** gem. § 331 BGB vor. Die zivilrechtliche Abstimmungsproblematik ist offensichtlich: Während bei einem Schenkungsversprechen auf den Todesfall die Formvorschriften über das Schicksal der Zuwendung entscheiden, soll ein formfreier Vertrag zugunsten Dritter nach § 331 BGB den Zuwendenden (den Erblasser) in die Lage versetzen, wesentliche Vermögensbestandteile **am Nachlass vorbei** zu übertragen.[125] Der Vorrang des (formfreien) § 331 BGB vor dem Formgebot des § 2301 BGB ist zwischenzeitlich auch durch die BGH-Rspr. mehrfach[126] bestätigt worden.

Lösung:

Im Ergebnis zu Beispiel 20 liegt seitens MH kein Erwerb durch Erbanfall nach § 3 Abs. 1 Nr. 1 (bzw. Nr. 2) ErbStG, sondern ein Erwerb durch einen Vertrag zugunsten Dritter auf den Todesfall nach § 3 Abs. 1 Nr. 4 ErbStG i. H. v. 200 T€ (abzüglich Pauschale und persönliche Freibeträge) vor.

4.5.1 Die Lebensversicherung im Erbschaftsteuerrecht

Für den wichtigsten Fall der **Lebensversicherung** ist die Formdiskussion wegen der vorrangigen Formfreiheit nach VVG (§§ 159 ff. VVG) ohnehin obsolet. Für diesen wirtschaftlich

---

124 Ggf. i. V. m. § 10 Abs. 5 Nr. 3 ErbStG.
125 S. hierzu auch R E 3.7 Abs. 1 ErbStR 2019 sowie FinMin Ba-Wü vom 01.03.2010, Az.: 3 – S 3802/20.
126 Diese Frage muss für das sog. Valutaverhältnis zwischen dem Versprechensempfänger (Erblasser) und dem Dritten geprüft werden. Davon zu unterscheiden ist das »Deckungsverhältnis« zwischen dem Erblasser und dem Versprechenden (Bank bzw. Versicherungsunternehmen).

bedeutsamen Fall eines Vertrages zugunsten Dritter auf den Todesfall ist offenkundig, dass mit der Prämienzahlung der Nachlass geschwächt wurde. Für eventuelle Nachlassgläubiger (z. B. Pflichtteilsberechtigte) sei angefügt, dass der Ersatzanspruch dieser Personengruppe wegen beeinträchtigender Schenkungen nach § 2325 Abs. 3 BGB gegen die Erben (!) nur auf die während der letzten zehn Jahre eingezahlten Prämien gerichtet ist. Er umfasst also weder den Rückkaufswert noch die eigentliche Versicherungssumme. Ganz allgemein fallen in den Anwendungsbereich von § 3 Abs. 1 Nr. 4 ErbStG:
1. Lebensversicherungsverträge,
2. Unfallversicherungsverträge und
3. Ansprüche von Hinterbliebenen aufgrund gesellschafts- und arbeitsrechtlicher Verpflichtungen.

Im Einzelnen gilt zu Leistungen aus Lebensversicherungsverträgen Folgendes:
a) Bei einer Lebensversicherung ist vorweg nach dem Kriterium des **Bezugsberechtigten** zu unterscheiden:
   - Ist **kein Bezugsberechtigter** benannt (Beispiel: Lebensversicherung der Ehefrau EF ohne Bezugsberechtigung), so fällt beim Tode des Versicherungsnehmerin EF der Anspruch gegen die Versicherung in den allgemeinen Nachlass (Erwerb der Erben nach § 3 Abs. 1 Nr. 1 ErbStG).
   - Nur, wenn ein von der Versicherungsnehmerin EF **unterschiedlicher Bezugsberechtigter** (Freund/Ehemann) benannt ist, erwirbt dieser beim Tode von EF einen nach § 3 Abs. 1 Nr. 4 ErbStG stpfl. Anspruch gegen die Versicherung. Dies setzt allerdings eine freigebige Zuwendung im sog. Valutaverhältnis zwischen der Versicherungsnehmerin (hier EF) und dem Bezugsberechtigten voraus.
b) Zur **Höhe** des steuerbaren Erwerbs ist anzufügen, dass bei Ausbezahlung der fälligen Lebensversicherung der Nominalbetrag zu erfassen ist, während bei unwiderruflicher Zuwendung des Anspruchs vor Fälligkeit (mit den o. g. weiteren Voraussetzungen) gem. § 12 Abs. 4 BewG der Anspruch stets mit dem Rückkaufswert (= gemeiner Wert gem. § 12 Abs. 4 BewG 2009) anzusetzen ist.[127]

4.5.2 Unfallversicherungsverträge

In den Anwendungsbereich des § 3 ErbStG als Erwerb von Todes wegen fallen auch Leistungen aus einer Unfallversicherung. Dabei unterliegt jedoch der Anspruch auf Todesfallentschädigung aus einer Kfz-Insassenunfallversicherung dem direkten Erbanfall der Erben nach § 3 Abs. 1 Nr. 1 ErbStG.

4.5.3 Hinterbliebenenbezüge – Versorgungsansprüche

Diese ausführlichst in den Verwaltungsrichtlinien dargestellte Problematik verdankt ihren Ausgangspunkt der gesetzlichen Formulierung in § 3 Abs. 1 Nr. 4 ErbStG, wonach nur »vertragliche« Bezüge zugunsten Dritter auf den Todesfall einen stpfl. Vermögensvorteil auslösen. In den meisten Beschäftigungsverhältnissen kommen die Hinterbliebenen in den Genuss **nachvertraglicher** Leistungsbezüge, sog. Versorgungsansprüche. Rein zivilrecht-

---

127 Von besonderer Bedeutung ist dabei die Berücksichtigung von ausgeschütteten und gutgeschriebenen Gewinnanteilen.

lich gehen diese Ansprüche – vergleichbar dem Anspruch des Bezugsberechtigten bei einer Lebensversicherung – nicht im Erbwege (§ 1922 BGB) auf die Hinterbliebenen über, sondern entstehen originär in der Person der Angehörigen. Rspr. und Verwaltung klammern in einer ersten Beurteilung alle **gesetzlichen** Versorgungsansprüche aus dem Katalog der stpfl. Versorgungsbezüge aus. So lösen alle auf Beamtengesetzen, auf der gesetzlichen Rentenversicherung für Angestellte und Arbeiter und auf berufsständischen freiberuflichen Versicherungen beruhende Bezüge keine Steuerpflicht nach § 3 ErbStG aus. Die Rspr. des BFH hat sodann unter dem Einfluss des Gleichheitsgrundsatzes von Art. 3 GG eine teleologische Reduktion (einschränkende, gesetzeszweckorientierte Auslegung) von § 3 Abs. 1 Nr. 4 ErbStG vorgenommen und alle auf einem **Dienstvertrag** mit dem Arbeitgeber beruhenden Hinterbliebenenbezüge den gesetzlichen steuerfreien Ansprüchen gleichgestellt.[128] R E 3.5 Abs. 1 S. 3 Nr. 3 ErbStR 2019 erweitert den Kreis der nicht steuerbaren Bezüge um Ansprüche, die auf einer freiwilligen Weiter- oder Höherversicherung in einem berufsständischen Versorgungswerk beruhen. Betroffen davon sind frühere Pflichtmitglieder mit berufsfremder Tätigkeit, die zu einer Versicherungspflicht in der gesetzlichen Rentenversicherung führt.[129]

Probleme treten jedoch in den Fällen auf, in denen mit den **G'ftern** von PersG und KapG wegen ihrer Funktion als GF vergleichbare Versorgungsansprüche für deren Hinterbliebene vereinbart werden. Aufgrund einer vom BVerfG abgesegneten Rspr. des BFH[130] wird in dieser Fallgruppe wie folgt differenziert:

- Rentenbezüge der Witwe eines G'fters einer **PersG** (OHG, KG, GbR) sind – von seltenen Ausnahmen abgesehen[131] – immer erbschaftstpfl. nach § 3 Abs. 1 Nr. 4 ErbStG; auch im Urteil vom 05.05.2010 (DB 2010, 1865) behandelt der BFH den Übergang des Pensionsanspruchs auf die Witwe des Komplementärs als stpfl. Forderung im Sonder-BV;
- bei den Rentenbezügen der Witwe eines **GmbH-G'fter-GF** wurde die Rechtsfigur des »herrschenden Geschäftsführers« eingeführt. Soweit der Erblasser dieser Gruppe zugehörte, sind die Bezüge erbschaftsteuerpflichtig. Ansonsten lag eine arbeitnehmerähnliche Stellung vor und die Bezüge der Witwe sind dann steuerfrei; die Kriterienbildung für eine Position als herrschender GF einer GmbH (alternativ:
  - Einzel-Kapitalanteil > 50 % oder
  - Gruppenmehrheit oder
  - faktische Beherrschung)

sind im Einzelnen in H E 3.5 ErbStH 2019 aufgeführt. Bei Gestaltungsüberlegungen sollte man jedoch im Auge behalten, dass die bei der verdeckten Gewinnausschüttung vom BFH ertragsteuerlich kreierte Rechtsfigur des beherrschenden G'fter-GF nicht in allen Punkten mit der erbschaftsteuerlichen Figur des herrschenden GF identisch ist.

---

128 BFH vom 20.05.1981 (BStBl II 1981, 715). Rechtsgrund für die Ansprüche können sein: Tarifvertrag, Betriebsordnung, Betriebsvereinbarung sowie betriebliche Übung, s. auch R E 3.5 Abs. 2 EStR 2019.
129 Vgl. hierzu *Jost*, FR 2003, 824.
130 Für die PersG zuletzt BFH vom 13.12.1989 (BStBl II 1990, 325) sowie BVerfG vom 05.05.1994 (BStBl II 1994, 547); für die KapG zuletzt BFH vom 13.12.1989 (BStBl II 1990, 322) sowie BVerfG vom 09.11.1988 (BStBl II 1989, 938).
131 Für die **Ausnahme** muss nach R E 3.5 Abs. 4 S. 2 ErbStR 2019 eine **arbeitnehmerähnliche Stellung** im Innenverhältnis vorliegen. In diesen Fällen wird man jedoch im Regelfall schon aus ertragsteuerlichen Gründen die Stellung als MU aberkennen.

So ersetzt z.B. im KSt-Recht die Stimmrechtsmehrheit die nominelle Kapitalanteilsmehrheit, an der allein sich das Erbschaftsteuerrecht orientiert. Ähnliche Ungereimtheiten gibt es bei der »Gruppenbildung«.

Exkurs: Das FG Hamburg entschied am 31.10.2012 (EFG 2013, 378), dass Leistungen aus der **betrieblichen Altersversorgung** (hier: an einen Lebenspartner) nicht erbschaftsteuerbar sind, da die Leistungen aus dem Vermögen des Arbeitgebers stammen.

Der BFH hingegen hält im Urteil vom 18.12.2013 (BStBl II 2014, 261) den Erwerb einer **Direktversicherung**, die der Erblasser zugunsten des Bezugsberechtigten auf arbeitsvertraglicher Grundlage (durch sog. »Entgeltumwandlung«) abgeschlossen hat, für **erbschaftsteuerbar**.[132]

---

132 Gleichbehandlung mit den Bezügen, die Hinterbliebene kraft Gesetzes erhalten.

II Schenkungsteuerrecht: Vermögensübertragungen zu Lebzeiten im Erbschaftsteuergesetz

Der herkömmlich mit **Schenkungsteuerrecht** umschriebene Komplex befasst sich mit dynamischeren Gestaltungen als dies im ersten Kapitel (Übertragung von Todes wegen) der Fall war. Das zweite Kapitel trägt den umfangreichen Gestaltungen der Praxis wie etwa der im letzten Jahrzehnt aus dem ESt-Recht kommenden vorweggenommenen Erbfolge[1] und den immer schon praktizierten Nießbrauchsgestaltungen ebenso Rechnung wie den aktuellen »Trends« der Übertragung auf Trusts oder auf Stiftungen (Überblick). Ein Vergleich mit der zu Lebzeiten vorgenommenen Übertragung auf »Parkgesellschaften« rundet die Darstellung ab. Nur dann, wenn die konkrete Vermögensübertragung mit einem Akt der (zumindest teilweisen) **Freigebigkeit** verbunden ist, wird das Schenkungsteuerrecht tangiert.

Demgegenüber sind bei entgeltlichen und teilentgeltlichen Vorgängen das Ertragsteuerrecht und das Verkehrsteuerrecht betroffen. Dies bedingt rein begrifflich einen Überlappungsbereich zwischen **teilentgeltlichen** und **teilunentgeltlichen** Übertragungen. In den jeweiligen Einzeldisziplinen wird dieser – für die Praxis besonders bedeutsame – Bereich entsprechend der einzelgesetzlichen Zielsetzung unterschiedlich definiert und heißt folglich im Anwendungsbereich des ErbStG »teilunentgeltliche Übertragungen« (Zuwendungen).

Ausgangspunkt der folgenden Darstellung ist die Schenkung als der zweite Steuertatbestand des ErbStG nach § 7 i.V.m. § 1 Abs. 1 Nr. 2 ErbStG.

1 Schenkungen und andere unentgeltliche Zuwendungen unter Lebenden

1.1 Der Grundtatbestand des § 7 Abs. 1 Nr. 1 ErbStG – »volle« Unentgeltlichkeit
1.1.1 Die Freigebigkeit als Auslöser einer unentgeltlichen Zuwendung
Der Ausgangsfall soll eine voll-unentgeltliche Übertragung abbilden.

> **Beispiel 1: Das Familiendarlehen: »Privates Schütt aus – Betriebliches Hol zurück«**
>
> Der fürsorgliche, aber steuergeplagte Vater (V; Einzelunternehmer) erhält aus einer Erbschaft 440 T€. Anstatt den Betrag direkt seinem Unternehmen zukommen zu lassen, kommt er auf den Gedanken, die Summe seinem volljährigen Sohn S zu schenken; der Betrag wird sodann als ein zu 5% verzinsliches Darlehen an den (Betrieb des) Vater(s) weitergegeben. Ein entsprechender privatschriftlicher Schenkungs- und Darlehensvertrag wird gefertigt. Mutter M übernimmt die Bürgschaft für die betriebliche Schuld des V. Um komplizierte Übertragungen zu vermeiden, wird der aus dem Nachlass stammende Betrag direkt auf das betriebliche Konto überwiesen.

Der Grundtatbestand nach § 7 Abs. 1 Nr. 1 i.V.m. § 1 Abs. 1 Nr. 2 ErbStG setzt voraus, dass der von V an S überlassene Betrag eine **freigebige Zuwendung** darstellt und dass der Empfänger

---

[1] Obwohl der BFH bereits am 08.12.1993 (BFH/NV 1994, 373) ausgeführt hat, dass dem Begriff der »vorweggenommenen Erbfolge« kein eigener objektiver Erklärungswert zukomme, wird auch in dieser Entscheidung für Auflagenschenkungen »im Kleide der vorweggenommenen Erbfolge« das Schenkungsteuerrecht angewandt; s. dazu unter Kap. 3.1.

S objektiv auf Kosten des Zuwendenden V bereichert ist (so auch R E 7.1 Abs. 1 S. 2 ErbStR 2019). Die freigebige Zuwendung wiederum erfordert – im Unterschied zum Zivilrecht[2] – zunächst nur das Bewusstsein (und den Willen) des Zuwendenden über die Unentgeltlichkeit. Aufgrund der BFH-Rspr. zu diesem inneren (oder subjektiven) Tatbestandsmerkmal ist der erforderliche **Bereicherungswillen** gegeben, wenn

- keine rechtliche Verpflichtung zur Hingabe besteht; dies ist der Fall, wenn keine Gegenleistung vereinbart ist,
- mit der Zuwendung keine familienrechtliche oder sonstige Verpflichtung verbunden ist und
- der subjektive Wunsch (nicht erforderlich sind: die direkte Absicht oder das Motiv) auf die Begründung eines Vermögensvorteils des Empfängers gerichtet ist.

Lösung (mit gleichzeitiger Prüfung der Submerkmale der »freigebigen Zuwendung«):

Grundsätzlich wird mit der Überlassung eines Geldbetrages an ein volljähriges Kind **keine familienrechtliche Unterhaltszahlung** getätigt. Für eine anderweitige, z. B. eine gesellschaftsrechtliche Verpflichtung gibt es keinen Anhaltspunkt. S erhält offensichtlich mit dem Geldbetrag einen **Vermögensvorteil**, den er ohne die Vereinbarung nicht gehabt hätte. Dabei kann an dieser Stelle dahingestellt sein, wie die Summe verwendet wird (als Geldanlage oder als Darlehensanspruch). Unerheblich für § 7 ErbStG ist auch, dass die Übertragung alleine von V ausging, dass keine vertragliche Abstimmung zwischen S und V dem Geschäft voranging und dass nur V den Willen zur Vermögensmehrung des S hatte.

Fraglich kann allerdings sein, ob die **sofortige Wiederverwendung** des Betrages als Darlehen im Betrieb auf ein gegenseitiges Verpflichtungsgeschäft schließen lässt. Dies wäre etwa dann der Fall, wenn die Schenkungsvereinbarung von der Bedingung der späteren Darlehensverwendung abhängig gemacht würde oder wenn ein echter gegenseitiger Vertrag (Vater schenkt, damit Sohn dem Betrieb das Darlehen gewährt) vorläge. Auch hierauf kann vom Geschehensablauf nicht geschlossen werden.

Ein echtes Problem liegt jedoch in der **fehlenden notariellen** Beurkundung des Schenkungsversprechens und damit – zivilrechtlich – in der Gefahr der Nichtigkeit (§ 518 Abs. 1 BGB). Zwar wird der Formmangel mit **Vollzug** des Schenkungsversprechens geheilt (§ 518 Abs. 2 BGB), wenn die dort vorgesehene »Bewirkung der versprochenen Leistung« mit dem Leistungserfolg eintritt. Die geschenkte Summe wurde jedoch nie auf ein eigenes Konto des S überwiesen, sondern sogleich dem betrieblichen Konto des V gutgeschrieben. Für diese Fälle des »**abgekürzten Zahlungsweges**« ist anerkannt, dass die jeweilige Leistung auch von Dritten und an Dritte erfolgen kann. Betrachtet man in diesem Fall V als Dritten, so ist diesem Erfordernis Genüge getan. Vom Vollzug nach § 518 Abs. 2 BGB ist vor allem deshalb auszugehen, weil der geschenkte Betrag nicht aus betrieblichen Mitteln des V stammte, sondern aus dessen privaten Mitteln.[3]

Fazit: Aufgrund einer zwischenzeitlich gefestigten BFH-Rspr. wird jedoch in der Fallgruppe der schenkweise begründeten Darlehensforderung noch darauf abgestellt, dass im Verhältnis zwischen Schenker und Beschenktem eine **endgültige Vermögensverschiebung** erfolgen müsse.[4] In

---

2   Nach § 516 BGB ist grds. die **Einigung** beider Parteien (und damit ein Vertrag) über die Unentgeltlichkeit erforderlich.
3   Die Rspr. sieht es bei der schenkweise begründeten Darlehensforderung an **minderjährige** Kinder immer noch anders (BFH vom 08.03.1984, BStBl II 1984, 623).
4   Nach den Urteilen des BFH vom 21.10.1992 (BStBl II 1993, 289) für das Ertragsteuerrecht sowie vom 26.09.1990 (BStBl II 1991, 32) und vom 07.10.1998 (BFH/NV 1999, 618) für das Erbschaftsteuerrecht. Im Urteil vom 22.01.2002 (BStBl II 2002, 685) hat der BFH – in Übereinstimmung mit der Verwaltung und der Lit. – sogar einen längeren Verbleib der geschenkten Darlehensmittel in der Kindersphäre für schädlich angesehen, wenn beide Verträge (Schenkung wie Darlehen) gleichzeitig (bzw. in einer Urkunde) geschlossen wurden. S. zum Ganzen Band 1, Teil B Kap. I 4.4.3.

der Beurteilung der herkömmlichen Fallgruppe (Schenkung an minderjährige Kinder) wird dies erst dann angenommen, wenn der strittige Betrag (hier: 220 T€) die Vermögenssphäre des Schenkers verlassen hat und in der Vermögenssphäre des Beschenkten für einige Zeit verbleibt. Das Kriterium der freien Verfügbarkeit über ein Konto wurde wieder vom BFH in einem Fall der Ehegattenzuwendung herausgestellt (BFH vom 18.11.2004, BFH/NV 2005, 355).

Wegen der Sonderkonstellation (volljähriger S und gleichzeitige Bürgschaftsschuld der M) wird man im konkreten Fall von einer eigenständig erlangten Vermögensposition des S auch bei sofortiger Wiederverwendung als Darlehensanspruch gegen V ausgehen können. S ist im Ergebnis mit dem Darlehensanspruch bereichert, V ist wirtschaftlich mit der begründeten Darlehensschuld entreichert. Diese – gegenüber der ESt-Beurteilung skeptische und somit rein erbschaftsteuerrechtliche – Auffassung deckt sich mit dem BFH-Beschluss vom 15.09.2004 (BFH/NV 2005, 211), wonach einkommensteuerliche Grundsätze über den Dritt- oder Fremdvergleich nicht entsprechend auf das Erbschaftsteuerrecht zu übertragen sind.

Lösung (Fortsetzung):

Damit hat S den erhaltenen Vermögensvorteil nach § 7 Abs. 1 Nr. 1 ErbStG als Zuwendung unter Lebenden grds. mit dem Nominalbetrag von 440 T€ (§ 10 Abs. 1 Nr. 1 S. 1 ErbStG) zu versteuern. Eine Befreiung nach den §§ 13, 13a, 13b ErbStG ist nicht ersichtlich; allerdings erhält S – vorbehaltlich § 14 ErbStG – einen persönlichen Freibetrag von 400 T€ nach § 16 Abs. 1 Nr. 2 i.V.m. § 15 Abs. 1 StKl. I Nr. 2 ErbStG. Im Ergebnis versteuert S 40 T€ mit einem Steuersatz von 7%; er hat 2.800 € Schenkungsteuer zu zahlen. Gem. § 9 Abs. 1 Nr. 2 ErbStG entsteht die Steuer mit der Ausführung der Zuwendung. Nach den obigen Ausführungen ist die Schenkungsteuer mit der Einbuchung der Darlehensvaluta auf dem betrieblichen Konto des V entstanden.[5]

Umgekehrt führt das von S gewährte verzinsliche Darlehen zu keiner Schenkung an den Vater. Wiederum anders wäre der Fall zu beurteilen, wenn das Darlehen dem V zinslos eingeräumt wird; sodann läge eine Schenkung in Höhe der kapitalisierten unentgeltlichen Nutzungsüberlassung vor.

Nicht immer werden Barmittel verschenkt. Bei zugewendeten Sachgegenständen wird erst mit der freien Verfügungsmacht des Empfängers die Schenkung vollzogen.

Die Frage der endgültigen Vermögensverschiebung und damit die **freie Verfügungsmöglichkeit** über den zugewendeten Gegenstand war auch das Thema einer viel beachteten Entscheidung des BFH vom 01.02.2001 (BFH/NV 2001, 1265). Es ging um die Frage, ob die unentgeltliche Einbringung eines Grundstücks in eine GbR dem Werte nach (bei einer Einlage »quoad usum[6]« wird der Nutzungswert eingelegt) für die **anderen** G'fter eine Zuwendung i.S.d. § 7 Abs. 1 Nr. 1 ErbStG sei. Der BFH betonte in der Entscheidung, dass die Einräumung des wirtschaftlichen Eigentums alleine, die hier wohl vorlag, zu keiner definitiven Vermögensverschiebung führt. Allein die Übertragung des rechtlichen Eigentums kann die freie Verfügungsmacht des Empfängers begründen.

Einen rechtlich vergleichbaren Fall hat der BFH am 22.08.2007 (BStBl II 2008, 28) entschieden, als es um die Vermögensübertragung unter Ehegatten ging, von denen der eine (Vater) den Kindern einen GmbH-Geschäftsanteil geschenkt hat. Im Gegenzug haben die Kinder beiden Elternteilen gleichberechtigt eine Versorgungsrente eingeräumt. Der BFH nimmt im Ver-

---

5   Für die Ausführung der Schenkung (§ 9 Abs. 1 Nr. 2 ErbStG) wird man noch zusätzlich darauf abstellen, dass eine wirksame Bürgenschuld der M vorliegt.
6   Anstelle der Eigentumsübertragung (quoad dominium) konnte das Grundstück nur von der GbR unentgeltlich genutzt werden; der Nutzungswert wurde dem Kapitalkonto des Einbringenden gutgeschrieben.

hältnis der **Ehegatten zueinander** nur dann eine Schenkung nach § 7 Nr. 1 ErbStG an, wenn der andere Elternteil über seine Rechtsposition frei verfügen kann. Rein banktechnisch kann dies z. B. durch die Einräumung eines »Oder«-Kontos bzw. einer entsprechenden Vollmacht erfolgen. Falls dies nicht nachzuweisen ist, fehlt es an der Bereicherung des anderen Elternteils.

Hinweis (1):
Bei **Minderjährigen** als Beteiligten einer Schenkung sind grds. die familiengerichtliche Genehmigung (falls es sich um eine Beteiligung an einem Erwerbsgeschäft handelt, vgl. § 1822 Nr. 3 BGB) sowie der Ergänzungspfleger (§ 1909 BGB) erforderlich. Davon wird eine **Ausnahme** bei einer Schenkung mit einem lediglich **rechtlichen Vorteil** für die Kinder gemacht. In einem Fall, da mit der Übertragung einer L- und F-Grundstücksfläche von den Großeltern an ein minderjähriges Enkelkind ein Nießbrauch zugunsten dessen Eltern bestellt wurde, entschied das OLG Celle im Urteil vom 07.11.2013 (NotBZ 2014, 46), dass eine persönliche Haftung des Kindes nicht auszuschließen sei und dass deshalb ein Ergänzungspfleger erforderlich sei.

Das Thema der Zahlung auf ein gemeinsames **Oder-Konto** hat der BFH im Urteil vom 23.11.2011 (DStR 2012, 796) wieder aufgenommen. Dabei wurden seitens des BFH Beweislastentscheidungen getroffen. Diese lauten

- Das FA trägt die Feststellungslast dafür, dass der begünstigte nicht einzahlende Ehegatte tatsächlich und rechtlich frei über den Betrag verfügen konnte (stpfl. unbenannte Ehegattenzuwendung).
- Den Gegenbeweis (im Innenverhältnis abweichende Geltung der hälftigen Zurechnung des Kontoguthabens) hat der zahlende Ehegatte anzutreten.

Für den Fall, dass der **Gegenbeweis nicht** gelingt, bietet die Literatur (*Wachter*, ZEV 2012, 280 ff. (284) und *Demuth/Schreiber*, ZEV 2012, 405 ff.) interessante Gestaltungsmöglichkeiten an (Güterstandswechsel inkl. Güterstandsschaukel oder Rückabwicklung gem. § 29 Abs. 1 Nr. 3 ErbStG).

Die Steuerpflicht bei einer Schenkung entsteht erst dann, wenn die Zuwendung **ausgeführt** ist (§ 9 Abs. 1 Nr. 2 ErbStG).

Hinweis (2):
In der Fallgruppe der **Ehegattendarlehen** hat die Verwaltung zunächst für notwendig erachtete Fremdvergleichskriterien aufgestellt (BMF vom 23.12.2010, BStBl I 2011, 37). Dazu zählen:
- Vereinbarung über Laufzeit und Rückzahlung,
- Entrichtung der Zinsen,
- Besicherung des Rückzahlungsanspruchs.

Für den (häufigen) Fall, dass die Darlehensmittel vorher dem Darlehensgeber **geschenkt** wurden, wenden Verwaltung und Rspr. den **strikten Fremdvergleich** an. Ist dies nicht der Fall (keine Vorschenkung), lockert der BFH im Urteil vom 22.10.2013 (BStBl II 2014, 374) die o. g. strengen Voraussetzungen und lässt als Vergleichsmaßstab eine **gut verzinsliche Geldanlage** (aus Gläubigerperspektive) gelten (so auch jetzt die Verwaltung, BMF vom 29.04.2014, BStBl I 2014, 809).

Hinweis (3):
Nach BGH vom 20.10.2020 (Az.: X ZR 7/20, Abruf-Nr. 219670) stellt auch der Verzicht auf ein Wohnungsrecht eine Schenkung dar.

1.1.2 Abgrenzungsfälle: keine Schenkung

Aus den o. g. Gründen (fehlender Vermögensvorteil des Empfängers) hat der BFH – und ihm folgend die Verwaltung – das Vorliegen einer Schenkung **verneint**:

- Die Übernahme einer **Bürgschaft als solche** ist keine freigebige Zuwendung (**anders** die **Zahlung**, wenn damit der Hauptschuldner intern freigestellt wird), BFH vom 12.07.2000 (BStBl II 2000, 596).
- Der bloße kumulative Schuldbeitritt (anders die befreiende Schuldübernahme) ist nach dem BFH vom 26.01.2000 (BFH/NV 2000, 954) ebenfalls keine freigebige Zuwendung.
- Die zinslose Stundung eines nicht geltend gemachten Pflichtteilsanspruchs ist nach dem BFH-Urteil vom 31.03.2010 (DStR 2010, 1435) keine freigebige Zuwendung.[7]
- Der Verzicht eines GmbH-G'fters auf ein ihm persönlich zustehendes Mehrstimmrecht stellt keine Zuwendung dar, da es an einer substantiellen Vermögensverschiebung fehlt (BFH vom 30.01.2013, BFH/NV 2013, 1033).
- Bei einem Verkauf eines »Besserungsscheins« und dem späteren Eintritt des Besserungsfalles liegt ebenfalls keine Zuwendung vor (BFH vom 30.01.2013, BFH/NV 2013, 246). Die Besonderheit dieser Entscheidung liegt darin begründet, dass der BFH für das Verhältnis der GmbH zu ihren G'ftern nur die (offene und verdeckte) Gewinnausschüttung sowie die Kapitalrückzahlung anwendet und im Verhältnis KapG-G'fter keinen Raum für § 7 ErbStG sieht (Abweichung vom BMF vom 14.03.2012, BStBl I 2012, 331).

1.2 Teilweise unentgeltliche Zuwendung – gemischte Schenkung

Während die voll-unentgeltliche Schenkung allenfalls im Grenzbereich Abstimmungsfragen zum Schenkungsrecht der §§ 516 ff. BGB aufwirft, hat sich das Schenkungsteuerrecht bei den **teilweise unentgeltlichen** Zuwendungen vom Zivilrecht vollends gelöst. Das Zivilrecht hat hier – mit Ausnahme der Auflagendiskussion – keine Vorbildfunktion.

> **Beispiel 2: Ein Geschenk am Himmel**
>
> Der Alleininhaber der RA-Praxis Dr. Q findet in seinen (Verwandtschafts-)Reihen keinen geeigneten Nachfolger. Seit zwei Jahren assistiert ein junger Rechtsreferendar R – zur vollsten Zufriedenheit des Q – in der Praxis. Auch persönlich kommt man sich näher. Aufgrund einer plötzlichen Krankheit macht Q dem R nach dessen bestandenem Assessorexamen »als Belohnung« das Angebot, die Praxis (bereinigter jährlicher Durchschnittsertrag – nach Abzug des Unternehmerlohns – gem. § 200 BewG: 45.000 €, Substanzwert 250 T€ zu einem »Kaufpreis« von 200 T€ zu erwerben. R überlegt noch, ob er einwilligen soll. Liegt nach § 7 ErbStG ein steuerbarer Tatbestand vor? Der echte Verkehrswert der Praxis soll 1 Mio. € betragen (aufgrund von Faktoren, die im Steuerwert nicht berücksichtigt sind).

Kennzeichnend für eine stpfl. Schenkung ist eine **Vermögensverschiebung,** d. h. eine gleichzeitige Vermögensminderung auf der Seite des Schenkenden und eine Vermögensmehrung auf der Seite des Beschenkten. Eine solche Vermögensverschiebung kann allein in dem Angebot auf den Abschluss eines Kaufvertrages noch nicht erkannt werden.[8] Eine Auslegung als selbständiges Schenkungsversprechen (§ 518 Abs. 1 BGB) führt zu keinem anderen Ergebnis,

---

7   Die Einräumung eines zinslosen Darlehens hingegen ist eine freigebige Zuwendung (BFH vom 07.10.1998, BStBl II 1999, 25). Gem. BFH vom 04.03.2015 (BFH/NV 2015, 993) ist der kapitalisierte Nutzungsvorteil der Zuwendungsgegenstand.
8   S. auch BFH vom 29.10.1997 (BStBl II 1997, 832).

da dieses nur bei einer notariellen Beurkundung zu einer eigenständigen Vermögensposition des R führt.[9] Die gleichen Rechtsfolgen ergeben sich auch bei einem Optionsrecht (einseitiges Gestaltungsrecht, mit dem R den Kaufvertrag perfekt machen kann).

Im Urteil vom 16.01.2008 (BStBl II 2008, 631) hat der BFH sogar in der Schenkung einer nur typischen Unterbeteiligung noch keine endgültige Vermögensverschiebung gesehen, da der Empfänger nicht über den Substanzwert verfügen könne, sondern auf das Ausschüttungsverhalten des Schenkers angewiesen sei. Demzufolge liegt eine Bereicherung erst beim Empfang der konkreten Ausschüttung(en) vor.[10] In der Tendenz ähnlich ist die Entscheidung des BFH vom 09.07.2009 (DStR 2009, 2590), in der die Übernahme des Geschäftsanteils anlässlich einer **Kapitalerhöhung** bei einer GmbH **unter Wert**, die an einer anderen KapG beteiligt war, nicht zu einer freigebigen Zuwendung an die Begünstigten der Träger-Gesellschaft (im Urteil eine Stiftung) führt.

Lösung:
Das Angebot ist mangels **endgültiger** Bereicherung **(noch) nicht steuerbar**.

Beispiel 2a: Ein Geschenk des Himmels
R nimmt ein Jahr später das Angebot an und erwirbt die Praxis für 200 T€. Besteht eine Steuerpflicht nach § 7 ErbStG?

Der Tatbestand des § 7 Abs. 1 Nr. 1 ErbStG wird nicht nur durch eine voll-unentgeltliche, sondern auch durch eine **gemischte freigebige** Zuwendung verwirklicht. Eine gemischte Zuwendung liegt vor, wenn einer höherwertigen Leistung (im Beispiel die Praxis) eine Leistung von geringerem Wert (im Beispiel der Kaufpreis) gegenübersteht und die höherwertige Zuwendung neben Elementen der Freigebigkeit auch Elemente eines Austauschvertrages enthält, **ohne** dass sich die höherwertige Leistung in zwei selbständige Leistungen **aufteilen** lässt. Die Aufteilung des Praxisübernahmevertrages in einen isolierten Kaufvertrag und einen davon getrennten Schenkungsvertrag wird den Interessen der Beteiligten R und Q nicht gerecht[11] und scheidet daher aus. Demzufolge liegt eine **(teil-)unentgeltliche** Praxisübernahme vor.

Eine (auch gemischt) freigebige Zuwendung setzt in subjektiver Hinsicht ein entsprechendes Bewusstsein des Zuwendenden voraus. Der **Bereicherungswille** des V setzt nicht nur sein Wissen von der Vermögensverschiebung voraus, sondern auch seine Einsicht, zur Vermögenshingabe weder rechtlich verpflichtet zu sein noch eine gleichwertige Gegenleistung zu erhalten. Wenn hier die Übergabe »belohnungshalber« erfolgen soll, so wird bereits mit § 7 Abs. 4 ErbStG deutlich, dass die Einkleidung des Rechtsgeschäftes für das ErbStG irrelevant ist.[12]

---

9 S. hierzu *Meincke*, ErbStG-Kommentar, § 7, Rz. 46 – 49.
10 Mit der Folge, dass mehrere Ausschüttungen gem. § 14 ErbStG zusammengerechnet werden müssen, da jede einzelne Ausschüttung für sich selbst gesehen den Tatbestand einer Schenkung unter Lebenden i. S. d. § 7 Abs. 1 ErbStG erfüllt.
11 Eine Aufteilung kommt z. B. in Betracht, wenn Q dem R das Inventar schenken möchte und nur den Mandantenstamm veräußern will.
12 § 7 Abs. 4 ErbStG präzisiert nur den allgemeinen Grundsatz der »falsa demonstratio non nocet« (Falschbezeichnung schadet nicht).

Schließlich führt der BFH in ständiger Rspr. aus, dass ein (zu) **niedriger Kaufpreis** erst dann die Steuerfolgen einer gemischten Schenkung auslöst, wenn der Zuwendende den Bedeutungsgehalt der Unentgeltlichkeit »nach Laienart« zutreffend erfasst. Nach mehreren Entscheidungen jüngeren Datums wird als Aufgriffsgrenze für eine gemischte Schenkung der Fall angenommen, dass die erbrachte Gegenleistung um **25 % unterhalb des Verkehrswerts** liegt.[13]

Bei der Ermittlung der Bereicherung des Beschenkten wird zunächst der Verkehrswert der Schenkerleistung mit dem Verkehrswert der Gegenleistung des Beschenkten verglichen. In einem zweiten steuertechnischen Schritt wird der ermittelte Unterschied mit dem Steuerwert des Schenkungsgegenstandes multipliziert.

Lösung: Aktuelle Lösung (nach R E 7.4 ErbStR 2019 und H E 7.4 Abs. 1 – 4 ErbStH 2019)

Im vorliegenden Fall ergibt bereits ein einfacher Vergleich der maßgeblichen Werte (steuerlicher Ertragswert gem. der §§ 199 ff. BewG; 45.000 € x 13,75[14] = 618.750 €, abgerundet 618 T€; der Substanzwert ist **niedriger**), dass ein vereinbarter Kaufpreis unterhalb des Substanzwertes keinem Drittvergleich standhält, zumal der Verkehrswert 1 Mio. € beträgt.

R E 7.4 Abs. 1 und 2 ErbStR 2019 (und damit vergleichbar die Hinweisbeispiele in H E 7.4 ErbStH 2019) gehen – wegen der Neuregelung zu § 10 Abs. 6 ErbStG (keine Doppelberücksichtigung von Nutzungen als Abzugsgröße) von der Gleichbehandlung **aller** Formen von Gegenleistungen (inkl. Nutzungs- und Leistungsauflagen) von der **Saldotheorie** aus (Pauschalabzug als »Gegenleistung«), soweit nicht § 10 Abs. 6 S. 6 ErbStG entgegensteht.

Obwohl die in H E 7.4 Abs. 4 ErbStH 2019 aufgelisteten Einzelbeispiele ausnahmslos zu übertragenem Grundbesitz (naheliegend wegen der Wortwahl des § 10 Abs. 6 S. 6 ErbStG) gebildet wurden, ist die Saldotheorie auf alle **Übertragungsgegenstände** anwendbar (s. auch H E 7.4 Abs. 1 – 3 ErbStH).

Lösung nach R E 7.4 ErbStR 2019:

618.000 € ./. 200.000 € = 418.000 € (stpfl. Praxiserwerb)

Hinweise zur Rechtsprechung:
1. Im Zusammenhang mit übertragenem BV ist darauf hinzuweisen, dass die Übernahme von betrieblichen Schulden keine Gegenleistung darstellt. So hat etwa der BFH am 30.05.2001 (BFH/NV 2002, 26) entschieden, dass anteilsverbundene Verpflichtungen, die mit geschenkten Kommanditanteilen einhergehen, keine Gegenleistung darstellen können.[15]
2. Für einen praxisrelevanten Fall aus dem Bereich der vorweggenommenen Erbfolge (Grundstücksschenkung gegen **Gleichstellungsgeld**) hat der BFH im Urteil vom 23.10.2002 (BStBl II 2003, 162) jedoch die Grundsätze einer **gemischten Schenkung** angewandt. In dem Fall, da die zuwendende Person (im Beispiel: Tante T) zwei Angehörigen (im Beispiel: Neffe N1 und N2) je ein Grundstück schenkte und die Beschenkten mit einer

---

13 Vgl. BFH vom 30.05.2001, BFH/NV 2002, 26 (100 TDM Gegenleistung für 176 TDM Kommanditanteil) oder FG München vom 05.02.2001, EFG 2001, 701 (Missverhältnis von über 51 % zwischen Verkehrswert und Gegenleistung).
14 Der Kapitalisierungszinssatz ab 01.01.2016 beträgt 13,75.
15 Diese Betrachtung stimmt mit der auch im Ertragsteuerrecht geltenden Einheitstheorie überein, wonach bei übergehendem BV für steuerliche Zwecke nur die Differenz zwischen Besitzposten und Schuldposten (= bilanztechnisches Kapital(-konto)) berücksichtigt wird.

gegenseitigen (»kreuzweisen«) Verpflichtung belegte, an den jeweils anderen ein Gleichstellungsgeld zu zahlen, erkannte der BFH in beiden Fällen je auf zwei Schenkungen:
- auf eine Grundstücksschenkung (T an N1), bei der sich der schenkungsteuerliche Wert nach dem Verhältnis des Verkehrswerts des Grundstücks zum Gleichstellungsgeld bemisst, und
- auf eine zweite Schenkung (T an N2), wonach dieser das Forderungsrecht gegen seinen Bruder N1 bereits mit dem zustande gekommenen Vertrag zugunsten Dritter (§ 328 BGB) – und nicht erst mit Bezahlung – erhalten hat.

Umgekehrt (bei der Grundstücksschenkung T an N2 gegen Gleichstellungsgeld an N1) verhält es sich genauso (ebenfalls zwei Schenkungen[16]).

1.2.1 Schenkungen unter Auflagen
Eine andere Form der Gestaltung der BMG bildet die Auflagenschenkung.

Beispiel 3: Senior und Junior auf Hallig Hooge
Der 100-jährige Landwirt L senior auf Hallig Hooge ist den ewigen Immobilienspekulationen auf seinem Eiland überdrüssig. Er überlegt daher mit seinem 80-jährigen Sohn L junior, ob es für beide nicht günstiger sei, die Übergabe des landwirtschaftlichen Grundstücks (steuerlicher Gemeiner Wert: 80 T€; Verkehrswert 100 T€[17]) auf L junior gegen eine **monatliche Leibrente** (Kapitalwert: 10 T€[18]) oder gegen ein **Wohnrecht** im Altenteilerhaus (identischer Kapitalwert) vorzunehmen.

Beispiel 3a:
Übernahme der Immobilie gegen eine Hypothek im Wert von 10 T€.

Die für gemischte Schenkungen aufgezeigten Steuerfolgen galten auch für sog. **Leistungsauflagen.** Darunter versteht man einen Übertragungsvorgang, bei dem der Beschenkte eine Verpflichtung zur Erbringung von Geld- oder Sachleistungen (im Beispiel die Leibrente) übernimmt.

Demgegenüber liegen **Nutzungs- oder Duldungsauflagen** vor, wenn an dem übertragenen Gegenstand zwar das Eigentum übertragen wird, die Nutzungskomponente aber beim Übergeber (Schenker) oder einer dritten Person verbleibt. In den meisten Fällen handelt es sich dabei um ein vorbehaltenes **Wohnrecht** oder um einen **Nießbrauch** an den Erträgen des übergebenen Vermögens zugunsten des Schenkers.

Anders wurde eine Nutzungs- und Duldungsauflage beurteilt. Dort gilt als Zuwendungsgegenstand (§ 7 ErbStG) der gesamte (ungetrübte) Vermögensanfall, wobei sodann bei der Bereicherung (§ 10 ErbStG) vom Steuerwert des Gegenstandes der Steuerwert der Nutzungs- oder Duldungslast[19] abgezogen wird (**Saldoermittlung**).

---

16 Die Doppelschenkung gegen Gleichstellungsgeld ist möglicherweise vom Ertragsteuerrecht her motiviert gewesen (vgl. Band 1, Teil B Kap. III). S. auch ZEV 2003, 86.
17 Im Bereich von L+F sind solche Differenzen möglich.
18 Für einen Fall des vorzeitigen Todes des Rentenberechtigten hat der BFH am 17.10.2001 (BStBl II 2002, 25) nochmals bekräftigt, dass die Rentenlast (und das gilt für alle gemischten Schenkungen) bei der Bereicherung nach § 10 Abs. 1 ErbStG nicht zu berücksichtigen (d. h. nicht abzuziehen) ist.
19 Dabei ist nach BFH vom 14.12.1995 (BStBl II 1996, 243) die Berechnung der Duldungsauflage (Wohnrecht des Altenteilers) gem. der §§ 13 – 16 BewG vorzunehmen.

Lösung:

Nach aktueller Regelung (R E 7.4 Abs. 1 ErbStR 2019 sowie R E 7.4 Abs. 1 ErbStH 2019) werden **alle Auflagen** anlässlich einer Grundstücksübertragung identisch behandelt. Soweit ihr Wert (gem. §§ 14, 16 BewG) als Grundstücksbelastung bei der Bewertung des Grundvermögens gem. §§ 180 ff. BewG bereits berücksichtigt wurde (z. B. nach § 198 BewG), ist der Betrag **nicht abzugsfähig** (arg: § 10 Abs. 6 S. 6 ErbStG). Auf eine Differenzierung nach Leistungs- oder Nutzungs-/Duldungsauflage kommt es daher nicht mehr an.

Die Bereicherung beträgt demnach in beiden Fällen 70 T€.

Werden die Gegenleistungen hingegen bei der Bewertung des **Grundvermögens nicht berücksichtigt** (Regelfall für das Ertrags- und Sachwertverfahren), so wird in beiden Fällen der nach § 14 oder § 16 BewG ermittelte Barwert (oder die direkte Gegenleistung) in der sich ergebenden Höhe abgezogen. Dies gilt erst recht für eine übernommene Hypothek (i. H. d. Valutierung) bzw. für eine vereinbarte sonstige Gegenleistung.

Erst **danach** wird ggf. (sofern es sich bei dem Objekt um ein Mietwohnhaus handelt) der Abzug von 10 % gem. § 13d ErbStG vorgenommen.

1.2.2 Exkurs: Schenkung von Immobilien

Ganz allgemein ist bei **Grundstücksschenkungen** auf § 9 Abs. 1 Nr. 2 ErbStG zu verweisen. Danach entsteht die Schenkungsteuer mit der **Ausführung** der Zuwendung. Anders als bei Immobilienerwerben von Todes wegen, wo für die Nachlasszugehörigkeit auf den zivilrechtlichen Eigentumsbegriff abgestellt wird (R E 12. 2 Abs. 1 ErbStR 2019: maßgebliche Eintragung im Grundbuch), gilt eine **Grundstücksschenkung** bereits dann als ausgeführt, wenn **Auflassung** und **Eintragungsbewilligung** vorliegen (RE 9.1 Abs. 1 S. 2 ErbStR 2019 und H E 9.1 ErbStH 2019).[20] Diese immer schon gültige Aussage wurde vom BFH (vom 24.07.2002, BStBl II 2002, 781) unter den Vorbehalt gestellt, dass die Umschreibung im Grundbuch tatsächlich erfolgt.[21] Auch bei einem bewussten und ausdrücklichen Hinausschieben des Eintragungszeitpunktes erfolgt die Ausführung i. S. d. § 9 ErbStG erst mit der Eintragung im Grundbuch (so in der Neufassung R E 9.1 Abs. 1 S. 7 ErbStR 2019). Im gleichen Sinne hat der BFH am 02.02.2005 (DStR 2005, 518) die Ausführung einer Grundstücksschenkung, bei der der Beschenkte erst später (im Beispiel mit dem Tode) von der Eintragungsbewilligung Gebrauch machen durfte, auf den späteren Zeitpunkt datiert. Andererseits wird vom BFH auf die ggf. zeitlich abweichende (spätere) Schenkungsabrede als dem maßgeblichen Zeitpunkt für die Ausführung abgestellt (vgl. BFH vom 27.04.2009, BFH/NV 2009, 1123); s. auch sogleich den Hinweis zur »mittelbaren« Grundstücksschenkung!

Der BFH hat am 11.01.2002 (BFH/NV 2002, 790) die Grundsätze der gemischten Schenkung bei Grundstücken auch auf den Fall eines **geschenkten Erbbaurechts** ausgedehnt, bei dem der Wert der Erbbauzinsverpflichtung (konkret: 3,6 Mio. DM) hinter dem Verkehrswert des Erbbaurechts (konkret: 14 Mio. DM) zurückbleibt. In der Entscheidung wurde insb. hervorgehoben, dass es keinen Unterschied machen dürfe, ob die Gegenleistung (hier: die

---

20 S. R E 9.1 Abs. 3 ErbStR 2019. Im Falle erforderlicher Genehmigungen (§ 2 GrdstVG bzw. § 19 BauGB bzw. §§ 1643, 1821 BGB) gilt zivilrechtlich die Rückwirkung (§ 184 BGB), sog. Ex-tunc-Wirkung auf den Tag des Vertragsabschlusses. Steuerlich (R E 9.1 Abs. 3 S. 3 ErbStR 2019) ist die Rückwirkung grundsätzlich unbeachtlich, es sei denn, dass die Parteien alles Erforderliche getan haben, um die Genehmigung herbeizuführen.

21 Das FA hat in dem konkreten Fall, da die Umschreibung wegen Vertragsaufhebung nicht stattfand, eine Rückschenkung angenommen. Der BFH hat dies a. a. O. zurückgewiesen.

Verpflichtung zur weiteren Zahlung von Erbbauzinsen) freiwillig vom Beschenkten übernommen wird oder ob sie sich – wie bei einem dinglichen Erbbauzins – kraft Gesetzes (ErbbauVO) ergebe.

Diese Grundsätze gelten auch bei einer mittelbaren Grundstücksschenkung (s. sogleich 1.2.7; so auch RE 9.1. Abs. 2 ErbStR).

Hinweise:
(1) Zur Schenkung eines Grundstücks unter Nießbrauchsvorbehalt (Abzug des Nießbrauchswerts als Verbindlichkeit nach § 10 Abs. 1 ErbStG) s. auch BFH vom 17.10.2001, BStBl II 2002, 25 sowie *Stein*, ErbBstg 2022, 92).

(2) Zur Schenkung eines Grundstücks zwischen Ehegatten unter Auflage und zur möglichen Grunderwerbsteuerbefreiung s. BFH vom 25.08.2020, Az.: II R 30/18, Abruf-Nr. 219914 = Reduktion des § 6 Abs. 4 GrEStG) sowie *Grewe*, ErbBstg 2022.

1.2.3 Die Kettenschenkung
Anders ist die Problematik bei der Kettenschenkung gelagert.

Beispiel 4: Der unbedarfte Notar und der liebgewonnene Schwiegersohn

Nach zehnjähriger Ehe sind endlich auch die Eltern von der richtigen Partnerwahl ihrer Tochter T überzeugt. Sie wollen daher T und dem Schwiegersohn S gemeinsam ein Grundstück (Steuerwert: 0,4 Mio. €; Verkehrswert: 0,5 Mio. €) schenken, damit sich diese später ihren Wunsch vom eigenen Heim erfüllen können. Nachdem S für den späteren Hausbau eigene Mittel und Kreditmittel aufwendet, sollen beide als **hälftige Miteigentümer** (zu je 50%) im Grundbuch stehen. Der Notar N beurkundet folglich den Schenkungsvertrag der Immobilie, indem er T und S als Beschenkte zu je 50% einträgt. Kurze Zeit später erhält S einen Schenkungsteuerbescheid über 36.000 €. Im Bescheid wurde von einer Bereicherung des S von 180.000 € (200.000 € ./. 20.000 € – § 16 Abs. 1 Nr. 5 i.V.m. § 15 Abs. 1 StKl. II Nr. 5 ErbStG) ausgegangen, zu versteuern nach § 19 Abs. 1 ErbStG mit 20%. S möchte nicht nur den Bescheid angreifen, sondern auch den Notar, da er am Stammtisch etwas von einer steuerfreien Kettenschenkung gehört hat, worauf ihn der Notar nicht aufmerksam gemacht hat.

Die Gestaltungsvariante der Kettenschenkung erfreut sich großer Beliebtheit, um mit ihr einen »Kaskadensprung« innerhalb § 19 ErbStG vorzunehmen. Es ist offensichtlich, dass bei einer Schenkung der Immobilie zu 100% an die eigene Tochter und einer Weiterschenkung des hälftigen Miteigentumsanteils der Tochter an ihren Ehemann Schenkungsteuer gespart worden wäre. Im ersten Übergang wäre von der BMG von 400 T€ ein der T zustehender schenkungsteuerlicher »Kinderfreibetrag« von 400 T€ (§ 16 Abs. 1 Nr. 2 i.V.m. § 15 Abs. 1 StKl. I Nr. 2 ErbStG) abgezogen worden, sodass die erste Übertragung steuerfrei gewesen wäre. Die zweite Übertragung des hälftigen Eigentums von T auf ihren Mann (Wert: 200 T€) wäre schließlich wegen des Ehegattenfreibetrages nach § 16 Abs. 1 Nr. 1 ErbStG vollends steuerfrei gewesen.[22] Der (Steuer-)Schaden beziffert sich demnach auf **36.000 €**.

---

22 Zusätzlich ist die Übertragung nach § 13 Abs. 1 Nr. 4a ErbStG steuerfrei.

Lösung (zulässige Kettenschenkung):

Vorweg wird darauf hingewiesen, dass der von S skizzierte Wunsch-Sachverhalt mit zwei getrennten Auflassungen von der FinVerw einschränkungslos akzeptiert und in dem aufgezeigten Sinne besteuert wird, wenn keine begleitende Absprache vorliegt.

In der Rspr. des BFH hat sich in der Beurteilung von **Begleitabsprachen** bei mehreren hintereinander geschalteten Schenkungen ein deutlicher Wandel vollzogen.

Nach drei älteren BFH-Entscheidungen legten die in der Praxis üblichen Begleitabsprachen, sog. **Weiterschenkklauseln** (der schenkenden Eltern gegenüber den Erstbeschenkten), die Vermutung des Gestaltungsmissbrauchs nach § 42 AO (Disposition über Steuergröße) nahe.[23]

Mit einer klarstellenden Entscheidung hat der BFH am 13.10.1993 die Anerkennung solcher Klauseln von folgenden Voraussetzungen abhängig gemacht (BStBl II 1994, 128):
- Die Mittelsperson (im Beispiel T) darf die Zuwendung **nicht in vollem Umfang** in Erfüllung einer rechtlichen Verpflichtung weitergeben (etwa bei Einräumung des Alleineigentums zugunsten des S) und
- der Mittelsperson muss ein **eigener Entscheidungsspielraum** verbleiben.

Nur wenn diese Grundsätze eingehalten werden, liegt ein (privilegierter) Durchgangserwerb der Mittelsperson vor; ansonsten kommt es zum (ungünstigen) Direkterwerb der letzten Erwerberperson. Im Urteil vom 10.03.2005 (BFH/NV 2005, 976), das zu einem mit Beispiel 4 vergleichbaren Fall erging, verhinderte eine bindende Weisung der Eltern an ihre leibliche Tochter den erwünschten Durchgangserwerb, auch wenn die Weitergabe der Grundstückshälfte an den Schwiegersohn als unbenannte Ehegattenzuwendung (s. Kap. 1.2.7) der Tochter an ihren Mann behandelt wurde.

Nach der Entscheidungspraxis der Finanzgerichte[24] wird die Beurteilung der vorgegebenen BFH-Kriterien vom Geschehensablauf, d. h. von äußeren Faktoren abhängig gemacht. Bei einem (größeren) **zeitlichen Abstand** zwischen den einzelnen Schenkungsverträgen oder bei einem stärkeren Eigeninteresse der Mittelsperson an der Weitergabe als bei dem Erstschenker ist die Kettenschenkung anzuerkennen. Jedoch kann auch bei Vorliegen eines außersteuerlichen Motivs ein zusammengefasster Schenkungsvertrag zu einer zulässigen Kettenschenkung (und nicht zu einem Direkterwerb des Letztbedachten) führen. In diesem Sinne hätte der Notar die Eltern und T auf die schenkungsrechtliche Rückabwicklung (z. B. § 530 BGB) und die Risikominimierung bei einer sofortigen Weiterschenkung hinweisen können.

Im AdV-Beschluss vom 15.06.2011 (BFH/NV 2012, 580) und in der Hauptsacheentscheidung vom 18.07.2013 (ZEV 2013, 629) hat sich der BFH erneut mit der Thematik befasst und stellt heraus, dass das entscheidende Kriterium für die Anerkennung der Kettenschenkung das **Fehlen einer Weitergabeverpflichtung** ist. Dabei unterstellte der BFH in diesem Fall, dass grds. nur eine Übertragung der Eltern an die eigenen Kinder gewollt sei und sich aus der am selben Tag abgeschlossenen notariellen Übertragung vom eigenen Kind auf das Schwiegerkind keine Verpflichtung zur Weiterabgabe ableiten lässt. Es lag folglich keine Zuwendung an das Schwiegerkind vor.[25]

Liegt diese hingegen vor, gelangt man zur Direktschenkung an den Endbeschenkten. Auf die urkundsmäßige Verbindung wird nicht mehr abgestellt.

Hinweis: Auch wenn es nach der ErbSt-Reform (2009/2016)) nicht mehr zu großen Differenzen zwischen dem Steuerwert (gemeiner Wert) und dem Verkehrswert kommt (kommen sollte), ist die Kettenschenkung gerade wegen der **Steuersatzverschärfung** in StKl. II nach wie vor ein beliebtes Gestaltungsmittel.

---

23 Nach BFH vom 11.11.1955 (BStBl III 1955, 395), vom 30.11.1960 (BStBl III 1961, 21) sowie vom 14.07.1982 (BStBl II 1982, 736).
24 Vgl. zum hier vorliegenden Sachverhalt das FG Rh.-Pf. vom 19.03.1998 (EFG 1998, 1021).
25 Hintergrund war die Anrechnung auf den Pflichtteilsanspruch (bzw. Ergänzungsanspruch).

1.2.4 Die mittelbare Schenkung, insbesondere die mittelbare Grundstücksschenkung

Vorbemerkung: Die Fallgruppe der mittelbaren Grundstücksschenkung verdankt ihre Entstehungsgeschichte den großen Wertschwankungen zwischen dem früheren Einheits- (bzw. Bedarfs-)Wert (= alter Steuerwert) und dem Verkehrswert. Durch die Angleichung zwischen dem gemeinen Wert (= neuer Steuerwert) und dem Verkehrswert durch das BewG (2008) wird diese Gestaltungsvariante nur noch begrenzt eingesetzt werden. In der Variante »Sachwertverfahren (§§ 189 ff. BewG)« sind zumal bei gemischt genutzten Grundstücken größere Abweichungen möglich, sodass es hier auch in der Zukunft noch zu dieser Gestaltung kommen wird.

Von einer konträren Interessenslage (»Bindung der Mittel«) ist das Rechtsinstitut der mittelbaren Schenkung gekennzeichnet, wenn es um die Verwendungsfreiheit des Beschenkten mit dem zugewandten Gegenstand (Geld) geht. Die fehlende sofortige Verfügbarkeit der »knappen Ressource Immobilie« und die unterschiedliche Wertermittlung der einzelnen Zuwendungsgegenstände führen zu einem gesetzlichen Zielkonflikt, wenn Geld zum Erwerb einer Immobilie bzw. zur Bezahlung eines Bauvertrages etc. geschenkt wird. Übernimmt der Schenker das Risiko des Immobilienerwerbs bzw. der Gebäudeerstellung selbst und überträgt sodann das (un-)bebaute Grundstück, so wird bekanntlich bei der Bereicherung des Beschenkten der niedrige Bedarfswert angesetzt. In einer umfangreichen Kasuistik, der die Verwaltung grds. folgt, hat der BFH beide Fallgruppen im Ergebnis gleich behandelt (BMG: der Steuerwert).

> **Beispiel 5: Der billige Wintergarten und die teuren Pflanzen**
>
> Onkel O schenkt seinem Neffen N im Jahre 2024 einen Geldbetrag von 51.000 €, damit dieser einen Anbau an seinem Haus mit einem bestimmten Wintergarten vornehmen kann (der bereits ausgehandelte Bauvertrag weist einen Werklohn von 50.000 € aus). Der Rest (1 T€) soll für einen seltenen Zitrusbaum ausgegeben werden. Vor Durchführung des Ausbaus beträgt der Steuerwert des Hauses 200 T€, nach dem Umbau erhöht er sich um 30.000 € auf 230.000 €. Zu jedermanns Überraschung kostet der Wintergarten letztlich 10.000 € weniger, die N für die Anschaffung weiterer Zitrusbäume behalten darf.
>
> **Variante:** Der Finanzierungsbeitrag von O beläuft sich auf 4.000 € (inkl. eines Zitrusbaums).

Die steuerliche Anerkennung einer mittelbaren Schenkung (Ansatz: niedriger Steuerwert als die mit dem Nominalbetrag anzusetzende reine Geldschenkung) setzt zunächst voraus, dass die Zuwendung mit einer **konkreten Verwendungsabrede** (Folge: rein zweckgebundene Verfügung) verbunden ist, die schriftlich festgelegt werden soll (R E 7.3 Abs. 1 ErbStR 2019 und H E 7.3 ErbStH).[26]

Umgekehrt, d. h. bei einer Geldschenkung, die lediglich mit einer Bau- oder Erwerbsabsicht in Zusammenhang steht (R E 7.3 Abs. 2 ErbStR 2019), kommen die Grundsätze der Geldschenkung unter Auflage zum Tragen, die im Ergebnis zu einem voll stpfl. Erwerbstatbestand führen.

Als **taugliche** Finanzierungsobjekte einer mittelbaren Schenkung kommen im Regelfall in Betracht:

---

26 Nach R E 7.3 Abs. 1 S. 5 ErbStR 2019 soll die Verwendungsabrede, die eine anderweitige Verwendung der Mittel verhindern soll, **schriftlich fixiert** werden; außerdem muss nach S. 6 ein enger zeitlicher Zusammenhang zwischen der Bereitstellung der Mittel und der bestimmungsmäßigen Verwendung bestehen.

- (Kaufpreis für ein) unbebautes Grundstück,
- (Kaufpreis für ein) Grundstück im Zustand der Bebauung,
- (Kaufpreis für ein) Baugrundstück und (Werklohn für die Baukosten des) Gebäude,
- **(nur die Baukosten für) das Gebäude auf dem Grundstück des Beschenkten.**[27]

Umgekehrt liegt keine mittelbare Grundstücksschenkung vor, wenn lediglich **der Anspruch auf Übertragung einer Eigentumswohnung ohne interne Zweckbindung** übertragen wird (BFH vom 21.05.2001, BFH/NV 2001, 1404).

Unter dem Gesichtspunkt der »grundstücksbezogenen Verwendung der Geldmittel« hat der BFH im Jahre 1996 die Grundsätze der mittelbaren Grundstücksverwendung ausgedehnt auf Kosten für einen **Umbau, Ausbau** sowie einen **Anbau**.[28]

Darüber hinaus hat der BFH die Grundsätze der mittelbaren Grundstücksschenkung in mehreren Entscheidungen generalisiert und erstreckt sie – theoretisch – auf alle als (potenzielle) Zuwendungsobjekte in Betracht kommenden Gegenstände und somit auch auf **Gesellschaftsanteile**.[29] Ebenfalls einheitlich ist die Aussage, dass das Rechtsinstitut der mittelbaren (Grundstücks-)Schenkung auch bei einer Teilfinanzierung greift mit der Folge, dass nur der prozentuale Anteil der Geldschenkung am Gesamtkaufpreis steuerlich berücksichtigt wird.

Lösung

Auch dann, wenn das konkrete Zuwendungsobjekt seine Selbständigkeit (als bewertete Einheit) verliert und – wie hier – im Steuerwert des Gebäudes aufgeht, wie das bei einem Anbau der Fall sein kann, »greift« die mittelbare Grundstücksschenkung.[30] Das Bauvorhaben »Wintergarten« führt steuerlich i. H. v. 50 T€ zu erforderlichen Kosten der **Herstellung**. Der aufgewendete Geldbetrag für die – im Steuerwert irrelevante – Flora des Wintergartens (1.000 €) ist ebenso wenig berücksichtigungsfähig wie bloßer Renovierungsaufwand.

Als vorläufiges Ergebnis führt nur die ausbaubedingte Wertsteigerung von 30.000 € zu einer Bereicherung und nicht der Geldbetrag von 50.000 €.

Vorliegend kommen jedoch nur 40 T€ für die begünstigte Baumaßnahme zur Verwendung. Hinsichtlich des **Überschusses** von 10.000 € liegt nach dem BFH-Urteil vom 04.12.2002 (BFH/NV 2003, 563) eine Geldschenkung vor, die mit dem Nennwert anzusetzen ist. Im Ergebnis ist N nach § 12 Abs. 3 ErbStG um 30.000 € und nach § 10 Abs. 1 ErbStG um 10.000 €, folglich um 40 T€ bereichert. Nach Abzug von 20.000 € (persönlicher Freibetrag nach § 16 Abs. 1 Nr. 5, § 15 Abs. 1 StKl. II Nr. 3 ErbStG) versteuert N 20.000 € mit 15 %, zahlt folglich 3.000 € Schenkungsteuer.

In der **Variante** (geschenkter Geldbetrag: 4.000 €) kommt die Beschränkung von R E 7.3 Abs. 3 S. 2 ErbStR 2019 zum Tragen, wonach bei einer **unbedeutenden** Schenkung (< 10 % des Kaufpreises) der Geldzuschuss voll versteuert wird.

---

27 S. auch die – komplette – Übersicht bei *Moench*, ErbStG-Kommentar, § 7 Rz. 40 mit den jeweiligen BMG (Bedarfswert nach § 146 f. BewG bzw. § 149 BewG).
28 BFH vom 13.03.1996 (BStBl II 1996, 548).
29 BFH vom 17.06.1998 (HFR 1998, 912). Nochmals wird betont, dass es sich um jede Art von Gesellschaftsanteilen handeln kann; es müssen keine Immobiliengesellschaften sein. Das Problem, dass der Schenker dabei oftmals nicht über den (Ziel-)Gegenstand als Alleineigentümer verfügen kann, wird dadurch umgangen, dass der BFH davon ausgeht, dass der »Entreicherungsgegenstand« des Schenkers (Geld oder eine bestimmte Beteiligung) und der »Bereicherungsgegenstand« des Beschenkten (Beteiligung) **nicht identisch** sein müssen.
30 Für den Wintergarten durch FG Hamburg vom 17.09.1993 (EFG 1994, 253) entschieden.

Auch bei der mittelbaren Grundstücksschenkung gelten für die Frage des Zeitpunktes der Steuerentstehung (§ 9 ErbStG) die am Zivilrecht orientierten Aussagen (Unwiderrufliche Eintragungsbewilligung) ebenso wie bei der direkten Immobilienschenkung. Der Entstehenszeitpunkt hat für zwei wichtige Anwendungsbereiche eine konkrete und z. T. überraschende Folgewirkung:

- Eine mittelbare Grundstücksschenkung ist erst mit der Fertigstellung des Gebäudes (Bezugsfertigkeit) ausgeführt (BFH vom 04.12.2002, BStBl II 2003, 273 und vom 07.05.2003, BFH/NV 2003, 1186; s. auch R E 9.1 Abs. 2 S. 3 ErbStR 2019).
- Verstirbt der Geldschenker vor der Fertigstellung des Gebäudes, führt dies nicht zu einer Vorverlegung des Schenkungszeitpunktes (BFH vom 05.06.2003, BFH/NV 2003, 1425).

Hinweis: In einem dritten Problemfall kam es allerdings zu einer **Änderung der Rspr.** Für den Fall einer beabsichtigten mittelbaren Grundstücksschenkung, bei der die Geldmittel erst **nach Ausführung** der Grundstücksübertragung ausgehändigt werden, entschied der BFH früher (Urteil vom 09.11.1994, BStBl II 1995, 83), dass die Zuwendung selbst (und nicht das Schenkungsversprechen) Schenkungsgegenstand sei. Danach kam es nicht zu einer mittelbaren Grundstücksschenkung, wenn die Herstellungskosten für das Gebäude bereits bezahlt sind, bevor die zugesagten Geldmittel geflossen sind. Hieran hält der BFH im Urteil vom 10.11.2004 (BStBl II 2005, 188) nicht mehr fest.

Der BFH stellt jetzt jedoch auf den Parteiwillen und nicht auf die (Zufälligkeit der) Überweisung der Geldmittel ab. Ein dogmatisch vergleichbares Problem spricht der BFH im Urteil vom 23.08.2006 (BStBl II 2006, 786) an, wenn er die Ausführung der (mittelbaren) Schenkung (§ 9 Abs. 1 Nr. 2 ErbStG) **kumulativ** von den zivilrechtlichen Voraussetzungen (Auflassung zzgl. Eintragungsbewilligung) **und** von der **Fertigstellung** des Gebäudes abhängig macht. Diese Entscheidung ist nicht nur bei einem Systemwechsel im Bereich der Bewertung nach altem Recht[31] bedeutsam, sondern behält seine Aktualität auch für den bevorstehenden Systemwechsel (vom Bedarfswert gemeiner Wert).

Wiederum entgegengesetzt hat aber der Senat am 29.06.2005 (BFH/NV 2005, 2123) einen Fall entschieden, in dem ein Bauherr ein zinsloses Darlehen zur Finanzierung des Bauvorhabens erhielt, aber der Kaufpreis für das Objekt schon vorher überwiesen wurde. Da die **Möglichkeit der unentgeltlichen Kapitalnutzung**[32] der stpfl. Bereicherungsgegenstand ist und dies zeitlich erst **nach der Tilgung des Kaufpreises** vereinbart wurde, konnte die Vereinbarung der Zinslosigkeit nicht Teil des Grundstückserwerbs sein und begründet daher keine (mittelbare) Grundstücksschenkung. Nach einem weiteren gleich lautenden BFH-Urteil vom 21.02.2006 (DStRE 2006, 928) kann insoweit von einer **Negativ-Fallgruppe** gesprochen werden. (Eine zinslose Darlehensgewährung für einen Grundstückskauf führt nicht zu einer mittelbaren Grundstücksschenkung). Den **positiv entschiedenen** Kontrastfall (= mittelbare Grundstücksschenkung) bildet der vom BFH am 02.10.2005 (HFR 2006, 385) entschiedene Sachverhalt, in dem das **Grundstück schon dem Beschenkten gehörte** und die vom Schenker zur Verfügung gestellten Geldmittel zweckgebunden waren (alleinige Verwendung für die Baumaßnahme).

---

31 Im vom BFH a. a. O. entschiedenen Fall wurden die (alten) Einheitswerte gerade von den (damals neuen) Bedarfswerten abgelöst (vgl. auch *Götz*, ZEV 2006, 518).
32 Die Darlehenshingabe selbst ist keine Schenkung, da mit ihr die Rückzahlungsverpflichtung verbunden ist und insoweit nur eine unbeachtliche Vermögensumschichtung vorliegt.

Sollten schließlich aus dem geschenkten Geldbetrag noch **Mittel für eine Kapitalanlage** während der Bauzeit **übrig** geblieben sein – und sollten diese entsprechende Erträge (Bauzeitzinsen, Kursgewinne etc.) erwirtschaftet haben – so werden diese »Überhänge« nach Auffassung des FG Münster vom 17.08.2000 (EFG 2000, 1261; bestätigt durch BFH vom 04.12.2002, BStBl II 2003, 273) gesondert mit dem Nominalwert der Schenkungsteuer unterworfen; sie sind also nicht vom Immobilien-Bedarfswert »konsumiert«. Im entschiedenen Fall handelte es sich um die anlässlich der Gebäudeerrichtung erfolgte VSt-Erstattung (konkret: ca. 4 Mio. €!), mit der Kursgewinne erzielt wurden; eine erste BMG für die mittelbare Grundstücksschenkung waren folglich die Netto-HK von rund 29 Mio. €.

Die bereits angedeutete Erstreckung der Grundsätze der mittelbaren Schenkung auf Gesellschaftsanteile seitens des BFH führt zu zahlreichen Zweifelsfragen, die ihren Kern in dieser Rechtsfigur »**mittelbare Anteilsschenkung**« haben. Da es hiernach nicht auf die Objekt-Identität (z. B. Geld) zwischen Entreicherung des Schenkers und Bereicherung des Beschenkten ankommt, muss der Steuergegenstand aus der Sicht des Bereicherten definiert werden. So hat der BFH im Urteil vom 06.03.2002 (BFH/NV 2002, 1030) zu Recht entschieden, dass bei einem Erlass (Verzicht) des Vaters auf eine Darlehensforderung gegenüber einer KG, bei dem der nämliche Betrag gleichzeitig auf das Kapitalkonto des Sohnes bei der KG gebucht wird, nicht die Kapitalforderung (mit Ihrem Nennbetrag) Gegenstand der Schenkung sein kann. Vielmehr macht sich dies beim Sohn durch eine Werterhöhung seines Kapitalkontos bemerkbar, was unschwer durch einen Vergleich der Steuerwerte des Kommanditanteils vor und nach der Übertragung ermittelt werden kann.

Hinweis: Eine **mittelbare Schenkung von BV** ist nach BFH vom 08.05.2019 (DStR 2019, 1573) **nicht begünstigt.**

1.2.5 Die unbenannte (Ehegatten-)Zuwendung

Vermögensverschiebungen zwischen Ehegatten, die vom Fortbestand der Ehe ausgehen und die unabhängig vom Güterstand zu Vermögenstransfers führen, mit denen die eheliche Lebensgemeinschaft (Beispiel: Übertragung von Immobilienanteilen als gemeinsame Wohngrundlage) gesichert werden soll, werden heute als unbenannte oder ehebezogene Zuwendungen bezeichnet. Dieses aus dem Zivilrecht abgeleitete Rechtsinstitut wird aufgrund nunmehr gesicherter BGH-Rspr.[33] **nicht als Schenkung** i. S. d. §§ 516 ff. BGB qualifiziert. Vielmehr stellt es einen familienrechtlichen Vertrag eigener Art (»sui generis«) dar, der als **vorweggenommener Zugewinnausgleich** zu verstehen ist.

Dieser Betrachtungsweise ist im Ansatz auch der BFH im Jahre 1994 gefolgt.[34] Da auf diese Zuwendungen aber weder ein Rechtsanspruch bestehe noch ihnen eine Gegenleistung gegenüberstehe, gelangt der BFH in diesem Urteil zu der Schlussfolgerung, dass Ehegattenzuwendungen im Allgemeinen objektiv unentgeltlich seien und sie nur dann steuerbar sind, wenn seitens des Zuwendenden das Bewusstsein der Unentgeltlichkeit fehle. Ein (stärkerer) Bereicherungswille wird dabei nicht gefordert. Damit indiziert die ehebezogene Motivation die Unentgeltlichkeit. In der Rechtsfolge anders als der BGH (Verneinung der §§ 516 ff. BGB)

---

33 Grundlegendes BFH-Urteil vom 27.11.1991 (NJW 1992, 564). Zuletzt bestätigt durch den BGH vom 23.09.1999 (NJW 2000, 134).
34 BFH vom 02.03.1994 (BStBl II 1994, 366) und vom 10.11.2004 (BStBl II 2005, 188) – in Abkehr von der alten BFH-Rspr. aus dem Jahre 1984 vom 28.11.1984 (BStBl II 1985, 159). Die steuerrechtliche Beurteilung gilt zwischenzeitlich als gesichert (Zurückweisung einer einschlägigen Verfassungsbeschwerde – BFH vom 25.11.1996, BFH/NV 1997, 444).

gelangte der BFH zur grundsätzlichen Anwendbarkeit des § 7 Abs. 1 Nr. 1 ErbStG (so auch R E 7.2 ErbStR 2019).

Auf die Möglichkeit der Rückforderung nach § 29 Abs. 1 Nr. 3 ErbStG wurde bereits (Fallgruppe des Oder-Kontos) hingewiesen.

Durch das JStG 1996 ist jedoch für die wichtigste Fallgruppe des **Familienwohnheimes** die Befreiungsvorschrift des § 13 Abs. 1 Nr. 4a ErbStG – Steuerbefreiung wegen Ehegattenzuwendungen – eingeführt worden. Ausdrücklich steuerfreie Vermögenstransfers in diesem Anwendungsbereich setzen allerdings voraus, dass sich der Mittelpunkt des familiären Lebens in diesem (Familien-)Wohnheim befindet.[35] Nach R E 13.3 Abs. 2 S. 7 ErbStR 2019 ist die Mitbenutzung durch Kinder, Eltern, Enkelkinder oder eine Hausgehilfin unschädlich. Im Urteil vom 26.02.2009 (BStBl II 2009, 480) spricht sich der BFH für eine Aufteilung der Steuerbefreiung aus.

Nach dieser mit einer Rückwirkung versehenen Intervention des Gesetzgebers (Steuerfreiheit für alle Erwerbe nach dem 30.05.1994) werden heute zwei Themenbereiche diskutiert:

1. Konkrete Anwendungsfälle für die Steuerfreiheit nach § 13 Abs. 1 Nr. 4a ErbStG:
   Der **unmittelbare Anwendungsbereich** von § 13 Abs. 1 Nr. 4a ErbStG wird mit folgenden Fällen umschrieben (s. auch R E 13.3 Abs. 4 Nr. 1 – 6 ErbStR 2019):
   - Übertragung des Allein-(oder Mit-)Eigentums an einem Grundstück,
   - Kauf (Herstellung) eines Anteils aus den Mitteln des anderen Ehegatten,
   - mittelbare Grundstückszuwendung,
   - Darlehenstilgung für eigenes Familienwohnheim aus Mitteln des Ehepartners,
   - Begleichung nachträglicher Aufwendungen,
   - Befreiung von einer Schuld des Ehegatten.
   § 13 Abs. 1 Nr. 4a ErbStG ist auch auf Lebenspartner anwendbar.
2. **Analoge** Anwendung des § 13 Abs. 1 Nr. 4a ErbStG auf **vergleichbare** Vermögenstransfers unter Ehegatten (oder Steuerpflicht gem. § 7 Abs. 1 Nr. 1 ErbStG)?
   Für den wichtigsten Anwendungsfall eines ehebedingten Vermögenstransfers auf **gesellschaftsrechtlicher** Grundlage (Beispiel: fremdvergleichswidrige, überproportionale Beteiligung eines Ehegatten an der Ehepartner-Gesellschaft) wird nach heute h. A. nicht nur eine Analogie zu § 13 Abs. 1 Nr. 4a ErbStG abgelehnt, sondern nach der überwiegenden Auffassung auch das Vorliegen einer unbenannten Zuwendung nach § 7 Abs. 1 Nr. 1 ErbStG **verneint**. Damit, d. h. mit der Annahme eines gesellschaftsrechtlichen Förderzweckes, liegt wegen der Gegenseitigkeit (höhere Beteiligung gegen gesteigerte G'fter-Leistung) keine volle Unentgeltlichkeit, sondern allenfalls eine gemischte Schenkung vor.[36]

1.2.6 Erweiterung der Steuerbefreiung um § 13 Abs. 1 Nr. 4b und Nr. 4c ErbStG

Mit dem ErbStG (2008) wurden die Ziffern 4b und 4c eingefügt. Sie ermöglichen unter bestimmten Voraussetzungen die steuerfreie Übertragung des selbst genutzten Familienheims von Todes wegen auf den Ehegatten (§ 13 Abs. 1 Nr. 4b ErbStG) bzw. auf die Kinder (§ 13 Abs. 1 Nr. 4c ErbStG).

---

35 Nach (bedenklicher) Ansicht des FG Berlin vom 28.01.2003 (DStRE 2004, 217) liegt ein Familienwohnheim auch dann vor, wenn das Haus von einem der getrennt lebenden Ehegatten und dem gemeinsamen Kind genutzt wird.

36 Zu den verschiedenen Lösungsansätzen einerseits *Gebel* in *Troll/Gebel/Jülicher*, ErbStG-Kommentar, § 7 Rz. 178 (gesellschaftsrechtlicher Beitrag) sowie andererseits FG Düsseldorf vom 08.07.1998, DStRE 2000, 483 (gemischte Schenkung).

1.2.6.1 § 13 Abs. 1 Nr. 4b ErbStG

Nach aktuellem Recht ist ohne betragsmäßige Grenze der steuerfreie Erwerb eines Familienwohnheims (vgl. § 181 Abs. 1 Nr. 1 bis 5 BewG) bei Erwerben von Todes wegen möglich, wenn
- der Erblasser im Familienwohnheim bis zum Tode gewohnt hat oder zwingende Gründe dies verhinderten und
- der Erwerber (Ehegatte, Lebenspartner) das Familienwohnheim selbst unverzüglich bewohnt.

Die Selbstnutzung muss mindestens zehn Jahre andauern, es sei denn, dass zwingende Gründe (wie Tod oder Pflegebedürftigkeit) dies verhindern. Zu Detailregelungen sowie zum Nachversteuerungsvorbehalt s. R E 13.4 Abs. 6 ErbStR 2019.[37]

Beim BFH (Az.: II R 45/12) war seit 19.10.2012 die Frage anhängig, ob es für ein bloßes **Wohnrecht** auch die Befreiung nach § 13 Abs. 1 Nr. 4b ErbStG gibt. In dem Urteil (Sachverhalt: Schenkung des Hauses an die Kinder bei gleichzeitiger Einräumung eines Wohnrechts zugunsten der Ehefrau/Witwe) vom 03.06.2014 (DStR 2014, 1670) lehnt der BFH eine Erstreckung des § 13 Nr. 4b ErbStG auf Wohnrechte ab. In der ausführlich und gut begründeten Entscheidung lässt der Wortlaut (»Eigentum«) keine Auslegung contra legem zu[38] (so wohl auch R E 13.4 Abs. 3 ErbStR 2019).

Von großer praktischer Bedeutung sind die zahlreichen erstinstanzlichen Urteile zu der Frage, welche Gründe als **zwingend** angesehen werden, bei deren Vorliegen von einer steuerunschädlichen Nichtbenutzung des Familienheims abgesehen werden kann.[39]

Zur Thematik der **unverzüglichen Selbstnutzung** s. BFH vom 28.05.2019, BStBl II 2019, 678).

1.2.6.2 § 13 Abs. 1 Nr. 4c ErbStG

Nr. 4c sieht eine Steuerbefreiung für den Erwerb eines Familienheims von Todes wegen unter Kindern oder Kindern bereits verstorbener Kinder (Enkel) vor. Zu den inhaltsgleichen Voraussetzungen wie bei Nr. 4b kommt hier als weitere Voraussetzung für die vollständige Freistellung hinzu, dass die Wohnfläche der Wohnung **nicht mehr als 200 qm** beträgt. Bei größeren Wohnungen werden die »Folge-qm« der Besteuerung unterworfen (hierzu R E 13.4 Abs. 7 ErbStR 2019 und Beispiele in H E 13.4 ErbStH).

Problem: In beiden Fällen (Nr. 4b und Nr. 4c) wird die unterbrochene (aufgegebene) Selbstnutzung im Zehnjahreszeitraum zu Streitigkeiten vor dem FG führen. Zzt. steht nur fest, dass es sich um objektive Gründe handeln muss, die eine Selbstnutzung unmöglich machen.

Mit zwei Urteilen vom 23.06.2015 hat der BFH für unterschiedliche Reaktionen gesorgt:
- Mit BFH, Az.: II R 13/13 (BStBl II 2016, 223), wurde – klarstellend – entschieden, dass die Steuerbefreiung nach § 13 Abs. 1 Nr. 4c ErbStG für ein Familienheim dann ausscheidet,

---

37 S. hierzu ausführlich Kiebele in Preißer/Seltenreich/Königer, 4. Aufl. (2022), § 13 Rz. 91 ff. (insb. Rz. 95 ff. m.w.N. aus der aktuellen Rspr.) zu den zwingenden Gründen, die eine Selbstnutzung hindern (können).
38 Die Kritik hieran (vgl. Jülicher, ZEV 2014, H. 10) verkennt, dass für den BFH weder eine Analogie (keine planwidrige Regelungslücke) noch eine verfassungskonforme Auslegung (Art. 6 GG) in Betracht kommt.
39 S. etwa FG Münster vom 10.12.2020 (Az.: 3 K 420/20) oder FG Hessen vom 10.05.2021 (Az.: 1 K 877/15), wo in beiden Fällen eine Nichtbewohnung aus psychischen Gründen **nicht als objektiv zwingend** angesehen wurde. Zur Zerstörung des Familienheims aufgrund höherer Gewalt (hier: Überflutung 2021) s. Ländererlass vom 09.02.2022, BStBl I 2022, 226.

wenn der Erwerber von vornherein gehindert ist, die Wohnung für eigene Wohnzwecke zu nutzen (a. A. gleichlautende Ländererlasse vom 03.03.2016, ZEV 2016, 229).
- Eine großzügige Regelung trifft der BFH, Az.: II R 39/13, für den Fall der **verzögerten Selbstnutzung**. Bei einer Erbauseinandersetzung, bei der ein Miterbe das Alleineigentum an der Wohnung erwirbt, gewährt der BFH für die zeitnahe Nutzung einen Zeitraum von **sechs Monaten** (nach dem Erbfall), so auch wiederholend – und mit strengen Maßstäben (weder Krankheit noch berufliche Gründe noch Renovierung erlauben Ausnahmen) – BFH vom 28.05.2019, ErbBStg 2019, 217 sowie tagggleich BFH, DStR 2019, 1571.
- S. auch das FG Düsseldorf (Urteil vom 10.03.2021, Az.: 4 K 2245/19), das bei einer **Renovierung**, die sich **1 1/2 Jahre nach dem Erbfall** hinzog, die **Steuerbefreiung abgelehnt hat**.

S. zum Ganzen auch gleichlautenden Ländererlass vom 03.03.2016 (ZEV 2016, 229).

Aufgrund der gestiegenen Flexibilität und der erhöhten Mobilität hat das JStG 2024 nachjustiert: Es soll in den Fällen, da eine Steuerbefreiung für Grundstücke in den Fällen des § 13 Abs. 1 Nr. 4c ErbStG nicht in Betracht käme, die erweiterte Stundung gem. § 28 ErbStG gelten.

1.3 Die weiteren Fälle des § 7 Abs. 1 Nr. 2 – 7, Nr. 10 ErbStG[40]

Innerhalb des weiteren Anwendungsbereiches des Schenkungsteuertatbestandes von § 7 Abs. 1 ErbStG bilden die **erbrechtlichen** Abfindungen (§ 7 Abs. 1 Nr. 5 – 7 ErbStG) eine Sonderrolle. Damit wird für diese bereits in Kap. I 3 behandelte Fallgruppe nochmals der Charakter der Schenkungsteuer als »vorweggenommene Erbschaftsteuer« hervorgehoben.[41] Ähnliches gilt für die Bereicherung des »ärmeren« Ehegatten anlässlich der Begründung der Gütergemeinschaft (§ 7 Abs. 1 Nr. 4 ErbStG).

In Ergänzung zu § 3 Abs. 2 Nr. 5 ErbStG erweitert § 7 Abs. 1 Nr. 10 ErbStG den (Schenkung-)Steuerzugriff auf die Fälle, bei denen der Erwerber eines befristeten bzw. betagten Anspruchs eine Bereicherung **vor** dem Zeitpunkt der eigentlichen Steuerentstehung (§ 9 Abs. 1 Nr. 1 Buchst. a ErbStG) erhält.

Die ansonsten allein noch praxisrelevante Auflagenschenkung nach § 7 Abs. 1 Nr. 2 ErbStG stellt regelmäßig einen Unterfall der vorweggenommenen Erbfolge dar und wird in diesem Zusammenhang diskutiert. Zur Frage des Erwerbstatbestands und des -zeitpunkts bei einem **Vertrag zugunsten Dritter** (§ 328 BGB) hat der BFH im Urteil vom 20.01.2005 (BStBl II 2005, 408) Stellung genommen und ordnet den Erwerb der Forderung dann § 7 Abs. 1 Nr. 1 und § 9 Abs. 1 Nr. 2 ErbStG unter, wenn frei über die Forderung verfügt werden kann. Ansonsten (z. B. bei einer aufschiebend bedingten Forderung) kommen § 7 Abs. 1 Nr. 2, § 9 Abs. 1 Nr. 2 ErbStG zur Anwendung, sodass die Schenkungsteuer dann erst mit der Erfüllung der Bedingung entsteht.

1.4 Die Zweckzuwendung (§ 1 Abs. 1 Nr. 3 und § 8 ErbStG)

In mehrfacher Hinsicht ist die sog. Zweckzuwendung gesetzestechnisch hervorgehoben.

---

40 § 7 Abs. 1 Nr. 8 und 9 ErbStG wird bei der Diskussion der Stiftung behandelt.
41 Im Urteil vom 25.01.2001 (BStBl II 2001, 456) hat der BFH allerdings eine Entgeltsvereinbarung über den Verzicht auf einen **künftigen Pflichtteilsanspruch** dem Grundtatbestand des § 7 Abs. 1 Nr. 1 ErbStG unterworfen und sah sich daran auch nicht durch § 7 Abs. 1 Nr. 5 ErbStG (Abfindung für einen Erbverzicht) gehindert, obwohl die Forderung (Pflichtteilsanspruch) noch gar nicht entstanden war.

Beispiel 6: Tod der märkischen Gutsherrin[42]

Im Testament der märkischen Gutsherrin war ein Geldvermächtnis zugunsten ihres Sohnes mit der Auflage verbunden, die Zinsen zur Fortführung des Gutskindergartens zu verwenden.

Dieser vom RG entschiedene sowie der durch die BFH-Rspr. bekannte »Pudelfall« (die Geldvermächtnisnehmerin sollte auf eine testamentarische Anordnung hin den Pudel der Erblasserin übernehmen und ihn weiter pflegen[43]) verdeutlichen den Anwendungsbereich der Zweckzuwendung, die in § 1 Abs. 1 Nr. 3 ErbStG rechtspositivistisch als einer der vier Grundtatbestände des ErbStG geregelt ist. Danach wird der mit einer Zweckzuwendung Beschwerte in den Fällen zum Steuerschuldner (§ 20 Abs. 1 S. 1 ErbStG), wenn und weil die Auflagenlast als **Abzugsgröße** (§ 10 Abs. 1 bzw. § 10 Abs. 5 Nr. 2 ErbStG) bei seinem Erwerb berücksichtigt werden kann und andererseits der Auflagenbegünstigte nicht stpfl. ist. Um einen Steuerausfall[44] zu vermeiden (Pudel als »Begünstigter«!?), ordnet § 10 Abs. 1 S. 5 ErbStG hier konstitutiv als Bereicherung die **Verpflichtung des Beschwerten** an.

Die dogmatisch schwer nachvollziehbare Regelung, die in den meisten Fällen (Auflagen bei Kirchen sowie gemeinnützigen Einrichtungen etc.) wegen § 13 Abs. 1 Nr. 16 – 18 ErbStG[45] – Steuerbefreiungen wegen »Kirchen- oder Gemeinnützigkeit« oder bei Parteienzuwendungen – ohnehin leer läuft, kennt als »Auslöser« der Zweckzuwendungen sowohl testamentarische als auch schenkungsrechtliche Anordnungen (sog. »Zweckwidmung«). Wegen der fiskalischen Zielsetzung von § 8 ErbStG (Steuerausfall bei nicht stpfl. Auflagenbegünstigten) kommen hauptsächlich Auflagen ohne steuerlichen Adressaten (Hundepflege) in Betracht. Darüber hinaus stellt sich die Frage, ob die Zweckauflage einer bestimmten Person zugutekommen soll. Nach ständiger BFH-Rspr. sollte die Zuwendung einem **unpersönlichen Zweck** zukommen und nicht unmittelbar (und allein) dem Interesse des Zuwendenden entsprechen.[46] Nach dieser Erkenntnis stellen etwa Auflagen zur Grabpflege keine steuerbare Zweckzuwendung dar. Wegen der Abzugsmöglichkeit nach § 10 Abs. 5 Nr. 3 ErbStG bleiben Auflagen zur Grabpflege damit im Ergebnis steuerlich unberücksichtigt.[47]

Lösung:

Unterstellt, dass der Gutskindergarten nicht stpfl. ist, kann der Sohn bei dem Erwerb von Todes wegen (Vermächtnis nach § 3 Abs. 1 Nr. 1 ErbStG) nach § 10 Abs. 5 Nr. 2 ErbStG den zur Zweckerfüllung aufgewendeten Betrag (Zinsen) in Abzug bringen. Nachdem die Fortführung des Kindergartens der Gutsherrin nicht unmittelbar, sondern allenfalls als (postmortaler) Reflex zugute kommt, liegt beim Sohn der steuerbare Tatbestand der Zweckzuwendung (§§ 1 Abs. 1 Nr. 3, 8 ErbStG) vor. Als Steuerschuldner (§ 20 Abs. 1 S. 1 ErbStG) in StKl. III (§ 15 Abs. 1 ErbStG) kann er von dem Wert der »Bereicherung« (hier: Zinsabführungs-Verpflichtung) nur einen persönlichen Freibetrag von 20.000 € (§ 16 Abs. 1 Nr. 7 ErbStG) abziehen.

---

42 RG vom 17.02.1911 (RGZ 75, 378).
43 BFH vom 05.11.1992, BStBl II 1993, 161.
44 Eine Zweckzuwendung und damit eine Steuerpflicht des Beschwerten kommt in den meisten Fällen der Auflage allein deshalb **nicht** zum Tragen, da der Begünstigte des weitergegebenen Vermögens damit selbst zum Steuerschuldner (§ 3 Abs. 2 Nr. 2 bzw. § 7 Abs. 1 Nr. 2 ErbStG) wird.
45 S. auch BFH vom 16.01.2002, BStBl II 2002, 303 (ausländische gemeinnützige Stiftung).
46 BFH vom 05.11.1992 (BStBl II 1993, 161); noch strenger der BFH vom 30.09.1987 (BStBl II 1987, 861).
47 S. hierzu auch *Meincke*, ErbStG-Kommentar, § 8 Rz. 6.

1.5 Gesellschaftsrechtliche Zuwendungen

Zu einem verfassungsrechtlichen Problem ist zwischenzeitlich die Fallgruppe der gesellschaftsrechtlichen Zuwendungen im Schenkungsteuerrecht geworden. Gesetzlichen Ausführungen zu – eher seltenen – Sonderfragen bei der Schenkung von Beteiligungen an PersG (§ 7 Abs. 5 ff. ErbStG) stehen umfangreiche Verwaltungsvorschriften zu häufig vorkommenden und wirtschaftlichen bedeutsamen Vorgängen bei Leistungen der G'fter von KapG gegenüber. Die Normenpyramide (Verfassung – Gesetz – Richtlinien) ist in diesem Bereich auf den Kopf gestellt. Die einzige Gemeinsamkeit besteht darin, dass sich beide Regelungskomplexe in materieller Sicht als Nichtanwendungserlasse von BFH-Urteilen verstehen.

1.5.1 Zuwendungen bei Personengesellschaften (§ 7 Abs. 5 – 7 ErbStG)

Nach einem modernen gesellschaftsrechtlichen und (einkommen-)steuerlichen Verständnis vollzieht sich die Nachfolge von Todes wegen in Beteiligungen an PersG nach den bereits ausführlich diskutierten Nachfolgeklauseln (s. Kap. I 4.2.1).

Bei der Übertragung von **PersG-Beteiligungen** unter **Lebenden** bzw. beim Ausscheiden aus einer PersG zu Lebzeiten hat der BGH in mühevollen Schritten den Weg für eine **rechtsgeschäftliche Übertragung** von Anteilen an PersG frei gemacht. Danach überträgt bei entgeltlicher wie bei unentgeltlicher Übertragung der Altgesellschafter seine G'fter-Stellung (inkl. seiner Vermögensbeteiligung) auf den Neugesellschafter im Wege einer beschränkten Gesamtrechtsnachfolge. Sein kompletter gesamthänderischer Anteil an den WG des Vermögens der PersG geht auf den Erwerber über.

Aus dem umfangreichen kautelarjuristischen Arsenal der Übertragungsmöglichkeiten sind vom Schenkungsteuergesetz drei teilweise »anachronistische« Modalitäten näher – und gesetzestechnisch verunglückt – beleuchtet worden. Nachfolgend wird auch der – gesetzlich nicht ausdrücklich geregelte – **Grundtatbestand** der Schenkung von PersG-Beteiligungen miteinbezogen.

> **Beispiel 7: Ausscheidens- und Verdienstklauseln bei einer OHG**
>
> A, B und C haben in 20 eine OHG mit einer Einlage von je 1 Mio. € gegründet (kein Sonder-BV). Im Gesellschaftsvertrag wurde u. a. Folgendes vereinbart:
> - § 15: Im Falle der schenkweisen Aufnahme eines neuen G'fters (z.B. eines Angehörigen der Gründungsgesellschafter) erhält dieser (der Neu-G'fter) beim Ausscheiden nur seinen Kapitalanteil (= Buchwert der Beteiligung) ersetzt. Zu diesem Zweck wird die Schlussbilanz des Jahres, in dem er ausscheidet, für die Ermittlung zugrunde gelegt. Eine Beteiligung an den stillen Reserven sowie an den Geschäftschancen erfolgt nicht.
> - § 16: Wird der Sohn des A in die OHG aufgenommen, erhält er über die kopfteilige Zuordnung des Gewinnes hinaus eine jährliche Sonderzahlung von 10 T€, die die Verdienste seiner Mutter beim Zustandekommen dieses Gesellschaftsvertrages abgelten soll.
>
> Ende 22 wird einvernehmlich S, der Sohn des A, in die OHG aufgenommen. Zu diesem Zweck wird nur der folgende Buchungssatz gebildet:
>
> Kapitalkonto A   500 T€   an   Kapitalkonto S   500 T€
>
> In 22 betragen die Kapitalkonten aller G'fter (auch des S) nur die Hälfte des jeweiligen Steuerwertes.
>
> Ende 24 scheidet S aus.

Lösung:

1. **Buchwertschenkung (A – S) in 22 (Grundfall = § 15 des Vertrages)**
   Die praxisübliche Umbuchung des Kapitalkontos von A auf seinen Sohn stellt dann eine freigiebige Zuwendung dar, wenn sich ein Bereicherungswille des A feststellen lässt, wonach dieser (A) mit der Übertragung entreichert ist und S als bereichert angesehen wird. Dies ist zumindest bei einer – wie im vorliegenden Fall – ertragbringenden PersG anzunehmen, wenn dabei nicht das Haftungsrisiko des Neugesellschafters überwiegt oder dieser im Innenverhältnis A von der Haftung freistellen muss. Die schenkweise Einräumung einer (ertragbringenden) Beteiligung mit anschließender Buchwertklausel wird auch unter dem Aspekt »**Bedingte Beteiligung an den offenen und stillen Reserven einer PersG**« diskutiert (s. H E 7.8 ErbStH 2019).
   Noch vor dem Abzug persönlicher Freibeträge ist die gem. § 15 des Vertrages vorliegende **Buchwertklausel** nach § 7 Abs. 5 ErbStG zu berücksichtigen. Nach S. 1 wird die mit jeder Buchwertklausel einhergehende (spätere) Wertminderung im (vorausgehenden) Schenkungsjahr nicht berücksichtigt; technisch bedeutet dies: bei der Ermittlung der Bereicherung wird **nicht das Kapitalkonto,** sondern der Steuerwert angesetzt.
   In 22 wird somit der Wert von 1 Mio. € zugrunde gelegt. Nach S. 2 von § 7 Abs. 5 ErbStG gilt die Differenz von 0,5 Mio. € (Steuerwert 18 ./. Buchkapital 18) als – mit dem **Ausscheiden – auflösend** bedingt erworben.[48]
   Aus der Verweisung von S. 2 auf S. 1 wird deutlich, dass der ursprüngliche Mehrwert nachträglich korrigiert werden soll. Der Korrekturbetrag hat sich nach richtiger Verwaltungsansicht[49] ebenfalls auf den Zeitpunkt der Schenkung zu beziehen. Übersteigt demnach der Differenzbetrag zwischen Steuerwert und Buchwert im Zeitpunkt des Ausscheidens die Differenz im Zeitpunkt der Schenkung, so ist die Steuer, die auf den Mehrwert fällt, zu **erstatten (§ 5 Abs. 2 BewG)**. Umgekehrt (geringere Differenz beim Ausscheiden als bei der Schenkung) soll nur die Steuer, die auf den niedrigeren Betrag entfällt, zur Erstattung führen.

2. **Ausscheiden des S in 24: Steuerpflicht der verbleibenden G'fter**
   Aufgrund des in § 738 BGB für alle PersG geltenden Anwachsungskonzepts wächst der Anteil des Ausscheidenden (hier: des S) am Vermögen der PersG den verbleibenden G'ftern (hier: A, B und C) anteilig, d.h. zu 1/3, an (**An-/Abwachsung;** zur Steuerpflicht der verbleibenden G'fter vgl. § 3 Abs. 1 Nr. 2 S. 2 ErbStG). Im Gegenzug erhält S den Abfindungsanspruch, hier den Buchwert im Zeitpunkt des Ausscheidens. Nach § 7 Abs. 7 S. 1 ErbStG findet ein Wertvergleich zwischen dem anteiligen Steuerwert und dem Abfindungsanspruch statt. Bei der Subtraktion im vorliegenden Fall ergibt sich eine fingierte Bereicherung der verbleibenden G'fter A, B und C. Die StKl. hat sich dabei nach dem Verwandtschaftsgrad zum Ausscheidenden zu richten, sodass A die günstige StKl. II (§ 15 Abs. 1 StKl. II Nr. 1 ErbStG) reklamieren kann und für B und C nur die StKl. III verbleibt.

Hinweis: Zu Problemen bei der **Bewertung** des Abfindungsanspruchs im Falle von **Buchwertklauseln** s. oben die Diskussion bei der Fortsetzungsklausel beim Ausscheiden von Todes wegen unter Kap. I 4.2.1 und 4.2.2!

Während aufgrund der Fiktion einer Schenkung höchstrichterlich[50] festgestellt ist, dass beim Anwachsungstatbestand des § 7 Abs. 7 ErbStG ein Bereicherungswille nicht erforderlich ist und hieraus auch abgeleitet wird, dass die Bestimmung bei freiwilligem wie bei zwangsweisem Ausscheiden greift, ist es streitig, ob § 7 Abs. 7 ErbStG auch den Fall des **Aus-**

---

48 Lösung vorbehaltlich §§ 13a, b ErbStG
49 S. H E 7.7 ErbStH 2011 sowie aus der Literatur *Gebel* in *Troll/Gebel/Jülicher* (2006), § 7 Rz. 375 ff.
50 BVerfG vom 09.07.1993 (HFR 1993, 595) sowie BFH vom 01.07.1992 (BStBl II 1992, 912).

scheidens aus einer **zweigliedrigen PersG** erfasst.[51] Auch wenn beim Ausscheiden des vorletzten G'fters bei einer PersG dieses Rechtssubjekt untergeht und mit der Anteilsvereinigung in einer Hand das Vermögen auf den letzten G'fter übergeht und somit z. B. aus einer Personenhandelsgesellschaft ein Einzelunternehmen wird, steht dies der Anwendung von § 7 Abs. 7 ErbStG nicht im Wege. § 7 Abs. 7 ErbStG ist auch beim Ausscheiden des **vorletzten** G'fters einer PersG anzuwenden.

Hinweis: Mit § 7 Abs. 7 S. 3 ErbStG (2008) erfolgt eine Klarstellung, dass ggf. auch bei der Übertragung der Anteile des Erben auf eine PersG oder eine GmbH eine Schenkung vorliegt und die Sätze 1 und 2 hierbei sinngemäß anzuwenden sind; insb. ist § 10 Abs. 10 S. 1 und S. 2 ErbStG sinngemäß anzuwenden.

> **Fortsetzung Lösung:**
> 3. **Die übermäßige Gewinnbeteiligung (= § 16 des Vertrages)**
> Die Besonderheit von § 7 Abs. 6 ErbStG liegt in der **selbständigen Erfassung** einer **überhöhten Gewinnbeteiligung.** Liegen – wie bei S – eine Schenkung der Beteiligung und gleichzeitig eine überhöhte Gewinnbeteiligung (i. H. v. 10 T€) vor, so wird der gesellschaftsrechtlich einheitliche Zuwendungsgegenstand der »gut dotierten« Beteiligung in **zwei steuerliche Zuwendungsgegenstände** aufgespalten (§ 7 Abs. 6 ErbStG i. V. m. R E 7.9 ErbStR 2019).
> Zusätzlich zur Buchwertschenkung ist bei S der Jahreswert des überhöhten Gewinnanteils zu versteuern. Bei der Quantifizierung des Übermaßes ist nach Verwaltungsauffassung von den ertragsteuerlichen Erkenntnissen auszugehen und die dortige Rendite-Rspr. zum angemessenen Gewinn bei einer geschenkten Beteiligung mit einem Deckelungsbetrag von 15 % angemessenem Gewinn, bezogen auf den Vermögenswert der Beteiligung, zugrunde zu legen.[52]
> Die Verwaltung (R E 7.9 Abs. 1 S. 4 ErbStR 2019) orientiert sich dabei am Kapitalwert gem. § 13 Abs. 2 BewG (das 9,3-Fache des Jahreswerts des Übergewinns).

Anders ist die Beurteilung (einheitliche Behandlung), wenn die überhöhte Gewinnbeteiligung als Gewinnübermaß bereits bei der Bewertung der Beteiligung gem. § 7 Abs. 6 ErbStG i. V. m. § 97 Abs. 1a Nr. 1b BewG berücksichtigt wurde (so auch R E 7.9 Abs. 2 S. 3 ErbStR 2019).

1.5.2 Zuwendungen bei Kapitalgesellschaften

Vgl. zum Ganzen sehr ausführlich *Seltenreich* in *Preißer/Seltenreich/Königer*, ErbStG-Komm., 4. Aufl. (2022), § 7 Rz. 739 ff. sowie die koordinierten Ländererlasse vom 14.03.2012 (BStBl I 2012, 331) zu § 7 Abs. 8 ErbStG. Die folgenden Ausführungen sind angelehnt an *Seltenreich*, a. a. O.

Zur ausführlichen Kritik vgl. *Loose*, GmbHR 2013, 561; *Wachter*, ZEV 2013, 351; *Binnewies*, GmbHR 2013, 671; *Milatz/Bockhoff*, ErbStB 2013, 15; *Zimmert*, DStR 2013, 1654.

1.5.2.1 Allgemeine Ausführungen

Von wesentlich größerer Tragweite als die 1974 eingeführten, damals aber schon von der Rechtsentwicklung überholten gesetzlichen Regelungen zu den PersG ist die in 1997 erstmals und mit den ErbStR 1999 endgültig verabschiedete Verwaltungsauffassung zu Vermögensverschiebungen zwischen den G'ftern einer KapG und eben dieser Gesellschaft. Während allgemein das steuerliche Verständnis von der **PersG** vom sog. **Transparenzgrundsatz**

---
51 Gegen eine Einbeziehung *Meincke*, § 7, Rz. 143; für eine Einbeziehung *Gebel*, § 7, Rz. 401 f.
52 Hinweis auf die Ertragsteuer-Rspr. bei geschenkten Beteiligungen (zuletzt nach dem BFH vom 31.05.1989, BStBl II 1990, 10).

geprägt ist und die Besteuerungsgrundlagen qua PersG letztlich bei den MU erfasst werden, gilt für **KapG** grds. das **Trennungsprinzip**. KapG und ihre G'fter sind getrennte Steuersubjekte. Ertragsteuerlich werden Leistungsbeziehungen zwischen der KapG und ihren G'ftern grds. akzeptiert (vorbehaltlich der Regelungen über die verdeckte Gewinnausschüttung und die verdeckte Einlage). Diese Grundsätze gelten uneingeschränkt, soweit es sich um schuldrechtliche Austauschverträge und neutrale Leistungsaustauschverhältnisse handelt. Anders sieht es aus, wenn die Transaktionen zwischen der KapG und dem G'fter auf gesellschaftsrechtlicher Grundlage (z. B. Sacheinlage) basieren (so auch der BFH im Urteil vom 17.10.2007, BStBl II 2008, 381).[53]

Die mit den Austauschbeziehungen eines G'fters zu »seiner« KapG einhergehende Reflexwirkung auf die anderen G'fter wird grds. ignoriert.[54] In der schenkungsrechtlichen Beurteilung ist der 2. Senat des BFH mit mehreren Entscheidungen, insb. im Jahre 1996[55], weitgehend dieser Betrachtungsweise gefolgt, wonach Vermögenszuwendungen eines G'fters an die KapG allenfalls das Vermögen der KapG, aber nicht gleichzeitig das der mitbeteiligten G'fter vermehren. Die Zuwendung an die KapG selbst hat nach dieser Rspr. ihren Grund im Gesellschaftsverhältnis (societatis causa), sodass insoweit – mangels Freigebigkeit (da Gegenleistung) – auch keine schenkungstpfl. Bereicherung der KapG vorliegt.[56] Die Reflexwirkung für die anderen G'fter bleibt ohnehin unberücksichtigt.

Demgegenüber vertrat die FinVerw den entgegengesetzten Standpunkt, wonach die mit der Vermögenszuwendung eines G'fters einhergehende **Werterhöhung** der Gesellschaftsrechte der **anderen G'fter** grds. steuerbar ist.

Mit den neuen §§ 7 Abs. 8 und 15 Abs. 4 ErbStG und den dazu ergangenen Ländererlassen vom 14.03.2012 (BStBl I 2012, 331) ist nunmehr eine gewisse Rechtssicherheit eingetreten, zumindest im Hinblick auf die Auffassung der FinVerw.

1.5.2.2 Die Technik des § 7 Abs. 8 ErbStG

§ 7 Abs. 8 ErbStG ist durch das BeitrRLUmsG vom 07.12.2011 (2011) mit Wirkung für Erwerbe ab dem 14.12.2011 in den Gesetzestext eingefügt worden. Erfasst werden Werterhöhungen (ohne Substanzverschiebung) von KapG-Anteilen und Genossenschaftsanteilen aufgrund **disquotaler** Einlagen und Leistungen von Dritten sowie Zuwendungen zwischen (Teil-schwester-)KapG, die mit der Intention getätigt werden, G'fter (wertmäßig) zu bereichern (Konzernfälle). Nachdem der BFH in ständiger Rspr. (BFH vom 25.10.1995, BStBl II 1996, 160; BFH vom 09.12.2009, BStBl II 2010, 566) disquotale Einlagen eines G'fters einer KapG mangels Substanzverschiebung nicht als freigebige Zuwendungen zwischen den G'ftern angesehen hat, hat die FinVerw darauf zum einem mit dem Erlass vom 20.10.2010 (BStBl I 2010, 1207 ff.) reagiert und nunmehr eingeräumt, dass in Fällen disquotaler Einlagen in eine KapG keine freigebige Zuwendung des einen G'fters an den anderen (wertmäßig begünstigen) G'fter gem. § 7 Abs. 1 Nr. 1 ErbStG gegeben ist.

---

53 Im vorliegenden Fall des BFH (Grundstücksübertragung auf gemeinnützige GmbH) führt dies zur Versagung der Grunderwerbsteuerbefreiung, da eben keine Schenkung vorlag.
54 Selbst die »Gruppenbildung« bei der Betriebsaufspaltung bzw. die Figur der »nahe stehenden Person« bei der vGA sind hierfür ein weiterer Beleg und keine Ausnahme.
55 So bereits der BFH vom 05.12.1990 (BStBl II 1991, 181) und vorläufiger Abschluss durch BFH vom 25.10.1995 (BStBl II 1996, 160) und vom 19.06.1996 (BStBl II 1996, 616).
56 Insoweit deckungsgleich die Verwaltung in R 18 Abs. 2 ErbStR a. F.

Die Vorschrift regelt, dass die **Werterhöhung** von Anteilen an einer KapG, die eine an der Gesellschaft unmittelbar oder mittelbar beteiligte natürliche Person oder Stiftung (Bedachte) durch die **Leistung einer anderen Person** (Zuwendender) an die Gesellschaft erlangt, als Schenkung gilt. Erfasst werden daher insb. Werterhöhungen von Anteilen an KapG, die durch eine disquotale Einlage eines G'fters bei den anderen G'ftern eintreten. Erfasst werden aber auch Werterhöhungen, die durch eine Leistung eines Dritten an die KapG hervorgerufen werden. Da die Werterhöhung der Anteile nur dann eintritt, wenn der Dritte unentgeltlich oder teilentgeltlich leistet, werden Drittgeschäfte, die durch Leistungsaustausch stattfinden, von der Regelung nicht erfasst.

Die Regelung stellt die Fiktion einer Schenkung auf. Zuwendungsgegenstand ist die Werterhöhung der Gesellschaftsanteile der Mitgesellschafter. Dies hat zur Folge, da in § 7 Abs. 8 S. 1 ErbStG kein eigenes subjektives Tatbestandsmerkmal enthalten ist, dass für die Erfüllung einer Schenkung das Vorliegen eines subjektiven Tatbestandes nicht erforderlich ist.

Des Weiteren sieht § 7 Abs. 8 S. 2 ErbStG vor, dass Zuwendungen zwischen KapG, soweit sie in der Absicht getätigt werden, G'fter zu bereichern, und soweit an diesen Gesellschaften nicht unmittelbar oder mittelbar dieselben G'fter zu gleichen Anteilen beteiligt sind, als freigebig gelten. Von der Schenkungsteuer erfasst werden damit Fälle, die ertragsteuerlich eine **verdeckte Gewinnausschüttung** und eine anschließende verdeckte Einlage in die **Schwestergesellschaft** darstellen. Technisch geschieht dies dadurch, dass die Zuwendung trotz ggf. gesellschaftsrechtlicher Veranlassung, die ansonsten die Freigebigkeit ausschließt, als freigebig angesehen wird.

§ 7 Abs. 8 S. 3 ErbStG erweitert sodann den Anwendungsbereich der Regelung über KapG hinaus auf Genossenschaften.

In der Praxis führt die Regelung zu einer deutlichen Ausdehnung der Schenkungsteuer. Insoweit kann die Regelung des § 15 Abs. 4 ErbStG, die ebenfalls durch das BeitrRLUmsG (2011) eingeführt wurde und die u. a. für Fälle des § 7 Abs. 8 ErbStG für die Ermittlung der Steuerklasse und des Freibetrags auf das Verhältnis zwischen dem die disquotale Einlage tätigenden G'fter und dem begünstigten G'fter abstellen will, wenig trösten. Gleichwohl zeigt sich an diesem Gegensteuern des Gesetzgebers (initiiert durch die FinVerw), dass die gesamte Regelung des § 7 Abs. 8 ErbStG in sich inkonsequent und unsystematisch gelöst wurde. Die Problematik resultiert aus folgender Überlegung:

In Fällen einer **disquotalen Einlage** hat der BFH in ständiger Rspr. eine freigebige Zuwendung des die Einlage leistenden G'fters an die durch die Werterhöhung ihrer Anteile auch begünstigten Mitgesellschafter mittels Substanzverschiebung **abgelehnt** (BFH vom 25.10.1995, BStBl II 1996, 160; vom 09.12.2009, BStBl II 2010, 566).

Zugrunde liegt der BFH-Rspr. die Überlegung, dass für die Erbschaftsteuer eine zivilrechtliche Betrachtung innerhalb der jeweiligen Leistungsverhältnisse erforderlich ist. Das zivilrechtliche Leistungsverhältnis besteht aber zwischen dem die Einlage tätigenden G'fter und der Gesellschaft, nicht aber zwischen den G'ftern. In diesem Verhältnis kommt allerdings eine freigebige Zuwendung nicht in Betracht, da die Einlage auf gesellschaftsrechtlicher Grundlage beruht und somit eine Gegenleistung darstellt. Die Freigebigkeit ist somit nicht gegeben.

Dahingegen ging die FinVerw in Fällen der disquotalen Einlage bislang immer von einer wirtschaftlichen Betrachtungsweise aus und nahm an, dass der die Einlage tätigende G'fter bei wirtschaftlicher Betrachtung den dadurch begünstigten anderen G'ftern die Werterhöhung ihrer Anteile mittelbar freigebig zuwendet. Sie nahm daher eine mittelbare freigebige Zuwendung zwischen den G'ftern an, was zur Folge hatte, dass für den Steuertarif und den Freibetrag auch das Verhältnis der G'fter zueinander entscheidend war.

Mit der nunmehrigen Regelung des § 7 Abs. 8 ErbStG versucht der Gesetzgeber zum einen die Leistungsverhältnisse aus zivilrechtlicher Sicht, also so wie vom BFH verlangt, einzuhalten. Andererseits hätte dies zur Folge, dass stets die StKl. III mit dem entsprechend niedrigen Freibetrag und hohen Steuertarif zur Anwendung käme. Dass dies nicht sachgerecht ist, wurde vom Gesetzgeber erkannt. Er versucht daher, die bisherige wirtschaftliche Betrachtung der FinVerw über die Regelung des § 15 Abs. 4 ErbStG unter Beibehaltung der vom BFH vorgegebenen zivilrechtlichen Betrachtung der Leistungsverhältnisse umzusetzen. Dass dies die Quadratur des Kreises darstellt und weder dogmatisch sauber begründbar ist noch eine konsequente Regelung darstellt, bedarf keiner näheren Erläuterung.

Aktuelle Rspr.: Die oben dargestellte Beurteilung ist durch ein Urteil des FG Hamburg vom 11.07.2023 (3 K 188/21; Rev.-Az. beim BFH: II R 23/23) zu disquotalen Einlagen bei einer KGaA ins Wanken geraten. Das FG Hamburg hat für den Fall einer disquotalen Einlage eines Kommanditaktionärs zugunsten des persönlich haftenden G'fters entschieden, dass dies nicht als Schenkung nach § 7 Abs. 8 ErbStG zu beurteilen sei. Dies führte nach dem Wachstumschancengesetz zu § 7 Abs. 9 ErbStG-neu, der im Ergebnis diesen Fall als Schenkung analog zu § 7 Abs. 8 S. 2 ErbStG behandelt. Das gesellschaftsrechtliche Problem liegt darin, dass zwar der Schenker (der Kommanditaktionär) am Kapital der KGaA beteiligt ist, nicht aber der Komplementär, der als solcher nicht am Grundkapital der KGaA beteiligt ist. Der neu eingefügte **§ 7 Abs. 9 ErbStG** soll somit eine Besteuerungslücke schließen.

1.5.2.3 Tabellarische Strukturierung[57]

Die nachfolgende Tabelle stellt den Versuch einer Strukturierung substanz- und wertmäßiger Vermögensverschiebungen zwischen KapG und G'ftern, nahen Angehörigen und Schwestergesellschaften dar und kann zum Einstieg in die Fallbearbeitung genutzt werden.

Fallgruppe	Einschlägige Rechtsnorm	Zuwendungsgegenstand/-beteiligte
1. Variante: Verdeckt/offene disquotale Einlage eines G'fters in KapG (Sacheinlagen und Nutzungseinlagen)	§ 7 Abs. 1 Nr. 1 ErbStG (./.) § 7 Abs. 8 S. 1 ErbStG (+) sowie R E 7.5 Abs. 10 ff. ErbStR 2019 (kein § 7 Abs. 8 ErbStG, soweit alle G'fter gleichzeitig einlegen bzw. der Einlage eine Gegenleistung gegenübersteht)	Werterhöhung der Anteile der anderen G'fter Freigebige Zuwendung des Einlegenden an die anderen G'fter
2. Variante: Dritter bringt (unentgeltlich) Leistungen an KapG	§ 7 Abs. 1 Nr. 1 ErbStG (+)	Unentgeltliche Leistung des Dritten an KapG
	§ 7 Abs. 8 S. 1 ErbStG (+) i.V.m. der Regelung der 1. Variante, R E 7.5 Abs. 10 S. 4 ErbStR 2019) Im Wege der Anspruchskonkurrenz tritt § 7 Abs. 1 Nr. 1 ErbStG zurück	Werterhöhung der Anteile der G'fter freigebige Zuwendung zwischen Dritten und KapG, aber Besteuerung gem. § 15 Abs. 4 ErbStG
3. Variante: Disquotale verdeckte Gewinnausschüttung an einen G'fter	§ 7 Abs. 1 Nr. 1 ErbStG (./.) (BFH vom 30.01.2013, BStBl II 2013, 930); aber: Nichtanwendungserlass vom 14.03.2012, BStBl I 2012, 331)	Keine Freigebige Zuwendung der KapG an G'fter bezüglich der verdeckten Gewinnausschüttung (s. auch R E 7.5 Abs. 7 ErbStR 2019)

---

57 Übernommen von *Seltenreich* in *Preißer/Seltenreich/Königer*, 4. Aufl. (2022), Rz. 782. Ergänzt durch ErbStR 2019 und Beispiel in H E 7.5 ErbStH.

Fallgruppe	Einschlägige Rechtsnorm	Zuwendungsgegenstand/-beteiligte
4. Variante: Kongruente verdeckte Gewinnausschüttung an alle G'fter	§ 7 Abs. 1 Nr. 1 ErbStG (./.) § 7 Abs. 8 S. 1 ErbStG	Keine freigebige Zuwendung, da verdeckte Gewinnausschüttung durch Gesellschaftsverhältnis veranlasst
5. Variante: Disquotale verdeckte Gewinnausschüttung an nahestehende Person eines G'fters	§ 7 Abs. 1 Nr. 1 ErbStG (+) nur im Verhältnis zwischen G'fter und der nahestehenden Person (R E 7.5 Abs. 7 S. 6 ErbStR 2019)	Keine Freigebige Zuwendung von KapG an nahestehende Person (s. oben 3. und 4. Variante)
6. Variante: Konzernfall Unentgeltliche Leistung von KapG an Teil-Schwestergesellschaft	§ 7 Abs. 1 Nr. 1 ErbStG (./.)	Keine Freigebige Zuwendung bezüglich unentgeltlicher Leistung an die Teil-Schwestergesellschaft
	§ 7 Abs. 8 Nr. 1 i. V. m. S. 2 ErbStG (+) Anspruchskonkurrenz lässt § 7 Abs. 1 Nr. 1 ErbStG zurücktreten	Werterhöhung der Anteile der G'fter der begünstigten KapG, soweit keine Beteiligung der G'fter zu gleichen Anteilen an beiden Gesellschaften

(+) = gegeben bzw. liegt vor; (./.) = nicht gegeben bzw. liegt nicht vor.

2 Sonstige unentgeltliche Vorgänge am Beispiel der Nießbrauchsgestaltung

Hinweis: Mit der ErbSt-Reform (2009) ist ein wesentliches Hindernis für Nießbrauchsgestaltungen im Angehörigenbereich – d. h. die wegen § 25 ErbStG fehlende Abzugsmöglichkeit des Nießbrauchs (oder des Wohnrechts) – entfallen.

Auch das Privatvermögen eignet sich für den Nießbrauch.

Beispiel 8: Der Testfall mit dem Privatvermögen

Wegen einer noch bestehenden Rechtsunsicherheit über das § 13a-Privileg bei der Unternehmensübertragung auf die Kinder gegen Nießbrauch[58] wechselt der 75-jährige U in einem ersten Schritt das Übertragungsobjekt aus. Er überträgt unentgeltlich ein (schon abgeschriebenes[59]) Mietshaus an die Kinder B und J und räumt der 74-jährigen Ehefrau T (als Erstversorgung) den lebenslangen Bruttonießbrauch[60] an dem Grundstück (Steuerwert 950.000 €; Verkehrswert 1 Mio. €) ein. Die jährlichen Mieterträge belaufen sich zuletzt auf 80.000 €. Der Jahreswert der Nutzung ist auf 50.000 € festzusetzen.[61]

---

58 Nach H E 13b.5 (»Schenkung von Betriebsvermögen unter freiem Widerrufsvorbehalt«) ErbStH 2019 führt ein Vorbehaltsnießbrauch zumindest bei der Schenkung eines MU-Anteils zur Versagung des § 13a-Privilegs beim Beschenkten. S. aber auch das Stichwort »Einräumung obligatorischer Nutzungsrechte am begünstigten Vermögen« sowie den Ländererlass vom 02.11.2012 (BStBl I 2012, 1101).
59 Ein unentgeltlicher Brutto-Zuwendungsnießbrauch bei einem noch nicht abgeschriebenen Gebäude macht keinen Sinn, da damit die AfA-Berechtigung komplett verloren geht (Tz. 18 ff. des Nießbrauchserlasses II vom 24.07.1998, BStBl I 1998, 914).
60 Beim Bruttonießbrauch muss der Berechtigte keine Unterhaltungskosten tragen; vgl. BFH vom 05.06.1991 (BFH/NV 1991, 678). Das Gesetz geht in § 1041 ff. BGB vom Nettonießbrauch aus.
61 Sowohl der nach § 14 BewG i. V. m. dem aktuellen BMF-Schreiben zu den Vervielfältigern, BStBl I 2011, 843 zu errechnende kapitalisierte Wert der lebenslangen Nutzung wie auch die Kontrollrechnung nach § 16 BewG führen zu anderen Werten als die durchschnittlichen Jahreserträge vorgeben. Mit dem Ansatz des maximal 18,6-Fachen des Jahreswerts (§ 16 BewG) ist sichergestellt, dass der Nießbrauch nie höher bewertet wird als der nießbrauchsbelastete Gegenstand selbst.

Der Nießbrauch ist – neben der Rente – ein prototypischer Anwendungsfall. Die Steuerbelastung des Nießbrauchsberechtigten[62] (§ 23 ErbStG):

Lösung: Schenkungsteuer bei T
Der lebenslange Bruttonießbrauch stellt eine freigebige Zuwendung nach § 7 Abs. 1 Nr. 1 ErbStG dar. Die Bereicherung nach § 10 Abs. 1 S. 1 ErbStG ist offensichtlich und wird nach § 12 Abs. 1 ErbStG i.V.m. §§ 13 ff. BewG (Nutzungsrecht) mit dem **Kapitalwert** ermittelt. Da es sich hier nicht um eine feststehende Geldleistung handelt, wird zunächst der Jahreswert nach §§ 14 – 16 BewG[63] gebildet und dieser sodann kapitalisiert (Kapitalwert). Erst danach – als Regelung zur Steuerfestsetzung – sieht § 23 ErbStG ein **Wahlrecht** zur Versteuerung nach dem Kapitalwert oder nach dem Jahreswert vor:
- **Einmalige Entrichtung der Steuer** nach dem **Kapitalwert** (§ 23 Abs. 1 S. 1 ErbStG). Der Jahreswert ist mit dem ggf. korrigierten durchschnittlichen Jahresertrag anzusetzen, hier genau 50.000 €.[64] Der Kapitalwert ist unter Berücksichtigung des Vervielfältigers nach § 14 Abs. 1 BewG i.V.m. Sterbetafel des Statistischen Bundesamtes[65] (§ 14 Abs. 1 S. 2 BewG) bei 74 Jahren mit (angenommenen) 9,730 zu bilden und mit **486.500 €** (50.000 € x 9,730) anzusetzen. Nach Abzug des »Ehegatten-Freibetrages« von 400.000 € (§ 15 Abs. 1, § 16 Abs. 1 ErbStG) verbleibt ein stpfl. Erwerb von 86.500 €. Bei einem **Steuersatz** von 11 % hat T 9.515 € Schenkungsteuer zu zahlen.
- **Berechnung der Jahressteuer** (§ 23 Abs. 1 S. 1 und 2 ErbStG). Die Jahressteuer geht ebenfalls von dem Jahresertrag von 50.000 € aus, legt aber beim Steuersatz (S. 2 a.a.O.) den vorher bei der Kapitalwertbesteuerung ermittelten **Steuersatz** von 11 % zugrunde. Danach wären jährlich 5.500 € Steuern zu zahlen. Aufgrund der von der Verwaltung zugelassenen **Aufzehrmethode**[66] wird die Steuer solange nicht erhoben, bis die Berechtigte T Bezüge i.H.d. Freibetrags (400 T€) erhalten hat. Ad hoc führt die Wahl[67] der Jahressteuer zu acht steuerfreien Jahren (8 x 50.000 €), bevor im neunten Jahr der konstante durchschnittliche Jahreswert von 50.000 € mit 11 % versteuert wird.[68]

Auf **vier Besonderheiten** ist in diesem Zusammenhang hinzuweisen:
1. Bei einer längeren Lebensdauer als der statistischen Lebenserwartung erweist sich die Wahl der Jahressteuer als misslich. Unterstellt, T wäre zehn Jahre nach der Bestellung des Nießbrauchs noch rüstig, so räumt § 23 Abs. 2 ErbStG die Möglichkeit des Ausstiegs aus der Jahresbesteuerung ein. Danach wird die Jahressteuer mit dem Kapitalwert abgelöst, der sich beim vollendeten 80. Lebensjahr der T mit einem Faktor von 7,442 ergibt (BMF, Vervielfältiger zur Bewertung einer lebenslänglichen Nutzung oder Leistung, BStBl I 2011, 843). Die Ablösung beträgt sodann 372.100 €. Das Zahlenbeispiel verdeutlicht drastisch die für diesen Fall schlechte Wahl der Jahressteuer.

---

62 Die gleichen Grundsätze kommen beim **Rentenberechtigten** zum Tragen. Hierzu umfangreiche Beispiele unter Kap. 3.1.1 und 3.1.2 – Rentenversprechen bei der vorweggenommenen Erbfolge.
63 Dieser am Stichtag ermittelte Wert steht fest; spätere Berichtigungen kommen nicht in Betracht.
64 Maximal beträgt der Jahreswert 51.075 € (950 T€/18,6), da nach § 16 BewG maximal von einer 18,6-fachen jährlichen Nutzung ausgegangen wird. § 16 BewG wird vom BFH nach wie vor für anwendbar gehalten (Urteil vom 09.04.2014, BStBl II 2014, 554).
65 Das BMF stellt die jeweils aktuellen Vervielfältiger regelmäßig in einer Tabelle zusammen. Auf Basis der durch das Statistische Bundesamt veröffentlichten Sterbetafel hat das BMF die Vervielfältiger für Bewertungsstichtage ab dem 01.01.2012 bekannt gegeben (BStBl I 2011, 843).
66 H E 23 ErbStH 2019 im Anschluss an den RFH vom 10.02.1938 (RStBl 1938, 396).
67 Nach FG Nürnberg vom 06.02.2003 (EFG 2003, 873) kann die Wahl der Besteuerungsmethode jederzeit widerrufen werden, solange die AO dies zulässt (z.B. wegen § 164 AO).
68 In Übereinstimmung mit dem BFH vom 17.09.1997 (BFH/NV 1997, 587) lässt nunmehr die Verwaltung auch die sog. Kürzungsmethode zu (H 84 letzter Satz zu Stichwort »Abzug persönlicher Freibeträge«), bei der die Jahreswert in dem Maß zu kürzen ist, in dem der Kapitalwert durch den Freibetrag gemindert wird (d.h. Verteilung der persönlichen Freibeträge über die gesamte Laufzeit der Jahresversteuerung).

2. Im umgekehrten Fall, wenn sich die angenommene Lebenserwartung des Nießbrauchsberechtigten als zu optimistisch erwiesen hat und die Kapitalwertmethode gewählt wird (Annahme: T verstirbt mit 74[69] Jahren) erlaubt § 14 Abs. 2 BewG eine nachträgliche Korrektur des Kapitalwerts mit dem Ansatz der wirklichen Dauer der Nutzung.
3. Aufgrund einer älteren Entscheidung des X. Senats des BFH konnte die aufgrund einer Erbschaftsteuerfestsetzung gem. § 23 ErbStG laufend vom **Jahreswert** erhobene ErbSt bei der ESt als **Sonderausgabe** (§ 10 Abs. 1 Nr. 1a EStG) abgezogen werden, soweit Einkünfte als Erwerb von Todes wegen mit Erbschaftsteuer belastet sind.[70] Mit der **Neuregelung** des § 10 Abs. 1 Nr. 1a EStG (Sonderausgabenabzug bei wiederkehrenden Leistungen anlässlich bestimmter Übertragungsvorgänge) wird die o. g. Rspr. zu § 23 ErbStG nicht mehr zu halten sein. So hat sich der BFH folgerichtig im Urteil vom 18.01.2011 (BStBl II 2011, 680) gegen den ESt-Abzug ausgesprochen. Einzig über § 35b EStG n. F. kann Abhilfe wegen drohender Doppelbelastung geschaffen werden.[71]
4. In einer grundlegenden Entscheidung hat sich der BFH am 29.08.2003 (BStBl II 2003, 944) beim Erwerb eines **erbbaurechtsbelasteten Grundstücks** (dort: im Rahmen der vorweggenommenen Erbfolge) wegen der Neufassung des § 148 Abs. 1 S. 3 BewG gegen die Anwendung des § 23 ErbStG ausgesprochen. Diese Aussage gilt nur für Erwerbe ab dem 01.01.1996: Alleiniger Erwerbsgegenstand ist danach das erbbaurechtsbelastete **Grundstück**.

3 Gestaltungen zwischen Schenkung und Vererbung

3.1 Die vorweggenommene Erbfolge

Trotz der BFH-Erkenntnis (II. Senat) aus dem Jahre 1993[72], dass dem Begriff der »vorweggenommenen Erbfolge« kein objektiver Erklärungswert zukomme, hat sich dieses Rechtsinstitut zwischenzeitlich »eingebürgert«. So gebrauchte § 13a Abs. 1 Nr. 2 ErbStG bis zum 31.12.2001 den Terminus technicus. In den jüngeren FG-Urteilen zur Schenkungsteuer wird der Begriff ebenfalls »institutsähnlich« verwendet. In der ESt, wo der Begriff und das Erscheinungsbild (spätestens) seit dem Beschluss des Großen Senats aus dem Jahre 1990 und der Umsetzung durch die FinVerw im Jahre 1993 vorkommt[73], hat dieses Institut an Bedeutung längst die »klassische« Betriebsveräußerung überflügelt. Auch in den anderen Steuerarten[74] bildet sich hierzu ein eigenes Richterrecht heraus.

Die Skepsis gegenüber dem Institut der vorweggenommenen Erbfolge in der Rspr. des II. (Erbschaftsteuer-)Senats des BFH ist durch eine überraschende Negativentscheidung vom 25.01.2001 genährt worden.[75] Bei einem Sachverhalt, wo einem **minderjährigen Kind (sieben Monate alt) eine Unterbeteiligung in Form einer atypisch stillen Beteiligung unter Kündigungs- und Rückabwicklungsvorbehalt** eingeräumt wurde, hat der II. Senat – allerdings zu § 13 Abs. 2a ErbStG a. F. (Vorläufer des § 13a ErbStG n. F.) – nicht auf eine vorweggenommene Erbfolge erkannt. In der Begründung wurde insb. ausgeführt, dass es sich nicht um eine identische Rechtstellung bei Übergeber (Kommanditistin) und Erwerber (Unter-

---

69 Wegen § 14 Abs. 2 BewG (dortige Zahlenkolonne) ist dies nicht mehr der Fall, wenn T im 76. Lebensjahr versterben sollte.
70 BFH vom 23.02.1994 (BStBl II 1994, 690) und FG München vom 08.11.2000 (EFG 2001, 282).
71 So auch *Götz*, DStR 2010, 1977.
72 BFH vom 08.12.1993 (BFH/NV 1994, 373).
73 Großer Senat vom 05.07.1990 (BStBl II 1990, 847) sowie BMF vom 13.01.1993 (BStBl I 1993, 80). S. hierzu die ausführliche Darstellung in Band 1, Teil B Kap. III 3.
74 Vgl. Teil B Kap. III 3.
75 BB 2001, 819.

beteiligung) gehandelt hat und außerdem die Übertragung aufgrund des Kündigungs- und Rückabwicklungsvorbehalts nicht endgültig erfolgt sei.

Trotz der nahezu einhelligen Ablehnung des Urteils im Schrifttum[76] darf diese Erkenntnis des BFH nicht überbewertet werden, da sie zur Vorgängerbestimmung des § 13a ErbStG erging, während seit der Neufassung des § 13a Abs. 1 Nr. 2 ErbStG (1996) der Zusammenhang mit der Nr. 1 (»Erwerb von Todes wegen«) offensichtlich ist. Die Entscheidung zeigt aber auf, dass nicht jede Schenkung – auch unter Familienangehörigen – zu einer vorweggenommenen Erbfolge führt.

Um diesen Auslegungsschwierigkeiten vorzubeugen, ist durch das StÄndG (2001) § 13a Abs. 1 Nr. 2 ErbStG zum wiederholten Male geändert worden: Rückwirkend ab 1996 gilt nun für **alle Schenkungen** das Privileg des § 13a ErbStG (§ 37 Abs. 3 ErbStG[77]).

Die Tilgung des Terminus »vorweggenommene Erbfolge« aus dem ErbStG macht auch vor den Richtlinien nicht Halt. Die früher dafür vorgesehenen R 56 und R 58 ErbStR 1999 ersetzen den Begriff durch »Schenkung unter Lebenden« (R E 13b.2 ErbStR 2019).

Einen wesentlichen Beitrag zur Verfestigung des Rechtsinstituts leistete das JStG 2008, dem eine starke Vereinfachung des Sonderrechtsinstituts (der Betriebsübergabe) gegen wiederkehrende Versorgungszusage gelungen ist (§§ 10 Abs. 1 Nr. 1a, 12, 22 EStG). Das ErbStRG (2009/2010) war in seinen Grundaussagen (Optionslösungen) nur vor dem Hintergrund der vorweggenommenen Erbfolge denkbar.

3.1.1 Die schenkungsteuerlichen Grundzüge

Die heute h. M. differenziert zwischen folgenden vier Arten von Leistungen, die bei einem Generationennachfolgevertrag (Synonym für die vorweggenommene Erbfolge) auftreten:
- Abstandszahlung an den Schenker,
- Übernahme von (privaten) Verbindlichkeiten des Schenkers,
- Gleichstellungsgelder an Angehörige des Schenkers oder Dritte,
- Versorgungsleistungen an den Schenker oder dessen Angehörige.

In allen Fällen sind von der Übergabe WG oder WG-Einheiten betroffen, die die Existenzgrundlage der Übergeber- (oder Übernehmer-)Familie sind (oder waren). Übernehmer sollen dabei erbberechtigte Abkömmlinge des Übergebers sein.

> **Beispiel 9: Die Qual der Wahl des Übergebers[78]**
>
> Unternehmer U (71 Jahre) will seinen Betrieb (Verkehrswert[79] von 10 Mio. €, Substanzwert von 4,5 Mio. €, **Ertrag-Steuerwert** von 5 Mio. €, durchschnittlicher Ertrag der letzten drei Jahre 363.636 €) an seine Tochter T (30 Jahre) im Wege der vorweggenommenen Erbfolge übertragen. Der gleichaltrige Sohn S kommt als Nachfolger nicht in Betracht.
>
> Es soll geprüft werden, welche schenkungsteuerlichen Folgen des Übertragungsvorganges durch die in Betracht gezogenen Modalitäten ausgelöst werden:

---

76 Statt aller *Ebeling*, DB 2001, 796; a. A. *Mößlang*, DStR 2001, 573.
77 Voraussetzung hierfür ist allerdings, dass die Steuer für Altfälle am 23.12.2001 noch nicht bestandskräftig festgesetzt war.
78 S. auch *Hörger/Stephan*, Vermögensnachfolge 1998, Rz. 736 ff. sowie Trompeter, Vorweggenommene Erbfolge durch Betriebsübertragung, 1994.
79 Hoher originärer Geschäftswert, wobei es derzeit noch ungeklärt ist, ob der originäre Firmenwert bei der Ermittlung des Substanzwerts anzusetzen ist.

a) Abstandszahlung an U i. H. v. 4 Mio. €,
b) Gleichstellungsgeld in gleicher Höhe an S,
c) jährliche Leibrente i. H. v. 240.000 € an U,
d) Nießbrauchsvorbehalt am Unternehmen zugunsten U,
e) jährliche Leibrente i. H. v. 120.000 € an S,
f) Übernahme einer Privatschuld des U i. H. v. 4 Mio. €.

Die **einkommensteuerliche** Eingruppierung gestaltet sich wesentlich einfacher als die Würdigung unter schenkungsteuerlichen Gesichtspunkten. Die Fälle a), b) und f) führen in der ESt zu einer (teil-)entgeltlichen Betriebsübertragung, während die Leibrentenversprechen unter c), e) und der **Nießbrauch**svorbehalt d) nicht die Rechtsfolgen des § 16 EStG auslösen.[80]

Differenzierter reagiert das **Erbschaftsteuerrecht** auf die einzelnen Modalitäten. Dem Grundtatbestand des § 7 Abs. 1 Nr. 1 ErbStG unterliegen alle Vermögensübertragungen ohne Entgelt (reine Schenkung) oder ohne äquivalentes Entgelt (gemischte Schenkung), wenn der Zuwendende das Bewusstsein der Unentgeltlichkeit hat (Bereicherungswille). Wegen der dem ErbStG eigenen Terminologie erfüllen jedoch nicht nur die aus der ESt bekannten Fälle der Entgeltlichkeit (oben a), b) und f)) den **ErbSt-Begriff** der **Entgeltlichkeit**, sondern auch solche Gegenleistungen, die als »**Leistungsauflagen**« zu erfassen sind (s. auch die Wertung von § 7 Abs. 4 ErbStG). Hierunter fallen auch die **Versorgungszusagen**. Sie mutieren sodann als **teilunentgeltliche** Übertragungen zu Anwendungsfällen der **gemischten Schenkung**.

Lösung:

Vorbemerkung:

T wendet die Hauptoption (Regelverschonung) an; Voraussetzungen liegen vor.

Zu a) Abstandszahlung an U

Lösung (nach R E 7.4 ErbStR 2019 und H E 7.4 ErbStH 2019)

5 Mio. € ./. 4 Mio. €	1.000.000 €
./. Abschlag (§ 13a Abs. 1 ErbStG, § 13b Abs. 4: 85 %)	./. 850.000 €
= Zwischensumme	150.000 €
(kein Entlastungsbetrag gem. § 13a Abs. 2 ErbStG)	
./. persönlicher Freibetrag (§ 16 Abs. 1 Nr. 2 ErbStG)	./. 400.000 €
= steuerpflichtiger Erwerb der T	0 €

Zu b) Gleichstellungsgeld an S

Lösung (nach R E 7.4 ErbStR 2019 und H E 7.4 ErbStH 2019)

Dadurch, dass auch bei der Schenkung gegen Leistungsauflage die Saldotheorie Anwendung findet, beträgt die zu zahlende Steuer für T 0 € (vgl. Lösung zu a)).

Unabhängig von der steuerlichen Behandlung der Schenkung an T **erhält S eine Zuwendung von U** (!)[81], die i. H. d. Auflage (4 Mio. €) nach Abzug des persönlichen Freibetrags von 400 T€ (= stpfl. Wert: 3,6 Mio. €) mit 19 % zu versteuern ist.

Für Übertragungen gegen Gleichstellungsgeld hat der BFH im Urteil vom 23.10.2002 (BStBl II 2003, 162) entschieden, dass die gemischte Schenkung bereits mit Abschluss des Schenkungsvertrages

---

80 Hierzu ausführlich Band 1, Teil B Kap. I 4.2.
81 S. aber die Ausführungen in Kap. 3.1.2.

gem. § 9 Abs. 1 Nr. 2 ErbStG als ausgeführt gilt. Zum gleichen Ergebnis gelangt der BFH auch bei ggf. später fällig werdendem Gleichstellungsgeld auch für die Forderungsschenkung.

Zu c) Jährliche Leibrente i. H. v. 240.000 € zugunsten U

Bei der Übertragung gegen ein Leibrentenversprechen liegt ebenfalls eine Schenkung unter Leistungsauflage vor.

Lösung (nach R E 7.4 ErbStR 2019 und H E 7.4 ErbStH 2019)

Die Bereicherung beliefe sich auf:

5 Mio. € ./. (240.000 € x 9,7) = 2.664.800 €

Nach Abzug des Abschlages nach den §§ 13a, 13b ErbStG (2.265.080 € = 85%) sowie des persönlichen Freibetrages (400.000 €) beträgt der stpfl. Erwerb 0 €, weshalb keine Schenkungsteuer zu entrichten wäre.

Zu d) Nießbrauchsvorbehalt zugunsten des U

Nach Abzug des kapitalisierten Nießbrauchs (§ 10 Abs. 6 S. 6 ErbStG n. F. steht nicht entgegen) ist die »Rechnung« in dieser Variante am günstigsten! Einkommensteuerrechtlich verbleiben die Erträge beim Besteller des Nießbrauchs U.

Zu e) Jährliche Leibrente i. H. v. 120.000 € zugunsten S

- Wiederum liegt bei der Versorgungsleibrente zugunsten des S eine Schenkung gegen Leistungsauflage vor. Zunächst ist der Kapitalwert der Versorgungsrente zu berechnen: 120.000 € x 9,7 (s. aufgerundet BMF-Schreiben zu den Vervielfältigern, BStBl I 2011, 843) = 1.167.600 €
- Die Ermittlung der Bereicherung der T erfolgt mit diesen Zahlen unter Abzug der (kapitalisierten) Gegenleistung vom Steuerwert der Schenkerleistung.
- Zusätzlich hat der Empfänger der Leibrente (S) diese gem. § 23 ErbStG nach seiner Wahl einmalig vom Kapitalwert oder laufend nach der Jahressteuer (unter Berücksichtigung der Aufzehrmethode) zu versteuern. Der Jahreswert begrenzt sich dabei gem. § 16 BewG auf 1/18,6 des Steuerwerts des genutzten WG. Dies ergibt im konkreten Fall eine (theoretische) Deckelung von 5 Mio. €/18,6 Mio. € = 268.817 €. Es verbleibt beim Ansatz von 120.000 € Jahreswert.
- Die weiteren Steuerfolgen richten sich nach der Ausübung des Wahlrechts.

Zu f) Übernahme der Privatschuld von U

Die Schuldübernahme anlässlich der vorweggenommenen Erbfolge entspricht in den Rechtsfolgen der gemischten Schenkung (Lösung wie zu a).

3.1.2 Auslegungsfragen der vorweggenommenen Erbfolgen zu § 7 Abs. 1 Nr. 2 ErbStG

Von den Finanzgerichten wird die vorweggenommene Erbfolge seit kurzem in Zusammenhang mit § 7 Abs. 1 Nr. 2 ErbStG, der Schenkung unter Auflage, »entdeckt«. Nach dieser Vorschrift wird die Vollziehung einer vom Schenker angeordneten Auflage besteuert und betrifft somit die Besteuerung des **Zweiterwerbs**. Darunter fallen folglich Leistungen, die Dritte von dem Auflagen-Belasteten erhalten. Der BFH hat 1993 zum Verständnis der Norm Stellung genommen: Es wird der Zweiterwerber nach seinen persönlichen Merkmalen zum Ursprungsschenker (und nicht zum Ersterwerber) besteuert. § 7 Abs. 1 Nr. 2 ErbStG kommt dagegen nicht zur Anwendung, wenn der Zweiterwerber einen Rechtsanspruch gegen den Ersterwerber hat.[82]

---

[82] BFH vom 17.02.1993 (BStBl II 1993, 523).

Wird nun in einem Generationennachfolgevertrag dem Übernehmer die Zahlung von Gleichstellungsgeldern auferlegt, so stellt sich aufgrund der Erkenntnisse des BFH zu § 7 Abs. 1 Nr. 2 ErbStG die Frage, ob damit ein eigenes Forderungsrecht der Geschwister begründet wird. Sollte dies im Einzelfall zutreffen, so entfällt eine Besteuerung nach § 7 Abs. 1 Nr. 2 ErbStG im Verhältnis zum Ersterwerber.

Einen illustrativen Fall zu **wechselseitigen Gleichstellungsgeldern** hatte das FG Ba-Wü im Jahre 2000[83] (und ihm folgend der BFH im Urteil vom 23.10.2002, BStBl II 2003, 162) zu entscheiden, in dem zwei wertgleiche Grundstücke an je einen Empfänger unter der Auflage übertragen wurden, an den jeweils anderen ein Gleichstellungsgeld i. H. d. hälftigen Grundstückswertes zu bezahlen In den Entscheidungsgründen führen beide Gerichte zu Recht aus, dass eine Schenkungsteuerpflicht bei den erhaltenen Gleichstellungsgeldern jedenfalls dann vorliegt, wenn die beiden Übertragungsverträge nicht rechtlich miteinander verknüpft sind. Ansonsten ließe sich auf diese Weise ein Steuersparmodell begründen.

Ein Problem der Praxis ist die »**unterquotale Übertragung des Sonder-BV**«. Immer dann, wenn bei einer Übertragung des MU-Anteils ein geringerer Anteil an Sonder-BV übertragen wird, als es der G'fter-Stellung entspricht, und wenn gleichzeitig die Variante »Übertragung gegen **Versorgungsleistung**« gewählt wird, liegt eine **teilweise unentgeltliche** Übertragung vor.[84] Richtigerweise unterliegt der Fall auch der ErbSt und damit auch der Privilegierung gem. §§ 13a, 13b ErbStG.

3.2 Vorwegübertragung auf Gesellschaften

Anstelle der Zuwendung einzelner Gegenstände an einzelne Personen, so wie es für die testamentarische Anordnung üblich ist, können im Vorfeld der Generationennachfolge auch **Gesellschaften** zwischen Übergeber und Übernehmer gebildet werden. Auf diese Weise lässt sich erstens ein fließender Übergang bewerkstelligen (der Übergeber ist als G'fter weiterhin entscheidungs- und kontrollbefugt). Zweitens bieten sich solche »Parkgesellschaften«[85] auch an, um bei einer noch nicht endgültig feststehenden Vermögenszuordnung einen gesellschaftsrechtlichen »Testlauf« vorzuschalten. Als Parkgesellschaften bieten sich PersG, wegen ihrer Dispositionsfreiheit insb. die GbR und die GmbH & Co. KG, an. Welcher von beiden der Vorzug zu geben ist, hängt naturgegeben vom Haftungsrisiko der eingebrachten Vermögensgegenstände ab.

Ein anderes Ziel, nämlich ein reines Erbschaftsteuersparmotiv, wird mit der Gründung von »vorgeschalteten« GmbH verfolgt, wenn die WG des Übergebers auf diese von ihm neu gegründete KapG übertragen werden. Im Nachlass des Übergebers (Erblassers) befinden sich sodann nicht die WG (bzw. WG-Einheiten wie ein Unternehmen), sondern die GmbH-Geschäftsanteile.

Umgekehrt ist der Sachverhalt zu beurteilen, wenn die potenziellen Erben eine »Erb-GmbH« gründen und der Übergeber (Erblasser) die GmbH als Erbin einsetzt.

---

83 FG Ba-Wü vom 18.07.2000 (ZEV 2001, 65).
84 Die Verwaltung hat allerdings Probleme mit der Anwendung von § 6 Abs. 3 EStG!
85 Dies ist ein untechnischer Ausdruck. Die gleichzeitig gebrauchte Bezeichnung »Vorweggenommene Erbengemeinschaft« (vgl. *Hörger/Stephan*, Vermögensnachfolge, Rz. 750 ff.) ist deshalb unglücklich gewählt, weil der Übergeber (Erblasser) nie Partner einer Erbengemeinschaft sein kann.

3.2.1 Übertragung auf Parkgesellschaften (Personengesellschaften)
Als erste Variante wird die Übertragung auf eine Parkgesellschaft untersucht.

Beispiel 10: Die Zinshaus-GbR
Der Freiberufler Reich R ist Eigentümer eines sog. Zinshauses (Mietshaus mit einem Ertrag-Steuerwert von 10 Mio. €). Im Rahmen der Vermögensnachfolge bringt er das Zinshaus in eine aus R und S (Sohn) zu gleichen Teilen gehaltene BGB-Gesellschaft ein, damit der einzige Sohn an die Vermögensverwaltung »herangeführt« wird.

1. Frage: Wie sind die schenkungsteuerlichen Folgen bei der Gründung der GbR für S?

Lösung (noch nach dem bis 2023 geltenden Recht):

Die **Gründung** der GbR mit der gleichzeitigen Übertragung des Mietobjektes auf die GbR führt zu zwei Kernfragen des Gesellschafts- und des Erbschaftsteuerrechts:
- Wer ist Rechtssubjekt (Rechtsträger) beim Erwerb durch eine GbR?
- Wer ist Steuerrechtssubjekt bei diesem Erwerb (unmittelbarer StPfl.)?

Diese nur bei einem gesicherten (derzeit noch nicht geleistetem) Modell der Gesamthand eindeutig zu klärende Frage kann hier nur pragmatisch beantwortet werden.

Trotz der im Zivilrecht zwischenzeitlich herrschenden Auffassung von der rechtlichen Selbständigkeit der **GbR**[86] ist die steuerliche Rechtssubjektivität der GbR (und allgemein der PersG) oder ihrer G'fter nur aufgrund der jeweiligen Einzelsteuergesetze[87] zu beantworten. Für das ErbStG liegt ein Wandel in der Rspr. des 2. BFH-Senats vor. 1988 hat der BFH die Gesamthandsgemeinschaft als Empfänger eines stpfl. Erwerbs angesehen.[88] Mit der Entscheidung vom 14.09.1994 distanziert sich der BFH von dieser Auffassung und betrachtet die G'fter (die **Gesamthänder**) als **Steuerschuldner** nach dem ErbStG.[89] Mit der Übertragung des Mietobjektes auf die GbR verliert R sein Alleineigentum und erhält 50% Gesamthandseigentum (an der GbR); er ist um 50% entreichert. Im Gegenzug ist S um 50% Gesamthandseigentum (an der GbR) bereichert. Nachdem § 10 Abs. 1 S. 4 ErbStG n. F.[90] beim Beteiligungserwerb an einer (wie hier) **vermögensverwaltenden PersG**[91] vom Direkterwerb der WG ausgeht, erhält S eine freigebige Zuwendung von seinem Vater i. H. v. 5 Mio. € (§ 7 Abs. 1 Nr. 1, § 10 Abs. 1 S. 4 ErbStG). Als Vorteil der neuen BFH-Auffassung versteuert S den Erwerb nach StKl. I, während nach dem alten Verständnis der Rspr. StKl. III (Erwerber wäre danach die GbR gewesen) anzuwenden war.

2. Frage: Wie ist das weitere schenkungsteuerliche Schicksal der 50%-Beteiligung des S (bei Veräußerung, Ausscheiden, Liquidation)?

Lösung:
- **Bei einer Übertragung** der Beteiligung (Beispiel: Vater R tritt einen Monat nach Gründung seine Beteiligung an S ab) tritt dann ein schenkungsteuerliches Problem auf, wenn der Übergang der

---

86 Vgl. den BGH zur BGB-Gesellschaft vom 29.01.2001 (BGHZ 146, 341). S. aber zur fehlenden Grundbuchfähigkeit der GbR BayObLG vom 31.10.2002 (NJW 2003, 70).
87 Zur Grunderwerbsteuer vgl. § 5 Abs. 2 GrEStG (eigentlich 50%) i. V. m. § 3 Nr. 6 GrEStG (letztlich Befreiung).
88 BFH vom 07.12.1988 (BStBl II 1989, 237) mit der Folge der StKl. III (damals IV).
89 BFH vom 14.09.1994 (BStBl II 1995, 81).
90 In der Fassung des § 10 Abs. 1 S. 4 ErbStG wird die Verpflichtung des Beschenkten, gesellschaftsintern die anteiligen Schulden der Gesellschaft gegen sich gelten lassen, als Gegenleistung des Beschenkten behandelt. Die Ergänzung stellt klar, dass die Grundsätze der gemischten Schenkung anzuwenden sind.
91 Die Fiktion des § 10 Abs. 1 S. 4 ErbStG n. F. bricht mit dem zivilrechtlichen Verständnis (vgl. § 719 BGB), ist aber wegen § 39 Abs. 2 Nr. 2 steuerrechtlich legitimiert. Ansonsten (bei gewerblichen PersG, sog. MU-schaften) erfolgt die Bewertung nach § 12 Abs. 5 ErbStG mit dem bilanzierten BV.

G'fter-Stellung **teilentgeltlich** erfolgt (Beispiel: V bekommt für die Übertragung 5 Mio. €[92] bzw. S übernimmt etwaige Hypothekenschulden).[93] Während der BFH die sich anbietenden Grundsätze einer **gemischten Schenkung** (aufgrund eines anderen gesellschaftsrechtlichen Vorverständnisses) für nicht anwendbar hielt, ist mit dem § 10 Abs. 1 S. 4 ErbStG der Weg frei für die Anwendung der gemischten Schenkung.[94]

- Bei der **Liquidation** der GbR ergeben sich dann keine schenkungsteuerlichen Folgen, wenn der Liquidationsgesellschafter den Anteil erhält, der ihm quotal nach dem Gesellschaftsvertrag zusteht.
- Beim **Ausscheiden** aus der GbR ist – auch bei einer zweigliedrigen Gesellschaft – § 7 Abs. 7 ErbStG[95] anwendbar.

Unter einkommensteuerlichen Aspekten sind **zwei** Park-PersG zu gründen, wenn sich im Nachlass BV (g GmbH & Co. KG) und Privatvermögen (g GbR[96]) befindet, um der Gefahr des Abfärbens (§ 15 Abs. 3 Nr. 1 EStG) vorzubeugen.

3.2.2 Übertragung auf eine »Familien-GmbH« unter Lebenden und/oder auf eine »Erb-GmbH« von Todes wegen

Bei der Einbringung der Vermögensgegenstände des Übergebers in eine **KapG** sind folgende **drei Varianten** zu unterscheiden:
1. Einbringung des Vermögens (oder von Teilvermögen) zu Lebzeiten in eine eigens zu diesem Zweck gegründete GmbH;
2. dito (1.), aber mit späterer Beteiligung der Angehörigen zu Lebzeiten (»Familien-GmbH«) und
3. zunächst Gründung einer »Erb-GmbH« durch die Angehörigen; die »Erb-GmbH« wird sodann als Erbin eingesetzt.

Zur 1. und 2. Variante: Für die konkrete Entscheidung des Übergebers sind ertragsteuerliche Auswirkungen vorweg zu berücksichtigen. Die Gründung einer Ein-Mann-GmbH des Übergebers zu Lebzeiten bereitet in ertragsteuerlicher Hinsicht wegen der Möglichkeit der steuerneutralen Einbringung nach § 20 UmwStG (bei vorhandenen betrieblichen Steuereinheiten wie Betrieben etc.) bzw. der denkbaren Sachgründung einer GmbH (mit WG des Privatvermögens) grundsätzlich[97] keine Probleme (1. Variante).

---

92 Der Verkehrswert ist höher als der Steuerwert (10 Mio. €).
93 Bei voller Entgeltlichkeit kein ErbStG-Thema; Bei voller Unentgeltlichkeit liegt eine Bereicherung des S nach § 7 Abs. 1 Nr. 1 ErbStG i. H. d. hälftigen Steuerwerts des Objekts vor.
94 R E 10.4 ErbStR 2019.
95 Die Neufassung enthält eine Klarstellung, dass ggf. auch bei der Übertragung der Anteile des Erben auf eine PersG oder eine GmbH eine Schenkung vorliegt und die Sätze 1 und 2 hierbei sinngemäß anzuwenden sind.
96 Seit 01.07.1998 kann auch eine OHG oder eine KG für Zwecke der Vermögensverwaltung gegründet werden (§ 105 Abs. 2 HGB n. F.).
97 Anders, falls betriebliche Einzel-WG (mit hohen stillen Reserven) eingelegt werden sollen; hier kommt eine Ein-Mann-GmbH nicht in Betracht; es sei denn, man arbeitet mit zwei unterschiedlichen Bilanzen (HB und StB) und ignoriert dabei die Maßgeblichkeit.

Die Aufnahme weiterer Familienmitglieder in den Kreis der GmbH-G'fter (2. Variante, sog. »Familien-GmbH«[98]) kann nur durch Übertragung von GmbH-Geschäftsanteilen stattfinden.[99] Soll dies unentgeltlich erfolgen, so werden die Anteile des Übergebers nach dem vereinfachten Ertragswertverfahren bewertet und lösen – je nach Freibetrag – eine Schenkungsteuerpflicht nach § 7 Abs. 1 Nr. 1 ErbStG aus. Wegen der §§ 13a, 13b ErbStG (privilegierte wesentliche Beteiligung bei > 25 % Beteiligung) wird im Vorfeld diese Variante dann erschwert, wenn mehr als drei gleichberechtigte Übernehmer zu bedenken sind und die **Aufsplittung** der Anteile **vorher** erfolgte (Wegfall des § 13a-Privilegs).[100]

Wiederum anders sieht es aus, wenn bereits zu Lebzeiten des Übergebers eine ertragsteuerliche Beteiligung an der GmbH **ohne** bzw. mit **geringer** Schenkungsteuer der Angehörigen möglich ist. Hier ist an indirekte Beteiligungen wie z. B. eine stille Beteiligung, eine Unterbeteiligung oder ein partiarisches Darlehen zu denken, wobei die sich anschließende Übertragung der direkten Beteiligung im Erbwege erfolgt. Bei einer geschenkten stillen Beteiligung ist der Wert der Kapitalforderung (§ 12 BewG) zu ermitteln. Da sich dieser nur aus dem Durchschnittsertrag der Gesellschaft ableitet, ist der Weg einer geschenkten Innenbeteiligung gegenüber der schenkweisen Einräumung der G'fter-Stellung jedenfalls dann vorzuziehen, wenn ein großer Substanzwert bei der GmbH vorhanden ist.

Sowohl die 1. als auch die 2. Variante ist aber dann nur sinnvoll, wenn die spätere GmbH-Anteilsvererbung günstiger ist als der Direkterwerb der WG von Todes wegen. Hierbei muss verstärkt auf die (Übertragungs-)Anreize beim vereinfachten Ertragswertverfahren eingegangen werden. Hierzu zählen folgende Möglichkeiten:

- recht- (d. h. vor-)zeitige[101] Reduzierung der Vermögenswerte durch Sonderabschreibungen und erhöhte Absetzungen;
- Übertragung der § 6b EStG-Rücklage und RfE (R 6.6 EStR) auf Betriebsgebäude.[102]

Wegen des Verlustes des § 13a-Privilegs wurde schon erkannt, dass bei einem größeren Erbenkreis – und einer vorherigen Beteiligung zu Lebzeiten – die GmbH-Lösung viel an ihrer Attraktivität verliert. Der Weg in die Familien-GmbH ist jedenfalls dann ratsam, wenn in den Jahren vor dem Erbfall mit einem starken Ertrags- und Substanzzuwachs zu rechnen ist.

Bei der **3. Variante** (Einsetzung der GmbH als Erbin) besteht der große Vorteil in der alleinigen Steuerschuldnerschaft der GmbH. Diese Gestaltung ist allerdings nur dann empfehlenswert, wenn die GmbH über eine entsprechende Substanz oder eine gute Ertragslage verfügt, um mit der Erbschaftsteuer die operativen Ergebnisse zu kompensieren.

---

98 Anders als die »Familien-KG« (oder allgemeiner die Familien-PersG) ist die Familien-GmbH kein »stehender Ausdruck« der BFH-Rechtsprechung. Aus gesellschaftsrechtlicher Sicht sind die folgenden Instrumente zu nennen:
• satzungsmäßige Beschränkung der Anteilsveräußerung nach § 15 Abs. 5 GmbHG (sog. Vinkulierung),
• Stimmrechtsbindungsverträge (sog. Konsortialverträge) sowie die Ausgabe stimmrechtsloser GmbH-Geschäftsanteile zur Sicherung des Familieneinflusses,
• einschränkende gesellschaftsrechtliche Nachfolgeregelungen (vgl. *Priester*, Die GmbH-Rundschau 1981, 206).
99 Auf eine Kapitalerhöhung gegen Einlageleistung der Familienmitglieder ist hier nicht einzugehen.
100 Unproblematisch ist der Fall, dass der Übergeber (Erblasser) eine wesentliche Beteiligung bei der gleichzeitigen Übertragung an mehrere Übernehmer aufsplittet und diese sodann – jeder für sich – über < 25 % verfügen. Es kommt auf die Beurteilung beim Erblasser an (s. nur *Meincke*, ErbStG-Kommentar, § 13a Rz. 20).
101 Ansonsten (im Drei-Jahres-Zeitraum für die Beurteilung des Ertragshundertsatzes) werden diese Abschreibungen wieder hinzugerechnet.
102 Da für diese nicht die Bilanzwerte maßgeblich sind, erfolgt hier keine Zurechnung der Rücklagen.

Der Nachteil liegt aber in dem Liquiditätsabfluss zumindest bei hohem Vermögen, da für die Erwerbe einer GmbH immer die StKl. III angewendet wird.[103] Andererseits bietet sich die Erb-GmbH an für die Übernahme von (Teil-)Betrieben des Erblassers mit einem niedrigen Wert am Bewertungsstichtag bei vorhandenem Entwicklungspotential. Da die Erb-GmbH aber eine Unternehmensträgerin mit neuen Anteilseignern ist, kann der Erblasser bei dieser Variante seinen (unternehmerischen) Willen nicht mehr postmortal wirken lassen. Demgegenüber ist das probate Institut für die postmortale Geltung des Erblasserwillens die Stiftung.

---

103 Dies gilt auch bei Produktivvermögen i. S. d. § 13a ErbStG.

III Das Binnenrecht des Erbschaftsteuergesetzes (inkl. Bewertung)

In den ersten beiden Kapiteln wurden die Steuergegenstände (Steuerobjekte) untersucht, die vom Gesetz viergliedrig (§ 1 Abs. 1 ErbStG) aufgebaut sind, sich aber letztlich auf zwei »Besteuerungssäulen« (Erwerbe von Todes wegen und Schenkungen) zurückführen lassen. Die in den vorherigen Kapiteln ausgeklammerte subjektive Steuerpflicht und die Steuerfestsetzung, insb. aber die Bewertung stehen im Fokus von Kap. III. Sie nehmen in der Nachfolgeplanung (und in der Examenspraxis) einen hohen Stellenwert ein.

1 Die subjektive Steuerpflicht im Erbschaftsteuergesetz

1.1 Grundfragen der persönlichen Steuerpflicht

Nach der bekannten Grundsystematik zu grenzüberschreitenden Sachverhalten unterscheidet auch das Erbschaftsteuerrecht zwischen unbeschränkter und beschränkter Steuerpflicht. Noch gravierender als in den meisten ertragsteuerlichen Entscheidungssituationen kann der (um einen Tag längere oder kürzere) Aufenthalt des Übergebers im »Ausland« zu dramatischen persönlichen und steuerlichen Konsequenzen führen, wenn in diesen Zeitraum das steuerauslösende Ereignis »Tod oder Ausführung der Zuwendung« (§ 9 Abs. 1 Nr. 1, 2 ErbStG) fällt.

> **Beispiel 1: »China ruft«**
>
> O (aus Hamburg) hält sich aufgrund einer beruflichen Auslandsentsendung länger in Shanghai auf und lernt dort die Chinesin Liana (L) kennen, die er schließlich als Verlobte zur Alleinerbin einsetzt.
>
> Dem O gehört in Berlin eine Wohnung, die er grds. bei jedem Deutschland-Aufenthalt aufsucht (rund zwei- bis dreimal/Jahr) und in der Zwischenzeit möbliert vermietet. O besteigt am Morgen des 05.11.2019 zum ersten Mal das Flugzeug nach China. Am Abend des 04.11.2024 fliegt O endgültig zurück nach Deutschland – nicht ohne in China ein beträchtliches Vermögen (10 Edel-Pkw → 100 T€) angesammelt zu haben. Am 04.11.2024, 21 Uhr MEZ, zerschellt das Flugzeug am Himalaya. Sein steuerlicher Nachlasswert in Deutschland beträgt 0,25 Mio. €.
>
> **Variante:**
>
> O hat die Berliner Wohnung während der ganzen Zeit seines China-Aufenthalts an verschiedene Mieter dauernd untervermietet und wohnt während seiner Deutschland-Aufenthalte im Hotel. Er fliegt am 07.11.2024 zurück.

Ähnlich dem Universalitätsprinzip bei den Ertragsteuern geht § 2 Abs. 1 Nr. 1 ErbStG[1] bei unbeschränkter Steuerpflicht des Übergebers oder (!) des Erwerbers von der steuerlichen Erfassung des **Weltvermögens** aus, wonach der gesamte Vermögensanfall im In- und Ausland besteuert wird. Die gesetzlichen Aufgriffsmerkmale (Buchst. a und c) sind – unter Einbe-

---

[1] Für die Stiftungen gilt nach § 2 Abs. 1 Nr. 2 ErbStG die identische Rechtsfolge.

ziehung der Körperschaften (Buchst. d)[2] – weitgehend mit denen aus dem Ertragsteuerrecht identisch.

Mit § 2 Abs. 1 Nr. 1 Buchst. b ErbStG ist ein Ergänzungstatbestand geschaffen (sog. **erweiterte unbeschränkte Steuerpflicht**), bei dem der Zugriff auf das Weltvermögen deutscher Staatsbürger bis zu einer ständigen Verweildauer im Ausland von fünf Jahren möglich ist. M. a. W. entfällt diese Zugriffsmöglichkeit ab einem ununterbrochenen Auslandsaufenthalt von fünf Jahren und einem Tag.

Sind die Voraussetzungen für einen Steuerinländer nicht gegeben, wird über die **beschränkte Steuerpflicht** nach § 2 Abs. 1 Nr. 3 ErbStG das Inlandsvermögen erfasst. Eine Definition des Inlandsvermögens enthält § 121 BewG.

Entsprechend der Konzeption des Außensteuerrechts ordnet schließlich § 4 AStG die **erweitert beschränkte** Steuerpflicht an (mit der umfassenden Einbeziehung des erweiterten Inlandsvermögens).

Rein tabellarisch lässt sich der Grundtatbestand der persönlichen Steuerpflicht (natürliche Personen) nach dem ErbStG – wie folgt – darstellen:

Bezeichnung	Voraussetzungen	Rechtsfolgen	Rechtsgrundlage
1. Unbeschränkte Steuerpflicht	Übergeber **oder** Erwerber = Steuerinländer	→ Weltvermögen	§ 2 Abs. 1 Nr. 1a – c ErbStG
2. Erweitert unbeschränkte Steuerpflicht	Auslandsaufenthalt < fünf Jahre	→ Weltvermögen	§ 2 Abs. 1 Nr. 1b ErbStG
3. Beschränkte Steuerpflicht	Übergeber und Erwerber = Steuerausländer	→ Inlandsvermögen gem. § 121 BewG Ergänzung durch Wachstumschancengesetz (27.03.2024), s. unten	§ 2 Abs. 1 Nr. 3 ErbStG
4. Erweitert beschränkte Steuerpflicht	Subjektive Merkmale des § 2 Abs. 1 S. 1 AStG	→ Inlandsvermögen (erweitert)	§ 4 AStG

Ergänzung: § 2 Abs. 1 Nr. 3 ErbStG wurde an die BFH-Entscheidung vom 23.11.2022 (II R 37/19) angepasst, wonach das Wort »Bestehen« ersetzt wurde durch: »oder einen Anspruch auf Übertragung von Inlandsvermögen i. S. d. § 121 des BewG umfasst«. Damit wurde Dem BFH insoweit Rechnung getragen, dass § 2 Abs. 1 Nr. 3 auch Auf Vermächtnisnehmer anwendbar ist, die nur einen Sachleistungsanspruch auf den (inländischen) Gegenstand haben.

Lösung (Ausgangssachverhalt):

Losgelöst von etwaigen DBA-Regelungen ist zunächst die Frage nach dem Umfang der Steuerpflicht von L aufgrund eines Erwerbs von Todes wegen nach § 2 ErbStG zu beantworten.
- L hat das gesamte Nachlassvermögen des O zu versteuern, wenn dieser am Todestag (§ 9 Abs. 1 Nr. 1 ErbStG), d.h. am Tag der Steuerentstehung (04.11.2024), unbeschränkt stpfl. gewesen wäre. Nach § 8 AO ist der Wohnsitz des O in Berlin beibehalten worden, da durch die Unterver-

---

2 Für inländische Körperschaften ist entscheidend, dass sich Geschäftsleitung (§ 10 AO) oder Sitz (§ 11 AO) im Inland befinden.

mietung **keine dauernde Vermögensverwaltung** beabsichtigt war. Nach dem Sachverhalt ist offen, ob O in Shanghai einen Wohnsitz begründet hat. Dessen ungeachtet hat O in China – nach deutschem Rechtsverständnis – seinen gewöhnlichen Aufenthalt (§ 9 S. 1 AO) begründet. Gäbe es ein ErbSt-DBA-China (und O wäre danach ein sog. Doppelansässiger), so läge auch der zu prüfende Mittelpunkt seiner Lebensinteressen in China. Jedenfalls ist O nach § 2 Abs. 1 Nr. 1 Buchst. a ErbStG unbeschränkt steuerpflichtig.

- Der gesamte Vermögensanfall von Todes wegen unterliegt danach der Erbschaftsteuer nach den §§ 1 Abs. 1 Nr. 1, 2 Abs. 1 Nr. 1 Buchst. a, 3 Abs. 1 Nr. 1 und 9 Abs. 1 Nr. 1 ErbStG. Die Verlobte L ist um den am 04.11.2024 maßgeblichen Steuerwert (§ 11 ErbStG) bereichert. Von dem nach § 12 ErbStG ermittelten Steuerwert (1,25 Mio. €: 0,25 Mio. € deutsche Wohnung + 1 Mio. ausländisches Pkw-Vermögen) ist nach § 10 Abs. 5 Nr. 3 ErbStG die Grabpflegepauschale von 10.300 € abzuziehen. Steuerbefreiungen nach den §§ 13 ff. ErbStG sind nicht ersichtlich. Nach Abzug des persönlichen Freibetrags von 20.000 € (§ 16 Abs. 1 Nr. 5 ErbStG) hat L für den steuerlichen Nachlass von 1.219.700 € eine Erbschaftsteuer von 30 % zu bezahlen (= 365.910 €).

Variante:

Der Nachlass des O wird als beschränkt stpfl. Vorgang behandelt, da O seinen Wohnsitz in Deutschland durch die Art der Vermietung (= dauerhafte Vermögensverwaltung) aufgegeben hat und sich schon länger als fünf Jahre im Ausland aufgehalten hat.

L muss danach gem. § 2 Abs. 1 Nr. 3 ErbStG nur den inländischen Grundbesitz (0,25 Mio. €) der Erbschaftsteuer unterwerfen.

Die Erstreckung der unbeschränkten Steuerpflicht auf **deutsche Auslandsbedienstete** der öffentlichen Hand (§ 2 Abs. 1 S. 2 Buchst. c ErbStG) ist schließlich detailliert in H 2.1 ErbStH 2019 (»Mitglieder diplomatischer Missionen ...«) geregelt.

Hinweis: Der EuGH hat im Urteil vom 17.10.2013 (DStR 2013, 2269; Gegenstand: unterschiedliche Behandlung von Gebietsansässigen und Gebietsfremden bei Nachlassgrundstücken im Drittland) einen allgemein gültigen Auslegungsgrundsatz aufgestellt: Die im Vertrag anerkannten Grundfreiheiten (im Fall: Art. 56 – 58 EGV) sind weit auszulegen; die Ausnahmen sind eng auszulegen.

1.2 Die beschränkte Steuerpflicht und die erweitert beschränkte Steuerpflicht im Erbschaft- und Außensteuergesetz

Wiederum vergleichbar mit dem internationalen Ertragsteuerrecht wird auch bei Steuerausländern nach den zwei Varianten der beschränkten und der erweitert beschränkten Steuerpflicht differenziert.

Beispiel 2: Ein Fall im historischen Rückblick

Herr B, wohlhabender deutscher Staatsbürger, und seine Ehefrau, Frau B, verlegten am 01.02.1998 ihren deutschen Wohnsitz und gewöhnlichen Aufenthaltsort nach Andorra. In seinem Wertpapier-Portfolio befanden sich zur Hälfte Aktien von US-Chrysler (Steuerwert: 10 Mio. €). Die andere Hälfte bestand zu diesem Zeitpunkt aus Daimler-Aktien. Im März 2003 (also nach Ablauf der Fünf-Jahres-Frist i. S. d. § 2 Abs. 1 Nr. 1 Buchst. c ErbStG) schenkte Herr B die Hälfte seiner Aktien (konkret: die früheren Chrysler-Papiere) seiner Frau. Das restliche Vermögen (gleichwertiger Immobilienbesitz in Deutschland, Andorra und Frankreich) schenkt er seinen in Deutschland lebenden Kindern.

Bei Fehlen der unbeschränkten Steuerpflicht ist nach § 2 Abs. 1 Nr. 3 ErbStG für Erbfälle wie für Schenkungen die **beschränkte Steuerpflicht** zu prüfen. Geht Vermögen von einem **Nicht-Inländer** auf einen anderen **Nicht-Inländer** über, soll nur der Teil des Vermögens besteuert werden, der in besonderer Beziehung zum Inland steht. Besteuerungsgrundlage ist der Vermögensanfall, der zum Zeitpunkt der Steuerentstehung (hier: mit Ausführung der Schenkung, § 9 Abs. 1 Nr. 2 ErbStG) in **Inlandsvermögen** nach **§ 121 BewG (und R E 2.2 ErbStR 2019)** besteht.

> **Lösung:**
> - **Bei der Schenkung des Grundbesitzes kann die Frage des Inlandsvermögens dahingestellt bleiben, da die Kinder als Erwerber unbeschränkt stpfl. sind und sich demnach die Steuerpflicht auf alle Immobilien erstreckt.**[3] Bei der Immobilienschenkung an die Kinder wird zusätzlich in Frankreich Steuer ausgelöst, die ggf. nach § 21 ErbStG auf die deutsche Steuer anzurechnen ist (s. Beispiel 2a).
> - Die Schenkung des hälftigen Aktienpakets (Inhaberpapiere der früheren US-Chrysler) von Herrn B an Frau B unterliegt nicht der Schenkungsteuer, wenn es sich um Auslandsvermögen handelt. Nach § 121 Nr. 4 BewG liegt im Falle einer KapG-Beteiligung nur dann »Inlandsvermögen« vor, wenn der Übergeber zu mindestens 10%[4] an der KapG mit Sitz im Inland beteiligt war. Bei einer Beteiligung an einem weltweit tätigen Unternehmen (dessen Börsenwert sich auf mehrere Mrd. Euro beläuft) ist offensichtlich, dass bei einem Kurswert der Beteiligung von nur 10 Mio. € (der gem. § 11 Abs. 1 S. 1 BewG zugleich der Steuerwert ist) die 10%-Grenze nicht überschritten wurde. Herr B könnte somit steuerfrei die (alten) Chrysler-Papiere seiner Frau schenken[5], wenn nicht eine Ausnahmebestimmung greift.
> - § 4 AStG ordnet jedoch die erweitert beschränkte Steuerpflicht in den Fällen des § 2 Abs. 1 S. 1 AStG an.[6] Alle qualifizierenden Steuermerkmale sind bei Herrn B im März 2003 erfüllt, im Einzelnen:
>   - deutscher Staatsangehöriger,
>   - unbeschränkte Steuerpflicht in dem maßgeblichen Zeitraum vor Wegzug,
>   - Wegzug in ein niedrigbesteuerndes Ausland[7],
>   - wesentliche wirtschaftliche Interessen nach § 2 Abs. 3 Nr. 3 AStG, da das Immobilienvermögen in Deutschland (0,3 Mio. €) den dort genannten Betrag von 154 T€ übersteigt,
>   - der Zehnjahreszeitraum ab dem Wegzug ist im März 2003 ebenfalls noch nicht überschritten.
>
> Entscheidend für die Beurteilung nach § 4 Abs. 1 AStG ist allerdings, ob die (nunmehr »neuen«) Chrysler-Aktien **Inlands- oder Auslandsvermögen** darstellen. Theoretisch hängt die Beurteilung davon ab, in welchem Staat im März 2003 der Schuldnersitz für die Chrysler-Dividenden (§§ 34c, 34d Nr. 6 EStG) liegt, in Deutschland oder in USA. Obwohl es sich bei dem Zusammenschluss von Chrysler und Daimler in 1998 um einen »merger of equals« gehandelt haben soll, ist nach Tz. 3.3.2

---

3 Bei Grundstücken können nur bei Beteiligungen an Grundstücksgesellschaften Zweifel auftreten: Bei der Beteiligung an einer vermögensverwaltenden PersG mit inländischem Grundbesitz wird wegen § 10 Abs. 1 Nr. 3 ErbStG der jeweilige Anteil des G'fters diesem direkt zugerechnet. Wiederum anders ist die Beteiligung an offenen Immobilienfonds (mit inländischem Grundbesitz) zu beurteilen.
4 Zu Fragen der Zusammenrechnung und der mittelbaren Beteiligung s. R E 2.2 Abs. 3 S. 6 und S. 7 ErbStR 2019 (immer Gestaltungsmissbrauch, soweit kein operatives Geschäft getätigt wird).
5 Zu achten ist ansonsten beim Inlandsvermögen noch auf **gewerbliche Schutzrechte** gem. § 121 Nr. 5 BewG, die dann Inlandsvermögen darstellen, wenn sie entweder in ein inländisches Register eingetragen sind, zu einem inländischen BV gehören oder – der häufigste Fall – einem **inländischen Gewerbebetrieb (z. B. dem der Kinder) überlassen werden (§ 121 Nr. 6 BewG).**
6 S. im Einzelnen zur Wegzugsbesteuerung Band 1, Teil D Kap. IV 4.
7 In Andorra gibt es weder eine der deutschen Steuer vergleichbare Einkommen- noch Erbschaftsteuer.

bzw. 3.4. des Aktionärsberichts über die Verschmelzung eindeutig davon auszugehen, dass ab 12.11.1998 aus den US-Chrysler-Aktien ipso iure (mit der Verschmelzung) deutsche Daimler-Chrysler-Aktien wurden.[8]

Als **Zwischenergebnis** wird festgehalten, dass die Schenkung der nunmehr »deutschen« Chrysler-Aktien an seine Ehefrau deutsche Erbschaftsteuer auslöst, obwohl das Ehepaar in Andorra lebt und es sich beim historischen Erwerb um amerikanische Papiere gehandelt hat.

Hinweis (zu § 16 Abs. 2 ErbStG): Der deutsche Gesetzgeber reagierte schließlich im Steuerumgehungsbekämpfungsgesetz (StUmgBG vom 23.06.2017, BGBl I 2017, 1682) auf den EuGH und auf die Kritik im Schrifttum und modifizierte § 16 Abs. 2 ErbStG dahingehend, dass der minimale Freibetrag von 2.000 € faktisch nicht mehr zur Anwendung gelangen kann. Nunmehr (ab 25.06.2017) ist der Freibetrag um den Teilbetrag zu mindern, der dem Verhältnis der nicht beschränkt stpfl. Erwerbe zwischen den gleichen Personen aus dem gleichen Erwerb und innerhalb der vergangenen 10 Jahre zum Wert des gesamten Vermögensanfalls entspricht. Damit wird eine Relation gebildet, die letztlich den Freibetrag nur im Umfang des beschränkt stpfl. Vermögens in Relation zum gesamten Vermögensanfall gewährt.

Hinweis: Bzgl. Zuwendungen unter ausländischen Ehegatten s. *Stein*, ErbBStg 2021, 124; zum Wegzug allgemein s. *Dorn* in ErbStG 2023, 187 (auch zu § 121 BewG).

1.3 Internationales Erbschaftsteuerrecht[9]
1.3.1 Der Regelfall: Die Anrechnung nach § 21 ErbStG
Für den Hauptanwendungsfall grenzüberschreitender Übertragung kommt die Anrechnung nach § 21 ErbStG in Betracht.

> **Beispiel 2a: Der »quirlige« Übergeber in einem »steuer-zivilisierten« Staat**
>
> Das Ehepaar B (im Beispiel 2) übersiedelt nicht im Jahre 1998 nach Andorra, sondern im Jahre **2024** nach Chenonceau (Frankreich) und erklärt den Familienbesitz (ein Wasserschloss) zum Hauptwohnsitz im Alter. Nach der Schenkung dieses Grundbesitzes (Steuerwert 0,5 Mio. €) an den ältesten Sohn S wollen die Eheleute B die Immobilie wenigstens noch als Mieter nutzen, während beide Töchter die Anwesen in Deutschland und Andorra erhalten.
>
> Die Schenkung des Wasserschlosses führt in Frankreich zu einer Steuer von 5 T€.

Das zwischen den beiden Staaten (Quellen- bzw. Wohnsitzstaat) bestehende DBA sieht die **Anrechnung** der ausländischen »Erbschaftsteuer« vor; es kommt § 21 ErbStG zum Tragen. Für die Rechtsfolge der Anrechnung – auf Antrag – sind abstrakt die folgenden Tatbestandsmerkmale zu prüfen:
1. Es besteht unbeschränkte Steuerpflicht für den Erwerb.
2. Die ausländische Steuer muss für das Auslandsvermögen gezahlt worden sein.
3. Hierüber (2.) muss ein Nachweis vorliegen.
4. Die deutsche Steuer muss innerhalb von fünf Jahren entstanden sein.

---

8 Dies hängt mit dem US-amerikanischen Fusionsrecht zusammen, wo ein pauschales (und nicht wie in Deutschland individuelles) Umwandlungsangebot genügt, um die Fusion zu ermöglichen. Hiervon wurde bei dieser transatlantischen Fusion Gebrauch gemacht.
9 Zur grenzüberschreitenden Unternehmensnachfolge s. *Gottschalk*, ZEV 2010, 493.

Lösung:

- Die letzte Voraussetzung (4.) bereitet – wie hier – keine Probleme.
- Die unbeschränkte Steuerpflicht (1.) ergibt sich bei der Schenkung des Hauses an S aufgrund § 2 Abs. 1 Nr. 1 i. V. m. § 1 Abs. 1 Nr. 2 ErbStG, da S Steuerinländer ist.
- Der französische Fiskus hat für den Erwerb der Auslandsimmobilie eine französische Schenkungsteuer[10] (5 T€) erhoben, die belegt werden muss (3.).
- Der Begriff des Auslandsvermögens (2.) ist in § 21 Abs. 2 ErbStG differenziert geregelt:
  - Immer dann, wenn der Schenker[11] oder Erblasser **Steuerinländer** war, zählen nur die »**§ 121 BewG-Gegenstände**« mit **ausländischer Herkunft** (z. B. ausländisches Grundvermögen, BV, L+F-Vermögen sowie Nutzungsrechte daran) zum Begriff des Auslandsvermögens. Umgekehrt erfüllt etwa ein im Ausland deponiertes Sparguthaben nicht diesen Begriff.
  - Für den Fall schließlich, dass der Übergeber **Steuerausländer** ist, wird der Begriff des Auslandsvermögens weiter gefasst und erfasst das vollständige Vermögen mit **Ausnahme des inländischen Vermögens i. S. d. § 121 BewG**.

Als Grund für diese Unterscheidung wird in der Literatur[12] angegeben, dass bei einem Erblasser (Schenker), der kein Inländer war, der Erwerb schon voll der ausländischen Steuer unterlegen hat und insoweit vom inländischen Fiskus nur noch die Steuer erhoben werden soll, die auf Inlandsvermögen entfällt.[13] Im vorliegenden Fall, da der Schenker Steuerausländer ist, gelangt man über § 21 Abs. 2 Nr. 2 ErbStG zwanglos zur Annahme des Auslandsvermögens. Ergebnis: Auf die in Deutschland anfallende Schenkungsteuer von 11.000 € (11% von 100 T€ (500 T€ ./. 400 T€)) wird die französische Steuer von 5 T€ angerechnet, sodass S nur noch eine Steuer von 6.000 € entrichten muss.

Beispiel 2b: Die kleine Münze

B trennt sich zusätzlich noch von seiner inländischen Topographie[14] und überträgt diese im Wert von 100 T€ an S.

Nach § 21 Abs. 1 S. 2 ErbStG kann bei einem übertragenen Gesamtvermögen, das nur teilweise aus Auslandsvermögen besteht, die ausländische Steuer nur teilweise angerechnet werden. Als Aufteilungsmaßstab wird das Auslandsvermögen zum Gesamtvermögen in Relation gesetzt.

Lösung:

Der Gesamterwerb beläuft sich auf 600 T€, von dem der Freibetrag von 400 T€ abgezogen wird; stpfl. Erwerb demnach: 200 T€. Bei einem Steuersatz von 11% ergibt dies eine Steuer von 22 T€. Als Höchstbetrag nach § 21 Abs. 1 S. 2 ErbStG kann von den 5 T€ ausländischer Steuer nur 5/6 (500 T€/600 T€) angesetzt werden.

In diesem Fall hat S eine Steuer von **17.833 €** (22.000 € ./. 4.167 €) zu entrichten.

---

10 Auch wenn § 21 Abs. 1 ErbStG von einer ausländischen Steuer spricht, die der deutschen »Erbschaftsteuer« entspricht, ist damit auch die Schenkungsteuer miteinbezogen, wie der weitere Gesetzesverweis auf § 2 Abs. 1 Nr. 1 ErbStG belegt. Zur Vergleichbarkeit der ausländischen (Erbschaft-)Steuer s. das Urteil des BFH vom 26.04.1995 (BStBl II 1995, 540), wo die kanadische »capital gains tax« als nicht entsprechend eingestuft wurde.
11 Auch hier umfasst der gesetzestechnische Begriff »Erblasser« auch den Schenker.
12 So *Meincke*, ErbStG-Kommentar, § 21 Rz. 27 sowie *Moench*, Kommentar, § 21 Tz. 20.
13 Konkret: Zur Freistellung des Auslandsvermögens kommt es nur in den Fällen, da die anzurechnende ausländische Erbschaftsteuer mindestens so hoch ist wie die deutsche Erbschaftsteuer. Im umgekehrten Fall »schleust« der deutsche Fiskus die Steuer für das Auslandsvermögen auf das deutsche Steuerniveau hinauf.
14 Unter Topographie (vgl. § 121 Nr. 5 BewG) versteht man dreidimensionale Strukturen von mikroelektronischen Halbleitererzeugnissen. Diese WG sind durch § 24 HalbleiterschutzG vom 22.10.1987 in den Anwendungsbereich von § 121 BewG aufgenommen worden.

Fallen die Zusammenrechnung mehrerer Erwerbe innerhalb des Zehnjahreszeitraumes und die Anrechnung ausländischer Erbschaftsteuer zusammen, so sind § 21 ErbStG und § 14 ErbStG aufeinander abzustimmen.[15] Die »Leitentscheidung« hierzu (BFH vom 07.09.2011, BStBl II 2012, 40: Anrechnung niederländischer Schenkungsteuer bei mehreren Erwerben) ist in H E 21 EStH 2019, Beispiel 2 abgedruckt; s. auch *Grewe*, Anrechnung CH-ErbSt auf D-Schenkungsteuer, ErbStG 2023, 62.

1.3.2 DBA-Fragen zur Erbschaftsteuer[16]

Nachdem Deutschland das ErbSt-DBA mit Österreich zum 31.12.2007 gekündigt hat[17], bestehen zzt. nur mit sechs Staaten (USA, Schweiz, Frankreich, Schweden[18], Griechenland, Dänemark) ErbSt-DBA (s. auch H E 2.1 ErbStH 2019). Die DBA beziehen sich auf grenzüberschreitende (sog. internationale) Erbfälle und Schenkungen mit Berührungspunkten zu diesen Staaten (Beispiel: inländischer Erblasser mit Grundvermögen in Dänemark).[19] Die ErbSt-DBA folgen dabei folgender Struktur:

- In der ersten Kategorie erfolgt für die jeweiligen Vermögensgruppen eine Grundaussage über die Besteuerung (z. B. wird Grundvermögen immer im Belegenheitsstaat besteuert).
- Sodann ist in der zweiten Gruppe der Schuldenabzug geregelt.
- Zuletzt wird im »Methodenartikel« für den Fall einer eventuellen Doppelbesteuerung die Freistellung oder Anrechnung gewährt.

Als Beispiel für verschiedenartige Regelungen in den einzelnen DBA sei auf das (alte) ErbSt-DBA-Österreich und auf das (fortgeltende) ErbSt-DBA-Schweiz zur Frage der erweiterten unbeschränkten Steuerpflicht nach § 2 Abs. 1 Nr. 1 Buchst. b ErbStG verwiesen. Während die Geltung der Fünf-Jahres-Frist (nach Auswanderung) für den Erbfall in Art. 5 Nr. 1 ErbSt-DBA-Österreich ausgeschlossen war, geht Art. 4 Abs. 4 ErbSt-DBA-Schweiz von der bilateralen Wirksamkeit aus.

1.3.3 Europarechtliche Aspekte

Faktische Umstände (»Überwintern auf Mallorca«) sowie geänderte rechtliche Rahmenbedingungen (Kapitalverkehrsfreiheit und allgemeine Freizügigkeit aufgrund des Art. 63 AEUV) bringen es mit sich, dass das europäische Steuerrecht – nach der Umsatzsteuer und den Ertragsteuern – nunmehr auch die Erbschaftsbesteuerung entdeckt hat. Neben dem konkret (hier bereits) diskutierten § 16 Abs. 2 ErbStG geht es um die allgemeine Tragweite des EU-Diskriminierungsverbotes für Ausländer gegenüber Inländern bei Erbschaften.

Einer der wichtigsten Aspekte dabei ist, ob man nicht bis zum Abschluss weiterer DBA mit den anderen EU-Staaten über das europafreundliche Auslegungsgebot der »Meistbegünstigung« zur Analogie von bilateral geregelten Konfliktregelungen für den Staat gelangt, mit dem noch kein DBA abgeschlossen ist.

---

15   Zu achten ist insb. darauf, ob die durch den Nacherwerb ausgelöste Steuer mehr als 50 % beträgt (§ 14 Abs. 2 ErbStG). S. hierzu das Beispiel von H 21 ErbStH!
16   S. zum Ganzen (internationales Erbrecht und Erbschaftsteuerrecht) **Anhang 1** im ErbStG-Komm. *Preißer/Seltenreich/Königer*, 4. Aufl. (2022), Tz. 4.2 = Rz. 58.
17   Hintergrund: In Österreich wird Erbschaftsteuer seit dem 01.08.2008 nicht mehr erhoben.
18   Schweden erhebt seit 01.01.2005 keine Erbschaftsteuer mehr.
19   In allen anderen internationalen Erbfällen und Schenkungen kommt es folglich zur Anrechnung der ausländischen Steuer nach § 21 ErbStG und ggf. zur Doppelbesteuerung, falls der ausländische Staat den unentgeltlichen Vermögensübergang besteuert.

In einem anderen (Bewertungs-)Zusammenhang sind Revisions-Kläger gegen § 12 Abs. 7 ErbStG wegen eines vermeintlichen Verstoßes gegen Gemeinschaftsrecht vorgegangen. Nach § 12 Abs. 7 ErbStG wird – in Verbindung mit § 31 BewG – ausländischer (EU-)Grundbesitz mit dem gemeinen Wert (§ 9 BewG) bei unentgeltlichen Vermögensübertragungen angesetzt. Der BFH hat sich im Beschluss vom 10.03.2005, BStBl II 2005, 370, mit dem Rechtszustand bis inkl. 1995 auseinandergesetzt und hierbei die behaupteten Verstöße gegen den Gleichheitsgrundsatz (Vergleich des gemeinen Werts für ausländischen Immobilienbesitz mit dem Einheitswert für deutschen Immobilienbesitz) sowie gegen Art. 56 EGV (Freiheit des Kapitalverkehrs) überprüft. Der BFH verneint in beiden Fällen einen Verfassungs- (bzw. Gemeinschaftsrechts-)Verstoß und damit die Notwendigkeit der Vorlage zum EuGH: Die Differenzierung nach Auslands- und Inlandsimmobilien greife zwar in die Freiheit des Kapitalverkehrs ein, fällt aber unter das Steuerprivileg nach Art. 58 Abs. 1 EGV.[20]

In eine vergleichbare Richtung zielt das Petitum des BFH vom 15.12.2010 (ZEV 2011, 146[21]) zur Einbeziehung der Steuerprivilegien der §§ 13a, b ErbStG auf Drittstaaten-Privatvermögen (im Urteilsfall: kanadische KapG-Anteile; arg.: Drittwirkung der Kapitalverkehrsfreiheit).

Zumindest in den Fällen der Versagung von Bewertungsprivilegien – vgl. §§ 13a, 13b, 19a ErbStG – auf EU-/EWR-Betriebsstätten sind die Appelle des EuGH und des Schrifttums zwischenzeitlich angekommen: Im Rahmen der Erbschaftsteuerreform ist der Gesetzgeber für den Bereich der rein **steuerobjekt**bezogenen Vorschriften (§ 13b ErbStG 2008 und 2016) der gemeinschaftsrechtlichen Aufforderung nachgekommen und hat »europäisches« BV in die Verschonungsregelung mit aufgenommen.

Nach einhelliger Auffassung sind jedenfalls steuerliche Zusatzbelastungen bei der Übertragung von EU-Auslandsvermögen dann gemeinschaftsrechtswidrig, wenn die theoretische Anrechnung der ausländischen ErbSt nach § 21 ErbStG – z.B. mangels DBA – leer läuft (statt aller *Gebel* in *Troll/Gebel/Jülicher*, Einf. 55).

Der EuGH hat im Urteil vom 17.10.2013 (DStR 2013, 2269; Gegenstand Unterschiedliche Behandlung von Gebietsansässigen und Gebietsfremden bei Nachlassgrundstücken im Drittland) einen allgemein gültigen Auslegungsgrundsatz aufgestellt: Die im Vertrag anerkannten Grundfreiheiten (im Fall: Art. 56 – 58 EGV) sind weit auszulegen; die Ausnahmen sind eng auszulegen.

1.3.3 Die EuErbVO Nr. 650/2012 (vom 16.08.2012)

Ab 17.08.2015 trat die Europäische Erbrechts-VO in Kraft. Ziel ist ein einheitliches Verfahrensrecht und eine Vereinfachung der Nachlassabwicklung zwischen **Deutschland und allen Mitgliedstaaten der EU (mit Ausnahme Dänemarks**[22]**)**. Die Hauptzielrichtung galt aber Steuerinländern mit Erbfall in Spanien. Auch wenn es bei dem jeweiligen Steuerrecht und Güterrecht der beiden Staaten bleibt, sieht die allgemeine Kollisionsnorm des Art. 21 Abs. 1 EuErbVO vor, dass »**die gesamte Rechtsnachfolge von Todes wegen dem Recht des Staates unterliegt, in dem der Erblasser im Zeitpunkt seines Todes seinen gewöhnlichen Aufenthalt hatte**«[23].

---

20 Inlandsprivilegien im Steuerrecht sind nach dem Schlussprotokoll zum Maastricht-Vertrag nur noch für solche Vorschriften gültig, die Ende 1993 in Kraft waren (so wie hier § 31 BewG).
21 Rezension von *Preißer/Schütte*, ZEV 2011, 149 ff.
22 Und vor dem Brexit mit Ausnahme von Großbritannien und Irland.
23 S. hierzu *Grimm/Ziesel* im Anhang 1 in *Preißer/Seltenreich/Königer*, 4. Aufl. (2022), Rz. 61 f.

Für den Kollisions-Regelfall bedeutet dies, dass der deutsche Erblasser mit Aufenthalt in Spanien nach den Regeln des **spanischen Erbrechts** beerbt wird und dies unabhängig davon gilt, in welchem Land sich sein Nachlass befindet.

Interessant ist dabei, dass der Schlüsselbegriff »gewöhnlicher Aufenthalt« nicht definiert ist und nur sog. Erwägungsgründen entnommen werden kann (konkret: Erwägungsgründe Nr. 23 und 24). Es darf nicht überraschen, dass der gewöhnliche Aufenthalt sich nach dem »Gesamtbild der Lebensumstände des Erblassers« bestimmt.

Die **Besteuerung** in Spanien knüpft an den gewöhnlichen Aufenthalt an (mehr als 183 Tage p.a. in Spanien bzw. Schwerpunkt der wirtschaftlichen[24] oder beruflichen Interessen in Spanien) und unterwirft sodann den gesamten Nachlass der spanischen ErbSt, vorbehaltlich etwaiger Rück- und Weiterverweisungen.

2 Zusammenfassung zu §§ 9, 11 ErbStG

Nachfolgend werden »zwei Dreh- und Angelvorschriften« in einer Zusammenfassung dargestellt: § 9 ErbStG zum Entstehenszeitpunkt der Steuer und § 11 ErbStG zum Bewertungsstichtag. Beiden – schon mehrfach einzeln angesprochenen – Vorschriften ist gemein, dass sie über den isolierten Wortlaut hinaus eine große Tragweite mit z.T. sehr überraschenden Ergebnissen haben.

2.1 Die Bedeutung des Entstehungszeitpunktes nach § 9 ErbStG

Entsprechend der Vorgabe in der AO, wonach zwischen dem Entstehen der Steuerschuld (§ 38 AO) und deren Fälligkeit (§ 220 AO) unterschieden wird, hat auch das ErbStG mit § 9 ErbStG die in § 38 AO genannte »gesetzliche Tatbestandsverwirklichung« präzisiert. Danach löst zunächst – und pauschal – der Tod des Erblassers die abstrakte Erbschaftsteuer aus, während bei der Schenkungsteuer dieser Zeitpunkt erst mit Ausführung der Zuwendung gegeben ist. Die **konkrete Steuerzahlungsschuld** entsteht – wie sonst auch – mit der Bekanntgabe des Steuerbescheides; sie wird mit dem dort festgelegten Zahlungstermin nach § 220 Abs. 2 S. 2 AO fällig. Der Entstehenszeitpunkt nach § 9 ErbStG wirkt sich auf folgende Steuermerkmale aus[25]:

- persönliche Steuerpflicht nach § 2 ErbStG,
- Stichtag der Wertermittlung gem. § 11 ErbStG,
- Zusammenrechnung mit früheren Erwerben (§ 14 ErbStG),
- Definition der StKl. aufgrund des am Entstehungstag maßgeblichen Verwandtschaftsverhältnisses (§ 15 ErbStG),
- Steuerermäßigung nach § 27 ErbStG bei mehrfachem Erwerb desselben Vermögens,
- Übergangsregel beim Wechsel gesetzlicher Bestimmungen nach § 37 ErbStG,
- **Übergang der Steuer auf den Erben nach § 45 AO.**[26]

---

24 Kriterium: Der wesentliche Teil des Vermögens befindet sich in Spanien.
25 Vgl. *Meincke*, ErbStG-Kommentar, § 9, Rz. 5.
26 Beispiel: Stirbt der »vorgesehene« Beschenkte vor Ausführung der Zuwendung, so ist eine Schenkungsteuer – mangels objektiven Tatbestands – nicht entstanden und konnte daher nicht auf die Erben übergehen.

Eine besondere Bedeutung entfaltet der Entstehungszeitpunkt, wenn von einem Erwerbsvorgang **zwei** (oder mehrere) **Personen** betroffen sind und hierfür wegen § 9 ErbStG unterschiedliche Zeitpunkte einschlägig sind. Wie schon oben ausgeführt wurde, kommt es bei Schenkungen und Erbfällen mit einer **Auflage** zu unterschiedlichen Zeitpunkten: Der Belastete kann die Auflage sofort abziehen (§ 10 Abs. 5 Nr. 2 ErbStG), während die Steuerpflicht beim Auflagenbegünstigten nach § 7 Abs. 1 Nr. 2 bzw. § 9 Abs. 1 Nr. 1 Buchst. d ErbStG erst mit Vollzug der Auflage eintritt. Wegen § 11 ErbStG wird dies z. B. bei börsennotierten Papieren immer zu unterschiedlichen Werten führen.

2.1.1 Die Entstehung der Erbschaftsteuer

Von den zahlreichen Sonderfällen in § 9 Abs. 1 Nr. 1 Buchst. a – j ErbStG abgesehen (einzige Gemeinsamkeit: Steuerentstehung nicht mit dem Tode, sondern später)[27], entsteht die Erbschaftsteuer mit dem Tode des Erblassers.

> **Beispiel 3: Der verstorbene Leichenbeschauer mit der falschen Gewinnermittlung**
>
> Dr. Morbid M ermittelt den Gewinn aus seiner freiberuflichen Tätigkeit als Leichenbeschauer nach § 4 Abs. 3 EStG. Aus seiner Tätigkeit im letzten Quartal steht ihm ein Honorar i. H. v. 100 T€ gegen das Senioren-Krankenhaus St. Ultimo zu. Kurze Zeit nach dem plötzlichen Tode des M fällt das Krankenhaus in die Insolvenz. Muss E, Sohn und einziger Erbe des M, das ausstehende, aber ausgefallene Honorar der Erbschaftsteuer unterwerfen?

Die postmortale Begleichung der Forderung eines § 4 Abs. 3 EStG-Rechners nach § 24 Nr. 2, 2. Alt. EStG unterliegt der ESt des (der) Erben. Fällt die Forderung aus, so führt dies – wegen des Zuflussprinzips bei § 4 Abs. 3 EStG – zu keinem stpfl. Einkommen. Andererseits zählt die Forderung für die Ermittlung der Bereicherung des Erben nach §§ 9, 11 ErbStG zum Nachlass.

Fraglich könnte sein, ob sich der postmortale Forderungsausfall als rückwirkendes Ereignis nach § 175 Abs. 1 Nr. 2 AO qualifizieren lässt und zu einer Wertkorrektur der Bereicherung führt.

> **Lösung:**
>
> In mehreren Entscheidungen[28] bekräftigt der BFH seinen Standpunkt, dass es sich – wegen § 9 ErbStG – bei der Wertermittlung des Nachlasses nach § 11 ErbStG um eine **Momentaufnahme** handelt, die keine dynamische Vermögensbetrachtung zulässt. Wertveränderungen nach dem Stichtag sind danach weder über eine Reduktion des Stichtagsprinzips von § 9 ErbStG noch über § 175 Abs. 1 Nr. 2 AO[29] zu berücksichtigen. E hat den Nachlass inkl. der ausgefallenen Forderung zu versteuern.

---

27 Der Zeitpunkt der **Bereicherung** des Erwerbers tritt immer zu einem **späteren Zeitpunkt** ein (Bedingungseintritt, Genehmigung, Vollzug, Geltendmachung eines Anspruches und dgl.) als dies sonst mit dem Tode des Erblassers der Fall ist. Die Zeitpunktregelungen korrespondieren mit den bereits behandelten Fällen der atypischen Steuerpflicht eines Erwerbs von Todes wegen nach § 3 Abs. 2 Nr. 1 – 7 ErbStG.

28 BFH vom 22.09.1999 (BFH/NV 2000, 320) sowie vom 18.10.2000 (ZEV 2001, 208). Im Urteil vom 09.06.1999 (BStBl II 1999, 529), erschließt der BFH den Inhalt der Anzeigepflicht nach § 30 ErbStG ebenfalls aus dem Wortlaut des § 9 ErbStG (zum Verhältnis des Erwerbers zum Erblasser).

29 Etwas anderes hat zu gelten, wenn der Gewinn durch BV-Vergleich nach § 4 Abs. 1 EStG ermittelt wird, da hier über § 175 Abs. 1 Nr. 2 AO eine Korrektur der »Schlussbilanz«, in der die Forderung mit Gewinnausweis enthalten wäre, zu erfolgen hat.

Des Weiteren ist allgemein anerkannt, dass eine Verschiebung des Entstehungszeitpunktes aus rechtlichen Gründen oder wegen einer tatsächlichen Behinderung (Ermittlungsprobleme hinsichtlich Erbe und Erbschaft) – abgesehen vom gesetzlichen Ausnahmefall des § 9 Abs. 1 Nr. 1 Buchst. a ErbStG (bedingter, betagter[30] oder befristeter Erwerb) – nicht in Betracht kommt.

Im Jahre 2013 gab es mehrere BFH-Urteile zum Zeitpunkt von vererbten und verschenkten GmbH-Geschäftsanteilen (BFH vom 16.05.2013, GmbHR 2013, 836 zur Ableitung des Werts aus § 11 Abs. 2 S. 2 BewG [Verkauf] sowie BFH-Urteil vom 18.01.2013, Az.: II R 43/12 [Kapitalerhöhung]).

2.1.2 Die Entstehung der Schenkungsteuer

Probleme treten immer dann auf, wenn – wegen des unbestimmten Rechtsbegriffes der »Ausführung der Zuwendung« nach § 9 Abs. 1 Nr. 2 ErbStG – die Grundsätze der BFH-Rspr. zum Zeitpunkt der Immobilienschenkung (Vorliegen von materieller Auflassung gem. § 925 BGB und formeller Eintragungsbewilligung nach § 19 Grundbuchordnung[31]) mit Sonderabsprachen kollidieren.

> **Beispiel 4: Das geschenkte Sanierungsobjekt**
>
> Wendehals W, dem eine vermietete Jugendstilvilla in Dresden gehört, verspricht »pflichtschuldigst« seinem früheren Parteigenossen P die Schenkung der Immobilie. W hat aus verständlichen Gründen ein weitergehendes Einsehen mit P und vereinbart bei der notariellen Auflassung, nachdem der Eintragungsantrag für die Eigentumsänderung im Grundbuch gestellt wurde, dass er die aufwendige Sanierung noch auf seine Kosten vornehmen werde. Hat P den (damaligen Bedarfs-) Steuerwert der Immobilie vor der Sanierung (0,3 Mio. €) oder nach der Sanierung (3 Mio. €) zu versteuern?

Bei der Immobilienschenkung[32] wird für steuerliche Zwecke, genauer: für die Ausführung i. S. d. § 9 Abs. 1 Nr. 2 ErbStG, ein **Minus an Rechtsveränderung** verlangt, als dies nach § 873 BGB der Fall ist. Zivilrechtlich ist bekanntlich ein Eigentümerwechsel an einem Grundstück erst bei Auflassung und Eintragung im Grundbuch wirksam (sog. zweiaktiger Erwerbstatbestand). Demgegenüber – i. S. e. eigenen steuerlichen Beurteilung – datiert die Rspr. des BFH und der Finanzgerichte den Zeitpunkt der Ausführung gelegentlich anders, als dies nach dem BGB der Fall ist:

Ein bestehendes Anwartschaftsrecht des Käufers (Auflassung und unwiderruflicher Eintragungsantrag des Verkäufers) bzw. die Auflassung und das Vorliegen der Eintragungsbewilligung führen bereits zur Ausführung der Zuwendung einer Immobilienschenkung i. S. d. § 9 Abs. 1 Nr. 2 ErbStG (s. auch R E 9.1 Abs. 1 S. 1 und S. 2 ErbStR 2019).

Mit einem anderen Problem der zeitlichen Streckung des Immobilienerwerbs setzte sich der BFH im Urteil vom 02.02.2005 (BStBl II 2005, 312) auseinander. Bekanntlich ist die Auflassung bedingungsfeindlich, während der Eintragungsantrag von Bedingungen abhängig

---

30 S. hierzu nochmals BFH vom 27.08.2003, BStBl II 2003, 921 zu den betagten Forderungen bei (gestundeten) Versicherungsansprüchen.
31 S. auch R E 9.1 Abs. 1 S. 2 ErbStR 2019.
32 S. hierzu grundlegend *Raßfeld/Wilske* in *Preißer/Seltenreich/Königer*, 4. Aufl. (2022), § 9 Rz. 140 ff. (142 ff.).

gemacht bzw. von Fristen abhängig gemacht werden kann. Für den Fall, dass der Beschenkte von der Eintragungsbewilligung erst zu einem späteren Zeitpunkt (als dem der Auflassung) Gebrauch machen kann, stellt der BFH konsequent für die Frage der Ausführung erst auf den letzteren Zeitpunkt ab.

Voraussetzung für einen eigenen, steuerlichen Entstehungszeitpunkt ist allerdings immer, dass es tatsächlich zur Eintragung im Grundbuch kommt (BFH vom 24.07.2002, BStBl II 2002, 781: Bei missglückter Grundbuchumschreibung liegt keine Rückschenkung vor).

In einer lesenswerten Entscheidung des BFH vom 27.04.2005 (BFH/NV 2005, 2312) wurden sowohl Direktanteile an einem Grundstück wie auch Anteile an einer grundstücksverwaltenden GbR einem – wirksam vertretenen – minderjährigen Kind geschenkt, wobei die Genehmigung des Ergänzungspflegers fehlte. Während der BFH für die Schenkung der Grundstücksanteile eine Mitwirkung des Ergänzungspflegers für nicht erforderlich hielt und mit der Auflassung und dem unwiderruflichen Eintragungsantrag die Ausführung der Grundstücksschenkung gem. § 9 Abs. 1 Nr. 2 ErbStG bejahte, fiel das Urteil zur Schenkung der GbR-Anteile anders aus: Die unterlassene Mitwirkung des Ergänzungspflegers, die bei einem In-sich-Geschäft zwischen den Eltern als unmittelbare Vertragspartner und gleichzeitig als Vertreter des Kindes zivilrechtlich geboten ist (§ 181 BGB), führt zu einem rückwirkenden Wegfall der Schenkungsteuer (§ 175 Abs. 1 Nr. 2 AO).

Nach einer früheren BFH-Erkenntnis soll die bei einer formwirksam vollzogenen Schenkung (Auflassung und Eintragungsbewilligung) getroffene zusätzliche Vereinbarung anlässlich eines späteren Eigentumsübergangs auch für den (sodann späteren) Zeitpunkt – und Wert – der Ausführung nach § 9 ErbStG bestimmend sein.[33]

> **Lösung:**
> Hat sich der Schenker vorbehalten, die Sanierung der Immobilie auf seine Kosten vorzunehmen, so ist in steuerlicher Hinsicht weder die Auflassung noch die Eintragungsbewilligung der maßgebliche Zeitpunkt, sondern – unter dem Gesichtspunkt der Bereicherung und Entreicherung – die Übergabe des sanierten Objekts.[34] Konsequenterweise bemisst sich die Bereicherung gem. §§ 10, 11 ErbStG nach den Wertverhältnissen nach abgeschlossener Sanierung. P hat den Bedarfswert von 3 Mio. € der Schenkungsteuer zu unterwerfen. Der BFH hat am 22.09.2004 (BFH/NV 2005, 213) ebenfalls in diesem Sinne entschieden.

Immer wieder problematisch ist der Zuwendungszeitpunkt bei geschenkten **atypischen** Beteiligungen an **Innengesellschaften**. Das FG Niedersachsen hat im Urteil vom 29.09.2011 (EFG 2012, 46) die Ausführung bei einer geschenkten atypischen stillen Beteiligung auf den Zeitpunkt der **Einbuchung** dieser Beteiligung datiert. Im Unterschied dazu ist eine typisch stille Beteiligung dann zugewendet, wenn dem Beschenkten tatsächlich Gewinnausschüttungen zufließen.

---

33 BFH vom 08.02.2000 (BFH/NV 2000, 1095). Im Klartext wurde die Regelung von § 9 Abs. 1 Nr. 1 Buchst. a ErbStG für Erwerbe auf Schenkungen erstreckt (im Zweifel ist die Fristsetzung entscheidend).
34 FG Düsseldorf vom 08.11.2000 (EFG 2001, 150).

2.2 Sonderproblematik des § 11 ErbStG

Noch gravierender sind die Steuerfolgen, wenn es zu **Wertveränderungen** des vererbten bzw. verschenkten Vermögens zwischen dem steuerlichen Bewertungsstichtag nach § 11 ErbStG i. V. m. § 9 ErbStG und der Bekanntgabe des Steuerbescheides kommt.

> **Beispiel 5: Die »Lehman-Brothers« im EStG (und im ErbStG) oder die steuerliche Berg- und Talfahrt (historischer Sachverhalt mit aktueller Bedeutung – Wirecard)**
>
> Der Börsenspekulant G hatte erfolgreiche Jahre (2006/2007) hinter sich. Durch geschickte An- und Verkäufe der Bestände verzehnfachte er seinen Aktiendepotwert von 200 T€ auf 2 Mio. €. Eine betriebsnahe Veranlagung wurde durch das Wohnsitz-FA des G durchgeführt, nachdem sich hierzu in seiner im Juni 2008 abgegebenen ESt-Erklärung für das Jahr 2007 keine Angaben befanden. Daraufhin forderte das FA nicht nur Spekulationsgewinne nach, sondern leitete am 01.09.2008 auch ein Strafverfahren wegen Steuerhinterziehung ein. Die Eröffnung erlebte G nicht mehr. Alleinerbin und Witwe W mit dem alleinigen Aktien-Nachlass freute sich zunächst über den unerwarteten Vermögensanfall. Als sie die Papiere zur Begleichung der Erbschaftsteuer im März 2009 verkaufen wollte, musste sie feststellen, dass diese zwar am Todestag (30.09.2008) noch 2 Mio. € wert waren, im März 2009 jedoch wieder den Ausgangswert von 200 T€ erreicht hatten.

Mit der gesetzlichen Festlegung nach § 11 ErbStG (Bewertungsstichtag hängt von der Steuerentstehung ab) können erdrosselnde Wirkungen verbunden sein, wenn das ererbte und nicht aufgezehrte Nachlassvermögen nicht einmal zur Begleichung der Erbschaftsteuerschuld ausreicht. Fraglich ist, ob sodann andere steuerliche Maßnahmen ergriffen werden können.

> **Lösung:**
> Die richtig berechnete Erbschaftsteuerschuld für W beträgt 234.403 €.[35] Von 2 Mio. € (Todeszeitpunkt) wurde zunächst die Grabpflegepauschale gem. § 10 Abs. 5 Nr. 3 ErbStG von 10.300 €, sodann der Freibetrag nach § 16 Abs. 1 Nr. 1 ErbStG i. H. v. 500 T€ und schließlich der Versorgungsfreibetrag nach § 17 Abs. 1 ErbStG i. H. v. 256 T€ abgezogen. Dies ergab einen stpfl. Erwerb von 1.233.700 €, der bei einem Steuersatz von 19 % zu einer Steuer von 234.403 € führt.
>
> Sämtliche Versuche der Literatur, das Stichtagsprinzip aufzuweichen, sind fehlgeschlagen.[36] Die immer wieder geforderte Billigkeitsmaßnahme wegen sachlicher Unbilligkeit nach § 227 AO (bzw. der Erlass nach § 163 AO) scheitert aber solange, wenn nicht – ganz ausnahmsweise – der Steuerforderung **erdrosselnde** Wirkung nach Art. 14 GG zukommt.
>
> **Hinweis:**
> Der geschilderte Sachverhalt wird in den Jahren 2022 ff. die FinVerw mit den Wirecard-Vorfällen aus dem Jahr 2020 erneut beschäftigen.

Für einen vergleichbaren Fall des Aktienerwerbs eines Vermächtnisnehmers, bei dem sogar das FA eine Mitschuld am Kursverfall trifft (verzögerte Herausgabe der Unbedenklichkeitsbescheinigung), hat das FG München im Urteil vom 24.07.2002 (EFG 2002, 1493) den Antrag auf Erlass nach § 163 AO als unbegründet zurückgewiesen.

---

35 Dies gilt vorbehaltlich des Härteausgleiches nach § 19 Abs. 3 ErbStG und vorbehaltlich der ESt-Schulden des G, die als Nachlassverbindlichkeiten gem. § 10 Abs. 5 Nr. 1 ErbStG abzugsfähig sind.
36 S. BFH vom 13.05.1998 (BFH/NV 1998, 721 – »Silberspekulation«).

2.3 Planungshorizonte bei der Schenkung (insbesondere von Unternehmensvermögen)

Wegen der im Voraus feststehenden (Schenkung-)Steuerschuld und der damit verbundenen Bewertung lässt sich der Rechtsverkehr auf entsprechende Dispositionen ein bzw. unterlässt Übertragungen, wenn sie zu einer überflüssigen Steuer führen. Dabei wird eine (virtuelle) Zeitachse erstellt, der Null-Punkt ist der Tag der Steuerentstehung und die Planungsfelder (bzw. -horizonte) betreffen die Zeitschiene vor und nach dem Tag der entstandenen Steuer.

Am Beispiel der Übergabe eines Einzelunternehmens werden sich die Überlegungen **vor der Ausführung der Schenkung** (Entstehungszeitpunkt) um folgende Zeiträume (-punkte) drehen:

Zehn Jahre:	Vermeidung der Zusammenrechnung von Vorschenkungen (§ 14 ErbStG)
Fünf Jahre:	Ausgangspunkt für die Berechnung der Lohnsumme
Drei Jahre:	Ausgangspunkt für die Berechnung der Durchschnittserträge
Zwei Jahre:	**Vorliegen** eines **Familienunternehmens** (§ 13a Abs. 9 S. 4 ErbStG)

Nach der durchgeführten Übergabe (z. B. eines Betriebes) sollte zeitlich berücksichtigt werden:

Bis zur Bestandskraft des Steuerbescheides:	Entscheidung über die konkrete Option (§ 13a Abs. 10 ErbStG)
Fünf Jahre:	Vermeidung der Nachversteuerung nach § 13a Abs. 6 ErbStG (Grundoption)
Sieben Jahre:	Nachversteuerung Alternative (§ 13a Abs. 10 ErbStG)
Zehn Jahre:	Vermeidung der Zusammenrechnung von Nachschenkungen
Zwanzig Jahre:	**Fortbestehen** eines **Familienunternehmens** (§ 13a Abs. 9 S. 5 ErbStG)

Hinweis: Nach den aktuellen Regelungen des ErbStG ergibt sich ein Gesamtüberwachungszeitraum für Betriebsinhaber (und deren Nachfolger) von **30 Jahren**.

3 Die Bewertung des Vermögens im Erbschaftsteuergesetz

3.1 Vorbemerkung (inklusive Verfahrensfragen)

§ 12 Abs. 1 ErbStG und § 2 BewG legen für die Erbschaft- und Schenkungsteuer fest, dass als Übertragungsgegenstand für Zwecke der (Einheits-)Bewertung die »**wirtschaftliche Einheit**« definiert wird.

Als solche kommen nach dem Aufbau des BewG drei Kategorien in Betracht:
1. der Betrieb der Land- und Forstwirtschaft,
2. beim Grundvermögen das Grundstück und
3. beim BV der Gewerbebetrieb (inkl. des »neuen« Begriffs des Verwaltungsvermögens).

Daneben können **einzelne WG** (wie z. B. Wertpapiere, Kapitalforderungen, Nutzungsrechte, Geld, Schmuck) übergeben werden, soweit es sich dabei um **Privatvermögen** (PV) handelt.[37] Für sämtliche Übergabegegenstände gibt es eigene Bewertungsansätze. Abgesehen von den wirtschaftlichen Einheiten werden

- der Kurswert (bei börsennotierten Wertpapieren gem. § 11 Abs. 1 BewG),
- der Nennwert (bei Kapitalforderungen, Darlehensansprüchen und Zahlungsmitteln = Nominalbetrag),
- der Kapitalwert (bei wiederkehrenden Nutzungen § 14 BewG; s. Exkurs) sowie grds.
- der gemeine Wert (§ 9 Abs. 1 BewG) angesetzt.

Exkurs: Tabellarische Übersicht zur Bewertung wiederkehrender Nutzungen und Leistungen (§§ 13 f. BewG[38])

Zeitkorridor	Immerwährend	Unbestimmte Dauer	Lebenslang (z. B. Leibrenten)	Bestimmte Zeit (z. B. Rente auf Zeit)
Rechtsgrundlage	§ 13 Abs. 2, 1. Alt. BewG	§ 13 Abs. 2, 2. Alt. BewG	§ 14 BewG	§ 13 Abs. 1 BewG
Bewertung: Jahreswert (§§ 15, 16 BewG)[39]				
Vervielfältiger	18,6	9,3	Sterbetafel	Anlage 9a

Ergebnis: **Gemeiner Wert der jeweiligen Nutzung/Leistung**

> **Beispiel 5a:**
>
> Am Todestag verfügt die **Erblasserin (EL)** über folgende Vermögensgegenstände:
> - Aktien – mit 10.000 € nominal am Grundkapital der X-AG i. H. v. 800.000 € beteiligt – im Streubesitz; die Aktien erzielen am Todestag an der Börse in Frankfurt einen Kurswert von 180 % und an der Börse in Hamburg einen Kurswert von 180,5 %;
> - Festverzinsliche Wertpapiere (Bundesanleihe → 12.000 €) mit einem Kurswert von 96 %;
> - Bargeld und Bankguthaben i. H. v. 11.235 €;
> - EL hatte ihrem Bruder vor einem Jahr ein unverzinsliches Darlehen von 50.000 € gegeben, das in fünf Jahresraten zurückgezahlt werden sollte;
> - sie hatte – zusammen mit ihrem Ehemann (jetzt **Alleinerbe**) – Hausrat i. H. v. 40.000 € angeschafft, der jetzt noch 30.000 € wert ist;
> - eine Münzsammlung, die von Experten auf 15.000 € geschätzt wird;
> - Schmuck im Wert von 13.700 €;
> - einen Jahreswagen Golf GTi; lt. Schwacke-Liste: 28.000 €.
>
> Der Witwer versucht sich am Ausfüllen der Erbschaftsteuererklärung.

---

37 Für den Fall, dass der übergebene Gegenstand mehreren Personen zusteht, wird der nach § 3 BewG ermittelte Bedarfswert den Beteiligten im Verhältnis ihrer Anteile zugeteilt.
38 S. auch *Rümelin* (Übersicht 6 zum BewR) und *Ramb* in *Preißer/Seltenreich/Königer*, 4. Aufl. (2022), § 12 Rz. 123 ff.
39 Der BFH hat im Urteil vom 09.04.2014 (ZEV 2014, 319) die Begrenzung des Jahreswerts auf den Wert für das WG selbst für sachgerecht gehalten. § 16 BewG ist somit weiter anwendbar.

1. **Aktien**

   Aktien sind gem. § 11 Abs. 1 S. 1 BewG mit dem niedrigsten Kurswert (gehandelt an einer deutschen Börse) anzusetzen: 180% von 10.000 € 18.000 €

2. **Festverzinsliche Wertpapiere**

   Festverzinsliche Wertpapiere sind (ggf. inkl. der bis zum Todestag angefallenen Stückzinsen) mit dem Kurswert anzugeben: 96% von 12.000 € 11.520 €

3. **Bargeld und Bankguthaben**

   Gem. § 12 Abs. 1 S. 1 BewG sind Kapitalforderungen mit dem Nennwert anzusetzen 11.235 €

4. **Sonstige Forderungen**

   Die Darlehensforderung gegen den Bruder ist gem. § 12 Abs. 3 BewG mit dem Wert anzugeben, der nach Abzug von Zwischenzinsen und Zinseszinsen verbleibt (m. a. W: dem Kapitalwert). Hierbei ist der jeweilige Kapitalwert der Anlage 9a BewG zu entnehmen. 36.020 €
   Da die Restlaufzeit des Darlehens vier Jahre beträgt, ist die Forderung mit dem Faktor Kapitalwert 3,602 abzuzinsen:
   3,602 x 10.000 € (50.000 €/4 Jahre Restlaufzeit)

5. **Münzen**

   Für Münzen gibt es keinen Freibetrag, während es für nachfolgend aufgeführte Gegenstände einen **Freibetrag von 12.000 €** gibt, falls der Erwerber der StKl. I angehört (§ 13 Abs. 1 Nr. 1 Buchst. b ErbStG): 15.000 €
   - Schmuck,
   - Musikinstrumente,
   - Tiere,
   - Pkw,
   - Boote etc.

   Der folglich hier anzusetzende gemeine Wert beträgt:

6. **Schmuck**

   Für Schmuck gibt es einen Freibetrag für den Ehegatten i. H. v. 12.000 € (s. oben), sodass von dem Wert des Schmucks (13.700 €) 12.000 € abgezogen werden: 1.700 €

7. **Kfz**

   Der Golf fällt eigentlich unter die Freibetragsregelung; nachdem der Freibetrag schon beim Schmuck berücksichtigt wurde und er insgesamt nur einmal beansprucht werden kann, gilt für den Golf-GTi der »Schwacke-Wert« (= gemeiner Wert): 28.000 €

8. **Hausrat**

   Für den Hausrat, wozu auch Wäsche und Kleidungsstücke zählen, gibt es einen eigenen Freibetrag von 41.000 €, falls die Erwerber der StKl. I angehören (ansonsten 12.000 €). 0 €

Lösung: Der stpfl. Erwerb des Alleinerben beziffert sich auf **121.475 €** (18.000 €, 11.520 €, 11.235 €, 36.020 €, 15.000 €, 1.700 €, 28.000 €).

3.2 Die Bewertung des Grundvermögens

3.2.1 Altfassung (bis 2009) – Grundzüge

In einem gesonderten Feststellungsverfahren war der Grundbesitzwert nach altem Recht zu ermitteln (sog. **Bedarfsbewertung**). Dabei sind die Wertverhältnisse zum 01.01.1996 noch für weitere elf Jahre (bis 31.12.2006) fortgeschrieben und – modifiziert – bis Ende 2008 beibehalten worden.

Zum Grundvermögen gehör(t)en nach § 68 Abs. 1 BewG Grund und Boden, Gebäude einschließlich sonstiger Bestandteile[40]; Erbbaurecht und Wohnungseigentum werden dem Grundvermögen gleichgestellt. Entsprechend der konkreten Nutzung (wurden) werden Grundstücke des BV und des L+F-Vermögens herausdifferenziert und nicht als (privates) Grundvermögen behandelt.

Wichtig war in diesem Zusammenhang, dass ein Grundstück bei einer **betrieblichen Nutzung** von > **50 % komplett** als Betriebsgrundstück nach § 99 Abs. 2 BewG erfasst wurde.[41]

Der Gesetzgeber des JStG 1997 hatte mit der Neubewertung ein **duales** System eingeführt. Danach wurden – in typisierender Betrachtung – unbebaute Grundstücke auf der Basis von Bodenrichtwerten und bebaute Grundstücke nach einem Ertragswertverfahren auf der Basis der Nettokaltmiete bewertet. Für sonstige Grundstücke, auch Industrie- oder Spezialgrundstücke genannt, griff nach § 147 BewG eine Sonderregelung.

3.2.2 Aktuelle Fassung – Überblick[42]

Die Vorschriften für die Bedarfsbewertung des Grundvermögens befinden sich im sechsten Abschnitt des Zweiten Teils des BewG (s. § 157 i. V. m. §§ 176 bis 198 BewG). Die »alte« Bedarfsbewertung (s. Kap. 3.2.1) ist ab 01.01.2009 nur noch bei der Grunderwerbsteuer anzuwenden. Damit existieren zwei verschiedene Bedarfswert-Bewertungsverfahren.

Nach der allgemein gehaltenen Vorschrift des § 157 BewG (nahezu identisch mit § 138 Abs. 1 bis 3 BewG a. F.) kommen bei der Bewertung die aktuellen tatsächlichen Verhältnisse zum Bewertungsstichtag zur Anwendung.

Ergebnis der Bedarfsbewertung für die wirtschaftlichen Einheiten des Grundvermögens ist der **Grundbesitzwert** (s. § 157 Abs. 3 S. 1 BewG). Für unbebaute und bebaute Grundstücke, für das Erbbaurecht, für Gebäude auf fremdem Grund und Boden und für Grundstücke im Zustand der Bebauung ist die Öffnungsklausel nunmehr zentral in § 198 BewG verankert (bisher § 138 Abs. 4 BewG).

Der **Umfang** der wirtschaftlichen Einheit richtet sich nach § 157 Abs. 3 S. 1 i. V. m. § 176 BewG. Die Umschreibung der Vermögensart »Grundvermögen« wird nunmehr durch § 176 BewG in einer »eigenen« Vorschrift für die Bedarfsbewertung geregelt und entspricht inhaltlich – dem im Rahmen der Einheitsbewertung anzuwendenden – § 68 BewG.

Bewertungsmaßstab ist der gemeine Wert (§ 177 BewG) = Verkehrswert (§ 194 BBauG).

3.2.3 Unbebaute Grundstücke

Unbebaute Grundstücke werden gem. § 179 BewG nach ihrer Fläche und dem zuletzt vorliegenden Bodenrichtwert bewertet.

---

40   Umgekehrt gehören insb. Betriebsvorrichtungen nach § 68 Abs. 2 BewG nicht zum Grundvermögen.
41   Diese Regelung weicht vom Bilanzrecht ab (vgl. R 4.2 Abs. 8 – 10 EStR).
42   S. auch zu den ErbStR: ZEV 2012, 17 ff. Grundlegend *Ramb* in *Preißer/Seltenreich/Königer*, 4. Aufl. (2022), § 9 Rz. 170 ff.

Der Wert eines unbebauten Grundstücks ergibt sich daher aus
qm × Bodenrichtwert
Der frühere Pauschalabschlag von 20 % ist im neuen Recht entfallen.
Im BeitrRLUmsG vom 07.12.2011 (BGBl I 2011, 2592) ist mit dem neu eingefügten § 179 S. 4 BewG der Fall geregelt worden, dass kein Bodenrichtwert ermittelt wurde. Dann ist der Wert aus vergleichbaren Flächen abzuleiten.

3.2.4 Bebaute Grundstücke

Im Gegensatz zur alten Einheitsbewertung nach § 75 BewG (Einstufung als Geschäftsgrundstück, Mietwohngrundstück oder dgl.) unterschied die Bedarfsbewertung (bis einschl. 2008) nicht nach Grundstücksarten.

Im Unterschied zur bisherigen Bedarfsbewertung wird bei bebauten Grundstücken nach § 181 BewG wieder zwischen verschiedenen Grundstücksarten unterschieden. Die Zuordnung in eine der sechs Grundstücksarten ist daher zwingend vorzunehmen. Die Arten der bebauten Grundstücke sind in § 181 Abs. 1 Nr. 1 bis 6 BewG erschöpfend aufgezählt.

Folgende Grundstücksarten sind in § 181 Abs. 1 BewG aufgeführt:

Ein- und Zweifamilienhäuser	(Nr. 1)	bis zu zwei Wohnungen/> 50 % Wohnzwecke
Mietwohngrundstücke	(Nr. 2)	> zwei Wohnungen/> 80 % Wohnzwecke
Wohnungs- und Teileigentum	(Nr. 3)	s. WEG (Sondereigentum + Gemeinschaftseigentum)
Geschäftsgrundstücke	(Nr. 4)	> 80 % gewerbliche/öffentliche Nutzung
Gemischt genutzte Grundstücke	(Nr. 5)	Abgrenzung zu Nr. 1–4
Sonstige bebaute Grundstücke	(Nr. 6)	alle übrigen Grundstücke (z. B. Garagengrundstücke)

Betriebsvorrichtungen sind nicht einzubeziehen.

Exkurs: Betriebsvorrichtungen

(1) Allgemeines

Betriebsvorrichtungen sind Maschinen und sonstige Vorrichtungen aller Art, die zu einer **Betriebsanlage** gehören (§ 68 Abs. 2 Nr. 2 BewG) und – im Zweifel – dem Betrieb dienen. Sie sind (und bleiben) Betriebsvorrichtungen auch dann, wenn sie wesentliche Bestandteile des Grundstücks (Gebäudes) sind. Sie werden ertragsteuerlich als **bewegliche WG** behandelt.

Die Abgrenzung der Betriebsvorrichtungen von Gebäude(-bestandteilen) stellt die Hauptaufgabe dar und ist von der Verwaltung mittels eines gleich lautenden Ländererlasses im Jahre 1992 (BStBl I 1992, 342) und seiner Aktualisierung am Überblick geleistet (BStBl I 2006, 314) worden. Dieser ist nunmehr in eine Abgrenzung der Gebäude, der Gebäudebestandteile sowie der Außenanlagen untergliedert.

Die Abgrenzung zwischen Grundbesitz und Betriebsvorrichtungen ist für folgende Steuern (Steuerfragen) von Bedeutung:
a) Im Einkommen- bzw. (Bilanz-)Steuerrecht werden Betriebsvorrichtungen (nachfolgend BVO) als bewegliche WG angesehen und entsprechend abgeschrieben (§ 7 Abs. 1 und 2 EStG); es kommt zu keiner Gebäudeabschreibung nach § 7 Abs. 4 und 5 EStG.
b) Für Zwecke der **Erbschaftsteuer** werden BVO bewertungsrechtlich mit dem gemeinen Wert (§ 109 BewG) erfasst.

c) Konsequenterweise unterliegen sie weder der Grundsteuer noch der Grunderwerbsteuer (§ 2 Abs. 1 S. 2 Nr. 1 GrEStG).
d) Bei der Vermietung von Grundbesitz ist der auf BVO entfallende Vermietungsumsatz umsatzstpfl. (§ 4 Nr. 12 S. 2 UStG).
e) Auch eine nur geringfügige Mitvermietung von BVO steht der sog. erweiterten Grundstückskürzung nach § 9 Nr. 1 S. 2 GewStG entgegen (BFH vom 17.05.2006, DStR 2006, 1363).

(2) Entschiedene Fälle aus der Rspr. (ausgewählte Einzelfälle)

Sachverhalt	BFH-Urteil vom	BVO (ja)	BVO (nein)
Alarmanlagen in Tresoranlagen	28.10.1999, BStBl II 2000, 150	X	
Arbeitszimmer	11.06.1997, BStBl II 1997, 774		X
Blitzschutzanlage	28.09.2000, BStBl II 2001, 137		X
Feuerlöschanlagen (Gebäudeschutz)	18.09.1996, BFH/NV 1997, 213		X
Hausanschlussstationen	30.03.2000, BStBl II 2000, 449	X	
Lüftungs-/Beleuchtungsanlagen, ausgerichtet auf das Gewerbe	09.08.2001, BStBl II 2002, 100	X	
Regal-/Schrankwände (Apotheke)	24.03.2006, DStRE 2006, 1398	X	
Tankstellenüberdachung	28.09.2000, BStBl II 2001, 137		X
Umformerstation (Fernwärme)	25.05.2000, BStBl II 2000, 628	X	
Wärmerückgewinnungsanlage	05.09.2002, BStBl II 2002, 877		X

3.2.4.1 Verfahrensgrundsätze für die Bewertung von Grundstücken

In Anlehnung an die anerkannten Verfahren zur Verkehrswertermittlung sind unterschiedliche Bewertungsverfahren anzuwenden. Der gemeine Wert eines Grundstücks kann danach nach dem Vergleichswertverfahren, dem Ertragswertverfahren oder dem Sachwertverfahren ermittelt werden (s. § 182 Abs. 1 BewG). Die Wertermittlung wird unter Beachtung der Grundsätze der Verkehrswertermittlung typisierend geregelt.

Die nach § 181 BewG festgestellte Grundstücksart (s. oben) bestimmt das anzuwendende Bewertungsverfahren (s. *Ramb* in *Preißer/Seltenreich/Königer*, ErbSt-Komm. 2022, § 12 Rz. 170 ff.):

Grundstücksarten	Bewertungsverfahren
• Wohnungs- und Teileigentum • Ein- und Zweifamilienhäuser	**Vergleichswert**verfahren (s. § 182 Abs. 2 BewG i.V.m. § 183 BewG)
• Mietwohngrundstücke • Geschäftsgrundstücke und gemischt genutzte Grundstücke, für die sich auf dem örtlichen Grundstücksmarkt eine übliche Miete ermitteln lässt	**Ertragswert**verfahren (s. § 182 Abs. 3 BewG i.V.m. §§ 184 bis 188 BewG)
• Grundstücke i.S.d. § 181 Abs. 2 BewG, soweit ein Vergleichswert nicht vorliegt • Geschäftsgrundstücke und gemischt genutzte Grundstücke, für die sich auf dem örtlichen Grundstücksmarkt eine übliche Miete **nicht** ermitteln lässt • Sonstige bebaute Grundstücke	**Sachwert**verfahren (s. § 182 Abs. 4 BewG i.V.m. §§ 189 bis 191 BewG)

3.2.4.2 Das Vergleichswertverfahren
§ 183 BewG sieht zwei mögliche Verfahrensweisen vor:
- die Heranziehung von Vergleichskaufpreisen (R B 183 Abs. 2 ErbStR 2019) sowie
- die Anwendung von Vergleichsfaktoren (R B 183 Abs. 3 ErbStR 2019).
  - Bei Anwendung des Vergleichswertverfahrens sind Kaufpreise von Grundstücken heranzuziehen, die hinsichtlich der ihren Wert beeinflussenden Merkmale mit dem zu bewertenden Grundstück hinreichend übereinstimmen. Es ist daher notwendig, **Vergleichsgrundstücke** zu finden, für die ein Kaufpreis bekannt ist. Hierzu ist vorrangig auf die von den Gutachterausschüssen mitgeteilten Vergleichspreise zurückzugreifen. Nachrangig kann auch auf die in der FinVerw vorliegenden Unterlagen zu vergleichbaren Kauffällen zurückgegriffen werden.
  - Anstelle von Preisen für Vergleichsgrundstücke können auch die von den Gutachterausschüssen für geeignete Bezugseinheiten des Gebäudes (z.B. Raum- oder Flächeneinheiten) ermittelten und mitgeteilten **Vergleichsfaktoren** herangezogen werden (s. § 183 Abs. 2 S. 1 BewG).
  - Bei Vorliegen ausreichender Vergleichsfaktoren ermittelt sich der gemeine Wert des Grundstücks wie folgt:

$$\frac{\text{wertbestimmende Merkmale in €}}{\text{qm} \times \text{Wohn-/Nutzfläche in qm}} = \text{gemeiner Wert}$$

Durch eine **Öffnungsklausel** (§ 198 S. 1 BewG) besteht die Möglichkeit des Nachweises, dass der (tatsächliche) gemeine Wert des bebauten Grundstücks niedriger ist.

3.2.4.3 Das Ertragswertverfahren

Vorbemerkung: Die Darstellung folgt weitgehend der amtlichen Begründung (BT-Drs. 16/7918 zu den §§ 185 ff. BewG), die an dieser Stelle Kommentarcharakter aufweist.

Durch das JStG 2022 vom 16.12.2022 (BGBl I 22,2294) wurde die Bewertung des Grundvermögens ab dem 01.01.2023 vor allem im Ertragswertverfahren geändert. Mit gleichlautenden Ländererlassen vom 20.03.2023 (BStBl I 2023, 738) hat die FinVerw hierzu ihre Verwaltungsauffassung mitgeteilt.

Sämtliche Änderungen werden nachfolgend bei den jeweiligen Einzelpunkten mit Ergänzungs-Buchstaben (z.B. 2a) bei den Bewirtschaftungskosten) erfasst. Am Ende wird ein zusammenfassendes Beispiel (altes und neues Recht) präsentiert.

Dabei ist vom Bodenwert, der wie bei einem unbebauten Grundstück zu ermitteln ist (§ 179), und dem Gebäudeertragswert (§ 185) auszugehen. Es ist mindestens der Bodenwert anzusetzen. Hierdurch werden komplizierte Wertberechnungen in Fällen erspart, in denen nach Abzug der Bodenwertverzinsung kein Gebäudereinertrag mehr verbleibt (vgl. § 20 WertV). Sonstige bauliche Anlagen, insb. Außenanlagen, sind bereits durch den Ertragswert abgegolten. Sonstige besondere wertbeeinflussende Umstände (vgl. z.B. § 19 WertV) werden im Rahmen dieser typisierenden Wertermittlung nicht gesondert ermittelt und angesetzt. Dem StPfl. steht der Nachweis des niedrigeren gemeinen Werts nach § 198 BewG offen.

Überblick über das Verfahren (Schema):

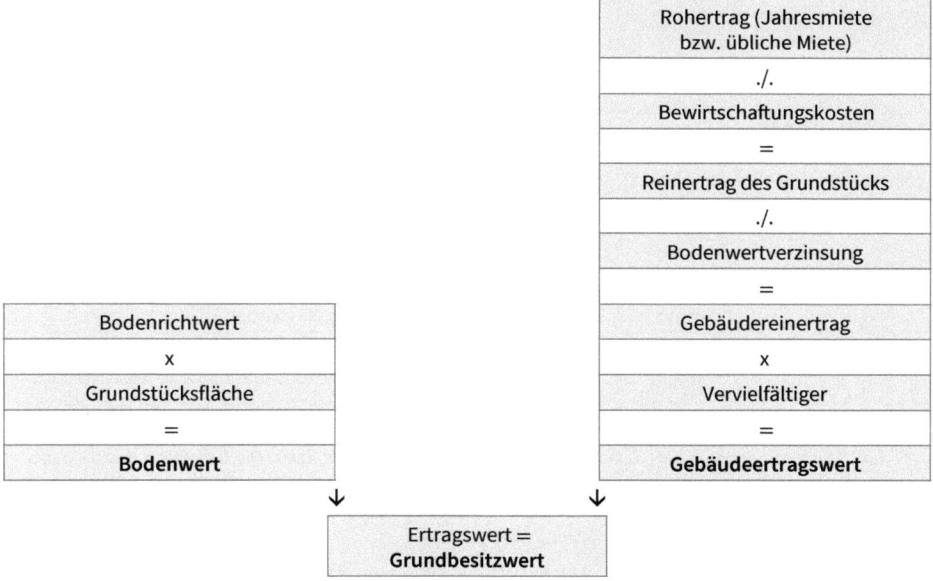

Erläuterung zu den einzelnen Komponenten:

(1) Rohertrag (§ 186 Abs. 1 BewG) und R B 186.1 ErbStR 2019)	Ausgangsgröße der Bewertung ist der Rohertrag, der inhaltlich mit der Jahresmiete (= **Jahresnettokaltmiete**) i. S. d. § 146 Abs. 2 BewG übereinstimmt. Dadurch wird eine Vereinfachung gegenüber der Ermittlung einer nachhaltig erzielbaren Miete erreicht. Bei unentgeltlicher bzw. eigengenutzter Immobilie wird die übliche Miete angesetzt (§ 186 Abs. 2 BewG): Dies gilt auch bei einer Abweichung von mehr als 20 % (nach oben wie nach unten) von der üblichen Miete.
(2) Bewirtschaftungskosten (§ 187 Abs. 2 BewG) und R B 186.2 und R B 187 ErbStR	Aus Vereinfachungsgründen werden die anzusetzenden Bewirtschaftungskosten nach Erfahrungssätzen bestimmt. Erfahrungssätze werden oft von den Gutachterausschüssen ermittelt. Soweit örtliche Erfahrungssätze nicht zur Verfügung stehen, sind die pauschalierten Bewirtschaftungskosten nach **Anlage 23** zu übernehmen.
(2a) (ab 01.01.2023)	Die Bewirtschaftungskosten sind als feste Größen in Anlage 23 vorgegeben (z. B. Verwaltungskosten je Wohnung : 344 €.) Nach Rz. 35–37 des Ländererlasses ist ferner zu berücksichtigen: – Gesonderte Ermittlung für Wohnungen, die den Wohnungsbegriff nicht erfüllen, sowie für nichtgenutzte Wohnungen. – Als Mietausfallwagnis sind pauschal 2 % des Rohertrags anzusetzen.
(3) Bodenwertverzinsung (§ 188 Abs. 2 BewG) und R B 188 ErbStR	Bei den Liegenschaftszinssätzen handelt es sich um Daten, die für die Verkehrswertermittlung von Grundstücken erforderlich sind. Sie sind aus der Kaufpreissammlung abzuleiten. Die Ableitung der Liegenschaftszinssätze ist Aufgabe der Gutachterausschüsse (§ 193 Abs. 3 BauGB). Liegen diese Werte nicht vor, so sind die gesetzlich geregelten Zinssätze anzuwenden.
(3a) (ab 01.01.2023)	Die Liegenschaftszinsen haben sich geändert. Seit 2023 gelten für – Mietwohngrundstücke 3,5 % (vorher 5,0 %), – gemischt genutzte Grundstücke (gewerblich < 50 %) 4,5 % (vorher 5,5 %), – gemischt genutzte Grundstücke (gewerblich > 50 %) 5,0 % (vorher 6,0 %), – Geschäftsgrundstücke 6,0 % (vorher 6,5 %).
(4) Vervielfältiger	Maßgeblich für den Vervielfältiger sind der Liegenschaftszinssatz (§ 188) und die Rest-ND des Gebäudes. Die **Rest-ND** wird im Allgemeinen nach der wirtschaftlichen Gesamt-ND, die in **Anlage 22** typisierend geregelt ist, und dem Alter des Gebäudes zum Bewertungsstichtag ermittelt. Die Regelung des Satzes 5 (Mindest-Rest-ND = 30 % der Gesamt-ND) berücksichtigt, dass auch ein älteres Gebäude, das laufend instand gehalten wird, nicht wertlos wird.
(4a) (ab 01.01.2023)	Die Rest-ND ist verlängert worden, z. B. für EFH, ZFH, Wohnungseigentum oder gemischte Nutzung von 70 auf nunmehr 80 Jahre. Bei Grundstücken mit mehreren Gebäuden ist in H B 185.4 ErbStH 2019 eine Formel zur »gewogenen« Rest-ND hinterlegt. Bei wesentlichen Veränderungen wird nunmehr auf die Verlängerung der **Rest-ND** abgestellt (vorher: Gesamt-ND).

Zusammenfassendes Beispiel: Vergleich altes und neues Recht (nach *Christoffel*, ErbBstg 2/2023, 56 f.)

Grundstücksdaten			
Objekt Mietwohngrundstück			Brühler Str. 17
Stichtagsmiete (ohne Umlagen)	(Wohnfläche 650 qm mit 6 Wohnungen und 6 Garagen)		9.080 €
Baujahr			2002
Grundstücksfläche			1.140 qm
Liegenschaftszinssatz			1,20 %
Bodenrichtwert zum 31.12.2022			2.300 €/qm
Berechnungsdaten			
Jahresnettokaltmiete (Stichtagsmiete x 12) = 108.960 €			
		»altes« Recht	»neues« Recht
Restnutzungsdauer			
Gesamtnutzungsdauer		70 Jahre	80 Jahre
Bewertungsjahr		2023	2023
Gesamtnutzungsdauer		70 Jahre	80 Jahre
./. Alter des Gebäudes im Besteuerungszeitpunkt			
Nebenrechnung:			
Bewertungsjahr	2023		
./. Baujahr	2002 =	21 Jahre	21 Jahre
= Restnutzungsdauer		49 Jahre	59 Jahre
Grundstückswertermittlung nach »altem« Recht			
Bodenwert			
Grundstücksfläche	1.140 qm		
Bodenrichtwert	x 2.300 €/qm		=
			2.622.000 €
Gebäudereinertrag			
Jahresnettokaltmiete		108.960 €	
./. Bewirtschaftungskosten			
Nebenrechnung:			
Jahresnettokaltmiete in €	108.960		
x pauschaler Ansatz	23 %	= 25.061 €	
Zwischenergebnis (Grundstücksreinertrag)		83.899 €	
./. Bodenwertverzinsung			
Nebenrechnung:			
Bodenwert	2.622.000 €		
x Liegenschaftszinssatz	1,20 %	= 31.464 €	
= Gebäudereinertrag		52.435 €	
Gebäudeertragswert			
Gebäudereinertrag		52.435 €	

Vervielfältiger		x 36,88		=
				1.933.803 €
Grundstückswert				
Bodenwert		2.622.000 €		
Gebäudeertragswert		+ 1.933.803 €		=
anzusetzender Grundbesitzwert				4.555.803 €
Grundstückswertermittlung nach »neuem« Recht				
Bodenwert				
Grundstücksfläche		1.140 qm		
Bodenrichtwert		x 2.300 €/qm		=
				2.622.000 €
Gebäudereinertrag				
Jahresnettokaltmiete			108.960 €	
./. Bewirtschaftungskosten				
Nebenrechnung:				
Jahresnettokaltmiete in €	108.960			
x pauschaler Ansatz in €	13.900		= 13.900 €	
Zwischenergebnis (Grundstücksreinertrag)			95.060 €	
./. Bodenwertverzinsung				
Nebenrechnung:				
Bodenwert	2.622.000 €			
x Liegenschaftszinssatz	1,20 %		= 31.464 €	
= Gebäudereinertrag			63.596 €	
Gebäudeertragswert				
Gebäudereinertrag		63.596 €		
Vervielfältiger		x 42,11		=
				2.678.028 €
Grundstückswert				
Bodenwert		2.622.000 €		
Gebäudeertragswert		+ 2.678.028 €		=
anzusetzender Grundbesitzwert				**5.300.028 €**

Hinweis: Für zu Wohnzwecken vermietete Grundstücke sieht § 13d ErbStG eine 10%ige Steuerbegünstigung vor.

Mit zwei klarstellenden Urteilen vom 11.12.2014 (BFH/PR 2015, 168 und 169) entschied der BFH, dass **keine Befreiung** in Betracht kommt für
- nicht vermietete und nicht zur Vermietung bestimmte Grundstücke,
- ein erworbenes Erbbaurecht, das zu Wohnzwecken vermietet wird.

3.2.4.4 Das Sachwertverfahren

Vorbemerkung: Die Darstellung folgt auch hier – weitgehend – der amtlichen Begründung (BT-Drs. 16/7918 zu §§ 189 ff. BewG). Das StÄndG 2015 passt das Sachwertverfahren an die

Sachwert-Richtlinie vom 05.09.2012 an und ist für alle Bewertungsstichtage ab 01.01.2016 anzuwenden (gleichlautende Ländererlasse vom 08.01.2016, BStBl I 2016, 173). Entscheidend ist die Reduzierung der umfangreichen Tabellenwerte auf wenige Kostenkennwerte. So gibt es einheitlich nur noch 5 Standardstufen. Die Ermittlung der Regelherstellungskosten erfolgt aufgrund der Baupreisindices, die jährlich im BStBl veröffentlicht werden.

Das Sachwertverfahren entspricht im Wesentlichen dem Sachwertverfahren nach den §§ 21 ff. WertV. Sonstige besondere wertbeeinflussende Umstände (vgl. z. B. § 25 WertV) werden im Rahmen dieser typisierenden Wertermittlung nicht gesondert ermittelt und angesetzt. Dem StPfl. steht der Nachweis des niedrigeren gemeinen Werts nach § 198 BewG offen.

Die FinVerw hat sich mit gleichlautenden Ländererlassen vom 20.03.2023 (BStBl I 2023, 738) zu den Neuerungen beim Sachwertverfahren nach dem JStG 2022 vom 16.12.2022 (BGBl I 22, 2294) positioniert. Zum ersten Mal ist ein **Regionalfaktor** eingeführt worden (§ 190 Abs. 5 S. 1 BewG), durch den die HK des Gebäudes den regionalen Wertverhältnissen angepasst werden.

Überblick über das Verfahren (im Regelfall: ohne Außenanlagen und sonstige Anlagen; s. auch H B 189 ErbStH):

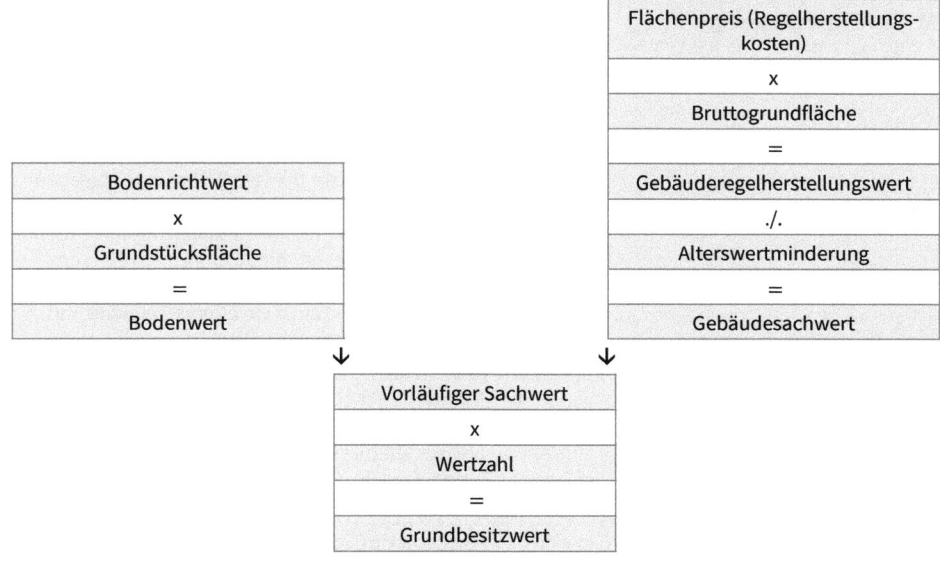

Erläuterung zu den einzelnen Komponenten:

(1) Regelherstellungskosten (§ 190 Abs. 1 BewG) und R B 190 Abs. 1 – 8 ErbStR 2019	Bei der Verkehrswertermittlung von Gebäuden sind nicht die tatsächlichen HK, sondern die gewöhnlichen Herstellungskosten (= Normalherstellungskosten = NHK) zugrunde zu legen (vgl. **Anlage 24**). Sie beruhen auf den NHK 2010. Sofern lediglich Raummeterpreise vorlagen, wurden die Werte in Flächenpreise umgerechnet. Die Regel-HK für Wohnungseigentum wurden aus den NHK des Geschosswohnungsbaus abgeleitet. Die Baunebenkosten wurden eingerechnet. Auf eine Regionalisierung der Regel-HK wurde aus Vereinfachungsgründen verzichtet. Die NHK werden qua VO aktualisiert (Bekanntgabe jeweils im BStBl I 2016, 6 [für 2016 Index 111,1 für EFH/ZFH] sowie BStBl I 2017, 30 [für 2017 Index 113,4 für EFH/ZFH] und BStBl I 2018, 205 [für 2018 Index 116,8 für EFH/ZFH]). Zu den neuen Preisindizes ab 2021 s. BMF vom 18.01.2021 (Az.: IV C 7) und *Christoffel*, ErbBStg 2022, 57).
(1a) Regionalfaktor (ab 01.01.2023)	Die durchschnittlichen HK werden ab 01.01.2023 mit einem Regionalfaktor multipliziert (§ 190 Abs. 5 S. 1 BewG). Sie sind von den örtlichen Gutachterausschüssen zu ermitteln.
(2) Alterswertminderung (§ 190 Abs. 2 BewG) und R B 190.7 ErbStR 2019	Die Alterswertminderung wird regelmäßig nach dem Alter des Gebäudes zum Bewertungsstichtag und einer typisierten wirtschaftlichen Gesamt-ND bestimmt, die sich aus der **Anlage 22** ergibt und beispielsweise bei Ein- und Zweifamilienhäusern 80 Jahre beträgt. In begründeten Ausnahmefällen (durchgreifende Instandhaltungsmaßnahmen oder Modernisierungen) ist von einem späteren Baujahr (fiktives Baujahr) auszugehen. Entsprechend kann auch ein früheres Baujahr angenommen werden. Der nach Abzug der Alterswertminderung verbleibende Gebäudewert ist regelmäßig mit **mindestens noch 30 %** des Gebäuderegelherstellungswerts anzusetzen. Diese Restwertregelung berücksichtigt, dass auch ein älteres Gebäude, das laufend instand gehalten wird, einen Wert hat.
(3) Vorläufiger Sachwert	Der Bodenwert und der Gebäudesachwert ergeben einen vorläufigen Sachwert, der erheblich vom gemeinen Wert abweichen kann. Wie bei der Verkehrswertermittlung ist deshalb eine Anpassung zur »Berücksichtigung der Lage auf dem Grundstücksmarkt« erforderlich, die hier durch Wertzahlen (§ 191 BewG) erfolgt.
(4) Wertzahlen (§ 191 Abs. 1 BewG) und R B 191 ErbStR	In vielen Fällen stehen für Sachwertverfahren bei der Verkehrswertermittlung geeignete Marktanpassungsfaktoren der Gutachterausschüsse zur Verfügung. Diese Faktoren sind hier vorrangig als Wertzahlen anzuwenden. Die in **Anlage 25** geregelten Wertzahlen für Wohngrundstücke werden in Abhängigkeit von der Höhe des vorläufigen Sachwerts und dem Bodenpreisniveau geregelt (Basis: Gutachterausschüsse). Die pauschalen Wertzahlen beruhen auf der Erwägung, dass mit zunehmender Höhe der Grundstücksinvestitionen zur Abbildung des gemeinen Werts ein wachsender Abschlag vom vorläufigen Sachwert vorgenommen werden muss.

Beispiel 7:

Vater V überträgt im Jahre 2023 seinem Sohn S ein 2013 erstelltes unterkellertes Zweifamilienhaus mit Dachgeschoss (nicht ausgebaut). Die Grundstücksfläche beträgt 800 qm, der Bodenrichtwert/qm 280 €. Die überbaute Fläche beträgt 10 m x 10 m. Das Gebäude hat eine mittlere Ausstattung. Ein Vergleichswert liegt nicht vor, ebenso wenig wie geeignete Sachwertfaktoren.

Lösung:

Für die Ermittlung des gemeinen Werts des Grundstücks ist das Sachwertverfahren heranzuziehen, da kein Vergleichswert vorliegt (§ 182 Abs. 4 Nr. 1 BewG). Der Regionalfaktor beträgt 1,0.

Bodenwert			
Bodenrichtwert/qm		280 €	
Grundstücksfläche		800 qm	
Bodenrichtwert x Grundstücksfläche			224.000 €
Gebäudewert			
Bruttogrundfläche (BGF)			
10 m x 10 m x 4 Geschosse			
(Keller, EG, 1. OG, DG)		400 qm	
NHK lt. Anlage 24 BewG/BGF Ziff. 1.121		767 €	
Normalherstellungswert des Gebäudes NHK x BGF			306.800 €
x Regionalfaktor (hier angenommen: 1,0)			306.800 €
Alterswertminderung Gesamtnutzungsdauer	80 Jahre		
Bewertungsstichtag	2023		
Baujahr	2013		
Alter des Gebäudes	10 Jahre		
Wertminderungsfaktor (Alter/Gesamtnutzungsdauer)		0,125	
	306.800 €	x 0,125	= 38.350 €
vorläufiger Gebäudewert	306.800 € – 38.350 € =	268.450 €	
Bodenwert		+224.000 €	
vorläufiger Sachwert			492.450 €
Wertzahl lt. § 191 Abs. 2 i. V. m. Anl. 25 BewG		0,9	
Grundbesitz = gemeiner Wert			
(vorläufiger Sachwert x Wertzahl)			443.205 €

Hinweis: Statt der festen Wertzahl 0,9 wird nunmehr **(ab 2023)** die exakte Wertzahl durch doppelte Interpolation (zum vorläufigen Sachwert und zum Bodenwert) ermittelt.

3.2.4.5 Bewertung von Erbbaurechten (und Erbbaugrundstücken)

Gem. § 192 BewG ist die Bewertung von Erbbaurechten auf ein neues Fundament gestellt worden.

Danach sind die Werte für die wirtschaftliche Einheit Erbbaurecht (§ 193 BewG) und für die wirtschaftliche Einheit des belasteten Grundstücks (§ 194 BewG) gesondert zu ermitteln. Für beide gilt vorrangig das Vergleichswertverfahren. Diesem folgt eine finanzmathematische Bewertung, falls keine vergleichbaren Fälle heranzuziehen sind.

3.2.4.5.1 Bewertung von Erbbaurechten (§ 193 BewG)

Die Formel hierfür sieht wie folgt aus:

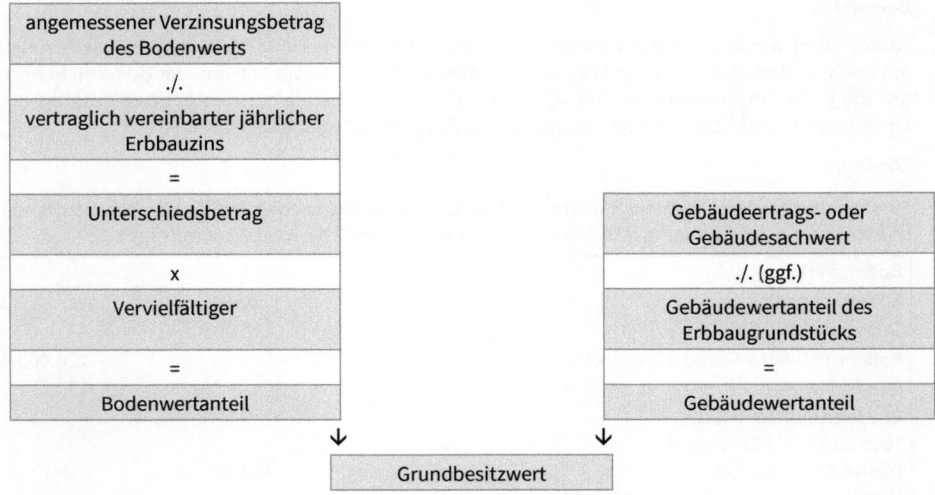

Anmerkung zum Bodenwertanteil:
Der Bodenwertanteil des Erbbaurechts entspricht dem wirtschaftlichen Vorteil, den der Erbbauberechtigte dadurch erlangt, dass er in vielen Fällen entsprechend den Regelungen des Erbbauvertrags über die Restlaufzeit des Erbbaurechts nicht den vollen Bodenwertverzinsungsbetrag leisten muss. Der Bodenwertanteil kann auch negativ sein, wenn der vereinbarte Erbbauzins höher ist als der bei Neuabschluss zum Bewertungsstichtag übliche Erbbauzins (z. B. infolge stark gefallener Bodenpreise). Die Zinssätze werden typisierend geregelt, weil bislang ungeklärt ist, inwieweit sich regional übliche Erbbauzinssätze herausgebildet haben.

Anmerkungen zum Gebäudewertanteil:
Bei der Minderung des Gebäudewertanteils des Erbbaurechts infolge fehlender Entschädigung bei Ablauf des Erbbaurechts wird typisierend unterstellt, dass das Gebäude infolge der Regelungen über die Mindest-Rest-ND (§ 185 Abs. 3 S. 5 BewG) und über den Mindest-Gebäudewert im Sachwertverfahren (§ 190 Abs. 2 S. 4 BewG) zu diesem Zeitpunkt noch einen erheblichen Wert hat.

3.2.4.5.2 Bewertung von Erbbaugrundstücken (§ 194 BewG)
Erbbaugrundstücke lassen sich nach folgendem Schema bewerten:

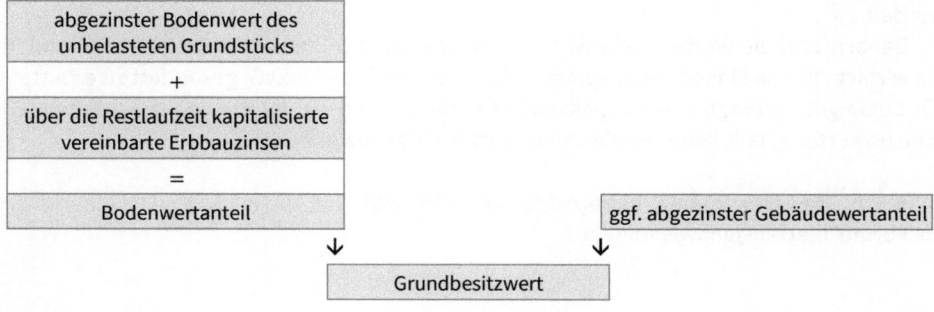

Anmerkungen:
Typisierend werden für die Abzinsung des Bodenwerts die Zinssätze nach § 193 Abs. 4 BewG zugrunde gelegt. Aus Vereinfachungsgründen werden beim Bodenwertanteil nicht die erzielbaren, sondern die zum Bewertungsstichtag vereinbarten Erbbauzinsen angesetzt. Zudem wird auch auf die Regelung eines Marktanpassungsfaktors für diesen Bodenwertanteil verzichtet.

Die Vorschrift regelt den Gebäudewertanteil des Erbbaugrundstücks. Für den Gebäudewertanteil ist der Gebäudeertragswert (§ 185 BewG) oder der Gebäudesachwert (§ 190 BewG) auf den Zeitpunkt des Ablaufs des Erbbaurechts zu ermitteln; der dem Eigentümer entschädigungslos zufallende Wert oder Wertanteil ist auf den Bewertungsstichtag abzuzinsen. Die Mindest-Rest-ND i. S. d. § 185 Abs. 3 S. 5 BewG und der Mindest-Gebäudewert i. S. d. § 190 Abs. 2 S. 4 BewG sind hierbei entsprechend zu berücksichtigen.

In formeller Hinsicht sind bei Erbbaurechtsfällen Änderungen durch das BeitrRLUmsG vom 07.12.2011 und durch das StVereinfG 2011 zu beachten. Diese betreffen Erklärungspflichten (§ 153 BewG) sowie in materieller Hinsicht die Bewertung allgemein (§ 192 S. 2 BewG).

3.2.4.6 Die Öffnungsklausel (§ 198 BewG)

In allen Fällen der Immobilienbewertung kann – abweichend von § 179 und §§ 182 ff. BewG – ein niedrigerer (Verkehrs-)Wert als der festgestellte Wert angesetzt werden. Dazu ist ein Sachverständigengutachten erforderlich (R B 198 Abs. 3 S. 1 ErbStR 2019). Ein Verkauf im letzten Jahr vor dem Bewertungsstichtag kann nach Abs. 4 der genannten RL ebenfalls herangezogen werden. Noch unklar ist das Konkurrenzverhältnis zwischen Abs. 3 und 4 von R B 198 ErbStR 2019. Der BFH akzeptiert das Gutachten (im Urteil für ein Erbbaurecht) nur, wenn das am Vergleichswertverfahren orientierte Gutachten nach der finanzmathematischen Methode ermittelt wurde (BFH vom 14.10.2020, Az.: II R7/18, Abruf-Nr. 220442).

3.3 Bewertung des Betriebsvermögens[43]
3.3.1 Grundzüge

Für die **Bewertung** von Unternehmen (**erste Ebene**) ergeben sich deutliche Änderungen gegenüber der alten Rechtslage. Sie sind markiert durch folgende Stichworte:
- **Einheitliche** Bewertung aller Unternehmensträger (Einzelunternehmen, PersG und KapG) inkl. des EU-/EWR-Betriebsvermögens und inkl. der Beteiligungen an den Unternehmensträgern,
- Bewertung mit dem **gemeinen Wert** (Verkehrswert).

Die verschiedenen Erkenntnismöglichkeiten (hierfür) sind:
- Verkäufe (innerhalb des letzten Jahres),
- Schätzung,
- andere Methoden: Ertragswertmethode, Stuttgarter Verfahren, IDW-Ertragswertverfahren.

---

43 Kritischer Überblick bei *Viskorf*, ZEV 2009, 591 sowie *Piltz*, DStR 2010, 1913 und *Olbrich/Hares/Pauly*, DStR 2010, 1250. S. auch *Corsten/Dreßler*, DStR 2009, 2115. Hierzu grundlegend *Ramb* in *Preißer/Seltenreich/Königer*, 4. Aufl. (2022), § 12 Rz. 600 ff.

Als Hauptmethode kommt das vereinfachte Ertragswertverfahren (§§ 198 ff. BewG) in Betracht. Mindestens soll aber der Substanzwert (Liquidationswert der Einzel-WG abzüglich der Schulden) angesetzt werden.

Die Bewertung des BV in der jüngeren deutschen Steuergeschichte gleicht einer Odyssee. Bis 1992 wurde für steuerliche Zwecke (des ErbStG, aber auch der Gewerbekapitalsteuer und der Vermögensteuer) eine komplizierte Bewertung durchgeführt, die damals schon die Ermittlung der Teilwerte der einzelnen WG zum Gegenstand hatte.

1993 erfolgte eine radikale Vereinfachung dergestalt, dass die StB die Grundlage für die Bewertung der Einzel-WG lieferte (sog. verlängerte Maßgeblichkeit der StB).

Ausgenommen von dem Bilanzansatz waren lediglich
- Betriebsgrundstücke und
- betriebliche Wertpapiere und GmbH-Geschäftsanteile.

Für Betriebsgrundstücke galt die Bedarfsbewertung gem. der §§ 145 ff. BewG (wie für Wohngrundstücke), bei Wertpapieren wurde der Kurswert angesetzt, für die Beteiligung an nicht börsennotierten KapG galt das sog. Stuttgarter Verfahren.

Das aktuelle Recht geht grds. von einem vereinfachten Ertragswertverfahren aus, das allerdings nur Klein- und Mittelbetrieben (bis zu einem Jahresumsatz von 32 Mio. €, § 1 Abs. 3 AntBVBewV) vorbehalten ist und nicht zu offensichtlich unzutreffenden Ergebnissen führen darf.[44] Auf der Basis des Jahresertrags (Gewinn nach BV-Vergleich) erfolgen Zu- und Abrechnungen, die außerordentliche Faktoren (z. B. einmalige Veräußerungsvorgänge) eliminieren und bei Abzug eines angemessenen Unternehmerlohns und eines durchschnittlichen Ertragsteueraufwands den anzusetzenden Jahresertrag ergeben. Der – für drei Jahre gemittelte – Durchschnittsertrag wird mit einem ursprünglich kalkulierten Kapitalisierungszinssatz von 9% (4,5% Basiszinssatz und ebenso hoher Risikozuschlag) multipliziert und ergibt so den gemeinen Wert des BV. Da als Mindestwert der nach Einzelbewertungsgrundsätzen vorgesehene Substanzwert angesetzt wird, muss immer eine Kontrollbewertung durchgeführt werden.

Im Vergleich zur alten Rechtslage ergibt sich für Familienbetriebe (anderer Ausdruck für Mittel- und Kleinbetriebe oder KMU-Betriebe) auf alle Fälle ein zusätzlicher Aufwand. Dies gilt umso mehr, wenn es sich um ein ertragsstarkes Personenunternehmen oder Personenunternehmen mit umfangreichem Immobilienbesitz handelt.

Bei mehreren wirtschaftlichen Einheiten (im Urteil: mehreren Kommanditanteilen), die unentgeltlich übertragen werden, kann die Optionsverschonung (§ 13a Abs. 10 ErbStG) nur einheitlich beantragt werden (FG Münster vom 10.09.2020, 3 K 2317/19, Revision beim BFH, Abruf-Nr. 218779).

3.3.2 Die Verschonungsebene (für Erwerbe bis 30.06.2016)

Auf einer **zweiten** Ebene erfolgt die Verschonung des BV. Der Erwerber hatte bis 30.06.2016 die Auswahl zwischen folgenden Optionen (Näheres s. Kap. 3.4.1):

---

44 S. auch R B 199.1 Abs. 5, 6 ErbStR 2019 für Fälle, in denen die FinVerw Zweifel an der Anwendbarkeit des vereinfachten Ertragswertverfahrens hat.

Optionslösung (2010)	
Regelverschonung = die »5/15-Variante« Verpflichtungen der Unternehmenserben: • Weiterführung des Betriebs für mindestens **5 Jahre** • Verwaltungsvermögen < 50 % des Unternehmenswerts • Gesamtlohnsumme (über 5 Jahre) > 400 % der Ausgangslohnsumme	**Vollverschonung = die »7/0-Variante«** Verpflichtungen der Unternehmenserben: • Weiterführung des Betriebs für mindestens **7 Jahre** • Verwaltungsvermögen < 10 % des Unternehmenswerts • Gesamtlohnsumme (über 7 Jahre) = 700 % der Ausgangslohnsumme
Steuerliche Behandlung: • Teil-Begünstigung des produktiven BV, wobei **15 %** endgültig stpfl. sind und **85 %** zunächst verschont bleiben • Stundung der (85%igen) ErbSt über **5 Jahre** • Erlass von einem Fünftel für jedes Jahr der Betriebsfortführung bei Freistellung nach fünf Jahren	Steuerliche Behandlung: • Komplett-Begünstigung des produktiven BV zu 100 % • Stundung der 100%igen ErbSt über **7 Jahre = 0 Steuer** • Erlass von je 1/7 entsprechend der jährlichen Betriebsfortführung
Bei Kleinbetrieben wird zusätzlich ein Abzugsbetrag i. H. v. 150.000 € gewährt.	

3.3.3 Die Verschonungsebene (für Erwerbe ab 01.07.2016) bis zur Erwerbsschwelle von 26 Mio. € (pro Erwerber)

Optionslösung (2016)	

Regelverschonung = die »5/15-Variante«
Verpflichtungen der Unternehmenserben:
• Weiterführung des Betriebs für mindestens 5 Jahre
Eine Begünstigung erfolgt nur nach **Kürzung um den Nettowert des Verwaltungsvermögens**. Eine Begünstigung entfällt, falls das Verwaltungsvermögen ≥ 90 % beträgt. Das Verwaltungsvermögen wird nunmehr netto gerechnet (d. h. unter Abzug der Schulden
• Für die **Lohnsumme** (5-Jahres-Berechnung) gilt: 0
  – bis 5 AN: keine Berechnung
  – zwischen 6 und 10 AN: Mindest-Lohnsumme 250 %
  – zwischen 11 und 15 AN: Mindest-Lohnsumme 300 %
  – ab 16 AN: 400 %
	Vollverschonung = die »7/0-Variante«
	Verpflichtungen der Unternehmenserben:
	• Weiterführung des Betriebs für mindestens 7 Jahre
	• 20 %-Test (statt 10 %) für das Verwaltungsvermögen (netto gerechnet)
	• **Gesamtlohnsumme** (über 7 Jahre)
	  – bis 5 AN: keine Berechnung
	  – zwischen 6 und 10 AN: Mindest-Lohnsumme 500 %
	  – zwischen 11 und 15 AN: Mindest-Lohnsumme 565 %
	  – ab 16 AN: 700 %

Optionslösung (2016)	
Steuerliche Behandlung: • Teil-Begünstigung des produktiven BV, wobei 15% endgültig stpfl. sind und 85% zunächst verschont bleiben • Stundung der (85%igen) ErbSt über 5 Jahre • Erlass von einem Fünftel für jedes Jahr der Betriebsfortführung bei Freistellung nach fünf Jahren	**Steuerliche Behandlung:** • Komplett-Begünstigung des produktiven BV zu 100% • Stundung der 100%igen ErbSt über 7 Jahre = 0 Steuer • Erlass von je 1/7 entsprechend der jährlichen Betriebsfortführung
• Bei Kleinbetrieben wird zusätzlich ein Abzugsbetrag i. H. v. 150.000 € gewährt. • Für Familienunternehmen gibt es einen Vorweg-Abschlag von 30%.	

Eine weitere Neuregelung gilt für die Ermittlung des Verwaltungsvermögens und für die Auswirkung der entsprechenden Quote für die beiden Optionsmodelle (s. unten Kap. 3.4.5.3).

3.3.4 Die Verschonungsebene (für Erwerbe ab 01.07.2016) bei Erwerben über 26 Mio. €

Beim sog. »Großerwerb« gibt es bis zu der Größenordnung von 90 Mio. € ein Wahlrecht:
1. entweder einen Verschonungsabschlag (§ 13c ErbStG)
   oder
2. einen Erlass nach § 28a ErbStG (sog. Verschonungsbedarfsprüfung).

Zu (1): Der Verschonungsabschlag (§ 13c ErbStG)

Für beide Optionen (Regelverschonung und Vollverschonung) erfolgt eine Abschmelzung des Prozentsatzes von 85% bzw. von 100% um je einen Prozentpunkt je volle Überschreitung des Betrages von 750 T€.

Diese antragsgebundene Regelung gilt bis zu einem Gesamterwerb von 90 Mio. € (innerhalb der letzten 10 Jahre). Dabei richtet sich die personenbezogene Erwerbsklasse nach dem Wert des begünstigten Vermögens.

Dies sieht – exemplarisch – wie folgt aus:

Begünstigtes Vermögen		Regelverschonung	Vollverschonung
26,0	Mio. €	85%	100%
26,75	Mio. €	84%	99%
33,5	Mio. €	75%	90%
89,75	Mio. €	0%	15%
90,5	Mio. €	0%	0%

Zu (2) Das Erlassmodell (§ 28a ErbStG)

Die Verschonungsbedarfsprüfung sieht vor, dass die Steuer insoweit erlassen werden kann, **soweit** sie nicht aus verfügbarem Vermögen entrichtet werden kann. Als verfügbares Vermögen wird gem. § 28a Abs. 2 ErbStG definiert:
  50% der Summe der gemeinen Werte des
1. mit der Erbschaft zugleich übergegangenen Vermögens, das nicht zum begünstigten Vermögen i. S. d. § 13b Abs. 2 ErbStG gehört
   und

2. dem Erwerber im Zeitpunkt der Entstehung der Steuer (§ 9 ErbStG) gehörenden Vermögens, das nicht zum begünstigten Vermögen i. S. d. § 13b Abs. 2 ErbStG gehören würde.

Konkret:
- das nicht gem. § 13b ErbStG begünstigungsfähige Vermögen (z. B. Anteile an KapG < 25 %) und das ganze Privatvermögen;
- das nicht begünstigte Verwaltungsvermögen;
- Vermögen, das nicht der D-Besteuerung unterliegt.
(Zur Ermittlung s. R E 28a.2 Abs. 3 ErbStR 2019 und das Beispiel in H E 28a.2 ErbStH 2019)

Hinweis: Das Erlassmodell ist – neben der Stundung nach § 28 ErbStG – die einzig verbleibende Regelung für Großerwerbe ab 90 Mio. €.

3.3.5 Überblick: Wegfall der Verschonungen
Bei Verstößen gegen die
- Einhaltung der Personalkonstante (»Beschäftigungsgarantie«),

Beibehaltensregeln (Verbleib der WG im Betrieb) wird die Verschonung zeitanteilig (pro rata temporis) vermindert. Der ursprünglich vorgesehene Fallbeileffekt (Komplettversagung der Verschonung) bei Verstoß gegen die fünfjährige (bzw. siebenjährige) Behaltensfrist kommt nicht mehr zum Tragen. Lediglich bei Überentnahmen gibt es eine Sanktion, die sich zwangsläufig auf den ganzen Zeitraum bezieht.

3.3.6 Die Bewertung eines bilanzierenden Einzelunternehmers
Der Ertragswert des zu bewertenden Gewerbebetriebs wird um bestimmte, gesonderte Wertansätze erhöht bzw. gekürzt (§ 200 Abs. 2 bis 4 BewG). Die Untergrenze bildet der Substanzwert (§ 11 Abs. 2 S. 3 BewG). StB-Werte sind grds. für das vereinfachte Ertragswertverfahren irrelevant.

Nicht notwendige (= aus dem unternehmerischen Kernbereich herauslösbare) WG werden ebenso wie **junge WG** (< zwei Jahre im BV) nicht im Ertragswertverfahren, sondern **gesondert** berücksichtigt (§ 200 Abs. 2 BewG).

Die identische Folge (gesonderte Berücksichtigung mit dem gemeinen Wert und Eliminierung der G-und-V-Parameter beim Ertragswert gem. § 202 Abs. 1 Nr. 1 Buchst. f sowie § 202 Abs. 1 Nr. 2 Buchst. f BewG) gilt für **Beteiligungen** (§ 200 Abs. 3 BewG).

```
┌─────────────────────────────────────────────────────────────────┐
│         Vereinfachtes Ertragswertverfahren nach dem ErbStRG     │
│  (nach Ramb in Preißer/Rödl/Seltenreich, ErbSt-Komm., § 12 BewG, Tz. 7.2 = Rz. 601 ff.) │
└─────────────────────────────────────────────────────────────────┘
```

┌────────────────────────┐   ┌────────────────────────┐
│   Jahresertrag   │   │ Kapitalisierungsfaktor│
│   (s. § 201 BewG)   │   │   (s. § 203 BewG)   │
└────────────────────────┘   └────────────────────────┘

┌────────────────────────────────────┐   ┌────────────────────────────┐
│ 1. Schritt: Ausgangsbasis sind (grds.)│ │ Kapitalisierungsfaktor   │
│ die Betriebsergebnisse der letzten drei vor│ │ (s. § 203 Abs. 3 BewG);│
│ dem Bewertungsstichtag abgelaufenen Wj.│ │ nunmehr (mit Wirkung ab   │
│ (s. § 201 Abs. 2 S. 1 BewG)   │ │ 01.01.2016): 13,75 %   │
│   │   └────────────────────────────┘
│ 2. Schritt: Summe Betriebsergebnisse/3│
│ = (durchschnittlicher) Jahresertrag │
│ (s. § 3 Abs. S. 3 und 4 BewG)   │
└────────────────────────────────────┘

┌──┐
│ Jahresertrag x Kapitalisierungsfaktor │
│ = **Ertragswert** (s. § 200 Abs. 1 BewG)│
└──┘

┌──┐
│ Ggf. Erhöhung/Kürzung um bestimmte, geson-│
│ derte Wertansätze (s. § 200 Abs. 2 bis 4 BewG)│
└──┘

┌──┐
│ Mindestwert (s. § 11 Abs. 2 S. 3 BewG) │
└──┘

┌──┐
│ **Bedarfswert Gewerbebetrieb (BV-Wert)**│
└──┘

Hinweis: Da die Berechnung von Einzelunternehmen und GmbH-Geschäftsanteilen identisch verläuft, wird auf das Beispiel 8a in Kap. 3.3.8 verwiesen.

3.3.7 Die Bewertung von (Anteilen an gewerblichen) Personengesellschaften

Gem. § 109 Abs. 2 i.V.m. § 97 Abs. 1a BewG wird der gemeine Wert des Anteils an einer PersG grds. wie folgt ermittelt[45]:

---

45 Zu Detailfragen s. *Gerlach*, DStR 2010, 309 (negativer Anteil des Kommanditisten?), *Wassermann*, DStR 2010, 183 (ökonomische Analyse der neuen Bewertung für den Mittelstand) sowie *Stalleiken/Theissen*, DStR 2010, 21 (Ertragswertverfahren allgemein) und *Hannes/Onderka* (Report), ZEV 2010, 137.

(1a) Nach Ermittlung des Ertragswerts für die gesamte PersG werden die Kapitalkonten (soweit Eigenkapital; also auch gesamthänderische Rücklage; s. R B 97.4 Abs. 2 Nr. 1 ErbStR 2019) aus der Gesamthandsbilanz den G'ftern vorweg zugerechnet.

(1b) Der verbleibende (d. h. übersteigende) Ertragswert ist nach dem vertraglichen Gewinnverteilungsschlüssel (d. h. i. d. R. nach Kapitalkonto I) auf die G'fter zu verteilen; Vorabgewinnanteile sind nicht zu berücksichtigen.

(2) Die WG des Sonder-BV (gemeiner Wert) werden den jeweiligen G'ftern gesondert zugerechnet; Schulden im Sonder-BV sind einzubeziehen.

(3) Die Werte aus (1) und (2) ergeben den gemeinen Wert des Anteils an der PersG.

Hinweis: Negative Kapitalkonten werden grds. mit 0 € angesetzt (R B 97.5 Abs. 2 ErbStR 2019).

Ausnahmen gem. R B 97.5 Abs. 2 ErbStR, d. h. negativer Wertansatz), falls:

(1) nicht (vollständig) geleistete Pflichteinlage;

(2) (ausnahmsweise) vertraglich vereinbarte Nachschusspflicht.

Beispiel 8: Die zusätzlichen Werte einer Beteiligung an einer PersG

An der A-B-C-OHG sind die G'fter A, B und C zu je einem Drittel beteiligt. A hat ein Kapitalkonto von 100 T€, B und C haben ein Kapitalkonto von jeweils 70 T€. Der gemeine Wert für die OHG (ermittelt nach Ertragswertgesichtspunkten) beträgt 580 T€.

B überlässt der OHG ein – schuldenfreies – Grundstück, das mit 200 T€ in der Sonderbilanz I des B ausgewiesen ist (Grundbesitzwert nach § 179 BewG 300.000 €). C hat den Gesellschaftsanteil von D erworben und den Kaufpreis, soweit er das Buchkapital überschritten hat, in eine positive Ergänzungsbilanz C eingestellt, die zum Stichtag ein Mehrkapital von 80 T€ aufweist. Wie sind die Anteile von A, B und C zu bewerten?

Lösung (Werte in €):

			A	B	C
Gemeiner Wert OHG		580.000			
Kapitalkonten[46]	./.	240.000	100.000	70.000	70.000
Restwert		340.000			
Je 1/3 (der Wertverteilungsschlüssel richtet sich nach dem Kapitalkonto I)	./.	340.000	113.333	113.333	113.334
Anteil am gem. Wert der OHG			213.333	183.333	183.334
Sonder-BV				300.000	
Ergänzungsbilanz					0
Bedarfswert (BV-Wert)			213.333	483.333	183.334

---

46 Zum Vorwegabzug des Kapitalkontos s. auch BFH vom 17.06.2020 (Az.: II R 43/17, Abruf-Nr. 219024).

Hinweis 1: Ergänzungsbilanzen (C) bleiben außen vor (= Änderung der Rechtslage), weil die Ergänzungsbilanzen weder bei der betriebswirtschaftlichen Ermittlung des Unternehmenswerts berücksichtigt werden noch den G'ftern zusätzliche Entnahmerechte gewähren.

Hinweis 2: Die Bewertung von Anteilen an vermögensverwaltenden PersG ist in § 12 Abs. 6 ErbStG geregelt (s. hierzu *Ramb* in *Preißer/Seltenreich/Königer*, 4. Aufl. 2022, § 12 Rz. 780 ff.).

Hinweis 3: Gem. § 11 Abs. 2 i. V. m. § 109 Abs. 2 BewG kann der Ertragswert auch aus Verkäufen (des letzten Jahres) abgeleitet werden.

Hinweis 4: Auf die Unterscheidung Gesamthandsvermögen (alle PersG!) und Gemeinschaftsvermögen (Errungenschaftsgemeinschaften) macht *Stein* aufmerksam (ErbBStg 2022, 172).

3.3.8 Die Bewertung von nicht notierten Kapitalgesellschaftsanteilen (GmbH-Geschäftsanteile)

Der Bedarfswert von Anteilen an KapG, die nicht mit dem Kurswert bewertet werden können (insb. GmbH-Anteile) und deren gemeiner Wert sich auch nicht aus Verkäufen ableiten lässt, war vor Inkrafttreten der Erbschaftsteuerreform nach dem Stuttgarter Verfahren zu schätzen (s. § 11 Abs. 2 S. 2 2. Alt. BewG a. F.). Der gemeine Wert des Anteils **war** dabei unter Berücksichtigung des Vermögens (Vermögenswert) **und** der Ertragsaussichten (Ertragshundertsatz) der betroffenen KapG zu ermitteln.

Das Stuttgarter Verfahren wird in der bisherigen Form nicht weitergeführt. Lässt sich der gemeine Wert nicht aus Verkäufen unter fremden Dritten ableiten, die weniger als ein Jahr zurückliegen, sind folgende Bewertungsverfahren (Marktwertverfahren) möglich:
- der gemeine Wert ist unter Berücksichtigung (allein) der Ertragsaussichten – und eben nicht mehr des Vermögens – der KapG zu ermitteln (s. § 11 Abs. 2 S. 2 2. Alt. BewG) oder
- der gemeine Wert ist unter Berücksichtigung einer anderen anerkannten, auch im gewöhnlichen Geschäftsverkehr für nichtsteuerliche Zwecke üblichen Methode zu ermitteln (s. § 11 Abs. 2 S. 2 3. Alt. BewG).

Dabei ist die Methode anzuwenden, die ein Erwerber der Bemessung des Kaufpreises zugrunde legen würde (s. auch R B 11.2 ErbStR 2019).

Der gemeine Wert der Anteile ist demzufolge nach den für die KapG auch für außersteuerliche Zwecke üblicherweise angewandten Bewertungsmethoden zu berechnen. I. d. R. wird zumindest bei Beteiligungen an großen KapG die **Ertragswertmethode** zur Anwendung kommen, weil sie von der Fragestellung ausgeht, welches Kapital ein gedachter Investor einsetzen würde, um aus seinem Investment eine angemessene Rendite zu erzielen. Das Ertragswertverfahren als Ausprägung eines Gesamtbewertungsverfahrens ermittelt den Unternehmenswert durch Diskontierung der in der Zukunft zu erwartenden Erträge; der Ertragswert entspricht demnach der Summer der abgezinsten zukünftigen Unternehmensgewinne. Diese Bewertungsmethode, die insb. von Wirtschaftsprüfern im Rahmen von Unternehmensverkäufen eingesetzt wird, ist auch bei anderen Bewertungsanlässen wie z. B. Erbauseinandersetzungen oder bei Ermittlung des Zugewinnausgleichs im Rahmen einer Scheidung heranzuziehen.

Die Ertragswertmethode ist jedoch nicht für die Bewertung eines jeden Unternehmens geeignet bzw. am jeweiligen Markt nicht immer üblich. Kommen demnach andere gebräuchliche Bewertungsmethoden zur Preisfindung zum Einsatz, sind diese zu übernehmen. Andere Bewertungsmethoden i. d. S. sind z. B. vergleichsorientierte Methoden oder Multiplikatormethoden. Die Feststellungslast, ob eine derartige Methode anstelle der Ertragswertmethode anwendbar ist, trägt der sich jeweils darauf Berufende. Ein bestimmtes Bewertungsverfahren wird somit vom Gesetzgeber (bewusst) nicht vorgegeben, sondern dem jeweiligen Einzelfall überlassen.

Es gelten die (aktuellen) tatsächlichen Verhältnisse und Wertverhältnisse zum Bewertungsstichtag (Besteuerungszeitpunkt, s. § 11 und § 9 Abs. 1 Nr. 1 ErbStG). Ergebnis der Bedarfsbewertung ist der **Anteilswert** (s. § 157 Abs. 4 BewG), der vom Betriebs-FA der KapG (Körperschaftsteuerstelle) gesondert festzustellen ist (§ 151 Abs. 1 S. 1 Nr. 3 i. V. m. § 152 Nr. 3 BewG). Eine Abrundungsvorschrift ist (wie bisher) nicht vorgesehen.

Die **Untergrenze**, die nicht unterschritten werden darf, ist in allen Fällen der **Substanzwert** (§ 11 Abs. 2 S. 3 BewG) sowie das BMF-Schreiben vom 22.09.2011 (DStR 2011, 1858).

Beispiel 8a (aus der StB-Prüfung 2011):

Der 2010 verstorbene Robert Rundlich war an der handwerklich tätigen Zweirad-GmbH mit Sitz in München beteiligt. Die GmbH hat ein Stammkapital von 300.000 €, davon sind 200.000 € einbezahlt. Robert Rundlich war am Stammkapital mit 165.000 € beteiligt. Die Beteiligung gehört bei ihm ertragsteuerlich zum Privatvermögen. Er hat seinen Anteil vollständig einbezahlt.

Die GmbH wurde 2000 gegründet und bilanziert seither jeweils zum 31.12. eines Jahres. Eine Zwischenbilanz auf den Todestag des Robert Rundlich wurde nicht erstellt.

In der eingereichten Vermögensaufstellung wird das BV mit einem gemeinen Wert von 2.000.000 € ausgewiesen. Dabei wurden sämtliche zum 31.12.2009 vorhandenen Wirtschaftsgüter mit dem gemeinen Wert aufgeführt. Carola Rundlich hat die Anteile an der Zweirad-GmbH im August 2010 veräußert.

Die gemäß § 7 Abs. 1 KStG i. V. m. § 4 Abs. 1 EStG ermittelten Gewinne betragen für die Wirtschaftsjahre

2007	+	52.000 €	(GewSt, KSt, SolZ: 20.800 €),
2008	+	164.000 €	(GewSt, KSt, SolZ: 4.800 € unter Berücksichtigung eines vollständigen Verlustrücktrages aus dem Jahr 2009),
2009	./.	152.000 €.	

Der Gewinn nach § 4 Abs. 1 EStG des Jahres 2010 beträgt 168.000 € (GewSt, KSt, SolZ: 67.200 € und sog. grundstücksbezogene Aufwendungen i. H. v. 18.000 €). Der Gewinn und die grundstücksbezogenen Aufwendungen verteilen sich gleichmäßig auf das gesamte Jahr 2010.

Die Ertragslage der Zweirad-GmbH hat sich in 2010 erheblich verbessert; der Fortbestand der GmbH steht außer Frage. Es wird auch in Zukunft mit entsprechenden Gewinnen wie aus dem Jahr 2010 gerechnet.

Das zuständige FA hat hinsichtlich der Zweirad-GmbH Folgendes festgestellt:

1. Die Zweirad-GmbH hat einen entgeltlich erworbenen Firmenwert i. H. v. 80.000 € zum 31.12.2009 aktiviert. Der Firmenwert ist mit dem Buchwert in der Vermögensaufstellung enthalten. Die jährliche Absetzung auf den Firmenwert beträgt zutreffend 12.000 € (ND: 15 Jahre).
2. Die Zweirad-GmbH hat am 01.02.2010 26 % der Anteile an der Motorrad Weiß GmbH in München für 280.000 € erworben. Der Erwerb erfolgte, um die Marktstellung im Münchner Großraum zu stärken. Die Beteiligung kann daher mit Fug und Recht als betriebsnotwendig bezeichnet werden. Der gemeine Wert dieser Anteile wurde zum Besteuerungszeitpunkt zutreffend mit

260.000 € gesondert festgestellt. Die damit verbundenen Schulden belaufen sich noch auf 120.000 €.
3. Die G'fter-Versammlung der Zweirad GmbH hat am 01.05.2010 beschlossen, den Bilanzgewinn des Jahres 2009 i.H.v. 80.000 € auszuschütten. Die Ausschüttung erfolgte im August 2010 entsprechend der jeweiligen Beteiligungsverhältnisse der G'fter.

Die seitens der Gesellschaft gezahlten GF-Gehälter sind angemessen und halten einem Fremdvergleich stand. Die Zahlungen sind bei den obigen Gewinnen bereits berücksichtigt.

Lösung:

Da GmbH-Anteile nicht börsenfähig sind, scheidet eine Bewertung mittels Börsenkurs gem. § 12 Abs. 1 ErbStG i.V.m. § 11 Abs. 1 BewG von vornherein aus. Der Wert der GmbH-Anteile an der Zweirad GmbH ist vielmehr gem. § 11 Abs. 2 S. 1 BewG mit dem gemeinen Wert anzusetzen. Dieser Wert ist gem. § 12 Abs. 2 ErbStG i.V.m. § 151 Abs. 1 S. 1 Nr. 3 BewG zum Bewertungsstichtag festzustellen und mit diesem festgestellten Wert anzusetzen. Im Rahmen der Feststellung sind gem. **§ 157 Abs. 4 BewG** die tatsächlichen Verhältnisse und die Wertverhältnisse zum Bewertungsstichtag maßgebend. Die Feststellung hat unter Berücksichtigung von § 109 Abs. 2 BewG und § 11 Abs. 2 BewG zu erfolgen.

Der gemeine Wert lässt sich auch nicht aus Verkäufen, die weniger als ein Jahr zurückliegen, ableiten, sodass der **gemeine Wert** der GmbH-Anteile **gem. § 11 Abs. 2 S. 2 HS 2 BewG unter Berücksichtigung** der **Ertragsaussichten der KapG** oder nach einer anderen anerkannten, auch für nicht stpfl. Zwecke üblichen Methode zu ermitteln ist. Hierbei darf gem. § 11 Abs. 2 S. 3 BewG der Substanzwert nicht unterschritten werden.

Da sich aus dem Sachverhalt nicht der Wert aufgrund einer anerkannten betriebswirtschaftlichen Bewertungsmethode ergibt, ist der gemeine Wert gem. § 11 Abs. 2 S. 2 und 4 i.V.m. § 199 Abs. 1 BewG nach dem vereinfachten Ertragswertverfahren zu ermitteln, sofern dies nicht zu einem offensichtlich unzutreffenden Ergebnis führt. Der Ertragswert ergibt sich aus dem zukünftig nachhaltig erzielbaren Jahresertrag multipliziert mit dem Kapitalisierungsfaktor (§ 200 Abs. 1 BewG). Diesem Ausgangswert werden gem. § 200 Abs. 2 bis 4 BewG nicht betriebsnotwendiges Vermögen, betriebsnotwendige Beteiligungen oder junges BV hinzugerechnet. Die damit verbundenen Schulden werden nur dann nicht berücksichtigt, wenn es um eine Hinzurechnung von betriebsnotwendigen Beteiligungen, wie im vorliegenden Fall, geht (vgl. § 200 Abs. 3 BewG).

Im Rahmen des Ausgangswertes ist grds. gem. § 200 Abs. 1 i.V.m. § 201 Abs. 2 S. 1 BewG bei der Ermittlung des Jahreswertes auf die letzten drei Jahre vor dem Besteuerungszeitpunkt zurückzugreifen. Das gesamte Betriebsergebnis des Jahres 2010 ist vorliegend jedoch gem. § 201 Abs. 2 S. 2 BewG heranzuziehen, da es für die Herleitung des künftig zu erzielenden Jahresertrags von Bedeutung ist. Lt. Sachverhalt kann mit Gewinnen in der Größenordnung des Jahres 2010 auch in Zukunft gerechnet werden (andere Auffassung mit Begründung vertretbar). Der maßgebliche Jahresertrag ist daher aus den Betriebsergebnissen der Jahre 2008 bis 2010 herzuleiten.

Die Ermittlung des durchschnittlichen Jahresertrags der drei maßgeblichen Wirtschaftsjahre ergibt gem. § 201 Abs. 1, 2, § 202 Abs. 1 S. 1 BewG i.V.m. § 4 Abs. 1 S. 1 EStG Folgendes:

	2008	2009	2010
Ausgangsgröße gem. § 202 Abs. 1 S. 1 BewG Gewinn i. S. d. § 4 Abs. 1 S. 1 EStG	164.000 €	./. 152.000 €	168.000 €
Hinzurechnungen			
+ AfA auf Firmenwert, § 202 Abs. 1 S. 2 Nr. 1 Buchst. b BewG	12.000 €	12.000 €	12.000 €
Ertragsteueraufwand (GewSt, KSt und SolZ), § 202 Abs. 1 S. 2 Nr. 1 Buchst. e BewG			
+ Abs. 1 S. 2 Nr. 1 Buchst. e BewG	4.800 €	0 €	67.200 €
Zwischensumme	180.800 €	./. 140.000 €	247.200 €
./. pauschaler Ertragsteueraufwand von 30 % der positiven modifizierten Betriebsergebnisse, § 202 Abs. 3 BewG	./. 54.240 €	0 €	./. 74.160 €
maßgebliche Betriebsergebnisse	126.560 €	./. 140.000 €	173.040 €
Summe			159.600 €
Übertrag			159.600 €
Durchschnitt gem. § 202 Abs. 2 S. 3 BewG (159.600 €/3 =)		53.200 €	
Basiszinssatz für das Jahr 2010		3,98 %	
zzgl.		4,50 %	
maßgeblicher Zinssatz bzw. Kehrwert = Kapitalisierungsfaktor		8,48 %	11,7925
Wert nach § 200 Abs. 1 i. V. m. § 203 BewG			627.356 €
+ Bruttobetrag Beteiligungen, § 200 Abs. 3 BewG			280.000 €
= Summe (gemeiner Wert des Unternehmens)			907.356 €

Im Hinblick auf **§ 11 Abs. 2 S. 3 BewG** ist die **Bewertungsuntergrenze der Substanzwert** des Unternehmens (R B 11.5 ErbStR 2019). Danach darf die Summe der gemeinen Werte der gem. § 95 Abs. 1 BewG zum BV gehörenden WG und sonstigen aktiven Ansätze abzüglich der zum BV gehörenden WG, Schulden und sonstigen Abzüge der Gesellschaft nicht unterschritten werden. Dabei sind die §§ 99 und 103 BewG zu berücksichtigen.

Als Substanzwert (Berechnung nach R B 11.6 ErbStR 2019) wird hier angenommen: **1.893.000 €.**

Da der Substanzwert i. H. v. 1.893.000 € den Ertragswert von 907.334 € übersteigt, beläuft sich der Wert der Zweirad-GmbH auf gesamt 1.893.000 €. Der gemeine Wert der GmbH-Beteiligung bestimmt sich gem. § 97 Abs. 1b BewG nach dem Verhältnis des Anteils am **Nennkapital** (Grund- oder Stammkapital) der Gesellschaft zum gemeinen Wert des BV der KapG zum Bewertungsstichtag. Dies gilt auch dann, wenn wie hier das Nennkapital noch nicht vollständig eingezahlt ist. Dabei ist es unerheblich, ob noch mit der Einzahlung des Restkapitals zu rechnen ist oder nicht. Etwas anderes würde nur dann gelten, wenn sich die Beteiligung am Vermögen und am Gewinn der Gesellschaft aufgrund einer ausdrücklichen Vereinbarung der G'fter nach der jeweiligen Höhe des eingezahlten Nennkapitals richten würde, was vorliegend jedoch nicht der Fall ist. Der gemeine Wert wird für je 100 € des Nennkapitals ermittelt. Pro 100 € des Nennkapitals beläuft sich der gemeine Wert demnach auf (Abschn. 6 S. 5 R B 11.5 ErbStR 2019) (1.893.000/300.000 € =) **631 €**, sodass sich ein gemeiner Wert der vererbten Beteiligung i. H. v. **1.041.150 €** ergibt.

3.4 Die Steuervergünstigung für Elementarvermögen gemäß §§ 13a bis 13c, 19a ErbStG

3.4.1 Einführung und Gesamtdarstellung

Die Verschonung geht von einem sukzessiven Erlass der Erbschaft- bzw. Schenkungsteuer bis zu einem vollständigen Erlass vor. Grundoption und Optionsvariante (Alternative) werden hierbei unterschieden. Dem Erwerber werden zwei Optionen eingeräumt.

1. **Option (Regelverschonung):**
   Das Kernstück der Regelung geht von einer pauschalierten Festlegung des **begünstigten BV i. H. v. 85 %** aus. 85 % werden (zunächst) nicht besteuert (»Abschlag von der Bemessungsgrundlage«), während die restlichen 15 % nach Berücksichtigung eines gleitenden Abzugsbetrags von 150.000 € stets der Besteuerung unterliegen. Dabei darf das Verwaltungsvermögen nach der Neuregelung (ab 01.07.2016) nicht mehr als 90 % betragen (vorbehaltlich § 13b Abs. 2 ff. ErbStG).

2. **Option (Vollverschonung):**
   Für Betriebe mit weniger als 20 % Verwaltungsvermögen und einer Behaltensfrist von sieben Jahren wird der Verschonungsabschlag bei Einhalten der Gesamtlohnsumme von 700 % (auf sieben Jahre) auf 100 % festgelegt. Für diesen Fall erfolgt der Übergang komplett steuerfrei, wenn die siebenjährigen Behaltensfristen inkl. der Personalkonstante eingehalten werden.

Beispiel 9:

Der kinderlose und geschiedene Unternehmer Onkel O will seine Nichte N (StKl. II) zur Alleinerbin einsetzen.

Nachlassgegenstände sind:
- ein Betrieb mit einem (neu ermittelten) Steuerwert von 4 Mio. €,
- ein Kommanditanteil mit einem Steuerwert von 1 Mio. €,
- Wertpapiere (Wert: 500.000 €).

Lösung: Vorweg ist zu klären, ob es sich bei dem Betrieb und bei dem Kommanditanteil um Verschonungsvermögen i. S. d. §§ 13a, 13b Abs. 1 ErbStG handelt.

Grundsätzlich sind die Voraussetzungen erfüllt:

Für beide betrieblichen Übertragungsgegenstände kommt § 13b Abs. 1 Nr. 2 ErbStG zur Anwendung (»ganzer« Gewerbebetrieb bzw. Anteil an einer Gesellschaft i. S. d. § 15 Abs. 1 S. 1 Nr. 2 EStG).

Mangels näherer Angaben ist davon auszugehen, dass der 90 %-Test nach § 13b Abs. 2 ErbStG bestanden wird.

In Zahlen bedeutet das:

Betrieb und Kommanditanteil (§ 13b Abs. 1 ErbStG)		5.000.000 €
Abschlag (§ 13a Abs. 1 ErbStG) (85%)		./. 4.250.000 €
verbleiben		750.000 €
Abzugsbetrag (§ 13a Abs. 2 ErbStG) »Abschmelzen«	150.000 €	
verbleibendes BV § 13 Abs. 2 ErbStG (nach § 13a Abs. 2 ErbStG)		750.000 €
Abzugsbetrag		./. 150.000 €
übersteigender Betrag		600.000 €
davon 50 % (abgerundet)	./. 300.000 €	
verbleibender Abzugsbetrag	0 €	0 €
Steuerpflichtiges BV		750.000 €
Wertpapiere		500.000 €
gesamter Vermögensanfall		1.250.000 €
Bestattungskosten usw. pauschal (Ausgangsfall)		./. 10.300 €
persönlicher Freibetrag StKl. II		./. 20.000 €
Steuerpflichtiger Erwerb		**1.219.700 €**

Anteil des begünstigten Vermögens:

750.000 € : 1.250.000 € = 60 %

Steuer nach der StKl. II (30 %)	365.910 €	

Aber § 19a Abs. 4:

Auf begünstigtes Vermögen entfallen 365.910 € x 60 %

(fiktive) Steuer nach StKl. I (19 %)

auf stpfl. Erwerb (1,2197 Mio. €) = 231.743 €

(aufgerundet)		./. 139.046 €	
Entlastungsbetrag (»wieder« 100 %)		80.500 €	./. 80.500 €
Festzusetzende Steuer			**285.410 €**

Hinweis: Eine – mit Ausnahme der Grabpflegepauschale – identische Lösung ergibt sich, wenn O die verschiedenen Gegenstände noch zu Lebzeiten auf seine Nichte überträgt.

3.4.2 Prüfungsaufbau für die Verschonungsregeln i. e. S. (§§ 13a, 13b, 13c ErbStG) für Erwerbe ab 01.07.2016 (bis 26 Mio. €)

Nachdem gem. § 13b Abs. 1 ErbStG das begünstigungsfähige Vermögen definiert ist, obliegt es den Folgeabsätzen, zunächst als Bezugsgröße zum begünstigungsfähigen Vermögen das Verwaltungsvermögen zu definieren (§ 13b Abs. 4 ErbStG).

Die Kernaussage der § 13b Abs. 2 ff. ErbStG besteht sodann in der Ermittlung des **begünstigten Vermögens**. Prüfungstechnisch kommt § 13b Abs. 2 S. **2** ErbStG die entscheidende Weichenstellung zu. Wenn der sog. 90 %-Test nicht gelingt und das Verwaltungsvermögen

(VV) > 90 % des GW des Betriebs[47] ist, kommt es zu keiner weiteren Verschonungsprüfung. Wird die 90 %-Hürde genommen, so wird mit der Definition des begünstigten Vermögens nach § 13b Abs. 2 S. 1 ErbStG schädliches von unschädlichem VV unterschieden.

Anders formuliert: Nur der um das schädliche Verwaltungsvermögen reduzierte gemeine Wert des Betriebs ist begünstigt. Das unschädliche VV (§ 13b Abs. 7 ErbStG; maximal 10 % des gemeinen Werts des Betriebs) ist hingegen – zusammen mit dem gemeinen Werts des Betriebs – begünstigt.

Vorweg erfolgt eine schematische Auflistung der Neuregelung:

a) Grundoption: Die Regelverschonung (5/15-Variante)

	I. Tatbestandsvoraussetzungen für die Verschonungsregel:
1.	Prüfung (§ 13b Abs. 1 ErbStG): Dem Grunde nach **begünstigungsfähiges Produktivvermögen**
2.	Prüfung: **90 %-Test** nach § 13b Abs. 2 S. 2 ErbStG (Brutto-VV):
2a)	(Netto-)**Verwaltungs-/begünstigungsfähiges Vermögen** (gem. § 13b Abs. 2 S. 1 ErbStG unter Berücksichtigung des Finanzmitteltests)
2b)	Negativ-Prüfung: § 13a Abs. 5 ErbStG

↓

	II. Primäre Rechtsfolgen:
3.	Erste Rechtsfolge:
3a)	Vorwegabschlag gem. § 13a Abs. 9 ErbStG? Ja, falls Familienunternehmen!
3b)	Verschonungsabschlag gem. § 13a Abs. 1 S. 1 i.V.m. § 13b Abs. 4 ErbStG (85 %-Regel)
3c)	Zweite Rechtsfolge: Entlastungsabzugsbetrag gem. § 13a Abs. 2 ErbStG (150.000 €)
4.	»Drittregelung« gem. § 13a Abs. 5 ErbStG beachten!
5.	Ergebnis: objektive Steuerpflicht von 15 % des begünstigten Vermögens bei der persönlichen Steuerpflicht gem. StKl. I (ggf. gem. § 19a ErbStG)

↓

	III. Nachsorge und Sanktionen:
6a)	Personal-(Beschäftigungs-)Komponente
	Für die Lohnsumme (5-Jahres-Berechnung) gilt:
	– bis 5 AN: keine Berechnung
	– zwischen 6 und 10 AN: Mindest-Lohnsumme 250 %
	– zwischen 11 und 15 AN: Mindest-Lohnsumme 300 %
	– ab 16 AN: 400 %
	=> § 13a Abs. 1 S. 2 i.V.m. § 13a Abs. 3 mit der Rechtsfolge der Pro-rata-temporis-Kürzung des Verschonungsabschlags bei Verstoß
6b)	Verbleibensregeln (fünfjährige Behaltensfristen), § 13a Abs. 6 Nr. 1/2 und 4/5 ErbStG mit der Folge des anteiligen Wegfalls der Verschonungsregelung (pro rata temporis) bei Verstoß; allerdings Reinvestitionsmöglichkeit beachten!
6c)	Überentnahmeregelung bei Personenunternehmen (§ 13a Abs. 6 Nr. 3 S. 1 ErbStG) bzw. bei »Überausschüttungen« bei KapG-Beteiligungen innerhalb der Fünf-Jahres-Frist: Ganzzeitliche Sanktion bei Verstoß

---

47 Betrieb als »Arbeitsbegriff« für begünstigungsfähiges Vermögen.

	↓
	IV. Verfahrensfragen/steuerliche Nebenleistungen/Sonstiges:
7.	Meldepflichten gem. § 13a Abs. 7 ErbStG; Festsetzungsfrist
8.	Erstreckung auf ausländisches Vermögen gem. § 13a Abs. 8 ErbStG
9.	Analogie gem. § 13a Abs. 11 ErbStG (z. B. für Erbersatzsteuer)

b) Alternative: Die Vollverschonung (Zahlen gem. § 13a Abs. 10 ErbStG)

	I. Tatbestandsvoraussetzungen für die Verschonungsregel:
1.	Prüfung (§ 13b Abs. 1 ErbStG): Dem Grunde nach begünstigtes Produktivvermögen (sog. Elementarvermögen)
2.	Prüfung: 20%-Test nach § 13b Abs. 2 und 3 ErbStG: (Netto)-Verwaltungs-/Produktivvermögen (unter Berücksichtigung des Altersvorsorgevermögens und des Finanzmitteltests)
2a)	Negativ-Prüfung: § 13a Abs. 5 ErbStG
	↓
	II. Primäre Rechtsfolgen:
3.	Erste Rechtsfolge:
3a)	Vorwegabschlag gem. § 13a Abs. 9 ErbStG? Ja, falls Familienunternehmen!
3b)	Verschonungsabschlag gem. § 13a Abs. 1 S. 1 i. V. m. § 13b Abs. 4 ErbStG (100%-Regel)
3c)	Zweite Rechtsfolge: Entlastungsabzugsbetrag gem. § 13a Abs. 2 ErbStG (150.000 €)
4.	Drittregelung« gem. § 13a Abs. 5 ErbStG beachten!
5.	Ergebnis: keine Steuerpflicht des begünstigten Vermögens
	↓
	III. Nachsorge und Sanktionen:
6a)	Personal-(Beschäftigungs-)Komponente (700%-Ansatz innerhalb von sieben Jahren),
	– bis 5 AN: keine Berechnung
	– zwischen 6 und 10 AN: Mindest-Lohnsumme 500%
	– zwischen 11 und 15 AN: Mindest-Lohnsumme 565%
	– ab 16 AN: 700%
	=> § 13a Abs. 3 S. 2 ErbStG mit der Rechtsfolge der Pro-rata-Kürzung des § 13a Abs. 1 S. 4 ErbStG bei Verstoß
6b)	Verbleibensregeln (siebenjährige Behaltefristen), § 13a Abs. 6 Nr. 1/2 und 4/5 ErbStG mit der Folge des anteiligen Wegfalls der Verschonungsregelung (pro rata temporis) bei Verstoß; allerdings Reinvestitionsmöglichkeit beachten!
6c)	Überentnahmeregelung bei Personenunternehmen (§ 13a Abs. 6 Nr. 3 ErbStG) bzw. »Überausschüttungen« bei KapG-Beteiligungen innerhalb der Sieben-Jahres-Frist: umfassende Sanktion
	↓
	IV. Verfahrensfragen/steuerliche Nebenleistungen/Sonstiges:
7.	Melde- und Ermittlungspflichten gem. § 13a Abs. 7 ErbStG; Festsetzungsfrist
8.	Erstreckung auf ausländisches Vermögen gem. § 13a Abs. 8 ErbStG
9.	Analogie gem. § 13a Abs. 11 ErbStG

3.4.3 Neuregelung für Erwerbe ab 26 Mio. €

Beim sog. »Großerwerb« gibt es bis zu der Größenordnung von 90 Mio. € ein Wahlrecht:
1. entweder einen Verschonungsabschlag (§ 13c ErbStG)
oder
2. einen Erlass nach § 28a ErbStG (sog. Verschonungsbedarfsprüfung).

Zu (1): Der Verschonungsabschlag (§ 13c ErbStG)

Für beide Optionen (Regelverschonung und Vollverschonung) erfolgt eine Abschmelzung des Prozentsatzes von 85 % bzw. von 100 % um je einen Prozentpunkt je volle Überschreitung des Betrages von 750 T€.

Diese antragsgebundene Regelung gilt bis zu einem Gesamterwerb von 90 Mio. € (innerhalb der letzten 10 Jahre). Dabei richtet sich die personenbezogene Erwerbsklasse nach dem Wert des begünstigten Vermögens.

Dies sieht – exemplarisch – wie folgt aus:

Begünstigtes Vermögen		Regelverschonung	Vollverschonung
26,0	Mio. €	85 %	100 %
26,75	Mio. €	84 %	99 %
33,5	Mio. €	75 %	90 %
89,75	Mio. €	0 %	15 %
90,5	Mio. €	0 %	0 %

Zu (2) Das Erlassmodell (§ 28a ErbStG)

Die Verschonungsbedarfsprüfung sieht vor, dass die Steuer insoweit erlassen werden kann, soweit sie nicht aus verfügbarem Vermögen entrichtet werden kann. Als verfügbares Vermögen wird gem. § 28a Abs. 2 ErbStG definiert:

50 % der Summe der gemeinen Werte des
1. mit der Erbschaft zugleich übergegangenen Vermögens, das nicht zum begünstigten Vermögen i. S. d. § 13b Abs. 2 ErbStG gehört
und
2. dem Erwerber im Zeitpunkt der Entstehung der Steuer (§ 9 ErbStG) gehörenden Vermögens, das nicht zum begünstigten Vermögen i. S. d. § 13b Abs. 2 ErbStG gehören würde.

Beispiel:

M überträgt an Tochter ihren Kommanditanteil → 30 Mio. € (= begünstigtes Vermögen). T hat ein Vermögen i. S. v. § 28a Abs. 2 ErbStG (= Privatvermögen) → 1 Mio. €.

Lösung:

Schenkungsteuer (T): 30 % von 30 Mio. € = 9 Mio. €

Verfügbares Einkommen: 50 % von 1 Mio. = 0,5 Mio. €

Ergebnis: Erlass-Schenkungsteuer → 8,5 Mio. € und sofort zu zahlende Steuer: = 0,5 Mio. €

Hinweis: Das Erlassmodell ist – neben der Stundung nach § 28 ErbStG – die einzig verbleibende Regelung für Großerwerbe ab 90 Mio. €.

Einen **generellen Überblick über das neue Verschonungsrecht** vermittelt die nachfolgende **Darstellung:**

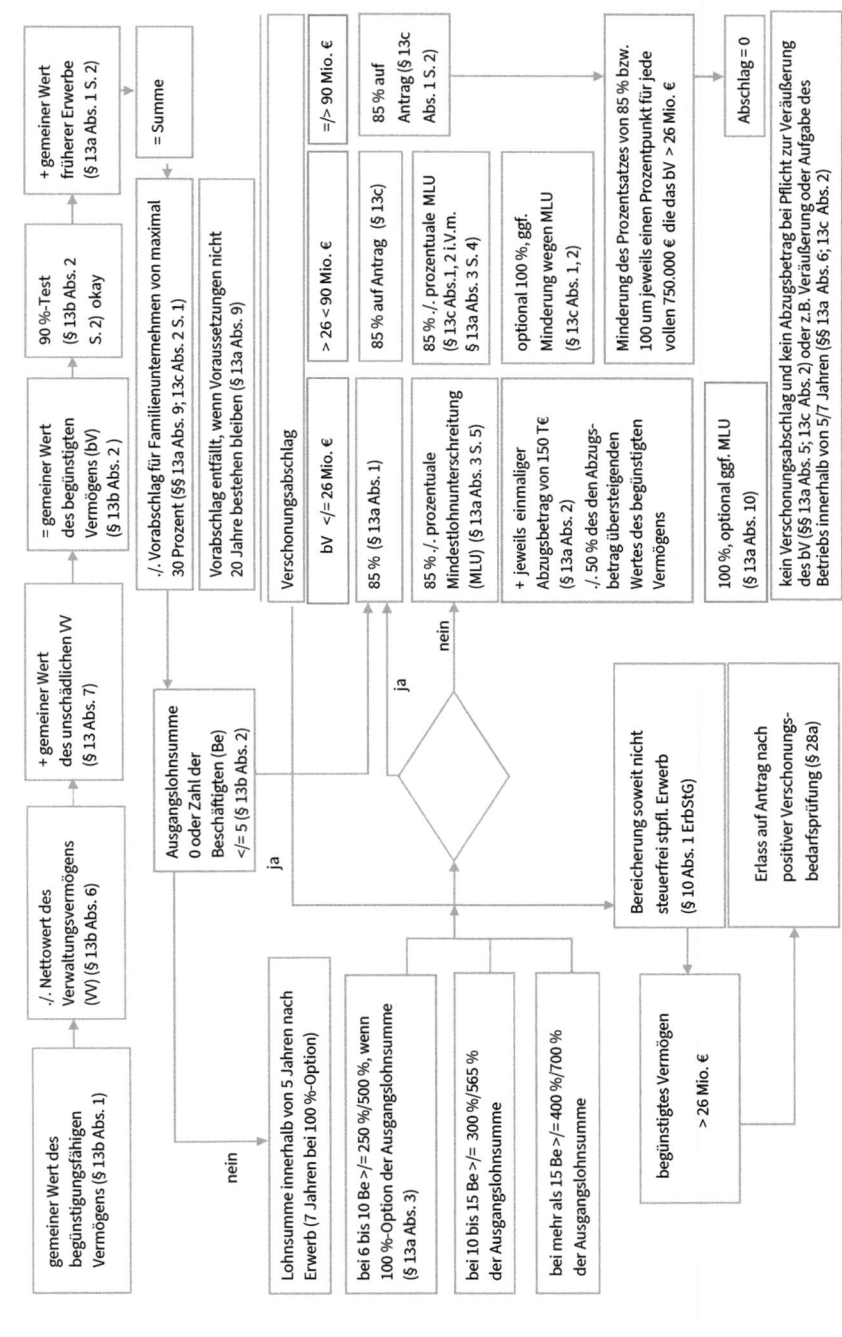

S. zum Ganzen auch R E 13b.9 ErbStR 2019: Schema zur Berechnung des begünstigten Vermögens (**Kritik:** unübersichtliches EDV-basiertes Schema).

S. andererseits die übersichtliche Darstellung zu § 28a bei *Dorn/Obermeyer*, ErbBstg 2024, 241, insb. zur Prüfung der Erwerbsschwelle (S. 243 a. a. O.).

3.4.4 Das begünstigungsfähige Vermögen (§ 13b Abs. 1 ErbStG)
3.4.4.1 Begünstigungsfähiges Vermögen – dem Grunde nach

Zum begünstigungsfähigen Vermögen i. S. d. § 13b Abs. 1 ErbStG zählen:

Vermögenskategorie	L+F-Vermögen	Betriebsvermögen, freiberufliches Vermögen	Anteile an Kapitalgesellschaften
Begünstigtes Vermögen	inländischer Wirtschaftsteil (L+F)	a) gewerbliches BV b) freiberufliches BV – je im Inland	Übergeber mit Mindest-Beteiligung an KapG (Sitz oder GL im Inland)
EU-Erweiterung	L+F-Vermögen, das einer EU-/EWR-Betriebsstätte dient	inkl. BV, das einer EU-/EWR-Betriebsstätte dient	Sitz oder Geschäftsleitung der KapG in EU/EWR
»Technische Erfassung«	Wirtschaftsteil (ohne Stückländerei)	ganzer Betrieb Teilbetrieb **MU-Anteil** (s. **Hinweis 2 und 2a**)	Mindestbeteiligung > 25 % Beteiligung am Nennkapital der KapG (s. **Hinweis 3**)
Erweiterung	Selbst bewirtschaftete Grundstücke	Teilanteile an MU-schaften	Bei ≤ 25 % Beteiligung: Stimmrechtsbündel (s. **Hinweis 3a**)

Hinweise:

(1) Während die »klassischen« Tatbestände (L+F- sowie Betriebsvermögen) keine Besonderheiten bei der Auslegung bereiten, betritt das ErbStG mit dem Stimmrechtsbündel (erweiterter Tatbestand bei den Anteilen an KapG; s. Hinweis 3a) Neuland.

(2) Nach R E 13b.5 Abs. 3 S. 5 ErbStR 2019 bleibt es bei dem exakten Wortlaut, wonach auch die häufig vorkommende Übertragung von »**Teilen eines MU-Anteils**« (Beispiel: V überträgt von seinem 90%igen Kommanditanteil 30% auf die Tochter) steuerbegünstigt ist (insoweit unglückliche Formulierung).

(2a) Für eine sehr häufig praktizierte Übertragungsvariante (**Schenkung von MU-Anteilen an minderjährige Kinder gegen lebenslangen Nießbrauch der Schenker bei gleichzeitiger Stimmrechtsbevollmächtigung der Eltern**) hat der BFH im Urteil vom 10.12.2008 (BStBl II 2009, 312) für das damals geltende Recht entschieden, dass es insoweit bei den Kindern an der MU-Initiative fehlt und dies (damit keine MU-Stellung der Kinder) der Annahme der Übertragung eines privilegierten Gegenstandes nach **§ 13a ErbStG a. F.** entgegensteht.

Für diese praxisrelevante Fallgruppe der **Schenkung eines Kommanditanteils unter Vorbehaltsnießbrauch** war problematisch, ob Übergeber/Erwerber die persönlichen Voraussetzungen eines MU erfüllen. Der BFH hat im Urteil vom 06.11.2019 (ZEV 2020, 180; StuB 2020) einerseits auf das Erfordernis der (zeitlich nachgelagerten) **doppelten MU-schaft** von Übergeber und Erwerber abgestellt; andererseits gesteht der BFH hier zu, dass auch zeitgleich ein nießbrauchsbelasteter Kommanditanteil (Übergeber) als MU-Anteil in Betracht kommen kann (in Übereinstimmung mit der ertragsteuerlichen Rspr. des BFH, s. BFH, DStR 2017, 2653; s. auch *Götz*, ZEV 2020, 184 f.).

(3) Gem. § 13b Abs. 1 Nr. 3 ErbStG werden **Beteiligungen an KapG** ab einer Quote **von mehr als 1/4** (> 25 % = Mindestbeteiligung) in das begünstigte Produktivvermögen (Elementarvermögen) aufgenommen.

Das Kriterium der unmittelbaren Inhaberschaft einer wesentlichen Beteiligung galt schon im alten Begünstigungsrecht, ist jedoch im Grundfall deutlich verschärft worden, um sogleich eine **(einzige) Ausnahme** der Zusammenfassung zuzulassen.

Nachdem die Beteiligungsquote von mehr als 25% nochmals, d.h. bei der im BV gehaltenen Beteiligung gem. § 13b Abs. 4 Nr. 2 ErbStG, eine Rolle spielt, ist vorgreiflich darauf hinzuweisen, dass ein Erreichen der Mindestquote **nicht durch Addition** der unmittelbaren Beteiligung gem. § 13b Abs. 1 Nr. 3 ErbStG und der mittelbaren (besser: vermittelnden) Beteiligung nach § 13b Abs. 4 ErbStG erreicht werden kann. Dies ist dem eindeutigen Wortlaut beider Bestimmungen zu entnehmen.

Der Zweck dieser Regelung ist zweierlei:
1. Ab einer Beteiligungsquote von > 25 % behandelt(e) das Steuerrecht Anteile an KapG als qualifizierte WG, die – obwohl privat gehalten – gelegentlich sogar den Status der (freilich) fingierten »Gewerblichkeit« verpasst bekamen (s. § 17 EStG in der Fassung bis 1998; § 6 AStG a. F.). Als gesetzliche Wertung wurde (und wird auch hier) angegeben: Vergleichbarkeit mit dem MU-Status des § 15 Abs. 1 Nr. 2 EStG.
2. Die Übertragung von Anteilen an KapG von Todes wegen oder zu Lebzeiten beeinflusst zwar nicht die rechtliche Existenz einer KapG, ab der »**Viertel plus x**«-Beteiligung wird jedoch von einer mittelbaren Betroffenheit (Reflexwirkung) der juristischen Person ausgegangen.

   Ebenfalls werden **Unterbeteiligungen** und deren Übertragung von der Begünstigungswirkung ausgeschlossen.

   Andererseits sind **stimmrechtslose Anteile** grds. bei der Mindestbeteiligungsquote mit einzubeziehen (R E 13b.6 Abs. 1 S. 2 ErbStR); sie können aber nicht in die Poolvereinbarung einbezogen werden (R E 13.b Abs. 5 S. 1 2. HS ErbStR).

Die Erfassung der unternehmerischen KapG-Beteiligung hängt von zwei Voraussetzungen ab:
a) Sitz **oder** Geschäftsleitung müssen sich im Inland oder in einem EU-/EWR-Staat befinden.
b) Es muss sich um KapG handeln.

(3a) Eine einheitliche **Stimmrechtsausübung**[48] bedeutet, dass die Einflussnahme einzelner Anteilseigner zum Zwecke einer einheitlichen Willensbildung zurücktreten muss. Dies ist in unterschiedlicher Weise geregelt. Die Nachteile der isolierten Beurteilung der 25%-Quote in Abhängigkeit von einer Person für »Dynastie«-KapG, bei denen es im Laufe der Generationen zur Aufspaltung der Anteile kam, wurde von den Beratungsgremien gesehen und liest sich in der amtlichen Begründung (BR-Drs. 4/08) wie folgt:

»In sog. Familien-Kapitalgesellschaften, deren Anteile über mehrere Generationen hinweg weitergegeben wurden, erreichen die Anteile der einzelnen Familiengesellschafter häufig nicht mehr die Mindestbeteiligungsquote. Die Unternehmensgründer oder die Nachfolger haben aber häufig dafür gesorgt, dass die Anteile nicht beliebig veräußert werden können und der bestimmende Einfluss der Familie erhalten bleibt. Deren Unternehmensgrundsätze und unternehmerische Praxis bilden ein deutliches Gegengewicht zu Publikumsgesellschaften und erzielen weit mehr Beschäftigungswirkung. Daher erscheint es angebracht, solche Anteile in die Verschonungsregelung einzubeziehen.

Eine einheitliche Stimmrechtsausübung bedeutet, dass der konkrete Anteil ein Stimmrecht einräumt. Ferner ist nicht erforderlich, dass die Einflussnahme auf die Geschicke der Gesellschaft ausschließlich durch Anteilseigner (Familienmitglieder) erfolgt. Aufgrund früherer Verfügungen werden häufig andere Personen mit unternehmerischem Sachverstand und Vertreter der Arbeitnehmer einbezogen.«

Zwei Voraussetzungen müssen für die Poolregelung (auch Stimmrechtsbündelung) erfüllt sein:
a) die einheitliche Stimmrechtsausübung und
b) die Verfügungsbeschränkung.

S. auch R E 13b.6 Abs. 4 (einheitliche Verfügung) und Abs. 5 (einheitliche Stimmrechtsausübung).

(3b) **Mittelbare und treuhänderische Beteiligungen an KapG?**

Es zeichnet sich eine Tendenz der Verwaltung ab, treuhänderisch gehaltene Beteiligungen in die Verschonung einzubeziehen (Bayerisches FinMin vom 16.09.2010, DStR 2010, 2084), während H E 10.4 ErbStH 2011 mittelbare Beteiligungen nicht miteinbezieht (a. A. aber FG Köln vom 16.11.2011, DStRE 2012, 429, nrk.).

3.4.4.2 Schädliches Verwaltungsvermögen

S. zum Ganzen auch R E 13b.9 ErbStR 2019: Schema zur Berechnung des begünstigten Vermögens (**Kritik:** unübersichtliches EDV-basiertes Schema).

Nur der um das schädliche Verwaltungsvermögen (VV) reduzierte gemeine Wert des Betriebs ist begünstigt. Das unschädliche Verwaltungsvermögen (§ 13b Abs. 7 ErbStG; maximal 10% des gemeinen Werts des Betriebs) ist zusätzlich – zusammen mit dem gemeinen Wert des Betriebs – begünstigt.

Hieraus ergibt sich folgender Gesetzesaufbau, der wiederum einen entsprechenden Quotentest nach sich zieht.

---

48 Hierzu einerseits *Leitzen* (Teilnichtigkeit von Poolvereinbarungen), ZEV 2010, 401 und andererseits *Langenfeld*, ZEV 2010, 596 (Gestaltungen zur Vermeidung des Entfallens einer Poolvereinbarung).

§ 13b Abs. 2 S. 2 ErbStG	Ermittlung des begünstigten Vermögens mit **90%-Test** (für die Regelverschonung); VV (gemeiner Wert = Brutto-VV; ohne Schulden) darf nicht höher als 90% sein
§ 13b Abs. 2 S. 1 ErbStG	Unterscheidung zwischen schädlichem und unschädlichem VV (hier Netto-VV; d. h. unter Abzug der Schulden) mit der Folge, dass das schädliche VV der vollen Besteuerung unterliegt.
§ 13b Abs. 3 ErbStG	Deckelung des Verwaltungsvermögens für Finanzmittel (Aktiva), die Altersvorsorgeverpflichtungen (Passiva) gegenüberstehen (insgesamt unschädlich)
§ 13b Abs. 4 Nr. 1 S. 2a – f ErbStG	Klassisches Verwaltungsvermögen (entspricht dem ErbStG a. F., geringfügig ergänzt)
§ 13b Abs. 4 Nr. 5 S. 1 ErbStG	Ermittlung begünstigter Finanzmittel: Reduktion des zulässigen (unschädlichen) Sockelbetrags auf **15%**
§ 13b Abs. 4 Nr. 5 S. 2 ErbStG	Definition und schädliche Erfassung junger Finanzmittel
§ 13b Abs. 5 ErbStG	Zweijährige Investitionsklausel beim Erbfall
§ 13b Abs. 6 ErbStG	Nettowertermittlung des Verwaltungsvermögens (GW ./. anteilige Schulden)
§ 13b Abs. 7 S. 1 ErbStG	Unschädliches Verwaltungsvermögen (sog. Schmutzklausel von **10%**)
§ 13b Abs. 7 S. 2 ErbStG	Schädliches junges Verwaltungsvermögen sowie schädliche junge Finanzmittel
§ 13b Abs. 8 S. 1 und 2 ErbStG	• Keine Schuldenverrechnung mit jungen Finanzmitteln und mit jungem VV • Nettowertberechnung des VV
§ 13b Abs. 8 S. 3 ErbStG	Mindestansatz des VV: junge Finanzmittel und junges Verwaltungsvermögen
§ 13b Abs. 9 ErbStG	Verbundvermögensaufstellung bei Konzernstrukturen
Ergänzung § 13a Abs. 10 ErbStG	Bei Vollverschonung **20%-Test**: VV muss kleiner als 20% des gemeinen Werts des Betriebs sein

3.4.4.2.1 Definition des Verwaltungsvermögens

Die Definition des Verwaltungsvermögens ist in der Neufassung identisch geblieben (jetzt § 13b Abs. 4 ErbStG) und geringfügig ergänzt worden.

Gem. § 13b Abs. 4 ErbStG ist das Verwaltungsvermögen **abschließend** aufgezählt:

- **Dritten zur Nutzung überlassene Grundstücke**, Grundstücksteile, grundstücksgleiche Rechte und Bauten (Nr. 1; s. sogleich unten Hinweis);
- Anteile an **KapG**, wenn die unmittelbare Beteiligung am Nennkapital dieser Gesellschaft **25% oder weniger** beträgt (Nr. 2); Verwaltungsvermögen liegt auch vor, wenn beim Stimmrechtsbündel die Summe der Anteile 25% oder weniger beträgt (gilt nicht für Kreditinstitute und Finanzdienstleister);
- Wertpapiere und vergleichbare Forderungen, die nicht dem Hauptzweck des Gewerbebetriebs eines Kreditinstituts oder eines Finanzdienstleistungsinstituts oder eines Versicherungsunternehmens dienen (Nr. 3);

- **Kunstgegenstände**, Kunstsammlungen, wissenschaftliche Sammlungen, Bibliotheken und Archive, Münzen, Edelmetalle und Edelsteine, wenn der Handel mit diesen Gegenständen oder deren Verarbeitung nicht Hauptzweck des Gewerbebetriebs/der Gesellschaft ist (Nr. 4);
- **Liefergrundstücke**;
- Finanzmittel (Nr. 5) s. unten 3.4.6, Unterschema II.

Aktueller Hinweis auf BFH-Rspr.: Im Urteil vom 28.02.2024 (II R 27/21; »Parkhaus-Urteil«) entschied der BFH, dass bei einem Parkhausbetrieb die Parkplätze **Dritten** zur Nutzung überlassen sind und deshalb kein begünstigungsfähiges Vermögen vorliege (lesenswerte Rezension hierzu: *Christoffel*, ErbBstg 2024, 218). Danach sei als Dritter jede Person anzusehen, die **nicht mit dem Nutzungsüberlassenden identisch** ist. Im Ergebnis sind damit Beherbergungsbetriebe (auch Altenheime?) Verwaltungsvermögen.

3.4.4.2.2 Rückausnahmen vom schädlichen Verwaltungsvermögen (= privilegiertes Vermögen)

Hinweis: Obwohl die nachfolgenden Fallgruppen in § 13b Abs. 4 ErbStG unter Verwaltungsvermögen stehen, gehören – aufgrund der Technik der **Rückausnahmen** – einige der dort genannten Fälle im Ergebnis zum **begünstigungsfähigen Vermögen**.

Dies trifft auf die nachfolgend aufgelisteten Fälle zu:

Nr.	Tatbestand = kein Verwaltungsvermögen, wenn		Betroffene Fälle
1a	der Erblasser oder Schenker sowohl im überlassenen Betrieb als auch im nutzenden Betrieb allein oder zusammen mit anderen G'ftern einen einheitlichen geschäftlichen Betätigungswillen durchsetzen konnte und diese Rechtsstellung auf den Erwerber übergegangen ist;		a) Betriebsaufspaltung (mit Gruppentheorie) (s. Hinweis 1) b) Sonder-BV (wobei keine Nutzungsüberlassung an Dritte vorliegen darf) (s. Hinweis 1a)
1b	die Nutzungsüberlassung im Rahmen der Verpachtung eines gesamten Betriebs erfolgt, welche beim Verpächter zu Einkünften nach § 2 Abs. 1 Nr. 2 bis 3 EStG führt und		Gewerbliche Betriebsverpachtung (mit strengen, z.T. kaum erfüllbaren Voraussetzungen, insb. bei Buchst. aa)
	aa)	der Verpächter des Betriebs im Zusammenhang mit einer unbefristeten Verpachtung den Pächter durch eine letztwillige oder eine rechtsgeschäftliche Verfügung als Erben eingesetzt hat oder	(s. Hinweis 2)
	bb)	die Verpachtung an einen Dritten erfolgt, weil der Beschenkte im Zeitpunkt der Steuerentstehung den Betrieb noch nicht führen kann und die Verpachtung auf höchstens zehn Jahre befristet ist; hat der Beschenkte das 18. Lebensjahr noch nicht vollendet, beginnt die Frist mit der Vollendung des 18. Lebensjahres.	

Nr.	Tatbestand = kein Verwaltungsvermögen, wenn	Betroffene Fälle
1c	sowohl der überlassene Betrieb als auch der nutzende Betrieb zu einem Konzern i. S. d. § 4h EStG gehören, soweit keine Nutzungsüberlassung an einen weiteren Dritten erfolgt;	Konzernklausel (s. Hinweis 3)
1d	die überlassenen Grundstücke, Grundstücksteile, grundstücksgleichen Rechte und Bauten zum Betriebsvermögen, zum gesamthänderisch gebundenen Betriebsvermögen einer PersG oder zum Vermögen einer KapG gehören und der Hauptzweck des Betriebs in der Vermietung von Wohnungen i. S. d. § 181 Abs. 9 BewG besteht, dessen Erfüllung einen wirtschaftlichen Geschäftsbetrieb (§ 14 AO) erfordert (s. Hinweis 4);	Einbeziehung der gewerblichen Wohnungswirtschaft (s. Hinweis 4: zur privaten Wohnungswirtschaft vgl. § 13d ErbStG)
1e	Grundstücke, Grundstücksteile, grundstücksgleiche Rechte und Bauten an Dritte zur land- und forstwirtschaftlichen Nutzung überlassen werden	L+F-Nutzungsüberlassung

Hinweis 1:

Die Bedenken gegen den ursprünglich (2008) geplanten Ausschluss der **Betriebsaufspaltung bei Gruppenbildung** wurden ernst genommen und führten schließlich zur Weitergeltung der Personengruppentheorie, wie der Auszug aus der Gesetzesbegründung belegt: »Die Bezugnahme allein auf den Erblasser oder Schenker blendet bisher die sog. Personengruppentheorie aus. Danach reicht es für die Beherrschung von Besitz- und Betriebsunternehmen aus, wenn an beiden Unternehmen mehrere Personen beteiligt sind, die zusammen beide Unternehmen beherrschen. Dies gilt auch für Familienangehörige. Die Regelung wird insoweit ergänzt.«

Im Erbschaftsteuerrecht gelten nunmehr – auch und gerade für die Frage des Verschonungsvermögens – die gleichen Grundsätze für die Betriebsaufspaltung wie im Ertragsteuerrecht.

Zur mitunternehmerischen Betriebsaufspaltung s. *Christoffel*, ErbBStg 2021, 7.

Hinweis 1a:

Das **Sonder-BV** gerät oftmals bei Testamentsgestaltungen oder bei der vorweggenommenen Erbfolge aus dem Blickwinkel der Steuerbürger – und nicht selten auch – aus dem Blickwinkel der Steuerberater. Die Situation ist dadurch gekennzeichnet, dass zum Anteil an einer PersG (z. B. zu einem Kommanditanteil) noch ein Grundstück gehört, das der G'fter (im Beispiel der Kommanditist als Alleineigentümer) der KG zur Nutzung überlässt.

Hinweis 2:

Die erbschaftsteuerrechtliche Behandlung der **Betriebsverpachtung im Ganzen** orientiert sich eng an der ertragsteuerlichen Regelung. Liegen bei der Betriebsverpachtung ertragsteuerlich Gewinneinkünfte nach § 2 Abs. 1 Nr. 2 bis 3 i. V. m. Abs. 2 Nr. 1 EStG vor, handelt es sich auch erbschaftsteuerrechtlich dem Grunde nach um begünstigungsfähiges BV oder land- und forstwirtschaftliches Vermögen i. S. d. § 13b Abs. 1 Nr. 1 bis 3 ErbStG.

Dies setzt voraus, dass der Verpächter sein Wahlrecht nach R 16 Abs. 5 EStR zugunsten der **gewerblichen Fortführung** ausgeübt hat. Nur in diesen Fall ist vom Fortbestand gewerblicher (bzw. selbständiger) Einkünfte auszugehen.

Hinweis 3:
Eine Nutzungsüberlassung von Grundstücken, Grundstücksteilen, grundstücksgleichen Rechten und Bauten innerhalb eines **Konzerns** i. S. d. § 4h EStG führt nicht zum Ausschluss der Verschonungsregelung. Im Grundfall führen Immobilien-Verpachtungen innerhalb eines Organkreises (z. B. die Nutzungsüberlassung eines Grundstücks der Organmutter an die Organtochter) nicht zur Annahme von Verwaltungsvermögen, wenn keine Weiterverpachtung an Dritte erfolgt.

Die einkommensteuerliche, für Zinsschrankenzwecke eingeführte Konzerndefinition gem. § 4h Abs. 3 S. 4 EStG setzt voraus, dass »ein Betrieb zu einem Konzern gehört, wenn er nach dem für die Anwendung des Abs. 2 S. 1 Buchst. c zugrunde gelegten Rechnungslegungsstandards mit einem oder mehreren anderen Betrieben konsolidiert wird oder werden könnte«.

Es kommt folglich nicht auf die tatsächliche Konsolidierung des Betriebs, sondern nur auf die Möglichkeit seiner Konsolidierung an. Nach dem näher zitierten Ersatztatbestand (S. 1a) bestimmt sich die mögliche Konsolidierung selbst in erster Linie nach den IAS 27.12 bis 27.21 (International Financial Reporting Standards) und erst in zweiter Linie nach dem Handelsrecht (z. B. in Deutschland nach den §§ 294 ff. HGB); ersatzweise greifen die US-GAAP (ARB 51.2 f.).[49]

Hinweis 4 (gewerbliche Wohnungsunternehmen)[50]:
Einzelunternehmen, gewerblich geprägte PersG sowie KapG, deren **Hauptzweck**[51] in der Vermietung von Wohnungen besteht, können die Vergünstigungen der §§ 13a, 13b, 19a ErbStG a. F. in Anspruch nehmen, wenn die Erfüllung dieses Vermietungszwecks einen wirtschaftlichen Geschäftsbetrieb erfordert. Fraglich ist, ob es hierbei um einen **wirtschaftlichen Geschäftsbetrieb** i. S. d. § 14 AO oder um einen »in kaufmännischer Weise eingerichteten« Geschäftsbetrieb entsprechend § 1 Abs. 2 HGB geht und ob die Verwaltung des Wohnungsbestands unter bestimmten Voraussetzungen auch Dritten übertragen werden kann.

In der Begründung des Gesetzestextes wird dabei auf die Notwendigkeit eines in kaufmännischer Weise eingerichteten Geschäftsbetriebs verwiesen. Dies stellt eine überflüssige, vom Wortlaut des § 13b Abs. 4 Nr. 1d ErbStG nicht gedeckte und in der Praxis kaum zu erfüllende Zusatzvoraussetzung dar. Der – voraussetzungsvolle – Hinweis auf § 1 Abs. 2 HGB ist alleine deshalb missglückt, da nirgendwo im ErbStG das Erfordernis der Kaufmannseigenschaft angelegt ist und § 14 AO, auf den explizit verwiesen wird, gerade diese Eigenschaft nicht nennt. Das HGB-Erfordernis ist deshalb falsch postuliert, weil mit der dortigen Umschreibung des sog. Grundhandelsgewerbes die Grundvoraussetzung kaufmännischer Betätigung, die Produktion und der Handel mit Waren (bewegliche Sachen), an einer Stelle in das Steuerrecht Einzug erhalten soll, die sich erkennbar an dieser Stelle mit dem dichotomischen Gegenbegriff, i. e. den Immobilien, auseinandersetzt.

In der Praxis der FinVerw liegt die Voraussetzung des wirtschaftlichen Geschäftsbetriebs ab **300 Wohneinheiten** vor (R E 13b.17 Abs. 3 ErbStR 2019).

---

49 S. zum Konzernbegriff auch BMF-Schreiben vom 04.07.2008 (BStBl I 2008, 718, Rz. 59 – 68).
50 S. hierzu *Ivens*, DStR 2010, 2168 sowie *Müller/Fröhlich*, ErbStB 2010, 14.
51 R E 13b.13 Abs. 2 S. 4 ErbStR 2011 stellt klar, dass für den Fall, dass die Berechnung nach der o. g. Formel zu dem positiven Ergebnis gelangt, dass der Hauptzweck in der Wohnungsvermietung liegt, auch die anderen Grundstücke kein Verwaltungsvermögen sind. Dabei ist die Prüfung immer auf den **einzelnen Betrieb** – und keinesfalls auf das gesamte erworbene Vermögen – zu beziehen.

S. auch zum Ganzen *von Cölln*, ZEV 2012, 133 ff. und *Preißer* in *Preißer/Seltenreich/Königer*, 4. Aufl. (2022), § 13b Rz. 225 und BFH vom 24.10.2017, BStBl II 2018, 358 (keine feste Größe); es hängt insb. von der notwendigen Organisationsmaßnahme ab.

3.4.5 (Schädliches) Verwaltungsvermögen (Neufassung; Erwerbe ab 01.07.2016)

Das Verwaltungsvermögen hat eine umfassende Neukonzeption gem. § 13b Abs. 2 und 3 ErbStG n. F. erfahren:

- Die hauptsächliche Neuerung besteht in der Abschaffung der Quotenberechnung und der sodann anschließenden Alles-oder-nichts-Rechtsfolge.
- Grundsätzlich wird das Verwaltungsvermögen nunmehr netto (d. h. unter Abzug der Verbindlichkeiten) berechnet.
- Verschont wird nur noch das (nach Abzug des Verwaltungsvermögens) verbleibende begünstigte Vermögen.
- In Höhe von 10 % erfolgt ein pauschaler Abschlag von sog. »unschädlichem« Verwaltungsvermögen.
- Bei Überschreiten der 90 %-Schwelle des Verwaltungsvermögens entfällt die Verschonung.

Vorab wird darauf verwiesen, dass in den Abs. 2 – 10 des § 13b ErbStG der Begriff »Verwaltungsvermögen« unterschiedlich verwendet wird.

Für den Fall, dass die Schulden abgezogen werden, spricht man vom Netto-Verwaltungsvermögen. Bleiben die Schulden unberücksichtigt, liegt Brutto-Verwaltungsvermögen vor. So ist – gesetzestechnisch – **bei § 13b Abs. 2 S. 2 ErbStG vom Bruttowert des VV und bei § 13b Abs. 7 ErbStG vom Nettowert des VV** auszugehen.

Eine besondere Rolle bei der Ermittlung des VV spielen das junge VV und die jungen Finanzmittel. Solche liegen vor, wenn sie innerhalb von zwei Jahren vor dem entstandenen Steueranspruch (Tod oder Schenkung) angeschafft wurden.

Daher können nachfolgende Schemata erstellt werden.

1. Prüfung (§ 13b Abs. 1 ErbStG): dem Grunde nach **begünstigungsfähiges Vermögen**
2. Prüfung: **90 %-Test** nach § 13b Abs. 2 S. 2 ErbStG:
   (Brutto-)**Verwaltungs-/Produktivvermögen** (unter Berücksichtigung des Altersvorsorgevermögens und des Finanzmitteltests):
2a) Eliminierung des schädlichen Netto-Verwaltungsvermögens
   Gemeiner Wert des begünstigungsfähigen Vermögens
   ./. Nettowert des Verwaltungsvermögens (§ 13b Abs. 6 ErbStG **s. Unterschema I**)
   = **begünstigtes Vermögen (inkl. 10 % unschädliches VV)**

Hinweis: Das unschädliche Verwaltungsvermögen (§ 13b Abs. 7 ErbStG: sog. Schmutzklausel) ist Teil des begünstigten Vermögens.

Gem. § 13b Abs. 2 S. 1 ErbStG sind als Rechengrößen fixiert:
- der gemeine Wert des Betriebs (als positive Größe) und
- der (um das unschädliche VV) erhöhte Nettowert des VV als Abzugsgröße (vom gemeinen Wert des Betriebs).

Wenn der gemeine Wert des Betriebs größer als der erhöhte Nettowert des VV ist, kommt die Verschonung nach S. 1 zum Tragen. Es werden bei S. 1 **identische Bezugsgrößen** verrechnet (beim gemeinen Wert und beim Nettowert sind die Schulden abgezogen). Nach § 13b Abs. 2 S. 2 ErbStG hingegen darf das **Brutto-VV** nicht mehr als 90 % des gemeinen Werts des Betriebs ausmachen. Beim Überschreiten dieser Schwelle kommt die (Regel- und Voll-)Verschonung in toto nicht zum Tragen. Von der Rechtsfolge her wird die Positivaussage von S. 1 (Verschonung) mit weitgehend **identischen (Verrechnungs-)Dimensionen** erzielt (in beiden Fällen unter Abzug der Schulden).

Die unterschiedliche Verwendung textlicher Parameter ist eine der Schwächen des § 13b Abs. 2 ErbStG. Auslegungsfehler sind vorprogrammiert und führen in der Literatur zu der Kritik einer inkonsistenten Anordnung (vgl. nur *Thonemann-Micker*, DB 2016, 2312 ff. und *Erkis*, DStR 2016, 1441 ff.; s. auch 3.5). Im **Verhältnis** beider Sätze bleibt festzuhalten, dass eine Prüfung von S. 1 erst durchgeführt wird, wenn der 90 %-Test des S. 2 erfolgreich bestanden ist (VV < 90 % des gemeinen Werts des Betriebs). M. a. W. wird S. 2 bei der Prüfung antizipiert, und S. 1 kommt nicht mehr zur Anwendung, wenn mehr als 90 % VV vorhanden ist.

Unterschema I (in Anlehnung an *Viskorf/Löcherbach/Jehle*, DStR 2016, 2425):

Nettowert des Verwaltungsvermögens (§ 13b Abs. 6 ErbStG)	
	Gemeiner Wert des Verwaltungsvermögens (§ 13b Abs. 3, Abs. 9 ErbStG) mit folgenden Komponenten:
	Finanzmittel (§ 13b Abs. 4 Nr. 5 ErbStG inkl. junge Finanzmittel; Unterschema II)
	sonstiges Verwaltungsvermögen (§ 13b Abs. 4 Nr. 1 – 4 ErbStG inkl. junges Verwaltungsvermögen,
+	ohne Altersvorsorgevermögen § 13 Abs. 3 ErbStG)
./.	Abzug anteiliger Schulden (§ 13b Abs. 5 S. 2 ErbStG)
=	Nettowert des Verwaltungsvermögens (mindestens junge Finanzmittel und junges Verwaltungsvermögen § 13b Abs. 8 S. 3 ErbStG)

Unterschema II

Finanzmitteltest/Auswirkung für die Berechnung des Netto-Verwaltungsvermögens	
	Finanzmittel (ohne junge Finanzmittel)
./.	Schulden
	positiver Saldo der Finanzmittel
./.	15 % des gemeinen Werts des Betriebsvermögens
	verbleibende Finanzmittel
+	übriges Verwaltungsvermögen (ohne junges Verwaltungsvermögen)
=	**Verwaltungsvermögen**
./.	anteilige verbleibende Schulden
=	**Nettowert des Verwaltungsvermögens**

Hinweis (1): Zu den Finanzmitteln (s. R E 13b.23 Abs. 2 ErbStR) gehören u. a.:
- Geld, Spareinlagen und Festgeldkonten,
- **Forderungen aus Lieferung und Leistungen** (!),
- Forderungen im Sonder-BV eines Personen-G'fters (gegen seine PersG) sowie
- Forderungen von PersG und KapG gegen ihre G'fter.

Hinweis (2): Junge Finanzmittel sind der **positiven Saldo** der innerhalb von **2 Jahren eingelegten und entnommenen** Finanzmittel (s. R E 13b.23 Abs. 3 ErbStR 2019).

Hinweis (3): Str. ist die Frage, ob aktive Rechnungsabgrenzungsposten und Anzahlungen BV oder Verwaltungsvermögen sind (hierzu BFH vom 01.02.2023, BStBl II 2014, 269 und Ländererlasse vom 06.03.2024, BStBl I 2024, 382): Bei Anzahlungen kann es sich um junges Verwaltungsvermögen handeln; nach BFH hingegen sind Anzahlungen dann keine »anderen Forderungen«, wenn sie nicht für den Erwerb von Verwaltungsvermögen geleistet wurden.

Hieraus ergeben sich folgende Fälle:

Fall 1: Betrieb ohne Schulden, mit VV

Der durchschnittliche Jahresertrag 2019 – 2021 des am 01.01.2022 auf den Sohn übergegangenen Betriebs (EinzelU/GmbH) beträgt gem. §§ 200 ff. BewG 727.272,72 T€.

Für die Firma ergeben sich zum 31.12.2021 folgende Werte (bilanziell dargestellt; ohne Altersvorsorgetatbestände):

A	Bilanz zum 31.12.2021		P
(mat.) W	5.000.000 €		
Briefmarken	2.000.000 €	Kapital	7.000.000 €
	7.000.000 €		7.000.000 €

1) Ermittlung der Steuer-BMG

Gemeiner Wert des Betriebs: 727.272,72 T€ x 13,75 =			10.000.00 €
./. Netto-VV (Briefmarken)		*2.000.000 €*	./. 2.000.000 €
+ unschädliches VV			
(vgl. § 13b Abs. 7 S. 1 ErbStG:			
10 Mio. € ./. 2 Mio. € + 800.000 €)			
(10 % von 8.000.000 €)		*./. 800.000 €*	+800.000 €
= *schädliches VV*		*./. 1.200.000 €*	
Begünstigtes Vermögen			8.800.000 €
./. 85 % (Regelverschonung)			./. 7.480.000 €
Steuerpflichtiger Erwerb		1.320.000 €	
+ schädliches VV			1.200.000 €
Steuer-BMG			2.520.000 €
(nachrichtlich 19 % Steuer = 478.800 €)			

2) Konnte die Regel-(Voll-)Verschonung gewährt werden?

Gem. § 13b Abs. 2 ErbStG darf die VV-Quote von **90 %** nicht überschritten werden. Dabei wird – wie im alten Recht – ein **Brutto-Netto-Vergleich**[52] durchgeführt:

Die Referenzgröße im Zähler (VV) ist brutto (d.h. ohne anteilige Schulden) dazustellen, während im Nenner der gemeine Wert des begünstigungsfähigen Vermögens darzustellen ist.

In Zahlen: 2.000.000 € = 20 % aus 10.000.000 €

Ergebnis: Die Regelverschonung ist zu gewähren.

Die Vollbefreiung (§ 13a Abs. 10 ErbStG) ist auch zu gewähren, da das VV nicht mehr als 20 % beträgt.

---

52 Einerseits **Brutto-Verwaltungsvermögen** und andererseits **Netto** = Gemeiner Wert des **begünstigungsfähigen Vermögens**.

Fall 2: Betrieb mit VV und Schulden

Der gemeine Wert des Unternehmens beträgt 10 Mio. €.

A	Bilanz		P
(mat.) WG	5.000.000 €		
Briefmarken	2.000.000 €	Kapital	7.000.000 €
	7.000.000 €		7.000.000 €

Berechnung:

Gemeiner Wert des VV:	2 Mio. €
./. anteilige Schulden[53]	./. 1 Mio. €
Nettowert des VV	**1 Mio. €**

Bei 20 % VV-Quote nach § 13b Abs. 2 S. 2 ErbStG (2 Mio. € zu 10 Mio. €) kann sowohl die Regelverschonung als auch die Vollverschonung gewährt werden.

Fall 3: Finanzmitteltest (§ 13b Abs. 4 Nr. 5 ErbStG)

Annahme: Gemeiner Wert des begünstigungsfähigen Vermögens: 10.000.000 €, keine jungen Finanzmittel, kein junges VV.

A	Bilanz		P
(mat.) WG	4.000.000 €	Kapital	3.000.000 €
Geld/Forderungen	3.000.000 €	Schulden	5.000.000 €
Briefmarken	1.000.000 €		
	8.000.000 €		8.000.000 €

Unter Anwendung des vorstehenden Berechnungsschemas ermittelt sich das schädliche VV wie folgt:

1. Schritt:

Die Finanzmittel (3 Mio. €) werden mit den Schulden (5 Mio. €) verrechnet:

Finanzmittel nach Schulden (3 Mio. € ./. 5 Mio. €)	=	./.	2.000.000 €
			0 €[54]

2. Schritt: 0 €

./. (15 % des gemeinen Werts/Betrieb = 1.500.000 €)	./.	1.500.000 €
		0 €[55]
+ übriges VV	+	1.000.000 €
= **Netto-Verwaltungsvermögen**		**1.000.000 €**

3. Schritt: 1.000.000 €

./. anteilige Schulden (= restliche Schulden: 2 Mio. €)	
(Anteil: 1/11[56] von 2 Mio. €)	./. 181.818 €
./. 10 % unschädliches VV	./. 100.000 €
(verbleibender) Nettowert des VV:	**718.182 €**

---

53 5 Mio. € x [2 Mio. € VV / 10 Mio. € gemeiner Wert] = 1 Mio. €.
54 Nur der positive Saldo wird hier eingestellt (vgl. § 13b Abs. 4 Nr. 5 ErbStG: »… soweit er übersteigt«).
55 Nur der positive Saldo wird hier eingestellt (s. oben § 13b Abs. 4 Nr. 5 ErbStG). Wenn die Schulden die Finanzmittel übersteigen, ist das komplette Schema überflüssig. Hier wird es aus Komplettierungsgründen verwendet.
56 1.000.000 € / (1 Mio. + 10 Mio. €)

4. Schritt, da kein junges VV und keine jungen Finanzmittel:

Für den **90%-Test** gilt: 4 Mio. € (3 Mio. € + 1 Mio. €) = 40% von 10 Mio. €.

Damit ist der 90%-Test bestanden.

Ist Voll- oder Regelverschonung möglich?

Prüfung: 718 T€ = 7,18% schädliches VV von 10 Mio. €.

Ergebnis: Beide Optionen sind möglich.

Gesamtbetrachtung: Das **begünstigte Vermögen** beträgt **9.282.000 €**   (10 Mio. €./. 718 T€).

3.4.6 Kritik am Verwaltungsvermögenstest

Der Streit um die Verfassungsmäßigkeit des 90%-Tests entzündet sich am Sachverhalt, den das FG Münster am 03.06.2019 (ZEV 2019, 551) entschieden hat und der in zahlreichen Literaturbeiträgen geringfügig variiert wird (Zahlen gerundet):

Übertragene GmbH-Anteile	→	550 T€
Finanzmittel (inkl. junger Finanzmittel)	→	2.570 T€
(anderes) Verwaltungsvermögen	→	0 €
Verbindlichkeiten	→	3.100 T€

Klarstellend ist darauf hinzuweisen, dass es sich bei den Finanzmitteln häufig um Forderungen (aus L&L) handelt (vgl. § 13b Abs. 4 Nr. 5 ErbStG) handelt. Bei der Größe »Bruttoverwaltungsvermögen« in § 13b Abs. 2 S. 1 ErbStG dürfen schließlich die Verbindlichkeiten nicht abgezogen werden. Dies führt(e) im Urteilsfall zu folgender Berechnung: 2.570 €/550 T€ = ... (470%).

Hinweis: Der BFH hat mit Urteil vom 13.09.2023 entschieden, dass bei einem **gewerblichen Handelsunternehmen** mit hohen volatilen Beständen an Forderungen und Verbindlichkeiten im Rahmen des 90%-Tests bei den Finanzmitteln die **Schulden abgezogen** werden müssen (Abkehr vom Wortlaut).

Die Verwaltung hat zwischenzeitlich mit Erlassen vom 19.06.2024 (S 3812b) die Auffassung des BFH übernommen und den Schuldenabzug bei Finanzmitteln auf Schenkungen erweitert (s. hierzu *Brüggemann*, ErbBstg 2024, 213).

Damit missglückte der 90%-Test. Die Verschonung konnte nicht gewährt werden. Die Argumente gegen die derzeitige Regelung lauten:

1. Die Ermittlung der 90%-Quote mit unterschiedlichen Rechengrößen (im Zähler brutto, im Nenner netto) führt zu willkürlichen Ergebnissen und damit zu einem Verfassungsverstoß.
2. Der Vergleich mit der 20%-Quote bei der Optionsverschonung gem. § 13a Abs. 10 ErbStG, bei dem eine reine Nettobetrachtung vorgenommen wird, wonach die quotale Schuldenverrechnung (§ 13b Abs. 6 ErbStG) und der Freibetrag nach § 13b Abs. 7 ErbStG nicht vorgenommen werden (R E 13a.21 ErbStR 2019), führt häufig zu dem paradoxen Ergebnis, dass zwar die Optionsverschonung, nicht aber die Regelverschonung ermöglicht wird (Beispiele bei *Althof*, NWB 2019, 2034).

Die Einbeziehung von Forderungen aus L&L in das VV ist bei regulärer, operativer Tätigkeit nicht nachvollziehbar und nicht kompatibel mit der Gesetzesbegründung (BT-Drs. 16/7918), wonach nur vermögensverwaltende Betriebe generell von der Verschonung ausgeschlossen sein sollen.

3.4.7 Die Dritten bei der Verschonungsregelung
Gem. der §§ 13a Abs. 3, 13b Abs. 5 ErbStG (Hauptfall: Teilungsanordnungen und Vermächtnisse) sollen nur diejenigen in den Genuss der Verschonungsregelungen gelangen, die den Betrieb letztlich erhalten.

Bei einer Verpflichtung der »diskriminierten« Erben, das BV aufgrund eines Vermächtnisses oder einer Teilungsordnung auf eine bestimmte Person/einen bestimmten Erben (»privilegierter Erbe«) zu übertragen, so wird bei der diskriminierten Gruppe das BV ohne Vergünstigung besteuert. Umgekehrt können sie die Verpflichtung mit identischem Betrag als Nachlassverbindlichkeit abziehen.

Demgegenüber genießt der privilegierte Vermächtnisnehmer oder Erbe die Steuervergünstigungen. Er muss das BV nur begünstigt versteuern und kann daher sowohl den Verschonungsabschlag als auch den Abzugsbetrag – ceterum paribus – vollständig für sich in Anspruch nehmen.

Mit dieser Neufassung soll – i. S. d. BVerfG-Beschlusses – eine zielgenaue Begünstigung erreicht werden.

3.4.8 Die Nachschau
Ein Verstoß gegen die Lohnsummen- und Überentnahmeregelung führt zum (anteiligen) Wegfall der Begünstigungen und damit zur Nachversteuerung.[57] Nachfolgend sollen diese beiden Regelungen vorgestellt werden.

3.4.8.1 Die Lohnsummenregelung (§ 13a Abs. 3 ErbStG)[58]

3.4.8.1.1 Überblick
Die Lohnsummenregelung (auch Personalkonstante genannt) ist aus dem Abs. 1 des § 13a ErbStG in den Abs. 3 verbannt worden, ohne dadurch an Bedeutung zu verlieren. Im Gegenteil: Das Petitum des BVerfG (nach der Altfassung war nur ein geringer Bestand der Betriebe erfasst, da die meisten kleinen und mittleren Unternehmen weniger als 20 AN beschäftigen, und damit war das Regel-Ausnahme-Verhältnis auf den Kopf gestellt) ist aufgegriffen worden: In der jetzt geschlossenen Regelung des § 13a Abs. 3 ErbStG kommt der sozialpflichtige Schutz der Arbeitsplätze bereits ab dem sechsten AN zur Geltung.

Die Grundparameter (Ausgangslohnsumme und Mindestlohnsumme) sind beibehalten worden. Für Erwerbe ab 01.07.2016 sind – je nach Beschäftigtenzahl – gestaffelte Größen für die Berechnung der Mindestlohnsumme im Anschlusszeitraum eingeführt worden.

Die Neuregelung (ab 01.07.2016) lässt sich tabellarisch zusammenfassen (§ 13a Abs. 3 S. 3 ff. und § 13a Abs. 10 ErbStG):

---

57 S. auch H E 13a Abs. 6, 7 und 12 ErbStH 2019 mit umfangreichen Beispielen zur Nachversteuerung.
58 Für umfangreiches Beispiel zur Berechnung der Lohnsumme s. H E 13a.4 Abs. 6 ErbStH 2019 sowie aus der Literatur *Weber/Schwind*, ZEV 2012, 88 ff.

Anzahl der Beschäftigten	Regelverschonung (Prüfung der Lohnsumme im Fünf-Jahres-Zeitraum)	Vollverschonung (Prüfung der Lohnsumme im Sieben-Jahres-Zeitraum)
0	keine Prüfung	keine Prüfung
≤ 5	keine Prüfung	keine Prüfung
> 5 und ≤ 10	250 %	500 %
> 10 und ≤ 15	300 %	565 %
> 15	400 %	700 %

Damit bleibt es bei einem Betrieb ohne AN und bei einem Betrieb ab 16 AN bei der bisherigen Lohnsummenkontrolle. Bei Betrieben zwischen 6 AN und 15 AN ist nunmehr eine Nebenrechnung erforderlich.

3.4.8.1.2 Die Ausgangslohnsumme (§ 13a Abs. 3 S. 2 ff. ErbStG)

Als Ausgangslohnsumme wird die durchschnittliche Lohnsumme der letzten fünf vor dem Zeitpunkt der Entstehung der Steuer (§ 9 ErbStG: Tod oder ausgeführte Zuwendung) endenden Wirtschaftsjahre (§ 4a EStG) definiert. Dies gilt grds. auch für die einzubeziehenden Beteiligungen.

Hinweis: Mit dem Einschub einer »nur grundsätzlichen« Berücksichtigung des Fünf-Jahres-Zeitraums nach R E 13a.7 Abs. 1 S. 5 ff. ErbStR 2019 kann davon ausgegangen werden, dass in besonderen Fallkonstellationen (z. B. kürzerer Haltezeitraum der übertragenen Beteiligung als fünf Jahre) auch andere Zeitkorridore zum Zuge kommen als die Fünfjahresgrenze.

Erfolgt vor der Übertragung eine Umstellung auf ein abweichendes Wirtschaftsjahr, so bezieht R E 13a.7 Abs. 1 S. 5 ErbStR 2019 das **Rumpfwirtschaftsjahr** als volles (fünftes) Jahr in die Berechnung mit ein und rechnet – z. B. bei Neugründungen – die Lohnsumme auf das ganze Wirtschaftsjahr um.

3.4.8.1.3 Definition der Lohnsumme (§ 13a Abs. 3 S. 6 ff. ErbStG)

Für die Berechnung der Ausgangslohnsumme und ihrer Kontrolle im Anschlusszeitraum (fünf Jahre bzw. sieben Jahre) ist die Definition der Lohnsumme ausschlaggebend.

Die Bestandteile der Lohnsumme sind wie folgt gem. **§ 13a Abs. 3 S. 6 ff.** ErbStG geregelt:

Regelung in	Bestandteil der Lohnsumme	kein Bestandteil der Lohnsumme
	+	./.
Satz 6	alle Vergütungen (Löhne, Gehälter, Sachbezüge und Vorteile), die im Wirtschaftsjahr an die auf den **Lohnlisten** stehenden Arbeitnehmer gezahlt werden	
Satz 7 Nr. 2		Ausbildungsvergütungen
Satz 7 Nr. 1		Mutterschaftsgeld
Satz 7 Nr. 3		Krankengeld (§ 44 des SGB V)
Satz 7 Nr. 4		Elterngeld

Regelung in	Bestandteil der Lohnsumme	kein Bestandteil der Lohnsumme
	+	./.
Satz 7 Nr. 5		Lohnzahlungen an Arbeitnehmer, die nicht ausschließlich oder überwiegend in dem Betrieb tätig sind (Saisonarbeiter)
Satz 8	Geld- und Sachleistungen; Bezeichnung unschädlich; regelmäßige wie unregelmäßige Zahlungen	
Satz 9	Bruttoentgelte (Arbeitnehmer-Sozialbeiträge und Steuern, soweit sie **vom Arbeitgeber gezahlt wurden**)	die gesetzlichen **Arbeitgeber-**Beiträge zu den AN-Einkünften (s. auch R E 13a.4 Abs. 1 ErbStR 2011)
Satz 11	inkl. Sondervergütungen, Prämien, Gratifikationen, Provisionen, Tantiemen, Familienzulagen etc.	Trinkgelder
(R E 13a.4 Abs. 4 S. 3 ErbStR 2011)	**Altersvorsorge**, die durch **Entgeltumwandlung** vom Arbeitnehmer getragen wird	tariflich vereinbarte, vertraglich festgelegte und freiwillige **Arbeitgeber-Sozialbeiträge** für die Entgeltumwandlung

Hinweis 1: Zur Berechnung in Umwandlungsfällen s. sehr ausführlich R E 13a.8 ErbStR 2019.

Hinweis 2: Das FG Münster hat mit Urteil vom 26.09.2023 (3 K 2466/21; Rev.-Az. beim BFH: II R 34/23) entschieden, dass die Anzahl der auf den Lohnlisten erfassten Beschäftigten – gezählt nach Köpfen – zu bestimmen sei. Damit fällt hierunter auch der GF einer GmbH, auch wenn er gleichzeitig G'fter der GmbH ist.

3.4.8.1.4 Die Sanktion: prozentuale Kürzung (§ 13a Abs. 3 S. 1 und S. 5 ErbStG sowie R E 13a.9 ErbStR 2019)

Hierbei muss die Beschäftigtenzahl vorweg festgelegt werden. Für einen Betrieb mit mehr als 1 AN und weniger als 16 AN berechnet sich die Sanktion wie folgt:

Beispiel:
Der gemeine Wert eines Betriebs im Zeitpunkt der Übergabe (Januar 2020) beträgt 10 Mio. €. In den Jahren 2015 bis 2019 wurde an 15 AN bezahlt:

2015	1.000.000 €
2016	1.500.000 €
2017	1.600.000 €
2018	1.700.000 €
2019	2.000.000 €

In den Jahren 2020 bis 2024 sollen insgesamt 4.212.000 € gezahlt werden.

Lösung:

1. Die durchschnittliche Lohnsumme der letzten fünf Jahre vor Übergang betrug   **1.560.000 €**

   (7,8 Mio. €/5 Jahre = Ausgangslohnsumme).

2. Die Mindestlohnsumme (300 %) beträgt demnach   **4.680.000 €.**

3. Die Summe der jährlichen Lohnsummen in den fünf Nachfolgejahren erreicht 270 % und liegt damit 30 Prozentpunkte unter der Mindestlohnsumme von 300 %.

   Die Gesamtlohnsumme (4,212 Mio. €) unterschreitet die Mindestlohnsumme um **10 %** (30 % zu 300 %).

4. Dadurch verringert sich der Verschonungsabschlag rückwirkend um 10 % von 85 % auf 76,5 % (10 % Abschlag).

5. Während ursprünglich 8,5 Mio. € (85 % von 10 Mio.) steuerfrei blieben, führt der Verstoß gegen die Lohnsummenregelung nunmehr dazu, dass nur noch 7,65 Mio. € steuerfrei (76,5 %) und umgekehrt 2,35 Mio. € zu versteuern sind.

6. Die zunächst gezahlte Steuer auf 1,5 Mio. € BMG wird mit der Steuer auf die BMG von 2,35 Mio. € verrechnet. Bei 19 % Steuersatz ergibt dies   **446.500 €,**

   auf die die ursprüngliche Steuer von   **285.000 €**

   anzurechnen ist. Es sind   **161.500 €**

   nachzuzahlen.

3.4.8.2 Die Behaltensregelung (oder Fortführungsklausel), § 13a Abs. 6 ErbStG

Wie im alten Recht (§ 13a Abs. 5 ErbStG a. F.) sorgt die Fortführungsklausel dafür, dass der Erwerber den begünstigt übertragenen Betrieb nicht innerhalb der fünf- bis siebenjährigen Behaltensfrist veräußern oder aufgeben soll.

Als Sanktionsfall gilt neben der Veräußerung der steuerfunktionellen Einheit (Betrieb etc.) bereits die Veräußerung (Überführung) wesentlicher Betriebsgrundlagen (auch des Sonder-BV).

Klarstellend entschied der BFH am 26.02.2014 (Az.: II R 36/12), dass **jegliche spätere** entgeltliche Übertragung zum Wegfall der Steuervergünstigung führt. Dies gilt unabhängig davon, ob die Veräußerung freiwillig oder unfreiwillig erfolgte.

Einige Zweifelsfragen hierzu (Veräußerung ja/nein) sind geblieben.

Beispiel 10:
A und B sind an der X-KG zu je 50 % beteiligt. Nach dem **Tode des A** (01) treten die einzigen Erben S(ohn) und T(ochter) die Nachfolge in die Kommanditistenstellung des A an (einfache Nachfolgeklausel). Im Jahre 07 überträgt T – im Rahmen der Erbauseinandersetzung – ihre 25%ige Beteiligung an der X-KG an S gegen die Überlassung des Hälfteanteils am Einzelunternehmen des A, das sich ebenfalls im Nachlass befand. S musste ein »Aufgeld« von 100 T€ zahlen. Im Jahre 09 wurde in die X-KG (S und B zu je 50 %) der Neugesellschafter D gegen Zahlung von 200 T€ (je 100 T€ an S und B) aufgenommen. Im Jahre 11 scheidet D aus der X-KG für einen Abfindungsanspruch von 1 Mio. € aus. Führen die späteren Vorgänge ab 03 zu einem Wegfall der Steuervergünstigungen, die S und T anlässlich des Erbfalls (01) nach § 13a Abs. 1 und 2 i. V. m. § 13b Abs. 4 ErbStG a. F. gewährt wurden?

Lösung: In einer ersten Stufe erfolgte die Erbauseinandersetzung (S/T) gegen Bezahlung eines Spitzenausgleichs (07). Während in einkommensteuerlicher Sicht dieser Vorgang als teilentgeltliche Veräußerung behandelt wird, stuft die Verwaltung diesen und vergleichbare Vorgänge nicht als (erbschaft-)steuerschädlich ein (gleicher Ansicht s. FG Münster vom 03.06.2004, EFG 2004, 1309). Wiederum anders stellt die Erfüllung von anderen Verpflichtungen wie z. B. von Geldvermächtnissen durch die Hingabe begünstigten Vermögens eine schädliche Verfügung dar (so auch R E 13a.11 Abs. 1 Nr. 2 ErbStR 2019; ebenso die Abfindungen für den Verzicht auf einen Pflichtteilsanspruch).

Hieraus ergeben sich folgende allgemeinen Lösungsansätze für die Frage der erbschaftsteuerschädlichen Veräußerung bei § 13a Abs. 6 Nr. 1 ErbStG. Nach R E 13a.13 ErbStR 2019 liegen in folgenden Fällen, die auch dem aufgeführten Beispiel zugrunde liegen, keine steuerschädliche Veräußerung vor, wenn begünstigtes Vermögen:

- im Wege des Übergangs von Todes wegen übergeht oder
- durch Schenkung unter Lebenden weiter übertragen wird. Erfolgt jedoch die Zuwendung teilentgeltlich, gilt dies nur hinsichtlich des unentgeltlichen Teils der Zuwendung (gemischte Schenkung oder Schenkung unter Auflage, R E 13a.12 Nr. 2 S. 2 ErbStR 2019). Der entgeltliche Teil der Zuwendung stellt ungeachtet der ertragsteuerlichen Behandlung einen Verstoß gegen die Behaltensregelungen dar.
    - Auch der BFH sieht im Urteil vom 02.03.2005 (BStBl II 2005, 532) den Betrag, der nach der Aufteilungsformel bei gemischten Schenkungen als entgeltlicher Teil zu qualifizieren ist, als steuerschädliche Weiterveräußerung an. Im Urteil ging es um die Übertragung eines Kommanditanteils im Wege der vorweggenommenen Erbfolge gegen Versorgungsleistungen. Das Urteil erging zu § 13 Abs. 2a ErbStG a. F., hat aber die gleiche Bedeutung für die aktuelle Neufassung.
    - Nicht eindeutig geklärt ist die Aufnahme des D im Jahr 09, die zivilrechtlich eine Anwachsung der Anteile der Alt-G'fter S und B darstellt und – bei Zahlung an die Ex-G'fter – ertragsteuerlich weitgehend § 24 UmwStG gleichgestellt wird (s. BMF vom 25.03.1998, BStBl I 1998, 268, Tz. 24.01 ff., Tz. 24.09).[59] Während die Einbringungsfälle nach den §§ 20, 24 UmwStG – ebenso wie die Verschmelzung und die Realteilung – als nicht steuerschädlich angesehen werden (s. R E 13a.11 – 13 ErbStR 2019; wohl auch R E 13a.8 Abs. 4 und 5 ErbStR 2019), ist dies hinsichtlich der **Aufnahme** eines **Neu-G'fters** nicht geklärt. Richtigerweise kommt es hierbei auf die unternehmerische Kontinuität in der Person des Alt-G'fters S und nicht auf die Zahlungsmodalitäten des Neu-G'fters D an. Danach ist die Aufnahme eines Neu-G'fters in eine PersG mit verbleibenden »privilegierten« G'ftern (S) immer unschädlich.
- Die an sich steuerschädliche Veräußerung der einbringungsgeborenen Anteile durch das Ausscheiden des D (11) ist hier nach Ablauf der Sperrfrist erfolgt, sodass S keine Sanktion zu befürchten hat.

---

59 S. auch *Schmidt/Wacker* (2022), § 16 Rz. 563.

Der neu eingefügte Satz 2 bewirkt, dass der nach § 13a Abs. 5 S. 1 **Nr. 1, 2, 4 und 5** ErbStG eintretende Wegfall des Verschonungsabschlags bei einer schädlichen Verfügung nur zeitanteilig erfolgt. Die Verschonung bleibt somit **pro rata temporis** erhalten.

Hinweis: Für die Fälle des Verstoßes gegen die Behaltensfrist nach § 13a Abs. 5 Nr. 1, 2, 4 und 5 ErbStG a. F. ist eine großzügige salvatorische Lösung gefunden worden.

Nach der aktuellen Fassung kann die Sanktion gem. § 13a Abs. 5 S. 3 ErbStG bei einer Reinvestition vermieden werden (sog. Reinvestitionsklausel).

Als **Reinvestitionsmöglichkeiten** (als Zielobjekte) kommen in Betracht[60]:
- die Anschaffung von Betriebsteilen oder von Anlagegütern, die das veräußerte Vermögen im Hinblick auf den ursprünglichen Betriebszweck ersetzen;
- die Anschaffung von WG können in einem anderen Teilbetrieb eingesetzt werden oder betreffen WG, die einem anderen Betriebszweck dienen;
- die Anschaffung von neuen Betrieben, da eine Reinvestition ausdrücklich innerhalb der nach § 13b Abs. 1 ErbStG a. F. begünstigten Vermögensart möglich ist;
- auch die Tilgung betrieblicher Schulden oder die Erhöhung von Liquiditätsreserven fällt hierunter.

Hinweis: Besonders kompliziert ist die Schädlichkeitsdiskussion bei begünstigten **Anteilen an KapG**. Es stellt sich dort neben den altbekannten Fragen (Berechnung bei mehreren Anteilserwerben, Umwandlungsmaßnahmen als Veräußerungen?) vor allem die Frage, wie die Nichterfüllung einer Stimmrechtsvereinbarung zu beurteilen ist.

Bei **Poolvereinbarungen** liegt jedoch dann ein Verstoß gegen die Behaltensregel des § 13a Abs. 5 S. 1 Nr. 5 ErbStG a. F. vor, wenn die Mindestbeteiligung des Erblassers nur durch den Pool erreicht wurde **und** die 25 %-Quote durch die Einbringung oder durch sonstige Umwandlungsvorgänge **nicht** mehr gehalten werden kann.

3.4.8.3 Die Überentnahmeverbote[61]

Für das »klassische« BV für land- und forstwirtschaftliches sowie für freiberufliches BV, d. h. für die Einkunftsquellen der Gewinneinkünfte, fallen nach § 13a Abs. 6 Nr. 3 S. 1 ErbStG die Begünstigungen (Verschonungsabschlag und Abzugsbetrag) rückwirkend fort, wenn der Begünstigte das privilegierte Vermögen während der fünfjährigen Behaltensfrist um **mehr als 150.000 €** mindert (sog. **Überentnahmen**). Lediglich für Betriebe der L+F, die ihren Gewinn nach Durchschnittssätzen (§ 13a ErbStG a. F.) ermitteln, ist nach Ansicht der FinVerw eine Entnahmebegrenzung nicht zu prüfen (R E 13a.15 Abs. 5 ErbStR 2019). Der steuerschädliche Saldo (Gewinne + Einlagen ./. Entnahmen) wird auf den kompletten Fünfjahreszeitraum berechnet und kann folglich durch eine Einlage am Ende des Zeitraumes kompensiert werden (so auch R E 31a.8 Abs. 4 S. 1 ErbStR 2019: grds. kein Gestaltungsmissbrauch; soweit für die »letzte« Einlage ein Kredit aufgenommen wurde, darf es sich nicht um einen Betriebskredit handeln). Diese (Schluss-)Einlage ist aber aus privaten Mitteln, ggf. aus einer privaten Schuld aufzubringen. Die Finanzierung aus einer Betriebsschuld (z. B. passives Sonder-BV) steht daher einer wirksamen (heilenden) Einlage entgegen (R E 13a.15 Abs. 4 S. 2, 3 ErbStR

---

60 Hierzu *Korezkij*, DStR 2009, 2412.
61 Hierzu kritisch Schütte, DStR 2009, 2356. Vgl. auch das Beispiel in H E 13a.8 ErbStH 2011.

2019). Nicht geregelt ist jedoch, ob die Steuerbeachtlichkeit der betrieblichen Schuld auch für die vorletzte und zweitvorletzte Einlage gilt.

Für die Berechnung des Saldos gilt im Einzelnen, dass die Bewertung der einzelnen Privatkomponenten (Einlagen/Entnahmen) grds. nach einkommensteuerlichen Grundsätzen (i. d. R. Geld oder Teilwert) erfolgt (R E 13a.15 Abs. 1 S. 4 ErbStR 2019). Auch bei **Sachentnahmen** werden nach R E 13a.15 Abs. 1 S. 5 ErbStR 2019 die **ertragsteuerlichen** Werte zugrunde gelegt.

3.4.9 Umstrukturierungen im Vorfeld von Übertragungen

Nicht selten kommt es bei prognostiziertem Überschreiten der schädlichen Aufgriffsgrenzen (z. B. 90% in § 13b Abs. 2 S. 2 ErbStG) im Vorfeld zu Gestaltungen (Reduzierung der Verwaltensquote, Maßnahmen im Bereich der Betriebsaufspaltung etc.)

S. zum Ganzen *Böttcher*, ErbStG 2023, 201, »Neue Risiken bei Umstrukturierungen im Vorfeld von Unternehmensnachfolgen«.

3.4.10 § 13d ErbStG (Vergünstigung für die private Wohnwirtschaft)

Ursprünglich war als einzige Steuerverschonung für die Besteuerung des Grundvermögens ein 10%iger Bewertungsabschlag von der BMG für vermietete Wohnimmobilien vorgesehen (s. auch die Negativabgrenzung gem. R E 13d Abs. 1 ErbStR 2019).

Der Verschonungsabschlag von **10%** wurde damit begründet, dass im Immobiliensektor auch kleinere Vermögen mit geringem Risiko angelegt werden konnten. Der Verschonungsabschlag solle ein Ungleichgewicht zu den institutionellen Grundbesitzern ausgleichen, die nicht durch eine Erbschaftsteuer belastet seien sowie der Bedeutung des vermieteten Wohneigentums als Teil der privaten Altersvorsorge Rechnung tragen. Schließlich soll die Regelung die Versorgung der Gesamtbevölkerung mit bezahlbarem Wohnraum fordern.

Die Verschonungsregelung des § 13d ErbStG ist nur für bebaute Grundstücke anzuwenden. Bebaute Grundstücke sind nach § 180 Abs. 1 BewG Grundstücke, auf denen sich benutzbare Gebäude befinden. Wird ein Gebäude in Bauabschnitten errichtet, ist der fertiggestellte Teil als benutzbares Gebäude anzusehen. Nach § 180 Abs. 2 BewG ist als ein Grundstück i. S. d. § 180 Abs. 1 BewG auch anzusehen, wenn ein Gebäude auf fremdem Grund und Boden errichtet oder in sonstigen Fällen einem anderen Eigentümer als dem des Grund und Bodens zuzurechnen ist. Das gilt auch vor dem Hintergrund, dass das Gebäude wesentlicher Bestandteil des Grund und Bodens geworden ist. Für die Bewertung bebauter Grundstücke werden in § 181 Abs. 1 BewG folgende Grundstücksarten unterschieden: Ein- und Zweifamilienhäuser, Mietwohngrundstücke, Wohnungs- und Teileigentum, Geschäftsgrundstücke, gemischt genutzte Grundstücke und sonstige bebaute Grundstücke.

3.4.11 § 19a ErbStG

§ 19a ErbStG ermöglicht die Anwendung der StKl. I für jedwede Person, auf die privilegiertes Produktivvermögen i. S. d. § 13a ErbStG übergeht. Steuertechnisch geschieht dies durch einen Entlastungsbetrag nach § 19a Abs. 2 ErbStG für Erwerber der StKl. II und III. Vorher ist eine doppelte Berechnung durchzuführen, bei der die Vermögensanfälle einmal der StKl. I und sodann der StKl. II bzw. III mit dem Ziel der Ermittlung des Entlastungsbetrages unterzogen werden. Für den Fall, dass begünstigtes und nicht begünstigtes Vermögen auf den

Erwerber übergehen, bestimmen § 19a Abs. 3 und 4 ErbStG eine Aufteilung der jeweiligen Vermögensmassen. Ebenso wie bei § 13a ErbStG a. F. führen Überentnahmen und schädliche Veräußerungen innerhalb der Behaltensfrist zum Wegfall der Entlastungen.[62]

Die Wirkungsweise des § 19a ErbStG kann – wie folgt – exemplarisch erläutert werden (s. auch *Preißer* in *Preißer/Seltenreich/Königer*, ErbStG-Komm. 2022, § 19a, Rz. 6 f. – dort zum alten und zum neuen Recht).

Beispiel 11:

Zwei Geschwister: Bruder B setzt in 2013 seine Schwester S zur Alleinerbin ein und verstirbt noch im selben Jahr. Zum Nachlass gehören Produktivvermögen i. S. d. § 13a ErbStG (Steuerwert 1,1 Mio. €) und Barvermögen im Wert von 500 T€.

Lösung:

(1) Vorweg ist der Steuerwert des gesamten Vermögensanfalles nach § 10 Abs. 1 S. 2 ErbStG zu kürzen, aber nicht um die Nachlassverbindlichkeiten (bei Schenkungen nicht um abzugsfähige Schulden) und nicht um die persönlichen Freibeträge.

Begünstigtes Produktivvermögen		1.100.000 €
./. Verschonungsabschlag		./. 935.000 €
= übrig bleibender Betrag		165.000 € → 165.000 €
= 15 % des begünstigten Produktivvermögens		
./. Abzugsbetrag gem. § 13a Abs. 2 ErbStG:		
Wert des BV	165.000 €	
Abzugsbetrag	150.000 €	
übersteigender Betrag	15.000 €	
davon 50 %	7.500 €	
»Abgeschmolzener« Abzugsbetrag (150.000 € ./. 7.500 €)		./. 142.500 €
Wert des BV nach Anwendung des § 13a Abs. 2 ErbStG		22.500 €
+ übriges Vermögen		500.000 €
= gesamter Vermögensanfall		**522.500 €**

(1a) Der Anteil des begünstigten Vermögens i. H. v. 22.500 € im Verhältnis zum Gesamtsteuervermögen von 522.500 € beträgt gerundet 4,3 % (22.500 €/522.500 € (§ 19a Abs. 3 ErbStG)).

(2) Der Entlastungsbetrag beträgt 100 % des Unterschiedsbetrags zwischen der auf das begünstigte Vermögen entfallenden tariflichen Steuer nach der tatsächlichen StKl. II des Erwerbers und nach dem Steuersatz der StKl. I.

Für die Höhe des persönlichen Freibetrages kommt es auf die tatsächliche StKl. an. In Zahlen:

Gesamter Vermögensanfall	522.500 €
./. Grabpflegepauschale (§ 10 Abs. 5 Nr. 3 ErbStG)	./. 10.300 €
./. persönlicher Freibetrag (StKl. II)	./. 20.000 €
= steuerpflichtiger Erwerb	492.200 €
Dies führt zu einer Steuer nach StKl. II (25 %) von:	**123.050 €**

---

[62] § 19a Abs. 5 ErbStG i. V. m. R E 19a.3 ErbStR 2019.

(2a) Auf das begünstigte Vermögen (4,3 %) entfällt eine Steuer von 5.291 €.

(3) Die Steuer nach StKl. I (15 %) beträgt für das gesamte Vermögen 73.830 €.

(3a) Auf das begünstigte Vermögen (4,3 %) entfallen davon 3.175 €.

(4) Der Unterschiedsbetrag beträgt 2.116 € (./. 3.175 €).

(5) Die festzusetzende Steuer beträgt 120.934 €.

4 Sondervorschriften zur Steuerberechnung

4.1 Berücksichtigung früherer Erwerbe (§ 14 ErbStG)

Mehrere innerhalb von zehn Jahren von derselben Person anfallende Übergaben, z. B. eine Schenkung und ein Erwerb von Todes wegen von **derselben Zuwendungsperson**, sind nach § 14 ErbStG zusammenzurechnen. Alle Erwerbe innerhalb des Zehnjahreszeitraumes werden dabei so behandelt, als seien sie insgesamt zur Zeit des Letzterwerbs ausgeführt.

Dabei wurde mehrfach vom BFH betont, dass die Vorerwerbe und der Letzterwerb ihre **Selbständigkeit** behalten.[63] Die Zielsetzung von § 14 ErbStG erschöpft sich in der Aufgabe, die Steuer für den **letzten Erwerb** in der zutreffenden Höhe zu ermitteln. Es soll weder zu einer negativen Erbschaftsteuer (Erstattung) noch zu einer Herabsetzung für frühere Erwerbe kommen[64], so auch der BFH vom 17.10.2001 (BStBl II 2002, 52). In **verfahrensrechtlicher** Hinsicht ist noch zu ergänzen, dass für den Fall, da das FA bei mehreren Erwerben irrig und zu Unrecht von einer einheitlichen Zuwendung ausging, dies nach dem BFH-Urteil vom 20.01.2010 (BStBl II 2010, 463) nicht zur Nichtigkeit des Steuerbescheids führt (arg: keine Unbestimmtheit wie in den sonstigen Fällen einer nicht aufgegliederten Zusammenfassung).

Die Zusammenrechnung gewährleistet, dass ein Erwerber seinen persönlichen Freibetrag innerhalb von zehn Jahren nur einmal ausnutzen kann und dass sich durch die Aufspaltung in mehrere Teilerwerbe kein Progressionsvorteil ergibt. Nach BFH vom 02.03.2005 (BStBl II 2005, 728) ist aber bei der Berechnung der nach § 14 Abs. 1 S. 2 ErbStG abziehbaren fiktiven Steuer ein Freibetrag vom Wert der Vorschenkungen nur in der Höhe abzuziehen, in der ihn der Steuerbürger innerhalb von zehn Jahren vor dem letzten Erwerb tatsächlich für Erwerbe von derselben Person verbraucht hat. Dabei ist die Zehn-Jahres-Frist rückwärts zu berechnen (BFH vom 28.03.2012, NJW-RR 2012, 973); m. a. W. ist § 108 Abs. 3 AO nicht anzuwenden.

Dem Wortlaut von § 14 ErbStG lässt sich i. V. m. R E 14.1 Abs. 1 ErbStR 2019 folgende Berechnung(-sreihenfolge) entnehmen[65]:

1. Ansatz des letzten Erwerbs mit dem aktuell festgestellten Wert (ohne persönlichen Freibetrag)
2. Ermittlung des Gesamtbetrages durch Hinzurechnung des Vorerwerbs (Wert nach damaligem Recht, vgl. R E 14.1 Abs. 2 ErbStR 2019)

---

63 Nach dem Urteil des BFH vom 07.10.1998 (BStBl II 1999, 25), dem sich die Verwaltung in den H E 14.1 Abs. 1 ErbStH 2011 sowie H E 25 ErbStH 2011 angeschlossen hat, führte dies dazu, dass die Summe der Werte (vorher: geschenktes zinsloses Darlehen und später: geerbtes Vermögen) höher ist als der Wert des Gegenstandes.

64 Dies wird besonders in den Urteilen der Finanzgerichte betont (so FG München vom 03.08.2000, EFG 2001, 33; FG Niedersachsen vom 22.06.2000, EFG 2001, 452 oder FG Ba-Wü vom 11.06.1999, EFG 2000, 1141).

65 S. auch *Meincke*, DStR 2007, 273, und *ders.*, ZEV 2009, 604.

3. Von diesem Gesamtbetrag wird nunmehr (und) einmal der persönliche Freibetrag abgezogen (nach aktuellem Recht)
4. Durch Anwendung des Steuersatzes auf den Gesamterwerb (nach 3.) ergibt sich die Gesamtsteuer
5. Von der Gesamtsteuer ist die Steuer auf den Vorerwerb abzuziehen (jetzt unter Berücksichtigung der aktuellen »letzten« persönlichen Freibeträge bzw. der höheren damaligen Steuer)
6. Gesamtsteuer 4. ./. Abzugsteuer 5.
  = Festzusetzende Steuer für den Letzterwerb

Hinweis: Nach dem BFH (Urteil vom 09.07.2009, Az.: II R 55/08) ist die »tatsächlich für die in die Zusammenrechnung einbezogenen früheren Erwerbe zu entrichtende Steuer« i. S. d. § 14 Abs. 1 S. 3 ErbStG diejenige Steuer, die bei zutreffender Beurteilung der Sach- und Rechtslage für diese Erwerbe festzusetzen gewesen wäre, und nicht die dafür wirklich festgesetzte Steuer.

> **Beispiel 12: Eine Schwalbe macht noch keinen Sommer (Privatschenkung)**
> Vater schenkt seinem Sohn in 01 Bargeld i. H. v. 0,5 Mio. € und schenkt (vererbt) ihm 1 Mio. € in 02.

Für die Steuerberechnung unter dem Regime des § 14 ErbStG wird gem. § 14 Abs. 1 S. 2 ErbStG die Steuer für den Gesamterwerb berechnet, und dies auf der Grundlage des geltenden (Tarif-)Rechts im Zeitpunkt des Letzterwerbs. Hiervon wird der (fiktive) Teilsteuerbetrag abgezogen, der sich für die **früheren** Erwerbe ergibt, diesmal berechnet nach dem **letztgeltenden** Recht.[66]

Lösung:
Erwerb 02

– Berechnung des Gesamtbetrages –		
Barvermögen 02		1.000.000 €
Barvermögen 01		500.000 €
= Gesamterwerb		1.500.000 €
./. persönlicher Freibetrag	./.	400.000 €
= steuerpflichtiger Erwerb		1.100.000 €
Steuer auf den Gesamterwerb 19 %		**209.000 €**

Erwerb 01

– fiktive Abzugsteuer –		
Barvermögen 01		500.000 €
./. persönlicher Freibetrag	./.	400.000 €
= steuerpflichtiger Erwerb		100.000 €
./. abzuziehender Steuer, die nach dem im Jahr 02 geltenden Vorschriften auf den Erwerb in 01 zu erheben gewesen wäre (§ 14 Abs. 1 S. 2 ErbStG), d. h. 15 %	./.	11.000 €
Festzusetzende Steuer (in 02)		**198.000 €**

---

66 Anstelle dieser fiktiven Abzugsteuer ist eine etwaige früher tatsächlich gezahlte höhere Steuer abzuziehen.

Nachdem die Steuer in 01 tatsächlich nach dem Steuersatz von 11 % mit **11.000 €** berechnet wurde, führt die Zusammenrechnung nach § 14 ErbStG hier und in vielen Fällen wegen des Kaskadensprunges (Progression) zu einer **Nachversteuerung**.

Ein gegenläufiges Ergebnis wird erzielt, wenn etwa der Ersterwerb aufgrund fehlender persönlicher Merkmale ursprünglich höher versteuert war als dies bei dem Gesamterwerb der Fall ist.

> **Beispiel 12a: Vorschenkung unter Fremden und Zweitschenkung unter Angehörigen (Privatschenkung)**
>
> Bei der Erstschenkung in 01 im Beispiel 12 bestand zwischen S und V kein Verwandtschaftsverhältnis. Vor der Zweitschenkung in 02 adoptierte V den S.
>
> **Lösung:** An der Berechnung des Gesamterwerbs ändert sich zunächst nichts. Wegen der fehlenden verwandtschaftlichen Beziehung V – S im Jahre 01 wurde vom damaligen Schenkungsbetrag von 0,5 Mio. € nur ein Freibetrag von 20.000 € (§ 16 Abs. 1 Nr. 7 ErbStG) abgezogen und der verbleibende Erwerb von 480.000 € mit 30 % = 144.000 € besteuert.
>
> In diesem Fall wird die tatsächlich höhere Steuer des Jahres 01 von der Steuer des Gesamterwerbs (209.000 €) abgezogen, sodass eine Steuer von **65.000 €** festgesetzt wird.

Wie bereits ausgeführt, führt die Anrechnung der **höheren tatsächlichen** Steuer (s. oben BFH vom 09.07.2009, Az.: II R 55/08) für den früheren Erwerb nur zu einer Anrechnung und nie zu einer Erstattung, da nur der Letzterwerb besteuert wird.

Folgende Neuerungen brachte R E 14.1 ErbStR 2019 mit sich:

Für den Fall, dass die Steuer für den **Vorerwerb unzutreffend** festgesetzt worden ist (z. B. fehlerhafte Wertansätze), bleibt nach R E 14.1 Abs. 3 S. 8 ErbStR 2019 die Festsetzung für den Vorerwerb unverändert. Nach R E 14.1 Abs. 3 S. 9 ErbStR 2011 ist in diesem Fall als »tatsächlich zu entrichtende Abzugsteuer« diejenige Steuer zu berücksichtigen, die sich nach den tatsächlichen Verhältnissen zur Zeit der Steuerentstehung für den Vorerwerb unter Berücksichtigung der geltenden Rspr. und Verwaltungsauffassung zur Zeit der Steuerentstehung für den Letzterwerb ergeben hätte.

Hinweis: Der BFH hat im Urteil vom 28.03.2012 (ZEV 2012, 384) bei der Berechnung des Zehnjahreszeitraumes Klarheit geschaffen: Bei zwei Erwerben (erste Schenkung: 31.12.1998 und zweite Schenkung: 31.12.2008) erfolgt keine Zusammenrechnung, da vom **letzten Erwerb aus rückwärts** die Zehn-Jahres-Frist berechnet wird (zustimmend *Wachter*, ZEV 2012, 386). Dies gilt nach BFH auch dann, wenn das – rückwärts berechnete – Ende der Frist auf einen Feiertag fällt (im Beispiel oben: auf den 01.01.1999).

4.1.1 Besonderheiten der Zusammenrechnung bei Produktivvermögen

Komplizierter wird die Anwendung von § 14 ErbStG, wenn sich Produktivvermögen im Nachlass befindet.

Beispiel 12b: Der »produktive« Schenker[67]

Vater V hat im Jahr 2005 seiner Tochter BV mit einem Steuerwert von 200.000 € geschenkt. Im Jahr 2011 schenkt er ihr weiteres BV mit einem Steuerwert von 4.000.000 €. Ein Antrag nach § 13a Abs. 8 ErbStG wurde nicht gestellt.

Erwerb 2005
Betriebsvermögen		200.000 €
Freibetrag (§ 13a ErbStG)	./.	200.000 €
Verbleiben		**0 €**
Bewertungsabschlag 35 %		0 €
Steuerpflichtiges Betriebsvermögen		0 €
Persönlicher Freibetrag	./.	205.000 €
Steuerpflichtiger Erwerb		0 €
Steuer		**0 €**

Erwerb 2011
Betriebsvermögen		4.000.000 €
Verschonungsabschlag (85 %)	./.	3.400.000 €
Verbleiben		600.000 €
Abzugsbetrag	./.	0 €
Steuerpflichtiges Betriebsvermögen 2011		**600.000 €**
Abzugsbetrag		150.000 €
Verbleibender Wert (15 %)		600.000 €
Abzugsbetrag	./.	150.000 €
Unterschiedsbetrag		450.000 €
Davon 50 %	./.	225.000 €
Verbleibender Abzugsbetrag		**0 €**
Steuerpflichtiges Betriebsvermögen 2011		600.000 €
Steuerpflichtiges Betriebsvermögen 2005	+	0 €
Gesamterwerb		600.000 €
Persönlicher Freibetrag	./.	400.000 €
Steuerpflichtiger Gesamterwerb		200.000 €
Steuersatz 11 %		
Steuer auf Gesamterwerb		**22.000 €**

Fiktive Abzugsteuer 2011 auf Vorerwerb 2005
Betriebsvermögen 2005		200.000 €
Freibetrag (§ 13a ErbStG a. F.)	./.	200.000 €
Verbleiben		0 €
Persönlicher Freibetrag 2011	./.	400.000 €
Steuerpflichtiger Erwerb		0 €
Abgerundet		0 €
Fiktive Abzugsteuer auf Vorerwerb		0 €

---

67 Das Beispiel ist dem H E 14.2 Abs. 2 ErbStH 2011 entnommen. Ähnlich HE 14.1 Abs. 1 ErbStH 2019.

Anzurechnen ist die fiktive Abzugsteuer 2005 ./. 0 €
Steuer 2011 22.000 €

Mindeststeuer nach § 14 Abs. 1 S. 4 ErbStG
Steuerpflichtiges Betriebsvermögen 2011 600.000 €
Persönlicher Freibetrag ./. 400.000 €
Steuerpflichtiger Erwerb 200.000 €
Steuersatz 11 %
Mindeststeuer 22.000 €
Festzusetzende Steuer 2011 22.000 €

4.1.2 § 14 Abs. 1 S. 4 ErbStG

Mit der Neufassung ist für die zehnjährige Zusammenrechnung früherer Erwerbe eine **Mindeststeuer** eingeführt worden. Danach darf die Erbschaft-(Schenkung-)Steuer für den Letzterwerb nie unterschritten werden (so auch R E 14.3 Abs. 1 ErbStR 2019).

Neben den dogmatischen Bedenken gegen den operativen Umgang mit § 14 Abs. 1 S. 3 ErbStG soll damit vor allem drohenden Steuerausfällen aufgrund der neuen günstigeren Verschonungsregelungen vorgebeugt werden.

4.1.3 Negativerwerbe beim Vorerwerb

Nach 14 Abs. 1 S. 5 ErbStG bleiben Erwerbe, für die sich ein steuerlich negativer Wert ergibt, unberücksichtigt. Denkbar ist ein negativer Erwerb nur bei steuerfunktionellen Einheiten wie bei einem Gewerbebetrieb oder bei einem Anteil an einer PersG (z. B. bei einem Kommanditisten mit negativem Kapitalkonto).

Bei Übertragungen von belasteten Einzel-Gegenständen (Beispiel: Grundstück mit Hypothek/Grundschuld) geht die Rspr. des BFH einen anderen Weg: Nach der Teilungstheorie wird das Geschäft in einen entgeltlichen und in einen unentgeltlichen Part aufgespalten. Der Veräußerungs- (bzw. umgekehrt der Erwerbs-)Part ergibt sich aus der übernommenen Schuld, sodass bei **Einzel-WG** ein Anwendungsfall von § 14 Abs. 1 S. 5 ErbStG nahezu **ausgeschlossen** ist.

4.1.4 Die Regelung des § 14 Abs. 2 ErbStG

Eine spezielle verfahrensrechtliche Regelung soll in Abs. 2 sicherstellen, dass es keine Fristenüberschneidung gibt.

In § 14 Abs. 2 ErbStG ist eine Begrenzung vorgesehen. Hiernach darf die durch jeden weiteren Erwerb (Nacherwerb) veranlasste Steuer nicht mehr als 50 % dieses Erwerbs betragen. Damit ist die Steuer gemeint, die sich nach Abzug der anzurechnenden Steuer auf den Gesamterwerb ergibt.

Diese Regelung dürfte in der Praxis aufgrund des Härteausgleichs nach § 19 Abs. 3 ErbStG nur selten zur Anwendung kommen.

Im Auszug aus der amtlichen Begründung heißt es: »Die Zusammenrechnung mehrerer Erwerbe nach § 14 S. 1 ErbStG soll verhindern, dass mehrere Teilerwerbe gegenüber einem einheitlichen Erwerb steuerlich nicht nur durch mehrfache Ausnutzung des persönlichen Freibetrages des Erwerbers, sondern auch durch Progressionsvorteile begünstigt werden. Das Ziel der Gleichstellung der mehreren Erwerbe im Zehnjahreszeitraum mit einem einheitlichen Erwerb kann jedoch dann nicht erreicht werden, wenn der Änderung des Steuerbescheides für den jeweiligen letzten Erwerb wegen des Eintritts eines Ereignisses mit Wirkung für die Vergangenheit für einen früheren Erwerb, der Ablauf der Festsetzungsfrist für diesen entgegenstehen würde. Für dessen Änderung nach § 175 Abs. 1 S. 1 Nr. 2 AO würde nach § 175 Abs. 1 S. 2 AO die Festsetzungsfrist mit Ablauf desjenigen Kalenderjahres beginnen, in dem das zur Änderung führende Ereignis eintritt, und mit Ablauf des vierten darauffolgenden Kalenderjahres enden. Dagegen ist durch § 13a Abs. 5 und 6 ErbStG der Ablauf der Festsetzungsfrist für die Änderung oder auch den erstmaligen Erlass eines Bescheids wegen Verstoßes gegen die Lohnsummenvoraussetzungen sowie gegen die Behaltensfristen auf den Ablauf des vierten Jahres, nachdem die Finanzbehörde vom teilweisen bzw. völligen Wegfall der Befreiungsvoraussetzungen Kenntnis erlangt, hinausgeschoben. In diesem Zeitpunkt kann die durch § 175 Abs. 1 S. 2 AO eröffnete vierjährige Festsetzungsfrist schon abgelaufen sein. Es ist deshalb geboten, den Ablauf der Festsetzungsfrist auch für Änderungen des Bescheides oder der Bescheide für nachfolgende Erwerbe ebenfalls hinauszuschieben.

Da die Zusammenrechnung mehrerer Erwerbe im Zehnjahreszeitraum aber auch nicht dazu führen soll, dass mehrere Teilerwerbe im Verhältnis zu einem einheitlichen Erwerb höher belastet werden, sieht § 14 Abs. 1 S. 2 und 3 ErbStG den Abzug der fiktiven Steuer auf den Vorerwerb bzw. den Abzug der tatsächlich dafür entrichteten Steuer vor. Nach § 19a Abs. 6 ErbStG fällt der Entlastungsbetrag, der nach § 19a Abs. 1 bis 4 ErbStG zu gewähren ist, mit Wirkung für die Vergangenheit weg, soweit der Erwerber innerhalb der maßgebenden Frist gegen die Behaltensregelung des § 13a ErbStG verstößt. Da auch insoweit das Gesetz einen besonderen Ablauf der Festsetzungsfrist vorsieht, ist aus den nämlichen Erwägungen auch für die Änderung des Bescheides bzw. der Bescheide für nachfolgende Erwerbe der Ablauf der Festsetzungsfrist in gleicher Weise zu erstrecken.«

> **Beispiel:**
>
> Ein Unternehmer verschenkt in 2019 einen nach §§ 13a, und b ErbStG privilegierten Betrieb und wählt dabei die Optionsalternative (§ 13a Abs. 10 ErbStG). Ein Jahr später überträgt er Schmuck an denselben Erwerber. Der Erwerber veräußert innerhalb der Behaltensfrist im Jahre 2024 den Betrieb.
>
> **Lösung:** Beide Steuerfestsetzungen (für 2019 und für 2020) sind zu ändern:
> - 2019: Änderung der Steuerfestsetzung gem. § 13a Abs. 5 ErbStG (zumindest wegen eines möglichen Abzugsbetrages),
> - 2020: Änderung aufgrund eventueller. Korrekturen des Vorerwerbs (2019).
>
> Nach § 14 Abs. 2 ErbStG endet die Festsetzungsfrist für 2020 nicht vor Ablauf der Festsetzungsfrist für das Vorjahr (2019).

Im umgekehrten Fall (geänderter Schenkungsteuerbescheid über den Vorerwerb) sieht die h. M. keine Möglichkeit, den späteren Schenkungsteuerbescheid gem. § 175 Abs. 1 S. 1 Nr. 2 AO zu korrigieren, da § 14 Abs. 2 ErbStG nicht mit umgekehrten Vorzeichen angewandt werden kann (so FG Nürnberg vom 25.06.2015, ZEV 2015, 671 und *Geck/Messner*, ZEV 2016, 77).

4.1.5 Das Limit des § 14 Abs. 3 ErbStG

In § 14 Abs. 3 ErbStG ist eine Begrenzung vorgesehen. Hiernach darf die durch jeden weiteren Erwerb (Nacherwerb) veranlasste Steuer nicht mehr als 50% dieses Erwerbs betragen. Damit ist die Steuer gemeint, die sich nach Abzug der anzurechnenden Steuer auf den Gesamterwerb ergibt.

Diese Regelung dürfte in der Praxis aufgrund des Härteausgleichs nach § 19 Abs. 3 ErbStG nur selten zur Anwendung kommen.

4.1.6 Besonderheiten der Zusammenrechnung bei Produktivvermögen

Komplizierter wird die Anwendung von § 14 ErbStG, wenn sich Produktivvermögen im Nachlass befindet.

Hierzu ist in R E 14.2 ErbStR 2019 (s. auch das Beispiel in H E 14.2 Abs. 3 ErbStH 2019) angeordnet:

»(1) Die Zusammenrechnung mehrerer Erwerbe, bei denen für einzelne Erwerbe der Verschonungsabschlag und Abzugsbetrag nach § 13a ErbStG und die Tarifbegrenzung nach § 19a ErbStG zur Anwendung kommen, erfolgt unter Berücksichtigung der nachfolgenden Absätze.

(2) Die §§ 13a, 19a ErbStG sind bei der Ermittlung der Steuer auf den Gesamterwerb nur auf **das in die Zusammenrechnung einbezogene begünstigte Vermögen** anzuwenden, das nach dem 31.12.2008 zugewendet wurde. Ein bei einem Vorerwerb in Anspruch genommener Abzugsbetrag nach § 13a Abs. 2 ErbStG ist verbraucht (R E 13a.2). Deshalb kann ein bei dem Vorerwerb nicht vollständig ausgeschöpfter Abzugsbetrag auch im Fall der Zusammenrechnung nicht bei einem späteren Erwerb begünstigten Vermögens abgezogen werden. Vorerwerbe, für die keine Befreiung nach § 13a ErbStG zu gewähren war, können auch bei der Berechnung der Steuer für den Gesamtbetrag nicht als begünstigtes Vermögen behandelt werden.

(3) Die **Befreiung nach § 13a ErbStG** hat zur Folge, dass begünstigtes Vermögen nur in Höhe des die Befreiung übersteigenden Betrags in die Zusammenrechnung einbezogen werden kann. Die **Tarifbegrenzung** nach § 19a ErbStG wirkt sich nur aus, soweit zum Letzterwerb tarifbegünstigtes Vermögen gehört.«

Konkret bedeutet dies (s. auch *Jülicher* in *Troll/Gebel/Jülicher/Gottschalk* (2017), § 14 Rz. 40):

(1) Sofern einzelne Befreiungen zu einer **Vollbefreiung** gelangen, scheidet dieser Gegenstand für eine Zusammenrechnung aus (Beispiel: Familienheim und Optionsverschonung nach § 13a Abs. 10 ErbStG).

(2) Sofern keine Vollbefreiung erfolgt, geht der **übersteigende Betrag** in die Zusammenrechnung ein.

(3) Dabei sind die sachlichen Befreiungen erwerbsbezogen zu sehen.

4.1.7 Schenkungen außerhalb des Zehnjahreszeitraumes (Überprogression)

Finden Vorschenkungen außerhalb des Zehnjahreszeitraumes statt und liegt demnach eine über zehn Jahre hinausreichende Schenkungskette vor, können einzelne Schenkungen wegen der rückwärts gerichteten Zusammenrechnung extrem hoch besteuert werden. Man spricht in diesem Zusammenhang von einer »Überprogression«.

In einem **ersten Schritt** hat der BFH bereits am 17.11.1977 (BStBl II 1978, 220) bei überschneidenden Zehnjahreszeiträumen erkannt, dass bei der Berechnung der Abzugsteuer (d. h. beim Abzug der Steuer für den Vorerwerb in 15 beim Gesamterwerb 15/18) der (tatsächlich in 15 wegen des Vorerwerbs in 07 nicht berücksichtigte) Freibetrag neutralisiert werden müsse. Um diesen Freibetrag, der dem Erwerber für jeden Zehnjahreszeitraum zusteht, zur Wirkung kommen zu lassen, wird er »als wiederauflebender Freibetrag« hinzugerechnet.

In einem **zweiten Schritt** ordnet § 14 Abs. 1 S. 3 ErbStG seit 1996 zusätzlich an, dass im Zweifel die tatsächlich gezahlte Steuer für den Vorerwerb (hier für den Erwerb in 15) abgezogen wird (sog. »Günstigkeitsbetrachtung«). Damit ist die ursprüngliche vom BFH vorgenommene Korrektur nahezu entbehrlich geworden.

In einem **dritten Schritt** hat der BFH am 30.01.2002 (BStBl II 2002, 316) entschieden, dass der bei der Korrektur einer Überprogression nicht verbrauchte Teil eines Korrekturbetrages bei einer nachfolgenden Zuwendung berücksichtigt wird (s. auch *Viskorf*, FR 2002, 690).

Hinweis: Nach dem BFH-Urteil vom 14.01.2009, BStBl II 2009, 358 **erübrigt** sich bei einer Schenkungskette über einen Zeitraum von mehr als zehn Jahren, durch die von § 14 Abs. 1 S. 3 ErbStG eröffnete Möglichkeit des Abzugs der (höheren) tatsächlich zu Steuer für die Vorschenkung, **die Berücksichtigung eines weiteren Abzugsbetrags** zum Ausgleich einer Überprogression, weil die tatsächlich zu entrichtende Steuer für den Vorerwerb die Mehrsteuer enthält. Der Abzug der tatsächlich zu entrichtenden Steuer überwindet die Unzulänglichkeit des § 14 Abs. 1 S. 2 ErbStG und führt zum exakten Abzug der sich aufgrund eines Progressionssprungs beim Vorerwerb ergebenden Mehrsteuer.

4.2 Mehrfacher Erwerb desselben Vermögens (§ 27 ErbStG)

Anders als bei § 14 ErbStG E (**Personenidentität** von Schenker (Erblasser) und Bereichertem) ist es auch denkbar, dass **dasselbe Vermögen** innerhalb von zehn Jahren durch mehrere – familiäre – Hände »läuft«. Für diese Fälle des häufigen Eigentümerwechsels ist in § 27 ErbStG eine Herabsetzung der Erbschaftsteuer für den letzten Erwerb, allerdings nur bei Erwerb **von Todes wegen**, vorgesehen.

Mit dem Begriff der Vermögensidentität setzen sich die Verfügungen der (Noch-[68]) OFD München und (Noch-)OFD Nürnberg vom 15.06.2004 (DB 2004, 1912) anlässlich des Übergangs von Unternehmensbeteiligungen auseinander. Bei (extremer) wirtschaftlicher Betrachtungsweise gelangen die Verfügungen zu dem Schluss, dass selbst bei zwischenzeitlicher Änderung der Rechtsform die Identität auch beim Nacherwerb einer Beteiligung gewährleistet ist, wobei Wertzuwächse auszuscheiden sind. Man könnte insoweit auch den Begriff der **erbschaftsteuerlichen Surrogation** gebrauchen.

---

68 Die beiden »ehrwürdigen« bayerischen Oberfinanzdirektionen wurden im Jahre 2005 aus politischen Gründen zum Bayerischen Landesamt für Steuern zusammengelegt.

Beispiel 13: Übergabe »mutatis mutandis« – Das einzig Beständige ist der (Eigentümer-)Wechsel

V(ater) schenkt seinem 30-jährigen S(ohn) ein Aktienpaket in 01 (Wert: 1 Mio. €). S, der Witwer und auch sonst allen materiellen Werten abgeneigt ist, überträgt die Aktien, nachdem er damit nichts anzufangen weiß, im Jahr 03 wieder unentgeltlich zurück an V (Wert: 2 Mio. €).[69]

a) S überlebt das Geschenk in 01 nicht und wird zwei Tage später von V als Alleinerbe beerbt.
b) S setzt statt V seine M(utter) im Testament als Alleinerbin ein.
c) S setzt statt V/M die neunjährige adoptierte Tochter seiner verstorbenen Frau T testamentarisch als Erbin ein (S verstirbt in 01; Steuerwert: 1 Mio. €).
d) s. oben Variante c); aber der Steuerwert der Aktien beträgt beim Tod des S nunmehr 1,5 Mio. €.

Lösung (Ausgangssachverhalt – Rückschenkung):

- Die Schenkung (V/S) ist als freigebige Zuwendung in 01 nach § 7 Abs. 1 Nr. 1 ErbStG steuerpflichtig. Vom Börsenwert der Aktien (Streubesitz) ist der persönliche Freibetrag nach § 16 Abs. 1 Nr. 2 ErbStG **i. H. v. 400 T€** abzuziehen; kein § 17 Abs. 2 ErbStG; S hat 600 T€ mit 15 % zu versteuern (90.000 € Steuer).
- Für die **Rückschenkung** in 03 könnte für V (Steuerwert 2,0 Mio. €) die Befreiung nach § 13 Abs. 1 Nr. 10 ErbStG, zumindest aber die Herabsetzung nach § 27 ErbStG in Betracht kommen. Beide Bestimmungen setzen allerdings einen Rückerwerb der Aktien »von Todes wegen« voraus. Die Rückschenkung löst, wie auch der BFH im Urteil vom 16.07.1997 (BStBl II 1997, 625) festgestellt hat, weder die Befreiung nach § 13 Abs. 1 Nr. 10 ErbStG noch die Herabsetzung nach § 27 ErbStG aus.

Lösung (a) und b) = Rückerwerb der Eltern von Todes wegen):

- Im Fall des Rückerwerbs von V ändert auch die zwischenzeitliche Wertsteigerung der Aktien (R E 27 Abs. 1 S. 2 ErbStR 2019) nichts an der Steuerfreiheit des Rückerwerbs von Todes wegen nach § 13 Abs. 1 Nr. 10 ErbStG. Auf § 27 ErbStG ist nicht weiter einzugehen.
- Für den Fall, dass M die Aktien durch letztwillige Verfügung erhält, ergibt sich bei wörtlicher Auslegung ebenfalls eine Steuerbefreiung (vgl. **§ 13 ErbStG**: ... V als »Eltern«-Teil hat geschenkt und M als eine »dieser Personen«, d. h. als »Eltern«-Teil hat geerbt ...). Nach einer – zweifelhaften – Erkenntnis des RFH kommt § 13 Abs. 1 Nr. 10 ErbStG nicht zum Tragen, wenn die Schenkung von einem Elternteil (hier: V) stammt und es zu einem Erwerb von Todes wegen beim anderen Elternteil kommt.[70]

Lösung (c) = Standardfall):

- Nachdem für T eine Befreiung nach § 13 ErbStG nicht einschlägig ist, kommt nur eine Herabsetzung nach § 27 ErbStG in Betracht. Die persönlichen und sachlichen Qualifikationsmerkmale sind gegeben, da sowohl S für seinen Erwerb als auch T (als Stiefkind) für ihren Erwerb jeweils der StKl. I angehören und es sich um das identische[71] Aktienpaket handelt.
- Die Herabsetzung berechnet sich nach § 27 Abs. 1 und 3 ErbStG wie folgt:
  – Beim Erwerb durch T nach § 3 Abs. 1 Nr. 1 ErbStG wird vom Steuerwert von 1 Mio. € der persönliche Freibetrag nach § 16 Abs. 1 Nr. 2 ErbStG **i. H. v. 400 T€** und der Versorgungsfreibetrag von 41 T€ (§ 17 Abs. 2 Nr. 2 ErbStG) abgezogen; dies ergibt einen stpfl. Erwerb von 559.000 €, der bei einem Steuersatz von 15 % zunächst eine Erbschaftsteuer i. H. v. 83.850 € auslöst.
  – Nach § 27 Abs. 1 ErbStG ermäßigt sich die Steuer um 50 % (41.925 €) auf 41.925 €.

---

69 Es liegt kein Fall des § 29 Abs. 1 Nr. 1 bzw. Nr. 2 ErbStG vor.
70 RFH, StuW 1927, Nr. 602.
71 Inwieweit es sich bei § 27 ErbStG um identische – oder nur um art- und funktionsgleiche – Gegenstände handeln muss, ist im Detail umstritten; nach h. M. (vgl. *Meincke*, ErbStG-Kommentar, § 27 Rz. 5) genügt auch hier der Surrogationsgedanke (vergleichbar BFH vom 22.06.1994, BStBl II 1994, 656 zu § 13 Abs. 1 Nr. 10 ErbStG).

- Nach § 27 Abs. 3 ErbStG ist vergleichend als maximaler Ermäßigungsbetrag der identische (50) %-Satz auf die Steuer des Ersterwerbs (90.000 € = 45.000 €) zu ermitteln und ggf. anzusetzen. Nachdem die erste Berechnung nach § 27 Abs. 1 ErbStG zu einem niedrigeren Ermäßigungsbetrag führt, kommt es nicht zu einer Reduzierung des Ermäßigungsbetrages nach Abs. 3: T hat für den Erwerb der Aktien (1 Mio. € Steuerwert) 41.925 € Erbschaftsteuer zu zahlen.

Lösung (d)):
R E 27 Abs. 1 S. 2 ErbStR 2019 bringen unmissverständlich zum Ausdruck, dass bei § 27 ErbStG zwischenzeitliche Wertsteigerungen zwischen dem ersten und dem folgenden Erwerbsfall unberücksichtigt bleiben. Damit kommt die identische Lösung wie bei Variante (3) zum Tragen, soweit davon der Ermäßigungsbetrag betroffen ist. Die Steuer selbst erhöht sich wegen des höheren Werts des Erwerbs.

Für den Fall, dass zu dem nach § 27 ErbStG »umschlagshäufigen« Nachlassvermögen noch sonstiges »ruhendes« Nachlassvermögen hinzutritt, sieht § 27 Abs. 2 ErbStG eine Aufteilung des Gesamterwerbs vor.

4.3 Der sog. Härteausgleich nach § 19 Abs. 3 ErbStG

Einen reinen Tarifzweck verfolgt die Anordnung von § 19 Abs. 3 ErbStG, wenn der Eintritt in eine höhere Tarifstufe nach § 19 Abs. 1 ErbStG (der sog. Kaskadensprung) dazu führt, dass die Vermögensmehrung jenseits der Tarifschwelle, also das »Delta Mehrvermögen« nicht ausreicht, um die höhere Steuer zu decken. Aus diesem tariflichen Grund wird in einer sehr technischen Anordnung die anfallende Steuer bis zu einem bestimmten Grenzwert nicht erhoben. Bei der Berechnung ist nur der **genaue Wortlaut** zu befolgen. Die neuen »Grenzwerte« sind in H E 19 ErbStH 2019 abgedruckt und sehen wie folgt aus:

Wertgrenze gem. § 19 Abs. 1 ErbStG in €	Härteausgleich gem. § 19 Abs. 3 ErbStG bei Überschreiten der letztvorhergehenden Wertgrenze bis einschließlich …. € in Steuerklasse		
	I	II	III
75.000	–	–	–
300.000	82.600	87.400	–
600.000	334.200	359.900	–
6.000.000	677.400	749.900	–
13.000.000	6.888.800	6.749.900	10.799.900
26.000.000	15.260.800	14.857.100	–
über 26.000.000	29.899.900	28.437.400	–

Beispiel 14: Das böse Erwachen

Unternehmer U hat seinen Großneffen G (StKl. III) zum Alleinerben eingesetzt. Zum Nachlass gehört ein Gewerbebetrieb (Steuerwert 800.000 €) und ein Anteil von 30 % an der A-GmbH (Steuerwert 400.000 €). Die Betriebe verfügen über Verwaltungsvermögen von weniger als 50 % des gemeinen Werts. Ein Antrag nach § 13a Abs. 8 ErbStG wurde nicht gestellt.

Zum Nachlass gehört Kapitalvermögen mit einem Wert von 750.000 €. Der im Zusammenhang mit der Anschaffung der GmbH-Anteile aufgenommene Kredit valutiert noch i. H. v. 200.000 €.

Für G ergibt sich folgende Steuerberechnung:

Betriebsvermögen (begünstigt)	800.000 €
GmbH-Anteil (begünstigt)	400.000 €
begünstigtes Vermögen	1.200.000 €
Verschonungsabschlag (85 %)	./. 1.020.000 €
Verbleiben	180 000 €
Abzugsbetrag	./. 135 000 €
Steuerpflichtiges Unternehmensvermögen	**45.000 €**
Abzugsbetrag	150.000 €
Verbleibender Wert (15 %)	180.000 €
Abzugsbetrag	./. 150.000 €
Unterschiedsbetrag	30.000 €
Davon 50 %	./. 15.000 €
Verbleibender Abzugsbetrag	**135.000 €**
Kapitalvermögen	+ 750.000 €
Gesamter Vermögensanfall	795.000 €
Schuld aus der GmbH-Beteiligung	200.000 €
Kürzung nach § 10 Abs. 6 ErbStG	
Abziehbare Schuld	
200.000 € x 45.000 € : 1.200.000 € =	./. 7.500 €
Vermögensanfall nach Abzug der Schulden (§ 19a Abs. 3 ErbStG)	787.500 €
Erbfallkostenpauschale	10.300 €
Persönlicher Freibetrag	./. 20.000 €
Steuerpflichtiger Erwerb	**757.200 €**

Anteil des tarifbegünstigten Vermögens:
(45.000 € ./. 7.500 €) : 787.500 € = 4,77 %

Steuer nach StKl. III (30 %) 227.160 €	
Auf begünstigtes Vermögen entfällt	
227 160 € x 4,77 % =	10.836 €
Steuer nach StKl. I (19 %) = 143.868 €	
Auf begünstigtes Vermögen entfällt	
143.868 € x 4,77 %	./. 6.862 €
Unterschiedsbetrag	3.974 €
Festzusetzende Steuer	**223.186 €**

5 Das Erbschaft- und Schenkungsteuerschuldrecht

Als zentrale verfahrensrechtliche Fragen zur Erbschaftsteuer werden die Stellung des Steuerschuldners und der Steuerzeitpunkt sowie das Erlöschen der Steuerschuld näher beleuchtet.

5.1 Die Frage nach dem Steuerschuldner

Von zentraler Bedeutung ist die Festlegung des **Steuerschuldners** bei der Schenkungsteuer, die von der Erbschaftsteuer abweicht. Die Steuerfestsetzung ist für die Erbschaft- und Schenkungsteuer grds. in §§ 155 ff. AO geregelt. Danach erfolgt die Festsetzung durch einen Steuerbescheid. Für das Erhebungsverfahren gelten – wie allgemein – §§ 218 ff. AO. Auf die Besonderheiten der §§ 20 ff. ErbStG wird nachfolgend eingegangen.

5.1.1 Schuldner der Schenkungsteuer

Überraschenderweise gibt es bei der Schenkung zwei Steuerschuldner.

> **Beispiel 15: Die Kate für die Freundin**
>
> W schenkt eine Kate in Schleswig-Holstein (Steuerwert 360 T€), die mit 100 T€ valutierter Grundschuld belastet ist, der Freundin F. Muss W ggf. die darauf entfallende Steuer bezahlen?

Nach § 20 Abs. 1 ErbStG sind beide Erwerbsbeteiligte, Schenker und Beschenkter, Schuldner der Schenkungsteuer. Nach § 44 AO sind W und F **Gesamtschuldner**, an die sich einzeln das FA jeweils in voller Höhe der festgestellten Steuerschuld wenden kann.[72]

> **Lösung:**
>
> Schenkt W seiner Freundin die Kate, so schuldet er neben der Beschenkten nach § 44 Abs. 1 S. 2 AO die Schenkungsteuer in voller Höhe, hier 72.000 € [30% von 240.000 € (260 T€[73] ./. 20.000 € Freibetrag)]. Bei der **Auswahlermessensentscheidung** zwischen W und F nach § 5 AO hat das FA aber zu berücksichtigen, dass ohne eine weitere vorliegende Vereinbarung der Beschenkte (F) immer primär in Anspruch genommen wird. Anderenfalls (W wird als Erstschuldner belangt) hat W einen Regressanspruch nach § 426 Abs. 1 BGB gegen F i. H. d. hälftigen Steuer.

In einem besonders gelagerten Fall (Schenker hat die Steuer im Innenverhältnis zum Beschenkten übernommen) entschied der BFH (Urteil vom 01.07.2008, BStBl II 2008, 897), dass die Inanspruchnahme des Beschenkten zu ihrer Wirksamkeit einer besonderen Begründung bedürfe (§ 126 AO).

Hinweis: Die »offene« Norm des § 20 Abs. 1 ErbStG im Schenkungsfall (mögliche Inanspruchnahme des Schenkers als Gesamtschuldner) hat im Gesetzgebungsverfahren zur Erbschaftsteuerreform (2009) eine große Rolle gespielt. Man hat sich im Vorfeld darauf verständigt (vgl. Begründung zu BT-Drs. 16/7918 und 16/8547, 8), dass das Auswahlermessen des FA nach § 20 Abs. 1 ErbStG – konform mit dem BFH (Urteil vom 26.10.2006, BFH/NV 2007, 852) – fehlerfrei zu gebrauchen ist. Dies führt in nahezu allen Fällen zu einer vorgezogenen (meist ausschließlichen) Inanspruchnahme des Beschenkten; außerdem könne (soll) der Schenker nicht für Fehlverhalten des Schenkers einstehen müssen (s. auch OLG Saarbrücken vom 05.04.2017, DStR 2017, 2295).

---

72 Das FA darf aber nur einmal wegen des festgesetzten Betrages vollstrecken. §§ 268 ff. AO sind allerdings nicht einschlägig.

73 Die Schenkung einer Immobilie gegen Übernahme einer Grundbelastung (Hypothek oder Grundschuld) wird wie eine »gemischte Schenkung« behandelt. Auf gemischte Schenkungen bei Immobilienvermögen ist, wie bereits ausgeführt, die Saldotheorie anzuwenden (R E 7.4 ErbStR 2019). Danach ist zur Ermittlung der Bereicherung die mit 100 T€ valutierte Grundschuld vom steuerlichen Grundbesitzwert (360 T€) abzuziehen, womit sich eine Bereicherung der F i. H. v. 260 T€ ergibt.

Aufgrund der Kritik an § 20 Abs. 1 ErbStG ist auch das Urteil des BFH vom 29.02.2012 (ZEV 2012, 341) nachvollziehbar, wonach nach vorheriger Entrichtung der Steuer durch den Beschenkten eine Festsetzung der Steuer gegenüber dem Schenker nicht mehr zulässig ist. Dies gilt auch, wenn die ursprünglich vom Beschenkten bezahlte Steuer wieder erstattet wurde.

5.1.2 Schuldner der Erbschaftsteuer

Naturgemäß ist die Schuldnerfrage bei der Erbschaftsteuer anders als bei der Schenkungsteuer gelöst.

> **Beispiel 16: Das war's**
>
> Die Kinder T (22 Jahre) und S (24 Jahre) erben alleine den Nachlass, der aus dem Geldvermögen (2,5 Mio. €) besteht.

Beim Erwerb von Todes wegen sind die Personen, die gem. § 3 Abs. 1 ErbStG stpfl. sind (Alleinerbe, Miterben, Vermächtnisnehmer, Pflichtteilsberechtigte etc.), nach § 20 Abs. 1 ErbStG auch die Steuerschuldner. Darüber hinaus ordnet § 20 Abs. 3 ErbStG – konform mit § 2042 BGB und § 45 Abs. 2 AO – die Haftung des ungeteilten Nachlasses für den Fall an, dass die Erben zahlungsunfähig bzw. -unwillig sind.[74]

Nach einer weiteren Haftungsbestimmung (§ 20 Abs. 5 ErbStG) wird der Letzterwerber im Falle der **Weiterschenkung** zum Haftungsschuldner erklärt, wenn der Ersterwerber die Steuer nicht bezahlt hat. Häufig macht die FinVerw schließlich von der Haftungsregelung nach § 20 Abs. 6 und 7 ErbStG Gebrauch, wenn die sog. Gewahrsamsinhaber[75] (wie Versicherungen oder Banken) Nachlassbestandteile (wie z. B. Lebensversicherungssummen) mit Beträgen über 600 € in das Ausland auskehren, ohne dass vorher die Erbschaftsteuer entrichtet wurde bzw. die fällige Summe sichergestellt wurde.

Auch auf das Verhältnis von Haftungsschuldner und Steuerschuldner wird das Recht der **Gesamtschuld**, d. h. der ungleichartigen Gesamtschuld nach § 44 AO, angewandt.[76] In deutlich abgestufter rechtlicher Qualität hat der Testamentsvollstrecker nach § 32 Abs. 1 ErbStG nur für die Bezahlung der Erbschaftsteuer durch den Erben zu sorgen. Während folglich die in § 20 ErbStG benannten Haftungsschuldner echte Steuerschuldner i. S. d. § 43 AO sind, ist der Testamentsvollstrecker oder Nachlassverwalter allenfalls StPfl. i. S. d. § 33 AO.[77]

---

74 Auf die akademische Frage, ob die Erbschaftsteuerschuld eine Nachlassverbindlichkeit ist (dafür BFH vom 11.08.1998, BStBl II 1998, 705 und dagegen *Palandt/Edenhofer*, § 1967 Rz. 6), muss nicht weiter eingegangen werden.
75 Das Funktionieren der Bestimmung (d. h. den gleichmäßigen Verwaltungsvollzug) garantiert § 33 ErbStG, wonach die sog. »Gewahrsamsinhaber« binnen einem Monat nach dem Todesfall dem FA eine schriftliche Anzeige zu erstatten haben (s. Kap. 5.2.1).
76 Einzelheiten dazu s. Teil A Kap. III.
77 S. im Einzelnen *Meincke*, ErbStG, § 32 Rz. 11 f.

Lösung:

Das Geldvermögen von 2,5 Mio. € wird der Miterbengemeinschaft S und T als Bereicherung zugewiesen und sodann auf die Einzelerben aufgeteilt (je 1,25 Mio. €). Vom stpfl. Erwerb für S und T wird zunächst die anteilige Grabpflegepauschale i. H. v. 5.150 € gem. § 10 Abs. 5 Nr. 3 ErbStG abgezogen. Für die Ermittlung des stpfl. Erwerbs eines jeden einzelnen Miterben wird anschließend der persönliche Freibetrag von 400 T€ (§ 16 Abs. 1 Nr. 2 ErbStG) und sodann nach § 17 Abs. 2 Nr. 5 ErbStG der Versorgungsfreibetrag i. H. v. 10.300 € abgezogen. Die Steuer beträgt bei einer steuerrelevanten Bereicherung von 834.550 € und einem Steuersatz von 19 % für S und T jeweils 158.565 €.

Diese Steuerschuld ist von beiden Miterben jeweils getrennt zu tragen. Bis zur Auseinandersetzung der Miterbengemeinschaft haftet der ungeteilte Nachlass für die Erbschaftsteuerschuld der Miterben S und T (§ 20 Abs. 3 ErbStG). Andere Haftungstatbestände sind nicht einschlägig.[78]

Die Regelung zur Steuerschuld mehrerer Erben als Partner der Miterbengemeinschaft verdeutlicht einmal mehr die Schwierigkeiten bei der Umsetzung dieser Gesamthandsgemeinschaft in die Strukturen des Erbschaftsteuerrechts. Materiellrechtlich werden die Nachlassgegenstände mit dem Erbfall gem. § 39 Abs. 2 Nr. 2 AO auf die einzelnen Erben aufgeteilt, obwohl nach §§ 1922, 2032 ff. BGB die Miterbengemeinschaft dinglicher Rechtsnachfolger des Erblassers geworden ist. Bis zur Auseinandersetzung (§ 2042 BGB) schützt sodann der ungeteilte Nachlass als Haftungsmasse die Gläubigerinteressen (§ 20 Abs. 3 ErbStG). Nach der Auseinandersetzung gibt es keine steuerschuldrechtliche Verbindung der Erbschaftsteuerschulden der einzelnen Miterben. Vor allem sind sie – nach der Trennung – keine Gesamtschuldner i. S. d. § 44 AO.

5.2 Der Besteuerungszeitpunkt (Voraussetzungen und Folgen)

Die Frage nach dem Zeitpunkt der Schenkung- und Erbschaftsteuerbelastung kann in zweierlei Richtungen gestellt werden:
1. unter dem Aspekt der Verjährung und vorweg unter dem Gesichtspunkt des (möglicherweise) fehlenden Verwaltungsvollzugs (»Geheimhaltung« der Schenkung, Erbschaft?),
2. unter dem Gesichtspunkt der festgesetzten, aber stornierten Steuerschuld.

Die folgenden Ausführungen gelten für beide Steuern zugleich.

5.2.1 Das Ermittlungs- und Festsetzungsverfahren bei der Erbschaftsteuer

Wegen der umfangreichen Anzeigepflichten der betroffenen Personen nach § 30 Abs. 1 und 2 ErbStG[79] und vor allem wegen der externen Anzeigepflichten amtlicher Stellen nach §§ 33 f.

---

78 Die Erben haben allerdings mehrere Möglichkeiten, die Haftung für Nachlassverbindlichkeiten zu beschränken: Zu unterscheiden sind die Beschränkungen gegenüber einzelnen Gläubigern (z. B. gerichtliches Aufgebotsverfahren nach §§ 1970 ff. BGB oder die Verschweigung nach § 1974 Abs. 1 BGB) und die Beschränkungen gegenüber allen Gläubigern. Dazu zählen neben der Dürftigkeit des Nachlasses (§ 1990 f. BGB – ohne Prozessverfahren) die Verfahrenshandlungen der Nachlassverwaltung (§ 1975 BGB) und der Nachlassinsolvenz (§§ 313 ff. InsO i. V. m. § 1980 BGB).

79 Nach § 30 Abs. 2 ErbStG ist neben dem Erwerber auch der Schenker innerhalb von drei Monaten anzeigepflichtig. Unter den Voraussetzungen des § 30 Abs. 3 ErbStG entfällt im Hinblick auf § 34 ErbStG diese Anzeigepflicht.

ErbStG[80] ist ein engmaschiger Ermittlungsrahmen gezogen, der hinsichtlich des **registrierten Inlandsvermögens** kaum Ausnahmen von der Erfassung zulässt. Die übliche Kritik am steuerlichen Ermittlungsverfahren, die zu dem verfassungsrechtlichen Monitum des fehlenden oder ungleichmäßigen Verwaltungsvollzugs führt, stellt sich hier nicht.

Darüber hinaus perfektioniert die FinVerw den Untersuchungsgrundsatz (§ 85 AO) für den Anwendungsbereich des ErbStG durch ein umfangreiches Kontrollsystem. Nach dem Erlass der obersten Finanzbehörden der Länder vom 21.09.2001 (BStBl I 2001, 665) werden Kontrollmitteilungen (KM) für die Steuerakten des Erblassers[81] gefertigt, wenn der Reinwert des Nachlasses größer als 250 T€ ist oder wenn das Kapitalvermögen mehr als 50 T€ beträgt.

Andererseits werden KM für die Steuerakten des Erwerbers angefertigt, wenn der Bruttowert seines Erwerbs mehr als 250 T€ beträgt oder wenn eine Schenkung (bzw. ein Nachlasserwerb) von Kapitalvermögen über 50 T€ vorliegt.

Der Erlass eines Erbschaft- oder Schenkungsteuerbescheides (Festsetzungsverfahren) schließlich ist nur innerhalb der vierjährigen Festsetzungsverjährung (§ 169 Abs. 2 Nr. 2 AO) möglich, wobei nach § 170 Abs. 5 AO (Anlaufhemmung) die Vier-Jahres-Frist frühestens zum 01.01. des Folgejahres beginnt.[82] Dem Steuerbescheid schließlich geht eine Erklärung der Beteiligten voraus (§ 31 ErbStG). Für den häufigen Fall der Miterbengemeinschaft erlaubt § 31 Abs. 4 ErbStG die Abgabe einer gemeinsamen Steuererklärung. Als sog. Parteien kraft Amtes haben im Erbfall ggf. vorhandene Testamentsvollstrecker (oder Nachlassverwalter) die Erbschaftsteuererklärung abzugeben. Konform mit dieser Obliegenheitspflicht ist hier – entgegen § 122 AO – der Steuerbescheid dem Testamentsvollstrecker bekannt zu geben.

5.2.2 Die Stundung

Gem. § 28 Abs. 1 ErbStG hat der Erwerber von begünstigtem Vermögen einen Rechtsanspruch auf Stundung der Steuer bis zu sieben Jahren, wenn dies für den Erhalt des Betriebes notwendig ist. Die Stundung erfolgt bei Erwerben von Todes wegen zinslos und bei Schenkungen unter Lebenden zinspflichtig (R E 28 Abs. 6 ErbStR 2011).

---

80 Bei **Erwerb von Todes wegen** ergeben sich für folgende Personen bzw. Institutionen Anzeigepflichten:
- Vermögensverwahrer und -verwalter sowie Versicherungsunternehmen nach § 33 ErbStG ab einem Betrag von 1.200 € (§§ 1 – 3 ErbStDV);
- Standesämter nach § 34 i. V. m. §§ 4 f. ErbStDV;
- Auslandsstellen bei Auslandssterbefälle nach § 34 ErbStG i. V. m. § 9 ErbStDV;
- Gericht und Notare nach § 34 ErbStG i. V. m. §§ 6 – 8 ErbStDV.
Keine Anzeigepflicht für überbetriebliche Unterstützungskassen und Pensionsfonds (FinMin Ba-Wü vom 27.06.2003, Az.: S 3841/4, DB 2003, 2096; OFD München vom 20.01.2003, Az.: S 3841 – 13 St 353, DB 2003, 637).
Außerdem keine Anzeigepflicht der Versicherungsunternehmen bei Leistungen aus der Restschuldversicherung im Fall der Arbeitsunfähigkeit (OFD München vom 27.01.2003, Az.: S 3844 – St 353, DB 2003, 637; FinMin Ba-Wü vom 27.06.2003, Az.: S 3844/27, DB 2003, 2096).
Hingegen Anzeigepflicht nach § 33 ErbStG bei Verträgen zugunsten Dritter (OFD Hannover vom 07.03.2003, Az.: S 3844 – 45 –StO 241, DStR 2003, 979).
Bei **Schenkungen/Zuwendungen unter Lebenden:** Gerichte, Notare, Urkundspersonen und die Genehmigungsbehörden.
81 Zur örtlichen Zuständigkeit der jeweiligen FÄ vgl. § 35 ErbStG.
82 Dabei wird jeweils auf die Kenntnis des Erwerbs abgestellt. Hervorzuheben ist für die Schenkungsteuer, dass insoweit auf die Kenntnis des FA von der vollzogenen Schenkung abgestellt wird oder die Vier-Jahres-Frist frühestens zum 01.01. des Jahres zu laufen beginnt, da der Schenker verstorben ist (!) (§ 170 Abs. 5 Nr. 2 AO). Auf diese Weise bleibt die Realisation der Steuerforderung sehr (zu?) lange erhalten.

Der neu eingefügte 3. Absatz von § 28 ErbStG schafft die Möglichkeit, auf Antrag die Steuer bis zu zehn Jahre zu stunden, wenn zum Erwerb gem. § 13d Abs. 3 ErbStG zu Wohnzwecken vermietete bebaute Grundstücke gehören, soweit die Steuer nur durch Verkauf des Grundstücks erbracht werden könnte. Dies gilt entsprechend, wenn der Erwerber das Grundstück zu eigenen Wohnzwecken nutzt.[83]

Nach dem JStG 2024 soll die Stundung nach § 28 ErbStG in den Fällen des § 13 Abs. 1 Nr. 4c ErbStG (Praxisfall: Vermietung der Immobilie nach Erwerb vom Erblasser/Schenker) auf sämtliche Fälle erweitert werden, in denen Immobilien zu Wohnzwecken genutzt werden.

5.3 Erlöschen der Steuerschuld

Neben den Erlöschensgründen des § 47 AO gibt es in § 29 ErbStG spezialgesetzliche Vorschriften über die **Rückabwicklung** früher erfasster Steuerfälle nach dem ErbStG. Durch die Extunc-Regelung (»Erlöschen für die Vergangenheit«; Beispiele: Anfechtung, Ungerechtfertigte Bereicherung i. S. d. § 812 BGB oder Wegfall der Geschäftsgrundlage i. S. d. § 313 BGB) führen bereits bezahlte Schenkung- und Erbschaftsteuerschulden zu einem Erstattungsanspruch.

Im Einzelnen handelt es sich in den beiden ersten Fällen (§ 29 Abs. 1 Nr. 1 und Nr. 2 ErbStG) um Anwendungsfälle eines unbilligen Steuereinzugs, wenn das Geschenk wieder herausgegeben werden musste oder wenn die Herausgabe abgewendet wurde. § 29 Abs. 1 Nr. 3 ErbStG erweitert den Anwendungsbereich auf die Anrechnung von unentgeltlichen Zuwendungen auf den Zugewinnausgleich.

Durch das Kultur- und StiftungsförderungsG 1990 (BGBl I 1990, 2775; ergänzt durch das Gesetz zur weiteren steuerlichen Förderung von Stiftungen vom 14.07.2000, BGBl I 2000, 1034) ist nachträglich Nr. 4 eingeführt worden. Danach ist mit einer großzügigen Geste angeordnet, dass die ErbSt nachträglich erlischt, wenn die anlässlich des Erwerbs von Todes wegen erhaltenen Nachlassgegenstände binnen 24 Monaten einer inländischen Gebietskörperschaft zugewendet werden oder – und dies ist viel naheliegender – in bestimmte **gemeinnützige inländische Stiftungen** eingebracht werden. Auf diese Weise schafft der Gesetzgeber einen Anreiz für die **Erben (!)**, übertragenes Vermögen gemeinnützigen Aufgaben zuzuführen, wenn dies der Erblasser versäumt haben sollte oder dies den altruistischen Zielen der Erben entspricht.

§ 29 Abs. 2 ErbStG stellt klar, dass die o. g. Erlöschens- (und ggf. Erstattungs-)Regeln dann nicht greifen, wenn der Beschenkte zwischenzeitlich aus dem übergegangen Vermögen Nutzungen gezogen hat. Insoweit ist der Empfänger – nach wie vor – bereichert.

---

[83] Hierzu *Höne*, ZEV 2010, 565.

Stichwortverzeichnis

A

Abfindungen
- erbrechtliche ~ 726

Abfindungsanspruch 696
Abgabefrist 147
Abgebrochene Werklieferungen
- als Leistungsaustausch 444

Abhilfebescheid 257
Abkömmlinge 665
Ablaufhemmung 166
Abrechnungsbescheid 180
Abschnittsbesteuerung 56
Abstandszahlung 738
Abweichende Steuerfestsetzung aus Billigkeitsgründen 160
Adressat 109
Akteneinsicht 139
Amtsermittlungspflicht 135
Amtsträger 58
Änderung
- der Verwendungsverhältnisse 617
- schlichte ~ 210

Änderung der Bemessungsgrundlage
- Nichtausführung der Leistung 502
- Rückgängigmachung einer Lieferung 503
- Umsatzsteuer 498
- Uneinbringlichkeit 501
- Vertragsstrafe 444
- Verzug 444
- wegen Uneinbringlichkeit 499

Änderung der Verwendungsverhältnisse
- Vorsteuerabzug 573

Änderungssperre 315
Anhörungsrüge 274
Anlaufhemmung 163
Anordnungsanspruch 293
Anordnungsgrund 293
Anrechnung der ausländischen ErbSt 749
Anzahlungen
- Vorsteuerabzug 609

Arbeitnehmer
- Umsatzsteuer 447

Arbeitnehmer-Sammelbeförderungen
- Umsatzsteuer 532

Arrest
- Arrestanspruch 309
- Arrestgrund 309
- Arrestverfahren 308
- dinglicher ~ 309
- persönlicher ~ 309

Arrestatorium 303
AStBV (Anweisungen für das Straf- und Bußgeldverfahren (Steuer)) 329
Aufhebung der Vollziehung 282
Auflage 675
- als Alternative zum Vermächtnis 676
- Duldungsauflage 716
- Leistungsauflage 716
- Nutzungsauflage 716

Aufmerksamkeiten
- Umsatzsteuer 524

Aufrechnung 183
Aufteilung einer Gesamtschuld 313
Auftragsprüfung 318
Aufzehrmethode 735
Ausfuhrlieferung
- Bestimmungslandprinzip 544
- Lohnveredelung an Gegenständen der ~ 548
- Sonstige Leistungen 547
- Umsatzsteuer 544
- Vorsteuerabzug 544
- Zweck der Steuerbefreiung 544

Auskunftsverweigerungsrecht 141
Auslagenersatz
- Umsatzsteuer 481

Ausland
- Umsatzsteuer 451

Auslegung 210
Auslegungsmethoden 52
Ausschlagung 687
- gegen Entgelt 689

Ausschlussfrist 253
Ausschlussumsätze
- Vorsteuerabzug 596

Außenprüfung
- Änderungssperre 222
Aussetzung der Steuerfestsetzung 158
Aussetzung der Vollziehung 281
- ernstliche Zweifel 285
- Folgeaussetzung 282
- im finanzgerichtlichen Verfahren 290
- Sicherheitsleistung 287
- Umfang 284
- unbillige Härte 286

B
Bagatellgrenze 343
Bankgeheimnis 141
Bauleistungen
- Leistungsempfänger als Steuerschuldner 513
Bebaute Grundstücke
- Grundstücksarten 762
- Öffnungsklausel 764
Bedarfsbewertung 761
Beendigung der Steuerhinterziehung 341
Beförderungsleistung
- Vorsteuerabzug bei unfreier Versendung 578
Beförderungsleistungen
- grenzüberschreitende ~ 549
Begründung 119
Behaltensregelung 805
Behindertentestament 682
Beistand 65
Bekanntgabe
- bei einheitlichen Feststellungen 116
- förmliche ~ 116
Bekanntgabeadressat 109
Bekanntgabearten 111
Bekanntgabeerlass 112
Belegenheitsort
- Sonstige Leistungen 418
Bemessungsgrundlage
- Änderung der 498
- Auslagenersatz 481
- Differenzbesteuerung 487
- durchlaufende Posten 481
- Einfuhr 543
- Entgelt von dritter Seite 482
- erhöhtes Beförderungsentgelt 476
- Firmenwagenüberlassung 447, 487
- Grundsätze der Entgeltbestimmung 475

- Mindest-BMG 485
- Preisnachlass in einer Lieferkette 499
- Rückgängigmachung einer Lieferung 503
- Tausch 484
- Umsatzsteuer 475
- Uneinbringlichkeit der Forderung 501
- Verzugszinsen und Mahnkosten 476
- Zuschüsse 482
- zuzurechnender Aufwand des Leistungsempfängers 475
Beratungsleistung
- Umsatzsteuer 431
Bereicherung 644
- Wille zur ~ 710, 714
Bereicherungssteuer 646
Berichtigung
- materieller Fehler 236
- von VA allgemein 192
Berichtigungspflicht 150
Berliner Testament 677
- Erbschaftsteuer 679
- Folgefragen 680
Beschwerde 279
Besorgungsleistung 405
Bestandskraft
- formelle ~ 191
- materielle ~ 191
Bestattungskosten 699
Besteuerungsgrundsatz 134
Besteuerungsmethoden
- bei privater Pkw-Nutzung 530
Besteuerungsprinzipien
- bei grenzüberschreitenden Warenbewegungen 539
Besteuerungsverfahren
- Anzahlungen 497
- Leistungsempfänger als Steuerschuldner 507
- Umsatzsteuer 434, 633
- vereinbarte Entgelte 495
- vereinnahmte Entgelte 495, 498
- Voranmeldung 633
Bestimmtheit einer VA 118
Bestimmungslandprinzip
- als Besteuerungsprinzip bei grenzüberschreitenden Warenbewegungen 540
- als Gebot für Wettbewerbsneutralität 459
- bei Ausfuhrlieferungen 544
- bei sonstigen Leistungen 417

Betagung 680
Beteiligung an PersG 692, 728
- An-/Abwachsung 729
- Vererbung 692, 694
Betriebsfinanzamt 127
Betriebsnahe Veranlagung 315
Betriebsprüfung 315
Betriebsstätte 60
Betriebsvermögen 773
- Betriebsvermögenswert – ErbStRG 694
Betriebsvorrichtungen 762
Beugemittel 306
Bevollmächtigte 65
Beweisantrag 272
Beweislast 140
Beweislastgrundregel 140
Beweismittel 139
Beweisnähe 136
Bewertung 758
- Inlandsvermögen 748
Bewertungsstichtag 694, 761, 781
Bewirtung 598
Blankettnorm 331
Briefkastenfirma 137
Bruchteilsgemeinschaften
- Unternehmer 371
- Vorsteuerabzug 576
Buchführungspflicht
- derivative ~ 144
- originäre ~ 144
Buchwertschenkung 729
Bundesauftragsverwaltung 125

C
Coronapandemie 147
Cross-Border-Leasing
- Umsatzsteuer 400

D
Daimler-Chrysler-Aktien 749
DBA-Fragen bei der ErbSt 751
Devolutiveffekt 274
Dienstleistungskommission
- Umsatzsteuer 493
Differenzbesteuerung
- im Binnenmarkt 490
- Kunsthändler 491
- Umsatzsteuer 487
- Verzicht auf 489

Drittland
- Umsatzsteuer 451
Drittschuldnererklärung 304
Drittwiderspruchsklage 312
Drittwirkung 99
Duldungspflicht 97
Durchfuhr 552
Durchlaufender Posten
- Umsatzsteuer 481

E
Ehegattenschenkung 723
Ehegattentestament 677
- Widerruf 678
Eidesstattliche Versicherung 305
Eigentumsvorbehalt
- Lieferung 396
Einfuhr aus dem Drittland
- Bemessungsgrundlage 543
- spezielle Steuerbefreiungen 543
- Umsatzsteuer 540
Einfuhrumsatzsteuer
- Vorsteuerabzug 592
Eingriffsverwaltung 105
Einheitlichkeit der Leistung 480
- Umsatzsteuer 435
- Umsatzsteuerbefreiungen 465
Einheitstäter 347
Einkommensmillionäre 316
Einnahmeerzielungsabsicht 379
Einspruch 240
Einspruchsentscheidung 257
Einspruchsfrist 246
Einstweilige Anordnung 292
- Regelungsanordnung 292
- Sicherungsanordnung 292
Eintrittsklausel 696
Einzelrechtsnachfolge 690
Einzelrichter 261
ELSTER-Erklärungen 218
Emmott'sche Fristenhemmung 232
Empfängerortsprinzip 431
Empfangsvollmacht 66
Endrechnung 611
Entgeltliche Übertragung 713
Erbanfallsteuer 644, 646
Erbanfallsteuersystem 646
Erbauseinandersetzung 806
Erbbaugrundstücke
- Bewertung 772

Erbbaurecht
- Umsatzsteuer 463

Erbbaurechte
- Bewertung 771

Erbfall
- Umsatzsteuer 393

Erbfallkosten 699
Erbfallschulden 698 f.
- Abzugsverbot 700

Erbfolge 653
- Ehegattenerbrecht 656
- Eintrittsprinzip 654
- Repräsentationsprinzip 654
- Verwandtenerbecht 653

Erb-GmbH 742
Erblasserschuld 699
Erbrechtsgarantie 650
Erbschaftsteuer 751
- Anrechnung 749
- aufgelockerte vertikale Steuergerechtigkeit 651
- DBA 751
- Einkommensteuer 647
- Entstehung der ~ 754
- Gesetzesaufbau 641
- Grunderwerbsteuer 648
- historische Entwicklung 639
- Schuldner der ~ 822
- Steuergegenstand 651
- Steuersatz 652
- Steuersubjekt 651
- strenge horizontale Gerechtigkeit 651
- Wertermittlung der Bereicherung 651

Erbschein 670, 672
- bei Miterben 672

Ereignis mit Vergangenheitswirkung 231
Ergänzungsbescheid 176
Erlass 184
Ermäßigter Steuersatz
- Beförderungsleistung 480
- Befriedigung vitaler Grundbedürfnisse 480
- Bücher 591
- Bücher, Zeitungen und Zeitschriften 480
- Umsatzsteuer 477

Ermessen 52
- Auswahlermessen 54
- Entschließungsermessen 54
- Ermessensfehlgebrauch 54
- Ermessensreduzierung auf Null 53
- Ermessensüberschreitung 54

Ermittlungen ins Blaue hinein 136, 142
Erörterungstermin 272
Ersatzvornahme 307
Ersatzzwangshaft 307
Erstattungsberechtigter 71
Ertragswertverfahren 765
Erweiterte Grundstückskürzung 763
Erweiterung
- eines Gebäudes i. S. d. § 255 Abs. 2 S. 1 HGB 605

Erwerb
- Zusammenrechnung 816
- Zusammenrechnung früherer Erwerbe 816

Erwerb neuer Fahrzeuge
- Umsatzsteuer 559

Erwerbsbesteuerung
- Umsatzsteuer 551

Erwerb von Todes wegen 642 f.
Europarecht 751
- und ErbStG 749

F
Factoring 502
- echtes ~ 376
- unechtes ~ 376

Fahrzeugnutzung
- Umsatzsteuer 529

Fälligkeit 181
Familiendarlehen 709
- Vermögensverschiebung 710

Fehler
- Schreib-/Rechenfehler bei Erstellung einer Steuererklärung 223

Fehlerhafte Verwaltungsakte 121
Festsetzungsfrist 162
Festsetzungsverfahren 652, 823
Festsetzungsverjährung 161
Feststellungsbescheide 173
Feststellungsbeteiligte 116
Finanzgerichtsbarkeit 261
Finanzrechtsweg 266
Finanzverfassung 125
Forderungen
- Abtretung von ~ 377
- Einziehen von ~ 376

Forderungsausfall
- Umsatzsteuer 501

Form 118
Fortführungsklausel 805
Freibeträge 642

Freibeweisverfahren 140, 273
Freihafenumsätze
- Umsatzsteuer 545
Fristen 129
- Ausschlussfristen 130
Fristenkontrollbuch 132
Fristenstreckung 114
Fristverlängerung 129
Frühere Erwerbe 810
- Zusammenrechnung 812
Frühleerungsstempel 131
Fußstapfentheorie 73

G
Gebäude auf fremdem Grund und Boden
- Umsatzsteuer 463
Gebäudereinigungsdienstleistungen
- Leistungsempfänger als Steuerschuldner 516
Gebrochene Beförderung 415
Gegenstandsbegriff des Umsatzsteuerrechts 395
Gemeinschaftsgebiet
- Umsatzsteuer 451
Gerichtsbescheid 274
Gerichtsverfassung 261
Gesamtaufrollung 239
Gesamtgut 664
Gesamtrechtsnachfolge 72, 690
Gesamtschuld 67, 822
- echte ~ 67
- unechte ~ 67
Geschäftsveräußerung im Ganzen
- Änderung der Verwendungsverhältnisse 456
- durch erfolglosen Vermietungsunternehmer 455
- Fehlerhafter Steuerausweis 456
- Grundstücksübertragung 454
- partielle 454
- Rechtsfolgen 456
- Teilbetriebsveräußerung 453
- Umsatzsteuer 453
- Vorsteuerberichtigung 456
Geschenke
- Vorsteuerabzug 597
Geschiedenentestament 682
Gesellschafter
- Umsatzsteuer 445

Gesellschaftsrechtliche Zuwendungen 728
- bei KapG 730
- bei PersG 728
Gesetz 49
Gesetzesanwendung 51
Gesetzesvorbehalt 49
Gesetzliches Erbrecht 653, 665
Gesetzmäßigkeit der Besteuerung 134
Gestaltungsmissbrauch 76
Gewinnabgrenzungsaufzeichnungs-Verordnung 137
Gewöhnlicher Aufenthalt 59
Gläubigeranfechtung 98
Gläubigerwechsel 72
Gleichheitsgrundsatz
- Verstoß gegen den ~ 752
Gleichmäßigkeit der Besteuerung 134
Gleichstellungsgeld 738
GmbH-Geschäftsanteile
- Bewertung 780
Grenzüberschreitende Warenbewegungen
- Umsatzsteuer 539
Größenklassen 317
Großer Senat 262
Grundbesitz
- Abgrenzung zu Betriebsvorrichtungen 762
Grunderwerbsteuer
- Auswirkungen in der Umsatzsteuer 461
Grunderwerbsteuerbare Vorgänge
- in der Umsatzsteuer 461
Grundlagenbescheid 228
Grundsatz
- des rechtlichen Gehörs 138
Grundstücke
- Geschäftsveräußerung im Ganzen 454
Grundstücksarten 763
Grundstückskaufvertrag 691
Grundstücksschenkung 717, 758
Grundstücksübertragung
- als Berichtigungstatbestand 622
- als Geschäftsveräußerung 622
Grundvermögen
- bebaute Grundstücke 762
- Grundbesitzwert, ErbStRG 761
- unbebaute Grundstücke 761 f.
Günstigkeitsbetrachtung 817
Güterbeförderung
- Umsatzsteuer 428

Güterstand, ehelicher 656
- fortgesetzte Gütergemeinschaft 664
- Gütertrennung 656 f.

Gutscheine
- Bemessungsgrundlage in der Umsatzsteuer 500
- Einzweckgutschein 402
- Mehrzweckgutschein 403
- Umsatzsteuer 401

Gutschriften
- Vorsteuerabzug 590

Gutschriften als Rechnungen
- Umsatzsteuer 590

H

Haftung 81
- Akzessorietät 98
- der Vertreter 84
- des Betriebsübernehmers 96
- des Eigentümers von Gegenständen 94
- des Steuerhinterziehers 91
- Grundsatz der anteiligen Tilgung 89
- Haftungsbescheid 82, 100
- Haftungstatbestand 81
- Haftungsverjährung 99
- Pflicht zur Kontenwahrheit 93
- Sachhaftung 97
- steuerrechtliche Haftungsansprüche 84
- Subsidiarität 81
- Umsatzsteuer 370
- zivilrechtliche Haftungsansprüche 82

Hälfteerlass 190
Handeln im Rahmen des Unternehmens 381
- Grundgeschäft 381
- Hilfsgeschäft 381

Handlungsfähigkeit 64
Härteausgleich 819
Hausrat 700
Hinterbliebenenbezüge 663, 706
- güterrechtliche Lösung 664

Hinterlegungssumme 310
Hinterziehungszinsen 188
Hinzuziehung zum Verfahren 255
Höhere Gewalt 166
Holding
- Vorsteuerabzug 376

Holding-Gesellschaften
- als Unternehmer 375

I

Inhaltsadressat 109
Inhibitorium 303
Inland
- Umsatzsteuer 451

Inlandsvermögen 748, 824
Innenumsatz 381
Innergemeinschaftliche Lieferung
- an Privatpersonen im Reiseverkehr 568
- bei neuen Fahrzeugen 566
- materiell-rechtliche Anforderungen 560

Innergemeinschaftliche Lieferungen
- Umsatzsteuer 560

Innergemeinschaftlicher Erwerb
- Ausnahmen von der Erwerbsbesteuerung 558
- beim Reihengeschäft 551
- durch Verbringen 555
- Erwerbsschwelle 558
- Ort des ~ 553
- Schwellenerwerber 558
- tatbestandliche Voraussetzungen 551
- Umsatzsteuer 551
- Vorsteuerabzug 592

Innergemeinschaftliches Dreiecksgeschäft
- Umsatzsteuer 570

Innergemeinschaftliches Verbringen
- Umsatzsteuer 563

Insolvenzverfahren
- Fortbestand des Unternehmens 384
- Handeln des Insolvenzverwalters 384

Instanzenzug 261

J

Jastrowsche Klausel 680
Juristische Personen des öffentlichen Rechts
- als Unternehmer 384

Justizgewährleistungsanspruch 261

K

Kapitalgesellschaft
- unmittelbare Beteiligung 791
- Unterbeteiligungen 791

Kaufrechtsvermächtnis 675
Kettenschenkung 718
- Weiterschenkklausel 719

Klageart 263
- Anfechtungsklage 263
- Feststellungsklage 265

- Leistungsklage 264
- Verpflichtungsklage 264
Klagebefugnis 268
Klageerhebung 271
Klagefrist 270
Klagerücknahme 280
Klageverfahren 262
Kleinbetragsrechnungen
- Vorsteuerabzug 589
Kleinunternehmer
- Sonderstatus für ~ 386
- Vorsteuerabzug 595
Kommissionsgeschäft
- Umsatzsteuer 398
Kompensationsverbot 334
Konfusion 702
Konsignationslagerregelung
- Umsatzsteuer 564
Konsolidation 701
Kontenabruf 142
Kontenstammdaten 142
Kontrollverfahren 562
Kosten 280
Kunsthändler
- Differenzbesteuerung 491

L
Leasing
- Bestelleintritt 401
- Minderwertausgleich 401
- sale-and-lease-back 401
- Umsatzsteuer 399
Lebensversicherung 705
- Bezugsberechtigter 706
Legalitätsprinzip 135, 330
Leibrente
- bei vorweggenommener Erbfolge 739
Leichtfertige Steuerhinterziehung 348
Leistungsaustausch
- Abgaben an Arbeitnehmer 447
- abgebrochene Werklieferungen 445
- als Tatbestandsmerkmal des § 1 Abs. 1 Nr. 1 UStG 441
- als willentliches Verhalten 393
- bei der Abwicklung von Schadensersatzansprüchen 445
- bei Gründung von Gesellschaften 446
- beim Ausscheiden eines Gesellschafters 446

- bei Sachleistungen an AN 447
- Bestimmung der Leistungsbeziehungen 412
- Bestimmung des Leistungsempfängers 394
- durch Geschäftsführung 374
- Firmenwagenüberlassung 447
- Gegenleistung 393
- Geschäftsführung 380
- Gesellschaften und ihre Gesellschafter 445
- Leistungsempfänger 393
- Schadensersatz 442
- Schadensersatzansprüche 395
- Sonderentgelt 374
- Umsatzsteuer 441
- Vereinsmitglieder 377
- Vertretungsleistungen 380
- vorzeitige Vertragsauflösung 443
- zwischen Gesellschaft und Gesellschafter 373
Leistungsbeziehungen 412
Leistungsempfänger
- als Vorsteuerabzugsberechtigter 575
Leistungsempfänger als Steuerschuldner 426, 429, 432
- Bauleistungen 513
- Sicherungsübereignung 510
- Sonstige Leistungen 417
- unfreie Versendung 579
- unvollständige Rechnung (Rechtsfolgen) 519
Leistungsgebot 300
Letztwillige Verfügung 666
Lieferung
- Abgabe von Speisen und Getränken 422
- Befördern und Versenden als ~ 404
- Bestimmung des Lieferortes 404
- bewegte Lieferungen (Ort) 405
- Eigentumsvorbehalt 396
- Einfuhr § 3 Abs. 8 UStG 406
- Einheitlichkeit 425
- Einheitlichkeit der Leistung 435
- Energielieferungen 411
- Fernverkäufe (Ort) 407
- fiktives Reihengeschäft 410
- gebrochene Beförderung 415
- Gegenstandsbegriff 395
- Gehaltslieferung 399
- Gutscheine 401
- Kommissionsgeschäft 398

– Leasing 399
– Onlinemarktplatz 410
– Reihengeschäft 412
– Sicherungsübereignung 397
– Übergang von Besitz, Nutzen und Lasten 397
– Umkartonierung 406
– Unbewegte Lieferungen (Ort) 404
– Verlagerungen des Lieferorts 406
– Verschaffen der Verfügungsmacht 396
– Werklieferung/Werkleistung 438
– Zuordnung von Warenbewegungen 413
Lieferungen
– Ausfuhrlieferungen 544
– Fernverkauf aus dem Drittland 541
– innergemeinschaftliche ~ 566
– innergemeinschaftliche Dreiecksgeschäft 568
– Ort bei Einfuhr 593
– Rücklieferung 503
– über einen Onlinemarktplatz 542
Lohnsteuer-Nachschau 315
Lohnsummenregelung 802
– Ausgangslohnsumme 803
Lohnveredelung an Gegenständen der Ausfuhr 548

M
Mahnkosten
– Umsatzsteuer 476
Mahnung 301
Mangelhafte Vertragserfüllung
– Umsatzsteuer 443
Massenrechtsbehelfsverfahren 257
Mehrfacher Erwerb 817
Miterbe/Miterbengemeinschaft 672
Mittelbare Schenkung 720
– Überschuss 723
– Verwendungsabrede 720
Mitwirkungspflicht 136
MwStSystRL 358

N
Nacherbe/Nacherbschaft 681
Nachfolgeklausel
– einfache ~ 696
– qualifizierte ~ 696
Nachlass
– Trennung vom Eigenvermögen 687
Nachlasssteuersystem 646

Nachlassverbindlichkeiten
– Zuordnung 702
Nebenbestimmung 118
Nebenleistung
– Kreditgewährung als ~ 436
– Kreditgewährung beim Factoring als ~ 377
– Transport und Verpackung als ~ 436
– Umsatzsteuer 436
Neue Tatsachen (und Beweismittel) 212
Nichtanwendungserlass 50
Nicht notierte Anteile an Kapitalgesellschaften
– Anteilswert 781
Nichtwirtschaftliche Tätigkeiten i. e. S.
– Vorsteuerabzug 582
– Vorsteuerberichtigung 616
Niederschlagung 312
Nießbrauch 734
– Berechtigter 735
– und vorweggenommene Erbfolge 738
Normenkontrollantrag 262
Nullsteuersatz
– Umsatzsteuer 477

O
Offenbare Unrichtigkeit 194
Öffentliche Bekanntmachung 111
Öffentliche Zustellung 111
Öffentlichkeit 273
Öffnungsklausel
– ErbStRG 761
One-Stop-Shop 409, 432, 496, 541, 634
Opportunitätsprinzip 330
Ordnungsgemäße Rechnung
– Vorsteuerabzug 588
Organisation der Finanzverwaltung 125
Organschaft
– finanzielle Eingliederung 389
– organisatorische Eingliederung 390
– Umsatzsteuer 388
– Voraussetzungen 388
– wirtschaftliche Eingliederung 390

P
Parentelen 654
Parkgesellschaft 741
Personenbeförderung
– Umsatzsteuer 428
Personengesellschaften
– Umsatzsteuer 445
Pfändung 73, 301

Pfändungsfreibetrag 304
Pfändungspfandrecht 302
Pfändungsschutzkonto 304
Pflegeleistung 701
Photovoltaikanlage
– Umsatzsteuer 477
Pkw-Überlassung 447
– Bemessungsgrundlage 448
Postulationsfähigkeit 268
Präklusionsfrist 253
Preiserstattungsgutschein
– Umsatzsteuer 500
Preisnachlassgutschein
– Umsatzsteuer 500
Produktivvermögen
– Zusammenrechnung 812, 816
Prozessfähigkeit 267
Prozessstandschaft 245

R
Rahmengesetz 45
Rechnung
– unrichtiger Steuerausweis 535
Rechnungen
– Gutschriften als ~ 590
Rechnungsberichtigung
– in Fällen des § 14c Abs. 1 UStG 536
– Vorsteuerabzug 589
Recht auf Akteneinsicht 139
Rechtsmittel 274
Regelsteuersatz
– Umsatzsteuer 477
Regelungsanordnung 292
Reihengeschäft 412
– bei innergemeinschaftlichen Warenbewegungen 568
– innergemeinschaftliches Dreiecksgeschäft 570
– mittlerer Unternehmer beim ~ 414
– Zuordnung der Warenbewegung 413
– Zwischenhändler 414
Reinvestitionsklausel 807
Reiseleistungen
– Umsatzsteuer 491
Restaurationsumsätze
– Umsatzsteuer 422
Reverse-Charge-Verfahren
– Anforderungen an Rechnung 519
– Ausnahmen 518
– Bauleistungen 513

– Berechnung der vom Leistungsempfänger geschuldeten Umsatzsteuer 519
– Gebäudereinigungsdienstleistungen 516
– Umsätze, die unter das Grunderwerbsteuergesetz fallen 512
– Verwertung von Sicherungsgut 510
– Vorsteuerabzug 595
– Werklieferungen 508
Revision 275, 278
– Grundsatzrevision 275
– Rechtsfortbildungsrevision 276
– Sicherung einer einheitlichen Rechtsprechung 277
– Verfahrensrevision 277
Richtsatz 143
Risikomanagementsystem 136
Rücklieferung
– Umsatzsteuer 503
Rücknahme 197
– rechtswidriger VA 199
Rückschenkung 818
Rückstandsunterbindende Maßnahmen 307
Rückwirkung 50
Ruhen des Verfahrens 252

S
Sachleistungen an Arbeitnehmer
– Umsatzsteuer 447
Sachwertverfahren 768
Sanierungsfalle 756
Säumniszuschlag 189
Schadensersatz
– Umsatzsteuer 442
Schadensersatzanspruch
– Umsatzsteuer 395
Schätzung der Besteuerungsgrundlagen 151
Schenkung 642, 709
– auf den Todesfall 703
– Auflage 642, 716
– beeinträchtigende ~ 681
– gemischte ~ 642, 713
– Kettenschenkung 718
– mittelbare (Grundstücks-) ~ 720
– unbenannte (Ehegatten-) ~ 723
– Vermögensverschiebung 713
– Vollzug 703
Schenkungsteuer
– Entstehung 755
– Steuerschuldner 821
Schonfrist 300

Schulden 697
- der Abwicklung des Erbfalls 699
- Erblasserschulden 698
- für Pflegeleistung 701
Schuldnerwechsel 72
Selbstanzeige 341
Selbstexekution 297
Sicherungsübereignung
- Leistungsempfänger als Steuerschuldner 510
- Umsatzsteuer 397
Singularsukzession gem. § 516 BGB 645
Skonto
- Umsatzsteuer 499
Sonderrechtsnachfolge 692
- Auflösungsklausel 693
- einfache Nachfolgeklausel 693
- Eintrittsklausel 694
- Fortsetzungsklausel 693
- qualifizierte Nachfolgeklausel 694
Sonstige Leistungen 416
- Belegenheitsort 418
- Beratungsleistungen 431
- Besteuerungsverfahren 434
- Charakterisierung 416
- Einheitlichkeit 425
- Einheitlichkeit der Leistung 435
- Empfängerortprinzip 416
- Grenzüberschreitende Güterbeförderungen 549
- Grundregeln zur Ortsbestimmung 416
- Güterbeförderung 428
- i.Z. mit Ausfuhrlieferungen 547
- Katalogleistungen 430
- Ortsbestimmung 433
- Personenbeförderung 428
- Prüfungsfolge (Ort) 417
- Restaurationsumsätze 422
- Reverse-Charge-Verfahren 508
- Tätigkeitsort 420
- Ursprungslandprinzip 417
- Vermietung von Beförderungsmitteln 419
- Vermittlung 419
- Vermittlungsleistungen 425
- Vermittlungsleistungen (Ort bei grenzüberschreitenden Warenlieferungen) 426
- Werkleistungen 422
- Werklieferung/Werkleistung 438
Sperrwirkung 344

Sprungklage 269
Stammbaum 653
Stammesprinzip 655
Ständiger Vertreter 60
Steueranspruch 68
- Entstehung 68
Steuerbefreiungen
- in der Umsatzsteuer 459
- Optionsmöglichkeiten 461
Steuerbescheid 154
- Änderung 208
- Aufhebung 208
Steuererklärung 146
- Anlage EÜR 148
Steuererstattungsanspruch 70
Steuerfestsetzung 154
Steuergeheimnis 61
Steuergläubiger 63
Steuerhinterziehung 331
- Beitreibungshinterziehung 334
- objektiver Tatbestand 331
- Strafzumessung 345
- subjektiver Tatbestand 335
- Verjährung 347
Steuerklasse 665
Steuerliche Nebenleistung 48
Steuermessbescheid 178
Steuern 48
- Realsteuern 46
Steuerordnungswidrigkeiten 347
Steuerordnungswidrigkeitenrecht 329
Steuerpflicht 651, 745
- beschränkte ~ 747
- erweitert beschränkte ~ 747
- erweitert unbeschränkte ~ 746
- persönliche ~ 651
Steuerpflichtiger 63
Steuerpflichtiger Erwerb
- Ermittlung 652
Steuerrechtsverhältnis 63
Steuersatz
- Bestimmung des 477
- ermäßigter 477
- Nullsteuersatz 477
- Regelsteuersatz 477
- Umsatzsteuer 475
- unrichtiger 479
Steuerschuldner 64
Steuerschuldverhältnis 63

Steuerstrafrecht 329
Steuerstrafverfahren
- Ermittlungsverfahren 349
Steuerumgehung 76
Steuervergütungsanspruch 72
Steuervermeidung 76
Steuerverwaltungsakte 105
Steuervorauszahlungen 69
Strafbefehl 353
Strafverfolgungsfrist 347
Strohmann
- als leistender Unternehmer 394
Stundung 181, 824
Stundungszinsen 188
Subjektiver Sorgfaltsmaßstab 88
Surrogat 97
Suspensiveffekt 240, 274, 281

T
Tatentschluss 340
Täterschaft 337
Tatherrschaft 337
Tätigkeitsort 420
Tatsächliche Verständigung 57
Tausch
- Bemessungsgrundlage 484
Teilabhilfebescheid 252
Teileinspruchsentscheidung 258
Teilentgeltliche Übertragung 709
Teilleistung 495
- Umsatzsteuer 495
Teilnehmer 338
Teilungsanordnung 673
- Vorausvermächtnis 673
Teilunternehmerisch genutzte Grundstücke
- Vorsteuerberichtigung 623
Teilverjährung 162
Termine 129
Testament 669
- Auslegung 666
- Ehegattentestament 642
- Formwirksamkeit 669
- unklares ~ 670
Treu und Glauben 55

U
Überentnahmen 807
Überentnahmeverbot 807
Übergang von Besitz, Nutzen und Lasten 397
Übermäßige Gewinnbeteiligung 730

Übernahmefehler 194
Überprogression 817
Übertragungen im (engen) Familienkreis 650
Umsatzsteuer
- Allphasensteuer 358
- Ausland 451
- Bemessungsgrundlage 475
- Besonderheiten der unternehmensfremden Fahrzeugnutzung 529
- Besteuerungsverfahren 633
- Besteuerung unentgeltlicher Wertabgaben 521
- Besteuerung von Reiseleistungen 491
- Drittland 451
- Einfuhr aus dem Drittland 539
- Ertragshoheit 357
- Erwerbsbesteuerung 551
- Fälligkeit 505
- Gemeinschaftsgebiet 451
- Geschäftsveräußerung im Ganzen 453
- Grenzüberschreitende Warenbewegungen 539
- Haftung 370
- indirekte Steuer 360
- Inland 451
- Lieferungen und sonstige Leistungen 393
- One-Stop-Shop 634
- Prüfungsschema 363
- Rechtsgrundlagen 357
- Steuerbefreiungen 459
- Steuerentstehung 495
- Steuersatz 475
- Tauschvorgänge 484
- Teilleistungen 496
- Unternehmer 371
- Verbrauchsteuer 360
- Vermietung und Verpachtung von Grundstücken 463
- Verwaltungshoheit 357
- Verzicht auf Steuerbefreiung 461
- Vorsteuerabzug 573
- Wesen~ 358
Umsatzsteuerbefreiungen
- Ausfuhrlieferungen 544
- Einheitlichkeit der Leistung 465
- Grunderwerbsteuerbare Vorgänge 461
- innergemeinschaftliches Verbringen 563
- ohne Optionsmöglichkeit 473
- Vermietung und Verpachtung von Grundstücken 463
- Verzicht auf 466

- Verzicht auf Steuerfreiheit 460
- Vorsteuerabzug 460
- Wirkungen von ~ 460
- Zweck von ~ 459

Umsatzsteuer-Nachschau 315
Unbekannter Erbe 670
Unbenannte Schenkung 723
Unberechtigter Steuerausweis
- Umsatzsteuer 537

Unbestimmter Rechtsbegriff 54
Uneinbringlichkeit
- Umsatzsteuer 501

Unentgeltliche Wertabgabe
- als Besteuerungsgegenstand der Umsatzsteuer 521
- Rahmenbedingungen der Besteuerung 521
- Zuwendungen 525

Unfallversicherungsverträge 706
Unfreie Versendung
- Leistungsempfänger als Steuerschuldner 579
- Vorsteuerabzug 578

Universalsukzession gem. § 1922 BGB 645
Unmittelbarer Zwang 306
Unrichtiger oder unberechtigter Steuerausweis
- Umsatzsteuer 535

Unrichtiger Steuerausweis
- bei Anwendung des ermäßigten Steuersatzes 479
- bei Geschäftsveräußerung 456
- Steuerentstehung 505
- Umsatzsteuer 535

Untätigkeitseinspruch 242
Untätigkeitsklage 270
Unternehmen
- Grundsatz der Unternehmenseinheit 381

Unternehmenseinheit 381
Unternehmenszuordnung bei gemischter Nutzung vorsteuerbelasteter Gegenstände 582

Unternehmer 371
- Aufsichtsratsmitglieder 380
- Beginn der Unternehmerstellung 382
- durch Tätigkeit im Leistungsaustausch 372
- eBay-Verkäufer 379
- Einnahmeerzielungsabsicht 379
- Ende der Unternehmerstellung 384
- Gesellschafter 372
- Holding 375

- Juristische Personen des öffentlichen Rechts 384
- Kleinunternehmer 386
- Nachhaltigkeit 378
- Selbständigkeit 379
- Strohmann 394
- Unternehmensfähigkeit 371
- Vereine 378

Unternehmerstellung
- Erfordernis der Selbständigkeit 391

Untersuchungsgrundsatz 135
Unwirksame Rechtsgeschäfte 74
Ursprungslandprinzip
- Umsatzsteuer 539, 550

V

Veräußerung oder Entnahme als Berichtigungstatbestand 621
Verbindliche Auskunft 56
Verbindliche Zusage 56
Verböserung 251
Verbotsirrtum 336
Verein
- Unternehmer 371

Vergleichswertverfahren 764
Vermächtnis 675
- Kaufrechtvermächtnis 675
- Sachvermächtnis 675
- Vorausvermächtnis 674

Vermietung und Verpachtung von Grundstücken
- Umsatzsteuer ~ 463
- Umsatzsteuerbefreiungen 463

Vermittlungsleistungen
- Ort bei grenzüberschreitenden Warenlieferungen 550
- Steuerbefreiung 550, 590
- Umsatzsteuer 425
- Umsatzsteuerbefreiung 427

Vermögensauskunft 305
Vermögensverwaltende PersG 741
Vermögensverzeichnis 305
Verpfändung 73
Verrechnungsstundung 182
Verschaffen der Verfügungsmacht 396
Versicherungsteuer 459
Versorgungsanspruch 706
Verspätungszuschlag 149
Verstrickung 302
Vertragsstrafe
- Umsatzsteuer 444

Vertrag zugunsten Dritter 705
Vertretungszwang 267
Verwaltungsakt 105
- Allgemeinverfügung 107
- begünstigender ~ 198
- Bekanntgabe 108
- belastender ~ 198
- Bestandskraft 105 f.
- Nichtigkeit 122
Verwaltungsaufbau 125
Verwaltungsunrecht 329
Verwaltungsvermögen
- Definition 793
- schädliches ~ 797
Verwertung von Sicherungsgut
- Reverse-Charge-Verfahren 510
Verzicht auf Steuerbefreiungen
- in der Umsatzsteuer 466
Verzicht auf Umsatzsteuerbefreiung
- bei »Altgebäuden« 469
- Einschränkungen 467
- Grundvoraussetzungen 466
- Teiloption 467
- Verzichtsausübung 471
- Vorschaltgesellschaften 468
Verzinsung 186
Verzögerungsgeld 145, 318
Verzug
- Umsatzsteuer 444
Verzugszinsen
- Umsatzsteuer 476
Vollendung 341
Vollmacht 704
- transmortale ~ 704
Vollmachtserteilung 704
Vollmachtsvermutung 65
Vollstreckung 297
- Voraussetzungen 298
- wegen anderer Leistungen als Geldforderungen 306
- wegen Geldforderungen 301
Vollstreckungsankündigung 301
Vollstreckungsaufschub 311
Vollstreckungsbehörde 298
Vorabanforderung 149
Voranmeldungszeitraum 633
- bei Neugründung 633
Vorbehalt der Nachprüfung 156, 203
- Änderung 203

Vorbereitungshandlung 340
Vorbereitungsstadium 340
Vorerbschaft 681
Vorerwerb 758
Vorgründungsgesellschaft
- als Unternehmer 383
Vorläufiger Rechtsschutz 281
Vorläufige Steuerfestsetzung 157, 206
Vorrats-GmbH 742
Vorsatz 335
Vorsteuerabzug
- abzugsberechtigte Unternehmer 574
- Abzugsverbot 596
- Anbindung an das Ertragsteuerrecht 597
- anspruchsbegründende Voraussetzungen 573
- Aufteilungsgebote 580
- aus Anzahlungen 609
- Ausfuhrlieferung 544
- Ausschlussumsätze 596
- Beginn der Unternehmerstellung 574
- bei Vermietungsumsätzen im Ausland 601
- Berichtigung des 613
- Beschränkung wegen außerunternehmerischer Grundstücksnutzung 573
- Bewirtungsaufwendungen 598
- Bruchteilsgemeinschaften 576
- durch Miteigentümer 577
- Einfuhrumsatzsteuer 592
- Erwerbsteuer 592
- Gästehäuser 598
- Geschenke 597
- Gutschriften 590
- in Rechnung ausgewiesene Steuer 591
- Investitionsphase 613
- Kleinbetragsrechnungen 589
- Kleinunternehmer 595
- Leistungsbezug durch Gesellschafter 576
- Leistungsempfänger als Steuerschuldner 595
- Mindestumfang unternehmerischer Nutzung 584
- ordnungsgemäße Rechnung 588
- Photovoltaikanlage 607
- Rechnung 595
- Rechnungsberichtigung mit Rückwirkung 589
- Repräsentationsaufwand 598
- Seeling-Modell 600

- Sofortabzug 608
- Sphärentheorie 581
- Strohmann 588
- Teilunternehmerische Verwendung 599
- teilunternehmerisch genutzte Grundstücke 606
- Übernachtungskosten des Personals 578
- Umsätze mit Auslandsberührung 460
- unfreie Versendung 578
- Unternehmer als Leistungsempfänger 575
- Verwendungsabsicht 608 f.
- Vorsteuerabzugsverbot 597
- Vorsteueraufteilung 602
- vorsteuerschädliche Umsätze 596
- vorsteuerunschädliche Umsätze 596
- Zeitpunkt 594
- Zuordnung bei gemischter Nutzung 582, 585
- Zuordnungsmöglichkeiten 579
- Zuordnung zum Unternehmen 579
- Zweck des ~ 573

Vorsteueraufteilung 602
- nach dem unternehmensbezogenen Umsatzschlüssel 604
- Photovoltaikanlage 607

Vorsteuerberichtigung 613
- Änderung der Verhältnisse 614
- bei einer Geschäftsveräußerung 622
- bei Umlaufvermögen 626
- Berechnung des Berichtigungsbetrags 619 f.
- Berichtigungsobjekte 614
- Berichtigungszeitraum 617
- Einlage aus dem Privatbereich 586, 615
- für Bestandteile oder sonstige Leistungen an einem Wirtschaftsgut 628
- gemischt genutzte Gebäude 615
- Geschäftsveräußerung im Ganzen 456
- Investitionsphase 613
- teilunternehmerisch genutzte Grundstücke 623
- Veräußerung eines gemischt genutzten Grundstücks 623
- Veräußerung oder Entnahme 621
- Vereinfachungsregeln 631
- Verfahrensfragen 631

- wegen Wechsels der Besteuerungsform 621
- Zusammenfassung zu einem Berichtigungsobjekt 627

Vorverfahren 269

Vorweggenommene Erbfolge 642, 736
- gesellschaftliche Vorwegübertragung 740
- Gleichstellungsgeld 715

W

Weiterschenkung
- und Steuerschuldner 822

Werkleistungen 422

Werklieferungen
- Reverse-Charge-Verfahren 508

Werklieferung/Werkleistung
- Umsatzsteuer 438

Wertneutralität des Steuerrechts 74
Wertveränderungen 757
Widerruf 201
- begünstigender Verwaltungsakt 202
- belastender Verwaltungsakt 201

Widerstreitende Steuerfestsetzungen 223
Wiedereinsetzung in den vorigen Stand 131
Willkürmaßnahmen 151
Willkürverbot 48
Wirtschaftliche Betrachtungsweise 52
Wohnsitz 59

Z

Zahlung 80, 182
Zahlungsverjährung 185
Zebragesellschaft 175
Zehnjahreszeitraum 643, 758, 817
- Schenkungen außerhalb des ~ 817

Zölibats-Klausel 686
Zugewinnausgleich
- vorweggenommener ~ 723

Zugewinngemeinschaft 656 f.
- Änderung der ~ 662
- Ausgleichsforderung 657, 659
- erbrechtliche Lösung 656
- güterrechtliche Lösung 664
- modifizierte ~ 662
- realer Ausgleich 658

Zuordnungsalternativen bei gemischter Nutzung vorsteuerbelasteter Gegenstände 585
Zurechnung von Wirtschaftsgütern 78
Zusammenfassende Meldung 434
Zusammenfassende Meldung (ZM) 635
Zusammenrechnung
- früherer Erwerbe 816
Zusammenveranlagung 112
Zuschüsse
- Umsatzsteuer 482
Zuständigkeit 126
- Betriebsfinanzamt 127
- Ersatzzuständigkeit 128
- Geschäftsleitungsfinanzamt 128
- Lagefinanzamt 127
- örtliche ~ 126
- sachliche ~ 126
- Tätigkeitsfinanzamt 127
- Wohnsitzfinanzamt 127
- Zuständigkeitsvereinbarung 128
Zustellung 116
Zwangsgeld 306
Zwangsversteigerung
- Umsatzsteuer 394
Zweckzuwendung 644, 726

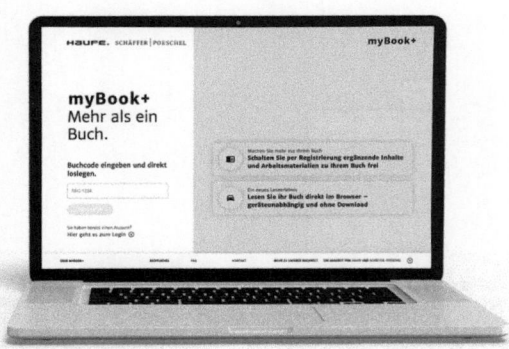

Ihre Online-Inhalte zum Buch: Exklusiv für Buchkäuferinnen und Buchkäufer!

▶ https://mybookplus.de

▶ Buchcode: TXD-66656